国家出版基金项目
NATIONAL PUBLICATION FOUNDATION

王家新 主编

HAND of The Economics of BOOK Art and Culture

艺术与文化经济学手册

Victor A. Ginsburgh David Throsby

[比]维克托·A. 金斯伯格 [澳]戴维·思罗斯比 编著

上

ELSEVIER

东北财经大学出版社 Dongbei University of Finance & Economics Press | 大连

辽宁省版权局著作权合同登记号：06-2015-148

Handbook of the Economics of Art and Culture,Volume 1，1E
V.A. Ginsburgh,D. Throsby
ISBN：9780444508706

注意

本书涉及领域的知识和实践标准在不断变化。新的研究和经验拓展我们的理解，因此须对研究方法、专业实践或医疗方法作出调整。从业者和研究人员必须始终依靠自身经验和知识来评估和使用本书中提到的所有信息、方法、化合物或本书中描述的实验。在使用这些信息或方法时，他们应注意自身和他人的安全，包括注意他们负有专业责任的当事人的安全。在法律允许的最大范围内，爱思唯尔、译文的原文作者、原文编辑及原文内容提供者均不对因产品责任、疏忽或其他人身或财产伤害及/或损失承担责任，亦不对由于使用或操作文中提到的方法、产品、说明或思想而导致的人身或财产伤害及/或损失承担责任。

图书在版编目（CIP）数据

艺术与文化经济学手册/（比）维克托·A. 金斯伯格（Victor A. Ginsburgh），（澳）戴维·思罗斯比（David Throsby）编著；王家新主编.—大连：东北财经大学出版社，2018.1
ISBN 978-7-5654-3044-2

Ⅰ.艺…　Ⅱ.①维…②戴…③王…　Ⅲ.文化经济学-手册　Ⅳ.G05-62

中国版本图书馆CIP数据核字（2018）第004989号

东北财经大学出版社出版发行
大连市黑石礁尖山街217号　邮政编码　116025
网　址：http：//www．dufep．cn
读者信箱：dufep @ dufe．edu．cn
大连美跃彩色印刷有限公司印刷

幅面尺寸：205mm×250mm　字数：1 534千字　印张：60.75
2018年1月第1版　2018年1月第1次印刷
责任编辑：刘瑞东　李　季等　责任校对：文　艺
封面设计：冀贵收　版式设计：钟福建
总定价：498.00元

教学支持　售后服务　联系电话：（0411）84710309
版权所有　侵权必究　举报电话：（0411）84710523
如有印装质量问题，请联系营销部：（0411）84710711

《艺术与文化经济学手册》（上下卷）编委会

《艺术与文化经济学手册》(上下卷)参与编辑的人员

按姓氏音序排列

蔡　丽　龚小晖　郭海雷　吉　扬　李　栋　李　季　刘东威　刘慧美
刘　佳　刘瑞东　刘贤恩　孟　鑫　石真珍　宋雪凌　孙冰洁　孙　越
王芃南　魏　巍　于　梅　张晓鹏　张旭风　赵　楠　周　晗

总　序

党的十九大报告提出，“健全现代文化产业体系和市场体系，创新生产经营机制，完善文化经济政策，培育新型文化业态”。报告同时强调，“加强中外人文交流，以我为主、兼收并蓄”。在我国文化建设迈上新征程、文化产业发展步入新的战略机遇期之际，《艺术与文化经济学手册》（上下卷）中文版正式出版，可谓适逢其势、恰逢其时。

文化伴随着人类的起源和演进而产生、发展，是一个民族的集体记忆和共同精神家园。艺术作为文化的子系统，是文化体系中独特而重要的组成部分。近些年来，文化因素在人类进步中发挥的作用，受到了全球性的关注。联合国教育、科学及文化组织提出，发展最终应以文化概念来定义，文化的繁荣是发展的最高目标。著名管理学家德鲁克也曾指出，“当经济发展到一定水平时，真正占主导地位的资源以及绝对具有决定意义的生产要素，既不是资本，也不是土地和劳动力，而是文化”。文化与经济共生、同构，相互关联、彼此交织，作为文化与经济融合的产物，文化经济也成为人类社会发展的重要形态和载体。

文化经济以精神生产为特征，具有绿色、低碳、高产出、高增值的独特优势，使人类发展从物质资源转向文化资源的开发，摆脱了资源依赖的传统发展路径，使得可持续发展成为可能。文化经济具有很强的溢出效应，在满足人们精神文化需要的同时，潜移默化地实现人力资本深化，累积、沉淀文化资本，从而给社会经济发展的进程、速度和方向带来影响。文化经济是实施创新驱动战略的有力支撑，有利于促进创新和创意因素渗透到传统产业的各个生产环节，形成新的思维状态和工作方式，打造更多艺术型、精神型、体验型的新经济形态。正是基于文化经济的巨大潜力和重要价值，文化经济学也日益受到各方关注，成为充满生机与活力的一门显学。

文化经济学发源于文化社会学、艺术社会学等领域，研究文化经济运行的特殊矛盾和基本规律，兼具文化学科和经济学科的双重特征，是一门全新的理论科学。但在经济思想史中，经济学界对文化和艺术的关注由来已久。早在庸俗经济学时期，萨伊（Jean Baptiste Say）、西斯蒙第（Sismondi）、李斯特（Friedrich List）等就开始了对文化艺术生产问题的探索。到了启蒙运动时期，经济学家对艺术市场的关注进一步拓展，休谟（Hume）、杜尔哥（Turgot）、亚当·斯密（Adam Smith）等都从经济学角度对艺术市场进行了观察和研究。其后，以凯恩斯(Keynes)为代表的布卢姆茨伯里派(Bloomsbury Group)撰写了大量关于艺术之于个人和社会重要意义的著作，并把艺术政策列入政策议程中的突出位置。一般认为，1966年鲍莫尔（Baumol）和鲍恩（Bowen）所著《表演艺术：经济的困境》的出版，标志着文化经济学作为经济学的一门子学科正式诞生。之后的几十年间，文化经济学逐步拓展、羽翼渐丰，如今在国际学术界已占有一席之地，在学术丛林中不断展现出其独特品格与学术价值。

改革开放后，我国文化经济研究也逐步兴起，并在与实践的互动中不断拓展、延伸和深化。1978年，财政部批准《人民日报》等8家新闻单位实行"事业单位，企业化管理"，1979年又发文重申并在全国新闻媒体中推广这一管理模式，同年，上海电视台播出了我国电视史上的首条商业广告。这一时期，学界就出现了关于文化经济的早期研究，并对"广播电视经济""出版经济""电影经济"等概念、业态进行了讨论。1982年，钱学森在《中国社会科学》发表文章，提出精神财富的创造是一种事业或产业，主张从宏观的角度建立社会主义精神财富创造事业的现代组织管理理论。1985年，于光远在上海文化发展战略研讨会上率先提出，应建立中国自己的文化经济学的观点。此后，全国不少地方也都开展了文化发展战略研讨，一批关于文化经济研究的学术成果相继问世。1992年以后，文化经济研究日益活跃，并开始从市场经济的视角，对文化产业发展的根本性、规律性问题进行探究。1993年，我国第一个以"文化经济"为专业方向的本科专业——"文化艺术事业管理"在上海交通大学设立，2004年，教育部批准在山东大学、中国传媒大学等四所高校中开设"文化产业管理"本科专业。随后，文化产业专业教材陆续推出，相关方向的硕士点、博士点和博士后流动站相继设立，特别是全国高校文化管理类学科建设联席会议机制的建立，为文化经济产、学、研交流合作搭建了重要平台。至2017年，我国开设文化产业管理专业的本科院校已有190多所，文化经济学教学研究队伍不断壮大，学科建设的系统性、规范性不断提升，为我国文化经济发展实践提供了理论铺陈和智力支持。

近年来，我国文化产业保持快速增长，在国民经济中比重稳步上升。2016年，全国文化及相关产业增加值从2012年的18 071亿元增加到30 785亿元，首次突破3万亿元，占GDP的比重从2012年的3.48%提高到4.14%。在经济进入新常态的背景下，文化产业发展潜力不断释放，牵引作用日益凸显，在稳增长、调结构、促转型、惠民生中发挥了重要作用。当前，国际文化市场竞争日趋激烈，美国AT&T并购时代华纳等垂直整合、迪士尼并购福克斯等横向合并推动全球文化市场格局深刻调整。基于互联网技术的新兴文化业态迅速崛起，打破了传统文化机构主导的生产和传播逻辑。各文化行业的技术相关和业务交叉更加普遍，以互联网为纽带的媒介融合持续深化。文化生产呈现高度复杂化，文化形态不断推陈出新，我国文化产业也迎来大发展、大变革、大调整时期，提出了一系列理论性、现实性的重大课题。应该看到，我国文化经济研究的前瞻性、高质量研究成果还不多，经济学分析工具的引入还相对不足，学科建设也需要进一步完善。因此，广泛学习借鉴国外优秀文化经济学研究成果，以我为主、兼收并蓄，不仅是学科发展的需要，也是实践深化的要求。

《艺术与文化经济学手册》（上下卷）是全球文化经济学研究领域的集大成之作，这部两卷本、厚度近1 500页的文献汇集了全球主流文化经济学者的重要研究贡献。全书由比利时布鲁塞尔自由大学教授维克托·A.金斯伯格（Victor A. Ginsburgh）和澳大利亚麦考瑞大学教授戴维·思罗斯比（David Throsby）主编。其中，戴维·思罗斯比是文化经济学研究领域具有国际影响的著名学者，曾担任政府部门和国际组织（包括联合国粮食及农业组织，教育、科学及文化组织，贸易和发展会议，开发计划署以及经济合作与发展组织和世界银行等）的顾问，也是《文化经济学》杂志、《国际文化政策》杂志、《太平洋经济公报》等编辑部的成员。手册上卷研究领域涵盖历史、价值、法律、文化和经济、消费和生产、文化产业、劳动力市场、拍卖和价格、文化遗产、区位和政策等方面。下卷扩展到文化经济发展的新领域，运用定量分析工具从一个更宽泛的经济视角来审视和分析产业、市场和政策，主要涵盖艺术与文化的价值及评估，需求、消费和投资，创新和技术变革，贸易、发展与文化多样性以及一些更广泛的文化议题。手册汇聚了近半个世纪以来涌现的文化经济学文献精粹，凝聚了已经达成的理论共识，对理论新进展也给予足够关注。其内容涵盖了文化经济的方方面面，既有全景式概览，也有专业深度解析，研究方法囊括了经济学工具箱的众多工具，展现了经济学方法在分析文化问题上的专业功能。这本手册在不同学科间架起了桥梁，实现了理性思考与文化理念融合，是文化经济研究的大百科式工具书，对于我国文化产业发展具有重要政策参考和学术价值。

手册的翻译与出版于2014年12月正式启动，翻译工作集结了来自中国社会科学院、北京大学、武汉大学、中央财经大学、云南大学、上海大学、上海戏剧学院、东北财经大学、辽宁社会科学院等科研院所的数十位专家学者，并由“文化经济学研究协作体”提供学术支持。在译稿正式提交出版社编审前，中国对外翻译有限公司对全部译稿进行了审校，特此感谢。手册中文版共计222万字，2016年获得了国家出版基金资助。希望本书的出版为有关方面的教学科研、政策制定、经营管理提供支持，为文化经济学学科建设添砖加瓦，同时也期待本书的出版能吸引更多经济学人关注文化议题研究，携手打造文化经济研究的“中国学派”，为新时代的文化产业发展贡献理论力量。

王家新

目　录

第三部分
价　值

第四部分
法律问题

第五部分
文化和经济

第六部分
消费和生产

第八部分

劳动力市场

第九部分
拍卖和价格

第十部分
遗　产

第十一部分
区　位

第十二部分
政　策

| 第一部分 |

导　言

第1章
绪　论

David Throsby[①]

Macquarie University, Sydney, Australia

兰培　译

① 非常感谢我的合作主编 Victor Ginsburgh，允许我随兴撰写本书的绪论。感谢他对文稿初稿的宝贵意见，但所述观点由我本人负责。

1.1 引 言

1.1.1 学科发展及范畴

过去三四十年来，运用经济分析工具研究文化领域的文献专著大量涌现，关注该领域的经济学家一般将当代文化经济的起源定位在1966年，即当代首部有关文化经济的重要专著出版的年份（Baumol and Bowen，1966）。该学科的理论研究最初主要围绕艺术领域展开，Baumol和Bowen在著作中阐明，艺术服务的供求状况以及艺术部门在经济体系中的作用均可利用简单易懂的经济理论予以分析。此外，由于提出了一个意义深远的文化经济学理论命题（即困扰现场表演艺术的生产率滞后（或称“成本病”）现象），本著作的出版备受后世推崇。

尽管大家普遍认为1966年是文化经济学作为一个学科初步形成的时间，但这并不意味着在此之前相关研究均未开展。事实上，Craufurd Goodwin（第2章）指出，早期的一些经济学家始终对艺术存在各种各样的兴趣，甚至可追溯至亚当·斯密（Adam Smith）之前。Goodwin指出，休谟（Hume）、杜尔哥（Turgot）以及后来的斯密都曾认真思索过艺术在经济和社会发展中的地位，但19世纪的主流政治经济学家们（除了罗斯金（Ruskin））未能因循前人的足迹继续这方面的研究。同样，除凡勃伦（Veblen）的著作外，19世纪末和20世纪初的美国制度学派对艺术的著述寥寥无几；但在大洋彼岸的英国，以凯恩斯（Keynes）为代表的布卢姆茨伯里派则撰写了大量关于艺术之于个人和社会福利重要意义的著作，并提出了政府通过开明政策对艺术发展给予支持的有关方法。

简要地回顾了这段早期发展历程后，我们即回到了前文所述的该学科成为一门现代学科的起点。Baumol和Bowen（1966）的专著发表后，学界对文化经济的研究兴趣日渐浓厚。该领域的首部论文集出现于20世纪70年代中期（Blaug，1976）。Blaug在文集的绪论中指出，尽管现有的研究成果尚不足以支撑正式的教材编订，但将现有的研究文章汇编成册仍是不无裨益的。这本论文汇编主要关注各类公共政策问题，特别是有关政府资助的理论依据和对公共支出效益的分析评估——这些问题始终是文化经济学研究的重要议题。

1977年，阿克伦大学的William Hendon与同事共同创办了《文化经济学杂志》。1979年，以此为主题的第一次国际会议在爱丁堡召开，并在此后形成两年一届的惯例。到20世纪90年代初期，由于学界已积累了大量研究文献，《经济文献杂志》得以对该领域进行概述和评价（Throsby，1994）。此次考察反映了文化研究不断拓展的各个方向，也即不断引起经济学家关注的那些问题。概述在开篇便指出，人们对艺术的需求来源于个人品位逐步形成的特殊过程，以及使艺术成为“惯性消费产品”的累积消费过程。该概述还涉及了艺术品市场和艺术劳务市场，以及表演艺术和公共政策方面的问题。基于对文化经济学当时研究状态的总体评价，Throsby预见，随着时间的推移和实践的深入，外界对该领域的关注兴趣和研究范畴将不断加深和扩大。

实际上，Towse为其论文集（1997）撰写的序言中即或多或少地反映了这种发展态势。Towse指出，“文化”一词的外延比“艺术”更为宽泛，因此，在她的研究中，文化经济学涵盖了传媒、遗产以及艺术等更广泛的领域。尽管如此，该文集仍将文化产品定义、成本病现象以及政府艺术资助等相关问题作为主要议题，这些议题也即该文集成书期间这一研究领域的主要关注点。

四年后，Blaug在其关于“文化经济学进展几何”（Blaug，2001）的考察中重新提及了Towse文集所述的文化经济学概念范畴。他的观察涵盖了需求、供给、产业组织、劳动力市场、企业行为（包括“成本病”）和公共资助等方面。从此前三四十年间涌现的大量研究成果来看，这些议题在世纪之交或多或少已经被确定下来，但Blaug在研究结论中也指出，未来一段时期，该学科的研究领域有望进一步拓展和延伸。

同年，Ginsburgh（2001）也发表了一份概述，指出文化经济学处于艺术史、艺术哲学、社会学、法学、管理学和经济学等若干学科的交叉点，但他的研究仍主要以经济学文献为出发点，同样也涵盖了上述主要议题。Ginsburgh着重关注了艺术领域公共支持的相关政策，全面梳理了业已形成的各种理论，他还将视觉艺术市场视作经济学家开疆拓土的领域，特别是该领域丰富的数据资源，为开展计量研究提供了可能。《新帕尔格雷夫经济学大辞典》（第二版）（Throsby，2007）关于艺术经济学的条目也讨论了类似问题。该条目指出，在将经济分析应用于艺术领域的众多实践中，针对产业组织的研究仍明显不足，这也就给未来的研究提供了广阔的拓展空间。

Towse（2003）在该领域的最后一项著述里系统总结了应用于艺术与文化研究的经济思想和分析方法。在微观层面涉及新古典主义价格理论和福利经济学的基本分析方法，包括研究艺术与文化领域的生产、消费及交换时采取的有关方法；在宏观层面涉及宏观经济政策的常用分析工具，包括研究文化与其他经济部门之间关系时采用的有关方法。同样，公共选择理论和当代政治经济学也与文化政策制定密切相关，而制度经济学则为分析组织结构及其行为影响提供了另一种途径。Towse还注意到了Coase等学者提出的制度经济学派与这一领域研究的相关性，并将其作为分析文化产品和服务交易成本及产权问题（尤其是版权）的基础。

上述研究表明，我们业已积累了充足的研究成果，能够较有把握地正式建立“文化经济学”（或称为“艺术与文化经济学”）这样一个学科，同时，将该领域的有关理论和实证成果集结成册的时机也已成熟。从更深层次上看，我们的研究还揭示了该学科之所以引人关注的独特之处，即阐明了文化产品和服务是否以及如何不同于其他产品和服务，对此，我们将在下面的章节中具体讨论。

1.1.2　基本问题

本书的若干章节都以“艺术”和“文化”等定义的讨论开篇，就艺术史、艺术理论、哲学、美学、社会学和人类学等学科而言，这些讨论均属于基本研究范畴。总的来说，本书的撰稿人接受了一种广义的文化观，即文化是一个群体共有的，据以相互凝聚并与其他群体相识别的一系列态度、信仰和价值观，据此，才有了国家文化、宗教文化、企业文化等表述。“文化”是一个名词，由此引申出形容词——“文化的”，反映了特定的共同价值观。此外，本书还给出了一个更具实用意义的文化定义，在此范畴内，“高雅文化”和“通俗文化”常被分别用于指称“严肃的”艺术和“大众的”艺术。作为一个整体，艺术有时也被分为表演艺术（戏剧表演、音乐演唱、乐器演奏等）和原创艺术（雕塑、写作、作曲等），但这两种形式之间存在明显的重叠。

这便又引导我们进一步思考文化产品的定义。文化经济学的有关文献总结了这类产品（和服务）所具有的一些突出特征，当然，并非每件产品都同时具备这些特征：

- 文化产品属于体验产品，其感受随消费量的增加而增加，因此，其持续消费取决于“理性上瘾”；
- 文化产品具有某些公用品的特性，总体来看，它们会产生一定的正外部性或扩散效益；
- 人的创造力是文化产品生产过程中的重要投入；
- 文化产品是向消费者传递象征性讯息的媒介，其不仅具有广泛的实用性，而且还具有积极的增进交流的功能；
- 文化产品包含（至少是潜在地包含）归属于其生

产个人或机构的某些知识产权；

• 文化产品所体现或蕴含的某些价值可能无法完全以货币形式表现，亦可能无法完全在现实市场或潜在市场中显现。

尽管该列表尚未就文化产品提出一个完整、严谨的定义，没有阐明某个特征（或者特征组合）据以作为界定文化产品的充分条件和必要条件，但就识别文化产品在不同层面上表现出的多数标志性特征而言，这份列表还是有帮助的。

另一个问题是，在这些特征范围内，艺术产品与文化产品之间是否存在差别。Roger McCain（第5章）从艺术的美学定义和文化更宽泛的人类学定义出发，甚至认为艺术产品和文化产品是互不重叠的两个范畴。他认为，艺术产品的显著特征在于其自身的美学特质及其制作过程中倾注的创造力，而反映群体文化的物品则不一定具备这些特质。但正如前文所述，如果艺术是文化的子集，那么据此推测，形容词——“艺术的”就将变成形容词——“文化的”的一个子集，如此一来，艺术产品就应被视为具有更大外延的文化产品的一个子集，而不是自身的单独归类。

美学理论不仅关乎艺术产品的定义，而且还与更深层次的艺术价值问题密切相关。Michael Hutter和Richard Shusterman（第6章）追溯了Plato和Aristotle以后哲学研究中美学相关理论的演进历程，并将这些理论与经济学家的相关研究作了比较和分析。通过这种方式，他们提出了文化价值与经济价值的关系这一耐人寻味的问题——这是当前一个新兴的交叉学科领域。[①]

在本绪论章的余下部分，我提供了本书的简要概述。为使读者能够全面、系统地了解该学科概况，我采用了与本书所用分类方法相比更为宽泛的分类原则，在1.2、1.3和1.4节，我分别考察了个体行为、企业/产业行为以及市场行为，第5节研究了文化在经济发展中的作用，第6节得出了一些结论。

1.2 个体行为

艺术品的生产、交换和消费来源于个体行为，他们可能是市场上文化产品和服务的消费者，也可能是文化产品和服务的提供者。如果我们采用宽泛的文化产品定义，即将体育、电视节目和杂志等流行文化形式也涵盖在内，我们将会进入大众文化生产和消费的广泛研究领域，对此，社会学及传媒经济学等学科都已进行了深入考察，这部分工作已超出了我们当前的研究范畴，因此，我们将主要关注核心艺术领域的个体行为。

首先来看需求。与经济学其他方面的需求分析相同，多数关于艺术需求的实证研究都将艺术品位作为给定因素，并专注于评估通常包含在需求函数中各种解释变量的相对影响，这些解释变量包括自身价格、替代品价格、消费者收入和社会人口学特征等。除对艺术作品需求的研究外，绝大部分有关艺术需求的研究都围绕表演艺术展开，包括戏曲、音乐、戏剧和舞蹈等。如Bruce Seaman（第14章）对该领域的综合评价所示，相关研究结果出乎意料地截然不同，就连那些看似不言而喻的命题（如艺术是奢侈品）也尚未形成一致的定论。尽管如此，经验数据也表明，在决定需求的所有因素中，教育的影响大于收入，同时，产品质量也是消费行为的一个重要决定因素。Seaman进而指出，非标准社会经济因素（如“生活方式”）可能会在很大程度上影响需求，对此应该给予更多的研究和关注。

谈到艺术生产中的个体行为，我们会自然而然地想到艺术家个体作为艺术产品和服务的供应者所扮演的经济角色。虽然我们可通过常规方法分析这一角色，但在

① 经济学家及其他专业人士有关该主题的论文集，详见Hutter和Throsby(2006)。

将传统的生产模型或劳动力供给函数应用于艺术家这一特殊人群时，通常还需要考虑开展艺术工作所需的特殊条件。首先来看生产，在我们试图描述最终艺术产品与劳动力和资本等生产要素投入之间的关系时需要注意到，对一位艺术家而言，无论是写诗、作画还是谱曲，都不是一个简单的机械劳动过程，技术效率标准和可预见的投入—产出关系往往在解释艺术创作中不适用。事实上，艺术成就受到各种转瞬即逝甚至无法量化的因素影响，如运气、灵感和想象力。艺术产出的一个关键要素就是创造力投入，而创造力这一艺术家所具有的特质（科研人员或发明家等其他专业人士亦具有该特质）既非常重要又难以捉摸。尽管对创造力的测量可谓困难重重，但一些实证研究结果也表明，为艺术生产过程中的创造力投入建模绝非毫无可能。如Tony Bryant和David Throsby（第16章）所指出的，在从经济角度构建创造力模型方面，人们还是可以有所作为的。他们构建了一个模型，艺术家可借此决定在进行“纯粹”和“商业”艺术生产时最适宜的创造力投入水平，而艺术家的选择在一定程度上取决于最终产品的经济和文化回报。

现在，我们再来看劳动力供给的问题。为比较艺术家与其他职业者的劳动力市场行为，各方学者从理论和实证的角度对艺术劳务市场进行了广泛研究，其中既涉及演员和音乐家之类的表演艺术家，也包括作家和画家等“原创艺术家”。艺术劳务市场具有下述三个特点，它们共同作用，使艺术家不同于其他职业者，也使对艺术劳务市场的研究更显复杂：

- 与其他拥有类似受教育程度和技术要求等特征的职业相比，职业艺术工作的经济收入看似更少；
- 与其他职业相比，艺术家群体的收入差距普遍更大，这便使艺术家个体的风险偏好成为其参与劳动力市场的一个重要决定因素；
- 非经济动机是艺术家在多个劳动力市场之间配置时间的重要考量因素，艺术创造的“内驱力”可能会高于经济激励，至少可能平衡经济动机的影响。

Neil Alper和Gregory Wassall（第23章）在对该领域的广泛调查中积累了支持艺术劳务市场上述特点的大量经验数据。他们将相关数据与艺术家进出劳务市场的选择相结合，用以分析艺术领域的职业规律。Alper和Wassall指出，不管是从人口普查等官方统计渠道，还是依托特定调查项目，获取相关数据对于这一领域的研究都至关重要。

众所周知，如今在许多国家，劳动力市场都在发生深刻变革，雇用临时工制进一步增加，职业流动性不断提高。如Pierre-Michel Menger（第22章）所指出的，艺术劳务市场历来易受外部变化因素的影响，长期雇佣已被基于项目制的短期雇佣生产所取代，大部分经营风险向下转移到了劳动者身上，艺术工作者往往通过掌握多项技能、涉足多项工作以防范风险和谋求发展，偶尔还需从社保或其他途径获得相关收入。尽管艺术职业面临诸多不利因素，遍布各国的大量艺术工作者仍然对其孜孜以求，这在一定程度上可归因于前文所述的艺术工作本身所具有的非经济吸引力。另外，成为超级明星的梦想也可能是艺术领域劳动力大量涌入的影响因素。许多人梦想着有朝一日脱颖而出，成为名人，并收获凌驾于一切边际生产理论预测水平之上的巨额收入。本书的许多撰稿者都提到了这个现象，并且都注意到了Sherwin Rosen（1981）的经典论文中提到的超级明星理论。Moshe Adler（第25章）对该领域进行评估后认为，既有研究对各种超级明星假设的实证检验还较为薄弱，在获取充分数据支持的前提下，相关研究具有广泛的拓展前景。

我们讨论的关于艺术家及其劳动力市场的最后一个问题又把我们带回到最初的基本问题上，并将上述所有章节连接起来——传统的人力资本理论能在多大程度上解释我们所讨论的各种现象，如艺术家收入水平和变动、多领域从业以及超级明星现象等。Ruth Towse（第24章）系统研究了这个问题，指出人力资本理论至多提供了一个初步的框架，据以分析艺术家所做的教育投资和职业选择的各种考量。尽管教育、培训和职业经验等因素可能都会有所影响，但归根到底，艺术家取得艺术成就的主要决定因素可能还是其与生俱来的天赋。此外，人力资本模型的一些传统特征可能正在受到技术进步的消解，如Towse指出，艺术作品的可复制性加之版权法涵盖范围的扩大，推翻了传统理论中关于人力资本无法脱离劳动力的观点。虽然这一观点本身不具有重大意义，但也表明对版权与艺术家劳动供给决策之间的关系展开更为深入的研究是确有必要的。

1.3 企业与产业行为

相比而言，文化产品和服务由个体供应商（如艺术家）直接提供至最终用户的情况还是相对较少，大多数产品和服务主要还是通过企业生产和销售。若单从数量上看，在艺术与文化的许多领域占据主导地位的企业组织形式是中小企业，微观经济学理论为分析这类企业的生产和成本条件提供了直截了当的方法。就艺术经济学而言，我们所关注的焦点主要集中在"严肃"艺术类别中普遍存在的非营利性组织——在这个门类中，谋求营利性的商业生产从经济角度来说可能并不可行。Arthur Brooks（第15章）考察了表演艺术领域非营利性组织的经济结构和运行状况，特别是将产品质量问题、交叉补贴的可能性以及Baumol的"成本病"现象视作经营决策的影响因素加以研究。通常情况下，这些组织更为看重实现卓越的艺术成就和艺术创新，这可能与公共及私人捐助者的初衷不谋而合，而这些考量又会进一步影响这些非营利性艺术组织的财务策略，包括定价行为和筹款活动。

而对于营利性艺术与文化企业而言，虽然制作电影、图书、百老汇音乐剧、摇滚音乐会等产品的企业与其他领域的企业存在很多相似之处，但鉴于其产品所具有的艺术性和文化性，这些企业仍然具有不同的经济特征。虽然经济利益最大化可能仍是这类企业的主要目标，但企业所有者和经营者对于特定艺术或文化水准，或者特别艺术成就的渴望，可能会中和甚至是极大地削弱上述目标。这类行为或许可简单地理解为企业是为了寻求经济利益，即"更高的"标准可能会带来更多的利润，但有一种情怀始终萦绕不去，即企业的满足感或多或少也来源于纯粹的艺术创新或文化成就。

近几年来，业界对所谓的文化（或创意）产业的组织结构和运作情况的关注日益增多，尽管这一领域的界限依然比较模糊（例如，其是否包括时装、设计、软件和广告业），不过，如果我们采纳前文所述的广义的文化产品定义，则可将文化产业简单地定义为生产此类产品的行业。实际上，文化产业已被理解为包括艺术、遗产、电影、广播电视、新闻、出版、视频和电脑游戏以及旅游业的某些方面等在内的广泛领域。这些行业的组织结构取决于其不同的契约构成——Richard Caves（第17章）即以此为基础分析了它们的组织结构、商业模式和经营绩效。Caves对简单文化活动与复杂文化活动进行了区分，前者只涉及一位艺人与一个经纪人或一家企业的经济关系，后者则需要众多不同创意投入并由多家企业运作生产，上述契约的独有特征即源于Caves所说的创意工作和创意产品的"基本属性"。

本卷的四个章节详细考察了具体文化行业的特点，先后分析了媒体、电影、流行音乐和图书出版业。这四个行业具有以下共同特点：首先，生产的固定成本高，但边际成本可忽略不计。其次，经营存在较大的不确定性，虽然成功概率小，可一旦成功，将可能带来巨额收入。Simon Anderson和Jean Gabszewicz（第18章）分析了媒体这个双边市场的典型案例。以电视为例，一方面，观众观看（购买）电视节目；另一方面，企业利用电视市场宣传自己的产品。这两个方面的需求通过一个或多个平台得以协调。在此过程中，电视台需要在电视节目（消费者实际需要）与广告之间保持适当平衡，这一要求同样适用于报纸、杂志、互联网和广播等行业。相关数据研究表明，媒体行业的重要性不仅体现在其在国民生产总值中的占比，还体现在其能够对公众舆论形成的影响。2003年，普通美国家庭每天花费在收看电视上的时间接近八小时。

文化产业的另一个重要方面就是电影业，电影业的一个独特经济特征在于其“极端不确定性”。Arthur De Vany（第19章）详细讨论了这个现象。他指出，每部电影都是与众不同的，大获成功的虽然极少，可轰动一时的影片往往能“赢家通吃”，载入史册，赚取巨额利润。一切都是难以预见的，换言之，“无人可知”——Caves认为这正是文化产业的独特属性。

毋庸置疑，音乐是一个更古老的行业。步入20世纪以后，音乐市场发生了翻天覆地的变化，从一个小规模作坊式生产的行业成长为具有巨大影响力的重要市场领域。在此过程中，古典音乐日趋衰落，流行音乐逐步兴起。1994年，摇滚乐和流行音乐CD销量的占比达到45%，而古典音乐的份额不足4%（1950年为25%）。Marie Connolly和Alan Krueger（第20章）主要考察了音乐产业中的一系列经济学议题，包括音乐会定价、门票销售、超级明星效应以及版权保护和技术变革等，并对相关发展趋势进行了分析。文中引用Paul Simon的话指出，流行音乐乃是这个国家的产业之一，它与资本主义浑然一体，任何使二者相分离的企图都是愚蠢的。

最后，图书出版俨然已发展成为一个不容小觑的行业，参与其中的作家、出版商、零售商和读者往往难以协调一致，以至于经常需要引入政府的干预，至少欧洲的情况如此。Marcel Canoy、Jan van Ours和Frederick van der Ploeg（第21章）介绍了这些方面的情况，他们以产业组织理论的相关内容为基础展开分析并得出结论：事实上，或许除了促进大众阅读这点外，该领域几乎不需要引入政府干预。本章还提供了该行业多方面大量的统计数据。

上述四个章节充分运用了产业组织理论，但同时也关注兹以引发新见解和新观点的艺术市场的特殊经营要素。显然，对文化产业进行经济分析需要汲取理论经济学和应用经济学的相关知识，但同时又需要对其进一步丰富和发展。正如Caves所指出的，该领域存在大量不同寻常的契约，引入契约理论对其进行深入持续的探究具有重要的意义和价值。

1.4　市场行为

1.4.1　历史原因

对于有意研究当今艺术市场的人来说，回顾一下艺术市场的演变历程将是大有裨益的。我们所述的艺术市场兴起于文艺复兴时期的意大利（佛罗伦萨）和佛兰德斯（布鲁日和根特）。荷兰的艺术市场出现得稍晚一些，此后，北欧地区和英国开始出现二级市场或转售市场，进而催生了拍卖业。Neil De Marchi和Hans Van Miegroet（第3章）记述了14世纪至18世纪艺术市场的演变历程，从中可以看出，一些早期拍卖流程的要素沿袭至今。例如，17世纪的拍卖行会印制的销售清单即规定，成功的竞拍者须在离场之前支付部分价款（从而将一些不负责任的竞拍者的竞拍风险降至最低）。此外，为加速销售，一些拍卖行会规定了两次竞价之间的最小增额，在某些情况下，拍卖商承诺透露保留价格。De Marchi、Van Miegroet以及Michael Montias的著作（Loughman and Montias，2000）显示了如何利用档案资料分析历时250年发展而来的艺术市场结构，这些资料也可证明，在1750年，当今艺术市场所具有的大多数市场要素就已存在。

对于艺术劳务市场的演变历程，同样可进行类似的解析。F.M. Scherer（第4章）指出，在17世纪，作曲家主要受雇于宫廷和教堂，但1750年以后，随着私人财富的增长，越来越多的个人资助者开始向作曲家提供支持，同时，出版和巡演的兴起也为作曲家带来了更多的资助机会。Scherer还分析了教育对音乐品位形成的影响，他观察了17世纪中期至19世纪中期奥地利和捷克斯洛伐克的音乐长足发展的情况，认为这种现象与当时的学校教育制度密切相关，在其制度体系之下，为学生提供声乐和小提琴教学是对学校（甚至是小村庄学校）的普遍要求。

1.4.2 当今艺术市场与价格

如前所述，艺术市场在许多世纪以前就已存在，但在某些情况下其形式也经历了巨大变化。就绘画、雕塑、珠宝、古玩等艺术市场而言，今天的大部分交易仍同过去一样，由经销商和画廊经办。至于拍卖（无论是在拍卖厅里还是在互联网上举办），时至今日则显得更加重要。作为艺术品重要的售卖渠道，拍卖提供了观察价格变动的独特途径，因此，拍卖行情通常也被视为普遍的市场参照。

Anderson（1974）和Stein（1977）是最早一批运用计量经济学方法研究艺术市场财务表现的人，在他们之后，Baumol（1986）基于过去300年间（1650至1960年）的拍卖价格信息获得了极具价值的研究成果。Baumol的论文发表后，学界又涌现出了大量成果，它们也都广泛采用了拍卖市场上的价格信息，对艺术市场拍卖机制的运作原理进行了深入研究。Orley Ashenfelter和Kathryn Graddy（第26章）在对这一领域进行综述时着重关注了两方面问题，首先是依托拍卖价格展开的相关研究，包括艺术品投资收益、投资组合多样化、“名作”效应以及“燃烧”效应等；其次是关注了拍卖机制对价格的影响，包括拍卖行的竞争行为对价格的影响，以及专家和估值在拍卖中的作用等。

由于艺术品内在价值的差异性，衡量收益率和建构价格指数变得颇为困难。Victor Ginsburgh、Jianping Mei和Michael Moses（第27章）考察了收益率计算的两种方法（特征回归和重复销售回归），他们讨论了一些技术细节，对学界的相关研究具有重要参考价值。本章中的一些研究显示，当观察样本较大时，特征回归的效果与重复销售回归不相上下；而观察样本较小时，特征回归表现出更好的效果——当时间跨度较小或仅涉及单个艺术家时，情况通常如此。

1.4.3 相关市场法规

我们可以从若干切入点将法律与经济学的相关性研究应用于艺术领域，其中最可行的路径即是围绕产权和交易成本展开。根据Ronald Coase的理论，在交易成本忽略不计的情况下，如果产权能够清晰界定并有效行使，那么就可利用市场机制进行产权交换并有效解决经济活动的外部性问题。在艺术领域，大多数相关的理论和应用研究主要围绕艺术家的权利（尤其是版权）拓展开来。显然，版权限制了一些市场行为的延伸，但正如William Landes（第7章）所指出的，版权存在的合理性在于，它建立了艺术家创造性表达的保护机制，也为提高创意市场的经济效率提供了保障。Landes还讨论了艺术家的其他权利，包括著作人身权、转售权以及所有权争议和真实性问题，并通过案例阐述了这些问题。

新兴通信技术的不断涌现给艺术家维权提出了许多新的挑战。Patrick Legros（第9章）认为，所谓互联网的祸害以及使无限复制成为可能的新科技的流弊，对艺术家而言可能是福音，而非威胁，因为这些新的发展有助于催生新的艺术形式、新的传输渠道，这也为艺术家事业拓展提供了更广阔的空间。Legros将这种情况与摄影艺术诞生之时的主流观点作了比较，他认为，艺术家对“强”抑或“弱”版权保护的偏好与其自身的创造力有关。创造力旺盛的艺术家和创造力贫乏的艺术家会积极面对这一“祸害”，并偏爱弱版权保护，而其余的中庸者则可能更希望受到严苛的版权制度的保护。

无论是古罗马时期还是当代美国，历朝历代都存在着审查制度，审查给艺术创作带来了另一种限制。Tun-Jen Chiang和Richard Posner（第10章）指出，所有国家都存在“冒犯”的概念，无论是在宗教、政治抑或科学层面，它都不具有客观性，并随时间和形势的变化而变化。审查制度直接影响到市场行为，并可能催生非正规交易或地下交易，以规避审查限制。文学和视觉艺术受审查制度的影响最为明显，戏剧和音乐也在不同时期受到过不同程度的影响。

1.5　文化在经济发展中的作用

现在，我们来看文化在整个经济发展中的作用。自近代以来，各工业国家经济体系都经历了结构性转变，我们可将其大体描述为由制造业经济向服务经济，进而向信息经济或知识经济转型的过程。随着上述转型进程持续推进，依赖于日新月异的技术变革的所谓“新经济”应运而生。在新发展势能推动形成的新商业环境中，创意能力被视为企业保持竞争优势的一项关键资源，这使得创意产业成为众人关注的焦点，也使其被奉为促进新经济蓬勃发展的重要驱动力。正如William Baumol（第11章）所言，新经济的崛起对艺术发展产生了深远影响，特别是信息技术的不断推陈出新，为艺术创作、传播和保护提供了更为广泛的发展机会；反过来，这些新的发展空间又带来了相应的定价问题，如何在鼓励创意与促进传播之间权衡取舍，往往成为人们关注和争议的焦点。

尽管存在这些发展变化，但就文化在经济发展中的作用而言，经济学家的关注点仍集中在那些长期争执不下的问题上——在发达国家和发展中国家，文化如何影响经济表现？文化与经济政策的交集带来了哪些影响？我们将在本章节的余下部分考察这些问题。

1.5.1　文化对经济表现的影响

如果将文化定义为一个群体据以识别并得以凝聚的共同价值观和信仰，那么它对发达国家经济发展的影响可从与所涉群体大小相对应的不同层面加以观察。这些群体小到单个企业或组织，大到整个经济体，而这些共同的价值观则可能会影响特定群体的目标选择，或者以不同方式影响某一群体的经济效率。Mark Casson（第12章）将群体文化视为由领导者创造、追随者奉行的一种特殊的公共物品，是不同群体之间开展竞争的重要基础。Casson定义了文化的四个关键维度，分析了它们如何影响经济表现，进而影响一个组织乃至整个社会的兴衰成败。

对于发展中国家，同样可做出类似总结，即各种共同的价值观、信仰和习俗与经济表现密切相关。然而，传统发展经济学基本忽视了文化这一经济发展要素，多数学者要么将文化视为发展的障碍，要么索性将其完全忽略。Paul Streeten（第13章）指出，近来，随着人们的发展理念逐步从以产品为中心转向以人为中心，这种情况已有所改观，这一转变符合发展中国家的整体发展需要。在这些国家，经济、社会、文化和环境制度彼此关联，在此情况下，经济发展与文化发展也是密切相关的。此外，Streeten还就全球化对发展中国家文化发展的影响，以及旅游业在第三世界国家经济发展中的重要意义等论题展开了讨论。

1.5.2　文化政策

无论在国家层面还是在国际层面，文化政策都是一个愈发重要的公共政策议题。近些年来，不少学者都对文化政策表现出浓厚的研究兴趣，但大多数研究都是从经济学之外的其他学科入手。[①]实际上，文化政策与经济政策之间存在广泛的交集，具体表现在以下几个方面：

• 如前文所述，文化产业是新经济中创新、增长和结构调整的驱动力；

• 政府通常对艺术与文化给予适度扶持，并力求在直接扶持（补助类）与间接扶持（税收类）之间保持平衡；

• 文化产品和服务通常适用特定的贸易政策；

• 文化遗产保护也可能引入公共/私人合作机制；

• 在一些业已衰落的传统工业区，艺术与文化对创造就业和增加收入具有重要作用；

• 如前文所述，文化产品和服务的知识产权监管也带来一系列的法律和经济问题。

从国际层面看，联合国教科文组织《保护和促进文化表现形式多样性公约》的通过，将对发达国家以及发展中国家的文化政策产生重要影响。需要指出的是，就文化政策的范畴及其在国家政策体系中的重要性而言，国与国之间存在着明显差别。在欧洲，各国对艺术与文化事业投入的公共资源数量以及这些资源的使用方式迥然不同。例如，Frederick van der Ploeg（第34章）指出，从“一臂之距”的艺术理事会到作为政府部门的文化部，各国文化治理模式不一而同。同时，欧洲的文化政策还存在区域层面的分野：一方面，具有独特文化身份的国家和地区希望推进自身的文化发展；另一方面，欧盟和欧洲理事会则希望在各领域推行更为一致的泛欧洲文化政策。

反观美国，中央政府层面从未对制定一致性的文化政策表现出浓厚兴趣，艺术和文化领域的直接公共支出项目大都由地方一级政府制定及执行。但Dick Netzer（第35章）也指出，政府对艺术与文化事业的支持主要是通过间接方式提供，如向非营利艺术组织赠予可享受相关税收减免，历史建筑和遗址的私人业主也享受相关税收优惠等。Mark Schuster（第36章）和Stanley Katz（第37章）分别探讨了税收优惠政策在促进文化捐赠中的作用，以及慈善捐赠作为美国社会传统的重要意义。两位作者都谈到了美国社会特有的个人和企业捐赠传统。正是得益于这一传统，美国的艺术事业才能够在长达一个多世纪的时间里不断发展壮大。尽管很多人将这种独具特色的“美国模式”视为支持文化事业的有效途径，但Schuster警告说，由于社会结构、收入水平等因素的差异，这种模式也很难在其他国家简单复制。

1.5.3 一些具体的政策领域

在本节中，我们选取了文化政策与经济政策交集的四个具体领域：艺术扶持、文化贸易、文化遗产以及城市和区域文化发展问题。

首先，正如我们在前文所提到的，在过去40年来有关文化经济学的文献中，一个长期争论的问题就是艺术领域政府扶持的理论依据。对此，市场失灵说缺乏广泛的经验证据，而且，就全球各个民主国家实际观察到的扶持力度及模式而言，积极援助理论或许更有解释力。Alan Peacock（1969）是最早关注该论题的人之一，在其福利经济学经典论文中研究了艺术领域公共扶持问题。在本书（第32章）中，他再次探讨了这一问题，对私有化背景下政府仍继续向艺术与文化遗产领域提供资金补助、税收减免、监管保护的原因及影响进行了分析。

第二个值得关注的政策领域是文化贸易。Acheson和Maule（第33章）指出，文化的生产、消费和交换历

① 例见Lewis和Miller(2003)的论文集，其中包括摘自文化研究杂志的论文，以及论述文化的政治与社会作用的文章。

来具有国际性的一面，文化贸易以及艺术家在各国间的流动均由来已久。当代经济学家对该领域的关注主要集中在一个广泛争议的问题上，即在多边和双边贸易谈判中，是否应将文化产品和服务（如电影、电视节目和杂志等）与其他领域区别对待。一方面，有观点主张自由贸易原则应放之四海而皆准；另一方面，加拿大和法国等国认为，其自身的文化认同受到了外来文化，特别是美国文化的威胁，对文化领域区别对待应成为国际贸易中的一项基本规则。Acheson和Maule认为，与其他经济领域相比，文化保护与文化开放活动之争更为复杂和微妙。对于国际文化政策如何影响民族文化这一问题，学界和业界长期存在各种不同的看法和主张。

第三个方面，我们把目光转向文化遗产。直到最近，这方面的政策框架才得以基本确立，这在很大程度上要归功于各方文化专家——考古学家、人类学家和建筑史学家等。当经济学家第一次就文物保护的机会成本以及文化遗产的效益评估展开探讨时，人们对他们这种对神圣领域的冒犯行为感到愤怒。然而时至今日人们愈发意识到，经济学家对文化遗产所具有的文化价值并非毫无所知，并且，他们能够对文化遗产进行有效分析，其分析结果也能够为政策制定提供有益参考。特别值得一提的是，Ilde Rizzo和David Throsby（第28章）讨论了文化资本和可持续发展的概念，将经济与文化维度结合起来分析文化遗产保护决策。作者们还讨论了如何使用成本收益分析方法进行文化遗产投资评估，并特别涉及了非市场效益的评估。环境经济学领域已有的非市场效益估值方法也可应用于文化遗产的评估，这也体现了文化资本与自然资本在形式上的相似之处。

博物馆是公众了解文化遗产的一个重要渠道，其既可以展示可移动文物——如画作、雕塑和手工艺品，也可以围绕特定古建筑和遗址兴建。近些年来，无论是博物馆数量还是参观者人数都在急剧增加。如Bruno Frey和Stephan Meier（第29章）在研究中所指出的，博物馆的目标变得越来越多元化和复杂。博物馆实现了艺术世界中的许多重要功能，参观博物馆成为重要的休闲和休假活动。本章着重从经济学视角研究博物馆的功用。作者认为，制度因素极大地影响了博物馆的运行，资金的主要来源对博物馆的行为有重大影响，博物馆的藏品管理、门票定价及商业活动等决策选择，在很大程度上取决于博物馆的所有权性质，公立博物馆和私立博物馆可能会对其运营的首要目标做出不同的考量。

最后一个值得关注的领域是城市和区域的文化发展问题。文化建设具有创造就业、凝聚人心的积极作用，特别是在一些经济萧条地区，人们往往将文化建设作为振兴经济的重要手段。该领域的研究主要关注文化发展过程中相关经济效用的度量，包括直接效用和间接效用、有形效用和无形效用、短期效用和长期效用等。在回顾相关成果时，Trine Bille和Günther Schulze（第30章）从两个角度探讨了文化与经济的关系——即文化如何促进区域经济的发展，以及区域经济发展如何影响文化供给和需求。Walter Santagata（第31章）进一步讨论了文化产业集聚问题，他指出，文化集群为加强集体知识产权保护提供了便利，也为降低成本、提高效率、提升产业整体竞争力提供了支撑。从发达国家的相关经验来看，发展中国家应该也可从类似的文化集群发展中受益。

1.6　结　论

我在本章中概述了艺术与文化经济学的有关情况，既是对该学科主要研究问题的解读，也是对本书各章主要内容的介绍。现在，各位读者即可自行阅读各章，详细探讨我们在此一笔带过的各种问题。

对于一些可能属于广义文化范畴的议题，我与合作主编决定暂不将其列入本书讨论之列，其中一个显而易见的例子就是宗教经济学。该学科在近年受到学界越来越多的关注，《经济文献杂志》甚至将其和艺术与文化经济学一并列为“Z”类。另外，由于语言广泛存在于各类经济活动中，语言经济学也是另外一个值得关注的领域。若将文化的概念进一步延伸，还可将研究视野进一步拓展至体育经济学以及一些更宽泛的传媒议题，这些都值得我们单独著书立说另加详述。

最后值得一提的是，近年来，对艺术与文化经济学给予关注的学者不断增多。本书的大多数章节均就未来具有广泛研究前景的一些领域提出了相关建议，希望这些建议能够得到重视，并期待在各方学者的共同努力下，艺术与文化经济学这一极具潜力的交叉学科能够收获更多令人兴奋的成果，在学术丛林中展现独特价值，不断发展壮大。

参考文献

Anderson,R.C.(1974). "Paintings as an investment". Economic Inquiry 12,13–25.

Baumol,W.J.(1986). "Unnatural value or art as a floating crap game". American Economic Review 76,10–14.

Baumol,W.J.,Bowen,W.G.(1966). Performing Arts:The Economic Dilemma. Twentieth Century Fund,New York.

Blaug,M.(Ed.)(1976). The Economics of the Arts:Selected Readings. Martin Robertson,London.

Blaug,M.(2001). "Where are we now on cultural economics?"Journal of Economic Surveys 15(2),123–141.

De Marchi,N.,Van Miegroet,H.(1996). "Pricing invention:Originals,copies and their relative value in seventeenth century Netherlandish art markets". In:Ginsburgh,V.,Menger,P.-M.(Eds.),Economics of the Arts:Selected Essays. Elsevier,Amsterdam,pp. 27–70.

Ginsburgh,V.(2001). "Economics of art and culture". In:Smelser,N.,Baltes,P.(Eds.),International Encyclopaedia of the Social and Behavioural Sciences. Elsevier,Amsterdam.

Goetzmann,W.N.(1996). "How costly is the fall from fashion:Survivorship bias in the painting market". In:Ginsburgh,V.,Menger,P.-M.(Eds.),Economics of the Arts:Selected Essays. Elsevier,Amsterdam,pp. 71–84.

Hutter,M.,Throsby,D.(Eds.)(2006). Beyond Price:Value in Culture,Economics and the Arts. Cambridge University Press,New York.

Lewis,J.,Miller,T.(Eds.)(2003). Critical Cultural Policy Studies:A Reader. Blackwell,Oxford.

Loughman,J.,Montias,J.M.(2000). Public and Private Spaces:Works of Art in Seventeenth-century Dutch Houses. Waanders,Zwolle.

Peacock,A.(1969). "Welfare economics and public subsidies to the arts". Manchester School of Economic and Social Studies 37(4),323–335.

Rosen,S.(1981). "The economics of superstars". American Economic Review 71,845–858.

Stein,J.P.(1977). "The monetary appreciation of paintings". Journal of Political Economy 85,1021–1035.

Throsby,D.(1994). "The production and consumption of the arts:A view of cultural economics". Journal of Economic Literature 32,1–29.

Throsby,D.(2007). "Art,economics of". In:Blume,L.,Durlauf,S.(Eds.),The New Palgrave Dictionary of Economics, second ed. Palgrave Macmillan,London. In press.

Towse,R.(Ed.)(1997). Cultural Economics:The Arts,the Heritage and the Media Industries,2 vols. Edward Elgar, Cheltenham.

Towse,R.(Ed.)(2003). A Handbook of Cultural Economics. Edward Elgar,Cheltenham.

| 第二部分 |
历　史

第2章

经济思想史中的文化艺术[①]

Craufurd Goodwin

Duke University，USA

张群群　译

摘　要

经济思想史中对文化和艺术的关注由来已久。在17世纪，人们以怀疑的眼光看待那些活动，认为它们很可能要么是贵族阶层挥霍资财的铺张浪费，要么是劳动阶层危险的娱乐消遣。18世纪的经济思想家提供了更为积极而富有深度的思考。曼德维尔（Mandeville）和加里亚尼（Galiani）注意到，艺术作品的价格几乎完全取决于市场的需求，常常是由时尚和追求差异性所决定的。启蒙运动时期的经济思想家对艺术市场的各个方面都感兴趣。休谟和杜尔哥认为艺术产生了积极的社会效益，而且他们试图弄懂这些效益包括什么内容。斯密发现了人们漏掉的某些线索，并且以前所未有的深度看待艺术品市场。如同另一些启蒙思想家一样，斯密也把各类艺术设想成主要是对完美事物的模仿。

因其强调效用是据以理解和判断市场绩效的工具，杰里米·边沁坚持认为，不应该把艺术与供人消遣的其他形式的东西加以区别：他断言，儿童针戏等同于诗歌。其他政治经济学家遵循边沁的教导，绕开了对艺术经济学的探究。在一定程度上，由此造成的空白是由人文主义作家、小说家和随笔作家，尤其是阿诺德、罗斯金、狄更斯和莫里斯来填补的，而他们对当时的工业化，以及他们认为与之伴生的新兴的政治经济学这个学科，持强烈的批判态度。

在19世纪70年代的“边际革命”中，反对特别对待艺术的边沁主义禁制令，在很大程度上得到遵守。然而，有几位初出茅庐的经济学家，尤其是威廉·斯坦利·杰文斯，成为“私密的审美家”，偷偷享受其负疚的快感，但不常对艺术做经济分析。

令人失望的是，在19世纪末和20世纪初别具一格的美国经济学中，几乎找不到多少关于文化艺术的论述，差不多是复归了17世纪时把艺术视为饱食终日、无所事事的有钱人腐化堕落之玩物的观点。然而，在包括经济学家约翰·梅纳德·凯恩斯在内的布卢姆茨伯里派里，大致出现了向18世纪启蒙运动时期的丰富思考回归的现象。他们否定了“边沁主义”，而且区分了艺术体验和人类消费，区分了心灵“想象的生活”和人类以及其他动物的生理活动。他们洞察了艺术遍及整个社会的复杂影响，并把艺术政策列在政策议程上的很高位置。

关键词

艺术政策，文化政策，艺术与经济学，艺术经济学

JEL classification Codes

B1，Z1

---

①　笔者感谢杜克大学经济思想史讲习班，感谢哈罗·马斯（Harro Maas），还要感谢艾伦·皮科克（Alan Peacock）爵士所做的有益评论，特别感谢乔纳森·格林（Jonathan Greene）所提供的研究协助。亨利·鲁斯基金会（Henry Luce Foundation）为这项工作提供了慷慨的研究资助。

2.1 引 言

本章评述的是从前主要是英语国家的作者们论及文化艺术经济学的内容，而现代文化经济学家们会从中学到什么呢？他们会发现，他们的学科根脉深植的程度远远超乎其想象，而其中某些根茎现在仍具有旺盛的生命力。作为经济学的一门羽翼丰满的子学科，“文化经济学”问世于20世纪60年代，其标志是不久之后就有了一本学术期刊、一个学会，以及诸如鲍莫尔（W.J. Baumol）和鲍恩（W.G. Bowen）所著的《表演艺术：经济的困境》（1966）之类的权威教科书。然而，事实上，这些新出现的文化经济学家们所论述的许多主题已经或精细或简略地被讨论了200年甚至更久。在这类独具特色的文献中，现代经济学家可以找到现在仍切中肯綮的诸多深刻见解和诠释。发现并复兴这些早期论题中的一部分，在最低限度上，可以减少白费力气做重复劳动的事。反思一下经济学家们为解决文化经济学中如今看来几乎永难求解的若干问题已经奋战了多久，的确发人深省。这些难题包括：如何认识并具体说明艺术活动所产生的种种外部性？是否既存在与艺术有关联的正外部性，也存在负外部性？18世纪和19世纪的许多人也想到了这些！关于艺术，有什么东西使其生产和消费区别于社会中所存在的其他商品吗？抑或，是否可能艺术仅仅是由炫耀性的行为和许多寻租者所控制的一种复杂型的消费？如果艺术确有特殊价值，而且应当获得市场之外的某种报偿，那么，要维持和促进艺术发展，什么样的赞助形式成效最好？什么样的条件会增强艺术家的创造力？可否指望自由市场，即便是在竞争状态最好的市场条件下，足以使文化艺术维持在接近于全社会的最优水平上？不然的话，在该领域，国家作为支持者、规划者和经营者的适宜角色是什么？当面对来自艺术的恳求时，国家的最适反应就是“只管说不”，这样做是否合适？针对这些问题，对文化经济学史前史的研究不可能得出最终的答案，但是，在某些方面可以加深我们的理解。

文化和艺术这两个词以其现代含义被人们普遍使用，只是在18世纪晚期才开始的，而且当时是从更早时期的含义演化而来。“艺术”从指称某种特定的技能，转为指称“一整套某种特定类型的活动”“特定的一组技巧，富有‘想象力的’或‘创造性’的技艺”（Williams，1958，p.xv）。同时，“艺术实际意思是代表着某种特殊类型的真实、想象的真实。”“艺术——文学、音乐、绘画、雕塑、戏剧，在这个新措辞里被归并在一起，因为它们在本质上共同拥有使之区别于其他人类技能的某种东西”（p.xv，p.xvi）。“文化”这个词的变化方式跟“艺术”颇为一致，其含义从“照料动植物生长”转为其他几种释义，包括“心灵的一般状况或习惯”、“整个社会中智力发展的一般状况”、“艺术的总体”，以及“包括物质生活、智力生活和精神生活在内的全部的生活方式”（p.xvi）。一定要牢记，在本章所涵盖的几个世纪内，在不同时期，所有这些各不相同的含义都曾被作家们采用，据以讨论经济学连同其他主题。本章总体上按时间顺序展开，始于16世纪晚期，终于大约20世纪中叶，即截止于前文中提及的文化经济学这个“现代的”子学科出现之前。

2.2 最早时期

2.2.1 作为奢侈、浪费和无益消遣的文化艺术

18世纪中叶以前经济专题的作家们深刻地意识到稀缺性这个难题以及精心配置有限资源的必要性。在生

存经济中，浪费的代价有可能是饥饿和死亡，并且浪费至少意味着牺牲了某项可供选择的重要目标。资源配置所限定或隐含的规范，有时是为了实现美好生活，有时是为了增强国家实力，有时是为了快速发展的市场经济保持平稳运行。研究经济问题的作者在极大程度上充分意识到，明智地运用资源，才能使工人阶级吃饱饭，使国家得以维持其各种各样的工程项目或冒险举措，并生产出可以实现未来增长的投资品来。在这幅图景中，除了锦上添花用作点缀的少数例外，文化艺术几乎没有立锥之地，它们充其量是个难解之谜，在糟糕的情况下则是令人讨厌的东西。评论家们问道，它们不过是供君主政体、贵族阶层和教会挥霍的奢侈品，从而跟现代性越来越格格不入，除此之外，它们还能是什么呢？现代经济学家也许会问，无论从哪个方面来看，它们不都是令人厌恶、一无是处的东西吗？有些早期的作家就是这样想的，当然原因各异。关于这一主题的此类文献中，没有成系统的论辩，差不多都是放旷不羁、散乱无章和多少有些随意的评论。

在重商主义文献中，当可以证明本国艺术品的生产将有助于获得更大的贸易顺差时，或是当人们注意到，用于文化上的国内支出维持了衰退期间的就业时，就会不时出现关注文化艺术的赞许态度。但是，有时关注也是令人不快的。例如，在18世纪30年代，伦敦曾有一项限制剧院数量的措施，目的是减少据说正在腐蚀这个民族的城市恶习。按照小册子作者伊拉斯谟·琼斯（Erasmus Jones）的观点，“城镇”正在迅速变成“助长虚荣心的熔炉，滋生恶习的温床，诱捕年轻人的陷阱，对老年人的诅咒和新的诱惑茁壮成长的永恒的春天”（Jones，1736，p.31）。艺术属于“我们假装在做的消遣，也就是赛马、赛车、网球赛、舞会、集会以及音乐娱乐等等……我们就像花园里麇集的蜜蜂，嗡嗡作响，从一朵花飞到另一朵，无聊地竭力继续着我们寻欢作乐的科目，连续不断地变换，各色花样循环往复”（p.32）。在这本小册子里，商业活动被描述成家庭之外所从事的唯一品德高尚的活动，而上层阶级声名狼藉的狂欢则是最糟糕的恶习。“美德只与商业名实相符，而且只有实际践行商业者，才能真正称得上具有美德；此外所有活动都毫无价值”（p.33）。把所有的人类活动截然分成两类，一类充满了活力，品德高尚；另一类则是无所事事，道德败坏。在这种情况下，各种艺术必然深受其害，它们毫不含糊地被划入后一类。

在经济学这门学科于18世纪末出现之前，研究经济专题的作家们常常专注于据称像在其他地方一样激发了市场中人的行为的“激情”。在极大程度上，他们认为这些激情具有难以束缚、控制或调和的必然性。然而，麻烦的是，激情连同其有时所引发的恶习，明显有助于让这个世界运转，或者至少是让经济得以运行，而且插手干预它们可能会引起危险。伯纳德·曼德维尔（Bernard Mandeville）认为促进经济增长的秘诀主要是依赖唤起并控制和利用激情，其中嫉妒、自尊心和贪婪尤显突出。“假如你想让一个团体的人们变得强有力，你就必须触发他们的激情。尽管从来就没有那么多余裕，也要划分土地，接着他们占有的财产就会令他们变得贪婪：尽管是开玩笑，也要用赞扬促使他们摆脱懒散，于是自尊心就会让他们认真干活。教他们做贸易和手工艺，你就会把嫉妒和竞争之心带到他们中间”（Mandeville，（1732）1924，I，p. 184）。

曼德维尔尤其是把嫉妒和攀比视为推动艺术市场的影响因素：“追名逐利、骄奢淫逸而又野心勃勃的人，尽管他一无是处，仍渴望到处都能获得优先权，而且想要享有盖过胜于他的人的尊荣：他企图拥有奢华的宅邸和怡人的花园；其最大的乐事是骏马威武、车驾华丽、扈从众多，而且家具昂贵等等，全都超过别人。他渴望自己的餐桌菜式繁多，每道菜都用到精挑细选、不易购得的多种珍贵食材，并足以证明烹饪方法精致得当；在享用美味时，悦耳的音乐和措辞精妙的恭维话，轮番愉悦着他的耳鼓”（p.148）。至少以曼德维尔愤世嫉俗的眼光来看，各类艺术没有可以辨识的经济作用或更大的社会价值，只不过是奢侈的交通工具、靡费的烹饪方式，甚至是过度的恭维，充当着满足攀比之需的手段。

曼德维尔注意到，和其他方式相比，以过度鼓励美术的方式运用各种各样的激情，对个人健康恰好较少造成损害。假如要在“醇酒、美人和音乐”之中做选择，遵循曼德维尔的建议的浪荡子就得选第三项。把美术鉴定为奢侈的恶习，而不是在市场中践行的美德，并由此把它们看作是对稀缺资源的浪费，使其在经济问题评论者的眼中注定地位低下。1606年，约翰·博丁（John Bodin）为了讲清在“每个城市的重大典礼”中“各类公民应如何排序”，开展了一项有实际运用价值的排练，从而确定了他们的社会价值。当然，他建议君主应站在前排，然后是神职人员、参议员、军队将帅等等。后排应该是身着杂色衣服的一众人等，其中就会有各类艺术家（Bodin，（1606）1962，p.402）。

2.2.2 关于价格、赞助和外部性的早期思考

博丁、曼德维尔和加利亚尼（Galiani）是最早推测艺术作品价格的决定因素的评论家中的三位。其评论的要旨是，与构成国民产品的绝大部分，而且其价格反映着成本的生活必需品不同，所有奢侈品是微不足道的，而其价值是由社会上的需求面决定的。博丁注意到，当奢侈品受到国王的垂青时，就会因其惠顾而非任何自身内在的缘由出现价格上涨：“人民总是遵奉国王的旨意，结果高估达官贵人们所好之物的价值，并提高其价格，尽管物非所值；例如，据历史记载，卡拉卡拉皇帝（Emperor Caracalla）视黄琥珀为无价之宝，因为它与其心上人的头发颜色相像”（Bodin，（1578）1947，p.34））。博丁预见到300多年以后索尔斯坦·凡勃伦（Thorstein Veblen）对炫耀性消费的评论，他接着强调：“当达官贵人们看到他们的臣民拥有大量他们自己所喜好之物时，他们就开始鄙视这些东西……这证明了，珍珠的数量一多，就会让人不屑一顾，人们不在乎就会导致低价”（p.35）。富人不思节俭，是包括艺术品在内的奢侈品价格比较高昂的另一个原因。就珍贵的织物而言，“高价源于浪费；因为我们不仅不满足于用它来装扮流氓走狗，而且我们是以显示不只是够一位主人享用，也不只是专为其提供的方式，来加以炫耀”（p.36）。既然对于渴望露富的那些人来说，奢侈消费品价格昂贵是其诱人的特征之一，那么就几乎没有约束成本的压力了。“确实，放纵无度对于提高食物价格助力甚多；人们发现，因为有钱人有时不知道如何花费其资财；悲剧作家伊索（Aesop）有这么一件轶事，为了开胃，让人给他上了一道耗费15 000克朗的菜，全是会唱歌的夜莺、椋鸟、乌鸦和其他鸟类，它们都曾学会了说话，尽管这样的鸟儿没有香味也不可口：然而，高昂的成本赋予了它们好味道”（p.41）。

曼德维尔总结出决定艺术品价格的四个最重要的因素：艺术家的名声、拥有者的声望、艺术品的稀缺性以及它们对自然的忠实度。他写道：

> 为绘画作品所定的价值不仅取决于画家的名声，以及他画出这些作品时所处的时代，而且同样大部分取决于其作品的稀缺性，更不合理的是，还取决于拥有这些画作的人的身份地位，以及它们被名门望族收藏的时间长短……尽管如此，我很乐意承认，对绘画作品要做出的判断或许具有普遍适用的确定性，或者至少比几乎其他任何东西都更不易改变和不稳定：原因很简单；有一条亘古不变的判断标准。绘画是对自然的模仿（（1732）1924，I，p.326）。

还有，不仅是真实的自然，而且是积极那一面的自然！“应该拿来描绘的并非自然，而是令人愉快的自然、美丽的大自然；一切卑鄙、粗俗、可怜、低劣的事物，都应小心避开，并排除于视野之外；因为对于真正有品位的人来说，它们和令人生厌以及非常龌龊的东西一样让人不快”（II，p.33）。

关于美术作品价格的决定因素，加利亚尼有两件事要说。第一件事与时尚的力量有关。“时尚的力量完全适用于美的事物，一点也不适用于实用的东西……美的事物有两类：一类是基于从一开始就铭刻在我们头脑中

的确定无疑的思想；另一类，尽管似乎并非如此，却仅仅是各种感觉的习惯化而已，是感觉的习惯使某种事物看起来漂亮。第二类的范围比第一类大得多，时尚的力量所覆盖的是第二类”（（1751）1930，p.295）。加利亚尼关于艺术品价格的第二项观察，与可称为“独一无二的和垄断的”那些作品有关，即“要么是诸如美第奇的维纳斯之类的没有替代品的作品，要么是因为只有唯一的一个卖家”（p.295）。加利亚尼否定了这些商品的价格不是“无穷大”就是“不确定”的说法，因为“我相信，人所拥有的每样东西都有次序和限度，而且，不确定和无穷大同样跟它们无关。于是，它们都有如下限度：其价格总是符合买方的需要或欲求以及对应的卖方的估价，并形成一个合成的比值。因此，恰恰是独一无二的稀罕物的价值，有时可能一文不值；而且，其价格总是受规则支配，尽管可能不是在所有条件下都是一个样”（pp.295-296）。

曼德维尔认为，至少在美术作品中，油画主要与贵族庇护人的高贵和鉴赏力有关。“油画家与历史真相毫无关系；其职责是要表现主题的庄重，并要恭维他的鉴赏家们，永远不能忘记我们人类的美德。其全部技艺和强大判断力必须用来把那种美德提升到最高限度。大师不给普通民众作画，而是画给拥有精妙理解力的人”（（1732）1924，II，p.35）。总之，各类艺术应表现道德准则，而不只是精确地反映自然或事件。“应当表现的事物之中的庄严，要远远超过单纯自然的美……轻柔的笔触、细微但又庄重的一笔笔所用来表现的，恰恰是最汹涌的激情。因为所画的总是崇高的主题，所以，除了庄重而意义重大、标致又令人愉悦的姿态以外，不要选择别的其他姿态；假如照着日常生活中的那个样子来表现动作，就会毁掉崇高感，并将立刻剥夺你的所有快感”（II，pp.36-37）。对于忧虑社会关系状况的那些人来说特别实用的是，艺术显示了调节人类激情的潜力。在曼德维尔所做的这一阐释中，艺术开始除去总是伴随着恶习和无益消遣的如影随形的恶名，并且，或许开始浮现为通向美德的途径。歌剧，因其提供了为音乐谱写道德劝诫性质的歌词的机会，而成为最恰当的例子。“除了在歌剧院里，没有其他任何场合，能够为男女两性提供这样的机会，使他们得以培养高尚的情操，并把他们从俗众中提升出来；而且，此外没有其他类型的消遣，或是经常参与的聚会，可以让高素质的年轻人同样有希望学成礼仪，养成牢固而持久的美德习惯”（II，p.40）。

2.3　18世纪：启蒙运动中的模仿与想象

2.3.1　大卫·休谟

大约在18世纪中叶，一种研究美术的崭新思路出现在大卫·休谟（David Hume）和安·罗伯特·雅克·杜尔哥（Anne Robert Jacques Turgot）的著作中。休谟拒绝接受把以下说法当成预先存在的共识，即包括美术作品在内的所有“奢侈品”都必定是浪费资财、道德败坏的。他坚持认为，根据奢侈品的表现形式来判断，其有可能是道德高尚的，也有可能是道德败坏的，有可能有益于社会，也有可能有害于社会。“奢侈是一个意义含糊的词，可能是褒义，也可能是贬义。一般而言，奢侈意味着在带给人感官愉悦方面有巨大的改进；并且，根据时代、国度或人的身份，无论其程度如何，奢侈都可能是无害或无可指责的。跟其他道德议题相比，美德与堕落二者之间的界限在这里更加无法准确划定”（Hume，（1752）1965，p.48）。为了区分堕落的奢侈和有道德的奢侈，休谟提出了将在18世纪和20世纪的人文和艺术领域中变得非常有影响的一系列论证，但是把艺术作为特例的尝试，在绝大多数情况下，被经济学这门学科所否定。休谟注意到，很容易证明，极端奢侈放纵的生活既挥霍浪费，对社会也是有害的。但是，包括分享文学和美术在内的“无害的”奢侈，又应如何看待呢？根据其历史研究，休谟评论道：“优雅精致的时代，生活最幸福，道德最高尚。”（p.49）。此外，艺术成就与诸如经济等其他领域的成就相伴而生，而并非与之竞争。“产生了伟大的哲学家和政治家、著名将领和诗人的时代，通常也有大量技艺高超的织布工和造船的木匠……因此，勤勉、学识和仁爱是由牢不可破的链条紧密地联系在一起的，而且，凭经验和理性来判断，只有在比较文雅，以及一般被称为比较奢华的年代里，才能找到这些”（pp.50–51）。的确，奢侈似乎为经济发展得以快速推进提供了某些无害的激励：“在奢侈滋养了工商业的地方，好好耕田种地的农民才变得富裕而生活饱足”（p.56）。

但还需要解释的是，奢侈到底是如何随着时间实现这些好结果的。休谟得出的结论是，答案在于无害的奢侈对人的行为的心理影响。“心灵获取新的活力，扩大其力量和能力，并且，通过在正当行业里的勤勉努力，这两方面满足了其合乎自然的嗜好，防止了违背自然的嗜好的成长，后者通常是在安逸闲散的滋养下涌现出来的。从社会中排除那些艺术，就会剥夺人们做事的活力和乐趣……”（p.50）。休谟发现，对包括美术在内的无害奢侈的喜好，与对私人生活和公共生活的贡献水平密切相联。

但是，勤勉、学识和仁爱不只是对私人生活有利；它们的有益影响还会扩散开来，惠及公众，并能使政府变得崇高而蓬勃向上，正如它们使个人生活幸福富裕一样。商品为生活增光添彩并使生活变得愉快，所有商品的增加和消费都有利于社会；因为在使个人无害的满足增加的同时，它们也是一种劳动力的贮藏库，一旦国家有不时之需，就可以转化成公益服务。在对这类非必需品没有需求的国家里，人们会陷入好逸恶劳，丧失所有的生活享乐，而且对公众毫无用处，这样就无法从如此怠惰的社会成员所从事的行当中获取收入，以维持或供养国家的海军和陆军（pp.51–52）。

休谟总结道，艺术既是指美术，也是指人类探索的所有表现形式，它们不仅具有正经济外部性，也具有政治外部性，而且，对于民主政体来说，确实是必不可少的。“英国的自由非但没有因为艺术的改进而衰退，反而在那个时期获得了前所未有的繁荣……如果不偏不倚地仔细思考这个问题，我们就会发现，艺术上的进展对自由相当有利，而且，即使不是创造了自由的政府，也具有一种使这样的政府得以维持的自然趋势”（p.55）。艺术和学问对培育公民美德所必需的那些心理特征来说至关重要。“于是，艺术和哲学所取得的最重要的胜利就是：它使人们的脾性变得文雅，并且，通过持续不断地追求对思想的爱好，以及再三重复对习惯的训练，给我们指出了应当竭力获得的性格气质”（Hume，1825，p.168）。休谟总的结论似乎是，尽管艺术因为减损了更有用处的货物和服务的生产量，而可能具有轻微的坏处，但它们通过控制诸如懒散和粗暴之类其他更具破坏性的恶习，而做出了重要的贡献。

2.3.2 安·罗伯特·雅克·杜尔哥

和休谟一样，杜尔哥也着迷于不同国家的发展速度所表现出的差异，而且，他猜测，其解释可能是，“艺术和科学的起源与发展，以及在两者之中所发生的革命”（Turgot，（1750）1973，p.42）。他总结道，现在我们称其为知识资本的东西的积累，是经济和政治发展的关键。和休谟的方法一样，杜尔哥更多的是从历史而非关于经济和社会行为的模型中得出其深刻见解。关于经济增长，他写道：“自然赐给人类的礼物分配不均，她赋予某些头脑以长才，却拒绝给予其他人。各种境遇要么是发挥了这些人的才能，要么是让其湮没无闻；恰恰是由于这些多种多样的境遇条件，让各个国家的发展产生了不均等”（p.43）。杜尔哥用古希腊的历史来证明，艺术和智慧的进步构成了社会发展的关键。“只有在几个世纪之后，在希腊才出现了哲学家，更确切地说，直到那时，研究哲学才成为特定思想家的职业，而且其范围十分广阔，足以让他们全职从事。在那之前，诗人一直同时既是仅有的哲学家，也是仅有的历史学家。当人们普遍愚昧无知时，很容易当个万事通”（p.49）。美术保持着突出的地位，对于维护希腊的成功必不可少。“在那快乐的几个世纪里，各种美术形式的光辉照遍每个角落，一种崇高的赶超激情从一座城市迅即传播到另一座城市！绘画、雕塑、建筑学、诗歌和历史学同时在各个地方都成长起来，正如我们在一片森林的扩张中所见到的，上千棵不同的树萌芽、生长、簇拥在一起，冠盖成林”（p.50）。

在休谟或杜尔哥的论述中，不再有像100年前谈论经济的作家们关于美术只是一种特定的浪费资财的奢侈品这样的暗示。浪费与堕落在美术中是有可能发生的，正如在所有人类活动中都可能存在浪费与堕落一样，但并非更有甚之。杜尔哥注意到，古往今来，“源于虚荣之心和把艺术作品当成财富象征而非审美对象的盲目奢侈，与艺术品的完美截然相左；对富丽堂皇的文明之爱才与之相宜”（p.52）。杜尔哥在科学与艺术之间做出了有趣的区分。他提出，前者的进步只受制于少数科学家的聪明程度，他们担当着发现并宣告自然法则的侦查员。而艺术则受到整个艺术群体的才能、想象力和训练的约束：“关于自然和真理的知识如同其本身一样是无限的；艺术，其目标是愉悦我们，和我们自身一样是有限的。时间会不断带来科学上的新发现；但诗歌、绘画和音乐却有着由语言的天才、对自然的模仿以及我们感官有限的感受能力所决定的固定限度，它们可以缓步达致，却无法逾越。奥古斯都统治下的拉丁文学全盛时期的伟人们曾抵达那样的限度，他们至今仍是我们学习的楷模。”（Turgot，（1750） 1973，p. 52）杜尔哥对科学与艺术所做的区分能否保持不变还不清楚，但他的确为在这两个人类努力探索的领域内开展教育并给予支持提供了令人信服的论据。

杜尔哥从其历史研究中得出结论，给予各类艺术的资助对促进其发展以及激发其内部的创造力都发挥着决定性的作用。“美第奇家族（the Medici）、利奥十世（Leo X）、弗兰西斯一世（Francis I）的不朽英名，神圣到永远！愿艺术庇护者分享艺苑耕耘者的荣耀！”（p.57）他看到了传统艺术赞助者未来的艰难时世，但他保持着乐观的心态，认为经历了混乱，将会出现新的需求之源：“在用心血来浇灌的情况下，美术鲜花盛开的枝干会成长起来吗？那一天总会到来，而且并不遥远，那时它们将使欧洲所有国家变得更美。”（p.57）

人类的文化演进有助于解释包括经济在内的所有领域内的进步，当杜尔哥得出这一结论时，他被引向了对美术的出现做出人类学解释的探索。他认为，美术起步于音乐、舞蹈和诗歌，这些均“源自人的本性。人生来就生活于社会之中，其欢乐表现于外：足之蹈之，呼之喊之。共同的欢乐以摇摆、腾跃以及同时而混杂的叫喊表现出来。渐渐地，人们对以类似的方式跳跃变得习以为常，步伐以声响为特征，而且后者以一定的时间间隔分开。耳朵经验很少，只是师法自然，学会了欣赏声音之间初步的关系。当想要用语言来传达一个人欢乐的理由时，这些就按照声音的节拍来编排。这就是舞蹈、音乐和诗歌的起源，起初写下诗歌就是为了唱的。”（p.91）哲学也是从虚构的故事中产生的。“语言的贫乏以及由此造成的隐喻的必要性，导致运用讽喻故事和寓言来解释物理现象。这些是哲学迈出的最初几步，在印度现在仍可看到这些。”（p.92）视觉艺术的故事与此类似。“设计、雕塑和绘画艺术，在艺术家所体验的情感及其努力传达的东西方面，与诗歌存在许多关联。在想要保存历史的或神话的记录这一欲望上，它们拥有某种天然的起源；在这个领域内天赋的才具因爱国或宗教的热诚而增强，力图以深厚的感情、足够的深度和力度，表达这些记录必定将使人们回想起的种种理念和记忆。”（p.93）

与休谟相似，杜尔哥也认为，艺术上的进步，正如经济体的其他部分一样，需要尽可能多的有抱负者展开竞争，这是不适者与适者均需参与其中的一种进化斗争。为此，必须有经久不衰的需求，从而“形成一个交易令人愉悦之物的市场，形成二流艺术家从事的职业，而伟大的艺术家则可以从中脱颖而出。”（p.103）他对比了几个国家油画家们的生存状况。“意大利、法国、佛兰德斯和极少数日耳曼和西班牙油画家，迄今为止是在这种艺术上最能够取得成功的人。其原因是，英国人只为优秀的画作付钱。因禁止在教堂里悬挂肖像画，他们剥夺了自己资助劣等画作，甚至是二流画作的手段。而在劣等工匠无法谋生的所有手艺行当里，二流的工匠不能衣食无忧，巨匠无从产生”（p.103注释）。英格兰的宗教改革使艺术市场丧失了活力，通过终结对普通画作的需求摧毁了这个产业，这样的指责成为从那时以后常见的讨论主题。

杜尔哥发现，炫耀性消费并非是艺术赞助的可靠基础，而且具有摧毁艺术品质的潜在可能性。当这种成分占据优势时，各种艺术的特征很可能表现为一波又一波的时尚和技术上的精湛技巧，而不是真正的创造性。在这一点上，杜尔哥的话具有引人注目的现代回响。“过度的奢华，在这种情况下，虚荣之心造成装饰物繁缛堆积，因为它并不把它们视为装饰物，而是当成富裕的象征，由此窒息了品位。人们不再追求事物能够给感觉和心灵带来的愉悦；他们不再探求他们自己的内心。除了时尚，他们不再倾听任何事情。在任何领域里，判断失误的不二法门，就是不用自己的眼睛去做评判。当每一个个体都做出判断，群众就会做出好的判断，因为判断是由很多人做出的。但是，没有人做任何事，只是盲信听从之时，群众就会判断失误。形成粗俗品位的另一个原因常常是艺术技巧的进步。人们总是倾向于误以为难就是美。”（pp.103-104）

杜尔哥首先是一位社会理论家，而不是经验主义者，而且其著作充满了关于艺术经济学的猜想，这些猜想可能已由其他学者做了更进一步的研究，并且或许要经过经验检验。这里再提一个例子。他认为，在任何时候生产出来的艺术作品的质量，除了其他因素之外，都是由艺术家可以获得的材料所提出的挑战决定的。对于画家来说，他们的调色板从黑白变成多色颜料时，挑战急剧增大。大艺术家成功地应对了这一挑战，而小艺匠们则半途而废。同样，文学艺术的品质取决于作家进行创作所处的语言条件。复杂的语言淘汰了弱者，但刺激了强者。“我们的语言所表达的，以及进入我们的类比之中的抽象观念的多样性，要求非常灵活熟练地使用它们。这是完美无缺的语言造成的不利条件。”（p.112）

经济学家们现今视为“需求”的东西，在18世纪经常被称为“品位”，而杜尔哥提醒其读者，尤其是艺术上的品位必须一以贯之地持续上一段时间。伟大的艺术绝少昙花一现。“如果不是经过数位独出心裁者之手，在长达数百年的时间里精心耕耘，无论什么样的艺术都培育不出来。”（p.116）艺术遭遇的一个难题是，它们受制于时尚的大潮，各种各样的原因可能导致需求的丧失。“艺术品位可能由于许许多多纯粹精神上的原因而被丢掉。一个国家中冷漠和软弱的情绪、迂腐、对文人的蔑视、王子们品位上的怪癖、暴政、无政府状态的扩散，都会使艺术品位土崩瓦解。”（p.117）

2.3.3 亚当·斯密

亚当·斯密的知识格外渊博，因此他在构造自己有关艺术和文化的分析时，能够向其前辈和同辈借鉴。他在《道德情操论》（（1759）1976）中所阐述的美学里，似乎更多的是借鉴曼德维尔，而不是他那“永志不忘”的导师哈奇森（Hutcheson）。但是，和哈奇森（Hutcheson，1729）一样，斯密对艺术市场的需求面特别着迷。他想知道，为什么人们会购买艺术？他认为，想必是在驱动着购买者的“美与丑的观念”，尤其会受到“风俗与时尚——支配着我们有关各种类型之美的判断的原则”（Smith，（1759）1976，p. 194）的影响。这些原则适用于所有艺术。“全世界都容许服装和家具完全受风俗和时尚的支配。然而，这些原则的影响却绝不限于如此狭窄的范围，而是扩展到品位的对象的任何方面，扩展到音乐、诗歌、建筑。”（p.195）人类自然不愿意承认，他们对艺术作品的反应是由社会决定而非个人决定的，但这依然是千真万确的。“所以，很少有人愿意让习俗或时尚对其关于什么是美的判断，或是对其在任何艺术的生产中的判断，造成很大的影响；而是想象成他们认为应当遵循的所有规则，都是基于理性和自然，而不是习惯或偏见。然而，只要稍加留意，就可以使他们确信，事实恰恰相反……”（p.195）。艺术时尚的支配地位更加重视成功的创新者。“杰出的艺术家将为每种艺术里的既定模式带来相当大的改变，并能引领写作、音乐或建筑的新潮流”（p.197）。关于时尚在决定需求方面的力量，斯密援引了“博学的耶稣会巴菲尔神父”的权威论断：“每个客体的美在于它的形状和颜色，这是其所属的特定类别事物中最平常的属性。”（p.198）

从艺术市场的需求面转向供给面，斯密注意到，伟大的艺术家们似乎提出了艺术里“理想中的完美”的概念，他们对此孜孜以求，把这种理想当作他们向往的目标和标准，同时知道他们永远无法达到。

在所有人文学科和具有独创性的艺术中，在绘画、诗歌、音乐、雄辩术、哲学上，伟大的艺术家总是觉得其最好的作品存在着真正的不完美，他比任何人都更能意识到，其作品距离他已形成了某种概念的理想中的完美差了多少，他只能尽可能地往好上去模仿，但他自觉永远无法企及那样的标准。只有劣等的艺术家才会永远完全满意于自己的表现。他对这种理想中的完美没有多少概念，对此他几乎不动脑筋；他决意拿自己的作品主要是跟其他艺术家，也许是跟更加等而下之者的作品相比较（p.248）。

伟大的艺术家们意识到其作品中的不完美，尽管这是事实，但斯密的确注意到，在公众中已大获成功者，其中某些人有一种危险的狂妄。“世上巨大的成功，对人类情绪和舆论的巨大的权威，若没有某种程度的这种过度的自负，是很少能够获得的。”（p.250）如若不加控制，这种自负就可能导致“近乎疯狂和愚蠢的虚荣心”（p.250）。

在《国富论》中，斯密并没有单挑出艺术和文化作为关注的专门话题。然而，在论述其他主题时，他的确经常谈及这些。关于是什么决定了各类奢侈品的需求这个问题，和他在《道德情操论》中讨论习俗和时尚的影响力时相比，他甚至更加愤世嫉俗。攀比的欲念更为显著。当其讨论贵重金属制品的价格时，他说“它们美的价值因其稀缺而大大提高”（（1776）1976，p. 190）。随后，他接着写下了或许在后来影响到凡勃伦（Veblen）提出炫耀性消费概念的一段话：

对于大部分富人来说，财富的主要乐趣在于炫示财富，当他们看上去拥有除了他们无人能敌的关键性的财富标志物时，在他们眼里，这就是最有造诣的炫富。在他们眼里，一件稍有用处或有点漂亮的东西，因其稀缺，或者因为收集到相当大的数量需要耗费巨大的人工，除了他们无人能负担得起的人工，其价值就会大大提高。和那些更加漂亮、更有用处，但更为普通的东西相比，他们愿意付高价买这类东西。实用、好看又稀缺，这些特质是那些金属价格高昂，或者说到处都能够用来交换的巨大数量的其他物品的原始基础（pp.190–191）。

当论及劳动的供给价格的确定时，斯密注意到需要补偿不同职业工资的差别，以弥补教育之类的费用。他把艺术家作为跟有学识的专业人员同样的例子。“具有独创性的艺术和自由职业上的教育，更加沉闷乏味而又花费不菲。因此，给予画家和雕塑家、律师和医生的金钱报酬应当慷慨得多，事实上也是这样。”（p.119）为信任而做出专门补偿也是某些艺术家理应得到的。“金匠和宝石匠的工资，无论在哪里都优于拥有同等甚至更高手艺的许多其他工匠，其原因是珍贵的材料交托到了他们手上。”（p.122）在分类的另一边，对某些艺术家来说，“公众的赞赏”是他们继续从事其艺术所需要获得的报酬的一大部分：“在诗歌和哲学方面，这构成了几乎全部报偿。”（p.123）然而，戏剧、歌剧和舞蹈也为斯密提供了与诗歌和哲学相反的例子，在这些情况下，需要有对受到公众毁谤的补偿，以吸引艺术家们从事这些职业。"戏剧表演者、歌剧演唱者、歌剧舞者等的过度酬劳是基于以下两条原则：天才的罕见与美艳，以及以这种方式来追求这些所造成的名声败坏。"（p.124）

关于生产性劳动与非生产性劳动的问题，斯密评论道，总的来说，"社会中最值得尊敬的一些阶层的劳动，比如住家仆工的劳动，本身并不生产任何价值，不是在某种恒久不变的对象或可以销售的商品上固定下来，或在其中实现自身；就生产性劳动来说，劳动过后，对象或商品会留存下来，之后为此可以获得等量劳动。"（p.330）这些阶层包括公职人员和军人，而且"在同一类型中必须分出等级，有些属于重大而最为关键的行业，有些则是微不足道的行业：牧师、律师、医生、各类文人学者，戏剧表演者、滑稽剧演员、乐师、歌剧演唱者、歌剧舞者等等。这些之中最无足轻重的行业的劳动也具有一定的价值，这是由与其他劳动分工相同的原则所规定的；其中最尊贵而又最有益处的劳动，在不生产劳动之后可以购买或获得等量劳动的任何东西。如同演员的朗诵、演说家的高谈阔论，或是乐师演奏的曲调，所有这些的工作成果在其生产之时就归于消亡了。"（p.331）在这种区分里，斯密强调，非生产性劳动的成果的确拥有正当合理的价值；它们只是触摸不到，而且不能直接带来资本积累和增长。与此同时，他使用诸如"微不足道"和"无足轻重"这样的词来指称艺术，使人回想起重商主义小册子作者们的诋毁。

到了晚年，斯密对美术或如他所称的"模仿"艺术的研究变得更加认真。他所撰写的关于这个主题的一篇论文，在其故去之后发表于他的《哲学论文集》（Essays on Philosophical Subjects）一书中。艺术与模仿之间的关系是亚里士多德在其《诗学》中探讨的主题，这对关系对于18世纪的思想家们来说还是个谜。斯密的论文读上去像是某个人的沉思录，沉思者本身没有许多的审美体验，但是他认识审美体验多的人，并且想要理解他们。他扩展了哈奇森（Hutcheson，1729）有关艺术主要事关模仿的概念，但是和伯克（Burke，（1757）1869）一样，他强调艺术不单是复制，艺术家潜心于寻找更宽泛意义上的相似之处。"就绘画来说，模仿常常讨人喜欢，尽管原来的对象一般般，甚至让人讨厌。"（（1795）1980，p. 179）包含模仿在内的阐释常常提升了原来的主体："若不自降身份，艺术就无法屈尊描绘令人生厌的或是卑劣的，甚至是平庸的任何事物。"（p.179）模仿若要令人愉悦，就得在"模仿品与被模仿的对象"之间有足够大的差距。这就是为什么雕塑比绘画更难于达到艺术上的成功，就绘画而言，调色板上的所有颜料都可以用来产生变化（p.180）。

在这篇论文中，斯密回到了他在《国富论》中确立的论点，即艺术可以满足各类不同观众之需，观众一方面是"精明者和睿智者"，另一方面是"富人们和大人物、自负者和虚荣者"（pp.182-183）。对于后者，"我们不应当怀疑，开支不菲、很少有人买得起、具有巨额财富的确切特征的表象，是否应该经常占据精致的美的位置，是否应该为推荐其生产同样出力。因为费钱的想法看起来常常会增光添彩，而省钱的想法好像常常会使非常令人愉悦的对象的光泽受到玷污。"（p.183）斯密使用了不同国家灌木修剪法的例子，来演示相对费用和价格如何影响"自负者和虚荣者"对艺术作品的需求。在法国，农业工资低廉，人们可以普遍获得灌木造型修剪的服务，因此这不再是拥有很大财富的信号。与之相比，在英国"这类造型灌木装饰品，因为还没有因其粗俗而降低身份，所以仍然出现在王公们和大贵族们的庭院里，没有被淘汰。"（p.184）

在斯密《论模仿艺术》（Essay on the Imitative Arts）一文的第二部分，他断言模仿艺术的产品是人类文明的独有特色，对于大多数后来的经济学家来说，这将成为异端的主张。此外，艺术生产的模式随着人类的进步而改变。和杜尔哥一样，他也提出了一个人类学假说。首先出现的是音乐和舞蹈："在艺术和改良的进程中，它们或许是人类自身发明的第一位的也是最早的乐事。"（（1795）1980，p. 187）但是，在文明的各种产品中间，这些是低档货，其相对需求随着进步而下降；对于先进的社会来说，它们太耗费时间：“在文明开化的国家里，下层人很少有闲暇，而上层人则有许多别的消遣；因此，前者与后者都不会在音乐和舞蹈上花多少时间。在未开化的国家里，绝大多数人们常常拥有大块儿的闲暇时间，而且他们几乎没有其他的消遣；所以，自然而然地，他们会把一大部分时间几乎都花在他们仅有的娱乐上。”（p.187）在音乐和舞蹈之后，出现在文明社会中的“艺术三女神”的第三位是诗歌，这是对艺术家和倾听者有更高要求的一种艺术形式。“然而，诗歌能够充分而清晰地表达许多东西，舞蹈要么是根本表达不了，要么是可以表达，但表达得晦涩而不完全；诸如对认识的推理和判断，理念、幻想和对想象的怀疑，情绪、情感和内心的激情。在明白清晰地表达某种意思的力量方面，舞蹈优于音乐，诗歌优于舞蹈。”（p.189）这样，斯密就提出了一种文化发展的阶段论和一个定性的等级结构，这多少类似于他那著名的经济增长阶段论。

斯密对各种各样艺术特定的模仿力的探究达到了一定深度，以便发现为什么人们对不同艺术形式的资助会厚此薄彼。他发现音乐在某些方面是很有局限的，但仍然比绘画更能唤起人的情感。“器乐确实拥有唤起和改变心灵的不同情绪与性情的力量，而且这种力量达到了非常可观的程度，一直是其美好声誉的主要源泉，因为人们一直把巨大的模仿力归因于音乐。”（p.198）音乐完全没有在任何深度上进行模仿的维度。“然而，假如不违背太多其自身的旋律与和声，器乐可以模仿自然物的声音，但模仿得并不完美，自然物的声音大部分既无旋律也无和声。”（p.200）实际上，斯密看起来是在怀疑，把艺术创作当作模仿过程的隐喻对音乐而言是不成立的。“音乐很少想要讲述任何特定的故事，或是模仿任何具体的事件，或是一般而言，暗示任何具体的对象，与此不同，音乐中声音的组合本身就是创作出来的……一首器乐曲的主题就是那首曲子的一部分；一首诗的主题，或一幅画的主题，都不是诗或画的组成部分。”（p.205）

与斯密关于市场行为一般原则的开创性著作相比，他关于美术的言论不那么成体系，也不那么自信。但是，他完全被美术给迷住了，而且，跟休谟和杜尔哥一样，他确信，美术是社会研究的正当主题。

2.4　古典经济学：边沁的阴影

就杜尔哥和休谟尤其是亚当·斯密所留下的内容丰富而又具有启发性的论题清单来说，令人惊讶的是，19世纪的政治经济学家们关于这个主题所做的事情何其少也！麦卡洛克（J.R. McCulloch）对1845年的《政治经济学文献》（The Literature of Political Economy）所做的综述评论根本没有提及艺术与文化（McCulloch，（1845）1938）。对这种缄默的解释可能存在于两个层面：一是当时社会关系与政策论争的语境；二是政治经济学这个新兴学科正在出现的方法论问题。

在19世纪，许多研究领域从业余爱好者、贵族、牧师等没有专业训练的人参与其中的运动场，演变成了各种严格的学科，这需要有公认的程序规则、学术权威、专业期刊和专业学会，大学院系和课程体系也发展起来。仅举少数几例，地质学、人类学和生物科学的情况就是这样。政治经济学也加入进来，要寻求科学地位，这意味着除了其他要求之外，还得有关于解释与预测的简化而又可以泛化的模型。要确保一种范式具备生存活力，例外情况就必须限定到最小限度，而且当人们提出存在例外时，必须千方百计把它们容纳在学科的帐篷之内。在道德科学或社会科学里，政治经济学也许是最强有力的范例，探寻所研究的单位普遍的行为“规律”，自然而然地导致了最优化和自利人的公设。对这个假定提出任何例外情况都是危险的，因为会威胁到这个学科自身所声称的科学地位。启蒙时代的思想家们所提出的有关审美体验具有独特性的种种猜想，恰恰属于这类情况，一旦予以接受，就会给政治经济学的科学合法性带来争议。

在杰里米·边沁的著作中，尤其是其以法文首次出版，并于1825年以英文出版的《奖赏原理》（The Rationale of Reward）中可以清晰地看到，政治经济学家们认为，启蒙时代研究文化与艺术的思路对其学科所主张的科学地位造成了威胁。初读《国富论》，边沁就赞成限制斯密强大的市场模型的例外情况。他宣称，除了如专利和版权这样少数几个限定的情况之外，国家应避免做出使任何人之所得超出自由市场之所供的安排；在几乎所有情况下，获取报酬的正确原理应当是由自由市场自动提供报酬。世间满是悖谬的索取者，他们赞成从政府获得超过市场所供的特殊待遇。边沁辩称，即使是在斯密所建议的诸如殖民地和资本市场之类的特别情况下，也应当抵制他们。他注意到，艺术领域麇集了格外直言不讳的特别辩护者，他们主张自己跟其他索取者截然不同，值得袒护。他首先提出了在20世纪经常被人重复的一项指控，也就是说，在艺术上的公共支出对收入和财富分配的作用通常是造成经济恶化。富人掠夺穷人，以便使他们能够沉溺于放纵的癖好。他谴责道："为了相对富裕的少数人的膳宿或消遣，花费金钱，购置物品，是由所有人来付出代价，包括为数极多的不富裕的多数人，他们不能分享到这种好处：例如美术的生产……"（Bentham，1962，II，p. 251）

诗歌是边沁频繁攻击的具有象征意义的靶子，因为诗歌经常被当作应获得公共资助的例子，而且在他看来，诗歌应该给诗人和赞助者带来欢乐，由此应能自行获取足够的报酬，诗歌正是这类艺术形式的典型例证。"在有些国家里，对文学感兴趣者如此之少，以至从整体而言以人为的奖赏予以鼓励或许有益。但是，如果我们考虑到天生诗才者的享受多么强烈，作诗的才能所带来的突然而至的美名，还有它们常能出产的丰厚收益，尤其是在戏剧行当，就会发现诗歌所能获得的正常报酬远非菲薄。"（II，pp. 212-213）边沁把诗歌的幻想结构与科学的铁的事实和本质上的有用性并列在一起。"幸福取决于我们的头脑所充填的事实的正确性和判断的公正性；但是，诗歌恰恰并不直接倾向于产生知识的正确性或判断的公正性。如果说有用它（诗歌）来对抗有害偏见的例子，那么有害偏见因诗歌而孕育和繁衍的例子就会不胜枚举。"（II，p. 213）他感到愤怒的是，各种各样的创意文学形式，其中尤以诗歌为甚，把"想象力"窃据为自己的出发点，好像其他的智力活动都不具备想象力的根脉似的。"这些也一道被置于想象力的名头之下；首先，对操练所有这些分支的艺术来说，运用想象的能力似乎不可或缺；其次，对于任何其他艺术分支来说，情况似乎并非如此。"（Bentham，1962，VIII，p. 76）

边沁时常煞费苦心地指出，与作为严肃的智力尝试的"属于好奇心的艺术和科学"相比，美术只是"消遣"。"我所说的属于消遣的艺术和科学，指的是人们通常所称的美术，例如音乐、诗歌、绘画、雕塑、建筑、装饰性园艺等等……"（II，p. 253）消遣和好奇心的满足两者的确都带来了快乐，因此使忙于此道者获得了效用，并且其价值可以用它们所产生的效用与从事其他活动所获效用相比的增加量来加以评估。在文化经济学的历史上，有段话或许人们经常加以引用，或许也是最有影响力的，在这段话里，边沁对以下事实感到意外——人们实际上常常倾向于更喜欢美术所带来的愉悦，而不喜欢科学所展示的真理以及闲适娱乐所提供的无害消遣。当然，他看不到有任何理由对美术加以额外的鼓励。

所有这些艺术和科学——包括我谈及的属于消遣的和属于好奇心的这两类在内，其效用——它们所拥有的价值，与他们所产生的快乐恰好相称。试图确立其自身的卓越地位的所有其他种类全都是想象出来的。撇开偏见，儿童针戏与有关音乐和诗歌的艺术及科学拥有同等的价值。如果儿童针戏提供了更多的快乐，它就比那两者中的任何一个都更有价值。每个人都可以参加针戏；诗歌和音乐却只能由少数人享受。儿童针戏总无害处；要是总是可以说诗歌亦然，那可就太好啦。的确，在诗歌和真实之间存在着天然的对立，因其虚伪的道德、杜撰的本质。诗人总是迫切需要错误的东西。当其自称以真实为基础时，其上层建筑的装饰品则是虚构；其能事在于刺激我们的激情，并唤起我们的偏见。事实是，每一类事物都要精确，这对诗歌是致命的。诗人必须透过色彩斑斓的滤光片看待一切，而且必须努力使其他的每一个人都这么做。确实，浩然之气存焉，诗歌和哲学同样一直受惠于此；但是，这些例外情况无法抵消由这种妖术造成的种种祸害。如果诗歌和音乐值得获得优先于儿童针戏的偏爱，那必定是因为它们适合于让那些极其难以取悦的人们感到满意（II，pp. 253–254）。

边沁承认，有时候艺术具有某种间接的道德功用（我们现今可能称为正外部性），当它们占据了否则就可能成为游手好闲的懒汉们的时间和心思时，就是这样。但这实在是无心的赞美。“所有的艺术和科学，无一例外，由于它们相当于至少是对时间的没有害处的使用，拥有了某种道德功用，这一点十分真实而又重要，因为常常无人注意到。它们跟那些因为人们没有正经营生而又无聊所滋生的有害而危险的爱好和职业相竞争，从而取而代之。它们是酗酒、诽谤和赌博嗜好的极佳的替代品。”（II，p. 254）他接着提出，甚至可以断言，由于和平主义的高涨，应当给予美术以赞扬。“在很大程度上，我们应当把现在反战派的存在归功于艺术和科学的教化：在美术所给予的陶冶和愉悦之中，反战派得以形成。打个譬喻说，这些艺术已经在其和平的麾下招募到了游手好闲者的部队，假如没有这些消遣，他们就会投身于危险而血腥的战争游戏。”（II，p. 254）但是，这确实也不是认真思考艺术的理由。边沁已经向有志于研究艺术和文化的人下了战书，他们得去证明艺术和文化并非微不足道，而且值得忙于进行公共政策分析的人花上本已不敷使用的时间。

边沁强调，就他所能理解的而言，艺术中的“质量”纯粹是个人品位的事情。既然美术完全是娱乐，任何人怎么能够去说——更不必说去指示——什么会娱乐其他人，什么不会。没有人能以任何权威来规定，什么是好艺术，什么是坏艺术。“只有出于习惯和偏见，在品位的事情上，我们才会谈到对和错。没有任何品位应当得到好这个绰号，除非它是对这类活动的喜好，这类活动把它们确实产生的愉悦和某种偶然的或未来的效用结合在一起；没有任何品位的特征就是坏，除非它是对具有有害倾向的某种消遣的喜好。”（II，p. 254）“打着净化公众品位的幌子”，自称艺术评论家的那些人通常减少了幸福的总和，因其剥夺了“或多或少的人获得娱乐的源泉。”评论家们宣称某些艺术作品本来就不如其他作品，并要人们免于考虑它们，这样做实际上缩减了消费者的选择集合。“这些评断高雅与品位的谦逊的判官们，自视为人类的恩人，然而，他们实际上是阻碍人类乐趣的人——有点儿像是讨厌的主人，置身于餐桌旁，以其假装的殷勤，破坏了客人的胃口。”（II，p. 254）边沁无疑讲清楚了其学说的政策含义。谁都不该在品位的事情上对别人夸夸其谈，国家也不该对任何“属于消遣和好奇心的艺术与科学”厚此薄彼。有望带来直接公益的科学知识的新发现，偶尔可以给予奖赏，但就美术而言，则应依靠市场来发出绝大多数信号，这是诱导出适宜的生产水平所必需的。“在富裕而繁荣的国度里，由公众来负担培育属于消遣和好奇心的艺术与科学的费用是没有必要的。对于这些，个人永远会给予跟它们所带来的愉悦相称的那份酬劳。”（II，p. 255）

边沁的著作中表达了方法论上的关注点，而有助于解释不断成长中的古典政治经济学机体内对文化和艺术的忽视，并与这些关注点有关联的语境上的情况有两类：第一类情况以亚当·斯密在生产性劳动与非生产性劳动之间明确做出的区分为中心；第二类情况以重农学派在出产于“生产性的”农业部门的商品与来自非生产性的城市部门的商品和服务之间所做的类似区分为中心。按照这两类区分，艺术都因为比较而深受其害。这些区分植根于17世纪和18世纪反对某些类型的经济活动的偏见之中，那时尤其反对被视为奢侈或堕落的活动，正如前文中所讨论的那样。但是，后来这种区分倾向于聚焦在能够或不能产生物质产品剩余的部门，诸如建筑物或粮食之类的剩余可以增加到固定资本或流动资本（工资基金）总额上去，从而在后期提高国家的产出量。斯密十分小心地把“生产性劳动”定义为“给使用劳动的主体增添了价值的那一类劳动。”（Smith，（1776）1976，p. 330）在斯密看来，制造业的劳动者是最明显的生产性劳动者，然而，对重农学派来说，农民才是。不妨回想一下，在斯密和重农学派两者的眼中，一成不变的非生产性劳动者都是住家仆工。斯密把艺术列入了这一类别，很明显，这一描述的意图主要是为了帮助分类，而不是对艺术的赞美。斯密当然已经承认了非生产性劳动及其产出具有价值，但他所使用的语言中包含的对它们的诋毁是不可否认的。在当时的种种情况下，认为艺术无助于经济增长的这种观点实在是具有毁灭性的。对其正在形成中的古典政治经济学领域内的读者们，这一忠告并非没有影响。他们会得到强烈建议，要抛开艺术，要把他们的注意力和研究贯注在诸如制造业、农业和国际贸易之类的“生产性的”活动上。

虽然如此，在生产性的劳动与非生产性的劳动两者之间加以区分，在斯密做出这一阐述不久之后，确实招致了一些强有力的批评。例如，詹姆斯·梅特兰（劳德戴尔勋爵）（James Maitland（Lord Lauderdale））于1804年指出，重农学派所提出的种种区分产生了一些谬论：“制造商和艺术家的劳动完全不生产财富，无法同意这样的主张。”（Lauderdale，（1819）1962，p. 141）他还反对把斯密的理论——在竞争中价格会自然趋近于生产成本应用于艺术市场，在艺术的情况下，这意味着艺术家仅能获得维持基本生活的工资：“一位画家的作品卖价已达数千英镑，而且已知其画作的价值在其故去之后已经提高了。在这种情况下，认定他给作画的帆布增加的价值，只不过是他用以糊口的食物的价值与其接受教育的费用等值之和，这是无法让人相信的。”（（1819）1962，p. 142）。劳德戴尔提出的理由是，艺术领域不同于大多数其他职业，对天分的要求构成了入行的障碍，而且，随着时间的流逝，在竞争当中，艺术作品的价格将会反映给予拥有罕见才华的艺术家越来越高的租值。他发现，斯密对非生产性的劳动和生产性的劳动所做的区分，正如重农学派的区分一样不尽人意。“因此，看来无法断言制造商和艺术家的劳动，乃至其服务即刻消亡的那类劳动，连同庄稼汉的劳动一道，都应该被视为不能生产财富。”（p.153）19世纪初，在贵族阶层中人们比其他阶层更加珍视艺术。或许是因为劳德戴尔在贵族阶层中的地位，使他针对逐渐增多的政治经济学文献中有关艺术和文化的论述，做出了如此具有批判性的反应。

尽管对它的批评很中肯，但在生产性劳动和非生产性劳动两者之间的区分并没有轻易消亡。它依然存在于1848年约翰·斯图亚特·穆勒所著的《原理》一书中。穆勒否认无论如何都应把“非生产性”解释成是个“轻蔑的术语”，或是给某些商品和服务冠以“污名”（Mill，（1909）1964，p. 44）。然而，他的拒绝跟他所使用的事例的基调相矛盾。就剧场来说，他似乎暗示，如果人们留在家里并省下钱来，那会更好；一个国家在演出方面花费开支，假如能拿到国外去演，并有国外汇款，才会产生他所能看到的仅有的净收益：

……但是，一个演员所获得的，只不过是把观众的钱变成了他的钱，却没有留下任何财富之物以补偿观众。因此，从总体上看，这个共同体从这个演员的劳动中一无所获；而且，还损失了在其收入中由他消费掉的那个部分，保留下来的只是他的积蓄。可是，若由其他共同体支付费用，一个共同体就可以因非生产性的劳动而增加其财富，正如个人可以让旁人付费一样。意大利歌剧演唱家、德国家庭女教师、法国芭蕾舞蹈家等等，无论他们走遍天涯海角，只要他们回到起点，对他们各自的国家来说，都是财富之源（p.50）。

在强调生产成本乃是价值的最强有力的决定因素这样一种经济理论中，试图把艺术经济学与关于经济体其他部分的经济学等量齐观地加以理解，在这种情况下，把关注的焦点放在生产艺术品的劳动而不是艺术品本身上，这么做可不是巧合。

这并非暗示着，在整个19世纪的古典政治经济学里，根本没有关于艺术经济学中有趣问题的任何评论；

更确切地说，这说明评论很少，而且，关于这些论题的研究，传达给学者们的负面启发教导法远远强于正面启发教导法。大卫·李嘉图（David Ricardo）早已证明了，有些异常商品尽管用劳动生产出来，却不能可靠地进行再生产，而艺术提供了属于这类异常商品的一些最佳例证。因此，它们的价值由需求来决定。在《政治经济学与赋税原理》（Principles of Political Economy and Taxation）（（1817）1948）一书中，他多次重复地做了讨论，其中对艺术品分组进行了各种夸张的分析。如下所述：

有这样一些商品，其价值仅由其稀缺性来决定。任何劳动都不能增加这类物品的数量，因此，其价值无法通过增加供给来降低。某些稀世的雕像和绘画、罕见的书籍和铸币、品质绝佳的葡萄酒（只能用某种特殊土质上生长的葡萄来酿造），数量极其有限，这些均属此类。其价值完全不依赖于最初生产它们时所必需的劳动量，而且其价值随着想要拥有它们的那些人的财富和爱好的变化而变化。

然而，在市场上日常交换的大量商品里，这些商品只占很小的一部分（Ricardo，（1817）1948，p. 6）。

约翰·雷（John Rae）始终是个思辩型的思想者。在其《关于政治经济学某些新原理的声明》（Statement of Some New Principles of Political Economy）（（1834）1965）中，他跟为什么人们实际上对艺术的产品有需求这个问题缠斗在一起。他对一个隐含的迹象感到不快，即对艺术的兴趣就好比任何一种其他的消费需求，而且是一种奢侈的需求。他认为：

看见某些形状和色彩以及它们的搭配布置，就会产生某种愉悦，这跟它们的成本完全无关；也会有某种适合感；某些布料的质地可以隔绝极端的冷热，为容貌和外形增光添彩，弥补其缺陷，这些本身都会产生愉悦；除了这些关联，还存在着心灵为自身创造出来的愉悦……看到雕像、绘画、花朵，也能为许多心灵提供高度的满足。因此对于所体验到的愉悦的程度，人人各不同，而且，几乎不可能确定在任何人身上的精确数量；在大部分情况下，由此产生了决定什么是奢侈、什么不是的困难（Rae，（1834）1965，p. 272）。

关于19世纪古典政治经济学的这一节综述的最后，我们可以引证约翰·斯图亚特·穆勒的论述。穆勒对于跟艺术有关的社会政策与经济政策的立场反映在他的社会理论中。他关心的是，在现代市场经济中，尤其是在像英国这样对艺术的尊重一贯极其有限的经济里，艺术从业者如何才能生存下来。他特别忧心地考察了从事创造性写作的作家们的状况："虽然成功的作者所得到的最高额的金钱奖励大大超过此前任何一个时期，但是，只要对成功的机遇稍作合理的计算就不难发现，在目前的竞争中，几乎没有任何一位作家可以指望靠写书来谋生，而且，靠为杂志撰稿和写评论来糊口也日见其难。只有更令人烦恼和不快的种种文学劳动，以及不能带来个人名望的活计，诸多跟报章或小刊物有关联的大部分文字业务之类，让受过教育的人现在能够赖以维生。"（Mill，（1909）1964，p. 397）他敦促，在缺乏传统而又时势艰难的地方，人们应当更多地关注维持艺术生存这个问题。他注意到，在流行的艺术家所创作的许多艺术作品的销售额中包含着大量的生产者租值。和在他之后的许多人一样，他想知道是否可以用某种方法提取这种租值，以资助没那么走运的艺术家（Mill，（1909）1964，p. 443；1986，p. 1240）。他运用各种各样的论据，主张在所有层次上开展艺术的公共教育。首先，人们的生活品质会由此得以改善。"他们的感觉自然比我们精细，他们的感官知觉也比我们更能运用自如，这样的种族和民族可以从绘画和雕塑中接收到同一类的观感；我们当中许多更精细的组织也同样如此。所有表情达意的艺术都有助于使它们所表达的情感维持下去，并保持活力。"（Mill，1984，p. 254）此外，艺术的教化可以造就更有道德、更为宽容的公民："除此之外，善良和美的教化——如果那是真正的教化，而不是不加控制的本能，在这两者之间，存在着一种天然的亲和力。"（p.255）最后，他提出艺术能够通过慢慢灌输，逐步实现一个民族的质量控制，有助于证明取得超凡成就的可能性，并能揭示"美德成就完美"。这是因为"没有任

何其他的人类产品，像纯艺术作品那样，如此近乎完美”。（p.255）

2.5 人文主义评论家

虽然19世纪的政治经济学家们回避了具有同情心的文艺研究路数，但其他人，尤其是共同组成了一个评论团体的诗人、小说家和随笔作家们投身进来，填补了空白。其结果是，一边是正在形成的政治经济学学科，另一边是人文学科和艺术，两者之间的鸿沟越来越宽。这些评论家所讨论的某些主题，如今可称为文化艺术所具有的正外部性；其他主题则涉及有关艺术在国民生活中的地位的更加深刻的猜想。许多小说家和诗人尤其担心，资本主义市场经济为了实现更乏味的目标，正在把艺术和文化挤到一边（Grampp，1973）。例如，托马斯·洛夫·皮科克（Thomas Love Peacock）抱怨道，19世纪已经变成了“小商贩”（l' épicier）的时代，在这个时代，所有物品都是为了回应消费者的需求而生产，毫不顾及其内在的价值，在“文学市场”中也莫不如此（Peacock，1926，pp. 294，297）。“力学的进军”（技术的进步！）一直伴随着“政治经济学成长的岁月”，其结果就是“我们所说的小商贩精神（l' esprit épicier）。通过带有荒诞色彩的陈腐、粗俗而又笨拙的事情，这种精神被运用到文学、艺术和生活模式上，而且在表现手法、风格和品位上显露出来，创立了我们所说的小商贩流派（le genre épicier）。”（Peacock，1926，pp. 295，300）尽管他满口谈论的都是自由，但是小商贩本质上却是权力主义者。“其主要志趣是对‘秩序’的酷爱，因为他已经注意到，在发生政治动荡的日子里，其运营业绩的百分点数已然发生跌落。对无政府状态的恐惧，或者，更准确地说，对销售额缩减和价格下跌的担忧，已使他成为‘公共秩序’的盲信者……对他来说，秩序是无论付出任何代价都必须获得的积极成果，丝毫不必顾及造成任何一部分社会成员焦躁的过激行为的原因是什么。”（Peacock，1926，pp. 300–301）因其害怕混乱，小商贩是艺术家和知识分子的敌人，甚至“终其一生，拥有自己的想法这件事，从来没有发生在他的身上。”（p.301）

有三位批评政治经济学的人文主义评论家超越了这类谴责，对研究艺术与经济的关系做出了显著的贡献。他们是：诗人和随笔作家马修·阿诺德，杰出的艺术家、评论家和艺术史学家约翰·罗斯金，工艺美术运动的领导者威廉·莫里斯。下面几小节里，我们转而讨论这三位评论家。

2.5.1 马修·阿诺德

马修·阿诺德所提出的主要问题是对政治经济学家们的一项直接挑战：艺术与文化是否只是消费者为了消遣从中进行选择的一批独具特色的物品？它们事实上对健康而有成效的社会发展不是不可或缺的吗？阿诺德坚定地提出：一边是资本所有者，另一边是劳动者，经济发展能够在不造成两者之间的毁灭性冲突的情况下持续下去吗？这将成为19世纪的政治经济学中最可怕的一个问题。在他之前的诗人和小说家们已时常讨论新型工厂生产制所造成的环境退化和工人阶级的苦难[1]；阿诺

---

[1] 在19世纪的英国，有些具有开创性的作家谴责正在发生的工业化，谴责他们认为与之联系在一起的政治经济学这门成长中的学科。这些作家包括：罗伯特·骚塞（Robert Southey）、塞缪尔·泰勒·柯勒律治（Samuel Taylor Coleridge）、威廉·华兹华斯（William Wordsworth）、托马斯·洛夫·皮科克（Thomas Love Peacock）、安东尼·特罗洛普（Anthony Trollope）、威廉·科贝特（William Cobbett）、托马斯·卡莱尔（Thomas Carlyle）以及最值得注意的查尔斯·狄更斯（Charles Dickens）。参见Grampp（1973）。

德提出了后续的问题，即如果这些苦难持续不断，同时，借助1832年和1867年的改革法案，特权却不可动摇地有增无减，在这样的情况下，社会如何才能弥合在一起。用什么来阻止无产者拿走有产者的财产——不管是通过议会的行动合法地拿走，还是凭借街头暴力非法地拿走？用什么来阻止民主化退化成无政府状态？毕竟，法国大革命过去了仅仅几十年，1848年那个革命的年份则更近。阿诺德提出，要应对无政府状态的威胁，答案在于教化人口，具体而言，在于扩展“文化”，使之遍及于所有民众。在其很有影响的著作《文化与无政府》（Culture and Anarchy）（（1869）1903）里，阿诺德用启蒙运动的术语把“文化”定义为“对完善的研究”，“把一连串新鲜而自由的思想灌注到我们平凡的观念和习惯之中。”（序言 p.10，正文 p.7）他说，文化“既具有科学的激情，也拥有为善的激情。”（p.8）它会把人性引向“一种和谐的完善，其中兼具美与智慧这两个特性”，“人性在其所有方面均达致完满”（pp.19-20，p.25）。阿诺德给文化下的定义似乎更接近于现在“博雅教育”的成果所指的那种含义。如果不努力工作，不付出代价，文化是不可能毫不费力地到来的。与边沁相反，必须有内行的评论家努力领会并传播“世界上一直在想和说的最好的东西”。（序言 p.11）他们必须指导其他人来探索文化。

阿诺德断言，多行善事的有教养的公民，对一个健康、上进的社会来说是必不可少的。在他看来，这种公民类型跟经济学家们设定为模型的贪婪的自利性动物截然不同。他给后者起了一个恰如其分的蔑称——市侩。“极其相信我们的伟大和幸福是用我们十分富有来证明的人，把他们的生活和思想几乎全都用来发财致富的人，恰好是我们称为市侩的那种人。”（p.17）仿照海涅（Heine），他描述了运行于人类内部的两组行为压力，分别称为希伯来精神和希腊精神。希伯来精神包括良心、服从、责任和自我克制，亚当·斯密100多年前在《道德情操论》中曾论述过的品质就包括这些；希腊精神涉及自发性、好奇心、智慧的灵活性和对美的欣赏，《国富论》中曾论及这些主题。“希腊精神的至上理念是如其本然地看待事物；希伯来精神的至上理念是引领和服从。”（p.123）阿诺德把人类历史视为主要是在这两组力量之间的挣扎：“希伯来精神和希腊精神，人的理智冲动和道德冲动，如其本然地看待事物的努力和通过自我克制赢得平静的努力，两组力量交相轮替，人类精神得以继续前行；其中每一组力量都有其达到高潮的时刻和实现支配的季节。”（p.134）阿诺德强调，一个健康的人或社会，在两组行为特性之间维持着某种适当的平衡。贝内特（Bennett，2005）看出，在阿诺德的文化概念背后，存在着柏拉图（Plato）与浪漫主义诗人歌德（Goethe）和席勒（Schiller）的理念。启蒙时代的经济思想家们同样全都一直关心社会、经济和政治应当处在什么样的环境条件之下才能顺畅地运转。经济学家们要看到这一点并非难事。阿诺德时代的政治经济家们已开始相信，把经济跟社会和政治区隔开来，就可以对经济进行合情合理的研究，而且，当人类的自然倾向可以自由无碍时，最优的社会、政治以及经济结果就有充分的理由从自由市场中涌现出来。阿诺德看来是按照我们在斯密早期的著述中所找到的某些提示做了进一步的研究；斯密曾提到，经济效率的秘诀或许没那么简单。此外，或许有理由得出结论，艺术和文化的市场确属例外，其运转和对社会整体的作用都是如此。对于市场经济的顺畅运行来说，先决性的背景条件是必不可少的。人们通常关心诸如通过博雅教育实现文艺教化之类的技术效率，而那些先决条件所可能需要的制度和行动与此大有不同。这不是19世纪政治经济学家们希望听到的消息，也不是他们准备参与研究的信息。

2.5.2 约翰·罗斯金

关于经济与文化艺术的关系，19世纪的政治经济学家们深恶痛绝的另一个观点来自约翰·罗斯金。阿诺德已经质疑了古典政治经济学新出现的一条神圣原则，即只聚焦于市场相互作用而不注意文化脉络是合理的，而罗斯金反对的是另一条原则，即消费者的效用函数在极大限度上是稳定的，而且，应当把需求视为外生于经济分析。阿诺德所关心的在本质上是宏观层面的事，关系到整个社会经济体系的稳定性，而罗斯金所关心的是微观层面的事，关系到社会中个人的幸福。和阿诺德一样，罗斯金似乎是在故意羞辱他那个时代的政治经济学家。尽管他以诸如“艺术的政治经济学（The Political Economy of Art）”（1857；发表于 Ruskin，(1880) 1905）这样的题目发表过论著，他还是乐于报告说，除了年轻时读了《国富论》，关于政治经济学，他一个字都没读过。和阿诺德一样，他也在有所需要时构造了自己的词汇，而不去努力和或许对其主题感兴趣的政治经济学家们发生联系。亦如阿诺德，罗斯金也乐于驳斥作为政策原则的自由放任。实际上，他指望着某个专权型的、干预主义的领导者使社会变得更好。罗斯金的政策规范是形成幸福的个体，这些个人都已使“其自身生活的功能达到了极度的完满”。(Ruskin，(1862) 1905，pp. 84，105；也可参见 Moore，2005）但是，他所提议的让这样的个人变得更加幸福的途径，不是为之积累越来越多的商品和服务，而是训练他从中做出更好的选择，训练他欣赏更多的他买得起的那些商品。罗斯金相信，采用这个办法，政治经济学就可以真正成为一门道德学科，而且，穆勒曾指出过的政治经济学中科学-伦理学的二元对立就会荡然无存。在罗斯金看来，价值取决于生产成本的观念荒谬可笑，而且，他坚持认为财富只与使用物品的方式有关，由此他预见到了19世纪70年代的边际效用革命。他强调，“明智的消费是远比明智的生产困难得多的一门艺术”。((1862) 1905，pp. 98，104）罗斯金从其理论思考中得出自然的结论，共同体有责任确保用来消费的物品具有“有益于生活”的品质，并要教导消费者们加以充分利用。在这一过程中，艺术家和艺术评论家两者都发挥着重要作用，不能指望由市场来保证艺术家和评论家的生活费用。作为一位早期的积极倡导者，他提倡对艺术教育、出色的公共建筑、博物馆（用来保护古老艺术）提供公共资助，并且倡导建立国家艺术购买基金（为新艺术提供需求）。他回到并同意亚当·斯密的主题，即若不加限制，虚荣心就可能成为错误的决定因素，决定在艺术领域中生产什么。无处不在的低级趣味和炫耀卖弄都是罗斯金所需要的证据，用以证明在艺术领域中实行大规模干预的必要性。

虽然罗斯金关于艺术经济学的篇章受到他那个时代绝大多数经济学专业人士的抨击、谴责或忽视，但是，从那时以后，其思想却在有关英美劳工运动的思考和文献之中留存下来。这里仅举一例，由亨利·克莱（Henry Clay）为工人们撰写的大众经济学教科书《经济学：普通读者入门》[①]以这样一段评论开篇：“因此，在我看来，如果根本不考虑经济组织与政治的和伦理的目标及标准的关系，那么这样的经济学研究完全不值得去做。换言之，因其没有指出，针对罗斯金的疑问‘财富是什么’，经济学能够给出什么样的回答。”(Clay，1918，p. viii）在该书关于“财富与福利”的最后一章，克莱再次转到什么构成了人类的进步这个问题上，而且，他注意到一个悖论，伟大的艺术大量产生的时代不一定是生活消费品持续增加的年代：

> 如果我们比较不同的时代和国度，财富显而易见并不重要这一点就会让我们陷入迷惑。追求物质利益者把20世纪粗俗的丰足视为伟大；其他人则会把艺术视为表征一个时代或一个国家的性情的更好指标。无论哪个正确，两个伟大的艺术时代（工匠就是艺术家而且人们普遍懂得欣赏艺术的两个时期）都是物质上极度贫困的时代；几乎没有人会断言，阿克赖特（Arkwright）时代

① 1918年出版第一版，在英国和美国均多次再版。

比菲迪亚斯（Pheidias）时代伟大，芝加哥文明比雅典文明伟大；把两者都做过了研究，并且比较了成就与机遇之后，几乎没有人会认为13世纪的艺术低于维多利亚时代的艺术，建造了大教堂的时代低于修复了它们的时代。当社会变得更加富裕时，艺术已经越来越变成小集团和圈内人关心的事情，在普通人日常生活中所占的部分越来越小，直到今天，我们有了像美国这样的国家，它如此富有，以致它的惠斯勒（Whistler）们和萨金特（Sargent）们要飞去欧洲穷些的国家（p.420）。

克莱把这个谜团留给了他的工人阶级的读者们去思忖；显然，他认为这个谜题值得深思熟虑。

2.5.3 威廉·莫里斯

让相当多的19世纪的政治经济学家们诅咒的第三位论及艺术的作家是威廉·莫里斯（Upchurch，2005）。他的过错一定程度上在于他是一个虚伪的变节者。毕竟，可以把阿诺德和罗斯金当作只是难以捉摸的诗人和半疯的艺术评论家，不予认真理会；相比之下，莫里斯却是个成功的商人，他从实用美术上赚到了大钱。他本人也是个多才的艺术家和设计师，其名声多源自他是领导了早期的工艺美术运动的先驱。或许因为他在艺术市场的现实中浸淫得更深，关于以零敲碎打的改革实现变革的前景，莫里斯比阿诺德和罗斯金更绝望。阿诺德和罗斯金两人都设想过进行非常有益的改革的可能性，通过教育以及由国家进行较为适度的干预，资助并促进艺术的发展。莫里斯抱有严重的怀疑。他认为，只有在生产资料集体所有制下，艺术才能繁荣昌盛，为此，要么是转变成社会主义国家，要么是通过共产主义革命。为什么在自由市场之外艺术必定会繁荣？关于这一点，他没有说明白，但他断言终将如此，这是对他那个时代的经济学正统说法的另一项根本挑战。值得注意的是，关于社会主义对艺术潜在的积极影响，和马克思本人或是其绝大多数的追随者相比，莫里斯有更多的话要说（Solomon，1979）。

2.6 边际革命

2.6.1 边际主义者对艺术和文化的论述

19世纪70年代的边际革命是为了打造经济学中的一般定理，回应边沁主义所提出的，设定简化且普适的人类行为原理的迫切要求，以可用于给经济建模的效用计算为基础。这样一来，在这个新的经济学视野中，艺术和文化立足于何处？不是很突出！像对待经济的其他特定部分那样，给予艺术和文化以特别关注，这跟新的边际经济学背后的哲学不大相符。如同在其他领域中那样，在艺术上寻求例外论，与寻求普遍性形成了直接的冲突。

关于新古典边际经济学早期对艺术与文化的讨论，可以给出几条观察结论：首先，边际主义者提及艺术的次数远多于其古典时期的前辈，但提及艺术时，不是作为有趣的、异常的特例，而是作为对通例的证明。来自艺术用于展示经济学理论的最好例证，强调的是许多艺术品的唯一性和不可复制的性质。对这些例子的研究证明，所有消费品的价格都是由需求而非成本决定的。例如，卡尔·门格尔（Carl Menger）写道："大量的商品无法复制（例如古典和早期绘画大师们的画作），因此，就许多例子来说，我们可以观察到价值，但没有再生产的可能性。由于这个缘故，与再生产相关联的任何因素都无法成为一般价值的决定性原则。"（Menger，（1871）1950，p. 147）其次，边际主义者比古典经济学家更愿意设想源于艺术的正外部性这个可能性。阿诺德主张，艺术对社会关系具有有益的影响，这种温和的姿态逐渐被视为完全合理。一个典型的例子是，阿尔弗雷德·马歇尔（Alfred Marshall）1900年给一名记者的回信："城镇的扩张使提供健全的思想和建议变得加倍迫切，以免有害者占据上风；而且要利用音乐、绘画和其他艺术来填补由于缺乏不受遮挡的光线、自然的新鲜与美好所造成的人类生活的空虚。"（Marshall，1996，II，pp. 270-271）再次，出现了对艺术具有深切的个人承诺的更杰出的经济学家，他们做好了准备，要用自身的经验证明正外部性。最后，随着时间的流逝，边际主义者摆脱了在评论艺术时的许多压抑；他们的观察结论，有些富有先见之明，其他的则属荒诞不经。在主要的新古典文本中，没有任何一本专设章节讨论文化艺术经济学，对这一主题的提及广泛分散。抵近观察阿尔弗雷德·马歇尔和威廉·斯坦利·杰文斯（William Stanley Jevons）这两位最杰出的革命分子的篇章，或许具有一定的启发性。

2.6.2 阿尔弗雷德·马歇尔

按照冯·赫尔曼（F.B.W. von Hermann）所采用的财富分类法，马歇尔声称与艺术有关联的所有商品可以划入多种类别。传统艺术品是"实体的"、"个人的"和"主观的"商品；"从阅读或音乐中得到休闲的功能"是"主观的"，却是"非实体的"。按人口比例计算，来自高等阶层的天才多于来自工人阶级的数量，除此之外，"支配着天才诞生的规律神秘莫测。"（Marshall，(1920) 1964，pp. 45-46，176）马歇尔提出，对艺术品的需求源于某种基本的偏好集合，这些偏好最后会胜过时尚的压力。"因为尽管在较高社会等级的命令下，艺术和文学上最粗糙和最可笑的时尚会暂时被人民接受，但是，只有真正的艺术上的长处，才能够让一首歌谣或一首曲子、一种服装风格或一种家具式样，在整个国家里持续流行许多世代……传统的本能在保持东方国家工艺美术的纯净上发挥了极大的作用，而在中世纪的欧洲，作用较小。"（(1920) 1964，p. 177）马歇尔认为，不同于其他艺术的视觉艺术的教育，合乎经济进步之所需，但其合意程度逊于其他更为实用领域的教育。他暗示，艺术教育的立足点多少不同于理性思维的培养：因为后者几乎总是强化人的性格，而前者总做不到这一点。虽然如此，他仍相信，人们艺术才能的发展本身就具有最高价值的目标，而且将成为取得工业效率的主要因素："我们于此所关心的几乎全都是诉诸眼力的那些艺术分支。因为尽管文学和音乐对人生的完满有同样多的助益，甚至助益更多，但是它们的发展并不直接影响，也不取决于经商的方法、制造的工艺以及工匠的技巧。"（(1920) 1964，p. 177）

2.6.3 威廉·斯坦利·杰文斯

关于杰文斯，我们看到在经济学家们中间显露出一种新现象，即私密的艺术家或审美家、经济学家要么是拥有作为艺术家的另一重区隔开来的生活，要么是承认已经拥有深刻的审美体验，同时表面上又不愿把生活的艺术维度吸收到经济学之中。在杰文斯看来，音乐是最重要的精致艺术。但他认为，所有的精致艺术都能够充实工人阶级的生活，其效果超出他们自己所望，因此产生出正外部性。他把艺术设想成最初不太可能令大众感兴趣，而且需要像下一剂补药那样给大众服用。杰文斯相信，以这种方式强加给朴实大众的艺术，最终会带来他本人曾体验过的审美影响。但是，未曾经历者无法预料到这种审美体验，因此，艺术起初在市场上会销售不畅，不得不暂时低于市价交付。

杰文斯有一篇题为"论音乐的功能"的没有发表的手稿，此文表明他本人已经拥有了他试图用语言表达出来的审美体验。他写道，他自己对音乐的反应类似于

“对趣味、美或崇高的沉思，而且充斥着温和的兴奋，全神贯注于令人愉快的主题激发的想法，使精神从日常的责任和过失中摆脱出来，并持续不断地把轻微的愉悦与痛楚混合在一起。”（Mosselmans 和 Mathijs（1999，p. 151）引述的杰文斯的话）杰文斯明显感觉到，他对音乐的反应有几分像是中毒或药物引致的愉悦感，这暗示着这种体验可能更像上瘾，而不是常见的消费行为：

当其上升到某个不同寻常的极点时，我所说的那种感觉就变成了一种强烈的欣喜；它吸引了全部的注意力，使之忘却了平常的事务和想法，把它提升到无他处可觅的一个快感区域。然而，它又模糊不定，得不出任何结论，暗示着在这种陶醉中，关于一个人的未来生活之路，或是不可推卸的责任，没有引导性的或强烈的想法或目的偶然出现在头脑里。此时，它们似乎比以往任何时候都要顺当，种种困难全然销声匿迹，自觉拥有这样一种自信的道德力量。只是当这种感觉状态终结之时，很快就会发现那些都消失了，琐碎或巨大的生活困难再一次出现在现实之中（pp.151-152）。

确实，在一场音乐“旅行”结束之后，杰文斯似乎体验到了某种负疚感。“当音乐最后中止和不再吸引注意力，完成一场梦幻般的巡行后归乡，一大堆新的责任和伤心事似乎全都等着他，此时感觉终止的这种突然而又几乎令人厌恶的剧变，不出席音乐会、戏剧或其他公开演出的人是体验不到的。”（p.152）他不愿深入探究在他的审美冒险中究竟发生了什么，而且，他同意边沁和其他一些早期的经济学家的看法，认为审美体验无法运用理智或借助博学的评论家加以改善：

研究其原因就会进入极其棘手而又绝少把握的一类形而上学的主题，而且远远超出了我们的研究目的。只要说在任何程度上它都不依赖知识就够了。……诗歌艺术的本质属性几乎无法界定，这一点举世公认；最后，一连串简单的音符，也就是说曲调或旋律，所产生的美感或忧郁感，同样无法解释（p.152）。

假如他能活得长些，并继续发展其对艺术的研究兴趣，或许我们现在就会把杰文斯当作文化经济学之父铭记在心。关于他的后继者们所关注的议题，他确实开创了一些大有前途的开端。1878年，按照自己的兴趣，他深入研究了“民众娱乐”的外部影响，并得出以下结论，一项最有希望的“社会改革方法”就是鼓励“良好的有教育意义的公共消遣，尤其是音乐娱乐”。他非常坚决地把严肃音乐区别于他所说的“空洞的歌曲、愚蠢的滑稽戏、耸动的杂技把戏，即构成了杂耍戏院主要娱乐节目的那种大杂烩”。（Jevons，1904，pp. 2，4）这里不倡导消费者主权！他知道工人阶级在各类艺术中所需要的是什么，即使他们自己都不知道。杰文斯推测，忽视为群众提供艺术，有可能是出于统治阶级的阴谋，因为统治者恐惧让人们摆脱束缚的文化所造成的影响。他写道：“现在我相信，这种文化上的匮乏，在很大程度上起因于以下事实，大众享受娱乐，而不是受教化、被繁殖、变优雅，一直让占据支配地位的贵族阶层不悦和责难，从而最终被压制下去。娱乐一直被视为本身近乎有罪，并且至少是被看作不可避免之恶。因此，虽然乡镇已经在这个王国人口稠密的地区成长起来，但是完全没有提供任何形式的娱乐。”（p.6）

因执着于这种阴谋论，杰文斯抛弃了自由放任政策和消费者主权理论。他敦促政府把艺术作为公共政策的优先选项加以关注：“在达致高度文明的各种途径中，我毫不犹豫地主张，精心培育公共娱乐是一条主要途径。”（p.7）为支持其论据，杰文斯声称，美术和文化能使工人阶级摆脱对个人和社会有害的各种诱惑，并能收到积极的疗效。

假如有些人能够培养起真正的音乐品位，他们就可以从音乐中无害地获得他们以健康、生命和名誉为代价从酒精和鸦片里所寻求的东西。当然，即便是在音乐的享受中，也存在某种神经损耗，而且，注意力被唤起的程度越高，损耗越大。两三个小时的娱乐过后，通常一定会出现沉闷；但是，沉闷一来，精神上的专注就被破坏掉了，相应的神经损耗就停止了。简言之，只要有剩余的思想能量，音乐就能吸引住整个心灵；与此同时，身体则保持着完美的休息状态（p.10）。

杰文斯甚至指责说，跟欧洲大陆国家不同，英国当局已经响应了贵族阶层的需求，而且因为容忍公共领域内的各类罪犯，尤其是扒手和娼妓，而蓄意破坏了公共艺术。他愤怒地问道："一个年轻人想要寻求一个小时的娱乐，结果到处都会遇到罪恶的诱饵。我们为什么要容忍这样一种形势？"（p.25）

让杰文斯感兴趣的另一个艺术上的公共政策话题是他所说的"博物馆经济"，在这个领域，他发觉自己是一位拓荒者。他努力提出关于形成公共收藏的目的以及最容易实现那些目的的手段的某种概念。"尽管这个主题至今几乎无人关注，但是我相信，根据心理学或其他科学的理论有可能证明，在设立博物馆方面已经做的许多事情从根本上就搞错了。"（p.53）他对英国的博物馆及其所基于的理论深感不满。"似乎有一种流行的想法，以为如果平民能够到填满了高高的玻璃橱的庞大建筑里，那里的柜子装满了漂亮的物件，用电灯一照，分外耀眼，只要他们在那儿踱来踱去，他们就会变得有教养……众所周知的事实是，博物馆在下雨天的参观人数最多，这很能说明问题。"（p.54）他抱怨道，大部分博物馆过分拥挤，混乱不堪："大量杂七杂八的展品有害无益，因为这会毁掉集中注意力的习惯，精神上获益的首要条件就是专注……然而，博物馆的创立者和管理者们似乎还没有想到，只要是以教育为目的，某种效果上的统一就是必要的。"（p.55）尽管杰文斯对博物馆发表的广泛评论最后只不过是一些机智的洞见和未经证明的观点，但他曾建议这些机构向科学研究者开放，在这方面他无疑是一位先锋。

在极大程度上，边际革命者是围绕着这样一个一般命题来构建其经济学理论的，即在满足特定的条件下，一个竞争性的市场体系将从给定的资源禀赋和技术中产生出最多的人类福祉。原则上，产品市场需求面的决定性的需要是需求者自己的事。正如杰文斯所说的，"在经济学这门科学中，我们探讨人，不是按照他们应当如何，而是按照他们实际如何"。（1905，p. 38）然而，实际上，执行这条原则不是那么容易做到。这些维多利亚时代的说教者们或许同意，理论上儿童针戏等同于诗歌，但他们实际上并不相信这回事。关于什么商品在道德上优于其他商品，他们有自己的偏见，而且他们并未试图隐瞒自己的见解。他们论及经济增长过程中可能（应当？）发生的消费的"自然"序列，其实际意思是说这被当成是不证自明的。食物、服装、住房是假定的序列，而如果一位消费者宣布，一杯杜松子酒和一张彩票是排在食物和服装之前的高优先级的消费品，毋庸置疑，这会被人们视为不可接受。用来描述消费的词汇常常透露出被认可的价值等级。门格尔（Menger）提及"需要"（needs）和"必需品"（requirements），而不是"想要的东西"（wants）；他还区分了"真实的"商品和"想象的"商品，后者在处于较低"文明水平"上的人们的需求中尤其常见。这些包括即使在市场里有大量的需求，他显然也不赞成的下述物品："大部分化妆品，所有护身符，由早期文明的民族以及由迄今仍是原始状态的民族给病人服用的药物、魔杖等等。因为所有这些东西都无法实际满足人们期望它们满足的那些需要。"（Menger，（1871）1950，p. 53）他还不赞成"当不存在的人类需要被错误地假定存在之时，所生产出来的"商品。他把"用来治疗实际上并不存在的疾病的药物，异教民族为了偶像崇拜所使用的工具、雕像、建筑物等，刑具等等之类"归入这一类。门格尔乐观地总结道："随着一个民族达到更高的文明水平，随着人类更深刻地洞察事物以及他们自身本性的真正构造，真实的商品的数目会不断变大，而且，同样易于理解，想象的商品的数目会逐步变小。"（p.53）

同样，杰文斯谈论具有"几乎无与伦比的权力与权威"的"高等乐趣"，但是多少有些不情愿地指出，由于当下的经济发展阶段，"它是我们在此探讨的种种感觉中的最低档次"。（Jevons，（1871）1965，pp. 26-27）杰文斯引述了班菲尔德（T.E. Banfield）关于被消费商品的自然序列的权威论断："在这个标尺上，每一种低等需要的满足，创造出对更高特性的欲求。如果高等欲求先于初级需要的满足而存在，当后者剔除之后，前者变得更加强烈……这个需要标尺上的最高等级，乃是源于自然和艺术之美的乐趣，通常只限于已免除所有低等级的匮乏的人。因此，对精致享受的对象的需求和消费，其控制杆是设在借以满足初级需要的工具之中。”（Jevons，（1871）1965，pp. 42–43）

门格尔和杰文斯所做的这些评论，其重要性在于可以显示出，他们倾向于把艺术和文化视为只是在持续的经济增长之后才出现的人类活动。他们相信，在他们的时代，已经达到高收入水平的有钱人才会需要艺术品。既然这样的商品很少，忽略它们也没什么事儿。

2.6.4　莱昂内尔·罗宾斯

在20世纪60年代文化经济学子学科出现之前，致力于艺术经济学研究的最后一位伟大的新古典经济学家是莱昂内尔·罗宾斯（Lionel Robbins）。和杰文斯一样，罗宾斯本人对艺术的兴趣十分浓厚，而且深深地投入其中。在其青年时代，他曾希望成为一名诗人，而且他酷爱视觉艺术、歌剧和芭蕾。在20世纪的英国，他是最积极、最成功的艺术倡导者之一。他代表英国伦敦国家美术馆、泰特美术馆、科芬园和其他艺术机构所付出的努力具有传奇色彩。据罗宾斯的传记作者苏珊·豪森（Susan Howson）描述，在其整个职业生涯中，罗宾斯运用新古典经济学的全部论证来解释，应当对艺术给予公共资助（Robbins，1963；Howson，2005）。他解释说，一些艺术作品至少可以被看成公共物品，而且，因其特殊性及其对社会所产生的外部效益，如果全部交给私人部门的话，它们会生产不足。他还以公平为由，赞成公众免费获取艺术（服务）。但他跟那个永远具有挑战性的问题缠斗不止，即艺术是否真的例外——在种类上即不同于其他消费品。显然，他认为它们确属例外，但他意识到，要说明其理由，他所熟稔的经济学帮不上他多大的忙。他得出的结论是，这是一个“终极价值”的问题；显然，艺术赋予了“这颗行星上的生命以质量和意义，因为它们的存在本身”，但是要理解它们为什么以及如何做到这一点，则可能超出了经济科学的范围。罗宾斯坚信，通过公共教育和接触艺术，公众品位可得以形成，而且可以被引导到否则无法达到的艺术鉴赏的水平。罗宾斯支持在英国更广泛地运用通过给私人捐赠者退税来鼓励私人资助艺术的措施。而且，他提出了充分的理由，支持在重要的私人收藏面临散失之时，对重要的艺术品实行紧急的公共购买。

2.7　美国经济学中的艺术

把艺术视为真正的例外——作为必须运用其自身的概念工具、单独加以分析的一个经济组分，假如在19世纪后期和20世纪初期随处可以找到这样的论述，那么，在后来被称作美国制度主义者的那些人的著作中，无疑也可以找到。作为特色，这些经济学家都公开表示对19世纪70年代的边际革命者的反感，也厌恶把边沁主义信徒的功利主义作为经济行为的一种解释和衡量人类福祉变化的一种方法。总的来说，他们拒绝刻画经济行为主体的那种一般化策略，按照这个策略，经济主体在市场的两个方面上，分别是最大化顾客满意度和利润，以及最小化痛苦和成本的数量。他们把复杂得多的系统当作出发点，在这个系统中，人类行为及其目的是异质性的，而且不易于理解。于是，他们研究了许多不同类型的经济行为主体，从大企业首脑到工会领袖、农夫和囿于家庭的主妇。他们致力于研究行为的驱动力，其范围从改进技艺的本能到攀比的倾向和父母本性。他们研究具体的经济细分领域，这里只举三个让他们特别感兴趣的领域：农业、高等教育和家庭。但是，艺术以及在竞争性的经济体中维持艺术生存的市场机构又是怎么样的呢？艺术与其他经济领域是真的不同吗？儿童针戏真的不同于诗歌吗？艺术的运作原理是什么？非常出人意料，关于这些问题，制度主义者言之寥寥。

在17世纪的商业小册子中，常能听到冷嘲和轻蔑的语调。索尔斯坦·凡勃伦（Thorstein Veblen）在其《有闲阶级论》（Theory of the Leisure Class）（（1899）1934）中对艺术的讨论，有一种倒回那种语调的行动。凡勃伦称，通过使过去的艺术作品变得新奇、靡费、特异和昂贵，用来显示赞助者的财富和权力，这个目的已经极其有效地得以实现。关于审美方面的考虑通常是附属性的，或者根本没有。"美的准则要求表现一般性。因显见的靡费的需求而生产的'新奇'，妨碍了这个美的准则，因为它所造成的结果是，把我们的审美对象的外观变成了特异风格的聚集体；而且，这些特异风格是处在昂贵性这条准则的选择性监督之下。"（Veblen，（1899）1934，p. 153）他轻率地把艺术和文化划入主要关心财富和权力的那些人所追逐的大量奢侈的和非生产性的活动之中。同样是仿照边沁，他把艺术同比赛和运动排列在一起，但现在是出于不同的理由。在凡勃伦看来，儿童针戏等同于诗歌，不是出于边沁所说的它们都只不过是消费者选择集合中的项目这个理由，而是因为两者都主要是用来证明某个人值得注目的有闲，拥有过去的或现在的闲暇。证明有能力把时间浪费在玩儿童针戏或享受诗歌上，这是这两种活动的全部意义所在；在任何真正的意义上，两者都无助于人类福利的改善。"关于过往闲暇的这类非物质性的证据，是准学者式的或准艺术家式的造诣，是并不直接有益于促进人类生活的关于过程和事件的一类知识。"（p.45）博丁（Bodin）和曼德维尔提出过这样一种见解，即艺术主要是由脑满肠肥的富人而不是所有人参与的事情，因此必定是奢侈浪费的，而且不改善社会价值。实际上，凡勃伦让他们的这个见解得以甦生。

制度主义传统中后来的一些作家显示出对艺术的更多关注，而且，他们提出了拒绝评价艺术的边沁主义的微积分学所具有的隐含意义。约翰·肯尼斯·加尔布雷斯（John Kenneth Galbraith）终生对艺术感兴趣，甚至他在新德里的大使任上还写了一本《印度的绘画》（Indian Painting）（Galbraith and Randhawa，1968）。他还积极献身于"搭建经济学与艺术之间的桥梁"，但是他遇到了许多障碍。20世纪60年代，他在哈佛开办了一个关于艺术经济学的研讨班（Galbraith，1986，pp. 137，144）。他报告说，他的"艺术家朋友们把它看成（就他们所仅见而言）一场相当外行的表演；没有什么能如此确凿无疑地把艺术降低到跟经济学扯上瓜葛……我的经济学家同事们把我的事业心看成主要就是无聊，甚至可能是偏执。"（p.144）

加尔布雷斯有关文化经济学中多方面论题的观点，展现在其《经济学与公共目标》（Economics and the Public Purpose）（1973）一书中题为"市场体系与艺术"（The Market System and the Arts）一章里。他解释说，经济学家们不关注艺术，其原因是大部分艺术生产必然具有落后于时代的特性。生产艺术品的企业，仍然是由独立的企业家而不是由专擅劳动分工的经理运营的。在大公司里，"艺术家"这个词甚至是用作对不愿服从纪律者的蔑称。同时，大部分大型公司没有能力以建设性的方式利用艺术家，这体现在他们的设计标准通常都很差。"汽车业、家具量产商、家电业、集装箱业以及许多其他行业都充分证明了这一点。"（Galbraith，1973，p. 63）加尔布雷斯主要聚焦于艺术的经济方面如何变得异于现代经济中的规范。首先，既然艺术通常是对大企业的"技术专家体制"的诅咒，那么，当发现他们具有某种商业价值时，常常会把他们从大企业中分出去，让他们进入小型的独立公司。其次，即使现代艺术品是创造性变化的必然结果，一般也会受到需求者的抵制，因为需求者已经被训练得非常保守；多数现代需求者已经因受其文化的限定而拒斥艺术变化。他们会在适当的时候转而接受和赞美变化，但要经历一番挣扎。加尔布雷斯对有关艺术经济学的思考的贡献从未超越这类机灵的评论和令人振奋的推测，而且，他从来没有像下文中将要讨论的布卢姆茨伯里派那样提出一个研究议程。

2.8 凯恩斯与布卢姆茨伯里派

约翰·梅纳德·凯恩斯（John Maynard Keynes）花费许多时间去接近一个艺术家和作家的共同体，有时甚至是参与其中，在这方面凯恩斯超过在他之前或自他以来的任何一位经济学家。这个共同体的核心是布卢姆茨伯里派（Bloomsbury Group），但他的交往和兴趣所及的范围远远超过这群亲密的朋友。布卢姆茨伯里派内部形成了关于艺术在社会和经济中的地位的强有力的创造性想法，但凯恩斯本人并没有对此做出太大贡献。但是，在言论上，更重要的是在行动上，他表明了自己完全知晓并且赞成这个想法（Moggridge，2005）。在他那个时代，他是如此杰出的一个人物，可他本人为什么没有接纳这个思想主干，并把它注入那时的经济学中去呢？我们只能猜测。这或许是因为其注意力一直集中在他生活的那几十年里更关键的问题上：国际冲突、经济萧条以及需要构建一个崭新且实际可行的世界秩序。或者，其原因在于，他推断在经济学学科内部很可能缺乏对布卢姆茨伯里思维方式的接受能力，而且无法满怀信心地看到在此方向上的出路。

布卢姆茨伯里思想中至少有五个论题的内容与现今的文化经济学密切相关：

（1）艺术在包括经济生活在内的人类生活中的地位；

（2）艺术体验的特征，既包括艺术家的角度，也包括其观众的角度；

（3）由艺术家和其他人运用艺术来塑造社会和经济中的行为；

（4）艺术市场中艺术需求和艺术供给的性质；

（5）进行政策变革和制度改革的机会。

2.8.1 人类生活中的艺术

布卢姆茨伯里文化圈大事声张地拒绝了迄今为止许多经济学文献中的下述观点，即艺术家只是在收入增加之后才消费的优等物品的生产者，或者，他们只为其他更重要的需求皆已满足的时代生产奢侈品。布卢姆茨伯里文化圈的看法恰好相反，也就是社会中任何阶级或任何经济地位上的每一个人，都能够而且应当参与或至少是接触艺术。实际上，他们相信，作为经济进步的结果，现代社会更可能使人类的艺术冲动变得迟钝，而不是激发了它。他们强调，在成就真正的人类文明方面，艺术是必需元素和基础材料；只有解放了的人类才能创造独特而珍贵的文明环境，艺术是其原因，而不是其条件或结果。确实，凯恩斯在1930年所憧憬的“造福于我们的子孙后代的经济发展前途”，必定包括“生活的艺术以及有意义的消遣活动”（Keynes，（1930）1972，p. 332）。

布卢姆茨伯里文化圈最先赞美非西方民族非凡的艺术成就，从而否认了艺术只有在高收入水平上才能繁荣兴旺的断言。一个最早的例证是，罗杰·弗莱（Roger Fry）的朋友和弟子肯尼斯·克拉克（Kenneth Clark（1969））的名作《文明》（Civilization）的内容不是关于某个米开朗基罗（Michelangelo）或某个达·芬奇（Da Vinci），而是关于罗杰·弗莱所拥有的一件非洲面具（Goodwin，2005）。弗莱还在他的欧米茄工作坊（Omega Workshops）（1913—1919）举办了两场儿童画展览——一场展出的是艺术家的孩子们的画儿，另一场展出的是无拘无束的市中心平民区孩子们的画儿，以证明在孩子们广泛接触现代经济之前，他们的艺术表现能力已处于巅峰（Collins，1984，pp. 144-145）。

2.8.2　艺术体验的特征

让布卢姆茨伯里派名声大噪的一项贡献是“形式主义”审美理论，该理论最初是在弗莱的“论美学”（An Essay in aesthetics）（（1909）1998）中提出来的，随后克莱夫·贝尔（Clive Bell）在其非常流行的《艺术》（Art）（（1914）1947）一书中做了扩展。弗莱和贝尔根据内省的证据断言，审美体验从根本上就不同于从消费品和服务上所获得的满足。实际上，他们坚决主张艺术的例外地位，并着手解释为何如此。他们承认，边沁主义的功利主义模型或许适合于理解人类和其他动物的生理需要的满足。但是，如同休谟等人此前曾经做过的那样，通过运用“想象”这个术语来指称人类心灵的活动，他们辩称理解“想象的生活”需要比幸福计算法更有力的分析工具。实际上，布卢姆茨伯里文化圈中的许多人得出了结论，把边沁主义的原则简单地应用到艺术上，已经阻碍了更加丰富而且真正具有启发性的理论思维的发展。凯恩斯在其身后发表的回忆录《我的早期信仰》（My Early Beliefs）中表明了这个看法。他写道：“在我们这代人里，我们是最先逃脱边沁主义传统的人，或许也是仅有的逃离者。”而且，他续写道：“在这篇回忆录中，我不会试图去解释，对我们来说，为什么已经逃脱了边沁主义的传统是如此巨大的一个优势。但我现在确实是把那个传统看作是一条毒虫，它一直在现代文明的内部不断地啃噬，而且它是当前道德衰败的原因。”（Keynes，1949，p. 96）。

或许可以提一下布卢姆茨伯里文化圈努力超越边沁主义范式的几项重要成果。探究的最初动力来自这些艺术家和作家中间的这样一种意识，他们对艺术作品的反应，似乎从根本上就不同于他们在消费食物或其他常见的商品或服务时的体验。在一段简短的自传性文字里，罗杰·弗莱谈到，他是怎样经过再三考虑，明白自己“总是朝着某种既合乎逻辑又实事求是的审美观摸索前行。”（Fry，（1920）1998，p. 87）就弗莱而言，这种摸索首先使他抛弃了美内在于艺术作品这个观念。列夫·托尔斯泰（Leo Tolstoy）的一篇文章把艺术描绘成“审美情感”的交流，而不是什么商品或服务的生产与消费。弗莱受到这篇文章的启发。弗莱和贝尔继而推断，认为艺术品的“形式”而非内容有助于决定艺术交流的实效性。在布卢姆茨伯里文化圈中，有些人借助诸如西格蒙德·弗洛伊德（Sigmund Freud）和威尔弗雷德·特洛特（Wilfred Trotter）这样的心理学拓荒者的研究，帮助他们理解审美体验；包括凯恩斯在内的其他人则求助于哲学，尤其借助于伦理学家摩尔（G.E. Moore）的著作。布卢姆茨伯里派成功地提出了关于艺术体验的新见解，他们不顾惜这些，因其最为迫切的任务选项始终是希望证明艺术的例外性质。自18世纪以来，英语国家中的思想家们在很大程度上一直忽视这项任务。

2.8.3　社会中的艺术

20世纪之前的大多数经济学家已逐渐把艺术和文化视为只是一个相当乏味的人类消费维度，或许是把它们看作奢侈品，有没有外部性取决于你的判断，但无论如何都不可能具有超出其自身的重大影响。与之相比，布卢姆茨伯里文化圈着迷于在整个历史进程中，艺术和文化作为社会、政治和经济的条件并帮助做出诠释的方式（Goodwin，2000）。关于这个论题，该团体中的艺术家、小说家和社会科学家们可以找到共同基础。宗教艺术和宗教文学的杰作尤其让他们着迷。特别是诸如《创世纪》中关于伊甸园里的亚当和夏娃、关于诺亚忍受大洪水的记述之类的旧约故事，引起了他们的浓厚兴趣。他们认为，这些艺术作品包含着影响人类行为的隐秘而有目的的寓意。从有关伊甸园中的堕落的记述，读者们或画作的观众可以推断，在艰苦的农业生产条件下，辛苦劳作是男人的宿命，而且，至少在一定程度上是女人犯错的结果。从诺亚的故事中，如同从布卢姆茨伯里文化圈所如此憎恶的马克思主义中，读者们被指引着得出结论，大灾难——洪水或革命——必定先于人类境况的根本改善。在英国公立中小学教育中发挥着如此突出作用的古典神话，也把他们迷住了。丘比特与普赛克的神话强化了妇女不可依赖与不负责任的形象；相比之下，潘的故事以及达芙妮和阿波罗的故事则警告人们需要保护自然环境。布卢姆茨伯里文化圈里几乎所有人都探究过艺术与文学作品和社会经济事务之间的联系。其中，特别突出者有艺术家邓肯·格兰特（Duncan Grant）、瓦内萨·贝尔（Vanessa Bell）和罗杰·弗莱，小说家弗吉尼亚·伍尔夫（Virginia Woolf）、福斯特（E.M. Forster）和戴维·加内特（David Garnett），传记作家利顿·斯特雷奇（Lytton Strachey）以及政治理论家伦纳德·伍尔夫（Leonard Woolf）。在凯恩斯的作品中，他再三提及圣经里与神话里的人物和事件。例如，他注意到，人类身上的“老亚当”使他们在需要开支时仍不愿花钱，而攫住了米达斯王的妄想，仍然使人类贮藏黄金，而不是让它们流通（也可参见Skidelsky，1992，p. 425）。

2.8.4 艺术市场

布卢姆茨伯里文化圈密切注意艺术市场的各个方面，但是他们发现，常见的经济学模型不能对此给出令人满意的解释。在供给面，他们发现，价格很少是最重要的决定供给的因素——艺术家和所有人一样渴望过上体面的生活，但在极大程度上，他们能够生产出最好的作品，似乎更多的是受到内在心理压力的推动，而不是金钱酬劳的驱使。布卢姆茨伯里文化圈终于相信，关心艺术市场的健康的那些人所遇到的主要挑战应当是形成对正确类型的足够需求，以维系艺术家的生存。在这种情况下，他们又一次发现，价格并不是最有力的自变量。在布卢姆茨伯里派内部，罗杰·弗莱领导了这场研究艺术需求的运动，他们研究了对各门类艺术的需求，探讨所有实际或潜在的艺术资助提供者的心理情况。弗莱等人鉴别了若干不同的需求者类别，并以他们典型的不敬风格命了名，诸如“势利眼”（沿用自萨克雷（Thackeray））、“市侩”（沿用自阿诺德）、“古典学者”和“放牧人”（沿用自特洛特）（Goodwin，1998）。凡勃伦学说中揭示的攀比的本能在艺术需求中发挥着重要作用，另一方面还有教会、君主政体、拥有土地的贵族阶层、大企业以及中产阶级中在审美方面敏感的人。在布卢姆茨伯里文化圈对艺术品需求所做的分解中，以及在他们对各种成分的心理动机的关注中，不难看到后来凯恩斯在《就业、利息与货币通论》（General Theory of Employment Interest and Money）（（1936）1947）一书中识别总需求构成成分的某种方法论上的预兆。在两种情况下均提议由国家发挥补偿作用，甚至在这方面也存在相似之处；布卢姆茨伯里文化圈强调，当所有的私人选项都已无济于事时，就应当把公共支援引入艺术或宏观经济之中。

2.8.5 政策改革

在政策改革的论题上，凯恩斯的领导能力尤显重要。布卢姆茨伯里文化圈中大部分人都有一种强烈的社会责任感——或许是继承自他们维多利亚时代的先辈。当他们看到了政策上的挑战，他们就会做出反应，而不是仅仅作壁上观和空谈理论。罗杰·弗莱不断去英国各地旅行，为数量庞大的听众讲解艺术，弗吉尼亚·伍尔夫对“普通读者”做出承诺，这些都是他们的社会责任感的证明。针对种种难题，当私人部门的解决方案似乎可行时，他们首先是这些方案的倡导者。

布卢姆茨伯里文化圈从自身大量的个人经验总结出，建立或运营企业从而把其产品成功地推销给成分复杂的潜在消费者，需要特定的训练和情感伪装，而大部分艺术家在这方面能力不足。于是，他们着手开展一系列创新型市场工具的试验，而且经常是以合作方式。霍加斯出版社（The Hogarth Press）和《国家》（Nation）杂志（由凯恩斯执掌）就是为了使作家尽可能地隔绝于商业侵扰和编辑压力而专门设计的两个发表出口。由罗杰·弗莱创立的欧米茄工作坊和凯恩斯负责的伦敦艺术家协会（London Artists' Association）试图限制其销售渠道，并愿意用某些销售机会来换取那些艺术家的经济保障，确保他们能够定期获得最低收入。最有意思的一项私人部门实验（凯恩斯也参与其中）是为了顾及评论家的作用，这是布卢姆茨伯里文化圈一直坚持探索的一个问题。当代艺术协会（Contemporary Art Society，CAS）创立于1909年，弗莱和贝尔都是创会成员。该协会通过权威鉴定机构的证明，为在世或新近辞世的英国艺术家提供批准印鉴。他们希望借以“培养这个国家的艺术见解”，并使缺乏经验的艺术买主产生信心。CAS成员缴纳年费，某些指定的专家使用CAS基金购买或捐赠他们喜欢的艺术家的作品；然后，这些作品被展览出来，得到宣传，继而借给当地博物馆。就像几年之后在美国创办的月读书友会（Book of the Month Club）一样，CAS是一个拓荒性的尝试，其目的是为了校正艺术市场中独有的市场失败。创办者们充分意识到，要确立一位艺术家的声望，通常要花费许多年，而到了那时，艺术家可能已经穷困潦倒了。CAS会纠正信息差，从而有助于确保值得继续活下去的那些艺术家获得支援。

在布卢姆茨伯里文化圈看来，人文学科和艺术上的教育与研究乃是当务之急，他们希望由公共和私人部门开展的各种活动来完成。人文学科教育的理由在于它是生活训练，就像职业教育一样。技术教育的理由通常在于它提高了来自给定一组资源的商品和服务的产出量。艺术和文学教育的理由如出一辙，因其使受教育者能接触最好的文艺作品，从而让人类体验到更好的生活。艺术和文学研究以下述命题为基础，即艺术和文字作品存在好与坏的合理区别，而且，经过持续的研习之后，训练有素的人可以领会并解释那种良好的质量。正如教育可以使应用艺术和文学的宽度得以拓展一样，研究可以加深这种应用的深度。若有足够多的人认识到艺术和文化的教育与研究具有社会意义，文艺的培植就可以交给市场和私人慈善事业了。然而，只要私人部门的支持力度表现不足，就有必要由政府进行干预。

在布卢姆茨伯里文化圈最著名的公共部门政策倡议是英国艺术委员会（British Arts Council），作为一种公共资助机制，该委员会于第二次世界大战后建立，由凯恩斯和肯尼斯·克拉克担任主席（Moggridge，2005；Goodwin，2005）。该委员会主要通过私人部门的中介机构，为艺术的公共资助建立通道，其希望以这种方式加强对艺术的公共支援，但同时又使政府官僚机构的强硬之手变得轻柔些。

假如凯恩斯把布卢姆茨伯里文化圈中有关文艺的思想成功地引入经济学专业，就像他把自己的思想引入宏观经济学一样，那么其结果可能同样具有革命性，这样猜测或许也不算太过分。两条研究思路的相似性确实引人注目。为了解释人类主体在不同市场情况下的行为，两者都提倡与心理学和其他学科建立更多的联系。因其模型的一般性，应用微观经济学开始断言其普遍的解释力，在这样的时候，要求回到特殊性和经验证据的这种倡导就会成为异端邪说。但是，由这种新的研究思路所开始的种种探索，其激励的效果或许已经超出了文艺经济学狭小的中心点；它们至少已经延伸到产业组织这个分支领域，企业理论在那里对艺术不大有用，而且延伸到公共经济学这个分支领域——在这一领域已承认，作为一个经济活动领域的艺术，已经确立了其例外性质，并且超越了传统的外部性和公共物品的理由，值得做进一步的深入研究。凯恩斯的宏观经济学与布卢姆茨伯里文化圈关于文化经济学的提示，两者之间的相似之处也超出了经济理论的范围。布卢姆茨伯里文化圈所进行的一系列艺术政策实验的丰富性，让人联想起年轻的凯恩斯主义拥护者在探索增加和管理总需求的方法时所提出的种种建议。

2.9 结　论

到凯恩斯1946年逝世为止，对艺术和文化经济学的关注没有走多远。正如本章所已经证明的那样，关于重要的问题，18世纪的启蒙思想家和20世纪的布卢姆茨伯里派已经开始做了大有希望的研究，但是没有人追随他们继续做下去。研究该主题的与众不同的子学科的发展受到抑制，最初是因为奢侈、恶习和炫耀性消费的怀疑，随后又是因为宣称，所有重大问题都可以通过简单运用边际主义微观经济学的新型工具，给出令人满意的答案。一切依然如故，现在仍摆在经济学同仁面前的许许多多问题，过去早就提出来了，最值得注意的是，艺术的消费所产生的正外部性是否证明了公共支援是正当合理的。今天讨论文化经济学中的理论谜题或政策挑战的人们，如果从回顾先行者们所做过的努力开始，或许会事半功倍。

参考文献

Arnold, M.([1869]1903). Culture and Anarchy. Macmillan, London.

Baumol, W.J., Bowen, W.G.(1966). Performing Arts: The Economic Dilemma. Twentieth Century Fund, New York.

Bell, C.([1914]1947). Art. Chatto and Windus, London.

Bennett, O.(2005). "Beyond machinery: The cultural policies of Matthew Arnold". History of Political Economy 37(3), 455-482.

Bentham, J.(1962). The Works of Jeremy Bentham. Russell and Russell, New York. Edited by J. Bowring.

Bodin, J.([1578]1947). The Responses of Jean Bodin to the Paradoxes of Malestroit and the Paradoxes, second ed. Country Dollar Press, Washington. Translated by G.A. Moore.

Bodin, J.([1606]1962). The Six Bookes of a Commonweale. Harvard University Press, Cambridge, MA. Edited by K. D. McRae.

Burke, E.([1757]1869). A Philosophical Inquiry into the Origin of Our Ideas of the Sublime and Beautiful with an Introductory Discourse Concerning Taste. Harper and Brothers, New York. Edited by A. Mills.

Clark, K.(1969). Civilisation. Harper and Row, New York.

Clay, H.(1918). Economics: An Introduction for the General Reader. Macmillan, London.

Collins, J.(1984). The Omega Workshops. University of Chicago Press, Chicago.

Fry, R.([1909]1998). "An essay in aesthetics". In: Goodwin, C.D., Art and the Market: Roger Fry on Commerce in Art. University of Michigan Press, Ann Arbor.

Fry, R.([1920]1998). "Retrospect". In: Goodwin, C.D., Art and the Market: Roger Fry on Commerce in Art. University of Michigan Press, Ann Arbor.

Galbraith, J.K.(1973). Economics and the Public Purpose. Houghton Mifflin, Boston.

Galbraith, J.K.(1986). A View from the Stands-of People, Politics, Military Power and the Arts. Houghton Mifflin, Boston.

Galbraith, J.K., Randhawa, M.S.(1968). Indian Painting: The Scene, Themes, and Legends. Houghton Mifflin, Boston.

Galiani, F.([1751]1930). "Della Moneta". In: Monroe, A.E.(Ed.), Early Economic Thought. Harvard University Press, Cambridge, MA, pp. 279-307.

Goodwin, C.D.(1998). Art and the Market: Roger Fry on Commerce in Art. University of Michigan Press, Ann Arbor.

Goodwin, C.D.(2000). "Economic man in the Garden of Eden". Journal of the History of Economic Thought 22, 405-432.

Goodwin, C.D.(2005). "Kenneth Clark: His case for public support of the arts". History of Political Economy 37(3), 557-592.

Grampp, W.D.(1973). "Classical economics and its moral critics". History of Political Economy 5(2), 359-374.

Howson, S.(2005). "Lionel Robbins' 'Art and the State' ". History of Political Economy 37(3), 617-646.

Hume, D.([1752]1965). "Of refinement in the arts". In: Lenz, J.W.(Ed.), Of the Standard of Taste and Other Essays. Bobbs-Merrill, Indianapolis.

Hume, D.(1825). Essays, Moral, Political, and Literary, vol. I. Bell and Bradfute, Edinburgh.

Hutcheson, F.(1729). An Inquiry into the Original of Our Ideas of Beauty and Virtue, third ed. J. and J. Knapton, London.

Jevons, W.S.([1871]1965). The Theory of Political Economy, fifth ed. Augustus M. Kelley, New York.

Jevons, W.S.(1904). Methods of Social Reform, and Other Papers. Macmillan, London.

Jevons, W.S.(1905). The Principles of Economics. Macmillan, London.

Jones, E.(1736). Luxury, Pride and Vanity. Hanson, London.

Keynes, J.M.([1930]1972). "Economic possibilities for our grandchildren". In: Essays in Persuasion, The Collected

Writings of John Maynard Keynes, IX. Macmillan, London, pp. 321–332.
Keynes, J.M. ([1936]1947). The General Theory of Employment, Interest and Money. Macmillan, London.
Keynes, J.M. (1949). Two Memoirs. Rupert Hart-Davis, London.
Lauderdale, J.M. Earl of ([1819]1962). An Inquiry into the Nature and Origin of Public Wealth and into the Means and Causes of Its Increase, second ed. Augustus M. Kelley, New York. Edited by M. Paglin.
Mandeville, B. ([1732]1924). The Fable of the Bees: Or, Private Vices, Publick Benefits, sixth ed. Clarendon Press, Oxford. Commentary by F.B. Kaye.
Marshall, A. ([1920]1964). Principles of Economics, eighth ed. Macmillan, London.
Marshall, A. (1996). The Correspondence of Alfred Marshall, Economist. Cambridge University Press, Cambridge. Edited by J.K. Whitaker.
McCulloch, J.R. ([1845]1938). The Literature of Political Economy. London School of Economics and Political Science, London.
Menger, C. ([1871]1950). Principles of Economics. Free Press, Glencoe. Translated and edited by J. Dingwall and B. F. Hoselitz.
Mill, J.S. ([1909]1964). Principles of Political Economy, new ed. Augustus M. Kelley, New York. Edited by W.J. Ashley.
Mill, J.S. (1984). Essays on Equality, Law, and Education. University of Toronto Press, Toronto. Edited by J.M. Robson.
Mill, J.S. (1986). Newspaper Writings by John Stuart Mill. University of Toronto Press, Toronto. Edited by J.M. Robson.
Moggridge, D.E. (2005). "Keynes, the arts, and the state". History of Political Economy 37(3), 535–555.
Moore, G. (2005). "Evangelical aesthete: Ruskin and the public provision of art". History of Political Economy 37(3), 483–508.
Mosselmans, B., Mathijs, E. (1999). "Jevons's music manuscript and the political economy of music". In: De Marchi, N., Goodwin, C.D. (Eds.), Economic Engagements with Art. Duke University Press, Durham, pp. 121–156.
Peacock, T.L. (1926). Critical and Other Essays. TheWorks of Thomas Love Peacock. IX. Constable, London.
Rae, J. ([1834]1965). Statement of Some New Principles on the Subject of Political Economy. In: James, R.W. (Ed.), John Rae: Political Economist, vol. II. University of Toronto Press, Toronto.
Ricardo, D. ([1817]1948). The Principles of Political Economy and Taxation. J.M. Dent, London.
Robbins, L. (1963). "Art and the state". In: Politics and Economics: Papers in Political Economy. Macmillan, London.
Ruskin, J. ([1862]1905). Unto This Last. George Allen, London. Edited by T.E. Cook and A. Wedderburn.
Ruskin, J. ([1880]1905). A Joy For Ever (and Its Price in the Market). George Allen, London. Edited by T.E. Cook and A. Wedderburn.
Skidelsky, R. (1992). John Maynard Keynes: The Economist as Saviour 1920–1937. Macmillan, London.
Smith, A. ([1759]1976). The Theory of Moral Sentiments. Clarendon Press, Oxford. Edited by A.L. Macfie and D.D. Rafael.
Smith, A. ([1776]1976). An Inquiry into the Nature and Causes of the Wealth of Nations. Clarendon Press, Oxford. Edited by W.B. Todd.
Smith, A. ([1795]1980). Essays on Philosophical Subjects. Clarendon Press, Oxford. Edited by W.P.D.Wightman.
Solomon, M. (1979). Marxism and Art. Wayne State University Press, Detroit.
Turgot, A.R.J. ([1750]1973). Turgot on Progress, Sociology, and Economics. Cambridge University Press, Cambridge. Edited by R.L. Meek.
Upchurch, A. (2005). "William Morris and the case for public support of the arts". History of Political Economy 37(3), 509–534.
Veblen, T. ([1899]1934). The Theory of the Leisure Class. Modern Library, New York.
Williams, R. (1958). Culture and Society 1780–1950. Chatto and Windus, London.

第3章
艺术市场的发展史①

Neil de Marchi and Hans J. van Miegroet

Duke University, Durham, North Carolina, USA

隋鑫　译

摘　要

本章将市场比作有相对优势的竞技场，从市场参与者、获取收益的创造性举措，以及以维持秩序为目的的规则角度，探讨了1450—1750年间西方艺术市场的兴起和发展。15世纪后半叶，在佛罗伦萨和布鲁日等地出现了以宗教绘画为主的一次性经纪市场，最初的绘画市场便由此衍生而来。首先，外国商人对如油画这类以新介质创作的作品的需求，给了布鲁日先发优势。作为挂毯的廉价替代品，画在薄亚麻布上的架上画以及画在板上的油画，都为外国商人所需要。其次，多样性和成本也对艺术市场的发展起到了一定作用。经受过不同训练的艺术家们的仿真工艺，不仅催生了新奇的产品，而且极大地削减了成本，那些不那么富有的人潜在的需求被画家们挖掘了出来。然后，部分新产品和技术均得以出口。佛罗伦萨的零售市场规模有限，在很大程度上局限于为特定的公共经纪人提供更便宜的版本。而整个社会范围内出现的对绘画的大量需求，尽管西班牙也有，但主要发生在北部城市：如特卫普，以及后来的阿姆斯特丹。再者，随着零售市场进入停滞期，二手服装交易商们处理被回收的画作，二手市场逐渐发展起来。经纪活跃、成本削减和新型绘画涌现、大规模零售兴起、二手市场发展——这一系列过程在欧洲的各个城市上演。随着市场的大量涌现，也开始出现专业的交易商。本章利用很大篇幅来详述这些专业交易商的创意营销活动。然而，且不论艺术家们是否愿意出售作品，市场的需求在不断增长，已经远远超出了行业公会让出发行控制权的意愿。广泛的分销渠道需要有效的销售机制，公开销售和拍卖便应运而生。本章将按以上所确定的更广泛顺序对拍卖规则和技术进行探讨。

关键词

规则与经纪，行业公会，经销商，拍卖

JEL classification Codes
D4, L8, N8, Z12

① 感谢众多同事与我们分享意见、建议和信息，并提供其未发表的研究成果、关键参考以及对部分或全部内容的批判性建议。特别感谢 Linda Borean, Isabella Cecchini, Miguel Falomir, Richard Goldthwaite, Frank Heims, Dorothea Herreiner, Loredana Lorizzo, Christopher Marshall, Louisa Matthew, Michael Montias, Sophie Raux, Richard Spear, Mickael Szanto, Filip Vermeylen and Ilya Voytov。此外，特别感谢 Mike Scherer 对本章接近完整草稿时进行批判性阅读，特别感谢 Victor Ginsburgh 对我们的鼓励、建议和编辑上的帮助。

3.1 研究方法、研究重点和研究范围

竞争是一种与特定类型的市场结构及其相关的均衡特性相联系的概念；但在实际的范畴内，竞争显而易见是一种创造性的优势争夺。就像我们所想的那样，优势成为关注点，把市场看作各个参与者灵活运用实验性政策来获取相对收益的舞台，是很有意义的。[①]从历史上看，早期政府通常会制定法规或规则来管理这种竞争。这些规则以及某些结构（例如寻求补救的途径），与市场参与者所采取的创造性策略一起构成了可界定市场结构和市场运作方式的各种制度。[②]市场参与者口中所谈论的规则的博弈来源于游戏本身是结构性的，且通常允许探究性地挑战规则和修改规则。[③]我们的艺术市场的历史将由分类角色、规则和创造性竞争来分析指导，尽管我们也会尝试按照年代顺序来阐述。

有关研究范围的一些免责声明是按顺序排列的。虽然某些艺术市场的机制相当古老，并且并非起源于西方（例如拍卖），但我们仅研究文艺复兴时期和近代早期（大约是1450年至1750年）的欧洲所出现的此类市场。关于区域集中性问题，低地国家[④]一直是多数现有研究的重点；至于终点日期，我们现在所知道的作为标准的所有主要创新要素大约是在1750年之前都已经具备。最后，现有的大多数研究涉及绘画，我们将遵循这一方式。

有关艺术市场史的研究在很大程度上依赖于公会记录、收录的研究和法律文件。由于保留下来是一种历史的偶然，所以记录也是不完整的。我们的概述不可避免地会反映出这一点，因而将是偶然的，有些分散的。在结论（第6节）中提供九点综合意见，可以提前阅读。

各种价格没有根据通货膨胀调整，而是以一种计量货币——佛罗伦萨人的弗罗林金币（gold florin）表示。换算关系见文字和本书53页脚注⑧。

3.2 早期的地方性初级艺术市场和转售艺术市场

3.2.1 市场交易形式

制造商和买家的交易关系形式多样：委托交换和礼物交换属于一类范畴；而市场形态则属于另外一种范畴。委托交换和礼物交换或多或少涉及独特的产品，并且一个买家和一个卖家通常是直接联系的，或者中间仅需有位代理人即可。这两类形式都涉及估值，但是不涉及购买资产价值的主要动机，即这种绘画为了获取收益是可以重新出售的。在礼物交换中，权力、礼仪、荣誉和展示是很重要的，这些标准是文化赋予的而不是由市场决定的。[⑤]艺术和功能（主要是宗教的）价值与声誉（双方：购买者和艺术家）综合决定了委托交易。一般的规范也对艺术家服务的价值产生影响。不过，这些参数还有协商的余地，并且还可以用于个性化地制定交换条款。因此，历史上，在

---

① De Marchi and Van Miegroet(1994,p. 452).

② 这些规则和结构可能是非正式的，其效力取决于诸如名誉损失或罪犯排斥等机制。正如Grief、Milgrom及Weingast(1994)所说的那样，即使在没有正式法律依据的情况下，这种自律的形式也可以起作用。

③ 我们对市场的看法部分来自North(1990)，部分是受到Grief作品的影响。有关我们有效认知的例证，请参阅De Marchi and Van Miegroet(2000b)。

④ 低地国家是对欧洲西北沿海地区的荷兰、比利时、卢森堡三国的统称——编辑注。

⑤ 对于礼物交换中隐含的价值，参见Welch(2003)及其引用的文献。

15世纪意大利中部的委托关系中，提前确定价格的情况很少见；更常见的是规定一个范围，或者一个最大值或一个最小值。然后，价格以及所隐含的对艺术家的奖励，将被视为最终产品评估的一部分，通常由一个为此目的而组成的委员会进行评估。委托交换和礼物交换是在我们这个时代的某些阶层和社会阶层中进行的；然而，在这里，我们只能承认这一事实，并以这些形式作为衬托。[①]

与委托交换和礼物交换不同，我们主要关注的领域是市场交易。市场交易涉及相对众多的买卖双方。此外，估价是通过投标和报价来进行的，虽然它们可能有点独特，但也被认为是可复制的。[②]市场可能是初级市场（第一次出售）或二级市场（转售），两种市场的交易可能以零售或零售/批发混合为主，其基本区别在于首次出售还是转售。从历史上看，在专业经销商出现之前的初级市场上，艺术家们在自己和其他艺术家的作品交易中兼做交易人。我们找到了15世纪佛罗伦萨和布鲁日的绘画初级市场和转售市场的第一个实质性的欧洲证据。从时间上看，转售市场比初级市场滞后50年或更长时间。拍卖服务于转售市场的较明确证据是17世纪初的阿姆斯特丹、17世纪末的伦敦以及18世纪上半叶的巴黎。但它们最早的表现形式是遗产销售和强制（法院下令和破产）销售。那些在早期转售市场上交易的人是二手商品（最初是旧衣服）的经销商。转售或二级市场的专业绘画经销商随后出现，但在很长一段时间内，他们与以下人员一起进行交易：

（1）艺术家，经常一边画画，一边销售，而且往往是行业公会唯一允许销售的人；

（2）代理人，作为中介和顾问，为不愿意亲自寻找画作或讨价还价的人服务；

（3）新旧画作的街头经销商、展销摊位的摊贩和店员。

对于后者而言，绘画往往只是更大范围的商品类别中的一类。

刚刚描述的这个顺序适用于阿尔卑斯山脉南北两侧的整个西欧。正如我们所料，尽管我们感兴趣的创造性大都被表达出来了，它们却有很大的地方差异。事实上，随着二级市场加入一级销售，专业经销商和拍卖商，或者经销商兼拍卖商，都倾向于扩大或维持市场，由此带来了很大的吸引力。在一些城市，主要的绘画作品市场总是有相当大的进口成分；其他城市在当时或随着时间的推移，往往只有绘画出口。从附录A收集的信息可以看出，这种差异是显而易见的。纯进口城市的交易商，也就是实际上交易率等于或小于1的交易商倾向于成为跨越空间的中间人和套利者。同时，随着本地需求的增长放缓，纯出口城市的经销商往往不得不制定战略，以确保其他或远或近的地方的市场份额，以维持国内画作的生产能力。安特卫普和梅赫伦/马林斯就是最好的例子。

我们将从15世纪下半叶首先出现在佛罗伦萨的初级市场开始阐述，这可能是一个纯进口的城市。从大约进入16世纪开始，二级市场的早期阶段（二手交易商占主导地位）也可以在那里观察到。然后，这一经验将与当代西方世界知名的贸易中心以及绘画的纯出口城市布鲁日作对比。此后，我们将按照如上所述的大致时间顺序介绍当地的发展情况，但同时强调创造性的交易以及相关的行为并将有趣的变化贯穿于上面的一般发展顺序中。

3.2.2 15世纪佛罗伦萨的初级市场

佛罗伦萨也许是新画和文艺复兴绘画思想最为多产

① 委托交换最好通过研究合同来进行，合同的基本来源是Glasser（1977）；参见O'Malley（2005）对于15—16世纪意大利中部和北部祭坛合同及其价格的宝贵研究。在同一个世纪，特别是15世纪的荷兰委托合同的细节资料则很少。

② 这意味着承认：(a)复制技术在当时是车间最佳实践的一部分；(b)复制品被最好的收藏家所接受，甚至被索取；(c)不仅在低端市场，在其他市场，绘画作品的印刷品也是广泛存在的形式。

的中心。大部分留存下来并受到广泛好评的作品都是受教堂及其小礼堂、宗教命令或慈善医院、公会和民用建筑等的委托而作的。一些则是为高档私人住宅（宫殿）而作。在涉及公共委托的多数情况下，委托方通过组织竞比的方式，从样品中选择，然后按照公布的指导方针进行制作并提交审议。指导方针并不妨碍艺术的独创性；事实上，这种方式很受欢迎。尽管表达方式存在某些形式化并且所练习的主题数量不断增加，但这种方式也使得每个经纪都是独一无二的。设计的独特性或分散性意味着需求也具有不连续性。而且，尽管在15世纪美第奇（Medici）家族获得了越来越多的权力，但佛罗伦萨依然是没有公爵法院的共和政体。[①]由于这个原因，再加上目标不同的经纪机构很多，并未出现有可能导致品位统一化的“独立权威机构”[②]。

由此造成的需求分散化和需求不连续性，也被艺术家们自身所强化：他们极具竞争的特质，使得买家对创新有更多期待。[③]因此，在经纪圈中，竞争仅限于艺术本身，而不会体现在通过组织生产而节约成本的创新上。然而，佛罗伦萨画家Neri di Bicci尚存的商业记录显示，在现成和定制的祭坛画、彩绘木制神龛（包含一个或多个祷告场景或图画），以及石膏和赤陶浮雕上绘制的祷告图等领域，均有零售市场存在。尽管Neri di Bicci的祭坛画被认为是他自己的，但这些作品通常都是基于委托关系而创作的。

正如我们所预期的那样，市场上“衍生品”的平均价格低于委托作品或私人收藏品的平均价格。表3-1具体显示了这种情况。Neri di Bicci的顾客范围从理发师到贵族均有；而最大的一部分（40%）是中产人士：手工业者和政治上成功的规模较小公会的成员，或者地位较低的贵族家庭的成员。[④]尽管没有放弃诸如有丰富雕刻的边框、金银叶的使用和金丝在织物细节装饰上的应用等，但这些顾客仍然可以通过选择标准作品的小型变体和限制人物的数量来限制花销。[⑤]通过这些方式，Neri di Bicci设法供应从经纪圈艺术家公开展示的作品中找到灵感的祷告图，并分享其部分艺术理念，但其成本更低。他在这方面取得了成功：1480年的一项财产税评估显示，他领先于佛罗伦萨的所有其他画家。[⑥]此外，他还被Benedetto Dei列入1470年的艺术家名单，Benedetto Dei与部分知名艺术家一起在佛罗伦萨运营着一个工作坊。[⑦]值得注意的是，阿姆斯特丹收藏原画（1620—1660）的均价约等于2.2弗罗林，低于Neri di Bicci的最低价格。[⑧]

---

① 16世纪30年代，Medici的执政成员宣布自己是公爵的时候这种情况发生了变化。

② Goldthwaite（1982，p. 412）.

③ 同上，p. 421。

④ Holmes（2003，p. 218；又见note 40，p. 223），见Fantoni，Matthew and Mattews-Grieco（Eds.）（2003）。

⑤ 同前，p. 217，Neri di Bicci最流行的祭坛画据称由一块2米×2米的面板组成，描绘圣母玛利亚和他的孩子旁边围绕着2~4个圣徒，整幅成本在2.75~8.5弗罗林（同前，note 36，p. 222）；但他也制作了很多更小的版画（Kubersky-Piredda，2003，p. 117）。

⑥ Commanducci（2003，p. 106）.

⑦ Gilbert（1980，pp. 182–183）有一份翻译过的Dei的观察摘抄录。

⑧ Montias（2002a，p. 118）。估计荷兰的平均价格大约是13荷兰盾（1荷兰盾合20 stuivers）。在1521年黄金加洛林盾（Carolusguilder）刚发行的时候，大约20 stuivers的荷兰盾与黄金加洛林盾等值，而1加洛林盾（Carolusguilder）相当于0.7莱茵盾（Rhineguilder），莱茵盾相当于0.75的佛罗伦萨弗罗林。加洛林盾在16世纪停止了流通；但到17世纪20年代时，根据黄金含量，原来相当于20 stuivers的荷兰盾价值已经下降到仅0.17弗罗林。从1521年的等值情况来看，下列关系成立：1荷兰盾（20 stuivers）=1加洛林盾=0.7莱茵盾=0.75弗罗林；所以2荷兰盾（1荷兰盾合20 stuivers）≈1弗罗林。然而由于贬值，到了17世纪20年代，需大约5.9荷兰盾（1荷兰盾合20 stuivers）才能买到1个弗罗林。银盾价值更低。参见De Vries and Van der Woude（1997，pp. 80–81，and graph on p. 85）。

表3-1 15世纪佛罗伦萨经纪圈与衍生品市场的价格对比

	经纪圈[5]			衍生品市场[5]	
	均价	范围		均价	范围
祷告画					
Medici[1]（N=3）	24.7	4~40	di Bicci[2]（N=100）	16.0	2.75~45
4~6平方米的祭坛画					
意大利中部[3]（N=8）	120		di Bicci[4]（N=5）	28.9	

[1] 三幅佛兰德斯版画，两个有归属人：Nuttall（2004，Appendix A）。

[2] 1454-1474年间的作品：Kubersky-Piredda（2003，p.121）。

[3] O'Malley（2003，Table 4，p. 176）。

[4] Kubersky-Piredda（2003，p. 121）。

[5] 所有价格以佛罗伦萨人的弗罗林计算。

Neri di Bicci与经纪圈中的艺术家们都遇到了两个难题：一是要在销售的同时经营一个工作坊，二是需要做广告。①然而，与那些艺术家不同的是，他能够经营自己的生意，以便从复制品中节省成本：他分包石膏和赤陶浮雕标准件、木制神龛类标准件的大宗订单。②他和经纪圈中其他人的不同之处在于，他的利润一般都很低。据Kubersky-Piredda估计，作品价格的约10%~15%用以弥补他的经营费用以及材料和食品的少量成本。这远远低于向那些拥有卓越创造力和技巧的画家们支付的费用，比如Sandro Botticelli，他们在15世纪末期可获得被委托祭坛画总成本的35%~45%。③

我们只掌握了佛罗伦萨初级市场经销商的轶事证据。Kubersky-Piredda提供了1450—1500年间三家此类经销商的信息。其中两家曾从Neri di Bicci处购买画作，但是对于他们每一家来讲，绘画都只是兼营的副业。他们的主要业务仍是其他行业：银行、百货、珠宝、宝石和其他高附加值物品。④如前所述，专业交易首先出现在二手商品交易中。

3.2.3 佛罗伦萨遗物销售：二手交易商的早期专业化

常规的遗物销售在欧洲大部分城市都很常见，由二手交易商主导，这些交易商的公司可追溯至13世纪末。在大部分地方，这些经销商都被冠以反映他们主业的名称，而他们的主要业务通常是旧衣服和布料产业，那些衣服破旧状态不一，甚至只是破布。所以，这些经销商公司的名字大都是这样的，如威尼斯的straccia-roli或strazzaroli，普遍存在于意大利的rigattieri，荷兰的oude-cleerkopers（二手服装经销商），法国的fripiers，以及英格兰的rag and bone men。有时，他们也使用更通用的名称来表示其主营业务，比如死者房屋清理（荷兰共和国的uitdraagsters），抑或家用品筹备至回收一条龙服务（英国的upholders）。

在15世纪的最后几十年，专业化的迹象开始出现在佛罗伦萨遗物公共拍卖的详细记录中。销售记录里记载了每批包括但不限于中标的所有投标人的名字和标价。因此，原则上我们能够确定特定类别商品的投标人类型。到15世纪晚期，遗物销售的批次得以组织，以便将布制品与其他家庭动产（例如家具，包括绘画）分开，这意味着rigattieri中已经开始了分类专业化。1479

① 参见Wright（2003，pp. 225-236）on the goldsmith-artist Antonio Pollaiuolo and his marketing devices。Thomas（1995，pp. 88-93）讨论了di Bicci工作室规模的变化，Matthew（2006），在De Marchi and Van Miegroet（eds.）（2006）中记录了Neri di Bicci肖像的促销定价。

② Kubersky-Piredda（2003，p. 116）.

③ Blume（2003，pp. 152-153）. 只有两组观察数据，数据稀少，因此这些数字可能不具代表性。

④ Kubersky-Piredda（2003，p. 117）.

年的一个rigattiero目录只包含艺术品和家具，而1498年的拍卖中有一个批次包括了绘画在内的26件艺术品，中标者来自一个知名的二手经销商家庭。[①]我们应该补充一句，对于26件物品的一个批次而言，这样一次销售几乎可以作为批发市场的一部分了。

随着时间的推移，佛罗伦萨二手经销商的等级区分越来越清晰，尽管与实际状况相匹配的术语区分似乎还很少见，但这样的区分在另外一些领域已被隐约反映出来了。[②]然而，据我们所知，布鲁日并没有发生任何类似情况；直到1588年我们才发现有两个在画家公会登记过的人（有交易愿望的人均被要求正式登记），但其备注均为“二手服装经销商，亦可交易画作”。[③]安特卫普是在这之后才有所反映的。[④]到16世纪中叶，佛罗伦萨的回收市场已经发展到了在市中心设置城市指定销售点的地步，他们辟出了一个仓库来存储待售的货物，还雇用了估价人员来估定每个标的的价值（标的物估价的萌芽），并规定任何有持售需求（不仅限于遗物销售）的公民均可以使用这些设施。[⑤]

3.2.4 15世纪布鲁日的初级市场：规模范围、海外需求、艺术仿真

在14世纪，布鲁日是西欧最重要的贸易中心，也是巴黎以北第二大城市（根特为第一大城市），人口约4.6万。它被生产纺织品的城镇所包围，但自身却从未成为工业城市。它的实力体现在转口贸易，而且这个城市还发展了复杂的机构来维持它在这个领域的突出地位：5月展会之前纺织品的展示空间；检查安排和质量担保；以及一个持牌经纪人系统，通过持牌经纪人，交易会之外的交易将被关闭。旅店老板还雇用经纪人来完成交易，并提供存储和金融等服务。[⑥]这些制度安排大部分受到严格监督，经纪费和通行费是城市重要的收入来源。[⑦]对监督、秩序和控制的偏好同样还反映在公会规章和对各手工艺业的严格规范中。尽管可以看出，当这个城市的贸易受到威胁时，地方法官也可以对违反公会规定的行为视而不见，但这个城市的画家却感受到如其他手工艺者一样的约束。到15世纪中叶，布鲁日的人口已降至4万人左右，在接下来的50年里，由于交通河道持续严重淤塞，并且1582年之后与勃艮第公爵（神圣罗马帝国未来国王Maximilian一世）行使特权的主张产生政治分歧，这座城市的经济前景受阻。这场争端导致了“外族”（外国常驻商人的社区）安特卫普人起初暂时性后来永久性的逃离。在数十年的衰退期间，画家比许多手工艺者的遭遇要好，部分原因是因为他们能够促成低端零售市场新的需求。

这种需求可以从15世纪下半叶登记的大师级新画家的数量中推断出来；甚至可以更清楚地从新学徒画家

---

① 参见Lydecker(1987,pp. 214-216)。

② 在西班牙、法国、英国和荷兰（北部和南部），并没有在术语上明确认可二手经销商的专业化。罗马也没有术语；而在那不勒斯，专业化甚至还没有被接受，离命名就更远了：17世纪后期，引用Christopher Marshall提供的信息，“li mastri della Giudeca”被限制在衣服处理领域使用，而不允许在其他家庭用品的处理等方面使用（Allerston,2003,p. 311,n. 57）。

③ 虽然从Montias对阿姆斯特丹孤儿商会拍卖的研究中，我们知道很多关于1597—1638年间的个人及其在绘画销售方面的参与活动，但是我们却不知道任何关于17世纪荷兰共和国uitdraagsters的专业化或重新命名的相关文献资料（Montias,2002b）。到17世纪中叶，安特卫普的星期五（不动产）市场已经成为获得旧画作品的地方，其中许多作品并不便宜。但那个时候是因为通常是专业经销商，他们的代理商是为人所知的，而不仅仅是老服装经销商。

④ 参见Vermeylen(2003,note 37,p. 132)。

⑤ Lydecker(1987,p. 217).

⑥ 参见Murray(2000),Stabel(2000) and Greve(2000),all in Stabel,Blondé and Greve(Eds.)(2000)。

⑦ Nicholas(1992,pp. 204,296).

的数量中看出。如图3-1所示，在有些年份，新学徒画家的数量超过了20人。佛罗伦萨没有可作对比的记录，因此我们只进行粗略比较。根据德伊（Dei）名单，1470年佛罗伦萨的一个工作室画家总数在30个以下。这个估计大致符合1472年圣卢克公司（一个画家公会）的一份“人物画家”名单。[①]

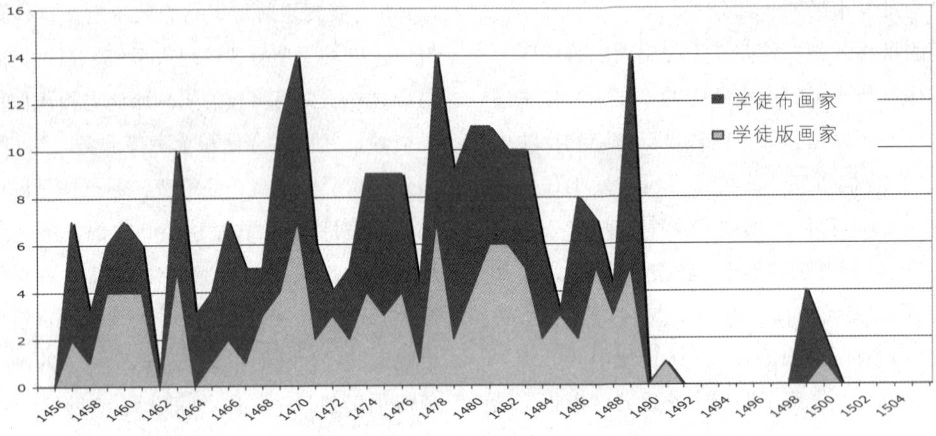

图3-1 布鲁日1456—1500年新的学徒布画家和版画家数量

注：该统计不包括大师子嗣。因此，我们的数据不同于其他一些统计，忽略大师子嗣更准确地捕捉到了有效诱因。

资料来源：Vanden Houte（1913）。

一个导致佛罗伦萨统计数据不详的因素在于，除了初始的培训，那里的工匠可以在未获得任何公会正式会员资格的情况下在各工艺行业之间自由流动。例如，Andrea del Verrocchio无法获得金匠资格，却成功地进入了绘画（以及雕刻和铸造）领域。然而，Antonio Pollaiuolo却是一名金匠，他成功地运营一个金匠工作坊的同时，还与其兄弟在绘画项目上开展自由合作。[②]在佛罗伦萨注册的画家人数较少，因此艺术家服务的真实供应量可能被低估。[③]然而，Verrocchio和Pollaiuolo都进入了德伊的名单，表明德伊的名单收录具有一定的广泛性。无论如何，有迹象表明佛罗伦萨的画家比布鲁日的艺术家面临着不太有利的条件。如前所述，他们发现自己不得不做广告宣传。此外，他们中很多人都搬到其他城市去寻找工作。[④]相比之下，在1466—1496年间的布鲁日，在画家所属的图画制作者公会中，近1/3的新大师是移民。[⑤]由于新时期画家占该时期所有图画新大师的2/3以上，因此画家中也有大量纯移民的假设似乎是合理的。

另有证据表明，布鲁日与佛罗伦萨的区别很大。布鲁日的需求有一部分来自外国商人。布鲁日从这方面获

① Wackernagel(1981,p. 300)。Wackernagel记述有42名成员新加入。然而，有些人根本不是画家，有的则从事金箔制作等相关工艺。德伊自己的名单中包括了已去世的几位画家。

② Wright(2003,pp. 227-228).

③ 佛罗伦萨的劣势在于只有那些具象画家被统计在内。布鲁日名单更具包容性。

④ Goldthwaite(1982,p. 420). Goldthwaite指出，在维罗纳(Verona)，他们甚至超过了当地人的数量。

⑤ Blockmans(1996,p. 20).

得了佛罗伦萨所缺乏的附带利益。一年一度的国际博览会和常驻的"外族"，都意味着这里存在着可促进交流的机构配置方面的完整基础设施。[①]正如前面提到的那样，为保持布鲁日作为贸易中心的地位，城市当局自觉作出了部分贡献。尽管仍以纺织品占主导，但布鲁日的货物双向交换却能根据参与者的供应和需要情况不同而有所不同，目前的商人包括加泰罗尼亚人、卡斯蒂利亚人、葡萄牙人、卢切塞人、米兰人、热那亚人、佛罗伦萨人、汉萨镇的代表、法国人、英国人和苏格兰人。人们认为，外国商人及其助手的数量在布鲁日5月博览会结束后可能达1 000人，而在展会期间可能翻一番，大约占该地区家庭总数量的1/10。[②]与此相反，佛罗伦萨则派出银行家和商人到国外去，但到佛罗伦萨拜访或聚集的外国客商们没有一个既定的模式或传统，更不要说长期待在那里。矛盾的是，佛罗伦萨是以一个本土商人为主的城市，而并不是国际市场的东道主。或者，正如Goldthwaite所说："就整个城市在国际银行业和商业中的地位而言，佛罗伦萨市场……只是地区性的。"[③]

来访和常驻的外商对布鲁日的贡献也不仅限于他们的数量优势；平均而言，他们的购买力比当地人高。[④]而且，在这些人中艺术需求的财富弹性可能已经超过了1.0。现有的艺术财富弹性估值是针对17世纪的荷兰；在当时的荷兰，大部分的绘画作品都由商人购买，而且由几个独立的数据集可得出其弹性高于整体的结论。[⑤]虽然我们对布鲁日缺乏这样的估计，但商人需求的重要性从定居布鲁日的、德国出生的艺术家Hans Memling的例子中可见一斑。Memling近一半作品的买家的社会经济地位是已知的；其中60%以上是外商。[⑥]如果说布鲁日的本地需求得到了来自外国商人需求的重要补充，那么佛罗伦萨则相反。在佛罗伦萨，商人/银行家进口的绘画是在佛兰德斯委托制作的或是在年度展会上获得的。Medici家族在15世纪的收藏目录表明，在1492年伦敦洛仑佐大帝的142幅绘画藏品中，有近1/3的画作是从佛兰德斯或邻近的布拉班特公国的安特卫普人处进口的。[⑦]

使布鲁日能够拥有得天独厚条件的另外一个因素是，不同类型的专业画家之间的竞争。我们提到艺术家们制作艺术仿真画以期在佛罗伦萨具有竞争性的经纪圈中胜出。布鲁日的竞争是不同的，并且对那里的绘画初级市场也产生了不同的影响。三种不同的绘画工艺在布

---

① Goldthwaite(2003,p.432). Stabel(2006)注意到，在布鲁日绘画市场，这些基础设施的整个历史都是该市长期以来对交易作出的贡献。

② Blockmans(1995,p. 15) and Stabel(2001,p. 191).1366—1368年间货币兑换商的记录包含了990个外国商人的名字：Murray(2000,p. 7)。

③ Goldthwaite(2003,p. 432).

④ 虽然可通过参见Nicholas(1992,p. 296)得到一些信息，但对于布鲁日，缺乏直接的证据。从阿姆斯特丹的商人中可以得出一个相对合理的推论，这些商人中有在17世纪初来自荷兰南方(西班牙)的移民。Montias表示，在阿姆斯特丹1631年的财富评估中，收藏品中"几乎所有"价值在10 Gulden(1.7弗罗林)以上的油画都是由至少支付5荷兰盾(0.8弗罗林)的个人所拥有的，而且这种需求大部分来自商人，还有一些酿酒商、制糖商和其他小规模的"商品制造者"。他们是支付50 Gulden(8.5弗罗林)以上税收的人，是纳税人中前1/4的部分"(Montias,2002a,p. 117)。Gelderblom(2000,p. 227)进一步表明，在1631年评估中，100荷兰盾(约17弗罗林)及以上的477个纳税人中，56%是商人，超过2/5的是南方人。如果Montias的结论成立，那么阿姆斯特丹的税收呈现一个"金字塔"的形式：见图3-2。

⑤ 基于Delft收藏的研究，Montias估计为1.23：(1982,p. 265)；1598—1638年间在阿姆斯特丹拍卖的"起拍作品"为1.37(1996,pp. 75-76)；1620—1660年间阿姆斯特丹藏品中的一个随机样本为1.46(2002b,p. 34,Table)。对于布鲁日或安特卫普，目前还没有类似的研究，因为留存下来的藏品并无估值，也没有在任何一个城市进行"正常"年份的财富税评估。

⑥ Blockmans(1996,pp. 23-24),citing the work of Maximiliaan Martens.

⑦ Nuttall(2004,p. 106).

鲁日得到认可。图画制作者公会吸纳了其中两种工艺画家：木板油画家，以及使用颜料与兔皮胶合剂的混合物（一种被称为“水彩”的混合剂）在薄麻布上创作的画家。这其中有clederschrijvers或cleerschrijvers（字面上是指在布/服装上创作的“作家”）。第三类是彩饰画家或微型图画家，他们被分流到图书馆公会。彩饰画家的数量是未知的，但作为艺术力量的一支，他们至关重要；尽管他们的影响力没有我们想象中那样强大，但被培训为彩饰画家的艺术家确实不止Jan van Eyck一人。这三种工艺品按照产品类型和价格来竞争市场份额。而且，所有这些团体都保持着独立的身份，它们彼此之间的竞争是通过相互借调主题、技术、形式和载体而发生的。其结果是增加了品种（其中包括许多以前没有见过的品类）和不同价位的产品。再次，根据cleerschrijvers雇用的学徒以及图画制作者公会中的版画家的数目（1456—1490年间高达242人）来判断，这些变化必定引发了新的需求。[①]由此，我们可以认为，外商促进了特定类别产品最终需求的增长；而三类画家之间的竞争则促使新产品的出现，这反过来也催生了新的需求。

布鲁日的三类画家在技术和最终产品方面的差异是非常明显的（每一种工艺的绘画都占有自己的市场份额），三者之间本就应该能够和平共处。因此，传统微型图画家主攻手稿彩绘：他们装饰文字，但没有介入架上画或壁挂。布画家所用媒介可使大面积覆盖变得容易而迅速。他们用细麻布作画，这在佛兰德斯就很容易买到，有时甚至被称为“布鲁日织物”。而且，由于他们的材料载体便宜，加上这种绘画所需的劳动时间相对较少，所以布画家占据了架上画或壁挂的相当一部分市场：如横幅、旗帜、临时装饰品等。但并不是所有的产品都是一时性的或者便宜的。他们还制作了漫画挂毯，并且购买一些较大的叙事场景布画作为挂毯替代品。这些可能价格昂贵：Medici拥有的一幅这样的布画估价为10弗罗林，而另一幅则为25弗罗林。但是，板上的油画通常首选用于祭坛画、肖像和具有卓越艺术表现力的祷告画。这种技术要求在浅色釉中散布多层颜料层。工作枯燥乏味，干燥所需时间较长，劳动力成本也相对较高。与此同时，油画的对比度、厚度、明暗度和密度都较强，对产生令人满意的颇具丰富性的效果有保证，因此价格也较高。

尽管有这些传统的技术差异，15世纪下半叶在布鲁日发生的两次变革仍然造成了一些紧张态势。1456—1490年间，在242名新学徒画家中，有134人（55%）是有抱负的布画家，扭转了这一时期开始时轻微倾向于支持版画家的局面。其次是彩绘画家开始制作和销售单叶（single-leaf）微画。分散的微画是可能侵入布画和版画家产品空间的新类别。同时，布画家群体中学徒的成长，也使得版画家感到不安。

这两种态势首先引发了油画家的阻挠行动。他们在1457年通过进口独立的微型画向彩绘画家收费。即使这难以消除版画家们对被替代的恐惧，但进口的说法也许的确是个误会，因为微画主义者回答说实际上他们每天均在做出口。[②]随后在1459年，版画家指称两名布画家在展示油版画，尽管展示任何供出售的油画都是不被允许的，即使是出自他们自己的手艺。[③]最初，油画家们赢得了地方官员的支持以对付布画家，但是在1463年，地方法官推翻了他们自己的裁决，确认布画家可以“公开展示和出售作品”，“正如他们已习惯的那样”，地点为船舶靠港和卸货的圣约翰大桥及周边区域，这里离收费站仅一步之遥，且靠近外国“大使馆”和交易所

---

① 站在那个城市艺术活动的高度，我们将此与1492—1502年佛罗伦萨圣卢克公司的14个新铭文做了对比：Wackernagel（1981，p. 300，note 1）。

② Campbell（1976，p. 190）记录了这一事件。

③ 同上，以及由Peter Stabel提供的1 459项诉讼记录。

(bears)。[①]

这些涉及布画家且与裁判官1463年裁决有关的事件，告诉我们两件事情。首先，布画家积极地尝试吸引外国首领和商人，他们并不满足于按照规定设想的那样仅仅希望外国人主动参观他们的工作坊。其次，由此产生的交易必须发展到如果压制公开展示就可能会损害城市经纪业务收入的地步。[②]这是我们的推论，但是这样的事情一定也打动了地方官员。布画的流通量有多大不得而知，但17世纪安特卫普经销商的记录显示，他们购买在梅赫伦附近制作的布料画达几百幅之多，并且有相当规模的画作运往国外。[③]在这种情况下也许同样重要的是，在15世纪Medici家族的家庭动产中，尽管只有4幅佛兰德斯版画，但却有38幅是源自佛兰德斯的布画。[④]1461—1470年间，布鲁日有不少于40名新学徒隶属于布画家阵营，而只有25名加入了版画家工作坊，这是一个惊人的转变。地方官员们也许觉察到了这个早期迹象，为了城市的更大利益他们并没有实施干预。

价格是彩饰画家和布画家命运转折的一个因素吗？这是确信无疑的。Medici的布画平均估价只有3.38弗罗林，而他们4幅佛兰德斯版画的平均估价是23.5弗罗林。同样，17世纪的安特卫普经销商购买布画平均花费约1.6盾，相当于约0.3弗罗林。[⑤]有趣的是，价格大约是1∶100的关系。为了进一步比较，15世纪下半叶受意大利买家委托购买的佛兰德斯祭坛画小样品，平均每平方米为23~42弗罗林。[⑥]Michelle O'Malley的意大利中部祭坛装饰品价格数据库，不仅揭示了祭坛画委托价格越高则数量越少的现象，还给出了一个可比较的范围。这种关系不是需求曲线，因为每幅祭坛画都是独一无二的，但它是一种类似于需求曲线的价格敏感曲线。无论如何，布画的平均价比高质量的版画要便宜得多。同样，微画画家的单叶微型画也比版画便宜。刚刚提及的17世纪安特卫普的一位经销商Matthijs Musson，以每件0.04盾，相当于每件仅0.007弗罗林的价格购得了羊皮纸上的画作。[⑦]如果我们把刚刚的安特卫普布画和15世纪佛罗伦萨及布鲁日版画/祭坛画的信息均转化成价量空间，就会呈现出一条布画的价格截点非常低（事实上是以相当于0.3弗罗林为中心的一个狭窄范围）的水平需求曲线，以及一条覆盖更高价格范围的明显价格敏感线。如果我们使用最便宜的Medici版画（4弗罗林）作为价格敏感线的最低点，那么它的起始点将比布画的需求价格截点高出13.3倍。

这种价格差异一直存在，而真正新鲜的是低端市场在产品、介质、规模、主题和技术方面的竞争。这里有几个例子。正如所指出的那样，彩饰画家开始销售画在羊皮纸或纸张上的单叶微型画，尽管仍使用传统的手稿彩饰技巧，但这是一次向架上画的转变。他们开始制作小至6厘米×9厘米的口袋大小的肖像。相对于彩饰画家的小型肖像画，版画家们则在板上缩小自己的油画肖像。与此同时，版画家们自由地将彩版“时光之书”中的自然景观要素引入自己的叙事宗教场景。布画家则通过将布料挂在廉价板上，开始创作替代板绘画。Van Eyck等一些版画家也尝试在油性介质中使用阻隔剂以缩短干燥时间；Memling等其他人则通过更经济地使用颜料，进一步缩短了完成时间：更少的颜料层，更少的

---

① Martens(1998,p. 21).

② 无证经纪人并不是不为人所知，但并没有证据表明布画家实际上是自己达成交易以绕过经纪。

③ 例见Duverger(1969,pp. 83,96)，由经销商Musson购买和装运。

④ Nuttall(2004,Appendix 1).

⑤ 关于经销商Forchondt，参见Denucé(1931,pp. 28,34,63,64,73,284,289)；关于经销商Musson，参见Duverger(1969,pp. 83,95,96,98,102,103)。

⑥ De Marchi and Van Miegroet(2003).

⑦ Duverger(1969,p. 99,folio 14).

上釉并增加铅白色调，以突出表面效果。[①]如上所述，布画家一直负责制作挂毯的漫画。在佛兰德斯市普遍使用水平（basse lisse）织机的情况下，漫画可以放置在经纱下方而图案将直接转移到所织造的织物中；这些漫画的图纸也可以用在亚麻织物上，制作出各种各样的替代挂毯。尽管对布画家而言替代挂毯是新产品，但三类画家都采用了转印设计或图案技术，无论哪一种作品，都为每个人节约了成本且使买家受益。这些革新作品多数都以更低的成本、运用印刷纸张的形式来实现，该技术自15世纪中叶以来便在布鲁日（和威尼斯）应用，并且在16世纪被广泛应用于安特卫普。

这些产品的创新和跨工艺的应用在布鲁日催生了一系列先前没有的新图画，重要的是，这些图画是最低收入群体可负担得起的。无论是有意为之还是仅仅试图保留或增加市场份额，三类画家发现自己挖掘了先前潜在的需求。这个新市场与经纪圈截然不同：价格要低得多，但大多数情况下这些产品都不是以佛罗伦萨di Bicci的方式所产生的艺术衍生品。昂贵的委托版画和便宜的布画之间的区别依然存在，并且Medici等对成本敏感的买家继续购买两类作品。与此同时，布鲁日的发展标志着一种即将成为普遍习惯的开始：即使是普通住宅，也拥有和展示着数量相当的价值相对较低的绘画。这种趋势在整个低地国家蔓延，而在其他地方却不那么普遍。

随着向大众出售的开始，市场急需新的展示和销售机制。不过，在讨论其中任一部分之前，对于佛罗伦萨及17世纪北部大规模生产地，与广泛具有绘画所有权的阿姆斯特丹两地之间的区别仍然值得一提。

3.2.5 财富和绘画所有权：佛罗伦萨与阿姆斯特丹比较

1427年，佛罗伦萨进行了一次由征税引起的综合财富评估；1631年，在阿姆斯特丹同样进行了一次综合财富评估：两地所征税率均为0.5%。遗憾的是，当时的佛兰德斯市没有类似的综合性评估。不过，我们将只比较佛罗伦萨和阿姆斯特丹两地。在将阿姆斯特丹的财富和税收类别从荷兰盾兑换为弗罗林之后，我们得到了图3-2。我们采用四个税种：第IV类：<5弗罗林（<29荷兰盾）；第III类：5~7.5弗罗林（29~44荷兰盾）；第II类：7.5~50弗罗林（44~295荷兰盾）；第I类：50~580弗罗林（295~3 422荷兰盾）。阿姆斯特丹共有4 110人缴税，佛罗伦萨有6 745人缴税。由于城市人口比例是115 000：37 144，或3：1，阿姆斯特丹人口较多，显然其税基更为狭窄。然而，阿姆斯特丹最富的前三类别纳税人比例高于佛罗伦萨，两地分别为52%和24%，绝对数字为阿姆斯特丹2 128人对比佛罗伦萨1 649人。如果我们还可以给出阿姆斯特丹绘画更便宜的证据，那么在其他条件相同的情况下，更多富人和更便宜画作的组合将表明，阿姆斯特丹最富裕的前三类纳税家庭应该比佛罗伦萨同类家庭拥有更多的画作。

佛罗伦萨方面没有可验证我们猜想的数据；但在任何情况下，那里用架上画装饰房屋墙壁的文化并不是很盛行。以在Medici收藏中最便宜版画的价值作为参考，一幅无归属人的基督头像画为4弗罗林，而1620—1660年间阿姆斯特丹收藏的有归属人的绘画的最低平均价值为9荷兰盾（约合1.5弗罗林）。这表明阿姆斯特丹有显著的单位成本优势。

① Galassi(1997,p. 346).

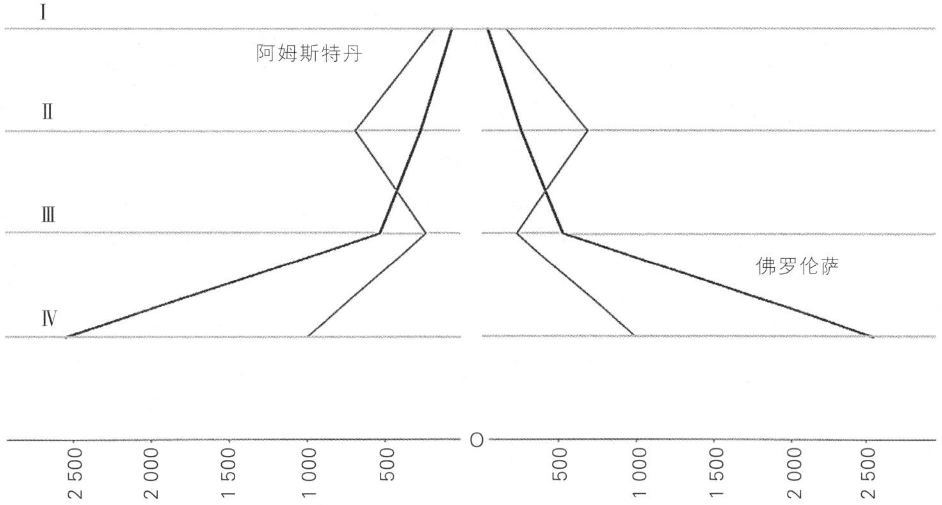

图3-2 财富和税收类别统计（I-IV）：佛罗伦萨与阿姆斯特丹比较

这种优势是否会转化为更多的实际购买力？遗憾的是，这个问题只能通过对比阿尔卑斯山以北的城市才能解决。表3-2给出了安特卫普与阿姆斯特丹以及巴黎与梅斯的概况。虽然我们未获取有关布鲁日或佛罗伦萨画作拥有量的数据，但是，综合运用之前均大于1的荷兰共和国绘画需求财富弹性的估值数据和表3-2，我们可以推断出，无论是从绝对还是从相对意义上讲，荷兰北方和南方的画作拥有量相比法国都呈现出随时间增加的模式。因此，荷兰模式为未来衡量佛罗伦萨和意大利其他城市画作拥有量建立了一个标准。或许值得注意的是，在阿姆斯特丹税级排名前两位的藏品中，23件原画的平均价值低于6弗罗林。在佛罗伦萨最高税级的Medici家族1 492件家庭收藏目录所记录的142件中，只有6件较便宜的绘画。

随着时间的推移和财富的增加，在荷兰画作拥有量日益增长的背景下，我们将跟踪那些比通过艺术家工作坊直接销售方式更能有效增加销售量的销售手法。为此，我们将首先研究安特卫普和梅赫伦/马林斯这两个城市，按照我们的话讲，这两座城市形成一个纯出口商综合体（见附录A）。然后，我们再研究荷兰省的哈勒姆和阿姆斯特丹。重要的城市中心阿姆斯特丹，1660年人口为20万，作为绘画的纯进口国，通过运河网络与其他城市联系在一起。据De Vries估计，从阿姆斯特丹出发一天之内可到达其他城市的人口为35万人。[①]

---

① De Vries(1981,p. 75,Table 3.7).

表3-2　　低地国家和法国的绘画拥有量

	16世纪30年代至40年代	1565—1585年期间	1620—1645年期间	1630年/1631年	1645—1672年期间
安特卫普（每户）	≈5.75[1]	1~11个房间：6.8[2]		13.3[3]	
		至少12个房间：22.2		45.3	
阿姆斯特丹（每个收藏目录，按财税类别）：[4]					
最低税级的低端：				8~15	
最低税级的顶端：				9幅原件	
				20幅以上较便宜画作	
前两个税级：				23幅原件	
				23幅以上较便宜画作	
梅斯（每个收藏目录）[5]					5.5
巴黎（每个收藏目录）[6]			8.7		

[1] 每户，司法收藏目录，各种规模的房屋：Martens and Peeters（2002，p. 881）。

[2] 每户，各种收藏目录：Vermeylen（2003，p. 148）。

[3] 各种收藏目录，不包括16间及以上的房屋：Blondé（2002，pp. 382-383）。

[4] Montias（2002a，pp. 122-123，Table 1）．"原件"的价格在2.3弗罗林及以上。

[5] Benedict（1985，pp. 103，105）．

[6] Schnapper（2001，pp. 425-426），citing unpublished work by Mickael Szanto.

3.3　市场间的绘画流通

在16世纪的安特卫普和梅赫伦、17世纪的荷兰以及罗马，批量绘画生产已经成为常态。于是，批量销售机构和机制应运而生，而旧的机构和机制也不断调整以适应新的市场，这就催生了五花八门的绘画销售形式和规范。以安特卫普为例，城市的当权者扮演了至关重要的角色，通过改造展厅（这在市集时代的布鲁日曾用于纺织品展览）等方式，积极改革旧的市场制度，将其应用于绘画和印刷市场。

3.3.1　15世纪和16世纪安特卫普的画廊

16世纪，安特卫普绘画的专业化和劳动分工达到一个新的高度。15世纪，布鲁日经济因自然和政治因素走向衰落，而安特卫普却正好相反，步步高升。1375年、1376年以及1404年，安特卫普经历数次洪水泛滥，幸得于此，长期受沙坝限制的河道被拓宽，打破了布鲁日一直以来靠大型船只获得的交通垄断局面。[1]政治方面，刚才已经提到，15世纪80年代，因未来皇帝Em-Maximilian一世反对中央集权以及宣称对佛兰德斯的统治权（并拥有征税权），布鲁日最终遭到报应。Maximilian鼓励外国商人迁往安特卫普并为他们提供安全通道，而安特卫普也一直支持这种政策。15世纪90年代初，部分商人仍然犹豫不决，不时返回布鲁日，但到17世纪20年代，所有外国商人都永久迁移到安特卫普。后来数十年间，安特卫普俨然取代布鲁日成为世界“贸易中心”。16世纪伊始，葡萄牙人给安特卫普带来丰富的香料，而香料贸易的垄断更加巩固了安特卫普的地位。另外，因中西欧地区矿业发展带来新财富及货币市场的蓬勃发展，陆上贸易流通的运输线站点不断重组，也给安特卫普带来极大优势。1460—1540年间曾爆发数次重组浪潮。意大利银行家在当地黯然失色，而威尼斯则主要通过陆上运输线与安特卫普紧密联系。当时的陆上运输线是由科隆到维也纳，或者由科隆经过奥格斯堡到蒂罗尔。[2]从某种程度上讲，17世纪安特卫普和梅赫伦的绘画流通可以追溯到这些陆上运输线。同时，这些路线也补充了旧时经过巴黎、伊比利亚半岛和美洲大陆的流通路线（这在当时仍然存在）。

正如曾经的布鲁日那样，外国商人在安特卫普的定居积极地促进了当地艺术品市场的发展。但除此之外，这座布拉班特城市还有其独特的魅力。第一点就是安特卫普的圣卢克（St. Luke）公会极其开放包容，海纳百川。16世纪初，公会接纳包括绘画在内的大约20种工艺，到16世纪中期则高达48种。[3]16世纪，商人开始以注册会员的身份出现，不过，并不是所有商人都希望成为公会成员。[4]更重要的是，公会允许不同领域的艺术家共同创作[5]，这打破了原本在布鲁日明令规定的根据不同工艺和产品划分的界限。正因如此，我们也看到，这个时期的艺术形式更为灵活。

安特卫普的第二个显著特点就是“画廊”的应用，这是一种看起来像回廊一样的销售场地。有些“画廊”整整一年都在展出待售的绘画。令人意外的是，当权者非常积极地推广这一精美的销售场地。[6]第一个有记载的画廊出现在1445年多米尼加男士修道院的回廊中，是由安特卫普的珠宝公会和安特卫普及布鲁塞尔的绘画公会联合倡议发起的，这在当时非同寻常。该画廊延续了100多年时间。1481年，画家们因纠纷转移到天主教堂圣母玛利亚（Our Lady）附近的一座新建筑中。自1484年起，画家们每逢市集便组织绘画销售活动，在当权者的支持下，更是形成了垄断的局面。同时，圣母玛利亚的画廊也成为第一个持续或者年度绘画销售场所。[7]有趣的是，这是从安特卫普的两个年度市集衍生出来的，它们分别在5月中旬和8月末举办，每个持续大概6周的时间。在这些市集中可以找到琳琅满目的奢侈品，包括绘画。[8]

最后还有两点不同于布鲁日的地方。在布鲁日的市集上，商人不能在露天的地方展示绘画，因为公会规定只能在商店中进行绘画展示和销售。此外，春季市集，

---

① Nicolas(1992,p. 390).

② 相关发展详见Blanchard(1996)。

③ Martens and Peeters(2002).

④ Vermeylen(2003,p. 134).

⑤ 出处同上(p. 138)。Martens和Peeters(2002)指出，与想象中相反，安特卫普的大型工作坊很少，在绘画公会注册的很多其他手艺的从业者也持有其他公会的会员资格。相对而言，工作坊内的劳动分工似乎没有不同手艺者间的合作包容重要。

⑥ Vermeylen(2003,p. 28).

⑦ 出处同上(p. 26.)。关于画廊方面的研究，Ewing(1990)是最前沿的。

⑧ Campbell(1976,p. 196).

在潮湿的户外展出绘画不太现实，除非是在三个官方巡视日期间。[①]另外，虽然在珠宝公会的请求下，当权者在1482年同意开办画廊，但是直到1511年才正式撤销上述提到的对画家们的限制，允许他们参加年度画廊活动。[②]

在安特卫普，各种各样的画廊陆续建立，用来展示和销售挂毯等特产，而最宏伟的画廊于1540年设立在新的“交换之地”（Exchange）。根据当权者的指令，这个位于“交换之地”上层的画廊可容纳100个摊位，专门用于展示和销售绘画、印刷品、画框等。[③]当时，一位画家兼商人就在这个画廊里租了一个比标准摊位稍大的货摊，他就是Jan Van Kessel。1581年，到他去世之时，其存货高达610幅绘画，还不包括各类印刷品及琳琅满目的小玩意儿，比如铜板、纸张、收纳绘画的箱子。

根据Van Kessel的库存，我们依稀能估算出当时安特卫普的绘画产量。以他为代表，我们假定每三年清空一次库存，那么整个“交换之地”上层的画廊每年新增的绘画量将高达17 661幅，至少在16世纪80年代最旺的年份是这样的。[④]大部分的画作可能都是标准化的，画在帆布上或者普通布上，价格低廉。这些画作很可能都是新作而且匿名。事实上，在Van Kessel的库存中只有一幅稍微陈旧一点的画作，上面写着“博世（Bosch）的陈旧帆布画作”。

公会的包容、当权者的支持、广泛的贸易[⑤]，加上绘画公会中不同手艺的劳动分工（尤其是在不同手艺人的工作坊之间）和专业化发展、精准的市场和出口定位，所有这些因素都让安特卫普成为绘画产出和销售前

---

① Blockmans(1996,p. 22). 这个关于春季市集前展览的建议与之前讨论的内容不冲突，即布画家想尽办法在港口的露天位置展览画作。

② Wilson(1983,p. 477 and note 10).

③ Vermeylen(2003,p. 50ff).

④ 更多关于如何计算Van Kessel在画廊租用摊位大小的信息请见Vermeylen(同上,pp. 60-61 and Appendix 2,p. 194)。Van Kessel的摊位是平均摊位的1.152倍，所以如果有100个摊位，那么只能有87个像Van kessel摊位大小的摊位。87x203/新画作/年摊主=17 661幅画。这是最粗略的计算总产出的方法。Montias的计算方法更复杂：首先算出城市中艺术家的数量，然后利用文档记载的艺术家每年平均收入以及平均每幅画的价格，推算出每周的生产力。将这种计算方法应用于阿姆斯特丹，他得出每三天创作一幅(或者每年工作270天创作90幅)珍贵画作(指平均价格为13荷兰盾或者2.2弗罗林，尺寸大约为63.5厘米x89厘米的画作)，每周创作2.5~3.3幅(或者每年创作135~180幅)廉价画作(指5~9荷兰盾或者1.5~1.85弗罗林的画作)。根据Montias的方法，平均每年产出124幅画作。据估算，大约有100位艺术家，那么每年画作产出量为12 400幅，最多不超过18 000幅(这个数据假定所有画作都是廉价画作)，Montias(2002a,pp. 117-120)。我们可以利用Montias的方法来大致推算Van Kessel的库存。所以，如果我们假设在安特卫普交易的大部分画作都是廉价的，采用1585—1586年注册的画家人数——108位，那么总的产出量就是108位画家x每年180幅画作=19 440幅。实际上，我们会觉得这个数据太小，尽管这比我们第一次估算数据和Montias的估算要高。原因就是部分梅赫伦产的布画通过安特卫普的画廊销售(Van Kessel和Filip Vermeylen的私人对话中提到过这些画作)。另外，众所周知，安特卫普的商人极大地促进了梅赫伦的画作出口到安特卫普。布画可很快完成，价格相对便宜，正如我们从两位17世纪商人所见的，每幅画作在1.45~1.78荷兰盾(平均值)。有一份1654年的梅赫伦画家和安特卫普商人之间的合同显示，大的画作1.8荷兰盾，小的1.25荷兰盾。我们用这些来指代稍微贵重的画作，另有合同来规定画家日薪，在1634年是0.8荷兰盾。尽管16世纪中期和17世纪初期，工资和画价均有变化，但是两者的比率不变。以这些合同为代表，根据16世纪60年代的日薪和画价(梅赫伦当时达到巅峰，是绘画生产的中心)，假设一年工作38.5周，每周6天，那么每位画家每年会创作103幅珍贵画作或者148幅廉价画作。我们估计16世纪60年代有159位画家，每年创作16 377(较昂贵)~23 532(廉价)幅画作。1632年只剩69位画家。更多文件详见Van Autenboer(1949)和Monballieu(1971)。梅赫伦和安特卫普的年度总人口保守估计为30 000人，有时，当总艺术家人数超过200人时，推算结果会更大。

⑤ Vermeylen(2003,pp. 66-67 and Appendix 3)，计算出16世纪有17人在公会注册为专业商人，还在其他(非公会)文件提到另外24人。

所未有的天堂。另外，安特卫普的近邻梅赫伦（又称马利纳）也为其提供了许多绘画产出。梅赫伦是个很小的城市，但是在（大胆的）勃艮第公爵查尔斯（1467—1477）统治期间，该地设置了上诉法庭以及勃艮第佛兰德斯区域账目部，因而备受重视。不过，后来的统治者将法庭规模缩小，并将账目部迁回里尔。因查尔斯的孙女奥地利的玛格丽特将梅赫伦视为市中心，直到1530年，法庭才迁到布鲁塞尔。经过长达半个世纪的优势流失，梅赫伦逐渐蜕变成低调的小城。后来，当权者出台政策支持水彩画的专业化发展，包括布鲁塞尔（可能还有奥德纳尔德）的挂毯产业中的讽刺画，并将其作为出口产业。于是，公会于1533年重组，大规模招收绘画学徒，每个城市数量高达30 000人。1538—1568年之间，新增近80名学徒，1598—1619年，再新增192名（1585年，西班牙军队重新占领安特卫普，引发移民热潮，因此数字有所回升）。新增大师画家的数据也有类似的变动，不过在1568—1630年间，他们领导着安特卫普的大师们。

前面提到的梅赫伦新增的80名绘画学徒也许印证了安特卫普画廊的成功，因为，众所周知，16世纪，来自梅赫伦的绘画被摊主拿到画廊中贩卖。同时，17世纪初绘画数量的激增也标志着市场风格的转变。画廊再也不是从前的样子，到17世纪20年代，主角变成国际商贩，比如Chrisostomo Van Immerseel和Goetkint兄弟，不久又被一些公司占据，比如合伙人Matthijs Musson和Maria Fourmenois、Willem Forchondt及其儿子们的家族企业。后面两家公司的采购记录和Chrisostomo Van Immerseel的书信证明，他们曾购买数百幅来自梅赫伦的画作，用以再出口。

16世纪80年代，安特卫普的经济开始衰退。首先，1576年，驻扎在安特卫普的西班牙无薪军队曾发动过一场毁灭性的暴乱。其次，1583年，一场大火烧毁了市中心，而其中艺术家们的画廊也毁于一旦。后来，市中心得以重修，但是直到1584年5月才竣工，那时候安特卫普（当时信仰加尔文主义）早已被包围，商人纷纷出逃。自此，画廊日益衰落。[①]1585年，安特卫普被西班牙军队占领，随后四年间大量居民移居国外（高达50%），其中数百位商人移民到阿姆斯特丹。[②]在此局势下，艺术家和艺术家兼商人不得不把目光放到国外市场。大约在1590—1625年期间，出现了大量新建、重修或者需要重新装修的教堂和教会，这在当地曾引发过一波新的雕塑和绘画需求，但是后来需求下降，画家们和商人们也不得不再次寻求国外市场了。自此，我们来研究安特卫普商人融入巴黎和荷兰市场的现象。

3.3.2 商人带头涌入巴黎和荷兰市场

1585年安特卫普被西班牙重新占领之后，城市日渐衰落，我们预料到新的学徒人数肯定骤降，或者艺术家改行换业，又或者移民国外。这些情况确实发生了，然而留在安特卫普和梅赫伦的艺术家很快又重新组团，先是重操旧业，后来一直保持不错的绘画生产力，产量远远超过当地需求。传统艺术家族的垄断在某种程度上阻碍了两地的艺术转型，但是面对低迷的需求，安特卫普公会利用乐于合作的精神，创作出一系列创新艺术品，也许这是一种刺激需求的方法。[③]然而，当时主流的态度就是更热切地关注国外市场，把安特卫普和梅赫伦当作生产基地。

巴黎就是他们的目标之一。有证据表明，16世纪晚期，安特卫普商人曾参加过在巴黎城外举办的举世瞩

① 从每年的租金可见一斑：详见Vermeylen（2003，p. 54，Table 3）。
② Gelderblom（2000，Appendix 4）记录了1585年后10年间大约有285个，到1630年则更多。
③ 详见De Marchi，Van Miegroet and Raiff（1998）。

目的圣日耳曼德佩区斋前市集。到17世纪初，安特卫普商人已经成为该市集的主要商贩。这也对巴黎当地市场造成影响，其中部分原因是，他们开始把卖不完的商品存放在巴黎的合伙人处，以便日后销售，然而这是违背常规的做法。[①]因此，这惹怒了巴黎的画家团体（The maitrise），他们于1619年联合起来要求禁止外国人在市集以外的场合进行贸易，还要求他们将绘画作品交给画家团体的审判团进行审查。有证据表明，不符合规定的外来画作要遭受罚款。不过，除此震慑外，商人们还有其他担忧。17世纪20年代，安特卫普的商人担心，如果法国和西班牙之间爆发战争，自己的货物就会被扣押，于是开始延长市集货摊的租期，或者干脆租一年。一些商人甚至通过加入巴黎国籍或者其他方法合法地定居在巴黎。[②]外地人从来没有被禁止进入市集，但是如果想获得许可在巴黎定居就难了。17世纪前几十年，巴黎的画家团体因受到当权者的保护，力量强大，一直以来威胁、限制外地人入内。安特卫普的商人（除了极个别以外）均只能在市集期间到访巴黎，不过，也有些商人得以在巴黎定居，而他们的货物则由安特卫普供应。我们可以看到，以里尔为例，1750—1775年间，几乎每年都有外地商人涌入，而外地商人的人数与当地艺术家的人数之比高得惊人，比巴黎还高一点：在里尔，有10个商贩，而大约有40个公会艺术家；在巴黎（1611年），有15个安特卫普商人，而有75个当地画家。[③]很明显，里尔的当权者不再支持当地画家。

整个17世纪，安特卫普的绘画单向流向巴黎，但是后来出现有趣的反转。在17世纪前数十年，安特卫普商人主导整个绘画流通，不过，我们在17世纪末到18世纪初巴黎的绘画收藏中发现大量荷兰的画作[④]，这反映了另一条流通路线。整个17世纪，巴黎的绘画销售或多或少是由画家控制的，无论是法国人还是外国人，也包括一些安特卫普画家。然而，18世纪初，巴黎的一些“倒卖商人”开始抢夺艺术家的地盘。他们亲自去荷兰购买绘画到巴黎来卖。其中一位代表“倒卖商人”（marchands - merciers）叫 Edme - Franqois Gersaint，后来还有 Alexandre-Joseph Paillet 和 Jean-Baptiste Pierre Le Brun 为代表的其他商人。他们三个人经常去佛兰德斯和荷兰参观画展、在拍卖会上购买绘画，拿回巴黎倒卖。

回到17世纪，安特卫普的商人其实也试图小规模涌入其他城市的市场，比如多德雷赫特、代尔夫特、高德、莱顿、阿姆斯特丹。这在1585年事变之后开始，持续了大约30年。跟在巴黎一样，他们受到当地画家的抵制。一开始，当地画家通过争取相关法规限制外国商人。后来，当地绘画公会和一些非正式画家团体开始效仿 Gersaint 及其家族，自主赞助销售活动。不过，在阿姆斯特丹，当地公会并没有得到当权者太多支持，可能是因为购买绘画的大多是商人，而这些商人很多都是安特卫普的移民。从宏观的角度看，这些外国商人对当地的商业发展贡献比当地画家还大[⑤]；从微观的角度看，公会对阿姆斯特丹艺术市场的局势理解有误。以往，艺术市场是静态的，公会可以通过阻碍外国商人的涌入来保障会员的收入。如今，这是一个开放、动态的

---

① Szant(2002;2006).

② Szant(2001).

③ 巴黎游客数量是基于1628年一个14人团队的规模估算的（详见Szant，2006）；里尔的10个商贩是根据1677—1688年申请摊位的平均数量估算出来的。巴黎艺术家人数来自Schnapper(2001)，将画家与雕刻家的比例计为2∶1，1611年两者的总人数大约为100~150人。里尔的数据是根据1679年公会曾抱怨有35~40个家庭被外来商贩的入侵摧毁。详见De Marchi and Van Miegroet(2005c)。

④ 详见Schnapper(1994)；Van Miegroet(2005)。

⑤ Gelderblom(2000，p. 227)指出祖籍为南部的商人非常富有，一点不逊色于当地商人。

局面，不同的思想、产品、工艺和品位相互交流。[①]

阿姆斯特丹的公会声称南方商人把次品（复制品和学生作品）带到非法拍卖会上卖，却宣称是原创作品。[②]公会还称，当地买家因无法鉴别真品，受到欺骗。他们还暗示，按照阿克洛夫的市场逆选择模型，这会连累当地艺术家，因为买家不相信产品，就会拒绝购买，市场因此崩溃。[③]

但这一切并没有发生。另外，也没有证据表明买家受到欺骗。Montias的研究表明，在同时代（1597—1619年）由阿姆斯特丹孤儿商会举办的合法拍卖会中，54%的已知买家是南方移民。[④]同时，在已知买家中，1/3是商人，其中60%是南方血统。[⑤]所以，在外国商人组织的非法拍卖会上买走画作的大部分买家很可能都来自南方，因为他们喜欢自己熟悉的绘画。这些买家并非不识货，他们是南方人，而且热情地参与官方的孤儿商会拍卖会，这表明他们对自己买的画作心知肚明。我们可以推测，阿姆斯特丹的需求分为两种：识货的南方人和被认为不识货的当地人，因此，公会认为市场会因不识货的当地人崩溃的结论站不住脚。另外，不识货的买家也可以在拍卖会上参考识货买家的选择，所以阿克洛夫的市场逆选择模型的条件不成立。

如上所述，荷兰其他城市的公会逐渐开始探索通过公开销售盈利的可能性。实际上，自17世纪40年代始，莱顿、海牙和哈勒姆的公会和非正式画家组织开始为会员积极设立展览场地，定期举办公开销售活动。因此，17世纪最初的数十年，荷兰的艺术家组织通过举办公开销售和自主赞助，削弱了外来商人的冲击。[⑥]然而，17世纪80年代，安特卫普的商人带来新的威胁，目标直指南方。里尔（以及其他相邻城市）是首要目标。但是，也有一批商人（包括同期来到里尔的商人）出现在根特，同样要求在市集以外时间举办拍卖会。不过，根特画家的权力比阿姆斯特丹的大，所以当权者拒绝了外国商人的请求。[⑦]同样，里尔的例子详见5.3。

有必要补充一点，尽管安特卫普的公会很开放，但是他们也同样将来安特卫普参加两年一度的市集或者每周五市场日的外来商人拒之门外。阿姆斯特丹公会在1608年的第一份排外抗议书中所用措辞可能是效仿1575年安特卫普公会的言辞，即“早前有命令禁止非公会成员以任何形式买卖，现重新执行”。后来的法令中也保留这样的措辞。所以，安特卫普的开放也是有限的。但实际上还是有商人钻空子：16世纪，接近1/3的安特卫普商人没有在公会注册，但是也鲜少被肃清。未经注册的商人在公会任职，而他们同时又是城市所支持的画廊的摊贩。[⑧]

3.3.3 荷兰市场形成网络

近几年，有人估算出荷兰共和国繁荣时期（1590年至17世纪60年代期间）绘画的产量（阿姆斯特丹另算）。如果据此推算到整个世纪，即1580—1680年，整

---

① 有必要指出，虽然阿姆斯特丹公会恶脸相对，荷兰南部有技术帮助节约成本，南部商人在接下来数十年很快通过阿姆斯特丹涌进荷兰城市，详见Montias（1986）and Sluijter（2000）。

② 详见De Marchi（1995）。

③ Akerlof（1970）. De Marchi（1995）将阿克洛夫模型应用于阿姆斯特艺术市场，因为他认为公会的论点是合理的。Montias的研究（详见下面脚注）则以经验主义为基础论证Marchi的结论不成立。

④ Montias（2002b，p. 63）.

⑤ 出处同上，p. 47。

⑥ 详见Romein and Korevaar（2006）。

⑦ Raux（2004）.

⑧ 详见Vermeylen（2003，pp. 66-67 and 131-136），以及附录5的1575年文件。

个荷兰共和国的绘画产量为470万~530万幅。[①]

这些数字大得惊人，不过，就平均每个艺术家的相对产量而言，跟16世纪安特卫普和梅赫伦的估算结果相符。[②]在那期间，阿姆斯特丹积极进口绘画（包括署名的和未署名的，即原创作品和复制品），数量高达需求的20%。[③]那么，不足的部分是如何供应的呢？

Montias以1620—1679年阿姆斯特丹的库存为样品（只关注原创画作），发现只有35%的画作署名为仅在阿姆斯特丹当地活动的画家。如果考虑同时在阿姆斯特丹和其他地方工作的画家，那么数字上升为53%。[④]然而，在哈勒姆库存画作中，署名为哈勒姆当地画家的比例要比这个高很多，达74%。[⑤]哈勒姆库存画作中只有小部分来自共和国其他城市，而阿姆斯特丹库存画作中，仅来自哈勒姆画家的就高达14%（如果包括同时在哈勒姆和其他地方工作的画家，那就是24%），另有12%来自安特卫普，来自仅在乌特勒支工作的画家的达8%。[⑥]

哈勒姆是如何做到如此大的供应量呢？Boers的数据显示，大约在1625年，哈勒姆当地已经供过于求。[⑦]与此同时，有两大现象能够扭转这种不平衡。第一个现象是，商人涌进。据记载，1634年，哈勒姆有12位商人，其中两位是女性商人，而当时当地艺术家人数才90人。其中几位是外来商人，要么祖籍是外地的（有两个来自荷兰南部），要么是在别的城市工作的（两个在鹿特丹）。这些商人将剩余的画作买走，到鹿特丹和阿姆斯特丹等地倒卖。第二个现象是，几位哈勒姆画家移民到邻近的阿姆斯特丹。

Montias的基础研究表明，阿姆斯特丹库存画作中65%的原创作品来自外地画家。这些画作的来源地是有规律可循的。这可能与当时的运河体系（自17世纪20年代起先后有两次运河投资建设）有关系。这些运河被用来运输乘客和用马拉驳船（拖船运河），速度缓慢但稳定可靠。早前，曾有一个仅限于当地的船舶运输系统和城际运输系统，[⑧]但是后者必须经过当地收费机构指定的曲折路线，这些收费机构通过限制交通自由增加收入。[⑨]拖船运河系统是首个城际水路乘客运输系统，所采用的是最直接的路线。直到17世纪20年代末，乌特勒支——阿姆斯特丹连线才正式贯通。此后20年间（1630—1649），乌特勒支画家的原创署名作品占阿姆斯特丹库存作品的11%（这比1620—1679年间8%的平均数还高1/3）。哈勒姆——阿姆斯特丹运输线（仅有12公里）于1632年正式启用。此后30年间，哈勒姆当地画家的原创署名作品占阿姆斯特丹总量的16%（高于同期14%的平均数），只有1/7的差距，没有乌特勒支变化那么大，可能是因为哈勒姆到阿姆斯特丹的陆路距离太短了，水路影响不太大。另外，莱顿、鹿特丹、代尔夫特、海牙等多年以来与阿姆斯特丹没有运河连接的城市，一直以来当地画家的原创署名作品占阿姆斯特丹库

---

① 这里运用了两种特殊的方法。第一种来源于Van der Woude(1991)，即通过现存画作来推测过去画作数量，估算贬值率，然后估算出特定年份活跃画家的数量，最后两组数据一对比得出生产率。另一种方法来自Montias(详见footnote 61，Montias(1990，p. 70))。

② 详见footnote 61。

③ Montias(1985；2002a，pp. 127-128).

④ Montias(1991，Table 8).

⑤ Montias(1991，Table 8).

⑥ Montias(1991，Table 8).

⑦ Boers(2000)。哈勒姆画家人数占总人口的比例从1605年的5%增长到1625年13%，再增长到1635年的21%。该数据来自Sluijter(2000，p. 137)的脚注19，引用Boers对画家人数的估算，包括文档中有记载但是没有流传作品的画家。

⑧ De Vries(1981，pp. 27ff).

⑨ 出处同上，p. 19。

存画作的比例不高。[①]

这一点并不足以证明交通基础设施的发展有助于形成绘画流通网络。要知道，未装框的画作体积小、附加值高，所以运输费用根本不足以影响绘画产出的地理分布。但是我们的论点不在此，而是当地艺术家因各种非经济因素趋向专业化，而当地公会的会员费（这无论在何地都是偏向当地大师的后代）更是助长了这一趋势。交通更便利之后，当地大师的剩余画作可以原封不动地拿到外地销售，以平衡供需。换言之，虽然部分画家移民外地，但是长途运输系统方便了从中套利的商人（哈勒姆——阿姆斯特丹运输线开通之后，他们立即开始倒卖套利），而艺术家也不必搬家。船舶交通使哈勒姆到阿姆斯特丹这样的短途旅程也变得简单（更快、更可靠、更安全），原来的道路要经过一片非常危险的水域和一条水流湍急的河，如今可以避开。

运河网络方便了商人，而商人又帮助个人更好地收藏画作。在阿姆斯特丹的黄金时期，商人和运河网络助其更好地平衡贸易供需，延续辉煌。运河网络还促进了许多小城市的绘画专业化发展（仅凭当地些微的需求是无法快速实现专业化的）。总之，通过补充当地需求，运河网络为荷兰打开了百花齐放、精益求精的局面，甚至在一些艺术家和买家人数很少的地方，专业化也可以得到发展。

3.3.4 绘画贸易：从安特卫普经由塞维利亚到新西班牙（约1540—1670年）

最后，关于补充当地需求，我们还要提到从安特卫普经由塞维利亚到新西班牙的贸易流通路线，这最早出现在16世纪后半叶。这个话题并没有系统的研究，但是Falomir认为包括三个阶段。[②]这个过程体现了绘画从委托关系，到艺术家兼商人，再到专家、职业商人的转变，类似我们在安特卫普看到的现象。这并不意外，因为多年以来绘画贸易都是由安特卫普商人主导的。三个阶段如下：

（1）16世纪40年代以前，新西班牙地区及其他美洲西班牙殖民地的需求是通过直接跟西班牙艺术家签订委托合同实现的，最终的成品将被海运到总督处。

（2）从大约16世纪中期开始，画家才开始拥有主动权。他们开始冒险，在未受委托的情况下，创作绘画，委托中间人（通常是船长）把画作运到美洲港口去卖，成交之后再给中介一点报酬。

（3）中介在很长一段时间仍然存在。但是，与美洲之间的贸易实在太暴利了（价格比西班牙高3倍），于是，职业商人越来越看中这个商机。他们开始把绘画和印刷品连同其他东西一起运过去，包括小桌子（写字台）、带有门和小抽屉的橱柜（里面钉着小小的铜板绘画）、彩绘的键盘乐器、书籍、织物（包括挂毯）和布料。[③]

其中，最出色的是佛兰德斯商人。他们中有些人留在安特卫普，负责填写海外中介反馈的订单，并在出货之前或者出货不久接收货款。其他人则更直接地参与到生意中，比如Chrisostomo Van Immerseel。他自己在安特卫普发起委托（不过，这是他对在塞维利亚的妻子Maria Fourmestraux的建议所做的回应），他们夫妇俩自行承担风险。[④]如果在美洲销售的话，画作（或者其他货物）先被运到塞维利亚，再到加的斯，最后才到传说

---

① Montias(1991,Table 8).

② Falomir(2006).

③ 同上，引用Paramo(1999) and Echevema(2000)。

④ Van Immerseel从父亲的贸易生意起步，当时也做挂毯贸易。通常，在这个行业，商人要在漫长的准备过程中投入资金以维持工人运作，还要处理订单、物流和销售。很自然地，他也以同样的方式处理绘画贸易。

中的东印度群岛（The Indies）。穿越大西洋的货物，有些是已有订单的，而有些则是在冒险（没有已知顾客或者潜在顾客）。有限的证据表明，根据不同的保障力度、尺寸、内容和价格，这些有风险的货物被故意分插在其他货物中，商人像是在做投资组合，有意地分散风险以求平均利益最大化。①

从安特卫普经由塞维利亚到美洲的贸易额究竟多大？Falomir指出，贸易额可能在1600年前后达到巅峰，这和西班牙与新西班牙地区海运量的峰值时期是吻合的。②虽然经历了起起伏伏，17世纪后半叶平均每年的海运量一直保持很大的份额。1583—1599年之间，平均每年出口144幅画作，偶尔出现几个超高出口量，比如：1586年，仅3个月内出口637幅画作。1651年到1700年，每年出口量为150~910幅不等。③然而，上述超高出口量（3个月637幅或者一年2 185幅）只占总量的7.3%。这个总量（详见64页脚注④）是对安特卫普和梅赫伦每年产量的保守估计，即每年30 000幅画作。我们还要注意，有些订单被分配到意大利一些城市（比如那不勒斯和罗马）以及法国和马德里，并不全在安特卫普。不过，关于这些绘画流通的证据目前还非常零散。④

单以安特卫普和梅赫伦的出口为例，美洲的贸易为复杂的绘画生产研究提供了新思路。参与其中的职业商人并不是初入市场的生手，他们与国际商人合作、参与生产，还必须对买家的需求有敏锐的洞察力。负责填订单的商人必须把顾客用西班牙语表述的需求翻译成画家能听懂的佛兰芒语，这个过程不仅是两种语言的转换，更是不同生产和视觉传统的转换。这就是现在为顾客和收藏家服务的国际代理商做的事情，只不过现在是批量处理，以前是逐件处理。

3.4 出售画作Ⅰ：艺术家与经销商的关系

接下来，我们要探讨绘画市场中一些相对零散的方面，包括艺术家与经销商或经销商与收藏家之间的关系。之所以将这些内容考虑在内，是因为我们着重把市场视作一种实验性的竞争，那么某种程度的混乱便是正常的，不该被回避的。我们同样重视市场走向成熟的多种途径。首先要考察一下艺术家的报酬，以及其如何受到委托原创画作并将其视为资产的同时通过复制品创造收入的贸易商的影响。其次我们将转向较少研究经销商的情况及其与威尼斯和罗马画家的关系。

3.4.1 获得原创作品的报酬

Van Immerseel-Fourmestraux的纵向整合交易的一个方面改变了艺术家获得报酬的方式，在安特卫普是这样的，在其他地方可能也是如此。在15世纪的佛罗伦萨，画家被视为技术工匠，获得与之相应的报酬。比如我们注意到，1480年的税收评估中显示Neri di Bicci是当时佛罗伦萨最富裕的画家。但Goldthwaite指出："依据1427年设立的更权威的财产评估税，他彻底被划分到了工匠和店主的行列。"⑤佛罗伦萨的画家很难拿到日计工资，即便是建筑行业的最高工资，在修建

① De Marchi and Van Miegroet(2000a).

② Lynch(1969,p. 283,Table B).

③ Garda Fuentes(1988,p. 58);Kinkead(1984,p. 305);Echevema(2000). 这些数据均基于每卷包含画作的数量，我们以卷为单位，沿用Falomir的假定，每卷100幅画。

④ Falomir(2006).

⑤ Goldthwaite(2003,p. 437).

Brunelleschi设计的大教堂时付给工头的报酬，也仅相当于技术工匠的1.5~1.75倍。[①]整个15世纪，佛罗伦萨的情况几乎没有什么变化，正如前文提到的，艺术家们的服务似乎总是供过于求。

在艺术家相对于其他工匠的报酬方面，14世纪末的布鲁日情况与之相似。对1394—1396年间布鲁日税单的局部调查显示，在两种最高的税收类别中没有画家的记录，不仅如此，根据整个人口收入结构的差别分布，同属于一个公会的画家和马具商出现在了最低和次最低的纳税等级中。[②]在15世纪的佛兰德斯，情况有了些许变化。[③]

然而到了17世纪初的安特卫普，我们发现人们利用复制来保证艺术家获得比其他工匠更高的薪酬。著名画家Pieter Ⅰ Brueghel的孙子Jan Ⅱ Brueghel是一名二流画家，他曾为自己的原创作品定价。但这本身并不新奇。15世纪佛罗伦萨的顾客们期盼原创作品（ingegno）但却通常不会购买。[④]但Jan Ⅱ Brueghel将原创作品的价格定为他亲自临摹的复制品的2倍，假设画作尺寸、支撑物、画纸都相同，只有原创才能造成价格差异。然而一名二流画家如何凭借原创而制定这么高的价格？这种情况有些特殊，但可能是有说服力的。Brueghel向Van Immerseel供应画作，有记录显示后者曾一度将原创作品视为固定资产，Van Immerseel将它们比作鞋匠的鞋楦，这些作品本身并不用于出售，而是用来获取（一定数量的）复制品。[⑤]考虑到这些创收的固定资产所带来的全部收益，其创造者很容易获得一些额外的报酬。这种情形在佛罗伦萨的委托创作关系中是不可能实现的，因为那里的创作是一次性完成的。同样这种情况也未曾出现在15世纪的布鲁日，当地的艺术家直接在工作坊里出售画作，只保留基本图案、头和手的草图，以便临摹。

似乎是为了承认Van Immerseel这类做法的潜在可能性，最晚从16世纪晚期开始，佛兰芒语和荷兰语中将具备一定质量的原创画作称为“principael”，英语为“principal”，有“本金”之意，虽然用于画作其最初的含义是“一流的”。17世纪罗马的经销商还保留着原作用于临摹，但不清楚他们是否用出售复制品的收入来支付艺术家的原创报酬。[⑥]

默认的机制在安特卫普发挥了作用。Brueghel并不是同时代唯一一个获得原创报酬的人，17世纪后期有一些零散的证据显示，一般名画家的日工资是画匠的2~4倍。[⑦]由于许多艺术家发现自己在为纵向整合的贸易商和经销商工作，使Jan Brueghel和其他人成功获得这种收入差别的特殊情况很可能在随后的时间里成为惯例。Montias认为17世纪的荷兰艺术家也享有类似的收入差异，那里还采取了包买主制。[⑧]但包买主制也会导

---

① 同上，pp. 318，321。

② Blockmans(1995，p. 12).

③ 1454年，里尔勃艮第法院的大型装潢项目中雇用了38名画家，按日计薪。该项目中一般男画家的薪酬比工匠普遍高出1/3：见Martens(1999，Table 1)。但由于是受法院的委托，这次事件无法确切证明佛兰德斯艺术家的境况得到了改善。

④ 获取报酬常常是一件靠不住的事(Thomas，1995，p. 183)，但原创带来了特殊的困难。这是因为，在很多情况下，顾客都认为最初的想法是他们的。此外，顾客甚至会说，正如诗人Carbone所言：“王子价值体现在臣民的才华中。”因此艺术家的才华仅仅是传播自身价值的渠道，不应得到任何奖励。见Syson and Thornton(2001，p. 135，pp. 142-143)，以顾客Isabella d'Este为例，以及艺术家Cossa的实例，他抱怨自己挣的是一个熟练工的薪水。

⑤ 详见De Marchi and Van Miegroet(1996)。

⑥ Lorizzo，私人通信。

⑦ De Marchi and Van Miegroet(1996，pp. 60-61).

⑧ Montias(1990，p. 64ff，2002a，p. 119；2001，n.3)。Montias的概括与所有可用资料都不一致。见例子Van Zanden(1993，Table 3.1)。

致奴隶级别的工资，这似乎在18世纪的威尼斯很常见（见下文4.2节）。但这在很大程度上也取决于当地的情况，在佛兰德斯和布拉班特，印刷业有将挂毯底图和雕刻凹铜版视为资产的传统。18世纪英国的一个例子同时涵盖了绘画和印刷：肖像画家Joshua Reynolds根据预期的印刷收入来计算为Boydell出版社绘制一幅画的价值。[①]

3.4.2 威尼斯和罗马的画作销售

16世纪晚期，威尼斯的一个旧货商人（Strazzarolo或Rigattiero）被指控囤积了一些新画。几年后，该市的一家官方拍卖行被指控在摊位上展出了新画，想必准备自行出售。在二手经销商的事件中，据说他和画家有一个约定，一些附加文件显示这种情况并不少见。[②]这种约定是违法的，因为只有艺术家才能在国内市场上销售画作——非艺术家可以购买后在国外转售。

威尼斯坚持新画必须由创作者或另外一名公会注册的艺术家在国内市场销售，其理由有两方面：一方面，担心如果没有这样的限制，未经注册的画家或甚至非画家等无良个人，可能会攫取本应属于合法公会画家的市场份额。另一方面，如果发生了这种情况就必然涉及不被认可的方法——雇用未经注册的艺术家和学徒，很可能在隐蔽的地点生产出质量可疑的作品。[③]遗憾的是，这个限制条件没有考虑到市场的扩张（正如16和17世纪的威尼斯），可能需要一些中介机构的专门服务，让画家们专注于他们当中大多数人最擅长的事情——作画。

威尼斯的艺术家们长期以来享有不同于委托创作的绘画自由，在15世纪，他们还获得了额外的授权，这对展览和销售都有影响。[④]当地和本土艺术家可以在圣波罗区和圣马可区的每周集市上销售画作，而且就像在欧洲其他地方一样，即使是外国人也可以在海亲节集市上自由出售作品。然而到了1513年，除艺术家以外禁止他人出售作品的禁令又出现了，甚至在一个世纪之后的1607年，市政当局再次发出同样的禁令。[⑤]虽然早期的授权有可能被理解为对威尼斯绘画不断增长的需求尝试做出调整，但受市政当局支持的公会不断坚持只有注册的艺术家才能销售画作，实际上这在艺术家的时间分配方式上加剧了冲突的可能性。

然而，这种冲突仅仅是禁令的效果之一。除去出口，禁止非艺术家进行销售，是逃避问题，本节一开始所引用的例子就证明了这一点。在推崇和执行该禁令的情形下，显然有利于出口。17世纪国内外的需求都很旺盛。1577年政府偿还公债为市场注入了大量的消费力，这让人们更愿意购买画作来装点家居。整个17世纪中期，大大小小的画作点缀了各式各样的威尼斯房屋。[⑥]但与此同时，威尼斯的人口也在陆续增长。到了17世纪晚期和18世纪，市场日益受到国外需求的驱动。艺术家们不得不在创作和销售之间分配时间和智力资

---

① Joshua Reynolds爵士的例子尤其引人注目。关于他与印刷出版商Boydell的谈判请参考Zablotney的作品（1999）。据推测William Hogarth在他的画作印刷出版时，也是这样计算认购价格的。

② Favaro（1975，pp. 71–72）；Cecchini（2000，p.194）. Matthew（2006）详细介绍了16世纪艺术家Lorenzo Lotto如何利用这种约定。

③ Cecchini（2000，p. 193）. 我们发现只有1638年的一份文件详细解释了这一理由，但似乎也有理由认为，它也提前告知了销售方面的限制。

④ 同上，p. 192；Favaro（1975，p. 73）。

⑤ Cecchini（2000，p. 192）.

⑥ Cecchini（1998）and Borean（1998）.

本，这一问题在需求强劲增长的情况下被掩盖了。但它确实使艺术家在出口市场上处于不利地位，相比之下，批发商和专业经销商都具有丰富的经验、与外国人接触的网络和获取资金的能力。这意味着，当本土需求的增长相对于出口需求放缓时，威尼斯的艺术家们不能直接转向出口贸易并期望在同等条件下与经销商竞争。

因此，在18世纪前几十年里，绘画贸易的业务在很大程度上被批发商和专业经销商所控制，而艺术家在多数情况下发现自身不是直接为市场服务，而是在完成贸易商下的订单，就像“在厨房里”一样。最后一点是一个逆向推理。自1719年起，艺术家学院的税单显示，毕业于该校的商人们普遍比艺术家要富裕得多。即便是缴纳最低税额的商人，其缴纳额度也远超过2/3的艺术家。[①]在后来的几十年里，这种局面似乎也未见好转：1757年的一份文件记录了许多画家为经销商工作，创作“quadri dozenali”——意指很粗劣的作品，但也包含系列画作的含义。后一类作品的一个例子是18世纪的一个商人向西班牙运输了一批画作，其中包括一套描绘圣徒的系列画作。另外，1751年一个经销商在一周内卖给一位旅德贵族49幅肖像画和城市景观画成品，作品的尺寸大多相同，每件的价格都在五六达克特之间。[②]1757年的一份报告显示，经销商购进“quadri dozenali”的价格通常是“微乎其微的”（prezzi vilisimi），但卖出的价格却会“高很多”（assai miglioi）。[③]

17世纪晚期，新艺术家学院的记录中首次提及了专业经销商，该学校接收商人，让他们在那里接受艺术家的训练，尽管不是在同等基础上，这一事实进一步支持了上述观点。[④]但正如我们所看到的那样，这已经太晚了，比如与安特卫普相比，市场营销由艺术家掌控（除了出口）的规则被轻而易举地忽略了，至少在16世纪中期的好年景里是这样的。但这并不能决定差异的范围。我们发现威尼斯的学院最晚于1769年突然严格要求其成员艺术家商人不在该学院注册，而是到家具画家的公会注册，因为事实证明他们不懂得画画。[⑤]

为什么受城市当局支持的威尼斯画家们执意要维持一项与他们自身长期利益相悖的画作销售政策呢？任何答案必然都是推测，但Cecchini认为原因更多的是疏忽怠慢。其他奢侈品贸易如土耳其的棉花，波斯的丝绸、香料，在本土加工和制成的商品，如纺织品、玻璃和蕾丝远比绘画对威尼斯财富的影响要大，它们可能吸引了大部分的注意力。[⑥]毕竟绘画的出口和名画家的利益并未受到影响。但与玻璃制造业的比较表明，产业集中在威尼斯泻湖穆拉诺岛上的大师们坚持认为只能允许威尼斯的商人出售最常见的玻璃器皿。由于担心失去独立性，大师们保留了出售所有高价值玻璃的专营权，而类似的措施可能也激发了画家们的积极性。

不管原因是什么，17世纪罗马艺术市场远不如威尼斯的井然有序，一部分原因是它超出了任何权威的控制能力，那里的零售市场蓬勃发展。罗马的圣卢克学院禁止所有学员参与交易，从1633年起城市向参与销售绘画的人征税。但交易不能得到有效的监管，而且有证据表明，学院的成员确实进行了绘画交易，并且其他许多参与交易的人也没有缴纳税款。

Haskell在他对17世纪罗马艺术市场的经典研究中指出，当时的艺术家和买家都很多，而且“越来越多的人把绘画作为绘画来欣赏，而不将其当作某些更高真理

① Montecuccoli degli Erri(2003,pp. 145-146).

② Cecchini(2006);Montecuccoli degli Erri(2003,p. 152).威尼斯达克特与佛罗伦萨弗罗林等值。

③ Montecuccoli degli Erri(2003,p. 146).

④ Cecchini(2006);Shaw(2006).

⑤ Cecchini(2006).

⑥ 同上。

的记录”[①]。尽管如此，他很快忽略了经销商，因为他们“对更重要的艺术家的人生微不足道”。也就是说，很少有“杰出的画家”曾经“系统地”为经销商工作，反之也很少有经销商“敢于迈出相对不知名画家的圈子”[②]。

但最近的研究并未受到Haskell对“重要”艺术家关注的约束，揭示了许多低价出售画作的画匠和中高端市场中准专业经销商的例子。[③]在这些层面上，与一名叫Pellegrina Peri（1624—1699）的专业经销商相关的档案揭示了罗马交易活动的五个新动向。[④]第一，Peri不仅是一名专业经销商，还专门从事“流派”绘画。（他也是迄今为止已知的唯一一名仅通过绘画赚钱的经销商。）第二，据了解至少有6名画家与他签订合同，为他工作，至少有4名学生毕业后很快就独立了，在威尼斯的案例中我们没有发现类似的情形。第三，虽然Peri的画作大多售价低廉，但也供应给著名的收藏家，包括罗马的Pamphilj、Pietro Gabrielli，以及来自Peri家乡热那亚的Giuseppe Maria Durazzo。第四，Peri的大部分绘画都卖给了Pamphilj，这种交易模式在17世纪变得愈发频繁，有时以购买画作的形式，有时也按照房间来出租。我们可能会注意到，那些通晓绘画知识或只把画作当作装饰的人会选择整批购买和租赁画作。第五，Peri在1699年去世时遗留了2 491幅画，是安特卫普经销商Van Kessel 1581年画作数量的4倍，暗示罗马的市场规模可能等同或者超越了安特卫普。

还有一些最近的档案发现表明，即使是罗马最著名的收藏也可能是由街上或经销商店铺里买来的作品构成的，无论是哪种情况，都是通过直接购买，而不是委托创作。[⑤]

这些发现表明，17世纪的罗马拥有一个庞大、充满活力且主要是不受约束的零售市场，这样的市场原本也可以出现在威尼斯，但出于前文所述的原因并没有。虽然无法量化这个市场上的元素，但我们的确知道罗马的市场受到大规模流动人口的推动，而且也得益于教廷的惠顾。在城市居民方面，罗马的居民人口略有增长，从1625年的约11万人增长到了1675年的约12万人。但确实有所增长，而威尼斯的居民人数却下降了，由1550年的约18万人下降到1600年的约15万人，再到1625年的约14万人。此外，随着朝圣者和其他游客的到来，罗马的常住人口每年增加约1/4，而在千禧年，这一数字可能会增加1倍以上。[⑥]因此，每年对新绘制的廉价宗教形象的需求相当可观，更不用说富裕家庭、天主教会和与教皇关系密切的人的光顾了。至于画家的人数，现有的同期记录并不是很有帮助。[⑦]尽管如此，为了确定一个可能的参照点，我们可以从学院的经销商名单入手（rivenditori di dipinti），名单上的人在1675年上缴了交易税，由于不久前税收减少了，这份名单可能比之前的更准确。名单上的人数是40人。只是其中一些人会被算作专业经销商，但如果我们代入一个任意小数，0.625，或用25名艺术家经销商，乘以从1712年到1719年的税收清单上威尼斯画家和专业商人的平均比率7，可以得出1675年罗马大约有175名画家，我们在附录A中使用了这个数字。由此得出每千人中有1.5名画家的比例，这与Bonfait最近基于两个教区居民的研究估计相吻合。

无论艺术家的真实数量如何，罗马（正如在威尼

① Haskell(1980,p. 130).
② 同上,p. 122 and p.123,n.1。
③ 前者见Cavazzini(2004),有关18世纪初见Coen(2004)。
④ 其后的详细内容请见Lorizzo(2003b,2006)。
⑤ 就这一点,对于著名的科隆纳收藏,Natalia Gozzano给出了令人信服的论证(2003,2004)。
⑥ Spear(2003,p. 310);Hibbert(1985,p. 202).
⑦ 学院记录中的总数见Lorizzo(2006,Figure 1)。

斯）的经销商和买家在地理位置上都很集中，这是一个重要的优势。纳沃纳广场是一个主要的交易据点。[①]这允许富有而知识渊博的本地或外国收藏家在小范围内采购画作并货比三家。例如，Camillo Pamphilj王子居住的教皇宫殿就坐落在纳沃纳广场上，距离Peri和其他几个经销商的店铺仅一步之遥。这里也是John Evelyn 1645年2月游罗马期间经常光顾的地方，出卖“勋章、绘画和古玩”的店铺让他流连忘返。

3.5 出售画作Ⅱ：拍卖

最后，我们来谈谈通过拍卖的方法进入转售市场的问题。这部分的重点是规则的演变。

3.5.1 阿姆斯特丹举行的“荷兰式”拍卖

据说，17世纪初在阿姆斯特丹举行非法拍卖的安特卫普闯入者使用了减价拍卖法。在同一份文献中记载了减价拍卖只在房产销售中使用。[②]事实上，很可能是当二手服装经销商要在房产销售中占主导时才使用这种方法。[③]但也许投诉者知道这一点，提到它只是为了让闯入者的拍卖在公会留下污点。无论如何，这种方法已不再用于绘画销售。减价拍卖方式对于急需迅速成交（正如在销售易腐烂品时）的商品效果最佳，或者当货物或多或少可互换的时候，那些错过很多机会的人可以竞拍另一个与之相似的商品，抑或是当买主的知识储备极其深厚的时候：他们不需要拍卖公开喊价过程中所提供的额外信息。最后这一点支撑了我们之前的结论：在阿姆斯特丹举行的拍卖会上，闯入的买家不太可能受骗。

3.5.2 17世纪里尔地方法官制定的透明的拍卖规则

安特卫普的经销商和艺术家抢占市场份额最具一致和持久的一次可能发生在17世纪的里尔。[④]根据现存记录，我们可以肯定地说它开始于1667年，但也可能远早于这个时间，并且差不多持续了45年。当时有一项长期禁止外国人在集市以外的时间销售画作的禁令，但里尔的地方法官在某种情况下认定了安特卫普的经销商和随行艺术家能够比本市艺术家更好地服务当地买主。因此，他们允许这些闯入者在集市后举行拍卖，并延长销售时间，直到所有商品销售一空。在交易会之后私下进行买卖并不罕见，[⑤]但在交易会以外的场合进行公开拍卖，并获得充分的授权可能是独一无二的。

准许交易会后销售的决定是里尔地方法官对当地强大买主做出的让步，他们必定说服了法官，本市的画家无法为他们提供与安特卫普经销商带来的“稀有而卓越的作品”相媲美的画作，因此地方法官也默许了里尔买主与安特卫普经销商之间的互惠关系。他们的许可实际上促进了这两个群体之间的联盟，这对里尔艺术家是不利的。

经销商的首要任务是清空所有库存，当然价格要能

---

① 同上。

② 详见De Marchi(1995)。

③ Montias(2002b,pp. 21–22,pp. 259–260,note 45 and 46).

④ 见De Marchi and Van Miegroet(2005c)。这是我们对Raux重新发现的文件的解读，Raux首次分析了其中与里尔公共销售和收藏相关的内容，对此请见Raux(2002,2005)。

⑤ 正如我们看到的那样，安特卫普经销商在巴黎也做了同样的事。

满足他们行业的普遍回报率。卖掉所有东西他们能获得什么好处？经销商们会告诉你说，这将为他们节省出口通行费和马车开支；但他们可能会补充说，也能避免在回到安特卫普时陷入老旧存货的困境，而且他们会在一个季度内完成资金周转，从而节省利息成本。与交易会期间的销售相比，这些收益也有一定的确定性，这意味着经销商可能对拍卖的回报感到满意，尽管事实上比正常情况下还要低一些。

源源不断地获得高品质商品供应是买家作为收藏家的利益所在，而安特卫普的经销商带来的不仅仅是画作。如果清空所有商品对卖家如此重要，那么买家也不得不支持交易会后的销售。

最初，卖家想把一些有吸引力的商品留在交易会后销售，人为定出高价。一些预算较为宽松或不愿承担风险的买家，不想失去他们所欣赏的作品，会在交易会上购买。但交易会基本上是一种展示和观赏的机会。一旦交易会后的拍卖成为常规程序，买家便可以期望在拍卖中获得比交易会上更好的价格。

这种期望是合理的，因为地方法官禁止卖方使用常规的对他们促销有利的花招。安特卫普经销商在没有储备金的情况下不得进行销售。这意味着所有的东西都必须卖出去，不过这也是经销商所期望的，但地方法官还坚持出售的商品必须公开喊价，不得有私下销售。最后，地方法官禁止了虚假出价。

这三个规则确保了卖方的透明性和公平性，这反过来又让买家相信销售不会被操纵。因此，买家也会倾向于公平交易。每一次竞价，他们都没有理由不去抬价到真实估价，而且同样重要的是，他们也感到没有必要通过围标来降低中标价格。而在这些激励措施下，卖方也不太愿意寻找新的方法来欺骗买家。简而言之，地方法官在有意无意间为可能提高相互公平竞争机会的销售创造了条件，同时也创造了买卖双方都能接受的价格。[1]

当然了，没有任何机制可以保证每个拍品，甚至每次拍卖都有这样的结果。但鉴于双方都有反复会面交易的意愿，有任何不满意都可以彼此示意，竞拍不是那么严肃；拍卖商似乎更青睐某些竞拍者，在一个销售季节中都会稍微做出一些调整。在这里集体利益支配个人利益，任何拒不接受建议的人都会受到惩罚。参加围标的买主可能面临其他买主的激烈竞购，从而强加给他们“胜者的诅咒”，而不守规则的卖主在下一次拍卖中将不会受邀加入安特卫普的圈子。虽然我们对这些幕后的行为并不了解，但不管怎样，这个系统是有效的：卖家确实回来了，买家也很满意。

有迹象表明，安特卫普的经销商还争取获得在图尔奈、杜埃、康布雷、瓦朗谢讷、阿拉斯和伊普尔的交易会后举办拍卖的许可。而且，如前所述，他们在17世纪80年代的根特也尝试过相同的激进策略。

3.5.3 17世纪晚期伦敦拍卖商制定的规则

里尔地方法官所坚持的规则在绘画拍卖历史上是罕见的。至少对盎格鲁-撒克逊人来说，更为熟悉的一套规则是17世纪晚期在伦敦举行的印刷品拍卖会所包含的规则。这种规则是在拍卖方和举办方的倡议下制定的，他们没有佯装专业人士，因为他们是通过书本和印刷品销售了解绘画的，而且他们似乎更关心营业额，因为这是费用的来源。此外还要保护自身免受不负责任的竞拍者的损害：这些人参加拍卖是为了娱乐，常常不支付标的物价款就扬长而去。

因此，一项基本规则是，要求买家在离开拍卖行前

---

① 这符合经济学的拍卖原理，表明在拍卖商与潜在的竞拍者共享信息的情况下，他们的收入就会增加，获胜的竞拍者以低于真实价值的出价得到了很多，而不产生任何租金，其原因仅仅在于他们知道或者假定他们知道别人不会做。见Milgrom and Weber (1982)。里尔法官所坚持的透明度似乎接近全部的信息假设。

支付部分购买价款，以防获胜者不负责任地竞价，或为了取乐而出价抬高价格，但却没有支付的意愿。很快更多的规则被添加进来。其中一种被广泛效仿的是出价的最小增幅规则。首次引入这条规则的拍卖人说，这仅是为了自身方便考虑。在这些拍卖会上每个拍品的平均时间是1.4到2.4分钟（今天苏富比拍卖会的时间更短：0.5到1.2分钟）。因此，拍卖商没有时间抬高价格，而指定一个最小增幅可以帮助他将出价提高到一个令人满意的水平，也避免他受到大幅抬价的诱惑。另外，其他拍卖商也打出了不使用假拍和不接受拍卖商收取佣金代其他拍卖人竞买的广告。[①]但很少有拍卖商添加后一条规则，这意味着惯例与之恰恰相反。假拍和拍卖商代替卖主或未出席的买主竞拍都在竞拍者的意料之中。最后，在较大规模的拍卖或比较普通的绘画拍卖中，通常会宣布没有秘密准备金，这种做法可能是为了鼓励和保证竞拍者出席。[②]这同样意味着在其他的拍卖中竞拍者能够预料到有秘密准备金。今天，主要的国际拍卖公会宣布准备金和最低预估价之间的关系，佳士得承诺准备金不会超过最低预估价，而苏富比规定了准备金占最低预估价的75%。

伦敦规则中没有任何广告规则，这无疑是一种改进；尽管如此，其中明显体现了拍卖商的影响和利益。有趣的是，相对里尔的规则，现代国际规则与伦敦的规则更加相似，而里尔规则与现代法国的规则有着久远的联系，后者在其他的一些实践中阻止以保留价格或低于保留价格为物主买回拍卖物，否则这些拍卖物最终会落入拍卖人的手中。

3.5.4　通过拍卖创造价值：1733—1750年巴黎经销商格森特

正如我们所看到的，与威尼斯的规定相似，巴黎画家的公司在17世纪采取了一种不同寻常的控制方法，首次要求将准经销商视为艺术家。该要求相关的一种方法是将这些人训练成为专门从事绘画及相关商品的商人。[③]Edme-François Gersaint（1694—1750）和他前后的一些人都曾采用这个办法，但是Gersaint利用自身的地位引发了重大的变化。

他的起步相当谨慎，但他通过精明的合资和在多个领域获得的专业知识（版画、瓷器、贝壳、古董、次宝石等，以及绘画）实现了范围经济。他储备的商品的广度和异国情调（中国风的艺术品、印度风情的画屏、自然风景等，以及已经在已经列出的领域里的东西）使他的店铺成了流动的展会。他吸引了不同层次的客户，包括那些对价格敏感的客户。他凭借专业知识，精心挑选商品，为客户提供无与伦比的体验：他经常去北方采购佛兰德斯和荷兰画作，熟悉佛兰德斯和荷兰的收藏品和收藏家，也非常了解当地的拍卖。Gersaint向巴黎人介绍了没有私下销售的增价拍卖；他的拍卖会提供印刷拍品名录，在拍卖前会举行预展，允许潜在的买主熟悉画作，通过讨论或观察他人的出价趋势和竞价力度来形成自己的估价。通过这些方式，Gersaint削弱了艺术家经销商对巴黎市场的控制。

Gersaint较为前卫的观念之一是，原则上任何人都可以成为业余绘画爱好者，积累一批值得尊重的收藏，即使是那些没有钱的人，也可以通过消遣或学习成为真

---

① 在现代拍卖中卖家不能参加竞拍，拍卖行可以在事先协定的前提下代表卖家参加竞拍，但是只能达到一个约定的最低限额。拍卖行也可以代替其他拍卖人竞买。

② 关于所有这些内容见De Marchi(2004)。

③ 巴黎的综合贸易商/绸缎商不生产商品，但能够销售巴黎以外地区制造的任何商品。

正的鉴赏家。在追求这一理想的过程中，他试图让观众和买主放弃对画作本身的过多关注，尤其是作者和主题，而是鼓励他们将绘画视为快乐的产物，这与Lancaster在20世纪60年代提出的新方法类似。[①]Gersaint的市场策略如此新颖和巧妙，值得进行全面的阐释。如果将观赏者从绘画中获得的愉悦感作为选择的主要理由，那么可以认为，多名艺术家中任何一位的作品都具有相似的需求特征，即使各有不同，但可以认为是可以相互取代的。这些画作构成了一个类似“家族”的组。（当然，Gersaint在推行他的想法时明确表示，他出售的任何画作都应该被理解为具有可收藏质量。）毋庸置疑，这些组中的画作可能会有不同的价格。买主可以从同一组中挑选画作，组下的各类画作以不同的价格提供了同等的乐趣。（这里的价格应理解为拍卖会上的预期价格。换言之，是Gersaint提供的预估价。）最后由竞拍者在预算允许的范围内在子类中进行选择。[②]

Gersaint的信念中不可或缺的一部分是每个人都有权利将自己的价值传递给一幅画。这种想法在当时还很前卫，但后来成为浪漫主义乃至现代艺术运动的思想之一。这一思想的重要性在于它有扩大绘画需求的潜力。它是生产的自然补充，将交易拓展到了市场接受的范围之外；它还扩展了经销商的概念，增加了可以培养对绘画的热爱的观念，这样的作用现在二级市场交易中被认为是理所当然的。

3.6 结　论

我们的概述围绕主题展开，但也不可避免地出现了一些不连贯的片段。我们一直在报道基于零散文件的研究，这些文件在很大程度上是靠运气留存下来，或者尚有大量存在但还未得到充分挖掘的。因此存在着严重的差距，而相关的记录虽然不完善，但也都是针对各个城市的。我们所提供的那些历史片段能否构成一个整体？我们从艺术市场成熟的时间顺序着手，但是现在可以在多个阶段中添加日期和地名，并跨越不同的地点将它们联系起来。因此可以在这里介绍一些新的细节和重点。

（1）我们发现，在15世纪后半叶的佛罗伦萨，与委托绘画创作关系同时存在着一个订购和按规范生产的新兴零售市场，尽管在艺术上后者是从前者中衍生出来的。与此同时布鲁日也出现了一个零售市场，其规模更大，而且更加充满活力，出售范围广阔、新奇多样的画作。大多数的商品十分廉价，刺激了低收入群体的需求，创造了一个比佛罗伦萨更深入的市场。在布鲁日，视觉形象的创新源于艺术家的模仿和在三种明确的绘画工艺之间争夺市场份额的竞争。市场也得到了大量的本地居民和相对富裕的外国暂住商人的支持。由于布鲁日每年会举办国际展会，城市为促进交流而设立了制度基础，这也是佛罗伦萨所不具备的。

（2）佛罗伦萨擅长的是组织遗物销售，大约在进入16世纪时，从中衍生出了一个类似于批发回收市场的事物。最初这是由旧服装商主导的，随着时间的推移，他们中的一些人开始专攻家庭动产，其中包括绘画。城市组织者通过把很多拍品与艺术品分开来促进这一发展。16世纪晚期，在安特卫普，经销商们首次作为画家公会的成员出现，但被描述成同时进行绘画交易的二手服装交易商。

（3）布鲁日低端新产品的发展培养了在家中大量购买和陈列架上绘画的习惯。这种特殊的转变在低地国家比15世纪的佛罗伦萨更容易，因为在那里架上画需要与镶板画和嵌花（木雕镶嵌）画竞争。

① 两者十分相似。例见Lancaster(1966)。

② 在Van Miegroet和De Marchi的作品中(2005a，2005b)，分别通过一组意大利风景画艺术家作品和一组佛兰德斯农夫场景艺术家作品介绍了决策的过程。

（4）16世纪在安特卫普有各种指定的绘画销售场所，他们主要位于新交易所的上一层。安特卫普和附近的梅赫伦构成了一个强大的创作基地，安特卫普的画家专攻油画，而梅赫伦的画家擅长水彩画。这两个中心的画作都通过交易所销售。16世纪中期，这两个城市的画家人数总和至少为200人，每年能够产出3万多幅画作。这是第一个有意识地培养出口绘画生产能力的实例，尽管早期的出口和布鲁日一样没有什么计划性。梅赫伦和安特卫普都为出口而进行大规模生产，但在安特卫普是通过指定的全年销售场所进行的，尽管如此，这也是早期在布鲁日及其纺织品展厅所建立的大众市场的自然产物。

（5）威尼斯在16世纪也成为一个主要的艺术创作中心。但是，与安特卫普比起来，只有艺术家能够出售画作的规定得到了灵活运用，而威尼斯严格贯彻执行。艺术家被允许创作未受委托的绘画作品，但只有艺术家被允许销售出口以外的绘画。这使艺术家们面临时间分配的问题，并且可以预见的是，他们会与其他人一起协商各种销售约定，包括同一个公会的工匠、朋友和同事，以及那些与绘画没有任何联系但渴望进入他们的营销圈子的店主。这一禁令也有利于出口，但对于普通的艺术家经销商来说，要想进入绘画出口贸易领域并不容易，因为这需要专业经验、人脉网络和资本。因此，当本地需求相对于出口贸易放缓时，艺术家们发现自己依赖于交易商和专业经销商，不得不签订合同，在不利的条件下为他们工作。这是18世纪上半叶的主要情况。然而到了1769年，即便是曾被艺术家学院录取的经销商也被告知此后要在家具画家公会注册。这背后的动机是不确定的，但是，非艺术家的销售禁令似乎源自于维护控制权的愿望，尽管长期来看这并没有给艺术家带来好处。威尼斯和巴黎一道加入了抵制其他城市画家作品的行列，这成了他们的终极劣势。

（6）艺术家像“在厨房里”工作一样的现象在其他城市也不鲜见，其中包括17世纪的阿姆斯特丹、巴黎和罗马。但在安特卫普，艺术家首次能够在为经销商作画时成功为原创作品定价。在那里经营的纵向整合经销商将他们创作的原创绘画作品视为生产复制品的方法，由此产生一个收益流，从中很容易获得购买原创作品的费用。把原创作品视为资本，这种交易方式在概念和实践上合乎情理。更早些时候有将挂毯底图和雕刻凹铜版视为固定资产（并照此定价）的例子。但是当原创画作被视为资产，即使次要的画家也可以为自己的原创画作定价。这是一个创举。在佛罗伦萨，人们在委托创作关系中重视艺术家的独创性，但不见得会为此支付报酬，顾客经常声称最初的想法属于他们自己。

（7）1600—1750年间，尽管一些艺术家公会反对，但这一时期仍然是经销商的时代。和安特卫普一样，罗马也涌现出大量的准专业艺术家。但在安特卫普，外商的需求十分重要，而罗马的需求是靠朝圣者和其他游客拉动的。17世纪威尼斯和罗马的差异显著扩大。罗马的专业经销商启用了初级或初来乍到的艺术家，将自己的店铺集中设在距离买主较近的区域，这样的接触使得在多数情况下艺术家为他们的合同服务很快获得独立，而在威尼斯没有察觉到这种动向。越来越多的证据表明，即使是罗马的著名收藏家，其大部分藏品也是从广场上或经销商那里买来的，他们可能利用艺术家和经销商人数众多和高度集中的特点为自己创造了讨价还价的优势。最近的研究也开始揭示罗马低端市场的细节，在那里，非专业的交易商也很活跃。研究还发现租整间屋子的情况也并不少见，当然这种情况出现在那些只寻求装饰目的的人当中，但有的收藏家也会这么做，其中的原因需要进一步探索。

（8）专业经销商在纯出口市场——例如，安特卫普-梅赫伦组合，展现出了许多创造性的保护市场份额的方法。安特卫普的贸易商开始参与绘画出口。但当本地需求出现放缓迹象时，选择留下来的安特卫普经销商也尝试进入其他通过陆路能够到达的城市，扩大他们在这些市场的份额。他们尝试了各种各样的策略，从在阿姆斯特丹的降价拍卖，到在里尔举行的场外拍卖，但这些都是在地方官员制定的保证透明度的措施下进行的。

还有一些安特卫普个人经销商，利用代理开展了复杂而广泛的绘画交易，将业务扩展到了奥格斯堡、维也纳、巴黎、里斯本、毕尔巴鄂、塞维利亚、加迪斯和美洲国家。他们采用了国际贸易公司开发的商业惯例，并且与这些公司别无二致，除了作为外国市场的供应商，他们还无可避免地牵涉到跨传统的视觉文化调节中。相比之下，在像阿姆斯特丹这样的纯出口城市，经销商更多的是充当套利者，通过再分配来源于其他城市的剩余物资来满足本地需求。到17世纪，经销商也同时买卖新画和回收旧画；在旧画的贸易中他们与二手经销商竞争，而二手经销商也试图进入新品的销售市场。

（9）如果从许多方面看17世纪是贸易商和经销商的时代，那么18世纪就是拍卖的时期。在17世纪最初几十年里，阿姆斯特丹的孤儿院会定期举办绘画拍卖会。但拥有印刷名录和明确规则的第一场拍卖会是17世纪末期在伦敦举行的拍卖会。这些拍卖大多是一些圈套，是由不具备绘画专业知识的书商和拍卖商组织运行的。18世纪上半叶，巴黎成了最具创新性的中心，那里印刷了大量信息丰富的拍品名录，而且在拍卖前也会举行预展，拍卖会本身也是悠闲的，在一定程度上是通过社会交流来达成私人估值的场合。伦敦制定了拍卖的高标准，拍卖商为自己编写了规则。在巴黎拍卖会上，第一个著名的拍卖经销商和组织者Gersaint主动采用了里尔地方官员坚持的不友好销售规则，并对归属问题采取了负责任的态度，同时试图让潜在的买家放弃对作者和主题的过度关注。他强调绘画作品的价值源于它给观赏者带来的愉悦感。其他人也追随Gersaint的模式，效仿这位非艺术家的专业交易，到了18世纪70年代，巴黎每年要举办20~40场拍卖会，超过了伦敦巅峰时期的纪录。

3.7 1750年以来的一些新进展

本章论述截至1750年左右的内容，但是我们可以简要和选择性地指出一些最近的发展。

18世纪形成了一个部分综合的拍卖圈，其中包括阿姆斯特丹、布鲁塞尔、伦敦和巴黎。但由于品位不同，它没能促成对同一位艺术家的作品形成同样价格，而且运输成本和相关的风险限制了除高端油画以外所有画作的流动。但这些障碍没有越过在不同销售中心间经营的经销商套利的可能性。阿姆斯特丹的销售特别服务于17世纪德国回收荷兰藏品，而许多法国的藏品通过18世纪90年代的拍卖传播到了世界各地。18世纪下半叶代表Catherine大帝的私人和公共采购构成了圣彼得堡冬宫卓越收藏的核心。19世纪末和20世纪初，富有的美国人也通过在西欧的采购有了收藏，其中大部分收藏在美国税法的积极激励下，已经进入了公共博物馆。欧洲第一座伟大的博物馆建立于18世纪，[①]最后完全向公众开放，随着许多国家立法限制“国宝”的出口，其发展也比较因循守旧。

国际绘画市场的结构迅速地显现了20世纪的特征。两大拍卖行——佳士得和苏富比——都是18世纪中叶建立的，它们的规则反映出17世纪晚期伦敦拍卖品印刷目录中留存下来的印记。透明性尽管没有完全实现，但也有所提高。

国际领先拍卖行遵循的规则仍未在世界范围内普及，而且苏富比和佳士得的透明度仍比较低。直到最近，由于受到各种国家限制，国际拍卖市场还没有完全整合，因此许多国家坚持要求出口许可证，这往往会使国际质量的画作远离市场。例如，在法国和西班牙，由

① Sophie Raux提供的一份简短的清单中包括大英博物馆（1759）、慕尼黑美术馆区（1779—1793）、那不勒斯卡波迪蒙泰（1739—1793）、卢浮宫（1793）、梵蒂冈博物馆（1784）和维也纳皇家博物馆（1781）。

国家来承担优先购买权，直到最近，法国的拍卖还只能由法国拍卖行来举办。

国际转售市场的另一个特点是，两家主要的拍卖行——苏富比和佳士得——并不构成传统的双头垄断。首先，两者都代表卖方，并提供销售服务：它们不是生产者。因此，它们的争夺主要是为了在库存少并且持续下滑的市场上获取藏品。这就需要向潜在的卖家做出让步，从而导致成本上升。比如作品数量少（无法拒绝），通常更难鉴定，而且卖家的佣金会打折，或者需要根据单件藏品甚至整个收藏给卖家提供价格保证，这些会导致成本上涨。1995年，这种让步和更高的成本导致苏富比和佳士得达成了一项协议，实行共同的、不可谈判的浮动计算卖方收费标准。这在后来的十年中被揭露为非法勾结，正当此时菲利普斯拍卖行被新东家法国财团路易·威登买下，一举颠覆了两家顶级拍卖行的领先地位。它们的策略是向卖家让步，然而最终它们总结出无法再做出这种让步。当2001年艺术市场开始放缓时，这种策略宣告失败，而这两家顶级拍卖行再次回到无可匹敌的地位，但又有传闻说它们重新开始了引诱卖家的竞争策略。最近的报道再次表明它们可能正在向经销商领域扩展，并且越来越多地从事私人销售。

早期绘画大师的作品、素描和印刷品、印象派绘画等一些相对古老的市场竞争压力的非持续性，可能有助于促进近几十年来新市场销量的激增，其中包括佳士得阿姆斯特丹市场复制品的销售。苏富比也短暂从事过网上拍卖，目前除了价格相对较低的商品以外，这种拍卖已经结束。但两家拍卖行都在伦敦的不同地点保留了低端实体拍卖。当代绘画市场，以及更普遍的低价作品市场，在新的在线信息服务平台（比如艺术价格网）和eBay、Lauritz.com等在线拍卖网站的帮助下继续扩大。

20世纪画廊的数量激增，特别是在现代和当代艺术的初级市场。De Vany在这本手册的词条中提到这种艺术品交易市场与电影一样具有根本不确定性特征。现代画廊主的概念始于19世纪的巴黎，指的是为初级艺术家职业生涯投资的人，现在这一概念已经备受争议。其真实典范似乎出现于第二次世界大战后的纽约。但现在，初级艺术家和画廊主签订的现代合同通常涉及在去除成本后对销售利润的对半分成，这曾经出现在20世纪早期的巴黎。

就艺术家的地位而言，其作品的艺术完整性受到保护的权利在20世纪得到了广泛认可，同样，艺术家或其继承人在转售收入中所占份额的权利也得到了认可。尚不清楚最后这一点是否支持那些最需要的人，不知名的艺术家们仍旧需要自愿的、喜欢冒险的画廊主的支持，然而这些人的收益可能会相对较低，而且这份收益必定会出现在最大的收入需求之后。尽管如此，赋予艺术家转售权的国家的数量有扩大的趋势。同时，在本手册中Ginsburgh和Benhamou关于复制品的词条介绍了版权法仍在演变，法院倾向于承认，即使是复制品，只要它们包含了相当多的技能和劳动，就不算侵犯版权，但数字图像的地位仍然不确定。

附录A

A.1　1470—1764年各城市每千人中画家的人数

表A-1总结了近代早期各城市每千人中艺术家的估计人数。在可能的情况下提供了不止一种观测值。许多估计存在着较大程度的潜在误差，这不仅因为人口数量不确定，还由于经常需要推测艺术家的数量。此外，资料中的“艺术家”是指在狭义上受过设计和具象绘画训练的人，还是有更广泛的内涵，也不总是很清楚。这一估测的价值不在于单个估计的准确性，而在于这里给出的比率与一个城市其他已知情况的广泛一致性。例如，根据相当可靠的统计数据，已知阿姆斯特丹即使在作为绘画创作中心（1650年）的巅峰时期，仍然是绘画的纯进口城市。这一点从每千人中艺术家的比率不高于1.0上可以反映出来。

表A-1　　近代早期各城市每千人中艺术家的估计人数

	佛罗伦萨	布鲁日	巴伦西亚	威尼斯	安特卫普	梅赫伦	哈勒姆	巴黎	阿姆斯特丹	罗马
1470/72	0.8	1.4								
1488		2.8								
1496					0.6					
1513			0.3							
1520		1.7			2.0					
1526					2.4					
1530				0.8						
1542/43					1.5					
1550					1.4					
1566/68					1.5	5.3				
1585/86					1.3					
1588/89					1.8					
1605							0.4			
1611								0.4		
1612					2.2					
1615							0.8			
1619						3.5				
1625							1.1			0.4~1.5
1630/31					1.7				0.9	
1630/31						3.5				
1635							1.9			
1640				1.1						
1650							1.8		1.0	
1675										1.2
1677								0.5		
1764								1.0		

另一方面，如布鲁日、梅赫伦和安特卫普这些城市，其比率始终远高于1.0，可以被认定为绘画的纯出口城市。因此，作为一个粗略的经验法则，我们倾向于认为一个比率持续超过1.0的城市是绘画纯出口城市，但总是要根据伴随的历史证据对其进行验证。在某些情况下，比率会随着时间的推移而上升或下降，在原则上这表明状况的变化（如哈勒姆、罗马，可能还有巴黎）。

A.2 来源和方法

佛罗伦萨。Benedetto Dei（1470，见Gilbet，1980，p. 183）列出了约30位有自己工作室的画家。但名单上有好几个人已经去世。Wackernagel报告称，在1472年列出的名单中有“大约30名”画家是圣路加学院的学员，艺术家都要加入这个学院（Wackernagel，1981，p. 300）。我们利用了30这个数字。1469年的人口：Herlihy和Klapisch-Zuber（1985，pp. 40，332）（另见Goldthwaite，1982，p. 33）。

布鲁日。在1456—1470年间，镶嵌画师和布画师中新加入了44位大师，在1456年加入了12位成员，假设没有死亡、退休或者是纯粹的艺术家移民，1470年总共有56位成员。1449年的人口约5 000人（Nicholas，1992，p. 371）。我们采用了这个数字，考虑到纯粹的移民，将其增加到500人。到1488年，人口可能为36 000人（Blockmans（1995，Table 2）），而根据与前面相同的假设，画家的数量上升到了约90人。到1520年，艺术家的数量约为60人，而人口仍约为4万人。

巴伦西亚。1513年的税收记录列出了19个具象画家的工作室（一个工作室有两名画家）（Falomir，1996，p. 211）。根据1510年的房屋数量9 879所（同上，109），再加上平均每户有6人的大胆假设，估算出16世纪早期的人口数量约为6万人口。

威尼斯。如果将同样的比例用于230个公会成员和列出的77个有手艺的人（Favaro，1975，pp. 137ff，doc.I.1），那么1530年图案描绘者、镀金工人和微图画家的人数为110人。1530年的人口约为13万（Beltrami，1954，p. 59）。1640年的艺术家人数，基于同年公会税单上的人名，我们使用了数字138（Favaro，1975，p. 163ff，doc.II.2），1642年的人口为120 300（Pezzolo，2003，p. 151）。

安特卫普。画家人数的三个绝对数值来源于公会的列表：1453年14人，1585—1586年108人，1599—1589年76人（后两个数字由Vermeylen报告（2003，p. 112，n.19））；1453年的数字和所有其他的估计都来自于绘画大师的年度公会题词（Martens and Peeters，2002）和关于职业生涯长度的保守假设（1453—1467年为15年；此后为20年），1453—1500年纯粹的移民人数为0，1500—1604年每年有5位大师，1604—1609年每年有7位，1609—1617年每年有10位，1617—1625年每年有15位。由此估计1496年画家数量为23人，1520年102人，1526年131人，1542—1543年124人，1550年140人，1568年152人，1612年121人，1630年95人。人口总数：Vermeylen（2003，Table 2，p. 37）及其引用另见1520年、1550年和1630年：Van Houtt和Van Buyten，见Wilson和Parker（1977，p. 82）。

梅赫伦。我们利用了150个工作室的当代记录，根据已知作家的比率下调了大师的总人数，基于1632年的一份文件，按照每100位名画家27名助理的比率增加了助理的人数，得出1566年有159名画家，人口可能为3万（Previer and Blockmans，1986，p. 79）。1619年，有95位画家抗议外地经销商。1632年一部Rekenboek van het schildersambacht van Mechelen的抄本中记载有100家工作室（Monballieu，1971，p. 75）。这些年间已知的名画家和助理的平均人数为69人，人口数量可能为2万到2.1万（后一数字来源于Van Houtte and Van Buyten，见Wilson and Parker，1977，Table 4.3）。

哈勒姆。艺术家和人口数据，除1650年Boers的记录外，见Sluijter（2000，p. 137，n. 19）：1605年3万人

中有11名艺术家，1615年3.5万人中有29名艺术家，1625年4万人中有44名艺术家，1635年约4.2万人中有80名艺术家。1650年，据Montias估计约3.8万人中有68名艺术家（1990，p. 61）。所有画家人数均属于保守统计。

巴黎。Schnapper（2001，pp. 424-425）估计1611年人口约30万，画家和雕刻家人数为110~115人。我们应用了17世纪画家和雕刻家的比率2：1，得出1611年有75名画家。对于1677年，Schnapper估计在4.5万的总人口中，有185名画家。他认为1764年有600~700名画家，假设画家与雕刻家的比率为2：1，另外考虑到17世纪寡妇和贵族小姐没有计算在内，那么人口可能为60万到65万。

阿姆斯特丹。Montias估计1630—1631年在大约11.5万人中，画家的人数为90~120人（Montias，2002a，p. 117）：Frederiks and Frederiks（1890，v.）。Montias估计1650年在17.5万人中有175名艺术家（Montias，1990，p. 61）。

罗马。根据一项挨家挨户的人口普查，1625年的艺术家人数：Lorizzo（2006）。1625年人口（约11万），出自Sonnino（1998）。通过假设我们估算出了1675年艺术家的人数。首先，专业经销商人数和威尼斯相同（两个观测值的平均数：1712年和1719年的报税文件），利用当地艺术家和经销商的比率，即7：1（Montecuccoli degli Erri，2003，pp. 145-146）。将这一比率代入一个分数，任意设定小数为0.625，1675年罗马税单上自称绘画经销商的人有33个，估算出那一年艺术家的人数为144人。（关于产生33个经销商的税收记录见Lorizzo，2003a，pp. 331-332。）估计1675年的人口数量为12万（出自Sonnino，1998）。175这个数字与Bonfait估计的数值接近（2003），Bonfait发现17世纪前几十年两个教区每千人里有1~3名艺术家，整个世纪每年的平均比率应为1.5。Spear（私人交流）曾利用出版的旧资料详细计算了创作公共作品的艺术家人数。他所计算的活跃在罗马的年度平均艺术家总数低于Bonfait的估计，但为明显少算的情况提供了上调的坚实基础（例如私人收藏的作品和外国艺术家的作品）。Bonfait的每千人中平均有1.5名艺术家的估算与我们在1625年的数值存在冲突，但我们将两者都包含在内，给出了一个参考范围。

参考文献

Akerlof, G. (1970). "The market for 'lemons': Quality uncertainty and the market mechanism". Quarterly Journal of Economics 84, 488–500.

Allerston, P. (2003). "The second-hand trade in the arts in early modern Italy". In: Fantoni, M., Matthew, L. C., Matthews-Grieco, S.F. (Eds.), The Art Market in Italy, 15th–17th Centuries. Panini, Modena, pp. 301–312.

Beltrami, D. (1954). Storia della popolazione di Venezia dalla fine del secolo XVI alla caduta deall Repubblica. Cedam, Padua.

Benedict, P. (1985). "The comparative study of the popular market for art: The ownership of paintings in seventeenth-century Metz". Past and Present 109, 100–117.

Blanchard, I. (1996). "Credit and commerce: From theMediterranean to the Atlantic in the sixteenth century". In: Diederiks, H., Reeder, D. (Eds.), Cities of Finance. North-Holland, Amsterdam, pp. 21–34.

Blockmans, W. (1995). "The creative environment: Incentives to and functions of Bruges art production". In: Ainsworth, M. A. (Ed.), Petrus Christus in Renaissance Bruges. An Interdisciplinary Approach. Brepols / Metropolitan Museum of Art, Turnhout/New York, pp. 11–20.

Blockmans, W. (1996). "The Burgundian court and the urban milieu as patrons in 15th century Bruges". In: North, M. (Ed.), Economic History and the Arts. Böhlau, Cologne, Weimar, Vienna, pp. 15–26.

Blondé, B. (2002). "Art and economy in seventeenth-and eighteenth-century Antwerp: A view from the demand side". In: Cavaciocchi, S. (Ed.), Economia e Arte. Atti della "Trentatreesima Settimana di Studi" 30 Aprile–4 Maggio, 2001, Istituto Internazionale di Storia Economica "F. Datini", Prato. Le Monnier, Florence, pp. 379–391.

Blume, A.C. (2003). "Boticelli and the cost and value of altarpieces in late fifteenth-century Florence". In: Fantoni, M., Matthew, L.C., Matthews-Grieco, S.F. (Eds.), The Art Market in Italy. Panini, Modena, pp. 151–161.

Boers, M. (2000). "Een nieuwe markt voor kunst. De expansie van de Haarlemse schilderijenmarkt in de eerste helt van de zeventiende eeuw", In: Falkenburg, R. et al. (Eds.), Art for the Market. In: Netherlands Yearbook for the History of Art, 1999, vol. 50, pp. 195–219.

Bonfait, O. (2003). " 'Molti francesi e fiammenghi che vanno e vengono non li si puol dar regola'. Mobilité géographique, mode d'habitat et innovation artistique dans la Rome de Nicolas Tournier", In: Bertrand, P.-F. (Ed.), Nicolas Tournier et la peinture caravaggesque en Italia, en France et en Espagne, Actes du colloques des 7–9 Juin, 2001. CNRS, Université de Toulouse Le-Mirail, Toulouse, pp. 65–75.

Borean, L. "Ricchezze virtuose. Il collezionismo privato a Venezia nel Seicento (1630–1700)". Ph.D. Dissertation. Università di Udine.

Campbell, L. (1976). "The art market in the southern Netherlands in the fifteenth century". Burlington Magazine 118, 188–198.

Cavazzini, P. (2004). "La diffusione della pittura nella Roma di prima seicento: Collezionisti ordinario e Mercanti". Quaderni Storici 116, 353–374.

Cecchini, I. (1998). "Il mercato d'arte pittorica a Venezia nel Seicento". Ph.D. Dissertation. Università Bocconi, Milan.

Cecchini, I. (2000). Quadri e commercio a Venezia durante il seicento: Uno studio sul mercato dell'arte. Marsilio, Venice.

Cecchini, I. (2006). "Troublesome business. Dealing in Venice, 1600–1750". In: De Marchi, N., VanMiegroet, H. J. (Eds.), Mapping Markets for Paintings in Europe, 1450–1750. Brepols, Turnhout, pp. 125–132.

Coen, P. (2004). "Vendere e affittare quadri. Giuseppe Sardi, capomastro muratore e mercante d'arte (Roma, XVIII

Sec.)". Quaderni Storici 116,421-448.

Commanducci,R.(2003). "Produzione seriale e mercato dell'arte a Firenze tra quattro e cinquecento". In:Fantoni,M., Matthew,L.C.,Matthews-Grieco,S.F.(Eds.),The Art Market in Italy. Panini,Modena,pp. 105-113.

De Marchi,N.(1995). "The role of Dutch auctions and lotteries in shaping the art market(s) of 17th century Holland". Journal of Economic Behavior & Organization 28,203-221.

De Marchi,N.(2004). "Auctioning paintings in late seventeenth-century London:Rules,segmentation and prices in an emergent market". In:Ginsburgh,V.A.(Ed.),Economics of Art and Culture. Elsevier,Amsterdam,pp. 97-128.

De Marchi, N., Van Miegroet, H.J.(1994). "Art, value, and market practices in the Netherlands in the seventeenth century". The Art Bulletin 76,451-464.

De Marchi, N., Van Miegroet, H. J. (1996). "Pricing invention: "Originals, " "copies, and their relative value in seventeenth century Netherlandish art markets". In: Ginsburgh, V. A., Menger, P.-M. (Eds.), Economics of the Arts. Selected Essays. Elsevier,Amsterdam,pp. 27-70.

De Marchi, N., Van Miegroet, H. J. (2000a). "Exploring markets for Netherlandish paintings in Spain and Nueva España," In:Falkenburg,R.,de Jong,J.,Meijers,D.,Ramakers,B.,Westermann,M.(Eds.),Kunst voor de Markt/ Art for the Market,1500-1700. In:Netherlands Yearbook for the History of Art 1999,vol. 50,pp. 81-111.

De Marchi,N.,Van Miegroet,H.J.(2000b). "Rules versus play in early modern art markets". Art Markets 66,145-165. Special Issue:Ginsburgh,V.(Ed.),Recherches économiques de Louvain/Louvain Economicreview.

De Marchi,N.,Van Miegroet,H.J.(2003). "Flemish altarpieces for the Italian market". Mimeo. Duke University.

De Marchi, N., Van Miegroet, H.J.(2005a). "Transforming the Paris art market, 1718-1750". In: De Marchi, N., Van Miegroet,H.J.(Eds.),Mapping Markets for Paintings in Europe,1450-1750. Brepols,Turnhout. In press.

De Marchi, N., Van Miegroet, H. J. (2005b). "Brueghel in Paris". Bulletin van de Koninklijke Musea voor Schone Kunsten van België/Bulletin des Musées Royaux de beaux-Arts de Belgique. In press.

De Marchi, N., Van Miegroet, H. J. (2005c). "Invasions of the Lille market (17th C.) by artists and dealers from Antwerp". In: Vermeylen, F., Vlieghe, H. (Eds.), Art Auctions and Dealers. The Dissemination of Netherlandish Paintings During the Ancien Régime. Brepols,Turnhout. In press.

De Marchi, N., Van Miegroet, H. J. (Eds.) (2006). Mapping Markets for Paintings in Europe, 1450-1750. Brepols, Turnhout.

De Marchi,N.,VanMiegroet,H.J.,Raiff,M.E.(1998). "Dealer-dealer pricing in the mid-seventeenth century Antwerp to Paris art trade". In: North, M., Ormrod, D. (Eds.), Art Markets in Europe, 1400-1800. Ashgate, Aldershot, pp. 113-130.

Denucé, J. (Ed.) (1931). Exportation d'oeuvres d'art en 17e siècle a Anvers. La firme Forchondt. Sources pour l' historie de l'art Flamand. I. De Sikkel,Antwerp.

De Vries, J. (1981). Barges and Capitalism. Passenger Transportation in the Dutch Economy, 1632-1839. HES Publishers,Utrecht.

De Vries,J.,van der Woude,A.(1997). The First Modern Economy. Success,Failure,and Perseverance of the Dutch Economy,1500-1815. Cambridge University Press,Cambridge.

Duverger,E.(1969). "Nieuwe gegvens betreffends de kunsthandel van Matthijs Musson enMaria Fourmenois te Antwerpen tussen 1633 en 1681". Reprint of Gentse Bijdragen tot de Kunstgeschiedenis en de Oudheidkunde 21.

Echeverría,I.(2000). "Notas sobre el comercio artístico entre Sevilla y América en 1586".Museo de América,Annales 8,103-110.

Ewing,D.(1990). "Marketing art in Antwerp,1460-1560:Our lady's pand". The Art Bulletin 72,558-584.

Falomir,M.(1996). Arte en Valencia,1472-1522. Martín,Valencia.

Falomir,M.(2006). "Artists' responses to the rise in demand for paintings in Spain,1575-1625". In:De Marchi,N., Van Miegroet,H.J.(Eds.),Mapping Markets for Paintings. Brepols,Turnhout,pp. 135-161.

Fantoni,M.,Matthew,L.C.,Matthews-Grieco,S.F.(Eds.)(2003). The Art Market in Italy,15th-17th Centuries. Panini,

Modena.
Favaro, E.(1975). L'arte dei pittori in Venezia e I suoi statuti. Olschki, Florence.
Frederiks, J.G., Frederiks, P.J.(1890). Kohier van den Tweehonderdsten Penning Van Amsterdam en Onderhoorige Plaatsen over 1631. Ten Brink and De Vries, Amsterdam.
Galassi, M.C.(1997). "A technical approach to a presumed Memling diptych: Original work and some Italian copies". In: Verougstraete, H., Van Schoute, R., Smeyers, M.(Eds.), Memling Studies. Peeters, Leuven, pp. 339–350.
García Fuentes, P.G.(1988). "El comercio de obras de arte de Sevilla a Hispanoamérica a fines del siglio XVI". Ph.D. Dissertation. University of Seville.
Gelderblom, O.(2000). Zuid-Nederlandse Kooplieden en de opkomst van de Amsterdamse Stapelmarkt(1578–1630). Verloren, Hilversum.
Gilbert, C.E.(1980). Italian Art 1400–1500. Sources and Documents. Northwestern University Press, Evanston, IL.
Glasser, H.(1977). Artists' Contracts of the Early Renaissance. Garland, New York.
Goldthwaite, R.A.(1982). The Building of Renaissance Florence. An Economic and Social History. Johns Hopkins University Press, Baltimore.
Goldthwaite, R.A.(2003). "Economic parameters of the Italian art market 15th to 17th centuries". In: Fantoni, M., Matthew, L.C., Matthews-Grieco, S.F.(Eds.), The Art Market in Italy. Panini, Modena, pp. 423–444.
Gozzano, N.(2003). "Resa dei conti in Casa Colonna. Contabilità di una collezione romana del Seicento fra committenza e mercato". In: Cappelletti, F.(Ed.), Decorazione e collezionismo a Roma nel Seicento. Vicende di artisti, committenti e mercanti. Gangemi, Rome, pp. 175–185.
Gozzano, N.(2004). La quadreria di Lorenzo Onofrio Colonna. Prestigio nobiliare e collezionismo nella Roma barocca. Bulzoni, Rome.
Greve, A.(2000). "Brokerage and trade in medieval Bruges: Regulation and reality". In: Stabel, P., Blondé, B., Greve, A.(Eds.), International Trade in the Low Countries(14th–16th Centuries). Merchants, Organisation, Infrastructure. Garant, Leuven and Apeldoorn, pp. 37–44.
Grief, A.(1993). "Contract enforceability and economic institutions in early trade: The Maghribi traders' coalition". American Economic Review 83, 525–548.
Grief, A., Milgrom, P., Weingast, B.R.(1994). "Coordination, commitment, and enforcement: The case of the merchant guild". Journal of Political Economy 102, 745–776.
Haskell, F.(1980). Patrons and Painters. Art and Society in Baroque Italy. Yale University Press, New Haven.
Herlihy, D., Klapisch-Zuber, C.(1985). Tuscans and Their Families. A Study of the Florentine Catasto of 1427. Yale University Press, New Haven.
Hibbert, C.(1985). Rome. The Biography of a City. Norton, New York.
Holmes, M.(2003). "Neri di Bicci and the commodification of artistic values in Florentine painting(1450–1500)". In: Fantoni, M., Matthew, L.C., Matthews-Grieco, S.F.(Eds.), The Art Market in Italy. Panini, Modena, pp. 213–223.
Kinkead, D.(1984). "Juan de Luzón and the Sevillian painting trade with the new world in the second half of the seventeenth century". The Art Bulletin 66, 303–310.
Kubersky-Piredda, S.(2003). "Immagini devozionali nel Rinascimento fiorentino: Produzione, commercio, prezzi". In: Fantoni, M., Matthew, L.C., Mathews-Grieco, S.F.(Eds.), The Art Market in Italy. Panini, Modena, pp. 115–125.
Lancaster, K.(1966). "A new approach to consumer theory". Journal of Political Economy 74, 132–157.
Lorizzo, L.(2003a). "Il mercato dell'arte a Roma nel XVII secolo: "Pittori bottegari" e "rivenditori di quadri" nei documenti dell'Archivio Storico dell'Accademia di San Luca". In: Fantoni, M., Matthew, L.C., Matthews-Grieco, S.F.(Eds.), The Art Market in Italy. Panini, Modena, pp. 325–336.
Lorizzo, L.(2003b). "Documenti inediti sulmercato dell'arte. I testamenti e l'inventario della bottega del Genovese Pellegrino Peri "rivenditore di quadri" a Roma nella seconda metà del Seicento". In: Cappelletti, F.(Ed.), Decorazione e collezionismo a Roma. Gangemi, Rome, pp. 159–174.
Lorizzo, L.(2006). "People and Practices in the Paintings Trade in 17th C. Rome". In: De Marchi, N., Van Miegroet, H.J.

(Eds.), Mapping Markets for Paintings. Brepols, Turnhout, pp. 343–358.

Lydecker, J.K. (1987). "The domestic setting of the arts in Renaissance Florence". Ph.D. Dissertation. The Johns Hopkins University.

Lynch, J. (1969). Spain under the Hapsburgs, vol. 2, Spain and America 1598–1700. Blackwell, Oxford.

Martens, M.P.J. (1998). "Some aspects of the origins of the art market in fifteenth-century Bruges". In: North, M., Ormrod, D. (Eds.), Art Markets in Europe, 1400–1800. Ashgate, Aldershot, pp. 19–27.

Martens, M.P.J. (1999). "The position of the artist in the fifteenth century: Salaries and social mobility". In: Blockmans, W., Janse, A. (Eds.), Showing Status. Representation of Social Positions in the Late Middle Ages. Brepols, Turnhout, pp. 387–414.

Martens, M.P.J., Peeters, N. (2002). "Painters by numbers: Quantifying artists' trades in 16th century Antwerp". Mimeo. University of Groningen.

Matthew, L.C. (2006). "Painters marketing paintings in 16th C. Venice". In: De Marchi, N., Van Miegroet, H.J. (Eds.), Mapping Markets for Paintings. Brepols, Turnhout, pp. 307–325.

Milgrom, P.R., Weber, R.J. (1982). "A theory of auctions and competitive bidding, II". Mimeo. Stanford University and Northwestern University.

Monballieu, A. (1971). "Documenten van het Mechels schilders-en beeldsnijders ambacht. II. Het rekwest van 1562 en het probleem van de 51 of 150 ateliers". Handelingen van de Koninklijke Kring voor Oudheidkunde, Letteren en Kunst van Mechelen 75, 71–82.

Montecuccoli degli Erri, F. (2003). "I 'bottegheri da quadri' e I 'poveri pttiroi famelici'. Il mercato dei quadri a Venezia nel Settecento". In: Dal Pozzolo, E.M., Tedoldi, L. (Eds.), Tra Committenza e Collezionismo. Studi sul mercato dell'arte nell'Italia settentrionale durante l'età moderna. Terra Ferma, Vicenza, pp. 143–166.

Montias, J.M. (1982). Artists and Artisans in Delft. A Socio-Economic Study of the Seventeenth Century. Princeton University Press, Princeton.

Montias, J.M. (1985). "Flemish and Dutch trade in works of art in the 17th and 17th centuries". Mimeo. Yale University.

Montias, J.M. (1986). "Cost and value in seventeenth-century Dutch art". Art History X, 455–466.

Montias, J.M. (1990). "Estimates of the number of Dutch master-painters, their earnings and their output in 1650". Leidschrift 6, 59–74.

Montias, J.M. (1991). "Works of art in seventeenth-century Amsterdam: An analysis of subjects and attributions". In: Freedberg, D., de Vries, J. (Eds.), Art in History. History in Art. Studies in seventeenth-century Dutch Culture. Getty Center, Santa Monica, pp. 331–372.

Montias, J.M. (1996). "Works of art in a random sample of Amsterdam inventories". In: North, M. (Ed.), Economic History and the Arts. Böhlau, Cologne, Weimar, Vienna, pp. 67–88.

Montias, J.M. (2001). "Commentary". In: Ainsworth, M.W. (Ed.), Early Netherlandish Painting at the Crossroads. A Critical Look at Current Methodologies. Metropolitan Museum of Art, New York and Yale University Press, New Haven and London, pp. 62–65.

Montias, J.M. (2002a). "Notes on economic development and the market for paintings in Amsterdam". In: Cavaciocchi, S. (Ed.), Economia e Arte. Le Monnier, Florence, pp. 115–130.

Montias, J.M. (2002b). Art at Auction in 17th Century Amsterdam. University of Amsterdam Press, Amsterdam.

Murray, J.M. (2000). "Of nodes and networks: Bruges and the infrastructure of trade in fourteenth-century Europe". In: Stabel, P., Blondé, B., Greve, A. (Eds.), International Trade in the Low Countries. Garant, Lueven and Apeldoorn, pp. 1–14.

Nicholas, D. (1992). Medieval Flanders. Longmans, New York.

North, D.C. (1990). Institutions, Institutional Change and Economic Performance. Cambridge University Press, Cambridge.

Nuttall, P. (2004). From Flanders to Florence. The Impact of Netherlandish Painting, 1400–1500. Yale University

Press, New Haven and London.

O'Malley, M. (2003). "Commissioning bodies, allocation decisions and price structures for altarpieces in fifteenth-and early sixteenth-century Italy". In: Fantoni, M., Matthew, L.C., Matthews-Grieco, S.F. (Eds.), The Art Market in Italy. Panini, Modena, pp. 163–180.

O'Malley, M. (2005). The Business of Art: Contracts and the Commissioning Process in Renaissance Italy. Yale University Press, New Haven and London.

Páramo, J.P. (1999). "Notes sobre el taller de Zurbarán: Un envoi de lienzos a Portobelo y Lima en el año 1636". In: Vadivieso, E. (Ed.), Zurbaran. IV Centenario del nacimiento. Museo de Bellas Artes de Badajoz, Badajoz, pp. 17–31.

Pezzolo, L. (2003). Il fisco dei Veneziani. CIERRE, Sommacampagna, Venice.

Previer, W., Blockmans, W. (Eds.) (1986). The Burgundian Netherlands. Cambridge University Press, Cambridge.

Raux, S. (2002). "Amateurs d'art et de curiosités à Lille au XVIIIe siècle: Un nouveau éclairage à partir des catalogues de ventes". In: Michel, P. (Ed.), Collections et Marché de l'art en France au XVIIIe siècle. Les Cahiers du Centre François-Georges Pariset. Université Michel de Montaigne-Bordeaux 3, Bordeaux, pp. 97–109.

Raux, S. (2004). "La présence des peintres-marchands brabançons sur les marchés flammands: Similitudes et contradictions des modéles de Lille et de Gand au XVIIe siècle". Mimeo. Université Charles de Gaulle-Lille 3.

Raux, S. (2005). "Eléments sur les ventes publiques de peinture à Lille au XVIIIe siècle, à partir de la dispersion des collections des chanoines", In: Collectionner dans les Flandres et la France du Nord au XVIIIe Siècle, Actes du colloque des 13 et 14mars 2003, Université Charles de Gaulle, Lille-3. CeGes, Villeneuved'Ascq, pp. 165–182.

Romein, E., Korevaar, G. (2006). "Guilds in 17th C. Holland and the threat of public sales". In: De Marchi, N., Van Miegroet, H.J. (Eds.), Mapping Markets for Paintings. Brepols, Turnhout, pp. 165–184.

Schnapper, A. (1994). Curieux du grand Siècle. Collections et collectionneurs dans la France du XVIIIe siècle. Flammarion, Paris.

Schnapper, A. (2001). "La population des peintres à Paris au XVIIe siècle". In: Mélanges en hommage à Pierre Rosenberg. Peintures et dessins en France et en Italie XVIIe-XVIIIe siècles. Réunion des Musées Nationaux, Paris, pp. 422–426.

Shaw, J.E. (2006). "Institutional Controls and the Retail in Venice". In: De Marchi, N., Van Miegroet, H.J. (Eds.), Mapping Markets for Paintings. Brepols, Turnhout, pp. 107–122.

Sluijter, E.J. (2000). "Over Brabantse vodden, economische concurrentie, artistieke wedijver en de groei van de markt voor schilderijen in de eerste decennia van de zeventiende eeuw". In: Falkenburg, R. et al. (Eds.), Art for the Market. In: Netherlands Yearbook for the History of Art, 1999, vol. 50, pp. 113–133.

Sonnino, E. (1998). Populazione e Società a Roma dal medioevo all'età contemporanea. Il Calamo, Rome.

Spear, R.E. (2003). "Scrambling for Scudi: Notes on painters' earnings in early baroque Rome". The Art Bulletin 85, 310–320.

Stabel, P. (2000). "Marketing cloth in the low countries: Manufacturers, brokers and merchants (14th–16th centuries)". In: Stabel, P., et al. (Eds.), International Trade in the Low Countries. Garant, Leuven and Apeldoorn, pp. 15–36.

Stabel, P. (2001). "De gewenste vreemdeling. Italiaanse koopleiden en stedelijke maatschappij in het laatmiddeleeuws Brugge". Jaarboek voor Middleeeuwse Geschiedenis 4, 189–221.

Stabel, P. (2006). "Selling paintings in late medieval Bruges. Marketing customs and guild regulation compared". In: De Marchi, N., Van Miegroet, H.J. (Eds.), Mapping Markets for Paintings. Brepols, Turnhout, pp. 89–103.

Stabel, P., Blondé, B., Greve, A. (Eds.) (2000). International Trade in the Low Countries (14th–16th Centuries). Merchants, Organisation, Infrastructure. Garant, Leuven and Apeldoorn.

Syson, L., Thornton, D. (2001). Objects of Virtue. Art in Renaissance Italy. British Museum Press, London.

Szanto, M. (2001). "La stratégie de l'artium amatoris. Les banquiers Lumargue et le commerce parisien de l'art dans le première moitié du XVIIe siècle". Nouvelles de l'Estampe 177, 7–18.

Szanto, M.(2002). "Libertas artibus restitute. La foire Saint-German et le commerce des tableaux, des frères Goetkindt à Jean Valdor(1600-1660)". In: Cavaciocchi, S.(Ed.), Economia e Arte. Le Monnier, Florence, pp. 149-185.

Szanto, M.(2006). "Antwerp and the Paris art market in the pivotal years 1620-1630". In: De Marchi, N., Van Miegroet, H.J.(Eds.), Mapping Markets for Paintings. Brepols, Turnhout, pp. 329-339.

Thomas, A.(1995). The Painter's Practice in Renaissance Tuscany. Cambridge University Press, Cambridge.

Van Autenboer, E.(1949). "Nota's over de Mechelse Waterverfschilders". Mechelese Bijdragen 11, 33-44.

Vanden Houte, C.(1913). "Les corporations des peintres de Bruges". Cappel-Missiaeu, Bruges-Kortrijk, Registresd' admission: A: 1453-1578.

Van derWoude, A.(1991). "The volume and value of paitnings in Holland at the time of the Dutch Republic". In: Freedberg, D., De Vries, J.(Eds.), Art in History, History in Art. Getty Center, Santa Monica, pp. 285-329.

Van Miegroet, H.J.(2005). "Recycling Netherlandish paintings on the Paris market in the early eighteenth century". In: Raux, S.(Ed.), Collectionner dans les Flandres et la France du Nord au XVIIIe Siècle. CeGes, Villeneuve d' Ascq, pp. 251-287.

Van Zanden, J.L.(1993). The Rise and Decline of Holland's Economy. Merchant Capitalism and the Labour Market. Manchester University Press, Manchester.

Vermeylen, F.(2003). Painting for the Market. Commercialization of Art in Antwerp's Golden Age. Brepols, Turnhout.

Wackernagel, M.(1981[1938]). The World of the Florentine Renaissance Artist. Projects and Patrons, Workshop and Art Market. Princeton University Press, Princeton.(Trans. Fuchs, A.).

Welch, E.(2003). "From retail to resale: Artistic value and the second-hand market in Italy(1400-1550)". In: Fantoni, M., Matthew, L.C., Matthews-Grieco, S.F.(Eds.), The Art Market in Italy. Panini, Modena, pp. 283-299.

Wilson, J.(1983). "The participation of painters in the Bruges 'pandt' market, 1512-1550". Burlington Magazine 125, 476-479.

Wilson, C., Parker, G.(Eds.)(1977). An Introduction to the Sources of European Economic History, 1500-1800. Weidenfeld and Nicholson, London.

Wright, A.(2003). "Between the Patron and the market: Production Strategies in the Pollaiuolo Workshop". In: Fantoni, M., Matthew, L.C., Matthews-Grieco, S.F.(Eds.), The Art Market in Italy. Panini, Modena, pp. 225-236.

Zablotney, S.(1999). "Production and reproduction: Commerce in images in late eighteenth-century London". In: De Marchi, N., Goodwin, C.D.W.(Eds.), Economic Engagements with Art. Duke University Press, Durham, NC, pp. 413-422.

第4章

音乐市场的演进①

F.M. Scherer

Harvard University Emeritus, USA

马林梅　译

摘　要

本章回顾了近几个世纪以来音乐市场的发展状况。正规组织的乐队最初主要由教会和贵族资助。事实上，在18世纪还出现了音乐“军备竞赛”：贵族们以管弦乐队和歌剧的质量赢得威望。然而，教会和贵族的作用日渐消退，更加市场导向化的场所，包括充满活力的自由演出和创作市场，越来越占据主导地位。我们运用1650—1849年间出生的646位音乐家的资料对这些趋势进行了量化分析后还发现，作曲家们越来越多地通过在专业音乐学院和其他类音乐学校教学来谋生。对同一套数据的分析表明，作曲家们通过各种方式学习音乐技能。从另一视角对该套数据的分析表明，奥地利的百万人口音乐家就业量最高，而且，相对于其人口数量，在奥地利出生的音乐家数量也最多。按1990年的划界标准，出生于捷克斯洛伐克的音乐家数量居第二位，德国的音乐家就业量居第二位。特别地，随着自由创作的兴盛，出版音乐作品成为音乐家们获取收入的一种手段。本章还回顾了出版技术和音乐版权的演变。随着工业化国家人均收入的增加，观看音乐表演的观众也日趋增加，到了19世纪末，大众化的音乐市场出现。收音机和留声机彻底改变了人们享受音乐的方式，也进一步拓宽了音乐市场。电子媒介反过来加剧了18世纪初就已显现的这一趋势：一些“超级明星”可获得惊人的收入。

关键词

音乐创作，音乐表演，自由创作活动，封建主义，人力资本

JEL classification Code

Z10

---

① 本章大量借鉴了本作者的著作(2004)，缺乏其他参考文献时，可将该著作视为相关和补充证据的来源。

4.1 引　言

自古以来，音乐就是人类社会的重要组成部分。已知最古老的乐器是一支中国七孔骨笛，1999年用放射性碳同位素14测定，这支骨笛已有约9 000年的历史。《旧约》中说，以色列人出埃及后不久，约书亚令7位祭司绕耶利哥（Jericho）城行走并吹响号角，致使该城的城墙塌陷。在古希腊神话中，根据缪斯的判定，阿波罗的竖琴弹奏赢了马西亚斯（Marsyas）的笛子吹奏。

从经济学的角度来看，音乐很有意思的一个特点是，它最终演变成了一种以市场为导向的活动，并衍生出了一系列垂直关联的事业。消费者倾听音乐，从中获得满足感，并可能自行演奏。当个人或家庭演奏音乐时，他们必须接受培训，而培训通常要由专业的教师私人提供或通过学校提供。人们演奏的音乐大多由其他专业人士创作，而专业人士创作的作品会通过音乐出版公司传播给演奏者。演奏音乐需要使用乐器，而乐器是另一行业生产的。消费者喜欢其他人演奏的音乐时，赞助人、教会或音乐管理机构通常会组织演奏，定期或通过一系列具体的市场交易雇用专业的音乐人，或者通过电子录制和/或播放企业提供音乐，后一种形式近来更为常见。

这些不同的产业涉及大量的经济活动，其中只有一部分得到了系统的衡量。1998年，美国有18.3万名在职的音乐家和/或作曲家（美国人口普查局（US Bureau of the Census）1999，p.242）。1996年，美国音乐录音制品的销售额高达125亿美元，乐器销售额为11.7亿美元；1997年，音乐出版商的销售额为13.6亿美元（同上，p.587）。美国有350个专业的古典音乐管弦乐团，其中45个乐队2001—2002年的系统数据可查（通常是比较有名的乐团），它们的年度预算总额为11.4亿美元，其中最大的单一预算额为1.97亿美元，来自纽约大都会歌剧院（美国音乐家协会（American Federation of Musicians），2003）。

本章关注的是具有明确市场导向和在组织框架内发生的音乐“活动”，侧重于古典音乐的创作和表演，但这并不否认这样一个事实：在许多国家，民间音乐具有代际传承的悠久传统，或者说，与这里所强调的古典音乐相比，“流行的”音乐具有更广泛的市场吸引力。

4.2 音乐表演场所的演变

很早以前，市场就在音乐表演的组织和供应上发挥了日益重要的作用。理查德·瓦格纳（Richard Wagner）的两部歌剧均涉及中世纪欧洲组织音乐活动的不同模式。在其中一种模式下，技艺精湛的巡游艺人去各城镇巡演，享受当地贵族的款待（包括资金支持）。歌剧《唐豪瑟》（Tannhäuser）就描述了公元1210年左右（记载于《马内塞古抄本》（Codex Manesse））在爱森纳赫市（Eisenach）附近的瓦尔特堡（Wartburg）（很久之后成为马丁·路德·金的避难所，也是约翰·塞巴斯金·巴赫的出生地）举行的一次真实的德语巡游艺人大赛。这次大赛由赫尔曼·冯·图林根公爵（Duke Hermann von Thüringen）组织，参赛者都是知名的巡游艺人，其中包括从匈牙利远道而来的沃尔夫拉姆·冯·艾森巴赫（Wolfram von Eschenbach）、沃尔特·冯·沃格尔维德（Walther von der Vogelweide）和克灵索（Klingsor）。在歌剧中，这次大赛的获胜者得到的奖赏是与公爵的女儿伊丽莎白成婚。实际的奖励是什么尚不明确，但其声望至少可与奥运会相媲美，也可能是金钱上的奖励。瓦格纳的歌剧《纽伦堡的名歌手》（Meistersinger von Nürnberg）则滑稽地描绘了在中世纪的德国城镇兴起的业余歌唱社团或行会，事实上，瓦格纳描绘的是16世纪初商业城镇纽伦堡（Nürnberg）的状况。在这些行会里，唱哪首歌，用什么形式，都有严格的规定，而且行会成员定期举办比赛，争夺一条银质项链的短时所有权，只有歌唱失误最少的参赛者才可获奖。

4.2.1 教会资助

历史更悠久的音乐表演场所是教堂，更确切地说，音乐表演是基督教正统派的搭配。至少从罗马皇帝康斯坦丁（Constantine，pp.312-337）信奉基督教以来，单音圣歌就成了罗马天主教礼拜的一个日益重要的组成部分，8世纪时，它因格列高利（Gregorian）圣咏而闻名。到了中世纪，教会做礼拜时，唱圣歌开始有了风琴伴奏，先是在修道院，后来是在教堂。在罗马天主教会演奏的音乐变得越来越复杂，于16世纪在精妙的反调和焦瓦尼·达·帕莱斯特那（Giovanni da Palestrina）的复调中达到高潮。1562和1563年，特伦特议会（Council of Trent）曾考虑下令要求天主教会活动期间演奏的音乐回归至单音形式，以便“所有人都能清楚地理解”。尽管通过了指导方针，但由于神圣罗马皇帝费迪南德一世（Holy Roman Emperor Ferdinand I）反对僵化的规则，后来的教皇都选择把音乐决定权下放给当地的高级教士。百曲争鸣的时代由此开启，除其他乐曲外，约翰·塞巴斯蒂安·巴赫（Johann Sebastian Bach）、约瑟夫（Joseph）和迈克尔·海顿（Michael Haydn）、莫扎特（Mozart）和贝多芬（Beethoven）的管弦乐曲都成了教会的演奏曲目。

与此同时，于1517年提出《九十五条论纲》（95 Theses）的新教改革（Protestant Reformation）先锋马丁·路德认为，作为“上帝赐予的美好礼物”，音乐应该在宗教服务中发挥核心作用，其中就包括全体会众的合唱，但新教教派内部意见分歧很大。音乐在德国的路德教区蓬勃发展，就如同音乐在英国国教中表现的那样。同时，在瑞士，乌尔利希·慈运理（Huldreich Zwingli）的追随者取消了礼拜仪式中的唱歌和风琴伴奏。而在清教徒奥利弗·克伦威尔（Oliver Cromwell）治下（1649—1658）的英国，教会礼拜仪式中禁止出现音乐，风琴也被搬走甚至被摧毁。直到查理二世（Charles II）重新执政，音乐才重回教会。因此，无论是在英国还是欧洲大陆，音乐家们都获得了多种就业机会，比如担任合唱团的指挥、风琴师以及（在更好的教区）成为乐团成员。一些重要的教区还保留了合唱团学校，培养了许多音乐家。

中世纪后的文艺复兴时期，音乐家的流动性降低，他们开始由业余身份转向正规就业，教会为他们提供了一个重要的长期就业场所。欧洲的城镇还聘请音乐家做“吹奏人”，定期在当地民兵面前和城镇庆典上演奏长笛、小号和鼓。富有的贵族家庭开始聘请音乐家做正式雇员，而不像以前那样偶尔接待巡游艺人到访。

4.2.2 贵族资助

在欧洲的许多地方，教会与国家紧密相连。国王和当地的封建领主负责维持本地的教堂礼拜活动，因此他们建立了教堂的音乐机构。节日期间，附属教堂的音乐家通常被要求执行双重任务，有时还会在就餐时间进行表演。这逐渐导致了一种分工的出现：一些音乐家主要被委派去执行礼拜仪式任务，而另一些音乐家则主要为皇室提供消遣。路易十四统治下（1659—1715）的凡尔赛就存在这样的分工。

中欧和南欧发生的事件对音乐作为职业活动的发展具有极其重要的意义。1618—1648年间，欧洲大部分地区都陷入了毁灭性的“三十年战争”（Thirty Years War）。战争随着1648年《威斯特伐利亚条约》（Treaty of Westphalia）的签署而结束，现在的德国所辖地域被分割成了数百个独立的王国和公国，一些地方奉行新教，一些地方奉行天主教，每一个地区都被要求对神圣罗马帝国保持最低限度的敬畏。在奥地利及其控制的匈牙利，以及后来成为捷克斯洛伐克的区域和意大利北部的部分区域，政治权力更集中于皇帝之手，但封建领主们统治地方。奥地利政府未统治的意大利其他地区也被分成了许多小的政治范围，一些处在西班牙或法国的统治之下，一些处在教皇统治之下，一些尚存的封建国家处在当地国王或公爵统治之下，还有一些（如威尼斯）是独立的城市国家。

特别是在欧洲讲德语的地区，因“三十年战争”造成的人员伤亡、饥荒和疾病，使人口锐减。大部分耕地都由拥有贵族头衔的封建领主如国王、王子或公爵控制。随着人口的减少，地租率先下降。但随着《威斯特伐利亚条约》签署后的人口恢复，地租逐渐上涨，贵族地主们获益匪浅。不知何故（确切的历史变化尚不确定），建立自己的宫廷管弦乐队成为地方君主和领主们的时尚，而且在领土疆域辽阔之地，兴起了建设自有歌剧院的风潮。个别地方的贵族开始通过这种惹人注目的宫廷消费来赢得声誉。详情请参见伊利亚斯（Elias，1969）和雷纳（Raynor，1972）的文章。这种竞争如同文化“军备竞赛”一样不断升级，因此到了18世纪上半叶，神圣罗马帝国的几乎所有宫廷都有乐团或其他团体定期提供音乐消遣。

据说由于贵族宫廷的乐团激增，音乐创作进入了一个黄金时代。威廉·鲍莫尔和希尔达·鲍莫尔（William & Hilda Baumol，1994）提出过一个与社会学家诺伯特·埃利亚斯（Norbert Elias，1991）相似的假说。他们断言：

> 显然，经济和政治条件不能创造人才，但它们能阻止或提供创造人才的机会。我们的主要假说旨在聚焦于相关地域，解释德国和意大利音乐家惊人的创作水平。这一假说表明，神圣罗马帝国和哈布斯堡王朝（Habsburg）被分裂成许多小国产生了有利于提高音乐生产力的条件（特别是产生了大量的需求和大量的工作）（p.172）。

尽管贵族宫廷为音乐家和具有创作才华的演奏家提供了大量的就业机会，但对作曲家来说，在宫廷就业不是没有缺陷的。音乐家通过市场竞争获得宫廷职位，但一旦获得了职位，未经领主的明确许可，他们就不能擅自离开（或者根据某些协议，直到领主去世方可离开）。1717年，约翰·塞巴斯蒂安·巴赫因企图中止与魏玛公爵签订的合同而被关押了近四周。1783年，莫扎特回萨尔斯堡（Salzburg）探望父亲后，非常害怕自己会被科里达多王子——大主教（Prince-Archbishop Colloredo）监禁，因为他未经许可提前两年离开了大主教。音乐家还可能因领主一时的心血来潮就被解雇。格奥尔格·特莱曼（Georg Telemann）就曾有过这样的经历。他说：“想寻求终生安全的人必须在共和国定居”，也就是说，要有一份不依赖于封建领主的工作。除了以最卑微的语气向主人讲话外，音乐家们还得身穿主人指定的制服。尼科洛·帕加尼尼（Niccolò Paganini）就因未服从此项要求而遭解雇。除其他要求外，主人还严格限制自己的宫廷音乐家的作品外传。1769年，当尼古拉·乔梅里（Nicolò Jommelli）因财务危机离开符腾堡州（Württemberg）的卡尔·欧根公爵（Duke Carl Eugen）时，他不能带走自己创作的歌剧和其他作品的副本。音乐家们的工资差异极大，卡尔·菲利普·伊曼纽尔·巴赫（约翰·塞巴斯蒂安·巴赫的儿子）担任普鲁士大帝弗雷德里克国王（King Frederick）的宫廷大提琴家和作曲家时，得到的最高年工资是500泰勒（按当时的汇率约合80英镑），约翰·匡茨（Johann Quantz）和卡尔·海因里希·格劳恩（Karl Heinrich Graun）的年工资都是2 000泰勒，而宫廷雇用的首席歌剧演唱者的工资高达6 000泰勒。

18世纪下半叶和19世纪的前几十年，贵族宫廷对乐团的资助大大减少。出现这种变化的主要原因有三个：第一，大战频发，特别是1756—1763年间的“七年战争”（Seven Years War）和1792—1815年间的拿破仑战争，耗尽了地方和区域政府的资金；第二，炫耀性音乐消费的“军备竞赛”持续升级，导致维持适宜音乐节目的成本提高到了许多宫廷无法承担的程度；第三，由于启蒙运动的哲学论证和积极向上、自有土地的小农经营农业被证明更有效，在封建领主的广袤领地上劳作的农民（占1750年大部分欧洲人口）受封建压迫失去了智力上的支持[①]。革命，特别是1789年的法国革命和1848年爆发的欧洲革命，以及拿破仑战争期间法国占领军对许多封建权力的废除，加速了欧洲农民的解放。

封建改革也减少了宗教机构可利用的资源，尤其是减少了天主教会为音乐活动提供的资助。特别地，在18世纪80年代早期的奥地利（开明的皇帝约瑟夫二世（Joseph II）执政时期）和1789年革命后的法国，教会机构拥有的土地被政府没收。

4.2.3 私人部门资助的崛起

中产阶层对音乐表演和训练的需求增加在一定程度上替代了贵族宫廷和教会对音乐活动的资助。18世纪源于英国并逐渐向欧洲大陆蔓延的工业革命增加了中产阶级商人、制造商、金融家和大律师的数量及他们的财富，因而他们开始享受得起各种形式的音乐消费，尤其是通过家庭演奏和观看公共音乐会的形式。18世纪，在工业革命的先锋城市伦敦兴起了私人部门举办音乐会的风潮[②]。阿姆斯特丹、德国和意大利的一些主要商业城市（特别是威尼斯）扩大了私营的音乐场所，其他欧洲城市也逐渐效仿。音乐家们在封建宫廷外组织的乐团中获得工作的机会增多了：他们可以自由演出，可以给不断壮大的中产阶层家庭的孩子们上音乐课，可以创作乐曲并获得出版收益或从私营的管弦乐团获得佣金，也可以进入日益增多的专业音乐学院和学校任教。这种变化势必引起音乐家就业模式的转变，他们不必再像以前那样卑躬屈膝了。

就开放自由创作和演出的机遇而言，歌剧是最前沿的领域。现代歌剧的奠基之作、克劳迪奥·蒙特维尔迪（Claudio Monteverdi）的《奥菲欧》（Orfeo）就是1607年在意大利曼图亚公爵（Mantua）的赞助下演出的。随着人们对歌剧的热情蔓延，意大利、奥地利、法国、德国和俄罗斯的贵族宫廷都效仿了曼图亚的模式。君主或封建领主们纷纷修建歌剧院，建立管理机构并参与其决策，还定期提供补贴以维持歌剧院的长期演出。但这种模式存在两大缺点：各宫廷之间的声誉竞争导致了过度甚至是毁灭性的开支；官僚决策约束和抑制了音乐家的创造力。

随着1637年第一个公共歌剧院圣卡夏诺（San Cassiano）在自由的商业城市威尼斯对外开放，另一种模式诞生了。这种模式下，一批富有的公民出资建设歌剧院，以此获得优先选择包厢和提名管理委员会的权利。管理委员会聘请一名经理，在委员会的建议和批准下，他要安排节目演出、选择新歌剧剧本、与作曲家就临时的合同条款进行谈判以更好地与词作者、歌手、音乐家、舞台布景设计师等人合作，还要为了演出能圆满成功处理各种细节问题。经理还要为其组织的演出承担一些金融风险，他们经常蒙受巨大的损失，千方百计躲避追债人。威尼斯的这套制度在意大利其他地区广泛流行，最终在德国的一些城市（特别是不受封建领主控制的城市）、伦敦、维也纳（从19世纪开始）、纽约等地也普及开来[③]。

4.3 定量视角的分析

这些复杂的变化如何随时间的推移而演变？在此我

---

① 参见Blum（1978）和Delon（2001）。

② 参见McVeigh(1993)。

③ 参见Bianconi和Pestelli（1998）以及Rosselli（1984）。

们可以借鉴谢勒（2004）的定量分析。该分析以1650—1849年间出生的646位作曲家为考察对象。作曲家的选定标准有两个：一是作品的生存期足够长，名列1996年秋Schwann Opus的音乐唱片目录；二是历史记录较为详尽，其传记被收入了《新格罗夫音乐和音乐家词典》（New Grove Dictionary of Music & Musicians，Sadie，1980）。每50年中出生的作曲家人数分别为：1650—1699年141人，1700—1749年148人，1750—1799年168人，1800—1849年189人。

每位作曲家的传记中都包含了多重属性，包括出生地、家庭背景、教育背景、作曲家如何谋生以及一生中工作的地理位置，可按这些属性将作曲家进行分类。图4-1提供了有关作曲家谋生方式的诸多信息。只有样本成员的"主要"或"次要"职业活动才被纳入分析。作曲家们的主要谋生类别为：

（1）在贵族宫廷工作，不包括日常工作职责以外的补贴收入；

（2）担任教会音乐家或指挥之职，不包括与音乐无关的宗教义务；

（3）靠为乐团经理、出版商或表演者谱曲以获得报酬的自由职业艺术家；

（4）在自发的巡回演出中自由表演或在管弦乐团演奏会中担任特别独奏者；

（5）在专业音乐学院或其他公立音乐学校从事教学工作；

（6）从事自由的音乐教学工作（不包括在有组织的音乐学校和专业音乐学院从教）；

（7）在与教会或贵族无关的乐团中担任演奏家或指挥。

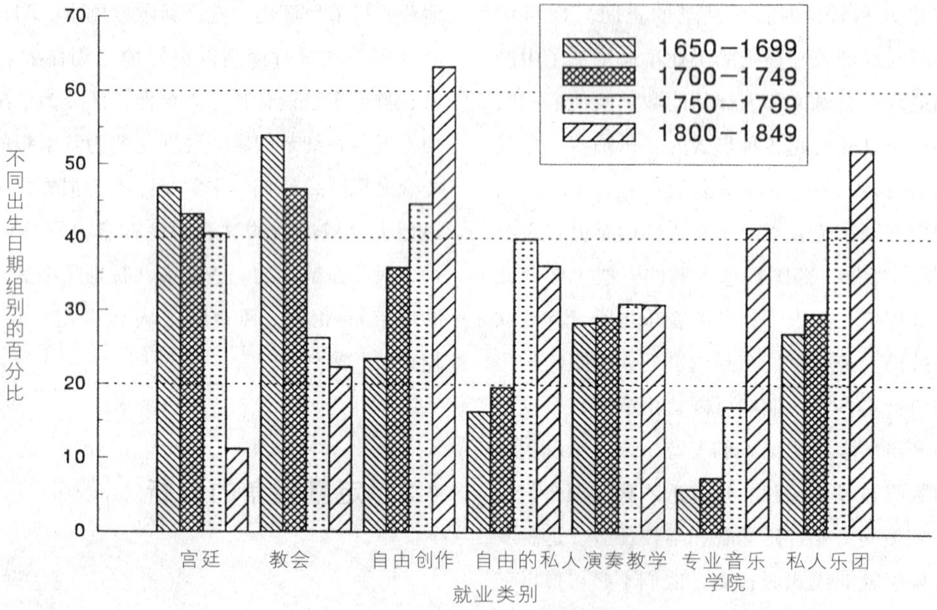

图4-1 200多年来作曲家的就业趋势

毋庸置疑，样本成员往往不止从事一种职业活动。他们要么是接连任职不同的岗位（如约翰·塞巴斯蒂安·巴赫之前担任柯金王子（Prince of Köthen）宫廷乐团的指挥，离任后成了四个莱比锡（Leipzig）教堂和托马斯乐团（Thomasschule）的音乐总监），要么是在不同的机构兼职（巴赫在莱比锡教会和教会学校任职期间兼任私人演奏团——大学音乐社（the Collegium Musicum）的音乐总监））。平均而言，出生于1650—1699年间的作曲家（如巴赫），所从事的主要或次要职业活动为2.01个，如图4-1所示。出生于1700—1749年间的作曲家，平均为2.11个；1750—1799年间的平均为2.41个；1800—1849年间的平均为2.57个。由此可见，作曲家们参与的职业类别日趋广泛。

从中我们可以发现，随着时间的推移，在宫廷和教会中任职的作曲家的比例急剧下降，其中出生于19世纪上半叶的作曲家和出生于18世纪下半叶的作曲家的这一比例变化幅度最大。自由作曲家的数量稳步上升，1750—1799年间出生的样本成员的自由表演活动最多。进一步的分析显示，1650—1699年间出生的、主要或次要的工作是从事自由创作的33位作曲家中，大部分但并非全部都至少创作出了两部歌剧——这是占主导地位的自由职业活动。作曲家们在私人教学这一谋生类别中没有表现出明显的变化趋势：在四个不同的出生日期组别中，这一比例保持在28.4%～31.0%之间。对于1750—1849年间出生的作曲家而言，专业音乐学院的教学活动增加迅速，对私人管弦乐队的参与也是如此。

为了将样本扩展至后期，分析中增添了1850年以后出生的10位古典作曲家，这一样本组的样本数量较少且不太具代表性。这10位作曲家分别是爱德华·埃尔加（Edward Elgar）（1857—1934）、古斯塔夫·马勒（Gustav Mahler）（1860—1911）、阿诺尔德·勋伯格（Arnold Schoenberg）（1874—1951）、奥托里诺·雷斯庇基（Ottorino Respighi）（1879—1936）、贝拉·巴托克（Béla Bartók）（1881—1945）、保罗·欣德米特（Paul Hindemith）（1895—1963）、艾伦·科普兰（Aaron Copland）（1900—1990），库尔特·魏尔（Kurt Weill）（1900—1950）、迪米特里·肖斯塔科维奇（Dimitry Shostakovich）（1906—1975）和约翰·凯奇（1912—1992），括号内数字为出生和逝世年份。与646大样本组中的泛泛之辈相比，这一“现代”样本组中的作曲家更加杰出。尽可能运用大样本中的标准与这10位作曲家传记中的属性进行匹配后我们发现，只有1位作曲家是被“身份高贵者所雇用的”，他就是肖斯塔科维奇，曾得到苏联作曲家协会（Union of Soviet Composers）这类机构的资助。10位作曲家均不曾供职于教会，但都从事过重大的自由创作活动。有4位是自由演奏者，有6位在私人部门（包括市营的）的乐队中进行表演或担任指挥，至少有5位曾私人授课，有8位在专业音乐学院、大学音乐系或其他公立音乐教育机构任职过相当长的时间。从中可确认的一大趋势是：与贵族和教会有关的就业在减少，自由创作和音乐学校的教学活动在增加。

总之，在两个多世纪的时间里，作曲家——专业音乐家中的精英——的资助来源发生了改变，由教会和贵族转向了更多以市场为导向的机构，特别是自由创作活动增加。这些变化是逐渐演变的，而且并非如一些音乐史专业的学者所认为的那样，与特殊的作曲家如莫扎特和贝多芬有密切的关联。

4.3.1 建立人力资本

从1650—1849年间出生的646位作曲家的资料中，我们也可以了解他们是如何学习音乐技能的。有足够的历史信息可确定532位作曲家的主要学习模式。许多作曲家都曾运用过多种学习模式，他们年少时可能最先得到家人的教导，后来接受无亲戚关系的职业音乐家的私人指导，之后再去专业的音乐学院接受正规训练。总体来看，每位样本成员运用的学习模式平均为1.83个。

图4-2总结了观察到的结果。有近一半的样本作曲家曾明显接受过家庭音乐教育，而且由于史料的缺乏，这一比例无疑被低估了。到目前为止，人力资源建设最普遍的形式是接受专业音乐家的私人指导。虽然没有人

去尝试估计这些指导老师的素质，但大名鼎鼎的人物出现的概率可能会很惊人。人才吸引人才，这反过来又会导致职业成功。正是由于欧洲各地建立了专业的音乐学院，于1800—1849年间出生、接受过正规的专业音乐学院教育的音乐家数量才大大增加。在17世纪下半叶，教堂唱诗班及其附属的唱诗班学校为超过1/4的样本成员提供过训练，但它们的作用日后逐渐消失。特别是在捷克斯洛伐克和德国（按1992年的边界划分），中小学课程里包括大量的音乐教育内容。本分析对自学模式和工作中学习模式的界定比较保守，前者指在技能形成期没有明显接受过其他训练，后者指在成人期很久之前就加入了宫廷乐团。

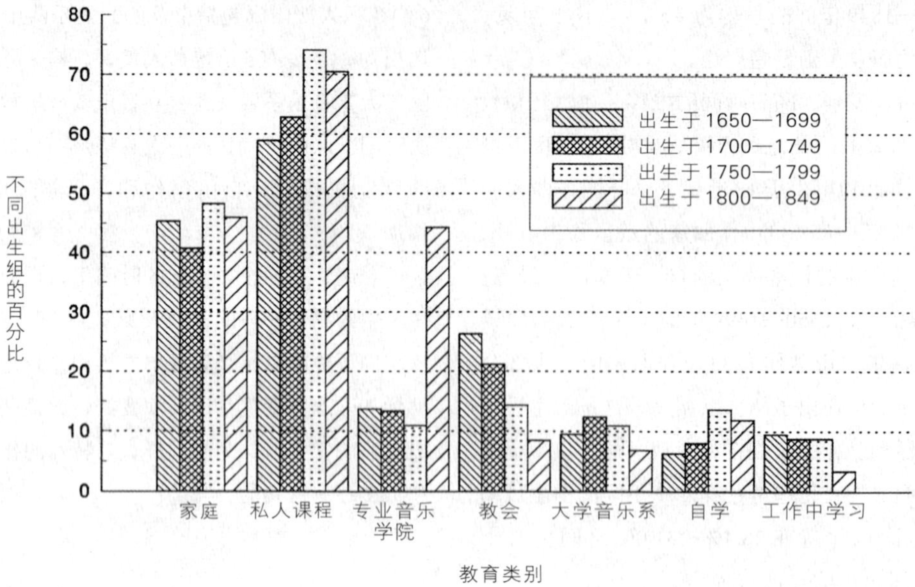

图4-2　不同出生组别多样化的职业准备模式

4.3.2　国别差异比较

在18世纪和19世纪的欧洲，古典音乐创作是占绝对优势的事业。1650—1849年间出生的646位作曲家中，只有17位来自欧洲之外的地区，特别是北美和南美。图4-3显示了欧洲主要国家和国家群（按1992年的边界划分）每百万人口诞生和工作的音乐家的数量。原始数据除以音乐家出生时和35岁（就业年龄）时的全国人口估计数分别得到出生量和就业量。就业量指的是“工作生活当量”，也就是说，就任何给定的样本成员而言，当他在某国工作两年或以上时，该国就相应地分得他的一部分“工作生活当量”，比例为作曲家在该国的工作年限与其20岁以后的年限之比。

奥地利是莫扎特、海顿、舒伯特的故乡，也是贝多芬成人后的居住地，由于人口相对较少，无论是从作曲家的出生数量还是从工作生活当量来看，它都领先于其他国家。昔日神圣罗马帝国的其他属地，如德国、意大利和捷克斯洛伐克，是下一批相对于人口数量的作曲家密集之地。俄罗斯拥有庞大规模的农奴和特别少的贵族及中间阶层音乐消费者，因而在两个维度上都远远落后。德国的独立贵族宫廷最多，每百万居民的音乐家就业量位居第二。

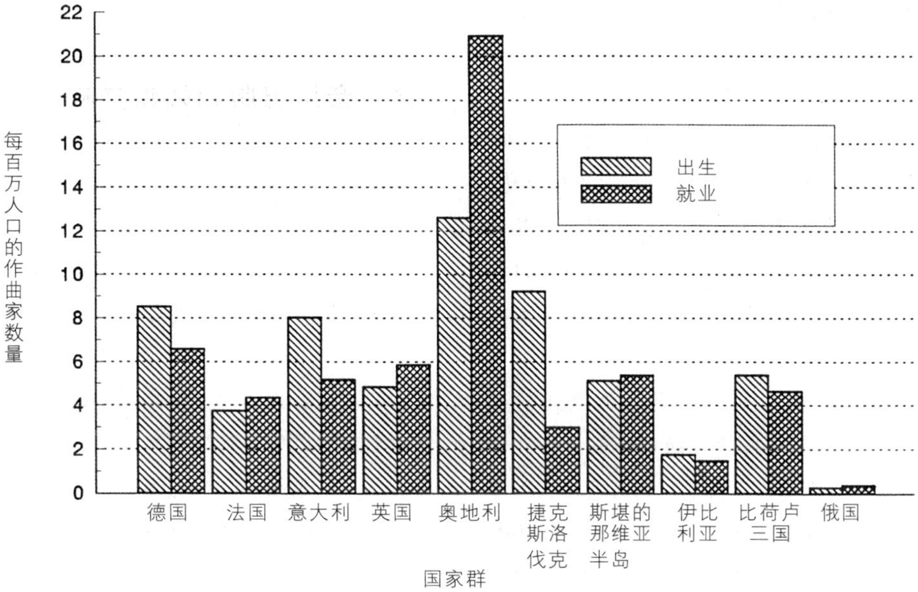

图4-3 每百万人口作曲家的出生数和就业量

用就业量除以出生数，就可以看出哪个国家是对作曲家-音乐家最具吸引力的输入国，哪个是输出国。奥地利名列输入国榜首，有1位音乐家在奥地利出生，就有1.66位音乐家在奥地利工作。英国因富有的伦敦吸引了移民音乐家而名列第二，法国因巴黎的吸引力而名列第三。相对而言，捷克斯洛伐克是最大的输出国，接下来是意大利。捷克斯洛伐克无法留住众多的作曲家是需求和供给力量共同作用的结果。从需求来看，其主要城市布拉格的规模小于其他欧洲国家的首都，许多波西米亚贵族会选择去首都维也纳度过最时尚的季节，此时也是音乐表演的旺季。从供给来看，法国音乐家埃克托·柏辽兹（Hector Berlioz）的观察可能是事实。他说："事关公共声誉，我必须要说，波西米亚人是欧洲最好的音乐家，在社会各个阶层都弥漫着对音乐的热爱和情感。"（柏辽兹，1966，p.414）

除了不易衡量的文化因素外，有三大假说试图解释不同国家或国家群对作曲家就业吸引程度的差异。根据这些假说，在下列国家或地区，预计每百万人口的作曲家就业量更高：

（1）昔日神圣罗马帝国的四个属国，特别是在19世纪初封建王朝衰落之前；

（2）城市富裕且吸引力强的国家，如英国、法国和奥地利；

（3）人均GDP比较高的国家。

WORKLIVES指的是每百万人口的音乐家工作生活当量，如图4-3所示。GDP表示按1990年美元计算的人均国内生产总值（粗略估计）；COURT是取值为0或1的虚拟变量，表征前3个50年期的德国、奥地利、捷克斯洛伐克和意大利；MAGNET是取值为0或1的虚拟变量，表征有无具有吸引力的富裕城市（俄罗斯于第4个50年期加入）。得到的回归等式为：

WORKLIVES=−0.29+0.00080GDP+1.127MAGNET+

（0.41）（1.41）（2.70）

2.497COURT

（5.58）

R^2=0.505；N=40

括号内为T值。三个变量的正负号均符合预期，这有助于解释10个国家或国家群200年间百万人口作曲家就业量的差异。

在凯瑟琳大帝（Catherine the Great，1762—1796）统治时期，俄罗斯开始大规模地吸收西欧的音乐文化。19世纪上半叶，圣彼得堡和莫斯科吸引了大量的旅行音乐家，在此期间，在米哈伊尔·格林卡（Mikhail Glinka）的领导下，一所俄罗斯音乐创作学校也得到了发展。

美国发展得更晚一些，但终究还是发展了。到1850年，除了被水阻隔的郊区外，纽约市的人口比伦敦和巴黎之外的任何欧洲城市都要多。纽约爱乐交响乐协会（The New York Philharmonic Society）于1842年开始定期举办系列音乐会。1854年，纽约音乐学院（New York Academy of Music）建立了一个歌剧院，后被发展势头较猛的大都会歌剧院（Metropolitan Opera）所取代。由于新老富豪对旧剧院的包厢分配产生了争议，大都会歌剧院于1883年提前落成[①]。纽约的组织和其他美国大城市的乐团提供的高额薪酬吸引了许多欧洲著名的演奏家、作曲家和指挥。20世纪初，美国超过英国并成为世界上人均GDP最高的国家，欧洲的音乐家纷纷到美国谋生。大都会歌剧院乐团的音乐家就大多来自欧洲，他们排练时都使用德语和英语[②]。随着1867年波士顿音乐学院（Boston Conservatory）、1892年密歇根大学音乐学院（Michigan University School of Music）以及1905年茱莉亚学院（Juilliard School）的前身机构成立等，美国的正规音乐培训随之扩大。美国开始出现了本土培养的音乐家并跻身于世界音乐文化的前列。

4.4 音乐出版和知识产权

作曲家获得自由职业收入的一种途径是，将创作的作品出售给出版商或在音乐出版业还处于起步阶段时自行组织出版。在中世纪晚期，教会音乐乐谱被刻印在固定的木板上，有五线谱、音符和其他符号。运用15世纪约翰内斯·古腾堡（Johannes Gutenberg）的活字印刷技术很难，因为音乐符号的尺寸要比简单的字母文本复杂得多。在随后的三个世纪里，音乐印刷技术不断积累。到了18世纪，铜版印刷和铅锡合金版印刷成为音乐印刷中的主导技术。在此期间，音乐出版社的数量激增，其中的一些（如布雷特可夫&哈特尔（Breitkopf & Härtel）、斯科特（Schott）和里科尔迪（Ricordi））一直经营到了21世纪。到了19世纪，低成本的平板印刷术出现并替代了雕刻印刷技术。高速轮转的印刷机和电脑化装置更降低了印刷成本。

在此期间的大部分时间里，抄写员都是音乐出版商面临的主要竞争对手。歌剧院雇用抄写员为乐团成员抄写分乐谱，作曲家雇用抄写员抄写副本以分送给顾客和潜在的出版商以及新乐曲的演奏者。根据18世纪意大利的流行传统，新歌剧的经理对作曲家的原始乐谱和首份抄写稿拥有所有权。抄写员会另行制作副本以出售给本地或外地的歌剧院。作曲家雇用抄写员时，后者偷偷地多抄写一个副本，然后用这个副本延伸出其他副本，并将其出售给音乐爱好者，这样的情形很常见。贵族宫廷会以内部作曲家的副本交换其他贵族宫廷的副本，以此推广其作品，而且一旦一份副本进入其他领地，就很难阻止它的进一步复制和流通了。以这种方式传播的副本往往错误百出，但人们却乐此不疲。

---

① 参见Fiedler(2001)。

② 参见Fiedler(2001, p. 16)。

音乐出版商往往通过上述的间接渠道获得乐谱，并在无作曲家许可的情况下推出印刷版。由于缺乏有效的版权保护，出版商还会在本国市场上盗版发行其他地区同行出版的作品。猖獗的盗版限制了作曲家们通过授权出版其作品而获得收入的权利。

作曲家们对自己创作的作品也并非没有任何权利。比如，剽窃行为，即声称另一个人的作品是自己的行为，就受到了广泛的谴责。从16世纪到18世纪，使音乐创作者获得更安全的知识产权保护的主要途径是，获得国家或地方政府授予的“特权”。作曲家可以向统治者请求获得在相关地域范围内出版其作品的独家特权，或者出版社可以获得发行特定种类音乐作品的专有特权。可以肯定的是，政治关系和/或行贿可能是获得特权所必需的。然而，音乐产权史领域的重要学者汉斯约格·波尔曼（Hansjörg Pohlmann）（1962，p. 186 ff.）指出，在欧洲的某些地区，特权制度的开放和透明度与现代版权制度是相似的。然而，即使可以获得特权，执行起来也很困难，尤其是当一个地理区域被分割成许多独立的政治实体时。如在神圣罗马帝国瓦解后的德国，美因茨（Mainz）授予的特权对莱比锡、慕尼黑或汉堡的音乐盗版影响很小或根本没有管辖权，更不用说在非德语国家了。

英国于1709年颁布了《安妮法》（Law of Anne），从而成为第一个颁布现代版权法的国家。1777年，约翰·塞巴斯蒂安·巴赫的儿子约翰·克里斯蒂安·巴赫提起的诉讼首次澄清了该法对音乐作品的适用性。1789年大革命后，法国以版权法取代了其特权体系——可能是欧洲最有效的特权体系。1790年，美国为了保护本国居民通过了一部版权法。根据该法，外国作家和作曲家的作品仍可在美国被合法地盗版。在德国、奥地利、捷克斯洛伐克和意大利这些音乐创作最密集的中心，版权法却姗姗来迟。1825年，作曲家约翰·内波慕克·赫梅尔（Johann Nepomuk Hummel）在贝多芬等人的敦促下，起草了一份请愿书，请求德语系国家克服分歧、制定统一的版权法，阻止出版商“不受惩罚地抢劫邻居财产并从中获取暴利”。这份请愿书后刊载于拜纽夫斯基（Benyovszky）（1934，pp. 131-133）的大作中。请愿书促使政府成立了一个委员会来研究版权法问题。19世纪30年代后期，大多数德国的地方政府都通过了特别保护音乐作品的版权法。奥地利的版权法覆盖了其在意大利北部以及捷克斯洛伐克的领地，而且在1840年，奥地利与撒丁岛（包括萨瓦）王国签署了共有版权协议，这就保证了音乐版权的保护范围扩展到了意大利的很多地区，但不包括那不勒斯王国和教皇统治的地区。1887年签署的《伯尔尼公约》（The Berne Convention）允许作曲家（和作者）在任何签署国获得版权保护，这实际上表明版权制度在世界范围内得到了实施。在较晚加入这一公约的美国，音乐版权的申请数量从1890年的9 132个增加到了1920年的29 151个、1950年的52 309个。1950年，美国音乐版权的申请量几乎和期刊散文一样多。[①]

朱塞佩·威尔第（Giuseppe Verdi）是第一位从奥地利-撒丁岛共享版权制度中获得实质性利益的作曲家。他与出版商乔瓦尼·里科尔迪（Giovanni Ricordi）一起从众多的地方歌剧院收取歌剧演出费，一开始是收取固定费用，当里科尔迪意识到歧视性定价能带来更高的收入时，他们开始根据“支付能力”分级收费。他们还积极地出版了人声和钢琴、钢琴独奏、小提琴、长笛、弦乐四重奏及众多乐器合奏的“简约版”歌剧音乐作品，并把它们出售给意大利无数热爱歌剧的家庭。通过这些活动，威尔第赚得盆满钵满。但随着财富的增长，他的创作速度却大幅下降：他在19世纪40年代共创作了14部歌剧，50年代创作了7部，60年代仅为2部，而在接下来的30年时间里，他每10年才有一部歌

① 参见美国人口普查局(1960,p. 606)。

剧问世。从威尔第信件中的自我反省可知，在他身上体现出的是一种向后弯曲的劳动供给曲线[①]。然而，不能排除的一点是，威尔第靠出售自己的作品积累财富的做法具有示范效应，激励了其他人从事音乐创作。

4.5 音乐文化的大众化

直到18世纪初，付费听音乐才成为贵族和最富有的少数中产阶层享受得起的消遣方式。然而，音乐产业的日渐兴盛加上技术和组织的创新扩大了消费者基础，并最终使得专业演奏的音乐成为几乎所有民众都可享受的消遣。

标志着音乐受众发生变化的一大事件是1728年约翰·盖伊（John Gay's）的《乞丐歌剧》（Beggar's Opera）在伦敦的首演。对传统歌剧艺术风格玩世不恭的模仿和新式的英语歌曲使得这部歌剧一经推出就演出了62场，并成为接下来70年里伦敦社交季的保留剧目（库尔特·魏尔（Brecht-Weill）在《三分钱歌剧》（Threepenny Opera）中成功改编了相关剧情）。18世纪30年代，一些公共花园开始对公众开放，它们在夏季举办露天音乐会，并收取一点入场费。以下是对1786年伦敦一场音乐会的记述：

昨晚现场有6 000多人，其中一些是王国的头面人物，但沃克斯豪尔一直都是乱糟糟的，市民和侍臣如往常一样相互推挤；半畿尼买不来好秩序；英国人喜欢用肩推挤前面的人……他们掏了入场费来到这里，从不觉得其他人比自己高一等（引自麦克维（McVeigh），1993，p.41）。

19世纪的前几十年里，维也纳也出现了与沃克斯豪尔花园（Vauxhall Gardens）功能类似的场所——舞场。在舞场里，中产阶层伴着约瑟夫·兰纳（Joseph Lanner）和约翰·施特劳斯（Johann Strauss Sr）的音乐跳华尔兹舞。在施特劳斯大受欢迎的巅峰时期，舞场被扩建，最大的可同时容纳50 000人。1830年，施特劳斯签下了300名音乐家，他将他们每25人一组部署在不同的舞场里。[②]

在巴黎则出现了一种向众多听众提供音乐的方式——“大型音乐会”，由埃克托·柏辽兹率先采用。柏辽兹于1844在一个工业展览馆举行了第一场此类音乐会，当时吸引了8 000名观众到场，参与表演的有1 000名演奏家和歌唱家[③]。柏辽兹于1855年组织的同类音乐会吸引的观众估计多达40 000人。1872年波士顿（马萨诸塞州）和平庆典期间举办的音乐会成为19世纪大型音乐会的巅峰。因为此次音乐会，约翰·施特劳斯获得了10万美元的报酬，还报销了差旅费。他到现场指挥一个2 000人的管弦乐团和20 000人的合唱团表演自己谱写的乐曲，当时的观众估计多达10万人（Fantel，1971，pp.194-195）。

家庭演奏为乐器和活页乐谱提供了市场。朱莉娅·摩尔（Julia Moore，1987，pp. 50-64）的研究揭穿了这一神话：在贝多芬时代，热爱音乐的维也纳人家家都有钢琴。她提供的原始资料表明，拥有钢琴的是每个受过教育的家庭，在高等教育稀缺的时代，这样的论断与之前的看法存在重大的差别。然而，随着教育的普及和繁荣，普通家庭中也出现了钢琴。运用欧利希（Ehrlich，1990，p. 222）的估计和美国制造业普查数据，图4-4描绘了1850—1940年间美国钢琴产量的变化趋势。实心圆点表示产量估计值可查的年份，连接各点可得图4-4中的折线。从图4-4中可以看出，在这几十年里，钢琴年产量确实迅速增加，年均增长率为4.3%。根据

---

① 参见谢勒(2004,第4章和第7章)。
② 参见Fantel(1971,pp. 36 and 194-195)。
③ 参见Holoman(1989,pp. 308-311 and 476-477)。

谢勒（2004，第2章）的估计，在此期间，钢琴的需求收入弹性在3.16~4.32之间，确切的值要看运用的计量经济学规范。将产量数据转化为累积的存量（经过折旧）数据后可知，1850年的最高钢琴自置率（不包括学校、教会和酒馆拥有的）估计为5%，到了1923年，这一比例上升为23%。

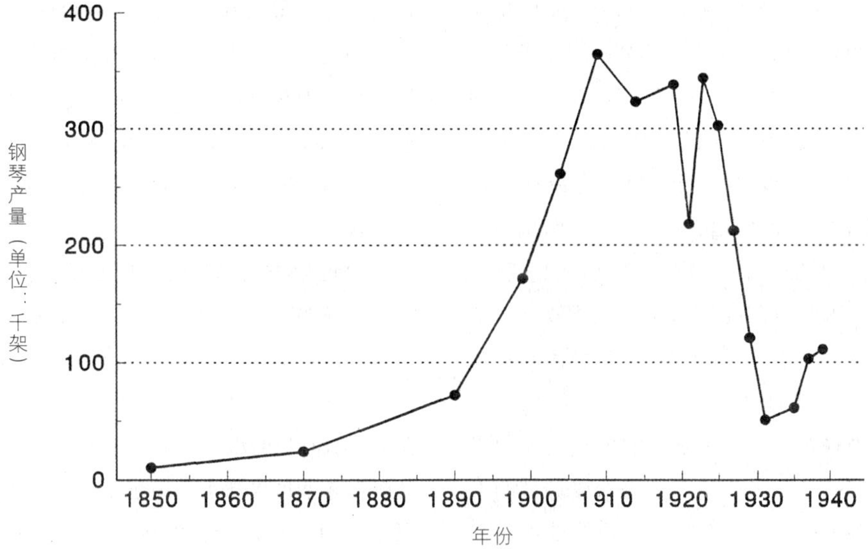

图4-4　美国1850—1940年间的新钢琴产量

20世纪20年代中期，钢琴产量大幅下滑。在这样一个异常繁荣的时期，产量何以下滑？（1921年初的下降是由于急剧但短暂的经济衰退引起的）答案很简单：20年代初，家用收音机和保真度远优于声学留声机的电子留声机先后上市并进入美国百姓家庭。到了1927年，美国有1 000万个家庭拥有收音机，他们也拥有大致相同数量的留声机，美国由此出现了一种不同的音乐消费（和其他许多消费）模式。这种居家消费音乐的模式彻底改变了美国的家庭生活，使音乐每天都可以进入千家万户，而不必再像以前那样，想听音乐还必须亲临音乐会现场了。

电子产品也改变了音乐表演者的成功标准，特别是对于歌手而言，使用扩音器要比用嗓子轻松多了。

20世纪20年代，人们相信无线电广播会更广泛地传播古典音乐、教育和提升公众的品位。当时确实有大量的古典音乐节目，但是，尤其在美国，由于无线电广播台比欧洲的国有电台更加依赖广告，赞助商很快就发现，播放流行音乐更能有效地吸引目标大众。每周一次的“盖伊·隆巴多（Guy Lombardo）秀”于1928年推出伊始就大获成功，“鸿运当头（Lucky Strike Hit Parade）”提供每周10大曲目榜单，成了听众最多的节目。随着第二次世界大战后更多调频广播的推出，可供选择的频道增加，电台开始专业化其播放的内容。1994年美国近5 000家专门从事音乐广播的电台中，有2 642家重点播放乡村音乐，当然，它们的听众大多位于人烟稀少的偏远农村地区；有44家重点播放古典和精品音乐（《世界年鉴》(World Almanac)，1999，p.186)。

唱片和之后出现的光盘也为各类音乐开辟了大众市场。1994年，美国的音乐录音带（包括相对较新的类型、音乐录像带）销售额首次突破10亿美元大关。那一年，从单位产品销量来看，于50年代起就开始流行的摇滚音乐占市场份额的35.1%，远远领先于其他类音乐；乡村音乐位居第二，市场份额为16.3%；流行音乐占10.3%，古典音乐占3.7%（《世界年鉴》，pp. 187-188)。古典音乐唱片的市场份额逐年下降，从1950年的25%下降至1980年的5%。下降的部分原因在于，每张古典音乐新唱片都必须与过去3个世纪累积下来的曲目展开竞争，其中的很多曲目已经被消费者购买过了。[①]在更流行的音乐类型中，新曲目的寿命往往很短，但追求与之前的曲调差异化的新品种却不断增多。

在古典音乐市场份额下滑的同时，出现了另一种更为不详的趋势——现场观看古典音乐表演的观众呈“灰色化”（老龄化）趋势，与此交织的还有一种倾向：音乐管理者将少数人欣赏的前卫音乐强加给观众。[②]然而，1997年的一项调查释放出了乐观的信号（美国人口普查局，1999，p.275)。平均而言，在接受调查的美国人中，有16%的人在上一年至少现场观看过一次古典音乐表演。从年龄组别来看，45~50岁的人现场观看的比率最高，达到了20%。然而，18~24岁年龄段受访者的现场观看比率与全体受访者的相同，为16%。25~34岁年龄段的比率最低，为11%。毫不奇怪，现场观看古典音乐表演的比率与人均收入和教育水平正相关，在年收入超过10万美元的人中，现场观看的比率高达35%；在接受过研究生教育的人中，这一比率更高达45%。

作曲家和演奏家能轻易地进入全球化的市场，这强化了3个世纪之前就已经凸显的现象：超级巨星效应。[③]18世纪初，重要的音乐巨星都是被阉割的男歌手，由于在整个西欧都有需求，他们会巡游至奖赏最高之地。阉人歌手法拉内利（其教名为卡洛·布罗斯基（Carlo Broschi））在西班牙退休并成为国王菲利普五世（Kings Philip V）和费迪南德六世（Ferdinand VI）的国家音乐家和秘密顾问之前，曾于1735—1736年的伦敦社交季这一最有利可图的市场赚取了5 000英镑。当时英国的建筑工匠平均一年仅能挣30英镑。[④]一个世纪以后，被誉为有史以来最出色的小提琴家的尼古拉·帕格尼尼（Niccolò Paganini)，在经历了蔚为壮观的欧洲大陆之行后，又在伦敦的6场音乐会上获得了10 200英镑的收入。

20世纪末最成功的古典音乐巨星是三位男高音歌唱家：何塞·卡雷拉斯（José Carreras)、普拉西多·多明戈（Plácido Domingo）和卢恰诺·帕瓦罗蒂（Luciano Pavarotti)。1994年世界足球锦标赛开赛期间，他们在洛杉矶举办的演唱会吸引了56 000名观众到场，并通过电视向全世界播出，还创下了约900万张的唱片销售记录。1998年，在巴黎举办世界杯季后赛的后续音乐会前夕，三大男高音获得了1 800万美元的预付收入。这一金额是根据预计的播放收入和唱片销售版税计算得来的。然而，与那些最成功的流行音乐巨星相比，他们的收入便相形见绌了。据说有史以来最畅销的唱片是迈克尔·杰克逊的专辑《颤栗者》(Thriller)，该专辑于1992年上市，当年的销量就多达4 600万张。2002年，杰克逊累积下来财富净值估计在2.5亿~3.5亿美元之间，但此时，他在公众中的受欢迎程度已在减退了。在古典音乐创作的鼎盛时期，即18、19世纪，大多数超级巨星都有过吸引力下降的经历，但杰克逊与有着一副金嗓子的前辈法拉内利不同，他不太可能找到君王顾问之类的第二职业。从这个意义上说，他的境遇变差了。

---

① 参见Arnold(1997)。

② 参见Holland(2003)。

③ 特别参见 Rosen(1981)和Hamlen(1991)。

④ 参见Barbier(1996)。

参考文献

American Federation of Musicians of the United States and Canada(2003). Wage Scales and Conditions in the Symphony Orchestra. New York.

Arnold, D.(1997). PolyGram Classics, Case Study 9-598-074. Harvard Business School, Boston.

Barbier, P.(1996). The World of the Castrati. Souvenir Press, London.

Baumol, W.J., Baumol, H.(1994). "On the economics of musical composition in Mozart's Vienna". Journal of Cultural Economics 18, 171–198.

Benyovszky, K.(1934). J.N. Hummel: Der Mensch und Künstler. Eos, Bratislava.

Berlioz, H.(1966). Memoirs of Hector Berlioz from 1803 to 1865. Dover, New York. Edited by E. Newmann; translated by R. Holmes and E. Holmes.

Bianconi, L., Pestelli, G.(Eds.)(1998). Opera Production and Its Resources. University of Chicago Press, Chicago.

Blum, J.(1978). The End of the Old Order in Rural Europe. Princeton University Press, Princeton.

Delon, M.(Ed.)(2001). Encyclopedia of the Enlightenment. Fitzroy Dearborn, Chicago.

Ehrlich, C.(1990). The Piano: A History, rev. ed. Clarendon Press, Oxford.

Elias, N.(1969). Die höfische Gesellschaft. Luchterhand, Darmstadt.

Elias, N.(1991). Mozart: Zur Soziologie eines Genies. Suhrkamp, Frankfurt.

Fantel, H.(1971). Johann Strauss: Father and Son and Their Era. David & Charles, Newton Abbott, UK.

Fiedler, J.(2001).Molto Agitato: The Mayhem behind the Music at the Metropolitan Opera. Doubleday, New York.

Hamlen, W.A.(1991). "Superstardom in popular music: Empirical evidence". Review of Economics and Statistics 73, 729–733.

Haloman, D.K.(1989). Berlioz: A Musical Biography of the Creative Genius of the Romantic Age. Harvard University Press, Cambridge.

Holland, B.(2003). "How to kill orchestras". New York Times, June 28, 2003, Section 2, pp. 1 and 33.

McVeigh, S.(1993). Concert Life in London fromMozart to Haydn. Cambridge University Press, Cambridge.

Moore, J.V.(1987). Beethoven and Musical Economics. Ph.D. Dissertation. University of Illinois, Urbana-Champaign.

Pohlmann, H.(1962). Die Frühgeschichte des musikalischen Urheberrechts. Bärenreiter, Kassel.

Raynor, H.(1972). A Social History of Music from the Middle Ages to Beethoven. Schocken, New York.

Rosen, S.(1981). "The economics of superstars". Journal of Political Economy 71, 845–857.

Rosselli, J.(1984). The Opera Industry in Italy from Cimarosa to Verdi. Cambridge University Press, Cambridge.

Sadie, S.(Ed.)(1980). The New Grove Dictionary of Music & Musicians, 20 volumes. Macmillan, New York.

Scherer, F.M.(2004). Quarter Notes and Bank Notes: The Economics of Music Composition in the 18th and 19th Centuries. Princeton University Press, Princeton.

US Bureau of the Census(1960). Historical Statistics of the United States: Colonial Times to 1957. US Government Printing Office, Washington.

US Bureau of the Census(1999). Statistical Abstract of the United States. US Government Printing Office, Washington.

World Almanac and Book of Facts: 2000(1999). World Almanac Books, Mahwah, NJ.

国家出版基金资助项目
艺术与文化经济学手册
HANDBOOK OF THE ECONOMICS OF ART AND CULTURE

上卷
VOLUME 1

| 第三部分 |
价　值

第5章

定义文化和艺术商品

Roger Mccain

Drexel University，Philadelphia，USA

魏鹏举　卢东民　译

摘　要

基于一般常识和实用主义理论，本文认为艺术与文化商品就是那些承载了艺术和文化（非经济）价值的商品。然而，这些非经济价值类别本身就极具争议，有待澄清后才能成立。本文借鉴Nozick的观点，阐释了经济和非经济价值之间的区别，也阐释了非经济的文化价值。对于艺术价值，本文认为创造性是一个中心概念，并用认知科学探究了创造性的习得。认知科学认为，创造性不仅包含新颖性，还需对某一特定文化群体有适用性。这些看法突出了创造性商品（包括艺术品）市场的特征，这些已被文化经济学家在认知科学里强调过。特别是对于艺术商品，消费者参与了艺术家的创造过程，这一联合创造再一次呼应了Nozick关于内在价值的理论，并将艺术价值认作非经济价值的一个特例。这些定义与刺激性商品和消费中习得的经济理念一致，所以它们是符合逻辑的。知识产权往往被视为与艺术和文化商品相交叠，但并非必需。本文中的所有观点皆非定论，我们希望抛砖引玉，以此引出关于这些领域中非经济价值的实质性探讨。

关键词

文化商品，非经济价值，创造性，消费中学习

JEL classification Codes

H11，H31，Z11

……我们定义（术语）时，应使定义与术语在最初使用时所被感知的意义相一致。在没有这种权威性确认的情况下，为了方便进一步区分，应以该学科领域最具名望的学者所用的定义为准……然而，众所皆知的是，这样的定义有时需要作些修改。当需要修改时，自然规则似乎是……将要作出的修改……从总体来上说应该明显地有益于推进学科的阐释和提升。Malthus，Definitions in Political Economy，1827

5.1 引 言

文化或艺术商品会使人联想到关于色情文学的著名评论。然而，“文化商品”或“艺术商品”的恰当定义绝非显而易见。一方面，可能有一些常见的、基本的或彼此相关的现象被用于定义一系列按常理属于“文化”或“艺术”类的商品。另一方面，并非所有的事物都可以被定义。一些关联有待实证[①]，另一些则可能只是谬误。这一术语的通常使用可能前后不一，所以没有定义可以涵盖所有情况；或者有的定义试图涵盖全部范围，但却由于太过宽泛（尽管前后一致）而往往过于模糊，实则无用。定义必须是确定的。可以说，我们关于文化或艺术商品的定义，都没有达到Malthus提出的前两种权威性要求。因此，这些类商品的定义只能按照能否“推进学科的阐释和提升”这一标准来衡量。

对于“学科的提升”，实证的可靠性是成功的一个重要标准，但连贯性也很重要。和价值一样，连贯性“并不只是一些模棱两可的赞赏之辞[②]”。当我使用术语时，如果一个语篇与基本命题紧密一致（尽管未必由其推理得出），则语篇就是连贯的。证明语篇连贯的一种方法是，列出一个基本命题集合，证明语篇中的其他命题可以由此基本集合推衍出来，再加上一些视情况而定的辅助假设。从这个意义上讲，新古典经济学是非常连贯的，并且经济学家也十分重视连贯性。无论哪种情况，定义术语的一个目标都是要确保术语可用于连贯的语篇，而本文的一个主要目的就是论证这里提出的定义能够实现这一目标。

5.2 定义问题

5.2.1 文 化

一开始，我们暂且采用普遍认同的“文化”定义。但是，“文化”这个词体现了定义的另一重困难。从广义人类学角度看，文化不只是“高雅文化”和“通俗文化”的总和，它包含了人们从传统和传承中所汲取的一切，包括民俗学和亲缘模式、“物质文化”、宗教信仰等等。尽管泛文化意义上的文化定义悬而未决，在下文中，我们还是使用人类学角度的“文化”定义，而不论其他情况。1963年，Kroeber和Kluckone运用他们的人类学（关注文化研究的人文科学）知识专门写了一本书，从人类学的角度探寻文化的可行性定义。但经济学家们未必需要追溯他们的脚步。

那么，我们如何能够把艺术与文化商品和服务从其他商品和服务中区分开来呢？可以简单地说，文化商品是具有文化价值的商品，艺术商品是具有艺术或审美价

① 这反映了被称为操作主义的方法论立场。Bridgeman(1952)认为，为了进行实证测试，必须至少有两个不同的操作集合，这两个集合相关与否均可。如试图在定义中涵盖所有可能的关联，会破坏实证测试。

② 引自Nozick(1989)；更多见下文。

值的商品。但这样的价值概念可能更富争议。然而，这正是本文的策略。由于所有相关问题都存在争议，本文的结论就必然具有不确定性，但本文希望能提供某种“合宜”。就算这种“合宜”不能最终被证明，我们也试图表明，文化经济学中一些由来已久的观点和关注问题，最终是与我们提出的定义相一致的。

5.2.2 经济与非经济价值

新古典经济学中的“经济价值”是从个人偏好衍生而来的。人们说非经济价值有别于经济价值，是指非经济价值是内在的、客观的，独立于个人偏好。批评家们有时宣称，新古典经济学家忽视非经济价值，只关注经济价值。这其实是一种误解。Lord Robbings（1952，p.30）在那篇被许多新古典经济学家视为定义性的文章中写道：“审美学关乎某种目的。在与其他因素的较量中，美，既是一个结果，也提供了一种选择。经济学与任何此类目的都无关。”从这一观点可知，非经济价值并不成为问题；经济学不必处理任何特定领域的价值，而是要平衡不同的价值和不同的价值领域。

但这一观点却成为经济学家与文化及其他公共政策研究者之间交流的障碍。这一问题似乎有点实用主义的味道[①]：积极文化政策的拥护者们就经济与文化价值的区别提出意见。而经济学家如果不能就这一区别作出回应，便不能解决所提的问题。那么，困难便在于要如何构建一套方案以便有效地区分经济与非经济价值。

作为区分的暂定基础，我们来看一下Nozick的观点。Nozick是一位社会哲学家，因其自由市场理论及与新古典经济学的紧密关系而著称。Nozick（1981，pp.162-164）写道：

价值概念不仅是一些模棱两可的赞美之词。有些东西有价值，只是因为它们是实现另一些有价值物的工具。有些东西自身就有价值，即内在价值[②]。内在价值是根本的，其他价值所以存在，是因为它们与内在价值有关联……让我们看一下通常被认为有内在价值的东西。从艺术作品开始。回想艺术赏析课上的情景，你被告知，一幅画的各部分和元素是如何互相关联的……你被告知，一幅画如何成为一个统一体……理论家们认为，如果一幅画能够以新颖醒目的方式，将素材整合成一个严密统一体，它就具有审美价值。这种“多样性统一体”被定义为“有机统一体”……被整合的多样性越多，有机统一体就越好；多样性整合得越紧密，有机统一体也越好……有机的统一就是它的价值[③]。

Nozick的价值概念虽始于审美学的例子，但并不单针对艺术。他的论点是，多样性的统一（如上所述）是所有内在价值的基础。在第163页，Nozick把这一观点扩展到了科学价值（他特别暗示了连贯性），然后又扩展到生态系统价值（p.164）及思考主体的身心统一体

---

① 如同本章所关注的其他所有问题一样，实用主义也有它自身的定义困难。想了解关于实用主义的有用问卷调查，参阅Haack（2004）。Haack强调了实用主义者之间的区别，特别是创建派与新兴哲学家之家的区别。她总结说：“问一问我们能从古典实用主义的传统养分中汲取些什么，以及我们能从当代激进的新实用主义和新新实用主义的知识废墟中挽救些什么。”（p.34）。然而，这个问题的中心思想已然在首期《当代实用主义》杂志的编者按中有所表述，它比Haack的问卷调查来得早：“学术杂志如同任何知识产业一样，只有对解决实际问题发挥作用时，它才有意义。”（Shook and Ghiraldelli，2004，p.2）。这种对知识产业意义的理解，非常具有实用主义特点。

② 功利主义者可能会批判内在价值概念，认为它是令人困惑的，原因如下：说一件东西是好的，也就是说它对某些人有某些好处；而内在价值无论对人有无好处都被认为是好的，这就让人困惑了。Nozick无意驳斥这种批评，我们亦然。相关讨论参见Baron（1994）和我的评述（McCain，1994）。

③ 侧重原创性。当然，关于内在价值的讨论已有几千年历史了，其中涉及各种各样不同的观念，许多是理论性的。为了保持连贯，本文特别选定Nozick的观念。

价值（第165页）。然而，这可能甚至算不上一个完整的审美价值叙述。它强烈倡导日神（Apollonian）式美感，反对酒神（Dionysian）式美感。Nietzsche（1871）写道："在希腊世界，日神式的视觉（造型）艺术与酒神式的非视觉音乐艺术之间，存在着起源与目的的巨大反差。"在他看来，艺术的最高形式在于日神式和酒神式这两个极端的统一，这个统一甚至是审美学原则下的多样性统一。另外，Nozick眼里的价值，即使可测，也不一定是可添加或可分离的，而且Nozick排斥一切试图测量的企图。这种不可测量、不能添加、不能分离的东西，会是价值吗？劳动价值论的支持者们会对此持怀疑态度！

应该注意的是，Nozick并没有把这当作内在价值的终极定义（本文亦然），相反，正如他在《哲学解析》（Philosophical Explanation，1981）和《不变者》（Invariances，2001）中解释的那样，他的目的是"为了打开而并非关闭思路……支持它们的理由是想拿出来探究，而不是为了证明它们是正确的"（Nozick，2001，p.3）。本文对价值的探讨，也抱有同样的探究精神。在此基础上，我们关于经济价值知道多少？一个人就是一个奇异的、极具内在价值的多样性统一体，包含许多部件，即微小的物质部件及精神与智力部件。有能力在各种可选项中作出选择是人的一个重要功能，因此，人的选择带来的某种工具性价值被称为自我实现。这就是经济价值的基础，它是由支付意愿来衡量（或许根据支付能力进行调节）的，因此可以添加，也可以分离。在考虑人类个体的选择时，经济理论工具，如偏好系统和帕累托最优值（Pareto Optimality）可能会被广泛使用。然而这种情形没有考虑各个选项的区别，我们这里特指经济价值的分析。但这只是一种价值，印证了新古典经济学只关注经济价值的观点。

5.2.3 文化价值

人类群体也可能有独特的价值，即，多样性的统一。Nozick尝试性地假设了（p.73）一对恩爱夫妇是拥有内在价值的统一体。具有独特文化的较大群体，如部落和国家，其统一性较少，而多样性要显著得多，内在价值在某种程度上也很大。Nozick（pp.166-168）是这样把价值和意义关联起来的："价值关乎某种事物在其自身界限内的整合，而意义则指它与这些界限之外的事物有某些联系……意义可以通过与有价值事物的联结而获得。"因此，联结一个文化群体的标志和惯例对这个群体是有意义的，并且通过增强其统一性，也将增加群体的内在价值。

Klamer（1997）讲述了风车是如何等同于荷兰国家文化，以及荷兰人民的人类学文化或流行文化的变迁是如何与荷兰民族主义的兴起相联系的。他（1997，p. 82）写道："风车能否成为荷兰文化遗产的典范，取决于人们在其文化中对风车价值的认可程度"（Klamer，1997，p.75）。因此，在某种程度上看，把风车视为我们需要定义的"文化"商品似乎是比较恰当的。北美的棚桥也是如此[①]。

某些文化经济学家及其他一些人提出，不应该仅凭"经济价值"来解读文化政策（Throsby，2001，pp.31-34；2003，p.282）。借用经济发展的概念，Throsby指出，"文化资本"投资对某种文化的可持续发展可能是必要的（Throsby，2001，ch.3）。但这可行吗？投资与回报率之类的理念是以可分性和可加性为前提的，这显

① 对于诸如风车和棚桥等人造物的流行观点，常可见于图片、明信片上，参见McCain（2002b）。

然不能被认为是内在价值[1]。Klamer（2003）结合实用主义观点和杜威[2]（Dewey）的理念指出，这世上可能存在截然不同的价值领域。但是实用主义本身将这些问题视为既定的，所以无法就如何区分这些不同领域为我们提供指导。而Nozick却提供了此类指导，并就文化价值计算方法的可用性提出重要疑问，因此他的内在价值概念是对实用主义者问题导向的重要补充，也是正式定义的基础。

那么，按照这一观点，艺术客体可能具有内在价值（因为它们成功地实现了一种新颖的多样性统一）、文化价值（作为某种文化统一体的标志）及经济价值（因为某些个体愿意付款购买）。传承文化遗产的客体可能有如此的文化价值和意义。只有当一些人喜欢有文化价值的客体胜于缺乏文化价值的客体时，文化价值才可能与经济价值相关联。假设了这么多，我们对于文化商品的定义，取得了什么进展呢？如果定义有帮助的话，它将容许我们建立与文化商品公认层面的联系。文化商品的一个广受公认的方面就是其出处的经济价值。

5.2.4 出　处

我们来看看下面这个难题。假设有两幅画在同一时间出售：一幅是Rembrandt的原作，另一幅是高仿之作，后者是由最新发明的“分子复制装置（MDD）”按照原作的每一个相应分子位置复制，这样的仿作很难以常规方法区分真伪。按照常识判断，原作的市场价值远高于仿作。实际上，现实生活中经常有这种情况：一件艺术品的归属会被重新认定。一幅Raphael画作，原来被认为是仿作，值8 000英镑，而当人们重新确定它是Raphael原作时，报价涨到了3 500万英镑（Spanier，2003；Jeromack，2002）。另一幅画作原本被认为是Jan van den Hoecke所作，估价在600万英镑，但似乎不那么好卖。而当它被认定是Rubens的作品后，却售出了4 950万英镑的天价（Moncrieff，2002a，2002b）。与此相似，一个Paul Revere的银粥碗，因为“爱国因素”，其售价可能是当代同等工艺粥碗的十倍。与原创的画作或者粥碗相比，仿作到底缺少什么？答案很容易，那就是：出处。

人们愿意出价购买有出处的货品。比如，在古玩市场，一把号称在战争中使用过的武器，售价通常高于未经战争洗礼的一模一样的武器。武器与战争的这种关联是客观历史事实，正如原版Rembrandt之于具有历史意义的凡·莱因。实际上，对于广泛意义的商品，包括（但不限于）我们所说的文化或艺术商品，人们愿意支付的价格取决于它们的历史。Revere粥碗的出处使其价格倍增，部分原因就是因为它是美国人民为独立而奋战

---

① Throsby承认：“鉴于文化价值的多维性，通过单一的衡量方法是很难确定的。”（2001，p.84），但他认为单一衡量方法在理论上有可能存在，并建议将这一方法用于成本-收益分析（p.83）。这里所暗示的是，这个方法和这种文化成本-收益分析的实践，即使在原则上也不可能。不可分离性意味着文化价值客体不能被视为不同部分的总和，因此边际概念是不适用的。这超越了不可分性。玫瑰树客栈是我家附近一个著名的历史建筑，最近因为要配合一项道路拓宽项目，被迁移了几百英尺。但建筑的历史意义并非其结构和地址的简单加总，所以不能说我们只是损失了地址。相反，在原址上的建筑是一个不同的文化体，拥有新址上的建筑所不能相比的文化价值。同样地，内在价值的不可加性意味着：1）玫瑰树客栈的价值不能被认为是结构和地址的加总；2）通过保存它所带来的未来文化收益不能加减到现值上，作为对从原址搬迁（而非销毁）所造成的文化损失的补偿。另外，认可文化及其他一些内在价值的不可分离和不可加性，使我们对新古典主义的批判论有了答案。新古典主义批判论认为，非经济价值肯定可以还原为经济价值，因为人们确实可以作出抉择，用一种价值来补偿另一种价值。这种交易为我们提供了价值还原的等值条件。但是，这种批判论也是假定这两种价值都是可分可加的。而当我们意识到文化价值不具备计算属性时，它就失效了。

② 虽然实用主义也是美国制度学派的哲学立足点，Klamer却没有引用Veblen、Ayers和Dugger等经济学家和哲学家的作品，这几位的著作都延续了实用主义传统。

的标志；棚桥被认为值得保留，也因为它们是19世纪北美理想化乡村的标志；风车则对于类似的理想化年代中的荷兰具有标志性意义。作为精制的工艺品，粥碗本身可能也具有内在价值，但我们已经看到，出处的价值远胜于此。

那么接下来，让我们暂且把“文化商品”定义为承载文化价值的商品，它的意义源于某一特定文化群体的多样性统一体，源于它凭借出处而表现出的该群体的统一性和独特性。

5.2.5 艺术价值

我们曾和Nozick一样推断艺术价值，认为它是内在价值的另一不同领域。但是，一位艺术历史学家[①]写道：“我认为，‘多样性的统一’不是艺术价值的本质。举个例子，很多东西，例如飞机和电脑，是多样性统一的绝好范例，但它们不是艺术。即使它们有美学价值，那和艺术中的价值也不是一回事。”这是一个有用、但非决定性的驳论。没人认为作为多样性统一的价值是专门针对艺术的，恰恰相反，它既是非艺术品内在价值的基础，也是艺术品内在价值的基础。那么就引发这样一个问题：何种特殊的多样性统一才能与艺术价值联系在一起呢？

当然，在精制的工艺品中，“形式和功能”的统一本身可能就是一种价值。与此相似，一架飞机的多样性统一，和它作为飞行器的功能有关，且明显以此功能为基础。而希腊悲剧的多样性统一（根据Nietzsche的表述）则与实用功能的关联不大[②]，而且也不以任何功能为基础。莫塞托（Mossetto，1993，p. 19）走得更远，他说，“无‘利益’和无‘目的’性是审美学评断的一个永恒特点……”。作为一个暂时结论，我们可以说，虽然Nietzsche的价值概念让我们可以得出文化与经济（和其他）价值之间区别的连贯论断，但它没有告诉我们在何种情况下多样性统一可以用来定义艺术价值，而不是其他种类的价值。

关于艺术与文化商品的关系，我们现在可以作出什么判断呢？Throsby（2001，p.4）的立场与联合国教科文组织的官方立场一致，他提出了艺术商品是文化商品子集的概念，并定义了文化商品三大特征：它们的生产过程中（尤其）包含创造性；“它们关注象征性意义的生成与交流”；它们是潜在的知识财产。然而，从本文角度来看，这似乎走得太远。承载艺术价值的商品也可能承载了文化价值，所以这两个分类有重要的交叠，但商品可能承载这类价值而非那类价值，这显然也是合理的，并非所有的文化产品都具有艺术性：Klamer提到的风车（和McCain提到的棚桥）在建造过程中可能并不比其他工程作业更具创造性；它们可能具备了象征性价值，但它们不生成象征性，也不“关注象征意义的交流”；它们绝对是普通财产，而非潜在的知识财产。甚至一些诸如雕塑的艺术品，也只能是普通财产，很难被认定为潜在的知识财产。Revere粥碗在最开始的时候可能就具有很高的创造性，因为Revere是一个很好的银匠和有创造力的人，但是粥碗的文化价值和这毫不相关。它是普通财产，而非知识财产。我们几乎可以确定，一把碰巧在美国内战战场上用过的剑，并不满足Throsby所列的第一条和第三条，它与象征价值的关系，如同风车和棚桥一样。对于美国人来说，它可能是一件非常重要的文化产品。另外，艺术产品并非在所有文化

---

① Charles Morscheck，Drexel University，personal communication，2003.

② 另一方面，艺术与工艺的社会区别似乎使得“艺术家”更少去追逐形式和功能上的任何利益。最新的浪漫主义观点认为，这种社会区别使得“纯”艺术相对于好工艺贬值了。这一观点表达了一种独特的审美学立场，它与Nozick的内在价值概念一致，但并不是因它产生的。

中都有文化价值。并非所有文化都如现代欧系文化那样崇尚创造性。在一些文化中，健壮勇猛或对传统的忠诚复现可能被视为是高雅文化，而创造性不是。这些例子中的文化与艺术商品的关系，似乎更适合用巴伦坦图（ballentine diagram），而不是维恩图解（Venn diagram）来描绘。虽然如此，Throsby的三要素还是指出了关键点，让我们去精化对艺术价值本身及其与文化价值交叠的理解。为此，我们需要一个关于创造性的清晰概念。这是下一节要解决的问题。

5.3 创造性

5.3.1 Simon论创造性

创造性具有两面性。用Simon（2001）的话说："我们判断一种想法是否有创意，要看它是否产生某种既新奇又有趣或者有价值的东西"（p.208）。用Amabile和Tighe（1993，p.9）的话说："大多数研究者接受的概念定义包含两个因素：新颖性和适宜性。" Radford（2004，p.56）则说："要想有创意，只发出不和谐的声音或争闹是不够的，艺术家得想办法。Bruner曾说过，创造性行为应该引发'认知的震荡'，让人感觉它正在讲述一些我们原本一知半解的东西。" Bruner（1979）提出的"认知的震荡"的观念指出了创造性两方面的矛盾，甚至在定义层面上。

创造性的新颖和看似自由，表明它是自发的、未经事先准备的。但这似乎是某种浪漫的谬误。如Cohen，（2002）所写："如果仔细研究一下任何伟大艺术家的作品，我们就会得到一个明显的印象：他/她明确知道自己在做什么，以及去向何方。莫扎特听起来总是像莫扎特。马蒂斯也不会周一创作毕加索式的作品，周二创作米罗式的作品，他每天都创作马蒂斯式的作品。"而且，"莫扎特四五岁就开始作曲，但至少在他十七岁以前，不管他作为一个年轻人有多么出色，他的作品都不能被视为世界一流"（Simon，2001）。而且，"大多数创造者在与其他创造者脱离的环境中，是不能正常创作的，他们的创造力必然生长于某一特定的艺术、科学或知识的土壤中"（Simon，2001）。

Simon强调这些事实以支持他对创造性的解析。在Simon看来，创造性就是专家的问题求解。"事实上，我们能相当详细地描绘出创造行为——和其他人类精神活动一样——采用的基本过程……"（p.205）。"专家的记忆如同带索引的百科全书，索引项是可识别的模型，每一条索引指向一系列有组织的相关知识……实证显示，一位世界级专家有25万或者50万种相关领域的模型及相关信息"（p. 207）。另一种被广泛接受的观点是由Ansburg和Hill（2003，p.1143）提出的，他们认为"创造性思维产生创新的解决办法，而分析性思维评估和测试现存的想法"。

5.3.2 生成语言学

在关于创造性的著作中，另一种形式模型可能更具影响力。这就是生成语言学[①]。这种创造性形式模型始于Chomsky的作品（Chomsky，1972）。Chomsky语言学认为，"说话人的语言能力必须带有生成语法的特征，这是一个规则和原则的系统，它由有限的词汇'生出'

① 还有一个较为科学的方法，见于坎贝尔和西蒙顿的广义进化观；见西蒙顿（Simonton，2001）。这一观点的特殊价值在于它关于创新产生方式的观点，但是对于了解创新本身帮助不大，因此不被用于此讨论。

或‘衍生出’无穷多可能的句子”Jackendoff（1999，p.7）。因此，在生成语言学中，我们的确有一条由具有创造性的形式化规则构成的途径，这些规则能生成无限系列的有新意且语法有效的表述方式。

接受了这个语言创造性的观点，我们就无须再接受“语言表述总是有创造性的”思想了。MacKenzie（2000，p.173）批判了Chomsky的极简主义，“与荷马时代的口传诗歌并无二致，我们惯常依赖海量固定的、已成形的短语，我们更多的是使用它们，而不是完全从零开始制造成语。”尽管如此，他继而（p.174）说：“显然，不可否认的是，在语言习得方面确实存在（侧重原创性）生成性元素，因为正是这种生成性元素使得我们可以彻底创新变革，或者更常见的是，在已熟悉的用法上作一些微小的创新或出人意料的改变。”从这一点来看，Simon的专家行为论推进了语言的创造性，但是尚不足够。同样的观点可能适用于一般创造性。

近年来，形式生成语言模式已被用于作曲（Pearce and Wiggins，2002）、视觉创作（Stebbing，2004）和创造性计算机程序（Cohen，2002）等方面的创造性研究。然而，关于创造性的更著名的文献却没有正式使用生成语言学这个概念，而把“生成规则”当作关键概念了。在这方面，Margaret Boden的作品被认为最具代表性。她写道（1991，p.40）：“一个想法，如果仅仅是新颖的，那就可以被与其他类似想法同样的一套生成规则来描述和/或产生。而一个具有真正原创性或创造性的想法则不可以。”因此，创造性表述是改变体系规则（用Chomsky的话，改变表层结构）的表述[①]。这一关键视角引发出了经济学的重要结论，特别是对艺术与创新经济学的研究。

而“少数理论家强烈认为有创造性的理念必须是独一无二的[②]”，我们可以“……对比‘小C’和‘大C’创造性，前者代表日常生活中所有人表现出来的创造性，后者是突破性的创造力，它并不经常发生（Gardner，1993，p.29）。在“大C”的情况下，新奇性或革新性尤为明显。同时，根据一些外在标准，创造性产品必须适宜或恰当。例如，在音乐创作中就有这样的要求：“音乐的结构可以被听者感知”；在作曲家的创作机制和听者的感知机制间，必须存在某种对应（Pearce and Wiggins，2002，p.4）。“很大程度上，这些标准是由文化决定的；在大多数问题上，我们承认确实如此，个人作品扭转整体文化标准的情况非常罕见。同时，创造性行为一定包含一种不断增加的标准区别，不管程度如何，这种区别使个人标准与整体文化标准区分开来”（Cohen，2002，p.61）。

不管怎么说，新颖和合宜都具有主观性，评断也只是针对某一领域的。“……创造性发生在各个领域，即，一个有创造性的个体不可能在其领域之外也有创造性。创造性个体仅在个别学科或工艺领域展示其创造性，偶尔会有像莱奥纳多·达·芬奇那样的，在两个甚至三个领域内纵横[③]（Gardner，1993，p.32）。因此，在创造性所要求的技能组成中，相关领域的技能占据第一位（Amabile and Tighe，1993，pp.14-15）。Gardner继

① 用Jackendoff（1999，p.8）的话说，“同一语义关系可以用不同的句法方式表达（例如，主动句和被动句），这是句法派生过程中移动构成部分的结果，产生了“深层”和“浅层”结构的分化……”这是Chomsky的部分原始观点，且杰肯道夫对它提出过质疑，但我们会看到，某些这类规则层次结构对创造性研究是至关重要的。

② 参见Amabile和Tighe，（1993，p.7）。他们在理论中加入第三种所需特征：“这一任务对个人来说一定具有启发性，而非法则性。即，提出的任务一定是开放的，没有清晰和直截了当的单一解决方案。”但这似乎是革新的另一个方面。

③ 这确实是一个明显例外。Simon本人否认他在多重领域工作。引用一段私人对话。Dasgupta（2003，p.686）是这样引用Simon的：“……‘文艺复兴思想’并不比其他智慧思想更加宽泛，但它碰巧涉及穿越多维知识空间的一条狭窄地带，这一地带又碰巧穿越了可以用其他方式划分空间的许多学科。我个人的狭窄地带碰巧就是人类解决问题和制定决策的过程。我所做的一切几乎都在这一个狭窄地带。”

而说："……一个创造性的个体就是这样一个个体，他以独特方式不断地解决问题，塑造产品，并（或者）在其领域中提出新的问题，这种独特的方式最初会被认为很新奇，但最终至少会被一种文化接受"（p. 32）。

Boden认为，创造性理念是令人称奇的。Gardner对"大C"和"小C"创造性的区分，与Boden的'P创新'（心理的创造性）和'H创新'（历史的创造性）观点大致相似。"P创新"的想法"对于产生这种想法的个人头脑而言是彻底新鲜的。如果玛丽·史密斯有了一个她之前未曾有过的想法，她的想法就是P创新——不管之前已经有多少人有过同样的想法。而历史创新的想法对于整个人类历史来说都是史无前例的。玛丽·史密斯的奇特想法，只有当任何人都未曾有过时，才是H创新"（Boden，1991，p.32）。这两类想法从深层来看，都是令人惊奇的。一个相似但不同的二分法将探索型与变革型创造性区分开来。"生成'只是新奇的'作品的过程被称为探索型创造性，而生成'真正原创的'作品的过程被称为变革型创造性"（Pearce and Wiggins，2002）。再一次指出，后者是令人惊奇的。"提到创造性时，我们不得不面对的是关于可能性的预期值，而不是概率意义上的期望值。当我们惊异于一个创造性理念时，我们发现这个世界已然大变，它变得与我们之前想象的"应有"的模样不同，也与我们认为的"可能"的模样迥异"（Boden，1991，pp.30-31；侧重原创性）。

然而，此处似乎自相矛盾。在生成语言学中，新颖本身不是生成规则，相反，生成规则激发了新颖的语言表达。反过来说，生成规则本身是放之四海而皆准的，是不变的——起码在人类进化的时间框架内不变。因此，Boden的构想似乎很含糊：一方面，生成规则使得创造性成为可能；另一方面，创造性产品又不是先前存在的生成规则的结果。我们可以这样表述：歧义存在于生产系统（Simon和Mackenzie提出的if-then规则）和隐含的生成规则之间。艺术（及技术与科学）客体确实是一种生产的产出或if-then规则的专家系统。但是这个if-then规则系统本身并非总是既定的，相反，它是生成规则系统的产品，这个系统能够生成无限数量的、潜在的if-then规则。Boden（1991，p.40）说，"一个真正具有原创性或创造性的想法……不能……由与其他类似想法同样的一套生成规则所描绘和/或产生"，但这倒不如说，一个真正具有原创性或创造性的想法，不能由与其他类似想法同样的一套if-then系统原则所产生。它是一套新的if-then规则的产物，而这些规则本身就是不变的隐含生成系统的创新产物。无论如何，这都是本文的立场。它是麦肯齐关于语言创造性的解释在一般创造性活动方面的一个延伸。

现实情况可能会更复杂。除了可以生成新颖if-then规则的基本的不变系统，以及专家直接用来创造新艺术品或计量经济模式的if-then规则外，还存在一些中间层次的规则，它们既是产品，也能像生成规则一样开放，产出无限种if-then规则以处理具体情况。科学方法、审美学理论及工程学科最可能属于这个中间层次。我认为，Boden有关生成原则的表述并不适用于不变的基本生成原则，而应适用于这个中间层次。在下文中，我将使用一个较宽泛的术语"主观知识结构"①来涵盖这三个层面。在任何情况下，我们都需要用（不变的）生成规则及（变化和延展的）生产系统来理解创造性。

Boden的构想对本探讨起到提纲挈领的作用。若要评判创造性，我们需要具备与领域相关的技能（Amabile和Tighe）或文化背景（Gardner），这些都为理解业已存在的主观知识结构提供了预备知识。主观知识结构本身定义了创造性发生的准则或工艺（Gardner）。必要的工艺知识及其主观知识结构定义了创造者自身所必备的相关领域技能（Amabile和Tighe）。在某些领域，诸如相对简单的技术领域，创造性产品的合宜性可能是显

---

① 虽然"主观知识结构"这一精确短语源自Boulding(1956)，但术语"知识结构"被广泛应用于认知科学，例如，可以参考Mandleer(1985)，McCain(1992)。

而易见的——或许是可以通过劳动生产率变化来测量的（McCain，1981b）——但在其他情况下，适宜性判断本身就是主观知识结构的产物，这些知识结构由精通某业已存在的领域的群体所共享。我们确实可以说，适宜性的评判本身就是规则的产物[①]。需要注意，仅基于业已存在的主观知识结构，创造性生产是不可能的，除非创造性行为带来了生产的新规则或合宜性评判的新规则，或者，在多数情况下，两者皆有。因此，即使在诸如艺术之类的领域，知识也都是累积性的。因为这个原因，H创新活动将影响后续工作。

之所以是H创新，因为它会影响后续工作。如McCain（1981b）所述，传统和革新是互相依存的：我们认可革新，因为它对传统有益。正是这种历史联系给予了伟大艺术作品以特殊的出处。McCain还指出，每一项成功革新的同时，都有许多失败的革新。没有人能预测哪些革新会成功，因为在革新成功且被认可之前，赖以评判成败与否的主观知识结构还尚未存在。这自然导致了“无人知晓产权”，也使那些在艺术市场拥有特殊技能的中介和行家起到重要的作用（Caves，2000，pp.3，85）。中介和行家的知识虽不能消除，但却会减少关于一项革新的历史意义的不确定性。

5.3.3 消费中的创造性

现在来看消费者，我们注意到新作品没有解读就不可能成功。用莫塞托的话说，“解读和创造性的特征是一样的……”（1993，p. 73）。对于艺术品来说，它不只蕴含了艺术家的创造性。作为一名艺术观众或者消费者（解读者），需具备与艺术家本人同样特征的技能和心理过程，尽管程度肯定弱些。按照Boden的表述，艺术消费者的创造性是P创新，而非H创新。无论怎么说，艺术的创造和消费将艺术家和消费者联结成一个互相作用的创意行为统一体。这种共享经验的联结，不仅仅依赖于艺术家和解读者的这种联合创新所创造的东西。“所创造的东西”可能是一种情绪，一种感官兴奋（Shanahan et al.，1978，p.16），一个意象，一个故事，或以上所有及更多。这种共享创造性的联合才是重要的。

这为Bentham（1843）关于图钉游戏与艺术、音乐及诗歌具有同等价值的著名观点提供了答案。艺术关乎理念、教条、诗歌、修辞及智慧。它也关乎表达，以及感染观众、读者或听众的情感[②]。但是许多非艺术的东西也具有上述特点。强烈情感或智慧艺术不同于其他事物之处在于，消费者若要充分欣赏，就要在与艺术家的联合创作行为中发挥创造性。这种联合创造性定义了一种新的多样性统一，一种新的内在价值，我称之为艺术的独特内在价值[③]。

因此，创造性（向Caves致敬）似乎是艺术商品和服务的关键元素。而且，对创造性的认知科学研究，既可以使艺术市场的诸多方面合理化，又可以解释重要艺术产品和出处的联系，即买家根据历史渊源对货品出价的倾向。我们权且把“艺术商品”定义为承载非经济价值的商品，它们通过唤起艺术家和艺术消费者的共同创造性，创造出了一种与众不同的多样性统一。

---

① 形式上，判断合宜性的一个原则是把产品当作论据，生成的判断当作因变量。这是语言学生成法则的形式。

② 查尔斯·莫斯契克，私人对话，引用如上。

③ 布莱恩和思罗斯比（Bryant and Throsby，2006）（本卷第16章）主要关注重视创造力的艺术家与营销商之间的利益冲突。这一利益冲突是由“无人知晓”的产权引出的，因为有更多的实验性作品可能会失败，而即使成功，也只能局限于一个狭窄的专家市场。因此，他们的观点与此处所述的观点一致。

5.4 对艺术消费者的影响

如前所述，本文所提定义若是符合Malthus标准，就应突出我们希望在艺术市场中发现的与其他现象的联系。在本节中，我们将探讨在消费中学习、作为刺激性商品的艺术商品，以及知识产权。

5.4.1 在消费中学习

艺术的创造性消费所需的特定领域知识和技能被统称为“品位”，它不是与生俱来的，而是后天获得的。一个人如果没有最基本的作品生成规则和价值评判的知识，他就不能成为创造性作品的高效消费者，而这些知识部分是通过消费艺术产品的经历获得的。Caves（2000，pp.175–178）称，创造性产业依赖于品位，而品位在一定程度上是培养出来的；品位的培养在经济学中被模式化为“理性沉溺”。他指出，这一模式的基本工具来自施蒂格和贝克尔（Stigler and Becker，1977），但McCain认为，如果不考虑非线性及一些其他成分，例如，有限理性、迟滞现象或者一些博弈理论的协调失灵[①]，便不能用施蒂格-贝克尔模式解释观察到的品位培养多重模式分布。

在认知条件被严格遵守的条件下，这一观点可以用近乎传统的术语来建模。设{x，y}分别代指在某特定市场消费的一种艺术商品和一种普通商品的数量。然后，用z=kx代指消费x单位艺术商品所获得的“感受”，用U=f（kx，y）代指典型消费者的效用函数。然后，我们列出算式$\dot{k}=g(x, k)$，其中g是在其范围内（至少是部分范围内）的递增函数，k是在至少部分范围内的递减函数。g（x，k）的正值对应着持续存在的品位培养。

这一构架本身可导引出动态最大化问题的公式。变量x，y和k是时间函数，x，y受收入约束。设m代指收入，是个时间函数；p_x和p_y分别代指x和y的价格，可能是常数，也可能是时间函数。于是问题就是：

$$\max\int_0^T f(kx,y)\,dt \quad \text{其中}\ \dot{k}=g(x,k)$$

且

$$\int_0^T (p_x x + p_y y)\,dt \leq \int_0^T m\,dt$$

对这一问题的解答给出了艺术品“理性沉溺”路径。在这条路径上，理性的人用当前艺术品的支出率（艺术品的即时效用可能没被最大化）来换取艺术品未来（以同样代价）增加的愉悦感（McCain，1981a）。这里可能存在多重均衡和初始化效应。如果一些人初始时的“艺术资本”k值就比较大（也许源于童年时的艺术浸染），那么他们成为业内训练有素的专家是再好不过的。然而，对于其他初始k值较小的人，最理想的可能就是成为理性实利主义者和素养较低人群中的一员。根据初始条件，这种多重均衡性可以解释品位教养度的双峰分布，因为人群（由于不同的初始条件）倾向于聚集在两个或多个明显的“引力盆地”（借用数学动力学的行话）区域。这一构架的福利经济学意义似乎尚未被研究过。

然而，另一种可能性是，人们都比较短视，在每个时间点上，他们都会忽视品位培养带来的未来收益。

$$\text{Max}\int_0^T f(kx,y)\,dt \quad \text{其中}\ \int_0^T (p_x x + p_y y)\,dt \leq \int_0^T m\,dt$$

这种情况下，品位培养作为一种外部因素进入模型中，就像在更传统的福利经济学模型中那样（McCain，

① McCain的参考文献有：(1)非线性（McCain，1979）；(2)迟滞现象（McCain，1981a）；(3)有限理性（McCain，1995a，1995b）；(4)博弈论（McCain，1986）。

1979，1982，2002a）；史蒂文斯（Stevens，1985））。而且，这并不一定是理性的失灵，因为人群之间存在着协调问题。除非有足够高比例的人有艺术修养，否则艺术需求将不足以支付艺术基础设施的固定成本，如果这样，具有艺术素养的人可能更贫穷，而不是更富有（McCain，1986）。而且，现实中的人们是有限理性学习者，计算机模拟显示，在通过经验学习的有限理性人群中，只有一部分人会变得有教养，尽管有教养的人无疑比没教养的人更加富足。此外，这个比例和其他细节对于初始条件和模拟的随机干扰非常敏感（McCain，1995a，1995b）。

撇开价值问题、创造性问题和认知问题不谈，这一方法让我们得以用特别方式为艺术品需求建立模式，这种方式与习得的特定领域消费者知识的重要性（由创意途径体现）相一致，也与社会行为经济学相一致。虽然如此，这些思考并没有对文化或艺术商品的定义作出多少贡献，因为品位培养的作用并不仅限于艺术品的经济学。实际上，McCain的实证演示是关于对酒类需求的研究（McCain，1979），他发现对苏格兰威士忌的品位要求，并不低于对葡萄酒或者大剧院的品位要求。同样的评论也可应用于运动和宽泛的兴趣爱好。如果我们把艺术或者文化商品仅仅定义为其高效消费需要品位培养的商品，那么，威士忌和足球也可以被认作高雅的艺术形式了。那可不行！然而，我们就品位培养的探讨，至少拓展了我们对于创造性在市场中作用的理解。

5.4.2 作为刺激性商品的艺术商品

斯托夫斯基（Scitovsky，1972，1976）提出的另一类经济心理学认为，人有一种与生俱来的对刺激的需求。他提出，个人决定可能带有偏见性，往往会避免刺激性商品，而艺术商品被当作了刺激性商品，因此人们对它的消费不足。他解释说，艺术品模式复杂，所以人们即使反复欣赏仍饶有兴致。但这种模式的复杂性也要求欣赏者作出努力（或许还需要修养），这一要求可能会阻碍欣赏者去尽力满足自己（假定的）对刺激的需求。这些观点与有关创造性的文献相一致，即，必须具备复杂生成规则的特定领域知识（及消费者自身的创造性），才能充分欣赏创造性产品。不管赞不赞同斯托夫斯基的天生刺激需求假说，我们都可以接受艺术品是刺激性商品的观点。或许，斯托夫斯基的方法可以支持信息不对等所造成的市场失灵模型[①]（McCain，1980）。然而，和品位培养一样，刺激和迷人的复杂性并不是艺术品所特有的。同前所述，运动和桥牌、象棋之类的比赛，也同样拥有斯托夫斯基所说的艺术魅力。对于很多人来说，政治、宗教和战斗也是可以选择的刺激物。与有关品位培养的探讨一样，对刺激性商品的探讨有助于艺术商品的定义，起码到目前为止，它拓展了我们对创造性含义的理解。

5.4.3 知识产权

许多艺术商品都可能受版权保护。然而，很多有版权的作品，未必是我们通常所认为的艺术品。试想一本经济学课本，这样的作品如果在表述上具有原创性，便符合版权保护。根据经验，我可以说，写一篇文章需要一定的心理创造性，但如果这篇文章有历史创造性，它就可能不再是课本了。确实，版权资格标准似乎明确允许非历史创造性作品。与此相反，专利资格标准规定受专利保护的产品必须比现存产品有进步。艺术创造性最

① 但是McCain（1980）的模型实验失败了，因为它预测出了艺术家的长期短缺。如本卷第23章中Alper和Wassall（2006）的报告显示，艺术家不合比例地受到结构性失业的影响。

多只是作品版权资格的充分条件，而非必要条件。与品位培养和刺激品一样，艺术世界版权的重要性，是由创造性的关键作用决定的，但它本身对艺术商品并不具有定义性。

5.5 结 论

把艺术及文化商品从其他商品中区分开来的最正当理由是相当实用主义的。如果艺术及文化商品不能被恰当定义，那么艺术产业或者文化可持续问题就不能被充分理解，进而更谈不上解决或改善了。但是诉之于实用主义并不是结论性的。问题认知本身是创造性的一方面，取决于特定领域的知识，但是也反映了喜好和成见。换言之，一个人的问题，从另一个人的角度看，可能就不是问题。本章提出了更宽泛的价值概念，以囊括不同的经济、文化、艺术和审美学价值。本文还就这些价值种类提出了文化及艺术商品和服务的定义。这些价值概念不仅使我们得以识别人造物品（具有特定文化群体多样性统一的象征性意义）中的文化价值，还让我们能够识别出在消费者和创造者共享创意的经历中所体现出的艺术价值。这种识别引领我们将来自认知科学的创造性学习与文化经济学结合起来。本章回顾了创造性的学习，并以实例说明其可作为一种工具帮助人们从经济角度理解那些产业。本文的分析旨在使我们关于文化、艺术和公共政策的观念差异得到理性裁断。

参考文献

Alper, N., Wassall, G. (2006). "Artists' careers and their labor markets". In: Ginsburgh, V. A., Throsby, D. (Eds.), Handbook of the Economics of Art and Culture, vol. 1. Elsevier. Chapter 23 in this volume.

Amabile, T., Tighe, E. (1993). "Questions of creativity". In: Brockman, J. (Ed.), Creativity. Simon and Schuster Touchstone Books, New York.

Ansburg, P.I., Hill, K. (2003). "Creative and analytic thinkers differ in their use of attentional resources". Personality and Individual Differences 34, 1141–1153.

Baron, J. (1994). "Nonconsequentialist decisions (with commentary and reply)". Behavioral and Brain Sciences 17, 1–42.

Bentham, J. (1843). "The rationale of reward". Jeremy's Labyrinth, University of Texas. Available at http://www.la.utexas.edu/labyrinth/rr/rr.b03.c01.html, as of October 7, 2002.

Boden, M.A. (1991). The Creative Mind, Myths and Mechanisms. Basic Books, New York.

Boulding, K.E. (1956). The Image. University of Michigan Press, Ann Arbor.

Bridgeman, P.W. (1952). The Nature of Some of Our Physical Concepts. Philosophical Library, New York.

Bruner, J. (1979). On Knowing: Essays for the Left Hand. Harvard University Press, Cambridge, MA.

Bryant, T., Throsby, D. (2006). "Creativity and the behaviour of artists". In: Ginsburgh, V. A., Throsby, D. (Eds.), Handbook of the Economics of Art and Culture, vol. 1. Elsevier. Chapter 16 in this volume.

Caves, R.E. (2000). The Creative Industries. Harvard University Press, Cambridge, MA.

Chomsky, N. (1972). Language and Mind. Harcourt Brace Jovanovich, New York.

Cohen, H. (2002). "A self-defining game for one player: On the nature of creativity and the possibility of creative computer programs". Leonardo 35(1), 59–64.

Dasgupta, S. (2003). "Multidisciplinary creativity: The case of Herbert A. Simon". Cognitive Science 27, 683–707.

Gardner, H. (1993). "Seven creators of the modern era". In: Brockman, J. (Ed.), Creativity. Simon and Schuster Touchstone Books, New York.

Haack, S. (2004). "Pragmatism, old and new". Contemporary Pragmatism 1(1), 3–41.

Jackendoff, R. (1999). "Reexamining the foundations of generative linguistics". Proceedings der 4. Fachtagung der Gesellschaft für Kognitionswissenschaft. University of Bielefeld.

Jeromack, P. (2002). "Getty buys Northumberland Raphael-Met nets Lorenzetti". The Art Newspaper. Available at http://www.theartnewspaper.com/news/article.asp? idart=10234, as of December 27, originally posted on 10/31/2002.

Klamer, A. (1997). "The value of cultural heritage". In: Hutter, M., Rizzo, I. (Eds.), Economic Perspectives on Cultural Heritage. St. Martin's, New York, pp. 74–87.

Klamer, A. (2003). "A pragmatic view on values in economics". Journal of Economic Methodology 10(2), 191–212.

Kroeber, A.L., Kluckhohn, C. (1963). Culture: A Critical Review of Concepts and Definitions. Vintage, New York.

MacKenzie, I. (2000). "Improvisation, creativity and formulaic language". Journal of Aesthetics and Art Criticism 58 (2), 173–179.

Malthus, T.R. (1827). Definitions in Political Economy. John Murray, London.

Mandler, G. (1985). Cognitive Psychology: An Essay in Cognitive Science. Lawrence Erlbaum Associates Publishers, Hillsdale, NJ.

McCain, R.A. (1979). "Reflections on the cultivation of taste". Journal of Cultural Economics 3(1), 30–52.

McCain, R.A.(1980). "Markets for works of art and markets for lemons". In: Hendon, W.(Ed.), Economic Policy for the Arts. Abt, Boston.

McCain, R. A. (1981a). "Cultivation of taste, catastrophe theory, and the demand for works of art". American Economic Review 71(2), 332–334.

McCain, R. A. (1981b). "Tradition and innovation: Some economics of the creative arts, science, scholarship, and technical development". In: Galatin, M., Leiter, R.(Eds.), Economics of Information. Nijhoff, Boston, pp. 173–204.

McCain, R.A.(1982). "Optimal subsidies to the arts in a shortsighted world". Journal of Cultural Economics 6 (1), 15–32.

McCain, R.A.(1986). "Game theory and the cultivation of taste". Journal of Cultural Economics 10(1), 1–15.

McCain, R.A.(1992). A Framework for Cognitive Economics. Praeger Publishers, New York.

McCain, R.A.(1994). "Consequentialism in haste". Behavioral and Brain Science 17(1), 23–24.

McCain, R.A.(1995a). "Cultivation of taste and bounded rationality: Some computer simulations". Journal of Cultural Economics 19(1), 1–15.

McCain, R. A. (1995b). "Genetic algorithms, teleological conservatism, and the emergence of optimal demand relations: The case of learning-by-consuming". In: Gilbert, N., Conte, R.(Eds.), Artificial Societies (Proceedings of Second Conference on Simulating Societies, Siena, Italy, July 1993). UCL Press, London.

McCain, R.A.(2002a). "Taste formation". In: Towse, R.(Ed.), A Handbook of Cultural Economics. Edward Elgar, Cheltenham, pp. 682–688.

McCain, R.A.(2002b). "A sentimental time machine: Old picture postcards and old covered bridges". Available at http://william-king.www.drexel.edu/top/bridge/CBcardz.html, as of October 8, 2002.

Moncrieff, E.(2002a). "Rediscovered Rubens could make £6 million. The early masterpiece had been misattributed for 220 years". The Art Newspaper. Available at http://www.theartnewspaper.com/news/article.asp? idart=8994, as of December 27, originally posted on 4/8/2002.

Moncrieff, E. (2002b). "Recently discovered Rubens becomes most expensive Old Master painting ever sold. Unidentified private buyer pays US $76.73 million". The Art Newspaper. Available at http://www.theartnewspaper.com/news/article.asp? idart=9761, as of December 27, originally posted on 7/12/2002.

Mossetto, G.(1993). Aesthetics and Economics. Kluwer, Dordrecht.

Nietzsche, F. (1871). "The Birth of Tragedy". Malaspina University College, Nanaimo, BC, Canada. Translated by Johnson, I. C. Available at http://www.mala.bc.ca/~johnstoi/Nietzsche/tragedy_all.htm, as of November 6, originally posted on 12/1/2000, last modified on 6/1/2003.

Nozick, R.(1981). Philosophical Explanation. Belknap Press, Cambridge, MA.

Nozick, R.(1989). The Examined Life. Simon and Schuster Touchstone Books, New York.

Nozick, R.(2001). Invariances. Belknap Press, Cambridge, MA.

Pearce, M., Wiggins, G. A. (2002). "Aspects of a cognitive theory of creativity in musical composition". 2nd International Workshop on Creative Systems. European Conference on Artificial Intelligence. Lyon, France.

Radford, M.(2004). "Emotion and creativity". Journal of Aesthetic Education 38(1), 53–64.

Robbins, L.(1952). An Essay on the Nature and Significance of Economic Science, second ed. MacMillan, London.

Scitovsky, T. (1972). "Arts in the affluent society: What's wrong with the arts is what's wrong with society". American Economic Review 62(2), 58–69.

Scitovsky, T.(1976). The Joyless Economy. Oxford University Press, New York.

Shanahan, J., et al. (1978). "The consumption of music: Integrating aesthetics and economics". Journal of Cultural Economics 2(2), 13–41.

Shook, J.R., Ghiraldelli, P.(2004). "Editorial note". Contemporary Pragmatism 1(1), 2.

Simon, H.(2001). "Creativity in the arts and the sciences". The Kenyon Review 23(2), 203–221.

Simonton, D. K. (2001). "Creativity as cognitive selection: The blind-variation and selective-retention model". Behavioral and Brain Sciences 24, 554–556.

Spanier, S. (2003). "Heritage Lottery Fund makes huge award to keep Raphael in UK. But the vendor may not accept the present offer". The Art Newspaper. Available at http://www.theartnewspaper.com/news/article. asp? idart=11260, as of December 27, originally posted on 7/25/2003.

Stebbing, P.D. (2004). "A Universal Grammar for Visual Composition?" Leonardo 37(1), 63-70.

Stevens, D. (1985). "The social efficiency of arts addiction". In: Hendon, W., et al. (Eds.), Proceedings of the 3rd International Conference on Cultural Economics and Planning: Governments and Culture. Association for Cultural Economics, pp. 43-53.

Stigler, G., Becker, G. (1977). "De gustibus non est disputandum". American Economic Review 67(2), 67-90.

Throsby, D. (2001). Economics and Culture. Cambridge University Press, Cambridge.

Throsby, D. (2003). "Determining the value of cultural goods: How much (or how little) does contingent valuation tell us?" Journal of Cultural Economics 27, 275-285.

第6章

经济与美学理论中的艺术价值与估值

Michael Hutter[a] and Richard Shusterman[b]

[a] Universität Witten/Herdecke，Witten，Germany

[b] Florida Atlantic University，Boca Raton，Florida，USA

魏鹏举　邱俊　译

摘　要

艺术价值在古典哲学中的作用较小，但它在18世纪美学理论中却走向了舞台中央，并在伦理学中占有了一席之地。尽管经济学家始终把艺术价值及其评估过程排除在外，但它们已然成为现代美学中不可或缺的主题。最近对于“外部效应”的关注为我们开辟了一条新的途径，使我们对艺术价值的解读能够符合经济理论。1~5节讲述了这两个学科的历史地位，其中许多内容在现行的分析中已留下了印记。6~8节重点关注艺术价值及其在经济学和美学中的评估逻辑的当代讨论。

关键词

艺术价值，消费技能，品位，使用价值

JEL Classification Code

Z11

6.1 近代以前的理论

从最严格的及技术的意义上说，经济学和美学理论都是现代产物。然而，这两种理论都早已被希腊哲学，特别是柏拉图和亚里士多德的著作强有力地塑造成型了。因此，我们必须从古代经济学和美学理论“出现之前”来开始我们的研究。

一般地讲，柏拉图（公元前427—公元前347年）（Plato，1997）被认为是第一个提出实质性艺术理论的人。虽然艺术的价值与美通常密切相关，但是柏拉图对待它们的态度极为不同。美在他的哲学中扮演着非常积极的角色，是理想形式最高水平的典范，并与真理和善行相联系。此外，美被视为一种激励及哲学本身的目标。柏拉图的《斐德罗篇》（Phaedrus）把美描述成最明确、最能理解的形式；他的《会饮篇》（Symposium）把哲学探索描述成一个上升的过程，从对美的身体的爱，到对美的行为、言语和思想的爱，最后到对美本身的一种幻象，哲学家从中终于培育出了美的果实。

与此相反，艺术——我们现代意义上的纯艺术——并不受待见。柏拉图的《理想国》（Republic）把这类艺术定义为“模仿”（通常被译为模仿，尽管有时也译为表现），而一般希腊语中的艺术（技艺）有着更为广泛的含义，表示任何系统化的技能或知识形式。柏拉图谴责诸如诗歌、戏剧、绘画、雕塑等的模仿艺术，视它们为对现象世界各种形态的不完美模仿。现象世界对柏拉图而言就应该是它们自身那样，而不是对构成现实理想的理性形式的歪曲模仿。因此，艺术遭到了本体论和认识论的一致谴责，被认为是一种对模仿的模仿，因为它歪曲了它假装要呈现的真相。柏拉图进一步从心理、伦理和政治的层面谴责了模仿艺术。他认为，艺术只是吸引心灵低层次的感情的部分并加以激情煽动，所以它扰乱了本应占据主导地位的理性心理秩序，败坏了人格并导致了不恰当的行为。由于政治秩序和正义是紧密依存在正确的道德心理秩序下的，因此模仿艺术——至少是柏拉图批判的通俗流派——呈现出了一种严重的政治危险。例如，有关战争恐怖和爱情欢愉的生动描写，可能导致士兵玩忽职守。

柏拉图从来没有真正从美学的立场考虑艺术的价值，因为这样做将会建立起标准，从而可能赋予艺术更多的自主权。柏拉图要做的是树立哲学的霸权地位，因此艺术的自主性和社会声望都成为他试图逐渐削弱的对象。这种贬低战略是有用的，因为当时的哲学是一门新生的且依然脆弱的学科，为了树立权威，必须与艺术家的文化威信进行抗争，特别是诗人，他们被认为是古老智慧的智囊。把艺术定义为一种不完美的模仿，不仅有助于贬低艺术，而且能掩盖一个事实，即柏拉图的哲学本身模仿了艺术的许多方面——关注理性形式和连贯性，对想象力的满足和对形式的思考，以及对体验和事件含义的解读（Dewey，1987；Shusterman，1992）。

柏拉图的政治哲学对经济理论和实践进行了同样细致的探讨。管理一个家庭或者城邦经济事务的艺术被排在更具有价值的理论艺术之列。[①]在较低层次的实用艺术中，有生产或建造物品的技能，有使用它们的技能，以及获取它们的技能，无论靠征服还是交换。虽然所有这些技能都是维持城邦所必需的，但它们没有包含太多理想的品质，即神圣的形式。不过，至少它们不会破坏政治的自然秩序。

师从柏拉图二十年的亚里士多德（公元前384—公元前322年）承袭了柏拉图的观点，认为人类行为和政治组织是处于理想的、受神灵启示的状态。在他的作品中，组成城邦的不同艺术之间的比例变得突出。所有人

① “技艺（techné）”这个术语可用于任何技能，无论是技术的、艺术的还是理论的。上面讨论的艺术——悲剧、音乐、雕塑——都被当作现象来处理，自成一格。

类行为都有助于社区实现这种状态，因为其对应于神圣，所以也符合自然秩序。理想的智慧可能是完美的自我反思，但是人类需要在理论（gnostiké）智慧和实用（praktiké）智慧间取得平衡。“Oikonomía”即管理公众家庭的艺术，属于理论艺术。在实用艺术门类中，行动与产生一定外部结果（poietiké）的职业之间，以及采纳这些结果的行动之间，具有明显的区别。只有后者才是真正实用的且合乎伦理的，因为其有自身的目的和价值。

亚里士多德承认，在利用物质对象和获取物质对象之间，存在着柏拉图式的区别。他所采取的转换方式在之后的两千年里始终被当作典范：对物品的“自然”使用就是直接利用。对物品的“非自然”使用就是交换。非自然使用对于社区来说是合法的，因为资源在整个领土上的分布并不均衡。但由于非自然使用并不遵循自然比例，因此其不受限制，这就导致了过量，继而紊乱。之后，“交换中的价值”被解释为对自然“使用中的价值”的一种限制。在这个限制之外，以货币商品来衡量的财富积累本身就变成了一个目的。借贷货币总量所产生的利息，就是经济活动中负价值的一个实例。

如果实用艺术活动中伴随着美德，即遵照道德和政治秩序的神圣法律，那么它们将有助于城邦的幸福。然而，它们远不是那些让人直接体验“幸福”的活动，即人类使它们的灵魂成为神圣智慧容器的能力。就（现代意义上的）艺术来说，评判是更为有利的。在一般情况下，艺术引发的“净化”对个人和社会都是有价值的，因为它允许负面情绪（诸如怜悯、恐惧等）被激起，然后在艺术经验的保护环境中被发泄；它不纵容那些负面情绪在现实生活中蔓延，从而造成了心理的、伦理的、社会的和政治的混乱。如果艺术最明显、最一般和最传统被肯定的价值可以归纳在愉悦和使用类别里，那么柏拉图承认是存在愉悦的，但他认为愉悦是卑鄙的，有滋生腐败的危险，正如他争辩的那样：艺术在认知、心理、伦理和社会政治领域都有负面效应。然而，亚里士多德却捍卫艺术愉悦的合法性和它们的积极价值。

除了净化以外，亚里士多德还为模仿的认知价值及艺术情绪亢奋的心理、伦理和社会价值进行了辩解。他声称模仿是人类学习过程中的初级手段，也是人类愉悦的天然来源，所以艺术是有其重要的认知价值的，它模仿的是基本的和普遍的事物，而不只是偶然发生的表面现象。这就是他认为诗歌比历史更像哲学的原因（Poetics，1448b，1151b）（参见Aristotle，1947）。他把音乐挑出来作为教育的核心学科，同时，音乐产生出的接近“真实本性”的意象，可以成功地打动人的心灵（Politics，1340a）。因此，音乐是一种能够将平庸的愉悦与快乐的幸福结合在一起的活动，是一种更高层次的感觉。

亚里士多德清晰地介绍了艺术作品（特别是悲剧作品）的分析及评估形式或组成原理。该原理不仅提倡有机统一的一般思路（需要一个令人满意的整体，“通过排列其所属的各部分来呈现出一定的秩序”，并体现一种适当的“幅度”），而且对构成艺术作品的各种元素，如所表述的对象（情节、人物、思想）、表现手段（措辞和旋律），或陈述的方式（演出和叙事与戏剧角色扮演）等进行了分类（Poetics，1447a-1450b）及有区别的评估。例如，在悲剧中，情节元素显然被认为是最重要的。不同元素可被用于判断不同的流派。悲剧被认为比喜剧更高贵，因为悲剧表达了高贵的情节和人物，它没有那么多的粗言俗语。亚里士多德评价悲剧是比史诗更高一级的模仿形式（后者也有着高尚的情节、剧情和措辞），因为悲剧有更多的正面元素，如音乐和场景，以及更窄的焦点和范围所体现出的更大的统一性。从长远来看，比任何具体名单上罗列的正规要素及评判说明更重要的是，亚里士多德认为存在着通过形式构成来评价艺术的标准，并且这种标准不能简单地归结于本体论、认识论、心理学、道德或者政治。对这种标准的信念（很大程度上与形式、表达和质量的特征相关联）

在现代审美理论中起着至关重要的作用。[①]现代美学是17世纪后期才开始形成的。

尽管承认诗歌、音乐和悲剧的价值，亚里士多德还是延续了柏拉图的策略，将艺术置于哲学之下的次要地位。在他看来，虽然艺术给予人们愉悦感，但哲学的真理性和愉悦感被清晰地认定为更加高超及更加有益，它的"理论"沉思活动是人类生命的"至善"。净化理论强调艺术的激情是在特殊的艺术环境中被激发出来的，它们可以在不损害现实人物或社会的条件下被无害地排除掉，所以亚里士多德继续把艺术解释为"创制活动"，以区别于"实际运用"。这样，他进一步把艺术从伦理的、社会的及政治的实践范畴剔除出去。作为"创制活动"，艺术意味着外部制作，是在自身之外对实体的创造。制作的价值在于制作出的实体。与此相反，实际运用或伦理行为的目的和价值，在于它们自身及人。两者都源自人的特征，外部制作与人相互促进，以完成对艺术的塑造（Nichomachean Ethics，1140a1－1140b25）。

6.2 早期主观主义理论中的艺术

两千年以后，哲学思想的术语基本上是相同的，但是对于基本假设的解释已经从根本上改变了。在古代哲学理论中，价值的特性（如美观和实用等）被认为是固有的，客观存在于以其作为依据的客体之中；美观和实用被认为是事物的真实属性，而不是基本上依赖于旁观者主观经验的交易产品。这种所谓的"现实主义"价值观，继续被用于中世纪和文艺复兴时期的美及国家工艺的哲学中。早期作品是基于亚里士多德思想，到了晚期，随着西欧对柏拉图论著的重新发现，作品转向了强调抽象测量。大约自公元1500年起，人文主义思想的"唯名论者"逆流开始质疑理想形式的客观存在，并在约翰·洛克（John Locke，1632—1704）的严格经验主义认识论中达到高潮。按洛克所言，大脑是一块干净的石板，上面书写的是关于外部世界的感官印象。这与笛卡尔（Descartes，1596—1650）的思想形成了对照。受伽利略等人科学进步的启发，笛卡尔根据基本物理学原理，重新解释了物质世界及其客体。由于这些可测量的物理特性是真实的典范，颜色、味道、质地等感官特性遂被认为是次要的、不太客观的，而美学的特性似乎更为主观了。

在这样的知识背景中，出现了将品位作为审美价值解释以及将利己作为经济价值解释的特殊理论。

就美学理论来说，沙夫茨伯里的第三任伯爵（1671—1713）安东尼·阿什利·库珀（Anthony Ashley Cooper），是一个举足轻重的人物，他也是洛克的学生。总体上看，库珀的立场是柏拉图式的，他秉持审美的现实主义理论，但对洛克式信念的认知使他在品位的特殊能力（通过辨识善与美的形式来作出道德判断和审美判断）这一理念上更进了一步。这种特殊的思想态度使人们能够以一种无功利性的姿态恰当地把握美和欣赏美，而不具有拥有或控制它的欲望。例如，在思忖人类形态美的时候，我们不应该让色情兴趣来干扰我们，因为这种"欲望、愿望和希望……是……没办法适合于……你的理性和对美的深入沉思的"（Shaftesbury，1711/1964，p.126）。由此推断，倘若一位鉴赏家渴望获得一件美丽的画作，那么他不再会有正确的态度来恰当判断该作品的美丽了。经由康德和叔本华的发展，沙夫茨伯里的无功利性概念成为现代美学中最有影响力的观点之一。

---

① 在这期间，惯常做法的一个突出例子是罗格·德·皮勒（Roger de Piles，1635—1709）在《绘画原理及画家的天平》（1709）中建议将油画分解为四个基本特征，并将每个特征在0~20的量尺上评级（De Piles，1743）。参见Ginsburgh and Weyers（2003）and De Marchi（2006）。

品位的概念也经历过一个转变，从外部的现实主义意义（如某位艺术家的品位，或时代风格），到内部的主观主义意义（品位的感官或知觉能力）。作为一项个人技能，品位可以看作由一个阶级（即沙夫茨伯里自己所处的地主乡绅阶级）将其发挥到极致的东西。这个阶级的成员有办法发展他们对美的感觉。更为重要的是，他们满足了各行各业和其他商业从业者无法满足的一个条件：他们有时间进行客观的思考。沙夫茨伯里坚定的柏拉图式的艺术价值断言及对美的总体主张，始终在抵御着英国思想中日益增加的经验主义倾向。[①]

早期的现代经济思想早已极其怀疑这种等级结构。一些经济学小册子立即得到出版以回应沙夫茨伯里的美学理论。最好的例子就是伯纳德·曼德维尔（Bernard Mandeville，1670—1733）的《蜜蜂的寓言：个人之恶，众人之福》（Mandeville，1714/1988）。这个寓言讲的是在一个模型国度中，每个人都适量消费，从而增加了人们在体验“真正”的美的过程中能够享受到的快乐幸福；在另一个模型国度中，道德行为被排斥，并代之以所有个体都在追求个人愉悦的最大化却未考虑德行，而该国度却兴旺发达，就像充满了生物却缺少基本德行的蜜蜂房一样。十九年后，曼德维尔（1670—1733）出版了《蜜蜂的寓言》第二卷，继续对沙夫茨伯里的理论进行攻击，这次他直接使用了美学术语。该卷包含了三个观众对基督诞生画作评价的六段对话。三个人讨论了意大利和荷兰风格画作的优点，他们的讨论方式贬低了沙夫茨伯里对审美特征的评估，认为那只是为了迎合造作的品位；他们支持渲染感官印象的特征评估，认为这才符合大众常识。[②]

曼德维尔虽然对新兴政治经济学及新兴审美哲学作出了贡献，但他的成就被大卫·休谟（David Hume，1711—1776）远远抛在了后边。休谟的《政治论》（Hume，1752）包含了对理论经济学作出显著贡献的随笔，其中最著名的有《论金钱》、《论兴趣》、《论商业》和《论贸易平衡》。与此同时，休谟的《论审美标准》（Hume，1757/1963）提供了对艺术评价最重要的英式范本。

休谟的目的是为对品位的明显主观判断（他是这么认为的）给出一个客观标准。作为对“情感”而不是对“事实”的判断，这种客观标准承认没有什么客观的、“真实的和决定性的标准”，尽管艺术作品中存在着能诱发出品位情绪的客观属性。“美不是事物本身的特性；它仅存在于思考它的意识中”（p.234）。虽然休谟承认评价判断的多样性，但另一方面，他坚持认为有些判断（例如，弥尔顿比奥格尔优越）是不可否认的事实，而且有些人就是比其他人更善于评价艺术。休谟定义品位标准的策略，是将品位评判与另一些已有明确标准的评判联系在一起，这些明确标准已然“真实存在并作为事实的依据”。这种联系的关键是与好的评论家达成共识——“仲裁者总是愿意接受共识的偏见，认为某一事物优于其他事物”（Hume，1963，p.248）。因此，建立一件艺术品价值的品位标准取决于好的评论家

---

① 沙夫茨伯里还把对崇高的评价引进了英国的美学理论中，“崇高”最初由古代一个不出名的作者（被认为生活在公元1世纪）提出，人们只知道他叫朗吉努斯（Longinus，1992）。沙夫茨伯里把“崇高”视作一种美，而后世的理论家们却把“崇高”当作美的另一种价值来对待，并认为在某些方面它比美更为强大或高尚。伯克（1998）认为“崇高”是“心智所能感觉到的最强烈的情感”，因为它基于“关注自我保护的激情”（pp.86，97）。康德则认为崇高产生于比美“更高一级的智慧感觉”（p.33）。

埃德蒙·伯克（Edmund Burke，1729—1797）拒不接受品位具有独特内在能力的理论，他对品位评判的解释是从普通感官及精神能力，以及人们快乐和痛苦的经历等方面来考虑的。伯克（1757/1998）区分了两种不同的愉悦感，一种是产生美的感觉时那种积极愉悦的感觉，另一种则是当我们摆脱了痛苦、危险或威胁时所产生的那种轻松的感觉，这种感觉会激发出一种体会崇高的愉悦感。与沙夫茨伯里和后来的理想主义美学家相反，伯克对审美价值有一种不同的体现方式。

② 参见Solkin（1993，pp. 13-19）。

对这件艺术品的情感共识，并且对休谟而言，这些评论家是谁，以及他们必须具有什么素质等问题，“是事实问题，而非情感问题”。

休谟给出了好的评论家必备的五项素质，“精妙的想象力”（本质上，它们是知觉敏锐性及对精细辨析的敏感性问题），“欣赏好作品的实践”，“在比较评估方面的经验”，“毫无偏见的头脑”，以及“辨别力”（pp.239-246）。休谟的评价理论反映了自由主义的困境：既要保障品位自由，又要保障标准的权威性，以确保文化的连贯和稳定（Shusterman，2002，pp.93-107）。在评估中，个人情感自由在个人意志服从权威标准的条件下受到保护，这些权威标准是由被公认的高级判官，即好的评论家确立的。休谟的方案在英国政治体系中的应用是非常明显的，即在代议制民主中，全体选民只有部分选举权。

如果已知休谟哲学是以经验主义和主观主义为前提的，那么审美和经济评估之间惊人的相似性就大白于世人了。正如熊彼特（Schumpeter，1883—1953）指出的那样，我们所说的美学理论可以被视作对客观事实的解释，即一件艺术品可以被某一给定社会群体成员主观评价为“美”，这与“模拟经济理论”十分类似，该理论用参与市场的个体的主观评估来解释市场价格的事实：“在这两种情况下，主观评估创造了客观价值”（Schumpeter，1954，p.127）。

转变的第三个人物是弗兰西斯·哈奇森（Francis Hutcheson，1694—1746）。他早期以《论美与德性观念的根源》一书而出名（Hutcheson，1725/1971）。他的主要著作《道德哲学体系》（1755/2005）是在哈奇森死后出版的。哈奇森重拾了沙夫茨伯里停下的研究。[①]沙夫茨伯里已经能够将柏拉图理念中的心灵和谐与平衡转变为现代的、基督教式的仁爱理念。人与人之间相互交往的主要美德已不再是正义和容忍，而是仁爱。因此，“仁爱的动机成为善的关键”（Taylor，1989，p.258）。

哈奇森提出，社会是由两个“道德原则”固定在一起的，即“道德感”和“自爱”。对他人的仁爱和利己这两种情感对应着两种原则，它们彼此相互竞争，并达成了一种均衡。此外，它们还形成了一个层次结构：道德感能够比自爱产生更为强烈的愉悦感。哈奇森“道德原则”的构想缩小了两种截然不同的感受之间的差距，即轻松的幸福感和普通的愉悦感。仁爱是通过宗教来促动的，因此它与上帝有关。正是仁爱，使“我们通过与上帝的重新约定，参与了他的计划”（Taylor，1989，p.265）。这种参与可以采取传统的哲学思考形式，也能以审美思考的形式进行。

仁爱与自爱竞相作为快乐的源泉。因此，说到底，在贡献愉悦感（或幸福）的基本能力方面，自爱和仁爱没有什么区别。我们以艺术价值作为范例来说明愉悦的道德情感的运作：美是对神圣秩序的一种表达。美，就像美德，会触发一种特别的喜悦或幸福的感觉，它与日常的因自爱的满足所获得的愉悦感不同。因此，品位的主观想法与仁爱的情感是相互联系的。

哈奇森以彻底经验主义的方式展开了对品位思想的讨论，他把美归结为一种特殊的内在感受。美并不是因为有了柏拉图的外衣就天生存在于物体之中的，相反，它驻留在主体意识的实际经验之中：它是一种“想法，就住在我们的心中”（Hutcheson，1726/1971，p.7）；一种经历过了的愉悦感，这种愉悦感是由被思考对象的属性所唤起的，它的出现是一种基本被动且自动的反应，正如我们的外部感官从它们所观察到的属性中自动生成想法一样。对美的欣赏不需要特别习得的知识或态度，并且由于它完全植根于我们共有的对美的内在感觉和共有的感官能力中，因此我们对于美的判断应该是相同的。这意味着，从主观经验的意义而言，尽管美是主观

① 事实上，他的《探究》一书的副标题如下："……本书解释并捍卫已故沙夫茨伯里伯爵的原则，作为对《蜜蜂的寓言》作者的回击"。

的，但从广泛共享而非个人特有这个意义上讲，美又是客观的。对哈奇森来说，我们对美的体验的可贵触发属性是一种多样性的统一，并且根据人们的感官敏锐度的差异或缺陷，以及使个人脱离对象实际呈现给他或她的内在美的感受，哈奇森解释了不同品位判断出现的原因。

在对愉悦感作出贡献的基本能力方面，自爱和仁爱之间并没有什么区别。在哈奇森的《道德哲学体系》（Hutcheson，1755/2005）中，社会的“公众利益”是由社会成员获得愉悦感的总和来衡量的。鉴于这些条件，政府的职责就是推动共同利益，为最广大的人创造最大的幸福。[①]

个人的道德行为在哈奇森的解读中发生了惊人的转折：昂贵的、美丽的商品为团体感奠定了基础，因为它们激发了其他人同样的感觉。哈奇森提出审美愉悦是社会凝聚力的核心力量，并以此来捍卫奢侈品或其他炫耀性商品的消费：驱动这种消费的不是什么邪恶的念头，而是“友谊、爱，及向他人传递愉悦”的想法，这种花费有助于实现公共利益（Solkin，1993，p.83）。

下一代的作者不再忙于这两个理论了。“诞生时的分离”（Guillory，1993，p.303）已经发生。经济学和美学理论都继续假定严格的主观主义认识论，但经济学理论侧重于利己行为，而美学理论集中在对利己行为的补充，即无功利的思考。分离的过程可以从经济理论中明显观察到。关于这两个理论，我们有一个不寻常的例子，这是一位作者用二十年的时间写完的。

1759年，亚当·斯密（Adam Smith，1723—1790）的著作《道德情操论》（Smith，1759/1982）出版了，斯密是哈奇森的学生，并继承了哈奇森在格拉斯哥大学的教职。继哈奇森以及休谟之后，斯密假定了两个基本的人类习性：“同情”和“自爱”。人类的同情倾向来自严格的主观主义审视。人类在感受同胞的痛苦或幸福时，其印象和想象力都是有限的。同情是相互之间难以接近造成的结果。人类也需要博取别人的同情。礼仪的规则从相互尊重的需要中生长出来。此外，需要确保对他人同情的适当措施被解释为个体行为的主要动机（Agnew，1986，pp.177-181）。

在对自己有直接利益的活动中，自爱产生了愉悦感。斯密第一次相信，有一种区别于单纯生理上满足的愉悦感。这种愉悦是与美和高雅的原则相关联的。反过来，美和高雅在感知水平上通过形态和色彩而获得，在更高的解读水准上通过多样性、合适性和模仿来获得。例如，合适性使人的审美具有独创性和实用性。附加价值的来源在于一个对象对神圣计划的适用性，这些神圣计划在自然和社会事件中是非常明显的。合适性能够反映出“制造它的系统、机器或经营管理的运动的规律性、和谐性”（p.183）。展现这种形式价值或设计价值的物品，“敲击着我们的想象力，就像既豪华，又华丽且高贵的东西”（p.183），这就是它们那么珍贵的原因。模仿以类似的方式产生美的愉悦。斯密注意到，当看到用一种类型的物品表述另一种类型的物品时，我们有种惊奇、惊讶的感觉。这种模仿需要技巧、创造力和想象力。他援引了一个荷兰静物画作品的例子，这个作品的价值要远远高出作品中所画的地毯的价值。[②]

被如此确认的附加价值在解释驱动经济过程的动力时起到了核心作用：据斯密所说，富人“从堆中选出最珍贵的和最适合的东西”（p.184）。为了获得那些既豪华又美丽、高贵的物品，以赢得同伴们的关注和认可，他们不仅雇用一些人为他们提供购买这些物品的方式，而且在生产过程中进行改进，以便提高物品自身的购买力。生产率的提高导致了经济的进一步增

① 哈奇森提出用数学公式计算这个数量，但在第四版中又删掉了它们（Hutcheson，1738/1971），正如他在序言中所指出的，因为“它们已经被证明是没用的了”。

② 参见Berg（2002）and De Marchi and Van Migroet（1999）。

长。对美的追求转变成了对财富的解释（盖尔利，1993，p.312）。

十七年后，斯密发表了他的第二个解释模型，《国民财富的性质和原因的研究》（Smith，1776/1976）。在此期间，他也为加速商业机器运转提出过另一种解释：重农学派的法国作家，如弗朗索瓦·魁奈（Francois Quesnay，1694—1774）和安妮·罗伯特·雅克·杜尔哥（Anne Robert Jacques Turgot，1727—1781）认为，大自然的产物（以“小麦”作为标准化单位）构成了一个经济体财富的主要外部来源。斯密采取的方式是，利用生产投入要素的可测量性建立与市场价值的稳固联系，但他将价值来源延伸至超越了“土地的产出”的范畴，并最终转换为人的劳动。劳动是一个外部特征始终模糊的因素。它包含了一段时间内可被观察到的人类力量的运用，也包含了愉悦感的精神对立面，即疼痛。因此，劳动应满足四个要求：至少在原则上它是可测的，它使财产合法化，它的“辛苦和麻烦”换来了消费中所享受的愉悦，它包含了一种道德品质（因为工作是一种美德）。斯密并没有放弃他较早提出的关于社会财产是建立在同情之上的信念，但是他开辟了另一个王国，即商业社会的王国。商业社会是围绕着市场价值来组织的。劳动的数量是“对品位标准的模拟，这个标准既至高无上，又无所不在”（Caygill，1989，p.95）。这个绝对标准存在于市场价值的波动中。“实际”与“名义”价格反映了无偏见观察家与经验主义观察家总和之间的区别，这些已在《道德情操论》中提出过；“自然价格”的重要性则与休谟的“合格标志”一致。[①]美学和经济学领域的分离已经完成，但分析后者的方式仍然没有脱离前者的模式。

斯密之后的英国古典经济学理论文献并没有保留斯密式劳动的矛盾内涵，也没有提及由于相互关注和吸引而联系在一起的一个社会。对愉悦的不同评估思想被抛弃了。在假设市场需求方面仍然处于被动的条件下，新的价值在生产方面产生了，它是通过收获生命形式来实现的。大卫·李嘉图（David Ricardo，1772—1823）的《政治经济学及赋税原理》（Ricardo，1817）建立起了一种基于人类劳动的绝对价值理论。李嘉图明确地剔除了诸如“罕见的雕塑和图片、稀缺的书籍和硬币、一种奇特的优质葡萄酒”等物品，这些物品的价值仅仅取决于“那些渴望拥有它们的人的不断变化的财富和意愿”（1973，p.6）。

休谟和伊曼努尔·康德（Immanuel Kant，1724—1804）的立场标志着审美哲学从经验主观主义向分析唯心主义转变。康德正确回应了休谟的经验论者的怀疑主义，认为其没有超出人们达成共识的客观真理，人们持有某种价值观大多不是出于理性，而是出于习惯或风俗。康德将对现象的看法分为两个水平层次：在次一级的水平上，物品带来的感觉被感知到。在重要水平上，我们的器官，即大脑，可以按照一定的关系安排被感知的现象。空间和时间就是这样的“直觉的形式”，12个先验概念也是如此。这些形式不可能脱离人类的体验而存在，因为它们发生在社会个体的意识中。但如果存在有利条件，它们也可以被社会成员认可，导致“主观的普遍性”。对品位的判断是关于普遍赞同的特别好的例子，因为它们是在无功利的条件下进行的，没有被利润和欲望所搅扰。

康德的美学理论值得特别关注，不仅因为它在历史上就有如此大的影响力，更因为它至今仍是大多数当代艺术哲学的主导方向（不论是更好的还是更差的）。康德举足轻重的地位部分在于他在以往的理论中树立了自己的见解，不论这些“以往”来自经验主义的英国哲学家，还是理性主义的大陆哲学家。他发展了沙夫茨伯里、伯克和休谟倡导的品位的无功利性、崇高性及正确性等理念，同时也在莱布尼茨

① 参见Caygill（1989，pp. 85-97）。

（Leibniz，1616—1716）的理性主义传统的基础上建立了自己的体系，正如亚历山大·鲍姆嘉通（Alexander Baumgarten，1714—1762）之于美学一样。鲍姆嘉通创造了“美学”一词并实质上将它建成了一个独特鲜明的哲学“分支学科”。

亚历山大·鲍姆嘉通（Alexander Baumgarten，1714—1762）是莱布尼茨和沃尔夫（Wolff，1679—1754）的门徒，他以非常宽泛的条件将美学定义为感官认知的科学，与概念思维的逻辑科学相平行：“美学（作为文科理论、低级认知科学、美的思考艺术，以及类比思想的艺术）是感官认知的科学。”他继续说，“美学的终结是感官认知的完美化，这意味着美”（Baumgarten，1750—1758，§§1，14）。艺术品似乎典范式地适合感官认知——它们是特地进行精心打造以实现美的物品，它们在当时与和谐的、比例合理的形式相关。美学的一般意义（它是感觉认识的理论，是对于美、崇高和艺术的小范围的研究）仍然显著存在于康德思想中。很久以后，美学才具备了当代意义——它是关乎艺术、美及相关审美概念的哲学。

康德的《审美评判理论》（Kant，1790/1986）为评估问题提供了一个解决方案，其认为审美判断本质上是主观的，却又能以必要的方式控制普遍认同。“品位的判断……就物品本身来说没有意义，它是一种喜悦的或悲伤的情感，而主观本身及它的方式受被判断物品的表征影响”（1986，pp.41-42）。这样的判断显示了“普遍认同如同一个客观准则”的“必要性”（pp.41-42，84-85）。康德认为，任何人都可以在原则上通过采取适当的审美态度来完成一项精准纯粹的审美判断，而不必依赖一组好的评论家。这种态度需要无功利心，即康德（p.43）所说的“冷漠”或对被判断“事物的真实存在”缺乏关心。例如，我们不应该关心我们正在观察的是一片真正的风景还是一种虚幻的表象。审美的愉悦感与在美好和惬意中感觉到的快乐是有区别的，因为后者涉及利益和欲望。一个纯粹的审美判断还需要避免将概念和功能作为评估的决定性理由；相反，人们应该把注意力完全投入到审美对象的形式上，即最终的表现方式上，而不应考虑任何功能。

纯粹的审美判断总是特别的，不能由规则来支配。这就是为什么康德把美学当作批判而不是科学：一门科学需要引进一般概念，而批判则将判断的决定性理由留给思考主体的愉悦感——加上正确的态度——及品位的客体。不同的理念和利益会导致我们对品位的判断出现分歧，但如果把我们的感知从理念和利益中分离开来，我们则可以肯定纯粹的审美判断具备一种必要的“主观普遍性”，因为其依赖于人类共有的“主体能力”的“天性”（pp.51，212-223）。康德认为，当正确思索一个好的审美对象的形式而不涉及概念或利益，也不考虑任何“魅力或情感”时（p.64），任何人都能够从认知能力令人愉快的“自由发挥”（pp.86，88）中获得愉悦感，其间，人的想象经历自由地与（通过形式）理性认识相吻合，而不用“被迫”与特别规定的理解概念达成一致。

康德纯审美判断中的模型对象属于自然，他认为自然的美丽和崇高的价值高于艺术。关于艺术品位的判断不可能绝对纯粹且没有概念，因为它们总是涉及艺术的概念（pp.34，166-167）。要想正确判断一幅山水画，我们需要把它看成一件艺术品，而不是简单地看成山水的表象。艺术的概念性知识的引入意味着我们不能再期望普遍的趋同了，因为有些人可能缺乏必要的知识。康德认为对自然的欣赏在道德上也是很有益的，因为艺术如果不“与道德观念结合”，就会沦为单纯的“消遣”，“既让灵魂变得平淡，又使得心灵对自身不满”（p.191）。

康德也为不同的艺术排名，根据所有的重要标准毫不含糊地赋予诗歌最高的地位。当与“魅力和精神刺激”联合考虑时，音乐将排名其次。但是康德接着说，当“我们用提供给意识的文化来评估纯艺术”时，音乐的价值就会大大降低。这里，“因为音乐演奏只与感觉有关”，所以它在纯艺术中的地位最低（pp.193-195）。造型艺术（其中绘画被列为第一位）凭借其形式的和概念的力量最终被排在音乐之前，因为它不仅能使人愉悦，还提升了“认知的更高一级能力的文雅”。此外，“音乐缺乏一定的文雅”，因为“它将扰人的声音强加于不愿听见它的自由主体”（pp.194-196）。

虽然康德似乎给予了自然的审美体验以首要的地位——既美丽又崇高，甚至高于艺术，但他还是非常尊重纯艺术的。他坚持认为，纯艺术的创造“需要天赋”，那是一种可以创造出原始的典范性作品的能力，而非仅仅根据给定的规则机械地生产东西（p.172）。他解释说，一件真正的纯艺术作品需要“美学意义上的灵魂来表述意识中生动活泼的原则，……而这个原则不是别的，正是展现审美思想的能力”。康德把审美思想定义为“一种想象力的表述，这种想象力可以诱导出许多想法，但是又没有可能有任何明确的诸如‘概念’之类的恰当想法，并且语言永远不能描述它们或使得它们被彻底理解（pp.175-176）。康德认为艺术需要天才的创造性，这些天才的审美思想虽然抵制概念化形式，却能激起深刻的、富有成果的思想。康德有关艺术的说明对浪漫主义运动产生了非常大的影响，也帮助提升了艺术家及其作品的地位。艺术和艺术家被归为一个属于天才和价值的王国，其已超越了概念的定义范畴，并且不能简单以数值计算。

审美哲学中的康德世界已经远离了政治经济学中的斯密世界。康德意识到了在一成不变的直觉和概念中的秩序，这些直觉和概念支配着一个社会中全体成员的观念乃至行为。斯密意识到了在商业社会中额外存在的一种秩序，其中，参与评估者的共识会引出价格的可测量结果。康德跳过了商业活动的瞬间和意外层次，直接到达了共识的层次，斯密加上了市场的组织力量来解释那些不同的乃至具有对抗性利益的人之间的协调。虽然他们都把美视为愉悦感的一种特殊来源，但斯密在《国富论》中很少关注艺术作品，而康德以一种重要的方式把自然的美和崇高推到了一个至高的地位。

自19世纪初以来，审美哲学和政治经济学一直沿着不同的路径行进着。之后各节的分叙中反映了这种分离。

6.3 19世纪经济学与美学中的艺术

19世纪，政治经济学的主流仍然在英国。整体上看，经验主观主义的影响，特别是哈奇森集体愉悦最大化的影响依旧强劲。因此，我们发现在对政治经济学的贡献中有一个显著的分歧：其中一路，以李嘉图为代表，发展了生产成本理论，这派理论虽然归根结底是基于人类劳动，但原则上关注的是客观的可测量成本。另一路则以杰里米·边沁（Jeremy Bentham，1748—1832年）、詹姆斯·穆勒（James Mill，1773—1836）和约翰·斯图亚特·穆勒（John Stuart Mill，1806—1873）为代表，他们发展了最大化“至善”的规范性理论，并做出模型来测量社会成员所体验的愉悦感总和。这种功利主义的信条有改革家和教育方面的考虑：每个人都可以提升其接受愉悦的能力，而国家可以推行适合的制度并开展提高总体福利的行动。同时，其也有进化论的层面（至少在穆勒的版本中是这样），这是一种社会的终极状态，其与社会生产以及价值生成因素的静态均衡兼容。

19世纪下半叶，威廉·杰文斯（William S. Jevons，1835—1882）提出了一种测量物品效用的方法，从此以后，消费导向理论进入了文献著作的中心。这种测量方法首先依赖的是一种能够捕捉人体生理感觉的新的科学方法，然后依据的是一条基本事实：这种感觉的强度是随着时间的推进而减弱的。基于这两点，我们没有必要测量从某物品中流出的所有潜在愉悦或痛苦，因为测量边际强度已经足够用了，即在某一点上，特定数量的某物品被交换为一定数量的金钱，或能够带来更多愉悦的、一定数量的另一种物品。考虑到这种测量，加上约束最大化技术，就可以计算消费的均衡状态了，正如在能量守恒和转化问题中那样（Mirowski，1989），而这样的状态实际上是在市场中计算出来的。没有必要依靠成本来估算，甚或形而上学思想，因为愉悦感主观的、生理的效应可以被直接测量。

杰文斯将他通过人类身体感觉来测量商品效用的办法运用到“最低层次的感觉”中。他感兴趣的是如何将围绕愉悦和痛苦的传统功利主义言论，与效用性的现代度量联系在一起，成为一种与自然界中最根本的力量——能量——等同的东西。他很清楚审美经历的影响，但他把它们定位在“同情”领域——这里商业社会的特殊条件并不成立。在一份“论音乐的功能”手稿中，他把自己对音乐的反应描述成类似于“对于利益、美或崇高主题的思考……把职责、弱点及其所带来的持续愉悦和痛苦的混杂物，从意识中大体挪出去”。[①]

他认为，纯艺术能够丰富工人阶级的生活，但这种经历无法预期，因此不会好销。在不道德的功利愉悦感和崇高的审美享受之间有一种模糊的联系，因为社会的进步可能导致需求的变化，从对身体需求的满足上升到“从自然和艺术的美中派生出来的”满足。

杰文斯对艺术的欣赏是19世纪末至20世纪初英国学术传统的典型。比如，阿尔弗雷德·马歇尔（Alfred Marshall，1842—1924）在他的《经济学原理》（1890）中明确建议人们一旦有了生活必需品，就应该增加其个人财产中美的事物：“家具和服装艺术特征的改善，会培养它们的制作者更高的能力，也是使用者获得更高幸福感的过程。”（p.113）但无论是杰文斯还是之后几代的任何主要作者，都没有重视被消费的商品的实用价值中艺术价值的特殊作用。

对艺术的日益钦佩是因为它与审美哲学的相关性越来越高，这将在下文中叙述。对艺术的态度变化在欧洲大陆甚至更为明显。因此，比较英国政治经济学和其他两个经济学（维也纳和洛桑，它们被认为是新兴经济学范式的两个中心）对边际效用价值的不同态度，是非常有益的。

卡尔·门格尔（Carl Menger，1840—1925）在《国民经济学原理》（Menger，1871/1968）中用很长一个章节叙述了商品价值。在他的解释中，价值的源泉正好被置于心理层面。愉悦的价值取决于主观的关联度。在极限内，这一测量足以精确确定市场中给定数量商品的交换价值。他清楚地将欲望解释为一项纯粹的心理活动。商品的价值在于它们满足一项欲望的相对能力。商品的满意度由它们的重要性来决定，从生死攸关到无关紧要，从必需品如吃面包到喜好品如烟草、狩猎城堡和人工鸭子池塘（1968，p.111）。“较低顺序级的商品”的价值决定了“较高顺序级的商品”的价值。但是，“较高”只是意味着“较早”：最后的消费价值决定了早期生产过程中投入的价值，没有这些投入就不会有最终商品的购买。精神消费的价值决定了物质生产的价值。在那些明显不太重要的物品中，艺术不起什么特殊作用，虽然它们的稀有性可能使它们多少有着较高的市场价格。

莱昂·瓦尔拉斯（Léon Walras，1834—1910）虽然任教于瑞士洛桑，却受法国哲学和经济传统的强烈影响。青年时期，他就表现出了对艺术的浓厚兴趣。他写了一篇关于《艺术哲学》的文章。在这篇文章中，他把审美现象归纳为本体论的原因，即物质、事情和力。在他的《纯粹政治经济学纲要》（Walras，1874）一书中，价值起源的问题回归到了背景。某种感觉促使消费者以一定的价格需求有限数量的商品，但焦点是多个市场均衡状态下的机制。市场是一个想象中的拍卖人，它提供了稳定和独特的方法解决生产条件和消费条件转变中的问题。艺术品可能是那些激发消费行为的商品之一，但它们在理论中没有什么特殊作用。

---

① 参见Goodwin的本卷第2章。

现在当我们转过来审视审美哲学的发展时，我们很容易看到，对美的领域及更高满意度要求的忽视，是如何与对商业活动领域的忽视相互呼应的。

哲学思想的理想主义流派在弗里德里希·黑格尔（Friedrich Hegel，1770—1831）的著作中得以成功延续。黑格尔对美学的贡献标志着一个转折点，因为艺术取代了自然成为美学的范式对象。作为一种对绝对精神的表达（伴随着宗教和哲学），艺术与自然的美的不同在于，它“能够表现出真实”，因此它符合将美学建成为一门科学的更为明确的标准，这是黑格尔把美学界定为纯艺术哲学的目的。

黑格尔认为，通过区分自身是“自由的”以区别于艺术，是用来“服务于愉悦和娱乐的目的”，纯艺术证明了它“值得”成为科学研究的对象。黑格尔用其他方式为艺术价值提出了更好的理由，“它的最高任务……是揭示意识，并且带来神性的语言表达，这种神性是人类最深度的兴趣，也是意识中最全面的真实。正是在艺术品中，各个民族储存了它们心中最深刻的直觉和思想”（Hegel，1835/1993，p.9）。因此对艺术的评价和相对排名，要看它是否成功地在感觉上表达了有价值的集体思想，这包含两个方面，即表述的质量及表述的思想本身。思想本身显得更重要，因为思想的清晰和形式完整的特征，是表述清晰且结构完整的条件。

黑格尔对于艺术的形式和流派有一个复杂的排名。对于这一层级结构中的最低级形式，他称为符号艺术，以“东方的原始艺术泛神论”为实例。在这类艺术中，思想仍然过多地存在于“混沌和朦胧”中，以致它没有一个恰当的确定形式。因此，非常典型的是，这些艺术被涂抹在东西上，“把自然形状和现实现象夸大成不确定的和不成比例的”。历史进程中的下一个阶段是“艺术的古典形式”，以希腊拟人化的雕塑为实例，其感性的人族形式充分符合人类意识的理性。它们的思想和感性表述之间完美的平衡产生了最伟大的美。但是，古典艺术“能够达到至高的卓越，它的感性体现方式有这个能力”，黑格尔指向了一个更近代且更高级的“艺术的浪漫形式”。浪漫艺术表明，感性表述无法全面捕捉理想形式中的思想，它超越了感性的领域。基督教艺术体现了这种形式，其中，感性图像被用来指向精神的王国。黑格尔因此发现了艺术的最高价值，它存在于促进崇高真理提升的思想中，而不仅仅是美的体验（pp.82-87）。

黑格尔也依据艺术流派是否有潜力服务于思想并在精神上超越物质性对它们进行了排序。建筑在最底层，然后是雕塑、绘画和音乐按升序排列，诗歌在最高处。“诗歌是意识的普遍艺术，其自身的性质已变得自由，不需要借助外部感性物质来实现自己，它独自漫游在思想和情感的内部空间和内部时间中。正是在这个最高阶段，艺术最终超越了自己，并着力摆脱了和谐体现感性形式的意识所需要的媒介，它穿越了从充满想象力的诗歌到富有思想的散文的历程”（p.96）。这是黑格尔关于艺术终结的著名理论的一段表述。在更早的时候，人们需要用艺术来提升精神内容，因为思想还没有足够先进到不需要感性就能表达精神内容。但是，在现代更为哲学的“反思文化”中，艺术对我们来说“已经失去了真正的真理和生命”，并且在很大程度上是为“我们的直接享受”服务的。因此，黑格尔认为一门审美的科学有必要继续把艺术与真理相连，从而避免将艺术的价值降低到娱乐水平（pp.12-13）。

阿瑟·叔本华（Arthur Schopenhauer，1788—1860）发展了康德思想的另一种变体。他反对黑格尔的艺术始终在传递真理的观点，代之以人类意志是认知背后的主观力量的理念。物质是表象，而意愿是根本的现实，并被体现在思想中。艺术的最高价值在于揭示人的意志。叔本华在《作为意志和表象的世界》（Schopenhauer，1819/1966）一书中认为，艺术所表达的思想，并不是历史概念，而是永恒的思想，即使艺术的表述是天真的，并且仅提供了一个短暂的形象，它不是哲学反思最终需要的永久的普遍知识。审美体验特别能让我们看透现实，因为它的无功利的“少意志的”思考使艺术思想本身光芒四射，而不会被通常操纵我们看法的现实利益所扭曲。各种艺术都在思想的层面上被排序：建筑比雕塑和绘画排名低，雕塑和绘画又比诗歌排名低。音乐的排名最高，“因为音乐不像所有其他艺术表现出意志客观化的思想或等级，音乐直接展示意志本身……它是所有艺术中最强大的”（1966，p.448）。

弗里德里希·尼采（Friedrich Nietzsche，1844—1900）认同叔本华赋予艺术的极高评价，他对先辈们关于艺术是少意志、无功利性的理论提出严厉驳斥。他刻薄地嘲讽说，无功利性的教条代表了一种哲学家的假装正经和无知，与艺术家的创造性经历相比，这种教条是二手的、旁观者角度的艺术观点。尼采在《悲剧的诞生》（Nietzsche，1872/1956，pp.239-240）中主张，艺术和美的力量不是来自无功利性，而是来自“‘兴趣’导致的意志亢奋”。“我们的美学家不知疲倦地排练以支持康德的观点——美的魔力使我们能够‘无动于衷地’观看女性裸体雕像，我们不免要嘲笑他们为此付出的代价。艺术家在这个微妙问题上的经历是较为‘有趣的’；当然皮格马利翁不是完全缺乏审美感的。”对于尼采而言，艺术的巨大价值不在于它卑贱的实际效用，而在于它服务于生活，它提供了表现美、意义和愉悦的顶点——这足以证明它存在的意义。虽然它依赖于外表，但真正值得庆贺的是它的“审美的快乐”，以及“永恒的生命……超越一切外表，哪怕是毁灭”的原则。正是通过艺术，“这个世界才被证明是一种美学现象”（pp.55-58，101-102，143）。叔本华认为艺术揭示了存在于柏拉图式理念中的真理，为此尼采争议道，艺术不仅提供服务生活的美丽幻象——清晰而完美形式的阿波罗梦幻世界——而且能够窥视到更深一层的酒神式现实，其中疯狂的意志和不断的变化彻底颠覆了我们的秩序和个性化原则。艺术，“那个在康复治疗方面的专家”，使我们能够面对这种可怕的景象并从中恢复：“崇高的精神……通过艺术来征服恐惧。”（p.52）但是艺术也提供了一条让人逃避痛苦或可怕真相的出路。“真理是丑陋的”，尼采总结说，“我们拥有艺术以免我们毁灭真理”（Nietzsche，1901/1968，p.822）。

卡尔·马克思（Karl Marx，1818—1883）对黑格尔哲学进行了彻底的重新解释。虽然马克思采用了不可避免的、科学上可证实的社会进步这一概念，但他以物质（或者人与物质的关系）取代历史精神作为推动力量。由此，在融合了黑格尔的历史性与英国政治经济学的机械必然性之后，他得出结论，所有关于人类文化的“制度”，包括艺术，都是由社会生产关系所决定的。生产决定了价值创造，并且塑造了艺术所属的上层建筑。新的生产关系会导致新的艺术形式。因此，对于艺术价值的单独识别是没有必要的。然而，马克思对欧洲大陆审美哲学家的影响相当大，如阿多诺和本杰明（Adorno and Benjamin）。

6.4 20世纪70年代之前经济理论中的艺术

维尔弗雷多·帕累托（Vilfredo Pareto，1848—1923）是在洛桑任教的瓦尔拉斯的继任者，他在经济模式的更高分析精度方面作出了许多贡献。在《政治经济学教材》（1909）中，帕累托抛出了生产障碍的概念来比较消费品位（Pareto，1909）。在他的解释中，品位并不是一种有待开发和改进的能力，它是某种商品用户可能拥有的任何一种嗜好，这种嗜好使他或她能够在他们的偏好顺序中排序。偏好的概念被证明对英国经济理论的发展有帮助，该理论在第一次世界大战后发生了正式的分析性转向。

全球金融中心伦敦已经快成为欧洲的另一个首都了。这种震动导致哲学话题也兴旺起来。认识论的立场被激进化，并很快充斥了经济科学界最有影响力的作品。知识圈包括经济学家及哲学家。所有这些圈子的哲学要旨都是要与形而上学进行一次彻底的分离。哲学转向了其自身，即转向了对观察报告制作方式的观察。在伦敦，知识分子的话题从具有强烈文学和哲学口味的“剑桥圈”统治中解放出来。[①]相比剑桥而言，由莱昂内尔·罗宾斯（Lionel Robbins，1898—2004）在伦敦经济学院组建的经济学家圈子受传统的束缚较少，更具有国际化视野，且更热衷于将新发现的逻辑方法运用于研究方法中。正是在这样的背景下，约翰·希克斯（John Hicks，1904—1989）为我们呈现了他的《价值与资本》（1939）一书，提出了一个有关消费价值作为经济行为无可争议的驱动力的经济模型。

继帕累托之后，希克斯使品位和偏好的排序成为其一般均衡理论大厦的部分形式基础。沿着偏好的顺序尺度，在给定的预算下，各种商品之间的消费均衡点得以测定。不需要用序号单位来测量效用，“当谈到市场价格体系”时，每个人的“价值均衡”都可以用金钱单位来衡量（Hicks，1939，p.20），并且这种测定被认为是十分充分的。

从希克斯版的价值测定到吉拉德·德布鲁（Gérard Debreu，1921—2004）（Debreu，1959）版的价值测定只走了一小步。德布鲁称他的贡献为《价值理论》。在他的模型中，不需要使用术语，“价值”一词与“市场价格乘以商品的量”具有相同的含义。虽然使用价值（或消费价值）仍被认为是拉动经济的因素，但它已被降低为主观的、不能渗透的个人偏好/品位。“价值……成了个人欲望小球所塑造的随便什么东西，是一种‘自成一格的’万有引力，因此对它是不应该产生任何理性争议的……”（Mirowski，1989，p.25）研究门类在此被清楚地划分出来：经济学研究相互依赖的市场的特性，而艺术品位的形成，正如任何其他导致偏好变化的过程一样，是其他学科，如心理学、艺术史或审美哲学等应该关心的事。

当品位或偏好的稳定性作为经济建模的基础受到攻击的时候，乔治·斯蒂格勒（George Stigler）和加里·贝克尔（Gary Becker）发展了一个关于人力资本的变形理论，特别针对艺术欣赏。在一篇题为《不动如山》（1977）的论文中，斯蒂格勒和贝克尔承认，确实有某些商品，消费越多，越会导致更多的消费，如海洛因的消费是一个有害的例子，音乐的消费则是有益的“成瘾”效应的例子。并非要求改变品位，作者只是建议改变调节家庭生产函数的影子价格，那么这种效应可以得到合理解释了：为了消费音乐，不仅需要市场上的商品，还需要时间和“音乐资本”。知识和技能的积累减少了未来的消费成本，因此增加了可观察到的边际效用。

6.5 20世纪90年代之前美学中的艺术

20世纪的美学理论显示出了相当大的多元性，包括对通用美学理论可能性的一些怀疑，因为有人担心艺术有史以来所创建的概念相当模糊、备受争议且界限不清，艺术应该象征着一种天然的本质。这种怀疑延伸到了对于艺术评价的标准。在世纪之交，我们已经发现了这种反本质主义的立场。

列夫·托尔斯泰（Leo Tolstoy，1828—1910）是艺术交际价值的热烈倡导者。他把艺术定义为感情的交流或传染。“艺术是一项人类活动，其中包括一个人有意识地借助于外在标志，将自己经历过的感受传给别人，其他人受到这些情绪的感染也体验到了这种情绪”（Tolstoy，1896/1997，p.681）。从这一艺术定义出发，他衍生出两个评估标准。就沟通效果而言，“感染力越强则艺术性越好，现在就要把内容讲出来，别去考虑它

① 一个例子是“门徒”的交际社会，其成员包括伯特兰·罗素（Bertrand Russell）、詹姆士·凯恩斯（J.M. Keynes）、福斯特（E.M. Forster）和利顿·斯特雷奇（Lytton Strachey）。后者也是1924年建立的“头盖骨俱乐部”的成员，是战前的布卢姆茨伯里伦敦分支的一员。参见Skidelski（1992，p. 13）。

的主题——就是说别去考虑它发送出的情感的价值”。传染性的程度取决于三个条件：“所传递的情感的个性”，传递的“清晰度”以及“艺术家的诚意”（“艺术家本人感觉到的他传递情感所用的力量”）（1997，p.685）。托尔斯泰认为，艺术家的诚意这一条是最重要的，并且事实上，它包括了其他两条。对于主题，托尔斯泰采用了虔诚的基督教和民主观点，他认为好的艺术应该表达出“团结所有人”的感情并把这解释为只包括两种感情：“首先，是从我们作为上帝之子和人类兄弟的观念中流露出的情感；其次，是对人人都有的普通生活的简单感情，诸如欢喜、怜悯、快乐、安宁等。”（p.689）托尔斯泰理论的一个明显的（和尴尬的）后果是它贬低了党派、爱国、困难，或者精英艺术的地位，令人震惊的是其中还包括对贝多芬《第九交响曲》的谴责。

贝奈戴托·克罗齐（Benedetto Croce，1860—1952）提出的作为直觉表达的艺术理论包括了一些关于评估的惊人观点。他认为，一种真正的或成功的艺术直觉，意味着它的活跃表达，尽管这种直觉表达并不需要在物理对象上被外部化。工艺技术因此被排除在艺术价值之外。此外，由于每个直觉表达都是一个独特的产物，因此不存在美或明确的艺术价值等级。对克罗齐而言，艺术价值意味着对其内容恰当的直觉表达，并且如果一件作品充分地表达了这点，那么再没有什么比这更具表现性或更美的了。“美丽没有等级，因为没有孕育一种更美丽的可能性，也就是说，没有比表现更具有表现力的，比适合更适合的。另一方面，丑陋（即不成功的表现）确实具有等级”（Croce，1901/1970，p.79）。克罗齐坚持每一件艺术作品的独特性在于直觉表达，为此他排斥所有艺术评估的一般原则，如那些基于流派定义的原则；他认为流派是随意的约定或者幻想。

大多数大陆的，特别是德国20世纪的艺术哲学都体现了黑格尔的持久影响力，他们批评用从美的直接体验中产生的内在愉悦来鉴别艺术价值，强调［鉴别艺术价值］应该不囿于真理与理解的审美理想。例如，海德格尔（Heidegger，1889—1976）确认艺术是“真理应运而生的一种独特方式”（1975，p. 78）。汉斯-格奥尔格·伽达默尔（Hans-Georg Gadamer，1900—2002）同样强调认知层面，声称艺术作品带给人的愉悦感就是“知识的快乐”（Gadamer，1982）。特奥多尔·阿多诺（Theodor Adorno，1903—1969）也有同样的哲学性偏见，认为作为艺术最本质的价值，真理凌驾于美之上，美的艺术生产对于我们这个经历过奥斯维辛集中营般恐怖的现代世界而言，犹如自欺欺人，太不真实了。阿多诺能够解释现代主义艺术已经远离美的简单目标，而不是追求其他表现目的：“伟大的艺术作品都无法说谎。”（Adorno，1973/1984，p.188）在艺术价值的较量中，阿多诺明确肯定了美的愉悦必须让步于真理。“在一个虚幻的世界中，所有的可能性都是虚假的。艺术乐趣也是如此……总之，我们需要摒弃艺术的本质就是享受这种想法……艺术作品真想从我们这里得到的是知识，更好地说，是一种公正评判的认知能力。”（pp.18-21）此外，尽管阿多诺承认艺术一直都有社会和实际用途，但是他反对以功能性来理解艺术价值。相反，他自相矛盾地坚持“如果任何社会功能都可以全然被归因于艺术，那么它的功能就是没有功能”，如此，普通的实际存在和功利思想的“荒唐的现实”就有了替代物（p.322）。汉娜·阿伦特（Hannah Arendt，1906—1975）同样认为，与普通商品不同，艺术品的价值“与功能性截然相反”，或者与生活性消费过程中的用途相反。艺术品是目的纯粹的、具有“内在的独立价值”的东西，“独立于所有功利性和功能性参考的事物，其品质始终不变”，从而显示“永恒不灭”的价值（Arendt，1961，pp.208-218）。

瓦尔特·本杰明（Walter Benjamin，1892—1940）与阿多诺密切相关且备受阿伦特推崇。他承认艺术的功能性并将其与多种使用价值进行区分（1969），提出了一个对艺术价值更为细致入微和平衡的看法。这里，本杰明关键性地区分了艺术品中相互对立的膜拜价值和展示价值。前者连接着艺术的光晕［奥若蒂克式的］品质，它神奇的史前史，它在祭祀中的用途，它真正的独特性的意义，以及它与天才和遥远过去的特殊联系。这里的部分价值是其神秘价值，即它不容易被接近或被看见的特征。相比之下，展示价值涉及感性经历或艺术享受消费中所获得的价值。虽然失去崇拜的光晕在某种程度上削弱了艺术的力量，但本杰明认为艺术宝贵的民主潜力将走向展示价值，并作为对这种损失的一些补偿。

到了世纪之交，剑桥大学已经成为一般分析哲学及审美哲学的中心。一位主导人物就是乔治·爱德华·摩尔（George Edward Moore，1873—1958）。他声称，美丽的艺术作品有客观的、确实的内在价值，但是这种价值可能永远不会被基于自然属性的定义或标准所捕获（Moore，1959）。他认为，道德上的善和美学上的美，都是非自然价值，不能用准则或标准来分析。正如康德和克罗齐早先指出的那样，每件艺术品的审美价值都必须通过特定的判断或直觉来评判，而不可能从一般的定义或原则中衍生出来。为了恰当地凭直觉理解艺术作品，人们不得不抛开外在用途，就其有机组合进行单独考量。摩尔的理论不是纯粹的形式主义，因为他认为一件作品的真实性增加了它的价值。但他强调有机的统一激励了更有特色的形式主义理论——罗杰·弗莱（Roger Fry，1866—1934）和克莱夫·贝尔（Clive Bell，1881—1964）将这些理论运用到造型艺术中，这些艺术理论家，还有凯恩斯和其他布卢姆茨伯里知识分子，都分明受到了摩尔哲学的影响。

路德维希·维特根斯坦（Ludwig Wittgenstein，1889—1951）是剑桥大学的一位维也纳哲学家，他时常与摩尔密切合作，但很快就超越了摩尔在哲学方面的影响力，他将更多的特殊性和多变性引入艺术作品的评估中。维特根斯坦认为审美观念，诸如艺术与美是非常含糊不清和模棱两可的。艺术或美并没有一个单一的本质让我们据此作出价值判断，并且这些概念并没有要求我们在评估中正当使用本质。维特根斯坦反对摩尔对于美的专注和他的美有着共同本质的假设前提（尽管它不能被归纳为自然属性或被定义性准则所捕获）。维特根斯坦（1970）认为我们的审美评估有太多不同的种类，因此不能被简化为一种单一的形式。在他的术语中有许多关于艺术的不同语言游戏：评论一首十四行诗是否正确写成，或者一场表演是否在技术上完美无瑕，与判断一幅肖像画是否光亮微妙或者一部小说是否深刻或伟大是不同的。他指出，除了造型艺术和音乐，谓词"美"并不经常在我们审美评估的语言游戏中使用，并且这些语言游戏在练习中具有某些灵活的规则。此外，维特根斯坦指出，某些审美评估是在我们的行为中表达出来的，其内涵与我们用语言表达的一样多。尽管有这样的模糊性和开放性，维特根斯坦承认在我们的审美评估中，一定存在明显的交汇处，因为只有将审美评估嵌入在我们共有的生活方式中，才使得我们的评价性术语有了它们自身的意义。虽然我们不要求美丽具有一个本质以使得"美"这个词具有可理解及可共享的意义，但我们确实需要对该词的使用和应用有某种交汇点。

摩尔和维特根斯坦都是分析哲学的创始人，而分析哲学在很大程度上主导了20世纪的英美哲学。但是，实用主义在美国也是一门很有影响力的哲学，并且在其他地方日渐盛行。约翰·杜威（John Dewey，1859—1952）是其主要的倡导者，在《艺术即经验》（Dewey，1934/1987）中，他提出了一个综合性美学理论。杜威反对无功利性和无目的性的康德思想，他主张艺术的广泛功能性。艺术作品不仅具有工具性功能（娱乐、教化、宗教启迪、装饰、个人和社会的表达，等等），而且从本质上来说，它们之所以被人们享受，是因为它们提供的"圆满性"体验，那是一种满足感，不仅对自身有价值，而且通过其生动性和生命力，使生活更加满足，更能激发个人和团体的能量与智慧，生活也因此得以改善。杜威认为，艺术的价值，不仅在于艺术品的物理特性，而且在于这些特性所服务的生活经历，不论是艺术家的创造性经历还是观众的欣赏经历。艺术强化了体验，使其可以被有力地、广泛地分享，因此其具备了形成和表达共同体的重要功能，被认为是“在更大秩序和统一的方向上重塑共同体的经历”（1987，p.87）。此外，艺术的想象力可以提高我们的道德敏感性。杜威提出了一个重要观点：如果内在价值被解释成就某样东西本身来评估这样东西，而非“仅仅”为了它的工具性用途，那么工具性与内在价值并不矛盾。我们可以就艺术品本身来享受审美的体验，同时也欣赏其非审美的功能。

当分析哲学家们时常回避审美评估问题以及审美体验的观念，担心这两者都太主观时，门罗·比尔兹利（Monroe C. Beardsley，1915—1985）却把杜威的审美体验理念发展成了一种独特的评估理论（Beardsley，1958）。一件艺术品的价值是依据其创造审美体验的量级能力来定义的，这样的体验被推定为具有价值；体验的量级越大，则价值越高。比尔兹利汇总了这种方法的三个主要形式主义价值标准：艺术品应该显示统一性、复杂性和强烈性——这些属性有利于产生强烈的审美体验。由于怀疑内在价值概念，并且对杜威的内在性与工具性价值之间的协调缺乏关注，比尔兹利认为审美体验是宝贵的，但不是内在固有的；更确切地说，它的价值来自整个社会生活和个人生活中审美体验的宝贵作用或结果。尽管如此，比尔兹利设想审美体验本质上是从平凡的生活中分隔出来的，因此艺术作品应该依据它们的直接感知来解释，而非依据它们对真实世界环境方面广泛的参考关系。这种观点使得比尔兹利成为新批评主义的重要理论家。

与比尔兹利形成鲜明对比的是，纳尔逊·古德曼（Nelson Goodman，1906—1998）坚持艺术的参考性或象征性的运作。古德曼（1969）批评传统美学理论对于艺术价值的问题给予了太多关注，他认为这已经歪曲了我们对于艺术意义的理解，从而减少了美学理论本身的价值。然而，根据他的艺术作为符号的分析，古德曼大胆提出了“在认知卓越下的审美包容”（1969，p.259），这与从真理和知识方面定义艺术价值的相似战略遥相呼应。

乔治·迪基（George Dickie）先是怀疑并批评了比尔兹利以审美体验作为一种形而上学的幻影（1965）的观念，后来又肯定了体验是解释艺术价值所不可或缺的：艺术作为产生“审美品质的体验”（例如，统一性、复杂性、强烈性）的工具是有价值的，这样的体验有其内在价值（1997，p.158）。迪基认识到并不是所有艺术品都展现相同种类有价值的特质，他因此争辩说，我们不能仅提供单一的通用矩阵去排列所有不同艺术作品的价值，尽管我们可以依据它们显示出的有价值的审美属性的数量及程度来比较艺术品。

皮埃尔·布迪厄（Pierre Bourdieu，1930—2002）曾作为一位哲学家和一位经济社会学家撰写了著作。他认为（1996）艺术的价值构成是有社会性和历史性的，因而它最终植根于文化等级制度和领导权的社会结构中。被赞赏了几百年的艺术品是文化和天才的代表，它们深深根植于社会和文化中，所以其价值是不允许被轻易质疑的。艺术作品不仅仅是拥有象征性资本的物品，它们也是文化品位的标识，它们将象征资本授予那些懂得以正确的方式欣赏正确作品的阶层和个人。虽然品位可能看起来是自发的和个人的，但是布迪厄主张它是普遍的、拓展的（虽然通常是非正式的和隐含的）社会教育的产物。艺术的价值是客观的，但只是作为一种社会事实，而不是作为一个独立本体论的假设。

尼克拉斯·卢曼（Niklas Luhmann，1927—1998）认为艺术价值的社会结构属于社会理论所涵盖的范围。在他看来（Luhmann，1995/2000），艺术理论与哲学的联系已经阻碍了它的发展，因为在艺术理论的设计中从来就没有涉及关于艺术的起源问题。符合艺术独特气质的理论必须能够解释同时存在的惊喜和认可，这种惊喜和认可描绘了艺术作品的经历。由这类事件传达出的特殊现实是一种刻意制造的对常见现实的重复，是对“世界之中的世界”（p.241）的一种演示。理论家和其他观察者，都在以理想化的、批判的、肯定的或试探性的方式，自由运用艺术的沟通能力。但是所有的自由及约束都是决策的结果，而这些决策早已在作品本身中作出了。

6.6 当代经济学中艺术的外部效应的多样性

自20世纪70年代以来，经济理论已经扩展到对制度变迁的解释。拥有自然资源和知识产权的权利被解释为社会契约的一部分，这些社会契约是经济行为的基础。个体行为中隐含的约束可以被解释为非合作策略博弈的稳定解决办法：尊重他人拥有的权利是值得的。除了权利，达成的规则减少了消极的外部效应所造成的损害，并且捕获了可能产生的部分积极的外部效应。

"外部经济"的概念最初是由阿尔弗雷德·马歇尔提出的，这一概念在过去三十年中已经明显上升到了突出的地位。马歇尔用它来识别行业中的固定规模报酬偏差。教育和技能可以看成外部经济的正面例子，外部不经济的例子是环境污染和政局不稳。价格体系并不反映这种活动积极的或消极的"价值"。这一发现的经验教训已被应用到发展中国家的经济中，应用到教育和研究的经济学中，以及环境经济学中。它们也被应用于艺术的作用中。

接下来的章节将介绍研究文化产品市场时进入我们视野的三个"外部效应"的例子。这三个例子并不是详尽无遗的，选中它们是因为它们体现了艺术估值的作用。

20世纪50年代，蒂博·西托夫斯基（Tibor Scitovsky，1910—2002）就在技术的外部效应的讨论中表现突出。在《无快乐的经济》（1976）一书中，他的研究范围更大了：他考察了"消费技能的价值"。他从主观价值是纯粹脑力价值这一观念出发，认为心理学研究应该对获取快感的过程提出见解。翻阅文献之后，他找到了冲动的愉悦和刺激的愉悦之间的区别。前者唤起了舒适感，后者唤起了新奇和发现的兴奋状态，而个人在选择两者时的侧重点不同，这一事实可以通过社会统计学来衡量。数据显示，刺激的愉悦感的"增长率"远远超过了舒适的愉悦感。刺激通常是由所购买的货物与服务来支撑的。在许多情况下，它是在非市场环境中达到的。西托夫斯基讨论了自我刺激、相互刺激、非市场商品和外部经济。他总结为，一个社会的福利在很大程度上取决于其"在利益最大化条件下生产经济型产品的经济能力，并尽可能减轻伴随而生的危害"（p.105）。

文化体验作为产生有益的副作用的活动被挑选出来。文化被定义为"提供使刺激变成享受所需的冗余的那部分知识"（p.226）。消费技能是将刺激进一步转化为享受的手段，是主观价值的源泉。消费技能依靠个人的实践、习得的品位和谨慎的判断。在本质上，它们是辨别信息的技能：在不断涌动的新信息中，极少数的项目被选中成为在一个社区或公民社会里共同享受的资源。

在所有文化消费技能中，能够对艺术品或艺术表演进行估价和解释的技能是最核心的。西托夫斯基用音乐作品和绘画的例子来说明以极大程度的冗余性和新颖性来创作新作品的技能（pp.48 and ff.）。它们是由艺术家、专家和业余爱好者来实践的。

正如生产技能被认为可以增加每项输入的产量一样，消费技能可以增加"消费力"，或者说消费的产出。西托夫斯基观察到，在过去300年的工业发展过程中，生产技能已经逐步把消费技能挤出去。他为这一现象提出了几种原因。第一，消费技能的价值因为需要呼应哈奇森时代的道德原则而被低估了：一个社会如果将提升心灵极乐的活动与危及这种提升的自私性刺激娱乐活动的区别分得太清楚，那么享受娱乐的技能在这个社会是不被看好的（p.228）。第二，对收入增加的测量要比对享受音乐会或芭蕾舞剧所需技能的价值测量更为精确。这些技能可能会打开"一座新奇事物和享受岁月的巨大水库”（p.235），但结果是不确定的，因此会大打折扣。第三，消费技能的实施被视为对目前生产的产品的一种威胁：该项技能提供了通向自我发现和新奇性愉悦的通道。愉悦感甚至可以在活动的过程中产生，由此导致某些文化商品和服务变得多余。比如，一旦某个人学会了写字，她就不再需要抄写员或朗读者提供的服务了。但是一个事实被忽略了：超出了旧有偏好秩序的新商品开始走入人们的视野，一个知道如何阅读的人开始发展他对书籍和报纸的品位。

威廉·鲍莫尔（William Baumol，1986）为我们呈现了一个有关1652年以后画作转售回报率的开创性研究。根据他的研究结果，回报率遵循随机模式；平均收益率在0.55%，远低于其他资产的平均收益率。从那时起，一个完整的分支学科开始测试和扩展鲍莫尔的研究结果。[①]多数研究证实了低于平均收益的结果，然而随机游走结果没有被证实。对于“异常点”的解释始终如一地指向“精神回报”，以及表明社会特定身份和地位的“社会效益”。精神的愉悦感可能被一幅画作（亢奋）的主题触发，也可能由画作的历史知识及画作在品位（刺激）世界里的地位触发。社会效益来自它们能够标志一个人的收入水平、文化学识或对于新颖性和风险的态度。假设谈判伙伴能够读懂蕴藏在一份私人收藏或一座国家博物馆等媒介中的信号，则艺术品拥有者的价值在于改善他们的谈判地位。昂贵的材料很容易阅读，而一个特定风格的细微之处，像黑色底面的希腊花瓶或“贫穷艺术”物品，则需要运用更复杂的审美鉴别标准。因此，关键性审美标准的成功运作在个体的消费价值上发挥了积极的外部效应。

此外，品位的标准使得艺术品适合价值存储和潜在的价值增长。投资者追随职业专家的优质评判做决定，而这些评判的稳定性使得艺术价值比债券和债务在更长时间内维持其转售价值成为可能，对当代作品成功的“赌注”风险通过听取画廊主和评论家的意见大幅度降低。

从对自然环境部分价值的广泛讨论中引发出了一种“意愿调查价值评估法”（Noonan，2003）。环境效益有时是由个人享有的，但我们不能就此安置一个市场来产生这种效益。对这个问题的标准体制性的回应是将其转移到政治议程上：税收或转让是通过公共家庭、规则和条例的实施来完成的。让政治议程充分反映个人的偏好是非常困难的。条件评估是一种调研技术，它有助于通过搜集在假想市场中交换价值的信息来解决问题。受访者被要求说出他们对非市场效益来源的支付意愿——一个动物物种的存活、一个自然保护区的划定，以及延伸到文化领域，一处历史古迹的保护。

对调查问题的回复与市场交易中购买力的实际减少完全不同。尽管如此，结果一致表明了对艺术作品和机构以及文化古迹遗产的积极支付意愿。特别值得一提的是对期权的观察。文化期权是附着在地点、对象和事件上的机会价值，它为个人所知晓，但没有被个人所经历过。个人“消费了”其能力，去表达一个“文化”的身份、历史、理念及对它的渴望（Throsby，2001）。一种文化可能有不同的规模，镇、地区、国家，或是由共同的信念或生活方式连接的网络。“文化价值”就是一个俱乐部，对这些社区的成员有益，因为他们知道他们的共同遗产是什么。文化符号提供了谈话的共同主题，并且便于形成对谈判伙伴的预期。对于非成员，艺术作品表达了其他文化对该作品基本问题的看法。在这个工具层次之外，成员收获了直接的内在利益，因为他们对那些制品和事件感到骄傲和喜悦，这些制品和事件代表了他们的社区及其“真作”的卓越。

因此，作为经济产出的艺术品需要特别的价值发现机制：只有审美评估的自治进程才能可靠地选择那些具有高度审美品位的制品、故事和创作。在那一过程中，

① 参见Ginsburgh、Mei和Moses的本卷第27章。

当前的精品集由此形成并受到不断的争议。正是这组选定的作品和表演，对个人来讲才是其价值的来源，不论是在那件真作的文化边界里面还是外部。

6.7 当代美学中艺术价值的多样性及其经济估值

在艺术价值模糊的概念中，不同的价值类型似乎都被套了进来。我们区别出了十种价值，它们都在迄今已有的美学理论中不同程度地被提出过。这些表明，艺术价值的阐发是一个不断探索辨析的过程，而不仅仅是一个明确的本体价值范畴。艺术价值的形式不包括其在货币意义上的经济价值。该形式将作为单独的分类在下文中讨论。很难想象所有这些类型的价值是如何被组织成一种可以被接受的量化方式来对所有艺术作品的价值进行排序的，况且这些不同种类价值的权重还存在着极大的争议。然而，对这些价值进行区分可以使我们就一件特殊作品谈及它的价值时变得更加缜密。

（1）艺术的道德或宗教的愿景，它启迪和振奋精神的力量仍然可以构成作品的部分艺术价值，而对驱动人类低级行为的吸引力及对受道德谴责行为的容忍，会降低艺术作品的价值。形式不能从内容中完全分离。作品中表现的道德或宗教的愿景构成了作品的部分内容和结构，就其本身而言，其估值可以合理地纳入我们对作品价值的评估中。这并不是说道德愿景必须是真实的或者被鉴定人完全接受的，但至少它必须是合理的、成熟的且连贯的。艺术历来因其宗教用途而受到尊重，如在祭坛上的器件、诗歌和祈祷音乐。积极的道德影响已经被赋予文学、音乐教育和视觉作品，另一些则被谴责为非宗教的和道德上的腐败。艺术通过协调我们的精神来改善我们的性格，正如亚里士多德（用更为个人主义的术语）及席勒所提议的，通过艺术思想净化和表演。艺术作品的道德教育功能，自沙夫茨伯以后已被看成价值的来源，这些艺术品描绘了道德行为及特征表述的精细微妙。

（2）艺术一直因其深刻的表现力而受到尊重。有人争辩说，表现需要一种媒介，通过它，自我可以被表现。多种多样的艺术媒介以其丰富的感性和语义潜力，为这种表现提供了极好的平台。艺术表现论的倡导者，如克罗齐（Croce，1970）和科林伍德（Collingwood，1958），认为艺术家在开始的时候对她希望表达的内容并没有一个清晰的感觉，只是通过艺术，表达才会变得清晰和明了。除了传递意义（这里，一件艺术品的表现是对先前某种事物的表达，如一份特别的情感或思想等），艺术表现还有一种非传递意义受到人们的重视。当我们不能了解一幅画或一段音乐到底想表现什么时，我们就认定它是有表现力的，这很合乎情理。这里，表现力意味着一种力量和影响的程度，它们隐含着艺术价值。

（3）艺术品的交际力量是在艺术家和他们的公众之间分享感情和思想，它是艺术价值的一部分。艺术的情感品质、直接的体验诉求以及与愉悦感的联系，使艺术具有带着渗透弥漫性质的感染力，它促进了简单、快速、强大且广泛的交流。康德将审美评判的理由置于人性的“共通感”中，席勒则认为“只有交流的审美模式才能团结社会，因为它关系到什么是我们共通的”（Schiller，1986，p.217）。用杜威的话说，“艺术突破了分割人类的屏障，而这种屏障在普通的关联关系中是坚不可摧的”（Dewey，1987，p.249）。

（4）交际力量对艺术的社会和政治价值也是必不可少的。艺术品通常体现了创作它们的那个社会的意义和理想；即便是载有革命信息的作品，也得在一定程度上依靠共享的意义和价值，否则它们将无法被理解继而受到彻底拒绝。艺术因此提供了一个极具吸引力的思想和理想的仓库，这些思想和理想筑造了社会的团结和稳定，并能世代相传。通过想象力维度，艺术作品也可以激发社会和政治秩序的新愿景。艺术品的社会和政治成分不可能干脆利索地从它直接体验的艺术价值中分离。当聆听一首60年代的反战歌曲或者80年代充满政治色彩的说唱歌曲时，我们的审美体验会衍生出额外的享受和意义，因为我们体会到了作品所表现出的那个时代的社会政治动机和角色。

（5）柏拉图谴责艺术品是欺骗性的谎言，这已经受到频繁的攻击，人们肯定艺术是有认知价值的。即使我们不去理会只有通过审美方式才能获取真相的某种特殊形式这一理念，艺术也具有不可否认的价值，它有效沟通了一大堆真相并磨炼了我们传达和处理微妙信息形式的符号技能。因为情绪有很强的身体维度，艺术的情感力量使得它所表达的真理变得更加强大和有说服力，所以被情感抓牢的真理会更深刻地体现和印在我们的意识和记忆中。对形式和意义的欣赏是一种练习，这种实践增强了我们对符号处理的认知能力，并提高了熟练程度。

（6）同其他大多数人一样，许多理论家认为艺术价值大部分存在于艺术所提供的特殊的、直接满足的或愉快的体验中。我们把这称为艺术的体验价值。它包括艺术的娱乐价值——娱乐的喜悦和作为休闲的一种消遣。但是对艺术的体验也会有不愉快的回报。例如，前卫作品可能会使人经历震惊、紧张或愤怒，我们都认为这些作品有价值，虽然它们并不是那么令人愉悦或享乐。近些年来，艺术价值中审美体验的核心作用已经通过不同的方式得到再确认。与比尔兹利相反，巴德（Budd，1995）坚持认为，在某种意义上，这样的体验确有其内在价值。因此，巴德认为，作为艺术的艺术价值应该局限在艺术的直接内在体验的纯审美层面上。舒斯特曼（Shusterman，1992，2000）承认艺术的价值也应该包括工具性效应，或者说艺术品审美体验的结果，包括真理、见识以及作品所提供的用途。

（7）美学一直强调体现在艺术中的某种形式价值或设计价值：团结、和谐、复杂性、平衡性、强度、戏剧冲突等。这样的形式价值有时被哲学家区分出来作为特殊的审美价值，以区别于艺术价值。这是因为这些形式价值显然只适用于物品，而不适用于艺术品（一朵花或一场日落或一次海洋风暴），并且似乎不需要评估艺术史价值、艺术技巧价值及膜拜价值时所需要的历史知识。我们评估艺术品的认知、道德、宗教或社会交往价值时所需要的外在的非审美知识，也不需要他们去鉴别。体验价值时可能会与这组具有独特艺术审美价值中的形式价值一并考虑，因为体验价值的维度不会对美术史知识或作品直接体验之外的标准有什么实质性的参考意义。

说到那种不可传递的、可激发情感的启示性，表现力也可包含在艺术作品特殊的审美特质里。我们可以欣赏一幅作品，说它是极具表现力的，而不需要理解他的创作者想要表达的外部美术史知识，甚至不需要假设这件作品一定有什么独特的思想。的确，我们甚至可以说一个自然景象——如一块岩层的形成或一棵粗糙的树——很具有审美表现力，而不用暗示它表现了创造者的什么意图（那些经过暗示、指点才可辨别出的意图）。但是，艺术价值和审美价值之间的区别已经很难维持了，因为“审美”这一术语是如此普遍地与艺术相联系，也因为人们会说即使是对艺术品统一性、复杂性和强烈性等的判断，也含蓄地依赖一些基本的艺术史知识。

（8）艺术价值的一个特殊类别可以被称为艺术的技术价值。这样的价值关系到一件艺术品所展示出的技能、技巧或者技术创新。例如，我们可以认为一件艺术作品的内容或形式都不值得欣赏，然而我们尊重作品或其表演所展现出的技术或发明的精湛。

（9）艺术的历史价值关乎某件艺术品在艺术历史上拥有的价值，它或者提供了历史性革新或影响的证据（无论是技术上的、风格上的，还是就新内容而言的），或者它本身就是艺术史上一件重要的制品。虽然一些观者觉得毕加索的《亚威农少女》是一件很不吸引人的绘画，然而就艺术的历史价值而言，它的艺术价值（作为立体主义的先驱）是不可否认的。因为很少有其他幸存的属于那个时期或者那种风格的例子被发现，物质的稀缺性促进了它的升值。

（10）与历史价值相关的是艺术的崇拜价值。一段被欣赏和传播的历史，一件特定的艺术品，如列奥纳多·达·芬奇的《乔康达》，已成为公认的艺术天才的神圣核心地及自我表现的范例。本杰明所指的光晕的力量使作品的影印复制版也有了价值，而复制的数量反过来又提高了原作的价值。

有些艺术作品也有经济价值。经济价值是所有作品都可获得的特性，而不管一件作品被说成具有何种艺术价值。支付金钱以换取原创作品、原创副本（书籍、印刷品和磁盘），以及音乐或戏剧乐谱的演出。需求供给的某些模式直接与上面我们所说的某种艺术价值有关。

公开表达的能力也使艺术作品成为权力机构及公众家庭的宝贵资源。在宗教机构控制大部分社会权力的时代，它们对作品能够传递的信息和规则的要求很高（1）。后来，这种需求就缩小了，取而代之以政治机构（4）、教育机构（3）及对艺术表现力可以成为支持公共财政的合法候选人这一事实的认可（2）。

艺术的认知价值（5）传递了“各种各样的真理”，并且培养了“符号技能”。一个与经济相关的事实是，社会地位是由符号技能传输的。个人和社区知道如何通过购买艺术作品、购买出席的权利及获取与艺术品相关的装饰物件来显示其身份。高市场价值意味着高社会地位，因此某些作品的价格在其艺术价值没有任何变化的时候可能会被哄抬。虽然认知是外导型的，而愉快的经历（6）是向内的。令时光变得愉快的欲望是消费强有力的动机。娱乐商品和服务在总支出中所占的份额随着时间而增加，用西托夫斯基的话来说，正如更直接的“亢奋”乐趣已经饱和。由于刺激不断产生新的变化，因此艺术品成为作家灵感的重要来源，并且由于媒体的关注，这些艺术品在消费者中具有广泛的知名度，人们对原作及其副本的需求亦随之增加。

艺术品产生震撼力的部分原因在于体验艺术品精湛品质的过程中所获得的愉悦感。判断艺术品的依据是它们满足形式品质的程度（7）。艺术品创作中的技术难题只被少数人掌握（8）。卓越性意味着稀缺性，供给短缺的作品可以要求更高的价格。稀有性也是艺术历史价值（9）的一个关键因素。一件有历史的物品的经济价值，正如一部成功小说的第一版，也随着可得样本数量的减少而增值。最后，作品的范例式独特性（已归于“崇拜价值”）（10），增加了人们对作品副本的需求，对旅行的需求（到被崇拜作品或被崇拜活动所在地），及对与“偶像”相关的其他作品的需求。

当几种艺术价值结合在一件作品中时，经济价值就增加了。价格最高的是由排名最高的大师出品的稀有作品或演出，其把情感震撼与身份地位及娱乐价值结合起来。与普通消费品相反，实体艺术品的价值会保持不变或随着时间的流逝而增加，这使得这些作品成了经济价值有效的保值库。

6.8 审美和经济评估的逻辑

关于艺术评估逻辑的哲学理论集中体现为以下三个相关的论题：评估性判断的逻辑状态、评估中理由的作用，以及评估论证的总体框架（Shusterman，1980，1981）。

（1）评估性判断的逻辑状态涉及的问题在于：艺术评估到底是主张对作品真实价值的描述，还是对作品持有被推荐的特定态度进行规定的情感表达，抑或既非描述又非规定，而是表述行为的判决——它们自身建立评估。上述三种评判理论分别代表了描述主义者、规范主义者及表述行为主义者提出的观点。描述主义者的理论根据描述价值的真正指向还可做进一步划分：若仅指向一个特定的主体，则为主观主义；若只与某一特定的评判标准相关，则为相对主义；若指向的是绝对或普遍的标准，则为绝对主义。当一个主观主义的描述主义者评判说“艺术作品W的价值很高”时，他实际上是在说“艺术作品W对我而言价值很高”。劳伦斯（D.H.Lawrence）和沃尔特·佩特（Walter Pater）这样的文学大师就持这种立场，劳伦斯（1936，p.539）声称“文艺评论不过是评论家对于他正在评论的书籍给他带来的感觉作出的一种合理解释罢了”。相比之下，绝对主义（或客观主义）的描述主义者——如著名的评论家马修·阿诺德（Matthew Arnold）、早年的艾略特（T.S. Eliot）和艾沃尔·温特斯（Yvor Winters），则认为艺术评估要切合艺术作品本身，要“像它本来那样”。尽管主观主义者的观点听起来过度个人化和印象化，佩特（1912，p.10）还是巧妙地辩称“在美学评估中，看到评论对象本来面目的第一步，就是去了解自己真实的印象”。相对主义者在描述性评估中则处于一个中间位置，他承认有些评估胜人一筹，也认为有些评估大错特错。但相对主义者意识到对于一件艺术作品，许多有理有据的评判时常相互冲突，他们并不像绝对主义者那样只将某一种评判奉为真理，对其他与之相悖的评判则全盘否定。因此，对相对主义者来说，只要符合某些标准，就足以认定艺术评估是真实的或客观的。在诸多拥护相对主义形式的理论家和评论家中，赫施（E.D. Hirsch，1969，p.33）清楚地表述了这种核心思想：“尽管在文学评估中的（某种评估标准）没有优劣先后，但客观性和准确性是无论如何都有的，它们就存在于文学作品和我们用以评判它们的标准二者的关系中。”

其他理论家根本不把评估陈述解释为描述性命题。对于情感主义-规范主义者而言，就像艾耶尔（A.J. Ayer，1971）所说，关键的判断“是纯粹的情感表达，因此不属于真理和谬误的类别”，而是为了使我们分享评估中所表达出的情感和态度。缺乏真理的状态并不妨碍交流作品可感觉到的价值并让别人相信它。另一种观点是建立在奥斯汀（J.L. Austin）的表述行为说话方式理论之上的表述行为主义。他认为评估判断并不描述作品本身的价值，也不是为了评判主体，而是为了展现或创造作品的价值。正如玛格丽特·麦克唐纳（Margaret MacDonald，1954，pp.121-122）所阐述的，“确认一件作品是好的，与其说是说出它的特征或它的创作者和观众的身份，倒不如说是授予它了一枚奖牌。裁决和奖励没有对错之分，它们可能会被推翻，但不是被彻底否定。它们可以是事出有因的，也可以是没有道理的”。举几个常见的例子，当一位著名书评家在其评论中大力推荐某书时，那是机构要求他这样渲染的，然后他会拼命放大那些机构特别给予作品的重要价值。这同样适用于一些艺术奖项的提名和颁奖。

从这些不同的评估判断理论中，人们很容易得出结论，即没有一个理论是可以被完全接受的，因为每个理论都有它可信的地方。评估判断的不同，事实上是在形式和功能方面的不同；描述主义、规范主义和表述行为主义都能找出一些评价判断来支持它们不同的分析。

（2）评论家和艺术爱好者不是简单地提供评估判断，他们给出了评价的理由。这些评价理由发挥了什么作用呢？一些理论家认为，评价理由起到了证明或验证原则的逻辑作用。例如，门罗·比尔兹利将“这件作品是统一的”这一理由理解为：它提供的证据确认了给定艺术作品具有价值，因为它提供了归纳性证据说明该作品可能会产生一种（有价值的）审美体验。比尔兹利认为，统一性和审美价值之间的逻辑关系类似于“食物是危险的”和“沙门氏菌在食物上爬行”之间的关系。关于复杂性和强烈度的理由也同样是确认审美价值的证据，因为拥有这些品质的对象往往会产生审美体验，虽然拥有这些品质并不是必要或充分条件（Beardsley，1958，pp.533，535）。同样，当批评家们呼吁某件经典作品经历了“时间的考验”，或某件作品一直以来都具有相当的影响力时，他们实际上是在论证该作品的价值，而他们的证据就是该作品以往的正面评价。正如塞缪尔·约翰逊（Samuel Johnson，1709—1784）给出的经典经验主义立场，“对于在非示范性、非科学性原则上（例如，数学的或演绎的）诞生的作品，它们只是为了被整体观察和体验，除了名声的持续和持续时间的长度，没有其他方法可以说明其价值了”（Johnson，1957，p.9）。这种基于证据的方法仍然被广泛应用于艺术的当代评估中。例如，特里林（Lionel Trilling）在论及《了不起的盖茨比》中的审美价值时指出，这本书的"重要性和影响力已经随着时间的推移而增加了"，随后他推理说"如果这本书的形式和风格不像它现在这样，那么这种情况是不会发生的"（Trilling，1950，pp.251-252）。另一位评论家格雷厄姆·霍夫（Graham Hough）认为，但丁作品的价值在逻辑上是不可能受到质疑的，因为"如果认为但丁的知名度和影响力都不足以说明他的文学功绩，这将是多么奇怪的一种想法"（1966，p.76）。确实，说一件艺术作品一直有影响力并且是重要的，这已经表明了该作品在艺术史上的价值。

与这些评估理由的逻辑理论不同，查尔斯·史蒂文森（Charles Stevenson，1855—1950）提出了（1957）一种因果理论，认为这些理由是指决定评论家对作品态度的原因或动机，它们被评论家表述出来，以便向公众推荐那些动机和态度。这一类推理可以在艾略特（T.S.Eliot）的一篇著名论文中看到，他在文章中粗暴地批评了弥尔顿的诗歌，认为尽管诗歌本身是"伟大"的，但对当代诗人而言，弥尔顿的诗歌不仅危害很大而且影响恶劣，因为其所强调的豪言壮语、响亮、缺乏视觉性等品质都与艾略特及其支持者想要倡导的那种诗歌相反，同时弥尔顿的诗歌也被17世纪的"形而上学诗人"作为例证。当艾略特的诗歌革命成功之后，他就把弥尔顿描绘得很积极正面了，但同时他也为自己早先的负面评价辩护，认为他的负面评价是正确的，因为在对英语诗歌进行革命时这种负面评价有其合理的动机，"卷入这样一场革命的诗人将会为以往给他们提供过实例和激励的诗人唱颂歌，同时也会贬低袖手旁观的诗人，这些人只知道羡慕某些品质却从不伸手相助。这不仅是不可避免的，而且是正确的"（Eliot，1975，pp.272-273）。

第三种立场是感性主义，主张艺术评估给出的理由起到了修辞工具的作用，让人们的注意力专注在已被肯定的价值中，从而使被肯定了的价值可以被直接感受到。理由不是作为逻辑证据，而是作为感性说服的手段，使读者或听众能够看见或体会到评论家在作品中所感知的价值，从而分享评论家的评估判断。例如，在证明一幅绘画作品的正面评价是合理的时候，评论家可能会指出作品的某根线条或者某个特征。这个特殊的特征引导着观察者以评论家的方式去观察作品，从而在感性上被评论家的评估裁断所说服。维特根斯坦（Wittgenstein，1970）和他的许多追随者都提议过这种关键性推理的感性主义观点，并且这种推理的实例很多。因此，对于审美评估中理由的逻辑作用，我们再次发现没有哪个主要理论是完全正确或错误的，因为评论家的论点都部分地符合这些理论中的一个。

（3）与评估理由的作用密切相关的是一般评估论点的逻辑形式问题：它是归纳性的、演绎性的，还是什么完全不同的东西？比尔兹利（Beardsley，1958，pp.471-472）认为评估论点是"椭圆感应"，他否认我们可以从任何普遍的、绝对的标准中演绎出一个真实的评估裁断。[①]然而，比尔兹利坚持标准无论如何还是存在的，如统一性、复杂性和强烈度等，这些标准提供给我们归纳性的证据，即一件拥有这些品质的作品将会是好的。我们已经注意到，与时间的考验或历史的影响相关的论据也具有归纳性。这样的论据自身已然经受住了时间的考验，从古代的朗基努斯（Longinus）一直到当代的倡导者（Savile，1984）。

相反，其他作者基于评论家明确制定的判断准则和她对于该作品的描述，声称评估论据应该是演绎性的。当我们观察评估批评家的做法时，我们有时会发现一些论据在一般形式上非常具有演绎性。约翰逊和柯勒律治（Johnson and Coleridge）就曾用演绎法论述莎士比亚戏

① 如此一个普遍标准的例子将是"所有具有统一性的作品一定是有价值的"。

剧的伟大性——他们竭力向人们说明莎士比亚戏剧是如何展示伟大戏剧所必须符合的基本原则的。基于流派规则的评估性论断似乎有着一个包罗万象的一般性演绎结构，其中，作品的卓越性是通过说明它满足被推崇流派所必备的所有卓越性和品质原则而展现的。例如，约瑟夫·艾迪生（Joseph Addison）在论及《失乐园》的卓越性时，演示说明了作品是如何满足亚里士多德对于史诗的“规则”的，并且具备了那种流派所“必不可少的美”（Addison，1943，p.280）。哈罗德·奥斯本（Harold Osborne）宣称的艺术判断标准是：一件艺术品应当是“环环相扣的有机整体的一个有机整体”，并且他坚持认为任何真正符合这个描述的作品都将会有艺术价值。不过，奥斯本承认，要说明一件作品确实有这种有机性质，我们需要的是感性的而不是演绎或归纳性的推理（Osborne，1952，p.203；1955）。

某些艺术的评估论据并不是简单的归纳或者演绎，而是包含了很多因素的复杂组合：聚焦评论、类比、对比、导向性问题以及建议性的应答（这些应答总是试图把读者引导至特定的所需结论）。这些在很大程度上依赖于感性推理的论据，被人们描述为具有辩证的或辞藻华丽的特征（Shusterman，1980；Wisdom，1957）。这种推理风格在有影响力的英国评论家弗兰克·雷蒙德·利维斯（Frank Raymond Leavis，1845—1978）身上表现得非常突出和自觉，他把自己评估论据的特征描述为不是“以标准去衡量”，而是“就具体的判断和独特的分析对读者进行劝说并使其信服：‘这个——难道不是吗？——和那个有着这样一种关系。这种事情——你不觉得是这样吗？——显得比那种更好’等”（Leavis，1976，p.115）。

因此，在艺术的评估推理中不存在论据的一般逻辑形式。这不应该使我们感到惊讶，因为我们在关于评估推理的逻辑作用以及评估陈述的逻辑状态中看到了类似的多重性。得出的结论是，评估逻辑显然是多元的。这不需要被看成是一个弱点。审美评估的不同逻辑反映了我们在评估艺术时不同的动机、目的和背景，以及艺术所要体现和推动的不同竞争价值。

分析哲学澄清了审美论据的丰富多样性。它认为价值来源于对真理、情感和荣誉的主观却是可传播的感知中；它揭示出艺术的动机或被学术界认可导致了推理的发展，其目的是说服更多的人；并且它还演示了如何全方位地应用启发式方法——从有说服力的归纳到严格的演绎，以及从简单的类比到复杂的修辞模式。最重要的是，它表明了艺术评估是一种不断变化的竞争过程。这个过程在各个领域里发生，如节日陪审团、评奖委员会和期刊编辑等。它生成评估的排名，针对的既是作品的艺术价值，也是该陪审团的判估技能。

经济理论关注的是一个完全不同的评估模式。在这种模式下，评估不是通过判断而是通过实际交换发生的：买家放弃了一笔钱，从而获得了对所买商品的控制权。当交换发生时，所有相关的信息都已经获得，并且所有的论据都已经送达。因此，一件作品的经济价值被包含在最后支付的价格中，或是为一件艺术品的副本或表演支付的价格总额中。

市场模式的简单性和明确性已被确定为它成功的原因之一。然而，在类似艺术品这种不符合标准商品假设的行业中，经济理论深知这种业态的实际运行是偶然的，没有规律可循。艺术作品是典型的“信息商品”：它们自身的效果不确定，它们在本质上是公共的，并且它们的再生产成本由于活字印刷术的发明而稳定下降。在这种情况下，市场的估值是不可信的。人们对此可能有过激烈的辩论和争吵：如果一件商品的效果不确定，对人们而言唾手可得，并且仿制是廉价的，为什么还要用其进行等价交换？

遵循最近的制度主义理论，应该制定出行为的安排和规则，以有效减少不确定性，降低准入门槛和甄别仿制品。事实上，大量艺术作品的市场估值是发生在当代经济体中的。专业人士，如代理商、经销商、展览会的组织者和艺术评论家都已经确立了自己的地位。专门的法律保护了艺术家和表演者的作品用于商业用途的权利。最后，专家对艺术价值排名的判断为未来价值的预期提供了稳定性。对于交换而言，仍然有着严重的阻碍，如缺乏可移植性和耐用性的大地艺术作品，但是艺术家们已经表明，即使这样短暂的项目也可通过成熟的复制品的销售得到资金。在很大程度上，艺术表现已经认可了能提高适销性的形式，如便携式框架画，或者较长的音乐作品，或者扣人心弦的叙述故事。

当通过审美哲学和经济学观察到的评估过程有逻辑上的区别时，它们在现实生活中表述行为上的相互依存性却在不断增强。因此，通过将彼此的成果进行对比研究，这两个关注艺术价值问题的学科都得到了发展。

参考文献

Addison, J. (1943). "Chevy Chase". Reprinted in: Jones, E.D. (Ed.), English Critical Essays (Sixteenth, Seventeenth, and Eighteenth Centuries). Oxford University Press, Oxford.

Adorno, T.W. (1984). Aesthetic Theory. Routledge, London. Translated by C. Lenhardt.

Agnew, J.-C. (1986). Worlds Apart the Market and Theater in Anglo-American Thought, 1550–1750. Cambridge University Press, Cambridge.

Arendt, H. (1961). "The crisis of culture". In: Between Past and Future: Six Exercises in Political Thought. Viking, New York.

Aristotle, X. (1947). McKeon, R. (Ed.), The Basic Work of Aristotle. Random House, New York.

Ayer, A.J. (1971). Language, Truth, and Logic. Penguin, London.

Baumgarten, A. (1988). Theoretische Ästhetik: Die grundlegenden Abschnitte aus der "Aesthetica". Felix Meiner, Hamburg. Translated from the original Latin by H.R. Schweizer.

Baumol, W. (1986). "Unnatural value: Or art investment as floating crap game". American Economic Review 76, 10–14.

Beardsley, M.C. (1958). Aesthetics. Harcourt Brace, New York.

Benjamin, W. (1969). Illuminations. Schocken, New York. Translated by H. Zohn.

Berg, M. (2002). "From imitation to invention: Creating commodities in eighteenth-century Britain". The Economic History Review 65, 1–30.

Bourdieu, P. (1996). The Rules of Art. Polity Press, Cambridge. Translated by S. Emanuel.

Budd, M. (1995). Values of Art. Penguin, London.

Burke, E. (1998). A Philosophical Enquiry into the Origin of Our Ideas of the Sublime and the Beautiful. Penguin, London.

Caygill, H. (1989). Art of Judgement. Basil Blackwell, London.

Collingwood, R.G. (1958). The Principles of Art. Oxford University Press, Oxford.

Croce, B. (1970). Aesthetic. Farrar/Giroux, Strous/New York. Translated by D. Ainslie.

Debreu, G. (1959). Theory of Value; An Axiomatic Analysis of Economic Equilibrium. Wiley, New York.

De Marchi, N. (2006). "Confluences of economic and artistic value: Three historical moments". In: Hutter, M., Throsby, D. (Eds.), Beyond Price. Value in Culture, Economics and the Arts. Cambridge University Press, New York.

De Marchi, N., Van Migroet, H. (1999). "Ingenuity, preference and the pricing of pictures: The Smith-Reynolds connection". In: De Marchi, N., Goodwin, C.D.W. (Eds.), Economic Engagements with Art. Duke University Press, Durham.

de Piles, R. (1743). Principles of the Art of Painting. English translation of French edition of 1708, London, J. Osborn.

Dewey, J. (1987). Art as Experience. Southern Illinois University Press, Carbondale.

Dickie, G. (1965). "Beardsley's phantom aesthetic experience". Journal of Philosophy 62, 129–136.

Dickie, G. (1997). Introduction to Aesthetics. Oxford University Press, Oxford.

Eliot, T.S. (1975). Kermode, F. (Ed.), The Selected Prose of T.S. Eliot. Faber, London.

Gadamer, H.G. (1982). Truth and Method. Crossroad, New York.

Ginsburgh, V., Weyers, S. (2003). "On the contemporaneousness of Roger de Piles' 'Balance des Peintres'". In: Amariglio, J., Cullenberg, S., Childers, J. (Eds.), The Aesthetics of Value. Routledge, London.

Goodman, N.(1969). Languages of Art. Oxford University Press, Oxford.
Guillory, J.(1993). Cultural Capital: The Problem of Literary Canon Formation. Chicago University Press, Chicago.
Hegel, G.W.F.(1993). Introductory Lectures on Aesthetics. Penguin, London. Translated by B. Bosanquet.
Heidegger, M.(1975). "The origin of the work of art". In: Poetry, Language, Thought. Harper, New York. Translated by A. Hofstadter.
Hicks, J. R. (1939). Value and capital; An Inquiry into Some Fundamental Principles of Economic Theory. Clarendon, Oxford.
Hirsch, E. D. (1969). "Privileged criteria in literary evaluation". In: Strelka, J. (Ed.), Problems of Literary Evaluation. Pennsylvania State University Press, University Park.
Hough, G.(1966). An Essay on Criticism. Norton, New York.
Hume, D.(1752). Political Discourses. Edinburgh.
Hume, D.(1963). "Of the standard of taste". In: Essays Moral, Political, and Literary. Oxford University Press, Oxford.
Hutcheson, F.(1971). An Inquiry into the Original of Our Ideas of Beauty and Virtue. Garland, New York.
Hutcheson, F.(2005). A System of Moral Philosophy. Continuum, London and New York. In two books.
Johnson, S. (1957). "Preface to Shakespeare". In: Raleigh, W. (Ed.), Johnson on Shakespeare. Oxford University Press, Oxford. Reprinted.
Kant, I.(1986). The Critique of Judgment. Oxford University Press, Oxford. Translated by J.C. Meredith.
Lawrence, D.H.(1936). Phoenix. Penguin, London.
Leavis, F.R.(1976). Common Pursuit. Penguin, London.
Longinus(1992). "On the sublime". In: Adams, H.(Ed.), Critical Theory since Plato. Harcourt Brace, New York.
Luhmann, N.(2000). Art as a Social System. Stanford University Press, Stanford. Translated by E. Knodt.
MacDonald, M.(1954). "Some distinctive features of arguments used in criticism of the arts". In: Elton, W. (Ed.), Aesthetics and Language. Blackwell, Oxford.
Mandeville, B.(1988). The Fable of the Bees: Or, Private Vices, Publick Benefits. Liberty Classics, Indianapolis. Edited by F.B. Kaye.
Marshall, A.(1890). Principles of Economics. Macmillan, London.
Menger, C.(1968). Grundzüge der Volkswirtschaftslehre. Mohr/Siebeck, Tübingen. Edited by F.A. Hayek.
Mirowski, P.(1989). More Heat than Light: Economics as Social Physics, Physics as Nature's Economics. Cambridge University Press, New York.
Moore, G.E.(1959). Principia Ethica. Cambridge University Press, Cambridge.
Nietzsche, F.(1956). The Birth of Tragedy and the Genealogy of Morals. Anchor, New York. Translated by F. Golffing.
Nietzsche, F.(1968). The Will to Power. Vintage, New York. Translated by W. Kaufmann.
Noonan, D.C.(2003). "Contingent valuation and cultural resources: A meta-analytic review of the literature". Journal of Cultural Economics 27(3–4), 159–176.
Osborne, H.(1952). The Theory of Beauty. Routledge, London.
Osborne, H.(1955). Aesthetics and Criticism. Routledge, London.
Pareto, V.(1909). Manuel d'economie politique. Traduit sur l'edition italienne par Alfred Bonnet(revue par l'auteur). Giard & Brière, Paris.
Pater, W.(1912). The Renaissance. Macmillan, London.
Plato(1997). Complete Works. Hackett, Indianapolis. Edited by F.B. Kaye.
Ricardo, D.(1817). On the Principles of Political Economy, and Taxation. J. Murray, London.
Savile, A.(1984). The Test of Time. Oxford University Press, Oxford.
Schiller, F.(1986). On the Aesthetic Education of Man. Clarendon Press, Oxford. Translated by E.Wilkinson and L.A. Willoughby.
Schopenhauer, A.(1966). The World as Will and Representation, vol. 2. Dover, New York. Translated by E.F.J. Payne.
Schumpeter, J.A.(1954). History of Economic Analysis. Allen and Unwin, London.

Scitovsky, T.(1976). The Joyless Economy: An Inquiry into Human Satisfaction and Consumer Dissatisfaction. Oxford University Press, New York.

Shaftesbury Earl of (1964). "Characteristics of Men, Manners, Opinions, Times, vol. 2". Bobbs-Merrill, Indianapolis. Edited by J.M. Robertson.

Shusterman, R.(1980). "The logic of evaluation". Philosophical Quarterly 30, 327–341.

Shusterman, R.(1981). "Evaluative reasoning in criticism". Ratio 23, 141–157.

Shusterman, R.(1992). Pragmatist Aesthetics. Blackwell, Oxford.

Shusterman, R.(2000). Performing Live. Cornell University Press, Ithaca.

Shusterman, R.(2002). Surface and Depth. Cornell University Press, Ithaca, New York.

Skidelski, R.(1992). John Maynard Keynes, vol. 2. Macmillan, London.

Smith, A.(1976). An Inquiry into the Nature and Causes of the Wealth of Nations. Clarendon Press, Oxford. Edited by R.H. Cambell and A.S. Skinner.

Smith, A.(1982). The Theory of Moral Sentiments. Liberty Classics, Indianapolis. Edited by D.D. Raphael.

Solkin, P.A.(1993). Painting for Money. The Visual Arts and the Public Sphere in Eighteenth-Century England. Yale University Press, New Haven.

Stevenson, C. L. (1957). "Interpretation and evaluation in aesthetics". In: Black, M. (Ed.), Philosophical Analysis. Cornell University Press, Ithaca.

Stigler, G., Becker, G.(1977). "De gustibus non est disputandum". American Economic Review 67, 76–90.

Taylor, C.(1989). Sources of the Self. The Making of the Modern Identity. Harvard University Press, Cambridge.

Throsby, D.(2001). Economics and Culture. Cambridge University Press, Cambridge.

Tolstoy, L.(1997). "What is Art?" In: Adams, H.(Ed.), Critical Theory since Plato. Harcourt Brace, New York.

Trilling(1950). The Liberal Imagination. Harcourt, New York.

Walras, L.(1874). Eléments d'économie politique pure; ou, Thèorie de la richesse sociale. L. Corbaz & Cie, Lausanne.

Wisdom, J.(1957). Philosophy and Psycho-Analysis. Oxford University Press, Oxford.

Wittgenstein, L. (1970). Lectures and Conversations on Aesthetics, Psychology, and Religious Belief. Blackwell, Oxford.

| 第四部分 |

法律问题

第7章

艺术法的经济分析

William M. Landes and Daniel B. Levine

University of Chicago Law School, Chicago, IL, USA

魏鹏举　邱俊　译

摘　要

本章从经济角度考察影响艺术市场的一些重要法律问题，包括艺术作品的创作、销售、估值、维护保养以及在某些情况下的销毁。我们将说明与视觉艺术相关的重要法律原则，最好的理解是将其视为为提升艺术市场效率作出的艰苦努力。本文的重点是美国的法律理论，偶尔会提及他国法律。我们考虑的法律专题如下：版权和商标问题；道德权利，包括艺术家防止其作品被毁坏和销毁的权利；转售版税；管辖无辜当事方（如艺术品诚意购买者和先前所有者）之间权属纠纷的规则；导致艺术品的市场价值发生实质性变化的艺术品真实性问题纠纷；以及富有艺术价值的遗产估值。

关键词

艺术法，视觉艺术，版权，商标法，道德权利，转售权，权属纠纷，真实性问题，遗产估值问题

JEL Classification Codes

K00，K10，Z11

7.1 引 言

本章从经济角度考察了艺术法领域的一系列重要问题。我们只专注于视觉艺术，即绘画、摄影、雕塑和印刷品，不讨论其他诸如音乐、舞蹈、电影和戏剧等艺术形式。我们将从实证而非规范的立场探讨这一问题。我们会分析影响艺术市场的法律规定的经济含义，包括艺术作品的创作、销售、估值、维护保养和某些情况下的销毁。我们也将说明一些与视觉艺术有关的重要法律理论，最好是将其理解为为提升艺术市场效率所作出的艰苦努力。本章节的重点是美国的法律理论，偶尔会提及他国法律。也许可以从反映美国主流艺术市场的数据中部分地证明这样的限定有其合理性[①]。非法国际艺术贸易、对艺术的公共资助及政府对艺术的审查这三大领域将不在本章讨论[②]。

本章的结构如下：第2节讨论版权和商标问题；第3节详细论述道德权利；第4节简要探讨转售版税；第5节着眼于管辖艺术权属纠纷的法律规则；第6节论述艺术品真实性纠纷引发的法律问题。最后，第7节探讨富有艺术价值的遗产估值和处置所涉及的法律问题。

7.2 版权和商标问题[③]

7.2.1 基本法律和版权经济学

版权保护的是固定而有形的原创作品的著作权。版权涉及的不仅是未经授权的复制，还包括副本的发行权、演绎作品权（称作改编权）以及公开表演权和展览权。“独创性”和“固定性”这两个门槛有助于节约行政管理成本和执法成本。“独创性”并不意味着全新或富有创造力，而是指作品由作者本人创作，也就是说作品不是从其他人那里复制而来，并且具备最低限度的创造性。其目的是筛去那些虽然没有版权保护也可能被创造出来的作品，以节省行政管理和执法的成本。“固定性”也会节省执法成本，例如，法院裁定涉嫌侵权人是否复制了一幅仅有口头描述而未成形的绘画会比裁定固定形式的绘画繁复得多（Lichtman，2003）。

版权的一项基本原则是实体对象的所有权有别于版权的所有权，而这两项所有权均可单独转让。由此，一幅绘画的购买者获得的是实体对象而非版权，后者通常归属艺术家或其遗产管理公司[④]。购买者也可以获取版权，但需要书面交易合同。

受版权保护作品的共同之处就是经济学家所称的“公共产品的一面”。创造这些作品需要投入大量金钱、

---

① 参见Ginsburgh，2005，表2。

② 参见Chiang and Posner（2003）。

③ 本节大量借鉴了Landes（2000，2003）以及Landes and Posner（2003，第2-6章）。

④ 参见Landes and Posner（2003，pp.126-128）关于为什么对事物的所有权和版权的划分降低了交易成本而提高了经济效益的一般讨论。

时间和努力（有时称作“表达成本”），但复制这些作品的成本却非常低廉，甚至是微不足道的。由于每件复制品都包含了“表达成本”，追加一点点成本制造复制品就可以增加额外的使用者，因此，如果没有版权保护，未经授权的作品复制会使得副本价格降低到边际成本。这将减少原始创作的动力，因为创作者无法收回其投入的初始成本（例如表达成本）。诚然，即使没有版权保护，原创作品也会涌现出来。被公认为创造者、成为市场中的首例或者是品质“低劣”的副本都可能带来相当的收益。创作者也可以用合同法或者其他私人执法手段来阻止未经授权的复制。最后，创作者自己可以亲手制作自己产品的副本，索要高价，并以此种方式来获取他人制作的副本的部分价值。

与其他普通商品不同，版权保护带来了进入成本，因为副本收取的价格比制作和发行副本的边际成本更高。假定（这不无现实性）版权持有人不能完美地进行价格区分，进入成本便会由消费者和后续作品的创作者承担，并且替代生产的其他投入，这些投入使社会花费更多成本进行生产或产品的品质更低。结果，一些创作者可能因为不愿意支付版权持有人所要求的价格而无法基于先前的作品进行创作。与之矛盾的是，过度的版权保护也会减少新创作品数量，因为创作者基于之前作品进行创作的代价太高。

版权体系的另一项主要成本是行政管理和执法成本，这包括设立边界或者架设虚构围栏以划分受保护和未受保护作品元素的成本、驱逐侵害者的成本，以及举证侵权和制裁版权侵权者的成本。与实物财产相比，知识产权的这些成本更趋昂贵，因为定义和明确版权作品的界限更为困难。

与实物财产相比，知识产权的创建和管理产权的成本更加高昂，并且受到的限制也更多。在这一方面，有关版权保护的几个重要的限制值得我们注意。

（i）版权保护的是表达，而非理念、概念、原则、技巧或工序（简要概括为“理念”）。然而区分这两者有时非常具有挑战性，但是从经济角度来看，这样做是很有道理的。证明理念被挪用的举证成本可能过高，而这么做的潜在收益——要求生产的是那些不受保护表达原则制裁的作品——却可能相对较小。

（ii）版权保护防止的是未经授权的复制，而非独立的二次创作。第二作者独立创作一件与另一件作品十分类似的作品的可能性极低，除非这件作品几乎没有任何原创性思想的表达（这种情况是不符合独创性要求的）。所以，如果独立创作可能招致诉讼的话，那么作者宁可在创作新作品上少花时间，而用更多的时间检查以前的作品，以避免版权责任。

（iii）“首次销售原则”和“公开展览权”限制了版权持有人的发行和展览权。在首次销售原则保护下，作品所有者可以转售、出租，或以其他方式处置作品，而不会侵犯发行权（《美国法典》第17编第109条（b）（1）（A）款）[①]。同样，作品所有者也可以公开展览作品，或租借给博物馆进行公开展览，这也不会侵犯版权持有人的展览权。

（iv）对版权保护的最重要的限制是合理使用原则，从经济效益的观点出发，这一原则允许在某些未经授权的情形下复制或改编某一作品。这些情形包括：

（1）交易成本高昂。仿造者所获效益高于找到版权持有人并与其进行谈判所发生的成本。

（2）默许同意。此时未经授权的复制会有利于版权持有人。

（3）转化性使用。未经授权的复制所获利益大于所造成的损害。

在情形（1）中，未经授权的复制可以产生净收益，而对版权持有人的伤害为零（或者可以忽略不计）。情形（2）包括书评中对版权作品未经授权的引用、关

---

① 在未经版权持有人许可的情形下，租用与出租音像资料（CD、磁带）和计算机程序存在例外。

于艺术家的图录、杂志文章中刊登某位艺术家的作品等情况。虽然负面评论可能减少艺术家的销售收入，但实际情况是所有艺术家均能从艺术评论家提供给消费者的信息中获得收益。更微妙的一点是，虽然艺术家和评论家之间的交易成本不会妨碍后者通过谈判来复制前者的作品，但通常的情形是：如果评论家无需付钱给艺术家，或者被允许无偿复制少部分受版权保护的材料，评论家的评论反而变得更加有益和富有价值。情形（3）被限定为对艺术作品的创造性使用而非复制性使用。艺术戏仿或挪用艺术都是创造性使用的实例，但复制某位艺术家的作品就是复制性使用了。这里涉及了成本收益分析，我们需要权衡未经授权的复制所获收益与对版权持有人的损害。当未经授权的复制产生的收益大于损害时，就可以被认为是合理使用。

7.2.2 视觉艺术的版权保护

对于独一无二的作品而言，如一幅绘画，版权保护的作用显得不那么重要，因为艺术家和经销商等中间人的主要收入来源于作品本身的销售，而非副本的销售。然而，对于大多数拥有版权的作品而言，例如书籍、电影、软件、音乐作品以及视觉艺术领域的图形艺术作品等，情况则截然相反。也就是说，在未经授权的情况下复制独创作品（如海报、便条卡、拼图、咖啡杯、鼠标垫、T恤和其他衍生作品或其他融入原作形象的衍生品等）会减少艺术家这些日益重要的收入来源。这些收入一部分直接流向艺术家，一部分则经由博物馆和美术馆间接流向艺术家。如果没有这些收入，艺术家创造独特作品的动力会减弱。减弱多少呢？可能不会很多，因为被公认为原创者这个事实本身就会为作者带来物质与非物质上的极大收获，甚至出现在一些商品上的未经授权的复制品也会唤起人们对原创作品的兴趣，从而提升艺术家的声誉和价值。尽管如此，未来辅助收入的前景可能对创作新作品的动力产生微小但积极的影响。

值得一提的是，艺术复制品的品质常常被视为远逊于原作，因此，复制品的经济影响力也减弱了许多。当一幅Vermeer或Van Gogh的绘画被发现是赝品时，不论画得多像，其价格都会暴跌。再举个例子，老式照片（在照片拍摄时就印制的印刷品）就比在拍摄后用同一底片冲印出的完全相同的照片要价高出许多[①]。另外一个可能导致原作和复制品之间巨大价格差异的原因是，后者基本上可以不受数量限制进行生产，所以可以用等同于（低廉的）生产成本的价格销售，但原作的供给是保持在一个低水平上的，原作物以稀为贵，副本即便价格低廉，也是低劣的替代品（Becker，Landes and Murphy，2000）。无论基于哪一点，我们的主要观点是：复制品对艺术家收回其固定成本（表达成本）能力所造成的威胁，要比对作家和作曲家的威胁小得多。

还有一项争论是关于原创作者对衍生作品授权控制的交易成本。举个例子，有成百上千种从雨伞到避孕套的附属产品，体现了Andy Warhol[②]原创作品中的形象。如果让每个衍生作品的创作者都拥有各自的版权，法律就可能面对众多原告提起侵权诉讼，并需裁定众多相似又热门的作品中哪些是由被告复制的，哪些不是。然而，通过将版权集中于沃霍尔基金会，法律就可避免这种多重原告提起的侵权诉讼。

---

① 举两个例子。Dorothea Lange被广泛复制的20世纪30年代的老式照片《流浪的母亲》(Migrant Mother)，在1998年10月7日的苏富比照片拍卖会上被拍得224 500美元，然而美国国会图书馆影印复制服务处提供的展览品质的《流浪的母亲》打印件却仅售不到50美元。Edward Weston的名为《青椒》(Pepper)的1929年老式照片，在1997年佳士得摄影拍卖会上拍得74 000美元，但是由摄影家儿子用同一张底片冲印出的照片，在18个月之前的一次拍卖会上却仅拍得1 840美元。

② 参见"The Warhol Store" on the website of the Andy Warhol Museum，at http://www.clpgh.org/warhol。

许可成本也会由此上升，因为潜在的被许可人将被劝说去向所有的衍生作品的版权持有人寻求许可，以及向原作的版权持有人寻求许可，以规避被任何一个持有人起诉的风险。有关原创的沃霍尔形象的版权足以防止未经授权就复制多种衍生作品，因为衍生作品会侵犯原创作品的版权。

总体而言，对艺术品的版权保护的作用比对其他富有表现力作品的版权保护的作用要弱，所以另一种替代方案显然是：拒绝对艺术品及其衍生作品进行版权保护。在决定法律应当如何解决与艺术版权密切相关的问题时，我们必须牢记这一点。

7.2.3 挪用艺术

挪用艺术是指从大众文化、广告、大众媒体和其他艺术家借鉴形象并将其融入新的艺术作品。通常，比起将形象放置于不同的场景并改变其意义的概念能力，艺术家的技术技能就显得不是很重要了。挪用艺术被称为“从艺术中抽出双手并把大脑放入”。复制公共领域作品在法律上是没有问题的。例如，Marcel Duchamp是挪用艺术和波普艺术的先驱，他将一个小便池、一只自行车轮和一把雪铲等实物对象作为艺术品展出。但是，当复制的形象受版权保护时，侵犯版权的诉讼风险也就隐约可见了。

艺术家和法官对于法律该如何处置挪用艺术经常持有不同意见。艺术家把对“借用”的法律限制视为对艺术自由的威胁：

每当人们的回应是“你怎么敢!”，我都将其视作高度的称赞。首先，在艺术界，从其他艺术家处拿取并不违法，正如在音乐界一样；其次，它是对我们如何绘画的一种认可。所有你做的都是基于之前已发生的以及现在正在发生的。我不认为历史是僵硬的铁板一块，我尽管拿取和改变所有我想要的，包括从我的同龄人那里借用。如果有人因为我的作品与他们正在做的相似而不安，那是他们的问题。如果他们从我这里拿走什么，那太棒了！我不会遵守那些艺术家和他们周围人所建立的、将人归入特定类别的人为边界（Rubinstein，1994，p.103，引自艺术家Richmond Burton）[①]。

然而，从版权法的角度考虑，“挪用”受保护的作品就意味着偷窃。因此，罗杰斯诉昆斯案（Rogers v. Koons）（960卷，p.301，第二巡回法院，1992）中对合理使用辩护的驳回理由是：Jeff Koons的著名小狗雕塑侵犯了原告受保护的黑白照片的版权。Koons的大型彩色雕塑，可以说只有很少甚至没有新的表达，因为雕塑的黑白照片看起来和原告的照片完全一样。法庭说“Rogers照片的精髓几乎全部都被复制了，即便说这尊雕塑是原告作品的戏仿，它也已经远超所需。简言之，（Koons）的确不是航行在戏仿之帆下，而是在剽窃之帆下（同上，p.310）[②]。

我们通过以下六个示例来着手学习挪用艺术带来的版权问题。这些示例是：

（1）A创作了一幅独特的拼贴画，其中包含了B受版权保护的照片。

（2）A创作了印刷品的一个限量版系列，其中包含了B受版权保护的照片。

（3）在上述情况下，A的印刷复制品出现在海报、

---

① 艺术圈里另一位著名人士曾说过“如果从1905年到1975年就使用这些版权法，我们可能就没有当今众所周知的现代艺术了”（Norman，1996，p.125，引自艺术商Jeffrey Deitch）。

② Koons的雕塑本来是为1988年一场题为“平庸秀”的展览而准备的。展览中另外两件昆斯的雕塑也相继被起诉为版权侵权。参见坎贝尔诉昆斯案，第91 CIV.6055号，1993 WL 97381，在*1（纽约南区，1993年4月1日）（涉及一张两个男孩和一只猪的受版权保护的照片）；美国特色辛迪加国际公司诉昆斯案，817 F. Supp. 370（纽约南区，1993）（涉及加菲猫连环漫画中的人物“欧迪”）。

日历和其他大量生产的商品上。

（4）A创作了一幅作品，从B的照片中复制了一个裸体轮廓，从C的单色绘画中拷贝了鲜明的颜色，又从D的绘画中拿来了微缩的黄色立方体。

（5）A在B的受版权保护的照片或漫画书中的人物的基础上，构造了几个一模一样的雕塑作品。

（6）A创作的一件作品中包含了B所拥有的一件更早期作品中实质相似的元素，B碰巧拥有那件作品的版权①。

我们从第一组示例开始。

1. 创作一件独特的作品。假设某位艺术家将流行杂志中有版权的照片从杂志上剪下，粘在板上，加入其他物品、颜色和原创形象，以此方式将照片融入了一幅拼贴画。照片没有被复制，照片本身可能只是拼贴画中的一小部分。这应该是针对侵犯版权的一个简单示例。由于出版商已经为摄影家的作品付了钱，并向消费者收取了杂志副本的费用，因此允许在拼贴画中采用照片不会很大地刺激新的商业照片的创作或杂志的出版，但会降低接入和交易成本。

2. 创造多份复制品。Henri Dauman是一位法国摄影家，因Warhol的“杰基”系列丝网印刷品包含了Dauman的一幅受版权保护的照片，他起诉了安迪·沃霍尔产业公司。这张照片是Jacqueline Kennedy，它曾出现在1963年的《生活杂志》(Life Magazine)(King，1997)②。Dauman还起诉该产业公司在日历、海报及其他大量销售的商品上复制丝网形象。在此，我们更同情Dauman版权一方。在一次性使用合法取得的影像与复制多份同样合法取得的影像之间划出一条明确的界限似乎有些随意了，但这一区别却是版权经济原理的核心。商业摄影师的业务就是为各种意想不到的用途提供复制权许可。没有版权保护，复制品的价格将降至复制的成本，这会导致创作作品的成本无法收回。比起一次性未经授权的复制，如我们提到的示例（1)，允许艺术家制作多份未经授权的复制品将对创作新作品激励带来更为实质性的威胁。不可否认，Warhol确在Dauman影像中加入了大量自己的原创表述，但他的丝网版画不会占有太多的照片市场份额（尽管他的其中一幅画也曾在1992年苏富比拍卖行中拍得400 000多美元)。不过，请记住Warhol在海报、日历和其他商品上复制了丝网版画，却可能瓜分Dauman的市场。

3. 从多个来源进行挪用。俄罗斯画家George Pusenkoff在他的一幅画作中使用了Helmut Newton照片中的一个裸体轮廓、Yves Klein单色画作中鲜明的宝蓝色背景，以及已故俄罗斯艺术家Casimir Malevich绘画中的小黄立方（Norman，1996，p.123）。Klein和Malevich的遗产管理公司都不反对Pusenkoff的借用，Newton却反对，并试图把这幅绘画毁掉。Pusenkoff的辩词是，他只是创作了一幅独一无二的作品，而非制作了多份复制品；他只是从照片中借用了轮廓，并非整张照片；并且他通过加入公共领域的材料和改变媒介从而对照片做了改变。但他明显地复制了Newton的知名形象而没有付费，他的意图也确实如他所陈述的，是“为了复制其

① 前三个示例都是基于摄影家提起的在众人中针对Robert Rauschenberg和Andy Warhol的法律诉讼，因为他们在自己的作品中使用有版权的照片。Warhol和Rauschenberg两人都达成了庭外和解。Warhol为《花》(Flower)的印刷版支付给摄影家Patricia Caulfield 6 000美元现金和版税，后者曾威胁将因画作《花》而控告Warhol。Rauschenberg支付给摄影家Richard Beebe 3 000美元和一幅据说价值10 000美元的侵权作品副本。这些案例及其他案例涉及的艺术家Sherrie Levine、David Salle和Susan Pitt都在Ames(1993，pp.1484-1485)中有所讨论。示例4是基于在德国的一桩由著名摄影家Helmut Newton提起的针对艺术家George Pusenkoff的法律诉讼。Pusenkoff声称他的画作“引用”而非借用其他的艺术家作品。参见Norman(1996，p.123)。示例5是基于Koons的诉讼。示例6是某位艺术家对自己作品进行借用的例子，来自于富兰克林造币公司诉国家野生动物艺术交流公司案(575卷，第62，第三巡回法院，1978)。

② 这一案件已经结案。

他艺术家的可识别元素”，“通过‘引用’其他艺术家来在画布上产生文化联系的碰撞——一种非常值得尊敬的后现代主义的图片制作方法（同上，p.123）”。

审理Newton案件的德国法院认为，Pusenkoff的绘画是“自由的改编”，而非重新加工，因此也没有侵犯Newton的版权（同上，p.125）①。通常，改编都是一件衍生作品，所以如果没有得到原作的版权持有人许可就制作，那就是侵权了，因此，Pusenkoff的改编没有替换原创照片这一事实也就无关痛痒了。Pusenkoff的挪用对Newton收入的影响当然是微小的，而且Pusenkoff不像Warhol，他没有创作海报和其他商品，而只是创作了一件独一无二的作品；但这并不意味着衍生作品可以在没有版权持有人许可下制作。然而，Pusenkoff的改编对原作转变得很充分，所以应该被认为是合理使用。支撑这一意见的事实是Pusenkoff的作品借用（或者说是“引用”）了不止一件之前的作品。如果法律要求艺术家获得许可后才能从多种来源中挪用，那么交易成本很可能十分高昂。此外，如果一件作品从多个来源中拷贝，它就不可能成为来源中任何一个的替代品。其他事情也是如此，因此，法律应该对那些在作品中借用多个版权来源而非单一版权来源的艺术家给予更多的同情。

4. 从单一版权来源中创作雕塑。还是引用前面的罗杰斯对昆斯案（1992）。Koons买了一个展示一组小狗和主人们照片的便签卡，他撕下卡片上的版权声明，并雇了一家意大利公司根据照片制作了四尊大型雕塑，称为“一排小狗”。严格地说，Koons的作用是概念性的。虽然他没有亲自参与制作雕塑，但是他决定了创作题材、媒介、尺寸、材料和颜色。他没有设计雕塑，至少从通常意义上来讲是这样的，但他指导了工作室，让它们“必须像照片一样，必须紧扣照片的特征”（同上，p.305，引自Koons）。通过改变形象以逃避版权诉讼将使他“意随语境”的目的落空。

在驳回合理使用的辩护时，法庭强调了复制的商业属性。事实上（真的是同一点），Koons在雕塑上已经挣了相当多的钱（四尊雕塑中的三个总共卖出了近400 000美元）；他还原样复制了原始形象；雕塑也很可能会损害版权照片的市场。虽然复制品和原作品在不同的市场上销售，但是法院认为，Koons的挪用可能会消除摄影家潜在许可收入的一个重要来源。

Koons的主要理由是，他的作品应该被作为讽刺评论或者戏仿而享有特权。他声称，通过把原创照片中的小狗们和它们主人的形象放置在一个不同的背景中，他在批判性地评论一个过分高估大规模生产的产品和媒体形象的政治与经济体系。然而，版权法要求享有特权的戏仿必须“瞄准”原作品而不是把原作当成“武器”去批评整个社会。这么做的经济原因是显而易见的。当戏仿瞄准原告的作品时，各方就不太可能达成一个使得被告能够取笑原告、使其难堪，甚至是羞辱原告的价格。（当然，摄影家也许不会意识到Koons的雕塑版照片是戏仿性的） 如果戏仿者试图把戏仿作品当成武器来批判社会而非作品本身，他就可能在没有什么困难的条件下获得一份许可。但是Koons既想要批判美国现代文化的空虚——法庭却并未注意到这一点——又要通过提供复制作品作为这种愚昧的实例。这使我们怀疑这桩案件的判决是否正确。Koons昂贵的雕塑是没有可能在市场中替代原告的便签卡的。Koons计划做的类似Warhol的复制品也不会替代便签卡——否则这就会与他的戏仿复制品想要传达的关键信息相抵触。

5. 从个人早期作品中借用。艺术家通常会回归他们早期生涯中使用过的主题，甚至复制他们自己早期的作品。据报道，Gilbert Stuart曾画过75幅大致相同的George Washington肖像（Grampp，1989，p.6）；Giorgio de Chirico制作了许多件他早期最著名的超现实主义作

① Newton对于德国法庭的裁决并不满意，他评论到：“可怜的家伙，他没有自己的想法，所以他只能利用别人的理念”（Norman，1996，p.125）。不过，版权法并不保护理念。

品的复制品（Levin，1988，pp.251-253）。当艺术家不再拥有其早期作品的版权时，非法挪用问题就会显现。虽然这一现象在今天发生的可能性比1976年之前少了很多[①]，但当艺术家与其作品相分离时，法律该不该允许他以合理使用理由来为生产衍生作品辩护呢？

这样的规则将使法庭免于不得不裁决艺术家的一件新作品是否为其早期作品的复制品（作品的版权已转让），或者一件独立创作的作品是否与自己较早时期的作品大致相同。“如果Cézanne画了两幅圣·维克多山，即使Cézanne的第二幅绘画是实景写生而非临摹第一幅画，我们还是期望它们看起来要比让Matisse画第二幅来得更像。”（席勒与施密特公司诉诺迪斯科公司案，969卷2d，pp.410-414，第七巡回法院，1992）。

不支持扩展合理使用特权范围的人认为，艺术家自身因保留制作衍生作品的权利可能会导致严重后果，即如果转让方保留制作衍生作品的权利，那版权的转让就没什么价值了，这会破坏被转让作品的市场。

7.2.4 什么是艺术作品的非法改编？

以下两个相似案例的对比向我们说明了定义“未经授权的艺术品衍生作品”的艰难性。在李诉A.R.T.公司案（125卷3d，p.580，第七巡回法院，1997）中，被告从原告处购买了便签卡，并附着在瓷砖上，之后以零售方式出售瓷砖。因为没有涉及复制，原告只能起诉A.R.T.公司侵犯了自己准备衍生作品的权利。版权法定义的衍生作品概念范围较广，包括对“一件作品可能的、任何其他形式的改写、改造或改编”。但是，我们注意到法令的“首次销售”条款赋予合法获得复制品的所有者销售或者以其他方式处置复制品且无须征得版权持有人同意的权利（《美国法典》第17编第109条，（b）（1）（A）款）。根据“首次销售”法则，法庭认为A.R.T.公司只是把一块垫子或是一个框架的等同物放置在它购买的作品上，然后转售了合成物。这一决定具有经济意义，因为被告的行为可能对原告有益。被告售出的瓷砖卡片越多，从原告处购买的卡片必然会越多。相反，如果原告的理由成立，艺术家将有权阻止未经他同意而在其作品上进行的任何轻微改动。长期看来，这反而对艺术家不利，因为美术馆、博物馆和收藏家为了避免版权责任，仅仅因为铺垫子和装框子等琐事，也需要向版权持有人提出购买许可，这样一来，与艺术界缔结合约的成本自然会上升。

那么为什么原告要起诉一项对他有利的行为呢？也许这项行为并非对他有利；也许他的声誉可能因其作品的改变而受损。这就是稍后讨论的道德权利的基础。但是，在瓷砖上附着便签卡本不应该损害艺术家声誉的。那么，合理的解释应该是价格歧视。原告可能想向那些将便签卡附着在瓷砖上再转售给消费者的公司收取更高的价格。但是，除非法律禁止把卡片附着在瓷砖上，或禁止未经原告同意的瓷砖销售，否则套利会使价格歧视行不通。值得怀疑的是，艺术家参与此种价格歧视是否会对其艺术创作产生充分激励。没有迹象表明，李曾经考虑过生产瓷砖卡片或者许可别人这么做。

在第二个案例中，佩克尔诉大师收藏案（96卷，附录2，p.216，纽约东区法院，2000），被告合法购买了廉价的绘画原作的海报复制品，把海报中的形象转化到了帆布中，在形象中加入了装饰以复制画作原件，然后把复制品卖出了几百美元。这里，法庭认为该副本是未经授权的复制品或是衍生作品。在Peker和A.R.T.两个案例中，每件额外的复制品都需要购买原作的另一个

① 在普什曼诉纽约图形学会案（39 N.E.2d249）（纽约州，1942）之后，1976年法令第202节逆转了普通法的“普什曼推定”，即版权自动转让给实物作品的购买者。根据1976年法令，只有以书面形式并由作者或其代理人签字的转让才有效。参见《美国法典》第17编第202条、204条（a）款。

复制品（便签卡或是海报），但在佩克尔案中，“衍生作品”将与原作品进行竞争，从而削弱原始创作的动力。换句话说，如果复制者的收益开始侵蚀原创市场，并且原创者不能从最初的海报销售中获取利益时，那么“首次销售”原则就成了版权保护的拖累。

7.2.5 风格和商业外观的挪用

到目前为止，我们的例子已经涉及了对原作中易于描述特征的挪用。但如果涉嫌的复制品是对原作风格的挪用，那将如何？如果涉嫌的复制品不是挪用单件作品风格，而是艺术家整体风格，那又将怎样呢（Ginsburg，1995）？

以下两个案例说明了所谓风格挪用带来的挑战。在斯坦伯格诉哥伦比亚电影工业公司案（663卷，附录706，纽约南区法院，1987）中，艺术家Saul Steinberg创作了一幅知名的《纽约客》（New Yorker）杂志封面，前景中描绘的是曼哈顿西城区的几个街区，远景中是哈德逊河后朦朦胧胧的世界各地的形象。Steinberg指控哥伦比亚公司在宣传其制作的由Robin Williams主演的《哈德逊河上的莫斯科》（Moscow on the Hudson）电影海报中挪用了此形象。这幅海报面向东面而非西面，前景中描画的是曼哈顿，远景是莫斯科，背景则是朦朦胧胧的大西洋、伦敦、巴黎和罗马。叠加在海报下方的是Williams和他的两个联袂主演的画像。

法庭认为海报不经许可就挪用了Steinberg的原创风格，两幅作品都贯以Steinberg著名的“速写、异想天开”式的风格。两者以“鸟瞰整个曼哈顿周边以及连通纽约和外面世界的河流”为特色，且“都详细描绘了大约四个城市街区，并随着背景中构图的减少而变得越来越暗淡”（同上，p.712）。虽然对这一案件的裁决可能是正确的，因为被告确实复制了一些Steinberg的风格特征（这些特征在其风格里并不是必须的），但对艺术家风格的版权保护（如同保护理念一般）将会给其他艺术家造成巨大的进入成本，从而削减了艺术家开创新风格的增量激励收益。这些收益也许是微不足道的，因为一个拥有能吸引追随者风格的艺术家才最可能成功并得到丰厚报酬。换句话说，一件知名艺术家作品的价值不在于实体对象，而在于艺术家的身份，所以它的价值不会因为被复制而受损害。

值得注意的是，艺术家的风格可以被当作“商业外观”从而受到商标法的保护，但是这种保护受制于几个重要要求。首先，这种风格必须与特定艺术家有紧密关系，通过这种风格，人们可以直接在众多艺术产品中辨认和识别出这位艺术家的作品，即风格已起到了“品牌识别作品来源”的功能，用商标术语来说，风格已获得了“第二种含义”。其次，艺术家模仿他人风格可能导致自己作品和原创者作品之间的混淆（例如，风格的相似性使消费者以为原创者是源头，或与模仿者的作品有什么联系，或是相反）。最后，商业外观必须是非功能性的，在这个意义上来说，艺术家不需要复制原创者的风格也可以在市场上有效地竞争。由于在一幅画作中没有什么是可以被准确地归类为功能性的（可能除了颜料和画布以外），这样的限制似乎没有什么约束力。相比之下，其他约束对商标保护中风格要素的保护就更弱了。让我们看一下Jackson Pollock和Ad Reinhardt的抽象表现主义画作。任何采用Pollock在水平铺散于地板的帆布上飞溅油漆风格技法的画家，或是模仿Reinhardt把表面涂刷成完全黑色风格（或构想）的任何人，创作出的画作看起来都十分类似于Pollock或Reinhardt。即使这些风格已经获得了“第二种含义”，为了避免对商标侵权，模仿者还是可以增加自己的签名或者其他识别材料，并以此作为与Pollock或Reinhardt关联的免责声明。如果法规是另外一种样子，那有什么本可以阻止Braque或者Picasso获得立体主义的商标专用权？

罗姆艺术创作有限公司诉辛迦国际股份有限公司案（p.786，附录1126，纽约东城区，1992）在复制某位艺术家风格问题上运用了商业外观的概念。在罗姆艺术创作有限公司诉辛迦国际股份有限公司案中，原告出版了以色列艺术家Tarkay作品的海报，包括他的成名作“女人和咖啡馆”系列画作。辛迦公司出版了艺术家Patricia作品的海报，与Tarkay的作品多少有一点类似，描绘了坐在不同咖啡馆中的女人。罗姆公司起诉辛迦公司侵犯了商业外观，声称作品的相似性将造成消费者的困惑，并使辛迦公司因为消费者存有对Tarkay作品的正面联想而获利。法庭站在了原告一边，因为他的风格已经获得了商标意义，而且考虑到作品之间的相似性，以及“消费者在画廊或者海报商店中缺乏仔细和谨慎的产品选择”，他们很可能会产生困惑（同上，p.1140，内部引文已删除）。法庭裁决中的一个关键因素是，作品都是廉价海报，对此，签名或者其他免责声明都不太可能消除消费者的困惑。

7.3 道德权利[①]

1990年，美国国会颁布了《视觉艺术家权利法案》（以下简称《法案》），修改了版权法案赋予的归属权和保护作品完整权，通常被称为视觉艺术作品作者的道德权利（《美国法典》第17编第106A条）。归属权赋予艺术家声称自己是所创作作品的原创作者的权利，而且如果有人以“有损名誉或者声誉”的方式改动艺术家的作品或者错误地将这些改动归结于他，艺术家有权放弃署名权。完整权意味着禁止故意地歪曲、毁损艺术家的作品，或者做其他会损害艺术家名誉或者声誉的对艺术家作品的改变，并规定可以起诉对公认的作品进行故意或者重大过失地破坏。

与美国相比，西欧大多数国家都有承认道德权利的悠久传统。法国在19世纪就认可了道德权利。自1928年起，这些权利被编纂进《伯尔尼公约》，美国于1989年成为缔约国。在此之前，以1979年的加利福尼亚为开端，有几个州已经颁布了道德权利法律，而且版权法案自身也偶尔会得到解释，以便赋予类似的保护。

7.3.1 法　令

《法案》所保护的“视觉艺术”作品被严格地定义为：一件独特的作品，或印刷品，或雕塑，或是不超过200个副本数量的、带有签名且连续编号的照片。不同于版权法案赋予的其他权利，《法案》赋予的权利只限于艺术家在世时有效。同时还有着其他限制。艺术家不得转移或者转让他的权利，但是可以通过签署文件放弃这些权利。《法案》不保护此类情形：因疏忽、时间流逝、在作品中使用材料的属性问题，或者不到位的保护工作等对产品造成的改变、毁损或者破坏。《法案》还规定，对于因演示、展览或者复制作品而造成对艺术家声誉的损害是无需赔偿的；艺术家不能控诉一场灯光昏暗的展览或是小册子，或者网站中品质低劣的复制品侵犯了他的作品完整权或者归属权。

《法案》并不适用于雇佣作品，即一名雇员在其受雇期间的责任范围内准备的作品[②]。雇佣作品豁免是节约交易成本的一种方式：如果单个雇员的创造性贡献受

---

① 本节借鉴了Landes(2001)和Landes 与 Posner(2003,第10章)。

② 根据正式雇佣关系而创作的作品(正如当迪士尼公司雇用了一名动画艺术家,他就可以获得固定的工资,接受附加福利,从而可以被分配到不同的项目)就是雇佣作品的一个明显例子。然而,由独立艺术家制作的受委托艺术品可能也是雇佣作品。举例来说,委托方在艺术家工作于此项目的时间段内支付月度薪金,支付健康和其他附加的福利,承担材料和整体练习的成本,但不一定每天监督。

《法案》保护，那么由于用人单位雇用他时要考虑改变、破坏甚至毁坏作品，用人单位将坚持索要弃权声明；这种代价是高昂的。假设一个开发商委托制作一件大型雕塑作品，将其作为一个建筑项目的一部分，并且在作品完成和安装之后，用圣诞节或复活节装饰品来装饰它，但这些装饰品在艺术家看来却是降低档次的。我们可以设想这种可能性：在委托制作雕塑时，开发商索取一份《法案》所保护权利的弃权声明，将此类委托制作工作从《法案》的覆盖范围中排除出去，以节省弃权声明所强加的交易成本。

《法案》覆盖范围的另外一个重要限制涉及的是那些已安装好的作品。这些作品如果被移动，将可能被毁损或者被破坏。《法案》规定在以下两种情况下作品完整权不存在：1991年7月1日法令生效之后安装的作品，前提是艺术家以书面方式同意作品的安装并接受在移动过程中作品被毁坏或破坏的可能性；或者，1991年7月1日法令生效之前安装的作品，前提是艺术家同意作品的安装。如果已经安装的作品在移动中可以避免被毁损或破坏，艺术家就保留了其作品的完整权，除非该建筑物的业主通知他将要迁移该作品，并给予艺术家合理的时间以便自费移动作品。

让我们来看一个建筑物业主雇用艺术家为其建筑物入口广场创作一个特定场所雕塑作品的例子。虽然移动可能损坏雕塑，但他们在合同中却没提及艺术家在这种情形下的权利。该建筑物的新业主想将其拆除并在原址上再建一座现代化的办公楼。根据《法案》规定，如果雕塑家从未同意拆除自己的作品，他将能够从新业主那里获得相当数量的补偿，否则新业主的项目就难以推进。业主可能认为这尊雕塑是一件雇佣作品，但是委托制作艺术品并不一定是雇佣作品。因此，正如我们讨论的这类作品，建筑物业主会在委托制作时索取一份与《法案》相关的书面弃权声明书。如果不能获得这份声明书，由于担心未来的法律问题，建筑物业主可能会放弃在建筑物中安装艺术品的念头。

《法案》的作品完整权保护艺术家免受那些损害他“名誉或者声誉”的改造。如果艺术家的作品是“有公认地位的”，《法案》也保护了作品免遭破坏。“名誉”和“声誉”这两个术语是从欧洲国家的道德权利法律中借鉴来的，而且没有尝试去定义它们，但是它们想要表达的意思是相当清楚的。声誉是一个关于别人如何看待某人的问题，而艺术家的声誉主要是关于艺术爱好者如何看待艺术家作品的问题。对艺术家声誉的损害可能会影响他的艺术品价格，因此，如果该艺术家仍然活跃，或者保留了一些自己作品的版权或所有权，这些损害就会影响到他的收入。名誉是一个关联的概念，包括自尊，但未必有金钱上的关联。有人可能会故意毁坏某个不知名的艺术家的作品，这伤害了艺术家的自尊，但却没有在财务上伤害他，因为他的作品本来也没有什么市场价值。最后，“有公认地位的作品”这条法律术语已经被解读为仅仅要求对作品的品质或意义有着最低的公众认知度（见马丁诉印第安纳波利斯市案，192卷3d，p.608，第七巡回法院，1999；卡特诉赫尔姆斯·斯皮尔公司案，附录861，p.303，纽约市南区，1994），出于其他理由已经完全改变了（71卷3d，p.77，第二巡回法院，1995）。

7.3.2 道德权利经济学

归属权与反欺诈、反商标侵权紧密相关（也与反对抄袭剽窃的规范相联系），所以多数它们旨在反对的行为都已被视作不合法。例如，反欺诈法律禁止除Jasper Johns之外的人以琼斯风格绘制画作，并签上“Jasper Johns”的名字在市场上冒充Johns的作品。同样，从一幅Jasper Johns原创绘画上移除Johns的签名，然后以某人自己的名字出售则被视为侵犯商标和不正当竞争法，尽管这种伪造不太可能，因为这使得绘画本身变得不值钱了。《法案》对艺术家在这些案件的已有权利没有太大作用，相反，这些已有权利不会随艺术家的死亡而过期，但《法案》规定的权利却会随艺术家的死亡而过期。由于这些原因，案件中原告未申请执行归属权就不值得惊讶了。

当我们把注意力转向作品完整权的时候，局面就不是这样了。诚然，就像归属权一样，即使没有道德权利法，也会有替代方法确保对艺术家作品完整权的保护，最典型的就是合同法（虽然也有我们即将讲到的版权法）。艺术家若担心自己的作品有可能在未来被篡改，他可在原始销售合同中增加一项条款，给予他批准或否决作品未来修改的权利。不过，这么做会带来两个问题：第一，多数艺术领域的销售合同都是口头的而非书面的[①]，所以为了保护作品完整权，就不得不产生书面合同的额外成本；第二，道德权利的规定不会对作品的后来购买者具有约束性，除非原始购买者在其与后来购买者的合同中包含了这一条，并且后者如果想要转售作品也这样做。还应该注意的是，一位艺术家仅通过执行其版权便可保护道德权利法律中作品完整权部分。这是因为版权涵盖了制作和授权他人制作衍生作品的专有权，未经艺术家同意而对一件富有表现力的作品进行任何明显的歪曲、篡改或者修改，都将被视作未经授权的衍生作品创作而侵犯其版权（例见TY有限公司诉GMA配件有限公司案，132卷3d，p.1167和p.1173，第七巡回法院，1997；WGN大陆广播公司诉联合视频有限公司案，693卷2d，p.622和p.626，第七巡回法院，1982；参见吉列姆诉美国广播公司案，538卷2d，p.14，第二巡回法院，1976；但见McCartney，1998，pp.43-52，表示怀疑）。与《法案》中的权利不同，版权不会随着版权持有人的死亡而过期；事实上，根据现行法律，受版权保护作品的作者去世后还有70年的版权保护期。

假使艺术品版权与艺术品本身一同被转让，《法案》仍具有重要意义。版权法关于衍生作品的条款不能保护视觉艺术品免受故意破坏，而《法案》却能保护有公认地位的作品——虽然有些难以看出这二者有什么关系。一件有公认地位作品的所有者很少会有意破坏这件作品，虽然这取决于“公认地位”门槛高低的设定。很快我们将看到，法院倾向于将门槛设定得非常低。

正如我们一直倡导的那样，Hansmann和Santilli（1997）也提出了以下经济观点以支持不能归入传统版权法下的道德权利。艺术作品的价值部分取决于艺术家的声誉，这体现在他的作品存货中，每一件作品实际上都是其他作品的广告。损坏（或破坏）其中任何一件作品都会让艺术家付出代价，这种代价对毁损者来说是外在的（假设他已经合法地获得了作品，从而不会因盗窃或故意损害他人财产而受到惩罚），而道德权利法使得这一代价内化了。然而，从另一方面看，对单件作品的破坏或毁坏减少了艺术家作品的有效供给，这么做将增加而不是减少剩余作品及艺术家未来创作的一切作品的价值。只要人们知道艺术家自己没有破坏其作品并且也没有纵容别人毁坏其作品，那么所有的毁坏都只能被认为是有一个人非常不喜欢该艺术家的作品，或者想要使艺术家受人嘲笑——而阻止这种蓄意破坏会像禁止恶搞一样[②]。如之前已经说明的一样，版权法的衍生条款本身旨在保护作品免受毁损（而非破坏）。《法案》逐步增加的保护在成本上是否划算，这点令人怀疑。Hansmann和Santilli最终也收回了他们所主张的说法，即“道德权利总的来说是有效的”，这一点毫不令人惊讶。

---

① 在版权办公室进行的一项调查中，61%的调查对象表示艺术界口头合同比书面合同更常见（美国版权局，1996，表3-2）。

② 确实，戏仿不会改变被戏仿的作品，而毁损却会。但是，为什么宪法赋予了想要批判美国的人们焚烧美国国旗的权利，却不给艺术家这种批判的权利？似乎所有对于视觉艺术品恰如其分的批判都应该以改变其外观的形式进行。口头作品引起口头的戏仿，视觉作品引起视觉的戏仿。

7.3.3 案 例

根据《法案》提出诉讼的案例很少，这一事实表明道德权利对大多数艺术家来说作用甚微。然而，如果仅仅因为大多数案件都已在庭外了结就得出以上结论，似乎还是不够的。和解率在一套新的法律下不可能很高，因为当事人没有先例可以援引以预测如果不能和解的诉讼结果。我们也只能找到为数不多的涉及道德权利并且有新闻报道价值的纠纷案例（除了那些已裁定的案例），而这些案例中的大多数都先于美国道德权利法案的颁布①。这类纠纷很少发生并不奇怪，因为作为一种强大动力，自身的利益使艺术品所有者不会去毁损或者破坏艺术品。

在已决案件中，只有一桩涉及物业主和雕塑家之间的纠纷，而且是雕塑家胜出。所有的案件都涉及相对不知名的雕塑家（只有两个例外），他们创作了大型雕塑品或特定场地适用的作品，而这些作品面临被新的建筑或改造严重损坏甚至销毁的境况。越是知名的艺术家，其作品价值可能越大，因此，人们越没可能选择去破坏或毁损这样的作品。画作和其他小型作品相对而言更值得从任何使它们受到危险的境况中搬移出来。

卡特诉赫尔姆斯·斯皮尔有限公司案（71卷3d，p.77，第二巡回法院，1995）在此类案件中最为著名。被称为“3J”的艺术家们在皇后区的一栋商业建筑中利用50吨再生材料创作了一个巨大的大堂雕塑，其中包括一辆校车。这件作品从未完成过，虽然艺术家在它身上已经花费了三年有余。建筑物原始业主的违约导致管理层发生变动，新管理层赶走了艺术家们。由于担心新管理层会破坏雕塑，艺术家们找到了一份《法案》下的禁止令。地区法院的裁定对艺术家们有利，但是上诉法院推翻了原判，认为这座雕塑只是一件雇佣作品。虽然艺术家们在有关设计、颜色和样式的事项上有充分的权利，但建筑物管理人员保有选址和安装作品方面的权利。三年来，艺术家们已经收到了基于每周40小时工作的薪水，收到了包括失业和健康福利（两位艺术家在新任经理解雇他们后申请了失业救济福利）在内的员工福利，他们每周薪水的支票中也已经扣除了工资和社会保险税。尽管如此，这个判决结果是有问题的。“3J”和建筑物的原始业主之间的合同规定艺术家们保有作品的版权，这意味着当事人不能把雕塑设想为一个典型的雇佣作品（即雇主拥有版权从而可以以自己想要的方式处置受版权保护的作品）。原告没有版权补救办法，因为版权不能防止受版权保护的作品被它的主人毁坏。

---

① 《视觉艺术家权利法案》颁布之前的主要争议如下：

（1）从1958年至1978年，一个巨大的黑白搭配的考尔德动态雕塑安装在匹兹堡国际机场的圆形大厅里，它经绿色和金色漆粉刷一新，这些都是阿勒格尼郡的颜色，并装上了电动机组以便定期转动。

（2）Clement Greenberg作为杰出的艺术评论家和David Smith遗产的受托人，在Smith死后从6尊Smith的雕塑上剥离了颜料，因为他相信这将会改善它们的审美价值与市场价值。

（3）1980年，已在东京信托银行大堂展出的一座野口勇（Isamu Noguchi）雕塑在搬走后被切成片销毁了。

（4）1933年，Diego Rivera在洛克菲勒中心绘制了一幅大型壁画，壁画中心处有一座Lenin肖像及人民举着红旗经过Lenin陵墓的画面。这些元素都不曾出现在Rivera原始方案中。Rivera拒绝了以Abraham Lincoln的头像替换Lenin头像的请求！业主临时遮盖了壁画，然后销毁了它。

（5）Richard Serra适用特定场地的雕塑“倾斜的拱墙”，因被投诉有安全隐患并妨碍了公共娱乐空间，只好从曼哈顿下城的联邦广场搬走了。

例1至例3取自美国版权局（1996，第2章）。例4来自于Robinson（1983，p.9），例5来自于塞拉诉美国总务管理局案（847卷2d，p.1045，第二巡回法庭，1988）。

英格利西诉BFC&R东第11街有限责任公司案（1997美国地区用词19137，纽约南区法院，1997）涉及一组相关的艺术品，包括安装在纽约城东第11街社区花园内的雕塑和壁画。计划中的开发方案要求移走雕塑，完整保留壁画，虽然这样会遮挡住壁画的视线。艺术家们声称，他们的作品已经被设想为一个统一体，而计划中的开发方案将会破坏这种统一性。在没有裁决雕塑是单一作品还是有公认地位作品的一部分的情况下，法院就认为《法案》对其并不适用，因为艺术品被放置在物业里已经是非法的了。之前的所有者（纽约市政府）从来没有授权艺术家们把他们的作品放在这个场地上，市政也没有尝试移走它，所以它在那儿已经很多年了。法院担心对原告的裁决将会鼓励艺术家们在建筑工地张贴街头涂鸦[①]，从而延缓房地产开发。法院也注意到接受原告的主张将迫使纽约市政府要么承担对城中大量空置地块不断巡逻的过高成本，要么承认一项对产权有限制的“非法占用公地者的权利”。让艺术家们承担责任，要求他们在使用相关建筑物前需取得市政的明确同意，这才是更为有效的办法。

在帕维亚诉美洲协会1120大道案中（901卷，附录620，纽约南区法院，1995），原告的大型青铜雕塑，包括四种站立姿势，自1963年至1988年一直在纽约希尔顿酒店大堂里展出。原告拥有作品的所有权和版权。1988年，酒店的所有者移除了该件雕塑，把四件中的两件放进储藏室，另外两件在停车场里展出。艺术家已经保留了作品的所有权，法院因此认为他有着《法案》之下的权利，即便作品是在法令生效日之前创作的。然而，法院驳回了原告的主张，因为毁损也发生在那个日期之前。这使得原告的主张中只有“不适宜地展出残缺作品而导致作品损坏”这一条了。《法案》并不覆盖展览权，但是纽约的道德权利法律却覆盖了，法院认为在这一法律下原告的主张是有效的，没有被联邦法令抢占先机[②]。

在马丁诉印第安纳波利斯市案中（1999），被告的一个城市改造项目破坏了原告40英尺的室外雕塑。这座雕塑在1986年安装时即被设计成可拆卸和可迁移的。需要记住的是，《法案》规定不得破坏在法令生效日期前创作的艺术品，除非艺术家被告知即将到来的破坏，而且有机会自己承担迁移费用。由于官僚主义作祟，艺术家虽然得到了通知，但是并没有充足的时间去迁移作品。责任还取决于作品被公认的地位，但是就这一点而言，法院认为原告通过提交当地报纸和杂志上描述其作品的文章履行了自己的举证责任。没有专家证人出庭作证，也没有对于作品或者雕塑家的评论文章。持异议者认为应该要求更多的关于“公认的地位”的证据，否则艺术品买家将被要求在任何情况下、从一开始就获取《法案》的弃权声明，如若不然，将面临违反法令的风险，因为很多作品在被委托制作时很含糊，只是后来才获得了必要的认可[③]。

弗莱克诉凯瑟琳女王的朋友们股份有限公司案（139卷，附录2d，p.526，纽约南区法院，2001）仍是一件纽约市的雕塑案，雕塑家Flack被一群当地的热情支持者即凯瑟琳女王的朋友们（在舆论中简称“FQC”）委托设计一座Catherine of Breganza（一位17世纪的葡萄牙的公主以及后来的英格兰女王）的纪念雕像，以便安放在纽约市皇后区，凯瑟琳女王对这里有着

---

① 起码，非纯语言的涂鸦艺术可能也不是视觉艺术，因此不在《视觉艺术家权利法案》的范畴之内。关于这一点，我们马上就会看到。

② 对于这个案件还有一个有趣的补遗篇。4件重3 000磅的帕维亚青铜器中的3件在2005年年初从曼哈顿仓储设施中消失了。此后不久，一家废品经销商返还了青铜器。这4件青铜器正被送往位于纽约的霍夫斯特拉大学博物馆。

③ 比较卡特案，其中Hilton Kramer为被告作证，并声称作品没有法律依据也没有公认的地位。根据既没有关于艺术家们的也没有关于雕塑的文献资料这一事实，他提出了自己的主张。法官否决了Kramer的证词，理由是Kramer对所有现代艺术都是怀有敌意的！

道不尽的重要意义。后来人们发现Catherine和其家族是从黑奴贸易中获利发家，所以这个项目被放弃了。此时，Flack已经创作了一个35英尺的雕像黏土模型。在伴随项目放弃而来的骚乱中，本来放置在室外的模型头部被损坏了。FQC拥有雕像，且仍然想要把它浇筑成青铜，他们雇了另外一位雕塑家重新雕刻面部。Flack指控说，这个雕塑家犯有重大过失，制作了"'一个扭曲的、毁损的模型'，其中的……鼻子、鼻孔、眼睛和嘴唇（是）高低不平而且尺寸错误"（同上，p.530）。法院否定了对于FQC的即时判决，判定如果Flack可以证明替代雕塑家真的严重失职，那么Flack将有权阻止FQC把改变的头部铸造成青铜。作为这个判决的一项初步措施，法院认为黏土模型是在自身权利内的艺术品，即便它曾经只是用来作为浇铸青铜雕像的模型。正如法院指出的那样，由公认的雕塑家制作的黏土模型在艺术世界里是被当作艺术品接受的。但更直接的一点是，青铜铸造虽然可能不是由Flack亲自完成，在《法案》最合理的解读中，也并非会是"她的"创作，但她将会拥有其中的版权，而毁损也将侵犯她的作品完整权。

最后，波拉拉诉西摩案（206卷，附录2d，p.333，纽约北区，2002）涉及了一幅"抗议壁画"（实际上是一幅绘画，因为它不是画在墙上的）。用法院的话说，壁画"描绘了风格化的不同种族和社会经济状况的人物，他们站在通往法律办公室的门线以外，而门是关闭的。壁画也暗含了短语"行政预算威胁了律师辩护权"以及"保留律师辩护权"（同上，p.355）。还没有获得许可时，壁画就被安装在奥尔巴尼的一栋政府建筑内，同一天晚上又被政府雇员移除了；在移除的过程中，壁画被严重损坏。法院认为因为作品"只是打算专为一次性活动的展品"而"从来没有任何保存这幅作品为将来展览的打算"，所以这件作品缺乏法定要求的"地位"（同上，p.336）。更简单地说，因为艺术家自己并未打算让这件作品持久存续，所以对它所造成的损坏并不会伤害到她。这不是因为被告似乎有意展出受损的壁画。壁画被移走后，交还给了她。

在根据《法案》属于侵权但还没有定案的诸多案件之中，有一个涉及艺术家蒙卡达对画廊老板Lynn Rubin提出的侵犯索赔。Moncada曾在Rubin个人画廊对面的建筑物上画过一幅壁画，只包括了"我是最棒的艺术家，勒内"这几个字。当Rubin试图移走壁画时，被Moncada发现并拍摄下来，于是Rubin揍了Moncada（蒙卡达诉鲁宾·斯潘格尔画廊股份有限公司案，835卷，附录，p.747，纽约南区，1993）。法院面临的问题仅仅是被告的责任保险政策是否覆盖了故意的侵权行为，但该案件的事实揭示了一些有意思的问题，这些可能在以后的《法案》纠纷中出现。第一个，究竟壁画是不是一种视觉艺术作品；与Pollara的壁画不同，整个作品只包含了原告的签名和一句宣传其艺术技巧的简单语句。如果这也算一件视觉艺术作品，那其他写作，诸如学生的一份作业或者一首诗呢？这些显然不受《法案》保护，但它们有什么区别呢？这并不是否认在某些情况中文字可以是一个整体并因此作为视觉作品而受到部分保护。此外，我们认为对什么是艺术的唯一检验以及什么被接受为艺术，也许Moncada的壁画通过了这项检验。

第二个，虽然某个租户可能已经授权Moncada绘制壁画，但是没有迹象表明建筑物业主已经授权他这么干。如果某个租户的授权许可足以建立《法案》的权利（它肯定不应该是），那么《法案》就能保护数不胜数的涂鸦艺术家们以及装饰了他们公寓外墙的涂鸦者们，因此清洗和重新粉刷纽约城的墙面反而触犯了《法案》。

第三个是，即便原告可以表明壁画是法律上许可的视觉艺术作品，他也必须证明壁画的公认地位。但由于这种"公认"是纯口头的，所以这一点难度挺大。（当然，上述的马丁案表明这样的检验是非常宽松的。）需要注意的是，这个问题在波拉拉案中不存在，因为正如法院在案件较早的意见中指出的那样，被诉的不是从政府建筑内移走了壁画，而是在移走过程中损坏了它，而它本来可以不被损坏就被移走的。因为尽管被称为"壁画"，但它不是嵌入建筑物内的。（波拉拉诉西摩案，150

卷，附录2d，p.393，纽约北区，2001；p.396，第4号）。

虽然我们《法案》案件的样本很小，但信息量已足够大了。它们表明《法案》纠纷很可能就限定于不可能无破坏地移动的视觉艺术作品。作品不太可能是著名艺术家的高价值的作品，法官也不愿意以阻碍开发为代价来保护艺术。可以想见，从艺术家那儿获得弃权声明的成本，可能会阻止博物馆和美术馆展出不可能无破坏地移动的装置艺术，也可能会阻止物业业主接受委托制作安装在开放空间、大堂和建筑物内的作品。此外，案件的绝对匮乏表明《法案》没能填补责任领域某些巨大缺口。这或许是因为法令不那么清楚，违反之后的处罚没那么严厉，这样的完全顺从可望立即得以实现，从而避免诉讼[①]。

7.4 转售的版税

艺术的转售权，通常被称为追续权，是指当艺术家的作品每一次被拍卖后，或被经销商卖出时，艺术家或其继承人所能获得的一份小额版税（通常小于5%）。目前11个欧盟国家不同程度地对转售权征税。根据一项近期欧洲议会（Ginsburgh，1996，2005）的指令，到2006年所有欧盟国家都必须规定转售权。美国没有联邦的转售版税法，但加利福尼亚州有一项关于艺术品在该州转售的法律。

赞成转售权的基本论点是，它们使艺术家或他们的继承人获得作品在首次出售后升值的部分补偿。转售权的支持者经常援引Van Gogh的例子。Van Gogh的画作今天可能卖到数百万美元，但Van Gogh生前只卖出了两件作品，并在贫困交加中去世[②]。有人认为，转售权可以防止此类不公平现象。

转售权在经济补偿方面的作用十分羸弱，它不过是对未来现金收入的一项权益。在没有交易成本的世界里，保有这项权益（正如在有转售权的制度里）对于艺术家的价值应该等同于从出售它中实现的价值（正如在没有转售权的制度里）。换句话说，第一个购买者会根据他们所购买的艺术品的转售权的全部价值而对支付价格进行打折。一旦你增加了管理转售权所必需的成本投入，提前支付某位艺术家作品的全部价值这样一种更为简单的替代方法也就轻松地胜出了[③]。转售权版税的另一个不足是它阻止了艺术家将未来价格下跌的风险完全转嫁给原始购买者。并且如果一位艺术家比市场更为乐观地看待其作品的未来价格上涨趋势，他尽可以在他的财产明细账中保留几幅画作以便未来销售，这将给他带来与可能获得的转售权版税数额相当的收益。

然而更糟的是转售权的发行效应。艺术品购买者会压低有转售权的艺术品的价格。由于艺术家（或他们的继承人）只有当作品的售价高于最初的销售价格时才可以收到款项，那些作品没有卖出或者没有增值的艺术家

---

① 由于州一级的道德权利法案极度稀缺，所以从《视觉艺术家权利法案》案件中得出的结论更值得相信，尽管《视觉艺术家权利法案》的案件也不是很多。

② 目前尚不清楚Van Gogh的例子是否能够支持转售权版税的拥护者所提出的主张。Van Gogh在法国南部经历了一段创作高峰期后，于37岁时自杀。鉴于Van Gogh的许多作品都是在他死后不久就被广泛展出的，这看起来似乎是，如果Van Gogh不自杀，他很可能在很年轻就已获得评论界的认可，并取得财务上的成功。

③ 如果艺术家系统地评估他们预期的转售权收入，且比买家估值高得多，情况会略微有所不同——这也许是因为艺术家，出于对自己能力的自信，会以较低的利率贴现它们（打折得更少）。暂且不论行政成本，一套转售权体系将使艺术家从其产品中分拆出销售有利可图和无利可图两部分。反过来也是一样的，如果艺术家是风险规避型的人，他们就会对支付流采取比买家更高的贴现率。

们——即“绝大多数”（同上，p.4）[①]将只能品尝转售权立法的苦果了。他们实际上资助了那些更为成功的艺术家和买家。

毫不奇怪，许多艺术家以“这损害了他们作品的市场以及整体的艺术品交易市场”为由反对转售权的立法（《艺术报》，2000年1月）。他们认为转售权是一种“对遗嘱自由的约束”（同上），因为它们迫使在世艺术家为了他们继承人未来可能获取的福利，而在今天承受负担[②]。对转售权制度的另一项抨击是它们会驱使拍卖业务转移到没有转售权的国家（《华尔街日报》，2000年4月6日）。在有转售权的国家，如果拍卖行处在困难时期，他们会进一步压低艺术品的价格，从而削弱对艺术生产的激励。转售权可能会导致艺术品生产、销售和享有的减少。

7.5 解决艺术品的权属纠纷

7.5.1 简　介

如果某样东西很值钱、可移动，并且相对容易藏匿（但仍然有迹可循），那么所有权纠纷就十分容易发生，而能满足这些条件的物件经常就是艺术品。第一，一件有价值的艺术品随着时间的推移往往会升值而非贬值，所以即使对已失踪多年的作品进行搜寻也可能是有利可图的。第二，虽然经历多年已经被认定遭到破坏或一去不复返的艺术作品，相同的特征、耐用性和易于隐蔽都增加了其重现江湖的可能性——经常是偶然地。[③]

唯一性有利于回忆，从而能够提高追踪一幅遗失作品的可能性：见过作品的少数几个人会记得曾经见过它，并可向搜寻者提供有价值的信息。如果作品的价值取决于它的出处（所有权的历史和展览的历史）或作品被保留完好，那么追踪作品也就变得相对容易了。知道作品的人越多，作品被改变得越少，它就越容易被找到。

尽管艺术品登记——类似于土地登记，可能会消除许多权属纠纷，但它还是行不通。大多数艺术品是可移动的（不同于土地），因此，一份全面登记册必须容纳全球范围数以百万计的作品。一个代替全面登记册的办法就是将登记范围限制在失踪的艺术品，如失踪艺术品注册网（ALR）（http：//www.artloss.com），因为失踪的并且值得追寻的艺术品数量毕竟只占艺术品总数的很少一部分。ALR列出了超过10万件丢失或被盗作品，并且每年还有大约1万件被新近列出（《艺术新闻报》，1998年3月）。ALR因其调查严密已成为拍卖行的标准。每年，ALR检查40万份候选拍品并与数据库进行比对（同上）[④]。一份限于遗失艺术品的登记簿是有价值的，因为一件作品从它被盗（或丢失）到它被转售，拍卖行、画廊或买家们有足够的时间（假设所有者发现和报告了它的丢失）核对登记簿以确定该作品出处。

为什么一件失踪已久的艺术品的所有权链可以被追溯？最终的解释可以追溯到为什么人们要收藏艺术品。自Veblen以来的经济学家都把艺术品描述为一种显贵的物品，它使得拥有它的收藏家以此向他人表明自己的

---

① 在法国，从1993年至1995年间，2 000位从转售权中获益的艺术家里，有2%~3%的人收到了征集到的款项的43%（《艺术报》，2000年1月）。

② 例如，在德国，7 454位在转售权机构注册的艺术家中仅有274位有资格收到款项（同上）。

③ 这部分基于Landes和Posner（1996）的论文。

④ 物品身份证明（Object ID）是由格蒂信息研究所开发的统一注册协议，用来细化丢失或被盗作品的信息，它进一步增强了ALR的效果。见http://www.artloss.com/。

财富和品位。收藏家们不仅能欣赏摆放在他们客厅里的作品，更可以从别人的嫉妒或羡慕中得到满足。为了达到这些额外的效果，购买艺术品的人不想把它藏起来。他们吹嘘自己拥有它，并展示给朋友们看，或把它借给博物馆和美术馆展出。艺术品的信号价值使得它的合法所有者最终可能会找到他遗失已久的作品[①]。

7.5.2 纠 纷

这里我们关注的是涉及“无辜”者的权属纠纷。我们是在一个广泛意义上使用这个术语的，当然不包括窃贼。与那些没有采取适当措施辨认作品是否为赃物的购买者不同，盗贼们知道他们正在购买的东西是赃物。“诚意的”购买者既相信他买的作品不是偷来的，又采取了必要措施以防止所有权出现差错（但是没能揭露作品是偷来的）。这种类型的人就是“无辜”的购买者。

在选择什么样的法律规则适用于艺术品的权属纠纷时，需要考虑三方当事人的利益：合法的或原来的所有者（简称所有者）、“无辜”的购买者和窃贼[②]。这里，我们的目的是要明确在用经济手段解决这个问题时所需考虑的事项。纠纷解决规则直接影响所有者和购买者，因为双方都意识到任何作品都有可能丢失或被盗，或者已经丢失或被盗，从而成为权属纠纷的对象。纠纷解决规则通过对被盗作品市场施加影响，来间接地影响窃贼[③]。

纠纷解决规则影响了购买者采取丢失或失窃预防措施的级别，以及找回已经丢失或失窃作品所花费的资源。处于平衡状态时，购买者会采取刚好足够的防范措施，使得额外防范措施的边际成本等同于这些措施的边际价值（丢失或者失窃的可能性减少量乘以保有作品的价值）。如果一件作品丢失或者被盗，购买者将花费刚好足够的资源去搜寻它，即搜寻花费的额外一美元将产出期望回报中的额外一美元（等同于找到作品的可能性增加量乘以重新找到作品的时间调整价值，并以法律规定不会把找到的作品授予他的可能性作为折扣）。法律规则越是偏向所有者而非“无辜”的购买者（例如，通过延长所有者需要找到丢失作品的时间段并要求对作品的恢复，或者类似地，通过对诉讼时效征收通行费直到所有者找到丢失的作品），所有者在防止作品丢失或者失窃上的花费就会越少，同时他在找回丢失或者失窃作品上的花费就会越多。

我们怀疑，就搜寻遗失被盗艺术品的支出而言，偏向所有者的法律规则对所有者采取何种程度的预防措施不会产生什么影响，因为所有者已经有了很大动力来防止作品丢失或者失窃。想一想寻找丢失作品的样子：一开始时，前途是那么渺茫，所以一点点的偏向所有者的纠纷解决规则应该不会对所有者防止失窃的预防措施产生很大影响。另一方面，一旦作品消失，计算结果会马上发生重大变化。花钱寻找作品的唯一原因就是找到它后会带来相应的回报。

无辜购买者相信他们所拥有的作品的所有权可能会有问题。这种风险会证明，为了避免与合法所有者之间的权属纠纷而采取一定的预防措施是合理的，这样的预防措施可能包括不公开地展出一件作品或者不公布某件作品的所有权——以失去的声誉价值这种形式体现的成本。所有者将隐藏他对于某件作品的所有权直到刚好所

① 这表明对失窃艺术品出高价的投标人将会是艺术品爱好者而不是寻求身份地位的人，因为前者更愿意掩饰自己的所有权。

② 由于每位所有者（除了作品的创作者）自己也是购买者，所以把两者看作单独的当事人似乎是错误的。在这里，我们根据他们的能力将其划分为购买者或所有者。他们行为的成本和收益也因此是可增加的。

③ 在权属纠纷如何解决的问题中，我们略去了其他（第四方）当事人的利益。这些利益包括失去了作品的附属享受（如果法律强制作品的隐蔽性）以及对之前的所有者或是在权属纠纷中败诉的无辜购买者的怜悯。（这样的怜悯可能是关于大屠杀艺术纠纷中重要的考虑因素）

有者声誉的边际损失等同于将作品置于公众视线之外的风险缓释（作品被发现的可能性的降低值乘以作品的价值，并以法律规则不会把作品返还给原来的所有者的可能性作为折扣）。在这些预防措施中，均衡投资增加了，因为纠纷解决规则变得倾向于所有者了。

我们尚不清楚什么样的纠纷解决规则（偏向所有者还是偏向无辜购买者）会使偷窃降到最低（以及偷窃成本）。偏向所有者的规则将既会降低所有者采取的预防措施的等级（对窃贼而言有利），也会降低无辜购买者愿意为潜在的失窃艺术品支付的价格（对窃贼而言不利）。偏向购买者的规则正好相反。无论怎样，偏向所有者政策的净效果对窃贼而言都是降低的。作为对偏向所有者规则的回应，所有者将采取更少的预防措施，部分是因为失窃作品价格下降将直接降低盗窃比率。更低的预防措施造成盗窃增加，因此失窃作品的较低价格带来的减少窃贼的效果被中和了。此外，如前所述，由于法律规则的变化带来的预防措施的变化可能开始是很小的，因此由预防措施支出下降带来的盗窃数量的增加不太可能盖过由更为偏向所有者的规则带来的价格下跌所直接导致的盗窃数量的减少。

偏向所有者的纠纷解决规则可能减少盗窃这一事实并不能说明它的社会有效性。对于该分析，还必须估计贯穿上述行为反应的社会总成本。最简单的分析就是比较两个极端的法律规则：一个是总把某件有纠纷的作品返还给原来的所有者（称为规则O），另一个是从来不这么做（称为规则P）。根据我们之前所述，从规则O移动到规则P的相关费用将是增加的预防措施以及增加的盗窃成本；收益将消除搜寻成本（所有者没有理由找回他自己的作品）以及隐藏成本（后续的购买者没有理由阻止原所有者发现作品）。

我们期望规则O之下的搜寻和隐藏成本（从而选择规则P所带来的成本节约）低于搜寻和隐藏的收益。除了注册丢失作品的小成本（在失踪艺术品注册网上，每公告一件失窃作品大约耗费65美元），搜寻的边际生产率可能会非常迅速地降低。除了在极端情况下，无依无靠的所有者更倾向于“等待和观望”作品的重新出现，而不是耗费更多的资源徒劳地寻找。其次，如果购买方是真诚的，他不会太怀疑作品所有权的问题，从而他的隐藏支出（通过展览作品）也相应降低了。另一方面，选择规则O而不是规则P的可能收益，即影响全社会的累积的较低预防措施和较低盗窃成本都不是无足轻重的。我们前面已经提到，所有者总有保护自己艺术品的动力，而且当从无辜购买者处毫无找回的可能时，这动力会变得很大，正如在规则P下的那样。与搜寻成本的支出不同，预防性支出的可得回报没有明显的跌落。

所有这一切都得出一个结论，也就是有利于所有者而非无辜购买者的法规要比那些有利于无辜购买者的法规更具社会有效性。这一发现是与世界各地大多数的实际情况基本一致的（Levmore，1987）。现在问题就变成了：为什么诉讼时限应该存在？或者说，对所有者权利的诉讼时限有多么重要。最有可能的是，在某个转折点上，导致行动过期的理由所产生的错误成本超过了偏向所有者规则带来的收益[①]。然而，当不可能出现错误的时候，例如，当原告可以提出可靠的记录或者证词证明他对作品的所有权时，我们预测法院会延续所有者权益的诉讼时限。我们下面讨论的案例证实了这一看法。

7.5.3 案 例

在奥基夫诉斯奈德案（416卷 A.2d，862项，新泽西州，1980）中，艺术家Georgia O'Keeffe起诉一位诚意购买者。O'Keeffe声称她发现了1946年从她那儿被盗的几

① 由于所有者（除艺术家之外）本身也是购买者，诉讼时效规定也符合他们的利益。这种想法在版权法领域内产生共鸣。在版权领域，即使版权持有人也会事先倾向一个有限期而非无期限的版权保护。见Landes and Posner（1989）。

幅画作。O'Keeffe一直等到1972年才报告了画作的消失，1975年她得知画作的所在地，并在1976年初发现它们当时的拥有者（Snyder）的身份。当Snyder拒绝了她返还画作的请求后，O'Keeffe起诉要求其返回。

本案的关键问题在于六年的诉讼时效是否能中止O'Keeffe的起诉。在发回重审案件以作进一步考虑时，法院认为下级法院应当使用"发现规则"，以确定六年的时效期是从何时开始运行的。根据发现规则，时效期的计算是从受害方发现失踪绘画的下落时开始的（或者通过合理努力和情报应该已经发现了。）

发现规则是与我们上面的结论基本一致的。根据这项规则，只要所有者付出合理努力来寻找作品，其所有权就不会因时间推移而削弱。直到当前拥有者的身份被知晓，搜索支出的边际生产率才被降低；而且，所有者只需付出最低限度的支出。如今，这些支出包括向艺术品失踪注册网报告失踪的绘画和（有可能）检查最近的艺术刊物，诸如包含了艺术家信息的分类目录。

还有一种被称为"要求和拒绝"规则的变通方法，它可以避免确定某所有者付出的搜索努力是否合理这样的管理难题。根据这一规则，只有当目前的占有人拒绝了原所有者对作品返还的要求时，诉讼时效才开始计算。当然，不到原所有者发现作品的所在时，它不会生效。德威尔士诉鲍丁格案（836卷2d，p.103，第二巡回法院，1987）便体现了该规则的应用，该案是关于1945年从德国某城堡中失窃的一幅Monet的风景画的纠纷。Baldinger于1957年从威尔顿斯坦画廊获得该绘画，后者之前是从一个瑞士商人那里购买了此画。在DeWeerth的侄子于分类目录的一条目录中发现它的所在之前，这幅画已挂在鲍丁格的公园大道公寓长达25年之久。尽管纽约的诉讼时效只有三年，DeWeerth还是要求返还绘画。第二巡回法院运用了"要求和拒绝"规则，将纽约州的法律与奥基夫案中的新泽西州的发现规则相区分。然而，法院赋予所有者的责任是在寻找作品的过程中尽己所能，并在作品发现后不得无理由地延迟对作品的索求。这点对原告不利，因为她为搜寻作出的努力不够（在1957年至1981年间并未进行搜寻）。在所罗门·R.古根海姆基金会诉卢贝尔案中（《东北部通讯》第2版，569卷，p.426，纽约，1991），纽约最高上诉法院明确拒绝承认像DeWeerth那样的努力是合理的。用法院自己的话说，古根海姆博物馆已经"在20世纪60年代末的某个时段"中断了对一幅Chagall水粉画的追踪（同上，p.427）。在确认水粉画于1969年和1970年之间失踪后，古根海姆博物馆没有把画作丢失的情况通知到博物馆、美术馆、艺术组织或执法组织。1985年，博物馆得知作品所在并要求返还。当时的占有者不肯交还，博物馆起诉并获胜。法院意识到了合理努力要求在管理上的复杂性，同时也意识到要解释清楚怎样的努力才算合理的是件非常困难的事。

该案例说明了另一个有趣的问题。博物馆认为，广而告之的作品的消失是"揭露（了）安全上的缺陷"（也许会导致更多的失窃），并将（已）"把丢失的绘画进一步推向未知"。古根海姆博物馆的立场暗示了集体行动的问题。所有艺术品所有者都倾向于艺术界中的失窃作品能被广而告之，但没有哪个所有者有公布自己损失的个人动机。协调解决这一问题的方法之一是降低宣传丢失作品的成本，提高宣传丢失作品的效能。这可以由失踪艺术品注册机构完成，诸如上面提到的失踪艺术品注册网（ALR）。

大屠杀艺术的权属纠纷也带来了诸多问题。一个众所周知的纠纷涉及了两幅Egon Schiele的绘画，它们曾在1938年被纳粹"雅利安化"（人民诉现代艺术博物馆案，大陪审团重新传召随带证件到庭作证的传票，93卷，第2版，p.729，纽约，1999；美国诉沃利肖像案，2002年美国DIST. 词汇6445，纽约南区，2002）。纽约州采取行动，没收了已被租借到现代艺术博物馆的作品。现代艺术博物馆加入了出借作品一方（维也纳的利奥波德基金会）抵制没收行为，认为这样的国家行动威胁并不利于外国收藏家把自己的作品出借给博物馆——从而阻止了博物馆"让纽约人可以接触到来自全世界的艺术品"（人民诉现代艺术博物馆案，1999，p.742）。该博物馆在这起国家案件中胜诉，但在之后的由美国发起的民事诉讼程序中，博物馆放弃了其中一件作品。

1998年11月30日至12月3日，五十七个代表团参加了在美国国务院举行的关于大屠杀时期资产的华盛顿会议（美国国务院，1998）。当事各方通过了十一项非约束性原则来协助解决“雅利安化”的艺术品的相关问题，包括承诺识别和宣传失窃作品，向研究人员开放档案，建立登记处，并加快纠纷的公平和公正解决。在“确立一件已被纳粹没收的作品”时，代表团们答应考虑“考虑到大屠杀时代的……情形，艺术品的由来不可避免的间断或有含糊之处”（同上）。各国家被鼓励进一步发展其他纠纷解决机制，包括调解和仲裁。现今，美国大多数艺术博物馆都在他们的网站上发布关于在第二次世界大战后获得作品的告示（20世纪30年代和40年代作品的原产处除外）。这些告示应该能帮助所有者和他们的继承人确定失窃的作品，并促成它们的返还。

7.6 艺术品市场：合约及真实性问题

7.6.1 引　言

市场极为重视艺术珍品的作者身份。如果某件归属于伦勃朗的作品被怀疑不是名副其实的，其市场价值将大幅下挫。如果作品被证明是一个现代的伪造品，它可能毫无价值。相反，如果学者们认为伦勃朗绘制的一幅作品其实属于生活在伦勃朗时代某位二线艺术家，它的价值将扶摇直上。在这些情形中，实物对象没变，但归属对象的变化却大大影响了实物价值。类似的现象可以在收藏品市场上观察到。在此，重要的不是作者身份，而是作品的出处和历史。例如，玛丽莲·梦露在麦迪逊广场花园为肯尼迪总统唱“生日快乐歌”时穿的裙子，在近期的拍卖会上售出了115万美元。但“相同的”裙子，因为与梦露或肯尼迪没有关系，只可能在转售店里以很低的价格出售。再举一个例子，属于Jackie Kennedy Onassis的仿制珍珠项链在苏富比拍卖行拍出了211 500美元，而完全相同的项链在一家珠宝店可以用几百元买到[①]。这些例子说明，艺术品或收藏品的市场价值由两个部分组成：实物对象本身的价值加上体现在对象上的无形价值，例如作品的作者身份和出处[②]。而且，正是这种无形价值，而不是实物本身价值对作品的价值起主要决定性作用。解释这种现象的原因超出了本文的范畴[③]。在这里，我们讨论的是伴随真实性纠纷出现的法律问题。

在讨论的开始时，有必要区分两类不同性质的真实性纠纷。第一类涉及欺诈，其中违规的一方（比如一位艺术家或经销商）试图以假冒品或复制品冒充原创作品[④]。成功的艺术欺诈就是利用了信息的不完整以及市场赋予原创作品的溢价。像盗窃一样，这种欺诈是对社

---

① 出处对艺术品也很重要(即使真实性不是问题)，因为对于什么构成了好的艺术品没有明确的标准。如果一位重要的收藏家已经拥有了作品或者作品曾经在著名的博物馆中展览，购买者将对作品的品质有更大的信心，从而进一步增加了作品的价值。

② 无形的因素还包括版权和商标的知识产权。因为这些权利往往比实物对象本身更有价值，这些权利是否连同对象一并被出售还是由作者保留将在很大程度上影响艺术品的价值。在本文中，我们暂且把知识产权的无形因素放在一边，专注于作者身份和出处的问题。

③ William Grampp(1989，第10章)在《贵重物品的定价》(Pricing the Priceless)中系统地论述了这个问题。也参见Becker，Landes and Murphy(2000)(运用消费的外部性这个概念来解释为什么原件卖的比副本贵得多，为什么作者身份和出处的变化可能导致价格的巨大差异等)。

④ 赝品往往不是复制品。一个熟练的伪造者可以通过试图填补与原艺术家作品中的差距来制作一件赝品。可以肯定，伪造者试图用赝品冒充原艺术家的作品，但赝品本身不一定是复制品，也不必是与原始艺术家执行的作品密切相关的。

会有害的活动，因为它的成本（施行欺诈的时间和精力）超过它的收益（假冒品的价值），因此它会受到刑事和民事处罚。第二类纠纷是因为信息的不完全而导致的真正不确定性。在此，因为关于作品历史的文档不完整，作者身份只能用可能性而不是必然性来回答。这类纠纷中不涉及欺诈，但出现了涉及有关各方之间解读合同的问题，以及作品销售之前获得作者信息的成本和收益问题。下面我们重点关注这种类型的纠纷。

7.6.2 真实性和法律

真实性纠纷的各方采用多种方式或攻击或捍卫视觉艺术作品的作者身份。纠纷的一方是“目空一切的、注意花瓶左侧淡淡的轮廓……传统的鉴赏家”（Gopnik，1997，p.36）；另一方是诸如X光线摄影、色素分析和帆布线程计数等高科技手段（Schwartz，1995）[①]。

在两者之间的某个地方，作品的来源往往会给真实性评估带来重压。科学检查可以确立一件作品的时代和状态；影像学和文体风格的比较可以将其归于一个国家或地区的流派；艺术史的学术成就可以使其与一个特定的工作室或大师产生关联；艺术鉴赏可以通过定义的标准确定它的质量所处的水平；接收的历史能告诉我们哪些归属是有争议的，哪些没有；并且来源文件（特别是明确的、无间断的并且可以追溯作品至艺术家的工作室的所有权历史）能降低一件作品是伪造的或错误地归属于某个伟大艺术家的可能性。

在格林伯格画廊有限责任公司诉鲍曼案（817卷，附录167，哥伦比亚特区的地方法院，1993）中，四个画廊组成的一个集团声称，他们联合花费50万美元购买的一件动态雕塑并不是他们原本以为的Andrew Calder的作品《里奥尼禄》（Rio Nero）。他们以欺诈、违反明示保证，以及相互错误的事实为由，要求取消这笔买卖。之前的所有者是从她父亲处继承了这件作品，她父亲又是从代表Calder的皮尔斯画廊获得的该作品。因此，作品的出处是无可挑剔的。

原告的专家Klaus Perls 23年前见过并拍摄了真正的《里奥尼禄》，而且把这件作品卖给了被告的父亲。他声称这件作品是原作的“精确复制品”（同上，p.171）[②]。然而，将受质疑的作品与档案照片相对比后，Perls指出与原作的“杆的相对长度是不相同的”。根据其他证人，作为著名的Calder专家，Perls对作品真实性的否认显著降低甚至破坏了作品在艺术品市场的价值（同上，p.174，第8行）。被告提供的专家证言对Perls的真伪验证方法提出质疑，他们声称档案照片是不可靠的，“由于灯光、拍摄角度、距离和运动影响了作品的形状”（同上，p.172）。此外，被告辩称（振振有词地），作品产生的任何问题都是处理中的损害和创作作品时缺乏专业知识的结果，而且这都是原告的行为带来的。法院发现，原告未能证明该作品不是Rio Nero的原作；在某种程度上是因为怀疑另有“‘真实’的《里奥尼禄》（下落不明）”存在（同上，p.175）。简而言之，尽管有Perls的证词，该记录“实在不够确凿以至于无法支持（原告）的诉求”（同上，p.175）。

该案引发了一个棘手的问题，即法院是否应该以市场的判断取代自己的判断。格林伯格法院的态度是明确的：“这不是市场……而是法院，在这里，事实的审判者必须

---

① X线摄影发出X射线穿透一幅绘画并投射到胶片上来揭示裸眼无法看见的被涂掉的区域。在自动射线照相术中，绘画本身变得有轻微的放射性。元素的不同组合在那些放置在作品上的胶片上发出了不同程度的辐射。在红外线反射光复印法中，胶片沐浴在光线中，刚好超出了通常眼睛可见的范围。这件作品随后被带有捕捉底稿碳含量的特制相机录像。颜料分析法从一幅绘画的横截面中选取样品。虽然它会以正确的顺序捕获绘画中的所有材料，但对作品却是有破坏性的，只能在一小片区域内取样。最后，树木年轮和帆布对试图确定绘画创作所用的材料的时间也构成了威胁。

② 据推测，原告的立场是，真正的《里奥尼禄》已经出售给被告的父亲，在这之后，所谓的复制品被创作出来了。

基于证据的优势作出裁决"（同上，p.174）。因此，法院把真实性问题当作容易接受的"是"或"否"的问题，而不是一个产生某个连续结果的分析。如果是后一种方法，法院的调查将集中在对作者身份的怀疑是否引起了作品市场价值的实质性下降——这类似于审查商业合同，卖家有未披露关于他拥有的（或者应该是合理拥有的）作品真实性的重大信息，以及购买者改变或损坏作品的行为是否会导致其市场价值的下跌。在格林伯格案中，动态雕塑价值的下降是在原告——即资深的艺术品经纪人——已经接受交付之后，并且发生在作品被运送到其他地方之后。如上所述，这可能已经破坏了作品，导致对其真实性产生怀疑。在没有欺诈时，这样的检查和明确的接受通常足以限定出售者的责任。因此，法院可能已经阴差阳错地因错误的理由达成了正确的决定[①]。

让我们考虑考尔德案件的一个极端版本：购买者和出售者最初都认为作品是X的，但是出售之后大家才意识到作品不是X的。进一步假设作者身份的变化导致作品的价值显著地变化（要么向上，如果作品原来是一个更著名的艺术家而不是X的；要么向下，如果情况正好相反）。购买者或出售者是否应该承担相互错误的风险呢？法律和经济学倾向于，能够廉价承担风险或者获取有关信息的一方应该承担此风险。这意味着，在富有经验的出售者和质朴单纯的购买者的交易中，出售者应该承担任何会导致价值大幅降低（或者增加）的真实性风险，除非在交易中出售者明确表明关于艺术家是谁尚且存疑。在格林伯格案中，由于双方当事人都富有经验，最优规则可能相反，因为这将在任何情况下避免昂贵的诉讼，除非出售者在其中起草明确的担保。考虑一个不同的例子。假设一个不懂行的人在他的阁楼发现一幅绘画，以60美元向某艺术品经销商出售，后者相信它是来自某位著名艺术家的。结果证明这件作品原来价值100万美元。出售者可否声称自己被欺骗了然后撤销出售？答案是否定的，这在经济意义上讲得通。第一，如果法院认定买卖无效，那就意味着购买者将不得不披露关于作品价值的不宜公开的信息。这样的披露可能会使交易失败，还会使还在从事艺术淘宝的人感到心灰意冷。第二，出售者可以雇用鉴定师来保护自己，以避免价值连城作品的价值在出售后才被发现。而且，如果鉴定师低估了作品价值，原所有者可以对其过失采取反对行动。与其把规则设置完全交给法院，不如由拍卖行来起草范围广泛的销售文件，定义什么情况下的真实性纠纷会为撤销上诉提供依据。在德鲍尔卡尼诉佳士得拍卖行案中（英国高等法院的王座法庭，1995年1月11日），在拍卖名录中被描述为Egon Schiele的某幅绘画的购买者声称，根据佳士得拍卖行的条款和销售条件，这件作品是伪造的。虽然这件作品最初是由Schiele绘制的，但是购买者声称它已不再是Schiele的作品了，因为绘画中94%的原有颜料已经剥落，后被不知名的人进行了重绘。作为回应，佳士得认为这是一件真正的Schiele的作品；复绘仅是作品状况问题，而作品状况在合同中是没有保证的。佳士得的合同规定，若作品被发现是伪造的，可以在销售后的五年内返还，除非

（1）在拍卖当日的目录描述与当时普遍接受的学者观点相一致……（2）只有通过目录公布后的并非普遍接受和使用的科学方法……或者在拍卖当日通过贵得离谱的或者不切实际的或者可能对该件商品造成损害的手段才可以证明该件商品是伪造品（同上）。

法院认定这幅绘画是件伪造品（并不像佳士得宣称的那样，是一件状况不好的真正的Schiele作品）并且上述的例外情况（1）或（2）对佳士得无效。此外，由于修复者在作品的下角处加上了Schiele的首字母，法院认为复绘是"以欺骗意图制作的"，并且因为在拍卖图录中说"是"Egon Schiele的，所以称不上是精确的描述。

---

① 欺诈是知情或有意的（所谓"故意的"）欺骗。自从格林伯格法院发现怀疑作品真伪的证据不足之后，被告是否知情或者有意误导原告这一问题就从未触及过。我们怀疑法院记录会不会支持这一结论。

法院认定两个原因使佳士得不能利用上面的例外条款。首先，佳士得在把作品归属于Schiele时没有依据“普遍接受的学者意见”。其次，它没有合理调查作品的复绘程度，倘若佳士得对绘画进行了仔细审视，就应当把作品描绘成“归属于”Schiele的绘画而非由他绘制的绘画（同上）。法院还指出，是佳士得的疏忽导致了这起侵权索赔，因为这幅绘画的价值已经从它的购买价格下降了90%。如果佳士得采取合理的预防措施来鉴别作品，购买者就不会遭受这样的损失。

当某作品所有者声称由于另一方对作品真实性的否定而使其遭受损失时，法院也会介入真实性纠纷案中。在哈恩诉杜维恩案中（234卷，纽约州，p.185，纽约最高法院，1929），原告起诉著名艺术品经销商Joseph Duveen爵士，因为爵士声明原告拥有的一幅绘画并非真是da Vinci的，而是在卢浮宫展览的作品的复制品。原告声称Duveen爵士发表了一份关于真实性的虚假声明，诋毁了该产品。为了在诉讼中取得成功，原告必须证明Duveen的评论是不正当的、误导的和实质性的，并且这已经导致作品价值下降。虽然鉴赏家们（包括Bernard Berenson）的游行近乎一致支持Duveen的立场，Duveen还是输掉了案件初审并在重审之前达成了庭外和解。

7.7 遗产问题

7.7.1 引 言

本节审查了两个关于含有大量艺术品的遗产的司法处理问题。第一个问题是法院如何评估该类遗产的遗产税及其相关用途；第二个问题关系到，当慈善信托的受托人处理珍贵艺术品（例如，巴恩斯基金会）时，如果信托条款变得不可行、不可能或非法的时候，受托人应该获准不按信托条款执行。

7.7.2 遗产估值

1987年，当Andy Warhol意外死亡时，他留下了包括他作品在内的大量遗产：大约4 000幅画作、5 000幅素描、19 000张印刷品和66 000张照片。在随后的诉讼中，法庭被要求评估这些作品的货币价值或“公平市场”价值（重审沃霍尔遗产应付的法律费用案，纽约杂项词典，p.687，1994）[①]。法院遵循已成型的一个标准方法，先估计单件商品的市场价格，通常是来自近期的拍卖和非公开销售中的数据，然后运用“堵塞折扣”以算出单件商品或整组商品的整体价值。堵塞折扣的基本原理是基于这样一个理念，即某位艺术家的作品不可能在没有大幅降价的情况下，于短期内大量出售。在确定堵塞折扣的大小时，法院考虑的因素包括作品类型、与近几年售出数量相同的该遗产中的作品数量、艺术家的声誉、未来价格上升的可能，以及以小批量清算该遗产所必需的时间和成本。所以，在沃霍尔诉讼案中，法院最初评估Warhol的艺术品价值为5.06亿美元，然后考虑20%~35%的堵塞折扣，达成3.91亿美元的最终值（同上）。在另一个著名案件中，法院对初步估价7 300万美元的400件作品运用平均50%的堵塞折扣后，评估艺术家Georgia O'Keeffe的遗产价值为3 600万美元（奥基夫诉C.I.R.案，关税委员会备忘录，p.210，美国税收法庭，1992）。而在雕塑家David Smith的案例里，单件

① 该案涉及遗产执行人的律师(Hayes)及安迪·沃霍尔视觉艺术基金会(该遗产的主要受益人)之间的纠纷。根据合同要求，Hayes将获得该遗产价值约2%的费用。Hayes评估该遗产价值超过7亿美元，然而基金会的评估价值约为1亿美元。

商品最初估价为430万美元，但折扣后为270万美元（史密斯遗产诉被委托人案，57卷，关税委员会，p.650，美国税收法庭，1972）。

对一位保有大量自己作品的艺术家遗产进行估价引发了关于耐用品定价的有趣的经济性问题。同其他耐用品一样，艺术品具有较长寿命，有定期回报（非货币），需要储藏成本，而且经常有重大转售价值。艺术品也是一种风险性资产。不仅艺术品的整体价格有宽幅振荡，而且单个的艺术家甚至有更大的风险，他可能在某个时期内正当流行，但在下一个时期就过时了。

这些风险可以通过用高额贴现率计算未来销售额（估计的）的现值的办法规避。为什么必须估计未来销售额？因为，正如推理的那样，当下销售某艺术家的所有作品将使得作品的市场饱和，从而不会使其遗产的价值最大化。快速销售将致使遗产管理者没有时间来宣传已故艺术家的作品，找到新的买家，或者去说服收藏家们增加其所持有的该艺术家的作品。法院因此认为将遗产价值最大化的办法是在数年内清算那些持有的作品。问题是，通过使用提高的贴现率（超过作品的估算升值率）来计算未来销售的现值，这个值将会小于作品当下的估算价值，也就是"堵塞折扣"。

然而，这种调整不符合经济学理论。在一个理性预期模型中，艺术品的预期升值问题、持有艺术品的单一投资组合的风险、未来销售数量的预测、拥有艺术品的审美回报和贴现率（折扣率）等，都与估算艺术家遗产价值有一定关联。事实证明，问题比原来设想的简单得多。估值所要求的全部仅仅是实际销售的目前价格，即使假设需要很多年才能变卖完全部遗产[①]。目前的价格体现了未来价格、风险和折扣率等所有相关信息。

首先考虑单件作品的价值，就Warhol的绘画来说。用P_0表示作品今天的货币价值。它遵循的均衡状态等式为，

$$P_0=P_ne^{-rn} \qquad (7-1)$$

P_n是作品n年后的价格，r表示市场折扣率。折扣率是多种因素的复合，如

$$r=i+m-a \qquad (7-2)$$

式中，i等于一个周期内风险调整的折扣率，m是保险、仓储及其他持有成本（表示为作品价值的一个百分比），而a是每期从持有作品上获得的审美收益。可以观察到，等式（7-1）是一种均衡状态[②]。这是个体在当下和未来艺术品市场上竟购作品的结果。在均衡状态下，价格增长的预期比例将等于折扣率r。为了说明这点，我们假设P_0小于P_ne^{-rn}，因为预期P_0增长得比r快。在这种情况下，购买者会抬高目前的价格，直到等式（7-1）成立。反过来看，如果现今的价格超过未来转售价格的折现值，现今的所有者将试着出售作品，从而使作品价格下降，直到等式（7-1）成立。

我们已经观察到了，如果艺术品是一项风险很高的投资，那么i及r将趋于相对较高。艺术品的期望均衡增长率也将会提高，而且在给定作品预期的未来价格时，持有艺术品的风险越高，现今的价格会越低。简而言之，现今的价格包含预期的未来价格和折扣率等相关信息。承继我们的例子来看，设想Warhol的遗产包含了大量他自己画作的情形。进一步的假设是，我们可以将这些作品转换为同等品质的单位。也就是说，使Warhol的画作的价格取决于多种特性，如尺寸、题材、绘制的日期、展览的历史、材料类型等。假设某人可以估计出一个将这些特点与价格相联的享乐指数，然后我们使用一组Warhol的不同照片，并将其转换成Warhol画作存货的等价物。设K代表这些同质画作的实际库存（或者等价的一个耐用品的库存），并假定计划今天卖出该笔遗产中的一些画作，明年再卖一些，并依此类推，

① 我们感谢Casey Mulligan和William Grampp关于这一点的有用讨论。

② 如果每个个体从拥有艺术品中获取不同收益，那么获取净收益最高的人决定了等式（7-1）中的P_0（如果只是一件独特作品）。如果我们切换到为一大批供给固定的相同作品估值，边际个人净收益（刚好被"引诱"去购买作品的一方）决定P_0。

直到该遗产里没有画作为止。

我们假设在一般情况下，该遗产计划在n年内卖出所有的画作库存（n可以是一个非常大的数字，但我们将看到n在下面的解决方案中不是必需的）。我们进一步假设K相对于Warhol的画作总存量而言也是很大的（画作的总存量一定大于K，因为Warhol在他死之前已经卖出了许多画作）。该遗产包括大量画作这一假设带来了两个相关的问题。一个是该遗产在任何一年决定要改变画作的销售数量是否会影响价格。另一个是该遗产是否可能面临诚信或是承诺的问题，因为潜在的购买者可能会担心，如果该遗产今天在一个较高的价位卖了几幅画，它就会在未来以较低的价格抛售其余的画作。事实证明，这些细节中没有一个对我们手头上的问题是重要的。

在对该遗产估价时，我们假设它的目标是随着时间的推移，将其作品销售额的现值V最大化。这一点是成立的，不论遗产的受益人是个人抑或是由艺术家创建的慈善基金会。设

$$V=\int_0^n k(t)P(t,k(t),Z)e^{-rt}dt \quad (7-3)$$

式中，k（t）表示每个时期销售的作品数量，P（t，k（t），Z）表示在t周期内预计的未来价格，反过来它可能取决于在那个时期内卖出的作品数量及其他因素，诸如Warhol作品的总存量和其他艺术家的可替代Warhol的画作的数量。这些因素对于该遗产都是外生的，并由变量Z来代表。

设V^*表示V的最大值。为了实现V^*，该遗产可能会在每年都处理几幅画作，在今年出售其持有的全部或者在数年内暂缓出售任何作品①。这再次证明，我们不需要考虑该遗产如何处置其拥有的作品的细节以估算V^*。回想一下将一幅画现在的价格与未来的价格相联系的等式（7-1）的均衡条件。这种情况必须在所有t时期都成立。也就是说，今天的价格必须等于从今天起1年后的贴现价格，等于从今天起2年后的贴现价格，依此类推。将等式（7-1）代入等式（7-3）后，并注意

$$K=\int k(t)dt$$

产生

$$V^*=P_0\int_0^n k(t)dt=P_0K \quad (7-4)$$

换句话说，该遗产中作品的价值就简单地等同于现今的价格乘以同等作品的存货总量。由于在均衡状态下未来的价格预计将在每段时期内以r的速度增长，我们只需要观察少量的现今拍卖掉的艺术品（P_0），以便估算该遗产将从未来销售额中获得的收入。这是一个了不起的结果，因为我们不需要知道该遗产如何处置其持有的画作的细节就能评估它的价值。

我们注意到另外几点。

1. 从某种重要意义上讲，当艺术家去世时，没有在根本上改变什么。可以肯定的是，艺术家不可能再产生新作品，而这可能改变该艺术家已存作品的当前和未来价格。但是，艺术家去世之前已存在的作品在他去世之后仍然存在，并且持有的集中度也相同。在艺术家去世之前，他自己持有K。现在该遗产持有K。因此，由于K值相对较大，如果遗产管理者有什么市场控制力的办法可实施的话，艺术家本人早就实施了②。因此，作为第一个近似值，不管是艺术家还是他的遗产持有K，V^*都是一样的。我们说，“作为第一个近似值”，是因为在艺术家去世后，供给是固定的，所以价格可能上涨。然

---

① 反对立即廉价出售作品的典型观点是，这样的“大甩卖”会明显压低价格，但问题可能更加微妙。一方面，跨时期的替代可以限制或消除在任何期间内出售大量作品所产生的负面影响。另一方面，一次由该遗产带来的“大甩卖”可能预示着该遗产所拥有的不宜公开的信息，即Warhol在艺术品市场的等级很可能在未来下降，而这反过来将导致收藏家们调低对Warhol地位的估计。而且，由于艺术品的价格在很大程度上取决于需求（因为供给是固定的），较小的需求变化可能会引发较大的价格变化。目前我们暂时搁置对这些问题的考虑。

② 当然，存在的一个区别就是在世艺术家可以控制存货扩张的速度，而遗产持有的则是固定存货。

而，有一个可能的折扣，那就是经销商在艺术家去世后，缺少激励因素再去推介他的作品，价格也会因为艺术家本人的推介努力的结束而下降。这些是相对次要的，并且在任何情况下，将由艺术家去世后随之而来的当前价格掌控（在预期的意义上）。最重要的一点是，艺术家的去世并不会从根本上改变估值问题。

2. 即使不假设该遗产在各个时期作品的数量，我们也能确定该遗产的价值。我们唯一需要做的只是假设该遗产的目标在于将其资产价值最大化。由此可以得出结论，这将以维持目前价格与未来销售的现值之间的等值方式来处理作品。鉴于这一结果，我们可以用一个小的销售数量（相对于K）中的现今价格来估计未来大批量销售的价值。

3. 试想一下，该遗产今天必须出售大量的作品以履行纳税义务的情形。这种“强制出售”是否降低了该遗产的价值？结果并非如此，需要考虑到如果大量抛售作品打压目前的价格会发生什么。目前的价格将会低于未来价格的贴现值。因此，某个购买者（或购买者们）将介入并抬高当前的价格以恢复当前和未来价格之间的均衡。购买者很可能会成为获得作品并在未来出售的经销商[①]。

4. 正如前面提到的，如果该遗产立即出售大量作品，这可能预示着他们认为该艺术家的作品被高估了而未来价格可能会低于等式（7-1）中所表现的。假设艺术品市场的其他参与者认为该遗产在评估艺术家未来声誉上具有一定的信息优势，该遗产在市场上倾销作品的净效应将会是当前的和预期的未来价格同时下跌。当前和未来价格之间的均衡关系仍将维持，但只是在较低的价格水平上。该遗产可能会尝试通过第三方出售来隐瞒这些销售，但这也不大可能会成功。第（3）点和第（4）点共同意味着在市场上倾销大量的作品降低了价格，因为固定的供给需求向下移动。还要注意的是，由于沿出售作品的需求曲线的移动改变的是所有者的身份而非全部的供给量，所以价格不会下降。

7.7.3 遗产管理：力求近似原则和行政管理的背离

Albert C. Barnes是一位在1951年去世的白手起家的化学家，他汇聚了世界上最伟大的艺术收藏。他的藏品现在是一家慈善信托的财产（巴恩斯基金会），其中包含了超过700件印象派的作品，包括181件雷诺阿的、69件塞尚的、60件马蒂斯的、44件毕加索的、18件卢梭的和14件莫迪里阿尼的。据报道，Barnes厌恶费城上流社会博物馆文化的精英主义。因而，在设立基金会时，Barnes规定，基金会是教育机构，不是公共博物馆；公共访问只在9月和6月之间的星期六才被允许；画作不可以从美术馆中移走，也不可以从它原来安放的位置移走（特定的安排是他的艺术鉴赏理念的一部分）；不可以收取门票费用；不允许借用或者销售画作；以及基金会的所有资金都要投资于低收益的政府债券。最为重要的是，Barnes特别规定在任何情况下都不能对这些条款进行修改。Barnes还明确规定，如果基金会没有资源继续下去，艺术作品将捐献给一批博物馆和其他机构（Abbinante，1997）。

尽管Barnes的遗嘱清晰，随着近年来基金会的财务状况变得越来越紧张，法院已经在法律的力求近似原则和“行政管理的背离”之下，批准了这些具体的条款中的众多背离。这些原则通常应用于当慈善信托的条款变

---

① 这就提出了在等式(7-1)到等式(7-4)中适当的价格究竟是经销商价格或批发(通常等同于拍卖)价格，还是两者的混合这么一个问题。只要两者的价格是一致的，就不再是一个问题。在一个竞争激烈的艺术品市场上，零售和批发之间的价格差异反映了销售商品的成本。说服买家购买一件作品所需的时间和精力成本可能是相当大的。究竟采用批发价格还是经销商价格取决于一个人想知道该遗产的净值还是毛值。在前一种情况下，使用批发(拍卖)价格；在后一种情况下，使用零售价格。

得不可能或不现实地去开展的情况：行政管理的背离通常涉及关于如何管理信托的细微变化（例如，受托人的数量、收费或者财产抵押）。然而，近似原则涉及更为重大的必要变化，以便实现慈善基金会的总体目的（例如，如果成立基金会的目的是提供研究资金以对抗已经被消灭了的某个疾病，则会把基金会的资金重新用于基础医学研究）。

1995年，蒙哥马利县民事法庭和宾夕法尼亚州高等法院授予基金会的受托人更大的管理基金会资金的灵活性。法院允许基金会美术馆每周开放三天半以便公众观赏藏品，并收取五元的门票费作筹款之用。也许最引人注目的是，法院允许该基金会进行藏品的世界巡回展览，以筹集资金用于改善基金会的基础设施。所有这些违背Barnes明确收藏意愿的修改，被辩解为行政管理的需要。

最近，一些基金会向巴恩斯基金会提供了1.5亿美元的捐助，前提条件是它能把所有的收藏转移到费城市中心一处新建的博物馆区域。巴恩斯基金会认为这些资金是维持基金会经营生存所必需的，而且移动藏品也与巴恩斯的“展示藏品以促进教育”的愿望一致，法院随后也同意了这一观点。

巴恩斯基金会的这项决定有些令人费解。Barnes曾明确规定如果基金会遭到意外失败，其作品应被分配到各个博物馆去。然而，法院没有按Barnes已经规定的那样处置藏品，反而支持基金会改变慈善信托条款，这样造成的后果是Barnes曾经明确想要避免的——在费城创建一个新的博物馆来收纳他的艺术品。当法院违背遗嘱的文字或信托契约时，将在经济层面产生负面影响。它破坏了关于慈善捐赠和设立慈善基金会以宣扬捐赠者的教育理念的激励。可以肯定，当出现捐赠者未曾预料到的情况时，违背信托条款也许会对社会有益。然而，这是有代价的，首先是减少了对成立慈善基金会的激励。在某些情况下，改变信托的益处可能超过其成本，特别是当捐赠者没有作出任何规定来处理这些意料之外的变化时。还有一个有力的观点是如果“交易成本”没有使与捐赠者讨论这些修改变得不可能，则这些改变应获得捐赠者批准。然而，在巴恩斯案中，修改信托的论点要弱得多，Barnes考虑并规定了意外情况，即基金会将不再拥有足以继续其教育使命的资源。

我们想知道是否有一个更好的替代方法可以服务于现代人和子孙后代。对未来50年或者100年发生事情的控制权的现今价值可能只是艺术品购买价格的小部分，也可能只是对参与慈善捐赠激励的一小部分。如果受法律保障的控制遗嘱性质的遗产权利只有50年或100年（而非永久的），并且法院严格遵守该条款中的条件，那么立遗嘱之人和法院都会更加明确实用意义上的适当时间。一些法院仍可能被说服准许在执行条款过程中显著背离；也不再会有关于行政管理背离的滑坡式争论，即背离是合适的，因为目前的情况可能最终被证明是不可持续的，或者说是站得住脚的。增加确定性会促使慈善捐赠超越目前的基准。

参考文献

Abbinante, C. (1997). "Protecting 'donor intent' in charitable foundations: Wayward trusteeship and the Barnes Foundation". University of Pennsylvania Law Review 145, 665–709.

Ames, E.K. (1993). "Beyond Rogers v. Koons: A fair use standard for appropriation". Columbia Law Review 93, 1473–1526.

Becker, G.S., Landes, W.M., Murphy, K.M. (2000). "The social market for the great masters and other collectibles". In: Becker, G.S., Murphy, K.M. (Eds.), Social Economics: Market Behavior in a Social Environment. Belknap Press, Cambridge, pp. 74–83.

Chiang, T.J., Posner, R.A. (2003). "Censorship and free speech: First amendment issues in the visual arts". Unpublished manuscript.

Ginsburg, J.C. (1995). "Exploiting the artist's commercial identity: The merchandizing of art images". Columbia–VLA Journal of Law & the Arts 19, 1–22.

Ginsburgh, V. (1996). "On the economic consequences of resale rights on art". Unpublished manuscript.

Ginsburgh, V., (2005). "The economic consequences of Droit de Suite in the European Union".

Gopnik, A. (1997). "Doubting Vincent". New Yorker (July 28), pp. 36–37.

Grampp, W.D. (1989). Pricing the Priceless: Art, Artists, and Economics. Basic Books, New York.

Hansmann, H., Santilli, M. (1997). "Authors' and artists' moral rights: A comparative legal and economic analysis". Journal of Legal Studies 26, 95–143.

King, S. (1997). "Warhol estate sued over Jackie photo". Art in America 85(2), 27.

Landes, W.M. (2000). "Copyright, borrowed images and appropriation art: An economic approach". George Mason Law Review 9, 1–24.

Landes, W.M. (2001). "What has the visual artist's rights act of 1990 accomplished?" Journal of Cultural Economics 25, 283–306.

Landes, W.M. (2003). "Copyright". In: Towse, R. (Ed.), A Handbook of Cultural Economics. Edward Elgar, Northampton, pp. 132–142.

Landes, W.M., Posner, R.A. (1989). "An economic analysis of copyright law". Journal of Legal Studies 18, 325–363.

Landes, W.M., Posner, R.A. (1996). "The economics of legal disputes over the ownership of works of art and other collectibles". In: Ginsburgh, V., Menger, P.-M. (Eds.), Essays in the Economics of the Arts. Elsevier Science, Amsterdam.

Landes, W.M., Posner, R.A. (2003). The Economic Structure of Intellectual Property Law. Belknap Press, Cambridge.

Levin, K. (1988). Beyond Modernism: Essays on Art from the '70s and '80s. Harper & Row, New York.

Levmore, S. (1987). "Variety and uniformity in the treatment of the good-faith purchaser". Journal of Legal Studies 16, 43–65.

Lichtman, D.G. (2003). "Copyright as a rule of evidence". Duke Law Journal 52, 683–743.

McCartney, B.T. (1998). " 'Creepings' and 'glimmerings' of the moral rights of artists in American copyright law". UCLA Entertainment Law Review 6, 35–72.

Norman, G. (1996). "The power of borrowed images". Art & Antiques (March 1996), pp. 123–125.

Robinson, W. (1983). "Art and the law: 'Moral rights' comes to New York". Art in America 71(9), 9–13.

Rubinstein, R. (1994). "Abstraction in a changing environment". Art in America 82(10), 102–109.

Schwartz, G. (1995). "Truth in labeling". Art in America 83(12), 50–58.

The Art Newspaper(March 1998). "How to be duly diligent".

The Art Newspaper(January 2000). "Artists oppose resale rights".

U.S. Copyright Office(1996). Waiver of Moral Rights in Visual Artworks: Final Report of the Register of Copyrights, March 1, 1996. U.S. Copyright Office, Washington.

United States Department of State, Washington Conference on Holocaust-Era Assets(1998). Washington Conference Principles on Nazi-Confiscated Art. U.S. Department of State, Washington. http://www.state.gov/www/regions/eur/981203_heac_art_princ.html

Wall Street Journal(April 6, 2000). "The art market: Artists' royalties", p. A20.

第8章
艺术品摹本：油画与版画①

Francoise Benhamou[a] and Victor Ginsburgh[b]

[a]Université de Rouen and Centre d'Economie de la Sorbonne, Université de Paris I, France

[b]ECARES, Université Libre de Bruxelles and CORE, Université catholique de Louvain, Belgium

魏鹏举　邱俊　译

摘　要

在Adam Smith关于艺术品模仿的文章中，他认为原样复制的摹本的价值一定比原本低。但是摹本和原作之间的等级差异已经随着时间的推移而发生了变化。律师、哲学家、美术史学家和策展人对摹本的看法同样发生了变化。摹本市场的发展是独创性和摹本之间界限这一更广泛的当代问题的一部分。我们分析了各种艺术品市场的参与者（艺术家、收藏家、律师、策展人、美术史学家和哲学家）是否以及如何抬高摹本的价值，推动摹本的创作，甚至有时促使摹本被销毁。艺术家和收藏家从未轻视过摹本。美术史学家认为，在保存散佚作品的记忆，以及教育年轻艺术家方面，摹本都发挥着重要作用，但摹本最好还是留给博物馆收藏。律师的意见各不相同，而司法判例证明摹本的法律地位是模糊不清的。当代美术史学家和艺术哲学家已经影响了策展人和博物馆，他们利用摹本举办展览，并赋予其崭新的生命。

关键词

摹本，赝品，工艺美术品，版画，独创性

JEL Classification Codes

D44，K30，Z11

“我们用摹本来证明原件，用原件来证明摹本，然后我们就糊涂了。”

① 本章大量借鉴了我们之前的论文“是否有一个摹本市场”（《艺术品管理杂志》“法律与社会”专栏，pp.32,37-55）。我们感谢M. Aarts、Me Cornettede St. Cyr、M. Cornu、D. Delamarre、M. Fouado-Otsuka、Me Lelorier、T. Lenain、H. Loyrette、M. Melot、O. Meslay、D. Schulmann、B. Steyaert、G. Touzenis、H. Verschuur 和 S. Weyers极有帮助的对话和评论。根据Neil De Marchi在普林斯顿会议上对于本章初始版本的细致评论，我们做了一些改动。我们也感谢Alvin Huisman（2001）收集了1976年至1999年的拍卖数据。第二作者在这里特别感谢国家科学研究基金给予的财政支助。

——Hillel Schwartz

8.1 引 言

摹本研究基本集中在产业活动（书籍、唱片、时尚、专利保护）以及由版权对创作的激励或者抑制上。[①]但是，摹本也涉及价值、产权分配和监管这三个经济学的核心问题。

在 Adam Smith（1795）关于艺术品模仿的文章中，他指出，原样复制摹本的价值一定低于原本。[②]但是摹本和原作之间的等级差异已经随着时间的推移而发生了变化。律师、哲学家、美术史学家和策展人对摹本的看法同样发生了变化。我们可以通过这些变化来分析艺术品领域的偏好与惯例。摹本市场的发展是独创性和摹本界限这一更广泛的当代问题的一部分。

在本章中，我们分析了艺术品市场的各种参与者（艺术家、收藏家、律师、策展人、美术史学家和哲学家）是否以及如何抬高摹本的价值，推动摹本的创作，甚至有时促使摹本被销毁。艺术家和收藏家从未轻视过摹本。美术史学家认为，在保存散佚作品的记忆，以及教育年轻艺术家方面，摹本都发挥着重要作用，但摹本最好还是留给博物馆收藏。律师的意见各不相同，而司法判例证明摹本的法律地位是模糊不清的。当代美术史学家和艺术哲学家已经影响了策展人和博物馆，他们利用摹本举办展览，并赋予其崭新的生命。

在第2节中我们明确了摹本的定义，与赝品、复制品进行了对照。第3节论述了长期以来摹本发挥的持久作用。第4节和第5节深入探究摹本的价格（相对于原作）。第6节和第7节探讨美术史学家、哲学家和法律制定者所持有观点的演变。第8节总结收尾。

8.2 赝品、摹本和复制品的定义和界限

8.2.1 赝品和摹本

摹本或复制品不同于赝品，因为制作赝品的目的是欺骗[③]，但人们往往很难判断某件作品的制作是否意在欺骗。Hoving（1996，p.32）认为公元前100年至公元100年生产的几千件仿古风格罗马雕塑都是赝品，它们是公元前6世纪希腊大理石雕塑品的摹本。早在公元前1世纪之前，希腊的雕塑家就已经在制造摹本了，这让人们不仅要怀疑这些雕塑就是有意为之的赝品。[④]Arnheim（1983）认为，“借由罗马的摹本，我们能够从中一窥遗失的希腊雕塑作品，对此我们应该表示感激。”[⑤]毕竟，著名的《米洛的维纳斯》（Venus of Milo）

---

① 例见Johnson（1985），Grossman and Shapiro（1988a，1988b）。

② Smith只是在陈述一个在他的（甚至之前的）时代普遍的观点。

③ 大师也制作过伪造品，这是众所周知的，而且有文字为证。幸运的是，今天，他是Michelangelo雕刻的“罗马”沉睡丘比特的所有者。参见Hoving（1996，p. 55）。

④ Chamoux等人（1973）给出了塞萨利王子Daochos的例子，他在公元前335—330年宁愿订购现有的青铜摹本，也不订购大理石原作。

⑤ 参见“古罗马的魅力1700—1770”展览图录，里昂：高卢-罗马文明博物馆，1999。

也是一件罗马摹本。[1]

摹本是向原作的致敬，认可原作的价值，同时自身的价值也来源于原作。赝品否认原作在艺术上高出自身。获得普遍认可的摹本相比原作更为便宜。只要赝品没有被检测出来，它们就跟原作一样昂贵，并且赝品的数量通常随着艺术家名气的增大而增加。出色的伪造者通常非常了解某位艺术家的作品，并熟知美术史对该艺术家的评价，Vermeer的伪造者Van Meegeren就是如此。据Werness所说（1983，pp.33－34），“Van Meegeren的《马什斯》（Emmaus）之所以引来一阵激动，部分原因在于他认真查阅了艺术史文献。同样，他的Caravaggio摹本也是与原本高度相似，‘证明’他至少很了解这幅画，而且很可能去过意大利”。总之，Van Meegeren“证明”了Vermeer的专家们想要听到的内容。伪造者利用了艺术史家认为的原作者作品中的“漏洞”，然后将它们改好。[2]产品目录是用来限制制造赝品的一个工具。它们在19世纪开始出现，用以“封锁”某位艺术家的全部作品，此时正是在同一种介质中复制的标准做法开始与摄影等其他方式相竞争的时刻（Castelnuovo，1987）。

8.2.2 摹本和原作

从“原作”到“摹本”有着潜移默化的转变，而油画的摹本可能被视为令人满意的原作替代品。本来就有多个原本的作品带来的混乱比油画还要更大。由Man Ray自己拍摄、冲洗和相印的一张或多张照片摹本被认为是“复古”的照片。如果Man Ray没有亲自晒印自己的照片，那么这样的作品就不再被称为“复古”。如果这些照片是由其他的摄影师在Man Ray的监督下冲印的，或者没有监督但获得了他的许可，或者是Man Ray自己在该照片拍摄完成之后二十年才冲印的，那就更加模棱两可了。艺术家Man Ray拍摄了照片，但由于自己没有足够的兴趣冲印，这就不算是原创。由某个收藏家于1990年碰巧发现了一张真正的Man Ray底片，然后去冲印的照片就不算是Man Ray的。一张由蓬皮杜艺术中心冲印的用于Man Ray个展的照片也不是原作。因此，对于照片而言，原件和摹本的定义是相当主观的，任意性很大。这同样适用于雕刻和版画。这些显然都是摹本[3]，因为像照片一样，它们不是独一无二的。[4]如果艺术家在铜板上创作原始的雕刻或者在石头上创作原始的图案，在他自己的画室中或是他自己的印刷机上生产制作每件摹本并且

---

① 参见Hol(2004)。

② 比如被认为由3世纪凯尔特吟游诗人Ossian所作的奥西恩风格史诗，对18世纪晚期欧洲文学产生了巨大影响。这首诗后来被发现是由18世纪的一位诗人Macpherson伪造的。这并不妨碍大英百科全书将Macpherson的作品总结如下："他的作品来源广泛和其作为真正的凯尔特诗歌毫无价值的抄本，并不会改变一个事实，即他生产了一件艺术品，其在引发欧洲浪漫主义运动中的作用比其他任何一件作品都要大，尤其是在德国文学方面。Herder和Goethe都是其忠实的崇拜者。"参见Koestler(1989,pp.402－403)。

③ 这个词汇并非被一致地接受。Griffiths是大英博物馆的版画和图画部门的管理人，他认为"[摹本]这个词是非常模糊不清的……[而且]印象中这个词只用于版画。版画的摹本这个术语应该被严格地限定在由另一双手重新制作的某件原作上。如果是由原始设计者完成的，那它就是复制品"。参见Griffiths(1996,p.139)。

④ 对于多原本作品而言，原件和摹本的定义是复杂的，导致Melot(1985)提出了"一条值得玩味的定理，即就艺术品而言，每件多原本作品都是独一无二的"。

每个摹本都签名，那么这些版画显然就是“正宗的”。如果所有这些特征都适用，但印刷出来的内容没有签名[①]，或者如果艺术家让别人去完成印刷但自己核对每一件并签署名字，独创性的定义也就变得跟照片案例一样的模糊不清了。[②]当艺术家只是画出了图样，并让一个很好的专业雕刻师在铜板上复制时，这样的雕刻就不再是原创了。市场认为，当艺术家根本什么都没做，只是在摹本上签个名，正如Salvador Dali做的那样，这样的作品就不是原创。[③]

巴黎罗丹博物馆授权将Rodin死后所留下的每件他早期的石膏品制作了多达八个摹本，但这些作品他不希望由青铜铸造。博物馆把它们当作真正的Rodin作品来销售。这同样适用于可以由Rolandseck的阿普基金会复制的Arp作品。由Verdura五十年前绘制的珠宝今天被生产了出来并被当作真正的Verdura作品来出售。在世艺术家可能非常反对这种行为。例如，Donald Judd，他拒绝了自己某件“制造”艺术的摹本，虽然摹本的所有者已允许洛杉矶美术馆在一场Judd作品的展览中摆设这一摹本。[④]

作者身后版本的版画被谦称为“身后原版”，是以原作作者的名义销售的。[⑤]一张没有签名的海报不是原创作品，但是来自著名艺术家的海报几乎都被视作艺术品。布鲁塞尔伊克塞尔博物馆声称自己是唯一完整收藏Lautrec海报的博物馆，并且把它们放在博物馆最好的展厅之一内展出。正如我们将在后面看到的，Rembrandt本人的版画价格不过是身后原版版画的三倍价格，即便后者是从原作薄板上转化来的。

这些例子说明定义是模糊不清的，而且基本上依赖惯例和社会规范。在某些情况下，摹本被当作是“正确的”而接受，即使它是在艺术家死后很久才被复制的。在其他案例中，主观武断的壁垒有助于建立原作和摹本之间的区别。[⑥]

8.2.3 摹本和复制品

摹本和复制品之间也有着显著的差异。摹本都是为了尽可能完美地重现原作而复制的，但是吸引仿造者的也可能是他认为自己可以还原原作的创作过程。在大多数情况下，仿造者使用与原创艺术家相同的技艺，虽然

---

① 需要注意的是，在版画上签名在18世纪是偶尔才有的，直到1850年后才变得常见。参见Griffiths(1996,pp.152-153)。在法国法令中，在版画上签名并不被视作定义艺术品所必需的。参见Melot(1995)。

② 显然，这是被广泛接受的版画惯例：“一旦绘制完成，艺术家的任务也就完成了，剩下的事就是印刷工的了，因为印刷工的操作十分复杂，所以艺术家们通常不会自己做的。”参见Griffiths(1996,p.102)。

③ 想象力是无限的。建筑师Richard Meier豪华设计的纽约公寓，现正以限量版编号并由设计师签名的方式出售。《艺术报》(The Art Newspaper)146期，2004年4月，p.2。

④ 《艺术报》143期，2004年1月，p.32。文章的作者(A.C. Grayling来自伯克贝克学院)想知道为什么“在这个艺术家的手已经刻意留在作品之外的时代，艺术品的本质问题依然(是)与作者身份如此密切相关”。

⑤ 有趣的是，Lessing(1983,p.73)描述到：“根据旧石刻版画伪造品制作的当代版画，(是)即使假设不涉及欺骗，也是有着特殊不道德含义的、无冒犯的一种伪造品”。

⑥ Alan Peacock让我们知道了当代苏格兰艺术家Jack Vettriano，他的作品在拍卖会上价格卖得很高。他的一幅油画《疯狗》(Mad Dogs)在2004年5月28日以140 000英镑售出。通过将《疯狗》印刷成版画和明信片，他出名了，至少在苏格兰是如此。《苏格兰人》(The Scotsman)2004年5月29日是这么描写他的：“很少有艺术家像Vettriano那样深刻地区分艺术品世界。艺术评论家经常猛烈抨击他，认为他的作品缺乏细节、精致度和技巧。在20世纪90年代初，他的作品被皇家苏格兰学院和苏格兰艺术委员会拒绝了，公众收藏里也没有他的什么代表作。然而，版画和海报已经让他在英国成为最畅销的艺术家，每年赚取大约500 000英镑的版税。”他根本就不需要原作！

有许多素描或油画在雕塑之后的例子，反之亦然。[①]复制的目的在于，通过包括数字化等可能的技术手段，在很少或没有艺术意图时给出原作的确切感觉和错觉。摹本不可能完全忠于原作，因为和原作终究隔着一层，而且可能还有个人演绎的问题。Van Gogh的Millet摹本几乎不能被认为是忠于原作的摹本。复制品应该是忠于原作，且不是旨在演绎解读，虽然Focillon指出蒙娜丽莎的照片可能并不是忠于原作的。

与彩色照片和视频一同出现的一个有趣的问题是，两者的寿命都是有限的，而且会褪色。巴塞尔的塞萨尔基金会正在进行的一项研究试图改变这一情况。他们建议的解决方案包括以数字形式存储照片，并在原作褪色时将作品以原色彩复原出来。这是一个完美的解决方案，除了一点：它违反了1976年美国版权法令，即保护作品不得“以任何有形的媒介表达方式复制，不论是现在已知的还是以后开发的”。[②]

但是，值得怀疑的是，是否应该对“摹本”和“复制品”这两个术语之间的区别如此较真。它们经常被不加区别地混用。例如，《牛津高阶英语词典》中，“复制”的定义为“制作某张图片的摹本”，拉鲁斯和居赞的《西方美术大辞典》（1991）定义摹本为一件作品的“模仿或复制品”，而把仿制品、复制物、缩印版和复制本看做摹本的不同种类。由于摹本和其他类型复制品之间的边界很模糊，因此我们在本研究中采用较宽泛的摹本定义是有道理的，其中包括了“摹本”“签名作品”“手法相似”“临摹本”“同流派作品”等等。这些定性描述被佳士得用于在阿姆斯特丹举办的摹本特价销售中。[③]

8.3 艺术家和他们的老主顾

在罗马帝国时期，摹本、复制品和原作之间的界限并不清晰。如前所述，罗马帝国境内摹本遍布，而且很受欢迎。根据Holtzmann（1996，pp.846-849），复制在当时的艺术活动中必不可少，并被认为是认可某位原作者的艺术天赋的一种方式。通过参考某个具体模型从而获得创造的价值这一理念在中世纪变得更加重要，中世纪时期的彩饰手稿就是明证。

在文艺复兴时期，摹本和复制品（即由艺术家复制自己的作品）也是被大量生产的：模仿几乎成了一个必要的活动。Michelangelo以自己的新画作取代旧画作。Hans Holbein专门复制佛兰德斯画家，但隐瞒了事实（Martens，2001）。Rubens修改了旧的画作。Pieter Bruegel只留下45幅油画，但它们名气非常大，摹本数量巨大。我们知道有123个版本的《有捕鸟陷阱的冬季景观》（Winter Landscape with Birdtrap）。Bruegel的长子小Pieter将这一点发扬光大，几乎一个人发明了“多原本作品”的概念：他制作了几十幅《从乡村集市归来》（Returning from the Country Fair）和25幅《圣约翰施洗者讲道》（St. John the Baptist Preaching）（Francastel，1995）。Hoving（1996，p.57）指出，在El Greco死后查验其作品时，“最出名的原作有多达五六个版本，尺寸各不相同，不可能都是这位大画家自己画的。它们过去和现在都在作为原作销售”。Martens（2004）表明，尽管意大利艺术界中也有理论家（当然包括16世纪的Vasari，在15世纪也有Ghiberti、Alberti和Filarete），但

① 例如，Henry Moore制作的雕塑“复制了”佛罗伦萨Masaccio的壁画《胭脂红》。参见Maison（1960）。

② 参见《艺术报》139期，2003年9月，p.21。

③ 佳士得1995年10月7日在阿姆斯特丹的摹本销售目录给出了他们使用的、并且有不同含义的词汇专业词典：复制物、变体、版本、摹本、引文、模仿作品、改写、戏仿和戏谑。

使用摹本来传播知识与发现的还是佛兰德斯人。

所有原作者都有画室，学生们专门负责某些项目，给师傅打工。根据圣西门（Saint-Simon，1996，pp.339–344），在Rigaud的画室里，工匠们制作的肖像价格视尺寸大小和原作者修改部分的多少而变化。[①]

17世纪，复制继续进行着。Rubens复制了Leonardo、Michelangelo、Mantegna和Raphaël的作品。Greco复制了Corregio、Michelangelo和Titian的作品。[②] Watteau则复制了Rubens的作品。

据说Manet制作了290幅原作的400幅摹本。Van Gogh制作了520份摹本（Schwartz，1996，p.248）。Bacon复制了Velazquez和Van Gogh的作品。Picasso复制Manet、Delacroix和其他人等的作品。画家会复制同行的作品，但他们也复制自己的作品。Ingres就是这样，例如，他完成复制《保罗和弗朗西斯卡》（Paolo and Francesca）18次，并且很自豪地写道“就我自己所喜欢的那些主题中的大部分而言，通过临摹润色来不断改进虽然麻烦，但却是值得的。”[③]Gerôme是一个在19世纪50年代成功的“毫无创新的”画家，他生产了大量自己作品的摹本，使得Zola觉得必须得写一本针对他的小册子来讽刺一番：“Gerôme先生……画了众多油画，而这些都是复制了或印刷了几千份的摹本。主题就是一切，画的是什么无所谓。摹本比原作更值钱”。[④]在De Chirico的后半生，他习惯于复制早年成名期的艺术风格，但因为他给油画签署的日期过早而遇到了麻烦。Jasper Johns画了几个版本的《标志、号码和目标》（Flag，Numbers，and Target）。也没人知道Andy Warhol这一模仿者之王产出了多少《玛丽莲·梦露》（Marilyns）、《毛泽东》（Maos）和《蒙娜丽莎》（Mona Lisas）。

8.3.1 摹本的需求

对油画不断增长的需求很可能是不断增长的摹本生产的根源。文艺复兴时期，艺术爱好者很欢迎可以替代原作的精确摹本。Chamoux等人（1973，p.15）写道，“天才的一大证明就是制作出以假乱真摹本的能力”。文艺复兴时期的意大利诗人Petrarch在找不到一幅他想要收集的油画原作时，就购买了摹本（Dubus，1992）。

De Marchi和Van Miegroet（1996，p.62）指出，在文艺复兴时期“原作/摹本这两个术语之间的界限是流动的，而且从观察到的行动来看，界限并不清晰，油画的经手人（画家、画贩、买主）并不认为两者截然不同。而且，15世纪和16世纪著名大师的工坊会刻意维护对原作经济价值的混淆。然而，Martens（2001）指出，当时默认摹本作者是有独创性的，因为如果在没有具体指导的情况下制作摹本，那么画家一定得自创些东西。

17世纪初，收藏成为国王、贵族乃至鉴赏家们的一项时髦举动。一些收藏家耐心地汇集精心挑选的作品，另一些则选择走捷径。例如，Lerma公爵在1599年至1606年间获取了1 431幅油画，他购买了一系列的作品才做到这样，包括240幅教皇肖像和153幅罗马皇帝肖像（Brown，1995，p.111）。其他人购买了摹本，虽然是“公认比原作逊色，但也被认为是值得赞

---

① Rembrandt的画室与别人的有所不同，可以被视作是第一间“美术学院”，因为他会组织聚会，并要求学生们照着真人模特画素描或油画。

② 例见Alpers（1988）on Rembrandt，or Montias（1982）on the atmosphere in the Low Countries in general。

③ Ingres的《创作中的艺术》（Ecrits sur l'art），引自Schwartz（1996，p.248）。

④ 引自Lafont-Couturier（1998，p.37）。

扬的作品或发明的宝贵纪录。甚至如Charles I那样独具慧眼的鉴赏家，也把模仿者Michael Cross派到西班牙复制Titian的作品”（Brown，1995，p.111）。Louis XIV也买摹本。提供给Mantua公爵Frederic the Second的Medici画像（Ottaviano）的其中一幅，就是由del Sarto画的一幅Raphaël绘画的摹本。当国王听说了这偷梁换柱的把戏后，他对这份礼物的兴致更加高涨，因为这位画家竟能够如此完美地复制一位原作者的作品。Colbert要求法国艺术家们尽可能多地将他们在罗马能看到的油画制作成摹本。[①]Montias（1996，p.24）估计，“在风景和静物中随机选择一份细目表（自1650年至1669年的阿姆斯特丹），摹本比例也许（已经）高达一半甚至四分之三。”对摹本的需求出于双重目的：训练艺术家和补全藏品。创作者们和艺术家们，以及艺术爱好者们和收藏家们，都把摹本看作是高价值的艺术品。它们是艺术家们（和鉴赏家们）得以亲近作品的一种方式，他们除此以外别无他法；同时这也是训练艺术家的一种方法。Ayrton（1960，pp.16-17）提醒我们，“直到最近，即便是最富有的、游历最广的、最勤奋用功的艺术家（例如，Dürer或Rubens）终其一生所能看到资料的数量，也只不过是现在普通游客在卢浮宫或者大都会博物馆中花费一天所能浏览到的而已”。

8.3.2 摹本地位的变化

即使当对于“只限原作”的追求在最大程度上降低了摹本的相对价格时，减少摹本也是不容易的。在18世纪中叶，仿制品失去了根基。[②]18世纪后期，公共博物馆的出现无疑发挥了作用。与此同时，Winckelmann（1768）首次指出大多数仿古大理石是罗马摹本。[③]天才而孤立的艺术家的浪漫信仰在19世纪占据了主导地位，也引发了摹本价值的降低。

摹本地位的下降也是技术进步（照片替代了摹本）以及法律干预（财产权法律扩展）的结果。彩色摄影技术的发明消除了复制的一项主要功能：摹本逐渐不再是艺术家们和鉴赏家们亲近作品的一种方式，他们有了其他方式看到作品。机械复制品的品质大幅提高，以至于大多数客户发现它们已经足够好了，于是停止订购手工的摹本，[④]当然要补全藏品者不在此列。[⑤]

19世纪后期，一座摹本博物馆，也称欧洲博物馆，在巴黎开放了。法国议会提出的一份文件中明确了这么做的原因：“没有人认为只有原件才应该被展出。如果是这样的话，只有8~10个城市的博物馆能展出原创油画，也只有在那里才可能教育公众”。[⑥]时任美术总监的Charles Blanc委托在世的法国艺术家制作摹本，也尝试搜集其他博物馆中展出的较为古老的摹本。Blanc的继任

---

① 1672年7月23日的信，引自Karpinski(1989,p.105)。

② 这一点在文学作品中尤甚。参见Mortier(1982)。

③ 也参见Ginzburg(1989)。

④ Ayrton(1960,p.7)同意这一观点并补充道“摹本的地位已经随着复制品地位的上升而同比下降了”，因为复制品的品质已有所提高。在追踪那些状态恶化的艺术品上，摹本不再那么有用了。在同一时期，复制的政治功能也消失了：摹本不再有助于在公共场所展示帝王的肖像。

⑤ 例如，德国收藏家Fiedrich von Schack在1860年至1880年间常常购买杰出的作品和摹本。他购买了55件威尼斯的油画以便补全他的收藏。

⑥ 参见《国民议会年报》(Annales de l'Assemblée Nationale)，第14期，1872年11月11日—12月21日，pp.479-481。

者Philippe de Chennevières决定在开放仅9个月后关闭该博物馆；其展品（油画和雕塑）被送回巴黎高等美术学院，依旧用于教学和临摹。[①]反对博物馆的人建议开放一个照片图书馆，以展示昂贵的“手工制作”摹本。根据Chamoux等人（1973，p.29），正是那个时候，伪造品开始大量产生，专家和“原作鉴定者”开始出现了。

但是摹本在19世纪末时仍在交易。新理念的诞生和对市场产生影响之间往往存在一个时间差。20世纪后期，摹本似乎重新激起了人们的兴趣。博物馆举办摹本展览，甚至在专门的原作展览中使用摹本。这种发展态势对艺术品市场有一定的影响，而这些影响反过来又对摹本产生了影响。

8.4 版画市场

版画是以多份形式存在的作品的一个很好的例子，但它们又是完全相同的“摹本”。通过价格，我们能够深入了解到市场是如何制造人为的稀缺性的，（Melot，1973）并创造了一个基于“独创性”程度的等级排序。

版画是用雕刻模板（铜或其他金属制成）制作出来的，记住这一点非常有用。[②]这些雕版可能经过了艺术家的再加工，导致印出来的作品和之前的有所差异，但是一般差别不是很大，因为在铜版或石版上修改都很困难。市场上可能存在同一部作品的一系列“版本”，每个版本都有几处改动。有的艺术家自己制作版画，有的则不是。[③]一些雕版可能在原作者死后还留着，并被后人拿来直接使用，这就是所谓的“后期版画”。这些版画都是与根据艺术家本人制作的最后版本的雕版所印刷出来的版画完全一样的，不过也有不同，因为艺术家自己没有印刷它们。最后，一些雕版可能在艺术家去世后被再加工从而成为“身后”版画。简而言之，市场上可能有三种类型的作品：

（1）原版版画，由艺术家在他生前所生产，产自可能经历过更改（不同版本的）的雕版中；

（2）身后原版版画，艺术家去世后生产的，使用了他所遗留的（最后）版本雕版；

（3）身后改版版画，也是在艺术家去世后生产的，但是来自于在他死后改过的雕版。

直观上来看，从（1）至（3）独创性渐次降低。（1）类版画可以被视作完全由原作者自己制作的。（2）类版画与（1）类不同，因为它们不是在原作者在世时付印的，但是使用了原创的雕版。最后，（3）类版画是在一块修改过的雕版上付印的，而且不是由原作者本人完成。因此可以预期价格会从（1）到（3）递减。

Lazzaro（2006）收集到了1985年至1998年期间拍卖售出的Rembrandt的4 700幅版画的观察资料，并对其进行了关于描述卖出版画“版本”价格的虚拟变量的回归分析，[④]而且控制了许多其他特征，包括稀有程度、使用工艺（表面蚀刻、铜版雕刻等）、主题内容（肖像、风景等）、专家鉴定结果（非常精品、良好等）、印刷质量、纸张质量（包括水印等特别标志）、保存状况、销售目录的描述（页边质量、污渍，其他缺陷等）、拍卖场、销售年份。她的样本中包括伦勃朗原创版画、后期版画和死后出版的版画。她还包括了多个虚拟变量，用来描述某项特征（比如原创/非原创）是否伴随着其他特征，以及如果是的话，是哪些特征（其他原

① 细节详见Chamoux等人（1973）和Cuzin（1993）的论文。

② 或者在某个特定表面上的图画，如石版印刷所用的石头。我们在这里做了很大的简化。参见Griffiths（1996）了解详细信息。

③ 石版印刷术等现代技艺是非常复杂的，对于艺术家来说自己做版画已经很罕见了，虽然他可能对制作过程加以监督。参见Griffiths（1996，p.102）。

④ 拍卖场认为版本是一个重要的特征，因而在销售目录中记录了这些信息。

创、身后原版、身后改版）。由于该结果包括了所有4 700个观察样本而难以解读，于是她根据每件Rembrandt在有生之年制作的特定作品有多少个版本进行了三次不同的回归分析。

她的结果在表8-1中进行了总结，表明伦勃朗原创版画只比其他印刷者的后期版画贵两至三倍。因此，一件从未曾改动过的雕版中付印的后期版画表现确实不错，虽然它可能被视作是一件摹本。但是更令人惊讶的是，从Rembrandt去世之后经过再加工的雕版中得出的版画所卖的价格与那些后期版画的价格相近。因而，摹本似乎仍然被认为是有价值的，也许是因为伦勃朗之手在每一个印刷品中都有所“呈现”，使得原作和“摹本”之间的区别变得十分模糊。对于油画的摹本却并非是这样的：原作者并没有参与制作。[①]

表8-1　　伦勃朗版画价格（作者死后第二版或之后的版本=100）

售出的版画是	仅存伦勃朗的一个版本	现存伦勃朗的两个版本	现存伦勃朗的三个版本
伦勃朗第一版，可能只是对原版的复制	319	327	n
伦勃朗第一版，身后原版版画对此的复制	321	632*	n
伦勃朗第一版，身后改版版画对此的复制	319	537	799*
伦勃朗第二版，可能只是对原版的复制	—	336	209*
伦勃朗第二版，身后原版版画对此的复制	—	344	626*
伦勃朗第二版，身后改版版画对此的复制	—	284	422
伦勃朗第三版，可能只是对原版的复制	—	—	351
伦勃朗第三版，身后原版版画对此的复制	—	—	219
伦勃朗第三版，身后改版版画对此的复制	—	—	268
身后原版版画，可能只是对身后原版的复制版画	180*	n	n
身后原版版画，身后改版版画对此的复制	80	146	150
身后改版版画第1号（只存在1个版本）	141	160	167
身后改版版画版本（并非首个）	100	100	100
观察数	1 673	1 633	818

注：“n”意味着观察数不足，无法在回归分析中加入该虚拟变量；*意味着该回归系数所基于的观察数不到30个。许多其他控制变量的结果未予报告。在Lazzaro（2006）中对此进行了细化。

另外值得指出的是，某个版本的版画价格似乎没有在很大程度上受到后人仿本的影响。例如，考虑某些只有一件Rembrandt亲手制作作品存在的情况，那么就有以下三种可能性：只有原版、原版之后有身后原版（雕版未经改

① 虽然画廊和拍卖场确实售卖Rembrandt的身后原版版画，但他们对于照片的态度更为谨慎，并避免出售非复古照片，即便照片中的“原作者操作”可能被视作和身后原版版画中呈现的一样多（或一样少）。另一种情况可能也起到了作用。照片市场始于20世纪80年代初，而那时的油画和雕塑艺术品市场已是高度投机的了。因此，建立起对新开发媒介的信任以及推行“复古照片”这一概念或许是必要的。

动）、原版之后有身后原版和（使用改动过的雕版制作的）身后改版。我们可以假设，如果身后原版存在，甚至身后改版也存在，那么原版的价格就会受到影响。大体而言，情况似乎并非如此，在Lazzaro看来，影响的结果是与之相反的。身后原版和身后改版的存在表明这件作品质量很好，需求很大，因而原版的价格会有所提高，但它们也可能压低原版价格，因为它们影响了稀缺性，并使得区分原版和死后原版/改版的难度加大了。

8.5 油画市场

油画的情况完全不同。摹本和原作的分离虽不完整，但却更加清晰。De Marchi 和 Van Miegroet（1996）分析了荷兰17世纪作品的原件和摹本市场。他们的研究基于原作与摹本价格可以进行比较的案例，这些摹本通常是由制作原作的画家绘制的。他们发现即使是同一个画家制作的摹本，原作也比摹本贵大约三倍，这与过去常见的情况一致。他们把差异归于原作的原创性特征，而这一特征在摹本中不再存在。要收集到令人满意的摹本交易数据是很困难的，除了De Marchi和Van Miegroet，我们并不知道其他还能收集到的这种匹配作品价格的案例。

我们的数据自四场拍卖（通常只有这部分的市场能够获得观测值）取得，分别出售四个相隔大约一百年的油画作品：1684年至1725年（主要是阿姆斯特丹，Hoet，1752）、1801年至1810年（法国，Peronnet和Fredericksen，1998）、1890年至1900年（欧洲但主要是法国，Mireur，1901—1912）和1976年至1999年（世界，艺术品销售指数）。[①]仅靠手头数据是不可能比较原件和摹本价格的。但观测值的数量有希望大到使得比较原件和摹本的平均价格是有意义的。

令人遗憾的是，拍卖场总是避免去描述这样的作品。我们通常不知道摹本的作者，而由“大师”制作的就更是凤毛麟角了。摹本制作的具体日期很少给出，这当然是非常遗憾的，因为即便由某位不知名艺术家于1650年制作的鲁本斯摹本也比在1850年制作的摹本更有价值。即使时至今日摹本仍在拍卖会上出售，但是拍卖行们，至少佳士得和苏富比，将1800年之前和之后制作的摹本进行了明显的区分。前者通常会放到有特定时间范围的“早期大师”拍卖会中，因而几乎都被算成了“早期大师”的作品。之后的摹本也在国际拍卖场中拍卖，但是归类于非专门的杂物销售中。[②]早期大师的当代摹本通常不会在拍卖会上出售，而是由专门的画廊出售。因此，不仅仅在模仿早期绘画大师的古老摹本与较为近期的摹本之间要作明确的区分，而且在模仿早期大师的摹本与模仿后来活跃的艺术家摹本之间也要作明确的区分。

表8-2报告了我们对四个阶段的调查结果。它提供了摹本份数[③]以及摹本的平均相对价格。[④]摹本数量和相对价格根据摹本的“类型”、摹本制作被模仿的画家活跃的时期和国别而各不相同。[⑤]虽然不同时间的数据很难说是同质的，我们还是可以得出一些结论。直到

① 参见附录A中数据的简短说明。

② 佳士得认为，“在第二次世界大战开始时突然出现的摄影和图像复制技术，已经使得这一切变得过时了。基于这些原因，在我们的销售数据中没有包括1940年后制作的摹本。”参见佳士得1998年9月29日阿姆斯特丹销售情况的新闻稿。据阿姆斯特丹佳士得的Aarts女士所说，作出这个决定也是为了避免在某一时刻当拍卖行还没意识到之前，赝品就被作为摹本卖了出去。

③ 拍卖场以及美术史学家认为是原件的摹本未包括在内。

④ 某件作品的相对价格是它的落槌价与原作者原版画作价格中位数的比。选择价格中位数是因为在某些情况下原作者原版油画数量很少。中位数也排除了可能仅仅是由于识别错误造成的极端价格。

⑤ 对于前三个时期，研究对象是摹本，而不是画家。鉴于最近的数据库（艺术品销售指数）特征，研究的对象是那些因现存摹本众多而知名的画家（Boucher，Hals，Raphael，Rembrandt，Rubens，Van Dyck和Watteau）。对于这些数据而言，很难根据摹本是否属于“有签名”、“同流派”、“摹本”和“其他”来进行区分。

1900年，摹本的定价还是合理的（摹本价值为原作的30%至50%），在之后的某个时点急剧下降，到了20世纪后期，即使最好的摹本（也就是那些足够好到值得在拍卖会上出售的）也要比原作价值少35倍。

表8-2　　1684—1999年摹本样品的特征（摹本的数量和相对价格）

	1684—1725		1801—1810		1890—1900		1976—1999	
	数量	价格	数量	价格	数量	价格	数量	价格
描述								
有签名	6	0.269	148	0.845	93	0.521	n.a.	n.a.
流派	0	—	176	0.591	74	0.290	n.a.	n.a.
摹本	73	0.280	396	0.572	4	0.095	n.a.	n.a.
其他	33	0.307	129	0.430	4	0.241	n.a.	n.a.
原作								
1600年前	33	0.346	199	0.838	50	0.676	570	0.005
1600—1700年	79	0.264	611	0.552	85	0.331	1 087	0.028
1700年后	0	—	39	0.176	40	0.235	149	0.099
"被复制的"艺术家国别								
意大利	25	0.487	313	0.711	27	0.261	570	0.005
低地国家[a]	76	0.220	352	0.548	84	0.476	1 087	0.028
法国	9	0.256	176	0.495	50	0.461	149	0.099
其他[b]	2	0.545	8	1.000[c]	14	0.089	0	—
1600年前的意大利	20	0.471	188	0.793	24	0.276	570	0.005
1600—1700年的意大利	5	0.552	119	0.595	0	—	0	—
1700年后的意大利	0	—	6	0.435	3	0.137	0	—
1600年前低地国家	11	0.063	3	3.189[c]	21	1.241[c]	0	—
1600—1700年低地国家	65	0.243	349	0.526	63	0.221	1 087	0.028
1700年后的低地国家	0	—	0	—	0	—	0	—
1600年前的法国	0	—	0	—	3	0.129	0	—
1600—1700年的法国	9	0.256	143	0.580	12	1.150[c]	0	—
1700年后的法国	0	—	33	0.129	35	0.254	149	0.099
1600年前的其他国家	2	0.545	8	1.000[c]	2	0.364	0	—
1600—1700年的其他国家	0	—	0	—	10	0.039	0	—
1700年后的其他国家	0	—	0	—	2	0.059	0	—
总计	112	0.288	849	0.602	175	0.408	1806	0.028

[a] 佛兰德斯和荷兰。

[b] 德国和西班牙。

[c] 至少和原作一样贵的摹本。

Neil De Marchi（2004）提出，早期大师的相对价格效应可能是两个因素作用的结果。由于其供不应求（再加上买家越来越富），早期大师画作的价格绝对值可能已经增长了。与此同时，对于摹本的检测因为技术上的可行性而变得更加容易了，这可能已经阻止了收藏家出售他们在过去当作原件收购的作品，从而只有那些已知是摹本的作品才能进入市场（阿克洛夫效应）并压低摹本的价格。从那之后就出现了摹本相对原件价格的明显下降。

表8-3给出了在其他特征不变的条件下（被复制的艺术家出身的国家、该艺术家活跃的时间段），基于摹本类型的摹本相对价格的回归分析（对数）结果：标明作者、标明流派、摹本和其他。所有出现在等式右边的变量都是虚拟变量。

表8-3 估计结果

	1684—1725		1801—1810		1890—1900	
	系数	标准差	系数	标准差	系数	标准差
描述						
标明作者	0.000	—	0.000	—	0.000	—
标明流派	—	—	−0.307*	0.319	−0.288	0.244
摹本	−0.165	0.421	−0.451*	0.121	−1.126	0.724
其他	−0.143	0.442	−0.454*	0.150	0.153	0.705
原作						
1600年前	0.000	—	0.000	—	0.000	—
1600—1700年	0.884*	0.277	−0.019	0.142	−0.893*	0.300
1700年后	—	—	−1.238*	0.253	−1.513*	0.407
“被复制的”艺术家国别						
低地国家[a]	0.000	—	0.000	—	0.000	—
意大利	1.623*	0.296	0.689*	0.130	−0.545	0.377
法国	0.203	0.354	0.334*	0.124	0.930*	0.357
其他[b]	1.625*	0.740	0.923*	0.474	−0.911*	0.402
截距	−2.684*	0.483	−1.295*	0.182	−1.172*	0.305
R方	0.239		0.105		0.165	
观察数	112		849		175	

因变量是“摹本”的相对价格。

[a] 佛兰德斯和荷兰。

[b] 德国和西班牙。

* 系数在5％概率下显著水平不为0。

这里我们最感兴趣的就是“摹本类型”这一虚拟变量的系数，而且预期“标明作者”一项（标准化为零）的相对价格最高，然后是“标明流派”和“摹本”，最后是价格最低的“其他”。正如预期的那样，标明了作者的摹本在每个时期内比其他类型的摹本取得更高的相对价格，而且在1801至1810年期间特别明显。标明作者的作品价格相对接近原作的价格，因为通常仅是签名缺失就会引发疑问。模仿意大利、荷兰和佛兰德斯原作的摹本相对价格下降可能是由于欣赏偏好发生变化，但是需要更为仔细的研究来确认这一结论。①

① 检验相对价格在前三个时期内是否存在大幅变化是很有意义的。这可以通过运用回归来检验，其中汇集三组数据，引入时期虚拟变量，然后就可以考察这些变量的系数是否显著不同。不幸的是，这里有两个难点：第一，对摹本类型的定义可能随时间而变化；第二，后来的时期可能包括了古老的摹本和更为近期的摹本，这将导致价格有所不同。由于摹本很少注明日期，或是归于特定的艺术家（并且拍卖场发觉不值得花时间确定日期），我们无法在解释变量中引入生产日期。

自1994年开始，佳士得就开始在阿姆斯特丹组织摹本专场，①拍卖销售早期油画大师的摹本。前三项销售包括了大约五十幅油画和素描，其次是杂项（玻璃、陶瓷、银器、珠宝、家具和其他艺术作品），显然旨在填补会期。这样的售卖被安排在周六，以便吸引“年轻”的购买者，他们对艺术品感兴趣但又买不起原作。佳士得后来改变了观念，自1997年以来只卖油画，并在工作日举行，就像大多数其他的拍卖会一样。这一变化表明，供给和需求都增加了，市场也变得更加活跃了。要检查这个假设的有效性，我们研究了销售的一些特征，诸如流拍的作品数量、超过预售估价范围上限出售的作品数量以及价格。②这些数据可以被看作是市场压力的指标。表8-4总结了我们的发现，表明有上升趋势。③

表8-4 阿姆斯特丹佳士得摹本销售专场

	1994	1995	1996	1997	1998
作品的总数	50	52	51	71	73
流拍的作品数量	8	9	11	1	11
以高出预售估价上限售出的作品数量	15	17	15	47	23

注：在1994、1995和1996年的销售中，油画占主要部分，其他作品位于其后；在1997和1998年，销售中只包括油画。

最有趣的是，据佳士得阿姆斯特丹专家称，这些拍卖是该公司（也就是阿姆斯特丹子公司）最国际化的拍卖会。例如，1998年拍卖会上出售的十大最昂贵作品不仅流向了美国、意大利、比利时、德国和荷兰的商人，也流向了德国、中国台湾、荷兰和爱尔兰的收藏家。④当然，佳士得每年只举行一次这样的专场，但正如前面提到的，无论在伦敦、纽约还是阿姆斯特丹（由佳士得和苏富比两家举办），每一次早期大师作品的拍卖，被拍物品都含有类似“作者为”、“圈内”、“典型手法”、“仿作”、“带有签名”、“盖有印章”或者“来自某追随者”的字样。⑤

当代的摹本，包括模仿早期大师的，都是由专门的画廊生产和交易的。捐赠者往往拥有他们贡献给博物馆的作品摹本。Bikauser是一位美国收藏家，他贡献了一

① 目前尚不清楚售卖在阿姆斯特丹而非伦敦和纽约组织的理由，是为了维持后两者的“正派”地位？还是由于许多摹本源于对荷兰和佛兰德斯的艺术家的模仿？需要注意的是，这些摹本也在南肯辛顿佳士得拍卖场出售，但随同其他的物品一同销售。

② 日益增长的平均价格并不一定代表价格上升，因为增长可能仅仅是由于较大的尺寸，或是更好的品质。这是拍卖场预售估计中应该考虑的隐含内容。因此，我们认为超过预售估价售出的作品，就是需求增加的一个较好的指标。

③ Moulin(1992)报告了新兴的加拿大资产阶级对于摹本的大规模增长的需求。

④ 根据售后新闻稿。

⑤ 这是从佳士得拍卖目录中提取的，其中描述了如下各种谨慎的命名：“作者为”意味着“在我们看来，该作品很可能全部地或部分地来自艺术家或制作者”。“圈内”是指“在我们看来，该作品绘制于原作者所处的时代，并且显示出了原作者对其施加的影响”。“典型手法”是指“在我们看来，该作品采用了原作者的典型风格，但是是在作者去世后绘制的”。“仿作”意味着“在我们看来，它是原作者的摹本，可能绘制于任何时间”。“带签名/印章”是指“在我们看来，该作品有不属于原作者的签名/印章”。最后，“追随者”的意思是“在我们看来，该作品是以原作者的风格绘制的，但不一定是来自他的学生之一”。在苏富比拍卖目录中出现了非常类似的词语和说明。值得注意的是，1882年Burckhardt基于Rubens本人作品和工作室作品提出过这种区别。参见Burckhardt(1882)。

幅Delaroche（一位法国画家，1797—1856）的大型油画给卢浮宫，又订购了一幅该绘画的摹本以作为原作的“纪念品”保存。位于巴黎附近的沃克斯子爵城堡主人拥有曾经挂在城堡中但现已被出售、丢失或偷盗了的大部分油画的摹本。Guardi和Canaletto的作品也被巴黎的艾嘉略画廊复制和出售，以补全其他地方不完整的收藏。

种种迹象见证了摹本市场的构成和生命力，但是正如我们将在下一节中看到的，律师的立场是模糊不清的。法律的确是也应该是反对赝品的，但对于摹本这一问题的观点却并不明确。法律问题的决定往往是不一致的，这吓跑了购买者和出售者。[①]策展人和美术史学家在认可摹本价值方面谨小慎微。虽然他们仍然不承认摹本可以被包括在博物馆的收藏中，但他们也会举办专为摹本开设的展览或者在展览中将摹本与原作一同展示。当然，兴趣重点仍然放在原作上。在这方面，《粉色圣母》（Madonna of the Pinks）的例子就十分典型。在1991年它被归为Raphaël作品之前，这幅绘画并不值钱，可能才不到8 000英镑。[②]但是在2004年，国家美术馆为它支付了2 200万英镑。

8.6 摹本和美术史学家：兴趣重燃

美术史学家对摹本的态度也经历过变化。随着时间的推移，当代美术史学家把摹本看成是研究偏好和标准的手段之一。尤其是，他们提出过去的摹本可能已被用作“教具”，特别是在北欧（Martens，2004）。Lobstein（2002）研究了19世纪末在法国被复制的油画，并用该信息理解收藏品是如何构成的。[③]19世纪中叶，在阿基坦大区大量模仿Goya摹本是与西班牙文化在这一南法区域的影响紧密相连的。此时也正是法国国家订购西班牙大师（Murillo，Ribera，Velasquez and others）摹本的时候。1870年后，随着风尚变化，对意大利画家的摹本模仿取代了对西班牙艺术家的摹本模仿。

当代美术史学家也不太痴迷于过度重视独创性概念的浪漫主义观念，就Marcel Duchamp或Andy Warhol留下的精神遗产来说，独创性就是无稽之谈。Warhol试图通过他的蒙娜丽莎版画来扭转乾坤，声称正是复制品的多重性才把她捧成了明星。毕竟，每个人都“知道”某个著名影星，但很少有人了解她这个人。她只存在于媒体所给予她的关注。因此，与Benjamin（1971）的预言相反，摹本和复制品没有破坏原作的光环，反而有助于其价值（Hughes and Ranfft，1997；Seguy Duclot，1998）。这也许就是Warhol在他的丝网版画《三十个比一个好》（Thirty Are Better Than One）中所想要表达的。摹本和复制品是对原作价值的最好见证（Belting，1998），而没有引来摹本的作品是一件没有生命的作品（Pastoureau，1991）。

艺术哲学家的看法还要更积极，他们认为摹本和原件之间的界线应该被修改。Cailloi（1975）对于摹本创造属性的褒奖正变得越来越有影响力。比起Rembrandt的《最后一个人》（Lastman）的原版，Goodman（1983，p.100）更喜欢它的一个优质摹本。[④]Meiland（1983，pp.122-123）主张“如果一件伟大的艺术品所做的是将世界的一个新视野呈现给我们，那么一件精确的摹本也可以执行完全相同的功能”。他写道，独创性本身不应该被称赞，只有当作品是优良的才重要。他甚

---

① Laddie法官（1996）是英国版权法方面最知名的专家之一，他认为“版权保护中这些详细而又学究式的例外情况不仅在某些情况下难以理解，而且也强化了几乎所有的受版权保护作品的复制品无论怎样无伤大雅都是违法的这一观念。”

② 参见《艺术报》，2003年9月，p.9。

③ 他特别强调了西班牙画廊在卢浮宫的作用。

④ 参见Foucart（1973）。他讨论了Jordaens制作的模仿Rubens油画的摹本。

至写道“虽然在很多情况下，一件原作与精确的摹本相比，确实或可能会有更大的总体审美价值……也存在某些情形，精确的摹本具有至少和原作一样的原生和衍生的审美价值。这并不奇怪，因为精确摹本与艺术品原作所表达的如出一辙”（Meiland，1983，p.130）。因此，Rembrandt自画像的原作品究竟如以前人们认为的那样挂在海牙，还是如几年前发现的那样位于纽伦堡并不重要。[①]Leonardo挂在卢浮宫的《岩间圣母》（Madona of the Rocks）是先绘制于还是后绘制于挂在国家美术馆的那幅画，这也不重要了。

那些将越来越多的展览空间留给摹本的策展人也认同这一观点。1872年开业的巴黎摹本博物馆失败了，但一所摹本“博物馆”近日在日本鸣门市开幕了，其超过一千件的展品包括了一些欧洲最有名艺术品的摹本，包括与西斯廷教堂中绘画的实物尺寸相同的复制品，以及帕多瓦和庞贝别墅的Giotto壁画。摹本的制作有着来自重要博物馆的授权，包括大都会博物馆、卢浮宫博物馆和英国国家美术馆。成品是摹本还是复制品尚不清楚，所使用的技术也处于保密中。

开始时是从滑槽复制到搪瓷面板上；[②]在最后阶段还加入了景深和浮雕，据馆长说，这会让人更有这是“真品”的印象。[③]Lascaux用“500吨铸模的水泥再现了原作每一个小小的磕碰和凹陷，精确到厘米量级……还包括了多年生长的铜锈”。[④]原作只有少数几个幸运者才能看到，于是成群结队的参观者前来欣赏摹本。Schwartz（1996，p.249）指出，位于特拉维夫（Beth Hatfoutsoth）的犹太人离散博物馆展现了许多世纪以来犹太人的生活，用的“全是摹本并且对此毫无顾忌”。

1997—1998年，在巴黎乔治·德·拉图尔展览上展出了许多的摹本，因为原作已遗失了。其中一个展厅是专门为8份de La Tour的《圣艾琳悉心照料圣塞巴斯蒂安》（Saint Sebastien soigné par Irène）而设的，这幅作品的原作已经不见了。1998年巴黎的米勒-梵·高展览明确指出来自Van Gogh的Millet“摹本”甚至可能变得比原作更有价值且昂贵。[⑤]

Borges（1944）用生花妙笔描绘了这样一种矛盾的情形。在短篇小说《皮埃尔·梅纳尔》（Pierre Menard）中，他“介绍了作品的两个片段，其中之一是Cervantes的《堂吉诃德》（Don Quixote）的一部分，而另一段在文字表达等各方面都与之相像，而且事实上，差

---

① 参见《世界报》（Le Monde），1998年12月10日。

② 也许该技术毕竟没有那么新颖。Stendhal在他1837年出版的《法国之旅》（Voyage en France）中写道：“我在Bonnard先生家中看到Constantin先生的几幅漂亮的瓷画。两个世纪以来，我们不知道Raphaël的壁画都是由Constantin先生绘制的”，Constantin的短暂成功归结于他作为一个模仿者的天赋。他甚至要求烧掉摹本，以便重现原作创作时的情形。

③ 参见其传单“大冢博物馆是什么？”，鸣门市：大冢艺术博物馆，1998。

④ Delluc and Delluc（1984），引自Schwartz（1996，p.249）。

⑤ 近年来，这类展览于1970年在德累斯顿举办（来自于W. Schmidt等人的展览目录，《对话——复制，古代艺术的变异和变态，从15世纪到现在的油画与素描》，德累斯顿：素描，1970），于1976年在明斯特举办（来自G. Langemeyer和R. Schleier的展览目录，《照片、版画和艺术的调解图片》，明斯特：威斯特伐利亚州艺术和文化史博物馆，1976），于1977年在伦敦苏富比举办（来自B. Nicolson的展览目录，《艺术成为艺术，艺术品作为灵感的源泉》，伦敦：苏富比拍卖行，1977），于1980年在维也纳举办（来自H. Hutter的展览目录，《摹本和复制品的意义》，维也纳：视觉艺术的学院，1980），于1988年在纽约举办（来自E. Haverkamp Begemann的展览目录，《创意摹本，从米开朗基罗到毕加索的绘画解读》，纽约：绘画中心，1988），于1991年在巴黎的国家图书馆举办（来自M. Pastoureau的展览目录，《真的还是假的？复制与伪造模仿》，巴黎：国家图书馆，1991），于1993年在卢浮宫举办（展览目录为《复制和创建，从特纳到毕加索：灵感来自于卢浮宫的原作者的300件作品》，巴黎：卢浮宫博物馆，1993），于1995年在代尔夫特举办（展览目录为《精致的摹本，由保罗特塔的精灵还原古老大师的摹本》，代尔夫特：博物馆的精灵，1995），于1997年在日内瓦举办（展览目录为《模仿的艺术——伪造，操纵，合成：意大利文艺复兴时期的形象》，日内瓦：日内瓦艺术和历史博物馆，1997），于2000年在巴黎举办（展览目录为《安装/采样》，巴黎：RMN，2000），于2002年在巴黎举办（展览目录为《马奈与委拉斯开兹：19世纪西班牙的道路》，巴黎：RMN，2002）。

不多有两个与塞万提斯的段落相像的摹本——恰好是来自Pierre Menard[①]而非Cervantes”。然而，“Borges告诉我们，Menard的《堂吉诃德》要比Cervantes的《堂吉诃德》精妙得多，而Cervantes的要粗陋得多，即便梅纳尔版本中包含的每个词汇都能在塞万提斯版本中发现。[②]让事情变得更加困难的是，Danto补充说：“Borges鉴定的两件作品，即Cervantes的作品和Menard的作品，会产生两个难以察觉的摹本类别，一个是Cervantes的作品的摹本，另一个是Menard的作品的摹本：但它们是不同的摹本，而且区别很大，虽然没有什么会比把Cervantes的摹本错当成Menard的摹本更容易的了。”

8.7 摹本市场的调节

摹本经常被认为是“一等赝品”（Chamoux et al., 1973）。它们地位低下的主要原因之一是它们可能被非法使用。一个著名的例子可以证明这一假设。Nelson Rockefeller决定把他私人收藏的118件作品的摹本捐赠给博物馆。Rodin作品的摹本底部加盖了版权符号、摹本数量和日期。1980年，一家画廊将其中一件摹本作为真品展出：原来加盖的印章被鞋油覆盖了！[③]相应地，正如Merryman和Elsen（1987，p.61）所指出的，“艺术作品的精确复制品，就像钱币、邮票或是其他能因为其真实性而具有价值的物品的精确复制品，很容易被丧失道德底线的人滥用，他们这些人可能把它们歪曲成原件而非复制品……艺术作品的精确复制品通过制造原作和复制品之间的混淆来使原作贬值。复制品越是精准，潜在的混乱越是巨大，由此引发的贬值效应也越大。”

博物馆和知识产权法律方面的法规组织会限制摹本的生产。问题是，这是否有助于明确它们的状态，还是，相反地，监管和法律限制增加了不确定性。[④]

8.7.1 博物馆里的不稳定监管框架——卢浮宫案例

卢浮宫很早以前就开始组织（和限制）复制了。当博物馆于1793年11月创建时（作为国家艺术博物馆），它的538幅油画，每10天中就有5天，后来增至7天，可供艺术家访问，（“十年大革命”计日法）。广大民众前来博物馆订购摹本（Schaer, 1993），而且复制是免费的。1797年时加上了第一个限制：仿制者必须注册而且有师傅或学校提供的证书。[⑤]唯一的约束条件是，作品在被复制时不能移动。1824年的规定并没有太大变化，除了预留给艺术家们的天数（周二至周五），以及一些关于在馆内保持安静和健康问题的规则外。这一时期，馆内举行了一些重要的摹本销售活动：例如1809年，Le Brun组织了Van Hoorn的藏品售卖，后者是一位重要的荷兰摹本收藏家。

1848年的规定对于仿制者来说是有利的，他们可以每天工作。要求摹本的艺术家人群变得非常多，这使得卢浮宫不得不采取政策，规定一件特定的绘画只允许一名仿制者复制。1865年，在“帝国博物馆的规

---

① Pierre Menard应该是在1899年完成了他的《堂吉诃德》，而Cervantes的《堂吉诃德》写于16世纪。

② 参见Danto（1981，pp.33-36）。

③ 参见Merryman and Elsen（1987）。

④ 参见本卷中由Landes和Levine写的第7章，特别是关于版权和商标问题，以及真实性和法律的章节。

⑤ 《国家艺术博物馆公共教育委员会艺术学院报告》，巴黎：卢浮宫博物馆，1797。

则”中出现了一个新的关注点——那些曾在卢森堡博物馆投身于当代艺术品摹本制作的仿制者。他们必须向美术总监参议员申请许可（而非向绘画原作的艺术家）。1860年，巴黎举办了一场Colin所绘摹本的重要售卖活动。Colin是当时一位知名的仿制者，售卖作品包括了他绘制的71位艺术家油画的摹本。1872年、1875年、1893年、1903年和1907年推出了额外的限制，但没有重大影响。在1908年，对于在世艺术家的关注变得强烈起来：作品仿制者“可以保留复制在世艺术家作品的权利，但不可以未经许可就出售他们的摹本作品”。①1913年，一项法规规定在某些展厅内只能有不超过一名仿制者（特别是荷兰的陈列室）。1927年和1932年，新的限制出现了，这些限制可以解释为是对限制摹本数量甚至价值的首次尝试：仿制者不可在同一幅画作上工作两个月以上；仿制者不能协商在博物馆里出售其作品；仿制者从博物馆中取走摹本之前，必须加盖博物馆的印章。②1946年，国家博物馆规则中加入了不论原作创造于哪个时期，摹本都不能与原作尺寸相同的条款。③博物馆中的复制由此变成一项完全被监管的活动了。

一些欧洲博物馆遵循了类似规则。在1852年至1856年期间，阿姆斯特丹的国家博物馆只允许周一至周三为复制时间。④

20世纪初，所有支持在原作和摹本之间作出明显划分，并且提出确切层级的要素都出现了。这种缓慢但不可避免的规则建设，与投机性现代艺术市场的发展，以及日益完善的保护艺术家知识产权的法律框架一起向前发展。然而，摹本和原作之间的区别并不总是像它们应该的那样清晰。

8.7.2 独创性的法律定义

几年前，佳士得卖出Egon Schiele的一幅绘画，后来被购买者发现其中有大量的修复部分。判决书裁定拍卖行应向购买者支付赔偿，因为该画的90%都是再次绘制的，已经不再能够被认定为是Schiele的了。该项判决并没有讨论原绘画是来自Schiele的这一事实，也没有讨论多大程度的复原使得该作品不再是Schiele的了。人们可能要问如果只有80%被重新绘制，法庭的判决是否会有所不同。Barnett Newman的《谁怕红、黄还是蓝?》（Who Is Afraid of Red，Yellow and Blue?）被一名蓄意破坏者严重损坏了，然而此时，一幅完全重新绘制的《谁怕红，黄还是蓝?》就挂在阿姆斯特丹市立博物馆里，好像什么也没发生过似的。该绘画几乎不是艺术家的原作，却像原作一样被展示着。⑤

据Mund（1983，p.128）所言，摹本可能是精确的（与原作相似，但在较晚的日期生产）或是解读性的（自由地转换了原创作品，并采用了仿制者的风格）。这种双重定义与将伪造定义为未经授权的部分或全部借鉴原创作品的立法相一致。在斯坦伯格诉哥伦比亚电影工业有限责任公司案中（663卷，附录706，纽约南区法院，1987），众所周知的《纽约人》（New Yorker）漫画家Saul Steinberg，状告电影《哈德逊河上的莫斯科》的制片人、推广者、分销商和广告商。他声称，该片的宣传海报侵犯了他曾为《纽约人》制作的插图的版权。法院认同原作和摹本是“实质上相似”，虽然并非所有细

---

① 第8条涉及卢森堡博物馆。

② 参见《关于仿制者和摄影师在展厅和国家博物馆的画廊中的工作条件的规定》，巴黎：卢浮宫博物馆档案，1932。

③ 这条在现今依然如此。

④ 参见阿姆斯特丹佳士得摹本拍卖目录介绍，1994年10月4日。

⑤ 几年前，我们中的一位走进它展出的房间，并问了守护人是否知道该绘画在美国复原之后什么时候又重新回到了阿姆斯特丹。守护人的回答是它从未离开过它所悬挂的房间。

节都相同。正如Stanton（2002）指出的那样，现在得承认"复制不必是每一个细节，只要该摹本在实质上相似于受版权保护的作品就算是复制"。实质上相似不需要相同，"复制或近似相同不是构成侵权的必要条件"。[①]正如Learned Hand法官为克罗夫特案件所写的那样，"没有哪个抄袭者可以通过展现他作品中有多少不是盗版的而为过错辩解"。

独创性是区分原作和摹本的核心概念，但要定义在复制中失去了什么或者得到了什么却并不容易。[②]在这个问题上法律文本是难以捉摸的："所需要的……是'作者'贡献出比'只是微不足道的'变化更多的内容，一些可以识别为'他自己'的东西。"[③]

在多数的情况下，独创性的概念势必引发困惑。诸如Whistler、Degas或者Picasso等艺术家在他们的版画上签名以作为其真实性的凭证。Merryman和Elsen（1987，p.526）区分了以下两种情形：

（1）仅指知名艺术家原创作品再加工而成的版画，即使原作品是用上等纸张精心印制的并附有艺术家签名的限量版；

（2）石版画、蚀刻版画、木刻或其他版画媒介都是艺术品创作的主要形式，正如Jasper Johns的情况。

独创性和独特性往往与稀缺性相关联，[④]并通过限制摹本数量而获得。[⑤]例如在罗丹作品的案例中，一项法令规定了经授权的死后制作的原版数量（Gautier，1991）。依此类推，独特性直到今天还是一个中心论题。

法律上的判例揭示了摹本定义的巨大变化。第一，法律允许对于方式、技艺和风格样式的复制。Desbois（1978）注意到人们"可以反对依样画葫芦式的摹写或者改写，但是不能被起诉对于流派或艺术家方式的模仿"。[⑥]

第二，独创性经常与品质相联系。在一件布拉克绘画被复制为版画的案例中，巴黎法院查明"雕刻者的技巧和敏感性"及经过许可的复制行为使其无须补偿艺术家的继承人（1992年12月19日）。在美国《上帝之手》（Hand of God）的案例中，一位艺术家制作了罗丹雕塑的按比例缩小版（取名为《上帝之手》），地区法院认为该独创性是源于"需要极度熟练的雕塑家许多个小时直接在原作面前工作"才能做出一个精确摹本的事实。[⑦]这个案例类似于17世纪50年代某件Dürer作品的购买者控告艺术品经销商的一个案例，当时购买者意识到此件Dürer作品是一件Luca Giordano制作的摹本，因为他在木版后面隐藏了自己的签名。摹本的品质是如此之好，以至于Giordano胜诉了。[⑧]

第三，摹本可能包含原创艺术家的签名。在1992年，针对巴黎艾嘉略画廊复制并销售包含画家签名的杰出作品的摹本提起了一场法律诉讼。然而初审法官认为，鉴于复制的权利不包括复制作者签名的权利，画廊

---

① Stanton（2002）还援引了其他类似案例：Comptone公司诉Rayex公司案，251卷F.2d，p.487，p.488（第二巡回法院，1958）；克罗夫特案，562卷F.2d，p.1167；谢尔顿诉米高梅电影公司案，81卷F.2d，p.49，p.56（第二巡回法院）；否认的证书案，298美国669，80 L. Ed. 1392，56 S. Ct. 835（1936）。

② 对于Arnheim（1983，p.237），"只接受原创作品作为艺术品而把一切复制品作为非艺术品抛弃是不理智的"。

③ 参见Merryman和Elsen（1987，pp.183-184）。

④ Melot（1994）专门用了整整一章来说明创造稀缺性的不同技法，诸如为版画编号、加入颜色或者是亲笔签名。

⑤ Degas通常控制版画的生产，使得它们每一件都是独一无二的。虽然他真的喜欢雕刻、版画和其他，但他拒绝生产工业化的复制品。Melot（1994）解释了Degas和Pissaro是如何试图让每幅版画都独一无二的："单件艺术作品的定义只能是与系列作品相对立的。质量与数量不能兼得。"

⑥ 也参见Colombet（1997）。

⑦ 阿尔瓦工作室有限责任公司诉温宁格案，引自Merryman and Elsen（1987，p.184）。

⑧ 这也是Koestler讲述的一个很怀旧的故事（1989，p.402）：一场比赛要求在十多位模仿Charlie Chaplin的宾客中选一个最酷似的。"Chaplin自己恰巧也在他们中间，但只拿了个三等奖。"

犯有侵权罪。法国高等法院驳回了这一判决（1997年6月11日，由巴黎上诉法院确认，1999年10月13日）。法院认为“对于公共领域作品的摹本而言，当不存在混淆原作和摹本的风险时，复制作者的签名并不侵犯作者的道德权利”。[①]法院认为混淆的风险并不存在的额外理由是，这幅绘画的尺寸与原作不同，而且“摹本”这个词在画布的背面和边缘都被标注着并且难以去除。

第四，独创性的定义随负责评估的司法当局或行政管理部门而变化。罗丹博物馆在罗丹死后制作的作品被法国财政管理部门视为原作，但被知识产权法律认为并非是原作，从而不具备转售权。[②]

8.7.3 公共和非公共领域

一件作品在其作者死后70年进入公共领域，并且可以对其进行自由复制、广告和出版。[③]公共领域作品的仿造者不受版权保护。其他作品占据了法律的灰色地带：无论是美国还是法国的法律都没有明确界定“摹本”和“复制品”的条款。一件摹本被比喻成一张照片；签名是绘画的一个元素，而改变尺寸则被视为逃避反伪造法律的一种方式。

法律上也没有对“艺术作品”的定义。就艺术作品的继承税而言，法国政府基于由专家组成的特设委员会的意见来征收。[④]直到1994年，法国人对于“原创版画”的定义还包括“由艺术家实施”这一条款并且排除了机械程序。根据这样的定义，Rauschenberg或Ernst的最好版画不是原作（Melot，1973）。美国版画委员会排除了艺术家去世后制作的版本（不过有时很难发现版本的日期）并定义了版画为原作的三个条件：

（1）艺术家独自一人为了制作版画在雕版、石头、木块或其他材料之上或之内创建了主要的图像；

（2）版画是经艺术家或根据他的指导所公布的材料制作的；

（3）完工的版画得到了艺术家的批准。[⑤]

欧盟于1994年通过的一部法律界定了适用较低的增值税率的艺术作品。根据这部法律，如果某张照片是一件艺术作品，它必须是由艺术家制作的，由他自己或者在其监督下印制，经过签名并且只有不超过三十份的限制印刷量，而不论其尺寸和介质。更为普遍的是，欧洲的法规明确了定义一件艺术作品的两个特征：它必须是唯一的（或摹本存在的数量有限），它必须是由艺术家自己或在艺术家的严格监督下制作的（Melot，1995）。

8.7.4 摹本是受版权保护的商品吗？

摹本既是副本，其本身又是作品。一件摹本仍然是一个“次优品”，是原作的一个不完美的替代品，但它也可以被当作是一件艺术作品，正如佳士得或苏富比公司拍卖

---

① 《艺术品杂志》95期，1999年12月18日，p.44。

② 《艺术品杂志》5期，1994年7月5日。

③ 引起注意的是，甚至这一观点也没有被广泛接受，正如布里奇曼艺术图书馆（其授予有关属于欧洲和美国的博物馆的艺术作品的复制许可）和加拿大科立尔公司（专业照片光盘原作者的出版商，包括没有经过布里奇曼同意的复制品）之间的冲突所展现的。科立尔公司的律师认为“布里奇曼艺术图书馆的爱克塔反转片不是原件，因此不受版权保护”，对此，布里奇曼艺术图书馆的律师的主张是“创造了大量爱克塔反转片并且把它们数字化的摄影师拥有创造新作品所需的所有特征”。参见《艺术品杂志》68期，1998年10月9日。该案件在纽约的法院进行裁定。联邦法官接受科立尔公司的论点，并规定照片是“依样画葫芦的摹本”既需要技巧也需要努力，但其独创性还不足以从版权保护中获益（布里奇曼艺术图书馆有限责任公司诉科立尔公司案，36卷附录2d.，p.191，纽约南区法院，1999）。

④ 参见Bourdon，Pontier and Ricci（1996）。

⑤ 参见《什么是原创版画？》，伦敦：拉姆利·卡扎勒特，1967，引自Melot（1973）。

的早期绘画大师的摹本。这就是为什么法律保护摹本[①]并认可它们作为艺术作品的地位。摹本本身可能是受版权保护的，前提是它包含了“没有呈现在潜在作品中的一份独创性贡献”（Merryman and Elsen，1987，p.184）。法律规定了独创性——即艺术作品概念的根基——只能从实施中得出结果。从法律上讲，一件摹本也是一件原创艺术作品，因为即便摹本很接近于原作，制作摹本的艺术家也留下了他的性格痕迹。这可以被认为是Theo Van Gogh对他兄弟Vincent的一句评论的“法律上的转换”。1890年在圣雷米医院时，Vincent制作了Millet的油画的摹本。Theo Van Gogh评论说：“你的Millet的摹本可能是你所做出的最好的东西了。”（信函848/733），“像你这样做出的摹本已不再是摹本了。”（信函840/ T23）。[②]其法律后果之一是材料使用本身就证明了仿制者的版税的合理性。在复制自然——没有特定附加物的风景、静物或者人像——和复制业已存在的艺术作品之间没有什么区别。

因此，对律师而言，创作者的个性是证明版税合理性的主要标准。下面的案例说明了这一立场。一段时期之前，某座法国城堡的主人为他的城堡外墙订购了雕塑。当城堡向公众开放时，艺术家要求受到版权保护。考虑到“该雕塑是来自于装饰设计简单的重复和累积”，并因为“实施的品质脆弱又缺乏任何的全球视野”（Colombet，1997），上诉法庭拒绝补偿雕塑家。法国最高法院（Cour de Cassation）复核了该份判决（1993年11月9日）并裁定仿制者手法的痕迹足够用来确定该雕塑是艺术作品。在这种情况下，摹本被视为原作，并有权获得版税。这些案例表明法官应当评估“摹本的独创性”，但是裁定并不总是一致的，也几乎无法向摹本的版权提供一个稳定的经济基础。

不过，如果原创被视为发明，与模仿相反，摹本也被赋予了相同特征（Holtzmann，1996），那么原创就成了一项有风险的事情，应该以用专利权奖励发明的同样方式来用版权奖励原创。正如Meye（1983）所指出的，“伟大的艺术家敢于冒失败的风险以便为我们揭示宇宙新的一面”。这也是De Marchi和Van Miegroet从17世纪中发现的内容。

8.8 结 论

在过去，摹本在艺术品市场中总是处于边缘地位，但有时也处于核心地位。摹本曾被用作向艺术家和收藏家传递信息。当这一功能消失的时候，摹本的相对价格也就下降了，摹本的审美价值降低了，但是其市场并没有消失。许多迹象都表明了它们近期的复苏。摹本替代了那些可能因恶劣天气和污染而被损毁的原作：230件卢浮宫正面的雕塑就被摹本取代了。威尼斯圣马克广场上的青铜战马，以及罗马卡比托利欧广场上的马库斯·奥里留斯雕像也都是如此。[③]游客可以参观的拉斯科洞穴也是一个摹本。摹本可以用于修复原作，[④]艺术家们也在不断地生产它们。卢浮宫里永远有84名仿制者，

① 其中一个后果是一旦“原作”被售出后，艺术家将难以自由地复制和转售自己的作品。这就是法律定义的自我抄袭。

② Van Gogh还制作了模仿Rembrandt、Delacroix和 Gauguin的摹本。参见Van Tilborgh（1998）。

③ Sénéchal（1998）讨论了悬挂在罗马圣彼得大教堂的油画受潮的例子。在18世纪，它们被帆布摹本所替代，后来又被马赛克摹本所替代。

④ 摹本在保存已经失去的原作的外观方面也作出了贡献。例如，修复Titian的一幅绘画时发现了一处缺憾，就可以通过其摹本来进行验证（Volle，1998）。同样的，幸亏摹本展现了原始绘画中出现的两根圆柱，才使得复原Veronese的《艾玛域的朝圣者》（Pilgrims of Emmaüs）成为可能。有很多例子，原作只是经由摹本才被人知晓。Titian的《圣彼得的殉难》（Martyrdom of St. Peter）在1866年那场毁灭威尼斯圣·乔凡罗·保罗教堂的大火中遗失了。它也是通过安格尔学生的一件摹本才为人所知的。18世纪，以摹本取代教堂里的油画这种做法变得频繁起来。

他们中的一半是艺术家，25%是艺术学生，25%是业余爱好者。正如Muller（1989，p.147）指出的，"摹本增加了优秀油画小量而又经常无法企及的供给"。画廊（在巴黎的鲁别茨科依或在纽约的真实的赝品有限公司）出售新近制作的摹本。摹本博物馆正在诞生中，而美术史学家或博物馆负责人出于推介的目的而展出摹本。现在还有只销售摹本的专场拍卖会。市场需要摹本，无论是新的还是旧的；无论是模仿早期绘画大师或者印象派的，还是模仿现代画家和当代画家的。市场需要精确同时融入仿者解读的摹本。为了庆祝千禧年，伦敦国家美术馆总监Neil Mac Gregor，选取了知名的在世画家（其中有Lucian Freud、David Hockney和Jasper Johns），要求他们生产保存在博物馆里的作品的解读性摹本。

只要摹本不是以原件出售，摹本的复兴就是无害的。由于有了将艺术品制作成摹本的现代技术，防止此事发生就变得更为简单了。对于这个问题的关注可能被证明比争论"蒙娜丽莎的照片版权究竟给了卢浮宫还是一位摄影师"更加富有成效，虽然这幅绘画属于公共领域已长达数百年。随着数字化的兴起所带来的摹本生产新方法，由于虚拟作品内在地可以多重复制，因而复制似乎正变得不可避免（Queau，1998）。数字化带来了制作摹本的新方式，授权了无数复制品，以及众多行为和阐释。通过制作更加众所周知的作品，甚至会引导艺术爱好者订购老式的手工制作摹本，最终可能会促成非常积极的结果。

附录A 1684至1999年间在拍卖会上售出的摹本和原件

本附录列出了这些画家，他们作品的摹本（及原件）在不同时期被出售，而我们的计算也是基于这些画家。每个名称后出现的第一个和第二个数字是指在此期间内出售的摹本和原作的数量。

A.1 1684年至1725年期间

Bambouts（2，12），Breugel（10，62），Brouwer（2，23），Caravaggio（2，4），Douw（5，27），Hondekoeter（2，16），Jordaens（2，13），Lairesse（2，48），Netscher（2，20），Ostade（3，56），Poelenburg（7，71），Poussin（7，16），Raphaël（9，4），Reni（3，11），Rottenhamer（3，10），Rubens（7，61），Terburgh（2，5），Tiziano（6，23），Van der Werf（2，13），van Schalke（2，10），Wouverman（4，95）。

来源：Hoet（1752）。

A.2 1801年至1810年期间

Albani（12，12），Barocci（6，18），Bassano（7，9），Berchem（23，77），Both（7，32），Bourdon（6，103），Brouwer（7，26），Brueghel Jan the Eldest（4，61），Caracci（31，3），Caravaggio（9，25），De Champaigne（12，48），Corregio（30，16），Cuyp（11，64），Domenicho（22，31），Dou（16，34），Dujardi（13，38），Dürer（7，15），Greuze（8，32），Guercino（13，40），Laer（6，18），Le Brun（12，27），Le Sueur（20，41），Lingelbach（3，32），Lorrain，Claude（8，34），Maratti（9，45），Metsu（3，38），Michelangelo（10，1），Mignard（6，25），Murillo（11，46），Ostade（16，5），Ostade，Isaac（3，50），Panini（6，47），Pietro da Cortona（5，25），Poelenburgh（7，80），Potter，Paulus（11，15），Potter，Pieter（1，3），Poussin（36，38），Raffaello（79，8），Rembrandt（27，65），Reni（43，45），Ruisdael（4，14），Rubens（34，49），

Santerre （4，19），Solario （5，8），Subleyras （4，17），Teniers （50，210），Terboch （3，33），Tintoretto （4，29），Tiziano （20，34），Valentin de Boulogne （3，12），Van Dyck （10，12），Vouet （6，12），Wouwerman Phillips （9，70），Wouwerman （14，7）.

来源：Peronnet and Fredericksen （1998）。

A.3 1890年至1900年期间

Bellini （4，8），Boticelli （2，8），Boucher （12，26），Campana （2，3），Chardin （2，29），David （6，18），Eyck （1，3），Gainsborough （2，50），Giotto （4，4），Hall （4，15），Holbein （2，27），Lancret （5，16），Mignard （12，29），Murillo （10，22），Ostade，Adrien （2，47），Ostade，Isaac （5，18），Oudry （6，23），Porbus （11，28），Potter （2，12），Raphaël Sanzio （13，10），Rembrandt （18，60），Rubens （18，71），Tiepolo （3，37），Van Dyck （7，50），Van derHeyden （3，11），Van Orley-Barent Van Brussel （6，7）.

来源：Mireur （1901）。

A.4 1976年至1999年期间

Boucher （111，266），Hals （11，9），Raphaël Sanzio （570，11），Rembrandt （173，55），Rubens （593，108），Van Dyck （310，48），Watteau （38，70）.

来源：Huisman （2001）。

参考文献

Alpers,S.(1988). Rembrandt's Enterprise. The University of Chicago Press,Chicago.

Arnheim,R.(1983). "On duplication". In: Dutton,D.(Ed.),The Forger's Art. University of California Press,Berkeley.

Ayrton,M.(1960). "Introduction". In: Maison,K.E.(Ed.),Themes and Variations,Five Centuries of Master Copies and Interpretations. Thames and Hudson,London.

Belting,H.(1998). "Le fétiche d'art au XXème siècle. Le cas de la Joconde". Diogène 183,79-102.

Benhamou,F.,Ginsburgh,V.(2001). "Is there a market for copies". Journal of Arts Management,Law and Society 32, 37-55.

Benjamin,W.(1971). "L'oeuvre d'art à l'ère de sa reproductibilité technique". In: Oeuvres,vol. 2. Denoël,Paris.

Borges J.(1944). "Pierre Menard,autor del Quijote". In: Ficciones. Translated in Borges,J.,Oeuvres Complètes,vol. 1. Gallimard,Bibliothèque de la Pleiade,Paris.

Bourdon,J.,Pontier,J.M.,Ricci,J.C.(1996). Droit de la culture. Dalloz,Paris.

Brown,J.(1995). Kings and Connoisseurs. Yale University Press,New Haven.

Burckhardt,J.(1882,1998). "De l'authenticité des tableaux anciens". In: Leçons sur l'art occidental. Fernand Hazan, Paris.

Caillois,R.(1975). L'apostat. Gallimard,Paris.

Castelnuovo E.(1987). "Attribution". In: Encyclopedia Universalis.

Chamoux,F.,Chastel,A.,Gauthier,M.M.,Grodecki,L.,Foucart,A.,Schnapper,B.,Velmans,T.(1973)."Copies,répliques,faux". Revue de l'Art 21,5-31.

Colombet,C.(1997). Propriété littéraire et artistique et droits voisins. Dalloz,Paris.

Cuzin,J.-P.(1993). Copier et créer. De Turner & Picasso: 300 oeuvres inspirées par les maîtres du Louvre.Réunion des Musées Nationaux,Paris.

Danto,A.(1981). "Content and causation". In: Danto,A.(Ed.),The Transfiguration of the Commonplace. Harvard University Press,Cambridge,MA.

Delluc,B.,Delluc,G.(1984). "Lascaux II: A faithful copy". Antiquity 58,194-196.

De Marchi,N.(2004). Private communication.

De Marchi,N.,Van Miegroet,H.(1996). "Pricing invention: "Original","copy",and the valuation of art in early modern Netherlandish markets". In: Ginsburgh,V.,Menger,P.-M.(Eds.),Economics of the Arts: Selected Essays. Elsevier, Amsterdam.

de Saint-Simon,C.(1996). Mémoires,vol. 1. Gallimard,Paris.

Desbois,H.(1978). Le droit d'auteur en France. Dalloz,Paris.

Dubus,P.(1992). "Portraits de collectionneurs. A propos de quelques collectionneurs vénitiens au XVIème siècle". In: Dorleac,B.(Ed.),Le commerce de l'art de la Renaissance à nos jours. Editions de la Manufacture,Paris.

Focillon,H.(1919). Technique et sentiment. Etudes sur l'art moderne. H. Laurens,Paris.

Foucart,L.(1973). "Rubens: Copies,répliques,pastiches". Revue de l'Art 21,48-55.

Francastel,P.(1995). Bruegel. Fernand Hazan,Paris.

Gautier,P.Y.(1991). Propriété littéraire et artistique. Presses Universitaires de France,Paris.

Ginzburg,C.(1989). Mythes,emblèmes,traces. Morphologie et histoire. Flammarion,Paris.

Goodman,N.(1983). "Art and authenticity". In: Dutton,D.(Ed.),The Forger's Art. Forgery and the Philosophy of Art. University of California Press,Berkeley.

Griffiths, A. (1996). Prints and Printmaking. British Museum Press, London.

Grossman, G.M., Shapiro, C. (1988a). "Foreign counterfeiting of status goods". The Quarterly Journal of Economics 103, 79–100.

Grossman, G.M., Shapiro, C. (1988b). "Counterfeit-product trade". American Economic Review 78, 59–75.

Hoet, G. (1752). Catalogus of Naamlijst van Schilderijen met derzelver prijzen. Pieter Geraard van Baaten, 's Gravenhage.

Hol B. (2004). "Reproduction des oeuvres d'art. Les copies dans la sculpture antique". In: Encyclopedia Universalis. Online.

Holtzmann B. (1996). "Reproduction des oeuvres d'art". In: Encyclopedia Universalis.

Hoving, T. (1996). False Impressions. Simon and Schuster, New York.

Hughes, A., Ranfft, X. (Eds.) (1997). Sculpture and its Reproductions. Reaktion Books, London.

Huisman, A. (2001). Les copies d'oeuvres plastiques. Manuscript. Université Libre de Bruxelles, Brussels.

Johnson, W.R. (1985). "The economics of copying". Journal of Political Economy 93, 158–174.

Karpinski, C. (1989). "The print in thrall to its original: A historiographic perspective". In: Preciado, K. (Ed.), Retaining the Original: Multiple Originals, Copies, and Reproductions. National Gallery of Art, Washington, DC.

Koestler, A. (1989). The Act of Creation. Arkana, London.

Laclotte, M., Cuzin, J.-P. (1991). Dictionnaire de la peinture. Larousse, Paris.

Laddie, J. (1996). "Copyright: Over-strength, over-regulated, over-rated?" EIPR 5.

Lafont-Couturier, H. (1998). Gerôme. Herscher, Paris.

Lazzaro, E. (2006). "Assessing quality in cultural goods: The hedonic value of originality in Rembrandt's prints". Journal of Cultural Economics 30, 15–40.

Lessing, A. (1983). "What is wrong with a forgery?" In: Dutton, D. (Ed.), The Forger's Art. Forgery and the Philosophy of Art. University of California Press, Berkeley.

Lobstein, D. (2002). "Les commandes de copies de peintures espagnoles pour l'Etat français, 1840–1880".

In: Lacambre, G., Tinterow, G. (Eds.), Manet Vélazquez. La manière espagnole au XIXè siècle. Réunion des Musées Nationaux, Paris.

Maison, K.E. (1960). Themes and Variations. Five Centuries of Master Copies and Interpretations. Thames and Hudson, London.

Martens, D. (2001). "Die Würde des Kopisten oder Hans Holbein. Die Auseinandersetzung mit einem flämishen Vorbild". Städel Jahrbuch 18, 165–182.

Martens D. (2004). "Du Saint Luc peignant la Vierge à la copie des maîtres: la norme en acte dans la peinture flamande des XVème et XVème siècles". Manuscript. Université Libre de Bruxelles, Brussels.

Meiland, J.W. (1983). "Originals, copies, and aesthetic value". In: Dutton, D. (Ed.), The Forger's art. Forgery and the Philosophy of Art. University of California Press, Berkeley.

Melot, M. (1973). "Les frontières de l'originalité et les problèmes de l'estampe contemporaine". Revue de l'Art 21, 108–118.

Melot, M. (1985). "La notion d'originalité et son importance dans la définition des objets d'art". In: Moulin, R. (Ed.), Sociologie de l'Art. La Documentation Française, Paris.

Melot, M. (1994). L'estampe impressionniste. Flammarion, Paris.

Melot M. (1995). "La signature des estampes". Paper presented at a conference on L'écriture du nom propre. Bibliothèque Nationale de France, Paris.

Merryman, J.H., Elsen, A.E. (1987). Law, Ethics and the Visual Arts. University of Pennsylvania Press, Philadelphia.

Meyer, L.B. (1983). "Forgery and anthropology of art". In: Dutton, D. (Ed.), The Forger's Art. Forgery and the Philosophy of Art. University of California Press, Berkeley.

Mireur, H. (1901—1912). Dictionnaire des ventes d'art faites en France et à l'étranger pendant les XVIIIe et XIXe siècles: Tableaux, dessins, estampes, aquarelles, miniatures, pastels, gouaches, sépias, fusains, émaux, éventails peints et vitraux, 7 volumes. L. Soullié, Paris.

Montias, J.M. (1982). Artists and Artisans in Delft. A Socio-Economic Study of the Seventeenth Century. Princeton University Press, Princeton, NJ.

Montias, J.M. (1996). "Quantitative methods in the analysis of 17th century Dutch inventories". In: Ginsburgh, V., Menger, P.-M. (Eds.), Economics of the Arts: Selected Essays. Elsevier, Amsterdam.

Mortier, R. (1982). L'originalité. Une nouvelle catégorie esthétique au siècle des Lumières. Librairie Droz, Genève.

Moulin, R. (1992). L'artiste, l'institution et le marché. Flammarion, Paris.

Muller, J.M. (1989). "Measures of authenticity: The detection of copies in the early literature on connoisseurship". In: Preciado, K. (Ed.), Retaining the Original: Multiple Originals, Copies, and Reproductions. National Gallery of Art, Washington, DC.

Mund, H. (1983). "Approche d'une terminologie relative à l'étude de la copie". Annales d'Histoire et d'Archéologie 3, 19–31.

Pastoureau, M. (1991). Vrai ou faux? Copier, imiter, falsifier. Bibliothèque Nationale, Paris.

Peronnet, B., Fredericksen, B.B. (Eds.) (1998). Répertoire des tableaux vendus en France au XIXe siécle, 1801–1810, Los Angeles: The Provenance Index of the J. Paul Getty Trust, 2 vol. Getty Museum, Los Angeles.

Queau, P. (1998). "Multiplicités virtuelles". Diogène 183, 102–112.

Schaer, R. (1993). L'invention des musées. Gallimard et Réunion des Musées Nationaux, Paris.

Schwartz, H. (1996). The Culture of the Copy. Zone Books, New York.

Seguy Duclot, A. (1998). Définir l'art. Odile Jacob, Paris.

Sénéchal, P. (1998). "Objets uniques/objets multiples. Autour de la copie. Introduction". Diogène 183, 2.

Smith, A. (1795, 1982). Essays on Philosophical Subjects. Liberty Classics, Indianapolis. The Glasgow edition of the works and correspondence of Adam Smith.

Stanton L.L. (2002), Comments on Steinberg vs. Columbia Pictures Industries, Inc. www.law.cornell.edu.

Van Tilborgh, L. (1998). "Van Gogh disciple de Millet". In: Van Gogh Millet. Réunion desMusées Nationaux, Paris.

Volle N. (1998). "La restauration des peintures et la copie". Conference De l'original à la copie, Paris, Cité de la Musique, 19–20 November 1998.

Werness, H.B. (1983). "Han Van Meegeren fecit". In: Dutton, D. (Ed.), The Forger's Art. Forgery and the Philosophy of Art. University of California Press, Berkeley.

Winckelmann, J. J. (1768, 1952—1957). "Briefe, 4 volumes". De Gruyter, Berlin. Edited by H. Diepolder and W. Reehm.

第9章

版权、艺术与互联网：福音还是魔咒？

Patrick Legros

ECARES，Université Libre de Bruxelles and CEPR，Belgium

魏鹏举　杨旭栋　译

摘　要

数字化和互联网的新技术威胁着艺术家和艺术中介的市场地位。对艺术家而言，由于生产作品的技术变得唾手可得，手艺这一概念的艺术特征将被弱化。对艺术中介而言，由于分销市场的准入门槛降低，它们的租金收入会受到影响。这种新技术也会带来一些好处，因为它能够促使产量和销量增加，促进新的艺术品的出现。知识产权保护体系为艺术家提供了市场支配力，经济学文献分析了这种市场支配力所产生的动态无效率与保护创新动机的必要性之间的权衡。我们回顾这一文献及其近期在艺术或更概括地说在智力创造上的应用。即使艺术家能完美捕捉到未来消费者家庭创造的市场价值，他们也可能期望一个更强大的版权制度以阻止消费者利用其家庭生产。艺术中介和艺术家或许希望通过限制竞争来增加由创意想法的不可分割性所带来的租金。艺术家们对版权的强弱形式（如家庭生产权利的许可）的偏好可能与他们的创造力有关。

关键词

版权，专属性，许可，知识产权保护，互联网

JJEL classification Codes

D2，D13，D45，O3

然而，总的来说，当‘想法’变得众所周知时，‘美’就是它不可分割的特征。换句话说，当其中蕴含着的思想呈现出来时，任何一件事物都是美的；因为要变得美丽无非就是清晰地表达一个想法。

——叔本华（Schopenhauer，2004）

在最后的分析中，艺术家也许会公开宣称自己是个天才，但归根结底，若他想为社会所认可，并让后人将其列为艺术史中的重要人物，就需要等待观察者们的判决。

——马塞尔·杜尚（Marcel Duchamp，1966）

9.1 引 言

当摄影术诞生的时候，这门技术非常昂贵、难以使用且需要专业技能和技艺。当时很多画家都在创作肖像画，他们看到了这项新技术对其职业的威胁。民间历史传言保罗·德拉罗什（Paul Delaroche）曾在见识到银版照相法后感叹“自今日始，绘画已死”[①]。另一些艺术家则抓住使用新媒介的机遇，并迅速推动了一场将摄影定义为艺术的运动的开展。1868年，乔治·伊士曼（George Eastman）发明‘喀嗒喀嗒柯达’，在此之后，摄影术变得唾手可得；虽然还有些手工上的问题，但拍摄一张照片变得如此平凡，以致摄影艺术家们必须做出很大努力才能保住自己的身份。有些人已经论证了“绘画运动”的出现是对这种技术准入民主化的回应。近期数码摄影的出现使得拍摄和查看照片的边际成本变得微不足道；尽管面临着技术民主化，摄影仍然作为一种艺术形式而存在，大型博物馆还在展出摄影作品，顶尖院校的艺术系也有课程在教授摄影技术。

在古登堡印刷术出现之前，教堂对原创作品形成垄断，修道士是复制这些作品的主要匠人，他们都经过多年的训练才掌握所需的技术和手艺。然而，古登堡印刷术使得这些技艺在生产新书的过程中变得不再必要了[②]。

因此新技术的出现对艺术来说既是福音也是魔咒。新技术带来福音是指依托技术进行艺术创作的机会更多了。新技术成为魔咒是指随着更多的人能使用技术，手工技艺愈发变得不那么重要。如今，外观相似的艺术作品或许不需要从工艺方面来区分了，其他方法也可以达到同样目的。哲学家和艺术家都不赞成将美学或工艺视为艺术作品的必要特征[③]。杜尚的“现成品”就是一种极端的例证，所谓“现成品”即任何普通物件，如一个小便池、一个自行车车轮或一把雪铲都可以成为艺术品。当艺术不再必然与审美相关联，对艺术下定义就有些困难了。

虽然经济学家不能很好地对艺术进行哲学探究，但总体上说，他们与科学家一样从事着创造思想、并将其传递给同行和广大公众的工作。不管是以谦虚还是自大的方式，这种做法有时可与艺术家相媲美。作为创作者，我们大多能体会到要真正产生一个原创想法，并以通俗易懂而又具说服力的方式表达给读者是很难的。作为消费者，我们参加研讨会、阅读工作底稿和期刊文献，希望借此能洞悉作者想要传达的思想。我们时而欣赏某位演讲者的个人魅力，时而欣赏某篇论文的写作手法，但我们最终真正感兴趣的是潜藏其中的思想。我们对学生进行多年训练，为的是希望有一天他们有能力阅

① 一些摄影历史学家如Robert Leggat(1999)声称德拉罗什实际上是摄影的支持者。他曾受法国政府委托写了一份关于达盖尔银版照相法的报告，其中他写道：“达盖尔的工艺流程完全符合艺术的一切要求，如此完美地具备了艺术基本原则的它必将成为人们观察和研究的对象，即使是最有成就的画家也不例外。”

② 参见本卷 Benhamou 和 Ginsburgh 的第8章。

③ 参见Roger McCain的第5章及Danto(1986)。

读并理解我们的论文，并能为思想的产生贡献出自己的力量。在此过程中，我们努力工作，希望能对所在领域有所贡献并得到认可。

然而，无论从创作的需求方面还是从供给方面来说，科学家都与艺术家有所不同。在需求方面，他们的“自然”市场存在差异：新的工作文件通常是供领域内的科学家和研究者阅读的，而新的绘画作品是由不会画画的人们购买并欣赏的。在供给方面，科学创作的背后有着意向性：科学家需要交流精确的想法和结果，并且遵循早已成熟的方式方法去做；在艺术创作中则没有必要的意向性，正如杜尚（1959）指出的：在创作行为中，艺术家通过一系列完全主观的反应才能将意图实现，为了实现意图，艺术家需要经历努力、痛苦、满意、拒绝、决定等一系列事件，而这些不会也不可能是艺术家自己能控制的，至少在审美层面是这样。

因此，虽然科学和艺术的交流都是不完美、需要解读的，但在艺术方面这种解读更加困难。在艺术界，潜在的消费者具有异质性，有时他们对艺术家的创作动机不甚理解。丹托（Danto，1986）将其视为定义艺术的主要障碍：艺术观念引起的错误有两种，一种是哲学性的，另一种仅仅是批判性的。前者错在解读的对象不属于艺术，后者属于虽然解读对象是对的，而做出的解读却是错误的。

艺术家和哲学家用“缺失的维度”——叔本华公开引述中的“思想”——来解释艺术家之间不完美的交流及圈外人士理解艺术创作的困难。杜尚（1966）甚至定义了一种“艺术系数”来捕捉艺术交流中的不完美程度。

这种斗争的结果是意图与实现之间的区别——那种艺术家并未注意到的区别。因此，在伴随着创意行为的一系列反应中，一种联系缺失了。这种缺失意味着艺术家无法充分表达其意图，这种他想要实现和已经实现了之间的区别，是包含在作品中的个人“艺术系数”。换句话说，个人“艺术系数”就像一种介于想表达但未表达与无意之中却表达了之间的逻辑关系。

由于解读变得如此重要，有人认为解读本身就是艺术作品（丹托，1986）；对此我们不应当感到惊讶，因为歌手和钢琴家通常都被当作解读者[①]。要达成对一件艺术作品的解读需要对创作该作品时的历史背景有所了解并具备鉴赏能力。如今互联网让更多的人使用和艺术家相同的技术，这一魔咒也会成为一种福音，因为互联网让人们更便捷地获取解读艺术作品所需要的知识。

因此，在思想被重视的市场，无论是直接地，如在研究中，由于他们贡献知识积累、促进新想法的诞生；还是间接地，如在艺术中，由于改变我们对世界的认知，从而具有两个将它们区分于其他市场的特征：[②]

消费者在衡量物理或数字化产品形式下蕴含着“思想”的艺术作品价值时，既考虑其审美价值，也考虑其传递的思想。

思想从创作者向消费者的传播不是直接的，而是会受到创作过程和解读过程中的种种干扰；而且，解读通常更取决于消费者的努力。

还有一些不是艺术市场特有的特征，其中多数都在本手册中有所涉及：超级明星的崛起、拍卖分配机制、市场的两面性、中介机构的把关作用、详述完整合同的困难。互联网和艺术作品的数字化放大了其中的某些方面，尤其是快速传播数字作品、复制甚至修改现存作品以及艺术家绕过现今把关机构等的可能性。

---

① 这是一个关于钢琴家格伦·古尔德（Glenn Gould）的名言：据称，一次与钢琴家同行争论巴赫作品后，古尔德说道：“好吧，你以你的方式去做，我以他的方式去做。”

② 另见本卷中Roger McCain的第5章以及Tony Bryant和David Throsby的第16章。特征H和I在绝大多数的交流过程中确实是最合理的假设；语言本来就具有模糊性的，熟练的演讲者会使用修辞手法从全新的角度呈现事实或事件。尽管在如今的经济分析中信息很重要，但大部分的分析仍然认为交流是一种无摩擦过程，不受解读、干扰或噪音的影响。最近的例外是Legros和Newman（1999，2002），Dewatripont和Tirole（2005）。

本章必然是不完整的。正如乔治·斯蒂格勒(George Stigler)在20世纪70年代就调控理论所指出的那样，获取一份文献反馈的合适时间是在这个主题经历了发展且在该领域内达成一项共识之后。20世纪70年代，调控理论并未达到这种程度。在艺术及互联网领域，我们与此目标相距甚远；互联网正在青少年阶段，对互联网在经济和文化方面的影响的研究仍处于婴儿期[①]。在此我持这种观点：正是因为互联网降低了艺术家和消费者的参与门槛，经济学家更应该关心其影响。因此，我将聚焦于互联网之于艺术的福音（更大的市场及更多艺术品创造的机会）和魔咒（更多的竞争）之间的权衡。

媒体和学术文献中关于这个主题的多数讨论都聚焦于艺术家和艺术中介对创意想法所产生的收入的专属性。互联网和新技术的咒语使得一些数字作品的复制和传播变得容易。许多人担心这会消除人们创作和传播艺术的动机，就像很久以前的修道士和近年来的画家。典型的例子是数字音乐和软件的版权侵权。在第2节中我回顾了这一案例。音乐显然只是作为使用互联网创作艺术的一个例子，更多典型例子，如数字绘画、诗歌、摄影、视频等，都是艺术作品在互联网上创作和传播的。在这些艺术作品中，始终存在着版权保护、创作激励、市场扩张和竞争效应之间的平衡等问题。在第3节中，我将使用更抽象的方法，以一个基于Boldrin和Levine(2002a, 2002b)以及Quah(2002a)的模型来论证在强版权制度的市场中，不同参与者的偏好可能与社会效率关系不大，包括对新的创意想法的激励条款。在第4节中，我将继续对与互联网市场扩张影响有关的其他问题进行简短的分析并得出结论。

9.2 MP3和软件的例子

作为传统把关机构，音乐巨头们一直在为争取严格的版权法而斗争。在这种法规下，不允许消费者复制、传播作品，更不用说修改作品，除非是出于“合理使用”的目的。这种斗争以法律诉讼战的形式进行，如起诉纳普斯特公司(NAPSTER)和其他允许人们自由交换MP3和视频的点对点(P2P)网络。软件和音乐产业声称它们由于版权侵权（或如媒体所称的盗版行为[②]）已蒙受了巨大的损失。一些经济学家质疑这些损失是否真有那么多，他们认为如果版权法执行得彻底到位，许多用户将会选择不再消费(Gayer and Shy, 2001a, 2001b)，或者相应的正常周期内CD的销售量会下滑，或者其他形式的娱乐会取而代之(Liebowitz, 2002)[③]。

法律诉讼战硝烟一直未停止。例如，iMesh文件分享软件的制造商同意就版权侵权问题向唱片业支付410万美元。2004年8月20日，美国联邦上诉法院判决两个主要文件共享程序的制造商(Grokster和StreamCast)对其软件用户的版权侵犯行为不承担法律责任。这可能会迫使音乐产业直接打击软件用户。在这方面已经有一些成功的例子，例如，2004年8月26日，美国联邦调查局首次没收了得克萨斯州点对点网络用户的软件和电脑。据2004年8月25日《金融时报》的一篇文章报道，

① 参见Brynjolfsson(2002)，Kahin and Varian(2000)，Peitz Waelbroeck(2003b)，Quah(2002b,2003)。

② 大部分的实证研究是初步的，销量和盗版程度有时是矛盾的。Peitz和Waelbroeck(2003年a)发现，全球CD销量在2000—2001年期间下降了1.76％，并且在十大市场中CD销量下降的25％为MP3。Hui和Png(2003)发现CD的损失可能比1999年行业估算的要高出15%(软件和音乐行业1999年对盗版造成损失的估算为160亿美元)。目前还不清楚这些研究是如何控制其他类型娱乐的替代效应和正常周期的。

③ 九普媒体研究公司(Jupiter Media Metrix)2002年的一项研究发现，经常从互联网上下载的人把钱花在CD上的可能性为75％。

唱片公司也对中国大城市的卡拉OK歌厅提起了法律诉讼，要求他们就许可权侵犯行为支付赔偿[①]。但许多人认为这种法律争斗是徒劳的[②]。

这个产业也在以更具侵入性的方式进行斗争。例如，通过将低品质的MP3上传至点对点网络来减少使用这些网络的益处，或者甚至——就像最近的一项提议那样——通过使用软件代理来破坏这些网络用户的电脑（Corbett，2003）。鉴于电脑中储存着丰富的信息，而且还有其他许多用处，这种干预的社会成本或许会比音乐产业因版权侵权而受到的损失更大。

与此同时，音乐产业使用互联网开发新的分销系统；在苹果电脑公司进军在线市场（iTunes）以99美分的价格出售歌曲之后，索尼等唱片公司、沃尔玛及其他非唱片公司以及媒体软件供应商如瑞尔数码（RealNetworks）和微软都紧随其后[③]。MP3引起了一些生产互补硬件的特定公司——如索尼——开始与版权侵权作斗争[④]。作为软件解决方案，数字版权管理技术（DRM）限制用户的复制和分享[⑤]。某文献资料认为非法复制可能会增加对互补性软件或硬件的需求[⑥]，或者该产业事实上会由于网络效应而从复制中获益[⑦]。然而这也启发我们，如果我们参照“显示性偏好参数”：即唱片公司在打击盗版上耗费的资源，那么这种效应可能很微弱。

艺术家们在强版权制度的问题上分歧很大。一些艺术家自发组织起来抗争版权侵权行为，例如，艺术家反盗版联盟，http：//welcome.to/acap，签署人包括艾尔顿·约翰（Elton John）。另一些艺术家欣然接受新技术。有些艺术家看到新技术能让他们出名并最终拥有与行业巨头签约的机会（原本默默无闻的艺术家在网上免费发布了作品之后与大公司签约的例子比比皆是[⑧]。）这种现象不局限于新艺术家，因为声誉卓著的艺术家和明星有时也会在弱版权形式的互联网上发布他们的作品[⑨]。

我们很能理解老牌企业和一些艺术家试图利用法律制度及对其有利的新技术来确保其租金的想法。然而，要让法律制度遵从他们的领导，那就是另外一回事了。强版权制度的支持者们声称如果没有了强版权，艺术的创作和传播会明显减少。经济学家深知严格的知识产权制度对激励创新是必要的：否则创新者事后的收益将不足以弥补事前的投入。这里就有一个事前与事后效率的平衡问题（诺德豪斯（Nordhaus，1969））：事后给予

---

① 例如，背景资料、新的法律行为和历史上的法律案件都可以在美国唱片业协会的网站www.riia.com上查看。

② 例如，在纳普斯特被法庭判决禁止后，点对点网络数量成倍增加。

③ 从各方面来看，这个市场相当小（占美国所有音乐销售额的不到2％），但竞争力相当强；例如，瑞尔数码公司最近将其下载价格下调至49美分来应对微软进入市场（纽约时报，2004年8月30日）。

④ 这导致了对硬件进行征税的提议，如对MP3播放器或空白CD和DVD，以此来弥补由版权侵权造成的损失（例如，法国的税收为60美分，税收所得放入艺术家基金）。Gayer和Shy（2001a，2001b）按照这种思路建立了模型；他们在模型中说明了这样的税收是无效的。

⑤ 毫不奇怪，数字版权加密保护技术（DRM）已成为黑客的目标。例如，《DRM观察员》（2004）记录的最近在苹果iTunes上突破DRM保护的成功案例。

⑥ Conner和Rumelt（1991）、Shy和Thisse（1999）给出了理论依据；Givon和Muller（1995）对这样的效果进行了实证分析，发现软件盗版可能提高人们对正版软件的需求。效果也可能是朝另一个方向发展的。例如，在2005年1月7日出版的《金融时报》上，英国唱片业协会主席Peter Jamieson——代表英国领先的音乐公司和分销商——在苹果iPod和其他MP3播放器热卖时提出“在数字市场采取有力举措”。

⑦ Takeyama（1994，1997），Shy and Thisse（1999）。

⑧ 法国最著名的例子是歌手Lorie，她通过互联网下载为人熟知后，以外部网关协议的标签与索尼音乐签约。在美国，流行乐队Fisher在MP3.com上拥有一百多万的专辑下载量后与Farmclub和Interscope签了约。

⑨ David Bowie可能是新CD音乐“小时”在商店里出售之前第一个上传到互联网的人，参见《经济学人》，1999年9月9日。

垄断权会导致低效率，但垄断权在事先提供（有效）激励以促进投资方面又是必需的[①]。这种平衡与表现出规模受益递增的产业类似[②]：当企业定价为边际成本时无法赚取净利润，因此需要使定价高于边际成本。但在这些产业中对该问题的通常反应是调控或者提供行业补贴，而不是给一家企业完全的、不受管控的垄断权力[③]。

对艺术家而言，评估诺德豪斯效应可能并非易事，但我们仍然可以求助于最近关于专利的研究。Lerner（2003）在分析了150多年来专利保护及177项政策的变化后表明，更强的专利保护对那些来自改变了政策的国家的专利申请几乎没有积极效应，这说明诺德豪斯效应并不起作用。横断面效应与该理论是一致的，然而，当从较弱的保护开始，转换到较严格的政策或有更大的改进时，该效应会起到重要的作用[④]。

更接近于我们论题的两项研究分析了20世纪80年代软件专利保护中政策变化的影响。Bessen和Maskin（2000）提出的理论表明，如果创新是连续互补的，那么专利保护不仅可能降低整体创新，而且市场竞争越激烈，授予专利的效率就越低[⑤]。将20世纪80年代对软件专利保护期的延长作为自然实验，Bessen和Maskin认为，虽然“诺德豪斯效应” 表明获得专利的企业研发强度及生产力应该增加，但实际并非如此。Bessen和Hunt（2004）认为20世纪80年代以来软件专利的显著增长（软件专利如今占所有专利的15%）主要来自大型制造企业，只有5%来自软件出版商。这表明对专利的申请具有战略动机，Bessen和Hunt发现了相关证据，证明软件专利和研发在企业层面互为替代品。（Bessen和Hunt（2004）的研究方法及结果受到Hahn和Wallsten（2003）的批评。）

对这两项研究的一个解释是：较为严格的知识产权法并不会催生更多的创新，事实上可能会促使具有市场支配力的企业利用专利替代研发来获取租金。多数人认为软件不是艺术[⑥]，但这些研究对强版权制度对艺术生产是必要的论调提出了质疑。研究还建议我们不应把激励创新的社会问题与保护中介机构或著名艺术家的租金问题相混淆。我们有理由相信是文献和媒体中对盗版成本与收益的讨论造成了这种混淆。

首先，是对唱片公司或著名艺术家利润损失的关注。我看到过一些对唱片公司会因盗版而造成潜在损失的分析，但我没看到过对激励艺术家创新所需的最低未来收益进行评估的研究。我们也不了解对艺术创作进行版权侵权的成本。

其次，关于复制和版权侵权的大多数讨论是基于这样一种假设，即只有CD和MP3才是体现艺术家创意想法的艺术作品。然而，艺术家与唱片公司或者外部投资人的收入份额是随着艺术作品的不同而改变的。分析MP3的复制是否对公开音乐会的上座率或电视节目及视频片段的观看兴趣有积极作用，是件很有趣的事情，因为这些也是艺术家收入的重要来源。

---

① 参见Landes和Posner（2004）、Scotchmer（2004）关于知识产权保护的最新经济学方法。

② 这种对比并不十分公平，正如Boldrin和Levine（2002a）所指出的，MP3的生产并不具备收益递增：艺术家创作歌曲的成本在一张CD或MP3销售出去的时候，并不是固定的而是下降的。

③ Romer（2002）建议政府直接拨款，Shavell和van Ypersele（2001）提出使用基于销售额的奖赏作为激励的替代手段。

④ 勒纳指出，他无法捕捉到和专利政策并行使用的其他政策工具的潜在影响，如奖励重大发现。

⑤ 该模型的一个关键假设是，只有在市场中活跃的企业可以复制。参见Green和Scotchmer（1995）关于有持续创新时盈余分配的问题。一个相关的问题是艺术家在创作艺术作品中合作的可能性；互联网使得这种合作的可能性成倍增长——开源运动已经证明了这一点。合作生产中有关专利的经济问题也在Scotchmer和Green（1990）的文章中有所分析。

⑥ 但是，考虑法国摄影师Jean-Luc Moulène提出的实验：使用数码相机拍摄一张红色背景上放置绿色垫子的照片，并在另一张照片里用同样的绿色垫子和不同的背景颜色。两张照片里垫子的颜色是不一样的原因是基于软件控制的谐波平衡的数字处理功能。因此，Moulène得出结论，在数码照片拍摄中，真正的创作过程是软件主导的。

再次，艺术家通过在线传播获取非货币收益，无论是合法的还是非法的，其可能性通常被忽略，至少在实证研究中是这样的。例如，由于公开音乐会的上座率是艺术家声誉的一个函数，无论在线分销是否由艺术家控制，它都将对艺术家声誉产生积极影响。因此即使艺术家不能从MP3的分销中获取金钱收益，他或她也可能获取声誉收益（这最终或许能转化为金钱收益）。我们先前使用的关于唱片公司不支持弱版权制度的“显示性偏好参数”不能被用来消除这种可能性。实际上，对公开音乐会而言，收益经常直接被作者获取，但在销售CD的情况下，很大一部分收益份额是被唱片公司获取的。因此，唱片公司反对弱版权制度就不足为奇了——为的是保障来自CD销售的收益；而艺术家可能会支持弱版权制度——为了获益于网上传播带来的声誉效应并增加来自其他艺术作品的收益。这是一个实证问题。

对于艺术创作而言，非货币激励或许和直接货币激励一样重要[①]。在原本只有货币激励是利害攸关的领域里，当诸如声誉的建立和职业生涯的关怀等其他激励对货币激励进行补充后，原本令人费解的问题就变得相对清晰了。例如，Lerner和Tirole（2002a，2002b）在其关于“开放源代码软件运动”的研究中指出，职业考虑是开发者之间合作的一个动机。他们对40 000个开源项目的实证分析表明，那些消费者导向的开源项目有许可证限制，而那些开发者导向的（或商业操作系统）开源项目的许可证限制却很少。这些结果与开发者通过对一个项目做出重要贡献而为人所熟识（职业考虑）和擅用集体作品的风险（他们称之为“劫持”）的权衡相一致。

最近对软件和艺术作品及智能成果采取的行动弱化了版权限制，但同时也阻止（或试图阻止）了网络劫持。《GNU通用公共许可协议》允许用户复制、改编、创作和出售衍生产品，条件是这些衍生产品需注明其出处——为先前的代码编写者署名——并包含相同的许可条款。智力作品的知识共享许可协议在精神上与之相似，但更为严格，例如，会涉及混音或对原创歌曲的改编，或衍生作品的商业化[②]。在这两种情况下都有的主要限制是，在任何衍生作品或对原创作品的改编中都必须注明最初的创造者。违反这些许可协议的行为未被记录，这或许表明侵犯这些许可证的惩罚目前还很微弱[③]。这些许可协议展现了艺术家能因其作品而获得认可的可能——至少在非货币层面，即使他们的作品变得唾手可得或者对他们作品的复制和改编几乎不耗费成本。

在Magnatune.com上，人们可以下载MP3并直接使用[④]，也可以购买不同类型的许可：有些是供公司使用，有些是供混音和衍生作品使用[⑤]。数字艺术拍卖网（http：//www.digitalartauction.com）的商业模式与订阅系统相似。艺术家拍卖的是其艺术作品的原版。投标人以抵押的形式报价或喊出他们愿意支付的零售价，一旦这些报价带来的最大收益达到了艺术家的要求，艺术家就会选定价格，获取来自所有中标者的收益，然后给中标者提供艺术作品的副本。另一个创新融资的例子是“鲍

---

① 参见本卷Bryant和Throsby的第16章。

② 关于“艺术家”许可证的种类——音乐家、作家、制片人、摄影师和学者——详见http://creativecommons.org/learn/artist-scorners/。也可参见Lessig(2004)。

③ 该技术还可以在一定程度上防止侵权行为。例如，共享许可的作品带有软件标记，而且这些标记将会出现在衍生作品上。如果侵权的收益足够高，有人可能会找到一个程序来删除标记，参见Legros和Newman(1999)关于合同环境下的相关观点。

④ 有趣的是，定价在5美元到18美元之间时，消费者自己选择支付多少；平均的支付金额约为8美元。这或许能让一些经济学家感到欣慰，例如，De Long和Froomkin(1999)，他们的观点是未来的经济将会基于礼物交换，商业模式将会类似于筹资活动。

⑤ 例如，该许可证允许您使用“美国巴洛克”中的一首单曲中任意数量的音频样本来创建你自己的歌曲。您也可以创作混音或其衍生作品。如果您使用我们的样本创作了几首歌曲，您创作的每首歌曲都需要有单独的许可证（注意：同一首歌的不同版本即混音歌曲，视为一首歌曲。

伊债券”（Bowie bonds）。1997年，大卫·鲍伊（David Bowie）发行了价值5 500万美元的债券，由英国保诚保险有限公司（Prudential Insurance Co.）购买。债券以鲍伊歌曲的发行权和主唱片的未来许可使用费为抵押[①]。

这些替代性商业模式是否会成功尚不明晰，但它们表明易复制及弱版权制度并不会阻碍艺术家获取收益。这一观点在关于复制的论文（Besen and Kirby，1989）；Liebowitz，1985；Johnson，1985；Novos and Waldman，1984）及关于分享的论文（Ordover and Willig，1978，Bakos，Brynjolfsson and Lichtman，1999）；Varian，2000；Klein，Lerner and Murphy，2002）中有所阐述[②]。复制对生产者或许是有益的，因为尽管它创造了更加激烈的竞争，但也增强了对复制和分享抱有预期收益态度的用户的支付意愿。在这些模式下，生产技术和分销技术是固定的且具有收益递增效应；而捕捉互联网的市场扩张效应是很繁琐的。Boldrin和Levine（2002a）建立的一种模型，很好地捕捉了这两种效应[③]。Legros（2005）运用了这个模型，他将知识创造的市场形式化，并分析了市场参与者中谁会“因祸得福”。现在我开始讲述这个模型。

9.3 艺术作品市场

艺术作品市场中有两个时期，典型消费者的主观贴现率为$\delta\in(0,1]$，效用函数$u(c)$为递增凹函数（假设稻田条件为$u'(0)=+\infty$）。设消费价格为p，消费者的消费为$p=u'(c)$，需求函数由方程$c=C(p)$解得：需求弹性$\varepsilon=-1/r(c)$，相对风险厌恶指数是$r(c)=-c\frac{u''}{u'}$，当$r(c)\leqslant 1$时，需求是有弹性的。假定u表现出相对风险厌恶递增，即

$$r(c)=-c\frac{u''(c)}{u'(c)}\text{随着}c\text{的增加而增加} \qquad (9\text{-}1)$$

在第一阶段艺术家创造了s_1件艺术作品。它们由企业以零成本分销与售卖；作品在第一阶段的资产价格是q_1，因此，艺术家的收益是q_1s_1。消费者在第一阶段选择消费的数量（c_1），并为此支付价格p_1；s_1-c_1件未售出的作品被企业用来在第二阶段以β的比率创造其他艺术作品。消费者可以利用“家庭生产”技术将一件艺术作品转换成α个单位；因此家庭生产与消费行为并不冲突：设第二阶段有c件单位被消费，消费者获得了效用u（c）并获得了αc单位作品。我将作出$\beta\geqslant\alpha\geqslant 1$的合理假设[④]。当α增加时，消费者所利用的生产技术与企业的相似度更高：在银版照相术的时代，α很小，可能等于0；在数码摄影的时代，α很大。

在强版权制度下，企业能通过法律或技术的限制来阻止消费者使用其家庭生产技术。在弱版权制度下，企业不能或不想阻止消费者使用这种技术。

注意截至目前的两种主要假设：

（i）创新成本（伴随着创意想法的产生而产生）是下降的而非固定的，即在艺术作品生产中，规模收益是不变的而非递增的。

（ii）艺术作品是不可分割的，“创意想法”体现在媒介中，如果接触不到媒介就无法对其进行复制；此

---

① 债券有10年的平均寿命，并且定价为支付给投资者7.9％的利息（彭博新闻社，1997年3月2日）。

② 例如，Varian（2000）分析了当分享由于“俱乐部”的形成而变得便利时生产者出租或出售信息产品的动机。“俱乐部”是指这个圈子内的成员们共享买来或租来的任何产品。图书馆、视频俱乐部就是这种俱乐部的例子。他表明，当共享的交易成本小且内容只被看过几次时，利润会增加。Varian聚焦于垄断供应商，而Ordover和Willig（1978）考虑的是拉姆齐价格。

③ 参见Hellwig and Irmen（2001）。

④ 需要注意的是，竞争是有限的，因为一旦一家公司的销售达到了需求量c，它就不能再使用c单位进行复制了。参见Quah（2002a，2002b）非竞争性的例子，其中，他假定α>β，以验证自己的想法：再生产随着传播变得更快。

外，在现有艺术作品的基础上生产更多作品则需要时间，且生产率是有穷的。虽然是有穷的，但该生产率可以无限增大；有穷性的概念来自于David（1992）有限的可扩展性（另见Quah，2002a，2002b）。

假设（i）与通常文献中关于创新的收益递增假设有着显著区别（参见本卷第11章Baumol的内容和Sutton（1991））。假设（ii）提出了创意想法及其之后的解读在被复制或用以生产其他的艺术作品之前应当体现在一个载体之中的观点。因为复制一定会有生产行为，有生产行为就会耗费成本，这种成本体现在模型中就是时间。

继之前推导出条件H和I的讨论，让我们用二维坐标点（x，y）来定义艺术作品[①]。第一个要素x对应的部分是不可见的潜在创意想法。第二个要素y对应的是作品的物理或数字化属性等可见部分（例如，绘画、CD唱片、经济学模型的论文稿）。通过对m件基于相同创意想法的艺术作品$\{(x, y_i); i=1, \cdots, m\}$进行解读（例如，杜尚的现成品或科学界的一个研究命题），我们能从可见要素$\{y_i\}$推导出不可见要素x。

人们根据艺术家们所拥有创意想法的多少对他们进行区分：一个有很多（很少）创意想法的艺术家只能对每个创意想法创造很少（很多）的艺术作品。因此，假设约翰有n个创意想法（x=1，…，n），他的生产能力为k，那么他将能针对每个创意想法生产出$s_1=k/n$件艺术作品(x, y_{xi})，i=1，…，k/n，我假定艺术家不会重复生产同样的艺术作品，即当$xi \neq \hat{x}j$时$y_{xi} \neq y_{\hat{x}j}$。随着s_1的增大，解读越来越容易：观察越多可见要素不同的艺术作品，对潜在创意想法的解读和推测就越准确。用杜尚（1966）的话来说，s_1就是与艺术家生产相关的“艺术系数”的一个指数。由于s_1也是创意想法数量的一个指数，s_1的值随着艺术家创造力的减少而增大。

对于值较低的s_1，解读是很困难的，但是一旦成功解读，要创作新的作品就变得很容易；随着s_1的增大，解读变得更加容易，但创作新作品变得更加困难。因此，企业生产新作品的生产率$\beta(s_1)$是一个倒U型曲线：随着s_1的降低而增大，随着s_1的增大而降低。我自始至终假设家庭生产技术进行复制的生产率有一个上限，即艺术家的生产率$\alpha \leqslant \beta(s_1)$。除了必要情况，我都将$\beta(s_1)$简写为β。

一旦完成了解读，人们就可基于相同的创意想法，使用该技术（或手工艺）x创造更多的产品。每一个这样的想法都创造了属于自己的市场，消费者在消费c件不同的作品时会获得u（c）的效用：一件新作品，只有当它的可见要素不同于以往的可见要素时，才对消费者有价值。这显然是一种极端的想法；只有当消费者只看重艺术作品的创意想法而认为审美毫无价值时才会发生。只要消费者对新作品的重视多于精确复制品，质量上就不会改变。

艺术家在一开始（第一阶段）总是生产尽可能多的作品，从这一方面来说艺术家是被“驱使”的[②]。这些作品的分销由企业负责，但企业为了平衡各阶段的消费量，或是利用垄断权力将价格保持在高位，可能决定不出售所有的作品。

假设（i）和假设（ii）足以让艺术家获取净收益，即使艺术作品市场中有竞争、家庭生产技术和企业技术一样好（即$\beta-\alpha$变小）或企业技术升级（即β变大）。竞争市场的假设显然是极端的：因为实际上产生一个新的想法意味着市场中几乎没有能立即取代它的想法或体

---

① 我们的观点是，消费者看重的是物件的特征以及它们在家庭生产中的用途，这一观点符合Lancaster（1966）和Becker（1976）著述中的精神。

② 尽管我们允许公司在市场上战略性地发行艺术家的作品，艺术家本人的战略性发行对模型而言也至关重要。例如，杜尚（1966）写道："我很快意识到了不加区别地重复这种表现形式的危险，并决定将每年创作“现成品”的数量限定到很少。那时我意识到对于观众甚至艺术家而言，艺术是一种易上瘾的毒品，我想保护我的“现成品”，使之远离这种毒害。另一方面，“现成品”缺乏独特性，“现成品”的复制品传递的是同样的信息。事实上，几乎每一件存在于世的“现成品”都不是传统意义上的原创作品了。

现类似想法的产品。既然在条件（i）和（ii）下创造者是受保护的，我们就有理由质疑为什么这些创造者还会表现得那么有竞争性。然而这个竞争性的基准还是有用的，因为如果艺术家能在竞争的条件下获得足够多的收益来刺激创新，这就能证明市场支配力能让弱版权制度变强。但考虑到垄断的情况，假设另外深入探讨了艺术家或企业会支持弱版权制度而非强版权制度的原因。

9.3.1 专属性：竞争

代表性个体的福利最大化问题是

$$\max_{c_1} u(c_1)+\delta u(\beta(s_1-c_1)+\alpha c_1), c_1\in[0,s_1]$$

其中，s_1 代表在此经济体系内所持有的初始资产，$s_2=\beta(s_1-c_1)+\alpha c_1$，$\delta$ 是消费者的主观贴现率。

当 t=1 时，存在一个特殊的复制率，高于此复制率对消费者而言是消费所有作品的最优状态。在这个临界值 $\hat{\alpha}(s_1)$ 时，第一阶段消费的边际效用等于第二阶段贴现预期的边际效用，这是在满足 $\hat{\alpha}(s_1)\in(0,\beta)$ 时方程 $u'(s_1)=\delta(\beta-\alpha)u'(\alpha s_1)$ 的解。由于效用函数相对风险厌恶递增，临界值 $\hat{\alpha}(s_1)$ 是 s_1 的递增函数，也就是说随着第一阶段可用作品数量的增加，为了使企业在第一阶段售出所有的单位，家庭生产技术必须变得足够先进。当 $\alpha<\hat{\alpha}(s_1)$ 时，由方程 $u'(c_1)=\delta(\beta-\alpha)u'(\beta s_1-(\beta-\alpha)c_1)$ 解得福利最大化需要 $c_1^*<s_1$，而当 $\alpha>\hat{\alpha}(s_1)$ 时，解得 $c_1^*=s_1$。因此随着 α 增加，消费者成了艺术作品生产企业很好的替代者，延迟消费的机会成本也随之增加。

在一个竞争激烈的市场中，第一阶段作品的资产价值 q_1 将和两个阶段内消费的预期收益相同，艺术家的收益为 q_1s_1。我们之前的讨论提到过可能要对艺术家的货币和非货币收益进行区分，但为了简化，我们在此不作区分。之前我们说过数字艺术拍卖网的商业模式就财务收入方面来说是可行的，因为艺术家可以通过中介对原作复制品的订阅（支付资产价格）来获取收益。

资产价格为 q_t，消费价格为 p_t。可行性条件 $c_t\leq s_t$，t=1，2。资产价格满足 $q_1s_1=p_1c_1+p_2c_2$ 和 $q_2s_2=p_2c_2$。因为 t=2 是最后的阶段，没有保存资产的必要了，所以 $c_2=s_2$，$q_2=p_2$。

因此，竞争性消费者的问题就是：在给定价格 p_t，q_t 下，

$$\begin{cases}\max_{c_1,c_2,s_2} u(c_1)+\delta u(c_2),\\ p_1c_1+q_2s_2\leq q_1s_1,\\ p_2c_2\leq q_2s_2\end{cases}\qquad(9\text{-}2)$$

我们得出的内部解为：

$$\frac{u'(c_1)}{\delta u'(c_2)}=\frac{p_1}{p_2}$$

需求函数是由隐函数 $u'(c_1)=\mu p_1, \delta u'(c_2)=\mu p_2$ 定义的，其中，μ 是第一阶段预算限制的拉格朗日乘数。

企业的问题是：

$$\begin{cases}\max_{y_1,y_2,s_2} q_1s_1=p_1y_1+p_2y_2, y_t\leq s_t\\ s_2=\beta(s_1-y_1)+ay_1\end{cases}$$

其中，y_t 是 t 时的供应量。均衡条件为 t=1,2 时，$y_t=c_t$。若 $\frac{p_1}{p_2}=\beta-\alpha$，利润最大化时的产出为 $c_1\leq s_1$。

福利最大化的分配 (c_1^*,c_2^*) 由价格 p_1,p_2 在满足以下情况时进行①

$$p_1=u'(c_1^*)$$

$$p_2=\delta u'(c_2^*)$$

① 事实上，当 $\alpha\leq\hat{\alpha}(s_1)$ 时，在内部解中，消费者的理想收益是 $u'(c_1)/\delta u'(c_2)=p_1/p_2=u'(c_1^*)/\delta u'(c_2^*)$，这表明当 $t=1,2$ 时，$c_t=c_t^*$。当价格比率 $p_1/p_2=\beta-\alpha$ 时，企业对 y_1 和 y_2 之间的所有组合都不感兴趣，因为当资源限制为 $(\beta-\alpha)y_1+s_2=\beta s_1$ 时，利润为 $p_2((\beta-\alpha)y_1+y_2)$；结果为 $c_2=s_2$。

如果 $\alpha>\hat{\alpha}(s_1)$，最佳分配为 $c_1=s_1$，根据定义，$\frac{u'(s_1)}{\delta u'(\alpha s_1)}>\beta-\alpha$。消费者最大化意味着 $c_1=s_1$。当 $u'(s_1)-\delta(\beta-\alpha)u'(\alpha s_1)>0$ 时，企业的利润函数 $u'(s_1)c_1+\delta u'(\alpha s_1)(\beta s_1-(\beta-\alpha)y_1)$ 随着 y_1 的增长而增加，因此对企业来说，最理想的状态是 $y_1=s_1$。

如果家庭生产率足够低（$\alpha \leqslant \hat{\alpha}(s_1)$），那么初始资产的市场价值为

$$\begin{aligned} q_1 s_1 &= p_1 c_1^* + p_2 c_2^* \\ &= u'(c_1^*) c_1^* + \frac{u'(c_1^*)}{\beta - \alpha}(\beta s_1 - (\beta - \alpha) c_1^*) \qquad (9\text{-}3) \\ &= \frac{\beta}{\beta - \alpha} u'(c_1^*) s_1 \end{aligned}$$

而当家庭生产率足够高（$\alpha > \hat{\alpha}(s_1)$）时，第一阶段的初始作品全部出售，市场价值为

$$q_1 s_1 = (u'(s_1) + \delta\alpha u'(\alpha s_1)) s_1 \qquad (9\text{-}4)$$

因此，艺术家最小收益上限为$u'(s_1)s_1$，与生产率α和β无关。此外，这个界限亦与δ无关，δ是艺术家第二阶段产业利润中的专属性指数。以下是Boldrin和Levine（2002a）的主要研究结果：只要思想具有不可分割性，竞争市场会给固定生产要素（艺术家）带来绝对的租金。因此，创新与竞争是相容的。

当α增加时，对给定的第一阶段消费而言，由于市场上会出现更多的作品，未来的价格就会降低。这就是所谓的“魔咒”，也叫竞争效应。然而，当α增加时，由于第一阶段消费的增加与平衡跨期效用并不矛盾，消费者会更重视第一阶段的消费。家庭生产增加的实质是市场上会出现更多潜在的作品。这就是所谓的“福音”，也叫市场扩张效应。α的微小变化对资产价值产生的净效应正负不确定，要取决于需求弹性。等式（9-3）和（9-4）明确显示，在β不变的条件下，当$\alpha^*(s_1) > \hat{\alpha}(s_1)$时，初始资产达到最大价值。这表明所有作者比起强版权制度更偏好弱版权制度；然而，当α大于$\alpha^*(s_1)$时，作者可能希望对家庭生产采取一些强制限制措施。

考虑到需求弹性不变的特殊情况，即当效用函数为$u(c) = c^{1-R} / (1-R)$，其中$R \geqslant 0$时。需求弹性是$-1/R$，在区间$R \in (0,1)$内需求具有弹性。这种情况下临界值$\hat{\alpha}(s_1)$独立于s_1；由$\hat{\alpha}^R = \delta(\beta - \hat{\alpha})$解得$\hat{\alpha}(s_1) = \hat{\alpha}$。当$\alpha \geqslant \hat{\alpha}, c_1^* = s_1, p_1 = s_1^{-R}$且$q_1 s_1 = s_1^{1-R}(1 + \delta\alpha^{1-R})$（由于$R \in (0,1)$而随α递增）时，资产的市场价值随着家庭生产技术水平向企业生产技术水平的接近而提高，或随β递增。当$\alpha \leqslant \hat{\alpha}$时，

$$c_1 = \frac{\beta s_1}{\beta - \alpha + (\delta(\beta - \alpha))^{1/R}},$$

$$q_1 s_1 = \beta^{1-R}(\delta^{\frac{1}{R}} + (\beta - \alpha)^{\frac{R-1}{R}})^R S_1$$

并随α递增（β为固定值时），随β递增（当α为固定值时）。因此，当需求弹性恒定时，资产的市场价值随着家庭生产技术的提高而提高，在这种情况下，所有的作者完全偏好弱版权制度，不受α的影响。

9.3.2 专属性：市场支配力

现在，我们将此基本模型扩展至艺术家（或分销该艺术家初始产品的企业）拥有市场支配力的情况。市场阶段设置如前。垄断企业决定在第一阶段出售c_1件作品。消费者在第二阶段变身为卖家，行为模式为竞争性，即接受给定价格p_2；他们所能提供到市场上的作品数量取决于版权制度的落实程度。

静态利润函数是$\pi(c) = cu'(c)$，边际利润函数是$\pi'(c) = u'(c)(1 - r(c))$。在式（9-1）中，π呈单峰型。设$c^M$为利润函数的唯一最大值并写为，

$$\pi^{M^{def}} = c^M u'(c^M)$$

为了简化，我假设垄断企业会坚持同一个生产计划（在另一种情况下为价格计划）。

在强版权制度下，垄断企业会阻止消费者使用他们的家庭生产技术。这可通过法律限制或技术保护（如DRM）实现；虽然有人质疑是否能够完全压制消费者生产的可能性，但似乎一个不争的事实是这会降低α值。在此，我们暂且考虑强版权制度被完全落实的极端情况，即α=0。消费者求解方程（9-2），垄断企业求解以下方程：

$$\begin{cases} \max_{c_1, c_2, s_2} \pi(c_1) + \delta\pi(c_2), c_2 \leqslant s_2, \\ s_2 = \beta(s_1 - c_1) \qquad c_2 \leqslant s_2 \end{cases} \qquad (9\text{-}5)$$

当限制条件为 $c_2 \leq s_2$ 时——特别是当 $s_1 < c^M$ 时——方程（9－5）的解为 $\phi(s_1, \beta) = \max_{0 \leq c \leq s_1} \pi(c) + \delta\pi(\beta(s_1 - c))$。

在弱版权制度下，消费者能使用家庭生产技术以 α 的生产率进行艺术作品生产。家庭生产对垄断企业构成了他们所不愿看到的竞争，当消费者竞相到市场上出售其家庭生产时，这种效应更被放大了。因为当消费者的家庭生产满足规模收益不变时，不难看出竞争性企业在第二阶段市场中的生产能力为 αc_1，垄断企业的生产能力为 $\beta(s_1 - c_1)$。

典型的消费者会收到来自垄断企业和有竞争力企业的分红①。在第一阶段，垄断企业预测消费者和有竞争力企业的行为，并对剩余需求 $p_1 = u'(c_1), p_2 = \delta u'(c_2 + \alpha c_1)$ 进行垄断。消费者接受市场上的消费价格和资产价格，通过求解方程（9-2）得到消费计划为（c_1，c_2，s_2）。需求函数解得 $p_1 = u'(c_1)$ 和 $p_2 = \delta u'(c_2)$。在最优限制条件下，我们得出 $q_1 s_1 = p_1 c_1 + p_2 c_2$。竞争性企业只在第二阶段才出现，供给量为 αc_1。为了预测第二阶段的供应，垄断企业需要求解以下方程：

$$\begin{cases} \max_{c_1, c_2, s_2} q_1 s_1 = \pi(c_1) + \delta\pi(c_2), c_2 \leq s_2 + \alpha c_1, c_2 \geq \alpha c_1, \\ s_2 = \beta(s_1 - c_1). \end{cases} \tag{9-6}$$

请注意第二阶段垄断企业来自消费品销售的利润为 $\delta(c_2 - \alpha c_1) u'(c_2)$，但整个产业利润 $\delta c_2 u'(c_2)$ 被纳入初始资产价值。市场内化了由家庭生产导致的第一阶段消费的外部性，且资产价格 $q_1 s_1$ 远大于垄断企业从销售中获得的利润。

因此，从垄断企业的角度来看，家庭生产具有两种效应。首先，在 $c_2 \leq s_2 + \alpha c_1$ 或 $c_2 \leq \beta(s_1 - c_1) + \alpha c_1$ 的限制条件下的“市场容量扩张”效应：即使垄断企业在第一阶段（$c_1 = s_1$）售出了所有资产，由于家庭生产的存在，消费者在第二阶段依旧能够消费；这种效应是积极的，因为它是一种获取额外利润的来源。另一种“竞争效应”是由限制条件 $c_2 \geq \alpha c_1$ 引发的。该效应表明从利润最大化的角度来看，第二阶段的生产能力也许过高，即垄断企业现在只能选择将第二阶段的定价高于 $\delta u'(\alpha c_1)$。

图9-1展示了在 $\alpha = \beta$，即消费者和企业拥有同样生产技术的情况下，弱版权制度中产生的市场扩张及竞争效应。在强版权制度下，第二阶段销售量（c_2）的可行集为三角形ab0，即生产边界 $\beta(s_1 - c_1)$ 与两条坐标轴之间围成的区域。在弱版权制度下，可行集为三角形ac0，即生产边界 βs_1、第二阶段消费 βc_1 的下方与两条坐标轴之间形成的区域。

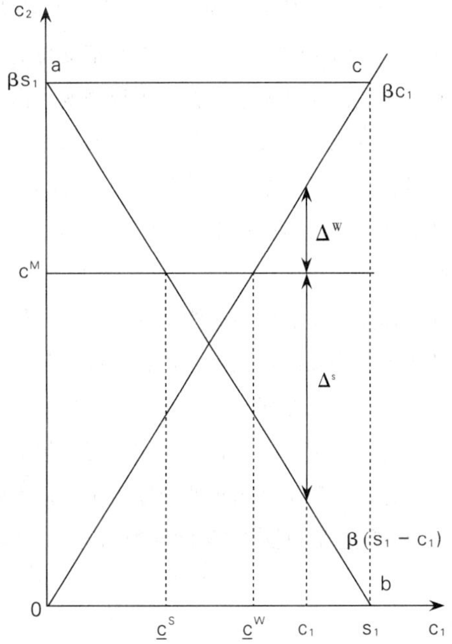

图9-1　当 $\alpha = \beta$

试想图中 c^M 的取值，即 $s_1 < 2c^M/\beta$。在强版权制度下，第一阶段的消费大于 $\underline{c}^S$：如果 $c_1 < \underline{c}^S$，垄断企业

① 当t=2时，垄断企业购买有竞争力企业的一些作品可以获得潜在的收益：这样做会增加第二阶段的利润，因为垄断企业将面临更大的剩余需求。然而，资产价格应该调整。为了简化我忽略了这种可能性。

会选择并非利益最大化的 $c_2 = c^M < \beta c_1$，因为增加第一阶段的 c_1 不会影响第二阶段的利润增长。用同样的推理可以得出，在弱版权制度下，第一阶段的消费大于 $\underline{c}^w$。由此可直接得出，只有当第一阶段的消费大于 $\underline{c}^w$ 时，强版权制度可能取代弱版权制度。只要第一阶段的消费 c_1 比 $\underline{c}^w$ 高，不管高出多少，强版权制度就能对第二阶段的消费设立一个远低于垄断企业产量的上限（消费不足 Δ^W），而弱版权制度就能对第二阶段的消费设立一个远高于垄断企业产量的下限（消费过度 Δ^S）。只要利润函数是围绕着 c^M 对称的，对 Δ^S 造成的利润损失就会多于 Δ^W。因此，当 $s_1 < 2c^M/\beta$ 时，艺术家支持弱版权制度。反之，当 $s_1 > 2c^M/\beta$ 时，艺术家支持强版权制度。

因为 $\beta(S_1)$ 呈现 U 型，所以创造力丰富的艺术家（s_1 小）和创造力贫瘠的艺术家（s_1 大）都支持弱版权制度；只有“中庸的”艺术家支持强版权制度。富于和贫于创造力的艺术家都间接受到竞争效应的保护：创造力丰富的艺术家的作品很难解读，创造力贫瘠的艺术家的作品解读起来倒是容易，但他人很难利用其创造出新的艺术作品。

因此，这个简单的模型表明了处于创造力程度两个极端的艺术家从市场的扩张中获益：对最具创造力的艺术家而言，市场扩张方便了人们对他们作品的解读；而对最缺乏创造力的艺术家而言，他们的创意想法本就已经被市场“边缘化”了。这种非凸性引起了艺术家关于版权执法和其他保护性措施的各种讨论，例如，转售权。

9.4 问题与结论

就像几个世纪前照相术和印刷术的发明一样，数字化新技术和互联网威胁着艺术家和艺术中介的市场地位。对艺术家而言，由于生产作品的技术变得唾手可得，手艺这一概念的艺术特征将被弱化。对艺术中介而言，由于分销市场的进入壁垒降低，他们的租金收入会受到影响。这种新技术的魔咒也可能会因祸得福，因为它促进了生产和销售的增长，促成了新的艺术形式的出现。

将艺术作品视为多维度的物品，同时消费者珍视每一个维度但只能观察到这些维度中的一个，这有助于回答 Arrow（1962）的问题：“如果对一个创意想法进行估价的条件是先将其公布，这意味着它能被无成本地挪用，那么这个创意想法如何才能在市场中获得收益呢?”只要艺术作品需要解读，而且消费者看重这种解读，那么即使消费者拥有一些生产技术（那些使作品中的可视维度易于复制和生产的技术），艺术家们还是能从他们的创意想法中获益的。版权或许会对此起补充作用，但市场中不同参与者对强版权制度的偏好反映了市场扩张和竞争效应之间的平衡，而与社会效率关系不大，包括对新创意想法的激励条款。实际上，专属性本身不足以让市场参与者支持弱版权制度（即允许消费者充分利用互联网带来的新的生产机会）。中介机构和艺术家或许希望限制竞争以增加由创意想法的不可分割性所带来的租金。

那些由《知识共享许可协议》提出的法律许可促成了新商业模式的出现，即一种允许艺术家绕过现行把关机构但仍授予其专属性，不管是货币还是非货币的模式。艺术家是否能获得足够的收益来抵消创作成本实在是一个实证问题，然而，目前一些艺术家对弱版权制度的支持表明确有其事。

我提醒过读者这一章将是不完整的，互联网还有其他的影响值得进一步研究。其中的一些已经在本手册的章节中进行过分析，其他的则研究较少但表明至关重要；一个主要的问题是艺术市场中低准入门槛与作品“质量”的关系。

在一个信息完整的世界里，准入门槛应该产生社会收益；但这在艺术市场中情况并非如此。例如，现在就存在着一种紧张局面，一方面渴望“全球化”的体现，另一方面渴望适应本地品味和文化。媒体发明了“全球本地化”这个术语以表现这种紧张局面。虽然一些文章讨论过这个话题[①]，但我们尚不清楚知识获取的便利与解读跨文化作品的需要会如何影响艺术市场中的作品。

如果我们抛开代表性消费者的幻想，如果消费者具有解读甚至是鉴定作品的不同能力，那么无论是为了防止欺诈[②]，还是方便作品的解读，便产生了认证需求，例如，需要认证作品出自谁手以及创作时的历史背景[③]。那么谁来提供这种认证呢？认证通常需要经过一个挑选和甄别的过程。传统的把关机构（录音棚、画廊）负责对即将进入市场的艺术作品进行筛选过滤；正如杜尚名言所说，艺术家“需要等待旁观者的判决”——批评家、买家和历史学家筑建了艺术家的声誉。互联网通过降低艺术家的准入门槛而转变了市场筛选作用；对此我们尚不清楚这种转变是否会改进以往的认证方法[④]。提供认证及在互联网上筛选的困难性造成的间接结果是，通过向消费者提供这种认证服务就可以获取租金；这将影响艺术作品的分销市场，或许提升而非降低市场集中度[⑤]。

① 例如，Legros和Stahl(2002)提供了一种理论上的论证来展示全球竞争是如何影响本地提供品种数量的，本地的市场结构又是如何缓解这种品种损失的。大量“商业经济学”文献涉及全球本地化策略问题，例见Ghemawat(2001)。

② 例如，在Nart.com(一家网上拍卖公司)的首届拍卖会上，一幅毕加索的绘画被撤下，因为担心该画可能是伪造的(《经济学人》，2000年1月27日)。

③ 如果杜尚不是一名公认的艺术家，那么他的《喷泉》可能不会影响艺术界。

④ 例如，在搜索理论中可知，降低搜索成本可能会导致消费者搜索次数的减少，因为企业在适应均衡定价策略的过程中可能会增加搜索的均衡机会成本。根据消费者在互联网上被记录的搜索行为显示，这不只是理论上的说法，例见Brynjolfsson(2002)。搜索也可能变得不那么有效，例如，如果生产者调整他们的产品，试图操纵消费者的搜索，参见Ellison(2003)。

⑤ 微软近期购买画作、摄影和其他作品等版权的战略可能就是这样一个例证。

参考文献

Arrow,K.J.(1962). "Economic welfare and the allocation of resources for invention". In：Nelson,R.R.(Ed.),The Rate and Direction of Inventive Activity. Princeton University Press,Princeton,NJ,pp. 609–625.

Bakos,Y.,Brynjolfsson,E.,Lichtman,D.(1999). "Shared information goods". Journal of Law and Economics 42(1),117–155.

Becker,G.(1976). The Economic Approach to Human Behavior. University Chicago Press,Chicago,pp. 284–294.

Besen,S.M.,Kirby,S.N.(1989). "Private copying,appropriability,and optimal copying royalties". Journal of Law and Economics 32(2),255–280.

Bessen,J.,Hunt,R.M.(2004). "An empirical look at software patents".Working Paper 03–17. Federal Reserve Bank of Philadelphia.

Bessen,J.,Maskin,E.(2000). "Sequential innovation,patents,and imitation". Working Paper 00–01. MIT.

Boldrin,M.,Levine,D.K.(2002a). "The case against intellectual property". American Economic Review 92(2),209–212.

Boldrin,M.,Levine,D.K.(2002b). "Perfectly competitive innovation". Mimeo. UCLA.

Brynjolfsson,E.(2002). Understanding the Digital Economy(Data,Tools,And Research). MIT Press,Cambridge.

Conner,K.,Rumelt,R.(1991). "Software piracy：An analysis of protection strategies". Management Science 37,125–139.

Corbett,A.R.(2003). "Software bullet is sought to kill musical piracy". New York Times,May 4.

Danto,A.C.(1986). The Philosophical Disenfranchisement of Art. Columbia University Press,New York.

David,P.A.(1992). "Knowledge,property,and the system dynamics of technological change". Proceedings of the World Bank Annual Conference on Development Economics,March,pp. 215–248.

De Long,B.,Froomkin,M.(1999). "Speculative microeconomics for tomorrow's economy". http://econ161.berkeley.edu/OpEd/virtual/technet/spmicro.doc.

Dewatripont,M.,Tirole,J.(2005). "Modes of communication". Journal of Political Economy 113(6),1217–1238.

DRM Watch Staff(2004). "Apple's iTunes opens wider – by hook or by hack". http://www.drmwatch.com/drmtech/article.php/3400151.

Duchamp,M.(1959). The Creative Act. Paragraphic Books,New York,pp. 77–78. Edited by M. Duchamp and R. Lebel.

Duchamp,M.(1966). "Apropos of 'Readymades' ". Art and Artists 1(4).

Ellison,G.(2003). "A model of add-on pricing". NBER Working Paper 9721.

Gayer,A.,Shy,O.(2001a). "Copyright protection and hardware taxation". Mimeo. University of Haifa.

Gayer,A.,Shy,O.(2001b). "Freeware,downloading,and piracy in markets for digital media". Mimeo. University of Haifa.

Ghemawat,P.(2001). "Global vs. local products：A case study and a model". Mimeo. Harvard Business School.

Givon,M.,Mahajan,V.,Muller,E.(1995). "Software piracy：Estimation of lost sales and the impact on software diffusion". Journal of Marketing 59,29–37.

Green,J.R.,Scotchmer,S.(1995). "On the division of profit in sequential innovation". RAND Journal of Economics 26(1),20–33.

Hahn,R.W.,Wallsten,S.(2003). "A review of Bessen and Hunt´s analysis of software patents". Mimeo. AEI-Brookings Joint Center. Available at http://www.researchineurope.org/policy/hahn_wallsten.pdf.

Hellwig, M., Irmen, A. (2001). "Endogenous technical change in a competitive economy". Journal of Economic Theory 101(1), 1–39.

Hui, K.L., Png, I. (2003). "Piracy and the legitimate demand for recorded music". Contributions to Economic Analysis and Policy 2(1).

Johnson, W.R. (1985). "The economics of copying". Journal of Political Economy 93(1), 158–174.

Kahin, B., Varian, H.R. (Eds.) (2000). Internet Publishing and beyond: The Economics of Digital Information and Intellectual Property. MIT Press, Cambridge and London.

Klein, B., Lerner, A.V., Murphy, K.M. (2002). "The economics of copyright "fair use" in a networked world". American Economic Review 92(2), 205–208.

Lancaster, K. (1966). "A new approach to consumer theory". Journal of Political Economy 76(2), 132–157.

Landes, W.M., Posner, R.A. (2004). The Economic Structure of Intellectual Property Law. Harvard University Press, Cambridge.

Leggat, R. (1999). "A history of photography-from its beginnings till the 1920s". http://www.rleggat.com/photohistory/.

Legros, P. (2005). "Creativity and copyright". Mimeo. ECARES.

Legros, P., Newman, A.F. (1999). Interference: Contracts and Authority with Insecure Communication. Brussels and London.

Legros, P., Newman, A.F. (2002). "Courts, contracts, and interference". European Economic Review 46(4–5), 734–744.

Legros, P., Stahl, K. (2002). "Global vs local competition". CEPR Discussion Paper 3333.

Lerner, J. (2003). "150 years of patent protection". Mimeo. Harvard University.

Lerner, J., Tirole, J. (2002a). "The scope of open source licensing". Mimeo. Toulouse and Harvard University.

Lerner, J., Tirole, J. (2002b). "Some simple economics of open source". Journal of Industrial Economics 50(2), 197–234.

Lessig, L. (2004). Free Culture. The Penguin Press, New York; pdf available under a Creative Commons license on Lessig's site.

Liebowitz, S.J. (1985). "Copying and indirect appropriability: Photocopying of journals". Journal of Political Economy 93(5), 945–957.

Liebowitz, S.J. (2002). Record Sales, MP3 Downloads, and the Annihilation Hypothesis. University of Texas at Dallas.

Nordhaus, W. D. (1969). Invention, Growth, and Welfare: A Theoretical Treatment of Technological Change. MIT Press, Cambridge.

Novos, I.E., Waldman, M. (1984). "The effects of increased copyright protection: An analytic approach". Journal of Political Economy 92(2), 236–246.

Ordover, J.A., Willig, R.D. (1978). "On the optimal provision of journals qua sometimes shared goods". American Economic Review 68(3), 324–338.

Peitz, M., Waelbroeck, P. (2003a). "CD sales and internet piracy: Cross-section evidence". Mimeo. ECARES and Mannheim.

Peitz, M., Waelbroeck, P. (2003b). "Piracy of digital products: A critical review of the economics literature". Mimeo. ECARES and Mannheim.

Quah, D. (2002a). "24/7 competitive innovation". LSE.

Quah, D. (2002b). "Matching demand and supply in a weightless economy: Market-driven creativity with and without IPRs". Mimeo. LSE.

Quah, D. (2003). "Digital goods and the new economy". Mimeo. LSE.

Romer, P. (2002). "When should we use intellectual property rights?" American Economic Review 92(2), 213–216.

Schopenhauer, A. (2004). "The art of controversy". eBook@Adelaide, translated by T. Bailey Saunders. First publication 1896. Available at http://etext.library.adelaide.edu.au/s/schopenhauer/arthur/controversy/complete.html.

Scotchmer, S. (2004). Innovation and Incentives. MIT Press, Cambridge.

Scotchmer, S., Green, J. (1990). "Novelty and disclosure in patent law". RAND Journal of Economics 21(1), 131–146.

Shavell, S., van Ypersele, T. (2001). "Rewards versus intellectual property rights". Journal of Law and Economics 44(2), 525–547.

Shy, O., Thisse, J.F. (1999). "A strategic approach to software protection". Journal of Economics and Management Strategy 8(2), 163–190.

Sutton, J. (1991). Sunk Costs and Market Structure – Price Competition, Advertising, and the Evolution of Concentration. MIT Press, Cambridge.

Takeyama, L.N. (1994). "The welfare implications of unauthorized reproduction of intellectual property in the presence of demand network externalities". Journal of Industrial Economics 42(2), 155–166.

Takeyama, L.N. (1997). "The intertemporal consequences of unauthorized reproduction of intellectual property". Journal of Law and Economics 40(2), 511–522.

Varian, H.R. (2000). "Buying, sharing and renting information goods". Journal of Industrial Economics 48(4), 473–488.

第10章

艺术审查VS言论自由

Tun-Jen Chiang and Richard A. Posner

University of Chicago Law School，Chicago，IL，USA

魏鹏举　杨旭栋　译

摘　要

无论是古罗马还是现代美国，各个时代的各个社会都实行审查制度。倘若艺术挑战任意一个社会中人们坚信不疑的信仰，不管是政治的、意识形态的、宗教的还是其他的，都会对审查造成冒犯并受到压力。同时，几乎每个社会都发现了视觉艺术存在的价值。为了艺术家的价值，或者更广泛地说为了言论自由，审查的限度应当如何设定呢？“艺术价值”和“冒犯性”是缺乏客观性的模糊概念，是随着特定时间的社会品位变化而变化的。然而，不论是从正面还是从负面来讲，毋庸置疑，艺术对社会是有价值的。在现代美国社会，由于品位的多样化，两种观念的对立程度变得尤为突出。鉴于社会品位是各不相同且变化莫测的，而摧毁一件作品意味着后人将永远看不到它，再想想审查的可怕历史，审查的决定应当慎之又慎。但也不能因此就认为作品不该受到任何审查，因为艺术能够也确实造成过冒犯，甚至在美国这样多元化社会中也会出现极端情况。然而，要达成两者的适当平衡最后需要的还是良好的判断。那么，在做出这一判断时，法律和法院应当扮演什么角色呢？那些认为法律是完全客观的人希望法院要么禁止所有政府对艺术的干预，要么法院自己不再干涉有关艺术的政治决策。但是，这些方法过于强调法律的纯粹而忽略了现实情况，法律毕竟不能与其社会背景相割裂。在艺术价值和冒犯之间的平衡中存在的相对主义问题，其实也存在于每一个法律争议中。公众对法院给予必要的尊重不太可能因为良好判断的谨慎展现而被削弱，即使判断具有不可避免的主观性且涉及对我们的社会要素造成冒犯的艺术。

关键词

审查，视觉艺术，第一修正案，冒犯性，实用主义

JEL classification Code

K10

10.1 引　言

我们的主题是，当审查重点为艺术的视觉呈现而非语言内容时，言论自由概念的限制——包括《美国宪法第一修正案》（以下简称《第一修正案》）对该概念的法律体现——放在视觉艺术审查（绘画、雕塑、戏剧、歌剧剧本、电影、电视节目等）上。我们先简述一下这种审查的历史，而后会试图说明目前（主要是）美国法律对审查的立场。

10.2 历　史

10.2.1 古代的审查

古埃及文明似乎没有产生过现代意义上的“艺术”。视觉作品中体现的更多是技艺，而不是创意，且艺术家严格遵循着一套关于颜色和比例的惯例。虽然没有艺术家个体被审查的记录，但三千多年来对这一惯例的严格坚持表明，个人的艺术自由被严重限制，以至于根本不存在（Clapp，1972，p.15）。但自由的颠覆性表达无法被完全阻止；人们在埃及就发现了一幅猫挑逗讨好老鼠的讽刺画（Jackson，2002）。

柏拉图称赞埃及艺术，正是因为“传统框架之外的修改和创新遭到禁止”（Plato，1970，Chapter 2，pp.656-657）。柏拉图是史上最早支持严格审查的人之一。他想象中的乌托邦国为了促进年轻人形成良好的品行和道德而强制实行严格的审查制度（Plato，1978，Chapter 3，p.401）。虽然他的批评多聚焦于异端诗歌和音乐而不是视觉艺术，他也并不看好绘画（Plato，1980，Chapter 10，p.603）和雕塑（Plato，1993，pp.235-236），认为绘画和雕塑作品应该交由国家审查，以保证其道德内容能得到监控并在必要时得到纠正。

柏拉图设想的严格审查制度从未完全在希腊实现过。斯巴达有一些与雕塑和音乐有关的审查制度（Chambers，1928），但大体上的态度似乎是宽松的。因此，虽然很多希腊艺术是宗教性的，神却能被塑造成人形（Gage，1992）。希腊的花瓶上甚至绘有众神的性交图案——在今天，倘若将人们尊敬的神作为这样的绘画对象，一定会引发激烈的争议。男性与女性的裸体描绘在当时都是可以接受的，但希腊对艺术的宽容是有限度的。希腊最伟大的雕塑家之一，菲狄亚斯由于将自己的肖像放在女神雅典娜的盾牌旁，在公元前438年于雅典受审并被判亵渎神灵罪。历史资料对于他是被流放还是被监禁，说法不一（Clapp，1972）。

在古罗马，言论是否自由取决于一个人的社会地位。在共和国时代，许多诗人因为他们的作品而被流放。罗马人早在公元前443年就建立了审查办公室（Riley，1998），虽然这个办公室最初的唯一功能是公民人口普查和财产税收评估，但是，最终审查人员获得了指导公共道德的权力，即根据公民的总体道德情况决定他们是否适合在政府部门任职。罗马人偶尔会把艺术与道德的堕落和腐败相联系。罗马将军苏拉被指控在异国他乡通过艺术使他的士兵堕落：“因为正是在那里，罗马人的军队开始变得沉迷于女性和酒精，学会了欣赏雕像、绘画和镂刻花瓶”（Chambers，1928，p.55）。

我们没有发现任何单个罗马艺术家因其作品被审查的实例；但当时流传下来的罗马艺术家的名字也屈指可数。即使没有对单个艺术家的惩罚，但他们的作品还是受到了官方的详细审查。奥古斯都对山南高卢马可斯·布鲁图斯的一尊雕像表现出了不满，指控该镇对公敌的庇护（Jones，2001，p.2055）。一位名为马库斯·格拉纽斯·马赛勒斯的罗马管理人员于公元15年被起诉犯有叛国罪，起因是他将自己的雕像置于凯撒雕像的上方，并毁坏奥古斯都的雕像（Jones，2001，p.2055）。

罗马对性展现的态度可能是随着时间的推移而变化的。罗马雕塑中有很多裸体的男性运动员；但在共和国时期裸体神像是罕见的，甚至可能被视为堕落的标志。在共和国后期，对诸神的裸体描绘变得普遍，但也不是无限制的。据记载，奥勒留因其将女神的形象画得像其情人而受到批评（Jones，2001）。

政治因素是古代常见的审查原因（对此后世也一样）。在一个人倒台后对其形象加以破坏是一种常见的报复行为。当图特摩斯三世在大约公元前1481年成为埃及法老后，他下令摧毁所有他被迫与其姑姑哈特谢普苏特共同执政时期创作的她的雕像和图画（Clapp，1972，p.16）。同样地，罗马皇帝提比略时期的首席大臣谢亚努斯，在他于公元31年倒台后，其雕像也被摧毁（Jones，2001）。

10.2.2 基督教欧洲的审查

10.2.2.1 中世纪——反偶像崇拜之争

艺术家与基督教之间的历史关系是复杂的。教会（东西教会都包括在内）不仅是上千年来艺术最重要的资助者，也是最大的审查者。一手捧着资助的胡萝卜，一手举着逐出教会的大棒，教会与其他恩威并施的权力一起，对艺术的发展产生了巨大的影响。

早期的基督徒被充斥在希腊世界里的裸体和偶像崇拜吓坏了。公元306年的维拉大公会议决定绘画只应挂在教堂的外墙上；那些崇拜偶像的人不能领受圣餐（Clapp，1972）；（Carmilly-Weinberger，1986）。之后，教会对艺术家变得更为宽容，因为艺术是在穷人和文盲中传播基督教的便利方法。367年的《米兰敕令》允许绘画展示在教堂内，但是圣徒的顺序、颜色与符号的使用以及其他的一些绘画细节都是由教会官员规定的（Clapp，1972）；（Carmilly-Weinberger，1986）。

中世纪时期基督教内部关于艺术最重要的论战是关于反偶像崇拜的争论。裸体和性行为表现也是讨论的问题，但是，对裸体的审查直到文艺复兴时期古典主义再次复兴了裸体艺术后才被重视起来。

偶像崇拜是第二条戒律所禁止的。亚历山大的圣克莱门特是早期的基督教艺术思想家，他撰文反对普通艺术，特别是偶像艺术（Carmilly-Weinberger，1986，p.10）。但是，教堂逐步采纳一些非基督教的传统，东西教会的许多教堂开始使用圣像（木头上的绘画）作为装饰（Jones，2001，第1卷，p.103；第2卷，p.1141）。当马赛的主教将这些图像从教堂移走时，教皇格里高利一世委婉地指责了他，因为他希望通过艺术手段来加强基督教的影响（Jones，1977）。为了促进此项努力，格里高利一世下令毁坏了罗马雕塑，这样一来剩下的圣像就免于和异教之神竞争了。

关于圣像是否恰当的争端在七世纪末全面爆发。692年，楚兰会议禁止将耶稣以羔羊形式呈现，要求绘画成人形（Alexander，1958）。大约在726年，拜占庭皇帝利奥三世则在相反方向上更进一步，他禁止制作圣像并下令将现存的圣像全部销毁（Mango，1977，pp.1–2）。利奥的继任者君士坦丁五世加强了对圣像的打压。许多教堂用树木和动物景观重新进行了装饰（Jones，2001）。

圣像破坏运动在西方时有发生（Gimpel，1969，p.14）。教皇格里高利二世反对利奥三世的法令，他的继任者格里高利三世宣布凡毁坏耶稣或圣母玛利亚圣像的人将被逐出教会（Alexander，1958）。查理曼大帝也比东方的皇帝更开放，虽然他也反对圣像崇拜，但他准许将圣像用作教堂装饰（Gimpel，1969）。许多艺术家和雕塑家从君士坦丁堡逃到了意大利。

圣像破坏运动在775年利奥四世继任拜占庭皇位后有所消减，他去世后，艾琳女皇延续了其温和政策（Carmilly - Weinberger，1986，p.12）。同时得到东西教会认可的第二次尼西亚会议裁定允许在相当广泛的范围内敬拜圣像。会议还规定了如何呈现圣像的规则，如圣人的顺序应该如何；耶稣必须处于画作的右侧，圣约翰要处于左侧；耶稣、使徒、天使的脚可以是裸露的，但圣母玛利亚、圣徒的脚则不能裸露。东方教会给艺术家分发了规则手册供其了解情况（Gimpel，1969）。

813年，当利奥五世再次对圣像做出禁令时，圣像破坏运动又重演了。士兵毁坏了拜占庭帝国全境的圣像。第二次反偶像崇拜时期一直持续到842年西奥菲勒斯皇帝去世。其后一年，圣像破坏运动以君士坦丁堡会议上重申第二次尼西亚会议的法令而告终（Clapp，1972）。

10.2.2.2 宗教改革——异端和裸体

宗教改革重新点燃了圣像破坏运动之火。马丁·路德强烈谴责天主教会的偶像崇拜，而他的追随者则抵制宗教绘画（Clapp，1972，p.55）。[①]虽然改革者们热衷于对偶像的破坏，但他们并不会破坏描绘《圣经》中风景的绘画和那些谴责天主教会的绘画。事实上，他们用讽刺画来嘲笑教皇和谴责天主教的行径，路德的画像被用来传播改革者的讯息（Andersson，1997）。对此，天主教会在1521年颁发了《沃尔姆斯法令》，下令禁止所有图像上和内容上违背天主教信仰的出版物。

对改革派教义和宣传的审查并非唯一表明天主教会与艺术界关系改变的例子。资本主义在欧洲的兴起为艺术创造了新的市场，从而削弱了教会利用其赞助者身份来操控艺术标准的能力（Clapp，1972，pp.63,65）。乔瓦尼·巴蒂斯塔·罗斯1518年的绘画《圣徒会谈》是在这一时期最早掀起波澜的作品之一。该画一反以往宁静的古典风格，以至于佛罗伦萨的圣塔玛莉亚诺维拉大教堂拒绝接受这件本来为其创作的作品（Bazin，1969）。1522年，雕塑家皮埃特罗·托利贾尼为抗议报酬太低而毁坏了圣母玛利亚的雕像，结果被宗教裁判所判为渎神罪。他在被处决前绝食而死（Clapp，1972）。

裸体描绘对教会而言很早以来就是一个问题，基督徒曾公开指责希腊和罗马艺术的“堕落”。第二次尼西亚会议要求除了耶稣、使徒和天使外，所有绘画中的成年人都应有衣物蔽体（Carmilly-Weinberger，1986）。在文艺复兴时期，对古典文明的崇尚导致描绘裸体的艺术作品有所增加，于是，艺术与教会教义发生了冲突。1563年的特伦特会议规定，宗教艺术中避免所有的裸体描绘，即使《圣经》中记载的裸体也不可描绘。1498年，在吉洛拉谟·萨伏那罗拉指挥下，“焚烧罪恶”活动焚毁了佛罗伦萨的许多绘画和雕塑（Carmilly-Weinberger，1986）。在此期间发生的其他事件还包括教皇对《淫秽短诗》的谴责，批判其复制品中展示了多种姿势的性交（Clapp，1972）。甚至米开朗基罗于1541完成的西斯廷教堂圣坛上方的壁画《最后的审判》也陷入了争议之中，米开朗基罗以前创作的《大卫》等裸体作品被认为是英雄主义的代表，但《最后的审判》中的裸体被教皇官员描述为“不知羞耻”和“应该放在浴室里”（Clapp，1972，p.60）。1558年，教皇保罗四世下令在《最后的审判》上的一些地方画上遮挡物（Clapp，1972年）。即使是艺术家同行也加入了谴责；著名作家彼得罗·阿雷蒂诺的作品《淫秽短诗》也被教会审查，但他在给米开朗基罗的信中却写道《最后的审判》的“淫荡”使他脸红（Clapp，1972，p.61）。几年后，埃尔·格列柯建议教皇将其销毁（Bazin，1969，p.145）。尽管教皇没有接受这项建议，但他让人在裸体人物上做了更多的遮挡（Clapp，1972；Bazin，1969）。许多其他的绘画和雕塑作品也遭遇了以无花果叶遮挡生殖器的屈辱

---

① 路德自己的观点比他的一些追随者更温和。当他的追随者毁坏维滕贝格的绘画时，路德拦住了他们并说道："肆意摧毁被滥用物品本身也是一种滥用行为。"（Carmilly-Weinberger，1986，p.20）。

（Jones，2001，第3卷，p.2059）。

裸体是一方面，另一方面，宗教裁判所警觉地关注着艺术中的异教迹象，不过，宗教裁判所真正对艺术家进行迫害很罕见（Kaplan，1997）。安德烈·吉利欧·法比奥在他的《画家错误的对话》一书中批评米开朗基罗《最后的审判》不符合宗教规定，因为在其他正统的绘画中，耶稣是没有胡须且站着的，而不是坐在宝座上；天使应该是没有翅膀的；末日天使紧挨着站在一起而不是散落在画中的四个角落里。1573年，保罗·委罗内塞被威尼斯的宗教裁判所传唤，原因是他的画作《西蒙家的最后晚餐》中有一些不规范的细节触碰到了神学敏感话题。评判员奥雷里奥·谢利尼对画中一个灰头土脸的仆人尤其感到不满意，他认为这个人轻视圣餐（Bazin，1969；Kaplan，1997）。画中的德国士兵和侏儒也引起了裁判员的愤怒（Kaplan，1997）。但是，在委罗内塞仅仅将画作的名字改为《利维家的晚宴》后，裁判所就满意了（Jones，2001；Kaplan，1997）。

10.2.2.3 音乐审查

对器乐（非声乐）的审查是罕见的，但并非人们所想的那样不存在。柏拉图认为，应当对音乐进行审查，因为它能唤起人性的本能。几个世纪后，基督教采纳了这种观点。亚历山大的圣克莱门特撰文反对异教的音乐："它必须被禁止，这种矫揉造作的音乐会损害人们的灵魂，让人们变得哭哭啼啼、不纯洁、多愁善感……人们决不能将自己置身于引人兴奋而又柔弱的音乐之下，因为旋律的强大力量会导致人们身体柔弱、意志薄弱。"（Jones，2001，第3卷，p.1654）。第二次尼西亚会议提及了异教音乐与堕落的关系并警告说："灾祸起于闻琴饮酒。"

在基督教成为罗马帝国国教之后，就禁止在敬拜时使用乐器，圣奥古斯丁将该禁令解释为使基督教远离"肉欲的异教狂热……以及堕落戏剧和杂技的无耻表演。"（Jones，2001，第3卷，p.1654）。禁令一直持续到670年，那时风琴被允许在圣餐仪式中演奏。但是，东正教会至今仍坚持着禁令。

10.2.3 东方的审查

10.2.3.1 伊斯兰——视绘画为亵渎

虽然伊斯兰教不同的分支之间各不相同，但与犹太教和基督教相比，伊斯兰教一直以来都对艺术自由抱有更大的敌意。除了禁止偶像崇拜，伊斯兰教还禁止绘制人物形象。人类被视为真主的造物，因此，描绘人类被视为一项神圣的特权（Arnold，1965）。先知穆罕默德预言过："在审判日那天，接受最严厉惩罚的将会是画家"（Clapp，1972，p.33）。

由于有如此严格的禁令，在伊斯兰国家肖像和其他绘画曾经少见且依旧少见，伊斯兰艺术家将创作精力集中到约束更少的书法和装饰图案上（Papadopoulo，1979）。阿拉伯装饰中融入人物和动物形象通常是为宗教权威所认可的。

反抗宗教教义的艺术是秘密进行的，由非核心的宗教权威支持，以支配和加强其宗教权威。皇帝和苏丹在其私人宫殿中拥有肖像画和壁画（Arnold，1965）。这些艺术作品有时会被继任者摧毁。约869年，哈里发穆赫塔迪下令将其宫殿中的绘画悉数摧毁（Arnold，1965）。后来，苏丹菲鲁兹沙又下令不仅是绘画，而是所有的装饰，乃至最小的物件如茶杯和窗帘上的装饰都要摧毁（Carmilly-Weinberger，1986）。

10.2.3.2 中　国

中国人似乎并没有过度关注绘画；在一个文学功底是通向权力高层关键的社会中，书面文字被认为重要得多。由于许多皇帝都是艺术的大赞助者，艺术深受皇帝的品位影响，尤其是在汉朝、唐朝、宋朝（Carmilly-Weinberger，1986）。宋朝皇帝宋徽宗自己就是画家，他收藏了6 000多件画作，其中佛教题材尤为突出。他对宫廷画家进行严格的控制，规定他们要画什么，并且让他们参加考试。宋徽宗特别不喜欢米芾的风景画，米芾是一个绘画大师，专长是泼墨作画，对宋徽宗而言，这显得太激进了，他在宫廷画家中禁止这种技法（Sullivan，1967）。

到了明代，视觉艺术中的政治问题被重视起来，有些特定的颜料被宫廷画院收藏起来，不许普通艺术家使用。如果画家的作品中有对皇帝的侮辱，他会被处死，如果是较轻的冒犯，会被开除出宫廷画院（Carmilly-Weinberger，1986）。

相比之下，幸存下来的中国艺术品很少。战乱频繁造成了损失，如公元190年的内战摧毁了汉朝皇帝的收藏，1279年蒙古的征服摧毁了宋徽宗的收藏（Carmilly-Weinberger，1986）。此外，中国艺术所用的材料，如竹子、丝绸和纸张等也未能经受住时间的摧残。

10.2.3.3 日　本

1603年上台的德川幕府制定了严格的审查制度，对木刻版画和出版的书籍都进行了大量的管控。在此期间，日本政府对教育十分重视，人民的识字率迅速上升，但木刻版画仍被认为是需要国家严格控制的强有力的大众传播工具。

幕府推崇的新儒家思想是一种朴素、严于律己的生活方式。尽管执政的武士阶层个体也未能达成这些远大的志向，但经济实力稳步增长的商人阶级的自我放纵却被视作对此原有秩序的威胁。幕府对木刻版画的管控不仅是为了警惕政治颠覆，还对不恰当的性行为和铺张浪费进行谴责。

当时禁止为以天皇名义世袭统治的德川家族画像，即使是以最阿谀奉承的形式也不行。这反映了政治主体对艺术的敏感（Thompson，1991，pp.32-33）。对性和奢侈的限制执行得更宽松。18世纪20年代对色情版画（一种通俗的木刻版画）的禁令沦为一纸空文，在禁令颁布后它们仍可继续传播，只是画上不会属艺术家和刻印者的名字（Thompson，1991，pp.44-45）。被禁的图画书《百人女郎品定》中画的是站街女，但它被禁并不是因为站街女，而是因为皇后和妓女出现在了同一卷中（Thompson，1991）。

10.2.4 十九世纪的道德与艺术

10.2.4.1 维多利亚时代的英国

成立于1802年的风化肃正协会，体现了这个时期的宗教道德。作为该协会努力的部分结果，《淫亵刊物处理法》于1857由议会通过，授权地方法官没收任何被认为是不雅或淫亵的刊物。

与此同时，摄影术出现了，随后不久就有了色情摄影。《淫亵刊物处理法》被用来抑制这种发展；据报道，1874年，警方在一次突袭行动中没收了超过10万张淫秽照片。因为“淫亵”没有定义，法官需要自己来作出判断。被没收的“可憎之物”难以通过审查，英国的最高法官作为该法案的主要支持者，对这些没收品表达了自己的拒绝之意，认为这会冲击英国人的道德伦理（Paul and Schwartz，1961）。即使是有着公认艺术价值的照片也会引发争议。一张由著名艺术家O.G.雷兰德拍摄的照片在爱丁堡展出时被一块黑布盖上，因为其中有赌徒和妓女的画面（Jones，2001）。

更多的传统媒介同样接受监督。在波斯特诉贝雷斯福德案（1810年）中，法庭认定《美女与野兽》一画中有诽谤成分。紧随其后的是丽吉娜诉希克兰案（1868年），其中判定的“淫亵”取决于对潜在观众可能产生的影响。

英国的剧院自诞生初期起就受到审查，一直延续到20世纪。根据1937年的《许可法案》，戏剧许可证的授予与否并没有统一标准，而是取决于张伯伦法官的个人判断。

10.2.4.2 法　国

法国大革命前，法国的艺术审查司空见惯。路易十六严查各种作品，例如，博马舍的《费加罗的婚礼》和弗朗索瓦·布歇的情色绘画。19世纪期间，剧院和印刷图像仍旧被大力管控，需要事先授权。巴黎皇家法院和塞纳巡回法院摧毁了逾232件被认为不道德或淫秽的印刷品、版画和绘画（Carmilly-Weinberger，1986）。但是，由于绘画的观众不同于版画的观众，多是中上层阶级，因此，绘画采用了自我调控的管理方式：艺术家进行自我审查，即巴黎沙龙的艺术家评审团。虽然最初的评审员是由政府在1800年指定的，但是，在1830年之后，评审员改由美术学院指定。作品被沙龙评审团拒绝并不意味着一切终结，因为在1863年后被拒绝的作品仍可在“被拒者沙龙”中展示。与其让艺术家们经历了被拒绝的羞辱之后退出市场，不如把这些作品放在“被拒者沙龙”中展出。

和评审团八字不合的艺术家代表之一就是奥古斯特·罗丹；他的印象派雕塑总是被批评和拒绝。另一位总是被沙龙评审团拒绝的伟大艺术家是爱德华·马奈。当局禁止其1869年的作品《麦斯米兰的处决》主要就是出于政治上的考量，因为麦斯米兰是在拿破仑三世的授意下成为墨西哥国王的。但他的其他作品，比如《少妇》，被认为含有性暗示内容而被拒绝。马奈最著名的作品《草地上的午餐》不仅被沙龙评审团拒绝，还在1863年于“被拒者沙龙”中展出时引起了参观者和批评家的抗议，艺术家同行奥迪隆·雷东也表达了他个人的反对（Clapp，1972）。令人惊讶的是，马奈的《奥林匹亚》通过了沙龙评审团的评审，但这幅画有两个警察看守，随后被移到了偏僻的角落，因为人们对该画的风格和裸体暴怒。其实，和《草地上的午餐》相比，《奥林匹亚》裸露的尺度并不大，但问题在于，马奈运用古典的方法把裸体画得像妓女；例如，《奥林匹亚》是对提香的《乌尔比诺的维纳斯》的模仿——但马奈笔下的维纳斯被描绘成了一名妓女（Needham，1972）。

罗丹和马奈当然不是仅有的被沙龙拒绝的受害者。居斯塔夫·库尔贝的《宴会归来》中绘有醉酒的牧师，这引起了人们的愤慨，以至于虽然库尔贝因为曾获过奖而免于评审团的监督，却收到了政府直接下达的拒绝命令（Carmilly-Weinberger，1986）。一名虔诚的天主教徒后来买下了这幅画，目的只是为了摧毁它（House，1997）。与此相似，库尔贝的《维纳斯嫉妒赛姬》因为其女同性恋题材而在第二年被巴黎沙龙拒绝了。

10.2.4.3 美国的康斯托克主义

清教徒的道德从美国诞生之日起就对人们的生活产生了强烈的影响。最早一起涉及淫秽艺术的案件是英联邦诉沙普利斯案（1815年）。宾夕法尼亚州最高法院认定，展出淫秽绘画会对社区的道德和尊严造成冒犯，因而对此征收了罚款。

联邦政府在立法层面为杜绝不道德艺术所做的努力始于1842年的《关税法案》，国会在此法案中赋予了海关官员没收和销毁进口的“下流、淫秽版画、油画、平板印刷品和透明薄片”的权力。[①]运用此法案的第一起案件发生在第二年，导致了一船鼻烟盒与三幅绘画被没收（美国诉三件玩物案，1843年）。

禁令在1865年得到了加强，邮寄淫秽书籍和图画被视为犯冒犯罪。1873年通过的《康斯托克法案》（一部抑制贸易的法案，1873）加大了惩罚力度，并扩大了禁止物件的范围。在该法案下，安东尼·康斯托克成了邮局的专职代理。作为一个道德净化和风化肃正的狂热者，康斯托克声称，他在职期间摧毁了近400万幅淫秽图画（Cooper、Stark and Zaleski，1994）。他于1873年

① 在此之前，只有佛蒙特州颁布了反色情法令（Brockwell，1994）。

成立了纽约风化肃正协会，纽约州议会授权该协会为了正风肃纪而进行搜查、没收和拘捕活动。

在康斯托克参与的众多案件中，人民诉马勒案（1884年）是其中之一，在此案件中，他坚持认为奥古斯特·马勒出售淫秽照片；法庭裁定当一幅画“自然地激发起观赏者不良想象时便是淫秽的”。在1888年的一桩起诉诺德勒画廊的案件中，他就不那么成功了。在康斯托克突击搜查画廊并没收了117幅复制法国艺术品的绘画和版画4天之后，《纽约每日电讯》报将没收的绘画放在头版，作为对康斯托克的严厉挑战。在最后的法庭裁决中，37幅被没收图画中仅有两幅被认定是令人不快的（Clapp，1972）。

10.2.5 二十世纪的审查

10.2.5.1 美国公共艺术基金

公共事业振兴署创立了重要的美国联邦艺术基金。公共事业振兴署的联邦艺术项目在大萧条期间支助了许多艺术家，为逾2 500幅壁画、18 000尊雕塑和100 000幅绘画提供了资金。

近几十年来，围绕艺术的政治争议已经很少了。[①]值得一提的是对国家艺术基金会在1989年所赞助的两位摄影家作品的争议，罗伯特·梅普尔索普和安德里斯·塞拉诺。

罗伯特·梅普尔索普的一场名为“完美时刻”的摄影展被指控是淫秽的，华盛顿科克伦艺术画廊在艺术家去世不久便取消了他原定的影展计划。最后展览移到了当代艺术中心，该中心的馆长被起诉传播淫秽内容，并在裸体作品中使用了未成年人。梅普尔索普的照片中有对同性恋、施虐受虐和裸体孩子的描绘。在展出的照片中还有一张拍的是黑人朝白人口中撒尿。虽然如此，支持当代艺术中心的艺术家和艺术馆馆长多得排起了长龙，他们都证明了梅普尔索普作品的艺术价值，最后被告无罪释放。

安德里·塞拉诺的摄影作品《尿中的基督》比梅普尔索普的展览引起了更大的争议，照片中塑料的耶稣受难像被浸泡在一杯艺术家的尿液中，该作品最终于1997年在澳大利亚墨尔本被破坏分子毁坏。虽然对艺术家没有法律上的惩罚，但其政治影响是相当大的。在参议员杰西·赫尔姆斯领导下，国会通过了一项法案来阻止国家艺术基金会的基金用于“促进、传播或生产……被认为淫秽的作品”。在法院以违宪为由推翻这条法律后，国会通过了另一条法律要求国家艺术基金会考虑“得体的一般标准”。围绕国家艺术基金会的论战伴随着艺术家凯伦·芬利对得体标准条例的合宪性的质疑再一次迅速展开，但在最高法院支持这一法令后开始平息（国家艺术基金会诉芬利案，1998年）。

近期关于资金的争论说明了美国和欧洲大陆国家对待艺术态度的差异。《知觉》展览，查尔斯·萨奇藏品的一次巡展，在1999年从伦敦皇家艺术院到柏林再到纽约进行巡展。展览中不乏有争议的作品，有用冻结的血液完成的雕塑，也有浸泡在甲醛里保存的鲨鱼（Needle，1999）。但是，在伦敦引发了一场风暴的是马库斯·哈维的一幅绘画作品，该绘画用孩子手掌的石膏印儿描绘出了专杀孩子的连环杀手迈拉·辛德利。英国的报纸严厉批评了这件作品，皇家艺术院的成员辞职以示抗议，作品被破坏分子用墨水和鸡蛋损坏了两次。在修复之后，不得不装上一层玻璃来保

① 虽然肯定还是存在的。20世纪80年代两起发生在芝加哥的著名事件显示了某些政治话题的敏感性。戴维·尼尔森的《欢笑和腰围》是一副针对芝加哥前市长哈罗德·华盛顿的讽刺画，该画作被愤怒的市议员没收（尼尔森诉法里案，1989年）。一场由芝加哥艺术学院斯科特·泰勒举办的展览请参观者在美国国旗上行走，导致伊利诺伊州立法机关将拨给该学校的经费削减至1美元。

护它。

在德国，展览引起了一些零星的抗议（艺术与冒犯，1999），但并没有爆发暴力活动或重大的争论（Fitzpatrick，2002）。[①]旺盛的人气使得博物馆将展览延长了一个月（Steiner，1999）。当展览来到纽约后，哈维的绘画几乎没有引起人们的注意。然而，天主教联盟谴责克里斯·奥菲利一幅取名为“圣母玛利亚”的作品，画中描绘的是一个黑色的麦当娜，周围充斥着屁股的形象，还夹杂着大象粪便。市长鲁道夫·朱利亚尼威胁要因此削减对布鲁克林博物馆的资助。但法院的裁决没有支持他的举动（布鲁克林艺术与科学学院诉纽约市案，1999）。后来，一位72岁的虔诚天主教徒闯过了安保，把白漆涂在了奥菲利的作品上（Richards and Calvert，2000）。

因为展览在纽约的争论还有持续的涟漪效应，澳大利亚国家美术馆取消了原定的《知觉》展览（澳大利亚国家画廊，1999），而原本可能在东京展出的计划也未能成行。

10.2.6 电影审查

10.2.6.1 美 国

电影在19世纪末就发明了，但直到20世纪才发展起来。“自动点唱机”、5分钱就可以看短片的商店在美国蔓延开来。像之前摄影出现后一样，色情录像就伴随着新媒介的发展紧跟着出现了，相关的审查也就随后而出现。为了抢占官方的审查权，电影产业在1909年成立了纽约审查委员会，在电影公映前对其进行评估。1915年，该委员会发展成为国家电影审查委员会。

尽管在美国历史上政治审查比起道德审查要少，但在20世纪上半叶电影的发展正好和政治动荡的时期相重合。D·W·格里菲斯的《一个国家的诞生》是一部在拍摄手法上有许多创新的早期电影，这部影片由于在刻画3K党形象时有了同情因素而引起了巨大的争议。国家审查委员会未能禁止这部影片的上映，显示了委员会权威的弱化。一些地方审查机构，比如堪萨斯州审查委员会拒绝批准该影片上映。明尼阿波利斯市市长则威胁将吊销任何上映该部影片的影院的执照。明尼苏达州最高法院支持了这一禁令（班布里奇诉明尼阿波利斯市案，1915）。

战争也具有高度的政治敏感性。《‘76’的精神》在1917年受到审查，此时正值一战的白热化时期，因为影片对英国在革命战争中的形象有矮化。本案法官写道：

历史就是历史，事实就是事实……但是，目前，我认为美国面临着有史以来所遇到的最紧急的情况。现在所需要的是，我们为同一个目标做出最大奉献，因此，有必要阻止任何人……做出任何贬低美国所做努力的行为（美国诉《’76精神》电影制作公司案，1917）。

在战争结束后，整个国家关注的焦点再次回到了电影的道德规范上。1930年，《制片法典》获得通过。起初这是由美国制片人和发行人协会执行的，给了制片人很大的灵活性。但在1933年，天主教道德联盟领导了一场全国性抵制，电影业屈服了，任命一位来自天主教的门外汉约瑟夫·布林来领导制片法典执行局，并严格执行该法典。在接下来的十年里，布林一直牢牢地把控着电影业（Jones，2001）。

制片法典执行局的权威在1946年的一场争论后减弱了，电影《亡命之徒》并未获得制片法典执行局的正式许可，但上映之后的票房大卖。从中可见制片法典执行局作用的变化。1953年的电影《倩女怀春》再次证

---

① 德国人并非无条件地接受所有艺术，柏林的一次展览展出了名为“身穿党卫军制服的锡兵被光头党阉割、切碎”的照片，导致一些参观者离开展区，还造成了一些参观者呕吐（Vallely，2000）。

明了这一点，布林不认同影片中的性暗示，然而观众们显然对此并不在意。天主教会的影响力也在衰落。1933年以来，来自天主教道德联盟的谴责对电影而言是大灾难（Phelps，1975）——直到1953年，电影《乱世忠魂》被天主教道德联盟列为受谴责一级，但制片法典执行局却支持它，影片获得了八项学院奖并且取得了票房成功。

来自电视业的竞争给电影业带来了压力，它需要给观众带来在家看不到的内容（Asimow，2000），制片人和发行人协会在美国诉派拉蒙影业案（1948年）这一反托拉斯案件之后也对影院失去了一些控制权。随着《法典》的不断变化，每个版本都变得比之前更自由，制片法典执行局在1968年被抛弃，以支持新的《电影法典》和附带分级体系建议的电影分级制度，分级制度将执法压力从产业分担给了影院和个人。

除了电影产业的自我审查之外，针对淫秽的法律依旧是官方审查的一种机制。[①]20世纪早期，电影是不受宪法保护的媒介（多家电影公司诉俄亥俄工业委员会案，1915）。许多城市和州都建立了地方审查委员会（Vieira，1999）。最高法院于1952年扭转了这一情况，裁定电影受《第一修正案》的保护（约瑟夫·博斯汀有限公司诉威尔逊案，1952）。淫秽电影和其他淫秽话语一样不受保护。此后，争论的话题就变成了什么构成淫秽。

1957年，最高法院第一次宣布了对淫秽言语的测定；也就是材料中占主导地位的话题是否对适用社会一般标准的普通人有性兴趣的吸引力（罗斯诉美国案，1957）。1966年，法院以包含询问材料是否有以下内容的测试来代替罗斯的1966年测试：

（1）呼吁对性的谈论。

（2）因为它冒犯当代社会的标准而成为公然冒犯。

（3） 完全没有社会价值（一本名为《约翰·克莱兰的欢场女子回忆录》的书诉马萨诸塞州，1966）。

关于一件特定作品是否淫秽的问题一而再再而三地诉诸法院，法院最终开始回避这个问题。1967至1973年间，有31起淫秽指控案件法院不经裁决而撤销（Curtis，1986）。在这一时期，低级法院变得更为宽容，因为几乎没有什么作品可以被认为“完全”没有社会价值。

最高法院在1973年Miller诉加利福尼亚州案（1973年）中重新审视了这个问题，并对三部分测定作了微妙的修改。现在的问题是：

（1）一个遵守当代社会标准的普通人是否会因为作品而产生性兴趣。

（2）作品是否以公然冒犯的方式描绘或描写了国家法律明确定义的性行为。

（3）总体来看作品是否缺乏重要的文学、艺术、政治或科学价值（米勒诉加利福尼亚州案，1973）。

测定淫秽的这一框架仍处于《第一修正案》之下。然而，还有一个实际问题，如今美国只禁止儿童色情录像、只在广播和电视上限制色情录像（付费电视除外）。

10.2.6.2 欧　洲

在英国，英国电影审查委员会由电影放映制造商协会成立于1912年，目的是抢先取得官方审查权。地方当局规定影院放映影片的许可证只能从英国电影审查委员会认证获得，从而给予了英国电影审查委员会进行电影分级的法律力量，地方当局保有接受或拒绝英国电影审查委员会任何分级和设立其他条件的权力（Phelps，1975）。

辅助这种半官方电影监管规则的是《淫秽刊物处理法》，1977年经过修正之后明确了其管制于电影发行。影片趋于堕落或腐败时，陪审团根据该法案决定内容是

① 根据最高法院在《纽约时报》诉沙利文案（1964年）和约瑟夫·博斯汀有限公司诉威尔逊案（1952年）中的判决，对煽动言论和亵渎言行的禁令被普遍认为是违宪的。

否淫秽。因此，在英国，一部电影可能因为没有取得英国电影审查委员会的认证也可能因为违背了《淫秽刊物处理法》而被禁止上映。

《德国宪法》中包含了一条宣称不应有任何审查的言论自由条款，但出于对年轻人的保护例外。而且，尽管《宪法》规定了言论自由，《刑法》中仍有对渎神和传播淫秽的处罚规定（《德国刑法》，2002，106，pp.118-120）。然而，在实际当中，德国对色情录像的限制只针对儿童的保护（Jones，2001）。一家名为电影行业总括组织的行业组织，和美国的美国电影协会运作相同，是行业的自我审查者。任何未经电影行业总括组织认证的电影都可能会被抵制。但是，德国和美国的态度大不相同，因为电影行业总括组织容忍对性的描绘，但禁止外交上和宗教上的冒犯（Phelps，1975）。

在荷兰，色情录像的公开放映在技术上是非法的，但这种限制普遍被警察和消费者忽视，导致赤裸裸的色情泛滥［见《控制色情录像》（1998）］。比利时从没有过官方审查机构（Phelps，1975，p.242），但不像其他北欧国家那样表面上假正经，暗地里实际上却有大量的审查。丹麦电影对成人内容的审查在1969年废止［儿童与青年媒体委员会（日期不详）］。瑞典有现存最古老的电影审查机构，即国家电影审查委员会（建立于1911年），但是，尽管该委员会有禁止电影的权力，却很少使用该权力（Furhammar，2001，p.5）。与英国和美国不同，该委员会的关注点在于暴力对孩子的心理伤害（Furhammar，2001）。奇怪的是，瑞典的电影业希望委员会继续存在下去，以避免审查制度废除后可能会产生的不确定因素（Furhammar，2001）。

尽管欧洲大陆对色情录像普遍持宽容态度，在法国和波兰发生过限制色情录像的运动，后者显然是一个高度天主教化、保守的国家。法国是一个电视台上会播放大量露骨色情电影的国家，近期立法机关将色情电影的税收提高到93%（Henley，2002）。还有人呼吁彻底禁止电视上的色情录像。在波兰，议会通过了一项放开色情录像的提案，但被总统否决了（《波兰的色情业》，2000）。

10.2.6.3 亚 洲

日本的《刑法典》禁止销售淫秽作品。主要的执法工作下放给了行业自治体——映画伦理管理委员会（Eirin）和经手国外电影的海关官员（Alexander，2003）。审查体系很完备，但似乎并不起作用。日本的娱乐媒体以性和暴力内容而著名，特别是受虐施虐的画面。然而，直到最近，所有电影中对生殖器和性的表现才被禁止，如今甚至连Eirin也只允许有限度的生殖器表现（Pitman，1995）。例如，大岛渚的《感官世界》明显是色情的，即使它在戛纳电影节上展映，导演仍旧在日本因为淫秽内容而被审讯，虽然最后被无罪释放了。后来重映的版本虽然恢复了被审查机构删减的内容，但还是在生殖器部位对影像进行了数字处理（Alexander，2003）。

10.3 分析：冒犯性、艺术价值和保障言论自由的法律

10.3.1 客观性的问题

历史上的艺术作品浩如烟海，对此进行提炼后我们明确了艺术审查中的共同元素是可以预见的冒犯性：当艺术挑战我们所坚信的政治、意识形态、道德或是宗教信仰时，审查制度就发挥作用了。对于艺术审查的政治经济学的进一步归纳是捉摸不定的。这种审查的可靠相关性很难确定。民主和审查制度之间没有固定的关系，甚至宗教和审查制度之间也没有固定的关系，因为不是

所有的宗教都和犹太教、基督教和伊斯兰教一样保守，而这些宗教中关于淫秽的概念也有很大的不同。此外，露骨的性只是审查的理由之一。因此，可以大胆地猜测审查制度是和冒犯性具有因果关系的，艺术表现对公众越具冒犯性或者对公众的影响力越大，就越可能被政府压制或者迫于公众舆论而进行自我审查。要想进一步了解审查制度的因果关系，就需要考虑冒犯性概念的社会根源。或许这种根源可以追溯到女性地位的变化、家庭的作用、政治的结构和宗教的统治，但我们并没有尝试过进行这样的分析。

我们强调“冒犯性”而不是“伤害”，因为不管一件艺术品是阳春白雪还是下里巴人，或是反社会的，艺术审查很少基于一个合理的因果关系。分析上和控制上的问题在于，在一个民主的、文化多元和道德多元的社会，例如，当代美国这样的社会，人们不能就什么是冒犯性达成共识，而压制冒犯性作品的措施因此会招致那些认为从中获得的快乐多于感受到的冒犯的人，以及那些认为在不会明显伤害他人的前提下有追求休闲活动自由的人的强烈反对。如果这是正确的，我们需要考虑冒犯性艺术应该受到大量的政府干预，还是有限度的政府干预，或者干脆免于政府干预，当然应该先对这种设定中的干预下定义。

冒犯性概念不是客观的，这在本章第2节对审查的历史回顾中已经强调过，冒犯性概念不是通用的，而是适应特定文化背景的。尽管冒犯性在不同国家间以及一个国家的不同时期都是有变化的，但这并不意味着冒犯性是无章可循的。正如我们之前提到的，冒犯性是可以追溯到社会因素的。在任何一个给定的时间、给定的地点，对于冒犯性会有一种普遍的认同，这就能免于缺乏客观性所带来的问题。这种问题只有在一个文化多元的社会才会变得明显，比如说现代美国这个试图将特定作品分级为“冒犯的”的社会，或者在认为冒犯性能被艺术特质抵消的情况下会变得明显，即那些认为冒犯性和艺术特质可以兼容的人所笃信的；“关注道德的”艺术批评家则不会接受。

让我们进一步探讨“客观性”概念，从“客观的”艺术价值入手，然后转而谈及冒犯性。当一个人说铅比铝重或者汽车比黄包车快，他的陈述是能够以一种独立于人的品位与个人价值观的方法来验证的。共产主义者、裸体主义者、耶和华的信徒、艾茵·兰德的追随者在如何验证以上命题以及如何分析验证结果方面都能达成共识。这种“观察者的独立性”保证了对铅或汽车问题验证的真实性。然而，当我们讨论《尿中的基督》在现代美国（或者更广泛地说在西方）语境下有无艺术价值时，就不同于以上情况了。

问题不在于艺术价值是某样可有可无的事物，因为从这个意义上说，艺术价值同重量或速度并无两样，都是一个属性或性质而不是事物。你不会在拆卸了一辆玛莎拉蒂之后宣告，“这是化油器，那是速度”。同样的，《尿中的基督》也不是尿液、瓶子、圣像、照片和艺术价值的组合。但不像重量和速度等物理性质可以被客观测量，艺术价值是无法如此测量的，因为持有不同价值标准和偏好的人不会也不能达成如何确定该属性的存在的评判，甚至都无法认同如何定义它。托尔斯泰这样的道德评论家站在艺术立场上对《尿中的基督》考虑的最重要的问题，也许是它对基督教信仰可能造成的影响。马克思主义评论家也许会同意托尔斯泰的观点，并进一步认为《尿中的基督》是对信仰的削弱，但他们之间不会就作品的好坏达成一致。即便艺术家所处年代参与评判的所有人都认为一件作品是没有艺术价值的，从历史经验来看，虽然与艺术家同时期的人发现不了，但其后世的人可能会挖掘出作品中的艺术价值。相反，一件在当时被认为有很高艺术价值的作品到了后来也有可能变得俗不可耐。

艺术价值是观众赋予作品的，随着观众品味的变化，对艺术价值的评判也会变化。首先，一个清晰的脉络是：一件作品保有好名声的时间越长，它就越可能继续声誉卓著。这种“时间的考验”就是塞缪尔·约翰逊、大卫·休谟和乔治奥·威尔所认为的检验艺术价值唯一的客观方式。[①]《荷马史诗》就是一个具体的例子，诞生2 500多年以来一直是人们阅读的对象，而且在未来的一段时间也会为人们所重视；这些富有生命力的作品能适应时代的变迁。

到目前为止，我们所做的都是归纳概括而非具体阐释。我们可以试着找出《伊利亚特》、《哈姆雷特》、拉斐尔的《圣母像》、《费加罗的婚礼》、《希腊古翁颂》和卢浮宫的《胜利女神像》这些不朽之作的共同点，并称之为艺术价值的关键。但是，对此人们尝试了几千年都没有成功，西方传统的历经考验的艺术作品如此丰富，这种尝试只能是海底捞针。令人欣慰的是，我们可以确定一个艺术作品存活的必要条件——作品拥有一种特定的"普在意义"，或者通俗点说，要有多重释义或归纳性，这样才能使其在不同时间和地点都被接受。但是，必要条件和充分条件彼此临界，不好区分，因为我们无法承认每件带有一些多重释义和归纳性的作品都有艺术价值。《尿中的基督》以具有多重释义的方式展现了人类和宗教的基本问题。塞拉诺否认作品中有任何渎神的意图，实际上，作品是对现代美国基督教式微现象的展现。这件作品也许除了有艺术价值外甚至还有道德价值，也有可能二者皆无；它有可能很快就被人们视作无用的垃圾，但是因为这件作品如今已经不存在了，对此问题的讨论停留在学术层面。但不论《尿中的基督》存在与否，和达达运动中展出的杜尚的小便池、阿雷提诺的《淫秽短诗》和喜多川哥磨的色情版画等相比，要想在艺术史中占据一席之地，它还显得过于微不足道。

我们得出的结论是，对艺术作品——尤其是当代艺术作品——有无艺术价值的评判是主观的。对冒犯性同样作为作品的一种属性而非其中发现的事物的评判也是主观的。《尿中的基督》不是尿液、瓶子、圣像、照片和艺术价值的组合，同样也不是尿液、瓶子、圣像和冒犯性的组合。冒犯性作为一种属性，很大程度上，也许完全是由公众舆论决定的，而不是受具备观察者独立性的一致或因果方式所影响的，也不是受对重量和速度这些遵循物理法则的属性的测定所影响的。

正如我们先前所指出的，当公众舆论一致时，关于某些特定图像和类型的视觉淫秽的冒犯性评判就不成问题了。具体参考《尿中的基督》，人们通常会争论说，虽然对于什么是艺术没有一致的说法，但是西方社会公众舆论认为公开展示排泄物是具有冒犯性的。也许我们会认为公众舆论只是暂时客观的，即便这种舆论是此时此地的——和其他地方不同、或许其自身明天就会改变，但公共舆论常被证明是真理。但是，并不能就此认定公共舆论会一直认为公开展示排泄物是具有冒犯性的。如果糖尿病患者和吸毒者的尿液样本、克罗恩病患者或结肠癌患者的粪便在医学会议上展示，我们不会认为这是具有冒犯性的，这与展示的背景及目的有关。因此《尿中的基督》的冒犯性问题被人们与其艺术价值问题联系起来讨论。那些认为这件作品是具有艺术价值的人不会因为尿液（图像）的呈现而感到被冒犯，他们认为这种呈现构成作品艺术价值的一部分，就像医疗训练中排泄物的展示是不可缺少的一部分一样。那些认为这件作品亵渎了上帝且缺乏艺术价值的人认为尿液的展示是不必要的，且鉴于我们文化中对排泄物的拒斥情感，这种展示是冒犯性的。一些人认为这件作品即是冒犯性的也是有艺术价值的，就像很多人对米开朗基罗《最后的审判》所持的态度。他们对于《尿中的基督》是否该被禁止展出的态度，取决于他们对冒犯性程度和艺术价值程度的感受及艺术与侮辱之间适当平衡的个人感觉。

---

① 特别参考了视觉艺术，参见Ginsburgh和Weyers(2003)。关于其他艺术价值"客观"测试的失败，参见Victor Ginsburgh (2003)。

10.3.2 法　律

如果法律有它自己的评判标准，抑或它是道德自治的，那么，我们所有有关平衡艺术作品的冒犯性及对其艺术价值的难度的探讨都与法律几乎无关或完全无关。但从很大程度上来说，法律并没有自己的评判标准，也并不是道德自治的。允许那些因他人疏忽而导致损失的受害者从加害者手中收取赔偿金的法律，都是以社会准则中对于小心行为与疏忽行为的定义为依据的。《第一修正案》中有禁止政府干涉言论自由和出版自由的条款，这类自由被广义地认为是包括了艺术的、政治的以及科学的表达。它们同样是以社会准则中有关艺术性和其他“言论”评判标准、冒犯性以及其他诸如言论暴力伤害的定义为依据的。如果一位演说者以某名囚犯罪行确凿、审判只是对时间和金钱的浪费为由强烈要求不经法律而是以私刑处死这个囚犯，那么，这个演说者应当为他的暴力煽动言论而受法律制裁，因为这番言论的危险性超过了它引起人们关注司法程序问题的价值。但是，如果他写一本书呼吁人们挺身而出对资本家进行清算，那他并不会被处罚，因为这种书是有一定的价值并且其中的主张不是那么有危险的，尽管共产主义世界的人们可能想对刚才提到的这两点进行一番辩论。如果我们的社会认为这种书是危险的，那它们会被禁止出版的。运用《第一修正案》解决当下问题往往是受实际考虑的影响，而不是《第一修正案》的文本或者18世纪的社会背景。

某些淫秽事物的形式几乎被社会中的每个人（包括许多淫秽作品的消费者）认为是完全没有价值且非常惹人不快的，并且，这些淫秽事物被社会毫不犹豫地禁止了，尽管我们不得不承认，这种限制收效甚微。但是，针对极度淫秽的舆论批判并未延伸至《尿中的基督》等作品，这类作品被一些人认为是有价值且非无礼的，被另一些人认为是无价值且惹人不快的，还有一些人觉得这类作品有价值但惹人不快。如果没有一个客观的方式来对这种争论进行仲裁，那法庭应该怎么办？从更广义的角度出发，那些有关我们所谓的文化相对主义的法律又蕴含着什么意义呢？

有三种可能性，其中前两种显示了不惜任何代价确保法律确定性的渴望。第一种是无论“艺术”多么具有冒犯性，任何对“艺术”的政府干预都应被禁止。这种方法没能完全避免主观性；而且，把质询又往后推了一段，带来了判断作品是否是“艺术”（以及什么是政府“干预”）的问题。如果一件作品非常具有冒犯性，那么它将被归类为淫秽的，因此也就不算是艺术了。另一种极端是“司法不干涉”的方法：法庭是讲求原则的地方，而艺术价值和冒犯性却是无原则可循的，所以，放手让政治分支机构去处理这些问题。这种方法很可能会惹急了那些特别维护法庭的人——他们希望法官展现权威，倘若法官无法处理艺术价值和冒犯性这样不确定的问题，那么司法的盾牌就失去了光泽。

第三种折中且务实的可能方法是，认识到道德及审美上的相对主义问题是美国及其他地方法律争议的普遍特征。法官不需要因为冒犯性艺术难以判定的问题而选择回避审判，这只是法律处理事物的方式。法人企业的性质确保了法官要常常与不确定的问题打交道，因为这些问题极有可能需要一路上诉至最高法院或其他高等法院才能得以解决。法官总是与这些问题作斗争，但是不知道怎样才能维持确保法律系统效力所不可或缺的起码的公众尊敬。如果他们能冒险——伴有适当的谨慎——来面对围绕着所谓艺术品的价值和品位的争议，就不太可能失去这种尊敬。

关于这种冒险要注意的第一件事是，尽管艺术价值很大程度上或者完全是不可知的，但毫无疑问艺术是有价值的。如果这听上去像个悖论，那么，考虑一下：历史的教训告诉我们许多如今我们深信不疑的科学理论几乎肯定是错误的，就像欧几里得几何之于空间关系、地心说之于太阳系、以太之于物质、自生论之于细菌以及牛顿定律之于运动，这些被科学界笃信几个世纪的理论如今被证实是错误的。然而，科学理论的错误并不会使得一个理智的人质疑科学知识的存在、发展及其价值。即使现行的每个科学理论有一天都会被推翻，我们依旧能造出原子弹、飞机，研制出对抗小儿麻痹症的疫苗。同样，艺术博物馆中也充满了昂贵的艺术作品，也有一些人倾尽一生研究艺术，更重要的是——许多人会对19世纪法国艺术界对印象派艺术的压制感到强烈的被剥夺感，正如幸存下来的希腊雕塑数量太少会让他们觉得世界是贫瘠的。

如果我们承认艺术是有价值的，并知晓艺术审查有过可怕的历史记录，我们可以得出，为了引导对有关冒犯性艺术争论的司法审查，应当假定允许内容的生产及向任何愿意支付门票的人展出。最高法院判定焚烧美国国旗是宪法规定的一种政治表达权利，是为明证。焚烧一个国家的国旗是一种冒犯性的、诉求不清以及不成熟的政治表达方式，但是，只要一个人焚烧的是其自己付费购买的国旗，并且是在愿意观看的观众前焚烧的，那无论多么微弱，焚烧都对表达思想方式有所贡献，且没有伤害任何人的财产权——尽管很多人会觉得被冒犯了。

考虑到“时间的考验”这一在我们看来最接近“客观”的用以评判艺术价值的方法，我们支持对冒犯性艺术持宽松的司法态度的推定。这意味着如同生物进化论中的自然选择（与时间的考验类似）一样，让历史在多样性的存在中做出选择。审查的要点便是减少多样性，压制异类，以此干扰时间的考验并抑制艺术对未来的影响。

现在思考一宗赞成艺术表达自由的推定被成功反驳的案件。帕洛斯基诉伊利诺伊社区学院案（1985年）涉及一所芝加哥附近的小型公立初级学院，该案以宪法中对言论自由的限制规定为依据。案件中的艺术家是该学院艺术系主任，他为了融合两样自己喜爱的事物——彩色玻璃窗制作和奥布里·比尔兹利的艺术——而做了不讨好的努力，他用彩色玻璃再现了奥布里·比尔兹利所绘的阿里斯托芬喜剧《吕西斯特拉忒》中的一些插画。这些插画，犹如这部喜剧，即使以今天的标准来看也是色情的（它们很适合在伦敦的维多利亚和艾伯特博物馆公开展出）。当然，它们是希腊人白种男人、女人的素描画。但是，为了将绘画以彩色玻璃的材料表现出来，艺术家对每个人物都使用了有色玻璃片，出于形成色彩对比目的对女性使用了琥珀色玻璃、对男性使用了白色玻璃，结果这种无辜的却又被证明是不幸的选择带来了麻烦。作品最终呈现的是一面彩色玻璃窗上描绘着一个只穿了长袜的裸体棕色女人，她跪在一个穿着浴袍的白色男人前，对其巨大的白色阳具抱以崇敬的态度。另外两面彩色玻璃窗上描绘的是两个棕色女人分别在放屁和手淫。

艺术家在艺术系教职员工作品年度展览会上展出了其彩色玻璃窗作品，作品摆放在学院一楼主走廊（被称为“中心”的地方）旁的凹室（“美术陈列室”）里。由于学院只有这一栋建筑，所有的学生、教职员和游客都能看到展出的作品，不管他们是否愿意看——因为在美术陈列室和中心之间没有墙壁遮挡。最先开始抱怨的是黑人清洁工。学院里的大多数学生也是黑人，他们也同样被彩色玻璃窗冒犯了，并且向学院院长投诉。院长命令该艺术家把作品从一楼走廊移到四楼的一个更小的展览室，这间展览室通常是用来展出摄影作品的，但也可以用来展出其他艺术作品。在艺术家拒绝转移作品之后，院长取下了彩色玻璃窗，并把它们放到了自己的办公室里。为此，艺术家控告学院违反了《第一修正案》。

这些彩色玻璃仿制品似乎在很大程度上既没有艺术价值又不具备冒犯性。一方面，比亚兹莱的作品魅力在于线条，而这种魅力在玻璃厚块取代了线条之后就消失了。另一方面，并不能论证艺术家企图以此作品对种族或性作出评论；他仅仅是试图运用不同的色彩、模糊的人形，将不同玻璃窗中的人物区分开来。此外，玻璃窗未加工也使任何淫秽影响无迹可寻。一个“不干涉的相对主义者”或许会认为因为艺术和道德品位并非客观的，即使学院不允许艺术家在校园内（或者因此在校园外）任何地方展出其彩色玻璃窗，他也会输掉诉讼。这并不是法庭的观点，但法庭也认为《宪法》没有赋予帕洛斯基在学院最具公共性的场所展出其彩色玻璃窗的权利。学院院长为展出提供了另一个不太惹人注意同时也更不具备冒犯性的场所。想一想有多少伟大的作品，如马奈的《奥林匹亚》和《草地上的午餐》，正是因为在最引人瞩目的展览场所被否定，才幸存至今日。种族敏感是我们社会的现实，如果冒犯性最终并不比艺术价值更客观，它也不会比艺术价值更主观。

学院院长的做法似乎是一种理智的妥协，法院最后判学院胜诉。如此判决的理由是，法院认定“学术自由”是一条双行道。学院有不受过度的司法干扰来处理院内事务的自由，同样的，教师或学者有不受过度的国家干扰（本案中的是公立学院，因此属于国家的分支）来教学、写作或像本案中创作艺术作品的自由。更深入地说，一所单一的初级学院通过将冒犯性作品转移到不太惹人注意的展览场所来影响艺术展出地点的权力是很有限的，但本案或许会被广为效仿。

对该学院的判决模式是如此特殊和针对事实——如此实用，这种模式说明《第一修正案》对艺术作品保护的适用范围或许和政治或科学作品的不同，因此，并不是每个人都认同这种判决模式。律师偏好规章制度，在许多情况下，硬性规则确实比模糊标准更胜一筹，但对冒犯性艺术的争议或许不是其中之一。我们甚至还不清楚禁止任何对冒犯性艺术的公共管制规则究竟会促进艺术还是阻碍艺术。这种规则——给予冒犯性艺术的炫耀以特权地位的规则——或许会引起公众对艺术的敌意，这种不利会超过艺术自由所带来的好处。同样，在一个诸如美国的多样化、丰富的又有点庸俗的现代社会中，一个赋予政府全权压制由任何发声的、武断的、具政治影响力的集团所认定为冒犯性艺术的规则，可能会损害艺术的未来，造成代价高昂的后果。因此，对冒犯性艺术进行法律管控的措辞需要谨慎待之。

参考文献

A Book Named 'John Cleland's Memoirs of a Woman of Pleasure' v. Massachusetts (1966). United States Reports 383,413–462.

An Act for the Suppression of Trade in, and Circulation of, Obscene Literature and Articles of Immoral Use (1873). United States Statutes at Large 17,598–600.

Alexander, J.R. (2003). "Obscenity, pornography, and the law in Japan: Reconsidering Oshima's 'In the Realm of the Senses' ". Asian-Pacific Law & Policy Journal 4,148–168.

Alexander, P.J. (1958). The Patriarch Nicephorus of Constantinople; Ecclesiastical Policy and Image Worship in the Byzantine Empire. Clarendon Press, Oxford.

Andersson, C. (1997). "The censorship of images in Reformation Germany, 1520–1560". In: Childs, E.C. (Ed.), Suspended License: Censorship and the Visual Arts. University of Washington Press, Seattle, pp. 32–58.

Arnold, T.W. (1965). Painting in Islam: A Study of the Place of Pictorial Art in Muslim Culture. Dover, New York.

Art and offense in Brooklyn (1999). Washington Post, September 29, A28.

Asimow, M. (2000). "Divorce in the movies: From the Hays Code to Kramer vs. Kramer". Legal Studies Forum 24, 221–267.

Bainbridge v. Minneapolis (1915). Northwestern Reporter 154,964–966.

Bazin, G. (1969). The Avant-Garde in Painting. Simon & Schuster, New York.

Brent, W. (1999). "China censors cut deep swatch in film". Variety, September 27, 18.

Brockwell, P.H. (1994). "Grappling with Miller v. California: The search for an alternative approach to regulating obscenity". Cumberland Law Review 24,131–145.

Brooklyn Institute of Arts & Sciences v. City of New York (1999). Federal Supplement Second Series 64,184–206.

Calkins, M.L. (1999). "Censorship in Chinese cinema". Hastings Communications and Entertainment Law Journal 21 (2),239–338.

Carmilly-Weinberger, M. (1986). Fear of Art: Censorship and Freedom of Expression in Art. Bowker, New York.

Chambers, F.P. (1928). Cycles of Taste. Harvard, Cambridge.

Clapp, J. (1972). Art Censorship: A Chronology of Proscribed and Prescribed Art. Scarecrow Press, Metuchen, NJ.

Commonwealth v. Sharpless (1815). Sergeant and Rawle 2,91–106.

Controlling pornography: How Britain compares with other countries in dealing with the problem of obscenity (1998). Guardian, August 13,4.

Cooper, S., Stark, C., Zaleski, D. (1994). A Survey of Art Censorship: Painting Sculpture and Photography: An Annotated Bibliography. Queens College CUNY, New York.

Curtis, M.K. (1986). "Obscenity: The justices' (not so) new robes". Campbell Law Review 8 (3),387–419.

Du Bost v. Beresford (1810). English Reports 170,1235.

Fitzpatrick, J. (2002). Art Censorship: A Panel Discussion. Online at http://www.thersa.org/acrobat/james_fitzpatrick170402.pdf.

Furhammar, L. (2001). Swedish Culture: Swedish Film. Swedish Institute, Stockholm. Online at http://www.sweden.se/upload/sweden_se/english/factsheets/si/si_fs112b_swedish_film/fs112b.pdf.

Gage, N. (1992). "Introduction". In: Buitron-Oliver, D. (Ed.), The Greek Miracle: Classical Sculpture from the Dawn of Democracy. National Gallery of Art, Washington.

Gimpel, J. (1969). The Cult of Art: Against Art and Artists. Stein & Day, New York.

Ginsburgh, V. (2003). "Awards, success and aesthetic quality in the arts". Journal of Economic Perspectives 17(2), 99-111.

Ginsburgh, V., Weyers, S. (2003). Persistence and Fashion in Art: Italian Renaissance from Vasari to Berenson and beyond (unpublished). ECARES, Université Libre de Bruxelles.

Henley, J. (2002). "French to clamp down on porn with 'full-frontal' tax". Guardian, October 12, 20.

House, J. (1997). "Manet'sMaximilian: Censorship and the salon". In: Childs, E.C. (Ed.), Suspended License: Censorship and the Visual Arts. University of Washington Press, Seattle, pp. 185-209.

Jackson, K. (2002). "Visual arts: Mummy's boys". Independent, April 23, 19.

Jones, D. (Ed.) (2001). Censorship: A World Encyclopedia, vols. 1-4. Fitzroy Dearborn, London.

Jones, W.R. (1977). "Art and Christian piety: Iconoclasm in Medieval Europe". In: Gutmann, J. (Ed.), The Image and the Word: Confrontations in Judaism, Christianity and Islam. Scholars Press for the American Academy of Religion, Missoula, pp. 75-105.

Joseph Burstyn Inc. v. Wilson (1952). United States Reports 343, 495-540.

Kaplan, P.H.D. (1997). "Veronese and the Inquisition: The geopolitical context". In: Childs, E.C. (Ed.), Suspended License: Censorship and the Visual Arts. University of Washington Press, Seattle, pp. 85-124.

Korski, T. (1996). "Warning focuses on violence in films". South China Morning Post, September 24, 8.

Mango, C. (1977). "Historical introduction". In: Bryer, A., Herrin, J. (Eds.), Iconoclasm. Center for Byzantine Studies, Birmingham, pp. 1-6.

Media Council for Children and Young People (n.d.). History of Danish Film Censorship. Online at http://www.medieraadet.dk/html/gb/history_gb.htm.

Miller v. California (1973). United States Reports 413, 15-48.

Mutual Film Corp. v. Industrial Commission of Ohio (1915). United States Reports 236, 230-247.

National Endowment for the Arts v. Finley (1998). United States Reports 524, 569-623.

National Gallery of Australia (1999). Sensation. Online at http://www.nationalgallery.com.au/press/prarchive2.htm

Needham, G. (1972). "Manet, 'Olympia' and pornographic photography". Art News Annual 38, 80-89.

Needle, J.B. (1999). "Brooklyn Institute of Arts and Sciences v. City of New York: Mayor of New York violates First Amendment right to experience sensation". DePaul-LCA Journal of Art and Entertainment Law 10, 77-112.

Nelson v. Farrey (1989). Federal Reporter Second Series 874, 1222-1234.

New York Times Co. v. Sullivan (1964). United States Reports 376, 254-305.

Papadopoulo, A. (1979). Islam and Muslim Art. H.N. Abrams, New York.

Paul, J.C.N., Schwartz, M.L. (1961). Federal Censorship: Obscenity in the Mail. Free Press of Glencoe, New York.

People v. Muller (1884). New York Reports 96, 408-414.

Phelps, G. (1975). Film Censorship. Victor Gollancz, London.

Piarowski v. Illinois Community College (1985). Federal Reporter Second Series 759, 625-633.

Pitman, J. (1995). "What the censor did not see". Times, June 26, 17.

Plato (1970). The Laws. Penguin, London.

Plato (1978). Republic, vol. 1. Harvard, Cambridge.

Plato (1980). Republic, vol. 2. Harvard, Cambridge.

Plato (1993). Sophist. Hackett, Indianapolis.

Polish porn bill overturned (2000, March 27). BBC News Online. Online at http://news.bbc.co.uk/2/hi/europe/692586.stm.

Regina v. Hickland (1868). Queens Bench 3, 360-379.

Richards, R.D., Calvert, C. (2000). "Counterspeech 2000: A new look at the old remedy for 'bad' speech". Brigham Young University Law Review 2000 (2), 553-586.

Riley, G.B. (1998). Censorship. Facts on File, New York.

Roth v. United States (1957). United States Reports 354, 476-514.

Steiner, R. (1999). "Charles Saatchi to open chain of restaurants". Sunday Times, July 18, 3.

Sullivan, M. (1967). A Short History of Chinese Art. University of California Press, Berkeley. The German Penal Code (2002). William S. Hein & Co., Buffalo.

Thompson, S.E. (1991). "The politics of Japanese prints". In: Thompson, S.E., Harootunian, H.D. (Eds.), Undercurrents in the Floating World: Censorship and Japanese Prints. Asia Society Galleries, New York, pp. 29–91.

Tung, L. (1998). "Waiting for the ice to melt". Asiaweek, September 4, 40–42.

United States v. Motion Picture Film 'The Spirit of '76.' (1917). Federal Reporter 252, 946–949.

United States v. Paramount Pictures, Inc. (1948). United States Reports 334, 131–181.

United States v. Three Cases of Toys (1843). Federal Cases 28 F Cases, 112–113.

Vallely, P. (2000). "Profile: Jake and Dinos Chapman". Independent, September 16, 5.

Vieira, M.A. (1999). Sin in Soft Focus: Pre-Code Hollywood. Harry N. Abrams, New York.

| 第五部分 |

文化和经济

第11章

“新经济”中的艺术

William J. Baumol

New York University and Princeton University，USA

李炎　胡洪斌　刘从水　黄莺　译

摘　要

“新经济”背景下的经济繁荣与技术变革对艺术领域产生了深远的影响。它们为艺术的传播和保存方法作出了前所未有的贡献。但与此同时，它们对艺术的终极追求与标准也产生了极大的影响。它们从本质上改变了艺术的培养模式，也给艺术融资与价格定位带来了问题。本章阐述了这些发展的特征，并对这些关系的本质进行了说明。在此基础上，本章还简要论述了在处理鼓励创新和促进传播的交易中涉及的相关定价原则。

关键词

艺术融资，艺术传播，艺术保护，新媒体，艺术标准和技术进步，复制权的定价

JEL Classification Code

Z11

11.1 引　言

以卓越的技术变革作为标志的“新经济”是一种非常真实的现象，这一现象的表现形式和成果是如此令人难以置信，以至于我们必须改变对它的预期才能适应。因此，我们已渐渐视其为理所当然。但是在我看来，“新经济”并不仅仅出现在20世纪后半期。相反，空前出世的新经济或许在两个世纪以前就已出现，并且一直以令人眩目的速度发展。正如现有历史数据显示的那样，截至18世纪，实际人均收入才勉强超过罗马帝国时期的人均收入，这意味着在1 500多年间实际人均收入的增长几乎为零。而18世纪之后，英国的人均收入增长了20%或30%。19世纪的西欧和美国大部分地区的人均收入增长了1%～200%。到了20世纪，知情的观察家认为，600%或700%的增长都已经被严重低估了。

经济财富急速增长与艺术之间有什么关系吗？答案是它带来了我们的祖先从未想象过的机遇、能力以及难题。一位在“新经济”研究方面很有研究的作家引用了一个典型的例子：18世纪以前，从来没有人想象过旅行还能有比骑马更快的方式，更不用说瞬时跨越大洋进行联系了[①]。如今对艺术而言，类似这样神奇的案例也有很多：今天我们随时就能观看（有点不完美）Caruso的表演，我仿佛已经听到Johannes Brahms的声音了。

因此，经济环境对创新和艺术都产生了巨大的影响。经济状况不能产生创造力，但它能激发创造力的发挥，并促进产品的传播和利用。另外，经济低迷也会阻碍创意活动，使创意产品处于低利用率的状态，甚至是直接停产。显然Joseph Schumpeter在创新案例中已经意识到整个创新过程，从新思想的诞生到产品的充分利用——市场经济创造了新的产品和生产过程，而这种形式在其他任何经济组织中都无法展现。[②]毫无疑问，新经济通过刺激技术的发展，甚至是创造新的艺术形式来影响艺术的发展，但它也彻底改变了艺术的传播手段和保存方法，并影响了艺术经费的数额和来源。最明显的是，新经济已经使艺术家们从对皇室和贵族的依赖中解放出来，并导致他们将资金转向可能同样有风险的新来源，比如市场。

在这里，我将着重讨论两大课题：技术创新对艺术的影响，以及艺术在市场上获得资金的能力所导致的实际和潜在的后果。我将会讨论包括艺术总体走向的变迁、它们的传播和保护以及艺术家的补偿在内的几个主题。我对最后一个主题的讨论可能是最为明确的，主要是因为在沉闷的科学领域，资金、定价及其他相关事项研究是最规范的，这也为分析它们提供了帮助。

11.2 技术创新及其对艺术的影响

11.2.1 艺术创作与“现代艺术”

显然，新经济时代的艺术发展最基本的特征是探索抽象主义和追求标新立异。虽然有些人认为这个假设很外行，但至少是合理的，这些重新定位最初在相当大的程度上促进了技术的发展。关于摄影破坏了视觉艺术中

---

① 这不是完全正确的，也有预见性很强的梦想家。早在第13世纪，Roger Bacon在很多的引文中已经预见到了未来，比如由机器驱动船舶和车辆。

② 参见Baumol(2002)。

对精确的追求抑或至少是真实的表现，难道真的错了吗？即使摄影图像的产生没有导致这些艺术家直接去寻求其他方向，市场也会通过剥削他们的客户而迫使他们去找寻新的方向，这些客户再也不用急着去支付通过手工精确描绘的图案，尤其是肖像画。

其他艺术形式的发展，如刺激性和无调性音乐，再如James Joyce和Gertrude Stein的非传统作品，以及由Isadora Duncan和Martha Graham引进的现代舞蹈，自然都是紧随视觉艺术的第一次彻底觉醒——印象派、野兽派、分裂派。这些艺术新形式和流派的出现导致其他艺术从业者的追随。显然，这些评论过于简单化了，但可以肯定的是，创意艺术家决意与他们的过去彻底决裂不是巧合。这与前工业时代显然不同，它预示着新经济的起源。当然，到目前为止，我所说的“新经济”中的艺术大部分仅仅停留在臆测阶段。这意味着它不过被当作一个假设，而这个假设可以作为文化经济学家研究的课题。技术在艺术的重新定位上的影响虽然还有很多可以研究和探索，但它可能永远不会被常规的研究方法和客观证据所影响。这一主题无疑是重要的，因为那些典型范例可以证明经济学对艺术家定位的影响尚处于争议当中。

在艺术媒体领域还存在着重新定位的其他艺术形式。新经济为艺术创作提供了新工具，其中的一些新工具已经深刻地影响到艺术家的行为，有一些对艺术家们的未来发展提供保障。例如，电影的出现在艺术创作过程中发挥了重要作用，并为传播和保存艺术作品做出了巨大贡献。众所周知，银幕表演与舞台表演存在着根本的区别。此外，电影提供了一系列可能的新方法，并且电影的历史也提供了大量公认的范例。电影真的是一种必须经过认真思考和实践的新的艺术形式。可以说，在从事这项活动之前，从业者们需要数十年的电影创作才能清楚地看到它的可能性，并学会如何应对。电视明显不及电影排在其后。

还有更彻底的突破，比如Milton Babbitt等作曲家现在经常通过计算机合成器之类的电子音乐制作器进行创作。事实上，甚至有人用计算机作为作曲者进行作曲。以计算机为媒介的绘画现已广泛应用，并有望开辟新的道路。电脑绘画和制图具有巨大的可能性，尽管可能会存在这样的争论，但到目前为止这些媒体已经更多地控制着艺术家而不是艺术家通过媒体发挥作用。现在还可以使用计算机来创作和指导复杂照明设计的舞蹈表演。例如，编导Mimi Garrard和视觉艺术家James Seawright于此目的创建了一个功能强大的程序。毫无疑问，所有这些都只是开始，还有很多我们还没有想象到的艺术手段和艺术形式即将出现。

11.2.2 传　播

11.2.2.1 向消费者提供艺术

活字印刷术（尽管在欧洲发明比较晚）被公认为是传播思想乃至文化的一次革命。活字印刷术一开始引发了宗教和政治的紧张局势，而且在促进阅读广泛性方面做得也不够好。早期用活字印刷术印刷出来的书是不便宜的，并且由于大多数人是文盲，所以印刷术在文化传播中的作用还难以显现。实际上，活字印刷的印刷页面与由一个中世纪的抄写员抄写的页面并没有本质区别。唯一的差异只不过是一旦印刷完一页，复印更多印页就变得相对容易。

自19世纪以来，艺术传播领域的诸多变革面临越来越少的限制，而且这种打破传统的变革本身就更富有戏剧性。录音、电影、广播、电视，以及现在的互联网引起了翻天覆地的变化，（它们的出现）完全打破了以往任何我们认知的东西。我们理所当然地接受这些大众媒体和新的通信手段的速度本身就令人惊讶。虽然还有很多人没有使用过互联网，但即便在交通不便的偏远乡村，也有电影放映，而且人们常常围坐在电视机旁观看电视。电话服务也已经广泛普及，并且传播音乐的播放器也唾手可得。这显然意味着，音乐和戏剧等艺术的体验在获取方式上较之过去发生了翻天覆地的变化。

文艺复兴时期的君主在娶新娘之前，需要一张画家为新娘描绘的肖像。画家可能要花费几个星期绘制，再花几个星期去运输这张肖像，并且这幅肖像很可能只是一个理想化的版本。如今，解决这个问题的方法既多又简单。正如一位经济学家所说的那样："Thomas Aquinas能通过一个按键将一封信发送给1 000位收件人并且在几个小时内收到回复。"[①]这些新的通信手段不单能够传输书面文字，还能把音乐、绘画和照片传输给指定的收件人或者将它们传播到世界各地。不仅山南海北的艺术展品通告唾手可得，互联网用户还可以下载一些展品的复制品。而且，不论在世界的任何地方，艺术爱好者如今都可以参观例如泰特美术馆（http：//www.tate.org.uk）之类的艺术收藏馆，甚至还可以虚拟旅游卢浮宫博物馆（http：//www.louvre.fr）。我最近喜欢在电脑上进行绘画，并把它们张贴在我的网页上，这经常引起中国以及其他地方的人的评论。[②]

当我清楚地意识到本章的读者已经知道这一切的时候，为什么还要把它说出来呢？原因有两点：首先，如果"新经济"中的艺术非常平庸的话，这些令人难以置信的发展已经变得如此令人惊叹。其次，我们可以更加明显地观察到的一个事实是——新经济确实使所有形式的艺术都达到了前所未有的发展。这显然有利于艺术家的创作，这些艺术家谁都不希望他们的作品"绽放无人见，枉费旷野中"。但同时，艺术的爆炸式传播是问题的根源，它使得艺术领域的经济问题持续严重恶化，我稍后会讨论。

11.2.2.2 国际贸易中的艺术产品

不只是经济和技术影响着艺术，艺术也已经对经济产生了新的并且不断扩大的作用——这已经成为一种相互关系。艺术并非掌握在少数特权阶层手中，它已经对全社会的消费模式产生了影响。艺术品消费对国内生产总值和就业的贡献已经显而易见，对其他领域中的影响也很显著。过去人们有充分的理由相信只有农产品和制成品才能轻易地进行国际贸易，而艺术产品比如戏剧或管弦乐的表演既不是大规模制造的产品也不是农产品。人们没有预料到艺术产品作为国际贸易中的重要因素而出现。比如，以前英国提供的艺术体检和理发服务都不会轻易被洛杉矶的居民所消费，但是现在，纽约的交响乐团感觉自己有点受到来自柏林管弦乐团的威胁。[③]

许多服务领域如今都发生了变化。例如，西雅图的工程师们现在可以把一个新产品的说明书通过电子邮件发到新德里。在那里，设计图将在24小时内起草，并立即再次通过电子邮件发送到爱尔兰的制造厂。但是人们发现，正是在流行的艺术形式中，这种变化最引人注目。尽管这些活动一直是19世纪美国国民经济核算的一个污点，但如今，通过浩瀚的"娱乐"宇宙——包括电影、录像、电视节目、录音、计算机软件和出版业——流行艺术形式构成了一项重要的经济活动。它们是当前美国主要的出口商品——据报道，在某些地区，其对国外艺术的消费大约在2 500万美元（美国人口普查局，2003）到8 500万美元（国际知识产权联盟，2002）之间。事实上，这些艺术形式的便捷传播带来了大量的竞争入侵，这已经成为一些国家带有争议和公开的政治问题。他们认为文化出口特别是来自美国的

---

① 参见J. Bradford DeLong, The Economic History of the Twentieth Century: Slouching toward Utopia?, draft copy, http://www.j-bradford-delong.net, accessed September 2001。

② 参见www.econ.nyu.edu/user/baumolw/（advertisement）。

③ 然而，我们必须谨慎地做出这样的陈述。值得注意的是，1849年发生在百老汇附近的阿斯特广场的骚乱造成了很多人员伤亡和财产损失。它涉及位于附近的一个剧院的两个受欢迎的演员，一位来自美国，另一位传染病来自英国。

文化出口，对本土的艺术活动造成了威胁，并且破坏了当地独特的文化和传统。这种反应有时是通过影响演出和进口的配额表现出来的，但这里讨论的问题是，这些竞争行为完全可以证明，新经济已经能够改变艺术在经济中的作用。

11.2.3 保 存

广义上的“新经济”显然也改变了对艺术的保存形式，这些保存形式超越了以往的任何经验并且很有可能超出了过去的预期。我们可能永远也不会知道中世纪的歌听起来是怎样的，只能推测18世纪演奏会的一些即兴表演和作曲演奏大概是什么样的。我们不会知道Elizabethans是如何说英语的，尽管我们努力依据比如16世纪以及17世纪英国诗歌中的韵脚以及当今某些相对偏远地区的语言模式来推测，但这些猜想最终都是站不住脚的。当然，我们也不知道《麦克白》在当时的演出是什么样的。

更糟糕的是，有一些创意产品在缺少保存方法的情况下是转瞬即逝的。很明显，19世纪的编舞作品如果没有对一些传统惯例进行大量修改和完善的话，它们是无法生存下来的。电影和舞谱的发明从此改变了这一切。当然，电影所描述的活动内容是受限制的，在这里只有三个基本的维度。但是，即使新形式的保存不能告诉我们一切，它们至少可以让观众对早期活动有一个很好的了解，并且也能为后来的编舞者提供足够的信息以使他们更好地工作。

计算机的存储容量已快速发展。一切都可以融入世界集体文化的记忆之中，整个图书馆的书目都可以转移到微小的记录介质上。越来越多的艺术品以图像的形式保存下来，以至于如今一幅画消失了，但获取它的图像却轻而易举。Willam Bowen领导下的梅隆基金会在中国偏远地区从事一个重要的数字化项目。这样做部分是为了保留难得见到的艺术作品，部分是为了给他人从事该项工作做出示范。[①]总之，未来的“世界七大奇迹”将不会那么容易消失，除非在悲观的猜想下这种情况才会出现。

11.2.4 资金问题与成本问题

新经济对艺术的最后影响是金融，这也是接下来要讨论的。工业化国家的财富增长可能促进了艺术的融资，但其他方面的影响却使艺术融资变得更加困难。例如，复制的便捷性使得许多艺术品更难收回成本或者难以在市场上维持生存。此外，鉴于我和我的同事在我们的文化经济学著作中所犯过的错误，我会理所当然地认为，主要是“成本弊病”使得新经济产生艺术财政问题。表面上看，这的确是正确的，成本弊病理论断言，至少对于现场表演[②]来说，成本预计将不断上升和累积，并且那无疑是令演出的主办人和制片人大伤脑筋的事。然而，正如以下将要讨论的一样，新经济既带来了弊病，也带来了处理它的手段。换句话说，艺术资助需要关注成本弊病，但这并不是首要问题。

首先，倡导关注新经济与成本弊病关系的呼声寥寥

---

① 然而，宣告胜利可能还为时过早。程序员确实研发了新的方法，这种方法可以将作品持久存储在二进制代码中。但是计算机软件更新换代的速度非常快。我们并不清楚在未来的50年里谁都能读到今天我们精心保存的东西。专家们对这个问题非常关注，但还没有提供一个解决方案。

② 它也让我们想到，大众媒体一般不能免于弊病，因为这些活动中的手工艺品的重要制作过程渐渐支配了它们的预算。比如在这里看到的Baumol、Blackman和 Wolff(1989，第6章)。

无几。很容易就有人争辩说，如果我在这里所使用的广义上的新经济没有出现的话，就不存在成本弊病。我们可能还记得这一现象的原因在于生产力的增长模式。生活艺术的表现形式——像医疗保健、教育及其他带有手工艺特征的活动——受成本弊病的困扰主要在于它们生产率的增长，即它们的生产率的增长速度明显不及经济领域的其他产品。由于它们的生产率落后，也就是说它们相应的实际成本——对应它们规定的投入量——一定会上升。如果整个经济中产品的投入价格是由适度竞争的市场所决定的话，那么这些产出的相对货币成本也必然会上升。在新经济来临之前，几乎所有的经济活动的生产率增长都是微不足道的，并且这些增长率的差异几乎无关紧要。因此，如果存在任何成本弊病，它也只不过是一个很小的困扰，几乎不值得注意。但在以前所未有的速度增长的新经济时代，这个问题却变得非常重要。

令人欣慰的是，问题根源的本质带来了解决弊病的方法。即使是被弊病所困扰的活动，一般也都会从生产率的增长中受益。倘若大多数社会其他经济活动的生产率也在增长，由此可见，如果社区选择适当地分配其购买力，那么它就能够负担更多活动以及每一项活动的支出。随着每一个工作领域每小时的劳动产出越来越多，就没有必要刻意削减任何产品的消费量了。因此，正是新经济以及它惊人的生产率增长向我们提出了成本弊病问题，而且也正是生产率增长为我们提供了应对方法。

11.3 新经济时代艺术的定价问题

在新经济的影响下，艺术领域的深刻巨变在很大程度上是有利的，它使艺术更容易创造、传播和保存，但在另一方面，其中某些发展也阻碍了艺术的发展。经济学家们已经承认了这些问题的存在，并进行了分析，但是它们的深层结构却没有得到普遍认可。与新经济的其他方面进行类比，其中最大的难题是创新的重要性以及艺术融资问题。

“创新”这个词经常被用来描述一个新的音乐作品、最近出版的小说或一些其他艺术创作的产物也不无道理。在音乐、舞蹈、文学作品中，创造性的贡献都具有一个神圣的属性——不能复制以前的一些工作。与汽车或鞋的生产不同，生产汽车或鞋可以通过无止境地复制，生产出相同的产品，而编导必须努力（比如一个公司的研发部门）提供创意，并且每一个创意都必须与该领域竞争市场中其他的产品有着显著区别。Baumol的第三命题表示“创新是一种异质性的产品”，这个命题显然是适用于艺术生产的。目前，这种异质性的要求导致了很多实践和分析的难题。我们都意识到了它所带来的问题，特别是在一般均衡理论的价值学说中，这些难题最近几年才引起注意。也许这些问题对解释缺乏正规理论分析的艺术定价问题有所帮助，文化经济学家们还发现研究这些难题有助于丰富垄断竞争市场的一般均衡理论的著作以及同样具有价值的技术创新理论文献。

11.3.1 多次沉没成本和定价问题

在这里它并不是个问题，因为我更加关注实践而并非理论。从这一角度来看，至少有两个关键问题：一个是信息的公共性即艺术作品的共享；另一个是关于特殊类型沉没成本的作用。这种沉没成本不是那种一劳永逸的费用，而这种费用一旦产生，通常会被经济学家们像对待毫不相关的历史一样忽略。对于艺术创作中的技术创新，它绝对禁止抄袭，这也就意味着每次产出都需要投入。因此，沉没成本就会不可避免地经常产生。在制作一部新电影或准备推出一个新电视节目时惯常产生的投资，使以前用于现场戏剧表演的投资都相形见绌，至少在绝对规模上如此。用光盘发行流行歌曲时，广告支出的费用也是惊人的，光盘制造商和销售商抱怨说，一个简短的视频宣传片的花费占据了成本的主要部分。

这些经济活动中反复提到的沉没成本与文学作品所提到的沉没成本根本不同。文学作品的沉没成本只有一次，举个例子来说，就像开办一家商务企业需要购买许可证一样。商业性的文学作品强调这些成本一旦产生，其与现在的价格决定因素无关，这是因为就文学作品本身来说，现在做什么都已经太晚了，即使管理层发现他们在第一版的发行过程中存在一些错误。如果企业在随后取得的利润中不包含需要补偿的那部分，那么于投资者来说将是个不小的损失。如果沉没成本反复发生，那么这些成本必须包含在现行的价格内或者通过其他方式得到补偿。否则，当一个追逐利润的企业在沉没成本产生时，不会重复支出这些费用，因为一个没有利润的企业是不可能这样做的。

这通常意味着，在这些方面的价格可能会超过边际成本，这部分我们在下一章还会提到。这是因为当前的消费者既没有增加其需求量，而且当前消费者数量的增加也不会增加任何沉没成本，也就是说，这些支出并不属于边际成本。在非营利性的艺术组织中，我们发现价格确实超过了边际成本：举个例子，在一个音乐会上，座位没有坐满，它的门票价格经常超过再增加一个观众的成本（此时的成本几乎为零）。实际上，差别定价经常需要做到收支相抵，例如在艺术领域，经常给学生、老年人和其他特殊群体给予打折优惠，或者在最后一分钟降价，以及一些为我们所熟悉的其他定价方式。

至关重要的是沉没成本与其他成本的相关程度有多大。对于公共财产来说，沉没成本不会因为额外的使用或者用户的增加而增加额外的费用。例如，一场特定的舞蹈演出，不会因为观众数量的增加，或者演出量的增加，而使演员的编排成本和排练成本增加。因此，如果沉没成本和其他成本关联紧密，那么其所追偿的价格是远远高于边际成本的。

这就会产生两个难题。第一个是公共物品的典型问题：即使市场可以承受如此高的价格，但最终的收益却并不是最好的。较高的价格抑制了需求——在经济学中，高价格是由于资源的稀缺导致的。当产品具有公共物品的属性时，稀缺性便会消失。

在实践中，还有另外一个更为急迫的问题：如果竞争使得价格趋向边际成本，那么沉没成本就会威胁到公司的生存。幸运的是，市场机制通常允许追偿，甚至对于所有进入者来说，进入成本都是一样的。因为如果沉没支出的回收前景黯淡，有前瞻性的进入者将不愿意进入市场。因此，与一般的结论相反，阻止市场进入的因素不排除包括超过边际成本的价格，也不能排除具有明显歧视性的价格。

但是，大量的沉没成本对市场进入有无法抗拒的诱惑力，当考虑到这些沉没成本时，并不是所有的公司都会创造同等的、较低的边际成本。然而，进入者不会和现运营商在相同条款下进入市场。因成本差异而进入市场的进入者，他们通过隐藏边际成本和逃避沉没投资来获利。总之，他们是“海盗”，他们希望从创新和艺术创作供应商的反复沉没投资中实现繁荣。

就像刚才所描述的问题那样，在技术创新方面，由于两种相关成本间存在巨大的差距，问题变得更加严峻。例如，在计算机软件公司中，最成功的公司每年在研发上的支出甚至可以达到收入的20%，但是给附加用户提供一个新的计算机程序副本的边际成本却是微不足道的——可以说是九牛一毛。在一些艺术领域，这种差异可能很大。例如，在剧场上演一个新剧目的成本占了剧院一年运行成本的一大部分。但在其他艺术形式中，因为创意艺术家经常承受大量的沉没成本，所以花费在反复沉没成本中的投入可能并不那么庞大。

在此，供给过程的另一特征变得至关重要。在许多艺术领域，中间商起着重要的，并且常常是不可或缺的作用。我们刚刚探讨的由中间商所产生的沉没成本是以最极端的形式出现的。这在大众媒体上表现特别明显，我们以制作和发行音乐唱片的公司为例来说明。在流行音乐方面，正如我们之前提及的，宣传新唱片的视频投资有可能是巨大的——它的花费能超过100万美元，包括表演艺术家创作在内的大部分剩余费用，实际上都产生于唱片的生产过程中。这些费用全部加起来会是一笔巨大的沉没成本，但是当其他唱片生产出来时，沉没成本可能会被重复计算。事实上，音乐表演和计算机程序之所以刻录在光盘中，很明显是边际成本在发挥作用。电影领域也会产生类似的联系，每生产一部电影就要支出几千万美元，这是司空见惯的事。但是在家里用VCR播放的电影录像带的生产成本是可以忽略不计的。

即使由于沉没成本和边际成本不同而带来的财政问题对于赋有创造力的艺术家本身来说并不具有明显的重要性，但于中间商来说却是不一样的。进一步来说，在艺术领域，中间商的重要作用在于当某种类型的企业出现问题时，他们最终将影响整个行业。中间商的资金问题也不仅仅局限于其自身。最终，这些资金问题也会导致其他企业面临同样的问题——作曲家、编舞者和其他利润相关者。

11.3.2 著作权以及创造性活动补偿的定价

当然，版权就是一种工具，发明这种工具是为了保护具有创造力的艺术家的权利，并且激励其创作。在实际中，这对于“流行艺术”的创作者具有直接帮助。众所周知，对于在一些不知名的场馆中工作的艺术家来说，市场是相当有限的，但是大众媒体的支持会间接影响到这些艺术家。大众传媒愿意并能够付出多少取决于它们能够从流行艺术活动中获利多少，也取决于版权法对这些收入的保护程度。

最近新经济的发展给保护力量施加了不少压力。在新经济所取得的众多成就中，最引人瞩目的是复制的便捷性，它使得成本低到可以忽略的程度，并且提高了复制材料的传播速度和效率。复印机已成为出版商的绊脚石，互联网也给音乐唱片制作者带来了冲击。这非常像一场防止不正当复制与复制者的技术竞赛，其结局是不可预测的，但双方的相对地位很可能随着优势从一方转移到另一方，并随着时间的推移反复。

一个极端的结果可能是该领域当前的商业机构瘫痪和业余爱好者入侵，业余爱好者这么做是出于兴趣而非利益。在Linux操作系统的研发过程中，免费软件（“共享”）的应用可能就预示着这样的未来。微软、一些影业公司和唱片公司的繁荣暗示着免费软件的时代还没有到来，并且表明这些企业通过技术设备和法律的支持，设法阻止盗版。这种做法对保护主要供应商的财务利益是有效的，但是困难在于这种保护是否会扩大到其他领域。无论著作权的初衷是多么好，它毕竟是一种垄断，问题也通常归结在定价上。理想情况下的版权持有人允许收多少版权费呢？

如果问题仅仅是追偿沉没成本和按标准资源分配效率，那么经济分析则提供了一个解决方案，也即我们所熟知的拉姆齐定价理论，次优定价和企业收入保持一致。在需求的交叉弹性为零的情况下，供应商的社会理想产品定价完全超过边际成本，边际成本与产品的需求弹性成反比，直到增加的收入足够可以弥补沉没成本。对于中间商来说，这可能是正确的解决方案，但正如我们很快就会看到的，这里理想的定价策略会陷入另一种复杂情形中。

在理解这个问题之前，介绍关于具有公益属性艺术品的拉姆齐定价理论可能会有所帮助。在极其理想的纯公共物品情况下，如在不拥挤的剧院增加观众，或者一首诗、一幅画增加额外的读者和欣赏者，这样增加使用的边际成本为零。最简单的拉姆齐模型的次优定价法理论是：

$$\frac{P-MC}{P}=\frac{P}{P}=1=\frac{1}{E}=E=-\frac{\frac{dQ}{dP}}{\frac{P}{Q}}\text{或}\frac{Q}{P}=-\frac{dQ}{dP} \qquad (11-1)$$

也就是说，在这种情况下，次优福利的解决方案是制定价格，并促使销售量恰好是单位弹性需求。这意味着产品的需求量对绝对值价格变化的反应越敏感，那$-dQ/dP$的值就越大，价格降低与销售量相关。更直观的解释是，这样做的目的是提高定价，使其高于最优定价以便来增加收入，支付不可避免的费用。但是定价高会导致产量和最优产量出现差距，最优产量对应的价格为零。这也意味着价格应该为正，当这些商品价格降至最低时，需求量也会发生很大的变化。

另一方面，价格制定的目标是为了偿还债务，还是鼓励创新，这一点我们不知道答案。有些艺术家受到诱惑认为“价格越高越好”。可以想象的是，资源会更多地配置给从事创造性活动的人才。在技术创新领域，这种现象也很明显。在这个领域，大部分劳动力仍然从事一般产品的生产，而不是创新产品的生产。也有经济学家认为现在新经济的压力容易造成资源过度配置给创新，因为仍可用但过时的资产价值的损失是创造性破坏所必备的。A的创新很可能使一个属于其他个人而不是她自己的资产过时。因此，创造性破坏具有负外部性，与自由市场中的其他外部性一样，很可能导致产品外部性产出过度。

艺术领域从不缺乏创造性活动，戏剧创作也从未松懈，绘画（尽管质量参差不齐）产量颇多。很显然，问题已经不再是进一步刺激供给，而是创造一个场所，在那里可以观看和欣赏艺术创作活动的产品。总之，我们不能确定著作权对艺术家的影响，尤其是在新经济中，有创造力的艺术家是如此依赖于市场力量，但目前尚不清楚版权应该如何定价。

11.3.3 有效元素定价原则

从以上讨论可以清楚地看出，确定版权输出的合适价格并不是个人艺术家补偿的真正关键性问题，而是巨大的中间商——影视制作、电视广播和音乐唱片的生产商和分销商——这里的问题才涉及实际利害关系。不过，问题不在于打破垄断力量，因为即使产品有明显的异质性，竞争仍旧是驱使利益回到竞争力水平的强有力力量。然而，在新经济中，即使大众媒体有重要作用，但是其他方面的复杂性仍困扰着定价问题。当其他文化活动从业者希望追求工作利益时，可以重复使用受版权保护的材料。例如，电影和录制的电视节目往往被其他频道重播，音乐的录音被广播公司不停地播放。在某些情况下，用户是版权持有者的直接竞争对手。

现在的问题是，是否存在一种有效的版权定价方法。

答案是确实不存在这样的有效定价方法。虽然在这里我们不作讨论，但正在争论中的效果收益还是值得讨论的。从抽象经济学看，像技术发明或乐曲创作这样的知识产权是可以解释的，就像一些因素输入到某些生产过程，最后的产品包含了创新，或者像在演唱会或者电影中播放的音乐一样。现在，很明显，投入研发产品的公司，并不一定是最终产品的有效使用者，就像音乐的创作者不一定是音乐领域最有天赋的表演者。版权持有者对使用音乐唱片或者转播电视节目收取的费用，取决于版权是否会受到最忠实受众的影响。例如，一个作曲家，他收取很高的版权费，可能会导致在这个领域就只有他一个作曲家，即使他并不是最优秀的。

规制经济理论为知识产权的定价提供了范式，该等式被称为“有效成分定价规则”（ECPR），并产生了我们所称的“平价”。这个规则在规制经济的著作中引起了广泛讨论，虽然法律上没有通过，但是在一些国家的法院和监管机构已经得到认可。这是艺术经济学中一个重要的问题，在新经济学中它再一次出现。具体来说，ECPR要求许可证的价格必须等于著作权人的最终产品价格减去剩余投入所增加的成本，即价格满足以下规则：

$$P_i=P_{f,i}-I_{Cr,i} \tag{11-2}$$

其中：$P_{f,i}$是版权持有者，I是每单位最终产品的价格；min $P_{f,c}$是竞争者，C是最终产品的最低可行性价格；P_i是使用版权的支付价格（每单位最终产品）；$IC_{r,i}$是版权持有者维系最终产品投入时的增加成本（每单位最终产品）；$IC_{r,c}$是竞争对手相应指数；IC_i是使用自己的版权或者被他人使用所产生的成本。

等式（11-2）建立了$P_{f,i}$和ECPR定价P_i之间的紧密联系，也就是著作权持有者对最终产品的收费和向竞争对手收取使用版权的许可费之间的关系。如果增量生产的成本不变，效率就要使得这些价格的上涨必须与其他方面的价格等额上升匹配。等式（11-2）无需通过公平竞争定理来证明所有权规则的效率，如下所述：为了使“运动场”在版权所有者和任何特许之间达到平衡，通过等式（11-2）来表示受版权保护的材料价格就是充分且必要的。这意味着这两个公司完美替代品的获利价格与版权所有者（I）和其最终产品竞争者（C）之间的最大差异等于公司剩余增量成本（除去许可费）的差异。即：

$$\min P_{f,c}-P_{f,i}=IC_{r,c}-IC_{r,i} \qquad (11\text{-}3)$$

换言之，对于最低补偿价格来说，一个ECPR价格是必要的。竞争者通过前者低于后者的总量（正或负），同版权所有者可承担费用区别开来。竞争者可以承担费用来准确区别于版权所有人。这意味着竞争者会（或者不会）使用经许可的产品以及最终产出的市场，当且仅当它是更多（或更少）有效使用者的目的许可项目时。这清楚地说明了如何使用经济分析标准方法解决新经济崭露头角背景下艺术领域的效率问题。

11.4 大众媒体引发的问题

伴随着大众媒体的产生，艺术问题已经出现在新经济中，这些问题在文献中已经引发广泛讨论。有些人已经对此进行了分析，我将讨论两个问题。第一个是盛行的明星制度以及其对艺术收入分配的影响；第二个是开支的收缩和作为艺术家和表演家培训基地的二级表演场所的消失。

11.4.1 超级明星

当然，艺术领域中出现明星艺人、明星表演家、明星作曲家等等也不是什么新鲜事。在大众媒体时代，新经济培育了巨大的观众群体，这些明星也可以拥有众多粉丝。过去，观众以千的数量增长就非常可观了，而大众媒体时代，观众以数百万的数量增长。这意味着，明星的边际效益也许已经成千倍释放，从他们的报酬中就可以看出来。那些平凡但具有创造性的艺术家和表演者则期望获得更高的收益，因为代替品的出现，明星和普通表演家的收入差距越来越大，明星一般有能力影响作品以及作品的产出，但是很难说这种对作品的影响是好还是坏。

11.4.2 二级表演场的减少

虽然记录起来稍显困难，但前面提到的第二个问题比较容易评估。由于大众媒体使得观看明星演出的受众增加，许多二线场馆演出的需求直线下降。例如，歌剧演出曾经是一个普遍的活动，在整个大陆的剧院进行现场表演，表演者从一个城市到另一个城市，又从一个社区到另一个社区。如今，歌剧院已经停止营业了。更令人震惊的是私人住宅的业余音乐娱乐会也消失了。一百多年前，中产阶级家庭的几个成员就可以用相当不错的技巧演奏乐器。今天，孩子们仍上音乐课，但往往他们都是自娱自乐、自弹自唱，而且CD播放器为音乐家们提供了表演机会，他们真正需要的是倾听者。最终的结果是音乐培训场地的萎缩。另一个例子是对喜剧表演的影响。20世纪中期的知名喜剧演员，有Marx Brothers、W.C.Fields、Jimmy Durante、Burns和Allen，他们通过在马路上训练，不断地重复练习、与观众互动来提高自己的表演技艺。结果是，一些观察家认为经过他们打磨的作品不被近期的表演者所欣赏。现在兴起的喜剧有其他场地：例如，当地的喜剧俱乐部、喜剧中心有线电视频道，甚至是周六夜现场，在这个电视节目中，一些不知名的人已经成为明星。人们可能怀疑这样是否就可以保持原来的专业水准，也有可能会认为评价标准是偏好的问题。

然而，我的脑海浮现出一个具有启发性的类比。我和我的妻子Baumol和Baumol（1994）已经推测出，在18世纪的维也纳、德国大部分地区和奥匈帝国的作曲家都极其富有但随着德国的统一，多种就业机会的消失限制了作曲家的工作地点。在这里我的假设是，大众媒体的优势对艺术的传播也会有同样的效果。

11.5 结论性评论

本章的核心观点是，源于18世纪末工业革命的新经济确实对艺术产生了影响，通过各种不同的方式已经改变了艺术的生存环境，超出了早期人类生活的想象。新经济使得艺术的发行、传播和保存技术发生了巨大的变化。这导致了财务压力。可以说，它对从事艺术创意活动的标准和目标也都产生了重要影响，而且在新经济中，艺术也间接对经济结构产生了新的影响。这里我们的讨论都是主观臆断的、东拉西扯的内容，仍需要一些数据或者正规的分析。在我看来，艺术与新经济的关系还有很多值得我们用更严谨的方法去继续探讨。我希望其他人也可以沿着这个思路来研究这一领域。

参考文献

Aghion, P., Howitt, P. (1998). Endogenous Growth Theory. MIT Press, Cambridge, MA.

Baumol, W.J. (2002). The Free-Market Innovation Machine: Analyzing the Growth Miracle of Capitalism. Princeton University Press, Princeton.

Baumol, W.J. (2003). "Applied welfare economics". In: Towse, R. (Ed.), A Handbook of Cultural Economics. Edward Elgar, Cheltenham, pp. 20-31.

Baumol, W.J., Baumol, H. (1994). "On the economics of musical composition in Mozart's Vienna". In: Morris, J.M. (Ed.), On Mozart. Woodrow Wilson Center Press, Washington, DC, pp. 72-101.

Baumol, W.J., Ordover, J. (1977). "On the optimality of public-goods pricing with exclusion devices". Kyklos 30 (1), 5-21.

Baumol, W.J., Blackman, S.A.B., Wolff, E.N. (1989). Productivity and American Leadership: The Long View. MIT Press, Cambridge, MA.

Blaug, M. (2001). "Where are we now in cultural economics?" Journal of Economic Surveys 15, 123-143.

Frey, B.S., Pommerehne, W.W. (1989). Muses and Markets: Explorations in the Economics of the Arts. Basil Blackwell, Oxford.

International Intellectual Property Alliance (2002). "Copyright industries in the US economy". The 2002 report, prepared by Siwek, S.E. Available at http://www.iipa.com, accessed May 2003.

Peacock, A. (1992). Paying the Piper: Culture, Music and Money. Edinburgh University Press, Edinburgh.

Scherer, F.M. (2001). "The evolution of free-lance music composition, 1650—1900". Journal of Cultural Economics 25 (4), 307-319.

Scherer, F.M. (2004). Quarter Notes and Bank Notes: The Economics of Music Composition in the 18th and 19th Centuries. Princeton University Press, Princeton.

Throsby, D. (1994). "The production and consumption of the arts: A view of cultural economics". Journal of Economic Literature 32, 1-29.

Tovey, D.C. (Ed.) (1904). Gray's English Poems. Cambridge University Press, Cambridge.

Towse, R. (1997). Cultural Economics: The Arts, the Heritage and the Media Industries, 2 vols. Edward Elgar International Library of Critical Writings in Economics, Edward Elgar, Aldershot, UK.

US Census Bureau (2003). Current Business Reports, SAS/01, Service Annual Survey: 2001. US Government Printing Office, Washington, DC. Available at http://www.census.gov

White, L. Jr. (1962). Medieval Technology and Social Change. Clarendon Press, Oxford.

第12章

文化与经济绩效

Mark Casson

University of Reading，UK

李炎　胡洪斌　刘从水　黄莺　译

摘　要

文化被定义为拥有共同价值和信仰，能通过众多方式来影响经济行为。一个群体的文化，不管是一个国家、地区还是民族，都可以视为一种无形的公共利益。本章总结并评论一种积极的跨文化竞争理论。按照此理论，文化领袖创造了文化，并把文化分享给他的追随者。领袖争夺追随者主要是为了从他们的团体中获取财富增值，这些财富可能是金钱，但大多数并非金钱。例如，照此理论，通过竞争获得公共项目，可美化领导者和他们的团队。主要有四个维度影响文化绩效，社会群体所处的环境也会对它有一种制衡。一种积极的理论会对各种社会机构和组织的兴衰形成有力的解说依据。

关键词

文化，机构，领袖，交易成本

JEL Classification Codes

H8，D7，P5

12.1 引 言

普遍认为，文化对经济绩效有显著的影响（Buruna，1999）。虽然大多数经济史学家赞同这个假设（Landes，1998），但是经济学家们持怀疑态度。他们质疑这种知识严谨的基础理论和客观证据。在《国富论》中，Adam Smith把先前在他研究工作中占据显要地位的文化因素弱化（或降低其重要性），后来的经济学家们很大程度遵循了Adam Smith的研究成果（Macfie，1967）。然而，近期对于文化中经济学理论的研究复苏了（Olson，2000）。本章试图以更强的严谨性来回顾这一问题，认为基于传统的新古典经济学，理性的行为模型可以被扩展到文化因素的影响。此模型表明，某些特定的文化要比其他因素更能促进经济发展。

文化可能被视为某种经济资产——文化资本的一种形式。这是可以供社会成员共享的无形的公共利益。下面分析确定了文化影响绩效的四个维度。

- 个人主义与集体主义。
- 实用主义与程序主义。
- 可信任度。
- 可延展度。

个人主义强调了个人自治，并与前英国首相撒切尔夫人的观点相呼应。撒切尔宣称，根本就不存在“社会”这种东西。而集体主义声称，人们自然或不自然地被融入更大的“群体社会”中。实用主义主张即兴创作和天赋抉择，而程序主义则强调对规则的依赖。不管人们是否受到监督，高信任度意味着假定别人是诚实的、勤奋的；而低信任度反映了一种信念，即人们会抓住每个有利可图的机会来推卸责任和欺骗。可延展度反映了人们追求的成就水平，及其想要成功的决心。

该分析区分了物质意义上的经济绩效和整体生活质量上的绩效。生活质量取决于情感和物质激励。文化不仅仅是在追求物质激励，同样也是精神激励的源泉。增加精神激励也可以促进物质激励，即使是一个团结上进的团队对精神、物质也有取舍。例如，虽然宗教鼓励的祷告和禁食会降低物质绩效，但是却能改善生活质量。对物质生活水准的测量偏差，会进一步增加其复杂性。市场经济所衍生的非市场经济物质条件，因其产出比例较高，被纳入到国民经济的统计中。

文化对生活质量的积极作用显而易见。人们的生活质量在很大程度上依赖于提供的无形的公共物品，如设施便利、街道安全等。文化不仅是一种公共物品，而且有助于民众支持对其他公共物品的投资。然而，更具挑战性的是，文化可以提高私人物品的物质输出，而这一点恰恰是本章关注的焦点。此外，因为物质绩效比生活质量更容易衡量，文化与物质绩效相联的假设在原理上梳理起来要比实际测量容易。

高压刺激竞争，往往会破坏信任。有时我们认为信任通过反复的相互作用自然产生，但在此情况下，自私的人在最后的“重复博弈”中有强烈的动机作弊。如果信任是普遍存在的，它不能被看作是自然产生的，但必须被规划和设计（Casson，1991）。正如下文所解释的，信任是通过道德领导产生的。从这个角度看，缺乏信任反映了领导的稀缺性——事实上，有理由相信大多数国家缺乏一个合适的领导者系统。法西斯战争遗留下的领导力概念已经声名狼藉。这就阻碍了通过教育系统产生道德领袖。家庭和当地社区在培养未来领导者的人选上投入都不够。此外，有人认为，大众媒体的增长已经扭曲了潜在的领导者之间的竞争，候选人们只是诉诸狭隘的自身利益。有种说法是，在过去二十年中，无效的道德领导已经削弱了西方经济的实力。个人主义和高压政策一直被奉行，他们破坏了信任，创造了一个受到犯罪和反社会行为破坏的消费型社会。破坏的信任产生了协调成本，侵蚀了物质绩效，并严重降低了生活质量。

如果这个经济理论是正确的，它对事件的判断是正确的，那么政策的含义是，国家必须提高道德领导的供应。像神父、政治家、哲学家、艺术家等知识分子领袖，在激发政治和商业领袖的想象中扮演着重要角色。在一个成功的社会中，这种知识分子领袖会倾向于接受一种高信任度的高压文化。

本章共分为4个部分，第2节介绍了基本概念和定义；第3节概述了文化的经济理论，关注群体之间的竞争；第4节探讨了文化的关键维度；最后一部分探讨更广泛的方法论和历史问题。

12.2 基本概念和定义

12.2.1 文化的定义：文化是公共财产

在当代众多的经济问题中，文化是一个重要的因素，如：

- 欧洲货币是一种政治统一的象征吗？
- 将公共服务外包给私人企业，会破坏公共服务伦理吗？
- 到底什么是“消费主义”？消费品牌通过做广告大肆宣传“生活方式”来欺骗消费者的期望值有用吗？如果有用的话，重要吗？

本章的目的是在这些问题的共性中定义文化。因此，文化被定义为与基本问题相关的共同价值观和信仰，以及它们的表达形式。这说明文化有三个主要方面：

- 价值观，代表文化的道德层面。
- 信仰，代表自身内在的信念。
- 表达形式，表达象征和艺术的方面。

这些价值观、信仰和表达形式是社会群体中所共同拥有的。

可以看出，这种研究文化的方法比在艺术经济学中的应用更为普遍。艺术往往被认定为“高雅文化”，包括通过人工制品（如绘画、书籍）和表演（如戏剧、仪式）表达情感。正如上面所定义的，文化不仅关系到情感的反应，而且要有相当独立的见解，如科学主题。此外，它包含的不仅仅是表达，还包含了观念的形成和传播。

文化是无形的财产。文化价值观和信仰可以共享，这表明文化（如知识）是具有公共利益的财产（Reisman，1990）。事实上，一个人拥有一种信仰，并不排除另一个人拥有相同的信仰。因此，在文化消费上没有竞争。文化可能是一种财富，因为它具有内在价值，或者因为它是实现其他目的的工具。人们可能会看重某些信仰，因为拥有这些信仰使他们快乐（Layard，1980；Easterlin，1998）。人们可能纯粹将其他的信仰作为工具，例如，持有正确的信念，可以消除错误，从而减少浪费，继而提高物质生活水平。人们遵循的也可能是一种负面文化。有些信仰令人不快因为它们是错误的——可能是毁灭性的。因此，消除负面文化与投资文化产业是同等重要的。

12.2.2 文化的多样性

文化多样性是一个相当有争议的话题。传统经济理论认为，文化是一个简单的信念最终将归结于正确信仰的学习结果。根据这个理论，有一套正确的信念，每个人都将最终同意，拒绝学习的群体将无法生存。经济成功的唯一文化保证是正确的经济理论和政策的实施。一些经济学家似乎认为，正确的理论归结几乎是瞬时的。例如，理性预期理论认为每个人都拥有正确的信仰，因为他们已经知道了真正的经济模型（Lucas，1981）。

简单的经济模型，如理性预期假设信息不用花钱就可以收集和交流，且易于验证。这些零成本信息假设错误的信仰将被消除，而正确的信仰将留存，这一预测很关键[①]。然而，任何值得称道的文化经济理论都必须认识到信息成本的重要性。虽然知识是一种公共利益，但是分享知识是昂贵的。没有人能完全获得所有可用的知识。收集信息的成本意味着每个人都以有限的信息为基础。最优搜索理论表明，一旦收集到一定数量的信息，再收集更多以完善自己的信仰就是不符合成本效益的，因此，信仰基于的是非常有限的信息量。[②]信息的获取可以通过集中信息来提高，但这需要人与人之间的沟通，这也是昂贵的。通常更有效的方法是让别人为自己发现一些东西，而不是告诉他们预期目的，从而产生其他成本。信息来源通常是局部的，这意味着当人们依靠自己的资源，不同的群体在不同的地方有不同的信息。每个群体都会从自身的经验中归纳出基本观念，这会导致产生不同的信仰，所以就会出现文化的多样性。

文化多样性很可能随着时间的推移而减弱。许多信息都是行动的副产品，它是通过“边做边学”获得的，额外的信息可以通过科学实验被捕获。因此，每组可获取的信息可能会越来越相同。信仰还可以比较，通过一个过程加以完善改进。以这种方式积累的知识，结合关键性的辩论，能够促进共识的出现。然而，多样性不能被消除，因为在某些关键问题上缺乏决定性的信息。确凿的证据不仅是用来说服信徒的，还要说服持怀疑论者。大部分用于社会科学的证据是难以复制的，因为它不在完全受控的条件下收集。因此，要说服怀疑论者缺乏客观性。缺乏客观性在调查基本问题中更为严重，如意识的起源、智力的不平等，以及“自然”和“培育”的相对重要性。缺乏客观性使人们能够保持依附于自己的信仰，而不是别人的经验。

在价值观领域的分歧更难以解决。一些价值系统可以被批评为缺乏一致性，但不是每个人都会接受逻辑一致性是一个价值系统的要求。宗教价值体系常以富于启示和神圣性的文本为权威，但世俗的批评家否认其有效性。多样性的价值观而非多样性的信仰，往往是更持久的。[③]

综上所述，保证信息质量的基本问题是：尽管越来越多的信息在世界经济中流动，但文化融合在一个单纯的模型中不太可能实现。例如，互联网的传播，可能会促进整合相对肤浅的消费广告品牌，但它不太可能促进更根本的整合。事实上，特殊问题游说团，如反全球化抗议团体，通过互联网来增加对官方信息质量和完整性的怀疑，这是新的文化多样性的来源。

12.2.3 模式化

同一类型的特定群体的文化存在着差异，这些差异通常以特定模式表达。这种模式仅仅是对一个社会群体的简单概括，却忽略了其群体内部的多样性。这是一种群体组织的统一称号。一个组织的成员普遍认为自己的群体比其他的群体更优越（这部分地解释了为什么他们乐于留在群体中）。事实上，竞争群体往往采用负面的模式化印象，相互竞争是为了证明他们的独立。因为这个原因，模式化往往被谴责为导致团体之间不信任的原因。然而，对于任何既定的群体，不同的外部群体往往持有类似的意见。尽管模式化忽略其内部多样性又经常与其他意见敌对，但是对内部群体仍然有用，因为它们通常包含重要的见解。[④]

---

① 理性预期经济学的方法是最近的一个创新，与传统主流做法很不一致，参见 Leacock (1998) 和 Viner (1972; 1978)。

② 值得注意的是，最近的研究已经把成本的合理性引入了理性预期模型，参见 Ginsburgh 和 Michel (1997)。

③ 对价值观多样性影响的进一步讨论参见 Baxter (1988)，Hahne 和 Albert (1990)，以及 O'Brien (1988)。

④ 用民族模式化来分析经济绩效，参见 Casson (1990)。

12.2.4 作为资产的文化

文化是一种持久的资本：价值观和信仰都是由个人记忆的，通过父母的教育传播到下一代。当文化记录在书籍中，体现在艺术和器物上，以及融入仪式和惯例中时，教育就加强了。文化的持久性被一些作家认为是“过去的死亡之手”。从童年获得的文化是不成熟的。由于对父母的忠诚，对他们的“根”的关注或者变化的恐惧，人们变得非常依赖他们早期的信仰。信仰不与时俱进导致了文化发展与现实之间的脱节。这个观点忽视了人们经常审查青春期或他们当初信仰的事实。它还暗示着一个非常古老的文化与比较新的文化相比较是不太合适的。另一种观点认为，文化不断适应变化的环境，但滞后于环境的变化。也有人认为，军事打击的创伤会带来文化信心的覆灭。战败群体有时可能采用他们的征服者的文化，从这一点上来说，能够存在下去的文化不是因为惯性，而是因为其所包含的信仰更正确或比所替代的那种文化更成功。

应对文化变化最有效的方式是，通过重大事件和新发现，来进一步更新其文化信仰。监测环境和更新信念是一项复杂的任务，然而也可从专业化中获益。群体中的每个人都不可能不断地重新审视自己的信仰。要了解文化的变迁，就要了解社会群体内的劳动分工。

12.2.5 社会群体的类型

社会群体作为共同文化的载体，是文化分析的基本单位（Newman，1983；Pryor，1977）。从文化的角度来看，最重要的类型在表12-1中列示出来。人们在出生时获得国籍，当他们达到可以自己做决定的年龄，可以选择他们所要工作的公司、想从事的职业（如果有的话），以及他们想要加入的俱乐部和社团组织，他们还可以决定是否加入教会或成为一个政党的成员。在做这些决定时，他们肯定了他们从家庭和朋友中获得的某些价值观和信仰而拒绝接受其他的价值观和信仰。

表12-1 社会群体的类型

类型	成员
民族国家	本土公民或移民，驻地纳税义务人
市场	所有与市场产品相关的买家和卖家，尤其是那些相互竞争的卖家
关系网	成员之间定期的接触——经常通过现有成员的介绍
营利性组织：公司	谈判伙伴；核心成员定期提供服务，如股东和雇员；客户可能是定期的、随意的或一次性的购买者
非营利性组织：俱乐部、教堂、慈善机构、政党等	成员经申请、邀请、资格评审或选举产生
当地社区：朋友、学校等	居住地附近的人
家庭	亲生或收养成员

在一个高度压力的社会中，归属一个组织意味着重大的承诺；在高信任度社会中，会对不遵守这些承诺的行为有情感的处罚——使人因为不忠诚和缺乏坚持不懈而感到内疚和羞愧。在组织中有不同的角色，有更高地位的角色也要承担更大的责任。社会地位高的人可以要求该组织其他成员的尊重。此外，不同组织之间的地位也存在差异。某些组织是任务导向型的（如公司），另外一些是支持导向型的（如家庭），尽管大多数类型的组织是兼具二者的。在任务导向型的组织中，消费者和顾客通常不是生产者；而在一个支持导向型的组织中，消费者通常就是生产者。在一个慈善机构中，提供资金的捐赠者与受益人或客户是截然不同的，而在一个支持性导向的组织中，成员间是互相支持的关系（Bolnick，1975）。

客户通常对任务型的组织有较低的依恋程度。客户可能只是偶然接触了一家公司，然而工人每天都要参与工作。提供资金的人通常比那些提供劳动力的人少依赖于一家企业。大型公司的股东可以很轻易地卖出股权并得到投机收益，而员工可能为了生活工作，同样，慈善机构的捐助者通常不及志愿者熟悉慈善工作。工人之间也有差异，有些人可能是永久全职工作人员，而其他人可能是临时的兼职工作人员。在一个高信任度的社会中，很容易得到工人和志愿者们的承诺；但是在低信任度的社会中，人们更倾向于少承担、少参与。人们更愿意对慈善机构付出钱而不是时间，而且只愿意承担临时工作。股东担心他们的钱使用不当。

有些机构有规范的组织结构，这样它们规模很大而且存在时间长。正规的机构有制度化劳动分工，由办公室进行人事任命；有些岗位是轮换的，通常由选举产生；其他一些小组是非正式的。例如，一个市场由进行市场交易的所有人组成——无论这个市场是一个空间位置、一个商业出版物，还是网站。虽然进入市场可能是免费的，但交易者必须遵守规则、执行合同。网络更是非正式的，它只不过是一群经常联系的人（Putnam，1993）。关系网通常受到声誉的影响。低信任文化需要正式的规则和程序，而高信任的文化是更灵活的：正式和非正式的系统都可以使用。关系网分享的信息是有用的，特别是在企业家之间。高压文化关系网可以促进创新，低压文化可能只会简单地促进共谋。

12.3 走向文化经济理论

在这一点上，现有的讨论观点只是采取了已有的社会学和社会人类学的见解，再通过经济学的术语表达出来。研究文化的经济方法的进一步发展需要对文化之间的竞争进行专门分析，因而要对各个社会团体采用的竞争策略进行阐释。本节概述了一系列的假设，旨在提出一个正式的文化竞争模型。

12.3.1 领导者

领导是一个群体中最重要的角色。领导者通常管理一个群组的外部关系。外来者会说："带我找到你的领导"，因为他需要同一个团队协商义务和责任。领导者要求成员的忠诚度，以保证承诺的兑现，并保持集团的声誉。领导有权驱逐违反纪律或不忠诚的人。

领导的逻辑很简单。在一个高度复杂和不确定的世界里，人们不能解决每一个问题，特别是不能轻易回答关于世界未来和个人命运的基本问题，收集和处理所有相关信息的成本也非常高。这个社会需要如牧师和政治家一样专业的领袖。即使这样，他们的回答也不可能是明确的。由于以不同的信息为基础，以不同的文化为主导，导致了不同的领导对同一问题有不同回答。领导者还提供更具体的问题的答案，因此公司的领导者会决定什么类型的产品是市场最需要的，慈善机构的领导者会决定什么样的人最需要帮助。领袖是在处理相关信息时被视为那个具有比较优势的人。也许通过与外部的接触，他可能有特权访问特定的信息。或者，他可以要求更好地解释信息（Casson，2000）。

领导风格各有不同。一些有魅力的领导者寻求多加宣传，而有的人则相对低调。一些领导者甚至试图掩盖自己的身份——如在间谍圈中心的一个煽动者。群体可以在没有领导者的情况下实现“自发秩序”是一个神话，这是一个共识。这仅仅是因为还未能认识到真正的领导存在的意义罢了。

领导需要非常稀缺的才能，因此许多领导者并不缺乏胜任这份工作的能力。成功的领导者必须证明追随者对他们的信任。对领导者已经失去信任的追随者对其来说是没有价值的，因为成员不再感到安全，也就无法继续提供好的建议。另一个领导者可能会“从普通成员的行列”中出现，并构成一个竞争对手的权力来源，如一个英国商店的激进的管家。现任领导者如果不能任命一个继任者，那么竞争对手的领导者可能会组织一个革命来推翻现任领导者。

12.3.2 组织间的竞争

一个善于表达的领导者为他们的追随者提供了一个可以实现的愿景。通常，愿景往往以艺术的形式给人一种整体印象，没有透露太多的关键细节。这种模糊性的理论基础在于，在项目达到它的目标之前，很多情况都可以改变，所以这对最终结果的明确可能是一种误导。事实上，一个项目越是雄心勃勃，它完成的概率越高，所以在初始阶段那些模糊的问题都将最终被明确。愿景的一个关键特性是它能够引起追随者的情绪反应。这样的情感常常被描述为“美”、“荣耀”（作为伟大的球队赢得胜利）或“敬畏”（如创建一座不朽的建筑或工程）。

参与每个项目都会涉及合同——通常是一个以信用为保障的隐形合同，但有时也会有正式的受法律支持的合同。这样的合同有一个重要的心理维度。领导者强调，对那些作出最大努力的人来说，得到的奖励是最大的。每个追随者都知道他们有多少努力来致力于这个项目，他们付出得越多，获得的奖励就越大。这些奖励有两个主要来源：第一个是被吸收到有价值的项目中所获得的满意度，而从这一点来看，职工并不知道周围的环境或感觉到时间的流逝；第二个是一种自豪感和满足感，当他们结束工作休息时，不仅要反映他们已经达到的成绩，而且也要反映项目完成时所取得的成就。追随者知道他们已作出一点努力，会得到一些小的奖励，而那些故意逃避的人会感到内疚，并希望他们从来没有加入过。

一个高效的领导者会对追随者的努力表示赞赏。但领导者无法做到总是非常准确地监控个人的努力。某些类型的工作可以通过测量产出量来评定奖励，这种问题可能会被克服。但产出可能不仅仅只与个人努力有关，尤其是在大型的团队中。因此，在激励团队工作时，“心理契约”是特别有价值的。然而，团队工作不仅仅是一个努力的问题，在任何项目中忠诚都是很重要的，尤其是在团队中，成员的损失可能造成破坏性的影响。每个新成员都必须学习领悟他们的角色，而培训的成本通常是由领导者承担。一个人在一开始对这一项目的情感依恋越强，结束时的内疚感就会越强。

因此，当一个人决定是否追随一个领导者时，他必须知道将如何应对愿景，以及如何实施执行。因此人们需要知道自己的能力和自己的情感特征。如果这些特性被错误地评估，那么在个体和团队之间会产生错误匹配。这反过来会导致在物质上和情感上的资源浪费。经济学通常认为，个体对自己的个人特征拥有完整的信息。然而在实践中，他们并非如此。在新古典主义经济学理论中，不对称信息通常被解释为一个人知道自己的特点，但其他人并不知道。然而，也可以按不同的方式解释这个概念——别人知道一个人的特征比他们自己知道的还要多。对于情感特征的注重突出了这一点。大多数父母对孩子的情绪有一个更好的理解，而不是孩子自己。许多人成年后情感上仍然“孩子气”（甚至“幼稚”），所以除了家庭成员还有朋友都可能会比这个人本身更多地意识到他的情感特征。事实上，Frank（1985）认为，生物证据表明，人们自己的情绪信号通过面部表情和姿势表达出来，他们无法控制这些情绪信号。同样，弗洛伊德一派的精神分析学家认为人们升华自己的情绪是为了掩饰自己的感情。人们不仅缺乏自我认知和自我意识——他们也系统地否认特定情绪的存在。

在不确定自己的相关特点以及在领导者和其他成员的行为具有不确定性的情况下就加入一个团体的行为是有风险的。人们对自身特点不确定，为一个貌似能干的领导者提供了一个很好的判断他们性格的机会。领导者可以邀请那些他觉得是正确的人加入其组织，对自己的特点感到非常不确定的人可能会以积极的方式来回应这样的邀请。一个诚实的领导者可以把这样的追求社会价值的项目变为良好的机制优势，但同样明显的是，一个肆无忌惮的领导者也可以利用脆弱的追随者。最脆弱的人是那些没有意识到自己的不确定和对别人偏信且很容易被看出来的人。那些能力有限的人显然是特别脆弱的，所以很明显，其他的领导者不会过多青睐于他们。他们可能会受到一些诚实但高度无私的领导者的赏识，并希望消除他们在那些肆无忌惮的领导者的带领下所感受到的信任感的日益下降。

12.3.3 领导者之间竞争性质的变化

领导者之间的竞争性质从根本上改变了通信和媒体产业的发展——从十八世纪印刷业的增长到电影的扩散，到20世纪广播和电视的普及。最重要的是，摄影、电影和视频技术已经降低了图像传播成本，使其日益在宣传和说服过程中起到重大作用。图像消弭了对于读者文化水平的要求。它们利用一种自然的视觉语言，超越了任何特定的书面语言，从而促进了一个大规模的多语言观众群体的形成。[①]

消费产品非常容易通过描绘消费者放松和自信的画面得到推广，对于能够提供社会基础情感诉求的简单产品来说，这样做特别有用——例如化妆品和酒精饮料。一个视觉命题具备多语言适用性对面向跨国消费者的品牌是有益的。面孔能够吸引眼球，特别是辨识度高的面孔。这支持了通过名人代言的想法。

如果消费者把钱花在慈善事业上，而不是花在自己身上，商业广告是不可能增加他们的消费的。一个典型的产品广告的隐性消息导致了低信任度成为一种常态。同样，许多消费者在社会消费中体现了诸多产品的购买都是源于广告的冲动。

说服消费者购买商品的视觉形象的优化需要非常高超的技能。广告及公共关系创意工作者可以支配大量的广告位租金。大多数现代社会报纸、杂志、广播和电视严重依赖广告收入，而不是销售和订阅。他们有一个强大的金融动机来吸引观众，后者容易受到广告商的消息影响。广告商使用“简单化”的内容最大限度吸引容易受视觉吸引的观众。

总而言之，竞争性个人主义特点形成的现代社会难以充当道德领袖的角色。而视觉图像的力量偏爱某些类型的慈善项目，如儿童贫困或动物福利。视觉媒体的关注度对社会信任度高的文化价值观有偏见。

① 进一步从经济的角度来看文化和语言之间的联系研究，参见 Jones（2000）。

12.4 文化的关键维度

12.4.1 文化变化的四个主要维度

文化必须解决的基本问题有很多。其中一些非常普遍，如“人们真正喜欢的是什么”，也有一些更具体的提问，如“你可以信任谁”和“如何激励人们”，其他问题包括“自然的组织形式是什么”和“技术进步能走多远”。因此，描述一个完整的文化是一项非常复杂的任务。

一个简洁的文化理论必须要确定维度及文化差异的大小。通过关注文化对经济影响的表现，可以得出文化的四个主要维度。在一开始我们就介绍了这些维度，并在表12-2中概括出来。文化的四大分类，是在Casson（1993）分类细化的基础上提出来的。

表12-2　　文化的四个维度

竞争性个人主义的维度限制	乌托邦式的维度	与Hofstede相对应的维度	优化组合
个人主义	集体主义	个人-集体主义	唯意志论
实用主义	程序主义	低不确定性规避	良好的判断力
低信任度	高信任度		必要的信任
高压	低压	女性化-男性化	必要的自信

注：只有三个Hofstede的维度出现在四个维度榜单上。失踪的Hofstede的维度，可视为混合元素相结合的“低信任度-高信任度”的元素。

（1）个人主义与集体主义。个人主义主张自治，每个人都看重个人的“生活方式”（Earl，1986）。协同的信息是广泛存在的，冲突是个别的。集体主义认为，我们生来就是社会的一部分。即使作为成年人，我们的生存仍要依赖别人（Ekelund and Tollison，1997）。

（2）实用主义与程序主义。实用主义者基于广泛的个人经验，在决策中相信直觉判断。直觉也可以通过与其他人非正式的谈话获取。最好的决定是及时作出的。一个人应该对自己的每个决策负有最终的责任。程序主义者相信，决定是遵循正式的程序产生的，其设计的基础理论主要涉及客观信息的系统收集。使用委员会可能会延误决策，但会“使它更正确”。

（3）低信任度与高信任度。社会信任度高的个体相信别人也会诚实、努力、忠诚和信守诺言，即使他们没有物质激励。低信任度个体相信别人是由物质激励引导的，因此经常撒谎、欺瞒或逃避。

（4）高压和低压。高压环境中的人喜欢雄心勃勃的项目，而低压环境中的人喜欢简单的项目。高压环境中的人有压力，因为他们有较高的目标，并对失败感到羞愧。相反，一个低压环境中的人是放松的，因为他们的目标是低的，他们会把失败归咎于他们控制之外的因素。低压环境中的人喜欢以自发的方式做事，这通常会产生反社会的后果（Casson，2002），虽然这是一些经济学家赞同的方式（Scitovsky，1976）。

还有许多其他文化的分类被设计用于不同的目的，但Hofsted的分类，在管理和组织研究领域有特别的影响，特别是与绩效问题有关（Hofstede，1980；Graham，2001；Graham，2001）。Hofsted的分类是将因子分析应用到大规模跨国公司，他没有从第一原理演绎他的分类，但还是比较有用的。有趣的是，他也提出了四个维度，一些（虽然不是全部）对应的理论分类见表12-2。

12.4.2 高绩效文化中的权衡

然而，以企业家联合主义作为独特的高绩效文化存在三个问题。第一，在任何一个问题的解决中，四个极端值的结合恰巧是一个最佳选择的情况是极为罕见的。有充分的理由相信在每一个四维空间里都有一个权衡。[①]典型的权衡结果是表12-2中列出的情况。将每个维度依次总结如下：

1.唯意志论：鼓励个人在自愿的基础上将他们的资源转移到某些可信任的大型机构。个人喜欢集体项目，但更愿意选择他们参与其中的项目。

2.良好的判断力：程序适用于处理频繁短暂的轻微冲击。在处理持久性的重大间歇冲击时，即兴创作是必需的。成功的即兴创作需要良好的判断力，这是基于广泛的经验的。

3.选择性信任：信任降低，协调成本增加，天真地相信是没有价值的。高信任度均衡就是，大多数人（那些值得信赖的）可以互相识别和交易，而少数人（那些不可靠的）完全不能进行交易。信任是通过道德领导建立的。领导者需要忠诚和努力工作的人加入他们的团队。

4.必要的自信：高压能够使任务型项目达到预期的结果。但高压无法无限期地维持下去。一个高压的人在一个安全的环境中能够很好地放松，这使得他们能够反思自己，并从错误中学习。低压的人喜欢在工作的过程中浪费时间，并在放松时也能够有很多乐趣。

唯意志论、良好的判断力、选择性信任和必要的自信的结合被称为精致联想心理学，并可能被视为最准确地描述最优文化性能的观点。

选择的第二个困难是在联合主义上没有任何形式对应最成功的经济体。因此可以认为整个理论会可预见地失败。然而，这为第三个观点提供了线索，权衡所处的恰当位置可通过文化的竞争来反映当地的情况。例如，一个团队可能会有优秀的道德领袖——“关键人物”，能够在需要改变的关键时刻作出正确的干预，而另一个团队可能没有这样的领袖。

全球化也降低了贸易伙伴之间的信任，本地的贸易网络中断了国外竞争的出现。社会信任被侵蚀，如为移民贿赂当地的海关。通信全球化促使生产率较低的经济体的人们意识到创新和出口导向型增长的机遇。

文化经济理论预测，文化将在空间和时间上适应环境。这符合基本的经济直觉，恰如上面所提到的，一个成功的文化必须符合集团面临的现实情况。随着环境的变化，最优文化也发生变化以适应环境，由竞争对手之间的竞争驱动。

12.4.3 提炼文化的维度

做文化研究的社会学家确定了一百个不同维度的文化。此外，跨国产业政策差异文化分析，已经表明其他维度的差异（Foreman-Peck and Federico，1999）。几乎所有这些额外维度都可以被归入四个关键维度。表12-3列出了一些文化维度，包括了许多被引用最频繁的维度。

---

① 许多学者已经意识到权衡的重要性，参见Hampden-Turner和Trompenaars（1997）。

表12-3 文化的分维度

有利于竞争的个人主义特征	有利于乌托邦式团结的特征
个人主义（I）	集体主义（C）
个人主义的	系统的
动态的	静态的
增值的	激进的
民主的	精英的
市场主导型	规划的
效率导向型	股权导向型
消费者导向型	生产者导向型
实用主义（G）	程序（D）
经验主义	理论的
结果导向型	基于流程的
冒险的	规避风险的
艺术的	科学的
个人的	非个人的
低信任（S）	高信任（T）
无原则的（道德怀疑）	宗教的
世俗的	利他主义
自私的	协商的
侵犯的	有序的
高压（H）	低压（L）
有抱负的	自满的
慎重的	自发的
乐观的	悲观的
自信的	不确定的
进步的	保守的

就组织结构和管理风格而言，与实用主义相关联的分维度才是最重要的。组织内人际关系的质量、组织间的竞争强度和一般的社会生活质量，由分维度的第三维度——信任的程度所管理。人们在多大程度上为自己或他人保持精力充沛和受到启发过更好的生活，由分维度的第四维度——紧张的程度所管理。因为没有足够的空间来检查这些分维度的细节，主要特点总结见表12-3。

这篇文章表达了一个主要观点，从长远来看，文化融合可能被证明是高效率的，用现代的说法就是“可持续的”。然而，任何一个维度上的优化都不能确定没有引进其他维度的文化。从长远来看，将会有一个文化间相互竞争的趋向，人们会选择一种在整体上最有效的文化。在下一节中对最优文化的特点进行了总结概括。此外，文化之间的竞争过程非常缓慢，甚至脱节，在可预见的未来的详细预测理论中也只是确定了一个可行文化的子集，使其在相当长的一段时间内仍然相互竞争。表12-4至表12-6对一些维度做了详细分析。

表12-4 实用主义与程序主义的详细分析

特点：实用主义/程序主义	说　明	高效组合
经验和理论	实用主义者认为，回应变化应该基于证据而不是理论。每个人都有独特的生活经历，帮助他们选择决策。程序主义者认为，决策应该明确合理，以能够脚踏实地去体会某些理论。没有正确的理论，证据就不能被正确地解释。决策应基于深思熟虑而不是即兴。由于理论的掌握往往需要知识的能力，理论取向往往与精英主义相关联	理论和经验需要结合起来。没有理论，也就没有证据，就无法在应对变化时作出好的决定。在某些情况下，没有相关的理论指导，而在其他情况下又会有多种理论，因此容易导致混乱。理论总是从某些因素中抽象出来，如果被忽略的因素是很重要的，那就有可能导致决定的改变。另一方面，忽视相关理论，就意味着关键证据的意义是不被重视的

续表

特点：实用主义/程序主义	说明	高效组合
基于结果/过程	程序主义者相信正确的理论可以保证一个正确决定的理性建构过程。一个群体（如一个委员会）可能会参与决策。实用主义者认为，程序通常延迟决定，使结果更糟。委员会中的分歧会导致议程的延迟，最好是让一个人负责决定，并继续执行下去	理性的过程在应对暂时性波动时可能是有用的，如在记录预订或管理库存时。但也有一些情况下，理论是足以确定一个最优过程的。程序还可用于鼓励专断的个人和有知识、有能力的人进行磋商。选择正确的人比使用优化过程更重要
冒险的/规避风险	程序主义者认为理性的决策过程可以减少风险，而一个实用主义者否认了这一点。程序主义者担心没有恰当地遵循正确的程序，而实用主义者习惯临时决定，等待事件的展开	较大的冲击无法通过常规的程序得到解决，所以风险是不可避免的。频繁的小冲击通常可以通过收集和处理信息的方式得以解决。信息的收集允许风险管理的存在，虽然它不能完全被消除。负责应对间歇较大的冲击的人必须愿意承担巨大的风险
艺术的/科学的	科学家的价值观通常具有一致性，而艺术家的价值观往往具有多样性的特点。科学的方法支持系统地发展理论和收集证据。因此，这是程序主义方法的基础构成。对于不能完全解释的现象，艺术更加倾向于强调一种情感甚至神秘感的响应	经济理论往往采用社会科学的理论原则，如劳动分工、比较优势和全球竞争专业化，并取得了相当大的成功。然而，在分析人们通过工作和社会活动所获得的情感回报时，经济学已经证明了其不足。因此，两者的结合是成功决策的关键。
个人的/非个人的	实用主义者认为，人们知道的远比他们意识到的多得多。实用主义者尝试用自己的想法与别人交谈，并引发他们展露自己的想法和思维。这有助于他们迅速作出决定。程序主义者认为，书面交流比口语更为精确。模糊性和理性是不可能被情感蒙蔽的。程序主义者倾向于通过咨询备忘录来仔细研究之前他们所达成的决定	正式的形式有利于表达复杂的论点，但简单有力的思想往往能在会话中表达得淋漓尽致。高度原创的思想是很难用一种形式表达的。通过个人间的互动更有可能找到问题的原始解决方案
无原则的/有原则的	有原则的人认为，他们在道义上有更大的责任，他们在社会上扮演着特定的角色，只能通过责任来达到内心的平静。他们更高的本性（或精神）使得他们认识到自身需要控制自己的低级需求（身体或激情）。自控力可以通过积极的情绪得到锻炼。原则需要基于有用的道德价值观：诚实、忠诚、努力工作等。一个无原则的人注重满足他们的生理需求。他们的目标是快乐，而不是心灵的安宁	人们需要尊重自然生存的身体需求，但过度放纵会损害健康。人们有情感和物质需求，而那些意识到的人会更幸福。一个道德框架提高了参与社会公益项目而获得的情感回报。传统道德原则，如诚实、忠诚和辛勤工作，能够降低交易成本，鼓励投资。一个有效的领导者将因此宣传传统的道德原则，即使他们的野心纯粹是唯物主义的

表12-5 信任度的详细分析

特点：低信任度/高信任度	说　明	高效组合
自私的/无私的	自私的人不同情他人。他们只关注自己的消费、工作和休闲。他们关心的可能与地位有关，但只是作为获得资源特权的一种工具性手段。他们只关心社会当前的状态，因为这会影响到他们自己的物质利益。无私的人会客观地或不客观地同情他人、关心穷人。他们可以从别人的幸福中获得愉悦，并分享他们的苦难	利他主义拉动人们为别人提供支持的过程是非常重要的。自私的野心可以激发高张力而产生外部不经济，产生情感支持的不足。但自私自利的人之间所产生的收入不平等是无法解决的
侵犯的/有序的	当人们感到沮丧或受到威胁时，人们自然会有侵犯的反应。在拥挤的公共空间中未预料到的冲突，往往会引发侵犯的表现。低信任度社会认为侵犯是自然的，可以理所应当地把报复作为威慑的有效形式。在加强竞争的过程中侵犯也被认为是一种有效的形式。它阻碍了勾结和恶性竞争进入有利可图的行业。高信任度社会认为侵犯是破坏和谐的。挑衅常常源于误解，纠纷解决不应该通过草率的报复，而是应该通过中介机构如法院来解决。人们必须通过锻炼自制力来避免报复。一个高信任度的社会相信在有序的竞争中，应根据“游戏规则”实现创新利益的最大化	高信任度的观点是正确的。一个先进的社会是高度复杂的。根据“弱肉强食”的原则，侵犯通常是被鼓励的。报复可以由一个简单的误会导致纷争 竞争不仅仅是具有挑战性的垄断，而是对社会的有益刺激。竞争对手破坏彼此的活动是不会造福社会的，因此统一的“游戏规则”是必需的。只有竞争对手彼此遵守规则才能实现竞争的最佳效果 虽然侵犯可能有时会激励创新，其他激励因素，如公众识别也是可以的。引导攻击的竞争对控制一个潜在的破坏性的生物冲动可能是一种有用的方式，但它仍然需要通过自我控制进行调节

表12-6 压力的详细分析

特点：高压/低压	说　明	高效组合
有抱负的/自满的	有抱负的人有很高的标准规范。这些规范可能符合道德或理论原则所推导的理想。另外，宽视野的人可能会达到更高的标准。他们对现状不满意并且认为它可以而且必须改变。自满的人有较低的规范。狭隘的观点导致了他们狭隘的视野。他们满足于现状，他们的主要目标是维护现状	高标准的人对于一个高效的文化是不可或缺的
慎重/自发	慎重的人会专一地实现他的目的，直到他取得成功或者已经彻底失败了。成功带来低调的满足，但失败是令人痛心的。自发的人关注最近引起他们注意的事。对于他们，再小的成功也是值得庆贺的事情，而失败往往被归因于运气不好或归咎于他人	慎重能够防止高标准的人轻易放弃。自发性破坏了理想的价值，因为欲望只是虚幻的

续表

特点：高压/低压	说　明	高效组合
乐观的/悲观的	乐观主义者认为，环境是有利于一个项目的成功完成的，而悲观的人认为它是不利的。乐观主义者通过“世界是对的”等观念促进其产生乐观情绪。悲观主义者通常认为：如果这真的是一个好主意，那么其他人早就已经这样做了	乐观可以降低感知风险，从而鼓励投资和创新。然而，毫无根据的乐观情绪会导致项目成本的浪费。投资的私人收益低于其公共利益，投资者的乐观情绪可能会导致投资者对公众利益造成损失。如果个人和社会利益是一致的，现实主义则优于乐观或悲观主义，因为它会带来更好的投资决策
自信的/不确定的	一个充满自信的文化在与其他群体的人相比时，可以支撑着群体中的人们相信自己的思想总是正确的。不确定的人通常会适应他人的意见，以符合大多数人的观点	大多数领导者在激发团体的积极性时都需要自信，并在出错的时候承担责任。乐观和自信是一个企业文化的保证
进步的/保守的	进步人士认为变化在很大程度上是良性的。他们认为它提供了机会而不是威胁，而保守派持相反的观点。进步人士不断提高规范标准，使其符合新的可能性，而保守派则更关注维护现有的规范	高效文化需要科学驱动创新的整合，使其具有维护传统道德功能的作用。因此，需要一个渐进的技术议程和一个保守的道德议程

12.5　方法和历史

12.5.1　文化建模中的方法论问题

这是本章的第三部分也是最后一部分，试图对前面的讨论进行一个总结。它首先总结了传统的新古典主义经济学和文化经济学理论的主要区别。五个主要的差异已经被确定。与传统的新古典主义经济学相反，文化经济学理论提出了以下判断：

• 信息的收集和交流是昂贵的。在根本性问题上，往往不可能收集到能区分替代理论的客观证据，因此不同的信仰系统几乎可以无限期地共存。敌对的价值观之间的冲突更加难以解决，它们的权威往往来自传统或精神体验，其真实性是难以评估的。信息成本有助于解释不确定性的存在，因为在作出决定前收集所有相关信息的成本是非常昂贵的。由于根本问题难以解决，导致了许多激进的不确定性的存在。这不仅仅是“事实”上的不确定，理论同样是不确定的。

• 经济环境是不稳定的。因此事实信息不断地被淘汰。为了使经济适应变化的情况，需要一个稳定的新信息流。信息来源要本地化，这样不同的人可以得到不同的信息。此外，由于不同的人使用不同的理论来解释这些信息，就会以非常不同的方式来应对类似事件。分权化的一个重要的优势是，它能够使人们对其判断的情况立即采取行动。

• 因为信息是一种公共产品，除非通信成本很高，否则复制它是低效的。此外，最好让在解释上有比较优势的人来进行信息的集中处理，让他们对成功的决策进行记录。擅长处理特定类型信息的中介机构因此出现了。创业者通过设立新公司来推销新产品，而社会领导者则通过设立新的社团和慈善机构发挥中介作用。

- 每个人的效用取决于情感和物质的回报。改变通常会引发一个强大的情感反应，有些人在变化的刺激下成长，而有些人则担心其后果。决策的时候领导者需要保持冷静——他们必须相信他们的判断。如果可以他们也需要了解他们的追随者的焦虑，并提供保障。

- 情绪装裱着道德的框架。一面是骄傲自大，另一面是内疚和羞耻，这些都是强大的情感。领导者可以将情绪与行为相关联，促进行动的协调，降低代理成本和交易成本。协调性的改进提高了组织的性能。领导者可以通过各种手段来增强这种性能：税收、会员费、自愿捐款，这取决于组织的类型。

这些假设是完全符合理性建模方法的。然而，建立详细规范的模型实际上存在困难，因为理论和事实都是不确定的。

12.5.2 历史视角

文化的历史意义可以与其他非物质性公共产品的历史意义相关联，如技术。因此，现在对国家经济增长率问题进行研究的学者开始对文化视角感兴趣就不足为奇了。收敛性增长的传统分析方法集中于技术扩散，但无从知道为什么不包括文化传播。在20世纪90年代，自由市场意识形态迅速蔓延，许多国家的政府降低关税、实行私有化并撤销管制，是文化传播的一个明显的例子。19世纪的欧洲帝国通常被认为是基督教传播的源头，但20世纪后期以美国为首的“帝国”被指出是世俗主义的主要传播源头。这就提出了一个问题，是否宗教信仰或世俗主义对经济增长是最好的。本章的分析表明了这是宗教信仰至关重要的方面，因为特定信仰能够激发人们的情感激励是确定的。用一个简单的办法来区分宗教与世俗之间的差别是过于粗浅的，应该正确识别宗教信仰和经济绩效之间的联系。文化与宗教的传播对经济融合增长率的影响显然是一个值得进一步研究的重要课题。

12.6 结 论

本章的研究表明，文化对经济的影响远远超出了媒体和艺术领域的文化产品的生产和消费产生的影响。文化关注的是与价值观和信仰的产生以及分布有关的基本问题。文化产品只是这些价值观和信仰表达的一个手段。确定文化的根本问题是分析其对经济绩效的影响的关键。一个合适的价值观和信念，可以提高经济性能，并在很大程度上提高生活质量。因此，文化是一种经济资产。社会群体成员之间的沟通是文化的共享。事实上，它是一种无形的持久的公共利益。重大投资需要创建和维护公共利益。就经济绩效而言，文化之间的竞争本质上就是社会群体对公共产品的必要竞争。

通过改善传统的新古典经济学的五个主要假设，并引入领导理论，不仅能解释文化如何影响绩效，也能解释文化将如何适应不断变化的当地条件。在不同程度的领导者作用下，会有相应的受领导团队。在任何特定的水平下，竞争的性质受到了媒体的强烈影响，这些媒体认为，领导者要招募并留住他们的追随者。

从经济学的观点看，理想的文化是个人主义的、务实的、高度信任的和高压的，尽管这些属性中的每一个都必须在一定程度上进行调节以适应当地需求。对于这种文化一种简单的总结就是，它既具有创业精神，同时也符合道德文化。说它具有创业精神是因为它鼓励创新和冒险，说它符合道德文化，是因为它阻碍了因创新和风险投资而可能造成的不同程度的对他人利益的伤害。

高绩效文化也鼓励自由和责任。自由允许多样性的行为，从而有利于创新。社会信任度高的文化鼓励人们尊重非正式协议。法律文化制定了权利和责任，记录并执行它们。在行动之前，人们有义务与持有相关权利的人进行谈判。非正式的方法与有紧密关系的社会群体的成员以凝聚力著称，如朋友、亲戚和邻居，而正式的方法更适合更客观的组织。道德文化将尽可能地依赖于信任，但将支撑法治的信任。

高绩效的文化尊重传统与现代性。支持现代性是指其在促进科学研究方面的实际应用。它也系统性地消除浪费以支持经济。另外，许多现代社会的核心道德价值观由传统支撑着。当科学发现似乎破坏了基于传统道德的宗教信仰时，冲突可能随之而来。然而，有些宗教在这一点上比其他宗教更容易受到攻击。企业文化不是没有宗教，而涉及与科学的世界观共存的宗教信仰。

参考文献

Bardhan, P. (2000). "The nature of institutional impediments to economic development". In: Olson, M., Kahkonen, S. (Eds.), A Not-so-Dismal Science: A Broader View of Economies and Societies. Oxford University Press, Oxford, pp. 245–268.

Barro, R., McCleary, R. M. (2003). "Religion and political economy in an international panel". Discussion Paper. Harvard University, Cambridge, MA.

Baxter, J.L. (1988). Social and Psychological Foundations of Economic Analysis. Harvester Wheatsheaf, Brighton.

Bolnick, B. R. (1975). "Towards a behavioural theory of philanthropic activity". In: Phelps, E. S. (Ed.), Altruism, Morality and Economic Theory. Russell Sage, New York, pp. 197–224.

Buruna, I. (1999). Voltaire's Coconuts, or Anglomania in Europe. Weidenfield & Nicolson, London.

Casson, M.C. (1990). Entrepreneurial Culture as a Competitive Advantage. Oxford University Press, Oxford.

Casson, M.C. (1991). Economics of Business Culture: Game Theory, Transactions Costs and Economic Performance. Clarendon Press, Oxford.

Casson, M.C. (1993). "Cultural determinants of economic performance". Journal of Comparative Economics 17, 418–442.

Casson, M. C. (2000). Enterprise and Leadership: Studies on Firms, Markets and Networks. Edward Elgar, Cheltenham.

Casson, M.C. (2002). "Leadership and cultural change: An economic analysis". De Economist 150 (4), 409–438.

Earl, P.E. (1986). Lifestyle Economics: Consumer Behaviour in a Turbulent World. Wheatsheaf, Brighton.

Easterlin, R.A. (1998). Growth Triumphant. University of Michigan Press, Ann Arbor.

Easterlin, R.A. (2001). "Income and happiness: Towards a unified theory". Economic Journal 111, 465–484.

Ekelund, R.B. Jr., Tollison, R.D. (1997). Politicized Economies: Monarchy, Monopoly and Mercantilism. Texas A&M University Press, College Station, TX.

Ellickson, R. C. (1991). Order without Law: How Neighbours Settle Disputes. Harvard University Press, Cambridge, MA.

Foreman-Peck, J., Federico, G. (Eds.) (1999). European Industrial Policy: The Twentieth Century Experience. Oxford University Press, Oxford.

Frank, R.H. (1985). Choosing the Right Pond. Oxford University Press, New York.

Ginsburgh, V., Michel, P. (1997). "Optimal policy business cycles". Journal of Economic Dynamics and Control 22, 503–518.

Graham, J.L. (2001). "Culture and human resources management". In: Rugman, A.M., Brewer, T.L. (Eds.), Oxford Handbook of International Business. Oxford University Press, Oxford, pp. 503–536.

Gwartney, J., Lawson, R. (2003). Economic Freedom of the World: 2003 Annual Report. Fraser Institute, Vancouver, BC.

Hahnel, R., Albert, M. (1990). Quiet Revolution in Welfare Economics. Princeton University Press, Princeton, NJ.

Hampden-Turner, C., Trompenaars, F. (1997). Mastering the Infinite Game. Capstone, Oxford.

Hirschman, A.O. (1982). Shifting Involvements: Private Interests and Public Action. Martin Robertson, Oxford.

Hofstede, G. (1980). Culture's Consequences. Sage, Beverly Hills, CA.

Holmes, S., Sunstein, C.R. (1999). The Cost of Rights: Why Liberty Depends on Taxes. W.W. Norton, New York.

Jones, E.L. (1981). The European Miracle. Cambridge University Press, Cambridge.

Jones, E.L. (1988). Growth Recurring: Economic Change inWorld History. Oxford University Press, Oxford.

Jones, E.L. (2000). "The case for a shared world language". In: Casson, M., Godley, A. (Eds.), Cultural Factors in Economic Growth. Springer, Berlin, pp. 210–235.

Jones, S.R.G. (1984). The Economics of Conformism. Blackwell, Oxford.

Knight, F.H. (1935). The Ethics of Competition and Other Essays. Allen & Unwin, London.

Kohut, A., Green, J.C., Keeter, S., Tuth, R.C. (2000). The Diminishing Divide: Religion's Changing Role in American Politics. Brookings Institution, Washington, DC.

Landes, D.S. (1998). The Wealth and Poverty of Nations. W.W. Norton, New York.

Layard, R. (1980). "Human satisfactions and public policy". Economic Journal 90, 737–750.

Leacock, S. (1998). "My Recollection of Chicago" and "The Doctrine of Laissez Faire". University of Toronto Press, Toronto. Edited by C. Spadini.

Lucas, R.E. (1981). Studies in Business Cycle Theory. MIT Press, Cambridge, MA.

Macfie, A.L. (1967). The Individual in Society: Papers on Adam Smith. Allen & Unwin, London.

McClelland, D.C., Winter, D.G. (1969). Motivating Economic Achievement. Free Press, New York.

Newman, K.S. (1983). Law and Economic Organization: A Comparative Study of Pre-industrial Societies. Cambridge University Press, Cambridge.

O'Brien, G.E. (1988). "Work and leisure". In: Van Raaj, W.F., Van Veldhoven, G.M., Warnweryd, K.E. (Eds.), Handbook of Economic Psychology. Kluwer, Dordrecht, pp. 538–569.

Olson, M. (2000). "Big bills left on the sidewalk: Why some nations are rich and others poor". In: Olson, M., Kahkonen, S. (Eds.), A Not-so-Dismal Science: A Broader View of Economies and Societies. Oxford University Press, Oxford, pp. 37–60.

Protherough, R., Pick, J. (2002). Managing Britannia: Culture and Management in Modern Britain. Brynmill Press, Denton.

Pryor, F.L. (1977). The Origins of the Economy: A Comparative Study of Distribution in Primitive and Peasant Economies. Academic Press, New York.

Putnam, R.D. (1993). Making DemocracyWork: Civic Traditions in Modern Italy. Princeton University Press, Princeton, NJ.

Reisman, D. (1990). Theories of Collective Action: Downs, Olson and Hirsch. Macmillan, London.

Roberts, B., Holden, B.R. (1972). Theory of Social Process: An Economic Analysis. Iowa State University Press, Ames, IA.

Rosenberg, N., Birdzell, L.E. (1986). How the West Grew Rich: The Transformation of the Industrial World. I.B. Tauris, London.

Schlicht, E. (1995). "Economic analysis and organized religion". In: Jones, E., Reynolds, V. (Eds.), Survival and Religion: Biological Evolution and Cultural Change. John Wiley, Chichester, pp. 111–162.

Schoeffer, S. (1955). The Failures of Economics: A Diagnostic Study. Harvard University Press, Cambridge, MA.

Scitovsky, T. (1976). The Joyless Economy: An Inquiry into Human Satisfaction and Consumer Dissatisfaction. Oxford University Press, New York.

Scully, G.W. (1992). Constitutional Environments and Economic Growth. Princeton University Press, Princeton, NJ.

Sherman, A.L. (1997). The Soul of Development: Biblical Christianity and Economic Transformation in Guatemala. Oxford University Press, New York.

Stark, R., Bainbridge, W.S. (1987). A Theory of Religion. Peter Lang, New York.

Viner, J. (1972). The Role of Providence in the Social Order: An Essay in Intellectual History. American Philosophical Society, Philadelphia.

Viner, J. (1978). Religious Thought and Economic Society: Four Chapters of an Unfinished Work. Duke University Press, Durham, NC. Edited by J. Melitz and D. Winch.

Weber, M. (1930). The Protestant Ethic and the Spirit of Capitalism. Allen & Unwin, London. Translated by T. Parsons.

第13章

文化与经济发展

Paul Streeten

Boston University，USA

李炎　胡洪斌　刘从水　黄莺　译

摘　要

本章首先指出，作为第三世界经济发展要素的文化在传统发展经济学中很大程度上遭到忽视，大多数作家要么将文化视为（经济）发展的障碍，要么完全忽视它的存在。近来，人们的思维发生了变化，普遍认为文化越来越成为经济发展过程的核心要素，尤其是在以人为中心而不是以产品为中心的发展观中。文化多样性一直被视为文化重要的一面。有人认为，只有在全球伦理框架内才能看到多样性的有利方面。本章接着考虑了冲突带来的社会变革的破坏性和建设性作用，并讨论了全球化对世界经济和文化的普遍影响，认为国际一体化可能导致国家解体。接下来，本章着眼于探讨作为发展中国家重要的经济和文化力量的旅游业的作用。最后一部分是文章的结论以及政策建议。

关键词

文化，经济发展，多样性，冲突，全球化，旅游业

JEL classification Codes

O10，Z10

13.1 思想发展中的文化

在过去的四年中，文化在发展思想中的作用发生了巨大的变化。尽管在偶尔的声明中情况与此相反，像《1948年世界人权宣言》的第22条和第27条中规定的那样，“人人有权参加其社区的文化生活，享受艺术和分享科学进步及其带来的利益”（联合国大会，1949），但是大多数经济学家不是完全忽视了文化，就是认为传统文化观念和实践阻碍发展。而经济学家对文化的忽视直到最近在世界银行等国际机构的工作中才反映出来。

在那些将文化纳入考虑范围却把它视作阻碍发展的一种力量的群体中，Gunnar Myrdal（1968）是一个典型的例子。例如，在亚洲戏剧中，他认为，在国家开始现代化之前，必须消除诸如卫生（或缺乏卫生）以及传统工作、休闲、储蓄、竞争和合作等的传统做法。20世纪50年代和60年代，他偕同众多发展专家认为，大多数传统文化“态度和制度”是发展的主要障碍。他认为发展中国家的人无精打采，不愿工作，缺乏清洁和守时的习惯，没有挣钱的欲望并且缺乏合作的意愿，无意去实验、探索并采取合理的生活和工作方式。总之，他们的传统观念阻碍了发展。

即使有些作家不认为文化是发展的障碍，甚至当他们意识到文化是有价值的时候，他们还是会给文化贴上低级的标签。这些作者认为，只有在食品和健康等更为迫切的需求得到满足之后，才可以考虑文化。另一些人则认为，一些文化特征，像日本人所展示的如节俭的消费习惯、服从权威和愿意合作，有利于发展。他们主张培养这些他们认为有益的具有传统特征的现代属性。

自那时以来，情况出现反转。文化已成为进步的源泉和发展进程中的一个关键因素。这种观念的变化与从纯粹物质或以商品为中心的发展思想转变为面向人的发展的趋向有关。例如，20世纪90年代联合国发展战略把人类发展作为其重点，这在开发计划署1991年度首次出现的《人类发展报告》中有所反映。在当今多元世界的文化自由之下，2004年版的《人类发展报告》完全致力于文化并非巧合（开发计划署，2004）。

Amartya Sen是认为文化重要的一个代表性人物。他写道：“……这个问题不是文化问题。真正的问题不在于文化重要……而是文化如何变得重要。文化可能会以哪些方式影响发展？”（Sen，2004）在探索这个问题的过程中，他反对国家的命运被各自文化的本质真正决定的观点。认为文化是独立的、恒常的以及不变的观点是错误的，应该把它看成是非均质的、非静态的和互相影响的。现在我们开始认识到，不应当像过去经济学家那样常常忽视文化，也不应该像一些人类学模型所做的那样，将文化视作一种同质的、固定的和确定性的力量。

对于发展与文化之间的关系现存在两种观点。有一种观点认为，经济增长是目的，文化是促进经济增长的手段，文化的价值完全是辅助性的。新教和后来的儒教以及其他宗教被认为是有助于储蓄、勤奋、纪律、守时、卫生和健康生活习惯的文化而受到欢迎。如上所述，根据这种观点，如果文化态度和习惯阻碍经济增长，它们就应当被摧毁。这种对文化与发展之间关系的看法是有趣并且重要的，但人们可能会质疑经济增长是否才是终点。

另一种观点认为，增长是我们自由生活方式的重要手段。我们所重视与珍惜的大约就是文化。这样看来，文化是理想的终点，它是我们存在的意义。这种双重作用不仅适用于经济增长，也适用于维护我们的环境、保护家庭价值或保护民间机构。我们重视某些文化特征，并将其当作实现某一目标的途径。但是，当我们自问为什么要重视这些目标时，文化并不是依从于目的，而是作为目的本身的社会基础。理想的情况是，经济与政治不仅利用文化，也应当服务文化。

如果文化保护和经济增长与发展所需的态度和体制之间发生冲突怎么办？经济增长和变革不可避免带来传

统生活方式、风俗习惯、风格以及文物的消亡。正如Sen（1999）所主张的那样，即人民决定是否牺牲物质来保存文化，或是为了繁荣而牺牲某些文化特征。

13.2 多样性

近年来，文化在经济发展中的中心地位已成为文化的一大特征。文化多样性，即文化差异不仅被认为是发展的手段，并且是发展过程中最重要的目标之一。多样性作为发展思想的一个重点，集中体现在联合国教科文组织工作中。联合国教科文组织对世界文化与发展委员会负责，该委员会于1995发表一篇报告，题为“我们创意的多样性”（世界文化与发展委员会，1995）。随后联合国教科文组织系统阐述了文化多样性宣言，并于2001年采用（联合国教科文组织，2001），然后启动了旨在拟定一项关于文化多样性的国际公约，这项公约将有助于提高文化在国家和国际事务中的形象，并将文化定位为第三世界发展的一个不可或缺的要素。

从谴责文化或降低文化的等级到庆祝文化多样性的转变，无论是在文化之间还是文化内部，从将其视作发展的障碍，到把它当作发展成果的一部分，都是具有启发性的变革。它提醒我们，发展可以采取多种形式，发展风格也会有所不同，我们并不是注定要成为一个统一的加利福尼亚式大众消费者。但很清楚的是，不是所有的传统文化习俗都是可取的，或有助于发展的。因为这一普遍原则是不可避免的。所有文化确实都接受了伦理原则，这些原则可以成为全球伦理的基础。它们规定了任何政治团体都应遵守的最低标准；除此之外，不同的政治愿景有不同的范畴，受不同的文化遗产和历史经验的影响。这些最低限度的伦理原则是对生命的尊重，尽可能减轻痛苦，避免造成不必要的痛苦，像对待自己一样对待他人，人权观念，保护人民的正直性，以及尊重所有人的脆弱性。民主政府，对少数族裔和平解决冲突的权利的尊重也是全球伦理的一部分，这也是代际公平的基本原则，它呼吁当代人关注并利用好环境、文化和自然资源，造福今世后代的所有成员。

在发展经济学早期，人们认为调动资源，特别是节省实物资本投资，是发展所需要的一切。时至今日，我们认识到发展需要更多：发展意味着通过改变社会来改善穷人的生活。这无疑意味着社会和文化的变革；文化内部之间以及不同文化之间的差异意味着理想的变化过程不会是始终如一的，而是会依据经济、社会和文化情况而不时变化。

虽然文化多样性在某种意义上是不可或缺的，但有时候却是一种障碍。例如，多样性会造成交流花费更多的时间和精力；在一个只有一种语言的世界里交流会更容易。标准化、统一的沟通和经营方式将节省资源。然而，事实表明，文化多样性是有价值的，有以下几个原因。第一，多样性本身就是有价值的，是人类精神创造性的表现。第二，它是公平、自由选择、人权和自决原则所要求的。第三，与生物多样性相类比，它可以帮助人类适应世界有限的环境资源。在这一背景下的多样性意味着可持续发展。第四，要反对政治、经济依赖和压迫。第五，拥有不同文化是美好的。例如，人们喜欢消费文化表达，比如来自于本民族以外的文化（如音乐）。第六，它可以刺激大脑并鼓励创新。第七，它可以提供知识经验和做事的方式。

13.3 冲突的角色

当然，多样性会产生冲突，正如Huntingdon（1996）所主张的“文明冲突论”。很容易看出，“文化”的政治化意义或者是少数族裔的生活方式可能会引起紧张和暴力。这主要是文化冲突。

冲突通常被视为破坏社会秩序。但可以说，冲突并不一定是成功发展的障碍（Streeten，1953；Hirschman，1995）。Heraclitus认为，“战争是万事之父”，Machiavelli在他的论文中专辟一章论述“平民和元老院之间的分裂是如何使（罗马）共和国自由和强大的”。人们甚至可能走得更远。冲突，至少其中的某些形式，可以被看作民主社会的支柱，作为黏合剂，把它们聚合在一起。冲突为社会提供其所结合起来的“社会资本”。Hirschman（1995）率先区分了冲突什么时候是破坏性的和什么时候是建设性的。他区分收入的分配引起的冲突和堕胎引起的冲突。冲突不可避免地发生变化。全球化和技术进步使一些国家、一些地区、一些部门和一些群体受益，而损害了其他国家。在自由社会中，受苦的人往往会组织起来，试图重新获得自己的地位。拥有社会正义感和同情心会支持他们。有的群体的动机是利己的，有的是出于团结或是公平感。民主社会的力量来自于这种结合和由此产生的冲突。

在贫穷国家，冲突是由多种原因引起的。贫穷可能是造成冲突的一个重要因素，特别是在争夺资源方面。相隔甚远的部落、种族冲突被解释为经济或文化因素的原因是有争议的；Collier和Hoeffler（2000）在他们为世界银行所作的研究中指出，往往是“贪婪”而不是“牢骚”造成冲突。换句话说，是经济而不是文化造成暴力。

矛盾的是，贫困的减少也会导致冲突。如果贫困不仅仅指收入低，还包括教育、医疗的剥夺，社会排斥，就业不足，对女性的歧视，土壤、水、森林和气候的恶化，不安全，人权的侵犯，缺乏社会话语权，缺乏文化的表达权，那么在减少、消除贫困的过程中，冲突的可能性就大大增加了。收入可以分为不同的部分，因此在决定是服从或选择哪一部分时更容易谈判和妥协。而种族、语言、宗教和性别方面的分歧以及投票权上的分歧则造成了不可分割的冲突。不幸的是，这些不容易接受谈判和妥协的冲突正在增加。

13.4 全球化、发展与文化

国际间相互依赖的程度正在不断加深并将继续成长，这已是老生常谈。通常是指贸易、外国投资、货币和资本流动以及人才的迁移。技术进步，如喷气式飞机、电传机、卫星电视、集装箱船、超级油轮和超级矿砂运输船，以及运输、旅游，尤其是通信和信息方面的技术进步，使世界缩小了。通过降低通信成本，技术有助于生产和金融的全球化。全球化又加剧了竞争，刺激了技术进步，迫使引进新技术。全球化借助外国直接投资广泛传播其成果。技术的历史还在继续，地理上的距离会不断拉近。技术与全球化的相互作用产生了新的问题。

思想文化的国际传播和经济全球互动一样重要。世界资本追随年轻人：从拉达克到里斯本，从缅因州到莫桑比克，从西弗吉尼亚到东耶路撒冷，从中国到秘鲁，风格各异的外套、牛仔裤、发型、T恤、慢跑、饮食习惯、音乐曲调、对同性恋的态度、离婚、堕胎等世界各地均有出现，已趋于全球化。甚至那些与毒品有关的罪行、虐待和强奸妇女及儿童、贪污和腐败的行为在各地也变得类似。尽管有美国文化的影响，但仍有许多其他国家的影响。正如Sainath（2002）所主张的，“超级富豪退出他们的国家。所以你看到的是不是西方或东亚或东南亚模式。

但全球统一是一种假象。正如贸易、外国投资和货币流动只影响到世界上的几个地区，其余的相对未受影响（除了一些负面影响），因此文化的全球化只是局部的。世界的大部分地区不参与全球化。全球化对城镇、郊区和农村的影响是显而易见的，即使有晶体管和电视的传播，在偏远农村的穷人，仍在很大程度上错过全球化。在许多国家出现了回归传统和部落。穷人坚守着固有的价值观。传统的价值观给他们的生命赋予身份认同、团结和延续性。在两种对立的力量之间，一种力量是人们认同的主张，另一种力量是全球化。

部分国际一体化会导致国家分裂有五个原因。第一是裁员、重组、“扁平化”，重组减少了对富裕和中等收入国家的低技能工人的需求，同时降低了工人工资。这导致了在发达国家日益增长的不平等。第二，为防止发展中国家人才外流过快增长，所以在这些国家不可能实行平等收入政策。第三，为社会服务付费的税收已经减少，尽管对这些服务的需求有所增加。第四，低收入国家的精英拒绝履行对国家的义务，这导致了教育、卫生等基本社会服务被忽视。第五，精英文化是全球性的，脱离于当地的文化。

13.5 旅游与发展

对发展中国家来说，旅游业是对经济和文化都有影响的全球经济增长领域之一。作为经济效益的源泉，旅游大有作为。与农产品相比，其波动性较小，与工业产品相比，来自发达国家的进口限制较少。如果乘数效应发挥作用，它可以创造很多工作机会；游客为酒店创造了一系列需求，如纪念品、餐厅服务、游船、出租车与汽车服务、家具、食品等。这是一个潜在的巨额外汇收入来源。

此外，旅游业提高了当地人口的教育水平，促进了中产阶级（他们将成为旅游者）的成长，并推动了社会流动。在旅游需求的影响下，美籍印第安人和因纽特人的艺术被注入新的活力。通过广播、电视、广告、移民，旅游业促进了与世界其他地区的联系。这是一种经济多样化的有效途径。相比于只卖糖，将海洋、阳光和糖一起销售要聪明得多，更好的则是销售旅行。因此，在发展中国家发展旅游业有许多好的理由，但在鼓励文化旅游的同时也需要谨慎一些，尤其是游客和当地居民之间的收入差距悬殊的时候。

第一，它并非完全是个文字游戏而已，在为游客提供酒店、餐饮、交通等服务中，收入往往取决于服务的态度，除非人均收入已经相当高。瑞士、百慕大群岛、马耳他和塞浦路斯就是这样，因为当地居民的生活水平、自尊和认同感已经达到了一个适宜的标准。但在加勒比海、在非洲或在太平洋，情况则不同。格林纳达前总理毛里斯主教说：“我们要面对这一事实：大多数来我们国家的是白人游客，这种白人与特权之间的明确关联是刚刚摆脱种族主义殖民历史的加勒比人面临的一个重大问题”（引自Pattullo，1996，p.64）。

第二，高收入的游客可以用其他方式来摧毁国家。古巴被美国人视作“游乐场”，这是美国妓院的一句含蓄说法。卖淫、性病和犯罪的猖獗促成了卡斯特罗的革命。

第三，本地人往往会模仿游客的口味。消费习惯具有示范效应。如果他们的收入低，这会导致沮丧和不快。

第四，旅游业中，如果女性在酒店得到更好的报酬，会让男女关系紧张。当然，这可能有助于她们的解放，但会破坏国内和平。

第五，随着当地人受挫感的增加，旅游业增加了犯罪和暴力行为。

第六，由于旅游者前来参观，旅游业可以改变、损坏或破坏文化。游客非常之多，破坏了他们来寻找的东西。在埃及的遗址，如国王谷或塞加拉，每天有成千上万的游客在一个被称为“来世”的狭小的坟墓中穿过。墙壁上的绘画和浮雕的退化是显而易见的。就连看起来坚不可摧的吉萨金字塔也在遭受苦难。正如Throsby（2001）所言：“大众旅游的文化影响是众所周知的，如果一个地区持续有粗鲁和懵然不知的游客涌入，其不仅会对遗产地造成大量的物理压力层面的破坏，还有可能摧毁当地社区的文化价值观。”（p. 129）

旅游业也存在经济上的问题。虽然人们常常认为旅游业是劳动密集型产业，可如果酒店客房长期闲置，则可能是资本密集型的。虽有当地水果，如果游客喝进口的橙汁，或者从国外借钱来资助该行业，或者酒店和相关业务，如租的车和游艇都是由外国企业拥有的，它也可能是进口密集型的。在欠发达的小岛屿经济体中，大量的旅游收入将通过购买进口商品如食品，或通过投资资本的股息或利息，外籍雇员的工资汇款等方式回流国外。因此，肯尼亚可以将生产投入到其自身旅游业，然而在加勒比和太平洋地区的许多小岛屿则不会。

旅游需求的收入弹性很高。这意味着当收入下降时可能会导致骤然的大损失。当富裕国家面临收支平衡问题时，旅游业往往是最先被削减的。此外，繁荣的旅游业会导致通货膨胀，推高物价、工资和汇率，取代农业，使其他行业更难发展。

旅游也有政治问题。这是一个非常不稳定的行业，对能源危机、政治动荡、犯罪新闻和其他的诸如自然灾害或恐怖主义等负面新闻都很敏感。由于种族冲突，斯里兰卡的旅游业在1982—1986年间收入减半，非洲陷入了艾滋病恐慌，埃及深受卢克索游客屠杀事件的影响。另外，一些批评家认为旅游是一种新的殖民主义形式。

旅游业能否以更高效、无破坏性，同时也不剥夺当地居民的利益和收入的方式进行？旅游业能否实现“可持续发展”？发展中国家已经公布了可持续发展性的旅游业行业准则，强调对文化敏感性和尊重、爱护环境以及社区的公平待遇。此外，针对大众旅游的破坏力问题，更具建设性或者可替代的形式已衍化出来，如生态旅游、农业旅游、自然旅游、文化旅游等。

13.6 总结与结论

社会发展的主要目标是消除贫困，让所有的人能充分发挥其潜力，这是一个老生常谈的问题。然而，在发展的过程中，往往是穷人承担了最沉重的负担。从温饱型农业向商品农业转变的过程中，有时贫困妇女和儿童受到的打击最为严重。在传统社会中，大家庭照顾不幸的成员，到了市场经济社会，还没有人为竞争的受害者承担责任，这些受害者的命运可能是悲惨的。在从农村客户关系到基于现金关系的转变中，穷人失去了一种支持而没有获得另一种支持。在从农业向工业社会的转型中，大多数农村人口都被政府当局忽视，更受关注的是城市人口的发展。我们现在看到的是从中央计划经济向市场经济，从专制到民主国家的转换，然而我们也不得不忍受通货膨胀、失业、不断增长的贫困、异化和新犯罪。尽管经过40年的努力发展，但世界上许多地区依然十分贫困。估计超过10亿人生活在贫困线以下（2001，p.23）。

全球化和日益增长的国际相互依存关系对世界各地的文化和文化政策带来了新的挑战和机遇。这些挑战是环境、政治、社会、人文和文化（狭义）。本章认为，在讨论发展政策的时候，文化的作用将越来越重要，尤其是发展不同于它的风格的替代路径。文化经常被用来诠释发展的成功与失败。例如，一些人把东亚经济体的经济奇迹归结为儒家文化和“亚洲价值观”，并宣称文化多样性不仅是有益的，而且对发展也很必要。毫无疑问，新教伦理并不是节俭和努力工作的唯一来源，许多宗教可以培育经济发展。同时，这些经济体最近的动荡也被归因于当地文化的某些特性。经济发展的积极性和消极性都被认为与文化有联系。两种观点都很不具有说服力。论证需要深入分析文化与发展及其危机之间的联系。文化不是一成不变的，而是一直都在改变，在从其他文化吸取特色的同时，也向其他文化传递特征。

最后，我为政策总结几点建议。第一，尽管人们认为多样性有助于创造创造力，但抽象地提倡多样性是不够的。我们必须准确地展示多样性如何带来经济上的成功、社会机会、政治稳定并解决冲突，而且其自身是有价值的、美丽的和令人愉快的。在文化交流的全球体系中，有些文化正在消失。但是，伴随着某种文化形式的消失，新的形式也被创造出来，被本地化地创造。旧的文化形态的消失完全符合人类丰富多彩的新生活形式。应鼓励法律和机构承认多元的声音和文化，并提供一种应对分歧差异和世界文化多元、局部解释的方法。我们应该学会珍惜人类各种形式的社会和文化生活——只要这些差异符合一个普遍的全球伦理原则，特别是尊重基本人权，如生命、自由、正当程序、言论自由、宗教自由实践等。我们应该庆祝并享受文化的多样性。

第二，有证据表明民主在一定的文化条件下可得到加强。正是通过建立民主体制，一种更具参与性的文化得以发展，这反过来又促进了民主。因果关系的方向主要来自社会和政治制度到政治价值观和实践。强有力的证据表明，民主制度的存在与文化上定义的差异是不相关的，这意味着一个明确的信号：决策者不能通过宣称自己的文化来拒绝民主。他们不能利用文化传统和特色而将参与和制定决策的民主政治结构无法予以制度化作为借口，包括不同的声音和利益。

第三，如果一个国家和地方的文化价值观在经济管理中得到认可，就必须将文化政策与经济政策和政治政策结合在一起。创造性地解决冲突的方法还有很大的实验空间，以平等代替歧视，以快乐代替暴力。不断增加的种族暴力冲突源自于对很多地方文化的、本土的、种族的、宗教的、语言的或少数族裔权利的轻慢和偏执。孤立的语言或文化群体和“划分血缘边界”不仅反映了对文化的本质和历史演变的误解，也注定了在日益相互依赖和多元文化的社会中是失败的。从本源和文化上区别不同的群体——如民族、种族或宗教团体，他们要求有权表达和继续发展他们的文化——应该得到支持，但它们与更广泛的社会、国家和世界社会的关系，必须在思想和行动上被认可。多元文化是治愈分裂主义者、排外种族的良药。

第四，政策制定者不得不重新思考国家、社会和国际机构以及政策以允许当地居民选择自己的语言、信仰和生活方式，但这种选择的实现取决于当地或区域本身。同时，应该建立各种机构，鼓励不同文化团体领导人进行对话，协商交流，促进更好地相互理解。跨文化对话成为一个政策行动的基本路线，应根据当地的管理和组织方式实施。重要的是，地方社区及其行政安排——市、省、州或部门政府——必须承担起这一对话的主要责任，并确保没有人为的围墙来阻止文化间的交流。这对年轻人来说尤其重要，他们以文化开放的态度看待接受这些象征、符号和习俗文化，让传统焕发活力，从而使他们更好地适应不断变化的条件和不断变小的世界。政策鼓励艺术领域的跨文化产品，特别是年轻人和妇女的作品，应给予优先考虑。妇女可以充分参与社会和文化生活，为创造21世纪的新社会而贡献力量。

第五，文化政策应该超越一个单纯强调国家的视角，并采取更广泛的、国际的、跨区域的和全球的角度来制定。发展政府、企业、私人自愿协会和其他利益相关者之间的新伙伴关系。应该支持和鼓励通过开放市场激发全球化对地方创造力的积极影响。全球市场对本地文化创意产业的影响，无论是好是坏，都应该得到更明确的认识，以便政策能够保护和促进文化和经济的繁荣。

第六，允许表达和发展具有文化潜力的政策，也会影响人们如何与自然环境相处。实现环境可持续性需要有专业知识的民主化和地方社区的参与。未来的城市，最具多元文化的场所，应该发展不同语言、不同信仰的人和平相处的方式。城市的贫穷、暴力和犯罪并不是城市化的结果，而是收入低、失业、没有受过良好的教育、住房拥挤、职业不稳定、无家可归和缺乏社会支持的结果。市政府和市政当局可以通过加强对地方施政的支持来促进打造一个和平和繁荣的城市社区。除了卫生、教育、住房、水等必要的社会服务外，它们还可以鼓励新的艺术表达，以增强地方-全球对话的活力。无论在世界什么地方，艺术家都希望表达他们的个人和文化身份，这样他们就创造了全球流行趋势。艺术创作的新场所是全球市场的所在。政策制定者应确保艺术家能够参与到全球市场的扩张。

总之，本章的分析表明，文化远远超出了传统的文化管理所分配的领域。事实上，文化涉及艺术创作，涉及族裔和本土化问题，但文化又具有社会和政治维度。设计并实施经济发展模式、构建稳定的民主国家、确保多样化的文化而又不发生暴力冲突或战争，且提供一种在任何社会中都需要的信任、合作和团结的意识是有重大意义的，它促使人们为自身的福祉合作。因此，教育对于世界公民是必要的，一个公民是植根于本土文化，并受世界爱国主义或国际性爱国者的指导，忠于自己的家庭、邻居、社区、国家和人类的人。然而如果不能把更广泛地尊重人类作为教育的核心，就会破坏对多元文化的尊重。

参考文献

Barber, B.R. (1995). Jihad vs. McWorld. Ballantine Books, New York.

Collier, P., Hoeffler, A. (2000). "Greed and grievance in civil war". Policy Research Working Paper 2355. World Bank, Washington, DC.

Hirschman, A. O. (1995). "Social conflicts as pillars of democratic market societies". In: A Propensity to Self-Subversion. Harvard University Press, Cambridge.

Huntingdon, S.P. (1996). The Clash of Civilizations and the Remaking of World Order. Simon & Schuster, New York.

Myrdal, G. (1968). Asian Drama. Twentieth Century Fund, New York.

Pattullo, P. (1996). Last Resorts: The Cost of Tourism in the Caribbean. Cassell, London.

Sainath, P. (2002). Everybody Loves a Good Drought: Stories from India´s Poorest Districts. Penguin India, New Delhi.

Sen, A. (1999). Development as Freedom. Alfred Knopf, New York.

Sen, A. (2004). "How does culture matter?" In: Rao, V., Walter, M. (Eds.), Culture and Public Action. Stanford University Press, Stanford.

Streeten, P. (1953). Appendix to G. Myrdal, The Political Element in the Development of Economic Theory. Routledge and Kegan Paul, London, pp. 208–217.

Streeten, P. (2001). Globalisation: Opportunity or Threat?. Copenhagen Business School Press, Copenhagen.

Throsby, D. (2001). Economics and Culture. Cambridge University Press, Cambridge.

UNESCO (2001). Universal Declaration on Cultural Diversity. UNESCO, Paris.

United Nations Development Programme (2004). Human Development Report 2004: Cultural Liberty in Today's Diverse World. UNDP, New York.

United Nations General Assembly (1949). Universal Declaration of Human Rights. UN Department of Public Information, Lake Success.

World Bank (2001). "Attacking poverty". World Development Report 2000/2001. World Bank, Washington, DC.

World Commission on Culture and Development (1995). Our Creative Diversity. UNESCO, Paris.

参考文献

Barber, B.R. (1995). Jihad vs. McWorld. Ballantine Books, New York.

Collier, P., Hoeffler, A. (2000). "Greed and grievance in civil war." Policy Research Working Paper 2355, World Bank, Washington DC.

Hirschman, A.O. (1998). "Social conflicts as pillars of democratic market societies." In: A Propensity to Self-Subversion. Harvard University Press, Cambridge.

Huntington, S.P. (1996). The Clash of Civilizations and the Remaking of World Order. Simon & Schuster, New York.

Myrdal, G. (1968). Asian Drama. Twentieth Century Fund, New York.

Pattullo, P. (1996). Last Resorts: The Cost of Tourism in the Caribbean. Cassell, London.

Sainath, P. (2002). Everybody Loves a Good Drought: Stories from India's Poorest Districts. Penguin India, New Delhi.

Sen, A. (1999). Development as Freedom. Alfred Knopf, New York.

Sen, A. (2004). "How does culture matter?" In: Rao, V., Walton, M. (Eds.), Culture and Public Action. Stanford University Press, Stanford.

Streeten, P. (1953). "Appendix" to G. Myrdal, The Political Element in the Development of Economic Theory. Routledge and Kegan Paul, London, pp. 208–217.

[illegible], [illegible]. (2004). Globalisation, Corporations and Third World. Copenhagen Business School Press, Copenhagen.

Throsby, D. (2001). Economics and Culture. Cambridge University Press, Cambridge.

UNESCO (2001). Universal Declaration on Cultural Diversity. UNESCO, Paris.

United Nations Development Programme (2004). Human Development Report 2004: Cultural Liberty in Today's Diverse World. UNDP, New York.

United Nations General Assembly (1948). Universal Declaration of Human Rights. UN Department of Public Information, Lake Success.

World Bank (2001). Attacking poverty. World Development Report 2000/2001. World Bank, Washington DC.

World Commission on Culture and Development (1995). Our Creative Diversity. UNESCO, Paris.

| 第六部分 |

消费和生产

第14章

表演艺术需求的实证研究

Bruce A. Seaman

Georgia State University，USA

范晓菲　译

摘　要

虽然观众和参与调查的人员以及计量经济需求的研究都普遍认为表演艺术的观众相对而言多为精英，但这暗藏玄机。教育（尽管与因果关系解释相悖）是比收入更强的决定因素，但是来自调查结果的证据要比来自计量经济模型估计的结果更可靠，同时艺术培训通常不同于正规教育。只有少量控制了时间成本的研究发现艺术是种奢侈品，并且价格弹性通常高于预期，特别是在检验更分散数据时该结果更显著。需求缺乏价格弹性通常是非营利艺术管理者的低价营销策略造成的结果，而不是爱好艺术的内在结果，然而即使在表演艺术内部，交叉价格弹性的证据相对较弱。当未考虑"生活方式"变量或者非标准化经济社会因素（例如性取向、性别、社会化过程）时，艺术需求不能被充分地估计，甚至值得注意的是年龄的作用很复杂。艺术表演和艺术组织机构的品质看起来很重要，但是计量模型结果是不确定的。在检验动态因素时，习惯形成必须与边消费边学习以及理性上瘾两种模式区分开来。对于艺术需求这个主题，社会学家、心理学家、市场专家以及经济学家均贡献了很多文献，尽管经历了大约40年越来越复杂的分析，但是它依然高深莫测。

关键词

需求，弹性，表演艺术，价格，产品质量，企业与工业，习惯形成，消费中学，理性上瘾

JEL classification Codes

C1，C2，C3，D12，D13，L82，Z1

14.1 引　言

2001年12月份的La Scena Musicale的读者读到“在管弦乐上的消费支出可能会随着年龄、教育和收入的增加而增加”（Ehrensaft，2001，p.1），他们感到震惊[①]。“高端或高级艺术”被广泛地认为是少数精英的领域，长时间以来，该论点被政府艺术补贴的反对者应用，并将艺术补贴描述为政府支持的倒退，更讽刺的是该观点也被支持者使用，他们认为应该使文化让一般公众更容易接触。此外，人们可能会猜想该共识和传统观点会努力从实证研究角度证明艺术需求相对无用——充其量是对明显结论的精心设计的确认。

本章主要是评估该猜想，并且得到相反结果的惊人证据，个人信念与经验证据不一致，对于最常被引用的经验研究文献的结论也存在广泛的误解。Lévy-Garboua和Montmarquette对此贡献较多，他们对此的表述也非常到位：“可能艺术需求具有价格弹性，且艺术是奢侈品。但是到目前为止，该推测仅来源于理论猜想而不是可重复的实证结果”（2003，p.211）。他们也暗示由于没有阐明艺术品是否有近似的替代品，因此我们依然在探索关于艺术需求的三个最基本实证问题的确切答案（2003，p.201）。

Corning和Levy（2002，p.218）指出对表演艺术需求的研究基本采取两种方法：一种是调查研究，该方法主要是探索剧院（或者是其他场地）观众的人口统计学特征；另外一种是实证研究，该方法主要是量化需求和收入弹性。值得注意的是，实证研究的数据经常，至少是部分，来源于观众或者艺术参与调查的人员[②]。

对于实证研究，虽然“收入和价格弹性是需求实证分析的最终产物”（Barten，1992，p.21），但是大量的表演艺术需求的实证文献并未报告相关弹性。例如，本章中引用的44篇以回归为基础的文献中仅有29篇报告了某种需求弹性，仅有19篇文献同时估计了价格弹性和收入弹性，更少的文献估计了某些交叉价格弹性[③]。因而，大部分的文献往往转而检验艺术出席和参与模式的决定因素，且并未与新古典消费者行为理论及其相关的齐次和加总约束相联系[④]。

本章是对Seaman（2005）文章的简化版，重点分析实证文献并简要地汇总了调查研究的结果。艺术主要是非营利的表演艺术（管弦乐和室内音乐、歌剧、芭蕾舞和现代舞以及戏剧，但是也包括以营利为目的的百老汇），且将其与博物馆以及很大程度上以营利为目的的媒体艺术以及其他娱乐休闲形式（包括体育）进行比较。

本章的结构如下。14.2节以观众和参与调查人员为基础简要地描述了表演艺术观众的特征。14.3节给出了实证研究的综述。14.4节报告了价格和收入弹性的估计，主要集中在不同水平的数据和观众分层对实证结果

① 可能他们先被该文章的乐观口吻所震惊，该文章引用人口学家David Foote的研究作为证据，老去的婴儿潮一代以及古典音乐观众的老龄化将会是有价值的资产，并最终扩大古典音乐的市场（Ehrensaft，2001，p.1）。

② 关于准确进行这些调查的难度的全面讨论见Horowitz（1985）。典型的观众调查以向观众发放问卷并在其离场时回收问卷为基础。而参与调查的人员是在更广泛的人群中设计随机抽样，而不是局限于那些“自我选择”作为艺术观众的人。

③ 见表14-1。

④ 由于估计需求弹性的研究面临样本量和计量模型的挑战，因此很少有研究可以明确保障其估计的需求函数是零次齐次的，且符合恩格尔和古诺的加总条件。Pommerehne和Kirchgassner（1987）的研究是罕见的例子，使用近乎理想需求系统限制来估计电影、戏剧以及复合商品的支出份额。缺少这些限制会造成结果的解释变得非常复杂，特别是价格弹性这一有争议的主题。然而，许多其他重要主题的结论相对不受统计技术（例如判别分析、聚类分析、因素或者多元回归）或者专业领域（经济学、社会学、艺术政策、心理学或者营销学）的影响。

的影响。研究者在实证艺术需求时面临技术方面的挑战由 14.5 节到 14.9 节给出。14.10 节评估了一些文献的观点，它们认为与年龄、收入、教育和职业这些传统的社会经济因素相比，生活方式和不同的社会化水平是更重要的艺术消费决定因素。同时包含形形色色的变量，例如性别、种族、宗教和性取向与其他变量，使分析变得非常复杂。14.11 节概述了之前章节中经济学家面临的数据问题。结论和评价（14.12 节）集中在评估观点，即在给出艺术需求问题的明确答案之前需要三个重要方面的发展：

（1）更仔细精心的计量设计；

（2）增加使用大数据集；

（3）更密集使用品位培养的直观模型（Lévy Garboua and Montmarquette，2003，p.211）。

14.2 我们对艺术观众了解多少?

14.2.1 观众构成

艺术经济学中有两个最早的经验观察：第一，表演艺术的观众在收入、学历和职业方面均是精英，而不是普通人群的代表；第二，不同表演艺术观众的特征几乎没有差别[①]。事实上，“不同艺术形式的观众十分相似”的观点被 Baumol 和 Bowen 认为是他们开创性地努力收集关于艺术消费模式的可信数据的“最显著的发现”，数据主要是针对美国（1966，p.84）。

Throsby 和 Withers（1979）评估了澳大利亚的数据，发现澳大利亚和美国观众本质相似，研究中还使用了英国和加拿大的数据。最近对加拿大蒙特利尔的剧院顾客调查发现了精英主义的持续证据，54% 的观众拥有大学学历，45% 的观众年收入在 4 万美元以上，且仅有 11% 的观众从事第一产业（制造业或者建筑业）（Colbert and Nantel，1989）。表演艺术观众的调查数据最详细和持续的来源是艺术的公众参与调查（Survey of Public Participation in the Arts，SPPA），该调查定期由美国国家艺术基金会（US National Endowment for the Arts）发布。最新的数据为 2002 年（National Endowment for the Arts，2004），且依然支持艺术精英主义。这些数据同时服务于基于回归的研究，例如，Peterson、Hull 和 Kern（2000）以及 Gray（2003）。

事实上，艺术消费模式在不同国家、教育系统以及文化之间的共性并不是普遍的预期结果。Baumol 和 Bowen 按照英国同事的建议，扩展调查至整个英国从而预期更多的精英主义结果（Baumol and Bowen，1966，p.89）。然而，英国观众只有较低的中等收入群体具有略高的代表性（p.93），Baumol 和 Bowen 发现英国和美国结果具有“显著”的相似性（p.89）。有趣的是，Cwi（1985）攻击 Baumol 和 Bowen（1966）的关于艺术观众精英主义的结论，“养育了艺术政策的福利经济学心态”主要是用于证明政府补贴使“艺术深入群众”的政治议程”（p.32）。Cwi（1985）进一步指出，即使基本的观众构成保持相对不变，教育和职业选择的巨大社会变化也会使艺术观众构成更反映一般人群，艺术观众精英主义在一定程度上是艺术狭义定义的结果。对于艺术观众精英主义是否弱化也没有一致结论。例如，O'Hagan（1996）发现完全没有证据表明爱尔兰、英国和美国的数据中有普通人群可以接触表演艺术方面的任何改变，然而 Heilbrun（1996）采用不同的测量标准，发现了 1980—1990 年美国一般人群接触艺术方面的显著

① Baumol and Bowen (1966); Ford Foundation (1974); Book and Globerman (1975); National Research Center of the Arts, Inc. (1976); DiMaggio and Useem (1978); Throsby and Withers (1979); West (1985).

改变①。

14.2.2 年 龄

年龄在Baumol和Bowen（1966）的观众调查中的结果最意外，在美国和英国的艺术观众中，相对于整体中相应年龄段人口总量来说，20~24岁的观众比例最高，其中参与的定义为“过去一年内至少观赏了一次表演艺术”。而相对频率会随着年龄的增长而系统地下降，这说明19世纪60年代中期，两个国家中表演艺术的观众构成比城市人口年轻。然而，当考虑年参与频率时，年龄的角色出现了变化。在百老汇剧场年参与次数超过10次的群体中，60岁以上的观众比重为7.1%，而20岁以下的观众比重仅为2.4%。对于大型管弦乐队，年龄比例差距较高，为17.9%对3.9%。而地区剧场的差距相对适中，为7.0%对5.8%（Baumol and Bowen，1966，Appendix，Table Ⅳ-I）。最近的SPPA（National Endowment for the Arts，2004）也反映了艺术观众的老龄化，尽管许多艺术组织的管理者反对该结论（Peterson，Hull and Kern，2000，p.1）。

从19世纪80年代早期到19世纪90年代中期的日本和德国数据看，在表演艺术观众中，年龄发挥了令人惊讶的复杂作用。虽然西方古典音乐的日本观众的特征可能会影响与西方观众的相应结果的可比性，但是Kurabayashi和Ito（1992）的结果非常惊人。唯一的例外是，他们发现1977—1981年之间，NHK交响乐团观众存在显著地老龄化。而其他的结果显著偏向于年轻化，特别地，大阪爱乐交响乐团68.9%的女性观众年龄低于30岁。事实上，在非NHK交响乐团的案例中，除了东京爱乐交响乐团和札幌交响乐团外，男性和女性观众中超过50%的人年龄小于30岁。即使在例外案例中，年轻人的比重也均超过了老年组。

在西方古典音乐的核心国家，例如德国，发现了任何相似的年轻化倾向吗？在德国，古典音乐被称为“严肃音乐”（ernste）或者“E音乐”（E-Musik），与之对照的是文化背景较少的“丰富的”流行音乐或者“U音乐”（U-Musik）。Wiesand（1995，Table 2）给出了不同年龄组对四种音乐会（音乐剧、E音乐会、U音乐会和爵士/摇滚）的偏好具有显著差异的证据，但是除了爵士/摇滚有比较强的青年偏向，他发现最年轻的组（18~24岁）也与其他三种音乐会的消费模式基本相似。次年轻组（25~34岁）的表现具有较大的变异性，但是对体验E音乐会具有最高偏好。Wiesand的数据显示了预期的结论，即在德国，最年轻组的音乐会参与率最高，最“高雅”的音乐（E音乐会）最不受欢迎。最年轻组（18~24岁）对于其他三种非爵士和摇滚音乐会（经典类型的E音乐会的参与率几乎是最低的）具有相对相似的出席率。最显著的结果是次年轻组（25~34岁），他们的经典音乐参与率最高，两组年轻人（小于35岁）的组合参与率比两个高年龄组（大于50岁）的相应参与率高。因此，德国的证据与之前的结果相似，即当不考虑参与频率时，表演艺术不应该自动地被认为由高年龄的人群所主宰②。

14.2.3 教育和收入

艺术调查研究，例如国家艺术研究中心有限公司

---

① 参见Seaman(2005,Section 2.3)。

② 该观点与West(1985)的发现一致。West(1985)在加拿大安大略省的观众调查中发现20~30岁年龄组与40~50岁年龄组比重相同，大于50岁年龄组的观众比重仅为20.9%，占主导的年龄组为30~40岁(29.6%)。然而，作者也承认由于代表人数不足，1984—1985年安大略省低于20岁年龄组观众的比重为2.6%。

(National Research Center of the Arts, Inc., 1976)，是DiMaggio和Useem（1978）以及Ford Foundation（1974，Vol.II）的主要数据来源，对了解教育和收入对表演艺术出席率的影响做出了重要贡献。然而教育和收入具有正相关性，因此分离二者的单独作用是困扰计量经济研究很久的问题[①]。早期的定性研究文献认为教育比收入的作用更重要[②]。事实上，虽然Heilbrun和Gray（2001）将Ford Foundation（1974，Vol.II）的研究作为教育比收入更重要的依据，同时也引用了Gray（1998）提供的基于1997 SPPA数据的多元回归的证据，即教育比收入的作用更大（Tables A17，A20 and A21）[③]，并且随后的国家艺术基金2002 SPPA调查（National Endowment for the Arts，2004）发现教育与艺术活动和博物馆的参与相关性比其他的人口学因素高（p.19），然而，与"回归分析是否证实了这个结论"更相关的研究是NEA资助的Peterson、Hull和Kern（2000）的研究，该研究采用1997 SPPA数据和普通最小二乘估计方法，并一般性（不是普遍性）地认为教育是艺术出席率最强的预测因子。

DiMaggio和Useem（1978，Table 1）强调了在受访者自我报告的参与7种不同类型文化形态的情况中，所谓的教育差距和收入差距。例如，在剧院中，教育差距为55%，因为受教育程度最高组（大学毕业）的参与率为73%，而受教育程度最低组（高中以下）为18%（绝对差距为55%）。DiMaggio和Useem（1978）报告中的消费差距反映了最高和最低受教育程度或者最高和最低收入组之间的绝对差距。消费差距数据的关键特征是7种文化形态，甚至包括流行音乐，均具有较大的教育差距。三种高端艺术表现了最大的教育差距。收入差距的结果与教育的结果不尽相同，表现出意料之外的模式，最精英化的艺术（古典音乐）的收入差距最低；通俗电影、艺术博物馆和剧院的收入差距几乎相同。

然而，Ford Foundation的研究（特别是表15）是最有影响力的，他指出"达到令人吃惊的程度……，教育而不是收入是最重要的因素"（Ford Foundation，1974，II，p.16）。以剧院出席率为例，将收入固定在高和低两种水平上，受教育程度的不同在高收入组产生的出席率差距为21%，在低收入组产生的出席率差距为25%。然而，对换教育和收入位置，将教育固定为高和低两种水平，高教育组的收入差距为8%，而低教育组的收入差距为12%。交响乐、歌剧以及芭蕾舞等艺术形式显示了相似的模式。然而虽然较弱，但是这显示了教育差距在影响出席率，甚至包括百老汇以及爵士、摇滚以及民谣等具有时代感音乐形式的相对优势。在此标准下，在电影的例子中教育作为比收入更强的因素是失败的。实际上在电影中，它们的平均"解释力"相等。

在14.6节讨论计量研究结论时，我们将再次讨论教育和收入[④]。

---

① 见14.6节。

② Globerman（1989）也引用来自Association of College，University and Community Arts Administrators，Inc.（1984—1985）的美国数据，该数据至少提供建设性的证据，即教育比收入和职业在决定艺术参与的作用上更重要。

③ 那些熟悉实证文献的研究者倾向于认为并没有一致证据能够区分这两个强正相关变量的单独作用。虽然早期最好的两篇实证研究证实了收入具有相对较弱的作用，但是它们并没有将教育当作单独的因变量包含在方程中（Moore，1966；Withers，1980；Throsby和Withers，1979也报告了额外的结果），早期研究的确同时包含了两个自变量（Gruenberg，1975；见下文），但并未公开发表。进一步，与Gray（1998）的例子相似，其他三个文献给出了支持教育的强度高于收入的实证证据，当然它们相对不太知名（Gapinski，1981；Goudriaan and de Kam，1983；Ganzeboom，1989）。

④ 有关艺术观众其他问题的讨论见Seaman（2005），其中包括表演艺术观众交叠（一起光顾）问题；艺术繁荣可能性及动态变动如何影响到观众精英程度（DiMaggio and Mukhtar，2004）；对于"杂食者"（也就是，那些音乐和休闲方式非常广泛和不拘一格，同时讨厌精英标签的人）和"非杂食者"（相反地，是指那些在音乐和其他休闲方式中选择的类型相对少的人）进行不断讨论的营销学文献有：Peterson（1992），Bryson（1997），van Eijck（2000），Fisher and Preece（2002，2003），Lopéz Sintas and García Álvarez（2004）。

14.3 表演艺术需求实证研究综述

1996年以来，至少有44篇实证文献研究了表演艺术需求（或消费者参与）[①]。其中一些文献还估计了其他需求弹性的数值：交叉价格（Withers，1980；Throsby and Withers，1979；Touchstone，1980；Gapinski，1986；Bonato，Gagliardi and Gorelli，1990）；休闲价格（Withers，1980；Throsby and Withers，1979）；捐赠者价格（Lange and Luksetich，1984）；旅游者参与（Gapinski，1988）；教育（Globerman and Book，1977；Gapinski，1981）；广告（Luksetich and Lange，1995）；演出的数量（Moore，1966）以及不受欢迎的指挥（Greckel and Felton，1987）。其他研究得出的估计参数不能转换成弹性，一些研究评估了大量额外的因变量的作用，但大部分的因变量缺乏经济和统计上的意义。

方程通常采用双对数形式，而普通最小二乘法（OLS）是最常用的估计技术（18篇文献），但是也有文献采用了其他技术，包括逐步回归（Globerman and Book，1977；Greckel and Felton，1987；Andreasen and Belk，1980）；双对数加权最小二乘法（Felton，1992）；两阶段最小二乘法（Moore，1966；Lange and Luksetich，1984；Luksetich and Lange，1995；Jenkins and Austen-Smith，1987）；条件极大似然方法（Corning and Levy，2002）；近乎理想的需求系统（Pommerehne and Kirchgassner，1987）；Clawson-Knetsch距离模型（Forrest，Grimes and Woods，2000）；非参数线性回归（Schimmelpfennig，1997）以及logit模型、tobit模型和probit模型的非参数估计（8篇文献）[②]。

在44篇文献中，22篇文献基于美国数据。大约2/3的文献报告了时间序列结果（其中包括时间序列和截面数据的混合数据）。由于几乎所有的研究都进行了单独的截面分析（Moore，1966；Goudriaan and de Kam，1983；Luksetich and Lange，1995），因此42%的文献包含截面估计量。仅有9篇研究分析了一个或者两个艺术公司的案例，其余的研究或多或少都涉及了组织机构的汇总数据，其中7篇文献报告了不同表演艺术总体的结果（其中3篇文献报告了个体表演艺术形式的结果：Houthakker and Taylor，1970）；Throsby and Withers 1979，Pommerehne and Kirchgassner，1987），最流行的表演艺术形式是剧院（包括对营利性百老汇剧院的研究文献），大约有20篇文献。紧随其后的是交响乐，共有16篇文献将交响乐作为首要或者次要的研究主题。歌剧公司的独立结果共汇报了8次，舞蹈/芭蕾公司汇报了7次。

在需求分析中，尤其是在讨论艺术需求时，价格和收入弹性扮演了重要的角色。因此本文以下部分的分析主要集中讨论估计了这些需求弹性的文献。

14.4 价格和收入弹性

表14-1列出了29篇文献，这些文献报告了自身价格弹性和收入弹性的一种，或者两种价格弹性都有。值得注意的是，表14-1并未考虑那些在研究中

① Seaman（2005）进一步指出了被忽略的研究类型。例如，像Weinberg和Shachmut（1978）一样的高度专业化的营销预测模型。他们的ARTS PLAN模型促使了对特定（通常是所有）表演艺术活动观众预测的研究，但该模型却被忽视了。另见Weinberg（1986）以及Putler和Lele（2003）。

② 方法的选择符合实证经济学的标准做法。DiNardo和Tobias（2001）在非参数方法综述的开端写道：粗略地浏览经济学各领域的实证文献就可以发现，大部分采用参数方法，例如，最小二乘法或者两阶段最小二乘法的应用研究都伴随着对样本的描述性统计分析（p.11）。

包括了收入或者价格变量但没有获得弹性估计的回归研究。

从表14-1可以看出，实证证据不能证实Lévy-Garboua和Montmarquette的猜想，即从自身价格弹性看艺术是奢侈品。在自身需求价格弹性的估计中，12篇文献发现艺术需求缺乏弹性，仅有4篇文献发现了需求富有价格弹性的有力证据。Krebs和Pommerehne（1995）报告了短期低弹性而长期高弹性的结果。然而，另外有5篇文献发现需求价格弹性的不确定结果，特别是当数据允许对价格范围、观众特征以及艺术组的类型和大小进行分类分析时，需求价格弹性结果并不确定。

以下我们将更加详细地讨论这些结果之间的差异。

14.4.1 不同汇总水平下的价格弹性差异

从表14-1中价格弹性的结果看，不考虑技术的复杂性，价格无弹性的结果非常突出，特别是与基于个体艺术组织数据的研究[1]相比，或者是与采用某种形式的票价（例如总收入除以观众人数）而不是测度不同类型消费者支付价格的研究相比，基于多种表演艺术形式的加总数据的研究更倾向于得出价格无弹性结论。特别地，Jenkins和Austen-Smith （1987）是少数得出统计显著且正的自身价格弹性结论的研究之一。他们认为该悖论的部分原因是价格是质量的代理变量，但是他们同时指出悖论与他们过度加总的价格度量有关（也就是，价格为单个季度的票房总收入除以该季度观众总人数；p.170）[2]。

表14-1　　表演艺术自身价格和收入弹性估计结果综述：按时间排序

研　究	价　格	收　入	研　究	价　格	收　入
Moore （1966） Moore （1968）	−0.33~−0.63	0.35~0.43； 1.03交叉	Carson and Mobilia （1989）	之前月份：−0.38	按季节：−4.74~ 5.78
Houthakker and Taylor （1970）	−0.18短期；−0.31 长期	0.74短期； 1.26长期	Bonato，Gagliardi and Gorelli （1990）	−0.38	0.78
Globerman and Book （1977）	无	按不同艺术形式： 0.76~1.07	Throsby （1990）	−0.41（不显著）	无
Withers （1980） Throsby and Withers（1979） 美国数据	−0.90~−1.19；调整后： −0.62~−0.67	常规：0.64~1.55； 调整后：1.43~ 2.78	Oteri and Trimarchi （1990）	统计上不显著	统计上不显著

① 当然，加总问题并不是艺术研究领域的特殊问题。常见的需求和供给方程的估计中，在不同产品之间采用统一的价格和质量就会得到全行业的需求弹性估计值。但在一项个人电脑市场的研究中，这种做法被认为是误导性的，因为厂商生产异质性而不是同质的产品，因此每一种产品面临不同的需求弹性，理想状态是在估计需求弹性时重点集中在个性化的属性和产品的市场地位方面（Stavins，1997，pp.347-348）。对于经济学的需求建模领域中异质性和加总问题的综述见Blundell和Stoker（2005，pp.350-364）。

② Seaman（2005）详细分析了测度价格的不同方式（3.1.1节）。

续表

研　究	价　格	收　入	研　究	价　格	收　入
Throsby and Withers（1979）澳大利亚数据	常规：-0.62~-1.0；调整后：-0.61~-1.17	两个模型中均不显著	Felton（1992）	按照艺术形式和大小：-0.13~-0.95	按照艺术形式和大小：0.77~3.09
Touchstone（1980）	按照艺术形式估算：-0.09~-0.13	无	Abbé-Decarroux（1994）	全价：-0.31（不显著）；低价：-2.45 与-1.0的差异不显著	无
Gapinski（1981）	无	0.36	Felton（1994/1995）	总价：-0.85；定金：-0.24	总价：1.40；定金：0.82
Goudriaan and de Kam（1983）	无	按艺术形式：0.10~1.02	Luksetich and Lange（1995）	按管弦乐队规模：-0.16~-0.42	不显著
Gapinski（1984）	-0.66	1.33	Krebs and Pommerehne（1995）	短期：-0.16；长期：-2.6	0.1，统计不显著
Lange and Luksetich（1984）	按管弦乐队规模：-0.49~-1.26	无	Lévy-Garboua and Montmarquette（1996）	按经验：-1.00~-1.47	无；代理变量财富为正
Gapinski（1986）	按艺术形式：-0.07~-0.29	按艺术形式：0.06~0.27	Schimmelpfennig（1997）	按芭蕾舞座位数：-1.34 ~-5.56	无
Pommerehne and Kirchgassner（1987）	按收入：-1.22~-1.65	按收入：1.50（不显著）~2.44。	Ekelund and Ritenour（1999）	无弹性（非数值）	标准化后：0.78
Jenkins and Austen-Smith（1987）	+1.1~+2.5	0.26~0.54；不显著	Forrest，Grimes and Woods（2000）	-1.24（点）；-1.11（弧度）	无
Greckel and Felton（1987）	按艺术机构：-0.34~-2.33；不显著	按艺术机构：2.26（不显著）~6.13	Forrest，Grimes and Woods（2000）	按演出地点：-0.05~-4.87	三者均大于0，其中一个大于1，但只有两个显著
Felton（1989）	按歌剧团：-0.64~-1.62	不显著			

注："无"表示没有估计弹性，主要原因是缺乏数据。

分散和针对性的价格非常重要，那么是对观众进行分层研究重要还是对不同表演艺术形式进行分别测量的研究重要呢？因此，针对这些文献的任何概括都必须十分谨慎。例如，Moore（1966）发现百老汇歌剧需求一致的低自身价格弹性，甚至当研究部分表演艺术数据时也得到了相同结论（数据加总的目的是为了包括7家百老汇公司和18种演出，至少研究没有集中分析表演艺术总体）。他在一定程度上非常规地使用了价格列表中的价格（例如将定期表演的最贵票价的均值作为价格）作为支付价格的近似替代，这种做法可能会受到批判，但是不会造成时间序列结果的较大偏误。Gapinski（1986）的研究广受赞誉的原因在于他基于伦敦13家个体艺术公司的分散数据分别研究了戏剧、歌剧、交响乐和舞蹈的交叉价格弹性以及自身价格弹性。他发现所有个体组织的价格弹性均较低（-0.05~-0.07之间变动）。然而，在构建名义价格变量时，他被迫使用票房收入（包括增值税）除以观众人数来替代，因此不能捕捉实际成交价格以及不同消费人群的异质性。

较低汇总程度的研究一般是按照重要方式的不同对观众进行分层，从而更好地研究定价以及其他可能的需求决定因素。Pommerehne和Kirchgassner（1987）采用消费者收入进行分层后发现，高收入组的价格弹性低于平均收入消费者（二者的绝对值均大于1）。他们还少见地得出了电影自身价格低弹性的结论。Schimmelpfennig的芭蕾舞研究（1997）主要是按照座位区域分层，他发现舞台前方一楼座位、顶层以及圆形剧场后方区域的需求具有价格弹性，他也意外地发现舞台前方一楼位置具有高价格弹性，而通常人们认为这些位置服务于高收入人群。相比之下，Abbé-Decarroux（1994）对日内瓦剧院的研究结果与预期相符，他发现按“折扣价”消费的人群有较高的价格弹性，为-2.45（在0.05显著性水平下，与1没有显著差异），而“全价”组的需求价格无弹性（统计不显著）。他明确地指出这些结果弱化了其他主要研究的结论，因为这些研究是由于采用了过度汇总的平均价格才得出了表演艺术价格无弹性的结果（p.105）[①]。

Felton（1994/1995）研究了25个大型美国管弦乐队，结果发现组合“总观众”的弹性（低于单位1，为-0.85）比订购付费观众（-0.24）高。然而，这些结果与他的13个歌剧公司混合时间序列研究结果形成了对比（Felton，1989），该研究中订购付费观众比单个购票者对价格变动更敏感（也就是说，唯一显著的结果是订购付费观众的结果，虽然不同组织之间的价格变化较大）。虽然在她的1994/1995管弦乐和1989歌剧样本中订购付费观众对价格变化的反应程度不同，但她仍然决定将1992年对管弦乐、歌剧和芭蕾舞公司的研究均集中到订购付费观众需求，最后她发现歌剧研究显示季节性的订购付费观众会对价格变化作出改变而免费观众却没有（Felton，1992，p.2）。

Lévy-Garboua和Montmarquette（1996）采用间接方式估算了价格弹性（见14.7节），他们发现：与偶尔看电影的法国人（价格弹性接近于1）相比，经常看电影的法国人具有较高的价格弹性（-1.47）。这与嗜好，例如艺术的价格弹性较低的结论相悖[②]。由于高教育水平的人一般具有更多的艺术体验，因此对于较高教育水平的地区需求缺乏弹性而其他地区需求富有弹性的观

---

① Throsby（1990）在估计表演的消费者估价方程时发现了支撑证据。他发现估计的效用函数显示在悉尼歌剧院中，价格主要对青年和低收入人群有较强的影响力。价格敏感度最低的人群是他的研究中最保守的剧院观众（p.79）。Huntington（1991）采用价格数据得到了弯折的需求曲线。Kirchberg（1988）发现低收入组人群认为博物馆门票是阻碍的概率是高收入人群的5倍，教育、职业和生活方式会增加二者之间的差距。

② 毫无疑问，对此结论的最新奇的解释是Köster和Marco-Serrano（2000，p.8，Footnote 7）的研究。他们在引用Lévy-Garboua和Montmarquette（1996）的研究结论时写道：“偶尔参与者的满意度要高于经常参与者。”他们进一步指出偶尔参与者得到更多的是“完成一项任务的感知”而不是直接艺术消费的“回报感知”。

点，Forrest、Grimes和Woods（2000）提供了强有力的反对证据①。

按照组织所在地分层的研究也发现了不同的自身价格弹性。Corning和Levy（2002）指出：按三点定位的南加州剧院面临的需求是否有弹性取决于特定的场所。Lange和Luksetich（1984）发现与大型主要管弦乐队相比，小型管弦乐队面临的需求价格弹性更大。但是他们1995年的管弦乐队的联立方程模型（加入了捐赠的交互项）发现，无论组织规模大小，它们均面临缺乏弹性的需求（详见14.5节）。

因此，采用分散数据估计的自身价格弹性的绝对值往往大于1（采用加总数据的研究几乎不会得出该结论），这些结论的程度和意义有时会被夸大。例如，Felton（1992）的研究被引用时的结论为：艺术组织的团体总和缺乏需求弹性，而单个艺术组织的团体内部需求具有显著的高弹性（例如，Throsby，1994，p.8）。然而，实际上她仅在21%的管弦乐样本、7%的芭蕾舞样本和16%的戏剧样本中发现了需求价格弹性的证据。此外，该文章偶尔还扮演区分行业和公司价格弹性的角色，而她的混合数据并未包括同一城市或同一艺术形式的多个公司数据②，有时甚至不能保证一个城市中不同艺术形式的公司多于1家。因此Felton（1992）的研究并不是精心设计地用来区分公司和市场或者行业价格弹性的研究。Felton早期（1989）对歌剧公司的研究仅报告了三个显著的歌剧公司捐献者的自身价格弹性，包括富有弹性（旧金山）、单位弹性（圣地亚哥）和缺乏弹性（休斯敦）三种情况。因此，现有研究并不能得出单个组织的需求价格弹性大于1的结论。

14.4.2　价格弹性结果解释时的概念问题

尽管在实证方面，价格弹性随着数据加总程度和计量技术的复杂性和精确性的变化而变化，人们却很少根据经济理论解释这些结果。例如，很少人直接解释非营利性的艺术组织收费比收益最大化的票价水平低这样的标准论点③。在一篇相关的文献中，作者明确指出利润最大化的体育队可能采取低价策略。因此这种非利润最大化的行为已经成为价格缺乏弹性的标准解释，并且在体育需求的实证研究中非常普遍④。事实上，体育经济学家并不认同需求缺乏价格弹性的实证证据⑤。虽然有争议，但是估计价格弹性时的价格水平至关重要。例如，Coates和Harrison（2005）发现，在美国，棒球的需求是强缺乏弹性的，但他们也对该结论表示惊讶，因为当地棒球馆强大的市场势力可以使他们在需求曲线的弹性部分进行操作。他们进一步指出对体育队在价格缺乏弹性部分活动进行解释将是未来研究的重要问题

---

① Ulibarri（2005）在他的自适应效用的艺术选择模型中给出了更多艺术体验者需求缺乏弹性的理论支撑，这证实了艺术品市场被分割的观点。

② 无可否认，当仅有一个本地专业歌剧公司或者管弦乐队时，这种分类无法实现。然而，Gapinski（1986）的研究是例外。

③ 当然，常用和方便的双对数模型估计的价格弹性是不随价格水平变动的常数，相应地，三次对数方程可以估计随价格水平变动的弹性（例如，研究体育的文献García和Rodríguez，2002）。如果由于非最优定价或者让艺术更大众化的系统作用而造成的搜集到的价格水平和范围“人为较低”，这可能不仅仅是为了公益服务，还可能是为了鼓励人们（特别是年轻人）形成人力资本的长期策略。因为这些人力资本可能会导致不同形式的消费成瘾。因此，我们自然希望估计结果为较低的常数价格弹性。

④ Marburger（1997），Fort（2004），Seaman（2005，Sec. 3.1.2）给出了详细的综述。

⑤ García和Rodríguez（2002）在研究西班牙甲级联赛时，发现当使用线性模型且不考虑价格的外生性问题时，任何联赛队伍均面临缺乏价格弹性的需求。这与俱乐部是利润最大化者以及标准的垄断模型中成本不依赖于参与人数的理论相悖（p.28）。然而，他们认为实证模型的设定在估计体育需求曲线时非常重要，另外，他们采用立方形式实证模型且采用工具变量修正了价格的内生性，并最终发现27个队伍中的11个队伍平均价格弹性的绝对值大于1，但是对于所有的队伍不能拒绝单位弹性的原假设。

(p.298)。

相比之下，艺术经济学家的普遍反应是找到与理论预期和调查证据相一致的价格缺乏弹性的实证证据[①]。例如，Throsby （1994）重申了他早期研究中关于“随处可得”的流行娱乐与反映偏好的艺术之间的区别，他认为在已经消费的人群中价格是缺乏弹性的，因为表演艺术的品质对于已经消费的人是决定性因素（pp.3 and 7-8）[②]。与该论点相一致的观点认为，现场艺术本身价格昂贵，值得注意的是，Throsby分析的是已经建立的消费者而不是所有可能的消费者。

在为艺术需求固有的低价格弹性辩护时，人们普遍认识到票价仅仅是观看现场表演的显性花费中很小的一部分。当把时间的机会成本加入“全价”时，票价甚至是总花费中较小的部分[③]。进一步，将消费者看成生产者，可以区分买票看表演（市场产品是生产性投入）和消费个体生产的艺术赏析两种行为。在以上基本的区分下，艺术感知的影子价格弹性需求以及反映在票价数据中的艺术消费的市场价格缺乏弹性需求在理论上并不冲突[④]。

另外，艺术消费的全价会降低门票价格的经济意义，且是门票和捐献相互作用的结果。艺术领域价格歧视策略的潜能被其鼓励捐赠的非营利性身份所加强。Lange和Luksetich （1984）认为参加交响乐音乐会的总价包括票价以及观众对管弦乐队的捐献。

最后，我们分析了教科书中影响不同产品（一般衡量的是市场和行业，而不是个体公司或者消费者）价格弹性的因素：

- 替代的可能性；
- 预算比重；
- 收入效应的方向；
- 时间。

Frank （2006）实证比较了7种相对的聚合产品的需求价格弹性，包括“青豆”（弹性为-2.8）以及戏剧和歌剧（-0.18，引用了Houthakker和Taylor （1970）的短期价格弹性）。对于青豆弹性比戏剧和歌剧弹性约高14倍的现象，他给出了两方面的解释。首先，潜在的较小收入效应不会造成收入远高于平均水平的艺术消费者面临的艺术价格的任何变动。其次，青豆的替代品比戏剧和歌剧表演多（Frank，2006，p. 128）。与这些解释相一致的观点是表演艺术的固有特征即有限替代品造成其价格缺乏弹性。然而，这些解释都忽略了“替代品价格”以及“本地竞争条件”等问题（Seaman，2004）。同时，也没有解释为什么这些公司（假设具有市场势力）会选择在远离理性平均价格水平（也就是说，当边际成本接近0时的单位弹性下的价格）下经营。

总之，估计的艺术价格弹性可能仅仅反映了在需求曲线非弹性的范围内定价。或者说使用过度加总的数据估计的价格弹性并没有捕捉到不同消费群体价格弹性的异质性。同时，理论上对于艺术消费全价的分类有两种，一种是区分艺术参与和艺术赏析，另一种是按照票价在相关总成本中的比重分类。这两种分类都会造成在可比价格下，艺术与其他的消费和商品相比具有较低的

---

① 例见Globerman and Book（1977），Ryans and Weinberg（1978），Kolb（1997，2002）and Scheff（1999）。

② 假设，奢侈艺术的有效替代品是主要的因素，该因素意味着在可比价格下或者在有限市场势力的竞争性均衡中，与“随处可得”的娱乐形式，例如电影的需求相比表演艺术的需求是缺乏弹性的。区分观测价格的价格弹性与竞争性价格弹性是反托拉斯经济学的重要特点。

③ 事实上，Globerman（1989）愿意将他的观点扩展到包括大众文化，并在注释中写道："不太一致的证据是这些艺术的需求缺乏弹性，而一致观点是时间的机会成本是参观任何现场艺术的最大成本"（注释14）。然而，有意思的是Cameron（1990）扩展了他早期的相似结论，他采用截面和时间的混合数据研究发现英国电影的相对高价格弹性（在-1.53~-1.6之间），但是随后在检验电影需求中的理性上瘾（1999）时，他没有发现理性上瘾的支持证据，且价格变量非显著。Fernández-Blanco和Baños Pino（1997）估计了更高水平的西班牙电影需求价格弹性（-3.51），但是并没有阐释价格水平的问题。

④ 见Lévy-Garboua和Montmarquette（1996，p. 206），更详细的介绍见14.7节。

价格弹性[①]

14.4.3 不同数据加总水平下的收入弹性差距

价格弹性的结果是不确定的，然而收入弹性的结果更令人迷惑。Pommerehne 和 Kirchgassner（1987）发现，德国剧院中平均收入和高收入消费者的收入弹性均大于1。但是高收入人群的收入弹性比平均收入人群的低。虽然他们在摘要中描述了不同收入下的价格弹性结果，他们却警告其结果的统计显著性非常低，同时注释“收入弹性并没有比1更大”（p.48）。

相对于不同的收入弹性更精细的研究，Felton的结论更具指示性。Felton（1989）发现，单个歌剧公司的收入弹性统计不显著。他在1992年的研究中发现，在两个大管弦乐队组中，收入弹性要么小于1，要么接近1（虽然采用的是加总数据，但是他区分了管弦乐队的规模）。Felton（1992）的确在芭蕾舞最高和次高预算费用组（但是对戏剧不显著）样本中发现了奢侈品的证据。Felton（1994/1995）基于美国管弦乐队数据发现，总参与组的收入弹性为1.4，而捐献者数据库中的收入弹性为0.82。相比之下，Luksetich和Lange（1995）发现在大市场和小市场的管弦乐队中并没有显著的收入弹性。虽然Schimmelpfennig（1997）和Abbé-Decarroux（1994）的研究对分层更多的价格弹性估计作出了重要贡献，但遗憾的是，由于缺乏收入的数据，他们均未分析收入弹性。

表面上，当使用低层次加总数据时，去掉收入弹性估计会显著不同的最强证据是Greckel和Felton（1987）发现了Louisville Orchestra的第二个需求方程中收入弹性为6.13，且是统计显著的，虽然其他管弦乐队的收入弹性为2.66，而Bach Society的收入弹性为2.26，但统计上都不显著。进一步，估计得到显著高收入弹性（6.13）的方程中仅将票价和音乐厅的容量作为控制变量。更重要的是，当方程加入代表Louisville Orchestra的指挥和他的接班人不受欢迎的四年时间的代理变量时，如此高的收入弹性会下降到2.66，且变成统计不显著。因此，在个体层面数据中，需求高收入弹性的证据无法令人信服[②]。

Abbé-Decarroux和Grin（1992）研究了单个（Swiss）艺术组织，并估计了Logit模型，模型中加入了税前个人收入，但是估计结果中出席率的系数非常小（虽然三个艺术组织中有两个的结果是统计显著的）。Corning和Levy（2002）对三个不同地区戏剧公司的研究发现，只有一个目标戏剧公司的收入弹性超过1且显著。Gapinski（1984）研究了Royal Shakespeare Company（RSC）的产出和需求方程，在仅包含价格和常数项的方程中发现了统计显著且大于1（1.33）的收入弹性。虽然他很乐意得出RSC文化体验是奢侈品的结论，但是他在消除方程中的自相关和异方差的问题上面临相当大的困难，在修正了这些问题之后，由于截距或者替代价格不显著问题，他被迫去掉7个（共8个）需求方程（p.463）。因此，综上所述，与更高层面的加总数据相比，个体组织层面数据的需求估计结果会得到高收入弹性的可靠结果，但是证据并不明确。

我们在下面各节将讨论在艺术需求的经济研究中所面临的一系列问题，首先是模型选择问题。

---

① 然而，由于其他形式的低票价娱乐也具有这些特征，因此该结论并不可靠。更进一步说，当把注意力集中在入场费占总消费价格的比重时，持续5天的板球比赛，可能在所有现场的娱乐活动中具有最低的可比价格弹性。遗憾的是，虽然他们深入地分析了板球，但是Paton和Cooke（2005）并没有估计价格弹性。

② Carson 和 Mobilia（1989）在分析Broadway的数据时发现了较高的标准化收入弹性，且该弹性对季节非常敏感，其中，秋季、冬季和春季具有较高的正收入弹性，而夏季具有较高的负收入弹性。考虑到他们估计结果的异常值（5.78~−4.47），以及与Moore（1966）发现的显著结果（虽然未调整季节性）相比缺乏建模基础，因此很难确定这些估计弹性结果的权重。

14.5 建模问题：单方程还是联立方程

艺术需求模型单方程建模时，将表演艺术市场看成是递归模式，供给决策和需求决策并不在同一时期决定。而将艺术需求方程作为方程组之一建模时，所有主要内生变量同时决定，因此需要更复杂的估计技术①。采用单方程模型还是联立方程模型估计艺术需求，是计量经济学家经常遇到的问题。本部分，我们通过描述Moore（1966），Withers（1980），以及Luksetich和Lange（1995）具有代表性的研究来讨论测量和建模问题。

14.5.1 Moore："百老汇剧院门票的需求"（1966）

Moore并没有给出效用最大化的分析框架，主要是集中在建立可行的计量模型估计需求弹性解决Broadway上座率低增长方面的问题。由于票价是固定的且不随时间变动，而时间序列有必要导出价格弹性以及更广泛定义的需求总参与成本弹性②。然而，他同时利用来自Broadway的7个场馆和18种表演的调查数据，采用截面分析，估计了个人晚间娱乐成本（除门票费用外）的决定因素。他使用截面调查数据将参与的相对频率作为收入的函数估计了收入弹性，结果为1.03。

他的时间序列模型中的第i期包括三个方程，其中A为出席人数，Y为长期收入，C为欣赏戏剧的成本，S为表演的数量，P为票价，M为有声电影的虚拟变量，T为戏剧的运输成本，O为欣赏Broadway表演的其他成本：

$$A_i = f(Y_i, C_i, S_i) \tag{14-1}$$

$$S_i = g(A_i, P_i, M_i) \tag{14-2}$$

$$C_i = h(P_i, T_i, Q_i) \tag{14-3}$$

随后，他假设每场表演的平均上座率为常数，因此长期均衡条件为A=αS，最终模型包括4个方程，内生变量分别为A，S，P和C。由于不能假设市场处于长期均衡状态，因此价格可以看成是外生的。此外，由于缺乏交通费以及欣赏戏剧的其他花费数据，他假设这些成本，包括与纽约地区人口流动相关的成本，在1928—1936年间是无趋势的，且与其他变量不相关，因此可以去掉方程（14-3），并把方程（14-1）中的C_i用P_i替代。

接下来就可以估计模型中的三个基本变量：

（1）简单的方法是假设表演的供给是由系统外因素决定的，并采用线性和乘法模型估计；

（2）采用两阶段最小二乘法（线性和乘法模型）估计；

（3）两阶段最小二乘法估计，其中收入弹性限定为截面数据的收入弹性结果（也就是1.03），从而降低了由于缺乏人口和交通费用等相关变量（可能与收入相关）带来的偏误③。

三个重要的结论是：

- 价格和收入弹性的绝对值小于1，且这些结果在

---

① 另一个建模问题在艺术需求文献中并不常见却非常重要，即函数形式选择问题，在估计不同物品的需求方程系统时，确保估计参数符合实际。例如，logit模型和近乎理想的需求系统（Pommerehne and Kirchgassner，1987）可以看成是对替代模式施加约束，从而降低待估参数个数。

② Throsby和Withers（1979，p.111）发现时间序列对于分析过去和预测未来更合适，因为时间序列数据可以描述变量行为变动的影响，而截面弹性描述的是变量差异的作用。

③ Moore和其他研究者，例如Throsby和Withers（1979，p.111），认为该方法是有问题的。

很大程度上独立于特定的计量模型设定。

• Moore对于所有采用时间序列模型估计的收入弹性都比较低的结果感到惊讶，这迫使他注意到他没有能力控制时间的机会成本。

• 虽然Moore认为表演数量（等式14-2）由系统外部决定的假设并不可靠，但与单方程结果相比，两阶段估计仅略微提高了价格弹性估计结果，这成为之后研究者采用递归单方程技术的理由。

14.5.2 Withers："不平衡增长和表演艺术的需求：计量经济分析"（1980）[①]

模型的理论基础是假设需求量是相关价格和收入的函数，调整后的基本模型采用了加总数据，该数据可以反映1929—1973年的总体表演艺术的现实情况（数据大部分来源于US Survey of Current Business）。因此，时期t的方程为：

$$(Q/Pop) = f(P_A, P_S, I, D) \quad (14-4)$$

其中，(Q/Pop) 为总人群中的平均上座率，P_A和P_S分别代表参与价格和替代品价格，I为收入，D为收入分布的测度（随有利于富人的不平等性增加而增加）。除自身价格外，所有变量的预期偏导数为负。参与量除以人口数的Withers标准化成为艺术需求研究的常规处理方法。

Withers的重要贡献是采用Owen（1969）的方法，将小时工资运用失业率进行调整，从而更好地衡量闲暇的价格。随后使用Becker（1965）的全收入概念（定义在所有可用时间之上，而不仅仅是工作时间），将闲暇的价值计入全收入，同时将闲暇的价格合并到消费价格平减指数中，这就构成了时期t供选择的时间分配模型：

$$(Q/Pop) = f(P_A, P_S, I, D) \quad (14-5)$$

其中，新变量P_L为闲暇的价格，F为全时间。其定义如下：

$$P_L = w(1 - U_R) \quad (14-6)$$

其中w为小时工资，U_R为失业率，全收入为标准的Becker方程：

$$F = T_C P_L + T_W w + Y \quad (14-7)$$

其中，T_C和T_W分别为消费和工作（$1-T_C$）的时间，Y为财产性收入。通过加入闲暇价格构造出了调整的价格指数。方程（14-5）中自身价格、替代品价格和收入分布（D）的一阶偏导数的预期符号与非时间分配模型中的相同。闲暇价格（P_L）的预期符号为负，全收入（F）的预期符号为正。在该方程中艺术被优先处理为花费时间的高档商品。

Withers使用单方程估计，理由除了Moore（1966）的结果外，他还认为表演艺术市场本身具有递归结构，例如一个时期的价格影响当期的参与量，新表演供给带来的显著影响至少要到下期才能显现。后者在于该行业要求提前计划和公告表演、上演期以及价格（Withers，1980，p.737）[②]。早期的实证文献发现，估计非必需的单个商品需求时采用双对数模型更合适，因此，他采用最小二乘方法估计双对数模型（pp.737-738）。

Withers（1980）的结果广受欢迎的原因有两点。第一，在时间分配模型中，他成功地将收入增加的效应分解，他发现相对高的全收入效应会被较小的休闲实际价格效应所补偿。这与先验预期即艺术可以看成消费耗时型的奢侈品相一致。第二，在结构化的耗时模型中，价格弹性低（增加到近似为1或者在传统模型中是适度弹性的）的结果与许多艺术经济学家的观点一致。当

---

① Withers的研究是对Throsby和Withers(1979,Chapter 3)的原始模型的扩展和应用。

② Heilbrun(1984,1996)强调了艺术服务供给量平稳增长的困难，并强调定期供应变动对艺术参与量增加的刺激作用。然而，这些问题并没有与实证文献中单方程或者联立方程的选择联系在一起。

然，这些价格弹性结果适用于极度加总的表演艺术数据，但不适用于特定地区和表演形式的个体组织层面数据，且没有用估计的行业层面的价格弹性对不同层面价格水平进行敏感性分析。

有意思的是，Withers（1980）的阅读和娱乐的交叉价格弹性结果很少被引用，尽管其交叉价格弹性比Gapinski（1986）的估计值高。当然Gapinski（1986）使用了更低层面的数据，因此他可以估计个体艺术组织的交叉价格弹性（其中三个组织的结果较高）。此外，他还可采用其他艺术形式的票价作为替代品价格[①]。Withers的另一个相对被忽略的结论是这些结果削弱了政府依据财务困境支持表演艺术的作用。也就是说，休闲价格弹性和相对低的需求价格弹性仅能部分补偿较高的收入弹性，因此Withers认为需要认识到私人市场的持续增长对表演艺术的支持潜能（p.742）。该结论未被重视的原因在于他在文章的标题中突出了他对表演艺术需求平衡增长路径的兴趣[②]。

Ekelund和Ritenour（1999）采用比Withers更低汇总层面的数据，即匿名个体乐团的加总数据尝试解决这些问题，以区分美国时间成本效应[③]。他们估计了简单的线性OLS方程，认为与Moore（1966）的研究一致，与百老汇相比管弦乐队的结果更令人信服，为防止联立偏误他们还进行了独立性检验。他们对交响乐队年平均上座率与平均票价、录音价格、年实际可支配收入以及核心变量时间成本（采用年实际小时工资率替代）进行了回归。结果只有替代品价格的参数估计表现不佳（符号为负而不是正，在0.1的置信水平下显著）。自身价格的系数符号为负且统计显著（虽然值比较小，但是与需求低价格弹性相符）。同时，收入对人均出席率的影响为正（但是标准化的参数显示收入弹性小于1），工资率（时间价值）的系数为负。

尽管依然存在建模局限性以及数据加总问题，Ekelund和Ritenour（1999）的结果与基本理念一致。该基本理念认为：收入对艺术需求的正效应会部分被现场表演的时间花费性以及那段时间的成本抵消。他们对于评估结果的态度是适当的谨慎，但有趣的是，他们倾向于强调其结果对艺术的威胁，与之相对应的是Withers（1980）相对乐观的评价。

14.5.3 Luksetich和Lange："一个非营利交响乐团的行为联立方程模型"（1995）

Luksetich和Lange在前期的研究中采用两阶段最小二乘法估计乐团需求[④]。他们在1984年文献中的主要发现是：

- 价格弹性随乐队规模的变动而变动。伴随着乐队规模的减小，价格弹性不断上升。主要乐团需求缺乏弹

---

① 详见14.8节。Gapinski（1986）的该方面结果很容易被忽略。例如，Fernández-Blanco和Baños Pino（1997）发现Gapinski认为戏剧表演的最好的替代品不是电影，而是其他的戏剧（pp.62-63）。事实上，在Gapinski的数据中，两个戏剧的替代价格仅是歌剧、交响乐和舞蹈的平均价格（Gapinski，1986，p.21）。

② Withers另一个被忽略的结论是当模型应用到Throsby和Withers（1979）的澳大利亚和加拿大的数据中时，结果在统计上不强。在澳大利亚的数据中，票价弹性与美国结果一致，收入效应在传统模型和时间分配模型中均不显著（pp.115-117）。Throsby和Withers认为这些问题的一些弱点主要在澳大利亚数据，有意思的是这些数据比美国数据的层面低（也就是，使用了1964—1974年7个专业表演公司的数据；p.115）。自由度及其相关问题在加拿大数据中更严重，且模型不能进行估计（Throsby and Withers，1979，p.112）。

③ Ekelund和Ritonour认识到加总数据问题，并在注释中指出："如果采用特定管弦乐队的城市或者SMSA层面的数据，结果可能会不同。"他们还引用了一些面板数据的证据支撑这个可能性。

④ 见Lange and Luksetich（1984）。一篇相关的文章（Lange，Luksetich and Jacobs，1986）认为不同的规模和类型的乐队需求方程需要分别估计；另见Luksetich and Lange（1995，p.52）。

性，而地铁乐团需求具有适度弹性。

• 当方程中包含捐赠价格变量（总捐赠额除以参与人数）时，价格弹性下降，虽然捐赠价格本身统计不显著。

• 包含和不包含捐赠价格的总样本价格弹性为-0.48，与之前主要研究的结果相近。

• 在比较 OLS 和 2SLS 结果时，他们认为通常情况下后者较好，并且无论采取怎样的步骤，其非价格因素都稳定①。

1995年文章的数据可以彻底地探索管理控制因素与乐队表演的不同测度之间的关系。他们建立包含出席率、平均价格、行政管理支出、乐队质量（采用非行政性或者乐队支出近似代替，是1984年文章中“价格”变量的扩展）、音乐会数量以及捐款六个变量的联立方程模型。模型采用2SLS方法估计，并在第二阶段中采用截面和时间序列技术的混合方法修正异方差和序列相关。

Luksetich 和 Lange（1995）可能是迄今为止采用2SLS估计联立艺术需求模型最好的例子。他们的结论可总结如下：虽然需求方程中遗漏了与地区教育水平相关的变量，但这是与每个乐团组的低需求价格弹性相关的最重要的发现。虽然汇总数据通常会得出相似结果（尽管他们将乐团按规模分组），但是他们的结论对乐队全收入（门票收入加捐赠收入）最大化策略和在多重相关收入来源下对价格弹性的解释有重大意义，如14.4.2节所讨论的那样。

关于需求方程的各个组成部分，门票价格表现良好，其派生弹性为-0.33（p.56）。意外的是，质量对平均上座率影响为负，但是文中单场音乐会艺术人才和音乐会的总花费的质量替代变量被Tobias（2004）认为是专家评估艺术组织质量的不可靠估计量。一个地区平均音乐会上数是地区平均上座率的强预测变量。有论证认为纯粹艺术可得性的变化是解释上座率变动的关键因素（Heilbrun，1984，1996；Gold，1980；Khakee and Nilsson，1980），该结论与争论一致。但是在明确修正联立偏误的模型中，上座率却没有进入音乐会方程中。

Luksetich 和 Lange（1995）最值得注意的分析结果涉及购买门票和自愿捐赠之间的互动关系。不仅三种乐队类型的价格弹性较低，票价和人均赠予的互动还澄清了乐团遵循极度的低价策略的事实。也就是说，在可能的调整下提高票价会使艺术捐赠者部分地降低其参与全价的捐赠比例，但是如果他们提高平均票价，乐团的收入就会提高（甚至忽略更目标化的涨价，当然如果观众可以进一步分层，目标化涨价也是合理的）。对于主要的乐团，人均赠予对票价的平均弹性为-1.19（p.56）。但是，即使考虑收入来源的相互影响，作者认为主要乐团可以通过将平均票价（也就是现在的平均值）翻倍，从而最大化门票收入，更重要的是他们可以将门票提高约62%，而门票和捐赠收入的总和依然是最大化的。

尤为重要的，是他们认为随着票价上升，需求的平均票价弹性依然在非弹性范围内，其值为-0.65，这与体育文献的结论一致，即这些表演公司的最优价格为其在需求曲线非弹性部分的管制价格，由此解释了需求实证研究中低价格弹性的“悖论”②。

---

① 然而更复杂技术的优越性并不具备优势。作者发现随着乐队子样本的变动，采用2SLS方法估计的价格方程调整R2的变动较大，说明第二阶段中的价格工具变量并不必要，因为公司并不是价格接受者因而不存在价格供给曲线（Luksetich and Lange，1984，p.43）。

② 地铁乐团与其最优定价策略较接近，也就是提高10%的价格可以最大化门票和捐赠收入总和（这些乐团的价格弹性较小）。然而，小型的市场乐团处于独特地位，他们只要提高31%的票价就能获得最多的门票收入，但是最大化门票和捐赠收入的总和需要提高收入57%（捐赠对收入的弹性估计值为正）；见 Luksetich and Lange（1995，p.60）。

14.6 多重共线性问题：教育和收入

14.2.3节中的非计量证据表明：教育可能是解释表演艺术出席率最重要的变量。然而，以回归为基础的模型并未成功地证实该结果，当然教育与其他主要因变量（阶级、职业、年龄，甚至一些模型中的票价）的高度相关性是其主要原因。但是多重共线性并不是唯一的并发症[①]，相互矛盾的教育测度、艺术培训和普通教育的区分以及有关潜在因果关系的概念冲突也饱受批评。

如何测度教育，以及是否要将其与家庭艺术培训、学校艺术培训甚至过去的经验区分开来是饱受争议的。McCaughey（1989）认为艺术出席率与一般教育程度正相关的原因并未得到完全解释，并且特定的艺术教育应当如何与该相关性相适应尚不清楚（p.48）。例如，Orend和Keegan（1996）以及Relish（1997）强调了教育的社会化或者说网络效应会影响艺术出席率。Globerman和Book（1977）将教育加入消费生产函数模型，且在一定的限制下，成功得出了唯一影响艺术需求的消费效率。Globerman（1978）认为教育与出席率可能的联系是教育降低了搜寻成本并产生了对表演艺术价格更精确的认知。

Globerman和Book（1977）的贡献是独一无二的。虽然教育通常仅被引用为审美决定因素，但艺术经济学家倾向于将教育作为影响相对影子价格的消费资本，因此是艺术消费的约束条件。然而，除了他们之外，没有人明确地检验过与艺术出席率相关的教育消费效率。尽管他们开创性地应用了消费者家庭生产模型（Michael，1972；Michael and Becker，1973），Globerman和Book（1977）隔离这种效率时却得出了多样性的结果[②]。

除了教育与艺术消费之间的确切因果关系外，在实证研究中，正规教育的不同分类也是教育常用的测度方式。哪种正规教育测度方式进入方程，取决于其使用的数据以及分析的单位。在A类型（总体）研究中，总体出席率或者参与率已知，研究中就不能使用基于个体层面由个体需求决定特征的参与模式数据[③]。典型的因变量是被该组织所在地区的总人口进行标准化的不同形式的特定艺术组织的出席率。相应地，教育需要反映该地区人口的总特征（例如，总人口中具有大学学历的人口比例或者地区的平均受教育年限等），一些区域化的收入测度也会放入需求方程中。另外，这些研究中也会加入本地表演艺术票价甚至替代品价格和艺术组织水平的代理变量。

在类型P（个体）的研究中，特定个体的参与行为可以与其自身的需求决定特征相匹配。因变量可以是连续性变量（例如，参加艺术活动的数量或者参加次数等）或者二分变量（例如，1代表至少参加一次，0表示未参与）。在P类型的研究中，除了一般的正规教育测度之外，还可以用其他的教育测度变量。事实上，可以根据自我教育、父母教育（有时按性别区分）、特定类型教育（例如，家庭或者学校艺术培训）或者接触各种艺术类型的不同测度（或者是在这些领域的实习培

---

① 例如，由于收入和价格随时间推移的高相关性，Goudriaan和de Kam（1983）并没有得到显著的弹性估计量，在戏剧和音乐会的时间序列需求方程中，并未施加估计的截面方程收入弹性限制。虽然，他们意识到该方法的缺点（引用Kuh和Meyer（1957）分析的外来估计量问题），但是他们观察到了没有其他办法可以得到显著的估计量（p.39）。

② Seaman（2005，pp.90–94）提供了详细信息。

③ 通常，数据库的变异会产生异常现象。例如，Bajic（1985）得到了St. Lawrence Theatre以及Toronto Free Theatre的捐赠者数据库（非观众调查），该数据库提供了单个捐赠者的居住地的信息，因此可以构建有关剧院交通距离的控制变量，但是数据库中没有个体教育和收入数据，从而必须构建单个"人"教育和收入的度量变量。

训）等进行区分。然而，这些研究中不能加入艺术组织票价和水平变量。最好的情况是，模型中可以加入变量“是否居住在人口超过5万人的城市”（Lewis and Seaman，2004）来捕捉地区固定效应。在这个意义上，P类型研究并没有严格定义需求方程的估计。

Seaman（2005，Table14）详细列出了12篇包含收入和教育变量的研究成果。Gapinski（1981）指出其估计的弹性是尝试性的，并通过注释指出其研究结果与Ford（1974，Vol. II）非回归结果的相似性并向Ford表达了敬意。12篇文章的所有结果仅提供了在艺术需求的影响因素中教育比收入相对重要的微弱证据。仅有5篇文献（41.7%）发现教育的优势，Ganzeboom（1989），Peterson、Hull和Kern（2000）发现了支持教育的强有力证据。Gapinski（1981），Gray（2003），Lewis和Seaman（2004）提供了教育比收入重要的温和有力证据。而两篇研究得出了支持收入的相反结论（Bajic，1985；Bonato，Gagliardi and Gorelli，1990）。虽然Globerman和Book（1977）主要集中解决教育的角色是否与家庭生产模型相一致的问题，但是他们估计的收入弹性比教育高，即并不支持教育占优势的假说。

剩余4篇文献的结论并不明确。Goudriaan和de Kam（1983）没有计算教育弹性，因此不能直接比较。然而，他们教育变量的t统计量非常高（由于是非标准化的参数，因此很难在影响因素之间比较其经济意义）。另外，收入弹性只有在去掉年龄和教育的方程中才是高的。Jenkins和Austen-Smith（1987）的两阶段最小二乘估计结果中教育弹性比收入弹性高，在使用OLS时，教育弹性低于收入弹性。但是，在两种情况下，如果收入和教育与社会阶级变量同时出现，方程的标准化残差会非常大。Dobson和West（1989）的收入系数为负，但是标准化教育变量影响微弱且是统计不显著的。他们关于两个正式教育替代品的结果非常显著，一个是与学校不相关的非学校艺术表演的童年参与率；另一个是童年参与戏剧而不仅仅是接触戏剧的比例，并且两个变量对成年后的艺术参与影响显著。最后，Abbé-Decarroux和Grin（1992）并没有使用正式教育变量，但是他们的发现与Dobson和West（1989）的结论相似，即艺术培训变量影响显著（他们并没有区分艺术培训来源于家庭还是学校）。他们还发现了收入重要性的强有力证据（收入弹性小于培训变量弹性）。

14.7 品位培养问题与人力资本：习惯养成、边消费边学习以及理性上瘾

文化经济学家经常强调艺术需求（包括现场表演艺术服务或者有形艺术品）受以往艺术熏陶影响尤为严重，因此好的需求模型中应该考虑跨期动态问题。然而，除了通过年龄、教育或者童年参与等变量（e.g., Morrison and West，1986）间接捕捉这种影响外，明确地将滞后变量作为单独影响因素加入模型的研究很少。仅Houthakker和Taylor（1970），Goudriaan和de Kam（1983），Oteri和Trimarchi（1990），Krebs和Pommerehne（1995）以及Urrutiaguer（2002）包含了滞后一年的内生性因变量，且每篇文献中其影响均为正且统计显著[①]。Carson和Mobilia（1989）定义了时差差异。他们的短周期滞后因变量对当前参与的影响为负，他们认为该结果捕捉了艺术消费的低频性，即近期参与实际上会降低当期再次参与的可能性。长期甚至是一年的滞后因

① Krebs和Pommerehne将其估计的短期弹性（-0.16）和长期弹性（-2.6）之间的差距归因为滞后一年因变量的影响（实际上在他们的方程（1A）中错误地标记为滞后质量变量，p.26）。他们认为该结果反映了“习惯信息”，采用了Houthakker和Taylor（1970）的解释。他们的部分调整模型（假设消费部分调整以达到长期均衡）与其之前的库存调整模型并不相同（参见Krebs and Pommerehne，1995，p.25；and their note 25，p.30）。

变量不能捕捉低频或者离散艺术消费模式，却是某种版本的品位培养累积效应的近似替代。这种现象的多种版本解释并不值得赞扬，因为每种版本对于我们理解艺术需求和制定最优艺术营销策略的含义不同①。以下本章分别介绍三种解释：习惯养成、边消费边学习以及理性上瘾。

14.7.1 习惯养成

过去的消费影响现在和未来消费的最消极的解释是简单的习惯养成，行为惯性是大部分人类行为的特征（Houthakker and Taylor，1970；Pollak，1970）。如果习惯养成是滞后因变量在艺术需求方程中发挥强大作用的主要原因，那么艺术管理者应该竭尽全力将艺术介绍给年轻的观众，并定期设定专门性的项目使他们形成参与的习惯，而不管任何特定人力资本形成的影响。事实上，特定消费资本的重要角色与以下讨论的理性上瘾概念密切相关。

Houthakker和Taylor（1970）将经典的状态调整动态模型与习惯养成相联系作为全面研究美国消费需求的一部分，并采用OLS估计结果（给出了82种消费目录的结果）。尽管他们也报告了关于电影和观赏性体育的成果，他们关于合法的戏剧和歌剧的方程经常被引用，不仅因为派生的短期和长期相对价格弹性（-0.1827和-0.3109），还因为他们得出的“戏剧和歌剧消费受习惯养成影响，但是很快就会消退”的结论（p.131）。虽然未被经常引用，他们也推导出了总支出的短期和长期弹性（分别为0.7407和1.2604）。所有支出科目方程的样本区间为1929—1964年，主要数据来源为当前商业调查（Survey of Current Business）。

Globerman（1978）间接隔离过去消费对当前消费影响的尝试在艺术需求研究中是开创性的。他调查了表演艺术价格的大众态度决定因素，其中包括过去参与对产生更精确价格认知（可以认为是刺激出席率）的作用。他采用的方法是更传统的价格搜寻模型，与之相应的是Lévy-Garboua和Montmarquette（1996）的效应函数搜索模型，另请参考Brito和Barros（2005）。进一步，Globerman发现高水平的正规教育偶尔与低感知的最小艺术价格相关，该发现暗示了教育和出席率之间重要却常被忽略的联系，该联系不需要“品位发展”解释，也不需要家庭生产中有益生产率效应的解释（Globerman and Book，1977）。

14.7.2 边消费边学习

另一种品位培养的模式为边消费边学习，其中消费者并不确定自身的效用函数，但是他们通过一系列消费经验产生的正负反馈来认识自身的主观偏好结构（Lévy-Garboua and Montmarquette，1996；Brito and Barros，2005；Ulibarri，2005）。Abbé-Decarroux and Grin（1992）给出了混合的边消费边学习模型，该模型中消费者具有定义的效应函数（老年消费者为风险厌恶

① Lévy-Garboua和Montmarquette（1996）强调了Pollak（1970）给出了两点关于分长期和短期需求方程的理由，但是忽略了Pollak（1970，p.745）的更具制度性的“约定的固定承诺”解释。Lévy-Garboua和Montmarquette仅引用了Pollak原有的三种分类中的两种类型。他们定义Pollak识别的简单“习惯养成”现象（Pollak的第三种类型）为确定性方式，在该方法中，任何习惯信息或者消费资本的行程，近视的或者远视的，均被理解为生存活动不可避免的现实（p.28）。这与Pollak的第二种方式相对应，其中强调消费者对于缺乏过去消费经验的消费偏好的无知，因为消费者依赖于经过一段时间的消费学习过程的个人经验（引自Pollak，1970，p.745）。另外，Lévy-Garboua和Montmarquette（1996）引用了两种其他的先前方式（Note 2），但实际上却是第一次明确使用短语“边消费边学习”的研究。

型），但他们并不了解不同供给者的产品特征，不过他们可以通过类似于彩票式实际消费的正负反馈了解产品特征[①]。Globerman（1978）给出了搜寻模型，这与被动习惯形成以及依赖于价格发现而不是兴趣发现的对边消费边学习的更广泛理解相似。

Lévy-Garboua和Montmarquette（1996）的研究已经成为最常被引用的边消费边学习的例子。他们在研究过去消费对当前消费的影响时，并没有在他们的估计方程中加入滞后的被解释变量，而是在检验边消费边学习模型时集中于主要变量的不同预测效果（1996，p.39）。过去消费的影响对大部分商品都是重要的，对此经济学家和社会学家已经达成共识，他们认为如何最好地将过去消费纳入当前消费的研究之中面临着方法论方面的挑战。采用个体数据并控制多种财富、价格以及品位变量的研究很少能够直接检验这种说法（pp.27-28）。

他们的方法完全接受non-Beckerian的假定，也就是说，行为的变化或差异与品位的变化或差异相关，而与约束状态不相关，并且它包含了两个关键因素：第一，消费者对于产品的新体验可以造成消费者对该物品的品位非预期的增加或者减少，而这种增加在事前被处理为均值为零的随机变量；第二，一个人对某种艺术形式，例如戏剧产生兴趣的概念可以理解为他们在观看表演时经历了重复惊喜从而将预期修正为向上。Lévy-Garboua和Montmarquette（1996）认为这种表述具有三个理论上的优势：

- 模型与品位的强异质性假设及个体选择独立性假设兼容。
- 模型允许文化产品的广泛差异性。每种文化体验的独特性质增加了获得惊喜的可能性，并暗示更长的学习时间，从而会放大文化产品的差异性。
- 在过去消费的约束条件下，效用函数满足跨期可分性。也就是说，消费者对自身的偏好具有不确定性，这将影响他们对随时间推移不断获取的未来品位（效用）的理性预期。

对他们的相当复杂模型的具体描述超过了本章的范围[②]，但我们可以确定模型的重要特征。效用函数包括，消费随非系统化的品位培养而增加的商品i（i=1，…，r）质量调整后的数量（1996，p.28）：

$$U = u(s_1 x_1, \cdots, s_r x_r) \qquad (14\text{-}8)$$

其中，x_i为消费的市场商品数量，s_i为权重，表示商品消费决策之前的主观品质预期，且取决于以往的消费体验。每个时期均可以定义相似的效用函数。假设x_a表示艺术表演出席率，该消费体现的效果为获得该消费品的主观品质的额外信息s_a，其在时刻t可以表示为：

$$s_t = E_{t-1}(s_t) + \gamma_t \quad 如果 x_t > 0 \qquad (14\text{-}9)$$

其中，E_{t-1}为t期决策前的期望算子，γ_t表示t期的品位惊喜（也就是说E_{t-1}（γ_t）=0），可以理解为t时期对表演艺术的体验经历。正如上文提到的，消费者发现自己对音乐形成了品位，他就会产生愉悦的惊喜，也就是$\gamma_t>0$更常见。消费者的品位期望仅取决于他们过去的体验。因此，体验期望在任何时期均相同（如上所述，效用函数具有跨期可分性）。随后Lévy-Garboua和Montmarquette定义了Frisch需求函数（与Marshallian需求函数形成对比的收入或财富常量的边际效用）。Frisch需求函数暗示了类似于艺术参与这种被消费者评估为高质量商品的个性化价格较低。然而，与新消费理论的家庭生产模型相似，当某单位参与在产生艺术赏析的边际产出较高时，在产生品质时的每一单位出席率的较高效能暗示较少的x可以产生给定的效用水平（见方程（14-8））。

这些勾勒了边消费边学习的重要见解，并允许Lévy-Garboua和Montmarquette从他们的实证研究中计算需求价格弹性，即使在他们的数据中缺少价格变量。也就是说，如果价格弹性x的绝对值大于1，则艺术的消

① 对易理解和风险小的程序教学通常是有偏误的；例见Abbé-Decarroux and Grin（1992）。

② 见Seaman（2005）以及Lévy-Garboua and Montmarquette（2003）。

费经验对当前消费的影响为正，同时商品为愉悦的整体，反之影响为负（1996，p.30）。他们通过处理需求函数将影响进行分类，从而隔离品质对于艺术消费数量的边际效应，δx/δs推导后可以表示为：

$$\frac{\delta x}{\delta s}=-\frac{x}{s}(1+e) \tag{14-10}$$

其中，e为x的需求价格弹性。

该式表明：

$$\frac{\delta x}{\delta s}\frac{s}{x}=-(1+e)$$

也就是说，艺术参与对艺术品质感知的弹性（称为体验弹性）=-（1+艺术参与自身的需求价格弹性）。如果e小于-1，则体验弹性大于0，也就是价格具有弹性。如果价格是缺乏弹性的，那么艺术需求的品质弹性（或者体验弹性）为负，则单位价格弹性意味着品质弹性为0。Lévy-Garboua和Montmarquette认为，当模型测度累计经验和消费体验时，可以根据该特征测度需求的价格弹性（1996，p.30）。正如14.6节所示，在P类型的研究中由于缺乏票价数据而不能计算通常的价格弹性。

由于他们使用的Ministry of Culture Survey数据库中有许多意见类型的问题，一些主要的实证结果提及了这些变量。例如，作者把对具有更大提升价值的演员和表演剧本质量的意见看成戏剧体验的间接测度。在他们构造的变量中有两个是直接测度体验的。他们采用从0到10的审美得分，受访者有56个（包括23个编剧和33个演员/导演），得到9分和10分的受访者被识别为具有戏剧体验（p.39）。但是他们发现受访者对编剧与对演员和导演的态度不同（基于这些变量在tobit模型中的表现），因此，那些对编剧具有强烈偏好的受访者会将阅读体验作为戏剧表演的替代品，那些对演员和导演评价较高的受访者亦然。他们的结果支持阅读期刊和杂志对戏剧参与频率的影响为负的观点。

他们发现，受访者认识的演员和导演的比例是其对戏剧熟悉程度的最好测度变量，并将认识名字比率超过80%的受访者定义为熟悉戏剧者。值得一提的是，他们构造的编剧熟悉程度变量与演员和导演熟悉程度变量相比表现较差，于是得出结论：要想了解那些才华只能在舞台上或者表演中得以体现的演员和导演，需要亲自来剧院观看戏剧表演（p.39）。因此他们将该变量看成对戏剧参与体验的首要测度变量和当前消费的预测变量（基于估计的戏剧参与概率，那些认识演员和导演比率超过80%的受访者不观看戏剧的概率由0.49下降到0.02）。

这些发现成为作者通过调查数据计算价格弹性的关键。他们采用等式（14-10）估计出具有艺术体验的消费群体的需求价格弹性（见他们的注释7）为-1.47，前提假设是具有戏剧体验的消费者认识85%以上的演员和导演（模型中s=0.85），同时该类型的消费者平均每年观看戏剧的次数为3.87次（即x=3.87）。这些参数与logit模型中估计的演员和导演熟悉程度变量的系数为2.1262（即δx/δs），从而计算出体验较多的消费者的e=-1.467（作者并未明确计算）（见Seaman（2005）中等式（14-20）），较少体验者的弹性为-1.0。

他们计算该结果需要较多的步骤和假设，因此容易引起质疑。但是Lévy-Garboua和Montmarquette认为该结果在他们的模型中可以完全预期，如果将有经验的戏剧观赏者看成在经历了许多愉悦惊喜后完成学习过程的人群，那么会产生较高的s值、较高的品质调整后的艺术消费数量以及较低的艺术消费个性价格。他们认为，产生非愉悦惊喜的艺术体验会降低而非增加主观品质评价，这将导致价格缺乏弹性。

这种通过边消费边学习的过程发现消费效用函数以及未通过消费滞后变量检验模型的方法是独一无二的，但并不是唯一的实证方式。例如，Brito和Barros（2005）在边消费边学习模式中对动态需求和价格进行了建模，结果表明，采用消费滞后变量的标准的实证方法与他们的模型是一致的。经验丰富消费者的需求富有价格弹性这一发现也不是唯一结果，因此Brito和Barros（2005）推导出相反的预期，即较低的收入和价格弹性（p.104），这是由于在他们特定的动态模型中，在外生文化商品相对价格的冲击下，文化商品消费流与文化存量衰减交互作用（pp.97-98）。

14.7.3 理性上瘾

最后，在理性上瘾下，过去消费对当前和未来消费的影响为正①。前提假设是消费者在最大化跨期效用函数时遵循向前看的行为方式，同时愿意为了未来效用而牺牲现在效用进行人力资本投资（普通教育或者目标化培训）。对于相反的近视习惯模式，该模型实际上至少需要艺术管理者遵循该模式，因为管理者仅仅需要维持较高的质量标准。通过牺牲当前效用来投资生产消费资本，艺术是能够产生未来效用的商品之一，而理性上瘾并不会危及这种看法。与边消费边学习不同的是，理性上瘾模型与加入特定消费资本的家庭生产框架相联系，在不同的建模背景下会产生不同的含义，一些含义已经在14.6节讨论Globerman and Book（1977）时给出。

尽管该模型在艺术文献中非常流行，但构建该框架精细技术版本的尝试并非总是成功的。例如，当该模型被应用到电影而不是表演艺术时，Cameron（1999）发现检验该现象的结果有很大问题且对理性上瘾模型几乎没有支撑作用。这主要是由于模型的额外要求，即在该模型的技术版本中需要找到上瘾的证据。也就是说，理性上瘾模型中的家庭生产因素区分了与艺术赏析相关联的影子价格弹性以及与观测艺术参与相关的市场价格弹性。但是模型中效用函数的非跨期可分特性强调了消费者的时间偏好率，也就是他们的远视能力而不是近视能力。在此背景下，较高的时间偏好率与理性上瘾框架的前提相一致②。对理性上瘾的检验也涉及对利率和贴现率关系的审查。Lévy-Garboua和Montmarquette（2003）简明地描述了理性上瘾观点并与他们自己的边消费边学习进行比较③。分析的主要结论是艺术赏析的相对影子价格（不同于票价）会随着艺术特性资本的时间积累（来源于消费或者培训）而下降（Smith，1998）。

理性上瘾框架的两个特别重要的启示是：

- 虽然艺术赏析的相对影子价格会随着时间的推移而下降，但是其数量会上升，且当时间偏好率低于利率时才会发生。因此即使在相对影子价格下降时，不耐心的消费者也可能会降低他实际的艺术赏析消费。

- 在任何家庭生产消费选择框架的变形中，即使不可观测艺术赏析（X）随时间上升，也不能保证观测的艺术参与（x）会相应上升。这是由于在品位培养下，艺术体验的增加会造成单位x产生单位X时更具生产效率。由于更少的x可以产生给定的X，则净效用是不确定的，虽然更低贴现率和更高利率下x可能会提高。

最后，艺术赏析X和艺术参与x的关键区别为一个人在可比的明确价格下相对于其他商品可能期望对艺术参与需求低价格弹性的固有偏爱提供了理论依据。也就是说，在任意时期，X的影子价格弹性（E）与艺术参与的市场弹性（e）不同。特别地，由于正向上瘾影响，影子价格弹性通常比市场价格弹性高。关键的一点是，艺术赏析X的价格弹性需求与艺术参与x的价格弹性缺乏之间并没有不一致（Lévy-Garboua and Montmarquette，2003，p. 206）。

总之，许多艺术需求研究通过加入滞后一期的因变量捕捉过去消费对未来消费的影响，从而改善了估计方程的表现。但这并不是唯一或者首选的在艺术需求分析中捕捉品位培养动态效用的方式。加入滞后变量的潜在

---

① 参见Stigler and Becker（1977），McCain（1979，1981，1995），Spinnewyn（1981），West and McKee（1983），Becker and Murphy（1988），Villani（1992），Cameron（1999），Lévy-Garboua and Montmarquette（2003）。

② McCain（2003，p.448）认为检验理性上瘾模型的实证研究并不尽如人意，理性上瘾模型的拥护者认为有时发现的高时间偏好率是令人难以置信的。

③ 借鉴了Spinnewyn（1981），Stigler和Becker（1977）以及Becker和Murphy（1988）的观点。

理论基础非常复杂，因为不同竞争方法会得出不同的启示，特别是对于艺术管理策略和未来表演艺术需求的增长率。

14.8 产品和地理市场问题：替代品和互补品

除了艺术是否为价格非弹性的奢侈品这一观点没有定论外，Lévy-Garboua和Montmarquette（2003）并没有发现表演艺术相近替代品的明确证据。如前所示，Withers（1980）估计了CPI中阅读和休闲部分的相当强的交叉价格弹性，但是其t统计量并不十分显著，并且对于美国汇总表演艺术的时间序列研究不能捕捉区域竞争作用或在表演艺术类别中进行区分。当他们意识到他们的南加利福尼亚剧院场馆的三个直接竞争者是Santa Barbara City College Theater Group，the Ensemble Theater Company和Civic Light Opera时，Corning和Levy（2002）完美阐述了困境。不幸的是他们并没有足够的价格数据构造合适的变量（Note 5，p.234）[①]。因此他们被迫采用CPI的娱乐部分数据，并发现这些变量的任何组合都没有效果，最终这些数据被去掉（p.227）。

Lévy-Garboua和Montmarquette（1996）给出了替代品的启发性证据，虽然在他们的数据库中并没有变量捕捉替代品价格。反映可得替代品质量的变量，以及该变量相对强的负参数反映了比戏剧更广泛的产品市场。该结论被他们的另一发现，即杂志和期刊阅读对现场戏剧参与的影响为负所支持。诚然替代品和互补品的证据并不仅仅来源于交叉价格弹性。反映替代品质量技术进步的可获得的潜在替代品数量，像电视节目和代理（例如Bonato，Gagliardi and Gorelli，1990；Pommerehne and Kirchgassner，1987）也可能是替代关系的指示变量。Heilbrun（1997）通过检阅纽约时报（New York Times）对两种艺术形式的新闻报道发现了流行艺术对高级艺术影响为负的证据。

关于交叉价格证据，并不总是假定艺术和其他娱乐选择是高级艺术的替代品而非互补品。然而，Felton（1992）明确给出了有关这些变量的预期符号非常少见[②]的中性表达。多数实证结果的讨论反映了替代效用占主导地位的预期[③]。例如，Ekelund和Ritenour（1999）被录音带价格变量的非预期负参数所困扰，他们强调该参数仅在0.1的水平下是统计显著的。

尽管电影价格是最常选择的交叉价格[④]，但是这些变量的表现非常差[⑤]。事实上，并没有实证证据证明电影是表演艺术的有效替代品。仅Withers（1980）和Gapinski（1986）成功地捕捉了表演艺术正的交叉价格效应，其中Withers采用的是遥远的娱乐价格指数。然而，Felton（1992）发现了交响乐价格对大预算（而不

---

① 在对Los Angeles Music Center营销策略的非回归研究中，Kaali-Nagy和Garrison（1972）识别了八个潜在竞争性的加利福尼亚南部的景区：Marineland，Busch Gardens，Disneyland，Knott's Berry Farm，the L.A. Zoo，the San Diego Zoo，Huntington Library以及the L.A. County Museum。

② 她指出两种（供选择的艺术）体验是替代品或者互补品的可能性相同（Felton，1992，p.4）。

③ 有时，该预期明显地取决于所采用的特定测度方式。例如，Greckel和Felton（1987）对替代价格的“较差”的测度被去掉了（也就是CPI中的娱乐部分），一方面是由于系数微弱且统计非显著，另一方面是由于在多数模型中系数的符号为负，暗示互补性而不是替代性（p.64）。

④ 将电影价格加入表演艺术需求方程的狂热并没有得到电影需求分析的回报，在电影需求分析中从未出现表演艺术价格。除了测度和数据可得性问题，可能的原因在于虽然电影和戏剧看起来是良好的替代品，但是电影在全国各地都能观看，相应地，剧院仅坐落在主要城市的中心地区，这降低了该替代品的实用性。Fernández Blanco和Baños Pino在分析西班牙的例子中提到了该观点（1997，9，p.62）。

⑤ 只有Touchstone（1980）在交响乐方程中得到了预期结果，但在歌剧方程中其符号为负。

是小预算）芭蕾舞公司的正的交叉价格效应。Goudriaan和de Kam（1983）发现教育和娱乐支出对交响乐（而不是戏剧）参与的影响为正。

尽管Gapinski（1986）关于交叉价格的证据受到瞩目是可以理解的，但值得注意的是他早期分析电影、娱乐价格指数以及Royal Shakespeare Company出席率之间交叉价格效用的尝试并未成功（Gapinski，1984）。他之后的研究采用了和1986年研究中相同的13家艺术公司分析本地居民和旅游者需求（包含了1986年研究中替代品价格变量的变动），但依然没有发现显著结果。有意思的是，Gapinski去掉艺术内部形式价格部分的替代品价格（1986）比包含艺术内部形式价格的版本（1988）更成功，虽然两篇文献的研究内容并不相同。令人疑惑的是，Gapinski（1986）的引用文献声称他发现了艺术形式之间替代性的有力证据，在一些情况下，引用者强调他的交叉价格弹性大于2.0，但事实上13家公司中4家公司的弹性低于0.2。除3家公司外，交叉价格弹性均低于0.65（其中两家舞蹈公司为0.21和0.28）[①]。

更进一步说，Gapinski强调具有较高交叉价格弹性的两家现代舞公司在13家公司中出席率最低并且属于同一时期（p.22），两家公司相似的出现模式造成了一家公司变动价格对另一家公司的影响不大，但其自身的出席率却对价格变动反应敏感（p.23），在所有艺术形式的自身价格弹性均值都低于-0.30的情况下这更值得注意（参见Gapinski，1986，table1)。然而，他对于对手同时行动时的影响讨论得比较少（p.24)。在他的一个例子中，如果其他非戏剧公司的价格同时降低10%（客户下降数量约是剧院自身价格变动的2倍）[②]，剧院每年会失去4 800个客户。然而，他开创性研究的总体信息是在特定的地理市场中，表演艺术公司的价格是相互依赖的。进一步研究的重点应该集中在解释不同艺术的替代程度。迄今为止，成功重复或者扩展Gapinski（1986）分析的研究尚未出现。

互补品方面并没有直接的交叉价格弹性证据，也就是交通（给定到会场的距离）、通车、儿童保育、就餐以及观看表演艺术总价的其他组成部分的高价影响。例外的是Carson和Mobilia（1989）以及Lévy-Garboua和Montmarquette（1996），他们指出这些成本（或者感知成本）对表演艺术消费的影响为负。

Gapinski（1986）研究伦敦特定地区时的相对成功表现引发了尚未解决的问题，即什么是表演艺术市场的地理范围？互补性的电视节目或者其他形式的媒体艺术（Waterman，Schechter and Contractor，1991；Heilbrun，1993）以及旅行艺术公司（Escaleria 2002）可能扩大相关市场范围，甚至超越任何局部地理区域[③]。更进一步，尽管Verhoeff（1992）确定距离对表演艺术参与的影响为负（另见Zuzanek and Lee，1985），他发现荷兰人去看表演时的距离具有惊人变化。

尽管表演艺术有效市场的地理范围并不同于通常定义的本地，Forrest、Grimes和Woods（2000）给出了关于表演艺术需求中运行里程负效应的精细的计量证据。他们采用曼彻斯特的Royal Exchange剧院数据估计了带状旅行费用模型。在他们的研究中，价格变动的原因在于潜在的消费者面临不同的有效价格，因为他们前往会场的成本不同。采用距离作为运行成本的替代变量，他们也假设增加2.66千米等价于参与成本增加1英镑。对称地，票价增加1英镑等价于将每个区域的居民到剧院

① 比较少见的正确引用Gapinski（1986）结果的是Abbe-Decarroux（1994）。在研究Geneva剧院的过程中他未能找到足够的世界收入和替代品价格，但是他指出很多研究发现表演艺术需求对收入不敏感，Gapinski（1986）也发现表演艺术对替代品价格不敏感（Note 6，p.103）。

② 可能，但可能性不大，所有其他的公司基本独立地按相同比例改变价格。Seaman（2004）认为毫无疑问，在表演艺术的研究中成功的结论在价格或者其他主题上，基本不存在。

③ Seaman（2004）评论了该证据。

的距离增加2.66千米。随后他们计算了票价变动时20个地区的总参与数量变动，并派生出需求价格弹性为-1.24，他们认为当非能力限制案例为0时，该结论与收益最大化定价策略接近。有意思的是，单个区域的弹性（价格与均值的差异）显示需求缺乏价格弹性，在控制的教育水平变量取值较高的地区，其他地区需求富有弹性[①]。

最后，很少有文献不是通过将其他消费选择的价格或者数量加入艺术参与方程来分析替代/互补问题的，但是通过检验不同娱乐类型需求方程估计残差的相关性可以看出，高级艺术和流行艺术（或者体育）消费者是否为相同人群。Prieto-Rodríguez和Fernández-Blanco（2000）分析了古典音乐和流行音乐，Fernández-Blanco和Prieto-Rodríguez（2000）及Montgomery和Robinson（2005）分析了现场体育和现场艺术，他们发现高级艺术和低级艺术可能是互补品而非替代品，但在分析艺术和体育消费的关系时得出了相反结论（Seaman，2005，pp.120-122）。

14.9 产品质量问题

14.9.1 对质量建模

Throsby对于在艺术需求研究中考虑质量问题的尝试（1990；1982年文章的重印）代表了修正艺术需求方程设定形式的重要环节。他认为个体表演（基于曲目分类）的客观测度和所谓的技术变量（原始材料、作品、表演以及图案的标准）的区别主要取决于对新闻报道的主观评估。艺术质量文献之间的重要区别在于其首要的关注点是少量艺术组织的时间序列或混合分析还是大范围艺术组织的总体质量。有两件事情是清晰的。首先，最常研究的艺术形式为戏剧（参见Throsby，1990；Jenkins and Austen-Smith，1987；Dobson and West，1989；Abbé-Decarroux，1994；Corning and Levy，2002；Urrutiaguer，2002）。另外Krebs和Pommerehne（1995）主要研究了戏剧，但是其数据库中包含歌剧和其他艺术形式）。其次，与艺术组织的总体质量相对照，压倒性的研究重点为每场个体曲目表演与质量变量相关的出席率。有意思的是，少量研究并未集中在戏剧上（Greckel and Felton，1987；Felton，1989；Luksetich and Lange，1995），而是采用了适用于艺术组织的非Throsby类型变量（详见以下分析）。

Throsby（1990）的模型假设受补贴的非营利性戏剧管理者通过选择其作品的价格、季长以及质量属性使管理者效用函数最大化，该效用函数包含质量属性以及场馆中付费观众的出席率。购票需求是座位平均价格、季长、场馆容量以及n维质量特征的简单函数。数据来源于三家悉尼戏剧公司。其主要创新点在于构造了包含质量特征向量的变量。五种特征为q_1，…，q_5，分别定义为曲目分类、原始材料标准、作品标准、表演标准以及图案标准。曲目分类（q_1）可以采用无争议的四种表演的客观标准：A=1900年之前创作的经典曲目；B=1900年之后由知名作家创作的曲目（观众视角）；C=1900年之后由非知名作家创作的曲目（观众视角）；D=娱乐、滑稽剧以及音乐剧。分类D为省略的基准分类，如果其他三种曲目分类加入方程中，分别对A、B和C组构建虚拟变量，即当表演属于特定组时取1，否则取0。

---

① 他们也处理居住地点可能的内生性问题，即具有较强艺术需求的人会选择住在距艺术场馆较近的地区。众所周知，城市地区或者人口密集区域的艺术出席率较高，该问题很少被称为联立性问题。Bajic（1985）发现在多伦多地区剧院的位置是具有较强戏剧需求人群选择住房的考虑因素，但是该结果并不适用于典型的艺术消费者，更不用说普通人群了。

q_2到q_5的构造具有挑战性，主要是基于对新闻报道主观意见的评级即表演在多大程度上符合高标准，其中高标准主要是根据表14-2中四个技术维度定义的。

表14-2　　三家悉尼公司的需求函数估计结果，1974—1978

T	Con	Price	Cap	曲目分类			技术标准				Σqi	R^2
				Cl A	Cl B	Cl C	Mat	Prod	Act	Set		
1	1.67	−0.41			0.04		0.18	−0.09	0.90	0.21		0.21
	(3.2)	(−0.7)			(0.7)		(0.7)	(−0.4)	(2.2)	(0.6)		
1	1.14	−0.20			0.03						0.87	0.21
	(2.0)	(−0.3)			(0.5)						(2.1)	
2	−0.85	0.66	0.92	−0.01	−0.04	−0.12	0.12	0.2.	0.20	0.30		0.51
	(3.3)	(1.9)	(11.4)	(−0.1)	(0.7)	(2.2)	(0.8)	(1.1)	(1.1)	(1.8)		
2	−1.38	0.58	0.94	−0.04	−0.05	−0.12					0.88	0.51
	(5.1)	(1.9)	(13.2)	(0.6)	(0.9)	(2.3)					(4.2)	
3	0.43	0.30	0.63	0.06	0.07		0.06	0.04	0.04	0.04		0.71
	(1.3)	(0.8)	(5.9)	(1.2)	(1.6)		(0.4)	(0.4)	(0.4)	(0.3)		
3	0.31	0.28	0.63	0.06	0.07						0.21	0.71
	(0.9)	(0.8)	(6.2)	(1.7)	(1.8)						(1.3)	

资料来源：Throsby（1990，Table 1）。

注：戏剧（T）1= Ensemble（临港郊区改造旧船形成的三围剧场，180个座位）；2=Nimrod（近郊地区改造工厂，300个座位）；3= Old Tote（主要国家戏剧公司；研究完成时已经关闭）；Con=常数项；Cap=场地容量；Cl（class）A、B和C的定义由上文给出；原始材料（Mat）、作品（Pro）、表演（Act）和图案（Set）的标准为变量q_2到q_5；小括号中为t统计量的绝对值。

他还构造了1到5的基本尺度。重要的是，作者还将变量q_2到q_5的和作为复合标准。这在尝试克服个体评估的变异性时是合理的。同时复合标准还可以反映观众的总体印象，因为他们可能并未从四个方面评估表演。在三个戏剧公司的模型设定中，复合标准（由Σq_i给出，i=2，…，5）取代变量q_2到q_5。表14-2报告了估计结果，其中参数根据四舍五入标准保留两位小数，且列名在原名称的基础上稍加修改。除了曲目分类变量，其他变量均采用对数形式。

由于只有Nimrod剧院（剧院2）提供非流行曲目（也就是D类）中的娱乐、滑稽剧以及音乐剧三种类型戏剧，并在估计方程式加入了其他三种分类的虚拟变量，因此解释结果的基准为娱乐、滑稽剧和音乐剧三种戏剧。Nimrod剧院的观众非常厌恶C类表演（由非著名作家创作），但是著名作家创作的经典和20世纪戏剧均没有显著影响。戏剧的类型对Ensemble剧院的观众

（剧场1）没有影响，但是Old Tote观众相对于不知名作家创作的戏剧（类型C，剧院3的基准类型）更喜爱经典和著名戏剧。因此，结论表明在戏剧需求方程中加入表演类型变量在一定程度上是重要的。

更主观的四种技术性能标准的结果并不明确但通常都是支持性的结果。值得注意的是，三个戏剧公司综合质量变量的正系数显著高于每一个加入的质量变量（对于戏剧3不显著，Old Tote剧院）。Old Tote剧院的弱结论可能反映了该剧院出售了高比例的捐赠位置，Throsby称之为非自愿观众（captive audience）效应①。从单个指标看，表演标准对Ensemble剧院（剧院1）的影响最强，而对于Nimrod（剧院2），图案设计标准在观众选择中占主导地位。Throsby发现他的第一个结论与Ensemble的已知承诺的表演完全一致。总体来看，在艺术需求研究中控制质量是重要的，而这些尝试性的有限结论被看成是对该判断的肯定②。

Throsby（1990）之后，在艺术需求研究中加入不同形式的主观和客观测度的项目分类变得相对常见，尽管结果并不明确。这些方法和结果的分析由以下部分给出。

14.9.2 客观质量标准研究

本部分回顾了一些文献，这些文献以客观可观测标准为基础评估了质量的作用。从Jenkins和Austen-Smith（1987）的研究开始，他们发现质量对英国省级剧院非深奥节目（被定义为喜剧片、恐怖片和音乐剧，与所谓的严肃戏剧相对）出席率的影响为正，虽然影响为正且是统计显著的，但是经济意义不大。他们的估计结果显示将非深奥节目比例从50%提高到60%时，需求仅增加1%。另外，Greckel和Felton（1987）并未尝试描述节目内容特征，而是包含了更多客观测度变量，结果失败了。其中捕捉到的Louisville Symphony Orchestra全职交响乐团变动的虚拟变量、节目数量以及表演数量（两者均反映令人满意的表演的种类）均是失败的，且并未出现在他们报告的方程中。两个Louisville Orchestra特质变量非常有效：（1）捕捉不流行指挥（也就是Jorge Mester）效应的虚拟变量，用于捕捉该首席指挥在其生命最后两年的缺席及其后继者Akiro Endo的不受欢迎性的负效应（令人惊讶的是，作者得出该虚拟变量的弹性为-0.30）；（2）音乐厅容量变量，独特地诠释了向拥有优良服务设施的高级管弦乐队转移的正效应。在之后的研究中，Dobson和West（1989）发现表演的类型以及表演日期的具体安排对Atlanta剧院出席率没有明显影响；类似地，Felton（1989）仅在他的一家歌剧公司（the Kentucky Opera Association）方程中发现歌剧支持率变量是统计显著的，因此他认为其他城市的表演内容对捐赠者出席率基本没有影响。Luksetich和Lange（1995）通过一种质量认证将每场交响乐表演的总支出与出席率相联系，却没有取得成功。

Abbe-Decarroux（1994）的研究包含了测度主观新闻评论的变量，他紧随Throsby（1990）最近的研究，引入了8个客观虚拟变量（并未将其加总为1个单一变量）。他在7年里（64部）分别对Geneva剧院的全价观众以及折扣价格观众进行了估计（同时报告了总需求方

---

① 这使人联想到Hjorth-Andersen（1992）的建议，即如果出售的捐赠位置在总门票中占主导位置（他发现Danish剧院的预测方程结果符合该情况），则整个季开始之前就可以预期到财务成功。

② 三个方程的R^2差距较大，除此之外，主要不符合现实的结果是票价参数的行为，在Ensemble剧院和Old Tote剧院方程中，该参数不显著并且符号与预期冲突。而对于Nimrod剧院该符号为正，且是显著的。Throsby认为该结论是在Nimrod的保持低价从而增加出席率而不是商业成功的政策导向下，当入场实际价格仅温和上升时，Nimrod需求的变动（Throsby，1990，p.75）。该理由是在正价格弹性下估计低价策略造成负价格弹性时的向下偏误的扩展。

程）。一些变量结果较好，然而其他的变量并非如此。家庭产品（由机构自身出品）对每场表演出席率的影响显著为负（一个解释是这些节目表演的频率较高），然而在所有方程中，著名的作家、制造商以及演员的阵容均具有正效应，且是统计显著的。但是令人惊讶的是，剧本的名声、剧本属于经典类（创作于1900年之前）还是现代剧（1990年之后；作者已故）对两个观众群的影响微乎其微。但是观众明显奖励新奇的表演，非典型表演（马戏、滑稽剧、博物馆系列或者其他类型）对每场表演的出席率具有强烈的正向影响。

Krebs和Pommerehne（1995）考虑但却拒绝了许多质量测度方式，并且尝试通过测度产品表演占总表演的比率来捕捉艺术产品的流行程度。特别地，他们构造了高雅和庸俗剧院节目的代理变量，该变量测度了一季中表演超过75次的作品占总作品的比率。他们将其作为更流行的庸俗节目比高雅表演的生存时间更长的代理变量。除了该变量的构造方面的缺点外，值得注意的是，该变量表现良好，系数为正，虽然统计上不太显著（除非将收入从方程中去掉）。派生的艺术需求的庸俗弹性暗示该类型作品上升1%，总人口中人均出席率上升10%。庸俗非弹性结果与Jenkins和Austen-Smith（1987）的非难懂节目低弹性结果相同，说明曲目质量这个维度对出席率有影响，但是该影响并没有通常预期的那么高。然而，由于Abbé-Decarroux（1994）定义的非复杂表演包含了一些更流行而不是古怪内容，在该研究中强烈的正向效应是潜在的反例证据。

在Corning和Levy（2002）包含市场分割和季节性的现场戏剧研究中引进了许多客观质量变量。他们发现表演内容对单程票的剧院出席率影响有限，在个人剧院之间的差异较大，对独一无二的音乐剧Tommy的影响最大。在California南部剧院的例子中，在其他条件不变的情况下，与莎士比亚剧目相比，该音乐剧每场表演的出席人数增加超过200人。他们还比Dobson和West（1989）发现了更多的证据，即时间安排对出席率有影响，在所有场地，代表周末的虚拟变量具有最强的正效应。然而，它们的季节性结果整体较弱。它们最吸引人的是一个可以预判问题的客观变量：Flop为虚拟变量，当一个表演从首映地转移到其他场馆时，其平均总出席率下降到首映地平均出席率的一半以下时取1。在两个场馆方程中，该变量系数为正（统计显著性为1），仅在户外夏季场地显著为负。一个失败的表演并不能可靠地显示之后对出席率的负向影响，该事实可能是在艺术需求研究中捕捉质量效应的挑战得到的最好证据。

14.9.3 主观质量测度研究

与上文中捕捉客观质量效果的研究相反，一些后续研究集中在测度质量的主观感知，一些典型的研究主要集中在各种专家批评对大众认知的影响。例如，Abbé-Decarroux（1994）在其四个曲目和四个“名声”（作家、表演、制片人和演员阵容）的客观变量之外增加了一个定性的新闻评论变量，级别定义方式与Throsby（1990）基本相同，添加了第六个级别分类变量“excellent”。在全价以及折扣价格方程中，该变量为正且在统计上高度显著。

Corning和Levy（2002）通过报纸评论的5点量表变量，增加他们的表演、行程和季节变量的分类。（对Throsby（1990）的分类增加了一些额外细节；他们的Table II，p.227）。在他们的分析中，由于两种出版物格式的变化，一些产品并未被评论，他们被定义为“未评论变量”。仅一种情况下（夏季户外节日场馆），这些出版物评论的质量对每个表演出席率的影响为正，且统计显著。有意思的是，在三个场馆方程中，未评论的表演具有正效应，其t统计量相对较高但统计不显著。

14.9.4 扩展模型

Urrutiaguer（2002）给出了Throsby（1990）的最重要扩展。他从两方面改善了Throsby的模型，一个是技术方面的，另一个在概念上比较重要。技术改进是指将因变量由每年的季度出席率换为每场表演的出席率，通过将Throsby的因变量除以表演的数量得到。Urrutiaguer指出该改进必要时可以避免研究中来源于剧院机构大小异方差问题，他的更大的数据集包括87~104个剧院，从而降低异方差风险（p.187）。更重要的是，他指出1995年采用他的模型研究个体表演需求时，调整的R^2非常低（约0.13；Throsby的R^2处于0.21与0.71之间）。他指出对于该结果的缺点不必惊讶，因为是剧院自身而不是个体表演是检验需求变动的更合适的层面，因为需求变动可能来源于组织的表演、礼堂的舒适性以及对剧院的总体印象等。

Urrutiaguer的四种曲目分类是Throsby（1990）适用于法国的更新版本。一个重要的改动是使虚拟变量适用于剧院而不是个体表演。戏剧评论变量基于三种出版物意见的分析，将其再次加总从而适用于个体剧院而不是特定的表演。最后一步需要认识到明确的评论比细节评论更具影响力，任何进入估计方程的虚拟变量都需要反映这一点。Urrutiaguer也构造了强和弱集中性变量，用于捕捉法国独特气质的潜在影响：剧场节目表演权重的计算采用他的“directors-cum-managers”方法。最后，假定剧院通过财税补贴获得公共认可是质量替代变量，他设定该变量为虚拟变量，如果补贴的年增长率高于8%，其值为1，否则为0。他定义了两个该类型的虚拟变量，分别代表国家补贴和本地补贴。

尽管在构造戏剧评论和中心化虚拟变量时进行了复杂的技术创新，且重要的概念性转移是将焦点集中于剧院而不是个体表演。开始时，Urrutiaguer（2002）在获得质量变量显著结果方面的成功很有限，结论与之前研究相似，并不明确。因此他开始检验假说，即剧院观众的不同部分对名声的看法截然不同，特别是他们如何权衡戏剧评论以及艺术指导的名声。因此，总体剧院样本被分成两组：I组包含40家机构，这些机构的观众相信戏剧评论的判断；II组包含47家机构，这些机构的观众看重directors-cum-managers的艺术声誉，并倾向于忽视或者不相信剧院评论的判断。因此，可以预期I组和II组的特定质量参数的估计符号不同。

分成两组的作用是戏剧性的。两组的调整R^2都比较高（>0.824）。然而，价格参数比较令人迷惑，在两个方程中均为正，且I组的结果是显著的，同时只有一个分类变量是显著的（对I组的国外现代戏剧影响为负），其他的质量变量表现良好。同样，与采用滞后一期因变量的研究结论一致，在两个方程中，剧场容量具有正强影响（I组的影响比较大）。回归结果证实了媒体和艺术指导两个名声变量符号相反的预期，除了弱中心化变量，两组估计结果中戏剧评论变量的系数显著，且符号相反。这说明艺术评论的符号可正也可负，至少对某些观众来说。这是鼓舞性的结果，因为在其他研究中这些变量的结果缺乏显著性[①]。

虽然比Throsby的作品（1983年第一次出版）晚，但是Urrutiaguer（2002）显著提高了我们对艺术质量问题的理解，即使他并没有将Throsby的不同技术标准复合变量加入到他的扩展分析中。

---

① 包括根据观众头脑中的声誉概念对剧院进行分类之前的Urrutiaguer（2002）的研究结果。

14.10 艺术需求中社会经济因素以及生活方式因素的作用

14.10.1 生活方式因素

Andreasen和Belk（1980，1981）声称对于边际参与者来说，生活方式因素、艺术态度和艺术社会化是比人口统计学因素和社会经济变量更可靠的出席率预测因子（至少对美国南部的戏剧和交响乐是成立的）。Andreasen和Belk的发人深省论断的一个显著特点是发现了56个自变量分别与出席的可能性显著相关，并进一步采用逐步回归法进行确认。与预期相符，56个自变量的共线性问题非常严重，其中包括所有标准经济社会因素（教育、性别、收入、职业和年龄），还包括6种维度的一般生活方式（例如乐观或者快乐主义以及传统主义），6个刻画休闲生活方式特征变量（例如被动宅在家、文化保护或者有主见的自给自足），寿命周期变量以及各种社会化的代理变量[①]。结果，在逐步回归中，只有6个变量会显著增加（0.05显著水平下）戏剧出席率的预测，5个变量用于预测交响乐出席率，其中调整的R^2分别为0.279和0.289（Andreasen and Belk，1980，Table 2）。

然而，尽管存在局限性[②]，但结果是引人注目的：当控制了态度以及一般和特定生活方式因子后，标准的社会经济变量不是未来艺术参与的显著预测因子。在剧院方程中，未来艺术出席率最重要的正预测因子（基于标准化的贝塔权重）分别是对戏剧的态度、文化保护者、具有休闲生活方式特征、成长过程中对现场戏剧的兴趣以及去年的剧院出席率。最重要的负预测因子是两个“一般”生活方式特征：“传统主义”和“自信/意见领袖”。在交响乐出席率方程中没有显著的负预测因子，但是正预测因子与戏剧相似：对交响乐的态度、文化保护者、社会活动、休闲的生活方式特征、在成长过程中对古典音乐的兴趣，以及上一年交响乐出席率。这些结果再次证实了过去的出席率对预测当前出席率的重要性，但是显著自变量中去掉教育、收入以及年龄等变量的结果比较少见。

但是这些发现是重复性的吗？一些研究引用了家庭中社会化效应的重要性（例见Ganzeboom，1989；van Eijck，1997），一些其他的研究仔细地区分了童年时和父母一起的艺术体验和来自学校的艺术体验（例见Abbé-Decarroux，1995；Morrison and West，1986）。进一步，Lévy-Garboua and Montmarquette（1996）使用的决定因素中有态度变量，例如“欣赏人文”（其对出席剧院概率和频率的影响为负，但是对出席后的满意度影响为正；Table1，p.36）。当从以非回归为基础的研究中寻找决定因素时，这些因素的种类会进一步扩大。仅仅取样就包括：朋友的购票习惯（Bamossy and Semenik，1981；Kolb，1997）；在研究区域居住时长（Ryans and Weinberg，1978）；离婚还是丧偶或者更标准地说是单身还是已婚；家庭中出席娱乐项目的决策者（Kaali-Nagy and Garrison，1972；Upright，2004）；妇女是否进行网络交流（Kane，2004）。

然而，没有真实证据证明Andreasen和Belk（1980）的结论，即关于在标准的需求变量中社会化误差项变量占主导地位是重复性的。主要有三方面原因：首先，Andreasen和Belk（1980）发现因变量中没有传统变量，且在逐步回归过程中仅剩下非常少的因变量（如上文描述）。其次，在其他社会化类型变量的研究中

① Levantal（1989）包括了6个心理因素，包括折中主义、独立意见以及想观看特定节目的决心。

② 更多内容见Seaman（2005，p.135）。

发现收入、教育和年龄并未从方程中删除，并且通常表现良好（DiMaggio and Ostrower，1990；Lewis and Seaman，2004）。最后，仅从解释因变量变化的视角看，一些不包括所谓品位调整变量的非常节俭的时间序列和混合数据的研究表现良好。

14.10.2 种族差异

从1982年开始，SPPA开始调查种族，除了Dobson和West（1989），Gray（2003）以及Lewis和Seaman（2004）以外，种族和民族几乎在艺术需求的实证研究中从未被讨论。也很难找到采用非美国数据的例子，Trienekens（2002）是罕见的例外（荷兰）。

Dobson和West（1989）发现种族背景对Atlanta剧院出席率有适度的负向影响；Lewis和Seaman（2004）的结果并不明确，"黑人"对经典音乐出席率的影响为负且统计显著，但是对艺术博物馆（负）和舞蹈（正）出席率的影响在统计上并不显著。Gray（2003）基于1997 SPPA数据进行了logistic回归，通过对年龄、收入、教育、性别、工作时长以及音乐和艺术课程的调整，"黑人"变量对经典音乐、歌剧和芭蕾舞出席率的系数为负且统计显著，对爵士、音乐剧、无音乐剧院、舞蹈和博物馆出席率的影响为正。他还发现在其他条件不变的条件下，"西班牙裔"对所有艺术类别的影响为正且显著，除舞蹈和博物馆外，"亚裔"对其他艺术种类的影响为负。除歌剧和音乐剧外，"印度裔"对其他艺术种类影响为负。虽然并不是所有参数都在经济上显著（例如，6个系数的绝对值低于0.10），但是其他研究并没有对种族进行很细的分类。

在这些研究中，种族/民族变量弱和不确定的表演值得注意，因为DiMaggio和Ostrower（1990）认为"考虑到美国黑人受到种族压迫和排斥的程度，他们参加艺术活动的比率和方式与美国白人高度相似"，他们称该模式为"无分割差异"。采用1982年SPPA数据，DiMaggio和Ostrower提出了重要问题：由于白人比黑人更可能展示与表演艺术需求相关的主要特征（高水平的教育和收入，著名的职业），那么在解释调查数据中显示的黑人艺术出席率低方面，种族是否为独立角色？他们进行了实证分析，得出如下四个主要结论[①]：

- 种族仅对欧美裔的高文化艺术出席率的影响为负。虽然值较小，却是统计显著的（与Gray（2003）的结论大体一致）。
- 种族对艺术消费比艺术生产行为的影响更强。从观看电视的时长来看，种族对公共艺术消费比私人艺术消费的影响更强。事实上，种族效应可能基本不存在——该结果与他们的观点一致，即种族歧视可能对公共而不是私人艺术有不利影响；艺术消费而不是艺术生产受"地位竞争"的影响。
- 对于非欧洲基础的艺术形式，如爵士乐、灵魂乐、布鲁斯及R&B，"黑人"同时对出席率和享受程度具有正影响，这证实了黑人艺术参与率相对较低的主要原因是对艺术的定义不同。
- 种族与其他控制变量的交互作用项非常复杂且变化较大。

最后，DiMaggio和Ostrower详细分析了两个假说，它们可能解释艺术参与度剩余的种族差异。假说之一为"文化趋同"模型，该模型认为随着跨种族同行接触增加，这些差异会逐渐消失。假说之二是"文化抗拒"模型，该模型指出不断增加的黑人/白人之间的经济竞争会造成年轻且受过良好教育的年轻黑人接受少数民族文化规范（例如，1990，p.773）。然而，尽管尽了最大努

① Seaman（2005）讨论了DiMaggio和Ostrower（1990）独特的方法论特征。

力，但是他们最后几乎没有发现支持两种观点之一的系统证据。

14.10.3 性取向

基于1993和1998美国General Social Survey（GSS）数据，Lewis和Seaman（2004）研究了性取向对艺术需求的作用。他们面临定义性取向的挑战，作者采用受访者自己报告的18岁之后的男性和女性性伴侣以及受访者最近的性伴侣是男性、女性还是两者都有的数据来定义性取向。他们用多种定义方式进行了实验（均产生相似结果），为了降低标准差，他们选择了样本量最大的定义方式（5%，或者2 188受访者中有180人是同性恋）。他们将变量定义为LGB（女同性恋、男同性恋或者双性恋），当受访者报告18岁之后他至少有一位相同性别的性伴侣，其值取1，否则该变量取0。

种族艺术消费差异的很大一部分可能真实反映了教育、职业和收入的差距，相似的控制变量问题（与城市区位因素和家庭责任差异一起）会使隔离性别取向的作用复杂化①。Lewis和Seaman的描述性数据产生了强提示性结果。未控制人口及其他因素时，前一年参加或者拜访艺术博物馆/画廊，或者芭蕾舞、舞蹈、经典音乐或者戏剧表演的同性恋比率比异性恋受访者高出了16~19个百分点，LGB群体观赏经典音乐会或者舞蹈表演的可能性是异性恋的两倍，而参观博物馆、音乐剧和舞蹈的可能性几乎是异性恋的三倍，即17%对6%（Lewis and Seaman，2004，p.529）。尽管在控制了人口和其他变量之后，LGB和异性恋出席模式的百分比差异从未调整前的17%（博物馆）、16%（舞蹈）和19%（音乐）仅仅分别下降到12%、10%和14%（p.531）。Lewis和Seaman估计的logistic消费回归方程②显示，LGB、更高的教育水平、更高的父母教育水平、更高的收入以及居住在人口超过5万的城市对出席率具有强和统计显著的正效应。如果是犹太人，则具有较小的正效应（在经典音乐方程中统计不显著），而原教旨主义新教徒对舞蹈表演出席率具有较小且显著的负影响（对博物馆影响为负但不显著，几乎要被经典音乐方程剔除）。

与DiMaggio和Ostrower（1990）一样，在确立了性取向的独特作用后，Lewis和Seaman（2004）也面临了相似的令人沮丧的问题，即如何解释该变量存在的原因。在他们的四种解释附加测试中并未找到令人信服的证据：纯粹的人口统计特征；同性恋天生的对艺术有亲和力，通过检验艺术生产行为的测试，如"制作工艺品、播放音乐，以及像专业艺术家一样现场表演或认为自己是专业艺术家"；对同性恋历史性压力的反应；与其他公共娱乐环境相比，艺术场地为同性恋提供了更友好的环境，这个解释至少是微弱的支持。

总结以上讨论的不同研究后，我们可以发现Andreasen和Belk（1980）的假设，从标准的社会经济变量，如教育、收入、年龄和职业（暂且不提自身和交叉价格弹性）中去除的"生活方式"和社会化类型变量对艺术参与有影响，并未被之后的研究支持。然而，想要全面了解表演艺术需求就不能忽视其更大种类的复杂的决定因素。

① 虽然有证据表明与异性恋相比，LGB具有较高的教育和城镇化水平，更可能没有孩子。普通的认识是他们的平均收入更高，主要是由于富有同性恋的非代表性样本。事实上，控制教育水平后，相同年龄的男同性恋比男异性恋的收入低15%~30%，而女同性恋和女异性恋的结果并不明确。然而，男同性恋夫妻比普通异性夫妻的收入高（特别是可支配收入），女同性恋夫妻在三组中收入最低；见Lewis and Seaman（2004，p.525，以及相关引文）。

② 在艺术博物馆、舞蹈表演和经典音乐的方程中，当参与时，他们的因变量取1，否则取0。当将三个虚拟变量加总从而获得参与强度的代理变量后，采用有序logit模型估计，其结果没有变化。

14.11 数据问题

艺术文化经济研究者最常见的抱怨是需要处理数据不足问题[①]。历史上，文化经济学家的工作挑战在于艺术家和艺术组织由于缺乏商业头脑而没有进行数据收集和报告，另外一个乏味和长期存在的问题是“什么是艺术?”。当然毫无疑问，Baumol和Bown (1966) 影响深远的原因除了他们分析的煽动性的质量之外，大部分在于独特丰富的数据库。即使这样，美国表演艺术实证分析不可能早于Ford Foundation大量的普查 (1974)[②]，随后是 National Research Center of the Arts, Inc. (1976)。他们的调查刺激了其他国家对改善自身数据质量的努力。因此，在艺术经济文献中，许多主题的特点是基础数据收集的程度，以及构造一致测度标准的尝试开始争夺建模和分析的注意力。

政府资助研究方面的环境已经改善，如由Arts Council of Great Britain进行的研究，并扩展到其他国家。甚至在美国，尽管经费不足，NEA Research Division经常生成数据，这些数据与Surveys of Public Participation in the Arts一样，已经成为国际标准。政府的努力被越来越多致力于艺术研究的私人非营利机构和大学所补充[③]。进一步地，尽管很难从艺术组织方面得到可靠的数据，通常艺术需求研究的作者会引用个体或者群体艺术组织提供给他们的不寻常的合作程度(有时在努力失败后)。例如Felton (1989) 在得到了20家个人联系公司中5家公司的援助后，对Opera America的援助表示敬意。Schimmelpfennig (1997) 获得了 Royal Opera House Covent Garden 不寻常的合作。Abbé-Decarroux和Grin (1992) 在日内瓦与三家主要文化组织合作密切。

并非艺术品需求研究独有的一个困境是特定数据或者研究议程固然可以解决一种类型的信息缺失问题，或者解决之前研究中的缺陷，但是在全面设定的模型中，要对其他重要的需求决定变量进行评价，去掉某些因素是并不可取的。例如，Globerman和Book (1977) 采用观众调查数据和家庭生产模型，通过强调教育对提高艺术活动消费生产率的作用，尝试改善需求收入弹性的估计。然而，由于他们缺少票价数据，只能借用Houthakker和Taylor (1970) 的长期价格弹性结果来刻画与总体中其他活动相比，教育对艺术的相对生产效应的推论。Lange和Luksetich (1984) 获得了可以推导价格弹性的数据，且在三种不同类型的管弦乐队之间弹性存在差异，由于在他们的回归中缺乏消费者收入数据，因此引发了人们对其结果可靠性的怀疑[④]。

其他由于数据限制影响研究的例子有：

• Throsby (1990)，他指出以往的艺术需求研究缺乏系统的质量变量，但是在他自己的分析中缺少收入和教育数据。

• Forrest、Grimes和Woods (2000)，他们有效地将运行里程加入戏剧需求分析中，但是他们方程的控制变量只有教育和年龄；

• Schimmelpfennig (1997)，他认为价格弹性随着芭蕾舞剧院中座位区域的不同而变动，但是方程中没有

---

① Luksetich和Lange (1995) 发现在他们所有早前有关交响乐的研究中，他们均严重地受到数据限制，包括缺乏超过一年的可用数据。然而，由于American Symphony Orchestra League采用专利方式为他们提供大量数据，他们可以解决这些局限性 (p.51)。

② 除了Ford Foundation (1974) 公布的描述性数据，更多的福特数据对一些需求计量分析也是至关重要的(例如，Touchstone，1980；Gapinski，1981)。

③ 这种现象在美国特别值得注意，艺术补贴和政策制定中更温和的政府作用为这些组织创造了空间。

④ 例如，Green、Hassan和Johnson (1992) 在需求方程估计时由于省略了收入变量，估计结果存在偏误。

其他控制变量，并被迫使用一个具有相当限制性的假定，即两个不同的芭蕾舞是同质的[①]。

• Lévy-Garboua 和 Montmarquette （1996），他们提供了评估边消费边学习的更丰富的研究分析框架，加入了一个有58个自变量的数据库，但是得不到消费者收入和艺术入场价格的直接测度数据。

• Lewis 和 Seaman （2004），他们采用美国 General Social Survey 独特的数据来解决之前艺术需求研究中被忽略的性取向（以及宗教归属）问题，也控制了许多其他需求影响因素，但是由于特定的数据源，该数据没有艺术价格或者质量变量。

因此，尽管数据可得性以及数据质量已经大幅改进，但表演艺术需求实证研究的弱点在于没有研究度量所有重要的决定因素。

14.12 结　论

从本章中回顾的这些研究中可以得出以下结论：

• 只有从休闲机会成本的纯替代效应中区分实际收入效应，才能充分估计需求收入弹性。

• 质量是重要因素。尽管不同的主观和客观测度的结果并不明确，但这说明我们还无法确定如何在艺术的出席和参与变化中更好地捕捉该项重要因素。

• 为了更好地理解艺术需求，应该考虑消费动态的版本，例如习惯养成、边消费边学习以及更复杂的理性上瘾，因为这些不同的概念对艺术管理者的最优营销策略的启示并不相同。

• 调查数据证实正规教育是艺术参与变动的有力决定因素，但是该结论并未可靠地被回归分析加强。

然而，很难怀疑 Lévy-Garboua 和 Montmarquette（2003）的评价，即表演艺术需求文献依然未解决关键问题。尤其是，价格缺乏弹性“共识”的稳健性和解释，替代品和互补品的有限证据以及传统经济社会需求决定因素与大量生活方式和社会化因素（或者说非传统经济社会决定因素）的复杂关系。在研究改进方面，我们很容易理解 Lévy-Garboua 和 Montmarquette 对定义良好的品位培养模型重要性的信心，也知道大型数据库和复杂的计量模型改进了实证模型。但是在这些数据分析上，改进后的结果没有产生实质性的变化，或者并未产生对艺术表演需求的新见解。在样本容量方面，例如，尽管本章中讨论的一些研究使用了大型数据库[②]，在其他条件不变的情况下，艺术需求分析的主要结果的本质和有效性并没有显示与使用样本的容量之间存在系统关系。更进一步，特别是与获得更分散的数据相比时，没有确凿的证据证明复杂的计量技术对解决艺术需求研究中的谜题是必要的。另外，将额外的理论应用于实证结果的推导和解释是有保证的。这在讨论艺术需求价格弹性时非常必要，而且在未来探索该问题的研究中，模型设定的选择是特别重要的。

可以看出，在推进我们对表演艺术需求的理解方面，更谨慎地建模，并努力将这些模型应用到低层次汇总数据中，无疑是重要的。尽管最初对典型表演艺术需求方程决定因素的怀疑是明显的，但是令人惊讶的是，除了下面三项，很少有艺术需求的公理：

（1）可以肯定需求曲线向下倾斜（也就是假设任何

---

① 作者检验了 Royal Ballet Summer Season 的16场演出（估计时包含了其中9个演出）的两个完整表演（1995，Giselle 和 Sleeping Beauty）。Schimmelpfennig 采用了（最终）三种类别座位的最高价格。任何芭蕾的座位类别价格都相等，但是 Sleeping Beauty 的价格比 Giselle 高。因此为了观测到必要的价格变动，他必须假设两个芭蕾舞表演是同质的，他认为该假设与两种不同的价格安排是矛盾的，同时他还指出由于他的目的是检验实际价格和利润最大化价格的关系，因此该假设可接受。

② 例如，Lévy-Garboua 和 Montmarquette（1996）的样本为8 000个体；其他的例子包括 Peterson、Hull 和 Kern（2000），Globerman 和 Book（1977）以及 Montgomery 和 Robinson（2005），样本容量分别为17 135，13 750和8 000。

相反结果都反映了自身价格是质量的代理变量)；

(2) 表演艺术是正常品（并不一定是奢侈品)；

(3) 存在一些正的交叉价格弹性。

Lévy-Garboua和Montmarquette （1996，p.26）指出以往艺术需求研究的普遍局限性，“但是表演艺术需求仍然遵循需求法则”。对于进一步彻底的经济分析来说，经验表演艺术需求研究依然是主题丰富的领域。

参考文献

Abbé-Decarroux, F. (1994). "The perception of quality and the demand for services: Empirical application to the performing arts". Journal of Economic Behavior and Organization 23, 99–107.

Abbé-Decarroux, F. (1995). "Demand for arts and endogenous tastes". Revue Économique 46, 983–992. In French.

Abbé-Decarroux, F., Grin, F. (1992). "Risk, risk aversion and the demand for the performing arts". In: Towse, R., Khakee, A. (Eds.), Cultural Economics. Springer, Berlin, pp. 125–140.

Andreasen, A., Belk, R.W. (1980). "Predictors of attendance at the performing arts". Journal of Consumer Research 7, 112–120.

Andreasen, A., Belk, R. (1981). "Audience development: An examination of selected analysis and prediction techniques applied to symphony and theatre attendance in four Southern cities". Research Division Report #14. National Endowment for the Arts, Washington, DC.

Association of College, University and Community Arts Administrators, Inc. (1984–1985). The Professional Performing Arts: Attendance Patterns, Preferences and Motives, vols. I and II. Association of College, University and Community Arts Administrators, Inc., Madison, WI.

Bajic, V. (1985). "Determinants of theatregoing: The effects of the choice of residential location". Journal of Cultural Economics 9, 60–70.

Bamossy, G., Semenik, R.J. (1981). "Tangible and intangible motivators of performing arts patronage". In: Bernhardt, K. (Ed.), The Changing Marketing Environment: Theories and Applications. American Marketing Association, Chicago, pp. 154–157.

Barten, A.P. (1992). "Income and price sensitivity in consumer demand analysis". In: Phlips, L., Taylor, L.D. (Eds.), Aggregation, Consumption and Trade: Essays in Honor of H.S. Houthakker. Kluwer Academic, Dordrecht.

Baumol, W.J., Bowen, W.G. (1966). Performing Arts: The Economic Dilemma. Twentieth Century Fund, New York.

Becker, G.S. (1965). "A theory of the allocation of time". Economic Journal 75, 209–227.

Becker, G., Murphy, K.M. (1988). "A theory of rational addiction". Journal of Political Economy 96, 675–700.

Blundell, R., Stoker, T.M. (2005). "Heterogeneity and aggregation". Journal of Economic Literature XLIII, 347–391.

Bonato, L., Gagliardi, F., Gorelli, S. (1990). "The demand for live performing arts in Italy". Journal of Cultural Economics 14, 41–52.

Book, S.H., Globerman, S. (1975). The Audience for the Performing Arts. Ontario Arts Council, Toronto.

Brito, P., Barros, C. (2005). "Learning-by-consuming and the dynamics of the demand and prices of cultural goods". Journal of Cultural Economics 29, 83–106.

Bryson, B. (1997). "What about the univores? Musical dislikes and group-based identity construction among Americans with low levels of education". Poetics 25, 141–156.

Cameron, S. (1990). "The demand for cinema in the United Kingdom". Journal of Cultural Economics 14, 35–47.

Cameron, S. (1999). "Rational addiction and the demand for cinema". Applied Economics Letters 6, 617–620.

Carson, A., Mobilia, P. (1989). "Broadway as an industry: The determinants of Broadway attendance 1975–76 through 1987–88". In: Shaw, D.V., et al. (Eds.), Cultural Economics '88: An American Perspective. Association for Cultural Economics, Akron, pp. 105–118.

Coates, D., Harrison, T. (2005). "Baseball strikes and the demand for attendance". Journal of Sports Economics 6, 282–302.

Colbert, F., Nantel, J. (1989). "The market for cultural activities: New approaches for segmentation studies". In:

Chartrand, H. H., et al. (Eds.), Cultural Economics '88: A Canadian Perspective. Association for Cultural Economics, Akron, pp. 133–140.

Corning, J., Levy, A. (2002). "Demand for live theater with market segmentation and seasonality". Journal of Cultural Economics 26, 217–235.

Cwi, D. (1985). "Changes in the US audience for the arts". In: Waits, C.R., et al. (Eds.), Governments and Culture. Association for Cultural Economics, Akron, pp. 32–42.

DiMaggio, P., Mukhtar, T. (2004). "Arts participation as cultural capital in the United States, 1982–2002: Signs of decline?" Poetics 32, 169–194.

DiMaggio, P., Ostrower, F. (1990). "Participation in the arts by black and white Americans". Social Forces 68, 753–778.

DiMaggio, P., Useem, M. (1978). "Social class and arts consumption: The origin and consequences of class differences in exposure to the arts in America". Theory and Society 5, 141–161.

DiNardo, J., Tobias, J. (2001). "Nonparametric density and regression estimation". Journal of Economic Perspectives 15, 11–28.

Dobson, L., West, E. (1989). "Performing arts subsidies and future generations". In: Chartrand, H.H., et al. (Eds.), Cultural Economics '88: A Canadian Perspective. Association for Cultural Economics, Akron, pp. 108–116.

Ehrensaft, P. (2001). "The expanding market for orchestral music". La Scena Musica 7 (4), December.

Ekelund, R. B. Jr., Ritenour, S. (1999). "An exploration of the Beckerian theory of time costs: Symphony concert demand". American Journal of Economics and Sociology 58, 887–899.

Escaleria, J. (2002). "Conjectural variations oligopoly model in open performing arts market: Statistical data for the Portuguese case". Presented at the 12th biennial conference of the Association for Cultural Economics, International, Rotterdam, June 13–15.

Felton, M.V. (1989). "Major influences on the demand for opera tickets". Journal of Cultural Economics 13, 53–64.

Felton, M.V. (1992). "On the assumed inelasticity of demand for the performing arts". Journal of Cultural Economics 16, 1–12.

Felton, M.V. (1994/1995). "Evidence of the existence of the cost disease in the performing arts". Journal of Cultural Economics 18, 301–312.

Fernández-Blanco, V., Baños Pino, J.F. (1997). "Cinema demand in Spain: A cointegration analysis". Journal of Cultural Economics 21, 57–75.

Fernández-Blanco, V., Prieto-Rodríguez, J. (2000). "Are live sports substitutes for cultural consumption? Some evidence from the Spanish case". Presented at the 11th biennial conference of the Association for Cultural Economics, International, Minneapolis, May 28–31.

Fisher, C. G., Preece, S. B. (2002). "Evaluating performing arts audience overlap". International Journal of Arts Management 4, 223–241.

Fisher, C. G., Preece, S. B. (2003). "Evolution, extinction, or status quo? Canadian performing arts audiences in the 1990s". Poetics 31, 69–86.

Ford Foundation (1974). The Finances of the Performing Arts, Vol. II: A Survey of the Characteristics and Attitudes of Audiences for Theater, Opera, Symphony, and Ballet in 12 US Cities. Ford Foundation, New York.

Forrest, D., Grimes, K., Woods, R. (2000). "Is it worth subsidizing regional repertory theatre?" Oxford Economic Papers 52, 381–397.

Fort, R. (2004). "Inelastic sports pricing". Managerial and Decision Economics 25, 87–94.

Frank, R. (2006). Microeconomics and Behavior, sixth ed. McGraw Hill, Boston.

Ganzeboom, H. B. G. (1989). "International comparisons of culture consumption data: An elementary model". In: Waits, C.R., et al. (Eds.), Cultural Economics '88: A European Perspective. Association for Cultural Economics, Akron, pp. 109–116.

Gapinski, J.H. (1981). "Economics, demographics, and attendance at the symphony". Journal of Cultural Economics

5,79-83.

Gapinski,J.H. (1984). "The economics of performing Shakespeare". American Economic Review 74,458-466.

Gapinski,J.H. (1986). "The lively arts as substitutes for the lively arts". American Economic Review 76,20-25.

Gapinski,J.H. (1988). "Tourism's contribution to the demand for London's lively arts". Applied Economics 20, 957-968.

García,J.,Rodríguez,P. (2002). "The determinants of football match attendance revisited: Empirical evidence from the Spanish Football League". Journal of Sports Economics 3,18-38.

Globerman,S. (1978). "Price awareness in the performing arts". Journal of Cultural Economics 2,27-42.

Globerman,S. (1989). "What we know and don't know about the economics of culture". In: Chartrand,H.H., et al. (Eds.),Cultural Economics '88: A Canadian Perspective. Association for Cultural Economics, Akron,pp. 3-20.

Globerman,S.,Book,S.H. (1977). "Consumption efficiency and spectator attendance". Journal of Cultural Economics 1,15-34.

Gold,S. (1980). "Determinants of arts demand: Some hypotheses,evidence,and policy implications". In: Hendonk, W.S.,et al. (Eds.),Economic Policy for the Arts. Abt Books,Cambridge,MA.

Goudriaan,R.,de Kam,C.A. (1983). "Demand in the performing arts and the effects of subsidy". In: Hendon, W.S., et al. (Eds.),Economic Research in the Performing Arts. Association for Cultural Economics, Akron,pp. 35-44.

Gray, C. M. (1998). "Trends in arts participation, 1982-1997". Report to the National Endowment for the Arts. Washington,DC.

Gray, C. M. (2003). "Participation". In: Towse, R. (Ed.), A Handbook of Cultural Economics. Edward Elgar, Cheltenham,UK,pp. 356-365.

Greckel,F.,Felton,M.V. (1987). "Price and income elasticities of demand: A case study of Louisville". In: Grant,N. K.,et al. (Eds.),Economic Efficiency and the Performing Arts. Association for Cultural Economics,Akron, pp. 62-73.

Green, R., Hassan, Z. A., Johnson, S. R. (1992). "The bias due to omitting income when estimating demand functions". Canadian Journal of Agricultural Economics 40,475-484.

Gruenberg, B. (1975). "How free is free time? Analysis of some determinants of leisure activity pattern". Unpublished manuscript. Middletown,CT.

Heilbrun, J. (1984). "Once more with feeling: The arts boom revisited". In: Hendon, W. S., et al. (Eds.), The Economics of the Cultural Industries. Association for Cultural Economics,Akron,pp. 34-46.

Heilbrun, J. (1993). "Innovation in art,innovation in technology,and the future of the high arts". Journal of Cultural Economics 17,89-96.

Heilbrun, J. (1996). "Growth,accessibility and the distribution of arts activity in the United States: 1980 to 1990". Journal of Cultural Economics 20,283-296.

Heilbrun, J. (1997). "The competition between high culture and popular culture as seen in the New York Times". Journal of Cultural Economics 21,29-40.

Heilbrun, J., Gray, C. M. (2001). The Economics of Art and Culture, second ed. Cambridge University Press, Cambridge.

Hjorth-Andersen,C. (1992). "Thaliametrics – a case study of Copenhagen theatre market". In: Towse,R., Khakee,A. (Eds.),Cultural Economics. Springer,Berlin,pp. 257-266.

Horowitz, H. (1985). "Panel discussion: Measuring arts participation". In: Owen, V. L., Hendon, W. S. (Eds.), Managerial Economics for the Arts. Association for Cultural Economics,Akron,pp. 195-206.

Houthakker,H.S.,Taylor,L.D. (1970). Consumer Demand in the United States. Harvard University Press, Cambridge.

Huntington,P.A. (1991). "Buying behavior over a defined product". Journal of Cultural Economics 15,55-71.

Jenkins, S., Austen-Smith, D. (1987). "Interdependent decision-making in nonprofit industries: A simultaneous equation analysis of English provincial theatres". International Journal of Industrial Organization 5,149-174.

Kaali-Nagy,C.,Garrison,L.C. (1972). "Profiles of users and nonusers of the Los Angeles music center". California

Management Review 15,133–143.

Kane,D. (2004). "A network approach to the puzzle of women′s cultural participation". Poetics 31,403–421.

Khakee,A.,Nilsson,G. (1980). "Is the supply of cultural events an indicator of their demand". In:Hendon,W.S.,et al. (Eds.),Economic Policy for the Arts. Abt Books,Cambridge,MA,pp. 272–282.

Kirchberg,V. (1988). "Entrance fees as a subjective barrier to visiting museums". Journal of Cultural Economics 22, 1–13.

Kolb,B.M. (1997). "Pricing as the key to attracting students to the performing arts". Journal of Cultural Economics 21,139–146.

Kolb,B.M. (2002). "Pricing vs. social factors as the key to attracting young audiences". Presented at the biannual conference of the Association for Cultural Economics International,Rotterdam,June.

Köster,P.R.,Marco-Serrano,F. (2000). Consumers,non-consumers,cultural agents and cultural policies. Working Paper. Prepared for the FOKUS/ACEI Symposium,January.

Krebs,S.,Pommerehne,W. (1995). "Politico-economic interactions of German public performing arts institutions". Journal of Cultural Economics 19,17–32.

Kuh,E.,Meyer,J. (1957). "How extraneous are extraneous estimates?" Review of Economics and Statistics 39, 380–393.

Kurabayashi,Y.,Ito,T. (1992). "Socio-economic characteristics of audiences for Western classical music in Japan: A statistical analysis". In: Towse,R.,Khakee,A. (Eds.),Cultural Economics. Springer,Berlin, pp. 275–287.

Lange,M.,Luksetich,W.A. (1984). "Demand elasticities for symphony orchestras". Journal of Cultural Economics 8, 29–48.

Lange,M.,Luksetich,W.,Jacobs,P. (1986). "Managerial objectives of symphony orchestras". Managerial and Decision Economics 7,273–278.

Levental,I. (1989). "Play genre selection: An important factor in developing audiences for live theatre". In:Chartrand, H.H.,et al. (Eds.),Cultural Economics '88: A Canadian Perspective. Association for Cultural Economics,Akron, pp. 117–125.

Lévy-Garboua,L.,Montmarquette,C. (1996). "A microeconometric study of theater demand". Journal of Cultural Economics 20,25–50.

Lévy-Garboua,L.,Montmarquette,C. (2003). "Demand". In: Towse,R. (Ed.),A Handbook of Cultural Economics. Edward Elgar,Cheltenham,UK,pp. 201–213.

Lewis,G.,Seaman,B.A. (2004). "Sexual orientation and demand for the arts". Social Science Quarterly 85, 523–538.

Lopéz Sintas,J.,García Álvarez,E.G. (2004). "Omnivore versus univore consumption and its symbolic properties: Evidence from Spaniards′ performing arts attendance". Poetics 32,471–491.

Luksetich,W.A.,Lange,M.D. (1995). "A simultaneous model of nonprofit symphony orchestra behavior". Journal of Cultural Economics 19,49–68.

Marburger,D.R. (1997). "Optimal ticket pricing for performance goods". Managerial and Decision Economics 18, 375–381.

McCain,R.A. (1979). "Reflections on the cultivation of taste". Journal of Cultural Economics 3,30–52.

McCain,R.A. (1981). "Cultivation of taste,catastrophe theory,and the demand for works of art". American Economic Review 71,332–334.

McCain,R.A. (1995). "Cultivation of taste and bounded rationality: Some computer simulations". Journal of Cultural Economics 19,1–15.

McCain,R.A. (2003). "Taste formation". In: Towse,R. (Ed.),A Handbook of Cultural Economics. Edward Elgar, Cheltenham,pp. 445–450.

McCaughey,C. (1989). "Arts education and demand for the arts in Canada". In: Chartrand,H.H.,et al. (Eds.), Cultural Economics '88: A Canadian Perspective. Association for Cultural Economics,Akron,pp. 43–51.

Michael,R.T. (1972). "The effect of education on efficiency in consumption",N.B.E.R. Occasional Paper 116.

Columbia University Press, New York.

Michael, R.T., Becker, G.S. (1973). "On the new theory of consumer behavior". Swedish Journal of Economics 75, 378-396.

Montgomery, S.S., Robinson, M.D. (2005). "Take me out to the opera: Are sports and arts complements? Evidence from the performing arts research coalition data". Presented at the 8th International Conference on Arts and Cultural Management (AIMAC), Montreal, July 3-6.

Moore, T.G. (1966). The demand for Broadway theater tickets. Review of Economics and Statistics 48, 79-87.

Moore, T.G. (1968). "The Economics of the American Theater". Duke University Press, Durham.

Morrison, W.G., West, E.G. (1986). "Child exposure to the performing arts: The implications for adult demand". Journal of Cultural Economics 10, 17-24.

National Endowment for the Arts (2004). "2002 survey of public participation in the arts". Research Division Report # 45. National Endowment for the Arts, Washington, DC.

National Research Center of the Arts, Inc. (1976). Americans and the Arts: A Survey of the Attitude toward and Participation in the Arts and Culture of the United States Public. National Research Center of the Arts, Inc., New York.

O'Hagan, J.W. (1996). "Access to and participation in the arts: The case of those with low income/educational attainment". Journal of Cultural Economics 20, 269-282.

Orend, R.J., Keegan, C. (1996). Education and Arts Participation: A Study of Arts Socialization and Current Arts-related Activities using 1982 and 1992 SPPA Data. National Endowment for the Arts, Washington, DC.

Oteri, M., Trimarchi, M. (1990). "Public subsidies and cultural habits: An empirical test of drama attendance". Rivista di Diritto Finanziario e Scienza delle Finanze 49, 524-537.

Owen, J.D. (1969). The Price of Leisure. Rotterdam University Press, Rotterdam.

Paton, D., Cooke, A. (2005). "Attendance at county cricket: An economic analysis". Journal of Sports Economics 6, 24-45.

Peterson, R.A. (1992). "Understanding audience segmentation: From elite andmass to omnivore and univore".

Poetics 21, 243-258.

Peterson, R.A., Hull, P.C., Kern, R.M. (2000). "Age and arts participation: 1982-1997". Research Division Report # 42. National Endowment for the Arts, Washington, DC.

Pollak, R.A. (1970). "Habit formation and dynamic demand functions". Journal of Political Economy 78, 745-763.

Pommerehne, W., Kirchgassner, G. (1987). "The impact of television on the demand for cinema and theatre performances". In: Grant, N.K., et al. (Eds.), Economic Efficiency and the Performing Arts. Association for Cultural Economics, Akron, pp. 44-61.

Prieto-Rodríguez, J., Fernández-Blanco, V. (2000). "Are popular and classical music listeners the same people?". Journal of Cultural Economics 24, 147-164.

Putler, D.S., Lele, S. (2003). "An easily implemented framework for forecasting ticket sales to performing arts events". Marketing Letters 14, 307-320.

Relish, M. (1997). "It's not all education: Network measures as sources of cultural competency". Poetics 25, 121-139.

Ryans, A.B., Weinberg, C.B. (1978). "Consumer dynamics in nonprofit organizations". Journal of Consumer Research 5, 89-95.

Scheff, J. (1999). "Factors influencing subscription and single-ticket purchases of performing arts organizations". International Journal of Arts Management 1, 113-125.

Schimmelpfennig, J. (1997). "Demand for ballet: A non-parametric analysis of the 1995 Royal Ballet summer season". Journal of Cultural Economics 21, 119-127.

Seaman, B.A. (2004). "Competition and the non-profit arts: The lost industrial organization agenda". Journal of Cultural Economics 28, 167-193.

Seaman, B.A. (2005). "Empirical studies of demand for the performing arts". Nonprofit Studies Program Working Paper NP05-03. Andrew Young School of Policy Studies, Georgia State University.

Smith, T.M. (1998). "Two essays on the economics of the arts: The demand for culture and the occupational mobility of artists". Unpublished Ph.D. Thesis. University of Illinois at Chicago.

Spinnewyn, F. (1981). "Rational habit formation". European Economic Review 15, 91-109.

Stavins, J. (1997). "Estimating demand elasticities in a differentiated product industry: The personal computer market". Journal of Economics and Business 49, 347-367.

Stigler, G.J., Becker, G.S. (1977). "De gustibus non est disputandum". American Economic Review 67, 76-90.

Throsby, D. (1990). "Perception of quality in demand for the theatre". Journal of Cultural Economics 14, 65-82.

Throsby, D. (1994). "The production and consumption of the arts: A view of cultural economics". Journal of Economic Literature 32, 1-29.

Throsby, C.D., Withers, G.A. (1979). The Economics of the Performing Arts. St. Martins, New York.

Tobias, S. (2004). "Quality in the performing arts: Aggregating and rationalizing public opinion". Journal of Cultural Economics 28, 109-124.

Touchstone, S.K. (1980). "The effects of contributions on price and attendance in the lively arts". Journal of Cultural Economics 4, 33-46.

Trienekens, S. (2002). " 'Colourful' distinction: The role of ethnicity and ethnic orientation in cultural consumption". Poetics 30, 281-298.

Ulibarri, C.A. (2005). "Bayesian learning from arts goods? – A comment". Journal of Cultural Economics 29, 137-141.

Upright, C.B. (2004). "Social capital and cultural participation: Spousal influences on attendance at arts events". Poetics 32, 129-143.

Urrutiaguer, D. (2002). "Quality judgements and demand for French public theatre". Journal of Cultural Economics 26, 185-202.

Van Eijck, K. (1997). "The impact of family background and educational attainment on cultural consumption: A sibling analysis". Poetics 25, 195-224.

Van Eijck, K. (2000). "Richard A. Peterson and the culture of consumption". Poetics 28, 207-224.

Verhoeff, R. (1992). "Explaining differences in the geographical reach of performances". Journal of Cultural Economics 16, 73-82.

Villani, A. (1992). "Rational addiction in the arts". Recherche Economiche XLVI, 41-54.

Waterman, D., Schechter, R., Contractor, N. S. (1991). "Overcoming barriers to the live arts: Can the media compensate?" Journal of Cultural Economics 15, 19-40.

Weinberg, C.B. (1986). "ARTS PLAN: Implementation, evolution, and usage". Marketing Science 5, 143-159.

Weinberg, C.B., Shachmut, K.M. (1978). "ARTS PLAN: A model based system for use in planning a performing arts series". Management Science 24, 654-664.

West, E.G. (1985). Subsidizing the Performing Arts. Ontario Economic Council.

West, E.G., McKee, M. (1983). "De gustibus non est disputandum: The phenomenon of 'merit wants′ revisited". American Economic Review 73, 1110-1121.

Wiesand, A. (1995). "Musiktheater und Konzerte: mehr Rückhalt in der Bevölkerung. Aus den Ergebnissen des 5. Kulturbarometers". Das Orchester 6/95, 2-14.

Withers, G. (1980). "Unbalanced growth and the demand for the performing arts: An econometric analysis". Southern Economic Journal 46, 735-742.

Zuzanek, J., Lee, M. (1985). "Social ecology of arts audiences". Journal of Cultural Economics 9, 65-84.

第15章
表演艺术中的非营利公司

Arthur C. Brooks

Maxwell School of Citizenship and Public Affairs，Syracuse University，USA

牟岱　刘旭　译

摘　要

非营利表演艺术在文化经济学文献中得到广泛关注，对于多个经济研究领域而言，它代表着一种有趣的应用。本章主要研究表演艺术非营利组织的相关理论和最突出的实证研究。本章首先介绍了非营利组织的情况和世界各地表演艺术在这一领域的作用。然后，作者提出表演艺术中非营利组织存在的原因，以消费者和表演艺术服务的供应商为参考对象。之后，作者研究了这些公司面临的生产和成本条件，特别关注的是诸如产品质量、产品交互补贴，以及所谓“成本病”问题。紧接着探讨了收入来源和产生的主要问题，特别关注赚取收入、捐赠和政府补贴。讨论的主题包括诸如门票定价策略、筹款创新，以及私人捐赠和公共供资之间的关系。最后的部分就非营利表演艺术今后的研究提出建议。

关键词

表演艺术公司，非营利组织，文化经济学

JEL classification Codes

Z11，L31

15.1 引 言

非营利部门是世界经济的一个重要组成部分。例如，在1995年，该部门占22个工业化国家和发展中国家国内生产总值的4.6%，非农就业总量的5%和所有服务就业的10%（Salamon，1999）。在美国，1997年非营利组织的收入达6 650亿美元，占当年国内生产总值的6.7%，占全部收入的7.1%（独立部门，2001）。[①]

“非营利组织”（NPO）或“非政府组织”（NGO）在国际上没有统一的法律定义。组织在不同的国家遵从不同的法律。例如，美国目前有29种不同类型的免税代码界定非营利组织，从慈善机构到信用合作社、农民集合体。税法中的大类包括大多数其他国家也定义的非营利组织：出于慈善、宗教或教育目的存在的组织。美国税法隐晦地将这些组织定义为：其组织和运作完全是为了宗教、慈善、科学、公共安全试验、文学和教育，或扶助国内或国际业余体育竞赛（但任何活动都不得包括提供体育设施或装备），或防止虐待儿童和动物，但不适用于以下情况：其收入的任何部分作为私人股东或个人利益，开展大量活动企图影响立法的宣传等活动……以及参与或干预拥护（或反对）任何公职候选人的政治竞选活动（包括印刷和发表声明）。[②]

大多数非营利活动主要针对我们通常会发现商品和具有公共产品特征的服务的领域：宗教、教育、健康、社会服务、国际发展、环境、艺术与文化。非营利组织设计一般有权获得公共或私人捐款。在许多国家，这些组织所筹集的收入可免缴公司税；在某些国家，就私人捐款而言，同样可为捐赠者减免税收。非营利组织的功能定义比法律定义更富有启发性。Hall（1987）将非营利组织定义为一个联合的私人团体，以便：

（i）代表政府承担公共事务。

（ii）提供有需求性的公共产品和服务，而非作为公共或营利部门。

（iii）影响公共政策。

非营利组织可以是描述性的，但经济学家通常使用的功能定义更为确切：一个公司i可以被定义为一个非营利组织，但前提是其作为一个组织旨在最大限度地提高一些实用的$u_i(\cdot)$，受“非分配约束”$ER_i+UR_i-TC_i=0$，其中ER_i = 赚得收入，UR_i = “非劳所得”，即政府和私营部门的捐赠，TC_i = 组织的总成本。非分配约束也可以被修改为较弱的假设，即在经济利润总和为零的一个多周期的时间跨度内，允许借贷和捐赠的现象。

无论如何定义，非营利部门在每一个国家几乎都是指致力于一般艺术的公司，尤其是表演艺术。美国国家慈善统计中心（NCCS）城市研究所定义了64个不同类别的非营利艺术活动，其中10项由表演艺术组织承办，[③]包括表演艺术中心、舞蹈团、芭蕾舞团、剧团、音乐组织、交响乐团、歌剧公司、合唱团和其他音乐团体。[④]

虽然非营利经济是一个数十亿美元的产业，但非营利表演艺术只占一小部分。图15-1说明了美国的这种情况，该图显示艺术和文化占所有非营利活动的2%左右，表演艺术大约占到其中的四分之一。进

---

① 可以说，这些数字高估了非营利组织对经济的真正“贡献”，因为没有测量这些公司对GDP的附加值。

② 资料来源：美国国内税收法典标题26，小标题A，第1章，F分章，第1部分，501(c)3节。

③ 有关国家免税实体(NTEE)分类系统的详情，请参见www.urban.org。

④ 非营利表演艺术公司的形式高度多样化。正如DiMaggio(1987)所指出，他们的共同法律地位表明不存在同质性。Jeffri(1980，p.48-49)在调查“舞蹈公司”的形象时提出这一点，可以从单一的表演者到营利公司管理的大型非营利组织。

一步分解表明，大多数非营利组织表演艺术活动涉及性能提升和设施（33%）、剧院公司（24%）以及古典音乐组织（21%），其次是歌剧和舞蹈公司（分别为12%和7%）。[①]

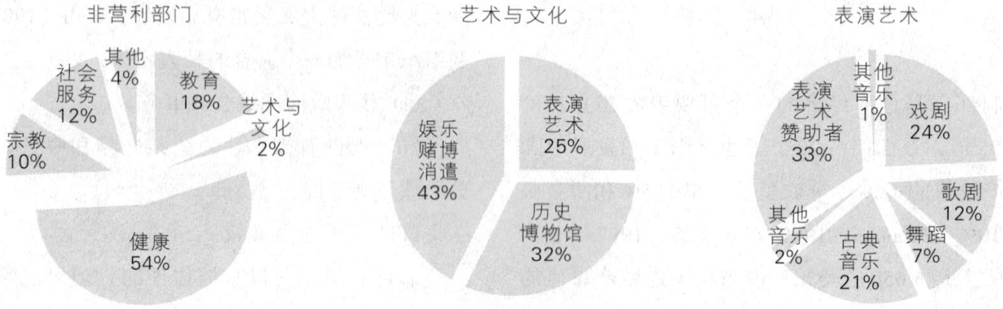

图15-1　美国非营利部门

资料来源：独立部门（2001），美国商务部，人口普查局（1997）。

在世界范围内，艺术在非营利部门中所占的比例在美国最小。例如，在德国占7%，在意大利占9%，在英国占21%，在匈牙利占57%（Rose-Ackerman，1996）。通常来说，在东欧，艺术在非营利部门占有很大比例，平均达35%（Salamon，1999）。和世界大多数其他国家相比，美国的部分差异在于健康、教育和构成美国非营利部门最大组成部分的社会服务，在许多社会民主国家和转型经济体中归属于公共部门。

不论在一个国家的非营利部门中的占比是大还是小，表演艺术都在非营利经济学理论发展中发挥了积极作用。这一章依照过去35年来非营利性经济理论的发展，讨论了一些与非营利表演艺术组织的经济学原理相关的文献和最突出的成果。通过这种方式，作者旨在表明对表演艺术的研究丰富了非营利领域，同时也暴露出了在表演艺术领域的工作相对不足。

本章其余内容分为六个部分。作者首先围绕非营利表演艺术部门的实际情况做简短调查，然后探讨非营利表演艺术公司存在的原因（既包括消费者的角度也包括公司本身的视角）。在此之后，作者探讨的是生产和成本，随后重点论述表演艺术中一个特别引人关注的主题，即所谓的“成本病”。作者又探讨了表演艺术非营利组织在收入、政府和慈善机构一级的融资。最后，作者讨论了在这一文献中的趋势和被忽视的领域，并对今后的工作提出建议。

15.2　非营利表演艺术公司：基本情况

数据表明，非营利艺术代表了大多数国家0.5%的劳动力（Salamon，1999）。图15-2总结了全世界22个国家的相关百分比。致力于表演艺术的这个数值不超过0.5%是合理假设。为更透彻地了解非营利表演艺术的情况细节，需要更密切关注某特定国家。美国在该方面较为便利，因为相关数据十分丰富翔实。

首先，我们研究有多少表演艺术公司、它们的平均

① 图15-1中的类别与NCCS分类法不完全一致，因为这些数据来源于美国服务业统计局（USCSI）（美国商务部，人口普查局，1997），其对非营利组织的分类略有不同。

规模、如何打破常规，以及它们的组织是营利性的还是非营利性的。表15-1显示美国在1997年有超过8 000家组织专门参与戏剧、歌剧和音乐表演。这不包括表演艺术经纪人、赞助商或设施；也排除了马戏团等通常和表演艺术同列于美国人口普查服务行业的许多企业（USCSI）。

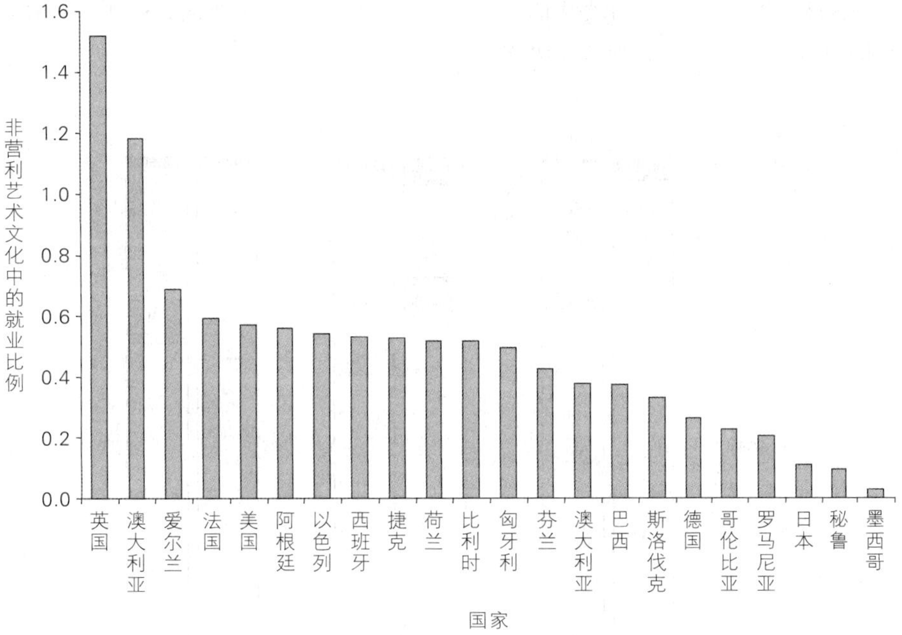

图15-2 22个国家的非营利艺术就业比例

资料来源：Salamon et al.（1999）。

表15-1 美国表演艺术维数

	组织数	非营利比例	非营利公司年均收入
戏剧	3 077	49%	\$788 237
歌剧	170	86%	\$4 038 150
舞蹈	530	70%	\$871 445
古典音乐	805	87%	\$1 487 401
其他音乐	3 775	14%	\$225 743

资料来源：美国商务部，人口普查局（1997）。

美国剧院在商业和非营利部门之间的分布相当均匀，歌剧、交响乐和室内乐以非营利组织为主。非营利歌剧公司的年均收入要比其他学科大得多，超过400万美元。另一方面，非营利剧团的年均收入在80万美元以下。请注意，几乎可以肯定的是这些数字低估了组织的数量并夸大了平均规模，因为美国人口普查数据只考虑超过25 000美元的非营利组织（需要向美国国税局纳税的形式）。Smith（1997）估计，小型非申报组织的申请数量与之相比超过8∶1。

美国表演艺术的平均收入一直在下降。例如，USCSI表明，平均非营利表演艺术事业公司1997年的收入（实际价值）比1982年减少了7%。然而，这并不说明表演艺术市场处于低迷，而是公司数量骤增的结果，同期增长了81%，年均增长率约为4%。一般来说，所获收入占美国表演艺术公司总收入的最大部分，其次是捐赠，然后是政府捐款。1997年，该部门收益的59%来自收入，29%来自捐赠，5%来自政府，7%来自其他来源（美国商务部人口统计局，1997）。我们可能会认为，就国际层面而言，美国在这方面是不正常的，相对于政府支持，私人捐赠和市场活动在文化事务中的比例过高。作者将在本章后面的内容里更详细地介绍这个主题。

图15-3说明了在1997年结束的15年间美国资金比例的变化情况。对于剧院和音乐公司而言，获利收益在总收入中的百分比下降，而捐款有所增加以弥补差距。舞蹈有些不同，因为从1982年到1997年，舞蹈公司预算的增加与收入不成比例。

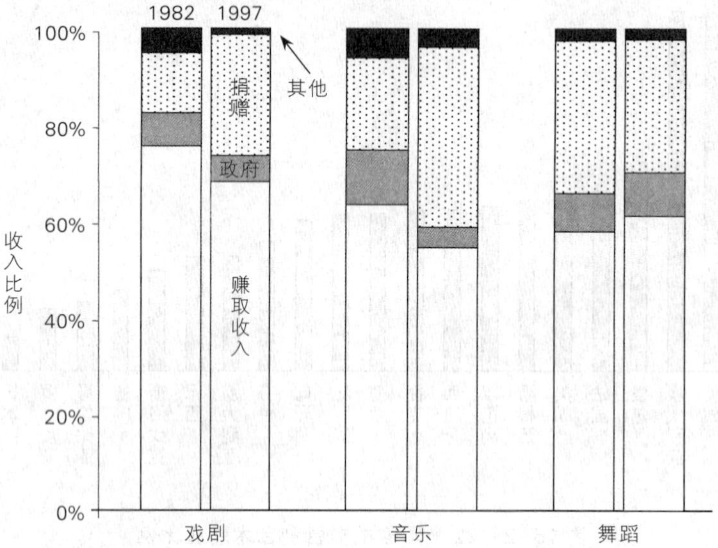

图15-3 1982—1997年美国非营利表演艺术组织的资金来源

资料来源：美国商务部，人口普查局（1997）。

在大多数行业中，固定成本高会导致企业集中度高，表演艺术也不例外。在表15-1中，固定成本最高的组织往往是歌剧和古典音乐（主要是交响乐团），需要为数百名员工以及数千名观众提供设施。以收入为衡量标准，规模最大的20家非营利公司分别控制着该行业80%和50%的收入。另一方面，戏剧和舞蹈公司在操作规模方面具有更多的结构灵活性，这意味着固定成本不一定如此之高。在这些学科中排名前20位的非营利性公司控制的市场份额分别为25%和20%（McCarthy，2001）。

15.3 为什么有表演艺术的非营利组织

关于非营利性表演艺术的经济学讨论包括最基本的问题：为什么存在这些公司？这个问题有两个方面。第一，我们想知道这些公司在自由市场经济中占有一席之地的原因——专门的非营利性表演艺术产品的需求来源是什么？第二，表演艺术公司不以营利为目的的动机是什么，非营利形式有助于实现这些企业的目标吗？非营利公司的理论文献提供了关于这些问题的指导，非营利性表演艺术的作者丰富了讨论。

15.3.1 非营利活动的需求

关于非营利性提供商品和服务需求的最常见的解释来自 Weisbrod（1978），Warr（1982），Bergstrom、Blume和Varian（1986），Andreoni（1988）和其他人开发的“公共产品模型”[①]。该模型首先假设代理人 i 耗尽预算 m_i 用于购买私人商品 x_i 和捐赠公共商品 d_i。将每个单位的价格设定为单位。

$$x_i+d_i = m_i \quad (15-1)$$

假设公共商品是真正非竞争性和非排他性的消费，则每个人都可以享受在全国人口中捐赠的资源总量，$\sum_i d_i = D$。因此，代理人的公益事业可以用方程来表示：

$$u_i=u_i\ (x_i,\ D) \quad (15-2)$$

我们假设 u_i 有标准属性。注意 D 可以重新定义为 d_i+D_{-i}，其中 D_{-i} 是其余人口的贡献。在纳什均衡中，每个代理人的捐赠假设恒定，并因此可以被添加到预算限制的每一侧。我们将代理问题定义为 $\max_{x_i,\ D}\{u_i\ (x_i,\ D)\}$，使得满足于 $x_i+D=m_i+D_{-i}$，$D\geqslant D_{-i}$。

这个问题的一阶条件将产生一个私人需求函数为 D，写成[②]：

$$D=f_i\ (m_i+D_{-i}) \quad (15-3)$$

假设 $f_i\ (0)\ =0$，x 和 d 是正常商品，我们知道 $f_i'\in\ (0,\ 1)$，因此，如果至少一个代理 i 满足 $m_i>0$，则 D 一定为正。这说明可能存在私人公益捐助。[③]这种需求体现在用于公益事业的私人捐助或公共补贴方面。[④]

非营利组织形式使企业获得捐赠资金。这也通常被称作非营利组织为什么存在的“补贴理论”（Hansmann，1987）。（West，1987，p.39）总结了这一理论，他说：“一项协助非营利（表演艺术）组织的政策……可以很容易被预测，以刺激增长。”非营利组织是出于法律原因收集捐赠基金，以及非盈利状态缓和了人们的担忧，即捐赠基金将被转换成利润（Bilodeau and Slivinski，1998）。这构成了非营利组织的（补充）“合约失灵”的一种解释（Hansmann，1980）：捐助者无法观察资金是如何使用的，并坚持关于禁止为不涉及经营的活动分配收入的制度安排。关于非营利表演艺术的研究较少运用这些解释。一个例外是 O’Hagan 和 Purdy（1993），他们在研究爱尔兰歌剧节的历史和管理策略时含蓄地使用了补贴理论和合约失灵理论。

非营利形式的另一种解释是“俱乐部商品”（Cornes and Sandler，1984）。俱乐部商品通常是排他性的商品和服务，人们从中获得具有共享特征的相互利益或实际排除非成员。非营利身份允许成员对这些类型的组织进行控制。俱乐部商品模型在表演艺术文学中得到了一定应用。DiMaggio（1982）使用基本概念来解释美国的表演艺术组织如何受到社会精英的保护，免受商业市场的审美污染。Kuan（2001）从理论视角创建了表演艺术的模型，人们或密集消费或休闲消费，从而直接表明前者可激励“生产”表演艺术服务（即建立生产互利性的俱乐部），而不是以营利为目的购买。Kushner and King（1994）的经验证实，美国合唱协会通过观察社会“成员”优先购买的入场券比例，具备了俱乐部的优良特征。

以表演艺术归属于纯公共商品的假设为开端的模型

---

① 特指 Andreoni（1998）。

② 作者（例如 Bergstrom，Blume and Varian，1986）已经表明唯一的纳什均衡存在矢量 $d=(d_1^*,\cdots,d_n^*)$。

③ 这个模型假设代理商承认付出的公共价值；关于艺术中的公共利益的共同论点是，普通公民不理解这项价值，因此私人或公开地资助选择必须来自更好的知情者。这些是所谓的“价值商品”（Musgrave，1959）。

④ 在后一种情况下，我们预计，如果对公共产品需求高于平均水平的人造成产生补贴所必需的政治影响，就会出现公共支持。

可能存在问题，因为完全不排他的假设对于观众成员从表演艺术事件中获得的私人利益而言是不现实的。然而，一些学者认为在方程式（15-2）中的D也包含许多不可排除、不可使用的公共艺术的好处，虽然很少有人对这种利益的存在进行实证检验。例如，Frey（1997）列出了一般艺术中的非使用公共价值，这些价值也被认为存在于表演艺术中。

- 存在价值。即使他们不直接消费特定的文化产品，某些人员也赞赏其存在。
- 选项值。非用户可以选择积极价值成为未来用户，因此有利于保留。
- 教育价值。文化产品可能在用户和非用户之间产生智力和文化溢出效应。
- 威望值。文化产品可能给原产地带来声望。
- 遗产价值。用户和非用户可能从后代对文化产品的期望享受中获得效用。

一些作者会将表演艺术活动的经济影响添加到此列表中（Brooks and Kushner，2001）。其他人，特别是那些关注土著民族表演艺术的人，可能会增加文化价值到此列表，这里的“文化”具有人类学的内涵。[①]例如，Mackerras（1999）研究藏族表演艺术的实践是如何有助于保持藏族传统文化在面对现代化时的完整性。

15.3.2 非营利公司的目标

基于对非营利表演艺术服务的需求，我们了解的企业目标是什么？换言之，对于一个公司i而言，我们所了解的性质u_i（·）是什么？非营利文献就该专题提供了一系列有限的理论。[②]

通常关于非营利公司经济目标的最具影响力的作品之一来自Steinberg（1986），他认为，在零经济利润的情况下，非营利性“效用”往往会沿着核心业务支出和预算规模之间的连续性下降 。其等式的关键是筹资；因此，他称该组织将收入最大化用于运营（净筹资支出）服务最大化，而忽视预算最大化。效用被定义为这两种可能性的线性组合，即对于一个组织i，

$$u_i=\alpha S_i+(1-\alpha)[ER_i+D(F_i)] \tag{15-4}$$

满足于$ER_i+D(F_i)-S_i-F_i=0$

其中$0\leq\alpha\leq1$，S_i=服务或核心业务支出；ER_i=赚取收入；F_i为筹款支出；以及$D(F_i)$为捐赠筹款。显然，如果$\alpha=0$，企业是预算最大化；如果$\alpha=1$，则是服务最大化；如果$0<\alpha<1$，则目标混合。假设$D'\geq0$，$D''<0$，且$0\leq F\leq ER+D$。

在解决该公司的问题时，我们看到何时会出现$\partial u_i/\partial F_i=0$，$\partial D_i/\partial F_i=\alpha$。这也就是说α的值相当于筹款对捐款的边际影响（在非营利组织管理者的语言中，为“融资收益”）。显然，α的值是一个实证问题。斯坦伯格发现健康的非营利组织往往是预算极大化者，而在社会福利、教育和（尤其是）艺术方面则是服务极大化者。

在表演艺术中，预算很容易理解，而服务却并不明显：正如Throsby（1994）和其他人所指出的，它可以指服务的数量、质量或两者。Hansmann（1981）将它们区分为表演艺术公司的不同最大值。他假设表演艺术公司在受众规模、质量或预算方面可以发挥最大化效

---

① 这种人类学意义上的“文化”通常与文化经济学领域中该术语几乎一成不变的使用方式形成对比。文化经济学通常采用马修·阿诺德（Matthew Arnold）（1869，p.viii）的定义：“我们通过了解世界上最关心的一切最优秀的知识和思想，追求自我的完美。”

② 一些社会学家质疑表演艺术目标函数的概念，即目标是固定明确的。DiMaggio（1987）指出，追求集中策略的概念对许多艺术公司可能是不现实的。此外，策略可能根据公司的外部环境而改变（Salem，1984）。由于来自资助者的矛盾指令，目标甚至可能不连贯地改变（DiMaggio，1984）。

用。然后，将社会最优的企业行为（消费者盈余最大化）与观众最大化、质量最大化和预算最大化所预测的行为进行比较。他的研究表明，如果公司的受众最大化，则质量会倾向于次低；如果公司质量最大化，相对于受众规模，质量通常次优。如果公司预算最大化，则可以获得社会最优，但这只是巧合。

在专门测试Hansmann模型的实证研究中，Luksetich和Lange（1995）研究以20世纪70年代和80年代不同规模的美国乐队为目标。他们发现，在一般情况下，大型交响乐团（以预算）主要是质量最大化和二次预算最大化。相比之下，中小乐团往往是观众极大化者。几篇非专门测试Hansmann或者Steinberg理论模型的实证论文提供证据证实，非营利表演艺术公司的行为以一种或多种方式表现这些模型预测。例如，Gapinski（1985）对英国皇家莎士比亚公司的分析，就以表演艺术非营利组织是否对任何事物进行优化的问题作为开始。他认为戏剧公司确实在进行优化，产出最大化服从于非分配约束。这与Steinberg的服务最大化是一致的。

其他学者较为关注质量最大化，一般认为由于组织面临的不利财务困难，因此质量有所下降。例如，Heilbrun（2001）认为美国歌剧公司之间的节目多样性下降是降低彩排成本的一种方式。Throsby（1990）发现，澳大利亚的戏剧观众对新节目的质量并不重视，导致公司追求高收益的剧目《栗子》而牺牲新的作品。Peacock（1976）发现，伦敦交响乐团越来越多地牺牲演出排练的时间。虽然对质量（以及数量）进行更严格地讨论被推迟到本章后面的部分，但我们会注意到，刚才引用的文献表明，读者和观众之间在定义质量的方式方面与研究人员存在差异。

15.4 表演艺术制作与成本

上述关于表演艺术非营利组织目标的讨论忽略了几个重要问题的答案：对表演艺术的生产有什么投入？如何最恰当地予以定义和测量？如何与服务生产结合？如何在非营利组织与其他组织以及营利性表演艺术组织之间进行比较（和竞争）？

15.4.1 生产投入

非营利组织的生产投入主要集中在劳动力方面，因为大多数学者所认为，非营利组织与营利性部门和公共部门的差异最为显著。具体来说，正如组织本身面临着多维度效用功能一样，非营利组织工作者也是如此，他们可能会重视组织的使命。这样做的结果可能是在该部门存在志愿劳动，或持续的次级市场工资（Handy and Katz，1998）。事实上，志愿者占美国、西欧、拉丁美洲和中欧地区非营利劳动力的25%～40%（Salamon，1999）。美国非营利性组织的员工工资比其在营利部门的同等专业人士低35%～40%（Weisbrod，1983；Frank，1996）。值得注意的是，志愿者在艺术中的代表性过高：虽然艺术公司仅占美国第三产业的2%，却使用了5.2%的美国志愿者（独立部门，2001）。

相对于非营利的劳动力，资本、土地和创业主体在非营利的经济文献中很少被提及。作者指出，非营利组织在大多数国家都免收企业税，这使得工厂、设备和土地的使用相对便宜，关于非营利组织的细致研究是Bilodeau和Slivinski（1998）建立的模型，这些模型决定了如何和为什么要成立非营利组织。它们显示了企业家自愿采用预算约束以收集前面介绍的公共产品模型中提供私人礼物的情况。

据作者所知，在表演艺术经济学文献中，没有出现特定的资本或企业家。相比之下，作者已写了很多关于劳动的内容，包括本卷的几章以及本章后面标题为“成本病”的讨论。不同国家表演艺术组织的劳动条件有很大不同。具体来说，劳动力成本上升问题似乎越来越困扰美国公司。Schwarz（1992）发现，在加拿大，交响乐团的劳动力成本上升和下降的情况受公司财政状况的影响超过美国，Rubinstein、Baumol和Baumol（1992）发现，与苏联相比，美国的劳动力成本是天文数字（60%，占表演艺术生产成本的20%）。Benhamou（2000）发现，20世纪80年代法国和英国的表演艺术就业人数出现了大幅增长。

15.4.2 生产函数

在组合资源时，非营利性表演艺术的生产功能与生产理论中的某些传统形式大不相同。因此，我们从以下等式开始，

$$Q=f(L, Z) \tag{15-5}$$

其中L代表劳动，Z是一个代表资本、土地和企业家的向量。我们假设f只定义非负的输入值，是一个规则严格的准凹函数。没有公司问题的陈述，方程（15-5）没有任何组织目标的假设。

方程（15-5）提出了几个问题。首先，Q究竟是什么？许多作者以不同的方式定义；Throsby和Withers（1979，pp.11-12）很好地总结了在给定时间段内的四维定义：

- 公司生产的作品数量；
- 表演次数；
- 潜在参加者的数量（一般指表演场地的座位数量）；
- 实际参加者人数。

前两项对经济的规模和范围提出了意见，剧院公司应该或推陈出新，或鼓励精品。第三、四项区分供给量和需求量，因此允许不均衡价格和政策研究。

无论如何定义，方程（15-5）都反映了多个产出定义。实际上，留下了质量这个重要问题，而质量涉及表演艺术管理讨论等各方面。Shanahan（1978，p.13）指出了质量的重要性："正确地研究艺术商品的市场，需要处理好艺术的审美属性。"Abbé-Decarroux（1994）强调了质量的重要性，指出对表演艺术的需求受预期质量的影响；因此，它的功能更像是消费决策风险。

Throsby（1990）采用多维法（如数量情况）对质量进行测量。将艺术品质分为三个部分：

- 原始材料的特性（如脚本质量或分数）；
- 技术因素（如绩效执行）；
- 观众与社会受益度和艺术形式。

这种方法允许更明确的实证研究，例如，Hansmann（1981）提出的质量观点，[①]以上我们将方程（15-5）重新定义为，

$$Q=f(L, m, v, Z) \tag{15-6}$$

其中，Q为表演参加者；m为表演次数，v为质量。

根据给定输入参数，建模生成不是通过去简化非分配约束假设，非分配以及多维公司目标可能导致与传统公司理论不相符的产出激励，这可能会造成复杂化。换句话说，非营利公司可能在"不经济"的生产区域经营。表演艺术具有进一步的复杂性，特点是输入参数在生产中的重要性分歧。例如，虽然一些乐团可以至少在短期内没有正式管理员，但不能没有音乐家。

研究这些特性的一种方法是利用抽象的生产函数（Halter、Carter和Hocking，1957）。假设表演艺术组织有两个输入参数；如某剧院组织i在时间t雇用演员L_{it}及设备K_{it}。组织的产出Q_{it}，即产品或服务由功能决定特征。

$$Q = \Omega e^{\gamma t} L^{\alpha} e^{\beta L} e^{\theta K + \delta K^2} e^{\varepsilon} \tag{15-7}$$

① 到目前为止，很少有关于表演艺术的研究将这种多维的方法付诸实践。相反，大多数论文倾向于建立一个质量代理（如编程多样性），然后将问题与数量相切。

其中，组织和时间的下标被省略以便于说明。在方程（15-7）中，Ω代表复合环境参数采集公司独特的外源性情况，包括质量；γ代表时间的影响（时间对Q的对数的边际影响）并测量技术变化；生产参数是α，β，θ和δ；ε是随机误差。

注意，f（0，K）=0，而f（L，0）>0（正值L），反映了输入参数的相对重要性。时间和生产参数可以是正的或负的，反映了非营利表演艺术公司可能有边际产品正在减少，增加甚至是负数的事实。L和K的产出弹性也取决于生产参数的值。Gapinski（1980）采用20世纪60至70年代美国戏剧、歌剧、交响乐和芭蕾舞公司的数据进行弹性分析，发现所有主要输入参数（艺术家和资本）的正弹性小于1；芭蕾的第二输入参数（管理员）具有负弹性；并且艺术家的弹性高于任何其他输入参数。Gapinski（1984）在后来的文章中使用关于英国戏剧的数据来分析劳动力和资本产出弹性，寻找相似的价值观（包括发现艺术家弹性是资本的两倍）。Goudriaan和Pommer（1987）对1984年荷兰交响乐团和戏剧公司的数据进行了类似的分析（使用更简单的Cobb-Douglas生产函数）。测量的弹性值为正且小于1，值得注意的是，在剧院的情况下，资本的弹性（0.65）超过劳动（0.50）。

15.4.3 产量决策

显然，表演艺术公司有相当大的自由度来决定生产什么和生产多少。乐团应该演奏更多“流行音乐”，现代音乐还是标准曲目？多些日场演出还是夜场音乐会？是否巡演？是否应该在与其他娱乐组织表演相同的夜晚举行重大音乐会？了解非营利组织的产出决策——包括表演艺术公司——James（1983）有影响力的非营利公司的行为模式得到了极大的提高。该模型描述了非营利公司的两个产出因素，Q_1和Q_2。公司的利润方程是：

$$(P_1+D_1+G_1)Q_1+(P_2+D_2+G_2)Q_2+D+G-C(Q_1)-C(Q_2)=0 \tag{15-8}$$

其中，P_i代表Q_i的输出价格；D_i和G_i私人捐赠和政府赠款与Q_i的每个单位相关联；D和G代表固定捐赠和赠款；C（Q_i）是Q_i的成本函数。两个成本函数假定相同，不影响结果。成本为正，并且是2倍——连续可微。假设$dC/dQ_i>0$和$d^2C/d^2Q_i>0$，则方程（15-8）中的所有变量都是非负的。

该公司使效用函数$u=u(Q_1, Q_2)$最大化，服从方程（15-8）。同时，相比典型的效用模型，我们不对$\partial u/\partial Q_i$的符号进行假设。根据公司和产品，Q_i的边际效用可以是正的、负的或零。所以，得出$\partial^2 u/\partial^2 Q_i \leq 0$，$\partial^2 u/\partial Q_i \partial Q_j=0$。

公司的拉格朗日函数（Lagrangian Function）的一阶条件（相对于每个Q_i）为：

$$\frac{\partial L}{\partial Q_i}=\frac{\partial u}{\partial Q_i}+\lambda\left(P_i+D_i+G_i-\frac{dC}{dQ_i}\right)=0,\quad i=1,2 \tag{15-9}$$

解决方程（15-9）中的两个等式与零利润限制同时产生最优值Q_1^*和Q_2^*。现在假设一个利润最大化的营利公司产生相同的产出，虽然不一定在相同水平。该组织的一阶条件有两个对应等式：

$$\frac{\partial \pi}{\partial Q_i}=P_i+D_i+G_i-\frac{dC}{dQ_i}=0,\quad i=1,2 \tag{15-10}$$

方程（15-10）中的两个等式产生$\tilde{Q}_1$和$\tilde{Q}_2$。比较方程（15-9）和（15-10），我们可以得出以下重要结论：

（i）如果$\partial u/\partial Q_i>0$，$Q_i^*>\tilde{Q}_i$和。换句话说，如果非营利组织从中获得积极的组织效用，那么非营利组织倾向于产生比盈利更多的特定利益。如果这是一个公共利益，则这是自然产生的利润，非营利组织可能因此改善市场失灵。另一方面，如果没有市场失灵，则非营利组织产生效率低的高水平的利益。

（ii）如果$\partial u/\partial Q_i<0$，$Q_i^*<\tilde{Q}_i$。此外，$Q_i^*>0$只有在这一点上的平均收入超过平均成本（即$P_i+D_i+G_i>C(Q_i^*)/Q_i^*$）。换句话说，非营利组织将效用增强活动与效用降低活动交叉补贴，只要后者为企业带来利润。

詹姆斯（James）模型形成了几个明显的经验问题。首先，艺术是否构成公共利益，因此非营利组织可以提高效率？其次，非营利表演艺术企业与营利企业是否形成竞争？最后，表演艺术公司从事什么活动，以便进行交叉补贴？

第一个问题有些超出了本章的范围；然而，早期关于表演艺术的所谓非使用的讨论，非市场价值可能有助于决定是否有一个真正的公共物品组成的表演艺术。Throsby 和 Withers（1986）提供了经验证据，表明人们倾向于认为表演艺术是公共物品。尽管如此，Netzer（1992）指出，大多数表演艺术消费都是私人消费，对非消费者的溢出却相对较少。

在生产和成本的背景下，对表演艺术非营利组织的效率进行了较早的处理。West（1987）认为，一般来说，由于非分布约束产生的抑制作用（James 模型支持的预测），我们不会看到表演艺术非营利组织以最小成本运作。事实上，大多数研究表明，许多国家的表演艺术公司往往产生次优水平。例如，Fazioli 和 Filippini（1997）估计，意大利戏剧公司的运营规模太小，无法将成本降至最低。Gray（1997）使用来自挪威剧院的数据，并且估计，虽然大公司在运营时倾向于超过最低成本点，但小公司的运营规模低于该最小值。Taalas（1997）发现，由于劳动力和资本的过度利用，芬兰戏剧公司倾向于超过最低平均成本。[①]

毫不奇怪，非营利组织（所有类型）和营利组织之间的竞争理论的主要补充来自对 James 模型的延伸。Schiff 和 Weisbrod（1991）指出（假设利润依赖于收入），在缺乏公司税收减免和捐赠的情况下，非营利组织与营利组织相比自然会处于不利地位，因而无法与其竞争。这个缺点来自有利活动（Q_1）的低效率，也来自不利活动（Q_2）的负效用。然而，实证研究没有考虑非营利组织和表演艺术公司之间的竞争。最接近的处理可能是 Gapinski（1986），他表明不同的表演学科（戏剧、歌剧、交响乐和舞蹈）在消费者的需求决定中相互替代，因此隐含地竞争。

交叉补贴表演艺术活动的想法很容易直观地掌握。例如，交响乐团可能会在亏损的情况下表演晦涩的作品，但在“流行音乐会”上赚取利润。詹姆斯模型表明，前一种方案提供积极效用，后一种方案提供消极效用。这种交叉补贴与范围经济密切相关：表演艺术公司是否可以通过增加其核心活动的规模，找到多种能够改善其财务状况的产出？两项研究表明，表演艺术确实享有范围经济。Lange 和 Luksetich（1993）发现大型美国乐团受益于不同类型的表演活动。同样，Fazioli 和 Filippini（1997）发现，意大利剧院可以更有效地提供多种类型的表演，而不只是一种类型。

15.5 成本病

有关表演艺术生产功能的讨论指出，表演艺术生产的主要投入是劳动。文献表明，至少在美国表演艺术公司，劳动力成本一直在迅速上升。[②]这一事实广泛支持所谓的“成本病”理论，一直是文化经济学的研究课题，值得在这里特别关注。虽然这一理论并不能预测什么是唯一的“非营利”（事实上，如果它是有效的，则其应该是这样的而不论是何种部门），其通常在非营利表演艺术的讨论中被引用。

在 1965 年的论文和 1966 年的书中，William Baumol 和 William Bowen（1965，1966）认为劳动力成本将影响表演艺术，原因很简单：实际工资随着劳动生

---

① Globerman 和 Book（1974）估测加拿大管弦乐团和戏剧公司每年的最佳服务规模（每个性能的成本最小化）分别为 115 和 210。然而，没有报告是否低于或高于实际的业务规模。

② Faine（1972）解释指出，美国表演艺术家高度工会化。

产率的平均水平提高；劳动生产率（Baumol和Bowen断言）在表演艺术公司中几乎停滞不前，这在过去100年左右产生技术上不变的服务，对劳动力投入的要求不变；因此，随着时间的推移，成本将不断增加到表演艺术层面。这一论点的影响是，这些成本增加将需要更多的捐赠收入、借款、生产削减，或者所有这三点。

Baumol和Baumol（1967）将问题简单地塑造成如下模型。[①]假设一个在时期t产生输出Q_{1t}的乐团，以及一个代表性的非艺术公司产生Q_{2t}。假设每个人的生产是劳动L的线性函数，并且管弦乐队看不到劳动生产率增长，而另一个公司不断地以r的速率复合生产率增长，即：

$$Q_{1t}=aL_{1t},\quad Q_{2t}=bL_{2t}e^{rt} \tag{15-11}$$

其中a和b是常数。假设部门2支配经济，则这两个公司所面临的工资w_t也随着生产率而上升。[②]

$$w_t=we^{rt} \tag{15-12}$$

我们可以从这个模型得出四个主要结论：[③]

（i）乐团的成本随着时间的推移而上升，但对另一家公司来说不是这样。将单位产出的成本定义为$c_i=w_tL_{it}/Q_{it}$，得出$c_1=we^{rt}/a$和$c_2=w/b$。

（ii）如果部门之间的劳动比例不变，则乐团的产出占总产出的比例随时间下降。定义$L_{1t}/L_{2t}=A$，其中A是常数，我们看到$Q_{1t}/Q_{2t}=aA/be^{rt}$。

（iii）另一方面，如果企业的输出比例是恒定的，劳动力将自动转移到管弦乐队。假设（b/a）（Q_{1t}/Q_{2t}）= K，其中K是常数，那么$L_{1t}+L_{2t}=L_t$。而且，$L_{1t}=L_tKe^{rt}/(1+Ke^{rt})$，$L_{2t}=L_t/(1+Ke^{rt})$。随着t增加，$L_{1t}$变为$L_t$，$L_{2t}$变为零。

（iv）如果劳动力不增长，产出比例不改变，经济增长将受到影响，而乐队中的生产力仍然存在。将q_t定义为两个公司输出的加权和：$\beta_1Q_{1t}+\beta_2Q_{2t}=q_t$。

根据方程（15-11）和上面的推导，得出：

$$q_t=\frac{L_t(K\beta_1a+\beta_2b)e^{rt}}{1+Ke^{rt}} \tag{15-13}$$

注意：

$$q'_t=\frac{\partial q_t}{\partial t}=\frac{rL_t(K\beta_1\alpha+\beta_2b)e^{rt}}{(1+Ke^{rt})^2}. \tag{15-14}$$

因此$\lim_{t\to\infty}(q'_t/q_t)=0$。

根据模型得出了关于表演艺术公司的两个主要可行性假设。第一是表演艺术公司的运营成本随着工资增长而上升。第二是表演艺术部门相对于经济的其他部分正在缩小。[④]如果这些假设得不到支持，我们可以得出结论：

（i）模型之外的力量，例如，挣得的收入或捐赠的收入，必定会改善成本问题；

（ii）成本病理论有某种缺陷。

这些假设是成本病的大多数实证研究的主题。

原始数据为这些假设提供支持。根据美国表演艺术非营利组织的数据，McCarthy等人（2001）研究，在1997年结束后的十年间，歌剧和舞蹈公司的实际成本在增加，但戏剧公司和音乐乐团的成本在下降。图15-2显示，自1982年至1997年以来，捐赠作为戏剧和音乐公司总收入的一部分，对舞蹈公司而言却在下降。虽然图15-4显示，20世纪90年代表演艺术公司的未实现收入确实普遍增长，但也表明这些增长与总收入的增长成正比。毫无疑问，经济学家对成本病的根本存在性及其影响表演艺术的程度（Throsby，1994）得出了多种结论。一部分实证研究支持该命题，而另一部分则不支持。

---

① 关于替代建模方法，参见Brooks（1998）。

② 工资增长与生产率相同的假设只用于建模简单性。工资与生产率单调上升不是结论的必然假设。

③ 这些结论由Keren（1972）从Baumol的原始文章进行修改。

④ 这一假设是假设部门之间的劳动比例的恒定性，而不是产出比例的恒定性。

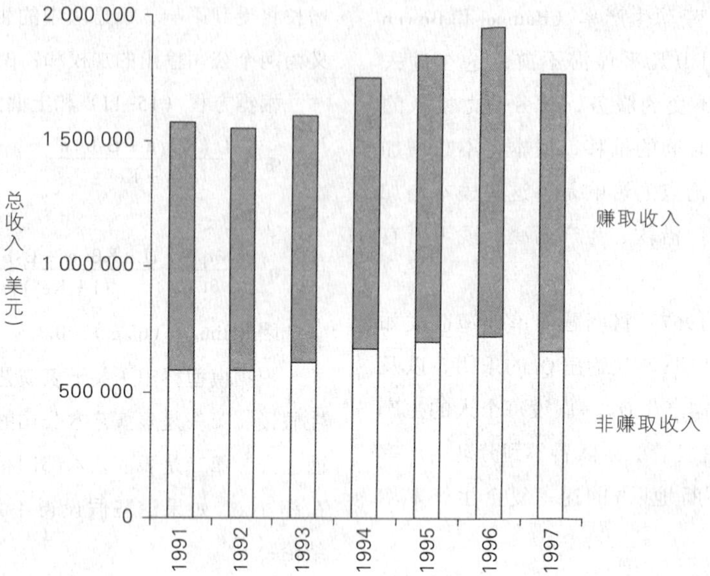

图15-4　1991—1997年美国表演艺术非营利组织的总收入和赚取的平均收入

资料来源：McCarthy et al.(2001)。

鲍莫尔（Baumol）本人及其研究指出，成本病是表演艺术中一个真实和持续的问题。例如，Baumol（1980）表明，表演艺术成本过高地上升到价格水平，除非在高通货膨胀时期。Baumol和Oates（1972）认为，这一原则在历史上也适用，认为过去的行为者的实际工资低是造成英国文艺复兴剧院成功的原因。鲍莫尔还将概念从非营利性表演艺术扩展到其他劳动密集型行业，例如，卫生保健（Baumol and Baumol，1993），教育（Baumol and Baumol，1996）和图书馆领域（Baumol and Blackman，1983）。

其他作者也有一些关于成本病理论的证据。Gapinski（1984）、Fazioli和Filippini（1997）发现，与其他行业相比，英语和意大利语戏剧技术的进步很弱，分别验证了这一建模假设。Felton（1994）发现，美国乐团的劳动力成本上升导致出现低廉节目编排。她指出，这种生产调整验证了“成本病”问题不可避免。Throsby（1996）在对20世纪80至90年代澳大利亚表演艺术的劳动力成本研究中也同意Felton的观点。

然而，一些作家认为成本病不存在，或者不会对表演艺术构成重大问题。例如，Cowen（1996）认为，表演艺术公司能够大大提高记录技术的劳动生产率（也就是说，一个音乐家可以在使用光盘的同时接触数百万客户，而不是现场表演）。[①]Baumol不同意技术论；美国电视和电影数据表明，大众媒体可以推迟成本病的压力，但这只是暂时的。如果执行者和其他工人将其与降低单位绩效成本的方式相结合，则劳动生产率也可能得到提高。例如，戏剧公司可以采用较少演员从事节目制作工作或者采用多角色演员的策略。[②]

① 这个情况的另一面是，技术只是降低了企业对劳动力的需求。例如，Colonna、Kerns和Anderson（1993）认为，合成技术大大降低了某几类表演音乐家的就业率。

② 某些类型的公司（如交响乐团）对于这种劳动的灵活性比其他公司的追求更少，因此预期会转向用其他方法来抵抗成本病的压力，例如，游说政府补贴。

上述模型不存在需求方，但有学者（Cowen，1996）会说，这是不恰当的：表演艺术公司通常以刺激需求的方式改变节目编排来改变其收入状况，从而推高价格和数量。其他需求的成本病策略也可能存在。Peacock（1996）指出，总体经济增长的收入效应可以完全消灭成本病的压力。如果表演艺术有高收入弹性，则这将极具可能性。然而，Kesenne（1994）指出，这将通过所谓的Linder效应来减轻（Linder，1970）：随着收入的增加，时间密集型休闲活动的机会成本也会增加，例如，参加现场表演艺术活动。为了最大限度地利用收入增长（尽管存在Linder效应），布鲁克斯（Brooks，1997a）认为表演艺术公司应将其产品的奢华方面进行市场化，以便最大限度地提高收入弹性。[①]

总而言之，客观地说，成本病对表演艺术公司是一种威胁，但又存在足够的缓解空间，所以这些公司目前通常不会面临任何明确的和灭绝的危险。这些情况最主要的作用是增加需求，同时也伴随着繁荣和教育的增长。需求刺激策略是经济学家、管理者和表演艺术政策研究者的一个有希望的途径。

15.6　表演艺术组织的收入

如前所述，所有类型的非营利组织都从三个来源获得收入：赚取收入、私人捐赠和政府补贴。通过对全球22个国家的行业进行调查，Salamon等人（1999）发现，赚取收入占收入的一半，政府承担另外40%，私人捐赠占10%。然而，这掩盖了相当大的差异。例如，赚取收入占墨西哥非营利收入的85%，但在爱尔兰只占16%。这种差异反映了公共部门对非营利组织的资助：爱尔兰占收入的77%，但墨西哥只占9%。私人慈善在全球范围内看起来更加一致，在大多数国家，它占所有收入的5%到15%。

对于一般的美国非营利性表演艺术公司而言，约59%的收入是赚取的，约36%是捐赠的，约5%直接来自政府（美国商务部、人口普查局，1997）。每种收入来源都值得讨论。

15.6.1　赚取收入

1997年，美国人在表演艺术活动上花费了超过100亿美元，大大超过了电影或体育赛事的门票（国家艺术基金会，1998）。如前所述，这相当于非营利表演艺术公司总收入的50%到60%。在一些国家，表演艺术的收入占比更高。例如，曾经苏联的音乐组织（“非营利组织”的功能，如果不通过法律定义）明显在票房方面赚取的收入占总收入的90%（Rubinstein，Baumol and Baumol，1992）。

因此，获得收入的讨论可以从对表演艺术的需求开始。这也是本卷中另一章的重点。[②]方程近似需求经常采用一些变体形式

$$\ln Q_{it} = \alpha + \beta_P \ln P_{it} + (\ln \bar{P}_{it})\beta_{\bar{P}} + \beta_y \ln I_{it} + X_{it}\beta_x + \varepsilon_{it} \tag{15-15}$$

其中，Q_{it}是表演艺术公司i在时间t的需求量；P_{it}、$\bar{P}_{it}$和I_{it}分别是自主价格、替代价格和收入水平；X_{it}是其他相关变量的向量。这被解释为相关的弹性系数。遗憾的是，非营利组织之间的定价一般是高度非线性的，反映了面对客户异质性的企业战略。方程（15-15）估计了“平均”弹性的一些概念，但这样的概念可能没有意

① 不应忽略一个事实，即技术本身可能会影响对现场表演艺术的需求。例如，海尔布伦（1993）认为，综合技术大大降低了某些表演类音乐家的就业率。

② 参见Seaman的本卷第14章。

义。因此，调查企业方面的收入，可以很好地研究实际定价方案。例如，亨廷顿（Huntington，1993）指出，在20世纪80年代中期，英国大约一半的剧院根据座位收取不同的票价，这通常是增加收入的策略。Seaman（1985）发现，在美国，差别定价在歌剧院很常见，在剧院却很少见。Blaug（1978）特别指出了Covent Garden的结论，“超级明星”的节目解释了场地和活动之间的价格差异。

许多表演艺术公司将捐赠与票价捆绑在一起，要求自愿支付高于活动入场的最低金额。[①]O'Hagan和Purdy（1993）以及Seaman（1985）分别在欧洲和美国提供了这种证明。Luksetich和Lange（1995）得出了有趣的结论，虽然小型美国乐团经常出低价票以便进行募捐，但平均来说这是一个亏损的策略。Kushner和Brooks（2000）将这一想法扩展到街头表演，指出自由价格歧视以其最纯粹的形式（即所有支付完全是自愿的）特征支持“街头艺人”。

另一种常见的策略是提供免费入场的某些活动，以建立观众基础，但这几乎没有受到经济学家的关注。然而，考虑到表演艺术需求缺乏弹性（Brooks，1997a），我们可能会质疑降低价格——即使为零——是否真的会对出席率产生影响。[②]Kolb（1997）学生的一份调查报告显示，价格并不是影响表演艺术出席率的问题；真正的问题似乎是，许多年轻人只是认为表演艺术无聊。Globerman（1978）发现，通过传播更好的价格信息，可以增加需求弹性，从而提高定价机制的效率。另一方面，需求无弹性可能是一些公司失去捐赠的原因。例如，Touchstone（1980）表明，对于美国表演艺术组织而言，完全丧失捐赠将需要提高两倍的票价。鉴于低需求弹性将使剧院的观众人数减少不到10%，芭蕾舞和歌剧的观众人数减少15%，管弦乐团的观众人数减少不到20%。

15.6.2 捐赠收入

非营利经济理论有时侧重于慈善行为。Andreoni（1989，1990）是这一领域最杰出的理论家，已开发的模型对纯粹的利他主义动机进行分离，而不是一种“温暖的光辉”，同时也对其他动机进行检查。以宗教为例，Asheim（1991）建立了出于道义或义务上的利他主义模型，其中代理人在可以从私人消费中获得效用之前必须达到某一给定阈值。同大量的关于利他主义的社会学文献相一致，其他人（Rose Ackerman，1996）塑造了在某种程度上与社会地位有关的利他主义模型。此前的数据表明，私人慈善捐赠在国际上是巨大的，尤其是在美国，这一数额在1997年达到了1 320亿美元（独立部门，2001）。1998年，70.1%的美国家庭有过捐赠；11.5%为艺术贡献。艺术占家庭捐赠比不足4%（44亿美元），却远大于慈善事业基金会的部分。1997年，美国各界对艺术部门的私人捐款约为106亿美元（美国筹款咨询协会，1998）。[③]

在慈善的理论兴趣和非营利组织的高风险之间，非营利学者研究非营利性筹资并不奇怪。表演艺术组织研究中最有影响力的是Rose-Ackerman（1982）的模型。以$\bar{D}_{it}$开始，代表在t期间对非营利公司i的平均预期捐赠。算法是征求捐款k_{it}（$0 \leq k_{it} \leq 1$）的人口比例（人口即n个人）和类似企业i在t期间竞争资助的组织数量z_t的一项函数，即：

$$\bar{D}_{it} = \bar{D}_{it}(k_{it}, z_t) \tag{15-16}$$

假设最有可能首先被征求的捐赠人已知，更多的竞争会降低平均捐赠。$\partial \bar{D}_{it}/\partial k_{it} < 0$，因为更广泛的募捐活

① 有学者将这种现象称为“自愿价格歧视”（例如，Hansmann，1981）。

② 对于许多表演艺术公司而言，任何非负价格的供给需求都是疲软的（Brook，1997b）。

③ 参见Schuster的本卷第36章。

动的平均回报率较低，并且$\partial \bar{D}_{it} / \partial z_t < 0$。将每个筹资联系的（常数）成本定义为c，删除下标，假设公司i在一年时间范围内，它的问题是$\max_k\{kn\ [\bar{D}(k, z) - c]\}$。一阶条件服从$k(\partial \bar{D}/\partial k) + \bar{D} = c$。将最后一个表达式除以$\bar{D}$得到：

$$w = \mu + 1 \qquad (15\text{-}17)$$

其中，μ代表平均捐赠相对于筹款渗透的弹性，$w = c/\bar{D}$是花费在筹款上的预算比例。

方程（15-17）得出了关于非营利性筹款支出的两个主要结论，这两个结论都是明智的。首先，相对于弹性区分一阶条件给出$\partial w/\partial \mu > 0$。也就是说，随着平均捐赠对筹款渗透的敏感性降低——例如，如果更多的人由于某种原因成为潜在的强大捐赠者——筹款支出将增加非营利组织预算的比例。其次，区分$w = c/\bar{D}$相对于z产生$\partial w/\partial z = (-c/\bar{D}^2)(\partial \bar{D}/\partial z) > 0$。也就是说，更多的竞争会导致更高的预算份额用于筹资。①

除了Baumol和Bowen（1966）对表演艺术的研究以及关于私人慈善对抗成本病的重要性的论文之外，关于专门用于非营利性表演艺术的筹款，以及经验和理论的经济研究相对较少，往往会出现一些小型研究侧重于筹资收益率和资金多样化的情况。McCarthy等人（2001）表明，尽管艺术慈善事业继续上升，表演艺术公司筹款的收益仍在下降，这可能是由于公司数量的爆炸——换句话说z在增加，这与Rose Ackerman的模型一致，应该推动筹款预算。布鲁克斯（Brooks，1997b）研究了20世纪80年代和90年代的美国交响乐团预算，发现大型和小型乐队之间存在显著差异：虽然小型（预算规模）管弦乐队通常认为筹资是一种好的投资方式，但是许多大型预算管弦乐队甚至收不回它们的筹款预算。他认为这是因为大型管弦乐队具有更高的k——与小乐队相比，有更大比例的潜在捐助者处于饱和状态。尼尔森（1983）观察芭蕾舞公司并绘制了资金随着时间的推移，从票房收入、私人捐赠到更加依赖企业慈善的方式。

15.6.3 融资创新

随着“创业慈善”和“电子慈善”等创新方式的出现，表演艺术中的筹款和慈善事业处于前沿领域。这两种现象都受到了关注，在当前的背景下也值得研究。

风险慈善是指在各种潜在活动中寻找显著、即时的收益结果的一种基础捐赠（Goodale，2000）：慈善最大化“货真价实”。这种想法与风险投资基金在营利性经济中的日益普及是一致的。然而，这在实践中似乎不明显。例如，2001年，只有42个基金会参与了这种捐赠，它们只占基金会捐赠的0.2%（Venture Philanthropy Partners，2002）。25%的风险慈善家根本没有提供赠款，只有一半捐赠给非营利组织，更不用说表演艺术非营利组织（Jana，2001）。

广义上讲，电子慈善是指通过互联网提供的捐赠，它有三种基本形式。首先，一些慈善机构设立了自己的系统，在它们的网站上收集信用卡捐款。其次，有捐赠门户，或者为管理资金和捐赠者信息的多个慈善机构的互联网结算所。最后，有慈善商场，这些零售商店在非营利网站上做广告，并将一部分（通常5%）互联网销售额捐给慈善机构。在电子商务世界中对于电子慈善的未来一直有很高的希望。例如，哈佛商学院的社会企业计划预计，到2010年，所有慈善活动的三分之一将在互联网上进行（Hart，2001）。然而，这可能是一个大胆预测，因为1999年在线捐赠总额为1 000万美元，而传统捐赠方式下每捐赠13 000美元获得不到1美元。事

① 这些结论假设捐助者的效用不受w影响。Rose-Ackerman（1982）还研究了捐赠者不喜欢高w，并且将高w视为一种在捐赠者培养中的有价值投资的案例。

实上，Feller（2001）认为，电子慈善公司的增长远远低于预期，一些电子慈善公司（例如，前领导者Charitableway）与它们的以营利为目的的电子商务同行一起退出业务。

经济学家还没有研究这些在表演艺术背景下的筹款创新。任何即将开展的工作都将有良好的开端，途径是就这些机制作出努力，从而提供一个想法，即企业是否应该在这些领域投入时间和资源。可能是创业慈善和电子慈善事业根本不适合表演艺术，也许因为捐赠者也倾向于是消费者，表演艺术公司已经拥有充分曝光。也有可能这些组织像许多营利机构一样，与互联网相比需要更紧密的消费者联系和信息。对于目前的情况，潜在的指导是商业互联网艺术品拍卖的失败（Brooks，2003）。

15.6.4 政府资金

表演艺术非营利组织的最终资金来源是公共部门。公共部门资助有两个主要方式：直接和间接。直接补贴是政府对艺术组织的支付。间接补贴是对这些组织的私人捐款的税收。它们源于税法，允许在计算所得税之前从应税个人或企业的收入中扣除慈善捐赠。

直接补贴在国际上普遍存在，而间接补贴并不常见，原因很简单，大多数国家都没有在其税法中规定允许对艺术贡献扣税（Zimmer and Toepler，1999）。Schuster（1999）注意到几个例外，包括澳大利亚、罗马尼亚（两者都有类似于美国体系的艺术扣除）和智利（具有更为宽松的税收抵免体系，而不是扣除）。然而，在美国，间接供资是政府支持的主要来源。事实上，1999年美国对艺术的间接补贴（约17亿美元）超过了直接的联邦补贴，比例约为16∶1。[①]国家和地方税的间接补贴将大大提高这一数字。

政府资助艺术的政治经济是本书其他章节的主题。[②]然而，这里有两点是因为他们明确将政府资金与非营利组织在表演艺术中的作用联系起来。首先，一些学者研究了政府资助影响管理决策的方式。例如，Austen-Smith（1980）表明，政府对英国戏剧公司的支持推动产出下降，但品种多样化；此外，他预测政府（中央与地方）向表演艺术公司提供赠款的水平会影响产出决定（Austen-Smith，1984）。在一种关于文化组织私有化的罕见看法中，Klaic（1998）发现，欧洲表演艺术组织与公共部门在管理方面的脱钩多于金融方面。

第二个问题是公共部门资金对表演艺术非营利组织的替代程度，或“挤出”私人捐赠的程度。所有非营利经济理论中最具挑战性的预测之一是基于前面所述的公共产品模型的变体，并且可以概括如下。假设代表性代理人i具有效用$u_i=u_i(x_i, D_i, G)$，其中D_i表示对公共慈善商品的私人捐赠，G是提供的公共商品的总量，x_i是复合私人商品。假设效用在所有参数中是凹函数，在每个参数中是两次连续可微的，并且至少一个参数具有非零二阶导数。注意D_i进入效用函数两次：一次是通过公共利益（利他主义），一次是给予行为本身（从给予中获得的“温暖的光辉”）。假设代理在x_i和D_i上花费他的所有收入m_i。G是通过政府支出$\bar{G}$和代理人的私人捐赠资金，并通过一次性税收T资助的。因此，删除下标，代理的问题是$\max_{x,D}\{u(x, D, G)\}$，满足于$m=x+D+T$；$G=\bar{G}+D$；$\bar{G}=T$；$x, D, G\in\Re_+$。

折叠的约束转化为目标函数，代理问题可以重新表示为D的函数。一阶条件是：

---

① 这些数据基于（美国）全国艺术基金会（见www.arts.endow.gov），1999年美国艺术捐赠总额由AAFRC在美国捐赠计算，美国国会预算办公室预计平均边际税率为14.8%（见www.cbo.gov）。给予艺术的平均边际税率高于全国平均水平，实际比率高于16∶1。

② 参见本卷van der Ploeg的第34章和Netzer的第35章。

$$\frac{du}{dD} = u' = -u_x + u_D + u_G = 0 \tag{15-18}$$

其中u_s是u相对于参数s的偏导数。二阶条件指示u（D^*）是唯一的全局最大值。隐式函数定理告诉我们：

$$\frac{\partial D}{\partial \bar{G}} = \frac{\partial u'/\partial \bar{G}}{\partial u'/\partial D} = -\frac{u_{xx} + u_{GG}}{u_{xx} + u_{DD} + u_{GG}} \tag{15-19}$$

方程（15-19）指出三点：

（i）$-1 \leqslant \partial D/\partial \bar{G} \leqslant 0$，政府赠款将对捐赠产生影响（如果有的话）。

（ii）如果$u_{xx} \neq 0$并且/或者$u_{GG} \neq 0$，没有提供“温暖的光辉”（所以$u_D = u_{DD} = 0$），赠款将排挤美元兑美元的捐款。

（iii）如果$u_{xx} \neq 0$并且/或者$u_{GG} \neq 0$，且$u_{DD} < 0$，赠款会分散挤出捐款。Bergstrom、Blume和Varian（1986）也注意到，在一个多代理模型中，并非所有代理都主动提供，排挤效应也是部分的。

一般来说，这些预测与关于非营利组织的实证研究结果一致，斯坦伯格（1993）发现，政府补助中的美元在私人捐赠中平均为10到50美分。然而，少数关于表演艺术非营利组织的文章呈现稍微复杂的结果。虽然布鲁克斯（Brooks，1999）发现美国乐团没有明显的挤出效应，但他后来（2000）估计真正的效果是非线性的；低水平的政府资金挤入捐款，而高水平的将其挤出。这与非营利“公共”广播电台（例如，Kingma，1989）的工作一致，可能是由于艺术和文化中“匹配赠款”的盛行，政府将私人捐款与政府资金相匹配。注意：添加匹配补助金约束$\bar{G}=a+bD$，其中a是恒定一次性赠款，bD是D中的1美元与政府货币中的b美元匹配的授权，将等式（15-19）写成：

$$\frac{\partial D}{\partial a} = \frac{-(1+b)(u_{xx} + u_{GG})}{(1+b)^2(u_{xx} + u_{GG}) + u_{DD}} \tag{15-20}$$

且

$$\frac{\partial D}{\partial b} = \frac{-(1+b)D(u_{xx} + u_{GG}) + u_x - u_G}{(1+b)^2(u_{xx} + u_{GG}) + u_{DD}} \tag{15-21}$$

毫无疑问，方程（15-20）一定为负。然而，方程（15-21）可正可负，这表明匹配机制可以有效地扭转排挤效应问题。显然，关于这种体制安排如何影响政府资助表演艺术（以及非营利组织经济的其他部分）的效率，还有很多理论和实证工作有待于完成。

15.7 结论与未来研究方向

本章通过一些非营利经济理论中最重要的里程碑，追溯了非营利表演艺术公司的经济学文献的发展。通过覆盖超过100篇关于这一主题的论文，我们观察到非营利文学的贡献，以及一个不完整的研究议程。作者认为，关于今后就非营利表演艺术开展的潜在工作，其主要领域——补充和扩大关于非营利组织经济学的一般知识——是更新和扩大老年研究、理论建设、应用的新经验，以及政策和管理影响的发展情况。

表演艺术中的大部分工作和生产成本是基于20世纪70和80年代的数据，90年代及以后的实证研究似乎出现了大幅下降。考虑到其他经济部分的生产条件的快速变化，重新估计早期研究中的许多成本和生产措施将是有意义的。第一，鉴于成本病的许多论点是基于对表演艺术生产条件变化的抵制，新的研究除了提供诸如输入弹性和有效生产规模的当前价值之外，还可能增加成本病讨论。第二，绝大多数表演艺术的研究都集中在美国、西欧和澳大利亚，世界其他地区的表演艺术较少受到关注。当然，这在很大程度上与数据的可用性有关。然而，以发展中国家和转型经济体为特征的数据收集工作和比较研究将为文献增加重要价值。第三，研究的重点更多在于专业表演艺术，而不是业余爱好者的活动，几乎可以肯定的是数据的可用性。最近的研究表明，与之前相比，业余活动会影响更多的人（Brooks，2002）。因此，任何有关表演艺术参与重要性的政策工作，都应包括对基层表演艺术团体的调查。

非营利表演艺术公司的理论发展中有几个领域的工作比较突出。首先，相对较少的工作将慈善资源的公共物品理论与表演艺术非营利组织的实际出现严格联系起来。高固定成本解释了为什么这些公司需要捐赠才能生存，并且税收扣除和合同失败解释了为什么这些捐赠只流向以非营利为基础组织的公司？其次，在平衡方面似乎合理的结论是，成本病对表演艺术没有呈现出越来越严重的问题。关于成本病的理论工作，可在更大程度上在跨期一般均衡背景中理解这种现象，以便艺术与教育和品位相互作用，以及表演艺术的供给和需求随着时间的推移相互作用。最后，需要对收入与来源之间的关系进行更多的理论建设。早些时候，我建议只设立一个机构——政府匹配赠款——可能支持补贴和礼物之间的“排挤”关系。其他制度机制呢？其他收入与来源之间的关系怎么样呢？例如，一个尚未得到回答的大问题是在捐赠者本身之间存在的排挤效应的程度。

非营利性表演艺术文学中许多有趣的经验问题仍然没有得到回答。例如：

- 非营利组织公共产品理论的测试可能试图确定表演艺术所谓的“非使用”好处（存在价值，遗赠价值等）的存在。目前，这些价值根据经验是不成立的。
- 表演艺术的生产功能一般不包括无价资源。例如，志愿时间的生产价值是多少？
- 质量可以接受全面、经验性对待。例如，通过比较质量的替代定义如何相互关联以及预测公司或受众行为，可以对Throsby（1990）等的质量分类进行审查。
- 在表演艺术中，非营利组织和营利组织之间的竞争并不十分清楚。它们的产品在何种程度上可以进行替代？最有竞争力的学科是什么？
- 筹款收益可能因学科、公司规模和其他特征而发生显著变化。根据Steinberg（1986）的标准，这一点告诉了我们不同的公司在表演艺术上的目标是什么。

最后，非营利表演艺术经济学工作可以更好地连接文学艺术管理和文化政策。例如，第一，关于定价政策和需求的工作表明，消费者对表演艺术事件的价格变化是非常不敏感的。这一事实以及改变它的策略对于艺术管理而言将非常宝贵。第二，早些时候回顾的慈善事业创新是管理者讨论的主题，其应该得到一些经济学家的理论和实证研究。第三，特别是关于非美国表演艺术市场面临私有化运动，经济学家可以告诉文化决策者，当公共补贴结束或者当实施美国式的私人慈善税收优惠时，表演艺术公司可以期望什么？在所有这些和其他情况下，经济学家可以将其实用性和可访问性分析向前推进一步，以获得更广泛的受众。

参考文献

AAFRC (1998). Giving USA. Center on Philanthropy, Indianapolis, IN. www.aafrc.org.

Abbé-Decarroux, F. (1994). "The perception of quality and the demand for services". Journal of Economic Behavior and Organization 23, 99–107.

Andreoni, J. (1988). "Why free ride? Strategies and learning in public goods". Journal of Public Economics 37, 291–304.

Andreoni, J. (1989). "Giving with impure altruism: Applications to charity and Ricardian equivalence". Journal of Political Economy 97 (6), 1447–1458.

Andreoni, J. (1990). "Impure altruism and donations to public goods: A theory of warm-glow giving". Economic Journal 100 (401), 464–477.

Andreoni, J. (1998). "Toward a theory of charitable fundraising". Journal of Political Economy 106 (6), 1186–1213.

Arnold, M. (1869). Culture and Anarchy. Cambridge University Press, Cambridge.

Asheim, G.B. (1991). "Unjust intergenerational allocation". Journal of Economic Theory 54, 350–371.

Austen-Smith, D. (1984). "Subsidies to the arts with multiple public donors". Economic Record 60 (171), 381–389.

Austen-Smith, J. (1980). "On the impact of revenue subsidies on repertory theater policy". Journal of Cultural Economics 4 (1), 9–18.

Baumol, H., Baumol, W.J. (1967). "Macroeconomics of unbalanced growth: The anatomy of urban crisis". American Economic Review 57 (3), 495–502.

Baumol, H., Baumol, W.J. (1980). "On finances of the performing arts during stagflation: Some recent data". Journal of Cultural Economics 4 (2), 1–14.

Baumol, H., Baumol, W.J. (1993). "Health care, education and the cost disease: A looming crisis for public choice". Public Choice 77, 17–28.

Baumol, H., Baumol, W. J. (1996). "Children of performing arts: The economic dilemma". Journal of Cultural Economics 20, 183–206.

Baumol, W.J., Blackman, S.A.B. (1983). "Electronics, the cost disease, and the operation of libraries". Journal of the American Society for Information Science 34 (3), 181–191.

Baumol, W.J., Bowen, W.G. (1965). "On the performing arts: The anatomy of their economic problems". American Economic Review 50 (2), 495–502.

Baumol, W.J., Bowen, W.G. (1966). Performing Arts: The Economic Dilemma. Twentieth Century Fund, New York.

Baumol, W.J., Oates, W.E. (1972). "The cost disease of the personal services and the quality of life". Skandinaviska Enskilda Banken Quarterly Review 2, 44–54.

Benhamou, F. (2000). "The opposition between two models of labour market adjustment: The case of audiovisual and performing arts activities in France and Great Britain over a ten year period". Journal of Cultural Economics 24, 301–319.

Bergstrom, T., Blume, L., Varian, H. (1986). "On the private provision of public goods". Journal of Public Economics 29, 25–50.

Bilodeau, M., Slivinski, A. (1998). "Rational nonprofit entrepreneurship". Journal of Economics and Management Strategy 7 (4), 551–571.

Blaug, M. (1978). "Why are Covent Garden seat prices so high?" Journal of Cultural Economics 2 (1), 1–20.

Brooks, A.C. (1997a). "Toward a demand-side cure for cost disease in the performing arts". Journal of Economic

Issues 31 (1),197–207.

Brooks,A.C. (1997b). Economic Strategies for Orchestras. Symphony Orchestra Institute,Evanston,IL.

Brooks,A.C. (1998). Arts,Markets,and Governments：A Study in Cultural Policy Analysis. RAND,Santa Monica,CA.

Brooks,A.C. (1999). "Do public subsidies leverage private philanthropy for the arts? Empirical evidence on symphony orchestras". Nonprofit and Voluntary Sector Quarterly 28 (1),32–45.

Brooks, A.C. (2000). "Public subsidies and private giving：Crowding out, crowding in, or both?" Journal of Policy Analysis and Management 19 (3),451–464.

Brooks,A.C. (2002). "Artists as amateurs and volunteers". Nonprofit Management and Leadership 13 (1), 5–16.

Brooks,A.C. (2003). "Contingent valuation and the winner's curse in internet art auctions". In：Mossetto,G., Vecco, M. (Eds.),Economics of Art Auctions. FrancoAngeli,Milan,pp. 153–170.

Brooks, A. C., Kushner, R. J. (2001). "Cultural districts and urban development". International Journal of Arts Management 3 (2),4–15.

Brown, E., Slivinski, A. (2002). "Nonprofit organizations and the market". In：Powell, W., Steinberg, R. (Eds.), The Nonprofit Sector：A Research Handbook,second ed. Yale University Press,New Haven,CT.

Colonna, C.M., Kerns, P.M., Anderson, J.E. (1993). "Electronically produced music and its economic effect on the performing musician and music industry". Journal of Cultural Economics 17 (2),69–76.

Cornes,R.,Sandler,T. (1984). "Easy riders,joint production,and public goods". Economic Journal 94,580–598.

Cowen,T. (1996). "Why I do not believe in the cost disease：Comment on Baumol". Journal of Cultural Economics 20,207–214.

DiMaggio, P. (1982). "Cultural entrepreneurship in nineteenth century Boston, part I：The creation of an organizational base for high culture in America". Media,Culture and Society 4,33–50.

DiMaggio, P. (1984). "The nonprofit instrument and the influence of the marketplace on policies in the arts". In：McNeil Lowry,W. (Ed.),Public Policies and the Arts in the United States. Prentice-Hall,Englewood Cliffs,NJ,pp. 57–99.

DiMaggio,P. (1987). "Nonprofit organizations in the production and distribution of culture". In：Powell,W.(Ed.),The Nonprofit Sector：A Research Handbook. Yale University Press,New Haven,CT,pp. 341–361.

Faine,H.R. (1972). "Unions and the arts". The American Economic Review 62 (2),70–77.

Fazioli, R., Filippini, M. (1997). "Cost structure and product mix of local public theatres". Journal of Cultural Economics 21,77–86.

Feller,G. (2001). "Charitableway gives up on online giving". Nonprofit World 19 (4),35–37.

Felton, M.V. (1994). "Evidence of the existence of the cost disease in the performing arts". Journal of Cultural Economics 18,301–312.

Frank,R.H. (1996). "What price the high moral ground?". Southern Economic Journal 63,1–17.

Frey,B.S. (1997). "Evaluating cultural property：The economic approach". International Journal of Cultural Property 6 (2),231–246.

Gapinski,J.H. (1980). "The production of culture". Review of Economics and Statistics LXII (4),578–586.

Gapinski,J.H. (1984). "The economics of performing Shakespeare". American Economic Review 74 (3), 458–466.

Gapinski,J.H. (1985). "Do the nonprofit performing arts optimize? The moral from Shakespeare". Quarterly Review of Economics and Business 25 (2),27–37.

Gapinski,J.H. (1986). "The lively arts as substitutes for the lively arts". American Economic Review 76 (2), 20–25.

Globerman,S. (1978). "Price awareness in the performing arts". Journal of Cultural Economics 2 (2),27–41.

Globerman,S., Book,S.H. (1974). "Statistical cost functions for performing arts organizations". Southern Economic Journal 40,668–671.

Goodale,G. (2000). "Selfless in Seattle：High-tech philanthropists are remaking the city's arts scene". Christian Science Monitor (Boston,MA),August 18,p. 13.

Goudriaan,R.,Pommer,E. (1987). "Productivity trends in the subsidized performing arts". In：Grant,N., Hendon,W.,

Owen, V. (Eds.), Economic Efficiency in the Performing Arts. Association for Cultural Economics, Akron, OH, pp. 16–30.

Gray, C. (1997). "Art costs and subsidies: The case of Norwegian performing arts". In: Towse, R. (Ed.), Cultural Economics: The Arts, the Heritage and the Media Industries, vol. 1. Edward Elgar, Cheltenham, pp. 337–343.

Hall, P.D. (1987). "A historical overview of the private nonprofit sector". In: Powell, W. (Ed.), The Nonprofit Sector: A Research Handbook. Yale University Press, New Haven, CT, pp. 341–361.

Halter, A.N., Carter, H.O., Hocking, J.G. (1957). "A note on the transcendental production function". Journal of Farm Economics 39, 966–974.

Handy, F., Katz, E. (1998). "The wage differential between nonprofit institutions and corporations: Getting more by paying less". Journal of Comparative Economics 26, 246–261.

Hansmann, H. (1980). "The role of nonprofit enterprise". Yale Law Journal 89 (5), 835–898.

Hansmann, H. (1981). "Nonprofit enterprise in the performing arts". Bell Journal of Economics 12 (2), 341–361.

Hansmann, H. (1987). "The effect of tax exemption and other factors on the market share of nonprofit versus for-profit firms". National Tax Journal 40 (1), 71–82.

Hart, T. (2001). "The philanthropy revolution". Fund Raising Management 32 (3), 22–27.

Heilbrun, J. (1993). "Innovation in art, innovation in technology and the future of the high arts". Journal of Cultural Economics 17 (1), 89–98.

Heilbrun, J. (2001). "Empirical evidence of a decline in repertory diversity among American opera companies 1991/92 to 1997/98". Journal of Cultural Economics 25, 63–72.

Huntington, P. (1993). "Ticket pricing policy and box office revenue". Journal of Cultural Economics 17 (1), 71–88.

Independent Sector (2001). "The new nonprofit almanac IN BRIEF: Facts and figures on the independent sector". Independent Sector, Washington, DC. http://www.IndependentSector.org.

James, E. (1983). "How nonprofits grow: A model". Journal of Policy Analysis and Management 2 (3), 350–366.

Jana, R. (2001). "Funding art for business' sake". http://www.wired.com/news/culture Last accessed: March 8, 2002.

Jeffri, J. (1980). The Emerging Arts: Management, Survival and Growth. Praeger Publishers, New York.

Keren, M. (1972). "Macroeconomics of unbalanced growth: Comment". American Economic Review 62 (1), 149.

Kesenne, S. (1994). "Can a basic income cure Baumol's disease?" Journal of Cultural Economics 18, 93–100.

Kingma, B. (1989). "An accurate measurement of the crowd-out effect, income effect, and price effect for charitable contributions". Journal of Political Economy 97, 1197–1207.

Klaic, D. (1998). "Unlike airline companies and phone companies: Performing arts in Europe". In: Boorsma, P., van Hemel, A., van der Wielen, N. (Eds.), Privatization and Culture: Experiences in the Arts, Heritage and Cultural Industries in Europe. Kluwer Publishing, Dordrecht.

Kolb, B.M. (1997). "Pricing as a key to attracting students to the performing arts". Journal of Cultural Economics 21, 139–146.

Kuan, J. (2001). "The phantom profits of the opera: Nonprofit ownership in the arts as a make-buy decision". Journal of Law, Economics, and Organisation 17 (2), 507–520.

Kushner, R.J., Brooks, A.C. (2000). "The one-man band by the quick lunch stand: Modeling audience response to street performance". Journal of Cultural Economics 24, 65–77.

Kushner, R.J., King, A.E. (1994). "Performing arts as a club good: Evidence from a nonprofit organization". Journal of Cultural Economics 18, 15–28.

Lange, M.D., Luksetich, W.A. (1993). "The cost of producing symphony orchestra services". Journal of Cultural Economics 17 (2), 1–15.

Linder, S. (1970). The Harried Leisure Class. Columbia University Press, New York.

Luksetich, W.A., Lange, M.D. (1995). "A simultaneous model of nonprofit symphony". Journal of Cultural Economics 19, 49–68.

Mackerras, C. (1999). "Tradition and modernity in the performing arts of the Tibetans". International Journal of Social Economics 26 (1/2/3), 58–78.

McCarthy, K., Brooks, A.C., Lowell, J., Zakaras, L. (2001). The Performing Arts in a New Era. RAND, Santa Monica, CA.

Musgrave, R.A. (1959). The Theory of Public Finance. McGraw-Hill, New York.

National Endowment for the Arts (1998). The Arts in the GDP: Consumers Spent More than $10 Billion on Admission Receipts for Performing Arts Events in 1997, 69. Washington, DC.

Nelson, K. (1983). "The evolution of the financing of ballet companies in the United States". Journal of Cultural Economics 7 (1), 43–62.

Netzer, D. (1992). "Arts and culture". In: Clotfelter, C. (Ed.), Who Benefits from the Nonprofit Sector? University of Chicago Press, Chicago, IL, pp. 174–206.

O'Hagan, J., Purdy, M. (1993). "The theory of non-profit organisations: An application to a performing arts enterprise". Economic and Social Review 24 (2), 155–167.

Peacock, A. T. (1976). "The problems of the performing arts and economic analysis". In: Chen, Y.-P. (Ed.), Understanding Economics: Essays on Public Policy. Little, Brown and Company, Boston, MA, pp. 99–110.

Peacock, A.T. (1996). "The 'Manifest Destiny' of the performing arts". Journal of Cultural Economics 20, 215–224.

Rose-Ackerman, S. (1982). "Charitable giving and 'excessive' fundraising". Quarterly Journal of Economics 97 (2), 193–212.

Rose-Ackerman, S. (1996). "Altruism, nonprofits and economic theory". Journal of Economic Literature 34, 701–728.

Rubinstein, A.J., Baumol, W.J., Baumol, H. (1992). "On the economics of the performing arts in the Soviet Union and the USA". Journal of Cultural Economics 16 (2), 1–23.

Salamon, L. M., et al. (Eds.) (1999). Global Civil Society, vol. 1. Johns Hopkins Center for Civil Society Studies, Baltimore, MD.

Salem, M. (1984). Organizational Survival in the Performing Arts: The Making of the Seattle Opera. Praeger, New York.

Schiff, J., Weisbrod, B. (1991). "Competition between for-profit and non-profit organizations in commercial activities". Annals of Public and Cooperative Economics 62, 619–640.

Schuster, M.J. (1999). "The other side of the subsidized muse: Indirect aid revisited". Journal of Cultural Economics 23, 51–70.

Schwarz, S. (1992). "Economic behavior of the symphony orchestras in the decade of the 1970s". Journal of Cultural Economics 15 (2), 95–101.

Seaman, B.A. (1985). "Price discrimination in the arts". In: Owen, V., Hendon, W. (Eds.), Managerial Economics for the Arts. Association for Cultural Economics, Akron, OH, pp. 47–60.

Shanahan, J. L. (1978). "The consumption of music: Integrating aesthetics and economics". Journal of Cultural Economics 2 (2), 13–26.

Smith, H.D. (1997). "The rest of the nonprofit sector: Grassroots associations as the dark matter ignored in prevailing 'Flat Earth' maps of the sector". Nonprofit and Voluntary Sector Quarterly 26 (2), 114–131.

Steinberg, R. (1986). "The revealed objective functions of nonprofit firms". Rand Journal of Economics 17 (4), 508–526.

Steinberg, R. (1993). "Does government spending crowd out donations? Interpreting the evidence". In: Ben-Ner, A., Gu, B. (Eds.), The Nonprofit Sector in the Mixed Economy. The University of Michigan Press, Ann Arbor, MI, pp. 99–125.

Taalas, M. (1997). "Generalised cost functions for producers of performing arts – allocative inefficiencies and scale economies in theatres". Journal of Cultural Economics 21, 335–353.

Throsby, D. (1990). "Perception of quality in the demand for theatre". Journal of Cultural Economics 14 (1), 65–82.

Throsby, D. (1994). "The production and consumption of the arts: A view of cultural economics". Journal of Economic Literature 32, 1–29.

Throsby, D. (1996). "Economic circumstances of the performing artist: Baumol and Bowen thirty years on". Journal of Cultural Economics 20, 225–240.

Throsby, D., Withers, G.A. (1979). The Economics of the Performing Arts. St. Martin's Press, New York.

Throsby, D., Withers, G.A. (1986). "Strategic bias and demand for public goods: Theory and application to the arts". Journal of Public Economics 31, 307–327.

Touchstone, K.S. (1980). "The effects of contributions on price and attendance in the lively arts". Journal of Cultural Economics 4 (1), 33–46.

US Department of Commerce, Bureau of the Census (1997). US Census of Service Industries (Various Years).

US GPO, Washington, DC.

US Internal Revenue Code Title 26, Subtitle A, Chapter 1, Subchapter F, Part I, Section 501 (c) 3. Venture Philanthropy Partners, Venture Philanthropy (2002). Advancing Nonprofit Performance through High-Engagement Grantmaking. Venture Philanthropy Partners, Washington, DC.

Warr, P.G. (1982). "Pareto optimal redistribution and private charity". Journal of Public Economics 19, 131–138.

Weisbrod, B.A. (1978). The Voluntary Nonprofit Sector: An Economic Analysis. Lexington Books, Lexington, MA.

Weisbrod, B.A. (1983). "Nonprofit and proprietary sector behavior: Wage differentials among lawyers". Journal of Labor Economics 1, 246–263.

West, E.G. (1987). "Nonprofit versus profit firms in the performing arts". Journal of Cultural Economics 11(1), 37–48.

Zimmer, A., Toepler, S. (1999). "The subsidized muse: Government and the arts in Western Europe and the United States". Journal of Cultural Economics 23, 33–49.

第16章
创造力和艺术家行为

William D.A. Bryant and David Throsby

Macquarie University, Sydney, Australia

牟岱　刘旭　译

摘　要

创造力是一个基本的人类特质，在各种各样的环境中发挥作用，包括艺术的产生。它涉及个人的能力、创造性思维和想象力、超越传统的解决问题的方法。本章主要研究创造力的定义、创造力的理论和模型，描述创造性个人和创造性的思维模式，研究创造力用于经济分析的一些方法。然后转向本章的中心，即对艺术创作过程进行建模。引申出创造性选择的一种方法，即艺术家根据“创造力”所做的优化决策，影响他们对“市场”和“艺术”界所关注的看法。章末第二部分根据最近的关于艺术家的态度和行为的数据，在实证背景下讨论创造力和天赋之间的关系。本章最后为进一步的研究工作提出了一些结论和建议。

关键词

创造力，天赋，艺术家，创新

JEL classification Code

Z11

16.1 引 言

创造力的概念作为人类行为的动力，长期以来一直是哲学家、心理学家、社会学家和数学家的研究课题。近年来，随着对人类大脑运作复杂性认识的发展，神经生理学家对创造力也特别关注。在另一个领域，通信技术的革命激发了创造力，作为一种手段来解决计算机科学问题。然而，创造力在经济学中一直很少被关注，熊彼特（Schumpeter）之后，其作为创新先驱的角色才受到了关注。虽然创造力在所谓的新经济中作为关键资源的潜在作用正在唤醒经济学家的一些兴趣，但是目前大量创造力本身并未被视为个人、企业、产业或经济的经济模型中的重要变量。

当然，在艺术方面，创造力一直是讨论艺术如何产生的核心，对创造力的研究是从音乐、视觉艺术、文学等多学科角度进行的。通过调查伟大的艺术家、作曲家和作家的创作过程来试图确定他们如何找到灵感，以及如何转化为成品的艺术产品。心理学家和教育家进行艺术创造力研究的特定目的是确定如何更好地制定教育策略，以释放儿童和青年的创造潜力。

在本章中，我们将探讨艺术和文化经济学背景下创造力的概念。特别关注的问题是：是否存在平行的过程——艺术品和服务的经济和文化价值是单独产生的，还是价值创造的过程只能被理解为单一现象？一部分是由于它的隐蔽性，但主要是因为它对生产方式和价值来源产生了深刻的和不可预测的影响，创造力现象和艺术家行为值得经济学家深入思考。

从定义问题开始研究，证明Shea（1990，p. xiii）命题的有效性，即“只有一个非常轻率的人会尝试在艺术或科学中定义创造力”。继续构建创造力的理论和模式，努力描述创造性的个人和创造性的思维模式。接下来，研究创造力用于经济分析的一些方法。然后转向本章的关注中心，即艺术创作过程建模。针对该问题提出一种方法，其中艺术家的创造性选择被看作关于“创造力”的优化决策，赋予艺术家对于“市场”和“艺术界”所关注的看法。章末第二部分，运用最近的关于艺术家态度和行为的数据在实证背景下讨论创造力和天赋之间的关系。本章最后为进一步的研究工作提出了一些结论和建议。

16.2 创造力的定义

可以在任何字典中找到创造力的标准定义强调了产生新产品或新问题解决方案的能力，其中涉及个人使用创造性手段，并显示想象力以及常规技能。一般情况下，创造力被视为个人超越传统的思维、行为、知识和制造方式的能力。因此，创造力的最终结果是新颖和独创。在这一点上，桑切斯·卡普德基（Sanchez-Capdequi，2000）提出了一个有趣和简明的定义，他将创造力描述为一种人类活动，“它产生了一种不存在的人类秩序”。创造力可以与智力形成对比，因为其特征在于启发式、开放式或发散式思维，而不是算法或收敛思维过程。创造力的这些特征意味着不稳定性或不可预测性，表明智力是可测量的（至少在原则上），而创造力则可能不太适合标准化的评价测试。

除了依赖于创造性的传统学科定义之外，询问具有创造性的人本身如何定义是有用的。（Glück，Ernst and Unger，2002）调查了来自不同领域的艺术家，并从中引出了创造力的定义。对照组的47名心理系学生也被问到相同的问题。两组受访者被要求按照他们定义的创造力对产品和个人属性的显著性进行评级。调查结果显示，定义和显著性评级在“自由”艺术家（如画家和雕塑家）、更受限制专业的艺术家（如建筑师和设计师）和心理学的学生之间存在系统的差异。群体中唯一的共同点是，同意“一个有创造力的人应该有许多想法”。

此外，心理学的学生倾向于强调由创造性活动诱发的积极的感觉，而两组艺术家经常将创造力称为“努力工作”。后者的特征反映了确定创造力准确定义的一个特定困难，即事实上并不清楚创造力在多大程度上来自灵感的随机过程，以及创造力在多大程度上仅仅来源于确定和有目的的思维。[①]

总体而言，似乎很难找到一个明确的创造力定义。Hayes和Stratton（2003，p.70）从心理学的角度总结了现状：“我们对于创造力如何发生没有可行的理论和可靠的方法来衡量，因为个人的特点，或由于特定的情况对于创造力是否发生并没有真正的想法”。尽管存在这些问题，下一节中还要简要介绍目前正在讨论的一些创造力的理论和模型。

16.3 创造力的理论与模型

行为科学中的创造力研究将创造力区分为一种个人特征和一种解决问题或产生新想法的过程。在前一种情况下，又可进一步区分个人的人格和性格的内在方面，如遗传的结果，以及受外部环境的影响，如教育和经验。

仔细研究创造性个体的概念，可以得出已经广泛讨论的三个特征。首先是家庭背景，能积极或消极地影响创造力发展。特别是家庭背景中有特殊创造才能的人会有一种强烈倾向，父母和其他角色模式提供了有利于创造性天才充分发展的气氛（Ochse，1991；Albert，1994；Runco，1999a）。而一些其他因素的反例却不得不坚持自己以克服不利或沮丧的家庭环境。

在这些其他因素中重要的是第二特征或创造性个体的一组特征，即个性特征。大量研究探讨了各种促进创造性思维和创造性行为的个人素质。一般来说，这些特质有别于高智商，以作为比智商更重要的创造性成就预测，包括灵活性、思想自由、独立意识、承担风险的意愿和容忍歧义（例如，在面对不确定性时保持开放态度的能力）等特征。还讨论了其他特征，如毅力和勇气（Dacey and Lennon，1998）。

个人创造力的第三个特征是获得认知技能，例如，发散思维的能力，其中想象力的练习导致了一个问题的多种可能的解决方案。这已被证明是卓有成效的实证研究，并且发散思维测试已被广泛应用于创新的研究和实践中。例如，作为在诸如管理的领域中创造性思维的潜力的指示（Runco，1999b）。

创造力作为一个过程，通常将过程分解为一系列阶段（Gilhooly，1988；Lubart，2001）。通常所描述的阶段涉及准备或观察，随后定义问题，作为“孵化”的阶段，然后启发获得解决方案。最后一个阶段也可能被确定涉及验证。虽然根据逻辑程序将创作过程描述为一个理性决策具有很大的吸引力，似乎意味着任何人都可以通过遵循所需的步骤而变得具有创造性。但事实上，创造力，尤其在艺术上，是一个反理性的过程。如达达的革命性艺术运动已经明确在于颠覆既定的秩序。

理性选择的分阶段模型可以用一个将创造力视为随机过程的模型来代替。例如，Simonton（2004a，p.84）认为：

“创造力是随机的，比直接的理性的过程意味着更多的不确定性和不可预测性。同时，创造力是随机的不等于断言它是完全随机的，因为这是任性和不合逻辑的。反言之，创造力具有约束随机行为的特征。创造力在一定程度上是可以预测的，但还不能确定。”

最后，转而谈谈艺术中的创造力。在17和18世纪，对天才的属性有很多推测——不可名状的品质触动

① 诗人A.E. Housman认为艺术家的创造力有两个来源，并描述他的一首特定的诗的组成(Housman，1961，p.195)。

了某些人，把他们变成了伟大的艺术家。[①]最近，定义天才的审美判断绝对标准的存在受到了挑战。此外，有人认为，艺术家工作的社会和政治背景对他们创造力的发挥有深刻影响。事实上，Simonton（2004b，pp.3-12）在对科学创造性行为的四个解释中确定了天赋和社会背景，另外两个是逻辑（简单地遵循有序的实验路径）和机会（意外或事件产生意外结果的机会并列）。关于艺术创造力的起源有一些类似命题。[②]

尽管尝试继续理解艺术创作的工作思维，尝试模仿与艺术创作过程相关的认知、情感、行为和语境因素具有难度。特定的调查已经从艺术家自己分析的证据中来描述他们是如何工作的（Mace，1997；Mace and Ward，2002）。沿着这些路线，研究人员搜集了大量过去的伟大艺术家的传记记录和作品，努力确定杰出创造力的艺术家如何找到灵感（Gedo and Gedo，1992）。我们回到本章后面章节对创作过程进行建模的问题。

16.4 经济行为中的创造力

本章主要论述艺术与文化经济学中的创造力，讨论艺术家行为之前简单看下更普遍出现在经济学中的创造力，尽管事实上早期创造力的概念还没有引起经济学家的极大兴趣。主要有三点：

首先，创造性个体的现象在经济术语中可以参考人力资本理论来解释。虽然贝克尔（Becker，1964）在他相关主题的重要著作中没有提到创造力，但不难看出，在构成某个人的人力资本的人类特征组合中，创造力可被视为一个因素。[③]即使这样的创造力不能被单独识别，至少那些似乎有助于提高个人创造能力（如上所述的灵活性、个性特征、认知技能等）的属性可以被解释为人力资本资源的组成部分。提出这一建议进一步打开了一个特定个人通过投资，以及常规教育、培训、在职经验等渠道提高一个或多个组件的创造性生产力的可能性。根据这一思路，Sternberg和Lubart（1991）认为，创造力表现是由于融合了六种不同的个人特征——思维过程、知识、智力风格、个性、动机和个人的环境背景；投资改善任何这些都可以提高创造力。然而，所涉及的关系并不一定是简单的或线性的；例如，创造力可能随着知识以递减的速度增加，并且边际产品将变为负的，如果合理，“太多”知识实际上会抑制创造力（Lubart and Runco，1999，p.624）。此外，传统教育（包括艺术培训）可能不是释放创造力最有效的人力资本投资。历史上有许多才华横溢的艺术家在学校表现很差的例子。例如，劳伦斯在中学组成班21人中仅排名第13位，却成了一位伟大的小说家和诗人（Simonton，1999，p.191）。许多艺术家把经验当成更好的老师。

第二，经济学的创造力与创新、市场结构和技术变革的分析有关，尤其是约瑟夫·熊彼特（Joseph Schumpeter）对这一领域的思考作出贡献之后，对市场竞争给创新提供了强有力的激励这一主张提出了挑战（Schumpeter，1943，Chapter 8）。他认为相反，具有重要市场力量的大公司和企业比小公司更有可能鼓励创新，促成比其他结构条件下更快的技术进步。后来的学者，特别是Arrow（1962）和Demsetz（1969）已经详细讨论了垄断竞争创新问题，审查了在自由市场竞争经济中创造力的预投资不足。所有创新工作作为工业组织中的一个元素和公共政策的对象，几乎没有提及创造力，尽管在经济学中已经对发明过程和研发作用研究的科学思想来源

---

① 见Etlin(1996, p. 38ff)；从心理角度出发，Weisberg(1993)认为，天才来源于不可思议的神秘的想法是没有根据的，而创造性思维只是正常心理功能的延伸。

② 对于艺术和科学创造力之间的另一个比较，参见Rothenberg(1979)。

③ 参见Towse本卷第24章。

给予了关注（MacKinnon，1962；Hope，1988）。

第三，关于创造性思维的本质，即创造力在组织内的作用。事实上，这是近年来显著发展的一个领域。远超出简单地发明新产品以获得公司的竞争优势。在现代生产技术的背景下，也可以把创造力视为组织内部一个更普遍的资源（以及其他类型的组织，如官僚机构），包括通知流程的战略规划、人事管理、市场营销、社区关系等。在这些方面有助于提高创造力的因素可能来自管理者和员工的个人素质，或来自积极鼓励创造性思维的制度结构（Heunks，1998）。

最后，在经济学中个人和组织的创造力来源相似，因此能够以类似的方式建模。例如，麦凯恩（McCain，1992，Chapters 18-19）开发了一个基于冲动认知过滤的个人创造力理论，可以很容易扩展到商业企业。也可以扩展其他关于创造性个体的理论，给某些不确切的概念，如“创意公司”“创意城市”等提供一些实质。

16.5 艺术创作过程的建模

鉴于创造力对艺术生产行为的中心性，无论是艺术家个人还是艺术家群体，都难以通过想象分析艺术中的生产决策，至少不能确认艺术作品的创造性起源。然而，艺术公司（戏剧团体、音乐团体、歌剧和舞蹈公司等）的生产过程的大部分建模没有具体提及创造力。应当注意，关于产出质量的决定在这样的模型中确实发挥了显著作用，因此如果没有明确指定为变量，个人创造力的作用至少是暗示的。同样，对艺术家行为的研究一般采用劳动力市场框架，在其中分析他们的工作模式，集中估计劳动力供应函数、收入函数等，而不是寻找艺术家的决策的创造性起源。[①]然而，人才在艺术劳动力市场中是成功的决定因素的作用已被考虑，因此与创造力的“纯”概念联系在一起（Rosen，1981）。

经济学中令人感兴趣的一个领域是艺术家行为的动机问题。艺术家可能会受到各种影响和欲望的驱动，从追求宏伟的艺术视野到会追求金钱利益的现实问题。Frey（1997；2003，pp.141-144）区分了艺术家的“内在”和“外在”动机。这些动机可能转化为艺术家创造价值的愿望，在经济或文化回报中实现（Throsby，2001，Chapter 6）。因此，具有内在动机的艺术家寻求纯粹的艺术奖励，建立创造力和文化价值之间的联系；具有商业头脑的艺术家受利润动机驱动，创造力发挥的作用较小，因为市场意识、创业精神等更为常规的技能有可能影响创造经济价值。

艺术中的创造性与动机问题相关的另一方面是创作活动的时间模式。有些人在工作生活中经常创作，比如，狄更斯和易卜生；有些人是在职业生涯的某个时间点创作，比如，芬兰作曲家西贝柳斯（Jean Sibelius）。特别的是艺术家可以循环生产创作；莫扎特和梵高的创作伴有明显周期性，随后就是不活动。Rinaldi、Cordone和Casagrandi（2000）通过提出两个微分方程来指定两个状态变量之间的相互作用，满足（在过去的成就的基础上感觉到的自尊）和创造力（识别新的想法和方向）。这种模式中的新成就的流动取决于创造力，假设新工作产出的回报减少。指定两个状态变量之间的相互作用，使得满意度随着成就的流动而增加，并且创造力随着满意度上升和下降。Rinaldi等人表明随着时间的推移，艺术家们很可能很快忘记他们过去的成就，并没有受到满意度水平变化的影响。相反，振荡行为将由不会太快忘记过去并且对满意度变化敏感的个体来证明。

Rinaldi等人的模型依赖于内在因素调节创作过程。另一种方法是寻找外部环境影响对艺术作品的激励。历史、政治和社会因素都影响艺术创作活动。虽然一些艺

① 参见本卷Menger的第22章、Alper和Wassall的第23章。

术家可能被描述为完全生活和工作在一个富有想象力的领域内部，外部影响更可能在启动或调解创造的过程中发挥一些作用。这些因素的作用——无论是当下的艺术时尚、政治或社会条件，还是市场要求[①]——对创造力的影响都是积极的。Seitz（2003）认为，政治和宗教审查制度、企业控制和影响、版权限制和其他文化经济因素深深地限制了创造力的自我表现。他认为创造性产品最有可能出现在当个人创造力的行使在公共结构中具有较强的关联网络和共同的集体价值观时。这种情况的例子是特定艺术形式中“流派”的出现，如纳什维尔的音乐社区，乡村音乐家们边生活边互动创作音乐（Negus and Pickering，2004，p.73）。

外部环境对艺术家创造力的影响的进一步证据来自Simonton（1997，pp.29-53）对艺术区别的社会文化决定因素的分析。采用直到20世纪初900多年间772名视觉艺术家和雕塑家的数据，他表明艺术家之间的高水平创造性成就与合伙人的联系、竞争者的挑战、杰出前辈的指导（“典范”）以及继任者（学徒、崇拜者等）之间的关系正相关。

16.6 博弈论、优化与艺术创造力

16.6.1 对融资者的博弈

正如约翰·纳什（John Nash）所观察，博弈论的目的是提供一种了解人类行为的“潜在动力”，特别是在社会背景下。因此，如果博弈论不能为艺术创作过程分析提供有效手段，则是不能接受的。然而到目前为止，很少有人关注这种可能性。一个值得注意的例外是由Cellini和Cuccia（2003）开发的模型，用于表示“艺术家”和“金融家”之间的两人博弈，即追求利润的个人决定是否资助艺术家的作品。艺术家的策略是实验，生产创造性或创新性的作品；或不实验，生产保守的商业作品。艺术家人口包含未知比例的创新艺术家。将模型解决为一次性博弈显示，人口中一定数量的保守艺术家对于艺术私人融资是必要的（在风险中立的融资者的情况下是足够的）。

如果模型被分析为重复博弈，则对于两个玩家而言，随着博弈的进行，获得关键参数信息的机会就会出现。Cellini和Cuccia将模型分解为两阶段过程，以识别在每个阶段对双方都开放的选项。在博弈的第二阶段找到创新艺术家的可能性越高，金融家在这个阶段为艺术项目提供资金的可能性就越低，而且越有可能是艺术家预期的这种结果，选择在第一阶段进行实验。为了我们的目的，这种模型的兴趣在于它以特别的方式描绘了创造力的运作，作为艺术家的选择，受到期望接受资金的条件。这个分析的结果之一是显示创造性实验的概率是q的连续、非单调和凹函数，金融家面对来自人口的创新艺术家的事前概率；实验的概率对于低值q先增加然后下降。作者将这一结果解释为“保守艺术家的存在是保证艺术家选择实验的私人融资的可能性的必要条件”（p.32）。

这个分析揭示的是，“真正创造性”的行为（即使用上述分析的语言的“实验性”）可以被理解为对于艺术家发现自己的环境的战略反应，并且不是需要永远笼罩在神秘下的东西。为了进一步说明这一点，我们在以下段落中建议艺术家创造性选择替代模型。

① 例如，Cowen（1998）认为市场激励直接导致了伟大的艺术作品的产生；因为这样的作品无疑需要创造力，如果Cowen的论证正确，那么金钱激励和创造力运用之间就存在一种联系。

16.6.2　创造性的优化决策

接着研究艺术决策，[①]其中一个创造性的艺术家选择投入“创造力”的量在特定的工作中，如绘画、小说或音乐作品。假设艺术家的决定受到他对领域中作品的可能反应的信念的限制。接受艺术作品的领域由两部分组成：“市场”和“思想界”（这里简称为“艺术界”）。

设A是一组非空的艺术家集，设$i \in A$是一位典型的艺术家。假设“创造力”的特征为T，艺术家i的创造力为T_i，如果i和j是不同的艺术家，则$T_i \neq T_j$。由i生产的每个艺术作品w_i，即生产函数。该生产函数的输入之一是艺术家i在w_i的创作过程中选择使用的创造力的比例。用α_i表示i选择在生产w_i中使用的T_i的比例。显然$0 \leq \alpha_i \leq 1$，并且i在w_i的生产中实际使用的生产能力的量是$\alpha_i T_i$。因此，α_i是艺术家i在决定中的基本选择变量。如果i选择$\alpha_i = 1$（“充分自由的创造力”），w_i就被称为“创造性作品”。如果i选择$\alpha_i = 0$，w_i就被称为“商业作品”。根据α_i的大小，$0 < \alpha_i < 1$包含不同程度的创意和商业内容。

假设艺术品w_i具有通常由“市场”赋予的“经济价值”v_e，以及通常由“艺术界”赋予的“文化价值”v_c。那么艺术家i面临的决策问题可以总结如下：

行为空间		商品空间		效用空间
	（生产函数）		（界）	
$\{\alpha_i: 0 \leq \alpha_i \leq 1\}$	$\rightarrow$	w_i	$\rightarrow$	$U_i(v_e, v_c)$

艺术家i的目的是选择α_i，以便最大化$U_i(v_e, v_c)$，理解w_i将如何被市场M和艺术界W转化为(v_e, v_c)。

假设1：市场M只关注作品v_e的经济价值。艺术界只关注作品v_c的文化价值。艺术家关注作品的经济价值和文化价值，分配权重取决于艺术家在两种价值模式之间的偏好（见下文）。

备注：假设1意味着$U^M(w_i) = v_e, U^W(w_i) = v_c$，同时$U_i(w_i) = (1-\lambda_i)v_e + \lambda_i v_c$，且$0 \leq \lambda_i \leq 1$，其中$\lambda_i$是艺术家i的“创意偏好参数”。确定偏好后（即权重$\lambda_i$），艺术家i就必须选择要生产的作品类型。这个决定取决于对α_i的选择（即w_i所属的商品类型）与收益v_e和v_c之间的关系。

假设2：$v_e = v_e(\alpha_i)$和$v_c = v_c(\alpha_i)$在α_i中都是凹的。另外假设v_e对于α_i=0是正的，对于$0 < \alpha_i < k$增加且对于$1 > \alpha_i > k$减小，其中k是α的“临界值”（见下文）。假设α_i=0，v_c为零，对于任何$0 < \alpha_i < 1$，v_c增加。

备注：假设2意味着“完全商业”艺术品（α_i=0）具有中等的v_e和零v_c。“完全创造性”的艺术品（α_i=1）具有零v_e和相对高的v_c。假设α_i的“安全”范围为$0 < \alpha_i < k$，即α_i小于某个临界值k（例如，k=0.5），则v_e是α_i的递增函数。换句话说，创造性的内容有助于作品的经济价值超过纯粹的日常工作，很少或没有创造吸引力。然而，作品的经济价值是α_i大于k的选择的递减函数，因为α_i的这些值意味着更多的“冒险”和更少的市场接受度。就艺术界而言，艺术家推测v_c是在$0 \leq \alpha_i \leq 1$范围内α_i的递增函数（即纯艺术越冒险越好）。假设2的说明如图16-1所示。

艺术家的问题是选择才能应用于艺术作品的比例，考虑到对经济和艺术回报的偏好，以及对市场和艺术界如何评价其作品价值的推测。具体来说，艺术家的问题是选择α_i的最大化效用，即选择创造力水平α_i解决下面的约束优化问题：

---

① 博弈和决定之间的区别如下："当一个人……决定如何与其他人打交道……他们的行动必须有一些交叉效应；做什么必须影响另一个的结果……然而，为了使交互成为战略博弈，我们需要更多的东西，即参与者对这种交叉效应的相互意识"（Dixit and Skeath，1999，p.16）。

$$\text{Max}_{\alpha_i} U_i\left(w\left(\alpha_i\right)\right) = (1-\lambda_i)\, v_e\left(\alpha_i\right) + \lambda_i v_c\left(\alpha_i\right) \qquad (16\text{-}1)$$

满足于：

$$0 \leqslant \alpha_i \leqslant 1 \qquad (16\text{-}2)$$

要看这个问题的解决方案是什么，以及如何影响艺术家偏好的变化，问题可重写为：

$$\text{Max}_{\alpha_i}\left(1-\lambda_i\right) v_e + \lambda_i v_c \qquad (16\text{-}3)$$

满足于

$$v_e, v_c \in V \qquad (16\text{-}4)$$

其中：

$$V = \left\{ v_e, v_c \wedge v_e\left(\alpha_i\right) \geqslant v_e, v_c\left(\alpha_i\right) \geqslant v_c, 0 \leqslant \alpha_i \leqslant 1 \right\}$$

假设2，V是一个凸集，所以方程（16-1）的问题是一个具有线性目标函数的凸最大化问题。由于该函数被最大化，在最佳情况下，很容易看出V中的前两个不等式相等。

图16-2表示以下情况（其中星形［*］表示最优）创造力选择的结果：

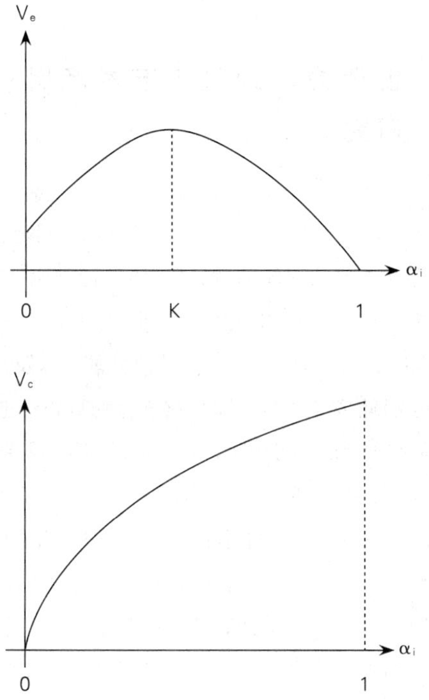

图16-1 假设2的说明

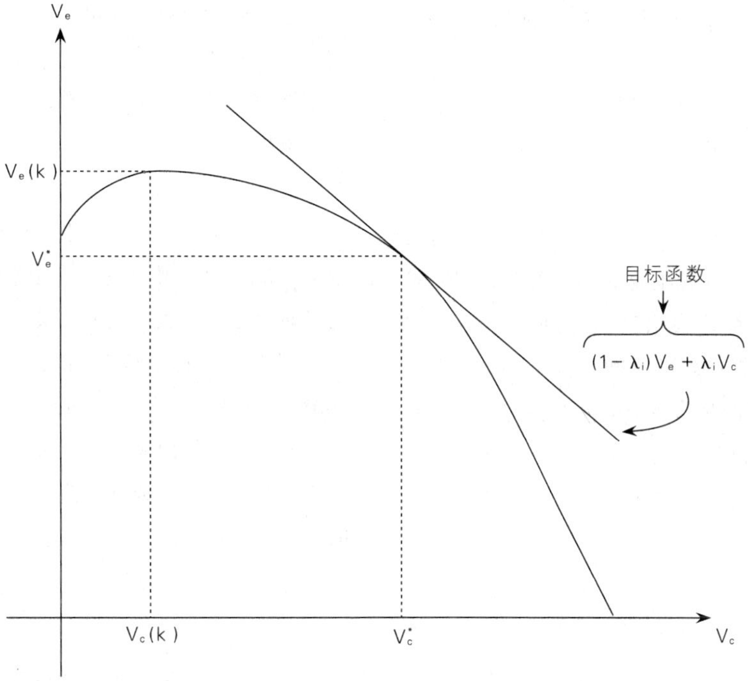

图16-2 创造力选择的结果

情况1：如果艺术家根本不关心赚钱，换句话说，对市场评价不感兴趣，则λ_i=1，并且图16-2中的目标函数是垂直的，α_i^*=1。

情况2：如果艺术家根本不关心艺术界评价，只关心赚钱，则λ_i=0；目标函数变为水平，并且创造力隐含水平为α_i^*=k。

情况3：如果艺术家关心赚钱和文化贡献，使得$0<\lambda_i<1$，则α_i^*的隐含选择产生如图16-2所示的v_e和v_c的值。

考虑这三种情况和艺术家的优化问题，得出以下概述命题：

命题：如果艺术家想象他们处于决策背景，其中市场和艺术界中的任一个或两者在他们的工作评价中起作用，那么用于制作艺术品w_i的创造力水平α_i，是λ_i的递增函数。

这个命题实际上只是一个合乎逻辑的结果，来源于构成模型的假设。[①]然而，用这些术语来描述它仍然是有用的，因为构建模型的目的和调查暗示的内容已经阐明了管理艺术家创造性选择的基本机制。

很多富有成效的方法都可以扩展这种模式。一种可能是内化创造性偏好参数λ_i。虽然目前的范围，基于对艺术家偏好形成的非正式猜测至少可以建立一个或两个比较静态结果。例如，假设一个艺术家的作品被艺术界接受的方式有意想不到的满足经验，随后会改变其v_c的权重（这样λ_i会增加）；这样，该模型预测v_c将向右移位，v_e将在新的平衡中向下移动。另一方面，商业成功可能取决于初始位置对偏好具有不同的影响。这些猜想可以转化为关于λ_i如何作为反馈效应的结果而改变的陈述，并且可以计算出对平衡中的创造性选择的后果影响。

16.7 创造力、天赋与艺术产出：实证研究

创造力转化为艺术家行为的实证模型的问题。在描述个人获得艺术成功的能力时，“天赋”通常比“创造力”这个词更常用。天赋和创造力之间有区别吗？一个层面上，可以区分拥有创造性工作能力（才能）以及在某项工作中实际消耗多少才能，即最终工作的真正创造性。例如，非常有天赋的钢琴家可以在一段时间执行拉赫玛尼诺夫（Rachmaninov）的第三钢琴协奏曲技术上没有任何错误的音符，而在另一时刻可能提供对该作品的一种全新和创造性的演绎。这就是之前理论部分中的创造力模型。

上面提到了关于创造力或天赋是继承还是获得特征的猜测，如果创造力是继承的，则可能通过支持性家庭背景在个人中得到增强。如果是获得的，那么可以以许多不同的方式发生，包括通过艺术家教育和培训。[②]然而，它的产生也可以衡量，从高度创造性的个人到日常实践者——艺术家可能具有不同的创造力水平。我们的模型提出，无论艺术家拥有什么水平的创造力，都面临一个选择：用它来产生需要高创意投入的创新作品或需要较低创意投入的商业作品。

这些理论命题可以用于实证研究吗？需要一种衡量创造力的手段，并且是区分创造性和商业产出的基础。为了研究这些问题，我们从最近对澳大利亚专业艺术家的抽样调查中得到横截面数据（Throsby and Hollister, 2003）。这些数据可用于通过对个体从业者的创造能力的起源和表现做出某些假设来识别不同艺术形式的艺术家之间的创造力。数据还使我们能够提出本调查受访者的创作和商业产出之间的区别。在下面的段落中，我们为一组“首创”艺术家（作家、视觉艺术家、手工艺人

① 正如Suppes(1987)所指出，在形式公理系统中得到的任何命题都必然是构成系统的公理或假设的表达。

② 近年来“创造性写作”课程的增长表明，通过培训这种形式可以获得创造力或至少使创造力有所增强。

和作曲家）[①]构建了一个创造性指数，并使用该指数来评估创造力在创造性和商业艺术产品生产中的重要性。

首先转向创造性指数的推导。评估一个人的创造力可能来自他们对自己的才能（自我评估）或观察者对他们的行为或工作（外部评估）的意见。调查数据不提供任何对创造力的直接评估，但包含一些可以被作为创造性指标或代理受访者的信息，然后将它们聚合成组合索引。在调查中，参与的艺术家被要求确定认为有助于他们专业发展的因素。可以指出多种因素都有影响，然后被要求指出他们认为指定因素中最重要的一个。可能的影响有14种建议，包括艺术家培训、"命运转机"、关键时刻的经济援助等。其中一个选择是"我的天赋"，另一个是"家人和朋友的支持"。在自我评价的基础上，表明他们的天赋是重要的那些人认为自己是有才干的或有创造性的。此外，已知创造性个人更可能从支持性家庭环境中产生，因此调查中指出此因素重要的那些艺术家也可被视为更具创造性。

除了自我评估外，在调查数据中还可对艺术家的工作进行外部评估。艺术家被问及他们从联邦或州政府艺术融资机构收到的资助。这些补助金须遵守严格的同行评估程序。因此，授予这样的资助可能被视为艺术家的创造性成就或潜力的外部指示，在前一部分的理论模型中被认为是"艺术界的评价"。将这些特征放在一起，能够组合成五个单独的指标，这些指标被认为是对个人创造力的贡献。它们分别是：

- 天赋是促进自身艺术发展的一个因素；
- 天赋是最重要的因素；
- 家庭支持是促进自身艺术发展的一个因素；
- 家庭支持是最重要的因素；
- 收到同行评估的赠款。

如果对于给定的艺术家，将0-1值附加给每个因素，则可以获得所有五个因子的未加权和，称为该艺术家[②]从0到4的创造性指数。当然，以这种方式计算的指数意味着衡量创造力的基数量表，其中每个因素在数值上都对总评估贡献相等。虽然这些是强假设，但在应用的有限背景下，并不完全不可信，特别是如果指数不被解释为创造力强度的一个量度，而只作为相关贡献因素的计数，其中更高分数表明创造潜力更大。

表16-1显示了该调查样本中艺术家的比例，每个标准的得分为正，表16-2给出了整个样本创意指数的频率分布。根据得出的创造性测度，从表16-2可以看出确实存在着广泛的艺术家。一方面，结果表明，近15%的艺术家具有相对较低的创造潜力——这些艺术家对自己的天赋没有信心，似乎也没有支持性的家庭背景，并且艺术界没有通过奖励评估补助金认可他们的创造性工作。另一方面，少于5%的艺术家达到最高分。[③]

表16-1　　具有创造性的艺术家[a]比例：澳大利亚，2002（百分比）

	作家(%)	视觉艺术家(%)	工匠(%)	作曲家(%)	合计(%)
天赋：促进专业发展的因素之一	74.9	69.9	71.5	92.4	74.2
天赋：促进发展的最重要因素	33.8	25.1	22.0	42.4	29.2
家庭支持：促进专业发展的因素之一	48.4	48.1	53.7	59.1	50.4
家庭支持：促进发展的最重要因素	5.9	7.9	14.6	1.5	7.9
过去五年收到同行评估的拨款	13.7	23.9	18.7	33.3	20.4
n	219	239	123	66	647

注：[a]作家，视觉艺术家，工匠和作曲家。

① 不同于表演艺术家（演员、舞者、音乐家等）。

② 注意最大可能得分是4，而不是5；上面列出的第二个和第四个特征中只有一个（或没有）可以适用于任何个体。

③ 这些数字证实了对当代艺术持怀疑态度的观察者所持有的信念，即世界上糟糕的艺术家多于优秀的艺术家。

表16-2 艺术家[a]创造力指数的频率分布：澳大利亚，2002

创造力指数[b]	频率	
	次数	%
0	91	14.1
1	150	23.2
2	219	33.8
3	158	24.4
4	29	4.5
共计	647	100.00

注：[a]作家、视觉艺术家、工匠和作曲家。

[b]参见文本方法。

使用这个创造性指数，可以对上一节提出的模型进行简单的间接测试。在Throsby（2006）之后，建议艺术家的产出可以通过生产函数来表示，其中劳动时间、流动资本和人力资本是投入。人力资本特征的向量除了包括教育、培训和在职经验的通常变量之外，还包括创造性[①]。此外，艺术家的总产出可以分为"创意"和"商业"产出；前者包括艺术家创作的小说、诗歌、绘画和雕塑、原创工艺品、音乐作品等，而商业产品包括和艺术相关的活动，如教学、艺术管理等，其中的生产使用一些艺术技能，但在更常规和商业导向的水平。

我们可以为第j个艺术家（j = 1，…，n）定义一个给定的时间周期：

$$y_j^{cr} = f_1(L_j^{cr}, PK_j^{cr}, HK_{ij}), \qquad (16\text{-}5a)$$

$$y_j^{co} = f_2(L_j^{co}, PK_j^{co}, HK_{ij}), \qquad (16\text{-}5b)$$

其中，y为产出量；L为劳动投入；PK为实物资本投入；HK_i为人力资本特征向量（i=1，…，m）；并且其中上标cr和co分别表示创造性和商业性艺术制作。

在方程（16-5a）和（16-5b）的实证研究中，我们用作为在调查年份分别以创造性或商业（艺术相关）性出售商品和服务的总收入（$ A'000）价值来衡量创造性和商业性产出。劳动投入是艺术家分别在创造性和商业性艺术品上每周工作的平均时间。实物资本投入按照调查当年发生的艺术品相关费用计量；请注意，此图仅适用于广告素材产出，因此在商业产出方程中省略了费用变量。HK_i（i=1，…，4）的组成包括艺术家的艺术培训年份；年龄（与经验相关）；普通教育水平（高等教育完成= 1，否则为零）；得出上面的创造性指数。

首先通过OLS估计方程（16-5a）和（16-5b），但由于残差非正态性和异方差的存在，通过广义最小二乘法重新估计，程序是令人满意的，因为我们对相对大小和系数的重要性感兴趣，而不是使用拟合方程进行预测。表16-3给出了结果。顺便指出，劳动力和经营资本是生产创造性产出的重要投入，劳动和较少（非重要）的艺术培训对商业产出具有积极影响。然而，我们的兴趣在于创造力。创造力变量对创造性产出有着积极和非常显著的影响，并且确实是模型中指定的四个人力资本变量中唯一具有这种积极效果的。[②]另一方面，创造力是可以忽略的，对商业艺术作品的产出影响不大。这些结果与上面提出的主要假设一致。

虽然这种分析是很粗糙的，至少表明，我们所说的早些时候，可以系统地研究艺术创造力难以捉摸的性质，得到的结果可以为贡献创造性人才产生艺术作品提供合理的见解。

① 注意，这里使用的创造性度量与Throsby(2006)中使用的度量略有不同。

② 艺术培训对创造性产出的负面影响很难解释，即使它在数量上与经验的积极(虽然不重要)影响相抵消。

表16-3 澳大利亚艺术家创造性和商业性产出的决定因素，2000—2001

解释变量	创造性产出[a]	商业性产出[b]
常量	−0.616	7.669**
	(−0.53)	(5.08)
劳动时间[c]	0.311**	0.682**
	(3.81)	(7.56)
营业资本[c]	0.814**	-
	(14.73)	
人力资本1	−0.097	0.136
普通教育	(−0.71)	(0.68)
人力资本2	−0.326**	0.194
艺术培训[c]	(−3.79)	(1.49)
人力资本3	0.400	−0.225
经验[c]	(1.49)	(−0.60)
人力资本4	0.196**	0.063
创造性天赋	(3.06)	(0.73)
n	424	192
F	57.058	13.155
校正R^2	0.443	0.241

注：艺术家包括作家、视觉艺术家、工匠和作曲家；所有对数都是自然对数；t统计显示在括号内；系数在1%（**）水平时显著不同于零；这两个方程通过广义最小二乘法估计。

[a]依赖变量是所生产的创造性艺术作品价值的对数。

[b]从属变量是所生产的商业性（艺术相关）作品价值的对数。

[c]测量变量对数。

16.8 结 论

创造力仍然是难以捉摸的现象。本章指出了一些社会学家试图提出创造力如何产生t和如何断定决策的可检验的理论方法。我们注意到，创造力本身在经济学中没有受到太多关注；但对于在研发和技术变革领域工作的经济学家，创造力似乎特别重要，倾向于将其视为一个“黑匣子”，其内容最好保持原状。然而，在艺术和文化经济学中，创造力作为艺术生产中的一个突出因素似乎表明，忽视它可能会损害代表艺术行为模型的解释力。

本章建议，如果创造力可以更直接地用于分析艺术决策，理论和实践上都会取得进步。显然，这一领域的工作仍处在形成阶段，并且存在许多继续向前推进经济学的艺术创造力研究的途径。在这个过程中，经济学家大有可能与其他学科的创造力学者合作，特别是心理学。创造力是未来跨学科研究的一个理想领域。

参考文献

Albert, R.S. (1994). "The contribution of early family history to the achievement of eminence". In: Colangelo, N., Assouline, S. (Eds.), Talent Development. Ohio Psychology Press, Dayton, pp. 311-360.

Arrow, K. J. (1962). "Economic welfare and the allocation of resources for invention". In: National Bureau of Economic Research, The Rate and Direction of Inventive Activity: Economic and Social Factors. Princeton University Press, Princeton, pp. 609-625.

Becker, G. S. (1964). Human Capital: A Theoretical and Empirical Analysis with Special Reference to Education. National Bureau of Economic Research, New York.

Cellini, R., Cuccia, T. (2003). "Incomplete information and experimentation in the arts: A game theory approach". Economia Politica 20 (1), 21-34.

Cowen, T. (1998). In Praise of Commercial Culture. Harvard University Press, Cambridge, MA.

Dacey, J. S., Lennon, K. H. (1998). Understanding Creativity: The Interplay of Biological, Psychological and Social Factors. Jossey-Bass, San Francisco.

Demsetz, H. (1969). "Information and efficiency: Another viewpoint". Journal of Law and Economics 12 (1), 1-22.

Dixit, A., Skeath, S. (1999). Games of Strategy. W.W. Norton and Co., New York.

Etlin, R.A. (1996). In Defense of Humanism: Value in the Arts and Letters. Cambridge University Press, Cambridge.

Frey, B. (1997). Not just for the Money: An Economic Theory of Personal Motivation. Edward Elgar, Cheltenham.

Frey, B. (2003). Arts and Economics: Analysis and Cultural Policy, second ed. Springer, Berlin.

Gedo, J. E., Gedo, M. M. (1992). Perspectives on Creativity: The Biographical Method. Ablex Publishing Corp., Norwood, NJ.

Gilhooly, K.J. (1988). Thinking: Directed, Undirected and Creative, second ed. Academic Press, San Diego, CA.

Glück, J., Ernst, R., Unger, F. (2002). "How creatives define creativity: Definitions reflect different types of creativity". Creativity Research Journal 14 (1), 55-67.

Hayes, N., Stratton, P. (2003). A Student's Dictionary of Psychology. Arnold, London.

Heunks, F.J. (1998). "Innovation, creativity and success". Small Business Economics 10 (3), 263-272.

Hope, E. (1988). "Market structure and innovation". In: Grønhaug, K., Kaufmann, G. (Eds.), Innovation: A Cross-Disciplinary Perspective. Norwegian University Press, Oslo, pp. 475-490.

Housman, A.E. (1961). Selected Prose. Cambridge University Press, Cambridge. Edited by Carter, J.

Lubart, T.I. (2001). "Models of the creative process: Past, present and future". Creativity Research Journal 13(3-4), 295-308.

Lubart, T. I., Runco, M. (1999). "Economic perspective on creativity". In: Runco, M. A., Pritzker, S. R. (Eds.), Encyclopedia of Creativity. Academic Press, San Diego, CA, pp. 623-627.

Mace, M.-A. (1997). "Towards an understanding of creativity through a qualitative appraisal of contemporary art making". Creativity Research Journal 10 (2-3), 265-278.

Mace, M.-A., Ward, T. (2002). "Modeling the creative process: A grounded theory analysis of creativity in the domain of art making". Creativity Research Journal 14 (2), 179-192.

MacKinnon, D.W. (1962). "Intellect and motive in scientific inventors: Implications for supply". In: National Bureau of Economic Research, The Rate and Direction of Inventive Activity: Economic and Social Factors. Princeton University Press, Princeton, pp. 361-378. And comment by Kuhn, T.S., pp. 379-384.

McCain, R.A. (1992). A Framework for Cognitive Economics. Praeger, Westport, CT.

Negus, K., Pickering, M. (2004). Creativity, Communication and Cultural Value. Sage, London.

Ochse, A. (1991). "Why there were relatively few eminent women creators". Journal of Creative Behaviour 25(4), 334-343.

Rinaldi, S., Cordone, R., Casagrandi, R. (2000). "Instabilities in creative professions: A minimal model". Nonlinear Dynamics, Psychology and Life Sciences 4 (3), 255-273.

Rosen, S. (1981). "The economics of superstars". American Economic Review 71 (5), 845-858.

Rothenberg, A. (1979). The Emerging Goddess: The Creative Process in Art, Science, and Other Fields. University of Chicago Press, Chicago.

Runco, M.A. (1999a). "A longitudinal study of exceptional giftedness and creativity". Creativity Research Journal 12 (2), 161-164.

Runco, M.A. (1999b). "Divergent thinking". In: Runco, M.A., Pritzker, S.R. (Eds.), Encyclopedia of Creativity, vol. I. Academic Press, San Diego, CA, pp. 577-582.

Sanchez-Capdequi, C. (2000). "Social creativity: The unexplored dimension". Revista de Filosfia (Venezuela) 34 (1), 77-88.

Schumpeter, J.A. (1943). Capitalism, Socialism and Democracy. George Allen & Unwin, London.

Seitz, J.A. (2003). "The political economy of creativity". Creativity Research Journal 15 (4), 385-392.

Shea, W.R. (1990). "Introduction: The mainspring of the arts and science". In: Shea, W.R., Spadafora, A. (Eds.), Creativity in the Arts and Sciences. Science History Publications, Canton, MA, pp. xiii-xviii.

Simonton, D.K. (1997). Genius and Creativity: Selected Papers. Ablex Publishing, Greenwich, CT.

Simonton, D.K. (1999). Origins of Genius: Darwinian Perspectives on Creativity. Oxford University Press, New York.

Simonton, D.K. (2004a). "Creativity as a constrained stochastic process". In: Sternberg, R.J., et al. (Eds.), Creativity: From Potential to Realization. American Psychological Association, Washington, DC, pp. 83-101.

Simonton, D.K. (2004b). Creativity in Science: Chance, Logic, Genius and Zeitgeist. Cambridge University Press, Cambridge.

Sternberg, R.J., Lubart, T.I. (1991). "An investment theory of creativity and its development". Human Development 34 (1), 1-31.

Suppes, P. (1987). "Axiomatic theories". In: Eatwell, J., et al. (Eds.), The New Palgrave Dictionary of Economics, vol. 1. Macmillan, London, pp. 163-165.

Throsby, D. (2001). Economics and Culture. Cambridge University Press, Cambridge.

Throsby, D. (2006). "An artistic production function: Theory and an application to Australian visual artists". Journal of Cultural Economics 30 (1), 1-14.

Throsby, D., Hollister, V. (2003). Don't Give up Your Day Job: An Economic Study of Australian Professional Artists. Australia Council, Sydney.

Weisberg, R.W. (1993). Creativity: Beyond the Myth of Genius. W.H. Freeman, New York.

| 第七部分 |

文化产业

第17章

艺术和娱乐产业的组织

Richard E. Caves

Harvard University，USA

史东辉　蒋观地　译

摘　要

创意产业（艺术和娱乐）的组织依赖于众多类型的契约。这些契约制约着企业内部或是独立交易中艺术家与其他主体之间的合作，其结构则源自创意工作和创意产品的一些基本特性。艺术家投资于自身才艺的开发，并把自己推销给寻找可供商业性开发和推广的才艺“把关人”。把关人通常既是艺术家的遴选者，又是艺术家与互补性投入之间的“红娘”。作为这种“把关”功能的延伸，创意产业的从业者还要持续地参与设定并修正各种垂直差异的才艺排行。一个创意产品从无到有，其相关步骤常常是由所谓实物期权契约决定的，它既可以给艺术家一个自主创意的代理人（如流行音乐人与唱片公司），又可以把艺术家纳入一种雇佣关系之中（如传统的好莱坞电影公司）。电影业向“柔性专业化”制度的转型，证明产业基本条件的改变可以导致产业组织形式的转换。创意产业中企业的规模通常取决于创意商品发行的有效规模（唱片公司和电影公司的有效规模很大，而艺术画廊则较小），它们往往可以分成两大类：一类专注于创意商品的发行（“推广者”），另一类则专注于创意人才的甄别和打造（“选秀者”）。大企业还包括所谓娱乐集团，它们所寻求的协同收益在理论上依赖于一些特定的条件，而市场封锁以及避免被封锁也许是其中最重要的动机。非营利性企业之所以在一些艺术活动中占主导地位，主要有两个相互关联的原因：其一，这些艺术活动的固定成本高而边际成本低，致使其只能采取两部定价法和俱乐部制，以确保收回固定成本。其二，在产品质量是内生的条件下，非营利性的身份对于经理人或许就是必要的，因此他一旦收到顾客对产品的固定支付款项，就可以令人信服地坚决不会降低产品质量。这样，由捐赠资助的非营利性组织就享有功能上的优势。

关键词

集聚，创意产业，把关人，工作匹配，联营体，电影业，非营利性组织，期权合同，出版业，唱片业，版税，剧院，玩具和游戏产业，垂直差异化，视觉艺术

JEL classification Codes

L11，Z11

17.1 引言：创意产业中的组织与契约

产业组织学通常分为两大分支。比较传统的一个分支研究市场结构及其所决定的市场行为是如何影响资源配置效率的，另一个分支所关注的问题则是市场为何是如此组织的。事实表明，后一个分支对艺术和娱乐产业的研究极具吸引力，因为艺术和娱乐产业较其他大部分产业有着更多的关于组织逻辑的疑问。就一个产业的组织而言，任何单一的交易都可以在独立企业之间进行，由供给方和需求方的竞争决定市场价格和产量；或者所有交易也可能分别纳入各企业内部进行，其产量由管理决策确定。理论研究早已指明不同组织模式的优点和缺点，经验性研究者则通常先假设最有效率的组织模式都是物竞天择、适者生存的结果，然后对理论意义上的预见与实际观察到的具体组织选择之间的匹配程度加以检验。

近来关于契约理论的研究令这种始于 Ronald Coase（1937）和 Oliver Williamson（1985）的产业组织方法得到了极大的充实。通过独立代理人之间的公平契约治理相应交易，被视为企业决策内部化的一种替代。Williamson 强调了公平契约的隐患，这也是理解为何有些决策会在企业内部进行的关键因素。尽管如此，无论是正式的还是非正式的，这种公平契约依然大量存在，何况企业内部的资源配置决策并不能自动避免外部契约的缺点。事实上，企业内部决策的执行往往依赖于旨在通过诸多奖惩手段影响雇员行为的激励性契约。因此，企业可被视为一个“契约集束”，企业决策内部化的成功取决于诸多公平契约的执行，与其说它与“管理决策”有关，还不如说它由这些在企业内部订立并执行的契约本身的功效所致。从达尔文主义的立场出发，我们预期这一整套盛行的组织安排（内部化的程度、企业的组织、公平契约的结构）能够反映外部公平契约与企业内部契约性交易的相对效率。

艺术和娱乐产业（以下称为“创意产业”）恰好有着诸多特有的交易类型和企业内部治理安排，从而为这一方法的应用提供了引人注目的空间。尽管对这些组织安排的定量研究很少，但却存在大量的个案证据，特别是有关美国的证据。如果随机观察能够证实某种具有明确、恰当理论基础的行为的普遍性，那么它就具有报告价值，即便它还不能进行精确的受控实验和统计推断。[①]当然，决定一个理论模型何时适用于实际情况是非常棘手的，因为判断可能会出现分歧，而且还有待研究者公开其分析路径。我们在本文中采取大家公认的研究方法，揭示所有创意产业或者其中某组特定产业所共有的一些特性，它们是从大量描述性证据中归纳所得，而且也是按照结构-行为-绩效这一诸多产业组织经验性研究的基本范式来进行分析的。因此，这些特性也被假定为市场结构的“基本”元素，并且主要涉及各种艺术偏好和技术，而后两者又决定了市场结构的一些重要且内生的方面，如契约的组织、不太正式的交易以及企业的数量、规模和业务组合。

创意产业融合了来自各类艺术家的投入和其他投入，提供了令消费者愉悦的创意商品或服务。这个生产过程可能仅仅包含艺术家创意（如视觉艺术）的行销，也可能需要大量的制造（如图书出版和音乐录制）。无论简单或复杂，这一生产活动都受制于其本身所具有的两项公理性的特性。

（1）为艺术而艺术。艺术家的效用函数通常包括两个对其参与契约经济关系的行为有着强烈影响的特征：首先是为了自己的利益而从事艺术工作的趣味，这会让艺术家提供创意服务的价格低于可供其选择的最优工作（非创意性）的酬金；其次是关于如何开展艺术工作的

① 本文中许多理论分析已经在 Caves(2000)中阐释，但有些观点在此得到了进一步充实。另外，本文也不再一一罗列该项研究所收集的大量零散的经验性证据。

偏好，如同一个广为接受的19世纪浪漫主义观点所主张的那样，艺术家的创作应源于内心的需要并旨在实现心中的理想。[①]虽然艺术家的低报价无疑有利于他和其他投入方合作完成生产过程，但是艺术家关于生产方式的偏执又会使他在一项本就复杂的创意活动中的履约行为变得复杂。如果艺术家实施创意过程的偏好可以由契约来规定，那就可以在双方同意的基础上交换其酬金。如果不能以契约的方式明确界定，同时艺术家强烈的创作欲望令其拒绝遵守时间方面的约束或承诺，那么艺术家与其他投入方之间契约的完整性以及如此契约的后续治理将会大大受到限制（我们把不含这些艺术趣味的非艺术类投入称作“单调”投入）。

（2）买者保留价格的不确定性。就那些拥有众多创意投入的产品而言，买者对任何创意产出的保留价格都有着巨大的不确定性。这种不确定性会一直存在，直到所有的创意成本都已发生甚至买家看到完整的产品时为止。如“无人知晓一切”这句口号（Goldman，1984）所言，这一特性在娱乐产业中广为人知，大量的沉没成本造成了高度不确定的回报。这一特性的影响力取决于成本的沉没性和产出市场价值的不确定性之间的相互作用。在净收入高度依赖于事先能够区分项目好坏的条件下，深谙以往成败经验的决策者们势必会付出巨大的努力对项目的前景进行预测。这种“无人知晓一切”的假设与决策者们大量投资市场的预测并不矛盾，因为他们明白这一系列预测必然有着诸多误差，所以若能够在正确鉴别各项目的好坏方面稍许做出一点改进，其意义也十分重大。此外，水平差异化也是创意产业中普遍存在的一个特性，其表现为艺术家于造成产品彼此高度替代的诸多惯常做法之中寻求独特性。我们也可以把这一特性称为“无限多样性”。作为一种公理性的特性，创意产品的可替代程度与其潜在的多样性有关。而实际发生的多样性则取决于和全体消费者的支付意愿组合（总体及偏好种类）相对应的每一种创意产品所承担的固定成本。[②]

创意活动的其他公理性特征则体现在复杂的创意活动中，这些活动要求来自若干供给者的每一项投入都具有“为艺术而艺术”的偏好。艺术家们对限定其创造性工作的契约条款进行抵制，会使创意活动的组织工作复杂化，从而需要若干艺术家的投入协作（连同所谓“单调”投入），俗称创意投入“大杂烩”。任何给定类型的创意投入都是垂直差异化的，即所有人都同意某个艺术家的才艺胜于另一个艺术家，尽管在每一个项目中更高的才艺也许并不都有较高的报酬。艺术家的排名是凭经验确定的，这种经验来自以共识为基础的高成本评估过程，参与评估的既有垂直差异化的艺术家，又有他们的雇佣者、管理者或合作者。这就是所谓“第一等或第二等”属性。这与另一个性质紧密关联，即一个复杂创意商品的最终认知度，往往取决于每一项至少达到某种水准的创意投入。描述这种性质的一种简便方法就是积性生产函数，即任何一项投入的失败或功效不达标都会使得项目的整个产出变得没有价值。这也是所谓的O型环性质（Kremer，1993）。最后，复杂创意活动的有效实行要求核心艺术投入和“单调”投入之间在时间上进行紧密协作，而这又使得此类项目最初的契约订立与后续的协作都更加复杂化（“时光飞逝”特性）。

17.2 简单创意商品

简单创意活动包括单个艺术家（创意投入的来源）与一个代理人或一家企业之间的交易，由代理人或企业

---

① 对培训艺术音乐类学生的研究显示，这些要求都已在课程中贯彻并融入学生的见解中。参见Getzels和Csikszentmihalyi（1976）以及Kingsbury（1988）。

② 有关市场上创意商品种类均衡值的决定因素，参见Baker（1991）。

把艺术家的投入与所谓“单调”投入相结合，并把创意商品分发给消费者（也可能通过中间商）。这一看似简单的关系提出了组织选择的几个主要议题。第一，试图出售自己才艺的艺术家似乎长期处于供大于求的状态，以致发行商承担了把关人的角色，选中一些而放弃很多其他艺术家。第二，创意投入和“单调”投入的结合可以采取多种组织安排。“单调”的企业家可以作为艺术家的代理，或者可以通过组建联营体来开发并发行艺术家的产品（才艺），或者企业家也可以雇用艺术家并全权负责其创意活动的决策。第三，创意活动的实际地点受组织凝聚力的影响，这种凝聚力反过来又取决于艺术家和“单调”投入之间交易的具体组织及治理方式。

17.2.1　投资与回报①

我们假设艺术家一旦受训完成或学徒期满便会寻求代理人和雇主。训练过程本身使所有想成为艺术家的人们面对一系列把关人的挑选。这就像在正式比赛中，某位一心想成为艺术家的人首先要与当地随机分组的一群同样怀揣梦想者进行比拼，胜出后再与其他晋级者进入下一轮的竞争，这一系列的淘汰环节始终贯穿于从基础训练、高级训练、学徒期直至寻求商业成功的过程。对一位想成为艺术家的人来说，其孜孜追求意味着在高度不确定性条件下做出一系列投资决策。尽管在受训地获得资格或技能的认证总比没有要好，但这种认证对在后续数轮竞争中取得成功的帮助很小。这一方面是因为初出茅庐者最终获得成功的比例极小；另一方面是因为对一个已经毕业的学生或出师的学徒而言，其是否有能力在今后额外的训练中获益也是难以预料的。

一个学徒艺术家对培训的投资最终会让他获得一定的回报，比如当他面对一个商业性把关人时已小有名气，把关人只需要评判适当的“单调”投入与艺术家已经养成的才艺相结合能否创造足以超过机会成本的收益。如果给艺术家把关是个竞争性的行当，那么所有把关人的平均收益充其量也就相当于机会成本。艺术家所得到的回报不仅依赖于把关人的竞争力，而且与把关人对艺术家各种才艺的事先评估有关。只有待其与把关人（或其他合作伙伴）达成契约并且市场的最终评估实现之后，艺术家才会明了其才艺所获得的全部收入。由培训和学徒成本的沉没性所致，艺术家能够获得的回报存在三种可能：第一，有些艺术家未得到任何商业性把关人的首肯，他们的投资血本无归（除了一些未来的消费性收益之外）；第二，一些较为成功的学徒既获得了把关人的认可，又能够得到市场的青睐，以至于在竞争性把关企业得到正常的利润之后，他们还可以取得正的投资回报；第三，不那么成功的艺术家虽然令把关人得到了可弥补其机会成本的收益，但他出租自身才艺所得的收益却不足以使具有沉没性的培训投资获得积极的回报。

如果一并考虑成功者与非成功者的话，那么所有一心想成为艺术家的人是否都能挣到其培训投资的正常回报呢？尽管没有过硬的数据存在，但是给定年份美国各大学毕业的艺术类学生数量与其中以专业人士身份成功开启职业之路的学生数量之间的巨大比例，似乎表明这种可能性很低。该如何解释这一行为及其所致的明显的资源误配呢？高估由艺术培训的纯粹消费所致的效用水平，可以说是一个有助于厘清这一问题的解释。另一个解释则指出，其属于某种形式的“风险爱好”型行为，具体表现为一心想成为艺术家的人们认为一个创意的巨大成功能带来数不尽的好处（不止现金收入）。然而，初露头角的艺术家往往因其自身定位不当而难以对培训的投资回报做出理性的预期。对艺术家工作的浪漫设想

① 有关这一节所提问题的进一步讨论，参见本卷Menger的第22章和Towse的第24章。

鼓舞学生把才艺视为天赐的资产并愿意为此全心全意地奉献和努力。不仅如此，在多年的艰苦培训和实践中，出于保持学生积极性的职责，教师们也有着足够的动机强调艺术曾获得的崇高荣耀，但很少提及成功机会的寥寥（Towse，1993）。

17.2.2 创意商品的组织供给

把关过程就是为艺术家的投入配给合适的“单调”资源，其并不决定这一过程的组织。把关过程可以采取多种组织形式。我们不妨以其工作需要“单调”投入来协助发行和推广的视觉艺术家为例，他可以受雇于一家“单调”的公司，在常规雇佣合同框架内按照经理人的指示生产艺术作品。他也可以听命于自己内心迸发的灵感，把作品分别出售给感兴趣的买家（如星期天早上在公园篱笆墙外面摆摊）。最后，他还可以由一个画廊充当独家代理人。

上述最后一种组织安排盛行于简单创意商品的生产活动中，如艺术家与画廊主人、流行音乐家（组合）与唱片公司、古典音乐独唱（奏）者与演出主办人，以及作者与出版商等。为什么这种形式会如此普遍？我们继续以视觉艺术家为例。从理想化的角度来看，艺术家、消费者、中介人和鉴定者（教师、评论家）都一致认为，艺术家持续创作并使之成为终生职业，这种能力对这一组织形式的流行有着重要影响。该组织形式需要艺术家及其作品的发行者采取多种行动，以形成能够获得长期回报的投资。艺术家创作一个能在画廊里定期展出的作品，画廊经营者的行动则包括对艺术家的作品加以诠释，推荐给收藏者、博物馆馆长、评论家和期刊，出借艺术家的作品到博物馆和其他画廊展出等等。为使这种旨在发展艺术家事业的联营体价值最大化，合作双方必须把每项行动都做到最优。为使其成为推广艺术家作品的最佳组织安排，这种合作必须符合为艺术而艺术的偏好（显然是这样）。艺术家和经销商必须通过各种显性或隐性的契约来处理他们之间的关系。从理论上来说，任何一种妨碍达成完整契约的可能性都必须被排除在外，这就要求双方长期致力于理想的行动进程，尽管事先很可能不知道需要做些什么（其往往决定于随机出现的机会），也无法事先达成正式合同，或者即便可以立约也无法进行有效监控。

实践中比较流行的组织安排便是所谓的简单契约（常常像握手那样简单），这类契约规定了在分摊某些特定成本之后该如何分配艺术家作品的销售收入。通常这类契约缺乏完善的激励机制，难以要求合作双方为实现最大利益而付出最大程度的努力。在契约执行过程中，这种激励显得较弱，因为合作各方充其量只愿意付出与其利益分成相当的努力。那些由一方负责的投入也同样会出现相对不足的情况。虽然那些由合作一方负责投入的成本可以在收入分配之前收回，但这些成本必须达到最佳的水平（这样做既可以保证扣除成本后收入的最大化，也可以保证任何一方所得收入分成的最大化）。这类契约通常还缺乏具体期限的规定，任何一方都可以选择终止契约，例如，出现艺术家的风格变化不能获得经销商认同的情况。另外，虽然声誉对隐性契约的执行具有重要作用，但是违约行为照样会发生（如艺术家直接将产品卖给收藏者而不给经销商以补偿，或者经销商未向艺术家告知销售情况而侵吞了相关的收益）。有证据表明，在这些联营体式的组织安排中，简单契约的执行情况良好，足以使其主导任何根本不同的视觉艺术发行组织。[①]

① 视觉艺术发行组织一个特别有趣的历史经验就是印象主义时代法国市场的变迁。当时市场由官方沙龙给予正式鉴定转向了基于“经纪人—评论家”体系的私人鉴别和行销。参见 White 和 White（1993），Jensen（1994），以及 Wijnberg 和 Gemser（2000）。

创意产业中各类联营体契约的研究与一些不完全契约理论文献有关。鉴于一一罗列似乎并不简便，为此我们仅仅指出这两者之间若干已经明了的联系。① 第一种是在理论上假设合作关系的双方能够观察到交易的成果（或有关一笔投入的质量，或事件进展的状态）并达成一致，但是他们难以通过传达令第三方理解其想法，如法院的强制执行机构。这一假设与包括为艺术而艺术在内的创意活动的诸项核心性质是比较吻合的，其所讨论的条件是“看得见却无法证实的”。在某些情况下，比如合作相关各方能够观察到彼此的投资或所提供的中间投入的质量，一个最优契约还是能够存续的。而在其他情况下，只有次优契约才能够存续。第二种则是假设交易的主要相关方之间不存在信息不对称的情况，他们同样了解各方所采取的行动（投资），也同样了解一个产品的实际质量或者其可变成本的水平。这一看似荒谬的假设与所谓“无人知晓一切”的特性是并行不悖的，因为契约各方所观察到的、围绕价值的不确定性很大，但没有理由预期某一方的观察与别人有什么不同，不管这种预期是精确的还是存有偏差的。依靠这一设定，不完全契约理论或许可以解释创意产业中联营体的一些经验性特点：为什么合作双方能在一个变量（如一个电影剧本和主要演员）上达成契约，却不能就另一个变量（电影的实际质量）达成契约。同样它还可以解释为什么合作一方会保留放弃购买创意产品的权利（如电影公司选择不发行一部已摄制完成的电影），这一行为在合作双方看来其实属于其合作契约可能产生的一种结果。最后，不完全契约理论的许多文献还关注了重新谈判的可能性，例如，买家拒绝按事先商定的价格支付一个已完成的商品（Hart and Moore，1999）。创意产业验证了即使在不涉及正式契约和法院的情况下，声誉机制在惩罚那些背叛默契的行为方面似乎也常常是有效的。

17.2.3 期权合同的流行

视觉艺术市场表明，某种与为艺术而艺术偏好相容的组织结构的生命力依赖于合意的长期契约与机制，以致即使只有最低程度的形式规范，契约及机制也能够存续。而其他艺术和娱乐部门则需要依靠那些更加正式且具有独特重复性特征的契约。在视觉艺术市场上，创意产品最初源于单个艺术家的某些才艺，然后经过一个或者一系列步骤（加工、交易），最终交付给顾客。“无人知晓一切”的特性显示，这一产品制作过程的早期和晚期都存在着关于市场反应的巨大不确定性。因为关于一个创意产品制作的正确决策往往会比一个错误的决策带来更多的价值，所以参与产品制作的各方都会觉得有必要了解那些有关成功或失败的预兆，即使他们所获得的信息量不大。投资于信息搜寻并加以应对的动机，是为了最大限度地使产品制作流程的后续方调整相关资源的投入。另一个关键的特性是产品制作过程中任何一个阶段的投入（无论是创意的还是“单调”的）都完全属于沉没成本。一般而言，只要这些投入完成，投入方对产品的价值就不会有更多贡献了。此时如果一个尚未完成的项目被认定有偏差，那就要对原计划进行修正（或做其他相应调整），而这既需要额外的资源投入，又必须据此对决策权的分配加以相应的调整。总之，整个投入的进程不会“走回头路”。

为有效侧重于各种激励措施，这样一种创意产品加工流程的契约设计必须使各方所获得的决策权与他们各自对最终产品价值可能的影响力相一致，而这正是创意产业中普遍应用的期权合同的性质。我们不妨设想一个

① 有关背景参见Hart(1989)。

艺术家（如已完成电影剧本的编写）和一个能够提供下一轮制作所需投入的代理人（电影制片人）之间的交易，他们之间的期权合同具有以下特征：

• 制片人利用一段时间（也许是六个月）来调研把剧作家的剧本拍成电影的可能性，这种调研期也可以延长。

• 按照剧作家和制片人达成的合同条款，如果制片人决定买断剧本并拍成电影，那么剧作家能得到报酬，而剧本的改编权自此归制片人所有。

• 剧作家一旦出让期权就能得到报酬（期权到期前放弃对作品的任何其他权利），其通常相当于一部分合同价格（若执行期权，则期权费很可能会抵扣剧本购买价格）。

这一期权合同提供了一种有效的激励结构，因为它尊重创意产品生产过程中之前投入的沉没性，并把决策权交由着手决定是否以及如何继续进行产品制作的相关方。然而，对提供了产品的最初也常常是决定性的投入却只能眼睁睁看着产品的后续命运交由“单调”决策方的艺术家而言，这一合同多少有点不公平。就由他人掌控艺术家构想的实现而言，这有悖于为艺术而艺术的偏好。当然，艺术家可以通过谈判保留有关决策权，就像电影导演保留“最终剪辑”权，从而把一堆未经加工的胶片打造成一部完整的电影那样。不过，对后续步骤拥有决策权也许会让艺术家付出高昂的代价，因为这意味着合作各方对项目后续进程的决策有着被耽搁的无限多的可能，除非艺术家所能保留的决策权范围有着明确的界定（如最终剪辑权[①]）。

对这种期权合同在理论上分析最为恰当的也许就是Nöldeke和Schmidt（1998），他们研究了一个连续生产过程中甲、乙双方轮流负责的项目的所有权更替安排。假设乙方在盈余产生之前购买甲方已完成投资项目的期权，随着甲方投资（努力）的增加，乙方买下该项目的保留价格也相应增加。这个条款增强了甲方的投资意愿，因为投资不足会令乙方因顾虑而不行使期权；但是甲方也不会过度投资，因为乙方将成为项目的老板，能获得由甲方投资的多余部分所产生的大部分利润。如果乙方的所有权足以促使其自身进行有效投资，那么整个契约就是最优的。

应用于创意产业的其他契约条款也具有相对的效率和激励性，如通常由出版商预先支付给作家版税或是由唱片公司预先支付给流行音乐家版税。我们以前者为例，预支版税意味着出版商和作者提前对项目的预期净收入进行分成。然而，版税照例应该是根据销售收入提取的，这样出版商进行推广的动力就会有所削弱，因为其“购买”的额外销售收入中会有一部分流入作者的口袋[②]。在传统意义上，预支的版税被视为出版商为使作者在呕心沥血般创作过程中能够得以维持温饱的营运资金。无论如何，版税对出版商而言仍是一个重要的激励手段，毕竟在预先支付的版税从实现的纯收入中收回之前，出版商保留着由其努力推广作者的作品所产生的全部利润。由于较之作者在作品出版后可以采取的任何推广手段（如签售活动、电视脱口秀）而言，出版商的推广决策往往对作品盈利性有着更为重要的作用，因此预支版税提高了契约的效力[③]。

---

① 为艺术而艺术的偏好与创意工作的筹资条款之间的权衡还是不乏例子的。Fee(2002)把主要由电影发行商(即筹资生产和发行业务一体化企业)筹资的电影,与外国发行商、个人基金等所独立提供资金的电影进行了比较。对制片人而言,独立筹措资金是个相当大的负担,但却能保有其创作的控制权。Fee假设并证实:当电影制作者为艺术而艺术的偏好特别强烈时,其会独立筹措资金。在这种情况下,电影制作人、导演、编剧都是同一个人。

② 唱片公司通过在艺术家版税中支取一些推广费用来校正这一动机,这确实促使唱片公司承担了更多的推广工作(由艺术家支付费用,同时唱片公司和艺术家分享其所产生的额外总收入)。

③ Hansmann和Kraakman(1992)对预付款契约的效率提出了一些相关的建议,这些建议能够用来阻止出版商在出版流程后期出现不利情况时机会主义地拒绝一部书稿。

流行音乐家与唱片公司的契约中有关预支费用的计算则与众不同，因为这不仅要预先估算唱片的版税，而且还包括音乐家录制母带的成本。一旦音乐家喜好那些唯有使用昂贵的录制设备才能完成的精巧电子程序，那么唱片公司又要额外承担一大笔开销。倾向于完美主义（为艺术而艺术）的音乐家会产生与金钱有关的动机，即有效而不是过度地使用录制时间。尽管如此，如果一个风险偏好型的音乐家倾向于把所有可用资源都下注在一个赢取巨大成功的可能性上的话①，那么这种动力也许就不会像计划中的那样起作用。

17.2.4 代理人和“媒人”

艺术家与把关人之间的关系时常牵涉一个代理人，他是艺术家与实现其创作市场价值的企业之间的中介。这些中间人依托创意部门提供若干服务，包括撮合才华各异的艺术家与拥有不同能力及必须投入的创意企业，在艺术家和把关人之间谈判契约条款，以及在挑选代理对象时充当把关人。

从表面上看，代理人所提供的服务就是代表艺术家（如作者）与有可能把艺术家作品推向市场的企业（出版商）打交道。这一代理功能由一个激励性契约治理，代理人可获得艺术家总收入的某一份额（传统的份额是10%，并可向上微调）。这类契约（包括10%的提成比例）早在中介业务刚刚兴起的19世纪就已订立，因其激励性价值和作者的贫困所致，很快便取代了一次性服务收费的契约（Hepburn，1968）。不过除了代理服务，代理人还提供把关服务，如若不然，这些服务就会完全由出版商提供。只有预计到为作品寻找市场所付出的时间（努力）能够从实际取得的版税中收获足够的补偿，代理人才会着手代理某位作者。代理人也可以投入时间（努力）编辑、完善作者的作品，以达到令出版社的编辑重视其潜能的地步。我们不妨考虑发生在正式代理人与出版社雇用的编辑之间的交易。他们频频互动，结果编辑对于代理人出于作者利益考虑的言行日渐信任。这种频频互动所致的信任也符合编辑的推断，即代理人如果致力于推广一个前途一般的作者，那么他就会遭受经济损失：与预付的大量机会成本相伴的则是糟糕的补偿前景。对出版商而言，对代理人陈述的信赖（他们的把关技能和质量信号）取代了原先要从所谓自发投稿的“泥堆”里挑出中意作品的做法。后者很可能是一种效率较低的“做媒”程序，因为仔细鉴别那些“无人陪伴”作品的出版商无从了解代理人通过与作者接触所获得的信息。

尽管代理人的把关和代理功能使出版商受益，但代理人基于作者利益的谈判技能却是与出版商相对立的。出版商提供一系列有着少许差异化的服务，但这些服务都产生不了多少租金收益，而作者独有的书稿却是这个出版联营体中一项能够产生租金的投入。因此若干年后，出版商原先共享平装本、电影以及其他衍生产品的附属权利会逐步减弱，此时作者的代理人却已能够盖过出版商而主导这些附属权利的拍卖。就这样，出版商从附属权利中实际得到的租金份额会减少，而其依靠代理人的把关功能得来的收益会增加，两者呈现出某种反向的变化②。

所谓的鉴定人的功能与代理人的把关功能类似，他们在对艺术家或其作品的质量做出良好评判时拥有技能或进行了相关的技能投资。有关理论研究最近转向了揭

---

① 流行音乐契约的另一个特殊之处，在于一系列“欺骗性”条款组合，即按照契约规定，音乐家的版税收入会被各种成本（包括完全造假的）一点点吞噬。产业观察家（Passman，1994）推测，音乐家似乎得益于夸耀高版税率，而暗中同意这种实际收入的稀释。

② 附属权利收益中精装版出版商的一次性大量分成明显对出版商的推广工作有着激励性价值。显然，作者（以及代理人）认为这种激励价值对他们来说并不能与租金流的重新分配相媲美。

示鉴定服务市场的特征，包括其服务的垂直型差异(Hvide and Heifetz，2001)。虽然创意产业中评论家们的经济功能尚未得到充分研究，但从零散的证据来看，其中似乎也有着一些令人感兴趣的特征分析。除了视觉艺术品的重大收购之外，消费一个创意商品的个人决策属于小买卖，没必要花上一大笔支出用于顾问服务[①]。所以，评论家的意见与互补性信息通常打包发表于报纸、杂志中，而所提供的评论数量则取决于捆绑信息对消费者的边际吸引力，并且与这些消费者对报刊中其他内容的边际估值有关。评论服务似乎受制于垂直差异化，同时也受到不同顾客对不同艺术和娱乐产业的具体参与的影响。也就是说，一个人从消费创意商品中得到的效用随着其"文化消费资本"的积累而增加，这些资本形成于其先前的消费经验以及专业和非专业性训练(Stigler and Becker，1977)。每个人积累这类消费资本的才能和意愿千差万别，因此他们参与消费的表现可以从"痴迷的行家"到"偶尔的玩家"进行各种分类。由此，评论家和鉴定人提供的意见也相应呈现出一种垂直差异化。其中，他们为"痴迷的行家"提供的常常是言之有理、具体翔实的评估。对于"偶尔的玩家"，他们则往往不再言及具体的评价标准，而只表示是否喜欢有关商品。

17.2.5 代理和中介

上述分析中尚有几个未答复的问题与代理人功能的具体组织有关。代理人的首要功能类似于斡旋或工作匹配。迄今有关中介的理论已有大量研究[②]，其侧重于中间人的服务对主要由买者和卖者个人承担的搜寻活动所拥有的生产率优势，同时也涉及中间人的价格-成本差率中的几个决定因素，包括中间人的数量和他们互相竞争的模式。在这类文献中，中介的生产率基于其交易费用的优势、持有相关信息或资源的优势，还包括在确定质量和避免逆向选择方面的优势(Biglaiser，1993)。不幸的是，这些文献与创意产业中那些属于中介活动基本性质的具体表现并不非常相符。由"无人知晓一切"特性所致，信息的影响似乎并不是个问题，尽管搜集信息以匹配各不相同的买者和卖者的特点涉及巨大的成本。此外，对代理人服务的市场均衡价格的分析忽略了对另一个问题的解释，即为何代理人和艺术家(即委托人)之间长期共享收益的安排似乎是一种行业惯例，而且不受供求关系的干扰。为此，本文尝试着提出以下理论上的分析：

假设一组作者被介绍给一组出版商。每一组成员都拥有给定的一系列差异化特征，这些特征不仅客观存在，而且另一组成员可以花费一定的成本加以查明(即不存在隐藏信息)。假定配对任何一个作者和出版商所产生的价值共同取决于双方的特性，市场上存在若干作家和出版商组合的最优配置，并且任何拥有候选方信息的代理人都可以计算出这些配置。因为无意于双方的具体合作条款，我们假设每个作家的外部保留价格为0，并且达成配对的双方的博弈总会达成纳什均衡。在这些条件下，代理人的配对优势便是一种自然垄断：代理人只需要一次性收集每个作者和出版商的特征便可以探明最优配置，而分散的自行配对则需要重复搜集同样的信息。一个垄断代理人可能因有限理性或时间限制(即他在收集处理所有相关方的信息时发生延误成本)而无法实现收益最大化。这些令收益减少的因素都容易导致代理人数量增加，使得代理人数量的均衡值成为需要配对的作者和出版商数量以及汇集他们信息的成本的增函数，当然所有配对的平均质量也下降了。[③]

① 当然，消费者个人或许也会花巨资去做调查和研究，但他无疑很难把其偏好传达给顾问。

② Spulber(1999)做过这方面的概述。

③ 信息搜集成本的效果应取决于代理人是否能够细分各类市场群体以及是否能够避免重复搜集的成本。

谁雇用配对代理人也很重要。假如将作者和出版商比作右鞋和左鞋的话，那么代理人可以简单地以一个企业家的角色进入市场，采购处于分离状态的左鞋和右鞋，然后把它们配对后成双出售以谋取利润。而在那些人力资本单位已经互相匹配的场合，这种做法显然不会有用武之地，一些当事方想必会招募代理人来打理有关合作事宜。这种对治理合作关系的需求似乎在代理人行为中注入了内在的不对称性。代理人是否可以随意为市场的任何一方工作呢？乍看起来，这种组织安排似乎是可行的，但其实有可能不行。代表新郎和新娘的媒人有动力把其代理名单中的未婚男女加以配对，而且并不需要实现新郎（或者夫妇）的收益最大化，不过他们在商定彩礼一事上必然会引发利益冲突。即使没有打理合作关系的问题，专业化的经济性也要求代理人只为市场上的一方服务。既然如此，我们就要了解需要配对的不同主体之间有哪些不对称或者差别会导致其中哪一方将更有效地担当雇佣和监督代理人的工作。

让我们重新回到作者和出版商的关系问题上。假设出版商的特征和策略能够轻易地从出版商的存书目录以及他们在作者们中间所享有的能力和诚信方面的声望得出，而另一方面鉴定作者质量的成本则较高。如果代表交易一方的代理人汇集（委托方）信息并经济地转达给另一方，那么与转达成本较低的基于作者立场的关于出版社特征的评价相比，转达成本较高的关于作者及其书稿的评价则更有价值。同样的逻辑也适用于在对方看来具有不同重要性或价值的信息。如果一位著名作者的书销售失败，那么出版商就会损失惨重，但该作者也许对主流出版商中哪一家发行他的书几乎不感兴趣。因此，有关作者信息的集约搜集更有价值，这对代理人的服务提出了相应的要求，而出版商的信息搜集则可以留给各个作者来做。其他影响也需要衡量。假设一个出版商评估一个预期作者的费用与一个作者评估一个预期出版商的费用相同，即使在把关代理人筛选过之后，作者的数量也会超过出版商的数量（例如，每家出版社作为独家出版商服务于多个作者）。如果代理人只是负责搜集市场上某一方的信息，他们当然会选择人数更多的作者一方，从而使所整合的信息多于代表数量较少的出版商时的信息。[①]代理人的把关功能排除了许多作者，其实属于这种“差分数量”效应的一个特例。

目前，这些预见只有一些描述性信息充当经验性证据。很久以前，各地戏院预订综艺和马戏演出的市场便已有明显的自然垄断倾向（Poggi，1968，pp. 11-26；Sanjek and Sanjek，1991，Chapters 2，3）。20世纪20年代至40年代，美国乐队演出的预订也是一个特别有趣的案例，因为它阐明了当时美国音乐公司（MCA）在乐队与演出场地配对业务领域发挥近乎垄断性中介作用的诸多因素。不过MCA支配地位的形成受配对的规模经济性的影响不大，而更多地是由另外两个因素所致：一为管理乐队行程安排的规模经济性；二为大机构的信誉价值，其庞大的固定资产确保了中介遵守契约并付款的责任（Walker，1964，Section 2，Chapter 5；Stowe，1994，pp. 103-106）。MCA还有可能从场地经营方的强制性排他交易中获利，这一交易要求场地经营方只能预订MCA旗下的乐队（McDougal，1998，pp. 108，128，224）。最后，对大型好莱坞式代理机构（如创新艺人经纪公司，CAA）内部运营的描述表明，其所属的每个代理人均服务于少量艺术家，这符合单个代理人因有限理性和时间成本所造成的业务规模有限的假设。其规模经济的重要成因则源于为同一企业工作的代理人之间信息的自由交换，以及把诸多项目打造成同一代理机构旗下各种人才的相应组合的机会（Slater，1997）。

① 我们忽略了市场双方各自都拥有专业代理人（如原告律师和被告律师）所致的似乎合理的后果。

17.2.6 把关企业的内部组织

把关过程对创意产业中企业的内部组织会产生影响，因为把关人在接受最高层管理者审查的前提下，将选择企业实施的项目，进而作出至关重要的投资决策。把关人最重要的任职要求应该就是发现艺术家的潜在才能，或许还包括与艺术家一起创造出成熟的艺术作品，其执行企业投资决策的任务也意味着更大范围的责任和激励。一个有效的奖惩机制会因一个好的选择而奖励把关人，或者会因一个坏的选择而加以惩罚。因此，负有挑选项目责任的决策人还会关心涉及项目最终盈利性的后续加工步骤的具体实施。美国现代出版业已经彰显出这种组织逻辑的意义。执行把关功能的编辑从前只是负责挑选作家手稿，加以修改润色后付印。如今推广那些可能广受欢迎的书（“大制作”）已成为出版社的核心功能，以致用于编辑挑选书稿的花费在很大程度上需视推广活动的威力而定，促销活动也就顺理成章地取代编辑书稿而成为编辑首要的“创业性”任务（Whitesides，1981）。编辑们的报酬似乎与项目的盈利性没有密切的关系（不像销售代表和证券商）。不管怎样，成功的编辑确实可以获得重要的利益回报（比如自己的精品标签），而那些挑选了一连串失败项目的编辑也可以寻觅新的机会。至于其他创意产业中类似编辑的角色（例如，电影和百老汇舞台剧的制作人），他们从成功项目中拿到明确的利润分成，即使失败项目的收益惨淡，他们的利益也会在很大程度上受到保护。在把关人属于风险规避型，并且即使把关人付出了最大的“创业性”努力之后项目的成功仍具有高度不确定性的条件下，上述不对称的报酬激励形式很可能还是最优的。

把关人功能（如编辑、唱片公司星探、电影制作人等）的逻辑也揭示了这些人员的外部联系以及他们在创意产业中企业之间的流动性。对此一些社会学家首先对其加以关注，他们对受雇于不同企业的项目运作能手之间的交流感兴趣（Rogers and Larsen，1964；Powell，1985）。经济学家通常假设企业会采取有力的保护措施，防止外人刺探他们内部活动的一切信息，因为泄露信息很可能会使竞争对手复制其生产力的秘密，或者会使竞争对手采取措施预防其市场策略。不过，创意产业包括大量终将无法实施的潜在项目（无限多样性），还有许多项目虽已实施却最终失败。一个给定企业的哪些项目失败了，哪些项目看上去前途光明但细想起来又不合适，这些信息在很大程度上缺乏保密的价值，但如果被竞争对手获取就可创造潜在的价值，却不会对泄露信息的企业产生任何直接损失。因此，专有信息在受雇于互相竞争企业的把关人之间便成为值钱的交易物，这些把关人今天转让有用的信息就能在将来要求换得某种相应的好处①。

与创意产业中把关人之间信息的流动一样，把关人也存在流动性。他们的人力资本并不专属于企业。就把关人而言，企业之间的差别不在于把关人的无法控制或无权支配的制度或技术，而是把关人自己所实施的项目选择策略。把关人个人的信誉资产是在其与代理人、艺术家的反复交易以及与其他把关人非正式的信息交易中形成的，这部分资产大多不归雇用把关人的企业所有。因此，创意产业中的把关人表现出高度的工作流动性。在出版业和唱片业中，这种流动性直接表现为跳槽。而在电影业和电视业中，把关人（分别为制片人和编剧兼制片人）通常是一个独立代理人或一家小企业的所有人，他可以和一家大企业（如电影公司）达成一项业务受托管理协议，从而给代理人提供了相关的运营场所和开发新项目的本钱，而甲方在若干年内对代理人的项目

① 这个领域似乎还有进一步理论研究的空间，其中一个可能的方法参见Baron和Besanko（1999）。

拥有最终否决权。

17.3 复杂创意产业的结构和契约

如果能够粗略地区别依赖于单类艺术家作品的创意产业和基于多类艺术家联合产品的创意产业，那么这一区别还是有用的。创意投入各不相同的制作人会以复杂的方式相互作用，而“单调”投入方之间则通常不会如此。在如何完成一个共同创意任务方面，艺术家们各自都会有为艺术而艺术的偏好所致的偏好。调和多组不同偏好可造成棘手的讨价还价问题，因为这些偏好很可能使细致的筹划和旨在达成一个皆大欢喜的契约安排的谈判难以进行。事实上，有关电影作品、舞台剧和音乐剧制作的报道往往提到艺术家们因对最终产品的构想各异而引发的争论。这些争论往往通过“秀肌肉”的方式得到解决，最终获得支配地位的是若其退出则将对项目前景造成最大伤害的参与者的偏好。这种退出威胁的重要性很可能与参与者以往出色的业绩记录（成功）、（或者）其与众不同且不可替代的技能与特点相关（Rosenberg and Harburg，1993，Chapter 7）。在一个创意项目中，在若干条理清晰却各不相同的构想之间的妥协显然会使项目面临成为一个失败的大杂烩的危险，而实施某个或更多的妥协之前的构想或许能取得成功。

17.3.1 一体化与分化

在众多创意产业中，20世纪的美国电影业提供了一个引人注目的例子，它解释了与消费者对不同类型和质量的创意商品的估价相互作用的各类契约的不同结构的相对可行性是如何能够决定一个产业的组织的。好莱坞大电影公司兴起于20世纪20年代，它们实现了从电影制作到发行、放映的垂直一体化，并通过契约或正式雇佣保有了制作电影所需要的许多专门创意技能。有效调配这些签了约的影片制作资源需要电影按正常进度制作，以保持发行和放映管道的充分利用，每家电影公司编制电影制作计划也是以满档期使用其旗下昂贵的人才为宗旨的。这一制作流程推出了一个“精准”的产品，即电影在质量和风格上相对标准化，尽管观众和评论家的反应可能千差万别。正常情况下，这些电影会被分为A和B两类，其中后者质量较低并且制作时间较短，并作为电影院连场放映时的第二部影片。B类影片可以由大电影公司里的某个单独部门制作，也可以由所谓的独立电影公司制作，除其他事务外，该类影片还被用来训练电影制作的新手。

电影公司和主要演员及其他艺术家之间采用的是上述17.2.3节所解释的期权形式。演员与电影公司的合同半年签订一次，最长可达七年，电影公司拥有每六个月重订合同（如加薪）或者终止合同的选择权。这样，电影公司便有积极性大量投资于它们所看好的演员的事业，因为电影公司可以获得演员一旦成功所产生的很可能持续其职业生涯中相当长一段时期的收益。电影公司对主要创意选择拥有决策权，如角色分配权。在演员上升至明星地位的过程中，在其合同期满之前显然常常会有薪酬谈判，而明星们则拥有获取特殊待遇的权利，好莱坞在这方面不乏传奇故事。尽管如此，即使明星们也无法决定他们饰演什么角色。把演员出租给另一家电影公司拍一部电影，无疑是一个有助于解决合同期内争端的办法。这样，签约电影公司所收取的不仅是该演员的演出费用，而且是公司的额外收入。除了在解决长期期权合同所致的争端和紧张关系方面的作用之外，出借这一做法也可以放宽由电影公司固有的观念所致的对电影质量的制约，即所谓每部电影的制作都应该使用公司现有可用的旗下资源。

在20世纪40年代至20世纪50年代间，电影业的体制转变成了由诸多不同契约绑定在一起的完全不同的组织结构。这个引人注目的例子表明，一项艺术活动的最优组织如何随着那些影响着对产品和（或）一系列可行的（合法的）契约的需求的外部扰动而发生大幅度的分离式转换。若干因素促成了这一变化，只是这些因素各自的必要性和充分性目前尚不完全明了。其中一个因素就是电视的引入和扩散，电视为电影观众提供了一种低质量但廉价、便利的替代品。因消费电视娱乐节目无须支出金钱和交通成本，电影（特别是B类影片）面临极大的竞争。为此电影业作出了理论上可预见的调整，包括减少电影制作的数量，采用昂贵的资源投入和精心制作的特技效果，以拉开电影与小屏幕竞争者的距离并提升电影制作的质量。另外一个重要起因是1948年美国政府诉派拉蒙电影公司的反垄断案，其最重要的后果便是终结了好莱坞电影公司通过垂直一体化进入放映市场的做法。在此之前，这些电影公司主要通过收购市中心区电影宫的所有权并赋予其电影首映权而推行垂直一体化。虽然电影公司无论如何也不会只在自己所拥有的电影院上映自己的影片，但是这种前向一体化有效指定了一个电影制作的进度，使固定地每周更换每个剧院的排片表成为可能（Conant，1960）。分解则往往降低了电影公司电影的最优生产率，为每部电影在每个城市上映逐个进行市场推广。

放映权被强制剥夺和垂直差异化导致了美国电影公司通过分离电影制作与电影放映进行了彻底的重组，其主要变化是如今每部电影都采取所谓按菜单点菜的方式，从任何一个好莱坞人才库里组合出最为适合的可以利用的投入。这种变化与电影较之电视的垂直差异化是相宜的，因为它打破了依赖单个电影公司的人才库所产生的约束，同时也促进了电影制作在广度与雄心上的广泛差异。许多固定设施被拆除，以往每家电影公司都拥有自己的制作设施，其中许多还有预先建好的布景，甚至有些电影公司还拥有自己的交响乐队，等等。现在，这些及其他许多投入和技能则根据需要临时雇用或租借①。

Christopherson 和 Storper 的一系列论文（Christopherson，1992；Christopherson and Storper，1989；Storper，1989；Storper and Christopherson，1987）记录了好莱坞电影产业组织接下来的转变，除非标明了其他来源，以下所论及的变化都出自他们的研究。电影制作由大型发行公司（电影公司）转向小型发行公司和独立电影公司，一部电影往往集中了不同的投入组合，且几乎没有“回头生意”（Lazarus，1985，pp. 94–95）。其他诸如人才代理机构等电影投入供应商也进入了组织电影制作的生意（Slater，1997）。许多专业服务企业应运而生，它们根据市场需求提供有关电影制作服务，平均每家企业的规模则随着企业总数的增加相应有所减少。只有当诸多投入的供应商在洛杉矶地区集聚，制作电影过程中市场交易数量的大幅增长所致的交易成本问题才会得到缓解，这种向心力是显而易见的。更多的从业人员同时为多个雇主工作，之前长期从几大电影公司榨取大量租金的同业工会发现他们自身已不再有能力掌控熟练劳动力的竞争性供给。导致电影公司利润逐年变动的因素从它们签约的明星和所控制的影院变成了电影制作的质量（Miller and Shamsie，1996）。已完成影片的独立展映市场也在北美（圣丹斯、多伦多）和海外（戛纳）（Donahue，1987）迅速兴起②。

① 其他外生的变化在这个转型中起着次要作用。在第二次世界大战期间，个人所得税的高税率鼓励明星组建自己的制作公司，以一部电影为单位向电影公司出租服务，这种避税方法成为之后一次性交易体制的先例。摄影机技术的进步使得外景拍摄更加方便，减少了电影公司露天布景的用途。此外，20世纪80年代派拉蒙法令期满之后，并未出现对发行和放映垂直一体化的大量回归。关于这些外生变化的重要性，值得关注的是英国电影业经历了与美国同样的垂直分化过程。英国电影制作者同样面临着来自电视的竞争，但他们并没有遇到诸如派拉蒙案那样的裁决，这似乎表明来自电视业的充分竞争是英国电影业垂直分化的原因。

② 英国电视节目制作市场曾经也出现过类似的垂直分化，参见Starkey、Barnatt和Tempest(2000)。

17.3.2 复杂创意商品的契约

当一个复杂创意产业的组织从广泛的一体化转向“灵活的专业化”时，我们期待会出现一整套相宜的契约安排来治理如今独立的生意往来。电影业以及与其相随的电视节目市场给我们提供了一个有吸引力的研究案例。电影项目通常发端于一个试探性的剧本，或者是一个有待改编成剧本的文学资源。实物期权合同可以为试图开发一个剧本的制片人（电影企业家）提供可行的治理方式。这一系列的步骤确定如下：处理故事剧本（大纲）、完整的草稿、修订剧本、润色剧本等，作家每做一步都有相应的报酬，而制片人则拥有是否进入下一步骤的选择权。作为电影编剧的组织，电影编剧协会监督着一个仲裁程序，以决定通常情况下由多个作者经手完成的剧本的署名安排。

剧本制作完成之后，制片人设法组合制作电影所需要的创意和技术投入，并确保它们能够在恰当的时间用于一系列密切协作的后续步骤。这一任务也会面临被搁置的问题。由于其他参与者已经引发谈判沉没成本及被排除诸多选择，加入合作的最后一项投入获得了某种掌控力。拥有高机会成本的参与者会坚持订立薪酬保障契约，这类契约规定参与者只要在特定时间提供了档期，就应得到报酬，即使这个电影被推迟乃至被取消。尽管如此，薪酬保障的具体承诺还可以重新谈判，否则参与者可以另寻别的制片人。电影有时之所以失败就是由这种订立契约过程的缺陷所致，例如，在剧本还有问题没解决之前就组成了制作联合体，再比如一个关键参与者可能会获得承诺来满足其对电影的全面成功有着致命影响的一些奇异念头或偏好。不过，作为在“无人知晓一切”条件下的投资决策，这个过程看似还是有序和可行的。好莱坞电影公司任何时候都有数百个处于某种开发阶段的项目。就此而言，那些被“开绿灯”的项目不管怎样，其实都是从艰难的筛选过程中幸存下来的。

电影契约通常会规定给予主创人员或有的补偿，如给予他们电影放映收入、纯利润的分成，或者其他类似的报酬。这些约定中严谨的激励性内容是一个具有争议的主题。创意人员有时候只拿收入或利润分成而非直接报酬，是为了坚定地表明他们看好项目的价值。这类或有补偿也可能被用来诱导创意人员作出努力，如对一个连续出演同一个动作冒险系列片的主要演员（Chisholm，1997）[①]。无论如何，高薪参与者的补偿也许是视情况而定的，因为这样一笔庞大的固定费用会把项目几乎全部的风险转移到其他干活拿钱的人身上，并大幅度抬高他们的保留价格（Weinstein，1998）。不管出于什么原因，基于净利润的补偿都会受困于推广电影的电影公司对决定纯利润的整套账目的掌控。虽然引入电影公司利润决算的所谓创造性会计元素一般说来有其令人信服的经济学缘由，但是电影公司也有发生道德风险的极大可能性，即通过抬高所谓评判成本及各类分摊，从而有利于自己而损害其他参与者的利益，如臭名昭著的所谓好莱坞会计。项目参与者们通过事先就纯利润的定义进行谈判或者要求得到总收入而非利润的分成寻求规避这种道德风险。不过这样一来，他们自身的交易成本又会削弱或有补偿的使用。

17.3.3 垂直差异化人才

复杂创意产业采用各组功能差异化的创意人才，他们的垂直型差异（如第一等和第二等的属性）对产业组

① 无论这些激励在电影或有条款契约中是否重要，它们在这个产业的其他契约中都是特别重要的。Goldberg（1997）说明了各种或有契约是如何反映契约各方面临的能够提高交易价值机会的诸多时机的。

织也很重要。问题是选择创意投入和产出的企业家如何应对不同投入的质量差别。显然，一种创意商品为市场所认可的质量会随着创意投入质量的提升而改善。这样，一种投入的质量会被优化改进，直至项目的预期收入增量下降至与质量成本的增量相等的水平。创意产业面临的另一个生产关系，就是在决定市场所期望的产品价值方面创意投入的质量不是以加法而是以乘法的方式互相作用的，即所谓O形环生产函数。在这些情况下，任何一方的失败或表现欠佳都会降低整个项目的价值。同样，一种高质量的创意投入与其他同样高质量投入的组合可以生成较之投入一个低质量项目更多的价值增量。福克纳和安德森（1987）提供的证据支持了一个并未明确给出的观点，那就是比较成功的制片人、导演、摄影师组合往往比随机的组合有着多得多的合作。

创意投入中垂直差异化的重要性提出了一个问题，即什么样的机制评估、记录竞争性创意投入的质量排名。这与把关人接受谁而排除谁的问题不同，尽管被接受的人才（视觉艺术家、音乐家、作家）都要经受由评论家和消费者评价所形成的排名。在电影制作这类复杂的创意产业中，一个经济机制支撑了一个持续地对给定创意小组成员进行排名的评估过程。他们评估彼此的专业才能表现，这与他们所参与的项目整体的成功毫无关系。每一个人才获益于其对自己在质量等级中的位置的准确认识，从而减少了由那些竞争质量要求高于或低于其等级的项目所致的交易费用和机会损失。[①]对盛行的排行情况的了解也可能生出其他方面的价值。例如，为电影制作背景音乐的作曲家有时会操劳过度，而有必要转包一些工作给新来者或低等级的人才（Faulkner，1983）。因此，一个人才与同行经常交流、讨论、确定排名并形成共识，也具有经济价值。此外，对一个给定类别中的人才等级排名的兴趣现在也扩散到了参与同一组项目的其他类型的人才中。每个人都需要了解其他专业的人才排名情况，以便正确推算其所在项目的整体质量排名。这样，整个系统的运营可以建立并更新关于创意人员排名的一致看法，可供制片人为一个项目选择投入时所用。

17.3.4 复杂创意商品的发行

像其他制造活动一样，复杂创意产业也面临着如何有效地把其产品发行给最终消费者的问题，这种发行包括让消费者了解可供产品的种类并使之能为消费者所得。出版业和唱片业等创意产业，面临着由两个根本的结构性特征所致的不同问题。第一，创意产品是一个“经验商品”，它在最终买家还未实际消费之前是不可能被准确评价的。商品的提供者由此面临一个问题，即如何散布一些产品价值的信息以示意其能符合消费者的爱好。第二，一个产业所提供的产品系列包含大量特殊差异化的商品，花点小钱就可以在零售店买到。如何有效地发行大批次、小批量的产品，同时备足存货以随时应对消费者不确定的需求，便成了市场必须解决的一个问题。

图书出版商和唱片公司有着一个与众不同的因素，那就是零售商的存货自身也起着促销作用，因为消费者是通过浏览零售店的陈列来获悉其可能购买的商品的。零售商通过扩充存货可以带来额外的销售收入，他也会根据这一额外所得制定存货决策。分享这种额外收入的出版商有理由引导零售商扩充他们的存货。出版商可以运用几个策略来达到这个目的，其中两个在实践中特别重要。其一为从20世纪30年代开始美国出版商允许零售商无条件退回未售出的图书。这一优惠可以让零售商在增加存货的同时减少持有存货的成本。虽然零售商还

① 类似于一个古诺竞争者因准确了解自身可变成本胜于了解竞争对手可变成本而获利的情形(Shapiro,1986)。

需要支付退还未售出图书的打包和运输成本，但与降低零售价直至售罄图书这一选择相比，其净收入的损失很可能会更小。出版商承担图书印刷、退还图书的单程运输与处理（把它们当废纸卖给造纸厂，或者通过专门的折扣图书销售商卖出）成本。另一个策略就是转售价格维持（RPM），其不久之前在美国之外的国家还很普遍。根据这个条款，出版商与零售商的契约规定图书不得以低于出版商所建议的零售价格出售。由于避免了零售商之间可能会出现的削价竞争（假定是畅销书销售），RPM提高了全部图书销售商销售图书的毛利率。因此，这一策略增加了零售商的畅销书最优存货量，也增加了图书零售商的均衡数量，但不会直接促进零售商增加非畅销图书的存货。这样，无条件退货和转售价格维持都纠正了出版商眼中的市场扭曲，但同时它们各自又很可能产生新的扭曲。从社会的角度看，我们也无从推测哪个策略更好。

零售商存货对于创意商品发行的促进作用还有另一层含义。零售商的货架空间对出版商或唱片公司都有价值，因为这是消费者一时冲动购买额外商品所产生的额外利润的来源。这一潜在的利润使零售商有机会向出版商收取在商店内醒目位置的展示空间费用，如靠近正门的桌子。这种“通道费”在食品杂货零售店中也很常见，同样适用于零售商所承担的其他可辨识商品的促销（Shaffer，1991）。对出版商来说，把这些促销策略所产生的价值直接支付给零售商，乃是对前文言及的无条件退货和转售价格维持两项策略的部分替代。

当生产商和发行商之间不能达成契约时，一个经典的补救办法就是垂直一体化，它以行政指导替代了市场公平交易。垂直一体化在创意产业中有一定作用，特别是在20世纪70年代唱片公司和批发商之间。它显然是顺应唱片公司需要的产物，可使唱片公司协调那些具有大卖潜力的流行音乐唱片的发行和推广。例如，当一个音乐家需要巡回推广一张新唱片时，发行部门就会及时调配他的大量新唱片和以往取得成功的唱片进入其行程所及的城市零售商店。如果没有垂直一体化，唱片公司就不可能轻易引导独立批发商备货，使其联合利益最大化[①]。垂直一体化对唱片公司的市场集中也有着重要影响，下文将对此加以讨论。

因此，书籍和唱片等创意商品生产者都面临着两个彼此关联的问题：向消费者传递信息，以及有效发行大批次、小批量的差异化创意商品。可用的解决办法包括无条件退货、转售价格维持、通道费以及其他等，在不同情况下，这些方法既互相替代，又互相补充。

17.3.5 创意产业的结构

许多观察家注意到若干创意产业中卖者高度集中，这不仅发生在美国，也发生在世界其他地方。有些部门的市场集中度有增强趋势，而在其他一些部门集中度则保持长期稳定，也没有迹象表明这一态势会发生改变。自20世纪20年代以来，电影发行大致由5~8家发行商控制。虽然随着每年各自发行电影业绩的变化，单个发行商的市场份额有较大波动，但是这个群体所占的市场份额总体上还是相当稳定的。唱片业自20世纪70年代以来成为集中的产业，至今最大的5或6家公司的发货量总计占全球市场份额约80%，并有进一步集中的趋势。虽然图书出版业从前属于不集中的产业，但是1993年美国最大4家出版商的批发收入总计占据全行业的30%。[②]关于集中成因的一个最常见的解释就是规模经济性和实物发行体系的沉没成本。我们已经在上一节

① 独立图书批发商的业务范围和职能反复变化，反映了图书出版和零售中组织变化的一个有趣途径，成本与技术的变化同样如此，参见Miller（2003）。

② Billboard，1995年1月21日，p. 42；Book Industry Trends，1995年，Greco引述（1997，p. 58）。

中评述了唱片业方面的证据。在电影业，发行体系负责新电影的推广，与各个剧院谈判放映合同，并具体执行每部电影拷贝的配送。凿实详尽的证据表明发行体系决定了这些创意产业的市场集中程度。在电影业，放映和制作过程的分离使发行体系得以建立并处于不变的集中状态。在唱片业，制作的集中与发行的垂直一体化同时发生（Belinfante and Johnson，1982）。在图书出版业，实物发行并不起关键作用，但是畅销书的推广却起到了培植大企业的作用（Whitesides，1981）。

研究这些寡头对重大外部扰动的反应，有助于探讨创意产业的市场集中及其根源。玩具和游戏产业具有创意产业的许多特征，与电影和唱片业形成鲜明对照的是，它们并不拥有稳定数量的主导发行商和数量变动较大的边缘发行商。玩具和游戏产业在推广走红产品方面展现了同样的规模经济性，其中最为流行的设计的市场主导程度实际上甚至有可能超过其他创意产业。不过，玩具和游戏产业在生产设施、发行体系、推广组织等方面没有大量沉没性资产，制作也一般通过契约外包出去。当一个玩具大获成功时，推出这个玩具的企业的销售额会突然地大幅度增加，但它不会导致新增固定设施或持久的信誉资产。而当一个预期会流行的玩具销路不佳，甚或当一个持续热卖的玩具受欢迎程度出乎意料地下降时，很大规模的玩具商也可能经营亏损并一夜从市场上销声匿迹（Stern and Schoenhaus，1990）。唱片业对流行音乐风格重大变化的反应，也提供了一个有价值的案例。摇滚乐在刚刚出现的时候完全不入那些大牌唱片公司艺术与曲目部门（A&R）的经理之耳，这些公司也完全不做摇滚乐。结果就是这些摇滚乐促使每周十大流行音乐排行榜变动加剧，以及唱片产业集中程度下降。不过，那些主导型在位企业吸取了教训。它们变得更加开放，开始新建或者收购新的唱片公司，以开发新兴的音乐风格，利用企业的发行和推广能力把产业的集中程度提升到如今很高的水平（Peterson and Berger，1975；Lopes，1992）。

创意产业市场集中的根源可以清楚地反映其与众不同的一个基本结构特性，即差异化创意商品数量的激增（无限多样性）以及发行体系的规模经济性。更有意思的是，它还反映了创意产业的另一个特性：作为出于内在需要的自主创作者的艺术家，其浪漫设想与一个大型继而官僚主义的商业组织中的协作要求并不相容。典型的创意产业中既有致力于推广和发行的大型企业，也存在着大量专门从事挑选和培养有前途艺术家的小型把关企业。后者的业务需要有和谐的人际关系，同时还能承受由规模较小所致的规模不经济。由推广和发行的规模经济性所致的大企业可被称为推广者，专事把关和培养的小企业可被称为选秀者。这种分离的好处在于艺术家和官僚可以相互免于烦扰。选秀者与推广者的这种区分广泛存在于电影、电视、首轮电视节目辛迪加、唱片、艺术画廊和图书出版等产业中。Mezias 和 Mezias（2000）基本确定了早期（1912—1929）电影产业中产销一体化的全能企业与只经营其中某个阶段业务的专业化企业之间的这种区分。另外，这种区分也存在于那些被公认为不是高度集中的创意产业。作为选秀者的画廊通常由个人经营，他们对视觉艺术有着强烈的情感，对视觉艺术创作过程的介入很深，因而他们与艺术家打交道很合拍。推广者倾向于通过提供更大规模、更有效率的推广，代理那些稍有知名度并且能从一家选秀者画廊挖过来的艺术家。[①]代理古典音乐家的机构也同样可以分成大小两类，其中小型机构主要协助艺术家个人的发展，大型机构则承担为顶尖艺术家安排工作的任务。

解释不同创意产业组织差别的另一个因素是随着产品产量的变化，产品质量成本的变化方式。如果质量的成本是可变的，那么高质量的成本将是边际成本的一部分，对不同质量水平收取不同价格的企业很可能会得以

---

① 影响这两类企业生存能力的一个重要特性，是选秀者在成功的艺术家作品价格被大规模推广活动抬高之前实现资本收益的能力。

生存。假如质量的成本是固定的，它就不会构成边际成本，一个高质量产品生产企业会倾向于通过低价销售排挤低质量竞争者。质量要价几乎无变化的市场将会高度集中；而当质量的成本可变时，更多竞争者可以生存，并且一系列不同质量水平的产品会具有不同的价格。贝利和沃德弗格的研究（2003）表明，这种质量要价的区别存在于两类地方性创意产业之间：饭店（质量的成本成为食物边际成本的一部分）和报纸（“小报”和“大报”发生同样的边际印刷成本）。质量成本的固定有助于解释创意产业的许多重要特征，包括“超级明星效应”（Rosen，1981）和美国作为一个供给者在世界电影市场上的主导地位（Wildman and Siwek，1988）。

17.3.6 创意产业中的多角化企业

创意产业中的大企业通常会从事为数众多的经营活动，以致被贴上类似于“娱乐集团”的标签。不过这一称谓令人迷惑，因为其各部分都是以产生收益为宗旨的方式进行整合的，即寻求超过如果由若干独立企业分别经营其中一项业务的纯收入之和的额外纯收入。一旦加以经济分析，那些决意一体化的经理们所宣称的协同收益常常会受到质疑。①多角化收益的商业模式源自所谓核心创意作品可以通过各种不同形态的具体表现来产生收益的说法。小说被出版商看中后，首先以精装本形式发售，紧接着就是平装本，然后又被改编为剧本拍成电影。通过把剧本转换为包含电影剧照的图书，电影被“小说化”。电影的配乐以唱片形式出版，一个电视连续剧也可以被理解为一部电影的衍生产品。简要来说，组织这些业务的思路就是：一家每条产品线上都有业务的企业能够把核心的创意从一个部门传递到另一个部门，其中每个步骤都可带来可观的收益。当然这样做项目也会有问题。例如，原书手稿的作者是核心的无形资产的法定拥有者，他（或者是他的文稿代理人）可以随时在每个能够产生收益的市场上拍卖版权。精装本出版商的标准合同力图把附属权利所产生的收益平均分配给作者和出版商。确实，这种分配对新手而言可能是合适甚至最优的，因为他的小说缺乏产生潜在的较大附属权利的明显征兆，以致使这些权利的价值基本上依赖于出版商开发和推广作品的努力。然而，这一安排的接受与否是由作者决定的。假如作者选择拍卖自己的附属权利，隶属于精装版出版商的竞拍者不一定会比独立竞拍者能从项目中榨取更多的价值，结果可能无法赢得竞拍。拍卖是一项从竞拍者那里获取价值的高效率的设计，在这一作者发起的拍卖中，一个胜出的企业集团需要一些特别的招数来生成比独立企业更多的价值。

这并不是否认娱乐企业集团的协同收益，而是要指出实现这些收益的严格条件。一旦核心创意元素能够通过多种不同的形式体现出来，按顺序进行的独立拍卖或许就不能完全利用某些创造价值的方式。不同具体形态的现金流很可能是互相依存的。最初为首次使用一种元素而按特定形式进行设计的协同工作，同样提升了该元素在后续使用中的价值。推广一种具体形态的支出，对于其他必须考虑的旨在最大化价值的具体形态有着溢出效益。内部化可以推动这种协同关系，而市场公平交易则很可能难以做到。

创意产业还有一个特性能促进多角化企业的成长，即一些核心创意产品具有公共产品的性质。电影、电视情景喜剧、流行歌曲或唱片一旦被制作出来，可以被反复使用且不发生边际成本，或者只有在把商品转化成另一种形态时成本才会有少量的增加。不过这个创意商品

① 分散风险没能被作为解释创意产业中企业多角化的一个突出因素，这似乎有点令人吃惊。认为上市公司有规避风险的偏好的看法常常是不可靠的，也很少有经验性证据表明娱乐集团的行为是为了规避风险。在创意产业中，小企业不确定的现金流直接影响着可能的风险规避型人员的福利，而这些小企业的行为看上去却像由“为艺术而艺术”所致的风险爱好型（参见前文2.1节）。

必须在这些不同的形态中获得收益，以便收回初始投入的固定成本。不管有多少创意商品来竞争某一个给定应用，也不管供给者之间的竞争有多激烈，均衡价格必然超过零边际成本[①]。所有信息类商品的这个特性，都为提供创意内容的业务与推广创意内容的业务之间的垂直一体化创造了动力。以占据了美国大部分电视网的垂直一体化公司迪士尼（Disney）和美国广播公司（ABC）为例，假如美国广播公司要放映派拉蒙公司的一部电影，美国广播公司所支付的费用既是其自身的一笔成本又是派拉蒙公司获得的一笔租金收益。假如美国广播公司转而播放迪士尼的电影，那么任何付款都只是内部转账，迪士尼－美国广播公司的联合体并未发生现金支出。这种进行内部交易的激励也适合于派拉蒙与联合派拉蒙电视网（UPN）以及其他包含内容提供商和内容推广商的一体化企业。单个企业把这种租金收益的转移内部化的动机也许会被战略性的考虑进一步增强。一个依赖于垂直一体化竞争者提供内容或推广的非垂直一体化企业在面临这一竞争对手的市场封锁时会脆弱不堪。对于一个一体化的好斗者来说，市场封锁和联合抵制未必是有利可图的，但往往它们会去做。在这样一个垂直关联的寡头垄断产业中，企业的行为表明似乎它们相信代价高昂的阻断的可能性是真实存在的。[②]

这种通过内部化交易确保不被封锁的激励措施，适合于任何生产信息的产业，或者任何其他有固定成本而无边际成本的商品。在创意产业中，这一动机有着更为突出的重要性，因为它具有两个特别性质：其一，消费者对还未完成商品的评价的巨大不确定性（无人知晓一切）；其二，市场上充斥着数量众多的相似却不完全替代的产品（无限多样性），如电影、情景喜剧、流行歌曲唱片。假如美国广播公司只限于放映迪士尼节目和电影，那么其选择面势必缩小，而且较之美国广播公司在所有电影公司提供的作品中自由选择而言，这样很可能会提供给观众吸引力较小的节目。这就是内部化的真正代价，尽管（有着高度替代品）这很可能只是抵消了一小部分由内部化所致的迪士尼-美国广播公司联合体的所谓“生意窃取”收益。内部化的另外一个真正代价产生于其本身，因为节目的推广商可能对评估新的娱乐投资项目的前景拥有一些有用的经验，如果与内容提供者做市场公平交易，推广商可以通过偶然避开一部正在制作的烂片而创造一些价值。假如迪士尼命令美国广播公司只能挑选迪士尼制作的节目，那么这一评论的投入就被扼杀了，除非推广部门在从内容供应竞争对手那里抢夺生意的基本动机面前能够保有相当大的行政自主权[③]。

17.4 非营利性组织的角色[④]

美国创意产业组织的一个重要方面就是非营利性组织（NPO）的大量存在。这些组织在表演艺术活动（百老汇剧院除外）中占主导地位，并与公共部门的机构共同主导着所谓“文化贮藏”活动，如博物馆、图书馆。其他部门中的非营利性组织则处于边缘地位，如出版业、音乐唱片业和广播业。需要解释的是非营利性组织在各部门中为何有着如此不同的市场地位。创意产业中两个截然不同但相互作用的特性似乎给出了一种解释。其一，高固定成本和低边际成本的结合普遍存在于许多

---

① 如果创意产品卖者之间的竞争使价格降到平均成本以下，那么只有待一些卖者退出直至价格能持续不低于平均成本时才会达成均衡。

② 有关一个企业如何通过垂直的市场封锁获利的严谨论证，参见Ordover、Saloner和Salop(1990)。其与不完全契约的关联请参见Bolton和Whinston(1993)。

③ 参见Caves (2005, Chapter 7)关于解除旨在限制电视节目所有权内部化的规制的后果的论述。

④ 关于这个话题的进一步讨论，参见第15章。

创意产业中；其二，为艺术而艺术偏好的普遍性，特别是在关于创意商品的质量和多样化方面。

17.4.1 创意产业中的非营利性组织及治理

如果卖者受限于一个单一的线性价格，那么高固定成本对任何一个这样的产业都是一个问题。即使有着大量卖者相互竞争，为了收回平均成本，均衡价格也必须大幅超过边际成本。实际上，如果在两阶段的市场博弈中一开始就已经投入了固定成本，那么可行的卖者最大数量多半会被限制在少数几个，这样在第二阶段（固定成本投入之后）卖者之间就能够达成合作并避免价格竞争。价格与边际成本的差距使福利遭受重大的损失，而高固定成本产业有动力通过非线性定价或价格歧视来规避这种损失。非线性定价就是向每个顾客收取一个固定价格和可变价格的组合，其中可变价格部分最好等于边际成本，固定价格部分则要高至令总收入能够足以收回全部成本，但也不排除有顾客愿意用边际成本价格来购买商品。此外（或者作为替代），企业或许有能力向价格意愿不同的顾客收取相应的不同价格。要做到这一点，或许可以允许顾客选择不同数量组合的服务（如以所谓按菜单点菜的方式收取入会费或会员年费，即二级价格歧视），或许可以向不同支付意愿的人群收取不同价格（如对老年人和学生打折，即三级价格歧视）。所有这些手段当然会在以盈利为目的的企业所主导的众多市场上出现。但对那些高固定资本的创意产业来说，又是什么因素推动它们朝向非营利性状态呢？

答案似乎在于创意产业中难以管理营利性企业执行非线性价格的契约。固定费用（如会员费）必须在产品（演出）正式上演之前的演出季启动时收取，顾客预先支付费用的意愿取决于即将到来的演出季所供演出的预期多样化和质量。演出的清单或许可以通过契约加以规定，但是契约却无法规定演出时展现的众多风格和与质量有关的选择。这样，是什么令经理人事先承诺高质量演出却实际提供低质量产品并借此获利的情况没有发生呢？如果组织是非营利性的并且经理人能够可信地展示追求高质量且创新性演出的偏好，那么经理人为艺术而艺术的偏好也许是这类情况得以避免的一个原因，这样道德风险也就不会发生。这一机制也有助于经理人和艺术家们订立契约，经理人为艺术而艺术的偏好使艺术家们愿意为有机会取得艺术上的创新和卓越而牺牲金钱上的收益。契约中艺术家们对产品质量的预先承诺反过来又会令经理人的这一相同偏好更为坚定，就如同观众们持有的季票会激励艺术家们一样[①]。

非营利性组织就这样被假设会取得成功，因为经理人被公开拥护的偏好缓解了消费者所面对的契约治理问题，彼时消费者们被要求先支付足以令经理人收回固定成本的费用，然后再欣赏演出。一旦我们考虑运营中的非营利性组织，其经理人先策划举办本季的演出，再募集款项，也要求会员续订季票，这一机制的合理性似乎更令人信服。会员观众对季前活动的热情很可能不仅决定季票续订的概率，也决定捐赠的慷慨程度。

17.4.2 实践中的两部定价：由捐赠者资助的非营利性组织

从实践经验来看，非营利性组织的一个特有的具体形式便是所谓由捐赠者资助的非营利性组织，其特点是

① Hansmann(1981)发展了这一个模型背后的理论。有关地区剧院经理人的价值与外部利益集团之间的联合性经验研究，参见Voss、Cable和Voss(2000)。

拥有一个自我存续的董事会。[①]董事会主要由该非营利性组织服务的富有的顾客组成，他们的董事身份既是对其过去资金贡献的一种回报，也包含对他们继续资助的一种期待。他们不必是这样一个有可能为大型复杂组织的实际控制人或经理人，但是他们有一种强烈的动机，希望通过他们所拥有的"社会股份"，确保组织的生存乃至成功。如果组织表现良好，他们便会赢得尊重，否则就会名誉扫地。对这种非营利性组织董事会成员的研究表明，相对于作为个人捐赠者的角色，他们为组织所作的融资努力和管理服务也很重要（Ostrower，1996）。这种制度兴起于19世纪的美国，相对于那些先于非营利性组织出现的以营利为目的各类企业而言，以这种方式建立的文化单位（如交响乐团、博物馆等）在提供高质量产品方面取得了显著成功[②]。

关于捐赠者资助的非营利性组织的生态学研究证实了这一治理模式的可行性及其对这类组织数量的影响。这一模式意味着捐赠款应该是一个非营利性组织收入来源中常规的、有计划的组成部分，而有别于组织遭受财政危机时的紧急追加款项。虽然每年都会有亏损或盈余的波动，但长期的资金流确实做到了直接票房收入和捐赠款与该组织的成本之间维持着稳定的正常比例。财政危机会造成筹资活动出现较大混乱，因为非营利性组织通常没有股权资本来消融这类危机（当然，一笔捐款或许可以起到这种作用）。其他相关研究主要涉及非营利性组织在不同城市中的数量差别。非营利性组织的固定成本意味着没有一个市场能够有效地容纳数量众多的非营利性组织。如果比较大小城市的情况，那么一个城市中给定类别的非营利性组织的数量似乎随着城市规模的扩张而增加，尽管其增幅小于城市规模的增幅。另外，对于那些某一类别非营利性组织的数量更多的城市而言，这些组织通常在功能上存在差异，反过来也反映了该城市的文化多样性（Blau，1986）。最后，美国的非营利性艺术和文化组织的数量呈增加之势，其具体增加水平则主要受税收政策和国家经济发展所带来的产业环境变化的影响（Bowen et al.，1994）。

17.5 结　论

产业经济学研究的一条标准路线便是试图解释一个产业中业务单位的数量、规模分布及其变化。我们的若干结论所遵循的就是这一传统。与其他产业一样，创意产业的结构受制于创意商品生产和发行的有效规模（大到唱片公司和电影公司，小到艺术画廊）。创意企业可以分为专事创意商品发行的企业（"推广者"）、鉴别和培养创意人才的企业（"选秀者"）。大型创意企业还包括"娱乐集团"，它们寻求在理论上依赖于颇为特殊条件的协同收益，而它们最重要的动机或许是对其他企业进行市场封锁或避免被封锁。

无论如何，创意产业组织之间的区别就是各产业主流契约之间的区别。这些契约治理的是艺术家与其他参与方之间基于市场公平交易或企业内部交易的合作。这些契约结构的基石乃是创意工作和创意产品的一些基本特性。在创意产业中，两大类契约有着特殊的重要性。其中一类契约涉及的是艺术家与"单调"投入方（或许是每种一个，或许是很多）旨在通过同步合作获得有价值产出的联营体。一旦这些生产过程不是同步而是先后发生的，那么实物期权合同通常就会被用来治理按序进行的每一个步骤。这种期权合同能够把艺术家委托给自

① 社会学家因界定了这种形式（DiMaggio，1982，1986）并研究了使其有效的机制（Ostrower，1996；Odendahl，1990）而获赞誉。

② 19世纪美国交响乐团就是一个特别有趣的、可供研究的案例。非营利性组织与其他形式的组织（如营利性的企业和联合体）相竞争并打败了它们（Hart，1973；Shanet，1975）。

主的创意代理人（如流行音乐家和唱片公司），或者由某种雇佣关系来治理艺术家才能的使用问题（如传统的好莱坞电影公司）。

我们关于这些契约和企业组织模式的解释会促使利己的经济行为体去适应体现创意产业特征的偏好和技术要素。任何一个产业组织的分析都会有这种陈述。事实通常确实如此，创意产业的非同寻常在于它拥有特定的偏好和技术方面的特性，在本章开头已经罗列了这些公理性的特性，这些特性从理论上对创意产业的契约结构和企业组织提供了清晰合理的解释。虽然通过正式的可检验假设建立这些解释的分析框架还不可行，但令人欣喜的是，在非正式的经验性证据与基于这些特性的预见之间有着许多一致之处。

除了交易结构和企业数量之外，一个产业的组织还包括企业的普遍类型，如非营利性组织的角色。很显然，由于两个相互关联的原因，非营利性组织主导着某些艺术活动。这些活动会产生高固定成本和低边际成本，迫使它们运用两部定价制和俱乐部安排来确保收回固定成本。在产品质量为内生的条件下，非营利性的身份对于经理人或许是必要的，因其一旦收到顾客对产品的固定支付款项，就可以令人信服地坚决不会降低产品质量。这样，由捐赠资助的非营利组织就享有许多功能上的优势。

尽管创意产业并没有丰富的数据库资源，但它们确实为进一步研究提供了许多机会。下文仅仅是本文所得出的基于推测的若干观点，若正式加以分析的话则或许会发生较大变化，或者有关定性的经验证据也可能是错误的归纳。

- 代理人活动的组织以及他们作为“媒人”和中介的角色鲜有研究，关于中介的现有文献与创意产业所出现的经验性问题还不很匹配。

- 黏性和惯例化的价格存在一个困惑。它们究竟是不是黏性的？或者“目录”价格和“成交”是否有偏离？如果黏性价格是真实的，那么本文提出的理论假设是否经得起认真检验呢？

- 近来“娱乐集团”的垂直一体化浪潮提出了至今未能解决的市场封锁问题，特别是在零边际成本的产业中。

- 在很久以前，为应对契约失灵，目前创意产业中普遍存在的艺术家同业公会就已出现。不过，该如何确定这类组织在当前娱乐产业中的目标似乎并不明了。

- 契约理论文献赋予重新谈判以突出的重要性，并且重新谈判（逐渐变为重复相互作用）似乎在创意产业不断的权益平衡中起着重要作用，经验性证据能否得到发展并与理论产生关联呢？

参考文献

Baker,A.J.(1991). "A model of competition and monopoly in the record industry". Journal of Cultural Economics 5, 29-54.

Baron,D.P.,Besanko,D.(1999). "Informational alliances". Review of Economic Studies 66,743-768.

Belinfante, A., Johnson, R.L.(1982). "Competition, pricing and concentration in the U.S. recorded music industry". Journal of Cultural Economics 6,11-24.

Berry, S., Waldfogel, J.(2003). "Product quality and market size".Working Paper No. 9675. National Bureau of Economic Research.

Biglaiser,G.(1993). "Middlemen as experts". RAND Journal of Economics 24,212-223.

Blau,J.R.(1986). "The elite arts,more or less de rigueur:A comparative analysis of metropolitan culture". Social Forces 64,875-906.

Bolton,P.,Whinston,M.D.(1993). "Incomplete contracts,vertical integration,and supply assurance". Review of Economic Studies 60,121-148.

Bowen,W.G.,Nygren,T.I.,Turner,S.E.,Duffy,E.A.(1994). The Charitable Nonprofits:An Analysis of Institutional Dynamics and Characteristics. Jossey-Bass,San Francisco.

Caves,R.E.(2000). Creative Industries:Contracts between Art and Commerce. Harvard University Press, Cambridge,MA.

Caves,R.E.(2005). Switching Channels:Organization and Change in TV Broadcasting. Harvard University Press,Cambridge,MA.

Chisholm,D.C.(1997). "Profit-sharing versus fixed-payment contracts:Evidence from the motion-picture industry". Journal of Law,Economics,and Organization 13,169-201.

Christopherson,S.(1992). "The origins of fragmented bargaining power in entertainment media industries". In:Proceedings of the Forty-fourth Annual Meeting. Industrial Relations Research Association,pp. 10-17.

Christopherson,S.,Storper,M.(1989). "The effects of flexible specialization on industrial politics and the labor market". Industrial and Labor Relations Review 42,333-347.

Coase,R.H.(1937). "The nature of the firm". Economica 4,386-405.

Conant, M.(1960). Antitrust in the Motion Picture Industry:Economic and Legal Analysis. University of California Press,Berkeley,CA.

Di Maggio,P.J.(1982). "Cultural entrepreneurship in nineteenth-century Boston:The creation of an organizational base for high culture in America". Media,Culture,and Society 4,33-50.

Di Maggio,P.J.(1986). Nonprofit Enterprises in the Arts:Studies in Mission and Constraint. Oxford University Press, New York.

Donahue,S.M.(1987). American Film Distribution:The Changing Marketplace. UMI Research Press,Ann Arbor,MI.

Faulkner,R.R.(1983). Music on Demand:Composers and Careers in the Hollywood Film Industry. Transaction Books, New Brunswick,NJ.

Faulkner,R.R.,Anderson,A.B.(1987). "Short-term projects and emergent careers". American Journal of Sociology 92, 879-909.

Fee,C.E.(2002). "The costs of outside equity control:Evidence from motion picture financing decisions". Journal of Business 75,681-711.

Getzels,J.W.,Csikszentmihalyi,M.(1976). The Creative Vision:A Longitudinal Study of Problem Finding in Art. Wiley

Interscience, New York.
Goldberg, V.P. (1997). "The net profits puzzle". Columbia Law Review 97, 524–550.
Goldman, W. (1984). Adventures in the Screen Trade: A Personal View of Hollywood and Screenwriting. Warner Books, New York.
Greco, A.N. (1997). The Book Publishing Industry. Allyn and Bacon, Needham Heights, MA.
Hansmann, H. (1981). "Nonprofit enterprise in the performing arts". Bell Journal of Economics 12, 341–361.
Hansmann, H., Kraakman, R. (1992). "Hands-tying contracts: Book publishing, venture capital financing, and secured debt". Journal of Law, Economics, and Organization 8, 628–655.
Hart, O. (1989). "Incomplete contracts". In: Eatwell, J., et al. (Eds.), Allocation, Information, and Markets. Norton, New York.
Hart, O., Moore, J. (1999). "Foundations of incomplete contracts". Review of Economic Studies 66, 115–138.
Hart, P. (1973). Orpheus in the New World. Norton, New York.
Hepburn, J. (1968). The Author's Empty Purse and the Rise of the Literary Agent. Oxford University Press, Oxford.
Hvide, H.K., Heifetz, A. (2001). "Free-entry equilibrium in a market for certifiers". Working Paper. Norwegian School of Economics and Business.
Jensen, R. (1994). Marketing Modernism in Fin-de-siècle Europe. Princeton University Press, Princeton, NJ.
Kingsbury, H. (1988). Music, Talent, and Performance: A Conservatory Cultural System. Temple University Press, Philadelphia.
Kremer, M. (1993). "The O-rings theory of economic development". Quarterly Journal of Economics 108, 551–575.
Lazarus, P.N. (1985). The Movie Producer: A Handbook for Producing and Picture-Making. Barnes and Noble, New York.
Lopes, P.D. (1992). "Innovation and diversity in the popular music industry, 1969 to 1990". American Sociological Review 57, 56–71.
McDougal, D. (1998). The Last Mogul: Lew Wasserman, MCA, and the Hidden History of Hollywood. Crown, New York.
Mezias, J.M., Mezias, S.J. (2000). "Resource positioning, the founding of specialist firms, and innovation: The American feature film industry". Organization Science 11, 306–322.
Miller, L.J. (2003). "The rise and not-quite fall of the American book wholesaler". Journal of Media Economics 16, 797–820.
Miller, D., Shamsie, J. (1996). "The resource-based view of the firm in two environments: The Hollywood film studios from 1936 to 1965". Strategic Management Journal 39, 519–543.
Nöldeke, G., Schmidt, K.M. (1998). "Sequential investments and options to own". RAND Journal of Economics 29, 633–653.
Odendahl, T. (1990). Charity Begins at Home: Generosity and Self-interest among the Philanthropic Elite. Basic Books, New York.
Ordover, J.A., Saloner, G., Salop, S.C. (1990). "Equilibrium vertical foreclosure". American Economic Review 80, 127–142.
Ostrower, F. (1996). Why the Wealthy Give: The Culture of Elite Philanthropy. Princeton University Press, Princeton, NJ.
Passman, D.S. (1994). All You Need to Know about the Music Business. Simon & Schuster, New York.
Peterson, R.A., Berger, D.G. (1975). "Cycles in symbol production: The case of popular music". American Sociological Review 40, 158–173.
Poggi, J. (1968). Theater in America: The Impact of Economic Forces, 1870–1968. Cornell University Press, Ithaca, NY.
Powell, W.W. (1985). Getting into Print: The Decision-Making Process in Scholarly Publishing. University of Chicago Press, Chicago.

Rogers,E.M.,Larsen,J.K.(1964). Silicon Valley Fever:Growth of High-tech Culture. Basic Books,New York.

Rosen,S.(1981). "The economics of superstars". American Economic Review 41,845–858.

Rosenberg,B.,Harburg,E.(1993). The Broadway Musical:Collaboration in Commerce and Art. New York University Press,New York.

Sanjek,R.,Sanjek,D.(1991). American Popular Music Business in the 20th Century. Oxford University Press, New York.

Shaffer,G.(1991). "Slotting allowances and resale price maintenance:A comparison of facilitating practices". RAND Journal of Economics 22,120–135.

Shanet,H.(1975). Philharmonic:A History of New York's Orchestra. Doubleday,Garden City,NY.

Shapiro,C.(1986). "Exchange of cost information in oligopoly". Review of Economic Studies 53,433–446.

Slater,R.(1997). Ovitz:The Inside Story of Hollywood's most Controversial Power Broker. McGraw-Hill,New York.

Spulber,D.F.(1999). Market Microstructure:Intermediaries and the Theory of the Firm. Cambridge University Press,Cambridge.

Starkey,K.,Barnatt,C.,Tempest,S.(2000). "Beyond networks and hierarchies:Latent organizations in the U.K. television industry". Organization Science 11,299–305.

Stern,S.L.,Schoenhaus,T.(1990). Toyland:The High-stakes Game of the Toy Industry. Contemporary Books,Chicago.

Stigler,G.J.,Becker,G.S.(1977). "De gustibus non est disputandum". American Economic Review 67,76–90.

Storper,M.(1989). "The transition to flexible specialisation in the U.S. film industry". Cambridge Journal of Economics 13,273–305.

Storper,M.,Christopherson,S.(1987). "Flexible specialization and regional industry agglomeration:The case of the U.S. motion picture industry". Annals of the Association of American Geographers 77,104–117.

Stowe,D.W.(1994). Swing Changes:Big-band Jazz in New Deal America. Harvard University Press,Cambridge, MA.

Towse,R.(1993). Singers in the Marketplace:The Economics of the Singing Profession. Edward Elgar, Cheltenham.

Voss,G.B.,Cable,D.M.,Voss,Z.G.(2000). "Linking organizational values to relationships with external constituents:A study of nonprofit professional theatres". Organization Science 11,330–347.

Walker,L.(1964). The Wonderful Era of the Great Dance Bands. Howell–North,Berkeley,CA.

Weinstein,M.(1998). "Profit-sharing contracts in Hollywood:Evolution and analysis". Journal of Legal Studies 27,67–112.

White,H.C.,White,C.A.(1993). Canvases and Careers:Institutional Change in the French Painting World. University of Chicago Press,Chicago.

Whitesides,T.(1981). The Blockbuster Complex:Conglomerates,Show Business,and Book Publishing. Wesleyan University Press,Middletown,CT.

Wijnberg,N.M.,Gemser,G.(2000). "Adding value to innovation:Impressionism and the transformation of the selection system in visual arts". Organization Science 11,323–329.

Wildman,S.S.,Siwek,S.E.(1988). International Trade in Films and TV Programs. Ballinger,Cambridge,MA.

Williamson,O.E.(1985). The Economic Institutions of Capitalism. Free Press,New York.

第18章

传媒与广告：关于双边市场的故事

Simon P. Anderson[a] and Jean J. Gabszewicz[b]

[a]University of Virginia，USA

[b]CORE，Universite catholique de Lauvain，Belgium

史东辉　苏杭　译

摘　要

传媒业是大众文化的重要推动者。人们将大部分闲暇时间用于收听广播、阅读杂志和报纸、上网以及收看电视等。这些媒体招揽了大多数广告支出，它们也主要依靠广告收入来维持运营。早期研究着重于节目雷同以及迎合最小公分母可能导致的市场失灵，指出了传媒业缺少文化多样性与文化品质。大多数传媒业的商业模式为广告主获得潜在顾客的要求所左右。由于观众主权是间接的，因此这种商业模式对市场绩效有着重要影响。尽管观众并不喜欢节目中夹带广告，但是这并不会减弱节目的吸引力，而广告主则希望观众可以借此成为他们的潜在客户。广播商（或“平台”）通过选择广告水平、节目类型以及节目的广告资助，协调广告主和观众双方的关系。广告主最大限度地争取特定观众，意味着节目选择将偏向于这类观众的喜好。在观众和广告主出钱的情况下，更高的全价往往会令广播商受益，其运用订购价格的能力会因其迎合了那些全价无法吸引到的特定观众的偏好而有助于改进绩效。如果做广告的需求疲软，那么，由于广播商致力于避免订购价格的毁灭性竞争，节目均衡、节目选择可能过于极端。但强烈的做广告需求又会造成争夺观众的激烈竞争及最小差异化（单一思想）。由所谓的发行量螺旋所致，广告爱好者比例较高的市场（如报纸）也许只能垄断经营：广告主希望在读者最多的报纸上投放广告，而读者希望购买广告更多的报纸。

关键词

广告资助，双边市场，平台竞争，单一思想，发行量螺旋

JEL classification Codes

D43，L13，L82，M37，Z11

18.1 引　言

社会学家、政治学家、律师、历史学家、哲学家都对传媒有着各自的看法。这种对传媒广泛的科学兴趣反映了娱乐与传播在当今信息社会日益重要。发达国家的公民将大部分闲暇时间都花在电视和报纸等大众传媒上。如果抛开工作能带来的满足感不谈，同时又不考虑美味佳肴能带来的愉悦，那么，无论怎么想象都不过分的是，对闲暇时间的使用决定了人们大部分生活的质量[①]。引申开来，传媒的品质因此还是大多数人生活质量的基石！就此而言，传媒业特别是广播电视业对国民福利的总体重要性，远远超过了其在国民账户中由价值量衡量的水平[②]。

当今的许多大众文化都来源于电视节目。孩子们会在学校里模仿前一天晚上从电视上看到的他们的英雄的行为和特征，大人们也会不断讲述电视中出现的笑话与故事情节，而《老友记》中女主角的发型甚至成了全国辩论的话题。传媒还是人们获取时事和政治行动新闻的来源。新闻传播的途径也可以塑造公众舆论，甚至可以通过影响公民的投票行为左右政府和总统的去留。

令人非常惊讶的是，尽管传媒内容的存在离不开在市场上生产并交换的实物媒介（如电视、报纸、杂志），但传媒业却长期被经济学家们忽视。传媒并不是一种类似黄油、汽油或者糖那样的传统商品。首先，传媒企业（在大多数情况下）生产和发行的是一种公益物品，一个人消费某一传媒产品并不会降低另一个人消费同一传媒产品的能力（即非竞争性）[③]。其次，传媒产品在许多国家被视为“有益品”，即国家从家长式立场认定其消费是“好事”的某类产品。这类产品常常通过公共支出被鼓励消费（而所谓“有害品”，则通过税收或规制被阻止消费）。对有益品的“公共”评价，因其抛弃了唯消费者利益论的纯粹个人主义立场，故与私人评价明显不同。传媒之所以是有益品，在于其变成了一种强有力的教育工具，其本质和多样性在很大程度上塑造了社会的共同价值观。最后，大多数传媒公司依靠或至少部分依靠广告收入来维持运营。传媒企业制作媒介内容需要广告主的资助，而广告主需要传媒企业使它们的产品为潜在消费者所知晓[④]。因此，传媒企业将一种联合产品出售给两类不同的买家：将媒介本身出售给广告主，将媒介内容出售给消费者（如读者、电视观众、网页浏览者等）。

这样，传媒企业在两个不同产业中运营并获利。从双边利益出发，提供给传媒消费者的文化内容是基于广告主的以下愿望形成的，即向广告主提供一种令其获得尽可能多的预期消费者的工具。“当新闻‘卖眼球’给广告主的时候，需要考虑的问题是，哪些内容可以吸引读者或者观众的注意，而不是消费者对内容会给予什么样的评价。”（Hamilton，2004）这一包含在节目类型或者阅读内容中的潜在

① 美国人平均每天收看4个小时以上的电视节目。在日本，这一数字为3.5小时。而在欧洲，人们看电视的时间仅仅比美国人多一点儿。假如从24小时中减去睡眠时间、工作时间、上下班时间和吃饭时间，那么，我们可以发现，人们的闲暇时间主要是用来看电视。

② 一些国家会对非本国节目采取一定的限制措施（如法国推行的“文化例外”政策），其中一个原因就是美国的文化价值观和文化偶像通过电视荧屏侵入欧洲家庭。

③ 一些传媒产品也具有非排他性这一公益物品的另一特性，如免费报纸或者电视广播。其他的传媒产品，如有线电视和杂志，则是排他的。见Samuelson（1964）的进一步讨论。

④ 传媒融资依赖于广告的程度因国家和传媒类型而异。例如，在英国和日本，公共广播服务只能由公共订购来资助，而其他传媒完全可以由广告来资助，如免费报纸和商业电视播放。

倾向也有可能导致大众文化的相应偏向，因为广告本身会受到特定人群的追捧，广告中的一些特色也可能引领时尚潮流。花费在广告上的金额只是一座更大的经济冰山的一角：新产品的推出需要或就由广告来推动，产品更替和产品换代也由广告来决定。有人也许会说广告还可以影响人们的偏好。广告当然能够创造热点与时尚，广告也可以形成和反映大众文化。广告在经济上的重要性不仅是它直接反映的那部分国内总产值（2%左右），而且还因其能够推动新产品进入市场，影响到更大部分的国内总产值。

商业电视需要广告收入来维系生存（不考虑订购价格），争夺广告收入则决定了其市场绩效。因此，广告主为获得特定客户而付费的意愿，决定了一个自由市场体系中的节目种类与范围。这与消费者主权原则控制了市场提供的产品种类和范围的传统市场结构有着很大不同。在常规经济市场上，消费者通过自身的购买力为他们想要的商品“投票”，这也诱导企业为了获得利润而提供给消费者想要的产品。在商业电视市场上，观众的主权被忽略。观众对他们想看的节目用眼球“投票”，而广播商却需要把观众的眼球交给广告主。不过，在广告主看来，不同的观众重要性也是不同的，广告主更在乎注意力在广告上的观众。那些最倾向于改变其购买行为并买入大量广告所展示的产品的观众，才是广告主最感兴趣的观众。除了这种扭曲情况（其结果将在下文中详细描述）之外，即使当所有观众被广告主平等看待，传媒的市场绩效也可能由于更微妙的原因而达到次优状态。这源自商业电视市场内在的特殊的市场相互作用，它构成了具有网络外部性的双边市场的突出例子[①]。在双边市场上，两个群体通过一个媒介或者平台相互作用，并导致彼此之间的外部性。从传媒来看，平台即一家或多家广播公司，相互作用的两个群体是广告主和观众。广告主希望更多的观众收到他们的产品信息，但是观众却认为广告是一种令他们观看节目的有效时间减少的骚扰。广告越多，观众越失望，因此前者对后者来说是具有负外部性的。然而，观众并没有为他们收看的娱乐节目支付直接价格。

商业电台的交易结构与之类似。许多网站仅仅依靠浏览者点击广告或者弹窗广告产生的广告收益维持经营，这也经常被浏览者所诟病（最起码不点击广告的浏览者这样认为）。杂志和报纸所采取的也是类似的商业模式，它们获得的大部分收益都来自广告，但是它们一般也向读者直接收取费用。如今，这种商业模式也为付费点播电视和付费电视所采用。由本地服务供应商绑定频道选择权的有线电视是一种中间结构模式，它在为住户提供丰富的节目的同时，一般也向其播放广告。为节目定价的能力引发了一些争夺观众的直接竞争并改变了市场结果。

尽管报纸和杂志上的广告肯定没有电视、广播或者网页广告那般惹人厌烦，但它们的商业模式却有相似之处[②]。读者可以跳过广告，而不用被迫去关注，但是广告却干扰并延长了电视节目。读者甚至有可能从广告中获得一个正的纯收益，报纸的分类信息广告或者专业杂志上的商品展示（摩托车、高尔夫、帆船等）尤其如此。如果读者确实获得了正的纯收益，那么市场的相互作用就有可能根本不同。如果一个媒介吸引了更多读者或观众，那么，广告主也愿意支付更高的价格来传播其信息（不论读者或观众是否被产品信息本身所吸引，情况都会如此）。当读者希望获得广告信息（广告爱好行为）

① 尽管大多数研究双边市场的文献都认为双边市场具有正外部性，但是透过广播、电视市场可以看出，广告主对观众来说是具有负外部性的，而观众人数对广告主来说具有正外部性。

② 电视购物节目的存在表明，并不是每个观众都厌烦广告。

时，市场就可以大致被描述为一种“正向螺旋”①。也就是说，读者越多，愿意在报纸或杂志上刊登广告的广告主就越多，随即想要订购的读者也就越多。这种增强效应也许意味着市场上只可能存在一个垄断者。如果市场上存在着产品差异（这样若干提供不同专业内容的不同类型的杂志可以生存，或者不同的报纸可以提供不同的政治观点），这一结论则理当重新考虑。另一个需要说明的问题涉及广告主是否可以通过不同媒体获得读者，以及广告主是否可以在若干报纸或杂志上宣传他们的产品。这一问题将在下文做进一步讨论。

在下文中我们还将提及电视业，并从大多数收看各频道播出内容的观众的角度进行分析。此外，我们还将指出其他媒体有哪些相关的不同之处。

18.2 背　景

首先，我们介绍一些概念背景；其次，介绍一些统计背景；最后，我们将描述一个应用于传媒市场的基本的双边市场范例。

18.2.1 概念背景

最早的电视节目选择模型也许起源于Steiner（1952）。Steiner假设观众只收看他们偏好的（某类）电视节目，不同观众的偏好不同②。举例来说，假设67%的民众只看游戏节目，而其余的只看体育节目，那么，如果两家相互竞争的企业分别拥有一个频道，它们将同时提供游戏节目来瓜分这一较大的观众群。这就是“雷同原理”，可以认为此类节目在下午时段和黄金时段热播。这意味着市场体系没有迎合少数人的偏好。如果两个频道为一家企业所有，虽然处于垄断地位，但该企业不会自相残杀似地在两个频道播放游戏节目，而会在其中一个频道播放体育节目，这样便迎合了市场上所有观众的偏好。上文隐含的一个观点是，电视、广播商希望观众数量达到最大化。这个观点只有在观众不在意广告时才讲得通，而广告则按照每条每个观众的固定价格出售，同时广告水平有上限规定（如目前在欧盟）；否则，就像我们在以下模型中分析的那样，广播商担心观众会切换频道或关闭电视，并以最优的方式获取广告收益。

另外有着一个不同变量的模型得出了与Steiner的“雷同原理”相似的观点。假设（源于Hotelling，1929）观众的理想偏好连续分布于一个单位区间，每个观众收看最接近其理想偏好点的频道，两家广播商仅以观众人数最大化为目的选择它们在单位区间里的“位置”。由此得到的均衡便是Boulding（1955）提出的“最小差异化原理”，两家广播商选择完全相同的节目类型并平分市场，这与Steiner的分析结果相似。③

Cancian、Angela和Bergstrom（1995）阐述了关于节目时间安排的一种替代思路④。这些作者考虑了两家必须（非合作地）决定何时播放晚间电视新闻的电

---

① 用模型解释这种正向螺旋会相当复杂。Caillaud和Jullien(2001)指出，“他们尝试通过静态模型来描述一个根本上动态的过程，因此有着一些不完美之处”。

② 参见Cabizza(2004)构建的一个有相似偏好的结构模型。她的论文研究了私人广播电视、公共广播电视以及两者混合体系中节目迎合少数人偏好的程度。她还指出，除了Steiner(1952)之外，Rothenberg(1962)和Wiles(1963)也指出了吸引大量观众的节目类型雷同的趋势。

③ 参见Eaton和Lipsey(1975)关于扩展至许多企业、消费者密度非均匀分布及其他扩展条件的研究。

④ 另见Nilssen和Sørgard(1998)。

视频道。观众们更喜欢在下班回家之后尽早收看新闻，他们到家的时间分布在一个时间段里。广播商致力于观众人数的最大化，他们需要选择一个新闻播出时间。这一博弈并没有纯策略纳什均衡。确实，无论对手选择的播放时间超过观众到家时间段的中点有多久，每家广播商的最佳反应都是将播放时间定在稍早于对手的播放时间点，以获得半数以上的观众。而当竞争者的预定播放时间设在中点之前时，最佳反应就是选择尽可能迟的时间，这同样能获得半数以上的观众[①]。

第二个如今依然可以引起共鸣的早期概念是Beebe（1977）就此类问题提出的"最小公分母"。Steiner假设，如果观众未被提供他们最喜欢的节目类型，他们就将放弃收看电视，Beebe对此提出了异议。因此，Beebe也不认同Steiner所谓垄断在迎合观众不同偏好方面做得比竞争更好的结论。Beebe提出了这样一个例证：假设所有观众都拥有不同的第一偏好，并且没有其他可收看的节目，那么，所有观众都将选择收看游戏节目。这样，一个垄断的广播商将没有理由提供一个以上的节目，它将只播出游戏节目。这就是"最小公分母"节目类型的由来。为了从竞争对手那里吸引更多的观众，相互竞争的广播商会提供不同的节目类型。[②]

这些基本分析就其所涉及的内容而言具有重要意义，但他们忽视了市场中至关重要的张力。在这些模型中，观众并没有被广告所阻碍，并且广告主有着同样的意愿，为与观众沟通而付钱。来自平台竞争经济学的重要见解是，平台（广播商）需要同时确保市场的两边，即必须将观众交给广告主，广告主才是平台的直接收入来源。广告主愿意支付多少钱，取决于其所获得的位于市场另一边的观众数量。

18.2.2 统计背景

本小节通过提供消费者（读者或者观众）在各类传媒上所花费时间的相关数据，证实了传媒消费占据了民众大量可利用的闲暇时间。本小节还指出了在美国广告作为国内生产值总额的一部分以及作为媒介类型功能的经济重要性，并表明由大量广告所致的绩效问题也许是有充足根据的。在下文中，稍后还将给出在各类媒体中哪些时段值得广告主做广告的分析。

表18-1显示了美国家庭每天花费在收看电视上的时间。该表证实了在过去50年中收看电视的重要性一直在提高，至今美国家庭（非个人！）每天收看电视的平均时间达到了令人震惊的8小时！可以说这一增长（从20世纪50年代的每天4.5小时起）由生活习惯的改变和技术变革（如电视机更便宜）所致。20世纪70年代和80年代每个美国家庭拥有多台电视机，同时彩色电视机问世。在20世纪90年代，伴随着有线电视、卫星电视等的逐步普及，电视节目的可选范围（包括许多24小时节目选项）有了极大的扩展。

在美国，个人收看电视的比率较之家庭收看的比率要低很多，但仍然达到了每天4小时左右（按媒介分列的详细分类数据见表18-2）。虽然美国的收看率是全球最高的，但其他一些国家的收看率与美国接近。Corneo

① Gabszewicz、Laussel和Sonnac（2004）通过引入单归属的广告主和竞争广告厌恶型观众，对基本的Hotelling博弈作了扩展分析。令人惊讶的是，尽管属于一个更为复杂的企业先后选择广播时间和广告的两阶段博弈，但是，该扩展模型同样得出了不存在纯策略均衡的结论。

② Beebe（1977）提出了观众分组规模和偏好结构的若干算例，据此得出了竞争或多频道垄断条件下广播商的均衡供给值。他的这项研究还考虑了固定数目的频道以及由播出一个频道的固定成本所决定的内生的频道数量。

表18-1 美国每个家庭花费在收看电视上的时间

年 份	每天花费的时间
1950	4小时35分钟
1955	4小时51分钟
1960	5小时06分钟
1965	5小时29分钟
1970	5小时56分钟
1975	6小时07分钟
1980	6小时36分钟
1985	7小时10分钟
1990	6小时53分钟
1995	7小时17分钟
1996	7小时11分钟
1997	7小时12分钟
1998	7小时15分钟
1999	7小时26分钟
2000	7小时35分钟
2001	7小时40分钟
2002	7小时44分钟
2003	7小时58分钟

资料来源：www.tvb.org，基于Nielsen的数据。

（2001）提供的证据表明，人们工作的时间和收看电视的时间基本相同，并且各国这两项指标之间存在着正相关关系①。令人惊讶的是，挪威人收看电视的时间最少（相当于美国的60%）②。平均而言，人们用于工作的时间只比收看电视的时间多30%。

Corneo就每个成年人的工作小时数（W）与其收看电视小时数（TV）之间的相关关系估计了一个OLS回归。估计的方程式为TV=-614+1.05W，方程式中的常数项和系数项对统计而言都很重要，并且R^2的值为0.51。

表18-3提供了花费在各类媒体（电视、报纸、无线电广播、杂志和互联网）上的时间统计。该表给出了统计对象的职业、收入水平和受教育水平的详细情况，因此，也隐含了对广告主具有重要意义的广告受众统计特征③。穷人往往花费更多的时间在收看电视上，退休人员也是如此，而富人在杂志和互联网上花费的时间最多。

表18-2 1994—1997年收看电视和工作所花费的时间

国家	每个成年人收看电视的小时数	每个从业人员工作的小时数	每个成年人工作的小时数
挪威	878	1 413	850
瑞士	882	1 608	1 036
瑞典	893	1 600	981
芬兰	929	1 725	1 043
德国	1 148	1 563	903
法国	1 166	1 616	878
日本	1 324	1 885	1 116
西班牙	1 334	1 813	903
意大利	1 340	1 637	761
英国	1 387	1 738	1 065
美国	1 462	1 954	1 264

资料来源：Corneo（2001）。

① 为了解释这一结论，Corneo(2001)开发了一个成年人有着三项选择的简单模型，包括工作、看电视、“社会性享有的休闲”(与他人共享的活动)。为了解释这种正相关关系，Corneo引用了多重帕累托均衡。假定他人的工作时间长，则不会投入太多的个人时间于社会关系。在一项相关的研究中，Rogerson(2005)解释了欧洲大陆国家(法国、德国和意大利)由税率不同所致的工作时间的巨大差异，结果显示，欧洲人沉溺于更多的“家庭生产”。

② 之所以惊讶，是因为人们也许认为挪威较长的冬夜应该用来看电视。

③ Wildman、McCulloch和Kieshnick(2004)的经验性研究表明，广告获得一个节目观众中不同类型的个人关注的隐含价格是不同的。另见Goettler和Wilbur(2004b)。

表 18-3　成年人“昨天”花在主流媒体上的时间　单位：分钟

成年人	电视	报纸	广播	杂志	互联网
年龄（岁）					
18+	258.4	32.4	120.7	18.3	65.8
18～34	236.0	16.4	141.3	16.9	71.4
18～49	234.3	23.7	131.2	15.6	79.5
25～49	234.8	26.0	132.2	13.2	84.6
25～54	239.4	27.2	132.6	14.2	85.3
35～64	254.6	34.1	116.3	16.3	76.9
65+	317.1	58.1	94.9	27.3	18.6
家庭收入（千美元）					
低于 25	318.7	27.6	101.7	18.0	30.3
25～50	277.7	31.9	139.5	18.8	81.4
50～75	234.5	24.6	129.6	12.3	56.0
75～100	212.6	42.1	111.0	17.5	92.0
大于 100	203.0	39.7	91.4	19.2	79.5
受教育程度					
高中	287.8	27.9	133.3	16.9	44.0
上过大学	273.9	30.5	134.9	19.4	74.9
大学毕业及以上	204.7	39.6	109.0	17.4	88.6
职业					
教授/技术人员/经理/业主	199.8	31.2	134.3	18.1	101.1
行政/牧师/销售	238.5	24.7	145.0	16.7	69.2
贸易/服务	223.8	21.2	148.7	18.1	39.4

资料来源：www.tvb.org，基于 Nielsen 的数据。

为了获得表 18-3 中的数据（与 2013 年 1 月有关），受访者会被问及他们前一天（“昨天”）的时间利用情况。这种研究方法的原理是，人们会清楚地记得他们前一天做了什么。访谈甚至可以持续两周时间，这样采集到的数据可以涵盖工作日数据和周末数据（方法上的更多细节，见 www.tvb.org）。

各类媒体上的广告获得关注的成本明显不同。表 18-4 列出了更详细的数据。例如，前 30 秒黄金时段商业广告的费率相当于收看广告的家庭每户 2 美分。电视插播广告的费率稍高一些，相当于收看广告的家庭每户 2.7 美分。为了比较，2000 年报纸半版广告的费率可折算为每户 7 美分。现在我们回过头来看经济总量中广告支出所占的比重，以及电视广告支出在广告支出总额中所占的比重。在过去 40 年里，广告支出在国内总产值中所占的比重一直保持在 2% 左右。

表 18-5 列出了各类媒体的广告量（来源于 www.tvb.org）。与上一年相比，2003 年的广告量发生了剧烈变化。电视（无线和有线合计）广告支出占广告总支出的比重约为 25%，若使用表 18-4 的数据，则其相当于 GDP 的 0.5% 左右。

表18-4　　1960—2003年国内总产值、广告支出和电视广告支出

年份	国内总产值*（十亿美元）	广告支出（百万美元）	广告支出占国内总产值（%）	电视广告支出（百万美元）	电视广告支出占广告支出（%）
1963	617.1	13 100	2.12	2 032	15.50
1973	1 382.7	24 980	1.81	4 460	17.90
1983	3 536.7	76 000	2.15	16 879	22.20
1993	6 657.4	140 956	2.12	32 471	23.00
2003	10 987.9	245 477	2.23	60 746	24.70

资料来源：国内总产值的数据来源于www.bea.doc.gov；广告支出和电视广告支出的数据来源于www.tvb.org，基于Nielsen的数据。

表18-5　　美国年度广告支出的估计值　　单位：百万美元

	1953年（百万美元）	1973年（百万美元）	1983年（百万美元）	1993年（百万美元）	2003年（百万美元）	2003年占比（%）
报纸：	2 632	7 481	20 582	32 025	44 843	18.3
全国性	606	1 049	2 734	3 620	7 357	3.0
地方性	2 026	6 432	17 848	28 405	37 486	15.3
杂志：	627	1 448	4 233	7 357	11 435	4.7
周刊	351	583	1 917			
女性	158	362	1 056			
月刊	118	503	1 260			
农业出版物	71	65	163			
广播电视：	606	4 460	16 879	28 020	41 932	17.1
电视网	320	1 968	6 955	10 209	15 030	6.1
电视台（全国性）	145	1 377	4 827	7 800	9 948	4.1
电视台（地方性）	141	1 115	4 345	8 435	13 520	5.5
辛迪加			300	1 576	3 434	1.4
有线电视：			452	4 451	18 814	7.7
有线电视网			376	3 295	13 954	5.7
非有线电视网			76	1 156	4 860	2.0
无线电广播：	611	1 723	5 210	9 457	19 100	7.7
广播网	141	68	296	458	798	0.3
电台（全国性）	146	400	1 038	1 657	3 540	1.4
电台（地方性）	324	1 255	3 876	7 342	14 762	6.0
黄页：			4 400	9 517	13 896	5.7
全国性			489	1 230	2 114	0.9
地方性			3 911	8 287	11 782	4.8
直邮	1 099	3 698	11 795	27 266	48 370	19.7
商业报纸	395	865	1 990	3 260	4 004	1.6
户外广告	176	308	794	1 090	5 443	2.2
全国性	119	200	512	605	2 298	0.9
地方性	57	108	282	485	3 145	1.3
互联网				0	5 650	2.3
其他：	1 523	4 932	9 954	18 513	31 990	13.0
全国性	846	2 562	6 952	13 534	24 550	10.0
地方性	677	2 370	3 002	4 979	7 440	3.0
全国性共计	4 515	13 700	42 660	81 867	152 482	62.1
地方性共计	3 225	11 280	33 340	59 089	92 995	37.9
总计	7 740	23 210	76 000	140 956	245 477	100.0

资料来源：www.tvb.org，基于Nielsen的数据。

最后，广告量也是一个值得关切的绩效问题。特别是在无线电广播业中，广告不可避免。Shields（2004）报告了由传立媒体（MindShare）完成的一项2003年"广告杂音"即非节目时间（商业广告、促销广告、公益广告等）的研究，有关数据见表18-6。ABC、NBC和Fox每小时的非节目时间均超过了15分钟；CBS的非节目时间虽然有所增长，但仍少于15分钟，为14分18秒[①]。尽管有线电视网的非节目时间通常较少，但包括其在内的所有广播商的非节目时间都呈增长之势。MTV播放的非节目时间最长，达到了每小时15分25秒，而ESPN的非节目时间最短，为每小时11分48秒。相比之下，欧盟规定每小时的广告时间不得超过9分钟，与20年前美国每小时9.5分钟的非节目时间的标准相似。当时美国的这一标准是由全国广播协会商定的对商业广告的自愿性限制。[②]有证据表明，现实中的电视节目也正在被信息传播搅乱。

表18-6　2003年黄金时段的广告时间　单位：分：秒

	网络广告时间		非节目时间	
	2002	2003	2002	2003
ABC	10：15	10：15	15：16	15：31
CBS	9：03	9：19	14：06	14：18
Fox	9：04	9：11	14：47	15：13
NBC	9：41	9：19	14：49	15：07

资料来源：www.tvb.org，基于Nielsen的数据。

Shields表示观众对电视的需求是相当缺乏弹性的："观众收看电视的习惯（在过去十年里）并没有太大的改变，这表明广告并没有令观众远离电视，但是，广告可能导致观众更换频道。"他还注意到，由于黄金时段节目碎片似地分散在数百个频道中，因此电视网的收视率已经下降。

18.2.3　平台竞争

基本市场模型的关键是广告主希望观众收到广告，而观众不喜欢广告[③]，这两部分中每一部分的规模对市场均衡安排和最优化都有着重要影响。所谓平台或媒介，即一家（或多家）广播公司，通过捆绑广告和作为观众首要目标的节目使广告为观众所接受。也就是说，节目不直接收费，捆绑使得那些不会被预期消费者选择收看的广告变得为他们所收看。不过，平台也认识到其两难处境，即更多的广告播出可以带来更高的单位观众收入，但过多的广告也会导致观众的流失。因此，平台不得不协调市场的两边，以确保令其收入最大化的双边数量，并认清双边的相互作用对彼此得失的影响。如果市场结构中有不止一个平台，那么，与其他平台的竞争也必须纳入每个平台的考虑中。

双边市场经济学自研究人员介入信用卡市场这一并不直接适合于传统分析方式的领域之后有了进一步发

① 对2003年第四季度的相关研究表明，一些受欢迎节目中的广告时间最多，包括"单身汉"（18分08秒）、"我的老婆和孩子"（17分40秒）、"人人都爱雷蒙德"（16分15秒）、"幸存者：珍珠群岛"（16分05秒）、"老友记"（16分06秒）（资料来源：Shields，2004）。但是，白天的电视节目中插播广告的时间比黄金时段更多。2001年11月，NBC的"我们的日子"每小时广告达23分23秒，ABC的"我们所有的孩子"每小时广告时间为22分59秒，ABC的"综合医院"每小时广告时间为22分31秒。这些数字以及更多令人感兴趣的数据被载入美国广告代理协会和全国广告商协会联合发布的《2001年电视商业广告监测报告》中。

② 令人遗憾的是（同时有趣的是），虽然当时的技术可以监测到广告的收视率（收看广告的观众人数），但是Nielsen并没有发布相关数据。

③ 在消费者偏好广告的模型中，他们当然是喜欢广告的。

展[①]。与上述不同的是，信用卡和其他重要例子的双边市场性质，是指市场一边某行动者所获得的收益并不直接取决于市场同一边其他行动者的数量，而是取决于市场另一边行动者的数量。因此，一个持信用卡的消费者的收益取决于可以使用信用卡的商店数量，而一家可以使用信用卡的商店的收益取决于持信用卡的消费者数量。信用卡的例子有着双边正外部性，其中发卡公司为平台，它作为媒介协调市场的双边。

双边市场经济学源于Caillaud和Jullien（2001，2003）与Rochet和Tirole（2003）的开创性研究，Armstrong（2004）与Rochet和Tirole（2004）做了进一步的综合与延伸，而后两位作者还完成了定义双边市场的复杂工作。[②]Wright（2003）在指出一些推论错误的例子方面提供了有用的帮助，这些错误推论由双边市场背景下错误地采用思考传统市场的方法所致。例如，人们也许会认为，把价格定在边际成本之下意味着有掠夺性意图。不过，在双边市场上，类似这样的定价是合乎常理的，其源于确保市场一边以便从市场另一边获取剩余的需要。在电视业中，观众收看电视是“免费”的，但广告主进入则需支付费用。事实上，Armstrong认为，正是市场上享有低价（为了加入平台）的一边为另一边创造了更多的收益。Wright虽然对将此作为一边对另一边的交叉补贴的想法提出了警告，但他指出，按照传统补贴理论来看，付费的一边会倾向于通过隐性税收的方式来消除另一边的剩余。在电视业中，广告主当然不希望看到观众被挡在市场之外！确切地说，正是低价格（或零价格）吸引了观众，从而给广告主带来了剩余[③]。

Caillaud和Jullien（2003）也考虑到了“多归属”[④]，这意味着有些时候市场一边的行动者可能会使用一个以上的平台，如男人（或者其实是女人）可以使用两种不同的约会服务。在下文所言及的电视业中，Anderson和Coate（2005）设广告主是“多归属”的，即广告主可以在多个频道播放广告，而Ferrando等人（2004）则把广告主设为“单归属”[⑤]。

18.3 模型的成分

要想超越Steiner（1952）和Beebe（1977）有影响力但不成熟的研究，意味着要更为明确相互作用于市场上的三组主要行动者的偏好和目标。具体来说，以电视市场为例，三组行动者分别为观众、广告主以及充当协调市场双边关键角色的广播公司。我们将在下文中依次说明。

---

① 事实上，虽然有时信用卡被认为构成了一个具有网络外部性的市场，但其实网络外部性的主流模型却是一种这些外部性属于“单边”的模型，即一个消费者持一张信用卡的收益取决于其他持信用卡的消费者数量。一些反应确实是这样的，即如果越来越多的潜在消费者持信用卡消费，那么更多的商店就会接受信用卡。无论如何，这一机制应该直接建模。这种单边的模型也许适合传真机或者计算机软件等。参见Economides（1996）的综述。

② 典型的企业必须同时保有员工和消费者两边，即必须协调好不同行动者群体之间的关系，但这并不能被看作是一个双边市场问题。就像Armstrong（2004）所说的那样，“某一组中的行动者通常并不在意企业在与另一群体交易的市场上表现如何，他们只关心自身与平台交易的价格”。双边市场在简单的企业背景下也不涉及跨组的网络效应。

③ 与此类似，Caillaud和Jullien（2001，2003）在早先的文章中将问题定性为协调想要交易的各行动者群体的竞争性“网络中间商”。他们所提及的“鸡和蛋”的问题暗指同时确保市场双边。在该模型的最简单变形中，进入并相互作用的各方需要支付入场费。在更复杂的版本中，行动者在找到合适的交易方（这确实存在着一个外生的概率）之后会进行交易，平台则会对交易收取一定的费用。这类似于一种对电视广告所示商品的销售提成，不过这种安排在广告市场上并未见有施行。

④ “多归属”概念来源于互联网术语，意思是有着一个以上的互联网服务供应商。

⑤ Gabszewicz和Wauthy（2004）对这一争论做了进一步的研究。

18.3.1 观众和读者

本模型是从形成其微观基础的若干基本成分开始搭建的，即描述不同个人的偏好，进而得出他们的选择。然后我们聚合所有人的选择，以了解播放的每类节目的收视情况[①]。

观众们就收看哪个电视台会做出离散选择。在任何时候，一个观众只能收看一个电视台。尽管观众也许会在一个给定的小时之后调换频道（我们在下文中将对这一行为进行描述），但我们分析的起点是假设观众只能收看一个频道。针对报纸读者完全可能购买并阅读多份备选报纸的情况（杂志更是如此，即所谓多归属的读者），我们还必须修改模型。[②]上文表18-3对个人花费在各种媒体上的时间做了分类描述，与此相对应，表18-7对各组成年人消费各类媒体的数量构成也进行了分类描述。

表18-7　　昨天各大媒体各组成年顾客数量占各组成年人口总数的百分比　　单位：%

成年人	电视	报纸	广播	杂志	互联网
年龄（岁）					
18+	90.0	65.2	72.8	48.0	51.1
18～34	87.6	48.5	80.1	48.1	55.6
18～49	88.5	58.7	79.9	48.0	58.1
25～49	89.8	64.0	81.1	45.1	57.3
25～54	90.5	65.9	80.2	47.7	58.9
35～64	91.5	71.4	74.8	49.9	57.9
65+	89.9	77.5	51.9	41.5	19.9
家庭收入（千美元）					
低于25	87.3	57.4	59.7	40.2	27.8
25～50	91.6	66.3	72.6	48.6	48.9
50～75	89.8	66.9	77.1	45.6	56.5
大于75	89.8	71.2	83.0	55.2	74.8
大于100	92.2	72.5	85.5	61.2	75.9
受教育程度					
高中	90.0	60.9	69.4	42.3	35.5
上过大学	92.3	67.2	73.6	51.4	54.3
大学毕业及以上	89.4	72.2	80.7	53.0	71.9
职业					
教授/技术人员/经理/业主	89.6	65.3	84.8	54.1	73.5
行政/牧师/销售	88.7	64.2	79.2	48.2	47.4
贸易/服务	85.8	65.3	78.7	52.4	38.1

资料来源：www.tvb.org，基于Nielsen的数据。

① 这当然不是唯一的方法。在产业组织学中，使用代表性消费者模型来描述总体偏好是一个悠久的传统（近年来宏观经济学也是如此）。这同样已经被用于传媒经济学，见Barros等人（2005）有关互联网和垂直一体化的研究。Cunningham和Alexander（2004）对一个均衡模型进行了研究，发现较高的集中度（广播企业数量的倒数）可能会导致播出节目数量减少和消费者福利减少。

② 假设观众可以选择多个频道的模型包括Gal-Or和Dukes（2003）以及Peitz和Valletti（2005）。Anderson 和Neven（1989）分析了产品差异化条件下这种设定的福利效应。事实上，当观众只能选择一个频道时，社会最优位置为一个线性市场空间的四分位点；而当观众可以选择多个频道时，社会最优位置则是该线性空间的两端。如果收到的广告与之后的产品购买量有着线性关系，那么有关实证研究的结论同样如此；当涉及定价分析时，相似的是按次付费而非统一的订购价格。由此产生的另一个有趣的问题是，观众有可能收看两个不同的频道，从而削弱了观众过度收看某些频道的所谓瓶颈垄断。

通过一个简单的方法可以模拟不同观众的偏好。我们假定每个观众对任意选择i都有一个条件效用函数，这一效用取决于拟合值，拟合值是文娱节目本身的益处，并且不同观众的拟合值可能不同。我们从拟合值中减去该项选择的全价，该全价等于收看频道i（$i=1, \cdots, n$）的货币价格（或订购价格）加上观众对广告的任何厌烦之和。假设广告水平是a_i，而得出厌烦损失的最简单方法便是假定其与广告水平呈线性关系，并且比率为每单位广告的损失γ。这一比率可以是常数，也可以因观众而异。我们还可以从全价中扣除任何预期剩余，它们预计来自消费者可能由广告激发的交易。大致说来，这一剩余的作用相当于减少γ的实际值，甚至令γ值为负。分类广告也许就是这样的例子，消费者从中主动搜寻出信息，广告由此提供了正的纯收益。接下来我们假设厌烦损失对每个观众来说都是相同的，并且观众预期从收看到广告的商品上未获得剩余。我们以f_i表示第i种选择的全价，因此可得：

$$f_i = s_i + \gamma a_i \qquad (18\text{-}1)$$

拟合效用由产品差异化离散选择模型的标准形态得出。根据垂直（或品质）差异化模型（Mussa and Rosen，1978；Gabszewicz and Thisse，1979；Shaked and Sutton，1982），我们把消费者对品质的偏好表示为θq_i，其中θ表示特定个人为品质付费的边际倾向，q_i表示第i种选择的品质。在空间竞争模型中，我们以$\tau(.)$表示距离负效用，它测量的是消费者由未能得到其理想化的水平特征产品所致的失望程度。这种失望程度取决于观众（位于x点）与电视节目（点）之间的距离。在概率离散选择模型中，我们采用一种替代性方法即由拟合值来表示水平差异化。我们一般假设消费者服从独立和相同分布，如果没有其他差异化的潜在来源，那么产品就是对称替代并且竞争是“全球性”的，即每个产品与其他每个产品对称竞争。这与空间模型中固有的“本地”竞争形成了对比：每种产品只是与它的两个邻居直接竞争。

总的来说，具有偏好的消费者的效用可以用$\{\theta, x, \varepsilon\}$来表示，即消费者位于x点，它从位于$x_i$点的企业处购买产品；该企业的产品品质为$q_i$，定价为$s_i$，广告水平为$a_i$。这样，消费者效用可表示为：

$$u_i = y - [s_i + \gamma a_i] + \theta q_i - \tau(|x - x_i|) + \mu\varepsilon_i, i = 1, \ldots, n \qquad (18\text{-}2)$$

方括号中的项即上文公式（18-1）表示的消费者收看广告的全价。y代表消费者收入（因为收入在选择模型中没有起到任何作用，所以我们假设每个消费者的收入是相等的）。接下来我们将讨论公式（18-2）中涉及的两种差异化形式中的一种，另一种先不做考虑。

18.3.2 广告主

当广告经济学涉及规范分析时，显得颇有争议。这是因为成功的广告改变了需求，从而（很可能）改变了消费者剩余。Bagwell（2003）提供了一份广告经济学的综述，在本文所使用的模型问世以后，一些突出的问题也得到了讨论。

广告主需求最简单的公式化表述就是设其完全有弹性。这意味着没什么生产者剩余是可担心的。Spence和Owen（1977）使用了这一假设，这两位作者假定广告需求是无涨落的，同时广播企业受到上限规制，因此实际上既不需要决定广告水平，也不需要担心广告剩余。许多论文探讨过这一（简单的）需求完全有弹性的情况，包括Gabszewicz、Laussel和Sonnac（2001）以及Hansen和Kyhl（2001）。其他作者设定广告需求是向下倾斜的，但他们不在福利分析中探讨广告剩余。如果所有的广告都被视为纯粹的社会浪费，只是起到重新配置需求的作用，那么这种分析就是有意义的。然而，这种分析又赋予广告支出资助媒体这样一个非常重要的社会功能。另一方面，如果广告确实给消费者带来了一些预期剩余，那么这些剩余应该在消费者决定收看哪个频道时计入效用方程。[①]为了厘清广告在媒体市场的市场绩效与在广告市场本身的市场绩效，我们将分析一个同时存在广告的私人需求和社会需求的标杆案例。

下文是关于这样一种广告需求生成的详情。假定所有广告主都是新商品的独立生产商，广告将这些商品信息传递给预期消费者，若没有这些广告，预期消费者将不能发现这些商品，他们只有在看到广告之后才会购买这些商品。这些商品的广告都是信息型而非说服型的，因而非常适合于福利分析。独立生产商的假设意味着他们之间不能有任何生意窃取行为。我们进一步假设每种商品的价格都定在能够获取全部消费者剩余处，这样就堵住了任何可能导致社会广告与私人广告相偏离的途径[②]，而且，我们也不用在观众选择模型中考虑来自这些商品的消费者剩余。按照上述简单的设定，当有兴趣的观众以不超过全部消费者共同的保留价格购买一单位商品时，便不会有消费者剩余产生。[③]

下文将阐述广告总需求的决定。我们仿效Anderson和Coate（2005）的方法，假设广告主的产品使消费者感兴趣的概率不同，但他们在其他方面是相同的。更广泛地说，我们完全可以根据广告主由获得观众而获利润的高低对他们进行排序。除了对节目的偏好之外，所有观众都是相同的，因此，广告针对的人群与节目之间没有相关性[④]。另外，需要做广告的只是广告主，他们发现来自与观众沟通的预期利润超过了频道规定的价格。我们同样假定观众是“单归属”的（只收看一个频道），并且只限于一个周期。观众为了得到产品的信息只需收看一次广告[⑤]。总的来说，以上假设意味着对广告主而言，至关重要的是获得观众的价格。如果广告主的需求价格超过了报价，那么，广告主将在频道上做广告并收获一定的剩余，该剩余等于需求价格减去广告报价之差，再乘以收到广告的消费者人数。这也意味着积极的广告主为了获得只能通过各个频道交付的消费者，他们会在所有可得的频道上做广告。换言之，广告主加入了“多归属”之列。[⑥]

如果一个频道播放a个广告，则广告的反需求函数由每个观众p（a）给出。这样，每个观众相应的收益为R（a）=p（a）a。我们接下去假设收益函数是对数型凹函数。这意味着收益函数是颇为“得当”的（这一假设包括一个作为特定情况的凹性收益函数）。

现在我们简单地回顾一下广告经济学相关文献中关于广告行为的不同观点。这些文献通常将说服型广告和信息型广告加以区分。说服型广告被视为用以改变消费者的偏好（例如，见Dixit和Norman（1978）多少有些争议的论文，以及之后若干期《贝尔经济学杂志》上对此所做的评论）。Dixit和Norman（1978）在广告如何起作用的议题上持不可知的态度，但他们把广告改变需求

---

① 这把问题复杂化了。Anderson和Coate(2005)提及了对这个问题的分析。

② 各类经济量最优性的广义的产业组织原理(Spence,1976)指出,趋势取决于两个相对力量之间的平衡向何处倾斜。首先,当企业决定一项活动的水平时,它们不考虑其无法获得的消费者剩余增量,这就是所谓消费者剩余的非专属性。其次,企业并不在意它们使其他企业利润减少的事情,这种效应一般被称为生意窃取。这些原理通常应用于进入决策(Spence,1976),但同样适用于广告水平决策。基于这些原因,在一般情况下,我们并不预期广告可以达到最优水平。Dukes(2004)通过运用Grossman和Shapiro(1984)的分析框架,着重对生意窃取进行了研究。

当我们堵住了导致偏离最优水平的均衡差异的可能途径之后,自然会产生一个中性的标杆案例。这样做的好处是,我们可以专注于广告资助所固有的扭曲,而不需要担心广告收益本身。换句话说,在这一背景下,私人对广告的需求与社会对广告的需求是完全一致的。

③ 此外,我们可以设想一个实行两部分收费制的完全歧视性垄断。

④ 允许有针对性的广告是一种重要的可能扩展,可见广告需求中人口统计变量的重要性。

⑤ Shields(2004)认为,较少的杂物(即非节目材料)可能会对广告主产生更大的影响。福特公司赞助了Fox的新一季“24小时”,该节目再无其他广告。根据IAG的获奖电视节目数据,福特品牌的回忆分数是同期平均水平的两倍。

⑥ 我们将在下文第6节讨论单归属广告主。

作为其研究的基本出发点。而福利经济学家面临的问题是该把何种需求曲线当作真实的。Dixit和Norman认为，无论是把前置广告需求还是把后置广告需求作为“真实”的广告需求，过度广告都是这两种情况下的常态。无论如何，对需求频繁变动的原因进行解释，将引导我们回到互补型商品的情形，或是回到下文将详细阐述的信息型广告上来。

信息型广告的作用机理是，通过告知消费者一些关于商品的信息，使得消费者更可能购买商品或以更高的价格购买商品。信息型广告还可以进一步分为间接告诉消费者和直接传递产品特征、品质或价格两类。信号传递模型（如Milgrom and Roberts，1986）传递的就是间接信息，其中的广告使消费者能够在逆向思维的前提下推断出高品质产品[①]。

直接传递信息的广告一直是许多研究的主题。这一领域的一项主要研究成果当属Butters（1977），他发现市场提供了社会最优规模水平的广告。Stegeman（1991）扩展了Butters的模型，提出市场似乎错误地走向广告不足。Grossman和Shapiro（1984）的一项重要贡献是，通过圆形城市模型引入了产品差异化［例如Vickrey（1964）和Salop（1979）所做的那样］。这一构想曾被Dukes（2004）运用于广播业研究。

另一种见解与芝加哥学派有关［例见Stigler and Becker（1977），Becker and Murphy（1993）］，他们认为广告可以为实物产品提供一种互补的好处。广告可以被视为增强了产品的可感知品质，如通过培植与消费者评价相关的产品的品牌形象。Stigler和Becker（1977）认为，说服型广告可以应用于经济学模型中，而且也能令广告水平达到社会最优。

由于所持见解不同，下文中关于产业绩效最优性的结论需要重新加以审视。例如，如果在标杆模型中广播节目的广告过多，并且认为广告水平本身是过度的（因此私人收益夸大了社会收益），那么，更有理由认为广告是过度的。当来自各个部分的结论背道而驰时，事情就变得更加微妙。

18.3.3 平　台

所谓平台，是指居于媒介广告主和观众之间的电视台。它们对双边市场当然是至关重要的，因为它们协调并平衡了平台的两边。通过将文娱节目和广告绑在一起，平台令信息传递变得更容易被人接受。

我们讨论的平台包括广播商（电视和电台）、出版商（报纸和杂志）以及门户网站。每个平台都遵循基本的商业模式，即它们以携有一组信息的新闻或文娱节目内容来吸引观众/听众/读者/上网冲浪者，这组信息对欣赏内容的人是多余的（可能还是令人厌烦的），借此把有可能成为顾客的人交给广告主。加入平台的行动者成本和收益的相对大小因平台而异。在电视和电台中，广告侵占并挤掉了内容。在报纸和杂志中，广告可以被读者轻易绕过，因此，读者的厌烦损失本身很可能是微不足道的。虽然整个模型框架适用于不同的市场，但是，其中的参数值却会因具体的市场应用而不同。

表18-8给出了一个时间序列中黄金时段电视网的相关比率。

---

① 广告是产品品质的一个信号这种观点源于Nelson以及Klein和Leffler。Milgrom和Roberts(1986)进行了更为正式的探讨，随后的一些论文对其研究思路做了进一步扩展。其中的基本观点是广告主“总会把钱用在需要的地方”，因此广告显示了产品品质。一个低质量产品的生产商并不会惹人注目地花大钱推广一种没有消费者会再次购买的产品。这样，消费者的疑虑就会被广告打消，消费者购买这种他们所认为的高质量产品，并且将重复购买这种产品。生产商从消费者重复购买带来的利润中收回广告支出，而等同于社会性的“烧钱”的广告则充当了间接提供信息的角色，尽管商品的直接信息实际上没有在广告中传播。

这些比率略低于表18-9中给出的单个电视台的比　率数据。

表18-8　电视网每周黄金时段节目广告的成本

年份	平均每分钟收看电视的家庭户数	每30秒的成本（美元）	每1 000户的成本（美元/30秒）
1965	9 968 000	19 700	1.98
1975	13 500 000	32 200	2.39
1985	14 510 000	94 700	6.52
1995	10 860 000	95 500	8.79
2004	6 070 000	120 500	19.85

资料来源：www.tvb.org，基于Nielsen的数据。

表18-9　最大的前100家电视台每周商业黄金时段每30秒的广告成本

年份	黄金时段平均每30秒收看电视的家庭户数	每30秒的成本（美元）	每1 000户的成本（美元/30秒）
1982	703 092	6 235	8.87
1985	732 211	7 360	10.01
2005	941 219	24 181	25.69

资料来源：www.tvb.org，基于Nielsen数据。

为了比较，杂志和报纸的广告费率将在下文第7节给出。

接下来我们探讨模型的几种变形。首先，我们考虑一种平台数量固定的短期分析。从长期来看，平台数量取决于自由进入条件。我们首先把产品位置设为固定不变，然后把它们当作内生的来看待。

18.4　均　衡

现在我们找出模型的均衡，即从短期分析开始（固定数目的企业），之后达成一个零利润均衡（自由进入和退出）。在下一小节中，我们先考虑当广告成为唯一收入来源时的情况，然后我们单独考察订购价格，最后我们同时分析定价和广告。下文中的模型包含了许多文献所使用的特殊情况，我们推导出这些特殊情况均衡值的目的是进行比较。这些特定的模型包括线性交通成本且双寡头位于市场两端的Hotelling模型（Anderson and Coate，2005），二次交通成本的Hotelling模型（Gabszewicz，Laussel and Sonnac，2005），以及线性交通成本的Vickrey-Salop圆形城市模型（Choi，2003；Crampes，Haritchabalet and Jullien，2004）。

18.4.1　广告的短期均衡

假设有n个平台，建立一个平台的固定成本为K，每个消费者的收入为R（a_i），那么，广播商i的利润为：

$$\pi_i = R(a_i)N_i(f_i, f_{-i}) - K \qquad (18\text{-}3)$$

我们在前文中给出了f_i表示广播商i的全价，f_{-i}表示除广播商i之外的其他所有广播商的全价向量，而观众数量方程则是由我们给出的特定观众模型（如公式（18-2）所述）决定的。我们在下文中将对此进行更详细的讨论（并在附录A中给出具体推导），不过眼下我们把关于全价的观众数量导数表示为$N_i<0$（即∂N_i（f_i，f_{-i}）/∂f_i）。这样，暂不考虑争议的话，可得到一个内生的解为：

$$R'(a_i)N_i + R(a_i)\gamma N_i' = 0 \tag{18-4}$$

或者也可以弹性形式表示为：

$$\frac{R'(a_i)}{R(a_i)}a_i + \frac{\gamma N_i'}{N_i}a_i = 0$$

只要R是一个对数型凹函数，R′/R就是一个递减函数。同样，只要观众需求函数得当，就意味着N_i是一个对数型凹函数，因而是一个递减函数。这些条件足以确保广告水平有唯一解。在一个对称需求模型中，均衡也是对称的。假定有一单位的消费者，则均衡观众人数为$N_i=1/n$。用N′表示观众人数关于全价的导数，则均衡广告水平a^*可由公式（18-4）间接表示为：

$$\frac{R'(a^*)}{R(a^*)} + \gamma nN' = 0 \tag{18-5}$$

在附录A中，我们求出了观众需求转换率的一些常见解。

值得指出的是，如果$\gamma=0$，那就意味着观众和读者对于广告是中性的。在这种情况下，由产品差异化所致，每个传媒企业都将拥有自己的市场份额，并且它们各自都是与相应预期消费者建立联系的唯一通道。每家传媒企业都把广告价格定在来自广告的边际收益为0处（这个点也是企业播放一个广告的边际成本对应于广告需求函数的单位弹性点）。

如果$\gamma>0$，则意味着观众或者读者认为广告是讨厌的东西，这样广告水平较之其并不令人厌恶时相对低一些。这是因为企业之间发生的就是关于广告厌恶水平的竞争，并且所有企业都致力于降低这种厌恶水平（都认识到这种厌恶水平直接关系到它们的收入）。因此，更激烈的竞争会导致更低的厌恶均衡，就像更激烈的竞争常常会导致标准产品差异化模型中的价格降低。这些结论为在附录A中一些观众选择的标准表达式所证明。因为人们也许常常预期企业数量更多时总产出也会更多（广告也一样）[①]，所以，从竞争角度解释所谓厌恶有其重要性。广告水平越低则企业越多，这一分析同时预见每个观众每单位广告的价格应该会更高（做广告的企业较少，需求价格较高）。Brown和Alexander（2005）提交的经验性证据却给出了相反的关联，他们并不同意上述分析框架，但与Cunningham和Alexander（2004）的代表性消费者模型相一致。这样，我们需要更多的工作来评价可供选择方法的研究假设。

如果$\gamma<0$，那就表明观众或者读者实际上喜欢广告。这种情况似乎与电视或广播市场上的大多数人无关（因为广告必然会取代原先很可能吸引个人收看或收听的文娱节目内容），但杂志或报纸则不存在这种推断。γ值表示读者看到每个广告的预期（纯）剩余。如果剩余是负的，那就存在对广告的需求（广告爱好者），并且媒介（电视或无线电广播商、报纸或杂志出版商、网络管理者）在决定经营广告数量时必须考虑这种情况。更多的广告确实会吸引更多的读者或观众，但是，经营更多的广告也会使广播商或出版社陷于边际收益为负的境地。在这种情况下，广告水平随着广播商数量的增长而上升，它既符合以上逻辑，还可由前文所给出的方程得出。以下表述至少可能更为直观：广播商越多，“产量”越大，并且每个广播商用以控制广告水平及维持广告价格的市场力量越弱。这样，广播商之间的竞争

---

① 尽管如此，事实上，每家企业的广告水平会更低。这些与广泛应用的Cournot模型相对应的特性最早由Masson、Ram和Reynolds（1990）所发表。

并不在于所谓厌恶水平，而在于通过携有许多（合意的）广告而形成的吸引力。

Dukes（2004）强调了广告主之间的战略性相互作用。他把产品市场设为一个圆形市场，并采用了Grossman和Shapiro（1984）的信息型广告寡占模型的分析框架，故考虑到了明显的生意窃取效应（以假定某产业资助媒体为代价），同时他把媒体市场也设定为一个圆形市场。他的研究显示，较低的产品差异化程度或者较高的媒体差异化程度都导致了市场较高的广告水平[①]。他给出的结论是：当两种产品的替代程度提高时，每家电视台的广告会增加。这一结论与Grossman和Shapiro（1984）的标准结论形成了对比。他在结论中还强调了同时考虑广告市场和产品市场的重要性。另一方面，Dukes和Gal-Or（2003）、Gal-Or和Dukes（2003）以及Gal-Or和Dukes（2006）表明，传媒和广告主旨在于通过限制广告程度来限制消费者所获得的竞争性产品信息的共同动机，或许可以解释传媒产业的一些特性[②,③]。

18.4.2 定价的短期均衡

在这一点上，我们有必要推导出一些结果，这些结果对有关差异化商品定价的产品差异化经济学而言是相当标准的。这些结果本身都有助于描述不存在广告时的均衡性质，同时作为下一小节将要分析的组成部分，它们也有助于我们把订购价格和广告放在一起探讨。

现在我们设想一个只采用订购价格的广播商（或报纸、杂志）的利润函数。假设获得观众或读者的边际成本为零[④]，那么利润为：

$$\pi_i = s_i N_i - K$$

定价方程为（利润最大化定价的一阶条件）：

$$N_i + s_i N_i' = 0$$

它与上文中的广告方程（18-4）具有相似的形式[⑤]。

在需求对称的条件下，我们可以把该定价方程改写为一个简单形式：

$$s = \frac{-1}{nN'}$$

其中，N'表示有着对称解的观众数量导数（回想一下，该导数的值是负的，这样订购价格便为正）。常用的产品差异化模型中的值将在附录A中给出，所以，对称的订购价格的解是很容易推导出来的。

当广播商或者出版商收到的订购收入增加了每个观众（或听众，视具体情况而定）所支付的固定费用$\bar{R}$的时候，我们提交一个中间结果来处理这一情况，这有助于下一小节的分析。如果每个观众对广告的需求都是分

① Anderson和Coate（2005）得到了后一种结论，但他们的研究并不能探讨前一种结论。Dukes（2005）假定广告并不是用来提供信息的，而是用来在竞争产品中区分某种产品的。该文虽然照例指出了传媒市场竞争程度较低导致了更多的广告，但又表明由于更多的广告促成更高的产品市场差异化程度，更多的广告导致了产品市场上更多的剩余。

② 这些结论源自信息型广告对竞争性生产者有着外部竞争性的论调（参见Grossman and Shapiro，1984）。这样，相对于联合利润最大化而言，竞争性生产者提供了太多的广告。商业性传媒业中的竞争条件决定了这种外部性的程度。

③ Dukes和Gal-Or（2003）修改了Dukes（2004）的模型，探讨了广播商与广告主签署排他性合同的动机，借此将与广告主竞争的其他广告主排除在该广播商的广告之外。尽管这种排他性合同明确会使广告主受益，但是，在广播商提供这样一个排他性合同之前，某些条件必须得到满足。一旦媒体在市场上就广告面对广告主时拥有足够的权力，以致他们有能力从被排除于信息型广告之外的消费者处获租，他们就会提供排他性合同。排他性合同更可能发生于差异化程度较低的市场，或者是在没有广告的条件下消费者很可能无从获得产品信息的市场。

④ 下文将给出边际成本为正条件的一个单独的拓展性研究，它对随后的定价和广告水平选择的分析有着重要意义。

⑤ 同样，其观众需求的弹性为-1。

步骤的，那么这种情况就有可能发生，但是，我们将在下文中看到，这掩盖了一个更为普遍的原则。

这样，广播商（或出版商）的利润为：

$$\pi_i=(\bar{R}+s_i)N_i-K$$

与上文中的步骤相同，在需求对称条件下，价格方程可以简化为以下形式：

$$\bar{R}+s=\frac{-1}{nN'}$$

现在，我们可以将其重新引入利润函数中，以给出利润的均衡值，即：

$$\pi^*=\frac{-1}{n^2N'}-K$$

上式所显示的关键特性便是利润水平不受影响，这是因为任何与消费者有关系的额外租金都不会对均衡价格决策起作用。我们把这一结果称为收入中性。[①]收入中性这一结论的成因不仅是市场被完全覆盖（所有消费者都收看电视/购买一种杂志），而且每个读者或观众都购买一本杂志和（或）收看一个电视频道。从利润函数形式中可以发现，就像一个（负的）每单位平均成本。就此而言，这种模型中平均成本水平并不影响均衡利润水平也就不足为奇了。定价方程只是决定所谓成本加成，即由每个读者或观众提交的企业收入。我们在下文中将讨论收入中性更大范围的影响。

18.4.3 定价和广告的短期均衡

现在，我们令平台同时决定它们的价格和广告水平。当价格和广告水平都为正时，广告值[②]可由下式解出：

$$R'(a_p)=\gamma$$

值得注意的是，这个结果并不受市场结构的影响。其背后的直觉是，把厌恶损失转化为广告收入。事实上，假设γ大于$R'(a)$，那么，a可以稍许减少da，同时s可以稍许增加γda，这样，消费者的全价就是恒定的。广告收入将减少$R'(a)da$，但根据假设，其减少额小于订购收入γda的增加额。

鉴于由$a_p=R'^{-1}(\gamma)$确定a_p，代入利润函数中，可得：

$$\pi_i=(R(a_P)+s_i)N_i-K$$

由于受这一关系所制约[③]，故我们认为，广播商只是选择订购价格水平（或者实际上是全价）。这意味着收入与上一小节分析中的固定收入起着相同的作用。由收入中性引申出来的含义是，只要$s>0$（因此$R'(a_p)=\gamma$），短期利润就不受广告需求力量的影响。短期利润也与γ无关。最后，需要注意的是，广告水平不受企业数量的影响。

现在，我们必须决定订购价格将何时应用于均衡之中。正如我们在上文中所指出的，如果$R'(a)<\gamma$，那么，广告主将因为播出广告而赚钱；相反，如果$R'(a)>\gamma$，那么，我们可以认为广告主并不会因为播出广告而赚钱。最重要的是，如果不考虑设定订购价格的均衡包含$a^*=R'^{-1}(\gamma)<a_p$，那么，引入定价能力将不会有任何效果，而均衡将与上文第一小节所述类似。也就是说，如果$a^*<a_p$，定价将不会被采用，均衡将造成收看商业电视免费、报纸免费或者网络浏览免费。如果$a^*>a_p$，则定价是可行的，此时均衡将拥有

---

① 前些年曾有一些学者注意到这一结论，包括Armstrong(2004)及Anderson和Coate(2005)。Wright(2002)在有关移动通信业的研究中也得出了这一结论。

② 这一结论背后隐含的观点可以通过认为广播商在每个观众的全部成本水平给定的条件下实现收益最大化而得出。也就是说，假定全部成本为$s+\gamma a$，广播商的最大化收益为$R(a)+s$，受此限制，最优选择应令$R'(a)=\gamma$。如果负的定价不被允许或不可行，那么，价格为零(即使可行，也不存在订购费用)，而广告水平取决于广告水平自身的市场相互作用，就像以上各节所分析的那样。

③ 见Anderson和Coate(2005)关于广告和价格均衡的更详细研究。

正的订购价格和广告的均衡水平。定价具有重要的分配效应。首先是利润上升，这可以通过比较是否考虑定价的利润水平而得到验证。考虑定价时，利润为$\pi^*_p=-1/n^2N'-K$。不考虑定价时，利润为$\pi^*_a=R(a^*)/n-K$，其中，可以由a^*求得$R'(a^*)/R(a^*)=-n\gamma N'$。这样，因为$-1/nN'>R(a^*)$，故可得$\pi^*_p>\pi^*_a$。由于$R'(a^*)<\gamma$可使定价被采用，因此，当定价应用于均衡时，利润会变得更高[①]。广告主的损失由更低的广告水平所致，他们失去了一些剩余。观众的损失是因为全价（订购价格与广告的厌恶损失之和）的上升。

上文有说服力的结论是，该市场均衡的特性与只考虑订购价格且价格为正的模型相同。因此，它们只取决于反映市场上消费者偏好的具体产品差异化特征[②]。必须重申，这些特性源于市场全覆盖和每个消费者的单位需求，而有关参数值确保了均衡处于一种正的订购价格和广告并存的状态[③]。后一种条件的影响可能是非常轻微的。正如我们将在下文中看到的那样，均衡产品的选择可能会随着参数的改变而发生剧烈变化，其原因与这一条件有着密切的联系。

18.4.4 长期均衡（自由进入）

我们所考虑的长期均衡包括所有企业都获得零利润的情况[④]。企业的相应数量是由上一小节利润表达式等于零时决定的。在多数情况下，这是直截了当的，但是，考虑定价的效应（与仅考虑广告的均衡相比）还是承受着非议。

如上所述，当定价与广告实际上放在一起考虑时，短期利润与广告的力量无关，也不受消费者对广告的厌烦的影响。这反过来又意味着企业的长期（零利润）配置不受这些变量的影响，并且实际上与

---

① 显而易见的是，定价能力可以增加完全垄断者的利润，但对于寡占市场是否也如此，却无法明确推断。因为一旦寡头企业之间展开多维度竞争，竞争程度可能会更加激烈。

② Peitz和Valletti（2005）考虑了一个两阶段双寡头博弈，其中广播商首先在Hotelling线性市场上选择各自的位置，然后他们之间争夺消费者。他们的其他设定与Anderson和Coate（2005）相同，因此，该博弈一个看得见的贡献就是把定位问题内生化了。Peitz 和 Valletti（2005）考虑了两个对称的博弈，其中一个博弈不包含设定订购价格，而另外一个包含订购价格的设定。他们的目的是分析这两个博弈的福利性质。在包含定价的博弈中，广播商的定位博弈涉及极端差异化。在免费收视的条件下，广播中总是会有一些广告（除非两个平台的位置几乎位于同一点，但均衡时不会出现这种情况）。正如预期的那样，广告数量随着观众的厌恶而减少，随着交通成本的增长而增加（在给定位置的条件下）。候选的定位均衡单调地从最小差异化（当厌恶水平为零或者交通成本无限大时）演变至最大差异化（当厌恶水平足够大或者交通成本足够小时）。在位置给定的条件下，福利仅仅受到广告的影响。如Anderson和Coate（2005）的分析所预期的那样，当厌恶水平较高时（因为免费电视会导致广告过多）或者当位置足够接近时（在这种情况下，免费电视和收费电视都会出现广告不足，但前者的不足程度更甚，因为降低广告竞争的逐步加剧程度并不能被定价所弥补），付费电视的处境比免费电视好。最后，对内生的内容供给来说，付费节目在厌恶损失较高时显得更好：虽然两个系统都提供极端差异化的内容，但付费电视提供了有效的广告水平，而免费电视却提供了过多的广告。当厌恶参数非常小的时候，免费节目几乎提供最小差异化的内容，而付费电视则提供最大差异化的内容（但两者都会引起福利减少），因此，免费电视更差，因为在给定位置几乎处在中心点的时候，免费电视的广告严重不足。交通成本变化的效应与此类似。

③ 如果$R'(0)\leq\gamma$，广告选择为0的情况也是可能发生的，这意味着广告部门的边际收益开始小于厌恶损失。这样，广播商会因广告如此令人厌烦而将广告逐出市场。需要注意的是，在这种情况下，广告的最优水平也是零。

④ 频率的约束限制了许多市场中广播商的数量。即使没有这种约束（如报纸和杂志），企业数量也应该是个整数，因此，在这种约束还不至于令最优数量很少的情况下，均衡数量是获得正利润的最大数量（隐含的假设是每家企业的利润随企业数量增长而减少）。虽然Anderson和Coate（2005）明确考虑了整数问题，并认为最多为两个公司，但是，下文仍将忽略这一问题。在这里，我们也不会考虑存在进入阻止的均衡可能性，见Eaton和Wooders（1985）以及Anderson和Engers（2001）对这种可能性的描述。

无广告或只选择订购价格的情况相同。与只考虑广告的均衡相比，如果定价是可行的，那么，广播商的长期均衡数量会更大，因为较高的利润与定价能力相关。

18.5 福利分析

假设参数适用于所有市场①，那么，最优广告水平a_o由边际社会成本$\gamma\geq 0$等于边际社会收益给出，后者也是广告需求价格。这样可解得：

$p(a_o)=\gamma$

因此，显而易见的是，考虑定价的广告水平低于最优广告水平，而决定均衡广告水平的边际收益曲线低于决定最优广告水平的需求曲线。

如果不包含定价，那么，如接下来的讨论所表明的那样，任何一种关系都是可能的。对于较低的γ，实际上所有广告主都应该与观众沟通。均衡时每个广播商提供的广告水平的上限为$R'^{-1}(0)$，此时的边际收益为0。这其实就是“竞争性瓶颈”特性（参见 Armstrong, 2004），即每个广播商在把观众交给广告主一事上都处于垄断地位，因此，广告主获得这些观众的价格也具有垄断性②。这是某一边为单归属时双边市场的一个特点。在另一种极端情况下，如果$\gamma\geq p(0)$，那么，最优水平就是不存在广告，因为此时的厌恶损失超过了广告的需求价格（社会收益）。尽管如此，均衡时总有广告存在，因为广告是广播商收入的唯一来源。

接下来我们分析市场进入情况。我们继续假设设定订购价格是不可行的（或者其实它未被用于均衡分析）。富有洞见的是，我们假设$\gamma=0$，并且保留市场全覆盖和消费者单位需求的假定。这样，在均衡与最优之间完全不存在关联。最优的企业数量如上一节所述，取决于产品差异化参数。广告水平同样由$p(a)=0$决定：如果观众和读者不受任何干扰，则社会最优应该令所有广告主在与其产品的预期购买者沟通时都具有正的需求价格。另一方面，如果$\gamma=0$，就没有渠道可供企业之间竞争。每个企业都将按照$R'(a)=0$选择广告水平，以使其交付每个读者或观众的收入最大化。广告主（至少对广告的需求价格高于$p(R'^{-1}(0))$的广告主）选择在所有频道做广告，这样，他们获得的预期消费者的数量不受市场上广播商数量的影响。这意味着总收益$R(a^*)$是由进入市场的n个广播商分享的。这样，广播商的均衡数量便为$R(a^*)/K$。所以，举例来说，如果广告主的数量增加一倍（在每个支付意愿水平上），那么，均衡时市场上的企业数量也会增加一倍，但社会最优企业数量仍将保持不变。

总之，当$\gamma=0$，均衡时的广告水平很低，广告收益是为所有企业所分享的一个纯租。因此，广告数量太少，并且企业数量也许与最优广告数量无关。广告需求弱意味着市场得不到满足，而广告需求强会令市场上的广告过多。Anderson 和 Coate（2005）早已指出，如果市场上广告需求很少，那么，自由市场不可能提供很多节目。有一点是非常明确的，那就是这样一个体系需要广告收益维持生存。另一方面，市场也可能供给过多。例如，Anderson 和 Coate（2005）的研究表明，当市场上只有一家企业才最优时，可能会存在两家企业。这种过度进入的可能性显然可以扩展至自由进入条件下的圆形模型，就像 Choi（2003）的结论所证明的那样。这在考虑 Dukes（2004）使用的生意窃取的显式广告模型中

① Anderson 和 Coate(2005)讨论了不适用的市场。

② 这种垄断地位源于模型中单归属观众的假设(只选择收看一个频道)。尽管观众确实在任一给定时间只收看一个节目，但是，在观众转换频道的多阶段背景下，广播商对观众的争夺仍然是存在的。Anderson 和 Coate(2005)提出了一个关于广播商之间两阶段竞争的初步分析，而 Armstrong(2004)则按照 Caillaud 和 Jullien(2003)的研究路线，分析了(同一时间)多本杂志的读者人数。

也是清晰可见的。确实，与Anderson和Coate（2005）的结论相似，Dukes发现，当媒体差异化程度（以τ衡量）足够高时，广告水平高于社会最优水平。

我们简短地讨论这样一种情况：广告需求是完全弹性的，并且需求价格为β（每个广告主每获得一个观众）。这样，广告价格在形式上就类似于产品差异化模型中的标准价格。如果$\gamma>\beta$，那么，在最优处市场应该不会有广告；相反，如果$\gamma<\beta$，所有的广告主都应该做广告。均衡广告数量会随着γ的变化而变化。

最后，我们回到同时考虑定价与广告的情况。倘若如此，如短期分析所示的那样，广告水平与企业数量无关。因为市场被覆盖条件下最优水平设定p（a）=γ[①]，所以广告水平是不足的。市场上的企业数量与只采用价格的模型相同，我们知道在产品差异化模型中企业数量往往都很大，并且这些结论均可直接适用。这些结论与不考虑定价的均衡（即只包含广告）相差很大。值得再次说明的是，如我们早先提示过的那样，我们假设每个观众只收看一个节目，并且确保均衡的参数处于全覆盖市场的区间。

18.6 产品选择：选择节目类型

接下来我们探讨市场供给的"广度"问题，在此我们指的是选定产品之间的水平差异化。为了方便阅读，我们从一开始就构建模型，以使本节自成体系。鉴于报纸是一个具有启发性的例子，自始至终我们将只提及报纸和读者。

假设有两种报纸，每种报纸的单位生产成本都是c（$c\geqslant 0$），并且每种报纸都向广告主出售广告版面。报纸售价都是s_i，i=1，2。每个读者只购买一种报纸（"单归属"）。所有读者的政治见解均分布于从极左至极右的范围。这种偏好多样性可以用区间［0，1］表示。在标准范式中，报纸的立场与读者的理念点相距越远，读者的负效用就越大。按照Gabszewicz、Laussel和Sonnac（2002），我们假设一个属于x类的读者购买一份观点为x_i的报纸，此时该读者的效用为$t(x-x_i)^2+s_i$（见方程（18-2））。

令x_1和x_2分别表示两种报纸的位置。它们的需求函数分别为N_1和N_2，于是，我们很容易得出：

$$N_1(s_1,s_2)=\frac{x_1+x_2}{2}+\frac{s_2-s_1}{2t(x_2-x_1)}$$

和

$$N_2(s_1,s_2)=\frac{2-x_1-x_2}{2}+\frac{s_1-s_2}{2t(x_2-x_1)}$$

这样，相应的报社收入为：

$\pi_i=(s_i-c)N_i(s_1,s_2)$，i=1，2

这一报业模型是标准的二次交通成本Hotelling空间模型。对于这一问题，我们知道，在企业选择价格和位置的子博弈精炼均衡中，它们总是定位在这一单位区间的两端（参见d'Aspremont，Gabszewicz and Thisse，1979）。因此，在没有广告收益时，媒体的意识形态信息反映了均衡时最大化的政治差异。

现在，我们引入资助报纸的第二种来源，即广告收入。当然，如果广告费率和广告数量是固定的，并且与读者数量无关，那么，上文的结论依然成立，广告收入只是简单地被加入报纸的总收入之中。然而，读者人数越多，报纸对广告主的吸引力就越大，广告主为向更大一群读者展现自己也就愿意支付更多。简单来说，我们假设广告主对做广告于每个所获读者的需求是具有完全弹性的，并令需求价格（每个广告每个观众）为β。

这样，报纸i把报纸销售给读者与把广告版面卖给广告主获得的利润合计为：

$\pi_i=(s_i-c)N_i(s_1,s_2)+\beta N_i(s_1,s_2)$，i=1，2

将上文中的读者需求函数代入后可得：

① Anderson和Coate(2005)研究了非覆盖市场。

$$\pi_1(s_1,s_2)=(s_1+\beta-c)\left(\frac{x_1+x_2}{2}+\frac{s_2-s_1}{2t(x_2-x_1)}\right)$$

和

$$\pi_2(s_1,s_2)=(s_2+\beta-c)\left(\frac{2-x_1-x_2}{2}+\frac{s_1-s_2}{2t(x_2-x_1)}\right)$$

$\beta-c$相当于一个固定的单位补贴，一旦被加入报纸价格，收入表达式就与二次交通成本空间竞争模型中企业收入的表达式相同，所谓的补贴其实就是广告销售的单位收入与每份报纸的生产成本之差。现在我们可以设定，在此序贯博弈的子博弈精炼均衡中，第一阶段报社选择报纸的政治形象x_1和x_2（舆论博弈），第二阶段他们选择报纸的价格s_1和s_2（价格博弈）。在价格博弈中，利润是由以上方程给定的。无论如何，价格被限定为非负值。如果价格博弈存在正值价格的内生解[①]，则报纸价格可以表达为：

$$s_1^*=c-\beta+t(x_2-x_1)\frac{2+x_1+x_2}{3}$$

和

$$s_2^*=c-\beta+t(x_2-x_1)\frac{4-x_1-x_2}{3}$$

我们将价格博弈的子博弈均衡值代入利润方程，可解出报纸定位博弈的均衡值。由此我们可得出的均衡结果主要取决于t和β的大小（更多详情见Gabszewicz, Laussel and Sonnac，2002）。实际上，当政治偏好强（t值“大”）和（或）广告收益弱（β值“小”）的时候，舆论博弈存在政治差异最大化的唯一均衡解。这很像纯订购状态下的博弈，彼时市场也许被看作是弱广告需求的。

不过，当政治偏好弱并且（或者）广告收入大时，舆论博弈存在政治差异最小化的唯一均衡解[②]。这样，当报纸寻求广告收入时，舆论博弈均衡值得关注的重要影响便是：在政治偏好弱并且（或者）广告收入足够重要的条件下，为读者提供最大化政治差异的趋势会被彻底颠覆[③]。这一结论表明，为了开发更多的广告资源，广告费率对观众人数的依赖很可能诱导报社左右他们向其读者展示的政治内容。

上文模型中的福利经济效果颇为直白。社会最优定位就在区间的1/4处[④]。而均衡要么是最小差异化，要么是最大差异化[⑤]。从社会角度看，这些均衡位置同样是不合意的。我们不妨回想一下，如果认购价格可以为负，那么，唯一的均衡为最大差异化。价格为负的情况可以体现为免费礼品之类的附赠品，尽管在那种情况下企业也许会担心读者拿走若干份附有赠品的免费宣传页，致使负价格并不可行[⑥]。在实际中，即使存在免费分发的报纸，或许企业还是希望非负价格约束能够体现为一个很小的名义价格，以避免十足的浪费。

上文所决定的均衡源于两种假设：一是厌恶损失为0，二是从每个观众处得到的广告收入为常数。尽

---

① 这一假设简化了这里所展示的结果。尽管价格博弈总是存在内生解，但正值解的假设并不正确。文章中的价格可以为负，例如，当β大于c的时候，这一情况下的订购价格应该等于0。更多详情见Gabszewicz、Laussel和Sonnac(2002)。

② 也有可能存在着一个达成均衡的重合区间。Gal-Or和Dukes(2003)提出了关于雷同的另一种解释。他们指出，媒体通过提供相似的节目(即雷同)引发了激烈的观众争夺战，由此导致更低广告水平上的协调，从而使产品市场上广告主的剩余增加。

③ 价格下限(非负值价格)的存在对这一结果至关重要。如果没有这个条件，那么，均衡价格就可能为负值，这不仅减少了广告收入，而且最大差异化还将继续存在。一旦存在价格下限，编辑们就能够在免于进一步加剧竞争的同时，选择更接近于竞争对手的政治立场(除了某些点之外)。

④ 这些位置使得读者的平均旅行距离最小化。每个位置都在报纸所服务市场的中心点，它们的市场份额是相等的。

⑤ 最大差异化的结果是假设报纸必须定位在单位区间内的人工产物。如果定位无限制，那么它们将选择定位于$\left(-\frac{1}{4},\frac{5}{4}\right)$处，虽然这并没有像它们所能选择的那样远，但这两个位置都在单位区间之外。这些位置对任何读者的偏好来说都是非常极端的，从社会角度来看，较之最小差异化更不合意。

⑥ “赠品”可以被理解为漫画页，因此，每个读者只需要一份。

管如此，我们希望在厌恶损失为正和显示每个广告每个观众平均回报下降的收入函数的条件下，也能得到多少有些相似的结果。事实上，只要订购价格是正的，报纸的广告水平就可以满足$R'(a)=\gamma$，因此，正如我们在上文中所发现的那样，利润与广告收入无关，并且竞争仅仅是关于订购价格的有效竞争。这样的竞争便导致了最大差异化。不过，如果报纸的位置“太接近”，则订购价格的上限为0，然后均衡就只是广告的均衡了。以上讨论引导我们对仅发生广告竞争的情况进行简短探讨。

假设$R(a)=\beta a$，那么，广告需求与上文相同，只是现在我们设$\gamma>0$，这样，其结果便为最大差异化，因为广告竞争模型与纯订购价格模型在形式上相同[①]。这意味着在$\gamma=0$（最小差异化）和$\gamma>0$（最大差异化）之间，企业的行为不具有连续性。

现在我们假设$R'(a)$是严格凹函数，首先要注意的是，如果$\gamma=0$，那么，两种报纸的广告水平可由$R'(a)=0$给出，并且报纸只是致力于读者数量最大化。这样，两种报纸将最低限度地差异化。如果$\gamma>0$，分析将会非常复杂。初步结果表明，位置均衡也许非常接近差异最小化。不过，验证适用于第一阶段（定位）博弈的二阶条件仍然是难以做到的。

我们将在下文对应用于传媒产业经济学的定位竞争理论的最新进展做出总体评价。二次负效用成本和仅考虑价格竞争的标准范式导致了最大差异化。该结果限制了福利分析，因为它预测位置总是过于遥远，与非正式的经验主义和解决方案的灵活性相悖。考虑到广告竞争提出了一个引人入胜的命题，即报纸的位置可以在最大差异化与最小差异化之间变动（由参数来定），因此，均衡解并没有先验地被过度差异所约束。无论如何，证明候选均衡是定位问题的解实际上是一道难解的数学题。

18.7 报业集中和广告

传媒经济学家经常将广告市场看作造成报业集中的原因。这一看法得到了将广告收费与报纸运营相关联的经验性研究的支持。[②]早期的理论贡献是将报业集中增长归因于报纸市场与广告市场之间的相互作用，如Furhoff（1973）、Gustafsson（1978）和Engwall（1981）。现在，我们懂得了这些相互作用就是双边市场的相互作用。印刷媒体市场是这一现象一个尤其重要的例证。报纸出售一些广告版面给广告主，做广告的需求量越大，广告收益在报纸全部利润中所占份额就越高。在市场的另一边，读者对印刷媒体广告的态度颇为含糊。虽然电视观众似乎通常被认为是讨厌广告的［（参见Brown和Rothschild（1993）以及Danaher（1995）］，但是，印刷媒体的读者却有着各种观念，一些读者对报纸广告有着积极的看法，而另一些读者的认识却是否定的[③]。如果我们相信这一判断，那么，读者的效用就与做广告的需求量相关，对其中一些人来说效用是正的，对另一些人来说效用则是负的。这也意味着在印刷媒体和广告市场之间对读者有着不同类型的网络效应。事实上，一些人认为广告能够助长报纸的发行量（Blair and Romano，1993；Gustafsson，1978；Rosse，1980）。其他人则认为广告减少了报纸的发行量（Musnick，1999；Sonnac，2000）。

表18-10给出了在杂志和报纸上做广告的有关费用

---

① 为了得到这一结果，我们令广告竞争的利润函数为$\pi_i=\beta a_i N_i(.)$，在价格竞争条件下的利润函数为$\pi_i=s_i N_i(.)$。在这两种情况下，读者函数的自变量为全价，因此，这两个问题可以得出相同的解。

② 见Dertouzos和Trautman（1990）、Reimer（1992）和Kaitatzi-Whitlock（1996）。

③ 在最近的民意调查中，37%的法国读者声称讨厌广告（Le Monde，2002年11月9日）。

统计。

表 18-10　　美国杂志和日报的发行量、广告费用及每千名读者的广告费用

			1965年	1985年	1997年	2000年
杂志	合计发行量（千册）		147 080	159 978	129 623	
	合计每页广告费用（美元）	黑白	595 143	1 695 541	3 358 235	
		四色	826 879	2 288 036	4 437 329	
	每页每千名读者广告费用（美元）	黑白	4.05	10.59	25.91	
		四色	5.53	14.3	34.23	
报纸	每日发行量（千份）		60 358	62 766		55 773
	每日1/2页的广告费用（美元）		312 112	1 515 163		3 712 650
	每1 000份发行量的广告费用（美元）		5.17	24.14		66.57

资料来源：www.tvb.org，基于Nielsen的数据。

现在，我们着手分析当读者分布于整个区间市场时纸质传媒业和广告业之间的相互作用。假设有两家报社各自出版差异化的报纸或杂志（例如，发表不同政治见解的新闻杂志），它们分别位于单位区间的两个端点。读者的偏好均匀分布于［0，1］。报纸1位于0点，而报纸2位于1点。两家报社也都向广告主出售版面，后者用以登载广告促销产品。在［0，1］之间的任意一点x上，读者中广告逃避者所占比重为λ，广告爱好者所占比重为1－λ。当更多的广告出现在报纸上时，广告逃避者的效用将会减少，而广告爱好者的效用则会增加。更准确地说，假设报社i为报纸定价s_i，并且把占全部版面比重为a_i的版面出售给广告主，这样，对位于x点的广告逃避者来说，其购买位于0点的报纸1的总效用损失为：

$$x^2+\gamma a_1+s_1,\quad \gamma>0$$

而其购买位于1点的报纸2的总效用损失则为：$(1-x)^2+\gamma a_2+s_2$。同样，对位于x点的广告爱好者来说，购买报纸1的总效用损失为：

$$x^2-\gamma a_1+s_1,\quad \gamma>0$$

而其购买报纸2的总效用损失则为：$(1-x)^2-\gamma a_2+s_2$。需要注意的是，为简化分析，我们假设一边的广告爱好倾向等于另一边的广告逃避成本。

我们定义$\tilde{k}=\gamma(2\lambda-1)$（因此，当所有读者均为广告逃避者时，$\tilde{k}=\gamma$），这样，可得读者对于报纸i（i=1，2）的需求函数为：

$$D_i(s_1,s_2,a_1,a_2)=0,\quad 当\ s_i\geqslant 1+s_j+\tilde{k}(a_j-a_i)$$

$$D_i(s_1,s_2,a_1,a_2)=1,\quad 当\ s_j+\tilde{k}(a_j-a_i)-1\geqslant s_i\geqslant 0$$

$$D_i(s_1,s_2,a_1,a_2)=\frac{1}{2}\left[1+(s_j-s_i)+\tilde{k}(a_j-a_i)\right],\quad 当\ s_i$$

取其他值，不同报纸广告数量的差异(a_i-a_j)在报纸需求中起到了重要作用。如果报纸的价格相同，则只有当广告爱好者在读者人数中占据多数时（$\lambda<\frac{1}{2}$），拥有较多广告的报纸才会因读者更多而获益。

报社的总收入也包括出售广告版面带来的收入。现在，我们构建一个广告市场模型，模型中对广告版面的需求是市场中报社收取广告费率的函数。令q_i表示报纸

i（i=1，2）向广告主收取的广告单价。所有广告主随各自支付广告费用的意愿的增长而依次分布于单位区间[0，1]。假设每个广告主θ（$\theta \in [0,1]$）只能在两家报纸中选择一个刊登广告，而不能同时选择两个（即假设广告主都是单归属的）。同时假设广告主θ在报纸i上以费率q_i插入一个广告的收益是$D_i\theta - q_i$，其中D_i就是上文给出的报纸i的读者数量。由于$\theta \in [0,1]$，广告市场永远不会被全覆盖①。这一关于广告市场的表述将其设置为类似一个垂直差异化产业（Gabszewicz and Thisse，1979），其中所谓的“优质产品”企业就是拥有大量更多读者的报社。

因此，如果广告主a_i购买了报纸i的广告版面，那么，报纸i获得的总利润π_i为：

$$\pi_i(s_1,s_2,q_1,q_2) = s_i D_i(s_1,s_2,a_1,a_2) + q_i a_i,\ i=1,\ 2 \tag{18-6}$$

我们考虑报纸之间的两阶段博弈。在第一阶段，它们选择报纸的零售价格$s_1(a_1^a,a_2^a)$和$s_2(a_1^a,a_2^a)$，其中，期望广告数量a_1^a和a_2^a将由它们在第二阶段决定。第一阶段的博弈结果取决于报社（编辑）和读者关于编辑在第二阶段所销售广告数量之间差额$a_i^a - a_j^a$的预期。这些结果由公式（18-6）给出。

第二阶段的策略是广告价格q_1和q_2。进入第二阶段之后，价格s_1和s_2已经确定，并决定了相应的读者人数，即D_i（s_1，s_2）$=D_i$。基于上文的广告市场模型，第二阶段博弈的结果可表示为广告费率q_1和q_2的函数。在预期第二阶段广告量分别为a_1^a和a_2^a的条件下，可得第一阶段博弈的均衡值s_i^*（a_1^a，a_2^a），i=1，2。如果我们用（q_1^*，q_2^*）表示第二阶段博弈的均衡值，那么，我们还需要令a_i（q_1^*，q_2^*）$=a_i^a$，即在第二阶段均衡中，广告市场上每个报社的需求函数值都与第一阶段的预期值相一致②。

博弈的均衡如下［Caillaud和Jullien的研究（2003）大致证明了类似结论］：首先，无论$\lambda \in [0,1]$取何值，都存在一个与对称期望(a_1^a,a_2^a)相应的均衡，均衡时两个市场的价格和市场份额相等。这是一个包含广告市场份额对称期望的均衡。这一均衡导致了广告市场的Bertrand竞争，最终使得报纸市场上卖者的价格和市场份额相等。而广告厌恶型市场（$\lambda > \frac{1}{2}$）则只存在对称均衡。

其次，我们考虑广告爱好者居多的情况（$\lambda < \frac{1}{2}$）。如果广告的吸引力很强［$-6 \geqslant \tilde{k} = \gamma(2\lambda - 1)$］，那就存在两个不对称的均衡。在每一个均衡中，如果一家报社完全消灭了竞争对手，其注定是出售更多广告版面的那一家。如果广告的吸引力很弱（$\tilde{k} > -12$），那也会存在两个不对称均衡，均衡时两家报社在读者市场和广告市场上都享有正的市场份额。期望出售更多广告版面的报纸在两个市场中都拥有更高的价格和更大的市场份额。这一结论与Furhoff（1973）文中的直观印象相似，该文揭示了广告吸引力推动报业集中度提高的原因。Gustafsson（1978，p.1）曾经如此描述这种直观印象：“在两家竞争的报社中，体量更大的那家获益于发行量和广告的相互促进过程，因为更大的发行量会吸引广告，进而促使广告主更多地做广告，而更多的广告又会吸引更多的读者；相反，两家竞争的报社中较小的一家则陷入恶性循环，其发行量较小，则对广告主的吸引力较弱，若它不能保有吸引力的广告，它就会失去读者。发行量越来越小再次加重了出售广告空间的问题，因此，最终规模较小的报纸将不得不倒闭。”照此说来，在广告吸引力强的条件下，均衡可以被看作市场动力的极限。预期会出售更多广告版面的报纸令自身具有较之竞争对手更强的吸引力。它插入的广告越多，其吸引力越强。这

---

① 市场被覆盖的情况见Gabszewicz、Laussel和Sonnac（2004）的研究。

② 均衡分析的详细内容见Ferrando等人（2004）的研究。

一巩固进程最终导致广告较少的报纸被逐出报业和广告两个市场。与较弱广告吸引力相对应的均衡也同样存在。在均衡时，在广告市场上预期会拥有更大份额的报纸并不完全地驱逐其竞争对手。不过，最初的预期广告市场份额的不对称使得拥有较大预期份额的报纸在两个产业中都成为领导者，因为它在两个市场上都卖得更多，并且价格也更高。

在明确考虑两个产业之间这种双边网络效应的条件下，读者和广告市场的相互作用颇为复杂。无论如何，我们由此得出一个重要结论：在广告具有吸引力的情况下，报业的集中应被认为是广告市场一个直接和正常的结果。因为报纸是向大众传播政治和社会信息的主要媒体，所以，重要的是，要认清其商业模式可能导致高度集中的缺点。

18.8 结　论

电视无疑推动了当今大部分大众文化的发展，同时广播、杂志和互联网也是非常重要的推动者。当前，美国家庭每天观看电视的时间平均约为8小时。一种通用的商业模式描述了若干传媒市场，包括电视、广播、互联网、报纸和杂志。文娱节目及其内容是获得广告所示消费品的预期买者的诱饵。本章阐释了这种商业模式的经济学。广播与其他商品的不同之处在于它交付了两类商品，它把节目交给观众，同时把观众交给广告主。这也是为什么广播业是一个双边市场的原因。换句话说，广告就是要借助节目来吸引观众。

我们考察了市场表现的若干方面，包括范围、品质和所提供产品的宽度（杂志、电视、互联网）。因为这些都是产品差异化经济学研究中的经典领域，所以，我们从产品差异化经济学理论中借用了很多。兴趣维度可能也是一种政治度量，例如，报纸所代表的政治立场之间的差别。对传媒经济学来说，除了供给的多样化方面之外，其他一些方面也很重要。所有这些方面都是文化水平的重要决定因素。不过，有关的经济学模型一定要仔细解释。例如，在其他条件相同的情况下，更多的人会在模型中选择更高的“品质”。这也许与诸如人们“应该”看什么、读什么或听什么的一些家长式观点并不相符。

传媒业展现了市场的若干缺陷。广播是一种公益物品，然而，由广告资助所致，它却是由市场体系提供的。广告是对观众的一种滋扰（负外部性）。广播企业以往常常形成一种紧密的寡占局面。在给定这一缺陷的条件下，广播业的绩效也许并不被人看好。事实上，公益物品通常被预计是供给不足的，市场力量也会引起供给不足，而负外部性又会引起生产过剩。但是，令人惊讶的是，传媒市场却能够达成最优绩效配置。为了确定结构模型中的关键参数值，并借此确定当前实践与最优水平之间的偏离程度和方向，我们需要做出缜密的经验性研究。关于该方面研究的重要进展，见 Wilbur（2004b）。

广告资助下的广播市场供给本身还存在着另一种市场失灵。电视节目由间接的消费者主权所控制：观众用他们的眼睛“投票”，而广播公司则把各类观众交给相应的广告主。无论如何，在广告作为财政基础的条件下，广播商并没有动力迎合那些不打算购买广告所示产品的观众的偏好。这意味着即使没有诸如人们“应该”收看什么那样的家长式观念，偏向也会存在。这种偏向显示了电视节目针对的是那些最有希望为广告主带来预期收入的观众。大致说来，二三十岁的人总被认为可支配收入高。广告主最有利可图的目标是那些迄今偏好尚未成形并且开销大而随意的人。电视节目中的角色常常反映了观众的偏好（人们喜欢看到与自己相仿的角色），因此，实际上，许多电视节目中角色的年龄为20～50岁。原因很简单：广告主挣的正是这一年龄段的人的钱。这导致了一个颇为重要的文化偏向。Goettler（1999）发现，吸引更多同类型观众（按照年龄和性别分类）的节目收取的广告价格也更高。之所以会这样，原因是彼时的广告也许更具针对性。这一效应所显示的同时发生的文化偏向表现出节目选择的范围过窄的趋势。其次，Goettler还发现，35~49岁的观众所收看的节目拥有更高的广告费率溢价，表明广播商有迎合此类观众的倾向。最后，他发现广告价格随观众数量而增长的趋势呈凸性。与之相关的一个偏向便是朝向集聚大量人气的节目，Beebe（1977）所谓的最小公分母现象即源于这一动机。

当然，一位观众无论何时在收看或注意任何事件，广告主都有动机试着用一个信息获得观众。这在数字录像或者其他回避广告技术的时代更是如此，广告主使他们的信息被了解的需求也更大。商业性植入越来越多地出现在电影和电视节目中（例如，在007系列电影中，宝马取代了传统的阿斯顿·马丁），由于作家不得不写入赞助商的产品，以致电影剧本自身也会被修改。这样携有不必要元素的植入会被看作特洛伊木马病毒。一个类似的现象已经出现在美国的学校中。第一频道为学校提供了免费节目，甚至还支付了硬件费用（电视、卫星接收器等）。所谓的特洛伊木马病毒就是节目中出现的广告。学校必须保证90%的学生收看节目，他们还被禁止关闭这种所谓的教育节目。虽然据说该节目涵盖了时事新闻，但却被设计得很像MTV节目，实际上还被设计成一个广告载体[①]。广告主为此相应支付高额的广告溢价，相当于获得成年观众所花费的两倍[②]。

自2001年起，儿童的收看习惯也成为联邦通信委员会关注的重要问题，每台新电视机都必须装一个V形芯片（见http：//www.fcc.gov/vchip/）。该芯片可以使家长阻止其认为不适宜的电视节目播出，并采取“电视节目家长指南”分级，该指南由全国广播电视协会、全国有线电视协会和美国电影协会共同设立。不过，这一阻止装置的使用似乎并不流行（与互联网封锁过滤器相比）。就像Hazlett（2004）所指出的那样：“家长们之所以采用网络过滤器而不使用V形芯片，也许是因为收看电视通常是更为公开的活动：与用眼睛关注孩子浏览什么网页相比，你更容易用耳朵留意孩子在客厅里收看什么电视节目。”

若干近期的论文对不同背景下的双边市场模型做了经验性探讨。其中，在纸质媒体领域的开创性论文来自Rosse（1970），他估计了报业的成本曲线，所基于的模型包括了报纸广告和读者之间的反馈效应。Rysman（2004）考虑了黄页市场上各类市场结构的福利性质，并发现寡占优于垄断。由于消费者使用黄页查找信息，因此，他的概念性框架可以应用于读者为广告爱好型的报纸产业。Kaiser和Wright（2004）采用了Armstrong（2004）提出的双边市场竞争模型，并假设广告主和读者都是单归属的，然后对德国杂志产业的数据进行了分析。

近期也有一些关于广播电视业的经验性研究。Berry和Waldfogel（1999a，1999b，2001）使用电台听众数据探讨了电台的进入效应和集中；Sweeting（2004）着手解决了估计电台商业广告时间的均衡模型的难题；Wilbur（2004a）使用广告水平、广告价格和收视数据估算了电视广告市场的双边模型。他发现广告会导致收视率降低：初步估算表明，在现阶段水平上，每30秒广告将导致每小时收视人数减少1.1%，或者每小时收视家庭数量减少0.7%。

对今后的研究而言，一个方向是更深入地探讨实际的市场结构。大多数体系是混合的，包括各种不同的企业类型。Anderson（2003）通过考察广告资助与订购资助并存的电视，在这一领域进行了初步分析，而Peitz和Valletti（2005）也对这两种体系做了比较。如果我们观察实际的市场结构，就会发现市场上运行着多种类

---

① “第一频道比电视网更加商业化：新潮、快节奏，充满吵闹的摇滚乐，并且它总是直接或间接地卖一些东西。”（Fox，2004）。

② “每30秒广告令广告主花费近160 000美元，相当于黄金时段电视新闻的一个商业性广告费用的两倍。”（Gange，2004，载于Fox的评论）。

型，它们有着不同程度的公共支持、规制和广告资助等。在美国，由联邦政府和私人捐款资助的公共电视台与商业频道、付费频道和宗教频道同时存在。在英国，BBC是靠电视牌照费和政府拨款资助的，它被禁止播放广告。在法国，电视市场上共有6个主要频道，它们在政府资助水平、允许播放的广告数量、节目内容等方面有所不同，其中还有一个在黄金时段和深夜收费的付费频道。就今后的研究而言，一个棘手的问题便是，如何建立公共广播机构行为与目标的适当模型。

在经验性研究方面，一些问题值得进行更深入的探讨，包括哪个节目确实如Steiner（1952）提出的分析思路那样被重复选择，关于单一思想的研究，或者节目的差异化程度是否更高。Goettler和Shachar（2001）在这方面做了卓有成效的研究，他们指出，广播企业反而在相当大的程度上使其产品差异化。

与文化有关的另一个问题是，从当地社区的视角定义的节目的“品质”。联邦通信委员会在决定发放牌照时强调了对“地方主义”的关注。同样，有关本地内容的规定（如法国和澳大利亚及其他国家）也是为了保持和促进全国性节目。这些都是相关的问题，因为它们都在强调品质理念，反映并支持了对其完整性的社区评价。如果一个类似于保护社区认同的目标被视为是有价值的，那么，当观众们面对有着广泛吸引力的所谓最小公分母类型的节目（如“好莱坞式”的主角）时，这一目标也许就需要特殊保护（或补贴）。就此而言，适当的政策立场仍然是一个开放的研究议题。

致　谢

第一作者衷心感谢来自美国国家科学基金会的研究资助，拨款编号为SES-0137001。我们感谢许多参加研讨会的学者，感谢他们的评论、洞见和发言。我们也要感谢合著者对本文的若干见解，感谢Victor Ginsburgh在编辑上的帮助、Juan Carlos Bisso对研究的协助，以及Anthony Dukes、Serguey Khovansky、Alan Krueger、Nathalie Sonnac、Cat Tyler和Ken Wilbur所做的评论和建议。

附录A

文献中涉及的若干特殊情况可能源于一个交通成本为幂函数形式的圆形模型。我们据此确定了该模型的均衡状态。假定圆形市场的周长为L，交通成本函数为τ（.），我们寻求一个对称均衡。假定中立的观众位于广播商i（位于0点）及其顺时针相邻广播商（位于L/n点）之间，观众位于点$\hat{x}$，那么，广播商i的观众人数可简单地表示为$2\hat{x}$，我们的任务是确定N′的值。

如果其他广播商都将广告水平设定为a，而广播商i设其广告水平为a_i，要求满足同样的“完全滋扰”，或者：

$$\gamma a_i + \tau(\hat{x}) = \gamma a + (\frac{L}{n} - \hat{x})$$

在一个对称解处求得：

$$\frac{d\hat{x}}{da_i} = \frac{-y}{2\tau'(\frac{L}{2n})}$$

因交通成本为幂函数形式，故$\tau(x) = tx^{a}, a \geq 1$，上式可进一步转化为：

$$\frac{d\hat{x}}{da_i} = \frac{-2^{\alpha-2}\gamma n^{\alpha-1}}{\alpha t L^{\alpha-1}}$$

因此，广告水平可通过公式（18-5）、对称均衡时$N_i = L/n$以及$N_i' = \frac{2}{\gamma}\frac{d\hat{x}}{da_i}$解出：

$$\frac{R'(a^*)}{R(a^*)} = \frac{2^{\alpha-1}\gamma n^{\alpha}}{\alpha t L^{\alpha}}$$

由于公式左边的值随a下降，所以，这里一个重要的结果是，均衡广告水平随着竞争性平台数量的增加而降低。这里，之所以会如此，是因为平台之间的竞争实际上是关于消费者厌烦值的竞争，越多的竞争意味着越少的厌烦值，因此，每个频道的广告越少①。

接下来是一些重要的特殊情况。首先，假设广告需求是具有完全弹性的，那么，$R=\beta a$，其中β是广告的需求价格，因此，$\frac{R'}{R}=\frac{1}{a}$，我们可以直接解出a^*为：

$$a^*=\frac{\alpha t L^{\alpha}}{2^{\alpha-1}\gamma n^{\alpha}} \qquad (A-1)$$

广告水平随着产品差异化（t）的增强而提高，随着企业数量的增加而下降，也会随着观众对广告厌烦程度的提高而下降。

当$\alpha=1$时，标准Vickrey-Salop［Vickrey（1964）、Salop（1979）］解为②：

$$a=\frac{tL}{\gamma n}$$

需要注意的是，标准双头寡占线性模型如L=2（企业之间相距一个单位的距离），那么（在公式A-1中，设n=L=2，$\alpha=1$）我们可以得到③：

$$a=\frac{t}{\gamma}$$

以此类推，在两个平台和二次交通成本的标准线性模型中，若设公式（A-1）满足$n=L=\alpha=2$，则我们可以得出与线性交通成本相同的结果：

$$a=\frac{t}{\gamma}$$

与此颇为相似的定性分析结果适用于Anderson（2000）所讨论的需求的Logit模型④。这里，我们简单表示为：

$$N'=\frac{1}{\mu}\frac{1}{n}\left(\frac{1}{n}-1\right)$$

---

① 我们在正文中假设策略变量是每个广告每个观众的价格。这等同于将广告水平作为策略变量（该等同性质推断于广告主多归属的可行性，以及一个广告的支付意愿是一个频道所交付观众人数的线性函数的假设）。这一策略性假设与选择广告时间的长短而后向预期的广告主出售广告空间的广播商是相符的。一个可供选择的策略假设是广播商采用与竞争对手相同的广告价格。这一假设可以被看作是Bertrand假设，而其标准假设是Cournot假设。这一替代性（Bertrand）假设的含义可以表述为：当一个广播商改变其每个广告的价格时，竞争对手的价格被假设为固定的，这个竞争对手必须调整其广告水平以维持每个广告的价格不变。更具体地说，我们假设一个广播商提高了其每个广告的价格。这样，想要购买其广告时段的广告主数量更少，结果收看该广播商节目的观众却更多（其多少减弱了初始效应）。这意味着竞争对手需要削弱其广告水平，否则该竞争对手交给每个广告的观众人数将更少。这就必须通过改进广告"品质"来弥补，亦即采取交给每个广告更多观众的方式。所以，如果广播商采用价格作为策略变量，上述分析便意味着它们的广告水平会趋于一致。这也意味着串谋更甚的行为。由于更甚的串谋意味着更多的广告，以致价格策略博弈造成更多的广告，并且广告量更接近于垄断水平。值得注意的是，在标准产品差异化市场上，Bertrand竞争往往会导致比Cournot竞争更多的产出。Crampes、Haritchabalet和Jullien（2014）也揭示了这样一种效应。Nilssen和Sørgard（2003）使用代表性消费者方法表示广告需求，对价格和广告量策略进行了比较。

② Gal-Or and Dukes（2006）采用下文会进一步描述的Dukes（2004）的框架，探讨了圆形市场上传媒企业吸收合并的动机。一方面，一家合并传媒企业由于合并后拥有更大的一组观众，以至于其相对于广告主而言提升了市场力量。不过，围绕观众的竞争减少导致了更高的广告均衡水平，根据他们的模型，这降低了产品市场剩余。他们指出，当传媒市场是充分竞争的时，合并就是有利可图的，所以合并之后市场力量的收益超过了由广告水平提高所致的损失。他们的研究结果与传统产品市场形成对比，后者的合并者因竞争减少而受益更多（Deneckere and Davidson，1985）。Choi（2003）考虑了本节模型下相邻企业的合并，他得出了一个更令人熟知的结论，即这样的合并增加了所有企业的利润，未参与合并的企业所增加的利润远低于合并企业（另见Eaton和Wooders，1985）。

③ 垄断的情况非常有趣。Anderson和Coate（2005）指出，基于Hotelling模型得出的垄断广告水平可能会高于或低于双头寡占市场，因为在垄断条件下，市场分别存在被满足和未被满足两种情况。这一结论似乎针对的是供不应求市场中未开放市场的Hotelling模型，就像我们在下文讨论的那样。

④ Logit模型是通过假设公式（2）中的ε_i是独立同分布于双指数分布而给出的。隐去交通成本和质量指标之后，观众的需求函数为：

$$N_i=\frac{\exp(-\gamma a_i/\mu)}{\sum_{j=1,\dots,n}\exp(-\gamma a_j/\mu)}$$

这样，均衡广告水平由下式给出：

$$\frac{R'}{R}=\frac{\gamma}{\mu}\left(\frac{n-1}{n}\right)$$

如上所述，在广告需求具有完全弹性的条件下，广告水平可以简化为：

$$a=\frac{\mu}{\gamma}\left(\frac{n}{n-1}\right)$$

这意味着广告水平随着产品差异化程度μ的提高而提高，随着公司数量的增加而下降[①]。

Logit模型也许还很容易扩展至存在不收看广告观众的情况。这样，根据上文的Logit模型和一项外部选择[②]，我们便得到一个均衡广告水平的隐含形式：

$$\frac{R'}{R}=\frac{\gamma}{\mu}\left(1-\frac{\exp\left(\frac{-\lambda a}{\mu}\right)}{n\exp\left(\frac{-\gamma a}{\mu}\right)+\exp\left(\frac{v_0}{\mu}\right)}\right)$$

其中，V_0代表外部选择的相对质量。

重新整理可得：

$$\frac{R'}{R}=\frac{\gamma}{\mu}\left(1-\frac{1}{n+\exp\left(\frac{v_0+\gamma a}{\mu}\right)}\right)$$

由于等式右边随着a的增加而增长，所以方程存在唯一解；由于等式右边随着n的增加而增长，所以更高的n总是意味着所有n较低的广告水平，其中包括从垄断向双头寡占的转变。由于对观众的竞争包括广告的滋扰水平（一般而言，它有着直接价格），所以，顺理成章的是，更激烈的竞争意味着更低的价格。

---

① 这些特性适用于一般类型的离散选择模型，这类模型中有着独立同分布于对数凹分布的特殊偏好。

② 观众需求函数为：

$$N_i=\frac{\exp(-ra_i/\mu)}{\sum j=1,\cdots,n\exp(-ra_j/\mu)+\exp(V_0/\mu)}$$

其中，V_0衡量的是外部选择的吸引力（更详细的讨论，见Anderson、Palma和Thisse，1992）。

参考文献

Anderson,S.P.(2000). "Advertising and the media". Mimeo. University of Virginia.

Anderson,S.P.(2003). "Broadcast competition:Commercial and Pay TV". Mimeo. University of Virginia.

Anderson,S.P.,Coate,S.(2005). "Market provision of broadcasting:A welfare analysis". Review of Economic Studies 72(4),947-972.

Anderson,S.P.,Engers,M.P.(2001). "Pre-emptive entry in differentiated product markets". Economic Theory 17, 419-445.

Anderson,S.P.,Neven,D.J.(1989). "Market equilibrium with combinable products". European Economic Review 33, 707-719.

Anderson,S.P.,Palma,A.,Thisse,J.(1992). Discrete Choice Theory of Product Differentiation. MIT Press, Cambridge,MA.

Armstrong,M.(2004). "Competition in two-sided markets". Mimeo. University College,London.

Bagwell,K.(2003). "The economic analysis of advertising". Mimeo. Columbia University.

Barros,P.P.,Kind,H.J.,Nilssen,T.,Sørgard,L.(2005). "Media competition on the Internet". Topics in Economic Analysis and Policy 4(1),article 32(18 pp.).

Becker,G.,Murphy,K.(1993). "A simple theory of advertising as a good or bad". Quarterly Journal of Economics 107, 942-964.

Beebe,J.(1977). "Institutional structure and program choices in television markets". Quarterly Journal of Economics 91,15-37.

Berry,S.,Waldfogel,J.(1999a). "Public radio in the U.S.:Does it correct market failure or cannibalize commercial stations". Journal of Public Economics 71(2),189-211.

Berry,S.,Waldfogel,J.(1999b). "Free entry and social inefficiency in radio broadcasting". RAND Journal of Economics 30,397-420.

Berry,S.,Waldfogel,J.(2001). "Do mergers increase product variety? Evidence from radio broadcasting". Quarterly Journal of Economics 116(3),969-1007.

Blair,R.D.,Romano,R.E.(1993). "Pricing decisions of the newspaper monopolist". Southern Economic Journal 59 (4),723-732.

Boulding,K.(1955). Economic Analysis. Volume I:Microeconomics,third ed. Harper & Row,New York.

Brown,K.,Alexander,P.J.(2005). "Market structure,viewer welfare,and advertising rates in local broadcast television markets". Economics Letters 86(3),331-337.

Brown,T.J.,Rothschild,M.L.(1993). "Reassessing the impact of television advertising clutter". Journal of Consumer Research 20,138-146.

Butters,G.(1977). "Equilibrium distributions of sales and advertising prices". Review of Economic Studies 44, 465-491.

Cabizza,M.M.(2004). "Minority programming in television markets". Mimeo. University of York(UK).

Caillaud,B.,Jullien,B.(2001). "Competing cybermediaries". European Economic Review 45,797-808.

Caillaud,B.,Jullien,B.(2003). "Chicken & egg:Competition among intermediation service providers". RAND Journal of Economics 34(2),309-328.

Cancian,M.,Angela,B.,Bergstrom,T.(1995). "Hotelling location problems with directional constraints:An application to television news scheduling". Journal of Industrial Economics 43,121-124.

Choi, J.P. (2003). "Broadcast competition and advertising with free entry". Mimeo. Michigan State University.

Corneo, G. (2001). "Work and television". IZA Discussion Paper 376.

Crampes, C., Haritchabalet, C., Jullien, B. (2004). "Competing with advertising resources". Mimeo. IDEI, Université de Toulouse.

Cunningham, B.M., Alexander, P.J. (2004). "A model of broadcast media and commercial advertising". Journal of Public Economic Theory 6(4), 557–575.

d'Aspremont, C., Gabszewicz, J.J., Thisse, J. (1979). "On Hotelling's 'Stability in Competition' ". Econometrica 47 (5), 1145–1150.

Danaher, P.J. (1995). "What happens to television ratings during commercial breaks". Journal of Advertising Research 37, 37–47.

Deneckere, R., Davidson, C. (1985). "Incentives to form coalitions with Bertrand competition". RAND Journal of Economics 16(4), 473–486.

Dertouzos, J.N., Trautman, W.B. (1990). "Economic effects of media concentration: Estimates from a model of the newspaper firm". Journal of Industrial Economics 39(1), 1–14.

Dixit, A., Norman, V. (1978). "Advertising and welfare". Bell Journal of Economics 9, 1–17.

Dukes, A.J. (2004). "The advertising market in a product oligopoly". Journal of Industrial Economics 52(3), 327–348.

Dukes, A.J. (2005). "Media concentration and consumer product prices". Mimeo. Aarhus University.

Dukes, A.J., Gal-Or, E. (2003). "Negotiations and exclusivity contracts for advertising". Marketing Science 22(2), 222–245.

Eaton, B.C., Lipsey, R.G. (1975). "The principle of minimum differentiation reconsidered: Some new developments in the theory of spatial competition". Review of Economic Studies 42, 27–49.

Eaton, B.C., Wooders, M. (1985). "Sophisticated entry in a model of spatial competition". RAND Journal of Economics 16(2), 282–297.

Economides, N. (1996). "The economics of networks". International Journal of Industrial Organization 14, 673–699.

Engwall, L. (1981). "Newspaper competition: A case for theories of oligopoly". Scandinavian Economic History Review 29(2), 145–154.

Ferrando, J., Gabszewicz, J., Laussel, D., Sonnac, N. (2004). "Two-sided network effects and competition: An application to media industries". Lucarnes bleues 2004/09, CREST/LEI.

Fox, R.F. (2004). Harvesting Minds: How TV Commercials Control Kids. Praeger.

Furhoff, L. (1973). "Some reflections on newspaper concentration". Scandinavian Economic History Review 1, 1–27.

Gabszewicz, J.J., Thisse, J.-F. (1979). "Price competition, quality and incomes disparities". Journal of Economic Theory 20(3), 340–359.

Gabszewicz, J.J., Wauthy, X. (2004). "Two-sided markets and price competition with multi-homing". CORE Discussion Paper 2004(30). Louvain-la-Neuve, Belgium.

Gabszewicz, J.J., Laussel, D., Sonnac, N. (1999). "TV broadcasting competition and advertising". Lucarnes bleues # 9972 CREST/LEI, CORE Discussion Paper # 2000(6).

Gabszewicz, J.J., Laussel, D., Sonnac, N. (2001). "Press advertising and the ascent of the pensee unique?" European Economic Review 45, 645–651.

Gabszewicz, J.J., Laussel, D., Sonnac, N. (2002). "Press advertising and the political differentiation of newspapers". Journal of Public Economic Theory 4(3), 249–259.

Gabszewicz, J.J., Laussel, D., Sonnac, N. (2004). "Programming and advertising competition in the broadcasting industry". Journal of Economics and Management Strategy 13(4), 657–669.

Gal-Or, E., Dukes, A.J. (2003). "Minimum differentiation in commercial media markets". Journal of Economics and Management Strategy 12(3), 291–325.

Gal-Or, E., Dukes, A.J. (2006). "On the profitability of media mergers". Journal of Business 79(2).

Gange, M. (2004). "Making a killing on our kids". Review of harvesting minds: How TV commercials control kids. By

Roy F. Fox. http://medialit.med.sc.edu/fox.htm.

Goettler, R. (1999). "Advertising rates, audience composition, and competition in the network television industry". Mimeo. Carnegie-Mellon University.

Goettler, R., Shachar, R. (2001). "Spatial competition in the network television industry". RAND Journal of Economics 32, 624-656.

Grossman, G., Shapiro, C. (1984). "Informative advertising with differentiated products". Review of Economic Studies 51, 63-81.

Gustafsson, K.E. (1978). "The circulation spiral and the principle of household coverage". Scandinavian Economic History Review 26(1), 1-14.

Hamilton, J. (2004). All the News That's Fit to Sell. Princeton University Press.

Hansen, C., Kyhl, S. (2001). "Pay-per-view broadcasting of outstanding events: Consequences of a ban". International Journal of Industrial Organization 19, 589-609.

Hazlett, T. (2004). "Requiem for the V-chip: A relic of the last battle over indecency on TV". http://slate.msn.com/id/2095396/ Friday, February 13, 2004.

Hotelling, H. (1929). "Stability in competition". Economic Journal 39, 41-57.

Kaiser, U., Wright, J. (2004). "Price structure in two-sided markets: Evidence from the magazine industry". Mimeo. University of Southern Denmark.

Kaitatzi-Whitlock, S. (1996). "Pluralism and media concentration in Europe". European Journal of Communication 11 (4), 453-483.

Masson, R., Ram, M., Reynolds, R. (1990). "Oligopoly in advertiser-supported media". Quarterly Review of Economics and Business 30(2), 3-16.

Milgrom, P., Roberts, J. (1986). "Prices and advertising signals of product quality". Journal of Political Economy 94, 796-821.

Musnick, I. (1999). "Le Coeur de Cible ne Porte pas la Publicite Dans son Coeur". CB News 585, 11-17. October 8-10.

Mussa, M., Rosen, S. (1978). "Monopoly and product quality". Journal of Economic Theory 18, 301-317.

Nilssen, T., Sørgard, L. (1998). "Time schedule and programme profile: TV news in Norway and Denmark". Journal of Economics and Management Strategy 7(2), 209-235.

Nilssen, T., Sørgard, L. (2003). "The TV industry: Advertising and programming". Mimeo. Bergen.

Peitz, M., Valletti, T. (2005). "Content and advertising in the media: Pay-tv versus free-to-air". Mimeo. Imperial College, London. CEPR Working Paper #4771.

Reimer, E. (1992). "The effects of monopolization on newspaper advertising rates". American Economist 36(1), 65-69.

Rochet, J.-C., Tirole, J. (2003). "Platform competition in two-sided markets". Journal of the European Economics Association 1(4), 990-1029.

Rochet, J.-C., Tirole, J. (2004). "Two-sided markets: An overview". Mimeo. IDEI, Université de Toulouse.

Rogerson, R. (2005). "Structural transformation and the deterioration of European labor market outcomes". Mimeo. Arizona State University.

Rosse, J.N. (1970). "Daily newspapers, monopolistic competition, and economies of scale". American Economic Review 57(2), 522-533.

Rosse, J.N. (1980). "The decline of direct newspaper competition". Journal of Competition 30, 65-71.

Rothenberg, J. (1962). "Consumer sovereignty and the economics of television programming". Studies in Public Communication 4, 45-54.

Rysman, M. (2004). "Competition between networks: A study of the market for yellow pages". Review of Economic Studies 71(2), 483-512.

Salop, S. (1979). "Monopolistic competition with outside goods". Bell Journal of Economics 10, 141-156.

Samuelson, P. (1964). "Public goods and subscription TV: Correction of the record". Journal of Law and Economics 7, 81–83.

Shaked, A., Sutton, J. (1982). "Relaxing price competition through product differentiation". Review of Economic Studies 49, 3–14.

Shields, M. (2004). "Ad clutter reaches new high, encroaches on program content". MediaPost Daily News, Tuesday, April 13.

Sonnac, N. (2000). "Readers attitudes towards press advertising: Are they ad-lovers or ad-averse?". Journal of Media Economics 13(4), 249–259.

Spence, A.M. (1976). "Product selection, fixed costs and monopolistic competition". Review of Economic Studies 43, 217–235.

Spence, M., Owen, B. (1977). "Television programming, monopolistic competition and welfare". Quarterly Journal of Economics 91, 103–126.

Stegeman, M. (1991). "Advertising in competitive markets". American Economic Review 81(1), 210–223.

Steiner, P.O. (1952). "Program patterns and preferences, and workability of competition in radio broadcasting". Quarterly Journal of Economics 66, 194–223.

Stigler, G.J., Becker, G.S. (1977). "De gustibus non est disputandum". American Economic Review 67, 76–90.

Sweeting, A. (2004). "Coordination games, multiple equilibria and the timing of radio commercials". Mimeo. Massachusetts Institute of Technology.

Vickrey, W.S. (1964). Microstatics. Harcourt/World, Brace/New York. Selection republished as Vickrey, W.S., Anderson, S.P., Braid, R.M. "Spatial competition, monopolistic competition, and optimum product diversity". International Journal of Industrial Organization 17, 953–963.

Wilbur, K.C. (2004a). "Modeling the effects of advertisement-avoidance technology on advertisementsupported media: The case of digital video recorders". Mimeo. University of Virginia.

Wilbur, K.C. (2004b). "Not all eyeballs are created equal". Mimeo. University of Virginia.

Wildman, S.S., McCulloch, R., Kieshnick, B.D. (2004). "A new look at the economics for television ad time". Mimeo. Michigan State University.

Wiles, P. (1963). "Pilkington and the theory of value". Economic Journal 73, 183–200.

Wright, J. (2002). "Access pricing under competition: An application to cellular networks". Journal of Industria Economics 50, 289–315.

Wright, J. (2003). "One-sided logic in two-sided markets". Brookings Working Paper 03–10.

扩展阅读文献

American Association of Advertising Agencies and the Association of National Advertisers, Inc. (2001). 2001 Television Commercial Monitoring Report.

Anderson, S.P., Coate, S. (2000). "Market provision of public goods: The case of broadcasting". NBERWorking Paper 7513.

Berry, S., Waldfogel, J. (2003). "Product quality and market size". NBER Working Paper 9675.

Brown, A., Cave, M. (1992). "The economics of television regulation: A survey with application to Australia". The Economic Record 68, 377–394.

Busse, M., Rysman, M. (2005). "Competition and price discrimination in yellow pages advertising". RAND Journal of Economics 36, 378–390.

Caplin, A., Nalebuff, B. (1991). "Aggregation and imperfect competition: On the existence of equilibrium". Econometrica 59, 25–59.

Chakravorti, S. (2003). "Theory of credit card networks: A survey of the literature". Review of Network Economics 2 (2), 50–68.

Coase, R. (1966). "The economics of broadcasting and government policy". American Economic Review 56, 440–447.

Cornes, R., Sandler, T. (1996). The Theory of Externalities, Public Goods and Club Goods, second ed. Cambridge University Press, Cambridge.

Crawford, G.S. (2000). "The impact of the 1992 Cable Act on household demand and welfare". RAND Journal of Economics 31(3), 422–449.

Davies, G. et al. (1999). "The future funding of the BBC". Report of the Independent Review Panel, Department of Culture, Media and Sport.

Doyle, C. (1998). "Programming in a competitive broadcasting market: Entry, welfare and regulation". Information Economics and Policy 10, 23–39.

Ekelund, R., George, F., Jackson, J. (1999). "Is radio advertising a distinct local market? An empirical analysis". Review of Industrial Organization 14, 239–256.

Evans, D. (2003). "The antitrust economics of multi-sided platform markets". Yale Journal on Regulation 20(2), 325–382.

Gabszewicz, J.J., Laussel, D., Sonnac, N. (2006). "Competition in the media and advertising markets". Manchester School 74(1), 1–22.

George, L., Waldfogel, J. (2003). "Who benefits whom in daily newspaper markets?" Journal of Political Economy 111 (4), 765–785.

George, L., Waldfogel, J. (2004). "Does the New York Times spread ignorance and apathy?" Mimeo. Michigan State University.

Hackner, J., Nyberg, S. (2001). "Advertising and media market concentration". Mimeo. Department of Economics, Stockholm University.

Holden, S. (1993). "Network or pay-per-view?" Economics Letters 43, 59–64.

Kind, H.J., Nilssen, T., Sørgard, L. (2004). "Advertising on TV: Over-or underprovision?" Mimeo. Bergen.

Klein, B., Leffler, K.B. (1981). "The role of market forces in assuring contractual performance". Journal of Political Economy 89, 615–641.

Minasian, J. (1964). "Television pricing and the theory of public goods". Journal of Law and Economics 7, 71–80.

Motta, M., Polo, M. (1997). "Concentration and public policies in the broadcasting industry: The future of television". Economic Policy 25, 294–334.

Nelson, P. (1974). "Advertising as information". Journal of Political Economy 82, 729–754.

Noam, E.M. (1987). "A public and private-choice model of broadcasting". Public Choice 55, 163–187.

Owen, B.M., Wildman, S.S. (1992). Video Economics. Harvard University Press, Cambridge, MA.

Papandrea, F. (1997). "Modelling television programming choices". Information Economics and Policy 9, 203–218.

Picard, R. (Ed.) (1988). Press Concentration and Monopoly: News Perspectives on Newspaper Ownership and Operation. Alex Publishing Corporation, Norwood, NJ.

Samuelson, P. (1958). "Aspects of public expenditure theories". Review of Economics and Statistics 40, 332–338.

Schwartz, M., Vincent, D. (2001). "Same price, cash or credit: Vertical control in electronic payments networks". Mimeo. Georgetown University.

Shachar, R., Anand, B. (1998). "The effectiveness and targeting of television advertising". Journal of Economics & Management Strategy 7, 363–396.

Shapiro, C. (1980). "Advertising and welfare: Comment". Bell Journal of Economics 11, 749–752.

Sonnac, N. (2002). "Monopole televisuel et publiphobie". Recherches Economiques de Louvain 68(4), 513–526.

Stegeman, M. (2004). "A model of Internet advertising". Mimeo. Virginia Polytechnic Institute. 1999 Television Commercial Monitoring Report. American Association of Advertising Agencies.

Tirole, J. (1988). The theory of Industrial Organization. MIT Press, Cambridge, MA.

Vaglio, A. (1995). "A model of the audience for TV broadcasting: Implications for advertising competition and regulation". Rivista Internazionale di Scienze Economiche e Commerciali 42(1), 33–56.

Wildman, S.S., Bruce, O. (1985). "Program competition, diversity, and multichannel bundling in the new video industry". In: Noam, E. (Ed.), Video Media Competition: Regulation, Economics and Technology. Columbia University Press, New York.

Wright, D. (1994). "Television advertising regulation and program quality". Economic Record 70, 361–367.

第19章
电　影

Arthur De Vany[①]

Department of Economics, University of California, Irvine, USA

史东辉　沈珺　译

摘　要

本章是对一种新的电影经济学的概述，也是我建立一个艺术与文化经济学新基础的尝试。文化产品的本质在于它们是创意产品，没有消费与传播的天然限制；它们也是信息产品，并且还有着极大的不确定性。本章展示了如何在电影研究中以一种严谨和深刻的方式实现上述意图。本章分析的核心内容是稳定帕累托假说及其在电影收入、成本和利润模型中的有用性。稳定帕累托概率模型可以捕捉到上述不确定性，而产业组织形式、契约、定价和补偿性交易等正是适应这种不确定性的理性方法。

稳定帕累托模型的本质在于，电影成果的概率远不是呈现正态分布规律的。稳定帕累托分布的尾部很"重"，而且大事件在帕累托系统中发生的概率比在Gaussian系统中大得多。概率分布尾部上的大事件充斥着统计样本。方差是无穷的，而且对于某些变量来说，甚至连平均值都不存在。因此，电影的票房收入是没有所谓自然大小或规模的，也不存在典型的或平均水平的电影，每一部电影都是独一无二的。收入与成本的动态变化是极其复杂的，不同水平上的收入或成本的期望值是与其自身水平成正比的。

关键词

不确定性，契约，自适应最优化，电影，极端事件

JEL Classification Codes

C1, D0, D8, G0, G3, K2, Z1

19.1 引 言

电影业是很难理解的，它在很多层面上是传统经济学模型所无法解释的。但是，正因为如此，它才变得如此有趣。电影业也被视为发展艺术与文化经济学的实验室。它是一个记录特别详尽的产业，有着可供研究者利用的丰富数据资源。在诸多产品中，除了电影之外，你还能跟踪到哪一个在短短数周或数月内从诞生直至消亡的产品？你还能如此详尽地研究哪一个产品的收入和市场渗透的演变？

电影公司能够拿到前一天晚上的票房收入报告。每周的票房收入报告可以在行业出版物、网站以及晚间新闻里找到。研究人员至少有三个专门的数据来源，可查阅每周或每年的统计数据，[①]并且，这些数据资源可以追溯到多年前。

几乎每部在北美上映的电影都有包含演员、制作人和导演的详细目录。因为字幕在电影中至关重要，所以目录要高度准确。因为行业工会对于给从业人员颁奖有着详尽的标准，所以要保证这种高精准度。你还能找到一个像电影业这样关于创意工作的具有人员细致安排和严谨记录的产业吗？

电影业需要所有这些关于票房收入和声誉的信息，以解决产业面临的大量难题。我认为，研究电影业首先要认识到电影业是一个信息产业，或许还是20世纪的第一个信息产业。这个产业生产信息，这不但是一部电影的本质，而且是它赖以生存的东西。没有这些关于电影收入和声誉的详尽报告，产业就不能运转。这些报告都是必需的，因为没有人知道一部电影会有多少票房，而当观众显示出有需求时，产业必须准备好相关手段，灵活地调整价格和供给。当艺术家和创意投入方被短期雇用时，其声誉是至关重要的，他们每个人都有可能在生产的某个阶段成为关键性投入。

电影是只能够分配一次的一次性产品。人们在看完电影之前是不能确定是否喜欢的。如果你喜欢一部电影，就会把它告诉朋友。这一简单的分享信息行为并不会减少你对这部电影的享受，反而有可能增加你的愉悦感。这意味着信息可以被成倍扩大。

如果信息可以被成倍扩大，那么，电影业的产出就会持续增长。吸引观众较多的电影会比观众很少的电影增长得更快。影院座位的供给具有完全弹性，因为可以延长放映期以增加供给，直到满足需求为止。这意味着票房收入只是一个数字，并没有天然的限制或规模。电影业数据统计的可靠性完全体现了这种不受规模限制的分布。因为信息并不遵循常见的生产规律，所以电影业的数据统计就显得有点奇怪：变量的分布急剧达到峰值后向下倾斜，在其右侧形成一个很长的尾部。它们不受规模限制，并且陡峭程度很高。

管理和适应信息的需要引出了一些有趣的商业行为和契约。电影业充斥着“包场发行”（four-walling）、“路演”（road shows）、“即使不拍摄也需按约支付的片酬”（pay or play）、“影院的运营费用”（house nut）、“票房坚挺”（legs）、“卖片花”（blind selling）和“买片花”（block-booking）等多姿多彩的短语和不寻常的契约实践。它是一个等级森严的产业，只有极少数的电影、明星和导演在票房收入上远远超过其他人。同时，电影业的风险也高得令人恐惧，大多数电影都是赔钱的，而少数几部电影却赚了几乎整个行业的利润。

电影的制作方法也与众不同。制片人从一大群艺术家和技术人员中组合出临时性团队来制作电影。这些制

① A.C. Nielsen/EDI（本章主要的资料来源渠道）、Exihibitor Relations和Paul Kagen是三个专门的数据来源。产业出版物，如Variety、Hollywood Reporter和Box Office对电影业做了大量报道。Internet Movie Data Base也是一个电影目录及各种数据的可靠来源。

作团队仅仅存续于项目期间，电影完成后便解散。在任何时刻，电影业中都只有少数人确实在工作。然而，少数人脉广的演员和导演却非常忙碌，他们制作了大多数左右着整个市场票房收入的电影。

大多数电影都需要经过几年的时间才能制作完成。电影制作过程有许多陷阱，而最后的产品也只是区区几卷胶片。当一部电影完成制作并准备发行时，所有的制作费用都成为沉没成本。这些成本可能无法收回，甚至一部电影还可能得不到公映的机会。众所周知，电影制作成本难以预测，有些电影的制作成本远远超出预算。如果一家电影公司仅仅一年没有推出一部票房大片，就有可能破产。另外，电影的融资方式也有其独特性。

这些都是较难处理的问题，但最令人困惑的是，没有人真正知晓一部电影的票房总收入会是多少。如果业内人士真的能够知晓票房收入，电影业的诸多奇特做法就没有必要了。正因为“无人知晓”，电影业才如此令人着迷，与牙医或是仓储等产业如此不同。不过，在其他经营信息的创意活动中也有一些与电影相似的产业，如出版业、音乐、戏剧和专利等。本章强调了诸多复杂的动态演变以及业已成为大量电影研究基础的统计吸引盆，它们也将有益于其他产业的研究。①

“无人知晓”是电影业的核心问题。电影业中几乎所有多彩而奇特的实践、契约和商业组织都是为了解决这一问题。这也是为何电影业关注排名、权力和人际关系的根本原因，同时也把所谓“好莱坞式交易”提升到电影业中神话般的地位。

本章尝试着运用序贯立约以及成本和收入中的不确定性来解释电影业。在此过程中，我将回顾一些关于电影的文献资料，意在揭示这些概念如何使这些问题更好理解，而不只是引述文献。当前的电影业研究存在三种文献类型：早期研究、新研究以及所谓“新新”研究。

早期研究出现于最终导致了大型电影公司解体的美国“反垄断诉讼10年”，它也引发了除美国之外的其他一些国家电影业的许多反垄断实践。这些文献的研究方法是把传统的反垄断经济学运用于电影业，把几乎所有难以琢磨的企业行为都看成是攫取市场权力的手段。Michael Conant（1960）通过派拉蒙诉讼案中的证词做了案例研究（联邦贸易委员会，1965；Litman，1990）。大部分此类研究并未把电影业看成是一个信息产业，而是错误地把适合工业产品的模型运用于这一他们未能发现其中契约和制度效率的新兴产业。这一研究经常混淆需求与供给，例如Seagrave（1997）认为好莱坞“主导着”全世界的电影屏幕。大规模的电影开画可能会暂时主导影院屏幕，但这是供给，而不是需求。如果需求没有填满座位的话，影院很快就会把这部影片让位于更有前景的电影。

早期的电影研究经过检验而被认为是有欠缺的。在一个关于派拉蒙诉讼案的详细分析中，De Vany和Eckert（1991）指出了电影业的组织和契约是对“无人知晓”原则的巧妙和必要的适应。De Vany 和 McMillan（2004）采用股票市场价格的分析显示，强制分离制片公司和电影院是对电影业的一个重大的财务打击，而且大量企业的亏损状态与电影业是有着隐性价格控制的卡特尔的指控（法院判决的主要依据）并不一致。De Vany和Lee（2001）还指出了市场份额变化无常，虽然如其他信息产业那样，电影业本身是集中的，但是若干大企业的更替却很频繁。

新电影研究是早期研究的一个现代变体。虽然可喜的是许多学者加入产业研究之列，但基本上都只带来了早期模型的博弈论形式。有些论文把开画日期的选择作

① 例如，F.M. Scherer（2000）利用了Bose-Einstein法解释了专利版税的动态和规模分布，这种方法被David Walls和我用来捕捉电影市场的动态演变和重尾分布。D. Sornette和D. Zajdenweber（1999）指出，创新的时间序列同样包含了在电影和其他Levy稳定运动中也很典型的不规则轮廓。

为电影公司的一个策略性博弈，[①]电影院的进入和退出决策则被当成是一个定位博弈，而影院的租金差异则被描述为（集中的）价格歧视（尤其是在放映许可证的条款下，观众以一种完全分散的形式决定这些租金差时）。当然，这些观点都含有一些真实性，电影公司的确在尝试避免与某一部大片同期开画。但是，没有人了解多少这些模型对于各种主体的假设，相对于这些研究本身，这种评论更多的是针对需要大量信息来支撑的标准模型。举例来说，你只是发现《泰坦尼克号》票房持续坚挺并完全击败了你的电影，为了避免与《泰坦尼克号》正面对抗，你将电影开画延期了两个星期。至少就我所知，这些模型并没有准确描述各种主体面对的不确定性，而忠实于问题复杂性的模型却又难以计算。我想“无人知晓”原则明确地切断了这一研究方法的可能性。不过，这些模型对于经济学来说还是有益的，最后也将促进相应的研究进展。

电影业从根本上对均衡模型和现有的数学提出了挑战，这一挑战要求探索一种新的建模方式。现实产业中高度分散又有适应能力的运行机制很难在最优化模型集中的策略性思维定式中被作为模型。我相信，抓住创意产业“天然的”不确定性及其自适应决策过程可以为“新新经济学”提供一个更加严密且富有洞察力的基础。通过把创意企业“天然的”不确定性置于显著地位，本文为新艺术与文化经济学的研究打下了基础。

对于如何理解电影中的“天然的”不确定性这一难以应付的挑战，以及电影产业依靠自适应的、分散的运行机制的方式，我们所做的研究给出了一个提示。这项工作是Mandelbrot（1963a，b）和Simon（1955）最初想法的延续。其核心理念为：制片过程是序贯的，同时在成本上有一种“天然的”不确定性。电影收入（无人知晓）会在上映期间展现出一种复杂的循环动态，并可能有多种发展趋势，然而，该动态变化通常收敛于一个统计吸引子上，即有着“沉重”（非Gaussian）尾部的Lévy稳定分布。这些特性使得信息发现和契约订立问题成为产业结构、契约和组织的核心问题。

此项研究本质上就是统计工作，它强调电影收入和成本动态变化的复杂性以及它们的吸引盆。它聚焦于统计指标的特征和不确定性，而不确定性又被用于去发现各种问题，这些问题正是产业中契约、组织形式和实践必须去适应的。这一研究路线起源于De Vany和Eckert（1991），由De Vany和Walls（1996）确定，再由Richard Caves（2000）在他的《创意产业》一书中命名为著名的“无人知晓”原理（引自编剧William Goldman在其《银幕交易探险》（1983）中的台词“恕我直言，无人知晓一切”）。Cassey Lee的博士论文（Lee，1999）是对电影中稳定帕累托假说的最初探索之一，在这一系列研究中处于核心地位。最近也出现了一些这种风格的论文，包括Chris Hand（2001），Collins、Hand和Snell（2003）以及Jordi McKensie（2003）。John Sedgewick（2001）关于英国人在20世纪30年代看电影的著作也是这种风格。[②]这是我在本章中想要强调的研究路线，因为这种路线对于新的艺术与文化经济学发展有着根本性影响。

在第2节中，我以关于电影业基本经济学的讨论作为开头。这是“电影经济学101”，其目的在于界定电影业面临的主要问题，并展示解决这些问题的方法。电影业与其他创意产业相比拥有许多同样的特征和规律，因为它们都是信息产业。在接下来的第3节中，我把这种想法应用到了对电影业简要的历史分析中。历史分析的目的是，阐述电影业的生产方式及其结构和地理分布，描述那些新奇的契约在电影史中的演变，并展示这

① 见Krider和Weinberg(1998)。Liran Einav(2004)在建立电影发行时间实证模型方面取得了一些进展。

② 在David Walls(2002)对Sedgewick(2001)的评论中，他指出，Sedgewick电影流行度指数的分布是一个票房收入分布的帕累托法则，由以上引用的作者所发现。我们将在后文指出这是稳定帕累托假说所暗示的统计分布自相似性的一个例子。

些契约是如何解决了电影业中许多令人烦恼的问题的。人们会发现，在与电影相关的案件审理中，法官和律师依赖更适合于烤面包机和砖块等传统产业的概念，而不是最早的信息产业之一——电影。在这一节，我还介绍了派拉蒙反垄断案，并阐述了法院是如何用老旧的反垄断经济学模型来解释这一新生信息产业的。

第4节介绍了高级电影经济学的内容，以票房规律和关于Lévy稳定分布的讨论作为开头。（因为我们通常对该分布的高尾或低尾感兴趣，而这些属于帕累托分布，所以，我会自由地互换稳定帕累托分布和Lévy稳定分布的叫法，上下文通常能表明当前讨论的到底是尾部还是整个分布。）票房规律就是赢家通吃的规律。这些规律由非线性的信息动态变化所决定，它让众多电影接近彼此，却又用指数增长的速度将它们推开。在这些循环的、非线性的进程影响下，电影的票房收入极不稳定，甚至毫无规律可循。收入分布的极度偏斜、极端事件的影响以及不稳定且无穷无尽的变化均为“无人知晓”原理提供了一个坚实的基础。我验证了稳定帕累托模型的确能够近乎真实地抓住电影业统计数字的所有基本特征，同时运用了统计学中自相似性的概念来说明极端事件对从电影收入、预算、生产率、报酬到职业生涯所有方面的重要性。另外，本节将以电影信息中收入动态的非线性视角来讨论市场营销、明星和开画的影响。本节还会陈述报酬是如何影响极端事件的，并揭露明星圈的规律。

高级电影经济学的其他主题包括：稳定帕累托假说下的电影产业结构及其证据，才艺定价问题，以及由电影独特统计特征所导致的许多决策问题。我介绍了随机产业结构概念，并借此说明了集中度的衡量在电影业中并不完善。这一产业的分布是随机性集中的，但竞争却十分激烈。同时，领头企业的位置变化非常快，并且Hershman-Hirfindahl指数这一反垄断的黄金指标根本不存在。随后我讨论了在一个非Gaussian概率且存在混乱预期的行业中的决策难题。稳定帕累托概率存在于风险与不确定性之间的某处，并且可能导致很多决策失误。我解释了“巨星的诅咒”、“天使的噩梦”、“确定性事件原理”和“制片人的诅咒”等许多电影从业人员所面对的决策悖论实例。第5节则提出了相关结论。

显然，本章多少有些我对电影业的个人看法，以及对我认为有趣和重要的内容的分析。许多材料利用了我以前的研究，包括相关文章和著作《好莱坞经济学：极端不确定性如何塑造电影产业》（De Vany，2003b）。本章并不是一个研究回顾，而是一个对于建模方法的详细阐述，同时提供了一个富有成效且内容翔实的研究路径。在对电影业的研究中，我发现经济学的各种复杂性都可以在其中找到，还有很多特性需要解释，正是这些特性延伸了当前经济理论的边界。

大部分经济学的研究重点都在平均数、期望和标准差上。经济学家如此专注于这些度量标准，以至于他们经常抛开“异常值”来消除其影响。这对于生产烤面包机或裤子的产业来说可能是正确的，但对于电影业而言却并非如此。电影的统计特征非常“天然”而且是完全非Gauss式的。异常值是主要事件，因而不能被忽略，而平均数并不能代表什么。电影收入只是一个数字、一个纯粹的信息，没有固定的规模或极限。分布的期望值和高阶矩阵并不必然存在。在这样一个非标准的产业中，科学研究带来的重要经验就是：我们必须把重点从解释特定事件（例如为什么电影A获得了成功而电影B没有）转移到理解过程和模式上去；电影科学中最重要就是概率分布和电影制作的动态过程。

19.2 电影的基本经济学

本节内容简练，因为我已经在上文中点出了许多关键问题。另外，有些问题必须在高级电影经济学中再详细阐述。

19.2.1　无人知晓

我仍然赞同一个睿智的地区法院法官阐述电影基本特性的方法（但他明智的裁定被最高法院推翻了），即：

电影是一种有波动的、不确定的产品。一部电影不到完成上映，无论是作为开画或是接下来的放映场次，都没人知道或是可以精确估计它的票房价值。[①]

根据经济学家的定义，电影是经验商品而不是搜寻商品。观众必须看完一部电影才知道是喜欢还是不喜欢。这意味着当电影上映后，观众的需求才会被显现出来。观众会在观影过程中发现他们喜欢什么，而不会预先展现已有的喜好。一旦需求被发现，供给和定价都必须做出调整。

19.2.2　发现需求

为了在过程中发现需求，电影必须在银幕上放映。在整个放映期，观众发现并交换关于电影的信息。票房报告对于发行商和放映商来说是观众偏好的信号。

电影公司/发行商可以通过发行机制的设计，应用许多方法抽样调查这些信息。同一时间在许多银幕上进行大规模的放映可以收集到一个大样本信息，但却只给回应这些信息留有很小的自由度，通过口碑和其他信息来影响观众的时间就很少了。电影总是消失很快，来不及通过口碑来传播，观众也来不及发现喜欢的电影。而进行小规模放映，电影公司就可以持续地采集观众样本，并随着信息在长时间内的逐步积累而发现需求。

19.2.3　调整供给

一旦需求被发现，价格和供给都会相应调整。与一部电影有关的价格一共有三个：电影的入场票价、租金和发行费用。电影的入场票价不会有太大不同，尽管不同影院可能有所区别。租金价格有很大变数，发行费用也是如此。这些会在下文中讨论。

调整供给的主要措施是延长放映期，让电影在影院中放映更长时间。这对大规模发行来说无疑是正确的。在小规模放映中，额外拷贝可能已经准备好或能够很快地做出，以增加放映影院数量。因此，放映周期长短和影院数量都可以根据需求来调整。后期放映有一个好处：之前的预订情况会揭示需求信息，因而更小规模、按次序的取样放映为后期放映的放映商降低了风险。大规模的放映对于发行商来说风险更大，因为他们没有先验信息作为依据。大规模的发行对于电影公司来说也有更大的风险，因为所需胶片数量必须在得知需求前就确定下来，供给更多的胶片意味着在得知需求前花费更多。[②]

因此，对电影公司而言，可采取的主要措施是通过延长放映周期发现需求，并改变供给。这些调整通过每天和每周的票房报告实时更新。延长放映周期的决定是放映契约中的一部分，并且根据延期条款委托给了各个影院。延期条款是放映许可证的一项或有条款，它规定如果票房收入等于或是超过前一周，上映周期就可以延长一周。延期的长短因影院和电影的不

---

① United States诉Griffith Amusement Co.，68 F. Supp. 180，196 W.D. Okla(1946)，引自De Vany和Eckert(1991)。

② 拷贝在电影中有一定分量而且可能会花费数千美元。拷贝和广告宣传费用都是事先支付的，并可能在电影总成本中占25%~40%。

同而不同，并作为许可证的一部分经协商确定下来。这一条款分散了延长放映周期的决定，因为它仅仅依赖当地关于时间和地点的信息，也就是放映有关电影的影院的情况。如果票房收入超过了延期条款的规定，发行商就必须再保留这部电影一周，影院也必须再放映这部电影一周。一部电影被延期放映的次数是没有限制的，因此，如果电影票房足够好，影院也许会放映20周或更久。

19.2.4 电影的定价

电影有三种不同的价格。大部分人认为电影的“价格”是观众在售票处支付的票价，但是，电影院为了放映电影所付的价格对于电影发行商而言更为重要，因为这是其电影收入的主要来源。这个价格是电影院为了电影版权而付给发行商的租金，也可理解为票房收入的一部分。第三种“价格”是电影制片人为了在电影院中放映电影并收取电影租金而付给发行商的。这些价格是相互关联的：电影的入场票价是电影院票房收入的来源，影院付租金给发行商，而发行商从租金收入中扣除了发行费用。

既然需求必须在供给和价格的适当调整中被发现，那么，关于电影的三种价格的设定便产生了三个问题。首先，需求信号不应是嘈杂的。其次，需求信号应涵盖关于何时调整价格的需求信息。再次，对于需求信号，价格应由合理的、最优的方式来反映。我多年来一直欣赏电影业对于定价问题的解决方法。

电影的入场票价在上映过程中是固定的，在放映最初的几周，入场证和折扣幅度会受到限制。在电影票价固定的情况下，票房收入的任何变动完全取决于购票人数。因此，电影公司会收到纯粹的需求数量信号，而不受电影入场票价变动的干扰。如果没有规定最低入场票价，那么放映商可以毫不夸张地将价格减至零，然后通过特许销售进行补偿，特别是针对迪士尼的动画电影和一些吸引年轻观众的电影。为了防止这一现象的发生，早在派拉蒙一案判决之前，放映许可证通常会规定最低入场票价，或是遵从放映商对于当地情况的了解而指定一个“通常的、惯例的”价格。由于法院判定这一行为属于不合法的定价行为，于是，这些定价条款就从放映合同中删除了。在派拉蒙案之后，实际上所有的电影院都成了首轮影院，所以，首轮票价比第二轮以及接下来轮次的票价更贵的旧惯例就消失了。因此，我们发现，电影票价在电影上映期间并未发生改变，尽管不同影院的售价可能互不相同。

电影票价在不同电影和不同上映期间的稳定性使得经济学家和电影业的观察家们感到困惑。既然这种稳定价格的做法可以在行业中相当持久，那么，它一定有一些持久的特性。如果价格安排并不是追求利润最大化，那么，按照经济学原理，价格会改变。然而，除去历史上的持久性，这一做法的合理性还有经济上的原因。

人们如何为某家电影公司的电影定价呢？华纳兄弟的电影会和二十世纪福克斯公司、派拉蒙或者哥伦比亚公司的电影定价不同吗？因为电影公司不再专门制作某一种特定类型的电影，所以，品牌特征就无法用来营造产品差异化。米高梅公司曾经拥有一个品牌，所以，它的电影可以有较高的溢价。然而，那个时代已经过去，如今所有的电影公司都在制作各种类型的电影。各电影公司并无明显的、可预测的风格或类型，也不再有固定的签约明星。电影公司不再保持每部都是大片的水准，它们也拍过烂片。另外，每个电影公司都极力反对自己的电影比其他公司的电影定价低，这会被看作是影片质量较差的信号。

但是，为什么不给最好的电影定更高的价格呢？可是谁又能事先知道哪部电影是最好的呢？后来发展出的“无人知晓”原理表明，没有人会预料到哪部电影会成功，哪部电影会不如预期。只有在一部电影放映后，你才能知道它的需求是如此旺盛，以致定价本可以更高。

在电影上映前为电影设定一个更高的价格是对信息动态的赌博。在上映周期早早地抑制需求，周复一周地缩减了非线性的需求空间。下文将言及热片具有与传统电影显著不同的放映周期，它们每时每刻都在制造需求。在放映周期最初的数周便索取更高价格，可能会阻碍动态增长的顺利起步。电影公司只有在上映四周或更久以后才会知道一部电影是否热门，而这时它们已经来不及更改电影的入场票价了，并且他们指示放映商这么做也是违法的。人们曾经一度认为供给可以通过完全弹性的方式增加，后来又有人发现在不改变入场票价的前提下，高需求可以通过延长放映周期得到充分解决。入场票价不变的一个附带利益是，放映商不能通过改变电影票价来博弈租金。

既然派拉蒙案的限制性规定使得几乎所有影院都成了首轮影院，首轮的定价比第二轮和随后的轮次高就不再可行。同样不再可行的是，把电影的首轮放映限制在少数几家影院，以使它们拥有一定程度的排他性和定价权力，因为按照派拉蒙案的裁定，过于宽泛的许可是不合理的限制。

然而，为什么定价不因需求大而进行调整呢？这个问题的答案很简单，他们在做调整，你只需观察对于电影公司和制片人真正有意义的价格即可。租金和发行费用都可以根据需求做出完美的调整。租金直接取决于每家放映影院的票房收入。[①]这一规定使得价格取决于当地的情况，因为当地的租金完全取决于当地影院的入场情况。因此，定价在当地情况有保证的条件下会较低，反之较高。这便给出了一个接近于最优的空间价格差异，电影公司借此从每部电影中获取更多的收入。

根据需求而改变租金这一问题的具体解决办法是，租赁契约中订有或有定价条款。放映许可证巧妙地设定了一个两部制的定价规定，这种规定是自适应的，也为放映商捕获了最大的电影价值。这里需要注意的是，在许可证根据每个影院的总收入而对各影院确定不同价格时，两部制定价中的可变动价格部分同样是分散的。租金由契约中的定价工具来决定。下文将着重分析租赁契约中复杂的定价工具，以及租金是如何根据需求调整的。

19.2.5　租赁契约

首先，无论电影总收入如何，放映商都要支付一笔固定的担保金。担保金额可以通过单独协商确定，或者，如果发行商通过招标给予许可证，这就会成为放映商投标价格的一部分。许多电影的担保金很少或根本没有。而对于一些需求大的电影，担保金则很高（10万美元以上）。两部制的价格通常能够得到放映商的全部剩余，担保金便是两部制价格的固定部分。

然而，发行商和放映商都不知道电影将会获得多少总收入，所以，不能事先确定最优担保金。需求显现时调整定价，则是租赁契约中留给可变价格部分的任务。租金是放映商总收入的一定比例。它以一个逐步下降的比率每周进行重新调整。根据上映期间收入下降的底限，放映商每周支付总收入的一个最低比例。一个典型的例子是：一个四周的最短上映周期（这是契约的一部分）中，最低支付比率可能是70%、70%、60%、60%，之后若继续放映，则各周均以40%或35%的固定比率计算。支付比例逐渐下降的安排补偿了放映商，因为随着放映周期的延续，电影在下周就会下线的概率不断升高（De Vany and Walls，1997）。

---

① 曾经有合同要求影院以全国总票房为基础而不是以影院总收入为基础来支付租金。见下一节历史回顾中关于这些“分成交易”的讨论。

19.2.6 给热片定价

关于定价还有更多的内容需要讨论。假设一部电影在它上映的第五周突然变得热门并且开始获得大量收入，而在那一周，租金比率仅仅是35%或40%，由此放映商便发了横财。一部电影的成功很可能发生在第四周或第五周（De Vany and Walls，2003b）。如果是一部像《星球大战》或《阿甘正传》这样的热门电影，它可能会上映20周到40周。这些失控的热门电影会产生大量的收入和利润，因此，电影公司必须从中提取高租金比例，否则，利润就会留给放映商，而放映商与这些电影制作没有任何关系。

为了防止把钱留给放映商，租赁契约包含一个增加租金的条款。这就是所谓的"90%规则"：租金=0.9×（总票房-影院运营费用）。租金是总票房的最低适当比例（即前述的租金比率）或是减去影院运营费用后总票房的90%，取两者中高者。影院运营费用是一个双方协商的固定金额。多年前，影院运营费用大约是放映商一周的影院经营成本。

增加租金的条款有多重要？回答这一问题所需的数据是保密的，不过，我见过一些数据可以说明这一条款在为大热片定价时是非常重要的。其中一个例子是电影《窈窕淑男》（Tootsie）在某家影院连续上映了23周。合同规定前6周的每周最低支付比率分别是70%、70%、60%、60%、50%、50%，延期的比率是每周35%。影院的每周运营费用是3 000美元。影院数据表明，《窈窕淑男》在第1周的实际租金比率是70%。在接下来的整整10周，比率跃至90%（减去影院运营费用），又在随后的5周里下降到35%，而后又在第16周和第17周回升至90%，之后，它以35%的比率又放映了5周。

总体而言，《窈窕淑男》在这家影院的租金比率是54.29%。如果"超过影院运营费用的票房的90%这一条款"没有写进合同，那么，《窈窕淑男》赚得的租金仅仅是45.78%，因为在这23周中的17周里都会以35%的比率收取租金。

"90%规则"为《窈窕淑男》增加了多少租金？我们还不能确定，但我们可以根据某家影院提供的数据，计算出一个金额作为例证。《窈窕淑男》放映了1 222场，它在美国的总票房是1.772亿美元。假设我们将这家影院租金比率的变化应用到《窈窕淑男》在全国的总票房中，如果没有这一条款，45.78%的租金比率将会产生总租金8 110万美元。而有了这一条款，54.29%的租金比率相应产生的总租金是9 610万美元，涨幅达到19%（即1 500万美元）。

这就是租金增加条款带来的启示。《窈窕淑男》是1982年总票房第二高的电影。它在该影院上映了23周，在其他影院的上映时间更久。下文将要述及的票房规律说明了热门电影会上映更久，而且它们主导着影院的总收入和租金。发行商无法承担将热门电影定价过低，或是以最低租金比率让电影在影院长时间上映的代价。"90%规则"防止了这种情况的发生，即使没有人知道哪部电影会变得热门。

19.2.7 特　许

发行商必须给放映商提供一些避免竞争的保护措施，否则，放映商会不情愿放映电影。另外，发行商也不希望影院的票房收入在许多影院中被稀释，因为这会降低租金并缩短电影的上映周期，因为它的放映场次会低于续映。并且，发行商也不愿意放映商在入场票价上竞争，因为这会减少他们的租金。正如我们刚看过的，租金直接依赖于票房收入。针对这些问题，一个长期解决办法便是在租赁契约中设立特许条款。

特许条款是指发行商与放映商达成的一个协议，该协议给予放映商放映电影的一定程度的排他性。发行商同意不将放映许可授予那些特许放映商指明的竞争对手。特许条款可以通过投标或者谈判来决定。影院可能会将它所需要的特许条款写在标书中。否则，许可证会通过谈判确定下来。随着时间的推移，特许大概会发展成为一种习惯性做法。

过于宽泛的、稳定的特许往往会限制竞争。因此，特许安排容易遭到法院的调查。赋予影院排他的特许权可以被理解为给予该影院长期对抗其对手的特许。当一个发行商拥有一家影院时，其效果就是排挤了其他竞争放映商。这是一个有争议的领域，因为最高法院认定太宽泛或惯例化的特许违反了反垄断法。[①]

19.2.8 发行费用

这是我们关注的第三个价格。这个价格同样适用"无人知晓"原理：既然没有人知道一部电影的总收入会是多少，所以，也无法为发行服务设定一个最优费用。发行商（通常是电影公司）通过影院订票代理商来预约放映电影，通过广告宣传电影，把电影拷贝分发给影院，然后在放映后回收，以便在其他影院继续发行。最重要的是，发行商收取租金费用，监督放映商，核实他们是否在适当的时候放映预定的电影，并且租金费用是否和票房收入正确关联。[②]

如果一部电影的放映期较长，发行商会在延期放映时继续履行这些职责。没有人知道一部电影会上映多久或者总收入是多少，因而不可能估计发行商的成本或是发行商的努力所带来的价值。也就是说，电影放映期结束后，所有这些都会变得明了。

针对这些问题以及其他问题，电影业长期的解决办法就是根据结果收取一个有条件的发行费用。典型的安排是收取大约30%的费用，不过，这个比率可以协商。这个费用不仅解决了"无人知晓"问题，也更好地使发行商的利益和电影制片人的利益相协调，而后者才是电影剩余价值的攫取者或者说是电影的真正所有者。成比例的发行费用令发行商有动力使租金最大化，而租金是电影公司最终收入的来源，发行商和制片方的利益由此变得更加可协调。如果发行商收到的是一笔固定费用，那么，使租金收入最大化的动力就会减弱。

因为租金是按比例收取的，发行费用直接随着电影的成功与否而变化，所以，定价是相当灵活的，随着需求在放映过程中被发现，价格可根据需求情况加以调整。

19.3 电影发展简史

我们花了一些时间讨论发行商与影院之间的安排，因为这是电影业的核心问题：在无人知晓电影的价值时，如何发现需求、调整供给，并给电影定价？这个问题像长片电影一样历史悠久。从电影业出现的那一刻起，解决该问题的方法就未曾有过多大变化。事实上，当今电影业的许多特征依旧与产业形成时期相似。简要回顾电影业几乎无变化的历史，包括几乎所有的放映特许条款都是有益的，因为这既揭示了电影业那些深刻不变的特性，也展现了那些表面性的特征。

在19世纪90年代和20世纪的最初10年，制片人把

---

① 美国诉派拉蒙影业公司，Inc.，334 U.S. 131（1948）。

② 因为影院根据其所报告的票房收入支付租金，所以有雇用侦探企业去侦查欺诈的情况。过去有相当数量的少报、漏报情况，但有了现代售票机和长时期维护的影院链关系，这种情况发生得越来越少了（De Vany and Eckert，1991）。

电影拷贝全部卖给了影院的所有者。[①]当放映商不想再放映这部电影时，他们便将这些拷贝转卖出去。1903年，有组织的电影交易所开始为放映商之间的拷贝交易提供支持，最终这些交易所成为电影拷贝租赁的中介，以减少拷贝转让的费用。当时的电影大都是低预算的单卷短片，如10分钟长的喜剧片、15分钟长的剧情片、5分钟长的风景片和20分钟长的西部片等。4~8部这样的短片组成了一个典型的两小时节目，每位观众则为此付出极少的价钱。到1911年，大约150个交易所为11 500家影院提供了足够多的电影拷贝，供几乎每天更新的节目需要。

盗版和私售在当时是很常见的。制片方出售给交易所的固定价格与该电影在市场上能否成功并不相关。这种收入过于微薄，以至于制片方很难进行大制作。发行的影片必须频繁更换以刺激观众需求。在没有市场营销的情况下，公众只能获得极少的关于哪部电影可看的信息。在这一时期，电影业没有巨星和大电影公司，令人难忘的影片也极少。放映商往往面对着一大批由不知名的制片人和艺术家摄制的靠不住的平庸电影。

19.3.1 长 片

包括多盘胶片的电影最早出现于1907年，到1913年便已普及，它从根本上改变了电影产业。制片方与放映商从每日更换节目到每周2至3部长片电影的变化中看到了商机。通过观众的口头传播，需求提升了，电影院变得更加豪华，其入场票价也随之上涨，同时发行商也可以选择更好的影院。随着电影业从单盘短片转向长片电影，大电影公司、巨星和经典电影也应运而生。

长片比单盘短片需要花费更多的资金，所以，为了减少发行费用，一个遍及全国的发行系统被创造出来。更大的制作需要制片方更充足的资金保证。为了给一部电影融资，制片方必须证明发行商能够完成发行，并且放映商也会放映它。在制作一部电影之前签订发行和放映的“远期契约”的能力对融资而言至关重要。远期契约也是垂直一体化的起源。

制片方首先按地域出售其电影的独家发行权。它通常被称为“州权”交易，因为该交易包含了一个或几个州，尽管它们往往只涉及一个州的部分地区。电影拷贝则以根据该地域人口制定的固定价格出售给“州权”发行商。不过，随着发行商经验的积累，他们发现人口并不是可靠的需求估计量，于是，他们开始收取电影租金（或者称为版权），这种租金便是放映商票房收入的某个百分比。这种安排对放映商来说也是能够接受的，因为这比为一部不知票房如何的电影支付固定租金降低了风险。但是，由于版税应与需求保持一致，因此，放映商的票房报告必须是真实的。垂直一体化意味着，特定地区或“州权”发行商同时也拥有着放映商身份，他们将在自己的影院里放映电影，然后把电影出租给获准地区的其他放映商进行后续轮次的放映。这种后续轮次的放映只存在于指定阶段，有时候也是排他的。

到了1913—1914年，制片方通过一个协议把一整季的影片（也许有30部）的发行权授予某个发行商。1914年5月，派拉蒙影业公司通过五家交易所和地区发行商合并而成立，它获得了当时最大的三家电影制片公司所有电影的发行权。这三家制片公司同意在每一季度制作若干部电影供派拉蒙发行，作为回报，派拉蒙同意向制片公司支付其发行收入的65%，而剩下的35%则作为发行费。派拉蒙的发行收入包括来自影院的租金和对其他发行商的次授权。这种分配安排沿用至今。对于制片方，派拉蒙保证给予最低回报，并在每部电影的上映日向它们预付现款，这与它从放映商那里以贷记方式

---

① 本节内容参考了De Vany和Eckert(1991)。

获取租金恰好相反。

为了确保放映商放映其所融资的电影，发行商授予了放映商特许权。这些特许权逐渐取代了“州权”交易。在得到了发行商的特许权后，放映商同意放映该发行商整个系列的电影。正如Cassady（1959）所指出的，“因为发行商需要以更有效的方法出售电影，这种成批购买方式的早期形态得以开发”。获得了特许权的放映商也采取了“买片花”的做法，即在购买电影之前，他们尚未看过电影，甚至有的电影还没有开拍。

19.3.2　垂直一体化的出现

到了1916年，长片电影取代了短片电影的统治地位，电影的“宫殿”已经建成。只是制片方与发行商依旧需要稳定的电影销路，而放映商也需要稳定的电影供给，他们所依赖的契约安排比垂直一体化具有更多的不确定性。发行与放映的垂直一体化为发行商提供了销路，由此他们能够为与其订约的制片方保证电影的放映时间。同时，拥有了发行和放映的保证，发行商便能更好地为电影进行融资。

垂直一体化的动力产生于制片、发行与放映链的每一个环节：发行商合并上游与下游企业；放映商并购上游企业，包括制片与发行；制片方合并下游企业，包括发行和放映。例如，派拉蒙作为一个发行商拥有了制片方身份，同时也建造了影院；福克斯和Loew's从电影业的放映市场进入制作环节；作为制片商的华纳兄弟和Goldwyn公司建立了自己的连锁影院与发行机构。到1931年，派拉蒙拥有将近1 000座影院和它自己的制片公司，而美国最大的前六家院线公司共计拥有2 437座影院（占全国影院总数的八分之一）。[①]

这些变化背后的驱动力是高成本长片电影的出现。在其出现的最初15年间，涌现了政府不久之后会加以抨击的市场结构及有争议的企业行为：地区排他特许权、放映轮次序列、整批订购、特许专营、价格约定和垂直一体化。这一结构和这些行为成了电影业的常态。

19.3.3　派拉蒙诉讼案

“美利坚合众国诉派拉蒙影业公司案”[②]的五名主要被告是Loew's（后更名为米高梅）、派拉蒙、RKO、二十世纪福克斯和华纳兄弟公司。每一个主要电影公司都是从制片、发行到放映的垂直一体化企业。另外，三个次要被告没有如此完整的体系：哥伦比亚和环球公司仅从事制片和发行，而联美公司只有发行业务。法院认定，被告合谋控制影院的最低入场票价；同时涉嫌收取比后续轮次票价更高的首轮票价，以实现跨期的价格歧视；合谋控制邻近影院的独家特许与放映；通过以街区为单位发放放映许可证来限制交易。法院还认定这五个主要被告通过合资或合伙经营来垄断操控影院。

在1948年的派拉蒙反垄断案判决中，最高法院仅仅根据几个主要电影发行商的票房收入计算集中度，判定这些电影公司通过一致行动，垄断电影首轮放映市场。最高法院的判决毫无疑问地改变了电影公司体系，并迫使电影公司从影院撤资，同时也改变了原先影院拥有电影放映特许权的契约关系（De Vany and Eckert，1991）。令人遗憾的是，法院弄错了。

法院借以推断被告人市场权力的重要证据是联合市

① Conant(1960)。

② 66 F. Supp. 323(S.D.N.Y. 1946)。

场份额。[①]值得一提的是，在派拉蒙和解令之后的半个世纪里，除了一个被告发行商RKO公司于1957年倒闭之外，其他被告都得以维系生存。最初被告的发行商包括Loew's、派拉蒙、RKO、二十世纪福克斯、华纳兄弟、哥伦比亚、环球和联美公司，如今Loew's和联美电影公司是米高梅公司的一部分，而哥伦比亚已归于索尼公司旗下。新进入电影发行顶层梯队的，则是迪士尼所拥有的博伟影业发行公司。

目前，美国五大电影发行商所占的市场份额（72%）与派拉蒙诉讼案时期五个主要被告发行商所占的市场份额（1943—1944年，73%）相似，并且现在前八位企业的集中度（95%）也与诉讼时期相当。[②]因此，企业收入集中度基本没有变化。对于这种自相似性，我们会在下一节加以论述。

19.3.4 契约与惯例

被告的五项惯例性做法受到了最高法院的质询，其中每一项都突出了发现需求、调整供给、电影定价、构建激励机制等领域存在的疑问，且这些领域直到今天都是电影产业的核心问题。我们将简要地讨论每一个疑问，以阐明法院究竟错在哪里。

限定入场票价与价格歧视

最高法院认定，被告发行商涉嫌限定价格与价格歧视。其中，限定入场票价罪名的依据是这些公司排除地区竞争性放映的做法，以及合同中关于放映商入场票价的约定条款。与现在一样，当时的电影租金是由票房收入决定的。独家放映限制了竞争，这样，影院的利润最大化价格更接近于令发行商租金最大化的价格。这种特许通过规定一个常规价格作为最低入场票价，挖掘了放映商的信息优势，使其仅拥有在需求大时抬高票价的权利（这种情况如今很少见了，但在历史上很重要）。

跨期的价格歧视对发行商而言可能有值得一试的诱惑力，而且很少有人反对，因为它一旦成功地抬高了电影租金，就会扩大电影供给。但是，这需要观众偏好的信息，而这只能通过放映得到。对于那些希望得到额外的电影收入提成的发行商而言，面对不完全的信息，他们所能做的是，让该电影先在一个高价影院放映，让具有强偏好的电影观众“自主选择”那家影院。这种待独家首轮放映之后再于邻近影院大量放映影片的安排使得发行方能够为影迷创造出一套优先权体系，也使得发行商可以在电影票房火爆的情况下得到更多的租金。不过，有限的电影首轮放映拷贝在任何情况下都必须保持按序定量配给。

轮次与特许

地区法院和最高法院均认为，在一个竞争市场里，特许权是不稳定的，也会随着不同电影而变化。但这种说法不一定是对的。一个愿意为一部电影支付高版税的放映商并不会因为电影不同而改变很多，因为变化取决于电影院的地理位置、档次和大小，这些都不会随着放映电影的不同而改变。同时，法院也忽略了一个事实：就算是在一个固定的轮次与特许体系内，轮次也是富于变化的。票房惨淡的电影并不会如预期放映那么长时间，而票房火爆的电影则拥有比预期更长的放映时间。实际放映与特许取决于电影成功与否。

轮次与特许的稳定性变成了合理的贸易限制，因为

① 美国诉派拉蒙影业公司，Inc.，85F. Supp. 881，894（（S.D.N.Y. 1949）。见Conant（1960）与De Vany和Eckert（1991）。1943至1944年放映季，八家被告公司共收入了全国电影租金的95%（不包括西部片）。

② 美国诉Loew's公司案计算了1943—1944年CR5与CR8的值，334 U.S. 131. Final Finding of Fact 100，February 8，1950年2月8日。见Conant（1960，Table13，p.46）。

它能使发行商与放映商建立信任及声誉。发行商与首轮放映商长期合作，支持了需求发现的实验性实践，并促进了双方对电影作品及放映时间的稳定预期。在有风险的首轮放映之后，放映商拥有更多以首轮票房为基础的信息，使他们能够更谨慎地挑选电影。他们的回报可能更少，但他们要承担的风险与影院潜在的总收入也同样变小。这一惯例放在今天，就变成了录像带与电视放映紧随电影院之后。且后者更易定价，因为需要的基础信息已在前者中被发现。

分成交易、主协议与特许经营权

我们如今所知的电影院线在当时被称为联号影院。一些最有趣的交易在法院看来是有欠缺的，而它们正是用来解决与联号影院有关的诸多问题的。同时，联号影院逐渐成为电影业中放映商一方的主力军，它也可以被视为解决多剧场影院与院线问题的前驱。①

分成交易规定了长片的租金是该长片在全国票房收入总额的某个百分比。所有加入联号影院体系的影院都被涵盖在交易内，同时联号影院有自由裁量权来分配其电影的放映时间和租金。这种弹性在现今的多屏影院模式下显然有很大的用处。

在分成交易中，一个联号影院往往需要支付根据全国总票房收入（而不是它自己的）计算的特许费。因为特许费对联号影院选择的放映模式而言是独立的，所以，联号影院可以将电影在其电影院中流转，实现收入最大化。但联号影院并不能通过操纵众多影院中某部电影的放映模式来减少租金，因为租金只与全国票房收入紧密相关（欲了解关于这种奇特交易的更全面分析，见De Vany and Eckert，1991）。现代理论家们会把这种聪明的规划视为一个渐进的激励相容机制。不过，因为某个联号影院的租金是一部电影全国票房总收入中微不足道的一部分，虚报影院收入也没多大好处，因此，披露事实也就成为一个逐渐占优的策略了。这一伟大的设计比Groves（1973）提出的著名的“据实披露的运行机制”早了50年，也远早于激励相容机制理论发展的全盛时期。现实比理论更奇怪。

主协议（或称“一揽子交易”）授权电影在多个影院放映（通常为一个联号影院体系）。在以院线形式运行的多银幕影院时代，一个主协议不过是一个涵盖了众多银幕和影院的许可证。这看上去似乎比为每一块银幕单独签订合同更有优势，因为对于同样的银幕来说，一个n块银幕合同比单纯的n个合同更有效。我们也可以发现，这种节省交易策略预言了Coase（1937）关于企业的理论。解决电影业中现实问题的限制条件使相关机制再次得到了发展，对此，经济理论并未想象到。经济理论的想象力在与“天然”不确定性和电影环境复杂性的较量中显得苍白无力。由此可见，现实往往能通过难以想象的方式来补充理论（见下文关于“无人知晓”时订立合同的讨论）。

特许经营权覆盖了发行商不止一个季度的所有发行。美国司法部几乎所有的反对意见都针对特许经营权，可这一做法最近又开始滋长。

“挪动”条款允许被许可方作为在第一家影院放映后同一轮的延续，在第二家电影院放映给定电影。这显然是允许众多影院为满足需求而灵活调整各屏幕所上映电影的先驱性做法。

19.3.5 派拉蒙的后遗症

派拉蒙案预期的受益人是独立放映商。独立放映商向司法部提交了大量针对被告及其行为的申诉。独立放映商是非常有组织的，在其全国性会议上通过的决议也

① De Vany和Eckert(1991)认为，这些惯例是存在异议的，因为它们被认为有助于联号影院而非独立放映商。如今，即使是独立放映商，也被视为小型院线。

直接转交给了司法部。不仅有证据表明司法部收到过独立放映商的来信，还有证据表明司法部听从了放映商的申诉。受蛊惑后的司法部变得偏爱独立放映商，而不喜欢院线和制片公司。

然而派拉蒙案的补偿措施并没有达到预期效果，这些措施最终也损害了独立放映商。这些措施使电影放映权的竞争更激烈，并使产量减少，从而提高了电影的租金比率和票价。电影租金比率的提高降低了放映商的净利润。由于派拉蒙案提倡死板的许可证和许可方法，再加上来自电视行业日益激烈的竞争导致的放映特许减少，发行商变得越来越脆弱，导致其也进一步固化了放映特许条款。

关于派拉蒙案是否改善了众多独立放映商的处境，关键性检验可能就是看他们自己的行动。仅仅在制片公司出售旗下影院的几年之后，因为惧怕电视行业的竞争，放映商呼吁司法部让制片公司重新进入放映产业，这样制片公司也许会有更大的动力制作电影。放映商认为，竞争性投标非但不能解决任何问题，还提高了电影租金（联邦贸易委员会，1965）。派拉蒙案判决令中设想的电影放映分配方法导致放映商和发行商之间关于反垄断诉讼案件的爆发（Cassady and Cassady，1974）。

Loew's、RKO、二十世纪福克斯和华纳兄弟等垂直一体化电影制片公司在最高法院1948年正式宣布判决后便失去了4%至12%的市值（De Vany and McMillan，2004）。同时，哥伦比亚和环球公司这种并不拥有影院的被告方也失去了大约7%至9%的市值。这表明最高法院的判决比禁止制片方或发行商拥有影院本身的影响更为深远。判决同样禁止了特许经营以及其他许可做法。比起一体化制片公司和发行商，这一判决对非一体化制片公司和发行商更有价值，因为特许是维持对影院垂直控制的重要手段。

地区法院自己也承认进行了一些“实验”，改变了这个新兴信息产业中长期存在且高度发达的市场结构和做法，但有关证据并不能表明该“实验”是“毁灭性”的。5%至12%的市值下降是破坏性的，但不是毁灭性的。该“实验”并没有助益，而且，在股票市场看来，法院似乎对电影业及其资产价值造成了伤害。伤害形式是多方面的：不但一体化和非一体化电影公司都被伤害了，而且就连不是被告方的它们的主要竞争对手也未能幸免。哪怕是诉讼似乎也不能结束制片公司和独立放映商之间长期存在的敌对状态。在派拉蒙案之后，放映商就发行做法提起诉讼的数量大幅度增加。其他一些证据显示，派拉蒙事件过后，独立放映商和大众影迷都没能从电影数量减少以及票价和电影租金比率的上升这两件事中获得一星半点儿的好处。

当前关于特许和发行商的影院所有权的反垄断裁决和政策已经对电影拍摄类型和放映方式产生了影响。法院要求电影只能根据其本身的特点和影院类型对不同影院逐个单独授权。此项要求阻碍了放映商和发行商通过所有权、特许权或其他形式来稳固长期契约关系。另外，对这项要求的解释也限制了对多部电影的同时授权。

在实际中，这意味着影院不可能同意发行商同时放映超过一部电影。没有合同能够针对发行商整个季度或部分季度的放映安排。这让影院不可能成为单独一家发行商（包括二十世纪福克斯、新线影业或者博伟公司）的放映商，而且发行商也不可能将所谓系列电影同时授予影院，以此作为一种融资手段。此外，无法订立电影作品集合同也同样限制了发行商、制片人以及影院应对风险和不确定性的途径。

电影制片公司一度拥有自己的影院，并能够签订为期若干年的多部电影的合同。在那个时期，影院是为电影制作融资的最主要方式之一。这种集资方式被贴上了“买片花”的标签，并为派拉蒙案判决令所中止。派拉蒙反垄断诉讼关于特许和所有权的限制让放映商不可能为了电影在自己的影院上映而投资电影制作。因此，融资任务几乎完全落到了发行商的头上，发行商也只能依赖内部资金、资本市场或其他国家的发行权预售。反过来，这也可能是有票房潜力的明星概念出现的一个主要原因，如果这类明星加盟了某部电影，便能保证该项目的融资，因为这些明星参演的电影有很大机会获得市场认可。

最后有一个关于派拉蒙案后遗症的讽刺是：只有判决的最初签字人受这些限制性规定的限制。这让索尼以及其他新加入的电影公司可以自由地拥有属于自己的影院，而华纳兄弟、派拉蒙和二十世纪福克斯却不能突破限制。

19.4 高级电影经济学：稳定帕累托假说

想象一下：电影收入仅仅是一种信息，一个没有上限的纯粹的数字。供给能够以不变的成本无限地扩张。对电影的消费并没有“用完”电影，自己的消费丝毫不影响他人观看。而且，消费可能导致和他人交换信息，扩大用户范围。所以，一部电影能获得的利润是没有上限的，且收入的收敛也没有一个自然的规模水平。信息变量可以被非线性的反馈放大，并因此爆炸性地扩大或是毁灭性地收缩。所以，电影间的差异会在放映期间猛烈地扩大，而且电影收入会“出现任何可能”。

似乎任何模型都不具有抓住这些特征的能力，但更进一步观察这个动态变化的本质给人更多希望。我们希望找到的是电影收入的统计吸引子，而电影收入的确存在一类稳定分布。稳定分布便是在挑选、聚合以及混合状态之下保持自相似体系的动态过程的吸引子。广义中心极限定理表明，独立分布的随机变量的总和在分布上收敛于某一类稳定分布。正态的或Gaussian分布是稳定的，但只是有限方差下的稳定分布。其他稳定分布有帕累托、Cauchy、Lévy分布以及一些还没有命名的分布(因为其没有解析形式的表达)。详细内容见附录A中关于稳定分布更为详细的讨论。

一个稳定分布S（α，β，γ，δ）是一个有四个参数的分布。重尾是稳定分布的一大特征。如果尾重α为2，那便是Gaussian分布，该分布的尾部以指数方式衰减。如果α在0到2之间，那就是另一种稳定分布，并非Gaussian分布，而且尾部也被认为是很“沉重”的，因为它的衰减速度没有指数形式那样快。非Gaussian分布形态的其他稳定分布有帕累托或者幂定律尾部，而且其尾重参数在一个区间内（$0<\alpha<2$）。当$\alpha<2$时，稳定分布不存在有限方差。而且由于$\alpha<1$，它们可能不存在有限的均值。

稳定分布，尤其是帕累托尾部，告诉了我们票房收入的规律。因为它们是挑选（最大化）、混合（分组）以及聚合（增加）之下稳定动态的吸引子，它们是票房收入规律的天然候选项。电影收入是影院里不同类型、不同兴趣的每一位影迷选择的结果，也是众多影院在整个放映期间的收入总和。因此，电影收入的动态变化应当收敛于稳定分布，但它们不必是Gaussian分布形态(实际上也不是)。

有了独特的较高峰值，以及“沉重”的帕累托尾部和偏斜，稳定分布成了尖峰态的统计学“怪物”。但是，尖峰态不是什么令人嫌弃的东西，它是一种美丽的事物。它使电影成为一种非凡的产业，也是Nassim Taleb（2001）随机世界中的一种异常值。稳定分布既具有电影业中赢家通吃的自然法则，也存在极端事件的决定性影响。由于这是受限制的递归、稳定的动态过程分布，因而对于初始条件相对不敏感。但是，这些自然天成的属性不足以证明稳定分布是描述电影收入的好方式。它们必须与数据匹配。

事实上，这些分布与数据匹配就像手套和手一样和谐。稳定分布和生成它们的动态过程为我们提供了票房收入规律。有大量的且越来越多的文献谈到了相关内容。为了节省空间，我们在这里将这些作品一并列出：Sornette 和 Zajdenweber（1999），De Vany 和 Walls（1996，1999，2002），Lee（1999），Walls（1997），Hand（2001），Ghosh（2000），McKensie（2003）和

De Vany（2003a）。[①]

19.4.1 稳定帕累托参数估计

在本节中，我们简短讲述有关稳定分布的参数估计。Lee（1999）在他的博士论文中介绍了五项关于估计参数α尾重的技巧：Hill估计法、Nolan稳定程序、McCulloch分位数估计量以及根据Mandelbrot早期对于棉花期货价格的研究所演化成的两项技术（Mandelbrot，1963a，b）。

Mandelbrot用图表形式给出数据，是为了寻找概率的高尾和量级图之间的线性部分，正如Art Murphy在《好莱坞报道》中所做的那样。如果这部分确实存在，那存活概率对数形式和收入对数形式的对数线性回归可以用来估计α。曲线回归的斜率Log（Prob）=log（常量）-αlog（收入）就是估计值。

估计α的另一种方法是，根据电影总收入把它们从高到低分成不同等级。把第一类放在第一个，第二类放在第二个，以此类推。经过排序的收入便是所谓的次序统计量。取这些变量的对数并制成图表。图表左侧（对应的是票房收入最高的电影），会变得线性并且匹配log（收入）=log（常量）-βlog（排名）的回归式。β的倒数便是尾重参数α的估计值。[②]

Nolan的稳定分布估计程序（在其网站上可找到）用最大似然法估算了稳定分布的参数。稳定分布的四个参数（α，β，γ，δ）是这样演绎的：特征指数α测量分布上尾和低尾的概率尾重，它的范围是0<α≤2，而且稳定分布的方差在α<2时是无穷大的。偏斜系数β测量分布的不对称程度，它的范围是-1≤β≤1，β的符号可以体现偏斜的方向。尺度参数γ一定是正的，它在测量分布中心的参数δ周围以非线性的方式扩大或缩小。大体上说，尺度参数是分布中心部分的“宽度”。

我们可以用图形说明这些稳定分布的特征。图19-1来自De Vany和Walls（2004），该图显示了电影利润的稳定分布，正如Nolan稳定程序估计的那样，它也显示了一个正态分布以及实证数据分布。请注意稳定分布是如何与数据匹配的，以及正态分布是如何与数据不匹配的。在尾部区域这种区别甚至更大，但图形不能体现这种区别。票房收入的高尾能在票房收入和排名的对数值分布图中看到，其中，票房收入最高的电影排第一，其次排第二，以此类推。来自De Vany和Walls（1999）的图19-2说明了有明星参演的电影和没有明星参演的电影的尾部线性特征。如前文所述，收入和排名的对数形式回归斜率是1/α的一个估计量。最终，如果分布可以被认为是稳定收入的一种，De Vany和Walls（2003a）说明α的估值便由过去收入对未来的映射来得到（见下文）。

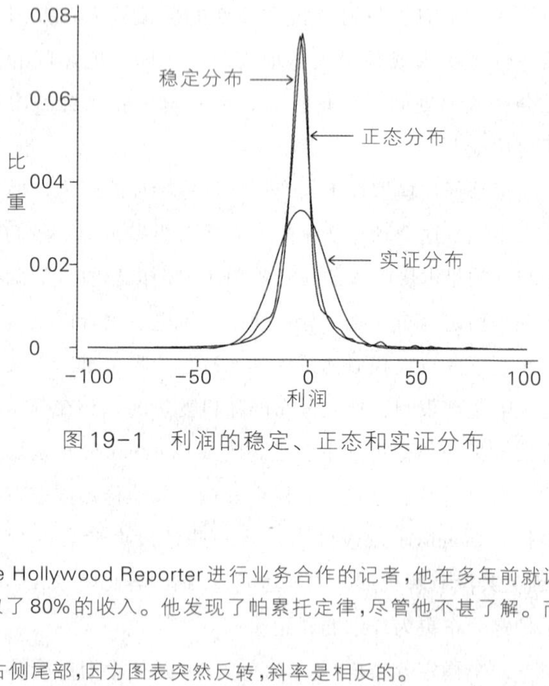

图19-1 利润的稳定、正态和实证分布

① 在这里，我们必须提到Art Murphy，一名长期与Variety和The Hollywood Reporter进行业务合作的记者，他在多年前就详细描述了电影收入和放映次数，并提出了“墨菲定律”；20%的电影赚取了80%的收入。他发现了帕累托定律，尽管他不甚了解。而且他的定律是持久的（这是一个自相似性的标志）。

② 从本质上讲，次序统计图表中的左侧尾部就是频率图表中的右侧尾部，因为图表突然反转，斜率是相反的。

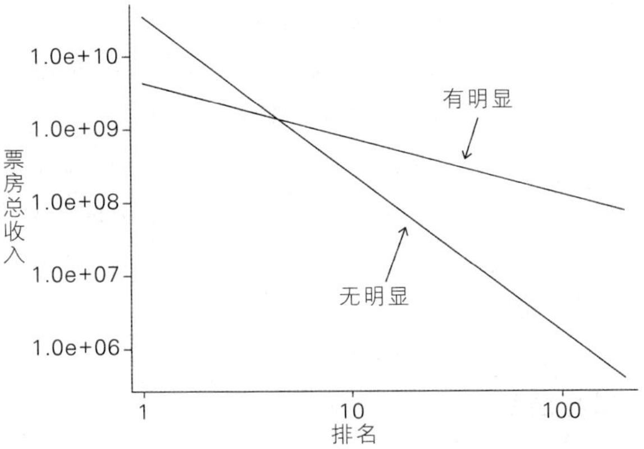

图19-2　收入和排名对数形式分布的线性上部区域：有明星电影和无明星电影

下面说一下无限方差。无限方差会对通常的票房收入决定因素的回归分析产生何种影响？一般的回归模型均假设误差项呈正态分布，且具有有限方差。但是，如果方差是无限的，一套线性回归模型的条件期望就没有精准度了——它可能变得无用或者是有误导性。在对明星的研究中，De Vany和Walls（1999）使用分位数估计量和概率点估计，而不是普通的线性回归。在最近的研究中，Walls（2005）使用了McCulloch（1998）中对稳定回归模型的估计量。他发现在相关属性下电影回报是有无限方差的。在一篇相关论文中，他阐明了偏t分布是对要求更高的稳定分布很好的近似。因此，不用处理稳定回归的难题，研究人员也能用偏t分布来刻画误差项，从而获得稳定结果的更精确的近似值。

在此背景下，我们便可以转而讨论收入和成本规律，这些收入和成本可以用其动态演化和稳定吸引子来刻画。

19.4.2　票房规律

目前，已有足够多的重复性研究暂时总结出了一条规律，或者说至少总结出了一张统计表。这些研究与票房收入的动态变化或分布均有关。由于上文中引用的大量文献已有详细叙述，我们在此仅做简略描述。

"赢家通吃"

电影票房收入高度集中，分布也不均等。排名前四的电影占据了20%的收入，而排名前八的电影占据了近30%的收入。基尼系数为0.777，表明了第三世界国家收入分配不均等的程度。20%的电影获取了80%的票房收入。

峰度系数是衡量不均等程度最好的指标之一。这是一种衡量偏离Gaussian分布形状的程度指标。尖峰态分布的特征是尖峰、不对称和偏斜，这种形态恰恰能说明各类电影间的巨大差异。在电影中，峰度系数很高，Gaussian分布的峰度系数为3。在电影中，我们发现峰度系数的范围是15至100，而票房收入的峰度系数达到了45。

另外一个衡量不均等程度的指标是尾重系数α。α数值越小，不均等程度就越大，因为较小的α值更有可能获得巨额收入。许多估计结果将α数值的范围划定在1.3到1.7之间，其中最频繁的估测结果为1.5。电影业实际上要比Gaussian分布不均等得多。如此大幅度的不均等让好莱坞成了一个异常值。在一项最新研究中，De Vany、Taleb和Spitznagle（2005）发现，演员的终身价值是如此突出和"天然"，以至于不存在平均值（$\alpha \approx 0.84 < 1$）。峰度系数为104左右，这清楚地表明电影业是一种由一群非凡艺术家和极端事件操控的峰值事件。但是，即使是这些峰值制造者也经历着"天然"不确定性，也完全无法估算出他们未来电影作品的票房总额。

最后，即使一个顽固不化的Gaussian追随者也需要知道，《阿甘正传》的收入要比平均值高出10个标准差，《泰坦尼克号》则比平均值高了20个标准差。这些现象在Gaussian分布的历史中一亿年都不会出现一次，而这些不可能事件在电影业中则会出现且占据主要地位。

热片的放映期较长

在现实中很难找出赚取了5 000万或1亿美元票房（按1984年价格计算）却没有较长放映期的电影。在过去二十年中，仅有5%的电影获得了超过5 000万美元的票房，而超过1亿美元的则不到2%。一部拥有较长放映期的电影并不能保证巨额收入，但热片总拥有较长的放映期。这正是非线性信息流的含义，它将为我们介绍下一条规律做铺垫。

非线性信息流

当你看完一部电影时，并没有从接下来的观众那里带走任何东西。每位观众付出的资金都会为总票房添上一笔，由于电影纯粹信息的特征，他们什么也没有带走。新观众往往被那些已经拥有很多观众的电影所吸引。新闻中的票房数据报道或口碑向潜在的观众发出信息，这种信息的数量可能和已经看过这部电影的观众成比例。这种非线性的增长率使得不同电影的收入各不相同。当巨额收入导致收入高速增长时，高票房电影也就能获得延期，最终成为放映周期较长的热片。[①]

开画收入无法预示总收入

假设一部电影上映一周就石沉大海，那么通过它的首周票房收入就能准确预测出它的收入总额，因为二者之间没有区别。另外，假设一部电影经历了36周还屹立不倒，则其首周票房收入无法用来估算收入总额。一部电影每周的票房收入之间有着密切的自相关性，这种联系会缓慢消失。首周票房收入与接下来几周的收入之间的联系很快就会断开，在一部电影上映七八周后，其开画收入和每周收入之间，或者开画收入和总收入之间并无关联。非热片电影开画收入占总收入额的60%到70%，因为它们持续上映的时间很短（往往4~6周）。所以对这些电影来说，它们的开画收入和总收入之间存在着一些联系，对于那些收入骤降的电影，其联系更为密切。热片电影遵循完全不同的规律，这点我们会在下文进一步讨论。

动量与混乱

De Vany和Walls（2003b）为我们阐述了一部热片在上映第4周到第5周时票房收入之间的相关性突然断裂的原因。这也将引出另一条票房规律，即动量与混乱规律。

动量指的是一种以过去的收入为条件的收入的非线性扩张或收缩，并且赢家将自身与输家区分开来。De Vany和Walls（2003b）证明，收入的期望值在电影上映期间上升的现象是对过去收入的反映。在稳定帕累托假说下，未来收入关于过去收入的条件期望为：$E[R^{+}_{i} \mid R^{+}_{i} \geq R^{-}_{i}] = R^{-}_{i}\alpha/(\alpha-1)$，其中“+”表示未来，“-”表示过去。根据过去收入估算的未来收入期望值与过去收入额成比例。这种映射是多重分形的，即α的值在电影上映过程中会发生变化（如此亦与Gibrat特性不符）。α的值可变，往往保持在1.5左右，那么，α/（α-1）的值一般为3左右。[②]这说明，当α=1.5，上映周期为i时，一部电影的未来收入大约是它当前总收入额的3倍。一部电影获得了巨额收入并不意味着它“用完”了它的收入，相反，它能继续扩大收入。大型电影收入增长更快，而电影间的微小差异可以呈爆炸式增长。这被称为动量。

---

① 读者也许认为这类信息流是一个Gibrat过程，但实际上并非如此。第一，单纯的Gibrat过程中的增长率与大小成比例。“Gibrat增长过程能够根据时间的推移给出线性增长的预测”这种说法尚未得到确认，随着时间的推移，此种变化会呈现非线性增长。第二，增长率的标准偏差根据$S^{1/2}$不会降低。Gibrat过程收敛于对数正态分布，而这在动态变化中并不成立（它们不稳定且呈现出更大范围的相关性）。

② α值源于期望映射的回归，因此，它也是一种估算数值的方法。见De Vany（2003b）。

动量的非线性特质使混乱的出现有了可能。De Vany和Walls（2003b）也的确证实了在电影上映4~5周时，过去收入在未来收入的映射上会出现分叉。此时，热片迅速远离了票房惨败的结果，该映射分为两种：一种是热片；另一种则是非热片。分叉点的出现标志着混乱的开始。De Vany和Walls并没有为混乱进行正式的统计检验，因为这些检验需要较长的时间序列，而大多数电影无法上映如此之久以显示出混乱现象。但是，证据在映射函数改变时就已显示出来，这种变化让热片收入扩张，而烂片收入收缩。证据同样也能在热片和烂片的收入迅速区分时显现出来。当两个邻近点迅速被一种非线性映射拉开时，便有了混乱现象的证据。

冠军、开画与下线

在票房竞争中排名靠前的电影往往比那些排名靠后的电影放映更长时间。这一观点来自De Vany和Walls（1997），他们将票房收入比作一场动态的排行锦标赛。他们总结的另外一条规律是：冠军们比他们的竞争者维持排名的时间更久；排名越低，预期放映周期越短。冠军定律在运动场上适用，在电影业中同样适用。

从另一个角度来看，在上映过程中，电影下线的危险在逐步上升，并且收入越少的电影面临的危险越大。成功的电影在上映期间危险较小，这意味着它们能够拥有更长的放映期，事实上也确实如此。如果一部电影在上映期间票房第一，那么，它的寿命就会更长。

另一个能够用来解释电影不可预测性的统计特征是：电影的开画和下线分布是泊松分布。电影的开画与下线是纯粹计数的过程，而每周变化率是相等的。这意味着不同电影下线的时间区间是以指数形式分布的。人们常说，指数分布据说是健忘的，因为到下一部电影下线的时间与上述时间区间的长度无关。[①]所以，一部上映了n周的电影和一部刚上映的电影的下线概率是相同的（如果它们排名并列的话）。De Vany和Lee（2003）利用排名之间的Markovian转换概率扩充了这一模型。他们发现，排名更可能下降而不是上升，排名小幅上升比大的突破更有可能发生。尽管如此，一部电影仍可能从排行榜的榜尾跃至榜首——低调的开场并不妨碍它之后的成功。

极端事件占主导地位

电影收入样本平均值在很大程度上会受到极端事件的影响。仅仅将《泰坦尼克号》从1982—2001年发行的6 289部电影中剔除，票房收入的平均值就下降了100多万美元，收入最大值也从6.01亿美元骤降为4.31亿美元。仅仅这一部电影就占据了北美地区在20年内发行的所有电影赚取的票房收入的近1%。1997年上映当年，《泰坦尼克号》囊括了当年电影票房总收入的9%。

极端事件占主导地位可以从很多方面显示出来，比如远高于模型的平均值向右偏斜，到了75%或以上的百分位。图19-2以另一种方式显示了这种支配地位。电影排名靠后，收入会迅速下降，从排名第一位落到第十位会让收入产生近两个数量级的变化（幂次从10变为8）。该图还表明，极端事件在非明星出演的电影样本中显示出的主导影响要比在明星电影样本中大（非明星电影的数据更平缓，也就是说尾重α更高）。De Vany和Walls（1999，2003a）说明了原因：明星抬高了电影收入的最小值，却无法抬高收入的最大值。[②]

---

① 关于电影发行时机的博弈问题就讨论完了。如果一部电影下线的时间和它上映的时间无关，那么，发行者花精力预测何时将一部电影推向市场以防止激烈的竞争就是一件无意义的事了。

② 表19-1中的稳定参数估计中已证实了这一点，其中说明α的估算值在非明星电影中比明星电影中更小。

发散性

除了极端事件占主导地位外，电影业票房收入总计也是发散的，收入的平均值和方差同样如此。一部或少数几部大制作电影能大幅度增加收入总额，这也抬高了平均值和方差。当收入符合稳定帕累托定律时，收入增长的规模是：$(\Delta t)^{1/\alpha}$。也就是说，相位空间是稳定分布的，如$S_\alpha\left(|\Delta t|^{1/\alpha},0,0\right)$，其中$\Delta t$是时间长度。①

因此，如果我们以四年为一个单位对票房收入进行研究，票房收入之间的最大差距比以两年为单位的差距要大约$4^{2/3}$=5.333倍。四年间两部电影之间的最大收入差是两年之间的差值的5倍左右。因此，我们认为，当电影收入以帕累托定律稳定分布后，会产生较大的发散性。有时处在底端的会脱离，有时看起来产业正在迅速扩张。但是，它们只是自然变化中的一部分，不能代表市场条件或基本面有本质上的变化。事情只是自然而然地发生了。

自相似性

不稳定性与电影收入统计的自相似性有关。这种相关性会以多种方式呈现，但关键的一点是：一个随机变量X（t），t∈T，如果符合以下条件：

$$\{X(kt),t\in T\}\simeq\{k^H X(t),t\in T\}$$

则X（t）自相似，指数为H（当k>0时）。

其中$\simeq$是指分布相等。对于一个稳定运动，H=1/α，已知α=1.5，因此H=2/3。对于布朗运动，H=1/2。因此，电影收入并不遵循布朗运动规律。电影收入比布朗运动具有更长距离的相关性。除其他外，这反映出极端事件对收入的影响，那些事件不断在数据中出现，显示出它们对数据的巨大影响力。

但是，自相似性可以反映除时间以外的其他测度指标。我们稍后再探讨这个问题，我们可以暂时用一些观测到的指标来约束电影，这些指标实际上是对变量进行重新测量。我们需要知道的是，适当地重新测度概率分布，可以得到与原来相同的分布。因此，不考虑量级上的差异，电影上映的银幕数量也是重新测度收入的另一种方式，且可以发现银幕有着与收入相似的分布。我们也确实发现了这一点（De Vany and Lee，2001）。或者，如果把电影按照预算分为高、中、低三类，可以在每类中得到重新测度的相同概率分布。但是，无论我们如何继续分析数据，自相似性都表明，数据只是通往同一个基本过程的不同窗口。关于自相似的问题在下文将再次提及。

非有限动差

在所有稳定分布的特征中，最反直觉的特性是，方差可能是无穷大的，更夸张的是，平均值是不存在的。在一个可观测的世界中，所有能实现的物理过程必须是有限的，至少我们能感觉到它是有限的。那么，为什么会出现一个用来表述真实现象的概率分布，却拥有无穷大的方差，甚至是非有限的平均值呢？

从数学角度来看，这并不难实现。只需要外尾的概率下降缓慢就可以了，如果只涉及票房收入，可以将它称为上尾，因为票房收入下尾的下界为零。概率分布完全符合我们的预期，同时尾部衰减很慢，以至于方差积分和平均值积分并不收敛。例如，众所周知，方差是x^2的期望值。在帕累托票房收入的上尾部分，概率是$x^{-\alpha}$。由于α=1.5，方差积分为$x^2x^{-1.5}$。当x趋向于无穷大时，该值也趋向于无穷大，所以，这个方差并不存在。如果α<1，相同的极限论证同样适用于期望值，即平均值。

这种推导并不难。然而，真正的困难在于，如何解释一个没有方差或期望值的随机过程。我们认为，这些性质是在警告我们知识的有限性，通过对此过程的深入研究也许能得出新的结果。随机过程并没有变化，但它所拼凑出的东西会发生改变。有些非常突兀的改变可能

① 这种相关性提供了另一种估计α值的方法，Peng用DFA（去趋势波动分析）方法做了编程。

会让人误以为发现了新事物。但是，只是该过程的结果显示出迄今为止从未见过的事件，其过程依然是稳定的。

下面以无穷方差为例进行说明。我们知道，随机过程以$\Delta t^{1/\alpha}$为单位变动。这意味着变动的幅度随时间的延长而加大。因此，迄今已知的最大事件最终会被超越。实际上，方差随着样本的增大而增大。所以，无穷方差旨在告诫我们，永远也无法看到全过程，因为研究只能观察到很小一部分。而Lévy稳定过程则可以发现持续的新奇事物，这对于电影制作之类的创造性过程来说是一个有吸引力的特征。

关于期望值可能的不存在性，存在一个类似观点。如今，多数电影数据倾向于有一个有限样本平均值，即便有一些例外（以主要发行商的市场份额为代表）。但是，即使理论平均值存在（是有限的），我们仍预期它是可变的。这是由理论延伸出来的，因为稳定分布的随机变量的线性组合还是稳定分布，所以，平均值一定是一个稳定分布的随机变量（伴随相应的重新测度）。但是，使平均值可变的，是平均值对于极端值的依赖性和产生新极端值的过程。

除了提醒这仅仅是对一个可能“去任何地方”的过程的有限观察值推论，无穷方差（同时也可能存在无穷大的期望值）还有一个很大的优点。我们能对样本之外做出预测，是因为我们迄今见过最高的票房收入并且没有为概率设定上限。它处在随机过程中，且只能进行有限的飞跃，因为这时一个能比样本中最大值更大的事件出现的概率是极小的。我们无法预测比样本中最大事件更大的事件。但是，我们知道，即使对于偏离平均值4到5个标准差的事件来说，一个无限方差的稳定分布变量的上尾部分的概率质量也不会消失。如果票房收入符合Gaussian分布，《阿甘正传》和《泰坦尼克号》等电影就不可能存在了，因为前者偏离平均值10个方差，而后者偏离平均值20个方差！票房收入的确不符合Gaussian分布，稳定分布也预示着依然有电影可以获得比我们曾经见过的最高票房收入更高的票房收入。

“无人知晓”

票房规律为Goldman的“无人知晓”命题提供了基础（Goldman，1983）。样本平均值和方差是不稳定的，它们随着样本的变化而变化，且方差随着样本的大小而变大。方差期望值是无限的，平均值或期望值可能并不存在。随机过程不断地发现新事物。波动的落差非常大，以至于行业看上去像是进入了新时代。对期望值的预测毫无精准度，更大的事件就在未来的路上。将这些因素综合在一起，便没有人能预测一部电影究竟能获得多少票房收入了。

我们知道这个“无人知晓”的道理总是对的。如果票房收入能预测的话，拍电影就简单了。所以，它无法预测，也不应该被预测。“无人知晓”原则将创意过程上升至电影制作的中心地位。“无人知晓”的原因是电影是一次性事物，是创意产品，每一部都是独一无二的，并且，在银幕上以同样特殊的方式呈现。这个极复杂和非线性的动态演变暗示了混乱的存在。

有人认为，百老汇表演、药品、版税专利、唱片、书籍和其他许多创意产品都具有这样的特质。如果用同样的模型和工具来研究这些产业的规律，也许会得到有益的结果，这些工具和模型在电影业研究中被证明是非常有用的。

19.4.3　生产和成本的规律

好莱坞自有一套生产和成本的规律，但我不会梦想写出生产和成本的函数形式，并估算它们。我不知道如何衡量产出和投入，因为电影都是独一无二的，并且其制作方式也是非常特别的。在制作一部电影时，它实际上是一群个体暂时性的组合，是一个暂时性的团队。制作人将团队成员聚集起来制作一部电影，制作完成后他们回到劳动力市场中等待下一个项目。一部电影经过故事编排和逐个场景的拍摄，拍摄时长和拍摄要求都能各自进行估算。但是，拍摄时长不能被线性地转化成最终的镜头和情节。电影的拍摄长度不能被简单地相加成一部电影。

序贯制作

电影制作是一个循序渐进的漫长过程，也是一个由复杂的场景连接而成的重复过程。这个观点不仅源自Steven Bach（1986）或Mark Litwak（1986）所说的故事，还反映在成本上，接下来我们会探讨这一点。我们会详细阐述生产的稳定定律，随着制作工作的进行，电影并没有向完工方向前进。这条奇怪的生产规律会反映在期望成本中，我们称它为“天使的噩梦”，含义是完成一部电影的期望成本与已经花费的经费是成比例的。

生产问题

我们首先想强调的是电影制作方式引发的很多问题，以及如何处理这些问题。这些问题使投入向产出转化变得不确定，因而，很难写出表现这种转化的函数形式。一般来说，牵涉各种创意投入和经济利益时，会出现延误问题、沉没成本问题以及委托-代理问题等。这些问题通常会用巧妙精细的契约安排、或有支付计划、声誉、严格的监督和最后通牒的方式来解决。

一部电影会经历许多制作环节：开发阶段，包括故事创作、初步选角和财务状况；制作前期的准备，其中包含创意投入的挑选和签约、财务管理和资金分配；制作，主要包括拍摄等；后期制作，如剪辑和重摄；发行。每一环节都需要资金，所以，如果某个环节无法进行下去，那么钱就打水漂了。这便是沉没成本，覆水难收。最痛苦的是，直到电影被搬上银幕，所有的成本仍无法收回。当电影发行的那一刻，所有的资金已经沉没。

最后阶段

最后阶段的问题会带来困难是很正常的。发行商也许会选择违背发行协议，让制片人的资金都化为乌有。这时，除非存在对于这部电影的竞争，发行商清楚制片人投入了大量资金并需要赚回这些成本，才有可能只用少量的花费拿下这部电影。这一最后阶段的问题也是大约从1915年到1950年发行商和制作商通过合作建立管理电影制作的电影公司体制的原因之一。如今，这些问题以合同形式来解决，其中合同规定发行商在影片中享有股东权益。发行商提前支付至少一部分制作成本，同时获得一部分权益，并履行发行电影的义务。有了这种契约安排，制作人和发行商在制作和发行电影中拥有共同利益，最后阶段的问题就能解决了。我们知道解决最后阶段问题的重要性，如果最后阶段无法完成，每个步骤都会夭折，如此电影制作就前功尽弃了。

延　误

另一个问题是潜在的延误，任何创意投入都有可能将制作进程暴露在这个问题面前。如果某个演员或导演决定修改合同的某些条款，或者坚持对故事情节、角色、拍摄地点等进行改动，他们就会威胁到整个项目，甚至有可能导致成本沉没，使之前的努力前功尽弃。当部分场景拍摄完毕并保存后，想要解雇一名演员、导演或摄像师是很难的。如果他们大发雷霆，拒绝遵守命令或者不愿向剧本上的细节妥协，整个项目就陷入了僵局。在当前每个制片公司仅制作5到10部电影的情况下，只要有一部电影无法完成或者超出预算（或者只是又贵又老套），制片公司就会破产。乱发脾气、创意冲突、无法拍摄的剧本、糟糕的天气，甚至是在巨浪中被压坏的机器鲨鱼道具等各种各样的事情，都能使整部电影的制作搁浅。

解决方法

因此，这些问题必须用谨慎和创造性的方法来解决。它们是电影业的独特问题，也是产业中各种奇怪做法的根源之一。首先，我们知道，声誉能让人的行为更加得体和更加负责，并且更勤奋地在不超预算的情况下，完成一项囊括所有人的努力和资金的拍摄任务。因而声誉是一种解决方案。好莱坞也许是所有行业中最注重声誉的。你能受到好莱坞的青睐，说明你的银幕声誉已经达标，每个人都能看到你的声誉，票房统计数据也是如此。各种好莱坞协会谨慎地分配银幕信誉值，详细地设置了针对导演、编剧和制作人的信誉评判标准。

多次合作让声誉效应的影响更加显著。如果曾经在一起合作的人认为他们的同事很不错，就会倾向于再次合作。人们可以通过社交关系网络查找相关人物，就像互联网电影数据库（IMDb）的爱好者经常玩的Kevin Bacon六步游戏一样。那些人以一小部分关键人物为中心，互相紧密地联系在一起。通过认识在此网络中产生的各种机会以及这个网络的结构，可以理解电影的工作方法和效率问题。工作和机会的网络结构是呈帕累托分布的，小部分处于中心叉点的样本有着密集的联系，而多数叉点则联系甚少。这是电影中另一个自相似的例子，契约网络被帕累托式地联系在一起，正如票房收入呈帕累托分布。

契约与角色

恰当地分配角色或者签订契约是另一种协调创意投入和资金方的方法。导演可能会因超出预算而被惩罚，即按比例用他的工资来补贴预算超出份额。这是常用的合约补偿法。另外，还可以通过让创意人才参与获取利润的方法来模糊金钱和艺术之间的界限。演员、导演或编剧都能分得一杯羹，以免他们做出有损项目经济利益的举动。有些导演或演员同样担任制作人，将创作和金钱的角色杂糅在一起。同样，想要拍电影的演员或导演都必须保证制作的推进。如果他/她有巨大的票房潜力，那么他/她的参与对筹集资金来说是很重要的。所以，制作人必须在最后期限做好“要么掏钱，要么亲自献演”的两手准备。即便在最后期限时仍未开工，制作人仍必须付钱给艺术家们。

监督艺术家是好莱坞资金方的第二本能。分镜剧本上画着电影该如何拍摄的每一幕场景，拍摄过程总体由制作人和一位投资方代表监管。他们观看样片和每天拍摄的场景，并将样片与分镜剧本对比。如果拍摄进度比计划慢，就会引起他们的注意并推出应急方案。如果样片中有很多重拍镜头，则又会引发一轮商讨。诸如此类的情况反复发生。

最终权力

在某些阶段，必须决定哪一方才是解决问题的权威。这时，声誉和权威又出其不意地纠缠在一起。当分歧出现时，没有一个合同能解决所有的偶然事件或者保证某一方的绝对权威。但是，总有人需要在出现不同意见时拍板。那么，由谁来拍板呢？在这里，合同的含义对外行人来说变得晦涩难懂。对所有人来说，暂时将权力移交到最适合做出最佳决定的人是获益最大的。但是，每次的情况不同，有时导演能做出最佳决定，有时则是制片人。一份草率的合同备忘录将所有的剩余决定权交给导演，就可能意味着将所有权力交到一个天才或疯子手中，制片公司就会面临破产的危险。如果将创意类的决定权交给投资方，演员们就可能会辞演。

最终，必须有人做出艰难的决定，这些决定可能影响到电影能不能完成。舞台游戏变成最后通牒赛局。这就是完工担保的作用，也就是有一个绑定公司聚集资金来最终完成制作。当制作处于瓶颈阶段时，第三方需要进行干涉，做出最终决定。他们也许无法做出最佳的创意决定，但至少电影能完工，那些沉没成本也能捞上一部分。收回沉没成本的唯一方法就是完成制作，这也是电影原来的主要负责人无法做到的。所以，在制作面临瓶颈时，需要完工担保人介入并完成这项工作。

稳定帕累托成本

我们之前阐述了电影超出预算的可能性或者难以估算预算的情况，其中的一个本质问题是：成本预算可以估算到什么程度？超出预算的著名电影有很多，如《埃及艳后》、《天堂之门》和《泰坦尼克号》等。我们需要知道电影制作成本预算的概率分布。在寻找答案时又出现了另一个问题：我们可以拿到多数制作完毕并发行的电影的制作预算，但我们并不知道它们是否超出成本预算。所以，我们能做的是估算由第三方发布的成本预算分布数据，以了解各种类型和各种可能性。制作预算数据来自超出和未超出预算的电影，从而让我们弄清各种可能性。

在相关的两篇论文中，De Vany和Walls（2002，2004）研究了制作预算的分布。他们发现，预算是呈帕累托分布的，虽然比票房收入偏斜程度更小。预算分布的平均值在62%的位置上，标准偏差近似与平均值相等。

De Vany和Walls（2004）估算出利润分布的总体稳定参数值。利润分布图形的下尾部分呈帕累托分布，尾端指数α=-2.64。由于尾部系数估算值大于2，预算就有了有限方差。利润分布图形的下尾部分受成本影响，所以，这是对于成本分布尾重的合理估算。在另一篇论文中，De Vany和Walls（2002）估算了尾部系数，并将帕累托分布作为检验成本数据的模型，结果表明，这是一个很好的预算数据模型。有趣的是，他们发现R级电影预算比其他级别的电影尾部更厚，因此预算值大的概率更大。G级电影尾部最薄，从中推出它们不太可能需要巨额支出。

预算回报

更高的预算能换回什么？De Vany和Walls（2003b）估算了生产预算的回报。平均票房总收入相对于生产预算的弹性为0.54（大于0），但这并不意味着你能通过在制作上投资来换取票房收入。1美元只能换回50美分。因此，相对于票房来说，制作预算回报是递减的。

以最低十等分计算的开画票房收入弹性要高一些（0.636），但回报仍然不高。增加10%的预算只能换来额外6%的开画收入。越高的十分位得出的预算弹性越低：中位数预算水平的弹性为0.56，上四分位为0.52，而最高位只有0.44。简单而言，最高位上90%的电影无法回本，只有10%的电影能收回成本或赚取利润。此项估算表明当你在制作上多花1美元，却只能让预算上等分电影收入增加40美分。因此，增加40美分收入这件事可能只有10%的发生概率。在最好的情况下期望值只有4美分，这不是一项很好的投资回报。

天使的噩梦

“天使”在百老汇或好莱坞是用来指那些愿意为电影制作投资的人。[①]我们发现预算是呈帕累托分布的，现在需要探讨的是，当实际支出超出预算时，“天使”们将经历怎样的噩梦。天使的噩梦与帕累托分布预算的条件期望值有关。帕累托分布有一个反直觉的条件期望：在实际成本y_0已被花费的条件下，预算期望值为$y_0\frac{\alpha}{(\alpha-1)}$。在α=2.64，$y_0$被花费的条件下，期望预算是$y_0\times1.609$。假设一部预算为1 600万美元的电影，实际成本为2 000万美元，在它已经有400万美元的超额时，它的预期支出是多少？应该是2 000×1.609，即3 200万美元。一部电影无穷无尽地超预算就叫作“天使的噩梦”。它的出现源自条件期望值的具体性质，这些是帕累托分布的随机变量特有的。条件期望与条件事件呈线性关系。

一条奇特的生产规律

我们能从预算特性上推断出部分制片过程。时间就是金钱，我们能将预算支出转化为制片时长，这能推导出一条奇特的生产规律：对于已经拍摄的时长t，预期电影完成的耗时为t×1.609。完成整个项目所需时间与电影实际已经制作的时间成比例，也就是说，耗时可能是无法估算的，这也就是在电影业中制片计划和完成担保如此重要的原因。

---

① 摘自De Vany和Walls(2004)。

艺术家的生产率

首先我们应该知道，不同艺术家的效率可能有天壤之别，电影不像洗盘子那样简单，不同人之间的差异会非常大。我们将主要探讨演员和导演这两类创意投入要素，他们的生产力截然不同。这是一个正常现象，原因如下：第一，由于非线性这一性质，天赋和运气等微小的差异会在票房收入中被放大。第二，工作机会呈非线性分布，因为曾经参与过大片而互相之间关系密切的艺术家们会获得大多数的机会。第三，最成功的艺术家往往拥有很长的事业道路。用来描述制片规律的稳定帕累托分布的高峰态证实了这些观点。

除了Rosen（1981）关于巨星的解释，目前暂没有实证分析能证明这一点。根据他的模型，天赋之间微小的差异会导致收入的巨大差别。Hamlen（1994）从流行音乐成功作品分布规律中找到了证据。Chung和Cox（1994）表明，尤尔分布是一种好模型，用来研究一线影星的热片。尤尔分布是$\alpha=1$的幂律分布，是稳定帕累托分布模型的变体。有趣的是，他们的模型得出的关于艺术家效率的结论是：成功纯属偶然，与天赋并无联系。Ravid（1999）及De Vany和Walls（1999）调查了明星对利润或收入的影响力，结果发现此影响力很弱。

为了更深入研究艺术家的工作效率，De Vany（2003a，b）分别研究了导演和演员的生产力，结果并不令人惊讶：生产力规律与票房规律已经显示出高度自相似性，由演员完成或导演执导的电影数量呈尖峰态分布；峰度系数分别为16和22。

样本中的多数演员或导演只制作一部电影：两个分布的众数都为1，平均数都为2，都处在各自分布的第75个百分位。如果将票房收入作为衡量生产力的标准，结果更令人吃惊。演员的累计收入总额的平均值为3 260万美元，峰度系数达到104，中位数只有101万美元，平均值则处在第85个百分位的高位上。与极端事件主导保持一致，De Vany（2003a，b）发现，单部电影累计收入总额平均值的22%受演员影响，32%受导演影响。

稳定帕累托分布和成本数据形成了很好的匹配。他们还估算了导演和演员的不同α值，前者为1.5，后者为1.8。尾重系数的形式、拟合和值都符合稳定帕累托模型的自相似特性。我们知道，针对票房总收入的$\alpha=1.5$，而导演和演员相似的α值说明了他们的生产力在统计分布上与票房收入相似。也就是说，电影艺术家的数量分布就是票房收入分布的另一种视角。与Chung和Cox（1994）的研究结果保持一致，我们发现，当要研究导演能制作多少电影时，天赋与运气是很难分开谈论的。De Vany（2003a，b）的研究表明，只有在最高产的导演中，才能发现天赋与运气的古怪比例，其中天赋占据了主导地位。

19.4.4　利润规律

“预付和沉没”是成本的法则，而利润的规律是在很久以后才可能获得利润。你必须等待很久才能获得利润，而且它很有可能根本不存在。多数电影都会亏本。只有电影在慢慢进入各类放映场地后，如国内影院、国外市场、录像、电视等，才能逐渐积累收入。

同时，还需要考虑作品合集。电影制片公司制作电影合集，多数会亏本，所以必须将利润平均分配到每一部电影上，这就是所谓的制作公司会计核算问题。但是，把电影合集的成本与收入全部聚合在一起并不是做假账。同时，少数的电影贡献了多数收入的情况也是存在的。热片的制作人会大呼有诈，但这是制片公司为了抵抗巨大风险所必须做的。所有这一切使得每部电影单独做账变得问题重重。最关键的是，这些数据并不公开，所以在谈及电影的盈利能力时，人们往往显得既谨慎又惴惴不安。

不过，经济学家们对此抱有好奇心，现在至少可以用利润率分布来估算出电影的盈利能力（我们感兴趣的地方）。如果它呈稳定帕累托分布，那是一件幸运的事（实际确实如此），因为偏差不会改变分布形态，仅影响分布的范围大小。因此，概率性推断并非异想天开。另外一种研究方法是查看收益回报，此数据可以根据票房收入与制作成本的比例估算得出。

极端事件的主导性

我们得出的关于利润呈帕累托分布的结论是建立在极端事件占主导地位的前提下的。70% 至 80% 的电影会亏本，且 35% 的盈利电影赚取了 80% 的利润总额。亏损分布更为平均，因为它们的值是有限度的，且不像收入总额那样受限于非线性信息流。毕竟亏损部分不可能超过总支出。50% 的亏本电影总共占据了 80% 的总亏损额。仅 6.3% 的电影在近 10 年里获得了 80% 的好莱坞电影收入。利润是偏斜的（偏斜特点非常奇特，接下来会探讨）且峰度系数很大，对于样本中的所有电影，峰度系数为 15，没有明星参演的电影峰度系数为 23，有明星加盟的电影峰度系数仅为 5.6。这些类别的平均收入为负数。最后，如图 19-3（De Vany and Walls, 2004）所示，极端事件的影响力在累计平均利润的剧烈变化中非常明显。高低不平且碎片化的图形完美地证实了极端事件对票房平均值的影响以及对稳定利润定律产生的影响。

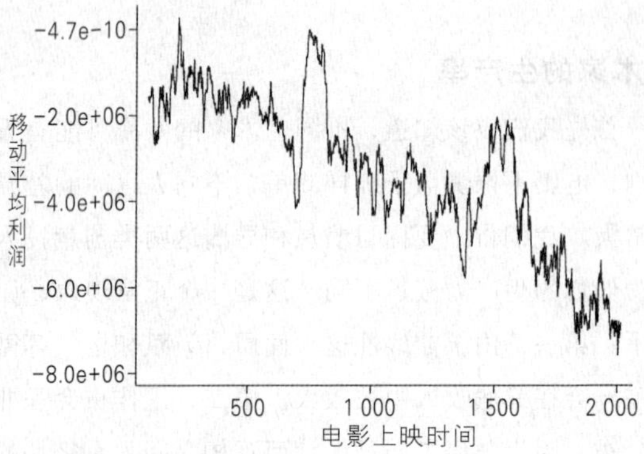

图 19-3 不同上映期的电影平均累计利润

稳定利润定律

上文提到稳定运动定律，现在需要考虑的是，如何证明利润是一个稳定分布的随机变量。首先，毫无疑问的是，利润是随机变量，上文对此作了介绍，但如何证明它是呈稳定分布的呢？我们知道，稳定分布模型与电影利润图形非常契合，而其他的如 Gaussian 分布那样的模型则丝毫不符合。De Vany 和 Walls（2004）运用 John Nolan 的稳定分布程序，估算了总体稳定分布的四个参数 S_α（α，δ，γ，β），结果见表 19-1。

表 19-1 最大似然参数估计

	尾部系数 α	位置 δ	规模 Γ	偏度 β	对数似然统计量
全部电影					
正态分布	2	−3.351	8.442	0	−7 855.37
对称 α-稳定分布	1.268	−4.079	4.032	0	−7 279.87
α-稳定分布	1.259	−4.042	4.02	0.043	−7 279.46
明星参演的电影					
正态分布	2	−2.083	14.186	0	−1 439.69
对称 α-稳定分布	1.582	−4.568	10.555	0	−1 419.16
α-稳定分布	1.624	−6.385	10.805	0.768	−1 410.82
无明星参演的电影					
正态分布	2	−3.595	6.789	0	−6 216.46
对称 α-稳定分布	1.358	−3.932	3.507	0	−5 739.47
α-稳定分布	1.335	−3.827	3.441	−0.122	−5 737.95

需要注意的是，尾部系数$\alpha=2$、偏度$\beta=0$的正态分布图形同样不符合电影利润的图形（由对数似然统计量得出），检验拒绝了正态分布。这一分布也是不对称的，因而最契合的分布依然是一般稳定分布，其中有明星参演的电影正偏离，其他电影负偏离。只有对于有明星参演的大片的正偏离才被认为是重要的，而无明星参演的电影和其他所有电影的负偏离都不值得一提。请注意，对于给定δ，也大概相当于给定均值，分布位置是不同的。稳定分布模型在面对更大的亏损时比Gaussian分布模型拥有更大的概率质量。

规模参数γ代表分布中心部分的宽度。在所有情况下，此区域要小于Gaussian分布。因此，相对于Gaussian分布，稳定分布有更厚的尾重。由于概率质量从该区域溢出并迅速形成厚尾，因此这个中心的位置统计量并不是稳健的均值估计量。这就是所谓尖峰厚尾的峰态。

主要参数α是衡量尾部概率质量的尾重系数。α的值处于1和2之间，利润期望值存在，但方差是无限的。α远小于Gaussian尾重值2，因而可以说稳定分布拥有厚尾，它的概率质量下降速度小于在Gaussian分布中的速率。具体而言，对所有电影来说，数值为1.26而非2。明星电影分布图是不对称的，上尾比下尾更厚（对于超级巨星的诅咒由此产生，下文会进行阐述），而无明星参演的电影的分布是对称的。

回　报

回报比利润更难计算。一种计算方式是，通过票房收入和制作成本的比值来计算一部电影得到的回报。这些数据省略了某些细节，比如租金、印刷费和广告费，但容易计算且没有争议。这个比值具有合理的比例性，能大致反映回报的多少，租金率和发行费用的决定机制也能部分保证它的可靠性。因此，这个比率能够较好地模拟回报。

运用自相似性的理论，我们期望看到收入与支出的比例是帕累托分布的一个随机变量，至少在尾部是符合渐进帕累托分布的。研究得出的平均回报值是0.069，标准差为6，是一个很大的数值，这证明了极端事件的巨大影响力。极端事件影响力的另一个证据是，平均值远远高于75个百分位。峰态系数更是高得惊人，数值为940，比数值为3的Gaussian峰态系数高得多。

取回报值的下限2，De Vany和Walls（2002）计算出尾部指数α在各级电影中的数值：G级电影1.35、PG级电影1.56、PG-13电影1.78、R级电影1.48。用Kolmogorov-Smirnov检验能接受一个假设，即数据在回报超过2的上尾部分呈帕累托分布。回报的期望值是有限的，方差是无限的。他们进一步阐述了G级电影在回报中能随机主导其他级别的电影，并且对于利润来说，其他各级别电影都能随机主导R级电影。

19.4.5　随机市场结构

我们已经知道，电影收入是极度不平等的。那么，企业的市场份额如何？De Vany和Walls（1997）表明，电影发行商之间的不平等比电影收入之间的不平等更为显著。De Vany和Lee（2003）阐述了随机市场结构的概念和电影业相关，因为市场份额的分配是极度波动的。他们认为，电影业具有随机集中的特点，但竞争也非常激烈。

市场份额分布受成功电影的推动，并且遵循随机帕累托运动规律，其中$\alpha=1.3$。在市场结果是随机的情况下，用赫希曼-赫芬达尔指数这种固定度量法来测量竞争力是错误的，必须使用随机度量法，这种度量法便是赫希曼-赫芬达尔指数的期望值。De Vany和Lee（2003）发现，赫希曼-赫芬达尔指数的期望值是市场份额的二阶矩（即方差）。由于份额在尾部指数小于2时呈帕累托分布，赫希曼-赫芬达尔指数并不存在（因为方差是无限的）。电影的竞争过于激烈，这种测量竞争的方法实际上并不存在。

19.4.6 才艺定价

如果你一无所知，你就需要耐心等待。我们知道，这条定律可以用来决定租金率。问题在于，当你不知道一部电影能获得多少收入时，该如何定价。同样的原则：等到有足够信息后再做决定，但这只适用于最值钱的才能。于是，我们发现，价格是由合同中的或有条款确定的，如果电影成功，或有条款就会在价格上作出相应调整。在好莱坞，这被称为分享契约，意思是艺术家在电影收入分配中占有一席之地。我们已经知道，制作公司电影组合问题使单个电影的利润多少有些任意分配的倾向（经济学家认为联合成本的分配是任意的）。收入在账单中单独列出，所以分享契约更多取决于收入而非利润。

极端事件与尾部契约

稳定帕累托假说中提到了极端事件的主导性，也就是说，补偿应取决于极端事件，因为这才是真正的主导事件。De Vany和Walls（2004）将它称为尾部契约，因为极端事件处在收入帕累托分布的上尾部分。Mark Weinstein（1998）研究了利润共享合同的演变。Darlene Chisholm（1997）运用一个合同样本来说明只有已成名的演员才能获得或有报酬。在其1995年的一项研究中（Chisholm，1995），她分析了演员在共享合同中的动机和剩余权益（即好莱坞中的“点”）。De Vany（2003a，b）针对导演提出了相同的观点。借用著名导演的合同样本，他发现当总收入上升时，发行商支付的收入比例随之上升，并存在突变点。随后，他说明了这些突变点的Gaussian概率本质上是0，但在符合数据的帕累托分布下突变点却是关键的。综合上述研究，结论是：各方似乎都知道他们签订了稳定帕累托分布的合约，而非Gaussian分布的合约。

如果再深入分析，就能发现极端事件会对这些合同产生很大的影响，以至于合同只能产生些许动机效应。De Vany（2003a）论证了分享契约是一项动态决策规则，此项规则在实现的收入流中的离散突变点处偿付未来的条件期望收入。合同在未来形势明确后自会进行偿付，并且它的“偿付比例提高”条款反映出当收入累积增加时，未来收入的条件期望也增加的帕累托特征。

另外一个相关的重要结论是，导演报酬总额是由或有补偿决定的，而或有补偿只被某一部或两部电影所主导。De Vany（2003a）显示了电影收入的自相似性和大导演的补偿概率分布：它们都呈帕累托分布，尾重都是1.5。关于导演生涯的数据也有着相似的统计特征。从导演的生涯、生产力、报酬和电影票房都能看出同样的潜在基本过程，该过程受到极端事件的主导。

明星、利润和巨星诅咒

为巨星定价是一件难事，特别是当他们要求预付固定工资时。De Vany（2004）将它称为“巨星的诅咒”。如上文所述，它同样能说明业界倾向于通过分享契约偿付巨星的现象。

产生巨星诅咒的原因是那些有巨星参演的电影利润的总体稳定分布图是偏斜且不对称的，它的上尾比下尾要厚（详见上文利润分布的讨论）。这使得原本750万美元的期望利润上升到768万美元——巨星参演的电影的期望利润高于最可能的利润。你能预想到如果明星经纪人取走期望利润作为明星的出场费后会发生什么。这部电影几乎就会亏本。为什么？因为单部电影是一个小样本（一个观测值），在小样本中，概率最大的事件成为主导，而更大的样本统计量，如期望值，未必会发生。根据计算得出，如果明星拿到了期望利润，亏本的概率为0.80。这也许能解释为什么Ravid（1999）发现有明星参演的电影的利润并不高。巨星诅咒是另一个向巨星支付或有报酬而非固定报酬的充足理由。

竞标战争与制片人诅咒

制片人之所以在邀请明星参演时小心谨慎，还有另外一个原因。每年大约有33部高成本电影制作完成。如果每部电影的制片人都想使用目前已参演过三部热片的大牌演员，那么情况就是，33个制片人争18个演员。每个制片人在心里都会为每个明星定一个价格。出价最高的制片人赢得竞标，这意味着剩下的32个制片人心中的定价更低。也就是说，最终成交的人可能出价过高，这就是制片人诅咒，在私人价值拍卖中也被称为赢家的诅咒。当你在完全不知道竞拍者底细的情况下成功拍卖到了一件私人物品时，你完全有理由相信自己的出价过高了。理性投标需要你在和很多人竞争时给出稍低的价格。

一个演员真的值两千万美元吗?

将“大牌电影并不能获利颇多”与巨星诅咒和制片人诅咒结合在一起，你慢慢可以发现，一个演员也许并不值两千万美元。但是，如果好莱坞无法抵御这些诅咒，他们还是会得到两千万美元的片酬。或有报酬是杜绝这些危险的一种方法。在De Vany的《好莱坞经济学》(De Vany，2003b）一书的后记中，他提到，确定事件原则会增加问题的复杂性，因为它会使制片人高估已成名演员带来的前景，而未成名演员由于概率分布更模糊而被轻视。

19.4.7　决策：审查、偏见和确定事件

既然我们打开了电影制作决策问题的潘多拉之盒，现在有更多的问题需要讨论。由于我们已经把这些问题诉诸模型细节，接下来我们将只作简略的介绍。好莱坞的决策问题源于一些反直觉的稳定概率特性和将电影视为前景、概率分布而非确定事件的必要性。当然，高级管理人员也会犯错，人为决策中常见的偏见也同样是问题产生的原因之一。

分级与种类

分级与电影类型几乎无法预测什么。分级不同的电影确实会产生差异，但只有精密测量方法才能发现这些差异。R级电影确实会削减一部分观众，但即使是在小部分的潜在观众中，收入仍然是不可估量的。自相似性告诉我们，所有电影都呈现相同的帕累托概率分布。而且，无论如何，电影结果都是随机的，无法从分级和类型上估测电影发行后的结果，电影的类型尤其具有更弱的预测能力。

加总偏误

变量的总和有着与其本身相同的概率分布，这是稳定分布随机变量的关键特征。所以，一系列小预算电影的汇总回报和收入总额与一部大型电影有相等的期望值。但是，制片公司更倾向于投资几部小制作电影而不是将同样的钱投入一部大制作电影，原因就是加总偏误。

人类容易发生加总偏误，电影的稳定概率加重了这个问题。我想，这是因为人们很难认识到几个随机变量的总和与一个随机变量转化为同一价值时风险是一样大的。制作两部收入总额为1亿美元的电影和制作一部收入总额为1亿美元的电影将承担同样的风险，但多数人却认为前者风险更小，这就是一个加总偏误，而这只是一种偏见，因为电影收入是呈稳定分布的，所以，两者承担的风险是相同的。[①]

模糊概率与确定事件

当概率变得模糊不清时，另一个问题就产生了，

---

① 见附录A。

这种问题永远出现在电影中。高级管理人员必须在挑选电影时作一些风险评估，在电影、演员或制片人都不知名的情况下，这种评估就非常困难。知名的契约参与方会让评估变得简单一些，至少在估算概率时有一些经验可以遵循，让它们显得不那么模糊。

但是，当分布中出现无限方差且平均值的上尾部受到极端事件的巨大影响时，模糊概率意义何在？由于电影发行后能否成功是完全无法确定的，因此，不存在所谓的典型电影或具有代表性的电影类型。如果制作公司认为两种前景都遵从帕累托分布，那么，相对无名的契约参与方更模糊的概率会被最优或最差结果之间的风险分散所捕获。不论参数值为多少，帕累托分布都会达到无限的上限值。所以，只有帕累托分布的最小值比另一个更小，这个分布才会比另一个更分散。这个观点表明，模糊概率分布可能被认为会产生更糟糕的最差结果（分布下限更低）。作为高级管理人员来说，推测出最差结果比估算帕累托分布参数更简单，而且，当不知名的艺术家参与项目时，这些高级管理人员会对结果过度悲观。由此看出，好的统计模型在决策过程中扮演了重要角色。

内外双重因素

这些决策悖论表明一个优秀的统计模型能提升好莱坞的决策能力。综合全文来看，可以得出这样的结论：好莱坞在选取电影时需综合考虑内外双重因素。外部因素是经过精密数据统计模型计算过的客观因素，内部因素来源于人们在选择制片公司电影质量时口耳相传的争论、故事和预测等。过度乐观的预测，例如知名演员、大成本制作和“确定事件”容易起到主导作用，即使它们实际上与制片公司之外的真实情况并不相符。

19.5 结　论

本文阐述的方法和结论究竟在多长时间内有效？DVD、国际市场的崛起和逐日下降的国内票房收入份额会对此产生影响吗？我们认为答案是否定的，因为这项研究关注的是有普遍规律的深层概念。我们知道，跨国收入和许多外国票房的收入都符合同样的帕累托定律（甚至有相同的尾重）。因此，文化背景和当地的市场组织结构都无法改变普遍通用的模式。一部电影不论在哪个国家放映，它的票房收入都遵循相似的规律，包括电影挑选、组合和总票房在内的各类因素都能受到稳定的操控。因此，其票房收入也将呈稳定分布。同样的观点也适用于DVD销售。有些发行推广的时机策略确实为后续放映市场解决了一些“无人知晓”的问题。如果一部电影在外国比在国内发行得更晚，那么，外国的电影消费者会先一步获得供他们进行估算分析的信息。关于发行时机，上述结论也适用于DVD行业。先行的放映确实提供了先验信息，这些信息是先行放映时无法获取的，因而也可以更好地对收入进行预测。[①]

把这些市场纳入分析范围里，上述所有内容都不会发生变化。所有的结果和方法都能适用。但是，从北美剧场状况得到的优先信息能让我们更好地预测下游市场的状况（正如在派拉蒙案判决以前，第二轮或第三轮放映的剧场能从第一个放映的剧场中获得优先信息一样）。获得了这些优先信息，后续市场可以基于北美票房收入情况，调整外国电影和DVD市场稳定分布的概率估计。最后，需要说明的是（也为了证明上述内容不会发生改变），盗版行为的猖獗让制片公司不得不在所有市场上同时发行电影，包括国内市场、国外市场和DVD。所

① 据了解，一部电影在国外发行的价格取决于这部电影在国内的收入，也就是说，可以根据国内收入的多少预测它在国外的收入。

以，北美市场的优先信息逐渐在打击盗版的行动中丧失吸引力，因此我们需要再次完全面对“无人知晓”的问题。

这项研究清楚地表明，人们以为他们知道一部电影的价值，但实际上他们不可能预测一部电影的最终收入是多少。它需要一个模型来完成预测，而我们知道这样的模型并不存在。如果这种模型真的存在，那么拍电影就很简单了，就没有人会亏钱了。电影是不确定的事物，概率分布就像银幕上的画面那样转瞬即逝。它必须拥有这样的特点，因为电影是创意产品，是纯粹的信息，收入仅仅是一个数字，纯粹的信息没有天然的范围或限制。

经过这么多分析，希望我们已经向读者展示了产业中存在强大的思维模式和工具，以便我们能更深入地发掘这些看似混乱、困难，又在无穷无尽吸引人的电影业中隐藏的规律。我们相信，这些工具能为一种新兴的艺术文化经济学打下扎实的基础。

附录A

电影的稳定性扮演了怎样的角色？从理论上讲，如果电影的随机收入通过挑选、剧院、星期等因素进行加总，且电影是稳定分布的，那么，这些总和变量的分布都会是相似的。稳定性概念的意思是，随机变量总和的分布与随机变量本身的分布类似（下文会有更精确的定义）。这意味着每一个随机变量的可观察序列和一系列票房收入的随机变量的分布是相同的，区别只是对潜在过程的视角不同。相似或自相似的特点在这一章被多次提到，并借此深入剖析了电影业。

电影自相似性或稳定性的另一个重要特点是它们的极限分布，意思是分布的动态演变将收敛于稳定分布上，且该分布相对不会受最初条件的影响。排除电影收入的不确定性，它们会自动收敛于一个统计吸引子上。所以，统计吸引子和潜在动力有更深层次的特点：它们是稳定和收敛的。最后，自相似性和稳定过程并不一定存在有限的平均值或方差，这是电影的一个关键特点。

综合来看，稳定的总和、无限方差和自相似性等特点让我们知道电影是极度不确定的事物，因此，产业的研究重点就放在了结果的概率分布上。我们简单地讨论稳定分布及其特征。我们也强烈推荐G. Samorodnitsky和M. S. Taqqu（1994）对稳定过程和稳定分布的权威性研究。

众所周知，根据中心极限定理，一大组拥有有限方差的独立同分布随机变量的总和符合正态分布。如果随机变量并不符合有限方差的假定，那么，根据广义中心极限定理，随机变量的极限分布必定是稳定分布。通俗地讲，“稳定”一词的使用，是因为在加总独立同分布的随机变量后，分布形态不发生改变。通过加总随机变量得到的分布图形和卷积它们的概率得到的结果是一样的。如果卷积分布“图形”和随机变量分布是一样的，那么，分布是稳定的。如果对于任何的n，$\sum_{i=1}^{n} Y_i \simeq D$，其中$\simeq D$表示分布相等，那么，该随机变量是稳定的。稳定随机变量及其总和的分布是相似的。值得注意的是，只要n=2或3时等式成立，该随机变量就是稳定的。令人惊讶的是，这说明了两三部小成本电影的收入总和与一部大成本电影的收入总和X有相同的概率。定义稳定性的另一种方法是，利用概率分布的线性变化。如果存在常数a>0和b>0，符合$Y \simeq Da+bX$，则两种随机变量X和Y是分布相等的，也就是说，如果Y分布是X分布的线性变化，则Y和X在分布中是相等的。

稳定性意味着，动态变化通向了一个稳定吸引子，因为一组稳定随机变量的序列总和也是稳定或自相似的。更强的论述如下：当且仅当分布函数F稳定时，分布函数F才有吸引域。如果存在标准化常数$a_n>0$和$b_n>0$，并符合$(\sum_{i=1}^{n} X_i - a_n)/b_n \to F$，独立随机变量向量$X_k$的极限分布函数$F_x$便属于F的吸引域。正态分布（Gaussian分布）只有在有限方差情况下才是稳定的。帕累托、Lévy和Cauchy分布也是（有命名的）稳定分布。但是，仍然有很多属于稳定类型的分布没有函数形式。Lévy用特征函数来定义稳定分布。一个含有四个参数的稳定分布X～S（α，β，γ，δ）可以用下列函数形式表示：

$$C(t)=\begin{cases}\exp(-\gamma^{\alpha}|t|^{\alpha}[1+i\beta(\tan\frac{\pi\alpha}{2})(\mathrm{sign}t)((\gamma|t|)^{1-\alpha}-1)]) & \text{if } \alpha\neq 1\\ \exp(-\gamma|t|[1+i\beta\frac{2}{\pi}(\mathrm{sign}t)(\ln|t|)+\ln\gamma)]) & \text{if } \alpha=1\end{cases}$$

此处的指数α用来测量该分布上尾和下尾的概率尾重。范围是$0<\alpha\leq 2$，当$\alpha<2$时，稳定分布的方差是无限的。吸引域取决于分布（α）的尾重。这一显著特点告诉我们，一个稳定概率分布的关键特点就在于极端事件的比重。偏斜系数$-1\leq\beta\leq 1$用来测量分布的不对称性。稳定分布不需要对称，可能在上尾处比下尾处偏移幅度更大。规模参数γ必须为正数。γ以位置参数δ为分布中心，以非线性方式调整规模，使分布图形放大或伸缩。

稳定分布的尾部是呈帕累托分布的，且当$\alpha<2$时二阶及以上的矩不存在。在电影收入上，这一点非常典型。当$\alpha<1$时，平均值不需要存在。这适用于许多演员制作的电影累积收入。

当$\alpha=1$且$\beta=0$时，α稳定分布演变为Cauchy分布。当$\alpha=0.5$且$\beta=\pm 1$时，稳定分布成的Lévy分布。当$\alpha=2$时，偏态参数不再产生影响，稳定分布只有对称的Gaussian分布的平均值和方差两个参数（δ，γ）。一般稳定分布包括了Lévy、帕累托、Cauchy和特定参数值的正态分布。它不必是对称的，所以，上下尾是不同的。下尾被支出所限制，而上尾是无限的，这正是我们期望在电影利润中发现的规律。

除了稳定分布的随机变量所有的理论性特征以外，样本统计数据也是不寻常的，它们使过于依赖正态分布的标准分析变得模糊。一方面，样本方差（非理论上的无限方差）随着样本容量增加。另一方面，样本平均值是不稳定的，仅仅一部电影就能让平均值产生巨大变化。样本平均值（$X_1+X_2+\cdots+X_n$）/n和$X_k n^{1/\alpha-1}$（X_k为总和中的任何一项）分布相同。如果$\alpha<1$，最大值在很大程度上取决于平均值，不过，在$1<\alpha<2$时，这个程度要小一些。我把它称为“泰坦尼克效应”，意思是仅一部电影的收入就能占据该年内所有电影收入的一大部分。由于平均值是稳定随机变量的线性组合，它同样也是稳定分布的。也就是说，样本平均值并不可靠，根据过去平均值来预测未来事件的危险性是很大的，预测同样存在无限的方差。

参考文献

Bach, S. (1986). Final Cut: Dreams and Disaster in the Making of Heaven's Gate. New American Library, New York.

Cassady, R. (1959). "Monopoly in motion picture production and distribution: 1908—1915". Southern California Law Review 32, 325-390.

Cassady, R. Jr., Cassady, R. III (1974). "The private antitrust suit in American business competition". Working Paper. Bureau of Business and Economic Research, University of California, Los Angeles.

Caves, R.E. (2000). Creative Industries: Contracts between Art and Commerce. Harvard University Press, Cambridge.

Chisholm, D. (1995). "Actor fixed effects and incentives in motion-pictures share contracts". Technical Report. Lehigh University.

Chisholm, D.C. (1997). "Profit-sharing versus fixed-payment contracts: Evidence from the motion pictures industry". Journal of Law, Economics and Organization 13(1), 169-201.

Chung, K.H., Cox, R.A.K. (1994). "A stochastic model of superstardom: An application of the Yule distribution". Review of Economics and Statistics 76(4), 771-775.

Coase, R.H. (1937). "The nature of the firm". Economica 4, 386-405.

Collins, A., Hand, C., Snell, M. (2003). "What makes a blockbuster? Economic analysis of film success in the United Kingdom." Journal of Decision Analysis.

Conant, M. (1960). Antitrust in the Motion Picture Industry: Economic and Legal Analysis. University of California Press, Berkeley.

De Vany, A. (2003a). "Contracting with artists when nobody knows anything". In: Hollywood Economics: How Extreme Uncertainty Shapes the Film Industry. Routledge, London, pp. 431-478. Chapter 11.

De Vany, A. (2003b). Hollywood Economics: How Extreme Uncertainty Shapes the Film Industry. Routledge, London.

De Vany, A., Eckert, R. (1991). "Motion picture antitrust: The Paramount cases revisited". Research in Law and Economics 14, 51-112.

De Vany, A., Lee, C. (2001). "Quality signals in information cascades and the dynamics of the distribution of motion picture box office revenues". Journal of Economic Dynamics and Control 25, 593-614.

De Vany, A., Lee, C. (2003). "Stochastic market structure: Concentration measures and motion picture antitrust". In: Hollywood Economics: How Extreme Uncertainty Shapes the Film Industry. Routledge, London, pp. 351-371. Chapter 9.

De Vany, A., McMillan, H. (2004). "Was the antitrust action that broke up the studios good for the movies? Evidence from the stock market". American Law and Economics Review 6(4), 135-152.

De Vany, A., Taleb, N., Spitznagle, M. (2005). "Can we shield actors from 'wild' uncertainty". Working Paper. Ars Analytica and Empirica, LLC.

De Vany, A., Walls, W.D. (1996). "Bose-Einstein dynamics and adaptive contracting in the motion picture industry". The Economic Journal 439(106), 1493-1514.

De Vany, A., Walls, W.D. (1997). "The market for motion pictures: Rank, revenue and survival". Economic Inquiry 4 (35), 783-797.

De Vany, A., Walls, W.D. (1999). "Uncertainty in the movie industry: Does star power reduce the terror of the box office?". Journal of Cultural Economics 23(4), 285-318.

De Vany, A., Walls, W.D. (2002). "Does Hollywood make too many R-rated movies? Risk, stochastic dominance, and the illusion of expectation". Journal of Business 75(3), 425-451.

De Vany, A., Walls, W.D. (2003a). "Big budgets, big openings, and legs: Analysis of the blockbuster strategy". In: Hollywood Economics: How Extreme Uncertainty Shapes the Film Industry. Routledge, London, pp. 223-252. Chapter 6.

De Vany, A., Walls, W.D. (2003b). "The breakdown of herding". In: Hollywood Economics: How Extreme Uncertainty Shapes the Film Industry. Routledge, London, pp. 89-116. Chapter 3.

De Vany, A., Walls, W.D. (2004). "Motion picture profit, the stable Paretian hypothesis, and the curse of the superstar". Journal of Economic Dynamics and Control 28(6), 1035-1057.

Einav L. (2004). "Not all rivals look alike: Estimating an equilibrium model of the release date timing game". Technical Report. Stanford Department of Economics, Stanford, CA.

Federal Trade Commission (1965). "Paramount Pictures Inc., et al. Consent Judgments and Decrees Investigation". Report of Federal Trade Commission. Washington, DC.

Ghosh, A. (2000). "The size distribution of international box office revenues and the stable Paretian hypothesis". Working Paper. Economics department, University of California at Irvine.

Goldman, W. (1983). Adventures in the Screen Trade. Warner Books, New York.

Groves, T. (1973). "Incentives in teams". Econometrica 41, 617-631.

Hamlen, W.A.J. (1994). "Variety and superstardom in popular music". Economic Inquiry 32(3), 395-406.

Hand, C. (2001). "Increasing returns to information: Further evidence from the UK film market". Applied Economics Letters, 419-421.

Krider, R., Weinberg, C. (1998). "Competitive dynamics and the introduction of new products: The motion picture timing game". Journal of Marketing Research 35(1), 1-15.

Lee, C. (1999). "Competitive dynamics and the distribution of box office revenues in motion pictures: The stable-Paretian hypothesis". Doctoral Dissertation. Department of Economics, University of California, Irvine.

Litman, B. (1990). "The motion picture entertainment industry". In: Adams, W. (Ed.), The Structure of American Industry. Macmillan, New York, pp. 183-216.

Litwak, M. (1986). Reel Power: The Struggle for Influence and Success in the New Hollywood. William Morrow, New York.

Mandelbrot, B. (1963a). "New methods in statistical economics". Journal of Political Economy 71, 421-440.

Mandelbrot, B. (1963b). "The variation of certain speculative prices". Journal of Business 36, 394-419.

McCulloch, J.H. (1998). "Linear regression with stable disturbances". In: Adler, R.J., Feldman, R.E., Taqqu, M.S. (Eds.), A Practical Guide to Heavy Tails: Statistical Techniques and Applications. Birkhäuser, Berlin, pp. 359-378.

McKensie, J. (2003). "Box office revenue distributions, Paretian tails, and survival analysis". Draft Thesis. University of Sydney.

Ravid, S.A. (1999). "Information, blockbusters and stars: A study of the film industry". Journal of Business72, 463-486.

Rosen, S. (1981). "The economics of superstars". American Economic Review 71, 167-183.

Samorodnitsky, G., Taqqu, M.S. (1994). Stable Non-Gaussian Random Processes. Chapman and Hall, New York.

Scherer, F.M., Harhoff, D., Kukies, J. (2000). "Uncertainty and the size distribution of rewards from innovation". Evolutionary Economics 10, 175-200.

Seagrave, K. (1997). American Films Abroad: Hollywood's Domination of the Worlds Movie Screens from the 1890s to the Present. McFarland & Co., Jefferson, NC.

Sedgewick, J. (2001). Popular Filmgoing in 1930s Britain: A Choice of Pleasures. Exeter University Press, Exeter.

Simon, H.A. (1955). "On a class of skew distribution functions". Biometrica 52, 425-440.

Sornette, D., Zajdenweber, D. (1999). "The economic return of research: The Pareto law and its implications". European Physical Journal B 8(4), 653-664.

Taleb, N. (2001). Fooled by Randomness. Texere, New York.

Walls, W.D. (1997). "Increasing returns to information: Evidence from the Hong Kong movie market". Applied Economics Letters 4(5), 187–190.

Walls, W.D. (2002). "Review of John Sedgewick, Popular Filmgoing in 1930s Britain: A Choice of Pleasures". Journal of Cultural Economics, 298–301.

Walls, W.D. (2005). "Modeling movie success when 'nobody knows anything': Conditional stabledistribution analysis of film returns". Journal of Cultural Economics 29(3), 177–190.

Weinstein, M. (1998). "Profit-sharing contracts in Hollywood: Evolution and analysis". Journal of Legal Studies 27(1), 67–112.

第20章

摇滚经济学：流行音乐的经济学①

Marie Connolly[a] and Alan B. Krueger[b]

[a]Princeton University，USA

[b]Princeton University and NBER，USA

陶金　译

摘　要

本章主要考察广义的摇滚乐产业中的经济学议题及趋势。文中分析聚焦于音乐会的收入，其乃是演出者收入的主要来源。文中所探讨的议题包括：价格的度量；20世纪90年代音乐会门票价格的加速上涨；演出者收入集中程度的提高；二手票市场的成因；演出者的排名方法；版权保护；技术变革。

关键词

摇滚经济学，音乐会，超级明星

JEL classification Codes

Z1，L82，O34

①　感谢Art De Vany和Bentley MacLeod的宝贵意见，也感谢Gary Bongiovanni提供了数据，不过文中可能存在的错误之处与他们无关。

事实上，流行音乐乃是这个国家的产业之一，它与资本主义浑然一体。任何使二者相分离的企图都是愚蠢的。

——Paul Simon

20.1 引　言

鉴于在《2004年总统经济报告》中对快餐业是否应该被归于制造业的质疑几乎成为人所皆知的一个笑柄，为此定义一个产业显然需要一些独断。本文试图全面评述流行音乐产业的经济学。作为经济学的一个分支，我们委婉地称之为摇滚经济学。那么流行音乐究竟是什么呢？它又该如何界定呢？在此我们将流行音乐定义为一种有着大量追随者的音乐，它由当代艺术家和作曲家制作，并且其不需要政府补贴来维持生存。流行音乐的这一定义排除了古典音乐和由政府支持资助的管弦乐团，包括摇滚乐、波普乐、说唱乐、比博普乐、爵士乐、蓝调和许多其他体裁[①]。那么帕瓦罗蒂又是什么呢？为此我们需要提醒读者的是，上述界定可以说是模糊的。如果三大男高音吸引了大量的追随者并且能够自食其力，那么我们也可以把他们纳入流行音乐产业。

为什么流行音乐值得成为这本手册的一章？有以下几种解释：

第一，虽然本章开头的引文体现了Paul Simon的看法，但就众多粉丝而言，流行音乐超越了通常意义上的市场经济，并且鼓舞人心。在这方面，正如Bruce Springsteen曾经评论的那样，“若我把工作做好，则我就以某种方式帮助人们坚持了自己的人性”。在热门电影《摇滚校园》中，由Jack Black饰演的Dewey Finn则更进一步，他毫不客气地声称“一场伟大的摇滚演出可以改变世界”。摇滚业可以说是作为一个旨在引发政治、经济和文化变革的社会运动起步的，就像其作为一个商业活动所带来的那样。毫无疑问，流行音乐是一个重要的文化产业。

第二，正是因为在流行音乐中情感和非传统经济学问题尤为突出，所以该行业可以成为一个经济学新见解的孕育地。社会因素在音乐产业之外的交易中有其重要性，只是在摇滚音乐会中，这种重要性更为显著。

第三，流行音乐产业可供检验一些重要的经济学理论。例如，流行音乐产业是一个非常典型的超级明星产业，其报酬分布是高度偏斜的。那么经济模型能够解释这种报酬分布吗？同样，尽管流行音乐产业受到非经济力量的影响，但一些基本的经济学因素，如供给和需求，是否仍然能够很好地解释产业中的许多重要发展呢？

第四，流行音乐产业受到了技术变革的深刻影响，如无线电广播、电视、唱片、录音带、CD、MP3播放器和互联网等的出现。这样，流行音乐为我们理解技术的快速变化如何影响一个产业提供了不同寻常的产业背景。

第五，由定义可知，流行音乐产业广受欢迎。因此，学生们尤其有积极性学习该产业的知识，同时来自该产业的诸多实例也为经济学教学提供了很好的素材。

为有助于优化研究内容，表20-1给出了2002年收入最高的前35位流行音乐巡回演出表演者的主要收入来源。这些数据采自《滚石》杂志，属于粗略估计所得。另一个需要说明的是，表中并未列出其他一些收入来源，诸如商品销售、电影、商业广告和手机铃声等，但它们均被计入了收入合计值。这些其他来源的收入有可能很多，例如Osbourne家庭就在音乐电视网（MTV）播出的真人秀节目中取得了巨大成功。尽管如此，表20-1仍然显示了这些歌手或乐队收入中现场音乐会、唱片销售和版税的相对重要性。由于艺人们并不会每年都有巡回演出（我们的样本仅选择当年巡回演出的艺

① 波普乐、比博普乐分别系pop和bebop两种流行音乐体裁的音译，下同。——译者注。

人），以致音乐会的数据较之实际情况多少有些夸大，不过显而易见的是，较之唱片销售和版税，音乐会乃是这些表演者收入的更大来源。在这35位收入最高者中，来自唱片销售的收入多于由音乐会所得收入的只有4位，并且其大部分来自唱片销售的收入很可能是新专辑的预付款，而不是一种持续性的CD销售版税收入。如果将这35位收入最高者视为一个整体，那么2002年他们由巡回音乐会所得的收入乃是来自唱片销售收入的7.5倍，而版权收入则略低于来自唱片销售的收入。为此，我们在本章中将更多地关注现场音乐会。

表20-1　2002年前35位巡回演出艺人的税前总收入（估算）　单位：百万美元

排名	歌手或乐队	现场音乐会	唱片销售	版权	总收入
1	Paul McCartney	64.9	2.2	2.2	72.1
2	The Rolling Stones	39.6	0.9	2.2	44.0
3	Dave Matthews Band	27.9	0.0	2.5	31.3
4	Celine Dion	22.4	3.1	0.9	31.1
5	Eminem	5.5	10.4	3.8	28.9
6	Cher	26.2	0.5	0.0	26.7
7	Bruce Springsteen	17.9	2.2	4.5	24.8
8	Jay-Z	0.7	12.7	0.7	22.7
9	Ozzy Osbourne/The Osbournes	3.8	0.2	0.5	22.5
10	Elton John	20.2	0.9	1.3	22.4
11	The Eagles	15.1	0.7	1.4	17.6
12	Jimmy Buffett	13.7	0.2	0.5	17.6
13	Billy Joel	16.0	0.0	1.0	17.0
14	Neil Diamond	16.5	0.0	0.3	16.8
15	Aerosmith	11.6	1.0	0.8	16.5
16	Crosby，Stills，Nash & Young	15.7	0.0	0.3	16.0
17	Creed	10.9	1.1	1.6	13.4
18	Rush	13.4	0.0	0.0	13.4
19	Linkin Park	1.7	4.7	6.3	13.1
20	The Who	12.6	0.0	0.0	12.6
21	Red Hot Chili Peppers	6.1	3.4	2.7	12.1
22	Brian “Baby” Williams	0.2	2.7	0.9	11.8
23	Nsync	7.7	0.5	0.9	9.4
24	Barry Manilow	8.0	1.2	0.0	9.2
25	Britney Spears	5.5	1.8	1.0	9.1
26	Alan Jackson	4.6	3.0	1.4	9.0
27	Rod Stewart	6.6	1.4	0.8	8.8
28	Andrea Bocelli	8.1	0.2	0.4	8.7
29	Brooks and Dunn	6.7	0.4	1.4	8.1
30	Enrique Iglesias	4.4	1.5	1.7	7.6
31	Tom Petty	6.6	0.2	0.7	7.5
32	Tool	7.3	0.0	0.0	7.4
33	Kid Rock	3.4	0.8	1.3	7.0
34	Kenny Chesney	5.8	1.1	0.1	7.0
35	Santana	6.0	0.0	0.7	6.9
	平均值	12.7	1.7	1.3	17.4

注：数据是2002年税前收入的估计数。总收入可能会高于前三栏收入之和，因为总收入中还包括来自电视节目、电影、商品销售以及其他可能来源的收入。

资料来源：LaFranco（2003）。

本章的其余部分组成如下：20.2节描述了音乐产业的组织，并特别关注了现场演出；20.3节讨论了音乐会定价的理论问题；20.4节考察了流行音乐会产业的主要进展，并重点涉及价格、门票销售、收入和音乐会举办方的集中；20.5节阐述了票贩所起的重要作用；20.6节提供了一种基于经济数据的表演者排名方法；20.7节分析了摇滚音乐产业中超级明星模式的作用；20.8节讨论了无线电广播和版税的作用；20.9节探讨了涉及文件共享的相关问题；20.10节为结论，强调了需要进一步研究的重要问题。

20.2 从业者

流行音乐市场有着许多从业者和复杂的契约。图20-1为流行音乐产业关键元素的组织示意图。首先，当然也是最重要的是组成乐队的音乐家们。一个乐队可以创作自己的乐曲和歌词，也可以从外部作曲家那里购买音乐。在图20-1中，我们举例说明了一个自己创作音乐的乐队的情况。这类乐队都有经理人，他代表乐队并提供管理服务，同时也相应分享乐队的收入。经理人代表乐队与举办方签订举办现场音乐会的合同，举办方则负责场地保障、广告宣传以及其他一些事务的安排。成功的乐队也会与唱片公司签订制作和发行CD的合同。唱片公司偶尔会参与举办巡回音乐会，不过即便如此，它们也往往只是在音乐会中充当边缘性的角色。

如果一个乐队自己创作乐曲，那么它也需要与一个出版商签订合同以获得版权。出版商会与一家版权管理组织签订合同，后者将乐曲授权给电台、电视和其他用户，监督乐曲的使用情况并收取版税。出版商通常抽取一半的版税，而作曲家则获取另一半（其中部分又会被支付给经理人）。版权管理组织也会与国外同行合作，就该乐曲在国外的播放收取并分配收入（见第8节）。在乐队收到的版税收入中，成本并未先行扣除。

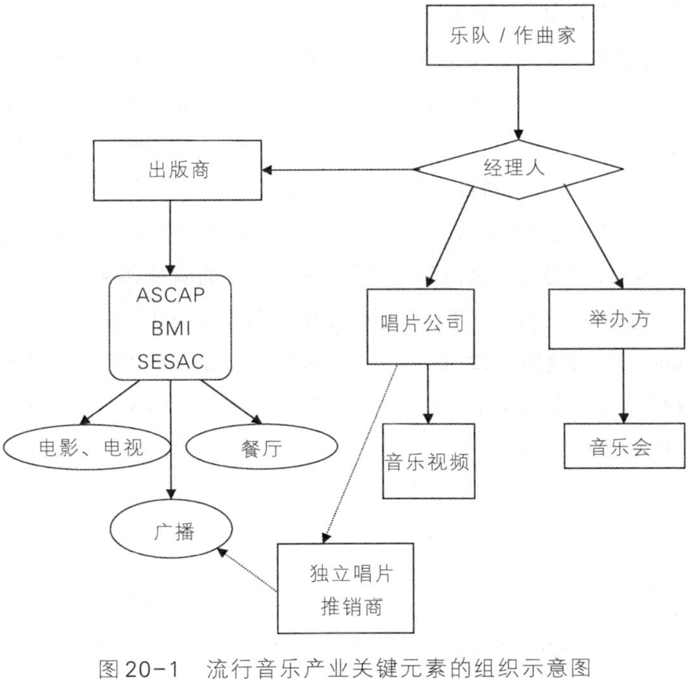

图20-1 流行音乐产业关键元素的组织示意图

从表20-1可以清晰地看出，乐队从唱片公司所得收入相对只占其总收入的一小部分。事实上，只有非常顶尖的乐队才有可能在事先从公司收到预付款之外还收到其他收入，因为在支付版税之前有很多费用需要冲抵预付款。根据国际唱片业协会（IFPI，2004年）的统计，2003年美国唱片的销售额（包括CD、单曲、LP等）为118亿美元，而我们的统计显示，当年音乐会门票销售额为21亿美元。因此，从消费者的角度来看，唱片是一个大得多的市场，但从艺术家的视角来看，音乐会才是一个远为重要的收入来源。正如Alanis Morissette和LeAnn Rimes的经理人Scott Welch所说："只有排名前10%的歌手通过发行唱片挣钱，而其余都靠巡回演出挣钱。"[①]

20.2.1 契 约

乐队、音乐会举办方和唱片公司之间有着各式各样的契约安排，不过典型的合同类似图书的出版合同，即乐队最初有一笔预付款收入，待销售额超出特定水平之后才获得版税。乐队和音乐会举办方之间的典型合同则最容易说明：假设有一个关于单场音乐会的协议。[②]按照协议规定，首先，乐队收到一笔"预付保证金"，例如门票销售的100 000美元收入；然后，在进行其余门票收入分配之前，音乐会举办方要收回其所支出的费用以及所谓"保证利润"，例如50 000美元的费用和22 500美元的利润，其中费用可能包括广告费、场地租金、设备装卸费等。而乐队同样会产生费用（如旅费），但这些费用由其收入支付。这样，除了双方获得保证性费用抵扣和最小利润（在本例中超过172 500美元）之外，音乐会举办方和乐队再就剩余的门票收入进行分成，通常乐队可以获得85%而举办方获得15%。[③]乐队的议价能力越强，其获得的预付保证金加上其从扣除有关费用之后的收入中获得的分成也就越高。

在与音乐会举办方的谈判中，乐队（或者是代表乐队的经理人）与举办方就门票价格达成一致，这自然会影响到乐队的收入。另外，乐队通常会获得音乐会现场销售商品（如T恤）的全部收入，[④]场地提供方则通常获得酒水销售收入和停车费。于是一个有趣的经济学问题便是：为什么音乐会的相关契约采取的是这种形式呢？原因是参与各方收入的来源都是他们各自主要负责的所在，如乐队和举办方与门票销售，乐队与商品销售，场地提供方与停车服务和食品销售，这种收入分配方式很可能为有效供给提供了最优激励。

音乐会举办方会与门票经销商签订合同来销售门票。门票也可以直接在演出场地的售票处出售，或者由乐队出售给其乐迷俱乐部。迄今最大的门票经销商是特玛捷（Ticketmaster），它还拥有一些演出场地的独家门票销售权。特玛捷收取的费用通常相当于票价的10%左右。广大消费者所不知道的是，在一些情况下场地提供方、举办方或演出方根据有关合同可获得这一费用的分成。

唱片公司倾向于与乐队签订长期的协议，协议规定了预支的版税和版税率。一般而言，新成立的乐队在与唱片公司谈判时几乎没有议价能力，并且预支的版税很少能够抵消由乐队支付的录音与促销成本。因为录制唱片的固定成本几乎不随乐队水准而变化，所以只有最受欢迎的艺术家才能够从唱片销售中赚取可观的收入。

---

① 引自Kafka and Powers(2003)。

② 有趣的是，由于音乐会举办方一体化程度的提高，与独家举办方签署全国巡演合同的乐队也更多了。

③ 这些假设指标被一家企业的主管用于说明这种"典型"合同。

④ 不过在某些情况下，乐队会被要求将商品销售收入的一部分（例如30%）作为现场销售权费支付给场地提供方。

以下摘自Jacob Slichter（2004）所著的《所以你想成为摇滚明星》（So You Wanna Be a Rock & Roll Star）一书。Jacob Slichter是Semisonic乐队的鼓手，同时也是AEA前主席Sumner Slichter的孙子，他在书中描述了一个典型的唱片合约：

就这样，在配备了一名律师和一个经理人之后，我们开始了与Elektra的谈判。主唱Dan会在我们晚上彩排之后出去喝一杯的空儿向我们传达谈判的具体进展。我坐在椅子上，靠着椅背，喝着梅洛红酒，听Dan和John给我解释唱片合同的基础知识。

Elektra会先借给我们钱，名为“预付”，这样我们就可以支付录制唱片的成本。我也早已知道录制唱片的成本会很高，其中工作室的租金大概每天要2 000美元，而录制唱片可能需要数月之久。制作人和技师的费用大概又要100 000美元，这还不涉及灌制唱片原版、机票、酒店、租车的费用，所有这些至少得花费250 000美元。如果还有什么遗漏，我们还得继续花钱，但这个加起来不会太多。

作为回报，Elektra将获得我们唱片的独家销售权。随着唱片的销售，我们将分得某个百分比的收入，即所谓“点”。在典型的交易中，乐队可以获得13或14个百分点。我们还得分一些点（大概是4个点）给唱片的制作人（制作人通常可以得到制作费以及一些“点”），这样我们实际所得就只有10个百分点了。不过在计算这10个点的价值之前，Elektra会扣除总收入的很大一部分，旨在用于促销或其他目的的免费商品和唱片的赠送。因此，我们所占10%的总收入还会减少20%~25%。所以我们的收入占比进一步下降了，也许只是整个专辑收入75%中的10%。如果我们的CD在商店出售的价格是15美元，那么乐队的收入分成可能只相当于每张CD50美分至1美元。那么我们能得到这些钱吗？不！Elektra会将录制和宣传我们专辑的费用统统加起来，包括音乐电视、广播宣传、巡回演出成本等。所有这些成本合计可达数百万美元，并成为我们对唱片公司一项可抵扣的债务。我们从CD专辑销售收入得到的分成会被这一债务吞噬。待我们录制和发行新的专辑时，任何之前专辑的未付债务就会被结转。事实上，即使我们可以销售数以百万计的唱片（这种情况下我们的收入分成比例会增加），我们也可能永远清偿不了债务。就像我一个朋友开玩笑说的，我们将成为摇滚乐佃农（pp.34-36）。

Caves（2000）对音乐产业中关于有效分配风险、激励和奖励的契约性安排进行了分析，他强调了信誉和重复性合同的前景对于契约执行的至关重要性。Eliot（1993）列举了音乐产业的契约中不当行为的许多生动例子。如Beatles控告Capitol唱片公司没有支付1 900万美元的专辑和单曲的版税收入案。一份审计报告揭示了在超过20个地区的独立核算中，EMI或其旗下的Capitol唱片公司对于Beatles乐队有关宣传、生产和销售唱片的成本或收益的计算是错误的，以致在1969—1979年间未支付给Beatles乐队的版税达1 900万美元。Caves平淡地指出，“从艺术家的角度来看，道德风险提高的问题源于唱片公司一直把持着决定多少收益归艺术家所有的账簿”（p.65）。

同样的问题也会发生于现场音乐会。Sharon Osbourne（2002，p.56）在以下的评论中强调了音乐会产业中契约执行的困难：“在我丈夫的整个职业生涯中，人们都从他那儿掠夺财富，他们掠走了成千上万美元。所以不幸的是，我唯一的办法就是只能付诸恶意和暴力。”她接着描述了与John Scher的冲突，后者乃是纽约传奇性的音乐会举办者，他声称在音乐会结束之后的很长时间里仍然存在着做广告的费用：“他不会妥协，并且他威胁道‘Ozzy将永远不能在纽约地区演出了’。这都是胡扯，于是我起来用我的头撞他，再踢他的……。”Caves指出，这个行业中的契约执行高度依赖于重视信誉的各方的重复交易。而Osbourne的方法显然就是另一种契约执行机制。

20.3 关于音乐会定价的若干理论问题

现在我们讨论音乐会门票（演出者的主要收入来源）定价的若干主要理论问题。作为一种经济商品，音乐会有五个与众不同的重要特征：

（1）尽管不像电影或者唱片那么极端，但是从生产的立场来看，音乐会有着高固定成本和低边际成本；

（2）音乐会是一种经验商品，只有在消费之后，其品质如何才会被顾客了解；

（3）在音乐会举办之后，它的门票价值为零；

（4）音乐会的品质因座位而异；

（5）乐队还可以出售互补性产品，如货物和唱片。

Rosen和Rosenfield（1997）对音乐会定价做了全面的分析，并特别关注价格歧视，即对不同的顾客收取不同价格的行为。[①]当边际成本低于平均成本时，价格歧视往往会发生。因为音乐会的固定成本相对高于可变成本，并且通过座位可以区分高弹性与低弹性买者，所以价格歧视便具有可行性。不仅如此，由提供差异化产品并拥有忠诚的粉丝所致，乐队很可能还具有垄断力量。

Rosen和Rosenfield考虑了一个只有高等和低等两类座位的情形。与低等座相比，买方更喜欢高等座。卖方选择全部座位的数量以及每类座位的数量，同时还确定如有关货物等互补性商品的定价政策。买方对高等和低等的座位分别有一个保留价格，它们视座位的等第和互补品价格而定。卖方了解买方保留价格的分布，但不能分辨拥有高或低保留价格的顾客；门票的等第可以用来区分顾客。Rosen和Rosenfield的研究表明，卖方会采取两种措施解决定价问题："第一，给定两种座位的等第、数量以及互补品的价格，卖方选择使自己利润最大化的门票价格……；第二，给定最优的定价策略，卖方决定座位的数量、等第以及互补品的价格。"（pp.353-354）

有互补品出售时的音乐会门票价格会比没有互补品出售时的价格低，因为更多顾客数量令互补品的销售增长并提高了收入。

实际定价的一个疑问是价格歧视出乎意料地少见，在20.4节中我们将涉及这一问题。另外一个疑问是这种定价策略会导致许多音乐会的需求过度，从而引发了倒票行为，20.5节将对此加以分析。

20.4 音乐会产业的趋势

本节内容大量引自克鲁格（Krueger，2005）的论文，大量应用《明星选票》（Pollstar）杂志的票房信息报告中的数据，描述了1981—2003年间音乐会产业的发展。《明星选票》是音乐会产业的专业性杂志，它在音乐会产业方面拥有广为认可的权威性。自1981年起，这个杂志收集并发布音乐会收入、场地容量、门票销量及价格的数据。音乐会的场地经理们提供了这些数据，因为《明星选票》杂志会将数据散播给潜在的顾客，所以他们有动力报告各自的数据。场地经理们报告的音乐会数据涉及范围很广，偶尔还会包括其他文娱活动，如喜剧表演、职业摔跤比赛以及百老汇的巡回演出。其中音乐会的数据最为完备，我们应当努力从样本中剔除非音乐会的数据。在剔除之前，全部数据包括260 081个场地售票处的报告。在剔除了非音乐会、义演（我们将其视为慈善活动）以及发生在美国之外的演出之后，我们的样本则包括232 911份报告，它们代表着270 679场

① 也可参见Courty（2000年）关于门票定价理论问题的周全总结。

演出。

由于向《明星选票》杂志报告的音乐会在20世纪80年代大幅增加，因此一个可能的问题是我们采用的数据也许并不能涵盖所有年份整个音乐会产业的情况。当然主要的音乐会几乎都纳入了我们的数据集。作为应对样本组成变化的一个局部调整，在一些分析中我们将样本限定为《滚石摇滚乐百科全书》（以下简称《百科全书》）所列出的艺术家。[①]该《百科全书》包含了1 786位艺术家的信息，其中1 275位艺术家在《明星选票》的数据库中有音乐会演出记录。我们采用的《百科全书》出版于2001年10月，早些的两个版本则出版于1984年和1995年。这样，《百科全书》包含了我们所研究的时期内主要乐队的移动平均情况，从而令样本更具一致性。在1981—2003年《明星选票》杂志的门票销售收入统计中，《百科全书》所列乐队占了75%。

需要注意的是，这一数据还有另外两个局限性。第一，门票价格与收入的计算依照的是标价，它不包括门票销售商收取的任何服务费。因为服务费近年来快速增长，这种遗漏可能会低估近年来门票价格的增长势头。第二，我们得不到门票二级市场的信息，而门票在倒卖市场上转售也许是司空见惯的。尽管如此，与艺术家和举办方的立场密切相关的是标价而不是转售价格，因为他们的门票收入来自于按照标价出售的门票。再者，第5节给出的些许零碎证据表明，倒票现象并不似人们普遍以为的那样常见。

20.4.1 价格趋势

图20-2展示了1981—2003年所有音乐会门票的平均价格（即每年的总收入除以门票销售量），以及历年音乐会高价票和低价票的加权平均值。图20-2还表明，门票平均价格与城市消费者价格指数（CPI-U）是同步增长的。1981—1996年，音乐会价格增长略快于通货膨胀，其间音乐会价格的年复合增长率为4.6%，而总体消费者价格平均每年增长3.7%。1996—2003年，音乐会价格的增长远远快于通货膨胀，前者年复合增长率达到了8.9%，而年平均通胀率仅为2.3%。如果为了保持样本组成和质量不变而将样本限定为《百科全书》所列的乐队，那么1996年以后音乐会门票价格的增速更大，1996—2003年间的年复合增长率为11.1%，而1981—1996年间的年复合增长率为4.9%。

高价票的平均价格要比门票平均价格增长得快（参见图20-2中最上方的虚线）。1996—2003年，高价票加权平均值的年复合增长率达到了10.7%，而低价票加权平均值的年复合增长率为6.7%。因此，同一场音乐会中不同座位的价格差距增大了（消费者收入差距的增加可以部分解释音乐会门票价格差异的增长。但遗憾的是，消费者的数据并不可得）。

尽管如此，在2003年43%的音乐会中，场地里所有座位的价格相同，这意味着价格歧视的情况少于Rosen和Rosenfield（1997）的预测。[②]即使在席位超过25 000个的场地中，2013年也有26%的音乐会对所有座位收取相同价格。不过在20世纪80年代，在席位数量超过25 000个的场地中，有73%的音乐会门票是以统一价格出售的，这表明彼时以来推行价格差异化的音乐会数量呈增多之势。

相较于总体消费价格通货膨胀率，对于音乐会而言更合适的比较对象可能是其他现场文娱活动的门票价格。图20-3复制了Krueger（2005）关于音乐会价格与CPI-U统计中电影、戏剧和体育赛事的消费者价格指数

---

① George-Warren，Romanowski and Pareles（2001）.

② 大型音乐会更可能推行差别定价。与2003年有43%的音乐会实行统一票价相比，当年只有25%的大型音乐会实行统一票价。

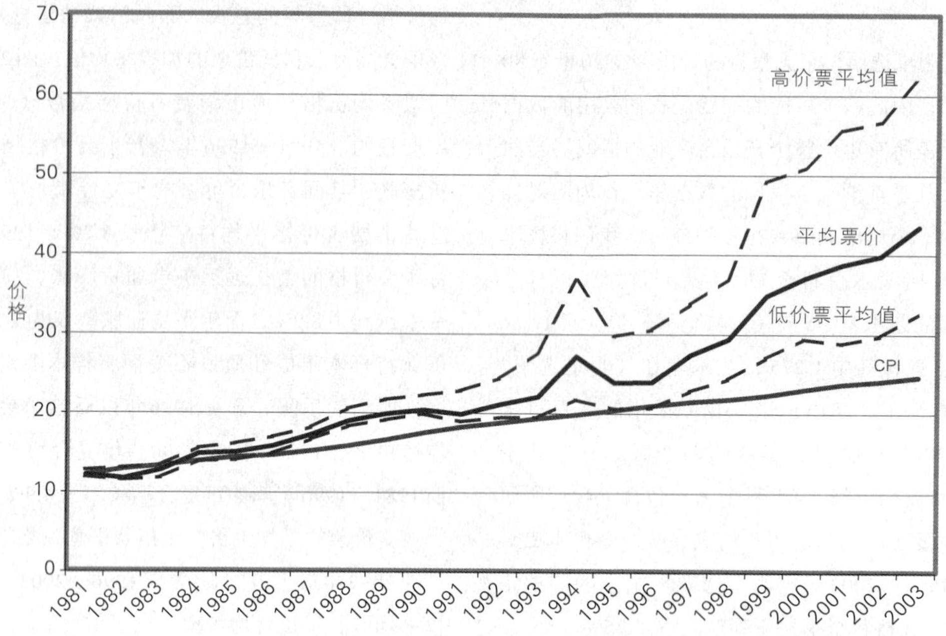

图20-2　1981—2003年门票平均价格、高价和低价票平均值以及通货膨胀率

资料来源：Krueger（2005）。

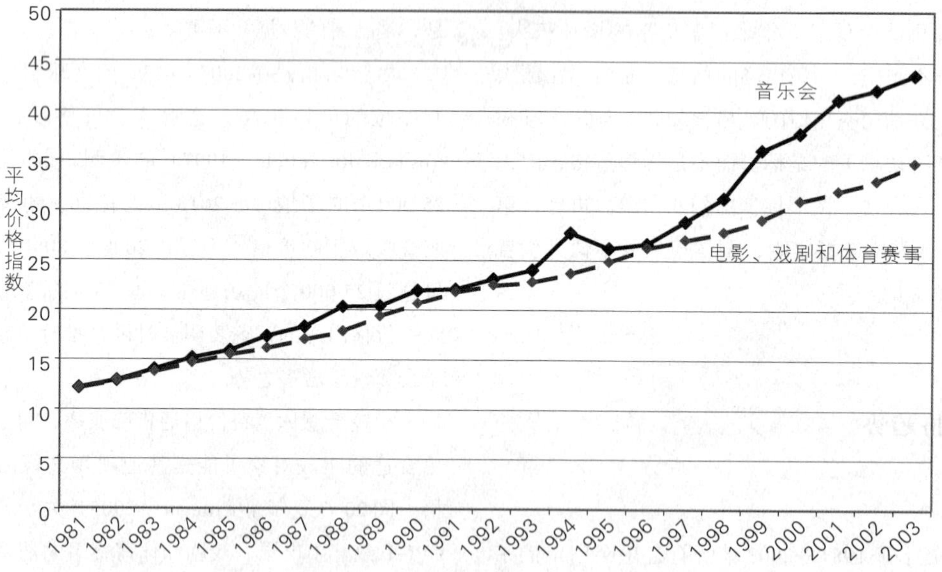

图20-3　1997年前音乐会价格与电影、戏剧和体育赛事的价格轨迹。音乐会拉氏价格指数与电影、戏剧和体育赛事的城市消费者价格指数（CPI-U）

资料来源：Krueger（2005）。

的对比。[①]为了使音乐会数据尽可能与CPI具有可比性，Krueger把场地作为观察单位，计算了音乐会的拉氏（Lasypeyres）价格指数。显然，在整个观察阶段，文娱活动价格的增长超过了总体消费者价格的增长。1981—1996年，音乐会的价格增长轨迹与电影、戏剧和体育赛事的价格增长相近，但自1997年起两者开始背离。1997—2003年，音乐会拉氏指数上涨64%，而其他文娱活动的消费者价格指数只增长了32%。

20.4.1.1　价格指数的进一步讨论

让我们先回顾一下拉氏价格指数的定义：

$$L=\frac{\sum p_1Q_0}{\sum p_0Q_0}$$

而帕氏（Paasche）价格指数为：

$$P=\frac{\sum p_1Q_1}{\sum p_0Q_1}$$

其中，p为价格，Q为数量，数字下标指的是基期（0）或报告期（1）。直观地看，拉氏指数给出了在报告期购买与基期相同商品集所需资金与基期购买值的比例，而帕氏指数则给出了在报告期购买商品集所需资金与在基期以基期价格购买同样商品集所需资金的比例。如果消费者偏好是给定的（关于音乐娱乐的有力假设即如此），并且其他假设也得到满足，那么拉氏指数会高估生活费用，而帕氏指数则会低估。费雪理想指数（Fisher Ideal index）是这两个指数的几何平均数，可表示为$F=(LP)^{\frac{1}{2}}$，它近似反映了真实的生活费用指数。

在这些公式中，观察的单位未被列明。在计算CPI指数时，合计值包括商店里的各类商品，因而文娱活动的消费者价格指数中的观察单位就是场地。大致而言，劳工统计局的采访人员会到现场去问询这个月的价格，并且与上个月的价格进行对比，而不论演出什么。由于比较的产品并不完全相同，因此这显然会使价格数据存在大量的误差。例如，在2004年4月，Beyoncé、Alicia Keys、Missy Elliott和Tamia在麦迪逊花园广场以81美元的均价举办了一场音乐会，而在2004年5月，Yes乐队在同一场地演出的平均价格则为61美元。于是以场地为观察单位的价格指数会将此记录为价格下降，尽管如此，将此视为品质下降可能更为恰当（作为对这一观点的进一步支撑，我们发现碧昂丝等人的音乐会门票全部售罄，而Yes乐队的演出只卖出了79%的席位）。

一个替代把场地作为观察单位的选择乃是把表演者作为观察单位，即随时跟踪统计同一部电影或音乐会在不同场地的表现。Krueger（2005）把一线乐队作为观察单位以保持样本构成不变，借此计算了费雪理想指数。这一做法通过选定艺术家来实现对样本合成效应的更直接控制，尽管其也有明显的问题：音乐会的场地有大有小，或者场地位置偏僻，以致每场音乐会的体验都会有所不同。

因此，不同的表演者在同一地点先后举办的音乐会，或者相同的乐队在不同场地先后举办的音乐会都不是相同的产品。所以我们有必要考虑不同价格指数存在的价格量度误差的影响。假设基期价格量度正确，而第二期以与基期相同的商品集计算的价格却存在偏差。最简单的情况就是正常的量度误差。我们令$p_1'=p_1+e$，其中p_1'是观察到的价格，p_1才是正确的价格（亦即相同品质演出的价格），而e则是一个均值为零的随机误差项。在这个情况下，拉氏和帕氏指数仍然是无偏估计量，但费雪理想指数则会在极限情况下夸大真实的价格增长率。在有着价格误差的条件下，第二期费雪理想指数（F′）二次方的概率极限为：

① 准确地说，美国劳工统计局（BLS）就电影、体育赛事、戏剧和音乐会统计了一个消费者价格指数，BLS并未有包含电影、体育赛事和戏剧的单独的子指数，于是Krueger才做了如下的指数调整。在2001年11月和12月，音乐会占到了这一子价格指数的8.4%（来自2002年2月7日Patrick Jackman的电子邮件）。因此，Krueger采用他的音乐会消费者价格指数拉氏估计值，在文娱活动的消费者价格指数中剔除了音乐会的影响。

$$\mathrm{plim}\left[F'^{2}\right]=\mathrm{plim}\left[\frac{\sum P'_1Q_0}{\sum P_0Q_0}\times\frac{\sum P'_1Q_1}{\sum P_0Q_1}\right]$$
$$=F^2+\frac{\sigma^2\sum Q_0Q_1}{\sum P_0Q_0\sum p_0Q_1} \quad (20\text{–}1)$$

式中σ^2表示误差项e的方差（假定为常数）。因为式中最后一项为正值，所以若价格的度量没有误差，则费雪指数的期望值会夸大指数值。直观地说，这一指数出现向上偏误的原因，是在拉氏和帕氏指数的分子中，第二期的价格出现了误差。

如果这一价格误差出现在第一期，那么渐近偏差就会产生于相反方向，因为这一变量偏差会出现在分母中。不过这种情况似乎比前一种更合乎常理，毕竟第一期只是定义音乐会的品质而已。

表20-2探讨了观察单位对各种价格指数的影响，有关音乐会的数据均来自《明星选票》杂志。前三列分别给出了拉氏、帕氏和费雪理想指数的值，它们采用的观察单位是一线艺术家。接下来的三列数值也是这三项指数，只不过它们采用的观察单位是场地。第7列显示的是基于劳工统计局数据的电影、体育赛事和戏剧的消费者价格指数，它同样把场地作为观察单位。用来计算音乐会价格指数的权重每年都会更新，其显然比CPI所涉权重的更新更为频繁。

表20-2　观察单位为一线艺术家或场地的音乐会门票和其他文娱活动的各种价格指数

年份	艺术家			场地			
	拉式指数（1）	帕氏指数（2）	费雪指数（3）	拉式指数（4）	帕氏指数（5）	费雪指数（6）	电影、体育赛事和戏剧（CPI）（7）
1981	100.0	100.0	100.0	100.0	100.0	100.0	100.0
1982	112.8	108.9	110.8	106.0	106.3	106.2	106.1
1983	129.6	118.0	123.6	115.2	115.7	115.5	113.4
1984	143.8	126.0	134.6	124.7	127.0	125.8	120.8
1985	157.2	136.5	146.5	130.8	132.8	131.8	127.8
1986	166.5	144.9	155.4	142.7	142.1	142.4	133.0
1987	179.1	155.0	166.6	150.7	148.4	149.5	140.3
1988	199.6	171.6	185.0	167.4	165.2	166.3	147.1
1989	215.3	187.6	201.0	168.1	169.3	168.7	159.6
1990	236.0	200.3	217.5	181.2	185.1	183.1	170.5
1991	254.0	207.7	229.7	182.3	188.6	185.4	180.3
1992	273.9	214.3	242.3	190.8	198.8	194.7	186.0
1993	286.6	225.8	254.4	198.3	207.0	202.6	188.7
1994	310.0	209.5	254.9	229.3	235.1	232.2	195.7
1995	340.5	219.5	273.4	216.4	227.7	222.0	205.4
1996	398.5	234.6	305.8	220.1	225.2	222.6	217.1
1997	426.2	238.6	318.9	238.6	230.9	234.7	223.7
1998	518.0	273.9	376.7	258.2	251.5	254.8	230.1
1999	606.0	273.0	406.7	298.0	288.5	293.2	240.4
2000	671.7	300.9	449.6	312.2	304.7	308.4	256.1
2001	750.1	324.7	493.5	340.3	326.9	333.5	264.3
2002	802.1	334.9	518.3	348.5	336.1	342.2	272.9
2003	877.1	365.1	565.9	360.7	347.3	353.9	287.5
	年平均增长率						
1981—1989	10.1	8.2	9.1	6.7	6.8	6.8	6.0
1989—1996	9.2	3.2	6.2	3.9	4.2	4.0	4.5
1996—1903	11.9	6.5	9.2	7.3	6.4	6.8	4.1

注：作者的计算基于《明星选票》杂志和劳工统计局的数据。其中，1981年的指数设为100，第1~6列计算涉及的权重每年均有更新。

从表20-2我们可以清楚地看到，若用艺术家替代场地作为观察单位，则价格增长速度要快得多，特别是拉氏指数。这多半是样本选择的结果，因为如果观察单位为艺术家，那么只有那些相邻数年中有演出的艺术家才会被计入，但他们未必能够代表全部艺术家，同时他们的门票价格显得增长很快，特别是当选择基期数量作为权重时。还有一个有趣的事实是，当观察单位为场地时，在全部三个阶段中有两个阶段的帕氏指数增长率超过了拉氏指数的增长率。

关于价格指数的最后一个值得提及的议题涉及定量配给。价格指数在衡量生活成本方面的缺陷早就广为人知，若还存在配给，则价格指数就更有问题了（Moulton，1996）。如果一场音乐会的门票都卖完了，那么其中很可能存在着某种程度的定量配给。2003年，只有1/3的音乐会门票是被卖掉的，比20世纪80年代的55%下降了许多。不过，如果艺术家在同一城市有多场演出，并且门票可用于其中一些场次的演出，那么这些指标可能会夸大定量配给的规模。

20.4.2 演出、售票和收入

图20-4（a）、（b）和（c）均引自Krueger（2005），总结了1981—2003年的演出数量、门票销量和收入变化的态势。选取的样本仅限于《百科全书》所列出的艺术家，因为《明星选票》杂志的数据所涵盖的范围必须与这些艺术家更为一致。①

有几个趋势值得关注。第一，演出的数量在20世纪80年代呈增长之势，在20世纪90年代前半期陷于停滞，1996—2003年间则下降了16%。

第二，从20世纪80年代末到2000年，每年这些乐队所售出的音乐会门票在3 000万张上下波动，自2000年起销售量逐渐下降。2003年，这些乐队演出的音乐会门票销量为2 200万张。门票销量的下降与一项盖洛普民意调查的结果相似，后者发现青少年愿意出席摇滚音乐会的比例从1976年的40%下降到2000年的31%（相比之下，同期青少年愿意观看职业体育赛事的比例却从43%上升到63%）。

第三，尽管门票销售量在2000年之前一直处于上下波动中，但是由于门票价格的上涨，门票销售总收入（以2003年的价格计算）却呈上升之势。若假设其他条件不变，则这一态势表明在2000年之前买者的需求价格弹性小于1。不过自2000年以来，这些艺术家演出的门票销售收入却下降了10%，这表明门票价格上涨的收入增长效应已被更大比例的需求量下降的收入减少效应所抵消。

另一个值得注意的趋势是，在过去20年上座率或卖出座位所占的份额有所下降。售出的门票所占份额从20世纪80年代末的90%左右下降至2003年的75%。有趣的是，在较大的场地举办的音乐会的上座率降幅更大。

这些趋势或许意味着这些艺术家们的受欢迎程度正变得越来越低，但这一判断与《百科全书》中乐队音乐会门票价格急剧上升的现象相矛盾。相反，这看起来似乎是价格的增长导致了门票需求量的下降。

20.4.3 收入的分配

如上所述，20世纪80年代和90年代音乐会的门票销售收入呈增长之势。图20-5分别显示了每年音乐会门票总收入中收入最高的前1%和5%的表演者合计所占的份额。需要注意的是，这些只是门票收入，而非演出者的收入，不过这些数据仍然可以表明音乐爱好者的支出是如何在各项演出之间分配的。

① 全世界音乐会上座率的变化趋势与《百科全书》所列乐队的上座率变化相似，但若采用更大的样本，则演出数量和门票销量呈上升的势头。

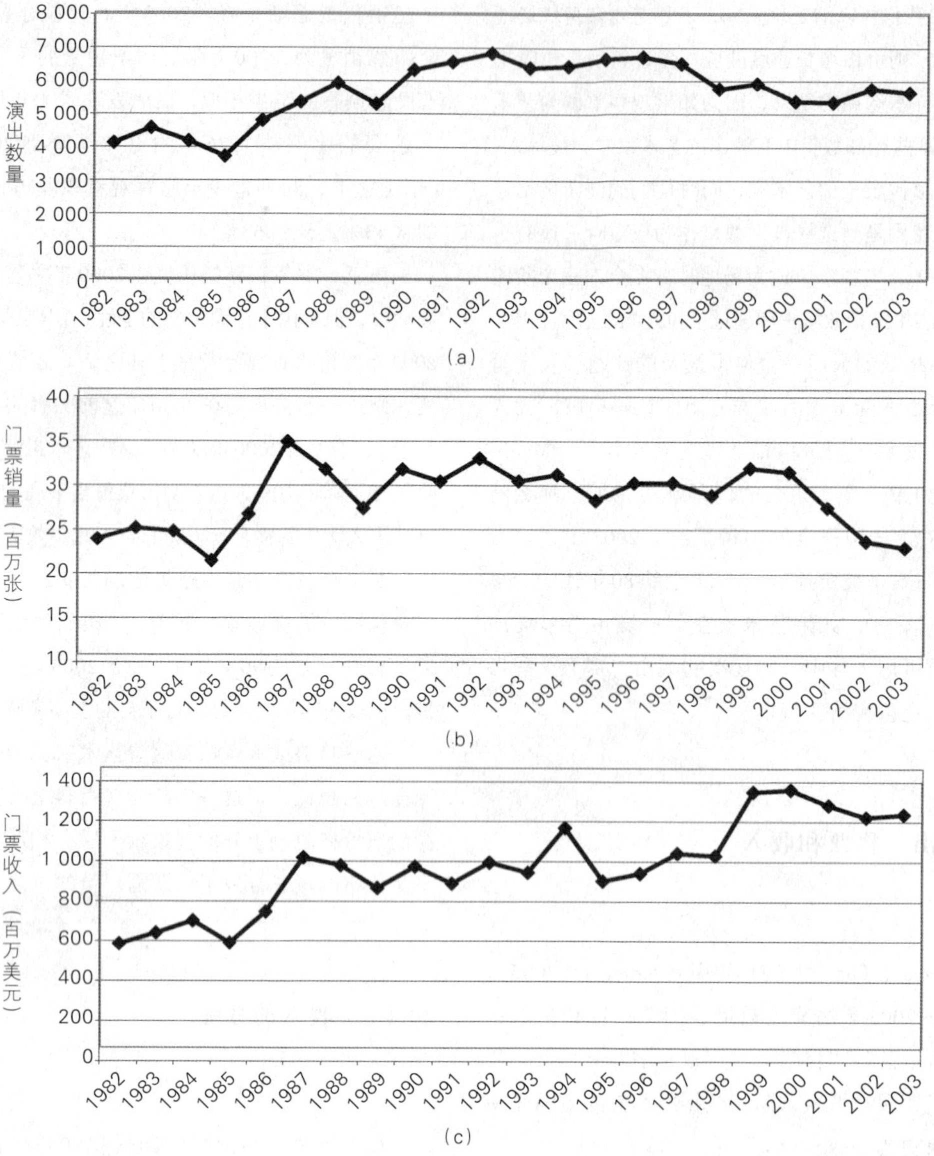

图20-4 《百科全书》艺术家：（a）每年的演出数量；（b）每年的门票销量；（c）以2003年价格计算的门票总收入。

资料来源：Krueger（2005）。

图20-5还表明了音乐会收入在20世纪80年代和90年代显著集中的态势。1982年，音乐会收入最高的前1%艺术家所占份额为26%；2003年这一指标便上升至56%。相形之下，1998年在美国缴纳所得税最多的前1%人士的收入只占了调整之后所有人总收入的14.6%（Piketty and Saez，2003）。同时，音乐会门票收入最高的前5%艺术家所占份额则从1982年的62%增加到了2003年的84%。毋庸置疑，这是一个超级明星拿走大

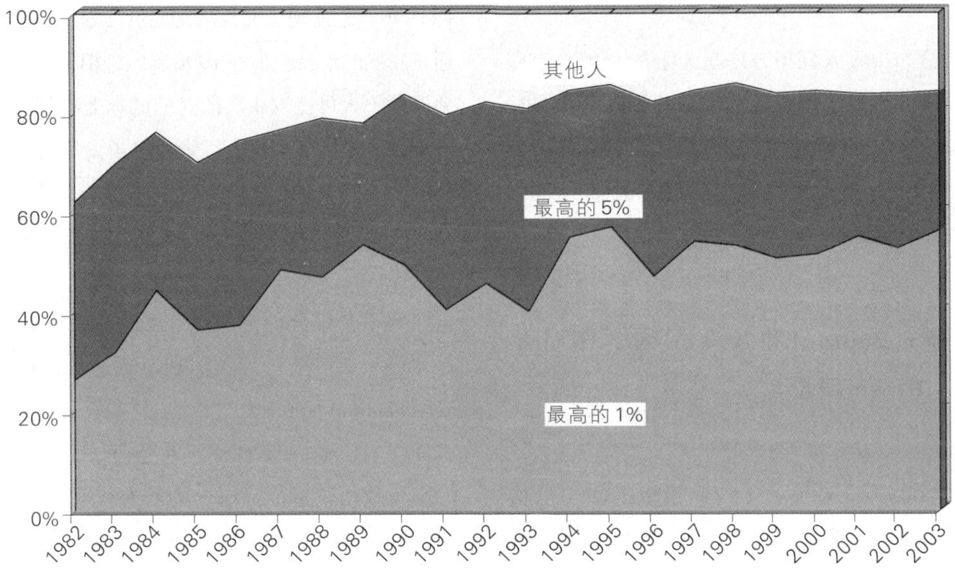

图20-5　1982—2003年门票总收入中顶级表演者的音乐会所占份额

资料来源：Krueger（2005）。

部分收入的市场。我们将在20.7节再来讨论有关超级明星效应的议题。

我们遵循De Vany（2006）所著的本书第19章关于电影的阐释以及De Vany和Walls的研究思路，进一步探析音乐会收入的分布，并令收入数据适合帕累托（Pareto）分布。众所周知，帕累托分布的特点是具有厚尾（在一端或两端），它很适合揭示收入的分布。帕累托分布可表示为S（α，β，γ，δ），它是稳定分布这一更为普遍类型的一部分，高斯（Gaussian）分布也是其中的一个特殊情况。这里兴趣参数为α，表示尾重，0<α≤2。当α=2时，表示这是一个正态分布。当α接近于0时，表示在尾部的分布更大。我们采用一个简单的回归方法来估计α。[①]首先，我们对2003年所有艺术家的收入进行排名，以1表示收入最高者，2表示收入第二高者，依此类推。这样我们令收入对数与排名对数的关系如下：

$$\text{Log（收入）}=a-b\ \text{Log（排名）} \qquad (20\text{-}2)$$

其中，b是α估计值的倒数。需要指出的是，在固定分布中，当α小于2时，方差是无限大的；而当α小于1时，也就未必存在平均值。

我们使用这一方法分别估计了2003年艺术家们的音乐会收入分布和音乐会举办方收入分布的参数α，其中前者的α估计值为0.45，而后者的α估计值为0.55。与此相对照的是，De Vany（2006）以及De Vany和Walls（2004）得出电影票房收入分布的α估计值在1.3~1.7之间。这表明音乐会表演者的收入不仅远非高斯分布，而且较之电影收入分布的偏斜程度更大。也许更适合与艺术家的音乐会收入分布进行比较的是电影演员的终身累积票房收入，De Vany也对此作了估计，得出的α值为0.4，非常接近2003年艺术家的音乐会收入分布。也就是说，电影明星的终身票房收入分布与艺术家的音乐会年度收入分布都是正偏斜的，而且它们偏斜的程度大致

① 参见De Vany（2006）。

相同。

尽管参数分布中收入期望方差是无限的，但在有限样本数据条件下我们得出历年艺术家们的收入分布是稳定的，其2002年和2003年之间的相关系数为0.75。音乐会举办方的收入分布则更为稳定，其2002年和2003年之间的相关系数高达0.98。

20.4.4 解释：Baumol和Bowen病；卡特尔化；Bowie理论

Krueger（2005）检验了关于门票销量下降与价格上涨重合的若干解释，他指出这符合市场垄断程度随时间的推移而趋于提高的态势，同时不符合需求下降的变换，以下我们依次加以讨论。

从某些方面来说，流行音乐会是一个生产率增长缓慢的部门：现在举办一场音乐会需要的人力、物力和20年前几乎一样。就像Baumol和Bowen（1966）指出的那样，由成本提高所致，生产率增长较慢部门的价格上涨速度会快于整个经济的通货膨胀。Baumol和Bowen病可以很好地解释1996年之前现场文娱活动的价格增长略快于整个经济的通货膨胀的现象。但在1996年后，相比较其他产业，音乐会产业不大可能发生离散式的成本上升，更不用说其他的娱乐性产业了。事实上，影像电子设备成本的减少很可能会减少音乐会的成本。不过，一些音乐会的举办方指出，制作成本（如烟火）和保险支出的增长乃是价格加速上涨的主要原因。

关于音乐会价格加速上涨的另一种广为接受的解释是，音乐会产业已经被清晰频道通信公司（Clear Channel Communications）这一巨型多媒体集团所垄断。从表面上看，这一解释似乎有道理。自从1996年《电信法案》放松了对广播电台的所有权限制之后，清晰频道通信公司就收购了将近1 200个电台。同时，它还拥有露天剧场、户外广告牌和电视台。2000年，清晰频道通信公司主要通过收购SFX娱乐公司进入了音乐会产业。如图20-6所示，清晰频道通信公司占全部音乐会收入的份额在1999—2001年间大幅上升，2002年和2003年又急剧下降。尽管最近出现了下降的情况，但该产业的集中程度在国家层面上仍然是很高的。

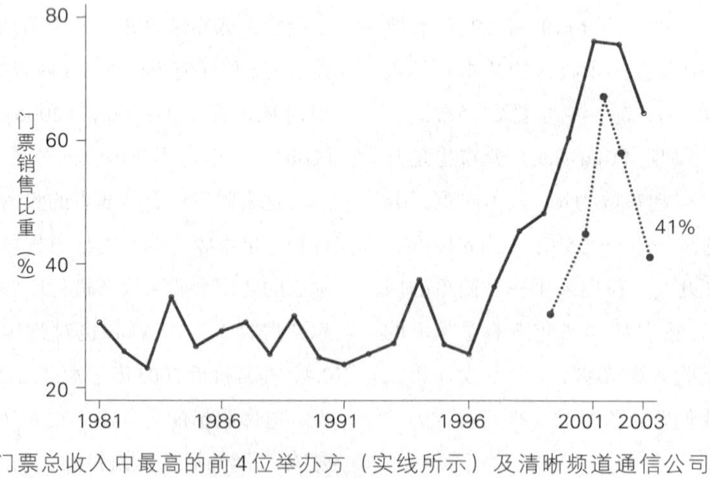

图20-6 美国音乐会门票总收入中最高的前4位举办方（实线所示）及清晰频道通信公司（虚线所示）所占比重

资料来源：Krueger（2005），基于《明星选票》杂志的数据。

注：分析对象为仅在美国举办的音乐会。样本包括《百科全书》所列出的艺术家。

许多评论家指责清晰频道通信公司利用垂直和水平集中来垄断音乐会产业。虽然坊间证据比比皆是，并且一些诉讼案件指控该公司的反竞争行为，但是Krueger发现几乎没有证据表明该公司与音乐会价格的大幅增长有关。

首先，Krueger发现2000年和2001年清晰频道通信公司在各城市广播市场上所拥有的听众份额与它在这些城市举办音乐会所获门票收入的份额无关。此外，无论是从城市还是从州的层面来看，该公司所占音乐会举办费用的份额与门票价格增长之间的相关性不显著，有时还是负相关的。也许是因为该公司主要着力于全国性和国际性的巡回演出，从而令上述城市和州层面上的相关性不明显，但令人惊奇的是，该公司在地区层面上也没有滥用其垄断地位。

另外一个质疑清晰频道通信公司涉嫌垄断的事实是，20世纪90年代中期以来加拿大和欧洲的音乐会门票价格也出现了大幅上升。虽然由乐队跨国演出所致，不同音乐会的门票价格在某种程度上有跨国套利之嫌，但美国广播业的放松管制和清晰频道通信公司的崛起似乎不可能导致世界范围内音乐会价格的提高。

也许用来反驳上述集中观点的最重要证据是，举办音乐会在区域层面上一直是一个高度集中的商业活动。在过去20年中，全国最大的24个城市音乐会举办方的平均CR_4一直在90%上下。不仅如此，城市市场上音乐会举办方的HHI指数在1986年达到了极高的4 200，2001年虽降至2 800，但这也是一个较高的集中水平（根据司法部企业并购指南，HHI指数超过1 800的产业就是高度集中的）。就此而言，音乐会产业已经从区域垄断发展到了拥有一家大型全国性公司的地步，但在城市市场上的竞争很可能有所增强。

Krueger的最终假设是：音乐会价格上涨的原因是艺术家们发觉从唱片销售中获得的收入出现了大幅下降，而唱片与音乐会是互补品。在1999年之前的五年时间里，唱片的销售量基本持平，但由于给艺术家版税的下行压力所致，1999—2002年唱片销售量急剧下降（Weinraub，2002）。正如20.9节中所讨论的那样，唱片销售量的下降很可能是因为许多潜在客户经常从网上下载免费的音乐或者复制CD，而无论这些做法是否合法。

正式说来，这个问题可以表述为：一个企业具有两个互补的产品，即音乐会席位和唱片专辑，它们分别为产品1和产品2，同时在两个产品市场上该企业都有垄断势力（Tirole，1988；Rosen and Rosenfield，1997）。乐队的这两种产品的需求曲线分别表示为$D_1(p_1, p_2)$和$D_2(p_1, p_2)$，每种产品的需求都同时取决于两种产品的价格。两者的成本是相互独立的，并且只取决于各自产品的产量$C_1(D_1)$和$C_2(D_2)$。旨在利润最大化的乐队会把音乐会门票价格定在边际成本之上。这样：

$$\frac{p_1 - C'_1}{p_1} = \frac{1}{\varepsilon_{11}} + \frac{(p_2 - C'_2)D_2\varepsilon_{12}}{p_1 D_1 \varepsilon_{11}} \tag{20-3}$$

其中，ε_{ij}代表需求的价格弹性或需求的交叉价格弹性的值。如果更高的上座率提高了唱片的版税，那么乐队会把音乐会的价格定在低于垄断价格处；但是如果由文件共享或者CD复制所致，更高的上座率不再会提高唱片的版税，那么音乐会的价格将上升。

从某种程度上来说，摇滚歌手David Bowie乃是这一模式的先行者。他预言："音乐本身将会成为像自来水或电力那样的产品。"同时他建议表演者："你最好做好大量巡回演出的准备，因为这恰恰将会是音乐唯一的独特之处"（Pareles，2002）。因此这一理论也被称为Bowie理论。

Krueger（2005）也支持这一说法。他指出，相对于专辑销售而言，爵士音乐爱好者从网上下载音乐的可能性比摇滚和波普乐爱好者小得多；1996—2003年爵士音乐会的门票价格仅增长了20%，但摇滚和波普音乐会的门票价格却增长了99%。[①]互补性下降的观点也可以解释加拿大和欧洲的音乐会价格增长。20.9节就文件共享对唱片销量影响的直接证据作了具体评论，并认为

① Oberholzer和Strumpf(2004)指出，爵士乐是从网上下载最少的音乐类型，但他们没有提供理由。也许是因为MP3文件的质量要比CD更低一些，而且爵士乐爱好者要比别人更注重质量。

这些证据都是混杂的。因此，音乐会价格急剧上升的原因仍然是一个悬而未决的问题。

20.5 门票的发行和倒卖

正如前文所提到的，举办方和场馆方面有着多种门票发行的渠道，包括售票处、特玛捷或者直接销售给乐迷俱乐部。门票最初几乎都是以一个固定的价格发行，而不是由拍卖或者其他机制决定的浮动价格。不过，特玛捷和其他票务商最近也开始尝试通过拍卖的方式出售门票。我们猜想门票拍卖在未来将更为流行，并成为一个值得研究的课题。

现今门票全部售出的流行音乐会大约有1/3。最热门的音乐会门票常常在二级市场有售，其通过未注册的倒票者在网上（如eBay）出售，或者通过门票代理人（他们也可以在网上销售）。这些发行渠道通常一并被视为"黄牛"市场或者二级市场。就关于音乐会的新古典经济学模型而言，长期把价格定在一个水平所致的倒卖乃是一个费解的难题。为什么表演者或者举办方不提高门票价格来为他们自己获取来自二级市场的一些收入呢？[①]下文我们将探讨一些理论问题和有关倒票的现有证据。

20.5.1 倒卖：理论问题

许多理论被用来解释为什么一个企业（如餐厅、滑雪场或者摇滚乐队）会将其服务的价格定在市场水平之下，但这些理论都不能够完全让人信服。Becker（1991）提出把在一家受欢迎的餐厅吃饭（或者听音乐会）设为一种社交活动的模型，因此消费者的需求是正相关的，观众越多，体验就越令人愉快。音乐会举办方和乐迷常常把音乐会当作一种社交活动对待，从而多少也为这一观点提供了可信度。不过如Courty（2000）所指出的那样，虽然Becker的模型解释了在短期生产能力给定的条件下不会提高价格的原因，但其并未阐明在长期中企业为什么往往不增加生产能力以满足超额需求。Kahneman，Knetsch和Thaler（1986）认为，若消费者的评价被公平对待，则市场出清价格可能会被认为是不公平的。如果参加一场音乐会被视为一种社交活动，而不是一次经济交易，那么公平很可能是一个更为重要的考虑因素。

Courty（2003）的观点颇有见地，他认为消费者对现场文娱活动的需求是一种时间依赖性需求。他提出了一个包括两类消费者的模型，第一类是想要去音乐会并确保提前拿到票的铁杆粉丝，第二类则并不确定届时是否有闲去音乐会。一段时间以后，第二类消费者的不确定性自会解决。在他的模型中，第二类中去音乐会的消费者的价值要高于铁杆粉丝。他进一步假设音乐会的举办方不能与门票代理人和倒票者竞争，并且铁杆粉丝的数量要多于作出决定较晚的第二类消费者。在这些假设下，均衡时门票代理人会提早以票面价格买入门票，然后再将其卖出获利。虽然这一模型需要许多辅助性假设以阻止举办方接管二级市场，但其关于一些顾客需要一定时间才能确定自己需求的观察无疑是门票市场的一个重要特征。

20.5.2 倒卖的证据

因为倒票在根本上属于地下活动，所以很少有关于门票二级市场的系统的实证分析。为了有助于填补这一空白，Krueger在12名普林斯顿大学学生的帮助下，对

① 顺便说一句，我们注意到Warren Buffett最近意识到了这个问题。Berkshire Hathaway公司年会的门票被赠送给股东之后，常常会被转售。显然，Buffett先生为这一行为所苦恼，于是他开始在eBay上以5美元两张的价格出售2004年公司年会的门票，以占领二级市场。

2002年10月6日于费城第一联合中心举行的Bruce Springsteen和E街乐队音乐会上的858名粉丝进行了调查。[①]正如过去常见的那样，门票最初都是以75美元的单一价格出售的（通过特玛捷销售的门票则需要加收服务费）。这场音乐会是该组合名为“崛起”的巡回音乐会的一站，门票自开售起很快便销售一空，因此预期这场音乐会的门票会有较高的倒票率。

调查中的几个结果值得注意。第一，只有20%~25%的门票是通过倒卖者或门票代理人或网络购买的。在调查之前，许多业内分析人士预计了一个更高的转卖率。体育场的倒票活动是很少见的，更为常见的是通过特许的门票代理人或者网络交易使二级市场出清。第二，转卖门票的平均价格在280美元左右，同时大多数粉丝支付的是门票标价。第三，最佳座位的门票被转卖的可能性小于上层看台座位的门票，即使前者的消费者剩余更多。对这一发现的一种解释是：一些认真的粉丝排队买票（或提早向特玛捷购票），若获得比较好的座位，则他们就会出席音乐会；如果座位不好，那么他们就会卖掉门票。这一之前未预料到的发现与人们所期望的在一个市场上门票配置的结果相符：对最佳座位评价最高的人就是坐在这一位置上的人。不过也许会有人提出这一发行机制缺乏效率（比如由排队和不确定性所致的时间浪费），即使其取得了与市场相似的配置效率。第四，为了检测Courty的倒卖模型，我们询问了粉丝们的购票时间。调查得出了多重的结果。一方面，不出所料，来自二级市场的门票的购买时间晚于通过售票处或者特玛捷购票的时间（90%从售票处或特玛捷购票的粉丝至少在音乐会开始一个月前就购买了门票，而在通过门票代理人购票的粉丝中，这一比例为47%）。另一方面，与Courty模型预计的似乎不同，随着音乐会日期的临近，门票价格并没有上升。相反，二级市场的价格还下降了，这倒是与拍卖中有关价格异常下降的文献相一致（Ashenfelter，1989）。第五，如果门票价格能够提高到足以消除二级市场的地步，那么音乐会将会挣得盆满钵满。若设市场价格为280美元，即二级市场的平均价格，则Springsteen和他的乐队将会获得约400万美元（（280−75）美元×19 738张门票）的额外收入。考虑到实际收入仅有150万美元，即使允许一定的误差，400万美元这一数据也是惊人的。根据我们的估算，乐队放弃的二级市场收入相当可观，大致在110万美元到140万美元之间。这些数据表明，至少在短期内，若表演者将演出价格定在市场水平之下，则他们会牺牲相当多的收入。

然而，必须提醒的是这些结果仅限于一场音乐会，而其能否推广到其他表演者的音乐会则并不明确。较其他位置更好的场地而言，第一联合中心地处95号州际公路边的偏远位置也可能导致街头倒票现象较少。但是我们认为，在其他音乐会上推广这类调查将产生关于二级市场有价值的见解。

20.5.3 倒卖和价格趋势

有一个重要问题关系到二级市场对20.4节所述价格趋势的影响。我们已经发现二级市场可能有着重大影响，至少对于一些音乐会是如此。因为广泛存在的倒票行为，所以票面价格可能并不等于消费者支付的价格。也许票面价格的提高只会挤出倒票者，但不会影响消费者的支付价格。

虽然我们已经确信二级市场对于流行音乐产业的重要性，但是以下三点还是让我们怀疑票面价格和消费者所支付价格的分离可能是造成20.4节所述流行音乐主要趋势的原因。第一，门票销售的总量下降了。如果音乐会对于消费者来说不比以前更加昂贵，那就不会出现音乐会观众人数的减少。第二，场地利用率的下降也表明消费者发现音乐会更贵了。此外，即使是在20世纪90年代早期，大多数音乐会的门票都不会售罄，因此消费者就有可能避免二级

---

① 对粉丝的调查是在音乐会开始前夕进行的。该调查根据场地区域和座位排分层随机抽取样本，并计算权重，以使样本能够代表整个场地。调查问卷的回收率非常高。特玛捷和第一联合中心允许调查者在演出开始前进入场地。

市场更贵的票价。第三，即使Krueger（2005）将样本限制为那些门票销售率不足90%以致倒票无利可图的音乐会，他也会发现20世纪90年代末期门票价格急剧上涨。

20.6 排 名

在艺术领域，各类机构设计不同方案对艺术家进行排名已司空见惯。音乐也不例外。例如，公告牌（Billboard）杂志根据专辑销量和电台播放情况提供了为数众多的音乐排行榜。对艺术家而言，排名靠前是相当重要的，因为他们未来的唱片销量和唱片合约都与他们在排行榜中的位置有关。显而易见的是，许多消费者根据排行榜来选择购买或收听哪种音乐产品，电台也通过排行榜来确定在广播中播放哪个音乐。当获得信息需要支付昂贵的成本时，排行榜对消费者而言可能是非常有价值的，特别是在商品具有社会外部性的时候（如在聚会上你希望客人们喜欢你播放的音乐）。

《明星选票》杂志制作了三组不同的乐队排行榜：一组基于音乐会的总收入，一组基于门票销售量，一组基于在每个乐队网站搜寻其演出信息的点击量。尽管有用，但这些方法都有其局限性。其中一个重要的局限性可由图20-7揭示。假设对两个乐队演出的需求分别为A和B，两个需求曲线的斜率相同，但截距不同。显然乐队B更受欢迎，因为在任一给定的价格水平上，对乐队B的需求总是多于乐队A。

我们可以将图20-7中的需求曲线表示为：

$$\mathrm{Log}Q_i = a_i - \varepsilon \log P_i \qquad (20-4)$$

其中Q是门票销售量，P是价格，a_i表示乐队的受欢迎程度，ε是需求弹性，下标i代表不同的乐队。当然弹性为常数的假设是一种简化，但它揭示了当前排名的一个严重问题，也提供了一种简单可行的解决方法。一个更接近实际的模型应该设需求弹性因乐队而异，但这又会大大增加模型所需要的参数。[①]

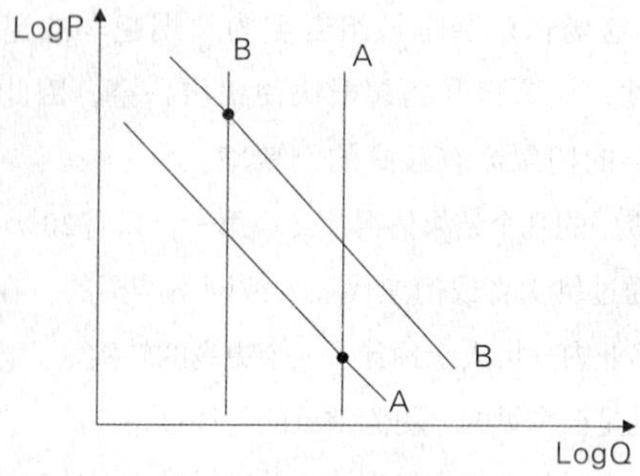

图20-7 两个乐队的假设需求和供给曲线

现在如果市场出清，那么乐队音乐会的供给曲线会影响收入和门票销售量（稍后我们将讨论非均衡）。不同乐队有着不同的音乐会供给函数。假设乐队B很少巡演（如Barbra Streisand），而乐队A的巡演很多（如Dave Matthews）。只要乐队A愿意，它可以比乐队B卖出更多的票，获得更多的收入。这一框架凸显了《明星选票》杂志给乐队排名方法的问题。第一，式（20-4）清楚表明，只要乐队在需求曲线上，那么门票销售量并不是一个体现乐队受欢迎程度的良好指标，因为不同的销售量对应着不同的价格。第二，只有在需求弹性为1时（这恰恰不太可能），总收入才适合用于衡量乐队的受欢迎程度。第三，经常巡回演出（或者定价较低）的乐队很可能获得更多的来自潜在消费者的网上点击，但这又反映了音乐会的供给和受欢迎程度。

一个简单的解决方案是根据下式对乐队进行排名：

$$a_i = \mathrm{Log}Q_i + \varepsilon \log P_i$$

为实施这一解决方案，我们需要估计ε的值。表20-3的前两列依次为设ε=1和ε=2时排名前50的乐队，[②]其中前

① 模型中需要增加的还包括设竞争乐队的价格会影响乐队i音乐会的需求，这样就需要考虑其他乐队的价格对乐队i定价的影响。我们不妨把这一模型的扩展留给产业组织学家来做。

② 为简化分析，我们忽略了价格歧视，并采用音乐会的平均价格表示P_i值。

者与《明星选票》杂志基于总收入的百强排名相对应。

表20-3 2003年举行巡回音乐会的艺术家的各类排名

艺术家	排名1	排名2	排名3	排名4	排名5	排名6
Bruce Springsteen & The E Street Band	1	2	1	3	5	1
Celine Dion	2	1	2	1	41	14
Fleetwood Mac	3	6	4	6	15	8
Eagles	4	3	6	4	9	13
Simon & Garfunkel	5	4	3	2	7	12
Cher	6	9	5	9	32	4
Aerosmith/KISS	7	8	7	8	12	7
Dixie Chicks	8	10	8	10	14	6
Billy Joel/Elton John	9	7	9	7	6	27
Dave Matthews Band	10	12	10	12	19	3
Summer Sanitarium Tour	11	11	12	11	4	17
Toby Keith	12	16	13	17	54	5
The Rolling Stones	13	5	11	5	2	51
Kenny Chesney	14	21	14	21	56	2
Tim McGraw	15	14	15	15	36	15
Shania Twain	16	13	16	13	16	21
Justin Timberlake/Christina Aguilera	17	15	18	14	30	23
Jimmy Buffett	18	17	17	16	13	20
Phish	19	23	19	23	29	9
Pearl Jam	20	25	20	26	51	10
Ozzy Osbourne	21	20	22	22	21	24
James Taylor	22	24	21	25	53	16
Yanni	23	18	24	20	61	30
50 Cent	24	34	25	30	79	11
Bon Jovi	25	19	23	18	20	34
John Mayer/Counting Crows	26	32	26	31	43	18
Matchbox Twenty	27	35	28	37	111	22
Alabama	28	30	29	32	50	26
Red Hot Chili Peppers	29	36	27	36	59	25
The Dead	30	29	30	29	33	31
Michael Flatley's Lord of the Dance	31	31	32	34	392	32
American Idols Live	32	38	31	38	63	29
Alan Jackson	33	39	34	39	82	33
Brooks & Dunn	34	43	35	45	84	28
George Strait	35	27	33	27	26	45
Lollapalooza 2003	36	40	37	40	42	37
Steely Dan	37	33	40	35	75	55
Radiohead	38	44	36	41	31	39
Def Leppard	39	45	39	46	143	40
Bill Gaither & Friends Homecoming	40	67	41	70	125	19
ZZ Top	41	47	42	48	121	41
Santana	42	49	43	49	70	42
Widespread Panic	43	55	38	52	216	36
Journey/Styx/REO Speedwagon	44	41	46	42	60	49
Luis Miguel	45	28	45	28	47	81
Elton John	46	37	44	33	34	77
Mana	47	46	48	44	44	60
Mamma Mia	48	42	52	43	226	70
Ben Harper/Jack Johnson	49	61	47	59	80	44
Trans Siberian Orchestra - East	50	58	50	56	136	54

注：排名1假设需求弹性为1（总收入）；排名2假设需求弹性为2；排名3假设需求弹性为1，同时潜在需求量比音乐会满座数多25%；排名4假设需求弹性为2，同时潜在需求量比音乐会满座数多25%；排名5以每场演出的收入为基准；排名6以门票销售数量为基准。这些排名均涉及所有艺术家，但表中只列出了排名1的前50位。

如果市场处于非均衡状态，门票价格和数量可能不是取决于需求曲线。特别是当乐队将门票价格定在低于市场出清价格时，该票面价格所致的门票需求量将会超过门票的供给量，此时我们使用的方法将无法给出准确值。不过在这种情况下，我们仍然能够想象出名义需求曲线。难度在于确定有多少超额需求。正如我们在上一节看到的，在 Bruce Springsteen 的音乐会中，大约有25%的门票是以高于标价的价格被买走的，这意味着超额需求至少相当于这25%被高价卖出的门票数（另外一种可供选择的估计超额需求的方法是统计那些在门票售罄之后有意向或至少有兴趣从在线售票处搜寻门票的买家的数量）。一个简单的做法便是利用25%这个数值来估算所有门票售罄音乐会的超额需求。因此在表20-3的第3列和第4列中，我们将所有门票售罄音乐会的门票需求量增加了25%，并重新计算了 $\varepsilon=1$ 和 $\varepsilon=2$ 时的排名。

为了便于比较，我们在第5列中给出了基于平均每场演出收入的排名，这可以认为是反映表演者报酬水平的一个粗略指标。如果对艺术家们演出的需求弹性像完全竞争市场那样无限大，这一列也就可以提供艺术家们潜在收入的排名。最后在第6列中，我们给出了基于门票销量的排名，这也是《明星选票》杂志的标准之一。

排名结果也因不同的排名方式而各异。例如2003年 Bruce Springsteen & The E Street 乐队位列收入排名（假设需求弹性为1）第1位；当假设需求弹性为2时，其排名降至第2位，若再考虑超额需求，则其只能排名第3位；当以每场演出收入为基准时，其排名第5位；而当以门票销售量为排名依据时，其又重新回到了第1位。Celine Dion 在收入排名中居第2位，但在门票销售量排名中仅列第14位。当弹性从1变为2时，滚石乐队（The Rolling Stones）的排名从第13位上升到第5位。不过总体而言，当以受欢迎程度（a_i）作为标准时，不同排名方式的结果还是颇为相似的（第3列和第4列之间的相关系数为0.91）；而当以每场音乐会的收入或者门票销售量作为标准时，各排名结果之间的差别较大（第4列和第5列之间的相关系数为0.56）。

需要强调的是，我们的研究框架未考虑音乐会产业的许多重要特点。更重要的是，我们对需求弹性做了特定的假设，并且规定所有的乐队都有着相同的弹性。此外，我们也忽略了广告和推广努力，这些都是内生的且毫无疑问会对门票销售产生影响，所以一个更加完整的模型应当将推广努力考虑在内。尽管如此，在一个简单的供求模型框架内探讨排名问题凸显了现行排名的一个经常被忽视的重要特征：受欢迎程度既取决于价格也取决于数量。这个简单的见解对音乐会和唱片销售都适用。

20.7 超级明星效应

如我们在20.4.3节所看到的那样，所有音乐会收入的分布是高度偏斜的，这意味着音乐产业是一个超级明星的产业，其中一小部分的表演者获得了很大部分的收入。Sherwin Rosen（1981）率先提出了一个正式的理论模型，解释了为什么“相对少数的人赚取了巨大的收益，并似乎主宰了他们所处的领域”。在 Marshall（1947）直觉的基础上，Rosen 建立了一个市场模型，其中需求的特点在于其在卖者（这里即表演者）之间是不完全替代的，同时“生产成本（如写作、表演等）并不与生产者的规模成正比”。不完全替代的关键是表演者的水准或才能。如 Rosen（1981）所言，“较小的才能常常难以替代较大的才能。才能越小，归于高水准卖者的可持续的租金越大，因为对更好卖者的需求量会非线性地增长更多：听一系列平庸歌手的音乐会加起来都不如观看一场杰出的演出”。将以上所描述的需求和供给结合在一起，Rosen 最后给出了一个市场均衡，其中表演者才能之间的微小差别会导致收入的巨大差异。

Borghans 和 Groot（1998）也提出了超级明星的问题，他们认为除了才能上的差异之外，艺术家某种程度的垄断力量也令超级明星获得更多的收入。他们注意到关于超级明星的一个典型事实是，那些才能“适合于媒体复制”的艺术家比其他人赚得更多。他们还指出，大众传媒的有效性给了那些最具才华的艺术家们一种内生的财产权，其源于民众对最佳演出的偏好，与Rosen模型中不完全替代的假设也相一致。Borghans和Groot总结道：“由媒体制作所致，只需要一个人就可以服务整个市场，否则市场就需要很多生产者。资源的有效配置需要最有才华的生产者来从事这一工作，但实际上这种情况为生产者提供了利用第一地位谋利的机会。”

Adler（2006）在本书第25章中对Rosen关于才能的观点表示反对，他坚持认为超级明星的存在并不是由才能的差异所致，而是因为“消费者对一种共同文化的需要”。由于该章对此及相关问题作了全面探讨，因此我们不对超级明星模型的理论问题加以深入分析。

超级明星模型的经验性证据或者检验并不直观明了，因为缺少可靠的收入数据，更重要的是因为除了他们经济上的成功之外，以一个易于理解的衡量标准客观评价他们的才能或水准存在着固有的困难。什么是才能之间的细小差异？认为Celine Dion的才华略胜于Rod Stewart主要依据的又是什么样的客观衡量标准呢？正如Krueger（2005）所指出的，“对流行音乐家的明星级水准的客观度量是很难定义且更难以量化的”。除经济上的成功之外，在易于理解的范围内衡量其才能是检验超级明星模型的一大障碍。

Hamlen（1991，1994）对流行音乐歌手进行了考察，并采用声音质量来评价艺术家的水准。这一外在的客观标准就是歌手声音样本中的谐波含量。Hamlen利用107名歌手的数据，就谐波量和一些可观察量对唱片销售总收入进行了回归，发现弹性为0.14。由于Marshall-Rosen的模型预计弹性大于1，因此Hamlen断定他的实证研究结果并不支持超级明星模型。不过Krueger（2005）指出，“尚不清楚单位质量的尺度是否合适（不同的尺度可能会使弹性大于1），对明星水准其他方面的考量可能会挽救这一理论”。

Krueger（2005）认为逐步升级的超级明星效应或许应归因于消费电子设备的革命降低了听音乐和复制音乐的成本，而其又可能导致了我们在20.4节所述的音乐会门票价格趋于上升和音乐会收入趋于集中。他专门检验了门票价格（或每位艺术家的收入）的增长与20世纪90年代以来更为强大的超级明星效应之间是否存有联系。他还运用了一种新的度量明星水准的方法，即《百科全书》关于每位艺术家的内容的篇幅大小（以毫米计量）[①]。所得的相应信息与《明星选票》杂志上有关音乐会收入和门票价格的数据归并之后，他给出了如下回归：

$$\ln Y_{it} = \alpha + \beta_t S_i + x'_{it}\gamma + \delta_t + \varepsilon_{it} \qquad (20\text{-}5)$$

其中，$\ln Y_{it}$是平均价格的对数（或年度收入的对数，或平均每场演出收入的对数），S表示明星水准，x'_{it}为协变量的向量（支持活动的数量，乐队演出的年数，秉承的风格类型，性别和国际地位），δ_t是一组22个固定效应年份变量，ε_{it}是误差项。

需要注意的是，明星水准的系数β有一个下标t，其表示不同的时期（1981—1986，1987—1991，或1997—2003）。这一设定意味着明星水准的影响因不同时期而异。在回归分析中，它是由杂志中有关某明星的内容与表示4个时期的虚拟变量之间的交互影响来实现的。所谓“超级明星收益增长”假说的检验也就相当于关于β_t在1996年之后是否发生了离散式跳跃的检验。

Krueger发现超级明星的收益确实随时间的推移而增长，但其步调与门票价格的增长并不一致。他认为我们必须考量其他因素以解释门票价格的增长。

对超级明星模型的实证检验落后于该模型新的理论形式的发展。至少就音乐以及或许其他许多艺术领域而

① 参见Krueger(2005)对数据和过程的更为详细的解释。

言，关于超级明星模型实证检验的主要局限乃是缺少一种天然的单位来衡量才能。虽然Rosen假定“才能的微小差异在更大的收入差异中被放大”，但什么是流行音乐表演者们水准的“微小”差异呢？确实，对于歌手水准的评价包括本质上属于主观的成分；有的音乐对某一部分人很有吸引力，但对其他人却没有。同样，也许有人会提出才能高低应该在同一类型中度量，否则如何令爵士乐队和重金属乐队具有可比性呢？关于超级明星模型的实证研究当然能做得更多，也许流行音乐产业可以有助于在更广阔的领域解释一些劳动收入分配和边际报酬的问题，但我们对于当前衡量才能的方法能否更有力地解释超级明星模型心存疑虑。

20.8 电台广播的世界

自20世纪20年代初电台广播在美国、英国及其他国家出现时起，电台业务就与音乐有着千丝万缕的联系。如我们将要看到的那样，即使最初唱片公司和音乐版权管理商的利润受到了电台播放的“免费”音乐的威胁，但是他们很快就学会了向广播电台推广唱片并通过向其出售播放权来收取版税。如今乐队和作曲家们也从电台的曝光中获益。从宣传的立场来看，电台是推广唱片的重要途径。而从版权费的角度来看，作曲家如果能够有一首在电台上热播的歌曲，那么其就能获得可观的收益。表20-1便揭示了艺术家们从版权费中获得了大量收益。

20.8.1 表演权使用费

根据美国《版权法》第106条，一个音乐作品的版权赋予了版权所有人对该作品复制、发行、公开表演和创作相关衍生作品的排他性权利。因此，任何人想要合法地在电台播放一首受版权保护的歌曲，或将其编入CD专辑出版，都必须获得版权所有人的许可。艺术家主要与音乐版权管理商进行交易以获取版权收益，这些管理商常常但并非都附属于他们的唱片公司。音乐版权管理商从版权所有人那里获得管理权，借此他们可以发掘用户，授予许可，收集版权收益并支付给词曲作者。对版权收益的传统分成比例是版权管理商和词曲作者各一半（Passman，2000；Krasilovsky et al.，2003）。表20-4展示了音乐作品的不同用途对应着需要单独购买的不同权利。

表20-4　　音乐作品的不同权利

权利	涉及内容	标准费率
公众表演权	公开表演作品的权利，如在广播电台、俱乐部、音乐会或者自动唱片点唱机上表演	通过版权组织获得一揽子许可证（ASCAP、BMI、SESAC），费率考虑的因素包括广告收入和吸引观众数等
强制唱片版权（称为“强制”是因为一旦作者得到报酬就必须授权）	对作品录制唱片并发行的权利，仅限于被公开的作品	一首歌8.5美分，或者更高的一分钟1.65美分
同步录制权	在电影、商业广告或电视节目中使用录音的权利（同时必须获得公众表演权）	取决于使用长度和使用的类型（背景和主要组成部分）

资料来源：Krasilovsky，Shemel and Gross（2003）and Passman（2000）。

复制权是音乐版权所有人授予他人通过录音、磁带或者CD机械复制作品的排他性权利。授予这一权利的许可证被称为机械复制许可证，而其收取的费用便是机械复制版税，费率则按每首歌和每单位制作及销售量计算。[①]至于视听产品的制作，复制权常常指的是所谓同步录制许可，因为此时音乐是与影像同步合成的。

公众表演权令版权所有人拥有授予他人在公共场合使用音乐作品的排他性权利。电台和电视广播、自动唱片点唱机，以及在酒吧、饭店和任何类型的公共设施里的音乐演出都属于公众表演权的范畴。就此而言，广播商和相关设施所有者想要使用受版权保护的音乐，都必须获得公众表演许可。因为搜寻每一个版权所有人和管理者并与之谈判的成本必然极高且不可行，同时音乐版权的个人所有者也不可能检测所有的广播电台以保障自己的公众表演权，所以全部音乐版权的许可事宜都是由表演权组织（PROs）处理的。该类组织向广播商和设施所有者发放公众演出许可证，对电台和电视广播进行监控和调查以确定每一个作品的播放量，并据此向版权所有人支付报酬。

公众表演权还包括手机铃声，手机用户也越来越多地从互联网下载手机铃声。2003年，全球的手机铃声产业规模达25亿美元（Flynn，2004）。表演权组织已经与铃声的提供者达成了协议，如今每一首被下载铃声的作曲家都将获得报酬。在一个美国表演权组织BMI的官网上，它们声称已经与175个铃声提供商达成协议，覆盖了全美90%的手机用户。BMI支付的报酬是每首铃声每下载一次5美分，其中版权管理商和作曲家各得一半。[②]

在美国有三个为人熟知的表演权组织，都以其首字母缩写表示，分别为ASCAP、BMI和SESAC。这三家均提供一揽子许可证，获证者可以使用这三家各自所有的音乐。[③]艺术家和作曲家只能选择与其中一家签约，而广播电台则可以与多家签约。例如，一家广播电台若想同时有权播放Springsteen和Madonna的歌曲，就需要分别与ASCAP和BMI签约。

成立于1914年的美国作曲家、作家和版权管理商协会（ASCAP）是历史最为悠久的表演权组织。它是第一个致力于收取音乐公众表演权费用的组织，自1897年《版权法》颁布以来，该项权利就已经受到保护。最初几年，ASCAP着力于自身建设及说服音乐版权管理商们加入协会。直到1921年，ASCAP才向作曲家和版权管理商支付了第一笔版税。这一年适逢电台广播出现，其一举为ASCAP成员创造了一个全新的市场。不过，广播商并不愿意为公众表演权付费，他们声称一旦他们得到了一张唱片，就可以做任何他们想做的事，包括在电台播放。到了1932年，广播商的说客们设法说服了7个州以诈骗和敲诈未遂的罪名取缔了ASCAP。Eliot（1993）说："1940年，在ASCAP所持有的许多合约即将到期之际，该组织发出威胁，如果广播台接受一个全面、统一的版税支付方式，他们将收回所有会员唱片的使用权……为了报复，即使联邦通信委员会（FCC）扬言将禁止向电台收取音乐播放费用，并且ASCAP认为FCC的这一威胁是广播电台游说的结果，电台的所有者们也还是决定着手创办一个他们自己的组织，以打破他们声称的ASCAP的垄断行径。"

---

① 一旦一个音乐作品被公之于众(在它的首次使用之后)，那么任何人只要支付了法定费率，版权所有人就必须授予其机械复制权，所以它被称为强制唱片许可。

② 参见BMI的网站：www.bmi.com/news/200406/20040616b.asp。

③ 更多关于不同美国表演权组织的信息，参见Passman(2000)、Krasilovsky、Shemel和Gross(2003)，以及Besen、Kirby和Salop(1992)，也可参见www.ascap.com，www.bmi.com和www.sesac.com。

Kleit（2000）指出，随着广播的普及，20世纪30年代ASCAP的总许可证费率从2%上升到了7.5%。毋庸置疑，电台广播商不满于受版权保护的音乐作品的费用提高。为增强竞争，同时也为非ASCAP会员的作曲家和版权管理商提供另外的选择，1939年美国广播协会与全国广播公司（NBC）、哥伦比亚广播公司（CBS）共同创办了美国广播音乐公司（BMI）。

ASCAP现在是一个为会员所拥有的非营利性组织。会员总数超过18万，包括每一种音乐的作曲家、歌曲作者、歌词作者以及版权管理商，会员每年创作约10万首新歌。ASCAP对其总许可证的收费并非基于音乐播放的次数，而是基于电台或者相关场所经调整后的总收入。当前的基本费率略低于调整后的电台广告总收入的2%。BMI是由广播商拥有的非营利组织，它现在代表着约30万各种音乐形式的歌曲作者、作曲家以及音乐版权管理商，它的网页上列出了近450万首作品。BMI的总许可证费率大约是调整后的电台广告总收入的1.6%。

欧洲剧作家和作曲家协会（或者称为SESAC）是三家美国表演权组织中最小的一个，其市场份额估计为3%左右。市场份额并不容易计算，但是Krasilovsky、Shemel和Gross（2003）提到，1990年一场关于付费有线电视的法庭诉讼确定当时ASCAP的市场份额约为54%，BMI的份额约为43%，SESAC的份额约为3%。SESAC是一家成立于1930年的营利性私人许可证公司。它当前代表着8 000多名作者和版权管理商，拥有20多万首音乐作品。SESAC专事乡村音乐和拉丁音乐，其运作方式也不同于ASCAP和BMI。在接纳新成员时，它有着更多的选择性流程。但它同样基于固定因素对总许可证进行收费，如电台听众的人数以及电台的标准广告费率等。

有关公众表演权的法律文献比比皆是，相关经济学文献却只有很少的几篇。其中引人注目的包括Besen、Kirby和Salop（1992）关于版权集体管理的论文，以及Kleit（2000）有关表演权组织之间竞争的论文。Besen、Kirby和Salop提出了一个经济学模型，试图解释为什么会形成版权集体管理，它们是如何运作以及它们之间可能是如何竞争的。他们首先假定模型中有一个不受管制的垄断的版权集体管理组织，同时每一个版权所有者向广播电台收取版税的成本极高，进而表明版权集体管理乃是一种节约成本的方法。一个版权集体管理组织也给予版权所有人合作定价的可能，从而使其拥有更大的市场力量面对大型广播商。Besen等人分别考察了版权集体管理组织有或没有能力限制成员的两个模型。他们还分析了不同版权集体管理组织之间的竞争，以及不同类型的政府管制政策的效果。虽然他们的预测符合某些典型事实，但未对其模型进行正式统计检验。这正如Johnson（1992）在一篇评论中所指出的那样，Besen等人解决了ASCAP和BMI共存的难题，但却不能检验他们所给出的答案。

有趣的是，大多数国家都只有一家版权集体管理组织。Besen等人对这一现象给出了三种解释："第一，政府的管制可能只授权给一家组织来管理特定的版权。像奥地利、德国和瑞士这样的国家尤其可能，这些国家中成立版权集体管理组织必须获得政府的许可。第二，政府强制要求开放进入并平等对待成员的政策可能导致只有一家版权集体管理组织……第三，垄断的版权集体管理组织与用户集团之间有效率的谈判可能消除了存在竞争性进入的任何动机。"至于为什么美国恰恰有三家版权集体管理组织共存，这多少还是一个谜团。Besen等人认为可能是由于ASCAP错误地估计了自己在市场上的影响力，并且索取的费用太高，以致没有加入其中的歌曲作者和广播商成立了自己的版权集体管理组织。

Kleit（2000）将表演权组织发放的一揽子许可证视为一种捆绑销售或者是搭配订购。他提出了一个表演权组织之间采用一揽子许可证进行竞争的模型，发现当仅有少数几家竞争性颁证组织时，这种许可证的发放导致了这些组织较高的利润，以及受版权保护的音乐用户较高的成本。

20.8.2 美国的音乐版权管理

美国是迄今为止全球最大的音乐版权管理市场。表20-5给出了按照收入来源分解的各项收入。2001年，仅基于表演的收入一项就几乎达到了10亿美元，而来自音乐版权管理的总收入则达到了近20亿美元，占全球音乐版权收入的29.3%。相比较之下，作为世界第二大市场的德国，其音乐版权的总收入才刚刚超过8亿美元，占全球的12.2%。

20.8.3 国外市场

在美国，ASCAP和BMI都有超过20%的收入来自国外。表演权组织和其在国外的附属公司之间有着分享收入的协定。这两家组织不仅为其本国成员从国外获取收入，也代表国外的表演权组织向美国国内的用户收取费用。表20-6列出了美国及其他十大市场上的表演权组织。

表20-5　2001年美国音乐版权收入（百万美元）

基于表演的收入	914.66
广播电台	317.17
电视/有线电视/卫星电视	381.09
现场表演及其录制	216.40
基于复制的收入	655.01
机械录音复制	552.70
同步录制	102.31
基于发行的收入	331.85
利息的投资收入	37.10
其他	1.80
总计	1 940.42

资料来源：NMPA International Survey of Music Publishing Revenues，twelfth ed.，Table 6，Master Survey Data（National Music Publishers' Association，Inc. and The Harry Fox Agency，Inc.）。

表20-6　各国的表演权组织

国家	组织	缩写
美国	美国作曲家、作家和版权管理商协会；美国广播音乐公司；欧洲剧作家和作曲家协会	ASCAP；BMI；SESAC
德国	德国音乐演出和作品复制权协会	GEMA
日本	日本作家、作曲家和出版商权利协会	JASRAC
英国	英国表演权协会	PRS
法国	法国作者、作曲家和音乐编辑协会	SACEM
意大利	意大利作家和出版家协会	SIAE
西班牙	西班牙作家和出版商联合会	SGAE
荷兰	BUMA-STEMRA	BUMA-STEMRA-CEDAR
加拿大	加拿大作曲家、作家及音乐版权管理商协会	SOCAN
瑞士	瑞士音乐著作者协会	SSA，SUISA

虽然国与国之间版权许可收入流动的数据很难获得，但是我们可以观察每个国家的总收入。表20-7给出了这方面全球十大国家及其各项版权管理的收入。

表20-7　2001年全球十大音乐版权管理收入国家的相应收入（金额单位：百万美元）

国家	基于表演的收入	基于复制的收入	基于发行的收入	利息投资收入	其他	2001年总收入	全球市场份额（%）	累加份额（%）
美国	914.66	655.01	331.85	37.10	1.80	1940.42	29.3	29.3
德国	305.28	318.81	153.72	30.55	0.00	808.36	12.2	41.5
日本	291.17	350.74	49.64	0.50	67.60	759.64	11.5	52.9
英国	260.11	321.75	72.65	8.05	7.17	669.73	10.1	63.0
法国	320.80	166.58	61.17	0.00	0.00	548.55	8.3	71.3
意大利	257.01	73.93	22.90	0.00	0.00	353.83	5.3	76.7
西班牙	70.51	114.43	2.15	9.68	0.00	196.77	3.0	79.6
荷兰	78.03	53.21	29.22	16.12	0.00	176.57	2.7	82.3
加拿大	71.40	44.39	18.84	4.53	0.00	139.17	2.1	84.4
瑞士	50.08	24.71	25.83	5.01	0.00	105.63	1.6	86.0
总计	2 619.05	2 123.56	767.97	111.54	76.57	5 698.67	86.0	

资料来源：NMPA International Survey of Music Publishing Revenues，twelfth ed.，Table 6，Master Survey Data（National Music Publishers' Association，Inc. and The Harry Fox Agency，Inc.）。

表20-8给出了ASCAP与国外版权管理公司之间的收入流动。总体而言，ASCAP是出超的，这说明美国（或者至少ASCAP）是音乐才艺对全球其他国家的一个新的出口者。

表20-8　ASCAP与国外的收入流动（百万美元）

	2002年	2003年
从国外版权管理公司获得的收入总计	148 027	180 309
向国外公司支付的总计	133 253	149 526
余额	+14 774	+30 783

资料来源：Jim Steinblatt，ASCAP媒体关系部门，私人通信。

20.8.4　贿　赂

贿赂是指唱片公司向电台赠送礼物或现金以换取播放乐曲的做法。无论从其历史还是从经济学的立场来看，贿赂都是一个很有意思的话题，因为贿赂是一项非法的经济交易。自1960年以来贿赂就是一项联邦刑事罪行。[①]也许有人会问贿赂有什么不好？有人可能会辩解称：贿赂只是创造了一个电台热播乐曲的市场，其中唱片公司支付给电台的费用乃是热播乐曲的价格，这与唱片公司宣传和推广一首歌是类似的。实际上，如果唱片公司愿意向电台付钱以推广自己的歌曲，那么广播宣传也就必须转化为更高的唱片销售量。[②]

那么为什么贿赂是违法的呢？也许一个比喻可以给我们一些启示。贿赂就好比是一个教授为了在《美国经济评论》（AER）上发表论文而买通其编辑。教授愿意行贿是因为论文发表在AER上对自己的职业进步有好处，并最终会转化成未来更高的收入。然而AER的读者们希望看到的是最好以及与本领域最相关的论文，而不是最有钱或是最热衷于获得终身教职的人写的论文。科学杂志的一项主要功能就是筛选文章。有人也可以说广播电台的一个主要特征就是筛选音乐，特别是因为无线电广播是得到政府许可的。

贿赂有着丰富多彩的历史。英文单词“贿赂”（Payola）是“支付”（pay）和一种老式密纹唱机“Victrola”的缩写。[③]尽管第一个涉及贿赂的法律和诉讼案件发生于1960年，但是即便其名称不同，贿赂却由来已久，至今也依然存在。Coase（1979）探究了音乐领域贿赂的历史，并追溯至1867年的英国。当然，彼时贿赂并不是给电台，而是支付给那些公众表演者，以要求他们能够演唱指定出版商的曲目。当时参与这一业务的代理人被称作歌曲推广者，歌手们因把特定歌曲放进自己的节目单而收取一定的酬劳也成了司空见惯的事。当电台开始出现时，歌曲推广者则是那些在电台现场表演以推广自己歌曲的大乐队。然后，当唱片开始在无线电广播中出现时，唱片公司开始与电台及其雇员接触以播放相应公司的歌曲。

Coase（1979）解释道：“音乐领域贿赂的形式包括现金支付（可能是定期的每周或者每月）、唱片销售的版税、唱片公司的股份、音乐节目主持人宣传册的广告、昂贵的礼物、音乐节目主持人的家庭住房抵押贷款，以及退还唱片明星出席这些主持人的音乐节目或者他们组织的唱片啤酒花园活动的出场费等。”早先贿赂被认为是对音乐市场竞争的一种妨碍，许多人付出努力试图取缔这一做法，但是这些努力只是成功地迫使贿赂行为转移到了地下。1959年形势发生了变化，美国作家和作曲家工会主席就贿赂和其他欺骗性行为向联邦通信委员会（FCC）和联邦贸易委员会（FTC）写了一封信，强烈要求国会出面调查。[④]在经过一年广泛公开的听证会之后，联邦通信委员会修改了1934年通信法案，将不公开地向音乐播放人付费列为违法行为。随后，超过25名音乐播放人和节目主管的丑闻曝光，其中Dick Clark和Alan Freed这两名全国顶级音乐播放人受到的打击最大。

20世纪50年代，取缔音乐行业贿赂行为的大多数压力来自ASCAP，当时其在与BMI争夺小型独立唱片公司的摇滚乐表演权许可时败北。Coase（1979）指出：“从1948到1955年间，在位居《公告牌》（Billboard）杂志音乐排行榜榜首的乐曲中，有68%为ASCAP所控制，并且ASCAP所占全部上榜乐曲的份额从没有低于过50%（1951）。然而1956年其份额仅有23%，1957年和1958年其份额均为25%，1959年其份额为31%。不足为奇的是，在这种情形下作为‘好音乐’提供者的ASCAP断定流行音乐产业的经济组织出现了问题。”

1960年之后，节目主管接管播放节目表，并将音

① 唱片公司只要直接向广播电台支付播放费用并且公之于众，那么其行为就是合法的。而暗中进行的秘密支付就是违法的。

② Liebowitz（2004）指出，即使电台播放某张唱片似乎提高了该唱片的销量，也不意味着整个唱片产业受益于电台广播。实际上，自收音机普及以后的20世纪20年代前半期，唱片的总销量是下降的。

③ 参见 http://www.history-of-rock.com/payola.htm。

④ 这封信是在关于一个电视智力竞赛节目丑闻的国会听证会结束时提交的，该节目被揭露在事先就已有作弊和不当操纵。

乐节目主持人排除在外，令他们与贿赂相隔离。但这种“为播放付费”的生意并未就此停止。不久以后，那些在产业中被称为独立唱片推广者的人开始在唱片公司和广播电台之间充当中间人，他们将这种交易模糊化，使得这种付费行为不像是贿赂，但却有着相似的目的和结果。Coase（1979）认为这是不可避免的：“当一种定价系统不再被使用，而其中的某些价值可以免费提供时，那么人们为了获得播放服务的好处，愿意承受成本上升，直至其等同于价值。”他还认为，一种支付系统“既是理所当然的，又是可取的”，而对贿赂的禁令会导致相关群体的收入下降。的确如此，独立唱片推广者或独立制作人也可以比作食品和饮料的分销商，后者向杂货店支付一定的费用以获取销售场地，从而促进了批发商和零售商之间的联系。但是Boehlert（2001）警告称“电台并不是杂货零售商，唱片商店才是。电台只是音乐产业的一个独特的存在，虽然它也是这一产业的许多苦恼所在，但它是一股独立的力量，是唱片公司所知道的销售其产品的一个行之有效的渠道”。

独立推广者的生意到底有多大呢？Boehlert（2001）解释道：“全美大约有10 000家商业广播电台，唱片公司依赖于其中最大的约1 000家来营造热播并销售唱片。这1 000家电台中每家每周大约添加3首新歌到它们的播放节目单中。独立推广者因每首歌的播放而获得报酬：一首歌进入榜单前40或摇滚电台平均可以获得1 000美元，在某些情况下甚至可以高达6 000或8 000美元。这样，独立推广者们每周发出的付款通知单金额至少为300万美元。”虽然人们很容易认为大型唱片公司才有财务上的优势来玩这种游戏，但是Surowiecki（2004）指出，大的玩家在表演业务领域早已拥有诸多大腕、最庞大的销售人员群体及其所带来的诸多人脉。因此独立推广者可以帮助一些小唱片公司，使它们旗下艺术家的作品在电台播放，这与20世纪50年代贿赂对推动摇滚乐的助力相似。于是，付费播放创造了一种粗略的市场民主：如果你能带现金来，你就有一次机会，但也仅此而已。唱片公司可以为自己买曝光率，但是却买不来一炮打响的音乐。如果人们不喜欢听一张唱片，那么电台也就不会主动不停地播放它。[①]

所以贿赂即使有所伪装，也依然存在。[②]对于经济学家来说，当前的法律是否最适宜于社会是一个好问题。Surowiecki（2004）言及付费播放音乐是一种简单的信号机制，它使唱片公司得以示意其认为将会一举成名的歌曲，这样便减少了广播电台的探寻工作。随着广播电台业务的逐步整合和清晰频道通信公司（其在美国已拥有远超过1 000家的广播电台）这样的大企业的不断壮大，以及网络电台和文件共享的出现，一些有趣的发展终将会到来。也有一些广播电台拒绝接受独立唱片推广者的付费，如洛杉矶的KROQ电台和清晰频道通信公司。也许唱片公司将找出新的推广其唱片的途径，或者也许大型广播电台集团有必要发出警告并远离独立推广者的生意，以避免受贿或提高其独立判断的声誉。当然大型媒体集团也有可能会利用其在多个市场的地位，向唱片公司索取更高的费用。

20.8.5　互联网时代的数字唱片

随着诸如网络播放和下载等新技术的兴起，《版权法》难以给予受版权保护的作品足够的保护。为努力加强版权保护，《录音制品数字表演权法案》于1995年获得通过。该法案确认录音制品的数字传输必须拥有相应的许可证。有趣的是，管理这种许可证业务的是由美国唱片业协会（RIAA）创办的一个非营利性组织Sound-Exchange，而不是表演权组织。Krasilovsky、Shemel和

① Surowiecki(2004).

② 有趣的是，在乐队收到版税之前，这些推广酬金被摊入各种名义的成本并从唱片销售收入中扣除。

Gross（2003）指出，从1996年至2000年3月，SoundExchange给予了8 000万个表演许可。其收入的分成为：唱片公司（而非音乐版权管理商）获得50%，作品的主要作者和歌手获得45%，其余5%则交由一家第三方基金分发给作品的其他作者和歌手。此外，法案还规定了一个有别于实体唱片的数字音乐许可证法定费率。

1998年美国通过了《数字千年版权法》。这一法案旨在实施1996年世界知识产权组织关于数字环境下处理版权问题的两个条约。它规定了对复制和传播受版权保护作品的技术用途的限制，即禁止破坏版权之保护体系。下一节将就新技术和相关的版权问题作一清晰阐述。

20.9 文件共享和其他新技术

在整个20世纪中，各种技术的兴衰影响和改变了人们听音乐的方式。音乐最初通过无线电广播、音乐盒、电影，然后通过电视、有线电视、卫星电视（包括MTV和VH1这样的音乐频道），最近则通过互联网播放，为越来越多的听众所接受。录音制作的格式及与之相匹配的播放机器也同样逐步发展，并且很多时候完全取代了上一代的格式和机器。录音制作起源于爱迪生的圆筒和Berliner的留声机，之后就是转速为$33\frac{1}{3}$rpm的黑胶唱片，然后是转速为45rpm的单曲唱片，接下来是8轨道磁带，再后便是盒式磁带和索尼的随身听了。至于我们今天所了解的唱片，其技术形态则是在20世纪80年代引入的激光光盘（CDs）。到1992年，美国CD的销量就已经超过了磁带的销量。[①]自从2000年以来，无论是从销售总值还是销售量来看，CD已经占据了90%以上的市场份额，其中2003年CD的市场份额达到了95%。[②]

目前CD的霸主地位正受到一个新的格式的威胁，即MP3，其全称为MPEG-1 Layer 3，作为一个标准化的数字文件格式，它压缩音频以使许多歌曲能够被纳入很小的磁盘空间。[③]21世纪初，随着宽带互联网、文件共享和对等计算（P2P）软件的扩散，MP3播放器的普及程度显著提高。虽然下载歌曲的实际数目似乎难有定论，但有估计表明每周有超过10亿首歌曲被下载！（Oberholzer and Strumpf，2004；Zentner，2006）。由于许多音乐爱好者喜欢并从事大量下载和非法的文件共享，唱片公司和许多音乐版权持有者公开谴责这种行为，他们声称专辑销售量下降和更低的利润是由这种文件共享所致。业内的高管们在嫁祸于MP3分享市场方面动作迅速。2001年，美国唱片工业协会（RIAA）成功地起诉Napster公司并导致其关闭。而鉴于P2P网站为用户提供了一个替代平台，RIAA目前正在起诉成千上万的个人用户。[④]

20.9.1 知识产权问题

经济学家已开始研究文件共享和CD销量的问题了。有关情况可以从规范分析的角度来考虑，即质疑现实版权保护措施的合法性，特别是因为它被发现阻碍了新技术的发展。事实上，如Liebowitz（2004）指出的那样："通常在文献特别是更为大众的报刊中，当新技术显得威胁到旧事物时，总会有版权所有者哭喊着'狼'

① 指人均销量。参见Liebowitz(2003a,Table5)。

② 资料来源：RIAA：www.RIAA.com。需要指出的是，该数据不包括数字下载的销量。

③ MPEG是动态图像专家组(Moving Picture Experts Group)的英文缩写。

④ 1999年6月到2001年11月为Napster成立并运营的早期阶段。

来了的声明，只是后来才发现新技术是一个不折不扣的富矿。这种声明意味着愚蠢的版权所有者对新技术抱有误解，而十分幸运的是他们试图限制新技术的企图并没有得逞。”[①]

那么知识产权保护可以做到什么地步？知识产权是否强大到足以鼓励最优规模的创新？问题源于乐曲是一种非竞争性商品的事实。如Nordhaus（1969）所言，音乐作品的产权会导致一种消长律，其中一方面是非竞争性商品的供给不足（产权弱时），另一方面是垄断扭曲（产权强时）。[②]RIAA显然是在推动更强的知识产权保护，并在游说对技术更强大的政府控制。Romer（2002）指出：“相关的经济问题在于，由诺德豪斯消长关系的转换导致的净损失（如果有的话）是否能证明这种政府干预的合理性。”他还警告：“给予一个产业对一种威胁到现有商业模式的新技术的否决权，会树立一个非常危险的公共政策的先例。”

Boldrin和Levine（2002）反对保护知识产权。他们提出了一个给予下游厂商许可的竞争模型。在有着版权保护的情况下，模型导致了帕累托最坏的结果；而在没有版权保护的情况下，则取得了最优的结果。“‘知识产权’变得不仅意味着拥有和出售思想的权利，也意味着管制思想用途的权利。这造就了一个社会效率低下的垄断，通常所说的知识产权也许称之为‘知识垄断’更为妥当。”Klein、Lerner和Murphy（2002）批驳了Boldrin和Levine的模型，并得出了相反的结论：文件共享技术减少了版权对于持有人的价值。[③]这些模型都只是理论上的，没有任何经验性证据的支持。[④]在这里我们提出的第一个问题就是：文件共享与CD销量的下滑之间是否存在着因果关系呢？

20.9.2 文件共享会减少唱片销售吗？初步考虑

迄今尚无关于MP3文件共享或其他非法的盗版音乐形式对CD销量影响的无歧义的理论预见。有关研究所给出的各种影响相互矛盾，而且现有的证据充其量也是混杂的。Liebowitz（2005）以及Peitz和Waelbroeck（2004b）对现有的理论和经验性研究做了最为全面的回顾。在我们评述他们的研究结果之前，看一下唱片销量的趋势会有助于信息的充实。图20-8显示了1969—2003年唱片（包括所有的唱片格式）在全世界和美国销售额（以不变美元计算）的演变。很明显，美国和全世界的销售额分别在1999年和1995年达到峰值之后，近年来都呈下降之势。[⑤]在美国，唱片销售额自2000年起每年平均下降7%。全球音乐产业的走势与此也颇为相似。至少对美国而言，与这种下降态势同时发生的是Napster和新的便携式MP3播放器的兴起，如1999年发布的钻石里奥（Diamond's Rio）。另一个需要指出的是，在20世纪90年代末，在家用电脑上进行CD复制也已经普遍可行了。唱片销售额的下降是由这些技术的发展所导致的吗？

---

① Liebowitz(2004)还继续举例说明，在盒式磁带录像机出现之后，电视广播商自然就心生担忧，因为用户有可能会采用时间移位的方法，先录制电视节目而后观看，这样就会令广播商出售广告的可能性下降，而广告收入是其主要的收入来源。

② 音乐作品是一种非竞争性商品，因为一旦它们的复制生产成本被支付，它们就能够同时为很多人所享用。效率将会决定价格为0（在复制成本之上），但这样创作者的报酬将过低，并且音乐唱片的产量也会很少。参见Liebowitz(2003b)。

③ Klein、Lerner和Murphy(2002)批驳Boldrin和Levine模型的出发点，在于前者认为后者基于“一个无关紧要的假设，即版权所有者的需求是有弹性的”。

④ Hui和Png(2002)通过估计经济刺激对电影供给的影响，提供了电影产业的经验性证据。

⑤ 这些数据的一个不足之处是，销售额是基于建议零售标价计算的，而非各专辑的实际成交价格。

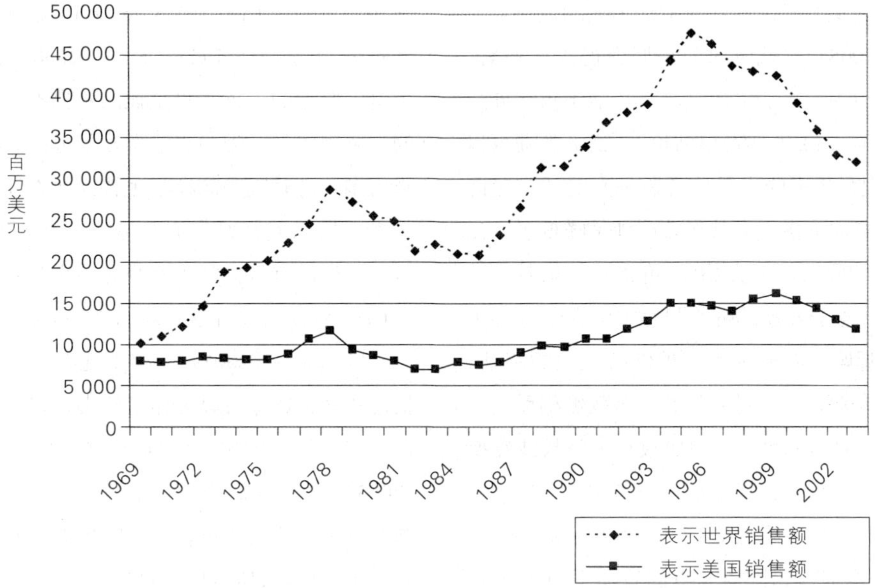

图20-8 1969—2003年唱片销售总额

资料来源：国际唱片业协会"世界销售历史"。

注：（1）所有销售额都采用2003年美元价格计算。

（2）土耳其和中国的数据未被计入，因为它们的统计标准和界定与国际唱片业协会不同。

（3）其他的音频格式（MiniDisc，DVD-A，SACD）从1997年开始才被计入。

（4）音乐录影带的数据从2001年起被计入，而数字下载销售额则未被计入。

美国唱片销售额下降的时机当然会让人有所联想，但是我们必须指出的是，在此之前就有过销售额急剧下降的时期。在20世纪70年代末至80年代初，美国唱片销售额显著下降，尽管其下降幅度不似过去几年那般剧烈。不仅如此，美国以外地区唱片销售额早于美国开始下滑这一现象也是值得怀疑的，因为在20世纪90年代，美国的互联网技术比世界其他地方都更为普及。

在从这些趋势的巧合得出结论之前，我们有必要同样考虑其他影响唱片销售的因素。Liebowitz（2003a，2005）把唱片价格、消费者收入、人口数量、消费者偏好的变化、替代品和互补品的价格等列为与唱片销售相关的因素。Liebowitz（2005）考察了这些标准的需求决定因素之后得出结论："它们似乎都不能够解释已经发生的唱片销售额的下降。"

从理论层面上说，文件共享或是更广泛的盗版行为，可以对CD销售产生许多潜在的影响。①Napster和其他"文件共享"拥护者提出的主要理由通常被称为"试听论"。②他们认为，让潜在顾客在购买之前试听歌曲，可以对CD的销售产生积极的作用。因为有了文件共享，顾客将更为了解相关信息，从而降低了购买CD

① 本节聚焦于文件共享。关于盗版及其对CD销售影响的更多研究，请参见Hui和Png(2003)。他们采用1994—1998年的国际数据，发现盗版令CD的销售额减少了6.6%。

② 参见Gopal、Bhattacharjee和Sanders(2006)关于试听的一个形式模型。

的风险。试听有着类似广告那样的增加销售的效应。然而，Liebowitz（2005）对试听论的说服力提出了质疑，他指出一旦有人免费获得了歌曲，就有可能不再多此一举地花钱合法地购买CD。他得出结论："试听歌曲（以不变的CD价格提供更多的音乐欣赏服务）的效应是降低了音乐欣赏服务的价格，而其净效应则是降低了音乐欣赏服务所产生的收入。每张CD的价格并不依赖于试听服务的效果，这意味着试听将导致CD销售量的下降。"因此，试听既可以被视为一种供给曲线的移动，又是信息的一种来源，二者对销售的影响截然相反。

Liebowitz所言试听的另一个效应被称为替代或置换效应，显然指的是试听对销售有着负面影响：音乐下载就是对购买CD的替代。因为CD有封套和包装，也许还附有歌词和内容简介，同时mp3的音质很可能不如CD，所以MP3与CD之间并不是完全的替代品。即便如此，我们仍然认为如果人们可以免费下载歌曲，那么这会在一定程度上取代他们对唱片的购买。

Liebowitz（2005）言及的视听的第三个效应是网络效应，但至今同样未见有网络效应对CD的销售产生了积极或是消极影响的明确说法。网络效应是指一种商品的价值会因使用者数量的变化而异。

另外需要考虑的一个观点是，真正发生的也许不是MP3文件对CD的替代，而是由新技术所致的休闲活动的转变。既然互联网和电脑已经造成了人们花费时间方式的改变，那么其也有可能减少人们对于预先录制的音乐的需求。Peitz和Waelbroeck（2004b）考察了关于时间利用和日常互联网活动的不同调研结果，得出这样的结论："有证据表明，宽带可用性的增长正在改变喜欢上网的消费者的业余活动。"

20.9.3 实证研究

关于非法文件共享对CD销售影响的第一个实证研究也许是由RIAA在Napster案审理期间做的。SoundScan公司的CEO Michael Fine（2000）受原告雇用给出了这一问题的证据，只是他的报告不是很有说服力。他的主要观点是，因为高等学校附近商店的唱片销售额下降更多，同时因为高校学生较其他人群从网上下载音乐更多，所以文件共享必然减少了CD的销售额。不过，这一分析没有考虑学生有可能使用互联网合法地在线购买CD，致使当地音乐商店的销售额减少的情况。

Liebowitz（2005）考察了现有的实证研究文献，他把这些文献按分析单位作了分类，并把国家、唱片、城市、家庭和音乐体裁等作为分析的可能单位。Liebowitz（2005）虽然认识到基于音乐体裁的分类是有吸引力的，但由于缺乏连贯、可靠的数据，他打消了相应研究的念头。他以Michel（2004）为例，简要回顾了以家庭为分析单位的方法。Michel构建了一个模型，其中消费者选择购买CD或是非法复制音乐。然后他推导出了对CD的市场需求，发现新的文件共享技术的引入实际上是把那些之前不购买任何音乐的人带进了市场。这似乎意味着P2P网络技术不会导致CD销量的减少。Michel采用了美国消费者支出调查中家庭层面的数据，把电脑拥有量作为文件共享的代理变量。这里有一个明显的问题，因为它测量的既不是上网行为也不是文件共享行为。Michel运用倍差法估计了1998年（处理前）与2001年（处理后）间MP3下载量对CD销售额的影响。他发现影响微不足道，因此无法排斥"2002年之前一些从事文件共享的消费者以往并未进入音乐市场"的假设。为此我们有必要提及的是，如果所研究的这两个年份期间其他因素没有变化，那么这个结论就会成立。不过我们或许会怀疑的是，因为那一时期电脑拥有量和互联网的使用发生了巨大的扩张，所以我们不一定可以捕捉到相同类型家庭的行为。

Liebowitz（2005）还对Boorstin（2004）的研究提出了批评。Boorstin的研究把城市作为分析单位，采用了1998年、2000年和2001年的人口普查数据，并基于上网人数对CD的城市销售额进行了回归分析。Liebowitz认为回归是有缺陷的，因为它包括2000年和2001年的虚拟变量，这很可能会吸收文件共享的影响。他剔除了虚拟变量并使用人均CD销售额（而非全部销售额）指标，重做了Boorstin的回归分析，最终发现文件共享可以解释这期间美国CD销售额12%的降幅，而实际上这期间总的降幅为15%。Liebowitz总结道："由于这两个值非常接近，因此我们可以认为这一证据与CD销售额减少是由文件共享所致的看法是一致的。这是一个令人着迷的表述，但这些结果的可靠性如何却尚不清楚。"

Zentner（2006）的研究使用了来自2001年10月欧洲消费者邮件调查的数据。他基于一个表示普通下载的虚拟变量对一个购买CD的虚拟变量进行回归分析，发现这个影响并不显著。不过如他所指出的那样，"对音乐的偏好和点对点下载的同时性使得音乐下载对于音乐购买的因果效应很难分离出来"。因此，Zentner对普通下载使用工具变量，如个人的网络连接速度和使用互联网的老练程度。[①]然后他发现存在一个显著的负面影响，表明音乐下载使音乐购买概率下降了30%左右，这似乎解释了该项调查中国家层面的CD销售额下降7.8%的原因。

Peitz和Waelbroeck（2004a）把国家作为分析的基础，他们使用了来自伊雷民调公司（IPSOS-REID）调查所得的16个国家的数据，根据该项调查，2000年和2001年这些国家的CD销售额占全世界合计的90%。他们利用一阶差分，将CD销售（以CD卖出额表示）与GDP、有宽带家庭的下载百分比（定义为这一时期内成年人至少下载一次MP3乐曲的家庭占比）、音乐磁带的销售额、每个家庭CD唱机拥有量等进行了回归分析。他们发现音乐下载量对音乐的销售额有着显著的负相关影响，并使2000年和2001年间CD的销售额减少了约11%。然后他们使用来自美国2000—2002年的调查数据试图评估互联网侵权对CD销售额的负效应。在作了一系列必要的假设之后，他们得出结论："2002年，互联网侵权行为只能解释CD销售额下降的22.5%；2003年该行为很可能不是一个显著的因素，因为在2003年夏天RIAA采取一系列法律行为之后，互联网用户中下载音乐的人数所占比重进一步下降。"他们指出，这意味着只有一个比原有相关系数大4倍的系数值才能完全解释2002年美国CD销售额下降8.9%的事实。不过Peitz和Waelbroeck特别提到，"因为我们在这个经济计量分析中只考虑了一小部分国家，所以其结论应该被谨慎对待。同样，总量数据的使用和解释变量的特定选择也存在疑问"。

在众多研究中，就复杂性和数据而言，引人注目的是Oberholzer和Strumpf（2004）的论文，他们得出了一个颇具争议性的结论，即文件共享对CD销售额没有显著影响。他们使用了其所独有的实际数据下载和CD销售数据，而绝大多数其他文献依赖于小型调查数据或是国家和国际的总量数据。[②]他们的数据包有着175万个文件下载，约占从2002年9月8日至2002年12月31日这17周内世界下载总量的0.01%。他们把其数据包与自2002年下半年起尼尔森音乐统计（Nielsen Sound Scan）中的唱片销售相关联，同时合并了采自www.allmusic.com网站的艺术家和音轨时间的信息。他们利用这一数据包对所观察到的唱片销售额与唱片特征及下载量进行了回归，同时还使用了固定效应模型控制不随时间变化的专辑的具体特征。为了避免内生性问题，他们使用了与下载成本有关的指标作为下载量的工具变量，他们认为其会影响到下载，但应该不会影响唱片的销售。他们使用的作为工具变量的指标包括：专辑的平均和最小音轨长度，在同类音乐中专辑的时间长度，以及由德国学校假期所致的学生度假的比例。他们坚持认为其中最后一个变量是可下载文件供给的有效解释变量，因

---

① Zentner(2006)对于网络老练程度的测量包括个人是否发布自己的网页，是否参与网上拍卖，是否要求在线技术支持，是否阅读电脑杂志，以及使用电子邮件和互联网的时间长短。

② 他们的下载量数据来自OpenNap服务器(集中式P2P网络)的记录，他们从中了解在2002年9月8日至2002年12月31日这17周内，用户搜索和下载了哪些文件。

为在他们的样本中，美国下载量的1/6来自德国。当德国孩子在度假时，他们会花更多的时间在家用电脑上分享文件，从而提高了MP3乐曲的供给量。这些工具变量的选择受到了各式各样的批评。其中一个非议是，如果像作者认为的那样，文件共享会通过广告（或试听效应）导致更多的CD销售，那么那些反映下载成本的指标应该直接纳入对CD的需求方程，而识别策略则会无效。他们通过各种特定的分析，发现在所有的情况下下载对于专辑销售没有显著影响。Oberholzer和Strumpf在把他们的估计结果与唱片销售额的大幅下滑加以对比之后，得出结论："文件共享充其量只能解释这一下降的很小一部分。"

Liebowitz（2005）批评了这一结论及其研究方法。他提醒把唱片作为分析单位可能会以偏概全。就像产业层面的需求弹性应该会小于企业层面的需求弹性那样，下载可能会增加特定专辑的销售，从而降低市场上全部CD的销售。如Liebowitz指出的那样，这种效应会显著改变关于Oberholzer和Strumpf研究结果的解释："假设所有其他同时性的问题被克服，那么使用下载量解释销售额的回归分析会得出一个正的系数。毕竟在这一例子中，由假设可得，下载量的增加导致了唱片销售额的增加。但这并不意味着下载会增加所有唱片的销售额。一个正的系数与唱片销售受到下载严重损害的现象有可能是完全一致的，因此它不能回答关于下载总体影响的问题。"

无须多言，文件共享对唱片销售的影响仍然是一个具有高度争议的问题。我们希望在不久的将来，这一领域会有大量的研究。

20.9.4 寻找一个新的商业模式

陪审团可能依然没有意识到文件共享对CD销售的影响，但是有一点是肯定的：唱片业正处于苦难之中。在不远的将来，音乐发行的商业模式很可能会发生剧烈的变化。Zhang（2002）断言当前的音乐发行体系是低效率的，对等网络文件共享也许是一种解决方案："P2P文件共享为听音乐的人感受音乐作品提供了一个更好的信息环境。"他进一步言道："小唱片公司和不知名的艺术家欢迎这项新技术，而大唱片公司和明星们则受苦于这一转变。虽然它对社会福利有着积极影响，但是如果P2P用户中只有少部分人购买专辑，那么它对音乐产业就是有害的。"Gayer和Shy（2006）建立了一个艺术家及其版权管理商的模型，表明在文件共享的情况下，艺术家的收入更多，因为P2P网络上的歌曲推广使他们得到了更好的宣传，所以他们由现场音乐会获得的收入也增加了。不过在这个模型中，音乐版权管理商的收入却因文件共享而减少。在对Rosen超级明星模型耐人寻味的转折性研究中，Gopal、Bhattacharjee和Sanders（2006）认为网络文件分享技术削弱了音乐产业中广为流行的超级明星现象。这意味着顶级艺术家因文件分享而受损，但那些不怎么知名的艺术家则因互联网提供的额外曝光和更低的发行成本而获益。Michel（2003，ch.3）也有着相似的看法，"艺术家和消费者似乎将获得这一新技术的绝大部分好处"。这样，唱片公司对这一新技术的反应如此强烈也就不足为奇了。

法律问题也很突出。数百万的人违反了版权法，RIAA正与电影产业中与之有着等同地位的美国电影协会（MPAA）一起，积极地起诉用户和P2P软件公司。正当此时，也有人提出新的版权体系。例如在新近出版的Fisher（2004）的著作中，他提出了一个强制许可体系，它很像当前的表演权体系，其中电台获得一揽子许可以有权播放歌曲，而艺术家和版权管理商则通过表演权组织（美国的ASCAP、BMI、SESAC）获得补偿。①

Peitz和Waelbroeck（2004b）描述了数字版权管理（Digital Rights Management，DRM）这一新技术的发展。

① 参见Liebowitz（2003b，Footnote2 on p.2）所列的参考文献。Liebowitz（2003b）讨论了强制许可的优缺点，鉴于其缺点，他坚持认为用强制许可替代当前的体系只能作为一个最后手段。

DRM指的是一种监测并阻止使用受版权保护文件的技术。一些公司早已将这项技术应用于它们的软件中。目前还不清楚这种拦截技术是否会在与文件共享的竞争中胜出。

20.9.5 新的商业实践

现在Napster作为一家合法的互联网销售歌曲的服务商又回归了，其竞争对手包括苹果公司的iTune和RealNetworks公司的Rhapsody。它们提供的服务各有不同。有的提供某种租赁服务，用户只需交纳一个月的订购费，便可以不限数量下载音乐至个人电脑或便携式设备，但不能刻录光盘；一旦订购到期，文件便不能被读取。还有的采取收费服务的方式，49美分或99美分一首歌，或9.99美元一张专辑，售出的曲目则永远归消费者使用。这些服务一开始受到了冷遇，既然可以从P2P网络获得免费的音乐，那为什么还要付钱买呢？但是，凭借宽带连接和学生数量而成为非法分享（和诉讼）沃土的高等院校的兴趣却在增长。一些学校开始与音乐提供商建立新的伙伴关系，以节约带宽并抑制盗版。Napster已经与8所大学签约，包括宾州州立大学、罗切斯特大学、康奈尔大学和乔治·华盛顿大学，这些学校的学生们借此可以免费获得Napster的常规服务（收费标准通常是9.99美元/月）。[①]加州大学伯克利分校和明尼苏达大学则与RealNetworks公司签订了协议。[②]耶鲁大学、杜克大学、维克森林大学和科罗拉多大学波尔德分校等也与Cdigix（原Cflix）有着相似的协议，它们获得的不仅有音乐，而且还包括电影。[③]

20.10 结　论

在结论中，我们不打算总结我们冗长的研究，而会提出一些值得进一步研究的问题，这些问题也许会促进流行音乐产业的研究。以下是我们列出的11个似乎特别值得研究的领域：

- 为什么流行音乐产业的契约采取的是当前这种形式，它们是有效率的吗？
- 为什么自20世纪90年代末以来，流行音乐会价格的增长比其他文娱活动价格的增长快很多？能够建立考虑价格歧视、配给、需求变动和其他因素的更为恰当的音乐会价格指数吗？
- 是什么决定了不同音乐会之间价格差异的程度？为什么自20世纪80年代以来价格歧视呈增长之势？相同音乐会的地区价格差异比人们预想的有效率市场小吗？为什么？
- 音乐会举办方和传媒业集中度的提高如何影响流行音乐产业？持续的技术革新将导致该产业的集中度提高还是降低？
- 关于音乐会需求弹性的证据缺乏。确定需求和供给的参数通常需要一些假定或排除性约束。一种可能的方法是采用由于健康恶化（特别是年龄大的表演者）等因素所造成的供给震荡，来确定对音乐会需求的弹性。一旦一系列参数可得，就可以计算出更为精准的排名。

---

① 参见Young（2004a）。

② 参见Young（2004b）。

③ 电影产业也面临着非法的文件共享，尽管其规模可能小一些。与RIAA一样，MPAA也已经采取了法律行动。2004年8月19日，美国第九巡回法院在洛杉矶判定：P2P软件开发者虽然制作了人们用于非法下载受版权保护材料的产品，但他们并没有违反版权法。这一案件针对的是Grokster和Morpheus软件公司。这可能只是战斗初期的首轮较量。

• 互联网降低了乐队的推广成本。持续发展的互联网将如何改变音乐产业？如果难得有乐队从唱片销售中获得很多收入，那么它们会寻找其他途径发行其音乐吗？新成立的乐队能够因为直接在互联网上推广它们的音乐，所以有与唱片公司讨价还价的更大力量吗？

• 现在很难预测未来技术将如何发展，其又会对音乐会产业和录制音乐的发展产生什么影响？流行音乐的种类将会因为新的发行技术而增加吗？

• 我们缺少音乐会制作成本的系统的时间序列数据。音乐会制作成本的变化趋势有哪些？这些成本的变化趋势会影响音乐会价格变化的趋势吗？

• 音乐会门票正开始通过拍卖的方式发售。门票拍卖如何影响门票的平均价格和二级市场规模？当可以选择通过拍卖购买门票时，粉丝们又会采取什么样的策略？

• 为什么存在门票的二级市场？为什么许多音乐会的门票似乎定价偏低？

• 合法贿赂（即通过独立唱片推广者付钱给电台）的行为影响了乐队的人气吗？像技术的发展持续影响着流行音乐产业的发展那样，在新的领域（如网络广播）中贿赂会成为一种普遍做法吗？

参考文献

Adler, M. (2006). "Stardom and talent". In: Ginsburg, V.A., Throsby, D. (Eds.), Handbook of the Economics of Art and Culture, vol. 1. Elsevier, Amsterdam. Chapter 25 in this volume.

Ashenfelter, O. (1989). "How auctions work for wine and art". Journal of Economic Perspectives 3(3), 23–36.

Baumol, W.J., Bowen, W.G. (1966). Performing Arts: The Economic Dilemma. Twentieth Century Fund, New York.

Becker, G. (1991). "A note on restaurant pricing and other examples of social influences on price". Journal of Political Economy 99(5), 1109–1116.

Besen, S.M., Kirby, S.N., Salop, S.C. (1992). "An economic analysis of copyright collectives". Virginia Law Review 78 (1), 383–411. Symposium on the Law and Economics of Intellectual Property.

Boehlert, E. (2001). "Pay for play", salon.com (March 14, 2001). Available at http://dir.salon.com/ent/feature/2001/03/14/payola/index.html.

Boldrin, M., Levine, D. (2002). "The case against intellectual property". American Economic Review 92(2), 209–212. AEA Papers and Proceedings.

Boorstin, E.S. (2004). "Music sales in the age of file sharing". Senior Thesis. Department of Economics, Princeton University. http://www.cs.princeton.edu/~felten/boorstin-thesis.pdf.

Borghans, L., Groot, L. (1998). "Superstardom and monopolistic power: Why media stars earn more than their marginal contribution to welfare". Journal of Institutional and Theoretical Economics 154(3), 546–571.

Caves, R. E. (2000). Creative Industries: Contracts between Art and Commerce. Harvard University Press, Cambridge, MA.

Coase, R.H. (1979). "Payola in radio and television broadcasting". Journal of Law and Economics 22(2), 269–328.

Courty, P. (2000). "An economic guide to ticket pricing in the entertainment industry". Louvain Economic Review 66 (1), 167–191.

Courty, P. (2003). "Some economics of ticket resale". Journal of Economic Perspectives 17(2), 85–97.

De Vany, A.S. (2006). "The movies". In: Ginsburg, V.A., Throsby, D. (Eds.), Handbook of the Economics of Art and Culture, vol. 1. Elsevier, Amsterdam. Chapter 19 in this volume.

De Vany, A.S., Walls, W.D. (2004). "Motion picture profit, the stable Paretian hypothesis, and the curse of the superstar". Journal of Economic Dynamics and Control 28, 1035–1057.

Eliot, M. (1993). "Rockonomics: The Money behind the Music", second ed. Carol Publishing Group, New York.

Fine, M., (2000). "SoundScan study on Napster use and loss of sales". Report of the CEO of SoundScan, engaged by the plaintiffs in the action, A&M Records, Inc. et al. v. Napster, Inc., http://www.riaa.com/news/filings/pdf/napstert/fine.pdf.

Fisher, W. W. I. (2004). Promises to Keep: Technology, Law, and the Future of Entertainment. Stanford University Press, Stanford.

Flynn, L.J. (2004). "The cellphone's next makeover: Affordable jukebox on the move". The New York Times (August 2, 2004).

Gayer, A., Shy, O. (2006). "Publishers, artists, and copyright enforcement". Information Economics and Policy. In press.

George-Warren, H., Romanowski, P., Pareles, J. (2001). The Rolling Stone Encyclopedia of Rock & Roll. Revised and Updated for the 21st Century. Fireside, New York.

Gopal, R.D., Bhattacharjee, S., Sanders, G.L. (2006). "Do artists benefit from online music sharing". Journal of Business 79(3), 1503–1533.

Hamlen, W.A. Jr.(1991). "Superstardom in popular music: Empirical evidence". Review of Economics and Statistics 73(4), 729-733.

Hamlen, W.A. Jr.(1994). "Variety and superstardom in popular music". Economic Inquiry 32(3), 395-406.

Hui, K.-L., Png, I.P.L.(2002). "On the supply of creative work: Evidence from the movies". American Economic Review 92(2), 217-220. AEA Papers and Proceedings.

Hui, K.-L., Png, I.P.L.(2003). "Piracy and the legitimate demand for recorded music". Contributions to Economic Analysis & Policy, Berkeley Electronic Press 2(1), Article 11.

Johnson, W.R.(1992). "Commentary on 'An economic analysis of copyright collectives' ". Virginia Law Review 78 (1), 417-419. Symposium on the Law and Economics of Intellectual Property.

Kafka, P., Powers, K.(2003). "Celebrity 100, The Road to Riches". Forbes.com(July 7, 2003).

Kahneman, D., Knetsch, J., Thaler, R.(1986). "Fairness as a constraint on profit seeking: Entitlements in the market". American Economic Review 76(4), 728-741.

Klein, B., Lerner, A.V., Murphy, K.M.(2002). "The economics of copyright 'fair use' in a networked world". American Economic Review 92(2), 205-208. AEA Papers and Proceedings.

Kleit, A.N.(2000). "ASCAP versus BMI(versus CBS): Modeling competition between and bundling by performance rights organizations". Economic Inquiry 38(4), 579-590.

Krasilovsky, M.W., Shemel, S., Gross, J.M.(2003). This Business of Music; The Definitive Guide to the Music Industry, ninth ed. Billboard Books, New York. J.M. Gross as contributor.

Krueger, A.B.(2005). "The economics of real superstars: The market for concerts in the material world". Journal of Labor Economics 23(1), 1-30.

LaFranco, R.(2003). "The 2nd annual Rolling Stone money report. Rock's 50 richest". Rolling Stone 919, 57-61.

Liebowitz, S.J.(2003a). "Will MP3 downloads annihilate the record industry? The evidence so far". In: Libecap, G.(Ed.), Advances in the Study of Entrepreneurship, Innovation, and Economic Growth, vol. 15. JAI Press, Greenwich, CT.

Liebowitz, S.J.(2003b). "Alternative copyright systems: The problems with a compulsory license". Unpublished paper. School of Management, University of Texas at Dallas. www.utdallas.edu/~liebowit/intprop/complpff.pdf.

Liebowitz, S.J.(2004). "The elusive symbiosis: The impact of radio on the record industry". Review of Economic Research or Copyright Issues 1(1), 93-118.

Liebowitz, S.J.(2005). "Pitfalls in measuring the impact of file-sharing on the sound recording market". CESifo Economic Studies 51(2-3), 439-477.

Marshall, A.(1947). Principles of Economics, eighth ed. MacMillan, New York.

Michel, N.J.(2003). "A theoretical and empirical analysis of the impact of the digital age on the music industry". Doctoral Thesis. Department of Financial Economics, University of New Orleans.

Michel, N.J.(2004). "The impact of the digital age on the music industry: A theoretical and empirical analysis". Unpublished paper. The Heritage Foundation, Washington, DC.

Moulton, B.(1996). "Bias in the consumer price index: What is the evidence?" Journal of Economic Perspectives 10 (4), 159-177.

National Music Publishers' Association, Inc. and The Harry Fox Agency, Inc., NMPA International Survey of Music Publishing Revenues, twelfth ed. National Music Publishers' Association, Inc. and The Harry Fox Agency, Inc. Available online at www.nmpa.org

Nordhaus, W.D.(1969). Invention, Growth, and Welfare: A Theoretical Treatment of Technological Change. MIT Press, Cambridge, MA.

Oberholzer, F., Strumpf, K.(2004). "The effect of file sharing on record sales, an empirical analysis". Unpublished paper. Harvard Business School and Department of Economics, University of North Carolina, Chapel Hill. www.unc.edu/~cigar/papers/FileSharing_March2004.pdf.

Osbourne, S.(2002). "Interview: Women in rock". Rolling Stone 908, 54-56.

Pareles, J. (2002). "David Bowie, 21st-century entrepreneur". The New York Times(June 9, 2002).

Passman, D.S. (2000). All You Need to Know about the Music Business, fourth ed. Simon & Schuster, New York.

Peitz, M., Waelbroeck, P. (2004a). "The effect of Internet piracy on CD sales: Cross-section evidence". CESifo Working Paper No. 1122.

Peitz, M., Waelbroeck, P. (2004b). "An economist's guide to digital music". CESifo Working Paper No. 1333.

Piketty, T., Saez, E. (2003). "Income inequality in the United States, 1913–1998". Quarterly Journal of Economics 118 (1), 1–39.

Romer, P. (2002). "When should we use intellectual property rights?" American Economic Review 92(2), 213–216. AEA Papers and Proceedings.

Rosen, S. (1981). "The economics of superstars". American Economic Review 71(5), 845–858.

Rosen, S., Rosenfield, A.M. (1997). "Ticket pricing". Journal of Law and Economics 40(2), 351–376.

Slichter, J. (2004). So You Wanna Be a Rock & Roll Star, how I Machine-Gunned a Roomful of Record Executives and Other True Tales from a Drummer's Life. Broadway Books, New York.

Surowiecki, J. (2004). "Paying to play". The New Yorker(2004-07-12).

Tirole, J. (1988). The Theory of Industrial Organization. MIT Press, Cambridge, MA.

Weinraub, B. (2002). "For the industry, less to celebrate at the Grammys". The New York Times(February 25, 2002): C1.

Young, J.R. (2004a). "Napster and 6 colleges sign deals to provide online music to students". The Chronicle of Higher Education(July 30, 2004).

Young, J.R. (2004b). "RealNetworks announces deals with Berkeley and U. of Minnesota to offer online music". The Chronicle of Higher Education(August 24, 2004).

Zentner, A. (2006). "Measuring the effect of music downloads on music purchases". Journal of Law and Economics 49(1), 63–90.

Zhang, M.X. (2002). "Stardom, peer-to-peer and the socially optimal distribution of music". Unpublished paper. School of Management, MIT.

第21章

图书经济学

Marcel Canoy[a], Jan C. Van Ours[b] and Frederick Van Der Ploeg[c]

[a]European Commission

[b]Tilburg University, CentER and CEPR

[c]European University Institute, Florence, CESifo and CEPR

史丹妮　译

摘　要

在本章分析中，图书与图书市场之间的矛盾被视为一种文化的表现，图书则被看作是营利性企业的产品。本章还包含了对产业组织理论的一些见解。政府干预图书市场的主要手段包括制定关于图书价格的法律、补助读者与出版商、收取较低的增值税、旨在促进出版图书多样性的公共图书馆和教育，以及增加零售网点的密度与推广阅读等。本章概述了不同国家在市场结构和政府决策方面的差别。我们特别关注如何维持零售价格。由于欧洲国家之间的差异，协调欧盟的图书政策并不明智。我们的分析认为，图书市场似乎可以解决图书交易中出现的一些具体问题，而且，除了扩大阅读之外，图书市场几乎不需要政府干预。

关键词

图书，出版商，作者，多样性，垄断竞争，零售价格维持，补贴，图书馆，互联网

JEL classification Codes

Z11，D4，D6，L1，L4

21.1 引 言

艺术具有特殊性。这种特殊性加上市场失灵可为政府干预提供理由。政府干预的性质依赖于所涉及的艺术和文化特性，并且依赖于市场在提供适当且足够多样化的商品和服务方面可能出现的失灵。图书市场与众不同，有足够的理由需要加以特别关注。根据1964年联合国教科文组织对图书的定义，图书是一个“除封面外至少由49页组成的非期刊性印刷出版物”。图书通常被分为三类：教育类、科学类和综合性图书。教育类图书被作为制度化教育体系迈向更高职业培训的学习途径，常常基于政府的规章制度。科学类图书针对的是从高等职业培训起步的读者。综合性图书是除教育类和科学类图书之外的所有图书。每一类图书都有其自身特点，我们需要区别对待。在本章中，我们主要聚焦于综合性图书的一个子类：文化类图书。综合性图书还包括许多其他子类，如烹饪类图书、旅行指南或通俗小说等，但它们并不值得各国文化部长们关心。正如联合国教科文组织总干事在2002年4月23日世界图书和版权日所说的那样，就文化类图书而言，作为文化工具的图书与作为营利性企业产品的图书之间始终存在矛盾：

> 作为最古老的沟通方式与传播方式之一，图书不仅影响着精神、教育和文化，而且还影响到出版业正常的工业和经济状况。文化影响与经济利益两个因素之间的联系形成了一个看似矛盾的复杂体系。发展出版业和阅读领域需要了解构成现有图书产业链的不同组成元素之间的内在联系：著作干预；出版商、印刷商、发行商和零售商各自的功能；读者。

政府通过多种途径影响图书市场，包括对图书馆、作者、出版商提供补贴，为图书销售提供税收优惠以及制定有关图书定价的法律。本章首先对不同国家的市场结构与阅读行为作了概述。其中21.3节讨论了图书市场的特征并强调了一些原理的重要性，如Caves（2000，2006）提出的“无人知晓”、“时光飞逝”、“A档/B档”和“无穷变化”等，还讨论了政府干预的理由。市场完全有能力解决一些特殊问题，诸如作家的合同、作品代理人、出版商的把关、发行合作批发商的联合发行、零售商与出版商关于库存的协议、联合宣传、畅销书排行榜以及评论等。除了激励阅读之外，尚不清楚的是政府干预还能起到什么作用。无论对错，欧洲文化部门和各国文化部长中的大多数人所看到的主要问题就是图书固定价格协议。该协议可被视为图书业用以解决一些具体问题的一种方案，就像一些法律因图书业应运而生。因此，21.4节对关于零售价格维持和图书固定价格协议进行了批判性评价。21.5节讨论了各种旨在促进阅读和推动出版发行多元化的不同政府政策工具，并介绍了一些具体经验。21.6节对全文进行了总结。

21.2 跨国统计数据与趋势

21.2.1 概述

为了阐明图书市场的总体趋势并突出不同国家之间的差异，本节介绍了经济合作与发展组织（OECD）20个国家的一些典型事例。由于跨国比较的信息零散，以致我们难以对所有国家作出完整的概述。虽然文化类图书是我们关注的重点，但是现已掌握的统计信息只针对所有图书或一个不同的分类（例如，国际十进位分类法，UDC）。此外，由于不同国家的定义与衡量指标存在差异，故难以对某一特定时间的不同国家进行比较或者对一个国家在不同时间的差异进行比较。不过，基于表21-1所提供的概述，可从图书阅读、图书生产和公共图书馆提供的图书服务方面看到一些明显的国家间差异。

表21-1　　图书经济学：国际比较

	阅读		出书量		销售册数	收入	增加值	公共图书馆	
	曾经	去年	文化和艺术	合计				图书	借阅
澳大利亚	78	—	—	37	6.3	35	—	—	—
奥地利	—	43	27	100	—	80	0.06	1.2	2.0
比利时	70	23	49	96	—	—	—	3.0	6.7
加拿大	81	—	18	74	—	—	—	2.4	—
丹麦	76	55	80	275	5.3	90	0.14	5.5	13.7
芬兰	89	—	56	225	5.4	115	0.08	7.2	19.2
法国	—	40	34	66	6.9	45	0.08	1.5	1.5
德国	83	40	23	98	—	75	0.10	1.4	4.0
希腊	—	36	18	39	—	20	—	0.9	0.2
爱尔兰	80	40	—	221	—	60	—	2.9	3.3
意大利	70	56	19	56	4.8	40	0.12	0.7	4.5
日本	—	—	17	52	6.1	60	—	—	3.9
荷兰	81	53	37	110	—	40	0.17	2.6	10.0
挪威	76	—	55	112	—	—	—	4.6	5.0
葡萄牙	19	15	37	82	2.6	60	0.10	0.9	0.3
西班牙	—	39	58	148	4.7	40	0.14	1.0	0.6
瑞典	92	72	43	141	3.6	50	0.09	5.2	8.0
瑞士	88	—	59	253	—	—	—	3.9	0.8
英国	82	63	55	188	4.7	50	0.18	2.1	7.8
美国	84	—	6	24	—	60	—	—	—

注：（1）“阅读”列中：“曾经”指1994—1998年16~65岁的居民在家阅读者所占百分比；比利时=佛兰德斯，挪威=波克默尔。资料来源：《国际成人识字和生活技能调查》；“去年”=除工作和学习以外的原因，2002年15岁及以上居民中有过在家阅读经历的人所占的百分比。资料来源：欧盟统计局。

（2）“出书量”列中：1996—1999年（有可用数据的最近年份）每10万人每年平均阅读出书量（比利时是1995年数据，爱尔兰是1999年数据）。资料来源：比利时和爱尔兰的数据来自国际出版商协会，其他所有国家的数据则来自联合国教科文组织《统计年鉴》。

（3）“销售册数”是指2000—2002年人均图书销售册数（有可用数据的最近年份）。资料来源：联合国教科文组织《统计年鉴》（意大利，1996年数据；葡萄牙，1994年数据；西班牙，1994年数据）、Stichting Speurwerk betreffende het boek（荷兰，2000年数据）、Book Market Ltd.（英国，2001年数据）、国际出版商协会（所有其他国家）。

（4）“收入”指2000—2002年（有可用数据的最近年份）人均图书销售收入（整数），单位为欧元（澳大利亚、丹麦、日本、瑞典、英国和美国以美元统计）。资料来源：澳大利亚、意大利和日本的数据来自国际出版商协会，美国的数据来自美国出版商协会，其他所有国家的数据（均为2004年）来自欧盟委员会。

（5）“增加值”是指图书出版业在GDP中所占百分比。资料来源：欧盟委员会（2004年数据）。另外，根据国际出版商协会的统计，1999年法国在图书上的花费占其GDP的0.30%，而这一数据德国是0.42%，英国是0.36%，美国是0.35%。

（6）“公共图书馆”列中：“图书”和“借阅”分别指1997—1999年人均图书拥有册数和借阅册数（有可用数据的最近年份）。资料来源：联合国教科文组织《统计年鉴》。

各国图书阅读的差异很大。几乎一半的葡萄牙成人从未读过一本书。这与比利时、丹麦、意大利和挪威20%的读者比例形成了鲜明对比。芬兰、瑞典和瑞士盛行阅读之风，这些国家约90%的成人都阅读。不过，即使在瑞典，也有将近30%的成人去年未能读一本书。尽管在大部分国家中大多数成人都阅读，但是仍然有大量居民从不读书。而在那些阅读的居民中，相当一部分也只是偶尔读书。

联合国教科文组织发布了有关于出书量的统计信息。这些信息以不定期出版物（第1版和再版）的形式在一个特定国家出版以供公众利用[①]。表1给出了“艺术与文化”类出书量和所有新出图书种数的国别差异。其中最低的是美国，平均每10万居民新出图书24种（其中6种属于艺术与文化类）；最高是丹麦，平均每10万居民新出图书275种（其中80种属于艺术与文化类）。人均出书量较多的是斯堪的纳维亚半岛国家、瑞士和英国，相对较少的包括意大利、日本、希腊和澳大利亚。

在大多数已经提供数据的国家中，每年人均销售册数大约为5~6册。其中最少的是葡萄牙和瑞典，为2.6~3.6册；而最多的是法国，达到6.9册。出版商的图书销售收入也有着很大的差异，其中最少的是希腊，为人均20欧元；最多的是芬兰，达到人均115欧元。而在大多数国家，人均图书销售收入大约为40~60欧元。从GDP来看，图书出版业并不非常重要。按绝对价值计算，美国、德国、英国、法国和意大利的图书出版业最大。在欧盟15国中，2001年图书出版业的增加值占GDP比重约为0.11%，其从业人员达14万人左右。图书出版业在营业额和人均销售额方面保持稳定。因此图书依旧受到读者的欢迎，其并没有输给其他传媒。[②]

表21-1也给出了有关公共图书馆提供服务的国别差异信息。公共图书馆可借阅图书数量较少的有希腊、意大利、葡萄牙和西班牙，较多的有丹麦、芬兰和瑞典。人均借阅图书数量与人均可借阅图书数量密切相关，其中希腊、葡萄牙、西班牙和瑞士的人均借阅图书数量不足1册，而丹麦、芬兰和荷兰则达到了人均10册以上。

21.2.2 近距离观察图书阅读情况

人们阅读的方式多种多样，如在家中、在工作时、在旅游时、在节假日等。为了得出人们用于阅读的时间，我们必须清晰界定用于阅读的时间。当不同活动同时进行时，这一界定就格外重要，如同时阅读和旅行、同时阅读和听音乐等。此外，一年中的阅读时间也许不会均匀分配，有些人可能定期阅读，而其他人专门在假期里阅读。如果把阅读时间作为通常一个星期中的正规活动加以衡量，那么其估计值会低于把阅读图书的数量和阅读一本书平均花费的时间作为衡量指标进行衡量时得出的结果。因此，我们在阅读时间调查中并不容易确定人们的阅读时间。虽然在同一时间进行的调查中比较结果很容易，但在不同调查之间进行比较却是困难的。

表21-2显示的是《国际成人识字和生活技能调查》中衡量阅读频率的信息，这些信息基于一系列国家的同类调查。国别比较能够提供有用的信息。如表21-2所示，各国阅读频率的差异既明显又很大。在澳大利亚、加拿大、爱尔兰、瑞典、瑞士、英国和美国，大约1/4的成年男性每天都会阅读；而在葡萄牙，每天阅读的成年男性只有5%。在大多数国家，有10%~20%的成年男性每天阅读。一个共同现象是女性阅读频率大幅高于男性，其中差异最小的是比利时（佛兰德斯）和葡萄牙，

---

① 文中“书名”一词指的是一种独立且完整的印刷出版物，它可以是单行本或有若干册。统计时在某个国家出版的同一书名的不同语言版本均分别被视为单一书名。——为便于表述，按中国图书出版业的主流表述，本章将此大多意译为“出书量”，译者注。

② 参见欧盟委员会（2004）。

差异很大的则包括澳大利亚、加拿大、丹麦和荷兰。

各国阅读行为方面的差异在年轻人身上已有体现。表21-2也列出了15岁儿童的阅读行为。其中，希腊和芬兰的许多儿童喜欢阅读。需要注意的是，成人与儿童之间的阅读行为也存在差异。

表21-2 成人与15岁儿童的阅读频率

	成人（16~65岁）每日阅读者所占比例（%）		15岁儿童每日至少阅读1小时者所占比例（%）
	男性	女性	
澳大利亚	24	41	16
奥地利	—	—	12
比利时	12	15	12
加拿大	25	44	13
丹麦	20	36	14
芬兰	16	30	22
法国	—	—	14
德国	20	29	13
希腊	—	—	29
爱尔兰	26	39	15
意大利	16	25	17
日本	—	—	12
荷兰	18	34	9
挪威	15	30	10
葡萄牙	5	9	16
西班牙	—	—	11
瑞典	24	39	12
瑞士	24	39	11
英国	25	37	12
美国	25	39	12

资料来源：成人数据引自《国际成人识字和生活技能调查》，1994—1998；15岁儿童数据引自《国际学生评估计划》，2000。

受教育水平也是一个决定阅读习惯的重要因素，只是本文未能获得系统的国别信息，我们仅以法国和意大利为例。[①]在法国，71%的居民在过去12个月内至少读了一本书，[②]其中低、中、高学历居民的相应阅读比例分别为62%、78%、92%。在意大利也呈现了同样的阅读行为差异，在过去一年中至少读了一本书的居民占比为44%，其中低、中、高学历居民的相应阅读比例分别为32%、64%、82%。关于各国阅读趋势的信息并不多。我们以荷兰为例。如表21-3所示，无论男性还是女性的阅读趋势都明显下降。此外，虽然平均用于阅读的时间几乎未发生变化，但读书的居民数量却减少了。

① 参见www.readingeurope.org。

② 该数据与表21-1中的数据略有不同，后者指的是在家阅读的数据。

表21-4给出了其他国家的类似信息。女性比男性更有可能阅读，但是男性与女性的阅读条件却没有大的差异。阅读行为的差异主要与是否阅读有关，而不在于读者用于阅读的时间。若不考虑性别或国家，则所有读者每周用于读书的时间大约是6.5~8小时[①]。在欧洲，人们将大多数时间用来看电视。而美国的趋势表明，人们使用互联网的时间越来越多，主要是减少了看电视的时间，而非减少了阅读的时间（欧盟委员会，2004）。

表21-3　　1975—2000年荷兰男性和女性的阅读情况

	1975	1980	1985	1990	1995	2000
男性						
人均每周阅读小时数	1.4	1.5	1.1	1.1	0.9	0.7
阅读者占比（%）	43	43	36	33	30	22
平均每位读者每周阅读小时数	3.3	3.5	3.1	3.3	3	3.2
女性						
人均每周阅读小时数	1.9	1.7	1.6	1.9	1.5	1.2
阅读者占比（%）	56	53	52	54	46	40
平均每位读者每周阅读小时数	3.4	3.2	3.1	3.5	3.3	3

表21-4　　1998—2002年芬兰、德国、挪威、瑞典和英国的阅读情况

	芬兰	德国	挪威	瑞典	英国
男性					
人均每周阅读小时数	1.1	0.7	0.8	1.1	0.6
阅读者占比（%）	13	9	12	13	8
平均每位读者每周阅读小时数	8.1	7.8	6.8	8.1	7.3
女性					
人均每周阅读小时数	1.6	0.9	1.3	1.5	0.8
阅读者占比（%）	20	13	20	23	13
平均每位读者每周阅读小时数	8.2	7.2	6.4	6.6	6.3

注：与工作和考试有关的阅读可以被视为一项共同活动，而与旅游相关的阅读则不是。在某种程度上此处未统计的其他阅读形式也许包括读书，因此，此项统计有可能低估了用于读书的时间。

资料来源：荷兰社会文化企划局和欧盟统计局的时间利用调查（2004）。

① 在荷兰，人们的阅读参与程度较高，但是每位读者每周用于阅读的小时数却较少。这很可能是统计方法的问题，因为荷兰的人均阅读时间与其他国家类似。

21.2.3 图书生产与销售

表21-5显示，在过去数十年中所有国家生产图书的数量都有增加，但是各国之间存在差异。自20世纪70年代中期开始至20世纪90年代末，挪威的出书量未见增加，而奥地利、法国、希腊和瑞典则出现了相对温和的增长。与此形成对比的是，至1990年，比利时、芬兰、西班牙和英国的出书量增长幅度却超过了一倍。虽然大多数国家的出书量逐年增加，但出版商数量却几乎无变化。欧盟出版企业的平均规模较小，其中大多数每年只出版20至40种图书（欧盟委员会，2004）。

表21-5　　1975—1999年每10万居民出书量

	1975	1980	1985	1990	1995	1999
澳大利亚	40	66	67	39	38	37
奥地利	74	94	112	81	102	100
比利时	60	91	84	122	97	96
加拿大	29	78	0	51	61	74
丹麦	140	181	187	216	238	275
芬兰	97	136	182	204	264	225
法国	54	60	69	74	60	66
德国	0	0	0	86	91	98
希腊	29	42	47	32	40	39
爱尔兰	15	0	23	0	182	221
意大利	17	21	27	44	60	56
日本	31	36	38	33	42	52
荷兰	88	103	87	92	117	110
挪威	122	137	86	88	167	112
葡萄牙	63	62	104	62	78	82
西班牙	66	76	90	92	122	148
瑞典	110	91	114	140	143	141
瑞士	155	162	180	202	220	253
英国	63	85	93	155	174	188
美国	39	33	21	19	23	24

注：表中所述信息的日历年份有时会略微不同于其所注明年份。各国关于出书量的界定有所不同，并且往往多有变化。比利时和爱尔兰的1995、1999年的数据引自国际出版商协会，因此这些数据与之前年份的数据可能不完全具备可比性。

资料来源：联合国教科文组织《统计年鉴》。

出书量的差异可能与经济繁荣程度有关，也可能与民众的受教育程度有关，或者与人口密度有关。随着收入的增加，民众可能会购买更多的图书，于是出书量便会增长。图21-1（a）揭示了人均出书量与人均GDP之间的关系。两者似乎呈正相关关系，只是相关性并不很强。人均GDP较低国家的人均出书量也较少，如希腊、葡萄牙和西班牙，但是在人均收入较高的国家中，人均出书量的差异却很大。例如，美国的人均出书量少于一些南欧国家，而这些国家的人均收入却只是美国的一半。

图21-1（b）表明，人口平均受教育水平与出书量之间也有着正相关关系，这种正相关关系同样也不很显著，并且教育水平较高国家的相关性也很模糊。图21-1（c）则表明出书量与人口密度无关。

按照国际十进位分类法对于图书的分类，在每一个国家中最重要的图书类别是社会科学类、应用科学类和文学类，不过各国不同类别图书的出书量分布却有着很大的差异。在奥地利、加拿大、葡萄牙和瑞士，超过1/4的新出图书种数属于社会科学类；在法国、希腊、挪威、葡萄牙和西班牙，超过30%的新出图书种数属于文学类；在其他国家，三种类别的新出图书种数则大致相当。如表21-6所示，在20世纪90年代末，加拿大、芬兰和德国只有20%~25%的新出图书种数属于艺术和文学类；同时希腊、挪威和葡萄牙的相应数据则为45%~50%。表21-6还显示了1975年以后艺术和文学类新出图书种数的演变。虽然该类图书在各国新出图书种数中所占比重都有变化，但并未显示有清晰的模式。对于比利时、法国、挪威和葡萄牙等一些国家来说，文学类所占新出图书的比重有所增长，但是该类图书占瑞典和英国新出图书种数的比重却下降了。

欧盟委员会（2004）对欧洲图书市场做了最新的概述。2000年欧洲图书市场销售总额为270亿欧元。其中德国的销售额最大，达到了95亿欧元。德国和英国都是把其图书出口至同语系市场的强大输出国。其他一些销售额比较大的国家包括法国、西班牙和意大利。在近10年的最初两年中，英国图书出版业发展成为欧洲最大的出版业。与此相对照的是，德国出版业却出现了衰退。

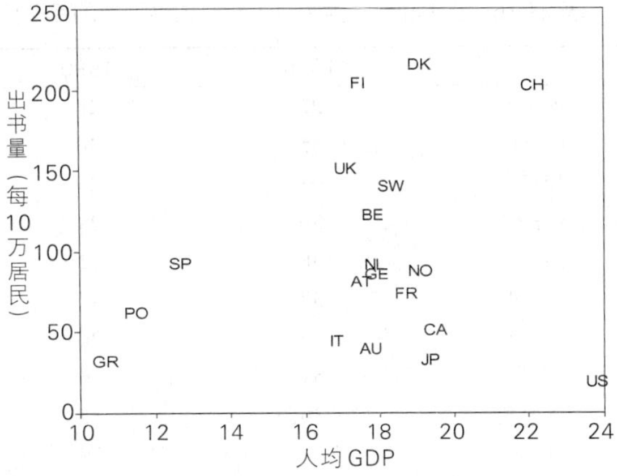

（a）1990年出书量与人均GDP

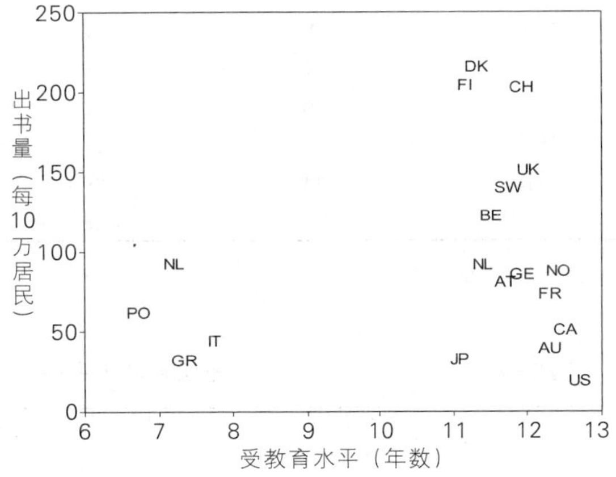

（b）1990年出书量与受教育水平

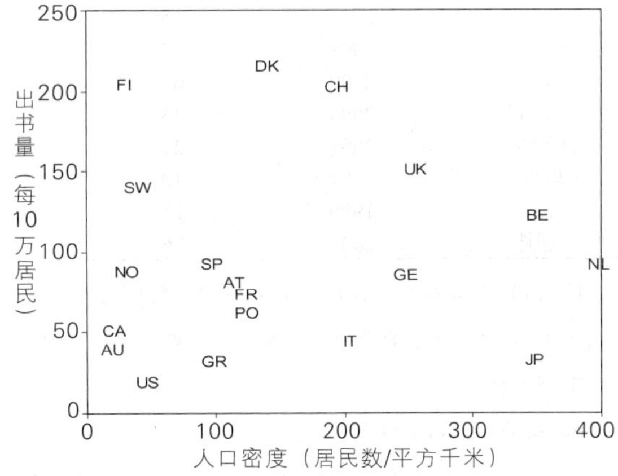

（c）1990年出书量与人口密度

图21-1　出书量、人均GDP、受教育水平和人口密度

表 21-6　艺术和文学类图书占新出图书种数的百分比

	1975	1999
奥地利	22	26
比利时	35	36
加拿大	—	24
丹麦	30	29
芬兰	38	22
法国	32	42
德国	—	26
希腊	51	46
意大利	36	35
日本	—	39
荷兰	33	49
挪威	32	45
葡萄牙	29	45
西班牙	32	39
瑞典	36	30
瑞士	23	23
英国	34	29
美国	—	26

注：参见表 21-5。

表 21-7 列出了出版商收入中不同类别和发行渠道的图书构成情况。在大多数国家，大约一半的销售收入来自综合性图书。表 21-8 显示，除了美国之外，大多数国家的图书销售主要是通过零售渠道完成的。一些国家拥有强大的图书零售商，而其他国家则有众多独立书店。在法国，多媒体零售商 Fnac 占据了全国 15% 左右的图书销售额；而在意大利，Feltrinelli 所占图书零售市场的份额达到了 25%（欧盟委员会，2004）。但在德国，最大的图书销售商 Thalia 只占零售市场的 3%，同时该国却有着许多独立的小书店。1998 年英国最大的图书零售商是 Waterstones 和 W.H. Smith，它们分别占据了零售市场 20% 和 18% 的份额（Latcovich and Smith，2001）。在市场成熟的条件下，美国图书业成长的机会有限，其竞争主要集中在对市场份额的争夺上①。美国图书零售连锁店已经出现了整合，其中 Barnes 和 Noble 合并之后占据了 30% 的市场份额，同时独立销售商努力竞争于这一市场（欧盟委员会，2004）。

表 21-7　　出版商收入——按图书类型的国际比较（%）

	年份	教科书	科学类图书	综合性图书	儿童类图书	总计
澳大利亚	2000	21	19	50	10	100
丹麦	2002	11	9	66	14	100
芬兰	2000	22	8	56	14	100
法国	2002	15	27	49	9	100*
德国	2001	2	39	55	4	100
爱尔兰	2000	62	4	31	3	100
意大利	2000	23	6	68	3	100*
西班牙	2001	21	24	46	9	100
瑞典	2001	40	2	48	10	100
英国	1999	15	28	48	9	100
美国	2001	26	22	41	11	100

注：（1）教科书包括小学教科书和中学教科书。

（2）科学类图书包括高等教育类图书、参考书、词典、百科全书、专业图书，以及不含期刊的科学、技术、医学图书。

（3）综合性图书包括一般商业性图书、一般大众图书、小说类图书、非虚构图书和宗教图书。

资料来源：国际出版商协会。

* 表示每列合计不等于实际总和，因为关于收入构成的信息只限于部分已有数据的收入。

① 也可参见 Szenberg and Lee(1994)、Greco(1999，2000)和 Clerides(2002)。

表21-8显示，在澳大利亚出版商的收入来源中，图书俱乐部所占的份额最大，为26%；丹麦、芬兰、法国和瑞典的图书俱乐部在各自国家出版商收入来源中所占份额在15%~20%，而意大利、英国和美国的相应份额最低。虽然互联网销售额的重要性呈增长之势，但是其规模仍然很小。在英国，大约17%的图书是通过互联网零售商销售的，人们认为，这一比例的增速已不再像以往那么快。而在德国，尽管互联网零售商售出图书的增长速度快于英国，但其所占份额估计只有4%~5%。一些报告估计，法国和意大利出版商的收入中，互联网销售所占比重在1%~1.5%，而西班牙的互联网销售占比甚至比法国更低。

表21-8 出版商收入——按销售渠道的国际比较（%）

	年份	贸易	图书俱乐部	直销	总计
澳大利亚	2000	74	26	0	100
丹麦	2002	83	15	2	100
芬兰	2000	59	16	25	100*
法国	2002	69	18	13	100*
意大利	2000	71	4	25	100*
瑞典	2001	76	17	7	100*
英国	2001	78	10	12	100*
美国	2001	41	9	5	100*

注：（1）贸易包括零售和批发书店、经销商和超市。

（2）法国、意大利、瑞典、英国和美国收入构成的信息只是它们各自实际收入的一部分。

资料来源：国际出版商协会。

*表示每列总计并不等于实际的总和，因为关于收入构成的信息只限于已有数据部分的收入。

迄今为止，互联网主要是作为图书销售渠道，而不是提供数字产品。例如，电子书在欧洲市场的销售量并不大。在美国，电子书显得更为重要，2003年新出电子书超过了7 000种，销售量超过了130万册，亚马逊在全球在线图书市场的占有率高达60%（Latcovich and Smith，2001）。

21.3 图书市场的特征

21.2节描述了一种丰富多彩但模糊的画面。图书市场似乎在生产方面十分繁荣，但在阅读方面却不是。图书市场的作用及其对阅读和生产的影响并不很清晰。无论如何，数据的缺失不会得出可靠的有关市场作用的经验性判断。各国在描述性数据（图书数量、新晋作者人数、互联网售出量）和政府政策方面都有着重大差异。本节将紧跟21.2节，着重探讨图书和图书市场的性质。

21.3.1 产业组织视角

许多文化商品有着一系列共性。例如，用Caves

（2000）的话来说，这些性质包括："无人知晓"（不确定的需求）、"时光飞逝"（短期盈利性）、"无穷变化"（水平差异化）、"A档/B档"（垂直差异化）。除此之外，Beck（2003）又将"大约一半的图书属于随性购买"（Fishwick，1989），"固定成本大而边际成本小的非凸性生产"，"图书业的自由进入"等列入其中。于是，相关的问题便是：在图书业中这些性质是如何结合的？由此又引发了什么问题？从何种意义上市场解决了这些问题？最后，留给政府的作用是什么？

经济学可以用来解释这些问题。图书是一种私人物品，因为图书的消费具有竞争性和排他性。这意味着图书市场乍看起来并不存在根本性的市场失灵，以至于政府供给并不是一个重要选项。图书可以被其他人借阅。不过，只要能够为图书所有者产生收益，便不存在市场失灵。图书市场拥有一条传统的供应链，包括生产、批发、分销和零售。这一供应链的每一个部分都有着私人企业家之间的竞争。而政府供给仅仅发生于图书馆，这并不排除在供应链的其他部分中私人企业之间的竞争。该供应链的每一部分都存在高度的产品差异化，这造成了诸多利基市场，同时塑造品牌也有其重要性。成功做一个新产品常常需要大量的投资和创新，但并不是所有的新产品开发都会取得成功。

由这些特点所致，大量参与者的存在便构成了图书供应链中大多数部分的一项特征。图书消费者可以轻易地从一个产品转向另一个产品。图书市场几乎没有锁定的消费者，这有助于市场正常运行。就市场透明度而言，即使图书是一种经验型商品，作家声誉、书评、图书俱乐部和口碑也造就了相当高的透明度。图书市场也是动态的，市场上存在着创新，同时也存在着市场份额的变动以及参与者的进入与退出。欧洲零售市场也许是一个例外，政府政策可能抑制了该市场上的创新。从产业组织理论的角度来看，图书市场的特点与其他大多数市场没什么不同（Allen and Curwen，1991），这表明图书市场也应受竞争法约束。尽管如此，许多国家都允许维持图书零售价格，21.5节将对此作进一步的讨论。

21.3.2 差异化产品与不确定的前景

以上特征所引发的后果有哪些？图书市场似乎是垄断竞争的市场，它具有以下特征：

（a）出售的产品是差异化产品；

（b）企业设定商品价格；

（c）卖家数量众多，每一家企业都无视其价格决策对竞争者行为的影响；

（d）进入图书市场不受限制。

这样，图书市场就要在效率（通过生产更多的同类产品以利用规模经济性）与多样性之间作出权衡。

我们可以谷类市场为例对这一概念进行分析说明。消费者对多样化有偏好，但是多样化是需要付出代价的。每一种谷类都变得更加昂贵，此外，市场透明度也有所减弱。由于企业不考虑其他企业不同决策的潜在不利因素（即所谓的偷窃效应），因此，谷类食品市场可能存在市场失灵，并无法达成最优产品多样性。就此而言，图书市场则有所不同，消费者并不是像其在谷类食品市场上那样重复购买同一种产品，图书消费者难得两次都购买同一本书。这大大减少了利用经济规模的可能性，从而改变了图书市场效率与多样性之间传统的平衡关系。从所谓"无人知晓"的特性来看，这种情况尤其明显。这一观点并不意味着图书市场绝对不会有过多的图书品种，其关注的是透明度缺失而非更为常见的规模经济论。与标准垄断竞争模型不同，图书市场并不是一个出版商反复进入并且每一个市场缝隙均为一家出版商所占据的市场，真正占据这些市场缝隙的是图书，而非出版商。出版商掌握的作者和图书信息能够起到降低风险的作用。有些书会取得成功，而另一些则不会。对于出版商而言，预测一本书的出版是否会取得成功并不难，他们也乐于接受除文化动机以外的成功。图书市场的其他复杂性源于另外两个原因：第一，一种产品（图书）的生命周期很短乃是图书市场的一个重要特征，这与那些由时尚决定的产品相似。Bertarelli和Censolo（2000）形成的一个看法是企业只能在很短的时期内行使垄断力量，在进入和“过时”的影响下，其不得不大幅削价应对。第二，出版商可能面临平滑风险与专业化之间的权衡。也就是说，专注于科幻小说的出版商虽然较之非专业化出版商有着竞争优势，但他们也许会面临科幻小说爱好者转向电子游戏这一额外的风险。

因此，出版商有其快速变化的图书组合。出版商的策略既包括决定其图书组合（风险与专业化之间的权衡），又包括决定组合的价格体系。用产业组织学的语言来说，这种组合也许就是范围经济。在Ottavanio和Thisse（1999）的论文中，垄断竞争市场上的多产品企业面临着是否开发新的产品生产线的决策，“是”意味着利用范围经济性，“否”就是减少同根相残。在这样一个市场上，由具体参数所致，存在着产品种类过多或过少的情况（Dixit and Stiglitz，1997）。这与一个出版商关于是否在相同领域雇用一个新的作家加入其当前组合的决策类似，这里也有着一个范围经济性与同根相残之间的权衡。同样，出版商还不得不面临是否进入一个新领域的决策。尚不清楚出版商的复杂决策累积引发了过多还是过少的多样化。出版商们的这一权衡因其各自“对文化的热爱”而异，并导致一系列的出版商类型。在许多国家，多年以来便存在既有专业出版商，又有小出版商和大出版商的局面。

21.3.3 图书的其他特征

图书有着不同于其他产品的若干特征。[①]第一，图书是经验商品，人们只有在消费之后才能了解其价值。第二，图书具有高固定成本、低边际成本的特征，许多其他信息商品市场也是如此。第三，有些图书是极其成功的，同时大多数图书未能取得成功。成功难以预料（“无人知晓”原理）。在某些情况下，这导致了Rosen（1981）提出的所谓“赢家通吃”经济学，只是不像其他信息商品那样极端而已。Cowen（1998）报告说，1990年最畅销的15本书的销售册数占全部图书销售册数的比重不足1%。这也意味着只要书商和出版商愿意，他们就可以用其他图书赚取的利润来补贴高风险的图书。Appelman和van den Broek（2002）提交的证据表明，这样的交叉补贴确实存在。这些可能增加社会福利的交叉补贴可能会遭到那些不属于其分支机构的商店（常常是超市）的阻挠，这些商店也许只是把图书当作一种可供出售的产品（参见21.5节）。第四，消费一本书的机会成本（即时间）往往高于这本书的价格。这是图书难得的独有特征，并导致了图书较其他商品的低价格弹性。事实上，很少有证据表明除了畅销书之外图书市场缺乏弹性，也许是因为大多数购买者拥有较高的收入，或者他们是出于学习的目的而购买图书。[②]第五，阅读可以被解释为是对未来的一种私人投资，而不是消费。第六，图书馆是购买图书的一种（几乎）免费的替代。不过人们会认为图书馆提供的借阅服务质量较低，

① 也可参见Appelman和van den Broek（2002）、Throsby（2001）、Cowen（1998）以及由van der Ploeg撰写的本卷第34章。

② Van Ours（1990）、Appelman和van den Broek（2002）发现荷兰的价格弹性是−0.8。de Grauwe和Gielens（1993）发现比利时的价格弹性是−0.6。Ecalle（1988）、Fishwick和Fitzsimons（1998）发现比利时的价格弹性为−0.9。不过Hjorth-Andersen（2000）发现丹麦的价格弹性为−1.4，这表明丹麦的图书需求具有高价格弹性。Bittlingmayer（1992）发现了一个对单种图书需求的更高的价格弹性，弹性值介于−2和−3之间，这表明不同种类图书之间替代的可能性大于图书与其他文化产品之间替代的可能性。例如，电视价格的下降可能会减少对图书的需求。

致使其替代性并不完全。第七，图书（因其文化价值）具有公共产品的特征。Throsby（2001）提出，图书（或者更广泛地说是艺术）可以被看作如同拥有期权价值（“我总是拥有购买图书的选择权”）、存在价值（“我喜欢有图书存在的情况”）和遗赠价值。此外，图书的价值还包括国家认同、社会凝聚力、国家声誉以及批评和实验的发展等（O'Hagan，1998）。这些价值并不（完全）反映在价格之中，以致图书的全部价值实际上大于买者支付的价格。事实证明，这些特征影响着出版商、批发商、零售商和读者之间相互作用的方式。

21.3.4 作者、出版商、零售商和读者

以上提到的特征引出了各种各样的问题。对于其中大多数问题，市场已经找到了解决办法。本小节主要讨论供应链中各部分相关问题的解决办法。

21.3.4.1 作者与出版商

上文中列出的各种特性使得图书市场与其他文化市场相比相对简单（Caves，2000）。由一系列原因所致，戏剧制作或电影要复杂得多。首先，它们的特点各不相同。戏剧或电影涉及一群不同专业人员之间的复杂互动。这些不同专业人员的通力合作乃是决定戏剧或电影成功的关键因素。供应链中许多部分都有可能破坏这一合作并令项目失败。这导致了一系列复杂的合同和其他制度安排，而在图书业中，这些在很大程度上是不必要的，而且也是不存在的。其次，相对于图书而言，“无人知晓”和“时光飞逝”原理更适用于戏剧和电影。最后，电影或者戏剧的制作成本远远高于图书。因此，电影和戏剧涉及问题重重的融资、补贴和复杂合同。[①]

作者和出版商共同承担着与“无人知晓”和“时光飞逝”原理相关的风险。这意味着作者获得销售额的某个百分比（通常是10%）以及作者和出版商之间的利润总额分成（通常为42%~58%）。只有当作者系名人或者作者拥有良好的声誉时，才会收到预付款项（数额可能很大）。虽然名人作者多少降低了出版商的风险，但是市场上依然存在大量的失败案例。美国前总统克林顿的《在希望与历史之间》（Between Hope and History）因未售出而被书店退货的册数占比就达到了70%（Caves，2000）。

无论是有利于作者，还是有利于出版商，改变合同条款都可能造成资源配置不当。出版商获得的较高报酬导致了较高的出版图书数量，因为出版图书变得更为有利可图，同时仍然有许多作者愿意接受较低的报酬（Caves，2000，p.57）。不过，平均每本图书的商业成功程度将降低，每本图书的平均质量也会下降，因为优秀作者们也许会把时间花在更有利可图的活动上。如果市场上的图书供应不足，那么这种做法有可能是合理的。不过并没有证据支持这一点，倒是相反的结果更有可能。作者获得更高比例的报酬意味着出版商的风险更大，同时图书数量减少，新晋作者出书的可能性也会降低。21.2.3节表明，即使根据人均GDP和受教育水平等基本因素进行了修正，各国图书生产也有着很大的差异。因此，我们并不清楚任何特定国家是否处于“正确”的均衡状态。

在一个简单的世界里，上文所述合同等应该是有效的，并且对此也没有什么可多说的。然而，世界并非如此简单。其中一个原因是出版商和作者的动机不同。出版商想要的是获利。出版商在决定采纳某一书稿（即使是一部有可能滞销的诗作）之后，他仍然想要赚尽可能多的钱。即便是热爱文化的出版商也依然希望利用一切赚钱的机会来弥补损失，否则他根本无法生存。出版商

① 参见De Vany所撰写的本卷第19章关于电影业特别复杂的市场运行的阐释。

与作者的兴趣形成了鲜明对比，后者想要的是最大限度地扩大图书的销售和影响。原因与作者报酬的支付方式有关，尽管作者从图书销售额中获取一个固定比例的收入，但是他还可以从其他收入来源得到补充。这一方面潜在的相关收入（演讲、电视、电影）已经有所增长。在全球化和互联网条件下，作者获得超级明星般收入的可能性也是真实存在的。传媒日渐增长的重要性使得作者们更容易把他们的声誉化为收入的来源。实际上，Coser、Kadushin和Powell（1982）的研究表明，由于出版商即使在接受一部书稿之后也有权拒绝付诸出版，因此，这是一种不对称的力量，不过似乎也有足以与之抗衡的力量存在。只要作者愿意，其就可以更换出版商。许多新晋作者都找到了进入图书市场的途径。此外，一部小说的销售也增强了其未来销售的可能性，它对作者的影响比对出版商的影响更大。作为这些不同激励的结果，作者可能想要使用代理人。因为没有新晋作者的文学声誉市场，所以一个出版商接受1部书稿的机会极小，Caves（2000）提到15 000部小说中才会有1部。通过筛选出优质和劣质的书稿，代理人减少了出版商的成本。这样出版商便可以将一个优秀代理人的声誉视为书稿质量的象征。代理人同样也可以为作者开展有用的商业活动。

作家与出版商之间的动机差异导致了两者之间形成了爱恨交织的关系。Coser、Kadushin和Powell（1982，pp.224-225）报告了一系列有趣的事件：

就这样，19世纪英国首相和作家Benjamin Disraeli已经从朗文（Longman）出版社收到了金额空前的1万英镑版税，因为他完成了小说《恩底弥翁》（Endymon）（1880）；当该小说的销售未能达到预期目标时，他告诉一个友人"我的良心会逼我交出那些钱"，于是他向Longman提交了一份合计将退回3 000英镑的新合同。Longman立刻回应道，它"认为不能利用Beaconsfields（Disraeli）的这一慷慨又体谅入微的建议"。但这种体谅他人的例子确实罕见。

相反的例子却很多：

……关于19世纪日本几本书的作者Lafcadio Hearn在给其纽约的出版商Harper（他愤慨于Hearn干过的某些事）的一封信中写道："请您理解，对我来说，您的怨恨什么都不是，您银行账户的结局会比被闪电击中的茅房还要惨。"

通过考虑作者的知识产权所引发的暂时垄断，可以更好地理解作者、出版商和读者之间的关系（Plant，1934；Landes and Posner，1989）。版权乃是图书市场的一大突出特征。

21.3.4.2 出版商与零售商

图书的诸多特性也会使得零售商与出版商之间的关系出现问题。最为突出的是，"无人知晓"和"时光飞逝"的特性都造成了零售店库存的问题。如果某种图书销售困难，那么零售商便希望尽可能快地将其脱手。货架空间本来就稀少，而有可能取得成功的新书随时会来临。市场解决这一问题的办法包括二手书店、滞销图书降价出售以及有关定价策略和政策等，这些办法旨在分担出版商与零售商的风险。在许多国家，图书零售商有权全额退还图书（包括这一原则的诸多变体形式）。类似于作者与出版商之间的合同关系，历史同样在这一问题上形成了某种均衡。零售商过大的自由选择余地会使他们变得"懒惰"，同时会令出版商承担过多的风险。增加零售商的风险也会导致一些问题，并且这些问题也许并不都是市场能解决的。零售商可以通过高明的批发协议进一步降低风险。在欧洲，各国批发企业所占市场份额有着显著的差别。荷兰最大批发商占据了70%的市场份额。在法国、芬兰和丹麦，图书批发市场也有着较高的集中程度。与此相反，比利时的图书批发市场就显得较为分散，并且发行效率低下（EIM，2001）。另外，在盎格鲁-撒克逊国家，图书批发市场的集中程度较低，但这些国家却有着许多出版和批发一体化企业。事实上，若出版商规模更大，则其值得通过垂直一体化进入发行市场。总而言之，没有理由相信市场必定解决不了需要区分规模经济性的协调问题。

一个国家的零售部门在何种意义上处于“正确”的均衡状态尚不得而知。各国图书零售市场之间存在着如此大的差异，并且这些差异也不太可能反映其在偏好方面的差异。这一事实表明，由图书的诸多特性得出的市场解决有关问题的办法最不易应用于零售部门。事实上，独立的图书零售商数量呈减少之势，他们正被连锁书店所取代（Epstein，2001）。稍后我们将继续讨论这一问题。

图书零售市场同样存在着发挥规模经济性与其他政策目标之间的权衡。所谓消费者交通成本的减少或者公平“普遍服务”之类的观点便是如此。居住在设得兰群岛的人们想要有自己的书店。至少在欧洲，这种权衡在银行业和超市也很突出，银行业的效率要求关闭地方性网店，从而可能令珍视这一服务的老年人失望，而超市则需要在环境及规划等问题与大型零售店的效率之间加以权衡。当前各种趋势偏向于规模。首先也是最重要的乃是互联网的可行性。图书易于在互联网上销售，其便捷程度甚至超过了银行和超市产品。图书的定义明确、运输便利，也不（总是）需要与卖方的人员沟通。实际上，互联网书店的互动服务和个人建议常常是非常好的，存储、查看以及搜寻的可能性都不会受到限制。因此，亚马逊的成功也就不足为奇了。[①]

21.3.4.3 读 者

由于图书是经验商品，因此，若由消费者自己选择，则他们会很难决定购买哪一种图书。为了便于消费者选择，在各种零售店里有众多知名人士，其中主要是独立专家。同时，报纸与互联网上的书评、畅销书排行榜以及强大的口碑文化都可以有所帮助。各式奖励和先行挑选书目的图书俱乐部也传递了一些信息。Oprah Winfrey 读书俱乐部是最著名的图书俱乐部之一，该俱乐部选定的图书常常会迅速进入畅销书榜单，并能够引发额外的需求。例如，在该俱乐部选中 Jacquelyn Mitchard 所著《海洋深处》（Deep End of the Ocean）之前，该书已经上市一段时间了，随后该书便迅速跃居畅销书榜首。所有这些机构或知名人士都充当读者和书商之间的中介。尽管可能存在贿赂（Caves，2000）的例外，即作者（或其代理人）暗中行贿一个把关人以影响其选择，但我们没有理由认为市场信息就此失灵。这一现象闻名于广播电台的流行音乐频道。[②]如果在电台中播放音乐可以影响音乐人的收入，那么这种贿赂便是有意义的。由于政府不希望传媒失去其自身的独立性，因此政府禁止贿赂（虽然其依旧盛行）。在图书市场上，贿赂相对少见，同时畅销书排行榜也充满争议。一位美国咨询顾问曾经买下了许多自己的管理学图书，以致该书持续许多星期位居畅销书榜首，从而带动了其常规顾问工作收入的增长。图书市场上贿赂起作用的另一种途径是通过黏性价格。连锁书店可以与出版商做交易，以在醒目的位置展示有关出版商的图书。Caves（2000，p.295）提到了下面的例子：

> Barnes 和 Noble 的“发现新的伟大作家”计划确保一种书封面朝外地摆放在每家书店 2~3 个月，并且以每种书 1 700 美元的价格在一本专门宣传册上获得评论……这些做法已经在出版商和传统的独立书店之间引起争论，其议题主要包括推销津贴以及其他令连锁书店和超市单方面获得收益的做法。

由于这样一种贿赂违背了把关人所必须履行的文化客观性职责，因此人们往往对此持怀疑态度。

---

① 也可参见由 Baumol 撰写的本卷第 11 章关于“新经济”在艺术与文化中作用的阐述，以及 Soon-Yong、Stahl 和 Whinston（1998）、Creemers（1999）、Yetkiner 和 Horvth（2000）、Klein（2000）、Goolsbee 和 Chevalier（2002）对于互联网图书零售的讨论。

② 参见由 Connolly 和 Krueger 撰写的本卷第 20 章。

21.3.5 图书和文化

21.3.1节和21.3.2节所述的诸多特征以及21.3.3节有关市场解决办法的阐释使我们能够就图书市场运行如何达成文化目标形成如下看法：

（i）图书供给的多样化组合；

（ii）无论从价格还是从距离方面来看，图书对所有人而言都必须具有可得性。

多样化的组合意味着诸多方面：出书种数、体裁数量、文化类图书种数或文化类体裁数量等。同样，可得性（距离）意味着零售商的数量、零售商的（文化类图书）库存或是零售图书的品种。最后，所谓价格的可得性也许是指图书的价格或阅读的可能性（Appelman and van den Broek，2002）。显然，鉴于难以界定文化绩效，故作出相应的总体评估多少需要一些魄力。

我们对于图书市场的一些观察有助于评估其文化绩效。首先，图书具有竞争性和排他性。其他一些文化产品（如唱片）也具有这些性质，但并不是所有其他文化产品都是如此，如无线电广播、电视、纪念碑是非竞争性的，而文化建筑则不存在排他性。作为这一异同（我们早先提到过）的结果，图书市场比其他文化市场更为“正常”，因此，其所需政府干预也相对少一些。鉴于有关技术发展趋势的讨论有着同样的重要性，其中一些非排他性或非竞争性的产品由此转换成了排他性或竞争性的产品（如收费电视）。对于图书来说，这些讨论并不必要，但在互联网时代，人们也许指望某些手册类或是指南类图书的需求驱动型销售会增加。其次，图书是可复制的文化产品（不像诸如Rembrandt的“夜巡”那样），这意味着图书较那些不可复制的艺术形式更易于传播。再次，绝大多数小说类图书并不是像歌剧那样的奢侈品。其中一个原因是阅读几乎与社交因素无关，其他原因则主要在于图书馆，受教育程度越高和越富有的人士阅读越多。

所以，市场上图书品种众多，而且价格低到能够让每一个感兴趣的人都能读得起，何况还有图书馆可供选择。尽管如此，O’Hagan（1998）以及Cummings和Katz（1987）指出，常常会有一些针对艺术的、旨在实现服务均等化的额外政策。我们认为，在零售部门属于最脆弱的环节同时又有图书馆可供补充的条件下，市场给出的解决办法似乎可以颇有效率地达成文化目标。这只是一个关于图书市场绩效较其他文化市场的总体评价，它并未涉及任何一个给定国家图书市场的文化绩效。由21.2.2节和21.2.3节的经验性分析可知，各国在阅读、生产和零售三方面均存在着巨大的差异。即使我们采用人均GDP和受教育程度等因素对此加以校正，这些差异也依然存在，并且不太可能只是由它们各自偏好的差异所致。本节所作评价针对的是关于由图书的诸多特性所致问题的现有的市场解决办法。对于这些持续的差异有两种可能的解释。一种解释是一些国家可能处于错误的均衡状态之中。市场提供了解决办法的事实并不意味着其总是被用以最大化社会福利。就此而言，很可能一些国家的零售商未能成功地应对库存风险。这可能导致图书过少、文化图书过少、阅读过少或作者过多。另一种解释则与各国针对图书市场的公共政策的差异有关。

21.3.6 政府干预的理由

政府干预图书市场的最重要原因是保护一个库存充裕的高级书店的密集网络，并促进大量品种图书的出版。实际上，高级书店的数量正在减少。这可能是由于商业动机造成的，如果它不过多投资于销量小的图书的话。垄断利润以及盈利性强的图书对盈利性差的图书的交叉补贴也许能够使书店储存更多品种的图书，同时也让出版商为多出书而冒更多风险。当前在许多欧洲国家中，与文学基金提供的各种补贴相结合的固定图书价格

（FBP）实践大多是由这些考虑推动的。批评者认为，固定图书价格或者对于所谓高雅图书的补贴也许损害了大众的阅读，因为垄断价格和对小众图书的交叉补贴是由阅读畅销书的平常百姓支付的。不仅如此，对作者、译者、书店和出版商的补贴也都是由普通民众支付的，他们或许对文化价值更高的图书或高级书店都不感兴趣。

在考虑旨在达成文化目标的政策工具条件下，图书市场至少存在两个权衡。第一个权衡是在效率和密度或距离之间。书商的规模增长可以提高效率，但也会导致消费者的行进距离更长。第二个权衡是在效率与文化目标之间。书店中图书的多样性可能与生产效率相矛盾。不同国家的最优政策工具选择并不相同，[①]其取决于文化政治的偏好以及决定市场效果的特定国家的诸多特征。某些市场特征（例如，庞大的“语言规模”）决定了使文化目标更易于达成的市场效果，在这样一些国家，文化政策工具的使用可能会适得其反。主要基于这一原因，美国、澳大利亚和加拿大并没有针对图书市场的政策，但它们却有着针对其他文化市场的政策。这也意味着在欧洲实施一致的图书政策并不是一个好主意。

政府也许希望促进有价值图书的阅读、多样化图书的生产以及或者是一个高级书店的广泛网络。在EIM（2001）所调查的国家中，没有一个国家把出书种数或书店数量等指标明确规定为政策的目标。这样，评估用以达成文化目标的政策工具的效能和效率是非常困难的。

21.4 对固定图书价格协议的批判性评价

固定图书价格（FBP）协议涉及零售价格维持，出版商拥有确定图书零售价格的权利。由于出版商也影响着批发价格，因此他有效地设定了零售店的销售毛利。被认为由该协议所致的与文化有关的优点几乎达到了神话般的地步。在欧洲，没有一个关于图书文化价值的公共讨论完全不涉及有关FBP协议的讨论。[②]

21.4.1 福利分析

我们首先比较图书市场的一个竞争性均衡（CE）与一个垄断性结果。我们假设FBP协议的影响是永久性的，而不考虑在某些国家FBP协议会有若干年的期限，并且到期之后允许图书打折销售，从而能够发挥竞争作用（van der Ploeg，2004）。阅读一本书Q的全部成本既包括图书价格和消费税，又包括用于阅读该书的时间的机会成本ϕW（其中，W为工资，ϕ为读书所花费的时间）。每个家庭用于工作的时间为$(1-\phi B)$，用于读书的时间为(ϕB)，其中B为购买图书的数量。我们假定不存在休闲的效用，只有花时间读书的效用。人们消费其他商品C的效用为拟线性的，如$U(B)+C$，且$U'>0$，$U''<0$，并且在家庭预算约束下实现最大化。我们设图书和其他消费品之间的边际替代率等于读书的全部成本与其他消费品价格的比率，这样便可推导出图书的需求。由拟线性偏好可得私人消费的边际效用等于1，因此图书需求可由$U'(B)=Q$求得，或者：

$$b\cong-\varepsilon[(1-\beta)(p+t)+\beta w]$$

$$\varepsilon\equiv-Q/BU''>1/(1-\beta)\text{且}0<\beta\equiv\phi W/Q<1 \qquad (21-1)$$

其中，小写罗马字母表示对数偏差（例如，

---

① 参见Appelman和Canoy(2002)。

② Tietzel(1995)以及Rürup、Klopfleisch和Stumpp(1997)提供了有关德国的全面分析，Fishwick和Fitzsimons(1998)研究了英国的案例。Hjorth-Andersen(2000)分析了丹麦的情况，Appelman和van den Broek(2002)讨论了荷兰的情形。也可参见Ornstein(1985)、Uitermark(1986)、Whyte(1994)以及Ringstad(2004)。

$b \equiv dB/B$，除了 $t \equiv dT/(1+T)$)，ε 是指关于阅读一本书全部成本的需求弹性，β 是指读一本书所需时间的机会成本在全部成本中所占比例。由于图书价格只是读一本书的全部成本中的一部分，因此需求弹性 $\varepsilon(1-\beta)<\varepsilon$。为了得到正的边际收益，我们假设 $\varepsilon(1-\beta)>1$。

出版商或者书商最大化其利润 $PB-K(B)-F$，$K'>0$，$K''>0$，其中 $K(B)$ 表示可变成本，F 表示固定成本。他们把价格设定在边际成本之上，$P=K'\varepsilon(1-\beta)/[\varepsilon(1-\beta)-1]\equiv P^{**}>K'$。如果价格弹性小，即很少有可替代产品，并且图书价格只占全部成本的一小部分，那么图书价格会较高。书商也许会发现价格歧视有利可图，即对高收入者收取较高的图书价格。他们也许还会利用精装本和平装本作为价格歧视的工具，特别是如果前者的价格弹性小于后者的话。均衡销售量可由下式给出：

$$b=-\varepsilon[(1-\beta)(t+m)+\beta w]/[1+\varepsilon(1-\beta)K''B/K'] \tag{21-2}$$

其中，m 随着价格的上涨而改变。如果消费税减少，或者读书的机会成本（工资）下降，那么图书的销售量就会提高。图21-2显示了FBP的效应。在竞争均衡中，消费意愿 P^* 和 B^* 是在需求曲线 $x+y+z+\nu+w+a+b$ 的下方区域，其会高于消费者实际支付的 $\nu+w+a+b$。减去全部的产品成本 $v+w+F$，我们可以得到总剩余，其等于利润 $a+b-F$ 加上消费者剩余 $x+y+z$。出版商或者书商也许更愿意在均衡价格之下交付图书。在FBP均衡中，购买意愿 P^{**} 和 B^{**} 等于 $x+y+a+v$。同样减去产品成本 $v+F$，我们可以得到总剩余，其等于利润 $y+a-F$ 加上消费者剩余 x 之和。这样，由固定图书价格引发的福利损失就等于为人熟知的“三角形”区域 z（消费者损失，如果利润 y 被分配给家庭）和 b（生产者损失）之和。

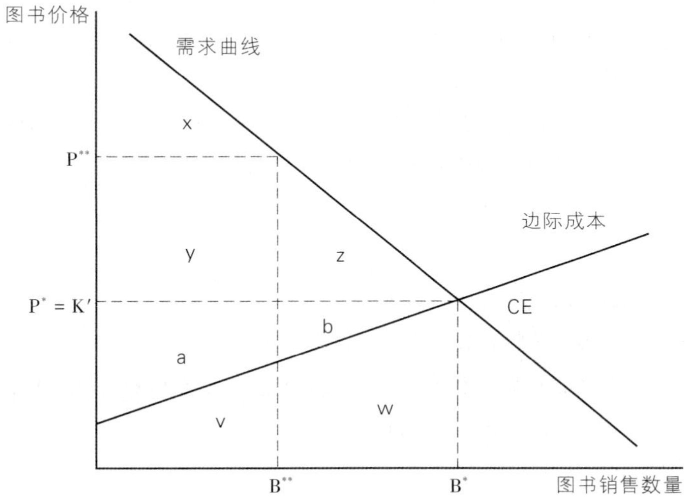

图 21-2　固定图书价格协议的福利代价

在 FBP 条件下，如果销售收入 $y+a+v$ 超过成本 $v+F$，即如果利润是正的或 $y+a>F$，那么企业只能出版或者销售某种特定的图书。在一个竞争均衡中，如果利润为正，即如果 $a+b>F$，那么只会有单种图书被出版或者被销售。而如果固定成本F很高，那么出版和销售的图书种数会更少，因为销售收入与可变成本之差不太可能高到足以收回固定成本。

由于垄断利润比竞争均衡的利润高（即 $y+a-F>$

b + a - F)，因此，在FBP条件下，垄断市场上增加出书量会有利可图，并且较之竞争均衡，其出版或销售的图书种数也较大。因为有可能在低且几乎不会增加的边际成本条件下印制并出售额外的图书，所以生产者损失b很可能较小。同样，图书需求的价格弹性ε也很可能较小，因为全部阅读成本中的很大一部分是时间的机会成本。因此，很可能垄断价格加成较大，同时垄断利润y也会较大。这样，在FBP条件下，出书量很可能会多于完全竞争市场。对于边缘性的图书而言，某种垄断利润的必要性在于收回固定成本，而这在完全竞争条件下却不可行。无论如何，如果出版某一特定图书，印数较少将会导致价格高于完全竞争均衡价格。尽管FBP使出书量更多，但图书价格将会更高，每种图书的销售量也将更少。

FBP也拥有动态成本。当然，零售商店之间已不可能发生价格竞争，不过针对当地情况进行相应的价格调整也变得更为困难。对于同一本书，偏远岛屿上的书店也许想要索取较之在首都的书店更高的价格，但这在FBP条件下却行不通。同样，针对不同类型的顾客或不同的季节，价格调整也更加困难。有些顾客不需要服务但喜欢较低的价格，而另一些顾客却偏好较高价格条件下的服务。最重要的是，FBP阻碍了创新型分销渠道的发展，因为其所实现的成本节约并不能给顾客带来好处。竞争促使独立的小书店可以营造比大型连锁店、超市和互联网更大的对于顾客的吸引力。英国和美国似乎确实是这样。在FBP条件下，非常规的分销渠道（如图书俱乐部、超市、加油站、互联网等）的机会更少。除了拥有这些成本优势之外，独立的小书店还有一个好处，那就是它也许有能力推荐有趣的图书并从出版商或者发行商那里订购图书。

Tullock（1980）认为是出版商和书商进行了游说活动，他们花费时间、精力和其他资源建立并维持了FBP的特权。因此，垄断利润y + a - F是不会还给消费者的。出版商和书商将继续游说和寻租活动，直至大部分垄断利润消失，所以垄断利润y + a - F应该被计入垄断协议下由消费者剩余与生产者剩余之和组成的福利损失“三角”中。如果这些利润消失，那么由图书品种多样性所致的收益也将不复存在。

因此，如果寻租行为没有使全部利润消失，那么FBP协议可能导致更大程度的图书品种多样化，但会减弱发展新的分销渠道的动力。同时，它还会造成图书价格更高以及每一种图书相对较少的销售收入。不过，英国自由化之后的经验却表明，随着书店数量的减少以及新的分销渠道的拓展，图书价格已经以高于零售价格指数的幅度上涨。出租车费自由化的结果是，为了从不了解行情的旅游者那里收获利润，某些出租车服务大多提高了收费；同时，其他出租车服务却收取较低的价格，以享有面向本地居民市场的较之从前更大的业务量。[①] 与出租车市场相比，图书市场的竞争可能由于不同的原因而失败，因为消费者可以借助互联网很快找到相关价格信息。还有一个不同的问题是，在公众阅读特定图书之前，他们难以评价这些图书的质量。这也许会引发所谓“柠檬”问题，即低质量的图书驱逐高质量的图书（Akerlof，1970）。书评和图书俱乐部也许避免了这一问题的发生。

21.4.2 零售价格维持可能加剧非价格竞争

FBP的拥护者认为，尽管市场上不存在价格竞争，但非价格竞争却有可能加剧。例如，较高的销售利润可能会激励书商为顾客提供更好的服务（Holahan，1979；Mathewson and Winter，1998；Deneckere，Marvel and

① 参见Salop and Stiglitz（1977）和Sutton（2000）。

Peck，1997）。由于较高利润率的存在，书商会在服务方面付出更多的努力，以获得额外的顾客。

如果额外的服务（书店内更具吸引力的展示、给顾客更好的信息、更多的促销活动等）产生的销售量超过了由较高垄断价格所致销售量的相对减少额，那么FBP也许就是值得的。否则，市场就不可能提供足够的服务，因为书店会拥有像搭便车者那样运营的动机，即它们向顾客提供折扣，同时期望其顾客从别处获得它们的信息或相关服务。书店几乎不会拒绝向那些最终可能不购买图书的人们提供服务，也几乎不会因向他们提供了信息而收费。尽管如此，大多数顾客还是很少参与这一策略，因为逛各类书店的成本似乎高于他们可能获得的折扣收益。通过报纸和媒体或互联网上的出版商广告或书评，上述大部分服务已经是可供利用的。无论如何，图书的需求是否真的由服务决定仍然是有疑问的。更好的服务似乎不是支持FBP的一个很好的论点。

图书贸易也表明较大的价格成本差额为那些库存较多的书店提供了激励。书商愿意分担出版商的一些库存风险，这样出版商将出版更多种数的图书。这一差额水平使得零售店在开办成本高企的条件下仍能获得更多的利润。只有顾客想要在一个特定的高成本书店中购买图书，这一论点才会成立。从这些零售店所获得的销售量增加也许会抵消由较高的垄断价格所致的销售量下降。虽然从文化的视角来看，一个密集的书店网络是合意的，但是出于市场失灵的原因，我们难以评判这一关于FBP的论点。另一个流行的论点是，这种较高的差额促使更多的零售店在货架上陈列销售前景尚不确定的新书。如果假定新晋作者出版其第一本书似乎没什么问题，那么这同样不是一个有力的论点。Marvel和McCafferty（1984）表明维持转售价格可以确保一个奢侈品的形象，但这一论点似乎与香水和珠宝市场更为相关，而非图书市场。

总之，以上讨论表明，目前还没有一个关于FBP的最终经济学定论。即使在FBP条件下各类图书的出版种数更多，也有可能存在着更有效率的手段达到同样的结果。无论如何，由技术进步所致的生产成本降低将会有利于出版图书的多样化。

21.4.3　不完全竞争：交叉补贴说成立吗？

Ian McEwan的小说《忍耐》（Endurance）并不能完全替代Umberto Eco所著的《玫瑰之名》（Nome della Rose）。它们是两本不同的图书，因为作者的风格各不相同，两本小说的主题不同，最后但同样重要的是当初它们用以写成的语言也不同。不过，相对于烹饪类图书或旅游类图书等而言，Umberto Eco的作品则是Ian McEwan小说更为接近的替代品。而另一方面，Martin Amis可能是一个比Umberto Eco更接近于Ian McEwan的替代品。因此，人们必须放弃同质商品领域内的讨论，转而采用Chamberlin的垄断竞争框架，其中图书属于不完全替代品。出版商或者书商开拓出一个利基市场并获取垄断利润，从而令他们有能力收回固定成本。这样，出版图书便是有利可图的。事实上，出版商或者书商进行游说活动的重要论点正是基于不完全竞争。他们认为，FBP考虑到了畅销书对于滞销书的交叉补贴，并导致了更多种类的图书和书店的供给。此外，图书游说活动表明（尽管论点似乎并不非常有力），出版并储存大量精选的图书提高了相关方的声誉，产生了规模经济并满足了出版商和书商各自的独特偏好（也可参见21.4.2节）。

初步看来，关于交叉补贴的争论似乎是无意义的。在关于一个产品成功的信息不完备的竞争性市场上，投资许多产品而只靠几个产品来收获成功的做法是司空见惯的。例如，即使没有一个固定的马匹价格协议，但马的主人也会购买很多刚满一岁的小马，其中许多未能赢得比赛的马匹随后被卖给了马术学校或者肉品厂。同样，出版商在一个没有FBP的市场上投资于一个新晋作者，就像马的主人投资于刚满一岁的小马一样。其实，Denis Diderot于1767年所阐述的出版业的拇指法则表明，在全部新版图书中，盈利的占一成，保本的占四成，亏损的占五成（Beck，2003）。尽管出版是一个出书量中只有1/3盈利的风险业务，但是图书市场上的新晋作者几乎不会遇到什么障碍。FBP有着垄断的所有福利和政治经济成本。如果畅销书易于理解、阅读耗时很少、需求价格弹性大，同时，像诗集这样的滞销书的阅读需要很多时间和精力，并且需求价格弹性小，那么交叉补贴的情况就会发生。实际上，从文化角度来看任何有价值的图书都需要花费时间和精力去欣赏，这促成了一个较低的需求价格弹性。

非虚拟类图书（如字典、烹饪图书、旅游手册、教科书等）在其各自所属的类型中很可能有着高度替代性，因此它们便具有较高的价格弹性。而虚拟类图书（如儿童图书、推理小说等）大多具有相近的替代品（也许《哈利波特》除外），因此具有较高的价格弹性，特别是老版图书的口袋书版本。我们并不指望这类型图书能有较大的垄断利润，并且对于特殊或者特征单一的图书来说，也没有多少空间进行交叉补贴。如果现实情况是这样的图书都具有较低的价格弹性，并形成了较高的垄断利润，那么交叉补贴的论点很可能就是错误的。与FBP有关的问题是，其无法保证出版商或者书商将会利用垄断利润来确保出版更多的深奥图书并储存在书店里。垄断利润很可能流向了无益的管理松懈。

21.4.4 固定图书价格政策

在澳大利亚、加拿大和美国等国家，固定图书价格并不是一个问题。然而在欧洲，图书受《欧洲竞争法》管辖。尽管如此，一些国家基于文化相关原因而允许执行固定图书价格政策。表21-9提供了一个概述。有12个国家推行了固定图书价格政策，而另外8个国家则没有。图书价格制度的详情因国家而异（欧盟委员会，2004）。例如，比利时有着一个期限为6个月的限制价格竞争的自律协议，期满之后定价则不受约束。一些国家的固定图书价格政策也许会有改变，因为它们正受到竞争当局的检验。其中，奥地利固定图书价格政策的有效期至2005年；丹麦竞争管理局正考虑对其固定价格政策做一些调整；希腊近期的一个诉讼案件允许报摊以低于固定零售价格的售价卖出图书；意大利有关固定图书价格的法律延期至2004年12月31日；荷兰的现行法律到2005年1月期满，而一部新法律目前已提交议会。在英国，固定图书价格在20世纪90年代中期被废除。正因为如此，一些规模较小的独立书店声称尽管它们提供了高质量的服务，但却难以维持营业。英国的图书价格也在上涨，这可能只是因为图书由简装本转换为精装本所致。

英国、瑞典、芬兰、比利时和爱尔兰并未推行FBP，但比利时和爱尔兰两国目前正在考虑引入这一政策。法国、意大利、西班牙、葡萄牙、希腊、奥地利、卢森堡、丹麦以及最近的德国都在法律中引入了FBP协议。大部分国家的做法是以法国的相关法律（即所谓“朗法案”）为参照依据的。[①]荷兰在竞争法案中将图书贸易中的串谋协议排除在外，不过其还未把FBP纳入相关法律。在一些国家（如意大利、丹麦和西班牙，很快还会包括荷兰等），FBP都不包括教育类图书。就此而言，除了英国、瑞典和芬兰之外，FBP在欧洲国家得到了广泛推行（EIM，2001）。一些推行FBP的国家实施了“集体性”零售价格维持，以致所有关联出版商都把固定零售价格强加给所有关联的零售店。其他国家（如德国）实施的则是一些图书自由定价的独特的零售价格政策，这样也许会有一些残余竞争的优势和较少的市场扭曲。

---

① 法国曾于1981年通过了“行业内部图书统一定价原则”法案，其通常被称为“朗法案”（Loi Lang）。根据“朗法案”的规定，所有向公众出版图书或发行进口图书的零售商（包括网上书店），都必须按照图书的统一规定价格进行销售。书商可适当进行打折活动，但每本书的折扣不得超过定价的5%。——译者注。

表21-9 关于图书的公共政策

	增值税税率（2001）（%）		固定图书价格政策
	图书	标准	
澳大利亚	10	0	无，从1972年起无
奥地利	10	20	有
比利时	6	21	无
加拿大	7	15	无
丹麦	25	25	有，自2001年起作了调整
芬兰	12	22	无，自1971年起无
法国	5.5	20.6	有
德国	7	15	有
希腊	4	16	有，自1997年起有
爱尔兰	0	21	无，自1995年起无
意大利	4	19	有
日本	5	5	有
荷兰	6	17.5	有
挪威	0	23	有
葡萄牙	5	17	有，最近开始有
西班牙	4	16	有，自1974年起有
瑞典[a]	6	25	无，自1970年起无
瑞士	2.4	7.6	有
英国	0	17.5	无，自1995年起无
美国[b]	1–7	1–7	无

[a] 2002年之前图书的增值税是25%。

[b] 消费税。

欧盟委员会不赞成FBP协议，在它看来FBP违背了一个共同市场的理念。不过，它最近终止了对德国的固定图书价格体制（即所谓“集体保证书”，Sammelrevers）的竞争诉讼程序，因为德国出版商和书商提供了充足的证据表明，德国的FBP没有明显妨碍欧盟成员国之间的贸易，因此也没有违反欧盟的竞争法则。事实上，“集体保证书”确保了德国图书跨境直接销售给德国最终消费者的自由，特别是通过互联网。这样德国出版商和书商将不会阻碍或直接禁止跨境互联网直接销售，也将不会阻碍或禁止国外零售商为相对便宜的德国图书做广告。他们一致同意不违背“集体保证书”，因此他们也不会与外国零售商合作来规避FBP。对此，前欧盟委员会委员Mario Monti说：

根据欧盟竞争法的规定，欧盟委员会对不明显影响成员国之间贸易的国家固定图书价格体制无异议。从辅助性原则来看，通过许可德国的固定价格体制，欧盟委员会也考虑到了维持这些体制的国家的利益所在，即保护欧洲文化和语言的多样性。

因此，全国性固定图书价格协议似乎不存在来自欧盟的障碍，只要该类协议不妨碍跨境贸易即可。

总之，FBP可能导致任何一种已出版图书较高的价格和较少的销售量。同时，它也可能阻碍了创新和发行，但它会使出书量更多，而且出售各种各样图书的书店数量也将更多。[①]在任何情况下，许多FBP协议的持续时间有限，并还有着明确的例外。这一协议的福利成本可能不会太大，可能会通过缩短协议期限和减少适用的方式来实现。它可能还有助于废除认证和排他性交易安排，有助于废除为出版商所认可的书商的固定折扣，转而订立单独价格协议，而不是纵向价格协议。[②]由于教育类图书和科学类图书往往具有相对较小的价格弹性，并且更易受到滥用垄断力量的影响，因此这两类图书被排除在FBP协议之外。作为一项宗旨，FBP使出版商和书商的注意力和精力从增进图书交易的创新性和顾客导向上转移开来。也许更值得做的是通过投资于公共图书馆和教育促进阅读各种各样的图书，资助作者写出具有高文化价值的图书，将最好的图书翻译成其他语言并推广至国外。

21.5 其他公共政策

除了影响图书市场的竞争之外，政府还通过奖励、拨款、补贴书店、公共图书馆以及图书专用增值税制度等途径积极干预图书市场。借此政府希望确认图书不仅具有经济价值，而且还有文化价值。

21.5.1 刺激需求：降低增值税

通过降低图书特定的增值税税率，图书总体消费水平可以有所增长。不过这只是一种常规的政策工具，并不适用于直接针对特定的具有文学价值的图书。由于烹饪类图书和诗集的增值税同样都降低了，因此这一政策工具主要用于促进图书的购买及其所希望的图书阅读。因为不需要设置文学专家机构，所以管理成本较低。表21-9提供了各国图书增值税政策的概况。除了丹麦之外，其他所有欧盟国家都采用了这一政策工具，英国和爱尔兰甚至还完全废除了图书的增值税。欧盟委员会误导性地试图使各国的图书增值税税率协调一致，致使其他成员国很难废除图书的增

① 不过德国的数据表明，零售价格维持并不支持平均水平之上的焦点定价，因为数据显示零售价格皆聚集在中心价格点附近（Beck，2004）。

② 也可参见Appelman and van den Broek（2002）。

值税。欧盟委员会并没有考虑到辅助性原则。由于仅限于非英语国家之间的图书贸易几乎不改变欧盟内部的图书贸易，因此税收竞争并没有危险，彼此独立推行图书增值税政策对各国也没什么坏处。

21.5.2 刺激供给：对作家的奖励和补助以及对书店的补贴

政府和商业赞助商为鼓励作家做了很多事情。许多知名或不知名的奖励被授予最好的小说家、诗人以及翻译家等。所有这些都旨在鼓励提高图书的品质。更为重要的是，这些奖励也许还能引导缺乏知识或经验的读者选择更好的图书。图书俱乐部、畅销书排行榜以及电视上的图书节目在这方面也有所助益。这些奖励同样可能使相应图书的销售量增加。如果生活窘迫的作者的作品被认为具有文学价值，那么文学基金就会帮助这些作者维持生计。由于只有畅销书作者才能够依靠版税或者相关的收入谋生，因此其他作者也许需要一些帮助，特别是如果他们的作品具有文化价值却又可能不是大众兴趣所在的话。这些政策的目的是鼓励提高图书的品质，而非增加出书的种数。有些时候，对高品质图书的出版补贴也可能同样有所助益（如瑞典）。

许多政治家把文化重要性与一个零售书店的密集网络联系在一起。21.2.3节早已表明，一些国家零售书店的密度似乎正在下降，或许在那些没有FBP的国家中下降程度更大，同时书店的集中度也呈上升之势。从文化的角度来看，这是一个坏消息。消费者们必须走更长的路，并且书店的类型也较少。如果文化政策的主要目标是提高高级书店的密度，那么对于高级书店的补贴可能比FBP更为有效。在人口较少的地区，如果高级书店成为文化中心，那么它们也许应该得到公共支持。

旨在扶持库存充足的书店的政府补贴有可能被证明是一场行政管理的噩梦，这也许可以用为什么迄今并没有太多相应的经验来解释。补贴出版商出版文学类图书和有文化价值的图书，似乎同样有可能会阻碍市场机制并导致不良的影响。在瑞典，政府通过这一方式补贴了大约1/3的虚拟类图书和1/5的儿童读物。然而，瑞典的零售商并没有储存所有品种的图书，而政府出乎意料地也不要求其所补贴的图书都被提交零售。

21.5.3 使阅读便宜：公共图书馆

表21-10概述了各国公共图书馆的使用情况。各国之间有着巨大的差异。在法国、意大利和葡萄牙，公共图书馆的密度非常低，为每万人0.4个服务点。不过在瑞士和英国该项统计数据很高，达到了每万人3个服务点以上。图21-3（a）表明，就所有样本而言，公共图书馆服务点和出书量之间存在着显著的正相关关系。当然，这种相关关系并不一定意味着是因果关系。更有可能的是，这种相关关系与对图书的偏好有关。在一些国家中，人们对于图书的偏好较弱，从而导致这些国家的公共图书馆服务点与出书量较少，而在其他国家则恰恰相反。奥地利、北欧国家和瑞士的图书馆雇员数量最多。希腊、日本、葡萄牙和西班牙的图书馆雇员数量少于每万人20个。有两个关于图书馆使用的指标可供利用：注册用户数量和图书馆访问人次。各国注册用户数量的差异很大，如奥地利为居民数量的11%，而英国的这一比例高达59%。但除了希腊之外，图书馆访问人次的国别差异却很小。图21-3（b）则显示，公共图书馆借出图书数量与出书量之间同样有着正相关关系，尽管瑞士是个例外。

表 21-10　　公共图书馆概况

	年份	服务点	图书馆雇员	藏书数量	注册用户	访问人次	用户借书量
奥地利	1998	2.4	116	1.2	0.11	—	2.0
比利时	1997	1.5	38	3.0	0.23	—	6.7
加拿大	1999	1.2	42	2.4	—	—	6.6
丹麦	1999	1.6	93	5.5	—	—	13.7
芬兰	1999	2.2	82	7.2	0.47	—	19.2
法国	1997	0.4	22	1.5	—	4.5	1.5
德国	1998	1.5	29	1.4	0.14	—	4.0
希腊	1997	0.8	17	0.9	—	0.2	0.2
爱尔兰	1998	0.9	35	2.9	0.23	—	3.3
意大利	1997	0.4	41	0.7	—	4.8	4.5
日本	1999	0.3	15	1.5	0.28	—	3.9
荷兰	1997	0.7	53	2.6	—	4.4	10.0
挪威	1997	2.5	42	4.6	—	4.4	5.0
葡萄牙	1999	0.4	7	0.9	0.41	—	0.3
西班牙	1998	1.3	17	1.0	0.18	—	0.6
瑞典	1997	1.9	71	5.2	—	4.7	8.0
瑞士	1997	3.2	74	3.9	—	4.3	0.8
英国	1999	3.7	45	2.1	0.59	—	7.8

注：服务点和图书馆雇员数量是指每万人的数量；藏书数量、图书馆注册用户数量、图书馆访问人次和用户借书量则计算的是人均值。

资料来源：联合国教科文组织，1999年《统计年鉴》。

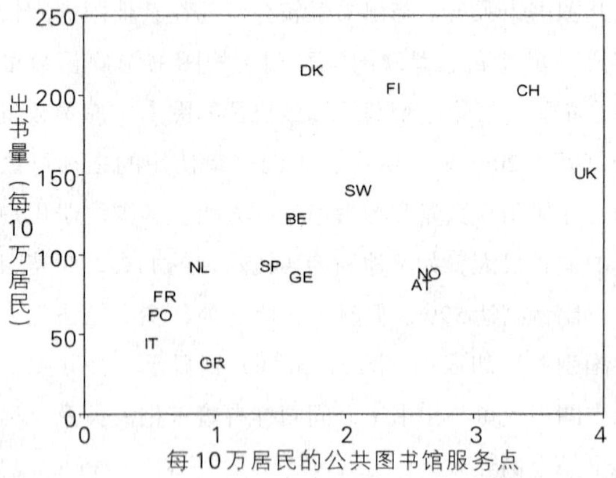

（a）出书量与公共图书馆服务点（1990）

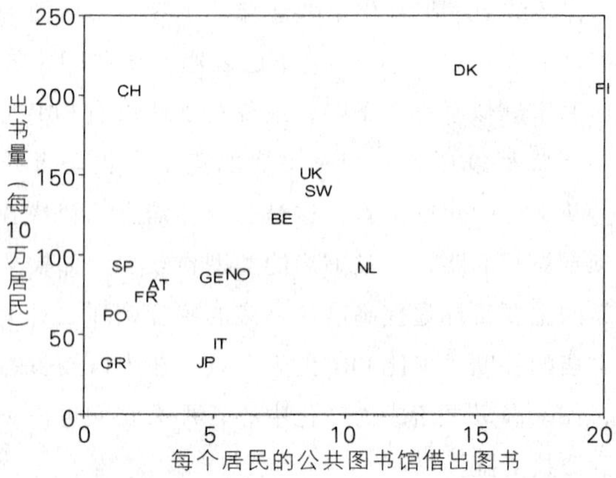

（b）出版量与公共图书馆借出图书（1990）

图21-3　出书量与公共图书馆

21.5.4 信息汇总

由那些已经展示的程式化事实，我们可以得到一些结论。人们所阅读图书的数量有所减少，各国居民的阅读行为存在差异。一些差异在青年人身上已有表现。女性阅读量比男性多，受教育水平较高人士的阅读量大大超过了受教育水平较低人士。出书量在不断增加，人均出书量因国家而异，这表明其中一些国家的畅销书多于其他国家。各国在增值税、FBP政策方面也存在着差异。不仅如此，各国在图书馆利用上更是存在着重大差异。斯堪的纳维亚半岛国家、荷兰与英国的公共图书馆利用水平较高，而南欧国家的相应水平很低。

为了探索出书量（见表21-5）的可能决定因素，我们研究了在何种程度上人均GDP（采自Groningen Growth and Development Dataset）、平均受教育水平（引自Barro and Lee，2000）以及固定图书价格政策（见表21-9）是相关的。我们使用了1975、1980、1985、1990、1995、1999等年份的信息，并以国别效应来解释可能的文化和偏好差异，以时间效应来解释生产成本的变化。这样，我们所估计的方程如下：

$$\log(TITLES_{it}) = \alpha_i + \alpha_t + \beta_1 \log(GDP_{it}) + \beta_2 \log(SCHOOLING_{it}) + \beta_3 FBP_{it} + \varepsilon_{it} \quad (21\text{-}3)$$

其中，TITLES为每10万人的出书量，GDP为人均真实GDP，SCHOOLING指的是代表25岁及以上居民的平均受教育年限；FBP是一个虚拟变量，若一个国家有固定图书价格制度，则FBP等于1，否则等于0。此外，i表示国家，t表示时间，α_i表示特定国别效应，α_t表示时间效应，而ε_{it}是一个独立同分布的误差项。

表21-11（a）中的第一列显示了在排除固定效应情况下的参数估计值。人均GDP对出书量有显著的正效应，弹性系数为0.86，但无论是受教育水平还是固定图书价格制度，都不存在显著的影响。如果我们引入国别（随机）效应，那么该参数估计值几乎不会改变。如果我们还引入时间效应，那么人均GDP就不再重要。显然，人均GDP的时间和国别发展之间有着高度相关性（即增长率是相关的）。正因为如此，人均GDP可能对出书量有正效应，但是我们并不能将该效应与表示生产成本或偏好变化的其他相关的时间效应区分开来。表21-11（a）还表明，出书量与平均受教育水平、固定图书价格政策之间都不存在相关性。

我们还研究了公共图书馆使用情况的可能决定因素，相同国家相同年份的估计方程如下：

$$\log(LOANS_{it}) = \gamma_i + \gamma_t + \beta_4 \log(SCHOOLING_{it}) + \beta_5 \log(SP_{it}) + v_{it} \quad (21\text{-}4)$$

其中，LOANS为人均公共图书馆借书量，SP为每10万人的服务点数量，v_{it}是一个独立同分布误差项。估计值如表21-11（b）所示。一个国家的平均受教育水平对该国公共图书馆的借书量有着正效应。如果引入国别（随机）效应，那么该正效应将会变小。这表明受教育水平与公共图书馆借书量之间可能存在着相关关系，并且是由对这两项的共同偏好所致。如果引入时间固定效应，那么这一效应将变得更小，这表明随着时间的推移，受教育水平与公共图书馆借书量之间有着一个非因果的相关关系。尽管如此，即使在引入国别效应和时间固定效应之后，受教育水平对公共图书馆借书量也有着正效应。这不足为奇，因为（如上文所讨论的那样）受教育水平与阅读之间存在着正相关性。表21-11（b）还显示了图书馆服务点数量对借书量也有着正效应。

表21-11　出书量和图书馆借书量的决定因素

(a) 出书量	(1)	(2)	(3)
GDP	0.86（2.4）*	0.84（2.9）*	-0.11（0.3）
学校教育	-0.23（0.6）	0.09（0.2）	-0.02（0.0）
FBP	0.02（0.2）	-0.18（0.9）	-0.20（1.0）
国别效应	无	RE	RE
时间效应	无	无	RE
R^2	0.06	0.35	0.42
X^2	—	1.6	2.4
(b) 图书馆借书量	**(1)**	**(2)**	**(3)**
学校教育	3.55（5.6）*	1.43（5.8）*	0.92（1.9）
服务点	0.41（2.6）*	0.43（4.1）*	0.42（3.7）*
国别效应	无	RE	RE
时间效应	无	无	RE
R^2	0.45	0.39	0.38
X^2	—	4	1.5

注：估计阶段为1975—1999年；出书量包括20个国家的109个观察值；图书馆借书量包括18个国家的90个观察值；t值如圆括号内所示；除去FBP之外，所有变量均为自然对数；RE为随机效应，FE为固定效应；R^2为相关系数；X^2为比较随机国别效应和固定国别效应的检验统计量。

*代表在5%水平下的显著性。

表21-12基于1990—1999年7个国家的相关信息给出了相似的分析（出书量的数据来自International Publishers Association）。估计方程与前文（21-3）相似，其中国别时间趋势δ_i解释了受教育水平变量和偏好可能的变化：

$$\log(\text{TITLES}_{it}) = \alpha_i + \alpha_t + \delta_i t + \beta_1 \log(\text{GDP}_{it}) + \beta_3 \text{FBP}_{it} + \varepsilon_{it} \quad (21-5)$$

现在我们发现人均GDP具有正效应，不过引入时间效应与国别时间趋势之后，这种正效应会有所减少。表21-11（a）和表21-12结果的差异可能源于各国人均GDP与出书量在长期内的关联性强于其在短期内的关联性。表21-12的第一列显示，推行FBP制度的国家多生产了25%图书品种。不过，这一效应是基于跨国差异估计的。如果我们引入国别固定效应，那么该项系数就变为明显的负值。这一FBP对出书量的负效应完全是由英国于1995年废除FBP且随后其出书量增长所造成的。

表21-12 出书量的决定因素

出书量	(1)	(2)	(3)	(4)
GDP	0.87 (3.5)*	1.24 (7.6)*	0.50 (2.1)*	0.93 (1.7)
FBP	0.25 (2.9)*	-0.11 (2.2)*	-0.11 (2.6)*	-0.10 (2.3)*
国别效应	无	RE	RE	RE
时间效应	无	无	FE	无
国别趋势	无	无	无	是
R^2	0.16	0.59	0.75	0.73
X^2	—	2.4	0.8	23.4

注：估计的阶段为1990—1999年；样本包括7个国家的70个观察结果；t值如圆括号内所示；除FBP之外，所有变量均为自然对数；RE为随机效应，FE为固定效应；R^2为相关系数；X^2为比较随机国别效应和固定国别效应的检验统计量。

* 表示在5%水平下的显著性。

21.6 结 论

在政府很少干预的情况下，图书市场确保了不错的文化绩效，特别是在几种主要语言广泛使用的区域。不过，各国在阅读、零售商店、批发和生产等方面各不相同。因缺乏数据和研究，解释这些差异并不容易。它们也许是由偏好、物流、人口密度或公共政策方面的区别所致，也可能是因为陷于错误的均衡。一个重要趋势是人们读的书似乎越来越少。也许人们正在互联网上阅读，或是将时间花费在其他文化休闲活动上。有待进一步研究的一些重要领域是：研究出书量、图书销售和价格之间的关系；采用调查数据研究读者的个人特征对市场结果的影响；经验性分析图书市场与其他文化市场之间的差异；利用产业组织理论解释出版商、零售商的定价和库存行为。

市场失灵相对少见是图书业的特征，即使有也相对易于为市场工具所修正。歌剧、电影或戏剧的特点是高生产成本、高风险且需要大量不同专业人士之间的复杂互动关系，与它们相反，图书业能够自我维系生存和发展。即使大规模生产有着明显的回报，图书的生产成本也较低。新晋作者、出版商和零售商的进入门槛较低，合同相对简单且相当一致。图书市场对于具体问题似乎总能找到解决办法，并不常常需要公共政策介入，或许推广阅读除外。

尽管如此，要求政府干预的游说势力也相当强大。可能的政策工具包括给予作者、译者、出版商、书店的奖励和资助，特殊的图书增值税制度，通过公共图书馆促进阅读以及固定图书价格（FBP）。与FBP相对应的通常情况是，与完全竞争市场相比，FBP条件下图书的价格相对较高而销售量相对较小。由于价格将更高，以致FBP损害了买者的利益，特别是低收入买者的利益。支持FBP的一个可能的理由是，FBP导致了更多库存充足的书店的产生，以及更多边缘性图书品种的出版。而支持FBP的游说者的交叉补贴一说却并不令人信服。第一，即使在没有FBP的条件下，市场也会抱着获得可能的畅销书的希望，交叉补贴新晋作者和其他风险项目。第二，即使FBP政策“有作用”，也没有证据表明其与交叉补贴有什么关系，更没有民意的牵制。第三，市场并不保证畅销书的利润会被用来对非畅销书进行交叉补贴。其实，出版商和书商有不这么做的动机。第四，如果非畅销书的价格弹性小于畅销书（也许是因为它们需要更多的时间来阅读），那么非畅销书的垄断利润应该高于畅销书，所谓交叉补贴的论点就站不住脚。第五，即使交叉补贴确实存在，人们也应该评估交叉补贴的文化收益是否高于FBP所致的市场扭曲的损失。至于那些为FBP辩护的论点，诸如改进的服务、更好的发行和零售网络以及有所增强的非价格竞争的其他形式等，也都经不起仔细推敲。图书业生产了许多种图书，同时新晋作者们也没有遭遇过严重的问题。FBP有可能减缓甚至停止大城市以外有充足库存书店的数量下降的态势，但也影响了互联网和超市的图书销售。

对欧盟不同国家图书业政策的比较告诉我们，统一欧盟国家图书业政策的想法是错误的。由于欧盟内部并不存在太多的跨国图书贸易，因此各国的图书政策几乎不会扭曲欧洲统一市场。此外，不同欧盟国家图书业的特点、文化与社会特色以及政治偏好都有着很大的不同。因此，最好应当允许欧盟成员国各自设计本国的图书政策。例如，FBP对希腊的意义比对英国更为重大，因为希腊语是一个相对“较小”的语种，并且使用互联网的人口也相对较少。虽然在各国图书增值税税率并不一致的条件下有可能会出现“逐底竞争”的问题，但是对于图书市场而言，税收竞争似乎是无关紧要的。为了促进阅读，欧洲国家应该自行降低或者废除图书的增值税。

图书业中许多既有垄断权最终将被技术变革所动摇。数码相机、录音和编辑设备使低预算无线电广播和电视以及所谓窄播成为可能，从而动摇了公共和其他广播商的垄断力量。同样，互联网促成了虚拟图书供应商、按需印制和出版图书以及电子书的兴起。虚拟字典、虚拟百科全书以及其他虚拟手册已经在很大程度上超过了它们的实体版本。一个密集的库存充足书店的网络依然有其重要性。尽管更多的零售是在互联网上进行的，但对于那些人们可以感受图书、邂逅令人惊奇的主题和人物的实体书店来说，它们仍然是不可或缺的。

不过，当前存在着危及图书的一些趋势，其中最重要的是人们的阅读越来越少。有些人担心下一代人会完全停止阅读图书，只是这种观点可能过于悲观。首先，随着人口老龄化，可供利用的休闲时间更多，阅读的机会成本也相应下降。其次，图书市场越做越大。1947年美国在售的图书有8.5万种，而1996年美国在售图书达到了130万种，这在某种程度上是由图书的生产和印制成本急剧减少所致。最后，我们没有理由相信像图书这样一种古老的文化载体会突然消失。现代技术是对图书最重要的补充，而不是图书的替代物（Cowen，1998）。无论如何，就像法国写作文化史学家Roger Chartier所言：

> 上网冲浪的景象已经变得如此常见，这显然表明了一个新的阅读途径的特征：分段化、碎片化和间断性。如果说这样的阅读与百科全书式的碎片化结构的文献互相呼应，那么这种阅读会被某些作品类型所扰乱和迷惑，对于这些作品类型的欣赏意味着一种较连贯的阅读和对作品的精通，以及对文本连贯性和原创性的认识……未来的一个重大问题是，数字文本性是否能够克服在文档结构及其所提出的阅读模式方面均呈现出的碎片化趋势。[①]

图书业中的每一个新生事物都引发了所谓图书末日来临的文化悲观主义。而大多数的新生事物其实都只是改进了图书业务（Cowen，1998）。此外，价格也出现了持续的大幅下降。图书市场的未来看上去可能很不一样。Chartier的分析指出，电子书将会取代那部分电子阅读早已优于传统阅读的图书市场。至于小说，没有人知道会怎么样。我们自己不会在电子屏幕上阅读莎士比

① 全文参见www.uchicago.edu-research/jnl-crit-inq/features/artsstatements/arts.chartier.htm。

亚著作，但也许我们的孩子会。

致　谢

我们非常感谢 Marja Appelman、Jonathan Beck、Françoise Benhamou、Richard Caves、Annelies Fontijne、Victor Ginsburgh 和 David Throsby 发表的有益评论，同时，我们还要感谢一位匿名审阅人以及2004年9月10日至12日在普林斯顿大学召开的“艺术与文化经济学”会议的与会人员。

参考文献

Akerlof, G. (1970). "The market for 'lemons': Quality uncertainty and the market mechanism". Quarterly Journal of Economics 84, 488–500.

Allen, W., Curwen, P. (1991). Competition and Choice in the Publishing Industry. Institute for Economic Affairs, London.

Appelman, M.D., Canoy, M.F.M. (2002). "Horses for courses-Why Europe should not harmonise its book policies". De Economist 150(5), 583–600.

Appelman, M.D., van den Broek, A. (2002). Boek en Markt. Effectiviteit en Efficiëntie van de Vaste Boekenprijs. SCP/CPB, The Hague.

Barro, R.J., Lee, J.-W. (2000). "International data on educational attainment: Updates and implications". CID Working Paper No. 42, Harvard University.

Beck, J. (2003). "Monopoly vs. oligopoly in the debate on retail price maintenance for books: A preliminary empirical result". Diplomarbeit, Humboldt University, Berlin.

Beck, J. (2004). "Fixed, focal or fair? Book prices under optional retail price maintenance". SP II 2004–15, Wissenschaftszentrum, Berlin.

Bertarelli, S., Censolo, R. (2000). "Preference for novelty and price behaviour". Working Paper, Università di Bologna, Bologna.

Bittlingmayer, G. (1992). "The elasticity of the demand for books, resale price maintenance and the Lerner index". Journal of Institutional and Theoretical Economics 148(4), 588–606.

Caves, R. (2000). Creative Industrie, Contracts Between Art and Commerce. Harvard University Press, Cambridge, MA.

Caves, R. (2006). "Organisation of arts and entertainment industries". In: Ginsburgh, V., Throsby, D. (Eds.), Handbook of the Economics of Art and Culture, vol. 1. Elsevier, Amsterdam. Chapter 17 in this volume.

Clerides, S.K. (2002). "Book value: Intertemporal pricing and quality discrimination in the US market for books". International Journal of Industrial Organization 20(10), 1385–1408.

Coser, L.A., Kadushin, C., Powell, W.W. (1982). Books: The Culture and Commerce of Publishing. University of Chicago Press, Chicago.

Cowen, T. (1998). In Praise of Commercial Culture. Harvard University Press, Cambridge, MA.

Creemers, M. (1999). "In de electronische boekhandel is informatie belangrijker dan prijs". Holland Management Review 66, 58–63.

Cummings, Jr., M.C., Katz, R.S. (1987). The Patron State. Oxford University Press, New York.

de Grauwe, P., Gielens, G. (1993). "De prijs van het boek en de leescultuur". CES Working Paper No. 12, University of Leuven.

Deneckere, R., Marvel, H.P., Peck, J. (1997). "Demand uncertainty and price maintenance: Markdowns as destructive competition". American Economic Review 87(4), 619–641.

Dixit, A., Stiglitz, J.E. (1997). "Monopolistic competition and optimal product diversity". American Economic Review 67, 297–308.

Ecalle, F. (1988). "Une évolution de la loi relative du 10 août au prix de livre". Economie et prévision, 5/88, Paris.

EIM (2001). De Vaste Boekenprijs-Een Internationale 'Quick Scan. EIM, Zoetermeer.

Epstein, J. (2001). Book Business: Publishing Past, Present and Future. W.W. Norton, New York.

European Commission(2004). "Book publishing, publishing market watch". Sectoral Report 2, Brussels.

Eurostat(2004). How Europeans Spend Their Time – Everyday Life of Women and Men. Office for Official Publications of the European Communities, Luxembourg.

Fishwick, F.(1989). "Les implications économiques du Net Book Agreement". Cahiers de l'Économie du Livre 2, 4–31.

Fishwick, F., Fitzsimons, S.(1998). Report into the Effects of the Abandonment of the Net Book Agreement. Cranfield School of Management, Cranfield.

Goolsbee, A., Chevalier, J.(2002). "Measuring prices and competition online: Amazon and Barnes and Noble". Working Paper No. 9085, NBER, Cambridge, MA.

Greco, A.N.(1999). "The impact of horizontal mergers and acquisitions on corporate concentration in the U.S. book publishing industry: 1989–1994". Journal of Media Economics 12(3), 165–180.

Greco, A.N.(2000). "Market concentration levels in the U.S. consumer book industry: 1995–1996". Journal of Cultural Economics 24, 321–336.

Hjorth-Andersen, Chr.(2000). "A model of the Danish book market". Journal of Cultural Economics 24, 27–43.

Holahan, W.L.(1979). "A theoretical analysis of resale price maintenance". Journal of Economic Theory 21, 411–420.

Klein, D.C.(2000). "Web strategies for professional publishers: Developing an information services portal". Learned Publishing 13, 83–94.

Landes, W.M., Posner, R.A.(1989). "An economic analysis of copyright law". Journal of Legal Studies 18, 325–363.

Latcovich, S., Smith, H.(2001). "Pricing, sunk costs, and market structure online: Evidence from book retailing". Oxford Review of Economic Policy 17(2), 217–234.

Marvel, H.P., McCafferty, S.(1984). "Resale price maintenance and quality certification". Rand Journal of Economics 15, 346–359.

Mathewson, F., Winter, R.(1998). "The law and economics of resale price maintenance". Review of Industrial Organisation 13(1–2), 57–84.

O'Hagan, J.W.(1998). The State and the Arts: An Analysis of Key Economic Policy Issues in Europe and the United States. Edward Elgar, North Hampton, MA.

Ornstein, S.I.(1985). "Retail price maintenance and cartels". Antitrust Bulletin 30(2), 401–432.

Ottavanio, G.I.P., Thisse, J.F.(1999). "Monopolistic competition, multiproduct firms and optimum product diversity". Discussion Paper No. 9919, CORE, Louvain.

Plant, A.(1934). "The economic aspects of copyright in books". Economica 1, 167–195.

Ringstad, V.(2004). "On the cultural blessings of fixed book prices: Fact or fiction". International Journal of Cultural Policy. In press.

Rosen, S.(1981). "The economics of superstars". American Economic Review 71, 848–858.

Rürup, B., Klopfleisch, R., Stumpp, H.(1997). Ökomomische Analyse der Buchpreisbindung. Hessischer Verleger– und Buchhändler–Verband, Büchhändler–Vereinigung, Frankfurt.

Salop, S., Stiglitz, J.E.(1977). "Bargains and ripoffs: A model of monopolistic competitive price dispersion". Review of Economic Studies 44, 493–510.

Soon-Yong, C., Stahl, D.O., Whinston, A.B.(1998). "Gutenberg and the digital revolution: Will printed books disappear?" Journal of Internet Banking and Commerce 3(1).

Sutton, J.(2000). Marshall's Tendencies. What can Economists' Know? Leuven University Press, Leuven & MIT Press, Cambridge, MA.

Szenberg, M., Youngkoo Lee, E.(1994). "The structure of the American book publishing industry". Journal of Cultural Economics 18(4), 313–322.

Throsby, D.(2001). Economics and Culture. Cambridge University Press, Cambridge.

Tietzel, M.(1995). Literaturökonomik. Mohr, Tübingen.

Tullock, G.(1980). "Efficient rent seeking". In: Buchanan, J.M., Tollison, R.D., Tullock, G.(Eds.), Towards a Theory of

the Rent-Seeking Society. Texas A&M Press, College Station, pp. 3-15.
Uitermark, P.J. (1986). "Verticale prijsbinding van boeken; concurrentie en cultuur - een aanzet tot analyse". In: De Vaste Boekenprijs: Pro's en Contra's. Instituut voor Onderzoek van Overheidsuitgaven.
van der Ploeg, F. (2004). "Beyond the dogma of the fixed book price agreement". Journal of Cultural Economics 28, 1-20.
van Ours, J.C. (1990). "De Nederlandse boekenmarkt tussen stabiliteit en verandering". Massacommunicatie 18, 22-35.
Whyte, J.L. (1994). "Breaking the bookshop cartel". Long Range Planning 27(3), 75-87.
Yetkiner, I.H., Horvth, C. (2000). "Macroeconomic implications of virtual shopping: A theoretical approach". University of Groningen.

| 第八部分 |

劳动力市场

第22章

艺术类劳动力市场：临时性工作、供给过剩以及职业风险管理

Pierre-Michel Menger

École des Hautes Études en Sciences Sociales，Paris，France

魏鹏举　李晓溪　译

摘　要

本章研究的是艺术类劳动力市场沿着不平衡增长路径发展的方式和原因。能够引起“鲍莫尔成本病”的长期雇佣模式仅存在于接受大量补贴和资助的机构中。由于对弹性的功能化需求，当今占主导地位的项目生产系统依靠短期任务来完成工作，因此大部分的商业风险向下转移到垂直分化组织机构中的劳动力身上。艺术家与技术劳动者主要是一些临时工人、自由职业者与独立合同工；劳动力供给模式的形成会受到就业与失业间反复和不连续的变化以及艺术行业内外身兼数职的工人周期影响。因此，艺术类劳动力市场呈现出非完全垄断竞争市场的教科书式的主要特征：劳动力供给过剩、产品的无限差异化、声誉租借、小型企业的普及像艺术家人数增长一样快。从供给的角度来看，人们不得不将艺术类职业的吸引力与从理想化的非常规性工作转变成普通或者是短暂的工作的失败风险进行衡量。“从做中学”在很多艺术形式的早期培训中起着决定性作用，这是一种不完全的过滤机制。个人通过身兼数职、职业角色多功能性、雇佣关系组合多样化以及公共支持、社会保险、社保项目收入转移等途径学会职业风险的控制。具有讽刺意味的是，虽然艺术工作可能非常独特，但艺术家风险管理的研究却显示他们的行为是多么的理性。因而，艺术家可能看起来不像非理性的傻瓜，而更像Bayesian演员。

垂直分化的生产系统如何造就个人职业生涯与组织行为？宽松的雇佣关系并不妨碍契约的稳定性。雇主将艺术家的声誉作为可否雇佣的甄别机制与信号。为保障基本的生活，同时也是为了增加人力资本，艺术家们学会了如何构建周期性与非周期性雇佣关系的平衡组合。本研究发现，在大量的艺术工作与收入之间存在着巨大的不平等，而这种不平等是由才华的偏态分布与技术进步引发的共同消费造成的，它会使艺术家才华之间较小的差异演变为较大的收入差距。这种不平衡也可归因于被分割的劳动力市场运作方式，因为无论是基于艺术家声誉等级的工作分工，还是基于选择性匹配的团队构建，都会使才华与工作机会间的差别夸张化，从而增加了工作与收入之间的不平等。如果没有通过无限差异化产品及服务的过度生产将艺术家的职业承诺与职业的不确定性管理相结合，那么艺术行业就不会出现闻名几十年的劳动力长期供给过剩的问题。

关键词

劳动力市场，供给过剩，垄断性竞争，不确定性，职业选择，职业风险管理，职业，创意

JEL classification Codes

J41，J44，Z11

22.1 引　言

22.1.1 艺术家人数的稳步增长

一些调查与人口普查的数据详细记录了艺术家近几十年来就业持续增长的趋势，而大多数发达国家也呈现出类似的增长趋势。例如，法国在1982年至1999年间艺术家以98%的速度增长；美国在1980年至2000年间则以78%的速度增长。在这两个例子中，艺术家增长率都远远高于平民劳动力的增长率。在所有艺术类职业领域中，除音乐家外，女性艺术家所占比例在逐步上升；但是，艺术劳动力的族裔构成仍不平衡，不过非古典音乐领域则是为数不多的特例之一。

有人可能会猜测为什么艺术家的职业发展会如此迅速。从需求层面看，人均实际可支配收入的增长改变了艺术需求曲线，进而使投向艺术领域的国民收入与就业人数不断增加。尤其是在20世纪七八十年代，欧洲就业机会之所以会增加是因为国家和地方政府补贴稳步增加，进而扩大了提供艺术培训服务、保护和展示文化遗产等非营利部门的规模。非艺术领域的公用事业开支（诸如地方经济发展、城市重建等）以及政府对文化产业的支持，也增加了文化领域的就业机会。此外，一些高度依赖艺术家技能的产业部门和其他创造性职业也在20世纪80年代经历了快速的扩张。在文化产业中，最惊人的变化莫过于伴随着广告业、新媒体产业（视频、企业宣传片）和计算机游戏产业的发展，视听与广播业快速发展。同样引人注目的是，在这些不断发展的部门中，就业主要基于短期合约或者自由职业，加剧了向数量弹性化的转变，这在经济领域的其他方面也可见（Smith，1997）。人们还应该注意到的是，手工业与设计业的扩张愈加促进了人口普查数据中艺术家数量的增长（Feist，1998）。

长期以来，艺术类劳动力市场经济学一方面关注雇用长期合约劳动力的稳定机构的非均衡增长，以及由此而形成的著名的“鲍莫尔成本病”；另一方面关注作为自我雇佣劳动者的个体，如何从发展前景飘忽不定的艺术类职业中获得必要的补偿。艺术类劳动力市场目前已经演变为经济学教科书中的近似于现货市场的模式范本；建立在无固定期限合约基础上的雇佣关系已经大量消失，短期雇佣与自我雇佣占了上风。在这方面，艺术常被誉为“体验日益灵活的高技能劳动力市场趋势的先锋”。在这个市场中，劳动者有可能只被雇用两三个小时，不需要任何昂贵的解雇流程。事实上，某些技能高超的劳动者一直体验着高度灵活的雇佣关系。正如Okun（1981，pp.82-83）所陈述的那样：

> ……这种并不牢固的雇佣与被雇佣关系看起来同样适用于技能与收入都相对较高的蓝领工匠——比如建筑工人、码头工人和印刷业工人等。这些特点似乎在以下几种情形中表现得最为明显：（1）某一产业在一个地区内成立了诸多公司；（2）公司对劳动力需求非常多样化；（3）劳动者的技能，要像Gary Becke所提倡的那样，是“通用的”，即能在同一个产业的不同公司内相互转化；（4）个体劳动者的技能水平可以按照雇主或行业间所形成的约定俗成的标准或政府发放的职业许可证进行分类。木工由此可被分为学徒、熟练工或者师傅；这种分类在他们更换工作时有很大的分量。这种情况下，劳动者与行业建立联系，而不仅仅与某个单一的雇主建立联系。

Okun在论述其观点的时候还提到了艺术家和有技能的文化工作者。艺术类劳动力市场是个更为矛盾的竞争体。一方面，就业越来越具有临时性，像处于二级劳动力市场；另一方面，个人拥有的技能高超且具有不可替代的核心价值，像处于所谓的一级劳动力市场。所以，尽管劳动力市场分割相当严重，但是一级与二级劳动力市场之间的差别仍很难适用于艺术领域。

短期的工作任务如何转化成劳动力流动与职业生涯？从劳动力供应的角度看，艺术家相当于拥有长期的职业前景，特别是当存在长期雇佣关系且职业生涯得到良好规划的时候。但是职业承诺与其转化为职业生涯的方式之间的差距正在加大：自我雇佣、自由职业及临时性工作造成了工作不连续、反复更换工作、补偿性与无补偿性失业、搜索与社交活动，以及艺术圈内外的多工作循环。从劳动力需求的角度看，艺术的现货交易市场让事情变得更为简单：它的重点是合同、雇佣及市场上出售的作品。这样便能够分门别类地研究劳动力市场，即从雇佣、就业机会和讨价还价的关系等一系列方面研究。这些都代表着某位艺术家在某个特定时期内的工作生涯，但从纵向考虑，它们则展示了该艺术家的职业轨迹。

对劳动力的需求主要体现在临时性工作方面，这种情况会带来哪些影响呢？许多研究表明，艺术家数量的增加远不等于艺术活动水平的提高。如果工作机会增多，但个体工作者人数增加得更快，那么便会出现激烈的竞争，这意味着就业会更加不平等，艺术活动的水平和时间安排会更加多样化，共享这块“劳动蛋糕”的就业者就会拥有更多的工作配给，也就是从就业到失业，从从事艺术类工作到从事与艺术相关工作或者与艺术无关的工作之间的循环将会变得更为频繁。

然而，艺术类劳动力市场及其发展的整体态势是相当矛盾的：就业、未充分就业和失业一直在稳步和同时增长。不同的艺术类职业之间的变化模式可能也不尽相同，但趋势几乎都是一样的。很显然，艺术类劳动力市场的供需波动并没有对看似极不均衡的增长提供一个令人满意的解释。在历史上，几个关于艺术类职业的研究一再坚持“艺术家供给过剩”现象，他们将这种现象与艺术界组织机构的变化或者技术革新联系起来，更为根本的是，他们还将其与艺术自由市场组织的出现和扩大联系起来。但是在每个案例中，特定的观点可能会掩盖结构性失衡的情况，艺术类劳动力市场当前的发展通过强调灵活性这一势不可挡的趋势，帮助人们理解这一发展的基本过程（也就是艺术类职业的普遍不确定性），以及个人和组织应对不确定前景和管理个人与企业风险的方式。

从有关艺术类劳动力市场研究的大量案例来看，该市场呈现出以下特征：艺术家作为一个职业群体，年龄通常比一般劳动者小，受教育水平更高，而且往往集中在少数的国际大都市，表现出高自我雇佣比例、高失业率以及被迫未充分就业的几种就业形态（非自愿兼职工作、间歇性工作、工作时间较短），经常身兼数职。不足为奇的是，艺术家比其职业参照类别（专业、技术以及相似的劳动者职业）中的劳动者挣得少，这些人与艺术家具有类似的人力资本特征（受教育程度、培训程度及年龄），而且艺术家要经历更大的收入变化和薪资差距。[①]总体看来，这些特征描绘了艺术类劳动力供给过剩的不平衡（Stigler，1962）。此外，这些特点已经被记录了很长时间，以至于艺术类劳动力供给过剩的情况看似会长期存在，并且可充当艺术不均衡发展的一个真实的结构性条件。

无论是在美国国家艺术基金会全方位的《艺术家劳动力》（Artists in the Work Force）（Alper et al.，1996）报告中，还是在Throsby和Hollister（2003）的澳大利亚报告以及O'Brien和Feist（1995）的英国报告中，抑或是建立在人口普查和劳动力调查数据基础上的法国官方年度报告《文化就业观察》（Observatoire del'emploi culturel，2004a，2004b）中，我们发现，通过对描述统计学进行更加深入的研究，会为我们提供关于以上特征中每一个特征的重要细节，并将考虑到艺术家若干分类之间微妙的差异。然而我们的主要目的是更确切地回顾艺

---

① 另见本卷Alper和Wassall所写的第23章。

术领域的工作组织机构和劳动力供应的解释模型，并将重点关注以下四个主要问题：就业现状与职业模式、职业选择的基本原理、艺术家的供给过剩以及职业风险的多样化。我们将慎重采用多学科的方法，将社会学、经济学和历史学领域的一系列研究集中起来。

22.1.2 定义问题及方法论的说明

很明显，随着文化政策的发展，艺术与文化的定义变得越来越广泛。公共支持在艺术、文化、休闲、学校教育和社会工作之间建立了联系，进而将地方的社区水平及其整体机构（业余活动、协会、所谓的社会文化活动）考虑在内，因此，文化的人类学定义也已经变得越来越合理。人们可能也注意到了文化政策中的反向趋势，以及关于文化作为实体经济部门的研究论述的发展。实际上，目前已经出现了一种“文化会计学”的新形式，这种形式致力于定量文化公共开支的经济产出；当然，对文化的定义越广，文化就越能够声称自己发挥了经济作用，公共支持的经济学理论依据貌似就更为坚实，至少乍看起来是这个样子。

这种变化也引发了关于什么是艺术类职业以及艺术部门边界在哪里的定义问题。英国人口普查数据（O'Brien and Feist，1995）研究建立在将职业和部门细分的基础上；重新定义的分类包括两种分类法。因此，文化工作看似横跨很多专业性职业和产业活动，在文化部门工作的个体中，25%的人从事文化职业中的文化产业工作，40%从事非文化产业的文化职业工作，35%从事非文化职业的文化产业工作。

关于艺术类职业的每份研究报告几乎都是以人口普查和非人口普查数据的一系列局限与差异开头，其中包括：职业艺术家的定义问题以及如何界定他们的职业问题；艺术领域的界定以及该领域周边专业特性的内涵与外延问题；关于人口普查分类法中艺术家子集的工作分类的变化和新兴职业定期增加的问题；以及对身兼数职的劳动者缺乏认真对待的问题。关于比较调查数据与人口普查数据这个棘手问题，人们只需关注大多数变量的主要来源，正如上述提及的艺术家的定义。人口普查运用了简约的分类原则，将其狭隘地解释为“上周的主要职业活动或者业务”。运用人口普查数据来源的研究者会遇到两个严峻的问题（Wassall and Alper，1990）。第一个问题是，很多自诩为艺术家的人都身兼数职，因此，不能将他们的劳动力市场行为（收入、工作时间）全部归为对艺术的献身[2]。第二，那些主要在非艺术类工作中谋生而把自己标志为艺术家的人却报告从事着非艺术类职业。[①]相比之下，调查一般运用一个或几个标准（Frey and Pommerehne，1989），并可能依照研究者特有的兴趣将各种各样的活动归类为艺术。这些标准中最有争议的当属主观上自定义为艺术家的标准；这些标准囊括了职业承诺的时间维度，因为艺术家可能在几种工作中来回转换，但却一直认为自己是艺术家。

正如阿德勒（Adler）[②]一项研究陈述的那样：“在有关社会艺术家的研究中，行业协会未对职业成员进行定义或限定（幸运的是），学院或国家许可证制度既不能心安理得地忽视职业定义问题，也不能解决该问题。”的确，尽管社会学家、经济学家抑或艺术史学家对于艺术类劳动力市场和职业的一些卓越研究已经成为定

---

① 需要补充的一点是，对艺术领域失业水平的测量是存在争议的，因为当艺术家无法在其基本的职业领域养家糊口的时候，他们会暂时转而从事其他职业领域的工作，但并不会停止艺术创作；如果他们在人口普查的那一周中主要从事非艺术工作，就不会被归入艺术职业中的失业人员。

② 援引自Alper等人（1996）。

论[①]，但是艺术家的定义以及艺术类职业井然有序的发展过程，在今天看来，似乎成为竞争激烈、饱受争议的劳动力与产品市场运作与发展过程中的因变量，它们与政府干预相互发生作用，或者不受政府影响。

此类理论与方法论的问题在社会科学中一点都不新鲜；标签、分类学以及分类系统是互动主义与建构主义社会学理论中的核心问题。社会学家对待这些问题比经济学家更加谨慎；当前者冒着风险对所有定量测量的重要性不断发问的时候，后者则想当然地认为一旦数据受到明显限制，人口普查数据（几乎是他们运用的唯一渠道）便会通过复杂的计量经济学推导出强劲的结果。

尽管存在这些差异，但回顾最近一些研究能使我们以一个综合方法聚焦艺术类劳动力市场的核心问题。

22.2 就业状况与职业

过去30年，所有艺术领域的艺术家数量都在稳步增加，这似乎是由独立、自我管理的工作快速发展所拉动的，这类工作带来了自我雇佣就业者所在领域的艺术家数量增加（如创意写作、视觉艺术和手工艺等），同时也是以有偿就业关系为主的临时性工作的增加造成的。无固定期限就业体现了当今文化工作者就业比例迅速下降。只有交响乐团、歌剧院以及视觉艺术与音乐学校等常设机构可能以长期合约的形式雇用大量的艺术类职员（Towse，1993，1996）。

在那些签订长期合约进行有偿工作的艺术家中，音乐家及其职业生涯符合一个经过仔细研究的工作结构体系。[②]在工作职位范围定义明确、长期没有什么变化的管弦乐团中，我们能够看到具有官僚式作风的职业；大多数管弦乐手扎根乐团，很少或者不变动工作，投身于稳定的工作环境中。在这里，工作晋升的机会有限，因为最高层的职位主要通过外部招聘来填充，因此空缺链机制运行不畅。个人的事业发展机会通过分层化的组织内部流动来实现，这些组织机构的声望等级、音乐声誉、音乐演奏水准以及工作条件和财政预算等排名都很高，他们要么向平级或更高级的管弦乐团调动，要么向排名靠后但职位更高的管弦乐团调动，但这样的变动在这些音乐家的职业生涯中是很少见的。正如Westby（1960）描述的那样，每位音乐家都像自己的职业介绍所，他们收集有希望或者有可能从事的工作的信息清单，获取自己最中意的工作中目前就业者的大致年龄、专业背景与相关能力的信息，从而为在一生中可能仅出现一次的工作更换机会做准备。这样的职业流动曲线意味着艺术家必须尽早行动，到达最高层的组织机构，因为他们在30岁或35岁后，工作调动机会会迅速减少，至少著名机构的高层是这种情况。出版社（Powell，1985）和建筑公司（Blau，1984；Champy，1998）是另外两个常设机构的例子，这两类机构都是通过横向流动将约束性的工作等级与职业发展结合起来。然而如今，从事以短期合约为基础的有偿文化工作的比例不断上升。相关比例依国情和职业而不同，但都体现出艺术领域日益追求弹性化和固定成本最小化的相似趋势。

根据Stinchcombe's（1968）的解释，因为“活动内容随着时间的推移出现较高的变化率”，所以追寻弹性化成为艺术工作的核心特点。这一现象发生的原因至少有以下三个：

• 艺术产品常常被设计为原型，它们的市场价值取决于其新颖性以及设计品之间或多或少的显著区别。

• 制作一部电影、戏剧或者歌剧所需要的各种工作会涉及大量不同的艺术类职业与工艺，每个参与者仅在

① 例如White和White(1965)，Montias(1982)，Ehrlich(1985)，Warnke(1985)的研究。

② 诸如Westby(1960)，Faulkner(1973)，Allmendinger，Hackman和Lehman(1994)，Allmendinger和Hackman(1996)的研究。

最初工作之后的几个小时、几天或者几星期的时间内便投入另一个充满新要求与挑战的项目中。

• 消费者的多样性与新颖性品味需求赋予了社会与经济价值一定的新奇性与独创性，使得这些价值几乎根本无法预测。不确定性是艺术作品突破创新的真实条件，为作者自身开创了一个新的（临时性）专卖权；这也是每个真实创新的毁灭性层面所包含的威胁。消费者的趣味无法预测，尤其是在流行音乐、超当代主义绘画、轰动一时的小说、为迎合大众口味所拍摄的电影和电视系列剧等最具投机性的艺术市场上。

通过以下几种途径可以达到弹性化：绩效契约系统、关于人们绩效能力的信息传递系统以及间接成本的最小化（Stinchcombe，1968）。由于每一个艺术项目——歌剧、剧场演出、音乐表演、美术馆展览——都要组建新团队，然后解散，或者部分制作过程重新分包，因此网络有助于建立降低交易成本所需要的稳定的人际关系；雇佣程序往往通过同行间的惠助与彼此的信任关系运行，这样会快速传递有关技能与人才的可靠信息；越来越多的人才招聘通过经纪人体系的发展运行，从而发挥了人才代理机构在调节临时就业劳动力市场中的作用（Bielby and Bielby，1999），促进了产品和绩效的生产与分销中的垂直分工。公司通过契约关系将风险降至最低，这种契约关系将市场的不确定性向下沿控制层级转移到分包商身上，最终转移给劳动者个人。

艺术界的扩张使雇主和小公司的人数迅速增加。例如在唱片和动画产业，尽管大公司主要通过分配和融资控制的寡头垄断市场仍然引人注目（Aksoy and Robins，1992；Storper's reply，1993），但出现在生产层面上的垂直非一体化体系也催生出更多的独立电影制片人（Christopherson and Storper，1989；Storper，1989），唱片公司（Burke，1997）和出版社（Boin and Bouvaist，1989）。在表演艺术领域，非营利机构的扩张及公共支持的增加促进了舞蹈公司（Sussmann，1984），剧院团体（Menger，1997）和乐团数量的倍增。尽管有关组织机构兴衰的人口结构变化趋势在各艺术领域有所不同[①]，但大体上来说，随着“手工艺管控”与“灵活的专业化”生产部门的扩张，以及日益扩大的产品差异性，临时机构或小公司几乎只雇用短期的演员与手工艺人。

表演艺术家好像独立的承包商，游走在不同的雇主之间，处于工作与失业的循环中。尽管雇主和自由职业之间的关系并不对称，但却是双方在相互创建事业时的一个磨合过程，Faulkner曾在好莱坞的工作体系研究中详细地说明过这一点。[②]艺术家及企业家积累各种历史成果，并将其绩效评级转化为声誉与独特的行业特征。职业生涯是有两面性的，企业家与资深艺术家不同，艺术家（导演、剧作家、作曲家等）与电影制片人也不尽相同。艺术家的职业生涯通过周期性与非周期性的搭配逐渐推进；艺术家通过职业组合学会如何分散职业风险，换言之，混合单层关系，这也是松散耦合的雇佣体系的常态特征，是少数制片人不断获得收入的来源。Faulkner认为这种分散老主顾的方式能够让艺术家规避风险。艺术家通过从事不同工作、体验各种风格、适应不断变化的各种团队来获取更广泛的外界信息，在人力资本投资计划中积累信用。由于生产力累积的状态不同，不同的匹配倾向分割了劳动力市场；团队匹配在市场代理的相关等级层面被整齐地分层。但是由于艺术活动的高度变化性与文化产业的波动，艺术家的职业晋升与职业目标从未得到过保障。

在创造性艺术领域，自我雇佣一直是一种普遍的工作状态。自我雇佣的艺术家职业生涯体现了创业型职业形式的大部分特性：通过生产、代售作品创造有价值的产品的能力；获得与其职业独立性相关的强烈责任感和

① 极端的例子见舞蹈音乐的案例（Hesmondhalgh，1998）。

② 参见Faulkner（1983）及Faulkner和Anderson（1987）。

高效生产力的动机（源自工作的自我掌控能力，通过有形的资产输出获得的强烈的个人成就感与调整自我步调的能力）；高度的冒险精神，正如极度不均衡的分配与收入变化所表现出来的那样（Alper et al.，1996）。因而，就像Freidson（1986a）所强调的那样，自我雇佣带来的可能仅仅是一种虚幻的独立性与自主性的错觉；那些未能成功进入同行们所处圈子的自由职业者，会陷入一种风雨飘摇的境地。正如Kanter（1989）所解释的那样，由于既不是阶段过程也不是简单的议价过程（Abbott，1990），自我雇佣或临时性工作的职业轨迹既有专业型职业特征，也有创业型职业特征。艺术家既依靠技能也依靠机会来承担永远具有挑战性的任务，这些任务在给他们带来更多知识的同时，也带来了更大的回报；他们依据声望有自己的外在市值；相较于特定的组织机构，他们更倾向效忠于专业的社会团体；在分散职业风险的时候，他们可能会像业主管理自己的房产那样管理自己的工作生涯。的确，弹性需求以及职业关注使个体与组织结合成不同的契约形式，并利用整个契约规定范围中的许多商机。例如，管弦乐队的音乐家也能作为自由职业者受雇于一些音乐唱片工作室并且在音乐学校担任教职。因此，从个人层面来说，就业状态的区别有点模糊。

所以，即使作为单独投入的公司运作，艺术家可能也会表现得像管理小公司和事业的企业家，并且可以将他们的劳动力市场比作从一个项目到另一个项目沿着匹配进程贸易的小型特设公司的网络。如下所示，当把身兼数职的行为和角色多面性因素考虑在内时，可以对小公司做进一步类比。小型艺术组织的数量多和员工流失率高可以解释为，作曲家（Burke，1997）、编舞家（Sussmann，1984）和舞台编导（Menger，1997）都能够依托资源组合及身兼数职的角色轻而易举地组建公司或者边缘企业。虽然经纪人服务已成为高度分散的劳动力市场调节劳动力分配的主要手段（DiMaggio，1977；Bielby and Bielby，1999），但是艺术家仍有可能被劝导着去监督或管理技术，而这样就会模糊管理与劳动力之间的界线（Christopherson，1996）。从这个方面来看，艺术家的收入，就像所有自我雇佣的劳动者一样，不仅仅取决于技能、才华与努力，还得益于其履行管理和企业家职能的水平（Aronson，1991）。

根据Weick自我设计组织的观点（Weick，1979；Weick and Berlinger，1989），这种劳动力体系中的职业生涯是主观上形成的，因为他们致力于短暂的累积性学习与探索，并不是依附于外部职业的标志。考虑到个人成长与所取得成就的动态性，艺术类职业生涯的一个引人注目的特征是短时性：只关注艺术类职业生涯的两端，早熟常常在其中扮演重要角色，这不仅仅是Kris和Kurz（1987）所描述的“自学成才”的神奇特征，而且是从培训期过渡到工作期的模糊特征，因为许多创造性的艺术家和演员在正式培训结束之前就创作了重要的作品并获得了声誉（Menger，1997）。反之，大器晚成的现象在作家中特别普遍（Throsby and Hollister，2003）。职业生涯的工作灵活性不断增强也使得人们进入第二职业较晚，不管是因为职业选择较晚还是被解雇后再换新工作，Knott（1994）调查的手工业部门就是这种情况。当然，自我雇佣的状态一般都会考虑到这种转变。

职业跨度依艺术类型（例如，舞蹈与创意写作）、每种艺术类型的界别分组（古典舞蹈与当代舞蹈）、艺术类型中的职业（表演与创意工作）以及各艺术领域的组织与市场特征的不同而有巨大差异。[①]这里可以举出一个对比相当鲜明的例子：一位指挥家的职业生涯可能一直延续到其生命尽头，几乎没有退休的时间，但是古典舞蹈家的职业生涯却有严格的身体条件限制（Baumol，Jeffri and Throsby，2004；Rannou and Roharik，2006）。在高雅艺术领域，声望可能成为解释艺术家艺

① 关于职业生涯、职业坚守、辞职决定性因素以及转变框架的实证研究结果，见本卷Alper和Wassall的第23章。

术生命格外长的一个因素，不断增强的成就感超越了平均的工作生涯期限（Anzieu，1981）。此外，声望资本还可能转换为艺术与经济租金，因为知名艺术家会凭借其饱受赞誉的作品迎来非弹性需求（Moulin，1987）。相反，大众市场上艺术与娱乐产业要获得一举成功，则取决于市场需求能否突然向新晋竞争对手转变，其特征就是声誉的高度不稳定。

22.3 职业选择与职业风险原理

关于艺术家的收入，很多发达国家的人口普查数据都给出了极其相似的结果：艺术家的平均年收入看似比那些要求具有同一职业培训水平与资格水平的职业人群更少。Filer（1986）在一篇颇有煽动性的文章中宣称反对“饥饿的艺术家的神话”，他估计艺术类职业的收入罚款不足10%。但是他的研究并没有将收入的艺术与非艺术来源区分开，也没有将创造性活动的收入与艺术相关工作的收入区分开来。此外，Filer估算，不同艺术群体的收入相差很大（舞蹈家是-69%，演员和导演是+58%）。

简而言之，正如Throsby（1994b），Alper和Wassall（2006，本卷第23章）在他们大量的研究综述中所总结的那样，艺术家看似真的要遭受很重的收入处罚。在不同的时间，某位独立艺术家的收入不同；在某个特定的时间点，不同艺术家的收入也不相同。与其他具有可比性的职业相比，艺术家获得的教育投资回报率更低。尽管很难找到相似来源的数据和相似的方法对艺术家每个类别的收入作出仔细比较，但是艺术家收入不均的证据依然相同：艺术家收入的偏态分布向收入区间的下限严重偏斜，艺术家作为一个群体经历着巨大的收入不均。尽管如此，这并不能阻止越来越多的艺术家踏入该职业，放弃艺术家职业生涯的人也没有预期那么多。

是否就如Sen所说，艺术家难以抗拒自己投入到一份心甘情愿从事的工作中，或者他们就是喜欢冒险，抑或可能是“理性的傻瓜”（Sen，1976）？“心甘情愿从事的工作”这一论点（Freidson，1990）认为，艺术的职业献身与成就是不能与交换市场经济中的货币相匹配的；它们最好被看作传递价值的技术性和持续性活动，并且是艺术家们以教学等主导型职业谋生所从事的职业。依据Kris和Kurz（1987）的分析，艺术家遵从“天职感召”的观念，是艺术传记叙事史上反复出现的一种特征，这使我们想起Jeffri（1991）与Throsby（1994a）所提到的“内在驱动力”。按照美国视觉艺术家的说法，这是职业精神最为重要的准则。从“艺术至上主义”时代继承而来的思想意识，甚至可能彻底颠覆成功与失败的含义，因此只有被同侪团体认可才是重要的事情，至少在高雅艺术界是这样的（Bourdieu，1992）。应对这种思想的方法之一，是将其转变为内在的文化特性——一种伴随整个艺术生涯的职业特性，或者更确切地说，就是模糊职业与私人生活之间的界限。但是，一旦这种特性被认为属于艺术家最初的社会化进程（通过早期的能力表现和艺术品位），这样的解释就变得极其明确并显得啰唆；无论艺术家在市场上取得怎样的成功，他们都会投身于自己的艺术并与同道艺术家组成的群体保持联系。不可推卸的承诺造成了非常没有弹性的劳动力供给函数。

第二种论点是不确定情况下的职业选择：艺术家可能是热爱冒险的人（无论最初是否有这种倾向），或者他们可能是在一种概率计算错误的诱导下选择冒险的。收益颇丰的职业集中在一小部分从业者手中，而大部分新加入的从业者面临很大的不确定性，因此可能相当贫困。正如Alfred Marshall（1947）一直强调的那样，进入这些职业领域就像买彩票，玩家们高估了自己获胜的机会。将职业选择比作买彩票并不完全恰当，尽管这有助于将收入的偏态分布认定为一种支付矩阵，但将成功认定为一种纯粹的偶然且与个人能力无关则是一种误导。

第三，或许可以提出一种不太确定的观点，即在不掩饰工作特点或者工作者特点的情况下便能证实职业选择的范围。艺术工作的报酬有两种：货币报酬和非货币报酬，非货币报酬是一种"精神收益"流，实际上，长期以来都被看作工作的一个重要方面。分析地讲，每种工作都可以认定为包含着一系列的特征；工资的差异或多或少地弥补了有吸引力的工作，并且均衡了劳动者之间全部的货币与非货币的优势或劣势。这个均衡差异理论（Rosen，1986）可以追溯到 Adam Smith，该理论通过重点考虑个人的偏好与选择，力图解释工作与工作者的多样化特性，但前提是市场供求双方都拥有完全的信息。根据一整套工作满意度的衡量标准——包括工作多样性、发挥自我积极性而产生的高度自主性、广泛发挥能力的机会、工作的自我实现机会、一种独特的生活方式、强烈的团队意识、不落俗套以及对成功艺术家的高度社会认可——艺术工作被认为是非常有吸引力的。所有这些好处都有一个"影子价格"，这些"影子价格"可以通过低收入获得一些补偿，而不是预计从缺乏顺从性的工作中获得补偿。①

但是非货币收入的收益并没有统一的量级，关于均衡差异的分析需要我们根据工作、职业成就水平以及工作条件（为那些在职场中仍等待成功但又被迫从事第二份工作的人所普遍接受）来调整这些总收益。例如，通过比较拿薪水的艺术家和独立艺术家，结果表明（Fohrbeck and Wiesand，1975；Taylor，1987），后者的非货币报酬满意度更高，但是他们的平均收入较低，工作更缺乏保障，失业率更高，平均收入的个体差异更大。另一方面，一些研究非常反对任何补偿性"精神收益"的存在：管弦音乐家的典型案例阐释了艺术家的反神话理论，即艺术家屈从于体制的束缚，忍受单调乏味与更专业化的工作，这种工作与在独唱生涯中以个人成就为中心的常年学徒般的学习大相径庭（Arian，1971）。

相反，临时性工作中普遍存在失业风险，顾名思义，长期合约关系建立的保险方法正在消失。普通的劳动者会认为诸如此类的失业风险必须通过更高的小时工资得到补偿。实际上，在表演艺术中可以看到对这种前景不确定的劳动力进行的补偿，因为从事间歇性工作的艺术家和劳动者比长期被雇佣的劳动者赚取的小时工资要高（Debeauvais et al.，1997）。为了吸引可用性必须得到保证的、未充分就业群体的储备军，雇主必须支付工资溢价；就业决策缺乏弹性会给公司带来更大的代价。然而这种补偿方案运作起来并不完美，因为情况较为严重的未充分就业劳动者赚取的小时工资与其更成功的同事相比并不高。

所以补偿性工资差异主要在行业层面发挥作用。雇佣概率的个体差异并不局限于补偿，因而会引发另外一种风险。自由职业结构与临时就业机制是雇佣行为作为一种声誉信号在自我强化过程中的积累，一次雇佣会带来更多的雇佣机会。因而随着间歇性工作系统的发展，任何指定时间内的求职者人数都将不断地超过全职工作供给人数。Christopherson 和 Storper（1989）在关于好莱坞电影产业的垂直分化和柔性专业化趋势及其对劳动力市场影响的广泛研究中表明，独立制片人的分包、融资与分配、运用更低的成本生产的方法以及辅助市场的扩张，提高了对短期合约工作者的需求量。他们还证明，现有工作总量的增加速度远低于间歇性受雇个体的增加数量，从而导致竞争日益激烈，减少了参与生产的平均人数。因此，当生产经历了日益加剧的垂直非一体化过程后，就会出现就业不稳定与劳动力市场细分的现象。这是因为工作分配是以个人为基础的，它涉及职业技能与声誉积累，经验丰富且人际网络广的艺术家和劳动者受雇频率较高，他们比新手面临的非连续性就业要少，个人与最活跃的雇主只有松散的联系。因此，劳动者年收入的差距主要反映在工作时间的不同，而不是工资率的不同。

① 应该注意的是，这个观点与思想意识形态的观点形成了强烈反差，尤其是在其决定性的方面，人们只有在亲身经历之后才能发现不走寻常路的非常规工作的真实面目。

对法国表演艺术类劳动力市场的研究强调了临时性工作机制（Menger，2003）。1986—2002年，法国表演艺术类劳动力市场不断扩大。然而，就业供给（正在工作的艺术家的数量）的增长速度远高于市场需求的增长趋势（雇佣员工的数量、公告的工作日数量以及总收入量）。结果，一段时间后，虽然受雇佣的人数在增加，但每位艺术家的工作时间和收入的平均值却在降低；短期雇佣的个人的间歇性工作变得更加零散，并且随着越来越多的艺术家来分享增速较慢的“工作馅饼”，竞争变得愈加激烈。由于时薪的增速一直快于其他领域，伴随着个体受雇时间缩短而增长的风险在一定程度上得到了补偿。不过总体而言，该段时间内个体收入平均值下降，这表明在这种工作体系中，雇主们并不能确保其雇佣的艺术家们能够免受不平衡劳动力市场增长的影响。就职于工作岗位的人才日益多样化使雇主与消费者受益匪浅，但这也会带来个人工作分配的多样化，这两种多样化都会贯穿到劳动力市场中，也存在于每位艺术家的职业生涯中。

还应该强调的是，临时性工作的非货币量度可能随着自由职业者的年龄不同而不同（Spilerman，1977）。“年龄是事业线的软肋”的例子在艺术家中不胜枚举。随着年龄的增大，演员等自由职业者对工作的不安定性似乎会非常敏感，同时对寻找工作、收集新项目的相关信息、反复用策略以保证在高度竞争的劳动力市场上保持曝光率变得越来越敏感（Laplante，1990；Menger，1997）。管弦音乐家与舞蹈家在他们的职业生涯中也会有序地更换工作岗位；前者年龄超过35岁以后，向上晋升的机会就会骤减，致使他们不得不调整自己的职业承诺（Faulkner，1973；Allmendinger，Hackman and Lehman，1994），而后者必须计划在与前者大约相同的年龄段转换到一个新的职业（Federico，1983；Baumol，Jeffri and Throsby，2004）。

22.4 才华、赛事与不平等的产生

“均衡差异”的论点因简约而变得具有吸引力。尽管艺术类职业领域的艺术家收入较低且不稳定，但他们依然要为保存理性职业选择框架而必须考虑一些东西。艺术家希望从其他工作获取的额外收入流能换取精神享受。然而，该论点针对与个人收入相关的一系列特点（主要为受教育程度、工作经验、年龄、性别、种族、居住地和工作地等），仅仅就各种职业间标准化的平均收入水平差异，阐明了“补偿性工资溢价”的概念。从分布的角度看，艺术类职业在收入方面显示出惊人的巨大差距。这种差距的背后隐藏的因素包括才华、团队构成与艺术领域赛事。

22.4.1 才 华

Stinchcombe（1963）将“生产补充要素才华”与“近似附加要素才华”做了区分。前者常见于公司、艺术活动与职位中（诸如科学研究、古典音乐会和音乐剧演出中的独唱表演与抒情作品），其产出的价值比因个人能力水平差异产出的价值更大，因此，收入不平等的程度很高。反之，当个人的表演对整个演出作品价值的影响并不显著时，资历就是一个更重要的因素，收入分配将会更为均衡，交响乐团中的情况即是如此。[①]此外，在第一种情况中，才华方面较小的差异常被放大为巨大的收入差距，正如Rosen（1981）在其超级明星模型中所展示的那样；[②]在需求一方，质量差是质量好的

① 关于辅助可分离函数与乘法生产函数，可参见Caves（2000）和Seaman（2003）关于文化和体育经济的比较研究。

② 参见本卷中Adler编写的第25章。

拙劣替代品，所以消费者的偏好强烈偏向于后者，而在供应一方，由于共同消费技术（艺术品的批量生产与分销，以及录音录像、书籍、电视和广播等娱乐活动的大量出现），产品的边际成本并未随着卖方市场规模的扩大而相应增加，然而利润却同步提高了。媒体技术与市场国际化进一步扩大了才华价值化过程中的价格稳定范围。这个模型与在依靠共同消费的规模经济产业中观察到的收入分配模型一致。[①]但是，该观点一直遭到反对，才华之间细微的不同可能导致巨大的收益差距，这种基本假设除了对收入进行评估外，还需要对才华和人才的素质进行衡量（Hamlen，1991，1994）。由于这种衡量无法在创造力与公认规范（这与技术不熟练的表演者表演的标准剧目作品的校准截然相反）相左的艺术领域进行标准化测量，Rosen模型的解释低估了艺术与艺术家的估价过程会受到大量不灵活性、不对称性和不完美性影响的原因。

人们往往根据才华而不是技能对有创造力的艺术家及其作品进行排名。艺术创作有一种与众不同的特性，艺术家正是凭借着对独创性和新颖性这种高度个性化的追求才会创造出有细微差别的作品。但是如果才华只有在无尽的差别中才能体现它的生气，那么该如何对其进行衡量呢？而且，我们是否应该以“创新人才”的名义去接受所有与审美标准格格不入的作品，特别是那些反复打破常规、传统和标准的作品？差异化的多维性激励着人们将不同方面的创造性表现认定为创意才能的真正体现。不过，评论家、专家与消费者会一直对电影制片人、视觉艺术家、作家、作曲家或演员进行排名。销售商、专家、评论家以及终端消费者将艺术家个人的创意作品按等级分类并进行编组，关于作品本身的原创标准往往全凭第一印象进行分组。这种分组方法主要基于公开的市场成绩与信誉评级，经由多重比较、辩论、激烈论战、策略运用、关联评价及将横向差异转变为垂直与不平等的营销策略。

22.4.2 团 队

造成这种惊人不公的另一个主要原因是，在同一个希望通过团队的新设计获取更多生产效益的职业内部，个人技巧和能力配合有所不同。这个世界上最为普遍的灵活组织架构（工作网络、项目型组织和垂直分化生产体系）喜欢指派具有相似声誉或素质的专业人士构建团队——换言之即凭借选择性匹配。成功的事业意味着在一个网际合作等级分明的世界里，可以通过混合经常性和独特性网际合作关系的最优化实现工作的晋升及流动（Faulkner，1983；Baker and Faulkner，1991）。从理论上讲，正如Kremer（1993）在他的经济发展O型圈理论中提出的那样，在团队项目中，相似水平的高技能型代理人或有才华的创意专业人士间的选择性匹配过程，结合了Rosen的倍增品质效应分析与Gary Becker关于婚姻市场匹配的分析。除Stinchcombe将人才视作生产要素对才华进行互补性和附加性区分之外，如果将一家公司或一个项目团队的全体成员作为一个整体来考虑，那么根据非标准生产函数，该模型会把增长性收益的概念添加到技术上面去。

22.4.3 赛 事

艺术界同体育界一样，不仅允许极不平等的货币及非货币的报酬分配，而且很需要这种报酬分配，甚至会通过各种手段来鼓励这种不平等的分配：名人锦标赛、各类奖项、奥斯卡奖、各类竞赛、高价艺术品的公开报道、畅销书与唱片排行榜、关于超级明星巨

① 例如Menger(1997)对剧院、视听及电影产业中演员收入分配差异的研究。

额收入的媒体报道等。尽管个人对创造性工作的献身应该属于内在动机，但成名的事业将不平等与等级制度转变成个人魅力与崇拜。这些劳动力市场利用了惊人的个人间竞争作为防护。实际上，艺术家的才华与作品的质量可能几乎无法按照标准化的、基本的测量方法进行判断；正如Lazear和Rosen（1981）所述，这里的竞技彩票比其他更为熟悉的补偿机制更具优越性。

尽管关键性专业知识容易出现错误，但这给评论家带来的伤害与错误评级艺术家相比还是较小的（Ginsburgh，2003）；此外，在比赛中，共谋行为、重要的群体行为，甚至贿赂等不法行为数不胜数（Coase，1979；Caves，2000）。实际上等级评价并确定等级排名的过程是非常混乱的，选优的程序长期遭到诟病。显著的累积优势也会使艺术家市场产生一种具有因果关系的逆向排名过程，类似于Merton在自然科学中观察到的马太效应。由于艺术产品与表演市场是一个不完全竞争市场，因而许多问题随之出现，比如消费者如何才能了解与评价差异十分大的商品间的特征。雇主同消费者一样也要承担搜寻与咨询成本。他们可能都会运用价格或者艺术家的声誉作为一种质量指标，尽量减少搜寻成本。相较于带有锦标赛和分类排名建议的竞争结构而言，艺术家打造的声誉对于品质认知度和评价质量更缺乏弹性。同时，“声誉”一词也表明了一个事实，即对艺术和艺术家的评价随着每个艺术领域的组织机构特征的不同而不同，因为它反映着每个领域内不同成员间的合作与竞争活动。尽管存在多个评价维度，但最终的现货市场价值只有一个。经济回报延迟现象经常出现在艺术市场上，因为该市场最初的评估是由一小部分专家和博学的消费者进行的，且对该市场资本的认可是不断积累的，最终转化为日益增加的需求量，为最著名的艺术家提供一个增长较慢的收益流（Bourdieu，1992）。

22.5 艺术家的供给过剩

22.5.1 供给过剩的原因

与艺术类劳动力市场打交道的社会学家、经济学家以及历史学家几乎总要提及艺术家供给过剩的问题。例如，在维也纳莫扎特时期音乐作品的经济学分析中，Baumol和Baumol（1994）将强有力的皇家赞助与崛起的自由市场这两种力量结合起来解释“作曲家过剩”问题，这种解释过程会对就业机会以及吸引“会以其他方式在其他领域谋生的人”进入音乐职业产生附加效应（p.73）。19世纪上半叶，小说家和诗人供过于求，因此出现了巴黎人波西米亚思想，这诠释了“为了艺术而艺术”观点成功的原因，对艺术家附属于没有人情味的市场的情况是一种补偿（Graña，1964）。在欧洲其他几个国家，20世纪中期出版业的大繁荣同样促进了无产阶级文学的发展。

巴黎艺术界发生了印象主义画派的革命，它们的制度机构——学院体系——在专业画家大量增加的压力下分崩离析。White和White（1965）描述了艺术学校招生潮、画作创作潮以及画家职业生涯等方面的失控现象；接手的自由市场在更灵活但风险也更大的公开竞争基础上（其中包括经销商、评论家、画家和买手）推出了创新性艺术家和艺术运动。由于供给不再受调控，因此供给过剩成为自由市场一个永恒不变的特征。此外，在世纪之交的柏林与慕尼黑，艺术市场同样挤满了急需被认可、追求成功的画家；对供给过剩的周期性恐慌与高失业率没能阻止越来越多的学生进入艺术学校学习（Lenman，1989）。进一步的例证来自Cyril Ehrlich

（1985）对英国音乐专业进行的详细研究，这个报道列举了在19世纪与20世纪之交音乐家供给过剩的大量证据，19世纪60年代末期，音乐家成为增长最快的职业群体之一；研究表明，尽管劳动细分一直在增加，但音乐家在悲叹洪水般的供应数量的同时，通过建立行业协会与工会努力地应对残酷的竞争压力及由此带来的后果（报酬非常低、收入令人沮丧和作品廉价等）。

Lenman（1989）在总结手头的研究证据时指出：

……艺术家供给过剩的问题是愈加广泛的国际文化现象的一部分。例如，在19世纪60年代至1914年间，德国高校陡升的入学率造成了人们对学校过分拥挤与失业的周期性恐慌。在几个欧洲国家，由于19世纪中叶出版业的繁荣，无产阶级文学大量涌现。音乐与戏剧界充斥着过剩的劳动力；1891年，英国的音乐家数量几乎是银行职员的两倍，他们在社会地位与工资方面也差异巨大。虽然市场的全面开放增加了经销商、代理商、专业组织与其他稳定性要素的重要性，但同时也创立了一支由饥饿的音乐教师、蹩脚的雇佣文人和画家组成的储备军队伍，这些人被迫从事各种低级与不正当的工作（p.131）。

以上提到的每个案例都援引了一系列类似的因素：上涨的需求水平（由诸如城市化、受教育水平的提高、收入的增加、更多的休闲时间、公共支持等因素推动）、艺术商业化使组织和交易的市场原则与艺术创新潮流和谐共处，并且技术创新影响了艺术的传播与销售。与流行时尚可能引起的市场短期波动不同，市场的长期变动则导致私人和/或者公共需求的增加，从而掀起了培训服务机构的扩张潮，于是出现了更多的艺术家。但是，正如Ehrlich在音乐家的案例中说明的那样，如果需求下降、缺乏弹性，则可能会严重阻碍市场的均衡过程，譬如电影对音乐家短暂的过旺需求随着有声电影的出现而瓦解。现有的从业者已经被困在了分崩离析的市场中，而雄心勃勃的新人却还在不断涌入市场；培训体系可能在供给过剩且不断地螺旋式上升中起到意想不到的作用，因为教学职位及非营利艺术组织中类似的活动能够保护艺术家免遭职业风险。

新技术、审美转移与市场转型之间相互作用引发的艺术生产方面的创新，因其对劳动力供应所产生的影响而得到研究人员的关注。其中，有些创新趋向于降低或者改变惯常的技能要求和/或生产过程中的投入要素数量，进而提高艺术生产力，提高艺术家人群的竞争力，采用专业化制度的传统方法会降低对进入和专业实践的控制。[①]动画、广播、电视、唱片等技术创新及近期发生的其他变化也促进了艺术与娱乐活动经济规模的扩大（Rosen，1981）；尽管一些职能性的行业与专业化的合适环境可能会消失，但随着工作与服务市场供应的增加，每个表演者的观众规模都在扩大，进入劳动力市场的艺术家也越来越多。尽管这使更多的市场回报集中在国际舞台上的最有才华的艺术家手中，但巨大报酬的魅力以及相关的社会认可可能会垂青博弈行为，因为在更具投机性的人才市场中，成功就像一次博彩活动。

艺术领域组织的灵活性在培育稳定的供给过剩方面发挥着主要作用。对于唱片公司或者图书出版社来说[②]，伴随着大量人员被分配到跨界角色和大众传媒的工作岗位中，新产品产量过多，这是应对投资成本低与需求不确定等环境的合理机制，特别是在最具投机性和创业性的市场领域中；因为众多产品发布差异化促销策略，公司会将注意力最终集中在其中一小部分的产品上面。因为“无人知晓”，太多的竞争者被引诱加入到成功的追逐赛中（Caves，2000）。这一点同样适用于表演

① 在无数可能有用的例证中，我们可以引证17世纪荷兰油画的制作新方法（Montias，1996）；视觉艺术中许多先锋派创新在紧要关头的去技能化过程（Moulin，1992）；流行音乐革命（Peacock and Weir，1975），以及舞曲的成功（Hesmondhalgh，1996），这些例证能部分解释生产技术广泛应用的结果，唱片产业的转型、原创作者的改变以及市场需求的细分。

② 对此，在Hirsch开创性的文章（1972）以及Coser、Kadushin和Powell（1982）的文章中有着重描述。

艺术行业中的就业关系。为减少日常管理费用，建立高效和谐的团队，从手边多样化的人才与技能中获取利益，以项目为基础的表演艺术机构要求从大批艺术家和职员中裁减人员。

22.5.2 聚集与过剩

当今的艺术家过剩现象最为明显。这种引人注目的现象只发生在艺术家、文化生产者以及雇主聚集的大城市（Menger，1993；Scott，2000）。有效克服垂直分化过程的复杂性以及高度灵活的生产过程确实可以依靠空间集聚，生产部门间特别密集的业务关系具有对地理因素十分敏感的成本结构。为了从外部的规模经济中受益，每笔业务的成本越高，公司集聚的可能性就越大（Hall，1970；Storper and Walker，1989；Glaeser，1998；Quingley，1998）。这给公司间的竞争带来了一种全新的体制。每个劳动者的多边活动以及雇主间密集的正式或非正式关系使得短期合约的人员安排（公司层面）与就业过程（行业层面）间的差异变得越来越模糊。实际上，艺术生产由以下三个部分构成：

- 参与生产过程不同部分的公司间的联系纽带，以及从艺术类劳动力储备队伍中进行选拔的雇主之间的联系纽带；
- 为最大限度降低成本以及节省挑选与聘用程序运作的时间而采用的创新型网络信息加工方式；
- 常规的全行业工资和报酬机制谈判与安排，缓解了就业前景中存在的风险。

雇主争相与最有利可图的人才签订合同，但是他们都必须拥有艺术家的储备军；如果保障可雇佣艺术家队伍所需的成本主要由以上机制来承担，那么雇主们的经济状况自然会好起来。

正是基于这些原因，每个国家的艺术活动都会有非常高的空间集聚性，这些活动集聚在几个城市，甚至仅聚集在一个大城市。Blau在关于美国最大城市的文化组织的研究中提出，供需双方都存在阈效应或临界规模效应（Blau，1989）。就流行文化而言，城市人口和文化供给（艺术家、组织）增长之间的关系是线性的，但是对精英艺术机构却是乘法关系。换言之，流行文化直接依赖于市场力和消费者权益，而非主流的高雅文化需要更多有潜力的储备消费者来推动发展。另外引人注目的是，即便执行了积极的政府权力下放的政策，就像过去20年法国所执行的那样，聚集的艺术家以及艺术专业人员的人数都没有明显的下降。巴黎的情况引人注目：在19世纪80年代，法国参与文化生产的艺术家和专业人员数量迅速增加（从1982年到1991年增长了55%），而在巴黎及巴黎地区生活和工作的艺术家比例也有所上升（从45.8%增长到了54.1%）。[①]

艺术家的人才供应也存在季节性拥堵高峰。19世纪在巴黎举行的年度沙龙展就是一个典型的例子，展览厅中从地板到天花板都挂满了画作，该展览在很长一段时期内一直被视为艺术领域拥挤现象的象征性事件。[②]今天，我们看到书店里堆满了大批初露头角的作家的小说，特别是在文学节刚刚开始的几天里——在巴黎文学奖颁奖高峰期的短短几天内，市场就发行了上百本这样的小说，评论家们不知为这疯狂的出版政策哀叹了多少次。或者可以拿Camerer和Lovallo（1999）关于过分自信和过度进入研究的例子来说，即在同一个周末同时上映了多部大片儿。人们可能还会注意到，参赛者排成长队争相要在越来越多的古典音乐比赛中获奖，以吸引评

① 更多信息参见Menger(1993)。

② 正如Daumier讽刺画所画的那样。

论家和公众的注意力。虽然这种比赛的淘汰过程①非常严格，但它比Camerer和Lovallo提到的成功标准更为模糊，模棱两可容易产生过度的乐观，进而使个人或公司产生过度竞争的局面。

艺术家供给过剩的情况，碰巧与艺术领域内博彩般的职业前景结构有关，经济学家对此的解释已有争议。Frank和Cook（1995）对有破坏性特征的“赢家通吃”的市场运行方法提出了质疑；这种支付结构使个人与社会职业损耗呈现螺旋式上升趋势，这是因为它使货币与非货币酬劳变得更加不平等，过多的人才涌入艺术市场，而且该职业往往会高估一个人的成功机会。因此，为了提高个人的获胜概率，很多参赛者会被诱导投资于“提高绩效”，那么这些投资将会相互抵消，进而使社会效率降低；终端消费者可能会获得更有价值的产品，但其社会成本过于昂贵。相反，Cowen（2000）认为超级明星效应可以改善福利（消费者可以享受更好的表演），尽管这种效应会加剧收入不公，但并不应过分夸大这一点。实际上，声誉是一种正和博弈，而不是负面或者零和博弈。Cowen强调，对抗性力量并不会加剧收入扎堆现象，而是作为一种聚合力量来限制，所以当一个明星的名气增加时，这个明星获奖的次数会增加，报酬也会随之增加。

22.5.3 垄断性竞争

垄断性竞争的特征包括产品的高度分化（作品与演出），消费者偏好与产能过剩的巨大差异（Lancaster，1979）。垄断竞争模式在艺术作品市场上的应用是众所周知的。对于艺术家来说，只要她的技能与才华受到市场欢迎，其声誉可能为其赢得市场上短暂的垄断位置。随着文化产业的发展，在若干市场上获得的与声誉相关的垄断性收益可能会因不同的价格体制而有所增加。Krueger（2005）对摇滚乐市场的研究就是一个突出的例子。当一个摇滚乐团独一无二的嗓音与曲风成功地迎合了消费者的需求时，这个乐团就拥有了市场垄断权。直到20世纪90年代末，著名的摇滚乐团才有能力开拓出音乐会和唱片两个互补性市场。Krueger假设，当出席音乐会的听众与购买唱片的听众有关联时，艺术家可能仅会把演唱会的门票降至低于最高利润的价格。当新技术出现，许多潜在的消费者可以随意下载音乐时，这两个互补市场之间的联系就削弱了。Krueger的数据与统计研究表明，1996—2003年音乐会平均票价和价格离差急剧增长；明星乐队能够通过音乐会的上座率将市场垄断利润最大化，从而补偿唱片销售量下降带来的收入损失。

从理论上讲，艺术才华的供给是有差异的；每个艺术家都声称自己拥有独一无二的技能并能为市场提供原创性成果。人们可以推测出概括了整个创意与表演艺术家全体劳动者的垄断竞争模型。艺术家的声誉水平、投入的工作量以及职业成功的程度差别很大；我们不仅可以将因具有暂时性或已建立声望但市场需求缺乏弹性的艺术家看作“自己作品的垄断性供应商”，而且可以将处于艺术类职业中较低部门被诱导着作为垄断供应商的艺术家（譬如像自由职业者那样出卖人力资本与作品）看作“自己作品的垄断性供应商”，尽管他们的市场价值与市场支配力很差。在后一种情况下，年轻有抱负的艺术家、平庸或者失败的艺术家，可能都号称自己拥有独一无二的技艺、才华与能力，但他们都没能从看似依附于垄断供应的出租中获取利益。

创作型艺术家的作品、绘画、手稿与剧本常被画廊老板、出版人、人才代理机构等销售。因为他们大多数都是自我雇佣的工作形式，将他们很少的工作时间与失

---

① 然而，需要注意的是，正如Ginsburgh和van Ours（2003）所研究的那样，这些过程常会出现显著的评估歧视影响，如比赛中的先后顺序。

业时间或未充分就业水平画等号是没有什么意义的。他们的收入并非来自某既定工资率下的工作时间量（Frey and Pommerehne，1989）。这些艺术家会根据他们的收入以及预期收入决定是否继续留在所选择的领域。如果是其作品的市场需求量低导致了较低的收入，那么，即使他们加倍努力工作、增加产量，也不会收到什么效果，而且以低廉价格出售其不断增多的作品也无法触发一个平衡过程，因为价格是质量的标杆，当代艺术家作品价格的降低会迅速带来对其作品的负面解读。由于这些艺术家能够自己创造工作机会，所以他们创作出的过剩作品无法以任何给定的价格定价。这就是为什么有这么多创作型艺术家，虽然工作努力并且全身心投入，然而他们的收入水平很低甚至非常低，让人感觉在他们所从事的职业中，工作付出与回报之间零相关甚至是负相关。[①]

Caves（2000）认为创意产品是纵向与横向差异的混合物。这个观点有助于解决艺术类劳动力市场的“竞争性”这个有趣的问题。横向差异源于艺术家及其工作有许多不同的地方；纵向差异指根据艺术家的技艺与才华水平、作品和表演质量与原创力对其进行的排名。将两种差异混合起来可能会模糊排名过程，并且在这个过程中会产生有争议和反复无常的评价。如果艺术家像科学家一样更加一致地工作，那么艺术市场的供给过剩会少一些病态吗？在科学界，胜者为王的竞争结构是一种极端的形式，在这种形式中普遍流行着一种优先级竞赛。每场竞赛中只有一个赢家，科学生产力与优先授予权的不平等现象相当严重，这一现象因状态依赖和累积优势过程在科学家的整个职业生涯中将会变得更加明显。[②]显而易见，优先级系统为科学家在一些回报非常丰厚的竞赛中创造了极大的吸引力。值得注意的是，当创新沿着可预测的积累途径前行时，科学竞争会反映出知识的创造性破坏的纵向差异过程。然而科学的创新竞争也有机缘巧合的一面，可从不同专业知识的混合中受益。由于每个科学领域都通过自身裂变出现了越来越多的细分学科，在这些学科中，竞争强度根据每个领域的卓越度和产生回报能力的不同而不同，从而为更加横向的差异、后续的垄断竞争以及跨学科创新留出了空间。

每当发现、淘汰、风格和语言破坏性创作等辩证过程发生时，艺术领域的纵向差异就与在科技领域发现的纵向差异走得更近，特别是先锋派艺术时代的美术界更是如此。在这种情况下，优先权成为一种关键因素，并且在创新的精英团体、追随者和差不多要立刻被取代的艺术家——这些艺术家还在创造过时的艺术，他们的作品市场在不断缩小，并且最终会消失——之中产生了一种强烈的对立。然而，众所周知，这样一个优先驱动的竞争体系仅仅适合于艺术生产的部分格局。Caves的分析恰如其分地抓住了混合背景下评估过程的复杂性：

因为程序和标准不同，应将重大的创新活动从创造性活动的日常创新活动中区分出来。在有严格与异常清晰执行标准的创造性活动中，关键的假设不利于接受有效且令人满意的创新事物。创新显而易见的价值必须令人信服，或者是在新奇与传统能够接受的创意产品的局部范围冲突中竭力取胜。另一方面，在将新颖事物看成引人注目的创新的艺术领域，对于任何关键的范式都没有达成统一的意见。关键排名对消费者准确估量并且理性购买所选创意产品的意义并不大，A名单/B名单的排名对复杂创意活动的有效组织的贡献也不大。这是关于“自由”与“许可”的老话题。一种创造性活动要为其参与群体产出最大价值，因为该群体需要在严厉的批评标准和宽松标准之间达成一种合适的妥协，前者抵制那些最终超过限度“建立”的创新，后者则是在没有稳定的市场评估价值或参考标准的情况下，去指导文化消费资本中艺术家的培训或消费者的投资（Caves，2000，

① Moulin（1992）曾经在他关于视觉艺术家的广泛研究中提及这一点。

② 参见Stephan（1996）对文献的评述。

pp.202–203）。

22.6 供给过剩的解决方法？创意前景与自我实现的机会

如果艺术家所选职业有成功的机会，或者至少对在自己职业领域过上体面生活的可能性作出正确的预期的话，事情就会变得简单。如果当明星的过度诱惑不会导致才华的边际性与分配不当，或者自我实现的承诺并不妨碍个人在其他缺少转移能力的职业中发展，那么竞争就会不那么浪费，失败和职业转型也就不那么频繁，培训系统也就不会提倡无效投资，带有慷慨失业保险的高风险职业前景也不会以其他经济部门为代价要求加大公众支持力度，并且公平竞争，由此艺术家将有足够的时间实现自我发展，竞争也会以公平的方式实现，因为艺术家有充足的时间去证明自己。

该论点有一个令人信服的说法与一个不太令人信服的说法。令人信服的说法是根据“劳动力最佳分工”的方案对人才进行最优化分配。在早期Durkheimian社会学的实用主义社会功能模型中，我们可以看到这样的机制，在一些劳动福利经济学分析模型中也能看到，例如Lancaster的最佳劳动力部门分工模型。该模型将劳动者与职业进行匹配，劳动者的技能得到最佳雇佣。要求是：建立在批判性评价与竞争基础上的一套定义清晰的行为标准和创意内容；提供能发掘能力和个人最佳拟合技能的最优教育培训系统；采用最佳奖励机制，阻止人们将第一份工作作为最优选择的命运。[①]艺术领域几乎很难采用这种观点。本质上，艺术作为创意、创新和不落俗套的非常规工作的象征，一直被歌颂与重视。这种创意性、非常规工作所带来的心灵与社会满足感与其成功的不确定性成正比。工作越是非常规，从事该工作的人对其取得即时或长期个人成就的概率就越没把握。当然，艺术工作也包括相对和绝对常规性的一面。[②]然而，艺术工作的非常规性意味着工作的挑战性与内在回报，它给予艺术创造工作不一样的价值。非常规活动的绩效并不取决于培训系统中能够轻易具体化、传递和认证的技能。实际上，学校教育对艺术家收入的影响一般较小，比其他劳动者或经理、专业人员和技术工人都要小（Filer，1986，1990）。非常规活动是指一系列不断改变且富有挑战性的工作状态，因此这意味着艺术家的能力和技巧只能通过一些内容翔实的“从做中学”的实践活动逐步提高，开始时并不能对其作出完美估计。即使人们会假定与生俱来的能力比正式的培训更容易让人成功，但才华也只能通过一定的工作环境才能体现，因为只有工作情境才能揭示艺术成就真正具备的多重特征。

劳动力最佳分工理论不大令人信服的原因是其最佳试错过程。如果才华的发觉速度更快，那么艺术类职业的辞职率将会更高，员工的轮换率有助于艺术家形成对自身机会更现实的期望值。如果艺术家的行为是理性的，那么对高风险职业结果的预期应该与金融期权定价理论的预测相似。最优的序列决策机制需要就风险问题进行职业选择。首先选择风险更大的职业，如果工作结果不乐观，就会转向风险相对较小的职业，这种选择是理性的。本着Johnson（1978）和Jovanovic（1979）的精神，MacDonald（1988）将他的工作分配理论与信息连续积累理论应用到艺术类职业中（MacDonald，

① Lancaster对于劳动福利经济学的两个建议是：第一，优选匹配建议：“对所有要分配工作的人，要满足的要求是每个人都有相应的技能去完成他所拥有的工作，在这当中存在最优分配方案”；第二，关于劳动力最佳分工的建议：“如果工作的数量和规格不一样，则会存在一种产出最大化的劳动力分工方式，如果能够通过所有劳动力具备的技能获得最大产出，劳动力的最佳分工同时也能通过工作与消费实现整体福利的最大化。产出最大化分配与劳动力最佳分工两种方式不必相同”（Lancaster，1979，pp.326–327）。

② 不同艺术家的职业和个人成就可以根据工作的常规或非常规性来对其进行评定排名，如果没有起稳定作用的常规存在，就不会有艺术家能够每次都重建一个自己的全新的创意行为框架，也不能完成集体工作（Becker，1982）。

1982)；他构想了随机动态超级明星模型作为职业选择的模型，在这个模型中，表演者积累有关后续表演可能结果的信息，并且学会评估他们的职业匹配度。

实际上，在现实的动态职业选择模型中，与职业选择的工作匹配方式（Miller，1984）一样，信息考量也被带入其中，这似乎与自由职业者的职业调查结果一致。求职者只需逐步了解自己与某项艺术类职业的匹配度以及他们期望在该领域能取得的成就。“试错”过程的代价是高昂的，但也有回报；通过“试错”，一个人会越来越了解职业的不同方面并且通过这项工作了解自己的工作能力，工作者也能通过经验与“做中学”的实践活动积累技能。由于非常规工作意味着稳固的人力资本投入，它往往出现在“工作和学习套餐式组合”的工作匹配过程中（Rosen，1986），并且按照劳动者不同的学习潜力进行排名，正如Faulkner（1983）在对好莱坞自由职业作曲家的研究中所阐释的那样。因此可以说，艺术类职业的吸引力部分源于它们能够提供大量的潜在学习机会，至少工作要足够非常规。事实上，许多艺术类职业只能通过“做中学”的过程才能提供这种信息，因为进入职场和取得成功并不严格要求正规的培训（在一些艺术类职业中，如作家职业几乎不存在正规的培训），或者因为正规的培训并不是人才挑选与能力筛选的有效手段。这可能就是为什么这么多的艺术家认为自己是自学成才，甚至在那些正规培训真正起作用的职业中，艺术家也这么认为。例如，尽管大多数演员对他们接受的培训非常满意，却依然责备自己准备不足；他们对自己的能力以及对成功实现专业化的机会的认识是在实践过程中获得的（Jackson et al.，1994；Menger，1997）。但是学习与信息获取过程是要付出代价的，因为平均而言，“做中学”的最初工作报酬比那些获得大学学位或者通过其他技能证书而选拔入职的求职者的报酬要低。

但是，艺术类职业应用这种工作匹配模型会引发两个问题。首先，由于职业实践要求采用诸多不同的形式，要在多种环境中进行，并且会与不同的雇主和顾客发生联系，因此在评估某人的工作匹配质量之前，可能要询问需要多少必要信息。此外，实践的多变性可能也会影响艺术家的冒险行为。从某些方面来说，表演艺术中的每项工作经历，诸如剧院和电影制作都是独一无二的，并且每个团队的艺术家和技术人员都是不同的，似乎学无止境，对每个人才华的评估也是无止境的，当一个人必须决定在这条职业道路上要走多远时，没有哪一种情境是关键的。这就解释了为什么许多艺术家一直抱有他们终将成名的希望，甚至在死后成名的希望。为了使艺术家在短时间内醒悟，浪漫作家与诗人发明了一种心理与思想上的方法：“失败者终将成为赢家”的游戏（Sartre，1971；Bénichou，1985），该游戏有慰藉作用——“失败者通吃”的社会——这是Frank和Cook（1995）描绘的世界。更通俗地讲，在高度灵活的工作机制下，通过“冒险与学习”模型对艺术家供给过剩进行解释特别富有吸引力。关于个人职业匹配质量的信息仅仅通过在职经历传送（这种在职经历是临时的、不连续的），在这种情况下，有抱负的人进入职场的时候并没有经过筛选；对创意工作掌握无限的自主权可能会引发对工作的非货币化评估，并降低选择留在该行业的机会成本，即使面临很少的成功机会。这将有助于解释入行时障碍非常少而离职时障碍却不断增加的原因。

第二，一旦将身兼数职考虑在内，那么对风险多样性的顾虑可能表明职业选择的范围更大，即若干相关的工作提供转换的机会，这会在不同类型的活动之间形成一种循环模式，而不是形成一种不可逆的选择序列。在这种情况下，验证这种假设的一种有趣方法是研究艺术家是否会为了投身自己的艺术类职业而拒绝薪酬更高的工作，这种验证方法与标准经济学对立，即劳动者从工作过程中获得满足，而不仅从工作赚取的收入中获得满足。在用艺术与非艺术工资率作为解释变量来估算澳大利亚艺术家的劳动力供应函数时，Throsby（1992）表示，艺术家只会在那些提供收入较为充足、能够支持其基本的艺术工作的岗位就职。Alper和Galligan（1999）也得出了相似的研究结果。由此得出，当传统收益的标准模型与休闲的替代效应相关性非常小，且供给过剩与定量配给之间存在因果关系时（这个“定量配给”指艺术类劳动力供应市场上的不均衡，而该市场是艺术家主要的职业工作领域），由于劳动定量的存在，“供给过剩”这个概念被证明是有问题的（Killingsworth，1983）。当兼职者在定量、不完全定量或非定量供给的工作市场来回辗转时，未充分就业与劳动力供给过剩可能很难被定义，在这样一个稳定的“风险管理”体系下，他们的工作比艺术圈外的那些职业更具有吸引力。

与实用主义观点恰恰相反的“供给过剩”观点认为，竞争的市场不仅放大和开发了不平等的艺术才能和个人禀赋，而且艺术的市场组织还忽视了所有艺术家纯粹的创造潜能。无论从个人还是社会的角度看，市场都无法实现最佳水平的创新和创意。这是马克思主义者关于自我实现理想的观点，该观点可适用于克服劳工组织分化的社会。这种概念有深远的传统渊源，其善于表达的实践模式，如果追溯不到Aristotelian的行动观的话，至少要追溯到Hegelian派的哲学理念（Habermas，1988）。在这个模型中，借助创意工作达到自我实现，其中包含一种劳动力作为常规与异化活动以及工作作为非常规追求之间的基本区别。这种区别在Arendt（1959）的“工作是一种长期的非功利性人类成就”理论中起着至关重要的作用，在Freidson（1986a，1986b，1990）的“艺术类职业威胁着传统的职业和劳动”的传统概念中也起到了重要作用。Hirschman（1986）根据艺术家预期成果的不同，对不同种类的工作进行了分类，这种分类揭示了艺术家努力的非工具性；在创意活动的不确定过程中，艺术家在压力和对未来结果的预期交替中艰难地克服了障碍。因此通过工作达到自我实现，会令艺术活动极具吸引力，但这种情况只有在结果不可充分预测时才会发生；个人创新的可能性完全释放，同时艺术家从来不像现在这样有把握，她可按照自己的期望在工作中展现自己。

很显然，这种善于表达的模型抓住了工作创意性和不可预见性之间的关系，但是当其排除了失败的可能性时，内部便会出现一种矛盾，正如马克思主义者在“自我实现”概念中所阐述的那样。按照马克思的观点，每个人生来就具有相同的能力；艺术家声誉和收入的巨大差异主要归因于由市场力量塑造而成的强烈的消费者偏好，而不是艺术家之间的才华差异。实际上，艺术家普遍将更柔和的市场竞争作为促进个人创造天赋“自我实现”的手段。未定量供应的劳动力市场要么需要供应方充分的同质性，要么需要需求方足够高的非弹性化质量，以便使艺术家和工作的可替代性能考虑到市场平衡。然而创意的供应与需求均建立在个人间的比较与竞争上。

有失败的风险是艺术事业的固有特征。此外，事业的失败和成功，不仅仅取决于创造者对他们工作的自我评估，除非他们的艺术世界形成一个对其他人的作品或者任何人的消费都不感兴趣的创作群体（Elster，1985）。在这个群体中，通过创造性工作产出个性化作品是艺术家们广受赞誉的主要原因，这就要求其他人对该作品也要感兴趣（Cohen，2000），因此会出现一些作品的竞争性比较。的确，根据Max Weber的理论，艺术个人主义已被公认为艺术领域自主化和艺术界成员专业化的标志。然而，艺术个人主义很难与以自我表现和自我实现为目标的内在的、非竞争性的努力相提并论。因而艺术个人主义除了代表一种生活方式和一种结构松散的职业圈子外，还可能代表一种存在于绝对意义上的强烈个人成就感与创造性工作不可避免地与他人相比较之间的紧张关系。正如Camerer与Lovallo通过实验方法所证明的那样，人们之所以在进入某行业时保持过度的自信与乐观，可能是他们忽视了竞争对手，每个人都估计自己有足够的能力取得成功；“忽视提高的竞争水平”就像忽略了引起“赢者通吃的诅咒”的逆向选择（Camerer and Lovallo，1999，p.307）。相对技能感知可能会导致对机会的误判，特别是对规定技能没有特别要求时，或调节一个人期望水平所需要的绩效反馈相当混乱时，抑或是当就业系统夸大了劳动力的异质性时。

这就凸显了双面动机复杂的不确定性。一方面，工作的非常规与非工具性使其富有吸引力；为了保持吸引力，使之具有强烈的挑战性，能够战胜自我，培养出艺术家对个人成就的追求，他们必须不停地更新工作经验。另一方面，自19世纪起，创造性工作便已不断市场化，对系统的新颖性和创新性的追求揭示了战略层面的不确定性和个人间的竞争性。具有讽刺意味的是，通过创造性工作表达自我实现的非货币价值是市场竞争的真正助燃剂。

一方面是与艺术创新核心有关的不确定性管理方法与学习过程，另一方面是与迥异的才华和产品有关的市场竞争结构，这些为经济研究提供了有关艺术家行为类型的深入见解。艺术家既不可能被描绘成已全副武装、能够在任何激烈的市场竞争中生存下来的传统理性行为者，也不会被描绘成仅仅因为对成功机会误判，或者因具有进入艺术类职业的内在社会性而成为酷爱冒职业风险的目光短浅者。相反，她会被描绘成搜集资讯的不完美的Bayesian演员，她会“在做中学”；修正自己的技能、期许和自我构想；为丰富经验而建立社交网；在不了解自身能力与才华禀赋的情况下就采取行动；或者在职业结构松散的过程中展现自我。在这个范围内，由于表现得像一个垄断供应商，艺术家力图扩大对其工作、提供产品或服务的市场的掌控权。然而，这个受艺术与娱乐服务市场竞争压力驱动的外向型目标，如果与“自我发现”与“自我实现”的内向型目标不匹配，那么它就会变得毫无意义。只有不同的工作经历和挑战处于最佳状况，并且在发明、工作稳定性以及创新性的临时常规探索得到保障之间实现平衡，这个目标才值得追寻。

22.7 职业风险管理

对艺术类职业的研究显示了艺术家如何被诱导着应对配给的劳动力市场的约束问题，以及如何学会管理职业风险。Baumol和Bowen（1966）的开拓性实证研究发现，艺术家可能会采用三种相互兼容且相结合的主要方式改善经济状况：第一种是获得私人资源支持（工作伙伴、家庭或朋友），或公共资源支持（政府补贴、补助金和佣金，基金会或公司赞助，以及社会与失业保险金的转移性收入）；第二种是通过聚集和共享收入、设计互助保险计划，在合作社式的协会中工作；第三种是身兼数职。无论是在社会学领域还是经济学领域，大多数研究都重点关注最后一种方式，因为该方法除了使用更广泛和普遍外，还揭示了艺术类劳动力市场一个令人费解的特点：通过个人人力资本与劳动力转移风险，这在财务领域似乎是比风险管理更特别的一种现象。实际上，身兼数职让艺术家变得更像企业家，正像不动产的业主将一小部分财产分成诸多小块以分散风险一样，他们也将少量的财产分散到不同的工作中去（Drèze，1979）。

总体而言，兼职人数呈上升趋势，并且艺术类兼职劳动者在许多国家的身兼双职的劳动者中所占比例最高；此外，艺术类职业在所有可作为第二职业的职业中排名也最高。例如，在美国，几乎所有的艺术类职业凭借其身兼双职的劳动者成为25种就职人数最多的职业（Amirault，1997）。在一项以3 000名新英格兰艺术家为对象的调查中，Wassall、Alper和Davison（1983）发现，只有24%的艺术家不从事非艺术工作。在2000年对艺术领域有关兼职的调查中，Alper和Wassall（2000）根据月度当期人口调查数据对1970年到1998年美国艺术家的兼职行为进行了一个广泛研究。他们的研究数据显示，这些年艺术家的兼职率比所有劳动力以及个性特征近似于艺术家的专业劳动者的兼职率增长都要快；表演艺术家兼职率最高；而受教育水平是唯一与兼职行为呈强烈正相关关系的个人因素。

正如Throsby（1992，1994a，1996）关于艺术家收入与劳动力供给的研究所示，为提供一个更为完整的艺术家收入来源图，经济学研究不仅必须意识到艺术/非艺术收入的差距，而且要意识到简单的二分法本身还不足以解决这些问题。为全方位了解艺术类劳动力供给与收入之间的关系，工作时间与收入的三分法至关重要[①]：

• 创意活动本身，这与基本的创造性劳动和艺术品制作相关联的任务相适应（思维、梦想、搜索材料、反复练习、实践）；

• 与艺术相关的工作，其中包括特定艺术领域内的不同活动，这些活动并不直接促进艺术产品的生产，但是仍依赖专业艺术家所拥有的技能和资质——此类工作常见的例子是艺术组织内的教学活动和管理任务；

• 非艺术性工作，这可能因个人、艺术形式和艺术家事业周期的不同而存在巨大差异。例如，美国最新人口普查和调查数据表明，大部分作家（基本职业是作家的人）在其他专业领域有兼职，特别是在教育领域，而演员与歌手的兼职主要在销售、文职人员与服务工作等领域，这些工作历来工资低、待遇差（Alper et al., 1996）。

各系列的不同工作组合可以比喻成财务资产的投资组合。[②]这种应对不确定性的方式已经出现在上述自由职业者的案例中，这些自由职业者建构了一种张弛有度的耦合工作协会来打造自己的工作履历，巩固自己的地位，以应对雇主不断减少的局面。由于就业部门多元化，艺术家也可以在分化的劳动力市场中实现经济富足，不断获得就业机会。从事本职业领域外的其他工作，相当于人们熟悉的职业风险多样化机制。与其静态思考由来已久的窘境——自由或者远离——职业风险管理的组合模型为动态研究艺术家如何应对整个职业生涯的不稳定提供了视角，有助于我们保持职业道路选择的向心性。

艺术家在职业生涯初期的收入来源相对较为分散，但随着艺术家声誉的提高，收入会越来越集中。当艺术家的能力足以让他在不同职业中进行选择的时候，在束缚与履行承诺之间会达到一个更为精准的平衡。但是，在聚焦收入的安全来源与非安全来源的组合时，如果第二职业只能给艺术家提供额外的收入，而无法提供其他东西，那么“分散风险”的方法就无法应对不同工作的特征。因此，考虑到创造性工作和相关艺术工作的关系，兼职工作的其他互补性方面就会变得黯然失色，正如在“角色多样性”体系中所描述的那样（Nash, 1955）。在诸如“严肃”音乐等特定的艺术领域，高技术要求是进入该职业的选择性障碍，也是不同职业角色的专业人员（作曲家、演员、指挥家、出版人等）的一种整合手段，这些职业角色之间的差异随着职业化的过程而增大。作曲家可能会通过角色的多元化降低创造性活动中的财务风险，并且加强其对音乐发行过程的掌控，以促进与其他职业的交流互动，提高其在同行中的威望。角色被认为是在不同领域的职位中同时或相继扮演的，就像Abbott和Hrycak（1990）对18世纪德国作曲家的研究表明的那样，或者正如Baker和Faulkner（1991）的研究，其中探讨了好莱坞电影制作中不断变化的组合模式，并且将角色（例如制作人/导演/剧本作家）作为资源，在组织设置演化中发挥作用。更加普遍的是，组织或者审美创意诱发了角色的组合及混合，并且在合作活动内容及掌控新市场资源的范围内进行转变。[③]

只要实践需要专门的培训，那么艺术角色群体的中心都是传统的教育角色，对于创意艺术家而言，最常见的是“合伙经营”职业（Abbott, 1988）或“宿主职

① 参见Throsby(1996),Menger(1997),Paradeise(1998)的研究。

② 参见Faulkner(1983)和Menger(1989);更多关于在当前社会中组合工作的出现与可预见未来的预言,参见Handy(1989)。

③ 参见Moulin(1992)关于当代视觉艺术市场中作为表演者与生产者的创业型艺术家的案例; Christopherson(1996)关于产生创业型电影制作人的研究,这些人的管理技能模糊了管理与劳动力之间的界限;Kealy(1979)关于摇滚乐中出现跨界艺术家的研究;以及Hesmondhalgh(1996)关于混音师以及舞蹈音乐唱片DJ的创业策略研究。

业”（Freidson，1986b）。Baumol和Freidson将艺术中的教育角色比喻为学术活动中的教学角色，这便于支持教研活动；这或许也可以解释创意艺术家经常把自己视为研究者的原因。拥有教育背景的艺术家作为一个整体产生的矛盾，与管理学和专业职业类别之间存在的矛盾相似，但对其收入的影响较小，并且这种矛盾可以得到解决。Throsby（1996）表明，艺术收入和艺术培训之间的关系在教育等艺术相关活动中表现得更为强劲，因为从基本的创造性实践中所赚取的收入更易受到在职经验的影响。人力资本及角色的多样性考量对与艺术相关的工作产生影响，而不是对与艺术不相关的工作产生影响，职业选择的综合考虑倾向于教育这类稳定且有偿的补充性工作。White（1993）认为，身为教师的艺术家结合了职业的两种对立形式：一种（教师）代表了传统的职业形象，因为它需要资历、一些积累的规则与培训经验；另外一种（天才的艺术家）则建立在新颖性基础之上，传达了一种破坏性创新的意识。这种自相矛盾的角色组合在先锋音乐（Menger，1983）和视觉艺术（Moulin，1992）中尤其令人印象深刻。

22.8 职业风险管理中的集体行为与公共支持

艺术领域内的就业前景风险可以通过合作与集体行为的方式加以缓解（Peacock and Weir，1975）。艺术家可通过共享资源来分担职业风险，比如为每个成员提供相互支持的视觉艺术家群体的案例（Simpson，1981），或者像在自我管理组织基础上运行的伦敦重要的交响乐团那样，音乐家担任自己公司的股东，并且以自由职业者身份在其他地方就业，从而强化自己的专业地位（Peacock，1970）。现场表演艺术领域中的大多数小组织（舞蹈团、室内管弦乐队、巴洛克和当代音乐合唱组等）都以这种合作方式运行。

针对艺术领域工会集体行为的研究远比那些专注于国家和公共支持的艺术研究要少。[①]与工会收入转化与再分配行为有关的一个共同特征是让劳动者适应更加灵活与更不平衡的艺术类劳动力市场。除欧洲国家（Mitchell，1992）普遍存在的、对艺术家进行传统的直接与间接公共支持和主要针对自我雇佣的创意艺术家的支持之外，与艺术类劳动力市场相关的集体行为得到了非营利组织的基金支持，比如演出公司雇佣的演员，同时也能应对日益增长的弹性化影响。Paul和Kleingartner（1994）的研究表明，与行业工会不同，美国的电影与电视行业的演员、作家及导演工会，尽管引入了高度弹性化的生产机制，但其规模一直在扩大。三层薪酬系统使得艺术家既可以在平等主义的基础上（通过最小化的支付率）被涵盖在内，使那些市场价值超出工会工资范围的艺术家有机会通过协商获取额外薪酬，也可以因他们参与过的电影或电视节目的重播而获得额外收入（追加报酬）。尽管追加报酬对于整体薪酬的重要性会因劳动力市场的分割不同而相差甚远，但后一种方法也不能被低估。根据美国演员工会的数据（Paul和Kleigartne的研究中引述），1988年，所有市场的追加报酬几乎与初始报酬相同。追加报酬不仅仅是一种补偿机制，而且还通过创造一种被动的收入流来弱化临时性工作和频繁性失业所造成的影响。随着电影与视听市场的扩大及弹性化的增强，追加报酬已经变成这些部门某一领域中个人合同谈判与集体劳动力关系议价的焦点。

在许多国家，就职于艺术类职业的大量自由职业者无法获得失业保险金。而在有些国家，自由职业相当于工薪职位，有资格获得失业保险金。若政府支付失业保险金，即表明公共政策对艺术领域的支持。当自管基金为每位失业的工作者支付失业保险金时，行业之间的交

① 参见Gray和Seeber(1996)的研究。

叉补贴便起到辅助作用。对于那些有资格获得失业津贴的自由艺术家和文化工作者而言，工作中的保障与自主性相结合，可能会发挥以下两种不同的作用：

• 提供收益替代，减少与失业风险和终生收入不确定相关的补偿性收入差异——实际上在临时性劳动力市场上这个作用可能被优化，进而使所有个体都能终生获得报酬与失业金；

• 补贴的非工作时间可以看作休闲时间，或者是为将来要求较高的工作做准备的培训时间，抑或者是寻找新工作的待业时间。

在第一种作用中，从劳动力需求层面进行解释，失业被看作对个人行为的约束，而从劳动力供给层面进行解释，失业可以解释为工作者在求职过程中作出选择所产生的结果。"不确定性"本身的解释方法也会产生模棱两可的情况；正如Drèze（1979，p.349）所观察到的"在自我雇佣的情况下，内生与外生经济不确定性的区别并不总是有明显的分割线"。因此，应对失业的保险也会出现问题。

法国为表演艺术类职业中的艺术家和手工艺者制定的失业保险系统为这些相互交织的作用提供了强有力的解释（Menger and Gurgand，1996）。为适应合约的弹性化要求，法国制订了一项慷慨的补偿计划，但是由于失业补偿的增长快于有偿工作的增长速度，该计划陷入财政困难。实际上工作已经按照临时性工作与短期雇佣两种形式进行了专门分配，并在越来越多的机构中开展。雇主能够以更低的价格招聘到最优秀的人才，建立实力强劲的团队，并从大量的未充分就业的储备队伍中随意挑选人才。因此通过向劳动者发放失业保险津贴，提高这些劳动者的收入，可以吸引更多劳动者，使表演艺术部门的规模不断扩大。总体而言，今日的法国付给劳动者的失业保险金占他们整个工资与费用开支总量的三分之二以上（Menger，2005）。

实际上，大量的道德风险在蔓延，这是因为承保人无法将间歇性劳动者在市场上出售工时所形成的束缚与劳动者寻找工作和分配非市场时间区别开来。在关于失业保险问题的调查中，Topel和Welch（1980）注意到，"如果劳动者在评估一份工作机会时能将未来的失业补贴考虑在内，那么这种影响肯定是模棱两可的。尽管劳动者的福利增加必定会有更多的工作机会，但是任何特殊工作的价值定会包括工作收入以及可能发生的短期失业的救济金。失业救济金的增加会使公司为低工资员工提供具有同等价值的就业合同（p.354）"。[①]更明确的是对雇主的影响，雇主能够利用相关工作和分配机制中的不对称信息，在与员工进行薪金谈判的过程中争取到失业保险救济金的福利。为了不用负担长期雇佣关系费用而维持一种内部劳动力市场，公司可能会和他们的员工串通，反复地以短期合约的形式雇用他们。很明显，经验评定公式实施的前提是雇主失业保险税率取决于其提供的就业稳定情况，这是让雇主为其聘用决定影响政府财政基金负责的唯一方法。[②]但是，这样做的时候，国家和地方政府会被要求为非营利表演艺术行业提供额外的补贴，这部分额外补贴在此之前是要被存入保险基金的，并且承认其实际的支持作用（Menger，2005）。

加大对艺术的公共扶持力度，为艺术家提供多样化的收入方式，提供更多的职场晋升机会，要通过向艺术以及与艺术相关的工作提供资金、向上述补偿性系统融资或提供保障、加强产权、让艺术家适应新的技术或市场环境来完成。但是，文化政策与公司、企业利用艺术职业的吸引力以及错误期望的方式不一致。弹性化的增长与更高的艺术创新率有关，或者至少与生产的日益差异化有关。但这会将越来越大的商业风险转移到艺术家身上。文化政策无法摆脱个人风险（那些时断时续的就

---

① 也可参见Atkinson和Micklewright(1991)的文章。

② 众所周知，假如总的失业保险系统是平衡的，在没有经验评定标准的情况下，失业保险财务结构就以其他产业为代价，补贴一些产业的社保费支出。

业前景与自由职业者的职业不确定性）和社会风险（那些被低估或者被忽视的创新以及未达到最佳标准的文化发展经历）。此外，尽管当代艺术状况变得更加有争议，文化政策和非营利组织却发展迅速。评估的过程更容易受到波动的影响，这为投机性赌注与数类演员（策展人、评论家、经销商、专家以及各类跨界者）联合推动艺术运动、创新与时尚提供了机会。因此，为了创新成功，公共支持需要以市场竞争为基础的不确定性原理的推动。

让我们想想那些数量不断攀升的艺术和文化作品，它们是神圣的，是通过博物馆、音乐会、图书、视听或者计算机档案供公众欣赏的。这些艺术是永久的回忆；经过了几轮名人赛和估值证明从一大堆作品中脱颖而出，它们的重要性需要时间的正确评价，然后进行分类。这个过程使过去的知名艺术家的头衔和功绩转移给其当代继承人的做法合法化，无论这个继承人在当时是否已有名气。将艺术定义为一种公共的“优质产品”（Musgrave，1959；Netzer，1978）抓住了其是精英主义和天才民主化的混合体的特质，换言之，是每个艺术领域中几百位世界知名大师引人注目的精英之作，与认为有资格要求公共支持作出负责任的决策的、一群尚未成名的候选艺术家的对比（Menger，2003）。

在这里，不确定性再次扮演了一个双面的角色。根据 DiMaggio（1986）的研究，在所有作品的评价过程中，占据中心位置的不确定性原则会从同代及跨代的角度影响公众与集体的选择。长期来看，与艺术家或者艺术作品价值有关的不确定性会随着时间而消失，最终将变成声望与成功的极端偏态分布。但从短期来看，任何对艺术的公共支持都必须考虑效率与公平的平衡关系，二者依据市场竞争结构，都给最好的艺术家最多的机会来发展他们的才华，通过缓和市场倾向，使潜在的不确定的才华免受“赢者通吃”的市场结构的影响。所以不确定理论为大量不同类型的艺术家的公共支持提供了一个真实的理论基础。可以说，一般而言，这是站到社会的角度培养出过多的艺术家，因为这样可以从最有才华的艺术家中挑选出最好的艺术家。正如 Nisbett 和 Ross（1980）指出的那样，人们有时候可能需要过度乐观的主观概率，以刺激他们采取有效行动。即便个人职业失败会付出高昂的代价，概率性错误依然会对社会有较大的益处。但是，这种积极的外部效应需求，虽然属于艺术公共支持理论的基础范畴，但仍然可能触发内源性的不均衡增长。

那么什么样的短期不确定性必须通过保险机制来得到控制呢？这是外在因素还是内在因素？找不到工作和事业失败应当归因于个人的能力不足吗？或者是因为对艺术家被赋予的能力要求不足？这些问题的答案都基于一个事实，即能力和才华本身不仅应看作市场成功的外在因素，而且还应当看作通过创新竞争形成的内在因素。竞争越多，创新率越高，或者至少通过开发和刺激消费者的新奇性需求增加了作品原型间的差异，分类机制将更多地以市场人才转变规范为基础。

22.9 艺术是发达社会增强创新性工作的一种模式？

无论是资本主义国家还是反对资本主义的国家，都将创新、知识、学习与内在动机作为保证增长和克服劳动力分工与常规职业异化程度的最有力杠杆。Marx 认为艺术家可能是没有异化的劳动者的最高形式。如今，创新是主要管理诉求之一，即通过创新改变工作组织来提高生产水平。内生增长的经济理论将创意、创造和知识视为核心（Romer，1990；Aghion and Howitt，1998；Baumol，2002）；公司和市场必须清楚如何从增长、人类创意取之不尽的资源中获取应有的一切，二者都有其特殊的形式（那些诸如科学家、研究者、工程师、艺术家在创造性活动中的专业工作）及其更平凡的表现，即每个人在工作中的聪明行为。创造性知识原理也适用于工作组织与管理；以这些为前提，艺术作为创造性工作的最重要组成部分，一旦抛开艺术中激进华丽的辞藻特质、不可削减的原创性和无法破解的创意性秘密，将会为管理者和劳动者提供关于创造性行为及完成工作的内在动机的一些真知灼见。实际上，艺术家自发地提供了创意的“黄金传奇”，即一种反抗社会传统与商业功利主义的颠覆性、不墨守成规、充满灵感的行为；事实上，他们每天都在经济背景下不断发展，这非常符合现代资本主义的需求——灵活性、自主性、对不平等的包容性都很强，而且是团队工作的创新形式。所以艺术家与后泰勒主义的劳动者很可能会合并为创造性职业中的同一人物。那么该主张与工作机构的实际转换间究竟有多大的契合度呢？

组织设计与人力资源管理（HRM）的常见形态通过区分以下几种市场来适应劳动力市场分割的理论：

• 通过为低技能工作提供低工资政策实现弹性化、劳动者的可替代性、技术可转移性和固定成本最小化的二级劳动力市场处于最高点；

• 强调低周转率和高生产率，负担筛选、试行与培训成本，以及运用建立在长期合约和终身工作基础上的最优化回报方案的公司开发的内部劳动力市场；

• 拥有高技能但不愿意依附公司的劳动者的专业劳动力市场，即便他们凭着专业的高市场价值和能力的高转移性而拥有相当大的讨价还价能力（Baron and Kreps，1999）。

艺术类劳动力市场混合了来自二级现货交易市场和专业市场模型的要素。一方面，就业越来越具有偶然性，就像二级劳动力市场；另一方面，个人拥有技能或高超的技能，且不可替代性成为一种核心价值，比如所谓的专业化市场。这对设计看似前卫而且经历了越来越有弹性的劳动力市场的表演艺术而言尤为真实。[①]在整体经济中，合约工作安排和组织形式被反复描述为沿着相似的路径发展。但是偶然性在增加，尽管劳动力市场的两端第一眼看上去可能意义完全不同，位于低端的低质量、低技能的工作是临时的，而位于更高端的高技能工作越来越不受合同的限制，并且愈加的自由。同时，公司一旦拥有之前的业务外包资源，便尝试着建立内部的专业市场，或者与独立的高技术承包商和服务公司建立经常性的合作关系。因此，工作关系中的偶然性、人际关系网和个性化会根据个人的劳动力市场价值而拥有极为不同的意义。

这些变化有多重要？与艺术相比能得出什么结论？过去十年间，关于就业、管理与社会变化的预言有很多，主要是有关弹性专业化、层级扁平化、组织网络化、学习型公司、自我设计的团队合作、创造力增强与知识型社会方面等话题（DiMaggio，2001）。总体看来，这些变化是慢慢累积形成的吗？它们确实催生了新式条理清晰的工作组织架构吗？或者说他们就是管理学的教科书和管理大师们的工具包？大公司无固定期限的长期雇佣体制被严重侵蚀了吗？或者，就像欧洲一些学者宣称的那样，这个体制依然完好地存在着吗？根据业务情况在传统就业与所有临时就业之间的选择不该作为周期性管理问题考虑吗？

当然，按照一种独特的新方法，通过为新的上升阶层设计新的工龄，可以发现，个人、组织和社会层面的变化过于庞大。然而，参照艺术类职业与其他“知识型劳动者”共享的核心价值——自主、责任、团队合作的自我管控、扩大竞争范围以增强主人翁意识、创造力驱动的工作献身精神、建立在良好业绩记录之上的个人声誉以及工作的团队项目组织，可以不断地预测工作组织的未来。要更好地理解问题的症结所在，下面的区分可能会比较实用。

首先，工作中以创意与知识为导向的变化可以在变化最广泛的经济领域加以讨论。例如，组织的网络化作为手工业和文化产业（出版、电影和唱片业）的特性已得到长期研究，并且目前的研究越来越集中在所有知识

---

① 参见Storper(1989)关于好莱坞的研究；参见Kanter(1995)关于好莱坞弹性模型的扩散研究；参见Smith(1997)，Cappelli(1999)和Kalleberg(2000)关于弹性化趋势及其强烈对比的研究。

密集型活动（诸如科学研究、一般意义的文化生产、设计工作、计算机编程、软件开发和专业化服务）所提供的组织模型方面。行业差别会形成对相关劳动者的具体要求；正如鲍威尔（Powell，1995）说明的那样，这些拥有可替代知识的高技能、有才华的人，依靠专门技能与难以成文的隐性知识，能够适应更广泛的活动，而并不局限于具体的工作任务，但是他们在层级管理制度下创造力和产量会下降。从这个角度来看，艺术家工作系统与“知识型劳动者”的工作系统有许多相似之处，可以进行启发性对比。他们也允许进行有意义的对比；毕竟，科学技术中的研究与开发旨在积累，而艺术则逆向而为，需要对名作和过去的成就进行保存，同时还要对原创和新奇进行狂热探索，这些都是持久创新或者短暂的流行与时尚的来源。

第二种强烈主张的创意方法是预想一种包含新阶层出现和崛起的社会结构，就像Florida（2002）提出的那样。在这种社会结构下，据说上述提及的不同变化都集中到一个临界点上。在这个临界点上，共享价值、生活方式、工作精神与休闲习惯都将成为劳动力重要组成部分的关键点。创意阶层由大量拥有相似特征（高技能、知识密集活动、学习潜能以及有创意劳动者的其他若干特征）的人员构成，但最重要的是，这些人也拥有一些自相矛盾的怪异个人主义特征。可以说，Florida颠覆了惯常意义上的社会版图；不受世俗束缚的边缘人成为社会的中心。这个观点促进了创意人群边界的扩大，因为它没有根据每种职业的层级结构对其进行任何分类，而是将其包括在内。不足为奇的是，新的社会版图主要是区位性的；大量的创意劳动者居住的地方形成了密集、松散、弹性化与个体之间联系的区域。

值得铭记的是在19世纪和20世纪之交，社会科学的先驱们如何将这两种社会与社会组织的类型进行对比：“共同体”与“社会”（Tönnies），或者是机械化组织结构与社会有机结构（Durkheim），基于其中的差异，Burns和Stalke1（1961）在后来建立了具有创新友好型特征的组织结构。Durkheim的社会有机结构指的是这样一种社会，即由于更复杂的劳动力分工与越来越专业化的技能要求，人们之间的差异越来越大，同时造成了彼此之间更密切的联系与更紧密的关系，因为他们需要交换越来越多的知识和信息。但是Durkheim也看到了利益冲突的风险，看到了日益增加的、破坏社会秩序与经济效益的个人享乐主义——简而言之，越来越多的反常状态（社会的无序）使规则与社会管理成为必需。完全相反的观点是，颂扬个人创造力使十分不平等的自我实现机会消失；无限分化的创意劳动者或者松散的个人主义劳动者仅在水平层面进行同质化。每个行业组织的具体特征，其内部和外部的竞争结构及其垂直差异都会消失在集体主义的创造性生活方式的大熔炉中。

最后，强调工作中的创造性可能更为普遍，而且它可能与组织的变化有关，特殊部门或特殊职业群体也不例外。在这种情况下，一系列密切相关的因素使得组织更需要向效率更高、回报更大以及工作环境刺激性更强等方向转变；这些因素包括生产与信息的计算机系统、实时生产实践及计算机化库存管理系统、产品多样化增加、产品生命周期缩短、产业竞争的新标准等。这些因素对劳动者必须面对的挑战产生了极大的影响，这些挑战包括不断增长的多变性、质量问题的解决、弹性化协调、正式与非正式沟通网络的管理、不断增长的信息需求与不断发展的技能。这些新的挑战是人力资源管理创新的后泰勒主义时代管理者所执行的高效能工作系统的核心要素（Baron and Kreps，1999；Appelbaum et al.，2000）。当然，这个系统声称符合由来已久的工作设计传统，以克服影响工作细分和机械专业化的抑制性因素，提升工作中的主动性与自我实现度。这个工作系统的主要方面包括自主、参与决策权、雇员之间的协调与沟通、甄选人员以及大量的员工在职及正式的培训机会、自我主导的工作团队、考虑一揽子金融刺激的更复杂的薪酬政策、内在动机激励机制以及保障相互信任与提升利益相关者行为的长期关系。此外，只要每位技艺高超的劳动者对作品作出的贡献能被记录下来，且载入其个人信用档案，那么就应该意识到主人翁意识在创意活动中起到的决定作用。

上面提到的劳动力市场和组织创造力的三个层面——行业-职业、阶层重构以及组织的——每一个都建立在相似的背景下，即一件普通的商品，经由知识和富有创造力的“做中学”而产生，通过公司网络而共享，或者在公司层面获得积极认同，或者作为一种工作与生活的共享精神的创意。在某种意义上，艺术工作体系的表现（正如之前提到的）将被按照这些标准进行划分。但是，一个关键问题在更多工作创新中消失，亦即艺术工作体系造成的更多层面的不平等正在消失，而这个问题建立在网络、声誉、短期合约和高度的个性化绩效评价等基础之上。具有讽刺意味的是，虽然文化领域的大多数艺术家和专家都是意识形态上的左派，在社会上倡导平等主义，但艺术界已经催生出一种通过作品质量和市场价值为艺术家排名的强大动力，并通过胜者为王的比赛和无休止的竞争比较，在浩如烟海的作品中挑选并标记最好的作品，让流行与时尚的循环提升淘汰野心勃勃的超级明星，为飞黄腾达与转瞬即逝的名流欢呼，同时提供拥有永恒价值的伟大文明。这主要符合公平分配的正义原则，该原则特别流行于个体表现显著不同的地方，并且还要“遵守个体回报要与他们的产出和为完成工作投入要素（努力、能力等）相当”（Baron and Kreps，1999，p.107）。

因此，如果满足了几方面要求，那么收入不平等从职业角度来讲可能是合理的。第一种情况是，假设每个个体的工作表现都具有“可追溯性”的经济和法律价值，那么每个人对团队工作或者最终产品的贡献都能确定。信用、签名与个人声誉意味着每位工作者却可以通过工作、任务和产品实施的整个历史对其加以识别。这与一个人对其工作的终端产品的认同感有关，它与默默地贡献于一个生产高度分散和标准化的产品截然不同。合理化的另外一种情况是，职业表现可以通过与其他工作和职业进行比较和直接竞争的方式被判断出来，为了提交排名和估值要进行定期再评估，因而必须进行经常性的个人比较，所以对人才的长期垄断性租借仍然是最罕见的例外。最后，应当向后来者告知成功与失败的不可预见的趋势，即创意创新仍然是一个不确定性极高的游戏；在这方面，位于几个维度上的不确定性像面纱一样蒙住了成就与成功的最根本原因，因为这些原因都源自机会、才华与工作的难以辨认的混合。

22.10 总结与结论

艺术家通过工作，主要是临时性的工作安排为艺术提供了创新的引擎。除了乐团和歌剧院这类获得大量补贴和赞助的机构，长期的艺术类就业正在消失。小型艺术和文化组织的人数与艺术家数量一样在快速增长。灵活生产体制下的公司竞争越来越激烈，并将公司带向了现货交易关系，垂直分化的生产体系是否只支持松散的雇佣关系？研究展示了过滤机制和选择性的匹配过程是如何产生交易稳定性和劳动力分割市场的。雇主将声誉作为甄选雇员就业能力的手段和信号；为保障基本的生活，同时也为了提高人力资本，艺术家学会了如何在周期性与非周期性的雇佣关系中构建良好的平衡机制。人才中介机构调节着临时的劳动力市场，并且越来越多地经营艺术经纪项目。

文中所研究的艺术家工作和收入的严重不均衡是由才华的偏态分布和共同消费技术造成的，最终才华之间的微小差别演变成巨大的收入差距。这些差距也可以归因于分化的劳动力市场的运行方式，因为基于声誉排名的零散工作的分配与基于选择性匹配的团队构建放大了才华与工作机会的差异，增加了不平等性。如果艺术家的职业承诺并未与由无限差异化的产品和服务的生产过剩带来的行业管理的不确定性相结合，临时性就业机制下的工作分配就不会导致几十年来备受关注的艺术领域长期劳动力供给过剩问题。总体而言，艺术类劳动力市场提供了一个不完全垄断竞争市场的教科书式模型。

大部分商业风险在高度灵活和分解的组织架构中向

下移至艺术和技术劳动力身上。艺术类职业生涯的研究阐明了个人如何通过身兼多职、职业角色的多功能性、雇佣关系的多样化组合，以及从公共支持、社会保险和社会保障项目中获得转移性收入等方式管理职业风险。可能国与国之间、州与州之间艺术家的法律地位和财务支持制度安排迥异，但是职业风险管理是经济生存和个人成功常见的基本条件。颇具讽刺意味的是，这一切都说明尽管艺术家从事的艺术工作非常独特，但是他们的行为极其理性。因此，艺术家可能看上去并不太像理性的傻瓜，而更像是Bayesian演员。

参考文献

Abbott, A.(1988). The System of Professions. The University of Chicago Press, Chicago.

Abbott, A.(1990). "Conceptions of time and events in social science methods". Historical Methods 23, 140–150.

Abbott, A., Hrycak, A.(1990). "Measuring resemblance in sequence data: An optimal matching analysis of musicians' careers". American Journal of Sociology 96, 144–185.

Aghion, P., Howitt, P.(1998). Endogenous Growth Theory. MIT Press, Cambridge, MA.

Aksoy, A., Robins, K.(1992). "Hollywood for the 21st century: Global competition for critical mass in image markets". Cambridge Journal of Economics 16, 1–22.

Allmendinger, J., Hackman, R.(1996). "Organizations in changing environments: The case of East German symphony orchestras". Administrative Science Quarterly 41, 337–369.

Allmendinger, J., Hackman, R., Lehman, E.(1994). "Life and work in symphony orchestras". Harvard Business School Report 7.

Alper, N., Galligan, A.(1999). "Recession to Renaissance: A comparison of Rhode Island artists, 1981 and 1997". Journal of Arts Management, Law and Society 29(3), 178–203.

Alper, N., Wassall, G.(2000). "More than once in a blue moon: Multiple jobholdings by American artists". National Endowment for the Arts, Research Division Report 40, Seven Locks Press, Santa Anna.

Alper, N., Wassall, G.(2006). "Artists' careers and their labor markets". In: Ginsburgh, V., Thosby, D.(Eds.), Handbook of the Economics of Art and Culture, vol. 1. Elsevier, Amsterdam. Chapter 23, this volume.

Alper, N., Wassall, G., Jeffri, J., Greenblatt, R., Kay, A., Butcher, S., Chartrand, H.(1990). "Artists in the work force: Employment and earnings 1970–1990". National Endowment for the Arts, Research Division Report 37, Seven Locks Press, Santa Anna.

Amirault, T.(1997). "Characteristics of multiple jobholders, 1995". Monthly Labor Review 3, 9–15.

Anzieu, D.(1981). Le corps de l'oeuvre. Gallimard, Paris.

Appelbaum, E., Bailey, T., Berg, P., Kalleberg, A.(2000). Manufacturing Advantage. Why High-Performance Work Systems Pay Off. ILR and Cornell University Press, Ithaca.

Arendt, H.(1959). The Human Condition. Doubleday Anchor Press, Garden City.

Arian, E.(1971). Bach, Beethoven and Bureaucracy. The University of Alabama Press, Alabama.

Aronson, R.L.(1991). Self-Employment. A Labor Market Perspective. ILR Press, Ithaca.

Atkinson, A.B., Micklewright, J.(1991). "Unemployment compensation and labour market transitions: A critical review". Journal of Economic Literature 29, 1679–1727.

Baker, W.E., Faulkner, R.R.(1991). "Role as resource in the Hollywood .lm industry". American Journal of Sociology 97, 279–309.

Baron, J., Kreps, D.(1999). Strategic Human Resources. Wiley, New York.

Baumol, W.J.(2002). The Free-Market Innovation Machine. Princeton University Press, Princeton.

Baumol, W.J., Baumol, H.(1994). "On the economics of musical composition in Mozart's Vienna". In: Morris, J.M.(Ed.), On Mozart. Cambridge University Press, New York.

Baumol, W.J., Bowen, W.G.(1966). Performing Arts: The Economic Dilemma. The Twentieth Century Fund, New York.

Baumol, W.J., Jeffri, J., Throsby, D.(2004). "Making changes. Facilitating the transition of dancers to postperformance careers". Research Report, The aDvANCE Project, New York.

Becker, H.S.(1982). Art Worlds. University of California Press, Berkeley.

Bénichou, P.(1985). Le sacre de l'écrivain. Corti, Paris.

Bielby, W.T., Bielby, D.D.(1999). "Organizational mediation of project-base labor markets: Talent agencies and the careers of screenwriters". American Sociological Review 64, 64–85.

Blau, J.R.(1984). Architects and Firms. MIT Press, Cambridge, MA.

Blau, J.R.(1989). The Shape of Culture: A Study of Contemporary Cultural Patterns in the United States. Cambridge University Press, Cambridge.

Boin, J.G., Bouvaist, J.M.(1989). Du printemps des éditeurs à l'age de raison. La Documentation Francaise, Paris.

Bourdieu, P.(1992). Les règles de l'art. Seuil, Paris.

Burke, A.E.(1997). "Small firm start-up by composers in the recording industry". Small Business Economics 9, 463–471.

Burns, T., Stalker, G.M.(1961). The Management of Innovation. Oxford University Press, Oxford.

Camerer, C., Lovallo, D.(1999). "Overconfidence and excess entry: An experimental approach". American Economic Review 89, 306–318.

Cappelli, P.(1999). The New Deal at Work: Managing the Market–Driven Workforce. Harvard Business School Press, Boston.

Caves, R.E.(2000). Creative Industries: Contracts Between Art and Commerce. Harvard University Press, Cambridge, MA.

Champy, F.(1998). Les architectes et la commande publique. PUF, Paris.

Christopherson, S.(1996). "Flexibility and adaptation in industrial relations: The exceptional case of the US media entertainment industries". In: Gray, L., Seeber, R.(Eds.), Under the Stars. Cornell University Press, Ithaca.

Christopherson, S., Storper, M.(1989). "The effects of flexible specialization on industrial politics and the labour market: The motion picture industry". Industrial and Labour Relations Review 42, 331–347.

Coase, R.H.(1979). "Payola in radio and television broadcasting". Journal of Law and Economics 22, 269–328.

Cohen, G.A.(2000). Karl Marx's Theory of History, new ed. Princeton University Press, Princeton. First ed. 1978.

Coser, L.A., Kadushin, C., Powell, W.W.(1982). Books. The Culture and Commerce of Publishing. Basic Books, New York.

Cowen, T.(2000). What Price Fame? Harvard University Press, Cambridge, MA.

Debeauvais, R., Menger, P.-M., Rannou, J., Vari, S., Laplante, B.(1997). Le spectacle vivant. La Documentation Francaise, Paris.

DiMaggio, P.(1977). "Market structures, the creative process and popular culture: Toward an organizational reinterpretation of mass-culture theory". Journal of Popular Culture 11, 436–452.

DiMaggio, P.(1986). "Can culture survive the marketplace". In: DiMaggio, P.(Ed.), Nonprofit Enterprise in the Arts. Oxford University Press, New York.

DiMaggio, P.(Ed.)(2001). The Twenty-First-Century Firm. Changing Economic Organization in International Perspective. Princeton University Press, Princeton.

Drèze J.(1987). "Human capital and risk-bearing". Reprinted in: Drèze, J.(1987). Essays on Economic Decisions under Uncertainty. Cambridge University Press, Cambridge.

Ehrlich, C.(1985). The Music Profession in Britain since the Eighteenth Century. Clarendon Press, Oxford.

Elster, J.(1985). Making Sense of Marx. Cambridge University Press, Cambridge.

Faulkner, R.(1973). "Career concerns and mobility motivations of orchestra musicians". Sociological Quarterly 14, 334–349.

Faulkner, R.R.(1983). Music on Demand. Transaction Books, New Brunswick.

Faulkner, R.R., Anderson, A.B.(1987). "Short-term projects and emergent careers: Evidence from Hollywood". American Journal of Sociology 92, 879–909.

Federico, R.(1983). "The decision to end a performing career in ballet". In: Kamerman, J., Martorella, R.(Eds.),

Performers and Performances. Praeger, New York.
Feist, A.(1998). "Great Britain". In: Bodo, C., Fisher, R.(Eds.), New Frontiers for Employment in Europe. Circle Publications No. 9, Rome.
Filer, R.K.(1986). "The 'starving artist'-Myth or reality? Earnings of artists in the United States". Journal of Political Economy 96, 56-75.
Filer, R.K.(1990). "Arts and academe: The effects of education on earnings of artists". Journal of Cultural Economics 2, 15-38.
Florida, R.(2002). The Rise of the Creative Class. Basic Books, New York.
Fohrbeck, K., Wiesand, A.(1975). Der Künstler-Report. Hanser Verlag, Münich.
Frank, R.H., Cook, P.J.(1995). The Winner-Take-All Society. The Free Press, New York.
Freidson, E.(1986a). Professional Powers. The University of Chicago Press, Chicago.
Freidson, E.(1986b). "L'analyse sociologique des professions artistiques". Revue Francaise de Sociologie 27, 431-443.
Freidson, E.(1990). "Labors of love: A prospectus". In: Erikson, K., Vallas, S.P.(Eds.), The Nature of Work: Sociological Perspectives. Yale University Press, New Haven.
Frey, B., Pommerehne, W.(1989). Muses and Markets. Basil Blackwell, Oxford.
Ginsburgh, V.(2003). "Awards, success and aesthetic quality in the arts". Journal of Economic Perspectives 17, 99-111.
Ginsburgh, V., van Ours, J.(2003). "Expert opinion and compensation: Evidence from a musical competition". American Economic Review 93, 289-296.
Glaeser, E.L.(1998). "Are cities dying?" Journal of Economic Perspectives 2, 139-160.
Gra.a, C.(1964). Bohemian versus Bourgeois. Basic Books, New York.
Gray, L.S., Seeber, R.L.(Eds.)(1996). Under the Stars Essays on Labor Relations in Arts and Entertainment. Cornell University Press, Ithaca.
Habermas, J.(1988). Le discours philosophique de la modernité. Gallimard, Paris.
Hall, R.E.(1970). "Why is the unemployment rate so high at full employment?" Brookings Papers on Economic Activity 3, 369-403.
Hamlen, W. Jr.(1991). "Superstardom in popular music: Empirical evidence". Review of Economics and Statistics 4, 729-733.
Hamlen, W. Jr.(1994). "Variety and superstardom in popular music". Economic Inquiry 3, 395-406.
Handy, C.(1989). The Age of Unreason. Harvard Business School Press, Boston.
Hesmondhalgh, D.(1996). "Flexibility, post-Fordism and the music industry". Media, Culture and Society 18, 469-488.
Hesmondhalgh, D.(1998). "The British dance music industry". British Journal of Sociology 2, 234-251.
Hirsch, P.(1972). "Processing fads and fashions". American Journal of Sociology 77, 639-659.
Hirschman, A.O.(1986). Rival Views of Market Society. Viking, New York.
Jackson, C., Honey, S., Hillage, J., Stock, J.(1994). Careers and Training in Dance and Drama. Institute of Manpower Studies, Brighton.
Jeffri J.(1991). "The artists training and career project: Painters". Mimeo, Columbia University, New York.
Johnson, W.(1978). "A theory of job shopping". Quarterly Journal of Economics 92, 261-278.
Jovanovic, B.(1979). "Job matching and the theory of turnover". Journal of Political Economy 87, 972-990.
Kalleberg, A.L.(2000). "Nonstandard employment relations: Part-time, temporary and contract work". Annual Review of Sociology 26, 341-365.
Kanter, R.M.(1989). "Careers and the wealth of nations: A macro-perspective on the structure and implications of career forms". In: Arthur, M., Hall, D., Lawrence, B.(Eds.), Handbook of Career Theory. Cambridge University Press, Cambridge.

Kanter, R.M.(1995). World Class：Thriving Locally in the Global Economy. Simon and Schuster, New York.
Kealy, E.(1979). "The case of sound mixers and popular music". Sociology of Work and Occupations 1, 3–29.
Killingsworth, M.(1983). Labor Supply. Cambridge University Press, Cambridge.
Knott, C.(1994). Crafts in the 1990s. The Crafts Council, London.
Kremer, M.(1993). "The O-rings theory of economic development". Quarterly Journal of Economics 108, 551–575.
Kris, E., Kurz, O.(1987). L'image de l'artiste. French translation. Editions Rivages, Marseille.
Krueger, A.B.(2005). "The economics of real superstars：The market for rock concerts in the material world". Journal of Labor Economics 23, 1–30.
Lancaster, K.(1979). Variety, Equity and Efficiency. Columbia University Press, New York.
Laplante B.(1990). "La vocation de l'acteur". Unpublished PhD, University of Montreal.
Lazear, E.P., Rosen, S.(1981). "Rank-order tournaments as optimum labor contracts". Journal of Political Economy 89, 841–864.
Lenman, R.(1989). "Painters, patronage and the art market in Germany 1850–1914". Past and Present 123, 109–140.
MacDonald, G.M.(1982). "A market equilibrium theory of job assignment and sequential accumulation of information". American Economic Review 72, 1038–1055.
MacDonald, G.M.(1988). "The economics of rising stars". American Economic Review 78, 155–166.
Marshall, A.(1947). Principles of Economics, eighth ed. MacMillan, New York.
Menger, P.-M.(1983). Le paradoxe du musicien. Flammarion, Paris.
Menger, P.-M.(1989). "Rationalité et incertitude de la vie d'artiste". L'Année Sociologique 39, 111–151.
Menger, P.-M.(1993). "L'hégémonie parisienne. Economie et politique de la gravitation artistique". Annales ESC 6, 1565–1600.
Menger, P.-M.(1997). La profession de comédien. Formations, activités et carrières dans la démultiplication de soi. La Documentation Francaise, Paris.
Menger, P.-M.(2003). Portrait de l'artiste en travailleur. Métamorphoses du capitalisme. Seuil/La République des Idées, Paris.
Menger, P.-M.(2005). Les intermittents du spectacle. Sociologie d'une exception culturelle et sociale. Editions de l'Ecole des Hautes Etudes, Paris.
Menger, P.-M., Gurgand, M.(1996). "Work and compensated unemployment in the performing arts. Exogenous and endogenous uncertainty in artistic labour markets". In：Ginsburgh, V., Menger, M.(Eds.), Economics of the Arts. North-Holland, Amsterdam.
Miller, R.A.(1984). "Job matching and occupational choice". Journal of Political Economy 92, 1086–1120.
Mitchell, R.(1992). "Artists policies". In：Irjala, A.(Ed.), European Symposium on the Status of the Artist. UNESCO Publications, Helsinki.
Montias, J.M.(1982). Artists and Artisans in Delft. Princeton University Press, Princeton.
Montias, J.M.(1996). Le marché de l'art aux Pays-Bas, XVe-XVIIe siècles. Flammarion, Paris.
Moulin, R.(1987). "The French Art Market. A Sociological View". Rutgers University Press, New Brunswick.
Moulin, R.(1992). L'artiste, l'institution et le marché. Flammarion, Paris.
Musgrave, R.A.(1959). The Theory of Public Finance. McGraw Hill, New York.
Nash, D.(1955). "The American composer's career". Reprinted in：Albrecht, M., Barnett, J., Griff, M.(Eds.), (1970). The Sociology of Art and Literature. Duckworth, London.
Netzer, D.(1978). The Subsidized Muse：Public Support for the Arts in the United States. Cambridge University Press, Cambridge.
Nisbett, R., Ross, L.(1980). Human Inference. Prentice Hall, Englewood Cliff, NJ.
O'Brien, J., Feist, A.(1995). "Employment in the arts and cultural industries：An analysis of the 1991 Census". Mimeo, Arts Council of England, London.

Observatoire de l'emploi culturel(2004a). "L'emploi dans le secteur culturel en 2002". Note No. 35, Ministère de la Culture, Paris.

Observatoire de l'emploi culturel(2004b). "L'emploi dans les professions culturelles". Note No. 30, Ministère de la Culture, Paris.

Okun, A.M.(1981). Prices and Quantities. Basil Blackwell, Oxford.

Paradeise, C.(1998). Les comédiens. Presses Universitaires de France, Paris.

Paul, A., Kleingartner, A.(1994). "Flexible production and the transformation of industrial relations in the motion picture and television industry". Industrial and Labor Relations Review 4, 662–678.

Peacock, A.(1970). A Report on Orchestral Resources. The Arts Council of Great Britain, London.

Peacock, A., Weir, R.(1975). The Composer in the Market Place. Faber, London.

Powell, W.W.(1985). Getting into Print. The University of Chicago Press, Chicago.

Powell, W.W.(1995). "Neither market nor hierarchy: Network forms of organization". Research in Organizational Behavior 12, 295–336.

Quingley, J.(1998). "Urban diversity and economic growth". Journal of Economic Perspectives 2, 127–138.

Rannou, J., Roharik, I.(2006). Les danseurs, un métier d'engagement. La Documentation Francaise, Paris.

Romer, P.M.(1990). "Endogenous technical change". Journal of Political Economy 98, 71–102.

Rosen, S.(1981). "The economics of superstars". American Economic Review 75, 845–858.

Rosen, S.(1986). "The theory of equalizing differences". In: Ashenfelter, O., Layard, R.(Eds.), Handbook of Labour Economics. North-Holland, Amsterdam.

Sartre, J.P.(1971). L'idiot de la famille. Gallimard, Paris.

Scott, A.J.(2000). The Cultural Economy of Cities. Sage, London.

Seaman, B.A.(2003). "Cultural and sport economics: Conceptual twins?" Journal of Cultural Economics 27, 81–126.

Sen, A. "Rational fools". Reprinted in: Sen, A.(1982). Choice, Welfare and Measurement. Basil Blackwell, Oxford.

Simpson, C.(1981). SoHo: The Artist in the City. The University of Chicago Press, Chicago.

Smith, V.(1997). "New forms of work organization". Annual Review of Sociology 23, 315–339.

Spilerman, S.(1977). "Careers, labor market structure, and socioeconomic achievement". American Journal of Sociology 3, 551–593.

Stephan, P.(1996). "The economics of science". Journal of Economic Literature 34, 1199–1235.

Stigler, G.S.(1962). "Information in the labor market". Journal of Political Economy 70, 94–105.

Stinchcombe, A.L.(1963). "Some empirical consequences of the Davis-Moore theory of stratification".Reprinted in: Stinchcombe, A.L.(1986). Stratification and Organization. Cambridge University Press, Cambridge.

Stinchcombe, A.L.(1968). Constructing Social Theories. The University of Chicago Press, Chicago.

Storper, M.(1989). "The transition to flexible specialisation in the film industry". Cambridge Journal of Economics 13, 273–305.

Storper, M.(1993). "Flexible specialisation in Hollywood: A response to Aksoy and Robins". Cambridge Journal of Economics 17, 479–484.

Storper, M., Walker, R.(1989). The Capitalist Imperative. Territory, Technology and Industrial Growth. Basil Blackwell, Oxford.

Sussmann, L.(1984). "Anatomy of the dance company boom". Dance Research Journal 2, 23–28.

Taylor, B.(1987). "Artists in the marketplace: A framework for analysis". In: Shaw, D., Hendon, W., Waits, C.R.(Eds.), Artists and Cultural Consumers. Association for Cultural Economics, Akron.

Throsby, D.(1992). "Artists as workers". Reprinted in: Towse, R.(Ed.),(1997). Cultural Economics: The Arts, the Heritage and the Media Industries. Edward Elgar, Cheltenham.

Throsby, D.(1994a). "A work-preference model of artist behaviour". In: Peacock, A., Rizzo, I.(Eds.), Cultural Economics and Cultural Policies. Kluwer Academic, Dordrecht.

Throsby, D.(1994b). "The production and consumption of the arts". Journal of Economic Literature 32, 1–29.

Throsby, D.(1996). "Disaggregated earnings functions for artists". In: Ginsburgh, V., Menger, M.(Eds.), Economics of the Arts. North-Holland, Amsterdam.

Throsby, D., Hollister, V.(2003). Don't Give Up Your Day Job: An Economic Study of Professional Artists in Australia. Australia Council for the Arts, Sydney.

Topel, R., Welch, F.(1980). "Unemployment insurance: Survey and extensions". Economica 47, 351–379.

Towse, R.(1993). Singers in the Marketplace: The Economics of the Singing Profession. Clarendon Press, Oxford.

Towse, R.(1996). The Economics of Artists' Labour Markets. The Arts Council of England, London.

Warnke, M.(1985). Hofkünstler. Zur Vorgeschichte des modernen Künstlers. DuMont Buchverlag, Köln.

Wassall, G., Alper, N., Davison, R.(1983). Art Work: Artists in the New England Labor Market. New England Foundation for the Arts, Cambridge, MA.

Wassall, G., Alper, N.(1990). "When is an artist an artist: An analysis of factors related to claiming member ship in this profession". Journal of Arts Management and Law 4, 37–50.

Weick, K.(1979). The Social Psychology of Organizing. Random House, New York.

Weick, K., Berlinger, L.(1989). "Career improvisations in self-designing organizations". In: Arthur, M., Hall, D., Lawrence, B.(Eds.), Handbook of Career Theory. Cambridge University Press, Cambridge.

Westby, D.(1960). "The career experience of the symphony musician". Social Forces 2, 224–230.

White, H.C.(1993). Careers and Creativity. Westview Press, Boulder.

White, H.C., White, C.A.(1965). Canvases and Careers. Wiley, New York.

第23章

艺术家的职业生涯及艺术行业劳动力市场

Neil O. Alper and Gregory H. Wassall

Northeastern University, Boston, MA, USA

魏鹏举　李晓溪　译

摘　要

本章继续讨论经济学家和其他学者对艺术行业劳动力市场与职业生涯的研究，着重运用取自人口普查数据的面板数据来研究艺术家的就业与收入，同时将艺术家与其他专业和技术劳动者进行比较。本章还粗略地研究了从真正的面板数据中能对艺术家的职业生涯了解些什么。

从最近七次美国人口普查（1940—2000）中获得的准面板数据，提供了每个人口普查年的一系列合理连续的调查结果。与参照组成员相比，艺术家的工作小时数更少，失业率更高，收入更少。60年间，艺术家与参照组成员之间的失业和全年工作小时数差异有所缩小，但是收入差异并未缩小。即使仅仅与每个参照组中全年全职工作的人相比，艺术家在所有年份的收入也比他们少。与其他专业和技术劳动者相比，艺术家的收入呈现更大的差异性。

本章运用“1979年全国青年纵向调查”的数据，分析近20年来艺术家的生活，对他们的职业生涯有了更深入的了解。研究表明，许多人进入了艺术行业劳动力市场，但很少有人能够成功地在艺术领域发展其职业生涯。之所以出现这种现象，部分原因是艺术家具有相对高的受教育水平，能够从短暂的艺术职业试着转型到专业与管理的工作岗位，而不是进入艺术家“神话”所建议的服务性行业。我们发现，当艺术家还年轻并为成功而努力奋斗时，他们确实也在能够提供更多弹性工作安排的服务性行业中工作过。

关键词

艺术家，艺术家的收入，艺术行业劳动力市场，艺术家的职业生涯，1979年全国青年纵向调查

JEL classification Codes

Z11，J44

"是时候了。你到了厌倦贫穷的地步"。十年前从茱莉亚音乐学院毕业的巴松管演奏员Chad Alexander最近卖掉了他的巴松管，还了信用卡账单，现在他是保险公司的一名保险助理。

——Wakin，《纽约时报》，2004年12月12日

23.1 引　言

经济学家对艺术和文化经济学的研究历史相对较短。Baumol和Bowen（1966）写于40年前的论著，被很多人看作经济学家尝试着介入这一分支学科的起点。对艺术行业劳动力市场及艺术家职业生涯的研究历史更短。这方面研究的实证基础起源于对单一艺术行业的研究，而大多数只有30年的历史。

正如人们所料，这些早期研究都是横向研究，并且为职业生涯和劳动力市场行为研究提供了重要但有限的信息。经济学家从这些研究中学到了很多，但他们也提出了一些待解决的问题。表23-1列出了艺术家实证研究中的一些里程碑研究，下文将对其中的很多研究做更详尽的讨论。随着时间的推移，经济学家运用越来越多可以利用的不同类型的面板数据来提高自己的认识。

表23-1　艺术行业劳动力市场实证研究中的一些里程碑研究

实证结果	作者	艺术家群体/数据库
像冒险者的艺术家	Santos（1976）	美国人口普查
运用统计收入方程的艺术家收入决定因素	Filer（1986）	美国人口普查
艺术家对非艺术工作收入的依赖	Throsby（1986）	澳大利亚艺术家
	Jeffri（1988）	美国几个城市的艺术家
	Wassall、Alper和Davison（1983）	新英格兰艺术家调查
识别与定义艺术家的问题	Filer（1986）	美国人口普查
	Wassall和Alper（1985）	新英格兰艺术家调查
	Karttunen（1993，1998a）	芬兰艺术家
艺术家兼职模式	Alper和Wassall（2000）	当前人口调查
艺术家职业生涯的纵向分析	Rengers（2002）	荷兰艺术家
艺术家的职业变迁	Alper和Wassall（1998）	大学毕业生国家调查
	Smith（2000）	美国人口普查
	Montgomery和Robinson（2003）	大学毕业生
艺术家整体职业生涯的研究	Galenson（2000a，2000b）	画家

本章从分类框架的描述和对现有研究的综述（第2节）开始。接下来是对这些类别中的一些主要研究进行评述（第3节），并且对我们自己的两项研究做了总结。其中一项研究概述了从横向分析中获得的许多重要主题，这些分析研究了准面板数据（第4节），数据是基于美国人口普查局的公用微数据样本，样本从美国1940—2000年间十年一度的人口普查数据中提取。另一项研究（第5节）探讨了关于艺术家职业生涯和劳动力市场经验的一些主题，而这些主题是"1979年全国青年纵向调查"的横截面数据无法解答的。最后一部分（第6节）是总结、结论以及对今后研究的建议。

23.2 艺术家职业生涯研究的分类体系

目前关于艺术家职业生涯的研究大多可分为四类。第一类是在本章中最不受人关注的艺术职业生涯过程的理论模型。例如，MacDonald（1988）开发的一个关于表演者行为的两期模型，预测年轻演员的收入会比他们在艺术圈外的收入少。目前研究的另外三类与实证研究有关。

第二类运用从不同来源获取的一群艺术家的现有信息来理解艺术家职业生涯的某个方面。这些研究数据有时就是趣闻轶事，例如，Richardson（1980）对歌剧演员研究所采用的数据。其他的研究数据则更为定量，例如Galenson（2000a，2000b，2001，2002）关于画家职业生涯研究的数据。为确定艺术家在人生哪个时期创作出最好的作品，Galenson运用了拍卖交易的数据。

第三类建立在调查艺术家的基础上，并且通过回答书面调查问卷或个人访谈请艺术家重现自己的职业生涯状况。有两种回溯研究方法：一种使用对艺术家进行专门调查的数据；另一种使用包括普通大众在内的更宽泛群体的调查数据。前一种研究方法的实例包括Montgomery和Robinson（2003）对舞蹈专业的研究以及Stohs（1989，1990，1991a，1991b，1992a，1992b）对芝加哥艺术学院毕业生的研究。Smith（2000）运用美国1970年人口普查数据的研究及Alper和Wassall（1998）的研究是后一种研究方法的实例。

最后一类是基于面板数据的。在真正的面板数据基础上对艺术家职业生涯进行研究的实例非常少。有一些研究可以称作“准面板数据研究”，这种研究跟踪的艺术家群体是其中很多人可能随着时间的变化接受不同调查的同一人群，而不是跟踪多年来从研究开始到结束一直是同一人群/艺术家的群体。准面板数据研究的两个实例是Bielby和Bielby（1987，1989，1993b，1998）在美国影视行业的美国编剧工会西部分工会行政记录档案基础上进行的研究，Throsby及其同事（1986，1989，1994，1995，2003）运用1983年、1988年、1993年和2002年对澳大利亚艺术家进行四次调查的数据所做的研究。本章随后要讨论的1940—2000年对美国艺术家的研究也属于这一类。[①]

真正的面板数据研究似乎只有少数几例。其中一个是由Rengers（1998a，2002）所做的特别针对艺术家的研究，该研究跟踪调查了从荷兰几所艺术学校毕业的540名艺术家。这些艺术家在毕业后的6年里接受了两次调查。第一次调查访谈大约是在他们毕业后的一年到一年半，另一次则是在毕业后第6年。另外一项研究是将在下文详细介绍的Alper和Wassall（2002）的研究，这是对美国人口面板调查的一部分艺术家的研究。在20多年里该研究基本上跟踪了同一群人。Rengers的研究受到了所提供信息年份少的限制，这给观察和分析艺术家的职业道路造成了困难。Alper和Wassall的研究虽然不是针对艺术家特别设计的，却覆盖了更长的时段，因而为艺术家职业生涯研究提供了深刻的见解。但是，该调查也存在由于针对普通人群研究因此包括较少艺术家的问题。

与横截面数据研究（Federal Committee，1985）相比，运用面板数据对艺术家进行研究有许多优点。其中最大的优点可能是，在对经过多年研究所获取的不相关或集中的横截面数据进行比较时，变化估算中的变量有了减少。研究无须控制许多与变化相关的因子（这些因子可能影响观察模式的形成），因为每一时段都是在分析同一批人。例如，有关性别、种族或民族的样本构成通常没有变化，所有这些都可能影响正被测量的现象。

① 除了本文讨论或列在参考文献中的著作，作者只能找到很少的其他国家对艺术家进行实证研究的证据。文中未直接讨论的大部分研究仅仅是横截面研究或是准面板研究。

所获得信息的可靠性和准确性是面板调查的另一个优点。面板调查有规律地重复，因此，参考时段一般比单一的回溯调查要短，从而减少了回忆偏差。当一个人被问及自己的工作行为时，回忆在过去的12个月里做了什么，比努力重现10年、15年、20年，甚至更多年份的整个工作生涯要容易得多。关于收入、支出等信息，能够回忆起去年甚至几年前的，但无疑大部分人会觉得回忆更多年前的相关信息有困难。在回溯调查中，参与者倾向于选择性地回顾发生在更遥远过去的曾被压制或者美化的事件。

一个面板能使数据在清晰确定的时间序列中集中，所以，能够更容易、更可靠地识别事件变化的方向与因果关系。例如，当对某位艺术家成功的决定因素进行分析时，研究人员感兴趣的可能是这个年轻人对工作的目标和态度以及他/她所选择的职业对未来成功的影响。在搜集信息的那段时间，关于这些问题的回溯信息可能受到已经发生的事件的影响，而这些发展中的目标与态度并不受后来结果的影响。并且，考察对职业的态度是如何随着时间变化而发展的以及个人经历与这个过程的联系或许会有用。

由于一次调查与另一次调查之间相隔的时间较短，面板数据的重复特性往往会减轻调查对象的负担，因而可能提高他们参与调查的意愿，并促使他们提供准确的信息。因为每次访谈中需要搜集的信息量比单一的回溯调查要少，所以，为每位被访问者投入的时间会减少。研究过程中不必重复许多问题，只需在必要时更新即可，以便在不增加调查对象负担的情况下获得新信息。通过面板搜集到的信息总量一般要比单一的回溯调查搜集到的多。

但是，这也并不是说面板研究不存在缺点与问题。最麻烦的可能是几年内都无法广泛获得面板调查带来的全部益处。虽然从每个横截面得到的信息可能非常有用，但是测量变化及长期结果所带来的益处却要花费时间。由于任何横截面调查一般都会遭到拒绝，参与者人数的损减会导致严重的研究偏差。面板调查的费用通常比回溯性横截面调查要高。由于面板调查具有重要价值，最初的预算承付款必须比一次普通调查的要多。

如果面板不是为艺术家样本专门设计的，那么运用它来研究艺术家则存在另一个问题。在美国，艺术家人数占总劳动力不到2%，因此，除非这是一项大规模调查，否则作为样本组成部分的艺术家人数可能会很少，即便有可能获得可靠的估算，那也是有困难的。如果要探讨不同流派艺术家之间的差异，更是一项非常困难的研究。

23.3 艺术家职业生涯的实证研究

23.3.1 是职业生涯而不是面板

首先，对艺术家职业生涯研究所做的分析，既不以本质上的面板数据为基础，也不以艺术家调查的数据为基础。此类研究的例子包括：由Galenson（2000a，2000b，2001，2002）、Galenson和Weinberg（2001）及Richardson（1980）所做的研究。

Galenson对决定艺术家何时达到其艺术生涯创作顶峰的因素感兴趣。他特别想弄清楚艺术家，比如画家，是在什么时候创作出其最有价值和最好作品的。他也想弄明白艺术家职业生涯中这个鼎盛期是否随着时间的变迁而保持不变。他运用了两种信息源，即运用来自艺术品拍卖的数据判定价值，用艺术史、教科书、公开发表的专著中的调查研究，以及遴选出的艺术家作品回顾展中的作品来判定质量。他将完成这些研究的作者以及策展人定义为能够对艺术家的作品进行质量评价的专家。

Galenson研究了1796—1900年间出生的法国艺术家和1870—1940年间出生的美国艺术家的职业生涯。他发现，这两个国家艺术家最有价值的作品和最好的作品都出现在其职业生涯的特定点，并且这些点会随着时间而发生变化。他还发现，无论是在法国还是在美国，出生在每个时代初期的艺术家创作出最有价值作品和最好作品的时间点，比那些出生在该时代后期的艺术家，时间明显要晚得多。他对此结果所做的解释是，出生在不同时期的两个艺术家群体的艺术创新方式很不一样。较年轻的艺术家都是“观念的创新者”，他们急于将新观念融入自己的绘画作品中。正如在其他许多对智力要求相当高的领域，诸如物理学和数学界，最好的创新时期就是Galenson所谓的“彻底的观念创新”时期，一般出现在一个人职业生涯的早期，并且就是这种创新使艺术家创作出了其最有价值作品和最好作品。那些出生在时代早期的年纪大一些的艺术家，都是“实验型创新者”，他们花很多年的时间解决一个单一问题，于是创作出了一系列作品来诠释解决这个问题的过程，他们想解决的并不是个别的革命性问题，因而，最有价值作品和最好作品一般出现在他们职业生涯的晚期。

Richardson（1980）的工作基本上是对各类美国歌剧演员的职业生涯进行个案研究。他注意到，不像其他演员，歌剧演员直到十八九岁或者20多岁才能真正地练嗓子，并且要花至少5年的时间来培育嗓音；唱一幕完整的歌剧需要毅力；还要学唱经典剧目，并且学习如何在舞台上进行表演。在整个职业生涯中，歌剧演员需要不断训练。即便这样，也很少有歌剧演员能在50多岁以后继续上台表演。多年来，美国的歌剧演员，特别是黑人演员，都不得不先前往欧洲增加阅历、提高声望，然后才能返回美国取得职业生涯的成功。

23.3.2 回溯调查

Montgomery和Robinson（2003）对5所舞蹈学院的毕业生进行了研究。[①]研究通过回溯调查，要求毕业生重现他们毕业后的行为。那些接受调查的毕业生都在1970—1980年间完成了其本科学业的学习。绝大多数（84%）在毕业后的一段时间从事舞蹈工作，但随着时间的推移，这个比例在迅速下降。1990年以后毕业的人，到1998年仍然有78%从事舞蹈工作，其中有41%在跳舞，其余在教跳舞。1990年之前毕业的人，只有40%仍留在舞蹈行业，其中20%以下表明自己是舞蹈演员，大约有三分之一的人认为自己是舞蹈教师。他们花在跳舞、教授舞蹈或者编舞上的平均年份在3~6年不等。Montgomery和Robinson发现，从舞蹈行业转行到其他行业的结果是：这些毕业生在离开舞蹈行业后，其地域流动性更大了。

虽然Stohs（1989，1990，1991a，1991b，1992a，1992b）对芝加哥艺术学院毕业生进行的研究更偏重于社会学与心理学方面，而非经济学方面，但她的研究发现了经济学家感兴趣的职业生涯的某些方面。1981年，她调查了1963年毕业的一组学生。她将这些艺术家分成美术家或应用型艺术家两类，美术家创作艺术品，应用型艺术家则以商业为目的进行艺术生产。Stohs发现，大部分美术专业的毕业生离开了美术行业，转而从事广告、教学或者进入非艺术行业工作。只有6%的美术专业毕业生在毕业18年后仍然从事美术工作，她将这个时间确立为“中年”，而几乎一半的青年人在毕业后的不长时间内都从事美术工作。

---

① 这5所学校包括：University of Massachusetts Amherst，Amherst College，Mt. Holyoke College，Hampshire College and Smith College。

Stohs描述艺术职业生涯的特征时基于艺术家在其职业生涯中变换相关工作的次数。她所界定的“连续职业生涯”是指相关工作变化3次或少于3次。“有中断的职业生涯”是指有4次或超过4次的工作变化。并不令人惊讶的是，她发现男性比女性更喜欢经历稳步提升的职业生涯。从青年时期到中年，三分之二的男性和仅仅四分之一的女性从事有晋升机会的稳定职业。反思这种差异，Stohs发现，对于几乎四分之三的男性和正好超过一半的女性来说，他们所从事的艺术工作是其生活的主要来源。与那些职业生涯有中断的人相比，中年时期继续从事艺术家职业的女性，有更多的个人收入和更高的职业声望，并且生的孩子明显较少。在关于男性艺术家的子集研究中，Stohs发现，从事美术行业的艺术家更可能认同内在动机，这一点解释了为什么他们是艺术家而不是应用型艺术家。

Smith（2000）使用了1970年美国人口普查中被调查者1965年和1970年所从事职业的数据，来研究人们进入和离开艺术职业的行为。他发现，在1965年的艺术家中，有70%多一点在1970年仍然坚持做艺术家。1970年，在那些已不再是艺术家的人中，大约有三分之一从事其他专业性工作[①]，而其他人则分布在非专业性职业中。在这5年中，也有新人进入艺术界。1965年他们在非艺术职业就业的人中占约0.3%。在1970年的艺术家中，有近55%在5年前也是艺术家。近四分之一在1970年是艺术家的人在5年前没有工作。

Smith研究的重点是艺术家职业生涯中收入的决定因素。他发现，1965年已是艺术家的人比1970年不再是艺术家的人收入要低一大截（大约低15%）。总体来说，工作经历对那些之前是艺术家，但目前从事非艺术工作的劳动者的收入有倒“U”形的影响，这表明艺术家在工作中学到的技能可能不大容易转移到非艺术职业中。他还发现，艺术行业的经历与艺术行业特有的人力资本的显著发展对艺术领域的收入具有积极而重大的影响。

在类似的研究中，Alper和Wassall（1998）运用了国家科学基金会大学毕业生全国调查（NSCG）第一轮数据，分析艺术职业中持久性的决定因素。像Smith运用人口普查数据一样，作为回溯调查的一部分，该研究在第一轮访谈中搜集了大学毕业生全国调查中的信息。信息是从1988年和1993年的数据中获得的。1990年的人口普查数据也是大学毕业生全国调查数据的一部分，所以，在5年的时间里，研究人员有了对这些个体的三次观察结果。Alper和Wassall的研究包括在3年中任一时候从事艺术家工作的人。

至少就职业变化而言，与许多其他职业相比，1988—1993年这5年间，艺术家的职业生涯还算稳定。在1988年的艺术家群体中，大约四分之三在5年后仍然是艺术家。这个数据比Smith研究得出的数据略高，反映出这些艺术家至少有学士学位。Alper和Wassall的研究表明，在绝大部分非艺术职业中，70%至85%的人在这5年内职业没有任何变化。

当这些艺术家确实改行后，四分之一以上的人进入了管理与行政岗位，2%以下从事食品服务性行业。大约各有10%从事销售与文书工作。他们还发现，与同时期换工作的其他专业人员相比，为了更高的收入/更好的晋升机会或改变职业生涯而换工作的艺术家人数更多。

同样，5年内有相当一部分人流向了艺术行业。在1993年是艺术家的人中，足足有三分之一在1988年并不从事艺术工作。大约三分之一的新手来自销售、文员和食品服务性行业等典型的非艺术职业领域，与那些进入其他专业行业的人相比，从事艺术行业工作的人更有

① 美国人口普查局将艺术职业归类为专业性职业。专业性职业还包括其他专业人士，如医生、律师和经济学教授。

可能声称自己是为了改变职业生涯才换了工作。而声称为了改变工作环境才进入艺术行业的人，其比例与那些进入其他专业性行业的同类人群相比，数量很少，但并不应忽略这些人。

Alper和Wassall运用概率单位模型，研究了1988—1993年间艺术家职业得以持续的决定因素。研究发现，若干人口统计特性、艺术家的年龄与性别明显影响了5年内艺术家的职业持续性。男性艺术家比女性艺术家更有可能坚持艺术工作。年龄越大，坚持艺术工作的可能性越大，但这一可能性在50岁以上的艺术家中减少，这些人离开艺术职业的可能性增大，大概是因为退休。艺术家的种族、民族与婚姻状况的变化对长期坚持艺术工作并没有什么影响。人力资本投资中对艺术工作的持久性有显著影响的唯一因素是工作经验。全职还是兼职的工作经验并不重要，重要的是，经验越多，坚持艺术工作的可能性就越大。最高学位或者所学专业是艺术专业带来的差异对此也没有显著影响。Alper和Wassall在对大学毕业生全国调查现有分析数据中有限的同类艺术职业进行研究后发现，大专院校的艺术教师在1988—1993年间留在艺术行业的可能性明显下降。对此具有重大影响的其他因素是，从事艺术工作的人有一个从事兼职工作的配偶，这对他坚持留在艺术行业具有积极影响，但如果其配偶有残障，那么影响就是负面的。

23.3.3 准面板

Bielby和Bielby（1987，1989，1993 b，1998）对美国作家协会西部分会成员所做的分析，一开始集中在他们的性别、年龄和少数群体身份上。两位研究人员从1982年[①]就开始搜集相关数据，至今一直在研究这些编剧的情况。随着时间的推进，他们的研究重点从分析编剧某一时间点的收入与就业条件，转到随着时间变化的收入与就业条件、编剧的职业生涯。

美国作家协会西部分会成员中有很多影视编剧。[②]美国作家协会能提供的有关编剧的数据信息，局限于几个基本人口学特征上（年龄、性别和种族），局限于工会与电视、电影制作人所签订协议中包含的活动所得收入，因而所得结论是有限的。如果没有更广泛的信息，特别是关于编剧其他创收活动的信息，两位研究人员只能掌握他们在某一时刻做什么的部分情况。随着时间推移，情况也是如此。在特定年份，由于只有不足一半的协会会员在该行业工作，因此相关信息（他们在不受雇于影视行业时从事什么工作?）缺失的问题难以克服。因此，两位研究人员将相关信息汇集到美国作家协会会员的年度面板中，而不是跟踪随着时间变化个别会员的行为。

在最早的报告中，两位研究人员发现，相对于白人男性会员，美国作家协会中的女性会员和少数民族会员处于劣势。从收入与就业两方面来看都是如此。虽然这种情况会随着时间的推移发生变化，但差异仍然存在。据他们估算，在整个20世纪80年代，所有女性编剧与白人男性编剧之间的收入差距在25%到40%之间。到了20世纪90年代，在1997年，这种差距缩小到10%至15%。电影界的差距比电视界的差距更大。虽然在20世纪80年代，少数民族编剧的收入大约比白人男性编剧的收入少一半，但是，到了20世纪90年代，他们的收入就大致相同了。在最近的研究中，两位研究人员发现，新入行的女性与白人男性编剧的收入差距在缩小。女性编剧的就业状况，在整体就业中所占比例并没有随

① 美国作家协会西部分会第一年用计算机处理了数据。

② 电视编剧不包括为新闻节目、体育节目、其他非虚构节目、娱乐表演和日间戏剧写东西的编剧。电影编剧不包括对自己的作品拥有版权的编剧。

着时间发生太大的变化，自20世纪90年代初以来，这种情况在电影和电视业中尤其明显。20世纪90年代，少数民族在电影和电视业中的就业人数增长了66%，占总就业人数的7%。

最近，两位研究人员发现，编剧年龄与其被雇的可能性以及编剧年龄收入曲线图的关系发生了重大变化。就业可能性的最大变化发生在20世纪80年代末到1997年。最大的变化是年龄大的编剧求职的可能性降低。1987—1997年间，51岁到60岁编剧的就业比例下降了三分之一。在两个更年长的编剧群体（61岁至70岁、71岁至80岁）中，就业比例下降了50%。30岁左右以及30岁以下的编剧群体是被雇用的可能性上升的唯一群体。

1982—1997年间，年龄收入曲线图的变化在受雇于电视业的编剧中最为显著，在受雇于电影业的编剧中不那么显著。在1982年的曲线图中，51岁到60岁的电视编剧收入达到最高峰，传统的倒“U”形发生了变化；1987年的曲线图是，31岁到40岁的电视编剧和51岁到60岁的电视编剧收入双双达到最高峰，为“M”形；1991年的曲线图则变成了相对平缓的倒“U”形，在三个不同的群体中，31岁到60岁之间编剧的平均收入差距很小；到了1997年年末，曲线图又变成了另外一个有高点的倒“U”形，这个形状与1982年的一样，但是，占领收入最高点的是31岁到40岁的编剧。电影编剧的收入变化结构与此相似，但最高点收入者的年龄变化并不像电视编剧那么明显。1982年的倒“U”形表明，41岁到50岁电影编剧的收入达到了最高点，而1997年收入达到最高峰的是31岁到40岁的编剧，41岁到60岁编剧群体的收入比31岁到40岁的编剧略少。

两位研究人员通过加总的收入方程估值分析了不同职业涉及的相关问题，基本公式如下：

$$\ln Y_{ict} = \alpha + \beta_1 X_i + \beta_2 W_{it} + \gamma_c + \delta_t + \varepsilon_{ict}\text{，}$$

其中，Y_{ict}代表美国作家协会的第c[①]个群体中的第i位艺术家在t年的收入；X_i是艺术家不随时间变化的特征（例如性别）；W_{it}代表第i位艺术家随着时间变化的特征（例如经历）；γ_c代表特定群体受到的独一无二的影响；δ_t代表具体年份受到的特别影响（例如，年份虚拟变量的向量）；ε_{ict}是随机误差的向量（Bielby and Bielby，1993a，p.14）。他们发现，尽管编剧的年龄、行业工作经验对收入产生了积极影响，但是在最近就业（例如在过去3年里）的编剧中，整体工作经历是决定编剧收入的首要因素。

第三方是许多编剧和其他艺术家的代表机构。[②]两位研究人员发现，代表机构对收入与就业产生了重要影响（通过对就业概率对数单位模型进行估算得出），并且机构类型也很重要。他们将“核心”机构[③]与所有其他代表编剧的机构分开，发现“核心”机构的编剧被雇用的可能性更大，并且他们的收入明显比其他编剧要高。在研究了1982—1990年的收入数据后，他们还确定，女性编剧面临的不利处境在其整个职业生涯中始终存在，并且不渐增，这种状况在模型中表示为常数微分。

从20世纪80年代早期，Throsby和他的同事（1986，1989，1994，1995，2003）就一直通过直接调查对澳大利亚艺术家进行研究。第一次调查于1983年展开，1987年、1993年和2002年又分别进行了一次，但是，由于每次调查都有不同的艺术家群体参与，所以这并不是一个真正的面板研究。相对于两位Bielby先生的研究，Throsby等人研究方法的优点是，运用了一个针对艺术家的数据采集工具。更加广泛的研究都是针对艺术家的活动量身定制的，由此搜集了他们的收入和工

① 在第c年被美国作家协会接纳为会员。

② 在美国工会会员中，表演艺术家相对常见，如演员和音乐家，而其他艺术家则很少见。

③ “他们与人才协会商谈了独特安排，并与金融、生产和新项目分配部门建立了长期联系。”

作经历的信息。

该调查结果表明澳大利亚艺术家多年来的一些重大变化以及他们实际选定的职业道路。最重要的是，性别构成方面发生了重大变化。1983年，越过三分之一艺术家是女性，到了2002年，男女艺术家的人数大致相等。在这20年间，澳大利亚的劳动力队伍基本保持不变（2002年平均年龄是37.5岁，1983年平均年龄是38.2岁），而艺术家的平均年龄却在增长（2002年是46岁，1983年是41.5岁）。与1983年相比，2002年艺术家群体中更多的人是在澳大利亚本土出生的（2002年是74%，1983年是67%）。通过对艺术家职业生涯发展的一个重要方面——艺术家培训——进行分析，Throsby等人发现，1983年艺术家花在培训上的平均时间大约是5年，2002年则为4年多一点（4.3）。尽管花在培训上的时间有所减少，但艺术家作为专业艺术家开始工作的平均年龄从1983年的23岁增至1993年的27岁，2002年为30岁。

与1983年相比，1993年澳大利亚艺术家在所从事的艺术工作中，似乎投入了更多的时间。这些工作包括他们本职的艺术工作、在其他艺术领域以及艺术相关领域的工作，对许多艺术家来说这种情况很常见。在这10年间，艺术家投入艺术工作中的工时数大约增加了25%。艺术行业工时数增加导致艺术工作时间比例的变化，即从1983年的刚刚超过71%增至1993年的略高于82%。1993—2002年，艺术家投入艺术工作中的时间减少了几乎8%，花在艺术工作上的全部工作时间的比例略有下降，降至81%。

艺术家投入工作中的更多时间和精力显然没有在他们的收入中体现出来。Throsby（1986）的报告称，1983年艺术家从艺术工作中获得的收入大约是澳大利亚所有劳动者收入的60%（指全职从事本职工作的雇员）。1993年和2002年[①]，艺术家从事艺术工作所得的收入仅仅是所有劳动者收入的40%。如果将与艺术相关的工作的收入包括在内，差距就没有这么大。1983年艺术家的收入是所有劳动者总收入的70%，1993年是60%，2002年是57%，但是这仍然表明，澳大利亚艺术家的相对收入有了下降。对所有来源的总收入进行的比较表明，1983年澳大利亚艺术家的收入比普通澳大利亚劳动者的收入高约6%；而1993年他们的收入仅仅是澳大利亚劳动者平均收入的80%。1993—2002年间，总体收入略有提高，在这个阶段，澳大利亚艺术家的平均收入是澳大利亚全职雇员平均收入的87%。

像其他国家的艺术家一样，为了挣钱养家，澳大利亚的艺术家一般不会每年只从事一份工作。身兼数职的艺术家比例从1988年的近四分之三（72%）下降到2002年的三分之二以下（63%）。

就职业发展而言，Throsby等人发现，艺术家开始其职业艺术家生涯的时间越来越晚。1983年，艺术家开始职业生涯的平均年龄是23岁。10年之后，这个年龄是27岁。到2002年，变成了30岁。并非所有艺术职业都会出现这种年龄增长现象。"社区艺术家/社区文化发展工作者"开始他们职业生涯的平均年龄的增长幅度相对最大。"手工艺人"的增长幅度最小。这可能反映了进入这些职业所需要的正规学校教育和培训的相对重要性。在这20年间，舞蹈演员开始职业生涯的年龄最小（1983年是19岁，2002年是24岁），作家开始的年龄最大（1983年是28岁，2002年是37岁）。

23.3.4 真正的面板数据

Rengers（2002）致力于构建解释艺术家职业生涯

① 一般来讲，从调查和人口普查中得到的财政信息都是进行调查之前那一年的信息。Throsby在2002年调查的财政年度是2000年7月1日至2001年6月30日。一般来讲，调查年份或人口普查年将用于鉴别当时搜集到的所有数据。

的最佳模型。他将传统的人力资本模型与“赢者通吃”模型进行了比较。在传统的人力资本模型中，艺术家内在的和后天习得的品质影响了他们的职业生涯，而在“赢者通吃”模型中，艺术家之间的相对差异是解释职业生涯差异的最重要因素。他运用了若干面板中的数据。其中一个面板包括了540名1993—1995年间进入劳动力市场的荷兰艺术学院的毕业生。Rengers对他们的各项活动进行了两次观察。第一次观察大约在这些学生毕业一年半后，第二次观察则是在他们毕业6年后。另一个面板包括自1993年开始每年接受调查的所有荷兰视觉艺术家，他采用了对大约500位视觉艺术家在1993—1996年的4次调查结果。第三个面板包括1980—1991年间的575位视觉艺术家。尽管Rengers的分析建立在面板基础上，但他还是不能从中概括并全面探讨艺术家的职业生涯，因为有些面板的时间跨度太短，有些面板则仅仅限于艺术家的某个群体。

模型用来估算以工时、工资和总收入衡量的劳动力供应，也用来衡量艺术家所取得成就的两个非货币量度。Rengers的研究结果证实了这两种模型。他发现，工时、工资和收入的不平等随着时间消失了，这与人力资本模型一致，但与“赢者通吃”模型不一致。他没有找到艺术学校毕业生离开艺术职业从事非艺术工作会影响收入的任何证据，但可能有人会怀疑在“赢者通吃”模型中有这种证据。他的确发现了学校的地理位置和专业领域（市场中实际使用的信号测量值）的差别对解释工资差别的重要性，他认为这证实了“赢者通吃”模型。此外，Rengers发现，“赢者通吃”模型更好地解释了他所探讨的非货币量度中的变量，该模型可以作为艺术家对本人所拥有声望的评估模型以及艺术家是否受到媒体关注的另一种测量模型。

Rengers也从荷兰艺术家样本中，为关于艺术家职业生涯文献研究中的一些重要主题提供了支持证据。荷兰艺术家从年轻时就开始接受教育和培训，这种培训通常在正规学校教育以外，他们中的绝大多数都取得了艺术学位（90%），但是，因为受教育程度较高，他们开始艺术生涯的时间较晚。在职业生涯早期，他们的收入一般比同等教育程度的非艺术家要低，这是因为艺术家的工时数更少，并非因为他们愿意接受更低的工资。艺术家所接受教育的性质对其职业生涯只有很小的影响或者没有影响。自学成才的艺术家与接受了正规艺术教育的艺术家收入相同，劳动力供给行为也一样，他们进入的艺术学院的声望对他们也没有长期影响。女性艺术家的收入比其男性同事大约少三分之一，这个差距与荷兰非艺术行业劳动力市场的情况基本相当。毕业6年后，约三分之二的人仅仅以艺术家的身份工作，同样比例（三分之二）的人既在艺术圈内工作又在艺术圈外工作（大约13%）。年龄和经历对艺术家的各种成功测量值产生了积极影响，这些测量值包括参与艺术活动、工资、艺术品销售额、艺术品价格以及在美术馆参展的频率。接受政府资助对艺术家职业生涯晚期的收入具有积极的影响。

Rengers发现了荷兰艺术家两种截然不同的职业道路（也许这是荷兰经验所独有的）。一种道路是政府市场，另一种是私人市场。他发现，大部分视觉艺术家（大约60%）都进入了这两种市场，有一小部分（大约15%）仅从公共市场中获得收入，他们在私人市场立足所需的时间比在公共市场上立足所需时间更长，但是如果在这两个市场中都获得成功，将孕育更大的成功。

23.4 美国艺术家的实证调查：1940—2000年

本节采用1940—2000年间十年一次的人口普查

数据，分析美国艺术家的就业与收入情况。由于该分析以美国艺术家的7个独特的横截面数据为基础，所以它与Throsby的研究有很大的可比性，可以被归类为通过单独横截面进行研究的准面板研究。

我们使用了人口普查公用样本信息[①]来分析艺术家的就业模式、收入以及收入变化的各个方面，包括1950—2000年人口普查年艺术家收入方程的估算。运用横跨60年的人口普查数据进行研究，为以下3个相关论题的研究提供了更清晰的视角，这些论题在与艺术家有关的经济学文献中一直备受争议：（1）与其他学科中受过同样教育的群体相比，作为专业从业人员，艺术家表现不甚良好到什么程度？（2）被屡屡报道的艺术家与受过同样教育的群体的收入差异随着时间变化是逐渐加大还是减小了？（3）这种明显的“收入惩罚”是艺术行业劳动力市场固有的特征吗？例如，艺术家是与众不同的冒险家吗？或者是，他们无法正确评估自己在日益被“赢者通吃”特性所支配的就业市场中可能的结果吗？本节不会特别论述第四个重要的论题：那些习惯性兼职的艺术家的决策进程（无论是艺术还是非艺术职业内外）。[②]

本节首先（A）讨论使用美国人口普查数据研究艺术家的情况。然后（B）分析1940—2000年间艺术家职业的增长情况，并（C）概述同期艺术行业劳动力市场情况。最后两节：（D）分析与其他专业人员相比艺术家收入水平的变化，以及（E）艺术家收入的决定因素与艺术家收入惩罚的存在。

23.4.1 使用人口普查数据

研究艺术家的社会学家面临的一个主要制约因素是缺乏足够大的劳动力市场数据库。美国的艺术行业劳动力在整个民用劳动力中占比较小，该比例从1940年的0.7%增长到2000年的1.4%以上（见表23-2）。在美国研究人员可利用的横截面数据库和面板数据库中，只有十年一次的人口普查公用微数据样本大到足以应对有意义的统计分析。因此，这里所呈现的艺术家信息采用了1940—2000年人口普查的公用微数据样本。虽然这些数据中包含的艺术家实际人数从1940年的3 863人到2000年的109 469人不等，但他们代表了每个人口普查年中的全部艺术家。

样本中包含了关于住房与家庭成员个人特征在内的广泛信息。每隔十年搜集的信息各不相同；调查问卷删除或添加了一些问题，某些一直沿用的问题使用的术语定义也有变化。虽然如此，仍然能够用跨越整个60年的大量核心信息库进行对比分析。

对“谁是艺术家”下定义一直存在着歧义。直到最

---

① 美国人口普查局作为十年一次进行人口普查的部门，使用“长式调查问卷”从人口样本中搜集详细的社会经济信息。这些信息对通过数据集进行研究的研究人员很有用，这些数据代表了1%或5%的美国人口数据样本。它们被称为“公用微数据样本”。人口普查局在1960年的人口普查中首次创建了公用微数据样本，生成了一个单一的1%样本。1970年，生成了6个独立的1%样本；其中3个基于长式调查问卷，样本涵盖5%人口，另外3个也基于长式调查问卷，涵盖15%的人口。该研究使用从4个1%样本中得到的数据来计算描述性统计数据。在回归分析中，使用了所有3个涵盖5%人口调查的1%样本。1980年生成了3个样本：用于本研究的一个5%样本及两个1%样本。1990年和2000年生成两个样本：本研究使用的是一个5%样本和一个1%样本。国家人口统计中心和威斯康星州大学人口与生态中心研究人员与人口普查局合作，重新建立了1940年和1950年的1%公用微数据样本。

② 艺术家身兼数职情况在Alper和Wassall（2000）的研究中有详细论述。

近，国家艺术基金会才采用了人口普查使用的以下11种职业：（1）演员和导演；（2）广播电视播音员；（3）建筑师；（4）高等院校艺术、戏剧和音乐教师；（5）作家；（6）舞蹈演员；（7）设计师；（8）音乐家和作曲家；（9）画家、雕塑家、手工艺艺术家和版画复制匠；（10）摄影师；（11）其他未另分类的艺术家。他们最初被列入所谓的“专业和技术从业人员”的分类中。自2000年人口普查以来，这个类别被缩小为“专业从业人员”。也正是在2000年人口普查后，国家艺术基金会改变了对艺术家的定义。[①]目前重新定义的11种艺术职业是：（1）演员；（2）播音员；（3）建筑师；（4）艺术家及相关从业人员；（5）作家；（6）舞蹈演员和编舞；（7）设计师；（8）演艺人员和表演者、运动员及相关从业人员；（9）音乐家、歌手及相关从业人员；（10）摄影师；（11）制片人和导演（美国人口普查局，2003）。附录A中的表A-1呈现了这些分类的简要演变过程，并记录了从每个艺术家类别中提取的样本规模。[②]

但是，使用人口普查公用微数据样本来研究艺术行业劳动力市场行为这一做法有利也有弊。影响已公布信息及其解释的人口普查数据搜集方法引发了三个主要问题。[③]

其中一个问题是，国家艺术基金会和大多数研究人员使用的人口普查艺术职业分类定义似乎非常宽泛。人口普查中舞蹈演员一类包括芭蕾舞演员、拉斯维加斯的歌舞女演员和酒吧的脱衣舞女郎，作家一类包括杂志特约作家与诗人。尽管国家艺术基金会对“艺术家”的定义包括了整个艺术行业的所有分类，有些甚至是艺术之外的，比如建筑师、设计师和广播电视播音员。然而，从某一方面看，这种分类也许并非那样宽泛。2000年以前，艺术学科的高校教师列在艺术家分类中，但不包括他们的中小学同行；目前，这两组人都被排除在艺术家定义之外。国家艺术基金会采用第11次人口普查的分类定义了艺术家职业。

第二个更关键的问题是，人口普查局的分类方法掩盖了艺术家职业选择的重要方面。艺术职业的一个与众不同之处在于，很多从事艺术职业的人也在从事非艺术类工作，也就是说他们身兼数职。采用艺术家直接经济调查的研究已经很多，大多数研究报告都是关于艺术家在特定年份从事非艺术工作的研究（例如，Alper and Wassall，2000；Kingston et al.，1981，1986；Throsby and Hollister，2003；Wassall and Alper，1984，1985，1990，1992；Wassall，Alper and Davison，1983）。据那些同时从事非艺术类工作的艺术家说，他们将大量的时间投入非艺术类工作中，因此他们总收入中有相当大一

① 人口普查不再将高等院校艺术、戏剧和音乐教师单列，演员和导演职业被分到两个组，一组是演员类，另一组是制片人和导演类。画家、雕塑家、手工艺艺术家和版画复制匠被列入新的艺术家分类中，该类也包括之前列入未另分类的艺术家分类中的一些艺术家。未另分类的艺术家已被换成范围更小的演艺人员、表演者、运动员及未另分类的相关从业人员。

② 人口普查使用的许多艺术家职业分类的定义发生了变化。主要变化如下：“杂耍艺人”一类仅仅出现在1940年的人口普查中。直到1980年，导演才和演员被分为一类（1980年之前，导演被分在管理人员一类，而不是艺术家），2000年，导演从该类中被移除，与制片人单独分类，但是这一大类留在了艺术家分类中。广播电视播音员是到了1970年才被单独列出的，在此之前，广播电视播音员并没有被视为艺术家。1970年之前，艺术、戏剧和音乐教师的分类根本不存在，而是与他们的艺术界同行（例如“音乐家”和“音乐教师”）被分在一类。2000年，艺术分类中的高等院校艺术教师不再被单列，因此艺术家的定义中也没有包括他们。1980年之前，橱窗展示设计师与设计师不在一个类别中，1980年，二者都被列入了设计师分类中。其他艺术家的职业分类在此期间也经历了一些微小变化。作家是唯一的例外，在此期间，其定义始终未变。Citro和Gaquin（1987）在上文援引的1980年定义的基础上，使用重建的艺术家职业分类估算了1950—1980年每个人口普查年中艺术家的总人数。他们的估算跟我们的有点不一样，我们是直接取样于人口普查公用微数据样本。

③ 关于艺术家人口普查数据优缺点的更详尽讨论见McNertney和Waits（1989）及Wassall和Alper（1992）的研究。

部分——通常超过一半——来自这种非艺术类工作。[①]但是，人口普查要求被调查对象在填写长式问卷时只选择一种职业。这种选择以某一参照周内花在工作上的时间为依据。职业选择一旦确定，人口普查前的自然年花在该工作上的所有时间和从该工作中获得的所有收入都属于该职业。[②]

不过，人口普查所采用的根据某一参照周内个人的主要活动来定义职业的方法引起了经济学家的注意。正如Filer（1988）指出的："一个每周花20小时画画、30小时教书的劳动者会被归类为教师。相反，一个每周花20小时在教室里教书、花30小时在画板上画画的劳动者往往是一个画家……人口普查的定义只包括在各自的领域取得了成功的艺术家，由此造成了偏误。"

用市场测试来定义"谁是艺术家"，让一些研究人员感到棘手。无论在此问题上的立场如何，我们必须意识到，当使用关于艺术家的人口普查总数据时，与其他大部分职业不同的是，调查对象所报告的工作投入和收入中的很大一部分都是来自其他的非艺术类职业。在这种独特的职业中，对从业人员在不同职业间自行分配工作时间的动态选择，研究人员在使用人口普查数据时观察不到。

第三个问题是，出于保密原因，人口普查政策对包括个人年龄、个人工资与收入的某些变量设定上限，最重要的是，在2000年人口普查中，个人报告的工资与薪金收入（上限）被限定在175 000美元的最高水平。[③]所有超过这个水平的个人收入都被纳入"超过上限的所报平均收入"中。例如，1999年[④]，马萨诸塞州工资与薪金收入超过175 000美元的所有居民，其所报收入应为322 000美元。因此，任一职业中最高收入者的收入有可能被低估。这些收入的上限指标每隔10年就会提高。在一个很小但未知的程度上，使用人口普查数据时，所报的平均收入和艺术类（以及任何其他）职业中的收入不平等程度会被低估。

23.4.2 艺术类职业的规模与增长：1940—2000年

1940—2000年，艺术家人数一直在迅速增长。

---

① Kingston、Cole和Merton（1981）对2 241位美国作家的调查表明，1979年这些作家靠写作的收入中值是4 800美元，所有来源的个人收入中值是27 000美元。在对494位美国作曲家调查之后，Felton（1978）在研究报告中指出，1974年美国家庭的收入中值是20 000美元，但是，作曲家依靠作曲的收入中值只有168美元。Wassall、Alper和Davison（1983）要求3 027名新英格兰的艺术家对其1981年在艺术领域、与艺术相关领域及非艺术领域的工作时间和收入进行分类。他们使用了比人口普查所使用的更狭义的艺术家职业定义，结果发现，在当年，只有24%的被调查对象从事艺术工作。在同时从事其他工作的艺术家中，52%从事艺术及与艺术相关的工作，29%从事艺术及非艺术类工作，19%从事所有这3类工作。1981年，艺术家平均劳动收入为14 079美元，其中46%来自艺术类工作，34%来自与艺术相关的工作，20%来自既不是艺术类工作，在本质上也与艺术无关的工作。在这项研究中，教师和教练被定义为与艺术相关的工作。相较于人口普查，对艺术家进行的直接调查通常采用一种更狭义的"艺术家"定义。在包含更多"传统"意义上的艺术家的同时，这种定义还包含一些在艺术上花费很少时间、相关的收入也很少但将自己定义为艺术家的人。由于艺术家职业定义更狭义，在这种研究中，艺术家的艺术类工作收入占全部收入的比例可能也变得更小。另外，在上文援引的研究中，艺术类工作的收入之所以占比低，部分原因是他们没有将某个专业领域教师的收入作为艺术类工作的收入计算进去。

② 一个有趣的问题是：当面临参照周工作的问题时，艺术家会作出怎样的选择？在对艺术家进行直接调查时发现，常见的情况是，尽管只花费很少的工作时间或赚钱不多，他们都表示自己的主业是艺术家。他们的艺术工作通常比任何其他提及的职业更受人尊敬。艺术家真的是像他们填写人口普查表那样做的吗？或者他们只是照字面意思回答了参照周内的工作问题？

③ 每年对每项分类的收入都设定了上限：1939年是5 000美元，1949年是10 000美元，1959年是25 000美元，1969年是50 000美元，1979年是75 000美元，1989年是90 000美元。1999年，包括工资或薪金的各类收入的上限是175 000美元，自谋职业者的收入上限是126 000美元，总收入的上限是310 000美元。将所有类别相加得到总收入值，这在某种程度上降低了压缩系数，但的确仍低估实际平均数与标准方差。

④ 涉及收入及花在工作上时间的美国人口普查数据，以人口普查当年的前一个自然年为准。

1940年，美国劳动力中有386 000名艺术家，占所有劳动力的0.7%。到2000年，艺术家人数增长了4倍，达到了1 931 000人，占美国劳动力总数的1.4%。①

第二次世界大战以后，由于服务业迅速发展，民用劳动力也大量增加。大部分专业劳动者和大部分艺术家都在服务行业工作。民用劳动力在第二次世界大战后不断增加的第二种趋势是，女性的劳动参与率一直在增长。男、女专业和技术劳动者（也包括艺术家）的增长率大大超过了劳动力的整体增长率；劳动者人数迅速增加，部分反映了女性从事服务性行业的比例较高。尽管女性在艺术类职业中所占比例并不高，但在艺术类行业以外的其他职业中，女性所占比例通常会高些。

表23-2中3种劳动力类别的相对增长率反映了这两种趋势。1940—2000年，民用劳动力增长率为166.1%。然而，专业劳动力在此期间增长率为542%，艺术行业的劳动力增长率为400.3%，比专业劳动力的总体增长率稍微慢些，但比民用劳动力的增长率快很多。例如，1980—2000年，专业劳动力增长率为103%，艺术行业劳动力增长率为77%。

艺术家增长情况来自每次人口普查后发布的信息；但是，上文提及的对艺术家的定义在每次人口普查中都不一样，从表23-2中可以看出这一点。在下面各节中，为尽量减少艺术家职业定义因时间变化带来的影响，我们主要通过将所有艺术家纳入一个职业大类来进行分析。定义的变化仍然存在，会随着时间的推移从艺术类行业劳动力中增加或减去。正如上文所述，1960—1980年，导演和播音员都被计入艺术家的职业分类，影响了人数的统计。2000年人口普查将高等院校艺术教师排除在艺术职业之外，这对艺术家人数的统计可能有影响，但影响程度尚不清楚。

表23-2 艺术家人数增长与民用劳动力及所有专业劳动力增长对比：1940—2000年（以千人计）

类别	1940	1950	1960	1970	1980	1990	2000	变化（%）1940—2000
民用劳动力	51 742	58 999	67 378	79 802	104 058	122 473	137 669	166.1
专业劳动力	3 879	5 081	5 543	8 800	12 275	16 648	24 905	542.0
艺术家	386	441	492	737	1 086	1 671	1 931	400.3

资料来源：美国人口普查局1940—1950年人口普查统计（1975，Series D182-232，p.139 and Series D232-682，p.140）；Citro和Gaquin（1987，Table Ⅱ.1），1960年人口普查统计。Ellis和Beresford（1994）1970—1990年人口普查统计。1997年统计摘要，表645，1996年人口普查统计；作者的计算。

① 作家人数的计算及Ellis和Beresford(1994,p.6)。

23.4.3　劳动力供给与劳动力市场特征

在剖析艺术行业劳动力市场时，我们可以通过与某个适当的劳动者参照组进行比较得出一些观点。大部分以人口普查数据为基础的研究将艺术行业劳动力市场的结果与参照人群进行比较。这些研究在参照人群选择方面并不一致，范围从相似的受教育程度的具体职业（Santos，1976）到具体的专业性职业（Waits and McNertney，1980），到所有劳动者（Filer，1986），乃至所有管理、专业和技术劳动者不等（Filer，1988，1989）。

本研究与以上研究相似。有关艺术家的研究结论是通过与艺术家之外所有专业劳动力进行比较得出的。其他所有专业劳动力之所以被选作参照组，是因为：（1）二者具有相似的人口统计学和社会经济特征；（2）他们当中包括人口普查初始分类的艺术家类别；（3）通过选择所有其他专业劳动力，在比较过程中，可以避免由于选择了具体职业而对艺术家的研究可能产生的偏差。

一些基本的比较结果见表23-3。这张表报告并比较了艺术家和艺术家之外的专业劳动力的劳动力与社会经济特征。

在很多方面，艺术家与从事其他职业的劳动者极为相像，但也有一些明显的区别。最重要的区别可能是，相对于艺术家而言，其他专业劳动力完成了那几年额外的正规教育。这种正规教育的区别在1940年是两年半，到2000年缩小到了不到一年。①另一项不大明显（可能也是意想不到的）的区别是艺术行业劳动力方面的，在几乎所有的时间段，艺术行业劳动力中男性和白人劳动力所占比例都高于其他行业。

表23-3　　艺术行业劳动力市场的特征以及有经验的民用劳动力中的其他专业人员：1940—2000年（括号中是中位数）

	年龄	在校年数	女性（%）	白人（%）	黑人（%）	失业率（%）	1999年就业率（%）	自谋职业（%）	全职工作*（%）	工时数*	工作周数*
1940											
艺术家	37.9	11.7	33.0	95.4	4.2	11.0	92.1	33.4	39.2	30.1	38.3
										(40.0)	(50.0)
专业人员	38.3	14.2	43.7	95.9	3.9	3.0	96.0	16.3	49.4	39.4	42.6
										(40.0)	(52.0)
1950											
艺术家	37.8	12.8	34.7	95.6	4.0	4.9	91.8	26.5	25.5	33.9	40.1
										(40.0)	(51.0)
专业人员	38.9	14.4	35.2	95.5	4.2	1.4	94.5	12.8	41.6	40.9	42.7

① 1990年和2000年人口普查年度的教育水平与之前自然年的教育水平比照已经减弱，因为自1990年以来，人口普查记录的是完成学校正规教育的最高程度或最高水平，而不是接受正规教育的年数。运用美国人口普查局收集的1990年完成正规教育的年份和上完最高年级/获得学位的年份这两个数据（Kominski and Siegel，1993），作者设计了一种方法，以上完最高年级/获得学位所花费的平均年数为基础，将上完最高年级/获得最高学位转化为完成正规教育的年数。

续表

	年龄	在校年数	女性（%）	白人（%）	黑人（%）	失业率（%）	1999年就业率（%）	自谋职业（%）	全职工作*（%）	工时数*	工作周数*
										（40.0）	（52.0）
1960											
艺术家	40.2	13.7	38.6	96.1	3.0	4.0	98.4	28.2	42.9	33.2	41.8
										（40.0）	（51.0）
专业人员	40.0	15.0	38.2	95.0	4.1	1.2	98.5	10.4	57.6	39.8	44.1
										（40.0）	（51.0）
1970											
艺术家	38.6	13.8	29.7	94.7	3.5	4.4	98.1	22.4	50.1	33.9	42.9
										（40.0）	（51.0）
专业人员	39.0	15.2	41.1	93.0	5.5	1.7	98.2	8.1	52.9	37.3	43.9
										（40.0）	（51.0）
1980											
艺术家	36.8	14.5	38.2	92.1	4.3	5.5	95.8	30.1	49.6	35.5	42.1
										（40.0）	（52.0）
专业人员	38.0	15.7	47.4	88.7	7.3	2.0	98.1	7.6	58.8	38.5	44.9
										（40.0）	（52.0）
1990											
艺术家	38.3	14.4	44.3	89.9	4.5	4.8	96.6	31.3	53.1	37.0	43.3
										（40.0）	（52.0）
专业人员	39.2	15.3	52.7	86.2	8.0	2.1	98.3	7.5	61.9	39.6	45.9
										（40.0）	（52.0）
2000											
艺术家	40.2	14.7	45.7	86.2	4.7	4.5	96.8	31.5	56.0	37.9	44.2
										（40.0）	（52.0）
专业人员	40.9	15.5	56.6	81.5	8.5	2.2	98.3	6.6	59.8	39.4	45.7
										（40.0）	（52.0）

资料来源：作者的表格来自1940—2000年的人口普查数据公用微数据样本。

* 为人口普查年前一年的数据。

但是，最引人注目的研究结果与艺术家一贯比其他劳动者贫穷有关。尽管艺术家和其他专业劳动力之间的收入差异在1940—2000年缩小了，然而差异并未消失。在所有7个人口普查年里，艺术家更容易失业。1960年以前，艺术家的失业率至少是其他专业和技术劳动者的3倍；1960年之后，艺术家失业率是其他专业和技术劳动者的2～3倍。在此期间，艺术家每年工作的周数也一直较少，每周工作的小时数更少。在每个人口普查年，全年全职工作（定义为每年工作至少50周，每周至少35小时）的艺术家占全部劳动力的比例比专业劳动力所占比例要少。虽然如此，艺术家和专业技术劳动者每年的工时数之间的差距在此期间缩小了，从1939年的520小时和1969年的不足200小时减至1999年的大约125小时。同样，两者全职工作比例的差距在1969—1999年也比早年的人口普查要小。

由于这些劳动力市场的差距在所有7个人口普查年份一直存在，因此，任何一种不均衡都不可能是造成差距的原因。人们当然会认为，在这60年里，任何不均衡都将得到调整。这就需要寻找可替代的解释。

已经有学者提出一些假设：是哪些特征使得艺术行业劳动力市场与众不同？首先，人们似乎不愿意接受任何基于信息不对称的解释。当然，经过60年之后，艺术家和正在接受培训要成为艺术家的人会认识到这些差距，并改变他们的职业选择。[①]比起从事其他专业工作的人，艺术家可能更看重休闲的价值。但是，任何一个职业都不可能只吸引那些极其看重休闲的人。这个"休闲理论"堪比Throsby的艺术家行为的"工作偏爱"模型（Throsby，1994a）。"工作偏爱"模型假定艺术家的驱动力是创作，他们甘愿在艺术圈内外工作，挣够满足自己消费水平的钱，然后将尽可能多的时间花在艺术创作上。一方面，这个理论解释了为什么艺术家比愿意接受（更多）无效工作的其他劳动者在工作上花更长的时间，但这并没有反映在年度工作小时的数据上。另一方面，这个理论也预测了艺术家是在用艺术圈以外的工作收入来贴补他们的艺术收入，随着非艺术类工作的工资率增长，艺术家可以有更多的时间进行艺术创作。因为对高等教育的补贴（大多数艺术家都享有这个补贴）在过去有了提高，所以，艺术家和其他专业人员的工时差距缩小了。这与艺术家能够从更高的非艺术类工资率中获益，从而将更多的时间投入到艺术创作中的研究结论一致。令人遗憾的是，由于所有收入都被归入人口普查报告的职业，用人口普查的数据来验证这些关系是不可能的。

另外一系列理论探讨了艺术家风险偏好的作用以及那些已经攀升到职业顶点的艺术家获得回报的问题。尽管这些理论主要用于解释艺术家之间的收入分布，但对理解劳动力供给也有一定启示。这种推理方法最初是由Santos（1976）提出的。他认为，表演艺术家属于有风险偏好的劳动者，不像其他劳动者，表演艺术家愿意以一个可能得到可观金钱回报的小机会，来换取另外一个回报不高但更大的机会。Santos发现，培训投资为艺术家带来的金钱回报与整体的劳动力市场情况并不一致，他说，"在考虑从事表演艺术事业的时候，艺术家愿意冒险的精神和接受精神上回报的想法显然战胜了对金钱的考量"（p.257）。简单地说，太多的人投身于艺术事业，就是由于这两个原因。但是，Santos并未解释为什么艺术职业会吸引大量的职业冒险家。

研究超级明星收入的文献中也有相关理论（Rosen，1981；Adler，1985）。关于劳动力供给理论的预测结果在Frank和Cook（1995）的研究中更为突出；他们将超级明星的劳动力市场称为"赢者通吃的市场"。他们指出，"市场刺激诱使太多的竞争者进入赢者通吃的市场，而很少有人去从事其他职业"（p.103）。他们将这一结果部分归因于竞争者高估了自己的才华。但是，他们还补充说，只要新进入市场的求职者所作决定是基于预期收益而不是边际收益，那么，新进入市场的人数就会比社会最优人数要多。

换个稍微不同的角度来看，这两种途径都意味着，艺术行业劳动力市场的本质会诱使众多求职者进入。这些论点与人口普查中发现的就业观测数据一致。

Benhamou（2000）有另外一套不专门针对艺术家

---

① 将这个观点与Towse（1992a）的观点作比较，他认为，由于高估了未来成功的可能性，艺术家更容易过于频繁地进出艺术行业劳动力市场。

的假设。其中一种假设关注雇用艺术家的艺术机构与组织的行为，而不是艺术家的选择。另一种假设关注支持艺术家，特别是那些选择自谋职业的艺术家的公共政策。

最后，值得注意的是，由于进入艺术职业的门槛并不高，加上从一个工作到另一个工作（职业内外）的频繁转换导致更多工作时间损失，也造成了艺术行业劳动力市场中劳动者的工作经验一贯较少。因此，艺术家可能在换工作时经历更大的摩擦，即便在完全信息市场的理想状况下，与其他职业的从业者相比，艺术家失业的时间也会更长。由于艺术家身兼数职的独特性，可以将这些现象看作从事艺术工作的职业风险，艺术家哪怕提前知道这种风险，也必须承受。如上所述，仅仅从对人口普查数据的分析中没法得出这一结论。[①]

23.4.4 收入、计算工资率及收入变量

正如上文所述，关于艺术家收入的研究文献提出了两个主要论题。一个是与其他同等教育程度和同等技能的劳动者相比，艺术家面临的收入惩罚的存在及程度。另一个是艺术行业劳动力市场中不寻常收入模式的存在，比如相对于其他职业，更大的收入不确定性与差异性。在60年里，由于有了可用的人口普查收入数据，可以对收入作更进一步的比较，因此引发了以上两个论题。在本节中，我们将分析收入的差异性。在下一节，我们将研究收入惩罚的存在。

表23-4对比了当前收入与实际收入（按2004年美元计算）以及估算的艺术家和其他专业劳动者的小时工资。由于几个类别的中位数都是零，所以，除了中位数，我们也报告了平均数。[②]我们分别报告了工资、薪金、自谋职业者的收入以及总收入。[③]劳动收入的定义自1950年的人口普查以来一直没有变化。在1940年的数据中，只报告了薪金和工资收入。

表23-4中的信息表明，在此期间，艺术家比其他专业劳动者挣得少。在每个人口普查年，其他专业劳动者年收入的平均数和中位数都高于艺术家。与工作时间的差异不同，收入差距并没有随着时间的变化而缩小。收入中位数的差距在1949年是33%，1999年是30%。这一差距在1969年下降到14%，1979年上升到45%。尽管没有明显的削减趋势，但收入差距的最高比例分别出现在1979年和1989年。虽然平均收入的差距略小一些，同一时期的情况却是相似的。平均收入差距是：1969年是12%，1979年和1989年都是30%。

产生收入差距的主要原因是，与普通专业劳动者相比，艺术家每年工作的小时数更少。这反映出在艺术家和普通专业劳动者两个群体之间工资中位数差距一般更小，实际上两者的平均工资几乎是相等的。这些数据表明，如果只比较这两个群体的全职劳动者，收入差距会减少，而事实的确如此。[④]这种限制性比较的研究方法

---

① 相关证据可以在Wassall、Alper和Davison(1983)的研究中找到，他们报告，一年里，新英格兰的艺术家比普通劳动力遭遇短期失业的次数更多。这种证据也可以在Menger和Gurgand(1996)对法国表演艺术的研究中找到。他们证明了法国失业保险制度对演员职业生涯就业模式起到的作用。

② 自谋职业者的收入存在零中位数，因为绝大多数艺术家、专业和技术劳动者是雇员，而不是自谋职业者。

③ 在公用微数据样本中，劳动收入包括：(1)工资或薪金收入；(2)非农业性质的自谋职业者收入；(3)农业性质的自谋职业者收入。1970—1990年，在人口普查数据中，以上类别的收入都是单列的。1950—1960年以及2000年，(2)和(3)的收入归为一类。1940年只报告了工资与薪金收入。

④ 例如，1969年，全年全职专业和技术劳动者收入的中位数与艺术家的相同，但是，到了1979年，这些人的收入超过了艺术家收入的15.2%，1989年超过了16.5%，1999年超过了15.4%。两组之间的平均收入差距结构与同一时期的相似。

仅限于全职劳动者，这里并不提倡，因为艺术家职业的一个最典型特征是，他们每年工作的小时数实际上比其他专业劳动者工作的小时数要少。

表23-4　　艺术家与其他有经验的民用劳动力中的专业和技术劳动者平均收入的对比：1940—2000年*（按当前和实际美元（2004）计算；括号里是中位数）

	艺术家					专业和技术劳动者				
	薪金和工资	自谋职业	总收入	薪金	贫困线以下（%）	薪金和工资	自谋职业	总收入	薪金	贫困线以下（%）
1940										
当前的	905	无	无	0.78	无	1 271	无	无	0.77	无
	（588）			（0.26）		（1 000）			（0.56）	
实际的	12 436			10.72		17 465			10.58	
	（8 080）			（3.57）		（13 741）			（7.69）	
1950										
当前的	1913	746	2 658	1.57	无	2 510	659	3 170	1.52	无
	（1 200）	（0）	（2 100）	（0.96）		（2 400）	（0）	（2 800）	（1.35）	
实际的	15 352	5 987	21 331	12.60		20 143	5 289	25 440	12.20	
	（9 630）	（0）	（16 853）	（7.70）		（19 261）	（0）	（22 471）	（10.83）	
1960										
当前的	3 619	1 238	4 857	3.63	无	4 759	1 158	5 917	3.25	无
	（2 800）	（0）	（4 000）	（2.49）		（4 500）	（0）	（5 000）	（2.70）	
实际的	23 754	8 126	31 879	23.83		31 236	7 601	38 837	21.33	
	（18 378）	（0）	（26 254）	（16.34）		（29 536）	（0）	（32 818）	（17.72）	
1970										
当前的	6 612	1 688	8 305	5.65	4.9	8 019	1 309	9 342	5.34	3.3
	（5 400）	（0）	（7 000）	（3.98）		（7 500）	（0）	（8 000）	（4.36）	
实际的	34 411	8 785	43 222	29.40		41 734	6 813	48 619	27.79	
	（28 104）	（0）	（36 431）	（20.71）		（39 033）	（0）	（41 635）	（22.69）	
1980										
当前的	9 942	2 696	12 657	9.13	7.6	14 882	1 562	16 476	9.48	3.5
	（6 505）	（0）	（9 605）	（5.97）		（13 205）	（0）	（14 005）	（7.60）	
实际的	26 156	7 093	33 299	24.02		39 152	4 109	43 346	24.94	
	（17 114）	（0）	（25 269）	（15.71）		（34 740）	（0）	（36 845）	（19.99）	
1990										
当前的	18 985	4 966	23 992	16.76	7.2	28 465	2 616	31 117	17.31	3.3
	（12 000）	（0）	（18 000）	（10.38）		（25 000）	（0）	（26 000）	（13.46）	
实际的	29 243	7 649	36 955	25.82		43 845	4 029	47 930	26.66	
	（18 484）	（0）	（27 726）	（15.99）		（38 501）	（0）	（40 048）	（20.73）	
2000										
当前的	29 353	7 238	36 590	23.81	6.9	41 235	3 385	44 620	25.10	4.2
	（20 000）	（0）	（27 000）	（15.38）		（34 000）	（0）	（35 000）	（18.75）	
实际的	33 652	8 298	41 949	27.30		47 274	3 881	51 155	28.78	
	（22 929）	（0）	（30 954）	（17.63）		（38 980）	（0）	（40 126）	（21.50）	

资料来源：作者的表格数据来自1940—2000年的人口普查数据公用微数据样本。

*数据年份是指人口普查年前的自然年。

艺术家和其他专业劳动者的实际收入在1939—1969年有了增长。20世纪70年代的10年是高通货膨胀率时期，所以，到1979年，艺术家和其他专业人员的实际收入一直在大幅度下降。1999年，其他职业劳动者的工资和薪金收入提高了13%，实际总收入提高了5%，而艺术家的实际收入（不论来源是什么）在30年之后仍未达到1969年的水平。实际情况是，他们1999年的工资和薪金收入比1969年降低了2%，总收入降低了3%。

上文中提出的另一个论题是，相较于其他职业，艺术家经历的更糟糕的劳动力市场状况与艺术家更大的收入差异性之间可能有关系。在上一节中，我们论述了对这种关系的两种解释。Santos（1976）的理论表明，艺术家是敢于冒风险的人。与那些不愿冒险的劳动者所从事的职业相比，应该用“更低的平均收入和更大的收入差距”来描述艺术职业。实际上，他列举了1960年人口普查的证据，这些证据证明与那些具有同等教育程度的劳动者相比，舞蹈演员和歌手收入的差异系数更高。

Rosen（1981）的超级明星理论也说明了艺术家收入的更大差异性。但是，该理论进一步说明艺术家的收入分配会变得更加不平衡，因为：（1）技术发展使各领域的超级明星获得更高回报的可能性越来越大，他们的作品呈现出共同消费特征（例如书籍出版、唱片等）；（2）消费者数量或者消费者需求增长的强度。在艺术类职业貌似这两种情况都有。[①]但是，超级明星模型并没有预测超级明星的平均收入一定会比那些不具有超级明星特征的同类职业低。

令人惊讶的是，很少有人试图验证这些假设。Filer（1989）在1980年人口普查中，对艺术家之间存在的更大收入差距进行了多次测试。他运用了几种测量不平等程度的方法，发现“相较于全体劳动力，或者管理人员、专业人员和技术人员，艺术家之间的收入差距更大”，但是“这种差距貌似并不是很大”（Filer，1989，p.72）。这种不平等的差距似乎归因于两个因素。其中一个因素是与上述参照组相比，艺术家每年工作的小时数有更大的可变性。只有在与全年全职劳动者作比较的时候，差距才会缩小。将艺术家职业与挑选出的、严格定义的职业进行比较，发现这种差距也会缩小。通过对三位数的职业进行研究，他发现，在那些“个人才华与表现是收入的重要决定因素的职业中，收入不平等的指标与艺术家的趋于类似”（p.74）。

为了更全面地阐释这一论题，在表23-5中我们将1940—2000年的艺术家与其他专业人员的各种收入差距指标作了比较。在表23-6中，我们运用2000年人口普查的数据，对三位数水平上选取的职业作了类似的比较。凡是运用人口普查数据进行比较，在一定程度上都有偏差，因为人口普查对所有收入类别都设定了上限。表23-5和表23-6特别考察了收入分配的最高值与最低值，并提供了收入不平等的两个计量指标——变动系数和中位数/平均值的比率。这个初步比较只限于所有艺术家及所有专业劳动者。

① Frank和Cook这样写道(p.121)："赢者通吃的市场日益增长的重要性意味着，在经济现象中观察到的收入模式发生了变化。更具体地讲，这意味着，即便我们掌握了年龄、教育、经历、能力以及其他我们认为影响生产力并进而影响收入的个体特征，我们也应该看到，现在比过去更为严重的收入差距。"

表23-5 低收入、高收入与收入差距指标，艺术家与有经验的民用劳动力中的专业人员：1940—2000年*

		零收入或负收入的比例				最高收入的比例				总收入差距	
		工资与薪金	自谋职业[1]	共计[2]	全部[3]	工资与薪金	自谋职业[1]	共计[2]	全部[3]	变动系数[4]	平均值/中位数
1940	艺术家	32.7	无	无	无	2.0	无	无	无	1.231	1.540
	专业人员	22.6	无	无	无	2.6	无	无	无	0.944	1.271
1950	艺术家	33.7	73.8	12.1	9.9	1.4	2.1	3.5	3.8	0.940	1.266
	专业人员	20.5	84.5	8.5	6.9	1.3	2.7	4.1	4.7	0.766	1.132
1960	艺术家	28.0	67.5	7.2	4.1	0.5	0.7	1.4	1.6	0.988	1.214
	专业人员	13.4	84.8	4.4	3.6	0.4	1.0	1.7	2.0	0.849	1.198
1970	艺术家	19.4	77.9	3.9	2.9	0.3	0.3	0.7	0.9	0.951	1.186
	专业人员	8.4	90.3	2.4	1.8	0.2	0.5	0.6	1.0	0.845	1.168
1980	艺术家	24.6	73.9	5.4	3.4	0.7	0.5	1.3	1.5	1.036	1.318
	专业人员	6.7	91.8	2.2	1.3	0.8	0.4	0.9	1.5	0.827	1.176
1990	艺术家	23.5	69.9	5.0	3.3	1.7	0.6	2.6	3.1	1.132	1.333
	专业人员	5.9	90.5	1.9	1.2	2.6	0.9	3.6	4.2	0.924	1.197
2000	艺术家	23.3	72.4	4.5	3.0	1.1	0.6	1.0	0.0	1.239	1.355
	专业人员	5.3	92.2	1.8	1.2	1.5	0.7	1.4	0.0	1.090	1.275

注：该表报告了自谋职业者的收入、总收入和全部收入，并考虑到了负收入。1970年人口普查之前，自谋职业者的收入包括农业收入；1970年以后，自谋职业者的收入只包括非农业收入。总收入包括所有的工资与薪金以及自谋职业者的收入。全部收入来源均由人口普查设定上限。每个人口普查年各收入类别可申报的最大数额为：1940年，5 000美元；1950年，10 000美元；1960年，25 000美元；1970年，50 000美元；1980年，75 000美元； 1990年，90 000美元。2000年，可申报的最大收入/收益根据收入类型不同：工资和薪金收入是175 000美元；自谋职业者的收入是126 000美元；总收入是310 000美元。1950—1980年的总收入并没有直接记录在人口普查报告中，但作者估算出来了。作者还计算了包括所有来源的收入。1940年的收入差距结果仅仅指工资和薪金。欲知详情，见文本解释。

资料来源：作者从1940—2000年人口普查公用微数据样本中总结出的表格与计算结果。

[1]自谋职业者的收入。

[2]总收入。

[3]全部收入包括劳动收入和非劳动收入。

[4]变动系数。

*数据年份是指人口普查年前的自然年。

表23-6　　　　收入差距最大的专业性职业：2000年[1]

职业	平均收入（美元）	零收入或负收入占比（%）	收入大于175 000美元占比（%）	收入大于310 000美元占比（%）	变动系数		平均值/中位数	
					排名	数值	排名	数值
演员	35 545	4.9	3.9	3.1	1	1.774	1	2.031
播音员	31 739	3.5	1.9	1.7	4	1.580	8	1.580
艺术家及相关职业	30 427	8.2	1.2	0.5	8	1.305	14	1.415
运动员	26 160	5.9	1.6	1.3	2	1.727	2	1.869
作家	40 093	6.5	2.9	1.6	6	1.381	12	1.463
脊椎指压治疗者	80 646	3.6	12.6	4.5	15	1.123	6	1.613
舞蹈演员	19 709	7.5	0.2	0.1	14	1.141	*	1.314
演艺人员，未另分类	25 463	6.1	1.2	0.8	5	1.526	7	1.591
健康诊断师	32 483	7.6	1.4	0.3	10	1.282	9	1.547
图书馆工作人员	10 731	4.4	0.0	0.0	*	1.076	3	1.788
其他健康专业人员	34 642	2.0	1.6	0.9	11	1.214	13	1.443
音乐家	25 323	5.4	1.2	0.6	3	1.596	4	1.783
其他教师	18 930	5.2	0.2	0.1	9	1.285	5	1.661
摄影师	30 404	4.8	1.4	0.7	7	1.351	10	1.498
足科医生	110 813	1.5	20.7	7.1	*	0.906	11	1.478
制片人/导演	53 916	2.5	3.6	3.2	13	1.145	*	1.390
电视、电影摄像师和剪辑师	41 914	4.0	1.7	1.2	12	1.152	*	1.397
兽医	77 158	1.7	8.6	3.7	*	0.967	15	1.403

资料来源：作者从2000年人口普查公用微数据样本中总结出的表格。

*不在前15位的职业。

[1]数据年份是指人口普查年前的自然年。

表23-5中的数据表明，在所有7个人口普查年中，艺术家的收入不平等现象比其他专业劳动者更严重。表23-5未列入没有报告自谋职业者收入的1939年的情况。表23-5中的变动系数与平均值/中位数都表明，艺术家（正如Rosen所预言的）和其他专业劳动者的收入不均衡状况随着时间的推移而扩大。与其他专业劳动者相比，艺术家的收入差距速度增长更快。从收入分布尾端的规模来看，艺术家每年比其他专业劳动者更容易出现总收入（开支净额）为零或负收入的情况。艺术家每年达到最高或上限水平总收入的可能性与其他专业劳动者大体相等。

为说明非工作收入来源（如版税收入）可能导致的

进一步收入不均衡，我们研究了来自所有来源的收入模式。这对研究结果没有产生多大的差异。我们对全年全职工作的劳动者（表23-5中没有列出）也进行了同样的测试。毫不奇怪的是，当只与全年全职工作的劳动者进行比较时，发现艺术家与专业和技术劳动者之间的收入不均衡差异缩小了，但差异并未消失。

有关1999年收入最不平等的15个职业的详细分析见表23-6。这张表用平均数/中位数和变动系数对这些职业进行了排序。

尽管有123个专业性职业，但11个艺术类职业中有9个根据变动系数排在前15位，7个艺术类职业根据平均数/中位数排在前15位。不管用哪个指标来衡量，演员的总收入差异都最大，收入不平衡程度最低的3个艺术类职业是舞蹈演员、设计师和建筑师。在收入差异较大的职业群体中，1999年艺术类职业零收入或者负收入的人数普遍最多，该职业中收入超过人口普查统计规定上限（310 000美元）的人数也最多，这同样是事实。

如果注意到表23-6中非艺术类职业的性质，也很有意思。一般来说，这些职业与人们预料的在超级明星或者“赢者通吃”的市场中出现的那些职业不一样。运动员可能是唯一的例外，无论使用哪个差异指标来衡量，他们都稳居第二。

23.4.5 收入方程

为了深入了解艺术家是否、如何或者为什么与其他劳动者不一样，并且更准确地确定艺术家的收入惩罚，就要估算艺术家及其他专业劳动者和技术人员的收入方程。

这并非首次运用收入方程来探讨艺术家与参照组在教育、培训和其他劳动力市场因素的回报中可能存在的区别。Filer（1986）运用1980年美国人口普查数据，比较艺术家与一般劳动力队伍中劳动者的收入。运用相同的数据来源，Filer（1990）重点研究了艺术家受教育年限的回报问题。Withers（1985）也对艺术家收入（从艺术家特别调查中搜集的信息）和一般劳动力的收入（运用澳大利亚人口普查数据）作了比较。另外，这种方法也用以分析在特别调查中记录的艺术家收入，例如Snooks（1983）、Wassall和Alper（1984）、Montgomery和Robinson（1993）及Throsby等人（1992，1996）的研究。

在对艺术家和参照组的收入进行比较研究时，出现了一些一致的结果。与其他劳动者一样，标准收入模型似乎不适合艺术家，收入方程的拟合优度也更差（Filer，1986）。对艺术家而言，教育的回报更低（Filer，1986；Withers，1985），甚至会有负面影响（Withers，1985；Throsby，1992）。

在前几节的讨论中提到，此类研究的独特之处在于，对来自60年间一直不变的数据源的收入方程进行了估算。对艺术家和其他专业劳动者收入方程进行比较时运用了1950—2000年人口普查年的样本。[①]表23-7中列示了从这些收入方程组中选用的结果，表23-8中列示了模型中变量的定义。研究还建立了艺术家和专业与技术劳动者在每个人口普查年的恒等方程。在所有的人口普查年里，这些方程的变量基本上是相同的；但是，有些变量并不适用于所有6个人口普查年。[②]

① 未列出1940年的收入方程。人口普查没有搜集到1940年自谋职业者收入的信息，结果造成对该来源数据的研究产生了大量职业收入偏差；其中最为显著的是艺术类职业。

② 无论艺术家是不是其他族裔群体的成员（不针对2000年的人口普查）；人口普查时是在校生，退伍军人，联邦、州或地方政府雇员，其他独立变量都未在表23-7和表23-8中报告。这也包括地区与职业虚拟变量。

表 23-7　艺术家与在有经验的民用劳动力中的专业和技术劳动者收入方程的抽样结果：1950—2000 年*（因变量是收入的自然对数；t-是括号中的统计数字）

变量	1950		1960		1970		1980		1990		2000	
	艺术家	专业人员	艺术家	专业人员	艺术家	专业人员	艺术家	专业人员	艺术家	专业人员	艺术家	专业人员
教育	0.079	0.060	0.030	0.053	0.059	0.081	0.051	0.080	0.104	0.116	0.080	0.116
	(3.42)	(8.43)	(2.93)	(17.83)	(10.97)	(65.53)	(13.03)	(109.30)	(26.83)	(101.02)	(46.05)	(264.00)
经验	0.166	0.157	0.140	0.129	0.165	0.112	0.077	0.117	0.174	−0.049	0.127	0.114
	(2.84)	(8.97)	(5.76)	(20.61)	(17.17)	(51.64)	(9.44)	(76.75)	(15.51)	(−16.78)	(35.84)	(133.60)
经验^2	−0.008	−0.008	−0.007	−0.006	−0.007	−0.004	−0.003	−0.005	−0.007	−0.010	−0.005	−0.004
	(−2.29)	(−6.73)	(−4.23)	(−14.34)	(−11.55)	(−27.82)	(−5.01)	(−46.36)	(−11.15)	(−58.40)	(−21.05)	(−65.93)
经验^3	0.0002	0.0001	0.0001	0.0001	0.0001	4.5E−5	3.6E−5	8.8E−5	0.0001	−0.0003	5.5E−5	4.2E−5
	(1.95)	(5.58)	(3.10)	(11.01)	(8.16)	(13.80)	(2.53)	(32.00)	(7.97)	(−89.97)	(10.53)	(29.98)
经验^4	−1.0E−6	−1.3E−6	−7.6E−7	−8.4E−7	−7.1E−7	−2.0E−7	−2.4E−7	−6.7E−7	−7.6E−7	2.8E−6	−2.2E−7	−2.0E−7
	(−1.77)	(−5.33)	(−2.46)	(−9.91)	(−6.69)	(−8.30)	(−2.03)	(−29.37)	(−6.64)	(101.01)	(−5.39)	(−17.49)
户主	1.124	0.858	0.894	0.873	0.943	0.602	0.769	0.489	0.692	0.664	0.391	0.281
	(6.53)	(16.96)	(12.92)	(45.95)	(26.75)	(78.35)	(34.35)	(111.99)	(36.20)	(122.74)	(48.33)	(149.59)
女性	−0.589	−0.537	−0.781	−0.332	−0.767	−0.416	−0.622	−0.288	−0.457	−0.310	−0.419	−0.226
	(−3.13)	(−8.74)	(−10.2)	(−14.48)	(−22.53)	(−51.37)	(−26.92)	(−60.70)	(−22.16)	(−50.46)	(−51.58)	(−113.24)
黑人	−0.745	−0.267	−0.483	−0.168	−0.168	−0.058	−0.408	−0.166	−0.303	−0.013	0.000	0.050
	(−2.10)	(−2.76)	(−3.27)	(−5.13)	(−2.50)	(−5.10)	(−8.83)	(−25.48)	(−7.10)	(−1.44)	(−0.01)	(17.44)
亚裔	1.085	−0.900	0.387	0.111	−0.015	−0.004	0.094	0.116	−0.026	0.028	−0.025	0.032
	(0.97)	(−1.76)	(1.25)	(−1.44)	(−0.14)	(−0.16)	(1.38)	(9.63)	(−0.50)	(2.02)	(−1.24)	(7.51)
西裔	−0.401	−0.491	0.200	−0.130	−0.239	−0.105	−0.063	0.018	−0.052	0.007	−0.007	0.047
	(−0.58)	(−1.93)	(0.78)	(−1.78)	(−3.18)	(−5.52)	(−1.09)	(1.57)	(−0.95)	(0.39)	(−0.39)	(11.95)
已婚	0.072	0.310	0.195	0.447	0.137	0.211	0.147	0.197	0.095	0.107	0.027	0.068
	(0.46)	(6.80)	(3.09)	(26.48)	(4.45)	(31.55)	(6.74)	(48.08)	(5.18)	(20.35)	(3.28)	(36.02)
有6岁以下的孩子	−0.089	−0.074	−0.379	−0.160	−0.102	−0.171	−0.259	−0.181	−0.384	−0.922	−0.088	−0.043
	(−0.57)	(−1.74)	(−5.63)	(−9.27)	(−3.07)	(−24.34)	(−7.00)	(−30.38)	(−8.87)	(−93.19)	(−8.15)	(−19.11)
残障	—	—	—	—	−0.393	−0.349	−0.845	−0.640	−1.071	−1.674	−0.094	−0.050
					(−8.18)	(−29.31)	(−19.10)	(−70.72)	(−27.07)	(−161.17)	(−7.27)	(−16.45)
非公民	−0.623	−0.204	—	−0.037	−0.322	−0.046	−0.484	0.019	−0.351	0.058	−0.112	0.158
	(−1.13)	(−2.45)		(−0.73)	(−3.67)	(−3.22)	(−7.13)	(1.88)	(−6.92)	(5.11)	(−5.44)	(34.97)
移民	−0.006	−0.891	−0.048	—	0.162	−0.291	0.157	−0.360	0.098	−0.617	0.127	0.053
	(−0.02)	(−4.33)	(−0.26)		(2.91)	(−12.93)	(3.10)	(−26.90)	(2.39)	(−41.02)	(7.49)	(14.32)
讲英语	—	—	0.033	0.191	—	—	0.055	0.146	0.088	0.087	0.034	0.037
			(0.16)	(3.19)			(1.44)	(19.65)	(2.76)	(9.63)	(2.49)	(12.05)
自谋职业者	−0.782	0.005	−0.467	0.122	−0.448	−0.177	−0.933	−0.487	−0.717	−0.101	—	—
	(−4.88)	(0.07)	(−7.75)	(4.48)	(−14.56)	(15.54)	(−42.00)	(61.49)	(−38.65)	(11.08)		
自己是公司法人	—	—	—	—	—	—	—	—	—	—	0.220	0.124
											(17.98)	(22.33)
自己不是公司法人	—	—	—	—	—	—	—	—	—	—	−0.491	−0.402
											(−53.91)	(−96.83)
R^2	0.148	0.197	0.253	0.242	0.265	0.225	0.163	0.171	0.139	0.196	0.294	0.366
F	8.87	91.68	60.98	552.61	212.76	2 375.62	297.47	4 231.35	363.54	7 807.47	993.73	18 083.03
n	1 447	14 010	5 681	67 502	19 938	319 695	53 479	841 699	78 610	1 314 705	97 594	1 284 105

* 劳动力市场数据的年份是指人口普查年前的自然年。

表23-8 估算收入方程中的变量

变量	取值	说明
教育	受教育年限	从人口普查数据中衡量受教育最高水平的变量中指定。见592页脚注①。
经验、经验^2、经验^3、和经验^4	工作年数与工作年数的1、2、3、4次幂	计算得出的：年龄—教育—5
户主	1—户主，0—不是户主	
女性	1—女性，0—男性	
黑人	1—黑人，0—非黑人	
亚裔	1—亚裔，0—非亚裔	
白人与其他	剩下的所有种族	
西裔	1—西裔，0—非西裔	
婚姻状况	1—已婚，0—未婚	未婚关系包括：分居、离婚、鳏寡与独身
有6岁以下的孩子	1—家中有6岁以下的孩子 0—无	
残障	1—影响到就业的残障 0—无	
移民	1—不在美国出生，0—在美国出生	
非公民	1—美国公民，0—非美国公民	
讲英语	1—讲英语（良好或优秀），0—不讲英语	
自谋职业者	1—自谋职业，0—受雇	
自己是公司法人	1—在自己是法人的公司中自谋职业 0—其他情况	
自己不是公司法人	1—在自己不是法人的公司中自谋职业，0—其他情况	

总之，在所有人口普查年里，收入方程系数在两个职业群体中是一致的。传统的观点与之前的研究都表明，决定艺术家成功的因素应该更难量化，该观点在本研究中得到了证实。6个人口普查年中有4个，专业劳动者与技术人员收入方程的估计等式（通过调整R^2测量）的拟合优度比艺术家收入方程的更大，但差别并不很大。

与其他研究结果一致，研究发现，除了1949年，受教育额外年限的回报对专业劳动者和技术人员更大。对这一研究结果的解释建立在Wassall和Alper（1984）、Towse（1992a）及Rengers和Madden（2000）的研究基础上。由于人口普查数据将艺术类工作与非艺术类工作的收入混在报告的艺术家总收入中，收入方程中教育年限的结果系数反映出教育与艺术类职业的收入不相关或者负相关，而与非艺术类职业的收入有正相关的关系。①Montgomery和Robinson（1993）运用不同调查的数据也得出了这个结果。1999年的相对偏差是有史以来最大的。②

艺术家与专业人员参照组的估算收入方程都表明，

① 研究运用了新英格兰艺术家的数据，发现学校教育年限与艺术类职业收入呈明显的负相关，但与艺术相关类职业收入和非艺术类相关职业收入呈明显的正相关（Wassall and Alper，1984）。受教育年限和艺术类职业收入之间明显负相关的研究结果可能夸大了这种关系的不利影响。假设艺术家将所有工作的边际收入最大化；那些受过更好教育的艺术家在从事非艺术工作的时候，只要加班就能获得更大的回报，因此，他们减少了艺术劳动力供给，艺术类职业的收入也相应减少。教育与艺术类职业收入之间的关系不大或者根本无关这种观点，与艺术才华是天生的、普通教育不能增进艺术才华的观点一致。

② 尽管在数据与模型中有对体能的控制，但美国的人口普查数据并没有提供让研究人员控制个人智力方面的信息。这种情况可能导致估计系数的向上偏误，因此，关于正式学校教育的估算回报也会有向上偏误（Angrist and Krueger，2001；Griliches and Mason，1972）。人口普查也不可能控制艺术能力，但不知道这会对研究产生什么影响。

1999年之前，如果是妇女或者大部分少数民族成员，通常会影响收入。到了1999年，在艺术家参照组中，与民族和种族有关的收入差距貌似消失了，但在专业人员组中，这种差距依然存在。然而，男性艺术家和女性艺术家的收入差距仍然相当大，其他专业人员中也有这种情况。自1989年起，这种差距虽然呈现小的变化，但差距依然很大。1989年，黑人专业人员的收入与白人同行之间的差别并不是很大，事实上，1999年，他们的收入明显高于白人专业人员。

与专业和技术劳动者相比，户主身份对艺术家的收入通常有着更积极的影响。与艺术家相比，在整个人生阶段，已婚状态对专业和技术劳动者的收入有着更积极的影响。[①]

运用收入方程，可以观察出（以平均值）两个群体额外受教育年限带来的回报。这一点在表23-9中显示。如前所述，除了1949年，在其他所有年份里，额外受教育年限带给专业和技术劳动者的回报比带给艺术家的回报要高。

表23-9　其他人员和艺术家的收入回报与收入惩罚统计

回报/惩罚	年份*					
	1950	1960	1970	1980	1990	2000
额外受教育年限的回报比例：艺术家	7.9	3.0	6.0	5.1	10.4	8.0
额外受教育年限的回报比例：专业和技术劳动者	6.0	5.3	8.1	8.0	11.6	11.6
艺术家与其他专业和技术职业的收入差别比例：实际的	58.2	56.3	43.6	90.3	12.1	21.9
艺术家收入惩罚比例不计入其他专业和技术职业：运用回归系数计算	19.3	25.3	33.2	50.7	5.9	8.4

注：表23-6和表23-7列出了根据指定系数回归方程计算的受教育年限的回报与收入惩罚。计算出的艺术家的收入惩罚并不计入其他专业和技术职业，但可以设想，它们会以同样的比例分布在这些职业中，然后存在于职业分布中。

*数据年份是指人口普查年前的自然年。

之前提到过，我们也可以用这些收入方程对与艺术家有关的收入惩罚进行更复杂的估算。这是通过将艺术家的预测收入与艺术家本来能够获得的收入进行比较来完成的。艺术家的预测收入作为收入方程中的说明参数，是具备一切特征的均值；艺术家本来能够获得的收入是艺术家作为专业人员或技术劳动者的收入，也是具备所有特征的均值（例如，运用从专业和技术劳动者收入方程中得出的估计系数）。

用这种方法估算出的艺术家收入惩罚比上一节通过直接进行收入比较得出的收入惩罚要少。用这种方法估算出，1959年，某个具有平均特征的艺术家的收入比某个专业或技术劳动者多25%。1969年，某个具有平均特征的艺术家的收入比某个专业或技术劳动者多33%。1979年，某个具有平均特征的艺术家的收入比某个专业或技术劳动者多51%。此外，1989年两者的收入差距仅仅是6%。用这种方法估算出1999年的收入差距，某个具有平均特征的艺术家在专业或技术领域工作，其预测收入比他作为专业或技术劳动者的收入要多

① 由于缺少自谋职业者的收入数据，这里没有报告可能的偏差。但是，据1939年的统计，受教育额外年限为艺术家带来的回报值（2.3%对4.2%）也小于带给其他专业和技术劳动者的回报值。

8%。

与此相比，Filer（1986，p.72）比对其他普通劳动者，运用同样的方法计算出了艺术家的收入惩罚。他发现，某个具有平均特征的艺术家比其他普通劳动者多挣10.3%。他的观点随后遭到对艺术家和其他劳动者进行比较的几位研究者的批评。很显然，如果将艺术家模拟为需要接受更多教育并且额外教育带来回报更大的职业成员，人们预期会计算出更高的艺术家收入惩罚。而这与研究结果恰恰一致。

Filer（1986）认为，艺术家并不会在一生的任何时刻都受到收入惩罚，因为相比于其他普通劳动者，艺术家的年龄-薪酬分布图更为陡峭，而艺术家的工作年份会抵消按平均值计算出的收入惩罚。[①]在本书中，当把艺术家与专业和技术劳动者作比较时，我们发现，在每一个人口普查年中，都存在艺术家遭受更高收入惩罚的现象。另外，由于艺术家从经验中获得的回报与普通专业和技术劳动力所获回报相当，所以，如果研究使用更适当的参照组，这个论点就没有什么实际意义了。

23.5 美国艺术家的职业生涯：1979—1998年

美国已经有了若干覆盖全国的有代表性的面板调查。其中最有名的可能是美国劳工部的“全国青年纵向调查”。这个调查始于1979年，旨在关注一组年轻人样本，从他们的中学时代一直延续到工作时期。Alper和Wassall（2002）用这些调查数据分析了美国艺术家的长寿现象以及他们的职业变化。

1979年进行第一次访谈时，调查参与者的年龄在14~22岁之间。为了使样本更具美国人口的代表性，逐年增加了另外两个面板。一个面板是军人样本，后来这个样本被放弃。另一个是经济处于劣势的年轻人群体，后来的调查也放弃了其中的一些人。20多年来，研究一直在某一特定时候对总数为12 686人的个体进行调查。1979—1994年，研究者先是每年对参与者进行访谈，之后是每两年一次。然而，接受调查的艺术家人数还不够多，无法提供各类艺术家的详细信息。因此，调查将艺术家分为4个艺术职业群体：演员、建筑师和设计师、视觉艺术家及“其他”艺术家。

下文介绍的是运用面板数据进行的一项抽样调查，这项调查呈现了艺术家的职业生涯。论述首先分析了储备人口及进出艺术职业的人数（5.1节）；接下来是关于他们艺术生涯开端的一个简短讨论（5.2节）；再下来的一节分析了艺术家在艺术生涯中从事的艺术类工作与非艺术类工作发生转变的情况（5.3节）；最后两节描述了哪些艺术家永远离开艺术领域（5.4节）以及离开后他们从事什么工作（5.5节）。

23.5.1 流动与任期

从该面板调查中得出的一个明显事实是，有许多人将艺术作为一种职业进行探索，但是很少有人在自己生命非常重要的时期做艺术家。比较在任一特定年份表明自己是艺术家的人数与19年的调查期间进入与离开艺术职业的人数，前者为艺术家的储备人口，后者为艺术家的流动量，我们发现，这些数字有明显差异。在这段时间，12 686人中有766人表明，他们在某个时间点一直是以艺术家身份工作的。这比在任一特定年份中自称是艺术家的人数要多5倍（见表23-10）。

① Filer(1988)在他的文章中未计算收入惩罚。

表23-10　按年份分列的艺术家人数：1979年全国青年纵向调查

	建筑师或设计师	演员	视觉艺术家	其他艺术家	总计
1979	2	15	10	8	35
1980	3	25	10	14	52
1981	8	23	16	17	64
1982	11	35	13	21	80
1983	13	38	20	23	94
1984	21	41	22	29	113
1985	25	32	19	25	101
1986	33	53	21	24	131
1987	36	39	24	43	142
1988	33	40	29	26	128
1989	20	39	45	5	109
1990	32	43	29	28	132
1991	24	38	28	25	115
1992	32	45	28	26	131
1993	22	42	33	30	127
1998	56	37	29	22	144

资料来源：作者在1979—1998年的1979年全国青年纵向调查中得出的表格与计算值，发布版本10.0。

在这段时期某个时间点声称自己是艺术家的人中，近57%是男性，比调查中发现的流动量中包括略低于51%的男性的数据稍大。这说明，相较于女性，男性在其职业生涯中更有可能将艺术职业看作一种挣钱手段。

被调查者在调查期间，以艺术家身份花在工作上的平均时间仅为2年零2个月。相比较而言，在调查期间的某个时候，曾经是艺术家的人也从事非艺术类工作。在调查的16年里，他们从事非艺术类工作的时间大约是10年零2个月。在调查期间，被调查者作为艺术家工作的年份，男性比女性要多一些，但多得并不是特别多（男性2年零3个月，女性2年零1个月）。几乎60%的被调查者在调查年份里从事艺术工作的时间只有一年。相比之下，在某一时期是艺术家的人当中，98%以上还有超过一年以上的时间从事非艺术类职业。与那些在10年或者更长岁月中某一时期是艺术家，但其中超过60%的人从事非艺术类工作长达10年或者更长时间的人相比，这个数字略高于2%。女性艺术家的行为与男性艺术家并没有多大区别。在10年或者更长时间的调查中，只有1.5%的女性艺术家从事艺术工作，而男性艺术家是2.5%。

23.5.2　开始期

艺术家开始艺术工作的平均年龄大约在25岁（见表23-11）。从统计数据来看，男性与女性开始从事艺术工作的年龄差距（大约半年）并不明显。[①]只有作为视觉艺术家的男性和女性开始艺术工作的年龄有明显差距（并不太多），女画家和女雕塑家开始艺术创作的年龄要比男性晚两年。

表23-11　开始做艺术家的平均年龄，按性别和第一份艺术职业（年份）分列

	共计	男性	女性
建筑师或设计师	27.2	27.4	26.8
演员	24.2	24.1	24.3
视觉艺术家	25.4	24.4	26.4
其他	24.9	24.6	25.1

资料来源：作者从1979—1998年的1979年全国青年纵向调查中得出的表格与计算值，发布版本10.0。

① 这些艺术家开始从事艺术工作的真实平均年龄有可能更低。有些艺术家第一次接受访谈时只有14岁，在他们参与调查前不大可能已经工作，而其他人接受第一次访谈时是22岁。那些更年长一些的被调查者在接受第一次访谈时可能已经从事艺术工作。

总之，对艺术家的第一份艺术职业进行比较发现，他们开始从事艺术工作的年龄差距明显。建筑师和设计师开始艺术创作的平均年龄明显大于其他艺术家群体。这可能说明，要成为建筑师，需要接受更多年的正规学校教育。

23.5.3 转 变

通过对那些在特定年份的某个时间从事艺术职业的人进行分析会发现，随着时间的流逝，艺术类职业作为他们主要职业的比例渐渐缩小。这是通过在访谈期间观察受雇艺术家的当前职业得出的结论。①艺术类职业作为主要职业的比例下降，并非随着艺术家的成熟而趋于稳定，这一趋势显然是向下方发展。在第四轮访谈的特定时间（1982年）内，艺术家在18岁到26岁之间，声称自己的职业是艺术职业的被调查者的比例最大。这些人当中有几乎85%的人在从事艺术工作（见表23-12）。到1998年，这个比例下降到约70%。

表23-12　　艺术家从事艺术类工作的年限（%）

	专业人员和管理人员[1]	销售和文员	手工艺人、技工、工人和农民	服务业	非艺术领域总计	建筑师或设计师[2]	演员[3]	视觉艺术家	其他	艺术领域总计
1979	4.2	12.5	4.2	4.2	25.1	8.3	25.0	25.0	16.7	75.0
1980	2.6	5.2	5.2	7.9	20.9	16.3	47.4	7.9	21.1	79.0
1981	14.3	6.1	2.0	2.0	24.4	16.3	30.6	16.3	12.2	75.4
1982	6.7	3.3	3.4	3.4	16.8	11.7	38.4	13.3	20.0	83.4
1983	4.5	10.6	4.5	3.0	22.6	10.6	33.2	18.2	15.2	77.2
1984	10.3	4.6	4.5	8.0	27.4	17.2	20.6	18.4	16.1	72.3
1985	3.6	6.0	4.8	3.6	18.0	21.7	22.9	16.8	20.5	81.9
1986	13.3	3.6	12.4	8.8	38.1	19.4	20.3	11.5	10.6	61.8
1987	15.5	4.3	7.8	5.2	32.8	20.7	17.2	12.9	16.4	67.2
1988	8.3	11.9	10.1	6.4	36.7	23.9	12.8	16.5	10.1	63.3
1989	8.0	13.7	10.3	5.7	37.7	18.4	18.4	18.3	6.9	62.0
1990	14.1	6.2	5.4	2.7	28.4	23.0	21.3	15.0	12.4	71.7
1991	16.2	6.5	6.5	3.3	32.5	14.0	21.6	17.3	15.1	68.0
1992	11.2	10.3	0.0	4.7	26.2	23.4	16.8	18.7	14.9	73.8
1993	16.0	7.5	3.8	1.8	29.1	15.1	20.6	17.0	17.9	70.6
1998	20.8	2.5	5.8	1.7	30.8	34.1	9.1	15.0	10.9	69.1

资料来源：作者从1979—1998年的1979年全国青年纵向调查中得出的表格与计算值，发布版本10.0。

[1]专业人员和管理人员。

[2]建筑师和设计师。

[3]演员。

① 如果艺术家表明她/他从事不止一种职业，那么，她/他投入工作时间最长的那个职业被确定为她/他的主要职业。

这一时期发生的转变是艺术家从事非艺术类的主要工作活动有了变化。[①]1979年是被调查的艺术家最年轻的一年，他们当中有大约17%的人的主要工作不在艺术领域，而是在其他专业或管理领域，其中大约有一半在从事销售与文员工作。到1998年，超过2/3的艺术家的主要工作不在艺术领域，他们从事其他专业和管理领域的工作，有10%以下的人从事销售与文员工作。此外，在调查初期，17%的人在服务行业工作，且全是食品服务行业，但是到1998年，只有5%的人在服务行业工作，且没有人从事食品服务工作。

艺术家从事的当前或者主要职业的艺术活动有了转变。这可能反映出艺术行业劳动力市场变化的原因，即为追求艺术而产生的市场变化，是追寻“正确”艺术职业过程的结果，或者完成必需的教育和培训的结果。例如，在1979年，大约有22%受雇艺术家的职业在“未另分类”组中。到1998年，这个比例下降到15%以下。演员职业在大多数人的职业早期阶段是最普遍的。在职业生涯的后期，演员职业被建筑师和设计师代替，这可能反映出，要成为一名建筑师，是需要花时间接受培训的。

以上现象为这些年艺术家未从事艺术类工作而从事非艺术类工作的分析提供了一些独特视角，即艺术家是靠什么糊口的，停止艺术生涯的探索之后，他们会去做什么。1979年被调查人员的年龄和教育背景能够部分反映出，在那些没有从事艺术工作的人中，有近30%在做销售和文员工作，另有30%在从事服务行业工作（见表23-13）。他们在18岁到26岁的时候，即1982年，从事销售和文员工作的比例达到了最高峰，而在其余阶段，该比例就下降了。他们在服务业工作的比例甚至有了更大的下降，到1998年，只有7%从事服务业工作。在此期间，他们从事其他职业的比例达到了最大增长，仅在管理行业中就增长了4倍。这种变化不仅反映出艺术家年龄的增长，也映射出他们对教育和培训的投资。

表23-13　艺术家不从事艺术类工作的年限（%）

	专业人员和管理人员	销售和文员	手工艺人、技工、工人和农民	服务业
1979	12.5	27.6	29.5	30.4
1980	12.6	33.5	30.7	23.2
1981	18.2	30.7	27.9	23.3
1982	22.3	33.6	23.4	20.5
1983	27.8	31.8	20.9	19.4
1984	30.3	30.1	24.2	15.4
1985	33.9	26.9	25.3	14.1
1986	32.0	27.1	28.9	12.0
1987	36.4	27.2	22.6	13.7
1988	40.3	24.2	24.7	10.8
1989	44.8	20.7	22.5	12.0
1990	43.4	20.2	23.0	13.4
1991	49.8	19.5	23.6	7.2
1992	45.3	24.0	22.8	9.9
1993	46.0	19.6	22.6	11.6
1998	57.2	18.3	17.7	6.6

资料来源：作者从1979—1998年的1979年全国青年纵向调查中得出的表格与计算值，发布版本10.0。

23.5.4　离开者

像其他职业一样，在离开艺术行业的决定因素中，推动与拉动因素都很重要。到1998年，在那些声称自己在此期间的某一时间曾经从事艺术工作的人中，只有

① 在访谈时通过研究被访者的主要工作活动确定这种转变，因为那些声称在过去的一年里从事艺术工作的人并未表明他们在接受访谈时也在从事艺术工作。

42%在某种程度上仍在从事艺术工作。[①]这意味着要么此人现在从事的仍是艺术职业，要么他在从上次访谈之后的这段时间里可能从事的另5份职业中有一份是在艺术领域，几乎有一半最终不再做艺术家，剩下的10%状况不得而知。[②]

从第一份艺术职业来看，建筑师和设计师最有可能在1998年仍然从事艺术工作，大约53%仍在艺术领域工作（见表23-14）。从事表演艺术职业的人（演员、舞蹈演员、音乐家、作曲家和播音员）中有不到40%仍然是艺术家。这个比例基本上与视觉艺术家持平。刚开始从事"其他"艺术职业的艺术家，目前可能仍然从事艺术工作的比例，比表演艺术家和视觉艺术家稍微低些。

表23-14　艺术作为第一份职业的艺术家现状（%）

	仍是艺术家	不再是艺术家	状况未知
建筑师或设计师	53.1	39.6	7.3
演员	39.8	50.3	9.9
视觉艺术家	38.7	51.4	9.9
其他	36.3	53.9	9.8
所有	41.6	48.1	9.3

资料来源：作者从1979—1998年的1979年全国青年纵向调查中得出的表格与计算值，发布版本10.0。

对大多数不再从事艺术工作的艺术家来说，他们离开时从事的艺术工作就是他们开始时的那份工作。比较那些不再从事艺术工作的人的第一份艺术职业与最后一份艺术职业会发现，绝大多数在开始和离开的两个时间点都选择了相同的职业（见表23-15）。建筑师和设计师最有可能一直坚守同一职业。视觉艺术家位列第二，而演员和其他艺术家最不可能一直坚守他们刚开始选择的职业，这也表明他们的艺术经历最丰富。

表23-15　最后一份艺术职业就是第一份艺术职业的艺术家（%）

第一份艺术职业	最后一份艺术职业			
	建筑师/设计师	演员	视觉艺术家	其他
建筑师或设计师	100.0	0.0	0.0	0.0
演员	1.8	89.0	0.09	8.3
视觉艺术家	0.0	0.0	95.3	4.7
其他	2.7	2.7	3.6	90.9
所有	19.9	26.6	23.4	30.0

资料来源：作者从1979—1998年的1979年全国青年纵向调查中得出的表格与计算值，发布版本10.0。

23.5.5　后艺术家时期

艺术家放弃艺术工作的平均年龄是24岁（见表23-16）。就像艺术家开始从事艺术工作的年龄，这个估算也不可能代表所有艺术家。事实上，研究还有可能低估了实际年龄，因为样本中最年长的成员在上次调查时只有41岁，而最年轻的是33岁。如果不观察艺术家的整个一生，估值就会比真实数值要小。艺术家不再从事艺术工作的年龄的变化与性别的联系不大。

---

① 那些曾经是艺术家但目前不再从事艺术工作的人，是指至少连续3年没有报告她/他从事艺术工作的人。这个定义被用来分析曾经是艺术家的人放弃艺术工作后的职业，并且有助于更好地了解可能诱使他们离开艺术领域的原因。

② 在1990年后的人口普查中，放弃了追加样本中的一部分人。他们当中包括经济状况差的非黑人、非西裔男性与女性，他们曾是追加样本中的一部分。这部分人还包括因去世而流失的人。

表23-16 停止艺术工作的平均年龄，按性别和最后的艺术职业分列（年数）

	男性	女性	共计
建筑师或设计师	24.7	25.3	24.9
演员	23.9	23.3	23.7
视觉艺术家	23.5	23.5	23.5
其他	23.4	23.2	23.3
所有	23.8	23.7	23.8

资料来源：作者从1979—1998年的1979年全国青年纵向调查中得出的表格与计算值，发布版本10.0。

绝大部分曾经是艺术家的人不再从事艺术工作后，会从事其他工作（见表23-17）。近3/4的人仍然受雇。另外的10%仍然是民用劳动力的一部分，但是，如果他们的上一份工作是艺术家的工作，下一年就会失业。其余的人则退出民用劳动力市场，近7%的人去上学，近4%做“家庭主妇（夫）”，近2%参军。其余的5%在做其他事情，或者由于一些未知的原因没有工作。之前是艺术家的男性与女性在放弃艺术工作之后所做的事情也有一些差别。

表23-17 离开艺术行业后的就业状况（%）

	男性	女性	总计
就业	74.6	70.8	73.1
失业	8.0	12.6	9.9
家庭主妇（夫）	0.9	7.3	3.6
上学	7.5	5.3	6.6
其他	5.6	4.0	4.9
参军	3.3	0.0	1.9

资料来源：作者从1979—1998年的1979年全国青年纵向调查中得出的表格与计算值，发布版本10.0。

放弃艺术生涯后的就业状况与上一份艺术职业状况的确不同。不再从事艺术工作之后，建筑师和设计师最有可能在当年仍然被雇用。包含在“其他”类别中的艺术家在不再从事艺术工作的当年继续工作的可能性最小。那些在“其他”艺术职业分组中的艺术家最有可能失业。之前的演员和视觉艺术家失业率基本相同。之前是视觉艺术家的人在不从事艺术工作的当年最有可能“宅在家中”。那些放弃艺术家工作而去上学的人最有可能被列入“其他”艺术家小组中。

放弃艺术工作之后的职业选择也与性别有关（见表23-18）。离开艺术行业之后在非艺术专业或管理行业就职的艺术家，男女所占比例差别不大。男性与女性离开艺术行业后就业的主要差别在于女性艺术家从事销售和文员工作的比例。曾经是艺术家的女性从事这些工作的人数几乎是其男性同行的两倍，而且其中50%的女性比男性更有可能在服务行业中工作。与其女性同事相比，相当一部分曾是艺术家的男性放弃艺术工作后，更有可能从事手工艺、技工和工人的工作。

表23-18 艺术家放弃艺术工作后的职业（%）

职业	男性	女性	总计
专业人员+管理人员	38.3	34.5	36.9
销售员+文员	19.5	35.4	25.9
手工艺人、技工、工人+农民	30.1	11.2	22.5
服务业	12.0	18.6	14.7

资料来源：作者从1979—1998年的1979年全国青年纵向调查中得出的表格与计算值，发布版本10.0。

教育、培训及之前的工作经验等很多因素反映出，曾经是艺术家的人在离开艺术行业后所从事的工作与其最后一份艺术职业并不相同。那些曾经是建筑师和设计师的人，显然更有可能在非艺术专业和管理行业中工作。那些曾经是视觉艺术家的人最不可能在专业和管理行业中工作。“其他”艺术家，包括大学艺术专业教师和作家、演员，在离开艺术行业后，在专业和管理行业中工作的比例介于以上两个群体之间。总的来说，在之前从事艺术工作的人中，近25%在从事销售和文员工作，其中曾经是视觉艺术家的人最有可能从事此类工作；近15%在服务行业工作，其中曾经是视觉艺术家的人最有可能从事此类工作。艺术家在离开艺术行业之后，做手工艺人、技工（包括运输业）和工人的相对很少。

23.6 总结、结论与未来研究方向

本章所列举的调查和研究是经济学家与其他学者对艺术行业劳动力市场、艺术家职业生涯正在进行的研究工作的延续。研究着重运用从人口普查数据中获得的准面板数据分析艺术家的就业与收入，并将他们与其他专业和技术劳动者进行比较。本文也从基于真正面板的艺术家研究中——该研究在一段时间内跟踪相同的个体，为了解艺术家的职业生涯提供了一个初步认识。

本研究从7次美国人口普查中提取准面板数据，加上澳大利亚Throsby等其他国家研究人员的研究数据，提供了与每个人口普查年合理一致的一组调查结果，即与参照组成员相比，艺术家工作的时间更少，更易失业，收入也更少。60年间，艺术家和参照组的失业率及年度工作小时数之差有所减小，但收入差距并未减小。即使对每个参照组中全年全职工作的成员进行比较，艺术家在所有年度的收入都比参照组的要少。比起其他专业和技术劳动者，艺术家的收入显示出更大的差异性。只有在与每个参照组中全年全职工作的劳动者进行比较时，艺术家收入的更大差异性才会降低。

收入与收入分布的研究证据证明了艺术家既是冒险家又是“赢者通吃”的市场参与者的理论。艺术家收入的不均衡值（也是普通劳动力的）在1949—1999年有所增加。但是，与参照组相比，在1939—1999年，艺术家收入的平均数和中位数一直较低的情况与艺术家的行为是冒险的理论更加一致，而超级明星的收入却不符合这一理论，因为数据并未预测到超级明星的平均收入应该更低。

本研究估算了7个人口普查年里6个年份的艺术家、专业和技术劳动者的收入方程。估算结果表明，除一年之外，在其他年份，学校教育给予艺术家的回报较低。这与若干研究人员认为教育对提高艺术类工作收入的作用不明显但对非艺术类工作收入提高作用明显的观点一致。

研究发现，由于职业选择不同，艺术家面临的收入惩罚很大，在6个人口普查年里，艺术家的收入惩罚从每年6%到51%变化不等。除一年之外，研究估算的收入惩罚与实际观察到的收入差距一样大，有的甚至更大。

面板数据覆盖了艺术家近20年的生活，为我们研究他们的行为提供了一组尽管有限但清晰的信息。这些数据确实证明，许多人进入艺术行业劳动力市场，但很少有人能够成功抵达开始艺术职业生涯的那个阶段。出现这种情况的部分原因是，由于艺术家具有较高的教育水平，他们有能力从尝试涉足的艺术职业转型到其他专业和管理行业，而不是进入艺术“神话”可能建议的服务行业。当他们还年轻并且还在为成为艺术家努力奋斗的时候，他们确实在各种能够提供更多弹性工作时间的服务行业中工作过。

本文中还有几个问题没有提出来。这些问题包括，艺术家在其艺术职业圈内圈外越来越多地兼职，可以部分或全部解释在艺术领域年度工时数与失业率之间明显的差别吗？艺术家在艺术职业圈外的兼职多大程度上降低了艺术家的就业风险以及收入的差异性，同时也补充了他们的收入？是什么原因促使艺术家下决心永远放弃艺术工作？在艺术家的职业生涯中，他/她的时间分配到创收活动中是如何变化的？

运用有关艺术家职业生涯的更详细数据，能够对上文提出的这些问题乃至其他问题作出最好的回答。显然还需要更多的以调查为基础的艺术家面板数据。美国的国家级面板调查，例如1979年全国青年纵向调查，调查范围太小了。来自这些数据源的艺术家样本不太多，无法提供研究他们行为的可靠的实证模型，这些样本也没有聚合到不同类型的艺术家。此外，在大多数情况

下，样本信息搜集过于广泛，没有专门挖掘众多艺术家独特的劳动力市场活动的信息，尤其是关于他们身兼数职、收入来源、时间分配以及艺术创作成本方面的信息。因此，研究无止境。

附录 A

表 A-1　　人口普查公用微数据样本艺术类职业与未加权样本大小

职业（最初的名称）	人口普查年						
	1940	1950	1960	1970	1980	1990	2000
演员[a]	209	153	179	898	3 946	5 694	2 568
建筑师	201	252	313	2 448	5 842	7 953	10 063
艺术家和艺术教师[b]	627	781	1 289	5 095	8 905	11 995	14 352
作家	156	132	322	1 253	2 720	5 920	9 327
舞蹈演员和舞蹈教师[c]	492	144	331	460	875	1 235	1 566
设计师	246	919	1 528	5 204	19 945	34 205	42 235
音乐家和音乐教师[d]	1 480	1 619	2 293	4 913	8 251	8 653	9 770
摄影师	376	570	598	3 095	5 595	8 022	7 164
杂耍艺人	76	—	—	—	—	—	—
艺人，其他未另分类[e]	—	180	157	3 161	3 098	5 717	2 289
高等院校艺术、戏剧和音乐教师	—	—	—	1 382	1 630	1 172	—
广播电视播音员[f]	—	—	—	960	2 506	3 157	3 023
制片人和导演	—	—	—	—	—	—	7 112
总计	3 863	4 750	7 010	32 913	63 313	93 723	109 469

[a]1980年和1990年被称为演员和导演。2000年不包括制片人和导演。

[b]1970年被称为画家和雕塑家；1980年和1990年被称为画家、雕塑家、手工艺人和版画复制匠；2000年艺术家及相关从业人员中不包括艺术教师。

[c]1970—1990年被称为舞蹈演员；2000年被称为舞蹈演员和编舞，不包括舞蹈教师。

[d]1970—1990年被称为音乐家和作曲家；2000年被称为音乐家、歌手及相关从业人员，不包括音乐教师。

[e]1970年被称为作家、艺术家和艺人，其他未另分类；1980年和1990年被称为艺术家、演员和相关劳动者，其他未另分类；2000年被称为演艺人员和表演者、运动员及相关从业人员，以及所有其他。

[f]自1980年起被称为播音员。

参考文献

Adler, M.(1985). "Stardom and talent". American Economic Review 75, 208-212.

Alper, N., Wassall, G.(1998). "Artists' labor market experiences: A preliminary analysis using longitudinal data". In: Heikkinen, M., Koskinen, T.(Eds.), Economics of Artists and Arts Policy. Arts Council of Finland, Helsinki.

Alper, N., Wassall, G.(2000). More Than Once in a Blue Moon: Multiple Jobholdings by American Artists. National Endowment for the Arts, Washington, DC.

Alper, N., Wassall, G.(2002). "Artists' careers-preliminary analysis from longitudinal data for the US". Rotterdam: 12th International Conference on Cultural Economics.

Angrist, J., Krueger, A.(2001). "Instrumental variables and the search for identification: From supply and demand to natural experiments". Journal of Economic Perspectives 15(4), 69-86.

Baumol, W., Bowen, W.(1966). Performing Arts: The Economic Dilemma. Twentieth Century Fund, New York.

Benhamou, F.(2000). "The opposition between two models of labour market adjustment: The case of audiovisual and performing arts activities in France and Great Britain over a ten year period". Journal of Cultural Economics 24, 301-319.

Bielby, W., Bielby, D.(1987). The 1987 Hollywood Writers' Report: A Survey of Ethnic, Gender and Age Employment Practices. Writers Guild of America, west, Los Angeles.

Bielby, W., Bielby, D.(1989). The 1989 Hollywood Writers' Report: Unequal Access, Unequal Pay. Writers Guild of America, west, West Hollywood.

Bielby, D., Bielby, W.(1993a). "The Hollywood 'graylist'? Audience, demographics and age stratification among television writers". In: Cantor, M., Zollars, C.(Eds.), Current Research on Occupations and Professions(Creators of Culture), vol. 8. Jai Press, Greenwich.

Bielby, W., Bielby, D.(1993b). The 1993 Hollywood Writers' Report: A Survey of the Employment of Writers in the Film, Broadcast, and Cable Industries for the Period 1987-1991. Writers Guild of America, west, West Hollywood.

Bielby, W., Bielby, D.(1998). The 1998 Hollywood Writers' Report: Telling All Our Stories. Writers Guild of America, west, Los Angeles.

Citro, C., Gaquin, D.(1987). Artists in the Workforce, 1950 to 1965. National Endowment for the Arts, Research Division, Washington, DC.

Ellis, D., Beresford, J.(1994). Trends in Artist Occupations, 1970-1990. National Endowment for the Arts, Research Division, Washington, DC.

Federal Committee on Statistical Methodology(1985). Statistical Policy Working Paper 13-Federal Longitudinal Surveys. Washington, DC.

Felton, M.V.(1978). "The economics of the creative arts: The case of the composer". Journal of Cultural Economics 2, 41-61.

Filer, R.K.(1986). "The 'starving artist'-Myth or reality? Earnings of artists in the United States". Journal of Political Economy 94, 56-75.

Filer, R.K.(1988). Labor Market Earnings of American Artists in 1980. National Endowment for the Arts, Washington, DC.

Filer, R.K.(1989). "The economic condition of artists in America". In: Shaw, D.V., et al.(Eds.), Cultural Economics 88: An American Perspective. Association for Cultural Economics, Akron.

Filer, R.K.(1990). "Arts and academe: The effect of education on earnings of artists". Journal of Cultural Economics 14, 15-38.

Frank, R.H., Cook, P.J.(1995). The Winner-Take-All Society. The Free Press, New York.

Galenson, D.(2000a). "Age and the quality of work: The case of modern American painters". Journal of Political Economy 108, 761-777.

Galenson, D.(2000b). "The careers of modern artists: Evidence from auctions of contemporary art". Journal of Cultural Economics 24, 87-112.

Galenson, D.(2001). Painting Outside the Lines. Harvard University Press, Cambridge, MA.

Galenson, D.(2002). "Quantifying artistic success: Ranking French painters-and paintings-from impressionism to cubism". Historical Methods 35(1), 5-19.

Galenson, D., Weinberg, B.(2001). "Creating modern art: The changing careers of painters in France from impressionism to cubism". American Economic Review 91, 1063-1071.

Griliches, Z., Mason, W.(1972). "Education, income and ability". Journal of Political Economy 80(3), S74-S103.

Jeffri, J.(1988). Information on Artists. Columbia University, Research Center for Arts and Culture, New York.

Karttunen, S.(1993). "How to identify an artist". Conference on Social Theory, Politics and the Arts.

Karttunen, S.(1998a). "How to identify artists? Defining the population for 'Status-of-the-Artist' studies". Poetics 26, 1-19.

Kingston, P., Cole, J.R.(1986). The Wages of Writing: Per Word, Per Piece, or Perhaps. Columbia University Press, New York.

Kingston, P., Cole, J.R., Merton, R.K.(1981). "The Columbia economic survey of American authors: A summary of the findings". Columbia University Center for Social Science, New York.

Kominski, R., Siegel, P.(1993). "Measuring education in the Current Population Survey". Monthly Labor Review, September.

MacDonald, G.(1988). "The economics of rising stars". American Economic Review 78, 155-166.

McNertney, E., Waits, C.R.(1989). "The incomes of cultural providers: A review of current research". In: Shaw, D. V., et al.(Eds.), Cultural Economics 88: An American Perspective. Association for Cultural Economics, Akron.

Menger, P., Gurgand, M.(1996). "Work and compensated unemployment in the performing arts. Exogenous and endogenous uncertainty in artistic labour markets". In: Ginsburgh, V., Menger, P.(Eds.), Economics of the Arts: Selected Essays. Elsevier/North-Holland, Amsterdam, pp. 347-381.

Montgomery, S., Robinson, M.(1993). "Visual artists in New York: What's special about person and place?" Journal of Cultural Economics 17, 17-39.

Montgomery, S., Robinson, M.(2003). "What becomes of undergraduate dance majors?" Journal of Cultural Economics 27, 57-71.

Rengers, M.(1998a). "The careers of visual artists: A longitudinal analysis". 10th International Conference on Cultural Economics.

Rengers, M.(2002). Economic Lives of Artists: Studies into Careers and the Labour Market in the Cultural Sector. Utrecht University, Interuniversity Center for Social Science Theory and Methodology, Utrecht.

Rengers, M., Madden, C.(2000). "Living art: Artist between making art and making a living". Australian Bulletin of Labour 26, 325-354.

Richardson, J.(1980). "Career patterns of American opera singers". In: Hendon, W., et al.(Eds.), Economic Policy for the Arts. Abt Books, Cambridge, MA, pp. 176-183.

Rosen, S.(1981). "The economics of superstars". American Economic Review 71, 845-858.

Santos, F.P.(1976). "Risk, uncertainty and the performing artist". In: Blaug, M.(Ed.), The Economics of the Arts. Westview Press, Boulder, CO.

Smith, T.(2000). "Longitudinal analysis of the earnings of artists". 11th International Conference of Cultural Economics.

Snooks, G.(1983). "Determinants of earnings inequality amongst Australian artists". Australian Economic Papers 22,

322-332.

Stohs, J.(1989). "Factors affecting the career patterns of male fine and applied artists". Journal of Social Behavior and Personality 4, 327-346.

Stohs, J.(1990). "Young adult predictors and midlife outcomes of male fine art careers". The Career Development Quarterly 38, 213-229.

Stohs, J.(1991a). "Young adult predictors and midlife outcomes of 'Starving Artists' careers: A longitudinal study of male fine artists". Journal of Creative Behavior 25, 92-105.

Stohs, J.(1991b). "Moving beyond women's career choices: Factors associated with career continuity among female former art students". Journal of Career Development 18, 123-138.

Stohs, J.(1992a). "Intrinsic motivation and sustained art activity among male fine and applied artists". Creativity Research Journal 5, 245-252.

Stohs, J.(1992b). "Career patterns and family status of women and men artists". Career Development Quarterly 40, 223-233.

Throsby, D.(1986). Occupational and Employment Characteristics of Artists. Australia Council, Sydney.

Throsby, D.(1992). "Artists as workers". In: Towse, R., Kahkee, A.(Eds.), Cultural Economics. Springer-Verlag, Berlin/Heidelberg.

Throsby, D.(1994a). "A work-preference model of artist behaviour".In: Peacock, A., Rizzo, I.(Eds.), Cultural Economics and Cultural Policies. Kluwer Academic, Boston, MA, pp. 69-80.

Throsby, D.(1996). "Disaggregated earnings functions for artists". In: Ginsburgh, V., Menger, P.-M.(Eds.), Economics of the Arts: Selected Essays. Elsevier/North-Holland, Amsterdam, pp. 331-346.

Throsby, D., Hollister, V.(2003). Don't Give up Your Day Job: An Economic Study of Professional Artists in Australia. Australia Council, Sydney.

Throsby, D., Mills, D.(1989). When Are You Going to Get a Real Job? Australia Council, Sydney.

Throsby, D., Thompson, B.(1994). But What Do You Do for a Living? Australia Council, Sydney.

Throsby, D., Thompson, B.(1995). The Artist at Work. Australia Council, Sydney.

Towse, R.(1992a). "The earnings of singers: An economic analysis". In: Towse, R., Kahkee, A.(Eds.), Cultural Economics. Springer-Verlag, Berlin/Heidelberg.

US Bureau of the Census(1975). Historical Statistics of the United States, Colonial Times to 1970, Bicentennial Edition. Washington, DC.

US Census Bureau(2003). Public Use Microdata Sample-2000 Census of Population and Housing: Technical Documentation. Washington, DC.

Waits, C.R., McNertney, E.M.(1980). "Uncertainty and investment in human capital in the arts". In: Hendon, W.S., et al.(Eds.), Economic Policy for the Arts. Abt Associates, Cambridge, MA.

Wakin, D.(2004). "The Juilliard effect: Ten years later". The New York Times, December 12.

Wassall, G.H., Alper, N.O.(1984). "Determinants of artists' earnings". In: Hendon, W.S., et al.(Eds.), The Economics of Cultural Industries. Association for Cultural Economics, Akron, OH.

Wassall, G.H., Alper, N.O.(1985). "Occupational characteristics of artists: A statistical analysis". Journal of Cultural Economics 9, 13-34.

Wassall, G.H., Alper, N.O.(1990). "When is an artist an artist?" Journal of Arts Management and Law 19, 37-50.

Wassall, G.H., Alper, N.O.(1992). "Toward a unified theory of the determinants of the earnings of artists". In: Towse, R., Khakee, A.(Eds.), Cultural Economics. Springer-Verlag, Berlin/Heidelberg.

Wassall, G.H., Alper, N.O., Davison, R.(1983). Art Work: Artists in the New England Labor Market. New England Foundation for the Arts, Cambridge, MA.

Withers, G.(1985). "Artists' subsidy of the arts". Australian Economic Papers 24, 290-295.

扩展阅读文献

以下参考文献用作背景资料。文中不包含其中的大多数文献，因为它们大多是基于横截面数据研究的文献。

Abbing, H.(2002). Why Are Artists Poor? The Exceptional Economy of the Arts. Amsterdam University Press, Amsterdam.

Alper, N., Galligan, A.(1999). "Recession to renaissance: A comparison of Rhode Island artists 1981 and 1997". Journal of Arts Management Law and Society 29, 178-204.

Alper, N., Wassall, G.(1984). "Performing artists and their unions". Tenth Annual Convention of the Eastern Economic Association.

Alper, N., et al.(1996). Artists in the Work Force: Employment and Earnings, 1970 to 1990. National Endowment for the Arts, Research Division, Washington, DC.

Bardez, C., Throsby, D.(1997). Similarity and Difference: Craftspeople and Visual Artists in Australia. Australia Council, Sydney.

Bielby, W., Bielby, D.(1996). "Women and men in film: Gender inequality among writers in a culture industry". Gender and Society 10, 248-270.

Bielby, W., Bielby, D.(1999). "Organizational mediation of project-based labor markets: Talent agencies and the careers of screenwriters". American Sociological Review 64, 64-85.

Bielby, W., Bielby, D.(2001). "Audience segmentation and age stratification among television writers". Journal of Broadcasting and Electronic Media 45, 391-412.

Bradshaw, T.(1984). "An examination of the comparability of the 1970 and 1980 census statistics on artists". In: Hendon, W.S., et al.(Eds.), The Economics of Cultural Decisions. Association of Cultural Economics, Akron, OH.

Burke, A.(1994-1995). "Employment prospects in the Irish popular music industry". Journal of the Statistical and Social Inquiry Society of Ireland 27, 93-114.

Cerf, J.G.(1982). Craft Artists in the United States. Mathematica Policy Research, Princeton, NJ.

Chartrand, H.(1994). Architecture & Design Arts Occupations, 1940-1990. National Endowment for the Arts, Research Division, Washington, DC.

Chung, K., Cox, R.(1994). "A stochastic model of superstardom: An application of the Yule distribution". The Review of Economics and Statistics 76, 771-775.

Cowen, T.(1996). "Why women succeed, and fail, in the arts". Journal of Cultural Economics 20, 93-113.

Cowen, T., Grier, R.(1997). "Do artists suffer from cost-disease?" In: Towse, R.(Ed.), The Arts, the Heritage and the Media Industries. Elgar, Cheltenham, pp. 371-390.

Cowen, T., Tabarrok, A.(2000). "An economic theory of avant-garde and popular art, or high and low culture". Southern Economic Journal 67, 232-253.

Dowd, T., Blyler, M.(2002). "Charting race: The success of black performers in the mainstream recording market, 1940 to 1990". Poetics 30, 87-110.

Ekelund, R.(2000). "The 'Death-Effect' in art prices: A demand-side exploration". Journal of Cultural Economics 24, 283-300.

Faine, H.R.(1972). "Unions and the arts". American Economic Review 62(2), 70-77.

Galligan, A., Alper, N.(1998). "Characteristics of performing artists: A baseline profile of sectoral crossovers". Journal of Arts Management, Law and Society 28, 155-177.

Galligan, A., Alper, N.(2000). "The career matrix: The pipeline for artists in the United States". In: Cherbo, J., Wyszomirski, M.(Eds.), The Public Life of the Arts in America. Rutgers University Press, New Brunswick, NJ.

Galloway, S., Lindley, R., Davies, R., Scheibl, F.(2002). "A balancing act: Artists' labour markets and the tax and benefit systems". Arts Council of England, Research Report 29, London.

Goldin, C., Rouse, C.(2000). "Orchestrating impartiality: The impact of 'Blind' auditions on female musicians". American Economic Review 90, 715–741.

Grant, D.(1990). "Artists' consensus is they don't count". Boston Herald, March 27, 46.

Gray, C.M.(1984). "Nonpecuniary rewards in the performing arts labor market: A case study of dancers and choreographers". In: Hendon, W.S., et al.(Eds.), The Economics of Cultural Industries. Association for Cultural Economics, Akron, OH.

Gray, L., Seeber, R.(Eds.)(1985). Under the Stars: Essays on Labor Relations in Arts and Entertainment. Cornell University Press, Ithaca, NY.

Greffe, X.(2002). Arts and Artists from an Economic Perspective. UNESCO Publishing, Paris.

Hansmann, H., Santilli, M.(2001). "Royalties for artists versus royalties for authors and composers". Journal of Cultural Economics 25, 259–281.

Heckathorn, D., Jeffri, J.(2001). "Finding the beat: Using respondent-driven sampling to study jazz musicians". Poetics 28, 307–329.

Heikkinen, M.(1995a). "Evaluating the effects of direct support on the economic situation of artists". Journal of Cultural Economics 19, 261–271.

Heikkinen, M.(1995b). "The Nordic model for supporting artists: Public support for artists in Denmark, Finland, Norway and Sweden". The Arts Council of Finland, Research Report 26, Helsinki.

Heikkinen, M., Karhunen, P.(1993). "The focus and functions of public support for artists in Finland". Conference on Social Theory, Politics and the Arts.

Heikkinen, M., Karhunen, P.(2000). "The importance of public support for creative and performing artists: A case study of authors and actors". 11th International Conference on Cultural Economics.

Heilbrun, J., Gray, C.M.(2001). The Economics of Art and Culture, second ed. Cambridge University Press, Cambridge.

Hill Strategies(2004). "A statistical profile of artists in Canada, statistical insights on the arts". Vol. 3, No. 1. Hamilton, Canada.

Horowitz, H.(1983). "Work and earnings of artists in the media fields". Journal of Cultural Economics 7, 69–89.

Horowitz, H.(1993). "The status of artists in the USA". Journal of Cultural Economics 17, 29–48.

Jeffri, J.(1999). "The playwright's the thing!" Conference on Social Theory, Politics and the Arts.

Jeffri, J.(2003). Changing the Beat: A Study of the Work Life of Jazz Musicians. National Endowment for the Arts, Washington, DC.

Jeffri, J., Throsby, D.(1994). "Professionalism and the visual artist". European Journal of Cultural Policy 1, 99–108.

Karhunen, P.(1996). "The interaction between artists' professional training and employment in the field of Finnish theatre". Journal of Cultural Economics 20, 165–175.

Karhunen, P.(1998a). "Labour market situation of graduated artists". In: Heikkinen, M., Koskinen, T.(Eds.), Economics of Artists and Arts Policy. Arts Council of Finland, Helsinki.

Karhunen, P.(1998b). "A portrait of a woman as an artist." 10th International Conference on Cultural Economics.

Karhunen, P., Rensujeff, K.(2002). "Preliminary results for a survey on the economic and labour market situation of Finnish artists". 12th International Conference on Cultural Economics.

Karttunen, S.(1998b). "Profile of the artistic labour force in Finland based on the population censuses 1970–1995". 10th International Conference on Cultural Economics.

Karttunen, S.(2001a). "How to make use of census data in status-of-the-artist studies: Advantages and short comings of the Finnish register-based census". Poetics 28, 273–290.

Karttunen，S.(2001b). Cultural Employment in Finland 1970–1999. Statistics Finland，Helsinki. In Finnish with English summary.

Kaun，D.(1991). "Writers die young: The impact of work and leisure on longevity". Journal of Economic Psychology 12，381–399.

Landes，W.(2001). "What has the visual Artist's Rights Act of 1990 accomplished?" Journal of Cultural Economics 25，283–306.

Laplante，B.，Hébert，B.，Menger，P.(n.d.). "Collective and individual action on a labor market: The case of new French actors". University of Quebec，Montreal.

McLain，J.J.(1978). "The income of visual artists in New Orleans". Journal of Cultural Economics 2，63–76.

Menger，P.(1999). "Artistic labor markets and careers". Annual Review of Sociology 25，541–574.

Menger，P.(2001). "Artists as workers: Theoretical and methodological challenges". Poetics 28，241–254.

Menger，P.(2006). "Contingent work，excess supply and occupational risk management". In: Ginsburgh，V.，Throsby，D.(Eds.)，Handbook of the Economics of Art and Culture，vol. 1. Elsevier，Amsterdam. Chapter 22 in this volume.

Nagel，J.J.(1987). "An examination of commitment to careers in the musical performing arts: Implications for alienation from vocational choice". In: Shaw，D.，et al.(Eds.)，Artists and Cultural Consumers. Association for Cultural Economics，Akron，OH，pp. 101–109.

Nagel，J.J.(1988). "Identity and career choice in music". Journal of Cultural Economics 12，67–76.

National Endowment for the Arts(1981). Artists Compared by Age，Sex and Earnings in 1970 and 1976. Research Division Report No. 12. Publishing Center for Cultural Resources，New York.

Netzer，D.，Parker，E.(1993). Dancemakers. National Endowment for the Arts，Washington，DC.

Nichols，B.(2004). "Artist labor force by state，2000". National Endowment for the Arts，Research Note #85. Washington，DC.

Nixon，L.，Robinson，M.(1992). "The earnings of male and female artists". Eastern Economics Association.

O'Brien，J.(1997). Professional Status as a Means of Improving Visual Artists' Incomes. Arts Council of England，London.

O'Brien，J.，Feist，A.(1997). Employment in the Arts and Cultural Industries: An Analysis of the Labour Force Survey and Other Sources. The Arts Council of England，London.

Rengers，M.(1998b). "Visual artists in the Netherlands: Civil servants，self-employed or both?" In: Heikkinen，M.，Koskinen，T.(Eds.)，Economics of Artists and Arts Policy. Arts Council of Finland，Helsinki.

Rengers，M.，Plug，E.(2001). "Private or public? How Dutch visual artists choose between working for the market and the government". Journal of Cultural Economics 25，1–20.

Rensujeff，K.(2003). "The status of the artist in Finland–Report on employment and income formation in different fields of art". Arts Council of Finland，Research Report 27，Helsinki. In Finish with English summary.

Robinson，M.，Montgomery，S.(1993). "The earnings and labor supply of artists: The 'Myth of the Starving Artist' revisited". Xerox.

Robinson，M.，Montgomery，S.(2000). "The time allocation and earnings of artists". Industrial Relations 39，525–534.

Rottenberg，S.(1997). "The remuneration of artists". In: Towse，R.(Ed.)，The Arts，the Heritage and the Media Industries. Elgar，Cheltenham，pp. 590–594.

Rushton，M.(2001). "The law and economics of artists' inalienable rights". Journal of Cultural Economics 25，243–257.

Ruttenberg，Kilgallen，Gutchess，Associates(1981). A Survey of Employment，Unemployment and Underemployment Among Performing Artists，1980. Labor Institute for Human Enrichment，Washington，DC.

Singer，L.(1981). "Supply decisions of professional artists". American Economic Review 71，341–346.

Stoyle，J.(1970). Economic and Demographic Characteristics of Actors' Equity Association Membership. Temple University, Philadelphia, PA.

Summerton, J.(1999). Artists at Work, 1999. Southern Arts Board, UK.

Throsby, D.(1994b). "The production and consumption of the arts: A view of cultural economics". Journal of Economic Literature 32, 1–29.

Throsby, D.(1997). "On the economic survival of actors and musicians". Revista Economica de Catalunya 31, 71–75.

Throsby, D.(2001). "Defining the artistic workforce: The Australian experience". Poetics 28, 255–271.

Throsby, D., Towse, R.(1994). "On labor markets in the arts: Some unresolved issues". American Economic Association.

Towse, R.(1992b). "The labour market for artists". Ricerche Economiche XLVI, 55–74.

Towse, R.(1992c). "Market value and artists' earnings". International Center for the Arts.

Towse, R.(1993). Singers in the Marketplace: The Economics of the Singing Profession. Oxford University Press, Oxford.

Towse, R.(1996a). The Economics of Artists' Labour Markets. The Arts Council of England, London.

Towse, R.(1996b). "Economics of training artists". In: Ginsburgh, V., Menger, P.(Eds.), Economics of the Arts: Selected Essays. Elsevier/North-Holland, Amsterdam, pp. 303–329.

Towse, R.(1999). "Copyright, risk and the artist: An economic approach to policy for artists". International Journal of Cultural Policy 6.

Towse, R.(2006). "Human capital and artists' labour markets". In: Ginsburgh, V., Throsby, D.(Eds.), Handbook of the Economics of Art and Culture, vol. 1. Elsevier, Amsterdam. Chapter 24 in this volume.

Towse, R.(n.d.). "Survey of artists in Wales: Econometric results". Xerox.

Waits, C.R., McNertney, E.M.(1984). "An economic model of artistic behavior". Journal of Cultural Economics 8, 49–60.

Waits, C.R., McNertney, E.M.(1989). "The incomes of cultural providers: A review of current research". In: Shaw, D.V., et al.(Eds.), Cultural Economics 88: An American Perspective. Association for Cultural Economics, Akron, OH.

第24章

人力资本与艺术行业劳动力市场

Ruth Towse

Erasmus University Rotterdam，The Netherlands

魏鹏举　李晓溪　译

摘　要

有人认为，人力资本理论勉强适用于艺术家对学校教育、培训的投资及职业选择的决策。但是，关于排序模型同样可以这么说。文化经济学中缺乏对才华与创意的理解，了解是哪些经济因素激发了艺术家的积极性以及作为政府文化政策组成部分该如何鼓励创意。平衡社会资本与文化资本，对于理解艺术行业劳动力市场似乎起不到多大的作用。将艺术作品的再现性与版权法结合的新观点改变了人力资本离不开劳动力的既定看法，艺术行业劳动力市场亦然。

关键词

人力资本，劳动力市场，艺术家的培训

JEL classification Codes

Z1，J24，I21，K11，H4

Bracknell夫人：（对她女儿的求婚者）……你抽烟吗？

Jack：呃，不瞒您说，我抽烟。

Bracknell夫人：听你这么说，我很开心。男人就应该经常有点事情做。伦敦游手好闲的男人太多了。你多大了？

Jack：29岁。

Bracknell夫人：正是适合结婚的好年龄。我一直认为，想要结婚的男人，要么应该无所不知，要么应该一无所知。你属于哪一类呢？

Jack：Bracknell夫人，我一无所知。

Bracknell夫人：听你这样说，我很高兴。我不赞成改造天生懵懂的人。懵懂无知就像个娇嫩奇异的水果，只要一碰，就会失去它的清新。现代教育的整个理论极不靠谱。不过不管怎样，幸好在英国，教育没起到什么作用；否则，上流社会就会发生严重危机，说不定还会在Grosvenor广场引起暴动呢。你收入多少？

Jack：一年七八千镑。

——Oscar Wilde，《认真的重要性》（The Importance of Being Earnest）第1幕，1899年第1版

24.1 引 言

人力资本在劳动力经济学中有着悠久的历史，可以追溯到Adam Smith。Smith承认培训与才华对工资的影响，他在关于歌剧演唱者和舞蹈演员“过高”报酬的讨论中对后者作了著名的论述。①人力资本理论多次论述了先天能力与后天知识习得对收入的影响，该论述尤其与艺术家有关。艺术行业劳动力市场的研究在文化经济学中很重要，因为我们需要了解哪些通过有创意的艺术家和表演者影响劳动供给，无论其明确目标是什么，其最终旨在鼓励创意。

本章论述两个基本问题：人力资本理论对认识文化艺术创意有何贡献、文化经济学对我们理解人力资本有何贡献？在过去30年里，人力资本方面的大量分析一直是关于确认是先天能力，而非后天通过“学校教育”习得能力对收入具有特殊贡献的计量经济学问题。因为较之非艺术职业，先天能力或才华在艺术职业中发挥的作用更大，这种能力在文化经济学领域的影响对人力资本理论也将有贡献。似乎也有这样的可能性，即在艺术职业中，在职培训和经验比在其他职业中更重要。艺术家供给行为的另一个突出特征是他们对效用与声誉的关注，这大大降低了他们对金钱回报的渴望。此外，艺术和文化产业是倚重版权法保护艺术家收入的领域，这让艺术家在得到当前收入的同时，也获得未来收入。因此，有理由相信，艺术行业劳动力市场与其他劳动力市场不同，这也引发了一个问题，即人力资源理论是否对他们适用。尽管如此，针对“普通”劳动力市场中人力资本的作用，目前已有大量的实证研究，而对艺术行业劳动力市场的计量经济学研究则相当少。

本章构成如下：首先介绍人力资本测量相关简要结论出现之前的人力资本理论，这些简要结论的论题运用了收入方程（包括与艺术家相关的收入方程）。然后，以超级明星现象为参照，论述才华与创意在艺术行业劳动力市场中的作用。接下来是艺术家培训与职业选择部分，之后我们思考了人力资本、社会资本和文化资本之间的相似之处。随后我们的论述转向艺术行业劳动力市场中人力资本、复制艺术家作品能力与版权法的联系，表明在人力资本中这种联系如何改变“不可转让性”问题。

① 参见Smith(1976,p.124)。

24.2 人力资本理论

24.2.1 基本理论

Sherwin Rosen将人力资本定义为“……技术与产出性知识的积累在人身上的体现。人力资本投资的收益或回报取决于人的技能与赚钱能力的提高，以及经济决策在市场经济和非市场经济中效率的提高。”（Rosen，1987，p.682）。这一定义抓住了该理论的两个核心特征：人力资本不能独立于个人，以及体现在个人身上的人力资本通过投资可能获得增长。然而，Rosen没有认识到，作为与生俱来的性格特征、隐性知识、先天能力与后天习得技能的联合体，人力资本概念是含糊的；以上每种因素对个人的生产力与赚钱能力都产生一定的影响，但是，很难弄清每种因素都发挥多少作用。

该理论的简单描述如下：虽然人力资本概念由Adam Smith和Alfred Marshall提出，但直到20世纪60年代，Theodore Schultz（1961）才为人力资本理论今天的被关注奠定了基础。该领域所有后来的研究的基本概念分析框架几乎都是由Gary Becker（1964）在其开拓性著作《人力资本》（Human Capital）中提出的。在这本书中，他介绍了特殊与一般劳动力培训之间的区别，认为实施一般培训的学校教育（正规教育）其实是人力资本构成的一个典型例子。之后，Jacob Mincer（1958）明确阐释了目前标准的人力资本收入方程，该方程引发了大量关于终生所得和财富计量的研究文献（Willis，1986）。

Adam Smith认识到人力资本投资概念的实质：凭借昂贵教育的人力资本构成，给予那些投资人力资本的人更高收入补偿的必要性，以及这些收入在一生中的自然增长。

一个人花费更多人力与时间接受教育，从事需要非凡的敏捷与技能的职业，这个人堪称是“一台昂贵的机器”。理所当然的是，他投入学习的工作的工资要超过普通劳动力的一般工资，至少要是等量可评估资本的一般利润，以弥补他所有的教育花费。还必须在适当的时间内接受教育，因为人生难测，同样，机器的生命周期就更确定些。

熟练劳动力与普通劳动力之间的工资差别就建立在该理论之上（Smith，1976，pp.118-119）。

Marshall也探讨了物质资本与人力资本、工资率与资本租金率之间的相似之处。他强调了物质资本与人力资本之间的区别，其依据是人力资本没有市场，但体现投资的劳动力雇佣中有交易。这也是Rosen（1987，p.682）所指的“二者之间财产权性质的差异”。此外，Marshall在教育经费进入资本市场的社会不平等影响的基础上提出了教育补贴观点（Blaug，1970，pp.3-6）。

Blaug（1970）提出人力资本概念是否可能只是一个隐喻的问题，此外，还提出所有的教育是否都确实出于投资目的，或者在某种程度上教育不是一种消费品的问题。教育与学习可能直接对个人产出效用，而不是一种潜在的更高收入的递延效用。而且，职业选择可能也不仅仅由金钱回报所决定，因为人们可能并非出于赚钱动机选择一种职业，比如会因为喜欢一种生活方式而作出职业选择。与Adam Smith的观点相反，那些需要更高的人力资本投资水平并且工资也更高的职业，其非金钱方面可能更具吸引力。很难厘清消费因素、效用以及对非金钱回报的追求。这些观察结果尤其与艺术家的培训和职业选择有关。我们将在24.6节继续探讨资本隐喻的有效性。

但是，对于Becker来说，物质资本与人力资本的相似性是核心。根据Becker的论点，个人在人力资本构成中的投资达到某一点，即正规教育和在职培训的贴现成本与个人一生未来的贴现收入相等。等同于贴现成本与贴现收入的回报率必须处于平衡，与利率相等，即与投资的借贷成本相等。个人积累获得的私人收益率，由学校教育的现款支付（直接）费用与教育投资期间所放弃收入的间接成本计算得出。通过计算所得税与提供学校教育的总成本，可以得出考虑到社会回报的社会收益率。两种收益率的经验估计值产生的结果是，只要学校教育的社会成本超出其私人成本，私人收益率一般会超出社会收益率。

与Marshall一样，Becker承认所有家庭获得的财力并不相同，这也影响了人力资本投资的决定。家庭背景在人力资本投资成本与回报方面可能发挥其他影响；天生的性格以及人生早期的优势，如健康的身体、孩提时代更多的投资、超常的能力与天生的才华，这都意味着有些人学习起来比别人更容易，因此他们从学习的特定阶段开始就实现了更高的生产率，或者按同样的比例，他们在获得同样的学习成果时所需花费更少。在测量人力资本投资收益率的时候，这些家庭背景和人与人之间的差异产生了所谓的"能力偏差"。我们在后面将会看到，这是艺术行业劳动力市场中的一个重要论题。

Becker还思考了是个人还是雇主为义务教育后教育及培训买单的问题。雇主无意为可能在企业间转移的一般培训买单，但有意为专门的企业培训买单。[①]公司可能为雇员提供一般培训，但要通过支付较低的工资向他们"收费"(就像学徒培训那样)。

24.2.2 排序模型

不是教育经济学或劳动力经济学中的每一位研究人员都同意芝加哥派（Schultz, Becker, Mincer and Rosen）的人力资源理论。最根本性的批评来自于支持另外一种解释的研究人员，这种解释认为学校教育投资与更高收入之间存在着明显的正相关联系——信号甄别假说。信号甄别，永远与信号传递联系在一起（教育体系甄别与学生信号），是一种排序形式；实际上，Weiss（1995）建议用通用术语"排序"来包含这两方面。根据排序模型，雇主运用教育选择推断未被观察到的与学校教育有关属性。雇主用正规资格证书（例如大学学位）作为判断劳动者质量的信息信号，但这个信息是不对称的——劳动者清楚自己的工作能力但雇主并不知道哪些劳动者是最有工作能力的。劳动者通过获得纸质资格证书向雇主表明他们出众的工作能力，而能力强的学生更容易获取这种资格证书。许多受过高等教育的学生都有较好的社会经济家庭背景，这一研究结果更加剧了"自我选择偏差"。排序模型的极端说法结合信号甄别与信号传递得出结论，即更高的收入根本上反映不出更高的边际生产力，而仅仅是对"文凭主义"社会的制度性承诺。能力偏差与信号传递难以分开，一般而言，凭经验对它们进行识别已经被证明是不可能的，这至少能够说服对此持怀疑者。所有人都赞成，在学校教育上花的时间越多，收入就会越高，但是排序模型认为这种行为造成了更大的生产力投入，因而明确反对这种说法。

Becker认为，排序模型对这种看法的反驳基于一个事实，即教育体系是一种异常昂贵的甄别机制；这种低效率不大可能在竞争性经济中自发出现，更不可能长期持续。该观点在学生支付进修与高等教育费用的美国更为适用，但是，在许多欧洲国家，进修与高等教育要么免费，要么学费极低。所以，欧洲义务教育后进修的直接成本很低，学生和家长承担的仅仅是因为受教育而放弃收入的成本。实际上，许多欧洲国家甚至为学生完成学业提供资助与奖学金。在艺术教育领域，我们发现选课的人很多，因为大量有前途的学生涌进艺术、音乐和电影学院，他们并不需要支付全部培训费用（Towse, 1996）。我们也观察到艺术领域的雇主很少信赖正规学

---

① 然而，事实证明，找出特殊培训而非其他必要学习阶段培训的令人信服的例子是困难的，这个阶段是指任何劳动者入职后的头几天或头几个星期。

校教育的证书，而是经常运用自己的信号甄别手段，这正是Becker所持的批驳观点（Towse，1993）。我们下面将讨论艺术行业劳动力市场与其他劳动力市场的这些差别与其他差别。

在结束评述人力资本的一般理论之前，期待随后讨论版权法（通过复制技术与“再现性”结合）如何改变文化部门人力资本的知识产权，这一讨论对我们来说是值得的。许多研究者（例如Blaug，1970）分析了从个体劳动力中分离出来的人力资本市场的缺失，并且声称只有奴隶经济才会允许像购买物质资本一样直接购买人力资本。虽然如此，受知识产权保护的作品所体现的人力资本能够通过任务分配被“异化”，或者通过权利转让对它们进行使用。例如，拿唱片来说：版权法为作曲家和演员规定了一系列权利，他们运用自己的技能与劳动创作作品，并收录在CD中；但是一旦这些权利转让给唱片公司，它们就变成了唱片公司的财产，公司能够酌情开发或者销售。因此，版权与艺术家人力资本的占用息息相关。这不是艺术行业劳动力市场的独有特色；“信息社会”或者“知识经济”的发展以及知识产权法的传播进入了更多的经济部门，已经在其他劳动力市场创建了相似情形。

24.3 收入方程

24.3.1 估 算

收入数据是有关人力资本的唯一最重要的信息资源，因为它们代表了投资回报以及投资的时间成本。终生收入一般在年龄收入分布中有所体现。收入在义务教育结束后就开始了——如果离开学校的法定年龄是16岁，16岁以后的任何学校教育的机会成本就是16岁后赚取的收入。因此，年龄收入分布从16岁开始，一直持续到退休年龄。正常的年龄收入分布展现出一个普遍模式：从进入劳动力市场的年龄开始收入在增长，然后在大约中年时期趋于平稳，到退休年龄下降。

人力资本投资并不随着工作的开始而停止，实际上是从在职培训的时候才开始。在职培训是包括经验或“干中学”的宽松概念，随着年龄而增长。Mincer（1958）认为，劳动者也能够在每个阶段选择投资正式的在职培训，作为数年学校教育的一种代替，最终会由更高的收入来补偿。劳动者可能理性地选择不同的工作，这些工作将让他们获取经验，同时在进行在职培训的时候接受更低的收入。Mincer分析了由个人作出的不同选择，从而得出了一系列年龄收入分布，他的这个收入分布形状由教育与在职培训的直接和间接成本的不同组合决定。由于他们代表了放弃工作收入与终生收入的不同组合，年龄收入分布必然是有交叉的。Mincer将这个交叉称为“超车点”，他认为，这取决于内部收益率的倒数，即让终生收入流与投资成本相等的贴现率。这种方法让研究人员将家庭背景的影响考虑在内，比如经济制约，但是并不解决能力偏差或者自我选择偏差等问题。

Mincer的收入方程已经成为受教育劳动力供给统计测量的标准模型，用于估算教育回报的内部收益率：

$$\log Y=\log Y_0+rS+b_1X+b_2X^2+u \quad (24\text{-}1)$$

其中，Y代表收入；S是学校教育年限；X是劳动力的工作时长，代表工作经验年数；u是误差项；常数项是与初始人力资本价值（先天与家庭背景的影响）相等的年薪的对数；r是学校教育的收益率；b_1和b_2是获取经验的影响（Rosen，1992，p.162）。若干收入方程的计量经济学指标已经被验证，并且已经开展了无数次实证研究；早期文献调查可以在Willis（1986）的研究中找到。

测量人力资本投资效果的理想数据应包括个人终生收入的纵向信息，加上个人的学费开销。这样的数据很少，在实际当中是运用合计的横截面数据或者面板数据；但是，这些数据从个体决策中提取并且在估算中产生了偏差。因此需要简化假设，让研究者利用有效的数据。简言之就是：教育的唯一成本是放弃工作的收入；个人完成学业后立即进入劳动力市场；并且个人的职业生涯与其受教育年限无关。

估算能力偏差问题由于运用合计横截面数据变得更为严重；个人的数据通过提供家庭背景信息，甚至可能是早期的IQ以及先天能力的其他量度，多少会避免这个问题。在尝试区分先天能力与人力资本投资对收入差异的影响时，运用了同卵双胞胎与异卵双胞胎的研究。Rosen（1978）的报告认为，这种研究发现收入差异的大约1/3是由人力资本投资的不同造成的，1/3是由于“个人的影响”（无法测量的能力、健康以及其他此类因素）造成的，1/3是由于随机事件、运气以及诸如此类的因素造成的。这些结论对艺术家来说尤其重要，因为艺术职业中才华与运气的变化可能多于其他职业。下文将对此作更详尽的讨论。

24.3.2　艺术家的收入方程

我们现在来谈谈艺术职业收入方程方面已经作过的实证研究。这些研究对上文叙述的人力资本模型作了验证，并将艺术家当作对教育、在职培训与职业投资作出理性选择的其他劳动者一样看待。有关艺术家人口定义与数据的获取相当困难。[①]一言以蔽之，这些研究在大多数国家进行了尝试，在获取艺术家的收入数据方面存在着严重问题。由于艺术家身兼数职，人口普查数据要么不能被分解到适当的艺术职业层次，要么会受到严重偏差的制约。在美国，Filer（1986）用人口普查数据来估算一系列艺术职业的收入方程，但是，由于他运用了合计的收入数据，其研究结果的有效性在文化经济学家中引起了广泛的争议（Towse，2001 a，Chapter 3）。因此，横截面的调查数据比人口普查数据好用，但反馈率可能会低，样本容量可能较小，而且可能不具代表性。有意思的是，尽管如此，Filer发现人力资本变量对艺术家收入只有很微弱的影响。在之后的研究中，他仍然运用人口普查数据，分别分析了不同艺术职业的收入方程，他发现，在表演艺术家的案例中，更长时间的学校教育甚至对艺术家的收入有消极影响（Filer，1990）。Wassall和Alper（1985）运用他们对新英格兰3 000名艺术家的调查数据（这些数据将艺术收入与非艺术收入分开），建立了第一批艺术家收入方程研究中的一个方程。他们发现，教育虽然与非艺术工作的收入呈正相关，但与艺术工作收入的关系并非如此，该结论与其他研究的结论一致。

澳大利亚开展了大规模的艺术家收入全国性调查，Withers（1985）与Throsby（1992，1994，1996）两位研究者据此估算了收入方程。[②]通过区分正规教育与其他资格证书（贸易与技术证书），Withers将标准的Mincer参数加以改变，运用了估算的小时工资率与公开的工时数估量收入。他注意到，从进入劳动力市场到退休年龄连续就业的标准假设夸大了女性的工作经历，与非艺术类劳动力相比，艺术领域的女性劳动力被夸大的比例更高。尽管如此，这个标准适用于所有的艺术家，因为许多艺术家在找工作期间都处于间歇工作以及失业的惯常状态。Withers的研究结果表明，与所有的澳大利亚劳动者相比，艺术家的收入少了40%，他以“艺术家对艺术的补贴”解释这一现象。也可以将这40%的损失看作一种补偿性工资级差，一种心仪职业的“精神

① 见本卷中由Alper和Wassall编写的第23章；另见McNertney和Waits（1997）的研究。

② Withers的估算于1984年完成，Throsby的估算于1992年完成；援引的参考文献是Towse（1997）的重印版。McNertney和Waits的调查于1988年完成，引用文献也来自Towse（1997）的重印版，更早的版本目前很难找到。

收益”净优势——这个解释取决于你所假设的职业变化是否是无摩擦的。关于后一点，Filer（1987）发现，在美国，艺术职业选择的损失并不大，并且那些“失败的”艺术家能够进入没有大的收入损失的其他职业——这是一般培训起作用的一个有力证据。Withers还发现，人力资本变量对收入的影响很小，并且得出结论，尽管难以确定，但内在性格（才华和动机）与运气必然对艺术领域的收入起重要作用。

运用同样的数据组，Throsby（1994）在收入方程的标准形式基础上估算出一个重要变量。在澳大利亚开展的调查中（Throsby指导的），他搜集了艺术类及非艺术类工作中收入与工作时长的数据。之所以这样做，是因为从定性研究得知，在选择的艺术职业（艺术类工作）和艺术圈之外的职业（非艺术类工作）之间，艺术家一般会将有效工时分开，这主要是因为他们不能从前者中挣到一份足以糊口的工资。这是一种克服人口普查数据偏差的方法，在普查周所做工作的基础上定义艺术家，并且确定所有源于艺术类工作的收入，哪怕其中相当一部分来源于非艺术类工作；这是对Filer（1986）所作研究的一种考证（他将该研究称为艺术家与非艺术家的一种“市场验证”）。Throsby因此能够估算艺术类及非艺术类工作的收入方程，并能够对艺术类工作与非艺术类工作中的教育、培训以及经验的私人收益率进行区分。这样做的好处是，他能够对相同样本的收益率进行比较，而不像Withers等人只是对不同的个人集合进行比较。Throsby发现，人力资本投资曾经是艺术类和非艺术类行业收入差异的解释因素，虽然人力资本模型在艺术类工作中的表现比在非艺术类工作中要差，还因为才华与其他先天能力因素的影响不明确。但是，应该注意的是，在Withers和Throsby两人的研究中，拟合优度都不高，这意味着研究未能解释大部分的收入差距。

随后，Throsby（1996）运用后来的调查数据为澳大利亚艺术家估算了另一个收入方程，他测试了两个不同的技术参数，一个线性模型运用了两段最小二乘法，另外一个运用了Mincer的收入方程（与方程式（24-1）一样），再一次划分收入与工时，这一次他确定了艺术类、与艺术相关（诸如艺术教育）以及非艺术类工作。他假设艺术类和与艺术相关工作的收入由专业艺术培训水平决定，而非艺术类工作的收入可能更受普通教育水平的影响，并且艺术家花在工作上的时间是对艺术类和与艺术相关工作的适当解释变量，年龄（代表工作经验）与非艺术类工作的收入更密切相关。研究也运用了培训水平、教育以及性别的虚拟变量。该研究模型在创意艺术家（作家、作曲家、编舞等）以及表演者（演员、音乐家、舞蹈家等）的进一步划分中进行了测试。有趣的是，这个研究作为他早期研究的细化研究，并没有得出与之前研究非常不同的结果。线性模型优于标准的Mincer模型，并且其标准模型的假设被证实。即便如此，艺术收入的拟合优度并不高，这表明人力资本之外的因素在起作用。艺术人力资本模型验证的经验促使Throsby建立了一个艺术家行为的工作优先选择模型（Throsby，1994），作为人力资本投资模型的一种替代。Cowen和Tabarrok（2000）也建立了一个基于效用的模型。这些模型能否经受住实证检验，我们仍然拭目以待。

24.3.3 方法论问题

通过估算收入方程部分得出的结论是，人力资本理论的方法论问题是值得考虑的（方法论是不同方法的逻辑，不仅仅是计量经济学估算方法的一种比较）。Blaug（1976）要求对人力资本理论进行方法论分析，其基础是基于科学研究方案的Lakatos概念，并询问什么样的实证检验会驳倒这个理论。它是“一种理论”或者是一套理论——以Lakatos的术语来解释，是不是有理论的“硬核”或者仅仅是特定经验归纳的一个“保护带”？虽然排序模型看起来好像提供了一个与之匹敌的理论，Blaug认为，它们终将成为人力资本假设的一种补充。另外，正如之前所提到的，虽然做了大量实证研究，但是目前还没有发现能够推翻一种假设而证明另外一种假设的有识别力的验证。[①]由于缺乏能够与之匹敌的理论，Blaug得出结论，必须按照自身条件评估人力资本研究方案：由于先天能力的独立影响问题未解决以及关于学校教育决策的个人理性行为假设，并不能明确验证理论的预测性。所以，普遍接受的事实是，问题不是学校教育是否能够解释收入，而是为什么它能够解释。

尽管有以上反对意见，Blaug认为，在有更好数据的情况下，人力资本理论的实证过程将具有更复杂的模型和计量经济学分析。这也可以被称为艺术收入方程的实证测试，尽管只有非常非常少的例证。缺少可靠数据集仍然限制着艺术行业劳动力市场的研究，但进行什么研究才是根本性难题。除了什么是才华这个明显问题外（将在下面对此进行讨论），呈现出的与艺术家收入相关的其他问题比在“普通”劳动力市场中更显著。艺术家收入分配比其他职业更不均衡，因此，平均收入的估算就缺乏说服力。[②]艺术家收入的更大变化表明，他们有更大的风险，但是否建议艺术家规避风险并承受更大风险，或者事实上艺术家就是敢于冒险的人，对这些都存在争议；无论如何，这也是一个假设有效性的问题，而不是预测准确性的问题。伴随着频繁求职与其他信息问题的自谋职业在艺术行业劳动力市场中占首要地位。根据定义，艺术作品几乎都是丰富多彩的，并且对它的需求完全不确定；Caves（2000）已经表明，这些情况导致了创意产业中的缔约问题。艺术家失业现象的普遍性造成了艺术家长期的供给过剩（Towse，2001a）。此外，关于艺术家需求的研究只有非常少的实证研究，虽然对其他职业的此类研究越来越多（Acemoglu，2002）。[③]这些观察结果表明，艺术行业劳动力市场在根本上与其他劳动力市场不同，人力资本模型因而也不大可能适用于它们。

24.4 超级明星、才华与创意

在本节中，我们讨论艺术行业劳动力市场的具体特征，这些特征强化了艺术行业劳动力市场在根本上区别于其他劳动力市场的观点。这些特征中最重要的是缺乏对才华和创意以及它们在艺术行业劳动力市场中作用的明确说明。

Sherwin Rosen（1981）在其有重大影响的文章《超级明星经济学》（The Economics of Superstars）中集中阐述了在特定行业才华是收入分配不均以及艺术家当中少数超级明星收入过高的原因。[④]他的解释围绕两个成因：从供给方来说，媒体技术的发展，比如录音技术，大大推进了规模经济的增长，使艺术家能够为更大的市场服务；从需求方来说，在供应方如艺术家和演艺人员之间存在不完全替代时，消费者倾向更有才华者，而不是缺乏才华者。根据Rosen的定义，超级明星是那些“挣着大钱并且支配自己所从事活动的人”；他们才华横溢，并因此得到高额回报，正如Rosen表明的那样，通过才华取得的净收入是凸函数，这使得才华上较小的差距被放大为收入上更大的差距（Rosen，1981，p.845）。Rosen并不想要分析才华，而是举了一些例子——天才的外科医生、运动员、歌手，但他断言才华是能够分级的。他说：“才能或才华的基本测量必须依赖实际结果的测量”，特别避开了测量才华问题（Rosen，1981，

① Blaug的观点30年后被Weiss(1995)证实，他认为，排序模型是人力资本理论的一种改进与延展，而不是一种替代。

② 参见Seaman(2003)对艺术家收入变化的分析，该分析将艺术家收入与体育界人士的收入作了比较。

③ Towse(1993)搜集了对受过正规培训的歌手的需求信息。

④ 另见本卷中由Adler编写的第25章。

p.848)。[①]他是真正的芝加哥学派！

我们可以用先天能力在人力资本理论中的作用类比，试着分析艺术中的才华与创意。在教育方面，正如教育生产函数中的一个观点，先天能力降低了需要实现某个给定结果的学校教育的投资成本，比如大学文凭；先天能力越强，既定投资水平所获得的生产力越高，或者为实现某个既定学业水平，需要的准用投资越少。因此，天生能力与耕作的土地肥沃程度有类似的效果。这与Ricardian的地租理论极其相似。在地租理论中，极差租金被解释为由不同的土地肥力以及谷物需求造成的；因为对谷物的需求是可以转向的（譬如，由于人口增长），不太肥沃的土地会导致谷物产量降低。但是，是什么导致并影响租金的确定呢？

可以认为，才华类似于土地肥沃，被认为是大自然馈赠的礼物；它是一种与生俱来的资产，通常会在生命早期显现出来，它不仅使“主人”能够更轻松地获得技能，而且能够达到高水平“艺术生产力”——精彩的表现——没有几个竞争者能够提供这种表现。在人力资本模型中，对天生能力的租借在供给一方增加。相比之下，Rosen的模型对需求方作出解释，个体艺术家之间才华的微小差别会对收入产生倍增效益。可以这样诠释Ricardian的观点：“歌剧票价高是因为歌手的费用高吗？或者歌手费用高是由于歌剧的票价高吗?”

但是，依然存在之前所提及的人力资本不能让与问题。当产出是个人服务的时候，如外科手术或者现场表演，它只有与劳动力结合才能实现供给。表演者必须在现场向观众提供她的才华，因而，劳动供给时间的限制导致租金式的回报由需求方决定。Towse（1992）认为，这是歌手报酬的例证。但是，情况发生了变化，当演员通过录音等可复制形式，让其服务有效，表演时间的限制就被解除了；这是Rosen在其模型中所作的分析。录音技术让表演者和其他艺术家能够接触到更巨大的市场，加剧了才华方面微小差异产生的影响，并且减少了没什么才华的艺术家与更富有才华的艺术家互相替代的可能性。

是考虑才华与创意意味什么的时候了。“你有才华”或者“你没有才华”，是在音乐学院和艺术学院经常听到的对话。有关人力资本理论中不能让与的问题，因为没有直接的市场，才华没有价格——你不能为你自己购买一些天赋来完成高校学业或者成为一名歌唱家（除非，如果可能的话，签订“浮士德契约”）。[②]

才华与创意被广泛视为艺术的必要条件，那么，文化经济学是怎么看待它们的呢？能够迅速得到的回答是，文化经济学很少谈及这类问题。关于创意，Throsby（2001）有篇短文，在这篇文章中，他将自己的文化价值概念与艺术供应的实用模型联系在一起。Frey（2000）讨论了创造的动力与诱因，以及公众对艺术家的支持作用；Castañer和Campos（2002）采用Schumpeterian的方法，通过艺术组织论述创新；Caves（2000）论述了什么可以被称为创意产业组织，但并未对这个概念进行详细讨论；Towse（2001a）分析了创意回报，再次仅仅对创意进行了象征性的讨论，与Throsby一样，将它与艺术供应联系在一起。所有这些研究人员都围绕一个中心论题，即创意与才华对艺术家的生产力和收入的贡献。

虽然有许多联合创意活动，如剧院排练与肥皂剧的编剧团队，但创意经常被看作一种个人行为。[③]当我们提到作曲家、作家或画家等创意艺术家时，本质上认为他们是独立工作的，并且尝试着各种想法。创意的另一个特征是原创性，新奇的火花是艺术家“突然冒出来的”，或者来自于以新方式再造既有的想法。在这方

① 关于这一点更详尽的讨论见Towse(2001a,Chapter 3)。

② 关于才华能否通过学校教育投资生产，将在关于培训经济学的下一节中进行讨论。

③ Seaman(2003)将体育经济学中对运动员团队合作的研究与文化经济学中对艺术团队合作的更为有限的研究进行了对比。

面，创意与科学技术领域的创新和发明有明显的相似之处。根据Schumpeter的理论（1942），还必须考虑创意的接受度（Wijnberg，1995）。它被认可了吗？它能够在市场上出售吗？金钱回报能够激励创意吗？这些问题与艺术组织和文化产业对才华与创意的利用有关，也与旨在培养艺术生产的文化政策相关。创意与才华的经济学价值是满足消费者对新奇事物和新体验需求的必要投入，并且创造了永恒的艺术品。

已经有足够的证据表明，艺术创意与才华在文化经济学中的理解不同于人力资本理论。谨记这一点，我们现在要讨论艺术培训问题，并且要思考作为艺术职业的一种准备行为的人力资本投资的作用。

24.5 艺术家的培训与职业选择

24.5.1 预期收入

根据人力资本理论，职业选择建立在预期的终生收入基础上。由于能力偏差降低了掌握技能与取得资格的成本，学生们会选择自身具有相对优势的职业。并非整个社会，而是个人的理性行为被认为导致了人力资本的最优配置。这种配置通常会达到平衡：某种职业的供给过剩减少了个人收入，因而私人收益率导致劳动者——至少在一定程度上——改行从事其他行业。技能短缺促进在职培训；在高等教育中，工作/专业教育需要更多的投资，而专业培训提供了更高的终生收入，以补偿学习的更高成本。经验增加了劳动者职业生涯中的人力资本，并且得到更高的收入回报。

问题是：这个理论适用于艺术行业劳动力市场吗？或者，艺术行业劳动力市场果真与其他劳动力市场不同吗？从某种意义上讲，人们普遍认为，艺术家可能不是理性地让财富最大化的人，而且艺术家也经常这样定位自己（Abbing，2002），但是，不能够直接验证这个行为假设。关键问题是，某种艺术职业的选择是否建立在人力资本投资的私人收益率基础上，这是由学校教育成本与艺术家的收入决定的。前面提到，Throsby（1992）发现了艺术领域人力资本理论的一些有限的支持论据，因此，将这些论据作为真实论据是可行的，并且能够看到该理论对艺术培训和职业选择有什么特殊意义。

调查显示，虽然艺术家群体的受教育程度总体上高于平均水平，但是艺术领域的收入中值往往低于其他领域具有同等资历的劳动者。艺术领域较低的终生收入预期，连同较高的间接成本，确保了艺术职业的折现成本高于折现利益（Towse，1996）。一些艺术家较长的工作寿命可能会改变艺术领域的这些研究结果；横截面研究假定在正常年龄退休，但这会使人产生误解，因为一些艺术职业的退休年龄可能很晚。有些艺术家直到去世之前还在继续工作，版权费让他们在坟墓中都能继续赚钱。甚至（有时）在非常珍视活力与青春的表演艺术领域，许多表演者从表演艺术职业退休之后还从事教学与评委工作。另一方面，专门机构中培训（学校教育[①]）表演艺术家的直接成本一般高于高等教育的平均成本（Towse，1993）。但是，正如之前提到的，在许多欧洲国家，高等教育是免费的或者只需付很低的学费，即便在美国，一些学生获得的奖学金足够支付培训成本；公共财政因而降低了培训的直接成本，在其他条件都相同

① 冒着混淆学校正规教育与在职培训的风险，我已经转到了讲课的一般方式，其他教学形式作为艺术家的“培训”由专业学院提供。在此意义上，并不是所有的艺术培训都限制在专业艺术领域中，在音乐或者戏剧学院，甚至表演者的培训都是如此，作家和作曲家在大学里学的通常是学术课程。不同的国家有不同的制度安排。学生接受面向艺术职业的正规教育。

的情况下，应该提高培训的私人收益率。[1]但是，按照Mincer的观点来看，即使我们忽视培训的直接成本，但表演艺术的课程比其他大部分学科的课程时间都长这一事实增加了学习的间接成本，从而降低了私人收益率。

虽然艺术职业在金钱回报方面的前景令人不快，但培养艺术家的高等教育课程一般都被挤破了头，从而助长了艺术家的供给过剩。应该设立多少专业艺术学院，是多年来一直在激烈讨论的问题：应该限制数量，只保证最有才华的学生接受艺术训练，还是应该让更多怀揣希望的人进入高校接受高质量培训，使他们的技能能够达到令人满意的标准？普遍的观点是，并非所有在创意和表演艺术领域完成正规训练的学生都能靠艺术谋生。尽管如此，在高等教育公共财政问题上，往往考虑的是公平而不是效率。此外，定义什么是效率并不容易，这意味着，在这种情况下，艺术行业劳动力市场要考虑成功机会方面的各种不确定性。

24.5.2 培训的作用

能否通过对正规学校教育的投资增加艺术家的人力资本，培训能否为不是那么有才华的学生带来增值，这个问题依然存在。“朽木不可雕”，这一谚语在专业艺术、音乐和戏剧学院引起共鸣。即使这些学校有严格的入学要求，他们都无法百分百评估新生的质量——异质性和没有质量方面的客观信息遍布于艺术行业劳动力市场的所有方面。而评估高校能否成功帮助学生进入艺术领域也是困难的；劳动力市场对艺术家服务的需求是不确定的，并且很难界定，因为很少有“固定工作”，大部分艺术家都是在短期合约的基础上自谋职业的（Gurgand and Menger，1996）。这些问题引出了关于艺术家培训的大量观点，对这些观点都能进行单独分析（虽然它们可能在实际当中很好地互动）：培训的内容；艺术行业劳动力市场证书；学生对终生收入的预期，工作机会的性质以及就业持续时间与职业发展机会。

24.5.2.1 培训的内容

考虑到才华与创意在艺术领域的重要性，有人可能极力想得出这样的结论，即艺术和音乐学院中的高等教育课程的内容对学生的天生能力起不到任何作用，如果最有天赋的学生能够进入高校的话更是如此。舞蹈和音乐领域的大多数学生在进入高校之前就已经接受了多年的专业教育，作为入学要求，也期望其他艺术形式的学生拿出作品集或者其他诸如此类的已取得艺术成就的证据。那么，高校能为这样的学生提供什么？在这里，对“艺术”元素与艺术培训的“技巧”元素加以区分是有用的。即便是非常有才华的学生都需要学习如何展示他们的作品、研究保留剧目、学习绘画和写作的技巧等等。高校也提供对于个人而言购置困难或者昂贵的设施条件，比如工作室、艺术家的模特、参与舞台制作、加入管弦乐团等等。高校还向学生提供公开的场地，以便他们以展览、演出等形式向外界展示他们的才华，同时让他们能够建立网络，学会职业行为并对自己的能力进行评估。最后一点尤其重要，因为要作出职业选择，有关个人自我素质方面的信息是必要的——诸如是否选择其他职业，是胸怀大志还是浅希近求等。MacDonald（1998）以这种信息搜寻的结果为依据，诠释了艺术职业中工作头几年的辞职率。通过提供进入劳动力市场之前出现的信息，高校能够完成初步的排序功能。

作为这个复杂命题简短讨论的结束语，需要指出的

① 特定职业的社会回报率被用于评估教育经费分配的公共政策决策；Towse（1996）认为，培训艺术家的社会回报率非常低，甚至是毫无回报。

是，艺术行业劳动力市场的调查已经揭示出，受雇用艺术家中有相当一部分人并没有接受过专业艺术培训。[①]对此有两种可能的解释：他们在完成其他高等教育课程后决定做艺术家；他们认为艺术培训课程的内容与自己的工作不相干，这一点在对受雇用的艺术家调查时经常被提及。不管怎样，调查结果与人力资本模型和排序模型相左，因为这些艺术家在没有正式培训或者证书的情况下能够在事业上有所进展，并且明显没有收入损失（Towse，2001a）。

24.5.2.2 艺术行业劳动力市场中的证书

尽管艺术家接受高校培训的回报是获得学位和文凭，但对艺术行业劳动力市场的研究发现，与其他劳动力市场相比，证书在艺术领域的作用明显没那么重要。证书当然与正规学校教育高度相关，学校教育在授课之后测试学生的成绩。尽管如此，由于种种原因，学校教育并不能为雇主或者其他雇用艺术劳动力的机构提供他们想要的各种信息。艺术家一般都自谋职业，因此无须向某一雇主发出信号。专业化声誉以及高质量的才华/创意在艺术劳动力市场中非常重要，艺术学院颁发的证书显然不提供关于这些特征的充分信息。雇主有可能并不信任高校颁发的证书，因为高校培养了太多的毕业生，并不是所有的毕业生都才华横溢。高校有自己的目标功能，并且通过学生人数最大限度地提高收入，他们也可能在出资机构的压力下，为各种学生提供各种服务；这些因素结合在一起，为高等教育机构培养艺术家提供了动机，从而“过度供应”毕业生。正如前面所提到的，许多雇用艺术家的“雇主”对艺术家的文凭并不感兴趣，他们自己为潜在的就业者建立了昂贵的甄别机制（Towse，1993，1996）。

24.5.2.3 学生的预期

学生面临的问题是，对从事艺术职业薪酬的可能性怀有期许，因为只有很少有效的客观信息。他们对自身的才华及创意的主观评价容易得出过高结论，就像Adam Smith在《国富论》（Wealth of Nations）中提到的，“年轻人过度自负”，并且在劳动力市场中很难获得关于未来收入的客观信息，也不容易轻松找到工作，这个劳动力市场里的收入大范围离散，而且工作变化频繁。面对没有让年轻人做好充分准备就进入社会的批评，高校已经作了巨大努力，开设了有关经营方法以及如何管理艺术领域的职业等方面的课程，但往往收效甚微；学生们显然都不愿意上这些课，虽然他们后来会抱怨“学校应该事先警示”他们从事并管理职业生涯的难度（Towse，2001a）。这些问题似乎支持了年轻艺术家都不理性这一观点。但是，当“没有人知道”艺术品（Caves，2000）的质量与需求时，可能会混淆不理性与根本不确定性。理性必然要受到艺术行业劳动力市场的束缚。

学生也怀有对非金钱回报的期许，如同行的意见、自行负责工作的渴望以及其他“精神回报”。这些对于艺术家来说尤为重要：他们接受比选择另外的职业低的收入，是因为这份收入为从事艺术工作提供了机会，只要他们能够从其他工作（与艺术相关的工作或者非艺术类工作）中挣到足以维生的钱，他们就不会换职业。Throsby的研究证据表明，一旦所有来源的收入达到一个收入的“满意”水平，艺术家会把更多的时间花在艺术类工作上，并且会放弃在非艺术类工作中花更多时间来提高收入的机会（Throsby，1992）。Abbing（2002）用视觉艺术界丰富的趣闻轶事证据强化了这一观点。[②]

---

① 30%的数据不是非典型数据；参见Towse(2001a)。

② Abbing写了很多关于荷兰艺术家地位的文章，荷兰政府对视觉艺术家的支持计划始于20世纪70年代，结果导致艺术品供大于求。这也造成了艺术家供给过剩，导致艺术品价格很低，形成了艺术家依靠政府提供的基本收入维持生计的恶性循环(Abbing，2002)；另见Rengers和Velthuis(2002)。

艺术家经常说他们会选择提出新挑战的工作，而不会选择重复性工作，即便这份工作会提高他们的收入（Jeffri and Throsby，1994）。表面上可以将这种行为理解为注重效用的选择，而不是为了金钱的选择，但这种选择可能对提升艺术家的声誉也是有效的，这是对其未来的最好投资，特别对那些自谋职业的劳动者来说更是如此（Benhamou，2000）。很难知道艺术家什么时候接受了这些价值观——他们这样做是在学生时代还是在进入劳动力市场之后。文化经济学家对艺术家的职业生涯所作的少量纵向研究，与学生对他们劳动力市场经验的期许吻合。[①]

24.5.3 人力资本模型解释艺术家的培训决策了吗？

最后，我们回到人力资本模型在解释艺术家对培训和职业发展的决策方面起多大作用的问题上。如果我们采取极端观点，认为才华是决定艺术家职业与收入的唯一因素，那么，学校教育的投资会不合算；根据定义，它并不能提高生产力。但是，从艺术家传记中偶然得到的证据与此观点恰恰相反，因为许多非常有才华的艺术家都在艺术、戏剧或音乐学院接受过培训。当然，这可能是制度原因，我们可能要问，其他培训组织，如家教课程，是否会产生相同结果。表演和视觉艺术中的学徒制——这是19世纪之前唯一的培训来源——作为另外一种选择在今天有时仍然沿用，例如，用来培养陶工和歌剧演员。[②]

但是，正如上文所述，上大学所获得的经验的一部分是社会化和职业化。Blaug（1985）指出，3S——技能、甄别与社会化——与劳动力市场中的3R同样重要。所有艺术家都需要熟悉行业规则；建立人际网络——形成工作伙伴关系、认识其他艺术家和将来可能提供工作机会的代理人、听取知名老师的建议——这些可能比学校教育功能更重要。隐性知识、信任与声誉在艺术行业劳动力市场上也很重要。这些特征社会资本都有；抑或是人力资本构成的一部分？一个重要问题是，它们是否经得起投资决策的检验。例如，不能把童年获得的隐性知识当作一种投资，因为并非刻意培养，虽然家庭中的早期教育往往是儿童舞蹈与音乐课程（Seaman，2003）。当然隐性知识的获得和早期训练似乎在艺术职业选择中起到了一些作用；有很多孩子追随父母职业脚步的例子（并不仅仅在只有在职培训的年代）。知识的早期习得可能容易与艺术天赋混淆。虽然还没有关于家庭背景对艺术职业选择影响的系统研究，但很容易从现实世界Placido Domingos和Vanessa Redgraves身上轻易归纳出来。这个话题是一个非常有意思的研究项目，它能够阐明社会资本投资与人力资本投资相比较的作用；我将在下面对此进行讨论。

这些定性论据可能解释文化经济学家已经发现的人力资本对艺术家收入影响的弱效应。学校教育帮助艺术家获得第一份工作，并且这可能是她事业阶梯上的关键一步。学校教育也提供可以在艺术领域之外使用的一般培训，教会学生良好的沟通能力以及其他“社会资本”技能。但是，如果人力资本投资只能勉强解释观察到的对艺术培训的高需求，这是不是意味着排序模型表现得更好？从以上的讨论中可以看出，证书在艺术行业劳动力市场中的作用并不明确。除了正规的学校教育外，仍然有其他有效的甄别机制，如奖励或竞赛，艺术委员会

① 参见本卷第23章Alper和Wassall关于纵向研究的论述。

② 直到20世纪中期，意大利歌唱家的标准培训包括学生与艺术大师住在一起，每天上课。Tito Gobbi就是通过这种方式接受训练的，Cecilia Bartoli也是这样，她的歌唱家父母在家里教她。指挥家往往开始是作为声乐教师在歌剧院教歌手唱歌，甚至有点像Georg Solti的例子，他是作为钢琴师为音乐教师伴奏。歌剧院最近重新引入了学徒制来培训想获得工作经验的年轻歌手。

授予的奖项以及其他提供信息的非正式证书形式。[①]但是，雇主不能忽略艺术家接受高等教育这样一个事实，因为在入学的时候高校就对他们进行筛选；他们也把接受高等教育作为艺术类学生会获得一些基本专业技能的信号，即便这些技能对完成艺术工作所需的内在才华无足轻重。在新入行者供给过剩，海量业余爱好者存在的情况下，由于信息问题，艺术领域潜在“雇主”（与其他劳动力市场相比）的处境尤其困难；另一方面，在工作频繁变化以及在短期合约基础上工作的情形下，不大可能作出正确选择的事情很常见。另外，如前所述，即便不从事艺术类工作，拥有高等教育学历也能为与艺术相关甚至非艺术类工作带来好处，而且这对大多数必然要身兼数职的艺术家来说是一个重要考虑因素。因此，排序模型有一些支持证据。

简而言之，解释艺术家培训与职业决策的适当模型是什么，仍有待分晓。

24.6 人力资本、社会资本、文化资本及其对培训艺术家的影响

我们现在谈论根本问题，即使用人力资本理论术语“资本”的目的是什么。回到最开始Blaug（1976）提出的问题，他询问人力资本实际上是否是一种有用的隐喻；在涉及社会资本时，这个问题又被问及，它也和出现在文化经济学文献中的文化资本概念相关。社会资本是一个起源于社会理论的概念。在经济学家研究的一系列不同主题下，它提供了一个总括术语。Bowles和Gintis（2002，p.F419）对它作了如下定义：“社会资本一般是指信用，对朋友的关心，生活遵守社会规范的意愿以及惩罚那些不遵守的人。”但是，Putnam（2000，p.19）则这样界定：“……个体间的联系——社交网络，以及由此产生的互惠和信赖规范……”。总的来说，以上两个方面都与劳动力市场有关，特别是与人力资本有关。在一篇评论文章中，Sobel（2002）指出：“经济学家发现社会资本的隐喻在经济发展、转型经济、公共资源属性使用及教育的研究中都是有用的。”（p.143）。Throsby推出了文化资本概念，他将其定义为：“包含、贮存或者提供文化价值的资产，以及它可能占有的任何经济价值。”在此，文化价值被定义为一般由艺术家创造的美学、精神、社会、历史、象征与真实性价值的联合体（Throsby，2001，p.46）。[②]因此，在某种程度上，我们有3个带着“资本”标签的相关概念。这些概念对理解艺术行业劳动力市场有什么作用，以及在所有这些情况下资本隐喻有多恰当呢？

自从世界银行采纳了社会资本概念，经济学家就一直对此持反对意见，尤其是Kenneth Arrow（2000）和Robert Solow（2000），他们根据Irving Fisher经济学中的资本标准概念对此进行评价。Arrow的（有形）资本定义确认了3个特征：资本是递延消费的；资本能够通过投资刻意积累；资本是可转让的。Solow在Arrow的基础上增加了另外两个标准：资本有收益率，能够作为其价值的测度；不管是使用还是技术老化造成的资本贬值。Arrow和Solow都得出以下结论，社会资本没有这些特征。正如Solow所说，“社会资本是从不恰当的类比中获取信念的一种尝试”（引自Sobel，2002）。其他许多经济学家从不同视角批评了这个概念（Fine，2001；Durlauf，2002）。

尽管如此，似乎与社会资本捆绑在一起的几个特征与艺术行业劳动力市场都有关系。这些特征如何帮助我们理解艺术家投资以获得技能与能力的动机？很显然，如果社会资本是一种“公共产品”（这个术语的技术意义，即非对抗性和非排他性），得出的结论便是，个人不会有为自己投资的动机，因此，艺术家的培训必然是

---

① 参见Wijnberg（2003）对奖项在艺术领域中的作用的讨论。

② 完整的讨论见Throsby（2001，Chapter 2）。

集体投资。但是，如果艺术家能够为自己谋取利益，就像他们能够利用人力资本模型那样，他们就会有动力为自我培训投资。虽然关于社会资本的很多研究一直都是基于其公共利益的，Glaeser、Laibson和Sacerdote（2002）以事实证明，标准的微观经济学分析实际上能够适用于社会资本构成。他们的社会资本个人投资模型是个人根据自己的时间机会成本和时间偏好率选择的最优水平，几乎与人力资本投资模型完全相同。很显然，他们认为社会资本虽然可能有一定程度的公共性，但并不是公共产品。对我们当前的目的来说，更重要的是他们的主张："社会资本与人力资本之间的联系是社会资本文献中最强大的经验规律之一。进一步理解这种联系，应该是未来研究的一项核心目标"（Glaeser, Laibson and Sacerdote，2002，p.F455）。这一点的明确含义是，社会资本投资类似于人力资本投资——实际上，二者是"联合产品"。但如果是这样的话，就存在两者之间私人收益率的甄别问题。那会使关于人力资本理论与艺术行业劳动力市场的相关性的争论变得混乱不堪。对于政策目标显然很重要，要基于公/私二分法理解它们对终生收入的贡献。

公/私划分也涉及文化资本。Throsby将文化资本定义为：由（过去的和现在的）艺术家创造的构成社会文化资产的货物与服务储备。他区分了有形和无形的文化资本：有形资产可能是私有或公有的，但是无形的文化资本（与社会资本明显重叠）通常是一种公共产品。两者都产出了文化价值回报，Throsby认为这是公共变量而非个体变量。然而，根据人力资本观点（Throsby比其他文化经济学家进行了更多验证），艺术家创造这些资产的动机是渴望获取私人利益，无论这种利益是金钱的还是非金钱的。因而，艺术家的人力资本创造了文化资本——Adam Smith可能喜欢个人行为意外后果的隐含学说，即私人动机与公共利益一致。与社会资本一样，文化资本有很强的外部性（如果没有真正的公共产品特征），需要公共投资而不是个人投资。

分辨这三种明显有关联的资本概念的差异的一种方法是，关注它们对文化政策的影响。文化政策所关注的中心问题是，社会如何能在艺术创意供给方面进行最佳投资。根据文化资本理论，我们应当鼓励艺术家通过对高校正规培训课程的补贴来提高生产力，也可能通过给予艺术家基本收入支持或价格补贴增加他们的收入。相反，社会资本理论认为发展社交技巧、加入专业网络、获得声誉以及其他方面都是追求一种事业所必需的；获得正确的经验，为可靠的职业行为建立声望，比学校教育更为重要。在专业院校可能获得一些社交技巧，但是在职工作经验的社会资本投资可能更有效。因此，社会资本模型的政策意义是，应当给予那些在高校任教的有实际操作经验的专业教师以补贴，与专业协会和工会组织签订协议使其接受刚刚步入职场的年轻人，等等。这可能也意味着在高校中限制培训场所数量，以增加课程的"排他性"和声誉。但是，学徒制与艺术家驻场安排貌似在构建社会资本中更为有效。如前所述，社会资本和人力资本有可能同时形成，对个人而言，两者都有私人收益率，这是投资的动机。

就经济理性而言，当动机与结果不大容易理解的时候，文化资本概念对于文化政策的意义是复杂的，并且直抵艺术创意的中心，难以应用经济学分析。鉴于艺术家是被提供文化价值的愿望所推动的（正如我阐释的Throsby所述的观点），这只是通过改变语言来"踢皮球"。它并没有告诉我们如何解释生产力或收入等经济术语。我们可以接受无论是有形还是无形的文化传统（或者积累的文化资本）都是由艺术家基于他们自己的目的而创造的公共产品，但是这并没有告诉我们它是如何影响一代又一代艺术家的。可以说，贮存的文化传统越多，对艺术家来说就越难以创造，而且让学生们认识到这一传统的培训有吓跑他们的危险。反之，可能要通过抛掉这一传统的出奇制胜的战术才能一鸣惊人。因此，通过保护传统对文化资本进行投资，对个人的创造力来说，可能是一种动力，也可能是一种阻碍，而且可能同样影响消费者对新作品的好恶。在有些艺术形式中这确实很难，尤其是在争取观众观看当代创作者演出的音乐和歌剧方面。文化资本的公共产品特点也意味着，对个体艺术家来说，占有自己作品的所有经济价值是有困难的（Wijnberg，1995）。这是版权法的理论基础之一（见下文）。

以上观点提出了政府的政策如何刺激艺术创作动机问题。Frey（1997）在人类心理学基础上发展了一般性经济动机理论，包括对金钱刺激的响应——外部报酬，最大化地延伸了内在动机的满足。其他文化经济学家承认了这一特性，而Frey的观点则是他所谓的“拥挤效应”，即不适当的奖励能置换动机的主张；例如，货币报酬、外部报酬可能会将内在动机挤出，并成为一种不利诱因，而不是内在式激励的行为动机。向内在动力输出提供内部报酬可能获得更好的响应；最优系统是由适度激励与报酬组成的。Frey（2000）将该分析运用于艺术，询问政府对艺术的支持如何影响创造力。他区分了自己所谓的“制度创新”与“个人创意”：制度创新由外部报酬激发，而个人创意则由内部报酬激发。外部报酬是市场和国家能够给予的——市场通过艺术家作品的价格给予，国家则是通过直接的财政措施，如补贴或者间接的财政措施给予，如版权法（Towse，2001b）。个人的创意显然与内在动机的关系更为紧密，其极端形式是不惜一切代价追求艺术至上的天才驱使的浪漫主义思想。其回报是内在的，如同行的认可；这并不是国家能够给予的。但是，甚至Frey的个人创意观点也属于应用万能的机会成本学说的一种经济学解释：相比年长的艺术名家，年轻的艺术家“支付得起”更多的创意，因为他们在艺术上和经济上损失更少。

Frey的理论貌似让我们在一定程度上更接近关于创意与文化政策的至关重要的问题：我们能够通过私人或公共投资“创造”创意吗？很显然，这对许多国家强调创意产业作用的政策有重要意义。然而，无论我们是否赞成将人力资本、社会资本或文化资本概念作为对艺术家文化政策的指导，都很难否认天生才华的作用。事实上，这些理论均未涉及这个问题。哪怕将内在动机与外在动机区别开来，都解决不了这个问题。总之，我们必须接受一个事实，即扶植有前途的艺术家且只选择才华横溢的艺术家来培养与支持的可能性非常低。“入围的人多，而入选的人少”必须成为艺术学院与艺术行业劳动力市场的座右铭。他们顶多能够过滤掉最差的，并且为最好的人才创造事业发展的条件。通过投资人力、社会和文化资本把钱扔到艺术培训中，并不能真正解决如何产生或完善创意问题。那么，我们应该怎么努力才能产生并完善创意呢？答案很简单，我们不知道。

24.7 人力资本理论、版权法及再现性

现在我要讨论人力资本理论的一个老问题——不可转让性——并且认为复制艺术品的能力（再现性）与版权法相结合克服了之前对资本类比的异议，换言之，就是人力资本不能从劳动力中分离出来。人力资本与版权存在着密切联系，因为两者都是从人的头脑中产生的。版权法通过建立法定财产权保护作者与演出者，让他们能够掌控自己作品的开发利用，给予他们专有权来授权自己作品的使用。[①]版权的经济目的是鼓励创意和艺术作品传播等。[②]

版权法的演变与伴随着印刷机发明而出现的机械复印有着不可分割的紧密联系。录制技术的发展——录音、动画制作、复印机、家庭录制设备（VCR、CD播

① 英国传统的版权法适用于作者、表演者和“出版商”——文化产业中的公司，如唱片录制商与电影制造商。在欧洲民事法律传统中，作家的权利涉及创作权以及其他群体的邻接权。这里我粗略地用了两种类型的版权法术语。

② 参见Landes(2003)和本卷第7章。

放器）以及现在的互联网——从一个原版（一场演出、一本书、一张照片）复制一件作品大量扩展到再现性复制。这些发明为植入CD、声像、电脑游戏等版权作品创建了市场，已经脱离了艺术家或创作者。大部分创作者通过“出版商”（录音、电影、电视、出版公司、美术馆等——创意或文化产业公司）将自己的作品推向市场，“出版商”遵照创作者的版权转让或者许可采取行动。典型合同是特许权使用费合同，可以包括也可以不包括预付款，出版商享有销售收入的固定百分比额度，通常是10%到15%。[①]但是，一旦转让经济权利，艺术家对作品开发利用的剩余控制权就很小了（尽管精神权利可能没有转让）。当公司决定不销售其作品时，艺术家几乎无力阻止他们。版权使艺术家能够从其人力资本投资中获得收入，但是并不确保他们一定能获得收入并且能依靠市场作用赚到多少钱。之前提到，超级明星的收入比“中等收入”的艺术家高得离谱，这也是版权使用费收入的例子。因为在文化产业中，超级明星有更大的议价能力，与“普通”艺术家相比他们能够与雇主达成一个更好的协议（Caves，2000）。相反，“一般”艺术家的版权使用费收入通常很低（Towse，2001a）。

在这种情况下，可以提及的版权的另外一个特征是“做雇工”，根据版权授予雇主的权利，在有些情况下，雇员的工作要接受雇主的管理。例如，这种情况在好莱坞编剧与动画师中就很普遍。因此，对版权资产的控制依赖于艺术行业劳动力市场的组织方式——全日制的雇佣越少，对自由职业者来说版权就越重要。

作者作品的开发利用体现了复制形式具有双面效应：它从作者的劳动中“转让”了她的人力资本投入，作者无须在场，作品就能立刻进入市场；而且通过版权法，出版商获得了一种永久资产，即原版，他能够独立于原作者对作品进行开发使用（作者甚至可能已去世，因为版权期限是作者有生之年外加70年）。[②]因此，再现性与版权法的联合效应成为文化产业公司手中资本资产的创造物，可以买卖，也可以在兼并重组中转让。例如，美国在线/时代华纳的合并，就牵涉了150万首歌曲所有权的转让。文化产业的研究人员认为，这种效应导致了不断增长的并购活动（Bettig，1996）。

版权法与再现性相结合对艺术行业劳动力市场的另一个影响是，艺术家可以自己决定分配她的时间，以赚取现货价格或者将来的收入——例如，为自己偏爱的音乐会录音（因为音乐会是付费的，而录音则是版税）。版权因此改变了人力资本持续时间与艺术家的供给决策。除将从事艺术类工作和非艺术类工作的时间（Throsby，1996）区分开来或者将“阳春白雪”与“下里巴人”区分开来（Cowen and Tabarrok，2000），艺术家能够优化版权组合，形成目前与将来的收入跨时间决策的一部分。考虑到这一点，艺术家在任何时间点的收入都取决于该段时间工作时数的工资与报酬加上版权使用费（版税率乘以艺术家持有版权的数量）。能够预料的是，版税收入越高，艺术家在任何特定时期内工作的小时数就越少。可以用来自艺术家的调查数据验证基于此逻辑的模型，该调查询问了关于报酬和工资以及版权费方面的不同信息。[③]

因此，版权法与再现性相结合，从根本上改变了人力资本理论中的两个问题，即劳动人力资本不可转让的问题及劳动者能够收回人力资本投资的时段问题。基于这两个特征，人力资本在概念上与实物资本更接近。这些特征也可能出现在其他劳动力市场上，特别在“信

① Watt(2000)从经济学角度详细分析了特许权使用费合同。

② 经常被人们忘记的是，作者作品的受保护期限比版权期限长。例如，如果一位作者在25岁时创作了作品，并且她活到了75岁，那么她的作品受保护的期限是120年。

③ 对这种模型的初步尝试，参见Towse和Watt(2005)。

息”产业的劳动力市场上。劳动临时化、对自谋职业的偏好、信息与知识的增值以及通过版权和其他知识产权法保护的增值正在经济中全面增长。艺术行业劳动力市场可能实质上是劳动力市场变革中更具普遍趋势的先行者。

是实行“加强”版权法还是“提高版权保护”的政策，这个问题仍有待考虑，因为两者都被文化产业和帮助艺术家的压力集团热捧（艺术家自己也是这样）。这是一个很少被研究的复杂问题。加强艺术家的版权保护，例如延长版权期限，是把双刃剑：增加对版权的保护，同时在公共领域之外做更多的工作，也增加了创造成本（Landes and Posner，1989）。它也对文化产业公司而不是对个体艺术家更加有益，因为公司能够更好地进入资本市场，并且有更高的时间偏好率，虽然必须承认的是，这是一个尚未得到证实的论断（Towse，1999）。尽管如此，在Towse（2001b）的文章中，我认为，通过提供艺术家身份的象征性意义，版权正好与Frey所提倡的艺术家内在动机理论相契合。关于这一点，还可以进一步研究。

24.8 结　论

在本章中，我认为人力资本理论仅勉强适用于艺术家对学校教育与培训的投资和职业选择的决策。不过，可以说排序模型也是如此，虽然适用程度可能略强一些。文化经济学中缺乏的是对才华与创意的理解，哪些经济因素激发了艺术家的积极性和政府文化政策如何鼓励创意。平衡社会与文化资本，似乎对理解艺术行业劳动力市场起不到多大作用。本章中的例证表明，与版权法相结合的艺术作品的再现性改变了人力资本离不开艺术家的劳动这一观点，虽然从理智上来讲这种分离很有趣，但它对艺术家本身获得更大的回报并无帮助；实际上，这可能还是增加艺术家收入不平衡的原因。在一定程度上，版权收入对艺术家供给决策的影响必须经过实证检验，我勾勒出了一个能作为进一步研究基础的模型。这个模型能够与艺术家职业生涯的纵向研究建立联系，这个纵向研究是另一项迫切需要进行的研究。

如果研究集中在人力资本在艺术行业劳动力市场中的作用，焦点就一直在供给方。到目前为止还没有对艺术家需求进行系统研究，也没有对艺术领域技能偏差分析进行尝试研究。20世纪70年代以来，为了解人力资本回报率中的变化，劳动力经济学中的此类研究在大量增加（Acemoglu，2002）。研究过艺术行业劳动力市场的文化经济学家非常清楚对艺术家技术与能力的需求在日益增长，也清楚某些艺术家的技能在不断提高——例如，歌手和乐器演奏者现在经常有例行的音乐演出，而这在以前被认为是无法演奏的，而且演出前的排练也很少。这的确是创作力提高的一个标志。[①]这是艺术行业劳动力市场将来要研究的另一个重要论题。

至关重要的是，一般意义上的文化经济学与艺术行业劳动力市场的具体研究继续将标准的经济学思想应用于艺术，并对其进行验证。艺术组成了经济的一部分；它们使用资源并生产消费品。艺术家就是劳动者——他们可能更像宗教布道者，像发明家或者创意工程师，而不像会计或者旅行代理商，但是，作为研究的起点，运用劳动经济学和人力资本理论在艺术家和其他劳动者之间寻找相似之处是正确的。这一直是最早研究艺术行业劳动力市场的研究人员的方法；但是，到21世纪初为止，经验表明，人力资本模型并不是未来研究的方向。话说回来，最后的结论

① 表演艺术中“鲍莫尔成本病”拥护者的长期作用之一是，假定在艺术研究中和对艺术家而言没有技术过程是可能的。然而，那是误解。见Cowen（1998）的相反意见；另见本卷中由Baumol编写的第11章和由Brooks编写的第15章。

是，艺术行业劳动力市场的分析中实证研究有了进展，但是还有更多的工作要做。

最后，有意思的是，要注意艺术行业劳动力市场形态与运动员劳动力市场形态有强烈的可比性。在这两个领域，才华的作用、先天能力与人生早期习得的能力，对收入与事业成功产生了巨大的影响，并且这种影响对体育界超级明星比对艺术界超级明星甚至可能更为显著。Seaman（2003）得出的结论是，文化经济学家对两个领域开展共同研究，会有更大的收获。也许，归根结底，艺术家并没有那么与众不同！

参考文献

Abbing, H.(2002). Why Are Artists Poor? The Exceptional Economy of the Arts. Amsterdam University Press, Amsterdam.

Acemoglu, D.(2002). "Technical change, inequality and the labour market". Journal of Economic Literature XL(1), 7–72.

Arrow, K.(2000). "Observations on social capital". In: Dasgupta, P., Serageldin, I.(Eds.), Social Capital: A Multifaceted Perspective. World Bank, Washington, DC, pp. 3–5.

Becker, G.(1964). Human Capital. Columbia University Press, New York.

Benhamou, F.(2000). "The opposition of two models of labour market adjustment. The case of the audiovisual and performing arts in France and in the United Kingdom". Journal of Cultural Economics 24, 301–319.

Bettig, R.(1996). Copyrighting Culture. Westview Press, Boulder.

Blaug, M.(1970). An Introduction to the Economics of Education. Allen Lane Penguin Press, London.

Blaug, M.(1976). "The empirical status of human capital theory: A slightly jaundiced survey". Journal of Economic Literature 14(3), 827–856.

Blaug, M.(1985). "Where are we now in the economics of education?" Economics of Education Review 4(1), 17–24.

Bowles, S., Gintis, H.(2002). "Social capital and community governance". Economic Journal 112, F419–F436.

Castañer, X., Campos, L.(2002). "The determinants of artistic innovation: Bringing in the role of organisations". Journal of Cultural Economics 26(1), 29–52.

Caves, R.(2000). Creative Industries: Contracts between Art and Commerce. Harvard University Press, Cambridge, MA.

Cowen, T.(1998). In Praise of Commercial Culture. Harvard University Press, Cambridge, MA.

Cowen, T., Tabarrok, A.(2000). "An economic theory of avant-garde and popular art, or high and low culture". Southern Economic Journal 67(2), 232–253.

Durlauf, S.(2002). "On the empirics of social capital". Economic Journal 112, F459–F479.

Filer, R.(1986). "The starving artist: Myth or reality? Earnings of an artist in the United States". Journal of Political Economy 94(1), 56–75.

Filer, R.(1987). "The price of failure: Earnings of former artists". In: Shaw, D., Hendon, W., Waits, C.(Eds.), Market for the Arts. Akron University Press, Akron.

Filer, R.(1990). "The arts and academe: The effect of education on earnings of artists". Journal of Cultural Economics 14(1), 15–38.

Fine, B.(2001). Social Capital versus Social Theory. Routledge, London and New York.

Frey, B.(1997). Not Just for the Money. Edward Elgar, Cheltenham.

Frey, B.(2000). Art and Economics. Springer, Heidelberg.

Glaeser, E., Laibson, D., Sacerdote, B.(2002). "An economic approach to social capital". Economic Journal 112, F437–F458.

Gurgand, M., Menger, P.-M.(1996). "Work and compensated unemployment in the performing arts. Exogenous and endogenous uncertainty in artistic labour markets". In: Ginsburgh, V., Menger, P.-M.(Eds.), Economics of the Arts. Elsevier, Amsterdam, pp. 347–381.

Jeffri, J., Throsby, D.(1994). "Professionalism and the visual arts". European Journal of Cultural Policy 1(1),

99–108.

Landes, W.(2003). "Copyright". In: Towse, R.(Ed.), A Handbook of Cultural Economics. Edward Elgar, Cheltenham, pp. 132–142.

Landes, W., Posner, R.(1989). "An economic analysis of copyright law". Journal of Legal Studies 18, 325–366.

MacDonald, G.(1988). "The economics of rising stars". American Economic Review 78, 155–166.

McNertney, M., Waits, C.(1997). "The incomes of cultural providers: A review of current research". In: Towse, R.(Ed.), Cultural Economics: The Arts, Heritage and the Media Industries. Edward Elgar, Cheltenham, pp. 275–283.

Mincer, J.(1958). "Investment in human capital and personal income distribution". Journal of Political Economy 66, 281–302.

Putnam, R.(2000). Bowling Alone. Simon and Schuster, New York.

Rengers, M., Velthuis, O.(2002). "Determinants of prices for contemporary art in Dutch galleries". Journal of Cultural Economics 26, 1–26.

Rosen, S.(1981). "The economics of superstars". American Economic Review 71, 845–858.

Rosen, S.(1987). "Human capital". In: Eatwell, J., Milgate, M., Norman, P.(Eds.), The New Palgrave: A Dictionary of Economics. Macmillan, London and Basingstoke, pp. 681–689.

Rosen, S.(1992). "Distinguished fellow: Mincering labor economics". Journal of Economic Perspectives 6(2), 157–170.

Schultz, T.(1961). "Investment in human capital". American Economic Review 51, 1–17.

Schumpeter, J.(1942). Capitalism, Socialism and Democracy. Harper, New York.

Seaman, B.(2003). "Cultural and sports economics: Conceptual twins?" Journal of Cultural Economics 27(2), 81–126.

Smith, A.([1776] 1976). An Inquiry into the Nature and Causes of the Wealth of Nations. Campbell, R.H., Skinner, A. S., Todd, W.B.(Eds.). Clarendon Press, Oxford.

Sobel, J.(2002). "Can We Trust Social Capital?" Journal of Economic Literature XL(1), 139–154.

Solow, R.(2000). "Notes on social capital and economic performance". In: Dasgupta, P., Serageldin, I.(Eds.), Social Capital: A Multifaceted Perspective. World Bank, Washington, DC, pp. 6–10.

Throsby, D.(1992). "Artists as workers". In: Towse, R., Khakee, A.(Eds.), Cultural Economics. Springer, Berlin. Reprinted in Towse(1997, pp. 261–268).

Throsby, D.(1994). "A work preference model of artists' behaviour". In: Peacock, A., Rizzo, I.(Eds.), Cultural Economics and Cultural Policies. Kluwer Academic, Dordrecht, pp. 69–80.

Throsby, D.(1996). "Disaggregated earnings functions for artists". In: Ginsburgh, V., Menger, P.-M.(Eds.), Economics of the Arts: Selected Essays. Kluwer Academic, Dordrecht, pp. 331–346.

Throsby, D.(2001). Economics and Culture. Cambridge University Press, Cambridge.

Towse, R.(1992). "Earnings of singers: An economic analysis". In: Towse, R., Khakee, A.(Eds.), Cultural Economics. Springer, Berlin. Reprinted in Towse(1997, pp. 218–226).

Towse, R.(1993). Singers in the Marketplace: The Economics of the Singing Profession. Clarendon Press, Oxford.

Towse, R.(1996). "Economics of artists' training". In: Ginsburgh, V., Menger, P.-M.(Eds.), Economics of the Arts. North-Holland, Amsterdam, pp. 303–329.

Towse, R.(1997). Cultural Economics: The Arts, Heritage and the Media Industries. Edward Elgar, Cheltenham.

Towse, R.(1999). "Copyright and economic incentives: An application to performers' rights in the music industry". Kyklos 52(3), 369–390.

Towse, R.(2001a). Creativity Incentive and Reward. Edward Elgar, Cheltenham.

Towse, R.(2001b). "Partly for the money: Rewards and incentives to artists". Kyklos 54(2/3), 473–490.

Towse, R., Watt, R.(2005). "A model of author time allocation". Paper presented at SERCI conference 7–8 July Montreal, www.serci.org.

Wassall, G., Alper, N.(1985). "Occupational characteristics of artists: A statistical analysis". Journal of Cultural Economics 9(1), 13–34.

Watt, R.(2000). Copyright and Economic Theory. Friends or Foes? Edward Elgar, Cheltenham.

Weiss, A.(1995). "Human capital vs. signalling explanations of wages". Journal of Economic Perspectives 9 (4), 133–154.

Wijnberg, N.(1995). "Selection processes and appropriability in art, science and technology". Journal of Cultural Economics 19(3), 221–235.

Wijnberg, N.(2003). "Awards". In: Towse, R.(Ed.), A Handbook of Cultural Economics. Edward Elgar, Cheltenham, pp. 81–84.

Willis, R.(1986). "Wage determinants: A survey and reinterpretation of human capital earnings functions". In: Ashenfelter, O., Layard, R.(Eds.), Handbook of Labor Economics. Elsevier, Amsterdam, pp. 525–602.

Withers, G.(1985). "Artists' subsidy of the arts". Australian Economic Papers 24, 290–295. Reprinted in Towse (1997, pp. 269–274).

第25章

明星与才华

Moshe Adler

Columbia University, New York, NY, USA

魏鹏举　李晓溪　译

摘　要

超级明星经济学诠释了艺术领域里才华与成功之间的联系，但对这种联系究竟是什么并无定论。遑论其他特征，超级明星现象意味着艺术产出仅仅集中在少数艺术家身上。集中往往带来效率问题。超级明星的市场效率可能并不高，这不仅是由于对消费者来说，超级明星的出现推高了市场价格，还因为超级明星剥夺了其他艺术家从事艺术创作的机会。不能从事艺术创作的艺术家得不到精神收益。精神收益无法从一个人身上转移到另一个人身上，由此导致的损失就有可能造成市场效率低。本章对超级明星理论及明星出现理论作了评述。从对消费者的影响及明星对自己形象权的使用方面，探讨了超级明星效应，还探讨了超级明星导致其他艺术家失去艺术创作机会的问题，同时提出了缓解这个问题的建议。文章最后对检验不同超级明星理论的实证文献进行了评述。

关键词

超级明星，明星，才华

JEL classification Codes

Z1， Z10

25.1 超级明星理论

25.1.1 为什么会出现超级明星现象?

艺术界、体育界等领域的超级明星是指那些在各自领域取得卓越成就的成功人士，他们的收入要远远超过同行。根据Rosen（1981）的研究，造成艺术界出现超级明星的原因有两个：一是才华的高低；二是完美或近乎完美的艺术品复制。音乐或戏剧市场是支持Rosen这一论点的非常好的例证。过去，无论一个歌手或演员的艺术水平有多高，其服务对象人数终究有限。因此，不管某位歌手或演员的艺术才华处于何种层次，他/她都会拥有观众。然而，在今天，通过录制唱片就可以实现对音乐的完美复制，电影与视频成为剧院的补充，甚至代替了剧院。花不多的钱，每位消费者都能看到一流艺术家的表演。

如果一流艺术家的表演水平比她的同行高很多，那么，事实上，“每位消费者都享受一流服务”只是特例。设想一下，假如歌手参与制作和销售CD，在这种情况下，一流艺术家是垄断者，无论是为追求利润最大化以低价将CD卖给所有消费者，还是以高价将CD只卖给小众人群，都取决于市场对其作品的需求弹性。只有当需求弹性高的时候，其作品才有可能服务于整个市场，从而实现利润最大化。Rosen模型特别关注才华处于同样一流水平的几位艺术家的案例。生产CD的平均成本在降低（将音乐作品录制在CD上的生产成本是固定成本），即使在这种情况下仍然只会出现一个明星。但是，要从一流艺术家中脱颖而出成为明星，将面临激烈竞争，因此，明星在出售CD时的价格可能是平均生产成本。鉴于此，明星有可能并不富裕。[①]

因而，Rosen模型中存在着两种极端可能性。如果一位艺术家的才华明显高于其他艺术家，除非市场需求接近完美弹性，这位艺术家才有可能将自己的作品售出高价，卖给一小部分消费者。如果市场上有几位具备同样才华的艺术家，哪怕其中某个人的作品覆盖了整个市场，她依然挣不到钱。因此，按照Rosen模型，如果一位明星特别有名且非常富有，她一定比其他艺术家更有才华。

Adler（1985）认为，超级明星的存在并不是由艺术家的才华差异造成的。他认为，实际上，许多艺术家都具有明星的禀赋；之所以出现超级明星，是由于部分消费者与其他消费者的艺术消费需求一致。这种需求源于一个客观事实：对一件艺术品的消费并不是一种短暂的体验，而是一个“懂得越多，就越享受”的动态过程。是消费者构建了艺术“消费资本”，消费资本越大，消费者每次从艺术和艺术家身上获得的乐趣就越多（Stigler and Becker，1977）。[②]

消费者通过以下三种途径获取艺术的相关知识：直接接触艺术品本身、与朋友或同事进行相关艺术话题的谈论或者阅读报刊中有关的文章。如果某位艺术家很受欢迎，消费者就很容易在与别人的谈论中遇到熟悉她情况的人，或者看到有关她的媒体报道。这就是消费者喜欢跟风消费的原因。

由于在任何时候都受到消费者欢迎的艺术家并不多，所以并非每位有才华的艺术家都能成功。然而，对于一位不成功的艺术家而言，其遭遇的挫败不仅仅是缺

① Rosen(1981，p.852)。

② Harvy Leibenstein(1950)描述了一种“流行效应”，该效应是指消费者购买与其他消费者一样产品的现象。Leibenstein将这种效应归结为消费者赶时髦的需要。

少受众。她一定也遭遇了消费者对其艺术作品的评判，这种评判足以决定其前途和命运。很容易得出的结论：不大受消费者欢迎的艺术家的确“并不那么优秀”。因此，成功艺术家所在的阶层根据他们自己的形象建立了一个“伪才华”的等级制度，从而强化了艺术家之间才华有差别的虚假感觉。

25.1.2 超级明星的出现

Rosen的模型建立在已知艺术家之间才华有差异的基础上，包括了超级明星出现的直接过程。MacDonald（1988）对表演艺术作了研究，对才华下了不同的定义，并描述了明星出现的动态过程。他认为，每位表演艺术家都可能会有优秀或者糟糕的表演。从艺术家优秀或者糟糕的表演中，并不能看出他们之间才华的差异，但却存在着艺术家的某场特定表演可能是优秀表演的可能性。在艺术家的整个职业生涯里，这种可能性是存在的。但从观众的视角，相比于著名艺术家，新人进行一场优秀演出的可能性更低。这是因为许多艺术家都会在演出中碰运气，那些演得差的人会从此放弃。相反，演得好的人会留下来，他们将来演得好的可能性更高。因此，票房好的艺术家能够卖出更高的票价，他们的表演也将愉悦更多的观众。在这种情况下，具备相同才华的艺术家的表演也会一样好。

Adler（1985）也描述了明星出现的动态过程，但在他描述的过程中，明星都是从数个具有同等才华的艺术家中脱颖而出的。在该模型中，明星的出现源于随机事件：消费者要往他们的消费篮子中添加一位新艺术家的时候，会随便选择一个，尽管这纯属偶然，但被选中的艺术家却因此比其他艺术家拥有了更多的支持者。这一初始优势会让这个幸运儿变成最受欢迎的艺术家，因为大家会偏爱广受欢迎的艺术家，其他消费者也会转而为她买单。初始优势能让这个过程像滚雪球般，直到最后出现超级明星。

好运只是消费者最初选择某位特定艺术家的一种可能机制。实际上，艺术家自己一般并不相信消费者的这种选择是偶然为之。例如，某位作家为了挤进畅销书作家之列，可能会买自己的书。某位音乐家可能会通过“贿赂”（哪怕这种行为是违法的）来说服电台节目主持人在广播中播放她的音乐作品。最重要的是，艺术家会利用宣传平台，诸如在脱口秀节目中露脸和通过小报及杂志的报道，标榜自己的名气。所有这一切都能够扩大其获得成功的可能性，但宣传资源的配置对艺术家来说与艺术才华的差异无关。[①]我们将在下一节再回到这个话题上来。

25.1.3 明星效应

25.1.3.1 对消费者的影响

明星的身价是否过高？经济学家并没有一个标准尺度来测定明星的身价过高还是过低，但是，他们区分了自由市场与非自由市场决定的市场价格。我们可以通过音乐CD的市场案例来分析市场支配力这个论题。

如果某位艺术家像明星一样富有才华，她就能以略低的价格出售自己的CD，并且掌控市场，这个市场就是可以自由进入的市场。按照Rosen的理论，这是真实情况，因而艺术市场是有效率的。但是在Adler的模型

① 这提出了明星可能是才华较差的艺术家的可能性；参见Adler（1985）、Bonus和Ronte（1997）。

中，消费者更喜欢最受欢迎的艺术家，哪怕与明星一样有才华的艺术家，都无法将追星的群众吸引到自己身边来，甚至以更低的价格也不奏效。因此，在这个模型中，进入市场并不自由，政府对价格进行调控也是有理论依据的。

Borghans和Groot（1998）解释了为什么明星的身价如此之高。他们首先否定了Adler的理论，因为这个理论建立在明星可能不比其他艺术家更有才华的假设上。他们认为，如果几位艺术家都有成为超级明星的潜力，那么，每个人都会投入资源以博取成功的机会，结果，超级明星的总收入就会减少。假若这是真实情况，Borghans和Groot认为艺术家愿意投入最多的是自我推广，这也表现出他们想成为超级明星的期望。如果很多艺术家成为超级明星的潜力相同，那么，某位特定的艺术家最终成为赢家的可能性就会变低，他们想做超级明星的期望值也由此降低，所以，每位艺术家在自我推广方面的投入就会变少。而有幸成为超级明星的艺术家，哪怕扣除推广宣传的费用，其收入也会非常可观。[①]

Borghans和Groot通过证明艺术家之间的才华差异以及艺术品复制本身不足以催生超级明星的收入，来分析Rosen的理论。他们通过消费者的N个变数与艺术家的N个变数来论证，但假设的案例是两位消费者和两位艺术家。

假设艺术品不能被复制，而且生产艺术品的成本为零。再假设艺术家A的才华不如艺术家B，消费者a和消费者b的情况完全相同，两位消费者对艺术家A和B的作品的保留价格分别是1美元和2美元。每位消费者只消费一件艺术品。最后，假设艺术家A为其作品定价1美元，他将作品卖给了消费者a，艺术家B为其作品定价2美元，她将作品卖给了消费者b。两位消费者对这两种价格同样满意。换言之，艺术家A标出的低价完全抵偿了他较差的才气。现在假设一夜之间能够免费复制艺术品了。直觉可能会让人以为艺术家B会把作品同时卖给两位消费者，从而提高收入，但是，Borghans和Groot的研究证明，实际情况并非如此。如果艺术家B将原来1美元的作品价格提高到1.5美元，那么，艺术家A的作品报价至少要比艺术家B的报价低1美元，他于是报出了0.25美元的价格，从而夺得了整个市场。因此，市场竞争迫使超级明星标出仅仅1美元的价格，结果，超级明星现在的收入与艺术品不能复制的时候应得的收入完全相同。

据此，Borghans和Groot推断，超级明星收入高一定有其他原因。这个原因必定是消费者对超级明星不离不弃——即使其他艺术家标出极低价格的时候也是这样，极低的价格足以补偿他较差的才气给消费者带来的损失。根据Borghans和Groot的理论，消费者对超级明星忠诚的理由是，他们喜欢“看到熟悉的人表现得‘最好’”。[②]这个论点的问题是它自相矛盾。如果更低的价格已经完全抵偿了艺术家较差的才气，为什么消费者仍喜欢看到“最好的”呢？[③]在他们的表述中，以“最受欢迎”代替了“最好”。尽管如此，该论点目前与Adler的论点是一致的。如果艺术品不能复制，价格差异补偿了艺术家才华差异所造成的消费者损失，那么，每位艺术家都会同样受欢迎（或者同样不受欢迎）。当艺术品复制变得可能，同样的价格差仍然能够补偿艺术家才华差异给消费者造成的损失，但并不能补偿名气差异带来的损失。所有消费者都惠顾同一位艺术家的时候，名气差异就存在了。当然，如果消费者更看重艺术家的名气，才华差异就变得不那么重要。

---

① Borghans and Groot(1998,p.557).

② Borghans and Groot(1998,p.561).

③ 肯定存在着价格差异，这种差异完全补偿了才华差异，否则，在艺术品不可能复制的情况下就不会有平衡。

25.1.3.2 形象权

研究明星效应理论的最新挑战来自于形象权研究的文献。其中颇有影响的是Madow（1993）的文章，他认为形象权的存在是低效的，因为它们限制了公众对符号的使用。Madow援引印有涂了口红的John Wayne的照片贺卡为例。这张贺卡要传递的信息可能是男子汉气概与同性恋并不矛盾。但是，无论贺卡究竟要表达的是什么，显然John Wayne并不是这张贺卡的创作者。如果贺卡公司必须为这张照片的使用权付钱，它也要为自己公司创作的大部分形象付钱。此外，Wayne完全可能拒绝出卖自己的形象做此用途。事实上，在1989年纽约州关于设立形象权法案的听证会上，Wayne的子女们就举证该贺卡公司"滥用"了其父的形象，以此作为支持设立该法案的正当理由。因此，形象权实际上等同于审查制度。

与其他大部分案例相比，在这个具体案例中，明星的意愿与她实际成为的公众形象之间的差距很大，Madow认为，如此大的差距具有典型性。据Madow所述，甚至连美国军方都不把Wayne创造的角色作为正面英雄看待，因为军方在警告士兵不要傻乎乎地冒险时，会告诫士兵不要"像John Wayne那样"。然而，在明星自己确实是他们所建立的公众形象的创造者的情况下，明星应当有形象权吗？Madow认为，即便明星没有创立这些公众形象，消费者也可能会通过上述的滚雪球过程自行建立明星形象。

尽管形象权存在道德依据，但明星是否应该对其形象权索要虚高的价格。一个不是大众偶像的明星能否通过付更少的钱成为偶像并进入市场呢？即便有明星如愿将自己变成了大众偶像，她也不可能一夜之间就做到这一点，因为这还需要公众的积极参与。因此，偶像进入市场并不是随心所欲的，而且使用他们形象权的标价很可能是虚高的。

25.2 超级明星与其他艺术家

25.2.1 艺术家太多了？

根据Frank和Cook（1995）的研究，超级明星的巨额收入是众多艺术家试图成为赢家的原因。这些追寻明星梦的"过剩"艺术家放弃了自己非艺术类工作的收入，有些人甚至放弃了能让他们通过从事正常工作获得高收入的正规教育，因此，对成功不切实际的梦想可能是造成艺术家生活贫困的原因。为降低超级明星的吸引力，Frank和Cook呼吁政府限制艺术家的报酬。

在对Frank和Cook论著的评论中，Rosen（1996）对他们论点中的经验主义关联性产生了怀疑，他认为，追求成功的艺术家会很快了解自己成功的可能性；如果可能性不大，他们会迅速退出这个领域。Rosen还认为，不切实际的梦想对贫困率的影响也是微不足道的；也就是说，穷人不再贫穷，就因为他们的梦想是变成富人。

25.2.2 超级明星与艺术家的精神收益

艺术家似乎是从艺术创作中获取精神收益，因为他们从中得到的货币收入一直比从等效的替代职业中得到的要低（Jeffri，1991；Throsby，1992；Wassall and Alper，1992；Menger and Gurgand，1996）。如果艺术家不进行艺术创作，其精神收益就会受损。在常规市场中，如果一笔生意失败了，其损失就是另外一笔生意盈利了。但是，由于消费者都蜂拥到超级明星那里，当某位艺术家不能从事艺术创作时，其精神收益损失并不会转给超级明星及其受众。[①]这纯粹是损失。只有从超级明星那里获得的其他收益超过了这个损失，这个损失才是有效的。损失是否有效，在一定程度上取决于是什么从根本上造就了超级明星现象。在Rosen的模型中，如果艺术家不如超级明星有才华，艺术家的位置会被取代，这种取代就是有效的。为什么要鼓励劣质作品的生产呢？但是，如果被取代的艺术家像明星一样有才华，并且他们被取代的唯一理由是因为消费者更喜欢流行的艺术家，那么，相对于越来越集中于超级明星艺术市场的消费者收益来说，就必须权衡不再从事艺术创作的艺术家的收益损失。

毫无疑问，艺术市场中一定程度的集中是有利的。如果每位消费者都支持不同的艺术家，大众文化就不会出现。但是，更多的集中是否总比更少的集中好呢？正如我们所注意到的，更多的集中造成了不成功的艺术家精神收益遭受不可弥补的损失，因为他们会停止艺术创作。但是，作为减少集中的一种手段，政府采取增加艺术家数量的政策措施，付出的代价也可能是高昂的。需要对成本进行权衡，也就是说，集中要有一个最理想的水平，即艺术家的最佳数量。

25.2.3 国家政策与艺术家的最佳数量

如果认为集中过度，可以通过税收手段来降低集中度。那么，采用哪种税收手段合理呢？由于外部效应，超级明星出现后，其他艺术家的精神收益会受损；那些选择追星而不去惠顾不大知名的艺术家的消费者，漠视了自己给那位艺术家造成的精神收益损失。外部效应能够通过庇古税内化，但是，推行庇古税将产生一个特殊问题。如果消费者支持的是一位已经非常受欢迎的明星，她应该纳税，但如果她是这位明星第一批拥趸者之一，她就不应该纳税。然而，如何区分“第一批”拥趸者与“其他”拥趸者呢？

一种方式是推行下文所述的差别税。假设消费者总数是C，艺术家的最佳数量是N。假定每位消费者购买一张CD，他们必须为此纳税。然而，与此同时，政府给声称要成为艺术家的每个人发放一本包括C/N退税证明的手册，上面印有艺术家的名字。艺术家把这些证明免费发给消费者，消费者通过向政府上缴这些证明来支付税款。收到退税手册的艺术家人数可能很多，会远远大于N，但最终得到消费者惠顾的艺术家人数就是最佳数量，因为消费者会更喜欢那些还没有“满”的最受欢迎的艺术家。这样，成功的艺术家将出售带有C/N退税证明的CD。为了防止消费者缴税和扎堆，此项税收将被设定到足够高的水平。

应当强调的是，在这种制度下，并非政府而是消费者决定谁是成功的艺术家，而且每个人都持有C/N退税证明，并没有消费者实际纳税。尽管如此，艺术家们仍会得到资助，因为与没有负担的超级明星制度中的消费相比，消费者最终会把更多的钱花在搜集“他们的”艺术家的信息上。当然，就像任何其他税务政策一样，在对其进行必要性评估时，也要将执行该政策的成本考虑在内。

25.3 超级明星理论的实证检验

明星现象是对卓越才华的回报吗？抑或明星现象的出现是源于消费者对大众文化的需求？本节对相关研究

① 假设艺术精神收益的存在可能需要最少数量的受众，而不是增加受众规模。

进行了评述，并且对一个附加的实证检验提出了建议。

25.3.1 艺术界超级明星现象实证检验

从通常意义上来说，才华是无法测量的，而歌手嗓音的谐波质量是可测量的。Hamlen（1991，1994）测量了嗓音质量与唱片销售之间的关系，发现嗓音质量越好，唱片销售量越大，但是，歌手之间的才华差异远远超过了唱片销售额之间的差异。Hamlen对这一结果的解释与Rosen的"天赋回报"解释不一样，但是，Schulze（2003）认为"将嗓音的谐波含量作为艺术水平的相关测量手段，对非古典音乐（摇滚、民族等）歌手的作用一点也不明显"。毫无疑问，不仅要对艺术家的嗓音质量，对歌曲质量也必须进行考量，但这也许是不可能的。[①]

Chung和Cox（1994）采用另一种方法检验了这两套理论。他们的检验表明，成功在艺术家中的分布表现为滚雪球过程（Yule分布）。在这个过程中，消费者购买某一特定CD的可能性随该CD销售数量增长而增长。消费者选择其他消费者没有买过的新CD的可能性总是很小。当某种消费行为发生时，其他消费者可能也会跟着这样做，于是最初小小的优势就有可能通过滚雪球效应演变为艺术家的成功。Chung和Cox认为，该论断更支持Adler的理论，而不是Rosen的理论，但是，Schulze（2003）认为这个过程也与基于才华的消费者选择理论一致。

无论人们是否同意Chung和Cox的观点，他们的研究都清楚地表明，对艺术家来说拥有初始优势是多么重要。但是，艺术家如何获得这一优势？他们是运用彰显才华的技能，还是选择完全不相干的方式？这让我们想到了众所周知的"潜规则"，歌手Britney Spears的经历让我们知道自称贞洁自好的人也有可能上头条。为确定非才华因素在艺术家职业生涯早期阶段的重要性，需要对大量明星的（未授权）自传进行系统研究。理想的状况是，将这些自传与那些一直未成功的艺术家的自传进行比较。但是，由于不成功艺术家的自传非常少，这种理想状况可能无法实现。

Ginsburgh和van Ours（2003）在一篇关于Elizabeth女王钢琴比赛的文章中举了一个初始优势如何发生的例子。在比赛中取得优异成绩的钢琴家后来都取得了成功。尽管看上去事情本该如此，但Ginsburgh和van Ours指出，参赛者在比赛中的演奏顺序——这是随机安排的——影响了比赛结果。既然比赛的获胜都是随机的，比赛怎么会影响参赛者后来在市场中的成功呢？答案或许是比赛获胜并不能作为最有才华艺术家的指标（消费者甚至可能以为进入决赛的所有人都同样具有才华），但对消费者来说，他们愿意聆听其他人也同样喜欢的艺术家的演奏，这才是重点。

25.3.2 体育界超级明星现象实证检验

体育界的超级明星理论也已经被实证所检验。比起艺术界，在体育界中衡量才华差异容易些，Seaman（2003）曾询问，是否有可能在这两个领域的才华与收入之间找到关联性。他发现关于体育界才华与收入的研究目前只有两项。Lucifora和Simmons（2003）在关于意大利足球的研究中发现，与才华分布相比，足球运动员的收入分配更不均衡。该研究将这一结果归因于观众更愿意观看明星运动员的比赛，而不愿意观看禀赋相同但不太知名的运动员的比赛。这可能也证实了Adler的理论，即消费者更喜欢观看那些自己和其他观众已经熟悉的运动员或者艺术家的比赛或表演。对熟悉的运动员

---

① Hamlen还发现，单曲市场的成功导致了专辑市场的成功，但是，这个结论由于与明星现象的两个理论一致，因而没有包含太多有用的信息。消费者购买完整的专辑，可能是因为她喜欢单曲，或者因为单曲的成功是艺术家受欢迎的标志。

的偏爱也解释了Blass（1992）的研究，即棒球击球手的收入是随着经验增加的，并不随他的击球能力增加。

但是，必须注意的是，艺术与体育的一些区别在对艺术经济学理解的过程中削弱了体育经济学的价值。体育是竞技性的，在竞技过程中每位参与者必须完成相同的任务。例如，在没有相扑运动的国家，一个伟大的相扑运动员可能仅仅是一个平庸的足球运动员，他只能去踢足球。然而，艺术领域却没有这种限制，因此，艺术家有更多的机会来展示其特别的才华。这就是为什么艺术领域不像体育领域那样有衡量标准。

25.4 结　论

随着有关版权国际化的争论日渐明朗，全球化加剧了超级明星现象。裹挟着全球超级明星的全球文化，正在取代当地明星所代表的地方文化，因此对于消费者、艺术家和艺术，了解这一点意味着什么非常重要。经济学家直到21世纪初才开始研究这些问题。正如本章所述，有人认为国际超级明星完全就是地球上最优秀的艺术家。在他们看来，并没有理由担心什么。但是，本章也指出，单一的全球文化有可能摧毁地方文化，这并不是因为它比地方文化好，而是因为它是全球的。如果无法阻止全球文化的出现，如果这种文化没有高傲地成为最终胜利者，那么，问题就是如何将构建全球文化的过程民主化。因此，“超级明星经济学”有许多尚待解决的问题。

参考文献

Adler, M.(1985). "Stardom and talent". American Economic Review 75, 208–212.

Bonus, H., Ronte, D.(1997). "Credibility and economic value in the visual arts". Journal of Cultural Economics 21, 103–118.

Blass, A.A.(1992). "Does the baseball labor market contradict the human capital model of investment?" Review of Economics and Statistics 7, 261–268.

Borghans, L., Groot, L.(1998). "Superstardom and monopolistic power: Why media stars earn more than their marginal contribution to welfare". Journal of Institutional and Theoretical Economics 54, 546–571.

Chung, K., Cox, R.(1994). "A stochastic model of superstardom: An application of the Yule distribution". Review of Economics and Statistics 76, 771–775.

Frank, R.H., Cook, P.J.(1995). The Winner-Take-All Society. The Free Press, New York.

Ginsburgh, V., van Ours, J.(2003). "Expert opinion and compensation: Evidence from a musical competition". American Economic Review 93, 289–296.

Hamlen, W.(1991). "Superstardom in popular music: Empirical evidence". Review of Economics and Statistics 73, 729–733.

Hamlen, W.(1994). "Variety and superstardom in popular music". Economic Inquiry 32, 395–406.

Jeffri, J.(1991). The Artists Training and Career Project: Painters. Columbia University, Research Center for Arts and Culture, New York.

Leibenstein, H.(1950). "Bandwagon, snob, and Veblen effects in the theory of consumers' demand". Quarterly Journal of Economics LXIV, 183–207.

Lucifora, C., Simmons, R.(2003). "Superstar effects in sport: Evidence from Italian soccer". Journal of Sports Economics 4, 35–55.

MacDonald, G.(1988). "The economics of rising stars". American Economic Review 78, 155–166.

Madow, M.(1993). "Private ownership of public image: Popular culture and publicity rights". California Law Review 81(1), 125–152.

Menger, P.-M., Gurgand, M.(1996). "Work and compensated unemployment in the performing arts: Exogenous and endogenous uncertainty in artistic labor markets". In: Ginsburgh, V.A., Menger, P.-M.(Eds.), Economics of the Arts: Selected Essays. North-Holland, Amsterdam, pp. 347–381.

Missner, M.(1985). "Why Einstein became famous in America". Social Studies of Science 15(2), 267–291.

Rosen, S.(1981). "The economics of superstars". American Economic Review 71, 845–858.

Rosen, S.(1996). "Book review: The winner-take-all society". Journal of Economic Literature 34, 133–136.

Schulze, G.G.(2003). "Superstars". In: Towse, R.(Ed.), Handbook of Cultural Economics. Edward Elgar, Cheltenham, pp. 431–436.

Stigler, G., Becker, G.(1977). "De gustibus non est disputandum". American Economic Review 67, 76–90.

Throsby, D.(1992). "Artists as workers". In: Towse, R., Khakee, A.(Eds.), Cultural Economics. Springer-Verlag, Heidelberg, pp. 201–208.

Seaman, B.A.(2003). "Cultural and sport economics: Conceptual twins?" Journal of Cultural Economics 27, 81–126.

Wassall, G.H., Alper, N.O.(1992). "Towards a unified theory of the determinants of the earnings of artists". In: Towse, R., Khakee, A.(Eds.), Cultural Economics. Springer-Verlag, Heidelberg, pp. 187–200.

| 第九部分 |

拍卖和价格

第26章

艺术品拍卖

Orley Ashenfelter[a] and Kathryn Graddy[b]

[a]Princeton University, Princeton, NJ, USA

[b]University of Oxford, Oxford, UK

孟昕 译

摘 要

本章包含了21世纪90年代初至21世纪艺术品拍卖研究的一个综述，这些研究已经阐明了艺术品拍卖系统是如何运作的，这个拍卖系统所反映的就是艺术品价格的形成，以及艺术品拍卖系统运行得如何好。我们先从一个拍卖系统机制的简短描述开始，然后围绕两个重要主题组织讨论其余的部分。第一个主题是关于研究人员如何使用拍卖价格的。我们先讨论持有艺术品的回报率以及某些种类的艺术品是否会是一种更好的投资。然后，我们讨论那些已经使用拍卖价格去确定单个艺术品和个别艺术家重要性的研究。最后，通过讨论不同的拍卖行是否系统地获得了不同的成交价格，我们结束对这个主题的讨论。第二个主题着重于拍卖机制对价格影响的研究。我们先讨论佳士得和苏富比拍卖行的操纵佣金事件以及拍卖行的竞争行为在价格确定中的作用。我们还将转移话题讨论专家和估价在拍卖中的作用。然后，我们考虑在拍卖中流拍物品随后的回报率是否低于那些没有流拍的物品。与此同时，再探讨一下销售率和底价。我们通过回顾大量的文献来结束这个主题的讨论。这些文献还试图解释，当多个物品在售时，为什么同样物品的价格更可能下降而不是上涨。随后的实证研究也已经证明即使物品是不完全替代品，价格也是下降的。

关键词

拍卖，艺术品，价格异常，资产回报率，限价

JEL classification Codes

D44， G11， L12， Z11

26.1 引　言

最重要的艺术品的价值是通过公开拍卖确定的，要么直接通过一个真实的拍卖销售确定，要么间接地参考其他销售来确定。因此，拍卖系统如何运作就是将公众的偏好如何转化为对高品质的艺术品评价的一个关键因素。拍卖系统是确定艺术品激励机制的一个重要因素，并且拍卖系统的效率是艺术品创作成本和传播成本的决定因素。本章包含了20世纪90年代至21世纪初的艺术品拍卖研究的一个综述，这些研究已经阐明了艺术品拍卖系统是如何运作的，这个拍卖系统所反映的就是艺术品价格的形成，以及艺术品拍卖制度运行得如何好。我们先从一个拍卖机制的简短描述开始，然后围绕着两个重要主题组织讨论其余的部分。

在第二部分中，我们将讨论研究人员是如何使用拍卖价格的。我们先讨论持有艺术品的资产回报率以及某些种类的艺术品是否会是一种更好的投资。我们发现，21世纪以来艺术品的资产回报率似乎略不同于其他资产的回报率。一些研究人员发现，由于艺术资产回报率与其他资产回报率之间呈弱相关，即便艺术品投资本身是有风险的，也有可能出现艺术资产被纳入多元化投资组合的情况。此外，虽然有证据清楚地表明，与艺术品贸易的观点相反，“名作”的市场表现不佳，但是，对于这一发现的确切解释仍然是值得继续研究的。

我们继续在第二部分讨论其他已经使用拍卖价格去确定单个艺术品和个别艺术家重要性的研究。一些研究已经使用拍卖价格来检验艺术品创新过程中的一些替代模型，借此将一些经典美学思想带入可检验的假说领域。一项重要调查的结果表明，不同时期的艺术家在不同的年龄阶段创作出了最伟大的作品。这使得一些作者断定，概念论者在年轻的时候创作出最伟大的作品，实验主义者则在年长的时候创作出最伟大的作品。最后，通过讨论不同的拍卖行是否系统地获得了不同的成交价格，我们结束对这个主题的讨论。有证据表明，在相当长的时期内，艺术品的价格可能会偏离整个地区甚至拍卖行的价格。

现在有相当多的关于拍卖中的战略行为的理论研究，大部分是涉及实证研究的结果。第三部分重点关注拍卖机制对价格影响的研究。我们先讨论佳士得和苏富比拍卖行的操纵佣金事件以及拍卖行的竞争行为在价格确定中的作用。我们将话题转向讨论专家和估价在拍卖中的作用。我们回顾一下苏富比前主席Alfred Taubman的刑事审判的公开记录，他因操纵佣金价格被起诉，这份记录显示了他与另外一家大的公开拍卖行佳士得的暗中勾结实际上是如何策划的。与民事诉讼和解中所得收益的分配方式相反，我们发现，实际的买家利益几乎没有受到共谋的损害，但是卖家却蒙受损失。此外，基于和解的公开记录，拍卖行对于民事诉讼中原告的伤害补偿看起来非常慷慨。

在第三部分中我们继续讨论专家和估价在拍卖中的作用。一些证据表明，艺术品鉴定专家能够提供非常准确的市场价格的预测，但是，这些预测并没能最优地处理那些公开的信息。接下来，我们考虑在拍卖中流拍的物品随后的回报率是否低于那些没有流拍的物品。然后，我们再探讨一下销售率和底价。在面对随机需求时，高底价以及由此产生的高流拍（买入）率最好的解释是优化搜索。我们还讨论了为什么底价是保密的。最后，大量的研究已经证明，当多个物品在售时，同样物品的价格更可能是下降的而不是上涨的，而这个已经引发了大量的理论研究。随后的实证研究也已经证明即使物品是不完全替代品，价格也是下降的，虽然在这种情况下必要的实证分析要复杂得多。

在第四部分，我们对艺术品拍卖研究的综述做个总结。由于艺术品的独特性质和拍卖机制对价格的影响，对市场价格的解释需要很谨慎。然而，艺术品拍卖为艺术品的评价提供了重要信息，并且他们提供了一个主要的实验场所用来测试和改进有关行为决策的经济模型。

26.1.1 艺术品拍卖机制

从历史上看，主要的艺术品拍卖行是英国的苏富比拍卖行和佳士得拍卖行。这些公司，连同其他较小的或区域性的拍卖行，如英格兰的菲利普斯拍卖行，或者加利福尼亚的百特菲尔德拍卖行，已经开发并完善了现在被称为“英式”或“升价”拍卖的规则。几乎所有的艺术品都是通过这种价格逐渐上升的模式进行拍卖的。标价从低价开始，拍卖师随后喊出越来越高的价格。[①]当报价停止时，该拍卖标的物被称为“击槌成交”或“落槌成交”，而最终的价格是“成交价”。[②]并不是所有的拍卖标的物都会被售出和以“击槌成交”的方式售出。个别物品的卖方将设定一个秘密底价，并且如果报价达不到这个底价，那么将不会售出这个物品。拍卖商称那件未售出的物品已“流拍”。此外，艺术品交易称“流拍”物品“被黑了”。也就是说，它们的价值已经受到损害，因为它们在拍卖中没有卖出去。正如我们在下面看到的一样，跨越时间和不同类型拍卖的销售率的变化是非常巨大的。

尚未售出的物品是很少见的，如果曾经流拍，实际上还会被拍卖行买回来。它可能会在稍后的拍卖中被售出，或者在其他地方被卖掉，或者退出市场。“初始报价”是拍卖师拍卖艺术的一部分，并且这可能涉及接受虚拟的出价（“吊灯报价”或“订单报价”），只要出价不超过底价。从法律的角度来说，在进行拍卖时，拍卖师是代表卖方报价，但是，一旦出价超过底价，拍卖师必须避免接受代表卖方的进一步报价。

拍卖行在拍卖过程中就是否公布拍卖标的物是否“售出”，或是仅仅“击槌”，或是“流拍”会有所不同。在纽约，所有的拍卖行自20世纪80年代初起迫于法律不得不公布竞标标的物是否已经售出。实践中，在其他地方按位置和拍卖行的不同会有所不同，但是，毫无疑问的是已经开始逐渐接受了最初由纽约法律设定的实践惯例。在拍卖会上，虽然很难，但是如果你仔细听，有时确定一个物品是否已出售或“流拍”还是可能的。

在拍卖前，公布带有即将出售的个别物品信息的预售目录是很常见的。包含在预售目录中的公共信息是这幅画作的标题、艺术家、画作的尺寸、绘画手法、这幅画作是否有签名、画押或印章、起源、展览的数量和已发表画作的评论文章的参考文献。拍卖行还会公布这个艺术品的一个低估价和一个高估价。拍卖行并不公布卖方对艺术品标出的底价。实际上，拍卖行对底价是守口如瓶的。拍卖行通常的确在遵守一个不成文的规矩，保密的底价低于或等于低估价，但是，在竞拍过程中拍卖师会非常担心透露任何有关底价的事情。

拍卖行的收入主要来自收取买家和卖家的佣金。向买家收取的佣金被称为“买方溢价”。因此，向买家收取的总销售价格是“成交价格”和买方溢价或买方佣金的总和。21世纪前后公布的买方溢价通常徘徊在一个拍卖品的成交价格的10%~20%，而大买家支付较低的数额。虽然买家可能试图通过谈判达成特殊的买方溢价协议，但是，在我们的印象中，典型的买家在某个特定拍卖行购买非常少的部分拍卖品，买方的特殊条款是很罕见的。

卖家也支付佣金给拍卖行，被称为“卖方佣金”。虽然卖方佣金经常被表示为落槌价的百分比（通常为10%），但是，在我们的印象中，实际的卖方佣金通常是通过谈判达成的协议，不同的协议也有差异。在某些情况下，卖方并不支付佣金，甚至可能还会保证一个最

---

① 实际上，所谓的英式拍卖源自罗马。拍卖这个词来自拉丁语“auctio”，意思是不断上升。

② 拍卖规则的发展在17世纪末的伦敦经历了一段有趣的历史，参见Marchi（2004）。

低的销售价格。一些涉及卖方佣金谈判的关键问题，以及在设定佣金比率时的竞争与勾结程度问题，已经在苏富比前主席 Alfred Taubman 的审判中暴露出来，Taubman 被判操纵佣金价格。我们将在下面更详细地讨论关于拍卖行之间的竞争问题。

26.2 艺术品价格

艺术品一般都是独一无二的，因此，确定它们价格的时间序列运动需要认真仔细地测量和大量的数据。我们从 26.2.1 节构建价格指数的方法论的综述开始讨论。测量艺术品的价格时间序列运动的主要目的是评估将艺术资产纳入均衡的投资组合的益处，并且我们还在 26.2.1.1 和 26.2.1.2 小节中回顾了关于这一主题的重要发现。由于作出这个决定的关键参数是很难估计的，所以，这个问题值得更多、更深入的研究。在 26.2.2 节中，我们回顾了 Galenson 的一些研究工作。Galenson 研究发现，一个艺术家在艺术生涯中最重要的作品是什么时候创作出来的。首先通过识别不同艺术风格的艺术家的年龄规律，Galenson 提出了一个理论来说明为什么这些规律会存在。最后，在 26.2.3 节中，我们重点关注那些已经证明了在不同的拍卖行和在不同地区存在持续的价格差异的研究。

26.2.1 艺术品价格指数

艺术品拍卖的一个重要特点是，出售的东西通常都是独一无二的或者几乎是独一无二的。结果是，在构建随时间变化的价格运动的单一指数过程中会有一些模棱两可的情况。简单地说，使用平均价格的一个问题是在经济繁荣时期价格上涨可能会加剧，因为可能会有“更好的”画作出售。例如，Wynne Kramarsky，其家族以前拥有 Van Gogh 的名作《加谢医生的肖像》（Portrait of Dr. Gachet），在 1990 年 5 月 15 日未成功拍卖售出《加谢医生的肖像》之前，谈起伦敦市场：“我认为伦敦在市场表现方面并不差；我想是这些画作达不到市场的要求。”（Watson，1992， p.10）。一般而言，平均价格将显示出艺术品的价格随时间变化而发生的变化，这种变化被更好地描述为所提供的拍卖标的物质量的异质性运动，而不是相同标的物的价格运动。

异质性的程度以及由此在构建拍卖价格指数时产生的一些歧义，通常会随着拍卖标的物的不同而有所不同。同样的版画可以每月提供出售，而相同的印象派画家的作品，如《加谢医生的肖像》根本不可能在 10 年内提供出来。

大多数艺术品拍卖指数是基于下面这个模型，模型中第 i 个物品在时期 t 销售的价格是：

$$p_{it} = p_i + p_t + \varepsilon_{it} \qquad (26\text{-}1)$$

其中，p_i 是价格的固定部分，反映了物品独一无二和固定的性质（或“质量”），p_t 反映了价格的总变动指数，最后一项是特殊的误差项。价格指数构建中主要的特征是固定部分是否被看作由少量的内涵特征 x（由回归控制）所决定，或者它是否被视为一个必须被显性控制的参数。

“特征价格模型”（Hedonic models）控制固定效应 p_i 并假设 $p_i = \beta x_i + \varepsilon_i$，其中 ε_i 是一个误差项，独立于所有的 p_t，并估计：

$$p_{it} = \beta x_i + p_t + \varepsilon_i + \varepsilon_{it} \qquad (26\text{-}2)$$

另外，“重复销售模型”（repeat sales models）中的每一幅画作都包含一个虚拟变量。

特征价格模型最大的优点是，所有的数据都可以用来估计，包括那些在样本期内只出售一次的标的物的数据。这些模型的缺点是需要一个很强的假设，假设（通常很小的）一组 x 集合能够抓取价格固定部分的大部分变化率（如果时间效应的估计是精确的，则很重要），并且提供的标的物的特性是不会随着时间而发生系统性的变化（对于时间效应的无偏估计是重要的）。有一个油画的例子——Van Gogh的《两只老鼠》——就可能存在一个问题。根据内涵特征与特点，如艺术家和画作的绘画手法，相当于《加谢医生的肖像》，这幅画应该是最昂贵的油画之一。然而，《两只老鼠》被普遍认为是一幅需求量远小于《加谢医生的肖像》的油画。特征价格模型很难发现这个问题。如果不太重要的作品，如《两只老鼠》，倾向于在艺术市场不景气的时候出现，而更重要的画作如《加谢医生的肖像》，则倾向于在市场繁荣时期出售，那么，依特征价格模型构建的指数将会有偏差。因此，重复销售价格指数在油画质量上严格控制差异性，然而，特征价格模型只能控制计量经济学家所能观察到的效应因素。

虽然重复销售模型克服了特征价格模型的主要缺点，但是，它却是以丢弃大量数据为代价的。它必须有至少两组关于一幅画作价格的观察数据，否则它提供不了任何有助于确定时间指数的信息。事实上，重复销售模型取决于重复销售发生的频率，也许它不太可能确定模型中的所有时间效应。

当使用重复销售模型时，数据缺乏问题在房地产的销售方面已经有了广泛的探讨研究。[①]一个众所周知的问题是，如果只有很小比例的画作在给定的时间内转手，那么这将导致时间效应的虚拟变量的近共线性。近共线性的结果是导致不精确的参数估计和一个极变量数列（an extremely variable series）。此外，数据缺乏还会导致估计回报率的伪负相关。这种效果会随着观测数据数量的增加而逐渐减少，但是，这种影响往往是在回报率被估计时期的开始阶段出现的。因为存在上述问题，Goetzmann和Spiegel（2003）建议对最主要样式的艺术品最多以每一年半一次的频率构建指数，而对某些样式的艺术品，最多以每年一次的频率构建指数。

对于用来计算子指数的地方，数据是稀缺的，但是在其他地方则有充分的数据，Goetzmann 和 Spiegel（1997）已经开发出一种“距离-加权重复销售”程序，其中距离被定义为独特的空间距离。他们将此方法应用于计算一个特定社区的住房指数，但是，这个方法可以很容易地被改成适用于特定的艺术品子指数的计算。

在重复销售数据中需要注意的另外一个问题是，认为这些画作其实都是一样的。许多画作都可以有相同的名称、尺寸、作者、绘画日期和方法，但是，它们却是不同的画作。根据数据集创建的方式，这可能会或者也可能不会是个问题。例如，Mei和Moses（2002）通过查看一幅特定画作的来源（所有权历史）来构建他们自己的数据集，然后确定未销售的画作是否在出处列表中。这种方法避免了错误匹配。然而，当Goetzmann和Spiegel（2003）从追踪艺术品拍卖销售的加百利公司获得了所有现有的重复销售数据，他们发现了一些不寻常的观察结果，并发现它们是不匹配的。一个避免错误匹配的确定的方法是回到艺术品目录来比较画作的照片。

重复销售模型和特征价格模型的比较结果已经由Chanel、Gérard-Varet和Ginsburgh（1996）公布了。总体的结果表明，在较长的相同间隔时间内，特征价格模型和重复销售模型的回归都得出了艺术资产实际回报率的估计值。在某些情况下，特征价格模型也许还能提供总价格的充分的时间序列运动估计。然而，危险仍然存在，在被拍卖物品的未观测到的特性中，系统性的运动可能会偏离这些结果。

当我们使用印象派和现代艺术品的数据做一个详细的比较时，系统性运动的本质是很明确的，就像我们在Ashenfelter和Graddy（2003）的文章中所做的一样。当

① 参见Goetzmann (1992) and Goetzmann and Spiegel (1997)。

年度价格指数构建出来后，首先两类指数的外观非常相似。图26-1给出了从1980年到1991年的印象派和现代派艺术品的享乐（也称为特征）价格指数和重复销售价格指数的图形。这两个估计量之间的相关系数是0.9559，享乐价格指数的标准差是1.024，重复销售价格指数的标准偏差为1.166。然而，由于最后一年的变动，两个指数给出了非常不同的内部收益回报率。享乐价格指数给出的真实的收益回报率约为4%，然而，重复销售价格指数产生的真实回报率约9%！哪一个是正确的呢？我们的数据截止到1991年5月份。"主要的"印象派画作销售通常在10月份举行。其中一个解释是，享乐价格指数低估了短时期内的回报率，因为它无法在1991年上半年指出并纠正在销售期间发生的质量的差异。另一个解释是，由于重复销售价格指数在那段期间是基于很小数量的画作创建的，这些画作是不具有整体市场代表性的（在市场境况比较差的时候它们的价格保持了较好的上涨趋势）。我们的特征价格模型包含了多达8 792个观察数据，而重复销售的估计基于仅仅474个观察数据。

所以还是没有必要抛弃所有类型艺术品的大量的观测数据。例如，当研究版画市场时，由于许多版画实际上几乎是相同的，所以使用重复销售模型时那些被丢弃的观察数据的数量是很少的。当使用重复销售模型来构造版画价格指数，Pesando（1993）排除了现代版画不到1%的实际价格。在这种情况下，重复销售模型将比特征价格模型占优势。

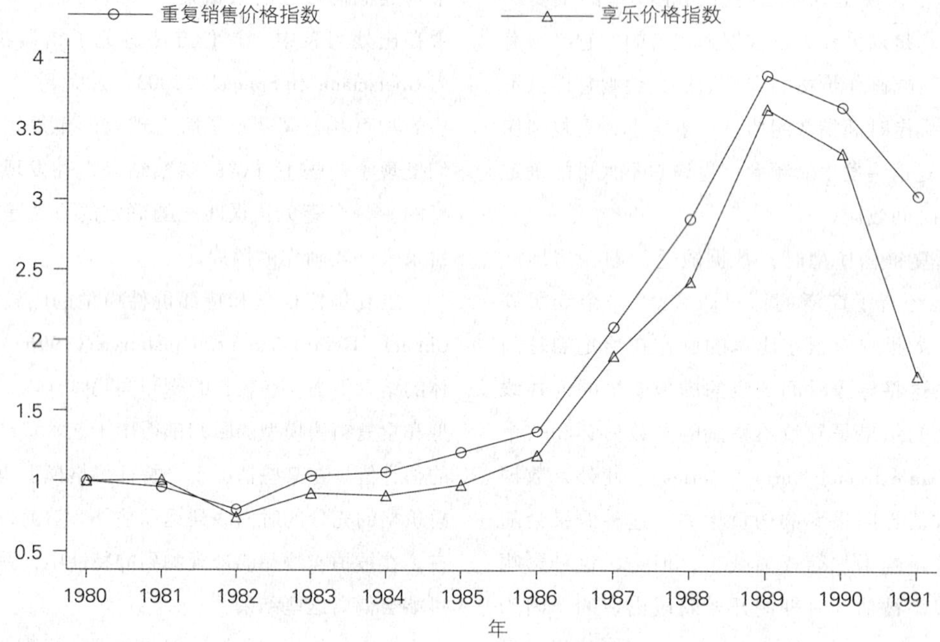

图26-1 印象派艺术品的重复销售价格指数和享乐价格指数

也可以测量一种类型的指数偏离其他类型指数的程度。例如，假设重复销售价格指数x是个真正的指数，x^*是一个测量的特征指数，并且v^*独立于x，所以，

$$x^* = x + v^*$$

如果测得的x是精确的，那么x^*对x的回归会得出一个单位斜率。如果x的测量有误差，与这个单位之间

的差额提供了一个在重复销售价格指数中作为总方差的一部分的测量误差的估计（一个更复杂的模型中x的测量有误差，但是与v^*不相关，比方说作为抽样误差的结果）。计算上述回归，我们发现x有一个0.8400的系数和一个0.086的标准误，从而表明有统计学意义上的显著的测量错误。其含义是，在重复销售模型的价格测量中方差的约16%是测量误差。

许多文章把艺术品作为一种投资来研究，并使用重复销售回归来构建回报率指数，其目标是确定合适的艺术品作为投资对象。并不是像上面讨论过的，对每一幅画作都使用一个虚拟变量，这些文章实质上是区分辨别两个相同的画作的价格。因此，方程（26-1）中，让s代表销售日期，b代表购买日期，去掉单个的画作特征（p_i），方程留给我们的是：

$$p_{is} - p_{ib} = (p_s - p_b) + \varepsilon_{is} + \varepsilon_{ib} \tag{26-3}$$

价格用对数表示，那么这些研究对上述方程的解释如下。$p_{is} - p_{ib}$是一个特定的艺术资产在购买和销售期间的连续复利回报（通常表示为$r_i = \sum_{t=bi+1}^{s_i} r_{i,t}$，其中$r_{i,t}$代表在购买和销售期间的每个时段的收益），$p_s - p_b$是艺术品i在购买和销售期间每一期t的平均收益之和，即投资组合中所有艺术品的平均收益（通常表示为$p_s - p_b = \sum_{t=bi+1}^{s_i} \mu_t$）。$\varepsilon_{is} + \varepsilon_{ib}$是每个时期的误差项之和。①我们的推导结果认为，每对虚拟变量在销售时应等于1，在购买时应等于-1，在所有其他的时间应等于0。Goetzmann（1992，1993）表示让虚拟变量在购买和销售期间等于1，否则为零，这是更为有效率的，然后做一个广义的最小二乘法回归，并使用Case和Shiller（1987）建议的权重，这个加权是基于持有这幅画作的时间。加权回归的意义是，持有画作的时间越久，误差越大。

在Case和Shiller（1987）方法的第一阶段，销售价格与购买价格比值的对数是对时间虚拟变量回归。在第二阶段，第一阶段的残差平方回归是对一个常数项和销售间的时间运行。在第三阶段，广义最小二乘法（加权）回归运行，是将每个观察值除以在第二阶段的拟合值的平方根之后，重复第一阶段的回归。

Biey和Zanola（2004）的一项研究将特征价格模型和重复销售模型融合在一起。他们使用的方法是由Carter Hill、Knight和Sirmans（1997）为房地产市场开发的，在这种方法中，一个包含特征和重复销售的方程被联合估计。Case和Quigley（1991）为房地产开创了这一方法。然后，对时间虚拟变量的系数进行限制，即在两个回归中系数都是相同的。他们认为，通过使用特征价格模型和重复销售模型相结合的方法，在回归估计中标准误差将降低，当然只有在特殊的假设条件下这个方法才能避免偏差。

在这一卷中，Ginsburgh、Mei和Moses（2006）对构建艺术品指数的不同方法提供了一个深入的分析。其他的已经计算出艺术品价格指数的作者还包括Anderson（1974），Stein（1977），Baumol（1986），Frey和Pommerehne（1989），Buelens和Ginsburgh（1993），Pesando（1993），Goetzmann（1993，1996），de la Barre、Docclo和Ginsburgh（1996），Chanel、Gérard-Varet和Ginsburgh（1996），Pesando和Shum（1996），Czujack（1997），以及Mei和Moses（2002）。这些研究的细节和艺术资产的估计回报率详见表26-1。除了艺术品之外，经济学家也已经计算出在拍卖中售出的其他物品的价格指数。Graeser（1993）已经估计出美国的古董家具价格指数，Ross和Zondervan（1989）已经估计出斯特拉迪瓦里（Stradivari）小提琴的一个指数。

---

① 这种方法是由Bailey、Muth和Nourse(1963)开发，由Case和Shiller(1987)以及Hosios和Pesando(1991)应用于房地产市场上，随后Goetzmann(1993)、Pesando(1993)以及Mei和Moses(2002)应用在艺术市场。在这些论文中，$\varepsilon_{i,t}$在不同的时间和不同的油画中被认为是不相关的。

表26-1　　来自各种研究中的艺术品收益回报率估计

作者	样本	时期	方法	名义回报率	实际回报率
Anderson（1974）	一般绘画	1780—1960	特征价格	3.3%	2.6%*
		1780—1970	重复销售	3.7%	3.0%*
Stein（1977）	一般绘画	1946—1968	假设随机样本	10.5%	
Baumol（1986）	一般绘画	1652—1961	重复销售		0.6%
Frey 和 Pommerehne（1989）	一般绘画	1635—1949	重复销售		1.4%
		1950—1987	重复销售		1.7%
Buelens 和 Ginsburgh（1993）	一般绘画	1700—1961	特征价格		0.9%
Pesando（1993）	现代版画	1977—1991	重复销售		1.5%
Goetzmann（1993）	一般绘画	1716—1986	重复销售	3.2%	2.0%*
De la Barre、Docclo 和	大印象派	1962—1991	特征价格	12.0%	5%*
Ginsburgh（1996）	其他印象派	1962—1991	特征价格	8.0%	1%*
Chanel、Gérard-Varet 和	一般绘画	1855—1969	特征价格		4.9%
Ginsburgh（1996）		1855—1969	重复销售		5.0%
Goetzmann（1996）	一般绘画	1907—1977	重复销售		5.0%
Pesando 和 Shum（1996）	毕加索版画	1977—1993	重复销售	12.0%	1.4%
Czujack（1997）	毕加索绘画	1966—1994	特征价格		8.3%
Mei 和 Moses（2002）	美国的印象派和早期绘画大师作品	1875—2000	重复销售		4.9%
Goetzmann 和 Spiegel（2003）	现代印象派和早期绘画大师作品	1985—2003	重复销售	-1.2%	
Graeser（1993）	古董家具	1967—1986	都不是**	7.0%	
Ross 和 Zondervan（1989）	斯特拉迪瓦里小提琴	1803—1986	特征价格		2.2%

*由于许多调查数据仅仅公布名义回报率，作者计算了实际回报率如下。在Anderson和Baumol的研究中，使用了0.7%的年通货膨胀率。这个数字是基于Baumol对他所研究的300年期间的通货膨胀率的估计，使用到了Phelps-Brown和Hopkins价格指数。Goetzmann对他的研究时段的通货膨胀率估计（也是基于Phelps-Brown和Hopkins价格指数）是1.2%。根据经合组织的统计，法国在1962—1992年的通货膨胀率是7%。

**假设在固定的家具类型组合中随机抽样。

持有艺术品的估计回报率完全依赖于实际上所研究的时间框架，这也并不意外。例如，Goetzmann（1996）从1907—1977年的拍卖数据中估计的实际回报率为13.3%，即使在校正了生存问题之后，收益回报率仍保持在5%。Goetzmann（1993）在研究中发现，1986—1766年间的名义回报率只有3.2%。即使在研究相似的时间段的作者当中，回报率也不同。方差反映了数据以及方法的不同。当使用重复销售价格指数或特征价格指数时，很难得出有关估计差异的明显概括性结论。Anderson（1974）发现，对1780—1960年的艺术品数据使用特征价格指数时，实际回报率为2.6%；而使用重复销售指数时，实际回报率为3.0%。Chanel、Gérard-Varet和Ginsburgh（1996）发现，1855—1969年采用特征价格指数和重复销售价格指数的实际回报率分别为4.9%和5.0%。

佣金是另外一个议题，各种不同的研究文献看待佣金的角度不同，而这很显然会影响收益水平。在理想的情况下，正确衡量财务回报的人会愿意考虑交易成本，从而通过调整买方溢价水平来提高购买价格，然后通过调整卖方佣金水平来降低销售价格。然而，卖方佣金是可商量的，并且是不容易获得的。因此，关于买方溢价的信息，不同的作者看待买方溢价的角度也是不同的。例如，在Goetzmann和Spiegel（2003）文章中没有包括买方溢价。然而，Mei和Moses（2002）就通过把买方溢价金额加到所有物品的成交价格中，在他们用来计算回报率的数据中包括了买方溢价。在1979年之前，拍卖行不收取买方的佣金，这是有问题的。1979年之后，买方的佣金从20世纪70年代中期到1992年几乎稳定在约10%，但是，随后便开始回升，主要是针对不太昂贵的艺术品。由于随着时间的推移佣金不断地上涨，把买方佣金纳入重复销售数据中的这种方式可能也会稍微增加回报率。

几乎所有的重复销售数据的研究仅仅使用实际售出的物品信息，而不是所有的物品信息，包括那些已经流拍的物品。Goetzmann和Spiegel（2003）认为流拍物品的“价格”80%被低估了。然后他们使用这种“价格”同用所有物品的价格来计算出的指数与只用售出物品计算出的指数进行比较。他们发现使用流拍数据计算出来的指数与未使用的数据是相当接近的。然而，他们还发现，包括了流拍数据增加了重复销售回归约20%的解释力。他们的结论是，流拍数据应该被用在重复销售价格指数的估计中。

最后，在指数计算出来之后，生存偏差或者样本选择问题也是应该警惕的。像Goetzmann（1996）提到的，“重复销售数据的使用完全取决于受欢迎的有需求的艺术品，从而低估了过时的风险”（p.71）。Goetzmann（1996）试图估算这种偏差的程度。他创建了8个假设的画作资产组合，1907—1977年，每10年一个组合。然后，他利用具有可比性的艺术品的销售数据，评价了几件截至1987年的艺术品。然后他给那些在1977—1987年甚至没有出现一次的画家的作品指定了一个很小的残余价值。他认为这些画家是过了气的。使用这种方法，他发现当不考虑生存偏差时，估计回报率是8.3%，低于同期实际年回报率估计。

然而，样本选择偏差会降低艺术品回报率是不明确的。许多经销商认为，在重复销售数据中，最好的艺术品都被博物馆购买了，因此，也不会在拍卖中再出现。我们不知道还有哪些一直试图估计这个可能的向下偏差的研究。生存偏差和“博物馆”偏差也都适用于特征价格指数。

以上的回顾研究都集中在指数的精确构建上，这可以测度独一无二的物品的总价格运动。正如下面要讨论的，这些指数对于回答艺术品是否是一项很好的投资的问题是至关重要的。

26.2.1.1 艺术品作为一种投资

许多文章主要关注的是艺术品的市场表现是否优于或者不如股票和债券，以及艺术品的投资回报率与其他投资组合的相关性。一旦计算出艺术资产的回报率，就可以使用这个回报率来决定将艺术品投资纳入多样化的投资组合中是否明智。一般来讲，艺术品作为投资更具有吸引力（使用标准的资本资产定价模型，简称CAPM），相对于无风险资产的回报率，艺术品投资的回报率越高，则艺术品投资回报率与其他资产的回报率之间的相关性（或者β）就越弱。Pesando（1993）在现代版画艺术品投资案例中采用了标准的市场模型来评估这两个特点。Pesando估计模型：

$$R_t^P - r_{f,t} = \alpha + \beta\left(R_{m,t} - r_{f,t}\right) + \mu_t \qquad (26-4)$$

其中，R_t^P是指版画投资组合的回报率，$R_{m,t}$是指市场投资组合的回报率（Pesando使用标准普尔500指数），$r_{f,t}$为无风险资产的回报率（Pesando使用180天国库券）。Pesando估计整个版画投资组合的β值为0.315，并且估计为负，但是风险调整后的回报率还是微不足道的。这意味着版画投资倾向于降低仅包括股票的投资组合的风险。

确定艺术品投资的市场表现是否优于或不如市场投资组合并不是一个容易回答的问题。首先，正如上文所指出的，从数据的选择偏差开始，计算艺术品回报率涉及很多问题。由于所有的销售价格可以从拍卖记录中获得，而重复销售回归中，仅仅包括那些已经被重新拍卖的画作。这不包括投资回报分布的上限和下限。价值急剧下降的画作或者一般来讲不受欢迎的没有需求的绘画艺术品通常是不能再拍卖转售的。此外，捐赠的画作或是由博物馆收购的画作也不再出现了。与此同时，拥有者是否决定在拍卖会上出售一幅画作可能取决于画作的价值是否增加。估计回报率的其他问题是，交易费用被排除出去了，与股票和债券相反，这些费用可能会相当高（考虑到买方溢价和卖方佣金，可高达标的价格值的25%）。最后，还有重要的盗窃和火灾风险（因此，还有保险费用）以及投资艺术品的清洗成本。

与此同时，不同于股票和债券，艺术品还向观看者们（和所有权人）以让人愉悦的形式支付一些红利。原则上，这些红利的价值是可以通过计算类似的艺术资产的租赁成本来计量的，但是，我们还不知道有哪些研究在试图这样做。此外，对于没有展示的大型多元化艺术品投资组合来说，这些回报率将会是非常显著的，这似乎不太可能。

Baumol（1986）和Goetzmann（1993）都倾向于赞同，艺术品作为一种投资工具是很有优势的。Goetzmann（1993，p.1370）写道："在长期，艺术品的投资回报率已经超过了通货膨胀率，在20世纪后半期的回报率已经与股票市场不相上下，这些回报率并不比它们所代表的巨大风险所应得的回报率高。"Goetzmann没有正式估计资本资产定价模型，只是简单地公布了艺术品回报率与通货膨胀率、英格兰银行利率、联合债券的回报率以及伦敦证券交易所的相关性。

虽然Mei和Moses（2002）对艺术品回报率的估计与以前的估计没有显著的不同，但Mei和Moses（2002）却有不同的看法。他们认为："一个多元化的艺术品投资组合可能在投资组合多样化方面发挥比早期研究所发现的更为重要的作用。"他们得出这个结论是基于他们发现艺术品的价格指数具有较低的波动性，并且与其他资产的相关性比以前的研究中所报告的还要低得多。他们报道称，引起这些差异的原因，部分是由于样本的选择，部分是由于所研究的是不同的时间框架。相比先前已被估计的艺术品，虽然Mei和Moses（2002）估计了一种形式更复杂的资本资产定价模型，但是他们的结论主要是依据他们的艺术品指数估计以及与债券和股票组合之间的简单相关关系。①

一些作者还研究了持有其他收藏品的投资回报率。例如，Ross和Zondervan（1989）估计了1803—1987年持有斯特拉迪瓦里小提琴的实际回报率是2.2%，Graeser（1993）估计了1967—1986年持有古董家具的回报率是7%。关于计算不同市场的投资回报率的一篇很好的调查研究文章参见Frey和Eichenberger（1995）。

很显然，一些收藏者已经从持有艺术品上受益匪

---

① 对于CAPM，Mei和Moses采用Campbell（1987）的研究和估计量：

$$r_{i,t+1} = E_t[r_{i,t+1}] + \sum_{k=1}^{K} \beta_{ik} f_{k,t+1} + \varepsilon_{i,t+1}$$

其中，$r_{i,t+1}$是从时间t到t+1持有资产i的超额回报率。$E_t[r_{i,t+1}]$是资产条件期望回报率，以在时间周期t结束时市场参与者知晓的信息为条件。它允许随着时间推移而变化（详见Mei和Moses，2002）。$f_{k,t+1}$是k种不同种类资产的超额回报率。

浅。就像Landes（2000）记录的，Victor和Sally Ganz就是一个很好的例子。Ganz夫妇经营着一个服装饰品的家族企业，但是还将收藏艺术品作为副业。通过明智的购买，他们在50余年的时间内将他们的收藏价值升到了25亿美元以上。例如，他们最成功的收藏之一是毕加索的画作，他们在1941年以7 000美元购入，而随后其拍卖价格飙升至4 840万美元。整体而言，Landes估计，他们依靠拍卖会出售收藏品，实现了每年约12%~21%的实际回报率。Landes认为他们的高回报率是因为他们的投资智慧、技能，而不是因为单纯的运气。他的论点是，投资回报率不是基于少数几个大赢家，但是他们一直都买对了收藏品。这种说法仍然有待讨论，因为他们的高回报率可能会导致他们处在统计学上的艺术品回报率随机分布的上端尾部。尽管如此，就像选择股票，有些人拥有能够让他们始终跑赢市场的技能，这是很有可能的。

McAndrew和Thompson（2004b）研究了美术品的贷款质量。因为与其他投资品相比，他们发现，在破产的情况下，美术品的价值是可以量化的，因此艺术品可以被量化用作抵押贷款。

我们可以从这些艺术品回报率的研究中得出什么结论？从积极的一面看，表26-1中回顾的研究大部分都提到正的回报率，并且许多研究也表明艺术品的回报率可能会超过债券，而且与其他投资组合的相关性可能很低。从消极的一面看，一般来说，艺术品的回报率要小于普通股票的实际回报率。除此之外，正如从图26-1中清楚地看到的，艺术品投资在短期内是有风险的。

从目前的研究看，很难断定艺术品是否应该被纳入一个多元化投资组合。看起来，关于投资艺术资产的财务效益的不同观点主要是基于实证问题，这些问题在某种程度上都是围绕着与艺术品投资的市场表现相关的关键参数估计值的暂时不稳定性和灵敏度。这表明，一个重要的新的研究领域是更一般的实证模型的发展，这个更一般的实证模型将解释这种暂时的不稳定性，从而作出更好的决策。

26.2.1.2 名作效应

Pesando（1993）引用艺术经销商Edward Merrin的话，描述了“名作效应”：“购入一件1万美元的作品永远比购入10件1 000美元的作品更值得，或者购入一件10万美元的作品——只要你能够负担得起——永远比购入10件1万美元的作品更好。”[①]现在，有些作者已经检验了名作效应。通过构建价格排名前10或20%的版画投资组合，Pesando检验了名作效应，其价格由他最初几年间的样本决定。如果“艺术品交易”的观点是正确的，这些“名作”的估计价格指数应该均匀地超过一般的投资组合。他发现没有证据支持这一观点，事实上，他还发现在他的部分样本中，名作提供最低的累积回报率。Mei和Moses（2002）观测到名作有一个类似的负面效应，实际上，对美国的、印象派和早期绘画大师的样本的名作效应估计是同样的。其他作者没有发现名作效应（Goetzmann，1996；Ginsburgh and Jeanfils，1995）。

正如Pesando（1993）所指出的，不应该存在正的名作效应。一个高效率的艺术品市场应该充分利用有用的价格机制，并且经过风险调整后它们的回报率不应该超过其他同类别的艺术品的回报率。然而，艺术品市场及其参与者可能并不总是有效率的。Pommerehne和Feld（1997）认为，美国之外的博物馆在拍卖市场上支付的价格高于平均价。如果博物馆通常只是购买名作，并且不转售它们，那么这将有可能有助于产生正的名作效应。

对于为什么会有负的名作效应有各种可能的原因。Mei和Moses（2002）推测，这可能是由于竞价过高，然后出现均值回归。这个解释听起来似乎很合理，上述

---

① 最初引自“Antiques”, Art and Auction, September 1988, p.131。

各种研究中都已经将“名作”定义为卖出的最高价的画作。如果一幅“名作”纯粹地由价格来定义，那么，可能在“名作”样本中会有一些画作随机被赋予较高价格，也许是因为两个或两个以上的竞标人对画作有很高的私人估价。在随后的拍卖中，这些画作的价格会回归平均值，从而产生一个负的名作效应。

对于负的名作效应的一个不同的解释可能是Goetzmann（1996）的生存偏差。可能是更昂贵的画作保留在样本中，即使它们的价值在减少，而不太昂贵的画作却已经退出样本。因此，可能会出现名作在样本数据中的表现不佳，但是，在现实中不在样本中的不太昂贵的画作的市场表现却不佳。这些文章对估计名作效应的概括列在表26-2中。

表26-2　　名作效应

作者	样本	时期	结果
Pesando（1993）	现代版画	1980—1992	低于名作回报率11%
Ginsburgh和Jeanfils（1995）	印象派，现代的和当代欧洲	1962—1991	没有影响
	大师作品，其他较二流欧洲		
	画家作品、当代美国画家作品		
Goetzmann（1996）	一般绘画	1897—1987	没有影响
De la Barre、Docclo和Ginsburgh（1996）	印象派	1962—1991	大印象派回报率
			多于其他印象派4%
Mei和Moses（2002）	美国印象派和早期绘画大师作品	1875—2000	价格上涨10%，降低回报率1%
Schoenfeld（2004）	现代艺术品	1982—1985	没有影响

对名作文献的一个非常不错的补充是基于价格以外因素的名作的一个分类。例如，Galenson在很多研究中使用一个表格来说明艺术品历史上已公布的调查数据（例见Galenson，2002，2004）。他使用表格主要有两个目的。首先，要确定在一个艺术家的职业生涯的哪个时期创作了最重要的作品（见下文），其次，对不同的艺术家进行简单的排名。他使用表格对画家和画作进行排名，并且对不同的文本中排名表的排名进行比较。这些排名的一个非常有趣的应用是确定对于排名最高的艺术家是否存在名作效应。

Schoenfeld（2004）采用德国刊物《艺术指南》（Konstkompass）的排名以确定某个艺术家是否可以被分类为“大师”。《艺术指南》是一份艺术家排名的刊物，这本出版物根据艺术家的作品经常在哪里以及多久被展示和报道来对艺术家进行排名。例如，在伦敦泰特现代美术馆的展览，艺术家被收录到《艺术指南》获得650点，或者在纽约古根海姆博物馆展览获得800点。Schoenfeld将1983年排名前20位的艺术家定义为“大师”，然后再考虑他们在拍卖中收取的价格。通过采用按照画廊的价格排名前20位的艺术家，她还根据价格定义了“大师”。在她的研究中，她发现无论是否使用排名或者画廊的价格并没有出现名作效应。

我们在表26-2中总结了文章估计名作效应的结果。在这6项公布的研究中，只有De la Barre、Docclo和Ginsburgh（1996）的一项研究发现有一个正的名作效应。有趣的是，通过画家的信誉，而不是价格选出的名作，已经创建了他们自己的附属样本。为了从价格均值回归分离出名作效应，显然，需要有更多的不再把价格当作是名作的主要因素的研究。

26.2.2 一个艺术家的生命周期

Galenson和Weinberg用艺术品的拍卖价格确定艺术家在他的职业生涯的什么时期创作了最重要的作品。例如，Galenson（2000）发现在最主要的当代艺术家的42

个样本中（拍卖行广义地将他们定义为自第二次世界大战以来那些已经成名的艺术家），超过90%的出生于1920年之前的艺术家是在他们40岁以后才创作出他们最重要的作品，而那些出生于1920年之后的艺术家，超过3/4的人是在40岁之前创作出最有价值的作品。Galenson接受了这个事实并称在20世纪现代艺术的性质已经改变。

在Galenson和Weinberg（2000）的文章中，作者们发现，在两届美国现代画家中，第二届画家比第一届在更年轻的时候创作出最有价值的作品，并且在Galenson和Weinberg（2001）的文章中，作者们指出，出生在19世纪末的画家往往创造最有价值的作品的年纪比其他19世纪画家更年轻。根据这个信息，Galenson提出一个有争议的假设来解释为什么一些艺术家在他们的职业生涯的早期创作出最好的作品，而其他艺术家则在职业生涯的后期创作出最好的作品。[①]

Galenson和Weinberg的证据很有趣。在这个研究中，拍卖价格已经被用来发现实证规律，即不同的艺术家在不同的年龄创作出了比较重要的作品。因此这个实证规律已经对为什么会是这样有争议。

在Galenson的许多文章中，他使用价格来检验年龄和重要的作品。如上所述，他在几篇论文中谈及艺术史内容时使用大量的图表说明。使用非价格方法可能会有优势。例如，在Galenson（2002）的文章中，他构建了一个变量（基尼系数）来测算某个特定艺术家的作品通过图表证明是多么不均匀。然后他用这个方法确定在何种程度上艺术家会有一件或两件伟大的作品，或者大量重要的作品。

由于在他的某些文章中，Galenson使用临界估价，而在其他一些文章中，他使用拍卖价格，一个很自然的问题是如何使拍卖价格的结果与临界估价的结果更好地匹配。在Galenson（2000，2004）的文章中，他证明了评论家们对艺术家在其职业生涯的哪个时期中创作出他最重要的作品的判断，与市场估价非常一致。

26.2.3 一价定律

“一价定律”规定，如果不存在不同的交易成本，不同市场之间不应该有系统性的价格差异。很多作者已经在不同的拍卖行和不同地域检验出有价格差异，并且发现一价定律并不成立。

Pesando（1993）重点关注1977—1992年同样的版画在不同的市场上30天内的销售价格。在整个期间，他发现纽约的价格比伦敦高出7%，在纽约比在欧洲高出10%。然而，这些差异从统计学意义看在1977—1989年并不显著。对于样本的剩余期间，1989—1992年，他发现纽约的价格比伦敦高出11%，并且纽约的价格比欧洲高17%。Pesando（1993）描述了交易并解释纽约市场价格高的原因：由于在那个期间日本买家出现在纽约市场，虽然人们期望当买家对激励作出反应时系统性的价格差异会消失。Pesando还测量了住房拍卖之间的显著差异。在整个期间，Pesando发现纽约的苏富比拍卖行的价格平均比纽约的佳士得拍卖行高14%，但是，版画价格在伦敦的苏富比和佳士得没有差异。

Mei和Moses（2002）找到了一价定律的不同证据。当他们真正发现价格的差异时，这些差异往往是很小的。

Pesando和Shum（1996）只用Picasso版画来具体地讨论一价定律。由于这是市场中很窄的和单一的一段，这可以提供一个很好的试验。他们还进一步将他们的样本限制在100幅版画，包括Picasso沃拉尔系列（Vollard Suite）版画，并且测试了这个样本的价格差异。他

① 参见Galenson(2004)。

们比较了相同版画的价格，这些版画在30天内分别在两个不同的国际市场或者拍卖行巡回出售。使用全部的Picasso版画样本，他们发现在纽约和伦敦之间价格没有显著差异，但是，他们发现欧洲（不包括英国）的价格显著高于美国。此外，他们发现纽约苏富比拍卖行的价格比佳士得更高，并且科恩菲尔德拍卖行的价格比世界其他地方要高。仅仅是沃拉尔系列版画，美国和欧洲之间的价格差异消失了，就像科恩菲尔德拍卖行的价格与世界其他地方拍卖行之间的价格差异消失了一样（科恩菲尔德拍卖行与其他拍卖行之间的价格差异还是很明显，如果期限增加到90天）。仅就沃拉尔系列版画本身而言，纽约苏富比拍卖行的价格仍然明显高于佳士得拍卖行。

De la Barre、Docclo和Ginsburgh（1996）比较了《伟大的大师》（Great Masters）在巴黎德鲁奥拍卖行与在纽约和伦敦的佳士得和苏富比拍卖行的价格。他们在享乐回归测试价格差异中使用了拍卖行系数。他们发现同类作品在巴黎卖的价格明显低于在纽约或伦敦卖的价格。他们解释这种差异的原因有两个。首先，他们认为这可能仅仅是未观察到的质量差异导致的价格差异，就像较为著名的佳士得和苏富比拍卖行，就可以吸引更好的作品。其次，他们指出，如果“重要的”作品被生活在法国的收藏家出售的话，法国政府有权利阻止离开法国。这可能会阻碍外国收藏家购买，因此对价格有一个下行的影响。

Ashenfelter（1989）研究了由于拍卖行买方溢价的不同产生的红酒的价格差异。1986年春天，伦敦（和其他地方）苏富比拍卖行买方溢价是10%，但是，伦敦佳士得没有买方溢价。1986年春天，伦敦苏富比拍卖行的价格低于伦敦佳士得的12%，这也反映出买方佣金的不同。1986年秋天，佳士得对伦敦拍卖会已经制定10%的买方溢价。在1986年秋天举行的拍卖会上，没有出现价格差异，而在1987年春季举行的拍卖会上，伦敦的苏富比拍卖行的价格比佳士得高出5%。1987年秋天，伦敦的苏富比的价格比佳士得低4%。这些价格的变动也为买方溢价应该转移到卖方身上这一发现提供了实证数据支持。如下所述，卖方溢价的显著变化和买方溢价都发生在20世纪90年代。这些变化也给经济学家的研究提供了一个有趣的话题。

关于一价定律测试的文献概况见表26-3。

表26-3　　一价定律

作者	样本	时期	结果
Ashenfelter（1989）	红酒	1986年	不同的价格反映了佣金的不同
Pesando（1993）	现代版画	1977—1992年	纽约苏富比拍卖行的价格平均高于纽约佳士得14%;纽约的价格比伦敦高7%;纽约价格比欧洲（不包括英国）高10%
Pesando和Shum（1996）	Picasso版画	1977—1993年	纽约苏富比拍卖行价格平均高于纽约佳士得7%;纽约和伦敦的价格没有显著区别;纽约的价格比欧洲（不包括英国）高2%
De la Barre、Docclo和Ginsburgh（1996）	早期绘画大师作品	1962—1991年	在巴黎德鲁奥拍卖行的价格明显低于纽约或伦敦的苏富比或者佳士得
Mei和Moses（2002）	美国的印象派和早期绘画大师作品	1875—2000年	有不同证据显示苏富比和佳士得价格间存在差异；当两家拍卖行确实存在差异时，这种差异很小

26.3 拍卖机制和艺术品价格

我们在26.3.1节中开始回顾苏富比和佳士得操纵佣金的事件。这个案例恰好说明了理解拍卖机制对价格的影响是多么重要，以及这种影响如何很轻易地引起误解。

在接下来的第三部分中，我们讨论拍卖的各个方面的特性以及每一个特性对成交价格的影响。我们先讨论拍卖商的售前估计是否有偏差，他们是否考虑到了所有可用的信息。大多数的研究表明，这些估计是无偏的，但是其他的研究表明，实际值有可能系统性地低于或高于预测。我们还将讨论在低估和高估之间分布广度的含义。我们用三个小节研究艺术品拍卖中底价的作用。我们首先回顾检验是否像许多人在艺术品交易中所声称的那样，在拍卖中流拍的作品被“黑了”（失去价值）。然后，我们继续讨论不同类型拍卖的销售率，以及它们为什么可能不同。接着，我们讨论为什么底价是保密的，以结束我们对底价的研究。在最后一节我们回顾大量关于价格下降的研究。[①]

26.3.1 拍卖行之间的竞争（或共谋）

在1995年之前，苏富比和佳士得激烈竞争寄售业务。有时候，它们会大幅削减由卖方负担的佣金，在许多情况下会分文不收，还会向它们最喜欢的慈善机构捐款，甚至扩大金融担保。1995年3月，这场竞争突然结束了。佳士得宣布它将向卖家按照销售价格的浮动比例收取固定的不容协商的佣金，一个月之后，苏富比也宣布了同样的政策。由佳士得的前任首席执行官Christopher Davidge保存的详细的档案，证明了这场突变是源于一起垄断佣金价格的共谋。根据相关供词，这场合谋至少涉及Christopher Davidge和苏富比首席执行官Diana Brooks，并且Anthony Tennant和A.Alfred Taubman也涉嫌参与，他们分别是佳士得和苏富比的董事长。事实上，经过漫长的刑事审判，美国公民Taubman被指控操纵价格，这在美国是重罪。虽然Tennant是英国公民，也在美国被起诉，操纵价格在英国是一种民事违法行为，因此他没有被引渡或审判。Christopher Davidge（在某些情况下是Anthony Tennant）保留了他们价格合谋的详细记录。一份民事诉讼判决书还声称，自1993年开始，佳士得和苏富比为了垄断操纵买家的溢价而共谋。因为这场共谋以公开审判的方式结束，所以这场官司为观测成功的价格操纵者的阴谋提供了一个非常特别的窗口。

这起案件的进展如下（参见Stewart（2001）的详细描述）。司法部在2000年1月达成一致，鉴于佳士得在此案中的合作，不起诉佳士得。苏富比前董事长和首席执行官Diana Brooks在2000年5月5日承认操纵价格共谋这项重罪，并且承诺全力配合政府的调查。在2001年9月，苏富比承认与佳士得共谋操纵卖方佣金，并同意在5年内支付4 500万美元的刑事罚款。苏富比拍卖行仍然坚持它们操纵买方溢价无罪。同样在2001年9月，民事诉讼的判决结果是，苏富比和佳士得同意各自向原告支付2.56亿美元。这场集体诉讼的原告包括自1993年以来通过拍卖行购买或出售物品的所有人。

从经济学家的角度来看，民事诉讼的判决是很有趣的，但是似乎又是错误的。虽然苏富比在案件的刑事判

① 我们的讨论动机主要受研究人员已经在他们的艺术品拍卖价格研究中发现了实证的规律（或不规律！）的激励，至于拍卖理论和电信牌照拍卖机制对价格影响的精彩综述，请参阅Klemperer（2004）。

决中并没有承认操纵买方溢价，但是佳士得和苏富比却同意向买家和卖家支付2.56亿美元的民事损害赔偿。这个金额考虑到了买方溢价的价格操纵。根据《关于拍卖行的反垄断诉讼》(2001)，"超额佣金的分配计划预计为卖家成交价格的1%，当成交价5万美元及以下时，给买家分配拍卖价格的5%；成交价格超过5万美元时，给买家2 500美元。净清算和解资金将分配给各级成员，分摊比例根据在相关期间的每级成员的超额佣金确定"。

即使苏富比和佳士得承认在买方溢价上共谋，一般的私人价值拍卖理论认为，首要的是，买家不应该获得补偿！理由如下：当一个买家在增价拍卖中决定竞标时，如果必要的话，他的竞标策略应是竞标直至他的底价。获胜的中标人必须支付的价格实质上是价格第二高投标人的底价（上面的ε）。当买方佣金增加时，每个买家应该以同等额度降低他的底价，这将造成卖方收益减少，减少的金额就是买方佣金增加额。因此，卖方承担了买方佣金的所有增加额。因此，一个标准的私人价值拍卖模型表明上述整个民事诉讼的解决方案是错误的！

对于这个观点，有几个事项要注意。如果卖方的供给是有弹性的，那么由于佣金增加，有些卖家不提供物品销售。这可能会导致更多的买家竞争同一个物品，并且每一个物品的投标人的数量增加可能会推高中标人的支付价格。此外，在艺术品拍卖中，私人价值的假设严格来讲并不适用。如果投标人把这件艺术品可能的未来市场价值计算在他们自己的价值估计中，投标人的估值是与之相关的。投标人可能提高他们的底价，如果他们相信其未来市场价值会增加的话。然而，这些效应都不太可能证明买家接收5.12亿美元的一半是正当的。此外，可以认为，在这起案件中，真正的输家是由于佣金价格被操纵而没有达成交易的买家和卖家。福利明显减少了，因为这些交易没有达成。

Ashenfelter等人（2003）对这种判决的发生提供了一份更详细的解释，而Ginsburgh、Legros和Sahuguet（2004）对储备拍卖市场佣金发生率进行了一般的理论探索研究。在这篇文章中，他们表明，在充分的假设条件下，佣金确实使得卖家境况变得更差，而一些买家实际上可能获益。其含义是，实际上购买拍卖品的买家境况变得更好了，因为佣金的影响已经由少数的参与者和较低的竞争程度补偿了。

2001年秋季，苏富比拍卖行的前董事长Alfred Taubman的刑事审判提供了一些有意思的有关固定价格共谋的细节。其中许多细节都在苏富比前总裁Diana Brooks提供的证词中。首先，虽然Brooks女士相当直率地承认了她在卖方溢价共谋中的作用，但是她并没有提供任何关于买方溢价共谋的证据。其次，Brooks女士估计，卖方佣金共谋给苏富比拍卖行带来了每年高达1 000万~1 500万美元的利润。假设佳士得拍卖行增加同样多的利润，这意味着每年的利润增长在2 000万~3 000万美元。假设这次共谋持续了5年时间（所涉及的大约时间），总的利润增长达1亿~1.5亿美元。虽然由于各种原因，总的利润可能不等同于集体受到的损害的赔偿金，但是，看来原告获得了非常丰厚的损害赔偿，尤其是鉴于他们不再怀疑审判的不确定性。[①]

最后，透露了关于操纵价格安排的细节的Brooks女士建议，要加倍小心，不要让拍卖行所有其他的员工无形中学会这种阴谋。Taubman单独会见了Tennant，并且Brooks单独会见了Davidge以安排共谋细节。至于更完整、全面的关于操纵价格共谋的讨论，其中包括其他经济和法律问题，请参阅Ashenfelter和Graddy（2005）。

① 依照法规，操纵佣金的损害赔偿金是佣金的3倍。

26.3.2 艺术品估价和专家的作用

在拍卖开始之前，在拍卖行的预拍卖目录中，拍卖行的专家们会对每一个拍卖标的物提供一个低估价和一个高估价。测定这些估价的精确度对研究专家意见在经济决策时的作用提出了一些重要问题。[①]特殊的利益关系是拍卖商选择高估价还是低估价的动机。理论文献强调拍卖商应该提供有关拍卖标的物的真实信息。

Ashenfelter（1989）的研究结果显示，拍卖行是诚实的；拍卖商的高估价和低估价的均值与实际成交价格高度相关。此外，Abowd和Ashenfelter（1988）还发现，拍卖商的估价比特征价格函数能够更好地预测成交价格。

在佳士得和苏富比操纵佣金价格案件中，Diana Brooks透露的价格共谋的细节安排让人们进一步了解了拍卖行专家的作用。Brooks报告说，她的老板Alfred Taubman一度曾提议拍卖行合谋，为客户们的艺术品提供相似的估价。Brooks说，这是不可能的，因为她不可能简单地告诉佳士得负责估价的各部门专家去做一件不诚实的事。

而Beggs和Graddy（1997）的回归分析支持这些结果，他们真的找到了系统性的或高或低的预测。例如，他们发现对于当代艺术品，最近创作完成的艺术品的价值被高估了，而较长的和较宽的作品则被低估了。对于印象派艺术品和现代艺术品，他们发现尺寸更大的、有签名的，以及有花押字的画作相对于它们的价值可能被低估了。对这些研究结果的一个解释可能是，拍卖行也不知不觉地高估消费者对近现代艺术品的需求（因此愿意支付高价），并且低估了消费者对作品尺寸的需求！许多交易人员对许多经济学家发现的艺术品尺寸与价格两者之间的强相关性表示很惊讶。[②]

其他一些研究者也发现，事前的估值不能被看作市场价格的无偏估计，虽然在我们的印象中，精确估计的偏差在数量上看不是很大。Bauwens和Ginsburgh（2000）研究了1976—1991年间在佳士得和苏富比卖出的1 600件英国银器。他们发现佳士得已经有系统性的低估倾向，然而苏富比却高估便宜的东西而低估昂贵的物品。Bauwens和Ginsburgh（2000）也指出，专家没有考虑所有可用的信息。他们通过对实际价格与估计价格之间差异的可观测特性进行回归得出结论。他们强烈反对特征系数都等于零的假设。

Chanel、Gérard-Varet和Vincent（1996）研究了珠宝首饰拍卖，并且发现，除了手表之外，专家们的事前估价都低于所有类型珠宝的成交价格。他们推测专家们有一些策略性的低估行为。这些结果是有趣的，部分是因为，就像Milgrom和Weber（1982a）所认为的，在一般情况下，对于拍卖商来说，“诚实是最好的政策”。

如果价格的估计有偏差，则有关偏差的原因会引出一些有趣的问题。一种可能是，简单来说，“专家”出现系统性的错误，是因为它们不像他们所测试的线性预测那样“有效”。支持这个假设的证据是，可观察到的偏差是不稳定的，从一个样本到另一个样本或从一个时期到另一个时期都会变化。从上述报告的结果判断，确实有一些证据可以支持这一观点。Mei和Moses（2005）已经研究了这个问题。他们的结论是，昂贵作品的估价是向上偏差。然而，McAndrew和Thompson（2004a）发现了无偏估计的证据。

一个相关的问题是：什么动机促使拍卖商确定所公布的预售目录中的高估价和低估价范围？一种解释是，

① 如果专家意见包含了所有公开的对预测有用的信息，那么，Ashenfelter(2000)将专家意见界定为有效的，他还提供了一个专家意见无效的例子。

② 例见Anderson (1974)以及Beggs和Graddy (1997)。

如何确定估值范围是由拍卖商根据对艺术品价格的不确定性或可能的变化估计决定的。在这种情况下，高估价可能被合理地解释为均值估计加上估计标准差的倍数（$H = \mu + r\sigma$）。同样，按照这种解释，低估价是均值减去一个标准差的倍数（$L = \mu - r\sigma$）。依照这种解释，高估计减去低估计再除以2就是估计标准差的占比（$(H - L)/2 = r\sigma$），并且高估价和低估价的平均值是估计均值（$(H + L)/2 = \mu$）。因此，高估价和低估价之间巨大的差异将是高估价价格变化或很多不确定性的信号。然而，由于卖方底价是秘不公开的，按照惯例，低于低估价，很可能是说，高估价和低估价之间的范围并不是简单地反映拍卖商对可能的成交价格的不确定性。如果卖方希望设置一个较高的底价，那么拍卖商可能会提高低估价。Ashenfelter、Graddy和Stevens（2002）研究了在当代艺术品和印象派艺术品拍卖中两个与销售率相关的解释的合理性。表26-4给出了相关文章关于估价作用的阐述。

表26-4 估价的作用

作者	样本	时期	结果
Milgrom和Weber（1982a）			诚实是最好的政策
Abowd和Ashenfelter（1988）	印象派艺术品	1980—1982年	拍卖商的估价比特征价格函数能够更好地预测成交价格
Ashenfelter（1989）	印象派艺术品	1980—1982年	拍卖行是诚实的
Chanel、Gérard-Varet和Vincent（1996）	珠宝首饰	1993—1994年	除了手表，大部分珠宝的预售估价都被低估了
Beggs和Graddy（1997）	印象派艺术品 当代艺术品	1980—1991年 1980—1994年	系统性或高或低的预测（最近创作完成的艺术品的价值被高估了，而较长的和较宽的作品则被低估了）
Bauwens和Ginsburgh（2000）	英国银器	1976—1990年	英国银器：佳士得系统性地低估而苏富比高估便宜的物品，低估昂贵的物品
Ashenfelter、Graddy和Stevens（2002）	印象派艺术品 当代艺术品	1980—1991年 1982—1994年	检验高估价和低估价之间的范围是不是拍卖商不确定性的标志，或者反映了卖家设定高底价的意愿
Mei和Moses（2002）	美国的印象派和早期绘画大师作品	1973—2002年	高价格的艺术品被系统性地高估了
Beggs和Graddy（2004）	印象派艺术品 当代艺术品	1980—1994年	锚定在估计中起到重要作用

Beggs和Graddy（2004）的研究表明，当设置拍卖前估价时，拍卖商可能不会表现得充分理性，而是仅仅使用部分信息。依据Genesove和Mayer（2001）对住房市场开发的关于损失厌恶的方法，专家可能参与“锚定”[①]。拍卖商可能会使用艺术品在以前的拍卖中成交的价格来锚定其拍卖前估价。这有点令人惊讶，因为距离该艺术品上次出现在拍卖会上很可能已经过去很多年了（并且在非常不同的市场条件下）。特别有趣的是，他们的估计结果显示，在那些具有预期的（估计的）损失和收益的艺术品中也有类似的效应，而没有因损失或收益的大小产生递减效应。

总之，有证据表明，拍卖前估价与成交价格是高度相关的，但也有证据表明，通过使用适当的统计方法，这些估价可能会被很好地改进。

26.3.3 有证据表明作品“被黑了”?

就像Ashenfelter（1989）指出的，人们常说如果一个广告商品在拍卖中没有被销售出去，其未来的价值将受到影响。这些商品已经“被黑了”。拍卖失败后，被发觉的价值损失可以作为法律诉讼基础的一部分，如“克里斯塔里纳公司与佳士得、曼森和伍兹国际公司（佳士得拍卖行）”。克里斯塔里纳公司是巴拿马一家从事艺术品买卖的公司。1981年，克里斯塔里纳委托佳士得拍卖8幅印象派画作。在1982年5月的拍卖中，8件作品中7件的价格未能达到他们的最低底价。检方指控，佳士得没有充分关心市场的宣传和拍卖作品的过程，正是这种不关心导致作品价格受损。该案最终庭外和解。

通过构建一组新的重复销售数据，Beggs和Graddy（2006）检测了流拍作品的收益是否低于其他作品。在这个数据集中，有些是在多次重复销售之间被卖过两次的并且流拍的作品，而有些则是在两次重复销售之间未出现在拍卖会上（因此没有流拍）的作品。然后，他们估计上述方程（26-3）的方差：

$$r_i = \ln\left(\frac{P_{i,s}}{P_{i,b}}\right) = \sum\nolimits_{t=b_i+1}^{s_i} \mu_t + \beta fail + \sum\nolimits_{t=b_i+1}^{s_i} v_i \qquad (26\text{-}5)$$

其中，r_i是作品i自购买日期（b）到销售日期（s）之间的回报率；μ_t是在时期t所有画作的平均回报率；fail是一个虚拟变量，如果作品流拍则等于1，否则等于0；v_t是一个误差项。

因此，回报率是以作品是否出现在拍卖会上以及是否流拍为条件的。他们的回归分析表明，拍卖会上流拍的作品的回报率比其他作品低30%。

很自然的一个问题是，究竟是什么产生了燃烧（被黑）效应？或者更具体地说，是燃烧的因果效应即画作流拍导致其价格下跌，还是流拍仅仅与价格下跌相关？Beggs和Graddy（2006）表明，在关联价值拍卖模型中，可以有多种“被黑”的原因，包括趋势效应、底价效应，当然还有共同价值效应。趋势效应发生在画作在拍卖会上流拍之后，此时可观测到作品的价格下降。简单地说，是因为对于一幅特定的画作，流拍与买家共同偏好的下降趋势是相关的。底价效应可能发生在一幅画作流拍之后。例如，是卖家由于迫切的出售需要而降低底价。共同价值效应的发生，是因为如果流拍引致价格下跌，竞标人会考虑其他竞标人对这幅画作的估值。

Beggs和Graddy（2006）也发现，流拍对预售估价有着显著的负面影响，并表明拍卖商也会预料到流拍对成交价格的影响。这并不奇怪，因为人们普遍都认为流拍的作品“被黑了”。

---

① Kahneman和Tversky（1979）提出了不确定条件下的决策理论。“前景理论”的内容之一就是人们在遭受损失时比在获利时更愿意冒风险。

26.3.4 销售率和底价

就像我们前面提到过的，在拍卖会上流拍的物品通常是因为拍卖中竞价没有达到卖家的底价。随着时间的推移，销售率的变化非常巨大，并且它们在不同类型的拍卖中也系统地、有条理地变动。表26-5展示了伦敦佳士得拍卖行在1995年和1996年不同类别物品的销售率以及每件物品销售均价。从表中可以看出，在武器和铠甲的拍卖中96%的商品售出，89%的葡萄酒在拍卖中售出，以及71%的印象派作品被拍卖售出。

表26-5 不同类别物品平均销售率

作品类别	平均每份成交价（英镑）		样本中拍卖次数	销售率（成交份数的百分比，%）		按价值计算成交百分比（%）	
	1996	1995		均值	标准差	均值	标准差
印象派作品	122 820	135 430	8	71%	(0.11)	80%	(0.10)
早期大师素描作品	50 670	29 210	4	77%	(0.09)	89%	(0.08)
当代艺术家作品	36 820	36 840	7	79%	(0.04)	87%	(0.06)
英国画	29 710	23 560	7	78%	(0.14)	83%	(0.17)
早期大师画作	29 180	6 560	11	73%	(0.15)	82%	(0.15)
典型欧陆画	21 810	10 450	7	72%	(0.11)	79%	(0.10)
钟表	14 340	5 130	4	88%	(0.03)	89%	(0.07)
珠宝	12 190	6 750	8	86%	(0.05)	89%	(0.04)
家具	11 670	8 220	25	85%	(0.09)	92%	(0.06)
银器	11 080	5 910	10	87%	(0.11)	92%	(0.07)
雕刻品	11 070	6 340	5	78%	(0.21)	81%	(0.20)
现代英国画	10 340	7 190	9	70%	(0.05)	81%	(0.05)
维多利亚时期画作	9 460	8 400	6	66%	(0.13)	75%	(0.11)
英国素描和水彩画	9 160	3 400	14	72%	(0.14)	87%	(0.10)
小毯子和地毯	9 160	3 700	8	80%	(0.17)	85%	(0.14)
地形图	8 640	8 010	2	68%	(0.13)	81%	(0.00)
伊斯兰教的作品	6 670	6 950	5	68%	(0.22)	82%	(0.12)
汽车	5 750	7 610	6	71%	(0.16)	65%	(0.22)
中国工艺品	5 640	6 400	8	70%	(0.19)	79%	(0.16)
书籍和手稿	5 220	4 270	15	81%	(0.12)	86%	(0.09)
俄罗斯艺术品	4 490	5 480	4	64%	(0.14)	69%	(0.15)
日本艺术品	4 410	2 840	5	72%	(0.04)	76%	(0.05)
乐器	3 960	4 110	5	77%	(0.05)	76%	(0.16)
手表	3 870	2 190	6	71%	(0.09)	81%	(0.11)
现代和当代老版画	3 850	4 230	8	81%	(0.12)	92%	(0.09)
微型画	3 350	3 260	2	82%	(0.05)	92%	(0.07)
古董	3 260	3 640	3	57%	(0.08)	66%	(0.13)
瓷器和玻璃	2 700	2 600	14	76%	(0.12)	85%	(0.10)
部落艺术品	2 650	2 090	3	67%	(0.08)	75%	(0.19)
摄影用品	2580	1 660	3	61%	(0.27)	79%	(0.08)
现代枪支	2 510	3 620	5	93%	(0.06)	94%	(0.04)
园林雕塑	2 120	1 540	4	91%	(0.10)	91%	(0.11)
武器和铠甲	1 890	2 400	4	96%	(0.03)	99%	(0.01)
镜头	1 800	2 260	4	81%	(0.15)	85%	(0.14)
邮票	830	650	22	78%	(0.13)	82%	(0.12)
葡萄酒	690	580	37	89%	(0.09)	91%	(0.08)

Ashenfelter、Graddy和Stevens（2002）研究了在不同时期和不同类型的拍卖中的销售率。根据观察结果，一个物品流拍，当且仅当它没有达到或超过底价，他们开发了一个最优底价模型。一幅画作的卖家面临着以下问题：如果他参与拍卖，画作的最高出价可以被视为随机偏离某种价格的分布。当卖家设置底价时，他必须决定在什么价位上立即出售和等待在下一场拍卖中出售对他是无差异的。最优的策略是以目前的预期价格的固定比例设立一个底价。那么，销售率可以被模型解释为价格冲击，以及一个固定的或"自然的销售率"。这种自然的销售率（这可能在不同类型的拍卖会上有所不同）只取决于对数价格的方差和卖方的折扣率。他们估计，底价一般设定在拍卖商低估价的70%~80%。尽管底价普遍是保密的，但是现有的证据表明，这种预测还是相当准确的。

Genesove（1995）在汽车批发拍卖的情境中检测了相关理论。他发现，二手汽车拍卖的平均销售率很低；58%~68%的二手汽车卖不出去。在他的文章中，他认为价格方差的增加与较低的销售概率有关，因此"自然销售率"也依赖于价格方差。

一个相关的问题是，在艺术品拍卖中设置底价是不是最优的？在艺术品拍卖中人们并没有考虑这个问题，但是，McAfee、Quan和Vincent（2000）为一般的具有关联的信号、共同的价值组成和内生性的准入（所有的特征都可以应用到艺术品拍卖或其他文化产品拍卖中）的拍卖模型推导出了最优底价的一个下限。他们将自己的计算应用到FDIC房地产拍卖中，并且发现了房地产最优底价的下限大约是评估价值的75%。

总的来说，很少有人研究为什么不同物品之间的销售率会有所不同，以及底价是不是最优的。鉴于物品之间持久的销售率差异（这表明底价也是不同的），在这些领域进行更多的研究是会有帮助的。

26.3.5 为什么底价要保密?

在几乎所有的文化产品拍卖中，不仅有底价，而且这些底价都是保密的。拍卖行一般不泄露底价，并且它们会尽可能使投标人很难推断出来。很显然，底价包含卖方对标的物的估值信息。直观地讲，如果产品包含一个买家间共同的价值部分，那么信息披露非常重要。

然而人们购买艺术品是为了享受和愉悦，也有许多购买者的动机里含有投资成分；投资成分使得人们将艺术品划分为具有共同价值的成分。因此，拍卖行往往继续对底价保密，这一事实仍然是一个谜，因为Milgrom和Weber（1982a）的研究结果表明，对于商品的卖家来说，在共同价值拍卖中披露他们的估价是最优的策略。

有人建议对底价保密的原因之一是，阻止合谋勾结。就像Ashenfelter（1989）建议的，当产量很低时，一些卖家希望自己的商品能够流拍，然后在稍后的日期出售，而不是冒险共谋围标压低商品的价格。如果有围标操作行为，那么秘密底价可能会促使竞标者的出价高于他们原先的出价。

Vincent（1995）巧妙地依据（并推翻）了Milgrom和Weber（1982a）最初结论的直观认识。他的解释是公布底价可能对投标人参与拍卖产生抑制效应。这个底价的公布可能会阻止一些投标者参与拍卖。因为信息披露在共同价值拍卖中对于增加拍卖收入是非常重要的，所以这些竞标人不参与拍卖的事实，会阻止他们的信息在拍卖中发挥作用，进而可能会降低整体的投标价。因此，这是一个在两种情况之间权衡折中的问题：一方面底价会揭露卖方之间的信息，而另一方面底价会阻止竞标人参与拍卖，而这降低了整体的信息聚合度。

Horstmann和LaCasse（1997）也提出了底价保密的另一个原因。如果在一个共同价值拍卖中，卖家拥有的信息不能直接传递给买家，那么一方面卖家可以尝试通过公布底价揭示他们自己的信息，另一方面可以选择底价保密。底价保密可能会导致延迟销售。如果一件物品的真实信息随着时间推移被揭示出来，那么延迟销售高价值物品可能是有益的，但是，对低价值物品来说代价却是很大的，因此高价值物品的卖家将不会总想着模仿低价值物品的卖家。而这种解释对石油租约看起来可能很合理，但是它不适用于艺术品拍卖，尽管艺术品卖方通过拍卖行可以获得专业的评估服务，但是拍卖行可能提供的是不对称信息。有关底价保密的论文的摘要见表26-6。

表26-6　　保密的底价

作者	结论
Milgrom 和 Weber（1982a，1982b）	对于商品的卖家来说，在共同价值拍卖中披露他们的估价是最优的策略
Ashenfelter（1989）	秘密底价防止合谋
Vincent（1995）	公布底价阻止参与者进入，这种阻止会降低共同价值拍卖中的整体报价
Horstmann和LaCasse（1997）	底价保密延迟了销售，随着时间的推移允许披露真实的信息

26.3.6　价格下降的异常现象

自从Ashenfelter（1989）表明拍卖会上同批量的葡萄酒的销售价格可能会下降一半，大量的研究开始专注于各种类型的拍卖中价格下降的异常现象。关于价格下降异常的文献是很丰富的。Pesando和Shum（1996）以及Beggs和Graddy（1997）阐述了在艺术品拍卖中价格的下降现象，还有大量的适用于艺术品的其他文献。下面我们将回顾这些文献。我们首先简要回顾一下关于价格为什么会下降的理论文献，然后回顾不同类型的拍卖，在这些拍卖中已经发现了成交价格的下降现象。

Ashenfelter（1989）的文章发表后不久，出现了很多理论文章解释这种价格下降现象。Black和de Meza（1992）声称这种现象并不是异常现象；在葡萄酒拍卖中存在价格下降的主要原因是，在序贯拍卖中，第一场拍卖的赢家有权以成交价格购买剩余的商品。然而，这种理论无法解释，即使在拍卖中不允许使用这个优先选择权，为什么这种异常还继续存在。McAfee和Vincent（1993）表明，风险厌恶可能造成价格下降。他们的解释中一个不吸引人的特征是，只有当存在非递减的绝对风险厌恶时，才有一个纯策略均衡存在，而这个假设通常被认为是令人难以置信的。混合策略均衡是事后无效的，这有时也被认为是这个理论的不足之处，但是，尽管如此，这也可能是真实市场的一个正确的特征描述。Beggs和Graddy（1997）将价格下降归因于整个拍卖会的预售估价比率，事实是，被拍卖的艺术品的价值（预售估价）从整个拍卖会平均来看是下降的。

其他的理论文章如下：Von der Fehr（1994）认为参与成本可能通过策略性投标产生价格下降。Engelbrecht-Wiggans（1994）、Bernhardt和Scoones（1994）、Gale和Hausch（1994）、Pezanis-Christou（2001）认为价格下降与物品间的异质性相关，Ginsburgh（1998）指出投标人数不足可能导致价格下降。

许多不同类型不同结构的拍卖中都记录了价格下降的异常现象。Buccola（1982）发现价格下降的异常现象发生在家畜拍卖中，Milgrom和Weber（1982b）研究的转发器（transponder）租赁拍卖，Ashenfelter（1989），McAfee和Vincent（1993），以及di Vittorio和Ginsburgh（1994）研究的葡萄酒拍卖，Thiel和Petry

(1995) 研究的邮票拍卖，Ashenfelter和Genesove (1992) 以及Vanderporten (1992, 1992b) 研究的公寓拍卖，Engelbrecht-Wiggans和Kahn (1992) 研究的奶牛拍卖，Lusht (1994) 研究的商业房地产拍卖，Chanel、Gérard-Varet和Vincent (1996) 研究的金首饰拍卖；Pesando和Shum (1996) 研究的Picasso版画拍卖；Thurston (1997) 研究的水貂毛皮拍卖，Pezanis-Christou (2001) 研究的鲜鱼拍卖，van den Berg、van Ours和Pradhan (2001) 研究的荷兰花卉拍卖，以及Ginsburgh和van Ours (2007) 研究的从沉船残骸中打捞的中国瓷器的拍卖，Burns (1985) 以及Keser和Olson (1996) 设计进行的实验，也得出了同样的结论。

有些作者还发现了价格攀升的现象，其中包括Gandal (1997) 研究的以色列有线电视许可证拍卖，以及Donald、Paarsch和Robert (1997) 研究的西伯利亚木材出口许可证拍卖。Jones、Menezes和Vella (1996) 发现，在羊毛序贯拍卖中价格可能会上升或下降，正如Chanel、Gérard-Varet和Vincent (1996) 在研究手表拍卖中所发现的一样；Milgrom和Weber (1982b) 表明，在理论上，如果投标人的估值是相互关联的，那么经过一段时间价格就会上升。Deltas和Kosmopoulou (2001) 发现，在销售图书馆图书的拍卖会上，预期价格会增加，但是销售概率会下降。他们认为，他们的发现是由于“分类”的结果：商品如何出现在预售目录以及出现在目录的哪个地方是很重要的。Natzkoff (2001) 提供了一份关于价格下降异常现象文献的出色的调查报告。

在各种不同类型的拍卖中，价格在拍卖会上的变动趋势是可以预测的，这是一个有趣的结果。正如表26-7中所显示的，记录价格下降（平均来看）的拍卖类型比记录价格上涨的拍卖类型要多。各种经济理论已经能够解释这些价格变动趋势，并且很可能这种价格趋势是由这些效应的组合引起的。价格下降并不会在每场拍卖或每场艺术品拍卖会中都出现，但是，它们似乎是拍卖机制对价格的一个重要影响。

表26-7 价格下降的异常现象

实证研究（价格递减）	
Buccola (1982)	牲畜
Burns (1985)	实验结果
Ashenfelter (1989)	葡萄酒
Milgrom和Weber (1982b)	转发器租赁
Thiel和Petry (1995)	邮票
Ashenfelter和Genesove (1992)	公寓
Vanderporten (1992, 1992b)	公寓
Engelbrecht-Wiggans和Kahn (1992)	奶牛
McAfee和Vincent (1993)	葡萄酒
Di Vittorio和Ginsburgh (1994)	葡萄酒
Lusht (1994)	商业房地产
Chanel、Gérard-Varet和Vincent (1996)	金首饰
Pesando和Shum (1996)	Picasso版画
Keser和Olson (1996)	实验结果
Beggs和Graddy (1997)	艺术品
Thurston (1997)	水貂毛皮
Pezanis-Christou (2001)	鱼
Van den Berg、van Ours和Pradhan (2001)	鲜花
Ginsburgh和van Ours (2007)	从沉船残骸中打劳的中国瓷器
实证研究（价格递增）	
Jones、Menezes和Vella (1996)	羊毛
Chanel、Gérard-Varet和Vincent (1996)	手表
Gandal (1997)	以色列有线电视许可证
Donald、Paarsch和Robert (1997)	西伯利亚木材出口许可证
Deltas和Kosmopoulou (2001)	图书馆图书
理论研究	
Black和de Meza (1992)	葡萄酒价格下降的原因是由于买家的选择
McAfee和Vincent (1993)	风险厌恶可能导致价格下降
von der Fehr (1994)	参与成本可能导致价格下降
Engelbrecht-Wiggins (1994)	价格下降与物品异质性相关
Bernhardt和Scoones (1994)	价格下降与物品异质性相关
Gale和Hausch (1994)	价格下降与物品异质性相关
Beggs和Graddy (1997)	按照价值排序可能产生价格/估价下降
Ginsburgh (1998)	竞标者不足可能产生价格下降

从对价格下降的争论中得出的一个重要推论是，在有选择的情况下，拍卖行应该在一定程度上有区别地组织安排销售。Ginsburgh和van Ours（2007）研究了失事船残骸发现物的三次拍卖，每场拍卖组织方式都不同。他们发现，含有拍卖品的数量相同的包裹（物品数量不是递增或递减）比那些包含拍卖品数量不同的包裹，相对于预售估价卖出了更高的价格。他们猜测，组织拍卖品数量相同的包裹拍卖是收益最大化的。

26.4 结 论

艺术品拍卖实证研究的真正目的有两个。一个目的是，拍卖机制为艺术品的价格提供一个非常公开的报告。就像我们已经说明的那样，由于很多艺术品的独特性，对其市场价格的解读需要非常小心谨慎。然而尽管如此，这些信息仍是高质量艺术品估价的主要依据，它还为我们提供了对于艺术品喜好的主要的客观信息。虽然在判断艺术品和艺术家方面，市场并不是完全重要的，但是，它仍是我们理解艺术品好坏的关键因素。

另一个目的是艺术品拍卖提供了可用于测试和完善行为决策模型的数据。这里研究的对象是经济机制，并且无论所出售的物品是什么，这一机制都不会有太大区别。看起来，很多我们所知道的关于拍卖机制的运行操作，也可能引起对本身就相当引人注目的拍卖物品非常愉快的研究。

艺术品拍卖和艺术资产价格的实证研究在过去的十年中已经成为一个快速增长的领域，并且研究者们提出的问题和用到的实证方法越来越复杂。看来这种趋势将会持续下去。

附录A

印象派艺术品和现代艺术品拍卖的数据集是由Orley Ashenfelter和Andrew Richardson构建的。这个数据集仅限58位选定的印象派和现代艺术家，并且只包括画作，而不包括雕塑。这些艺术家被选中，主要是因为他们的作品在拍卖中占有相当大的比例。所涵盖的时期是1980—1990年，并且数据集包括在伦敦和纽约的佳士得和苏富比举行的150场拍卖会上的16 000多件拍卖品。拍卖价格是从公开的价目表中收集的，并且估价和可观察到的艺术品的特点都是从预售目录中收集的。这个数据集不包括每场拍卖中所有售出的拍卖品，而只是包括58位选定的艺术家样本。此外，我们也只有那些在拍卖会上售出的物品的价格。

为了构建一个重复销售价格指数，我们确定了230幅作品，这些作品在1980—1990年间至少卖出两次（一共474个观察值）。为了明确地识别身份，我们要求所有画作都标明标题、绘画手法、艺术家和绘画日期。由于许多画作都有相同的标题，所以只有标题和艺术家这两个标识是不够的。我们用画作销售价格的对数对每一幅画的每个虚拟变量和画作售出的时期进行回归。

我们对每个年度设有一个虚拟变量。利用时间虚拟变量系数的逆对数，我们构建了印象派艺术品的重复销售价格指数，如图26-1所示。

对于图26-1中的享乐价格指数，销售价格的对数是除了每一时期的时间虚拟变量之外，回归分析特征模型的画作属性。用于印象派和现代艺术品的特征模型的属性是绘画日期、长度、宽度、签名、花押、盖章、绘画的手法/媒介，以及艺术家。我们还包括了表示画作是否在纽约或伦敦的苏富比或佳士得出售的虚拟变量。

参考文献

Abowd, J., Ashenfelter, O.(1988). "Art auctions: Price indices and sale rates for impressionist and contemporary pictures". Mimeo, Department of Economics, Princeton University.

Anderson, R.C.(1974). "Paintings as an investment". Economic Inquiry 12, 13–25.

Ashenfelter, O.(1989). "How auctions work for wine and art". Journal of Economic Perspectives 3, 23–36.

Ashenfelter, O.(2000). "The demand for expert opinion: Bordeaux wine". Les Cahiers de L'OCVE, Cahier Scientifique 3, Mars.

Ashenfelter, O., Genesove, D.(1992). "Testing for price anomalies in real-estate auctions". American Economic Review 82, 501–505.

Ashenfelter, O., Graddy, K.(2003). "Auctions and the price of art". Journal of Economic Literature 41, 763–787.

Ashenfelter, O., Graddy, K.(2005). "Anatomy of the rise and fall of a price-fixing conspiracy: Auctions at Sotheby's and Christie's". Journal of Competition Law and Economics 1, 3–20.

Ashenfelter, O., Graddy, K., Stevens, M.(2002). "A study of sale rates and prices in impressionist and contemporary art auctions". Unpublished manuscript.

Ashenfelter, O., Graddy, K., Ginsburgh, V., Legros, P., Sahuguet, N.(2003). "The class actions against Christie's and Sotheby's, or a buyer's guide on how to win twice at auction". Art Newspaper, November, 141, 42.

Bailey, M.J., Muth, R.F., Nourse, H.O.(1963). "A regression method for real estate price index construction". Journal of the American Statistical Association 58, 933–942.

Baumol, W.J.(1986). "Unnatural value: Or art investment as a floating crap game". American Economic Review, Papers and Proceedings 76, 10–14.

Bauwens, L., Ginsburgh, V.(2000). "Art experts and auctions: Are pre-sale estimates unbiased and fully informative?" Recherches Economiques de Louvain 66, 131–144.

Beggs, A., Graddy, K.(1997). "Declining values and the afternoon effect: Evidence from art auctions". Rand Journal of Economics 28, 544–565.

Beggs, A., Graddy, K.(2004). "Testing for reference dependence: An application to the art market". Unpublished manuscript.

Beggs, A., Graddy, K.(2006). "Failure to meet the reserve price: The impact on returns to art". Unpublished manuscript.

Bernhardt, D., Scoones, D.(1994). "A note on sequential auctions". American Economic Review 84, 653–657.

Biey, M.L., Zanola, R.(2004). "The market for Picasso prints: An hybrid model approach". Unpublished manuscript.

Black, J., de Meza, D.(1992). "Systematic price differences between successive auctions are no anomaly". Journal of Economics and Management Strategy 1, 607–628.

Buccola, S.(1982). "Price trends at livestock auctions". American Journal of Agricultural Economics 64, 63–69.

Buelens, N., Ginsburgh, V.(1993). "Revisiting Baumol's art as floating crap game". European Economic Review 37, 1351–1371.

Burns, P.(1985). "Experience and decision making: A comparison of students and businessmen in a simulated progressive auction". In: Smith, V.(Ed.), Research in Experimental Economics: A Research Annual, vol. 3. JAI Press, Greenwich, CT, pp. 139–157.

Campbell, J.(1987). "Stock returns and the term structure". Journal of Financial Economics 18, 373–399.

Carter Hill, R., Knight, J.R., Sirmans, C.F.(1997). "Estimating capital asset price indexes". The Review of Economics and Statistics 79, 226–233.

Case, K.E., Quigley, T.M.(1991). "The dynamics of real estate prices". Review of Economics and Statistics 73, 50–58.

Case, K.E., Shiller, R.J.(1987). "Prices of single-family homes since 1970: New indexes for four cities". New England Economic Review, September October, 45–56.

Chanel, O., Gérard-Varet, L., Ginsburgh, V.(1996). "The relevance of hedonic price indices". Journal of Cultural Economics 20, 1–24.

Chanel, O., Gérard-Varet, L., Vincent, S.(1996). "Auction theory and practice: Evidence from the market for jewellery". In: Ginsburgh, V., Menger, P.(Eds.), Economics of the Arts: Selected Essays. Elsevier, Amsterdam, pp. 135–149.

Czujack, C.(1997). "Picasso paintings at auction, 1963–1994". Journal of Cultural Economics 21, 229–247.

de la Barre, M., Docclo, S., Ginsburgh, V.(1996). "Returns of impressionist, modern and contemporary European paintings 1962–1991". Annales d'économie et de Statistique 35, 143–181.

Deltas, G., Kosmopoulou, G.(2001). "Bidding in sequential auctions: 'Catalogue' vs. 'order of sale' effects(in a sale of library books)". Mimeo, Department of Economics, University of Illinois.

de Marchi, N.(2004). "Auctioning paintings in late seventeenth-century London: Rules, segmentation and prices in an emergent market". In: Ginsburgh, V.(Ed.), Economics of Art and Culture. Elsevier, Amsterdam.

di Vittorio, A., Ginsburgh, V.(1994). "Pricing red wines of Médoc vintages from 1949 to 1989 at Christie's auctions". Mimeo, Université Libre de Bruxelles.

Donald, S., Paarsch, H., Robert, J.(1997). "Identification, estimation, and testing in empirical models of sequential, ascending-price auctions with multi-unit demand: An application to Siberian timber-export permits". Mimeo, Boston University, University of Iowa and Université de Montréal.

Engelbrecht-Wiggans, R.(1994). "Sequential auctions of stochastically equivalent objects". Economics Letters 44, 87–90.

Engelbrecht-Wiggans, R., Kahn, C.(1992). "An empirical analysis of dairy cattle auctions". Mimeo, University of Illinois.

Frey, B.S., Eichenberger, R.(1995). "On the rate of return in the art market: Survey and evaluation". European Economic Review 39, 528–537.

Frey, B.S., Pommerehne, W.W.(1989). Muses and Markets, Explorations in the Economics of the Arts. Blackwell, Oxford.

Gale, I., Hausch, D.(1994). "Bottom-fishing and declining prices in sequential auctions". Games and Economic Behavior 7, 318–331.

Galenson, D.W.(2000). "The careers of modern artists: Evidence from auctions of contemporary paintings". Journal of Cultural Economics 24, 87–112.

Galenson, D.W.(2002). "Quantifying artistic success: Ranking French painters-and paintings-from Impressionism to Cubism". Historical Methods 35, 5–20.

Galenson, D.W.(2004). "The life cycles of modern artists". Historical Methods 37, 123–136.

Galenson, D.W., Weinberg, B.A.(2000). "Age and the quality of work: The case of modern American painters". Journal of Political Economy 108, 761–777.

Galenson, D.W., Weinberg, B.A.(2001). "Creating modern art: The changing careers of painters in France from Impressionism to Cubism". American Economic Review 91, 1063–1071.

Gandal, N.(1997). "Sequential auctions of interdependent objects: Israeli cable television licenses". Journal of Industrial Economics 45, 227–244.

Genesove, D.(1995). "Search at wholesale auto auctions". Quarterly Journal of Economics 110, 23–49.

Genesove, D., Mayer, C.(2001). "Loss aversion and seller behavior: Evidence from the housing market". Quarterly Journal of Economics 116, 1233–1260.

Ginsburgh, V.(1998). "Absentee bidders and the declining price anomaly in wine auctions". Journal of Political Economy 106, 1302–1319.

Ginsburgh, V., Jeanfils, P.(1995). "Long-term co-movements in international markets for paintings". European Economic Review 39, 538–548.

Ginsburgh, V., Legros, P., Sahuguet, N.(2004). "How to win twice at an auction; On the incidence of commissions in auction markets". Unpublished manuscript.

Ginsburgh, V., Mei, J., Moses, M.(2006). "The computation of prices indices". In: Ginsburgh, V.A., Throsby, D.(Eds.), Handbook of the Economics of Art and Culture, vol. 1, Elsevier, Amsterdam. Chapter 27 in this handbook.

Ginsburgh, V., van Ours, J.(2007). "How to organize a sequential auction: Results of a natural experiment by Christie's". Oxford Economic Papers. In press.

Goetzmann, W.N.(1992). "The accuracy of real estate indices: Repeat sale estimators". Journal of Real Estate Finance and Economics 5, 5–53.

Goetzmann, W.N.(1993). "Accounting for taste: Art and financial markets over three centuries". American Economic Review 83, 1370–1376.

Goetzmann, W.N.(1996). "How costly is the fall from fashion? Survivorship bias in the painting market". In: Ginsburgh, V., Menger, P.(Eds.), Economics of the Arts: Selected Essays. Elsevier, Amsterdam, pp. 71–83.

Goetzmann, W.N., Spiegel, M.(1997). "A spatial model of housing returns and neighborhood substitutability". Journal of Real Estate Finance and Economics 14, 11–31.

Goetzmann, W.N., Spiegel, M.(2003). "Art market repeat sales indices based upon Gabrius S.P.A. data". Gabrius White Paper.

Graeser, P.(1993). "Rate of return to investment in American antique furniture". Southern Economic Journal 59, 817–821.

Horstmann, I., LaCasse, C.(1997). "Secret reserve prices in a bidding model with a resale option". American Economic Review 87, 663–684.

Hosios, A., Pesando, J.(1991). "Measuring prices in resale housing markets in Canada: Evidence and implications". Journal of Housing Economics 1, 303–317.

In Re Auction Houses Antitrust Litigation(2001). US Dist. LEXIS 1713(S.D.N.Y.).

Jones, C., Menezes, F., Vella, F.(1996). "Auction price anomalies: Evidence from wool auctions in Australia". Working Paper 303, Australian National University.

Kahneman, D., Tversky, A.(1979). "Prospect theory: An analysis of decisions under risk". Econometrica 47, 263–291.

Keser, C., Olson, M.(1996). "Experimental examination of the declining price anomaly". In: Ginsburgh, V., Menger, P.(Eds.), Economics of the Arts: Selected Essays. Elsevier, Amsterdam, pp. 151–175.

Klemperer, P.(2004). Auctions: Theory and Practice. Princeton University Press, Princeton, NJ.

Landes, W.(2000). "Winning the art lottery: The economic returns to the Ganz collection". Recherches Economiques de Louvain 66, 111–130.

Lusht, K.(1994). "Order and price in a sequential auction". Journal of Real Estate Finance and Economics 8, 259–266.

McAfee, R.P., Quan, D., Vincent, D.(2000). "How to set minimum acceptable bids, with an application to real estate auctions". Unpublished manuscript.

McAfee, R.P., Vincent, D.(1993). "The declining price anomaly". Journal of Economic Theory 60, 191–212.

McAndrew, C., Thompson, R.(2004a). "Are presale art auction estimates unbiased? Some affirming evidence". Unpublished manuscript.

McAndrew, C., Thompson, R.(2004b). "Presale estimates, risk analysis, and the loan quality of fine art". Unpublished manuscript.

Mei, J., Moses, M.(2002). "Art as an investment and the underperformance of masterpieces". American Economic

Review 92, 1656–1668.

Mei, J., Moses, M.(2005). "Vested interest and biased price estimates：Evidence from an auction market". Journal of Finance 60, 2409–2435.

Milgrom, P., Weber, R.(1982a). "A theory of auctions and competitive bidding". Econometrica 50, 1089–1122.

Milgrom, P., Weber, R.(1982b). "A theory of auctions and competitive bidding, II". Mimeo, Stanford University and Northwestern University. Published with new foreword in：Klemperer, P.(Ed.), The Economic Theory of Auctions. Edward Elgar, Cheltenham, pp. 179–194.

Natzkoff, P.(2001). "Sequential auctions：Survey of the literature and empirical analysis of auctions of raw wool in Australia". University of Oxford, M. Phil. thesis.

Pesando, J.E.(1993). "Art as an investment. The market for modern prints". American Economic Review 83, 1075–1089.

Pesando, J.E., Shum, P.(1996). "Price anomalies at auction：Evidence from the market for modern prints". In：Ginsburgh, V., Menger, P.(Eds.), Economics of the Arts：Selected Essays. Elsevier, Amsterdam, pp. 113–136.

Pezanis-Christou, P.(2001). "Sequential auctions with asymmetric buyers：Evidence from a fish market". Mimeo, Bonn University, Department of Economics.

Pommerehne, W.W., Feld, L.P.(1997). "The impact of museum purchases on the auction prices of paintings". Journal of Cultural Economics 21, 249–271.

Ross, M.H., Zondervan, S.(1989). "Capital gains and the rate of return on a Stradivarius". Economic Inquiry 27, 529–540.

Schoenfeld, S.(2004). "The market for contemporary art". University of Oxford, MSc. thesis.

Stein, J.P.(1977). "The monetary appreciation of paintings". Journal of Political Economy 85, 1021–1035.

Stewart, J.B.(2001). "Bidding war：How an antitrust investigation into Christie's and Sotheby's became a race to see who could betray whom". The New Yorker, October 15, 2001, 158.

Thiel, S., Petry, G.(1995). "Bidding behavior in second-price auctions：Rare stamp sales, 1923–1937". Applied Economics 27, 11–16.

Thurston, N.(1997). "Explaining the declining price anomaly：Empirical evidence on buyer heterogeneity". Working Paper, Brigham Young University.

van den Berg, G., van Ours, J., Pradhan, M.(2001). "The declining price anomaly in Dutch rose auctions". American Economic Review 91, 1055–1062.

Vanderporten, B.(1992a). "Strategic behavior in pooled condominium auctions". Journal of Urban Economics 31, 123–137.

Vanderporten, B.(1992b). "Timing of bids at pooled real estate auctions". Journal of Real Estate Finance and Economics 5, 255–267.

Vincent, D.(1995). "Bidding off the wall：Why reserve prices may be kept secret". Journal of Economic Theory 65, 575–584.

von der Fehr, N.(1994). "Predatory bidding in sequential auctions". Oxford Economic Papers 46, 345–356.

Watson, P.(1992). From Monet to Manhattan：The Rise of the Modern Art Market. Random House, New York.

第27章

价格指数的计算

Victor Ginsburgh[a], Jianping Mei and Michael Moses[b]

[a]ECARES, Université Libre de Bruxelles and CORE, Université catholique de Louvain, Belgium

[b]Stern School of Business, New York University, USA

孟昕 译

摘 要

虽然艺术品没有明显的投资特点阻止其被看作一种资产，但是一个主要障碍是一直以来缺乏一个系统性的衡量其财务业绩的方法。由于其异质性（每件艺术品都是不同的），以及其罕见的交易（完全相同的一件艺术品不会很经常地出现在市场上），测定艺术品市场价值的变化是很难的。通常有两种估计方法用来构造指数。重复销售回归法（RSR）使用个别的物品在两个不同时刻交易的价格进行回归分析。如果一个物品的特征不改变（通常为收藏品），那么异质性问题撇开不管。特征或享乐回归法（HR）的基本思想是对物品的各种属性（尺寸、艺术家、题材等）进行价格回归，并使用回归残差计算价格指数，这个回归残差可以被看作“无特征价格”。本章论述了特征估计量法和重复销售估计量法的基本原理，并试图用经济学术语去解释这两个估计法都想实现什么目标。文中也有很多技术细节，这些细节对那些要构建这样指标的研究人员来说可能是有用的，并且这些细节对如何收集数据，以及在RSR和HR之间如何选择，给出了一些指导建议。本章使用模拟的回报率对这两种方法进行了比较，并指出根据手中的数据应该使用哪种方法。

关键词

价格指数，重复销售，特征定价，拍卖

JEL classification Codes

C13, C22, D44, Z11

27.1 引 言

虽然艺术品没有明显的投资特点阻止其被看作是一种资产，但是一个主要障碍是一直以来缺乏一个系统性的衡量其财务业绩的方法。由于其异质性（每件艺术品都是不同的），以及其罕见的交易（完全相同的一件艺术品不会很经常地出现在市场上），测定艺术品的市场价值的变化是很难的。

Anderson（1974）和Stein（1977）是最先研究艺术市场回报率的。但是，毫无疑问的是Baumol（1986）令人惊讶的关于艺术品非常小的长期收益回报率的研究结果（在1600年至1950年间是0.55%），加上20世纪80年代末的价格上涨，他的论文发表后不久，就相继出现了大量研究文献。文献变得如此之多，以至于很难找到、引用和善用所有的研究成果。

许多艺术品或古董市场已经被研究过了：非洲艺术品、书籍、古董汽车、古钱币、早期绘画大师的作品、家具、手工制作的象牙制品、珠宝首饰、照片、版画、雕塑、银器、邮票，或许还有其他的[①]。当然，最大的成就是研究画作的投资组合，这些画作的创作者通常是印象派画家和他们的追随者，还有美国的画家、比利时的画家、加拿大的画家、意大利的画家、拉丁美洲的画家、前拉斐尔（Raphaelite）派画家和其他的画家群体。一些文章研究了个别的画家，而有些文章研究了个人收藏。[②]

一个结构良好的艺术品市场价格指数有几个重要用途：

（a）概述一般的市场走势，就像道琼斯工业平均指数描述美国股市的总体走势一样。这将帮助我们衡量艺术品市场的回报率，并与其他类型资产的回报率比较，从而可以确定艺术品是不是一类可投资的资产。

（b）提供一个测量艺术品市场波动以及与其他金融工具（如股票和债券）的相关性的简明方法，可以解决在长期投资组合中进行艺术品投资是否能够分散风险的问题。

（c）能够检验影响艺术品市场价格变动的主要社会因素和经济因素是什么。这是很容易检验的。例如，通货膨胀如何影响艺术品市场价格。

（d）提供一个简单的评估艺术品价值的方法。通过假设艺术品按照艺术市场利率升值，正如我们假设美国股票价格按照标准普尔500指数的速率变动一样，人们可以按市值计价，并且推导出一个简单的艺术品估价。在一些研究中，如Mei和Moses（2002b）发现了这个简单的价值估计方法可以对艺术品价格提供一些锚，就像账面价值对股票是一个有用的评估工具一样。

艺术品价格指数要作为投资基准，还必须有几个重要的条件：

（a）它们必须是基于可靠的、公开的价格信息（目录或者计算机数据库），这样它们才能独立地被重复使用。

（b）指数构建方法应该依据公认的经济模型和易于验证结果的估计程序，并且这些方法必须能够解答上面提出的异质性问题。

（c）数据应避免样本选择偏差。

（d）指数应区分不同的收藏品类别，因为其回报率可能大不相同。

（e）数据必须定期更新，以提供实时的投资指南；也可以让艺术品投资组合按日“盯市”。

现在我们简要地介绍这些条件。大多数文章使用拍卖价格，因为这些价格都是很容易获得的；很少有人能够得到其他数据。Candela和Scorcu（2001）研究分析

① 还有葡萄酒，在一定程度上也被视为艺术品。

② 详情和参考文献参见附录A。

了画廊的价格，而对邮票（Feuillolay，1996）或者硬币（Verbert，1991）回报率的分析有时则是用目录价格进行的。

通常采用两种估计方法构建指数。重复销售回归法（repeat-sales regression，RSR）使用单个物品在两个不同时刻交易的价格。如果一个物品的特征不改变（通常为收藏品），那么异质性问题撇开不管。这种被广泛地应用于房地产研究的方法，被Anderson（1974），Baumol（1986）[①]，Goetzmann（1990，1993，1996），Goetzmann和Spiegel（2003），Locatelli Biey和Zanola（1999），Mei和Moses（2002a，2002b），Pesando（1993），Pesando和Shum（1996，1999）应用于艺术品市场。享乐回归方法（hedonic regression，HR）的基本思想是对物品的各种属性（尺寸、艺术家、题材等）进行价格回归，并使用回归残差计算价格指数，这个回归残差可以被看作"无特征价格"。Frey和Pommerehne（1989a，1986b），Buelens和Ginsburgh（1993），Chanel等人（1993）使用了这个方法，并且这个方法在20世纪90年代中期变得非常流行。享乐回归方法的优点是，该指数是利用所有的销售数据构建的，而不是利用一个（通常非常小的）现有交易的子集数据来构建。它的缺点之一，是依赖于描述物品的特征，并且依赖于方程的函数形式。

拍卖价格可能给出了一个不同的观点，因为拍卖市场似乎只代表了艺术品市场的33%~50%。同拍卖价格一道，其他的偏差也是有疑问的。第一个问题主要是与使用重复销售数据的研究相关的，因为有些交易不经过拍卖场或门市部。这一观点是Guerzoni（1994）提出的，他认为Reitlinger（1961，1971）的数据[②]，Baumol（1986），Frey和Pommerehne（1989a，1989b），Buelens和Ginsburgh（1993），以及其他人基于他们的计算而忽略了一些重要的交易，而这可能会严重地改变回报率。第二个问题是那些在拍卖会上流拍的作品一般不包括在内，因为没有成交价格。Ashenfelter、Graddy和Stevens（2001），Ekelund、Ressler和Watson（1998），Goetzmann和Peng（2003），Goetzmann和Spiegel（2003），以及McAndrew和Thompson（2003，2004）分析了这个结果，并提出了一些解决方案。例如，估计保密底价，或者使用现在大多数拍卖行公布的拍卖前估价的下限的一定百分比来估算价格。[③]

如上所述，许多种类的收藏品已经被研究过了。这些收藏品有些是很容易描述的（画作），有些则很难描述（家具、雕塑）。有些是经常销售的，因为有许多"件"（版画），有些物品则很少在一些拍卖会上看到（Vermeer的画作）。这表明根据每种方法的缺点，特别是它们对观测值数量的依赖，以及描述物品特征的概率，可以判断使用哪种方法（RSR或HR）可以更有效、更成功。

时效性是另一个重要的问题。幸运的是，越来越多的数据库都会定期更新，即便不是每天更新，如艺术品价格网站（http：//www.artprice.com）、希斯洛普（Hislop）的艺术品销售指数（http：//www.artsalesindex.com/system/index.html）、加百利（Gabrius）公司（http：//gabrius.com）、戈登（Gordon）的网上艺术品购物中心（http：//www.onlineartmall.com/limited/lgordon），可能还有其他的一些数据库。然而，很多类型的收藏品（家具、小提琴）却不是这样的。在某些情况下，价格可在年度目录中找到（例如Mayer的油画和素描、Gordon的版画），但是，年度目录通常需要从拍卖行那里获得。这又影响了构建价格指数的估算方法。

本章的结构如下：27.2节论述了特征估计量法和重复销售估计量法的基本原理，并试图用经济学术语去解

① 注意Baumol并没有构建指数，见下文。

② 当然，这可能影响所有零售数据，不仅是那些Reitlinger收集的数据。

③ Mei和Moses（2005）指出，自20世纪70年代中期以来，拍卖前估价的公布对成交价格有影响。

释这两种估计法都想实现什么目标。27.3节加入一些技术细节，这些细节对那些要构建这样指标的研究人员来说可能是有用的。27.4节简要论述了如何去收集数据，以及在RSR和HR之间如何选择。27.5节使用模拟的回报率，对这两种方法进行了比较，并指出根据手中的数据应该使用哪种方法。

27.2 特征估计量法和重复销售估计量法：第一种方法

在这一节，我们介绍两种价格指数估计量法，观察一组（2N个）交易，涉及 $i=1,2,\cdots,N$ 个不同的物品，这些不同的物品也用某些属性或特征来描述。为了简化论述，我们假设每一个物品都交易两次。日期集（例如，年）是 $t=0,1,\cdots,T$，并且定义了可能的周期（周期t从日期 $t-1$ 到日期t）或市场持续期。还有每个物品在一定时期（这里，2个时期）的价格数据，但这些数据并不是所有物品的数据。物品i在时期t的交易由下标（i,t）表示。

公认的估计法是特征估计量法和重复销售估计量法，其他一些估计法可看作特殊的情况。我们特别要指出，重复销售估计量法是特征估计量法的一种特殊情况。

我们用一个例子来说明：有 $N=6$ 个物品，在3个可能的日期（$T=2$）内进行 $2N=12$ 次销售。我们用 p_{it} 表示物品i的对数价格 P_{it}，并且假设物品1和4在日期 $t=0$ 和1时售出，物品3和5在日期 $t=1$ 和2时售出，最后，物品2和6在日期 $t=0$ 和2时售出。对数价格（列）向量记为：

$$p=(p_{10},p_{20},p_{40},p_{60},p_{11},p_{31},p_{41},p_{51},p_{22},p_{32},p_{52},p_{62})$$

为方便起见，我们把观察结果按日期排序，首先为t=0，其次为t=1，最后为t=2，不考虑同一物品转售的一些价格。我们还定义了一个向量：

$$y=(p_{11}-p_{10},p_{22}-p_{20},p_{32}-p_{31},p_{41}-p_{40},p_{52}-p_{51},p_{62}-p_{60})$$

其中的元素是 y_i（物品i在两个日期成交价格的对数差异）。

27.2.1 特征估计量法

享乐回归通常用于控制交易物品的质量变化。它似乎是由Court（1939）引入的，随后被Griliches（1961），Triplett（1969），Griliches（1971a，1971b）用来构建汽车价格指数。它被统计部门广泛地应用于消费者价格指数估计①，并在学术研究中用来构建房地产价格指数、计算机指数、汽车指数、洗碗机指数、艺术品指数等，而更普遍的应用是那些随着空间或时间的变化质量发生变化的情况。

我们先从简单的不考虑特征的情况开始。假设C是一个包含2N行和 $T+1$ 列的矩阵，表示为 c_0，c_1，…，c_T。如果商品i的交易发生在t年，元素 c_{it} 等于1，否则为0。例如，在上面的假设中，价格（列）向量是 $(p_{10},p_{20},p_{40},p_{60},p_{11},p_{31},p_{41},p_{51},p_{22},p_{32},p_{52},p_{62})$，矩阵C的第一列包含4个1，然后是8个零，第二列包含4个零，然后是4个1和4个零，依此类推。

我们估计线性模型的参数 δ_t：

$$p_{it}=\sum_{\tau=0}^{T}\delta_\tau c_{i\tau}+\varepsilon_{it} \quad (27-1)$$

其中，ε_{it} 是一个随机扰动项。最小二乘估计量是：

$$\hat{\delta}=(C'C)^{-1}C'p \quad (27-2)$$

① 例见Abraham、Greenless和Moulton (1998), Boskin (1996), Boskin等人.(1998)。当然，还有Triplett(2004)的一本书，讲述的完全都是这个问题。

这是直接检验τ年的价格估计是否只是简单地等于在那一年售出第n_τ个物品的平均价格（对数），这是一个几何学意义上的平均价格①：

$$\hat{\delta}_\tau = \frac{1}{n_\tau}\sum_i p_{i\tau}, \qquad \tau = 0, 1, \cdots, T \tag{27-3}$$

将这个指数规范化为1，当$\tau = 0$时，就得到了一个序列$\exp\hat{\delta}_\tau / \exp\hat{\delta}_0$②、③。很显然，只要每年售出的物品组合具有相同的特征，或者相同的质量，这是一个很好的方法。但是往往没有这样的情况，那么，特征指数方法就很有用了，因为随着时间的变化，它会使混合的销售物品同质化。

因此，考虑在特定的t年售出的商品集，并且假设在时间t售出物品i的价格可以被看作m个不随时间变化的特征，v_{ik}，$k = 1,2,\cdots,m$（例如，一幅画作的尺寸），以及n个随时间变化的特征，即$w_{ij\tau}$，$\tau = 0,1,\cdots,t$，$j = 1,2,\cdots,n$（例如，一幅画作的主人改变了）的函数。那么我们就可以写作$p_{it} = f(v_{i1},\cdots,v_{im},w_{i10},\cdots,w_{i1t},w_{i20},\cdots)$。我们详细说明这个函数形式④：

$$p_{it} = \sum_{k=1}^{m}\alpha_k v_{ik} + \sum_{\tau=0}^{t}\sum_{j=1}^{n}\theta_{j\tau}w_{ij\tau} + \varepsilon_{it} \tag{27-4}$$

方程（27-4）中的参数α_k和$\theta_{j\tau}$，通常被贸然⑤解释为描述商品各种特征属性的隐含价格，而ε_{it}是一个随机误差项。因此，这些隐含价格是对可观察到的特征（也通常是对数形式）进行价格回归得到的；一旦它们是已知的，就可以使用下面的方程计算在τ年，方程（27-3）中无特征或者质量调整后的商品的平均价格$\hat{\delta}_\tau$：

$$\hat{\delta}_\tau = \frac{1}{n_\tau}\sum_i\left(p_{i\tau} - \sum_{k=1}^{m}\alpha_k v_{ik} - \sum_{t=0}^{T}\sum_{j=1}^{n}\theta_{jt}w_{ijt}\right) \tag{27-5}$$

那么序列$\hat{\delta}_\tau$，$\tau = 0,1,\cdots,T$，将描述随着时间的推移无特征商品的价格（人工的）变化，并且很明显这些价格可以从一段时间后集中销售的享乐回归中得到。结合方程（27-1）和方程（27-4）：

$$p_{it} = \sum_{k=1}^{m}\alpha_k v_{ik} + \sum_{\tau=0}^{T}\sum_{j=1}^{n}\theta_{j\tau}w_{ij\tau} + \sum_{\tau=0}^{T}\delta_\tau c_{i\tau} + \varepsilon_{it}^{⑥} \tag{27-6}$$

这个方法允许时间和特征之间相互作用，如果你认为有些特征的隐含价格会随时间变化而变化，你只需要引入新的变量$\omega_{kt} = v_k c_t$。这个变量选择那些描述特征k的隐含价格时间路径的回归系数。先前介绍的两个估计法，通过计算子样本的参数（例如，一个特定的画家）也可以提供这样的信息。然而，由于观测值的数量相对于整个销售量比较小，参数估计的精确度很小。

显然，还有许多其他方法详细说明了价格是如何取决于时间的。$\sum_\tau \delta_\tau c_\tau$这个公式以一种合理灵活的方式构建一个价格指数。或者，还可以使用一个变量τ，它取值0，1，2，…，T，并且方程（27-6）加入了φτ项，其中φ代表价格趋势的估计，也可以估计子周期的时间趋势。

27.2.2 重复销售估计量法

重复销售估计量法是为计算房地产价格指数而开发出来的。这种方法是由Bailey、Muth和Nourse（1963）正式确定的，虽然他们参照了Wenzlick（1952）和Wyngarden（1927）先前的建议。Bailey、Muth和

① 很显然，人们也可以推导出一个算术平均价格估计量，用P_{it}代替p_{it}。

② 另外，你可以设置c_0作为一个向量，并估计方程（27-1）的截距。然后序列$\exp\hat{\delta}\tau$直接给出指数。

③ 注意δ的最小二乘估计的逆对数不是无偏的，并且已经通过在估计系数中加入一半的系数的平方标准误差进行了修正。因为这样的标准误差通常都很小，这几乎没有什么差别。参见Triplett (2004, Chapter 3, footnote 12)。

④ 参考更多的函数形式选择。例见Halvorsen和Pollakowski(1981)。

⑤ 见下面的讨论。

⑥ 注意，按照通常的规范，可以引入截距α_0，并估计T-1个参数δ_τ，并将δ_0规范化为1。

Nourse的文章发表之后，大量的理论方法和应用文章在大多数的专业期刊[①]上出现，这个估计方法现在也用于其他的市场，包括艺术品市场。

推导出估计基础的常用方法如下：假设r_{it}是艺术品连续复利回报率，δ_t代表艺术品资产i在t时期连续复利回报率，是一个误差项η_{it}：

$$r_{it} = \delta_t + \eta_{it}$$

其中，δ_t可以被看作投资组合中的艺术品在时期t的平均回报率。我们将使用个别作品在一定期间内（$t = 1,\cdots,T$）的销售数据估计指数δ（一个T维向量的个别元素是δ_t）。所观察到的数据包括个别物品i的一对购买和销售价格(p_{ib}, p_{is})（对数形式），以及购买和销售的日期，用b_i和s_i表示。在购买日期b_i和销售日期s_i之间持有物品i的相对对数价格，可表示为：

$$r_i = p_{is} - p_{ib} = \sum_{t=b_i+1}^{s_i} r_{it}$$

有许多方法可以推导出重复销售估计量且可以了解如何进行回归。[②]下面这种简单的方法正好将重复销售回归和享乐回归结合起来，它是从特征函数开始分析的，其特征在一段时间内是固定的：

$$p_{it} = \sum_{k=1}^{m} \alpha_k v_{ik} + \sum_{\tau=0}^{T} \delta_\tau c_{i\tau} + \varepsilon_{it} \qquad (27-7)$$

为了计数方便，如上，我们定义p_{ib}为第一次销售价格，p_{is}为第二次销售价格，并且重新定义矩阵C的列和参数δ_t。那么，

$$p_{is} - p_{ib} = \delta_s c_{is} - \delta_b c_{ib} + \eta_i \qquad (27-8)$$

其中，$\sum_k \alpha_k v_{ik}$项消失了，因为随时间变化特征属性变得同一了，并且$\eta_i = \varepsilon_{is} - \varepsilon_{ib}$。用该方法很容易检验我们这个只有6组重复销售数据的例子，并导出下面的系统方程：

$$\begin{bmatrix} p_{11} - p_{10} \\ p_{22} - p_{20} \\ p_{32} - p_{31} \\ p_{41} - p_{40} \\ p_{52} - p_{51} \\ p_{62} - p_{60} \end{bmatrix} = \begin{bmatrix} -1 & 1 & 0 \\ -1 & 0 & 1 \\ 0 & -1 & 1 \\ -1 & 1 & 0 \\ 0 & -1 & 1 \\ -1 & 0 & 1 \end{bmatrix} \begin{bmatrix} \delta_0 \\ \delta_1 \\ \delta_2 \end{bmatrix} + \eta$$

其中，η是含有6个误差项η_i的向量。

等号右边的矩阵中的三列是线性相关的，因此，第一列应该去掉。这将使其规范化为$\delta_0 = 0$，并给我们留下一个N×T（=6×2）的矩阵Z，这个矩阵将在后面解释。列数T（这里是2）个回归系数可以通过最小二乘法估计：

$$\hat{\delta} = (Z'Z)^{-1} Z'y \qquad (27-9)$$

另一种推导估计方法的途径——这种估计法可以很简单地解释系数——是构建一个N×T矩阵X，其中矩阵的列表示时期（不是日期），观察值i是在第i行，1代表在这个时期内物品仍被持有，否则为0。在我们的例子中，该矩阵为：

$$X = \begin{bmatrix} 1 & 0 \\ 1 & 1 \\ 0 & 1 \\ 1 & 0 \\ 0 & 1 \\ 1 & 1 \end{bmatrix}$$

其系数β_1和β_2的最小二乘估计是：

$$\hat{\beta} = (X'X)^{-1} X'y \qquad (27-10)$$

两个正规方程是：

$$4\hat{\beta}_1 + 2\hat{\beta}_2 = (p_{11} - p_{10}) + (p_{22} - p_{20}) + (p_{41} - p_{40}) + (p_{62} - p_{60})$$

$$2\hat{\beta}_1 + 4\hat{\beta}_2 = (p_{22} - p_{20}) + (p_{32} - p_{31}) + (p_{52} - p_{51}) + (p_{62} - p_{60})$$

---

① AREUEA Journal, FRBSF Review, Journal of Environmental Planning and Management, Journal of Housing Economics, Journal of Real Estate Finance and Economics, Journal of Urban Economics, Land Economics, aswellasinthe Review of Economics and Statistics.

② 我们推导出了所谓的几何重复销售估计量法。参见Shiller(1991)，Goetzmann和Peng(2001)，他们讨论了一个算术估计法。

它们还可以写成：

$$\hat{\beta}_1 = \frac{1}{4}[(p_{11} - p_{10}) + ((p_{22} - \hat{\beta}_2) - p_{20}) + (p_{41} - p_{40}) + ((p_{62} - \hat{\beta}_2) - p_{60})]$$

$$\hat{\beta}_2 = \frac{1}{4}[(p_{22} - (p_{20} + \hat{\beta}_1)) + (p_{32} - p_{31}) + (p_{52} - p_{51}) + (p_{62} - (p_{60} + \hat{\beta}_1))]$$

如果我们现在将$\hat{\beta}_1$和$\hat{\beta}_2$分别解释为在时期1和时期2的平均回报率估计，$(p_{22} - \hat{\beta}_2)$和$(p_{62} - \hat{\beta}_2)$分别是物品2和6的价格估计，那么它们应该是在第一年而不是第二年再次售出的，然而，$(p_{20} + \hat{\beta}_1)$和$(p_{60} + \hat{\beta}_1)$是同一物品的价格估计，它们应该是在第1年而不是第0年首次售出的。一旦接受了这种解释，我们立即可以看到$\hat{\beta}_1$是物品在$t = 0$和$t = 1$时售出的平均回报率，而$\hat{\beta}_2$是物品在$t = 1$和$t = 2$时售出的平均回报率。

直接将方程（27-9）和（27-10）联立起来。设B是一个T×T矩阵，其构造如下：矩阵行t以t个1开头，而该行的其他元素为0。在我们的例子中，该矩阵为：

$$B = \begin{bmatrix} 1 & 0 \\ 1 & 1 \end{bmatrix}$$

然后，我们构建一个解释变量矩阵XB^{-1}，这个矩阵正是用在方程（27-9）中的矩阵Z。经过一些简单的矩阵计算，方程（27-9）也可以写成：

$$\hat{\delta} = B\hat{\beta} \tag{27-11}$$

它涉及方程（27-9）和（27-10）的估计量，并意味着：

$$\hat{\delta}_t = \sum_{\tau=1}^{t} \hat{\beta}_\tau, \qquad t = 1, 2, \cdots, T$$

在我们的例子中，这意味着$\hat{\delta}_1 = \hat{\beta}_1$和$\hat{\delta}_2 = \hat{\beta}_1 + \hat{\beta}_2$。因为我们可以设$\hat{\delta}_0 = \hat{\beta}_0 = 0$，序列$\exp(\hat{\delta}_0)$，$\exp(\hat{\delta}_1)$，$\exp(\hat{\delta}_2)$是三年的价格指数。

几何重复销售估计量方法的一个特殊的情况是几何平均值估计量。从以下的线性模型开始：

$$y_i/\tau_i = \gamma + \varepsilon_i$$

其中，γ是估计参数，τ_i是一个变量，其取值是周期的数值。在这个周期内物品是由业主持有（不出售）的。因此，在上述例子中，当$i = 1, 3, 4, 5$时，τ_i等于1，当$i = 2, 6$时，τ_i等于2；ε_i是一个具有通常属性的随机扰动项。变量y_i/τ_i是商品i的年回报率。对每个取值1的变量进行y/τ回归分析，就可以估计系数γ，很容易检验出γ的最小二乘估计是平均年回报率：

$$\hat{\gamma} = \frac{1}{N}\sum_i y_i/\tau_i \tag{27-12}$$

从我们的例子来看，由等式（27-12）可推导出：

$$\hat{\beta} = \frac{1}{6}[(p_{11} - p_{10}) + (p_{22} - p_{20})/2 + (p_{32} - p_{31}) + (p_{41} - p_{40}) + (p_{52} - p_{51}) + (p_{62} - p_{60})/2]$$

这是Baumol（1986）、Frey和Pommerehne（1989b）使用的估计方法。[①]很显然，这种方法很容易计算，但是不能提供一段时间的指数。此外，不论物品被持有的时间长短，它给所有的年利率都设置了相等的权重。

27.3 特征、重复销售和其他的估计方法：进一步的问题

27.3.1 Rosen对特征价格模型的解释

Lancaster（1966）从根本上给出了用在享乐回归法

① 实际上，Baumol、Frey和Pommerehne使用精确的公式$(p_{it}/p_{it'})^{1/(t-t')}$计算了在t′期和随后t期售出商品的年回报率。我们使用近似的替代公式。如果p_{it}接近于$p_{it'}$，这两个方法产生了相似的结果。

中的纯粹的计量经济学技术，其理论是基于商品本身并不会被消耗这一想法，但是它们的特征属性的组合，如汽车的情况，即速度、里程、长度、发动机容量、车门数量等，每一个特征都携带一个隐含的价格。Rosen（1974）认为对可观测到的特征进行价格回归，简单地估计这种隐含的价格是有缺陷的。一般来说，在某种意义上，函数不允许“从这样的数据中单独恢复潜在的效用和成本函数”（Griliches，1990，p.189）。隐含价格是在对特征属性的市场需求供给均衡中出现的。Rosen概述了一个含有两个步骤的方法，其中第一步是估计特征函数 $p=f(v)$，以求出其在对应的观测值v点的导数值，并且使用这些导数值作为系统中含有特征属性供给和需求函数的价格，同时要注意在估计联立方程时常见的识别问题。Brown和Rosen（1982）、Epple（1987）、Bartik（1987）指出，这个问题比Rose所想的复杂得多，并且提出了一个替代Rosen估计程序的方法。Wittke、Sumka 和 Erekson （1979），Brown 和 Rose （1982），Palmquist（1984），Bartik（1987）对房屋，Nerlove（1995）对葡萄酒，Pakes（2003）对个人电脑都进行了实证估计。

Rosen（1974）的方法论述的是完全竞争市场。而Goldberg（1995），Berry、Levinsohn 和 Pakes（1995）以及Pakes（2003）则分析了不完全竞争市场（或者至少在有些情况下生产者的数目很小）。

在许多情况下，艺术品市场仅仅是其中的一个，享乐回归方法的目的仅仅是确定一段时间的价格指数，而不是像在消费者价格分析中的享乐回归案例，推导出消费者的福利，只要效用参数可以从估计模型中推断出来，这也是可能的。[①]因此，在某种意义上，在艺术品价格指数的例子中，求助于Rosen的理论是不必要的。

27.3.2 特征指数问题[②]

可靠的无偏估计可以得到。然而，尽管如此，在单方程模型估计法中还有一些问题需要解决。例如，异方差性、多重共线性[③]、函数形式的选择、特征（独立变量或自变量）的选择等。

随着时间的推移，为了让指数尽可能少地被混合销售的异质性污染，并使指数能正确地解释说明质量调整后的价格变化，对特征属性的选择是很重要的。下面是关于这个问题的详细研究。

进一步的问题是我们是否可以假设，随着时间的推移，特征变量的系数（而不是时间虚拟变量）是固定不变的。虽然特征函数真的能捕获到消费者品位的变化是值得怀疑的，但是这会随时间变化而改变。假定隐含价格变化的特征可以通过在特征和时间之间引入相互作用项，或者通过运行相邻周期回归来检验，以及检验是否拒绝不变假设。Triplett（2004，Chapter 3,Section 2c）认为，设定特征系数随时间变化而变成相等这一约束条件，会影响时间指数，并且只要观测值的数量是足够的，那么运行一序列的相邻周期回归会产生更好的结果。

在构建艺术品指数时不会遇到，却在许多其他情况下，如构建计算机、汽车和大部分其他耐用消费品的指数时会遇到的问题是，普通的最小二乘法估计量没有考虑到每个品牌或者样式的市场规模，而是对每个观测值给定相同的比重。Silver和Heravi（2004）以及Triplett（2004，Chapter 6,Section D）讨论了这个问题。

一个相关的问题是，老品牌往往会从市场上消失，

① 在这个问题上，参见Palmquist (1992)、Feenstra (1995)和Diewert (2001)。

② 在双倍行距的页面中讨论这个问题有时感觉有点不舒服，Triplett(2004)在单倍行距的页面中讨论这个主题时用了250多页。

③ Pakes(2003)发现工业产品(在他的例子中用的是计算机)的特征通常是高度相关的。这个不可能适用于艺术品。

而有其他特征的新品牌会不断进入市场。在构建消费者价格指数时，这往往是最困难的。参见Boskin（1996）和Boskin等人（1998），以及Triplett（2004，Chapter 2）。

最后，我们提到一个Melser（2004）分析的问题：他认为上述建议的时间虚拟方法可能无法满足单调性公理。单调性公理具备以下特性：如果第二（第一）时期的价格上涨，在保持其他因素固定的情况下，用来比较两个时期的价格指数必须上升（下降）。Melser贯彻实施了Diewert（2001）提出的要满足这一公理的建议。Diewert（2003）还讨论了许多其他关于特征价格指数的悬而未决的问题。

27.3.3 特征函数的形式

使用最广泛的函数形式是双对数函数。在这个函数中，价格和特征属性（只要这些是由连续变量表示的[①]）转化为自然对数。Rosen（1974）认为，在一般情况下，理论对于函数形式没有什么可说的。[②]正如Triplett（2004，Chapter 6，p.10）提到的，“特征函数的形式完全是一个实证问题……因此，经验上应该选择最适合数据的函数形式”。Cropper、Deck和McConnell（1988）分析研究了（房屋）实证问题，他们进行了一些蒙特-卡罗（Monte-Carlo）实验，以确定哪种形式能够更准确地确定隐含价格。他们认为，线性Box-Cox函数形式可能是合理的折中办法。[③]Wallace（1996）提出非参数估计，这可以避免选择问题或者强加一个函数形式的问题。

27.3.4 艺术品的特征属性

一个好的起点是de Piles的《画家的天秤》（balance des peintres），作为附录添加在他的《绘画原理教程》（Cours de peinture par principes）中（de Piles，1708）。天秤是一个图表，其中de Piles将画作分解成四个基本特征：构图、素描、色彩、表现[④]，并且将这四个特征的每一个用0到20表示从他所处的时代和以前的时代中选出的56位画家作品的优秀程度。例如，Rembrandt在素描上的得分是非常低的，在刚才提到的四个特征上分别得到15分、6分、17分和12分，而Michelangelo在素描上的得分很高，分别是8分、17分、4分和8分。de Piles自己将这种划分看作一个游戏，但是，与他同时代的人则认为这是一个“描述天才特征的聪明的方式”（Thuillier，1989，p.XXVII）。后来，这一观点发生了改变，并且许多艺术史学家厌恶这个想法，并称其为“臭名昭著的异类”（Gombrich，1966，p. 76），或者认为de Piles “呈现了最糟糕的一面，尽管他试图成为最系统的”（Puttfarken，1985，p.42）。天秤的独创性在于引入了美学的观点，而这个美学观点将美分解成各种元素。当然，这个想法与Lancaster（1966）所表达的一样，并且用在早期的计量经济学对特征的研究中。

正因为受到许多艺术评论家追捧[⑤]，这样的特征描述方法才会存在，并且我们必须依靠这些替代美学特征

① 注意特征的空间通常并不密集。很难找到一辆发动机容量是1 527.3CC的汽车，或者一台内存不能用2的指数来表示的计算机。因此，函数形式不必是光滑的。

② 参见Bartik（1987）。Bartik认为一些形式不能被用于Rosen（1974）提出的两步估计方法。

③ 也参见Halvorsen和Pollakowski (1981)，以及Triplett (2004, Chapter 6, Section C)。

④ 注意分解本身追溯到Plinus。

⑤ 参见Ginsburgh和Weyers（2006），他们将de Piles的四个特征换算成今天的价格以对它们的价值定价并对审美价值定价。

的适当描述。Mandeville是一名医生，“主要是作为一名撰写有关经济和社会话题的挑衅性、煽动性文章的作者引起注意”（de Marchi and van Miegroet，1994）。在他的一篇文章中（Mandeville，1728），他列出了解释艺术品价值的四个因素：大师的名字，他的年龄（用Mandeville的话说“他所在的时代”），他的作品的稀缺性，以及拥有它们的那些人的阶层。①

显然，艺术品特征取决于所研究的收藏类型。②对于研究得最多的画作，Sagot-Duvauroux（2003）指出，其特征包括落款（因此，艺术家的名字）、来源（原先的拥有者，包括展览和描述作品的文献）、技术（油彩、混合技术等）、创作题材（风景、肖像等）、基料（帆布、纸等）、尺寸和销售地点。对于Mandeville而言没有什么很新的东西。需要注意的是，在过去，价格也取决于所使用的色彩、主题和表现的人物数量。

由于大多数的实证研究都是基于拍卖的数据，他们使用销售目录中提供的商品特征，包括艺术家的名字、尺寸、技术、来源等要素（虽然以前的主人的名字很少出现），通常也包括画作的照片，因此，主题、色彩等也被视为作品的特征。③正如Mandeville所认为的一样，艺术品价格也可能受到稀缺性的影响。但是，稀缺性（例如，基于仍然掌握在私人手中的艺术家作品的数量）是否可以作为一种属性特征还不是很清晰，因为它并不是作品的一个特征（或者艺术家的一个特征），但是它却是市场的一个特征。

表27-1显示了研究的一些结果，包括以合理的统一方式描述的特征。高度和宽度系数全是正的，但是，面积变量的负的系数表明作品尺寸不能太大：价格是尺寸的一个凹函数。油画和帆布画通常比采用其他绘画手法或者基料画更昂贵。当落款和日期出现在画作上，则有一个正的效应。

表27-1　特征函数的画家样本结果

	印象派和现代欧洲画家 1962—1991年	其他欧洲画家 1962—1991年	美国画家 1962—1990年	比利时画家 1962—1990年	Mei Moses数据库 1950—2001年
尺寸					
高度（厘米）	0.0111	0.0080	0.0090	0.0102	0.0572
	(0.0002)	(0.0010)	(0.0002)	(0.0004)	(0.0040)
宽度（厘米）	0.0077	0.0050	0.0081	0.0132	0.0804
	(0.0002)	(0.0010)	(0.0003)	(0.0004)	(0.0051)
面积（1 000平方厘米）	-0.1898	-0.2400	-0.0269	-0.0622	-1.3594
	(0.0053)	(0.0080)	(0.0013)	(0.0036)	(0.1000)
绘画手法					
油画	0.0000	0.0000	0.0000	0.0000	0.7705
	—	—	—	—	(0.0783)
拼贴画	-0.5306	-0.1830	-0.2690	—	—
	(0.0928)	(0.0840)	(0.0721)		
蜡笔画	—	—	—	—	0.0605
					(0.1207)
素描	—	—	—	—	-0.6817
					(0.1003)
混合手法	—	—	0.1132	—	—
			(0.0460)		
其他的手法	—	—	—	—	0.0000
基料					
油画布	0.0000	0.0000	0.0000	0.0000	—
	—	—	—	—	—
木画板	—	-0.0790	—	-0.0009	—
		(0.0550)		(0.0201)	
硬纸板	—	-0.1300		-0.2229	
		(0.0710)		(0.0438)	
纸	—	—	—	-0.2163	—
				-0.0569	
无落款	—	—	—	—	-0.3829
					(0.0652)
无日期					-0.1440
					(0.0481)
观测数量	24 540	6 410	6 224	12 118	3 342

资料来源：印象派和现代画家，以及其他欧洲画家：de la Barre、Docclo和Ginsburgh（1994）。美国画家：Demortier（1992）；比利时画家：Ginsburgh和Mertens（1994）。Mei和Moses数据库。所有的回归包含画家、年份和拍卖行的虚拟变量，但是详细的结果未列出。

① 参见de Marchi和van Miegroet(1994)。

② 详细内容参见附录A引用的文章。

③ Czujack (1997)和Lazzaro(2003)分别研究了Picasso的油画及Rembrandt的油画和版画，这可能是使用最大的一系列属性特征的两篇文章。

最有争议的特征可能是大师的名字（当研究艺术品投资组合时，引入虚拟变量），因为无法解释为什么他的作品是有价值的。然而，社会学家、艺术哲学家和经济学家似乎认同大师的名字确实会改变艺术品的价值。Becker（1982）、Moulin（1992）以及Bonus和Ronte（1997）非常详细地说明了艺术家的声誉是如何构建的，以及艺术家的声誉有时候是造成一些作品卖高价的原因。艺术哲学家们也认为，艺术家的名字创造了美学价值。有趣的是，Danto——一名伟大的美国分析艺术哲学家——在他的一篇当代艺术文章中写道（Danto，1986，pp.13-14，p.45）："Duchamp的《喷泉》（Fountain），大家都知道，显然就是一个小便器——它只是一个小便器，直到它成为一个艺术作品，并获得了像艺术作品所具有的更多的特性，超出只有真实的物品所具有的那些实用功能，像小便器……"，"表述（interpretation）并不是艺术品：表述和作品共同出现在审美意识中。因为表述离不开作品，如果这是艺术家的作品，表述也离不开艺术家"。作为经济学家，Grampp（1989，p.131）声称艺术家的名字属于他们的作品：审美对象包括作品、艺术家和标题。"想象一下，"他写道："如果市场上只有一个经销商，并且没有竞争对手提供有关他要出售的画作信息：除了价格，没有名字，没有标题，没有来源……他将如何进行销售。"所以，归属问题很重要。有数百个这样的例子，最近的一个是，Raphael的《粉红色的麦当娜》（Madonna of the Pinks），在1991年属于Raphael时价值约8 000英镑，而国家美术馆在2004年支付的价格是2 200万英镑。所有这些都是很好的，不用担心引入艺术家虚拟变量作为特征的理由。

研究的主要目的是估计价格指数——如果特征选择很匮乏，或者一些重要特征被忽略了，就会产生偏差。根据Rosen（1974）的警告，对其他特征系数的解释应该谨慎一些。然而，Triplett（2004，Chapter 5，p.3）认为"实施特征研究的第一原则是（去）了解你的产品"。

27.3.5 其他的重复销售估计量法

在等式（27-9）和等式（27-10）中使用普通最小二乘法（OLS），简单地设置加权矩阵作为单位矩阵。虽然它是最简单的方法，但是它经常作出不现实的假设，假设等式（27-8）中的误差项是同方差的。广义最小二乘法（GLS）设置加权矩阵作为对角矩阵，其中的元素是第一步普通最小二乘法的事后估计误差的平方。

Palmquist（1982）认为，一旦一个特定的物品销售超过两次，普通最小二乘法的使用是有问题的，而需要用广义最小二乘法推导出最小方差估计。Goetzmann（1992）表明，最小二乘法提供了参数的最大似然估计。

Case和Shiller（1987，1989）提出一个合适的加权矩阵。他们假设等式（27-8）中的误差方差项是一个持有期加上一个固定值的简单线性函数，并且提出一个三阶段的最小二乘法。在第一阶段使用普通最小二乘法。然后，计算等式（27-8）中的误差项。在第二阶段，对定值和持有期回归平方误差项。然后，基于回归，使用持有期计算每一个物品的估计方差。最后，使用估计方差设置对角项，然后采用最小二乘法运行第三阶段回归。

众所周知，以上讨论的重复销售回归法是有一定偏差的，其中最严重的一个是伪负相关。这种偏差问题在估计序列开始时可能是很严重的。Goetzmann（1992）提出了一个两阶段贝叶斯（Bayesian）回归法以缓解早期的问题。贝叶斯公式增加了额外的限制条件，即这些误差的分布是正常的、独立的和同一的。当数据稀缺时，对早期估计的影响是巨大的，对数据丰富期间的影响是最小的。Goetzmann（1992）也提到了几个其他的贝叶斯估计。

通常，重复销售估计量是以几何形式出现的，因为这个方法以一种简单的方式给出了回报率。Shiller（1991）以及Goetzmann和Peng（2001）还提出了算术重复销售估计量法，这种方法是无偏差的，并且基于算术平均回报率。

27.3.6 重复销售和特征估计量法的组合

Case和Quigley（1991）试图利用所有的信息，并将首次销售和转售（房屋）组合在一个方程组中。[①]他们对首次销售使用一个特征方程，并且对二手房转售使用重复销售方程。他们还将那些特征已经改变的转售与其他的转售区分开来。通过引入一个基于误差项显式结构的程序，Quigley（1995）对Case和Quigley（1991）的论述进行了补充。

虽然结果是非常有趣的——特别是他们提供了较小标准偏差的估计，但是这个建议很难适用于绘画艺术品，因为特征主要是由定性的变量描述，而Case和Quigley只讨论了（少量的）连续变量。因为在大多数情况下，时间是由年虚拟变量来代表的，所以这需要引入大量的变量。

27.3.7 其他的估计方法

许多其他的估计方法已经被提出并且被使用了。一个很简单的估计方法是，在本章开头部分讨论的关于享乐回归的每个周期的几何平均值估计量方法。显然，人们也可以使用简单估计方法，如算术平均数或者每一期的中值价格[②]，剔除或者不剔除异常值。在20世纪80年代，苏富比拍卖行采用的一个指数是基于代表性作品构建的，并且作品的价格由专家定期进行重新评估。[③]

Mark和Goldberg（1984）补充了一长串的替代方法，这些方法主要是基于特征法[④]：

- “基期加权交易权重”指数：其中基期的隐含价格（从第一年对销售的享乐回归分析中获得）用于计算在其他每一年所有售出单位的预测销售价格，并且未加权预测值的算术平均值被用作基本价格序列。这反映了一段时间内实际售出物品的特征分布的变化。
- “报告期加权交易权重”指数：这个方法与上文的基期加权方法是一样的，但它使用的是报告期或末期的隐含价格。
- “改变每个时期年度权重”指数：在该方法中，权数每年变化；计算出预测价格，并作为指数的基础。
- “拉斯贝尔（Laspeyre）指数模拟”：拉斯贝尔指数采用基期成交量作为权数；模拟建议使用基期样本的平均属性特征集作为权数，而改变的价格是每年获得

---

① 更多资料和这两个估计法合并的讨论也参见Shiller(1991)。

② 中值价格法被美国国家房地产经纪协会使用。这个指数基于平均价格，由英国的艺术市场研究机构计算，并且通过《每日电讯报》定期公布。

③ 也参见Clapp和Giacotto(1992)，他们使用住宅物业税评估的价格，并且表明这些与观测到的价格密切相关，因此，用属性特征评估可能会起到很大的作用。这也非常接近使用拍卖场在描述艺术品时的预售估价，因此，避免采用属性特征。参见Beggs和Graddy(1997)。

④ 参见Triplett(2004，Chapter 3)，对于这样的方法，他称之为“享乐价格指数法”，其中隐含的价格被用来计算一个指数，而不需要任何时间虚拟变量。

的特征系数。

- "帕氏指数模拟"：帕氏指数使用末期（报告期）数量作为权数；即便如此，其计算结果与拉斯贝尔指数模拟结果相同。

Engle、Lilien和Watson（1985）利用动态多指标多因素方程组，用最大似然法估计住房回报率。Candela、Figini和Scorcu（2002），Candela和Scorcu（2001）讨论了其他的可能性。

27.4 特征价格和重复销售模型的发展：数据采集

我们将在本节假设研究者从某一瞬间开始研究，并且决定如何着手收集数据，这样他就可以建立一个指数来描绘截至当前时期的艺术品价格或收益回报率在一个历史时期内的变动。我们认为用于这种类型的分析的有效数据只有拍卖数据，无论这些数据是来自直接的资源目录和/或来自在线计算机数据库。

采用重复销售回归（RSR）的研究人员只对包含价格来源的信息感兴趣。拍卖行尽力提供之前的所有权人和之前的任何拍卖交易信息。之前的拍卖价格通常不提供，而要找到这些价格就需要找到以前的拍卖目录和价格表。之前的交易价格有时可以在计算机数据库中找到，如希斯洛普艺术品销售指数或艺术网，但是必须注意确保你已经找到了正确的交易数据（Cezanne的《静物画》(Still Life）几乎没有提供任何线索)。另外，标题可能改变，并且尺寸大小也可能误报。重复销售回归法的缺点是，已有先售结果的物品数量通常比提供拍卖的总件数少得多。

采用享乐回归（HR）的研究人员可以使用销售目录中的信息作为享乐回归中的独立变量集。这个方法允许研究者放弃搜索之前的价格数据。在线数据库可以提供目录中可用数据的一个子集，在在线数据库的帮助下，任务变得更简单。这种方法的主要缺点是，两个作品可能在同一年具有非常相似的特征，但是，迥然不同的价格之间的差异只能由年虚拟变量独自来试着解释。由于数据收集是比较容易的，所有在同一时期销售的作品的信息都可以使用。

以下变量通常是可用的：艺术家、标题、尺寸大小、批号、日期、拍卖行、描绘手法和基料，作品是否有落款或注明日期以及创作日期，自1973年以来的高估价和低估价。对于重要的作品，目录也包括插图、所有权和展览的历史以及文献的引用数量，以及作品的展览时间。对那些希望使用重复销售技术的研究人员来说，所有权的历史是很重要的，因为它会提及任何之前的拍卖销售信息，但是很少提到成交价格。这些信息可以通过收藏大量拍卖目录的图书馆找到。

27.5 特征指数和重复销售指数估计量的比较

27.5.1 两类指数的优点和缺点

观察值的数量。可以重复销售的艺术品的数量通常较少，当然，比总销售量少很多。Ashenfelter和Graddy（2006）比较了特征指数所使用的8 792个观测数据与重复销售指数的474个观测数据。Mei和Moses（2002a，2002b）使用了1875—2000年间（其中2 300个为早期绘画大师作品）4 900对观察值（9 800个观察值）。与之相较，de la Barre、Docclo和Ginsburgh（1994）使用的印象派画家及其追随者们在1962—1991年间售出的画作的数据库包括24 500个观察值。我们将在27.5.3节中使用的Mei-Moses所有艺术品指数中，在10年的时间跨度内（1971—1980），重复销售占总销售的比例大约是7%，而在20年跨度内（1971—1990）这个比例是

13%，在30年跨度内（1971—2000）则是15%。

在某些情况下，比如版画，有很多件，重复销售的数量就大得多。Pesando（1993）收集了近28 000个重复销售数据，虽然具有相同标题的版画不一定是可互换的，但有的状况可能比其他的更好，有的具有良好的来源等。

重复销售估计还需要更长的估计指数时期，因为最后一次销售与之前的一次销售可能间隔很长时间。这个方法不允许精细分解到子市场，也没有提到为单个艺术家构建指数，因为通常观察值的数目实在是太小了。Goetzmann（1992）探讨了稀疏数据的问题，并提出一些解决方案。稀疏数据容易产生虚假的负相关和太多的波动性。最后，有个问题是绝大部分数据（那些没有被恢复的转售数据）没有被使用，并且信息是无用的。[①]

重复销售估计量方法中的样本偏差。Gatzlaff和Haurin（1997）认为，因为每年只有一小部分商品（在他们的房屋例子中）被卖掉，所以那些销售的样本可能具有非随机的统计特性。例如，由于经济条件的改变，影响了卖方的底价。他们建议使用Heckman（1979）样本选择矫正模型。更一般地，重复销售估计法可能会面临很多其他的样本偏差，如交易并不通过拍卖行进行，其价格数据是缺失的，并且存在异常值，考虑到数据可能更稀疏的情况，这些问题对于特征指数更为重要。

设定偏误。选择函数形式和表示质量的变量在特征指数中是很普遍的，并且会导致与设定偏误相关的各种问题。当然，在重复销售估计中这是可以避免的。然而，重复销售估计量法不能捕获两次销售之间物品特征变化的效应。这常常发生在房屋销售的例子中，在艺术品例子中不是这样的，随着时间的推移，这些艺术品可能遭到损坏，或者被修复甚至有新的归属，而这可能会改变它们的属性特征。

修正波动。其他的研究者，如Wang和Zorn（1997）指出，“修正波动”影响这两种类型的指数。当有新的数据时，以前的指数估计发生了变化，但这可能被认为是好事，因为它们会导致估计方法的效率提高。

通货膨胀和汇率。通货膨胀很容易校正，或通过紧缩价格本身，或通过使用任何一种紧缩指数获得，因为紧缩是一个对数线性运算。汇率方面没有更多的问题，除了个别价格要在估计开始之前纠正。考虑一个日本收藏家，他在伦敦以英镑计价买入，支付日元，几年以后在纽约以美元计价卖出，再将美元换成日元。很明显，基于第一次销售计算回报率，唯一可以做的事就是计算以英镑计价的第一次销售回报率，按照现行汇率把英镑兑换成美元，并计算以美元计价的第二次销售回报率。计算出的这个回报率可能是正的，虽然对收藏家来说它可能是负的。至少这种情况不会发生股票上，因为大部分股票都是在同一个地方买卖的。

27.5.2 指数比较的文献

许多文章讨论了指数比较，但是很少使用一个系统的方法来比较。在大多数情况下使用真实的数据构建不同的指数，但是，既然“真正的”潜在的回报率是未知的，指数只能简单地相互比较。大多数的指数比较涉及房地产价格。

Mark和Goldberg（1984）发现，在第3部分“其他的估计方法”中列举的那些指数（他们在这部分加入了一个在每年时间虚拟变量的基础上构建完成的特征指数，一个在相邻年度内运行的特征指数，一个重复销售指数，一个在每个时期的算术（未加权的）平均销售价格指数，一个在每个时期的中值销售价格指数）中，令

① 然而，参见特征方法的讨论。

人惊讶的是，算术平均数像很多特征价格指数一样，表现得很好。Case（1986）、Case和Shiller（1987）比较重复销售回归法与中值价格法，发现后者不是一个很好的评估测量方法。

Goetzmann（1992）模拟运行了7种不同的重复销售估计法，包括上面所讨论的那些。他使用纽交所数据，并随机从中抽取样本。他认为，当重复销售数据量相对于时间间隔很大时，所有的估计法都运行得很好。然而，采用贝叶斯估计法时，只有Goetzmann（1990，1992）等文章中讨论的那些表现良好。

Chanel、Gérard-Varet和Ginsburgh（1996）运行由Reitlinger（1961，1971）艺术品数据实集引导出的模拟，但是，只计算平均回报率，而不是指数。他们比较了特征估计法、重复销售估计法和几何平均值估计法，发现没有一个是有偏差的，但是特征估计法提供了更小的回归系数标准误差（这显然是一组更大数量观测值的结果）。

Meese和Wallace（1997）比较特征估计量法、重复销售估计法和混合方法。他们发现特征技术更合适。重复销售技术有样本选择偏差，它们违反了隐含价格随时间恒定不变的假设，它们对小样本和有影响力的观察值太过敏感，并且通常的纠正异方差的方法是不合适的。

结果到目前为止还是很不清晰，因为大多数的研究（除Goetzmann（1992）以及Chanel、Gérard-Varet和Ginsburgh（1996））真的不能判定哪种方法更好，因为它们不能控制潜在的“真正”的回报率。Goetzmann（1992）只比较了各种重复销售估计法（并没有将这些估计方法与特征估计法进行比较），而Chanel、Gérard-Varet和Ginsburgh（1996）进行的实验也没有全面地得出可靠的结论。[①]

这就是我们决定做一些蒙特-卡罗实验的原因，现在描述并讨论这个实验。

27.5.3 特征估计量法和重复销售估计量法比较：一些蒙特-卡罗实验

研究人员面临的主要问题是，找到与可用的信息数量和参考时间框架相关的艺术品指数价值。如果我们清晰地知道长期内每件物品的购买和出售价格，那么重复销售回归毫无疑问会对持有一组物品的财务回报率提供一个最佳的测量方法。当时间比较短或者重复销售数据与总销售数据的比率比较小时，一个有大量数据的享乐回归是否将更好地解读市场回报率？

为了研究这一问题，我们利用所收集的1950—2002年印象派和现代派艺术市场的数据，并使用Mei-Moses艺术品指数的数据。对那些在此期间源于纽约的销售，我们使用现有的详细描述艺术品所有人的目录，去搜索之前在世界上任何地方、任何时期进行的任何一场拍卖数据，以及之前的成交价格。[②]如果两次销售的价格都是可获得的，那么它们就包含在数据库中。本研究产生了2 000对重复销售数据，其中1 671对是可用的（每位艺术家至少3个观察值）。除了收集之前的价格，我们还收集这些数据对的特征变量。这些特征变量包括艺术家、拍卖场、形状、绘画介质、外观（高度/宽度）以及高度、宽度和面积的虚拟变量。其他的特征（落款、日期、以前的所有人数量、拍卖次数、展览的次数、引文的数量，以及销售目录是否有图、形状和主题）也被收集，但是不用于蒙特-卡罗实验。

接下来的步骤如下，并确保重复销售和享乐回归都产生可与一些“真正的”参考回报率相比较的回报率。

步骤1：生成一个“参考序列”的回报率，并与重

---

① 更多的比较也可参见Case、Pollakowski和Wachter(1991)，Crone和Voith (1992)。

② 使用大都会艺术博物馆的沃森图书馆和第42街纽约公共图书馆分馆的资源。

复销售和享乐回归在不同的时间框架中获得的结果作比较。这个参考序列使用31年间的1 671对（3 342个）观察值是从一个重复销售回归中得到的。保存这些估计回报率以及回归的残差方差。

步骤2：使用步骤1中的估计回报率，人工构建重复销售价格。

步骤3：对于每个包括年度 $t=1,2,\cdots,T$ 的时间框架，接下来将讨论构建100个价格样本，$i=1,2,\cdots,100$。这些价格通过在步骤2中生成的人工构建的重复销售价格获得，具有通常性质的正态随机扰动，其方差等于步骤1中的回归残差方差。对100个样本中的每一个运行重复销售回归，计算出均值回报率和平均跟踪误差 TE_R。它根据在整个时期内“真实的”和平均回报率的差的平方和，再求平方根得到：

$$TE_R=\left[\frac{1}{T}\sum_t(\gamma_{R,t}-\hat{\gamma}_t)^2\right]^{1/2}$$

其中，$\gamma_{R,t}$ 是在t年100个样本平均的重复销售回归回报率，$\hat{\gamma}_t$是“真正的”在t年的收益回报率。同时也计算估计回报率的平均标准误差，得到：

$$SD_R=\frac{1}{T}\sum_t\left[\frac{1}{100}\sum_i(\gamma_{R,i,t}-\hat{\gamma}_t)^2\right]^{1/2}$$

其中，$\gamma_{R,i,t}$是在t年样本i的重复销售回归回报率。

步骤4：计算一个包括上述特征以及时间虚拟变量的享乐回归，使用3 342个观察值。保存特征的估计隐含价格以及回归模型的残差方差。

步骤5：使用从步骤2得到的估计隐含价格和在步骤1中得到的“真正的”回报率，人工构建特征价格。

步骤6：对后面要讨论的不同的时间框架，每个观察值选择14、8和6次[①]，并构建获得的100个样本价格。这些价格通过在步骤5中生成的特征价格获得，具有通常性质的正态随机扰动和那些方差等于步骤4中的回归残差方差。

步骤7：对100个样本中的每一个运行享乐回归，计算出均值回归和平均跟踪误差 TE_H，根据在整个时期内“真实的”和平均回报率的差的平方和，再求平方根得到：

$$TE_H=\left[\frac{1}{T}\sum_t(\gamma_{H,t}-\hat{\gamma}_t)^2\right]^{1/2}$$

其中，$\gamma_{H,t}$ 是在t年100个样本平均的享乐回归回报率，$\hat{\gamma}_t$是“真正的”在t年的收益回报率。同时也计算估计回报率的平均标准误差，得到：

$$SD_H=\frac{1}{T}\sum_t\left[\frac{1}{100}\sum_i(\gamma_{H,i,t}-\hat{\gamma}_t)^2\right]^{1/2}$$

其中，$\gamma_{H,i,t}$ 是在t年样本i的享乐回归回报率。

观察值覆盖了1950—2001年的期间。选择10年的时间框架（1972—1981）、20年的时间框架（1972—1991）和30年的时间框架（1972—2001），这样就可以比较两个估计方法，都超过10年、20年和30年周期的运行情况。进行重复销售回归时存在一个问题：为了进行1972—1981年这个期间的重复销售回归，可能需要早些年间第一次发生销售的观察值。因为这个原因，所有的回归（重复销售和享乐）都开始于1950年，但是，跟踪误差和平均标准误差的计算以1972年为起始年。

我们对三种估计方法进行了比较：OLS重复销售估计法[②]、使用上面描述特征的OLS特征估计法以及OLS特征法，即只使用一个特征子集，忽略一些特征的影响（在这个例子中，是指尺寸，包括高度、宽度、面积和形状，也就是宽度/高度）。表27-2中对三个估计方法

① 每次销售（或转售）进行14次、8次和6次以“模拟”现实，在10年、20年和30年的数据库中，首次销售有14次、8次和6次，多于转售的次数。

② 因为在我们的人工样本中，误差是正常的独立同分布（IID），广义最小二乘估计法会产生与普通最小二乘估计法同样的结果。因此，普通最小二乘估计法具备所有必需的性质。

的跟踪误差和标准误差进行了比较。

表27-2 比较普通最小二乘特征估计量法和重复销售估计量法
（不同时间框架下的跟踪误差和标准误差）

	1972—1981年	1972—1991年	1972—2001年
重复销售回归观察值数目	312	1 224	3 342
享乐回归观察值数目	4 368	9 792	20 052
跟踪误差			
重复销售回归	0.2723	0.1566	0.0306
全部特征的享乐回归	0.0333	0.011	0.0070
没有尺寸的享乐回归	0.0307	0.0012	0.0026
标准误差			
重复销售回归	0.6580	0.4903	0.3775
全部特征的享乐回归	0.3485	0.2983	0.2925
没有尺寸的享乐回归	0.3914	0.3201	0.2665

注：没有尺寸的享乐回归包含与全部特征的享乐回归一样的回归量，除了作品的高度、宽度和面积外。

只有小样本（156对和612对）时，对于特征法，跟踪误差 TE_R 和 TE_H 比重复销售法低很多。但是，正如预期的那样，一旦样本变得更大（1 671对），这两种方法都倾向于产生类似的结果。忽略特征似乎没有什么大问题：跟踪误差和均值的标准误差与以前比较，在同一数量级上。①图27-1、图27-2、图27-3比较了重复销售回归和享乐回归的回报率与“真实的”指数，模拟结果还表明，享乐回归的均值标准误差比重复销售回归的要低。

正如预期的那样，当样本很小时，享乐回归表现得比重复销售回归要好得多，即使有一些特征被忽略了。它似乎很清楚，重复销售回归法不应该被用于少于20年的时间框架，除非观察数据对的数目很大。

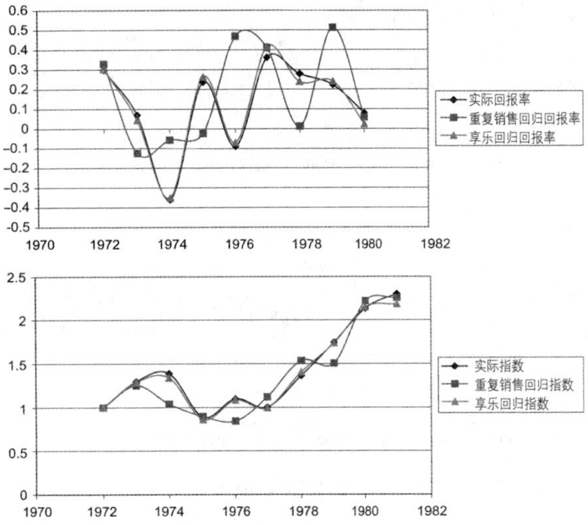

图27-1 1972—1981年重复销售和享乐回归的回报率和指数

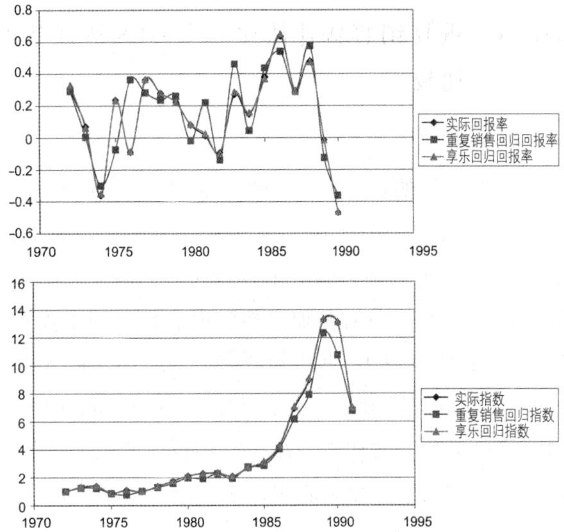

图27-2 1972—1991年重复销售回归和享乐回归的回报率和指数

① 由于某些我们无法理解的原因，在某些情况下它们甚至更小。

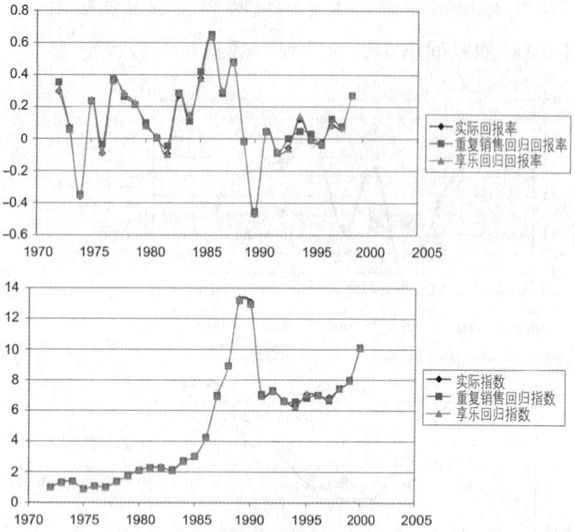

图 27-3　1972—2000 年重复销售回归和享乐回归的回报率和指数

27.5.4　重复销售估计法中三个 GLS 估计法的比较

使用相同的数据集（1950—2001 年），我们现在比较普通最小二乘估计法和三种广义最小二乘估计法，来计算重复销售回归：标准广义最小二乘估计法，在这一方法中对角加权矩阵中的权重等于步骤 1 最小二乘估计法中的估计误差平方；Case Shiller（1987）的三阶段最小二乘估计法；Goetzmann（1992）的两阶段贝叶斯估计法。表 27-3 中再现的主要结果是指数间的相关性。结果表明，虽然所有四种方法所产生的平均收益回报率几乎是相同的，但 OLS 和 GLS 估计方法的回报率之间的相关性不如一个 GLS 估计与另一个相关性高。它也显示出所有三个 GLS 估计方法给出了几乎相同的结果。

表 27-3　比较普通最小二乘和广义最小二乘重复销售估计法

	OLS	GLS	Case-Shiller	Bayes
平均回报率	0.118	0.119	0.118	0.119
回报率标准差	0.223	0.203	0.194	0.202
年回报率之间的相关性				
OLS	1.00	—	—	—
GLS	0.74	1.00	—	—
Case-Shiller	0.87	0.96	1.00	—
Bayes	0.74	0.99	0.96	1.00

附录 A　回报率的研究

大量不同的艺术市场或古董市场已经被研究探讨：非洲艺术品（Degand，1994），书籍（Blogie，1965—1967；Ginsburgh and Orban de Xivry，1994），古董汽车（Van Haverbeke，1991），古钱币（Verbert，1991），早期绘画大师作品（Ginsburgh and Schwed，1992），家具（Graeser，1993），手工制作的象牙制品（Lebrun，1993），珠宝首饰（Chanel，Gérard-Varet and Vincent，1996），照片（Pflieger and Sagot-Duvauroux，1994），版画（Candela and Scorcu，2001；Czujack，Flores and Ginsburgh，1996；Lavand'homme，1992；Pesando，1993；Pesando and Schum，1996，1999），雕塑（Locatelli Biey and Zanola，2002），小提琴（Heinen，1993；Ross and Zonderman，1989），银器（Dorchy and Ginsburgh，1993；Bauwens and Ginsburgh，2000），邮票（Cardell，Kling and Petry，1995；Feuillolay，1996）。

画作，其创作者通常是印象派画家和他们的追随者们，也有美国画家、比利时画家、加拿大画家、意大利画家、拉丁美洲画家、拉斐尔前派画家等，他们都作出了很多的努力。参见Agnello和Pierce（1996），Anderson（1974），Ashenfelter（1989），Ashenfelter、Graddy和Stevens（2001），Baumol（1986），Beggs和Graddy（1997），Buelens和Ginsburgh（1993），Candela和Scorcu（1997），Candela、Figini和Scorcu（2003），Chanel（1995），Chanel、Gérard - Varet和Ginsburgh（1994，1996），de la Barre、Docclo和Ginsburgh（1994），de Limburg - Stirum和Ginsburgh（1995），Demortier（1992），Ekelund、Ressler和Watson（1998），Flores、Ginsburgh和Jeanfils（1999），Frey和Pommerehne（1989a，1986b），Ginsburgh和Jeanfils（1995），Ginsburgh和Mertens（1994），Ginsburgh和Penders（1997），Goetzmann（1990，1993，1996），Goetzmann和Spiegel（2003），Locatelli Biey和Zanola（1999），Mei和Moses（2001，2002a，2002b，2005），Pommerehne和Feld（1997），Schneider和Pommerehne（1983），Stein（1977），Valsan（2002）。一些文章研究了个别的画家：几个印象派和后印象派画家（de la Barre，Docclo and Ginsburgh，1994）以及Picasso（Czujack，1997；Pesando and Schum，1999）。Landes（2000）探讨研究了Ganz夫妇的收藏，而且一些研究还涉及了由英国铁路养老基金在20世纪80年代建成的大规模收藏品的回报率。①

更多的研究汇编和概述在Ashenfelter和Graddy（2003，2006）、Burton和Jacobsen（1999）以及Frey和Eichenberger（1995a，1995b）的文章中，他们提供了实用的比较结果的表格。

---

① 例见he Toronto Globe and Mail, July 5, 1996 [quoted by Pesando and Schum (1999)], or Forbes,December 5, 1994 [quoted by Burton and Jacobsen (1999)]。

参考文献

Abraham, K., Greenless, J., Moulton, B.(1998). "Working to improve the consumer price index". Journal of Economic Perspectives 12, 23–36.

Agnello, R.J., Pierce, R.K.(1996). "Financial returns, price determinants, and genre effects". Journal of Cultural Economics 20, 359–383.

Anderson, R.C.(1974). "Paintings as an investment". Economic Inquiry 12, 13–25.

Ashenfelter, O.(1989). "How auctions work for wine and art". Journal of Economic Perspectives 3, 23–36.

Ashenfelter, O., Graddy, K.(2003). "Auctions and the price of art". Journal of Economic Literature XLI, 763–787.

Ashenfelter, O., Graddy, K.(2006). "Art auctions". In：Ginsburgh, V.A., Throsby, D.(Eds.), Handbook of the Economics of Art and Culture, vol. 1. Elsevier, Amsterdam. Chapter 26 in this volume.

Ashenfelter, O., Graddy, K., Stevens, M.(2001). "A study of sale rates and prices in Impressionist and Contemporary art auctions". Working paper.

Bailey, M., Muth, J.F., Nourse, H.O.(1963). "A regression method for real estate price index construction". Journal of the American Statistical Association 58, 933–942.

Baumol, W.J.(1986). "Unnatural value：Or art investment as floating crap game". American Economic Review, Papers and Proceedings 76, 10–14.

Bartik, T.(1987). "The estimation of demand parameters in hedonic price models". Journal of Political Economy 95, 81–88.

Bauwens, L., Ginsburgh, V.(2000). "Art experts and art auctions. Are presale estimates fully informative?" Louvain Economic Review 66, 131–144.

Becker, H.(1982). Art Worlds. The University of California Press, Berkeley CA.

Beggs, A., Graddy, K.(1997). "Declining value and the afternoon effect：Evidence from art auctions". RAND Journal of Economics 28, 544–565.

Berry, S., Levinsohn, J., Pakes, A.(1995). "Automobile prices in market equilibrium". Econometrica 63, 841–890.

Blogie, J.(1965–1967). "Essai sur l'évolution des prix de quelques livres marquants de 1850 à nos jours". Le Livre et l'Estampe 41-42, 3-18; 43,3-24; 44, 3-21; 45-46, 3-48; 47-48, 3-27; 49-50, 3-9; 51-52, 3-8.

Bonus, H., Ronte, D.(1997). "Credibility and economic value in the visual arts". Journal of Cultural Economics 21, 103–118.

Boskin, M.(1996). "Towards a more accurate measure of the cost of living". Interim Report to the Senate Financial Committee, Advisory Commission to the Study of the Consumer Price Index, Washington, DC.

Boskin, M., Delberger, E., Gordon, R., Griliches, Z., Jorgenson, D.(1998). "Consumer prices in the consumer price index and the cost of living". Journal of Economic Perspectives 12, 3–26.

Brown, J., Rosen, H.(1982). "On the estimation of structural hedonic models". Econometrica 50, 765–768.

Buelens, N., Ginsburgh, V.(1993). "Revisiting Baumol's 'Unnatural value：Or art as a floating crap game' ". European Economic Review 37, 1351–1371.

Burton, B.J., Jacobsen, J.P.(1999). "Measuring returns on investments in collectibles". Journal of Economic Perspectives 13, 219–231.

Candela, G., Figini, P., Scorcu, A.(2002). "Hedonic prices in the art market：A reassessment". Paper presented at the conference of the Association of Cultural Economics International, Rotterdam.

Candela, G., Figini, P., Scorcu, A.(2003). "Price indices for artists – A proposal". Working Paper.

Candela, G., Scorcu, A.E.(1997). "A price index for art market auctions". Journal of Cultural Economics 21, 175–196.

Candela, G., Scorcu, A.E.(2001). "In search of stylized facts on art markets for prints and drawings in Italy". Journal of Cultural Economics 25, 219–231.

Cardell, N., Kling, J., Petry, G.(1995). "Stamps returns and economic factors". Southern Economic Journal 62, 411–427.

Case, K.E.(1986). "The market for simple family homes in the Boston area". New England Economic Review, May–June, 38–48.

Case, K.E., Pollakowski, H., Wachter, S.(1991). "On choosing among house price index methodologies". AREUEA Journal 19, 286–307.

Case, K.E., Quigley, T.M.(1991). "The dynamics of real estate prices". Review of Economics and Statistics 73, 50–58.

Case, K.E., Shiller, R.T.(1987). "Prices of single family homes since 1970: New indices for four cities". New England Economic Review, September-October, 44–56.

Case, K.E., Shiller, R.T.(1989). "The effIciency of the market for single family homes". American Economic Review 79, 125–137.

Chanel, O.(1995). "Is art market behaviour predictable". European Economic Review 39, 519–527.

Chanel, O., Gérard-Varet, L.-A., Ginsburgh, V.(1994). "Prices and returns on paintings: An exercise on how to price the priceless". The Geneva Papers on Risk and Insurance Theory 19, 7–21.

Chanel, O., Gérard-Varet, L.-A., Ginsburgh, V.(1996). "The relevance of hedonic price indexes: The case of paintings". Journal of Cultural Economics 20, 1–24.

Chanel, O., Gérard-Varet, L.-A., Vincent, S.(1996). "Auction theory and practice: Evidence from the market for jewelry". In: Ginsburgh, V., Menger, P.-M.(Eds.), Economics of the Arts. Selected Essays. North-Holland, Amsterdam.

Chanel, O., Docclo, S., Gérard-Varet, L.-A., Ginsburgh, V.(1993). "Rentabilité des placements sur le marché de l'art de 1957 à 1988". Risques 13, 133–158.

Clapp, J., Giacotto, C.(1992). "Estimating price indices for residential property: A comparison of repeat-sales and assessed value methods". Journal of the American Statistical Association 87, 300–306.

Court, A.T.(1939). "Hedonic price indexes with automotive examples". In: The Dynamics of Automobile Demand. The General Motors Corporation, New York, pp. 99–117.

Crone, T., Voith, R.(1992). "Estimating house price appreciation: A comparison of methods". Journal of Housing Economics 2, 324–338.

Cropper, M., Deck, L., McConnell, K.(1988). "On the choice of functional forms for hedonic price functions". Review of Economics and Statistics 70, 668–675.

Czujack, C.(1997). "Picasso paintings at auction, 1963–1994". Journal of Cultural Economics 21, 229–247.

Czujack, C., Flores, R., Ginsburgh, V.(1996). "On long-run price comovements between paintings and prints on international markets". In: Ginsburgh, V., Menger, P.-M.(Eds.), Economics of the Arts. Selected Essays. North-Holland, Amsterdam.

Danto, A.(1986). The Philosophical Disenfranchisement of Art. Columbia University Press, New York.

Degand, J.C.(1994). "Evolution du marché de l'art africain de 1970 à 1992". Université Libre de Bruxelles.

de la Barre, M., Docclo, S., Ginsburgh, V.(1994). "Returns of Impressionist, Modern and Contemporary European paintings, 1962–1991".Annales d'Economie et de Statistique 35, 143–181.

de Limburg-Stirum, M., Ginsburgh, V.(1995). "The fall and rise of symbolist and pre-Raphaelite painters". The Art Newspaper, September.

de Marchi, N., van Miegroet, H.(1994). "Art, value, and market practices in the Netherlands in the seventeenth century". Art Bulletin LXXVI, 451–464.

de Piles, R.(1708). Cours de peinture par principes. Gallimard, Paris. Edited by J. Thuillier, 1989.

Demortier, G.(1992). "Rentabilité et évolution des prix des peintures américaines modernes et contemporaines". Université Libre de Bruxelles.

Diewert, E.(2001). "Hedonic regressions：A consumer theory approach". Department of Economics, University of British Columbia.

Diewert, E.(2003). "Hedonic regressions：A review of some unresolved issues". Department of Economics, University of British Columbia.

Dorchy, L., Ginsburgh, V.(1993). "Price trends for English and French silver 1976–1991". Arts, Antiques, Auctions 240, 152–155.

Ekelund, R., Ressler, R., Watson, J.(1998). "Estimates, bias and no-sales in Latin-American art auctions". Journal of Cultural Economics 22, 33–42.

Engle, R., Lilien, D., Watson, M.(1985). "A dymimic model of housing price determination". Journal of Econometrics 28, 307–326.

Epple(1987). "Hedonic prices and implicit markets：Estimating demand and supply functions for differentiated products". Journal of Political Economy 95, 59–80.

Feenstra, R.(1995). "Exact hedonic price indexes". Review of Economics and Statistics 77, 634–653.

Feuillolay, M.(1996). "Spéci.cités des objets d'art et de collection comme actifs patrimoniaux. Le timbreposte valeur universelle". Doctoral Thesis, Université des Sciences et Technologies, Lille.

Flores, R., Ginsburgh, V., Jean.ls, Ph.(1999). "Long and short-term portfolio choices of paintings". Journal of Cultural Economics 23(3), 193–210.

Frey, B., Eichenberger, R.(1995a). "On the rate of return in the art market：Survey and evaluation". European Economic Review 39, 529–537.

Frey, B., Eichenberger, R.(1995b). "On the return of art investment：Return analyses". Journal of Cultural Economics 19(3), 207–220.

Frey, B., Pommerehne, W.(1989a). Muses and Markets. Basil Blackwell, London.

Frey, B., Pommerehne, W.(1989b). "Art investment：An empirical inquiry". Southern Economic Journal 56, 538–548.

Gatzlaff, D., Haurin, D.(1997). "Sample selection bias and repeated-sales index estimates". Journal of Real Estate Finance and Economics 14, 33–50.

Ginsburgh, V., Jean.ls, P.(1995). "Long-term comovements in international markets for paintings". European Economic Review 38, 538–548.

Ginsburgh, V., Mertens, S.(1994). "La peinture belge moderne et contemporaine. Evolution des prix dans les ventes internationales, 1962–1992". Revue du Crédit Communal 190, 57–80.

Ginsburgh, V., Orban de Xivry, B.(1994). "La formation du prix du livre ancien. Quelques exemples". Le Livre et l'Estampe 40, 65–91.

Ginsburgh, V., Penders, F.(1997). "Land artists and art markets". Journal of Cultural Economics 21, 219–228.

Ginsburgh, V., Schwed, N.(1992). "Can the art market be subject to econometrics, the case of Old Masters drawings". The Art Newspaper, July September.

Ginsburgh, V., Weyers, S.(2006). "On the contemporaneousness of Roger de Piles' Balance des Peintres". In：Amariglio, J., Cullenberg, S., Childers, J.(Eds.), The Aesthetics of Value. Routledge, London. In Press.

Goetzmann, W.N.(1990). "Accounting for taste：An analysis of art returns over three centuries". First Boston Working Paper Series FB-90-11, November.

Goetzmann, W.N.(1992). "The accuracy of real estate indices：Repeat-sales estimators". Journal of Real Estate Finance and Economics 5, 71–84.

Goetzmann, W.N.(1993). "Accounting for taste：Art and financial markets over three centuries". American Economic Review 83, 1370–1376.

Goetzmann, W.N.(1996). "How costly is the fall from fashion. Survivorship bias in the painting market". In：Ginsburgh, V., Menger, P.-M.(Eds.), Economics of the Arts. Selected Essays. North-Holland, Amsterdam.

Goetzmann, W.N., Peng, L.(2001). "The bias of the RSR estimator and the accuracy of some alternatives". Yale School of Management Working Paper ICF-00-27.

Goetzmann, W.N., Peng, L.(2003). "Estimating indices in the presence of seller reservation prices". Yale School of Management Working Paper ysm352.

Goetzmann, W., Spiegel, M.(2003). "Art market repeat-sales indices based upon Gabrius S.P.A. data".

Goldberg, P.(1995). "Product differentiation and oligopoly in international markets: The case of the U.S. automobile industry". Econometrica 63, 891–951.

Gombrich, E.(1966). Norm and Form. Studies in the Art of the Renaissance. Phaidon, London.

Graeser, P.(1993). "Rate of return to investment in American antique furniture".Southern Economic Journal 59, 817–821.

Grampp, W.D.(1989). Pricing the Priceless, Art, Artists and Economics. Basic Books Inc., New York.

Griliches, Z.(1961). "Hedonic price indexes for automobiles: An econometric analysis of quality change".U.S. Congress, Joint Economic Committee, Government Price Statistics. Government Printing Office, Washington, DC.

Griliches, Z.(Ed.)(1971a). Price Indexes and Quality Change: Studies in New Methods of Measurement. Harvard University Press, Cambridge, MA.

Griliches, Z.(1971b). "Hedonic prices revisited". In: Griliches, Z.(Ed.), Price Indices and Quality Change: Studies in New Methods of Measurement. Harvard University Press, Cambridge, MA, pp. 3–15.

Griliches, Z.(1990). "Hedonic price indexes and the measurement of capital and productivity". In: Berndt, E., Triplett, J.(Eds.), Fifty Years of Economic Measurement. University of Chicago Press, Chicago, IL.

Guerzoni, G.(1994). "Reflections on historical series of art prices: Reitlinger's data revisited". Journal of Cultural Economics 19, 251–260.

Halvorsen, R., Pollakowski, H.(1981). "Choice of functional forms for hedonic price equations". Journal of Urban Economics 10, 37–49.

Heckman , J.(1979). "Sample selection bias as a speci.cation error". Econometrica 47, 153–161.

Heinen, M.L.(1993). "L'évaluation monétaire des violons". Université Libre de Bruxelles.

Lancaster, K.(1966). "A new approach to consumer theory". Journal of Political Economy 74, 132–157.

Landes, W.M.(2000). "Winning the art lottery: The economic returns to the Ganz collection". Louvain Economic Review 66, 111–130.

Lavand'homme, P.(1992). "Analyse du marché des estampes et de l'évolution de leurs prix". Université Libre de Bruxelles.

Lazzaro, E.(2003). "Assessing the quality of cultural goods: The value of originality in Rembrandt's prints". Université Libre de Bruxelles.

Lebrun, D.(1993). "De l'ivoire brut à l'ivoire travaillé et ancien: Contraintes, évolution, perspectives et vecteurs des marchés". Université Libre de Bruxelles.

Locatelli Biey, M., Zanola, R.(1999). "Investment in paintings: A short-run price index". Journal of Cultural Economics 23, 209–219.

Locatelli Biey, M., Zanola, R.(2002). "The sculpture market: An adjacent year regression index". Journal of Cultural Economics 26, 65–78.

Mandeville, B.(1728). The Fable of the Bees or Private Vices, Publick Benefits. With a critical, historical, and explanatory comment by F.B. Kaye. Oxford, 1924.

Mark, J.H., Goldberg, M.A.(1984). "Alternative housing price indices: An evaluation". AREUEA Journal 12, 31–49.

McAndrew, C., Thompson, R.(2003). "Pre-sale estimates, risk analysis, and the investment quality of fine art". Unpublished manuscript.

McAndrew, C., Thompson, R.(2004). "Are presale art auction estimates unbiased? Some affirming evidence". Unpublished manuscript.

Meese, R., Wallace, N.(1997). "The construction of residential housing price indices. A comparison of repeat-sales,

hedonic regression and hybrid approaches". Journal of Real Estate Finance and Economics 14, 51–73.
Mei, J., Moses, M.(2001). "Art as an investment and the origin of the 'masterpiece effect'. Evidence from 1875–2000".Mimeo, Stern School of Business, New York.
Mei, J., Moses, M.(2002a). "Art as an investment and the underperformance of masterpieces". American Economic Review 92, 1656–1668.
Mei, J., Moses, M.(2002b). "Are investors credulous? Some preliminary evidence from art auctions". Working Paper FIN 02-039, NYU Stern School of Business.
Mei, J., Moses, M.(2005). "Vested interest and biased price estimates. Evidence from an auction market". Journal of Finance 60, 2409–2435.
Melser, D.(2004). "The hedonic regression time-dummy method and the monotonicity axioms". Department of Economics, University of New South Wales.
Moulin, R.(1992). L'artiste, l'institution et le marché. Flammarion, Paris.
Nerlove, M.(1995). "Hedonic price functions and the measurement of preferences: The case of Swedish wine consumers". European Economic Review 39, 1697–1716.
Pakes, A.(2003). "A reconsideration of hedonic price indexes with an application to PC's". American Economic Review 93, 1578–1596.
Palmquist, R.B.(1982). "Measuring environmental effects on property values without hedonic regressions". Journal of Urban Economics 11, 333–347.
Palmquist, R.(1984). "Estimating the demand for characteristics of housing". The Review of Economics and Statistics 66, 394–404.
Palmquist, R.B.(1992). "Hedonic methods". In: Braden, X., Kolstad, X.(Eds.), Measuring the Demand for Environmental Quality. North-Holland, Amsterdam.
Pesando, J.E.(1993). "Art as an investment. The market for modern prints". American Economic Review 83, 1075–1089.
Pesando, J., Shum, P.(1996). "Price anomalies at auction: Evidence from the market for modern prints". In: Ginsburgh, V., Menger, P.-M.(Eds.), Economics of the Arts. Selected Essays. North-Holland, Amsterdam.
Pesando, J., Schum, P.(1999). "The return to Picasso's prints and to traditional financial assets 1997 to 1996". Journal of Cultural Economics 23, 183–192.
Pflieger, S., Sagot-Duvauroux, D.(1994). Le marché des tirages photographiques. La Documentation Française, Paris.
Pommerehne, W.W., Feld, L.(1997). "The impact of museum purchase on the auction price of paintings". Journal of Cultural Economics 21, 249–271.
Puttfarken, T.(1985). Roger de Piles' Theory of Art. Yale University Press, New Haven, CT.
Quigley, J.(1995). "A simple hybrid method for estimating real estate price indexes". Journal of Housing Economics 4, 1–12.
Reitlinger, G.(1961). The Economics of Taste: The Rise and Fall of the Picture Market, 1760–1960. Barrie and Rockliff Ltd., London.
Reitlinger, G.(1971). The Economics of Taste: The Rise and Fall of the Picture Market, 1760–1960. Barrie and Jenkins Ltd., London.
Rosen, S.(1974). "Hedonic prices and implicit markets: Product differentiation in pure competition". Journal of Political Economy 82, 34–55.
Ross, M.H., Zonderman, S.(1989). "Capital gains and the rate of return on a Stradivarius". Economic Inquiry 27, 529–540.
Sagot-Duvauroux, D.(2003). "Art prices". In: Towse, R.(Ed.), A Handbook of Cultural Economics. Edward Elgar, Cheltenham.
Schneider, F., Pommerehne, W.(1983). "Analyzing the market of works of contemporary fine arts: An exploratory study". Journal of Cultural Economics 7, 41–68.

Shiller, R.T.(1991). "Arithmetic repeat-sales price estimators". Journal of Housing Economics 1, 110–126.

Silver, M., Heravi, S.(2004). "Hedonic price indices and the matched models approach". The Manchester School 72, 24–49.

Stein, J.P.(1977). "The monetary appreciation of paintings". Journal of Political Economy 85, 1021–1035.

Thuillier, J.(1989). "Préface". In: de Piles' Cours de peinture par principes. Gallimard, Paris.

Triplett, J.(1969). "Automobiles and hedonic quality measurement". Journal of Political Economy 77, 408–417.

Triplett, J.(2004). Handbook on Hedonic Indexes and Quality Adjustment in Price Indexes: Special Application to Information Technology Products. Brookings Institution. Downloadable from http://www.brookings.edu/views/papers/triplett/200407_book.htm, August 2004.

Valsan, C.(2002). "Canadian versus American art: What pays off and why". Journal of Cultural Economics 26, 203–216.

Van Haverbeke, P.(1991). "L'automobile de collection en tant que placement, mémoire de licence en sciences économiques". Université Libre de Bruxelles.

Verbert, N.(1991). "L'évolution du prix des monnaies grecques archaïques entre 1980 et 1990". Université Libre de Bruxelles.

Wallace, N.(1996). "Hedonic-based price indexes for housing. Theory, estimation and index construction". FRBSF Economic Review 3, 34–48.

Wang, F., Zorn, P.(1997). "Estimating house price growth with repeat-sales data. What's the aim of the game?" Journal of Housing Economics 6, 93–118.

Wenzlick, R.(1952). "As I see the fluctuations in the selling prices of single-family residences". The Real Estate Analyst XXI, 47–48.

Wittke, A., Sumka, H., Erekson, H.(1979). "An estimation of a structural hedonic price model of the housing market: An application of Rosen's theory of implicit markets". Econometrica 47, 1151–1173.

Wyngarden, H.(1927). An Index of Local Real Estate Prices. University of Michigan, Ann Arbor, MI.

| 第十部分 |
遗　产

第28章

文化遗产：经济分析与公共政策①

Ilde Rizzo[a] and David Throsby[b]

[a]University of Catania，Italy

[b]Macquarie University，Sydney，Australia

宋瑞　赵鑫　译

摘　要

本章说明了如何使用经济理论和公共政策分析来阐明与文化遗产相关的决策问题。我们认为，从经济视角出发，遗产可被视为一种资本资产。把遗产作为一种文化资本就需要考虑可持续性问题，与经济理论中对自然资本的处理一样，这可以让我们确立文化资本积累的可持续性原则。本章还讨论了如何使用成本收益分析方法进行遗产投资评估，并涉及非市场收益评估。至于政策问题，我们分析了政府在传统市场中的干预方式，并特别关注了清单和其他形式的监管。在多重司法体制之下的制度设计、融资和政策实施，本章也有所涉及。最后一部分讨论了私人部门的角色问题，强调公共政策可能产生的挤出效应以及在遗产领域对私人行为的激励效应。

关键词

文化资本，可持续发展，非市场化收益，放权，监管，财政联邦制

JEL Classification Codes

H59，H77，Q01，Q57，Z11

① 感谢Francoise Benhamou和Vitor Ginsburgh对本章前一版所提出的建设性意见。

28.1 引 言

文化遗产的定义有很多，但如何准确界定“文化遗产”尚无定论。事实上，Benhamou（2003，p.255）认为，“遗产是一种社会建构，其边界是不稳定和模糊的”。顾名思义，常见的解释是遗产来自过去。虽然我们习惯性地认为遗产是我们从已逝的祖先那里继承来的——至于为什么不能是从近期的先辈那里继承来的不得而知，但实际上遗产是来自于当下这一代内部。将“文化”这一术语与“遗产”联系起来意味着人们所关注的项目中某些文化意义被认为是重要的。例如，Guerzoni（1997，p.107）将文化遗产定义为“在时间长河和历史进程中，一组异质化的物品被视为特定传统文化的传播者”。提到文化遗产，容易想到的例子包括有形的物品，如建筑、纪念碑、遗址、艺术品、工艺品等，也包括非物质文化遗产，如传统、习俗、记忆、思想、语言、信仰等。尽管我们的讨论大多集中于有形文化遗产①，但是本章是在上述原则基础上进行探讨的。

传统上，关于文化遗产的决策——它是什么，如何保护——是由历史学家、考古学家、博物馆馆长和其他专业人士完成的。当经济学家们问到这些决策基于什么标准时，他们往往不大受人欢迎②。然而最简单的问题是，遗产的维护或修复需要资源，资源是有机会成本的。因为资源是有限的，所以必须作出选择：哪些需要保护？哪些不需要保护？多少翻新或重建是必要的?依据谁的偏好作出保护决策？经济学不可能对这些问题提供完整的答案，但它可以解释问题并指明一些替代行为所带来的结果。

本章中，我们首先回顾文化遗产经济分析的理论基础，构建一个有关文化资本的概念，将其视为经济学中一种独特形式的资本（第二节）。在分析中，遗产被解释为一组具有特定属性的资产，其特点能够影响消费和投资决策的制定。特别是将遗产视作文化资本时，我们会很自然地考虑到其可持续性，就如同在经济理论中对待自然资本一样（第三节）。把遗产当作资产，我们就可以在第四节中检验遗产项目投资评估方法的应用情况。毫不奇怪，收益的评估成为这项活动中的重要组成部分。在第五节和第六节中，我们转向公共政策问题，探究在传统遗产市场中政府的干预方式，然后在第七节讨论在多重司法体制框架下一个特定的融资问题。最后，在第八节，我们讨论了私人部门的角色问题，强调公共政策可能存在的挤出效应以及在遗产领域对私人行为的激励效应。

28.2 遗产作为资本资产

遗产物品，如莫奈的绘画或一栋历史建筑，都可被视作资本资产：在最初的生产和建设中均需投入物力和人力资源；都将随着时间的推移而退化，除非有专门的资源用于遗产的维护和保养；都会产生一个随时间变化的服务流，可以被个人直接消费（如人们在博物馆赏画或参观历史建筑），或可能生产更多的商品和服务（如绘画作品激发灵感产生新的艺术品，或历史建筑作为商业办公空间）。换言之，遗产物品可以被理解为一种资本资产，其特征就如同普通实物资本在经济学中的标准

① 有关遗产相关概念在不同时空下的演化的综合分析，请参见Chastel(1986)。他指出，这个概念也适用于自然遗产、基因遗产和文化遗产。他讨论了由于人类干预和时间推移，人造遗产(built heritage)及其解说所发生的变化。

② 经济学家这一时期在遗产领域的成果包括Peacock(1995)，Peacock和Rizzo(1994)，Schuster、de Monchaux和Riley(1997)，Hutter和Rizzo(1997)，Peacock(1998)的系列文集。来自文化专业人士的反对观点，可参见Cannon-Brookes(1996)。

特征。有研究表明，遗产物品是一种有别于其他形式的资本，被称为文化资本[①]（Throsby，1999；Ulibarri，2000；Shockley，2004）。其区别在于，这类资产的价值是由其生产的商品和提供的服务所决定的。一处历史性的建筑，如巴黎圣母院或泰姬陵，不仅仅是普通建筑——当然作为物质资本其具有普通建筑的特点，它们的历史和其他属性是普通建筑所没有的。这些属性可以被描述为建筑的“文化价值”，而且相同类型的文化价值可以归因于它提供的服务流。

这类特定商品和服务的文化价值概念（如遗产），可以按照人们更熟悉的经济价值概念来分析，用价格等变量衡量，用经济分析工具评估。我们假设文化价值能够根据记账单位账户衡量，就如同用货币尺度衡量经济价值一样。将一系列遗产项目的经济指标和文化指标放在一起，我们希望发现二者之间的关系——文化意义更大的资产通常会在经济回报上被寄予更高的期望。然而，二者的关系并非绝对的。比如，一处位于偏远之地的宗教建筑，其市场价值较低，但是具有较高的文化价值或历史价值。下面我们回到经济和文化价值之间的区别这个问题上来。我们可以在这些解释的基础上，正式把文化资本定义为一种资产，它体现了文化价值的储备功能，即文化价值可以从其所有的任何经济价值中分离出来；结合其他投入，该资产会产生商品和服务流，随着时间的推移，可能也产生文化价值（即文化商品和服务自身）。

如上所述，遗产物品分为有形和无形两大类。根据上面的条款，有形遗产的定义可能会很简单，而非物质文化遗产（无形遗产）的定义则更加晦涩。《联合国非物质文化遗产保护公约》（2003）将其定义为：

“被各社区、群体或个人视为其文化遗产组成部分的各种社会实践、观念表述、表现形式、知识、技能，以及相关的工具、实物、手工艺品和文化场所。这种非物质文化遗产世代相传，在各社区和群体适应周围环境以及与自然和历史的互动中，被不断地再创造……”（联合国教科文组织，2003）。

像其他资本项目一样，文化资本（无论有形或无形的）可以是资产库存（stock），也可以是随着时间而形成的资本服务流（flow）。我们可以根据既定时点的价值或者所产生的服务流价值，对资产价值进行评估。不管怎样，文化资本的特征使它拥有两种类型的价值，即经济价值和文化价值。

不管这些文化遗产的定义准确性如何，将其应用于现实世界会出现两个问题。第一个问题是，如果文化遗产作为资本资产区别于其他形式的资产，是由于其拥有一个特定类型的价值，那么谁来评估文化价值以及如何来衡量？对于“如何界定什么是遗产”有一些正式规定，例如《联合国教科文组织保护世界文化和自然遗产公约》（联合国教科文组织，1972）、《巴拉宪章》（Australia ICOMOS，1999）以及上面提及的《非物质文化遗产保护公约》确实更加重视文化的重要性，并尝试对如何界定文化提出依据，然而依据这些文件仍然不能精确地测算文化的价值。结果，在实践中关于文化遗产定义的问题，通常是通过在一群相关专家、利益相关者和决策者中寻找共识加以解决，即使他们对文化价值的评估并不准确，也会被采纳。这是否意味着社会的文化观念是一个悬而未决的问题，在后面一节我们将进一步讨论这个问题。

第二个问题是，一些东西在某些情况下会被视为文化遗产，与其说它们是界定清晰的物品，倒不如说是一些按类别收集的物品集合，当人们生产这些文化遗产时，并没有想过有什么特殊重要性（Peacock，1995）。这涉及人类学家对“物质文化”或“物质遗产”的概念

① 经济学中对该术语的使用有别于社会学中的使用，后者追随Bourdieu（1986）的观点，认为“文化资本”是指在一个整体性界定的社会中，胜任于高等级文化的个人的能力。Bourdieu对该术语的使用是与人类特征相联系的，很接近于人力资本这一经济概念（Becker，1964）。

如何定义的问题。在这种情况下形成遗产的，不仅仅是一个客观事实，还可能是会随时间而改变的一种社会和文化结构。

28.3 文化资本、自然资本和可持续性

28.3.1 自然和文化资本：某些相似性

在过去的十年里，伴随着其在生态经济中的发展，文化资本形成了某些与自然资本的相似之处（Sarafy，1991;Costanza，1992; Jansson et al.，1994）。文化资本从自然资源那里继承了一些可见的共同点，作为给予我们的禀赋。自然资源是大自然的恩惠，而文化资本则是人类创造性活动的结晶。对自然资源和文化资本的保护都被视为当代人责无旁贷的责任，关于可持续发展的本质问题将在下文中进一步讨论。此外，自然生态系统在维护和支持"自然平衡"方面，与"文化生态系统"在维护和支持人类生活以及人类文明的活力方面具有相似性。多样性在自然界中非常重要，在文化系统中也扮演同样重要的角色。大多数文化物品的特征决定了其独特性，这特别适用于文化遗产（包括有形的和无形的）。这至少可以表明，文化多样性与大自然的多样性一样影响深远，甚至影响更大。因此，大部分关于生物多样性的分析方法可能都适用于文化遗产[①]。

自然资源和文化资本在遗产目录里都具有特别重要的意义，这一点体现在以长期管理的方式和可持续发展的原则来计算两种资本。当把该原则应用于自然资源时，可持续发展意味着管理自然资源既要满足当代人的需要，也不损害子孙后代的需要[②]，即"代际公平"的原则。在自然资本的可持续性管理中，另一个关键因素是预防原则。该原则主张规避风险，在制定决策时避免一些不可挽回的后果，比如物种灭绝的可能性。这些原则都与文化的可持续性相关。因为既有的文化资本，包括有形和无形的文化资本，是我们从祖先那里继承下来并要传承给子孙后代的，这不可避免地涉及"代际公平"的问题。遗产决策的制定一直面临长期策略的影响，例如保护、恢复和再利用建筑物和遗址。类似的预防原则还有，拆除历史建筑是对文化资本的一种威胁：一旦消失，这些独特的文化遗产就无法再现[③]。

28.3.2 可持续性范式[④]

可持续发展的一个重要方面是维护资本存量。就物质资本而言，如果一个国家的总消费小于或等于国内生产净值，则这个国家至少能保持总资本存量，因此该国可以被认定为在可持续发展的轨道上。如果资本存量延伸到涵盖自然、人类、文化资本和实物资本，相应的问题会被提出，即不同类型的资本是否可以简单聚合，如某种资本的减少是否可以通过另一种资本的增加来弥补。换句话说，这就是关于不同类型资本的可置换性问题。在以往的研究文献中，关于自然资本与其

① 有关文化多样性和文化多元论，参见世界环境和发展委员会的报告（World Commission on Environment and Development，1995）、联合国教科文组织1998年和2000年出版的《时间文化报告》，以及联合国教科文组织2001年采纳的全球文化多样性宣言；同样可参见Acheson和 Maule（2004），以及Throsby（2004）。

② 有关可持续发展的概念界定是布兰特报告（1987，p.43）提出的。

③ 关于无形遗产的类似担忧也涉及如果不加以保护就会消失的语言、习俗。

④ 对于如下讨论所涉及的资料，Throsby（2005）有更全面的分析。

他形式资本之间的可置换性有两个相反的立场。一方是以Dasgupta和Heal（1979）为代表的严格的新古典主义（可替换的）方法；另一方则是以Pearce和Turner（1990）为代表的以不可替换为基础的方法。

在有关资本可置换性问题的长期争论中，出现了两个经典的可持续发展范式（Neumayer，2003）。一个范式被称为“弱可持续性”，来源于Robert Solow和John Hartwick的研究。在一系列的论文中，他们调查研究了在关心“代际公平”的前提下[①]，投资于可耗尽资源的租金回报问题。这个模型以最简单的形式描绘了一个富有竞争力的经济体的租金问题，即从当前使用可耗尽资源转而投资于人造资本物品，能够使社会保持一个稳定的消费流，因为物质资本的积累可以完全抵消自然资本的减少。显然，在消费品的生产和供给中，这个模型假设自然资本和人造资本是完全可替代品。因此，重要的是人造资本存量，而不是它的构成。换言之，无论当前一代是否用光了可耗尽资源，只要能够提供足够多的新物质资本来满足后代的消费需求就可以了。

另一个范式被称为“强可持续性”。该观点认为自然资本与人造资本是不可替代的，地球的空气、土地和水循环系统都很有力地证明了这一观点。“强可持续性”的支持者认为，其他形式的资本并不能提供人类、动物以及植物生存的基本条件（Barbier et al.，1994）。此外，某些自然资本一旦被破坏就不能再恢复了，例如，生物多样性的破坏是一种自然资本的损失并且是不可恢复的，气候变化甚至可能导致生态系统的破坏，而且这种破坏不可逆转。换句话说，“强可持续性”范例假设无论未来的技术进步多么惊人，自然资本的功能是不能被复制的。

Victor（1991）对于规范经济学下不同范式的最优发展路径一直颇感兴趣，但根据假定标准需要一些手段来测算给定路径是否具有可持续性。Pearce和Atkinson（1993）也在一直朝着这个方向努力，他们提出一个可持续性指标Z，代表弱可持续发展路径，若储蓄超过人造和自然资本折旧的总和，则在经济学中定义为具有可持续性，即$Z>0$，当且仅当

$$S>(\delta_M+\delta_N) \tag{28-1}$$

其中，S代表储蓄，δ代表折旧，M和N分别代表人造资本和自然资本。

Pearce和Atkinson通过一些指标的估算持续对一系列国家进行实证研究，认为“即使在弱可持续性条件下，许多国家仍然不能通过可持续性检验”（p.105）[②]。

如何将这些可持续发展范式应用于文化资本？我们必须意识到文化资本产生两种价值：经济价值和文化价值。显然，文化资本的许多经济功能很容易通过实物资本的替换来实现，如避难所、便利服务等，即使是历史性的建筑也可以用另一个没有文化内涵的建筑来替代。然而，区别文化资本与实物资本的主要根据是看它是否产生文化价值。在文化价值的功能方面，文化资本和实物资本之间毫无替代性，因此其他形式的资本都不能提供文化价值，正如新的建筑不能复制古老建筑的历史内涵一样[③]。

28.3.3 文化资本的可持续性

现在让我们来探究文化资本可持续发展路径的可能性，并考虑其特殊性。为简单起见，我们假设一种准“强可持续性”形式，定义这种形式下的文化资本存

① 亦参见Solow（1986，1994）和Hartwick（1995）。

② 关于该模型以及更具普遍性的评估问题的进一步讨论参见Pearce（1993，pp.44-53）。

③ 这并不是说新建筑不能被视作文化资本。有关这一问题的进一步讨论参见后文关于资本形成投资的讨论。

量，从而排除与其他类型资本的可置换问题。尝试构建如下模型：

假设一个封闭经济体，拥有文化资本存量K，其对社会的总价值$V=V(K^e, K^c)$，K^e代表在某一给定时点资本存量的经济价值，K^c代表在某一时点资本存量的文化价值。在任何时期①，K产生的收入流y都可以用经济价值和文化价值来衡量。因此，举例来说，如果我们讨论的资本资产是陈列在博物馆、历史建筑或遗址中的艺术品，可以通过向人们展示博物馆中的艺术品，将历史建筑或遗址向游客开放来产生这些收入流。在任何情况下，产生的货币收入会直接归于资产所有者；同时，这些文化资本存量也产生“文化收入”，其中一部分作为公共产品收益归于社会。

假设生产过程按照下面的一期生产函数进行：

$$y^e = F^e(X, K^e) \qquad (28-2a)$$

$$y^c = F^c(X, K^c) \qquad (28-2b)$$

其中，X是代表其他投入的向量（劳动、运营资本等），X的大小主要取决于政策制定者和F函数，为简单起见，通常假定规模收益不变和边际产量递减。

我们假设y^c在所生产的时期内完全消费掉，而y^e可以分配给当期消费（C）或者投资（I）用于维持K（现有的资本存量②）。

$$y^e=C+I \qquad (28-3)$$

对于既定的X可以写成

$$y^e=rK^e \qquad (28-4)$$

其中，r代表资本存量的经济回报率。简化之，我们假设所有的收入都用于再投资，即

$$I=rK^e \qquad (28-5)$$

因此，既定的X可以写成：

$$y^c=\alpha K^c \qquad (28-6)$$

α定义为一个“文化增值参数”，即在给定的时间范围内，用于衡量社会成员认可文化的增值程度，这代表其理解和欣赏K（资本存量）的意义和重要性。因此，对于不关心文化资产的社会，其α=0，并且文化收入不会增加。

从可持续发展的角度，我们关注资本存量从一个时期到另一个时期的变化率，其价值主要以文化价值和经济价值来衡量。随着时间的变化，K^e（资本存量的经济价值）可能受以下几个因素影响：

- 外生因素（例如，对于博物馆的收藏来说，这些影响可能是由一系列的艺术品市场变动引起的）；
- 磨损造成的折旧（如游客对于文化遗址的破坏）或者一些灾难性事件（如战争）；
- 保护性和恢复性投资，主要用于维持资产的良性运作。

第一个因素（外生因素）用m来衡量，即价格增值的速度（可以是负数）；第二个因素（折旧率）可以用d来衡量（一般是负数）；第三个因素I如我们在上面所定义的。因此公式可以写成：

$$\dot{k}^e=m-d+r \qquad (28-7)$$

并且标注资本存量的经济可持续性，定义$K^e \geqslant 0$，就要求：

$$(m+r) \geqslant d. \qquad (28-8)$$

在转而讨论资本存量文化价值的可持续性之前，我们需要注意以下假设。我们假设文化增值参数α的变化率是“文化收入”在将来任何一期的函数。换言之，一个给定的文化资本中的文化效益越多，社会的文化增值越快。简而言之，参观艺术博物馆、游览遗址、参与传统文化仪式的人越多，越会使社会变成其自身的文化遗产③。相应地，这种意识越淡薄，α就会越小。事实上，α很可能是负值，也就是说，文化参与度低于一定水平

① 为了简便起见，我们省略了整个过程中的时间下标。

② 目前，我们忽略投资于新的资本存量的可能性（详见下文）。

③ 回忆一下，我们正在假设一个封闭的经济体，因此不存在外国文化影响。

时，文化增值是衰减的。具体而言，我们假设在一个给定时期内，文化价值流动存在临界值，当$\alpha<0$时，$\hat{y}^c$低于临界值。我们假定：

若$y^c>\hat{y}^c$，$\dot{\alpha}>0$；

若$y^c=\hat{y}^c$，$\dot{\alpha}=0$；

若$y^c<\hat{y}^c$，$\dot{\alpha}<0$。

现在我们可以定义给定时期内影响K^c水平的因素。我们假设两个因素与此相关：一是上面讨论过的α变化率；二是维护投资I的大小。纳入第二个因素的原因是显而易见的。如果缺少相应的维护，一些历史建筑、艺术品的文化价值就会下降。

相应的公式可以写成：

$$\dot{K}^c=f(\dot{\alpha}, I) \qquad (28\text{-}9)$$

此时，$f'(\dot{\alpha})>0$且$f'(I)>0$。我们一般认为文化的可持续性要求$\dot{k}^c\geqslant 0$。同时我们注意到，遵循可持续性原则，需要了解公式（28-9）中的函数f以及$\hat{y}^c$的临界值。

从文化的角度来看，文化的可持续性在这个经济体中也是很重要的。若如此，问题可以被归纳为如下框架：对于一个给定的初始文化资本存量K（相应地包括经济价值K^e和文化价值K^c），决定性的问题是选择合适的X和I来保证文化可持续发展。换言之，在任何给定时期，社会需要分配足够的资源来充分利用文化资本存量而不是用于其他非文化性目的，并且需要投入充足的资金用于资本存量的保护和维护，以保证资本存量文化价值在未来的一段时间内不受损失。

最后，我们讨论文化资本新增投资问题。这包括创作艺术作品、建设新的建筑等行为，还包括培育新兴文化传统并适时地传承给子孙后代，这些可能在未来某一天被赋予历史价值或者特殊的文化价值。在此我们可以看到，文化资本与自然资本相似，也会遭到破坏。这些新形式的文化资本并不像可再生资源一样拥有内在的自我更新能力。这些资本的形成一般是经过精心培育的。

将这个新的文化投资纳入上文提出的可持续性模型中，就引发了各种文化资本形式内部的可置换性问题。例如，新的文化资本是否可以替换旧的文化资本？如果行得通，遗产物品被破坏所带来的损失就可以通过新创造的文化资产来弥补。从替代的角度来看，新的艺术能在多大程度上产生与老的艺术相同的文化效益？即使新艺术在定量意义上能够产生与老艺术相同的效益，但在文化价值方面可能存在质的区别。而且文化不是静态的，某种程度上的更新和恶化时有发生，这甚至可以视为保持文化活力的一种理想方式。

因此，尽管在上述模型中考虑新增投资带来的资本存量可能在原则上没有什么问题，但是新的资本产品所产生的文化价值带来了一些问题。在某种程度上，这些问题和该模型中测量其他文化价值产生的问题没有什么差别。然而，由于评估标准不统一，相比传统文化资本，当代文化资本可能测算起来更加困难，因为传统文化资本已经相对成熟而且在一些问题的判断上也达成了共识。此外，将新增投资引入这个系统会面临进一步的问题，即很难确定有多少新的艺术和文化输出会对资本存量的增加有实际贡献。文化重要性的识别标准也在不断变化。以文化遗产为例，谁知道哪个现代建筑，是在五十年还是一百年以后会被认为具有重要的文化价值①？就艺术品而言，当代艺术品的短暂存留也有类似的问题，因为大部分当代产生的艺术品一段时间后都会消失得无影无踪，只有一小部分作品可能存留并成为长期资本积累的一部分。在这种环境下，把相当一部分甚至是绝大部分当代艺术品视为消费

① 有些当代建筑看起来几乎即刻获得了遗产地位，尤其是那些具有某些文化意图的建筑，如古根海姆博物馆、洛杉矶的盖特中心和悉尼歌剧院。

品，或者至少作为在当下完全摊销的投资品是合适的。

总体而言，该模型中用来确定可持续发展所采用的方法再次引发了著名的争论——在跨时期资源分配中，代际可持续发展是效率问题，还是当代人对子孙后代是否公平的问题。在此将文化价值作为一个附加因素并不会改变所提及的基本命题。为造福子孙后代保护文化资本，同样可视为资源配置的效率或者公平问题，这些资源在带来经济效益的同时也产生文化效益。

最后，我们注意到，根据明确的标准来界定文化可持续发展路径极具吸引力，但是在成熟的价值评估方法设计出来之前，仍然会有一些局限性。在这个方向上再推进一步的话，可能就是寻找聚合型的文化指标，对文化资本的存量以及变化进行近似的估计，就像Pearce和Atkinson（1993）对自然资本所进行的类似研究一样。当然，这说起来容易，要做到却很难。构建文化指标时会遇到一些特别的问题（McKinley，1998；Pattanaik，1998），由于文化资源相关数据的不可得性，量化很困难，国与国之间的比较更是无从谈起。然而，仍然有一些鼓舞人心的迹象表明，有关文化遗产存量的文档和测算数据在进一步完善，这主要受益于官方统计机构在文化统计信息收集方面做的改进。

28.4 应用于文化遗产项目的投资批准程序

现在我们探讨把遗产作为文化资本进行经济学分析时所带来的一些影响，尤其是我们在多大程度上可以把传统资产管理技术和投资理论应用于文化遗产评估，以及如何将遗产的非市场收益纳入分析之中。

28.4.1 应用于遗产决策的成本收益分析

众所周知，评估资本投资决策的方法有好几种，包括投资回收期法（资产收益要花多少时间去偿还初始资本成本）、收益成本比率分析和净现值法（总的净收益和合适的贴现率是否超过资本成本），以及内部收益率法（与投资项目初始资本成本贴现净收益相匹配的折现率是多少），这些方法看似都可应用于文化资本的评价。我们已经发现，遗产项目具有资产价值，需要投入一些资源用于维护，并会在将来产生一定的效益。因此，评估遗产项目，比如说重建一个遗产点或艺术品时，要分清其所有市场收益和非市场收益以及涉及的成本，然后利用这些方法中的一个或几个，对该项目的投资与其他有竞争性的遗产项目或者替代性投资机会的投资进行比较。不过，需要重申的是，由于文化资本有别于一般的物质资本，它能够带来文化价值，因此这种评估如果是全面的，并且考虑资产的特殊文化性，就应该同时聚焦于其经济价值和文化价值。

如何做到这一点呢？经济学微积分简明地揭示了答案：项目产生的未来净收益折现后，能很容易地与项目的初始投资成本进行比较，如满足如下条件，则说明项目具有经济可行性：

$$\sum_t (b_{mt} + b_{nt} - c_t) / (1 + i)^t > I \qquad (28-10)$$

其中，b_{mt}代表项目在第t期产生的市场（私人物品）收益；

b_{nt}代表项目在第t期产生的非市场（公共物品）收益；

c_t代表项目在第t期的经营成本；

I代表项目的投资成本；

i代表折现率。

通过市场收益、经营成本以及初始投资成本，可以评估任何已知或假定金融数据的投资项目[①]。公式（28-10）中的非市场收益将在以下部分加以讨论。

28.4.2 遗产的非市场收益评估

文化遗产作为非竞争性和非排他性公共物品时，对其的需求可归结为三个来源。第一，个人会评估给定的文化遗产的存在价值，即使他们自己不能直接享受物品本身所带来的服务。第二，他们可能拥有选择性需求，即保持开放的可能性，可能在将来的某个时候享受资产服务。第三，资产可能具有遗赠性价值，所以人们希望留给后人。这些价值有时被描述为无用价值或者被动使用价值，而不是直接享受资产自身服务带来的主动价值（指公式（28-10）中的b_{mt}）。

在测算文化遗产的非市场需求方面，近些年已经取得了重大进步。文化经济学家一直致力于利用广泛的理论、方法和实证研究进行环境设施评估[②]。他们使用的方法一般可分为显示偏好法和陈述偏好法。在依赖于观察市场行为（显示偏好）的各种技术方法中，内涵定价（hedonic pricing）法在遗产的非市场评估领域中具有一定潜力，但是使用该方法有一定的局限性，需要以相当广泛的市场数据作为基础。因此，遗产价值对于房地产价格以及公司上市的影响等，都可以通过这些方式进行评估。Moorhouse和Smith（1994）所做的研究就是一个例证。他们调查了19世纪波士顿建筑风格对于房屋价格的影响。另外一个例证是Chanel、Gerard-Varet和Ginsburgh（1996）的研究，他们利用内涵定价法分析艺术品的拍卖价格。尽管这些研究达到了它们的目的，但依然面临这样的事实，即基本上只能测度个人利益而不是更大范围的公共利益。

另一个可供选择的显示偏好的方法是旅行成本法。假设游客个人能评估从一个环境良好或者文化底蕴深厚的旅游目的地受益多少，游客会据此给自己的旅行作出预算。相关研究已在游客所去的特定的目的地展开，包括他们花多少时间旅行，主要花费在哪些方面，他们去了多少次等问题。从许多受访者的调查结果来看，可以通过其他因素，如估算消费者剩余，来推导旅游目的地利益需求函数。然而，这种方法实施起来存在许多难点，并非所有旅游目的地都需要大量的游客参观，而且在人们的旅途之中常常还包括许多其他目的。例如，如何分配参观佛罗伦萨大教堂、乌菲兹美术馆以及圣十字区的成本呢？而且，即使可以通过这类方法进行合理估算，这些方法往往更注重直接使用价值而不是非使用价值。因此，在估算文化遗产的非市场收益上，旅行成本法的应用似乎有限。

由于很难找到合适的市场化数据，评估文化遗产的非市场收益时，大多数人偏好使用离散选择模型或者条件价值评估法（CVM）[③]。这些方法要求人们按照支付意愿原则（WTP）支付其所获得的利益，或者按照他们的意愿接受损失赔偿（WTA）。这种要求在类似的实验条件下具有可重复性，或者一般通过样本抽样调查来管理，样本一般选取那些曾经获益的人群。例如，CVM方法可以评估当地历史遗产的非市场价值，并通过一项包含样本地区居民的抽样调查来实现。这项调查可以通过电话、邮件或者个人访谈的形式进行。不同来源的偏差影响，如搭便车问题、嵌入效应等，可以通过严谨的

---

① 需要注意的是，通常情况下遗产评估中的T可能很大，因为人们预期它会一直存在下去。然而，按照任何合理的折现率，在遥远的未来，收益的现值实际上都会缩减到零。

② 对于环境评估的回顾，可参见Braden和Kolstad (1991), Freeman (1993), Grafton等人(2004)。

③ 对于该方法及其在文化遗产领域的应用，请参见Frey和Oberholzer-Gee (1998), Klamer和Zuidhof (1999), Navrud和Ready (2002)，Noonan (2003)。

实验设计减少或者消除。受访者可能会被问到这样的问题——假设将有很大一笔资金设立基金用于支持当地的历史遗迹维护，他们是否愿意向类似的基金提供固定数额的资金支持。不管用哪种方法，分析师都能够使用这些结果去估算历史遗产非使用性收益的假设需求函数。

CVM的使用得到了一些专家组的支持，这些专家由美国海洋和大气管理局任命。专家组通过审查技术的适用性，来判定1989年在阿拉斯加发生的Exxon Valdez石油泄漏事件的索赔责任。专家组由Kenneth Arrow和Robert Solow共同主持，还包括Edward Leamer、Roy Radner、Paul Portne和Howard Schuman等专家。他们发现，“条件价值评估法能够为启动灾情评估的司法程序提供可靠的证据支撑”（Arrow et al.，1993），前提是他们能认真地贯彻实行这一方法，避免误差和其他因素造成的影响。

总的来说，文化遗产产生的非使用价值类似于适宜的环境产生的非使用价值，因此，已经多次成功应用于环境领域的CVM，已被预言能进一步应用于历史遗产领域。

28.4.3 成本收益分析与文化价值

上面的方法可以为投资项目提供综合的经济影响评价（包括市场效应和非市场效应）。但是正如我们上面所提到的，如果进一步要求提供一个项目完整的文化收益与成本账户，即利用文化成本收益分析的形式评估一个项目的文化价值，该如何实现呢？原则上，没有理由解释为什么类似于公式（28-10）所示的方法不能用于有关文化价值的投资。预计在未来，项目能产生连续的文化效益，如果文化效益的前景远超过其经济回报，那么就可能将该项目列在首位。此外，对于个人（作为竞争排他性的收益）和社会（作为非竞争和非排他性的收益）而言，文化收益在很大程度上是可以积累的，这说明区分私人和公共收益正如区分文化价值与经济效益一样。而且，对于项目的利益相关者们来说，未来某段时间一单位的文化收益价值低于现在的一单位收益，因此将未来的利润流采取某种形式折现是合理的。

但是,如何测算这些收益仍然是个问题。鉴于文化价值的多维特征，看起来唯一明智的评估方式是将其分解为各种构成要素。Throsby（2001）认为，文化遗产包括以下构成要素：

- 美学价值：美丽，和谐；
- 精神价值：理解，启蒙，洞见；
- 社会价值：与他人的关系，认同感；
- 历史价值：与过去的连接关系；
- 象征价值：遗产作为某种象征性意义的载体和传递者；
- 真实性价值：完整性，唯一性。

根据效应的基数性和序数性将这些构成要素分类，并根据给定的假设将其拟合成一个简单的指数，则可以将不同项目的文化效益进行比较。Nijkamp（1995）在这方面提供了一个案例，他根据一系列标准建立了一个综合指数，来评价不同特点的历史城区。此外，这些特征可以被纳入更宏观的公共政策背景之中，政府将文化与艺术的文化价值视为行使权力进行干预的正当理由（Holden，2004）[①]。

然而，我们必须认识到，在这些方面综合性的、可复制的文化价值评估方法仍有待发展和应用。同时，源于经济学分析的评估程序有许多值得借鉴之处，即使不能获取这些文化价值的构成要素并以货币单位计价，或者不能分解成个人效应（Throsby，2003），它们至少能

① 参见Ellis (2003) 和由McCarthy 等人(2004)完成的兰德公司报告，他们将艺术品的内在收益当作现代决策研究中被忽略的一个领域，强调文化的工具性（经济性）收益；关于文化价值的多学科研究参见Hutter和Throsby（2006）的论文集。

为个人或者社会认识文化遗产价值提供重要的见解，并且对遗产相关决策的制定作出重要贡献。

28.5　遗产市场的公共干预

根据福利经济学规范研究方法，一个基于公共利益立场、富有远见的政府会利用不同的政府干预工具来弥补市场失灵。就遗产而言，市场失灵是假定存在公共产品、外部性、信息不对称等，这些说法一般会用于证明公共干预旨在避免遗产服务的供给不足。

在遗产领域，政府可以采用货币或者非货币工具，直接或者间接纠正市场失灵。公共支出、税收和法规都是促进遗产保护的常用工具，而教育作为一种影响范围更大的工具，可以用来传播信息并提高公民的保护意识。这些工具可归纳于表28-1中。

表28-1　　政府干预工具

	货币工具	非货币工具
直接工具	公共支出	硬性规制
间接工具	税收支出	软性约束

公共支出包括用于维护、运营和修复公共遗产与博物馆的直接拨款，以及对私人和非营利机构的补贴。税收支出是指对个人或者企业在维护和修复遗产上的花费，以及对一些遗产的捐资实行税收激励政策[1]。直接和间接的财政资助有一个关键区别：直接财政资助是由公共决策者根据遗产资助的规模以及组成来决定的（例如，应该修复哪个纪念碑或者应该资助哪种艺术形式），而间接财政资助是由税收体系实现的，出资决定由私人作出而且结果不尽相同。Frey（2003）观察了整个艺术领域（包括表演和视觉艺术），认为与公共决策相比，私人决策能更广泛地支持艺术活动，包括那些更具争议性和实验性的活动，因为公共决策者倾向于逃避公众舆论[2]。然而，当处理遗产时，情况可能并非如此，私人决策可能受作品或机构的盛名驱动，直接对其干预。此外，无论是供给导向、需求导向，或在多么强大的游说影响下，任何比较仍取决于公共决策过程的运行情况，下面将进一步讨论这个问题。

监管是指对符合政府政策目标的经济人的行为进行限制或者修正。在遗产领域，监管旨在控制遗产的存量、规模和品质。根据Throsby（1997，2001）的研究，我们可以区分硬性规制和软性约束：前者包括强制执行指令，如编目、许可、授权、拆迁令、标准，以及对违规行为的惩罚；后者则包括通过一些协议实施的非强制执行指令，如章程、守则、指南等，这种软性约束不涉及处罚。在遗产领域，监管比其他政府工具更有优势，相比其他形式的公共干预（如补贴或税收支出），它的采纳或废除所花费的时间更少，因此时效上给行政干预留有更大的余地。事实上，在处理遗产方面，灵活性非常有用，它有助于快速决策，避免产生由于作出无法挽回的决定而带来的巨大成本。这样的灵活性是可执行的，例如，可以快速颁布一条法令阻止拆毁一栋登记在册的受保护建筑，直到相关部门展开一个全面的评估。

然而，当监管应用于遗产领域时，会出现一些具体问题。首先，相比其他领域的公共政策而言，由于遗产的定义不明确，所以鉴别干预的规模和范围在很大程度上是一种自由裁量权。其次，这种自由裁量权根据遗产的种类不同而不同。对于具有独特性的著名遗产而言，如世界遗产名录上的项目，不存在任何自由裁量权问

① 参见Schuster所撰写的本卷第36章。

② 关于政府是否倾向于避免支持可能引起矛盾的艺术，参见Zolberg (2000)。

题，任何有关保护的决定都不可避免地处于公共舆论的监督之下。另外，次要遗产监管的程度与干预的形式一样，可能不是非常清晰。在这种情况下，确定干预的范围是讨论此事的基础，例如，见多识广的受聘专家在评估中可能会对命令的优先权有着截然不同的意见。因此，参与决策专家的类型（考古学家、艺术史学家等），以及决策流程的特点，很可能在决定文化遗产存量的规模和组成以及保护的类型中起到重要作用。

无论是在地方、国家还是国际层面，列出遗产清单，都是大多数国家现有的监管工具。在提供遗产社会价值方面，清单是有用的信息来源，并且可以为自愿的集体性保护行动提供机会（Schuster，2004）。然而，就激发个人或者群体对遗产保护的关注而言，这种提供信息的方式是否有效，仍然是一个有争议的问题。事实上，联合国教科文组织世界遗产名录激发了一些保护行动，带来了旅游基础设施的改善以及民族自豪感的提升，除此之外，几乎没有证据显示清单的这种作用。列出清单的过程，再加上其他政府行为，并不是中立的。将遗产列入清单会产生成本和收益，因此会影响价格、市场决策以及相关的分配。

在遗产市场上，根据其成本类型的不同，监管的经济影响也不同。除了制定监管法规所产生的相关行政和官僚成本，以及监管有效实施成本外，监管还会给所有遵守规定的人带来合规成本。我们可以提前预见这些成本，因为这些成本与保护遗产的任务密切相关（例如，要求使用特殊的材料和挑选合格的经营者来保证维修和修复工作的质量）。其他成本还包括监管者决策的高度不确定性所带来的成本。例如，城市规划部门允许对一栋建筑进行改造，但可能遗产监管机构却不允许这样做（Rizzo，2003）。此外，当遗产涉及不同的风格和不同的历史时期时——这种情况经常发生在意大利，工作进展中的任何发现都可能减缓计划实施的进度。在这种情况下，遗产管理当局可能会对新发现给予优先保护，结果会打断进行中的工作，或者为了和新发现兼容而作出改变（Pignataro and Rizzo，1997）。再有，影响遗产的任何活动都会产生间接成本。Peacock（1995）提出规划管理会产生大量隐性成本，如通过改道公路来保护考古遗址。正如下面将指出的，人们不应该忽视这些费用。事实上，对专家决策进行某种形式的经济影响评估是值得借鉴的。

很显然，没有哪个单一的政策工具自身能够对遗产政策产生影响，真正重要的是不同的工具组合以及哪个层级的政府使用这些工具。许多情况下，一个给定的工具可以作为其他工具的补充和替代。一方面，当私人文化活动由政府资助时，公共补贴和监管之间产生互补性。例如，一个私人所有者接受修复历史建筑的公共财政支持，可能会受迫于呆板的规则启动项目，也可能不允许公众参观。另一方面，当关于遗产的公共事务私有化时，监管和公共资助可以作为替代品。例如，如果一栋公共建筑被卖给私营部门再利用，监管可以用于确保实现建筑遗产的相关政府目标。

28.6 遗产决策中的公共选择方法[①]

在代议民主制的委托代理模型中，政客们被视为公民的代理人，反过来，政府当局被视为委托人。鉴于每个理性人追求自身利益的最大化（政客想要连任，官员想要更好的职业生涯），就公共决策过程的结果而言，社会福利取决于制度设计，即给予不同代理人的激励。在遗产的例子中，文化遗产定义模糊以及选民缺乏信息，会削弱政治代表的控制力，政客们也可能遇到信息

① 有关公共选择方法的更广泛的分析，参见 Mueller (2003)；有关遗产领域中公共选择应用的文献综述，参见 Mazza (2003)。

不足的情况，因为理解遗产问题需要特别的知识和技能。

遗产领域决策过程的制度特征可能会有所不同。从政客们到官僚机构的代表可能是完全的（即靠独立的机构设置来实施），也可能是不完全的，在某种意义上政客与官员们相互影响，政客给官员们分配一些政策目标，官员选择政策工具来实现这些目标（Alesina and Tabellini，2004）。此外，不同的方式可能涉及不同级别的政府。然而，在大多数行政设置中，将政策制定过程描述为政客与官员的互动似乎更符合现实情况：在政治层面带着明确的政策目标和决定来考虑文化政策的融资，而政策的实施被委托给官员。

通常，决策者享受高度的自由裁量权，但是要面对相互矛盾的保护要求。在这些情况下，还有讨价还价以及寻租的余地。如何代表和满足不同的利益集团取决于制度设计，特别是用于防止代理人的机会主义行为、削弱他们信息优势的制度设计。我们可以合理地认为，遗产保护是政府支出的途径之一，而且得到公众的支持[①]。此外，老龄化社会更倾向于支持遗产保护，特别是在全球化的背景下，可以感知到文化认同正面临风险（Benhamou，2003）。这些不同的需求越强烈，保护的可见机会成本越低。公众舆论可以被视为一种关于遗产保护的“财政幻觉”，尤其是当列入清单这样的监管措施被使用时。这个命题是基于如下假设：遗产保护主要是为社区带来利益，如果有成本的话，一般主要由受保护建筑的所有者来承担。

还有其他一些问题在决策制定过程中是相关的。如果遗产状况恶化或者被误用，官员们的利益会受损。由于对政客以及官僚机构的监督不完全，他们更多地受道德风险的约束，从而会站在更加谨慎（即环境保护主义者）的立场。因此，他们追求将不可逆转的风险最小化，他们反对将历史或者考古遗址用于大型活动，如摇滚音乐会，这会使遗产受损。“环境保护主义者”一词也可以指这样更一般化的态度——导致保护清单不加分辨地扩大且超出外部性矫正的范畴，并实施非常严格的保护措施。因此，充分享受并利用遗产成为奢望。例如，一些严格的限制将会阻止一栋古老的建筑的原有内部设施升级为现代化标准设施。因此，官员们将有动机采取更严谨的行动。如果因为在遗址举办活动使其受损，而且存在法律制度使官员们承担相应的责任，那么他们这种动机就会更加强烈（Rizzo，2003）。

因此，在遗产领域监管似乎并不是一个简单的政策工具，而是公共决策过程的一个内生产物（Rizzo，2003），从这个角度看，监管并非没有意义。在一些国家，监管者拥有高度的自由裁量权并非没有意义，高度自由裁量权可以与更大范围和程度的遗产观测相结合[②]。另外值得注意的是，遗产概念的扩充引出了可持续性问题，因为“退出名录”是极不可能的。这些因素可能会有助于解释，相比其他的文化政策，为什么在遗产保护领域经济建议在决策制定过程中往往有更高的“进入壁垒”（Peacock，2004）。

类似的争议也存在于艺术品的国际流通中（Giardina and Rizzo，1994）。要规范艺术品的国际流通的所谓正式理由是保护视觉艺术、保护国家认同和声誉。然而，这种政策工具的有效性受到质疑，因为过度的监管可能导致收藏家或经销商离开官方交易市场，进入地下黑市进行交易，这样遭受惩罚的风险就会更小。这种情况的发生，反过来会影响政府分配给监管活动的资源数量。有人提出不同的观点，质疑监管阻止一些公共博物馆销售艺术品是否合理。许多博物馆只展览收藏品的一

---

① 比如，这可以从公众同意政府支持艺术和文化方面这个更一般的证据中加以推断，参见 Frey (2003)。

② 根据 Benhamou (2004)提供的信息，法国列入名录的历史纪念物在1962—1999年期间翻了一番，英国在1990—2000年期间也是。

部分[①]，一些稀缺资源被保护起来，它们没有余力收购符合政策的特殊艺术博物馆。如果博物馆（无论是私人的还是公有的）被允许出售或者交换那些与博物馆艺术主题并不很相关的艺术品，它们就能够借此为新的收购对象继续融资，从而丰富现有的收藏品[②]。类似的争论也同样适用于考古领域。一些博物馆从一个考古遗址收集成千上万个相同的物品（小瓦罐、陶器等），这些物品没有明显的不同。一旦这些收藏品达到一定的数量，其余的可以出售，收入可以适当用于保护博物馆的展品或者收购新的物件。庞贝古城考古遗址就是一个很好的例子，考古学家在这里发现了成千上万个相同的瓦罐并立即加以保存，然而由于预算紧缩，发现新物件或者保护已有的物件受到很大限制。在这些情况下，就不能证明监管上的保护主义论调是有效率的。

显然，从上面的讨论可以看出，制度设计可能产生逆反的影响：如果决策过程主要受官员或专家兴趣的影响，所带来的结果可能会与所宣称的保护政策目标相悖。即使社会需求看起来被满足，但这一结论是基于模糊的保护成本和普遍存在的信息不对称问题，并未考虑清晰明确的可持续性效应。类似这种争论的范围主要取决于专家被授予自主权的程度以及官员们所面临的激励方案。因此，需要完善机制以提高纳税人对公共决策的影响，谨记这些决策仍然需要专家论证[③]。实现这一目标的方法之一就是遵循 Peacock（1994）的建议。他认为，如果决策机构对“外行人”的任命更公开，而且在遗产问题中积极参与的公民能被允许对这些决策者进行投票从而选出自己的代表，就会提高公众的参与度。此外，为实现相同的目的，义务咨询以及评审过程可能会被引入公共决策程序之中。然而，人们应该对提高政治参与度所带来的利益与其本身可能增加的行政成本和时间成本进行权衡。

从这个角度看，一个相关的观点是权力下放。根据 Schuster（1997）的定义，权力下放是增加对政府的问责并且使其能够更好地控制决策过程。在遗产领域，这意味着低层级的政府有权使用所有可能的手段——监管、财政支出、税收优惠——来达到保护遗产的目标。正如我们将在下一节中讨论的，这可能会对政策结果产生影响。

28.7 遗产政策制定与实施的权力下放

28.7.1 权力下放的优势和劣势

众所周知，应该考虑规范、合理的权力下放，即政府各层之间的功能分配，除其他事项外，纳税人与某个给定商品或服务的受益者之间的地缘关系也要考虑。在遗产领域，这一传统观点有其特殊的相关性。这个领域的分权范围可能会比一般意义上的分权范围更大，因为其溢出效应得到了内化（Rizzo，2004）。事实上，即使不存在地理一致性，地方政府也会促进遗产保护。因此，在地方层面上，特定遗产物品及其广泛的声誉越重要，与其存在有关的外部效应及其带给旅游业的收益就越大（Brau，Lanza and Pigliaru，

---

① 根据 Grampp (1996, p.225)，很多博物馆仅仅展示其不足 10% 的藏品，这些博物馆包括芝加哥艺术学院（3%）、圣彼得堡大教堂（7%）、马德里普拉多美术馆（9%）、慕尼黑老绘画陈列馆（10%）。一个例外是巴黎卢浮宫，据说其展示的绘画作品占其所藏绘画作品的 50%。

② 参见 Frey 和 Meier 所撰写的本卷第 29 章。

③ 政府机构需要确定一套机制来限制规制者自由裁定的范围，这是一般意义上的规制所普遍存在的问题，参见 Levy 和 Spiller (1996)。

2003；Cellini，2004）。

不过，主要依据旅游动机来制定遗产政策可能会产生问题：除了拥堵，还可能有政策偏差，导致具有相关文化价值但政治价值不明显的长期利益被低估。例如，这种低估可能影响针对年轻一代提高其艺术鉴赏力的教育政策，如果这些政策最终成功了，那么需要公共支持的艺术部门数量就会减少。同时，如果旅游的兴起能带动经济发展，放权可能致使资源集中在那些能够带来更高经济回报的遗产上，与当地的身份认同以及历史有关但相应的经济回报少的次要遗产可能处于不利地位（Mazza and Rizzo，1998），尽管当地的志愿者协会由于这些次要遗产和当地的社区息息相关而对其进行保护可能会一定程度上抵消这种影响。更深层次的问题是强调旅游动机会带来其他问题，例如这种强加的价值观与当地的传统、身份认同产生冲突，这个问题在发展中国家影响重大。需要再次强调的是，决策过程和潜在动机的相关性应予以考虑。

权力下放的一个积极方面是其可能有助于克服或者减少我们在上一节中讨论的信息不对称问题。一般认为，权力下放使公民可以比较不同的方案从而提升信息水平，而且许多代理人的存在提高了委托人的信息水平[①]。在遗产案例中，各种问题具有特殊的关联性，公共政策往往可以提供一系列解决方案，所以是比较有用的。此外，考虑到遗产所在地的社区遗产和公民之间的联系，我们有充分的理由相信，地方政府能够比中央政府更清楚遗产保护的必要性。

在多元文化社会中，地方政府被认为更适于为不同民族提供服务并促进少数民族参与遗产保护（Fondazione，2003）。调查各民族如何参与将很有意思，加上移民和少数民族选举权的扩展，就当地遗产的保护而言，这些将会影响政治决策过程的最终结果。在多种族社会中，财政联邦主义制度背后的假设是社会偏好的异质性变弱。欧茨定理表明，在一个特定社区中，异质性在提供社会福利的相关公共物品和服务方面并不能发挥分权的优越性。同样，Bridgman（2004），Alesina、Baquir和Easterly（1999）已经证实，采取多数投票原则时，具有民族异质性的行政辖区往往比具有同质性的辖区提供的公共产品要少。在遗产领域情况更是这样，因为在一个多元文化的社会，本地身份的概念比在一个同质性的社会中更具争议性，因此，如果资源主要用于促进当地遗产成为本地身份的符号，这样做对于那些并没有这种身份认同的人群来说就是代价昂贵的。此外，通过遗产来强调本地身份可能会妨碍而不是加快少数民族多元文化的融合。总体而言，在这种情况下，关于分权的净效应是正还是负的问题我们尚不清楚答案。

权力下放的最后一个优点是，在地方层面监督官员行为是更可行、更容易的（假设体制支持政治问责制，因为官员决策的机会成本更容易观察）。事实上，被监督的官员会更有动力根据地方层面的行为准则或指南约定来监管机构和参与保护活动的人或组织（建筑师、建筑公司、工程师、文化协会等），这样的程序能降低关于遗产保护投资的不确定性。

28.7.2 实际问题

我们现在讨论权力下放的一些实际问题。根据所在地现有遗产类别的不同，遗产政策的权力下放情况也完全不同。例如，对于著名遗产而言，选择中央集权还是权力下放并不重要。原因如上所述，无论在哪个层面制定政策，遗产的稀有性都会对决策过程产生影响。此外，即使一些位于贫穷地区的著名遗产，也很少遇到资金紧缺的问题，因为相比不知名的遗产而言，私人捐助

① 这种现象最极端的后果就是所谓的人们“用脚投票”(Tiebout，1956)。也就是说，理性的个人离开在税收和地方公共产品方面不具有吸引力的那些社区，而搬到其他能提供更具吸引力的税收和地方公共产品组合的地方。

者会更愿意为这类遗产提供保护资金。同时，在权力下放的情况下，著名遗产的存在会导致政府出台一些配套政策保护同一个地区的较次要的遗产，利用前者的吸引力来促进后者创收。如果政策是由一位决策者制定的，那么该政策往往更容易推广，也就是说，如果一个协议必须在不同层级的政府之间达成，并且不同层级的政府分别承担不同的责任，这样交易成本就会很高。一个有趣的例子是威尼斯市立博物馆：总督府是一个国家级遗产项目，由市政府承担管理任务，参观总督府与参观较小的圣马可博物馆的行程被建议捆绑在一起，最终使当地政府从中获利（Zan，2001）。

在特定的地方，权力下放也可能导致所谓的“文化”内涵的扩大。例如，游客去一个城市或地区参观，会附带参观一个小景点或博物馆，或者会在一个历史建筑或考古遗址观看一场演出、参观手工艺工作室，等等。不同类型的旅游线路的设计可以围绕一个大主题。例如，在意大利，地方层面的“葡萄酒之旅”被设计成参观与特定社会和经济功能相关的非著名遗产，以此弘扬当地历史，进而产生相关经济活动的影响。另一个例子是所谓的“文学公园”，在那里，设计一个行程表来了解著名作家的作品，并到他们出生的地方或激发他们创作灵感的地方体验。在这种情况下，地方政府之间的横向合作通常很有必要，搭便车的问题很可能会因为共同文化产生的一致利益追求而被克服。权力下放很重要，因为它可能带来一个良性循环。在不同的合作伙伴——如地方政府、经济和文化产品经营者、工艺品制造商或协会——之间探寻共同发展之道，这对支持较次要遗产的保护是有益的，并且能增强其创收能力。

支持权力下放的另一个证据是在不同层级政府之间可能出现潜在的冲突，特别是当中央或地区的监管权利对地方政府落实城市政策有影响时。例如，地方政府有关如何改造城市的决策可能会受限于该地方层面已经建立或实施的监管政策（Mazza and Rizzo，2000）。如果是这样的话，对选民而言，地方层面作出的保护决定将会产生收益和成本，而这只会影响地方层面的政客，对更高层级政府的政客没有影响。一个可能的结果是，以自我利益为中心的区域政策制定者会发现，采取严格的管制更方便，因为社会成本仅仅由当地辖区内的业主承担，而利益却惠及所有人。

28.7.3 总　结

综上所述，我们认为，在一些次要遗产案例中，权力下放的问题具有特殊相关性。论点是：假设地方层面能更好地代表公民的偏好，也可以更好地审查公共决策，这可能会使决策者考虑他们作出选择的机会成本。此外，权力下放更容易识别在监管下哪些人受益、哪些人受损，后者可能会更积极地组织起来，监督遗产决策当局，而不是仅仅作为被动的调整者，从而使决策效益更高。这并不意味着权力下放就一定能提供最优的解决方案，只是说决策过程不再仅以供给为导向。与此相反的论点是：启用中央决策来减少地方集团反对环境保护的压力没有解决可持续性问题，也不太可能满足社会对环保的需求。

然而，最近研究西西里岛遗产政策的调查结果表明，除非将一个适当的激励机制引入决策过程，或者将更好的经济管理方法引入文化制度，否则权力下放并不足以改善民众舆论下遗产部门的问责制。因此，尽管下放了权力，但是西西里岛博物馆的绩效并没有得到提高，其很少关注游客需要，对多媒体信息的使用也非常有限，还缺乏与地方不同机构的战略合作。此外，相比意大利而言，其他地区很少有像“博物馆之友”这样的志愿团体，缺乏对公众舆论的动员。关于西西里岛案例中制度特征的合理解释是：缺乏真正的财政自主权及比例选举制度，导致了低水平的地方政府问责以及高度的政治不稳定性，削弱了行政支配工具的作用。虽然最近的政治和行政改革改善了该地区的官僚问责制，但是否会给遗产和博物馆的管理带来什么改变，目前并不清楚。

28.8 私人部门的角色

28.8.1 规制效应

我们可以从不同角度分析遗产保护中私营部门的角色：当个人和公司是遗产的所有者且直接参与遗产保护时，他们是私人投资者；同时，其他私人机构也向各种文化遗产项目提供捐赠和赞助。这些私人参与者保护文化遗产的行为是基于各种动机的，其行为会受不同政策工具的影响。

监管会影响私人对投资遗产保护的决定，进而改变遗产市场上公共和私人投资的格局。如果监管决策站在环境保护主义者的立场，那么私人投资者可能会面临不确定性和更高的成本。然而，这种影响的程度取决于政策组合，因为无论直接或间接的公共支出都与监管相关。如果公共财政支持只提供给已登记入册的受保护建筑物的所有者，那么问题是如何设计公共财政。直接支出为决策者提供了更大程度的自由裁量权，以确定符合条件的受益人，但已登记入册的受保护建筑的所有者却能自动享受税收优惠。就有效性和公平而言，这种影响的程度取决于这些工具是如何形成的。例如，补贴可能采取按比例补助的形式，税收优惠可以设计为税收减免，等等。而在公平方面，相对于直接支出，税收优惠通常可能有利于富裕的纳税人。

在不同国家之间进行经验证据的比较是很难做到的，要排除其他政策措施对监管的影响并不容易。Feigenbaum 和 Jenkinson（1984）发现，在美国，中央给地方的拨款及税收信贷都对人均保护遗产支出有积极影响，但这些工具的效率并没有太大的差异。Benhamou（2004）指出，在法国有一个庞大的财政资助系统用于支持私人保护遗产，整体来说，登记在册的受保护建筑的所有者受益于这个名录，正如已登记与未登记建筑物之间表现出来的价值差异一样[①]。这种差距在英国很小，原因是英国的监管覆盖全部的建筑物，而法国只包括部分建筑物。在意大利，虽然没有证据表明遗产政策对价格有影响，但可以先验地推测可能存在不利影响。

28.8.2 遗产融资的可持续性

关于可持续发展问题，我们意识到，如果公共开支并没有针对性地补偿给有财政负担的人，那么可能会出现出乎环境保护主义者意料的后果，即用于遗产保护的私人投资会遭到排挤。这会在多大程度上发生，是一个经验性问题，但势必会减少用于遗产保护的总体资源数量。另外，如果私人投资没有被公共支出排挤，那么环境保护主义者的立场将会对公共资金造成持续的压力，因为如上所述，登记在册的遗产越来越多，这种压力是否持续，取决于遗产的存量以及资金紧缺的程度。如果存量规模相对于GDP很大，那么就会出现可持续的问题。遗产保护情况很可能会恶化，这就与理想的效果相悖。这种影响也可能一直存在，公共资金的压力越来越大，并进一步恶化。对于私人所有者而言，同样的负面

---

① 假如，像一般情形那样，列入名录提升了建筑物的市场价格，所有者将会受益，那么所有者希望从保护成本中获得更大的份额，参见 Benhamou (2004) 和 Creigh-Tyte (2000)的相关讨论。

结果也会出现。由于严格的监管使他们的活动不符合现有的规则，所有者承担的风险越低，这种结果出现的可能性越大。在所有这些情况下，考虑到所需的资源，对监管影响的有效监控是很困难的。

上述分析表明，因为解决方案的关键在于特定国家的特点，所以从政策组合的理想路径中不能得到唯一的结论。Netzer（1998）举了一个形象的例子：对比美国和意大利的年遗产资本消费占GDP的比例，得出的结论是，意大利负担不起维持资本存量的成本。他估计了意大利的资本消费折旧达到GDP的近35%，而美国只有GDP的0.05%。事实上，意大利在文化方面的公共支出相当低，仅占GDP的0.67%，这仅仅相当于经济合作与发展组织（OECD）成员的平均水平，其将近一半（45%）的文化方面的公共支出花费在遗产而非其他文化产品上（Pasquali，2003）。相对于其他国家的财政支持而言，意大利民众在遗产保护方面的投入是不够的，尽管关于遗产的任何决策都应该在不同立场（环保主义者与非环保主义者）下考虑成本和收益，但至少应该将机会成本纳入到决策过程中[①]。然而，意大利的公共决策过程并没有考虑这样的约束。事实上，它正是上文中所提到的“财政幻觉”的例子。在意大利，登记注册只适用于私人遗产，而直到最近，任何超过50年的公共物品只要被认定为遗产，都会被保护起来。近期这些公共物品的出售表明，经过一个烦琐的行政程序之后，遗产管理部门认定这些出售的物品缺乏历史或艺术价值，在买方使用这些物品时仅施以轻微限制。公众以及专家对此表示强烈反感，他们认为意大利的遗产正处在危险之中，相关部门却没有提出可行的方法来阻止遗产的进一步恶化。更有趣的是，意大利的相关法律是由财政部最早提出的，法律明确反对出售公共资产来筹集资金，而缺乏环保主义精神的遗产管理当局会基于清晰的文化优先权和更明确的抵押物为更具一致性的政策留出余地（Rizzo，2005）。

如何制定公共政策呢？如果一个环保主义者的立场使得遗产创收变得困难，那么它就可能对历史街区的保护有消极影响，也因此会对促进当地环境的可持续发展造成不利影响。以上提出的论点认为，遗产存量规模越大，环保主义式的公共政策就应该越少。另外，存在这样一种观点，如果将注意力放在其他潜在的支持遗产保护的资源上，如跨国干预或国际慈善事业这些形式，那么一个环保主义者的立场就可能被当作一个积极的信号，从而形成这样的印象——支持遗产保护是被授权的。但是，在现实中，这种程度的影响似乎并不足以证明需要对国内遗产政策重新定位。

28.8.3 慈善与遗产

我们最后讨论，在慈善事业、赞助和志愿者活动等领域中，私人部门在支持遗产保护中所扮演的角色[②]。为鼓励各种形式的私营机构保护遗产，政府主要通过税收豁免间接支持个人和公司，但有时候也会给予直接支持，如在私人部门向艺术机构提供相当数量的资金支持时，政府也会按比例匹配补助金。公共政策在不同的国家有不同的模式（Mussoni，2003）。在一些国家，如美国、英国以及意大利，资助和捐赠享受平等的税收待遇，而在其他国家，如法国和德国，税收待遇却有所不同。此外，大多数国家，如美国、英国、法国和德国（不包括意大利）不仅提供货币形式的税收优惠，还提供实物形式的优惠。当然，不同的税收机制产生不同的影响。一个对于捐赠者或者资助者而言是中性的税收制

① 不过，正如以上第6节所提及的，这并非易事。

② 详见本卷中Schuster所撰写的第36章和Katz所撰写的第37章。

度，很可能会强化私人部门在文化决策方面的影响力，因为私人捐助者或者赞助商将决定优先顺序，所以（选民通过他们的代表）会放弃部分资源的使用，这可能会成为民主集中决策过程中自治结果的一个挑战。如上所述，在特定的遗产领域，私人决策可能会受到遗产名声大小或相关制度的影响。例如，意大利的实证证据表明，私人捐赠者相比确立已久的机构，在从事一些可见的修复活动中更受赞许。

不同国家采用不同的政策措施，也会产生不同的私人捐赠模式。就企业赞助艺术而言，Kirchberg（2003）指出，虽然不同国家仍然存在差异，但在最近几年间差异有所减少。Mazza（1994）认为，私人捐赠在不同国家存在差异的一个可能的解释是基于一个事实，即是政府承担提供文化产品的主要责任，社会捐赠的认知度较低。因此，捐赠者将不会有足够的经济动力来支持艺术，只有不在乎社会赞许的资助者才会提供支持。这种说法与意大利（意大利将传统遗产保护视为公共责任）的经验证据是相符的。Mussoni（2003）指出，在意大利鼓励私人提供文化支持的新法律实施的头两年，私人捐赠的数量不及预期。此外，只有37.4%的私人捐赠直接投入了遗产保护，而62.6%的私人捐赠分配给了表演艺术。

美国经常会作为一个典型案例被提及，因为其社会规范承认艺术的重要性，从而为税收优惠提供了环境，而税收优惠政策在刺激私人捐献方面是比较有效的工具。这并不意味着相同的税收计划在各个地方会发挥类似作用，因为对每个国家来说，无论什么形式的私人支持，都是一系列复杂因素作用的结果。

28.9 结　论

在本章中，我们竭尽所能地使用经济理论和公共政策来阐明关于文化遗产的决策。我们讨论了几个主题：

第一，从经济角度来恰当界定的话，遗产就是资本。在理论方面，这为分析遗产的生产力、制定遗产投资策略提供了更多的可能性。考虑资本资产独特的文化特征，能够为相关分析增加一个特别且富有挑战性的维度。在政策方面，把遗产视为资本资产，能够使其拥有和经济中其他资本存量一样的地位，对于这些资本存量来说，政府承担部分责任，且遵循公共财政的原则。

第二，我们一直关心可持续发展问题。我们的理论探讨特别关注了形成文化遗产可持续发展路径的条件。这些考虑使得我们能够知道如何对待遗产政策。在这些政策中，文化遗产存量的保护被视为当下很多国家决策者所面临的关键问题之一。

第三，我们强调，就提供可持续政策效果而言，有效的制度结构是一个重要因素。好的制度设计能够促进政府合理使用多种政策工具，使各级政府之间职能明确，并鼓励私人部门在所有事情中积极参与。

最后，我们再次重申信息的重要性，特别要开展在艺术和文化领域的教育。公共政策支持遗产保护可以带来长期的教育效益，提高公众对艺术的认知和欣赏能力，最终也会减少该领域公共资助的需要。

参考文献

Acheson, K., Maule, C.(2004). "Convention on cultural diversity". Journal of Cultural Economics 28(4), 243–256.

Alesina, A., Baquir, R., Easterly, W.(1999). "Public goods and ethnic divisions". Quarterly Journal of Economics 114(4), 1243–1284.

Alesina, A., Tabellini, G.(2004). "Bureaucrats or politicians?" CESifo, Working Paper Series No. 1130 Harvard Institute of Economic Research Discussion Paper No. 2009; IGIER Working Paper No. 238.

Arrow, K.J., et al.(1993). "Report of the NOAA panel on contingent valuation". Federal Register 58, 4601–4614.

Australia ICOMOS(1999). "The Burra Charter". See http://www.icomos.org/australia/burra.html.

Barbier, E.B., et al.(1994). Paradise Lost? The Ecological Economics of Biodiversity. Earthscan, London.

Becker, G.S.(1964). "Human Capital". Columbia University Press, New York.

Benhamou, F.(2003). "Heritage". In: Towse(2003, pp. 255–262).

Benhamou, F.(2004). "Who owns cultural goods? The case of built heritage". In: Ginsburgh(2004, pp. 187–202).

Bourdieu, P.(1986). "Forms of capital". In: Richardson, J.G.(Ed.), Handbook of Theory and Research for the Sociology of Education. Greenwood, New York, pp. 241–260.

Braden, J.B., Kolstad, C.D.(Eds.)(1991). Measuring the Demand for Environmental Quality. North-Holland, Amsterdam.

Brau, R., Lanza, A., Pigliaru, F.(2003). "How fast are the tourism countries growing? The cross-country evidence". FEEM Working Paper No. 85.2003.

Bridgman, B.(2004). "Multiethnic democracy". Departmental Working Paper 2004-02, Dept. of Economics, Louisiana State University, Baton Rouge.

Cannon-Brookes, P.(1996). "Cultural economic analysis of art museums: A British curator's viewpoint". In: Ginsburgh and Menger(1996, pp. 255–274).

Cellini, R.(2004). "Il turismo nei programmi di crescita e sviluppo". In: La Rosa, S., Quadrio Curzio, A.,(Eds.), Il Turismo in Sicilia F. Angeli. In press.

Chanel, O., Gerard-Varet, L., Ginsburgh, V.(1996). "The relevance of hedonic price indices: The case of paintings". Journal of Cultural Economics 20, 1–24.

Chastel, A.(1986). "La notion de patrimoine". In: Nora, P.(Ed.), La Nation, vol. II, pp. 405–450.

Costanza, R., Daly, H.(1992). "Natural capital and sustainable development". Conservation Biology 6(1), 301–311.

Creigh-Tyte, S.(2000). "The built heritage: Some British experience". Recherches Economiques De Louvain 66(2), 213–230.

Dasgupta, P.S., Heal, G.M.(1979). Economic Theory and Exhaustible Resources. Cambridge University Press, Cambridge.

Ellis, A.(2003). "Valuing culture". Discussion Paper, Demos, London.

El Sarafy, S.(1991). "The environment as capital". In: Costanza, R.(Ed.), Ecological Economics: The Science and Management of Sustainability. Columbia University Press, New York, pp. 168–175.

Feigenbaum, S., Jenkinson, T.(1984). "Government incentives for historic preservation". National Tax Journal 37(1), 113–119.

Fondazione Eni Enrico Mattei(2003). "Economic growth, innovation and cultural diversità". Mimeo.

Freeman, A.M.(1993). The Measurement of Environmental and Resource Values: Theory and Methods. Resources for the Future, Washington, DC.

Frey, B.(2003). "Public support". In: Towse(2003, pp. 232–236).

Frey, B., Oberholzer–Gee, F.(1998). "Public choice, cost-benefit analysis, and the evaluation of cultural heritage". In: Peacock(1998, pp. 27–53).

Giardina, E., Rizzo, I.(1994). "Regulation in the cultural sector". In: Peacock and Rizzo(1994, pp. 125–142).

Ginsburgh, V.A.(Ed.)(2004). Economics of Art and Culture. Elsevier, Amsterdam.

Ginsburgh, V.A., Menger, P.M.(Eds.)(1996). Economics of the Arts: Selected Essays. Elsevier, Amsterdam.

Grafton, R.Q., et al.(2004). The Economics of the Environment and Natural Resources. Blackwell, Oxford.

Grampp, W.(1996). "A colloquy about art museums: Economics engages museology". In: Ginsburgh and Menger (1996, pp. 221–254).

Guerzoni, G.,(1997). "Cultural heritage and preservation policies: Notes on the history of the Italian case". In: Hutter and Rizzo(1997, pp. 107–132).

Hartwick, J.M.(1977). "Intergenerational equity and the investing of rents from exhaustible resources". American Economic Review 67(5), 972–974.

Hartwick, J.M.(1978). "Substitution among exhaustible resources and intergenerational equity". Review of Economic Studies 45, 347–374.

Hartwick, J.M.(1995). "Constant consumption paths in open economies with exhaustible resources". Review of International Economics 3(3), 275–283.

Holden, J.(2004). Capturing Cultural Value: How Culture Has Become a Tool of Government Policy. Demos, London.

Hutter, M., Rizzo, I.(Eds.)(1997). Economic Perspectives of Cultural Heritage. Macmillan, London.

Hutter, M., Throsby, D.(Eds.)(2006). Beyond Price: Value in Culture, Economics and the Arts. Cambridge University Press, New York.

Jansson, A.M., et al.(Eds.)(1994). Investing in Natural Capital-The Ecological Economics Approach to Sustainability. Island Press, Washington, DC.

Kirchberg, V.(2003). "Corporate arts sponsorship". In: Towse(2003, pp. 143–151).

Klamer, A., Zuidhof, P.(1999). "The values of cultural heritage: Merging economic and cultural appraisals". In: Economics and Heritage Conservation. Getty Conservation Institute, Los Angeles, pp. 23–61.

Leclair, M.S., Gordon, K.(2000). "Corporate support for artistic and cultural activities: What determines the distribution of corporate giving?" Journal of Cultural Economics 24(3), 225–241.

Levy, B., Spiller, P.T.(Eds.)(1996). Regulations, Institutions and Commitment: Comparative Studies of Telecommunications. Cambridge University Press, New York.

Mazza, I.(1994). "A microeconomic analysis of patronage and sponsorship". In: Peacock and Rizo(1994, pp. 35–53).

Mazza, I.(2003). "Public choice". In: Towse(2003, pp. 379–388).

Mazza, I., Rizzo, I.(1998). "Devolution and heritage: Some political implication". Mimeo, University of Catania.

Mazza, I., Rizzo, I.(2000). "Public decision–making in heritage conservation". Mimeo.

McCarthy, K.F., Ondaatje, E.H., Zakaras, L., Brooks, A.(2004). Gifts of the Muse: Reframing the Debate about the Benefits of the Arts. The RAND Corporation, Santa Monica, CA.

McKinley, T.(1998). "Measuring the contribution of culture to human well-being: Cultural indicators of development". In: World Culture Report. UNESCO, Paris, pp. 322–332.

Moorhouse, J.C., Smith, M.S.(1994). "The market for residential architecture: 19th century row houses in Boston's South End". Journal of Urban Economics 35, 267–277.

Mueller, D.(2003). Public Choice III. Cambridge University Press, Cambridge.

Mussoni, M.(2003). "Il mecenatismo e la valorizzazione economica della cultura". Rivista di Politica Economica V-VI, 133–182.

Navrud, S., Ready, R.C.(Eds.)(2002). Valuing Cultural Heritage: Applying Environmental Valuation Techniques to Historic Buildings, Monuments and Artifacts. Edward Elgar, Cheltenham.

Netzer, D.,(1998). "International aspects of heritage policies". In: Peacock(1998, pp. 135–154).

Neumayer, E.(2003). Weak versus Strong Sustainability: Exploring the Limits of Two Opposing Paradigms, second ed. Edward Elgar, Cheltenham.

Nijkamp, P.(1995). "Quantity and quality: Evaluation indicators for our cultural-architectural heritage". In: Coccossis, H., Nijkamp, P.(Eds.), Planning for Our Cultural Heritage. Avebury, Aldershot, pp. 17–37.

Noonan, D.S.(2003). "Contingent valuation and cultural resources: A meta-analytic review of the literature". Journal of Cultural Economics 27(3–4), 159–176.

O'Hagan, J., Harvey, D.(2000). "Why companies sponsor art events. Some evidence and a proposed classification". Journal of Cultural Economics 24(3), 205–224.

Pasquali, F.(2003). "La spesa pubblica per la cultura in Italia: Dimensioni e dinamiche". Economia della Cultura 4, 455–463.

Pattanaik, P.K.(1998). "Cultural indicators of well-being: Some conceptual issues". In: World Culture Report. UNESCO, Paris, pp. 333–340.

Peacock, A.(1994). "The design and operation of public funding of the arts: An economist's view". In: Ginsburgh (1994, pp. 167–184).

Peacock, A.(1995). "A future for the past: The political economy of heritage". Proceedings of the British Academy 87, 187–243.

Peacock, A.(Ed.)(1998). Does the Past Have a Future? The Political Economy of Heritage. Institute of Economic Affairs, London.

Peacock, A.(2004). "The credibility of cultural economist's advice to governments". In: Ginsburgh(2004, pp. 165–178).

Peacock, A., Rizzo, I.(Eds.)(1994). Cultural Economics and Cultural Policies. Kluwer Academic, Dordrecht.

Pearce, D.W.(1993). Economic Values and the Natural World. MIT Press, Cambridge, MA.

Pearce, D.W., Atkinson, G.D.(1993). "Capital theory and the measurement of sustainable development: An indicator of 'weak' sustainability". Ecological Economics 8, 103–108.

Pearce, D.W., Turner, R.K.(1990). Economics of Natural Resources and the Environment. Johns Hopkins University Press, Baltimore.

Pignataro, G., Rizzo, I.(1997). "The political economy of rehabilitation: The case of the Benedettini Monastery". In: Hutter and Rizzo(1997, pp. 91–106).

Rizzo, I.(2003). "Regulation". In: Towse(2003, pp. 408–414).

Rizzo, I.(2004). "The relationship between regional and national policies in the arts". In: Ginsburgh(2004, pp. 203–219).

Rizzo, I.(2005). "La regolazione nel settore dei beni culturali: Alcuni spunti di riflessione". In: Trupiano, G.(Ed.), La Valorizzazione dei Beni Culturali. Franco Angeli, Milano, pp. 17–34.

Rizzo, I., Towse, R.(Eds.)(2002). The Economics of Heritage: A Study in the Political Economy of Culture in Sicily. Edward Elgar, Cheltenham, pp. 17–34.

Schuster, J.M.(1997). "Deconstructing a tower of Babel: Privatization, decentralization and devolution as ideas in good currency in cultural policy". Voluntas 8(3), 261–282.

Schuster, J.M.(2004). "Making a list: Information as a tool of historic preservation. In: Ginsburgh(2004, pp. 221 240).

Schuster, J.M., de Monchaux, J., Riley II, C.A.(Eds.)(1997). Preserving the Built Heritage: Tools for Implementation. University Press of New England, Hanover.

Shockley, G.E.(2004). "Government investment in cultural capital: A methodology for comparing direct government support for the arts in the US and the UK". Public Finance and Management 4(1), 75–102.

Solow, R.(1974a). "Intergenerational equity and exhaustible resources". Review of Economic Studies 41, 29–46. Symposium.

Solow, R.(1974b). "The economics of resources or the resources of economics". American Economic Review 64(2),

1-14.

Solow, R.(1986). "On the intergenerational allocation of natural resources". Scandinavian Journal of Economics 88 (1), 141-149.

Solow, R.(1994). "An almost practical step toward sustainability". In: National Research Council, Assigning Economic Value to Natural Resources National Academy Press. Washington, DC, pp. 19-29.

Throsby, D.(1997). "Seven questions in the economics of cultural heritage". In: Hutter and Rizzo(1997, pp. 12-30).

Throsby, D.(1999). "Cultural capital". Journal of Cultural Economics 23, 3-12.

Throsby, D.(2001). Economics and Culture. Cambridge University Press, Cambridge.

Throsby, D.(2003). "Determining the value of cultural goods: How much(or how little) does contingent valuation tell us?" Journal of Cultural Economics 27(34), 275-285.

Throsby, D.(2004). "Sweetness and light: Cultural diversity in the contemporary global economy". In: Bechler, R. (Ed.), Cultural Diversity. British Council, London, pp. 40-53.

Throsby, D.(2005). "On the sustainability of cultural capital". Macquarie University Department of Economics Research Paper No. 10/2005, Sydney.

Tiebout, C.(1956). "A pure theory of local expenditures". Journal of Political Economy LXIV(5), 416-424.

Towse, R.(Ed.)(2003). A Handbook of Cultural Economics. Edward Elgar, Cheltenham.

Ulibarri, C.A.(2000). "Rational philanthropy and cultural capital". Journal of Cultural Economics 24, 135-146.

UNESCO(1972). Convention for the Protection of the World Cultural and Natural Heritage. Document 17 C/106, 15 November, UNESCO, Paris.

UNESCO(2003). Convention for the Safeguarding of the Intangible Cultural Heritage. UNESCO, Paris.

Victor, P.A.(1991). "Indicators of sustainable development: Some lessons from capital theory". Ecological Economics 4, 191-213.

World Commission on Culture and Development(1995). Our Creative. Diversity, UNESCO, Paris.

World Commission on Environment and Development(1987). Our Common Future. Oxford University Press, Oxford.

Zan, L.(2001). "Perchéi musei Veneziani sono in attivo".Il Giornale dell'Arte, No. 201, July.

Zolberg, V.(2000). "Privatization: Threat or promise for the arts and humanities?" International Journal of Cultural Policy 7(1), 9-28.

第29章

博物馆经济学

Bruno S. Frey and Stephan Meier

University of Zurich, Switzerland

宋瑞 赵鑫 译

摘 要

博物馆实现了艺术世界中的许多重要功能，参观博物馆成为人们重要的休闲和假日活动。本章从经济学视角研究博物馆的功用。博物馆的服务取决于需求和供给因素以及博物馆的机构设置，机构设置往往能对博物馆的决策者形成约束。本章认为，制度因素（如博物馆是私人性质还是公共性质）极大地影响博物馆的运行——藏品管理、定价或对商业活动的关注。本章从经济学视角分析了博物馆当前的两种趋势：明星博物馆的发展演变和专题展览的日趋重要。

关键词

博物馆，藏品管理，定价，商业活动，明星博物馆，专题展览

JEL Classification Code

Z1

29.1 引 言

博物馆如今变得比以往任何时候都更加重要。它们在人们的休闲活动中扮演着十分有意义的角色，成为重要的旅游景点。参观博物馆的消费者花费大量的钱，用于入场费以及博物馆的餐厅和商店支出。这些支出对当地经济有很大影响，特别是在受欢迎的旅游区。按照四个不同的标准，博物馆被划分为多种类型。

• 内容：博物馆可能包含艺术、历史文物、科学类展品，和/或其他具有一般性或特殊性的多种展览品。

• 规模：有些博物馆很大，一天可容纳来自不同地方的数以千计的游客；其他博物馆则非常小，由业余人员经营管理，并且有严格的对外开放时间，只有当地人有兴趣客观。

• 年代：一些博物馆有悠久的历史，往往坐落在非常古老的建筑中；也有一些博物馆是新成立的，这些新博物馆以宏伟的建筑风格吸引游客。

• 制度形式：传统上，欧洲博物馆一直是公共性质的，甚至是政府正式行政部门的一部分，但也有一些私人博物馆。实际上，大多数博物馆既不是完全的公共性质的，也不是私人性质的，而是介于两者之间。几乎所有的私人博物馆都接受某种形式的政府补贴，补贴通常采用捐赠的形式，因为捐赠者可以免税。

尽管存在各种差异，所有的博物馆却都有一些特殊的、相似的功能①。本章将分析各种类型的博物馆，并指出哪些方面对认识博物馆的行为至关重要。

“博物馆经济学”一词可以用两种不同的方式加以理解②：第一，博物馆可以作为一个经济单位，或者作为一个提供某些服务的公司来加以研究。就收入而言，这项分析集中于所测定的投入（展览品、人力等）和产出（收入）之间的关系。而且，可以分析博物馆的经济效应，如产生多少就业机会，为别的部门创造多少附加值。第二，在资源稀缺的情况下，假设个人在制度和环境约束下追求自身效用最大化，以应用经济学的思维方式分析博物馆。这种方法适用于许多不同的领域，如政治、法律、历史、体育、宗教③。因此，博物馆经济学明显区别于以其他方式——特别是社会学或者历史学的研究视角④——研究博物馆。

研究博物馆经济学的方法，可能依赖源于新古典经济学的标准或理性选择理论，假设个人都是完全理性和利己的，并且着重分析市场关系。政治经济学或公共选择经济学主要研究政府和公共管理机构的行为，因为这些行为会影响到博物馆，影响的方式不仅包括补贴和税收，还有规章制度。其他类型的经济理论也可应用于此。在博物馆的情形中，要纳入考虑的一个特别重要的变量是心理因素：个人不是完全理性的，有时会反常，可能会在某种程度上作出关心他人和有利于社会的

---

① 一个博物馆可能有五种不同的功能：收集、保护、研究、解说和展示（Noble，1970）。这五种功能可归为三类：保护、研究和交流（Weil，2002）。Ginsburgh 和 Mairesse（1997）对比利时博物馆的使命说明进行了实证研究，提出了一个替代性的博物馆概念。

② 博物馆经济学成为大量出版物的主题，包括 Montias (1973), Peacock 和 Godfrey (1974), Feldstein (1991), Bayart 和 Benghozi (1993), Frey (1994), Martin (1994), Robbins (1963), O'Hagan (1995; 1998b), Johnson 和 Thomas (1998), Schuster (1998a, 1998b), Benhamou (1998), Meier 和 Frey (2003), Maddison 和 Foster (2003)，Weil (1987)等。在更一般性的调研（Throsby，1994; Blaug，2001）、专著和教科书（Frey 和 Pommerehne，1989; Frey，2000; Heilbrun 和 Gray，2001; Benhamou，2000）、文化经济学领域的读物(Blaug，1976; Peacock 和 Rizzo，1994; Ginsburgh 和 Menger，1996; Towse，1997a)中也涉及博物馆的内容。在这方面的早期德语研究参见 Kindermann (1903)，英语研究参见 Robbins (1963，1971), Baumol 和 Bowen (1966)，Peacock (1969).

③ 例见 Becker (1976), Hirshleifer (1985), Kirchgässner (1991) 和 Frey (1999)。

④ 例见 Bourdieu (1979), Moulin (1986), Di Maggio (1986), Foster 和 Blau (1989)，Blau (1995)。

行为。

本章首先介绍对博物馆服务的需求，然后研究供给情况。同时，从新古典主义以及制度视角分析博物馆的行为。接下来专门讨论与博物馆有关的公共政策问题。最后一节从经济学角度讨论博物馆当前的发展趋势。

29.2 博物馆服务的需求

博物馆需求分为两种。第一种是游客的私人需求，这些游客可能是对展览感兴趣的人，将参观展览视作一种休闲活动，也可能是艺术商人或者艺术史学家，把参观展览当作他们工作的一部分。他们或是个人独自参观，或是家庭一起参观，也可以是有组织地参观，如以学校或者公司为单位参观。第二种需求来自从博物馆中获益的人和组织。这种社会需求是基于外部效应以及/或者对经济活动的影响。

29.2.1 私人需求

到目前为止，大多数人将参观博物馆作为一项休闲活动。上文中提到的因特殊需求来参观博物馆的专业人员占比相对较少，因此我们可以忽略这类需求。参观人次可以用一个传统需求函数表示，解释变量是在一个特定时间内影响参观人次的因素。有三个与成本相关的主要决定因素：

（1）入场费。通过对不同国家的不同博物馆进行计量经济学分析，结果表明，博物馆服务的需求具有价格弹性[①]。但是，大多数研究仅局限于对少数几个博物馆的案例研究。例如，Goudriaan 和 Van't Eind（1985）计算了四家荷兰博物馆在区间（-0.1~0.2）的平均价格弹性。Darnell、Johnson 和 Thomas（1992）找到了英国一家博物馆较高的价格弹性，达-0.55。Luksetich 和 Partridge（1997）利用1989年博物馆数据库中的美国数据，估计了不同类型博物馆的需求函数，并得出结论——不同类型博物馆的价格弹性介于-0.12~-0.26，艺术博物馆的弹性是-0.17，动物园、科学博物馆、自然历史博物馆的价格敏感度最高，这可能是由于这类休闲活动存在较大竞争的缘故。总体来说，低价格弹性说明博物馆可以通过增加入场费来大幅增加其收入。

（2）时间的机会成本。对于高收入群体或者自雇人士，在其他条件相同的情况下，他们的时间机会成本高于那些参观博物馆更频繁的低收入群体或者依靠固定工时取得收入的人。参观博物馆的机会成本不仅取决于在博物馆实际花费的时间，也取决于花费多长时间到达博物馆。对于游客来说，其时间的机会成本可能要低于当地居民，因为他们经常会目的明确地参观各个城市的不同博物馆。经济计量估计得出，收入和参观人次之间没有显著关系（Luksetich and Partridge，1997），这一结论与Gapinski（1986）关于现场艺术的研究结论相一致。富人欣赏艺术表演的机会成本提高，从而抵消了正的收入效应。这两种效应必须区分开，以便区分收入对需求的正效应和时间机会成本对需求的负效应[②]。

（3）替代性活动的价格。其他的休闲活动，如其他文化活动（看戏剧、看电影）、体育运动、到餐厅就餐、在家会客等，都是重要的可替代性活动。即使在一个行

---

① 除了需求对价格的敏感性有多高这个问题之外，还对收取门票所带来的效应进行了广泛的讨论。有关如何收取门票的一般讨论，参见 O'Hagan (1995)。

② 参见 Withers (1980)对表演艺术的估算。

业内，一家博物馆也可以成为另一家博物馆的替代品。此外，互补性成本也会影响博物馆的参观人次。例如，旅行中的费用、住宿、膳食都可能成为很重要的影响因素。这些互补性成本在一次出游总成本中的占比很高，Bailey等人（1998）估计这个比例高达80%。实证研究发现，交叉弹性对于艺术有重要影响[①]，但是，研究者们尚未针对包含此项变量的博物馆服务进行需求函数的估计。收入是影响博物馆需求的另一个“经典”变量。有人用计量经济学方法估计了收入弹性函数[②]。对收入效应的估计往往模棱两可，因为时间机会成本的增加与高收入密切相关。同样，收入和教育程度之间也是高度相关的，受过良好教育的人比教育程度低的人更能从博物馆中获得人力资本方面的收益[③]。这说明，此项因素对现代艺术和历史博物馆的影响大过对科学技术博物馆特别是交通博物馆（铁路、汽车或太空旅行博物馆）的影响。

特定的博物馆的需求函数还包含其他很多决定因素[④]。其中一项是藏品的品质或者特征。Luksetich和Partridge（1997）估计，藏品价值越高，参观人次越多，这一特点对于艺术博物馆而言尤为突出。或者，正如Oster和Goetzmann（2001，p.9）所说：“从根本来看，这表明艺术的重要性。”其他的决定因素包括建筑的吸引程度及博物馆的设施水平，如氛围、展览馆的拥挤程度、博物馆的商店。博物馆的营销工作也很重要。博物馆参观率的最终决定因素是个人偏好，这是难以独立衡量的。关于博物馆需求函数的计量研究通常间接地引入历史参观人次来衡量个人偏好。在所有的经验估计中，这个因素被证明是非常重要的：一个过去参观过博物馆的人在现在或将来很可能会再来。

29.2.2 社会需求

博物馆对社会的影响超过其对博物馆参观者本身的影响。这些社会效应包含外部性以及对市场的影响。

29.2.2.1 外部效应

博物馆创造的社会价值并不能用金钱来衡量。下文通过文献梳理列举了五种类型的非使用者效益：

- 选择价值：人们在未来某一时间点参观博物馆展出的物品所享受的体验价值。
- 存在价值：人们从一个博物馆的存在中获得益处，但他们自己不打算在现在或将来参观。
- 遗产价值：人们从知识中得到满足，凭借那些知识，他们的后代或者其他社区成员可以参观博物馆，如果他们愿意的话。
- 威望价值：人们从社区之外的成员对博物馆的高度评价中获得效用——他们本身无需真正喜欢博物馆，甚至不必参观。
- 教育价值：人们意识到博物馆有助于自身或者他人的文化和价值观的形成。

博物馆也可能产生负面的外部效应，并且由他人承担这样的成本。例如，游客参观博物馆带来的拥挤和噪音会强加给当地社区。

以上非使用者效益和成本由三种不同的方法测算：

- 一个很可行的方式是对参观者与非参观者进行有代表性的调查。调查问卷必须经过精心设计，才能真正

---

① 参见Gapinski (1984,1986) 对表演艺术的估算。

② 例见Withers (1980)。

③ 关于艺术课程对博物馆访问量的影响，参见Gray (1998)。

④ 很多研究分析了博物馆访客的问卷调查结果，以期了解谁真正在参观博物馆(Dickenson，1997)，以及游客从中获益多少(Ashworth and Johnson，1996)。

反映人们对博物馆产生的社会价值的支付意愿。条件价值评估法一般用于评估环境的价值，同样也可以很好地估计文化的价值[①]。

• 其他方法依赖于个体的行为。例如，要估算一个城市所拥有的博物馆在多大程度上增加房地产价值，可以假设相对于一个附近没有博物馆的房子或公寓，人们更愿意购买一个坐落在博物馆附近的房子或公寓。如果人们宁愿选择低收入而在一个有博物馆的地方工作，通过分析工资水平可以计算同样的“补偿变量”。Clark和Kahn（1988）使用了上述“补偿变量”方法。

• 第三种计算社会价值的方法是分析有关博物馆支出的大众投票结果。在瑞士，这种方法被成功地用来分析购买两幅毕加索绘画作品带来的存在价值和遗产价值（Frey and Pommerehne，1989）。以艺术博物馆为例，Schulze和Ursprung（2000）分析了瑞士的大众投票结果来度量大众对苏黎世歌剧院的支持度。他们同样也能识别外部效应。

29.2.2.2 对市场的影响

博物馆通过为其他经济主体——特别是旅游和餐饮业——创造额外的工作机会和商业收入而创造货币价值。这些价值会引起进一步的支出和乘数效应[②]。测算额外市场效应的研究很受政治家和管理者的青睐，因为这类研究为他们增加博物馆支出提供了依据。但是，这些研究必须被谨慎对待：

• 对市场影响的研究趋于集中在错误的问题上。博物馆为参观者提供了各种各样的文化体验，同样也使非使用者受益。

• 刺激经济并不是博物馆的任务，有更好的手段可以实现这一目标。例如，一个主题公园可以更好地刺激经济。

29.3 博物馆服务的供给

29.3.1 成本结构

博物馆有不同于其他服务业企业的成本结构，表现在以下四个方面：

• 高固定成本。博物馆经营一般具有很高的固定成本：建筑、展览品、员工、保险、技术设备等方面的成本。这些在短期内是固定不变的。因此，在短期内，博物馆的经营成本往往独立于博物馆的产出（收益）。换句话说，可变成本在总成本中占较小的比例。因此，随着旅客人数的增加，博物馆的单位成本快速下降。

• 边际成本接近零[③]。如果一家博物馆举办了一次展览，那么其基本的运营成本就是由一天的营业成本所构成的，这在很大程度上独立于参观者数量。在这种情况下，新增一名参观者的边际成本接近零。但是，在其他情况下（如所谓的“轰动性”展览），一名额外参观者可能会造成拥挤成本。Maddison和Foster（2003）使用条件价值评估法分析了大英博物馆的拥挤成本，估算出新增一名参观者所增加的拥挤成本是8.05英镑。这个估计结果看起来很高。

---

① 例见Martin (1994)。范围更广的实证文献参见Noonan (2002)所做的调查。从行为学角度进行的批判性讨论参见Sunstein (2002)。

② 参见Seaman(1997,2002)以及Wall和Roberts (1984)。

③ 即使输出单位是博物馆每年开门的小时数或者天数，这种说法可能也能站得住脚。大英博物馆试图通过关闭部分展区来压缩成本，但至少就短期而言它并没有压缩太多成本，参见Anon (2002)和Art Newspaper (2002)。

• 动态成本。可能会有人说，博物馆与其他文化机构一样，会面临同样的经济困境，即成本病[①]，因此很可能由于生产力滞后而产生持续的财务问题。但是，目前没有经验研究表明，这一成本存在于博物馆的经营中。事实上，在博物馆这个行业，实现生产力的进步似乎是可能的：展览品可以在互联网上展览；可以用摄像机进行监控；一些事务可以由志愿者承担；活动可以外包；制度设计可以改变，如引入新公共管理，或者完全私有化。所有这些改变可以抵消成本病带来的潜在影响。

• 高机会成本。博物馆陈列的展品具有很高的价值。对大多数的博物馆而言，它们所拥有的展品是它们最有价值的资产。博物馆中陈列的展品不仅会产生储存、维护成本，也会产生机会成本。维护一项艺术品的机会成本是通过出售或者投资这项艺术品而用在其他用途所得到的收益。其他机会成本则是指博物馆的建筑以及这项建筑所具有的其他收益[②]。大多数博物馆不重视它们账面上收藏品的价值。在英国，不出售展品甚至成为在博物馆和美术馆委员会登记的一个条件（Bailey and Falconer，1998）。如果不考虑机会成本，则会低估一家博物馆真实的资本成本（Grampp，1989）。博物馆理事会的决策服从于政府部门，这能在一定程度上合理解释机会成本被忽视的原因[③]。

29.3.2 成本函数

理解投入产出的不同会影响博物馆成本这一事实是很重要的。被估算出的博物馆成本函数为数不多，其中之一是由Jackson（1988）提出的。这项研究综合考虑了博物馆的各项活动，并分析其对成本的影响。相关对数线性模型如下：

$$\ln TC=\ln a+b\ln Q+y\ln W+s\ln K+r_1EX+r_2ED+r_3CN+r_4MB+r_5AC \qquad (29-1)$$

其中，TC是总营业成本，Q是参观总人次，W是人均工资率，K是公共部门或私人部门的营销活动如发展会员、做广告所需的资本成本。由于博物馆可从事各种活动，这项研究重点关注博物馆所设置的优先事项如何影响成本。因此，EX为总营业成本中用于展览的部分，ED是教育费用，CN是维护和储存费用，MB是与会员活动有关的费用。由于质量严重影响表演艺术的成本[④]，这项研究试图通过调查哪家博物馆获得了美国博物馆协会的认定来研究质量问题。AC是一个虚拟变量，如获得美国博物馆协会认定，那么AC为1，否则为0，这只是质量方面一个不精确的代理变量。

基于1979年对326家美国博物馆的调查数据，产生了两个有趣的结果：第一，博物馆的经营呈现规模经济的特征。对于每年接待不超过9.9万名参观者的小型博物馆来说，其运营成本相对于参观人次变动得很慢。但对于规模较大的博物馆，则是规模不经济。当游客数量很低时，艺术博物馆的平均成本曲线向下倾斜，只有当每年游客人数超过10万时，曲线是上升的。这一结果支持了博物馆是单位成本逐渐降低的行业这一论点。第二，作为总运营成本的一小部分，会员活动支出的增加会降低总的运营费用，这可能是基于一个事实，即一个更有活力的小组更可能激发志愿者行动，筹款也更容易，所以资金成本也相应降低。

---

① 有关鲍莫尔成本病的详细调查，参见Towse (1997b)。有关评论参见Cowen (1996)和 Peacock (1993, pp. 66–70)。也可参见本卷第11章(Baumol撰写)和第15章(Brooks撰写)。

② 在某些情况下，土地的机会成本可能很高，因为博物馆往往位于很有商业吸引力的地方，参见Rosett (1991)。

③ 以下第4节将会详细讨论这个问题。

④ 参见Throsby (1977)以及Globerman和Book (1974)。

总之，我们需要更多地研究博物馆的成本函数[①]。

29.3.3 组织结构

博物馆可以采用不同的组织形式。它们大多数是私人营利组织、民间非营利组织或非营利的公共机构。在欧洲和美国，博物馆主要是非营利组织形式的。人们提出各种各样的假说来解释全世界大多数博物馆都具有非营利性[②]。Weisbrod（1977）认为，由于不能满足人们对公共物品的需求，非营利性组织得以成立。另外，博物馆的成本结构可能也是其成为非营利组织的原因。

大多数博物馆的需求曲线位于平均成本曲线的下方，这样就不可能设定一个价格使博物馆总收入大于总成本。Hansmann（1981）认为，如果价格歧视不适用或者只能被有限使用，那么艺术机构仍然可以要求采用自愿价格歧视。如果参观者自愿支付的价格高于官方指定的价格，参观者就成了捐助者。由于消费者缺乏有关服务质量的准确信息，因此非营利性的组织形式在获得捐赠时优于营利性的组织形式。给捐赠者拟定一份完整的合同是不切实际的，因此，捐赠者更喜欢非营利性组织，这样管理者侵犯捐赠者或者消费者权益的可能性很低[③]。

Smolensky（1986）认为，教育的外部性，而非降低成本，是导致博物馆采用非营利性组织形式的原因。在欧洲，由于教育外部性的存在，政府开始资助博物馆。后来成立的非营利性的博物馆是混合型的组织，这种组织形式不仅适用于博物馆，也适用于艺术组织、大学、图书馆和医院。

29.4 博物馆行为

对于博物馆行为有两个理论分析方法：新古典主义方法，即假设理性人追求自身效应最大化；制度分析方法，即强调各种不同的组织机制怎样影响博物馆的管理（依赖公众的支持）。这些方法主要用来分析博物馆的三个主要活动：藏品管理、定价政策、商业活动。

29.4.1 新古典主义方法

29.4.1.1 一个有代表性的模型

Throsby（1994）提出了一个演艺公司的行为模型，该模型可用于博物馆的分析。该模型假定，公司的所有权和控制权没有区别。博物馆董事会的目标是使其效用函数最大化。假设博物馆的目标是非营利的，预算约束要求净收入为零。博物馆的效用与博物馆的参观人数（y）和展览品的品质（q）有关。假定博物馆的服务品质可以测算，则博物馆的管理者决定使以下函数最大化：

$$U=U(y,\ q) \tag{29-2}$$

需满足条件：

$$p(y)y+g(q)+h(y)-c(y,\ q)=0 \tag{29-3}$$

博物馆的收入来源是入场费（p），它是游客数量

---

① 有关博物馆绩效衡量的相关研究分支，参见Mairesse和Vanden Eeckaut (2002) 以及这里所引用的文献。

② 关于非营利艺术组织的相关文章，参见Di Maggio (1986)。有关非营利组织及利他行为的一般调查，参见Rose-Ackerman (1996)，也可参见Brooks所撰写的本卷第15章。

③ 类似观点参见Glaeser和Shleifer (2001)。

(y)、捐赠水平和政府补助(g)的函数,完全取决于博物馆的品质;商店中配套的商品以及餐厅或咖啡馆获取的收入(h)取决于游客的数量。成本取决于产出和品质。

一阶条件可以写作:

$$U_y/\lambda+p_y y+p(y)+h_y=c_y \quad (29-4a)$$

$$U_q/\lambda+g_q=c_q \quad (29-4b)$$

$$p(y)y+g(q)+h(y)=c\ (y,\ q) \quad (29-4c)$$

下标表示偏导数,λ是约束乘数。

这一方程有两个视角:首先,非营利性的博物馆从游客处获取额外的费用,以收取入场费的方式使边际收入少于边际成本。这也解释了为什么相对于收入最大化条件,博物馆设置这么低的门票(Luksetich and Partridge,1997)。其次,博物馆制定的门票价格低于某一价格点,此时边际收入等于提高一单位品质而增加的边际成本。这是因为博物馆从品质提升中获得了额外的效用。根据模型,博物馆相对于追求收入最大化的公司,往往以较低的价格来提供较高品质的服务。

博物馆的目标、展品的品质、客观人次是上述模型中重要的变量。Hansmann(1981)分析了博物馆的一个极端情况,即只加入品质、稳定的游客数量、预算三个变量。例如,一家博物馆为追求高品质而不惜牺牲游客的数量。但是,不同形式的公共补助也可能会影响分析结果。尽管一次性的补助会引起品质的提升,但游客数量的增加对此有不确定的影响。只有当游客数量的增加没有提升品质成本,以及当增加的边际游客对博物馆品质没有明显要求时,才会提升品质。如果博物馆接受捐赠又会导致不一样的行为结果,在该模型中,补贴不仅会增加捐款,还会使博物馆调整其品质和价格以实现消费者福利水平的最大化[①]。

29.4.1.2 批判

以上模型假设博物馆的管理者的行为是友善的,并且仅仅被有益于博物馆所有者(如公共和私人捐助者或基金会)的文化热情所驱动。但是,该假设在两个方面可能会受到批判:首先,博物馆的馆长和管理者可能不会有假设中那么无私的行为。其次,博物馆管理者主要对与其相关的群体感兴趣,并试图最大化这些群体的声誉,在没有正确的激励机制的情况下,他们不能提供最优的数量和品质来实现博物馆或者消费者的效用最大化。

29.4.2 制度分析法

人们可能假设,博物馆管理者(以及社会上其他的主体)主要关注甚至完全只关注自己的效用。因此,他们可能想当然地只对自己的收入以及在这个包含众多艺术爱好者的群体中所拥有的名望感兴趣。这个效用的另一个来源与令人愉快的工作条件和工作安全性相关。但是,博物馆的管理者不可能仅仅追求他们自己的目标,还得面对与其行为有关的特定限制。这些被制度所决定的不同限制或许能够解释博物馆管理者的行为。

可获得的财政资源是对博物馆管理行为的最重要约束。其他限制,如有限的空间、公共官僚机构,以及工会施加的法律行政负担,同样也很重要。不同的博物馆的收入来源有很大差异。一些博物馆主要依靠政府资助,而其他的则更多地依靠私人资金(捐赠和赞助,或者入场费、商店、餐馆创造的收入[②])。从政治经济学

① 很多研究显示,与捐助匹配的补贴能够提高捐助意愿,参见Netzer和Schuster分别撰写的本卷第35章和第36章;也可参见List和Lucking-Reiley (2002)以及Ribar和Wilhelm (2002)的文章。

② Rosett (1991)提供了关于美国博物馆资金来源的证据,以此支持博物馆资金多元化的观点。

的角度来看，制度框架和博物馆的资金来源对博物馆管理者的行为影响显著[1]。

大多数的博物馆介于纯公共和纯私人性质之间[2]。在过去几年中，由于国家资助的减少，更多的公共博物馆转为私人博物馆，在欧洲尤其如此（NEA，2000）。最终，政府赋予了博物馆管理者更多的独立性。其自由决策的空间和收入的来源都有所增加。然而，机构制度对于博物馆管理行为仍然具有至关重要的影响。事实上，一旦独立于这些制度因素，公共博物馆的行为决策将明显改变。

在下面的章节中，我们区分了三种类型的博物馆：公共博物馆、私人博物馆、依赖捐赠的博物馆。我们依据博物馆的这三种类型对其代理人（如管理者、捐助者和游客）的行为作出预测。

29.4.2.1 公共博物馆

纯公共博物馆完全依赖于公众的资助。政府拨出足够资金来支付正常运营所需要的花费。尽管人们期待这些资金在预算内得到合理支配，但一旦发生赤字，还是会由公共财政来弥补这一亏损。这种制度设计对于博物馆获取额外收入或者把成本降至最低，几乎没有什么激励。这种管理制度不能给博物馆分配能量和资源去获取额外的收入，因为任何额外的收入都会上缴国库。此外，如有盈余，公共补助金就会相应减少，就会形成变相的100%税率。相反，博物馆管理强调非商业方面，如内在的“艺术”“科学”“历史”价值。非商业标准的应用有助于博物馆管理者提升其名望，他们往往看重较高的业绩以及令人愉快的工作条件。Maddision（2004，p.89）通过统计分析英国博物馆的面板数据发现，尽管博物馆收入没有自动回流至公众的钱包，但有证据表明，非资助性收入的增加会导致未来政府补助显著减少。基于这一制度观念，我们可以预期：

- 公共博物馆不会出售它们艺术藏品中的任何绘画作品，因为管理层不得使用这些收入，同时在艺术越来越被货币化的今天，出售部分藏品还会受到外界舆论的批评（无论是政治家还是公共管理者）（Frey，1994；Montias，1973）。
- 公共博物馆的董事对游客数量丝毫不感兴趣，因为他们不依赖于入场费或商店带来的收入。因此，展览品的设计更多是为取悦艺术“怪胎”这个内部群体。
- 配套的游客设施在公共博物馆并不发达，很少会有人关注公共博物馆商店、餐厅的营利性。

29.4.2.2 私人博物馆

纯私人性质的博物馆有增加收入的强烈动机，因为其生存依赖于入场费、餐厅、商店的盈余，以及赞助商和捐助者捐赠的额外收入。如果私人博物馆有盈余，管理者可将此盈余用于未来发展。因此，可以预见，私人性质的博物馆会有以下行为方式：

- 它们对藏品的管理依赖于市场。博物馆会出售一些不适合收藏的艺术品，并用所获收入购买新的艺术作品。
- 它们会积极地从博物馆商店、餐厅获取额外收入，也会设法举办一些其他活动，如利用博物馆设施召开公司会议。
- 私人博物馆会考虑吸引游客。那些“轰动性”的展览能帮助博物馆增收，因为展览迎合了大部分人的喜好。管理者从说教的角度出发，不遗余力地布置这种展览来吸引更多的人。
- 私人博物馆重视其面向游客的配套设施，如餐厅

---

① 参见Frey和Pommerehne (1989), Rosett (1991), Meier和 Frey (2003)；也可参见Weisbrod (1998), James (1983), Schiff和Weisbrod (1991)的非营利组织理论；关于委托代理模型，参见Prieto Rodriguez和Fernandez Blanco (2002)。

② 参见Schuster (1998a), van Hemel 和 van der Wielen(1997)，以及Meier和Frey (2003)。

和洗手间。

29.4.2.3 依靠捐赠的博物馆

在一些国家，给非营利性博物馆的捐款是按照个人和企业所得税税则进行扣除的[①]。边际税的降低会削弱捐赠的意愿，因为这样做的隐含成本上升。税收减免的状况（如果博物馆选择的话）会从根本上影响捐赠行为。博物馆存在着一种通过收取低价或“社会”价格来避免营利的动机（这强化了税收减免状况的合法性）。另一种动机是以各种款项的形式（显示为成本）抽取利润。

依赖捐赠的博物馆会制定吸引捐赠人的激励措施，并为之付出大量的努力和资源。捐赠者会对博物馆的活动实行一定的控制[②]。人们期望，依赖资金和/或实物捐赠的博物馆会按照以下方式运行：

• 捐助者通过干预博物馆的项目，或者设置严格的约束条件限制其捐赠物品的使用方式，以直接影响博物馆政策。大多数捐赠者对于应该如何展出所捐赠的艺术作品有着明确的看法。总体而言，捐赠者也想防止所捐赠的绘画作品被出售，这会给博物馆带来相当大的机会成本。博物馆通过公布捐赠者的捐款可以使捐赠者获益，从而提高他们的声望（Glazer and Konrad，1996；Harbaugh，1998）。从一些荣誉称号（“捐助者”“赞助人”“贡献者”等）到房间、配楼甚至整个建筑物的命名，博物馆设计了一套精细的荣誉系统。

• 博物馆必须给捐赠者留下捐赠物品得到很好利用的印象，这样捐赠者就会有成就感。良好的公众或媒体声誉对于艺术组织机构而言非常重要，因为良好的声誉可以带来稳定的捐赠，这也迫使博物馆管理层更有效地采取行动。合同不能完全约束博物馆管理者，因此捐赠者更愿意与按照“非重新分配约束机制”（即禁止个人侵占利润）行事的非营利机构打交道。消除利润目标可在一定程度上避免管理者对捐赠者行骗的问题（Hansmann，1981）。

29.4.3 博物馆在三个重要领域的行为

29.4.3.1 藏品管理

在世界上大多数的艺术博物馆中，有相当一部分馆藏绘画作品，或许除了专家们外是不会对外展示的。一家博物馆的重要藏品一般不出现在任何资产负债表上，甚至记账程序也不会提到馆藏绘画作品的价值，即使按照当今艺术市场的价格小博物馆的藏品也很可能价值数百万美元，而大型博物馆的藏品价值则可能高达数亿美元[③]。当然，博物馆管理者清楚其藏品的价值，有三个原因可以解释博物馆的这种行为：

（1）政府可能立法禁止出售馆藏品。在欧洲大陆，许多甚至是大多数公共博物馆都被禁止出售其馆藏品[④]，这一做法称为“出售注销”。然而这种做法在美国往往是被允许的，英国也在较小范围内允许这种行为（Grampp，1996）。但是，正如O'Hagan（1998a，p.171）所指出的：“真正反对的声音来自于博物馆人员，而不是法律。”即使在出售绘画行为合法的美国，博物馆监管人也认为这是一种不道德的做法，除非在收藏的过程中对藏品进行了完善。然而，Temin（1991）认为，博物馆的董事们应该被允许更灵活地使用出售注销馆藏品的收入，如将其用于运营开支。

---

① 有关艺术品捐赠扣税可能性的法律综述，参见Schuster (1985，1986)以及本卷第36章。

② 正如Glaeser (2001，p.39)以及 Oster 和 Goetzmann (2001)所讨论的那样。

③ 多数艺术博物馆把大部分绘画作品存放在储藏室内，这在藏品中的占比高达80%，参见Lord、Dexter和Nicks (1989)。

④ 有关出售注销艺术品的法律问题的讨论，参见White (1996)。

（2）博物馆管理者与捐赠者可以通过签订合同对彼此形成约束。在这种情况下，管理者面临接受额外捐赠品和接受约束之间的权衡（Thompson，1986；Weil，1987）。如今，很少有博物馆情愿接受这些捐赠背后所附带的约束条件（Weil，1987）。

（3）对这些行为最有说服力的解释是制度性差异。对于公共博物馆来说，董事会没有动机出售馆藏品主要有两个原因[①]（Frey，1994）。首先，即使一幅油画被销售，所获得的收入也并没有增加博物馆的可支配收入，相反，根据公共管理规则，这部分收入会被纳入公共财政部。即使不是这样，它也很可能导致分配给博物馆的预算减少。制度设置削弱了公共博物馆在市场上出售馆藏品的动机。其次，出售馆藏品意味着现存的艺术品被货币化，因此博物馆董事会的“业绩”很容易被评估而使得政治家或者议员这些外行人参与到博物馆事务中（O'Hare and Feld，1975）。所以只要评估的标准是艺术特有的历史性，博物馆从业人员能在很大程度上表明自身的价值。这是一个实用的、颇具成效的生存之道，博物馆管理者是不会主动放弃的。

相比之下，美国私人性质的艺术博物馆则会积极出售和购买它们认为合适的艺术品。例如，1988—1989年期间，88家博物馆出售了1 284件艺术品，价值总计2 960万美元；93家博物馆购买了142件艺术品，价值总计3 750万美元（Cantor，1991）。盖蒂博物馆馆长表示，“这种做法……对很多大城市的博物馆的藏品产生了关键影响，对其他博物馆也是一样（Feldstein，1991）”。我们注意到，如果捐赠者的名字刻在艺术品上，捐赠者对于出售捐赠品的抵触情绪会相应减弱。

贷款政策虽然不同但也与此相关。博物馆一般并不按照价格机制来交换艺术品（Cave，2000）[②]。即使私人性质的博物馆也遵循这个规则[③]。

29.4.3.2 定价

博物馆的门票定价方式不同。关于是否收费的讨论是一个外延话题[④]，这个讨论可能要追溯到Hans Sloane爵士，他在1753年去世时捐赠成立了大英博物馆，并且明确规定不收取门票。即使在今天，大多数的英国博物馆都没有收取门票。在美国也同样如此，至少全国性质的博物馆，不会收取门票。有两个主要的论点支持不收取门票。第一，正如上面所讨论的，存在与博物馆相关的正的外部性，因此，博物馆应该为这项服务获得税收方面的补偿。那些实际参观博物馆的人可能从中获益最大，因此，门票税收应该超过一般意义上的征税。似乎也没有证据表明这项措施会不利于低收入群体（O'Hagan，1998）。第二，一名参观者的边际成本相当低或者为零，表明门票免费更有效。但是，正如上面所提到的，人们仍然可以从很多方面抨击零边际成本这一假设。

除了免费，还有很多种定价方式：附带指导价格的捐款箱，零边际价格的季票，一天免费政策[⑤]。此外，

---

① Pommerehne和Feld (1997)也发现购买公共机构和私人机构的绘画作品所面临的不同情况，例如，在其他条件相同的情况下，公共博物馆在艺术品审计方面会比私人投资者花费更多。

② 俄罗斯的博物馆是例外。西方博物馆准备要取消它们的如下规定——不能付钱来出售艺术品，因为它们意识到，俄罗斯博物馆很缺现金。

③ 需要注意的是，依赖于以物易物而不是市场有很多优势。有关于此的综述请参见Heilbrun和Gray (2001, pp.202-209)。

④ 相关综述请参见O'Hagan (1995), Heilbrun 和Gray (2001) 以及Bailey和Falconer (1998)。

⑤ 博物馆卡在欧洲和美国非常普遍。一张卡可以允许参观者免费进入一个特定城市或地区的每家博物馆。Ginsburgh 和Zang (2001，2003)集中分析了这种博物馆卡如何能够发放到参与的博物馆手中。基于源自博弈论的理论依据，他们提议，采用沙普利（Shapley）价值法进行发放。

经济学家（Frey，1994）支持的价格歧视，适用于高需求的时间段或者针对不同类型的游客。例如，许多博物馆，甚至是那些对永久收藏的艺术品不收费的博物馆，对一些特殊的展览品会收取较高的入场费。此外，博物馆可以在周末出售较高价格的门票，在暑假出售较低价格的门票。对游客比当地居民出售更高价格的门票，对停留时间较少的游客出售较低价格的门票。在游客参观高峰期，艺术博物馆可以设置高、低两种价格的门票来提高其承载量；较高价格的门票排队队伍相对较短，更适合于高机会成本的游客，这类游客往往收入远高于平均收入水平，而较低价格的门票适合不想花费太多钱但有很多可支配时间的游客。这样的价格差异对于这两类游客都有利（一类可以快速进入，另一类花费更少，与此同时，博物馆也可以得到更多收入）。定价对博物馆经济收入的影响不仅取决于价格的需求弹性，同样也会影响政府公共资金补贴和捐款的流动性。而且，定价决策也会影响相关周边商品的收入，如商店和餐厅的收入。在某些情况下，政府会强制博物馆执行一些政策，如接待特定数量的游客，维持一定数量的收入。Darnell（1998）分析了这样的目标对入场费用的影响。在非弹性需求曲线条件下，博物馆可能会面临游客数量不足以及收入不多的窘境。但是通过广告或者提高服务品质可以改变需求曲线，使得两个目标相互兼容[①]。然而，这种定价方式并没有包含从赞助商、捐赠者及附属物品中获得收入的可能性。

门票收入和博物馆商品及咖啡馆销售收入的互补性会影响最优定价策略[②]。Steiner（1997）的实证结果并没有证明额外的免费日会使得收入最大化，因为商店和餐厅增加的销售额可能弥补不了减少的门票收入。

29.4.3.3 商业活动

除了与展览或收藏工作直接相关的核心活动之外，大多数博物馆还从事辅助性活动。这些活动的收入可以用于支付博物馆的运营支出[③]。博物馆可以经营商店、餐厅和咖啡厅、停车场并组织文化旅行等[④]。1908年纽约大都会艺术博物馆成立的第一家博物馆商店就打破了规则（Weisbrod，1988）。如今，正如纽约大都会艺术博物馆一样，许多博物馆不仅经营自己的商店，而且在不同的城市异地经营商店。

为什么博物馆从事这些辅助性活动？是因为博物馆越来越商业化？博物馆的董事们不一定想要生产这些周边商品，但这些可以为博物馆的核心活动带来收入。制度因素迫使博物馆的董事们从事这些活动[⑤]。Weisbrod（1998，p.58）援引了大英博物馆的例子，1996年政府宣布减少对博物馆的补贴，博物馆的董事们开始探讨如何增加博物馆的收入[⑥]。然而，商业化的实证数据模棱两可。Heilbrun和Gray（2001，p.210）估算，1993年博物馆这些辅助性活动赚取的收入占总收入的16.1%，但这一数字在1997年增加到25.9%。相比之下，Anheier和Toepler（1998，p.240）进行了更深入的研究，得出的结论是艺术博物馆近几年并没有商业化的趋势。Segal和Weisbrod（1998）认为，近年来艺术产业的捐赠或公共补贴日渐减少，博物馆为弥补收入相应增加了辅助性活动。要得出更精确的结论需要做进一步的研究。

博物馆的商业化是否会形成一种新的博物馆管理方式呢？有证据表明，至少在欧洲，一些艺术组织机构对

---

① Oberholzer-Gee (2002)提供了一个现场试验所获得的证据——花钱去插队。尽管大多数人都想要插队，但只有很少一部分人准备为此花钱。

② 对于门票和辅助商品之间的相互依赖性的一般性理论讨论，参见Marburger (1997)。

③ 参见Heilbrun 和 Gray (2001, p.211)以及Anheier和Toepler (1998)。

④ 很多著作都提供如何从特定服务（如博物馆商店管理）中最大程度获利，例见Theobald (2000)。

⑤ 参见Frey和Pommerehne (1989)所提供的数据。

⑥ 在英国博物馆，不同博物馆之间关于延伸管理的一般性问题各不相同，参见Zan (2000)。

管理者的商业运营经验要求越来越高[①]。这一趋势将在下一节中的“明星博物馆”部分展开讨论。

29.5 博物馆的当前发展趋势

博物馆的两大发展趋势值得特别关注：明星博物馆和专题展览馆[②]。

29.5.1 明星博物馆

当今世界存在几个著名的博物馆，被称为“明星博物馆”，因为其相对于其他博物馆有特殊的地位，它们有以下五个特征：

• 明星博物馆对游客来说是必须参观的。这些博物馆在旅游指南中占据突出的位置，几乎人人皆知。在欧洲有几家这样的博物馆：赫米蒂奇博物馆（圣彼得堡），梵蒂冈博物馆（罗马），乌菲齐美术馆（佛罗伦萨），普拉多博物馆（马德里），国家美术馆（伦敦），艺术史博物馆（维也纳），国家博物馆（阿姆斯特丹），卢浮宫（巴黎）。在美国，几乎所有的游客都参观过纽约的大都会艺术博物馆和现代艺术博物馆，华盛顿的美国国家艺术馆，以及芝加哥的艺术学院。

• 明星博物馆参观者众多。在过去几十年里，这些博物馆经历了游客数量的显著增加。相反，一些规模较小的博物馆游客越来越少。

• 明星博物馆拥有世界著名画家的画作。Rosen（1981）最早提出超级巨星的设想，强调收入的差异远远超过天资和经营的差异。这同样适用于艺术家和画家。艺术家之间最显著的差异，也是大多数的研究所关注的，即收入的差异[③]。大型博物馆的收藏品包括了数千名艺术家的作品，其中许多作品只有少数艺术爱好者才了解，更不用说普通游客了。博物馆要想吸引大批游客，必须关注一些著名艺术家。有些油画作品在西方世界几乎人尽皆知，但是这些油画的数量很少。如阿姆斯特丹的国立博物馆的《守夜》，普拉多博物馆的《宫女》。还有达芬奇的《蒙娜丽莎》也是典型的明星油画，卢浮宫表示，看到这幅作品的最直接的方式就是来博物馆。梵蒂冈博物馆现在陈列的另一世界著名艺术作品是米开朗基罗在西斯廷教堂的壁画。从游客的角度来看，即使规模很大的博物馆也仅是与为数寥寥的画作相关，这就是明星现象。博物馆不仅对这些杰作引以为傲，它们同时也被这些杰作所俘虏。这些作品在博物馆展览，也就意味着其他作品会黯然失色。这些明星作品带来的主要效应会使其他作品失去关注度，除此之外也会有关注明星作品的兴趣溢出效应，部分人零星地关注其他艺术作品。

• 明星博物馆通常有一个独特的建筑设计，使建筑物本身成为世界著名的建筑。典型的例子是Frank Lloyd设计的纽约的古根海姆博物馆、巴黎的蓬皮杜艺术中心、Mario Botta设计的旧金山现代艺术博物馆、Frank Gehry设计的位于毕尔巴鄂的古根海姆博物馆、Richard Meier设计的位于洛杉矶的盖蒂艺术中心。

• 明星博物馆的商业化有两种方式：第一，博物馆的主要收入来源是博物馆的书店、餐厅收入；第二，它

---

① 也可参见Anon (2001)。

② 这部分很接近于Frey的观点(Frey，1998; Frey and Busenhart，1996)。

③ 参见Filer (1986) 或Frey和Pommerehne (1989)。

们对当地经济有重大影响[①]。

不同的明星博物馆的以上五个特征各不相同。有的博物馆具有以上所有特征，卢浮宫博物馆（其建筑外观就是贝聿铭设计的金字塔）就是其中一例。其他明星博物馆的特征可能只与其中几个特征相符，但几乎没有别的情况。洛杉矶的盖蒂博物馆以其建筑风格而闻名，并没有世界著名的艺术家的作品。另外一个例子是阿姆斯特丹的国立博物馆，与著名的卢浮宫相比，它并不以其建筑风格闻名。

明星博物馆可以通过吸引一大批人而达到规模经济。它们不仅可以出现在各大报纸、广播、电视上，而且可以筹集到足够的钱来制作自己的视频和虚拟博物馆。这些途径产生的成本独立于消费者的数量，也受到很多大型博物馆的青睐，因为这对小规模的博物馆来说成本很高。虽然后者可以赶超（其他博物馆都可以马上效仿这个主页），但大型博物馆有资金提高它们的品质和规模，以保持它们的领先位置。明星博物馆已经开始建立博物馆网络。例如，伦敦泰特画廊已经开设了其在利物浦和圣艾夫斯的卫星博物馆。新泰特和普拉多已经向它们所在省博物馆借出所持三分之一的股份了。

明星博物馆意识到它们处于一个新的竞争态势之下。它们的竞争对手从同一城市或地区的博物馆转向了其他明星博物馆。这些明星博物馆的竞争延伸到了更大的区域，包括商业活动和赞助。

明星博物馆必须竭尽全力维持明星的光环。因此，博物馆会举办一些非比寻常的活动，如为提高知名度举办专题展览，改进游客设施（各种高档的餐厅），增加新建筑（如纽约的现代艺术博物馆）。明星博物馆趋向于将博物馆转变为“完整体验”的提供者。这个新的角色与传统博物馆的角色定位形成鲜明对比。

明星博物馆提供的“整体体验”要满足大量游客的需求，需要满足两个条件：

- 艺术可以置于历史、科技以及众所周知的政治和娱乐事件中，如置于电影中。明星博物馆在这种持续性的压力下会变得很特殊，有时也会为吸引大批游客收集许多永久收藏品。
- 明星博物馆与娱乐公园不一样，除了咖啡厅、餐厅、博物馆商店这些普通的服务之外，它们还得提供别的东西。许多明星博物馆在这方面已经做得很好了。例如，卢浮宫开设了一个商业区，拥有一个大型地下商场。明星博物馆提供各种教育活动（不仅为儿童，也为成人），最重要的是以纯娱乐的形式教学。

29.5.2 专题展览

几乎所有博物馆都会举办一些专题展览。这种展览一般会以某位艺术家（通常纪念他或她的出生或死亡）或某一群体的艺术家为主题，或者以某一时期或流派的作品为主题，或者与一些历史事件相联系（Belcher，1991）。一些专题展览单纯地展出博物馆收藏的油画，这些艺术品来自不同的博物馆和个人。一旦合办这些大型临时展览，其他博物馆就需要与主办单位协调。有些展览会在不同的国家举办。通常，一些重要的博物馆会同时举办几个展览，它们或是自己组织，或是承接其他组织者的活动。专题展览的兴盛给艺术经济学家们带来了挑战，因为这与许多博物馆捉襟见肘的财务情况形成了鲜明对比。甚至是一些世界知名的博物馆会为了节省开支而减少开放时间，或暂时关闭。对策展人而言，他们只有很少的资金修复和管理藏品。

---

① 在西班牙毕尔巴鄂的古根海姆博物馆，人们讨论这种明星博物馆能在多大程度上改变经济。尽管Plaza (1999) 表示，由于古根海姆博物馆，前往巴斯克地区的游客数量剧增，但是Gómez (1998，2001) 强调人们在分析城市再生效应时要格外谨慎，因为目前要评估博物馆对城市经济的影响还为时过早。有关“博物馆文化街区”的更广泛的讨论，参见Santagata (2002)以及本卷第13章。

29.5.2.1 需求方面

专题展览在需求方面有一些显著的特征：

• 高收入效应。消费者倾向于将收入中更大的比例用于参观专题展览。一些实证证据表明用计量方法估计的博物馆参观者的收入需求弹性是大于1的（详见上文）。专题展览处在一个不断增长的消费市场中。

• 吸引新的访客群体。根据文化社会学的资料记载（Klein，1990），很大比例的人群都不曾参观过博物馆（除了技术和运输博物馆）[①]。这尤其适用于低学历背景的人群，这类人往往也缺乏文化传统。专题展览与特殊的文化性事件不同，因为文化性事件通常被广为宣传，并且对新的群体有很强的吸引力。专题展览一般会在博物馆举办，但是仍然面临难以吸引新人群的情况。这种困境部分地可以通过包装营销来克服[②]。专题展览通常会有巨大的横幅广告以及其他广告策略，甚至在博物馆入口处都会有欢迎的标语。大量的宣传确实会起到一些作用。

• 集中注意力。专题展览试图通过展示一些特别的文化体验来吸引消费者。它们专注于某些特定的艺术家（如伦勃朗或梵高），特定的时期（如文艺复兴时期），特定的专题（如宫廷画），特定的类型（如风格主义绘画）。这样，参观者会因为被某种艺术主题吸引而组成一个群体。专题展览，特别是一些举足轻重的展览，甚至可以与一些大型体育赛事，如奥运会或世界锦标赛相提并论。公众的注意力会从一些常规活动转向这些特殊的、独一无二（或者罕见）的展览。

• 新闻价值。专题展览本身就是新闻，能够吸引电视、广播和纸质媒体的关注，这是其他形式的展览所无法企及的关注度，特别是那些永久收藏的展览几乎没有什么新闻价值[③]。大型展览专注于丰碑式的艺术家，如伦勃朗、梵高、毕加索这些人，这些艺术家会吸引新闻媒体的注意力从而使博物馆备受瞩目[④]。

• 降低游客旅游成本。专题展览与旅游业紧密相连[⑤]。相当多的游客来自其他城市、另一个地区，甚至是国外。文化活动与旅游的结合降低了游客的参与成本。在旅行团日益盛行之下，消费者只需做初始决定，其他的一些服务由旅行社包办。同样，在这种文化之旅的案例中，游客自己买票是一件相当麻烦的事情，所以减少决策和交易费用是相当重要的。

• 较低的价格需求弹性。专题展览对游客的吸引力影响需求的价格弹性。游客的整体旅游费用与门票是相关的。一定幅度的价格上涨不会对需求有太大的影响[⑥]。有实证证据支持这个论点。以威尼斯的公爵宫博物馆为例，虽然近年来的展览入场费平均提高了10%，但访问数量是很稳定的。事实上，参观公爵宫博物馆的人数看起来是与游览威尼斯这个城市的游客数量直接相关的（ICARE，1994）。

• 大量的商业需求。专题展览馆为博物馆提供了许多赚钱的机会。事实上，也有大量的文献估算文化活动的经济收益[⑦]。这些机会不仅可以延伸到旅游业，还迎合了节日和展会服务公司的需求。专题展览还对出版社的书籍和手册销售有经济带动效应。

29.5.2.2 供给方面

存在各种特殊的决定因素影响专题展览的举办，这

---

① 参见Blau (1989) 以及Di Maggio和Useem (1978)。
② 也可参见Elsen (1986)。
③ 参见Bayart和Benghozi (1993, p.210)。
④ 也可参见Elsen (1986, p.20)。
⑤ 参见Getz (1989) 和O'Hagan (1992, p.65)。
⑥ 有关一般论断，参见Thaler (1980)；有关博物馆门票，参见Blattberg和Broderick (1991)。
⑦ 例见Feldstein (1991), Fronville (1985) 和Di Maggio (1985)。

些因素对专题展览的繁荣有很大贡献。

• 低生产成本。许多专题展览的绝对成本很高，但是比起专题展览自身所需的全部资源投入，其绝对成本很低。永久性场地提供一些重要的资源，而只有专题艺术展览才会有额外的费用。博物馆的员工参与到这些专题展览的组织和运营中，但是相应的成本并没有计入专题展览里（Montebello，1981）。虽然一些成本因素影响很大，但是只出现在变相或者长期形式中，例如对永久性藏品编目和维护的成本就被忽略了。[①]同样，专题展览所使用的博物馆的房间所发生的成本也没有计入账面成本中，因为，就算房间不用于专题展览，也不产生其他的收益，即不会发生机会成本。

• 更多艺术创造力空间。博物馆馆长通常被传统艺术所束缚。例如，在博物馆中所挂的很多照片已经成为文化遗产的一部分，在一定程度上也不可能当作永久收藏品被重新排列。专题展览提供了一个机会来避免这种历史限制。一项艺术展览的主要任务之一是以创新的见解和效果来布置艺术品。此外，从各类永久收藏品中重新安排这些艺术品对博物馆馆长、展览和平面设计师、管理员来说，是一个备受欢迎的挑战，因为可以借此来证明他们的艺术创造力和创新意识，同时也可能会引起争议——博物馆员工往往会为了自身的利益高度评价展览，因为这有利于他们的职业生涯。

• 回避政府和工会条例。文化机构的自由行动受到两类重要机构的限制：政府和工会。政府约束远甚于财务预算约束。它们以各种各样的方式限制艺术机构的表演方式。定价政策就是一个很大的限制，还有开放时间[②]。考虑到长期中政府这只有形之手的干预，通过举办专题展览的形式来绕过这些干预是可能的。因此，专题展览可以为艺术博物馆的董事提供一小部分额外的收入。作为举行的特别活动，博物馆董事会相对于公共预算当局来说，处于较有利的谈判地位，从而可以通过这些资金来保持自由裁量权，不会因未来预算拨款的减少而受到“惩罚”。此外，针对公共艺术机构的最严厉的公共规制是关于政府部门就业的问题；实际上不可能开除低效或者消极的员工，以及按照工作绩效支付员工报酬，或者按照实际需求调整工作时间，这成为减少创新性活动的主要因素，反而使艺术机构变成单纯的官僚机构。专题展览使规避就业限制成为可能，特别是在大部分员工是兼职或临时性员工的情况下，由于其并非工会成员，因此就不会受到工会条例的法律约束。

• 更多的赞助。政治家和公职人员对专题展览感兴趣，使他们不仅响应艺术界和当地企业的需求，而且也会作为“艺术的赞助者”（使用纳税人的钱）出现在媒体中。法律规定常常有碍于赞助，所以相比常规活动，商业赞助商更倾向于赞助专题展览。令这些赞助者对专题展览感兴趣的最主要的原因是媒体的高关注度，还有就是私人公司更加注重对资助资金的控制，人们很少看到私企像低效的官僚机构一样浪费，正如一些歌剧院或艺术博物馆经常发生的现象。赞助者想要举办一个高品质的针对特定受众的艺术活动（Anon，1989）。鉴于以上原因，企业赞助商同样认为他们为文化输出作出了贡献，并不是仅仅导致了政府补贴的减少。

29.5.2.3 专题展览的发展前景

专题展览越来越常见，承担全部的成本会带给博物馆财务压力，同时博物馆还需要服从政府和工会的有关条例，这也形成对博物馆的部分约束。虽然快速发展的专题展览没有如所期待的那样持续举办，但它们对艺术世界的强大而持久的影响力会一直存在。在需求方面，它们向越来越多的游客敞开艺术大门。这种普及可能不会迎合艺术供应商和艺术爱好者的利益，但符合个人偏好，这是一个相当大的成就。在供应方面，艺术生产者之间愈发激烈的竞争改变了其在博物馆的职业模式，也

① 有关几个相关案例，参见Börsch-Supan (1993)。
② Börsch-Supan (1993)提供了很多案例。

引发了潜在和实际的艺术消费者之间的新关系。通过使艺术生产者至少部分地服从市场规律，会使艺术界中的组织和生产形式更有效，这一趋势也更有可能持续。

29.6 结 论

本章主要介绍了有关博物馆服务的各个方面。从经济学的角度分析，有两种不同的方式：首先，博物馆可以被当作一个经济单位，并且可以分析博物馆的投入产出。其次，我们也可以将经济学的思维方式应用到博物馆和个人（董事、策展人、政客、游客、捐助者等）上。本章讨论了博物馆的需求和供给，博物馆行为，博物馆界的两个趋势：明星博物馆现象和专题展览。我们强调的是，博物馆行为受机构制度的影响。根据这一理论，资金的主要来源对博物馆的行为有重大影响。博物馆通过配套设施服务、管理藏品、门票定价这些方式筹集资金的决策过程，在很大程度上依赖于博物馆的所有权。我们区分了三种博物馆：私人博物馆、公共博物馆、依赖资助的博物馆。

在未来的研究中，更充分地把握博物馆所处的不断变化的环境如何影响博物馆行为是一个有价值的研究目标。博物馆如何适应新的形势？明星博物馆和专题展览的兴起是两个显著的发展方向。但是，未来可能会出现新的环境，博物馆无疑会迎来这一时刻。

参考文献

Anheier, H.K., Toepler, S.(1998). "Commerce and the muse: Are art museums becoming commercial?" In: Weisbrod, B.A.(Ed.), To Profit or Not to Profit: The Commercial Transformation of the Nonprofit Sector. Cambridge University Press, Cambridge, pp. 233–248.

Anon.(1989). The Economist, August 5th.

Anon.(2001). "When merchants enter the temple". The Economist, April 19th.

Anon.(2002). "Sorry, we're closed: Hard times at the British Museum". The Economist, June 20th.

Art Newspaper(2002). "Deeply in the Red". The Art Newpaper, February 1.

Ashworth, J., Johnson, P.(1996). "Sources of 'value for money' for museum visitors: Some survey evidence". Journal of Cultural Economics 20, 67–83.

Bailey, S.J., Falconer, P.(1998). "Charging for admission to museums and galleries". Journal of Cultural Economics 22 (2 3), 167–177.

Bailey, S.J., Falconer, P., Foley, M., McPherson, G., Graham, M.(1998). To Charge or Not to Charge: Full Report. Glasgow Caledonian University, Glasgow.

Baumol, W.J., Bowen, W.G.(1966). Performing Arts: The Economic Dilemma. Twentieth Century Fund, New York.

Bayart, D., Benghozi, P.-J.(1993). Le tournant commercial des musées en France et à l'étranger. La Documentation Fran.aise, Paris.

Becker, G.S.(1976). The Economic Approach to Human Behavior. Chicago University Press, Chicago.

Belcher, M.(1991). Exhibitions in Museums. Leicester University Press and Smithsonian Institution Press, Leicester/ Washington, DC.

Benhamou, F.(1998). "The contradictions of désétatisation: Museums in France". In: Boorsma, P.B.(Ed.), et al., Privatisation and Culture: Experience in the Arts, Heritage and Cultural Industries in Europe. Kluwer Academic, Dordrecht, pp. 95–110.

Benhamou, F.(2000). L'économie de la culture. La Découverte & Syros, Paris.

Blattberg, R.C., Broderick, C.J.(1991). "Marketing of art museums". In: Feldstein, M.(Ed.), The Economics of Art Museums. University of Chicago Press, Chicago, pp. 327–346.

Blau, J.R.(1989). "Culture as mass culture". In: Foster, A.W., Blau, J.R.(Eds.), Art and Society: Readings in the Sociology of the Arts. State University of New York, Albany, NY, pp. 141–176.

Blau, J.R.(1995). "Art museums". In: Carroll, G.R., Hannan, M.T.(Eds.), Organizations in Industry: Strategy, Structure and Selection. Oxford University Press, Oxford, pp. 87–114.

Blaug, M.(Ed.)(1976). The Economics of the Arts. Martin Robertson, London.

Blaug, M.(2001). "Where are we now in cultural economics?" Journal of Economic Surveys 15(2), 123–143.

Börsch-Supan, H.(1993). Kunstmuseen in der Krise: Chancen, Gef.hrdungen, Aufgaben in Mageren Jahren. Deutscher Kunstverlag, N.rdlingen.

Bourdieu, P.(1979). La distinction: Critique sociale du jugement. Editions de Minuit, Paris.

Cantor, J.E.(1991). "The museum's collection". In: Feldstein, M.(Ed.), The Economics of Art Museums. University of Chicago Press, Chicago, pp. 17–23.

Caves, R.E.(2000). Creative Industries: Contracts Between Art and Commerce. Harvard University Press, Cambridge, MA.

Clark, D.E., Kahn, J.R.(1988). "The social benefits of urban cultural amenities". Journal of Regional Science 28, 363–

377.
Cowen, T.(1996). “Why I do not believe in the cost-disease: Comment on Baumol”. Journal of Cultural Economics 20(3), 207–214.
Darnell, A.C.(1998). “Some simple analytics of access and revenue targets”. Journal of Cultural Economics 22(23), 189–196.
Darnell, A.C., Johnson, P.S., Thomas, R.B.(1992). “Modelling visitor .ows at the Beamish museum”. In: Johnson, P. S., Thomas, R.B.(Eds.), Choice and Demand in Tourism. Mansell, London, pp. 167–174.
de Montebello, P.(1981). “Exhibitions and permanent museum collection competition or correspondence”. In: Institut für Museumskunde(Ed.), Ausstellungen Mittel der Politik? Gebr. Mann Verlag, Berlin, pp. 153–163.
Dickenson, V.(1997). “Museum visitor surveys: An overview, 1930 1990”. In: Towse, R.(Ed.), Cultural Economics: The Arts, the Heritage and the Media Industries , vol. 1. Edward Elgar, Cheltenham, pp. 272–281.
Di Maggio, P.(1985). “When the profit is quality: Cultural institutions in the marketplace”. Museum News 63(5), 28–35.
B.S. Frey and S. Meier
Di Maggio, P.(Ed.)(1986). Nonprofit Enterprise in the Arts. Oxford University Press, New York.
Di Maggio, P., Useem, M.(1978). “Cultural democracy in a period of cultural expansion: The social composition of arts audiences in the United States”. Social Problems 26, 179–197.
Elsen, A.(1986). “Assessing the pros and cons”. Special Section: Museum Blockbusters, Art in America, June.
Feldstein, M.(Ed.)(1991). The Economics of Art Museums. University of Chicago Press, Chicago.
Filer, R.K.(1986). “The ‘starving artist’-myth or reality? Earnings of artists in the United States”. Journal of Political Economy 94, 56–75.
Foster, A.W., Blau, J.R.(Eds.)(1989). Art and Society. Readings in the Sociology of the Arts. State University of New York Press, Albany.
Frey, B.S.(1994). “Cultural economics and museum behaviour”. Scottish Journal of Political Economy 41, 325–352.
Frey, B.S.(1998). “Superstar museums: An economic analysis”. Journal of Cultural Economics 22, 113–125.
Frey, B.S.(1999). Economics as a Science of Human Behaviour. Kluwer Academic, Dordrecht.
Frey, B.S.(2000). Arts and Economics. Springer, Heidelberg.
Frey, B.S., Busenhart, I.(1996). “Special exhibitions and festivals; culture’s booming path to glory”. In: Ginsburgh, V. A., Menger, P.-M.(Eds.), Economics of the Arts: Selected Essays. Elsevier/North-Holland, Amsterdam, pp. 275–302.
Frey, B.S., Pommerehne, W.W.(1989). Muses and Markets: Explorations in the Economics of the Arts. Blackwell, Oxford.
Fronville, C.L.(1985). “Marketing for museums: For-profit techniques in the non-profit-world”. Curator 28(3), 169–182.
Gapinski, J.H.(1984). “The economics of performing Shakespeare”. American Economic Review 74(3), 458–466.
Gapinski, J.H.(1986). “The lively arts as substitutes for the lively arts”. American Economic Review 76(2), 20–25.
Getz, D.(1989). “Special events: Defining the product”. Tourism Management 10(2), 125–137.
Ginsburgh, V., Mairesse, F.(1997). “Defining a museum: Suggestions for an alternative approach”. Museums Management and Curatorship 15(4), 15–33.
Ginsburgh, V., Menger, P.-M.(Eds.)(1996). Economics of the Arts: Selected Essays. Elsevier/North-Holland, Amsterdam.
Ginsburgh, V., Zang, I.(2001). “Sharing the income of a museum pass program”. Museum Management and Curatorship 19(4), 371–383.
Ginsburgh, V., Zang, I.(2003). “The museum pass game and its value”. Games and Economic Behavior 43, 322–325.
Glaeser, E.L.(2001). “The governance of not-for-profit .rms”. Harvard Institute of Economic Research, Discussion Paper No. 1954.

Glaeser, E.L., Shleifer, A.(2001). "Not-for-profit entrepreneurs". Journal of Public Economics 81(1), 99–115.

Glazer, A., Konrad, K.A.(1996). "A signaling explanation of charity". American Economic Review 86(4), 1019–1028.

Globerman, S., Book, S.H.(1974). "Statistical cost functions for performing arts organizations". Southern Economic Journal 40, 668–671.

Gómez, M.V.(1998). "Re.ective images: The case of urban regeneration in Glasgow and Bilbao". International Journal of Urban and Regional Research 22(1), 106–121.

Gómez, M.V.(2001). "A reply to Beatriz Plaza's 'The Guggenheim Bilbao museum effect' ". International Journal of Urban and Regional Research 25(4), 898–900.

Goudriaan, R., Van't Eind, G.J.(1985). "To fee or not to fee: Some effects of introducing admission fees in four museums in Rotterdam". In: Owen, V.L., Hendon, W.S.(Eds.), Managerial Economics for the Arts. Association for Cultural Economics, Akron, OH, pp. 103–109.

Grampp, W.D.(1989). Pricing the Priceless: Art, Artists and Economics. Basic Books, New York.

Grampp, W. D. (1996). "A colloquy about art museums: Economics engages museology". In: Ginsburgh, V. A., Menger, P.-M.(Eds.), Economics of the Arts: Selected Essays. Elsevier/North-Holland, Amsterdam, pp. 221–254.

Gray, C.M.(1998). "Hope for the future? Early exposure to the arts and adult visits to art museums". Journal of Cultural Economics 22(2 3), 87–98.

Hansmann, H.B.(1981). "Nonprofit enterprise in the performing arts". Bell Journal of Economics 12(2), 341–361.

Harbaugh, W.T.(1998). "What do donations buy? A model of philanthropy based on prestige and warm glow". Journal of Public Economics 67, 169–284.

Heilbrun, J., Gray, C.M.(2001). The Economics of Art and Culture. Cambridge University Press, Cambridge.

Hirshleifer, J.(1985). "The expanding domain of economics". American Economic Review 75, 53–68.

ICARE, International Centre of Studies on the Economics of the Arts(1994). I musei Veneziani. Indagine sulle strutture permanenti e temporanee. Offerta culturale della città di Venezia, Venezia.

Jackson, R.(1988). "A museum cost function". Journal of Cultural Economics 12, 41–50.

James, E.(1983). "How nonprofits grow: A model". Journal of Policy Analysis and Management 2, 350–365.

Johnson, P., Thomas, B.(Eds.)(1998). "Special issue on the economics of museums". Journal of Cultural Economics 22, 75–207.

Kindermann, C.(1903). Volkswirtschaft und Kunst. Fischer, Jena.

Kirchgässner, G.(1991). Homo Oeconomicus: Dasökonomische Modell individuellen Verhaltens und seine Anwendung in den Wirtschafts-und Sozialwissenschaften. Mohr(Siebeck), Tübingen.

Klein, H.J.(1990). Der gl.serne Besucher: Publikumsstrukturen einer Museumslandschaft. Gebr. Mann Verlag, Berlin.

Lange, M.D., Bullard, J., Luksetich, W.A., Jacobs, P.(1985). "Cost functions for symphony orchestras". Journal of Cultural Economics 9(2), 71–85.

List, J.A., Lucking-Reiley, D.(2002). "The effects of seed money and refunds on charitable giving: Experimental evidence from a university capital campaign". Journal of Political Economy 110(1), 215–233.

Lord, B., Dexter, G., Nicks, J.(1989). The Cost of Collecting: Collection Management in UK Museums. Her Majesty's Stationery Office, London.

Luksetich, W.A., Partridge, M.D.(1997). "Demand functions for museum services". Applied Economics 29, 1553–1559.

Maddison, D.(2004). "Causality and museum subsidies". Journal of Cultural Economics 28, 89–108.

Maddison, D., Foster, T.(2003). "Valuing congestion costs in the British Museum". Oxford Economic Papers 55, 173–190.

Mairesse, F., Vanden Eeckaut, P.(2002). "Museum assessment and FDH technology: Towards a global approach". Journal of Cultural Economics 26, 261–286.

Marburger, D.R.(1997). "Optimal ticket pricing for performance goods". Managerial and Decision Economics 18, 375–

381.

Martin, F.(1994). "Determining the size of museum subsidies". Journal of Cultural Economics 18, 255–270.

Meier, S., Frey, B.S.(2003). "Private faces in public places：The case of a private art museum in Europe". Cultural Economics 3, 1–16.

Montias, J.M.(1973). "Are museums betraying the public's trust?" Museum News 51, 25–31.

Moulin, R. (1986). "Le marché et le musée：La constitution des valeurs artistiques contemporaines". Revue FranÇaise de la Sociologie 27, 369–395.

National Endowment for the Arts(2000). International Data on Government Spending on the Arts. NEA Research Division Note No. 64, Washington, DC.

Noble, J.V.(1970). "Museum manifesto". Museum News April, 27–32.

Noonan, D.(2002). "Contingent valuation studies in the arts and culture：An annotated bibliography". Working Paper Series, Cultural Policy Center Working Paper No. 11, University of Chicago.

Oberholzer-Gee, F.(2002). "Selling the right to jump the queue：Pricing decisions and competing principles of fairness". Working Paper Series, Harvard Business School.

O'Hagan, J.W.(1992). "The Wexford Opera Festival：A case for public funding?" In：Towse, R., Khakee, A.(Eds.), Cultural Economics. Springer, Berlin, pp. 61–66.

B.S. Frey and S. Meier

O'Hagan, J.W.(1995). "National museums：To charge or not to charge?" Journal of Cultural Economics 19, 33–47.

O'Hagan, J.W.(1998a). The State and the Arts：An Analysis of Key Economic Policy Issues in Europe and the United States. Edward Elgar, Cheltenham.

O'Hagan, J.W.(1998b). "Art museums：Collections, deaccessioning and donations". Journal of Cultural Economics 22(23), 197–207.

O'Hare, M., Feld, A.L.(1975). "Is museums speculation in art immoral, illegal and insufficiently fattening?" Museum News 53, 25–31.

Oster, S., Goetzmann, W.N.(2001). "Does governance matter? The case of art museums". Working Paper Series, NBER, Washington, DC.

Peacock, A.T.(1969). "Welfare economics and public subsidies to the arts". Manchester School of Economics and Social Studies 37, 323–335.

Peacock, A.T.(1993). Paying the Piper：Culture, Music and Money. Edinburgh University Press, Edinburgh.

Peacock, A.T., Godfrey, C.(1974). "The economics of museums and galleries". Lloyds Bank Review 111, 17–28.

Peacock, A.T., Rizzo, I.(1994). Cultural Economics and Cultural Politics. Kluwer Academic, Dordrecht.

Plaza, B.(1999). "The Guggenheim Bilbao museum effect". International Journal of Urban and Regional Research 23, 589.

Pommerehne, W.W., Feld, L.(1997). "The impact of museum purchase on the auction prices of paintings". Journal of Cultural Economics 21, 249–271.

Prieto Rodríguez, J., Fernandez Blanco, V.(2002). "Optimal pricing and grant policies for museums". Working Paper Series, Instituto de Estudios Fiscales, Madrid.

Ribar, D.C., Wilhelm, M.O.(2002). "Altruistic and joy of giving motivations in charitable behavior". Journal of Political Economy 110(2), 425–457.

Robbins, L.(1963). "Art and the State". In：Robbins, L.C.(Ed.), Politics and Economics：Essays in Political Economy. Macmillan, London, pp. 53–72.

Robbins, L.(1971). "Unsettled questions in the political economy of the arts". Three Banks Review 91, 3–19.

Rose-Ackerman, S.(1996). "Altruism, nonprofits and economic theory". Journal of Economic Literature 23, 701–728.

Rosen, S.(1981). "The economics of superstars". American Economic Review 71, 845–858.

Rosett, R.N.(1991). "Art museums in the United States：A financial portrait". In：Feldstein, M.(Ed.), The Economics of Art Museums. University of Chicago Press, Chicago, pp. 129–177.

Santagata, W.(2002). "Cultural districts, property rights and sustainable economic growth". International Journal of Urban and Regional Research 26(1), 9–23.

Schiff, J., Weisbrod, B.A.(1991). "Competition between for-profit and nonprofit organizations in commercial markets". Annals of Public and Cooperative Economics 62(4), 619–639.

Schulze, G.G., Ursprung, H.W.(2000). "La Donna e mobile–or is she? Voter preferences and public support of the performing arts". Public Choice 102, 131–149.

Schuster, J.M.(1985). Supporting the Arts: An International Comparative Study. Massachusetts Institute of Technology, Cambridge, MA.

Schuster, J.M.(1986). "Tax incentives as arts policy in Western Europe". In: DiMaggio, P.J.(Ed.), Nonprofit Enterprise in the Arts: Studies in Mission and Constraint. Oxford University Press, New York, pp. 320–360.

Schuster, J.M.(1998a). "Neither public nor private: The hybridization of museums". Journal of Cultural Economics 22, 127–150.

Schuster, J.M.(1998b). "Beyond privatization: The hybridization of museums and the built heritage". In: Boorsma, P. B., et al.(Eds.), Privatization and Culture: Experience in the Arts, Heritage and Cultural Industries in Europe. Kluwer Academic, Dordrecht, pp. 58–81.

Seaman, B.A.(1997). "Arts impact studies: A fashionable excess". In: Towse, R.(Ed.), Cultural Economics: The Arts, the Heritage and the Media Industries. Edward Elgar, Cheltenham, pp. 723–755.

Seaman, B.A.(2002). "CVM vs. economic impact: Substitutes or complements". Mimeo, Georgia State University.

Segal, L.M., Weisbrod, B.A.(1998). "Interdependence of commercial and donative revenues". In: Weisbrod, B.A.(Ed.), To Profit or Not to Profit: The Commercial Transformation of the Nonprofit Sector. Cambridge University Press, Cambridge, pp. 105–127.

Smolensky, E.(1986). "Municipal financing of the U.S. Fine Arts Museum: A historical rationale". Journal of Economic History XLVI(3), 757–768.

Steiner, F.(1997). "Optimal pricing of museum admission". Journal of Cultural Economics 21, 307–333.

Sunstein, C.R.(2002). "Coherent and incoherent valuation: A problem with contingent valuation of cultural amenities". Working Paper Series, The Cultural Policy Center at the University of Chicago.

Temin, P.(1991). "An economic history of American art museums". In: Feldstein, M.(Ed.), The Economics of Art Museums. University of Chicago Press, Chicago, pp. 179–194.

Thaler, R.H.(1980). "Toward a positive theory of consumer choice". Journal of Economic Behavior and Organization 1, 39–60.

Theobald, M.M.(2000). Museum Store Management. Altamira Press, Walnut Creek.

Thompson, N.L.(1986). "Financially troubled museums and the law". In: DiMaggio, P.J.(Ed.), Nonprofit.

Enterprise in the Arts: Studies in Mission and Constraint. Oxford University Press, New York, pp. 214–242.

Throsby, D.(1977). "Production and cost relationships in the supply of performing arts services". In: Tucker, K.A.(Ed.), Economics of the Australian Services Sector. Croom Helm, London, pp. 414–432.

Throsby, D.(1994). "The production and consumption of the arts: A view of cultural economics". Journal of Economic Literature 33, 1–29.

Towse, R.(1997a). Cultural Economics: The Arts, the Heritage and the Media Industries. Edward Elgar, Cheltenham.

Towse, R.(Ed.)(1997b). Baumol's Cost Disease: The Arts and Other Victims. Edward Elgar, Cheltenham.

van Hemel, A., van der Wielen, N.(Eds.)(1997). Privatisation/Désétatisation and Culture: Limitations or Opportunities for Cultural Development in Europe? Conference Reader for the Circle Round Table, Amsterdam.

Wall, G., Roberts, C.(1984). "The economic impact of the Tutankhamun and van Gogh exhibitions". In: Hendon, W. S., Grant, N.K., Shaw, D.V.(Eds.), The Economics of Cultural Industries. Association for Cultural Economics, University of Akron, pp. 66–76.

Weil, S.E.(1987). "Deaccession practices in American museums". Museum News 65, 44–50.

Weil, S.E.(2002). Making Museums Matter. Smithsonian Institute Press, Washington.

Weisbrod, B.A.(1977). The Voluntary Nonprofit Sector: An Economic Analysis. D.C. Heath and Company, Lexington, MA.

Weisbrod, B.A.(1988). The Nonprofit Economy. Harvard University Press, Cambridge, MA.

Weisbrod, B.A.(1998). "Modeling the nonprofit organization as a multiproductfirm: A framework for choice". In: Weisbrod, B.A.(Ed.), To Profit or Not to Profit: The Commercial Transformation of the Nonprofit Sector. Cambridge University Press, Cambridge, pp. 47-64.

White, J.L.(1996). "When it's OK to sell the Monet: A trustee-fiduciary-duty framework for analysing the deaccessioning of art to meet museum operating expenses". Michigan Law Review 94(4), 1041-1066. Withers, G.A.(1980). "Unbalanced growth and the demand for performing arts: An econometric analysis".

Southern Economic Journal 46(3), 735-742.

Zan, L.(2000). "Management and the British Museum". Museum Management and Curatorship 18(3), 221-270.

| 第十一部分 |
区位

第30章

城市文化与地区发展①

Trine Bille[a] and Günther G. Schulze[b]

[a]AKF, Institute of Local Government Studies, Denmark

[b]University of Freiburg, Germany

魏鹏举　曲妍　译

摘　要

本章从经济学角度，批判性地评价了艺术与文化在城市和地区发展中的作用。它包括对短期消费的影响以及对区位质量和创造力的长期影响分析。另外，在城市复兴的战略中，将艺术与文化活动作为着力点的具体可能性也在讨论范围内，其中包括旅游的作用、艺术与文化的非市场需求（作为本地愿意支持城市和地区发展政策的要素）和可持续发展等问题。此外，我们分析了区域经济发展对区域文化需求和供给的反作用，讨论了艺术与文化产业的区位问题，强调了文化产业的聚集效应。

关键词

地区与城市发展，艺术与文化，经济发展，经济影响，文化旅游

JEL Classification Codes

Z11，O18，R1，R5，H7

① 非常感谢Bruce Seaman和David Throsby对本章提出的有益评论。

30.1 引 言

30.1.1 经济与文化发展的关系

在城市或地区层面，经济与文化发展之间有着怎样的关系？在这些层面，伴随着经济的发展，文化会发生怎样的变化？反过来，文化又会对整体经济发展产生怎样的作用？由于文化已经成为地区经济发展策略中不可或缺的一部分，因此这些问题无论是对于城市、区域和文化经济，还是对于文化政策制定者和城市规划者来说都非常重要。城市规划与文化规划越来越紧密地交织在一起，文化规划已成为振兴内陆城市和老工业区战略的一部分。

从经济学角度来看，本章包含了对近期开展的艺术与文化在城市发展、改造及区域增长中的作用的重要评估。它揭示了区域经济发展与文化部门发展之间的关系。显然，这种相互依存的关系是双重因果关系，即文化部门的发展对整体经济发展产生影响，同时整体经济发展会以某种特殊方式影响文化部门。本章将对这两种因果关系进行深入分析。首先，我们提出问题，即文化活动对经济发展的贡献是什么以及艺术与文化如何促进城市和地区发展？因此，我们的研究以就业和收入增长的关系为重点，同时也关注使这些效果得以实现的传播渠道。文化旅游正是这种传播渠道的实例，它更广泛地刺激了旅游产业的发展，通过提供更好的艺术文化服务来吸引流动型公司和高级技工，并以此来提升地区发展质量。在此背景下，笔者非常感兴趣的一个问题是，文化产业是否趋于集中，如果是这样，原因何在？如果文化产业具有集聚优势，那么它将导致不同文化部门之间的不均衡发展，比如会产生城乡之间文化服务供给的差异。如果发生这种情况，文化产业对区域经济增长的贡献将呈现不均匀分布状态。其次，我们研究了反向因果关系。地区经济增长如何影响文化部门的发展？文化部门是否会从一个城市、城区或地区的整体经济增长中获得收益？如果答案是肯定的，那么这种收益是通过什么样的机制实现的？我们可以找出三种解释：需求方的影响、供给方的影响以及政府和私人赞助者对艺术的各种支持。需求方的影响很简单，在经济发展进程中，人们变得越来越富裕，通常也会接受更好的教育。因为文化需求显著依赖于收入和教育，同时越来越多的文化活动具有商业利润，因此这种不断增加的需求会催生出更好的文化艺术产品。供给方的影响则更加复杂和间接。一方面，经济发展提供了更好的基础设施，使乐团到偏远地区的演出更为方便，同时也使居民能够更加便利地前往文化中心，从而有效地促进文化服务的供给。由于收音机、电视变得更普及，这同样有利于广播文化服务的供给。另一方面，技术进步在产业间分布不均衡，很多文化子行业如乐团、剧院、画家、艺术品受技术进步（节约劳动力）的影响要远远小于制造业。这导致了文化艺术领域劳动力的雇用比例不断增加，同时在其他条件相同的前提下，这些子行业生产的文化产品的价格也相应提高（即所谓的“鲍莫尔成本病”）。最后，很多国家对艺术产业的公共补贴在表演艺术机构（剧院、乐团、歌剧、芭蕾舞等）和博物馆的收入中占极大比例。随着地区经济的发展，这些补贴有望继续增加，从而促进文化艺术产品的供应。其原因不仅在于不断增长的地区政府预算，同时也源于经济发展（如上文所述）带来的不断增加的文化需求，根据不同的政治制度，这种经济发展会通过政治程序为文化艺术产业提供更高额的补贴。[①]

① 然而从另一方面来看，艺术行业相对价格的提高可能会削弱文化部门的预算购买力。对文化实际补贴的净效应就是这样一个实证课题。

30.1.2 关于地区文化和地区发展的概念

我们从三个不同的角度区分文化的定义：

- 从特性上看，文化可以被视为一个社会所具有的思想、价值观、准则和习惯的集合。
- 按部门来划分，如果文化是由绘画、雕塑、戏剧、舞蹈、音乐、文学、诗歌、电影、视频、建筑等一系列形式界定的，那么文化产业则包含了从事这些艺术形式的机构、企业、组织和个体。总之，如此定义的文化部门广泛地包括了商业企业和被资助的文化机构与创意组织。
- 从艺术角度来看，这里说的艺术包括一个潜在的质量评估，比如根据某些质量评价标准，不是所有的画作均可被归为艺术。

本章的出发点是将文化作为一个部门而给出的定义。因此，关于这个定义并不存在潜在的质量评价，而是一种类型描述。对我们而言，文化部门既包括广义上的商业文化，也包括狭义上的传统文化，包含了诸如戏剧、音乐、视觉艺术、建筑、设计、手工艺品、媒体、影视、多媒体、文学和文化遗产所代表的不同艺术形式。它还包括时尚、广告、电脑软件、游戏、游乐场等。这一领域的研究者们将艺术和文化视为一种经济活动。这并不一定意味着这些活动的产生主要源于经济考虑（创收），同时也并不要求在市场上交易这些活动的产物。实际上，很多文化产品，包括地区和国家级文化遗产，是不能自由地在市场上进行买卖的，然而，在艺术和文化的创作过程中却涉及大量流动的财政资源。

这里，我们忽略了休闲文化活动，这些活动（几乎）是免费的，例如无赞助的邻里或社区文化活动，只是为了娱乐的音乐团体等。这是一个明显的疏忽，因为这些活动是地区文化不可缺少的一部分。假设这些活动的流行程度和结构随着经济发展的进程发生改变，地区和本地文化将因此而发生变化。然而，在广泛的经济研究中并没有涉及这些方面，因此在下文中我们将不作赘述。

关于经济发展，我们应该如何界定？首先，经济发展意味着经济增长，即在某一给定时间段内，（地区）经济发展导致产品和服务的增长。这明显与不断增加的就业和不断提高的生活水准相一致。[①]从更广泛的意义来看，经济增长为经济发展提供了动力，明显提高了人均寿命和医疗水平，降低了婴儿死亡率，缩短了工作时间，并减少了童工使用。[②]随着市场需求不断增加，它为文化消费释放了更多的空闲时间和资源，为文化产品调动了更多的资源。根据 Kindleberger 和 Herrick（1997）的描述，经济发展意味着技术安排和制度安排方面的更多产出和改变，通过这些改进产生了经济发展和分配。发展意味着功能能力的改变，如肌体协调力或是学习能力（或是经济适应能力）的改变。经济发展因而可能会被视为本土经济在提高居民生活质量方面的能力的一种较长期增长。这就要求人类生产力的提高和整体经济体中各区域经济的平衡。

Throsby（2003，p.183）曾经提出过一个关于文化持续性的概念。他将这一概念归结为更广泛意义上的可持续发展：

> ……这个概念与经济可持续发展的观点相结合，意味着发展不会减缓或消亡，而是会在某种程度上自我延续和具有生态可持续性，意味着通过维护自然界生态系统来保护和提升一系列环境价值。此外，“可持续发展”这个词包含了“经济发展”的含义，取代了之

---

① 作为衡量福利的工具，GDP的缺陷目前很好理解，因此不必详细描述。尤其是，GDP在测量时忽略了外部性（比如环境恶化）和大量非货币交易。

② 参见 Easterly（2001）及其引用的文献。

前仅用人均GDP增加值来衡量经济增长的观点，将其替换为更广泛的“人类发展”的概念，关注同为发展手段和发展对象的个体，并通过生活质量和标准（远远超出对简单的物质之明进行的衡量）的多种指标进行衡量。[①]

对于这个文化可持续概念的界定，Throsby（2001，2003）似乎不太认可，他认为这个概念可以用一系列标准来代替，包括物质与非物质福利、代际公平、代内公平、维护多样性、风险预防原则、文化体系维护以及相互依存的认知，以评价文化资本的可持续化管理。本质上，最终标准集合了适用于文化的可持续性整体概念，为其他更具体原则的执行提供了整体框架。

当然，经济增长的概念在实证研究中运用起来是最简单的，而经济发展和文化可持续性的概念则越来越复杂且不具有操作性。因此，大多数有关城市和区域发展中的文化和艺术研究适用于收入和就业等简单的经济增长衡量标准。像文化可持续性这样的更广义的定义非常有趣，因为它从一个更宽广的视角评价了文化的影响，包括更广泛层面的发展。因此，原则上在未来的很多研究中使用文化可持续性概念衡量城市和地区发展中的文化艺术影响力将是很有趣的。然而，经济增长是一个界定更明确的概念，因此更具操作性，[②]并且在任何情况下，经济增长均会被视作推动经济发展和文化可持续发展的主要力量。

本章基本思路如下：首先我们分析了文化艺术如何在短期内通过提高地区产品和服务的整体需求（30.2.1部分），在较长时期内通过不断增强地区对企业、个人和经济活动的地区整体吸引力（30.2.2部分），以促进城市和地区发展。然后我们从长远观察文化艺术对地区的教育和创新价值。接着，我们在30.3部分将视角转换为分析经济发展如何改变艺术和文化。在30.3.2部分我们分析了发展过程中文化产品需求的变化，在30.3.3部分我们分析了由于艺术部门生产率差异（鲍莫尔成本病）、技术进步和文化全球化造成的供给的变化，在结尾处我们评论了艺术公共支持模式的变化并作出评估。在30.4部分我们讨论了艺术和文化的区位问题，并为文化产业集聚和城市与郊区发展的关系找到了原因。30.5部分是对本章的总结。

30.2 艺术和文化如何促进城市和地区发展？

艺术与文化作为一种促进城市和地区发展的方式已经被人们讨论很长一段时间了。在这一节中，我们将从经济方面审视它们发挥的作用，包括应用的方法和影响的程度。艺术与文化可以通过两种影响促进城市和地区发展，即短期消费影响和长期增长影响。短期消费影响主要源于艺术和文化可以吸引游客——包括在当地消费的本地和非本地消费者（30.2.1部分）。30.2.2部分讨论的长期增长影响可以分为两种类型：艺术文化作为推动个人、企业和投资的本地化因素（30.2.2.1部分）以及文化对创造力的影响等（30.2.2.2部分）。艺术和文化在城镇和地区形象与认知中也扮演了重要角色。其本身对于经济发展并不重要，但这是通过吸引游客、居民和企业创造积极经济效应的前提条件。在30.2.3部分，我们研究了文化与地区规划战略，这将为我们观察城市和地区发展提供了更广阔的视野。

① 关于可持续发展，最普遍引用的定义是联合国环境与发展委员会（“布伦特兰委员会”）在1987年提出的，它明确了可持续发展是满足当代的需求又不以牺牲后代需求为代价的发展方式。随后，一个联合国组织——世界文化发展委员会在其1995年的报告中将这些观点引入文化发展领域，该领域同样将后代获得文化资源的长期需求视为至关重要。

② 特别是我们并不清楚如何权衡文化可持续性的诸多方面，以得出文化可持续性的测量结果。

30.2.1 短期消费影响

短期消费影响是由于艺术和文化可以吸引游客——包括本地和非本地消费者，这些人把钱花在文化方面，但有时候也花在相关产品和服务上，如食品、饮料、住宿、购物等。如果这些游客是由于受邀参加艺术活动而前往某一城市和地区，他们的消费就会造成一种因艺术而产生的总需求的增长。这种短期消费影响主要是基于文化旅游，但也可能是因为本地人口在其他方面的消费减少了。

30.2.1.1 衡量短期消费影响——经济影响的研究

研究短期消费影响最常用的方法是经济影响分析。在经济学中，该方法行之有效且使用频繁。这种方法采取传统乘数模型计算出一种活动对经济其他部分的影响。在过去的25年中，有过许多此类文化经济学研究，[①]Cwi和Lyall（1977）便是这种应用研究的开创者之一。在关于经济影响的研究中，艺术对于消费、收入和就业的短期影响得到衡量，通常可以分为直接效应、诱导效应和间接效应。

- 直接效应即艺术活动本身在本地创造的就业和收入。
- 诱导效应（或称联动效应、顾客效应）多用于衡量游客在文化活动或交通、餐饮、住宿等机构的消费。
- 间接效应属于乘数效应，与直接效应和诱导效应都有关联。

总效应可以通过下面的公式计算：

总效应=直接效应+诱导效应+间接效应

其中，间接效应=（直接效应+诱导效应）×乘数。

在该计算方法中，通常假设当地以失业的形式存在充足的空闲生产力。[②]值得注意的是，必须将短期影响模型与一般均衡模型区别开来。在一般均衡模型中，必要的（文化）生产在投入与产出市场中与其他部门竞争。一般均衡模型通过对影响因素的分析会得出完全不同的结果，主要是因为它们通常关注较长周期。

影响因素的研究被统归为"乘数分析"，尽管其属于不同类型——输出基础理论、传统的凯恩斯主义以及投入产出和配比乘数模型（Cooper et al.，1993）。乘数的大小取决于地区间的联系，较小的、自给自足程度较低的地理区域的乘数值要小于较大的、自给自足程度较高的地理区域的乘数值。

一项成熟的经济影响研究应该试图回答以下问题，即："如果X不再存在，那么在某一特定区域，短期经济活动在多大程度上会下滑？"换句话说，分析应该只涉及消费、收入和就业的净效应，而不是总体效应，这意味着应该注意区分地区获得的净投入与游客或其他外部资源，以及本地娱乐消费。因区域外部的吸引造成的额外支出是最重要的，因此在研究文化部门的影响时，文化旅游者的支出是衡量文化对地区经济短期影响的主要因素。一个可以吸引大量游客的文化设施或活动具备的影响力要远大于那些更加关注本地人利益的文化设施或活动。换句话说，被艺术文化所吸引的游客越多，经济影响力就越大。[③]这意味着本地区和国家在层面之间存在差异。地方和地区层面的额外支出（并以此产生经济增长）在国家层面也许并非额外支出。例如，如果国内游客在某地区的消费主要是以不在其他地区消费为代价，那么在后一种情况下，地区层面上的经济影响要高于国家层面。

---

① 参见Radich(1987,1993)的详细描述。

② 否则乘数效应会降低，同时也必须考虑文化产品的价格影响。

③ 详见30.2.1.4部分。

此外，我们必须考虑其他替代性选择。如果这些研究被用作政府支持文化艺术的论据，[①]那么我们也必须意识到这个论据不足以证明文化与艺术能够促进就业和收入增长，因为所有经济活动均能够促进就业和收入增长。（尽管存在困难，）我们仍然有必要调查清楚，因为如果政府补贴被用于其他目的，比如发展基础建设或资助体育赛事，那么艺术对经济增长的刺激作用是否更大。

文化部门的经济影响分三个层次进行研究，涵盖以下内容：

- 单一的文化活动，比如一个艺术节，或者永久性的单个文化机构；
- 一座城镇、都市或地区的整体文化生活；
- 整个国家或民族的文化生活。

就我们目前的研究目的而言，对整个国家或民族的文化生活[②]进行研究意义不大，因此在接下来的两个小节中，我们将集中展示另外两类研究的例子。

30.2.1.2 应用1：单一事件或机构的影响

在关于单一文化活动或永久性私人文化机构的经济影响研究中，极少能够作出比较或概括总结，因为不同文化活动之间和不同机构之间所产生的影响也是有差异的。这些关于经济影响的研究案例分别来自巴尔的摩8个文化机构（Cwi and Lyall，1977），维也纳国家歌剧院、维也纳人民歌剧院、城堡剧院和维也纳戏剧学院（Abele and Bauer，1984），爱丁堡国际艺术节（Vaughan，1979），安大略省的斯特拉特福艺术节（Mitchell and Wall，1989），3个加拿大剧院公司（Mitchell，1989），比米什露天博物馆（Johnson and Thomas，1992），雷诺阿和巴恩斯艺术展（Stanley et al.，2000），以及下文中将详细讨论的一些典型案例。[③]

Christoffersen和Lyk-Jensen（1994）在研究丹麦的一个文化机构的经济影响时指出了文化旅游业的重要性。他们在对目标地区的研究中使用了投入产出模型，并且该研究是尝试将艺术机构的经济影响与其他资金使用方式进行比较的、为数不多的研究之一。该文化机构是布兰特·克勒得菲克博物馆（Brandts Klaedefabrik）位于欧登塞（丹麦一个大的行政区城市）的一个旧纺织工厂，为艺术活动提供展览场地，包括布兰特纺织厂艺术馆、摄影艺术博物馆、丹麦平面艺术博物馆、丹麦出版博物馆。在此，我们可以分两个阶段进行分析。首先，文化机构的需求是由参观的游客决定的。其次，地区和国家的经济影响采用经济学模型和地区投入产出表来计算。关于艺术机构的经济影响，我们通过两种辅助分析方法与其他资金使用方式进行对比：将布兰特·克勒得菲克博物馆的影响首先与位于欧登塞的另一个文化机构——安徒生（丹麦著名童话作家）故居的影响进行比较，然后再和公共资助活动普遍扩张的影响相比较。

结果表明，布兰特·克勒得菲克博物馆对经济条件的可计算影响与均匀分布在所有公共支出项目的公共事业扩张所带来的影响几乎无差异。然而，相比布兰特·克勒得菲克博物馆使用需求导向方法作为研究起点，安徒生故居案例能够得出更显著的经济后果。两个机构之所以会产生如此不同的经济影响，主要是因为安徒生故居作为文化机构吸引了相当多数量的游客，而布兰特·克勒得菲克博物馆则在更大程度上符合当地居民的利益。在需求导向方法中，如果能够为出口市场（包括旅游业）提供产品和服务，那么一场公共活动会产生更好的效果，就像安徒生故居一样。

---

① 经济影响研究通常会具有这种作用，可参看van Puffelen（1996）的例子。

② 比如，Myerscough（1988a），Hummel和Berger（1988）。最近，创意产业地图绘制已经在几个国家的统计数据基础上展开（比如，文化、传媒和体育部（1998，2001））。详见本章30.4.1部分。

③ 可参见美国交响乐团联盟出版的关于美国交响乐团经济影响的测算准则（Cooper，1997）。

对爱尔兰维克斯福德艺术节的经济影响研究（O'Hagan，1989，1992）也显示出吸引游客的重要性，因为在该分析中提到了大乘数效应。在调研期间，来自维克斯福德地区以外的观众占所有歌剧票房收入的85%。来自爱尔兰以外的观众占票房总收入的33%和总支出的50%。在艺术节期间，到维克斯福德旅游的绝大多数（96%）游客都是去参加艺术节的。在此基础上，O'Hagan得出结论，维克斯福德艺术节吸引大量外国游客前往维克斯福德和爱尔兰，同时也吸引了大量的爱尔兰本地游客前往经济不景气的维克斯福德地区，而且这些游客出现在每年的非旅游高峰期。此举对爱尔兰的旅游业作出了巨大贡献。

Gazel和Schwer（1997）对单一事件的经济影响作出了更详细的解读。二人1995年在拉斯维加斯对“感恩而死”乐队三场演出的经济影响进行过研究。他们认为这场演出为当地带来了1 700万美元至2 800万美元的经济效益，同时提供了346～589个持续的工作岗位。

此外，还有一种混合型的艺术现象，我们称其为“大型文化活动”，比如欧洲文化之都项目或者世博会。这些属于限期活动，因此它们的经济影响会受到活动周期的限制，就像艺术节那样；然而，作为次要回报，伴随着活动举办城市或地区的资本存量的增加，这部分支出会带来更加持久的影响。这种额外回报是难以用数字来估量的。以欧洲文化之都项目为例，Palmer（2004）估计在1995—2004年期间，21个城市的项目共花费21.33亿欧元，其中7.37亿欧元用于运营支出，13.96亿欧元用于资本支出，这其中包括落实新规定、提升文化资本、城市复兴，也包括改进基础设施建设（如改进交通设施）。在后一种情况下，我们难以衡量基础设施项目在额外支出中占多大比例，从某种意义上说，如果文化活动不举办，那么基础设施建设就不会进行。此外，这些项目所挤掉的其他投资和那些投资所能带来的效益也是难以估计的。

在Brandt等人（2001）对2000年汉诺威世博会的全面分析中，仅包括了那些之前没有计划的和世博会没有开展的项目。他们计算了世博会的主要及整体影响，并且展示出地理分界对结果的影响。世博会带来的主要影响在下萨克森州表现为75亿德国马克，在全德国则为112亿德国马克。整体影响在下萨克森州表现为84亿德国马克，在全德国则为134亿德国马克。其就业影响相应表现为65 000人/年和100 000人/年。动态的长期影响是难以量化的，其中包括更好的交通设施，更好的汉诺威商品交易会设施，在原世博会区域兴起的新型创造性产业区，对于地区形象以及认知方面的影响等。

30.2.1.3 应用2：城镇、都市或地区的艺术影响

我们研究了两个城镇、都市或地区的整体文化生活的案例：一个是纽约-新泽西大都会地区的经济影响（Scanlon and Longley，1984）；另一个是格拉斯哥地区艺术的经济影响（Myerscough，1988b）。其他此类研究包括范普菲林（van Puffelen，1987）对阿姆斯特丹的艺术和文化的研究。

Scanlon和Longley（1984）研究了纽约-新泽西大都会地区包括博物馆、交响乐团、舞蹈与歌剧企业以及剧场在内的1 580个非营利性文化机构，54个百老汇和外百老汇商业剧院，335个画廊、拍卖行和影视制作公司。此外，他们还向参加表演和视觉艺术活动的观众发放了5 600份问卷。根据得到的数据，他们通过投入产出模型估算出艺术对大都会地区的经济影响。他们发现，艺术对该地区经济的影响价值为56亿美元，同时产生了超过20亿美元的个人收入，并为当地创造了11.7万个工作岗位。在这56亿美元中，13亿美元来自1 580家非营利性机构；3.6亿美元由画廊和拍卖行产生；6.5亿美元由百老汇和外百老汇剧院和百老汇大道上的公司产生；20亿美元由当地影视制作公司产生。此外，艺术是该地区出口行业的主体，游客为欣赏艺术文化而延长逗留时间从而产生了16亿美元的消费。该地区超过1 900家艺术机构吸引了6 400万名观众，其中

1 300万人来自其他地区。当地艺术机构和那些只是来该地区欣赏艺术的非本地赞助者为当地所得税和营业税收入贡献了1.5亿美元。其中，获利较多的行业按重要性排序依次为：房地产、商业和专业服务、批发和零售业、饮食场所、酒店和私人服务、公共事业、运输业、医疗和教育服务业、金融和保险业。艺术在当时被视为一个比广告、酒店和汽车旅馆、管理咨询、计算机数据处理服务更庞大的产业。这些结论似乎表明，文化生活对纽约的经济发展至关重要。毫无疑问，这是事实，但值得我们注意的是，从多种意义上说，纽约是美国的文化中心，因此并不具有代表性。10年后，在同一地区进行的第二次调研显示，文化的总体影响提高了75个百分点，但结构几乎没有变化（纽约和新泽西港口管理局，1993）。[①]

1985—1986年，Myerscough（1988b）评估了文化对格拉斯哥地区[②]作出的经济贡献。他发现格拉斯哥地区文化生活的全年交易总额为2.04亿英镑，同比增长了7 900万英镑，同时为8 000人提供了就业岗位，这相当于格拉斯哥地区总体就业人口的1.2%。在650万参与文化活动的游客中，210万人去了电影院和流行音乐、摇滚乐、民间音乐及爵士音乐会，320万人参观了博物馆和画廊，120万人前往剧场或古典音乐会。在参观博物馆、画廊、剧场或古典音乐会的440万游客中，64%生活在格拉斯哥地区，17%是一日游观众，19%是游客。66%的一日游观众表示文化是他们到当地旅游的最重要原因，16%的游客表示文化是他们停留在当地的最重要原因。文化生活为格拉斯哥地区带来了14 731个直接或间接的就业岗位，其中占总人口2.25%的人员受雇于格拉斯哥地区。这里需要注意的是，在解读Myerscough的研究数据时需要区分总体影响和净影响（见30.2.1.5部分）。

30.2.1.4 旅游业的作用

正如上述案例研究所显示的那样，在一个地区文化机构或文化活动对当地或区域经济的影响中，文化旅游起到决定性作用。但是，我们很难界定文化旅游业到底包含哪些行业，有多少游客可以被真正视为艺术游客。因为我们需要区分哪些是因为文化活动前来当地的游客，哪些是无论如何都会来的游客；此外对于那些因多种原因前来旅游的游客，有必要确定他们为享受文化设施会在多大程度上延长停留时间。尽管人们会说他们来旅游的主要原因是文化和艺术，但是我们不能就此得出结论认为他们不会参观其他景点。相反，对于那些并不是主要前来参观文化艺术的游客，也不能排除文化活动的提供不会影响他们的决定。这些困难表明，对旅游业相关研究的解读要小心谨慎。比如，缺乏对“单一文化驱动型”游客和“综合驱动型”游客之间的精确区分将会使研究结果产生偏差。另外一种极端的可能是过高估计了文化产品本身消费所导致的补充性支出，比如交通和住宿支出（Bonet，2003）。

欧洲旅游与休闲教育协会（ATLAS）在1997年对20个不同文化场所的8 000名游客进行了一项调查。超过50%的人表示在他们的旅程中参观过博物馆，40%的人表示参观了纪念碑，30%的人表示参观了展览，23%的人表示观看了现场演出。20%～30%的受访者可以被界定为文化游客，因为从某种意义上来说，他们选择将参加文化活动或欣赏文化产品作为旅行的主要目的，同时他们也认为自己是文化游客。该项研究清楚地表明，参观文化景点的游客不能与文化游客相混淆。文化旅游业的最大影响可能作用于地区或地方层面，因为一日游观众中将艺术作为他们的主要游览目的的比例要高于观光客。

---

① 详见Heilbrun和Gray(2001)。

② 格拉斯哥地区是关于文化经济重要性的三项区域性分析的一个对象，它构成了Myerscough有关文化对英国经济重要性的国家层面分析的基础；另外两项分析来自默西赛德(郡)和伊普斯威奇。

另外一个来自于城市和地区发展前景的重要问题是，哪些文化资产在何种环境下最可能吸引游客并推动发展呢？在一个偏远甚至不为人知的地区，单个孤立景区基本没有可能在一个旅游产品和服务密集的市场中脱颖而出。与此不同，大型的国际著名的文化产品比如巴黎埃菲尔铁塔、悉尼歌剧院、纽约自由女神像作为中心旅游景区，已经成为它们各自所在城市的标志。然而，并没有关于独立大型文化产品的影响及其对旅游业的贡献的统计学估算（Landry and Bianchini，1995）。显然，如果独立文化机构与其丰富的文化设施和环境融为一体，我们就很难弄清它的吸引力究竟何在。

古根海姆博物馆（Guggenheim Museum）所在地，西班牙的毕尔巴鄂（西班牙北部港口城市）为我们提供了一个关于研究独立国际著名景区影响的测试案例。毕尔巴鄂之前并没有因为其旅游潜力而受到关注，也没有为当地带来大量的游客（Gomez，1998）。Plaza（1999，2000）曾经研究了古根海姆博物馆对毕尔巴鄂旅游业的影响，尽管这些研究显示古根海姆博物馆在吸引游客方面发挥了重要作用，但是他们并没有计算它的经济影响。[①]

另外，旅游业对当地经济也会产生负面影响，比如拥挤效应、污染和损耗。后者尤其与一些文化遗产中的特殊物品和场所相关，因为这些地方往往无法承受高强度使用。[②]

30.2.1.5 评价与批评

我们能够从艺术对经济的影响研究中得出怎样的结论呢？

首先，这些研究显示出艺术就像任何其他经济活动，会对经济的其他方面产生影响。如果艺术创造了更大的需求，那么由于乘数效应的存在，收入的提高会超过需求的初期增速。乘数的大小取决于税率、边际消费倾向、边际进口倾向、地区面积等因素。然而，其结果并未表明乘数效应在艺术领域中的重要性要大于其他经济领域。当然，如果文化活动吸引了大量的游客，艺术对地区经济的作用也确实会增强。

其次，一些文化活动的经济效应要明显大于其他文化活动。总的来说，剧院和音乐会的营业额高于博物馆和画廊，但是博物馆和画廊所吸引的一日游参观者要多于剧院和音乐会。考虑到观光游客在每次参观中的花费要多于一日游参观者，一日游参观者则比当地居民消费更多，博物馆和画廊的游客在购物和餐饮方面消费更多，那么我们可以得出结论：博物馆和画廊的经济效应总体上要高于剧院和交响乐团。

尽管经济影响研究目前已经非常完善，但对于研究结果的诠释还是遭到了许多人的批判。[③]最近，Seaman（2003）总结了一些经济影响研究的相关错误，如下所示：

- 直接基础错误（直接效应计算错误）；
- 诱导基础错误（配套消费或诱导效应计算错误）；
- 乘数错误（乘数效应计算错误）；
- 供给约束错误（如关于本地区产能的假设不够准确则会产生错误）；
- 事后验证错误（未能验证所有观测到的数据是否发生变化，比如当地艺术机构的关闭会产生与前面提到的经济影响一致的经济效应）；
- 政策解读错误（来自于影响研究结果的错误政策结论，下文会进一步讨论）。

由于经济影响研究受到严厉批判，一些学者，比

---

① 需要注意的是，古根海姆博物馆也对其文化活动的经济影响进行了研究，并将研究成果作为其年度报告的一部分出版。

② 关于遗产保护和城市旅游业再生问题，可详见Stabler（1996）。

③ 比如Bille Hansen（1995），van Puffelen（1996），Graves（1987），Peacock（1991）和Seaman（1987，2001，2003）。

如 van Puffelen（1996），甚至提出无须再进行此类研究。①尤其是我们尚不清楚，是否可以利用文化活动或文化机构的积极经济影响证明国家发放艺术补贴的合理性。很多经济影响研究的开展就是为了给政府补贴艺术提供额外论据。事实上，这些研究并不能提供足够的论据支撑。更重要的是，他们还冒着基于错误基础进行艺术评估的风险，因为艺术的主要目的不是吸引游客或拉动消费、收入和就业。这些经济影响属于额外收益，而不是主要目标。艺术的最重要影响及其获得政府支持的主要理由，在于其文化或社会影响。如果只是分析艺术与经济附带效应之间的影响，就会产生错误的理解。尤其是它意味着会出现关注最大短期经济影响的文化活动的风险——比如，明星参加的大型音乐会——其目的是吸引大量（外国）观众，而不是关注那些为大众和文化发展带来好处的文化活动。②

问题在于，经济影响研究使用的是经济增长的传统指标，如国家收入、消费支出、就业等，因此需要将发展的定义简化为短期经济增长。正如前文中所指出的那样，与一个既包含经济发展又包含人类与文化可持续发展的概念相比，这是一个狭义的发展概念。③此外，研究时段也很重要，经济影响研究中计算的需求效应一旦出现，便可以精确地被估算出来，而那些起因于文化活动对社会和人类发展具有重大作用的经济效应只会出现在一个较长的时间范围内，且难以估量。

现有经济影响研究所提供给我们的认识可能对广义上的发展政策和策略评估是有用的，但其他类型的发展（比如人类发展和文化发展）也要考虑在内。Throsby（1997，2001，2003）已经对“文化可持续发展”的可操作性提出了一些初步建议。他提出：“对文化可持续发展的概念描述是一个原则或标准的集合，这个集合为系统化评估政策与策略提供了方法，并且参照每个标准，可以对这些政策与策略不能与文化可持续发展保持一致的程度进行评估。”第一步先简单罗列一组变量，包括经济指标、社会指标、文化指标。在确定了适当的指标之后，下一步可以明确它们之间可能存在的假设关系的范围。在这个过程中，现有经济影响研究中的认识在确定和评估文化指标和经济指标之间的关系时是非常有用的。换句话说，尽管经济影响研究是非常狭义的——只看到了短期的经济增长，没有考虑到长期效应和艺术的公共品属性——但是适当的经济影响研究在明确文化领域和一般经济之间联系以及评估二者关系重要性上具有重要作用。

30.2.2 长期效应

30.2.2.1 区位选择

除了经济影响研究中可以测量的短期效应，文化活动可能会产生更多间接的和长期的效应。尤其是充满活力的文化氛围能够吸引人们和企业前往特定区域，比如由于人们喜欢文化和艺术（因为他们喜欢优美的环境），为了获得更多接触文化机构的机会，人们愿意放弃一部分收入。这种正外部性会使得该地区对那些希望

---

① 然而，Seaman（2002）认为，相对于那些更合情合理的方法论（比如“精致的”影响研究或或有估值研究），他所谓的“幼稚的”经济影响研究可能会提供更多关于“真实的”总体经济影响（更广义的）准确评价。

② Schuster（1995）分析了两个大型城市艺术节（巴塞罗那的圣梅尔塞节和波士顿的“波士顿第一夜”）的动因，并明确了发展城市基础设施，升级城市形象，吸引游客，以及将不同类型的人们放在一起以解决社会问题的动机。显然，创造就业岗位是最主要的动机。这些动机中只有一部分属于经济影响分析，从而使其成为一个非常狭义的概念。

③ 参见 Throsby（2001，2003）和 30.1.2 部分的讨论。

节省工资成本的企业具有更大的吸引力。[①]此外，他们会在该地区发现更多的创造型人才，这会提高他们获得合格劳动力的可能性。

因此，文化会通过吸引人才、企业和投资对城市和地区发展产生影响。对于大多数私人文化机构而言，这些影响并不重要，因为它们的规模过小，并不足以引发这样一个发展过程。但是对于为数不多的大型机构比如毕尔巴鄂的古根海姆博物馆来说，这种影响是非常重要的。而对于像伦敦、柏林、巴黎这样的城市，大量的文化机构造就了当地充满活力的文化生活，这种影响就显得更为重要。此外，高级别的文化活动可能会吸引其他形式的投资，比如为改善交通设施的投资等，但是这些影响总体来说是难以证明的。

关于人们的区位选择，我们可以观察到，如果文化机构和活动吸引新的公民前往当地生活，那么文化和艺术会导致一个地理区域内的人口增长。艺术会成为影响一个家庭选择居住地的因素之一。事实上，基于访谈方式进行的研究普遍显示，员工在决定前往哪里工作和生活时，艺术不是被考虑的第一因素；工作机会、住房、家庭关系、学校、交通设施、体育休闲设施反而会成为决定性因素。[②]

关于企业的区位选择，人们普遍认为艺术环境和地区产业发展之间存在一种积极的关系。但是我们对这种关系真正了解多少呢？艺术对企业的区位选择可能会有一些影响，因为在基础设施、土地价格、薪资水平、人力资源、销售机会等因素之外，文化环境对一个公司吸引核心人才至关重要。[③]然而，问题在于，艺术文化作为本地化因素到底有多重要？我们试图通过对公司管理者和核心人才的采访得出确切的结论。[④]这些研究结果表明，艺术完全不是企业在决定选址时的第一因素；企业将硬性商业因素——销售机会、基础设施、人力资源、薪资水平、土地价格和税收水平——看作比文化重要得多的因素。但是其他一些研究发现了它们之间更紧密的联系。比如，Kotkin（2000）指出了舒适的生活方式和邻近高科技产业区的偏好（比如纽约硅巷、旧金山南市场和教会区、西雅图先锋广场）之间存在的联系。Sommers和Carlson（2000）发现大约50%的西雅图高科技公司和员工都住在市中心周围的高舒适度地区。

Florida（2002a）向我们介绍了一个经济增长的新视角。他认为企业会向那些拥有创意人才的地区迁移，因为人类的创造力无论在今天或者未来都是企业最重要的资源。创意人才换工作的频率非常高，因此对企业而言，坐落在一个聚集了大量的创意人才的地区是非常重要的。Florida（2002a）强调，“创意阶层”已经超过人力资源总量的30%。[⑤]他还特别提出了“3T理论”，根据他的观点，包容、人才、科技这三个因素推动了经济增长。科技和人才（与人力资本密切相关的概念）作为经济增长的决定性因素已经非常完善。在这里，包容是一个新概念。因为多元化和开放的社会可吸引各种类型的创意人才，而这些人不会因出生地、种族、性取向、穿着、年龄等因素受到歧视，因此包容格外重要。作为衡量城市或地区开放程度的标准，Florida设计了同性恋指数、波希米亚指数、地区融合指数等指标来测算地区人口中同性恋、波希米亚人和外国出生人员的比例（Florida，2002b）。第二个重要因素是生活方式的舒适度，人们会关注体育设施、公园和其他环境设施，特别是文化和艺术。

---

① 这是享乐主义生活方式的出发点。参见Clark和Kahn(1988)。

② 参见实例，Rubernowits and Rubernowits(1990)。

③ 关于企业区位的实证性文献资料的广泛评述可参见Bartik(1991)。

④ 参见实例，Myerscough(1988a)。

⑤ 包括计算机和数学职位，建筑和工程职位，生活、物理和社会科学职位，教育、训练和图书馆职位，艺术、设计、娱乐、体育和传媒职位，管理职位，商业和金融运营职位，法律职位，医疗从业人员和技术职位，高端销售和销售管理职位。

创意人才资本的存在反过来会吸引和产生创新性科技型产业。为了验证这个假设，Florida（2002a）使用了不同的相关性分析，比如波希米亚人的地理性集中（通过指数衡量）与高级人力资本个体集中之间的关系、波希米亚指数与高科技行业之间的关系。佛罗里达得出结论，调查结果支持这一假设，即："波希米亚人在一个地区的显著聚集标志着开放和吸引高人力资本个体的环境。这反过来又刺激了高科技产业的创意和创新行为。"然而，该结论存在因果关系的问题。虽然这些正相关是某种因果关系的结果，但无论是影响的方向还是程度都无法确定。也可能是潜在的第三因素吸引了波希米亚人和创意企业，但是后两者（内生性问题）之间并没有因果关系。[①]

Ottaviano 和 Peri（2005）研究了文化多样性是否会提高生产力的问题，而这种文化多样性是通过多种本地语言来衡量的。他们调查了 1970 年至 1990 年的普查数据后发现，在语言多样性程度较高的城市，美国本土出生的工人的薪资和就业密度也相对较高。

总之，艺术和产业发展的相互作用非常复杂，而我们有关该领域的现有知识则相对较少。我们需要更多地了解哪些产业对地区文化艺术层次特别感兴趣（及这种影响的大小），以及其他重要因素之间复杂的相互作用。除了文化对地区投资、企业和人们的一般性影响外，还需要提到一种特殊影响，即地区内高级文化机构会特别吸引小公司前往文化创意区域，因为它们可以利用当地高度发达的文化机构带来的网络和集群优势。我们将在后面对此进行描述。需要注意的是，从单个城市和地区来看，吸引企业和人才的问题是非常有趣的，但概括来说，如果一个地区的增长伴随着其他地区的消耗，就可能是一个零和博弈。这就提出了一个问题，究竟应该将多少（公共）资源用于地区间竞争以吸引游客、居民和企业呢？

30.2.2.2 教育和创意价值

各种各样的学习效应都可能与艺术和文化相关。大多数人认为艺术对于形成身份、性格、立场、职业动机、创造性等因素非常重要——这些因素对经济发展同样重要。换句话说，艺术可以为创意过程提供灵感，并触发变革与创新。因此，随着艺术领域的创造性向其他经济活动扩散，一个地区内的艺术与文化活动会间接地引发更具创新性的产业发展。创造力——以创新的形式打破界限——具有普遍性，因此，艺术冲动对于商业舞台的演员们而言非常重要，从而对经济增长也十分重要。如此说来，艺术在社会发展中可以充当发动机的角色。教育和创意效应只能在长期的累积中出现，而且其难以证明和衡量，一部分原因就是我们不了解使创造性和人格的外部效应得以实现的传播渠道。因此，这必然是一个有些模糊的概念。[②]我们再次强调，正如经济影响研究所说，这种生产力外部效应并不是资助当地艺术文化的首要原因。

另一个与艺术相关的发展涉及所谓的创意联盟。在过去几年中，文化与商业的新型合作得到了发展，这比传统意义上的赞助协议的范围更广，比如，这其中包括设计和产品开发、市场营销与组织发展。在一些国家，各种组织在政府的资助下成立，试图建立起艺术和产业创新与发展之间的联系。这种组织的目的是在艺术家和企业之间建立联系，并引导企业在创新过程中对艺术家的作用加以应用。在英格兰，艺术与商业组织已经为此存在了很多年，类似机构也在很多西方国家逐渐建立起来。然而到目前为止，这些创意联盟的创立仍然是一个缺少相关成熟研究的领域。

---

① 也可能是波希米亚人和外国出生者追随创意型和快速发展的企业，而不是相反。

② 很多这样的长期效应由于其本身特性显得有些模糊且难以衡量，但这并不意味着其不重要，反而突出了其不太容易成为政府资助文化艺术的正当理由。事实上，增长带来的影响不应该成为政府资助文化艺术的首要原因。

30.2.3 文化与城市规划

在过去10到15年中——主要在欧洲、美国和澳大利亚——出现了一种新趋势，为了振兴城市（尤其是内陆城市）、老工业地区和河滨区，开始使用诸如“文化规划”、“文化项目制定”和“城市规划”这样的概念。①其目的是培养“创意城市”的发展（Landry，2000；Bianchini and Landry，1995），实现“文化重塑”并吸引“创意阶层”（Florida，2002a）。在此期间，各国采用了不同的发展策略，包括从更广泛的范围定义文化，将文化的维度扩展至涵盖交通基础设施、现代住宅和产业大厦、购物中心等。在欧洲使用这些概念的城市包括格拉斯哥、纽卡斯尔、巴塞罗那和毕尔巴鄂。

这些发展策略非常有趣，因为它们关注的是在一个更宽泛的规划过程中，文化与城市和地区发展之间的相互作用。在这个规划过程中，文化和艺术是城市和地区振兴与发展不可或缺的因素。②然而，问题在于我们究竟了解多少关于这些努力和策略的结果，包括文化在这种联系中的重要性呢？在国际文化政策杂志专刊《城市空间和文化用途》中，Gibson和Stevenson（2004）在引言中写道：“最值得关注的是，我们在文化规划中的文化、经济、政治和社会短期与长期影响方面缺乏严谨的研究。并且，有什么证据能够表明，这些重建和重塑策略所需要的大量公共开支实际产生的结果符合公众利益呢？”后来他们在文中得出结论：“随着问题逐渐清晰，这些项目的文化、经济、政治和社会含义的复杂性及其用途一样是多重的。这显然不仅仅是‘增加文化和融合’这么简单的事情。”

格拉斯哥和毕尔巴鄂是欧洲两个最雄心勃勃和杰出的城市，它们在城市发展中谨慎地运用了文化和艺术因素。两个城市都经历了去工业化过程，以及随之而来的就业机会方面的损失。随着欧洲边缘地区工业中心的衰落，它们拥有共同的过往以及非常相似的改善现有状况的途径。就经济表现而言，格拉斯哥的现实状况并不像它所被描绘的那样富有希望。格拉斯哥的形象可能会发生变化，但经济复苏却难以实现。根据Gomez（1998）的描述，格拉斯哥的就业率实际上已经下降。但不可否认的是，格拉斯哥的形象（包括城市内部和外部），已经从根本上重新建立起来。格拉斯哥中心地区物质环境复兴政策的成功也得到了认同。总之，正如Throsby（2001，p.125）所指出的那样，“如果一个城市文化环境的提升产生了较大的社会凝聚力和较强的市民自豪感，同时降低了犯罪率，增强了经济活力等，那么具有实体经济潜力的外部性则会长期存在。这些因素在提升城市形象方面可能很重要，因为这些城市被视为资本流入和新商业建立的理想地区”。尽管如此，正如上文所指出的那样，这些影响非常难以验证和追溯。③

30.3 地区的经济增长如何影响文化部门的发展？

关于文化和发展的争论主要集中在上述问题上，即艺术部门能够对一个地区的整体发展作出哪些贡献。然而，与此相反的因果关系同样重要。地域文化在区域经济发展的过程中是如何变化的？或者说得更直白一些，经济上较贫穷的地区是不是文化也较匮乏？回答这个问

① 比如，参见Mercer(2002)和Evans(2001)。

② Stern(1999)发现，即使其他因素受到了统计学方法限制，艺术和文化组织仍然对周边地区复兴具有独立的重要作用。“相对于拥有极少艺术组织的周边地区而言，拥有很多文化艺术组织的周边地区复兴的可能性会提高两倍。”

③ 参见Vidarte(2000)。

题是非常困难的，因为它本质上意味着要对各种艺术形式进行价值判断。例如，和一个大型多功能礼堂相比，选择当地的一个简易剧场演出的效果是更好还是更差？随着地方经济的发展，我们也许能够发现当地文化发展的几条主线。这不仅是以整体支出衡量的文化活动水平的改变，也包括其结构的变化。[①]

30.3.1 市场价格与非市场价格

如果我们暂且假设文化活动的价格是由市场自由决定的，那么可以简单地预测供求状况在市场发展过程中会有怎样的变化，即确定供求曲线的决定性因素，并分析它们是如何受整个经济发展影响的。这会使我们对文化产业如何在发展中变化拥有一个清晰的认识。对于一些商品，比如电影、流行音乐和民族音乐，自由定价或许是一个合理的假设，尽管未必所有的市场都是竞争性的。[②]因此，我们将着眼于供求状况及其可能由发展带来的变化。但是，如果我们看一下博物馆、剧院、文化遗迹所提供的文化服务，这种分析虽然不失价值，但会忽略国家在这些领域所扮演的重要角色。国家在艺术和文化领域的深度参与有一部分是由历史原因导致的[③]，另一部分则是因为这是对文化艺术所产生的非市场价值的回应，即这些活动所带来的价值不限于使用价值，还可以使人们更加重视艺术和文化（即便人们不直接使用这些服务）。这些非市场价值包括：选择价值、存在价值、声望价值和遗产价值。

- 选择价值是指为大众保留欣赏特定艺术或文化服务可能性的价值（即使他们实际上并未这样做或以前从未这样做过）；
- 存在价值是指民众通过知道某个特定文化服务存在而得到的价值（例如，某个博物馆或故址遗迹等），即使他们从来没有打算亲临现场；[④]
- 声望价值是指一个普通人从国家或地区的文化遗产遗迹中所获得的一种有助于识别和维护国家或地区认同感和自豪感的价值；
- 遗产价值是指个人从他们的后代将能够享受特定服务的认知中获得的价值。

文化除了创造使用价值或消费价值，在一定程度上还具有公共产品的属性——非竞争性和非排他性。当然，一些重要的文化遗址以及在公共场所的艺术行为也是通过它们的使用价值来产生公共产品属性的，即使对它们的使用可能存在一些限制。例如，进入埃菲尔铁塔本身是受限制的，但在整个巴黎都能看到它——在其作为国家象征和巴黎市艺术及技术丰碑的功能方面，埃菲尔铁塔是一个纯公共产品。同样，公共场所的纪念碑或雕像属于纯粹地方公共产品（有时也有坏的效果）。此外，艺术和文化可以说是具有教育价值的，这些价值并未反映在价格体系里。文化通过所有这些方式产生正外部性，在此情况下政府明显应当干预，通过直接向文化机构提供补贴，或间接提供税收优惠，或通过公有制的

---

① 为了确定文化行为的整体水准，可以通过价格体系使不同的文化行为变得具有可比性。因为价格可以反映边际效应，所以这也意味着要进行价值判断，尽管这些价值判断是由消费者而非研究员作出的。但是请注意，这些支出仅仅反映了人们实际消费的文化服务效用，而不是由文化机构所提供的选择或遗产价值（见下文）。此外，其前提为“价格是由竞争性市场自由决定的”，而鉴于国家的大力干预，文化机构往往不能依靠市场来自由决定价格。

② 需要注意的是，由于这些行业风险系数极高，因此产业集中方式对于生产信息产品的行业（比如电影产业）来说，可能并不是理想的指标，参见de Vany（第19章）。

③ 例如，德国之所以有许多管弦乐队是因为德意志民族被分裂成许多王国后，其中的每一个王国都拥有为国王和宫廷提供娱乐的专属宫廷管弦乐队，参见《舒尔茨和玫瑰》（1998）。

④ 水下考古正是这样一个例子，因为很多人都不潜水；参见Whitehead和Finney（2003）。

形式，政府确实扮演了一个强有力的角色。[①]

政府对文化领域强有力的干预意味着，价格本身已经不能反映出文化服务行业实际消费中的消费者偏好以及行业供应状况，而是已经被政府补贴、税收优惠、国家所有权和价格调控等因素扭曲了。因此，文化服务产生的价值主要取决于政府干预形式和程度的政治进程。[②]因此，重要的是我们要了解政治进程，知道政治进程的结果在发展过程中会发生怎样的变化。艺术和文化领域的政治干预并不能取代市场力量，但是却可以改变它们。在某种程度上，文化政策是由需求决定的，即政治家们实际上做的是他们的选民希望他们做的事，也就是说，决定文化需求的因素实际上被强化了。由需求决定的政策涉及的不仅仅是决定市场有效需求的因素，还包括那些由个人赋予艺术和文化的非使用价值。在接下来的内容中，我们将讨论这些问题。

30.3.2　文化产品的需求

30.3.2.1　可见的需求行为[③]

到目前为止，关于艺术需求的实证文献数量已经相当可观，包括计量经济学研究和大量的游客调查。[④]鉴于本卷所述的Seaman的全面调查[⑤]，这里只展示了我们所读到的有关表演艺术（戏剧、歌剧、芭蕾舞、古典音乐）和电影院的实证证据。

受教育水平较高的人群在表演艺术的观众中占据极大比例，高收入人群也是如此；然而，与收入相比，教育方面的这种效应要明显得多。[⑥]尽管对自身价格弹性的估计在无弹性到高弹性之间有所变化，艺术需求与价格仍然是负相关的关系。而且，相关研究在复杂性和聚集度上差别很大。使用总和数据的研究（比如，用总收入除以观众人数得出相关价格的测量方法）往往具有较低的价格弹性。由于不能充分描述边际行为，这类研究的价值相对较小。我们并没有找到明显的证据来表明分类研究中价格弹性的绝对值高于整体研究得出的数值。尽管如此，我们的分析表明，这些证据总体上是支持价格弹性行为的。[⑦]电影等工业化文化产品的需求已经显示出价格弹性（Fernandez - Blanco and Banos - Pino，1997；Dewenter and Westermann，2005）。

虽然我们在直观上会认为艺术是一种奢侈品，受众调查也证明了富裕阶层在表演艺术观众中所占比例较高，但是计量经济学文献一直没有明确这一点。Felton（1992）发现芭蕾舞具有奢侈品特征但是歌剧却没有，在一项复杂的研究中，Pommerehne 和 Kirchgässner（1987）发现德国剧院的中等收入水平观众和高收入观众的收入弹性均大于1。Gapinski

---

① 除此之外，还可参见Baumol和Bowen（1966，chapter 16），O'Hagan(1998)，Frey(2003)，以及本卷Peacock的第32章、van der Ploeg的第34章、Netzer的第35章、Schuster的第36章。

② 当然，私人赞助和慈善事业可以通过源于文化艺术公共产品性质（正向非使用价值）的私人市场解决艺术文化产品供给不足的问题，参见本卷Katz所著的第37章。

③ 感谢Bruce Seaman与我们分享他关于艺术需求决定因素的观点，详见本卷第14章。

④ 比如，美国艺术基金会分别在1982年、1985年、1992年、1997年和2002年进行的观众调查；德国经常开展"文化晴雨表"活动，这是针对不同焦点问题的一项全国观众调查；丹麦也进行过类似的研究，参见Bille等人（2005）。

⑤ 参见Levy-Garboua和Montmarquette（2003）。

⑥ 美国和英国的情况参见Baumol和Bowen（1966）；美国的情况参见福特基金会（1974）；德国的情况参见Wiesand（1995），也可参见Gray（2003）。很明显，所占比例高不一定意味着高学历或高收入人群占绝大多数。

⑦ 只有很少的研究描述了交叉价格弹性。比如，Gapinski（1986），Krebs和Pommerehne（1995）。

（1984）和Bille Hansen（1991）发现，对于剧院来说观众收入弹性也大于1。即使证据并不明确，但是我们仍然可以看出现有证据更倾向于支持表演艺术是奢侈品的说法。

就对艺术的整体接触程度而言，青年观众人数较多；但是就表演艺术的整体上座率而言则完全相反，即在某一特定时期老年人占据整体上座率的比重相当高，而年轻人则占比较低。[①]此外，艺术消费会随着与艺术场馆距离的增加而下降（Gray，2003；Schulze and Ursprung，2000），观看表演艺术的女性要多于男性（除了爵士乐和舞蹈），而在美国，各个种族对不同艺术形态则有着不同的偏好（Gray，2003）。政治或性别偏好等生活方式变量也会对艺术需求产生重要影响，但这些数据都是很难获取的。[②]

如何将这些结论与目前的问题相联系，认识经济发展对文化需求的影响呢？毫无疑问，经济发展会对我们在上文中描述的所有因素产生影响。一般来说，经济发展往往使人们变得富裕，并能够接受更好的教育。教育和收入已被证实可增加文化需求，因此，我们认为在其他方面保持不变的情况下，较富裕的地区和城市可能拥有更加丰富的文化活动。不过要注意的是，不仅人均收入影响文化需求，地区经济的产业结构以及由此产生的人口社会经济结构也有同样作用。虽然人均收入水平相当，但是一个服务业、高校、政府机构集中的城镇，其文化需求可能会高于一个老工业城镇。当然，收入分配结构也是一个重要因素。如果收入集中于少数高收入人群，那么可能会存在一些精英艺术机构，但是文化活动的总体水平相比收入分配更为均等的地区则相对较低。地理位置和基础设施同样重要——如果人口大面积分散则会带来较高的平均交通时间和交通成本，进而削弱文化活动的需求。另外，如果一个城市或地区对同性恋（也可能是其他“另类”的生活方式）采取宽容的态度，则可能会在其他条件不变的情况下吸引到对文化服务有更高需求的人们。那些区域可能会吸引更多艺术家，但这是一个供给的附带因素。[③]

需要注意的是，现有的文化需求研究大多涉及表演艺术和芭蕾舞团、剧院、歌剧院、交响乐团等结构完善、具备永久法定形式、面向市场售票的文化机构。随着各地区逐渐变得富裕，人们所享受的“丰富的文化产品”或许并不仅仅是新闻报道中的人均文化消费，他们或许还享受了我们在统计中并未涉猎的更为全面的艺术形式，而不仅仅是“基本满足”和非市场性艺术与文化活动。[④]正如需求研究中所显示的那样，由于这种转换的出现，文化服务在发展过程中的增长会被高估。

30.3.2.2 非市场性需求

正如上文提到的，由于文化产品也会产生非使用价值，因此文化产品和服务的个体价值只是部分地反映在文化的市场需求中。如果政府对文化的支持反映了这些非使用价值，那么我们就要去研究它们是如何系统地与

① 之所以考虑年龄尤其是受教育程度的因素，原因之一是，艺术和文化偏好属于一种后天养成的嗜好，其中的消费资本是需要随着时间构建的（Stigler and Becker，1977），这对受教育程度较高的人来说比较容易。年龄大的人往往消费水平更高，因为他们的学习阶段更长，参见Lévy-Garboua和Montmarquette（2003）。艺术参与度的显著影响与艺术教育（比如音乐课）有关，参见Smith（1998）。艺术接触度可以用相对频率衡量，即在特定时间间隔内至少参与一次艺术活动的人数及其所占比例。年轻人的艺术接触度要高于整体水平或老年人，但是上座率并不同步。

② 德国保守党的支持者表现为更偏爱传统艺术形式（歌剧、芭蕾舞、交响乐），而社会民主党和绿党的支持者则可能更喜欢实验性艺术形式（Wiesand，1995；Schulze and Rose，1998）。同性恋者比人口统计学意义上相似的异性恋者更喜欢参加艺术活动。

③ “体验经济”（Pine and Gilmore，1999）实际上似乎是一个建立在文化、节庆和经验需求不断增长的基础上的概念。这个相对较新且很有说服力的概念包含广义上的文化、节庆和经验的需求。

④ 该观点已经被Goldstone（2003）根据联合国文化报告中的国际性统计数据证明了。

那些在发展过程中改变了的因素联系起来的。国家和地区收入随着时间的推移，通常会带来公共文化支出的增加，居民人均收入较高的地区会比收入较低的地区拥有更高的人均文化支出。Bille、Hjorth-Andersen和Gregersen（2003）对北欧国家的公共文化支出数据进行了对比。该分析表明：

……我们可以得出结论，文化支出的收入弹性等于或稍大于1。通俗地说，国家经济表现良好时，文化产生一种溢出效应。丹麦社会财富每增加100亿丹麦克朗，则文化领域的收入会增加0.5%到0.6%，约合5 000万至6 000万丹麦克朗。因此，经济增长对丰富文化生活似乎非常有利！从这个角度来看，北欧国家极其相似。（Bille，Hjorth-Andersen and Gregersen，2003，p.343）

总体来说，在研究非市场性商品需求的大小和非市场性价值的决定因素时，通常采用四种方法（Frey，1997）：特征价格方法、旅行成本法、或有估值法以及公民投票法。[①]现在依次介绍如下：

（i）特征价格方法。特征价格方法可用于在控制其他因素之后，分析土地和房屋价格是如何通过接近文化遗址（或者风景区）而受到影响的。[②]或者说，特征价格方法可以用来分析人们为了获得一个区域内文化服务供给多的工作地点而愿意接受的工资降低程度。这些研究需要依赖竞争性住宅市场或劳动力市场，而且在对工资或土地价格进行回归时需要控制所有其他变量。其他所有不可见因素不得与文化相关联，这在现实生活中很少发生，因为富有活力的文化大多数也具有其他吸引力属性，因此典型的识别问题由此产生。在文化经济学中很少进行特征价格研究。[③]

（ii）旅行成本法。旅行成本法认为，文化服务的支付意愿不能仅仅通过门票的市场价格衡量，还要参考旅行方面的资金成本以及旅行时间的机会成本。这些成本的总和与入场费构成了当前正在考虑的文化服务支付意愿下限。但是，这种方法需要假设参观文化遗址是旅行的唯一目的，而且旅行本身不会衍生出其他娱乐形式。没有任何理由相信这些假设在实际生活中能够成立。[④]因此，这种方法就像特征价格方法一样有着显著的缺陷；最重要的是，这两种方法只能衡量使用价值（而不是非使用价值）。因此，我们会把注意力集中在下面两种方法上。

（iii）或有估值法[⑤]。或有估值法是一种基于调研的方法，该方法会通过一个人口样本，确认某个服务发生了某种假定的变化之后，自己能接受的最高支付

---

① 当然，还有一个非常有前景的第五种方法是离散选择实验（DCE），这种方法已被广泛应用于环境经济学（Adamowicz et al.，1998；Boxall，2001）和健康经济学（Ryan and Gerard，2003）中。Boxall等人（1996）表明，支付意愿（WTP）在或有估值法（CVM）中要远远高于离散选择实验，Carlsson和Martinsson（2001）也表示对于公共产品而言，支付意愿与假设和实际的支付几乎相同。离散选择实验对文化经济中的非市场性评估来说看似是一个很有前景的方法，但是目前几乎很少见到。一个例外就是Boxall、Englin和Adamowicz（2002）关于文化遗产的研究（原住民岩画）。

② 特征价格法将一系列被消费者评价的潜在特征视为优势，因此价格可以被分解为这些部分的估值。在我们的文章中，与文化机构相邻并且能便捷到达是住宅价格上涨或工资下降的一个特征。特征价格法是Lancaster（1966）提出的；Rosen（1974）最先将环境质量因素纳入“特征”分解中，这最终为这些特征层面的改变带来一种间接价值。

③ 参见实例，Clark和Kahn（1988）。

④ 比如，与朋友和家人一起参观米兰的斯卡拉（La Scala）歌剧院的一日游本身是很享受的，欣赏歌剧是这个旅行中的独特亮点，同时旅行还包含很多其他行程，如购物和享受都市风情等，也就是欣赏歌剧的同时还能享受旅行；近期对旅行成本的研究，包括文献回顾，请参见Poor和Smith（2004）。

⑤ 或有估值研究或衡量的是个体消费者的利益，而不是文化艺术对城市和地区发展的重要性。在这个部分，我们主要关注文化艺术在发展过程是如何变化的，所以需要研究这种需求的决定因素，包括非使用性需求。或有估值法可以做到这些。我们需要假设发展过程中需求的决定因素是如何变化的，当地政府对文化艺术的支持是否能适应这些需求变化。

额度是多少。产品的价值随后根据受访者的估值推断出来。这种方法之所以被称为或有估值法（CVM），是因为受访者的回复取决于调研员向消费者描绘的一个假设场景，因此这里存在多种启发形式，包括开放式问答（受访者被要求直接说出他们的最大支付意愿（WTP）或最大接受意愿（WTA））[①]、两分选择法（受访者被要求对调查员阐述的一个具体数额作出"是"或"否"的回答）、选择实验法（受访者被要求在不同设置中进行选择，这些设置的属性——包括价格——是变化的）。所有启发形式都有其自身的优点和缺点。[②]

或有估值法已在环境经济学中得到广泛应用，最近越来越多地用于文化产品的评估。我们看到，大多数研究比较关注文化遗产和历史遗迹问题[③]。多数研究显示，文化产品的使用者和非使用者具有强烈的支付意愿，非使用价值占总价值的大部分，而且使用者的平均最大支付意愿（WTP）高于非使用者。最大支付意愿随着收入和教育水平逐渐升高，结果与理论预期一致，平均最大支付意愿随着与文化场馆距离的增加而下降（Bille Hansen，1997，2002）。Alberini、Riganti和Longo（2003）采用或有估值法针对贝尔法斯特居民进行了一项城市或地区层面的调研，得出了人们对改变审美特征和使用特征的特定城市遗迹修复工程的偏好。他们发现，个体选择可以用修复工程的属性来解释。另外一个例子是关于保护和复原挪威特隆赫姆的尼达罗斯大教堂的价值研究，该教堂是斯堪的纳维亚半岛地区最古老的中世纪建筑（Navrud and Strand，2002）。1991年夏，研究者通过或有估值法对大教堂的参观者进行了调查。Santagata和Signorello（2000，2002）针对本地居民在维修那不勒斯博物馆中所得到的总体利益进行了全面衡量（那不勒斯博物馆是那不勒斯市提供的公共文化产品）。当研究涉及的文化遗产或文化产品是国家重点保护对象时，为了对该产品的总体价值作出评估，就需要从国家层面展开。[④]

或有估值法受到多种偏差的影响，包括假设偏差（由于情境只是假设的，导致对最大支付意愿的高估）、策略偏差（受访者的行为是策略性的）、"暖光"偏差[⑤]（受访者愿意为做好事买单，而不是为情境中说明的特定变化买单）等。因此，或有估值法遭到广泛批评[⑥]，引发了经济学家们的激烈争论，他们更倾向于相信来自行为观察而不是来自于偏好陈述的判断（Carson，Flores and Meade，2001）。然而在很多情况下，或有估值法是能够评估一个产品（使用价值和非使用价值）总价值的唯一方法。

（iv）公民投票法。与或有估值法研究中研究对象所述的支付意愿不一定反映其真实的需求行为不同，公民投票具有独特优势，因为他们将个体评价与选民所了解的将要执行的具体决定紧密联系在一起。此外，匿名投票并不受同类型偏见的影响，尤

---

① 支付意愿（WTP）是指受访者被问及他愿意为某一产品支付多少钱；接受意愿是指受访者被问及由于某一产品的损失他必须得到多少赔偿。一般来讲，接受意愿通常会超过支付意愿。

② 有关所涉及理论和实证问题的深入讨论，以及请参见Mitchel和Carson（1989），Branden和Kolstad（1991），Freeman（1993）以及Bateman等人（2002）。

③ 参见Navrud和Ready（2002）以及Bille Hansen（1998）。Throsby和Withers（1983），Morrison和West（1986），Martin（1994）以及Bille Hansen（1997，2002）也做了一些前沿研究。Noonan（2003）提出了对现有文化产品的或有估值研究进行多元分析，并阐述了文化经济学中的139项研究，其中61项研究成果自2000年开始出版发行。文化经济学杂志专门对或有估值研究在文化经济学中的应用的批判性评价做了一期专刊，其中包括一些有趣的应用（第27卷，第2–3期）。

④ 参见Bille Hansen（1997）关于哥本哈根皇家剧院的事例。

⑤ 参见Diamond和Hausmann（1994）。

⑥ 实例参见Diamond和Hausmann（1994），Hanemann（1994）以及Portney（1994）。

其是匿名投票不会受到系统性回答偏差的影响，因为只有在个体作出策略性回应或试图给调查员留下良好的印象时，才会出现这种偏差。[①]公民投票的明显缺陷在于只有少数国家在文化事务上进行公民投票。

Pommerehne（1982）分析了1973—1974年巴塞尔市准自治州关于为剧院增加补贴的两次连续投票：第一项提案（包括一项更大数额的补贴）被否决了，第二项获得批准。Frey和Pommerehne（1989，Chapter10）也研究了1967年巴塞尔市举行的关于为巴塞尔美术馆购买两幅毕加索油画的一次投票（该提案以54%的支持率获得通过）。Schulze和Ursprung（2000）分析了1994年关于将苏黎世歌剧院的财务责任从市政当局转到下辖区的一次投票（该投票以73%的支持率获得通过）。

三种分析的结果一致表明，较高的收入和教育水平对于提高赞成票的比例具有显著的积极影响[②]，而应纳税收入和旅行时间（或货币旅行成本）则明显降低了赞成票的比例。按照0～15岁儿童数量或出生率进行大致估算，对于赞成票的影响是积极的，同样，普遍对文化或公共事务感兴趣的人群比例也是如此（由严肃报纸订阅份额衡量）。[③]关于年龄和自由职业与企业员工所代表的时间机会成本的研究，并没有得出与上面一致的结论。尽管与使用价值和期权价值相关的变量对于赞成率的变化影响很大，但是这些分析也表明，非使用价值在阐述艺术赞助价值方面发挥了极为重要的作用。[④]

30.3.3 文化产品的供给

30.3.3.1 艺术生产过程

在地区和城市的发展过程中，文化艺术产品的供应条件会发生怎样变化？显然，答案不可能是唯一的，因为从根本上说，供给条件因艺术形式而异，因此要考虑以下分类[⑤]：

- 现场表演艺术（所有风格的音乐会、演出、歌剧、芭蕾和舞蹈）；
- 视觉艺术（油画、绘画、雕塑）；
- 工业化再生产过程的可复制艺术（文学作品、唱片、电影、数码艺术）。

这种分类主要基于生产过程而不是感官体验或其内容。视觉艺术比如油画、绘画、雕塑等是不可规模化生产的——单位人力成本的投入不会随着产量的增加而下降。[⑥]此外，生产技术防止了简单无瑕疵的复制，使得这种艺术具有独一无二的特性。复制品和真品是有区别

---

① 公民投票的另一个优点在于其包含了更多的个体数据。对于普通投票研究和或有估值研究来说，有大量文献可供参考，如：Frey（1997），Schulze和Ursprung（2000，p.134），Bishop和Heberlein（1986），Mitchell和Carson（1989），《经济展望杂志》1994年秋季专刊，以及《文化经济学杂志》（2003年，第27卷，第3-4期）关于或有估值的专刊。我们发现，两种方法都有其相对优势；由于它们导致了文化产品需求的决定因素趋于一致，因此两种方法互为补充。

② 需要注意的是，由于个体投票是匿名的，公民投票法将投票区域作为观察单位。因此，内生变量是赞成票比例超过这一比例负1的对数比值比；外生变量是教育状况（比如中等教育的人口比例）、地区内人均收入水平等。

③ 后一个变量可能暗示着强势的人生或声望价值。由于那些经常使用文化机构的人想必也认为这种机构具有更高的期权价值，因此单独的期权价值并没有明确的替代物。换句话说，变量（比如收入）、教育和距离将同时替代使用价值和期权价值。

④ Frey和Pommerehne（1995）对瑞士，Getzner（2004）对奥地利，以及Rushton（2005）对美国分别进行了更深入的相关研究。

⑤ 详见Schulze（1999，Chapter 2）。

⑥ 规模经济学的缺乏并不妨碍我们了解曲线效应或范围经济学。

的（因此不能互换）[①]。无论是既定的表演、音乐会还是固定时长的歌剧，在现场表演艺术领域，几乎不能产生规模经济。只能通过增加产量，才能使彩排和布景准备的时间得以缩减。这种艺术形式在某种程度上是独一无二的，因为某个特定（群体）的艺术家进行的一种独特的演出不能与由不同表演者演绎的相同的歌剧或音乐会等表演互换。因而，独特性是一个程度的问题。我们可以将这些艺术形式的共同元素描述为“它们的供应过程的工艺属性”（Baumol，1996）。可复制性艺术的生产过程从根本上来说与其他艺术形式不同。无论是一本书的创作过程，还是组织一场音乐会并演出一次或是其他，都没有展现出规模经济的一面，而最终产品的复制——一本书、一张CD或DVD、一卷电影胶片等——则显示出了超强的规模经济效果，边际成本几乎可以忽略不计。这也导致了版权问题越来越多。现在，使用先进生产技术生产这些文化产品的行业通常都得到了产权保护（Towse，2003）。[②]

显然，技术进步和资本积累带来的经济发展对这些不同类型的生产过程——个体生产与工业化生产——产生了极为不同的影响。我们将在此基础上讨论这些影响，包括技术发展对现场演出和视觉艺术的影响。

30.3.3.2 鲍莫尔成本病

鲍莫尔成本病是一个直观的一般均衡模型，刻画的是通过统一劳动力市场联系起来的两个行业因生产率增长不同而产生的相对价格效应（Baumol and Bowen，1966）。试想一个行业（比如现场演出）在生产效率上没有变化，而另一个行业（制造业）的生产效率有较大提高。相对于生产效率的提高，单位劳动力成本实际上下降了，因此就产品生产和记账单位而言，制造业生产率的提高导致了该行业工资水平的提高。[③]如果制造业产品在总消费中占据相当大的比重，那么这个行业的实际工资也会随之上升。如果另一个停滞行业的（实际）工资与制造业的（实际）工资相关联，则只能依样效仿。[④]这就会导致行业单位成本增加，因为产量增加不能抵消工资的增长。这种单位成本的增加必须通过提高价格或补贴得到补偿。无论作为市场价格还是作为影子价格，停滞行业的产品的相对价格已经提高。当然，如果艺术行业的生产率也在提高，这种推论的逻辑依然可以站得住脚；因为只要生产率存在（显著）差异，相对价格的这种效应就会出现。[⑤]

这个具有普遍性的理论可以应用于艺术领域，同样适用于教育、医疗等行业（Baumol，1996）。对于现场演出和视觉艺术，在节约劳动力方面，技术进步潜力相当有限[⑥]；在不影响质量的前提下，排练次数不能大幅度削减，一首贝多芬交响乐需要一个完整的交响乐团来演奏，一曲莫扎特弦乐四重奏需要持续固定的时长。尽管在表演艺术领域生产效率也

---

① 当然，这并不排除对于非专业人士而言假货是很难辨识的，但是如果察觉到了，他们就会给出一个比真品低得多的价格。详见本卷Benhamou和Ginsburgh所著的第8章。

② 需要注意的是，艺术家可以参与两种生产过程：如一位现场表演艺术家同时也是一位作家，他或她的著作可以被工业化生产出来；再如一个交响乐团，既参与现场音乐会表演也参与碟片录制。

③ 显然，这种论断假设工资是弹性变化的。

④ 工资水平并不一定相同（如果工人是跨部门流动且完全同质，工资水平则相同）。这足以说明，相对的工资差保持恒定，可能是出于一种“恰当性”或“公平”的感觉，或者是因为工会也使用了其他部门的工资趋势作为衡量自己需求的标尺。工资差增大，随着总体工资的增长，艺术部门工资也相应增加，艺术则会变得更加昂贵。

⑤ 详见本卷Baumol的第11章和Brooks所著的第15章。

⑥ 需要注意的是，这个论述严格上来说并不适用于所有表演艺术，只适用于现场表演艺术。对于乐团的总收入而言，版税的贡献是很有限的，但是技术进步（CD压缩等）可以运用在艺术形式的复制过程中（Heilbrun，2003）。

会得到一定程度的提升，但与大量其他行业（比如制造业和IT业）相比，其增长速度还远远跟不上。[①]这就会导致艺术行业的价格上涨，并持续高于通货膨胀率。[②]经济发展带来了相对价格效应，导致那些具备“手工艺属性”的艺术形式更加昂贵（Baumol，1996）。根据需求的价格弹性，这种相对价格效应会引发有别于这些艺术形式的替代方式。同时，经济发展会使人们更加富有，因此与替代效应完全相反的收入效应就会同步发挥作用。受“成本病”影响的艺术形式的净效应取决于这两种影响的相对强度，正负都可能发生；但是对于其他艺术形式和文化产业而言，净效应无疑是正向的。

“成本病”是指由相对生产成本上升带来的文化产品相对价格的提高。然而，由于二次供给效应的抵消作用，这种价格的上涨对于消费者而言未必反映出文化产品的有效价格的变动情况。在经济发展的过程中，如果交通和通信基础设施得到提升，参观文化机构的机会成本就会下降，也就是说，获得文化活动的信息、订票以及参观会更加容易。同时，偏远地区的人们接触巡回剧团或交响乐团会变得更方便，这也带动了这些地区文化艺术需求的增多。另外，地区发展往往会增加市区人口，从而为文化中心周边地区带来较多的人口数量，于是我们得到了两个相反方向的供给效应。

30.3.3.3 创新、全球化与文化变革

文化产业的技术进步带来了价格的下降或是工业化生产的文化产品质量的提升。因为有了必要的设备（CD机和DVD机），音乐CD和电影录像带、DVD的价格已经下降。同时，电视台已经从地面模式转向有线电视和卫星电视，而且开始从模拟信号传输转向数字信号传输。[③]因为成本高，消费者群体并不能同步分享技术进步带来的好处：有钱人往往很早就享受到了新技术带来的成果，只有随着规模经济导致的成本不断下降，越来越多的人才能够支付得起相应的费用。对于有线电视和地面数字电视等基于网络线路的文化产品来说，区域基数非常重要，因为在这些网络投资具有经济可行性之前，需要跨越区域基数这个门槛。在地区经济发展的过程中，这些产品的地区购买力随之增加。随着用户数量的上升，平均成本随之下降，因此以网络线路为基础的新技术的产生取决于当地经济的发展水平。比如，在德国，最初只有为数不多的几个地区引进了地面数字电视，如柏林和鲁尔区（Perino and Schulze，2005）。这不仅对于电影行业而言意味着巨大利好，对于电视节目制作行业来说也是如此，但是由于播出的节目只有少数人可以看到，因此只有开通足够的频道，节目才能顺利播出。然而，随着卫星转播方式的进步，这种影响将不复存在。

技术变革带来的替代选择会对地方文化产业产生影响。随着电视机的普及，地方电影院的观众数量一度出现下降。[④]由于广播设备成本下降和管制放宽，地方广播电视台如雨后春笋般冒出来。地方广播电视台的数量不仅受到可用频宽的影响，还受到用户基数的影响。因为这些电视台必须通过广告养活自己，而广告费率取决于平均收视率，也就是当地用户基数。随着地区的发展，用户基数随之扩大，当地广播电视台的节目供应量

① 表演艺术也在提高生产效率，这一事实已经足以驳斥针对“成本病”的批判。表演艺术确实存在劳动生产率提高的现象，比如演员数量出现下降（参见Baumol和Baumol，1985；Heilbrun，2001），而且艺术节已经成为替代成熟艺术形式的低成本选择（Frey，1996）。然而，这样对鲍莫尔理论的批判（比如Cowen，1996），则是误解了鲍莫尔理论的一般均衡理论逻辑——相对生产率的提高对于相对价格的影响很大，但不是绝对的。对于成本病的详细论述可参见Towse（1997）。

② 参见Baumol和Bowen（1966），Baumol（1996）以及Heilbrun（2003）的充分实证说明。

③ 参见Perino和Schulze（2005）论述的德国相关情况。

④ 比如在德国20世纪60年代中期，随着电视机的普及，电影票房急剧下降（见《电影统计年鉴》，2003）。

也随之增加。

技术进步推动了互联网的普及，并使得数据传输更加高效；高速互联网的出现使得大规模（非法）音乐下载成为可能，CD刻录机和MP3播放器的出现让盗版变得非常容易。这不仅挤占了正规的唱片销售市场（Rob and Waldvogel，2004；Zentner，2003），还导致音乐特别廉价。同时，这也使得艺术家的全球化趋势更加明显[①]。这种相对价格的变动（和更高的可获得性）或许将令消费从地方现场表演艺术向国际化刻录音乐靠近。显然，随着发展水平越来越高，能够快速连接互联网的电子计算机的普及率也越来越高。

30.3.3.4 贸易

全球化造成文化产品交易量的增加。虽然艺术品交易遵循普通交易模式（即距离越近和越大型的经济体之间的贸易越多），但这种贸易也明显区别于普通交易模式，因为相对于普通交易，共同语言、地理接近和人均GDP对艺术品交易更具显著影响（Schulze，1999）。这表明文化相似性发挥了重要作用，而这种文化相似性则表现为地理位置接近和共同语言。换句话说，外国文化产品的价值被打了折扣，从而导致消费者对本地或本国文化艺术的偏爱；越接近自身的文化，其在价值上的折扣就越少。在日益增加的贸易中，这种文化折扣可能会变得越来越少，因为特定文化的消费资本已经建立起来，其结果是本土文化在当地文化生活中的作用会逐渐消退。[②]欧洲国家电影贸易的消费变化可以更清晰地表明这种效应。德国电影在德国的市场份额从20世纪50年代末期约47%下降至2001年的16%，而美国电影份额则从30%上升至70%～80%（Dewenter and Westermann，2005）。当地其他的传统文化形式可能也是如此，比如当地的舞蹈、文学和音乐。

正如上文所提到的，吸引游客是文化艺术推动当地出口的一种重要方式。同样，艺术机构比如剧场和乐团可以在外国巡演。另外，艺术文化也许能够在出口市场促进其他产品的销售，因为（由艺术创造出来的）良好形象会带来好的声誉。然而，仅有的几项研究显示，一个国家的艺术机构对于其他国家的产品销售几乎没有影响。比如，Abele和Bauer（1984）发现对生产国的同情心与购买进口产品并无重要关联，其中产品的价格和质量被视为非常重要的因素。这种影响在国家层面可能比城市层面更加重要，但是这方面的实证研究非常少。

30.3.4 发展与政府对艺术的支持

在评估城市与地区发展对文化产业的影响时，需要考虑到发展过程中政府对艺术支持态度的变化。在许多国家，政府对文化艺术产品市场的干预非常重要，比如在欧洲大陆，政府的支持在剧场、乐团、歌剧院和博物馆的总收入中占很大比例。[③]政府支持的程度因国家和文化艺术行业的不同而存在很大差异；此外，政府支持的形式和程度也因国家不同而有所差异。举例来说，1994年政府对艺术行业的支持如果折合成人均水平计算，芬兰为112美元，德国为90美元，爱尔兰和美国各为6美元。[④]这

---

① 另外，这也削弱了现场音乐会和唱片销售之间的互补性，造成音乐会票价飞涨（Krueger，2005）。

② 关于消费资本的作用，可参见Stigler和Becker（1977）；关于文化折扣和国际艺术贸易，可参见Schulze（2003）；关于电影贸易的应用，可参见Wildman和Siwek（1988）。

③ 实例参见O'Hagan（1998，Chapter6）以及Schulze和Rose（1998）。

④ 参见英国艺术委员会（1998），由Heilbrun和Gray（2001，p.254）再版。

种支持对不同文化类别的重要性大不相同——比如，德国政府对交响乐团和剧院（文化交响乐团）的支持占这些机构总收入的80%（Schulze and Rose，1998），而大多数音乐家则根本得不到任何支持。各级政府为文化支出提供的巨额补贴也不尽相同：在芬兰、法国和德国，超过一半的补贴来自于地方政府（县级、区级、市级），而在爱尔兰、意大利、瑞典和英国，超过一半依靠国家补贴。[①]地方政府的补贴程度反映了当地的经济条件，尤其是当地发展现状，中央政府补贴则更容易反映国家的发展情况。[②]此外，我们或许可以推测出，由中央政府提供大规模支持的国家，其首都可能会获得较大比例的支持份额。[③]

各国对文化艺术采取的补贴手段各不相同，因此，不同的决策者将会参与其中，最终政府的支持如何分配也会各有不同。比如，直接补贴依赖于政治决策，而税收减免则让富人和企业拥有了决定纳税人税金去向的权力。由于政治选择通常遵循选民的偏好，因此他们应该加强文化需求的决定因素，包括愿意为文化艺术的非市场价值买单。然而，如果政客们享有自由裁量权，就很难得出这个结论。发展过程中艺术公共补贴的变化尤其取决于制度框架，即政府的级别、选民的社会经济特征、补贴的初始规模以及切实可行的措施。

30.3.5 评估：发展对文化的影响

就我们的目的而言，“发展”有三层表现：一是产生了技术进步的不均衡分布；二是提高了人均收入和教育水平；三是增加了市场交易中经济活动的份额。相对于其他文化产品，包括工业化生产的文化产品（比如书籍，音乐、电影CD/DVD），与现场表演和视觉艺术相关的技术进步较少。因而，这些艺术形式（比如表演、歌剧、音乐会、独特的雕塑等）的相对价格往往会上涨，从而通过替代效应降低对它们的需求。同时，技术进步带来了人均收入和平均教育程度的提高，两者都会通过收入效应增加对文化艺术的需求。显然，对于工业化生产的文化产品（如音乐CD），收入效应和替代效应的作用方向是相同的，但在剧场艺术形式（如戏剧等独特艺术）上却产生相反的作用。[④]净效应是无法先验确定的，它在很大程度上取决于政府对相对价格上涨的反应。受到成本增加影响较深的是那些享受巨额补贴用于冲抵生产成本的艺术形式。

互联网科技和数码文化产品（音乐、电影和电子书）复制技术的进步带来了侵权问题，并造成文化产品销量下降。关于这一点，我们只能对未来可能出现的所

---

① 同上。

② Schuster（2002）指出，在美国，州政府对艺术文化的直接补贴要比国家层面的补贴更重要。除此之外，他认为州政府的补贴会更多关注观众和参与度，带动了艺术的多样性和多元文化的发展。相对于美术和更多政治影响的文化而言，州政府比国家层面更倾向于补贴流行文化。详见本卷Netzer所著的第35章和Schuster所著的第36章。

③ 这个假设只是基于随机观测（但其实很容易得到验证）。相比地方政客，国家政客们可能更青睐首都，他们多在首都居住，其中一个重要原因是国家重要机构往往坐落在首都。因此，从地方政府向中心地区文化资金的再分配可能会导致首都地区获得较多的文化补贴。在德国，这是显而易见的，比如文化部副部长非常支持中央基金会、博物馆以及文化机构，这些机构大都坐落在柏林及其周边地区，比如普鲁士文化遗产基金会、柏林-勃兰登堡普鲁士宫廷园林基金会、柏林和波恩（政府原所在地）各种各样的博物馆以及魏玛古典基金会，参见http://www.bundesregierung.de/Bundesregierung/Beauftragte-fuer-Kultur-und-Me-,9332/Kulturfoerderung.htm（22.10.05）。

④ 随着收入增加，观看艺术的机会成本也随之上升，因此两者产生了抵消。然而，从长期来看，发展并不仅仅意味着增加人均收入，同时也意味着增加休闲时间，从而使文化消费变得容易。

有影响进行推测。电影制作平均预算可能会下降，因为随着销量的下降，电影产业的成本越来越难以收回。现场演出与唱片销量之间，以及电影上座率与视频销售之间的互补作用将会随着票价的上升而削弱。对于欠发达国家而言，发展也会带来文化产品市场货币交易份额的增加，这将使文化艺术生产从社区休闲活动变为营利性活动；劳动分工的增加则导致全职艺术家的出现。

我们发现，地区文化中存在两种相互抵消的效应：一种是正向的收入效应，倾向于增加文化支出；另一种是替代效应，由于相对的价格效应，倾向于减少现场表演艺术的支出。生产率得到提高的文化和艺术形式并不受鲍莫尔成本病的影响，表现出很强的规模经济特征（录制的音乐和电影、数字艺术），它们也因此被摆在国家层面甚至国际层面上。尽管我们并不能预先得知替代效应和收入效应会给当地表演艺术带来怎样的净效应，但是我们可以推断出，由文化机构生产的文化产品的份额（以不变价格计算）将（随着收入效应和替代效应同向作用而）增加，而这往往也会降低真正的地方文化影响力。

30.4 艺术文化产业的区位

30.4.1 文化产业的划分

在考虑影响文化与艺术产业的区位因素之前，有必要先考虑一下这些产业是如何划分的。文化创意产业可以被定义为大规模生产富含艺术内容的产品和服务的产业，其艺术内容被认为具有创新性和重要的文化含义。[①]它们的核心特征是文化内涵与工业化生产相结合（Towse，2003），指导原则是各文化产业所依赖的用于保护创意或文化内容的版权法（即知识产权法），这一原则正在越来越多地用于文化产业的定义。因此，“被版权保护的产业”几乎成为文化创意产业的代名词，也正因为如此，很多国家将文化创意产业在GDP方面的贡献作为重要关注点。这些典型产业包括广告、建筑、艺术市场、工艺品、设计、时尚、电影、音乐、表演艺术、出版、软件、玩具与游戏、广播电视以及视频。大多数发达国家都会测算文化产业的规模，据估算，文化产业约占GDP的5%（Towse，2003）。丹麦文化产业约占GDP的5.3%，英国为8%，瑞典为9%，美国为7.8%，新西兰为3.1%，挪威为3.5%（Haraldsen et al.，2004）。

从发展的角度来看，文化产业格外引人关注，因为文化领域——尤其是文化产业——本身具备增长领域的特征。这种增长是由发展过程中逐渐增加的经验、文化、节庆、休闲活动方面的需求带来的（Pine and Gilmore，1999；WahlstrÖm，2002）。“创意经济”（通常被定义为文化产业加创意表演艺术）年增长率约为5%，因此高于传统制造业的增速。[②]人们认为，创意产业巨大的发展潜力会带来良好的就业前景。此外，很多文化产业是出口型产业，它们将产品销往外地。文化产业因此被描述为“新经济”阶段中产品的重要生产商；在这一时期，技术进步、电子计算机和互联网起到了重要的作用。

然而，文化产业的就业和收入情况是难以测算的，相关说法也是难以证明的。因此，有关数据存在很多问

---

① 详见Caves(2002)和本卷第17章。

② 挪威的研究(Haraldsen et al.,2004)发现，在1996—2001年期间，只有“表演艺术”或“创意核心行业”保持增长。这可能是因为挪威的研究并不包含计算机软件业，而其他大多数国家都将计算机软件业囊括其中，而且高速增长正是这一行业的特征。这说明定义的区别显然会对这类研究产生影响。

题。官方统计数据经常过分夸大且没有考虑到要包含不同行业的相关部分。比如，对于整个旅游业和计算机软件业是否应该纳入其中仍存在疑问。行业划分在各个国家的差别很大，同时不同地区的产业分类也有极大不同。此外，文化产业的范围很广，既包含从商业企业到补贴性文化机构和非营利性组织，还有很多不同种类、不同结构及经济发展潜力的文化机构。

在下面的章节中，我们将根据组成文化产业的机构和个体的经济特征，探讨一些艺术文化区位的指导原则。

30.4.2 集聚经济与艺术文化区位

因为距离或者更确切地说是因为没有距离，经济活动的聚集非常重要。两个重要且几乎重合的相关邻近体是有区别的：靠近市场和靠近其他生产商，竞争者还是中间产品生产商。[①]这些从地区层面反映了消费和生产的正外部性。换句话说，集聚经济的产生应归因于生产或消费（或两者兼有）的规模经济和范围经济。

30.4.2.1 靠近市场

靠近潜在客户对文化机构来说非常重要，因为距离是人们决定前往参观的最主要因素；它还会影响到存在和选择价值。[②]这与现场表演艺术紧密相关，比如戏剧、芭蕾舞团、歌剧院、交响乐团以及博物馆、画廊等。由于其不可分割性，这类机构往往只存在于大城市，因为即便是一个最小规模的交响乐团也必须拥有一个足够庞大的观众群体才能盈利。同样，芭蕾舞团和歌剧院也是如此，而剧院和博物馆则会稍微好些。因此，小型城镇会有一些小型的或数量较少的博物馆和剧院。由于政治干预的存在，在一些对现场演出艺术给予大量补贴的国家中，这种经济学解释并不在同等程度上适用。比如，德国人均交响乐团的数量要远远高于欧洲其他国家，而且它们非常分散，这是17—18世纪政治分裂产生的后果。地方政府将交响乐团看作当地声望的象征，因此对其予以资助和补贴（Schulze and Rose，1998）。这种传统一直保留了下来，甚至今天即便是在贫穷偏僻的德国腹地也有出色的交响乐团。在美国这种本地公共资助很少的国家，显然不可能出现这种情况。

如果现场表演艺术、博物馆、画廊等都坐落在观众所在地，这些文化艺术机构的聚集将遵循更加普遍的经济活动和人群聚集规律。如果我们考虑到大型城镇往往比腹地的人均收入水平和受教育程度更高，那么文化艺术机构聚集区将更多地位于这些地区。当然，文化游客更容易受到大量文化机构和活动的吸引。这成为消费的第二个外部性，因此也成为文化机构产生聚集的一个原因。这种效果在城市内部也会出现，博物馆将会坐落在博物馆区（维也纳）或博物馆岛（柏林）。[③]

30.4.2.2 规模经济和生产范围

关于集聚经济的需求面解释源于消费者的积极旅行成本（包括时间的机会成本），而集聚经济的供给面解释则产生于公司层面或地方产业层面的规模经济和范围

① 产业集聚现象是"新经济地理学"著作的重要内容；相关调查案例可参见Fujita、Krugman和Venables(1999)，Neary(2001)以及Fujita和Thisse(2002)。

② 实例见Schulze和Ursprung(2000)。

③ 文化区是消费中规模经济的重要例证，文化机构集中的地点会吸引更多的游客，因为他们前往每个文化机构的旅行成本(资金和机会成本)减少了。要让人们觉得这一趟旅行有所值，可能必须拥有足够数量的文化活动。一些文化区也可能同时存在生产的范围经济。例证见Scott(2000)，Brooks和Kushner(2001)；参见本卷Santagata所著关于文化区的第31章。

经济的兴起。Kaldor（1970）将集聚经济定义为：

……从最广泛的意义上讲，无外乎是生产加工过程中的规模报酬递增。我们通常认为，这些都不只是大规模生产的经济，而是从产业自身成长过程中积累下来的优势——包括技能和知识的发展、观念与经验便捷交流的机会、生产加工过程差异化不断扩大和人类活动专门化的机会（P.340）。

如果规模经济或范围经济出现在公司层面，则可能产生更大规模的企业，而未必形成不同企业的集聚。比如，交响乐团与歌剧院或芭蕾舞团的联合就明显属于范围经济。规模经济的出现源于显著的固定成本。从一个层面来说，这些规模经济适用于所有现场表演艺术；由于固定成本的一大部分是建筑维护和资本成本以及技术和艺术人员成本，额外增加一场演出只会在很小程度上增加总成本。从另一个层面来说，提供关联度较大的产品并不需要过多的额外成本。比如，剧院可以拥有一个大的舞台，同时拥有一个工作室舞台，用来为一小部分观众表演更多的试验性剧目。

不同企业的集聚是由企业外部的规模经济或范围经济引发的。造成这类企业集聚行为的原因主要有三个：劳动力市场经济、中间投入品生产的规模经济，以及地方层面的传播经济（O'Sullivan，1993）。它们都适用于文化产业生产的基本投入。

30.4.2.3 投入市场

当企业选择了一个公共艺术家群体并从中短期雇用了一些艺术家，然后在合作结束后让这些艺术家重新回到公共群体当中，这时便产生了劳动力市场规模经济和范围经济。伦敦工作室音乐家市场便是个典型例子。另一个例子是电影产业，演员、群众演员和替身演员只在一部电影的拍摄期间或者仅在他们所扮演的场次被雇用。一个合约结束后，他们便可以寻找新的合约。专业艺术家劳动力的池子越大，公司就越容易在艺术家群体中找到它们需要的专业艺术家。反过来，一个既定领域里的生产活动越多，人员愿意进入这个领域的动机就越强——换句话说，集聚正在加强。洛杉矶和纽约就是这样的集聚区：洛杉矶是美国电影产业演员和导演的集聚中心，而纽约则已成为现场戏剧和舞蹈的集聚区。1990年，11%的表演艺术家生活在纽约，13.2%生活在洛杉矶，他们在当地总人口中所占比例分别为3.4%和3.6%（Heilbrun and Gray，2001，Chapter15）。

上文中的论述不仅适用于艺术劳动力市场，也适用于高度专业化的投入。好莱坞是电影产业的一个典型例证，它在高度专业化领域进行了大量的投入，包括从特效动画到后期制作的各个方面。[①]由于这些服务只是在短时间内需要，经济可行的生产模式便要求这些投入要由众多公司共同完成。专业化投入的生产者聚集在最终产品生产者周围，但是由于短期合约和高度专业化，集聚便产生了。因此，生产过程、纵向分拆和产品创新这三个特征导致专业化投入的需求，这种需求由一群创新且有活力的小公司依照产品标准化的较低水平提供。社会能力和互动学习是本地扩张的基本因素。这种集聚效应为公司创造了很多外部效益和协同效应（Scott，2002；Garreau，1992）。

30.4.2.4 创新力溢出效应与艺术家的区位

不同于表演艺术家们，很多其他类型的艺术家不需要离他们的消费者很近，他们也不需要依赖中间投入去创造艺术产品。因此他们并不像现场表演艺术、博物馆、电影产业或工作室音乐家那样会面对由于集聚效应所带来的“技术性”激励。这些艺术家包括作家、画家、作曲家甚至雕塑家。在一个漫长的创新过程完成后，他们会联系自己的中介机构——文学作品经纪人、画廊——或者直接联系他们的买家或出版商，并

---

① 详见本卷de Vany所著的第19章。

储备一些所需的少量投入。从原则上讲，他们可以独自隐居，而且长久以来一些人也确实这样做了。然而许多人都选择与他们的同行相邻或同住。比如巴黎的蒙马特曾经是一个艺术家居住区，不来梅市旁边的沃普斯韦德已经成为一个艺术家聚集的孤岛，在那里画家们比邻作画。还有很多这样的例子[①]，其原因并不是技术性的，而是源于彼此之间的启发，换句话说，"创新力溢出效应"导致艺术家的集聚。

创新力溢出效应的制度化形式存在于艺术院校和其他艺术教育方式中，吸引了青年艺术家，形成了一种艺术氛围，为很多艺术家在完成正式教育之后留下来继续工作提供了激励。一个典型的例子是德国东部城市德绍的包豪斯（Bauhaus）建筑学派；另一个例子是印度尼西亚巴厘岛的乌布（Ubud），该国的青年艺术家都会前往该地接受教育。这些创新力的溢出效应当然并不局限在画家、作家和雕塑家人群中，原则上适用于所有艺术形式，并强化了现有的集聚效应的激励因素。

30.4.3 城市的独特作用

文化可能会成为一个城市综合发展战略的重要组成部分。"创意城市"的著述[②]强调了艺术和文化在城市经济发展中的重要作用。一个关键因素是城市中心和近郊地区以及内陆地区的关系；平衡发展的假设表明城市中心的发展对郊区和地区性发展必不可少。关于该假设已经有过学术讨论。尤其是在美国，仍然存在关于城市和郊区是替代关系还是互补关系的争论。[③]一些人认为郊区不再依赖于中心城区，而另一些人则认为中心城区与其郊区仍然紧密相连。

我们对于"平衡发展"到底了解多少？中心城市的活力对整个地区未来发展有多重要？从城市和区域发展的艺术和文化角度来看，这是个很有意思的问题，因为如果艺术和文化在保护和复兴中心城市和核心城区中扮演重要角色，那么它们对整个都市区和更大范围地区的长期健康来说也将是必不可少的。Ihlanfeldt（1995）明确表示，一些主要"相互依存资源"将核心城市及其周边地区联系到了一起：

- 外来人口对于地区的看法，这些看法受到核心城市当时所处条件的影响；
- 中心城市的特殊位置和独特的历史设施，这些在整个区域内都是有价值的；
- 中心城市提供"地方感"，这个概念不仅被中心城市居民所看重，而且对很多生活在都市区的其他人来说，他们需要通过这种方式"确定"这个城市是一个独特的居住地；
- 中心城市和其他地区之间在财政方面的相互依存；
- "传统"观念认为，中心城市提供独特的"集聚经济"，从而使中心城市具备一种专业化的作用。

依兰菲尔特得出结论，认为"感知图像"或"地方感"效应在定量意义上缺乏实证性证据。他认为，衡量中心城市独特的便利设施重要性的最佳办法是通过"区域间的享乐主义工资和住房均等"来实现。然而他确实发现了一些实证性证据支持集聚经济的存在，这些发现至少可以证明核心城市对发展有巨大贡献的可能性，甚至可能是增长的引擎，因为它们的集约发展允许特别强大的集聚经济存在。

正如Seaman（2001）所指出的那样，因果关系方向的不明确对我们当前理解中心城市在地区发展中的作用是一个很大的局限，而且极大地限制了我们从平衡发

① 当然，大城市为这些艺术家伙伴们提供了毗邻而居的机会，却并不使这种集聚效应显现出来。

② 例证见Landry(2000)以及Landry和Bianchini(1995)。

③ 实例参见Voith(1992,1993),Ihlanfeldt(1995)和Glaeser(1998)。

展假设的“简单”测试中寻找重要推论的能力，比如中心城市和地区经济发展与人口统计学变量之间关系的研究，因此这个命题仍然是合理的，只是在实证上不太充分。

30.5 结论：区域性文化和经济发展——一个复杂的同步性

在本章中，我们回顾了一些关于文化和区域发展的文献。我们证明了在文化和经济发展之间存在着一个复杂的同步性。我们清楚地知道，地方文化将随经济技术的发展而发生变化。需求的变化不仅仅来源于收入的增加和受教育程度的提高，同时也受到科技发展的影响，这种科技发展创造了新的艺术形式，并且为文化的传播提供了可能性。这些供给条件的变化通过现场表演艺术的差异化低生产率得以弥补，并因此促进了相对价格的提高。需求和公共支持如何影响价格上涨仍然是一个问题，收入的增加将导致需求的增加，与此同时，不受生产能力停滞影响的另类艺术形式就变得更有吸引力。

我们已经看到，尽管我们仅关注整体经济活动的水平，但艺术和文化已经在都市和区域发展中起到了重要的作用。如果我们给发展设定一个更为宽泛的概念，那么文化对于整体发展的作用会更大。衡量短期的消费影响相对简单，但是对于流动人口和企业的区位选择以及对整体创造性方面的长期影响，则更难确定和量化。在某种程度上，这些理论性概念仍旧模糊，实证分析仍然带有试验性。但是，无论从长期还是从短期角度来看，文化对经济的影响都不应该成为反对某种文化策略的理由或者证据。从狭义的角度来看，促进经济增长并不是区域性文化政策唯一的目标，也不是主要的目标。

然而，从政策的角度来看，在文化政策的制定中，文化对经济发展的影响非常大。虽然在理论层面去定位不同的“传输渠道”（所谓“传输渠道”，是指文化如何促进经济发展）是可行的，一旦涉及具体的政策形势，就变得非常困难。在特定的情况下，成功与否取决于一系列不同的因素，以及这些因素如何综合作用在一起。其中的一些相关问题如下：

- 哪些文化资产可以加入地理区域当中？为文化产业提供额外拨款对于城市和区域发展而言，其影响当然取决于现有文化环境中新“增加”的文化资产。节日、剧院、博物馆、创造性艺术设施，以及“文化产业”等都会对旅游业、企业选址、当地居民产生不同影响。例如，节日或一座大型博物馆，可能会对旅游业产生重大影响，而图书馆则只面向本地居民开放。文化产业，比如音乐录制，电影、电视的拍摄等行业，从区域的角度来看，都是重要的输出产业，对当地的就业形势和经济发展都起到了重要作用。但对于当地居民和区域的旅游业来说，作用则不太明显。显然，在某一个文化资产的类别之内，其影响取决于该资产的唯一性。关于文化机构和产业带来的不同影响，现有的研究并未向我们揭示太多内容。
- 艺术和文化在该区域的现有水平如何？某一个新的文化资产所产生的影响取决于它所处的环境，特别是该地区现存的艺术和文化情况。这里的影响是指供给方面的协同影响，它是造成依赖现有文化结构和水平的集聚现象的原因。我们同时也提到了需求方面的影响，尤其是为了吸引本地居民和外来游客，需要具备相当数量的文化产品。
- 现有环境的情况（区位因素包括基础设施、劳动力素质以及自然环境舒适度等）如何？整体环境对于一个文化机构的成功非常重要，相关因素包括：基础设施（运输、通信及信息基础设施）；旅游基础设施（包括住宿和餐饮）；自然；气候。这些因素的相对重要性取决于传输渠道——如果我们专注于文化旅游，则传输渠道包括酒店、餐饮、基础设施、自然、气候等因素，并且这些因素至关重要。如果我们将文化作为吸引新居民的因素，则其他一些影响人们选择居住地址的因素将包括学校、住房、工作机会、宽容度等。当我们将艺术和文化作为企业选址的因素时，就需要考虑税率、基础设施、劳动力以及成本费用。在上述所有情况中，居民的社会经济状况也是一个不可忽视的影响因素。

成功没有简单的公式。文化发展需要融入城市和区域的整体发展战略[①]当中，因为该战略要考虑到每个区域的发展现状，并且要重视区域发展中不同地区[②]之间的互补性。最终，我们需要根据历史分析，更好地了解区域和文化发展的动态过程，这样我们就可以对艺术家们为城市和区域经济发展作出的贡献进行评估。

文化经济学开创了一个关于文化发展对经济发展的影响以及经济进步如何形成文化景观的知识领域。然而我们还没有找到一个让人信服的理论来描述文化经济发展的复杂动力和相互依存关系。这种理论应该与城市和区域发展有着特殊的相关性。

---

① 实例详见Evans(2001),Bianchini和Parkinson(1993)以及Mercer(2002)。

② 参见Schuster(1988)以及Clarke和Kahn(1988)。

参考文献

Abele, H., Bauer, H. (1984). Die Bundestheater in der .sterreichischen Wirtschaft. Wirtschafsuniversit.t, Wien.

Adamowicz, V., Boxall, P. (2001). "Future directions of stated choice methods for environment valuation". Paper prepared for Choice Experiments: A New Approach to Environmental Valuation April 10, 2001, London, England, http://www.irs.aber.ac.uk/mec/CEconfpaper/UK%20Workshop%20paper.PDF.

Adamowicz, V., Boxall, P., Williams, M., Louviere, J. (1998). "Stated preference approaches for measuring passive use values: Choice experiments and contingent valuation". American Journal of Agricultural Economics 80(1), 0002–9092.

Alberini, A., Riganti, P., Longo, A. (2003). "Can people value the aesthetic and use services of urban sites? Evidence from a survey of Belfast residents". Journal of Cultural Economics 27, 193–213.

Bartik, T.J. (1991). Who Bene.ts from State and Local Economic Development Policies? W.E. Upjohn Institute for Employment Research, Kalamazoo, MI.

Bateman, I.J., Carson, R.T., Day, B., Hanemann, M., Hanley, N., Hett, T., Jones–Lee, M., Loomes, G., Mourato, S., . zdemiroglu, E., Pearce, P.W., Sugden, R., Swansson, J. (2002). Economic Valuation with Stated Preference Techniques: A Manual. Edward Elgar, Cheltenham.

Baumol, W. (1996). "Children of performing arts, the economic dilemma: The climbing costs of health care and education". Journal of Cultural Economics 20(3), 183–206.

Baumol, H., Baumol, W. (1985). "The future of the theater and the cost disease of the arts". In: Hendon, M.A., Richardson, J., Hendon, W. (Eds.), Bach and the Box: The Impact of Television on the Live Arts. Association for Cultural Economics, Akron.

Baumol, W.J., Bowen, W.G. (1966). Performing Arts: The Economic Dilemma. Twentieth Century Fund, New York.

Bianchini, F., Parkinson, M. (Eds.) (1993). Cultural Policy and Urban Regeneration: The West European Experience. Manchester University Press, Manchester.

Bille, T., Hjorth-Andersen, C., Gregersen, M. (2003). "A tale of tables–on public cultural expenses". In: Duelund, P. (Ed.), The Nordic Cultural Model. Nordisk Kultur Institut, Copenhagen.

Bille, T., Fridberg, T., Storgaard, S., Wulff, E. (2005). Danskernes kultur–og fritidsaktiviteter–med udviklingslinier tilbage til 1964. AKF Forlaget, Copenhagen.

Bille Hansen, T. (1991). Det Kgl. Teater-et kulturøkonomisk studie. AKF Forlaget, Copenhagen.

Bille Hansen, T. (1995). "Measuring the value of culture". Journal of Cultural Policy 1(2), 309–322.

Bille Hansen, T. (1997). "The willingness-to-pay for the Royal Theater in Copenhagen as a public good". Journal of Cultural Economics 21(1), 1–28.

Bille Hansen, T. (1998). "The Danes value the Royal Theatre in Copenhagen". Heritage, the Environment and the Arts: Pricing the Priceless 6(3), 38–66. Hume Papers on Public Policy, Edinburgh University Press.

Bille Hansen, T. (2002). "A contingent valuation study of the Royal Theater in Copenhagen". In: Navrud, S., Ready, R.C. (Eds.), Valuing Cultural Heritage. Applying Environment Valuation Techniques to Historic Buildings, Monuments and Artifacts. Edward Elgar, Cheltenham.

Bishop, R.-C., Heberlein, T. (1986). "Does contingent valuation work?" In: Cummings, R., Brookshire, D., Schulze, W. (Eds.), Valuing Environmental Goods: An Assessment of the Contingent Valuation Method. Rowman and Allanheld, Totowa, NJ, pp. 123–147.

Bonet, L. (2003). "Cultural tourism". In: Towse, R. (Ed.), Handbook of Cultural Economics. Edward Elgar, Cheltenham.

Boxall, P., Englin, J., Adamowicz, V. (2002). "The contribution of aboriginal rock paintings to wilderness recreation values in North America". In: Navrud, S., Ready, R. (Eds.), Valuing Cultural Heritage: Applying Environmental Valuation Techniques to Historic Buildings, Monuments and Artifacts. Edward Elgar, Cheltenham.

Boxall, P., Adamowicz, W., Swait, J., Williams, M., Louviere, J. (1996). "A comparison of stated preference methods for environmental valuation". Ecological Economics 18, 243-253.

Braden, J.B., Kolstad, C.D. (1991). Measuring the Demand for Environmental Quality. North-Holland, Amsterdam.

Brandt, A., Klodt, T., Kramer, J., Ertel, R., Schasse, U., Revilla Diez, J. (2001). Regionalwirtschaftliche Aspekte der Expo 2000-Eine Schlussbilanz, Gutachten im Auftrag des Niedersächsischen Ministeriums für Wirtschaft, Technologie und Verkehr und des Kommunalverbandes Gro.raum Hannover. Norddeutsche Landesbank Girozentrale, Nieders. chsisches Institut für Wirtschaftsforschung e.V., Universit.t Hannover, Hannover.

Brooks, A.C., Kushner, R.J. (2001). "Cultural districts and urban development". International Journal of Arts and Management 3, 4-15.

Carlsson, F., Martinsson, P. (2001). "Do hypothetical and actual marginal willingness to pay differ in choice experiments? Application to the valuation of the environment". Journal of Environmental Economics and Management 41, 179-192.

Carson, R.T., Flores, N.E., Meade, N.F. (2001). "Contingent valuation: Controversies and evidence". Environmental and Resource Economics 19(2), 173-210.

Caves, R. (2002). "Creative Industries: Contracts Between Art and Commerce". Harvard University Press, Cambridge, MA.

Christoffersen, H., Lyk-Jensen, P. (1994). Norgleøkonomiske effekter af Brandts Klædefabrik i Odense. AKF Forlaget, Copenhagen.

Clark, D.E., Kahn, J.R. (1988). "The social bene.ts of urban cultural amenities". Journal of Regional Science 28, 363-377.

Cooper, C. (1997). "Show them the money!" Calculating the Economic Impact of America's Orchestras. American Symphony Orchestras League, Government Affairs Office, New York.

Cooper, C., Fletcher, J., Gilbert, D., Wanhill, S. (1993). Tourism: Principles and Practice. Longman, Harlow.

Cowen, T. (1996). "Why I do not believe in the cost-disease. Comment on Baumol". Journal of Cultural Economics 20 (3), 207-214.

Cwi, D., Lyall, K. (1977). Economic Impact of Arts and Cultural Institutions: A Model of Assessment and a Case Study in Baltimore. National Endowment for the Arts, Washington, DC.

Department of Culture, Media and Sports (1998). Creative Industries Mapping Document, London.

Department of Culture, Media and Sports (2001). Creative Industries Mapping Document, London.

Dewenter, R., Westermann, M. (2005). "Cinema demand in Germany". Journal of Cultural Economics 29 (3), 213-231.

Diamond, P.A., Hausman, J.A. (1994). "Contingent valuation: Is some number better than no number?" Journal of Economic Perspectives 8(4), 45-69.

Easterly, W. (2001). The Elusive Quest for Growth. MIT Press, Cambridge, MA.

Evans, G. (2001). Cultural Planning. An Urban Renaissance? Routledge, London.

Felton, M.V. (1992). "On the assumed inelasticity of demand for the performing arts". Journal of Cultural Economics 16(1), 1-12.

Fernandes-Blanco, V., Banos Pi.o, J. (1997). "Cinema demand in Spain: A cointegration analysis". Journal of Cultural Economics 21(1), 57-75.

Florida, R. (2002a). The Rise of the Creative Class-and How It's Transforming Work, Leisure, Community and Everyday Life. Basic Books, New York.

Florida, R. (2002b). "Bohemia and economic geography". Journal of Economic Geography 2, 55-71.

Ford Foundation (1974). "The Finances of the Performing Arts, vol. II: A Survey of the Characteristics and Attitudes of

Audiences for Theater, Opera, Symphony, and Ballet in 12 U.S. Cities". Ford Foundation, New York.
Frank, B.(2004)."Art price research for fakes and imitations". In: Mossetto, G., Vecco, M.(Eds.), The Economics of Copying and Counterfeiting. FrancoAngeli, Milano, pp. 119–131.
Freeman III, A.M.(1993). The Measurement of Environmental and Resource Values. Theory and Methods. Resources for the Future, Washington, DC.
Frey, B.S.(1996)."Has Baumol's cost disease disappeared in the performing arts?" Richerche Economiche 50, 173–182.
Frey, B.S.(1997)."Evaluating cultural property: The economic approach". International Journal of Cultural Property 6(2), 231–246.
Frey, B.S.(2003)."Public support". In: Towse, R.(Ed.), Handbook of Cultural Economics. Edward Elgar, Cheltenham, pp. 389–398.
Frey, B.S., Pommerehne, W.W.(1989)."Muses and Markets: Explorations in the Economics of Arts". Basil Blackwell, Oxford.
Frey, B.S., Pommerehne, W.W.(1995)."Public expenditure on the arts and direct democracy: The use of referenda in Switzerland". Cultural Policy 2(1), 55–65.
Fujita, M., Krugman, P., Venables, A.(1999). The Spatial Economy. The MIT Press, Cambridge, MA.
Fujita, M., Thisse, J.-F.(2002). Economics of Agglomeration. Cambridge University Press, Cambridge.
Gapinski, J.H.(1984)."The economics of performing Shakespeare". American Economic Review 74(3), 458–466.
Gapinski, J.H.(1986)."The lively arts as substitutes for the lively arts". American Economic Review 76(2), 20–25.
Garreau, J.(1992). Edge City. Anchor Books, New York.
Gazel, R., Schwer, R.K.(1997)."Beyond rock and roll: The economic impact of the Grateful Dead on a local economy". Journal of Cultural Economics 21(1), 41–55.
Getzner, M.(2004)."Voter preferences and public support for the performing arts: A case-study for Austria". Empirica 31(1), 27–42.
Gibson, L., Stevenson, D.(2004)."Urban space and the uses of culture". International Journal of Cultural Policy 10(1), 1–5.
Glaeser, E.L.(1998)."Are cities dying?" Journal of Economic Perspectives 12(2), 139–160.
Goldstone, L.(2003)."Cultural statistics". In: Towse, R.(Ed.), Handbook of Cultural Economics. Edward Elgar, Cheltenham, pp. 177–182.
Gomez, M.V.(1998)."Reflective images: The case of urban regeneration in Glasgow and Bilbao". International Journal of Urban and Regional Research 22(1), 106–122.
Graves, F.L.(1987)."The role of economics in evaluating public investments in the arts". In: Hendon, W.S., Hillman-Chartrand, H., Horowitz, H.(Eds.), Paying for the Arts. Association for Cultural Economics, University of Akron.
Gray, C.(2003)."Participation". In: Towse, R.(Ed.), Handbook of Cultural Economics. Edward Elgar, Cheltenham, pp. 356–365.
Hanemann, W.M.(1994)."Valuing the environment through contingent valuation". Journal of Economic Perspectives 8(4), 19–34.
Haraldsen, T., Flygind, S.K., Overvag, K., Power, D.(2004). Kartlegging av kulturn.ringerne i Norge–økonomisk betydning, vekst–og udviklingspotensioal, østlandsforskning, øF–rapport No. 10.
Heilbrun, J.(2001)."A correction to Hilda and William Baumol's paper 'The future of the theater and the cost disease of the arts'". Journal of Cultural Economics 25(2), 149–150.
Heilbrun, J.(2003)."Baumol's cost disease". In: Towse, R.(Ed.), Handbook of Cultural Economics. Edward Elgar, Cheltenham.
Heilbrun, J., Gray, C.M.(2001). The Economics of Art and Culture. Cambridge University Press, Cambridge.
Hummel, M., Berger, M.(1988). Die Volkswirtschaftliche Bedeutung von Kunst und Kultur. Duncker & Humbolt, Berlin.

Ihlanfeldt, K. (1995). "The importance of the central city to the regional and national economy: A review of the arguments and empirical evidence". Cityscape: A Journal of Policy, Development and Research 1(2), 125-150.

Johnson, P., Thomas, B. (1992). Tourism, Museums and the Local Economy: The Economic Impact of the North of England Open Air Museums at Beamish. Avebury, Aldershot.

Kaldor, N. (1970). "The case for regional policies". Scottish Journal of Political Economy 17, 337-347.

Kindleberger, C., Herrick, B. (1977). Economic Development. McGraw-Hill, London.

Kotkin, J. (2000). The New Geography; How the Digital Revolution is Reshaping the American Landscape. Random House, New York.

Krebs, S., Pommerehne, W. (1995). "Politico-economic interactions of German public performing arts institutions". Journal of Cultural Economics 19(1), 17-32.

Krueger, A.B. (2005). "The economics of real superstars: The market for rock concerts in the material world". Journal of Labor Economics 23(1), 1-30.

Lancaster, K. (1966). "Change and innovation in the technology of consumption". American Economic Review 56, 14-23.

Landry, C. (2000). The Creative City. A Toolkit for Urban Innovators. Commedia, Earthscan Publications Ltd., London.

Landry, C., Bianchini, F. (1995). The Creative City. Demos, London.

Lévy-Garboua, L., Montmarquette, C. (2003). "Demand". In: Towse, R. (Ed.), A Handbook of Cultural Economics. Edward Elgar, Cheltenham, pp. 201-213.

Lewis, G., Seaman, B.A. (2004). "Sexual orientation and demand for the arts". Social Science Quarterly 85, 523-538.

Martin, F. (1994). "Determining the size of museum subsidies". Journal of Cultural Economics 18(4), 255-270.

Mercer, C. (2002). Towards Cultural Citizenship: Tools for Cultural Policy and Development. The Bank of Sweden Tercentenary Foundation and Gidlunds F.rlag, Stockholm.

Mitchell, C. (1989). "The arts and employment: The impact of three Canadian theater companies". Journal of Cultural Economics 13(2), 69-81.

Mitchell, R.C., Carson, R.T. (1989). Using Surveys to Value Public Goods. The Contingent Valuation Method. Resources for the Future, Washington, DC.

Mitchell, C., Wall, G. (1989). "The arts and employment: A case study of the Stratford Festival". Growth and Change 20(4), 31-40.

Morrison, W.G., West, E.G. (1986). "Subsidies for the performing arts: Evidence on voters' preference". Journal of Behavioral Economics 15, 57-72.

Myerscough, J. (1988a). The Economic Importance of the Arts in Britain. Policy Studies Institute, London.

Myerscough, J. (1988b). The Economic Importance of the Arts in Glasgow. Policy Studies Institute, London.

Navrud, S., Ready, R. (Eds.) (2002). Valuing Cultural Heritage. Applying Environmental Valuation Techniques to Historic Buildings, Monuments and Artifacts. Edward Elgar, Cheltenham.

Navrud, S., Strand, J. (2002). "Social costs and benefits of preserving and restoring the Nidaros Cathedral". In: Navrud, S., Ready, J. (Eds.), Valuing Cultural Heritage. Applying Environmental Valuation Techniques to Historic Buildings, Monuments and Artifacts. Edward Elgar, Cheltenham.

Neary, P. (2001). "Of hype and hyperbolas: Introducing the new economic geography". Journal of Economic Literature 39(2), 536-561.

Noonan, D.S. (2003). "Contingent valuation and cultural resources: A meta-analytic review of the literature". Journal of Cultural Economics 27(3-4), 159-176.

O'Hagan, J. (1989). The Economic and Social Contribution of the Wexford Opera Festival. Trinity College, Dublin.

O'Hagan, J. (1992). "The Wexford Opera Festival: A Case for Public Funding?" In: Towse, R., Khakee, A. (Eds.), Cultural Economics. Springer-Verlag, Berlin.

O'Hagan, J. (1998). The State and the Arts. Edward Elgar, Cheltenham.

O'Sullivan, A. (1993). Urban Economics. Irwin, Homewood, IL.

Ottaviano, G., Peri, G. (2005). "Cities and cultures". Journal of Urban Economics 58, 304–337.

Palmer/Rae Associates (2004). "European cities and capitals of culture". Study Prepared for the European Commission, Brussels, August 2004, http://www.palmer-rae.com.

Peacock, A. (1991). "Economics, cultural values and cultural policies". Journal of Cultural Economics 15(2), 1–18.

Perino, G., Schulze, G. (2005). "Competition, cultural autonomy and global governance: The audio-visual sector in Germany". In: Guerrieri, P., Iapadre, P. L., Koopmann, G. (Eds.), Competition, Cultural Diversity, and Global Governance: The Case of Audiovisual Services. Edward Elgar, Cheltenham, pp. 52–95.

Pine, B.J., Gilmore, J.H. (1999). The Experience Economy–Work is Theater and Every Business a Stage. Harvard Business School Press, Boston, MA.

Plaza, B. (1999). "The Guggenheim–Bilbao museum effect: A reply to Maria V. Gomez' re.ective images: The case of urban regeneration in Glasgow and Bilbao". International Journal of Urban and Regional Research 23(3), 589–592.

Plaza, B. (2000). "Evaluation the in.uence of a large cultural artifact in the attraction of tourism. The Guggenheim Museum Bilbao case". Urban Affairs Review 36(2), 264–274.

Pommerehne, W. (1982). "Steuern, Staatsausgaben und Stimmbürgerverhalten". Jahrbücher für National. konomie und Statistik 197(5), 438–462; Schneider, F., Pommerehne, W.W., "Private demand for public subsidies to the arts: A study in voting and expenditure theory". In: Hendon, W.S., Shanahan, J.L. (Eds.), Economics of Cultural Decisions. Abt Books, Cambridge, MA, 1982. English version.

Pommerehne, W., Kirchg.ssner, G. (1987). "The impact of television on the demand for cinema and theater performances". In: Grant, N.K., et al. (Eds.), Economic Efficiency and the Performing Arts. Association for Cultural Economics, Akron, pp. 44–61.

Poor, J., Smith, J. (2004). "Travel cost analysis of a cultural heritage site: The case of historic St. Mary's City of Maryland". Journal of Cultural Economics 28(3), 217–229.

Portney, P.R. (1994). "The contingent valuation debate: Why economists should care". Journal of Economic Perspectives 8(4), 3–17.

Radich, A.J. (1987). Economic Impacts of the Arts–A Sourcebook. National Conference of State Legislature, Denver.

Radich, A.J. (1993). Twenty Years of Economic Impact Studies in the Arts: A Review. National Endowment for the Arts, Washington, DC.

Rob, R., Waldfogel, J. (2004). "Piracy on the high C's: Music downloading, sales displacement, and social welfare in a sample of college students". NBER Working Paper No. 10874.

Rosen, S. (1974). "Hedonic prices and implicit markets: Product differentiation in pure competition". Journal of Political Economy 82(1), 34–55.

Rubernowits, S., Rubernowits, U. (1990). "Kultur som attraction–vilken roll spelar kulturen för valet av bostadsort". ERU-rapport 65, Stockholm.

Rushton, M. (2005). "Support for earmarked public spending on culture: Evidence from a referendum in metropolitan Detroit". Public Budgeting and Finance. In press.

Ryan, M., Gerard, K. (2003). "Using discrete choice experiments to value health care programmes: Current practice and future re.ections". Applied Health Economics and Health Policy 2(1), 55–64.

Santagata, W., Signorello, G. (2000). "Contingent valuation of a cultural public good and policy design: The case of 'Napoli Nusei Aperti' ". Journal of Cultural Economics 24(3), 181–204.

Santagata, W., Signorello, G. (2002). "Individual preferences and allocation mechanisms for a cultural public good: Napoli Musei Aperti". In: Navrud, S., Ready, R. (Eds.), Valuing Cultural Heritage. Applying Environmental Valuation Techniques to Historic Buildings, Monuments and Artifacts. Edward Elgar, Cheltenham.

Scanlon, R., Longley, R. (1984). "The arts as an industry; their economic importance to the New York–New Jersey metropolitan region". In: Hendon, W.S., Grant, N.K., Shaw, D.V. (Eds.), The Economics of Cultural Industries. Association for Cultural Economics, University of Akron.

Schulze, G. (1999). "International trade in art". Journal of Cultural Economics 23(1), 109–136.

Schulze, G. (2003). "International Trade". In: Towse, R. (Ed.), Handbook of Cultural Economic. Edward Elgar, Cheltenham.

Schulze, G., Rose, A. (1998). "Public orchestra funding in Germany: An empirical investigation". Journal of Cultural Economics 22(4), 227–247.

Schulze, G., Ursprung, H. (2000). "La Donna e mobile-or is she?: Voter preferences and public support for the performing arts". Public Choice 102, 131–149.

Schuster, J.M. (Ed.) (1988). "The arts and urban development: Four case studies". Background material for the British American Arts Association conference in Glasgow, October 1988, Massachusetts Institute of Technology, Mimeo.

Schuster, J.M. (1995). "Two urban festivals: La Mercè and First Night". Planning Practice and Research 10(2), 173–187.

Schuster, J. M. (2002). "Sub-national cultural policy–where the action is: Mapping state cultural policy in the United States". International Journal of Cultural Policy 8(2), 181–196.

Scott, J.A. (2000). The Cultural Economy of Cities. Sage, London.

Scott, A.J. (2002). "A new map of Hollywood: The production and distribution of American motion pictures". Regional Studies 36(9), 957–975.

Seaman, B. (1987). "Arts economics impact studies: A fashionable excess". In: Economic Impact of the Arts: A Sourcebook. National Conference of State Legislatures, Washington, DC, pp. 44–75.

Seaman, B. (2001). "Beyond economic impact". In: Morris, V. B., Pankratz, D, B. (Eds.), Arts in the New Millennium. Greenwood Publishing Group, Westport, CT.

Seaman, B. (2002). "CVM vs. economic impact: Substitutes or complements?" Paper presented at the 12th International Conference on Cultural Economic, Rotterdam.

Seaman, B. (2003). "The economic impact of the arts". In: Towse, R. (Ed.), A Handbook of Cultural Economics. Edward Elgar, Cheltenham.

Smith, T. (1998). "The addiction to culture". Paper presented on the Biannual Conference of the Association for Cultural Economics International in Barcelona, June. Also part of "Two essays on the economics of the arts: The demand for culture and the occupational mobility of artists". Unpublished Doctoral Dissertation, University of Chicago, September, 1998.

Sommers, P., Carlson, D. (2000). "The new economy in metropolitan Seattle: High techfirm location decisions within the metropolitan landscape". Report for the Brookings Institution Center on Urban and Metropolitan Affairs, Washington, DC.

Stabler, M. (1996). "Are heritage conservation and tourism incompatible? An economic valuation of their role in urban regeneration: Policy implications". In: Robinson, M., et al. (Eds.), Managing Cultural Resources for the Tourists. University of Northumbria, Newcastle.

Stanley, D., et al. (2000). "Win, place or show; gauging the economic success of the Renoir and Barnes art exhibits". Journal of Cultural Economics 24(3), 243–255.

Stern, M.J. (1999). "Is all the World Philadelphia?: A multicity study of arts and cultural organizations, diversity and urban revitalization". Working Paper, School of Social Work, University of Pennsylvania.

Stigler, G., Becker, G. (1977). "De gustibus non est disputandum". American Economic Review 67, 76–90.

Throsby, D. (1997). "Sustainability and culture: Some theoretical issues". International Journal of Cultural Policy 4, 7–20.

Throsby, D. (2001). "Economics and Culture". Cambridge University Press, Cambridge.

Throsby, D. (2003). "Cultural sustainability". In: Towse, R. (Ed.), A Handbook of Cultural Economics. Edward Elgar, Cheltenham.

Throsby, D., Withers, G. (1983). "Measuring the demand for the arts as a public good: Theory and empirical results".

In: Hendon, W.S., Shanahan, J.L.(Eds.), Economics of Cultural Decisions. Abt Books, Cambridge.
Towse, R.(Ed.)(1997). Baumol's Cost Disease: The Arts and Other Victims. Edward Elgar, Cheltenham.
Towse, R.(2001). Creativity, Incentive and Reward. Edward Elgar, Cheltenham.
Towse, R.(2003). "Cultural industries". In: Towse, R.(Ed.), A Handbook of Cultural Economics. Edward Elgar, Cheltenham.
Van Puffelen, F.(1987). "The economic impact of the arts in Amsterdam". In: Hendon, W.S., HillmanChartrand, H., Horowitz, H.(Eds.), Paying for the Arts. Association for Cultural Economics, University of Akron.
Van Puffelen, F.(1996). "Abuses of conventional impact studies of the arts". Cultural Policy 2(2), 241–254.
Vaughan, D.R.(1979). "Does a festival pay?" In: Shanahan, J.L., Hendon, W.S., MacDonald, A.J.(Eds.), Economic Policy for the Arts. Abt Books, Cambridge, MA, pp. 319–331.
Vidarte, J.I.(2000). "Culture, renewal and development". In: Wolfensohn, J., et al.(Eds.), Culture Counts: Financing, Resources and the Economics of Culture in Sustainable Development. World Bank, Washington, DC.
Voith, R.P.(1992). "City and suburban growth: Substitutes or complements?" Business Review, Federal Reserve Bank of Philadelphia, pp. 21–33.
Voith, R.P.(1993). "Does city income growth increase suburban income growth, house value appreciation and population growth?" Working Paper No. 93-27, Federal Reserve Bank of Philadelphia.
Wahlstr.m, B.(2002). "Guide til upplevelsessamh.llet: Från musik & museer till sushi & spa". SNS Förlag, Stockholm.
Whitehead, J., Finney, S.(2003). "Willingness to pay for submerged maritime cultural resources". Journal of Cultural Economics 27(3-4), 231–240.
Wiesand, A.(1995). "Musiktheater und Konzerte: Mehr Rückhalt in der Bevölkerung. Aus den Ergebnissen des 5. Kulturbarometers". Das Orchester 6/95, 2–14.
Wildman, S., Siwek, S.(1988). International Trade in Films and Television Programs. Ballinger, Cambridge, MA.
Zentner, A.(2003). "Measuring the effect of music downloads on music purchases". University of Chicago, Mimeo.

第31章

文化区及其在发达国家和发展中国家的地位①

Walter Santagata

University of Turin，Italy

魏鹏举　李阳阳　译

摘　要

本章旨在分析主导文化区起步与演化的经济属性和体系。文化区是以本地化企业和地方文化为基础的经济发展的好范例。本章的第1、2节回顾了被视为一种特殊商品的文化与马歇尔工业区理论之间的关系。本章的第3、4节讨论了两种文化区模式：产业文化区（主要基于正外部性、本土化文化以及艺术品与手工艺品传统）与制度性文化区（主要基于产权分配和象征性价值）。第5节作者分析了政策问题，其中特别提到了两种文化区模式在发达国家和发展中国家的适用性。

关键词

文化区，知识产权，经济发展，物质文化

JEL Classification Codes

Z1，K，O1

①　本章早前的版本曾于2000年在美国明尼阿波利斯市召开的第十一届文化经济国际研讨会上展示。意大利国家重大利益项目计划(PRIN)为该项目提供了支持。本章对Walter Santagata(意大利都灵大学经济系教授，杰出的文化经济学家)提出的许多观点进行了研究。在这里要特别感谢Tiziana Cuccia，他对卡尔塔吉龙文化区(Cuccia and Santagata，2004)的研究对本章所讨论的一项案例研究进行了全面说明，感谢David Throsby所给予的宝贵的鼓励，以及两位审阅人Marcel Canoy和Alan Peacock作出的非常具有激励性的评论。

31.1 引 言

文化商品（Culture-based goods）及服务被Scott（2000，p.3）定义为“可用于市场营销的产出品，其具有竞争性的品质取决于它们至少在一定程度上可以作为个人修饰、社会表现模式、娱乐消遣的形式或信息与自我意识的来源，例如，对于消费者而言，手工艺品的象征价值比它们的实用价值更高”。一些此类商品产自那些特别具有辨识度的地方，国际上有许多举世闻名的例子，如美国的好莱坞和斯柏拉图艺术节（Spoleto Festival），意大利皮埃蒙特省朗格（Langhe）酒区的葡萄园，佛罗伦萨附近城市普拉托（Prato）的服装与纺织艺术区，以及西西里岛的卡尔塔吉龙（Caltagirone）小镇陶器产区，这些地区都可以被称为文化区。无论是工业化国家还是发展中国家，都有这些区域的存在。在发展中国家，许多当地的小微企业形成聚集区，这些企业生产文化产品，如从事珠宝、服装、纺织品、工艺品、文化遗产服务行业等。这些聚集区都具备成为文化区的潜力，它们的发展可能会从那些知名国际文化区所实行的各类经济政策中受益。

理论上，文化区的产生来自以下两种现象的相互影响：其一是地方化，就像Marshall所定义的那样；其二是文化本身所具有的特殊性或“特质”。当这两种关键因素同时出现在一个包容性很强的经济环境中，便满足了形成潜在文化区的基本条件[①]。

本章旨在对支配潜在文化区起步和演化的经济性质和体系进行分析。其中，第1节将介绍文化区理论，正如上文所述，文化区的基本要素是文化商品的本土化产品及它们特殊的文化属性。接下来的几节对文化区的两种模式进行了讨论：产业文化区（主要基于正外部性、本土化文化以及艺术品与手工艺品传统）与制度性文化区（主要基于产权分配、象征价值和协同行为）。关于一些发展中及发达国家的政策问题，我们会在最后一节进行讨论。

31.2 文化区理论

31.2.1 马歇尔式地方性行业与内生经济增长

文化区理论的首要组成部分起源于Alfred Marshall的著作，他是最早关注本土化产业的人。马歇尔理论的基本原理在他的《经济学原理》第四卷第十章中陈述为：“专业化产业在特定地区的集聚”（Marshall，1890）[②]，在其另外一本著作《工业与贸易》（Marshall，1919）中也有阐述。

Marshall将源于生产规模增加的经济效益分为两类：依赖于行业总体发展的外部经济效益，和依赖于开办企业投入的资源及其组织和管理效率的内部经济效益（Marshall，1930）。该划分意义非常重大，因为尽管内部经济效益对于一家大工厂的发展而言非常重要，但是

① 在北美，“文化区”主要是指城市中文化活动的聚集地，通常这些“文化区”是一个城市区域复兴政策的关注点，通过表演艺术服务、休闲产业和文化产业的本土化来实现。本章中并未对这些“文化区”进行讨论。包括博物馆网络、庙宇和考古遗迹系统在内的文化遗产的周边系统，不属于本章所讨论的文化区，如法国的地方博物馆网络、埃及墓葬（古金字塔、塞加拉墓穴）或柬埔寨高棉的寺庙系统等（Santagata，2002）。

② 接下来几段内容中所引用的内容均参见Marshall（1930）。

外部经济效益“常常能够因某一地区内相同性质的众多小企业而形成”。换句话说，在Marshall的分析中，工业区一般以外部经济的集聚为基础。

在生产方面，Marshall列举了产业集聚所具备的一些优势：

- 观念传播自由；
- 信息扩散自由：“……行业的秘密变得不再神秘，而是像在空气中弥散着一般”；
- 促进机械革新、加工过程革新和整体组织方面革新的传播；
- 促进周边地区相关辅助产业的发展；
- 由高度专业化机械的引入和机器设备使用率的提高带来的单位生产成本缩减；
- 为技术工人创造一个稳定的就业市场。

在消费方面，Marshall发现，当消费者能够轻而易举地发现并以很低的成本获得自己所需要的东西时，他们会愿意到遥远的地区去。由于集聚经济的出现，工业区被认为是生产和贸易的平均成本都在降低的地方，正如内部规模经济导致大工厂生产和交易成本降低一样。即使产业集中所存在的一些缺点已是公认的，如地方经济过于依赖单一产业所带来的风险，但Marshall最初关于外部经济的观点确实意义深远丰富，具有发展潜力。

在Marshall著书的19世纪末，经济学家们已经深知一个事实，即交通运输的演变与劳动力市场的拓宽会导致工业区的竞争力越来越弱。无论是否获得中央政府相关产业政策的支持，产业向大规模生产的转变都是促使老牌文化区衰落的诸多因素之一，如英国的谢菲尔德郡或法国的圣艾蒂安市。然而，20世纪末福特主义[①]大规模生产模式的危机让人们对工业区重新燃起了兴趣，认为它有利于形成灵活的组织和基于外部集聚经济与小型创意企业的内生增长（Giacomo，1978；Bagnasco and Sabel，1995；Pyke，Becattini and Sengenberg，1990）。

从近年来意大利及国际上的经验可知，小企业的出现对于一个文化区是非常重要的，但是许多小型企业的出现不一定会形成一个文化区。对于一个文化区而言，最重要的特性之一是区域内企业的相互依赖，在这类“产业氛围”里，企业之间的频繁联系有助于专门原料的交换，持续重复的交易又能促进信息的循环流通。在文化区内，人们能够更轻易地找到承包商来检验商品和服务的质量，并签订标准合约。工业区的社会环境往往由大量家庭和全家均为其工作的企业组成。隐性知识、相互信任以及社会资金的聚集是地方社会和文化的另外一些较为普遍的特质。从这种意义上来看，马歇尔理论中关于“产业氛围”的概念（Marshall，1919）应用了一种跨范畴的方法，其中包括经济、社会与文化环境要素。另外，当大部分经济资源与人力资源均来自于当地时，当地便会形成内生型经济。当然，这样的演化要求不断地调整，但是，这种演化在提供技术创新、信息共享、产品区分、市场调整和文化培养方面所表现出的强大优势已经被证明是可持续增长的可靠保障（Piore and Sabel，1984）。

因此可以表明，通过对当代经济的分析，我们可以为Marshall关于本土化产业的理论赋予新的生命。尤其是，我们可以将该理论应用于某些文化产品的生产。它们在促使小微企业实现增长的同时，也为区域经济发展开创了一条新路径，因为这些小微企业所在的地区和当地社区是紧密联系的。在这方面，意大利的工业区域（如威尼斯穆拉诺岛上专门生产玻璃的区域，或意大利中部城市普拉托、比耶拉专门生产木制品和服装的区域）构成了文化商品本土化生产的一个理想模型。

---

① 福特主义(Fordist)最早源于Antonio Gramsci，他使用“福特主义”来描述一种基于美国方式的新的工业生产模式，它是指以市场为导向，以分工和专业化为基础，以较低产品价格作为竞争手段的刚性生产模式。按照调节学派的观点，福特主义关键的基础是从一种粗放型的资本积累战略，向一种以泰勒制劳动组织和大规模生产消费性商品为特征的密集型资本积累战略的过渡。——译者注

31.2.2 拥有"特质性"的文化商品

文化区理论的第二个组成部分来源于文化的本质，文化作为一种特殊现象，赋予了文化商品特别之处。一些此类特质可以从本土化产品所处的特定环境中辨别。

第一，某些本土文化起源于当地若干世纪以来长期存在的社会和制度结构，其具体内容（如反映在所生产的文化商品类型中）通常取决于当地的物质（矿场、黏土层、气候、水等）及非物质资源（宫廷、大学、文化中心、修道院等）（Marshall，1890；Harris，1977）。

换句话说，适当的自然与制度资源再加上既定的社会结构，或许就是一种特质文化的起源。特质文化是一个社区独有的财富，代代相传。

第二，文化具有两个深厚的人类学根源：时间和空间。一种文化的产生必定与一个地点紧密相连，或从社会学意义上来讲，与一个社区及其历史密不可分。其结果便是，特定的文化商品同时拥有时间上和空间上的特殊性。我们注意到，一个社区越具有时间和空间上的特殊性，市场机制便越难以有效地控制其生产和消费。一种产品越是具有专业性和特殊性，竞争性均衡的状况越不可能是理想的（Slais and Storper，1993）。

第三，尽管联合国教科文组织公约对物质及非物质文化遗产进行了区分，但事实仍然是，所谓"物质文化遗产"——非物质的成分无法从物质成分中分离——并没有被视为一种具体的独立概念（Jalil Moreno，Santagata and Tabassum，2005）。然而，出自于工业文化区和当地社区的一些文化商品和服务（属于物质文化范畴的实用器物和工艺品）同时蕴含了物质与非物质因素，两种因素的同时存在以及传统知识、技能和物质性的结合才是它们的根本实质。以下是取自于发展中国家此类产品的若干范例：

- 在南美洲国家厄瓜多尔的西格乔斯（Sigchos）矿区，有大量生产陶器、编织品和服装的手工艺者仍在使用古老的风格和传统色彩。
- 在叙利亚城市阿勒波（Alepp），众多小微企业聚集在城镇内一块面积不大的区域，它们一直沿用着拥有3 000多年历史的传统工艺来生产绿色橄榄洁肤皂。这种传统工艺十分古老，但生产已经高度标准化。
- 在印度北方邦城市勒克瑙（Lucknow），许多微型企业和富有创造力的传统工匠（大多数为女性）在发展着细薄布刺绣工艺。那些经过丝线绣制的平纹细布就像是天上精灵遗落在人间的彩衣。"如果你穿上一件绣花细薄布，就等于把历史穿在了身上。"

这些例子有何相同之处？那就是，它们都展现了一种地方文化的存在，这是认同感与创造力的来源。在每一个例子中，今天的产品都与其所在地的文化密不可分。

第四，本土化文化商品特质与创造性有关，即它的世代性及其在资本积累中所扮演的角色（Santagata，2004）。在某种意义上，创造力本身就是一个世代创造出来的独特产物。在绘画中，在工业设计中，在动画制作中，在创意市场中，即便是在陶艺制品的形式和装饰中，我们都能看到一波又一波具有某个世代特点的创造力浪潮。在文化商品的特质中，世代的浪潮是显而易见的，时间和空间的碰撞迸发出一股令人敬畏的强大力量，塑造着属于一个世代的形象和声望。诞生于20世纪50年代意大利米兰的工业品设计有何本质属性？这在2005年是无法简单复制的，因为那些灵感，还有属于那个世代的文化、通信技术、营销实践以及设计风格已经完全改变了。也就是说，每一个世代都有属于那个世代的身份标识，有属于那个世代的节奏，和那个世代的创造思路。

第五，在具备竞争优势的前提下，文化商品已经在文化资本的积累过程中将创造性转化为有价值的经济商品和服务。文化资本是“……除了可能拥有的某种经济价值之外的一种能够具化、储存和提供文化价值的资产”（Throsby，2001），它产生了一系列服务，它同其他因素同时被消费或使用，以生产同时具备经济价值和文化价值的商品。通过这些方式，创造性为文化商品和服务又增添了一种特质。

第六，文化商品之所以具有特质，是因为在文化商品的创造、生产、分配过程中，隐性知识[①]（Michael，1985；Polanyi and Prosch，1975）是不可或缺的，同时也是因为个人知识是依赖于过去的个人特质性经历的。个人能力、品位、生活方式、社会制度和产业组织是无法通过机械的传播习得的，而是通过个人与集体的历史沿革形成的。

31.3 产业文化区与集群

正如上文中所讨论的，当本土化产业与特质文化结合起来时，便满足了形成产业文化区的最低条件。在本节中，我们将在理论上探讨产业文化区的主要特性，然后用两个具体例子来实际说明：美国洛杉矶的电影产业和西西里岛卡尔塔吉龙小镇的陶器生产区。

31.3.1 理　论

产业文化区的主要特点可以从引导20世纪60年代和70年代“第三意大利”（Third Italy[②]）无数微、小、中型企业取得国际成功的模式中推断。这些产业文化区属于内生增长模式，以小企业的形式出现（Becattini，1989；Storper and Harrison，1991），并存在于最基本的社会和文化环境中。这些区域包括诸如意大利萨索洛（Sassuolo，瓷砖和陶器产地）、比耶拉和普拉托（Biella和Prato，知名羊毛服装产地）、维琴察和阿雷佐（Vicenza和Arezzo，珠宝产地）和贝卢诺（Belluno，眼镜框产地）等一些文化商品的产区。打造此类产业文化区的特殊先决条件如下：

- 一个因文化传统、技术知识与社会资本（信任与合作）的积累而富有凝聚力的地方社区；
- 城市与近郊的紧密互动，区域内企业大部分较活跃，人力资源来自近郊；
- 规模报酬和范围报酬递增且取得重大发展；
- 储蓄的累积和富有进取精神的地方合作银行的出现；
- 重点面向开放的国际市场；
- 在创造价值的整个环节中有来自公共财政的支持；
- 由于社会力量和互动学习的因素存在，企业数量

① 隐性知识（Tacit Knowledge）是Michael Polanyi 1958年从哲学领域提炼出的概念。他在对人类知识的哪些方面依赖于信仰的考察中，偶然发现这样一个事实，即这种信仰的因素是知识的隐性部分所固有的。他认为：“人类的知识有两种。通常被表述出来的知识，即以书面文字、图表和数学公式加以表述的知识。而未被表述的知识，如我们在做某事的行动中所动用的知识，是另一种知识。”他把前者称为显性知识，而将后者称为隐性知识。按照Polanyi的理解，显性知识是能够被人类以一定符码系统（最典型的是语言，也包括数学公式、各类图表、盲文、手势语、旗语等诸种符号形式）加以完整表述的知识。隐性知识和显性知识相对，是指那种我们知道但难以言述的知识。——译者注

② 第三意大利（Third Italy），这一概念最初由经济社会学家Arnaldo Bagnasco提出，是指20世纪70年代经济快速崛起的意大利东北和中部，以区别于意大利经济较为落后的南部地区（第二意大利）和经济较为繁荣的西北部传统工业化三角区。20世纪70年代以后，西北地区（第一意大利）经济面临重重危机，包括翁布里亚、马尔凯、艾米利亚-罗马涅、弗留利-威尼斯朱利亚、威尼托、特伦蒂诺-上阿迪杰和托斯卡纳等7个大区。随着对“第三意大利”研究的深入和拓展，该概念已从“对地理空间的指代”转变为“对一种经济现象的比喻”，称之为“第三意大利”模式。——译者注

高速增长，通常这些企业是家庭规模的微型企业；

• 应该具备区域和集体化意识，能够在设计、技术创新、组织管理、产品创新、劳动力市场灵活性和商业流通方面生正外部性。

就经济学而言，这些特性意味着，在一个产业文化区内，由于正外部性大量存在，隐性知识、技术革新速度快，交流便捷且信息扩散成本低等，利用该市场的成本比其他任何地方都要低。正外部性可分为两类。第一种类型是所谓的“画室效应”，即在地方文化的专业场所接受培训的个人多于所在文化区内实际的劳动力需求，也正是如此才为新企业的兴起创造了一个人力资源基础。第二种正外部性，即产业文化区的出现促进了新创意产品的诞生和产品差异化的过程。因此，购买者才有可能在商业中心里找到大量的文化商品。例如，在意大利纺织品和服装生产区卡普里有700家企业，雇用了大约1.8万名工人。这些企业因此能够在每一季推出大约10万个样式。

关于技术问题，我们注意到，根据一项技术的性质，文化区可分为两种。一方面，有些产业的技术是尖端复杂的，如纺织或时尚产业。对于一家企业而言，技术的必要性越大，其价值链就会越长或者越发达。生产流程被按照等级层次分成了许多紧密衔接的部分，于是终端企业扮演了组织管理整个生产流程的重要角色。终端企业是整个价值链的最后一环，而且具有十分重要的战略意义，因为它最接近消费者的偏好和选择。由于这个原因，终端企业可能会有理由买下承包商的公司并进行垂直整合。这种趋势将减少企业数量，并改变区内产业结构。

另一方面，一些文化区非常依赖最基本的技术，如玻璃、珠宝或陶器的生产。以陶器、地毯、玻璃、肥皂和香精的生产为例，对技术的依赖程度越低，价值链就越短，价值链最末端的企业所要负责管理的东西就越少。于是各家企业自行组织生产，并在市场中与其他本土企业竞争。在价值链其他节点上与其他企业的合作变得更加集中，创造力也变得更加重要。也正因如此，企业结构的演变就显得不那么重要了。一家企业的成长更加紧密地与创造浪潮、开发集体知识产权的能力和朝向集体分配结构的扩张相关联。在这样的环境下，中小规模的企业数量有可能会增加。

31.3.2 实例：洛杉矶电影产业

就大都市的产业文化区而言，洛杉矶电影产业称得上是一个特殊的例子（Garreau，1992；Scott，2000）。其相关性是世界公认的，“……因为与其他案例研究的产业区（如硅谷、奥兰治县或科技公司云集的波士顿128号公路）不同，洛杉矶电影业产品的交易建立在一种纯粹的认知层面。单凭这个原因，好莱坞成为当今全世界范围内文化商品集聚最引人注目、发展迅猛的例子之一”（Scott，2002）。此外，好莱坞已经从旧福特主义以生产流程为基础的危机中崛起，它的影视制作（Scott，2005）已经成为完善灵活的经济网络的标杆（Christopherson and Storper，1986；Storper，1989；Scott，2005）。垂直组织解体与产品创新要求动态创新型小企业（其产品标准化水平较低）进行专业化投入（见表31-1）。

表31-1　洛杉矶电影与电视行业发展情况统计表

年份	员工人数	占员工总数百分比	机构数量	占机构总数百分比	人数在1~19人的机构数量	占电影机构总数百分比
1993	183 783	5.2%	5 634	2.6%	不适用此项	不适用此项
1997	188 465	5.3%	6 573	3.0%	5 984	91.0%

资料来源：Bureau of the Census，1998，County Business Patterns for Los Angeles，CA。

洛杉矶的电影产业同时也能够说明前文所提到的正外部性的两种类型。首先是工作室效应，电影产品需要很多不同专业人士的合作，包括设计师、化妆师、编剧、摄影师、道具师、造型师、音乐师、多媒体专家、艺术设计师、服装设计师、巡演经理人和熊彼特式（Shumpeterian）的创新企业家[①]。这样的事实体现了画室效应。当这些专业技术人员被全部动员起来时，片场便成为一个集结高素质工作者的源头。目前大约60%的工作者是自由职业者，超大型工作场所带来的结果是每一位工作者都有可能成立一家新公司。其次，除了培训新员工外，电影产业还能创造出新的特许衍生产品，如书籍、视频和设备，一个大规模的商品市场将由此产生。这样的结果正是“创意产品差异化”外部性的一个例子。

好莱坞的电影产业可以被视为一个成熟的产业，但这个老牌产业区仍以新公司数量的激增而著称，在1993年到1997年间，平均每年有188家新机构成立（年增长速度达到16.6%）。这就确证了好莱坞作为文化区所具有的内在活力，同时也证明了它由于允许少数电影工作室与大批小型独立公司共存而具有的巨大潜力。这可以称得上是好莱坞独有的特色，同时在实践中预示着未来其他典型文化公司集群的演变。

31.3.3 实例：卡尔塔吉龙（西西里岛）陶瓷区

从古至今，卡尔塔吉龙一直以精美的陶器、典雅的传统设计和工匠们独具匠心的创造力而闻名。土、火和创意，是陶器生产中最基本的三要素。不知从多久前开始，这里的陶器便是由专门的黏土矿、木材，和来自于这个小镇的文化精神共同烧制而成的。卡尔塔吉龙陶器产区代表了众多文化区中一类长期采用低等技术进行生产的产业文化区（Cuccia and Santagata，2004）。

卡尔塔吉龙文化区规模较小，只有不超过150间工作室和实验室，每一间工作室的规模都只相当于一个人口稍多的大家庭。每间工作室的面积也都不大，平均不超过180平方米。这个社区与陶器生产紧密联系在一起。在卡尔塔吉龙，有一座很有历史的陶器博物馆和一座地区陶器手工艺培训学校，这里还有十分发达的旅游业。有两个公会负责与地方当局建立制度联系，这是获得国家补贴的重要渠道，同时也为未来将要实施的集体商标制度做准备。

卡尔塔吉龙与好莱坞之间的主要结构性差异体现在三个方面：劳动力的技术分工强度不同、技术革新的速度不同、产品范围不同。在卡尔塔吉龙，劳动分工程度很弱，技术革新可以说停滞不前。实际上，如果一种文化商品的生产——如陶器和玻璃的生产——结构非常原始，整个生产过程是由大量的小型作坊完成的，那么牵头的人一定是一位技术、灵活性和创造力获得同行认可的人，而这些正是那些出售同类产品的公司最基本的投入要素。因此，在这类产业文化区中，许多小生产单位拥有一致的正外部性和区域内发展过程中的社会实践，但同时它们相互之间又存在激烈的竞争关系。另外，每一个生产单位都趋向于将价值链从创造、生产直到分销实行完全的内部整合。尤其需要指出的是，每一间工作室都会在市镇内或市镇外设立一个陈列室，并在互联网上开设一个虚拟展示空间。最后，由于劳动力分配相对有限，这类产业文化区不会开发专业化分支机构或新的生产活动。这就使得整个行业变得更加无法抵御市场需

---

① 熊彼特式（Shumpeterian），来源于熊彼特创新理论。Joseph Schumpeter是现代创新理论的提出者，他以“创新理论”解释资本主义的本质特征，解释资本主义发生、发展和趋于灭亡的结局，他在《经济发展理论》一书中提出"创新理论"以后，又相继在《经济周期》和《资本主义、社会主义和民主主义》两本书中加以运用和发挥，形成了以“创新理论”为基础的独特的理论体系。“创新理论”的最大特色，就是强调生产技术的革新和生产方法的变革在资本主义经济发展过程中的至高无上的作用。——译者注

求波动带来的影响。

然而，似乎有两个新的因素会对这种情况产生影响。首先，声望的积累可能会引来新型产业活动在这里实现“本土化”。工业瓷砖陶器生产就是一例，生产瓷砖的公司一定愿意将自己的产品商标与卡尔塔吉龙陶器生产区联系在一起。其次，网站设计等网络产品通常是在多方合作之下完成的，因此正外部性会同时被更大范围内的一批公司共享。

31.4 制度性文化区

本章所要讨论的第二种文化区类型是制度性文化区。制度性文化区的本质特征就是以正规机构为基础，该机构负责将产权和商标权发放给某个限定区域内的生产者。这些权利以社区或集体产权的形式出现。从这个角度来说，这些机构从法律上对该区域内一个社区的文化资本进行了保护。保护涉及了蕴含在商品和服务中的文化知识及其他非物质成分。一般来说，通过采用某个只有当地生产者才能使用的集体性的地理商标，这些权利才得到确立。根据世界知识产权组织与世界贸易委员会（WIPO&ITC，2003）给出的定义，我们将它们称为原产地名称和地理标识。

这些文化区所生产的商品与当地的文化和生活艺术严谨地联系在一起。此外，这些产品取得的经济成就也自然地与当地文化密切相关：它们的形象和符号标志与当地习俗和文化行为越接近，就越能够吸引爱好该文化的消费者，也就越能推动它们的生产。在这种情况下，文化的意义是广泛的，涉及文化区内所有与美学、工艺学、人类学和历史学有关的内容。

意大利的经验在此方面也提供了诸多例证。在皮埃蒙特省朗格和托斯卡纳区基安蒂等地，这些界定明确的地区的经济增长都存在一个决定性要素：立法批准为物质文化商品确立集体产权，这里的物质文化商品即符合当地葡萄酒传统的产品。然而，正如我们在分析皮埃蒙特省朗格葡萄酒产区的酒文化时所讲到的，由于多种原因导致了共同演化，要探明知识产权建立与地方性产业经济成功之间的正相关关系，过程非常复杂，并且是非线性的。不过，有一种很有效的间接检验：近几年，一大批拥有潜在文化区或已长期建有文化区的地方已经确立了集体产权，以保证当地的经济增长。

在接下来的几个小节中，我们将说明集体产权是在怎样的制度安排下被确立的，提出一个行为模型，并就一个制度性文化区的分析实例进行讨论。

31.4.1 制度安排：集体知识产权

当产品有一定的认知度时，注册商标就会保护这些产品免受盗版和不公平竞争的侵犯。一方面，该权利在市场上一般是信誉的标志，而且在本质上是属于个体的（Landes and Posner，1987）。另一方面，集体产权是用以管理和保护一个地点内所有已登记注册的生产商的规范性规则。此时，个体需要接受超个体机构的管理，商标也就成为当地的公共财产。因此，确立集体产权的主要原因类似于政府最初创立时的情形：如果有一个各方认可的机构来限制绝对个人自由和“搭便车”行为，效率会大大提升（Coleman，1993）。我们就此可以区分两种知识产权：一种是以个人和公司为基础的，另外一种是以集体和社区为基础的。这些共有的、以地区为基础的知识产权尤其有助于潜在文化特色区域的起步，“原产地名称”（AO）就是一例。通常，原产地名称就是一个村镇或其他地方的名字，某种产品被认定专属于此地，而该产品已经深深植根于当地社会和文化环境或其所在的那片领域。“原产地名称”标签的授权使用成为保护某一特定地点传统工艺的方法。原产地名称衍生出了一种专有权（垄断权力），为这个特定保护区内的所有生产商所共享。其他重要的集体知识产权包括集体商标和地理标识。

这种产权的授予在发挥激励作用的同时也衍生出许多问题。关于激励作用，这些产权使产品易于区分，从而形成垄断特权，同时，这种产权能够让价格和产量同时上升，从而有利于资本大量积累，这不仅仅是由溢价带来的。另外，它们会激励生产者对从悠久人文历史中脱颖而出的产品的声誉和质量进行投资。在产品质量提升的同时，它们也会引导生产者更好地管控产品的生产和分配过程。

然而，通过原产地标签改善内容和信息可及性的做法也会带来一些弊端。在此，我们考虑三种可能发生的失效情况。第一是“搭便车”行为带来的风险，就像公共产品理论说明的那样。原产地名称的功效是，代表与商品登记最低要求相对应的质量水平。要传播这个标志并使产品与信誉保持一致，就意味着要在信息扩散和强化产品质量方面作出重大的集体投资。质量低劣的生产者会搭上“顺风车”，以便从代表着产品质量和信誉的集体商标上获利，但从长期考虑，正如下文所要讨论的，他们的非合作行为将会削弱集体产权所带来的正面效益。

第二种失效的情况是，如果未能定期认真地进行产品质量检查，则可能引发道德危机。在这种情况下，当地生产者会自认为消费者无法分清产品质量上存在的差异，于是可能会赋予那些质量低劣的产品使用集体产权的权利。这种做法将会导致全部产品的平均质量下降，随着消费者遭受更多不良的体验和获得更多相关信息，他们最终会抛弃产品。

第三种情况是高质量生产者选择退出。如果个别产品的相对质量提高，那么其生产者就会有脱离集体产权的动机，因为使用集体产权就意味着，即使这些公司的产品质量大大高于最低要求，但在标志上却体现不出来。因此，退出集体商标和产品质量的日渐下滑很有可能会导致一种新的逆反行为——使用个体商标而不是集体商标。

31.4.2 建立集体知识产权过程中的行为模型

关于集体商标的运用，在本小节我们将对个体生产商所使用的策略进行研究（Cuccia and Santagata，2004；Cellini，Cuccia and Santagata，2005），我们以美术陶瓷为例，该领域的案例能够简单明了地推导到其他文化区。

我们假定在陶器制造市场，有N个独立品牌，分别由N名工匠生产。同时假定市场内有两类工匠：

- 有N^A名艺术型工匠，他们生产高质量的商品，他们会对文化进行投资，同时非常在意自己的产品中所包含的艺术性；
- 有N^M名大批量生产的市场型工匠，他们生产标准化的低质低价商品。他们不关心陶瓷制造中的艺术成分，只在乎产品在市场上的销售结果。他们对在集体商标使用权登记者应该遵循的最低质量标准也丝毫没有重视。

为了简化参与者之间的互动，我们在这里用C^A表示艺术型工匠的代表，C^M表示大批量生产或生产低质产品的代表。设想在一场博弈中，两类工匠可以在两种策略中进行选择，分别是“加入”和“不加入”集体商标。现状是没有人对集体商标感兴趣，因而它也不存在。我们假设艺术型工匠得到的报酬是π^A，市场型工匠得到的报酬是π^M，下标0和T（$\pi_0^A,\pi_0^M,\pi_T^A,\pi_T^M$）分别代表既存现状和采用集体商标的情况。

表31-2是这个静态非合作博弈的收益矩阵，双方同时选择策略而且拥有完全信息。在该收益矩阵中，$\varepsilon>0$，其代表的含义是参与者所作出的是否加入集体商标的决定所产生的外部性。如果两类工匠都选择加入集体商标，由于低质量产品的生产者拉低了集体商标的市场信誉度，C^A将要承担一个负的外部性；同时，C^M将

因声誉度很高的艺术型工匠同时存在于集体商标使用者中而收获一个正外部性。收益e代表艺术型工匠在自己没有加入集体商标，而市场型工匠加入了集体商标的情况下的收益。对于e的大小，并未做先验假设。

表31-2 收益矩阵

加入或不加入集体商标		C^A	
		加入	不加入
C^M	加入	$(\pi_T^M+\varepsilon),(\pi_T^A-\varepsilon)$	π_T^M, e
	不加入	$(\pi_0^M+\varepsilon),\pi_T^A$	π_0^M, π_0^A

如果参与者C^A决定加入集体商标组织，他或她的收益如下：如果C^M加入，其收益为$\pi_T^A-\varepsilon$；如果C^M不加入，则为π_T^A。C^M的加入会令产品的平均质量水平下降，质量水平是消费者选择这个集体商标的依据，质量水平的下降会导致（$-\varepsilon$）的负外部性产生。换句话说，如果C^A决定不加入集体商标组织，那么他或她的收益如下：在C^M不加入集体商标的情况下，收益为π_0^A（这种情况下的收益可以理解为没有集体商标的市场中正常水平的收益）；如果C^M加入集体商标组织，则收益为e。

就模型参与者C^M而言，如果他或她决定加入集体商标组织，他或她的收益如下：如果C^A参加，收益为$\pi_T^M+\varepsilon$（在这种情况下，C^M个人不付出任何成本就能坐享参加集体商标组织的C^A所带来的正外部性，因为C^A能够使集体商标下所有产品的平均质量提升）；如果C^A不加入，收益为π_T^M。如果C^M决定不加入集体商标，当C^A不加入时，C^M获得的收益是π_0^M，如果C^A加入，收益则为$\pi_0^M+\varepsilon$，因为即便C^M不使用集体商标，他或她也可能从正外部性——如来自于很有名望的文化区（如知名陶瓷产区卡尔塔吉龙）的正外部性——中获益。

根据上述的报酬模型矩阵，参与者C^M有一个占优策略：加入集体商标。事实上，无论C^A选择加入还是不加入，C^M都会判断加入集体商标于己有利，所得到的报酬将分别是$\pi_T^M+\varepsilon$和π_T^M，均优于不加入集体商标所得到的$\pi_0^M+\varepsilon$和π_0^M。

因此，如果加入或注册集体商标的成本并不高，市场型低质量产品工匠将毫无疑问地加入集体商标。

就C^A而言要分两种情况讨论：

- 如果$\pi_T^A-\varepsilon\geqslant e$，则加入集体商标对于他或她也是占优策略，同时这个模型会在占优策略（加入-加入）上达到纳什均衡①。相对于该状况，C^M的收益会增加，而C^A的收益则会根据$\pi_T^A-\varepsilon$大于或者小于π_0^A而增加或减少。

- 如果$\pi_T^A-\varepsilon<e$，对于C^A而言不存在占优策略，这时候模型的纳什均衡变为加入-不加入。在这种情况下，C^M的收益将会增加，而C^A的收益则将视e大于或者小于π_0^A而增加或减少。

上述讨论的内容明确了一点，即集体知识产权（如集体商标）只有在特定的限制条件下才能够发挥作用②。艺术型机构对于加入一种集体商标尤其谨慎，他或她的决定取决于其与市场型机构之间的相

① 纳什均衡(Nash equilibrium)，又称为非合作博弈均衡，是博弈论的一个重要术语，以John Forbes Nash，Jr.命名。纳什均衡是一种策略组合，使得每个参与人的策略是对其他参与人策略的最优反应。——译者注

② 详见Cuccia与Santagata(2004)，Cellini、Cuccia和Santagata(2005)。

互作用中所包含的负外部性的数量级。旨在提高市场型机构产品质量的地方经济政策是削减负外部性、吸引艺术型机构加入公共集体商标的主要工具。这个基本条件是任何一个制度性文化区兴起的先决条件。

31.4.3 制度性文化区：意大利皮埃蒙特省朗格葡萄酒产区

巴罗洛和巴巴莱斯科两款葡萄酒产自意大利北部皮埃蒙特省朗格葡萄酒产区，1992年被授予原产地名称特权。该项授权所带来的基本经济影响是大规模资本积累过程的开始。表31-3所表现的是在该授权发布并开始执行之后引发的广泛的收入再分配。比较1992年之前和1992年之后两个时期GDP平减指数与酒价的差值，我们可以发现，1993—1998年，巴罗洛DOC葡萄酒价格与全国整体价格指数的差值要比1985—1992年高3倍。巴巴莱斯科DOC葡萄酒同期的表现一样令人印象深刻，这表明，在原产地名称特权较为有效的行使期间，经济环境至少与葡萄生长季节的天气条件一样良好。

表31-3　　1986年—1998年GDP平减指数与DOC*葡萄酒价格变化率的差值

DOC葡萄酒	1986—1992年GDP平减指数的增长率	1986—1992年葡萄酒价格增长率	1985—1992年差值	1993—1998年GDP平减指数的增长率	1993—1998年葡萄酒价格增长率	1993—1998年差值
Barolo**	45.22%	86.2%	41.0	20.66%	146.2%	125.54
Barbaresco**	45.22%	147.29%	102.07	20.66%	187.6%	166.94

资料来源：Derived from Borrione（2000）。

译者注：*DOC为意大利葡萄酒等级制度中的一个等级标准，可简单理解为国家名酒。意大利葡萄酒等级从低到高依次是：佐餐葡萄酒（VDT）、典型产区葡萄酒（IGT）、控制原产地命名生产的葡萄酒（DOC）和保证控制原产地命名生产的葡萄酒（DOCG）。

**Barolo（巴罗洛葡萄酒）和Barbaresco（巴巴莱斯科葡萄酒）均系意大利名酒，是意大利西北部葡萄酒产区皮埃蒙特省两大重要酒款，产自朗格葡萄酒产区。

朗格葡萄酒文化区对整个地区的工业生产过程产生了重要影响，包括：小型酿酒企业高水准的技术革新、劳动力更加专业、基础设施更加完善和产品出口扩大。从文化层面来看，该文化区建立之后，出现了各类与当地文化商品和传统相关的博览会和庆祝活动，文化遗产得以发扬，自然风景成为经济资源，博物馆、文化中心和酒窖推动了文化传播，旅游业也取得长足的发展，这些都使得当地人的生活质量得到了极大的提高和丰富。下面这些真实的数据更进一步说明这些文化影响。从1980年到1992年，朗格葡萄酒产区内24个自治市中，平均每年增加一项文化活动；从1992年到2000年（《DOC法令》[①]颁布之后），新增文化活动上升的速度保持在每年增加4~5项。这意味着，在8年的时间里，有大约50项永久性公共活动被确立。以2001年春

① 《DOC法令》(DOC Act)，1992年2月10日，第164号法令。该项关于葡萄酒产权的立法最早可以回溯到1924年，但《DOC法令》1992年第194号法令首次颁布了完整且可实施的葡萄酒产权保护法令。

季为例，当地举办了超过100场文化活动，吸引了很多人前往当地观看，对于慕名而来的外地游客，这些公共活动也很值得观摩欣赏。最终在2003年，朗格区巴罗洛及巴巴莱斯科两款葡萄酒获得了品评标准严苛的知名美国葡萄酒评论杂志《葡萄酒鉴赏家》（Wine Spectator）打出的最高分“100分”，该杂志在当年冬季出版的刊物标题为《皮埃蒙特，完美》（Piedmont Perfection）。在此之前，该杂志从未给出过如此高的分数和评价。

对那些以商业开发艺术和大众传统为基础的制度性文化区，我们可以给出类似的论据，如音乐、艺术和手工艺（玻璃、香水、肥皂）、形象与造型艺术、设计品等领域（Greffe，2002）。

31.5 发达国家与发展中国家关于文化区的政策问题

正如所有社会现象一样，任何关于文化区和集群的定义在一定程度上都不够准确，因为它会随着地方社会及其经济结构的持续转变而逐渐演变。我们研究的两种不同类型的文化区很明显是互为补充且相辅相成的。将两种文化区结合起来，它们就有潜力成为经济发展的新途径。然而，即使这两种类型的文化区在全世界广为分布，引入一幅简化的图景还是很有帮助的。我们可以认为，产业文化区是一种主要存在于发达国家中的经济结构，如意大利、法国和英国；而制度性文化区则是一种非常适合发展中国家的经济模式。

后一个观点背后的逻辑如下。产业文化区的建立受两个条件的约束：第一，它必须加诸一个适当且充分的社会经济结构之上；第二，文化区的建立是一个漫长且通常伴随着社会阵痛的过程。这两个约束条件很可能会对发展中国家传统产业文化区的建立产生不利影响。但是，在发展中国家，以生产文化商品为主业、有组织和产业性结构的小型企业集群并不罕见，只是与文化区相比还有一段距离。它们属于地方经济力量，可能拥有一家或几家先驱企业，有来自当地和外部的需求，拥有劳动技术，也存在学习效应，但它们普遍缺乏一种激励体系来带动当地的主要经济参与者朝着更高效的产品投资、交易、传播与营销方式发展。简而言之，这些地方普遍缺乏的是完善的制度和有效的管理。因此，问题的实质已经变成：如何将一些有效的制度推行至现有的具有潜力的产业集群中去，如知识产权制度。其中一种可行的解决办法是重点发挥集体产权的作用以促进市场主导型激励，支持当地发展。因此，制度性文化区模式被视为更加适合发展中国家建立文化区的战略。

因此，这一分析得出的暂时结论是，文化区的建设存在一种政策设计困境。在一个文化产业区的演变过程中产生的创业氛围并没有一个明确的起点。这种模式是在历史上逐渐发展出来的，打破原有制度重新设计是不可能的。

从公共政策角度来看，这意味着一系列随机且无法预知的事件使一个文化区在内部发生了集聚效应，这实际上是无法复制的。本土化的社会与经济环境是无法预先打造的。在大部分发展中国家，可以做到的是根据合理计划去改善个体的经济动机，去影响控制潜在文化区的机制。对于制度性文化区，情况就是这样的。在这方面，地方制度可能有能力将一个既漫长又自发的过程转化为实在且卓有成效的经济现象。集体产权可以充当一件承载工具，用以制定质量标准、上调价格、产生效益并加大潜在文化区的竞争性。

原则上，集体产权的赋予有两层作用：一方面，集体产权能够保护一种产品、理念或徽标免受非法抄袭；另一方面，集体产权为一个地理区域和社区或生产者协会的商业发展引入了规定、标准和机制。制定产品质量标准意味着地方艺术家和生产者之间持续的合作、营销和监督活动的发展。目前，集体产权的第一种作用对发达国家来说极为重要，这些国家的主要问题是保护出自文化产业区的产品免受盗版侵害；第二个作用则是一种适用于发展中国家小微企业起步的策略，在这些发展中国家，本土集聚的潜力必须转化为真实的效率。

两类文化区会雇用相同的经济参与者：生产文化商品和服务的艺术家及企业家。由手工艺者和小企业主们领导的本地化微型企业遍布全世界。然而，由于更高水平技术的应用，企业的纵向和横向整合现象在发达国家非常典型；而在发展中国家，许多类型相同的微型企业的集聚更加流行。在这两种情况下，由于上文所述的根本特性，文化商品及服务的生产函数会受到相同地理位置所带来的正外部性的影响。

最终，我们把注意力转向文化区随时间的演化上。我们期望这样做能对许多方面产生积极的影响：创造就业、产生收入、完善制度能力、面向国际开放以及创造力的代际传递。但是这也可能存在一些缺陷。正如前文中讨论的建立集体产权的博弈模型所示，选择加入集体产权的决定取决于个体动机和集体行为。如果加入可以，那么退出也可以。这意味着，如果说集体产权是永久性的，个体对集体产权的依附却可能是暂时的，因为除了加入还有退出可以选择。一项集体产权的主要作用是标示集体商标所代表产品的平均质量，所以那些生产制造更高质量产品的生产者会选择退出，而那些产品质量较差的生产者们则继续停留在门外。换句话说，这些产权发生作用的过程是一个动态过程，其底线是：低于一定质量标准，集体知识产权的标识不会带来任何优势（甚至对免费“搭便车”者亦然），因此其才没有被选择。退出似乎大多发生在发达国家，而在发展中国家，低质量因素可能会阻碍集体产权的授权。

在发展中国家，其他可能存在的动态劣势可能影响着文化网络的成功。第一，这些国家经常缺少对土地和景观使用的强制监管。超额需求造成了拥挤成本，进而导致了景区景点情况恶化：游客过多，外来设施过多——从酒店的建设到公共财产的私有化。第二，外部力量，如实力强大的跨国公司，可能通过将与当地文化毫无关系的产品本地化、不公平竞争以及对地方声誉的利用，来“摧毁”地方文化。全球化或许会危及原生文化，实际上已经导致了一些原生文化的毁灭。只有通过开发政策工具来限制这些文化侵略，地方文化及与之相关的经济活动才能得以保全。

31.6 结论

本章的主旨是通过一些有关利用文化带动经济发展的分析性建议，对制度与文化的经济理论加以探讨。它解释了本土化经济起步的着重点。在这层意义上，产业文化区与制度性文化区之间的差别起到了基本分界线的作用，展现了一个潜在的文化区是如何在集体知识产权的推动下转变成真正意义上的文化区。发展中国家对制度性文化区的形成越来越感兴趣，因为在发展中国家一直存在着许多潜在文化区和文化网络。世贸组织（WTO）、联合国教科文组织（UNESCO）和世界知识产权组织（WIPO）等国际组织也越来越清晰地意识到，集体产权在支持与推动这些文化区形成的过程中也具有重要的作用。

参考文献

Bagnasco, A. (1988). La Costruzione Sociale del Mercato. Il Mulino, Bologna.

Bagnasco, A., Sabel, C.H. (Eds.) (1995). Small and Medium-Size Enterprises. Pinter, London.

Becattini, G. (Ed.) (1987). Mercato e Forze Locali: Il Distretto Industriale. Il Mulino, Bologna.

Becattini, G. (1989). "Sectors and/or districts: Some remarks on the conceptual foundations of industrial economics". In: Goodman, E., Bamford, J., Saynor, P. (Eds.), Small Firms and Industrial Districts in Italy. Routledge, London, pp. 123–135.

Borrione, P. (2000). "Analisi economica ed istituzionale di un distretto culturale: I diritti di proprietà e il caso delle Langhe". Mimeo, Turin.

Cellini, R., Cuccia, T., Santagata, W. (2005). "Policy decisions on collective property rights in cultural districts: A positive model". Rivista di Politica Economica 95, 1–15.

Christopherson, S., Storper, M. (1986). "The city as studio, the world as back-lot: The impact of vertical disintegration on the location of the motion-picture industry". Environment and Planning D: Society and Space 4, 305–320.

Coleman, J.S. (1993). "The role of rights in a theory of social action". Journal of Institutional and Theoretical Economics 149, 213–232.

Cuccia, T., Santagata, W. (2004). "Collective property rights and sustainable development: The case of the pottery cultural district in Caltagirone, Sicily". In: Colombatto, E. (Ed.), Companion to Property Rights Economics. Elgar, Cheltenham, pp. 473–488.

Garreau, J. (1992). Edge City. Anchor Books, New York.

Greffe, X. (2002). Arts and Artists from an Economic Perspective. UNESCO and Economica, Paris.

Harris, M. (1977). Cannibal and Kings. The Origins of Culture. Random House, New York.

Jalil Moreno, Y., Santagata, W., Tabassum, A. (2005). "Material cultural heritage, cultural diversity, and sustainable development". Working Papers 2005, Elba Center, University of Turin.

Landes, W.M., Posner, R.A. (1987). "Trademark law: An economic perspective". Journal of Law and Economics 30, 265–309.

Marshall, A. (1890). Principles of Economics. MacMillan, London, eight ed. 1930.

Marshall, A. (1919). Industry and Trade. MacMillan, London.

Piore, M., Sabel, C. (1984). The Second Industrial Divide: Possibilities for Prosperity. Basic Books, New York.

Polanyi, M. (1958). Personal Knowledge. The University of Chicago Press, Chicago.

Polanyi, M., Prosch, H. (1975). Meanings. The University of Chicago Press, Chicago.

Pyke, F., Becattini, G., Sengenberg, W. (1990). Industrial Districts and Inter-Firm Co-operation in Italy. International Institute for Labour Studies, Geneva.

Pyke, F., Becattini, G., Sengenberg, W. (1992). Industrial Districts and Local Economic Regeneration. International Institute for Labour Studies, Geneva.

Salais, R., Storper, M. (1993). Les Mondes de Production. Ed. le l'Ecole des Hautes études en Sciences Sociales, Paris.

Santagata, W. (2002). "Cultural districts, property rights and sustainable economic growth". International Journal of Urban and Regional Research 26, 181–204.

Santagata, W. (2004). "Creativity, fashion and market behaviour". In: Power, D., Scott, A.J. (Eds.), Cultural Industries and the Production of Culture. Routledge, London, pp. 75–90.

Scott, A.J. (2000). The Cultural Economy of Cities. Sage, London.

Scott,A.J.(2002)."A new map of Hollywood:The production and distribution of American motion pictures". Regional Studies 36,957-975.

Scott,A.J.(2005). Hollywood. The Place,The Industry. Princeton University Press,Princeton.

Storper,M.(1989)."The transition to flexible specialisation in the US film industry:External economies,the division of labour,and the crossing of industrial divides". Cambridge Journal of Economics 13,273-305.

Storper,M.,Harrison,B.(1991)."Flexibility,hierarchy and regional development:The changing structure of industrial production system and their forms of governance in the 1990s". Research Policy 20,407-422.

Throsby,D.(2001). Economics and Culture. Cambridge University Press,Cambridge.

WIPO,ITC(2003). Marketing Crafts and Visual Arts:The Role of Intellectual Property. ITC/WIPO,Geneva.

| 第十二部分 |

政　策

第32章

艺术和经济政策[①]

Alan Peacock

THE David Hume Institute, Edinburgh, UK

The Association of Cultural Economics International

刘畅　译

摘　要

通过将“顾客至上”确定为政策目标，公共参与可以实现形式和内容的统一，既可以影响文化产品和服务的供给，也可以影响大众的需求。这样的服务范围涵盖很广，包括创意艺术、表演艺术和文化遗产。实际上，类似这样的服务，如博物馆、画廊获得公共资金的支持，艺术家、剧院、歌剧和芭蕾舞公司、广播等都接受财政补贴和税收减免。公众为了保证能够影响文化服务的供给和需求，将“消费者至上”确定为政策制定的目标。实践中，这样的服务涉及范围很广，并享受优惠政策。有趣的问题是：扶持政策通常附带对供给和交易进行规范的措施。但为什么只有艺术领域有这种优惠政策，而其他服务领域没有呢？答案是，因为政府怀疑消费者选择的能力，导致生产者偏好影响政策走向。这为精英集团的评判成为确保质量的唯一标准提供了证据。本章进一步分析了在生产者偏好影响政策的情形下，资源配置效率和生产效率的变化。本章的研究将为未来经济趋势如何影响政策变化提供帮助。

关键词

福利函数，顾客至上，创造力，表演艺术和传承，政府支持的基本原理，配置和生产效率，政策实施，文化全球化

JEL Classification Codes

Z1，HO，H4

① 特别感谢与我共同讨论的Rick van der Ploeg，同时感谢本卷编辑们的耐心工作。

32.1 引　言

本章运用简单的方法，解决了政府如何制定有关艺术和文化政策，以及如何应对在实施过程中出现的问题的难题。第一，按照经济分析的发展（参见 Peacock，1969），给出所分析问题的本质及其变化的理由。第二，给出政策制定过程中各主体关系的概要描述。第三，深入细致地考虑一个关键问题，即为何运用政府干预来影响艺术和文化活动。第四，展示经济分析如何帮助评估现实政策进程。

32.2 变化的分析情景

当帕累托福利经济学被认为是政策评估合适的方法论（参见 Peacock，1969）时，作者已开始尝试研究支持艺术的公共干预的政策标准和相关政策措施，即使这种方法论有某种缺陷。这篇论文仍不时被引用，但经济学对这种方法的再评估进行了更多尝试，以便将作者认为必要的方法论自身和文化市场及政府影响同时加以考虑。而将政策放到合适的规范框架的尝试无法充分考虑这些变化。

第一个重要的变化是体现在标准的福利分析中的经济行为概念日益扩大。这种个人效用在函数中特别明显，模型中详细阐释了函数各个方向的参数。函数进行了扩展，进一步考虑了商品和服务支出的福利，以及职业选择和自我实现的成就感带来的满足。一些勇敢的经济学家面对这些假设带来的挑战，运用经验分析方法测试它们的相关显著性。[①]就艺术而言，创造型艺术家动机的分析一直广为关注，如果他们能够得到某种形式的公共支持，则有关动机的分析将对方法的有效性产生重大影响，这也将在后文中提及。

作者原来的文章对基于艺术的“公共性”的特点和形成公共补贴申请的基础的参数投入了很多笔墨。影响这些参数的第二个重大变化来自日益严重的问题，即将如何保留顾客至上的假设作为一个初始值的判断，从某种意义上说，一旦认同市场无法保证提供最优文化产品，这时确定文化活动规模和结构的责任就会部分地落在政府身上。

一种方法就是简单地放弃整个假设。著名的马斯格雷夫“公共需求”讨论中已经明确地提出这一术语（参见 Musgrave，1987）。关于这个术语有很多不同的定义，其实质可以归结为一个想法，即社会成员发展共同的喜好——马斯格雷夫引用了历史遗迹维护的重要文化案例——也就是说，每个个体接受应该做什么的社会观点并将其付诸实施，即使这一社会观点与其个体价值评估并不完全一致。如何识别这样的商品呢？具有公共属性的商品和服务通常都是这样的商品。因此，这样的商品必须得到公共资助，至于它们是否需要被提供这样的资助是另一个问题。消费者的兴趣不再是顾客至上了，正如马斯格雷夫所说，顾客至上必将会被其他的标准所替代。

公共需求的想法现在充斥于文化经济学文献中，尽管这些文献可能并不能全面地理解这一概念的内涵，并且经常指出政府行为不必与个人偏好的清晰度完全脱离。那些能够采取单边行动满足“supply merit”的政府官员无法在实践中将潜在受益者视作被动反应者。因此，文化经济学家一个重要的作用就是设计方法，通过

① 文化经济学家们应该特别指出精湛地总结这些问题的同行 Bruno Frey（1997）及其对提供文化服务、掌管公共政策的机构行为所进行的研究，以及对博物馆和美术馆管理者激励机制的研究贡献（参见 Frey，2002）。

适当地修正调查方法来测试这种反应。[①]然而，公共需求方法提出了一个问题，即个体可能希望放弃选择权的条款和条件问题。一个明显的情况是，在国内如果没有管理者的同意，就不可能放弃顾客至上这一原则。因此，另一个研究文化政策的方法是由公共选择理论提出来的，正如Wicksell尝试描述一个产生“近似一致”的政治体制，其标准是由政治决策制定的，以便他们模仿而不是去复制一个市场体制（有关这一方法的详细分析参见Peacock，1998a)。这种方法是文化经济学研究方法的源头，通过这种方法，消费者的偏好不仅得以显示而且在一定程度上可操作，在得到这种一致的限度内，消费者自身决定了政府以其名义行动的一般性。[②]

在考察近期研究进展对制定和实施文化政策的影响程度之前，需要注意第三个经济分析的变化。大部分由政府通过其支出和私有资源配置管制加以管制的资源可能会引起这样的猜测，即经济分析在考察资源使用交易无法通过市场机制来完成的情况时，并没有加以适当的调整。通常，艺术专家会断言经济学家所关注的是市场，而这将会把他们转化为获利回吐企业家的辩护者[③]，因此，在分析博物馆、美术馆、国家广播系统等具有公共服务崇高理想的专业人士所管理的机构时，会将其排除在外。经济学家的回应是非市场环境虽然创造了一系列个人最大化效用的不同条件，如利润最大化条件，但不会产生道德转型。而且，如果由税收资助的公共服务被垄断，他们就会允许自由裁量行为的可能性。换句话说，这样的服务需要某种形式的交换关系，可以使用标准形式的经济分析，以得出适当的实证测试设计双方[④]协商的结论。

在艺术文化领域，政府间以及政府与私人机构之间交易的例子现在比比皆是，特别是在个人艺术公司特别补贴的例子中，必须要提及某些形式的契约关系。交易理论以及委托-代理分析已经成为文化经济学家标准装备的一部分。最新的变化改变了一直强调的经济学家们的政策利益，以及他们一直期望得到的政府关注。换句话说，他们目前努力测度政府艺术支出的效率，以及经济学家在多大程度上有助于修订控制方法。这可作为促进自身效率的市场力量的替代品。

这种情景变化的内涵可以通过Peacock（1997，p.15）一张简单的示意图来理解，如图32-1所示。在福利方法传统描述的下面一部分，可以看到只有政府所做的一个决策进程，其单一担当“道德观察者”，以便根据其所感知的社会利益来实施福利制度（例如，帕累托标准的修订）。这样的进程暗示了在提供产品和服务的过程中公共性的存在，这在文化活动中已经引起广泛争论。如果文化产品和服务的数量、结构需要这样的干预，那么也应该对个体的兴趣和偏好加以考虑。比如，像著名的Samuelson（1958）在有关公共商品问题的讨论中，采用了一些对偏好揭示的方法而不是投票机制。这些方法的修订很明显是接受传统福利经济学的文化经济学家们首要关注的问题。

再看图32-1的上面部分，如果公认的偏好揭示在决策进程中需要大众参与，那么，除处于“单一”和很大程度上被动调整经济单位之间的交易系统之外，还需要其他两个系统或者说“市场”必须体现在政策范式中，即：

（i）政府选举的政治系统，和

（ii）“政治供给”系统，识别政治家和官僚们的交易进程。

---

① 更全面的方法可参见Cuccia(2003)。

② 对选民的偏好和政府促进表演艺术的公共干预决策之间关系的研究，可参见Schulze和Ursprung(2000)。

③ 不仅是他们，我最近听说了被《伦敦时报》誉为“在世的最伟大的科学作家”Edward Wilson的一句话，经济学家被供奉在商业企业的董事会中，而环保人士则在非营利组织中(参见Wilson，2003)。

④ 对这种关系更为深入的经济学分析，参见Ricketts(2002)。

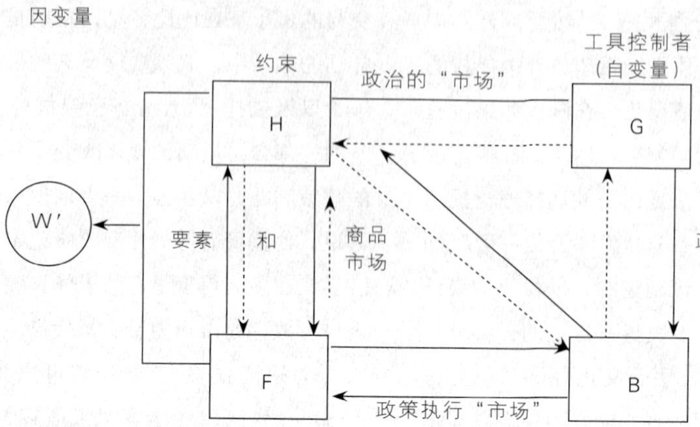

W′=政策结果（反映在目标中，如通货膨胀率、就业率等）

G=政府（选票最大化者）

B=官僚机构（产出最大化者、预算最大化者）

H=家庭户/投票人（效用最大化者）

F=企业（效用最大化者）

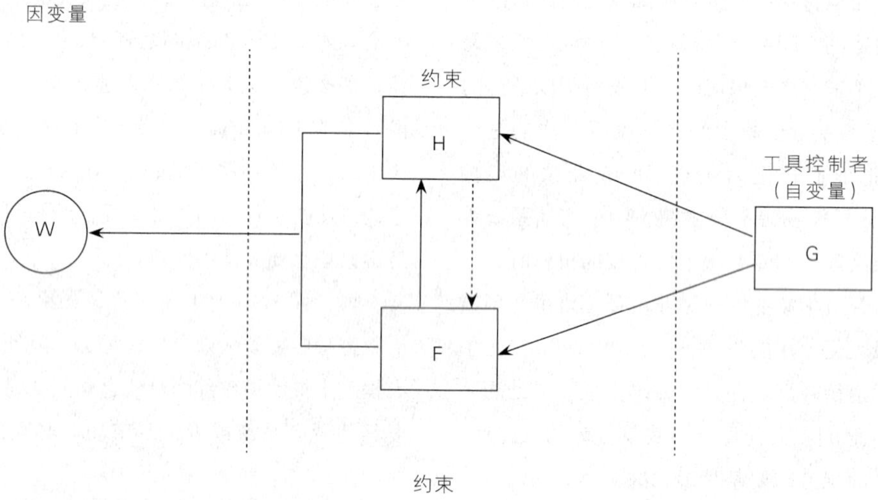

W=“政府”的福利函数

G=“政府”（集体福利最大化者）

F=“企业”（利益最大化者）

H=“家庭户”（效用最大化者）

工具控制者
（自变量）

图32-1 公共选择分析的范围

这就扩展了艺术政策讨论的范围，政策实施中可能违反福利准则。在这样的福利背景下，干预是必需的。这些是否是经济学家们有用武之地的领域？政治学和公共管理领域的专家很可能给予否定的回答，然而通过考察公共选择分析的迅猛发展，我们可能很容易地给予肯定的回答，尽管为了将其范畴扩展到全世界的文化艺术可能还需要更大的说服力。识别这一“交易链”带来了考察政府和官僚机构之间自由裁量行为和交易的本质的机会，后者与“客户”表演艺术等公司提供了委托代理分析等经济学时尚领域研究的有利视角。①

在下面的第二部分会提出政策模型，其中涵盖管理经济的政策工具等。这就提出了一个问题，为何艺术与经济的其他部分同样在一个广泛的范式框架内却区别对待——第三部分将对此予以回答；第四部分和第五部分将第三部分的政策结论与现实实践加以比较；第六部分探究了经济学家在文化政策中的未来角色；之后是简短的结论。

32.3 作为资源配置者的市场

政府支持艺术发展的混合经济体呈现出有关干预市场上的商品和服务的政策的明确原则。不可避免地，对这些原则的简短描述是很表面化的，但是为什么艺术应该以一种特殊的方式处理则应作为考虑的必要前提。Adam Smith的基本原则是，消费是生产的唯一目标。消费者的利益是最重要的，消费者是自己利益最好的判断者——虽然这并没有排除消费者，但在他们同意的前提下，可以代表他们做其他选择。在自由市场体制下，消费者可以通过直接支付这些任务来实施控制。我们之后将看到，当提供未定价的尤其是博物馆和美术馆提供的文化服务时，在最好的情况下，这些控制也只能是间接的。

这一原则在竞争市场中被运用得最多。政府政策的主要因素是促进竞争。如何最好地完成是一个悬而未决的问题，但近年来一直倾向于将竞争过程作为一个动态的过程，其中政府的功能是消除进入市场的障碍。在目前的一些想法中，比较突出的一个特点是认为政府本身可能是一个障碍，导致了对竞争背景下国有资产私有化的优点以及竞标政府合同等措施的广泛讨论。

文化服务重要性的政策含义是，对补贴或资助企业的形式的积极干预必须严格限制。在一些情况下，政府对体现创新的高风险项目会提供一般性的支持，如专利保护不充分或风险共担的表现会受到政治不确定性的影响等情况；否则，这些公司的就业和生产补贴就会受到限制，因为它们区别对待实际或潜在的竞争对手，可能会导致某种低效率。两种后果都与消费者的利益背道而驰。

这种哲学的经济政策也可能满足以下情况：并不是所有的费用都由公司承担，并不是它们提供的所有好处都由客户支付。对生产和消费外部性的识别可能会发生税收和补贴的歧视性等情况，但是这些情况必须与其他可选择行动下的实际情况相比较，比如各方之间的自愿谈判和监管措施。所选择的行动必须在分配资源的过程中将其所导致的市场力量的减少最小化。

32.4 文化服务与市场

政府和私营企业之间的关系有一个鲜明对比，这一对比也存在于政府和文化商品、服务的生产者之间。正是这一对比引发了有关为文化组织提供广泛的财政援助的基本原理的讨论。

第一，文化产品的创造。画家和作曲家通常是自由职业者。他们可能在以下方面共同合作：共用一些设施，如画室和音乐工作室；销售和租用他们的作品时保

① 这个图有可能进一步演化，可能更加复杂，由于引入了艺术领域观察者们广为所知的政治参与等其他工具，如施压集团，包括工会、非政府组织和那些不仅游说政府而且游说官僚机构的组织，这些组织在政策咨询中寻求独特的位置，涉及宪政经济学中广为接受的规范准则，以及政治参与与体制的设计的内容则更多。我们之后还会提及这些复杂化的问题。

护自身的权利，如作曲家的表演权和画家的追续权。然而，他们很少尝试规模经济或联合生产，因为独立性以及特定工作的识别性对于其在同行间的声誉是必要的。这主要取决于艺术家的生活方式。重点在于艺术家的自我满足和令同行满意的效用函数可能非常强烈，以至于其只将其他报酬作为次之的考量因素。他们必须通过画廊或音乐出版商的赞助和长期投资，或者目前的公共组织获得外部支持。成功获得这种支持是有限的，因为资料显示，富有创造力的艺术家实际上更加依赖于其他职业，特别是教学。①

第二，作品的表现和展示。这一领域最接近等价的市场经济是出售图片的商业艺术市场，虽然公共机构也可能通过购买当代艺术品对其施以影响。而就表演艺术而言，又是存在很大差异的。我们不妨采用狭隘的文化定义，其突出特征是作为非营利事业的音乐会、歌剧和戏剧的组织，可以采取两种形式：首先是具有慈善地位的私营企业通过直接补贴或以间接减税为目的的捐赠增加从公共部门获得资助的机会。其次是公开操作，如国家管弦乐队和歌剧公司，其事务是由政府官员来操作执行的。需要提及的是，在第一种情况下，戏剧公司中的管弦乐队可能包括歌手和演员；而在第二种情况下，他们可能是公务员。②

第三，历史文物的保存和展示。资产的所有权是具有历史性的，因此，教育和文化的重要性，成为一个非常复杂的问题。在博物馆和美术馆中的可移动资产，大部分都属于公共机构，不要求管理者进行商业化运营；相反，在大多数国家，免费参观时间是预留的。直接的公共资金而非门票成为融资的主要来源。在一些经济增长很快的国家，由于对休闲追求的不断增长，产生了一些提供类似服务的私有机构，但其仍然经常依赖于公共资助。属于公共部门的历史遗迹，通常由政府部门或机构管理，它们可以通过门票增加一些收入，但是收入的主要来源是政府的“钱包”。然而，公共利益延伸至私有艺术品的保存和展示，导致政府必须采取措施引导甚至强制所有者保护文物和安排公开展示。

第四，媒体迅猛发展的影响。当前，获得与文化相关的信息越来越依赖电视和广播。由于其他多种传播形式的飞速发展，目前几乎不存在对商业广播运作的限制。然而，许多国家都试图控制节目内容，积极鼓励将广播作为更好地欣赏文化商品的教育媒介，这被称为“公共服务广播”。③他们采取了各种手段，包括对商业广播的管制，但最惊人的还是提出在公有的广播服务中放弃市场力量，通过征税进而以政府的预算或某种形式的抵押收入对其进行资助。除了动机的差异以及管理结构和文化服务的所有权之外，与具有市场导向的企业相比，艺术融资的客户和提供者之间的联系在许多国家与其说最少，不如说是最间接的。当然，文化服务的购买者直接支持了供给者赖以生存的票房。然而，依赖政府拨款将导致一系列的机构从开始筹集支持其生存、发展的资金，发展到参与相关政府部门资金的分配，进一步发展为拥有申请资助和管理支出权的政府机构。由于使用税收减免作为支持方式，这种地位变得更加复杂，这就需要对资质进行管理。

因此，除了文化服务直接补贴的基本原理问题和政府机构的操作问题之外，这一间接融资方式的结果，对服务供给效率自身而言，也存在一定的问题。

---

① 参见Benhamou(2003)对创造性艺术家劳动力市场的供求分析，以及Abbing(2003)对艺术家支持的批判。两篇文章都包含有用的参考文献。在Peacock和Weir(1975)中可以发现考察作曲家经济地位的最初尝试，他们尝试了量化艺术家其他选择下的收入来源。

② 不要忘记歌手的重要职业。在Towse(1993)中可以找到最具权威的关于歌手经济地位分析的章节。

③ 公共服务广播由于BBC的原因，在英国被广泛讨论，参见Communications(2004)和Peacock(2004)。

32.5 国家支持的原理[①]

考虑到前文第二部分所提到的国家支持的数量和形式，其基本原理要么来自经济学家采用的完全不同的价值前提，要么因为有特别明确的市场失灵的证据。情况似乎是，即使是传统的福利经济学也只提供了成熟经济结构，大规模国家干预只发生在脆弱的情况和背景下。然而，更细致地考察这种情况是非常重要的，即使是为了进一步提高对市场失灵概念模棱两可的解释的认识。

其论点如下：

(i) 消费者的溢出效应。个人消费者即使其并未参加艺术活动或观看历史文物，也可能对艺术附加一个选项值，尤其是声望涉及一个国家或社会时更是如此。这个观点通过假设相互依赖的效用函数给定一个更微妙的扭曲，以至于个人满足感可能来自于他人尤其是他们的孩子或朋友可以享受文化活动。从这个论点出发，为了研究公共补贴的情况，我们需要大量的假设。第一，识别选项值并不会自动带来自愿支付，以防止文化拨备不足。第二，基于选项值的防止拨备不足，是以在边际上其他可能的方法会导致同样或者更坏的结果为先决条件的，如国际运动队、医学研究的声望值。第三，直接补贴个人文化实体优于其他形式的补贴。

就总体福利分析来说，必须考虑在影响其利益的当前决策下没有决定权的后代的福利。与其猜测和描述这些利益的性质，我宁愿在操作层面提出，现代人所获得的好处的效用与对未来人赋予的好处的效用是相关的。换句话说，想到后代尤其是我的直接后裔，会不喜欢我的行为，尤其是阻止他们接触他们所喜爱的艺术形式的那些行为时，我可能会感到不安。这种不安可能在历史文物一旦被毁无法复原时非常明显。保存文物的数量和结构不太可能符合现代人付费参观和保存文物的意愿，即使假设他们的所有权不会阻碍他们这样做，结果也是如此。当现实情况是付费参观也不可能，或是极其高昂难以企及时，更是如此，如美丽的城市广场或国家的城堡。在这里，又出现了公众支持的情况，但不能明确市场干预的数量和形式。考虑到经济学家的福利命题，这里所主张的方法并不是支持一般性的文化服务，如文化遗产仅仅由公共机构提供，而是大量获得政府的直接资助。务实的经济学家可能支持几项现有的实践，而不承认文化政策会受到不符合消费者主权的目标的驱使。例如，在假定公众获得文物信息来源的充分性后，为了考虑后代的福利，可以保护文物，强调文化的重要性，基于将该任务分配给艺术历史学家的共同实践，考古学家等也可能得到广泛支持。同时，必须认识到专家意见不代表明智的判断。[②]经济学家对为何传承服务应该由国家和地方政府提供并未提出质疑，这是有现实原因的，即使根据福利哲学，也可以知道传承服务即使由私人拥有和经营，也要由政府监管。公共建筑自身具有历史的重要性，有明确的证据表明，当个人希望为后人提供接触艺术作品的福利时，他们可能更愿意提供或捐赠财产给公共机构，这被认为更有可能实现他们的愿望。但到目前为止的论点并不支持对提供共有或私有的文化服务进行直接补贴。

(ii) 选择的质量。传统的福利分析发现，为了分析方便，假设在任何福利状况的比较中，品位和偏好都保持不变。这忽略了一个显著的可能性，即个体将从知识投资中获得效用，以提高他们的满意度，艺术就是一个突出的例子。因此，给定品位和偏好的悖论代表着改变这种情况的想法。经典经济学家尤其是 Smith 和

---

① 这部分可参见以前的资料，特别是Peacock(1998b,2003)。

② 很自然的，专家们很难接受。然而，这一观点被20世纪最著名的艺术历史学家Gombrich(1979)之外的不止一个权威所认同。

Hume，提出应该鼓励这种投资。正如Hume所说，艺术家们“从匆忙或者业务兴趣中汲取思想，珍惜反思；享受宁静；生产令人愉快的忧郁，所有思想的性情，最适合爱和友谊”（Hume，1742）。然而，Hume至少不相信投资兴趣是对所有人敞开的，并且直到最近，来自选择质量提高的外部性都被认为是积极的。通过接触艺术，“soothing of the savage breast”一直被认为可以让年轻人远离犯罪的刺激。最终，问题在于投资质量的选择是否需要公共支持。支持这一观点的最重要理由是个体，尤其是年轻人，低估了这种投资的收益，因为只有回过头看时，它的好处才会越来越明显。一般的观点可能容易被接受，但比较难展示的是国家支持应该有多少？应该采取何种形式？这意味着某种形式的个人连带资助，如代金券制度[①]，个体应该自由选择投资包的形式。它不支持对特定形式的文化生产进行补贴。

（iii）其他生产者的溢出效应。有研究表明，创作和表演艺术支出对其他生产商是有利的，其通过营造一种文化氛围吸引熟练的生产要素。在旅游的例子中，作为一个赔本赚吆喝的角色吸引业务，从而使其他行业受益。一开始就要明确这种溢出效应之间的联系和最终消费者的利益。如果就业是在一个更高的水平上，那么消费者作为生产要素就有更高的购买力——收入效应。如果艺术产出高于在没有某种形式的补贴状态下的产出，则艺术服务的国内消费者可能受益于规模经济的剥削或者艺术活动的可利用性（没有补贴，这种艺术活动可能不会发生）。这一观点有很多支持者，也有很多城市和地区重点支持对艺术支出效应的研究。然而，在一个国家，额外的好处可能很大程度上是经济方面的，因为任何使用公共资金在一个领域实现溢出效应的尝试都必须考虑相应预算的影响。例如，减少额外税收中的总体收入或其他形式的政府支出。进一步的观点将会引入人际关系和效用的地区比较。溢出效应可能是具有全国重要性的，如在相对较大的旅游产业的小经济体中，更是如此。然而，对产生任何实际的好处还需要进一步证明，即文化商品的额外投入将是产生期望的结果的最有效方式。无论如何，如果由生产者自己认定是额外投入的好处，就存在一个假设，即他们可能私下进行谈判，支持对文化市场的干预。

很显然，福利经济学衍生的各种支持形式之间几乎没有什么联系，其将消费者主权作为主要的政策目标和实际存在的形式。如果得出无可争议的证据表明现行系统是家长式作风的结论，就大错特错了。公众可能愿意将代表自己的选择分配给其他人，因为他们相信会有更好的能够洞察文化益处的专家。然而，这并非承认，了解这一益处不只是一些价值判断，那些做这些价值判断的人应该具有更高的管理能力来管理文化服务。而且，这种形式的托管的操作范围在国家之间是不同的，即使是国有机构也不能假设公共支持是其收入的唯一来源。[②]

32.6 经济学和政策实施

很多公共选择分析中重要的先决条件是，任何试图纠正市场失灵的尝试可能都会因政府失灵而失败。就资源的分配而言，利益意味着公共文化支出的受益人可采用的手段，他们可以通过政治机制来表达他们的偏好。问题的关键是政策在多大程度上有效地付诸实施，意味着特定水平的绩效资源使用的最小化。

第一个问题就提出了一个效率问题，任何政治系统能够在多大程度上充分表达选民的偏好。考虑到花在艺

① 在现实中，伴有代金券制度的实验更为困难，这一点与失去支出模式控制的官僚抵制有所区别，参见Peacock（1993）。

② 经济学家对此问题的进一步讨论，参见Johnson和Thomas（1998）。罕有由博物馆馆长发布的对经济问题的识别，但可以参见Thomson（2002）。

术上的公共预算份额相对较小，我们很难认为有强大而持久的政治压力，使之能够成为决定政府命运的关键问题。然而，瑞士的例子是很有趣的，在文化问题上，该国一直要求不定期的投票表决，在州内接受并投票，这成为一个政治决策的权力下放程度促进了有根据的讨论以及政治参与的案例。①

任何民主政府至少都会在名义上对艺术政策实行公开支持。偏好显示的替代程度导致了政府反应的巨大差异。至少，公共支出的预测和审计决算将披露相关信息，通常是针对艺术融资的共性特征。英联邦国家的实践是，委任受托人或一些这样的人进入博物馆和美术馆的管理委员会，这些人不是政客或公共机构的官员，他们在委员会中提供自己的专业知识任由公众使用，但并不作为公众的代表。一些反对这样任命的艺术施压团体通过限制其任期来加以制衡。然而，这些安排意味着政府运用准确的工具，使公共资金资助的文化服务的私人或政府提供者进行仔细的计算，以避免市场失灵。

经济学家研究分配问题方面的技能帮助揭示了困扰艺术政策的逻辑矛盾，这并不完全与政府当局的政策相一致。一旦政策确定下来，在尊重原则和实际实施的过程中，其角色变得更加可以接受或者至少是能容忍的。这是因为经济学家的观点通常与“对公共支出进行控制”相一致，即传统的经济学家通常担任财政部顾问的重要角色。对文化机构资助负有责任的部门有责任证明可以清楚地识别目标，使支出达到最小化。

匹配的政策目标问题提供了一个运用委托-代理理论理解合约动态化的有解释力的例子。艺术资助的例子在此很能说明问题。假设有一个艺术公共资助主体（pfb）考虑资助国家剧院公司。显然，这样一个机构必须首先有业绩导向的资助目标，如每年一定数量的歌剧演出，以及可能的附带条件，如一定数量的个人歌剧需要登台表演。

公共资助主体遇到的第一个问题就是对指定年数的“契约”起草一份预算，并将中标人可能非公开来源收入增加的比例考虑进去。一个试图最小化成本的初始策略是进行合同招标，但其他供应来源可能会受到制度约束的阻碍，特别是当一些知名的国家歌剧院公司或者国家博物馆和美术馆作为公共机构负责管理的时候，更是如此。因此，如果只有一个“机构”提供服务的话，讨价还价的情形在一开始就会出现。

下一阶段将是起草“契约”，细节永远是关键。如果唯一的信息来源是现任的公司或文化机构，那么信息不对称的问题立即随之而来。合同中的细节越多，讨价还价就会越多，通常围绕如具体履约的日期、产品质量担保、歌唱家的合约管理、交响乐团、合唱团以及行政职员等。在信任和避免具体细节之间存在明显的权衡——可能双方都是如此——以及如果管理公共支出测算的制度在这一过程中出现问题的话所造成的政治反响。

这种合同管理的逻辑需要在合同中嵌入一种个监控制度。信息不对称的问题可以通过定期的进度报告来解决，同时，如果有偏离条款的情况，也会有早期预警。对担保人而言，不一定完全是硬约束，在无法控制的情况下，可以获得批准变更合同，这也是合乎情理的。公共资助主体和担保人之间需要有系统和连续的联系，公共资助主体要在管理委员会中以某种方式来说明这一点。

在商业关系中，在代理人要赔偿委托人时，不履行合同的情况可能会发生，尽管最初的合同可能仅指定了补偿方式，如通过独立仲裁或法院诉讼。这种偶发事件导致的损失可以由双方的保险费来负担。对公共资助主体或者说对纳税人的这种保护，可能是非常有限的，这在使用绩效指标来控制成果质量的体制中是非常明显的。无法在合同中对质量做无懈可击的明确规定，只有当这种情况发生以后，才能对该争端进行法律辩论。

尝试阐明资助艺术组织动态模型的内涵和影响仅仅是

① 参见Cf.Frey（2002）以及Schulze和Ursprung（2000）。

一个开始，需要不断地修订其假设。作者作为艺术委员会曾经的主席发现它可以是一个有用的指南，但是在其经历中，对艺术公共支持公开性的需求需要在讨价还价的过程中考虑更多的要素。因此，大部分时候，作为公共代理人，不满的参与者可能会努力改变游戏规则，特别是采用与其他人联盟或者政治反馈的方式。政治家们对将他们视为文化门外汉特别敏感，结果是通常作为政府资助很小部分的艺术支出得到了远远超出预期的政治关注。[①]

32.7 结论：可能的未来日程

艺术公司和资助艺术公司的政府的经济环境在飞速变化，这必然会影响经济建议。主要经济体经济变革的持续特性是一直相当稳定的经济增长，其中科技进步发挥了巨大作用。这些已经并有可能继续对艺术文化体验的供给和需求产生重大影响，但这是由供给和需求因素的交互作用影响的，而且这种交互作用非常强烈。西方和新兴工业化经济体这种显著的经济增长伴随着对休闲需求和文化体验需求的增加。这种经济增长还伴随着同样显著的寿命的提高、更好的健康水平，老年人在这方面的需求尤其显著。人们可能认为影响艺术生产的技术变化，特别是预期会将我们的客厅变成剧院和电影院的快速的信息流和CD以及视频的出现，会抵消收入效应，会将我们带出舞台剧、音乐厅、历史古迹和博物馆、美术馆。然而，这些改变似乎被运作为一种宏大的广告形式，使包括国际画展和雕塑展在内的文化产品产生了显著的国际性流动，增强了游客对在其原产国享受文化活动的渴望。艺术和文化活动集中度的提高慢慢演化成了在一定时间段内的节日，降低了那些闲暇机会成本较高人群特别是富裕的商人的参与成本。总之，我们正见证一场“文化全球化”。

当然，文化活动的国际贸易仍是一个崭新的领域，但其日益提高的强度意味着政策需要调整。在这方面，至少可以说经济学家作为政府部门建议者的角色是值得推广的。这在以下三个方面非常明显：一是媒体领域不断提高的集中度的影响，特别是电视，以及那些关注其对国家竞争政策的影响和旨在对支持质量生产的公共广播服务的影响寻求建议的国际公司。二是科技对知识产权的影响，包括不断增加的国际需求的表演权。这与第一点密切相关。[②]三是将传承作为从文化旅游中获取收入的重要来源。最后这一点对历史文物作为发展中国家的重要资产的这一认识具有重要作用。政府在评价其文化资本存量的方法方面一直向经济学家寻求建议，以此作为决定文物保护优先次序的指导。目前，世界银行已经确定“可持续的”环境既包括文物，也包括物理资源，援助项目包括保护方案。经济学家在文化政策领域拓展其影响时可以考察这一问题，即研究考古对游客们日益增长的对“更好的地方”的好奇心的影响。[③]

Keynes曾经期望有一天经济学家可以像牙医一样，更加关注改善人类状况的直接现实，而非用其对美好生活阐述的深邃语句令公众印象深刻。有一种可能，即Keynes的这种期望可能是文化经济学的发展与文化政策有关。这是一种很好的情况，但是作者仍认为经济学家需要密切关注他们的专业知识，这在决策中具有重要的作用。如果我们不继续证明他们对价值的判断是随意的，那么如果他们继续为自己发明经济学，我们也就不应该感到惊讶了。

① Peacock(1993,2004)提供了资助主体和艺术公司中的讨价还价的框架。

② 详细分析参见Towse(2001)。

③ 国际范围内可持续的传统的经济学，可参见Throsby(1997)。对于如何利用市场控制历史文物的国际贸易的争论，参见Krowitz(2003)。

参考文献

Abbing, H.(2003)."Support for artists". In:Towse, R.(Ed.), Handbook of Cultural Economics. Edward Elgar, Cheltenham, UK, pp. 437–444.

Benhamou, F.(2003)."Artists' labour markets". In:Towse, R.(Ed.), Handbook of Cultural Economics. Edward Elgar, Cheltenham, UK, pp. 69–76.

Cuccia, T.(2003)."Contingent valuation". In:Towse, R.(Ed.), Handbook of Cultural Economics. Edward Elgar, Cheltenham, UK, pp. 119–130.

Frey, B.(1997). Not Just for the Money:An Economic Theory of Personal Motivation. Edward Elgar, Cheltenham, UK.

Frey, B.(2002). Arts and Economics, second ed. Springer, Berlin. Chapter 8.

Gombrich, E.(1979)."Art history and the social sciences". In:Gombrich, E.(Ed.), Ideals and Idols:Essays on Values in History and Art. Phaidon, London.

Hume, D.(1742)."Of delicacy in taste and passion". In:Hume, D.(Ed.), Essays, Moral, Political and Literary. Liberty Fund, Indianapolis.

Johnson, P., Thomas, B.(1998)."The economics of museums:A research perspective". Journal of Cultural Economics 22, 75–85.

Krowitz, E.(2003)."The battle for the past". Culture without Context, Newsletter of the Illicit Antiquities Research Centre, MacDonald Institute of Archeological Research, Cambridge, UK, pp. 24–35.

Musgrave, R.A.(1987)."Merit goods". In:The New Palgrave Dictionary of Economics, vol. 3. Macmillan, London, pp. 452–453.

Office of Communications(2004). Ofcom Review of Public Service Television Broadcasting. Ofcom, London.

Peacock, A.(1969)."Welfare economics and public subsidies to the arts". Manchester School of Economic and Social Studies 37, 323–335.

Peacock, A.(1993). Paying the Piper:Culture, Music and Money. Edinburgh University Press, Edinburgh. Chapter 7.

Peacock, A.(1997). Public Choice Analysis in Historical Perspective. Cambridge University Press, Cambridge, UK, pp. 3–20.

Peacock, A.(1998a)."Wicksell and public choice". In:Newman, P.(Ed.), The New Palgrave Dictionary of Economics and Law. Macmillan, London.

Peacock, A.(1998b)."Subsidization and promotion of the arts". In:Giersch, H.(Ed.), Merits and Limits of Markets. Springer, Berlin, pp. 185–210.

Peacock, A.(2003)."Publicfinancing of the arts in England". In:Miles, D., Myles, G., Preston, I.(Eds.), The Economics of Public Spending. Oxford University Press, Oxford, pp. 341–372.

Peacock, A.(2004). Public Service Broadcasting and the Future of the BBC. Institute of Economic Affairs, London.

Peacock, A., Weir, R.(1975). The Composer in the Market Place. Faber Music, London.

Ricketts, M.(2002). The Economics of Business Enterprise. Edward Elgar, Cheltenham, UK. Chapters 11 and 13.

Samuelson, P.(1958)."Aspects of public expenditure theories". Review of Economics and Statistics 40, 332–338.

Schulze, G.G., Ursprung, H.W.(2000)."La Donna e Mobile–or is she? Voter preferences and public support for the performing arts". Public Choice 102, 131–149.

Thomson, K.(2002). Treasures in Store:Museum Collections and Paradoxes. Oxford University Press, Oxford.

Throsby, D.(1997)."Seven questions in the economics of cultural heritage". In:Hutter, M., Rizzo, I.(Eds.), Economic Perspectives on Cultural Heritage. Macmillan, London, pp. 13–30.

Towse, R. (1993). Singers in the Market Place. Clarendon, Oxford.
Towse, R. (2001). Creativity, Incentive and Reward. Edward Elgar, Cheltenham, UK.
Wilson, E. (2003). The Future of Life. Abacus, London, pp. 24-40.

第33章

国际贸易中的文化

Keith Acheson[a] and Christopher Maule[b]

[a] Department of Economics, Carleton University, Canada

[b] Department of Economics and Norman Paterson School of International Affairs, Carleton University, Canada

田贤亮　译

摘　要

文化忠诚，不管它是继承、利用还是选择，都影响着经济活动。文化阶层包括民族背景、信仰、语言、理想定位和艺术兴趣，这些都是能跨越国界的。从丝绸之路到现代电子网络，文化思想在世界徜徉。历史上，漫游学派艺术家、作曲家和作家已经对变换的赞助和市场机会做出了反应。更近一点的时间，文化产业范围内的公司开发和生产相关内容，并把内容推广到所有能衍生出市场的地方。视觉与表演艺术和文化产业都具备相似和明显的国际经济特征。在贸易协定中，成员方往往自由地限制它们的政策选择权，作为对其他成员方选择管制的回敬。就国际文化政策如何影响个体和一国文化这一议题而言，存在着广泛的观点，正因为如此，相较于其他经济范畴，文化活动的保护和开放所引起的争论更加复杂和微妙。WTO下属的GATS和TRIPS框架让WTO比它的前身GATT对国际文化、贸易政策施加更重要的影响力。UNESCO继续扮演着一个补充性的角色。《佛罗伦萨协定》（1950）鼓励文化产品的自由流动，认定文化财产不正当交易是个遗留性问题。最近，UNESCO因为致力于创建一个基于规则的惯例来保护和推广文化表达的多样性而成为大家关注的焦点。惯例的设计是为了能从WTO中剥离出文化政策管理职能，或者在WTO文化产业利益协商中加强商议的地位。对于在文化产品和服务贸易度量中出现严重缺陷的地方，以上探讨能够产生应有的作用。

关键词

国际贸易，文化产品，贸易协定，艺术和文化产业，GATT，GATS，WTO，UNESCO，WIPO

JEL Classification Codes

Z1，F，F12，F13，F21，F23，L4，L83，D80，D23

33.1 引 言

创造力迸发的景象、五车二星座和美的景象，抑或谈话中产生的生动景象要是能够被录下来并分享，那么它们的受众将会以乘数倍在增长。从吟游诗人的口口相传，到以书籍、摄影和录音为媒介传播，再到记载着大量信息的互联网，记录和回忆的方式一直在变化着。在这一过程中，内容从自发性进阶到精心制作。网络效应催生了市场、协同和契约关系，这一关系协调着文化产品的总产量以及生产和服务的分布。网络效应在全球范围内快速发酵。这些发展相辅相成，但是也与文化活动相互竞争，文化活动是地方性的并且相对不受技术变化的影响。

"吟游诗人"这个词可能的根源是拉丁语"turbare"，意思是扰乱。从一开始，思想和影像的传播不仅增强了受众的愉悦感，丰富了受众的知识，还扰乱了进口社群、受众和政府之间的关系。一部分人支持稳定性，一部分人推崇对外开放，两者之间紧张的对立让"国内和国际文化产品交流管理"这一议题变得富有争议性。在这一章，我们将讨论国际文化经济问题，就国际文化政策讨论给出程式化解释，描述并且分析视觉和表演艺术的国际经济属性（视觉和表演艺术：戏院、戏剧、芭蕾、音乐会、艺术等），评估现有的国际贸易和投资方面的管制，并且最终基于可获得的数据①给出总结性评论。

33.2 国际文化经济

国际文化经济是将老的国际经济和新的文化经济相结合的学科。国际经济的第一要素是个体（个体是无偏好的）价格机制、非劳动要素和既有的技术机会的协同作用。这个程式化的世界分为众多的国家，每个国家分别对自己国界的政策负责。各国往往靠各自的生产要素禀赋和技术专业度而闻名，并不靠各自的历史、文化、温度和民族构成。基本的国际贸易模型从其他经济领域博采众长，诸如产业组织和博弈论。就基础或改进的版本而言，研究者发表了不同国家采纳的混合政策是如何影响贸易、资本流动、国际人口流动、国民收入增长率和不同国家的个体福利的观点。

基于它们的最简单的贸易模型在分析上具备挑战性；复杂化的模型相较于现实显得过分简单化了。

政府协商并签署国际协定。世界上不存在能有权通过国际法并且建立补充裁决和强制执行体制的国际政府，正因为如此，在国际范围内发起某项政策比在国内要更难。在国际贸易理论中度量不同地区或者国际协定的影响是通过追踪众参数中其中一个参数的微小变化来实现的，每个参数代表一个复杂的测度设定。比如，一个单独的t可能表示一个复杂的关税表和贸易非关税壁垒集合。有些国际协定是"合适"行为的宣称。它们希望政府遵守深植于心的准则并且支持发展合意的准则。传统的国际经济很少提及以上内容。其他协定特别是地区和国际贸易协定束缚了成员方的政策。协定典型地依靠自含的争议解决机制（DSM），并能处罚破坏协定利益的行为。协定本身的存续性就证明了它能够规范损害协定福祉的潜在举动。社会争论反映了成员方间贸易自由化的不公正影响，以及成员方试图从增长的财富中分取利益的"赌博"。相较于本土贸易而言，国际贸易管理没有那么"厚"，因为它依赖于非强迫协定。这一区别意味着国家间在自贸区内的贸易与单单一个国家内部的交易不同。

第二要素是文化经济，其特性会在本书其他章节中

① 受篇幅限制，广义的文化活动还可能包括体育、广告、工艺品和菜肴。

展开论述。正如国际经济一样，文化经济也从经济学的其他领域中获得灵感。[①]文化经济还致力于解决其他领域经济学大范围忽略的问题。[②]它强调了文化对个体的重要性。虽然不幸的是并没有如何建立文化影响力的模型范本，但是我们简要概述了文化贸易中举足轻重的元素。

我们假设所有个体都归属于很多文化群体，群体有明确或模糊的边界，群体内的成员有相同的价值观和相关行为准则。边界好似光谱上的跨度。在一端依靠出生、住所或父母选择；另一端是那些松散的通过共同兴趣或者自我认定而形成的团体（电脑黑客或者“左”“右”派）。介于两者之间的文化接受一些申请或者实行相对公开的会员制。文化可以依照富有层次的、民主的方式组织起来，或者干脆没有可识别的正式组织架构。每一种文化都将世界划分成不同区域。从这一角度讲，国籍就是众多个体文化之一。这很重要，因为国家决定着法律和规章，管理着个体和其他文化对接的通道。文化忠诚上的边界经常不是按照地理划分的，而是个体选择或者天生性格的反应。每个文化法学家都建立了精神上的或者真实的成本和回报，受法律、市场价格的约束，成本和回报以复杂的方式相互影响并最终塑造了经济行为。很多文化，无论小还是大，都是可以跨越国界的。它们的轮廓影响着信息、文化商品和服务国际交换的方向及“质地”[③]

从分析的角度看，在厂商短期经营中，资本存量对可变投入的需求会产生影响，与之相似，文化成员的资格也会对文化商品和服务的需求施加影响。假设一个文化成员的资格包括针对文化的重大资本投资，磁滞现象拖延了非会员的加入和会员退出的进度。[④]文化群体会处罚变节者，如在社交上回避时，磁滞现象的影响会得到增强。在不同的文化群体内，个体被绑定的程度千差万别，这让短期和长期效应的区别也变得模糊。在大多数文化中，管理行为法典衍化的程序也在发生巨变。

国际文化经济学家的观点是假设大量区域文化和国家文化一起影响着个体的行为。Rushton（1999）探讨了个人主义和社群主义之间的张力。个体在做决定时不仅受到一个组织、社区的约束，还受到重叠的组织、选择和输入的文化的约束。个体自由选择某种文化，自我协调行为惯例与文化忠诚不一致，正是在这一过程中，个体塑造了他们自己。通过重视故事、象征物和对其他文化的认可，不同群体的文化忠诚之间有所缓和。另一些人则鼓吹支配优于观点间的比拼，避免妥协。个体如何改变他们的忠诚，如何在生命中表现出一致性，以上社会现象的显现都是政府和它们的文化组织起媒介作用的。政府故意摧毁其国家的部分文化遗产，加上个体、基金会和其他国家政府机构令人不出意外的反应，在这样的背景下，容忍和非妥协忠诚度的表现是显而易见的。

传统国际经济普遍假设在解释行为时文化因素是无关紧要的，起码在长期来看是这样的。从方法论上讲，国际文化经济学家们致力于寻找有效的方法，来定位复杂的文化进程与活动的作用。国际经济学有一个关于配方的精度，但是并没有囊括核心要素；文化经济学把自我满足的创造性过程放在核心地位，但是建模工作仍然在摸索中。

---

① 一些被引入的硕果累累的思想包括：部分或完全公共品属性的服务供应；分化的商品和服务市场特性；拍卖理论；文化事业的特定人力资源要求；版权的经济角色和偶发性需求测量。

② 例子是文化资源的进化史——手工艺品和过去记忆的收集——它对经济生活的影响，经历了有助于降低成本的技术创新冲击后，暗示了如剧院和歌剧这样潜力有限的文化活动将来的经济生存力，还有极不确定的缔约和组织行为需求的影响。

③ 文化分类和信仰，例如，以个体的观点为条件：不同内容中什么是“公平的”；有义务去亲近；对选择和他人生活方式的赞同或者非赞同；与陌生人交流中合适的社交礼仪。

④ 举个例子，Dixit（1992）和Pindyck（1993）特别阐述了一个困难议题。Schulze（1993）探讨了内容贸易。

33.3 国际政策的指导原则

33.3.1 不同的看法

从其他社会传入的文化产品和服务被历史性地当作对高雅和大同主义的馈赠，但同时人们也担心外来文化会对本国内部关系的完整与稳定性构成威胁。要不是家长们认为孩子容易受到外界文化的影响，他们本不会费尽心思地管孩子听什么广播，看什么电视，有什么样的读书习惯。至于国际贸易与投资，呼吁多样性和担心国际化会带来不良文化后果的两种观点相互碰撞，双方的胶着点一个在文化上，一个在经济和工业上。前者的论述能够在Jean-Paul Sartre发表于1953年的杂志Les Temps Modernes上找到。

电影业是一个和工业非常不一样的行业。它是一个集体的表达渠道，记录的影像是一个国家、一个社会为自己在发声。这就是为什么说扼杀一国的电影表达艺术——这一政治经济的侵犯行为好比是征服者强制剥夺被征服者使用自身语言的权利一样。[①]

40年后，在乌拉圭回合中，法国总统Mitterand重申了如下立场：

精神创造并不属于商品，文化内的元素并不纯粹是生意。维护艺术作品多元主义和公众的自由选择权是一个责任。当下危如累卵的是我们的国家名片。所有人都有权忠于他们自己的文化。我们有自由去创造和选择自己的形象。一个社会若是放弃了向他人展示自己的方式，也是向自己展示自己的方式，那么我可以说这个社会是被奴役了。[②]

相似的观点我们也能从欧洲国家、澳大利亚、加拿大以及第三世界国家的文化部长那儿听到。其中，一再被提及的是文化商品和服务不同于其他产业，并且要在国际贸易协定中得到区别对待。最近，追求文化多样性成为那些这一观点拥护者们的口号。

反对观点是，文化产业特别是那些娱乐大众的文化产业与其他产业相似，必须服从于国际贸易和投资协定。电影协会（MPA）特别是其20世纪60年代到2004年的领导者Jack Valenti使用修辞手法宣扬以下观点：

难道欧洲的文化就是如此脆弱不堪、风雨飘摇，以至于欧洲的观众要被关起来或者是失明的，否则他们与自身骄傲的、杰出的过去的联系会像天上的恒星一样爆炸消亡吗？我们的市场是完全开放的，绝对免费的。那里没有管制、没有壁垒，并且没有任何形式的配额。在我们的市场有的却是激烈的竞争，为的是能够赢取更多的受众走向电影院或者观看电视。[③]

双方谈及高雅艺术时都保持高度的静默。没有一方原则上反对公众对戏剧、交响乐、剧院、文字出版、博物馆和艺术画廊的支持，也没有一方反对国际协定要保护知识产权。主战场在大众娱乐上，在绝大多数国家，双方都在极力游说。美国政府推行自由化，而其他国家都提倡不同程度的保护主义政策。反对立场可以总结为以下几点。

---

① 再版自Jeancolas(1998,p.53)。

② 1993年9月21日于波兰格但斯克发表的演讲。

③ 金融委员会听证，美国参议院，102届国会，会议1，1991年4月17日至18日，华盛顿：USGPO 1991，150 and 151。

33.3.2 保护主义案例

国家主义者的观点有如下论据：一个健康的国家文化产业对维护国家主权和特性是必需的。本地市场小的国家被来自更大市场的进口物所湮没，大市场内的生产商收回了生产成本后把内容倾销海外。英语国家容易受美国进口物的影响，但是相似的情形也发生在其他地方。例如：墨西哥的西班牙语产品被销往较小的中美洲国家。美国厂商和美国政府合作，特别是在视听领域，构建了美国的帝国主义并且有损文化多样性，因为国内的产业既不能竞争，又不能在导致均化作用的道路上做出反应。

从经济的观点上看，众所周知，规模经济、非完全竞争和经济中别处存在的畸形会替保护行为辩护。例如，Francois和Ypersele（2002）就建立模型论证过法国对国际电影实施禁止壁垒会带来美国国内福利的增加。在后关税世界，即使好莱坞电影的产值降低，美国人却可以从被高产值好莱坞电影“挤出”的美国独立电影中获利。在法国或者美国，好莱坞电影都没有产生观众顺差，法国的电影人并没有输掉与高产值好莱坞电影的对战，当法国电影产业扩张时，电影人还会因消费者顺差而获利。

竞争市场能够促进创造性活动这一论断被标准经济学所批判，因为反对者认为贸易自由化在这里并不适用。视听领域是有关文化而非商业的，文化利益特别是国家文化利益应该在签订国际贸易协定前优先考虑。在经济、政治全球化愈加明显的背景下，为了中和不受商业约束的负面影响，协商和实施一个国际协定来帮助国家文化迫在眉睫。

33.3.3 开放主义案例

支持进一步自由开放的人们强调：开放的市场为有效产量和文化产品合理分布做出了贡献。相信市场的力量还把创造力人群从政客和官僚的家长式作风中解放出来。文化政策常常依附于规制俘虏，实施起来也是服务于厂商和政府官员的利益。消费者就像学生一样被告知什么能看或者读，但是数据显示很少有人关注他们的老师。如果政治决议认为某种文化的内容供给不足，国家要么介入，就像在公共广播中的案例那样，要么提供修正性补贴。如果反竞争行为破坏了市场的作用，就该采纳竞争政策。

“行业与行业之间是不一样的”，这是在为所有的特殊利益找借口，不管代言人多么巧舌如簧，也不管他代表的是农业、卫生、教育还是国家安全产业。这个观点本身不能给政客在分配财政蛋糕时提供任何指导。谈及经济特性，处于知识经济环境下的很多产业都有很高的固定成本和低的边际成本，但是没有被保护起来。文化产品的很多特别属性——内容非竞争性、规模经济和集聚经济增加了市场整合案例。小市场上征收的内容许可费用比大市场上低不是倾销——在不同的市场上尽可能地收取高价才会滋生倾销。Francois和Ypersele（2002）的战略贸易政策模型要求的假定与国际电影产业不符。例如，模型中国际产业必须坐落于美国，在好莱坞的垄断中，法国不能投资，不能实施价格歧视。在法国，高价值好莱坞电影票价微小的增长都会使其观众的本地份额归零。此外，在不存在法国关税壁垒的情况下，美国不会有独立电影的生产。

所有内容不管产地是哪里，都包含着不同的哲学和道德信息。每个人都极力反对陈腐的或者充满仇恨的书籍、节目的荼毒。服务于每一个个体和孩子，政府已经在履行相关职能，审查违背当代主流价值观的素材。既然国家在源头上不允许冒犯主流价值观的内容，这种情况下实施对外来文化的无歧视和非反对就是有保障的。

33.3.4 国家文化

保护主义支持者认为国际化进程和美国文化帝国主义正在破坏国家文化。全球化是一个不严密的术语。与法律、机构、规章相比，全球化背景下的国家文化显得更有国家特色。为什么说“更”呢？这难以定义。简而言之，难以确定威胁是什么，并且什么需要保护以免遭受国外压力。国家文化是过往积淀的集合，很多积淀甚至是来自世界的，并且随着时间的流逝，国家文化也在进化。如果说改变是维持国家文化活力重要的因素，那么保护主义可能会妨碍期望产出。发生在所有国家的现代化和社会变革方面的内部矛盾，使这场辩论不可开交。①

包括货物、人和思想在内的大范围国际交换的结果是产生了现代化。对此的阐述可以追溯到帝国主义扩张的影响。和市场交换一样，施加给殖民地的冲突和馈赠为文化的影响架起了桥梁。罗马帝国、西班牙和英国等在传播文化的同时，也吸取着技术、建筑风格、宗教思想、文化工艺品和政府的形式。所有的文化交互形式都被批评了。Barber（1995），Gray（1998）和Tunstall（1977）也处在声讨市场破坏文化多样性的那群人中。②处在反方阵营的有Nozick（1974）和Cowen（2002），他们主张市场经济提供了更大范围的文化选择。

我们怎么去评价这些冲突的立场呢？如何确定国家文化能被定义、保护和发扬？总体来说，富有创造力的人是跨越国界寻求灵感的先行者。例如，作家、画家和作曲家，往往利用世界提供给他们的创意资本去汲取灵感。在下一个部分我们将考虑他们的流动性。

33.4 视觉和表演艺术的国际维度

33.4.1 艺术家的流动以及创造性过程和想法的扩散

高雅艺术有显著的国际维度。从古典时期、黑暗时期暂时的平静，到富有的或者有政治权力的赞助人寻找并招揽有天赋的作家、作曲家、雕刻家和画家，他们有涉及自身领域或者跨领域文化活动的各种经历。例如，Peter Paul Rubens（1577—1640）早在他20多岁时就成为Mantua公爵的宫廷画师，在那里他研究Titian和其他意大利大师的作品。他拜访了西班牙Philip四世的宫廷，影响了西班牙巴洛克艺术的进程。在文艺复兴时期的早期，意大利艺术家作坊已经兴起（Welch，1997），回到西属尼德兰（今比利时）后，基于前者Peter Paul Rubens成立了高效的工作室。天主教和对古董的崇敬深远地影响了他的工作和生活。法国王后Maria de' Medici为纪念自己的生活委托Rubens进行创作，却将其卷入了法国的政局中。

从文艺复兴到19世纪中期，赞助人之间的竞争为当代国际体育团队之间的竞争埋下了伏笔。那时个人服

---

① Benedict Anderson（1991）通过追逐当代国家的足迹来检验国家地位的概念，国家是按照地域划分的，但是由不同的元素组成，这些元素随着时间的推移而整合和分裂。

② 另外提到这个问题的还有Robertson（1992），Schiller（1992），Tomlinson（1991）。

务合同是选择权的工具，就像现今一样。比如，1809年贝多芬接受邀请成为威斯特伐利亚之王的管弦乐队指挥。贝多芬的维也纳赞助人中的三个联系到他，与他签订合同，提供终身4 000弗罗林币以挽留他留在奥地利。当两位赞助人拖欠（工资）时，贝多芬起诉了。清算义务得以解决，针对通货膨胀的适度调整也协商完毕（Baumol and Baumol，2002）。宗教对Rubens艺术的影响是明显的，但是文化对音乐的影响就不那么显而易见了；根据Solomon（2003），共济会纲领引领了启蒙运动和反圣职者思想，总体上是影响奥地利音乐的重要原因之一，个体上也影响了贝多芬。

至少是从文艺复兴时期开始，文化观众就乐于讨论传统艺术领域内国际公认的“明星”们的工作和生活。因为强烈和偶尔破坏性的生活方式，在当时或其后的一段时间内，一些艺术家声名狼藉。其他像Rubens这样的人，他们的名气得益于社会或政治原因。大多数人没能像Rubens那样四海为家，他在1625年的信中写道：“在其他条件相同的情况下，我把全世界当作我的国家，并且相信无论我到哪儿都会大受欢迎。”（Magurn，1955，p.12）。然而，几乎所有的明星都受益于外国的灵感与培训，后来他们也成为灵感和培训的源泉，有时还是一种支持。他们传播组织创新和审美观念，同时也受到跨国宗教和哲学的影响。现代通信和交通已经扩大了随后艺术家们的国际影响力的范围，并且提高了前辈声誉的国际影响力。

33.4.2 国际艺术和工艺品贸易

国际艺术经销商代表艺术家销售其库存的或者经委托被展示的作品，要么他们可能受到买家的委托，去竞购某件艺术品或者留意联系人列表中谁有买家中意的东西。他们的客户可能是画廊、企业和政府买家，也可能是私人收藏家。主要经销商的运作信息是选择性的或坊间传闻的。例如，相当多的信息可以在Joseph Duveen（1869—1939）那儿获得，他主宰了欧洲艺术品在富有的美国市场上的销售达几十年之久。[①]他的生意规模令人印象深刻：

> Mellon收藏馆也就是现在的华盛顿国家画廊，150幅画作中有55幅（美国肖像作品除外）是经Duveen进入该馆的。Kress收藏馆的700幅画作以及国家画廊里超过150件的艺术品是由他提供的，并且是最好的（Behrman，1951，pp.32-33）。

在两个多世纪里，特别有价值的艺术品和工艺品是通过国际拍卖行和经销商售出的。电子投标和发达的通信技术已经扩大了拍卖会上潜在竞标人的规模。互联网的出现让拍卖能够扩展到分布广泛的现存艺术作品。诸如eBay这样的网站已经开发出智能协议，用来低价竞买一系列艺术品、藏品和工艺品。有一系列服务用以追踪艺术品交易价格。

要想创造一个更有效的艺术国际市场，对某位艺术家作品的认同和在销售源头上遏制投机操作很重要。虽然一幅画本身并没有发生改变，但是如果作者改变的话，它的价值是会显著改变的。在2002年中期，Rubens的画《无辜者的屠杀》售价49 506 650英镑（合7 673万美元），创下了英国绘画的拍卖纪录。18世纪以来，这幅画一直被认为是Jan van den Hoecke的作品，一位相对不知名的Rubens的追随者。几周前，主人把画拿出来出售，一位苏富比代表认定画是Rubens早期的作品，这戏剧性地改变了对绘画（和苏富比费用）的投标兴趣。

有关那些昂贵的商品的出处，买家面临着被诉讼的风险，包括声称是失窃品或在某一时刻非法地被政府没收了。减少这种风险的对策是1991年艺术品失窃注册

---

① 他的客户有：Hearst，Mellon，Morgan，Rockefeller，Whitney，Huntington，Frick，Carnegie，Altman，Widener，Stotesbury和Kress。

制的发展，它建立了被盗和遗失艺术品的国际数据库，在册的包括艺术品、手稿、书籍、古董和其他有价值的商品。目前，有超过12万件物品丢失、被盗或被没收于第二次世界大战期间或之后的展出中。国际失踪艺术品记录的使命是建立一个国际透明市场，在这一制度下，能准确地追踪艺术品的出处。

33.4.3 巡回展览、跨国博物馆和网络协作

外国艺术收藏在其他国家的展览是另一种文化旅游业。由博物馆和私人收藏提供的展品以一个共同的主题拼凑成展览，然后将这个展览巡回展出已经成为一种流行趋势（Frey and Busenhart，1996，pp. 275 - 280）。例如，“Aztecs”的组织者，从2003年11月到2004年4月访问了欧洲主要城市和东京，合并展出了350件来自墨西哥和其他国际博物馆的藏品。具有讽刺意味的是，展览不能在墨西哥举行，因为依据墨西哥法律的规定，外资所属的展品会被政府没收。要是没有墨西哥当局的允许，即使出自其博物馆的艺术品被囊括在巡回展览内，该展览也不会在墨西哥以外的地方举行。贡献者因为他们的参与而要得到补偿。比如，作为伦敦展览安排的一部分，皇家美术学院捐赠门票收入的10%给墨西哥遗产管理局。

大肆宣传大型访问艺术展览，如“Aztecs”，可能会“挤出”主办博物馆的收藏。例如，Cannon-Brookes（1996）认识到临时参观展览对当地酒吧和餐厅的影响后，指出它们“通过消耗过多博物馆所需的资源来充分卸下其核心功能”（p.271）。外国展览以相对较低的价格提供给主办博物馆，因为一个特殊展览的周边宣传提高了私人收藏品的价值和贡献机构的曝光度（Frey and Busenhart，1996，p. 294）。史密森学会下属的Hirschhorn博物馆和雕塑园的馆长为应对挤出效应问题，启动了“陀螺仪（Gyroscope）计划”，即一种调用博物馆自有藏品的展出，它围绕艺术创造力的三个主题；这是自1974年博物馆开放以来，第一个只有自己藏品的展出。大型访问艺术展览也影响了区域和特殊的博物馆维持它们藏品的动机。类似地，面对国际竞争，地方性创造力的生存问题在其他文化活动中也有出现。

一些大型博物馆的国际化允许广泛藏品的更经济利用，挽救了藏品被雪藏的命运。例如，在国际化扩张中，纽约的Guggenheim尤为活跃，[①]即使它“做的”从来没赶上“说的”。外国的成功案例包括在威尼斯大运河Peggy Guggenheim的故居举办的她的个人展，以及合资企业与Guggenheim Berlin展示的自有作品集，还包括在德意志银行总部举办的德国艺术家作品展。Frank Gehry设计的Guggenheim Bilbao自1997年开放以来，据报道每年吸引超过一百万游客。“干井”[②]包括和里约热内卢市政府达成的协议——建立一座投资数百万美元、由法国建筑师Jean Nouvel设计的博物馆——被取消，还包括Guggenheim想进驻日本的四次尝试。

有着互补藏品的博物馆进行合作展览也是有益的。2000年6月，Guggenheim携手圣彼得堡Hemitage博物馆和维也纳Kunsthistorisches博物馆形成长期内容联盟，它们分别专注于不同时期作品的收藏。一个不太明显但重要的国际博物馆和艺术画廊之间的联系是行政和管理专家的专业网络互助体系，靠这个技术问题和管理理念通过非正式和正式会议得以分享。[③]

---

① 自2001年起，Guggenheim博物馆的展品可以网上免费欣赏。

② 干井（dry hole）：不成功的商业冒险，尤指不产油的石油探井。——译者注

③ 例如，在1993年的Salzburg研讨会上，Schulz（1994）建议为德国博物馆系统建立预算制度，国家博物馆接受90%以上的补贴，以引导博物馆以美国方式运转。

33.5 文化产业的国际维度[①]

33.5.1 产 出

根据媒体的技术特点和承载的内容，国际文化产出千差万别。写作是一份孤独的事业，被作家间的联系滋养着，被与出版商的合同约束着，被编辑管着，并辅以排版、插图和打印。相比之下，电影和电视节目是大型团队制作的。好莱坞电影的创意团队和专业人员往往来自不同国家；电影拍摄可能在不同的场所，并且后期制作还可能在其他地方。电视节目的拍摄要求紧迫的期限和多集连续，因此生产较少国际化。录制歌曲要协调音乐、歌词和表演，并且修改和同步轨道在一个频率上，但这带来的协调组织的挑战不比制作一部电影来得复杂，制作团队很小。整个录制过程中的国际多样性要比在一个特定的录制环节中更明显。音乐的影响力以不可预知的模式在国家之间传播。

思想的交互在所有的文化产业里都是广泛存在的。电影取材于戏剧、短篇小说、小说和报纸报道。代理商、公会、行业或活动协会和贸易出版物为文化活动从业人员提供相关信息。对信息的解读和传播最初是通过相对薄弱的个人关系网实现的。互联网聊天室将信息网扩大到世界各地的陌生人，大家一起分享文化利益。所谓民族音乐，几乎都是商品、人和技术的流动带来的不同成分所衍生出的产品。正如Cowen（2002，pp.21-29）所谈及的，这一现象特别是在古巴，以及拉美和加勒比地区更为普遍，它们先后受到非洲、欧洲以及北美洲的影响。在非洲，Zaire音乐流行起来受到第二次世界大战前来自非洲、西印度群岛和中国等不同地区的移民工人的影响。在第二次世界大战后，当希腊移民建立起录音棚的时候，广播和游轮扩大了古巴对世界的影响。

当涉及内容专属的时候，国际共享会制造创造者与接受者之间的紧张关系。随着规范、著作权法和技术的转变，版权保护和公共领域之间的模糊边界不断被重新定义。技术冲击越大，在法律和行为惯例应该如何回应上遇到的困难就越大。互联网一直处于“multi-sigma”的技术冲击中。尽管调整阶段才刚刚开始，许多国家的法庭已就现行法律对文件共享和警察的看门人职责做出司法解释，而立法者正忙着修改国家法律。

33.5.2 经 销

33.5.2.1 内 容

提供内容让内容扩展跨越国界市场的增量成本较低。令人惊讶的是，在文化产业利基市场上，这简直就是真理。[②]作为国际文化相互作用对作曲和重要表演者影响的范例，在相对小的市场内，国际商业对内容经销的回应，我们来考虑下面这个例子：光碟Esteban Salas：Un Barroco Cubano del Siglo XVIII（18世纪古巴巴洛克音乐），由古巴Exaudi唱诗班演唱。Salas（1725—1803），这首音乐的作曲家，出生于古巴，在晚年被任

---

① 研究文化产业经济学的论文包括：Acheson and Maule（1999a，Part 1），Caves（2000，2003），Cowen（1998，2002），Sedgwick and Pokorny（2004）。

② 比如，Acheson和Maule（1999a，p.125）简要讨论了一个加拿大公司Rhombus；该公司主要经营艺术频道与电影展（关于格伦·古尔德和红色小提琴的32部短片）等文化项目。

命为天主教堂的牧师；Exaudi唱诗班的班主Maria Felicia Perez在德国Franz Liszt音乐学院受训；CD在古巴录制，制造和分销由德国跨国公司BMG Music的分支机构承担；古巴国内的销售大多面向Exaudi音乐会上的游客、酒店纪念品柜台或机场以及特殊的一元店；在国外，CD在网络音乐零售商店和专门的录音店有售。

更明显的是，国际市场对大众市场内容至关重要。内容需要经常修改，以迎合不同文化和民族情感。生产商、授权分销商或审查员可能修改内容，并且在某些情况下，为了向某个特别市场上的观众展示，需要换掉作品的一部分内容。

作为潜在收入的反应，作品的许可费在各国市场上有所不同。当来自某种文化的电视节目或电影被授权给其他文化的广播台或参展商时，其带来的价值降低被称作文化折扣（Hoskins and Mirus，1988；Hoskins，McFadyen and Finn，1997）。文化折扣的不同取决于节目或电影是否为动画，特效如何，属何种题材（体育、动作片系列、太空剧、各种主题的纪录片）。

经销商已认识到内容对在不同市场收取预付款和敲定合同条款获取收入的决定性影响。国外市场的成功一定程度上代表了品质，提高了国内观众的接受程度，因为观众认为国内节目和电影经常大张旗鼓地宣传或者质量低劣。例如，据Taylor（2000）的报道，Eisenstein的Battleship Potemkin在1926年1月首映后不久就在莫斯科下线了。那年夏天回到莫斯科的这部片子获得了这样的评价："这是作为来自外国的打击而卖给苏联观众的。"

33.5.2.2 不确定性、信息挑战和高昂的推广预算

由于电影、书或录音制品海量市场收入和利润的高度不确定性，了解市场前景的话会有高额回报。有经验的经销商往往处于相对有利的地位来评估一个项目的前景，比较优势反映在融资的关键作用上，其往往通过预付具有分销权的电影、书或者录音制品来实现。考虑到风险，项目成功必须产生足够的盈余才能使整体利润率有吸引力。[①]

大众市场内容的经销商努力说服潜在客户，他们提供的内容比竞争对手的更有吸引力。惊喜发生在一个模式下，包括预期的类型、关键特点的口碑、搞笑的"漏洞"。

想要成功，他们要埋下一个有利的信息伏笔，[②]帮助其产品在潜在市场上发布。表面上的高投入营销、广告和促销（MAP）活动，实际上是相互协调，在较短窗口期内追求积极的"热点"。[③]经销商常利用以下方式的互补作用：安排艺术家、作家参与访谈节目，鼓励其在杂志和报纸上发表文章和评论，分发传单，还有就是在互联网频道上将自己与同行的产品做试验以促进销量。

33.5.2.3 电影和电视

外国电影和较低预算的英文电影经常是通过英语国家的艺术影院分销的。相比大制作的好莱坞电影，这些电影的发行更加分散，时间也没那样集中。随着受欢迎程度的提高，主要销售商正追求这些影片在销售和融资中的更大作用。在北美，艺术院线通常在一两个月内从广泛的影片中挑出一系列来排映。这个排片结构更类似于电视节目。相比较而言，好莱坞电影则是为了有足够的上座率在主流影院尽可能地多排片。北美观众能在一周的任意一个晚上，前往影院欣赏到各种好莱坞电影，而想看外国电影的观众则要前往当地排片紧张的艺术

① 参见De Vany and Walls（1996，2002）的详细论述。

② 参见Banerjee（1992），Bikhchandani，Hirshleifer and Welch（1998）对信息串的详细分析。

③ 电影制作上用于制作与广告的费用比重是各不相同的。Dale（1997，p.31）认为一部典型的好莱坞电影一般要花费3 900万美元用于制作，花费2 000万美元用于美国广告，另外要花费900万～1 100万美元用于国外广告。

影院。

20世纪80年代以来，视频录音带、DVD和存储在磁盘上的数字文件在电影发行链上拓宽了潜在的盈利手段。越来越多的小众电影可以在没有影院版的情况下就大获成功。结合互补的内容，并通过允许更经济的差异化版本的再发行等方式，大容量DVD和数字文件提高了电影图书馆的价值。在家庭观影选择的发展过程中，国际分销每一步的成本都已经降低了。

数字卫星传输让那些生活在农场和偏远城镇的人可以和城市居民一样收看丰富的电影和电视节目。PVRs（个人视频录播）让人们不必定点才能看到想看的节目。高清电视信号缩小了家中观影和影院观影之间的差距。这三种技术的集成以服务包或视频点播的形式，显著改变了国际分销、电影展映和电视节目的格局。在政策方面，从一个辖区到另一个辖区，卫星信号无意或有意识的溢出将会制造紧张的国际局势，这一问题是很难解决的。[①]可快进的PVRs也会让广告效率变低，这给订阅价格施加了更大的压力，也让资金来源吃紧。

33.5.2.4 书和杂志

把书籍分销到书店、未售出的书退回出版商会带来高运输成本，再加上盘存入库的费用，会导致书籍分销和零售的不同安排。例如，批发商会减少库存并且促成零售商订购小出版社的出版物。一个跨国出版商通常由子公司或合资公司在其主要语言市场的中心负责运营，在较小的中心则许可独立的出版商安排。子公司及合资企业和本土的作者形成了富有成效的关系，在自身许可的同时还许可外部公司分销他们作者的书籍，或者出版他们书籍的不同版本。就像电影制片厂一样，跨国出版商有自己的部门在较小的市场上竞争。

杂志和期刊出版商在国际上销售。竞争因素为他们提供了激励，而且当前的技术允许杂志出版商实行价格歧视和捆绑销售他们的产品。非商业杂志出版商的做法与他们相同。例如，美国经济协会采用以下歧视方法：首先判断订阅用户是不是学生，如果不是的话，按照薪水收费。此外，还会在不同的套装中捆绑三份期刊。一本杂志实现销售国际扩张的路径是采用区隔运行的方法，不同版本提供的内容相同，但是会针对不同国家和地区的市场投放对应的广告。在国内跨地区使用此模式的国家，出版商经常四处游说，成功地阻止了外国出版商与其在区隔广告市场上进行竞争。旨在阻止外国出版商的区隔运行政策已经产生了很多贸易纠纷。[②]

33.5.2.5 音　乐

2004年8月，在欧盟委员会批准索尼和BMG绝大部分唱片业务合资后，四家公司——环球音乐（法国）、索尼BMG音乐（日本和德国母公司各拥有一半）、华纳音乐（美国）和EMI（英国）——主导了流行音乐唱片产业的国际市场。与主要电影工作室相比，音乐的生产和分销结构通常更分散。例如，在大多数不同的音乐市场上，环球音乐一般都拥有全资子公司。美国子公司拥有大型流行音乐品牌——Interscope and Island Def-Jam——以及小众的专业品牌，涉及的领域是古典音乐和爵士乐。一个子公司的每个品牌都与在其他市场上的子公司的品牌对应。当一个市场领域内的品牌签约了艺术家后，它就变成了全部曲目的所有人并且负责录制专辑的成本，还负责关键的营销工具——摄影、视频等。发行曲目的持有人赚取在国内市场的所有利润并获得相应的在其他地区的利润分成。其他国家的附属品牌负责制作工作以满足当地的需求，联系当地的电台举办活动，投放广告，市场营销，此外还要与零售商敲定合同。

---

① 关于加拿大和美国在该问题上的互动，参见Acheson and Maule（1999a，Chapter 12）。

② 关于加拿大与美国在杂志政策等问题上的分歧，参见Acheson and Maule（1999a，Chapter 10，1999b，2000，2001a，2001b）。

围绕核心结构的组织创新是较常见的。举个例子，美国的Interscope公司对Tatu表示感兴趣，Tatu是由俄罗斯子公司发掘的由两个年轻女孩组成的歌唱组合。两个子公司成立了一家合资企业，作为俄罗斯少女组合的曲目所有人。在2003年1月，这个组合的歌曲在10个国家（包括英格兰）摘得音乐榜单的冠军。随后美国的巡回演出获得了商业成功，也产生了巨大的文化失调。[①]录音艺术家从销售中抽取的合同技术使用费在不同地区、不同国际市场上有系统性的不同，这反映了收入前景和分销的成本。例如，某艺术家签约了一家美国跨国唱片公司，得到的是美国基本提成比率，假设它是正常零售额的X%。同一位艺术家，如果是在加拿大的话，其基本提成比率要降到0.85X%。在主要地区的销售，也就是美国唱片大体销量不错的地方，那儿的比率是0.6X%～0.75X%。在世界其他地区的销售市场，比率是0.5X%～0.6X%。[②]

一个缺少世界性网络的独立唱片公司会依靠伞形交易或者在一个接一个的基础上向世界其他市场许可有前景唱片的发行权。Throsby（2002，p.15）指出，“在大多数情况下，来自第三世界的音乐是通过独立唱片出品商的活动引起更多人的注意的，独立唱片出品商的业务和主要的跨国公司没有太多交集”。与国际音乐曲目对比，在当地制作的音乐的销售额占世界销售额的平均比例从1991年的58%提高到2000年的68%（ibid，p.5）。在这个统计结果的解释上，关键的是要记住出口市场对独立唱片出品商而言是重要的。拿我们的城市举个例子来说明。Pacemaker Entertainment是渥太华一家专门重新发掘好但不是众所周知的加拿大艺术家作品的公司，在1997年的一次采访中，其负责人Peter Burnside指出，Pacemaker“80%～90%的销售收入来自加拿大以外的地方，主要市场是美国和欧洲”，并且他把出口的重要性归因于以下这点：“事实上是外国人发掘了加拿大的表演艺术，加拿大电台本土内容的播放规则迫使大家去听音乐，这才造成了国民对本国音乐的负面反应。”[③]

33.5.3 开发成功被推广的内容和媒介

如果在原来的媒介中内容就是成功的，经济上的当务之急是扩大国际市场并探索将此概念应用在别的媒介上。原创在跨媒体的成功可以是一本书、一部电影、一出戏剧、漫画或音乐剧。MAP活动适应每个媒介的特征及跨媒体互补特性。成功通常是跨媒体的系列化。较近的例子是J.K.罗琳的《哈利·波特》翻拍电影取得的成功。她的小说全球销量超过2亿本，被官方翻译成55种语言。最开始上映的两部电影——《哈利·波特与魔法石》和《哈利·波特与密室》，其超过2/3的票房收入来自美国以外的市场。电影和最近发行的书紧密配合，开展促销活动。直到规定的日期和更大的书店于指定日期的午夜开门时，书才被允许出售以满足爱好者的需求。在文化方面，美国一般的基督徒对书和电影的反应比较消极，因为它的故事以巫术为中心，而美国天主教会的反应更为矛盾。[④]英语教授们加入了辩论，例如Trites（2001，p.484）认为哈利·波特系列代表了“后现代主义对权力关系的质疑”，追随这一观点的理论家还有Barthes、Foucault和Lacan。

---

① Sabrina Tavernise,“A bubblegum duo sets off squeals and squirms”,New York Times,March 4,2003.

② 参见Passman(1997,Chapter 13)。

③ Toronto,Globe and Mail,December 27,1997,C6.

④ 美国天主教会议,电影与广播办公室,2003年6月3日。

33.5.4 跨国公司和反垄断问题

传媒集团的商业惯例是不是提高福利，在这一点上的模棱两可使得竞争政策和行业监管在文化产业的应用方面变得特别困难，行业的国际性质加剧了挑战。其管理包括：

电影团体预订和盲目投标；[1]

工作室与公平交易电影频道或按次计费的服务方之间签订了合同，合同内包括最惠国定价条款；

利用区域播放控制系统代码限制DVD竞争和使用价格歧视，如阻止美国的DVD在澳大利亚的机器上播放；

在展览、按次计费的服务和广播中垂直整合；

艺术家和唱片公司之间的合同持续期与条款、贿赂、捆绑销售的个人歌曲CD及其定价；

作者与出版商缔约、书商的退货政策、在图书出版和发行中图书产业链和电子商务给本地书店所带来的影响；

有线电视和卫星电视接入、捆绑销售和定价，以及在当地广播市场电台的所有权集中度。

除了集中对传统福利措施的影响外，媒体集中会限制内部言论的广度和活力。如果主导者来自外国，对上述可能性的政治反应会加剧。这一问题可以解释为什么欧洲和世界其他地区在媒体行业中采取额外的措施来抑制集中度，以及它们对外国所有权相对强劲的歧视。[2]

跨管辖权协调竞争政策的呼声日渐高涨，一些协议也已经签署了。例如，最近日本和欧盟委员会（EC）之间的协议要求及时通知会影响另一方利益的行为、符合其启用的法律的帮助、协调的可能性。如果更有效的话，可以考虑其他国家采取的行动和机密信息保护的交换。[3]协同行动一直零星的，不采用合作竞争政策，却迫于政治压力打击报复，这两种情况都很严重。致力于在世界贸易组织（WTO）框架下研究贸易与竞争政策之间交互作用的工作组目前正在开发一个竞争政策多边框架，它与《多哈宣言》的第25章相符合。[4]为了追求这一目标，欧盟委员会从检查多边竞争政策框架下的合规机制入手；修订框架下的累进税和灵活性条款；探索向发展中国家提供技术援助和能力建设的路径以及建立一个国家立法清单。[5]

欧盟委员会竞争政策法案已经影响到了跨国文化产业公司的并购交易。2000年10月，在欧盟委员会对收购导致的欧洲音乐产业集中度以及与AOL的垂直整合表示担忧后，美国在线时代华纳放弃了收购EMI。2004年7月批准索尼音乐和BMG音乐成立合资公司时，欧盟委员会（European Commission）提到了和美国联邦贸易委员会（Federal Trade Commission）的“该案例密切合作审查情况”（EC IP/04/959）。与国际链接的另一案件中，欧盟于1999年延长了五年的豁免给UIP（United International Pictures），一家由派拉蒙影业、环球影城和米高梅成立的联合电影发行公司。作为回报，UIP许诺改变它们的商业计划并且给欧洲电影产业规模扩大以额外的支持。[6]2000年年末，美国司法部指控：六年期间，在美国和其他地方，苏富比与佳士得密谋敲定向卖家收取的拍卖委托金比率（“卖方佣金”）。欧盟委员会也裁决了一个类似的

---

① Sedgwick和Pokorny(2004)的文章包括了关于工作室管理方面的最新文献。

② Doyle(2000)研究了最近放松这些管制的经济学原因。

③ 日本与欧盟关于反竞争行动合作的协议，2003年7月10日。

④ 《多哈部长宣言》文本，2001年11月14日。

⑤ 参见关于贸易与竞争政策的报告(2003)。

⑥ EC, Commission Renews UIP Authorisation for Five Years, Brussels IP/99/681, September 14, 1999.

案件。苏富比在这两个案子中同时被罚款，其主席在美国案件中被判处监禁及罚款。两家公司将支付5.12亿美元的集体诉讼赔偿。[①]

33.6 具备艺术和文化产业共性的国际化方面

33.6.1 新与旧的对比

在传统艺术中，新作品经常与不断扩大体量的现有作品相竞争。新作品只有片段被吸收成为一种艺术形式的经典，并且是勉强地接受。国际认可有助于打破这一门槛。结果，世界大博物馆和艺术画廊的藏品在关于世界遗产的构成方面反映了相似的看法。面对提供前卫展品的现代场馆和各种各样的流行文化圣地，他们展开了本地竞争。[②]在查看当代艺术画廊里艺术品陈列位置的时候，参观过卢浮宫的游客会发现其明显不同，好似反映Rubens生活的展馆中混入了Maria de' Medici的画作（Millen and Wolf，1989）。当代博物馆的艺术品陈列可能会带来以下这般具有讽刺意味的体验：游客头戴耳机，描述一组组挂在墙上的不同的绘画，同时观众对屏幕上按序播放的绘画作品感到困惑。物理艺术装置有具体的地点，但展览结束的时候往往会被毁坏。与Rubens的绘画不同，除了影响进入画廊的费用和增强艺术家的声誉之外，它们通常没有直接市场价值。网络上的虚拟艺术装置只要敲下按键就可以在任何地方看到，其国际访问数也在快速增长。装置艺术家来自世界各地。截至2003年8月3日，谷歌装置艺术家榜单的前4名（按“点击率”排名）分别是居住在德国的瑞士人（Urs Jaeggi）、两位来自英国的艺术家（Graham Nicholls and David Hall）以及美国人（Kenneth Rinaldo）。[③]所有艺术家都是国际公认的。[④]

在欧洲和北美的剧院，当前，剧作家面临激烈的竞争，因为观众受到过众多大师熏陶，包括Chekhov，Ibsen，Moliere，Racine，Shakespeare和Shaw。国际作曲家从18、19世纪晚期开始主导交响乐项目。同样，关于不断变化的世界经典文艺作品的激烈争论与欧美核心作家的持续涌现形成对比。然而，随着更多的来自非洲、亚洲的作者和本土文化步入神殿，近年来这一核心的相对重要性在降低。[⑤]

欧洲影院播放的电影不成比例地来自美国，同时，美国剧院和音乐厅的全部曲目中也有不成比例的作品是

① 在Kruman v.Christie撰写的《美国法院对第二电子公司的申诉》(2002年3月13日)中，作者认为外国顾客有权参与基于美国反托拉斯法案的诉讼，即使相关交易并非美国国内商务的一部分。对《外贸反托拉斯改进法案》的解释，对美国反托拉斯政策的海外延伸具有重要影响。但该解释最终被美国高等法院推翻。关于该案件的细节，参见Mason(2004)。

② 美国流行网站追求文化至上的例子包括：Graceland，the hall of fame of baseball in Cooperstown，the boardwalk of Venice Beach，and the Haight-Ashbury district in San Francisco。

③ 参见谷歌的条目：http://directory.google.com/Top/Arts/Visual_Arts/Installation_Art/Artists/。

④ 比如，Rinaldo曾在如下展馆展出：The Biennale of Electronic Arts，Perth，Australia；Transmediale Berlin，Germany；ARCO Arts Festival Madrid，Spain；The OK Center for Contemporary Art，ARS ELEC-TRONICA，Austria；The Kiasma Museum of Contemporary Art，Helsinki，Finland；The Australian Center for Photography；The Chicago Art Institute，Chicago；The Museum of Contemporary Art，Chicago；The Northern Illinois University Art Museum，Chicago；The Home Show，Seoul，Korea；V2 Dutch Electronica Arts Festival，Rotterdam，Holland；Image Du Future，Montreal，Canada；Siggraph，Los Angeles；and The Exploratorium，San Francisco. 参见http://www.ylem.org/artists/krinaldo/emergent1.html。

⑤ 比如，The Norton Anthology of World Literature，second edition [Lawall (2003)] 一共有6卷，囊括了不同的时期。第6卷的序言——The Twentieth Century包括很多来自亚洲、非洲及其他大陆本土文化的作家。

由已故欧洲人创作的。Swift在他的演说“书籍的战斗，古代和现代书籍之间完整和真正的战斗，上周五于圣詹姆斯的图书馆”中讽刺性地描述了新老之间的冲突，他的言论已经扩散到其他媒体，之后虽平息，但和平地图并不存在。这场战斗的国际化反映了不同国家在不同的媒介和时间点上不对称的重要性。

33.6.2 开放与创造力

在欧洲文艺复兴时期，艺术家常常在有工艺产业定位和交易传统的城镇或城市发展。公会对学徒制度的形成起了重要的作用。他们监管工作质量，客户与主人阶层、熟练工及车间学徒之间的关系。在一些城镇，公会具有保护性质并且经营商店。Burke（1999，p.69）记载道：

> 可是，在佛罗伦萨，公会没有这么大的权力。佛罗伦萨政府不允许他们迫使所有的工匠都加入工会。一些艺术家如Botticelli，只在他们的职业生涯末期加入了一个公会。因此，“外国人”可能会来并且在佛罗伦萨工作。更自由的政策体现了佛罗伦萨受外界因素刺激的传统，这也有助于解释佛罗伦萨文化的领先地位。

虽然在这一时期顾客委托制占据主导地位，但二级艺术市场开始发展，经销商代表富有的顾客开始在全球搜寻作品。市场的发展为艺术家提供了一个替代或补充机制，以帮助其谋生。

许多作家、专业人士和艺术家都是不同国家“基础建设”的一部分。一些艺术家、作曲家和作家在国外寻求灵感和历练，正如Rubens在16世纪那样。Beckett（1906—1989）一生中大部分有创造力的时光都在巴黎；自从1904年从爱尔兰流亡后，许多欧洲城市都希望招待Joyce（1882—1941）。结束了1829—1831年于祖国德国的回访之后，Mendelssohn创作出了他的苏格兰和意大利交响曲。Bartok、Stravinsky和Schönberg在美国寻求庇护后在那儿作曲。一些作家以他们新国家的语言进行创作。Beckett的很多作品都是先以法文创作的。Conrad和Nabokov的经典作品是用英语创作的，但英语并不是他们的母语。

电影和电视技术的发展为作家、作曲家、艺术家、导演、摄影师和表演者扩大了市场，增加了他们的潜在收入。补贴和高收入的需求弹性也对表演艺术起到了同样的效果。因此，越来越多有创造性和有才华的人选择在艺术和文化产业谋生。由于专业人士、表演者和技术专家打下了基础，一个区域会吸纳更多的风俗并且会吸引其他国家的专家涌入该区域。基础的“厚度”给予制片方在面对复杂项目时有更多的选择和更大的灵活性，以应对意料之外的事件。创造性的电影制作中心的例子有英语电影产业的好莱坞、法语电影产业的巴黎（Scott，1997，2000a，2000 b）和印度电影产业的孟买（Rajadhyaksha and Willemen，1999）。不幸的是，政策制定者对如何创建一个文化活动成长中心的认识是有限的。大量潜在的生产区域已经把公共资金浪费在雄心勃勃的计划上了，期望成为下一个好莱坞、巴黎或孟买——选址在任意方向：南、北、东或西。

外国演员去好莱坞发展是众所周知的。最早去好莱坞的明星有英国出生的Charles Chaplin、加拿大的Mary Pickford以及来自波兰的Pola Negri。追随他们的有许多人，包括Greta Garbo和Ingrid Bergman（瑞典），Stewart Granger、Cary Grant和David Niven（英国），Merle Oberon和Erroll Flynn（澳大利亚），Peter O'Toole（爱尔兰），Lilli Palmer（德国），Walter Pidgeon（加拿大），Anthony Quinn（墨西哥）以及Edward G.Robinson（罗马尼亚）。在好莱坞，英国明星可以组建一个板球俱乐部。导演的情况也是如此：著名的导演中有许多是来自欧洲的移民和难民，他们都在好莱坞工作，包括Eli Kazan（土耳其）、Mike Nichols（德国）、Roman Polanski（波兰和法国）和Otto Preminger（奥地利）。此外，一些欧洲导演在好莱坞工作了一段时间后回到本国，其中包括Erich Pommer，德国Ufa制片主管，曾为福克斯和RKO制作电影。他积极推广欧洲合拍电影，期望为欧洲电影拓展更大的市场。Alfred Hitchcock同时在英国和好莱坞制作电影：他在英国为派拉蒙工作，在美国为RKO、环球和20世纪福克斯工作。Jean Renoir第二次世界大战时在美国工作，直到1954年才又在法国拍电影（Bergstrom，1998）。

33.6.3 当代设备、商品和服务贸易

技术变化也直接影响了视觉和表演艺术。除了国际创意，视觉和表演艺术已经从国际供应商那儿快速吸收了新的或更优质的媒介、材料、工具和设备。假设一个朋友参加了一场国际知名艺术家钢琴音乐会，让你猜演奏者的国籍：钢琴艺术大师的数量之多使你给出正确答案的概率很低。如果朋友问你表演所使用的钢琴制造商的名字，则正确答案的概率会更高一些。[①]音乐会钢琴的主要制造商通过创新和质量控制，已经和竞争对手拉开差距；他们是一种不同的"明星"。在其他领域服务大众的市场也是如此：在一篇描述数字技术和节录对流行音乐创造力产生的削弱性影响的文章中，Tony Scherman[②]写道："当然，每一代人都不喜欢其后来者新的声音。爵士乐野蛮，猫王代表人性的低点，Dylan使用Fender时他的唱片大卖。" Scherman没有必要向读者解释什么是Fender。有时，乐器成为一种收藏品：1956年的Fender归属于英国吉他手——Eric Clapton，1999年中期在佳士得拍卖，售价497 000美元；大约一年以后，由Stradivari于1700年制作的小提琴在同样的房间售出，价格达到1 326 000美元。[③]

每种视觉和表演艺术都需要与之相配的设备。它可能是为一场筹划演出精心设计的照明系统，或者是参观展览中为保护珍贵物品而在博物馆设定的安全系统。文化贸易包含所有与之相配的生产设备，而技术体现为它形成图像和声音，给当地和国际观众带来视听盛宴。在文化产业中，与其他贸易的联系比在视觉和表演艺术中更为明显。电影和儿童书籍与相关商品的销量有关。在电影、电视节目、书籍和录音制作中以及在电影院和广播工作室中使用的资本货物是许多国家重要的出口商品。消费者拥有众多的硬件——电视机、DVD录像机和播放器、音响系统，还有越来越多的电脑、刻录机和扫描仪，对这些硬件来说，内容就是软件。一般来说，在相关商品、资本货物和补充消费设备贸易中担当重要角色的国家不同于那些重要的内容贸易国家。[④]

33.6.4 遗产旅游业和节日

国际景点，比如吴哥窟、马丘比丘、阿尔罕布拉宫、故宫（北京）、泰姬陵和冬宫一直延续其文化焦点的地位，吸引了大批游客。正如Mosetto（1992）在一个深思熟虑的经济课题中所提到的，威尼斯仍然是一个独特的文化综合体，其合力超过它各个部分的加总。一

---

① 2003年6月5日，《经济学家》杂志上的一篇文章"Making the sound of music"列出了(in alphabetical order) Bechstein (Germany), Blüthner (Germany), Fazioli (Italy), Steinway (USA), and Yamaha (Japan)等音乐会级别的钢琴制造商。

② Tony Scherman, "Strike the band: Pop music without musicians", New York Times, February 11, 2001.

③ Christie's Review 1999—2000, 257 and 91.

④ 参见33.8.2小节对数据来源的描述。

些独特的景点面临着艰难的权衡，文化旅游既带来了好处，又给脆弱的环境施加了压力。

按规律安排日程、围绕一个主题提供不同菜单以及与之配套的住宿网络和预订服务，使音乐和表演艺术节对游客产生了吸引力。艺术节绑定了一项文化活动和举办地其他的文化设施。许多艺术节与小镇相关联，在大型城市的文化占主导地位的背景下，这成了一个受欢迎的反例。小镇艺术节的形式多样，有些强调他们制作的国际风味，有些提供相关学校的艺术培训。[①]所有那些在本地受欢迎的活动也吸引着外来游客，有时失望的会是当地顾客。[②]Frey（1994）、Frey及Busenhart（1996）详细探讨了文化节里的经济学。各级政府给文化节提供大额补贴，鼓励其繁荣和扩张。O'Hagan（1992）通过评估Wexford歌剧节的补助，研究了国际上文化节的经济现象。

主题公园和景点有明星、动画角色、与主题相关的梦幻世界，再加上工作室的运营，这些卖点吸引了许多游客。对大型项目来说，成功不但取决于项目完工前对邻近房地产购买价值的影响，还取决于诸如酒店和餐馆等辅助项目的成功。

33.6.5 语言市场版本化内容

器乐市场受到不同音乐文化的影响，而非语言区别的影响。从一个音乐传统到另一个音乐传统的过程中，音乐不用翻译，影响却寓于其中。当音乐和文字结合时，区别明显多了。流行歌曲Lili Marlene就是一个罕见的例子（音乐写于1938年），在第二次世界大战中，这首歌曲成为西线盟军和德国非洲军团中最流行的英文歌曲。当流派盛行的时候，语言的融入落后于音乐的采纳。例如，Mathews（2000，p.64）就摇滚乐在日本历史的评论：

> 摇滚乐在日本曾经是以英文演唱的，随之而来的是长久的争论，即摇滚乐是否适合用日语演唱。从20世纪70年代日本乐队唱着他们不理解意思的英文歌曲，到像南方全明星这样的乐队在80年代演唱听着像美式英语的日语歌曲，好像把日语的节奏依附在西方音乐的节奏上他们就认为在摇滚乐上立足了，再到日本今天的乐队，用听起来像日语的方式唱摇滚歌曲，我们看到了截然不同的摇滚语言日本化。

听懂歌词能扩大歌剧的观众群，但这点影响不足以使翻译歌词在经济上有吸引力。更简单的和更少信息量的权宜之计是提供字幕，这点比较常见。[③]

现代剧作家的主要作品通常是有翻译版的。翻译版小说和非小说类书籍更常见。要发行一个翻译版，需要得到原始语言版权所有者的许可，这受一个单独版权的保护。翻译的质量差别很大。一种是由网络搜索引擎提供的几乎即时的翻译。[④]另一种是对原著创造性的翻译。Susan Sontag慷慨地描述了翻译对扩大文学作品受众的

---

① 例如，英国的音乐艺术节与Britten-Pears高等音乐研究院相关。

② 加拿大最大的两个戏剧节为the Stratford Shakespearean Festival（Stratford，Ontario）与the Shaw Festival（Niagara-on-the-Lake，Ontario）。据报道，40%的门票卖给了美国人。参见Michael Posner，"Theatre festivals get SARS bailout"，The Globe and Mail，June 21，2003。

③ 他们用地方语言描述了舞台上发生的事情。在2002年秋于洛杉矶上映的一部电影中，当出现打斗场景时，屏幕上投上了"Kapow!"，"Thwack!"及"@#!&%"等字符。

④ 这些程序进步很快，但结果仍很粗糙。举例来说，一个程序员如果在谷歌英语—意大利语翻译器中输入"the flesh is weak but the spirit is willing"，然后他把结果输入意大利—英语翻译器中，得到的结果将是"the meat is weak person but the spirit is arranged"。

作用：

> 翻译是世界文学殿堂的循环系统。我认为文学翻译现在是一个道德上的任务，翻译是文学自身的写真和复制品，让我们更博爱；教育了心灵和思维；创造了灵性；保障、深化了这样的意识（与之而来的所有后果）——其他的人、不同于我们的人确实存在。（Sontag，2003，p.15）

配音是另一个挑战，因为翻译必须与画面同步。高水平的翻译和配音更有助于从一种语言到另一种语言的无缝过渡。一些国家，如埃及不允许配音后的外语画面播放；[①]限制外国电影字幕为国内电影提供了更多的保护，因为在埃及识字率是相对较低的。除非在全国范围内出现指定数量的配音，否则，其他国家不会允许影片的播出。西班牙是要求外语电影必须配音的国家之一。根据Lluis Bonet——巴塞罗那La Vanguardia的电影评论家的说法，“Franco在20世纪40年代就煽动上述做法，将它作为审查外国电影的一种方式并一直持续到今天”[②]。在某些情况下，配音会改善电影；成功的制片人及英格兰Goldcrest Films鼎盛时期的掌门人Jake Eberts宣称，这在电影Revolution中得到了印证。

> 唯一拯救Revolution的是壮观的观影体验，并且一些战争场面是惊人的。另外，我觉得在外国它的表现可能不会太糟。有一件我不能忍受的事是Al Pacino的口音，还有就是Pacino、Sutherland和Kinski之间的混合口音。当这部电影被译制为西班牙、意大利或者德国版时，那么至少口音会一致，并且一些对话可能更容易听懂。（Eberts and Ilott，1990，p.578）

在政策层面，为了让外国电影进入本国市场，国家争相成为配音通道。

33.7 国际贸易与投资的管理

我们现在回过来讨论国际、区域和双边协议中管理文化贸易的方式问题，以及一个新国际协议的提议。这个提议以联合国教科文组织关于文化多样性的协议为基础，并将影响现有做出协议承诺的国家。

33.7.1 GATT，GATS和WTO

成员方就文化商品贸易所做的承诺已经添加到原始的关税和贸易总协定（GATT1947）的基本义务和权利中。为保护国家的艺术、历史或考古珍品，条例XX（f）标出了关贸总协定例外条款。只要他们不歧视任何缔约方，条例IV允许国家实行电影配额制。非美国参展商引入热门美国电影所攫取的商业利益，以及来自美国政府及其电影产业的外交压力，缓和了其他政府实行电影配额制的意愿，毕竟电影配额制会极大地降低进口数量。随着电视的引入，美国担心公共广播公司将改变眼下这种情况。美国政府1961年向关贸总协定工作组寻求保证，即条例IV不适用于电视节目。草案建议准备好了，但没有达成协议。虽然条例IV明确规定制裁电影配额制和其他保护工具，如收取票房税收，用以补贴国产电影，但这种行为在GATT（Articles III and VIII）下是非法的。

条例IV有关电影的特别提醒意味着谈判者于1947

① 参见Ghoneim（2005，n.58）。

② The Economist，December 6，2001.

年认定的电影属于商品，而不属于国际贸易中的服务。视听内容通过卫星或通信系统传播的重要性日益突出，这提出了这样的可能性，即这类贸易方式也会被归类为服务，那么关贸总协定将不再适用。因为运输成本的降低可能会扩大国际贸易，文化产业的主要参与者担心一种面向服务贸易的基于规则的政治制度将被酝酿出来。一些有远见的人也预见了这一重大影响，即互联网会模糊传统文化产业的边界、加强国家之间文化内容的交流。直到1995年建立了《服务贸易总协定》（GATS），面向服务贸易的基于规则的政治制度才建立起来。WTO、GATT、GATS以及《与贸易有关的知识产权协定》（TRIPS）进行了一些新修订、合并。TRIPS通过扩展伯尔尼承诺（除了其道德权利义务）参与国并且明确法律措施和强制义务对文化产业施加影响。如果《伯尔尼公约》能成功地协调版权政策和执行流程，通过起诉侵犯版权的其他《伯尔尼公约》签约国家，缔约者保证会得到最低级别的保护。但不幸的是，其他国家的立法或裁决系统未能遵守伯尔尼义务，私人行动权益没有得到保护。在TRIPS而非伯尔尼框架下，假如另一个成员方政府不能满足其知识产权保护的义务，版权所有者国家的政府可对其采取有效措施。[①]同样，《服务贸易总协定》中做出的服务承诺在WTO的争端解决机制下可以强制实行。

除非注明保留，GATS要求成员方透明且相互给予最惠国（MFN）待遇。一个成员方可提供给其他国家市场准入和国民待遇。对于每位成员，这样的承诺可以是全部或部分的下述四种GATS供应模式：跨境供应，卖方和买方仍在自己的国家；境外消费，买方身处供应商所在的国家；商业存在，卖方在买方国家设立一个外国子公司；自然人流动，供应商暂时地到买方国家提供服务。少于25个国家（包括美国），迄今为止做出了部分或完整的视听服务承诺（Messerlin，Siwek and Cocq，2004，p.32）。在乌拉圭回合中，对自由化感兴趣的国家主要是美国，其接受这种承诺的缺乏以换取世贸组织的赞同和在五年内重开视听贸易谈判的承诺（Cahn and Schimmel，1997，p.297）。由此产生的部门倡议已经被并入综合性的多哈谈判。在这个过程中，巴西、瑞士和美国对成员方管理视听服务贸易的请求做了回应。[②]另一方面，加拿大和法国表示，除非达成文化多样性的国际协议，它们不会在世贸组织做出任何文化方面的承诺。[③]

根据WTO协定第九条3-4款，也可能放弃文化部门的谈判，但这几乎不可能，因为要得到四分之三世贸组织成员方的批准，而且任何受害成员都会诉诸世贸组织的争端解决机制（DSM）。Carmody（1999）支持弃权，并且就文化弃权提供了一个将持续十年的草案。根据目前世贸组织的构成，《关贸总协定》和《服务贸易总协定》的义务分别适用于商品和服务文化。这意味着什么？当义务不同、活动是由服务和商品混合组成的时，就得通过争端解决小组的决定慢慢地区分。很明显，当一个产品有这两个成分时，被告在纠纷中不能将政策构建在最低限制协议的基础上。

---

① WTO争端解决机制中有三种产权情形，参见http://www.wto.org/english/tratop_e/dispu_e/dispu_subjects_index_e.htm-bkmk31(accessed August 6,2004)。

② 在博弈论中存在非约束沟通或者廉价会谈等术语，参见Communication from Brazil: Audiovisual Services WTO S/CSS/W/99, July 9, 2001, Communication from Switzerland: Audiovisual Services WTO S/CSS/W/74, May 4, 2001, Communication from the United States: Audiovisual Services WTO S/CSS/W/21, December 18, 2000。

③ 进一步参见下面的33.7.3小节。加拿大的地位参见http://www.cdc ccd.org/Anglais/Lionconanglais/frameevents htm (accessed August 6, 2004)。法国的地位参见http://www.diplomatie.gouv.fr/actu/article.gb.asp?ART=32971at para.2(accessed February 28,2004)。

33.7.2 其他协定

WTO协定并不是唯一提到文化的国际协定。这些协定中一部分与贸易相关，而其他的协定则处理一系列问题，包括文化权利，如基本权利、文化遗产保护、版权保护、国际文化合作、合作生产和文化传播、艺术家和文化创造者的利益以及促进语言的多样性。一些现有的工具只是具备法律约束力，但其中许多工具为国际准则的最终形成铺设了法律路径。①

33.7.2.1 WIPO

世界贸易组织成立后，许多国家的版权法被修订以遵守WTO协定，而且保护的水平常常超过TRIPS的要求。另外，新条约涉及的版权和邻近的权利在TRIPS中没有明确规定，这两项于1996年在世界知识产权组织（WIPO）的帮助下完成了谈判。WIPO不同于TRIPS，后者缺乏有效的执行机制。《世界知识产权组织版权条约》引入了两项新的权利——其一是分配权，耗尽精力的事物由每个成员自行决定，还有就是和公众交流的权利。成员必须提供充足的法律保护和有效的法律补救措施，以防止有人规避版权持有人采取的技术保护性措施。特别的是，针对从版权作品中去除电子版权管理信息、作品的分销电子版权管理信息被删除或更改这两种行为，必须施以相应的惩罚。1996年制定的《世界知识产权组织表演和录音制品条约》逐步强化和延伸邻近权利，将其范围覆盖到在互联网上发布的内容。它为享受国民待遇的艺人和唱片公司创建了一个公共绩效薪酬权。艺人和唱片公司获得了复制、租赁、分销以及下面的这项权利："向公众提供表演，不过公众可以自主地选择收看表演的时间和地点。"最后一项授权是在网上下载的权利。版权和新引入的分销权可为录制的音乐、电影和音频书籍提供保护，然而文件共享、CD抓轨及刻录技术降低了保护的有效性。公众对盗版的态度很重要并且在发生变化。律师费用和新技术围栏的发展正在缩减用于创造上的预算。超出行业、公众、法院和决策者的反应，有关什么将处于下议院和什么将在互联网上受到保护的临时妥协将会出现。没有人知道这个世界会是什么样子。

33.7.2.2 UNESCO

联合国教育、科学及文化组织（UNESCO）掌管国际版权公约，即一种最初由美国支持的替代《伯尔尼公约》的协议。随着美国加入《伯尔尼公约》，伯尔尼规定的义务（其道德权利条款除外）并入TRIPS和1996年修订的新版权公约，国际版权公约的相对重要性已经下降。联合国教科文组织也掌管1961年缔结的《罗马公约》，该公约负责管理邻接权。

1950年，联合国教科文组织起草了《佛罗伦萨协定》，以确保文化产品特别是书籍的自由流动。条约修改之后还包括视听材料。多年来，许多国家都认可《佛罗伦萨协定》，包括英国、法国和美国。该协定具备贸易协定的形式，但它缺乏一个有效的执行机制。1970年，另一份联合国教科文组织起草的协议——《关于禁止和防止非法进出口文化财产和非法转让其所有权的方法的公约》的谈判达成。文化财产的定义极为宽泛，其范围包括从过去稀有动物、植物、矿产

---

① 参见http://unesdoc.unesco.org/images/0013/001307/130798e.pdf(accessed July 28,2004)。相关协议的例子包括：The Universal Declaration of Human Rights(1948); Declaration on the Rights of Indigenous People(1994); Declaration of the Responsibilities of the Present Generations Towards Future Generations(1997); Convention on the Protection of the Underwater Cultural Heritage(2001); and Convention on the Preservation of Digital Heritage(under negotiation)。

和骸骨的集合到至今已经有100多年历史的家具。公约双方同意履行道德义务，不仅要尊重自己的文化财产，还要尊重其他国家的文化财产。成员可以采取措施保护文化财产免受盗窃、秘密挖掘和非法出口。文化财产在其原产地未获得认证出口的，进口国家有义务拒绝其进入。成员必须采取法律措施约束它们的博物馆、图书馆和档案馆，防止它们获得来自其他国家的非法文化财产。在成员被占据势力强迫的情况下，文化财产不能挪用和出口。

33.7.2.3 区域协定

欧盟（EU）的创始文件里并未提及文化，但这并未阻止个体成员和欧盟积极主动地参与文化贸易的辩论和政策的制定。归纳起来说，发展是困难的。在任何时候，结局都反映了相互冲突的压力：一方面，欧盟划下边界，期望抵御美国的影响；另一方面，在欧盟内部，有各自边界的国家既希望自己是欧洲国家，又希望彼此之间不同。这导致了是否应该促进文化统一或多样性的冗长的讨论。口头妥协是在“多元化中统一”的目标下达成的，但这几乎不能提供政策指导。

一个重要的初步行动就是1989年电视无国界（TWF）文件的发表。TWF旨在创造单一的电视社区市场，给欧洲的内容设置最低配额，但是允许额外的国家配额和其他扭曲贸易的措施。1998年审查单一电视市场进展得出的结论是：“自由流动的基本原理被限制在实践中。”其他与贸易相关的欧洲政策有：欧盟文化补贴可发放给内容生产商和分销商，广泛地采用电影和电视节目的协同生产条约。在收到部长会议的授权后，欧盟贸易谈判代表有权代表成员国行动。根据自2003年实施的《尼斯条约》，涉及敏感性的服务行业，包括视听服务，部长会议必须得到成员国的一致同意方能参与最后谈判。因此每个国家都拥有针对敏感领域结论的否决权。对于所有其他领域，要求票数合格才能达成协议。

北美自由贸易协定（NAFTA），包含加拿大和美国之间与文化贸易相关的条款，这在之前两国的双边自由贸易协定中就已拟定。与文化贸易相关的条款包括三个部分：豁免指定的文化产业、防备报复、异常列表。豁免和报复的规定代表了美加两国对条款解读不一的妥协。加拿大强调豁免，而美国强调报复的可能性。迄今为止，双方的措辞还没在正式的纠纷中得以检验，部分原因是双方都不确定谁的解释将占上风。当出现纠纷时，如在期刊案件中，[①]它们诉诸世贸组织或在政治舞台上通过两国之间的谈判来解决。美国和墨西哥看待文化就像看待其他领域一样。加拿大就没有与墨西哥的文化贸易做出承诺。

其他贸易协议，包括生效的和在谈判的，都把文化当作特别规定。例如，加拿大和智利之间、加拿大和以色列之间的协议都包括彼此对文化产业的一个免税措施；报复不适用此规定。参加美洲自由贸易协定（FTAA）谈判的34个国家中，就有一些国家正在寻求一种文化豁免。

如前文所述，合拍片（双边和跨国资金及生产团队的形成）是视听行业一种典型的经营方式。这导致签署电影和电视节目双边（有时是三方）联产条约的国家背离最惠国条款，因为它们会优先选择部

① 1996年，会谈没有解决美国政府的如下担心：加拿大政府对一种类型的杂志施加限制性税率，该关税限制了源于美国的杂志进口，并对国内出版商进行补贴。美国认为加拿大此举违背了WTO义务，并向WTO委员会申诉。一个专门委员会对此进行了调查，结果是加拿大的税率违背了GATT精神。于是，加拿大取消了关税，改变了邮政补贴形式，并通过了外国出版商广告服务法案。美国政府认为加拿大的纠正措施并不够，并与后者持续交涉。关于美国与加拿大就后者的杂志政策的复杂交涉，参见Litvak and Maule（1974），Acheson and Maule（1999a，Chapter 10，1999b，2000，2001a，2001b）。

分国家。多方合作条约通常以两种方式获益：补贴及在其他签约国国内被认定为国产。此外，在国家的双边投资条约（BITs）中，外商投资的条款可能包含专门针对文化产业的措辞。谈判失败了的多边投资协定（MAI）渴望取代这些众多的协议。协议草案原本包含解决文化问题的措辞；法国的提案包括文化的豁免。

对于那些支持文化特殊对待的，如文化例外/豁免路线，正如Cahn和Schimmel（1997）所讨论的那样，意味着注定会过时。但是越来越多的人认识到在世贸组织或区域和双边协议里，这种方法并没有达到预期的保护水平。一个项目正在进行中，旨在达成一个促进文化多样性的国际协议，这一举动会抵消在贸易和投资自由化协议中所做出的承诺。

33.7.3 关于文化多样性的国际协定

关于文化多样性的国际协议不断涌现，起源于目的相似的国家担心它们的文化产业将会面临竞争，以及国内保护主义政策在贸易协定下可能受到挑战。起草国际协议的国家强调，文化多样性的丧失是它们行为的初衷。

自2000年以来，若干协议草案已经在施行，最近的官方版本发布于2005年6月，[①]起源于2005年秋天联合国教科文组织发起的一项公约，旨在保护和促进文化多样性的表达。草案揭示了在很多地方所面临的困境，尤其是对什么是文化多样性的确定，以及如何界定公约成员的权利和义务，第二十条草案决议将其如何与其他做出国际协定（WTO）承诺的国家相联系。

支持者声称，文化多样性本身具有价值，而且以市场的存在和运作为先决条件。他们认为开放会使文化多样性大幅减少、阻碍文化创新，并且保护的是市场而非文化。文化多样性协议批准保护当地文化和它们的语言。当前，系统的开放导致濒临消亡的语言在增多。[②]那些未被说服的人们认为文化多样性否定了有效的衡量。毕竟，并没有依据判断文化多样性是否减少或者何种政策导致这种情况。保护和开放本质上不存在是支持还是反对市场的。通过支持国内商业资源，保护没有挑战性的现存的市场，但改变了其方向，而这一过程通常给消费者带来的好处更少。文化及其内部的关系在不断发展。在主流文化无处不在的影响下，一些文化非常有弹性，维护了自身的特殊性。[③]在文化缺乏韧性的情况下，构思和实施有效的政府措施来阻止一国文化的衰落（和它们的语言）已经变得非常困难。[④]

在初步讨论UNESCO草案时，支持者建议成员可以自己定义它们的权利和义务应该是什么。当一国行使权利会伤害他国时，化解争端变得更有难度。公约

---

① http://www.cdc-ccd.org/Anglais/Liensenanglais/nouveautes_eng/Texte_revised_Unesco_Eng.pdf.

② 我们感谢与Santagata教授的讨论。关于文化多样性的利弊分析，参见Acheson and Maule(2004)，Benhamou(2004)，Iapadre(2004)，Van der Ploeg(2004)。

③ 考虑一个具有欧洲根基但身处北美的大学的例子。加拿大的滑铁卢大学是在高端工程、科学领域比较著名的高等教育机构。该大学同时又身处古老的Mennonite社区的中心，该社区反全球化。虽然周围都是英语环境，但该社区还保留着德国方言。现代经济对古老的语言与文化有一种包容性，这种包容性与欧洲早期对宗教的不包容形成鲜明对比。

④ 考虑一个北美土著的例子。参见http://www.ethnologue.com/show_country.asp?name=Canada(accessed November 30,2004)。在加拿大，至少有9种语言面临灭绝，它们分别是Abnaki(Western)，Chinook Wawa，Haida (Northern)，Han，Munsee，Sechelt，Tagish，Tahltan and Tuscarora。国际条约并未限制加拿大政府在该领域的反应。

最后可能会采取公开声明的方式，这在解决文化贸易争端上取得了小的进步，但未能表达签约国的诉求。支持者的另一个动机可能是说服WTO成员在GATS谈判中不要进一步做出视听服务方面的承诺，从而维护这个领域有限的自由化水平。同时，文化产品贸易仍将受制于GATT。在这样一个会议中，任何进展都需要文化产品贸易主要国家的参与。要说服它们，一个单独的公约会比现在包含在WTO里的承诺要好。除了美国之外，像德国、中国（香港）、荷兰和英国的媒体企业也处于维持开放的市场中，甚至在存在政府保护主义倾向的国家，如澳大利亚、加拿大和法国，也有与出口活动相关的商业利益，并且出口活动会受到贸易限制的伤害。

文化产品和服务贸易谈判在国际层面上取得的进展现分为两条路径，分别在世贸组织和联合国教科文组织内取得。在某种程度上，为取得进展，这两条路径必须合并。技术在快速变化着，这一过程是潜在的，而且让执行任何国际商定的承诺变得很难。对那些认为开放会促进文化多样性的人而言，正如上面所讨论的，这可能是一个受欢迎的结果。①

33.8 测算贸易

33.8.1 度量上的问题

文化是作为一种商品和服务进行交易的。在某些情况下，这两个类别都适用，比如一张储存了乐曲的CD。由于物品交易的种类繁多且文化领域内各种组织和合约协议存在着差异，数据特别是服务数据的收集，通常需要使用特殊的调查方式。在本节中，我们将对有选择性的例子进行调查。此外，还要考察在收集和解释数据时所面对的问题的类型。

按照数据源之间的不同可做以下两种区分：一类是可再生的物品，如书籍、电影和音乐；另一类是不可重现的项目，如视觉艺术原创作品、文化旅游等活动。第一类项目要么是可以被出售的实实在在的物品，要么是内容，可以授权给很多人使用。例如，一本书可以卖给国外图书馆或个人，或出版一本书的权利可授予外国出版商。一幅画可通过画廊或拍卖出售给外国买家。在这些情况下，一个具有物理性质的对象被交易了，但对那些收集贸易数据的人来说，信息将是不同的。二手市场是收集不可复制艺术的信息的地方；有些信息可能来自公共拍卖行，但其他交易可能不会有记录。

由于卖方和买方的位置问题，产生了其他差异。在某些情况下，买卖双方将继续留在自己的国家完成交易。比如，从以电子方式转移的手稿到打印机。在其他情况下，买方将前往卖方所在的国家，如游客游览博物馆、历史遗迹、观看展览和演出，或者卖方前往买方所在的国家，如女高音或男中音歌唱家签约赴国外演出。在国外设立的外国子公司，如电影院，是另一种服务外国市场的手段。这些案例中的每一个都反映了GATS的供应模式。谈判代表有动力去进行统计，用以测算文化贸易的重要性。

联合国教科文组织会区分有形、无形和物质的文化。我们强调文化思想国际传播的重要性，这是无形的，但测算重要性是主观的，这种情况可能会持续下去。我们更有希望看到在WTO谈判的刺激下，服务（非物质的）贸易的测算将会显著改善。现有最好的统计数据有很多，如文化商品贸易测算，这里所指的商品

① 关于支持者们并未形成有约束力的规则，参见Acheson和Maule(2004)及本章的参考文献。关于该文章的有价值评论，参见Benhamou(2004)，Iapadre(2004)，Van der Ploeg(2004)。

是物质的。

新技术会造成测算问题。外国人参观博物馆在国际收支平衡表中被记录为游客支出，这一事项被当作服务出口对待。同样，博物馆或画廊可采用虚拟的形式在互联网上免费访问。如果以信用卡支付的方式从博物馆商店下载数字印刷品，它应当显示为服务出口，但有可能不会被记录下来。在不同国家的个人之间，数字格式的印刷品和音像制品的后续文件共享要是没有付款的话，也不会上报。当消费者免费获取外国报纸、期刊和广播网站时，也是如此。加拿大销售量较高的日报《多伦多星报》的执行官在（加拿大）参议院交通和通信常务委员会前作证说："《纽约时报》网站的加拿大注册用户比《多伦多星报》的订阅用户要多。"[①]这其中的很多价值在进行国际汇兑测算时常常被遗漏。

另一种测算形式是现有政策的记录和对其影响的估算。2002年，我们参加了汉堡的IAI-HWWA会议，会上，研究人员描述了影响视听贸易的一系列国家政策，实施该政策的国家有七个：加拿大、埃及、法国、德国、印度、意大利和英国。大会职责包括开发一套测算标准，用以测算每个国家的政策对视听贸易的影响。研究人员使用了许多不同的方法，以期望实现一个合理的推测。[②]

33.8.2 数据源

任何形式的文化统计，质量一般都较差，包括那些记录交易的统计。出现这个问题的原因是没决定好应该涵盖什么活动以及如何收集统计数据。联合国教科文组织是一个起点，但是Goldstone（2003，p.177）指出，1998年和2000年世界文化报告中省略的活动列表很长，这些报告只发布世界文化中现成的部分。2000年，报告包含两张表（pp.348-355），展示了1980年和1997年大约150个国家的文化贸易情况。报告中仍有很多空白项，尤其是关于非洲、亚洲国家和苏联的数据。例如，南非和约旦在报告中没有被编入任何类别。被编入报告中的国家只涉及商品——尤其是书籍、报纸、期刊、打字机、文字和数据处理器、音乐相关商品、电影和摄影设备、广播、电视和录像机、视觉艺术、古董以及体育用品。这些统计数据表明，对于大多数工业化国家，1997年过半数的文化贸易是打字机、文字和数据处理器。

Ramsdale（2001）在联合国商品贸易统计——文化商品贸易数据的基础上，为UNESCO做了一项研究，结果发现发展中国家在该贸易项目上经历了顺差。1998年发展中国家的文化出口超过进口（分别为518亿美元和444亿美元），而发达国家的情况却相反（出口1 225亿美元和进口1 693亿美元）。这项研究还指出，"发达国家在印刷品、文学、电影和摄影类别上为净出口国，而发展中国家为快速消费品的净出口国，如收音机、电视机、体育用品、游戏和音乐"（p.vi）。不过发展中国家的国际收支地位不同——马来西亚有盈余57亿美元，墨西哥有50亿美元，中国有133亿美元——作为一个群体，它们在进一步贸易自由化的进程中占有相当大的份额，这与那些鼓吹增强文化保护主义的人的观点相反。欠发达国家之间记录的贸易额很低，但盗版贸易额尤其是非洲音乐贸易额，从非官方账目上看是巨大的。

文化服务贸易领域内可靠的信息稀稀落落，尽管有人正在倡议填补这一缺陷。在年度《国际贸易统计回

---

① 参见Torstar Corporation对加拿大参议院关于交通与通信的简报，2005年2月16日。http://www.thestar.com/static/PDF/050216_senate_brief.pdf，p.17。Worldwide，the Economist（June 18，2005，p.52）报道：新闻网站的用户已经从2000年的160万增加至2005年的780万。

② 参见Guerrieri，Iapadre and Koopmann（2005）。

顾》里，WTO总结出了三个服务类别的数据，分别是运输、旅游和其他商业服务。视听服务和版权这两个与文化有关的贸易数据被归为其他商业服务。对这些贸易活动感兴趣的分析师呼吁WTO提供比现存更好的文化贸易分类。

在政府贸易统计数据中，出版物通常涵盖文化商品和服务，但每个国家的调查并不一定包含同样的商品。国家与国际行业协会通常从各式各样的官方和其他调查里挑选出一份来描述文化产业，包括其境外活动。例如，在加拿大，Nordicity集团与联邦政府及行业协会进行影视制作行业的年度调查，包括不符合国际收支目的却记录在出口概念下的行业“出口价值”指标；出口价值在这种情况下，根据省级电影委员会的调查，应包括外国在加拿大取景拍摄作品的价值。这其中有些属于国内支出，有些已经被列为食宿支出，计入旅游支出中，再次列入会造成出口收入的重复计算。这项调查并未打算发布对应的“进口价值”报告。

Schulze（1999，p.114）就类别不可复制的贸易和可再生的艺术做出了一份报告。他使用了4位标准国际贸易分类（SITC）：（SITC）8960（艺术作品、不可复制的艺术藏品和古董）；（SITC）8983（留声机唱片和类似的可复制音乐录音）；（SITC）8921（书籍、册子、地图和地球仪及可复制的文学作品印刷品）。这些类别在狭义上并不局限于艺术，数据也不用于与该商品贸易相关的版税。Ginsburgh（2003）使用拍卖行收集的数据来分析国际艺术品价格。其他数据可从贸易期刊和行业协会的报告中找到，行业协会往往是全国性的并且有自己特定的使命追求，如测算由盗版产生的收入损失、由于在外国取景拍摄而造成的工作岗位的损失或者国外电影占据大屏幕对国产电影造成的挤压。就盗版情况而言，很多都没有形成报告，或者采用最优的“估计”。盗版对2002年的电影、唱片和音乐、娱乐软件和书籍造成了损失，分配到50多个不同的国家，国际知识产权联盟估计当年造成的损失有60亿美元。

如果研究人员正在寻找可靠、一致和类似的数据，老实说贸易数据的整体情况比较黯淡。能做些什么呢？目前有希望看到的是测算由于实施GATS而伴随产生的服务贸易，还有就是根据其供给模式测算组织数据。商业存在（Mode3）描述了通过外国子公司的国内销售来服务国外市场。这是唯一没有直接影响国际收支的GATS模式，尽管此前外国子公司可能已经通过模式1交易从母公司那里购买了权利。模式3尤为重要，因为在文化产业内控制外资普遍存在。几乎每个国家对获得广播牌照都施加所有权的限制。在其他领域，所有权模式是不规则且受到历史影响的。例如，加拿大对书店采取所有权限制，但未对记录存储或视频租赁网点采取限制。

在国家层面，现在存在这样的尝试，在不同国家建立和协调所谓的文化天文台，用以比较政策和测算活动水平。这已经谈论了许多年，但是距离提供一些有用的参照还有一点远。同时，技术正在改变，并且正在改变需要度量的活动形式。不过，仍缺乏统一可靠的官方数据。当贸易纠纷发生时，特定的调查适用某些参照，还可以适时地使用参考来取得希望的结果。

33.9 进一步研究的结论和建议

通过合并一些经济文化活动和行业的特性——内容的公益属性，介质的性质，版权的保护程度，在生产和分配时的规模、范围经济，从国际经济学角度修改传统模型。合并这些特性是很困难的。合并其他经济属性，如面对不确定性以及创造性的过程如何应对不确定性显得更加困难。了解文化产品和服务可访问性之间的相互影响、个人和公共文化的进化这两点是最困难的。不足为奇的是，鉴于国际文化经济的早期发展阶段和面临的挑战，研究人员还可以在这些类别里填补空白。

我们通过对比严谨性、怀疑国际经济学的脆弱性和文化经济学潜在的繁殖力不能合在一起而开始这一章的阐述。想要文化经济学未来在学科中担当高位，让其变得更严谨很重要。整合文化对国际贸易影响的有效模型将有助于解释国际经济的相关性，提高其作为国际治理指导的有效性。关于国际开放对文化的影响与文化保护之间的政治辩论要想有结果，需要澄清经济和文化力量所起的作用，以及对替代政策产生的经济影响进行无私的分析。

在我们讨论高端艺术和文化产业的国际化时，用一个简短的例子说明这样的流程，技术、审美观点和组织想法是通过协作和创新网络扩散的。出于篇幅的考虑，我们没有举更多的例子并就细节展开。其他文化活动或行业的国际联系轮廓相似，但细节不同，因为它们有独特的技术和产品特点。我们更愿意用详细的经济案例和史料来说明中心思想，希望未来的研究人员能填补这一空白。

在跨文化活动和行业里，新内容替换和补充旧内容的方式很复杂。同样，新技术往往激发创造性的适应，而不是破坏旧的做事方式。留声机和广播并没有让现场音乐会消亡，而是改变了它们在音乐世界里的角色。文化产业新技术诱导的组织反应值得引起更多的学术兴趣。目前，典型的例子是由于文件交换和CD刻录技术使国际音乐行业发生的变化和可能发生的变化。

国际市场和分销网络帮助传播艺术、版画、工艺品、权利和思想，传播影响了它们在全世界的价值。博物馆以下面两方面的交互作用为前提做出决策：向市民和游客收取的门票费以及来自国内外顾客和政府的支持。世界各地均可收看到电视节目，享受其捆绑服务。电视节目依赖各种费用、广告收入和政府资助以持续经营。电影利用跨时空不同“窗口”的需求来提高收入。这些融资规则的组织适应是其他工业和非营利组织研究的小样本，这一问题值得进一步研究。很难相信，研究生认为将现代研究工具应用于这些领域不能给他们带来成就感，不过研究的方向是很难预测的。观众目前为当地电影院播放的内容感到惊讶，我们相信国际文化经济学未来的研究方向也会让大家惊讶。

参考文献

Acheson, K., Maule, C.J.(1999a). Much Ado about Culture. University of Michigan Press, Ann Arbor.

Acheson, K., Maule, C.J.(1999b). "Battlefield and birds: New directions for cultural policy". In: Hampson, F.O., Hart, M., Rudner, M.(Eds.), Canada Among Nations 1999: A Big League Player? Oxford University Press, Don Mills, pp. 155–174.

Acheson, K., Maule, C.J.(2000). "Rethinking Canadian magazine policy". Gazette 62(3).

Acheson, K., Maule, C.J.(2001a). "Canadian magazine policy: International conflict and domestic stagnation". In: Stern, R.M.(Ed.), Services in the International Economy. University of Michigan Press, Ann Arbor, pp. 395–414.

Acheson, K., Maule, C.J.(2001b). "No bite, no bark: The mystery of magazine policy". American Review of Canadian Studies Autumn, 467–481.

Acheson, K., Maule, C.J.(2004). "Convention on cultural diversity". Journal of Cultural Economics 28(4), 243–256.

Anderson, B.(1991). Imagined Communities. Verso, London.

Banerjee, A.V.(1992). "A simple model of herd behavior". Quarterly Journal of Economics 107, 797–817.

Barber, B.R.(1995). Jihad vs McWorld. Times Books, New York.

Baumol, H., Baumol, W.(2002). "Maledizione! or the perilous prospects of Beethoven's patrons". Journal of Cultural Economics 26(3), 167–184.

Behrman, S.N.(1951). Duveen. Random House, New York.

Benhamou, F.(2004). "Comment". Journal of Cultural Economics 28, 263–266.

Bergstrom, J.(1998). "Emigres or exiles? The French directors' return from Hollywood". In: Nowell-Smith, G., Ricci, S.(Eds.), Hollywood and Europe: Economics, Culture, National Identity 1945–95. BFI Publishing, London, pp. 86–103.

Bikhchandani, S., Hirshleifer, D., Welch, I.(1998). "Learning from the behavior of others: Conformity, fads, and informational cascades". Journal of Economic Perspectives 12(3), 151–170.

Burke, P.(1999). The Italian Renaissance: Culture and Society in Italy. Princeton University Press, Princeton.

Cahn, S., Schimmel, D.(1997). "The cultural exception: Does it exist in GATT and GATS frameworks? How does it affect or is it affected by the agreement on TRIPS?" Cardozo Arts & Entertainment Law Journal 15, 281–314.

Cannon-Brookes, P.(1996). "Cultural-economic analyses of art museums: A British curator's viewpoint". In: Ginsburgh, V., Menger, P.-M.(Eds.), Economics of the Arts: Selected Essays. Elsevier, Amsterdam, pp. 255–274.

Carmody, C.(1999). "When 'cultural identity was not an issue': Thinking about Canada-certain measures concerning periodicals". Law & Policy in International Business 30, 231–320.

Caves, R.E.(2000). Creative Industries. Harvard University Press, Cambridge.

Caves, R.E.(2003). "Contracts between art and commerce". Journal of Economic Perspectives 17(2), 73–83.

Cowen, T.(1998). In Praise of Commercial Culture. Harvard University Press, Cambridge.

Cowen, T.(2002). Creative Destruction: How Globalization is Changing the World's Cultures. Princeton University Press, Princeton.

Dale, M.(1997). The Movie Game: The Film Business in Britain, Europe and America. Cassell, London.

De Vany, A., Walls, W.D.(1996). "Bose–Einstein dynamics and adaptive contracting in the motion picture industry". The Economic Journal 106, 1493–1514.

De Vany, A., Walls, W.D.(2002). "Does Hollywood make too many R-rated movies? Risk, stochastic dominance, and the illusion of expectation". Journal of Business 75, 425–451.

Dixit, A. (1992). "Investment and hysteresis". Economic Perspectives 6(1), 107–132.

Dixit, A.K., Pindyck, R.S. (1993). Investment under Uncertainty. Princeton University Press, Princeton.

Doyle, G. (2000). "The economics of monomedia and cross-media expansion: A study of the case favouring deregulation of TV and newspaper ownership in the UK". Journal of Cultural Economics 24, 1–26.

Eberts, J., Ilott, T. (1990). My Indecision is Final: The Spectacular Rise and Fall of Goldcrest Films, the Independent Studio that Challenged Hollywood. Atlantic Monthly Press, New York.

Francois, P., van Ypersele, T. (2002). "On the protection of cultural goods". Journal of International Economics 56, 359–369.

Frey, B.S. (1994). "The economics of musical festivals". Journal of Cultural Economics 18, 29–39.

Frey, B.S., Busenhart, I. (1996). "Special exhibitions and festivals: Culture's booming path to glory". In: Ginsburgh, V. A., Menger, P-M. (Eds.), Economics of the Arts: Selected Essays. Elsevier, Amsterdam.

Ghoneim, A.F. (2005). "The audio-visual sector in Egypt". In: Guerrieri, P., Iapadre, L., Koopmann, G. (Eds.), Cultural Diversity and International Economic Integration: The Global Governance of the Audio-Visual Sector. Edward Elgar, Cheltenham, pp. 192–217.

Ginsburgh, V. (2003). "Art Markets". In: Towse, R. (Ed.), A Handbook of Cultural Economics. Edward Elgar, Cheltenham, pp. 140–156.

Goldstone, L. (2003). "Cultural Statistics". In: Towse, R. (Ed.), A Handbook of Cultural Economics. Edward Elgar, Cheltenham, pp. 177–182.

Gray, J. (1998). False Dawn: The Delusions of Global Capitalism. Granta Books, London.

Guerrieri, P., Iapadre, L., Koopmann, G. (Eds.) (2005). Cultural Diversity and International Economic Integration: The Global Governance of the Audio-Visual Sector. Edward Elgar, Cheltenham.

Hoskins, C., McFadyen, S., Finn, A. (1997). Global Television and Film: An Introduction to the Economics of the Business. Clarendon Press, Oxford.

Hoskins, C., Mirus, R. (1988). "Reasons for the U.S. dominance of the international trade in television programmes". Media, Culture, and Society 10, 499–515.

Iapadre, L. (2004). "Comment". Journal of Cultural Economics 28, 267–273.

Jeancolas, J-P. (1998). "From the Blum–Byrnes agreement to the GATT affair". In: Nowell-Smith, G., Ricci, S. (Eds.), Hollywood and Europe. BFI Publishing, London.

K. Acheson and C. Maule Lawall, S.N. (2003). The Norton Anthology of World Literature, second ed. W.W. Norton, New York.

Litvak, I.A., Maule, C.J. (1974). Cultural Sovereignty: The Time and Reader's Digest Case in Canada. Praeger, London.

Magurn, R.S. (1955). The Letters of Peter Paul Rubens. Harvard University Press, Cambridge.

Mason, C. (2004). The Art of the Steal: Inside the Sotheby's–Christie's Auction House Scandal. Putnam, New York.

Mathews, G. (2000). Global Culture/Individual Identity: Searching for Home in the Cultural Supermarket. Routledge, London.

Messerlin, P., Siwek, S.E., Cocq, E. (2004). The Audiovisual Services Sector in the GATS Negotiations. AEI Press/GEM, Washington/Paris.

Millen, R.F., Wolf, R.E. (1989). Heroic Deeds and Mystic Figures: A New Reading of Rubens' Life of Maria de' Medici. Princeton University Press, Princeton.

Mosetto, G. (1992). "A cultural good called Venice". In: Towse, R., Khakee, A. (Eds.), Cultural Economics. Springer, Berlin, pp. 247–256.

Nozick, R. (1974). Anarchy, State, and Utopia. Basic Books, New York.

O'Hagan, J. (1992). "The Wexford Opera Festival: A case for public funding?" Towse, R., Khakee, A. (Eds.), Cultural Economics. Springer, Berlin, pp. 61–66.

Passman, D.S. (1997). All You Need to Know about the Music Business. Simon & Schuster, New York.

Rajadhyaksha, A., Willemen, P. (Eds.) (1999). Encyclopaedia of Indian Cinema. Oxford University Press, Oxford.

Ramsdale, P. (2001). International Flows of Selected Cultural Goods 1980–98. UNESCO Institute for Statis–tics, Paris.

Robertson, R. (1992). Globalization: Social Theory and Global Culture. Sage Publications, London.

Rushton, M. (1999). "Methodological individualism and cultural economics". Journal of Cultural Economics 23, 137–147.

Schiller, H. (1992). Mass Communications and American Empire. Westview Press, Boulder.

Schulz, B. (1994). "German museums and the American influence". In: Robison, O., Freeman, R., Riley II, C.A. (Eds.), The Arts in the World Economy. University Press of New England, Hanover, pp. 136–140.

Schulze, G. (1999). "International trade in art". Journal of Cultural Economics 23, 109–136.

Scott, A. (1997). The Limits of Globalization: Cases and Arguments. Routledge, London.

Scott, A.J. (2000a). "The cultural economy of Paris". International Journal of Urban and Regional Research 24(3), 567–582.

Scott, A.J. (2000b). "French cinema: Economy, policy and place in the making of a cultural-products industry". Theory, Culture and Society 17, 1–38.

Sedgwick, J., Pokorny, M. (Eds.) (2004). An Economic History of Film. Routledge, London.

Solomon, M. (2003). Late Beethoven: Music, Thought, Imagination. University of California Press, Berkeley.

Sontag, S. (2003). "The world as India: Translation as a passport within the community of literature". Times Literary Supplement, June 13, p. 15.

Taylor, R. (2000). The Battleship Potemkin: The Film Companion. I.B. Tauris, London.

Throsby, D. (2002). "The music industry in the new millennium: Global and local perspectives". Paper prepared for The Global Alliance for Cultural Diversity, UNESCO, Paris.

Tomlinson, J. (1991). Globalization and Culture. University of Chicago Press, Chicago.

Trites, R.S. (2001). "The Harry Potter novels as a test case for adolescent literature". Style 35(3), 472–485.

Tunstall, J. (1977). Media Are American. Columbia University Press, New York.

Van der Ploeg, F. (2004). "Comment". Journal of Cultural Economics 28, 257–261.

Welch, E.S. (1997). Art and Society in Italy 1350–1500. Oxford University Press, Oxford.

第34章

文化政策制定：欧洲视角[①]

Frederick Van Der Ploeg

艺术不是为所有人而生的，如果艺术普而适之，就不能称之为艺术。

——Arnold Schönberg，1945

European University Institute，Florence，Italy，
University of Amsterdam，CESifo and CEPR

胡蓉　译

摘　要

关于欧洲各国文化部门的规模，没有适当的可比数据。不过，欧洲地方政府和国家政府在文化方面投入了大量资金，文化部门对就业和国民收入作出了很大贡献。本章首先简要描述了文化产品的特征，澄清了一些对文化价值的误解，然后就文化补贴的论据的有效性和无效性展开讨论。尽管很容易证明政府支持文化遗产的保护是合理的，但却很难证明其对表演艺术的支持是合理的。由于技术的不断变化和电子文化的出现，支持政府对广播和其他文化活动进行干预的经典的公共品理论已逐渐变得不切实际。不同的体制衍生出不同的文化景观。委托理论提出，应将对艺术质量的判断和艺术政策的执行委托给一个独立的艺术基金，同时文化部长应专注于文化政策的制定并确保政策的正确实施。地方公共品和联邦制的理论见解已应用于欧洲文化政策的制定。本章还讨论了欧洲制定国际文化政策的不同方法。最后总结了欧洲文化政策制定过程中的经验教训。

关键词

文化政策，遗产，表演艺术，博物馆，质量，参与，付款凭单，税收减免，质量，政治家，官僚，授权

JEL Classification Codes

H2，H4，P51，Z11

① 本章的一些观点来自我的《白皮书》(van der Ploeg,1999)。荷兰文化政策的制定参见OCW(2003)。感谢Valadimir Bina关于欧洲文化部门规模数据的建议，与Jan Honout所进行的讨论让我受益匪浅。感谢2004年9月10日—12日在普林斯顿大学举行的"艺术与文化经济学"会议的参与者以及Francoise Benhamou主持的讨论，感谢Sir Alan Peacock的评论。最后，David Thorsby协助我整理改写本章的草稿手稿，他还提出了许多详细的改进意见，在此一并致谢。

34.1 引　言

在欧洲，市场和艺术往往同床异梦。许多音乐爱好者认为只有政府补贴的交响乐团和古典乐队才能表演出美妙的音乐。商业化的管弦乐队和乐团可能会表演音乐剧、小歌剧以及Verdi、Puccini、Rossini和Wagner的流行歌剧，或为上百万人表演古典音乐，但是它们不会表演高难度的或者复杂的古典音乐，因为担心不为公众所接受。同样，许多人认为只有政府补贴的剧院才会上演高难度的、具有艺术价值的戏剧作品；商业剧院只会专注于喜剧、歌舞表演或圣诞哑剧等内容轻松的作品。伦敦西区的商业剧院依靠数百万懂英语的游客就能得以维持，但这在欧洲其他地方是不可能的。与欧洲其他小镇相比，泰特（Tate）、泰特现代艺术馆（Tate Modern）和大英博物馆（British Museum）等伦敦大型的博物馆也可以通过较少的补贴运营下去。不过，欧洲各国首都的顶级博物馆依靠一件大师的杰作就可以长盛不衰，如卢浮宫（Louvre）有《蒙娜丽莎》（Mona Lisa），阿姆斯特丹国立博物馆（Rijksmuseum of Amsterdam）有Rembrandt的《夜巡》（Night Watch）。当然，博物馆若力求展出和维护数量众多、种类多样的收藏品并开展研究，则需要较多的补贴。展览中心（如概念性的艺术厅）可能通过商业活动或者只依靠政府较少的补贴就能繁荣发展。

从文艺复兴时期开始，低地国家（荷兰、比利时和卢森堡）将文化产品用于满足普通百姓的需求。与此相反，意大利则追随Vasari和其他独立审美评论者的标准。类似地，John Stuart Mill曾说："蛮夷之人没有能力评判文明。那些需要变成更智慧、更优秀的人，自己往往没有这个愿望，即使他们有愿望，也无法靠自己的力量找到合适的方法。"[①]如今欧洲的文化精英对商业文化持怀疑态度，并认为对高雅文化的补贴是必要的。然而，虽然欧洲的国家、地区和地方政府斥巨资进行文化补贴，认为市场和作品质量之间矛盾的观念似乎已经减少，一些国家现在要求文化组织必须有最低票房收入和赞助收入。

然而在欧洲，商业文化创造了许多奇迹。William Shakespeare为人民剧院奉献了他最好的作品，并成功地在竞争激烈的环境中吸引了许多观众，直到今天仍然如此。例如，Baz Luhrmann拍摄了由明星Leonardo DiCaprio和Claire Danes领衔主演的莎士比亚剧《罗密欧与朱丽叶》（Romeo and Juliet）。当代欧洲有许多杰出的博物馆，在没有任何补贴的情况下依然蓬勃发展。从高雅文化的视角看，有的商业戏剧作品和接受补贴的剧院作品的质量一样好。越来越多的文化企业家拒绝补贴，他们渴望成功，但是不愿意为了获得补贴而被委员会询问，这让人心烦，甚至感到羞辱。另外，许多受补贴的文化没有意识到，除非它们能够吸引新的更多元的观众群体，并充分利用现代营销手段，否则它们将丧失自身的重要性。得到补贴的艺术在很大程度上迎合了受过高等教育的白人观众，而非大量涌入欧洲许多地方的移民。此外，科技进步改变了许多文化产品的特性，也对政府对艺术支持的论据提出了质疑：政府为什么（如果有的话）和应如何补贴文化产品以及展示当代艺术？为什么并且该如何为收藏品提供资金，维护和展示文化遗产？政治进程如何影响公众对艺术的支持？

文化悲观主义者批判"市场"，因为它鼓励人们以一种拜金主义和文化贫瘠的方式生活在一起。他们害怕这样一个世界，在那里人民、艺术家和文化机构只是把彼此作为产品和服务的买家或卖家。市场需要的是购买力，而非背景、教育和文化。谁付了钱，谁就可以加入。市场力量为了吸引大众的注意力，不惜将高雅文化庸俗化。因此，文化成了娱乐行业的一部分。这些批评

① 参见Blokland(1997,p. 89)。

家们倾向于将文化表达为为优雅的精英观众定制的象牙塔，这些观众会付出努力来了解文化的全部含义。用经济学来理解文化政策被视为俗气的。文化部长会遭到蔑视，除非能够带来更多的资金。文化悲观主义者与医护人员共同探讨专业自主权的重要性。尽管必须保证专业自主权不因寻租而被滥用，但艺术表达的价值仍必须由专业人士，而非政客们来判定。

经济学家认为，市场机制可能比宏观调控产生更高的福利水平，因而市场机制可能适用于艺术补贴的分配。例如，Cowen（1998）认为市场催生的文化产品种类繁多、质量参差，并非像均匀的纸浆。它会产生大量的低俗文化，但那正是很多人想要的，同时市场也的确会产出适于精英阶层的高雅文化。全球化和互联网带来规模经济并且让市场产生多样性。出于对公众利益的关心以及矫正未产生帕累托最优结果的市场的需要，Robbins（1963）和Peacock（1969）派生出文化政策的例子。因此需要考虑公共物品、外部性、自然垄断、信息的不对称和摩擦，也需要考虑股权和区隔、连通性、安全性和内在动机等非经济问题。一些人回避政府的干预，认为这会与创造力相冲突，甚至与艺术自由发生冲突。有责任感的社会企业家和公民可以更好地服务于文化，这在美国和欧洲有着悠久的传统。Grampp（1989）不认同这个观点，他声称文化政策完全没有考虑到公众利益，因为补贴只服务于以自我利益为中心的热情的少数成员。无论他的观点是否正确，在制定文化政策时，我们必须考虑市场失灵和政府失灵的情况。

欧洲各国的不同的文化政策体系各有优劣。本章中，我们区分法国、意大利等政府主导的官僚系统与英国、荷兰和斯堪的纳维亚等国的公平交易原则。我们将有着独立艺术委员会和非内阁责任制的英国和有着独立艺术委员会和内阁责任制的荷兰等国区分开。[①]最后，我们关注德国，德国几乎没有联邦性的文化政策并将大部分文化政策的制定权委派到联邦州。在评估这些不同的系统时，我们采用政治经济学的视角，并利用委托理论、地方公共产品、俱乐部和联邦制理论。在进行讨论之前，我们必须了解文化产品的本质和补贴文化活动的争论。

本章结构如下：第二节提出欧洲文化部门不同的规模指标。第三节论述文化产品的本质和价值。第四节分析技术创新和鲍莫尔成本弊病如何影响文化补贴。第五节讨论文化补贴的分配方式如何影响欧洲文化的质量、多样性和流行度，采用的工具多种多样，从税收优惠到其他直接资助文化活动的特权等。第六节讨论由慈善艺术委员会、咨询艺术委员会和政府机构决定的补贴分配，游说和寻租也在考虑范围内。关键的问题是哪种权力应予以委托下放以及何种使命、指导方针和标准应予以采用。第七节讨论补贴的辅助性原则并且将地方公共产品理论、俱乐部和联邦制理论应用到欧洲文化决策中。这种分析有助于解释地方政府之间的文化竞争并阐明德国等联邦制体系。第八节讨论欧洲的国际文化政策。第九节总结全文。

34.2 欧洲文化部门的规模指标与参与度

34.2.1 文化类职位

表34-1为2002年文化企业就业估计值，其中包括非文化职位，按照NACE分类系统[②]对其进行分类。

---

① 在后者的情况下，由艺术委员会推荐，由文化部长进行决策，同时由议会对其负责。

② 表34-1中我们对欧盟的文化活动采用经济活动的统计分类法（NACE），在表34-2和表34-3中，对文化职业采用国际标准职业分类法（ISCO）。

文化部门的就业数量在欧洲总计达到390万个岗位（不包括波兰和马耳他）；在欧盟15个成员国达到350万个岗位，占劳动人口的2.1%。文化企业就业相对较高的国家有丹麦（2.6%）、瑞典（2.7%）、芬兰（2.9%）、荷兰（2.5%）、爱尔兰（2.4%）和英国（2.8%）。欧洲南部这一数值相对较低，如意大利（1.4%）、西班牙（1.7%）、葡萄牙（1.2%）。文化领域就业的工人中一半以上参与过艺术或文化活动。表34-2采用ISCO分类法，只关注文化职位。2002年欧洲有大约290万人就职于文化岗位，这一数据在欧盟15个成员国为250万个岗位，在欧洲自由贸易协会为10万个岗位，在新欧盟国家为30万个岗位，占欧洲雇佣劳动人口的1.5%。文化岗位就业总人数的比例特别高的国家有瑞典（2.3%）、芬兰（2.1%）、丹麦和英国（1.9%）、荷兰（2.0%）、西班牙（2.2%）。法国（1.2%）、比利时和奥地利（1.3%）、卢森堡（1.0%）、德国（1.5%）、希腊（1.4%）、葡萄牙（0.7%）这几个国家的份额均低于欧盟平均水平。这些数字是商业文化和得到补贴的文化的就业岗位之和。

表34-1　　欧洲2002年文化企业就业份额（%）

	欧盟15个成员国	欧洲自由贸易协会	新欧盟国家	总计
出版业	26	31	17	26
文艺活动	56	51	65	56
书籍、报纸和文具零售	7	7	7	7
建筑业	11	11	11	11
总计	100	100	100	100

资料来源：Definition and Production of Harmonized Statistics on Culture in Europe，Chapter 2：Employment in cultural activities（2002），Eurostat，February 2004。

表34-2　　2002年欧洲文化职位雇佣情况（千人）

	比利时	丹麦	德国	希腊	西班牙	法国	爱尔兰	意大利	卢森堡	荷兰	奥地利	葡萄牙	芬兰	瑞典	英国	欧盟15国	欧洲自由贸易协会	新欧盟国家	总计
信息业	6.0	5.8	39.6	1.3	16.6	43.8	2.5	25.8	0.3	6.7	1.8	2.5	6.5	11.7	36.4	207.3	10.5	70.0	287.9
创意与演艺业	26.4	21.4	243.6	19.3	60.8	144.7	14.0	183.5	0.5	94.4	28.6	17.3	29.4	56.7	176.0	1 116.6	42.6	151.7	1 310.9
影音	5.0	4.9	52.4	6.5	29.7	26.9	2.0	30.7	0.3	13.5	4.2	5.9	2.7	11.2	50.8	246.7	6.1	33.9	286.9
艺术及娱乐业	3.6	14.8	114.3	16.0	53.1	37.4	7.4	41.3	0.4	42.3	12.7	5.2	8.1	14.5	241.3	612.4	36.5	48.3	697.5
建筑业	9.9	6.2	103.9	13.9	26.9	27.0	2.0	66.5	0.4	5.0	2.8	5.0	3.8	4.8	31.0	309.1	10.0	22.4	341.4
总计	50.9	53.2	553.7	56.9	187.2	279.8	27.9	347.9	1.9	161.9	50.2	35.9	50.5	98.8	535.6	2 492.3	105.8	326.2	2 924.5
百分比	1.3	1.9	1.5	1.4	2.2	1.2	1.6	1.6	1.0	2.0	1.3	0.7	2.1	2.3	1.9	1.5	1.7	1.0	1.5

注：百分比为占劳动人口的百分比。

表34-3　　2002年欧洲不同文化职业的比重（%）

	欧盟15个成员国	欧洲自由贸易协会	新欧盟国家	总计
信息业	8	10	21	10
创意与演艺业	45	40	47	45
影音	10	6	10	10
艺术及娱乐业	25	34	15	24
建筑业	12	9	7	11
总计	100	100	100	100

资料来源：Definition and Production of Harmonized Statistics on Culture in Europe，Chapter 1：Employment in cultural occupations（2002），Eurostat，February 2004。

注：信息业职位包括档案保管员、图书管理员以及信息相关的职位（ISCO243）。创意与演艺业职位是指作家和创意或表演艺术家（ISCO245）。影音对应的是摄影师和录制图像、声音的操作员（ISCO3131）。艺术和娱乐业对应室内装潢师和广告设计师（ISCO3472），无线电、电视和其他广播工作人员（ISCO3472），大街上、夜店里和相关地方的乐师、歌手及舞者（ISCO3473），以及小丑、魔术师、杂技演员等相关联的职业（ISCO3474）。欧洲自由贸易联盟国家包括冰岛、挪威和瑞士，新欧盟国家指的是2004年新加入欧盟的国家：捷克、爱沙尼亚、塞浦路斯、拉脱维亚、立陶宛、匈牙利、马耳他、波兰、斯洛文尼亚、斯洛伐克和保加利亚。

表34-3是欧洲2002年各类文化职业所占份额，占最大比例的是作家和创意或表演艺术家（45%）。欧盟15个成员国和欧洲自由贸易协会中的第二大群体是艺术（25%）和娱乐（34%）相关职业，但在新欧盟国家第二大群体是包括档案保管员和图书管理员在内的信息职业（21%）。各种文化职业在欧洲各国的比重差别不大。大部分文化职业分布在商业部门。

Benhamou（2000）从经验研究的角度解释了法国和英国在1981—1992年视听和表演艺术上的就业增长。主要有两个解释因素，其一是越来越多的文化工作者就职于文化行业，其二是劳动力市场的结构性变化（出现更灵活、分散的工作机会）。英国企业津贴方案激发了更高的自主创业率，同时法国为艺术家们提供的特殊社会保障福利带来更多的临时就业。随着欧盟统计局给出越来越多可获得的对比数据，更多对欧洲文化领域就业转变的研究将成为可能。

34.2.2　公众文化类支出

Throsby（1994）认为，各国公共文化支出差异很大，美国占GDP的0.02%，英国占GDP的0.14%，德国占GDP的0.21%。然而，在可比的基础上，欧洲几乎不存在可靠的数据。奥地利、芬兰、法国、德国、意大利、荷兰和西班牙等国的公共文化支出总额的初步指标已经发布。人均公共文化支出最高的国家依次为法国（180欧元）、奥地利（179欧元）、荷兰（174欧元）。对于大多数欧盟国家而言，很难区分文化支出的总值和净值以及经常项目和资本项目，很难从收入中分离出文化领域的收入，同时也难以避免向下级政府转移支付所造成的重复计算。数据分类问题进一步降低了城市和地方层面文化支出数据的可靠性。

表 34-4 是芬兰、荷兰和西班牙等三个欧洲国家在国家、区域和地方三个层次上的公共文化支出。数据不具有可比性，而且存在很大的差别：芬兰的数据不包括对公共广播的补贴，而荷兰的数据包括；这些数据不包括来自文化部和媒体的补贴，也不包括其他部门的文化补贴、来自政府监管的国家彩票赞助商的补贴，以及为维护宏伟建筑的税收补贴。这些数据不包括电影公司购买健在的视觉艺术家作品的风险资本。采集的数据还存在组织结构问题，缺乏系统性的框架和对会计惯例变化的更新。尽管存在这些问题，数据显示，只关注各国政府对文化的支出是错误的。在芬兰、荷兰和西班牙，国家级支出占当年公共文化总支出的比重仅为 58.6%、50.4% 和 28%。因此，地区/省和直辖市的文化支出是非常重要的，在几乎没有联邦文化预算的德国更是如此。

表 34-4　　国家、地区和地方公共文化支出　　单位：百万欧元

	芬兰（2000 年）			荷兰（1999 年）			
	中央	地方	总计	国家	省	城镇	总计
遗产	73.0	41.9	114.9	167.4	50.8	221.0	439.2
档案	14.5	—	14.5	2.9	0.5	52.2	55.6
图书馆	182.6	128.6	311.2	23.5	28.1	343.1	394.7
图书及印刷	20.4	—	20.4	18.8	—	—	18.8
视觉艺术	9.4	—	9.4	58.0	19.1	42.2	119.3
建筑	1.7	—	1.7	7.6	—	—	7.6
表演艺术	82.1	73.8	155.9	167.0	12.7	64.9	244.6
声音/视觉/多媒体	13.5	—	13.5	904.7	70.3	5.9	980.9
交叉学科	90.0	97.6	187.5	34.7	10.4	443.3	488.4
总计	482.5	341.4	823.9	1 384.5	191.9	1 172.6	2 749.0

	西班牙		
	中央（1999 年）	区域（1999 年）	地方（1996 年）
遗产	215.7	301.9	65.0
档案和图书馆	67.2	123.5	—
阅览及出版业	8.3	—	—
音乐、剧院、电影院	127.5	—	—
宣传推进	73.8	316.1	512.3
外国合作接洽	49.2	—	—
管理与服务	19.9	117.2	—
总计	561.6	858.8	577.3

资料来源：Task Force on Cultural Expenditure and Finance，Eurostat，October 2002。

注：芬兰数据仅涉及经常性支出，但荷兰和西班牙数据包括文化支出资本项目。

Bille、Hjorth-Andersen 和 Gregersen（2003）描述了北欧文化政策研究联络小组为得出一个共同的北欧数据分类一般标准所付出的努力。他们强调了定义文化政策的困难。文化政策仅仅是文化补贴吗？它包括小学文学、绘画的教学以及对遗产或是高附加值的流行音乐产业的保护吗？除了图书馆和报纸以外，这个团体并未形

成一个共同的数据分类标准。创造性艺术、戏剧、音乐和舞蹈、电影和媒体、图书馆、博物馆、档案馆等的公共支出都包括在文化支出内，但文化教育支出、广播电视和资本项目的公共支出却被排除在外。在这些定义下，在过去25年里丹麦、芬兰、挪威和瑞典的文化支出占国内生产总值的份额几乎相同，即0.5%~0.6%。在现实的条件下，经济增长已经导致了文化预算的扩张。

像Alesina和Perotti（1995）所说明的那样，基本没有研究从宏观经济学或政治经济学视角来解释公共文化支出，因为公共文化支出一般体现为政府支出。然而一些研究确实解释了在特定文化形式下的支出。例如，Krebs和Pommerehne（1995）对政治和公众支持表演艺术的其他因素进行了经验研究。Schulze和Rose（1998）分析了“Kulturorchester”（乐团）在德国不同地区的募资。在德国，管弦乐队得到了大量资助：94.6%的公共补贴来自当地社区或城市，超过80%的乐团资金（美国为4%，日本为20%）来自直接的公共补贴。德国与英国（每400万名公民中有一支管弦乐队）、美国（每160万名公民中有一支管弦乐队）相比有高密度的管弦乐队（每60万名公民中就有一个管弦乐队）。当地政客和当地环境扮演了一个关键角色，文化权力下放甚至写入德国宪法。Schulze和Rose发现，在德国区域管弦乐队的公共资金随着国家人口规模的增加而增加。较大的城镇也就有较大规模的管弦乐队，但令人惊讶的是，受过高等教育的人的比例对德国管弦乐队的资金没有影响。对乐队的支持程度与整体的规模和文化预算成正相关，与公共债务水平成负相关。Schulze和Rose还发现，保守派和自由派政治家比社会民主党和绿党的政客更倾向于支持古典管弦乐队。

还有一个例子是Getzner（2002）的研究，他在1967—1998年分析了奥地利公共文化消费总量的决定因素。他发现，文化消费、国内生产总值及其相对价格指数以及政府支出之间是协整的。文化消费与国内生产总值的比率在短期内可能会有所变动，但会与国内生产总值一同稳步上升。正如Peacock和Scott（2000），Frey（2000）所描述的那样，文化商品收入弹性似乎大于1，这验证了关于国家活动增长的瓦格纳定律。公共文化支出也随着政府的价格指数上涨而上涨（这是鲍莫尔成本病的证据）。因此，随着时间的推移，文化支出的相对重要性也随着国民收入的增长而增加。与Schulze和Rose相反，Alesina和Drazen（1991）认为奥地利文化支出似乎相对不受执政党的意识形态或政党之间的“消耗战”的影响。随着新数据可获得性的提高，针对欧洲国家文化消费决定因素进行对照的计量经济学的研究将变得更加可行。

公共文化支出与来自票房和赞助商的收入对比鲜明。例如，表34-5显示了荷兰20世纪90年代中期对票房收入的艺术补贴。在这段时间里，国家对每一个歌剧的座位平均补贴为120欧元（不包括对音乐厅和管弦乐队平均成本的贡献）。舞蹈需要的补贴相对较少，为48欧元。剧院里每个座位收到平均49欧元的补贴，音乐厅每个座位补贴为41欧元。博物馆平均每人次参观的补贴较少，为11欧元。亲民的文化形式比精英化的文化形式所需要的补贴少。因此，18世纪的巴洛克乐团和轻歌剧曾比交响乐团和歌剧需要的支持更少。梵高的绘画作品被全世界所钟爱，所以梵高博物馆每个参观者比其他博物馆需要的补贴更少。

34.2.3 创意产业规模

与许多其他具有重要经济意义的部门不同，文化创意产业就业和收入数据的采集，无论是在整个欧洲，还是在欧洲各个国家或地区，都没有系统进行，因此很难对欧洲的创意产业或文化领域的规模进行比较研究。此类数据的采集应引起高度重视。在缺少对比数据的情况下，我们只是参考两个特定国家文化创意产业规模的独立测量结果的例子。第一，英国文化、媒体和体育部（DCMS，2001）的数据表明，文

表 34-5 荷兰人均文化补贴和售票收入 单位：欧元

表演艺术和博物馆（机构数量）	每位参观者的补贴（1994—1997年）	售票收入补贴比例（1997年）
舞蹈（12）	48	18：82
交响乐团（10）	41	24：76
巴洛克乐团（4）	3	82：18
流行乐团（17）	16	36：64
歌剧（3）	120	22：78
轻歌剧（1）	40	22：78
戏院（27）	49	14：86
新戏院（13）	25	18：82
哑剧（6）	41	14：86
木偶剧（4）	12	37：63
科学博物馆（4）	56	3：97
艺术博物馆（4）	7	30：70
历史文化博物馆（15）	13	19：81

资料来源：van der Ploeg（1999）。

化创意产业的份额约占英国国内生产总值的5%，而雇佣人员为130万人。第二，García、Fernández和Zofio（2003）统计了文化创意和休闲产业对西班牙中央和地区的就业及国家收入的贡献。他们发现，其贡献了国民生产总值的4.5%左右，并且仅仅是公开的文化资助的一小部分，就为7.8%的西班牙人创造了就业。表演、音乐和视听艺术及出版业和印刷业，提供了大约70%的附加值，大部分集中在马德里和加泰罗尼亚。

34.2.4 文化参与度

欧洲的晴雨表调查①给出了欧洲文化参与度的一个粗略对照。北欧国家和荷兰似乎在使用电脑和互联网方面领先，而南部和东欧国家相对落后。北欧、波罗的海沿岸、捷克共和国和荷兰地区的人对书籍和报纸的阅读率比欧洲平均水平更高。地中海和东欧国家的阅读率低于欧盟平均水平。类似的情况同样出现在对文化机构和艺术活动的参与度上。一旦欧盟统计局使这些数据可获，研究变量如教育水平、年龄和性别对参与度的影响将是很有趣的。同时，SCP（2001）提供了一个基于对欧洲九个国家的调查得出的各种文化活动参与度的部分比较，见表34-6。所有受教育程度较低的国家对传统文化和流行文化（如流行音乐会）缺乏兴趣。换句话说，对文化的兴趣度似乎和高雅文化还是通俗文化没有太大关系，而取决于参与者的受教育程度。这表明幼年时受到的文化教育可能会减少在文化兴趣度和文化参与度上一些不平等的差距。尽管荷兰教育水平的提高与欧洲其他地方类似，传统文化兴趣度的下降对荷兰年轻人影响尤其大。然而，这样的论断需要文化参与度可比数据的支持才可以更坚定。

① Europeans' Participation in Cultural Activities in 2001(EU15) and New Europeans and Culture in 2003(EU members in 2004 plus Bulgaria, Romania and Turkey).

表 34-6　　欧洲八国的文化参与度

	古典音乐会			流行音乐会			博物馆			戏院		
	全年龄段	年轻人	受教育水平低的人群	全年龄段	年轻人	受教育水平低的人群	全年龄段	年轻人	受教育水平低的人群	全年龄段	年轻人	受教育水平低的人群
荷兰	16	8	9	25	38	12	31	26	17	27	25	15
比利时	31	46	14	27	59	19	48	50	33	49	50	32
法国	9	6	5	16	—	—	32	39	24	39	35	31
英国	13	7	9	18	46	15	32	32	25	39	35	31
丹麦	16	—	—	—	—	—	55	—	—	26	—	—
芬兰	11	10	3	12	37	8	43	49	34	38	36	30
意大利	10	10	5	19	39	12	29	35	18	18	20	8
西班牙	7	8	—	10	17	7	28	41	—	14	18	6

资料来源：Bína（2003）。

注：20世纪90年代，在过去12个月里观看过古典音乐会、流行音乐会、戏剧或参观过博物馆的人所占的百分比，分别考察三个人群，15～75岁的人群、15～24岁的年轻人群、受教育水平低的人群。

34.2.5　博物馆

欧洲博物馆统计组（EGMUS）收集了欧洲博物馆的可获得数据。由于不同国家对国家博物馆进行调查的方式不同，因此当前数据没有可比性。然而，为了保证在欧洲范围内的可比性，欧洲博物馆统计组现在计划嵌入或从国家调查中提取一个共同的核心问题，从表34-7中给出的数据可以推断出一些部分的比较。例如，挪威和瑞典每1 000名居民里有大量的参观者，紧随其后的是荷兰、英国、德国、法国和西班牙。意大利、葡萄牙、卢森堡、拉脱维亚和罗马尼亚公民参观博物馆的数量比其他地方少。欧洲的博物馆经常会免费开放，门票费只占博物馆收入总额中相对较小的部分。大多数国家有许多公共和私人博物馆，涵盖了艺术、考古学、历史、民族学、科学和技术等领域。参观博物馆的人口中，北欧国家、拉脱维亚和英国所占比例相对较高，同时法国、西班牙、意大利和葡萄牙博物馆参与度则低于欧洲平均水平。

表 34-7　　2003年欧洲博物馆统计数据

	数量	参观次数	免费的百分比	收入	门票	员工数	参与百分比
芬兰	201	91	37	19.6	8.7	1 590	37
法国		111					23
德国	2 729	121					33
意大利	384	52	47	81.0			28
拉脱维亚	73.8	62				1 735	59
卢森堡	26	43	24	6.0		223	32
荷兰	541	130	30	414.4	56.9	8 935	32
挪威	146	183	46	236.9	18.9		45
葡萄牙	218	59				2 648	16
罗马尼亚	519	7					
斯洛文尼亚	102	72	23	17.1	2.1	2 292	
西班牙	878	106	56			10 951	22
瑞典	184	185	43	327.6	30.7		52
英国	1 102	127		491.0		16 777	42

资料来源：EGMUS，Museum Statistics 2003，Eurostat；participation data from Eurobarometer 2001。

注：（每年至少开放200天的博物馆）数量、（每1 000个居民的）参观次数、（总参观次数中）免费参观的百分比、收入与门票（百万欧元）、14岁以上的人口在1994年参观博物馆的百分比。德国的参观次数不包括免费参观，英国的参观次数是基于1 850个接受调查的博物馆中1 182个博物馆的数据。以下国家的数据是可获得的：芬兰（FI）、法国（FR）、德国（GE）、意大利（IT）、拉脱维亚（LA）、卢森堡（LU）、荷兰（NL）、挪威（NO）、葡萄牙（PR）、罗马尼亚（RO）、斯洛文尼亚（SL）、西班牙（SP）、瑞典（SW）和英国（UK）。

34.3 文化产品及服务

34.3.1 特 征

文化体验可以为我们带来唯美、感人、记忆深刻或者令人困惑的感受。它们甚至可以让人换一个角度去思考生活。与此相反，快餐文化可能是有趣的，但感动和让人思考的效果会很快消失。然而，文化体验作为普通的经济品，也存在替代品（运动、家庭聚餐）和互补品（报纸、杂志、运输等），明白这一点很重要。实际上，大多数文化产品和服务在不同程度上都具有私人产品属性（竞争性、排他性）和公共产品属性（非竞争性、非排他性）。后者可能源自大范围的或者当地社区福利，这些福利应该来源于艺术或者仅仅来源于外部性[①]。如果非市场利益存在，自由市场提供文化产品和服务的数量是不足的，部分是因为搭便车者不愿为此付款，因此政府补贴就显得有必要。

本书的其他章节对此有更详细的解释，在这里举一些例子。从某种程度上讲，付费电视、艺术展览和博物馆都是私人产品。所有的利益都可能被内部化，因此价格反映真实的成本，市场可以正常地发挥功能，此时不需要政府补贴。如果表演艺术和博物馆提供的服务能够产生积极的教育外部性，它们可能具有一些公共利益并且能得到一些补贴。但是，如果由于吵闹的、不感兴趣的人破坏他人享受露天音乐会而产生较大的拥堵成本，公共利益就会下降，并且要支付更高的费用。Maddison和Foster（2003）估计参观大英博物馆的边际拥挤成本为8英镑。因此，表演艺术和博物馆的公共利益就没有那么明显。另外，增加一个人对广播或电视的消费和对纪念建筑的欣赏，其边际成本为零。虽然可以通过干扰使人们不收听广播，但这是没有意义的。同样，为了恢复文化遗产或者辉煌的建筑向路人收费是非常困难的，并且花费高昂。此外，位于毕尔巴鄂市（Bilbao）由Frank Gehry设计的古根海姆博物馆（Guggenheim Museum）和由Renzo Piano和Richard Rogers设计的蓬皮杜艺术中心（Centre Beaubourg）可能会帮助毕尔巴鄂和巴黎萧条的雷阿勒（Les Halles）地区吸引游人、稀缺的技术工人和新的商业机会。另一个城市外部性的例子是在英国伯明翰建立的最大的贸易博览会，其建立的部分原因是为了响应伯明翰城市交响乐团和后搬迁至此的皇家芭蕾舞团。因此，公共广播、电视和保存的文化遗产有着积极的社会影响，可能值得补贴。

技术的快速创新改变了文化产品的本质。过去人们可以用磁带来录制广播或者唱片中动听的古典音乐，但是质量不太好。但如今，消费者可以从Napster这样的网站上下载自己喜欢的音乐，质量是非常好的。CD迅速从竞争性商品（私人的）向非竞争性商品（公共的）转变。唱片公司发现，通过这种方式赚取收益越来越难，也许会减少在CD方面的投资。而对于演艺公司来说，通过举办音乐会、发行书籍、进行访谈、推销或者其他相关活动可以赚得更多额外的收入，因此对于演艺公司来说这些方式越来越重要。技术进步、互联网的普及、艺术市场的全球化和鲍莫尔成本病导致艺术从独特的、亲力亲为的属性向可大批量复制生产、可由他人代生产的属性转变。专业分工的趋势意味着：艺术家们负责设计，其他人进行生产和再生产，并将这些艺术作品大批量地向大众传播。这些产品可以是书籍、CD、电子唱片、版画、海报、

① 例如，De Swaan（2001）认为语言是公共物品，因此应该对戏剧、文学和电影进行补贴，尽管它们是具有排他性和竞争性的产品。

照片、DVD光盘和付费点播电视节目。这种转变降低了产品价格，并提升了古典和当代艺术的可获得性。类似的转变是从物质的文化体验向网络方向发展，在网络世界里，图书馆、博物馆、档案和演艺公司的网站可以在任何时间、任何地点无成本地供人们访问。然而，就像对DVD的额外需求并没有破坏人们对电影院的需求一样，网络上免费虚拟文化的获取看起来并没有侵蚀文化实物展示的需求。最后，在艺术学院里出现了由自主的、资助性的艺术向应用型的、商业艺术（如时尚和设计）的转变。这些毕业生喜欢自助激励（贷款工具等）胜于收入支持。

一些文化产业表现为规模报酬递增，市场特征为“赢者通吃”。Harris和Vickers（1985）认为，如果不同的厂商竞相成为第一个专利获得者，就会导致新技术的过度投资。但是如果产权市场不完善，文化产品就会出现生产不足。在网络时代，保护艺术家们创造性的产权变得越来越困难，因而这可能挫伤艺术家们进行创作的积极性。Rengers和Plug（2001）在Throsby（1996）的理论基础上，估计出一个联合模型，该模型给出了视觉艺术家们对其工作的补贴和市场融资的选择。他们的研究显示，通过佣金和代理费来补贴视觉文化工作者可以整体上强化“赢者通吃”这一趋势。

高雅文化不同于快餐文化。首先，文化是一种习得的偏好。你更偏好哪种文化产品并不是先天如此，而是通过教育和经验塑造的。与戈森第二边际效用递减规律描述的饱和状态不同的是，文化产品的边际效用随着时间的推移而递增。当一个人读第一百本文学书籍时，与以前读过的书相比，他会获得更大的满足，因为他的参考系变大了；一个人对最近一场巴赫的音乐会感受更强烈，因为他会逐渐发现巴赫毕生之作中的统一主旋律。此外，文化是一个难忘的经历；一个人年轻时看的《哈姆雷特》可使他终生难忘。

其次，Bourdieu（1979）认为，高雅文化有一种群体吸引力。当大众开始欣赏某种高雅文化，精英们却失去了兴趣，开始欣赏其他形式的艺术。这类似于俱乐部理论，当越多的人享受一种文化服务或商品，其获得的效用是下降的。Baumol和Bowen（1966）指出，文化表演的观众主要包括中年人、专业人士、管理层、高知识水平和高收入的白领工作者。Throsby和Withers（1979）发现澳大利亚观众和美国观众具有相似的特征。SCP（2000）发现16至40岁的荷兰人对古典艺术的兴趣越来越小，但老年人对古典艺术的兴趣越来越浓。Prieto-Rodriquez和Fernandez-Blanco（2000）利用《1991年体系、道德心和阶层自述调查》估计出一个二元概率模型，该模型描述了古典和流行音乐观众的平均特征。这两类群体对于音乐都有着与生俱来的品位，这表明同时喜欢古典和流行音乐的人是“杂食动物”。教育、父母的文化背景和职位对于刚刚步入成年的人（30~45岁）欣赏古典音乐有着巨大的正面影响，但对于他们听流行音乐并没有影响。Sintas和Alvarez（2002）应用Bourdieu的区隔假说和Lancaster（1966）的商品特征理论分析了西班牙人的文化消费。他们的结论是西班牙的文化有着与社会阶级相联系的象征价值，该文化鼓励人们表达自己并让自己变得与众不同。然而，内战后逐渐上升的教育水平并没有同比例增加高雅文化的消费。

即使仅有一小部分人重视高雅文化，政府仍可能希望鼓励大部分人对高雅文化感兴趣。这种家长式统治否决了消费者主权。然而，Bille（1997）认为，尽管参观者占丹麦总人口的7%（这些人更富有并且接受了更多的教育），但是丹麦的大众还是乐意支付至少与位于哥本哈根的皇家剧院（the Royal Theater）获得政府补贴总额一样数量的金钱。这表明即使一些人自己不去参观，但还是很乐意支持艺术。如果是这样的话，政府的家长式统治就显得没有必要，因为人们为表演艺术附加了其他选项或价值；喜欢阅读重要评论或者观看演出录像；重视电视、电影产业、文化教育、文化遗产和文化传统带来的好处；并且感恩于自己国家具有的国际威望。[1]

文化产品和服务的最后一个特点是，享受它们需要时间。这意味着消费文化产品和服务的全部成本包括放弃的税后收入和机票、旅行费用。由于机票的需求价格弹性是不太敏感的，特别是对于高收入人群来说，因此这给价格歧视提供了机会：一些场馆倾向于向空闲时间少的高收入人群收取更高的费用。

34.3.2 文化的价值

Throsby（2001）阐述了艺术具有的美感、修饰、精神力量、社会认同度和历史、象征等方面的真正价值。艺术同样具有使用、交换、收藏、社会地位、可选择性和遗赠价值。有些人认为艺术的价值是无限的。Noonan（2003）提出了一个有益的元分析，该分析基于许多经验评估研究，记录了人们对各种各样的文化产品——包括当地电视、歌剧和被联合国教科文组织列为世界文化遗产的景点等——的支付意愿。在此之后，Maddison和Mourato（2001）研究了人们对巨石阵的支付意愿。Carson、Mitchell和Conaway（2002）对非斯老城（Fes Medina）做了同样的研究。

艺术委员会经常使用“质量”作为艺术的主要评判标准。但谁决定了艺术的质量？这种质量又是什么呢？是艺术家本人、艺术协会的专家们、艺术评论家，还是大众？文化指的是建立在高雅文化基础上的西方经典文化还是由移民和其他文明带来的文化呢？这种质量指的是高雅文化还是通俗文化？质量只会呈现在观众面前吗？艺术作品质量的最佳水平要求边际收益等于边际成本。当政府确保文艺作品质量的边际成本为零时，其质量才达到了最高水平，但从社会的角度来说这种文艺作品并不是最优的。

文化产品存量需要用跨时分析法来评估。荷兰博物馆的馆长将其博物馆内藏品的市场价值粗略地估计为200亿欧元——主要取决于梵高画作现在的市场价值。该博物馆的资产仅有5%对外展示，其余的被收藏起来。不过，博物馆仍在为拥有更多的藏品和更雄伟的建筑而努力。博物馆的核算忽视了收藏品的机会成本。博物馆的行为表现出好像只要它们进行收藏，其最重要的生产要素几乎是免费的。Hotelling的可耗竭资源的套利原理表明，一个人并不在乎他获取投资收益的方式到底是变卖资产还是展示、出借和保存收藏品。因此我们可以进行如下计算：收藏品价值的预期净收益加上永久或者暂时展示收藏品带来的净收益，加上把收藏品借给其他博物馆、公司或者公众收取的回报，加上赞助商、捐助者和朋友们帮助购买新项目和展览会的馈赠，减去保存收藏品的成本和收藏品的折旧和磨损率，等于机会收益率（市场利率）减去国家和地方政府对于收藏品的补贴。

如果存在感兴趣并且愿意支付费用的公众，就有向其展示藏品并收取费用的可能性。否则，将这些藏品保存起来不失为一个好的方式。由于博物馆馆长有着使用资金收藏藏品、进行研究的强烈动机，Frey（2000）认为应该提高收藏品的流动性（拥有较少藏品的地方图书馆比较容易做到），并且要控制藏品和展会的规模。采取该行动的机会成本大约是10亿欧元乘以5%的利率，大于博物馆得到的补贴。然而，其在博物馆的成本-效益分析中并不占重要地位，因而利用有价值藏品的激励是不足的。使这些成本透明化将会改善博物馆的管理并且可能解决潜在的利益矛盾，这种潜在的利益矛盾出现在想要研究和保护藏品的馆长、展厅经理和希望藏品被展示的大众三者中间。

---

① 参见Frey和 Pommerehne(1989)。

34.4 支持与反对文化补贴的论据

34.4.1 支持的论据

第一，有足够的理由来投资儿童的文化意识和文化教育，尤其是在文化体验产品方面，这种文化体验产品应该能给人留下持久的印象，而不仅仅是短暂的娱乐效果。重要的是不要把高雅文化强加于在学校的孩子们身上，而是让他们有权利去表达他们想欣赏和讨论的东西。一种可能的方法是发放一种凭证，利用这个凭证孩子们可以每年去博物馆、电影院、剧院、舞蹈表演秀、音乐会和歌剧院4~6次。在欧洲，国家和当地政府给予文化部特殊的补贴，以发展针对年轻人的特别活动。对很多孩子来说，文化教育是他们唯一的能够发展对高雅文化的意识和品位的机会。正如上文所提到的，对文化教育进行补贴的主要理由就是，文化是一种可以通过学习获得的品位，是一种对未来文化资本的市场储备的投资。

第二，因为得到补贴的高雅文化基本上是高等社会经济群体的爱好，因此，有理由将高雅文化带到其余人中去。通过将高雅文化带入到公园、比较受欢迎的寺庙、图书馆、社区大厅、购物区等，高雅文化可以接触到更新、更多元化的观众。正如Pine和Gilmore在1999年讨论的，这种方式也能够提供一种更为真实的体验。英国和荷兰的中央政府和地方政府还考虑到了介于高雅文化和通俗文化之间模糊地带的有趣的体验。这些包括流行节日里的一系列戏剧和芭蕾舞表演、学校里伴着交响乐说唱的孩子们、来自移民国家交响乐团的流行艺术家、在中央公园里上演Wagner的《指环》、广告牌上的诗歌，等等。这些活动策划迫使艺术产生更多的非竞争、非排他的产品和更少的奢侈品，因此这也可能成为政府补贴的一个理由。

第三，有理由刺激文化产品的需求而不是供给。举例来说，荷兰已经从对艺术家的收入补贴转向对当代视觉艺术的消费者的兴趣补贴。艺术家项目基金可能会鼓励地方性场所举办更多的有关冒险精神的先锋文化活动。这需要花费一些时间去培养观众。当然，对于成功的作品来说，花费这么长时间也是值得的。给予艺术表演一个“流浪汉座位”的溢价能对吸引更多的观众和从市场上获得更多收入提供一个更大的刺激。

第四，由于非竞争产品以及非排他产品是公共产品，因此存在市场失灵，市场无法实现社会最优配置，政府应该通过补贴、税收刺激、管制或公共部门供应等方式来干预。根据Atkinson和Stern（1974）的规则，这些公共文化产品应该被提供，他们认为对全体人民的文化产品的边际效益总和应该等于文化产品的相对价格乘以公共投资的边际成本再减去文化产品对计税基础的影响。众所周知的萨缪尔森法则表明，单位资源的文化产品的边际效益总和必须等于文化产品的相对价格。Atkinson和Stern的规则从两个方面对其进行了修改。首先，成本提高了，因为它们需要缴纳扭曲的税收。如果劳动力的供给工资弹性很高并且先前已有的税收（例如劳动力税率）扭曲很高，那么这个额外成本就很高。其次，文化产品的可获得性越大，人们越会去欣赏更多的文化产品而减少工作，从而支付更少的税收。这种对税收基础侵害程度的上升造成了公共产品成本的上升。而事实上，更有可能的是更多的文化产品将会吸引更多技术高超的工作者、商人和导游，因此使得税收收入增加。很明显，这将会降低公共产品的边际成本。总而言之，如果（由于对供给的补贴或是税收功能）文化产品的成本很低，公共投资的边际成本很低（劳动力价格是刚性的并且劳动力税率很低），且文化产品对经济活动有积极影响，那么相对于私人产品来说，对公共文化产品的需求将会很大。

存在一种风险，即专家关于补贴分配的建议可能偏向已经建立的文化组织，因此要求艺术委员会或者是艺术基金会为这种吸引更多更新观众的新文化的发起和支持留点空间。一个额外的要求就是艺术表演应该至少要获得票房收入的一定比例。例如，在荷兰，文化组织必须至少获得总收入的15%。表34-5显示了对于巴洛克交响乐团演奏的深受群众喜爱的经典作品，这一数字是很容易满足的；对于交响乐团、音乐合奏、歌剧和木偶戏，这一数字略有增加；但是对于舞蹈、戏剧和木偶戏，这一要求很难满足。荷兰人公开只向表演艺术支付成本的一部分：人们也许认为一张歌剧门票价格很贵，但是他们很少意识到这其实只占全部成本的22%。同样地，人们也不会意识到对于一张戏剧门票，他们只支付了全部成本的14%。这么高的补贴可能很难做到公平，因此表演艺术品既不是非竞争产品也不是非排他产品，除非依赖于社会文化资本的论点，否则它不能被定义为公共产品。特别的是，戏剧的社会价值可以源于保持语言的鲜活性。

第五，政府补贴文化产品的又一个强有力的论据就是存在价值、期权价值或代际价值，特别是如果这些价值有助于增加文化资产的社会存量并且能够公布于众。这适用于对纪念性教堂、农场、城堡、桥梁和景观价值的修复和维护进行补贴，也适用于其他的遗产，如历史档案、照片、文档、表演艺术品、图书馆、博物馆和考古珍品。这些补贴会增加文化资产的社会存量，而文化资产的毁坏则会危害到下一代的福利。这种可供选择的价值观论点认为，即使一个人从来没有去参观过国家的某一个特定的区域，他也不愿意这些遗产消失。一些人认为歌剧也同样提供了可供选择的价值并且增加了社会文化资本存量。很明显，这种观点在投资支持艺术的研究和发展方面是正确的，因为艺术作品最基本的原创性是很难通过专利或者作者权利[①]来保护的。这也为政府对建筑、空间规划和在公共场合建造艺术品提供了强有力的论据支持，因为这些东西很明显地能够增加社会文化资本存量，也常常会增加公民的自豪感。

第六，在供给方面的失灵可能会鼓励政府去进行干预。文化产业可能很难去建立，所以这使临时补贴成为可能。这是幼稚产业理论，因为很多比较穷的国家经常拥有一个丰富独特的文化传统，不论是有形的还是无形的，所以就经济发展项目来说也有理由去进行临时的文化救助。这可能会促进旅游业、增加出口国的货币收入、成为可持续发展的一个杠杆（UNESCO，1998）。巴厘岛的舞者、佛得角的歌唱家都有独一无二的卖点，这些都通过世界性的传媒，像CD和DVD这样的现代复制技术和现场表演得以广泛流传。这些艺术家能够帮助推广他们自己国家的品牌形象，就像甲壳虫乐队和阿巴乐队那样，能够促进他们本国的经济发展。

最后，除非有可预期的高收益，否则市场也倾向于规避风险。比起更有收益性的普通文化活动（音乐、卡巴莱歌舞表演、畅销书等），先锋派文化活动面临着一个更大的文化市场约束。因此政府应该刺激这些风险承担型资本的供应，因为风险型文化活动也被认为是很有价值的。国家参股企业可能对从市场中获取风险承担型资本很有帮助，特别是当它与财政刺激结合起来时。政府也能够通过对文化项目给予税率激励来刺激文化投资。一个特定博物馆或者剧院的友好合作者可能会愿意通过软贷款的形式来发放贷款。

34.4.2 反对的论据

34.4.2.1 需求方观点

一个普遍的观点是文化商品的需求取决于它们的供

① Schumpeterian的论点参见Wijnberg(1994,1995)。

给，并且因此政府应该予以补贴，否则人们将永远无法知晓文化商品很难实现的价值。例如，如果没有对歌剧的补贴，人们便无从得知Gluck杰作的存在，更不会产生需求。尽管如此，对高雅文化进行无条件补贴也是不合理的。但确实应该通过教育、给予那些通常来说不会感受到高雅文化的人以优惠券、设计些面向更新、更多元的观众群体的活动并有计划地补贴这些手段来催生对高雅文化的需求。

另外一个不合理的观点是文化商品应该让人人都负担得起而不应是富有的艺术爱好者的专利，文化说客一个代表性的观点就是宣称应有人以补贴的形式降低文化商品价格让百姓支付得起。然而，高收入者比低收入者从补贴中获得的利益更多。一次性支付文化商品补贴的重压是巨大的。对于低收入群体和孩子来说，以教育、优惠券、活动策划或其他方式来刺激需求则更为有效。它的有效之处在于确保了人们可以自主选择其想要接触的文化领域。如果有人担心中间派论调的倾向以前卫派和高等文化为代价，老师们和场馆的策划员会设法温和地培养出对体验产品的喜爱。要注意由专家委员会分配的供给补贴典型地激励了精英人群的高雅文化需求，尽管这看似吻合Thomas Aquinas的道德理论，即更高的社会地位意味着占有更大份额的公共利益，但是至今已经很少有人支持这个中世纪的观点了。

还有另外一个荒谬的需求派观点是价格上升会导致需求下降，从而导致收入下降，因此必须提供补贴。这是难以让人信服的，因为文化产品的需求是缺乏弹性的，所以价格的上升实际上会增加收入。如果这意味着不能充分利用音乐厅、剧院等，就为刺激需求而非补贴音乐会、戏剧等高雅文化提供了更好的理由。

最后，一个广受赞同的论点是对文化商品给予补贴是因为文化商品是有益品，如果这些商品的价格在大众可承受的情况下仍然社会需求不足，那么政府就理应补贴。尽管这种家长式的观点在补贴文化教育方面可能合理，但将其应用于全领域文化补贴仍是让人难以信服的。

34.4.2.2 供给方观点

一个普遍的观点是文化商品以低于平均成本的价格供给，所以需要依赖补贴来确保音乐厅、剧院、博物馆等地方的充分利用和有盈利地运营。这个观点难以让人信服。如果文化场馆无法吸引观众，那么它们可以在最后时刻出售特价票，并努力营销。这个情况也为以教育、优惠券、活动策划或规划补贴而非额外提供补贴来刺激需求提供了理由。另一个难以令人信服的观点是文化可以促进就业。但是政府没必要只为解决所有艺术类毕业生的就业就提供足够数量的管弦乐团和电影公司等。虽然如此，如果有人担心一些有价值的技能会在后代中失传，就业论在某些专业领域中是有效的（如文物修复）。然而，许多艺术家都很贫穷的事实并不是有效的论证，除非有人帮助所有的穷人，无论他们的职业是什么。

表演艺术和其他文化商品是劳动密集型的，因此也存在鲍莫尔成本病。[①]有人认为鲍莫尔成本病的存在证明政府应该对表演艺术进行补贴，这一观点仍难以让人信服，因为经济中其他领域生产力的提高极大地促进了购买力，如果人们认为劳动密集的文化很重要，那么他们将会用新获得的财富去购买文化商品。在柯布-道格拉斯偏好下，文化商品产出与其他商品产出的比是下降的，文化商品的价格在经济环境中随技术进步上升，但文化部门的绝对就业和产出是不变的。换句话说，文化部门的就业之所以下降，是因为其他领域的技术进步催生了购买力的提高并足以保证在文化商品价格上升的情况下维持文化领域的支出。实际上，即使政府未提供更多的支持，国家的文化部门收入份额仍会增加，有以下

① 进一步了解请参见本卷中Brooks撰写的第15章。

两个利好原因：第一，食品、饮水、住房和医疗都是必需品而文化是奢侈品，在非类似偏好下，艺术的预算份额在人们富有的情况下会成倍增长；第二，文化和其他商品的替代弹性小于1，这也会导致文化的预算份额增加。文化的需求缺乏弹性，充裕的收入足以弥补上升的成本。

在任何情况下，鲍莫尔成本病会导致成本抵消的趋势。劳动密集型的文化表现形式的相对价格的上升会削弱劳动密集型的程度。例如，一个声乐家可能不再由管弦乐队伴奏，取而代之的是一个室内乐团甚至是一台电脑。技术诱发了新的经济规模和消费上的替代性。正如CD、视频、DVD和海报分别作为音乐会、电影、戏剧和绘画的替代品流行起来所证实的那样，随着全球化和网络的出现，产生能在世界市场上有影响的艺术大师的可能性极大地增加了。[①]然而要注意的是，鲍莫尔成本病会导致艺术的受众从精英群体向大众过渡，同时可能会以多样性和试验为代价导致艺术的肤浅化。如果这样的话，补贴艺术上的创新、试验和多样化就会成为可能。

34.5 欧洲文化资金的质量与流行度

34.5.1 文化资金的不同形式

支持艺术有三种方式。首先，可以通过满足来自政府的某些要求来尽可能地换取特权地位。例如，公共广播机构在欧洲各个地方都拿到了大份额的对电视和广播的补贴，作为回报，它们播放一定量的（最少的）信息、教育、艺术及文化类节目。在欧洲（除了英国）商业广播公司更为自由。另一个例子是很多欧洲大陆国家（奥地利、丹麦、法国、德国、希腊、意大利、荷兰、葡萄牙和西班牙）固定图书价格，图书卖方对所有发行的书籍都有垄断权利。[②]这导致图书价格提高，销售量降低，福利下降，如图34-1（a）所示。批评者还认为，固定书价对低收入消费者不利，破坏了文化民主。另外，一些人强调，书是异质商品，在垄断竞争下生产并出售。他们认为，该协议允许在冷门书籍和畅销书间进行交叉补贴可以增加书籍的多样性和书店的数量。畅销书的需求价格弹性高，从而垄断势力较小，而冷门书的需求缺乏弹性，拥有较大的垄断势力，如果是这样，那么这种交叉补贴的观点不太可能站得住脚。在这种情况下，该协议会导致巨大的福利成本。很可能的情况是，最畅销的书籍易读性极强，需要较少的阅读时间和有较高的价格弹性。与此同时，阅读诗歌则需要大量的时间，从而有较低的价格弹性。总之，将大量的精力和时间都花在维护固定书价协议上会导致Tullock（1980）论及的寻租问题。

欧洲各国政府给予的许多特权和垄断地位被技术变革侵蚀。例如，如果人们通过“亚马逊”和其他虚拟图书供应商在互联网上购买书籍，那么固定书价协议就无法顺利执行。Hjorth-Andersen（2000）指出，印刷技术革新和新媒体的出现已经削减了成本，并导致丹麦图书市场新书的“雪崩”。虽然出版的书籍更易得到，但书籍大量增加，吸引大批读者也更为艰难。在广播领域，数码相机、录音和编辑设备使预算低的广播和电视成为可能，而公共和商业广播公司的垄断则受到互联网、数字频率和小众传播者的挑战。

① 需要注意的是，所有这些发展可能导致超级明星的出现，参见Rosen（1981）的经典论述和本卷中Adler撰写的第25章。

② 参见van der Ploeg（2004）和本卷中Canoy、van Ours和van der Ploeg撰写的第21章。

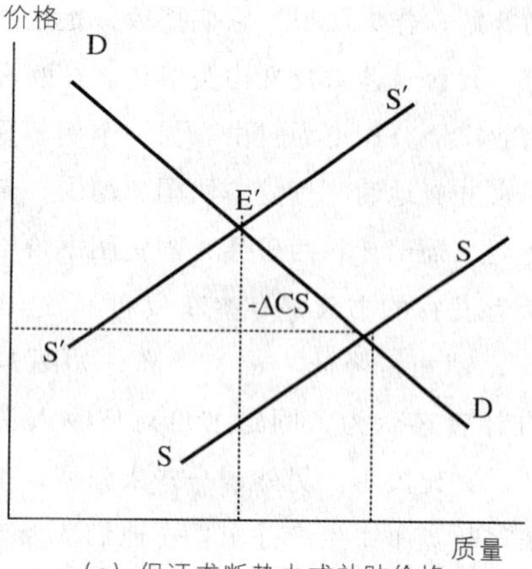

（a）保证垄断势力或补贴价格

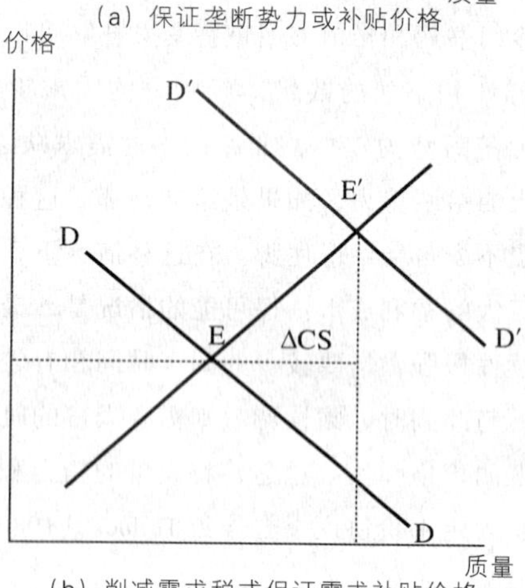

（b）削减需求税或保证需求补贴价格

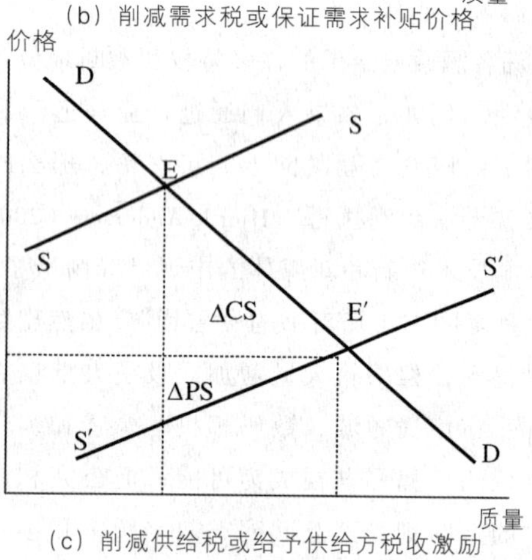

（c）削减供给税或给予供给方税收激励

图 34-1　价格补贴对需求供给的影响

其次，税收制度和价格补贴可以用来保证需求价格或供给价格补贴。[①]例如，英国和爱尔兰不实行固定书价协议，但其对书籍的增值税为零。欧洲许多国家免除博物馆和表演艺术的门票及增值税。荷兰为视觉艺术作品的购买者提供免息贷款。几乎所有欧洲国家都对古迹修复免税。图 34-1（b）表明价格补贴降低了价格门槛，促进了文化的输出。因为文化享受需要时间，有效需求弹性很可能较小。在这种情况下，顾客由于实际支付减少而获益，但同时文化产品的供应商的受益并未增加，尤其在供给价格弹性较大的情况下。对需求价格补贴，由消费者和生产者剩余衡量的潜在福利收益不是非常大，如果提高税收来资助补贴的福利成本，则潜在收益很可能为负。图 34-1（c）表明，通过供应价格补贴来增加供给会降低价格、提高产量。例如，众所周知爱尔兰对电影制作是有税收优惠的，这导致了更多影片以更低的价格满足了公众日益增长的需求。

原则上，使用需求或供给价格补贴在竞争激烈的环境中没有太大的区别。如果需求弹性很小而供给弹性很大，那么大部分的供给价格补贴流向消费者，而需求却没有太多提升。在这种情况下，供给价格补贴就没有多大意义。虽然大多数文化税收优惠政策是一刀切的，但设法将政策用于那些最需要的项目从而避免无谓损失是有道理的。例如，免息贷款可能只适用于那些视觉艺术家；电影奖励可能需要影片有大量有关欧洲的内容；而抵扣只适用于确实是有价值的、历史悠久的古迹。另外，如果一个人想用廉价的歌剧门票帮助低收入者，则必须避免对那些本来能够负担得起歌剧的人士的不必要的补贴。如果需求和供给都比较缺乏弹性，这些不必要的补贴造成的福利损失会较高。每个人都应该避开替代品，所以文化生产者在他们无论如何都会进行的活动上不应该接受补贴。

---

① 在这里，我们将税收减免抽象地考虑为慈善，慈善在美国比在欧洲更普遍。

最后，公众对艺术的支持主要来源于在文化专家意见的基础上的以供给量形式分配的补贴，如英国、荷兰、比利时和斯堪的纳维亚半岛。在法国和意大利，公务员似乎发挥更大的作用。数量上的正效应部分被低价格的负效应所抵消，特别是当需求弹性小而供给弹性大时。供给量的补贴可以更有针对性，从而减少无谓损失。然而，由公务员、专家或政治家组成的委员会分配的补贴，会导致游说成本和寻租行为。专家委员会还可能诱发"艺术专属于艺术家"和精英偏见，但极端的文化领域可能会受益。因此，一些人偏爱顺应市场的需求，即使用价格补贴。然后政府由参与者转变为保证文化生产者之间的公平竞争环境这样的角色。这可能会助力中间选民并催生中立文化。事实上，在Throsby（1990）和Abbe-Decarroux（1994）研究的基础上，Urratiaguer（2002）发现由专家、戏剧评论家或是在艺术领域有声名的经理所评判的质量因素并不能很好地解释法国剧院需要补助这一现象。解释需求的主要因素似乎是戏剧公司的声誉。这种实证研究表明，中立机制和有权势的观众可能会从跟随供给量补贴向需求价格补贴转变。

34.5.2 电视节目的多样性与资金[①]

欧洲文化政策中质量与流行度的对峙问题与电视领域中的此问题是相关的。为了分析融资模式对节目多样性和福利的影响，垄断竞争的框架是必需的。Spence和Owen（1977）的开创性贡献表明，所有的私人金融系统偏见都针对有低价格需求弹性的计划（"符合少数人口味的节目"），并且使生产成本变高。价格未能充分反映某些方案的平均偏好程度，考虑固定成本后，往往不会制作这些节目。这种偏见常见于付费电视，但如果节目依赖广告收入的资助，情况会变得更糟糕。后者制作较少的节目，并与付费电视相比菜单上的节目多样性更弱。当这类节目的替代品交叉弹性增加时，广告相对于付费电视更可能是次优的结构选择。欧洲的许多国家都有有线电视，允许付费电视插播广告，确保有线电视运营商可以进入其他供应商的节目，确保频道供给弹性的公开进入是非常重要的。Doyle（1998）将分析扩展，并考虑各种监管手段（如直接干预不同频道的节目，设定文化、艺术和教育和所得征税的下限）。Chae和Flores（1998）认为，电视节目的某些特征，如市场的广泛性，使其更容易在付费电视上播出。Bourreau（2003）分析了模仿类节目与对抗性节目。研究显示，付费电视节目的剖面分化比没有价格竞争的、有广告支持的电视节目剖面分化高。他还表明，广告商的支持比付费电视更能衍生出高质量节目。这些研究提出的问题是正确的，这也适用于文化的其他领域。当然，相对于美国，欧洲对公共广播进行了大量资助。这些研究证明政府这样做的合理性——如果政府为了满足特殊群体的观众制作播放了更昂贵的节目的话。这是市场唯一能以"窄播"的形式传达的内容。为了确保公共广播和节目的多样性，德国成立了代表观众的委员会，英国制订了详细的节目计划，荷兰则有针对自由主义、天主教、新教、社会民主、自由意志，或福音派的多样化的广播公司。英国对商业广播电视的准入进行了限制，并禁止BBC播放广告。作为垄断广告利润的回报，4个频道和独立电视台必须满足更多的节目要求。

---

① 关于注册费基本原理的讨论，参见O'Hagan和Jennings(2003)。

34.6 交易原则：制度至关重要

34.6.1 制度结构

欧洲在文化商品的补贴配置上有三个基本的体系。法国和意大利体系是自上而下且由国家驱动，所以决定权在官僚政客手上。该体系充斥着大量的游说和朋友政治，所以体系不那么透明，体现了国家艺术中让人不愉快的内涵。另一个是英国体系，政府给艺术委员会分配预算，由委员负责配置补贴。英国艺术委员会作为一个独立的艺术基金，英国政府很难确定优先权和制定分配补贴的标准。英国的系统具有明显的优点：较少的政治游说和寻租的空间，并且没有国家强加给文化部门自己的想法的危险。它的缺点是政府只有较少的空间影响文化政策的方向。[①]

荷兰使用了折中的系统，其设有独立的艺术委员会，为专家评估艺术价值和如何分配预算提供建议。与英国的主要区别是，其最终负责文化补贴分配的是荷兰文化部部长而不是艺术委员会。政府公平对待不同文化活动和组织，对其艺术性不加以评判，但有时可能因为政治和管理原因与艺术委员会的意见不一致。政府试图提前设置好规则，在白皮书中说明框架（重点、标准和预算），艺术委员会需要在补贴分配上采纳其建议。该系统的主要优点是政府可以塑造文化政策而不干涉个人文化活动和组织的艺术判断。然而由于部长负责制，存在最大范围的政治游说和寻租。成功获得补贴的可以使用补贴去排练戏剧、歌剧、舞蹈等，而未能获得补贴的寻找充足的机会在媒体上创造自己的文化。议员将自己与艺术产生联系来使得自己脱颖而出，因而进一步强化这一点。其结果是，相较于科学，为艺术寻找额外预算比较容易，由研究理事会分配补贴，部长不对此负责。

艺术委员会系统依赖于委员的决策以解决普遍问题（Tullock，1971）。这有一个弊端，即艺术委员会会议漫长而沉闷、评论太多，但成员仅仅提供并不能解决相关问题的个人意见。因此，给文化专家明确的标准和优先权是很重要的。辩论集中在未获补贴者身上，所以文化政策往往是增值和迎合现状的。Klamer（1996）认为，政治家们将失去发言权，因为文化部门能够表述得更清楚。因此，在申请补贴之前政府明确制定博弈规则、标准和优先事项，尽量避免作出对个人文化表现形式的艺术价值判断是至关重要的。否则，政府可能会屈服于压力去推翻艺术委员会负面的艺术价值判断，来为其他文化机构恢复其补贴开创一个法律先例。

每个系统的文化补贴分配有不同的缺点。全线刺激需求不会带来寻租和游说威胁并且避免了保护现状，但要承担无谓损失和来自中庸文化的偏见。法国和意大利系统存在自上而下的行为、游说、寻租、政治和官僚偏袒，以及对面子工程的偏爱。英国的系统没有太多的游说和寻租，因为它避免了政治家和官僚的偏好影响个人决策。英国和荷兰的制度都是透明的。荷兰系统给政府留有更多余地来塑造文化政策，尽量避免影响艺术判断，但会受到政治游说和寻租的影响。荷兰政府努力给多样性和创造力提供更大的空间。这也给了艺术委员会一个明确的使命。在任何系统中，通过确保竞争市场的自由进入来保证文化部门的努力工作是十分重要的。这需要保证每个人平等地获得文化补贴，但也可能从代金券、业绩合同和基准中得到帮助。当允许定位目标市场的成本花费时，可以通过定义结果和性能指标来刺激文

① 将文化任务分配给艺术基金会或技术委员会称为交易原则。

化企业家精神。政府应该软硬兼施并且避免破坏内在的艺术动机。要注意如何管理文化机构和文化治理的指导方针。不幸的是，文化组织的董事会成员大多来自银行界和大企业年长的白人。为了接触新的、多样的观众，人们必须寻找更具有代表性的董事会成员。

34.6.2 授权与控制

最新的授权与控制理论可以用来解释没有通过选举产生的官僚或艺术专家或民选政治家是否应该承担形成文化政策和拨款给文化机构的责任。Hart、Schleifer和Vishny（1997）分析了公共服务（如监狱）是否应该被下放给私人企业或政治家控制；Dewatripont和Tirole（1999）讨论了决策的倡导者；Dewatripont、Jewitt和Tirole（1999）研究了职业问题，而不是推动政府机构积极性的明确合同；Maskin和Tirole（2004）研究了职业问题和具有内在动机的未被列入预算的代理商；Alesina和Tabellini（2004年）以这些贡献为基础解释任务是否应给予官员或者政治家。从规范的角度看，如果满足下列条件，政治家比官僚更适合完成特定的任务：

- 其表现的差异是由于努力程度不同，而不是因为个人的天赋或技术能力；
- 选民和议员的偏好是不稳定、不确定的，所以灵活性是有价值的，当政治家有责任时，官僚的任务或使命不能被事前指定，并且其执政与否可以通过事后投票决定；
- 时间不一致是不能适用的；
- 政客无法战略性扭曲政策选择并以长期福利为代价来达到短期目标；
- 有组织的利益集团的资助都很少，制度设计不佳，所以腐败猖獗；
- 变向补偿失败者是可取的，有意义的捆绑政策对于在议会中获得多数席位是至关重要的。

Epstein和O'Halloran（1999）认为，授权的程度会最大限度地利于政治家。Alesina和Tabellini（2004）认为，在这些情况下，政客们想保留那些能够产生大量租金、竞选捐款/贿赂的任务和各种再分配任务。然而，Fiorina（1977）指出，政治家往往将政策失败风险大的任务下放，从而将责任归咎于官僚体系。货币政策需要复杂的技能，存在相对较少的分配效应和时间不一致的问题。另外，选民对低通货膨胀率的偏好稳定并且没有争议，衰退可以归咎于央行行长。正如Rogoff（1985）所说的，有明确的理由可以将货币政策委托给独立的央行。类似的论点适用于公用事业的监管。相比之下，外交政策不应该下放给官僚，因为偏好变化很大，并且也很难提前指定目标。再分配政策也不应下放，因为政客们可能想要获取的一些相关的租金。

这些文化政策委托的研究所代表的含义是什么？在文化政策领域，哪些任务应该给予文化部长、国会议员、政府官员和专家们？很多授权理论都能适用。短期内受欢迎并且赢得选举激励着政治家，因为对事业的关心和延续，激发了文化部官僚成员的动力；艺术专家被他们的地位和他们在艺术界的名声所激励，他们也希望被看作是独立的政治压力。文化补贴带来大量的租金。许多政客们喜欢被视作艺术的赞助人，在竞选期间乐于号召在艺术界的“朋友”借给他们影院并且帮助他们。但他们不适合决定基金的具体分配，官僚在利用专家对艺术质量进行判断这方面做得更好。然而，许多政客并不拒绝干涉基金分配的诱惑，目的是取悦选举游说团体，并且参与从丰富的大都市到文化匮乏的地区的重新分配。这在内阁责任的系统中尤为普遍。经常有来自国会的压力，因为国会看重文化补贴的短期利益，没有考虑到长期利益。建设一个新的剧院或歌剧院产生短期效应，但没有提供可接受的资金规划，目前还不清楚它是否对一个蓬勃发展的文化氛围有帮助。文化政策的制定存在非常严重的时间不一致问题。这不应该被误认为是不同的或不稳定的文化偏好。上述五个规范性的原因强烈支持文化政策制定过程中的公平原则，虽然这是事实，文化部长可以打包文化政策和通过变向支付取得多数选票（见第六条原因），金融和文化艺术委员会的专家也能做到这一点。

然而，将文化政策的执行委托给一个独立的艺术基金并没有否认文化部长的作用。至关重要的是，指定他或她为艺术基金制定一个定义清晰而广泛的目标，说明基金的优先顺序和标准，以及可获得的预算。例如，这个任务可以规定更多的基金资金应流向文化教育、优惠券、文化多样性、区域或国际文化政策，但不能特别指定文化组织，除非不涉及艺术质量的判定。文化部长不允许在发放补贴完整进程的中途改变博弈规则，同样也不允许其直接决定对私人文化机构的补贴。但文化部长应确保艺术基金根据任务中的阐述宗旨运营，并且只有当艺术基金偏离任务时才能进行干预。Carpenter（2001）认为国家监管力度的加强给官僚提供了制定法律的同时执行法律的机会。这也适用于艺术委员会和艺术基金。它们能够多大程度地依靠新闻界，也能够多大程度地为它们的项目赢得支持。如果文化部长没有远见、不够称职，他可能简单粗暴地驳回艺术委员会和艺术基金的提案，这一风险也是存在的。

通过以上形式进行文化补贴并不是唯一的选择。另一种体系是像在瑞士那样由公民投票决定文化补贴的分配。例如，Schulze和Ursprung（2000）分析了苏黎世剧院的公众投票。无论如何，欧盟政府在文化政策上还未施行过普通投票制。

34.6.3 文化政策授权的案例分析

以上观点可以通过如下分析进行论证。假设政策产出Y是以下三项的和：无法观测的政策制定者具有的天赋或者能力$A \sim N(A_M, \sigma^2)$，政策制定者的努力程度X和随机误差项$\varepsilon \sim N(0, \tau^2)$，即$Y = A + X + \varepsilon$。政府官员和专家们希望群众对其能力有较高的认可度，因此他们的收益为$E[E(A/Y)] = A_M + \beta E[A + \varepsilon + X - E(X) - A_M]$，其中$\beta \equiv \sigma^2/(\sigma^2 + \tau^2) < 1$为信噪比。如果成本函数是凸性的，即C（X），其中$C' > 0, C'' > 0$，艺术管理委员选择其努力程度的水平$X = C'^{-1}(\beta)$，并且如果官员具有的天赋这一变量的方差存在很大的误差，官员们就会降低自身的努力程度。由于监管不力，官员和专家付出的努力太少，造成了社会的福利损失。文化部长考虑是否连任的问题，因此他（她）的收益为$Porb[Y > A_M + E(X) + \varepsilon]$。这意味着理性的选民会假设在职官员的候选者是具有平均才能的政治家，因而能平衡现任和自身的努力程度。由此可见，文化部长的努力程度假设为$C^{-1}(X) = 1/\sqrt{[2\pi(\sigma^2 + \tau^2)]}$。监管不力$(\tau > 0)$减少了艺术委员会和文化部门的努力程度。然而，有关人才的更大的不确定性提高了艺术委员会的努力程度，却减少了文化部门的努力程度。艺术委员会专家们的激励来自于对其职业生涯的顾虑，以及较高的预期能力的完全内部化。文化部长希望能获得连任。由此可见，官员和专家们更适合去做具有特殊能力或者技术能力要求的工作，这种能力不是人人都有（文化部长绝对没有）。他们并不比文化部长具有更高的天赋，但是他们有很强的动力让自己变得更有天赋。

假设目前的文化监管并不完善，文化政策涉及两个任务：一是促进高质量文化活动（Q）的多元化，二是促进更多的不同群众（P）的参与。成功实现这两个任务取决于努力程度$X_i, i = Q, P$和制定文化政策人的努力程度A，因此$Q = A + X_Q$，$P = A + X_P$。政策制定者努力的成本函数是累加的并且是凸性的，$C(X_Q + X_P), C' > 0, C'' > 0$。事前，选民并不确定其到底偏好更高质量的文艺作品还是更多地参与文化活动。其效用函数为$U[\delta Q + (1 - \delta)P]$，其中$\delta = 1$的概率为p，$\delta = 0$的概率为1-p。文化部长在白皮书中制定艺术委员会的使命和任务，比如$Y \equiv \lambda Q + (1 - \lambda)P, 0 < \lambda < 1$，并且

在要求艺术委员会执行它们之前在议会中捍卫自己的观点。艺术委员会的职责并不取决于选民偏好 δ 的实现程度（即它是一个不完全契约），因此其并不受选民意愿的影响。艺术委员会的专家们在乎的是他人对其能力的看法，因此他们的收益是 $E[E(A/Y)]=E[A+\lambda X_Q+(1-\lambda)X_P-\lambda E(X_Q)-(1-\lambda)E(X_P)]$。如果 $p>1/2$，最好的做法是让艺术委员会关注艺术作品的质量 Q（即 $\lambda=1$）。艺术委员会最优的做法是让 $X_P=0, X_Q=C'^{-1}(1)$。通过给予艺术委员会一个固定的使命，社会被风险套牢，这种风险是如果事后文化参与也重要，艺术委员将无法回应。文化部长可以应对随时变化的偏好（即 δ 的实现），并且仅致力于事后选民的投票。如果选民不是特别厌恶风险并且他们相对确定自己事后的偏好，该种方式的优点不是很明显。在这种情况下，最好让文化部长制定艺术委员会的职责权限。

34.7 辅助性原则、当地文化俱乐部与联邦制

为了确定制定文化政策的最佳范围（地方、地区、国家、国际），欧盟采用的辅助性原则是有用的。这意味着，最好是在尽可能低层面的政府中推行文化政策，因为地方层面的政治家相对于国家或国际层次的政治家能够更好地了解选民的偏好，更容易进行奖励和惩罚。然而，文化在一个竞争环境中才能蓬勃发展，因此应当在国家或国际层面上更好地分配补贴。在政府的一个更高层面的文化政策的引导下，当地的交响乐团被拿来与其他地区的交响乐团做比较，这将能够确保质量。在国际和国家层面制定文化政策的原因之一是有些文化会随着积极的外部跨境活动产生，另外也可能带来可观的规模经济。例如，几个小国共同修建一个大型歌剧院。

Rubinfeld（1987）和 Scotchmer（2002）的地方公共产品理论指出地方司法管辖区之间迁移的重要性。这在欧洲文化政策的制定方面具有明显的应用，特别是在德国的各州。Tiebout（1956）认为，提供地方公共产品可以被看作是一种私人物品的有效竞争市场，在这个竞争市场上，人们采取“用脚投票”的方式来表达自己的偏好。效率需要完善的信息、无成本的迁移和跨境的外部性；同时也要求各辖区足够大，以便有足够多的人以一个最小的平均成本来生产公共物品。人们的自由进入是一个非常强的假设。然而，人们也看到拥有更多技能和受过教育的人迁移到更大的城市（伦敦、巴塞罗那、巴黎、柏林、阿姆斯特丹），形成当地文化商品的一个更大的供给，而与此同时，较小城市的观众群接触不到更多的文化商品，更难以支持高雅文化。如果偏好在每个区域中是相同的，那么辖区的最优规模是小的，跨区域外溢效应也很小，规模经济也是不重要的。

关于地方公共物品供给的俱乐部模型权衡了规模经济与拥堵所产生的外部性，把有收入和偏好相似的人安排在一个俱乐部。蒂布特模型允许公民有不同的收入并使用本地物业税以资助当地公共物品。文化公共物品对土地和物业价值有一定影响。建设一个剧场、歌剧院和博物馆，使社区成为更具吸引力的居住地，吸引更多支付更高地方税的公民，从而推高了地价和房价。文化经济学未来将研究的一个有趣的方向是，在当地社会经济特征和当地政府的支持下，分析在当地土地和房屋价格基础之上的文化基础设施和活动对这些商品需求的影响。利用文化需求的微观数据似乎特别有前途。这种需求的研究应着眼于当地的文化商品的不同属性（如国际上的声誉与流行的吸引力），一个重要的复杂之处是如何统计偏好，因为不同的人对文化有非常不同的品位。Bergstrom 和 Goodman（1973）认为，在一定严格的条件下可以通过中位数选民模型估计公共物品的需求，在此

基础上假设简单的多数规则的政治进程。[①]

欧洲的一个重要问题是地方政府是否应该平衡自己的预算，哪些地方公共产品应该在本地提供，是否以及如何使收入在各级政府之间共享。关于财政联邦制和政府多层次的文献试图给出这些问题的答案。是否有良好的经济动因来支持在欧洲委员会的层面上实行文化政策是令人怀疑的，该委员会的文化预算的很大一部分用于面子工程，如建设国际溢出效应较少的欧洲文化之都，以及被官僚程序阻碍的文化交流。由于欧洲并非所有的国家都坚持公平的原则，所以政治干预是难以避免的。关于欧洲的主题（如竞争政策、贸易政策），通常不是文化部长的责任。文化部长欧洲理事会的议程非常少，主要服务于政治目的。

34.8 国际文化政策：欧洲的不同方法

欧洲大部分国家为制定国际文化政策而努力，如制定涉及或针对其他国家的文化政策，其中包括发展中国家。通常情况下，这样的政策是需要外交部和文化部共同制定的。[②]在某些情况下，文化的国际定位在不同国家由负责不同领域的部门完成：媒体和体育（英国）、教育（芬兰）、科学（奥地利）、体育和旅游（爱尔兰）、通信（法国）。在一些国家，两个关键部门的合作已形成了国际文化交流中心研究所（丹麦、荷兰）；在一些国家，这些部门在持续发展的基础上共同合作（法国、芬兰）；在另一些国家，由外交部牵头（奥地利、英国和瑞典），可以利用国外文化机构（如英国文化协会，法国、瑞典和芬兰的研究院）；有时，由文化部主要负责（匈牙利）或者通过讨论来决定（爱尔兰、瑞典）；在某些情况下，国际文化政策是在与地区（英国）合作中形成的。大多数国家搞双边和多边条约文化（尤其是在法国与它的许多文化专家和法语培训联盟之间），或者与区域联手（北欧理事会、芬兰与波罗的海国家）。它们与欧盟和教科文组织理事会共同开拓国际文化政策。

国际文化政策的制定具有不同的定义。大多数国家使用非常广泛的文化理念（丹麦、芬兰、法国、奥地利、英国和瑞典）。一些国家将国际文化政策与发展政策紧密结合起来（瑞典、丹麦和芬兰），或致力于区域（如巴尔干）的稳定（法国、奥地利和英国）。国际文化政策往往非常重视教育（芬兰、法国和英国）和创意产业的发展（丹麦、芬兰、瑞典、英国和法国）。其他国家的着力点则局限于艺术、文化遗产和图书馆方面（爱尔兰、匈牙利）。

对于所有国家来说，国际文化政策的目标之一是帮助国内文化团体到国外旅游。具有一定的民族自豪感的国家希望在海外推广自己的文化，并达到相互间对文化的尊重。这些形式的文化外交可能有助于外交部进一步实现其他目标，如有助于为国内企业赢得外国合同。英国似乎最重视经济利益。如果是这样的话，国际文化政策的制定最好看作是一个辅助的外交事务，与繁荣的国际文化交流无关。但从文化部门的角度来看，可能最好先抛开文化部长的主动性，然后可以优先考虑国外提供的最高艺术品质的文化，而非流行艺术表达形式。这也似乎更有可能吸引外国文化而不仅仅是国内文化，如第三世界音乐、柏柏尔文化、孟买电影等。多样性的增加对一个国家的文化氛围有内在价值。另外，国内的文化竞争是被鼓励的，这也导致了更紧张的文化竞争氛围。从这个角度来看，一些国家拥有外国杰出的青年艺术家、导演、建筑师、音乐家等——如果他们被认为比国内人才更有价值，但并非所有国家同意这个观点（法国）。

① Rubinfeld（1987）从经验角度较为详细地讨论了估计地方公共物品与蒂布特模型的需求函数问题。

② 参见 Annalin（2003）以及这一网站：www.culturalpolicies.net。

衡量国际文化政策的效果是非常重要的。虽然还没有系统基础，但很容易找到证据。例如，瑞典和法国音乐在国外的推广似乎已经很成功，法国音乐作品在国外的销售量在1992年达到150万件，2000年达到3 900万件，尽管法国政府认为这一惊人的增长还是难以对抗盎格鲁-撒克逊音乐产业的霸主地位。法国还致力于电影、电视和电台节目的海外推广，同样取得了成功。丹麦的科幻电影在国外也取得了成功，而芬兰在音乐、设计和舞蹈方面也得到了相应的成功。不仅英国正试图营造其“酷”的形象，奥地利也正向一个更现代的形象迈进，如建立了Kruder与Dorfmeister流行音乐。这两个国家充分利用品牌、企业形象和联合营销的方法向国外推广自己的文化。

关于是否应该采取保护主义的文化政策产生了激烈辩论。一些国家发现授权给艺术家可以使他们在国际市场上（英国、荷兰）更好地参与竞争。其他国家（以法国为首）强烈反对并用理论证明通过自己的保护主义倾向可以实现文化多样性的目标。如果涉及使用专门方法向法国以外的国家销售法国电影、书籍或音乐，提供少数民族表达自己文化的机会，或向国内推出更多的非欧洲文化，那么这个目标是没有争议的。然而，如果它归结为将尽可能多的美国文化驱逐出欧洲的话，这是有争议的。虽然有可能促进自己的语言产品，并且阻止外国语言产品，这通常是一个非常危险的方法，并往往与国际贸易自由化的目标相悖。[①]

34.9 总结与结论：欧洲文化政策制定中的经验教训

欧洲各国政府认为，文化不能随意地由市场决定。它们认为，文化是一个体验性商品，需要时间来享受和欣赏，并拥有强大的社会外部性。因此，不能只有文化精英享受文化，因为文化就像语言，在本质上是一种社会现象。文化如果具有非排他性和/或非竞争性，就是一项公共产品。文化具有社会价值，但它也有存在价值、创新价值、期权价值和代际价值。这些因素没有任何一个可以被市场内部化。

大多数欧洲政策制定者面临的挑战是如何通过确保更多的人有能力欣赏和理解文化用语来普及高雅文化，争取民主文化。民主的文化与简化的高雅文化不相关，但与让更广泛的、更新的、更多元化的观众更易接触到高雅文化有关。这增强了文化的公共品性质。此外，只有面临着有批判眼光的观众，文化才能变得更有意义。文化不得不与许多其他休闲活动竞争，这也解释了在教育充分发展的情况下，文化参与度在20世纪的最后二十五年中保持稳定的原因。[②]文化在欧洲已经成为观光、度假、游览公园、体育活动中习以为常、不可分割的组成部分。高雅文化在欧洲的未来几十年中面临着成为边缘文化的危机，因为休闲产业变得更加专业，年轻人对高雅文化的消费越来越少，真正的艺术爱好者的圈子变小，文化更多地出现在娱乐场所。因此，欧洲各国政府制定文化政策来促进学校儿童的文化教育，开发具有持续影响的文化产品，从而将高雅文化带到普通百姓生活中（公园、广场、寺庙等），提高和促进对高雅文化的需求，资助那些非排他性或非竞争性或有社会性质的文化，通过选择和评估其价值的方式，为其提供实验和研发的空间。

政府一方面应该避免无谓损失和替代，另一方面要避免游说和寻租。如果艺术生产者的补贴是由专家委员会分配（如文化艺术委员会），由于艺术以及公众支持的侵蚀，艺术将会面临危机。法国模式相比于荷兰或英国模式有较小的吸引力，因为官僚政客以及有威望官员对其产生了较大的影响。荷兰模式比英国模式更有可能

① 关于此问题的进一步讨论，参见本卷第33章中Acheson和Maule的论述。

② 参见van den Broek和de Haan（2000）。

制定文化政策，但也更容易受到游说。应该保持小规模的专家委员会，要求专家的任命时间不宜太长，并且允许对委员会有兴趣的外行参加。由于衡量不同文化团体的艺术价值和不同文化组织的金融需求是一项艰巨的任务，文化部门的游说团体很强势，政客们倾向于关注短期行为，行为不具有连续性，所以近期理论建议，最好是将文化政策的执行委托给一个独立的艺术基金，而文化部长仅限于制定明确的优先事项、标准和预算任务，并确保艺术基金贯彻方针。

以需求为导向的补贴，如优惠券、免息贷款、配套资金、财政参与等方式，可以促进文化界生产符合社会需求的文化产品。这样做的危险是安全的、无聊的、较知名的艺术会取代创新的艺术。因此，需要专门的设施来促进文化的实验调查及发展。

与教育、医疗和警察一样，表演艺术属于劳动密集型产业，也存在鲍莫尔成本病。但文化生产率增长落后于其他行业，导致其相对价格上升，以及面对更大的补贴而造成的更大的压力。然而，技术进步带来的新发现促进了额外的文化需求，特别是在文化是奢侈品的情况下。如此看来，艺术表现形式就可能是从独特转向再生产，从小规模到大规模，从劳动力粗放型转向劳动力密集型。此外，由于表演文化善于游说，其在文化总预算中所占比例越来越大，这可能以牺牲其他文化需求为代价。这似乎有点矛盾，因为表演艺术与再生产文化相比，公共物品的特性不明显。如果文化仅仅对那些高学历、高收入、居住在大城市的少数人有利，则更是如此。因此，政府应该斟酌为那些可以让当前和未来几代人受益的文化事业提供基金，如古迹、考古和博物馆。

欧洲各国政府应避免提供过多的文化补贴，以及通过允许后来者拥有平等机会来维持现状。在文艺复兴时期，文化产品生产商之间存在激烈的竞争，也有一定程度的专业化。如今，国内外的良性竞争和政府对市场导向的更大支持都将会成为欧洲文化领域创意与创新复兴的强大推动力。

参考文献

Abbé-Decarroux, F. (1994). "The perception of quality in the demand for services. Empirical application to the performing arts". Journal of Economic Behavior and Organization 23(1), 99–107.

Alesina, A., Drazen, A. (1991). "Why are stabilizations delayed?" American Economic Review 81, 1170–1188.

Alesina, A., Perotti, R. (1995). "The political economy of budget deficits". IMF Staff Papers 42(1), 1–31.

Alesina, A., Tabellini, G. (2004). "Bureaucrats of politicians?" CEPR Discussion Paper No. 4252, London.

Annalin (2003). Scan Internationaal Cultuurbeleid. Annalin, Zandhuizen.

Atkinson, A.B., Stern, N.H. (1974). "Pigou, taxation, and public goods". Review of Economic Studies 41, 119–128.

Baumol, W.J., Bowen, W.G. (1966). Performing Arts–The Economic Dilemma. Twentieth Century Fund, New York.

Benhamou, F. (2000). "The opposition between two models of labour market adjustment: The case of audiovisual and performing arts activities in France and Great Britain over a ten year period". Journal of Cultural Economics 24, 301–319.

Bergstrom, T.C., Goodman, R.P. (1973). "Private demands for public goods". American Economic Review 63, 280–296.

Bille, T.H. (1997). "The willingness-to-pay for the Royal Theatre in Copenhagen as a public good". Journal of Cultural Economics 21, 1–28.

Bille, T.H., Hjorth-Andersen, Chr., Gregersen, M. (2003). "A tale of tables. On cultural public expenditures". In: Dueland, P. (Ed.), The Nordic Cultural Model. Nordic Cultural Institute, Copenhagen. Chapter 10.

Bína, V. (2003). "Cultural participation in the Netherlands". Mimeo, Ministry of Education, Culture and Sciences, The Hague.

Blokland, H. (1997). Publiek Gezocht. Boom, Amsterdam/Meppel.

Bourdieu, P. (1979). La distinction–critique sociale due jugement. Editions de Minuit, Paris.

Bourreau, M. (2003). "Mimicking vs. counter-programming strategies for television programs". Information Economics and Policy 15, 35–54.

Carpenter, D. (2001). Reputations, Negotiations, and Policy Innovation in Executive Agencies 1862–1928. Princeton University Press, Princeton.

Carson, R.T., Mitchell, R.C., Conaway, M.C. (2002). "Economic benefits to foreigners visiting Morocco accruing from the rehabilitation of the Fés Medina". In: Navrud, S., Ready, R.C. (Eds.), Valuing Cultural Heritage: Applying Environmental Valuation Techniques to Historic Buildings, Monuments and Artifacts. Edward Elgar, Cheltenham.

Chae, S., Flores, D. (1998). "Broadcasting versus narrowcasting". Information Economics and Policy 10, 41–57.

Cowen, T. (1998). In Praise of Commercial Culture. Harvard University Press, Cambridge, MA.

DCMS (2001). Creative Industries Mapping Document, Creative Industries Task Force. UK Department for Culture, Media and Sport, London.

De Swaan, A. (2001). Words of the World. The Global Language System. Basil Blackwell, Oxford.

Dewatripont, M., Jewitt, I., Tirole, J. (1999). "The economics of career concerns: I. Comparing information structures & II. Applications to missions and accountability of government agencies". Review of Economic Studies 66, 183–217.

Dewatripont, M., Tirole, J. (1999). "Advocates". Journal of Political Economy 107, 2–39.

Doyle, C. (1998). "Programming in a competitive broadcasting market: Entry, welfare and regulation". Information Economics and Policy 10, 23–39.

Epstein, D., O'Halloran, S. (1999). Delegating Powers. Cambridge University Press, Cambridge.

Fiorina, M. (1977). Congress: The Keystone of American Democracy. Yale University Press, New Haven, CT.

Frey, B.S. (2000). Arts & Economics-Analysis & Cultural Policy. Springer, Berlin.

Frey, B.S., Pommerehne, W.W. (1989). Muses and Markets: Explorations in the Economics of the Arts. Blackwell, Oxford.

García, M.I., Fernández, Y., Zofío, J.L. (2003). "The economic dimension of the culture and leisure industry in Spain: National, sectoral and regional analysis". Journal of Cultural Economics 27, 9–30.

Getzner, M. (2002). "Determinants of public cultural expenditures: An exploratory time series analysis for Austria". Journal of Cultural Economics 26, 287–306.

Grampp, W.D. (1989). Pricing the Priceless–Art, Artists and Economics. Basic Books, New York.

Harris, C., Vickers, J. (1985). "Patent races and the persistence of monopoly". Journal of Industrial Economics 52, 193–209.

Hart, O., Schleifer, A., Vishny, R. (1997). "The proper scope of government: Theory and application to prisons". Quarterly Journal of Economics 111, 1127–1161.

Hjorth-Andersen, Chr. (2000). "A model of the Danish book market". Journal of Cultural Economics 24, 27–43.

Klamer, A. (Ed.) (1996). The Value of Culture-On the Relationship between Economics and Arts. Amsterdam University Press, Amsterdam.

Krebs, S., Pommerehne, W. (1995). "Politico-economic interactions of German public performing arts institutions". Journal of Cultural Economics 19, 17–32.

Lancaster, K. (1966). "A new approach to consumer theory". Journal of Political Economy 74(2), 69–107.

Maddison, D., Foster, T. (2003). "Valuing congestion costs in the British Museum". Oxford Economic Papers 55, 173–190.

Maddison, D., Mourato, S. (2001). "Valuing different road options for Stonehenge". Conservation and Management of Archaeological Sites 4, 203–212.

Maskin, E., Tirole, J. (2004). "The politician and the judge: Accountability in government". American Economic Review 94, 1034–1054.

Noonan, D.S. (2003). "Contingent valuation and cultural resources: A meta-analytic review of the literature". Journal of Cultural Economics 27, 159–176.

OCW (2003). Cultural Policy in the Netherlands. Ministry of Education, Culture and Sciences, Zoetermeer.

O'Hagan, J., Jennings, M. (2003). "Public broadcasting in Europe: Rationale, license fee and other issues". Journal of Cultural Economics 27, 31–56.

Peacock, A.T. (1969). "Welfare economics and public subsidies to the arts". Manchester School of Economic and Social Studies 37, 323–335.

Peacock, A.T., Scott, A. (2000). "The curious attraction of Wagner's law". Public Choice 102(1), 1–17.

Pine, B.J., Gilmore, J.H. (1999). The Experience Economy. Harvard Business School Press, Boston.

Prieto-Rodríquez, J., Fernández-Blanco, V. (2000). "Are popular and classical music listeners the same people?" Journal of Cultural Economics 24, 147–164.

Rengers, M., Plug, E. (2001). "Private or public? How Dutch visual artists choose between working for the market and the government". Journal of Cultural Economics 25, 1–20.

Robbins, L.C. (1963). "Arts and the state". In: Robbins, L.C. (Ed.), Politics and Economics: Essays in Political Economy. Macmillan, London, pp. 53–72.

Rogoff, K. (1985). "The optimal degree of commitment to an intermediate monetary target". Quarterly Journal of Economics 100, 1169–1190.

Rosen, S. (1981). "The economics of superstars". American Economic Review 71, 848–858.

Rubinfeld, D.L. (1987). "The economics of the local public sector". In: Auerbach, A.J., Feldstein, M. (Eds.), Handbook of Public Economics, vol. 2. North-Holland, Amsterdam, pp. 571–646. Chapter 11.

Schulze, G.G., Rose, A.(1998). "Public orchestra funding in Germany-an empirical investigation". Journal of Cultural Economics 22, 227–247.

Schulze, G.G., Ursprung, H.W.(2000). "La donne e mobile-or is she? Voter preferences and public support for the performing arts". Public Choice 102(1), 131–149.

Scotchmer, S.(2002). "Local public goods and clubs". In: Auerbach, A.J., Feldstein, M.(Eds.), Handbook of Public Economics, vol. 4. North-Holland, Amsterdam, pp. 1997–2042. Chapter 29.

SCP(2000). Het Bereik van de Kunsten-Het Culturele Draagvlak 4. SCP, The Hague.

SCP(2001). The Netherlands in a European Perspective. Social & Cultural Report 2000. SCP, The Hague.

Sintas, J.L., García Alvarez, E.(2002). "The consumption of cultural products: An analysis of the Spanish social space". Journal of Cultural Economics 26, 115–138.

Spence, M., Owen, B.(1977). "Television programming, monopolistic competition, and welfare". Quarterly Journal of Economics 91, 103–126.

Throsby, D.(1990). "Perception of quality in demand for the theatre". Journal of Cultural Economics 14, 65–82.

Throsby, D.(1994). "The production and consumption of the arts: A view of cultural economics". Journal of Economic Literature 33, 1–29.

Throsby, D.(1996). "Economic circumstances of the performing artist: Baumol and Bowen thirty years on". Journal of Cultural Economics 20, 225–240.

Throsby, D.(2001). Economics and Culture. Cambridge University Press, Cambridge.

Throsby, D., Withers, G.A.(1979). The Economics of the Performing Arts. Arnold, New York, Melbourne.

Tiebout, C.(1956). "A pure theory of local expenditures". Journal of Political Economy 64, 416–424.

Tullock, G.(1971). "Public decisions as public goods". Journal of Political Economy 79, 913–918.

Tullock, G.(1980). "Efficient rent seeking". In: Buchanan, J.M., Tollison, R.D., Tullock, G.(Eds.), Towards a Theory of the Rent-Seeking Society. Texas A&M Press, College Station, pp. 3–15.

UNESCO(1998). World Culture Report. UNESCO, Paris.

Urratiaguer, D.(2002). "Quality judgements and demand for French public theatre". Journal of Cultural Economics 22, 185–202.

van den Broek, A., de Haan, J.(2000). Cultuur tussen Competentie en Competitie. Boekmanstudies/SCP, Amsterdam/Den Haag.

van der Ploeg, F.(1999). Cultuurals Confrontatie–Uitgangspunten voor het Cultuurbeleid 2001–2004. Ministerie van Onderwijs, Cultuur en Wetenschappen, Zoetermeer.

van der Ploeg, F.(2003). "In art we trust?" De Economist 150, 333–362.

van der Ploeg, F.(2004). "Beyond the dogma of the fixed book price agreement". Journal of Cultural Economics 28, 1–20.

Wijnberg, N.M.(1994). "Art and technology: A comparative study of policy legitimation". Journal of Cultural Economics 18, 3–13.

Wijnberg, N.M.(1995). "Selection processes and appropriability in art, science and technology". Journal of Cultural Economics 19, 221–235.

第35章

文化政策：美国观点

Dick Netzer

New York University，USA

胡蓉　译

摘　要

美国的文化政策由多个政府实体制定并执行，其中大部分直接公共支出来自地方政府而不是中央政府。对非营利性企业进行捐赠可以享受税收减免，这些非营利企业是政府补贴艺术的主要对象。个人如果同意保留其所继承的历史建筑和遗址，也可以享受税收减免。这两项是政府支持的主要构成部分。由于政府决策者的多样性以及政府与非营利性民间文化服务提供者之间的独立关系，文化政策看似不具持续性，事实也确实如此。但是，这是美国在许多领域的公共政策的共同特点。

关键词

文化政策，艺术委员会，美国国家艺术基金，文化战争，州和地方政府，遗产税减免

JEL Classification Code

Z10

35.1 引 言

政策的标准定义是“选择一种行动明确的过程或方法来指导和确定当前及未来的决策”（Merriam-Webster Dictionary Online，2001）。从这个意义上讲，美国从来没有一个清晰明确的文化政策，而是有许多不同的政策措施和建议，甚至经常自相矛盾、表述不清。在某种程度上这是美国政府组织多元化的结果，其多元化表现在：地方政府具有重要作用，且各不相同；中央和地方政府机构设置具有重叠性。联邦政府或州政府内部的一个机构独立负责公共政策的某个主要领域这种情况是极其罕见的，公共政策的范围包括从国防到文化等领域。2001年联邦政府直接支持的艺术人文机构中有17家组织直接给文化部门提供资金支持（Seaman，2002）。

美国的文化政策包括公共部门行动的集合，这些集合影响了文化产品和服务的生产与消费。它还涉及这些行为如何随着时间的推移而发生变化。但是事实上，尽管在20世纪80年代围绕美国国家艺术基金有很大的争论，美国的文化政策在过去的一个世纪或更长的时间里相当稳定。政府对文化艺术进行了适度的直接财政支持[①]，并且这一支持在适度增长。大部分增长的形式体现为文化组织的预算稳步增加，这些文化组织是政府企业，包括联邦、州和地方政府的博物馆，由州、地方政府和州立大学拥有和运营的非商业电视台和广播电台，等等；对遗产保护的公共支出也增加了。

35.2 简 史

1804年，美国第一个博物馆由纽约历史学会（New-York Historical Society）创立，地址设在联邦大厅（美国的第一任总统1789年在此宣誓就职）。博物馆的藏品包括大量杰出的美国画家创作的画作，以及485幅由John Jay Audubon创作的鸟类水彩画，他是19世纪初美国绘画的一个重要人物。然而，1836年美国文化政策在国家层面上有一个重要但孤立的事件。1826年英国科学家James Smithson立下遗嘱，指定他的侄子为唯一继承人。遗嘱规定，若侄子死时没有继承人（他的侄子死于1835年，确实没有继承人），遗产则“用于在美国华盛顿建立一个组织，以史密森学会（Smithsonian institution）命名，旨在促进人类知识的增加与传播”（Smithsonian Institution Libraries，2002）。这一行为的动机一直不为人所知。Smithson于1829年去世，在当时留下价值超过50万美元的遗产。1836年，美国国会接受了遗产（虽然饱受争议），八年后建立了史密森学会。史密森学会最初收集的作品是科学性的而不是艺术性的，其中包括成千上万由美国探险队在1838到1842年期间探索太平洋和南极带回的植物和动物标本。[②]

随后几十年里，联邦政府委托史密森学会为19世纪中叶在建的国会大厦配备大型绘画和雕刻作品（大多数作品都是英雄题材的，但并非佳作），除此之外别无行动。从整个国家来看，历史是在19世纪晚些时候改写的，首都以外的主要城市建立了一批大型博物馆[③]，成立了一批表演艺术公司。这些博物馆和公司大多数是私人非营利性实体，还有一些是州和地方政府博物馆（通常是历史博物

---

① “政府直接支持”是指政府拨付资助基金，而不是对非营利文化组织实施税收减免或一般性税收豁免。

② 这次远征的故事参见Gurney（2003）和Philbrick（2003）。

③ 参见Meyer（1979，pp.17-36）。

馆）以及华盛顿的联邦博物馆，后者除了供游客参观[①]以外，还承担博物馆的教育任务。1913年开始征收个人收入所得税和死亡税后，政府对这些组织的支持大大加强，对“慈善捐赠抵扣”基本没有限制，享受该抵扣的包括非营利性实体举办的文化活动。[②]政府所有的文化机构不断收到资金和艺术品等私人捐赠。例如，华盛顿的国家美术馆是Andrew Mellon捐赠建立的，他是一位亿万富翁，在捐赠之前刚刚当选为财政部长。事实上，在融资和管理方面，国有和私营非营利博物馆之间的差别并不大，在实际操作中这些不同也没那么重要[③]。

在19世纪的最后三十年，许多大城市都建立了艺术博物馆，这些城市包括纽约（New York）、波士顿（Boston）、芝加哥（Chicago）、辛辛那提（Cincinnati）、底特律（Detroit）、费城（Philadelphia）、匹兹堡（Pittsburgh）、圣路易斯（St. Louis）、旧金山（San Francisco）和华盛顿（Washington）。[④]创建者多是富裕的商人，博物馆是私立非营利性企业。但在大多数情况下，市政府提供土地和/或资金来建造和支持新博物馆。例如，纽约政府在19世纪70年代提供了50万美元来建造大都会艺术博物馆（Metropolitan Museum of Art）。[⑤]一个有趣的现象是，大多数博物馆的门票都比较高，但在有的日子不收任何费用。Smolensky（1986）的研究表明，建立这些博物馆的激励在于博物馆对于城市普通居民的教育价值或外部性。组织者认识到，参观博物馆对于劳动人民来说是一个有价值的教育投资。与此同时以及随后几十年里，州和地方政府也创建了历史和自然博物馆，但地方政府相对融资较少。除此之外，州和地方政府没有其他大规模资助文化的行动，剩下的工作是州政府大学来做的。

政府直接提供的文化产品和服务相对较少，事实上，今天政府提供的文化产品与一个世纪前相比显得并不重要。有两个为期不长的例外：在20世纪30年代的大萧条期间，许多艺术家被政府雇佣，这是联邦政府挽救经济措施的意外副产品；20世纪70年代末的几年也有一个类似的规模小得多的项目，这是联邦政府资助的反经济周期的措施。在这两种情况下，文化活动是公众融资的反经济周期计划的最优选择，原因很简单，许多文化工作者几乎总是无法充分就业并且他们的收入很低，完全符合这些项目的要求。同时，大多数文化工作者几乎随时有可以从事的成熟项目，只要他们能够得到资助。这意味着相对于大多数其他所需的时间，这些项目介于法律通过和开始操作之间的时间较短。

到20世纪60年代初期，人们说服政治家：直接来自政府的资金支持对地方和国家的福祉至关重要，资金支持的形式是对非营利性文化组织进行拨款。Baumol和Bowen（1966）似乎对美国文化政策发生的翻天覆地的变化作出了最具说服力的知识贡献。他们用市场失灵的例子论证补贴的必要性。他们的分析表明，表演艺术的生产力增长缓慢，远低于整个经济中劳动成本的增加，由此他们预测该行业的资金压力会逐渐增大。这很容易被政治领导人和广大公众所理解。1965年之后的几年里，美国国家艺术基金、美国国家人文基金相继创建，向艺术领域提供的资金也迅速增加。政府资助的捐

① 第二次世界大战结束之前，华盛顿直接由国会管理。此后，众议院下设的“特区委员会”作为市议会，负责批准市政府官员（属于联邦雇员）的预算，确定地方税率，并决定所有适用于这座城市的政策。

② 这些税收减免政策适用于定义广泛的慈善捐赠。死亡时的转移捐赠扣除没有任何限制（也就是说，遗产可以使应税财产减少到零）。一个人一生中任意一年可以抵扣的捐赠价值是其税前收入的一定百分比，但是未抵扣的部分可以在未来抵扣。捐赠中升值的部分在捐赠时不征税。

③ 在美国博物馆协会进行的1999年和2003年的抽样调查中，超过1/4的受访者表示其博物馆的管理机构是州或地方政府，包括州立大学（学院）和地方政府大学（学院）。其他博物馆几乎都由非营利性组织管理。

④ 在此期间建立的博物馆中，有一些是由个人和家庭资助的，如著名的Isabella Stuart Gardener博物馆。它们最终转制为私立非营利性博物馆。

⑤ Jackson（1995，p.755）.

赠基金在1980年达到顶峰（以当前的美元价值衡量），但在20世纪80年代大幅削减，而后每年以中等速度有不同幅度的增长。

第二次世界大战后不久，纽约政府开始大力支持一些存在严重财务困难的主要文化机构。最初，支持的基本依据是这些机构位于市属土地上和/或市属建筑里。第一个得到补贴的机构面临亟待解决的财务危机。这个项目逐渐发展，现在有30多家机构获得城市预算的年度支持，这些预算用于支付部分或全部的建筑维护成本和运营成本，其中包括安全成本。有时该项年度预算达到1.2亿美元左右。

纽约当地政府艺术机构一直被美国其他城市所效仿。据估计这种机构的数量已经超过2 000家，其中包括许多私立非营利性（而不是政府）机构，这些机构获得来自当地政府的少量资金支持。在2001年财政年度，政府机构在50个大城市花了3.5亿美元，其中3.06亿美元来自当地政府资金，纽约市提供的资金大约占3.06亿美元的40%。①大多数的机构获得的公共资金部分来自特殊地方税收，如酒店的入住税（Americans for the Arts，2001）。在一份关于国家艺术捐赠的出版物中，地方艺术机构因赞助节日和特殊的展览并且为有创意的活动提供场所而被认为是“主要忙于为艺术创造机会”（NEA，1988）。一些机构确实为长期存在的文化机构提供运营支持，但水平远低于纽约市。此外，地方政府也发行债券为音乐厅和博物馆等建筑的新建或扩张融资。

20世纪60年代，纽约州政府大致仿照英国艺术委员会创立了一个艺术委员会，以期为大型和小型文化机构提供运营预算的持久支持。20世纪70年代，美国艺术基金会预算大幅增加，这一概念最终成为现实。与此同时，在20世纪60年代早期，美国艺术倡导者也把英国艺术委员会作为标杆来给政府施压，希望政府对文化机构和文化活动提供直接的现金支持。他们认为，政府多年来对华盛顿博物馆和其他的文化活动提供基本融资，现在应该扩大其融资范围，对大多数已经建立和即将建立的表演艺术公司和艺术博物馆提供财政支持。他们建议成立一个新的美国国家艺术基金（NEA）和一个单独的美国国家人文基金（NEH）以支持其他文化活动。NEA也将对文学与视觉艺术（主要由个人艺术家参与）等其他领域提供支持。结果，政府为NEA提供的联邦资金总量太小，无法支撑其宏伟的规划，即使在20世纪70年代末捐赠的实际资金达到巅峰时也无法满足需求（见表35-1）。

表35-1　美国国家艺术基金的拨款

（财政年度1966—2003[1]）

单位：百万美元

财政年度	拨款（以当年的美元计）	拨款（以2000年[2]为基年）
1966	2.9	12.5
1970	9.1	33.1
1975	80.1	210.8
1980	154.0	285.0
1985	163.7	234.8
1990	171.3	210.0
1995	162.3	176.2
2000	97.6	97.6
2003	115.7	109.2

资料来源：National Endowment for the Arts，2003 Annual Report，pp. 89；www.bea.doc.gov/bea/dn/ nipaweb/ SelectTables。

注：[1] 1976年前，联邦财政年度截止日期为12月31日；此后财政年度截止日期为10月31日。

[2]通过使用国内生产总值（GDP）物价平减指数转换为不变的2000年的美元数。

① 从来自美国艺术协会(2001)的数据来看，在2000年财政年度，小城市艺术机构公共资金的总花费是适度的。然而，Cordes(2004，p. 205)认为地方政府的艺术消费可能已经等于州政府在1999年通过国家艺术委员会的总支出的2~3倍。这意味着地方政府的支持在8亿美元到12亿美元之间，50个最大的城市以外的地方政府人均支出是这些大城市支出的2~4倍。这是非常令人难以置信的。它表明较小的城市的艺术平均支持(总金额)高于排名第2到49的城市的平均艺术支持(不包括纽约)。这可能是因为Cordes引用的数据来源包括由当地艺术委员会筹集并资助的非政府资金会，还包括完全非政府性质的民间当地艺术委员会。

联邦政府对文化问题干预的另一个例子是于1968年创建与资助公共广播公司，支持迅速增长的被称为“公共频道”的非商业性电台和电视台。这些电台的大部分空中广播内容均为文化类节目。大多公共广播电台由大学来管理，而公共电视台的主要运营商是非营利组织和州政府。整个系统在2002年的收入为23亿美元，43%来自政府（主要是州和地方），57%来自个人、企业和基金会。①

35.3 艺术委员会的功能

35.3.1 艺术委员会做什么

除了纽约计划和NEA投资的项目，美国艺术基金会和地方政府艺术委员会在设计上是相似的。二者都没有足够的资金来承担文化机构的大部分运营成本，也没有资金来建艺术馆或收购艺术作品。他们支持被选中的项目申请人提出的项目，例如，艺术博物馆的某个展览、交响乐团或歌剧院或剧院试演的某个新作品、气候控制系统的改进、艺术节、增加观众或实现其他目的的举措、扩大旅游项目的部分成本，等等。这些项目必须符合申请人的整体计划，并且拨款通常只用于支付项目的部分成本。

NEA成立初期，它的一个典型特征是在众多领域对个人艺术家进行资助，如在文学、视觉艺术、音乐作曲、舞蹈艺术领域。正如下文将要进一步讨论的，这些拨款通常是有争议的，因为一些演出或作品展示使观众和/或政治家感到不舒服，一些作品被评论家和观众嘲笑。结果，NEA在20世纪80年代结束了对视觉艺术家的拨款，对其他项目个人艺术家的拨款也减少或取消了。然而，美国艺术基金会继续资助个人艺术家，实际上是补贴一些机构，这些机构选择资助哪些艺术家。②

在大多数艺术委员会（纽约又是例外，在纽约，大多数资金拨付给文化组织，组织的名单事先被定好而且基本没有变化）运作过程中，委员会及其员工在拨款上有广泛的自由裁量权。然而，州议会除了投票决定向美国国家艺术基金拨款，并由后者（在一些一般约束下）自由裁量，通常会对拨款用途做详细规定。这些在国家艺术机构预算分配中所谓的“单项”，通常反映了州议会重要成员的偏好，他们相信美国国家艺术基金不会支持在一个特定的议会选区非常受欢迎的项目——通常包括建立被命名的建筑或音乐厅。在经济出现衰退的年份，拨付给艺术委员会的资金减少，“单项”所占比重更大。例如，在20世纪90年代中期，单项占总量的5%或者6%（在14~16个州），在1999—2001年，该比重达到了13%~17%，这种情况发生在20个或者更多的州（National Assembly of State Arts Agencies，2001b）。

正如所预期的一样，大部分政府文化机构的干预集中在供应方面。不可避免的是，大多数资金需求是供应商或潜在供应商提出的，而不是消费者。流行艺术领域的证据表明，存在很强需求的情况下，私人实体会作出反应，鲍莫尔成本病也会变得无关紧要。很明显，观众需求的长期发展一定是政策目标。尽管如此，资助通常用于扩大供给。例如，委员会和主要基金会均拨款支持严肃的音乐创作，即使现实情况是，很多创作者一生都

① www.cpb.org/pubcast#whopays，2004年11月。

② 一些州的宪法禁止对个人和以营利为目的的公司进行无偿捐赠，这样，如果要对个人艺术家进行捐赠，需要非营利性中介的参与。不资助个人艺术家的政策避免了NEA经历复杂情况和政治上的困境。

没有一场演出。[①]然而，一些美国艺术基金已经并将继续提供资助来刺激需求，如开发新的市场营销手段、派发门票等。[②]

35.3.2 美国国家艺术基金

35.3.2.1 项目发展

美国国家艺术基金于1965年成立，迅速成为优秀文化组织的新支持者，也是更重要的艺术学科的支持者。在艺术基金创建时有的艺术形式还没有成为艺术学科，如舞蹈。1960年，美国几乎没有长期性的舞蹈公司，除了纽约和旧金山等少数城市有舞蹈公司以外，其他城市每年只有几场舞蹈表演。委员会成立初期就建立了“舞蹈旅游项目”，该项目在决定支持哪家舞蹈公司时，尊重消费者的选择，而不是某位领导的决定。该项目向大学、学院的剧院等场馆的经理提供激励，鼓励他们安排更多的舞蹈演出，激励的方式是向经理们提供一张包含很多舞蹈演出公司的清单，而他们可以按市价1/3的费用邀请舞蹈公司来演出。果然，因为所有门票收入都归剧院所有，剧院将邀请观众爆满的舞蹈演出公司再次来演出（Netzer，1987）。基金会也大力支持了地区非营利性戏剧公司和歌剧公司，见表35-2中戏剧和歌剧公司收入和观众增长数据。

基金会每年的支出相对小，同时还发挥了杠杆作用。基金会的资助证明（对于其他捐助者来说）该组织已经发挥了作用。最起码，基金会的认可降低了寻找其他潜在捐赠者的搜寻成本。基金会向特定项目提供资助，而不是向文化组织等提供资助。它还要求有其他资金与其资助相配套，这样做会增加私人捐赠。这一“挤入”策略可能不会非常成功，因为得到资助的组织的任何其他资金都可以用作配套资金。[③]

35.3.2.2 “文化战争”

国家艺术基金的另一个功能则不那么让人愉悦：它似乎成了避雷针。它的存在表明了联邦政府对艺术和文化的承诺，却也成为人们对政府支出的批评目标，这些支出比其他联邦文化支出更引人注目，如对联邦博物馆的支持。这些批评最终导致记者所说的始于1981年的“文化战争”（Marquis，1995）。文化战争的出现如下所述。到20世纪70年代末，NEA每年对每个学科下的几乎所有非营利性组织给予资助（金额很小）。一些商业上很成功的领域没有获得资助，如工艺品、民间艺术、音乐剧和建筑，但这些领域设有一些项目。在做自主决策时，NEA给由这个领域艺术家组成的学科组绝对的自由裁量权，这个决策过程尤其容易引起争议。个人视觉艺术家的资助项目一结束，国家艺术基金就受到了持续的政治攻击。在20世纪八九十年代，其在很多方面受到质疑，经常是因为得到资助的人“让人怀疑”。支持基金会的人列出各种理由来说明这些抨击是完全非理性的并且对公共利益是有害的。但是在1990年，在管理国家艺术基金的法律中，美国国会提出要求：基金会的主席应该确保在评审拨款申请时考虑“一般的礼仪标准和尊重美国人不同的信仰和价值观”，美国最高法院[④]支持这一决定。这在艺术界掀起轩然大波。Rushton（2000）列举了支持艺术公共资金的各种逻辑依据，并认为既得体且尊重的要求与每一个逻辑依据都是吻合的。

---

① O'Hare（1980）和Felton（1978，1980）检验了不同的方法，鼓励作曲家把更多时间用于创作，而不是从事教学等报酬更高的工作。

② 一个著名的项目是纽约州艺术委员会在时代广场设的半价票售票窗口，在演出当天将未售出的百老汇演出门票以半价或更低的价格出售。

③ 请参阅下面的35.6.3节。

④ 法院指出，基金会的预算有限，必须驳回大部分申请，其中有些是因为内容而被驳回的。

表35-2　现场表演艺术，1980—2000年

（收入以百万美元为单位；观众人数以百万为单位；数据截止到每年的演出季）

	1980	1985	1990	1995	2000
营利性剧院（百老汇和旅游）					
观众人数	20.9	15.5	19.1	24.6	23.1
门票总收入	27	435	649	1107	1175
非营利性专业剧院[1]					
观众人数	14.2	14.2	15.2	18.6	22.0
总收入	113.6	234.7	307.6	444.4	791.0
已获收益	67.3	146.1	188.4	281.2	466.0
贡献收入	46.3	88.6	119.2	163.1	325.0
非营利性专业歌剧公司[2]					
观众人数	5.5	6.7	7.5	6.5	6.7
支出	122.4	216.4	321.2	435.0	636.7
交响乐团[3]					
观众人数	NA	24.0	24.7	30.9	31.7
总收入	NA	252.4	377.5	536.2	734.0
音乐会	NA	168.6	253.3	368.6	481.5
其他收入	NA	83.8	72.1	91.4	115.9
资助与捐赠	NA	167.3	226.4	312.2	464.7
政府资助	NA	42.2	55.6	55.5	59.9
私人资助与捐赠	NA	125.1	170.7	256.7	404.8
减去筹款成本捐赠收入	NA	NA	52.1	76.2	136.6

资料来源：Statistical Abstract of the United States，2002，Table 1214。

注：[1] 纽约州纽约市剧院通信集团管理的公司，这期间数量几乎翻了一番。

[2] 美国歌剧院管理的公司，这期间从79个增加到98个。

[3] 1995年之前包括254支美国交响乐队；从1995年开始，包括1 200支交响乐队。新增的交响乐队比以前的规模小。

长期争议的主要结果是终止了对视觉艺术的资助。同时，国家艺术基金自主决策的方式也发生了重大变化。第一，基金会不再按照学科领域（如舞蹈、戏剧、音乐、博物馆等）进行资助，而是以主要目的为依据[①]进行资助。第二，基金会再次以书面和实际行动重申，最终决策不是由评审会和/或项目负责人作出，而是由基金会的主席决定，这与美国联邦政府机构的一般做法一致。

自1980年以来，在政府以及联邦政府层面上会不时地出现对政府直接支持的争论和政治威胁。以当前的美元为基点，NEA近年来投资的资金等于或低于其在1980年提供的资金（见表35-1），但由于其他联邦机构（包括联邦博物馆和公共广播公司）的资金增加，联邦政府艺术和文化的总支出有所增加。然而，它的结构发

① 人文基金会从成立起就是这样组织的。

生了变化，限制了一些机构的自由裁量权，取消了对一些文化活动的资助。一个例子是联邦政府不再资助几乎任何可以被描述为当代视觉艺术的活动，尽管如此，当代视觉艺术依然很繁荣。艺术家和他们的支持者经常谴责政府对非传统艺术越来越不支持（主要是针对向文化组织直接提供资金支持的政府机构，这些机构内部的任何人事变动均被视为向传统回归）。[①]

35.3.3 国家艺术委员会

20世纪90年代NEA的资金减少后，名义上拨给基金会的资金中相当大一部分现在直接划给国家艺术委员会，20世纪80年代以来每个州都有国家艺术委员会。国家艺术委员会成为政府持续支持文化组织的新希望，人们对此怀有希望的一部分原因是纽约州议会对大约100个“主要”组织提供重要的预算支持，还对小规模组织提供一些小额资助。虽然纽约州议会的资助金额一直远远低于1974年最高峰时的（实际）金额，但是很多年来州政府的支持（所有州相加）远高于美国国家艺术基金。到1990年，当美国国家艺术基金规划的预算拨款还不到2亿美元时，所有州的总预算接近3亿美元。

尽管如此，国家艺术委员会并不是文化组织可靠的基层支持者，因为其预算波动很大。从1991年到2003年的13个财政年度[②]里，国家艺术委员会经历了两次经济衰退和90年代中期的繁荣。在此期间，向州内的艺术机构的拨款有6年在下降，其中包括1993年的经济复苏时期和1996年的高度繁荣时期。每个州都有资助下降的年份，但在此期间50个州中有19个州出现了下降。通常情况下，同比下降超过25%。极少数情况下，预算减少到零，随后重建的机构规模要小得多。在这13年间拨款平均增长率是1.6%[③]，在20世纪80年代有类似的不明显的波动（Netzer，1992a）。

无论是以总资金衡量，还是以人均资金衡量，各州政府对国家艺术委员会的支持差别都很大。学者们一直致力于解释这一现象，Heilbrun和Gray（2001，pp. 283-285）进行了总结。Schuster（1989）作出了最详尽的分析，他找到14个州的能够体现资金需求的数据（观众规模、非营利性艺术机构的数量以及常驻艺术家在10年一次的人口普查中的数量），这些变量可以解释76%的州差异。去掉观众规模这一变量，包含50个州的方程只能解释10%的差异，自变量都是不显著的。随后Netzer（1992a）发现，税收收入相对高的州倾向于在艺术上花更多的钱，但这种相关性并不是那么强。这一变化似乎是特殊的。

35.4 对艺术与文化的直接支持

35.4.1 不同层次的支持

如表35-3所示，2000年政府对艺术和文化的直接支持总计30亿美元。对“艺术委员会”等组织的拨款

① 参见New York Times，October 5，2002。

② 几乎所有州的财政年度都是从7月1日开始的。

③ 根据美国国家艺术机构会议、国家艺术机构贸易组织的出版物中的数据计算：Legislative Appropriations Annual Survey，2000；Legislative Appropriations Annual Survey，2001；Legislative Appropriations Annual Survey，2002；Legislative Appropriations Annual Survey，2003；State Arts Agency Funding Sourcebook（1966—2001 data）。

占总量的1/3，联邦和州政府对它们的资助波动比较大。对于联邦基金会，这种变化反映了从20世纪80年代开始的有关艺术基金会的政治争议，如上文所述。对于美国艺术基金，它反映了政府在经济衰退期间面临的预算压力。相反，正如对公共广播的支持，政府对政府所有并运营的博物馆的直接支持稳步增加，占联邦政府和州政府提供的资金的60%以上。联邦政府的支持超过80%流入这两个活动和国家公园管理局的遗产项目。对于这些数字最明显的解释就是政府部门拥有完善的官僚机构，靠近作出预算决策的地方。与给“外人”公共资金的艺术委员会不同，这些组织很可能不断增加预算，与政府其他部门和机构享有的增长相一致。

表35-3　政府对艺术和文化的直接支持（2000年）　单位：百万美元

	联邦	州	地方	总计
总量，各级政府	1 158	1 080	820	3 058
联邦，总量，所有项目	1 158			
美国艺术基金会	85			
国家人文基金会*	103			
博物馆与图书馆服务研究所	24			
国家公园管理局，文化遗产和建筑	200			
史密森学会*	374			
国家艺术馆	72			
公共广播*	300			
州政府，总量，部分项目		1 080		
州艺术委员会（仅国家基金）		400		
州政府博物馆，估计*		180		
公共广播*		500		
地方政府，总量			820	

资料来源：大部分数据来自政府机构网站、公司年度报告、为政府艺术委员会和地方艺术理事会服务的组织的年度统计报告。（作者）对于州和地方政府博物馆的估计是基于美国博物馆协会的抽样调查，并采用了Cordes（2004）的非营利性博物馆和州以及地方政府之间在预算规模上的差异，还使用了非营利性博物馆的世界数据。参见AAM（1999）；AAM（2003）；National Assembly of State Arts Agencies（2001a，2002，2003）；Davidson（2002）。

注：*其中一些资金用于支持一些严格意义上不能被称为“文化”的活动，如科学博物馆和公共广播电台的新闻、公共事务节目。

政府对艺术和文化的直接支持的一个特定途径是支持非营利性组织。根据不同来源的数据，表35-4和表35-5显示了政府对提供文化服务的非营利组织拨款的相对重要性。表35-4是基于2002年[①]的经济普查数据，表35-5是基于1999年作为联邦免税条件的年度内部收入服务提交的税收返还文件。两个表中的数据差异较大，特别是博物馆的数据[②]，但都表明政府拨款占所有类型的非营利性文化组织总收入的比重很小。

---

① 经济普查每5年进行一次：非营利性组织的分类是重要的，可以不受联邦所得税限制。虽然这次普查的申报并非强制性的，但是有迹象表明对于免税和应纳税的公司，合规率很高。

② 在由美国博物馆协会进行的周期性金融调查中，反馈率一直很低。许多大型博物馆未作回应，即使是对一些对他们有利的调查。

表35-4　非营利性公司的收入来源（2002年）

单位：百万美元

	现场表演艺术[1]		博物馆	
	百万美元	百分比	百万美元	百分比
已获收益[2]	5 199	60.2	3 083	39.4
政府资助	435	5.0	1 105	14.1
私人礼物和捐赠	2 437	28.2	2 609	33.3
投资收入及其他	577	6.6	1 032	13.2
总收益额	8 641	100.0	7 829	100.0

资料来源：United States Census Bureau，2002 Economic Census，Performing Arts，Spectator Sports and Related Industries，EC02-711-01（August 2004）；and Museums，Historical Sites，and Similar Industries，2002，EC02711-02（July 2004）。

注：[1]包括表演艺术企业和所谓的“推动者”，主要是非营利性剧院场馆和其他功能场所的所有者。

[2]包括会员费、门票、商品销售收入和属于非营利性组织的艺术财产的租赁费用和版税。

表35-5　政府对非营利性文化组织的援助（1999年）

单位：百万美元

	当前收入	政府援助	百分比
所有非营利性文化组织	13 173	1 041	7.9
表演艺术	4 087	289	7.1
博物馆	2 564	246	9.6
视觉艺术	29	5	7.7
媒体和通讯	6 404	494	7.7
音乐学院	832	171	4.2
其他	22	2	11.9

资料来源：作为豁免联邦所得税的条件而提交给美国财政部的年度报告。

有一个收益-成本比非常高的策略性干预文化政策，即联邦政府为美国博物馆从其他国家借来的展览的艺术品和史前古器物，或美国博物馆借出的在其他国家博物馆展览的艺术品和史前古器物提供赔偿保险。换句话说，该计划涵盖了几乎任何包括有价值的作品的展览。该保险在任何一个时间赔付总额高达80亿美元。单个展览的最大保额是8亿美元，保险免赔额非常低，以至于损失的99.9%可赔付。这个项目的目的是使博物馆有机会借到没有商业保险的艺术品，以及在商业保险赔付灵活的情况下，节约高额保险费。从1975年该项目开始，直到2003年10月，713个展览共节约了1.57亿美元。在2003年，62个展览使用这一赔偿保险。①任何一场大型展览都需要大量防护措施，因此这是一种低成本的政府干预。这一项目毫无争议。

美国对艺术家的职业培训给予的资助非常少，这很不寻常。从逻辑上讲，这可能导致不能充分地利用可用人才。虽然一些州政府大学有艺术培训项目，但是许多杰出的项目都设在私立大学的音乐学院，音乐学院的高额费用肯定会阻止一些人追求艺术生涯。此外，一些私人的音乐学院和舞蹈学校，包括最杰出的，一般是在勉强维持经营，偶尔也会倒闭。政府对音乐学院进行援助，以保证其持续培养学生，是另一个高成本的政府干预措施。

作为旅游公司对外展示的一个窗口，州立大学和学院在吸引表演艺术观众中发挥重要作用。这个角色是大量表演艺术团体必不可少的生存条件，特别是对于一些舞蹈公司来说，旅游收入可能占其总收入的95%。在1960年②之前仅在极少数城市中有全国性的舞蹈演出，如果没有众多既能提供实际展示，又能为舞蹈公司提供财务担保的机构存在，很难想象将如何在全国开发观看舞蹈演出的观众。

① www.nea.gov/grants/apply/Indemnity/Intro.html.

② Kendall（1983）在庆祝福特基金会贡献期间回顾了美国舞蹈的发展。

35.4.2 地方政府直接补贴的案例

在美国政界，对艺术的直接补贴几乎完全基于狭隘的功利主义思想，很少出于文化经济学家提出的正外部性。普遍接受的观点是，州和地方政府对艺术和文化的补贴对地方经济的增长具有很大促进作用。在一些情况下这可能是事实，特别是当文化景点众多且有名，人们到这些城市旅游的主要或部分原因是观看这些文化景点。但是，美国几百个城市中几乎没有威尼斯或巴黎这样的城市，所以这一观点很难成立。在美国，经济影响这一观点顶多是粉饰的借口（Seaman，1987）：文化景点是当地其他消费品的替代品而不是出口服务。即使文化补贴的经济影响在纽约已经得到了很好的例证（Port Authority of New York and New Jersey，1993），有时仍有很多的争论。纽约市主要艺术倡导组织的领导人在《纽约时报》上发表了写给编辑的一封信（Bourscheidt，2002），声称“每获得1亿美元的城市支持，非营利性艺术团体将带来50亿美元的经济活动”。有关艺术对美国当地经济影响的研究通常估计的数字较大，但基本没有达到50：1的乘数。

然而，当地文化产品对当地的生活质量贡献很大，使得州和地方对文化的现金补贴占主导地位，相反，联邦政府的作用很小，这与美国的价值观一致，而不是美国敌视艺术和文化的标志。地方政府补贴中相当大一部分用于支持地方最重要的文化机构，包括资助一流的访问艺术家以及当地艺术家和配角演出的场地。

游说团体有时会注意一个重要且合理的增加补贴的目标，即让个别艺术家在非艺术劳动上花更少的时间，在艺术劳动上花更多的时间。众所周知，大多数艺术家拥有多个工作。非编舞的岗位数量和新作品产生的数量之间存在负相关关系。[①]Throsby（1992，1994）已正式模拟了艺术家三方劳动市场的选择，三方包括艺术劳动、非艺术劳动和休闲。任何提高艺术劳动力时薪的政策措施都将刺激艺术家减少非艺术劳动力供给，增加艺术劳动。

另一个受支持者欢迎的原因则不那么合理。有人断言，因为无报酬和志愿文化活动，特别是音乐和戏剧，数量大并且在逐渐增加，所以政府对专业文化的直接现金补贴也应该增加。这里的逻辑可能是这样的：如果该行业在补贴这么少的情况下都能蓬勃发展，可以想象如果得到更多的补贴将会怎样（McCarthy et al.，2001）。然而，就像在过去的三十年美国的许多活动一样，补贴的增加可能会导致无报酬志愿劳动的减少。一个著名的例子是，随着学校交通协管员等有收入的职位大量增加，父母的义务劳动和公立学校无报酬的工作岗位大幅减少。[②]

鲍莫尔成本病的新版本是支持者要求更多的补贴。McCarthy等人（2001）预测在美国中型城市专业表演艺术团体的输出下降，是因为生产成本的增加和政府直接补贴增长缓慢。类似的情况在美国和一些其他国家的职业运动中近期也曾出现过。在这些运动中，顶级的队伍都是非常成功的企业，很大程度上是因为有电视转播收入；而排名靠后的队伍收入都不好，经常处于破产边缘；勉强得以生存的队伍也是通过从成功企业获得资助或把运动员转会到成功的队伍维持经

---

① 这种供应方面的干预似乎很适合舞蹈。任何一家的美国舞蹈公司在表演季节都会被期待创作一些新作品。许多舞蹈公司在欧洲城市巡回演出（这对他们的收入稳定至关重要），这些公司的管理者似乎相信，如果在随后的几年被邀请表演的话，巡回必须包括新作品。相比之下，美国管弦乐队和歌剧团很少表演新作品。O'Hare（1980）认为大多数新作品永远不会表演；Heilbrun（2001）记载了美国歌剧公司在1982/83—1997/98年期间多样性的下降。

② 卫生保健和社会服务领域有关“挤出效应”的许多论文都讨论过有偿劳动替代自愿劳动的问题。

营。事实上，小城市的表演艺术的财务问题没有那么严峻，因为公司对其表演不是那么的雄心勃勃，并且经常是同时雇佣付费的专业人员和无薪的业余艺术家以及志愿者员工。从1960年起，除了美国的一些大城市外，大多数表演艺术公司采用的运营模式都是同时雇佣付费员工与无偿员工，同时雇佣专业演员和业余演员。

不管倡导者提出的观点可信度如何，对文化产品和服务有强烈偏好的人而言，这些观点都是合理的，他们努力说服其他人，对文化活动和组织的补贴产生的公共物品规模大并且是真实的。Bruno Frey长期以来坚持认为，如果政治决策在地方而不是中央政府层面上制定，在公共选择的过程中会有更多信心，特别是当决策过程由个人直接决定时。通过在选举中针对某个问题积极行使投票权利，选民们表明他们相信选择价值、遗产价值和声望价值等外部利益确实存在，可以用税收来支付。Frey（1999）的观点表明，美国文化政策的优点之一是文化部门最直接的补贴是由州和地方政府提供，而不是由国家政府提供的。国家政府主要的作用是在这个国家的首都大力支持国家文化机构的经营，为大量的文化遗产和建筑提供保护，甚至更重要的是，通过税收优惠的方式对私人捐款者提供间接支持，由分散的成千上万的个人来决定是否进行捐赠。

35.5 对艺术与文化的间接支持

35.5.1 不同层次的支持

通过税收制度对艺术和文化的间接支持比直接补贴规模大得多。“对艺术、文化和人文的私人捐赠”①近年来一直在100亿~110亿美元之间，如表35-6所示。保守估计，以收入和财富转移的税收减免计算，私人向公共部门捐赠的成本每年是40亿美元。在1978—1997年，为保护私有历史建筑而减免的税收达92亿美元（Listokin and Lahr，1998）。另外，有一项可以追溯到19世纪初的税收减免，这项减免是针对属于非营利性文化组织的土地和建筑物的地方房地产税（Diamond，2002）。这项减免对于大多数文化实体并不重要，只对那些拥有有价值的土地和建筑物的文化实体重要。逻辑上应该鼓励文化组织投资土地和建筑，但在非营利性文化企业中只有博物馆的生产函数中土地和建筑物是至关重要和昂贵的要素。

表35-6　艺术和文化的私人慈善（1980—2000年）　单位：百万美元

来源和分配	1980	1985	1990	1995	2000
总资金，所有用途	48.6	66.9	101.4	124.0	66.9
个人和慈善遗赠	43.6	57.4	88.6	106.1	57.4
基金会[1]	2.8	4.9	7.2	10.6	4.9
企业	2.2	4.6	5.5	7.3	4.6
对艺术、文化和人文的捐赠					
总计[1]	3.2	5.1	7.9	10.0	5.1
来自基金会	0.4	0.7	0.6	0.8	0.7
来自企业	0.1	0.2	0.2	0.7	0.2
来自个人	2.8	4.4	7.3	9.2	4.4

资料来源：美国各年统计报告，有的地方由作者估计。

注：[1]大约5%的慈善捐款不由接受人分配。

① 比“非营利性表演艺术和博物馆”的分类更广。

按美国的定义，非营利性实体免征企业所得税，即在给定的一年任何富余的收入不能被企业的“所有者”挪用。有一个针对非营利性组织征收的联邦税种——针对“无关的业务收入”的税种，但其定义非常窄，只有一小部分非营利性实体偶尔支付这种税，且数额很小。在征收增值税的国家，如何对非营利性组织的收入征收增值税至关重要。美国（州和地方政府对产品和服务的零售销售征收税收）这种税的税率远远低于大多数增值税税率，非营利性文化组织的门票收入不需要缴纳这些销售税，它们销售食品、饮料和其他商品的收入也很大程度上不用缴税。因此，税收减免的体现是捐赠者可以从收入和财富转移税中抵扣所捐赠的价值。

35.5.2 批　评

1913年，联邦政府开始征收收入和财富转移税，也从那时起开始，慈善捐赠可以抵扣收入和财富转移税。这一做法被批评的主要原因是，税收抵扣把用于公共利益的资源配置的决策权由政府转移到捐赠者手中，决策权与捐赠规模成比例。众所周知，资助艺术和高等教育的通常是富人，与向教堂捐赠的人不同。[1]然而，美国公众对这种形式补贴的普遍观点似乎是：这是有关资助对象和资助什么这一选择权利的最终分散决策。美国人通常认为这不是富人决定对谁和什么进行补贴，这些补贴由政府支出，只是一种可行的转移决策权的方法，把决策权由官僚和政客那里转移到众人手中。此外，因为对文化进行捐赠的主要是富人，所以比政府直接提供现金补贴的时候更需要有累进税率的衡量指标（Netzer，1992b）。[2]

35.6 艺术支持的经济问题

35.6.1 市场失灵与支付意愿

对于文化产品与服务，绝大多数美国人都能接受，甚至感到自豪，他们偶尔消费，并且经常作为业余爱好者参与其生产。但如果让他们多缴纳税收来直接支持文化，从而增加专业制作的文化产品的供给，他们显然是不愿意的。这一态度没有让人不适，部分原因在于，一段时间以来，在税收引致的财政收入（见表35-2）[3]没有进行大量补贴的情况下，文化产出的增长速度一直等于或大于总消费支出的增长速度。表演艺术组织和博物馆的观众数据是产出增加的一个指标。此外，由美国人口普查局为美国国家艺术基金做的“艺术的公众参与

---

① 参见Feld、O'Hare和Schuster(1983)，以及Schuster撰写的本卷的第36章。

② Estelle James(pp. 244-255)和Henry Aaron(pp. 237-243)这两位评论家认为，包括Netzer(1992b)的论文在内的一些论文，由于没有明确考虑低收入家庭慈善捐款资助的一些服务可能需求价格弹性（特别是文化商品服务）较低，从而可能夸大了收入和财富税减免的再分配作用。这些补贴可能不会导致他们对文化产品的消费增加太多，消费者中低收入家庭的比例并不能很好地测量税收抵扣捐赠收益的分布。然而，Aaron指出在表演艺术中，由税收优惠的慈善捐款资助的艺术家的工资补贴可能实际存在，而且非常重要。

③ 上市表演艺术门票的相对价格出现大幅上升，这意味着需求的价格弹性较低，收入弹性比较高。然而，在对50家表演艺术公司的分析中，Felton(1992)发现了公司价格弹性变化幅度很大，可能被许多消费者认为高价格是高质量的指标，参见Throsby(1983)。

度”这一调查（从1982年开始每五年调查一次）表明，有1/3到1/2的上过大学的美国成年人观看戏剧或聆听古典音乐至少一次，超过1/2的人至少参观过一次艺术博物馆。即使是歌剧和芭蕾舞，这一比例也达到10%~15%（US Census Bureau，2001）。[①]

以一种或另一种形式对文化部门进行补贴的基本依据是，纯粹市场交易将无法实现许多不同种外部利益（Frey and Pommerehne，1989）。补贴的大小应该取决于外部利益的大小以及个人或集体决策实体（一个国家、省、城市）如何评价外部利益。Frey和Pommerehne（1995）借鉴瑞士的经验为直接民主举了一个充分的例子——举行全民公决投票。考虑到全民公决在瑞士和美国一些地方之外很难找到，另一种选择是条件价值评价法，即使用各种间接的方法。

35.6.2 直接与间接支持

2003年11月，《文化经济学杂志》中的八篇论文探讨了艺术本身的条件价值评价法。Noonan对100多篇这样的论文进行了元分析。Epstein（2003）和Throsby（2003）在两篇总结性的论文中告诉读者，尽管该方法有一定的缺点，但采用该方法是有必要性的。减税激励个人捐赠金钱和艺术品，这可能降低条件价值评估法中不可避免的误差。这从数学角度讲是成立的，因为捐赠价值本身即代表捐赠人对外部性的直接估值，捐赠导致的国家税收减少的部分才需要条件估值。个人捐赠者面临的边际税率越低，未知经济价值的外部性越小。

从20世纪70年代开始，大量文献研究了美国的“税收支出”，即采用税收减免而不是直接支出公共资金来补贴适合的活动（Surrey，1973）。其中大部分文献与艺术和文化经济学不相关。不过至少在过去的50年里，公共财政经济学家认为，收入和/或财富税覆盖面越广，超额税收负担或无谓损失（即税收支付本身引起的经济扭曲）就会越小，因为超额税收负担是纳税人面临的边际税率（很大可能是指数）的函数（Auerbach，1985）。免税、减税和从税基中免除一些项目一定会导致边际税率变高。这表明，在计算纳税义务时大规模减税将增大边际税率，从而导致超额税收负担。[②]然而，如果选择直接补贴，除非首先假设边际税率为100%，否则边际税率一定会更高，因为相对于纳税人的捐赠，直接补贴增加了预算。如果边际所得税税率最高是40%（美国便是如此），那么与政府以补贴的形式直接支出资金相比，完全由纳税人自身的资源所捐赠的60%就会减少税收带来的无谓损失。

35.6.3 挤入还是挤出？

NEA成立早期，大型著名文化组织（尤其是博物馆）的管理层和董事会担心联邦政府的直接支持可能会减少私人对他们的慈善捐款。大量经济学文献研究了平行目标的政府支出增加可能“挤出”私人资金和志愿劳动。[③]其中一些文献特别关注文化活动和组织。早期的研究讨论了其对捐赠动机的负面影响，包括Abrams和Schmitz（1978）在内的几乎所有文献都发现存在挤出效应，但并非完全“挤出”，这意味着捐赠者把政府拨款视为私人捐赠的非完全替代品。

---

① 对调查的反馈存在一些质疑，似乎存在善意的夸张。早期调查得到的百分比更高，似乎与专业演出总收入的估计值不一致，参见Netzer(1986,1992b)。

② 通用的经验法则是自1986年以来联邦所得税税率导致的超额负担是税收额的1.6倍。

③ 甚至有更多文献认为，政府的宏观经济措施可能“挤出”私人投资和消费支出。

Borgonovi和O'Hare（2004）采用不同的方法研究这一问题，从单个机构和整个文化部门两个层面，采用计量和访谈资料来研究“挤入”和“挤出”。他们的受访者（文化机构的管理者和基金会的捐赠者）几乎一致反对存在“挤入”，虽然在两个国家基金会成立初期可能有过“挤入”。他们的计量经济学模型使用了1955—1999年期间的数据。经验结果表明，基金会赠款对单个机构或整个文化部门收到的捐赠没有产生显著影响。

一些文献研究了捐赠对慈善机构举办的筹款活动的影响，通常的发现是，政府拨款导致用于筹款的支出显著减少。Andreoni和Payne（2003）分析了233家非营利性艺术组织和534个社会服务组织10年的面板数据，发现用于募集资金的平均支出占总收入的10%以上，该比重在此期间是稳定的。他们发现，政府拨款每增加1 000美元，用于募集资金的支出会减少264美元，下降比例是52%。可以想到的是，如果筹集资金的无谓损失大于税收的无谓损失，这是有效率的。如果不是，那么有效率的结果可能是，要持续增加捐赠，就必须增加筹集资金的支出。美国基金会经常以此作为捐赠的条件。

35.7 遗产政策

35.7.1 公共部门在遗产保护中的作用

美国的遗产政策由大量公共支出直接支持，其中大部分是由联邦政府提供的，另外还有客观的税收激励，这与针对艺术的公共政策截然相反。在一定程度上这可能是由于物质遗产和史前古器物的供给相对较小，因此，保护其中的大部分也不是很昂贵。许多遗产位于城外，很难有其他用途，所以机会成本较低。

在美国，博物馆以外的物质遗产主要是历史建筑和遗址。与大多数西欧国家不同，美国的公共场所或小教堂里没有大幅绘画作品和雕塑，其品质与重要意义使其成为被普遍接受的民族遗产的一部分，因此无论成本多昂贵也需要保护它们。事实上，美国的大部分公共场所的雕塑没有被公众或专家高度重视，如果需要，用相对较低的成本就可以修复。许多历史建筑是用木材而不是砖石建造的，因而缺点是损耗得更迅速。但相应的优点是，这种损耗通常更容易修复，在超过75%的住宅包含木制材料的美国，熟练的木匠比熟练的切石匠数量更多。大多数由政府机构管理的被保护的历史遗迹也是木质结构的开放空间。

因此围绕美国遗产政策的问题不包括以下两个担忧：可能有太多的官方指定遗产，以及其数量增长过快。Benhamou（1996，1998）认为在法国和英国存在这两个担忧。毫无疑问，大多数欧洲其他国家也是如此，即使对这些国家的古建筑和文物价值进行保守估计，冲抵物质资本消费后的年度成本占GDP的比重依然很大，如意大利（Netzer，1998）。

如上所述，美国公共部门对遗产保护的作用远比艺术要大得多。这一功能可以从多个方面进行管理。例如，国家公园管理局（内政部下设的一个局）的自然资源保护对象包括：历史遗迹、小径和纪念碑、战场（或与发生战争相关的地方）、20世纪美国西部探索和定居的重要地点、反映18和19世纪经济等情况的重要遗址。国家公园管理局拥有并管理250多个这样的地方，平均每个地方年花费至少100万美元的成本，需要投入20亿美元的年度预算中的10%以上到这些工作中。[①]州和地方政府也尽力保护历

① www.data2.ipc.nps.gov/parksearch/atoz.cfm.

史遗迹，但惯例是说服联邦政府拥有历史性建筑保护的所有权并承担文物保护的责任。这些地方几乎不被私人使用。

35.7.2 遗产的税收激励与监管

与针对艺术的政策一样，遗产保护的间接支持中有很大一部分是通过税收激励完成的。美国有一份国家史迹名录，位于名录上的地址的建筑的所有者可以为保护建筑享受税收抵扣。该名录始创于1968年，其中包括65 000多个地方，每个地方都有很多建筑，其所有者可以享受税收抵扣。主要联邦税收激励计划开始于1978年，截止到1997年该计划提供的税收激励高达92亿美元。据估计，在联邦、州和地方政府名录上的私人所有的建筑大约有300万个（Listokin and Lahr，1998）。

遗产保护的另一个方面是监管，即如果私人财产被认定为历史“地标”或“纪念碑”，或位于由当地政府认定的历史地区（通用术语是“地方保护历史古迹区”），那么私有财产的所有者对其财产可以做什么要由政府进行监管。1955年，这样的地区有20个，最早的一批包括华盛顿的乔治敦区（Georgetown section）、新奥尔良（New Orleans）的老广场（Vieux Carre）、查尔斯顿古城（Historic Charleston）和波士顿（Boston）的灯塔山（Beacon Hill）。25年之后，这样的地区超过800个，1996年超过2 000个（Listokin and Lahr，1998）。在这些地区，为了保护历史建筑的外观、防止拆除旧建筑后新建的建筑物与该地区的建筑特征不相符，改变建筑物的外观需要官方机构的许可。[①]这些地区的房屋的所有者可以声称“经济困难”，但这通常很难证明。在纽约，位于需求旺盛地区的教堂等小建筑往往可以高价卖掉开发权（在历史街区外的附近位置修建更高的建筑）。[②]

此外，历史街区的认定通常带来财产价值的大幅度增加，远远高于该城市的其余地区。然而，研究文献的结论比较复杂，根据全国房地产市场的巨大变化这是可以预料到的。早期研究对比了认定的历史区域的价格水平变化与同一城市其他地区价格水平的变化，以及没有严格控制历史区域和其他区域的其他差异（Scribner，1976； Gale，1991）。后来的研究采用享乐定价方法来隔离位于一个历史区域的隐性价格特征。Asabere和Huffman（1994）在费城发现价格大幅度上涨与两个因素相关：历史建筑的外观“地役权”（historic façade easements）（基本上放弃了所有者做外观改变的自由裁量权）、位于一个认定的历史地区。Coulse和Leichenko（2001）在得克萨斯州阿比林市的一次历史建筑普查中发现，认定为历史建筑有净的正影响。

最具有说服力的是Noonan（2004）的研究，他调查了1990—1999年间芝加哥住宅房地产的7.3万次销售。[③]最初的发现是，地标认定对销售价格产生了很大影响，使价格上涨6%到15%。然后，Noonan采用了重复销售法进行研究，文化经济学家用这种方法分析绘画和其他艺术作品在长期内价格的变化趋势。这种方法控制未被观察到的财产特征，与控制一件艺术品的独特性一样。采用这种方法后，Noonan发现芝加哥的地标认定对价格没有产生积极影响，甚至可能对价格升值产生负影响。[④]

---

① 虽然有些地区的特点是一些文化活动的集群，但是历史街区通常是一些建筑的集合，而不是本卷第31章中Santagata探讨的“文化区”。

② 如果“经济困难”可以证明，可以为了公共使用权而“接管”私人财产。美国宪法规定发生这种情况时，所有者应该得到补偿。

③ 经作者许可引用。

④ 纽约的公共财产税记录表明，被认定后，历史地区的住宅价格上涨速度远远超过同一城市的其他地区。毫无疑问，部分原因在于税法的规定，税法严格限制可居住1~3个家庭的房屋的可征税价值的上涨，这种类型的房屋在纽约众多的“地标地区”很常见。因此，房地产税收额没有反映其市场价值（该结论基于作者的一项调查）。

可以想象，如果因为被认定为历史地区而导致市场价值大幅增加，根据美国法律规定，以房产的市场价值为税基的地方财产税也会上升。但是在大多数城市并没有出现普遍的房产税增加的情况，因为地方政府评估机构不愿这样做。此外，根据法院的解释，如果房产所有者将“地役权”捐赠给非营利性组织，在没有经过地役权所有人同意（很少有人同意的情况）的情况下，不能改变建筑物的外观，那么联邦所得税允许房产所有者大量抵扣纳税基数会使缴纳的所得税减少。美国税务法院（US Tax Court）发现，在一些情况下，牺牲特定财产权利导致房地产的市场价值降低11%，这已经成为标准的税收规则。然而，当一个地区被认定为历史地区，导致该地区房地产价值大幅增加时，强调不允许改变外观的规则将增加而不是降低市场价值。

35.7.3 遗产评估

Frey和Oberholzer-Gee（1998）研究了遗产保护的效益评估问题，这方面的研究相对较少。当游客因参观建筑物或遗址购买门票时，我们可以了解他获得的直接福利。但还有许多被保护的遗产，对其收费是完全不可行的，或者仅对其中某些部分收费可行。大多数被保护的遗产还提供选择权和遗产价值。衡量这些外部性可能的方法包括条件价值评估法、市场不动产的享乐定价法、成本效益分析以及旅行费用法。然而，Frey和Oberholzer-Gee首选的方法是直接民主法，即对特定的项目和其预算进行投票表决。这在瑞士是常见的，在美国偶尔用于艺术项目，但没有用于遗产。

Navrud和Ready（2002）研究将评估环境政策的各种技术用于文化遗产评估，其中包括旅行成本法，它是Marion Clawson和Jack Knetsch在20世纪50年代开发的一种方法，用于评估美国自然景观的保护，尤其是西部和南部的国家公园（Clawson，1959）。这种方法的一个实际优点是，联邦和各州政府的交通主管部门提供了很好的旅行费用数据，包括用于旅行的时间价值的估计。这种方法看起来是合适的，因为大多数参观美国保护的遗产的人们往往住在远离这些遗址的地方。在政府承担积极的保护者职能之前，如果没有人参观这些遗址，那么自然衰变或转换为其他用途会导致许多遗址不复存在。也许会有一些令人惊讶，对一些偏僻遗址的评估几乎没有使用旅行成本法。Poor和Smith（2004）曾描述过这种方法。他们研究的遗址是位于马里兰的一个经修复的18世纪的英国殖民地，距该地区的大城市相对较远。它没有位于主要的旅游路线上，只能靠开车到达。在不同形式的方程里，估计的价值相差很大，但他们确实能提供一些政策建议。价格弹性很低，收入弹性为负，这些表明面对高消费阶层做广告要慎重。

35.8 进一步研究

很少有文献提及美国文化政策的特有方面（尤其是艺术的收入来源主要依赖已获收入和税收激励引致的私人捐赠而非政府直接财政支持）如何影响文化输出的组成（而不是水平）。例如，“领域”博物馆的展览已成为美国主要艺术博物馆安排展览的主导元素。可以说，领域博物馆的门票收入大幅增加，私人捐赠也更多。如果是这样，与完全不同的政策体制的国家经验相比，结果一定是致力于这样的展览的时间和空间会增加，致力于博物馆自身藏品的展览的时间和空间会减少。

类似地，在欧洲巡演的收入对美国舞蹈公司非常重要，可能是因为国内政府的直接财政支持小到可以忽略不计。此外，如果主要依赖地方政府实体的财政支持，可能对节目设置产生影响。回答后一个问题需要了解在文化输出的补贴方面，地方政府的实际职责是什么。

普遍认为，艺术的营利性部门主要依靠非营利部门的创造力，在戏剧和电影行业这是显而易见的，但在其他领域影响较小。使用物质与想法所产生的租金通常被有创造力的个人获得而不是非营利公司。关于这个主题很少有系统性研究。绝大多数公立小学和中学的孩子对艺术和音乐接触很少，这对文化输出（以及潜在观众的规模）的影响，人们也知之甚少。

35.9 结　论

与本卷的其他章节一样，本章试图解释美国的文化政策选择，这一选择是经济分析（尤其是市场失灵）的产品。Zimmer和Toepler（1999）对这一方法提出挑战。他们认为新古典市场失灵理论未能考虑存在于每一个国家的历史和制度因素，而后者导致了相当独特的文化政策："虽然市场失灵对政府应该施加干预提供了一个有力的证据，但是它无法解释公众支持的国际差异，或者文化政策实施的制度安排的国际差异。"他们的论点很有说服力。

参考文献

Abrams, B.A., Schmitz, M.D.(1978)."The 'crowding-out effect' of Governmental transfers on private charitable contributions". Public Choice 33(1), 29-39.

American Association of Museums(1999). Museum Financial Information, 1999. American Association of Museums, Washington, DC.

American Association of Museums(2003). Museum Financial Information, 2003. American Association of Museums, Washington, DC.

Americans for the Arts(2001). Local Art Agencies Facts, Fiscal Year 2000. Americans for the Arts, Washington, DC.

Andeoni, J., Payne, A.A.(2003)."Do government grants to private charities crowd out giving or fundraising?" American Economic Review 93(3), 792-812.

Asabere, P.K., Huffman, F.E.(1994)."Historic designation and residential market values". The Appraisal Journal 62(4), 396-401.

Auerbach, A.(1985)."The theory of excess burden and optimal taxation". In: Auerbach, A., Feldstein, M.(Eds.), Handbook of Public Economics. North-Holland, New York.

Baumol, W.J., Bowen, W.G.(1966)."Performing Arts: The Economic Dilemma". Twentieth Century Fund, New York.

Benhamou, F.(1996)."Is increased spending for the preservation of historic monuments inevitable? The French case". Journal of Cultural Economics 20(2), 115-131.

Benhamou, F.(1998)."The evolution of heritage policies". In: Peacock, A.(Ed.), Does the Past Have a Future? The Political Economy of Heritage. The Institute of Economic Affairs, London, pp.75-95.

Borgonovi, F., O'Hare, M.(2004)."The impact of the National Endowment for the Arts in the United States: Institutional and sectoral effects on private funding". Journal of Cultural Economics 28(1), 21-36.

Bourscheidt, R.(2002)."Letter to the Editor". The New York Times, June 6, 2002. Web address: http://www. nytimes. com/2002/06/06/L06ARTS/html.

Clawson, M.(1959)."Methods of measuring the demand for and value of outdoor recreation". In: Oates, W.E.(Ed.), The Economics of the Environment. Edward Elgar, Brook.eld, VT.

Cordes, J.J.(2004)."The partially subsidized muse: Estimating the value of public support received by nonprofit arts organizations". In: Schwartz, A.E.(Ed.), City Taxes, City Spending: Essays in Honor of Dick Netzer. Edward Elgar, Northampton, MA, pp. 198-240.

Coulsen, N.E., Leichenko, R.M.(2001)."The internal and external impact of historical designation on property values". Journal of Real Estate Finance and Economics 23(1), 113-124.

Davidson, B.(2002). United States Urban Arts Federation-Fiscal Year 2001. Americans for the Arts, Washington.

Diamond, S.(2002)."Ef.ciency and benevolence: Philanthropic tax exemptions in 19th century America". In: Brody, E.(Ed.), Property-Tax Exemption for Charities. Urban Institute Press, Washington, pp. 115-144.

Epstein, R.A.(2003)."The regrettable necessity of contingent valuation". Journal of Cultural Economics 27, 259-274.

Feld, A.L., O'Hare, M., Schuster, J.M.D.(1983). Patrons Despite Themselves: Taxpayers and Arts Policy. New York University Press, New York.

Felton, M.V.(1978)."The economics of the creative arts: The case of the composer". Journal of Cultural Economics 2(1), 41-62.

Felton, M.V.(1980)."Policy implications of a compose labor supply". In: Hendon, W.S., Shanahan, J.L., MacDonald, A.J.(Eds.), In: Economic Policy for the Arts. Abt Books, Cambridge, MA, pp.186-197.

Felton, M.V. (1992). "On the assumed inelasticity of demand for the performing arts". Journal of Cultural Economics 16, 1–12.

Frey, B.S. (1999). "State support and creativity in the arts: Some new considerations". Journal of Cultural Economics 23, 71–85.

Frey, B.S., Oberholzer-Gee, F. (1998). "Public choice, cost–benefit analysis, and the evaluation of cultural heritage". In: Peacock, A. (Ed.), Does the Past Have a Future? The Political Economy of Heritage. Institute of Economic Affairs, London, pp. 27–53.

Frey, B.S., Pommerehne, W. (1989). Muses & Markets: Explorations in the Economics of the Arts. Basil Blackwell, Oxford.

Frey, B.S., Pommerehne, W. (1995). "Public expenditures on the arts and direct democracy: The use of referenda in Switzerland". Cultural Policy 2(1), 55–65.

Gale, D.E. (1991). "The impacts of historic district designation". Journal of the American Planning Association 57(3), 325–341.

Gurney, A. (2003). The Race to the White Continent: Voyages to the Antarctic. W.W. Norton, New York.

Heilbrun, J. (2001). "Empirical evidence of a decline in repertory diversity among American opera companies". Journal of Cultural Economics 25, 63–72.

Heilbrun, J., Gray, C.M. (2001). The Economics of Art and Culture: An American Perspective, second ed. Cambridge University Press, New York.

Jackson, K.T. (Ed.) (1995). The Encyclopedia of New York City. Yale University Press, New Haven, CT.

Kendall, E. (1983). Dancing: A Ford Foundation Report. The Ford Foundation, New York.

Listokin, D., Listokin, B., Lahr, M. (1998). "The contribution of historic preservation to housing and economic development". Housing Policy Debate 9(3), 431–448.

Marquis, A.G. (1995). Art Lessons: Learning from the Rise and Fall of Public Arts Funding. Basic Books, New York.

McCarthy, K.F., Brooks, A., Lowell, J., Zakaras, L. (2001). "The Performing Arts in a New Era". RAND, California.

Meyer, K.E. (1979). "The Art Museum: Power, Money, Ethics". William Morrow, New York.

National Assembly of State Arts Agencies (2001a). Legislative Appropriations Annual Survey, Fiscal Year 2001. Washington, DC.

National Assembly of State Arts Agencies (2001b). State Arts Agency Public Funding Sourcebook, 1966–2001. Washington, DC.

National Assembly of State Arts Agencies (2002). Legislative Appropriations Annual Survey, Fiscal Year 2002. Washington, DC.

National Assembly of State Arts Agencies (2003). Legislative Appropriations Annual Survey, Fiscal Year 2003. Washington, DC.

National Endowment for the Arts (1988). The Arts in America: A Report to the President and to the Congress. NEA, Washington, DC.

Navrud, S., Ready, R.C. (Eds.) (2002). Valuing Cultural Heritage: Applying Environmental Valuation Techniques to Historic Buildings, Monuments and Artifacts. Edward Elgar, Cheltenham.

Netzer, D. (1986). "Dance in New York: Market and subsidy changes". American Economic Review 76(2), 15–19.

Netzer, D. (1987). "Changing economic fortunes of dance in the US". In: Grant, N.K., Hendon, W.S., Owen, V. (Eds.), Economic Efficiency in the Performing Arts. Association for Cultural Economics, Akron, OH.

Netzer, D. (1992a). "Cultural policy in an era of budgetary stringency and fiscal decentralization: The US experience". In: Towse, R., Khakee, A. (Eds.), Cultural Economics. Springer-Verlag, Berlin, pp. 237–245.

Netzer, D. (1992b). "Arts and culture". In: Clotfelter, C.T. (Ed.), Who Benefits from the Nonprofit Sector? University of Chicago Press, Chicago.

Netzer, D. (1998). "International aspects of heritage policies". In: Peacock, A. (Ed.), Does the Past Have a Future? The Political Economy of Heritage. Institute of Economic Affairs, London, pp. 135–154.

Netzer, D., Parker, E. (1993). "Dancemakers". Research Division Report #28. National Endowment for the Arts, Washington.

Noonan, D. (2004). "Neighborhood effects and residential property prices: The case of historical landmarks in Chicago". Paper presented at the 2004 research conference of the Association for Public Policy and Management (APPAM). Cited with the author's permission.

O'Hare, M. (1980). "The Malthusian nightmare of the composer and his audience". In: Hendon, W.S., Shanahan, J.L., MacDonald, A.J. (Eds.), Economic Policy for the Arts. Abt Books, Cambridge, MA, pp. 114–120.

Philbrick, N. (2003). Sea of Glory: America's Voyage of Discovery: The US Exploring Expedition, 1838–1842. Viking, New York.

Poor, P.J., Smith, J.M. (2004). "Travel cost analysis of a cultural heritage site: The case of historic St. Mary's City of Maryland". Journal of Cultural Economics 28(3), 217–229.

Port Authority of New York and New Jersey (1993). The Arts as an Industry: Their Economic Importance to the New York–New Jersey Region. Port Authority of New York and New Jersey, New York.

Port Authority of New York and New Jersey (1994). Destination New York–New Jersey: Tourism and Travel to the Metropolitan Region. Port Authority of New York and New Jersey, New York.

Rushton, M. (2000). "Public funding of controversial art". Journal of Cultural Economics 24(4), 267–282.

Seaman, B.A. (1987). "Arts impact studies: A fashionable excess". In: Radich, A.J. (Ed.), Economic Impact of the Arts: A Sourcebook. National Conference of State Legislatures, Denver, pp. 43–75.

Seaman, B.A. (2002). National Investment in the Arts. Center for Arts and Culture, Washington, DC.

Schuster, J.M.D. (1989). "Determinants and correlates of arts support by states". In: Shaw, D.V., et al. (Eds.), Cultural Economics, '88: An American Perspective. Association for Cultural Economics, Akron, OH, pp. 211–224.

Scribner, D. Jr. (1976). "Historic districts as an economic asset to cities". The Real Estate Appraiser, May–June, 7–12.

Smithsonian Institution Libraries (2002). From Smithson to Smithsonian: The Birth of an Institution (an online exhibition).

Smolensky, E. (1986). "Municipal financing of the US fine arts museum: A historical rationale". Journal of Economic History 46(3), 757–768.

Surrey, S.S. (1973). "Pathways to Tax Reform: The Concept of Tax Expenditures". Harvard University Press, Cambridge, MA.

Throsby, D. (1983). "Perceptions of quality in demand for the theatre". In: Shanahan, J.L., Hendon, W.S., Hilhorst, I.H., van Straalan, J. (Eds.), Markets for the Arts. Association for Cultural Economics, Akron, OH, pp. 6–21.

Throsby, D. (1992). "Artist as workers". In: Towse, R., Khakee, A. (Eds.), Cultural Economics. Springer-Verlag, Berlin, pp. 201–208.

Throsby, D. (1994). "A work-preference model of artist behaviour". In: Peacock, A., Rizzo, I. (Eds.), Cultural Economics and Cultural Policies. Kluwer Academic, Dordrecht, pp. 69–80.

Throsby, D. (2003). "Determining the value of cultural goods: How much (or how little) does contingent valuation tell us?" Journal of Cultural Economics 27, 275–285.

US Census Bureau (2001). Statistical Abstract of the United States, 2000. CD-COMP-ABSTR00. Also, Statistical Abstract of the United States for 2001 and 2002.

Zimmer, A., Toepler, S. (1999). "The subsidized muse: Government and the arts in Western Europe and in the United States". Journal of Cultural Economics 23(1–2), 33–49.

第36章

文化政策中的税收激励

J. Mark Schuster

Massachusetts Institute of Technology，Cambridge，MA，USA

李静怡　译

摘　要

对文化政策的讨论越来越关注税收激励的创新与重构，这说明文化政策与税收政策之间的关系变得越来越复杂。目前一种被普遍接受的看法是，在文化方面直接的公共资源投入总体上呈减少态势，人们开始寻求其他的支持性资源以及为这些资源提供各种方式的激励。此外，随着在文化政策上权力分散、敏感度降低和权力下放等形式的增加，人们越发关注在公共资源领域如何将税收政策作为广泛应用的传播决策的方式。因此，虽然不是专门针对非营利组织，但人们越来越多地利用税收政策来激励那些被认可的针对艺术与文化的适当行为。相关研究结果清楚地表明，相较于那些政府提供直接支持的计划，内嵌于各类税种（已被美国各级政府放弃）当中的间接资助才是一种更为重要的金融支持来源，而其中最为重要的是对慈善捐款的抵扣。因此，许多国家已经开始对这种支持文化事业发展的"美国模式"给予更多的关注，这种模式正是基于对私人捐赠的高度依赖以及随之而来的税收激励机制。

本章采纳了"税式支出"的观点，首先对现有的在文化政策领域中相关税收政策做了一个文献综述，进而讨论了关于免税所发挥作用的一些累积性的证据：赠予的价格弹性；赠予的收入弹性；个人与集体进行决策的差异，关于如何将公共资源分配至艺术以及文化领域中；税收激励以及匹配补贴的密切关系；针对企业捐赠的税收激励经济学；税收激励影响范围同直接支持影响范围的对照分析；税收激励促进有关其他收入来源挤出或引致行为的程度。目前大部分的研究集中于对美国慈善赠予的税收激励分析，当然也有一部分的研究是针对其他国家的，这些都反映在本章的结论中。

目前，计量经济学的结论大量依赖于模型假定以及所使用的数据集类型。对于那些主张以税收作为激励基础的学者来讲，至少在慈善捐赠方面，存在着相当充分的证据来支持这些激励将会达到预期想要的经济学效应。

但是那些对于这些激励所产生的净效应持怀疑态度的人仍然可以找到证据来支持他们的论点。即使美国的计量经济学证据上存在着模糊性，以税收为基础的激励措施的使用还是在急剧增加。一组当代的国际示例表明：（i）间接的援助大部分是在资助艺术与文化方面最有趣的革新和变化发生的领域；（ii）这种急剧增加更有可能是受到政治主张的影响，而非理性分析的结果。

关键词

文化政策，税收政策，税收激励，慈善捐赠，税收减免，税收抵免，非营利部门，等额补贴，捐赠的价格弹性，捐赠的收入弹性，关联度分析，拥挤理论，税式支出，决策制定模型

JEL Classification Codes

D12，H20，H22，H30，Z10

36.1 引言：作为文化政策的税收政策

大部分对文化政策的分析都聚焦于直接政策，而且看上去理应如此，因为政府所能掌控和监督的文化部门、政策、规划以及项目等都是文化政策中可见并且重要的组成部分。但是在过去25年左右的时间内，在文化政策这一领域中相当数量的研究表明：税收政策所采用的一些间接方法同样在文化政策组合中起着重要的作用。例如，失业条款或者其他社会福利条款以及它们同就业活动在文化范畴内的相互影响就是一些恰当的范例，其中最为突出的则是为了文化政策而定制的税收政策所起到的作用。

税收政策之所以引起广泛的兴趣，主要基于以下四点原因：

• 使用税收政策，尤其即便不是专门为非营利部门设计的税收政策，也被认为对于艺术与文化领域中那些合意的行为给予了极大的激励作用。非营利性的艺术和文化组织可以从各种税收优惠条款中获益：它们可能被免除财产税[①]，免除因其购买行为而产生的消费税，或者免除在一个税收年度中它们所能实现的剩余收益所应支付的所得税（只要这种剩余用于企业建设的再投资）；一个捐赠者可能从税收条款中获益，该条款能够降低捐赠者向文化机构进行私人捐赠所付出的成本。个人艺术家们同样可以从各类税收条款中获益：他们可能被免除州所得税或者某种特定条件下的州所得税；他们甚至可以从一个国家层面的所得税豁免中获得好处，而这种做法在爱尔兰已经被用在一些具有创造性的艺术家身上。[②]文化产业中的企业可能从它们所符合的特殊税收减免政策中获益。例如，降低企业生产产品的增值税税率，通过税收抵免来鼓励某种类型的投资等。

• 使用某些专门的税种作为艺术与文化的收入来源。在文化政策上，呼吁为艺术和文化设计专门的公共收益来源的呼声越来越高。这在很大程度上需要通过各州彩票销售数量的增加来实现，相对成功的尝试使得这种新型的公共收益资源对于选举人来讲很有吸引力——彩票收益专门用在那些受欢迎的“正当理由”上可以赢得更多的政治支持。当然，现实中也存在一些非彩票性质的案例。科罗拉多科学及文化服务区的创立就是一个颇具重要性的举措，这是一个包括6个郡在内的特别税收区域，这个区域内的销售税中附加的0.1%会被用来支持科学以及文化服务（Martell，2004）。

• 在课税方式上要确保艺术与文化领域同其他领域间的公平性。在此我们主要关注的问题是，税收政策会以一种不同寻常的方式影响其他需要考虑的部门之间的关系。举一个简单的例子：由于作家、剧作家以及作曲家等人的收入具有分散且不可预知的特性，所以好的公共政策可能就是引入所得平均法，允许收入的高峰在较长的一段时间内形成递延效应，从而改善可能成为难以接受的税收负担的情况。

• 作为一种政治策略，将对艺术与文化领域的支持由直接形式转向间接形式。随着公共预算的限制越来越严格，对艺术与文化的直接支持也曾面临一些争议，因此，更为隐蔽的政府支持的形式对于此类领域以及政客们来讲更具有吸引力。

此外，一些特殊的税收政策以及更具普遍性的间接援助则是在对艺术与文化的公共资助方面最为有趣的创新发生的领地。[③]在此，还能找到很多试验性和多样性的直接援助。在每两年召开一次的文化经济学会会议以及文化政策研究国际会议上，就像杂志（《文化经济学

---

① Brody(2002)对于财产税的税收豁免问题做了精彩的论述。

② Munnelly(1986)对欧洲多个国家在个人艺术家课税方式的问题上进行了比较研究。

③ 例如，见Schuster(1999)所讨论的例子。

杂志》和《国际文化政策杂志》）内容中呈现的那样，我们可以清楚地看到全世界关于政策方面的讨论越来越关注税收激励的创新与重建（尽管州立文化机构的所有权和运行依托拨款进行的直接支持以及运作补贴，在很多国家仍然是受欢迎的支持模式）。这样带来的结果就是，对于文化部门中的个人和组织来讲，想要跟踪税收激励方面的全部动态是非常困难的，他们很难察觉哪些激励对他们而言是恰当的，同时也让他们很难察觉哪些税收条款可能对他们产生影响。[①]

在这篇简要的引言中，我们清晰地表明“作为文化政策的税收政策”是一个非常宽泛的话题，它有许多细节值得我们进行持续的探索和分析。诚然，任何一种税制都可以被归结为一个简单却又发人深省的主题：现有的税收形式或者税收条款在多大程度上有利于或者不利于当前的文化产业发展？现有的税收制度能够在多大程度上进行修订从而对文化产业提供各方所需的好处？这样做的成本有多大？当前大多数有关税收政策与文化政策交集的讨论，主要集中在税收政策能够在多大程度上精确地影响文化政策上。换句话说，当前大多数关于税收政策对文化政策贡献的讨论都集中于上面第一点：税收政策能够在多大程度上被用以对艺术与文化进行有效的激励，从而产生令人满意的效果。

税收在文化政策的方方面面都发挥着作用[②]：税收条款被用来吸引艺术家参与城市重建工作（Schuster，1999），或者从更广泛的意义上看，从国家层面上对艺术家这一特定群体给予支持，正如我们在爱尔兰看到的那样（Simon，1998）；税收可以被用来降低某些文化产品和服务相对于其他类产品及服务的成本——比如降低图书采购的增值税税率（Rouet，1999）；税收除了被用作规章以及直接头寸之外，还被用于提供一种激励来使得艺术工作被认为是在国境线以内国家遗产的组成部分（Mc Andrew and O’Hagan，2000；O’Hagan and Mc Andrew，2001，pp.49-50），或者从税收角度上看，向国家博物馆捐赠要比直接卖给博物馆更具吸引力（博物馆、档案馆和图书馆委员会，2002，p.10）；同时，一些特别设计的税种还可以作为对艺术支持的补充来源（Schuster，1996，2001；Martell，2004）。这些例子仅仅是相关课题领域中的冰山一角。

相对于其他领域，在文化政策方面，以及在更广泛意义上通过非营利性部门执行的政府政策方面，税收政策中的这一个领域已经让人们产生了更大兴趣——对文化以及其他非营利性组织进行捐赠的税收处理。当前对这个话题的讨论已经达到了白热化的程度：因为在这样一个公共资源越发受限的时代，很多国家已经开始对文化支持的“美国模式”给予更高的关注，这种模式依赖于高水平的私人捐赠，而私人捐赠主要来源于个人，还包括企业以及私人性质的非营利性基金。[③]有记载清晰地表明：相对于那些政府计划中的直接支持而言，被美国各级政府所放弃的根植于各类税种的间接援助是一种更为主要的金融支持来源（Feld，O’Hare and Schuster，1983），而这其中最为关键的是这些捐赠可抵扣税款的

① 这引发了税收目录的产生。Simmonds(2001)举了一个英国方面对艺术进行此类引导的例子;Staines(2004)举了一个欧洲为艺术家以及赞助商运营的例子;Simon(1987)以及Facchina、Showell 和 Stone(1993)提供了在美国一些有用的跨行业例子。

② 关于美国对非营利性组织的税收激励情况,可参见Simon(1987),但需要注意的一点是这种泛泛的概要并不包括对文化领域中营利性组织的税收激励的讨论。

③ 有一个关于美国文化组织收入来源普遍存在的错误印象需要在这里澄清一下。正如粗略的拇指规则所示,美国的文化组织的收入中大约60%的部分来自于“劳动所得”——门票销售、订阅销售、会员制,以及通过商店、咖啡厅、出版运营跟停车场等带来的收入;余下的40%是“非劳动所得”。特别指出的是,这种非劳动所得中的3/4来自于私人的慈善捐赠,而其余的1/4来自企业、基金会以及政府。因此,虽然对这种概述经常存在一些例外,但这种收入来源结构最为突出的特征便是私人贡献的重要性,来自于对组织的个人支持者。这些支持者们提供了组织总收入当中30%的部分。但是,正如我们将要看到的那样,这30%由两部分组成:真正的税后私人捐赠,以及通过公共政策被免掉的部分税收。

程度。

因此，为了在当前章节中保持论述的重点，我将讨论的焦点设定在有关慈善捐赠及其产生的激励效应的税收条款上。我将引用税收政策其他组成要件中的适当示例，同时还要讲到税收政策与文化政策相互影响时所引发的众多问题，但我不会就这一宽泛的研究领域提出一种综合性的观点。通过这种方式将我论述的焦点进行整合还有另一个好处：这样做得到的数据可能是最好的——尽管可能只是在某种特定的国家环境中——但就数据而言，我们的分析是最完整的。

在我彻底转向这个方向之前，请允许我首先对当前与艺术相关而且以文化政策为基础的税收政策及有关文献进行梳理和总结。

36.2 文化政策领域中税收政策的相关文献

36.2.1 早期的文献

第一次承认税收政策是对文化政策直接补贴的一个重要补充，源于政府性质的文化机构——美国国家艺术基金会和国家人文基金会的创建。因此，从一开始就存在税收政策之于文化的作用到底是直接的还是间接的讨论。August和Heckscher（1962）在报告中，建议肯尼迪总统建立“咨询艺术会”时就提出了很多税收方面的改革建议，旨在增加政府对艺术的补贴（Netzer，1978）。在国家艺术基金会的创建期间，人们担心新机构可能带来过度的集权，因而一些报道认为应该增加间接补贴。[①]在这些报告中，税政策只起到次要的作用。在某种程度上，这些报告对这一领域的关注仅仅是一些劝诫，缺乏根本可靠的数据，因而其解释几乎没有任何意义。

1973年，“私人慈善事业和公共需求委员会”（通称为主席之后的“过滤委员会”）这一民间组织成立，其目的是研究慈善捐赠的作用以及美国公众自发的志愿者活动。经过努力，他们出版了五卷工作底稿和报告（过滤委员会，1977），并且他们目前仍然雄心勃勃地试图了解美国非营利部门与国家关系的动态。在3 000多页的报告中，只有122页论述了非营利的艺术（Hightower，1977）。而这份报告在仔细地记录对艺术组织支持的各种来源的重要性时，却对税收法律扮演的幕后角色只字未提。这一点尤其引人注目，因为一整卷委员会的文件处理了大量与税收政策有直接关系的问题。显然，艺术部门还没有意识税收政策对其财务健康运行的实际贡献，但与此同时很多其他部门早就开始了对现有税收政策和税收改革相关问题的研究和积累。

20世纪70年代中后期，人们开始持续关注欧洲的税收政策问题。欧洲共同体委员会任命Ignace Claeys Bouuaert编译三个欧共体（EEC）中有关文化政策税收问题的报告。这些报告涉及对文化组织机构的税务处理以及对这些组织机构的贡献（Bouuaert，1975），对欧共体文化工作者的税务处理（Bouuaert，1977），以及历史遗产的税务处理（Bouuaert，1979）。所有这些报告均是跨国的目录，描述的是当时欧共体国家生效的国家立法。Bouuaert很揪心地发现，每个案例中有关艺术和文化的完善税收制度体系还没有建立，尽管那时候对国家艺术的调查还不完全，但结果仍然是雄心勃勃的。

---

① 参见Toffler（1965，pp.182-208）；洛克菲勒委员会报告（第4、5章，pp.120-121，138-143，1965）；Baumol和Bowen（第13章和pp.348-356，1966）。

36.2.2　税式支出分析

Stanley Surrey（1973）《税制改革道路》一书的出版标志着关于税收激励研究的一个清晰的方法和分析的分水岭的出现。Surrey认为，间接的政府行为，尤其是体现在税收优惠中的间接行为，可以而且应该与直接的补贴相区别：政府放弃的税收应该被认为是政府的“支出”，对这部分税收的分析应该与直接支出用同样的方式，这两种方法应该加以比较，以了解它们各自的属性及各自的优缺点。他创造了专有名词“税式支出分析”来形容这种做法。10年后，最全面的税收政策和文化政策之间关系的研究，是在美国二十世纪基金支持出版的关于艺术和文化系列丛书中的一部分内容中呈现出来的。[①]《尽管惠顾自己：纳税人和艺术政策》（Feld, O’Hare and Schuster, 1983）第一次尝试对一个经济部门的税式支出而不是通过税收工具进行分析，而且其重要性远远超出了对艺术和文化层面的分析[②]。《尽管惠顾自己：纳税人和艺术政策》可能是已知的最著名并被广泛引用的处理艺术和文化税收问题的书籍，尽管美国税收内容已经有了很多明显的改变，尤其是边际税率，但这本书目前仍然是一个参考标准。

Feld、O’Hare和Schuster表明，在美国，与对文化和艺术的直接补贴相比，对艺术和文化的间接补贴体现在各种各样的免税和减税政策中。对于1973年——他们的基准年[③]——他们估计以政府放弃税收的形式对艺术和文化的间接补贴，几乎是政府给予的直接补贴的2.5倍。[④]更重要的是，他们提出了很多通过间接税收豁免这种形式对文化和艺术的支持政策，而不是直接进行税收减免。首先，他们认为，在捐赠者的偏好、收入水平、与之有关的边际税率，以及他们对艺术和文化（而非其他）的偏好之间有重要的联系。他们认为，这一点使得以税收减免为基础的公共支持政策产生了要素的扭曲效应。此外，他们指出了影响的程度，这种影响将私人捐赠者（的捐赠）与公共资源的配置相提并论。[⑤]他们列举了很多实例，诸如一些国家的纳税人被要求为个人捐赠者做出的决定承担相当特殊的后果。当然，这里最重要的分析点不单是个人捐赠者的决定可能是特殊的。在这个意义上，直接援助制度中作出的决定可能也是特殊的，他们也可能不符合公认的公共政策。现在的问题是，对于有关联的政策而言，是否建立一个提供公共服务的体系会取得更好的效果。[⑥]然而，由于官僚主义或政治原因而导致的决策失败是公共部门的特质。当然，这种失败的决策或许可以通过警觉性纠正和制度设

---

① 这组研究引发了阅读兴趣，特别是当把每一卷内容与历史对照的时候。在上述文中提到的Feld、O’Hare和Schuste（1983），补充了美国的二十世纪基金研究中Netzer（1978）关于美国直接援助的问题，提出了对美国艺术的间接援助，这种援助集中在全国艺术基金会和国家艺术理事会。此外，Meyer（1979）提出要考虑与艺术博物馆有关的政策；Banfield（1984）讨论了面对面视觉艺术的公共政策问题。

② 作者意识到，它是唯一作为单一部门来理解的研究成果。

③ 之所以将1973年作为他们的基准年，是由于在这一年，“私人慈善事业和公共需求委员会”做了一项全国慈善事业的调查，系统地收集了慈善事业的有关数据，这些调查的捐助者已对某一些独立的部门作出了自己的贡献。用Christopher Jencks的话说（1987，p.324），这个调查“是在美国进行的最大和最详尽的有关赠予的调查”，但是要注意到Christopher Jencks批评这一数据的来源可能高估了逐条列举分项扣除的高收入者的捐赠水平，同时低估了逐项逐笔登记的低收入者的捐赠水平。

④ 接下来我们会看到，美国最新的调查估计显示了更高的比例。

⑤ 在本卷其他地方，Dick Netzer认为，美国税收激励在捐赠者身上的使用程度，能够测算出纳税人在公共资源中愿意为文化和艺术支付的最佳意愿。在此方面，他认为，这个估计甚至可能优于价值评估的研究。

⑥ 参见King和Blaug（1976）评估直接援助时一个有趣的例子。

计来解决。但是私人决策的特质是与生俱来的，不是那么容易被纠正的。[①]

关于房产税，Feld、O'Hare和Schuster（1983）认为，现有的税收优惠刺激了非营利组织之间的资本密集性，使建筑物和土地相对于其他资源的使用更加便宜。[②]他们演示了税法的变化如何对文化组织可能产生的负面影响——拿博物馆来说，它会发现自己其实是反对税收改革的，因为将边际税率保持在尽可能高的水平上更符合自己的利益。因此，慈善捐赠的边际价格越低，就越能吸引捐助者捐赠（即剔除税收后，捐赠价值越小越能鼓励捐赠行为）。他们也阐述了在许多免税的核心问题上，私人利益是如何与公共政策的关系变得越来越紧张的。

对于支持美国文化机构而放弃的税收收入，还有一些其他试图对其作用进行评价的尝试。有些研究者从某些特定机构得到样本数据并进行了相应的估计。例如，Fullerton（1991，pp.198-199）专注于艺术博物馆的研究，他使用1988年的数据估计美国艺术博物馆的运营收入，发现其中18.6%是由政府放弃税收带来的现金贡献以及放弃有欣赏价值的艺术作品的资本利得税所组成的（见表36-1）。因此，他估计中央政府的间接援助是直接援助（平均起来占总收入的11.0%）的1.5倍。他因此认为，对博物馆的公共资助平均占收入总额的48.9%（18.6%+11.0%+19.3%）。换句话说，公共部门提供的好处超过1/3体现在税式支出上，即通过政府放弃税收的形式来实现，计算公式为：（12.0+6.6）/48.9=38%。

表36-1　美国艺术博物馆收入来源（1988）

	收入（百万美元）	比例（%）	调整比例*（%）	备注
营业收入（劳动收入）	122.4	14.0	14.0	
私人补贴（贡献收入）	235.0	27.0	15.0	私人比例
			（12.0）	税式支出（政府没收上去的税收）
艺术品捐赠价值	77.3	8.9	2.3	私人比例
			（6.6）	税式支出
中央政府直接补贴总额	95.7	11.0	11.0	
州和地方政府直接补贴总额	168.7	19.3	19.3	
政府间接补贴总额			18.6	
捐赠收入	173.0	19.8	19.8	
合计	872.1	100.0	100.0	

注：计算数据基于艺术博物馆馆长协会1989年对155个艺术博物馆的调查数据整理得出。

*调整百分比表示的是对嵌入捐款贡献中的税式支出进行了相应会计处理之后的百分比。

资料来源：Fullerton（1991）。

这一分析也低估了中央政府税收豁免所产生的整体利益，因为它既不包括净营业收入中的不征税的部分，也不包括有关限制性捐款的税收豁免，更没有分析州和地方政府的税式支出。例如，无论是对房地产购买价值的免税，或是对博物馆收入的州税收减免，或是慈善捐赠的税收激励，都没有被考虑在内，并且他进一步指出

① 感激Victor Ginsburgh和David Throsby回应笔者所写的这一章的草案时所提出的观点。

② 这一主题由Vladeck（1976）进一步探讨。

这155个博物馆包含5个大的政府艺术博物馆，而这5个大型博物馆非但不是例外，反而也和全国范围的大部分博物馆一样体现了这一特点。如果这些税收豁免被移除，那么对私人博物馆的隐性补贴将会比直接的政府支出多得多。

其他的研究者也尝试着从总体上关注艺术，运用部分已经在总体上为慈善捐赠部门所用的新数据集，并采用各种各样的方法来得到他们的估计。最近，Brooks已经写了几篇简短的论文，用最近的数据来探讨其中的一些主题。他估计，在1999年，联邦层面融资的直接间接比率（以政府免征的用于艺术和文化组织等慈善事业的联邦税款，对比联邦政府对艺术事业联邦拨款的数额估算而来）可以表示为：间接/直接=14美元/1美元（Brooks，2003）。[①]

这个估算方式的准确性受到人们的质疑：它的分子很可能被高估，因为它是基于美国基金会法律顾问协会提供的数据计算而来，而这个协会有各种理由去夸大这些数据；与此同时，分母无疑会偏低，因为联邦政府对艺术事业的直接援助远远超过了国家艺术基金会的预算——它的确表明以免税这种形式体现的间接援助的相对重要性已经急剧增强。

需要注意的是，正如上面所提到的Fullerton研究所提到的那样，Brooks并没有试图将财产税（或其他国家和地方）豁免的影响纳入估计中去。与此相反，Feld、O'Hare和Schuster（1983）就纳入了这种估计，尽管他们的研究成果在现在看来已经过时了。

36.2.3 税收政策中的其他问题

在严苛的税式支出分析之外，Schuster一直在美国学术文献的有关税收文化政策方面扮演重要角色，他是这方面最突出的贡献者。在一些论文中，他从比较的视角来看待税收优惠问题，将美国的慈善事业减税与传统的契约制度进行了比较，认为这一制度为慈善事业提供了税收激励（Schuster，1985，1989）。这些论文为英国传统制度的优点提供了辩护，尽管它正在逐渐向美国激励制度转型，而且其政策自身的优点正在被淡化。在Bouuaert（1975，1977，1979）早期著作的基础上，他（Schuster，1986）证实了一种与流行观点相悖的观点，即慈善捐赠的美国式激励已经在许多西欧国家得到实施，而且其他国家在出台税收规定以追求各方面的文化政策方面已经大大超越了美国，突出体现在对动产和不动产遗产资源的处理上。他还表明，这些国家的公民对这些条款的接受程度已经远远低于美国相应的免税情况。[②]他还提出了一整套关于在艺术和文化中使用税收激励的命题（Schuster，1987），其所关注的焦点，是通过间接而非直接的方式来支持艺术和文化（以及其他更普遍行业）所面临的固有困境。

Schuster（1999）的研究又回到了艺术的间接援助领域，以此纪念Dick Netzer的著作《补贴的缪斯》出版二十周年。在这篇文章中，他指出，随着其他国家开始

---

① 在一个未被发表的分析中，Brooks估计道"……在艺术方面，私人和公共资金对艺术投入的比率在20世纪90年代由12:1变为19:1。大体看来，比率是增长的。假设一个合理的联邦边际税率，即间接的联邦援助与直接的联邦援助的比率约为15:1。得到间接/直接比率总数变得更加困难，但是我推测这个比率大约是6:1。"（摘自2002年2月2日Arthur Brooks与作者的电子邮件通信）

② 事实上，越来越多的国家，特别是在西欧，已经实现了美国式的慈善捐款扣除（参见Weisbrod（1991）；国际非营利法律中心（2002）；Inkei（2001）；国际艺术委员会和文化机构联合会（2003））。这些税收制度在各个方面都有诸多差异，其批准的可抵扣捐赠的接受者也不尽相同，但基本原则大致相同：用于慈善目的的捐赠可以在计算应纳所得税数额前予以抵扣。但也存在例外情况，如一些国家选择税款抵免而不是贡献捐赠扣除（详见下文）。

采取美国式的税收优惠政策，许多情形已经改变，但大多数改变是政府有意愿制定狭义和有针对性的税收优惠政策。此外，尽管税收优惠过去就曾被定义成为广泛的受益者提供广泛的福利，但是最近出台的政策激励主要针对特定的政策目标而设定，并确保这些福利仅限于预期的受益者。这种有针对性的激励措施，特别适合于克服对行为变化的抵制，这一点将会在下文中详述。

尽管大多数起源于文化领域的关于税收政策的讨论通常是基于辩护而不是分析，但偶尔也会有深思熟虑的贡献。Stephen Weil，一名律师同时也是一位博物馆管理员，就是这样一位贡献者。在1991年的一篇论文中，他探讨了美国税制改革这一政治问题，以及它和维持政府对艺术的间接援助之间的关系（Weil，1991），其中特别增加了关于慈善事业的税收激励的讨论，以此作为一种获得政府支持的首选方案。

文化政策的税收贡献的另一个组成部分，集中在可增值财产——尤其是对美国博物馆的画作捐赠的税收处理上。文中大量笔墨都用在比较收藏家和艺术家的捐赠税收条约上，但大多数文献都是直接的宣传，而不是经过深思熟虑的分析。[①]

与遗产资源有关的特殊问题以及各种税收优惠政策所提供的解决方案也受到了持续的关注。Alvarez（1988）、Schuster（1986）以及Netzer（1997）对各种类型税收政策的关系以及其保护措施进行了概述。Fogelman（1990）认为美国可能会采取一系列的税收规则，以保护基于英国防护国家安全的传统。Schuster、John de Monchaux和Riley（1997）在全面介绍用于遗产保护的政府工具的背景下讨论了税收激励的范围。有趣的是，与其他领域相比，文化领域更多的是由政府发布大量的宣传信息，去尽力解释相关税收法规和税收优惠政策的应用及执行。最后，在对艺术作品的经济政策问题进行概述时，O'Hagan（1998，pp.104–130）用了整整一个章节来讨论税收问题。这一章节对税收政策在文化方面扮演的角色进行了总结。值得注意的是，它还包含了一部分增值税（VAT）部分的内容，而这部分内容是其他作品中（包括前几章内容）所没有的。

36.2.4 让税收政策重回文化政策议程

最近，有两个因素让我们把注意力集中在税收政策上。第一，人们普遍认为，与文化相关的直接公共资源的可用性已经普遍降低，现在人们已经开始寻找其他来源的支持，并为这些来源提供激励。第二，随着文化政策的分散、放宽控制，以及分权措施的不断增加（Boorsma，Hemel and van der Wielen，1998），人们对一种作为可以更广泛传递有关公共资源决策的税收政策也更加关注，因为免税形式所产生的益处是按照个人或组织的决定而分类的。综合来看，这两个因素又一次将公众的目光转向了编目和理解当前税收体制在各个国家的具体运用上，一方面是为了去寻找有效实施的模式，另一方面则是为了寻找其他的方法来协调和整合不同国家的管理体制。[②]因此，在税收政策和文化政策方面的文献中，近期的贡献是由为欧洲（Inkei，2001）效力的中东欧金融文化区域天文台（“Budapest天文台”）完成，并由国际艺术与文化机构（2003）的员工比较研究得出的。这些报告反过来又可以作为更广泛的文献范畴的一部分，这些文献关注的是一个有着强大的非营利性部门的社会系统，特别是在中欧和东欧地区。因此，这些国家就格外关注适当的法律体系的完善与发展（国际

① 例如，比较Hawkins（1988），Feld、O'Hare 和 Schuster（1983，pp.11–16，44–48，220–223），Fullerton（1991，pp.206–207）。

② 这方面的活动大部分都是在欧盟进行的，关注的焦点是促进跨国界的艺术工作者的流动。

非营利组织法，2002)。

Inkei（2001）从税收激励对文化政策影响这一角度进行了研究。该研究对税收激励作用的发挥保留了审慎观点，在回顾过去高水平的中央政府支持的同时，也透露出对宣传和倡导作用的乐观估计和些许怀疑。Inkei的报告将目光聚焦在支持企业的税收待遇上，而没有着重讨论支持个人的税收待遇，这反映出该报告强调的中欧和东欧地区，人们认为（希望或担心）对个人的税收支持是通过企业这一重要入口实现的。因此，这份报告谨慎区分赞助-商业事务和英美传统中的捐赠-慈善礼物，这一区分在试图理清现行法律和程序的时候起到关键性维护作用（例如，赞助通常会增加增值税，因为它被理解为购买服务，然而捐款却不是这样；赞助也可能导致接受赞助的组织产生应税“利润”）。在特定的国家环境下，企业赞助的税收待遇在文化政策上差别很大，随着企业将越来越多的赞助资金投入艺术和文化领域，国家也在寻找方法让公司获得越来越多的文化支持。

在各种慈善机构和非营利组织对私人支持中，私人文化支持只占一小部分，政府和社会科学家倾向于在环境文化、慈善机构、国内社会发展，以及非营利组织的定义和管理形式等更广泛的方面解决私人文化支持问题。Inkei（2001）进行了一个粗略的估计，认为国际上可能有10%的私人慈善事业流向文化领域。这一估计似乎是慷慨的，因为根据对美国的可靠估计，在2001年，非营利组织总贡献（2 120亿美元）中的5.726%（121.4亿美元）流向艺术、文化和人文学科领域（AAFRC Trust for Philanthropy，2002，p.11）。可能是因为美国国家法律限制税收优惠给予小范围的接受者，而文化组织往往被指定为受赠人，因此在其他地方，向艺术和文化提供的税收激励的相对比例将会更高。艺术和文化也有可能像楔子一样挤入所有行业中来争取税收优惠，因此成为至少在一段时间内为数不多的受益行业之一。

无论这一比例是多少，它的影响之一是，对文化部门（或者对任何特定部门）的分析关注，要比作为一个整体的慈善经济学所付出的关注更少。[①]因此，这一章后面的大部分工作都将基于更广泛的税收政策文献，而很少提及文化政策。此外，通过政治科学比通过经济学更能解释间接援助的领域。然而，经济学仍然是一种重要的分析工具。

36.3 艺术和文化相关税收政策的目标

如果税法只有一个单一的目的，那么追踪税收政策对艺术和文化领域的影响将会被简化。然而，正如Simon（1987）在发表的一篇简短的关于税法理论的文章中所指出的那样，我们可以明显地看出，有关非营利组织在美国（以及扩展到其他的一些地方）所体现出的所谓税法的四个主要功能。其一，财政支持功能。政府对第三部门（非营利组织）提供财政支持，这体现出在分配环节上的公平性，再分配的公平和追求公共利益都是通过税收激励机制来实现的。其二，监管功能。这种在政策上的强制性功能保证了包括受托人、组织中的领导者和捐助者在内的群体可以在公共利益的权限范围内广泛地行使权利。其三，边际规范界定功能。这种功能明确地规范了第三部门（非营利组织）、私人企业和政府三者之间权利和责任的界限，将三者的联系和区别明确地界定出来。当然，以上三条只是税法的辅助功能。其四，增加公共部门的财政收入，这是税收最主要的目的，也是税法最基本的功能。在这里，税收政策给我们提出了一个棘手的问题。一方面，我们希望税收可以最

① 详见本卷由Katz编写的第37章。

大限度地累计在一起，并且让它的收入和支出能够尽可能地透明化、公开化，就是让整个财政税收系统可以简单明了地、直截了当地运行；另一方面，我们希望税收能够在各种政策领域部门（如文化政策部门）发挥作为提供激励措施或制约措施的政策工具的作用。

36.3.1　定义税基与提供激励

在税收政策中，我们更关注税法，是因为我们关心的是有关税法中激励的部分：什么样的经济行为已经成为一种推动力？怎样在实际工作中发挥这种推动力的作用？然而，这里存在一种根本性的争论，这种争论将会影响并持续影响税收政策的制定和分析。对于一类纳税人来讲，税收是一种激励机制，但是对于另外一类纳税人来讲，税收就是一种整合的基本定义方式。在这场辩论中，有一个问题出现了：在实际生活中，人们对税法的不同理解，将会对他们的纳税行为起到非常重要的影响。

在1917年颁布的《美国第二收入法》中，规定了福利组织（纳税时）可以将接受捐赠得来的收入进行扣除。这是由几个错综复杂的原因（Wallace and Fisher，1977，pp.2131-2132）导致的。该法案大幅提高了所得税的税率，以资助在第一次世界大战中美国由于参战所花费的军费。对于几年前才开始实施的所得税，人们担心这项税收的增加会削弱私人部门对慈善事业的支持力度。也有人认为，如果私人资金对慈善事业的投入明显降低，公共部门将不得不加入对慈善事业的投资中来。与此同时，也有人认为，慈善捐赠可以从个人认为他或她在收入中所拥有的任何盈余中获得，而税收将会过度地限制这些盈余，否则这些盈余可能会被更多地用于慈善事业。其他人认为，如果征收所得税时没有将慈善捐款扣除，就相当于对慈善机构征税，这样就会对捐助者本身造成影响，因为由于所得税的增加，捐赠者的捐款将会减少。这些参数都或多或少地说明同样的事情，认为本质上对慈善捐款进行税前扣除，实际上是一个“不会被追究”的规定，就是要使得慈善捐款不受所得税的影响。有些人甚至坚持认为，个人收入中的捐助给慈善机构的那部分收入不应该被征税，他们认为，所得税应该只对可消费的收入征收。

这些有关对慈善事业减税的观点直到现在还会引起人们的争议。这些争议或多或少引致同一个方向——慈善扣除被理解为税收基础定义而不是激励是最好的框架和理解方法，尤其体现在探讨现实中的激励效果方面。[①]

不过，这种关于在慈善捐款上的减税的争论已经持续至今，特别是在私人慈善事业和公共需求委员会（1977）的研究论文发表之后。其论文第四卷为这次辩论提供了有意义的总结，正如Simon（1987，pp.73-76）文章中表述的一样。[②]但是这场争论最直接体现在于1977年Surrey出版的《税收制度改革途径》一书中。正如上文已经提到的，Surrey提出了“税式支出分析”模型，在模型分析中，他认为联邦政府放弃税收的原因与税收工具本身无关，因为放弃税收这一行为与直接的政府支出有着同样的财政目标和激励效应。他还提出了“税式支出预算”的普通编译法，这种方法将详细的数量和各种形式的取消征税的目的一一列举出来，这种做法已经获得了联邦政府以及许多州政府[③]的同意。这本

① 它们在逻辑上的结论是从收入中扣税，而不是对税收额进行抵免，这是对税收结构进行适当的“保护”规定。

② 参见Feld、O'Hare和Schuster(1983,footnote8,p.244)。

③ 现有并很好运作的税式支出预算是文化政策研究人员的福音。文化政策研究人员是间接观察政府政策的一方。最近一份Schuster(2003)关于华盛顿周的文化政策报告认为，华盛顿得益于细致和详尽的税收支出分析(Taylor,2000)，但并非所有的国家都有如此详尽的信息收集。MikeSell(2002)提供了在周水平层面艺术方面税式支出情况很好的总结。

《税收制度改革途径》，是一个具有开创性的贡献之作，其贡献直接体现在对于税收制度改革的差异分析上，间接体现在政府的援助上。这些贡献对后来学者包括Feld、O'Hare和Schuster（1983）在内的研究都有很大的影响。

然而，从经济学的角度来看，这只是哲学辩论中转移注意力的一个策略，目的是模糊这样的事实：税法中各种参数变化——边际税率、收入水平、平均收入的规定，以及在规定的上下限之间可抵扣的程度，更不用说彻底改变税法中所规定的对于保证金的扣除，不可避免地会改变捐赠的吸引力。在一个计算所得税之前允许扣除慈善捐款的系统中，对于一个捐助者而言，增加边际税率将使得慈善捐款变得没有以前那么昂贵（也就是说，将慈善捐款看作是更具有吸引力的手段）。还有一项条款允许对捐赠人进行免税，否则只会按照标准扣除额来扣除（而不是逐项列出他们的扣减额），这将使慈善捐赠对那些接受标准扣除额的纳税人负担更低。从另外一个角度来讲，边际税率的降低会使捐赠者的捐款变得更昂贵（吸引力也更小）。因此，无论是考虑税收条款的起源还是其他方面，在解释激励效果时，都不能忽视众多分析手段所发挥的作用。只要看看在税收改革时来自非营利慈善部门愤怒的游说，你就会立刻明白，他们看到的问题，无一例外都是通过激励的视角来反对放弃税收优惠所带来的利益。

评估放弃税收的数量与评估直接补贴之间并没有那么大的差距，事实上，人们可以利用“放弃的税收等同于政府补贴”这一公式来测算。正如Simon（1987，p.75）指出的那样，一个权威不亚于美国最高法院的机构在1983年决定如此解释免税补贴：“免税和减税是通过税收制度管理实现的一种补贴，与……具有同样的效果……（或）类似于现金赠款，从而构成了公共支出的资金。”[①]可是在最近的决策中，最高法院不赞同这一观点，特别是在税收条款影响宗教组织方面，宪法政教分离的原则使其更难以维持税收条款作为激励手段的想法。[②]

然而，激励条款和税基定义之间的辩论并没有完全消失。[③]我们应该牢牢记住这样一个事实，并不是所有的国家都将“激励”视为一个中性词。例如，Inkei（2001，p.1）指出，尽管在许多国家用“税收激励”这个词描述这种财政机制是完全符合逻辑的，但在欧洲的一些地区（特别是中欧和东欧）的政策机制框架下，这个词或多或少带有一些争议，有人认为：“有一种感觉……这些方法暗示政府只是‘贿赂’纳税人给予文化方面的‘保护费’。”因此，税收宽恕是激励还是基本概念的条款，仍是有争议的。

36.3.2 个人与集体性决策

对于税收激励的影响效果的争论缺乏一些理论依据，就会导致在公共政策领域中各种决策机制出现问题。与更多的直接手段相比，通过税收激励来实现政策之间的平衡也可以被视为在个人和集体决策之间的一种选择。很少有学者把这种在头脑中（Schuster，1996，2001）构思出的权衡后的观点发表出来，除了Feld、O' Hare和Schuster（1983，pp.104-129）对这一问题给出了实证分析。一般来说，税收激励作用在个人做一些集体决策的时候体现出其价值：个人捐助者不仅仅做这样的考虑，即决定怎样将净收入中的私人贡献部分进行分配，同时他们也会做出同样的决定，那就是放弃税收，当然这也是个人捐助者的权利。那些拥有财产权益

① 参见《华盛顿无代表不纳税》(Regan v，1983)。
② 感谢Alan Feld为我指出这一观点。
③ 例如，见这个引例，Yarmolinsky(2000)。

的博物馆和其他文化机构实际上自己做出决策，例如他们认为政府应该多采取由他们提出的关于如何对待土地和建筑物的优势决策的意见，从而让自己所承担的房产税能得到减免等。

这项决策的意义是，通过比较（一个支持系统和其他系统），得出哪个更具有吸引力的结论。当前，我们正着力评估各种决策机制在现实中的运行情况。首先考虑直接援助。在美国，人们常常认为，在艺术和文化领域，适当的集体决策机制作为一种直接的资助方式就是一种行业内部的评审——一个由业内人士组成的小组围绕具有竞争性的应用系统进行评估，并选择自己支持的系统[①]，但同行小组审查并不是小组决策的唯一方法。例如，针对在某些情况下可以用公式来确定的资金数额，一些国家的立法机构采用项目预算的方式来进行决策，从而使得资金数额由实际运用情况来决定。一些在文化机构中工作的人员通常也会做出这样的决定：利用公民投票的方式确定公共资源的分配机制（Frey and Pommerehne，1989；Frey，2000，pp.115-129）。由于资金是通过各种混合投资的方式积累起来的，因此在分配时不能以一种直接做决定的方式将其简单地划分。因此，以税收激励为基础的资助计划也并非个体决策的唯一形式。例如，由个人购买的政府资助券，是按照个人喜好来选取的[②]；配套资金是另一种分配集体资源的一种方式，一个人纳税额中的税款部分体现了对收入的自我定向分配（Vajda and Kuti，2002）。

对于其他人而言，它可能是具有固定价值偏好的一种决策类型的社会结构。在艺术领域的资助决策中，隐含着这样一个假设：具有更大影响力的私人捐赠决策如果是一个广泛性的、私人的、分散的决策的话，一定会得到这样一个结论——通过这种方式得到的决策比任何一项由候选人集体商讨制定出来的决策要好。换句话说，可能在决策的过程中存在一种价值偏好，这可能会导致人们更多地根据经济效益的指标来衡量决策的效果。当然，我们也会注意到这一点：根据各自决策形式的不同，我们会选取适用的方法进行决策。他们对公共政策是否认同？他们对公共政策的看法是否存在分歧？这些都会迫使公共政策以某种方式进行不断的弥补和改进。有很多有关私人捐赠的文化机构的奇闻轶事。具有代表性的事件正是我们提出的这个问题的证据所在（Feld，O'Hare and Schuster，1983，pp.130-178）。

在下一章，我们将研究的视角转向狭义的经济问题分析，要记住，任何形式的公共（财政）支持所表现出来的经济结果，都不是政策所关心的唯一重要的结果。我们可能重视政策的具体形式，特别是在对不同政策加以比较之后，会根据不同政策做出具有指示性的特定决策。而在经济运行中，这种具体的决策方式将更加有效地发挥系统的协调配置作用，以追求政策实施的整体效果。

36.4 税收减免对经济的影响

36.4.1 引　言

在考虑税收减免和信贷诈骗影响的时候，问题的关键在于对这种影响所做的成本效益分析。提供给公众的利益是否高于成本？一旦其他涉及直接与间接救助的争

① 在文化资助中的属性问题已经被关注（Wyszomirski，1990；独立委员会，1990；Galligan，1993；Brenson，2001）。这些组织更多地将资助投放于科学基金领域中，因为这一领域有更多的问题需要研究。

② 关于凭证，Schuster（1994）论述了温顿前瞻性计划的成功性。在一个专门的彩票机构中，失去彩票的凭证在这些人手中匹配的补助金还拥有一半的凭证价值，有关其与税收激励计划的紧密联系的论述见Schuster的著作。

论都解决了，它就变成解决下一个疑问的关键。本节我们要分析由慈善捐款导致的税收减免涉及的相关问题，下面以非营利组织为例进行分析。我们把分析问题的重点放在以个人名义进行的慈善捐助上，因为至少在美国，个人慈善捐助是主要来源，比其他形式的捐赠所占的比例大得多（见表36-2）。2001年的数据显示，个人慈善捐助在全部的慈善捐赠收入中所占的比例超过了3/4（额外所占0.8%比例的那部分慈善收入是通过遗赠的方式得到的）。

这些数据反映了由个人主动发起的慈善捐助和美国社会的条款中规定的那些艺术和文化领域中非营利部门的慈善捐助所起到的重要作用。Clotfelter（1985，p.1）对这种现象的阐释更加明确。"政府、非营利组织和一些法律性的组织机构之间的这种相互协调的机制已经得到一定程度的发展，这种内部的相互协调机制是由几百年来社会发展的复杂结果造成的，它还依赖于非营利性的组织机构……并与税收优惠的制度相辅相成。"

表36-2　美国2001年慈善捐助总额

	慈善机构贡献总额（亿美元）	百分比
个人捐助	1 607.2	75.8%
房地产遗产捐赠	163.3	7.7%
基金会	259.0	12.2%
企业	90.5	4.3%
总计	2 120.0	100%

注：遗憾的是，在《给2002年的美国》（AAFRC信托慈善，2002）的总结报告中没有提供足够的信息用来反映艺术、文化和人文学类似的百分比。

资料来源：AAFRC Trust for Philanthropy（2002，p. 169）。

36.4.2　个人捐赠的价格弹性

要了解税收减免的效果对慈善捐款的影响，关键是要注意到税收优惠后降低了边际价格，并提供这样的对照：在没有实施税收激励时，私人捐赠的成本是税后收入的1美元，慈善机构收到的慈善收入为1美元；当实施税收激励政策后，捐助成本也是1美元，但是要减去货币的时间价值。这样，边际税率的作用就得以体现出来。[①]

从这个角度来看，在私人捐款中呈现出来这样一种趋势：在没有税收收入的情况下，净税收收入总额上升，其上升的幅度已经超过了那些放弃的税额。这在一定程度上说明了之前提到的价格弹性问题，即多大程度的百分比变动是通过价格下降导致的。在文献中，这被称为税收激励的"国库效应"。[②]

根据经济理论，我们做出这样的预测：针对以上问题的价格弹性呈现负数的迹象，即增加之前所给定的利润率，将导致捐款总额的下降。[③]然而，这个问题中所涉及的弹性是否小于-0.1，以及弹性和非弹性之间的临界值的判定，都只是经验值；如果弹性的绝对值大于1，且给定的是价格弹性，那么弹性变动所带来的影响将会大于边际效用变动带来的影响，总贡献的增加也会超过仅仅由缴税所获得的税收收入。换句话说，税式支出所发挥的杠杆作用已经十分显著，它使得私人资金得到很好的利用，证明了税收激励所体现出来的重要价

① 个人所得税抵扣这项制度实际上就是削减纳税人的边际税率。在整个税收信用体系中，以信用作为纳税的评判标准能起到降低税率的作用。

② Cordes（1999）就以上的问题和与之相关的其他问题作出了清晰简明的总结。

③ 我们需要特别关注并解释文献积累方面的问题，这是因为有些作者要么由于疏忽，要么由于没有仔细记录这些负面的影响，要么已经认定价格弹性是相对于边际税率而言的（而不是相对于价格而谈论的）。因此，在一些研究中的消极信息可能在另外一些研究中被认定是积极信息。在本章中，我们仍然认定弹性是具有消极的影响迹象的，我们选择其具有负面的影响来研究价格弹性，以专注于对价格弹性的研究。

值。正是由于这种潜力，各国政府主张在对慈善事业的捐助方面实施税收激励政策：实施税收激励可以刺激投资，这远比税款仅在看好的行业内流动所带来的实际收入的增加量要大得多。

正如我们预想的那样，经济学家们也在质疑，花费了大量精力验证并构造得出的价格弹性对于税收激励影响的估计是否正确。遗憾的是，理论界对这个问题已经研究了四十多年，目前仍然没有得出确切的结论。据我所知，在现有的研究中，美国的Clotfelter（1985，pp.56-63）最早归纳总结并分析了16个经济领域中出现的慈善捐款相关问题。虽然对这方面的研究早在20世纪60年代就已经开始了，并且估计出了负数而且绝对值小于1的低价格弹性，但是后来的研究却得到相反的结果——估计出了负数但绝对值大于1的高价格弹性。这表明至少从美国经验来看，慈善捐款拥有绝对值大于1的高价格弹性，这是已被预测出来并且是大家所希望看到的结论。Fullerton（1991）对这种观点也持肯定的态度，他试图运用以前所积累的研究成果说明税收激励政策在艺术领域以及对文物展览馆的影响：

“在早期的研究工作中，往往发现价格弹性的绝对值小于1，但是在近期的研究中发现，价格弹性的值可以更大一些……这些价格弹性的估计值彼此互相接近，尽管在数据的性质以及对其的拟合水平存在巨大的差异的情况下也是如此。最新的研究得出这样的结论：慈善捐款价格弹性的绝对值要比1大（也许并不是远远大于1）。反映在实际中这就意味着，受捐人所获得的收益要比政府税收流失的资金多。”（p.212）

但是，随后呈现出一个方法论上的问题。1990年Steinberg提出，针对这一问题进行分析时要使用面板数据，而非运用截面数据和时间序列数据。这些研究更倾向于得出这样的结论：认定弹性是相对于价格而言的，这对税收优惠的推崇者而言是个大新闻。在最近整理Steinberg2003年的研究中发现，他利用了10个截面数据和8次小组讨论的研究方法，得出的结论是：早期的研究成果是可以持续存在的，与运用截面数据测算出来的价格弹性相比，运用面板数据分析出来的结论是缺乏价格弹性的。[①]在近期的一篇没有延续Steinberg结论的论文中，Tiehen（2001）运用中间数据集来研究问题，就是对受到慈善捐助的一系列家庭进行调查，抽取有代表性的数据，构造出面板数据。其价格弹性估计值在-0.9到-1.1之间（是缺乏价格弹性的）。因此，争论仍在继续。

为了更加充分地理解这些结论带来的影响，回顾一下Feld、O'Hare和Schuster（2003）的著述是非常有必要的。他们通过认真地罗列出慈善捐赠数额以及总收入的组成部分，深入分析税收优惠政策在慈善捐款的实际应用中这一问题（如图36-1所示）。“基础性捐赠”是在没有任何税收优惠政策下，由捐助者提供的慈善援助，而“捐赠总额”是指在税收激励的前提下，捐助者选择进行的慈善捐助。捐赠总额的组成部分包括基础性捐赠和已经在实际交易中实现“税式支出”的那部分，以及在私人捐赠者的税后净收入中将要实施任何形式捐助的那部分善款，可以有效地将其称为“引致性捐赠”，作为基础性捐赠的额外附加。基础性捐赠加上引致性捐赠就是“私人捐赠”的总和。

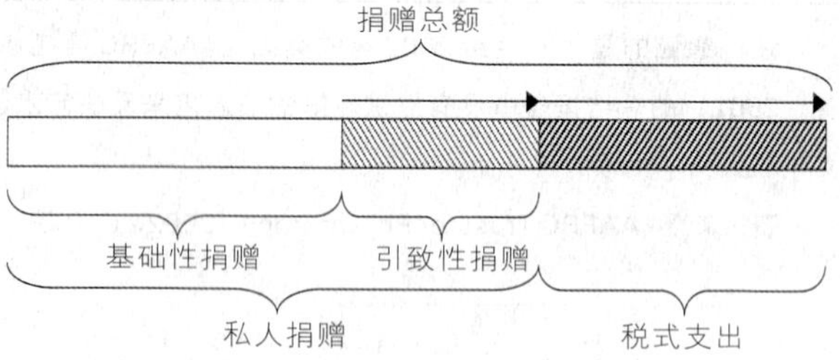

图36-1 捐赠总额的组成

① Steinberg在2003年指出，对于两者之间差距的一些看法，这里有一些建议：对待这两者之间的差距，一部分是来自面板数据的误差项分析过程中我们对其所做的假定，而不是研究者在以往的研究过程中所得出的那种认识。由于对面板数据的个体控制程度不同，因此不可观测值反映了特殊效应的影响能力（Barrett and Mc Guirk，1992）。

什么是最令人向往（人们最期盼）得到的馈赠？研究结论表明：对捐款实行免税与人们的预期相一致，但也有可能因为该引导机制导致馈赠产生负面的效应。也有研究表明，提供捐款的群体已经采取实施税式支出的形式减少其基准捐款数。①

Feld、O'Hare和Schuster（1983）估计，基础性捐赠数据应该可以得到，捐赠总额中所包含的税式支出部分大多数由文化机构承担，并捐献给慈善机构。这是我所知道的，不论是在艺术方面的文献中还是在文化机构对慈善捐款所呈现出的一般性的记载上做出过的唯一尝试。我们使用国家慈善事业研究部门1974年的数据，对所有阶层和所有慈善机构进行估计，所得到的价格弹性值为-1.24，这一估计值带有明显的学术结论的色彩——相关的一系列估计值见表36-3。

表36-3　1973年美国的个人慈善捐赠的组成部分

单位：百万美元

	私人捐款额		税式支出额	捐赠总额
	基础性捐赠	引致性捐赠		
全部慈善捐赠额	12 027	840	4 570	17 437
	69.0%	4.8%	26.2%	100.0%
给予文化机构的捐赠额	118.56	24.04	181.6	324.2
	36.6%	7.4%	6.0%	100.0%

注：预计税式支出不包括放弃财产捐赠权后所获得的资本利得。

资料来源：Feld、O' Hare和Schuster（1983，p.43）根据对美国1974年慈善事业的全国性调查的非公募性资金以及公共需求委员会的数据进行分析得出的结论。

Feld（1975）估计捐赠的价格弹性是-1.24，来自于对慈善捐款和所有公共部门慈善捐赠收入总额的估计。

应该注意的是，这些估计的数值基于当年的边际税率，要比美国当前的现实情况高出很多，因此基于此数据库得出的类似结论已经受到了批判（O'Hagan，1998；Jencks，1987）。

在过去的30年，学术界对美国税收激励相关方面提出了有见解、有洞察力的分析，虽然现在看来已经过时了，但是这张表却凸显了在公共政策中使用税收激励措施的相关文献中没有得到充分重视的问题：税收激励的杠杆效应。表36-3显示，1973年（政府）花费了45.7亿美元用于税收支持，产生了8.4亿美元的个人捐款的附加收益，两者对应的比例是1∶5.44。换句话说，与5.44美元税款对应的是，个人额外捐赠给慈善机构的1美元。可以肯定的是，捐赠给慈善机构的5.44美元税收收入同样也是来自于纳税人的捐赠，但是这里存在一个关键性的问题：有没有必要放弃5.44美元去寻求1美元税收流入所带来的经济价值（或者是放弃两者也就是6.44美元）？是否有别的办法，用更少的公共成本来达到相同的目的？②由于从事文化艺术性工作的捐助者的收入要比从事一般性工作的工作者的收入要高，因此对他们给予慈善机构的捐款的分析结果会更极端化。这里显示，2 404万美元的捐助导致1.816亿美元的税式支出，政府的税式支出激发出的私人引致性捐赠的比例高达1∶7.55。因此，在艺术和文化领域中，捐助者每放弃7.55美元的税款缴纳，会导致私人捐款额1美元的增加。

① 这种具有引导性的捐赠有时也许等于零，表明捐赠者只是作为纳税人承担了纳税义务，产生的只是在相同税后收入水平下的私人净成本。

② Brody和Cordes(1999,pp.146-147)，引用普华永道会计师事务所最近的研究成果，模拟了税收减免完全取消情况下对慈善捐赠总额的影响。根据该捐赠"对税后成本变化相当敏感"的假设，他们估计将有32%的私人捐赠会减少，包括引致性捐赠税式支出。尽管他们是按照部门来进行估算的，但仅把这32%的下降比例分摊到每个部门，就会让人感到这不是一个令人满意的办法。

36.4.3 税收激励政策中相关配套资金

分析显示，对于慈善捐助者而言，税收激励看起来非常像是一种配给的补助金。事实上，这就是税式支出分析的前提：减少税收原本是可以理解和评估的，但是这似乎又像是直接提供的援助计划。因此，受到现实的启发，我们对税收激励政策中的相关配套资金增加补助额度，用来支持艺术和文化领域的相关实践，这种文化支持也可以视为美国特有的一种方式（也可以视为独具美国特色）。[①]如果不转换分析角度，就足以说明政府（或者立法机构）已经实施了相关的配套资金扶持的措施，政府往往使用制定比率的方法，例如将1美元的公共资金兑换1美元的“新式”私人资金或者将1美元的公共资金兑换2美元的“新式”私人资金。我并不清楚任何被制定出来的接近7.55美元的公共资金和“新式”私人资金的比率以及比率中所隐含的税法激励体系，但通过Feld、O'Hare和Schuster的分析得知，在文化和艺术领域中，制定、使用不恰当的税率的实际目的如果是用来增加私人资源的，那么必将会遭到大家的批判。

经济学家们把配套资金机制的考虑重点，放在这里提出的具有共性问题的解决上。私人捐款在没有配备补助金（简称“基础性捐赠”）的情况下会是什么水平呢？又有多少所谓的“新式”基金是从艺术和文化领域中得来的？资金的来源是不是由引发性政策激励（简称“引致性捐赠”）得来的呢？又有多少公共部门不得不放弃这一直接性的支出，而是通过资金的转化（简称“税式支出”）进行缴税？在匹配补助金这一制度的执行上，会导致个体决策更加分散化，这就是公共政策制定的出发点吗？对于这些问题，Eckel和Grossman在2003年已经通过一个实验来确定个人收入如何应对补贴和退税，数字上等价的结构可以作为一项配给补助金的标准；他们发现“贡献出与之相匹配的补助金花费的资金要明显高于退税补贴”。如果这些结果可以被重复使用，他们建议，对间接援助实行公开化、透明化的重组，转化为直接援助，这种机制可能会更加有效地从财政效率的角度呈现出来。[②]

36.4.4 慈善部门的价格弹性

对于不同行业的慈善部门来讲，他们是否面临着不同的价格弹性？Feldstein（1975b）估计出不同（慈善）部门的价格弹性，尽管不是对行为艺术和文化领域的估计（表36-4，第1列）。有趣的是，相对于其他各个行业的价格弹性而言，对宗教组织的赠予缺乏弹性这很好理解，因为对教会给予财政支持，捐赠者更多地将之看成是一种义务，而不是像对社会其他部门给予财政支持一样，将自愿捐款看成是承担责任的一种表现。另外，对宗教组织实施捐款的很多捐助者大多集中在中低收入阶层（包括采用标准扣除法，而不是采用逐项说明的扣除方法扣除的，并没有对任何的慈善捐赠实施减免政策来激励捐助者捐款），中低收入阶层对于宗教组织的捐款要高于慈善部门对于宗教组织的捐款。同时，对于文化机构而言，慈善捐款更加青睐于较高收入阶层，如教育机构或者是医院等部门。如果这个假设是正确的，那么Feldstein的研究工作表明，在给予的价格减少1%后，

---

① 对于配套资金更全面的讨论，请查看Schuster（1989 b，2001）、Mc Daniel（1977）提供的用来代替慈善扣除的配对补助金制度，这可能是更加明确的专项资助体系。

② 请注意，在美国，根据具体筹资方案的制定机制，慈善捐款可能有资格获得税收优惠，并获得等额补助，因此更能够激励他们进行赠予捐赠。

应该使得文化部门收益的增加高于2%。

表36-4　不同部门捐赠的价格弹性

受赠人类型	捐赠的价格弹性	捐赠的收入弹性
宗教组织	−0.49	0.63
教育机构	−2.23	1.22
医院	−2.44	1.08
保健及福利服务	−1.19	0.85
其他	−2.63	0.65

36.4.5　捐赠的收入弹性

价格效应与另一个效应——收入效应相伴相生，后者是必须考虑的因素。捐赠所付出的代价在减少是由于捐赠者的边际税率在降低。如果捐赠者的边际税率降低了，他所缴纳的税款就会减少，税后净收入就会增加，其结果是，捐赠者的捐款贡献会增加，所以，其他纳税人也会仿效由于捐款带来的这种收入效应。Feldstein（1975b）给出的估计是这样的：教育机构和医院（表36-4，第2行和第3行）的弹性仅仅是相对于收入而言的。但是，因为他使用的数据没有将艺术和文化机构分离开来，所以得出的结论很难应用到这些部门。我不了解其他企图分解慈善组织的收入弹性的尝试，所以关于收入变化对文化和艺术的贡献到底有多大，目前找不到其他更多的文献资料。

在对美国社会16个经济领域中的个人慈善捐款总额情况进行分析总结后，Clotfelter指出，虽然估计的捐赠收入弹性（在1970年之前）超过1.00，这个弹性的区间是1.31到3.10，其变化取决于不同阶层捐助者的收入情况，而且后来的研究已经普遍估算出收入弹性是富有弹性的，不过，也存在一些收入价格弹性在1.00以下的情况（Clotfelter，1985，pp. 56－63）。Steinberg（1990）进行了另外24个经济领域的研究，这些研究受益于新的方法论以及可用的全新数据资料，尤其是面板数据。在得出的结论中，收入无一例外富有弹性，几乎没有慈善捐赠相对于个人收入而言是缺乏弹性的（低于1.00的数值）。

在构建税收优惠政策模型的分析中，除了价格和收入弹性，还包括对其他自变量的研究，例如捐助者的收入水平、捐助者所受教育的水平、捐助者所参与的党派和组织关系等，这些都可以用来确定捐助者对慈善捐款贡献的大小。其他的研究还包括对因变量的替代量进行分析，从中可以看出对税收实施具有法律性质的规定后，税收所显示出来的作用和效力。从静态的角度看待这项研究，仅仅涉及税法对慈善捐赠的影响；但是从动态的角度来看，加入时间这个变动因素后，税法与捐赠时间又存在相互影响。此外，还有从其他角度开展的研究，如探讨志愿服务和慷慨捐赠的关系——税法在多大程度上会导致志愿服务时间的改变？这种变化与慈善捐赠的变化如何相互影响？Steinberg（2003）给我们提供了一个简短的概述，也就是以上相关问题的结论。

36.4.6　企业捐赠的经济学分析

目前已经有很多关于企业捐赠的经济计量研究。在美国，这些企业捐赠的影响比个人捐赠的影响要小很多——正如我们所看到的，2001年的数据显示，企业捐赠仅仅在慈善捐赠总额中占比为4.3%，与此相比，个人捐赠在慈善捐赠总额中占比高达75.8%，这是一个令人深思的典型现象，因为从传统（错误的）认识上来讲，在税收激励系统中，企业贡献按理说（必须）占据重要的位置。

在美国，企业的慈善捐赠来自于缴税前的可抵扣收入，可抵扣收入的计算方式与个人可抵扣收入的计算方式大致相同，一个人对于慈善事业的贡献额在缴税前也是可以抵扣的。但是，个人和企业的慈善捐赠的主要区别是：企业所得税的税率比个人所得税边际税率的上限还要低，而且捐款上限的税率更低。一般来说，慈善企业捐赠模型并不是关注某一企业，而是使用整个行业或者企业的数据集，将其汇总得出。另外，Clotfelter（1985，pp.203-205）提供了一组运用各式各样的数学推导公式得到的分析结果。这个结果是基于时间序列数据估算出来的价格弹性，推算出的价格弹性区间是-1.03到2.00，具体的数值取决于所采用的数据情况，这表明该慈善组织收到的来自企业的捐款比政府放弃的税收要高很多。以上这两个时间序列研究的是两个不同方面的问题，对企业捐赠的收入弹性的估计范围是0.53~0.63，但是其他对于收入弹性的估计是要大于1.00的。另外，运用截面数据做以上分析，得出的结果跟时间序列数据得出的分析结果明显不同。对具有广泛形式的不同尺度的截面数据进行研究表明，所得到的收入价格弹性是正值，但是低于1.00。

Navarro（1998）也研究了企业捐赠的收入弹性。首先，他总结了早期研究成果，很多研究总结与Clotfelter（1985）概括的内容相似，就是计算出来的收入弹性下限值为0.33，上限值是一个令人惊奇的数值，高达2.37[①]。Navarro的研究是少数试图通过行业分解弹性的研究之一（见表36-5）。

表36-5　企业捐赠在慈善领域的收入弹性

	艺术	公益	教育	健康	合计
线性模型	+0.82	+0.58	+0.66	+0.24	+0.56
双对数模型	+0.80	+0.75	+0.97	+0.82	+0.85
双Box-Cox模型	+0.86	+0.78	+0.92	*	+0.81
单Box-Cox模型	+0.80	+0.75	+0.94	+0.78	+0.84

*该模型对这种分类没有收敛。

资料来源：Navarro（1988，pp.71-72）。

从他的线性模型来看，只有艺术领域似乎才是最具有弹性的。但是相对于其他模型设定，企业捐赠在所有慈善领域都富有弹性。Navarro总结道：

“我们发现，企业捐赠具有适当的收入弹性，这不仅对依赖于企业慷慨捐赠的慈善领域有意义，而且对有责任满足社会公众福利需求的联邦政府也具有意义。对于慈善领域而言，这一发现意味着，慈善机构以及相关受益方变相地成了经济循环中以营利为目的存在的机构。这一发现强调了积极努力地进行筹款的必要性，尤其是在经济处在低迷时期。而对于联邦政府而言，这一发现可能会削弱对以下观点的质疑：企业本身（而非联邦政府）在经济低迷或者衰退期间可以满足社会福利需求（企业捐赠有收入弹性，那么在经济低迷期间就可以通过捐赠来获得经济利益，因此企业可以通过在经济低迷期满足社会福利需求，而不是政府）。”

企业赞助的出现，导致对企业的慈善捐赠行为进行分析和理解变得更加复杂，这一情况在艺术和文化领域中表现得尤为明显。这里要对企业慈善捐赠和企业赞助做出严格区分，两者之间的界定需要进一步明确。一般来说，企业赞助是以提升企业自身形象为目的的企业资金支出；尤其需要注意的是，企业赞助支出与特定商品或服务的销售无关，而是广告支出的一部分（因此可以从企业的收入中扣除，没有税前扣除的限额）。而企业慈善捐赠除了会为企业营造良好的商誉、提升企业形象外，并不会给企业带来预期回报。企业慈善捐赠仅仅在国家税法允许的限额之内，可以从收入中进行扣除。

已经推行文化和艺术领域私人捐赠相关税收激励政策的国家，均已经对企业而非个人采取了激励机制。这种激励机制的产生大概是因为两个方面的原因：第一，试图在“美国模式”之后塑造一种激励机制，主要被看作（误认为）围绕企业捐助进行相关的建设；第二，提供一种理念，即企业应该是最早开始吸引私人捐赠的地

① 还有研究结果表明收入弹性在范围内的取值是负数，为-0.27！

方，反过来这种理念导致了企业对赞助支出而非慈善捐赠的关注。这些国家已经发现，这样的机制必须建立在明确自身利益的基础上，这里的“自身利益”指的是企业捐赠者的自身利益。这一机制已经引起了“赞助”和“慈善”的混乱，以至于在很多国家，所谓的“赞助”已经被当成更具有普遍性意义的用来描述两种不同捐助的专用名词。因此，毫无疑问，这成为学者们需要逐步探索的问题，很多学者正在努力捋顺有关企业捐赠的经济学问题。[①]

36.4.7 其他国家对于慈善捐助的研究

美国的研究结果在多大程度上和其他对慈善捐赠提供相同或者不同形式税收激励的国家有相同之处？[②]大多数的国家都已经采取了美国的所得税扣税计算方法，但在纳税人资格的确认级别和税收优惠能够实现的最高与最低捐赠额度方面通常有更加严格的限制。这一体制允许捐赠者在计算所得税之前，从他的收入中扣除其捐赠数。正如前文所述，在这样的体制下，捐赠者的捐赠动机是其边际税率的函数，也是其收入的函数，因此高收入的捐赠者能够从更高的价格激励中获益。在其他一些国家，包括加拿大（正在逐步建立起一套系统性的抵免代替扣除的标准）、匈牙利（Vajda and Kuti，2002，p.4）和以色列，这三个国家利用税收信用体系来提供激励。这一体系为企业的慈善捐赠规定了特定的比例和扣除额度，用来抵免其税收账单。在这种情况下，价格激励对所有符合税收抵免标准的捐赠者都一样。另外，还有几个国家包括英国、爱尔兰、丹麦等采用了另外一种税收激励体系，即公共契约，这种方式是当捐赠行为发生的时候，允许对慈善机构的捐赠者扣除一部分他们之前所缴纳的税款（Schuster，1989a）[③]。我们将在第5部分具体介绍这种国际上特有的税收激励方式。

很多国家已经对税收激励体制的有效性进行了研究。[④]在早期的两项研究中，Hood、Martin和Osbert（1977）对加拿大的捐助情况进行了分析，Pacque（1982）对德意志联邦共和国的情况进行了分析。在这两项研究中，他们给出的价格弹性与之前美国提供的数据基本一致。但是，后来对美国和加拿大的研究表明，慈善捐赠者似乎是缺乏价格弹性的（Steinberg，1990，p.74）。Jones和Posnett（1990）使用英国的数据进行研究后发现，在对慈善事业进行赋值的时候，慈善的价格是一个大数，并且在数理分析中得到的结果是显著的，但是慈善的价格对慈善的规模不显著。[⑤]Wong、Chua和Vasoo（1998）以及Chua和Wong（1999）对近期新加坡的慈善捐赠考察中得出这样的结论：价格弹性是相当高的，特别是在把资金捐赠给社区福利基金等组织的时候表现得更为明显。因此它们本身也被视为非营利组织慈善捐赠的额外来源。另外，在这些研究中得到的结论还包括：捐款相对于收入而言是缺乏弹性的。

---

① 参见Schuster(1985)对这一问题的阐述。

② 很多国家有关税收激励的总结已问世，但是大部分都不完善，而且现实中已生效的税收条款经常会有很糟糕的描述，如Weisbrod(1991)、非营利法律国际中心(2002)、Schuster(1986)、Inkei(2001)的相关表述。艺术委员会和文化机构国际联合会(2003)也对艺术领域捐赠的激励政策进行了调查，相关内容可见相关网站(http://ifacca.org/en/organisation/page04_research.html)，该网站会随着政策变化实施更新相关内容。

③ 英国在税收法律方面有新的修订动作，包括部分有关美国慈善的扣除，这是作为英国传统契约行为构成的补充条款。

④ 这里我很感谢Steinberg(1990)作出的相关总结。

⑤ 需要注意的是，这项研究是在很特殊的税收激励体制下(契约行为)进行的，因此很难在慈善事业的减税制度上应用这些结论。对契约行为更详细的论述详见Schuster(1989a)。但仍需要注意的是，其他各种有关慈善捐赠的税收激励政策已经在1989年以后的英国税收法律中有所补充。

36.4.8 谁买单？谁受益？一个关于税收负担的问题

谁来为政府对艺术和文化领域给予的支持买单以及谁从中受益一直以来都是争论的焦点，但是很少有人对此问题进行实际研究。Feld、O'Hare和Schuster在1983年合作出版的著作中（p.71）认为："关于艺术有两种相互矛盾的观点：（1）文化机构是富人送给社会其他成员的一份礼物；（2）全体社会成员都在为这项富人喜欢的娱乐买单。"正如我们将要看到的那样，政府在更普遍意义上对艺术研究的支持非常有限，而在更狭隘的意义上，通过税收激励进行间接支持的相关研究也同样有限，而这些恰恰否定了上述两种观点。三则论据可以揭示这种争议性，分别来自：Feld、O'Hare和Schuster（1983，pp. 71 - 103），Netzer（1992），以及Cordes（2004），以一种完全不同的方式表达了自己的观点。这些研究的结论令人十分惊讶，尽管调查的结果显示非营利艺术组织似乎是受益的，但是这一领域还没有得到应有的关注。

Feld、O'Hare和Schuster曾经提到4个数据集，现在看起来似乎是相当原始的：1975年Louis Harris公司的一个附属企业——国家艺术研究中心进行的《美国人与艺术》调查；1974年由私人慈善及公共需求委员会进行的《全国慈善事业调查》；1974年福特基金会的报告——《表演艺术的财务来源》；1975年国家艺术研究中心中对全国艺术捐赠进行调查而得出的报告——《美国的博物馆：一个调查报告》。通过对一系列分析要素给予足够的重视——包括区分访问者与访问人次，区分学生与其他成年人，区分直接援助与其他三种慈善性的贡献（基本捐赠、派生捐赠、税式支出），同时使用一组被普遍采用的有关不同援助来源影响范围的基准假设条件——他们能够比较间接援助同直接援助以及总体收入在影响范围上的差别，并且用来构建现在看来仍然站得住脚的对于艺术资助的负担这一问题的最为全面的观察，尽管采用的是过时的数据。

这些发现令那些关注它们的人十分震惊：

"现存的体系以一种温和的再分配方式，依据收入规模进行相对少量的利益转移……总的来说，每一个富人为艺术品所支付的报酬是不成比例的，财富适中且受过良好教育的人为艺术品支付得更多。"（pp.102–103）

"税式支出以大致相同的方式对利益进行再分配，正如其在整个艺术机构支持体系中所做的那样。"（p.94）

"从对艺术领域的支持中转移相当数量的资金到其领域之中，也不会显著改变整个系统的分配效果。"（p.102）

综合以上这些研究成果，可以得出结论，无论从整体上还是从多样性的组成部分上看，艺术资助体系都不能因其倒退而受到批评，该领域中最为可怕的结果能够从任何有关影响范围的分析中得到。值得注意的是，Feld、O'Hare和Schuster在进行分析时，边际税率一直明显地高于此前的数值。一种可能就是，这种对影响范围的简单印象是不准确的，至少还有另外的研究表明他们所得出的主要结论仍然是适用的。

在20世纪90年代初期，Dick Netzer应邀对艺术领域资助影响范围这一问题进行了重新审视，在论文中他通过对众多非营利性部门进行调查来研究这个问题。Dick Netzer（1992）的研究论文能够利用更新而且更为可靠的数据集：1985年，受国家艺术基金委员会的委托而进行的有关艺术领域公共参与方面的调查，提供了关于受益人方面更高质量的数据；同时，1985年的人口普查提供了一项稳步改进的数据来源，其中涉及有关非营利性组织的收入情况。像Feld、O'Hare和Schuster一样，Netzer仔细区分了直接援助与间接援助的影响范围，尽管他的分析没有像那些早期研究一样分散。Dick Netzer指出，利益再分配很少成为艺术资助的主要目标，他对文化机构的历史演化如何影响它们实际功能发挥持有一种相当怀疑的态度："从头进行再分配的目标对于建立联系的主要目标来讲显得不是那么重要，这种联系的建立使得文化体验受人喜爱成为可能，当然，这些人并不限于作为最初组织者和支持者的富人，或者受过相对良好教育且富有的中上阶层人士。”（p.174）

尽管不能完全认为这个机制正在逐渐改良，但Netzer的发现同Feld、O'Hare和Schuster得出的结论还是一致的：

“非营利性组织中艺术与文化从属部门的产出主要靠个人和家庭进行消费，这些个人和家庭的收入、财富与社会属性都远远高于国民平均水平。此时，从属部门同它在非营利性领域中的近亲——高等教育——十分相似。同高等教育一样，如果不是因为从属部门确定可以产生积极的外部效应，那么很多人会针对从属部门的补贴的分配效应提出异议。”（pp.186–187）

“非营利性艺术文化组织活动产生收益能够被收入分配中处于上层结构的人们所认识到，但是从属部门从税收资金以及税收抵免中获得支持是从中等收入阶层向那些高收入阶层的一种利益转移，这一相当常见的控诉无疑是种莫大的讽刺。”（p.202）

在更新的一项研究中，Cordes（2004）进行了一种“影响范围分析”，但这是一种相对狭隘的排序分析。Cordes将1997年经济普查的数据以及搜集到的资料（国家税务局990表——7 000个非营利性的艺术组织参与调查表格的填写）交由国家慈善统计中心进行分析，他分解了多种来源的数据（尽管他看似忽略了对引致性捐赠进行分离），就是为了构建这样一种情境：何种类型的机构收到何种类型的收入及其金额多少。因此他对影响范围收益一侧的分析聚焦于组织收入的类型，而没有再向前一步尝试将观众的数量与人口统计同组织类型联系在一起。[①]

在问及来自公共的利益支持（包括直接和间接的）如何在艺术组织之间进行分配——这是一个有趣的独立性公共政策问题——Cordes重点关注了艺术组织的成立年限、预算规模及其类型。他的结论包含以下内容：

“在覆盖范围的宽度以及有效补贴价值方面，慈善税收减免仍作为大部分非营利性艺术组织单一的同时也是最为重要的补贴来源予以保留……不均分配的直接以及间接总补贴据估计是被某些艺术品提供者接受了，包括艺术博物馆，不包括那些热衷于提供某种被描述为“高级艺术或文化品”的组织……总体来讲，补贴的全部种类似乎并没有喜欢也没有惩罚那些新的非营利性艺术提供者的加入。”（p.229）

“这个系统提供了具有更大整体效用的补贴来增大而不是缩小组织。”（p.231）

这三项研究结果显示，在美国，对艺术领域进行的支持在很大程度上体现为税收的减免，这种税收减免内嵌于多样性的税收激励之中，不应因为其可能的影响范围（惠及范围）而受到责难。诚然，人们不会设计（修正）当前的体系来追求一种再分配目标。尽管如此，一些关于资助体系的有趣的特征经影响范围分析揭示出来，这些属性使得各种政策更加引人注目。这样一来，仍然有大量的工作需要做，以充分研究艺术和文化资助方面的影响范围问题。

36.4.9 引致效应还是挤出效应？[②]

政府对艺术领域的支持是引致还是挤出了其他的支持来源是另外一个问题，这个问题通常是在问及直接支持时被提出来的，但也可以很容易再被问及通过税收体系进行间接支持时提出来。在赞同美国对艺术和文化领

---

① 本文还包含更多的最近关于艺术和文化领域税式支出的一系列预估：Cordes得出的结论是，支持非营利艺术和文化组织中预计大约2/3注重税收优惠的形式和偏好。

② 进一步讨论详见本卷由Netzer撰写的第35章。

域提供直接政府支持的时候，一个主要观点被提了出来，即它为接受资助的组织提供了一个“好管家批准盖章”①。据称，这些接受者们可以使用批准印章来吸引其他捐款，特别是利用税收激励募集而来的私人捐款。根据这种观点，直接的公共支持可以“引致”私人支持。持其他观点的人则争辩说，政府通过直接的方式提供的支持越多，私人捐赠者看到需要他们自己捐助的情况就越少。这种观点认为，直接的公共支持可以“挤出”私人支持。事实上，政府直接支持通常是被反对的。Steinberg（1991；2003，pp.284-285）又一次提供了有用的总结。②他在1991年的调查文章中提出，现有的证据和积累的研究成果表明，适度和统计上显著的挤出效应，至少与政府的社会服务支出有关。在2003年的文章中（p.284），他总结道：“新研究通常与早期的研究达成共识，即捐款仅仅取代小部分政府削减。”换句话说，就算说得再好，引致效应也是有限的。但是他同时指出，有证据表明，引致效应有时随着某些慈善行业的出现而出现。

已经有几项研究将焦点集中在艺术和文化领域，它们的结论对于拓展引致效应和挤出效应方面的相关文献作出了重要贡献。Hughes 和 Luksetich（1999）从未公开的美国博物馆协会开展的1989年博物馆调查报告中提取数据，考虑了艺术资金来源和历史博物馆之间的关系，找到了引致效应的证据。他们在最初的规范论证中提出，联邦政府每提供1美元对艺术和历史博物馆的支持都会导致私人支持的增加——包括个人、企业和基金会的支持——私人资助增量超过9.33美元。一种替代非线性论证也支持引致效应的结论——在这种模式中，联邦资金每增加1美元资金导致私人支持增加10.88美元——但是引致效应只会刺激私人支持在到达某一点时放弃，在这一点上挤出效应开始占据主导地位。他们通过深入观察将引致效应归因于大量使用联邦基金补助津贴，这种补助津贴将联邦政府的支持和其他来源融资联系起来。另外，他们提出的证据表明，增加联邦政府的支持可能会导致某些州和地方政府削减它们所能提供的支持。在展示了博物馆从属部门之间的差异后，他们总结说，联邦基金的减少对艺术博物馆的影响可能会比对历史博物馆的影响更大，会降低政府和私人参与者的支持力度，后者会调整捐赠幅度以适应这种水平的下降。将焦点聚集在更狭窄的文化领域，Kingma 和 Mc Clelland（1995）在报告中论述了针对（非营利性的）公共广播电台捐款所带来的挤出效应。他们估计，针对这样一个文化从属部门，政府每增加1美元的支持将会导致（其他）捐款下降0.15美元。③

Brooks 写了一系列文章探讨各种各样的艺术问题。他利用美国91家公共广播电台1995年的数据，发现这些广播电台的公共资金对私人赠予有着积极的影响，但是这种影响随着政府补贴水平的增加而迅速降低（Brooks，2003b）。文章结论也表明，更高的捐赠水平会对应更高的州税率水平。④Brooks同样通过使用美国交响乐团的数据来探索这些问题（Brooks，1999，2000 b）。第一篇文章使用了美国5大交响乐团超过12个音乐季的数据，得出的结论是在任何方向上都没有因果关系。在另一篇文章中，Brooks使用了美国交响乐团联盟253个交响乐团8个音乐季的数据（1984—1991年）。不同的模型分析会导致一种更微妙的结果（p.461）：“在低水平政府资助情况下，慈善事业是被积极鼓励的，一旦超过某一个点，挤出效应就显现了。”在另一篇文章中

① 这里参考的是“好管家”，一种美国畅销杂志对于特别高质量的商品和服务进行“批准盖章”奖励。

② 由 Frey 和 Jegen 提供的“动机拥挤理论”进行了更广泛的调查（2001）。

③ 参见 Kingma（1996）。

④ 然而，有一个问题需要注意，明确地提供慈善捐赠税收优惠的州的数量相对来说较少，联邦所得税法的结构稀释了州激励的效果。根据一份报告，只有5个州在州所得税中对慈善捐款提供明显的激励机制，而其他28个州仅仅采用联邦税收优惠，包括对慈善贡献进行税收优惠（Russell，2001）。关于联邦和州对慈善贡献税收优惠的相互作用，我们将进一步讨论。

(2000a)，Brooks考察了四个不同的慈善部门，使用1966—1997年在艺术和文化方面的联邦支出数据，虽然分析的结果显示出适度的引致效应，但是他并没有得出一个在统计上显著的结果。Brooks将这些结论的模糊性归因于这样一个事实：数据集只包括联邦资金而不包括州资金，由此引起可能的变量遗漏偏差。

目前，与引致效应/挤出效应争论相适应的最负责任的结论就是由Brooks（2000a，p.213）观察得出的："政府补贴和私人慈善之间的关系高度依赖于从属部门、政府的参与程度，以及分析中使用的具体数据集。"

36.4.10 结　论

有关税收激励对慈善捐助带来的经济学影响，更多的文献得出了同以上讨论相同的观点：结果主要取决于模型方法和所使用数据集的类型。对于那些喜欢税收激励的人来说，至少与慈善捐款相关，有相当多的证据支持这种观点——那就是这样的激励会有预期想要的经济效果。但是那些怀疑净效用的人，还是可以找到证据来支持自己的观点。很显然，虽然在这里没有明确深入探讨已有的结论，但是文化倾向的趋势往往被认为是非常重要的。以一个全面而非局部的视角来看会很清楚，在一些国家，特别是在美国，存在一个更强大的民间支持的艺术和文化传统。在研究其他国家的数据时有必要记住，尽管存在以税收为基础的激励，但那些激励措施所能起到的作用是一个范围的函数，这个范围指的是艺术与文化的供给被看成是私人责任还是政府-私人责任的混合体。未来的研究可能会致力于将这些区别进行模型化处理——例如，对于一个像加拿大这样拥有全国性税法体系的国家来说，在讲法语的省份魁北克省与讲英语的省份之间，其慈善行为方面存在着巨大的差异性（这些差异甚至反映在跨省份政府艺术资助的实际结构当中）。

对以税收为基础的慈善行为，尽管激励措施的有效性证据是相对模糊的，但很明显的一点是，这种类型的激励措施在国际上是一种强大的潮流与趋势，通常基于美国的所谓"所得税减免"制度。[①]在本章的最后一节，我将致力于讨论世界各地在艺术和文化上税基体制的激励。

36.5 税收激励机制的国际运动

尽管计量经济学证据在美国具有模糊性，但使用税基的激励机制仍然在其他国家盛行，不只是以某种形式为增加的私人捐赠提供激励，还针对各种特定的文化政策目标（Schuster，1986）。现在许多国家都有这样的税收支持的愿景，主要是以收入扣除的方式存在，但也有一些国家在构建像税收抵免这样的激励机制。[②]人们对这些激励措施的相关变量和参数做了大量的调查验证，例如被广泛采用的最低扣除额、最高扣除额、"超额扣除"（扣除的比例超过实际贡献的100%），以及各种形式的行政监督等。许多国家正在尝试各种各样的税收激励方式，已经超越了个人或企业慈善事业的领域。[③]由于间接援助在税法中隐藏的特性，通常不容易被人们察觉到，但它确确实实发生在许多艺术和文化资助最有趣的创新领域。在这种扩散的影响下，政治和宣传的影响

---

① 美国的"所得税扣除"这一不算成功的词汇在其他国家的广泛使用已导致相当大的混乱。正如我们所看到的那样，它被安排在履行纳税义务之前，从收入中扣除，而不是从一个人的税收中扣除（这将更准确地描述为税收抵免）。

② 对减免和抵免问题的讨论，详见Feld、O'Hare和Schuster（1983，pp.216-220）。

③ 为了更充分地讨论这些看似有些不合时宜的主题，见Schuster（1986，1987，1999）。

力要比理性分析更受人关注。这些观点清楚地体现在以下举例中。

36.5.1 智 利

1990年智利的《文化捐赠法案》是典型的税收立法案例，专门用于刺激私营企业扩大向艺术领域的捐赠范围。[①]它建立了一个独一无二并且有限制性的税收刺激模式，这种激励模式可被描述为一种“可监测的税收抵免”（与自动税收抵免相区别）。其目的是激励私人部门捐助文化项目，与国家共同分担发展文化事业的成本。为了更有效地支付所分担的成本，潜在的捐赠者需要与提出该文化项目的文化机构合作，并且必须向专门的委员会提交一份详细的项目建议书，以证明私人捐款的合理性。该提案必须通过一系列标准的检验。如果项目获得批准，进行捐助的企业将被允许享有其捐款数额50%的税收抵免。[②]通过这种方式，国家承担了项目一半的成本——当然是通过放弃税收的形式实现的。国家不需要给对方填写支票或者给对方授权，但可以通过一个又一个案例为依托来保证这一政策的持续实施。在所有与本项目有关的出版物、海报等的宣传中，捐赠者和接受者都必须注意，这一项目已从《文化捐赠法案》中得到了税收优惠，很显然是以国家减少税收这样的形式实现的。此外，当项目涉及艺术展品、历史文物或表演时，接受捐赠的文化机构必须证明该展览或表演将向公众免费开放。因此，通过利用这种共同筹资的形式，一种相当高水平的公共利益需求将得到长期满足。这种激励具有公共政策的属性，但这样针对文化艺术进行专门的税基方面的立法并不常见。

36.5.2 澳大利亚

在澳大利亚，通信部、信息技术部和文化艺术部负责管理三个不同的税收激励方案，这三个方案分别是：文化机构注册、文化奖励机制和文化遗赠机制（Penhallurick，1998）。[③]

文化机构注册允许具备资格的文化组织对其捐赠人所从事的慈善事业进行激励。就像美国的做法，澳大利亚的捐助者可以从应纳税所得额中将捐赠的现金或财产[④]进行扣除，这些捐助者都是登记在册的非营利组织。[⑤]该方案中有趣的部分是符合条件的文化实体的明确登记。这些组织必须要以负责促进文学、音乐、表演艺术、视觉艺术、工艺、设计、电影、视频、电视、广播、社区艺术、民间艺术或可移动文化遗产的发展为主要目的。这些组织必须在合乎澳大利亚法律要求的前提下才能组建，其主要目标就是服务于“文化”，并且要保证所接受的社会捐赠的资金专门用于文化事业。另外，要想成为登记在册的一员，这些机构必须获得财政部长的批准。登记制度建立于1991年，主要由音乐团体和其他表演艺术团体组成，公共美术馆、博物馆和图书馆属于“文化礼品计划”，不在登记的范围内。

文化奖励机制（前身为艺术项目税收激励计划）为意义显著的文化项目实行奖品奖励制，比如公共艺术画廊、博物馆和图书馆。根据该方案，捐助者有权从应纳

① 法律文本见智利政府公报Diaro Oficial de la Republica de，33706号，1990年6月28日，第7页；关于实施条例见智利政府公报Diaro Oficial de la Republica de ，1991年2月12日，第3页。

② 企业捐赠者的年度抵免总额不得超过企业应纳税所得额的2%。

③ 了解这些方案的当前信息，请查看咨询部门的网站：www.dcita.gov.au。

④ 根据本方案，捐赠财产限于捐赠者12个月内获得的捐赠财产，取购买价格和当前市场价格中的较小者作为扣除限额。

⑤ 这一原则同样适用于个人捐助者、企业捐助者、信托和基金。

税所得额中扣除捐赠物品的市场价值。在计算税前扣除额时，需要经过两个有资格的评估师进行评估，而且捐助者可以申请使用这两个评估值的平均值来进行扣除。如果捐赠物品有限定条件，就会阻止或者延期捐赠给接受机构（即捐赠者对其拥有明确的产权、管理权以及得以有效控制，或者涉及捐赠者的物质利益，那么国家税务专员可以调整或不允许扣除）。对此，奖励机制的相关材料描述得非常清晰，即澳大利亚政府认为这是一个税式支出，甚至估算了这项支出的范围："……这一机制的政策目标是吸引有意义的文化物品进入公共馆藏，并且该捐赠品是通过捐赠者税前扣除的方式由政府来出资的（估计为捐赠品价值的40%）。"[①]对这些公共募集机构的现金赠予也可以在计算所得税前从收入中进行扣除。

文化遗赠机制是文化奖励机制的补充。它通过允许从私人收藏家的房产中扣除其捐赠物价值，以及免除遗产的资本利得税的形式，旨在鼓励私人收藏家将重要的文化物品留给国家的公共艺术画廊、博物馆和图书馆。该方案是独一无二的，它通过限定需要每年被授权的遗赠总价值，更进一步地限制了税式支出。此限定设置为每年5万澳元，制约了可以通过该税式支出花费减免的税收数量，最终形成这样一种局面，即政府可能不得不在相互竞争的申请者中考虑并决定到底对谁进行减免。[②]

总之，这些机制提供了一个不同寻常的、具有约束力的一系列税基有关的优惠政策。通过注册、审批和审查机制，澳大利亚政府可以确保在其他税收激励机制施行困难的情况下，这一公共政策可以实现相对有力的调控。

36.5.3 新加坡

出人意料的是，"加计扣除"的想法（即扣除数量超过捐赠数量的100%）似乎受到一些国家的关注。这也许是因为在特定的社会和文化背景下，我们需要额外的激励来促进经济发展（至今为止还没有传统的私人企业提供支持），或者是因为，支持文化部门的行为在促进自身利益方面效果尤为显著。在澳大利亚，维多利亚州艺术部长呼吁联邦政府对公开收录博物馆新的当代艺术作品捐赠实行125%的扣除（Coslovich，2002）；冰岛正考虑出台一项规定，允许将慈善捐赠的200%从收入中扣除（Einarsson，2004）；在美国，艺术和人文学科主席委员会提出对艺术和文化的捐赠给予150%的税前扣除。在这种情况下，理由绝不仅仅是因为"艺术是特别有价值的"。

新加坡财政部2002年的财政预算包含了一系列促进慈善事业发展的税收政策，其中包括加计扣除[③]：

- 所有对具有公共属性机构的现金捐赠均有资格享受双倍的税收扣除；
- 对于公共部门的捐赠，捐赠者将会因捐赠行为而有机会得到财政资金的支持，将有资格获得单一的税收减免，而不是双倍的扣除；
- 个人或者企业超过每年扣除限额的捐赠可以结转长达五年，使得激励能够长期存在；
- 一个组织用于筹款所花费的金额上限为募集资金的20%。

---

① 见上述部门的网站。

② 很显然，意大利拥有一个更精细的限制方案。Trupiano（2002）的研究表明，在意大利，捐赠的扣除是通过对每个纳税人——个人或企业的整体进行限制的。如果在某一年总捐款超过总限额，"税"将根据接受捐赠者的捐赠扣除在所有组织接受的捐赠中所占的比例来进行收取。

③ 我很感谢新加坡的管弦交响乐的高级经理Siu-Yuin Pang提供的新加坡信息。详情请见新加坡财政部（2002）。请注意，并非所有在该预算中提出的税收措施在这里都有所归纳。

与此同时，国家艺术理事会设立特别账户，以协助艺术团体接受免税捐赠。捐款被存入这些账户，供各种受援组织使用。我们对于建立这样一个中间人组织的原因还不十分清楚，立法中的几个要素提供了可能的解释：（1）通过国家艺术理事会汇集免税捐赠有助于确保该捐款真正用于捐赠者预期的项目及目标。（2）国家艺术理事会负责签发收据，这样就减轻了艺术团体的负担，有助于监控这一体制，以确保免税捐赠在法律规定允许的范围内进行。

“一个特殊的组织结构可能有必要作为慈善捐款的中介”，几个上述事例表明了这一观点。那些一直思考如何将美国式激励应用于其他国家的人也提出了这样的制度安排。[①]这些新的体制结构的创新，在美国人眼里却是浪费资源，是试图平衡激励条款与防止滥用所采取的尝试。

36.5.4 法　国

2002年12月，法国总理让-皮埃尔·拉法兰宣布了慈善捐款和基金改革的12项措施（Morel，2005）。这些措施包括为个人和企业捐助者提供“更好”的税收激励，为基金会提供更优惠的税收待遇，以及简化对“公共事业基金会”建立和运作的规范管理。经过议会的审查，这项税收提案很快得到了通过，经修订后，这一法律[②]于2003年8月1日开始实施（Ministére de la Culture et de la Communication，2004）。这一立法改变了原有税收法律规定，人们普遍认为在此前的法律中嵌入的激励机制的是不够的，特别是在那些与企业有关的资助方面。在此之前的法律中，企业捐赠是从企业的收入中扣除的；但因为企业的边际税率一度达到33.3%，这一规定使得捐赠的价格弹性维持在0.667左右。新的立法已经将原来的减免条款替换为抵免税款的60%，因此捐赠的价格弹性降低为0.40。[③]这一立法为公司的慈善捐赠带来了税收的加计扣除。

由于推行时间较短，尚不知道这一变化会带来什么样的影响，但毋庸置疑的是，考虑到在法国的艺术和文化领域获得了较多的政府支持，因此不大容易出现立法意图所期待的那种对于企业捐赠的显著变化。对于不同国家有关文化捐赠的激励机制所产生的相互作用仍处于讨论中，其结果可能是，相同的激励政策将为不同的国家带来不同的影响。

36.5.5 美　国

在过去的十年间，美国出现了创建国家艺术捐赠基金的运动。在大多数情况下，这些基金原则上想与已经存在的国家艺术委员会分开，希望为艺术和文化提供更多额外的公共和私人资源。它们被创建出来，就是要服务于更广泛的艺术、文化和遗产项目。这些捐赠基金所使用的财政机制有很大的不同（Rafool，2004），但可以明确的一点是，它们都使用了国家的税收优惠政策。在这里，我们以俄勒冈州、威斯康星州和新泽西州为例来探讨这一问题。

对俄勒冈文化信托基金的捐赠有资格获得100%的税收抵免，个人年度最高抵免限额高达500美元，家庭高达1 000美元。企业有资格获得80%的税收抵免，每

① 参见Borgonovi和O'Hare考虑如何在意大利的国情背景下应用美国模式的税收激励。

② 名称为：Loi du 1er août 2003 relative au mécénat，aux associations et aux fondations。

③ 新的立法也增加了对可以从税收优惠中获益的企业慈善捐款的扣除限额，扣除限额从公司营业额的2.25‰或3.25‰达到5‰（取决于受益人的类型）。这些扣除限额也伴随着结转扣除，因此超过扣除限额的捐赠可以在未来年份继续享受税收优惠。

1%之间波动。额外激励背后隐藏的逻辑是，越纯粹的捐赠动机，就会获得越高额的回报。这一结果揭示了税收激励的潜在不确定性以及由此产生的疑点，赞助商可能会陷入如何在税收系统中保障自身利益的泥沼而难以自拔，在此之前他们从未意识到这一问题。

36.5.7 结 论

这些例子表明，许多司法管辖区，无论是国家层面还是地区层面，正在研究的税收优惠政策远远超出了与边际税率生效直接挂钩的有效的“自然”激励措施。它们都是基于税收优惠政策将增加实际捐款总额这样的理念，但它们似乎也基于这样一个假设，即简单的税额扣除并不能被证明是充分的捐赠诱因。现在的问题变成了这些诱因怎样发生作用才能必须得到期望的结果，并且，从结果上看诱因成本是否过高？

36.6 总结与结论

在这一章中，我们看到的国际案例貌似简单，实则复杂。人们并不认同美国式的税收优惠政策的实施效果，因此对其支持的信念不够坚定，这就导致了相关政策措施在其他国家大量出现。这些国家大都参照了美国的税收扣减做法，有些国家已经选择了税额减免，而不是税款扣除；有些国家已经实施了更严格的最高扣除和最低扣除政策；有些国家实行了“超额扣除”；有些国家已经用落实到位的制度结构来监控系统，来防止滥用或过度使用激励政策。这些政策都关系到提供某种类型的激励，可以被视为通过长期的激励措施来增加个人和企业对文化事业的支持，以缓解政府的财政压力。

除了有必要继续研究有关税收激励对经济的影响，进一步明确我们对这些影响的理解外，也有必要对激励的形式及其与不同的国家环境的关系进行比较研究。为什么在某些国家出现了特定的激励形式，而在别的国家没有出现？这些不同情况在税法的操作中有什么区别呢？什么是基于税收优惠政策的比较政治学？另外，虽然研究人员还需要不断研究非营利性慈善组织以税收为基础的激励机制，以及多样化的支持来源，但是以部门为基础的研究也可以成为新的研究热点。Feld、O'Hare和Schuster（1983）指出，改变税法不会影响所有慈善领域，这是因为选择资助文化和艺术领域的捐助者不同于资助其他领域的捐助者。有没有一套适当的针对文化和艺术领域的税收激励措施，能够与其他部门所采用的税收激励措施进行合理的区分？上面列举的几个例子似乎都基于这一共同前提，关键在于：在多大程度上能够实现这种愿景？

参考文献

AAFRC Trust for Philanthropy(2002). Giving USA: The Annual Report on Philanthropy for the Year 2001. AAFRC, Indianapolis.

Alvarez, J.L.(1988). "Taxation and heritage development". In: Council of Europe, New Ways of Funding the Restoration of the Architectural Heritage, Architectural Heritage Reports and Studies, No. 13, Report of the Messina Colloquy. Council of Europe, Strasbourg, pp. 98–107.

Banfield, E.C.(1984). The Democratic Muse: Visual Arts and the Public Interest. Basic Books, New York.

Barrett, K.S., McGuirk, A.(1992). "Charitable giving and federal income tax policy: Additional evidence based on panel-data elasticity estimates: The case of the Student's-tdistribution". Paper presented at 1992 annual conference of the Association for Research on Nonprofit Organizations and Voluntary Action, New Haven.

Baumol, W.J., Bowen, W.G.(1966). Performing Arts: The Economic Dilemma. Twentieth Century Fund, New York.

Boorsma, P.B., van Hemel, A., van der Wielen, N.(Eds.)(1998). Privatization and Culture. Experiences in the Arts, Heritage and Cultural Industries in Europe, CIRCLE Publication No. 10. Kluwer Academic, Dordrecht.

Borgonovi, F., O'Hare, M.(n.d.). "New world wine in old world bottles: Adapting US indirect support of the arts to the Italian context". Unpublished manuscript, Goldman School of Public Policy, University of California Berkeley, Berkeley.

Bouuaert, I.C.(1975). "Taxation of cultural foundations and of patronage of the arts in the member states of the European economic community". Report XII/670/75-EN, Commission of the European Communities, Ghent.

Bouuaert, I.C.(1977). "Fiscal problems of cultural workers in the states of the European economic community". Report XII/1039/77-EN, Commission of the European Communities, Ghent.

Bouuaert, I.C.(1979). "Tax problems of historic houses in the states of the European economic community". Report XII/728/79-EN, Commission of the European Communities, Ghent.

Brenson, M.(2001). Visionaries and Outcasts: The NEA, Congress, and the Place of the Visual Artist in America. The New Press, New York.

Brody, E.(Ed.)(2002). Property-Tax Exemption for Charities. Urban Institute Press, Washington, DC.

Brody, E., Cordes, J.J.(1999). "Tax treatment of nonprofit organizations: A two-edged sword". In: Boris, E.T., Steuerle, C.E.(Eds.), Nonprofits and Government: Collaboration and Confiict. Urban Institute Press, Washington, DC.

Brooks, A.C.(1999). "Do public subsidies leverage private philanthropy for the arts? Empirical evidence on symphony orchestras". Nonprofit and Voluntary Sector Quarterly 28, 32–45.

Brooks, A.C.(2000a). "Is there a dark side to government support for nonprofits?" Public Administration Review 60, 211–218.

Brooks, A.C.(2000b). "Public subsidies and charitable giving: Crowding out, crowding in, or both?" Journal of Policy Analysis and Management 10, 451–464.

Brooks, A.C.(2003a). "In search of true public arts support". Unpublished manuscript, The Maxwell School of Syracuse University.

Brooks, A.C.(2003b). "Taxes, subsidies, and listeners like you: Public policy and contributions to public radio". Public Administration Review 63, 554–561.

Chua, V.C.H., Wong, C.M.(1999). "Tax incentives, individual characteristics and charitable giving in Singa-pore". International Journal of Social Economics 26, 1492–1504.

Clotfelter, C.T.(1985). Federal Tax Policy and Charitable Giving. University of Chicago Press, Chicago.

Coffey, S. (1998). "The social and fiscal status of artists in Ireland". In: Profession Artist: Report on the Social and Fiscal Status of Artists-Part Three: Austria, Denmark, Ireland, Luxembourg. European Commission, Brussels. Published in the framework of the Community Action Plan in the field of Art Training and Education, DGXXII Education, Training and Youth, Direction A, Unit 3.

Commission on Private Philanthropy and Public Needs (1977). Research Papers, Volumes I-V. US Department of the Treasury, Washington, DC.

Cordes, J. (1999). "The cost of giving: How do changes in tax deductions affect charitable contributions?" Emerging Issues in Philanthropy, newsletter of the Urban Institute and the Hauser Center for Nonprofit Organizations, Washington, DC.

Cordes, J. (2004). "The partially subsidized muse: Estimating the value and incidence of public support received by nonprofit arts organizations". In: Schwartz, A.E. (Ed.), City Taxes, City Spending: Essays in Honor of Dick Netzer. Edward Elgar, Cheltenham, pp. 198-243.

Coslovich, G. (2002). "Visual arts inquiry calls for $15 m and tax incentives". The Age, http://www.theage.com.au/articles/2002/09/06/1031115938517.html.

Council for Museums, Archives and Libraries (2002). "Acceptance in Lieu. Report 2000/02". Re: source.

Eckel, C.C., Grossman, P.J. (2003). "Rebate versus matching: Does how we subsidize charitable contributions matter?" Journal of Public Economics 87, 681-701.

Einarsson, A. (2004). "The economic contribution of SMEs within the cultural sector of a small society in a global context". Unpublished paper presented at the Third International Conference on Cultural Policy Research, Montreal, Canada.

Facchina, B., Showell, E., Stone, J.E. (1993). Privileges & Exemptions Enjoyed by Nonprofit Organizations: A Catalog and Some Thoughts on Nonprofit Policymaking, Topics in Philanthropy 3. The Program on Philanthropy and the Law, New York University School of Law, New York.

Feld, A., O'Hare, M., Schuster, J.M.D. (1983). Patrons Despite Themselves: Taxpayers and Arts Policy, A Twentieth Century Fund Report. New York University Press, New York.

Feldstein, M. (1975a). "The income tax and charitable contributions: Part 1-Aggregate and distributional effects". National Tax Journal 28, 81-100.

Feldstein, M. (1975b). "The income tax and charitable contributions: Part 2-The impact on religious, educational, and other organizations". National Tax Journal 28, 209-226.

Fogelman, V.M. (1990). "A capital tax system to preserve America's heritage: A proposal based on the British national heritage capital tax system". Vanderbilt Journal of Transnational Law 23, 1-63.

Frey, B.S. (2000). Arts & Economics: Analysis & Cultural Policy. Springer, Berlin.

Frey, B.S., Jegen, R. (2001). "Motivation crowding theory: A survey of empirical evidence". Journal of Economic Surveys 15, 589-611.

Frey, B.S., Pommerehne, W.W. (1989). Muses & Markets: Explorations in the Economics of the Arts. Basil Blackwell, Oxford.

Fullerton, D. (1991). "Tax policy toward art museums". In: Feldstein, M. (Ed.), The Economics of Art Museums. University of Chicago Press, Chicago, pp. 195-235.

Galligan, A.M. (1993). "The politicization of peer-review panels at the NEA". In: Balfe, J.H. (Ed.), Paying the Piper: Causes and Consequences of Arts Patronage. University of Illinois Press, Urbana.

Hawkins, A. (1988). "Income taxes and museums in America". Apollo 128, 340-344.

Hightower, C. (1977). "A report on the arts". In: Commission on Private Philanthropy and Public Needs, Research Papers, Volume II-Philanthropic Fields of Interest. US Department of the Treasury, Washington, DC, pp. 713-734.

Hood, R.S., Martin, S.A., Osbert, L.S. (1977). "Economic determinants of individual charitable donations in Canada". Canadian Journal of Economics 10, 653-669.

Hughes, P.N., Luksetich, W.A. (1999). "The relationship among funding sources for art and history museums". Nonprofit Management & Leadership 10,21-37.

Independent Commission(1990). A Report to Congress on The National Endowment for the Arts. The Independent Commission,Washington,DC.

Inkei, P.(2001). Tax Incentives for Private Support to Culture, Council of Europe Document DGIV/CULT/ MOSAIC (2001)13(Regional Observatory on Financing Culture in East-Central Europe,Budapest).

International Center for Not-for-Pro.t Law(2002). Survey of Tax Laws Affecting Non-Governmental Organizations in Central and Eastern Europe. International Center for Not-for-Profit Law,Washington,DC.

International Federation of Arts Councils and Culture Agencies(2003)."Encouraging arts philanthropy: Selected resources". In: IFACCA Research Reports 2002-2003. IFACCA,Sydney,pp. 67-75.

Jencks, C.(1987)."Who gives to what?" In: Powell, W.(Ed.), The Nonprofit Sector: A Research Handbook, Yale University Press,New Haven,pp. 321-339.

Jones,A.,Posnett,J.(1990.)"The impact of tax deductibility on charitable giving by covenant in the UK". Draft,Department of Economics and Related Studies,University of York,York.

King, K., Blaug, M.(1976)."Does the Arts Council know what it is doing". In: Blaug, M.(Ed.), The Economics of the Arts. Westview Press,Boulder,pp. 101-125.

Kingma, B.R.(1996)."Balancing the mix of revenues from profits,donations,and governments". New Directions for Philanthropic Fundraising 12,143-156.

Kingma, B.R., McClelland, R.(1995)."Public radio stations are really,really not public goods: Charitable contributions and impure altruism". Annals of Public and Cooperative Economics 66,65-76.

McAndrew, C., O'Hagan, J.(2000)."Export restrictions, tax incentives and the national artistic patrimony". Cultural Trends 37,43-63.

McDaniel, P.R.(1977)."Study of federal matching grants for charitable contributions". In: Commission on Private Philanthropy and Public Needs(1977), Research Papers, Volume IV-Taxes. US Department of the Treasury, Washington,DC,pp. 2417-2534.

Martell,C.(2004)."Dedicated funding for arts,culture and science". Public Finance and Management 4,50-74.

Meyer,K.(1979). The Art Museum: Power,Money,Ethics. Morrow,New York.

Mikesell,J.L.(2002)."Tax expenditure budgets,budget policy,and tax policy: Confusion in the states". Public Budgeting & Finance 22,34-51.

Ministére de la Culture et de la Communication(2004). Un nouvel élan pour le mécénat culturel: Loi du 1er aoû̂t 2003 relative au mécénat,aux associations et aux fondations. Ministére de la Culture et de la Communication,Paris.

Ministry of Finance(2002)."Budget statement 2002: A budget for a different world". Government of Singapore, source: http://www.mof.gov.sg.

Morel,C.(2005)."Will businesses ever become legitimate partners in the financing of the arts in France?" International Journal of Cultural Policy 11,199-213.

Munnelly,A.(Ed.)(1986). Tax and the Artist: Survey of European Tax Codes as the affect Creative and Interpretative Artists. The Arts Council,Dublin.

Navarro, P.(1988)."The income elasticity of corporate contributions". Quarterly Review of Economics and Business 28,66-75.

Netzer,D.(1978). The Subsidized Muse: Public Support for the Arts in the United States. Cambridge University Press, New York.

Netzer,D.(1992)."Arts and culture". In: Clotfelter,C.(Ed.),Who Bene.ts from the Nonprofit Sector? The University of Chicago Press,Chicago,pp. 174-206.

Netzer,D.(1997)."Tax policies and cultural heritage". In: Hutter,M.,Rizzo,I.(Eds.),Economic Perspectives on Cultural Heritage. St. Martin's Press,New York,pp. 170-182.

O'Hagan,J.(1998). The State and the Arts: An Analysis of Key Economic Policy Issues in Europe and the United States. Edward Elgar,Cheltenham.

O'Hagan, J., McAndrew, C. (2001). "Restricting international trade in the national artistic patrimony: Economic rationale and policy instruments". International Journal of Cultural Property 10, 32–54.

Pacque, K.-H. (1982). "The efficiency of public support to private charity: An econometric analysis of the income tax treatment of charitable contributions in the Federal Republic of Germany". Working Paper No. 152, Institute für Weltwirtschaft an der Universität Kiel, Kiel.

Penhallurick, L. (1998). "Tax breaks for philanthropy". Smarts 13, 6–7.

Rafool, M. (2004). "State arts endowments". Unpublished document, National Conference of State Legislatures, Denver, Colorado.

Rockefeller Panel Report (1965). The Performing Arts: Problems and Prospects. McGraw–Hill, New York.

Rouet, F. (1999). VAT and Book Policy: Impacts and Issues, Policy Note No. 1. Cultural Policies Research and Development Unit, Council of Europe, Strasbourg.

Russell, F. (2001). Individual Income Tax Provisions in the States. State of Wisconsin, Legislative Fiscal Bureau, Madison.

Schuster, J.M.D. (1985a). "Tax incentives for charitable donations: Deeds of covenant and charitable contribution deductions". University of San Francisco Law Review 19, 329–376.

Schuster, J.M.D. (1985b). "The non-fungibility of arts funding: Perspectives on corporation and foundation support". In: The Proceedings from Arts Research Seminar #4, The Arts: Corporations and Foundations. The Canada Council, Ottawa.

Schuster, J.M.D. (1986). "Tax incentives as arts policy in Western Europe". In: DiMaggio, P. (Ed.), Nonprofit Enterprise in the Arts: Studies in Mission and Constraint. Oxford University Press, New York, pp. 320–360.

Schuster, J.M.D. (1987). "Issues in supporting the arts through tax incentives". Journal of Arts Management and Law 16, 31–50.

Schuster, J.M.D. (1989a). "The British deed of covenant as a tax incentive for charitable donations: Vestige or viable alternative?" In: James, E. (Ed.), The Nonprofit Sector in International Perspective: Studies in Comparative Culture & Policy. Oxford University Press, New York, pp. 267–285.

Schuster, J.M.D. (1989b). "Government leverage of private support: Matching grants and the problem with 'new' money". In: Wyszomirski, M., Clubb, P. (Eds.), The Cost of Culture: Patterns and Prospects of Private Arts Patronage. American Council for the Arts, New York, pp. 63–97.

Schuster, J.M. (1994). "Funding the arts and culture through dedicated state lotteries–Part II: Opening the way for alternative decision making and funding structures". European Journal of Cultural Policy 1, 329–354.

Schuster, J.M. (1996). "Questions to ask of a cultural policy: Who should pay? Who should decide?" Culture and Policy 7, 115–139.

Schuster, J.M. (1999). "The other side of the subsidized muse: Indirect aid revisited". Journal of Cultural Economics 23, 51–70.

Schuster, J.M. (2001). "Who should pay (for the arts and culture)? Who should decide? And what difference should it make?" In: Roth.eld, L. (Ed.), Unsettling "Sensation": Arts Policy Lessons from the Brooklyn Museum of Art Controversy. Rutgers University Press, Piscataway, pp. 72–89.

Schuster, J.M., de Monchaux, J., Riley II, C. (1997). Preserving the Built Heritage: Tools for Implementation. University Press of New England, Hanover.

Schuster, J.M., Karraker, D., Bonaiuto, S., Grogan, C., Rothfield, L., Smith, S.R. (2003). Mapping State Cultural Policy: The State of Washington. Cultural Policy Center, The University of Chicago, Chicago.

Simmonds, J. (2001). Art and Taxation: A Guide. Institute of Art and Law, Leicester.

Simon, J.G. (1987). "The tax treatment of nonprofit organizations: A review of federal and state policies". In: Powell, W. W. (Ed.), The Nonprofit Sector: A Research Handbook. Yale University Press, New Haven, pp. 67–98.

Staines, J. (2004). Tax and Social Security: A Basic Guide for Artists and Cultural Operators in Europe. Informal European Theatre Meetings, Brussels.

Steinberg, R. (1990). "Taxes and giving: New findings". Voluntas 1, 61–79.

Steinberg, R. (1991). "Does government spending crowd out donations? Interpreting the evidence". Annals of Public and Cooperative Economics 62, 591–618.

Steinberg, R. (2003). "Economic theories of nonprofit organizations: An evaluation". In: Anheier, H., BenNer, A. (Eds.), The Study of the Nonprofit Enterprise: Theories and Approaches. Kluwer Academic/ Plenum Publishers, New York, pp. 277–309.

Steinberg, R., Bilodeau, M. (1999). Should Nonprofit Organizations Pay Sales and Property Taxes? National Council of Nonprofit Associations, Washington, DC.

Surrey, S. (1973). Pathways to Tax Reform: The Concept of Tax Expenditures. Harvard University Press, Cambridge, MA.

Taylor, D. (Ed.) (2000). Tax Exemptions–2000: A Study of Tax Exemptions, Exclusions, Deductions, Deferrals, Differential Rates and Credits for Major State and Local Taxes in Washington. Research Division, Washington State Department of Revenue, Olympia.

Tiehen, L. (2001). "Tax policy and charitable contributions of money". National Tax Journal 54, 707–723.

Tof.er, A. (1965). The Culture Consumers: Art and Af.uence in America. Penguin Books, Baltimore.

Trupiano, G. (2002). "Public subsidies and tax incentives for culture in Italy". Unpublished paper presented at the 12th International Conference of the Association for Cultural Economics, Rotterdam.

Vajda, Á, Kuti, É. (2002). "Citizens' votes for nonprofit activities in Hungary". Working Paper, Nonprofit Sector Research Fund, The Aspen Institute, Aspen.

Vladeck, B.C. (1976). "Why non-profits go broke". Public Interest 42, 86–101.

Wallace, J.A., Fisher, R.W. (1977). "The charitable deduction under section 170 of the Internal Revenue Code". In: Commission on Private Philanthropy and Public Needs, Research Papers, Volume IV–Taxes. US Department of the Treasury, Washington, DC, pp. 2131–2161.

Weil, S. (1991). "Tax policy and private giving". In: Benedict, S. (Ed.), Public Money and the Muse: Essays on Government Funding for the Arts. W.W. Norton, New York.

Weisbrod, B.A. (1991). "Tax policy toward non-profit organisations: An eleven country survey". Voluntas 2, 3–25.

Wong, C.M., Chua, V.C.H., Vasoo, S. (1998). "Contributions to charitable organizations in a developing country: The case of Singapore". International Journal of Social Economics 25, 25–42.

Wyszomirski, M.J. (1990). "The art and politics of peer review". Vantage Point, American Council for the Arts, insert in Horizon, spring 1990, pp.12–13.

Yarmolinsky, A. (2000). "The charitable deduction: subsidy or limitation?" Nonprofit and Voluntary Sector Quarterly 29, 173–178.

第37章
公　益

Stanley N. Katz

Princeton University, Princeton, NJ, USA

王欣双　译

摘　要

有关英国和美国慈善事业的早期模式必须与20世纪末在美国发展起来的公益事业区分开来。公益事业的目的是系统地根除社会弊端，而慈善事业只是进行改良。在大萧条爆发之前，一般意义上的公益基金会是实现这一目的的标准载体，在各个领域都作出了杰出贡献。然而，公益基金会对艺术的资助却相当有限。第二次世界大战之后，公益基金会的权力和影响范围不断扩大，其大部分责任由联邦政府承担，且政府往往会采用基金会的办事作风。后来基金会开始赞助文化艺术，其中一部分原因就在于此。20世纪50年代，当公益创投出现时，也往往以文化艺术作为资助的目标。自1965年以来，由艺术人文国家基金会（the National Endowments for the Arts and Humanities）负责中央政府对这些领域的资助。近来基金会领域发生了一些变化，包括新成立了许多资金雄厚的基金会、出现了保守型基金会、基金会资助范围缩小、对文化艺术的资助有所减少、涌现越来越多的社区和家族式基金会。毫无疑问，美国的公益事业支持政府政策和经济周期。尽管历经变迁，美国对公益事业仍具有独特的偏好，这可能与美国国家权力相对较弱有一定关系。欧洲的历史传统和法律框架不同于美国，因而采取不同的形式为文化艺术事业提供各种支持，其中国家起较大的作用。然而，近来的趋势却表明其他国家的公益事业正逐渐变得和美国的公益事业越来越类似了。

关键词

公益，艺术，文化，基金会

JEL Classification Codes

A13, D31, D64, L31, L33, L82, Z11

37.1　美国的公益事业与艺术

37.1.1　起源：从慈善到公益事业

在美国，英文中的“公益”一词既是一个术语，也是一个一般性词汇。作为术语，其含义并未被实践者和一般公众很好地领会。为了更好地理解这一术语的含义，也许我们需要将这一术语放在历史的背景下，尤其要和“慈善”的概念区分开来。后者是指照顾社会上的穷人、病人和其他不幸的人的责任。

在美国还是殖民地时，“慈善事业”在某些方面受到了英国“慈善事业”的影响。例如，1601年英国的《济贫法》(Poor Relief Act)将一些公益责任交给市政府，早期的美国慈善事业也采取了同样的形式，尤其在新英格兰地区，尽管当时市政府通常会将照顾贫病者的责任交给能以最低价格提供服务的任何人。同时，英国教会（和其他基督教派）不但自身承担着慈善事业的责任，也要求比较富裕的教徒将自己的财富分享给那些不幸的教友。因此在美国的一些地区，如弗吉尼亚的圣公会教区，教区和教徒就必须承担起照顾贫病者的责任。[①]1601年伊丽莎白的《慈善用途法》(Statute of Charitable Uses，目前英国正在修订该法律）使慈善事业获得了正式的法律地位，尤其是通过界定慈善活动的范围使公益信托的地位得到了提升。尽管如此，殖民地的法律经常改动，这对美国的慈善事业造成了不利的影响（Tomlins and Mann，2001)。独立战争之后，这一环境变得对慈善事业更为不利，新英格兰以外的地区尤为如此。这种状况长达数十年，也许是因为受到了杰斐逊反对“非合众国”组织的警告的影响。在弗吉尼亚，英国圣公会被解散，其资产被没收；宾夕法尼亚废除了《慈善用途法》。

然而，美国的志愿者工作和慈善事业并未因此受挫，由此产生的争议需要最高法院的介入。在1819年和1844年（达特茅斯学院与Woodward的案子，Vidal等人与费城的案子）的审判中，最高法院对上述活动持支持态度，虽然其态度并不很鲜明。而且，关于发展慈善事业有两种截然不同的法律途径，法律留下了很大空白。在新英格兰，法律不但允许人们进行慈善活动，而且还通过税收减免来鼓励人们这样做（Wright，1992)。但其他大多数州对可以称作慈善事业的活动种类加以限制，也几乎不采取任何措施来加以鼓励（Zollmann，1929)。结果，慈善活动在东北地区和中西部的北部地区蓬勃发展，而在其他地区却差强人意。

除了这种较为宽松的法律环境之外，随着现代公益概念的发展，19世纪末的一系列发展也为慈善事业的总体概念和法律定义的大幅扩展铺平了道路。[②]公益事业中出现了一些协会，并产生了职业标准；大型的公益协会逐渐由赚取工资的管理人员经营，而不是由志愿者经营；在联邦政府重组了邮政服务并重新控制了各州之间的商业往来之后，通讯变得更加容易，使奴隶制度、移民问题和黑人向北方移徙等全国性问题与人们生活的关系越发密切；美国卫生委员会（the United States Sanitary Commission）在内战战场上努力救死扶伤的行为显示了科学的效力，后来，一批科学家投身医疗界，他们

---

① 关于早期的美国慈善事业，参见Trattner (1999)和Katz (1996)的文章；关于早期的英国慈善事业，参见Jordan (1959)和Owen(1965)的文章。

② 虽然慈善活动有时被称作“公益”，但“公益”一词泛指慷慨仁慈的行为。例如，在美国南北战争之前，反对奴隶制度的人往往被称作“公益人士”。

不去研究疾病的症状，而是致力于研究疾病产生的原因和造成的痛苦；研究性大学开始蓬勃发展；全国慈善机构大会（the National Conference of Charities and Correction）的成立标志着社会福利职业化范围的扩大，以及工作重点由减轻社会问题向寻找系统的解决方案转变。①

同时，“强盗大亨”时代的大企业家们正在积累着令人咋舌的财富。这些资本家都是基督徒，他们大多数人坚信的新教信仰要求他们管理好自己的财富，并将其中相当大的一部分用于造福他人（尽管1889年出版的Carnegie的《财富》一书非常务实，并十分世俗）。这些人一直以来都以慈善为乐——洛克菲勒小时候把挣来的第一个美元捐了出去。对于这些有意解决社会问题的产业大亨而言，最大的难题就是他们的财富滚滚而来，却来不及捐出去。他们做慈善的方法是零售式的，而他们的社会责任感和可支配财富都要求他们采用批发式的做法将快速集聚的财富分配出去。

这些创新家的第一个想法就是思考该如何扩展自己的慈善工作，如何更加有效地进行慈善工作。但其真正的区别在于，他们是否意识到挑战并不仅仅是技术性的，也是观念性的，甚至并非以技术为主，而是以观念为主。因为慈善是要满足个人的具体需求，无论是收入、健康还是教育。即使慈善能够一直满足这些需要，却不能根除这些问题。提供救济不能解决导致贫穷的根源问题，提供住所和药品也不能根除疾病。这些现代的商人们（尽管最早成立、最具有开创性的基金会之一——拉塞尔·塞奇基金会是由一名商人的遗孀成立的）希望将自己的财富用于发现导致人们不幸的根源，并制定战略来消除国内外的各种灾难（Hammack and Wheeler，1994）。

这就是现代公益概念的起源。它出现的大背景是：人们普遍对科学技术充满信心，认为科学技术能够以颠覆传统的新方式有效地解决社会问题。现代公益汲取了大资本家的智慧和商业经验，毕竟这些大资本家是以其雄才大略获得财富的（尤其是采矿业和制造业的纵向整合），并充分利用了第二次科学革命的智慧源泉（新涌现的研究性大学在这一方面取得了极大成功）。人们意识到，这些新的技术不但可以用于标准石油公司或美国钢铁公司，也可以有效解决社会、经济和医疗问题。

37.1.2 公益基金会的出现

这种公益事业在机构上的体现就是私人成立的公益基金会。但是建立公益基金会存在巨大的法律和政治困难。“禁止永久性规则”使信托基金（公益基金会也是一种信托基金）无法长期存续，结果导致受益人一直无法获得资金（Friedman，2000）。正如Katz、Sullivan和Beach（1985）所描述的，纽约州的法律对公益基金会的发展很不利，而“强盗大亨”资本家的大部分财富集中在纽约州。尽管如此，到了20世纪初，仍有一些大型的基金会或类似基金会的机构成功建立起来，其中洛克菲勒基金会拥有1亿美元资金和很大的自由裁量权来提高“全世界人类的福祉”（这里是指早期的人类）。该基金会提出的主张与19世纪90年代的平民主义潮流很相似。1913年该基金会获得纽约州的正式许可（Johnson and Harr，1988）。这一许可使这种新型信托基金获得了法律许可，受益者不分阶级，捐助目的也更加广泛。简言之，他们创立了今天美国人所谓的私人公益基金会。

这些机构的捐助目的非常广泛，这是有原因的。英

① 关于这些进展的文献资料，参见Hall（2003），Lubove（1965），Bremner（1996），Karl和Katz（1981）。

国法律一直以来都不利于具有特殊目的的信托基金，这是因为具有非常明确目的的信托基金工具在社会条件发生变化的时候会无法使用（尽管力求相似原则会帮助解决这类困境）。公益人士从企业管理的经验中了解到时效性和灵活性的重要性，并通过指派管理委员会（即信托公司）设法将这些经验应用于公益基金会。管理委员会的主要职责是随时调整基金会当前的具体资助目的，使其符合其总体目标，即通过研究找到解决国内外最紧迫问题的方案。为此，他们会主动将信托基金年收入的相当一部分用于拨款。一些基金会设定了一定存续时间，并要求在此期间花掉所有的信托资金，如罗森沃尔德基金会（Rosenwald Fund）。对于这些基金会而言，灵活性就不那么重要了。西尔斯罗巴克公司（Sears Roebuck）的邮购业大亨朱利叶斯·罗森沃尔德在1927年向基金会捐赠了2 000万美元，条件是在其去世后25年之内用光这笔捐款，基金会事实上只用了16年时间。

一般目的的基金会模型在美国参加一战的时候就已经确立了，并在20世纪20年代发扬光大。一战之后到大萧条开始之间成立了大量的私人公益基金会。这些基金会的目的五花八门，但大多数关注的焦点是教育、医疗和公众健康以及国际事务。为了解决“美国的困境”，即现代民主中的种族问题，各基金会投入了大量资金。事实上，Gunnar Myrdal所著的《美国的困境：黑人问题与现代民主》一书便是由Carnegie公司资助的。[①]相对而言，资助经济发展的基金会很少，因为新的基金会不断遭到批评，人们认为这些基金会只不过是有钱人使自己的财富免于纳税的手段，随后又以此来影响政府政策（尤其是经济政策）罢了。还有一些间接投资是通过投资或建立中介组织来完成的，例如国家经济研究局（the National Bureau of Economic Research）、布鲁金斯学会（the Brookings Institution）和社会科学研究会（the Social Science Research Council）为Herbert Hoover和Franklin Delano Roosevelt的私人自然资源计划项目提供支持。尽管Carnegie公司也提供艺术拨款（主要在艺术教育方面），但总体来说，在20世纪二三十年代，私人基金会几乎没有兴趣去资助艺术和文化产业。然后，大萧条产生的各种问题使各基金会的资源捉襟见肘，使艺术公益事业进一步走向低谷。第二次世界大战又使得专业人士应征入伍，参加战争。

也是在这一时期，出现了另一种基金会。事实证明，随着20世纪的不断推进，这种基金会的重要性越发凸显出来，这就是社区基金会。据Howard（1963）记载，第一个社区基金会——克利夫兰基金会（the Cleveland Foundation）于1914年成立于俄亥俄州。尽管社区基金会积累资金的方法和捐助的战略手段既具有科学性又具有公益性，但它仍建立在传统的前提之下，即认为“慈善始于家庭”。社区基金会与私人基金会享有同样的法律地位，但其资产由富裕的社区成员捐赠，以使该社区受益。社区基金会使当地捐助者获得税收减免和私人基金会的一些优势，而无需承担建立自己的私人基金会所需的费用和责任。社区基金会拥有自己的董事会，其成员为当地各界知名人士和知识分子，主要以商人为主。社区基金会资助的社区活动范围广泛。毫无疑问，社区基金会比私人基金会对当地的生活具有更大影响，尤其在文化机构和文化活动方面更是如此，至少到前不久为止是这样。大约同一时间，（也是在俄亥俄州）出现了一种相关的但更加传统的慈善机构，也以地区性慈善为目的，那就是社区福利基金。后来，该机构呈现多种形式（现在被称作联合劝募会），但其主要思想是允许雇主定期从员工的工资中扣除一部分钱，由社区的核心组织捐助给一些非营利性的慈善组织，为当地社区提供服务（Crane，1992；Brilliant，1992）。

① 参见Lagemann（1992）。

37.1.3 联邦政府“公益事业”的发展

众所周知，美国政府成立于独立战争时期，国家权力非常有限。这是有意而为的，并得到了坚决贯彻。1787年宪法的基本前提是不明确授予国家（联邦）政府的权力属于州政府或人民。这其中一部分原因是财政清晰原则，联邦政府的预算一直很低，直到19世纪中期，内战才使政府增加了税收和军费开支。直接税收一直维持在低水平，因而并非联邦政府收入的重要来源。这种状况一直持续到1913年宪法第16次修正案通过，联邦政府和州政府进行了职能划分，实际上由州政府完全负责各州的警力，以及人民的医疗保健、安全和福利。我们可以看到，在19世纪末之前慈善事业实际上是一个地区性问题，慈善和（相关的）文化活动要么完全不属于任何政府管辖，要么归州政府管辖。就像Alexis de Tocqueville在19世纪30年代雄辩性地指出的那样，多数地区性的文化活动是由志愿者依靠慈善赞助发起的。在相当大的程度上，现在依然如此。

但是，联邦政府的权力大大增长了，这既是因为两场战争的需要（即使在美国宣布处于永久战争状态之前也是如此），也是因为始于大萧条时期的急剧扩大的社会经济事务的需要，并在Lyndon Johnson任职总统期间提出“大社会”概念之时达到顶峰。尽管后来20世纪共和党和民主党在执政期间尽了最大努力，情况仍未改观。毫无疑问，联邦政府的扩张（以GNP在其上花费的比例来衡量）和国家政府权力的扩大导致非常类似于公益的活动也随之而来。有两点值得一提。首先，公益赞助的研究对罗斯福新政的思想影响很大。换言之，是基金会帮助联邦政府轻松进入到该领域（Critchlow，1985）。其次，实际上新政活动至少对公益事业起到了鼓励的作用。这一方面是因为累进式的税率会鼓励慈善捐助，另一方面也因为政府政策需要对私人基础设施施加影响，而公益事业既有助于私人基础设施的建设，也是私人基础设施的组成部分。

这一做法始于联邦政府对第二次世界大战需要的响应，那时联邦政府第一次成为科学研究的主要资助者。联邦政府首先支持的是军事研究，如用于研发核武器的曼哈顿项目。后来，联邦政府成为一般性科学和医药研究的最大资助者。如Brownlee（1996）所示，联邦政府在这一方面尤为突出的是在1943年确定了近乎单一税率的收入所得税。战后第一次出现了政府“基金会”——1950年美国国家科学基金（the National Science Foundation）成立了，这使私人研究机构得到迅速发展。尽管1897年美国国立卫生研究院（The National Institutes of Health）已经成立，但直到1948年才获得现在的名称，到20世纪50年代才获得大量的财政支持。这些公众机构依赖每年的联邦政府拨款，在法律地位上也和私人基金会有所不同。政府从“真正的”基金会那里学到了拨款程序和部门研究计划战略。大量的税金被投入到这类组织中。政府“公益事业”的一个有趣的影响是私人基金会（甚至最大的基金会）认为很有必要根据政府进行的公益活动，尤其是政府没有进行的公益活动来重新定位自己的资助战略。和庞大的研究资金总额相比，私人基金会的地位越来越不重要。

37.1.4 公益基金会对文化艺术的影响

如前所述，美国公益业在最初的几十年里并不重视艺术与文化。但是，在20世纪三四十年代联邦税法的变革的刺激下，出现了第二波大型私人基金会，如福特基金会（the Ford Foundation）和莉莉捐赠公司（the Lilly Endowment）。在战后时期，其中一些机构认为文化这一领域前途光明，愿意对其进行公益投资，这可能是因为要避开逐渐被公共资金所占领的投资领域，也可能是因为出现了新的信托公司，它们对基金会的拨款类型拥有新的兴趣和观点。在这个观众、剧目和艺术家快速增长的年代，文化艺术领域正在变得越来越民主化，这使得私人基金会更容易对艺术提供支持，因为私人基金会对精英和精品的判断非常敏锐。到了20世纪六七十年代，首先是洛克菲勒基金会，然后又以福特基金会为甚，开始了文化公益事业的伟大项目。在20世纪八九十年代，新成立的大型基金会，如皮尤慈善信托基金会（the Pew Charitable Trusts）和华莱士基金会（the Wallace Funds）也进入了这一领域，现在又出现了一批新成立的基金会，从而形成了文化艺术投资的综合组织机构，即艺术资助人组织（Grantmakers in the Arts），该机构每年举行大会，公布其工作进展，也对文化艺术的公益支持进行研究（Renz and Atlas，2000）。然而，无论是和私人慈善赞助相比，还是和各州与地方的文化资助相比，基金会对文化艺术的总体支持仍然很小，并在近几年急剧下降（Focke，2001）。

37.1.5 公益创投与文化艺术

公益创投是美国在战后的又一创新，也经历了类似的变化。美国的商业企业和任何国家的商业企业一样，也在追求利润，以便将其再次投入到生产中或者分配给股东。Milton Friedman（1997）和其他许多经济学家不辞辛苦地试图说明，为了其他目的，尤其是为了公益目的而进行的利润分配是不明智的，因而建议企业不要这么做。直到1935年，《收入法案》（the Revenue Act）才规定对公益事业提供捐赠的公司可以减税。自1948年颁布了相关法律之后，这才成为常规的做法（Muirhead，1999）。Himmelstein（1997）认为公益创投的主要原因是“善有善报”——公益事业不但对被捐助者有益，也对提供捐助的企业有益。随着公益创投在20世纪六七十年代越来越普遍，捐助的对象往往是该企业工厂所在地的社区和员工居住区。这些企业还设计了补偿性的赠予项目，员工通过这类项目对大学和其他非营利性组织捐赠慈善物资，会从公司那里获得一分不差的补偿。这极大地鼓励了员工的慈善行为，也给从事慈善活动的员工极大的满足。但是，这方面的费用和收入相比往往非常少。在过去的50年里，这笔费用只占税前收入的1%到2%，尽管对于大企业而言，这笔钱仍然不是小数目。在20世纪70年代末，中西部北方地区的实业家发起了一项活动来鼓励企业将公益捐赠增加到税前利润的5%，但未能成功。实际上，在20世纪八九十年代，企业公益的总体水平在下降，捐款和企业营销战略的联系越来越紧密，因此捐款事宜由营销部门和公关部门而非企业的捐款办事处来操作（Porter and Kramer，2002）。

公益创投的很大一部分投入到了文化产业中，主要是因为对艺术的支持似乎是一种颇有吸引力且毫无争议的方式，能够使具有严重公关问题的企业在公众面前展现出令人欢迎的积极的一面。毫不奇怪，烟草产业一马当先，其中又以Philip Morris为领军先锋。21世纪的最初几年，企业捐赠呈现超乎想象的增长态势：根据Raymond（2003）的研究，在2002年达到约120亿美元，比2001年增长了10.5%（2001年又比2000年有所增长）。但这似乎是反常的发展态势——20世纪90年代公益创投出现了显著滑坡（慈善纪事报，1999a）。

37.1.6 政府文化公益事业：捐赠

联邦政府对待文化艺术的态度从未受到文化政策明

文规定的影响。[①]国会花了十多年时间来决定是否接受James Smithson的馈赠来成立华盛顿史密森学会（the Smithsonian Institution in Washington）。此后，联邦政府拨款帮助该组织维持并扩张大批博物馆和研究活动，其金额远远超过了接受捐赠的信托基金本身所能承受的程度（Oehser，1969；Burleigh，2003）。当安德鲁·梅隆（the Andrew Mellon）基金会向首都创建美国国家艺术馆（the National Gallery of Art）捐款的时候，也出现了类似的情况。联邦政府通过免税代码的方式来鼓励美国民众支持文化艺术，但未见成效，直到20世纪60年代，政府才为该部门提供直接支持（公共事业振兴署将视觉艺术和表演艺术纳入自己的项目中，这是一个例外）。但令许多观察家没想到的是，文化艺术组织（和个人）游说多年，终于在1965年成立了联邦文化拨款机构。那一年，国会为了实现"大社会计划"，通过了一项法案，成立了美国国家人文基金会（National Foundation for the Arts and Humanities）。它由两个独立的、国会拨款的"基金会"组成，其中一个是国家艺术基金会（the National Endowment for the Arts，NEA），另一个是国家人文基金会（the National Endowment for the Humanities，NEH）。授权法律文书指出文化对巩固民主社会的重要性，从而为两个未获资助的"捐赠基金会"提供了法律依据，但是最初几年的实际拨款非常少（Netzer，1980）。毕竟，美国从未成立过国家性的文化部门，其历史原因在于宪法从未考虑过联邦政府可能会对任何形式的文化活动承担责任，这类活动和机构显然应当归属州或地方管辖。

成立协调委员会来对捐赠进行监督的想法（源自美国国家人文基金会的最初法律计划）从未得到实施。每个捐助基金会都由总统指派主席，并需要得到参议院的许可，每个捐助基金会的主席对于捐款事宜都拥有相当大的决定权，尽管根据规定，每位主席都必须与总统指派的国家委员会协商。但是，在制度上人文学科总是被从艺术中分离出来，这主要是因为在涉及国家行为的时候，广义上的"文化"在美国被视为一个危险的概念。鲜有主席拥有独立的地位和强大的政治权力，而且国家委员会的委员往往不是因为其在专业上拥有杰出成就而被选中的，在指派委员的时候，政治通常是主要的原因。

在艺术活动家Nancy Hanks的领导下，国家艺术基金会在20世纪70年代初Nixon在任期间开始接收越来越多的拨款，之后也是这样：国家人文基金会在1966年收到了290万美元的拨款，1969年在汉克斯任职期间收到了不足850万美元的拨款，而1977年她去世的时候，国家艺术基金会收到了约1亿美元的拨款（国家艺术基金会，2004）。国家人文基金会起初在1966年获得600万美元的拨款，在1977年收到了约1亿美元的拨款（Katz，2001）。每个捐助基金会的捐助范围都在扩大，国家艺术基金会既对艺术家个人也对顶尖表演艺术组织提供支持，而国家人文基金会既对学者个人也对文化机构（如独立的研究性图书馆和历史社团）提供支持。以美元计算，捐助基金会在20世纪80年代初达到了拨款水平的顶峰，但即使在90年代中期其拨款额最高的时候，以名义美元计算，两个基金会收到的拨款也都未突破2亿美元的大关。这种程度的支持与私人公益基金会和个人捐助者的年总投资无法相比，甚至不如州和地方的公共拨款多。

后来，George H.W. Bush在任期间，有些人反对联邦政府对文化事业拨款，因为这会使文化事务政治化。这些人担心的事情发生了。所谓的文化战争主要是指政治与宗教的保守派反对向艺术家个人提供资助。参众两院议员想要知道为什么国家艺术基金会对基督教艺术和非基督教艺术都提供支持，为什么人性中充满了冲突（尽管被遏制了）。Zeigler（1994）与Marquis（1995）

① 参见本卷Netzer所著第35章以获取更多内容。

认为，这导致国家艺术基金会取消了对艺术家个人的资助，这一活动总体上不利于“高水平”艺术的创作，也不利于对传统艺术机构的支持，而有利于对流行艺术和本地艺术形式的支持。为了对这些危机作出回应，也为了其他原因，两个捐助基金会都在一定程度上起到了州艺术（人文学科）委员会的传导资助者的作用，将资金重新拨出，主要拨给地方性组织。

但是到了20世纪90年代中期，尤其在1996年之后，越来越多的本可以流向国家艺术基金会和国家人文基金会的联邦政府款项直接进入了州委员会。只有一些人文学科委员会同时还从州政府那里获得资助，但是几乎所有的艺术委员会都从各自所在的州收到比从国家艺术基金会更多的款项。这在一定程度上是美国人偏好由州而不是由联邦政府制定文化政策的延续，当然，这也使得委员会既受到州税收收入年度变化的影响，也受到州政策变化的影响。例如，加利福尼亚艺术委员会从州政府获得的资助从2000—2001年的3 200万美元，和2001—2002年的2 900万美元，减少到2002—2003年的100万美元（Winn，2003）。其中传递的信息显然可见。随着我们进入21世纪，公益事业仍然是文化机构和活动的外部支持的主要来源——尽管它远远落后于州和地方的公共资助。和美国所有的非营利性机构一样，自从里根改革以来，文化机构越来越有必要通过赚取收入来维持生计。

37.1.7　21世纪初的公益事业

现在回过头来看看美国本土的公益事业，人们会有一个有趣的发现：尽管广义的公益行为发生了很大变化，但是重大的机构性变动却很少出现。实际上，主要的参与机构仍然是私人公益基金会和社区基金会，两者都必须放在不断变化的联邦政策和优先事务的背景下来考虑，因为从本质上来说公益事业一直是一个反应敏感的部门。

私人公益基金会的数量不断增加，最显著的变化就是成立了拥有大笔捐款的新型基金会。在2004年，根据全国慈善统计中心（the National Center for Charitable Statistics，2004）的数据，美国拥有近2 000家私人基金会，资产达2 500万美元以上。这是因为在新兴产业（尤其是信息技术产业）中私人的财富急剧增加，同时联邦税收政策也有利于财富的创造和积累。最显著的例子就是比尔和梅琳达·盖茨基金会（The Bill & Melinda Gates Foundation），该基金会2000年才成立，这几年其成立者的捐赠额就超过了30亿美元。这使得盖茨基金会无论以何种历史经济学价值观来评判，都是美国历史上最富有的基金会。该基金会最初由比尔·盖茨的父亲和一名同事以私人的、非正式的方式经营，后来迅速采取老牌的大型公益基金会的组织形式和捐款方式，这一变化令人惊喜。开放社会研究所（Open Society Institute，OSI）也是如此。该组织于1993年由对冲基金经理人George Soros创建，多年以来Soros一直试图自己管理他在世界各地成立的众多基金会，但是现在索罗斯基金会的主体机构看起来更像福特基金会，而不是其捐助者本来希望的那样。

DiMaggio和Powell（1983）认为，所谓的“公益机构同态性”的铁则在掌控着盖茨基金会和索罗斯基金会。新型基金会始于20世纪70年代，活动日益频繁。它们改变了基金会捐助的结构和力度，使其朝着更加发散式的公益基金会体系发展。许多大规模的新型基金会位于美国中西部（如堪萨斯市的尤文马里恩考夫曼基金会）或西海岸（如休利特和帕卡德基金会）。但是新的基金会也拥有新的目标，有时（但并不总是）会反映其捐助者的利益：盖茨基金会似乎很好地体现了Bill和Melinda Gates目前对公益事业的兴趣所在；帕卡德基金会也主要体现了已去世的Lucille Packard的兴趣所在；有趣的是，休利特基金会（Hewlett Foundation）似乎制定了一套独立的工作内容。

另一项显著的进展大致也始于20世纪70年代，那就是出现了谨慎的、政治上保守的基金会。欧林基金会（Olin）、史密斯·理查森基金会（Smith Richardson）和布拉德利基金会（Bradley）等创立了以刺激、构建和传播保守派思想为目的的拨款项目，采取的方式包括资助大学的科研项目（如法律和经济学项目）、学院（保守派学生报纸和组织）、出版物（《自由基金》）和智库（传统基金会、美国企业研究所、加图研究所）。它们组织了自己的跨机构贸易联络网（公益圆桌会议）来和基金委员会与独立部门进行竞争。它们批评了基金会业界主流的自由主义思想，令老牌基金会大吃一惊，因为它们并未意识到自己的思想是自由主义的，就像Moliere的戏剧《贵人迷》中的主人公，没有意识到自己言语的乏味。保守基金会管理的突出特征是其项目具有高度的清晰性和目的性，以及结果导向性（有效公益事业全国委员会，1997）。

更加老牌且更加主流的基金会虽然拒不承认，但是基金会行为近来最重要的变化可能要算模仿保守基金会的管理战略了。在过去十年里，出现了一系列新的基金会管理理念，同时也出现了咨询业（主要参照商学院的模式和经验）。新的号召是发展“有效率的”、“战略性的”或“冒险性的”公益事业，这些基本上都是商务管理的概念。当然，公益基金会从一开始就具备投资战略，一直以来都在努力变得更有效率，但其风格更为耐心、松弛和慷慨。毕竟，到20世纪20年代，基金会已经在发展“项目”或投资领域，并指派项目管理者来管理这些领域。它们通常更喜欢抢占先机，与选定的受捐助方密切合作。在Kiger（2000）看来，它们往往更愿意与有限数量的受捐助方合作，因为它们对这些受捐助方有更多信心，更容易对其进行密切监控。

有人也许认为最近出现的基金会管理战略只不过在表面上与以往基金会的管理模式有所不同罢了，但实际上两者存在很大不同。与其说是管理者采用的技术发生了变化，倒不如说是他们的态度发生了变化。现在显而易见的是，许多大型的美国公益基金会对所谓的二战后基金会的混乱、慵懒的作风——项目过多、对受捐助方和项目的监管和评估过少、对受捐助方随意更改已经同意的目标和战略过于容忍、可以衡量到的成果太小——感到不耐烦。现在，成果的界定方法更加务实，这和人们开始在意具体（有时很狭隘）的政策目标的短期影响有关。人们对模糊性和不确定性的容忍度在降低，对于长期项目的耐心也在减少，从而必然导致对研究缺乏耐心，尤其是在探究事物根本原因的基础研究领域（而这才是公益事业最初的目的），并对大学失去信心，不再认为大学是开展公益项目的最佳地点。

今天，许多基金会正在缩小资助焦点，缩窄项目的范围，事先在合同中与受捐助方规定短期可测的成果，严格要求受捐助方为自己的行为承担责任（Porter and Kramer，1999；Rimel，1999；Center for Effective Philanthropy，2002）。新公益事业处在“冒险”的极端，会采用冒险性的企业经营策略（Letts，Ryan and Grossman，1997）。被捐助方就好比新成立的公司，捐助方与其结成伙伴，设定具体可测的衡量标准，只有达到阶段性目标之后才会继续进行投资。有些基金会将这些概念发扬得过了头，有的限制自己只对一个项目进行资助，大多数基金会根据这些准则大幅调整自己的实质性项目的范围。结果是基金会从研究、长期项目、无法量化的目标和无法获得硬性社会经济成果的项目中抽身而去。

由于基金会管理的新主导思想的性质和方向会不断变化，文化艺术投资在大型基金会的议事日程中变得越来越不重要也就不足为奇了。Renz、Lawrence和Smith（2004）发现，以基金会对人文学科的支持为例，尽管为人文学科提供捐款的基金会增多了，但这笔款项在基金会捐助总额中所占的比例在1992年和2002年期间从大约2.5%下滑至2%多一点。除了安德鲁·W.梅隆基金会之外，再没有一家大型公益基金会将国内主流艺术和文化机构与活动作为重要的投资领域。当基金会进行艺术投资时，通常将其作为大型政策目标的附属项目。

来看看洛克菲勒基金会的情形。第二次世界大战后，洛克菲勒基金会成为文化艺术的最大投资方之一，通过艺术与人文部开展工作。和基金会主要关注的医疗业等行业相比，该部门总是缺乏资金来源。但是艺术与人文部门充分利用其资源，在文化产业产生了重要影响。该部门总是岌岌可危，但曾一度在一位身为人文主义者的基金会主席的帮助下得以振兴，后来又躲过了偏爱公共政策的主席的威胁。但最近的主席是一位发展经济学家，试图将整个组织变成帮助弱势群体（尤其是第三世界的弱势群体）的载体。艺术与人文部由此更名为“创作与文化部”，其工作方向调整得与基金会新的总体方向一致。该部门是否能躲过新一届主席的制裁还未可知。例如，洛克菲勒基金会（2003）将其创作与文化方面的工作目标描述为“提高社会福利，使人们在全球化的动态世界里更好地交流”。目前，该部门只有较少的资源被投入到传统文化和国内各文化领域。尽管存在这些变化，洛克菲勒基金会仍然是一个艺术赞助商，而现在能被称作艺术赞助商的大型私人基金会屈指可数。企业公益在文化产业方面目前尚无重大变化，投入仍然保持在较低水平，项目仍与营销目标密切相关，企业对文化产业的涉足也以回应性活动为主。

然而，公益产业中变化最大的是社区和家族基金会的显著扩张。过去社区基金会的数目较少，大部分位于主要的大城市。但现在甚至小城镇也建立起了地区性的社区基金会，美国的大小地区皆是如此。据查尔斯·史都华·摩特基金会（C.S. Mott Foundation，2001）估计，美国社区基金会的总数在2000年达到600家，并仍在增加。这意味着捐助者的人口数量和类型都大大增加了，从中等收入人士到超级巨富都在回报社会。近期社区基金会管理上的一项重大创新是“捐赠者指定用途的基金（DAFs）”，联合劝募会采用的便是这种方法。新的捐助者不必服从社区基金会信托公司的分配决定，可自主决定自己捐助的款项的用途。这通常意味着捐助者可以设定将基金用于非常具体的目的：医疗、社会服务或文化。这使投资额大大增长，大部分投资由具体社区统一管理。

近期一项重大的进展是捐赠者指定用途的基金越来越流行。这种公益工具始于20世纪30年代，但直到20世纪90年代初期才凸显出来。其中一些由商业投资公司经营，如富达基金（Fidelity Funds），并与社区基金会进行竞争。要评估它们对更多公益投资模式的影响还为时过早，但已经可以看出它们的作用正在变得越来越重要。Luck和Feurt（2002）估计在2000年，仅仅由社区基金会管理的捐赠者指定用途的基金资产（排除由营利性公司管理的部分）总额就超过了50亿美元。尽管我们没有相关数据来评估其在各个部门上的投资范围和投资力度，但似乎它们对文化产业尚无太大兴趣。

在步入21世纪之时，公益事业的另一个重大变化——家族基金会的激增——却并非如此。当然，“家族”基金会并不是新生事物。可以说洛克菲勒基金会和卡耐基公司都是早期的家族基金会，但是这些机构逐渐演变成了一般目的性的基金会，主要由捐助者亲属以外的人来管理。现在，当我们谈起家族基金会时，我们是指信托人完全（或主要）由捐助者家人担任——当然也可能由捐助者本人来担任——的基金会。许多家族基金会规模极小，以万计数（基金会中心网，2005）。还有许多家族基金会缺乏人手，甚至只靠公益人士自己支撑着。考虑到20世纪90年代美国个人财富显著增长，数以千计的家族基金会涌现出来就毫不令人吃惊了。但考虑到基金会的早期历史，仍有那么多超大型的家族基金会成立，这就有些意外了。其中一些，如前面所述的比尔和梅琳达·盖茨基金会，迅速发展成为组织严密、员工众多的一般性（或目标广泛的）基金会；但也有一些，如Gordon Moore的戈登·E和贝蒂·穆尔基金会（Gordon E. and Betty I. Moore Foundation），仍然由捐助者本人来领导，至少目前如此。

实际上，我们仍然处在被许多人称作美国“新”公益事业的第一个十年中，我们尚不具备足够的数据来确定新的机构和新的战略会产生什么影响。我曾在其他场合提到，新公益事业并不像其拥趸者所认为的那样新

（Katz and Stacey，2004）。值得一提的是，这些人的观点主要来自营利性公益咨询业这一快速增长的新领域，其中大多数人在麦肯锡（McKinsey）和贝恩（Bain）等咨询公司任职或曾在那里任职。但是即使我也非常确信，起作用的绝不仅仅是花言巧语。

在没有全面分析现有数据的情况下，我猜测会出现这种情形：社区基金会的快速发展、捐赠者指定用途的基金（无论是营利性的还是非营利性的）的兴起和家庭基金会的增加结合起来，一同大力改变公益捐助的局面、受捐人的构成和捐助人与受捐人之间的关系。在变化过程中对变化进行分析总是很难，但我觉得我们正处在美国公益事业历史上一个重要的转型时期。至少，公益资金显著增多，参与者的数量也同样有了大幅增加。所有这些都发生在整块美洲大陆上，改变着公益事业的图景，而不是像25年前那样只聚集在美国东北、中西部北方地区、加利福尼亚和沿太平洋的西北地区。

37.1.8 公益、经济与政府政策

我们刚刚探讨的是公益事业内部的变化，但我还想强调一个显而易见的事实：公益产业的发展一直与国家的主要政策和经济的总体状况息息相关。本卷的其他文章会探讨税收政策等方面的问题，但我希望所得税的总体税率和专门针对基金会与个人捐赠的税收政策能够对公益事业产生具体而可预测的影响。[①]例如，现在有人提议取消继承税，这引发了公众和学术界对这一问题的争论：对于富人将财富转移给家人而不是贡献给社会的倾向，立法能够如何施加影响。类似地，如果传闻中允许财富代际传递的政策真的得以实施，那一定会对公益业投资产生巨大的影响，也可能会对投资的方式产生影响（Schervish and Havens，2002）。

此外，联邦社会政策的变化对公益事业也能够产生（往往是难以衡量的）影响。1980年里根当选总统之后，共和党和保守派要求大规模削减联邦政府的社会预算（并取得了成功），同时要求私人慈善产业在被国家撤资的领域承担起责任。这并未取得预期的成效，但联邦资金的削减的确让私人和机构的公益投资方向发生了变化，尤其是在服务业领域（Salamon and Abramson，1982）。正如我前面所说的，这迫使非营利性机构努力获取收入。因此博物馆被迫增加礼品商店的商品种类，将一些设施租借出去用于社会活动，举办更多吸引人的展览来补充不断减少的公益和市政财政支持。从这个角度来看，文化产业的行为很像提供服务的非营利性组织，对于原本免费的服务开始向顾客收费了。

美国的保守主义政治运动由里根政府发起，由布什父子继续推行。1988年，老布什在一次演讲中描述了“千元光点计划（1 000 Points of Light）”对地方社区产生的积极影响，试图以此来刺激私人捐赠。但很少有人注意到，克林顿和他的温和派民主党政府也同样强调私人的慈善和公益捐赠。正是克林顿促成了白宫第一次慈善捐赠会议的举行（Chronicle of Philanthropy，1999）。但是让国家对公益产业产生兴趣的并不仅仅是社会政治。自第一次世界大战以来，几乎每十年国会都会对公益产业的行为进行大规模的调查。我们现在正处在一次大规模调查的初始阶段。2004年，参议院财政委员会调查了大量所谓基金会滥用资金的情况，包括从基金会员工、信托人和管理方过度开支，到要求立法规定必须召开董事会议监督基金会事务（Grassley，2004）。这应当会提醒美国人，他们所谓的独立产业（在欧洲和世界其他地方通常称作第三产业）并非完全独立。

---

① 更多内容请参见Schuster在本卷第36章的论述。

这种政府政策和活动除了限制艺术人文基金会的规模、范围、捐款，并改变国家税务局管理慈善捐赠的规则之外，对文化产业通常没有直接具体的影响。多数情况下，公益事业对文化的影响（或缺乏影响）是因为基金会和私人捐赠者的行为与偏好发生了变化，而这些变化的原因通常是内生的。文化的确是较大的公益事业和非营利性产业的一部分。如果存在问题，那么这个问题就是文化并不是这一产业中的很大一部分。但我直觉认为，公益支持要比文化艺术提倡者（例如美国艺术协会）认为的多。部分捐款以个人捐赠和指定用途捐赠的形式隐藏起来，并未对外公开。

37.1.9　美国对公益事业的偏好

美国人为什么会捐赠？关于美国公益行为动机的文献有很多，但一般性的解释对于理解人们为某一具体事业捐赠的动机没有太大帮助。这个有趣的问题就是慈善动机（大概在任何国家和文化群体中都是相似的）和公益活动倾向的区别（Ilchman，Katz and Queen，1998）。

公益事业在我看来似乎是一个只在美国才有的现象，尽管其他国家（大多数是后工业化国家）的文化也采用了这个概念。通常的解释是为了避税，但这并不能使我们深入理解这一现象。20世纪最早期的公益基金会毕竟是在所得税修正案通过之前就成立了的，而1913年所得税修正案通过之后，联邦政府才允许对个人征收所得税。内战后，州政府曾一度征收所得税，但税率非常低。的确，当John D.Rockefeller在20世纪的头十年中考虑成立基金会时，曾要求自己的律师去调查各州的所得税税率。得到的回答是，基金会在哪个州成立都没有区别，因为各州的税率都非常低，在决定成立地点的时候根本无需考虑这方面的因素。到了20世纪30年代，随着联邦赠予税和遗产税的出台，税收的重要性提高了。福特基金会和莉莉捐赠基金会正是在那时作为税收减免措施成立的，但两者受到资助的时间都不长。有一些证据表明，边际税率的下降会导致公益捐赠的减少，但影响并不大。税收显然会促使人们采取能够减免税收的行为，但这并不是唯一的动机，也并非主要的因素。

我认为更重要的是我称为美国公益本能的因素。这绝对不是严格的利他主义本能，而是一种为改善人类生存条件贡献力量的欲望。公益人士也许会赞同Andrew Carnegie和John D. Rockefeller的观点，也许不会。他们认为自己的宗教责任是去发现疾病和痛苦的根本原因，以便逐步解决这些问题。毫无疑问，新教是早期许多公益人士信仰体系中很重要的一个部分，宗教至今仍在美国公益事业中起着促进作用。但这并不太可能是主要的动机，对许多捐助者而言，宗教并没有起到任何作用。更深层、更有说服力的原因首先由美国第一代公益人士清晰体现出来，这就是要让所有人感到世界更加美好的普遍理想。

显然，让世界变得更美好的愿景并非为一个国家所专有。但历史条件赋予了美国独特的特点和表现形式（Katz，2003）。毫无疑问，公益源于一个拥有“国家作用微弱”传统的国家的居民，在这种传统中，政府（尤其是国家政府）很少出来“做善事”。早期的公益人士害怕州政府，担心美国的州政府会朝着19世纪末20世纪初欧洲福利国家的方向发展。这一问题的答案是，让个人来承担在欧洲由国家来承担的责任，并保留私人部门改革的动力（Karl and Katz，1981）。时过境迁，美国的政府已经成长起来，但美国上一届政府对保守派活动的大力支持表明，美国公益事业的根本思想与替国家承担责任的活动是紧密地联系在一起的。我认为大多数美国公益人士从表面的任何角度来看都在自发地承担国家的责任，但让他们去想象和支持让人类生活得更美好的非营利性事业的原因还是源自最初的Carnegie-Rockefeller传统。

37.2 其他国家的公益事业

我想用对世界上其他地区的艺术、文化和公益的评语来结束这一部分。在此之前，我主要分析的是美国，这既是因为美国的公益是我的研究对象，也是因为在美国私人文化公益事业要比世界上任何地方规模更大，更加突出。Salamon和Sokolowski（2004）认为美国的公益捐赠超过了多数富裕国家（即使不算捐赠给宗教团体的款项也是如此），欧洲国家由政府来支持文化艺术的传统遏制了私人对这一领域的捐赠。当然，有趣的是，许多国家都在努力朝着美国的方向发展，其中一个原因是这些国家对公益领域的资助规模在变小，另一个原因是他们有意识地在文化领域追求私有化的政策。

历史会造就差异，在此以欧洲为例加以解释。例如，文艺复兴时期发展出的艺术和文化植根于有钱和有权人士，并受到他们的资助和保护，其中包括教堂和当权者，但更早期的资助是由个人提供的——包括国王、王子、男爵、主教、国家官员和商人。当然，在古代私人财富和国家权力会有重合。至少从15世纪开始，有钱人和当权者感到支持艺术家、作家、手工艺者和其他文化创造者与学校和教堂等文化机构不仅是他们的责任，也是他们的特权。资助的目的是使自己和家族名垂青史。当然，天主教教堂的维修和赞颂也很重要。这种私人资助的复杂体系一直持续到19世纪。

但是从16世纪开始，这一体系逐渐被国家和国家教会所取代。一个明显的例子就是亨利八世废除了英国修道院，随后国王就意识到必须成立教育机构（Jordan，1959）。这一趋势随着17世纪荷兰和英格兰议会的崛起而愈演愈烈，到了法国大革命时期，新出现的国家（无论有无国王）往往取代了教会和国王，承担起对文化资助的责任。对于国家来说，这并不完全是一项自觉或显而易见的决策，而是民主国家有意识地利用强大的国家力量来承担原先由贵族、国王和教会来承担的责任（Adam，2004）。资助艺术的国家在19世纪不断涌现，承担起对教育、国家宗教、图书馆与博物馆等艺术机构的主要责任。在联邦制国家，如德国，这些资助责任通常根据当地的联邦制度传统的不同而存在地区性差异，但是通常欧洲人会将其看作国家的责任（D'Angelo，2000）。

随着20世纪的到来，这些由国家进行资助的形式仍然存在，尽管人们不再总是认为这种资助是适当的。（国家和联邦）文化部的出现使资助变得制度化了，这是国家承担对文化机构和文化政策责任的官方表现形式。这两种发展与美国文化私有化的现存传统有很大差别。如果国家要为了资助文化事业而征税，它就会运用权力来制定政策，并据此来资助文化事业。在欧洲各国，尤其是欧洲大陆，国家对文化的资助相当慷慨，有时采取略带强制性的政策，有时采取铁腕政策。另外，美国的博物馆和其他主要的文化机构几乎全部在19世纪末由私人出资成立，这一模式仍在持续——但也有些重要的例外。

但是，到了20世纪70年代，以英国的撒切尔夫人为首，出现了对欧洲福利国家的抨击，将政府的关注焦点放在“如何将重担从纳税人身上移开”之上。私有化显然是一个解决方案，还有新古典主义经济学和经济政策的一些僵化的解决方案。结果，英国开始实施政治经济的美国化政策，而这种政策至今仍在改变着全世界的国家政策，当然也包括欧洲。这一趋势显然使英国的文化产业遭受重创。在一定程度上，非税收资助，尤其是彩票，取代了国家撤资留下的空白。但是更大的举动是鼓励文化机构私有化，要么通过切断其与国家的联系纽带，要么通过寻找国家以外的收入来源来实现这一举措。英国和英联邦国家目前正在争论提高学生的学费问题，这就是一个例子。

但是，也许某种类似美国公益产业的事物会自行出现在这块土地上（也可能会出现在拉丁美洲、日本以及其他地方）。这一活动在一些国家既得到了立法的帮助，为个人的慈善捐赠提供税收刺激，也得到了政策的支持，有利于成立非政府组织（类似美国的非营利性组织）、制定新法律、成立公益基金会（The Economist，2004）。现在在欧洲有相当多的私人和企业基金会，尽管它们掌控的资金水平和美国相比要少得多。但它们仍是政府无情撤资、将私人财富用于公益事业的趋势的一部分。

我不知道我们是否能够准确地了解利用私人资金这一趋势对欧洲文化产业会产生什么具体影响。来自大学、剧团、博物馆和其他文化机构的呼声和美国的呼声非常相似。在我看来，将会出现何种程度的金融影响、何种结构调整或何种文化内容的变更，仍然是个未知数。但这一趋势必然会对文化产业产生某些重要的影响。

37.3　结　论

当该说的已经说了，该做的已经做了以后，显而易见，改革之风已经吹起。尽管采取的方式迥异，但在世界各地，国家正在从文化产业中抽身而去——虽然在很多地方国家仍是文化产业的主要参与者。在美国，我们正处在转型时期，实际的和潜在的公益水平都在显著提高，国家甚至连20世纪六七十年代短期实施的温和政策都摒弃了，而文化产业却仍感到资金严重匮乏。在欧洲，公益产业随着私有化的快速发展而不断扩张，但国家仍未打算放弃对文化政策的责任。也许我们正处在一部五幕剧的第三幕，要了解剧情将会如何发展还为时过早。

年最高捐赠限额为2 500美元。[1]这些激励措施只有当同一年中捐赠者的贡献量等于具有资格的俄勒冈州非营利性文化机构的收入时才适用。当然，百分之百税收抵免的结果，是将捐赠者的捐赠从他（她）的税单直接指向文化信托基金；也就是说，在符合条件捐款的限额内，捐赠的价格弹性是零。这样的提议背后的理由是什么？这种税收激励机制很好地体现了这些规定的政治性。虽然文化组织渴望得到更多的收入，但它们对这种新的筹资机制的创新持谨慎态度，因为它们担心自己会被卷入与新生实物直接募资的竞争中去。该提案100%税收抵免的目的是消除这种恐惧，并解除政治反对派的对抗。但100%的税收抵免对国家来说可能是一个代价昂贵的提议，所以在实际操作中伴随着最高扣除限额的规定。

虽然100%的税收抵免仍保留在俄勒冈州，但在其他州推行起来却很困难。当它最初被提出时，威斯康星州艺术捐赠基金会将成为一个100%的州所得税抵免的受益人，限额是个人捐赠50美元和公司捐赠500美元。[2]当地税务部门说这一规定会损失很多收入，于是州立法会将抵免额度下调到25%（这相对于其他慈善部门而言还是相当慷慨的捐赠税收激励，因为州边际所得税税率为5%）。在其他慈善部门以及国家财政预算的压力下，州长最终采取了将税收抵免下调到5%的措施，扼杀了威斯康星州艺术捐赠基金会的启动和运行。

乍一看，新泽西州文化信托融资模式与众不同。新泽西州按照1∶1的等额补贴原则，将私人捐赠直接用于文化信托，或者用于特定的文化团体的捐赠基金。在这两种情况下，捐赠等额补贴直接支付给文化信托基金来充实其本金。就这样，每年最低1 000万美元的补贴建立起来了。接收捐赠超过100 000美元的任何组织自动有资格获得由文化信托支付的20%的补贴资金。但是要记住，配套补贴和税收激励措施之间具有相似性，这种筹资模式与对州所得税50%的税收抵免功能对等。现在的问题是，在多大程度上可以让潜在的捐赠者意识到这个方案实际上使他或她的捐赠增加了一倍？要认识到这一点，很大程度上取决于该计划是如何推行的。但不可否认，填写完整支票（并且税收抵免可能/已经产生了无法比拟的吸引力，让你去掏更多的钱）与填写文化信托收到的仅仅具有一半价值的支票在存在感知上是有区别的。[3]

36.5.6 罗马尼亚

在罗马尼亚的立法草案中提到了一个独具特色的企业捐赠方案。1992年罗马尼亚议会分发了一份法律赞助草案征求意见，力求在规范非营利部门经营行为的基础上，提供激励措施以便于其筹集捐款。虽然法律没有将赞助和慈善捐赠相区分，但该草案建议区分匿名与非匿名赞助商。[4]前者将受益于更大力度的税收激励——两种形式的赞助会在计算税款前从总收入中扣除，但在匿名赞助的情况下，会有一项额外的税收抵免，这一抵免额取决于赞助商的特点，数值在赞助金额的0.5%～

---

① 在未来几年内，对企业捐赠的激励会进一步收紧。

② 这一解释基于2004年10月13日与威斯康星州艺术董事会的执行主任George Tzougros的私人交谈。

③ 另一个与州税法有关的问题值得提及。在美国，通常从纳税人的收入中扣除州税款支付后再计算联邦所得税。结果，很大一部分的税收激励被当作州税收支付的一部分，并由联邦政府追回税款：利用州所得税激励政策降低你的州所得税，导致你可以承担联邦州所得税税单的扣除项目减少，这会提高你的联邦所得税。

④ 罗马尼亚议会赞助立法（草案）（1992），第五条、第六条和第七条：应特别注意不要混淆这个草案本身所提出的各种类型的“赞助”。显然，法律的制定者试图将来自个人和企业的贡献者的三种不同类型的资金整合为一项“赞助”：第一种是持续不断且未指明特定用途的慈善性捐赠；第二种是为了支持一个特定项目的赞助；第三种是狭义上旨在扩大公司名气、商标或赞助商形象的赞助。

参考文献

Adam, T. (Ed.) (2004). Philanthropy, Patronage and Civil Society: Experiences From Germany, Great Britain and the United States. Indiana University Press, Bloomington.

Bremner, R. (1996). From the Depths: The Discovery of Poverty in the United States. New York University Press, New York.

Brilliant, E. (1992). The United Way. Columbia University Press, New York.

Brownlee, W.E. (1996). Federal Taxation in America: A Short History. Cambridge University Press, Cambridge.

Burleigh, N. (2003). The Stranger and the Statesman: James Smithson, John Quincy Adams and the Making of America's Greatest Museum-The Smithsonian. William Morrow, New York.

Center for Effective Philanthropy (2002). Toward a Common Language: Listening to Foundation CEOs and Other Experts Talk about Performance Measurement in Philanthropy. The Center for Effective Philanthropy, Cambridge, MA.

Chronicle of Philanthropy (1999a). "Philanthropy takes the bully pulpit: Charities hope that conference at White House stimulates giving". 21 October.

Chronicle of Philanthropy (1999b). "Share of company profits given to charity drops from 2.4% to 1.1% in 11 years". 16 December.

Crane, C. (1992). Before United Way: Community Chest. John Appleyard Agency, Pensacola.

Critchlow, D. (1985). The Brookings Institution, 1916-1952: Expertise and the Public Interest in a Democratic Society. Northern Illinois University Press, DeKalb.

C.S. Mott Foundation (2001). Two Decades in the Field of Community Foundations. The C.S. Mott Foundation, Flint.

D'Angelo, M. (2000). Cultural Policies in Europe: Regions and Cultural Decentralization. Council of Europe Publishing, Strasbourg.

DiMaggio, P., Powell, W. (1983). "The iron cage revisited: Institutional isomorphism and collective rationality in organizational fields". American Sociological Review 48(2), 147-160.

Focke, A. (2001). "A snapshot: Foundation grants to arts and culture". GIA Reader 12/3.

Foundation Center (2005). Key Facts on Family Foundations. The Foundation Center, New York.

Friedman, M. (1997). "The business of business is business". Advancing Philanthropy, Winter, 30-33.

Friedman, L. (2000). American Law in the Twentieth Century. Yale University Pres, New Haven.

Grassley, C. (2004). "Opening statement". U.S. Senate Committee on Finance Hearing, June 22, 2004, available at http://www.finance.senate.gov/hearings/statements/062204cg.pdf. Accessed March 21, 2005.

Hall, P.D. (2003). "A historical overview of philanthropy, voluntary associations and nonprofit organizations in the United States, 1600-2000". Unpublished paper, Hauser Center for Nonprofit Organizations.

Hammack, D., Wheeler, S. (1994). Social Science in the Making: Essays on the Russell Sage Foundation, 1907-1972. Russell Sage Foundation, New York.

Himmelstein, J. (1997). Looking Good and Doing Good: Corporate Philanthropy and Corporate Power. Indian University Press, Bloomington.

Howard, N. (1963). Trust For All Time: The Story of the Cleveland Foundation and the Community Trust Movement. Cleveland Foundation, Cleveland.

Ilchman, W., Katz, S., Queen, E. (Eds.) (1998). Philanthropy in the World's Traditions. Indiana University Press, Bloomington.

Johnson, P., Harr, J. (1988). The Rockefeller Century. Charles Scribner's Sons, New York.

Jordan, W.K. (1959). Philanthropy in England, 1480-1660: A Study of the Changing Pattern of English Social Aspirations. Russell Sage, New York.

Karl, B., Katz, S.N. (1981). "The American private philanthropic foundation and the public sphere, 1890-1930". Minerva 19(2), 236-270.

Katz, M. (1996). In the Shadow of the Poorhouse: A Social History of Welfare in America. Basic Books, New York.

Katz, S. (2001). "Rethinking the humanities endowment". Chronicle of Higher Education, January 5.

Katz, S. (2003). "Carnegie and Rockefeller: Their most lasting contribution". In: Halberstam, D. (Ed.), Defining a Nation: Our America and the Sources of Its Strength. National Geographic, Washington, DC, pp. 212-217.

Katz, S., Stacey, S. (2004). "The philanthropist's new clothes?" Paper presented at the International Society for Third Sector Research conference, Toronto, Canada, July.

Katz, S.N., Sullivan, B., Beach, C.P. (1985). "Legal change and legal autonomy: Charitable trusts in New York, 1777-1893". Law and History Review 3, 51-90.

Kiger, J. (2000). Philanthropic Foundations in the Twentieth Century. Greenwood Press, Westport.

Lagemann, E. (1992). The Politics of Knowledge: The Carnegie Corporation, Philanthropy, and Public Policy. University of Chicago Press, Chicago.

Letts, C., Ryan, W., Grossman, A. (1997). "Virtuous capital: What foundations can learn from venture capitalists". Harvard Business Review 75, 36-44.

Lubove, R. (1965). The Professional Altruist: The Emergence of Social Work as a Career, 1880-1930. Harvard University Press, Cambridge, MA.

Luck, J., Feurt, S. (2002). A Flexible and Growing Service to Donors: Donor-Advised Funds in Community Foundations. Council on Foundations, Washington, DC.

Marquis, A. (1995). Art Lessons: Learning from the Rise and Fall of Public Arts Funding. Basic Books, New York.

Muirhead, S. (1999). Corporate Contributions: The View from 50 Years. Conference Board, New York.

National Center for Charitable Statistics (2004). "Number of private foundations in the United States, 2004". Available at http://nccsdataweb.urban.org/PubApps/profileDrillDown.php? state=US&rpt=PF. Accessed March 20, 2005.

National Committee for Responsive Philanthropy (1997). Moving a Public Policy Agenda: The Strategic Philanthropy of Conservative Foundations. National Committee for Responsive Philanthropy, Washington, DC.

National Committee for Responsive Philanthropy (2004). Axis of Ideology: Conservative Foundations and Public Policy. National Committee for Responsive Philanthropy, Washington, DC.

National Endowment for the Arts (2004). 2003 Annual Report. The National Endowment for the Arts, Washington, DC.

Netzer, D. (1980). The Subsidized Muse: Public Support for the Arts in the United States. Cambridge University Press, Cambridge.

Oehser, P. (1969). Sons of Science: The Story of the Smithsonian Institution. Greenwood Press, Westport.

Owen, D. (1965). English Philanthropy 1660-1960. Harvard University Press, Cambridge, MA.

Porter, M., Kramer, M. (1999). "Philanthropy's new agenda: Creating value". Harvard Business Review 77, 121-130. 216.

Porter, M., Kramer, M. (2002). "The competitive advantage of philanthropy". Harvard Business Review 80, 56-68. 133.

Raymond, S. (2003). "Taking the measure of corporate giving". On philanthropy, available at http://www. onphilanthropy.com/tre_comm/tc2003-10-10b.html. Accessed May 10, 2005.

Renz, L., Atlas, C. (2000). Arts Funding 2000: Funder Perspectives on Current and Future Trends. Foundation Center in Cooperation with Grantmakers in the Arts, New York.

Renz, L., Lawrence, S., Smith, J. (2004). Foundation Funding for the Humanities: An Overview of Current and Historical Trends. The Foundation Center, New York.

Rimel, R. (1999). "Strategic philanthropy: Pew's approach to matching needs with resources". Health Affairs 18, 229-230.

Rockefeller Foundation(2003). Annual Report:2002. The Rockefeller Foundation, New York.

Salamon, L., Abramson, A.(1982). The Federal Budget and the Nonprofit Sector. Urban Institute, Washington, DC.

Salamon, L., Sokolowski, W.(Eds.)(2004). Global Civil Society: Dimensions of the Nonprofit Sector. Kumarian Press, Bloomfield.

Schervish, P., Havens, J.(2002). "New findings on the patterns of wealth and philanthropy". Center on Wealth and Philanthropy working paper. Center on Wealth and Philanthropy, Boston.

Schervish, P., Havens, J.(2003). "Gifts and bequests: Family or philanthropic organizations? and How do people leave bequests: Family or philanthropic organizations?" In: Munnell, A., Sunden, A.(Eds.), Death and Dollars. Brookings Press, Washington, DC.

The Economist(2004). "Doing well and doing good". 29 July.

Tomlins, C., Mann, B.(Eds.)(2001). The Many Legalities of Early America. University of North Carolina Press, Chapel Hill.

Trattner, W.(1999). From Poor Law to Welfare State: A History of Social Welfare in America. Free Press, New York.

Winn, S.(2003). "New budget paints ugly picture for state's art programs". San Francisco Chronicle, July 30.

Wright, C.E.(1992). The Transformation of Charity in Postrevolutionary New England. Northeastern University Press, Boston.

Zeigler, J.(1994). Arts in Crisis: The National Endowment for the Arts versus America. Chicago Review Press, Chicago.

Zollmann, C.(1929). The American Law of Charities. The Bruce Publishing Company, Milwaukee.

国家出版基金项目
NATIONAL PUBLICATION FOUNDATION

王家新 主编

HANDBOOK of The Economics of Art and Culture

艺术与文化经济学手册

Victor A. Ginsburgh David Throsby
[比]维克托·A. 金斯伯格 [澳]戴维·思罗斯比 编著

下

ELSEVIER

东北财经大学出版社
Dongbei University of Finance & Economics Press
大连

辽宁省版权局著作权合同登记号：06-2015-149

Handbook of the Economics of Art and Culture,Volume 2
Victor A. Ginsburgh,David Throsby
ISBN：9780444537768

图书在版编目（CIP）数据

艺术与文化经济学手册/（比）维克托·A. 金斯伯格（Victor A. Ginsburgh），（澳）戴维·思罗斯比（David Throsby）编著；王家新主编.—大连：东北财经大学出版社，2018.1
ISBN 978-7-5654-3044-2

Ⅰ.艺… Ⅱ.①维… ②戴… ③王… Ⅲ.文化经济学-手册 Ⅳ.G05-62

中国版本图书馆CIP数据核字（2018）第004989号

东北财经大学出版社出版发行
大连市黑石礁尖山街217号　邮政编码　116025
网　址：http：//www. dufep. cn
读者信箱：dufep @ dufe. edu. cn
大连美跃彩色印刷有限公司印刷

幅面尺寸：205mm×250mm　字数：685千字　印张：27.5
2018年1月第1版　　2018年1月第1次印刷
责任编辑：刘瑞东　李　季等　　责任校对：文　艺
封面设计：冀贵收　　版式设计：钟福建
总定价：498.00元

教学支持　售后服务　联系电话：（0411）84710309
版权所有　侵权必究　举报电话：（0411）84710523
如有印装质量问题，请联系营销部：（0411）84710711

目　录

第二部分
需求、消费和投资

第三部分
创新与技术变革

第四部分
贸易、发展和文化多样性

第五部分
更宽泛的文化议题

第1章
绪　论

Victor Ginsburgh[a,b] and David Throsby[c]

[a]ECARES，Université libre de Bruxelles，Brussels

[b]CORE，Université catholique de Louvain，Louvain-la Neuve

[c]Macquarie University，Sydney，Australia

兰培　译

JEL Classification Code

Z1

1.1 引　言

《艺术与文化经济学手册》上卷的绪论回顾了文化经济学这门学科的历史沿革，现在，其更恰当的名称是“艺术与文化经济学”。该学科的理论研究最初主要围绕艺术领域展开，近些年来关注范围不断拓展，甚至将广义文化领域的一系列问题都囊括在内，如Blaug所说，“将其从经济学的一个分支学科转变为人类学的一个分支学科”（Blaug，2001，p.123）。

自2006年《艺术与文化经济学手册》上卷出版以来，这些趋势仍在继续，有鉴于此，我们认为下卷应当扩大关注范围，以反映该学科的最新研究动态。[①]与此同时，我们需要意识到，艺术与文化经济学的许多创新研究仍将继续从经济学角度入手，分析其生产、分配和消费，以及文化贸易、文化遗产、文化政策等问题。如今，学界的研究兴趣已经超越传统经济理论所划定的学科界限，因此在编撰下卷时，我们力求在半个世纪以来的研究传统与学界最新的研究兴趣之间保持平衡。下卷大多数撰稿人都是经济学人，但也有些章节由心理学、美学、文学、法学以及人类学等其他学科的学者撰写。因此，希望本书能搭建起不同学科间的桥梁，不仅能引起经济学界的兴趣，也能引起其他领域学者的关注——他们可能会惊喜于经济学也能解释说明他们所关注的一些艺术和文化问题。

我们在绪论中概述了本卷的主要内容，并将其归纳为以下五个部分，第一部分围绕价值及评估——如何将各种文化现象的价值概念化以及如何对其价值进行评估；第二部分包含3个章节，主要从需求侧的角度考察；第三部分介绍了技术变迁环境中的广义创意与文化产业；第四部分的主题是文化多样性——该学科内一个相对较新的关注点，其中讨论了国际文化贸易与文化多样性之间的关系；第五部分是一些更广泛的文化议题，其中大量借鉴了人类学及相关领域的研究，并就进一步研究提出了建议。

1.2 价值与评价

在人文社会科学研究领域，价值问题被频繁涉及，在经济学研究中尤其如此。该部分的6个章节从不同的学科视角出发，分析了文化产品和服务的价值创造及评价问题。第1章谈到了艺术起源，艺术同科学一样，必然始于创造——文化经济学家应当积极关注这个问题，了解所研究问题的起源对研究本身是大有裨益的。在第2章中，Simonton对艺术领域中的创造型天才进行了考察，他的研究基于大量引人关注的数据，运用心理学的理论和方法，尤其关注了艺术成就的测度问题（包括社会共识度和时间稳定度）。在文学、音乐和视觉艺术这三个已取得最突出艺术成就的领域，天才发展的贡献因素以及杰出艺术家的个人特质各不相同。杰出艺术家的长成不仅有其内因，包括政治和经济环境在内的社会文化背景亦是重要影响因素。

第一部分的接下来3个章节分别从心理学、经济学和哲学视角对文化价值进行了探讨。在第3章中，实验心理学家Paul Locher研究了影响视觉艺术审美体验的因素，即“美”是如何被感知的。他采取实验美学的方法，依托多种研究技术及通过对照观察，研究被观察者与艺术作品和其他审美现象之间的互动方式。Locher考查了在各种视觉艺术形式中（包括绘画、电影、摄影、雕塑、舞蹈以及设计产品等），用于研究美学体验的各

① 两位主编最近出版的书籍就一些更为广泛的研究议题进行了深入探究，参见Hutter and Throsby（2008），Ginsburgh and Weber（2011）。

种方法论，他所讨论的方法与实验研究法存在一定相似之处，后者已普遍用于行为经济学的实证研究。

在第4章中，David Throsby和Anita Zednik讨论了文化价值这一概念给传统经济理论带来的挑战。一般认为，传统财务估值即可涵盖艺术品的所有价值来源，以至于无需再单独定义文化价值，作者使用人们对画作感受的有关调查数据证明，在传统经济分析工具所度量的经济价值之外，的确还存在一类独特的文化价值。他们同时认为，如果这一观点在更大范围内获得认可，其影响还可能扩展至一系列政策领域，包括对艺术的扶持、国际文化贸易和文化遗产政策等等。Throsby和Zednik还提出，文化价值可分解为多个维度，与之相呼应，Jerrold Levinson在第5章中从哲学角度对音乐所包含的价值进行了分解。Levinson首先明确了一种“纯粹”的音乐价值，将其视为一种近似于但又不完全等同于美学价值的艺术价值。在此基础上，他认为音乐还包含更为广泛的经济、社会、娱乐和疗愈等方面的价值，如他所说：音乐本身是生命的一种伴侣，它为我们的生命注入能量，将其装扮得更加绚丽，即使只是过客，它依然赋予了生命活力、深度和意义。

文化价值与各个文化领域日益繁多的评奖行为密切相关，James English在2005年的著作中讲述了“一个你所不知的伟大文化生活故事”，介绍了大量与文学艺术密切相关的奖项设置，第6章是James English对这本著作的进一步阐述，这一章从经济层面探讨了艺术界的奖励与奖项，包括艺术市场中奖项的作用（如奖项对销量、收入与消费者需求的影响，以及它们作为评判工具或质量信号的功能），同时还讨论了设计奖项的成本，以及奖项管理与颁发的经济学问题。第一部分的最后一章将我们带回到以实证方法为本的现实世界，在第7章中，Ken Willi讨论了如何将叙述性偏好法应用于文化遗产的非市场价值估值——这方面探索从环境经济学的相关研究中受益匪浅。[①]他特别关注对各类离散选择模型的使用，这些价值评价的方法具有高度的技术复杂性，与文化价值评价的传统方法形成了鲜明对比。

1.3　需求、消费和投资

第二部分的3个章节主要关注影响文化市场需求的有关因素。第8章由David Walls撰写，内容涉及电影、音乐和图书行业中的畅销书以及流行大片等论题，它所描述的艺术经济成功之路与第6章所述的路径截然不同，在其描绘的世界里，产品收益具有高度的不确定性，随之而来的是赢家通吃或胜者为王现象[②]，即最成功竞争者获得的收益，往往超过其他竞争者收益几个数量级。本章详细介绍了在畅销书和电影大片的定量分析中所适用的一些统计模型，并就未来研究提出了一些建议，包括进一步考查Anderson（2006）长尾理论的适用性，探讨在这些市场中是否存在长尾、厚尾或其他类型的效应。

迄今为止，经济学家对文化消费的实证研究大多集中在传统文化领域，如演艺活动的上座率、博物馆和画廊的参观人次、书籍和音乐制品的购买量等等。[③]过去十多年来，由于新型通信技术的发展、互联网的兴起以及社交媒体的广泛应用，文化消费图景发生了深刻变化，利用新兴技术制作的包含文化因素的创意产品不断呈现，与此同时，消费者获得文化产品和体验的方式也与以往迥然不同。在第9章中，Jason Potts探讨了新兴技术对文化消费的影响，他指出，技术革新降低了文化消费的成本，引发了一系列的替代效应，创造了大量新

---

① 例见Navrud and Ready(2002)。

② 参见Adler(2006)。

③ 例见Seaman(2006)开展的表演艺术调查。

的需求。另外，技术革新在推动市面上的文化产品大幅增加的同时，也使得消费者能够成为文化内容的生产者，为文化市场拓展打开了新的空间。

在艺术需求中，一个备受关注的方面就是对绘画、艺术品和其他收藏品的需求，它们不仅能为买家带来独特的消费体验，还能作为投资手段实现财富保值增值。在第10章中，Benjamin Mandel基于持久收入假说对相关国际贸易数据进行了分析，结果显示，持续性收入的变化与艺术品的国际货运量密切相关，而暂时性收入的变化则对其没有明显影响，由此也表明，艺术品国际需求主要由消费（而非投资）动机驱动。

1.4 创新与技术变革

第三部分的4个章节从不同角度观察了文化领域产业组织和企业行为备受关注的一些新趋势，[①]这种关注在一定程度上源于新技术在这些行业的引入，随之而来的是商业模式的创新以及整个供应链结构的调整。这4章中的第10章首先引入了文化创新的概念，尤指适用于表演艺术组织的创新，在第11章中，Xavier Castañer谈到了文化组织的创新选择，对它们而言，创新意味着其提供的文化产品和服务所体现的新颖性，它可能是筹划新的项目，抑或是采用新的表演形式等。他还梳理了社会学家和经济学家对该领域的研究，前者专注于创新的内部驱动因素（如企业管理者的特性），而后者则采用了一种更加注重市场导向的方法。

消费者新的文化消费体验有赖于艺术家及制作机构在创作生产环节持续不断的推陈出新，Joel Waldfogel撰写的第12章介绍了新音乐产品的数字化、版权以及传播，他的看法与多数版权保护的观点以及全球三大音乐公司（索尼、环球和华纳，其合计市场份额超过71%）的理念都不相同。后面两者皆认为，新的音乐共享模式将降低消费者对付费音乐的需求，且更重要的是，文件共享削弱了版权保护，对音乐家主动性、创造力的发挥造成了不利影响。Waldfogel则认为，技术创新降低了音乐的生产、推广和销售成本，这样一来，大量独立唱片公司便可借势迅速发展，消费者将能够更为便捷地获取和欣赏更多的音乐作品，在新技术环境下，年轻创作人员的境况甚至会比以往更好。Waldfogel的结论是，尽管日新月异的技术进步削弱了版权保护，但从总体来看，目前尚不能就新技术对音乐产业的影响作出最终定论。

接下来的一章将目光转向了音乐演出行业的定价行为，在该领域内，每次现场演出都可被视作一次独一无二的音乐之旅。Pascal Courty和Mario Pagliero认为，艺术家通常是依靠自身公众影响力销售艺术产品的人士，他们中的一些人（特别值得一提的是Bruce Springsteen）本可收取高额门票，但事实上却并未如此。许多演出者本身就是作词和作曲家，他们似乎更希望成为从音乐中实现更大人生价值的艺术家，而不仅仅是追求利润最大化的企业家。本章收集了1992年至2005年间100位顶级艺术家的2万场音乐演出数据，分析了他们在各类演出中是否存在差别定价行为。作者认为，并非所有艺术家都是唯利是图的，他们中的一些人颇具社会责任感。

文化产业中，经济学家特别感兴趣的一个领域是传媒行业，在该行业中，文化信息通过电视、广播、报纸或互联网等渠道进行传送。Gillian Doyle在第14章指出，由于技术变革等方面的原因，传媒产业所有权日趋集中，这可能会对传媒观点的多元性构成威胁。政治、社会和文化的多元观点需要通过不同的媒体表达，而媒体多元化正是确保这种多元观点能够持续传播的关键。然而，经营机构出于对规模经济和范围经济带来的经济

---

① 例见Caves(2000)。

效率提升的追求，催生了新老媒体整合和跨平台扩张时代的到来。由于社会文化关切与经济产业政策之间时常存在矛盾，监管层在媒体集中时代也面临着更为艰巨的挑战，为具体说明这些问题，Doyle介绍了2010年英国的一次重大媒体并购案例。

1.5　贸易、发展和文化多样性

2001年10月，即美国“9·11”事件后不久，联合国教育、科学与文化组织（UNESCO）通过了《世界文化多样性宣言》，四年后，该宣言作为国际标准制定文书获得正式地位，即联合国《保护和促进文化表现形式多样性公约》（简称《文化多样性公约》）获得正式通过。现在，已有超过120个国家签署了该公约并接受其相关条款约束，即承认文化产品和服务不仅具有经济价值，而且还有传递文化内容的特殊价值。美国不是该公约的缔约国，它一贯坚称相关规定允许各国采取措施保护本国文化产业，因而限制了文化产品和服务，特别是视听行业国际贸易的发展。因此，看似无关经济的文化多样性问题，被直接卷入了一系列贸易、知识产权和经济发展的政策角力场。

第四部分的前两章从国际法的角度入手，Lelio Iapadre在第15章中对贸易与文化这二者的关系进行了讨论。人们普遍认为，国际经济一体化可能会导致文化同质化，虽然在一定条件下对文化领域的某些保护政策可能会增加经济福利，但更多情况下自由贸易仍是最优策略，尽管这可能会导致文化多样性在一定程度上的损失。Iapadre研究了国际社会改善文化贸易管制的各种备选方案，他认为，尽管各种双边和区域贸易协定层出不穷，但要想破解贸易与文化协同发展的困局，还需引入多边解决方案，联合国教科文组织2005年通过的公约尚未提供这种解决方案，只有通过调整世界贸易组织（WTO）的相关制度，才能在不同的立场之间找到可行的平衡。Fiona Macmillan在第16章中探讨了以下问题：现有的WTO体系是否与《文化多样性公约》中的文化多样性保护机制存在冲突，她重点考察了国际版权体系对文化多样性的影响，这与WTO《与贸易有关的知识产权协议》（《TRIPS协议》）紧密相关。她认为，国际版权体系已成为文化多样性和文化自主的桎梏，而世贸组织的相关协定则进一步加剧了这些效应。

Alberto Bisin和Thierry Verdier在第17章中采用另一种方法讨论了贸易与文化的多样性。如前文所述，虽然文化全球化可提高生产和消费效率，但它同时导致了本地商品被挤出，并可能导致文化特性的丧失和公民权益的侵害。作者提出了关于文化传播和文化演进的一些经济模型，并将这些模型嵌入标准经济分析框架中，以探讨全球化与文化多样性之间的关系。接下来的两章我们将注意力转向文化多样性的其他经济后果。Jose Garcia Montalvo和Marta Reynal-Querol撰写的第18章涉及文化多样性、冲突和经济发展，Victor Ginsburgh和Shlomo Weber在第19章中论述了语言多样性。由于文化和语言密切相关，因此这两个章节也是密切相联的。文化差异对经济发展是有利的还是不利的，文化差异是否会产生冲突从而遏制经济发展，文化多样性是否会激发创造力从而提高经济福利，第18章对这些问题进行了讨论。第19章则讨论了语言差异的概念和度量。近年来，语言、文化和经济活动之间的联系已经得到越来越多实证研究的证实，大量研究表明，共同的文化和语言源头能够增加国家间的信任，进而将影响投资以及经济社会发展的其他许多方面。Ginsburgh和Weber列举了一些案例研究，用以说明语言差异对贸易、移民和文学翻译的影响，他们认为，语言规范化将导致一些语言的边缘化，对一些群体的利益产生负面影响，对于任何多语言国家和组织来说，如何平衡规范化和边缘化的影响都将是一个严峻的挑战。

1.6 更宽泛的文化议题

最后一章考察了传统规范与现代成文法之间的关系，前者可见于广受习俗支配的传统社会，后者则旨在纠正植根于各种习俗中的社会不平等，在第20章中，Jean-Philippe Platteau和Zaki Wahhaj主要探讨了非洲和中东等区域发展中国家的相关情况，在这些国家中，至少一部分人会受到当地社会习俗的影响，如女性割礼、童婚、男女适用不同的遗产继承规定等，而这些习俗已是根深蒂固的文化事实。Platteau和Wahhaj认为，除非辅以社会和政治变革，否则，现代法律在这些地区往往会遭到拒绝（即形成法律上所谓的“一纸空文”）。他们使用一些简单的博弈论和政治经济学观点表明，在一纸空文与完全取代之间，存在着社会习俗最终走向现代法律的多种过渡情况。

1.7 结　论

本书的所有章节都通过不同方式提出了该领域值得进一步研究的各个方向，最后我们得出结论：艺术与文化经济学这一学科的未来发展将主要取决于两个方面：第一，能够继续利用主流经济学的创新理论和方法论分析在艺术与文化的微观、中观以及宏观层面的棘手问题，目前，该学科的许多研究都是按照这一思路推进的，其收效和想象空间是显而易见的，这点从该学科的主要期刊——《文化经济学杂志》的相关成果中即有所反映。第二，分支学科需要保持对其他人文科学及社会科学领域的开放性，显然，若文化经济学家与其他学科的学者共同开展合作研究，则双方都能从这种跨界互动当中相互借鉴、受益匪浅。

在本章之初我们曾引用了Mark Blaug的观点，在此，我们将再次引用他的观点以结束本章的讨论。Mark Blaug曾不无遗憾地指出，得益于Baumol和Bowen（1966）的著作，文化经济学这门学科才得以基本建立，但该学科的发展未能受益于其自身范畴之外的经济学和计量经济学发展带来的溢出效应……（文化经济学）就像一座孤岛，不愿意吸收其他经济学领域的最近研究成果，更不用说心理学、社会学和政策分析学等学科范畴了（Blaug，2001，p.133）。我们完全赞同Blaug的观点并呼吁，当前正是跳出原有研究范式、以更宽广的视野重新思考该领域的学科建设问题的时候了。有鉴于此，我们奉上《艺术与文化经济学手册》下卷，作为朝这个方向推进的尝试和探索。

参考文献

Adler, M., 2006. Stardom and talent. In: Ginsburgh, V., Throsby, D. (Eds.), Handbook of the Economics of Art and Culture, vol. 1. North-Holland, Amsterdam, pp. 895–905.

Anderson, C., 2006. The Long Tail: Why the Future of Business is Selling Less of More. Hyperion, New York.

Baumol, W.J., Bowen, W.G., 1966. Performing Arts: the Economic Dilemma. Twentieth Century Fund, New York.

Blaug, M., 2001. Where are we now on cultural economics? Journal of Economic Surveys 15, pp.123–143.

Caves, R.E., 2000. Creative Industries: Contracts Between Art and Commerce. Harvard University Press, Cambridge, MA.

Connor, S., 1992. Theory and Cultural Value. Blackwell, Oxford.

De Vany, A., 2006. The movies. In: Ginsburgh, V., Throsby, D. (Eds.), Handbook of the Economics of Art and Culture, vol. 1. North-Holland, Amsterdam, pp. 615–668.

Elliott, C., Simmons, R., 2008. Determinants of UK box office success: the impact of quality signals. Review of Industrial Organization 33, pp.93–111.

English, J., 2005. The Economics of Prestige. Prizes, Awards and the Circulation of Cultural Value. Harvard University Press, Cambridge, MA.

Ginsburgh, V., 2003. Awards, success and aesthetic quality in the arts. Journal of Economic Perspectives 17, 99–111.

Ginsburgh, V., Weber, S., 2011. How Many Languages Do We Need? The Economics of Linguistic Diversity. Princeton University Press, Princeton, NJ.

Greenberg, J., 1956. The measurement of linguistic diversity. Language 32, 109–115.

Hofstede, G., 2001. Culture's Consequences: Comparing Values, Behaviors, Institutions, and Organizations across Nations, second ed. Sage, Beverly Hills, CA.

Hutter, M., Throsby, D. (Eds.), 2008. Beyond Price. Value in Culture, Economics, and the Arts. Cambridge University Press, New York.

Inglehart, R., Baker, W.E., 2000. Modernization, cultural change and the persistence of traditional values. American Sociological Review 65, 19–51.

Navrud, S., Ready, R.C. (Eds.), 2002. Valuing Cultural Heritage. Applying Environmental Techniques to Historic Buildings, Monuments and Artifacts. Edward Elgar, Cheltenham.

Nelson, R., Donihue, M., Waldman, D., Wheaton, C., 2001. What's an Oscar worth? Economic Inquiry 39, 1–16.

Seaman, B., 2006. Empirical studies of demand for the performing arts. In: Ginsburgh, V., Throsby, D. (Eds.), Handbook of the Economics of Art and Culture, vol. 1. North-Holland, Amsterdam, pp. 415–472.

Throsby, D., 2001. Economics and Culture. Cambridge University Press, Cambridge.

Throsby, D., 2006. Introduction and overview. In: Ginsburgh, V., Throsby, D. (Eds.), Handbook of the Economics of Art and Culture, vol. 1. North-Holland, Amsterdam, pp. 3–22.

国家出版基金资助项目
艺术与文化经济学手册
HANDBOOK OF THE ECONOMICS OF ART AND CULTURE

下　卷
VOLUME 2

| 第一部分 |

艺术和文化的价值与评价

第2章

文学、音乐和视觉艺术方面的创造型天才

Dean Keith Simonton

University of California，Davis，USA

魏鹏举　张婷婷　译

摘　要

本章考察了艺术成就中最突出的三个领域（文学、音乐和视觉艺术）里的创造型天才。首先，本章依据其所取得的卓越成就对“艺术天才”进行定义，尤其关注了成就的测度问题（即共识的量值和时间的稳定度）。然后，转向讨论这三个领域中杰出的艺术创作者的个人属性，重点为作家、作曲家和艺术家之间是怎样区分的以及他们与杰出的科学创作者的区别。接着，关注了艺术天才的出现及其表现过程中所包含的发展因素。这些因素包括其早期发展经历以及成年后的职业生涯轨迹（特别是职业生涯高峰的定位）。最后一个话题探讨的是这些杰出艺术成就背后的社会文化背景，包括艺术风格等内在因素以及政治、经济环境等外在因素。

关键词

天才，卓越，成就，创造力，文学，音乐，视觉艺术，认知能力，人格特质，发展经历，职业生涯轨迹，社会背景

JEL Classification Codes

D03，Z00，Z10，Z13

2.1 引　言

Skakespeare、Beethoven和Michelangelo之间有什么共同之处？显然，他们都可以被看作是天才。然而，他们区别于Napoléon或Lenin等其他天才的共同点是什么？毫无疑问，前三位都是创造型天才，而不是军事或政治天才。此外，如果我们想要将Skakespeare、Beethoven和Michelangelo与诸如Newton和Darwin等其他天才加以区分，我们就必须更加具体而明确，因为这三位代表了艺术领域而非科学领域的创造型天才。Skakespeare、Beethoven和Michelangelo是艺术型天才的典范，他们各自展示了在文学、音乐或视觉艺术方面的天才级别的创造力。但是，天才意味着什么呢？

哲学家Immanuel Kant在1790年出版的《判断力批判》（Critique of Judgment）一书中提出了一个引起争论的定义。根据他的定义，"天才是一种天赋的能力……用于没有明确的规则可以适用的东西"[①]。由于天才的作品不循规蹈矩，所以"'原创性'必须是其主要特点"。然而Kant很快注意到，因为"也可能存在着原创的蠢物，所以原创作品同时必须是模范，即具有'示范性'"。这样的示范性作品才可以称得上是艺术杰作。Skakespeare的《哈姆雷特》（Hamlet）、Beethoven的《第五交响曲》（Fifth Symphony）和Michelangelo的《圣母怜子图》（Pietà）在各自的艺术领域都被证明是卓越的典范。有趣的是，Kant认为，天才只能出现在艺术领域而不能出现在科学领域，"美术是天才的艺术"。其原因是科学上的创造力是有章可循的，也就是现在我们所称的"科学方法"。这位哲学家甚至因此否定了Newton的天才地位。尽管Kant的立场可能有争议，但毫无疑问的是艺术上的创造力和科学上的创造力并非"如出一辙"[②]。在一些重要的方面，与以上三位艺术大师的杰作相比，Newton的《数学原理》有着不同的地位。最为明显的是，科学著作以严格的逻辑和事实为标准，而艺术作品却不是这样的。

我在本章的目标是回顾艺术领域里对创造型天才的实证研究。只要研究允许，这种回顾将尽可能地宽泛，涵盖所有主要的艺术门类，包括文学、音乐和视觉艺术，甚至包括被称为"第七艺术"的电影艺术[③]。与此同时，我在这一主题的理论探讨上会花费非常少的精力。这种刻意的忽略反映了许多实证现象有着多种理论解释这么一个事实，无论是经济上的、社会上的、心理上的，还是生物上的。可以肯定的是，对于艺术天才的任何全面论述无论以何种形式出现都会面临本章描述的实证研究结果。文化经济学家们也许能够用经济术语来解释所有的关键结果，或者他们必须依赖，至少是部分地依赖来自同类科学的理论概念。确切的结果还得由将来的理论研究来决定。

我把讨论所取得的卓越成就作为开端，这也是对于天才、创意等最常用的定义[④]。这之后，我们就可以讨论与所取得的卓越成就（2.2节）相关联的三组因素：个体属性（2.3节）、毕生发展（2.4节）和社会进程（2.5节）。

2.2 取得的卓越成就

Francis Galton（1869）是第一个把天才与其所取得

① Kant(1952,pp. 525-526).

② Simonton(2009d).

③ Simonton(2011b).

④ 例见Cox(1926),Galton(1869),Kroeber(1944),Sorokin(1937-1941)。

的卓越成就相联系的研究者。天才被视为有特殊才智和性情以赢得声誉的人。”这里的声誉是指“一位意见领袖，一名发起人的印象和评价”①。简而言之，天才曾经作出了历经Hume经典观点所提到的“时间考验”之后仍然继续存在的贡献。与此概念一致，Galton提出了根据身后的名声来评价天才的习惯做法，尤其是依据标准的参考文献中的表述来评价，诸如传略辞典和历史记录以及百科全书。当然，完成这些步骤的方法已经在过去的一个世纪左右的时间里变得比以前成熟许多②。在通常情况下，评价是建立在多种来源汇合后形成的综合衡量基础上的，从而超越了任何一个特定指标的特质。例如，对121位古典作曲家不同的卓越性评价使用了6种不同的评价指标，③对772位西方艺术家的评价则使用了27种不同的指标。④有时候，这类多种来源的综合衡量，实际上是可以根据任一本可用的参考著作得到的。⑤

举例来说，Murray（2003）对创造型天才所取得的卓越成就做出了区分，他在世界重要的文明中选出了主要的艺术表现形式中彼此各异的杰出人物。下面是排名前五的天才，（括号中给出的是每一类“重要人物”的总数）：

- 西方音乐：Beethoven、Mozart、J.S.Bach、Wagner以及Handel（共523人）。
- 中国国画：赵孟頫、顾恺之、吴道子、董其昌以及马远（共111人）。
- 日本艺术：Sesshu、Sotatsu、Korin、Eitoku、Tohaku（共81人）。
- 西方艺术：Michelangelo、Picasso、Raphael、Leonardo以及Titian（共479人）。
- 阿拉伯文学：al-Mutanabbi、Abu Nuwas、AL-Ma’arri、Imru’al-Qays以及Abu Tammam（共82人）。
- 中国文学：杜甫、李白、白居易、苏东坡以及韩愈（共83人）。
- 印度文学：Kalidasa、Vyasa、Valmiki、Asvaghosa以及Bhartrhari（共43人）。
- 日本文学：Basho、Chikamatsu、Murasaki、Saikaku以及Ogai（共85人）。
- 西方文学：Shakespeare、Goethe、Dante、Virgil以及Homer（共835人）。

据推测，那些成为范例却排名较低的人物，是因为他们在各自艺术领域的“创造型天才”称号的要求更低些。例如，在西方文学中不那么杰出的人物包括了Jens Baggesen、William Bryant、Johann Heinse、Jorge de Lima、Laszlo Nemeth及Geoffroy de Villehardouin。然而，即便这些人物不太著名，也是从1918位候选作家的母体群体中选出的835位重要人物组成的精英阶层（Murray，2003）。也就是说，在最初的文学创作者名单中，有超过一半的人比Baggesen和他的同行们还不知名。

上述评价完全是基于每个人的档案资料所记载的其成就大小。然而，在某些艺术领域，可以用不同的方法来区分艺术家的卓越程度。比方说，古典作曲家可以根据其作品被演奏或录制的频率来评估其卓越程度。有时，也需要对某个特定领域的专家进行调研，令他们提供该领域内相关成就的评估方法，从而把伟大的艺术家与一般艺术家区分开来。⑥

无论用什么特定的方法来评价，学者最后确定了三项评估天才的核心指标：评价共识、时间稳定性和偏态分布。

---

① Galton(1869,p. 37).
② Murray(2003),Simonton(1991c).
③ Simonton(1991b).
④ Simonton(1984a).
⑤ Murray(2003).
⑥ Farnsworth(1969).

2.2.1 评价共识

虽然常说“人各有所好”或“萝卜青菜各有所爱”，但很显然，在众人对于艺术上的卓越成就的多种评价上，却显示出了惊人的一致。让我们再以Murray（2003）的评价为例。当他用信度系数[1]去评价共识时获得了以下数值：西方音乐0.97、中国国画0.91、日本艺术0.93、西方艺术0.95、阿拉伯文学0.88、中国文学0.89、印度文学0.91、日本文学0.86以及西方文学0.95。这些统计数字与行为科学中的最佳测度方法（例如，智力测验）不相上下，然而这些回归系数是基于精英样本而计算的，其中卓越成就度的方差会被大幅度截断，从而信度大为降低。[2]诚然，每当分散的卓越成就评价方法高度参差混杂时，就会产生某些信度不高的系数。（例如，篇幅测度与专家评估相对比）。然而，即便如此，也会有很强的共识性。最值得注意的是，潜变量模型表明，在所有的备选指标的背后都有着一个具有向心力的因素，这个因素被称为“Galton的G因子”[3]（取名类似于代表一般智力因素的“Spearman的g因子”[4]）。残差因素（或者说是指标变量的误差项间的相关性）所代表的不过是“困难因素”（例如，高度偏态分布的相互关联度要比正态分布的相互关联度高得多）。无论这些相互关联的残差是什么，在对于卓越成就的任何一组成分参差混杂的评价中，Galton的G因子对方差的解释度都比较高。

这种评价上的共识有着另外两个特点也值得一提。（i）这种共识是真正的跨国家的，甚至是跨文化的。[5]对于Bach、Mozart和Beethoven的评价即使不囿于德国或奥地利的资源，人们仍会把他们列为世界排名前10的作曲家（如果不是前三的话）。（ii）这种共识也同样适用于对单件艺术品的评价——例如，《哈姆雷特》《圣母怜子图》，而不仅仅是创作这些作品的艺术天才。例如，对Skakespeare的37部戏剧的评论中，19篇差异较大的评论的信度系数是0.88，[6]而对Skakespeare的154首十四行诗的27篇评论的信度系数是0.89。[7]需要说明的是，在作品层面的评价共识超越了某一位创作者的作品。用35种不同的方式所衡量的911部歌剧的不同价值，其信度系数是。0.86[8]类似的共识适用于数以千计的故事片，不论是在影片评论上，还是在最佳影片奖项的评选上[9]。五项影评的信度系数高达0.91，[10]而七项最佳影片奖项评选的信度系数高达0.87。[11]此外，正如某个单一潜变量构成了对于创作者卓越成就的各种评价的基础，某个基于单一因素的评价方案也同样适用于对作品价值的不同评价。[12]

上述两个特点当然是相互关联的。只要艺术家的声

---

① 信度系数所评估的共识数值范围在0(零共识)到1(完美的共识)的闭区间内。
② Simonton(1990b,chapter 4).
③ Simonton(1991c).
④ Spearman(1927).
⑤ Simonton(1991c);参见Simonton(1998a)。
⑥ Simonton(1986c).
⑦ Simonton(1989a,1990a).
⑧ Simonton(2000a).
⑨ Simonton(2011b).
⑩ Simonton(2007d).
⑪ Simonton(2009a).
⑫ Simonton(1989,2000a).

誉取决于他或她所创作的作品的价值，那么对创作者的共识就必须部分地取决于对其作品的共识。[①]

2.2.2 时间稳定性

可以肯定地说，人们可以认为“声名是靠不住的”并由此怀疑任何评价共识都只是暂时的——它仅仅是时尚和潮流的反映。最终，由于旧的评价会被新的评价所取代，从而达成的共识会消退；而数百年前的创作者也将重新接受评价，那些伟大的反过来变得渺小，而渺小的则变得伟大。然而，实验数据根本不支持这种愤世嫉俗的观点。在非常大的程度上，我们可以说，最顶级的创造型天才“经受得住时间的考验”。

第一，一些实证研究表明，声誉评价的时间稳定性可以持续几十年，甚至几百年。[②]也许最引人注目的例子是最近的一个实例，即意大利和佛兰德斯文艺复兴时期的艺术家们，他们相关的成就和荣誉都持续了几个世纪，在这期间只产生过相对较小的波动。[③]毫无疑问，就像Michelangelo的排名始终保持或接近头名的位置一样，在后人眼中Picasso在20世纪艺术领域中的地位也一样保持着。[④]

第二，随着时间的流逝，即便潜变量模型始终能够很好地衡量卓越成就，基于单一因素的评价方法也是存在的。[⑤]这个统计结果与备择假设形成鲜明的对比，该假设认为连续性评估（诸如后续历代的评断）可以用一阶或二阶自回归体系来解释。[⑥]每一代评论家或历史学家不是简单地“借用”上一代评论家或历史学家的意见（再添加些“随意的抨击”）；相反，每一代评论家或历史学家都要致力于对那些艺术天才毕生的杰作做出独立的评价[⑦]。在连续时间内的连续变量的残差中，代际影响都被降减至偶然或微小的误差项。不受时间影响的Galton G因子再次在数据中起到了主导作用。

第三，与之前的论断一致，创造性的作品都展现出了一种相似的超越历史的稳定程度。[⑧]过去被认为是极品的，将来也很可能会被认为是一部杰作（假如此作品完好保存，既没有被损坏也没被修改）。举个例子，一项调查详细考察了由55位作曲家创作的496部歌剧的短期和长期声望，而这些歌剧创作的时间跨度从1607年至1938年。[⑨]研究发现：歌剧在同时代人中的接受度，以及其在20世纪后半叶受欢迎的程度，这两者之间显示出很高的相关性。如果对某一作品的审美评价是高度稳定的，那么对创作那些作品的艺术家个人的评价也必然如此。

然而，预料中的时间稳定性可能有时会在某些特定情况下失效。在前面所提到的研究中，对歌剧的评价也会有这样的偶然时期，观看作品首演的观众的口味，可能与子孙后代的歌剧喜好不同Simonton（1998b）。特别是19世纪六七十年代所创作的歌剧，由于当时的歌剧形式经历了相当大的变化，似乎彼时与此时对这些歌剧的评价并不一致。实际上，预测误差最大的是Richard

---

① Simonton(1991c).

② 例见Farnsworth(1969)。

③ Ginsburgh and Weyers(2006,2010).

④ 不言而喻的是，新艺术家的加入可能会把老艺术家从原来的排名挤下来(如Picasso排到了很多老艺术家排名之前)，但对于更早期的艺术家，排名仍然或多或少会保持原来的位序(如相对于Daniele da Volterra而言，Picasso不会改变Michelangelo的排名)。

⑤ Simonton(1991c).

⑥ 例见Rosengren(1985)。

⑦ Simonton(1991c).

⑧ 例见Simonton(1989a)。

⑨ 例见Simonton(1998b)。

Wagner的歌剧《特里斯坦和伊索尔德》（Tristan und Isolde）。这部于1865年首次公演的作品也许是歌剧史上最具创新性的作品。偶然地，作品和它们的创作者会超前于时代，但这只是偶然而已。

2.2.3 偏态分布

心理学家习惯于把人口中大多数的个体差异视为符合正态分布，也就是著名的“钟形曲线”或高斯曲线。例如，Galton（1869）就认为天才只会出现在正态曲线的上尾部。然而，如果我们选择以卓越成就或身后的声望来定义天才的话，那么这个结论就不能成立了。这个结论无效是因为后者属性的分布是由正偏态分布所描述的，这种正偏态分布如此明显，以至于我们甚至不能提及分布曲线的下尾部。此分布只具有上尾部，它一直拉伸到一个不寻常的角度。在学者们所研究的有关602位英国诗人的34 516部著作的例子中，Martindale（1995）阐明了这个事实。当然，其中的9 118部作品涉及Skakespeare，1 280部作品涉及Milton，而1 096部作品涉及Chaucer。与排名前25位的诗人相关的书籍吸引了全部调查书籍中近2/3的关注，而与排名前12位的诗人相关的书籍则获得了几乎一半的关注。从而，涉及那些在分布底部诗人的著述就所剩无几了。

当然，经济学家对偏态的截面分布并不陌生，至少从关于收入分配的帕累托定律出现以后就不陌生了。即便如此，正如Martindale（1995）所指出的，卓越成就的分布曲线要更为倾斜。在他的文章标题中他是这么表述的：“名声比财富更善变。”名声的偏态分布曲线比创造性作品的偏态分布曲线更为向右倾斜。从本质上讲，之后的世人从名声的偏态分布开始，在将位于曲线上尾部的那部分名誉度放大的同时，逐步使处于曲线下尾部的创造者越来越无人知晓。有关Skakespeare的9 118本书籍，与记入这位文学天才名下的37部戏剧、154首14行诗和几首长诗相比，十分不成比例。几乎可以肯定，这一差别归因于他的作品不仅有原创性，而且是令人惊奇的典范。

值得一提的是，同样的右倾斜也出现在个体创造性作品的艺术价值分布中。[①]例如，Skakespeare戏剧的上演频率所体现的是一个正偏态分布，其中《哈姆莱特》直达分布曲线的上尾部，而《亨利六世》（Henry VI）三部曲则都聚集在底部。[②]当作品的价值是由奖项和奖品所决定的时候，这种倾斜就更为明显。这一事实在故事片上可能最为突出，只有很少几部故事片能获得主要的最佳影片奖。[③]

极度倾斜的分布通常会引出方法论问题。首先，如果我们希望了解艺术天才是如何与个人属性及发展因素相一致的话，我们必须认识到，分布曲线顶部的大部分偏差可能与个体的水平毫不相干。有关Skakespeare的书籍比Milton的多出86%，但这并不意味着Skakespeare的智商比Milton高出86%，或者他最初积累的人力资本就高出86%。事实上，所有这些书籍的声望都是Skakespeare逝世多年后才获得的，因此无法提升其生前的声望。从这个意义上说，我们正在讨论的现象更像是经济学家们所讨论的明星地位和天赋之间的那种非常松弛的关系。[④]这种现象也与优势累积的社会学现象联系在一起，它独立于个人应得之外。[⑤]另一个困难是，当标准

① 例见Moles(1968)，Simonton(1991b)。

② Simonton(1986c).

③ Simonton(2011b).

④ 例见Adler(1985)，Rosen(1981)。

⑤ Allison et al.(1982)，Merton(1968).

统计技术被应用到这样的偏态分布时，通常会出现相当大的极端值，并对参数的估计造成混乱的影响（例如，相关或回归系数）。正是由于这一原因，对卓越成就的衡量往往需要进行对数化处理，使得处于分布曲线上端的实例与其余的更加一致。

另外，研究人员可能采用一个不同的标准来衡量，诸如毕生的创作能力，可以被用来假定与个体创作者的实际才华更为一致。[①]虽然有关Skakespeare的书籍的评论没有止境，但Skakespeare自身的作品却是有限的！即便如此，正因为总创作量也显示出了高度的偏态分布，这种替代的衡量标准仍然要进行对数化处理。唯一的区别是，与卓越成就的衡量相比其曲线倾斜远没有那么突出，毕生创作量的对数变换指数更加能显示出上升幅度不太大的正态分布。

2.3 个体属性

大量的调查审视了艺术天才各自的特征，通常这种审查与其他领域的天才结合在一起，例如科学领域，有时甚至是多个领导领域。[②]这些属性可分为两大类别：认知能力和个性特点。

2.3.1 认知能力

一种明显的认知能力就是一般智力，或者通常被称为智商。几乎从天才的历史测量学研究一开始，研究者们就设计了通过档案资料来衡量一般智力的各种方法。[③]其中，有一项调查，用历史测量学方法对301位现代西方文明领域的天才进行智商分数评估。[④]正如所料，不仅历史上的天才们其智商平均值高达150（高于平均水平），而且智商水平与这些天才的卓越成就成正比。[⑤]尽管如此，预期的智商高低取决于天才取得卓越成就所在的特定领域。[⑥]最引人注目的是，虽然伟大而富有想象力的作家（小说家，剧作家和诗人）拥有略高于平均水平的智商，但古典作曲家和视觉艺术家（画家、雕塑家和建筑师）却略低于平均水平，天才就是这样。[⑦]显然，这种通过智力测量所获得的分析技巧对非文学艺术天才没有用。

与上述问题密切相关的是创造的多样性，即天才在不止一个领域内作出显著贡献的能力。[⑧]在艺术天才中，da Vinci和Goethe就是显而易见的实例。多才多艺不仅与一般智力和卓越成就呈正向关联，[⑨]而且多才多艺的程度往往随着卓越成就的领域的不同而不一样。[⑩]根据Cox（1926）对艺术天才的研究，不论是小说类还是非小说类的文学创作者都展示出高度的多才能性，而低度的多才能性则展现在视觉艺术家身上，

① 例见Simonton(1991b)。
② 例见Cox(1926),Raskin(1936),Simonton and Song(2009)。
③ Simonton(2009c),Thorndike(1936,1950),Woods(1906).
④ Cox(1926).
⑤ Cox(1926),Simonton(1976a,1991d),Simonton and Song(2009),Walberg et al.(1978),例见Simonton(2008a)。
⑥ Cox(1926),Walberg et al.(1978).
⑦ Simonton and Song(2009).
⑧ Cassandro and Simonton(2010).
⑨ Rankin(1936),Simonton(1976a),参见Sulloway(1996)。
⑩ Cassandro(1998),White,(1931).

以及古典音乐作曲家身上，后者尤甚。[①]Mozart 和 Beethoven 始终都被列入古典音乐圈的伟人，但他们都不如 Goethe 多才多艺。

2.3.2 气质性特质

研究人员还研究了不同的人格特征。[②]其中有些特征是共用的，不限定于某个领域。也就是说，所有的天才，不管是不是艺术领域的，都显示出这一特点。最关键的是动机。取得卓越成就需要“坚持”“毅力”“韧性”“雄心”[③]。事实上，“与那些拥有最高智商但缺乏毅力的人相比，智商较高但坚持不懈的人，往往会取得更大的卓越成就”[④]。这证明定向的能量和智力能力一样强大。[⑤]

其他个性特征往往随着创造性成就的领域而有所不同。[⑥]特别令人感兴趣的是那些与精神病理学相关的特质或症状。“疯狂的天才”这个普遍概念似乎更适合于艺术家而不是科学家，[⑦]因为文学创作者，尤其是诗人，表现出最大的脆弱性。[⑧]考虑下面两个调查中的数据：

• Post（1994）仔细研究了 291 位杰出的创作者和领导者，他以是否存在精神机能障碍，以及存在程度的轻微、明显或是严重来区分这些人。他得到了有关艺术创作者的如下数据（分别地）：作曲家中 17.3% 的人无障碍，32.7% 的人有轻度障碍，19.2% 的人有明显障碍，以及 30.8% 的人有严重障碍；艺术家相应的比例为 14.6%、29.1%、18.8% 以及 37.5%；作家的比例分别为 2.0%、10.0%、42.0% 和 46.0%。在他的科学天才样本中，这些数字比例几乎完全倒转过来：无障碍的占 31.1%，有轻微障碍的占 24.4%，有明显障碍的占 26.7%，有严重障碍的占 17.8%。

• Ludwig（1995）对杰出的个性[⑨]进行了一个最新的样本对比，并采用了略微不同的标准，即天才在有生之年患任何精神疾病的比率，无论其严重程度。[⑩]结果显示患精神疾病比率最高的是诗人（87%），其次是小说作家（77%）、剧作家（74%）、视觉艺术家（73%）、非小说类作家（72%）和音乐作曲家（60%）。与此相反，杰出的自然科学家罹患精神病的百分比不足作曲家比例的一半（28%）。

亟待指出的是，一些研究者已经对这些统计数据提出了挑战。[⑪]毕竟，这类研究几乎无一例外地依赖于使用大量传记资料进行追溯性调查分析。虽然如此，基本的实证发现已经被心理测试学、精神病学、实验、调查以及流行病学的方法[⑫]证实。研究者甚至还梳理了一些

---

① White(1931).

② Cox(1926),Raskin,(1936),Simonton and Song(2009),Thorndike(1950).

③ Cox(1926),参见 Ebersole and DeVogler-Ebersole(1985),Galton(1869),Walberg et al.(1980)。

④ Cox(1926,p. 187).

⑤ 参见 Duckworth et al.(2007)。

⑥ Feist(1998).

⑦ Kim(2008).

⑧ Andreasen(1987),Kaufman(2000 2001,2005),Martindale(1972),Post(1996).

⑨ Albeit with some overlap with Post(1994),参见 Ludwig(1992)。

⑩ 参见 Ludwig(1998)。

⑪ 例见 Schlesinger(2009)。

⑫ Andreasen(1987),Andreasen and Canter(1974),Barron(1963),Götz and Götz(1979a,1979b),Jamison(1989),Karlson(1970),Ludwig(1994),Nettle(2006).

导致这种关联的潜在认知、情感和遗传因素。[①]实现卓越成就所产生的压力本身会导致精神机能障碍，包括酗酒。[②]然而，必须强调的是，当一位艺术天才完全屈从于疯狂，那么创造力也就停止了[③]。当疾病诱导天才自杀时，这种负面反响最为明显，这样悲剧性的职业生涯终结在女性诗人中表现出不同寻常的高风险。[④]

2.4 毕生发展

接下来的议题涉及艺术天才的出现和表现中的发展性因素。这些因素包括早期发展的经历和成年后的职业轨迹。最后，我将探讨人生和职业生涯的终结。

2.4.1 早期经历

在艺术天才开始做出取得卓越成就所必需的贡献之前，首先需要开发创造的潜力。在这里，我主要关注两组因素：家庭背景和专业知识的获取。

2.4.1.1 家庭背景

这一领域内的经典辩论就是“天才是天生的还是后天培养的”。Galton于1874年首先提出了这一议题。在1869年，Galton就已经主张天才要有很强的遗传基础。他的论断是建立在广泛的家族谱系之上的，这个谱系记录了天才家族在每一个主要领域[⑤]内所取得的高深成就。这些家族在作曲家、画家和文学家（如Bach、Bellini和Brontë各自的家族）中表现突出。尽管要编纂这样的家族谱系很容易，但他们与自然成长或是后天培养之间的相关性却是比较模糊的，因为父母为他们的后代所提供的不只是遗传组合，还有环境影响，包括角色榜样和导师。[⑥]此外，可以确认的是其他家庭背景因素很明显是环境影响而非遗传影响，[⑦]诸如在童年和青春期的创伤性经历的影响（如早期父母缺位或者成为孤儿）。[⑧]有趣的是，艺术天才与科学天才相比，更多的是出身于不稳定、不正常、非常规甚至是多文化的家庭背景。[⑨]这种强烈的对比是显而易见的，例如，在诺贝尔文学奖获得者与物理学奖获得者的对比中，后者来自于高度稳定和传统的家庭。[⑩]

艺术相对于科学，其发展的差别也体现在出生次序方面。除了给社会带来变革的科学家[⑪]以外，科学天才往往是长子或长女[⑫]，而艺术天才则往往是后出生的孩

---

① 例见Carson et al.(2003),Eysenck(1995),Kéri(2009,2011),Ramey and Weisberg(2004),Weisberg(1994)。

② Schaller(1997).

③ Simonton(2010b).

④ Kaufman and Baer(2002).

⑤ Bramwell(1948),Rothenberg and Wyshak(2004).

⑥ Simonton(1984a).

⑦ Berry(1999),Walberg et al.(1980).

⑧ Albert(1971),Eisenstadt(1978),Illingworth and Illingworth(1969),参见Ludwig(1995)。

⑨ Berry(1981),Post(1994),Raskin(1936).

⑩ Berry(1981),参见Schaefer and Anastasi(1968)。

⑪ Sulloway(1996,2010).

⑫ Galton(1874),Roe(1953),Simonton(2008b),Terry(1989),cf. Clark and Rice(1982).

子。[①]后出生定论的一个主要例外是，古典作曲家的顺序位置更类似于科学天才，而不是艺术天才。[②]用Claude Debussy的话来说，音乐是“声音的算术”。此时，这种例外就是合情合理的。

最后，我还不能不提及性别对艺术天才的强大影响力。我首先观察到，女性在历史上的天才中大为不足，天才往往是“清一色的（白人）男性”[③]。不过，历史数据也显示出女性天才，当她们出现时，有可能就出现在艺术方面，尤其是在文学方面。[④]例如，世界主要文学作品中的女性作家百分比如下：西方文学占4.4%、阿拉伯文学占1.2%、印度文学占4.7%、中国文学占3.6%，而日本文学占8.2%。[⑤]虽然，要理解这些性别方面的影响，我们仍然有很长的路要走，但研究人员发现了一些潜在的影响，[⑥]其中很多发生在家庭中。[⑦]同样清晰的是，存在于家庭环境之外的大规模社会性别偏见和陈规旧习，[⑧]使得女性天才的出现仅仅是偶然发生的。女性之所以能成为有创造力的作家，原因之一在于作家不必获得一个专业职位——不论是在学术上的还是在体制上的——她们可以在家里写作。然而，许多有才华的女性为了避免社会偏见，使用了男性笔名来写作，比如玛丽·安·埃文斯（Mary Ann Evans）的笔名是乔治·艾略特（George Elliot），阿曼蒂娜·露茜·奥萝尔·杜班（Amantine Lucile Dupin）的笔名是乔治·桑（George Sand）。

2.4.1.2 专长的获得

经济学家们已经认识到“人力资本”的概念，在这一概念中就“教育、研究或见习”而言，才能培养可以被认为是一种投资。[⑨]对于人才发展的研究已经充分证明了个人投资的重要性。从这个意义上说，天才是培养出来的，而不是天生的。在研究专业知识的获得中发现了这种必要性的一种表现形式。这里，研究人员已经发现了众所周知的“10年法则”，也就是一名人才在获得天才的能力之前，需要10年的高强度训练、研究和实践，[⑩]甚至像Mozart那样早慧的作曲家也要10多年的见习训练，才能成为一位成熟的艺术家。[⑪]

也就是说，专长的获得在创造性发展中的作用远比这个简单法则所表现出来的要复杂得多。[⑫]首先，年轻的人才在他们精通本领域所需要的时间方面差异很大，这种横向差异对未来的影响有重要意义。特别是，那些习艺时间较短的人可能会成为更高水平的创造型天才。[⑬]因为这个原因，卓越成就和毕生产出经常同早熟的生产力联系在一起。[⑭]这种反比关系也许和与生俱来的天赋有一定的联系：那些一出生就在某一艺术领域具有较高“天资”的人，用较少的时间就能精通该领域，然后在成年后的职业生涯中继续展现他们更高的创

① Bliss(1970).
② Schubert et al.(1977).
③ Ellis(1926),Cattell(1903),Murray(2003).
④ Simonton(1992a).
⑤ Murray(2003).
⑥ Murray(2003),Ochse(1991).
⑦ Stariha and Walberg(1995).
⑧ Simonton(1992a,2011b).
⑨ Smith(1952,p. 118).
⑩ Ericsson(1996),cf. Gardner(1993),Kaufman and Kaufman(2007).
⑪ Hayes(1989),cf. Simonton(1991b).
⑫ Simonton(2000a).
⑬ Simonton(1991b).
⑭ Lehman(1953),Simonton(1977b,1991b),cf. Kaufman and Gentile(2002)

造力。[①]

另一个复杂之处涉及了之前讨论过的多样性现象。[②]如果10年法则适用于天才取得卓越成就的各个领域，那么似乎并非任何人都能够表现出像Goethe或Leonardo那种多样性，或者说即使有些天才的确展现了这种多样性，但他们的作品往往要比那些思维局限于专门领域的创作者的作品还要拙劣。然而，确实也出现过相反的情况。举例来说，一项关于歌剧的实证研究表明，当歌剧作曲家掌握了不同歌剧体裁甚至创作过非歌剧的音乐形式时，他们就更容易创作出伟大的作品。[③]

最后一个难题是专长的获取可以有多种形式，而这些形式会对艺术天才的发展产生相当明显的效果。一个年轻的人才以师徒模式在一位公认的大师手下工作，[④]这就构成了第一种形式。这个过程不仅对创造性发展起到正面的影响，而且若这位艺术天才师从于多位大师，那么其从中得到的益处会更多。[⑤]第二种形式是正式培训，犹如学院和大学提供的正规教育那样。[⑥]此时的影响效果更多的是矛盾，特别是一些初步证据表明，高等的正规教育——有如更高的学位所示——在大多数艺术事业上都表现出了对创造性发展的阻碍。[⑦]即使在当代，也很少有艺术天才能在他们的姓名后加上博士头衔。第三种也是最后一种专长习得的形式是自我教育，即成长中的天才独立地进行阅读和学习。然而，联系已讨论过的多样性，这种自我教育无需囿于单一的领域。实际上，在大多数领域里，卓越成就与成为一个如饥似渴而又博览群书的读者有着正向关联。[⑧]这种倾向得到了一般实证调查结果的支持，即创造力与经历的开放度有着正比关系，包括求知欲和对新信息的渴望[⑨]。

似乎自相矛盾的是，创造性发展对专长获取的依赖远远超出了需要聚集创造力的特定艺术领域，创作过程本身会通过接触“他山之石”的知识和经验得以增强，而这些知识和经验又完全定义了该领域。[⑩]

2.4.2 职业生涯轨迹

一旦某位艺术天才获得了必要的创造性潜力，那么这种潜力必将以实际艺术作品的形式实现，无论是诗歌、绘画、作曲还是电影。虽然偶尔会因为某一单件的杰作而获得“昙花一现”的名声，[⑪]但是更多时候，创作者会在其持续30年或以上的职业生涯中创作大量的作品。[⑫]实证研究主要集中在职业生涯分布的两个方面：生产力曲线和职业生涯的里程碑。[⑬]

---

① Simonton(2008c).
② Simonton(2000a).
③ Simonton(2000a).
④ Bloom(1985),Simonton(1984a),cf. Simonton(1992b,1992c),在科学天才中这些效果是可以相互比较的。
⑤ Simonton(1984a).
⑥ Simonton(1983b).
⑦ Raskin(1936),Simonton(1976a,1984b,1986b).
⑧ Simonton(1984b).
⑨ Carson et. al.(2005),McCrae(1987).
⑩ Simonton(2011a).
⑪ Kozbelt(2008b).
⑫ Albert(1975),Dennis(1966),Lindauer(1993b,2003).
⑬ Simonton(1997b).

2.4.2.1 生产力曲线

第一份关于艺术天才的科学调查报告由Adolphe Quetele于1835年发表，比Galton（1869）的经典专著早几十年。Galton想知道在整个职业生涯过程中创意作品的产量是如何变化的。研究中挑选出的特定作品都是由主要的法国和英国剧作家创作的。他指出，对于一位剧作家，作品会不断地增加，直到剧作家达到职业生涯的顶峰，在这之后作品产量就逐渐地下降。此外，Galton发现相同的纵向函数既适用于主要作品也适用于次要作品。绝大多数的主要作品产出的那些时期，同时也是绝大多数的次要作品的产出时期。换句话说，有些出乎意料的是，即便有着日趋增长的艺术成熟度，创造型天才也无法提高他们杰出作品的“流行度”。

不用说，自1835年以来，人们对这个问题已经进行了大量的研究，虽然在方法论的复杂性上并不总能与Galton所展示的相提并论。[①]特别是，并非每一个研究者都引入了对不同生命周期的控制。[②]无论如何，后来的研究大多还是沿用了非单调单峰值函数。[③]这个实证归纳的唯一实质限制条件涉及了曲线的特定形状。从而，有时候产出高峰可能会在职业生涯的相对早期就来到了，然后急剧下降，然而有时候这个高峰可能在生命周期中出现得很晚，因此下降的幅度也就不那么明显。[④]这种对比很明显地体现在诗人和小说家身上——前者与后者相比倾向于在更年轻的时候就达到创作巅峰。[⑤]

Galton的第二个发现——主要作品和次要作品的生产力曲线是一致的，这一点被证明更具争议性。一些调查发现质量是数量的一个函数，[⑥]也有其他研究结果说明，随着职业生涯的推移，主要作品对次要作品的比率有增加的趋势。[⑦]后面的这种说法有助于该假说的成立，即有些艺术天才在结束了他们的训练期之后，依然可以持续精进其专长。[⑧]在其终身职业生涯结束之前，只有杰出的作品才会从他们的钢笔、刷子、铅笔、相机或凿子中浮现出来。然而，也可能会发生与此相反的情况，即最佳的作品都集中在职业生涯的早期。[⑨]一个著名的例子就是Pietro Mascagni，他最伟大的歌剧《乡村骑士》（Cavalleria rusticana）恰好是他的第一部作品。

这第二个质量或数量的问题或许能由审视职业生涯里程碑来更好地研究。

2.4.2.2 职业生涯里程碑

与其调查所有的作品产出，研究人员更专注于创作生涯中已确定的三个里程碑，[⑩]即首次发表的主要作品、最好的作品和最后的主要作品。例如，对于一位古典音乐作曲家来说，他的第一个里程碑将形成他的标准保留曲目中的第一部作品，最后一个里程碑将是最后一个在保留曲目中仍然定期进行演出的作品，而中间的里程碑将会代表作曲家经常演奏的作品。有了这三个里程碑，我们就可以衡量艺术天才们在哪个年龄创作出他们的第一个、最好的和最后一个作品（尽管一些研究人员只注

---

① Lindauer(2003),Simonton(1997b).
② Simonton(1988a).
③ Crozier(1999),Simonton(1997b).
④ Dennis(1966).
⑤ Lehman(1953),Simonton(1975a).
⑥ 例见Simonton(1977a),Weisberg(1994)。
⑦ 例见Hass and Weisberg(2009),Kozbelt(2005)。
⑧ Kozbelt(2008a).
⑨ Lehman(1953),Simonton(2000a).
⑩ Simonton(1997b).

重中间的里程碑）。[1]第一个引入此种策略的研究人员是Evelyn Raskin（1936），Quetelet的研究首度发表了一个世纪之后。她调查了243位天才，其中科学方面120人，文学方面123人。在文学方面，第一个职业里程碑出现在24岁左右，最佳状态在34岁左右，最后一个里程碑出现在55岁左右（科学天才的相应岁数分别为25岁、35岁和59岁）。其他研究人员也发现了类似数字。例如，一项对120位古典作曲家的研究发现，第一个、最好的和最后的里程碑分别出现在26～31岁、40～41岁和51～52岁（取决于具体的操作定义）。[2]这恰好回到前一节结束时所提出的问题，中间的职业生涯里程碑往往要么更靠近第一个里程碑，要么大致介于第一个职业生涯里程碑和最后一个职业生涯里程碑的中间位置。[3]如果艺术家能够在其职业生涯中不断积累创造性的专长，我们可以期望他们唯一的最好作品也许就是他们职业生涯中最后的主要贡献。事实上，最后的主要贡献将不仅是最好的，也是最后的贡献。

当然，上述的数字只是统计上的平均值而已。每个平均值都有相当大的标准差，从第一个里程碑到最佳的里程碑，再到最后的里程碑，这种偏离的程度在不断加大。[4]以120位古典作曲家为例，他们的第一个里程碑可能出现在5～60岁之间，最佳的里程碑出现在16～80岁之间，最后的里程碑出现在18～86岁之间。[5]更关键的是，产生在这三个里程碑的纵向位置中的这种相当大的变量与其他变量有一定的关系。也许最显著的是与卓越成就或毕生的作品数量有关。[6]如果对天才的判断是依据身后名声或一生的作品总量，那么天才的级别与其第一部主要作品问世的年龄呈负相关，与最后一部主要作品问世的年龄呈正相关，而与最佳作品问世的年龄无关。[7]换句话说，最伟大的艺术天才往往在异常年轻的时候就创作出了他们的第一个重大作品，在晚年时才完成他们最后的重大作品，然而创作出顶级作品的年龄却和那些不太伟大的天才大致相同。简而言之，不论声名如何，天才们都有着相同的预期职业生涯的高峰。

我在前面说过，生产力曲线依照艺术创造所属领域的不同而变化。在某种程度上，正如Quetelet所发现的，主要作品的诞生与次要作品的诞生是并驾齐驱的，那么我们就能预测出三个里程碑在职业生涯定位中的相应对比关系。[8]当然，如果在某一领域，创作高峰出现得早，那么就有理由期望它的单一最佳作品也易于早些出现。同样地，与那些表现出缓慢递减的领域相比，表现出峰值后急速下降的领域，最后的主要作品出现得会更早。这些预期在实证研究中已经得到证实。[9]例如，与小说家相比，一位诗人最好作品出现时的年龄往往比小说家要早。这种差异构成了跨文化的以及超越历史的普遍概念。[10]这些纵向对比与科学天才的情况相类似。例如，与地球科学相比，数学领域的杰出成果往往出现在更为年轻的时候。[11]

最近，经济学家David Galenson（2005）提出了另一个要素，用以确定职业生涯中各个里程碑的位置。简

① 例见Lehman(1953)。
② Simonton(1991b).
③ Raskin(1936),Simonton(1991b),参见Simonton(1991a)。
④ Raskin(1936),Simonton(1991b,1997b).
⑤ Simonton(1991b),参见Simonton(1991a)。
⑥ Simonton(1997b).
⑦ Raskin(1936),Simonton(1991b,2007a),Simonton(1991a).
⑧ Simonton(1991a,1997b).
⑨ Simonton(1997b).
⑩ Simonton(1975a).
⑪ Simonton(1991a).

单地说，他对两种不同的艺术家加以区分。一方面是他所谓的“早期大师”[①]（或“探求者”），他们致力于实验性的创造，在漫长的职业生涯中逐步形成他们的理念。他们最好的作品往往是成熟的作品，因此其职业高峰出现得较晚。另一方面是Galenson所说的“年轻的天才”（或“发现者”）。这类人致力于概念性创意的研究，提出一个绝妙的主意，而这个主意几乎可在瞬间就显现在某一神来之作中。Galenson举了Paul Cézanne的例子作为前一种类型的代表，而把Picasso的例子作为后一种类型的代表。这种区别囊括了从文学到电影的各种形式的艺术创作。[②]

Galenson的理论招致了大量批评，并且在理论与实践两个层面上都受到了质疑。[③]创造性生命周期的预期差异并不总是重复的。即便他的理论是有效的，也应该清楚地阐明，职业生涯轨迹在学科之间的对比，独立于实验型和概念型艺术家之间任何潜在的对比。[④]因此，不论是诗人还是小说家都可以是实验型探索者或概念型发现者。相应地，我们得到以下的最佳作品问世的预期年龄：概念型诗人28岁，实验型诗人38岁，概念型小说家34岁，实验型小说家44岁。[⑤]具有代表性的例子分别是T. S. Eliot、Robert Frost、Ernest Hemingway和Virginia Woolf。

2.4.3 生命和职业生涯的终止

之前我提到过，在计算年龄和艺术作品产出之间的关系时，需要为了生命周期而进行控制。做不到这一点就可能得出虚假的发现，特别是当个人的时间序列被汇总到总量统计时。[⑥]同样的潜在现象也适用于职业生涯里程碑的研究。[⑦]毕竟，死亡的年龄决定了最后的、主要的或者其他作品创作年龄的固定上限，而长寿的艺术家们有更多的机会创作一幅晚期的杰作。[⑧]在极端的情况下，一段缩短的生命历程甚至可以限制单一最佳作品的纵向定位，乃至第一个里程碑的定位。[⑨]当被誉为“西班牙莫扎特”的Juan Crisóstomo Arriaga在他19岁去世时，还不到创作职业生涯第一个里程碑的平均年龄，而距离达到职业生涯巅峰期的年龄则更远。他的声誉至今流传是由于其创作的作品表现出很强的卓越潜质，但这并没有实现真正的伟大。因此，Arriaga并没有进入522位古典音乐重要人物的列表。[⑩]由于职业生涯里程碑的确定取决于寿命期限，我们必须注意这样一个事实：平均寿命在取得成就的各领域始终都不相同，[⑪]尤其引人注目的是诗人和数学家的预期寿命都很短。[⑫]鉴于诗人和数学家达到职业生涯的里程碑往往也较早，我

---

① “大师”这种叫法令人困惑，在历史上通常指早期的、前现代的艺术家。

② 参见Simonton（2011b）的广泛讨论。

③ Accominotti（2009），Ginsburgh and Weyers（2005），Hellmanzik（2009），Winner（2004）.

④ Galenson（2005）.

⑤ Simonton（2007b）.

⑥ Simonton（1988a）.

⑦ Simonton（1991b，1997b）.

⑧ Crozier（1999），Lindauer（1993b），Simonton（1991b，2007a），Simonton（1991a）.

⑨ Simonton（1997b）.

⑩ Murray（2003）.

⑪ Cassandro（1998），Cox（1926），Simonton（1997a）.

⑫ Kaufman（2003），Simonton（1975a，1991a）.

们有理由怀疑，这两组事实之间是否存在着关联？[1]例如，诗人之所以英年早逝，是因为他们死后仍可以凭借足够多的伟大诗作来建立他们身后的名誉吗？还是写诗会降低预期寿命呢？可能因素包括心灵创伤、精神疾病和不健康的生活方式。

我将以讨论与生命最后几年有联系的两个相关现象来结束本节内容。艺术评论家经常推测是否存在着某种“年老”或“晚期”风格，[2]而一些经验性实例的存在表明，这种生命晚期时的风格转变的确会发生。[3]Michelangelo和Titian的后期作品提供了现成的例子。与此同时，风格的变化并不一定反映年龄本身，反而可能是由于死亡临近。“天鹅临终之歌现象”说明了这种可能性。[4]一位作曲家在其生命的最后几年里，作品变得更加专注而且主题也更加简明。这种转变可能反映了其对死亡的预兆，以及由此生发的创作一部最后艺术遗作的需要。或者，“天鹅临终之歌”可能是晚年认知变化的结果。[5]这里重要一点是，这种影响与作曲家的生理年龄无关。[6]英年早逝的音乐天才，诸如Mozart和Schubert——也能创作出优秀的临终作品，如果他们能感觉到自己的死亡将至的话。

2.5 社会进程

艺术天才通常被认为是一种彻底的个人主义现象（即“躲进阁楼中可怜挨饿的艺术家”）。孤僻又独立的他或她，在其特立独行的道路上行进，毫不考虑身外的世界。这种观点是不准确的。当我们聚焦于以下三个社会进程——人际关系、协作团体和社会文化背景时，可以更明确看出其不准确性。

2.5.1 人际关系

最伟大的艺术家往往是伟大关系网的一部分。对活跃于文艺复兴时期至20世纪的772名西方艺术家的实证研究充分说明了这一事实[7]。借用大量的参照作品，艺术家们独特的卓越成就首次被可靠地评估。这一研究进而列出了一份详细目录，汇编了他们与同属样本的当代艺术家之间的关系。这些关系有竞争对手、合作者、同事、朋友、同门和兄弟姊妹。但有一个例外，人际关系多寡一定与其卓越程度成正比。著名的艺术家有着更多的竞争对手、合作者、同事、朋友和同门子弟。这里唯一的例外是兄弟姊妹——此关系呈现出稍微的负相关。此外，与艺术家有关系的这些人越有名，艺术家越成功（兄弟姊妹仍旧是例外）。最强有力的两种关系是竞争对手和同事间的关系。要举例说明这种关系很容易，从Michelangelo到Picasso的任何一位伟大艺术家的职业生涯都可以。

按照历史学家Derek Price首先提出的法则来思考这个问题是一件很有趣的事。[8]根据这个定律，如果k代表的是在一个特定的时期里活跃在某一特定领域的创作

① McCann(2001).
② Munsterberg(1983).
③ Lindaue(1993a).
④ Simonton(1989b).
⑤ Porterand and Suedfeld(1981),Suedfeld and Piedrahita(1984).
⑥ Simonton(1989b).
⑦ Simonton(1984a).
⑧ Simonton(2010a).

者的数量，那么$\sqrt{k}$估计的是在这些所有人中，创作了绝大部分创造性作品的作者的数量。如果有100位活跃的艺术家，仅10位就将创作其中一半的作品。举个例子，大约250名作曲家每人至少创作一部古典保留曲目，但仅仅16（$15.8=\sqrt{250}$）名作曲家就创作了保留曲目中一半的作品。[①]令人好奇的是，这意味着随着k的增加，一个较小比例的k可以归为一半的创造力。[②]换句话说，多产的精英变得更为突出，生命周期产出的偏态分布更加倾斜。这个结果可能意味着当艺术天才周围有着许多其他不同程度的创造型天才时，他就变得更加突出。

上述这些可能有助于解释在任何给定的领域里，为何创造力的黄金时代往往由那么多次要的艺术家组成，这些艺术家与当时和当地最杰出的艺术家一同工作。相反，当文明进入白银时代，不仅高层次天才的数量下降，而且低层次天才的数量也在下降。例如，某个历史测量学研究使用代际时间序列进行分析，来确定在中国文明史中主要和次要人物的关系。[③]在汇集了各种领域的天才，并根据不同的卓越程度将他们筛选为主要和次要人物后，研究发现了这两个系列之间存在相当大的正相关性。因而，跨越了连续的141代人，主要诗人与次要诗人的数量相关系数为0.38（首先需要确定这两个序列都是平稳的），甚至滞后一个或另一个时间序列就会减少其相关程度。这样，和那些名字很可能在以后的几个世纪都会被人们记住的主要天才一样，次要天才占据了黄金时代同样多的组成部分。[④]

2.5.2 协作团体

尽管有着人际关系的影响，但显而易见的是一首诗、一幅画、一出戏或者其他艺术品的创作仍然是一个基于个体的创作过程。很少有伟大的艺术品是由两个或两个以上的创作者轮流添加一段诗、一幅画、一个场景或者其他片段而共同创作完成的。诚然，艺术天才们有时在某些特殊情况下可以合作，每个人都作出自己那份特殊贡献。然而这种情况仍然少之又少，而这样集体创作的作品很少能与一个天才独立完成的最优秀作品相比肩。[⑤]也就是说，就某些类型的艺术品而言，与其说协作是偶然的还不如说是必要的。没有协作，作品甚至不可能问世，更不会被公认为一件杰作。

电影业或电影就是一种明确的例证。尽管在动画电影的早期，一个人可以创作出一部完整的作品——正如19世纪末和20世纪初的革新者Georges Méliès所完成的那样——但那些电影业由个人主导的日子早已不在。即使是所谓的“电影导演”也必须依赖几十位乃至上百位协作者的贡献，他们中的许多人凭借自身的能力都可以称得上是名副其实的艺术家，而不只是技术人员。以1941年的经典作品《公民凯恩》（Citizen Kane）为例，这部电影不仅留有导演（和男主角）Orson Welles的印记，它的艺术伟大性也取决于Herman J. Mankiewicz的剧本、Gregg Toland的电影摄影、Robert Wise的电影编辑、Bernard Herrmann的作曲、John Aalberg的录音，以及Perry Ferguson、Van Nest Polglase、A. Roland Fields

① Simonton(1984a),(1968).
② Simonton(2010a).
③ Simonton(1988b).
④ 对于一些错综复杂的讨论，请参见Simonton(1996)。
⑤ Jackson and Padgett(1982).

和Darrell Silvera的艺术制作。事实上，刚才提到的所有人都因其所做的贡献获得了奥斯卡奖提名，其中的电影编剧荣获了奥斯卡奖小金人。这部电影本来被提名为奥斯卡最佳影片奖，若不是William Randolph Hearst发起了臭名昭著的反对这部电影的运动，它很可能就得到了此项荣誉。无论如何，《公民凯恩》都被公认为是有史以来最伟大的好莱坞电影之一。然而，与Skakespeare的《哈姆雷特》、Beethoven的《第五交响曲》或Michelangelo的《圣母怜子图》不同，不是哪位特定的艺术家成就了它。

文化经济学家及其研究者已经发表了大量关于电影行业的实证文献，并且特别关注其财务绩效。[①]是什么造就了一部大片呢？大牌的（但片酬高）电影明星是有助于还是有害于盈利？心理学家们长期以来则一直着迷于电影的创意和其美学[②]。电影的什么特征能使其既获得好评又赢得最佳影片大奖呢？把电影当作生意和当作艺术之间的这种区别是至关重要的：（1）票房的成功与其艺术价值之间只有很小的联系，有时这种联系还是消极的。（2）前者的预测因子与后者的预测因子常常相当不同。[③]标准和预测因子变量之间的全部联系是极其复杂的。[④]

虽然如此，因为这一章致力于考察艺术天才，所以我们应该把精力集中在与这个问题密切相关的那些发现上。由于这个限制范围，我想把讨论限定在以下三点。

第一，并不是所有的电影合作者对最终作品美学上的成功都能作出同等贡献。具体而言，那些在电影的戏剧效果方面作出贡献的人被证明是最重要的，即导演和编剧。其次是电影剪辑师和演员[⑤]（男演员作出的贡献比女演员的更大[⑥]）。导演，尤其是电影的编剧兼导演（如果有的话）对电影的艺术价值会产生最重要的影响，至少影评人和授予奖项的专业组织是以此来进行评判的。[⑦]编剧兼导演的首要地位与导演主创论相一致，即伟大的电影被看作是单一艺术视角的产物。[⑧]无论是导演还是编剧兼导演，影片最终获得的好评是呈现曲线形态的，是其所导演的影片数量的单峰曲线函数。[⑨]这个纵向函数与之前所提到的年龄-成就关系的函数相一致。[⑩]

第二，许多其他影片合作者在电影的票房方面显得更为重要，特别是那些负责特殊视觉和声音效果的人员。[⑪]虽然这些“浮华之物”是票房大卖的影片所必需的，但有人认为这些技术人员的表现更像是专家而不是创作者本身。专长与创造性可是不同的。[⑫]

第三，其他合作者以任何标准来看似乎都与影片没有什么关联。最明显的例子是为电影配乐和编曲的作曲家们。[⑬]只有按照电影奖项的标准来衡量时，才能看出

---

① De Vany(2004),Hadida(2008).
② Arnheim(1957),Münsterber(1916),Plucker et al.(2008),Plucker et al.(2009).
③ Simonton(2005b,2009a),Simonton(2009b).
④ Simonton(2011b).
⑤ Simonton(2002,2004c).
⑥ Simonton(2004a).
⑦ Pardoe and Simonton(2008),Simonton(2005b).
⑧ Simonton(2011b).
⑨ Zickar and Slaughter(1999).
⑩ Lehman(1941).
⑪ Simonton(2005a).
⑫ Simonton(2000a).
⑬ Simonton(2002).

配乐对影片起到何种积极作用。[①]相比之下，伟大的歌曲实际上会减损影片的效果。[②]最显著的证据是，电影作曲家的职业生涯轨迹与古典作曲家的轨迹非常近似。[③]显然，电影院已经取代了音乐厅和歌剧院，成为大型交响乐创作的主要媒介。结果，作曲家们的创造力在很大程度上脱离了音乐出现的那部影片的电影价值。这个小小的影响与另一个雄心勃勃的形式形成了巨大的反差，而后一种形式本来是可以与电影相媲美的：那就是歌剧。尽管歌剧既需要台词（剧本的对话和独白）又需要音乐（序曲、咏叹调及合唱等），但实证研究表明，音乐对歌剧的成功所施加的影响比唱词大得多。[④]如果不是如此，那么Giuseppe Verdi的《游吟诗人》（Il Trovatore）——一段可怕的歌词加上令人赞叹的音乐——在歌剧舞台上就会是一个彻底的失败。

2.5.3 社会文化背景

最后的话题探讨了杰出艺术成就背后的社会文化环境。这些背景既包括内部因素（如艺术风格），也包括外部因素（如政治和经济环境）。

2.5.3.1 内部环境

某种程度上，在某一特定艺术领域的创造性活动是由该领域内的因素所决定的，因此这种创造性活动独立于该领域外所发生的事情，不论是在其他领域或是整个社会[⑤]都存在这种现象。让我来举两个例子。

第一个涉及的是艺术天才们跨越时间和空间的聚集。天才们并不是随意分布在不同的历史时期和社会体系中，而是被归入Alfred Kroeber（1944）所说的“文化构型”之中。[⑥]这些构型中最突出的包括前面提到的黄金时代和白银时代，而位于时间和地理分布较低点的则代表着黑暗时代。在任何特定的地理单元内，我们都可以使用按世代时间序列分析的方法来仔细研究时间分布[⑦]。在西方文明和东方文明中总是会发现，第g代创造型天才的人数是第g-1代（有时是g-2代）人数的正函数，制表的单位以20年为一代。[⑧]用更为正式的术语来表达，即产生出的世代时间序列最适合使用一阶（有时是二阶）自回归模型（在第一次呈现出数据平稳性之后）。例如，在日本文明中，出现了如下的滞后一期的自相关系数：非小说0.718、诗歌0.250、小说0.410、戏剧0.099、绘画0.290、雕塑0.52、陶艺0.461以及刀剑0.617。[⑨]这些自回归代际效应归因于角色的塑造，在g代出现天才取决于在同领域内前几代中有潜在的楷模。[⑩]自然地，这些角色中有些实际上可能与前面所提到的师徒关系有直接的联系。[⑪]

第二个例证是历史上的艺术风格转变。在任何的时间和地点，艺术天才们通常都会按照某些风格惯例来进行创作。例如，在中世纪晚期以来的欧洲艺术中，我们

---

① Simonton(2007c).
② Simonton(2002,2007c).
③ Simonton(2007a).
④ Simonton(2000b).
⑤ Simonton(2003).
⑥ Hellmanzik(2010).
⑦ Simonton(1984c),Hellmanzik(2010).
⑧ Simonton(1975b,1988b,1992b,1997c),Simonton and Ting(2010).
⑨ Simonton(1997c).
⑩ Simonton(1984b),Kroeber(1944).
⑪ Simonton(1984a).

可能会发现这种风格是文艺复兴、矫饰主义、巴洛克（早期和晚期）、古典（或新古典）、浪漫主义（早期和晚期）、现代和后现代等。[①]这些风格不仅将会在某一特定体裁中占据主导地位，而且它们也会经常跨越体裁并产生跨媒介的艺术风格。例如，连外行人也能注意到巴洛克、新古典和浪漫主义的风格是怎样应用于绘画、建筑、音乐和诗歌的。[②]从某种意义上来说，由Jacques David所创作的新古典主义绘画与Eugène Delacroix创作的浪漫主义绘画相比，反而是与John Dryden所创作的新古典主义诗歌有着更多的共同点。

然而，当天才把他们的创造力局限于一种特定的风格时，他们也在改变着这种风格。据Martindale（1990）所说，艺术中的创造力是由强烈的表达独创性的需求所驱使的，这种动机迫使艺术家去挑战风格的极限。在几代之内，风格上的限制变得越来越少，直到达成某个点位后新的风格才出现，使得独创性通过主张一套崭新的风格规则得以展示自身。然后，整个过程继续着Hegel的风格，每种风格都包含着自我毁灭的种子。必须强调的是，Martindale不仅猜想到了风格的变化，而且他实际上还设计了独特的内容分析方法来对猜想进行实证检验。除了确认对于文学、音乐和视觉艺术中主要流派的基本预测外，这些检验还被用于对单个艺术天才的检验。举个例子，Martindale用他的方法考察Beethoven作品的两大风格转变，以此转变来区分他的早期、中期和后期阶段。

我们有必要去弄清楚以上两个例证之间存在的隐含联系。在第一个例证中，每个新的艺术人才都是在上一代积极创造者的影响下成长的。在这些影响中，必然有某种风格惯例，使得下一代在他们的创造性作品中必须运用这些风格。然而，新一代又必须超越而不仅仅是模仿他们的先辈，以便体现他们自己鲜明的原创性。然后这种被接受的风格被推到极致，并最终瓦解。随之，某些艺术天才提出了一种新的风格，周期在另一组代际上得以循环。即便如此，在一个特定的社会文化体系中，可以应用的风格数量也可能很少。一旦所有应用的风格“耗尽”，其结果就是Kroeber（1944）所说的“模式的枯竭”，结局就是“艺术的终结”，继而是这一体裁的黑暗时代。过往的文明已经见证过这样的停滞期，因而一些人认为西方文明的主要艺术形式也已经进入这样的阶段。[③]即便如此，我们也不能忽视有种可能性，即艺术人才正在被引入全新的艺术形式中，如音乐视频、视频游戏、应用软件以及人工智能系统。必须牢记的是，曾经有一段时间没人认为电影是高雅艺术。[④]有时候，通过这种形式，天才能够摆脱沉寂的命运，开启新的艺术门类。

2.5.3.2 外部环境

艺术天才肯定会受到外在的影响，无论是政治的、经济的、文化的还是社会的影响。[⑤]这些外部影响大致可以分为两种影响类型。

首先，外在事件和环境可以对艺术产品产生质量上的影响，这些艺术品出自创作者的钢笔、刷子、铅笔、相机或凿子。对于质量上的影响，我指的是对内容和风格的影响。举几个例子：（i）创作于特定年份的雅典戏剧和Skakespeare戏剧的主题内容会反映出当时的政治事件[⑥]；（ii）由特定一代人所创作的诗歌的主题内容与

---

① Cf. Martindale(1990).

② Hasenfus et al.(1983).

③ Martindale(2009),Murray(2003).

④ Baumann(2001).

⑤ Simonton(2003).

⑥ Simonton(1983a,1986c,2004d).

当时流行的哲学思潮和政治条件有关联；[①]（iii）古典保留曲目作品的旋律结构受到类似同时代的政治事件的影响，比如战争；[②]（iv）希腊花瓶上呈现的外观图案反映了社会阶层分化的程度；[③]（v）女性高端时尚设计的改变也是对国际和国内的战争作出的一种反应。[④]简而言之，在一定程度上内容和风格反映了更宽泛的社会文化体系的特点。

其次，外在的事件和环境可以施加数量上的影响。这些数量上的影响包括：特定年份里艺术品的产出，以及那些产品的艺术影响，或在某一代人中活跃着的艺术天才的数量。[⑤]研究表明，这些量化指标与外部因素，诸如政治分裂、意识形态、国际战争、内战、经济增长或繁荣等，都有着消极或积极的关联。[⑥]很明显，其中的一些影响几乎是即时发生的，而另一些影响则相当滞后，甚至要在一代或更多代之后。后者的一个有趣例子会帮助我们解决上一节末尾所提出的那个问题。

我进而指出，某种特定的文化模式会经历疲惫期，迫使该领域走下坡路直到进入黑暗时代。我们看到的不会是创新者而是模仿者。然而，历史提供了大量的实例，说明了在一个短暂的艺术创造力消沉期后，文明会再次经历复兴。这种复兴通常需要对整个体系的重大冲击，从而产生出一种新的文化模式。这种冲击通常要么通过某种异国文明思想的入侵，要么通过军事征服，要么通过和平手段。日本的历史说明了异国文明思想入侵的可能性。[⑦]在某些时期，日本总是相对孤立于其他文明，而在那些时期艺术就会显示出典型的兴衰。当日本开始对外开放时（主要是对中国，但后来是对西方文明），衰退就会转变。这些外国的影响包括：从外国移民到日本的艺术天才、出国留学的日本本土艺术创作者或是在外国大师指导下学习的日本人。尽管这样的影响成功地使创造性活动在诗歌、小说、非小说文学、绘画、雕塑以及陶艺领域得以复兴，但这种影响绝不是即时产生的。相反，往往要花上两代人的时间才会产生出这种复兴。也就是说，活跃在g代的创造型天才的数量是外国g-2代影响程度的正函数。显然，这需要一段时间才能使异国影响同化成为日本文化母体的一部分。只有在这个同化完成之后，新的文化元素才能够为一种文化格局提供根基。

2.6 结 论

在本章中，我回顾了关于创造型天才在文学、音乐和视觉艺术方面关键性的实证研究结果——此处的定义比较宽泛，也包括电影。正如我们所看到的，这个问题在很长一段时间内引起了科学界的关注。毕竟，第一个相关的调研早在1835年就公开了。[⑧]自那时起，这类研究已经取得了很大进展。特别是，我们学到了关于卓越成就的很多东西，并已把它们纳入评价艺术天才的客观定义。此外，通过使用这一标准，研究人员已经拓展了对现象中包含的个体属性、毕生发展和社会过程的认识。

尽管有着自1835年起已累积的所有信息，要获取

---

① Martindale(1975).
② Cerulo(1984),Simonton(1986a,1987).
③ Dressler and Robbins(1975).
④ Simonton(1977c).
⑤ Simonton(2003).
⑥ Kavolis(1963,1964,1966),Simonton(1975b,1976b,1986a,1986c,1992a,1997c),Simonton and Ting(2010).
⑦ Simonton(1997c).
⑧ Quetele(1968).

对艺术天才的详尽了解，仍然任重道远，我可能是第一个承认这一事实的人。实际上，我发现我们对科学天才的无知程度是惊人的。[①]毫无疑问，自身就是科学家的研究人员对科学的兴趣往往远远超过艺术。此外，对研究科学天才的重视可以使得研究集中在一个较简单的问题上。例如，在调查中，艺术天才构成了一个异质性远强得多的调查总体：诗人与画家的共同点，较之于物理学家与经济学家之间的共同点就要少得多，这一点可以通过比较他们的创意成果即刻得到验证。在个体属性、毕生发展和社会过程这些方面，和艺术家们相比，科学家之间的同质性要高得多。[②]最后，判断科学发现的影响要比评价艺术创造的价值更加容易。

所有一切都让人不得不承认，艺术天才创作的作品较之最伟大的科学天才的任何发明，都更具有个人意味。十有八九，比起Newton的《数学原理》或者Darwin的《物种起源》而言，更多的人会被Skakespeare的《哈姆雷特》、Beethoven的《第五交响曲》或是Michelangelo的《圣母怜子图》所深深影响。从经济角度来看，这种差别意味着更多的人会乐意多花些钱亲自去剧院观看《哈姆雷特》，去音乐厅聆听《第五交响曲》或者去圣彼得大教堂瞻仰一下《圣母怜子图》，而不愿去买两本迄今为止最伟大科学著作的二手书。艺术天才正是这些现象的原型。

---

① Simonton(1988c,2004b).

② Simonton(2009d).

参考文献

Accominotti, F., 2009. Creativity from interaction: artistic movements and the creativity careers of modern painters. Poetics 37. 367–294.

Adler, M., 1985. Stardom and talent. American Economic Review 75, 208–212.

Albert, R.S., 1971. Cognitive development and parental loss among the gifted, the exceptionally gifted and the creative. Psychological Reports 29, 19–26.

Albert, R.S., 1975. Toward a behavioral definition of genius. American Psychologist 30, 140–151.

Allison, P.D., Long, J.S., Krauze, T.K., 1982. Cumulative advantage and inequality in science. American Sociological Review 47, 615–625.

Andreasen, N.C., 1987. Creativity and mental illness: prevalence rates in writers and their first-degree relatives. American Journal of Psychiatry 144, 1288–1292.

Andreasen, N.C., Canter, A., 1974. The creative writer: psychiatric symptoms and family history. Comprehensive Psychiatry 15, 123–131.

Arnheim, R., 1957. Film as Art. University of California Press, Berkeley, CA.

Barron, F.X., 1963. Creativity and Psychological Health: Origins of Personal Vitality and Creative Freedom. Van Nostrand, Princeton, NJ.

Baumann, S., 2001. Intellectualization and art world development: film in the United States. American Sociological Review 66, 404–426.

Berry, C., 1981. The Nobel scientists and the origins of scientific achievement. British Journal of Sociology 32, 381–391.

Berry, C., 1999. Religious traditions as contexts of historical creativity: patterns of scientific and artistic achievement and their stability. Personality and Individual Differences 26, 1125–1135.

Bliss, W.D., 1970. Birth order of creative writers. Journal of Individual Psychology 26, 200–202.

Bloom, B.S. (Ed.), 1985. Developing Talent in Young People. Ballantine Books, New York.

Bramwell, B.S., 1948. Galton's 'hereditary' and the three following generations since 1869. Eugenics Review 39, 146–153.

Carson, S., Peterson, J.B., Higgins, D.M., 2003. Decreased latent inhibition is associated with increased creative achievement in high-functioning individuals. Journal of Personality and Social Psychology 85, 499–506.

Carson, S., Peterson, J.B., Higgins, D.M., 2005. Reliability, validity, and factor structure of the creative achievement questionnaire. Creativity Research Journal 17, 37–50.

Cassandro, V.J., 1998. Explaining premature mortality across fields of creative endeavor. Journal of Personality 66, 805–833.

Cassandro, V.J., Simonton, D.K., 2010. Versatility, openness to experience, and topical diversity in creative products: an exploratory historiometric analysis of scientists, philosophers, and writers. Journal of Creative Behavior 44, 1–18.

Cattell, J.M., 1903. A statistical study of eminent men. Popular Science Monthly 62, 359–377.

Cerulo, K.A., 1984. Social disruption and its effects on music: an empirical analysis. Social Forces 62, 885–904.

Clark, R.D., Rice, G.A., 1982. Family constellations and eminence: the birth orders of Nobel Prize winners. Journal of Psychology 110, 281–287.

Cox, C., 1926. The Early Mental Traits of Three Hundred Geniuses. Stanford University Press, Stanford, CA.

Crozier, W.R., 1999. Age and individual differences in artistic productivity: trends within a sample of British novelists. Creativity Research Journal 12, 197–204.

De Vany, A., 2004. Hollywood Economics. Routledge, London.

Dennis, W., 1966. Creative productivity between the ages of 20 and 80 years. Journal of Gerontology 21, 1–8.

Dressler, W.W., Robbins, M.C., 1975. Art styles, social stratification, and cognition: an analysis of Greek vase painting. American Ethnologist 2, 427–434.

Duckworth, A.L., Peterson, C., Matthews, M.D., Kelly, D.R., 2007. GRIT: perseverance and passion for long-term goals. Journal of Personality and Social Psychology 92, 1087–1101.

Ebersole, P., DeVogler-Ebersole, K., 1985. Meaning in life of the eminent and the average. Journal of Social Behavior and Personality 1, 83–94.

Eisenstadt, J.M., 1978. Parental loss and genius. American Psychologist 33, 211–223.

Ellis, H., 1926. A Study of British Genius, revised ed. Houghton Mifflin, Boston, MA.

Ericsson, K.A., 1996. The acquisition of expert performance: an introduction to some of the issues. In: Ericsson, K.A. (Ed.), The Road to Expert Performance: Empirical Evidence from the Arts and Sciences, Sports, and Games. Lawrence Erlbaum, Mahwah, NJ, pp. 1–50.

Eysenck, H.J., 1995. Genius: The Natural History of Creativity. Cambridge University Press, Cambridge.

Farnsworth, P.R., 1969. The Social Psychology of Music, second ed. Iowa State University Press, Ames, IA.

Feist, G.J., 1998. A meta-analysis of personality in scientific and artistic creativity. Personality and Social Psychology Review 2, 290–309.

Galenson, D.W., 2005. Old Masters and Young Geniuses: The Two Life Cycles of Artistic Creativity. Princeton University Press, Princeton, NJ.

Galton, F., 1869. Hereditary Genius: An Inquiry into its Laws and Consequences. Macmillan, London.

Galton, F., 1874. English Men of Science: Their Nature and Nurture. Macmillan, London.

Gardner, H., 1993. Creating Minds: An Anatomy of Creativity Seen Through the Lives of Freud, Einstein, Picasso, Stravinsky, Eliot, Graham, and Gandhi. Basic Books, New York.

Ginsburgh, V., Weyers, S.A., 2005. Creativity and life cycles of artists. Journal of Cultural Economics 30, 91–107.

Ginsburgh, V., Weyers, S.A., 2006. Persistence and fashion in art: Italian Renaissance from Vasari to Berenson and beyond. Poetics 34, 24–44.

Ginsburgh, V., Weyers, S.A., 2010. On the formation of canons: the dynamics of narratives in art history. Empirical Studies of the Arts 26, 37–72.

Götz, K.O., Götz, K., 1979 a. Personality characteristics of professional artists. Perceptual and Motor Skills 49, 327–334.

Götz, K.O., Götz, K., 1979 b. Personality characteristics of successful artists. Perceptual and Motor Skills 49, 919–924.

Hadida, A.L., 2008. Motion picture performance: a review and research agenda. International Journal of Management Reviews 11, 297–335.

Hasenfus, N., Martindale, C., Birnbaum, D., 1983. Psychological reality of cross-media artistic styles. Journal of Experimental Psychology: Human Perception and Performance 9, 841–863.

Hass, R.W., Weisberg, R.W., 2009. Career development in two seminal American songwriters: a test of the equal odds rule. Creativity Research Journal 21, 183–190.

Hayes, J.R., 1989. The Complete Problem Solver, second ed. Lawrence Erlbaum, Hillsdale, NJ.

Hellmanzik, C., 2009. Artistic styles: revisiting the analysis of modern artists' careers. Journal of Cultural Economics 33, 201–232.

Hellmanzik, C., 2010. Location matters: estimating cluster premiums for prominent modern artists. European Economic Review 54, 199–218.

Illingworth, R.S., Illingworth, C.M., 1969. Lessons From Childhood. Livingston, Edinburgh.

Jackson, J.M., Padgett, V.R., 1982. With a little help from my friend: social loafing and the Lennon-McCartney songs.

Personality and Social Psychology Bulletin 8,672-677.

Jamison,K.R.,1989. Mood disorders and patterns of creativity in British writers and artists. Psychiatry 52,125-134.

Kant,I.,1952. The critique of judgement. In:Hutchins,R.M. (Ed.),Great Books of the Western World,vol. 42. Encyclopaedia Britannica,Chicago,IL,pp. 459-613 (Original work published 1790).

Karlson,J.I.,1970. Genetic association of giftedness and creativity with schizophrenia. Hereditas 66,177-182.

Kaufman,J.C.,2000-2001. Genius,lunatics and poets:mental illness in prize-winning authors. Imagination,Cognition and Personality 20,305-314.

Kaufman,J.C.,2001. The Sylvia Plath effect:mental illness in eminent creative writers. Journal of Creative Behavior 35,37-50.

Kaufman,J.C.,2003. The cost of the muse; poets die young. Death Studies 27,813-821.

Kaufman,J.C.,2005. The door that leads into madness:Eastern European poets and mental illness. Creativity Research Journal 17,99-103.

Kaufman,J.C.,Baer,J.,2002. I bask in dreams of suicide:mental illness,poetry,and women. Review of General Psychology 6,271-286.

Kaufman,J.C.,Gentile,C.A.,2002. The will,the wit,the judgement:the importance of an early start in productive and successful creative writing. High Ability Studies 13,115-123.

Kaufman,S.B.,Kaufman,J.C.,2007. Ten years to expertise,many more to greatness:an investigation of modern writers. Journal of Creative Behavior 41,114-124.

Kavolis,V.,1963. Political dynamics and artistic creativity. Sociology and Social Research 49,412-424.

Kavolis,V.,1964. Economic correlates of artistic creativity. American Journal of Sociology 70,332-341.

Kavolis,V.,1966. Community dynamics and artistic creativity. American Sociological Review 31,208-217.

Kéri,S.,2009. Genes for psychosis and creativity:a promoter polymorphism of the Neuregulin 1 gene is related to creativity in people with high intellectual achievement. Psychological Science 20,1070-1073.

Kéri,S.,2011. Solitary minds and social capital:latent inhibition,general intellectual functions and social network size predict creative achievements. Psychology of Aesthetics,Creativity,and the Arts 5,215-221.

Ko,Y.,Kim,J.,2008. Scientific geniuses' psychopathology as a moderator in the relation between creative contribution types and eminence. Creativity Research Journal 20,251-261.

Kozbelt,A.,2005. Factors affecting aesthetic success and improvement in creativity:a case study of musical genres in Mozart. Psychology of Music 33,235-255.

Kozbelt,A.,2008 a. Longitudinal hit ratios of classical composers:reconciling Darwinian and expertise acquisition perspectives on lifespan creativity. Psychology of Aesthetics,Creativity,and the Arts 2,221-235.

Kozbelt,A.,2008 b. One-hit wonders in classical music:evidence and (partial) explanations for an early career peak. Creativity Research Journal 20,179-195.

Kroeber,A.L.,1944. Configurations of Culture Growth. University of California Press,Berkeley,CA.

Lehman,H.C.,1941. The chronological ages of some recipients of large annual incomes. Social Forces 20,196-206.

Lehman,H.C.,1953. Age and Achievement. Princeton University Press,Princeton,NJ.

Lindauer,M.S.,1993 a. The old-age style and its artists. Empirical Studies and the Arts 11,135-146.

Lindauer,M.S.,1993 b. The span of creativity among long-lived historical artists. Creativity Research Journal 6,231-239.

Lindauer,M.S.,2003. Aging,Creativity,and Art:A Positive Perspective on Late-Life Development. Kluwer Academic/Plenum,New York.

Ludwig,A.M.,1992. Creative achievement and psychopathology:comparison among professions. American Journal of Psychotherapy 46,330-356.

Ludwig,A.M.,1994. Mental illness and creative activity in female writers. American Journal of Psychiatry 151,1650-1656.

Ludwig,A.M.,1995. The Price of Greatness:Resolving the Creativity and Madness Controversy. Guilford Press,New

York.

Ludwig, A.M., 1998. Method and madness in the arts and sciences. Creativity Research Journal 11, 93–101.

Martindale, C., 1972. Father absence, psychopathology, and poetic eminence. Psychological Reports 31, 843–847.

Martindale, C., 1975. Romantic Progression: The Psychology of Literary History. Hemisphere, Washington, DC.

Martindale, C., 1990. The Clockwork Muse: The Predictability of Artistic Styles. Basic Books, New York.

Martindale, C., 1995. Fame more fickle than fortune: on the distribution of literary eminence. Poetics 23, 219–234.

Martindale, C., 2009. The evolution and end of art as Hegelian tragedy. Empirical Studies of the Arts 27, 133–140.

McCann, S.J.H., 2001. The precocity-longevity hypothesis: earlier peaks in career achievement predict shorter lives. Personality and Social Psychology Bulletin 27, 1429–1439.

McCrae, R.R., 1987. Creativity, divergent thinking, and openness to experience. Journal of Personality and Social Psychology 52, 1258–1265.

Merton, R.K., 1968. The Matthew effect in science. Science 159, 56–63.

Moles, A., 1968. Information Theory and Esthetic Perception. University of Illinois Press, Urbana, IL (Original work published 1958).

Münsterberg, H., 1916. The Photoplay: A Psychological Study. Appleton, New York.

Münsterberg, H., 1983. The Crown of Life: Artistic Creativity in Old Age. Harcourt-Brace-Jovanovich, San Diego, CA.

Murray, C., 2003. Human Accomplishment: The Pursuit of Excellence in the Arts and Sciences, 800 B.C. to 1950. HarperCollins, New York.

Nettle, D., 2006. Schizotypy and mental health amongst poets, visual artists, and mathematicians. Journal of Research in Personality 40, 876–890.

Ochse, R., 1991. Why there were relatively few eminent women creators. Journal of Creative Behavior 25, 334–343.

Pardoe, I., Simonton, D.K., 2008. Applying discrete choice models to predict academy award winners. Journal of the Royal Statistical Society: Series A (Statistics in Society) 171, 375–394.

Plucker, J.A., Holden, J., Neustadter, D., 2008. The criterion problem and creativity in film: Psychometric characteristics of various measures. Psychology of Aesthetics, Creativity, and the Arts 2, 190–196.

Plucker, J.A., Kaufman, J.C., Temple, J.S., Qian, M., 2009. Do experts and novices evaluate movies the same way? . Psychology and Marketing 26, 470–478.

Porter, C.A., Suedfeld, P., 1981. Integrative complexity in the correspondence of literary figures: effects of personal and societal stress. Journal of Personality and Social Psychology 40, 321–330.

Post, F., 1994. Creativity and psychopathology: a study of 291 world-famous men. British Journal of Psychiatry 165, 22–34.

Post, F., 1996. Verbal creativity, depression and alcoholism: an investigation of one hundred American and British writers. British Journal of Psychiatry 168, 545–555.

Quetelet, A., 1968. A Treatise on Man and the Development of his Faculties. Franklin, New York (Reprint of 1842 Edinburgh translation of 1835 French original). Ramey, C.H., Weisberg, R.W., 2004. The poetical activity of Emily Dickinson: a further test of the hypothesis that affective disorders foster creativity. Creativity Research Journal 16, 173–185.

Raskin, E.A., 1936. Comparison of scientific and literary ability: a biographical study of eminent scientists and men of letters of the nineteenth century. Journal of Abnormal and Social Psychology 31, 20–35.

Roe, A., 1953. The Making of a Scientist. Dodd, Mead, New York.

Rosen, S., 1981. The economics of superstars. American Economic Review 71, 845–858.

Rosengren, K.E., 1985. Time and literary fame. Poetics 14, 157–172.

Rothenberg, A., Wyshak, G., 2004. Family background and genius. Canadian Journal of Psychiatry 49, 185–191.

Schaefer, C.E., Anastasi, A., 1968. A biographical inventory for identifying creativity in adolescent boys. Journal of Applied Psychology 58, 42–48.

Schaller, M., 1997. The psychological consequences of fame: three tests of the self-consciousness hypothesis. Journal of Personality 65,291–309.

Schlesinger,J.,2009. Creative mythconceptions:a closer look at the evidence for the mad genius hypothesis. Psychology of Aesthetics,Creativity,and the Arts 3,62–72.

Schubert,D.S.P.,Wagner,M.E.,Schubert,H.J.P.,1977. Family constellation and creativity:firstborn predominance among classical music composers. Journal of Psychology 95,147–149.

Simonton,D.K.,1975a. Age and literary creativity:a cross-cultural and transhistorical survey. Journal of Cross-Cultural Psychology 6,259–277.

Simonton,D.K.,1975b. Sociocultural context of individual creativity:a transhistorical time-series analysis. Journal of Personality and Social Psychology 32,1119–1133.

Simonton,D.K.,1976a. Biographical determinants of achieved eminence:a multivariate approach to the Cox data. Journal of Personality and Social Psychology 33,218–226.

Simonton,D.K.,1976b. Do Sorokin's data support his theory? A study of generational fluctuations in philosophical beliefs. Journal for the Scientific Study of Religion 15,187–198.

Simonton,D.K.,1977a. Creative productivity,age,and stress:a biographical time-series analysis of 10 classical composers. Journal of Personality and Social Psychology 35,791–804.

Simonton,D.K.,1977b. Eminence,creativity,and geographic marginality:a recursive structural equation model. Journal of Personality and Social Psychology 35,805–816.

Simonton,D.K.,1977c. Women's fashions and war:a quantitative comment. Social Behavior and Personality 5,285–288.

Simonton,D.K.,1983 a. Dramatic greatness and content:a quantitative study of eighty-one Athenian and Shakespearean plays. Empirical Studies of the Arts 1,109–123.

Simonton,D.K.,1983b. Formal education,eminence,and dogmatism:the curvilinear relationship. Journal of Creative Behavior 17,149–162.

Simonton,D.K.,1984a. Artistic creativity and interpersonal relationships across and within generations. Journal of Personality and Social Psychology 46,1273–1286.

Simonton,D.K.,1984b. Genius,Creativity,and Leadership:Historiometric Inquiries. Harvard University Press,Cambridge,MA.

Simonton,D.K.,1984c. Generational time-series analysis:a paradigm for studying sociocultural influences. In:Gergen,K.,Gergen,M.(Eds.),Historical Social Psychology. Lawrence Erlbaum,Hillsdale,NJ,pp. 141–155.

Simonton,D.K.,1986a. Aesthetic success in classical music:a computer analysis of 1935 compositions. Empirical Studies of the Arts 4,1–17.

Simonton,D.K.,1986b. Biographical typicality,eminence,and achievement style. Journal of Creative Behavior 20,14–22.

Simonton,D.K.,1986c. Popularity,content,and context in 37 Shakespeare plays. Poetics 15,493–510.

Simonton,D.K.,1987. Musical aesthetics and creativity in Beethoven:a computer analysis of 105 compositions. Empirical Studies of the Arts 5,87–104.

Simonton,D.K.,1988a. Age and outstanding achievement:what do we know after a century of research? . Psychological Bulletin 104,251–267.

Simonton,D.K.,1988b. Galtonian genius,Kroeberian configurations,and emulation:a generational timeseries analysis of Chinese civilization. Journal of Personality and Social Psychology 55,230–238.

Simonton,D.K.,1988c. Scientific Genius:A Psychology of Science. Cambridge University Press,Cambridge.

Simonton,D.K.,1989a. Shakespeare's sonnets:a case of and for single-case historiometry. Journal of Personality 57,695–721.

Simonton,D.K.,1989b. The swan-song phenomenon:last-works effects for 172 classical composers. Psychology and Aging 4,42–47.

Simonton,D.K.,1990a. Lexical choices and aesthetic success:a computer content analysis of 154 Shakespeare son-

nets. Computers and the Humanities 24,251–264.
Simonton,D.K.,1990b. Psychology,Science,and History:An Introduction to Historiometry. Yale University Press,New Haven,CT.
Simonton,D.K.,1991a. Career landmarks in science:individual differences and interdisciplinary contrasts. Developmental Psychology 27,119–130.
Simonton,D.K.,1991b. Emergence and realization of genius:the lives and works of 120 classical composers. Journal of Personality and Social Psychology 61,829–840.
Simonton,D.K.,1991c. Latent-variable models of posthumous reputation:a quest for Galton's G. Journal of Personality and Social Psychology 60,607–619.
Simonton,D.K.,1991d. Personality correlates of exceptional personal influence:a note on Thorndike's (1950) creators and leaders. Creativity Research Journal 4,67–78.
Simonton,D.K.,1992a. Gender and genius in Japan:feminine eminence in masculine culture. Sex Roles 27,101–119.
Simonton,D.K.,1992b. Leaders of American psychology,1879–1967:career development,creative output,and professional achievement. Journal of Personality and Social Psychology 62,5–17.
Simonton,D.K.,1992c. The social context of career success and course for 2,026 scientists and inventors. Personality and Social Psychology Bulletin 18,452–463.
Simonton,D.K.,1996. Individual genius and cultural configurations:the case of Japanese civilization. Journal of Cross-Cultural Psychology 27,354–375.
Simonton,D.K.,1997a. Achievement domain and life expectancies in Japanese civilization. International Journal of Aging and Human Development 44,103–114.
Simonton,D.K.,1997b. Creative productivity:a predictive and explanatory model of career trajectories and landmarks. Psychological Review 104,66–89.
Simonton,D.K.,1997c. Foreign influence and national achievement:the impact of open milieus on Japanese civilization. Journal of Personality and Social Psychology 72,86–94.
Simonton,D.K.,1998a. Achieved eminence in minority and majority cultures:convergence versus divergence in the assessments of 294 African Americans. Journal of Personality and Social Psychology 74,804–817.
Simonton,D.K.,1998b. Fickle fashion versus immortal fame:transhistorical assessments of creative products in the opera house. Journal of Personality and Social Psychology 75,198–210.
Simonton,D.K.,2000a. Creative development as acquired expertise:theoretical issues and an empirical test. Developmental Review 20,283–318.
Simonton,D.K.,2000b. The music or the words? Or,how important is the libretto for an opera's aesthetic success? . Empirical Studies of the Arts 18,105–118.
Simonton,D.K.,2002. Collaborative aesthetics in the feature film:cinematic components predicting the differential impact of 2,323 Oscar-nominated movies. Empirical Studies of the Arts 20,115–125.
Simonton,D.K.,2003. Creative cultures,nations,and civilizations:strategies and results. In:Paulus,P.B.,Nijstad,B.A.(Eds.),Group Creativity:Innovation through Collaboration. Oxford University Press,New York,pp. 304–328.
Simonton,D.K.,2004a. The best actress paradox:outstanding feature films versus exceptional performances by women. Sex Roles 50,781–795.
Simonton,D.K.,2004b. Creativity in Science:Chance,Logic,Genius,and Zeitgeist. Cambridge University Press,Cambridge England.
Simonton,D.K.,2004c. Group artistic creativity:creative clusters and cinematic success in 1,327 feature films. Journal of Applied Social Psychology 34,1494–1520.
Simonton,D.K.,2004d. Thematic content and political context in Shakespeare's dramatic output,with implications for authorship and chronology controversies. Empirical Studies of the Arts 22,201–213.
Simonton,D.K.,2005a. Cinematic creativity and production budgets:does money make the movie? . Journal of Creative Behavior 39,1–15.

Simonton, D.K., 2005b. Film as art versus film as business: differential correlates of screenplay characteristics. Empirical Studies of the Arts 23, 93-117.

Simonton, D.K., 2007a. Cinema composers: career trajectories for creative productivity in film music. Psychology of Aesthetics, Creativity, and the Arts 1, 160-169.

Simonton, D.K., 2007b. Creative life cycles in literature: poets versus novelists or conceptualists versus experimentalists? . Psychology of Aesthetics, Creativity, and the Arts 1, 133-139.

Simonton, D.K., 2007c. Film music: are award-winning scores and songs heard in successful motion pictures? . Psychology of Aesthetics, Creativity, and the Arts 1, 53-60.

Simonton, D.K., 2007d. Is bad art the opposite of good art? Positive versus negative cinematic assessments of 877 feature films. Empirical Studies of the Arts 25, 121-143.

Simonton, D.K., 2008a. Childhood giftedness and adulthood genius: a historiometric analysis of 291 eminent African Americans. Gifted Child Quarterly 52, 243-255.

Simonton, D.K., 2008b. Gender differences in birth order and family size among 186 eminent psychologists. Journal of Psychology of Science and Technology 1, 15-22.

Simonton, D.K., 2008c. Scientific talent, training, and performance: intellect, personality, and genetic endowment. Review of General Psychology 12, 28-46.

Simonton, D.K., 2009a. Cinematic success, aesthetics, and economics: an exploratory recursive model. Psychology of Creativity, Aesthetics, and the Arts 3, 128-138.

Simonton, D.K., 2009 b. Cinematic success criteria and their predictors: the art and business of the film industry. Psychology and Marketing 26, 400-420.

Simonton, D.K., 2009 c. The other IQ: historiometric assessments of intelligence and related constructs. Review of General Psychology 13, 315-326.

Simonton, D.K., 2009 d. Varieties of (scientific) creativity: a hierarchical model of disposition, development, and achievement. Perspectives on Psychological Science 4, 441-452.

Simonton, D.K., 2010 a. Creativity as blind-variation and selective-retention: constrained combinatorial models of exceptional creativity. Physics of Life Reviews 7, 156-179.

Simonton, D.K., 2010 b. So you want to become a creative genius? You must be crazy! . In: Cropley, D., Kaufman, J., Cropley, A., Runco, M. (Eds.), The Dark Side of Creativity. Cambridge University Press, New York, pp. 218-234.

Simonton, D.K., 2011 a. Creativity and discovery as blind variation: Campbell's (1960) BVSR model after the half-century mark. Review of General Psychology 15, 158-174.

Simonton, D.K., 2011 b. Great Flicks: Scientific Studies of Cinematic Creativity and Aesthetics. Oxford University Press, New York.

Simonton, D.K., Song, A.V., 2009. Eminence, IQ, physical and mental health, and achievement domain: Cox's 282 geniuses revisited. Psychological Science 20, 429-434.

Simonton, D.K., Ting, S.-S., 2010. Creativity in Eastern and Western civilizations: the lessons of historiometry . Management and Organization Review 6, 329-350.

Smith, A., 1952. An inquiry into the nature and causes of the wealth of nations. In: Hutchins, R.M. (Ed.), Great Books of the Western World, vol. 39. Encyclopedia Britannica, Chicago (Original work published 1776).

Sorokin, P.A., 1937-1941. Social and Cultural Dynamics, vols. 1-4. American Book, New York.

Spearman, C., 1927. The Abilities of Man: Their Nature and Measurement. Macmillan, New York.

Stariha, W.E., Walberg, H.J., 1995. Childhood precursors of women's artistic eminence. Journal of Creative Behavior 29, 269-282.

Suedfeld, P., Piedrahita, L.E., 1984. Intimations of mortality: integrative simplification as a predictor of death. Journal of Personality and Social Psychology 47, 848-852.

Sulloway, F.J., 1996. Born to Rebel: Birth Order, Family Dynamics, and Creative Lives. Pantheon, New York.

Sulloway, F.J., 2010. Why siblings are like Darwin's finches: birth order, sibling competition, and adaptive divergence within the family. In: Buss, D.M., Hawley, P.H. (Eds.), The Evolution of Personality and Individual Differences. Oxford University Press, Oxford, pp. 86–119.

Terry, W.S., 1989. Birth order and prominence in the history of psychology. Psychological Record 39, 333–337.

Thorndike, E.L., 1936. The relation between intellect and morality in rulers. American Journal of Sociology 42, 321–334.

Thorndike, E.L., 1950. Traits of personality and their intercorrelations as shown in biographies. Journal of Educational Psychology 41, 193–216.

Walberg, H.J., Rasher, S.P., Hase, K., 1978. IQ correlates with high eminence. Gifted Child Quarterly 22, 196–200.

Walberg, H.J., Rasher, S.P., Parkerson, J., 1980. Childhood and eminence. Journal of Creative Behavior 13, 225–231.

Weisberg, R.W., 1994. Genius and madness? A quasi-experimental test of the hypothesis that manicdepression increases creativity. Psychological Science 5, 361–367.

White, R.K., 1931. The versatility of genius. Journal of Social Psychology 2, 460–489.

Winner, E., 2004. Art History can Trade Insights with the Sciences. Chronicle of Higher Education, pp. B10–B12.

Woods, F.A., 1906. Mental and Moral Heredity in Royalty. Holt, New York.

Zickar, M.J., Slaughter, J.E., 1999. Examining creative performance over time using hierarchical linear modeling: an illustration using film directors. Human Performance 12, 211–230.

第3章

当代实验美学：过程和发现

Paul J. Locher

Montclair State University，NJ，USA

魏鹏举　张婷婷　译

摘　要

视觉艺术的审美体验与由此所感知到的“美”取决于艺术品本身的特征、观察者以及体验发生时自然、社会和历史背景等因素间相互复杂作用的影响。借助多种研究手段和控制变量观察，实验美学致力于研究观赏者与艺术作品和其他审美现象之间互动的行为方式。本章的目的是向读者呈现最近十年来用于研究实验美学的多样的研究手段及程序的全貌，以帮助读者理解并向其展示在进行美学体验时的一些基本过程，美学体验基于多种视觉艺术形式，其中包括：绘画、电影、摄影、雕塑、烹饪、产品设计以及舞蹈。为了达到目标，本章主要分为以下几个板块：作为刺激物的艺术品；不同视觉艺术形式的审美体验过程；观众的特征对其艺术体验的影响；作为实验室的艺术博物馆。

关键词

实验美学，艺术作品的认知和情感体验

JEL Classification Codes

D03，Z00，Z10，Z13

3.1 引 言

视觉艺术的审美体验与由此所感知到的“美”取决于艺术品本身的特征、观察者以及体验发生时自然、社会和历史背景等因素间相互复杂作用的影响（关于构成艺术的审美体验的多种互动因素的详细描述，参见Jacobsen，2006）。与哲学美学或艺术理论不同，实验美学借助多种研究技巧和控制变量观察，致力于研究以观察者与艺术作品和其他美学现象之间互动的为中心的行为方式。Fechner在一百多年前进行的研究，可被称为是实验美学领域的第一份研究。Fechner被视为该领域的创始人，他在1876年出版了现在被奉为经典的著述《初级美学》（Elementary Aesthetics）。

鉴于对一件艺术品的认知与情感体验受到多种因素的影响，人们可能会假定对于科学而言，要使得审美现象经受严格的实验测度并识别其中包含的基础互动感知/认知过程，即使并非不可能，起码也是非常困难的。然而，近几年实验美学领域的研究者们在这些方面已经取得了巨大的进步，见Locher等人（2006）的综述和Martindale等人（2007）的综述。这在很大程度上是由于计算机技术和电子工业的最新进展才使之成为可能，在发达技术的辅助下，关于审美体验本质的理论与思想得以被实证检验，而在几十年前这只能是梦想。最近的神经成像技术和其他心理物理方法，也使得生物学能够对部分美学研究有所裨益。本章的目的是向读者呈现最近十年来用于研究实验美学的多样研究手段及程序的全貌，以帮助读者理解并向其展示在进行美学体验时的一些基本过程。美学体验基于多种视觉艺术形式，其中包括：绘画、电影、摄影、雕塑、烹饪、产品设计以及舞蹈。考虑到在实验美学领域的近期文献的巨大体量，而此处篇幅有限，因此对呈现的主题和调查研究就必须进行精挑细选。本章我会力图使读者对影响文化体验的多种因素，以及我们研究这些因素所采取的技术手段都有所了解。为了实现这一目标，本章分为以下五个部分：作为刺激物的艺术品（3.2节），不同视觉艺术形式的审美体验过程（3.3节），观众的特征对其艺术体验的影响（3.4节），作为实验室的艺术博物馆（3.5节）以及一些结论（3.6节）。

3.2 作为刺激物的艺术品

视觉艺术形式建立在三个层次的感知组织基础上。个体的、基础的或一阶的图像元素，比如线条、颜色和质地，组成了最低层级的感知组织。这些元素在下一个较高层级的结构组织中结合成为整体特质，比如平衡性、复杂性以及对比度。在最高的组织层级中，图像元素将其自身合成为能传达其语义信息的作品。用于实验美学研究的艺术刺激物的操控和创造，可以在这三个图像作品层级的任意一个中完成（Tinio and Leder，2009），哪怕作品中视觉信息的融合使得很难在审美研究中于每一个层级上分离并操纵单个图案元素和主题。Kreitler和Kreitler（1972）在他们的著述中就颜色对艺术品的感知和评估的作用阐述得非常清楚。他们指出：“在一幅图画中，色彩与形式、目标、意义、情境和回忆等都密切相关，其中的任何一个因素都可能决定我们看到色彩时是否愉悦。”尽管不同层的组成成分不断呈现出相互作用，研究人员已经提高了图像操控程序的运用水平，以研究每种成分对于审美感知与愉悦的作用。

3.2.1 视觉艺术中一阶的图像元素

几十年来，视觉艺术中已经得到深入研究的一些一阶图像元素包括线条和颜色的角度（弯曲的还是有尖角的）和方向（垂直的、水平的还是斜的）。然而，我们的研究视角也随着设计的改良和材料的更新而不断变化着，这些因素对于审美体验的作用还有着许多需要了解的地方。在基础图像元素或一阶图像元素对美学评判的影响方面，代表性的研究包括：Silvia和Barona（2009）开展了一项研究以测试人们是否喜欢有弧度的线条、形状和物体，胜过那些有角的。他们使用的刺激物包括黑白显示屏，上面显示有七个圈或是七个六边形，大小不一，在屏幕区域内分布也不一，呈现出作品图像元素的不同层次的结构失衡。那些自称在视觉艺术方面接受过不同程度培训的大学生们对每一个刺激物观察两秒钟，然后评价它们所带来的愉悦等级。研究者们发现，总的来说，受试者更青睐由圆圈组成的图案而不是有角的或六边形的，而且不论阵列的不平衡程度是高还是低，都是这样的情况。然而，专业水平改变了多角形状的影响，因为多角形状只降低了专业水平较低的参与者的偏好。随着专业知识水平的提高，多角形状对于愉悦所产生的负面影响在下降（艺术专业知识在审美体验中的作用会在第3.4节中进行详细描述）。

研究表明，不仅作品中的多角形状对艺术偏好有影响，线条的方向在偏好中也起着重要作用。比如，Latto等人（2000）通过展现观察者对视觉艺术中平行线、垂直线的偏好胜过斜线，证明了“美学倾斜效应”的存在。他们使用艺术家Piet Mondrian的八幅著名网格抽象画作为刺激物。其中六幅由对比明显的平行线和垂直黑线组成，这些线条有的延伸到另一条黑线，有的延伸到画面的边缘，而画面是由灰白色背景衬托的红、黄和蓝色区域组成；另外两幅画则由彩色条纹组成。未曾接受过视觉艺术培训的大学生们对8幅画的复制品进行观察，每一幅展示5秒钟。此外，每幅原作以间隔45度的方式旋转展示7次，使得一半的画作被视为水平和垂直方向的线条，而另一半则被看作斜线。Latto等人（2000）发现，学生对那些以水平和垂直角度线条的画的美学评价较高，而线条处于倾斜位置的则略逊一筹。当这些线条与画作的排列方向平行时，这种效果就会增强（比如，当垂直线条在竖版的绘画中时）。此外，那些原作比其旋转版本获得的愉悦感评级稍高。Plumhoff和Schrillo（2009）之后重复了Latto等人（2000）的实验和调查结果。

Latto和Russell-Duff报告的实验证据表明艺术家直观地意识到审美的倾斜效应，并经常在他们的作品中运用相关线条。他们对耶路撒冷的以色列博物馆所陈列的88幅精选的20世纪绘画风格迥异的油画代表作，包括抽象画、风景画和自画像，进行了水平、垂直和倾斜线条比例的测量。研究发现艺术家在创作这些作品时，垂直线和水平线的运用数量远远大于斜线（所占比例分别为45%、31%和24%）。

如上所述，色彩是艺术的另一种感知基础。尽管有长期的实证研究历史，色彩还是得到了对美学意义上的美感兴趣的研究人员相当大的关注。举一个例子，Pozella等人（2005）曾安排未接受过视觉艺术培训的大学生，根据12个不同的语义尺度（例如，简单的-复杂的，丑陋的-美丽的，无愉悦-极度愉悦），对传统和当代的风景画和肖像画进行评价。一半实验对象观看彩色的油画，而另一半则观看黑白的。研究者发现，在肖像画中去除色彩会增加受试者感知的愉悦度和美感，而风景画中去除色彩则会降低他们感受到的美感。从而，他们推论得出，色彩对使观察者对绘画产生的反应效果依赖于画作的内容。Pozella等人（2005）对此结果作出以下解释：就肖像画而言，关于以人脸感知为基础的神经生理学机制的最新研究表明，色彩和人脸认知分别反映出彼此不同的神经生理进程。这导致色彩的存在会弱化人们对肖像所作出的反应，因为色彩提供了多余信息，增加了处理负荷，可能会减轻肖像画的美学吸引力。同时，风景画中的色彩可能为传递增量和增类的信息提供必要的渠道，比如色彩对深度的暗示，从而可以方便人们对风景画的感知所需的关键信息进行提取、鉴别和加工，以增加画面的魅力。

3.2.2 艺术作品的组织结构：视觉合适性与图像平衡

在西方艺术界，艺术家和作家群体广泛认可的一种观点是：只有当观赏者把一幅绘画看成是图像元素的有序排列时——一种综合结构时（Arnheim，1974），该幅画作的意义才能显现。如果一件作品想要有最大的感染力，那么它必定是“视觉上合适的”（“好的”）；也就是说，图像元素之间必须有一定的秩序和均衡或是平衡，在视觉上和表现力上都是恰当的。视觉适宜的概念隐含在许多的艺术论文中。比如，Arnheim（1974）称，“物体间的任何特殊关系必定存在着一个‘适宜’距离，这是由眼睛凭借直觉建立起来的。当艺术家在排列一幅绘画的图形对象或者一尊雕塑的图像元素时，他们就对这一准则十分敏感。”应该注意的是，一件作品存在着不止一种视觉上合适的结构布局，而是在该件作品视觉上合适的空间体系内，存在着多个可以使其看上去合适的位置。手法娴熟的艺术家所创作的作品不需要打乱其结构网络以及整体布局就能描摹出图像的合适位置特征（Locher et al.，1999）。

许多人把平衡视为指导艺术品内图像元素分布情况的基本设计原则（Arnheim，1988；Bouleau，1980；Kandinsky，1979；Locher et al.，1998，2005）。多年以来发表的大量实验证据表明，平衡实际上确实影响了人们对视觉艺术短时的和持续的感知与评价（Locher，1996）。平衡是必需的，因为它将视觉显示的结构元素与视觉上合适、连贯的叙事语句融为一体，由此创造出了作品必要的完整性或意义。Henri Matisse曾这样说道：“在一幅图画中，每一个部分都能被看到，并将发挥艺术家所赋予的作用，不管它是主体部分还是次要部分。图画中所有没用的都是有害的。一件艺术品从整体上看必须是和谐的；因为在旁观者的头脑中，多余的细节会侵犯其基本要素。”（Stangos，1994）当图画布局的元素和特质是均衡地或有组织地围绕着一个平衡中心，从而使它们看起来是锚定的或稳固的时候，那么就可以说它是平衡的。

最简单且感知上最突出的平衡类型是对称现象。在这种条件下，作品的其中一半看起来就像是另一半关于主轴（也就是竖轴、横轴或者斜轴）对称的镜像；这样的图像被认为表现出一种双边对称的平衡形式。另一些物体和图像更为复杂和有趣，它们的元素围绕一个平衡中心非对称地组合或组织在一起，在这样的方式下，它们的视觉力量相互弥补。这种均衡常被认为是动态对称，这在视觉艺术中比形式对称更为常见。刺激物中，能够提高作品结构平衡的主要特征有：（i）竖轴、横轴或者斜轴的每个图像元素所被感知到的“比重”分布；（ii）方位线索——主要涉及左右两边的结构；（iii）主要的感知和语义兴趣所在区域的位置。

如果一件视觉上合适的作品组织结构非常有效，那么就有理由期望其构造应该对内行人和外行人来讲都是明显合适的。Locher和他的同事们展开了下述一系列的研究以证明这个论断。这其中，艺术刺激物由知名艺术家的抽象画原作和具象绘画的同一摹本集合所组成，这些画作的组织结构被一群艺术家、艺术史学家和设计师们认为在视觉上是适宜的。此外，每件原作还有两幅画面结构不太好的作品，由电脑绘图程序实验性地通过操控一至两个图像元素的定位创造出来，而这些图像元素被视为原作平衡结构必不可少的一部分。艺术家的签名被当作线索而从每幅绘画中删除。除了作出的几处修改以外，无论是电脑屏幕上的图画还是高质量的打印版[①]，版本间的区别并不显著。

在Locher（2003）的一项研究中，未曾接受过正

① 参见Locher等人(1999)关于如何产生干扰刺激物过程的完整描述。

规视觉艺术训练的大学生仔细观察四个抽象画和四个具象派作品的三个不同版本，即原版的、平衡的艺术品，轻微改变平衡的版本以及重度改变平衡的版本。参与者从这三个版本的每一组中选出了他们认为的原版的复制品，然后尽可能多地描述他们选择为原作的图画的特征或属性，同时也描述他们对选择作出的反应。艺术品和三个相互关联的版本的位置每次根据主题随机摆放。Locher发现，总体来讲，参与者区分原作以及重度扰乱的版本，远比之前想象的靠碰运气要成功得多。在美学研究中有同样典型的情况，即研究发现，被研究的各个变量间存在复杂的交互效应。尤其是，当参与者更关注作品的风格和形式时（从对作品的口述记录中反映出来），抽象的原版作品的命中率最高；而当内容和现实性成为关注的焦点时，具象派作品的命中率最高。这些发现支持了这么一个观点，即视觉效果好的作品有着高效的组织结构，这对于缺乏正规培训的观赏者显得很重要。

如果存在着一种视觉上合适的艺术作品，那么它对于来自不同文化背景的观赏者而言应该更为明显。Lega等人（2003）进行了一项跨文化研究，面向生活在哥伦比亚、巴西、葡萄牙和美国的接受和未受过教育的个人，记录了他们对于Locher（2003）所采用的每件艺术品的三个版本中的一个所展现的偏好。尽管由于教育程度和文化背景的不同，偏好的比例有着相当大的不同，但是不同文化背景的欣赏者对于平衡的原作的命中率远高于碰运气随便猜的命中率。这些发现再次为视觉上合适的理念提供了支持，以及视觉艺术中图像平衡对组织结构的重要性和显著性。

Watanabe（2009）进行的一项研究为视觉合适性提供了另一种证据，即一件作品及其可被感知的美存在于基础的感知层面，而且是“建立”在感知体系中的。这项研究证实了鸽子可以被训练区分人类概念中“好的”与“差的”艺术作品。在他的研究中，所使用的刺激物是从一大批图画样品中挑选出的15幅“好的”和15幅“差的”（9～11岁）儿童图画。这些图画由10名成年人根据其美观程度分级，他们一致评出图画的质量（“好”或“差”），这些所挑选出的图画包含在刺激物集合中。这些图画有的是蜡笔画，有的是水彩画，在风格上都是具象性的。经过训练，鸽子可以运用操作性条件反射识别程序，只啄食“好的”图画（精确度达90%）。在一系列实验中，Watanabe观察到鸽子会根据训练对新摆放出来的“好的”与“差的”作品区别对待；当原版图片缩小尺寸或被遮挡1/4时，鸽子便展示出了这种区分的能力。然而，当刺激物以灰度图像呈现，或者原图打了马赛克来影响图画像素时，鸽子的辨别力确实下降了，这说明鸽子既通过颜色又通过图案的线索来进行辨认的。对于蜡笔画和水彩画的结果都是如此。Watanabe的发现表明，根据人类的美学观念，鸽子有能力去学习区分“好的”画（视觉上合适的）与“差的”画的刺激属性。如上所述，这项发现还支持了一个观点，即尽管美可能是一种认知和社会建构的概念，但视觉艺术的某种特征或者属性（比如对称、画面平衡和复杂性）仍存在于基础的感知层面。人类和动物是否对以上这些特征都具有相似的美学感知，仍然有待研究。

3.2.3 摆盘的艺术

对饭菜的“品尝”是从第一眼开始的，在尝味道之前，饭菜的视觉吸引力无疑是很重要的，至少对于一顿饕餮大餐来说是这样的。这大约就是烹饪学校的学生们为何会花费大量的时间强调展示美学（比如摆盘）的重要性，也解释了为什么会有那么多书籍、杂志、互联网网站等，描述和说明如何运用平衡以创造出美观宜人的盘中食物的摆放方式。然而，几乎还未有实证研究证实这些报道中的主张的有效性。有一个例外，那就是由Zellner和她的同事们（Zellner et al.，2010，2011）近期开展的一系列研究，调研了盘中食物摆放的平衡性是否影响食物的吸引力、人们试吃的意愿以及对食物的喜爱程度。他们推测，平衡在餐饮摆盘中的作用如同观众在体验艺术品中发挥的作用一样。

其中一项研究（Zellner et al.，2011）的刺激物是两份同样的食物，一份摆放平衡，另一份摆放失衡。平衡的那一份食物包括了一片竖放在盘子中央的莴苣叶，一汤匙的鹰嘴豆泥抹在生菜叶子中间，周围是四块皮塔饼的薄片、三个圣女果、三个小胡萝卜，所有这些都整齐对称地摆放在盘子周围。失衡的那一份有着同样的素材，不过薄片、圣女果、胡萝卜都是不对称地摆放在鹰嘴豆泥周围的，整个素材都摆放在盘子的下半部。在实验室环境里，面对其中一个盘子，大学生志愿者们要对食物摆放的吸引力、尝试鹰嘴豆泥的食欲，以及他们试吃后的喜好程度这三项打分。Zellner等人发现，摆放平衡的鹰嘴豆泥被认为比摆放失衡的豆泥尝起来好吃很多，尽管两者在食物吸引力或参与者尝试它们的兴趣方面没有明显的评价差别。追加的实验表明，平衡性对食物口感喜好的影响，被“平衡地摆放看起来比失衡地摆放更整洁（视觉上更为合适）”这一事实所调和，这使参与者联想到整齐的摆盘是花费了更多心血（和可能的准备）的，而摆放失衡的、食材就好像是被“丢弃”在盘里似的。在这一系列中的另一项研究中，研究者们观察到杂乱摆放严重影响了参与者愿意支付的食物价格；相比杂乱的摆盘，他们宁愿为整齐的食材花费更多。

3.2.4 电　影

电影是世上最流行的视觉艺术形式，大量关于有助于提高电影审美体验的各种前置因素的实证文献层出不穷。这些因素包括：观影者的性格特点对电影体验的影响——比如Silvia和Berg（2011）的研究，各种变量的作用——比如电影的预算、放映季节、类型、电影剧本的属性、演员的“明星影响力”等，以及由电影评论家、影视奖项和票房成绩评判的电影成就（Simonton，2009）。说到本章本节的主题——作为刺激物的艺术品，也就是对电影的物理属性以及这些属性是如何参与到观影者的感知和认知过程所进行的调研。在关于这种通常被称为电影艺术的调研中，数据是直接从艺术形式、刺激物中得出的，而非出自观影者对其作出的反应。此类研究的最近一个案例是Cutting等人（2011）开发了一个新的电影物理衡量方法，也叫视觉敏锐指数（VAI）。这种衡量方法捕捉了电影中动作及动作量的变化。

Cutting等人（2011）将VAI应用于150部好莱坞风格的影片，这些影片分别属于不同流派，时间跨度从1935年到2005年，选取方式以首映年份为准，每5年为一个单位。他们发现，随着测量时间段的推移，运动和动作方面大致呈线性增长，而且冒险和动作影片随着时间的推移变化最大，戏剧和喜剧影片则展现出较小的上升趋势。从1935年起，影片拍摄的时长在整体上看是在递减的，而且整个时期内拍摄时长都明显与VAI反向相关。在Cutting等人（2011）看来，他们的发现“表明当代的电影观众已经适应而且渴望看到有更多视觉活动的电影，这不同于他们的父辈和祖辈的喜好”。鉴于观影者在视觉和认知方面会受到剧烈冲击，尤其是当接近于视觉混乱时，他们需要放松一下，所以研究者拟定出一个框架来解决这个程度问题，以使其继续保持这种劲头。

3.2.5 审美判断的神经机制

在艺术的每一个领域，神经科学都已经被证明是一件重要工具，可以帮助定位并且将审美程序的各个元素与大脑内的具体活动联系起来。有些人认为，未来对于美学的认识将是以神经学角度展开的（Tallis，2008）。Massey（2009）指出，神经学在“探索审美的进程是

'怎么样的'方面有巨大价值，而不一定是'为什么'或者'为了什么'"。他认为用神经学科对作品元素进程分析比对整体分析更有效。神经数据可以揭示并定位审美体验的成分，但对于帮助研究者、艺术家和艺术理论家理解这些成分是如何相互影响以产生审美体验，或者为何某件艺术品在感知上被认为比另一件美等方面，则没有那么有效。

与本节主题相关的一个此类研究的案例是Jacobsen等人（2006）的一项研究，其将与审美评价有关联的神经分离出来，使用先前所示的对称和非对称模式，以影响视觉图像的审美评价。他们使用的刺激物包含了新颖的黑白图案，由不同的基础元素组成，诸如大小不等的三角形、方形、横条、竖条和斜条。使用这些图案是因为它们可以尽可能减小执行评价任务时因态度或记忆相关的进程带来的可能影响。一半的图案对称，而另一半则完全不对称；图案在信息内容上也各不相同（如复杂性）。一些未曾受过视觉艺术训练的成年志愿者要么选择完成审美判断的评估任务（美或不美），要么完成对任意选出的刺激图案进行描述性的对称性判断（对称或非对称）。当参与者完成他们的任务时，每一位参与者的神经活动都被功能性磁共振成像（fMRI）记录下来。整个过程是在静止的基线控制条件下进行的。

关于fMRI成像的结果，Jacobsen等人（2006）发现两种判断类型都依赖于一组对高度视觉空间进行解析的大脑区域。对称性判断并未严重影响对称图案和非对称图案的神经信号变化。然而，对于审美判断来讲，大脑另外的一些区域被激活了。这些区域之前被定义为对人物和行为以及内省评价处理进行道德与社会评价判断的区域。除此以外，相比对"不美"的判断，"美"的判断会产生更高的信号变化，而且观赏时间也更长。还有一项发现与当前的讨论有特殊关联，即当参与者判断一个图案是美的还是丑的时候，不仅主导审美判断的大脑区域被激活了，而且在对称性判断中被激活的大脑区域异常活跃。Jacobsen等人（2006）指出，这个神经学方面的发现很好地呼应了常见诸文献的行为发现，即对称性影响了人们对"美"的判断。

3.3 不同视觉艺术形式的审美体验过程

3.3.1 图像艺术美学体验的两个阶段

对诸如绘画之类的影像艺术的审美体验出现在两个阶段（Locher et al.，2007），这两个阶段通常被认为在遇到视觉刺激时会出现。看到画作的第一眼，观赏者会自发地对其产生全局性的第一印象（或要点），这包括对作品的图片内容、整体的组织结构、传达的语义信息以及最初的情感反应的感觉。如果第一眼所感知的主要信息被认为已经使观察者有了足够的兴趣，那么审美体验的第二阶段就紧接发生了。这包括对图像的重点探索，以眼睛凝视和朝向作品特定元素的方式进行，以扩展有趣的图像特征和与组织结构之间关联的认知，从而满足观察者认知上的好奇心，推进其对作品的欣赏。对图像的重点探索一直持续到观察者认为已经获取了该信息为止。在博物馆的环境下观察游客的行为，人们就可以识别出审美体验的这两个阶段。当一个人从美术馆里的一件作品移动到另一件时，其对作品瞥一眼（或是最多几眼）就能作出一个快速决定，比如认为作品没趣，然后快速移至下一件作品。当发觉一件艺术品起初是有趣的或令人愉快的，观赏者便会停下来花时间欣赏。如上所述，究竟是决定忽视一幅画还是花时间去"品味"它，这种审美体验最终是由作品、观察者以及背景因素之间复杂的交互作用来决定的。[①]

3.3.2　用于研究图像艺术审美体验的两个阶段的技巧

为了检验观察者在可视化显示屏上“第一眼”中所获取的信息数量和类型，艺术刺激物以100毫秒或更短（称为速视观察）的速度闪过。投向一个可视化显示屏的一次单独凝视所持续的时间，平均而言为300毫秒。观看一幅图画只有100毫秒的时间，紧接着是另一个刺激物的显现，诸如线条的区域，使得对神经系统而言“遮住”了初始图像的内容，因为观察者只能看一眼图片区域的内容。例如，观察者在图像中所“看见”的，是由观察者对图片的语言反应所显示出来的，提供了对于信息本质以及第一眼所感知到的组织结构层次的洞悉。

对一件艺术品进行深入或实时的重点探索并作出心理反应，需要用到的很多技巧如下：在实验美学领域，和许多其他领域的研究兴趣一样，眼动记录技术已经被证明是有助于揭示感知及认知成分的过程，这构成了视觉艺术的审美体验的基础。比如，在观察者望着一幅画时，其眼球迅速地跳转被称为眼扫视，之后会停滞或者凝视。一般而言，在视觉搜索中，人的眼睛每秒移动3~4次，然而为了仔细观察一种艺术形式而凝视的次数、持续时间和位置是由上述提到的多种因素的相互作用所决定的。通过叠加观赏者面对一个显示屏图像所生成的眼球运动，就可以制定出眼睛临时的定位以及凝视的顺序，这叫作扫描途径，从而可以确认图像中那些引发观察者的兴趣并吸引他们探索的特征。扫描途径可以提供图表记录，表明信息是如何在对艺术品的审美体验过程中被挑选出来并被观察者实时处理的。然而，Treisman（2006）告诫说：“颅顶扫描所设定的注意力的视窗有着不同的光圈，将从精准定位的物体到周围场景的整个视野的任何事物都尽收眼底。”因此，扫视路径提供了凝视的精准信息，但不一定得出关于观察者的注意力焦点和其构成基础的认知过程的正确结论。

Locher等人（2007）运用这两个技巧来研究审美体验两个阶段各自程序的本质。这两项研究使用的视觉刺激物均为8幅名画，出自代表着不同艺术风格的知名艺术家之手，沿着具象派（从Vermeer的《手持水瓶的年轻女子》（Young Woman with a Water Pitcher））到抽象派（Klee的《庙宇花园》（Temple Gardens））的统一路径。在他们的初次实验中，未曾受过视觉艺术培训的大学生们看见每一幅画简短（100毫秒）闪过，然后他们立即写下5句对画作评价的话语或印象，以便向那些从未看过这幅画的人描述此作品。第二次实验，这些艺术品每件仍旧以100毫秒的速度呈现给相同的参与者，他们的任务是评价每一件作品带给人的愉悦等级。在第二次实验中，由志愿者组成的对照组有无限长的时间来观看每一件画作，并评估愉悦等级。在观看每件作品的时候，他们对于画作的眼球移动和口头反应以及想法被连续地记录下来。该研究运用了有声思维言语表现程序以获得参与者对刺激物作出的反应，以及他们反应时所用到的认知程序的详细情况。

为了研究实验中的参与者在有限时间内观看艺术品的第一印象，每个参与者对每件画作作出的5句评价，被按照体现性质连续性的6种反应进行了归类：从对于个体的物理属性和图案元素组成的注意力（如“我第一个注意到的是只猫”），到作为一个画面整体的两个或者更多的元素（如“有一位正在读书的妇女”），再到更加整体化的属性和特征，包括其现实性、美感以及表现力（如“此画作看上去有点熟悉”），以及作品的风格和形式（这幅画的颜色和形状反差很大）。Locher等

① 参见Locher等人(2004)，对抽象艺术审美实验的两个阶段所产生的知觉、感知及认知过程进行详尽、完整的多元信息处理的模型。

人（2007）发现，参与者们对于画作的最初反应或者他们额外的四项评论反映出观赏者很少仅关注单一作品元素（分别为2%和4%）。反而，参与者对于艺术品的大多数反应都是平均地分布在各句评价中，这反映出了观察者的注意力集中于：一系列被视为一个组成单元的图像元素、整体作品的表现力及其艺术风格。

在观看不限时间的实验中，研究者观察到看图案大约2秒钟之后，参与者开始描述之前上述类型的艺术品整体特征。考虑到在审美研究中，平均的凝视时长为300毫秒，这些反馈多是建立在对于一件艺术品的最初几眼印象上的。此外，在观众对一幅画做完第一句完整陈述之后，不同类型的反应的分布没有变化，直到当观察者看完画作并提供愉悦等级评定之后（平均从开始起30秒），不同类型的反应的分布才开始变化。另外，进行简短展示的画作得到的愉悦评级，与实验二中进行无限时长展示的画作得到的愉悦评级，其相关系数为0.73。评级中的相似性表明，人们可以很快得出对艺术品愉悦程度的评估，这与上述博物馆环境下通常观察到的情况相同。然而，值得注意的是对艺术作品整体的平均愉悦评级，以10分为满分时，有观看时限和无观看时限的两次实验分别为4.59分和6.17分。这表明当观察者有无限的时间观看画作时，画作会被评价为更加令人愉悦。

Locher等人（2007）的另一项实验，对每个参与者对每幅画作的眼睛凝视模式进行了考察，对此的量化方式是通过在一幅影像的图像区域内叠加5×5的网格，并测量在每3个时间段内的审美过程中，对每一个网格位置内的总体凝视时间的百分比。这些时间段包括观看的前3秒钟、观看中的3～7秒以及总共的观看时间。时间段被如此划分，是因为研究者观察到了在几乎所有的情况下，参与者是在艺术作品出现在屏幕上2～3秒后才开始谈论它们的，而且98%的初始反应都是在视觉探索完成后的第一个7秒内发生的。有人发现，观察者对一件艺术品的最初反应，事实上已经相当完整，都是从图像区域内大约1/4（刺激物平均占整体的27%）处，由对成分特征的直接定位得出的。等观察者完成了对于艺术品的首次陈述之时，他们已经明显扩展了对图像区域的覆盖率至38%。在第二个处理的重点探索阶段中，覆盖率平均增长至46%，但超过8秒后就不再有显著增加的覆盖率了。进一步说，受到直接凝视的图像区域处于画作的中心位置，而每件作品的外围区域不被直接凝视或没有受到持续性关注，这是眼睛运动研究中的一项发现，它把艺术品的摹本作为刺激物。这似乎反映了一个事实，在许多作品中次要区域的图像信息是作为主要兴趣点的背景元素出现的，而主要兴趣点往往位于画作中心位置（Arnheim，1988）。此外，在审美过程的第二阶段内，观察者对于画作注意力的特点是短期凝视和长期凝视均匀分布。之前的研究（Nodine et al.，1993）已经表明了短暂的凝视（持续时间小于等于300毫秒）是用来扫描锁定图像区域以定位那些富有吸引力的、可提供信息的和有趣的特征的。发现这些特征之后，眼睛才会周期性地朝向这些特征进行长时间的凝视（持续时间大于400毫秒），来探索这些特征对于整幅画作的主题有怎样的意义，或它们是如何为特定元素增光添彩的。

对眼睛运动的另一项研究来自Kapoula等人（2009），其深入审视了视觉艺术作品的美学体验中的互动过程。研究者们对于Fernand Léger的三幅立体派画作的感知和美学评估进行了检视，对其互动过程本质中的刺激驱动影响（一幅画的抽象程度）和认知驱动影响（对画作标题信息的操控）加以研究。这三幅画作包括了《婚礼》（The Wedding）、《警钟》（The Alarm Clock）以及《形式对比》（Contrast of Forms）。对艺术缺乏了解的成年人被要求在以下3种情况下观察艺术作品：要么不知道作品的标题（被研究者称为是自发条件），要么根据说明为每件艺术品创作标题（积极条件），要么在观赏画作之前就已获得标题（驱动条件）。当参与者不限时地观察电脑屏幕上呈现的3幅画作中每一幅时，他们眼球的运动会被记录下来，然后他们会接受有关自己对画作认知和理解的访谈。

在以上3种条件下观察3幅作品的前5秒和最后5秒

里，Kapoula等人（2009）发现了艺术品视觉编码的共性和异性。尤其是，他们观察到在探索的时间过程中，比起图像区域的其他区域，人们会更多地凝视每幅画作的中心位置，而且在探索的前5秒比最后5秒对中心区域的凝视专注度更高。研究人员认为该发现可以证明这一重要结论，即作品中央区域的信息形成了观察者对艺术品的初步印象。此外，他们还发现了参与者的凝视聚焦往往沿着每幅绘画的纵轴，而每件作品重要的结构组件就分布在纵轴周围。艺术品观赏行为中的重大区别被认为是由画作标题操控作用或是画作具体内容不同所导致的。凝视的时间不等，在3幅画作上和3个条件下平均分布；驱动条件下的凝视持续时间最长，积极条件下的次之，自发条件下的最短。Kapoula等人（2009）认为，这是因为这3项任务所需的认知活动的层次不同。比如，他们推断在驱动条件下被告知画作的实际标题，会导致观看者实施一项搜寻策略以使画作的内容与其标题相配，这样才得以进行更深层的语义解析，相应地这会导致比另外两个条件下具有更多的长时间的凝视。

每一幅画的具体图像内容也以另一种不同的方式影响了参与者对刺激物的探索。比如，《婚礼》（The Wedding）在积极和驱动条件下“产生出”比其他两幅画作更小的眼睛扫视范围（比如凝视位置之间的距离），这大概是由作品的视觉方面（比如小图案碎片的高密度）和详细的语义分析造成的，这种详细的语义分析来自于这幅画中所包含的许多逼真的人类面孔和肢体。总的来说，Kapoula等人（2009）的发现证实了自下而上（刺激驱动）以及自上而下（认知驱动）的复杂相互作用对画作的视觉探索的影响。

3.3.3 瞳孔测量术

另一种观察者对艺术的非语言反应是通过检测他或她在审美体验过程中瞳孔大小的变化而进行测量和研究的。这种心理物理学的方法被称为瞳孔测量法，多年来已被广泛应用在神经测量方面以检测不同类型的社会态度、营销策略以及临床治疗的有效性。同时，它也表现出对信息处理的认知方面和对包含情感成分的审美过程极其敏感（对这一文献的综述，参见Hess，1975）。因此，正如Kuchinke等人（2009）的研究所显示的，瞳孔的度量可被应用于艺术欣赏方面，带有情感的审美过程的深入认识。他们研究了抽象的立体派艺术内容的易于处理性（即审美过程的流畅性）与正面的美学情感之间的关系。在该项研究中，对艺术不甚了解的大学生参与者的任务是，一旦识别出一幅抽象画中所描绘的“实际”对象，就点下鼠标。这些画作在递进的三个层级的（低、中和高）内容可认识性上各有不同。比如，在毕加索的《女人和芥末罐》（Femme et Pot de Moutarde）中，一位妇女的面孔在这幅高度流畅处理的画中就显而易见，然而George Braque的《渔船》（Fishing Boats）中的船则难以辨认。

辨认所描述物体需要的时间以及观察者追踪识别点的瞳孔的尺寸都得以记录。在最初的体验阶段之后，实验对象需要评价每一幅画的相似度、复杂性以及他们对此的偏好。Kuchinke等人（2009）指出，识别高度流畅的画作中的物体需要的时间较短，该作品也最受青睐。较高的流畅度也与追踪物体识别点的瞳孔扩张有关。进一步说，追踪实验对象行为反应的瞳孔扩张与抽象画作的个人评价偏好正相关。研究者将他们的发现解释为符合了“快乐的流畅性模型”，这预示着更高的审美过程流畅性与积极的美学效果之间相关联。

3.3.4 个人数据助手

手提电脑的最新发展通常也被称为个人数据助手（PDAs），结合无线技术，它可记录在自然的环境中单个观众成员在观看舞蹈、话剧以及音乐表演时的一连串心理反应。目前已有的个人数据助手小巧、轻便、相对隐蔽且可编程，使其可以对收集的数据进行整理并加上时间标记，从而与舞台上的动作同步。在这种研究中，参与者围绕着个人数据助手的屏幕移动手持式触控笔或者控制杆，以此来产生输入进个人数据助手的信息。Stevens 等人（2009）的研究是首批使用这项技术开展的研究之一。他们开发了便携式的观众反应设备（pARF），即改良的个人数据助手系统，用于收集观众成员对两场现场舞蹈演出的反应。研究者的目标是调查观众对结构的感知以及在舞蹈中流露出的表情，然后把这些与编舞者对每个作品的描述进行比对。在第一项研究中，当那些未曾体验过当代舞蹈的参与者观看了60分钟的名为“精线地带”（Fine Line Terrain）的舞蹈片段时，他们连续的反应得以测量。这是一场能够充分唤起感情的舞蹈，5位舞者穿行于黑白背景的动态建筑所组成的布景中。在第二项研究中，参与者适应了融入现场舞蹈表演，而且报告说很享受观看舞蹈。他们观看了完整版的表演；研究者用个人数据助手记录下来自第一幕——《地球：沉默的心跳》（Earth: Silent Heartbeat）第一小节的反应，这种反应随着舞台上活动的不同而不同，展现“奋斗”“成就”“沉思”“损失”等主题。

在两项研究中，参与者在给定的时间内观看表演，以评估他们认为整场演出（比如舞者、编舞者）所表达出来的情感。期间，他们要在个人数据助手的屏幕前移动触控笔。在演出之前，先给了参与者练习环节，以便他们熟悉该系统的使用。演出一开始，个人数据助手就同步记录了二维的情感表达：情绪效价（正-负）和唤醒度（唤醒-沉睡）。连续的回应数据与两场芭蕾舞剧的编舞者的舞蹈笔记形成对照，表明了片段中的关键时刻和预期结构以及音乐上的变化。Stevens 等人（2009）对芭蕾舞中随着时间变化产生的变量间的关系做了详细比较。总之，他们发现的大量例子表明，编舞者的初衷与观众的情感反应是一致的（在大约80%的范围内）。举个例子，演员的表演，诸如杂技以及音乐风格的变化就能唤醒观众情感反应的变化。这表明，观众的情感反应与舞蹈和音乐的特征以及演出的表现力方面有着关联。值得注意的是，参与者说个人数据助手界面友好，并且不会干扰他们观看演出——这是在现场演出中使用此类系统的一个潜在缺陷。因此，Stevens 等人（2009）的发现使编舞者、舞者以及研究者首次见证了在演出时观众对舞蹈作品所作出的实时反应。

3.3.5 计算机动态姿势描记术

在生理学上测量观察者对艺术的反应过程的另一个办法被称为计算机动态姿势描记术，这是一种非入侵性的系统可以量化身体的摆动。当身体笔直不动地观看一件物品时，人并非完全地静止，而是会根据视觉、本体感受和躯体知觉以及中枢神经系统的动态信息结合来作出连续的姿势调整，以便控制和维持该条件下的姿势与平衡。身体压力中心的变化（CoP）用于测量对视觉刺激的姿势反应。当观察者站在固定的仪器平台或者测力板上时，将此平台或测力板与灵敏的探测器连接便可以测量施加于双脚表面的力的变化，通常这样就可以记录压力中心的数据。压力中心数据偏差的变化会伴随人体高度、体重以及刺激源的距离同步调整，并沿着从前往后以及从中间向两侧的方向来记录。测量身体移动的系统在1986年开始使用，用于对平衡失调的诊断、物理治疗以及姿势再训练。

姿势描记术已经被用来研究观察者对感情唤起型图片所作出的反应。比如，Hillman 等人（2004）收集了在校男女大学生观察三类图片时的身体姿态调整数据。这三类图片是：包括情色场景和家人场景的令人愉快的图片、描绘面孔和家用物品的中性图片以及描绘了攻击动物的场景和扭曲变形躯体的令人不快的图片。在第二环节内他们收集了同一个参与者关于每张图片的情绪效价和唤醒度的主观报告，以及对于每张图片显示出的惊吓、眨眼等反应。研究人员从令人不快的图片的姿势反应中观察到了性别带来的差异，但性别差异对于令人愉快的和中性的内容的姿势反应并无影响。具体来说，男性对于令人不快的图片内容表现出更多身体向前方倾斜的姿态，然而女性则更多地表现为身体向后方倾斜的姿态。这些发现为情感反应和动机方式这二者之间存在的关系提供了支持，而且表明女性防御性的反应比男性更加明显。参与者在效价上对令人愉快的图片评价更高，而且相较于令人不快的图片，他们对令人愉悦的图片作出的惊讶反应也更小。显而易见，对姿势摇摆的研究有着巨大的潜力，可用于对观赏者所作出的情感反应进行实时测量。但至今为止，该作者并未发现文献中有此方面的研究成果。

然而，身体对图像元素作出的姿势调整以及总体艺术作品结构方面的研究可以通过观察对这些刺激物属性作出生理学上的测量。比如，Nather等人（2010）要求未曾受过视觉艺术和古典舞培训的大学生观看两幅Degas创作的关于芭蕾舞女演员雕塑的照片影像。其中一个芭蕾舞女演员的姿势静止不动，另一位则迈着大步，好似处于一种潜在的不平衡的动态中。参与者的任务是站在一个测力平台上，观察每一幅图像并估计其展示的持续时间。Nather等发现，当观看处在潜在动态中的舞者时，参与者会更多地扭动他们的身体，这表明身体运动的图像会下意识地使人身体发生摇摆。

在另一项对于姿势描记术的研究中，Kapoula等人（2011）研究了图像深度对身体摇摆的影响，并发现当观察者观察Piero della Francesca的画作《宣告》（Annunciation）时，其凝视主要的背景区域比观察凝视前景的摇摆度明显更大。此外，Kapoula等人（2011）还观察到当观赏者观察艺术家Maria Elena Vieira Da Silva的（《埃及》（Egypt）和《灰色的房间》（Quarto Cinzento）这两幅抽象画作时，其摇摆姿势有很大区别。记录的《灰色的房间》所引起的摇摆姿势更为剧烈，该幅画内包含着较强的视觉深度暗示。当参与者看到一幅原本正常的画作被改为立体派画风的作品，而且其中的图像深度在实验中被中和时，效果就会减弱。

在一件艺术品中，移动的视觉印象间接产生于静态的、组成作品图片元素及结构的二维成分。最近，这位作者和他的同事（Locker and Kapoula，2012）记录了使用姿势描记术的证据，即绘画中所描述的移动暗示以及结构组织可以使观察者的身体发生移动。对身体的摇摆起作用的神经机制对图画中隐含的运动线索的强度和边缘结构有着各不相同的敏感度。我们选取的刺激物包含了一对“相配”的Monet的作品，描绘了风所产生的移动以及两件与原作颠倒的或是镜像的版本。这些画作是《户外人物研究：向右》以及《户外人物研究：向左》，它们的整体结构、内容、架构、颜色和尺寸十分类似。在这两幅作品中，从云朵移动的方向、妇女的服饰和头巾以及植被扬起的方向，都显示出风是自右侧吹向左侧的。在其中一幅画中，站在山丘之上的妇女迎风而立，而另外一幅画中，她则背对风向站立。这些图像线索可以使人更强烈地感知画作中风的影响。

除了考察原图中图像线索对身体摆动的影响，还可以根据两幅画作特征的相似性判断出隐含运动线索的显著差异是否会在与原作颠倒的或是镜像的版本中发生。这些研究的细节不在我们的考量范围内，但表明了观赏者往往基于半球功能偏侧化的左向视野，更偏爱从左往右构造的画作，这种构造被认为是注意力偏向的缘故（Mead and McLaughlin，1992）。

在我们的研究中，当未曾受过视觉艺术培训的大学生在基准条件下观察处于平衡秩序的与画作实际大小相同的图像时，其所站的测力板就可以测量出身体的摇摆情况。在两幅图片所描绘的深度线索、整体结构布局以及边缘构架的作用下，分析显示了对身体摇摆测量的不同效果。确切地说，当画作《户外人物研究：向左》（Study of a Figure Outdoors：Facing Left）在镜像中呈现时，相比于正常投影，观察者身体摇摆的表面积、摇摆的速度以及沿中轴线的标准差平均较高。这反映出该画的镜像比标准方位观察到的图像更加不稳定。另外，参与者不论是从正常还是从镜像方向观察图片，相比较他们处在基准条件下，都会表现出较大的身体摇摆表面积。然而，当参与者在正常和镜像方向上观看《户外人物研究：向右》（Study of a Figure Outdoors: Facing Right）时，他们展现出比基准条件下更少的摇摆表面积。这些发现表明，与基准条件相比，从两个方向上看到的第一幅画的作品结构布局（此画中所描绘的风力更大）都比从两个方向上看到的第二幅画的组织结构更加不稳定。结论证明，人们在欣赏艺术时身体会运动，并且控制姿势稳定的机制对画作中描述的运动线索和其横向结构的敏感度并不同。

3.4 观赏者在审美体验中的作用因素

观察者将其自身独特的观赏过程特征与偏好带入艺术体验中，而这些特征和偏好来自于其个人成长的许多方面。这包括个人的知识库和认知策略、性格特点、个人品位、文化背景以及体验时的动机、认知和情感状态。艺术培训是频繁而连续地用于证明影响构成艺术体验的程序以及对其情感反应的诸多因素之一。这一因素的影响实例已经在本章中列举的迄今为止的几项研究中得以描述。文献中的研究报告很有说服力，其认为艺术素养高的人们看待艺术的视角与那些门外汉大相径庭，他们更加倾向于欣赏复杂的作品。这些正是Axelsson（2007）观察到的年久资深的专业摄影师与没有任何摄影经验的大学生们对于图片的偏好差异。根据图片的快乐基调、表现性、熟悉度、不确定性以及动态质量等27个不同的语义指标，参与者在内容和图案各不相同的刺激物中评价每一张照片。正如所期待的那样，专业摄影人士有着更高的图片审美能力，对于对审美要求更高的图片更为青睐（比如那些会被评价为相对不确定、不熟悉或者意味深长的图片）。同时，没能力处理图像信息的参与者们更偏好他们感觉相对熟悉和愉悦的图片。

3.4.1 正规艺术培训对审美现象的影响

对一种艺术形式的培训会对审美现象产生影响，比如Axelsson（2007）观察到的那些，这些影响已经在近期的许多理论中得到解释，包括Axelsson的图式理论、Silvia（2005）的评估理论以及Reber等人（2004）的审美过程流畅性模型。研究者（Bruning，2004）常会发现在艺术以及其他领域，专业知识都对审美现象有着很大影响，研究表明相比非专业人士，专业人士在他们专长的领域内，有着更多相关的对于审美过程的知识。这与他们自己的知识储备高度相关，从而使他们能找到处理“更深”层次的问题，能更好地监测自己的表现，比非专业人士更快地完成行动。这些专业知识功能的感知或认知处理上的差别，经由Locher等人（2008）进行的调研被很好地解释，该研究调查了专业知识的作用及其对审美评价任务的积极影响。

大量研究表明，有些人能够从外界许多简单方法中获得积极情感，诸如执行任务前收到意外的糖果礼物等，他们可能采纳更有创造性、建设性和开放性的思维方式，使用更宽广的认知范畴，行为更灵活，在广泛的任务和环境中表现出更大的认知上和行为上的灵活性。Locher等人（2008）已经证明对于新产品设计的审美反应也会受到诱发的积极情感的影响。具体地说，他们让接受过和未接受过设计理论原理培训的男性大学生们，从艺术感染力方面为新设计的6款数码相机打分。有一半的参与者在完成任务之前收到了一小包糖果，以表示研究者对他们参与研究的感谢；对照组则未收到礼物。每台相机以任意的不同顺序摆放在可旋转的桌子上，这样参与者可以转动桌子来获得想要的每一个视角，但是参与者不被允许触摸相机。另外，还要求参与者在完成任务过程中进行“放声思考”（Think-Aloud Procedure），当他们完成任务时用言语表达他们的想法。口头记录有利于审视预期的有着积极情感渗透的审美过程，而这种情感渗透是以参与者对相机特征反应的数量和情感素质（积极的、消极的、中性的）的形式表现的。整个记录过程被一台数码相机拍了下来。

Locher等人（2008）发现，与期望一致，平均来讲，得到糖果的参与者比起没有得到糖果的那些人对该组相机的评价明显更高。口头报告的分析表明，培训对于积极情绪影响的认知处理的类型有着差别化的影响，这种积极情感影响了观赏者作出的判断。尤其是，在未经过专业培训的参与者那里，拿到糖果的比未收到糖果的参与者所作出的评价中口头反应要少得多。然而，前者的反应在本质上明显地更为积极。该发现与之前的研究相一致，即表明有着积极情绪的人群会倾向于停止有目的的行为，因为他们认为积极的情绪已然反映出他们达成目标任务的水平。另一方面，在设计专业学生中，那些收到糖果的学生比没有收到糖果的学生对相机作出的反应更多。研究者从这些发现中得出结论，受训过的个体们将焦点集中于相机的结构特征，而且他们用观赏的时间来选择出刺激信息，然后与他们在设计具体领域内的知识相联系，以便作出评价。Locker等推测，积极情绪会促使人观察到相机设计特征的更多方面，因而会产生出对其吸引力的更高评估。应当注意的是，没有通过“放声思考”过程所获得的数据，就无法对在审美互动中的刺激物、实验对象和任务因素之间产生的复杂互动进行考察。此研究表明了很少被人用到的“放声思考”过程在实验美学研究中的价值。

3.4.2 审美流畅性

大部分研究者在评估艺术专业知识对于审美过程的作用时，在艺术形式的反应方面对新手和专家进行了比较，这种比较往往是在那些自称未受过正规教育或没有在所研究的艺术形式或相关艺术领域接受过训练的人与那些受过训练的人之间进行的。该方法存在两个重要的局限性：第一，艺术中的复杂性是一个逐渐深入的统一过程，因而不该被视为一种有着高低两个层次的名义变量；第二，艺术专业知识不是简单地从直接指导中才能获得，也可以通过博物馆、画廊、学校的经历或者通过读书以及日渐增多的上网经历获得。

Smith和Smith（2006）引入“审美流畅性”（Aesthetic Fluency）的理念来打破这些局限。他们定义审美流畅性是个人跟艺术休戚相关的生活方方面面的知识库，而这些知识库能促进个人的审美体验——这一理念与《艺术欣赏的舞台模特》（Stage Models of Art Appreciation）相一致。Smith和Smith开发了审美流畅性标尺来测量感知者的这种特征。这种标尺来自于对参观纽约大都会艺术博物馆的游客大批量样本进行的问卷调查，对艺术的复杂性进行连续的测量。该调查要求游客评价出自己对五种艺术流派（野兽派、埃及墓葬石碑派、印象派、中国纸卷轴派以及抽象表现派）和五位艺术家——Mary Cassat、Isamu Noguchi、John Singer Sargent、Alessandro Botticelli和Gian Lorenzo Bernini了解多少。此外，参与者还要回答关于其基本背景特征的问题，涉及他们的博物馆参观史、整体教育水平以及在艺术史方面接受的培训。对完整的数据集合所做的分析揭示，正如审美流畅性标尺所衡量出的，审美流畅性逐渐地涵盖并广泛地跨越了不同艺术领域，研究者按照标尺的10项标准对博物馆常客进行取样，从而在研究中所观察到的连续分布上得以证明。此外，研究者还发现了审美流畅性很大程度上受到参观者去博物馆的频率、年龄和艺术培训史的正向影响。另外，Silvia（2007）发现大学生的审美流畅性水平与五大人格量表测量出的五大人格维度的开放体验量表高度相关，而与外向性、神经质、随遇而安或者责任心等无关。流体智力指标（Fluid Intelligence）代表了参观者整体的能力和素质，然而在流体智力指标下测出的审美流畅性高的人，并不一定都如Silvia发现的那样聪明。因此，在未来研究艺术复杂性之于视觉艺术的审美体验的作用时，审美流畅性标尺的运用打破了该领域前人研究的局限性。因为审美流畅性可以让研究者连续而定量地测量（源于利克特量表）个体的艺术知识。

3.4.3 观赏者个性特征影响审美反应与偏好

除了艺术的复杂性，个人性格的几个基本成分也一直与审美反应和偏好相关。Feist和Brady（2004）发现，大多数连续的和强有力的研究证据都聚焦于观察者对艺术展览所做的审美反应的性格特征上：个人的认知、行为、处事的灵活度、对丰富体验的追寻以及对经验的开放性，都与审美偏好的各个方面相关联。在此知识体系上他们又加上了一项调查，试图为那些偏爱抽象艺术（一种通常不易被欣赏的艺术形式）的大学生们描摹心理和社会态度的轮廓。参与者完成了两项对体验开放性程度的测试和一项对丰富体验感兴趣度的测试；他们还回答了关于药物滥用现象与政治自由主义的接受度等问题。此外，参与者还提供了一些基本信息，涉及年龄、性别、种族、收入、在校的班级和专业、宗教以及父母的宗教和政治倾向等。针对随机顺序呈现的15个写实主义、15个抽象主义和15个模糊主义的艺术形式，受试者有5秒的时间在1~9分量表中（从“根本不喜欢”到“非常喜欢”）对他们的偏好度进行评分。

Feist和Brady（2004）研究得出，整体上，比起抽象艺术，参与者们更喜欢现实艺术风格，这种效应在开放程度低的个体身上最为明显。同时，开放程度高的参与者则喜爱观赏的每一种艺术风格，并且当作品变得更复杂时，他们会更加喜欢。此外，那些对药物使用和政治自由主义持有更高宽容态度的人最偏好抽象艺术。没有人口统计变量与对抽象艺术的偏好显著相关。Feist和Brady由此得出与之前发现相一致的结论：即使是非常抽象的艺术，对体验的开放程度仍是与美学欣赏最相关的性格特点。这一发现由Mastandrea等人（2009）于近期在博物馆的常客身上再次得到验证。Mastandrea等人观察到用五大人格量表对参观布拉斯基博物馆的古代艺术以及罗马国家当代美术馆的游客进行体验开放度的测试，两组游客在测试中均得到了高分并且没有显著的区别。不足为奇的是，到访当代艺术藏品的游客在感官寻求测试上得分明显高于那些去看古代艺术藏品的游客。

3.4.4 样本容量

同行为科学的所有领域一样，工作在实验美学领域的研究者通常借用从样本或者个体的子集中所收集到的数据来推论样本来源的个人群体的行为。群体是特定群组的所有成员的集合，比如所有的博物馆游客，或者更确切地说，是所有参观组约大都会艺术博物馆的游客。因此，如果想要结果有效（对研究的东西总结出一般规律），研究中所采用的样本就必须是其群体中真正有代表性的。在实验美学领域内，要定义一个群体是一项极为艰难的任务，因为这里牵扯到许多观赏者的性格特征，包括本节与之前几节讨论到的艺术品位，其被一群彼此互动的、同在一种审美潮流下的人们所塑造并影响。

研究者必须直面的一个问题是决定样本容量，这对于被视作有效研究的目标达成来说是必要的——有关样本容量和取样程序问题的详细探讨，在Borg和Gall（1989）所述中可见。一个大致的现成规则，就是使用尽可能多的实验对象。然而，在大部分的研究项目中，财力与现实的局限性限制了单个研究中包含的实验对象的人数。通常来讲，对于一项合意的实验研究，每个对照组最少要有15个案例、30个相关性研究案例并且至少要有100位调查对象（在给定研究中达到理想的结果精确度水平所需要的样本容量，可通过统计学知识进行估算）。

当用多种艺术形式的审美体验研究其本质时，如果数量有限制，研究人员往往采用这些建议中最大的样本数量。本节乃至本章的研究情况都是如此。比如，Locher等人（2008）的研究中的参与者包括20名受过设计理论原理培训的大学生以及20名未曾受训的大学生。Smith和Smith（2006）调查了400位参观过纽约大都会艺术博物馆的游客，以拓展他们对审美流畅性的测量，而且Mastandrea等人（2009）获得了191位参观者对于古代的或者现代的艺术博物馆的问卷数据，目的为考察博物馆常客参观者的体验与他们性格特征间的关系。Feist和Brady（2004）收集了104位大学生的数据来明确观察者的性格特征决定了他们对于艺术的审美反应。这些都是在行为科学各个领域内开展的各种研究的典型样本容量。

3.5 作为实验室的艺术博物馆

过去十年，以观众参与为基础的调查数量大幅增长。这是因为博物馆文化发生了重要的变化，从传统的收集和保存典藏品和学术研究的场所，转变为公共教育机构的场所（Chang，2006）。为了使博物馆的常客在参观中尽可能获得最大的乐趣和见闻，博物馆采用多种方式为游客提供其馆藏作品的解析、历史、轶事以及出处等信息。最常用的帮助人们美学体验的办法包括，为每件艺术作品配上文字介绍、由讲解员带领导览以及提供语音导览服务。

3.5.1 语音导览增强博物馆体验

研究表明虽然大部分艺术博物馆的游客都喜欢通过以上这些方式将有组织的图解信息与艺术作品一同展示，但又不喜欢提供的信息量过大，而且他们也想要按自己的意愿解读艺术的自由（参见Tinio et al.，2010；Smith and Tinio，2010）。同时，参观者也寻求着一种平衡——既想用心感受美术馆或是展览的物质及“心智”方面的预设组织与安排，也想根据他们自己对于艺术的组织结构或理念来自由探索和研究艺术作品及概念。这些因素的影响随着艺术作品的自然特点（比如是抽象的还是具象的）、所展示的信息数量和类别、观赏者特征和美学流畅性而变化。过去，博物馆不曾考虑各元素之间这种复杂的交互作用，从某种意义上来讲，博物馆的体验是为“普通游客”而安排的。掌上电脑的技术进步，已经使得博物馆能够增强语音导览服务，它们以这种方式为每位游客在所接收到的作品信息数量、类型和深度方面，以及探索自行选择的艺术藏品的自由方面提供了个性化的选择。因而，在单个博物馆常客的游览中，语音导览存在着平衡自由探索与预设安排的潜力。

目前在有条件运用新技术来实施语音导览的博物馆，增设语音导览会对提高博物馆体验起到正面作用，但迄今为止这方面的实证研究还相对较少。有个值得注意的例外就是Smith等人（2004）与Smith和Tinio（2010）对纽约的惠特尼美国艺术博物馆所做的一系列研究。这项研究以控制变量的就地实验方式研究了提供语音导览信息对博物馆体验所产生的影响。实验设置有三种不同的导览方式，志愿者需要选择一种方式观赏四件作品（两件雕塑和两幅画），并完成调查。两幅画是Arshile Gorky的《艺术家和他的母亲》（The Artist and His Mother）以及George Bellows的《登普西和菲尔波》（Dempsey and Firpo），两件雕塑为Yayoi Kusama的《积累》（Accumulation）和Chris Burden的《美国的黑暗时刻》（America’s Darker Moments）。Yayoi Kusama的雕塑是一把白色椅子，被几十根柱状的塞满填充物的白袋子覆盖着。伯顿的作品包含五个单独的部分，用了五个小金属雕塑，代表着美国历史上的事件（比如，梅莱村惨案和肯特州立大学的枪击事件等）。这三种导览方式是：标准方式（博物馆的标准标签仅仅包含着作品标题、艺术家、日期以及购买信息），标签方式（标签上写着供学术研究者参考的重要历史与风格流派的详细信息）以及语音方式（呈现了针对每件作品及其艺术家的信息[①]）。研究者已将每位参与者对每件作品的评估记录下来，评估涉及一系列彼此相关的指标，然而由于篇幅限制，此处只能列举几个。

研究者已经在统计学意义上发现了人们在一件艺术品前花费的时间长短与不同导览方式之间的关系。尤其是，语音方式比另外两种方式吸引游客观看作品的时间更长。同时也发现，在语音方式下相比于在标准方式下（无多余信息）体验作品，参与者说他们愿意观看指定艺术家的更多作品。对Yayoi Kusama和Burden的雕塑尤其如此，他们的作品最难以理解，也可能需要更多的解释性帮助才能得以欣赏。语音导览中提供的这些作品的特定信息为观看和理解这些作品提供了认知的模式或结构。

语音导览方式最有趣的负面影响之一就是，它会让观赏者把注意力仅仅聚焦在一件作品的某些特征上，而忽略了其他部分。参与者被提问了一系列语音导览语中未提及的内容。比如，那些观赏了Bellows作品的人会被问及画作中天花板的颜色。人们发现，使用标准和标签导览方式的人都比使用语音导览方式的人回答得准确。Smith等人（2004）认为，语音导览所提供的信息使观赏者的注意力都指向了作品的某些方面而忽略了其他的。因而，太多的预设指导并不是最理想的。显而易见的是，由于从科技角度来讲语音导览将继续快速发展，必须开展一些额外的研究来辨识观察者以及艺术品因素，这些因素必须与观察者独特的交互风格相互融合，才能使增强型语音导览成为更加成功的技术。

3.5.2 博物馆藏品陈列和语境因素对审美体验的影响

最近几年在博物馆开展的调查研究表明，博物馆的社会背景也会影响游客们参与艺术的方式以及他们对藏品或特展能了解或记住多少。为了让博物馆藏品以培养参观者学习体验的方式进行陈列，Chang（2006）注意到，博物馆必须了解谁在参观、他们为什么在参观以及与谁一起、他们在博物馆内做了和看了什么，以及这些因素是如何交互影响和相关联的。比如，参观者的行为与他参观的个人日程（即发现、享乐、放松和社交）相联系。Ballantyne和Packer（2005）指出，大部分（研究结果通常高达85%）的成年参观者在伙伴、朋友或者家人的陪伴下来到艺术博物馆。有趣的是，来博物馆的夫妻近一半在欣赏艺术品时互相不交谈。还有研究表明，单人前往的参观者比组队而来的参观者更需要认知能力，更喜欢使用语音导览，愿意花更长的时间读标签，也表现出学到了更多的东西。

博物馆内收藏品的艺术风格也吸引着抱有不同动机前来的参观者。Mastandrea等人（2007）指出，到访罗马博盖塞博物馆参观古代艺术藏品的参观者意在对其艺术和历史进行学习和研究，而在威尼斯佩吉古根汉收藏馆参观当代艺术藏品的参观者却在寻求情感满足和找乐子的体验。

艺术博物馆自身也被公众赋予了较高的社会地位，因为那里面珍藏着具有高度社会价值的典藏品。人们相信关于"高雅艺术"价值的社交理念为博物馆体验罩上了一层积极的气场，尽管提出这个观点的人明白，并没有哪项研究试图表明博物馆自身究竟会给其藏品的美感

① 比如说，针对Arshile Gorky的油画《艺术家和他的母亲》，语音导览由一位社会学家录制，其深入介绍了画面上主人翁（画家本人和他的母亲）的难民身份；而Chris Burden的作品的语音导览是由一位艺术家录制的，其关注点是画面上的各种背景以及选择这些背景进行介绍的理由。

带来多少积极的光环。Mastandrea等人（2009）发现参观罗马当代艺术博物馆的参观者给出的第一大理由是可以在这里观赏原作，这也证明了前面的观点。关于博物馆的社会背景还有着一个有趣的悖论，显示出审美体验各项影响因素的互动性质。Chang（2006）注意到，博物馆较高的社会地位会增强某些个人的被排斥感，同时又会使另外一些人更有归属感。即使是在免费日，一些游客不愿参观博物馆的原因是，他们认为博物馆是正式的和令人敬畏的场所，是上流社会通晓艺术的人士去的地方。不参观的游客把博物馆视作自己难以接近的地方，因为他们觉得自己并不具备感受高雅艺术所必需的充分背景知识。

那些对博物馆参观者的艺术体验起到正面作用的因素之间有着复杂的交互作用，有一项研究对于理解这些复杂的交互作用作出了重要贡献，即《电子情感：规划博物馆体验式学习》（Mapping Museum Experience Study）。该项研究采用新颖的技术设备，以验证博物馆的环境、艺术物品、策展以及观察者本身是如何影响参观者的艺术体验的。在瑞士圣加仑艺术博物馆开展研究项目的团队，包含了拥有艺术心理学、艺术社会学、艺术理论、博物馆观众研究、策展实践、工业设计以及技术编程专长的合作者们。志愿参与这项研究的参观者受邀戴上装有信号传感器的电子手套，通过手套可以连续记录他们的感知和感受，比如血压、心率、皮肤导电系数等。这使得对参观者参观博物馆所选择的路线、速度、在每件作品前花费的时间、他们的情感和认知唤起时间，以及这些唤起强烈程度等的精确量化检测，都变成可能了。参观之后，参观者对于挑选出的艺术品的审美和情感反应都会在电脑终端上显示为问卷调查结果并进行评估。Tschacher等人从完整的资料组数据考察中得出了调查结果，对此的详尽描述已经超出了本章讨论范围。概括来说，他们发现从统计学角度来看，观察者的审美-情感反应是基于其在感知艺术品的时候在有效的环境中反馈出的生理机能变化。这项研究的另一个新鲜之处就是参观者有机会通过电子情感装置的（eMotion）回放图来审视他们自己的观赏全过程。这一过程使参观者可以洞察自己的行为，使他们对博物馆体验的本质进行自省。

3.5.3 当观赏视觉艺术时，真的什么都比不上原作吗？

艺术品的原件几乎总是在一个博物馆内或者画廊和展览空间里才能见识到。因此，为了生态效度的缘故，把对于艺术审美体验本质的调研放在博物馆里进行是很有必要的。由于现实原因，进行实证调查的研究者鲜有机会利用艺术品原件作为其艺术刺激物。相反，他们在实验环境内所见到的都是某种形式的复制品，要么是打印出的图片（书籍、海报和明信片）、要么是幻灯片图像，或者现在使用越来越多的电脑屏幕图片。这又引出了一个实验美学的研究结果与观众在博物馆的原件作品面前所产生的反应之间的可比性问题。

鉴于在美学研究中大范围地使用艺术复制品，有人肯定会想当观赏者欣赏一件博物馆内某位著名艺术家的原作时，相比于欣赏不同尺寸的仿品，对审美体验会有哪些增益或是减损。事实上，文献中几乎还没有这样的讨论，因为新出现的图像技术可以产生原版画作的高清数码图像，从而比较忠实地捕捉到艺术品的物理特性，但Locher等人（2001）在纽约大都会博物馆开展的研究是例外。针对博物馆内三个不同版本的画作，他们考察了图像格式对绘画的图像和审美品质的感知以及评估所产生的影响。这三个版本是：画廊里看到的原作、幻灯片投影图像、电脑屏幕上的图像。研究中的实验对象是志愿参与的艺术专业人士或者外行的博物馆成年参观者。在三个条件的其中之一下，他们评估了艺术名家——如Bruegel、El Greco、Rembrandt和Vermeer的9幅画作。其中有物理和结构特征、审美品质以及内容的新颖度等16项测度指标。在接下来的研究中，Locher和Dolese（2004）安排受过艺术培训和未受过培训的大学生们在实验室环境下用这9幅画作的明信片图片来完成同样的任务。

这两项研究的结果表明，无论是内行还是外行观赏者，对于原作及3种复制版本之下的对刺激物的定性属性（条目：对称的-不对称的，同质性的-异质性的，模式化的-随机的，连续的-间断的）以及量化特征（条目：简单的-复杂的，拥挤的一不拥挤的，同质性的-异质性的）的形容词评级都十分相似。而且，比起没有经验的参观者而言，有经验的参观者习惯把所有版本的作品都评价为更为复杂的、非对称的、多变的以及差别大的。因此，关于艺术的物理和结构元素，这几种版本体现了Locher等人（2001）所谓的“图案相似”。另一方面，就参观者的评估判断而言，大多数被研究的艺术品——那些由Chardin、Christus、Giotto、Rembrandt、Van Eyck和Vermeer等创作的，相比复制品版本，其原作版本被所有的观察者评价为明显令人更加愉悦、令人感到更加有趣和更加惊喜；内行观察者对各种版本的艺术作品的评价一贯比外行高。这些发现表明，当涉及感受艺术作品的愉悦时，常听到的“原作高于一切”这种说法的确如此。正如所预料的，该结果显示出人们对绘画中的艺术作品有着不同的反应。对Bruegel、El Greco和van Ruisdael的作品不同版本的愉悦和兴趣评级差异显示，研究者需要对版本进行更多额外研究以便与公众通常看到的复制品相比，原作中哪些特征是有助于审美过程中的享乐价值的。

3.6 结 论

本章所述的研究结果表明，在阐释个体视觉艺术审美体验的许多因素和程序的复杂交互作用方面，最近几年学界取得了实质性的进步。与此同时，在建构详尽的科学理论体系，以及诠释艺术为观赏者带来审美体验的完备模型构筑起来之前，该学科知识无疑需要学者进行更多深入研究，并引入一系列目前可利用的技术手段来加以推动。

参考文献

Arnheim,R.,1974. Art and Visual Perception. University of California Press,Berkeley,CA.

Arnheim,R.,1988. The Power of the Center. University of California Press,Berkeley,CA.

Axelsson,Ö.,2007. Individual differences in preferences to photographs. Psychology of Aesthetics,Creativity,and the Arts 1,61–72.

Ballantyne,R.,Packer,J.,2005. Solitary vs. shared:exploring the social dimensions of museum learning. Curator 48, 177–192.

Borg,W.,Gall,M.,1989. Educational Research:An Introduction. Longman,White Plains,NY.

Bouleau,C.,1980. The Painter's Secret Geometry. Hacker Books,New York.

Bruning, R., Schraw, G., Norby, M., Ronning, R., 2004. Cognitive Psychology and Instruction, fourth ed. Pearson Prentice Hall,Upper Saddle River,NJ.

Chang,E.J.,2006. Interactive experiences and contextual learning. Studies in Art Education 47,170–186.

Cutting,J.,DeLong,J.E.,Brunick,K.,2011. Visual acuity in Hollywood film:1935 to 2005 and beyond. Psychology of Aesthetics,Creativity,and the Arts 5,115–125.

Fechner,G.T.,1876. Vorschule der Äesthetik. Leipzig,Hirzel.

Feist, G., Brady, T., 2004. Openness to experience, non-conformity, and the preference for abstract art. Empirical Studies of the Arts 22,77–89.

Hess, E., 1975. The Tell-Tale Eye: How Your Eyes Reveal Hidden Thoughts and Emotions. Van Nostrand Reinhold, New York.

Hillman,C.,Rosengren,K.,Smith,D.,2004. Emotion and motivated behavior:postural adjustments to affective picture viewing. Biological Psychology 66,51–62.

Housen,A.,1992. Validating a measure of aesthetic development for museums and schools. ILVS Review 2,213–237.

Jacobsen,T.,2006. Bridging the arts and sciences:a framework for the psychology of aesthetics. Leonardo 39, 155–162.

Jacobsen, T., Schubotz, R., Höfel, L., v. Cramon, Y., 2006. Brain correlates of aesthetic judgment of beauty. NeuroImage 29,276–285.

Kandinsky,V.,1979. Point and Line to Plane. Dover,NewYork(Originally published 1926).

Kapoula,Z.,Daunys,G.,Herbaz,O.,Yang,Q.,2009. Effect of title on eye-movement exploration of cubist paintings by Fernand Léger. Perception 38,479–491.

Kapoula, Z., Adenis, M.S., Lê, T.T., Yang, Q., Lipede, G., 2011. Pictorial depth increases body sway. Psychology of Aesthetics,Creativity,and the Arts 5,186–193.

Kreitler,H.,Kreitler,S.,1972. Psychology of the Arts. Duke University Press,Durham,NC.

Kuchinke, L., Trapp, S., Jacobs, A., Leder, H., 2009. Pupillary responses in art appreciation: effects of aesthetic emotions. Psychology of Aesthetics,Creativity,and the Arts 3,156–163.

Latto, R., Russell-Duff, K., 2002. An oblique effect in the selection of line orientation by twentieth century painters. Empirical Studies of the Arts 20,49–60.

Latto,R.,Brian,D.,Kelly,B.,2000. An oblique effect in aesthetics:homage to Mondrian(1872–1944). Perception 29, 981–987.

Leder, H., Belke, B., Oeberst, A., Augustin, D., 2004. A model of aesthetic appreciation and aesthetic judgements. British Journal of Psychology 95,489–508.

Lega, L., Paula-Pereira, L., Giron, D., Pastor, S., Locher, P., Hoyos, G., 2003. A cross-cultural analysis of the visual rightness theory of picture perception. Bulletin of Psychology and the Arts 4,86–89.

Locher, P., 1996. The contribution of eye-movement research to an understanding of the nature of pictorial balance. Empirical Studies of the Arts 14,143–164.

Locher, P., 2003. An empirical investigation of the visual rightness theory of picture perception. Acta Psychologica 114,147–164.

Locher, P., Dolese, M., 2004. A comparison of the perceived pictorial and aesthetic qualities of original paintings and their postcard images. Empirical Studies of the Arts 22,129–142.

Locher, P., Kapoula, Z., 2012. Body movement is induced by implied motion cues in paintings by Monet. Paper Presented at the 120th Annual Convention of the American Psychological Association, Orlando, FL.

Locher, P., Stappers, P. J., Overbeeke, K., 1998. The role of balance as an organizing design principle underlying adults' compositional strategies for creating visual displays. Acta Psychologica 99,141–161.

Locher, P., Stappers, P. J., Overbeeke, K., 1999. An empirical evaluation of the visual rightness theory of pictorial composition. Acta Psychologica 103,261–280.

Locher, P., Smith, J., Smith, L., 2001. The influence of presentation format and viewer training in the visual arts on the perception of pictorial and aesthetic qualities of paintings. Perception 30,449–465.

Locher, P., Overbeeke, K., Stappers, P., 2005. Spatial balance of color triads in the abstract art of Piet Mondrian. Perception 34,169–189.

Locher, P., Martindale, C., Dorfman, L.(Eds.), 2006. New Directions in Aesthetics, Creativity and the Arts. Baywood, Amityville, NY.

Locher, P., Krupinski, E., Mello-Thoms, C., Nodine, C., 2007. Visual interest in pictorial art during an aesthetic experience. Spatial Vision 21,55–77.

Locher, P., Frens, J., Overbeeke, K., 2008. The influence of induced positive affect and design experience on aesthetic responses to new product design. Psychology of Aesthetics, Creativity, and the Arts 2,1–7.

Martindale, C., Locher, P., Petrov, V. (Eds.), 2007. Evolutionary and Neurocognitive Approaches to Aesthetics, Creativity and the Arts. Baywood, Amityville, NY.

Massey, I., 2009. The Neural Imagination: Aesthetic and Neuroscientific Approaches to the Arts. University of Texas Press, Austin, TX.

Mastandrea, S., Bartoli, G., Bove, G., 2007. Learning through ancient art and experiencing emotions with contemporary art: comparing visits in two different museums. Empirical Studies of the Arts 25,173–191.

Mastandrea, S., Bartoli, G., Bove, G., 2009. Preferences for ancient and modern art museums: visitor experiences and personality characteristics. Psychology of Aesthetics, Creativity, and the Arts 3,164–173.

Mead, A., McLaughlin, J., 1992. The role of handedness and stimulus symmetry in aesthetic preference. Brain and Cognition 20,300–307.

Nather, F.C., Bueno, J.L., Abrew, D.C., Gomes, M.M., 2010. Body movements and timing estimation related to visual observation of different images representing distinct body positions. In: Proceedings of the 26th Annual Meeting of the Society for Psychophysics, pp. 433–438.

Nodine, C., Locher, P., Krupinski, E., 1993. The role of formal art training on the perception and aesthetic judgment of art compositions. Leonardo 26,219–227.

Parsons, M. J., 1987. How We Understand Art: A Cognitive Developmental Account of Aesthetic Experience. Cambridge University Press, Cambridge.

Plumhoff, J., Schrillo, J., 2009. Mondrian, eye-movements, and the oblique effect. Perception 38,719–732.

Pozella, D., Hammar, S., Hinkle, C., 2005. The effects of color on viewers' ratings of paintings. Empirical Studies of the Arts 23,153–163.

Reber, R., Schwartz, N., Winkielman, P., 2004. Processing fluency and aesthetic pleasure: is beauty in the perceiver's processing experience? Personality and Social Psychology Review 8,364–382.

Silvia, P., 2005. Cognitive appraisals and interest in visual art: exploring an appraisal theory of motivation. Empirical Studies of the Arts 23, 119–133.

Silvia, P., 2007. Exploring aesthetic fluency. Psychology of Aesthetics, Creativity, and the Arts 1, 247–249.

Silvia, P., Barona, C., 2009. Do people prefer curved objects? Angularity, expertise, and aesthetic preference. Empirical Studies of the Arts 27, 25–42.

Silvia, P., Berg, C., 2011. Finding movies interesting: how appraisals and experience influence the aesthetic experience of film. Empirical Studies of the Arts 29, 73–88.

Simonton, D., 2009. Cinematic success, aesthetics, and economics: an exploratory recursive model. Psychology of Aesthetics, Creativity, and the Arts 3, 128–138.

Smith, L., Smith, J., 2006. The nature and growth of aesthetic fluency. In: Locher, P., Martindale, C., Dorfman, L. (Eds.), New Directions in Aesthetics, Creativity, and the Arts. Baywood, Amityville, NY, pp. 47–58.

Smith, J., Tinio, P., 2010. Audio augmentation of museum visits: talking the walk. Unpublished manuscript.

Smith, J., Waszkielewicz, I., Potts, K., Smith, B., 2004. Visitors and the audio program: an investigation into the impact of the audio guide program at the Whitney Museum of American Art. Report. The Whitney Museum of American Art, New York.

Stangos, N., 1994. Concepts of Modern Art: From Fauvism to Postmodernism. Thames & Hudson, London.

Stevens, C., Schubert, E., Morris, R.H., Frear, M., Chen, J., Healey, S., Schoknecht, C., Hansen, S., 2009. Cognition and the temporal arts: investigating audience response to dancing using PDAs that record continuous data during live performance. International Journal of Human-Computer Studies 67, 800–813.

Tallis, R., 2008. License my roving hands. Times Literary Supplement 11(April), 13–15.

Tinio, P., Leder, H., 2009. Natural scenes are indeed preferred, but image quality might have the last word. Psychology of Aesthetics, Creativity, and the Arts 3, 52–56.

Tinio, P., Smith, J., Potts, K., 2010. The object and the mirror: the nature and dynamics of museum tours. The International Journal of Creativity and Problem Solving 20, 37–52.

Treisman, A., 2006. How the deployment of attention determines what we see. Visual Cognition 14, 411–443.

Tschacher, W., Greenwood, S., Kirchberg, V., Wintzerith, S., Van den Berg, K., Tröndle, M., 2012. Physiological correlates of aesthetic perception of artworks in a museum. Psychology of Aesthetics, Creativity, and the Arts 6, 96–103.

Watanabe, S., 2009. Pigeons can discriminate 'good' from 'bad' paintings by children. Animal Cognition 13, 75–85.

Zellner, D., Lankford, M., Ambrose, L., Locher, P., 2010. Art on the plate: effect of balance and color on attractiveness of, willingness to try and liking for food. Food Quality and Preference 21, 575–578.

Zellner, D., Siemers, E., Teran, V., Conroy, R., Lankford, M., Agrafiotis, A., Ambrose, L., Locher, P., 2011. Neatness counts: how plating affects liking for the taste of food. Appetite 57, 642–648.

第4章

绘画的经济与文化价值：实证证据

David Throsby and Anita Zednik

Macquarie University，Sydney，Australia

魏鹏举　卢东民　译

摘　要

艺术与文化经济学中长期存在的一个争议就是充分性问题，换句话说就是经济学价值理论能否充分把握文化现象的价值。在理论层面上，有人提出文化产品和服务体现了或者说产生了一种独特的价值形式，这种价值形式与商品的经济价值有关但又不尽相同。这种被称为文化价值的价值形式，与美学及艺术哲学讨论的艺术作品价值的概念基本一致。尽管理论上称经济和文化价值并存，但是很少或者尚无实证证据来证明二者是有区别的，或者探讨二者之间可能的关联性。本章将探讨对某些文化产品价值的经济评估是否能全面涵盖商品文化价值的各个相关层面，或者是否有一些文化价值成分无法用货币衡量。我们还将探讨能否从个人表述中识别文化产品的个人与集体价值概念的不同。前者仅涉及个人自身的功用，而后者则涉及更中立的社区或者社会整体价值观。为了分析阐明这两方面的问题，我们使用了来自问卷调查的实证证据，问卷评估的是消费者对一组画作的反应。

关键词

美学，经济价值，文化价值，利克特量表，典型相关

JEL Classification Code

Z11

4.1 引　言

在《艺术与文化经济学手册》上卷中，Michael Hunter和Richard Shusterman概述了在过去的美学和经济学理论探讨中艺术品价值和估价概念的历史演化（Hutter and Shusterman，2006）。前一领域涉及美学评判的源起与逻辑，将价值置于一系列个体对同一件艺术品的反应中得出的主观看法。指导评估的标准可能是一组正式规则，或者仅仅是影响个人对作品反应的非正式感觉和态度。因此，在做出评判的时候，评估反映了一个人的品位、学识、经验、社会阶层等，也反映了他们根据真实或者想象的艺术批评原则对作品技术特征所做的解读。[①]同时，经济理论采用的是一种不同的评价模式，其中品位是确定的，艺术品的特征——比如画作的尺寸、媒介、流派和出处——除非能影响个人的喜好、购买意愿或者可促成实际市场价格的交易过程，否则就没有意义。在这种情况下，美学评判的来源，不管它们是什么或者从何而来，都没有关系，它们最终将反映在个人的货币评估中。

Hutter和Shusterman的综述阐明了价值概念从经济学和美学两方面采用的不同解读路径。比如，在政治经济学中，价值理论早在Adam Smith之前就已存在（Sewall，1901），但正是因为Adam Smith区分了使用价值和交换价值，才引发了后续若干理论的发展。接着，19世纪末期的边际革命实际上将经济学中的价值理论转化为价格理论。这种转化于20世纪中叶在阿罗-德布鲁一般均衡模型中得到完善，Debreu称这种经济均衡的公理化分析为“价值理论”（Debreu，1959）。与此同时，艺术哲学认为，艺术价值这一模糊概念蕴含着许多不同的价值形式，它们可以从各个方面被感知，如艺术品的道德、社会、认知、经验、形式或者历史属性，以及鉴赏者的个人背景及评价做出时的背景条件。[②]

艺术品价值评估手段的发展促成了一个概念的产生，并在许多不同的背景条件下浮出水面，这就是艺术品的价值（或更广泛地说，“文化现象的价值”）可以从两个截然不同的立足点来评估：一是美学或者相关领域的角度；二是经济学角度。理论上看，包括人类学、艺术史、文化研究和社会学在内的不同学科的学者，意识到物品或者物品交易过程存在着美学和商业两方面的价值。[③]例如，在Hunter和Throsby编辑的书中（2008），作者详细记录了彼此不同的文化现象中价值的二元性，如当代艺术、社会学、人类学、古典音乐、艺术史、电影和音乐学。在现实的经济与文化政策中，主张文化产品和服务与普通商品不同，因为它们展示了普通经济价值以外的独特文化价值的论调，已成为当代文化政策的特征，并将对经济与发展政策起到更为重要和广泛的作用。例如，该主张即广播媒体监督下的本地内容定额以及贸易谈判中“文化例外”的思想基础——Acheson和Maule（2006）。它还决定了文化产业并入国际协议的方式，例如2005年《保护和促进文化表现多样性公约》[④]的序言，将文化活动、产品和服务描述成具有“经济和文化双重性质。由于它们传达了身份特征、价值和意义，因此不得仅以拥有商业价值来对待”（联合国教科文组织，2005）。

在艺术与文化经济学学科中，关于文化产品和服务价值的探讨明晰了对经济价值和文化价值概念的区别，它们都是用以描述商品所体现的或者产生的价值。经济

---

① 关于鉴赏者审美体验的进一步探讨，参见Locher所著本卷第3章。

② 关于审美学中对价值的各种解读概览，参见Hutter and Shusterman（2006，pp. 197–199）。

③ James F. English认为，艺术奖品和奖项可被视为代表审美价值与商业价值之间的接口，见本卷第6章。

④ 这一公约的细节将由Iapadre和Macmillan在本卷第15章和16章分别讨论。

价值在这一讨论中被定义为：运用传统经济分析方法衡量的文化产品或服务的市场和非市场的货币估价之和。相关的市场价值可以从价格数据或者其他直接使用者效益指数来评估，可能还有对消费者剩余的估算，而非市场价值可用显示偏好或陈述偏好方法来测度。同时，文化价值一般使用准兰卡斯特术语描述，它由一系列可定义的属性组成，包括审美、符号、精神、历史和社会价值等。[①]考虑到文化价值有多个层面，而且缺乏通用的计量单位，所以在这一范式下可以使用不同的排序或打分方式，分别评估价值的各个部分，结果可以序列或数值的方式呈现。[②]

如果文化产品的经济和文化价值概念如上述分别加以定义，那么这些商品的总价值就可视为这两种不同价值形式的某种组合。这种提议将分析移出新古典主义框架。因为前面提到，传统经济学认为：一件产品的所有文化价值来源都体现在其经济价值中，那样的话，对文化价值概念进行单列就是多余的。

推动文化商品价值概念范围拓宽的论点，已经转移到了货币作为价值度量的充分性方面。有人认为个人可能会感到不宜或者无法就其购买意愿来表达对一些文化现象的估价（例如，他们可能很难用金钱来清晰地表达他们对文化身份或者精神体验所作出的估价）。假若文化现象价值的单纯财务评估不能够把握影响选择的所有变量，那么它就不足以成为文化舞台中个人或集体就资源分配作出选择的基础。这一研究结果产生的影响将关联到公共和个人行为的广大范畴，包括艺术市场功能、文化产品与服务交易、对文化机构的公众支持、艺术生产和文物保护等。

现在，我们回到艺术作品的特有价值。抛开艺术品固有价值理论（这些理论认为，无论有没有人领会或者承认，价值总是存在的）。我们注意到在以上探讨的所有情况下，鉴赏者个人被视为某一特定作品价值解读和实现的中介。问题出来了：表达出来的这种价值，仅代表他或她个人的价值，还是不管有没有能力，个人作出的评判都多少具有一定的普遍性乃至普世性？经济理论在这一点上的立场非常鲜明：个人效用驱动需求包括一些利益归于他人的情况，比如公益需求或者利他主义。因此，归根结底，价值表达反映的是个人对自身效用感知，即物品的“值得性”（worth）。另一方面，美学理论则未如此旗帜鲜明地拥护这种个人主义解读，而是认为在此情景下，一位鉴赏者所表述的价值可能是某种无形的价值，未必归于任何个人或被其专门体验过。

关于艺术的经济与文化价值的探讨，引发了一些有待更多的理论和实证研究的问题。本章选取了其中的两个问题：（1）假设文化商品的经济和文化价值都由有效的方法来衡量，那么文化产品价值的经济评估能否完全涵盖商品文化价值的所有相关层面，抑或某些文化价值成分仍然不适合以货币评估？（2）能否从个人表述中识别文化产品的个人与集体价值概念的不同？前者仅涉及个人自身的功用，而后者则涉及更公允的社区或者社会的整体价值观。[③]我们借问卷调查产生的实证数据来分析阐明这两个问题。问卷用来评估消费者对一组画作的反应。

---

① Throsby(2001)更详尽地探讨了文化价值的这些层面。把审美学价值解构成各种组成部分，这在艺术史上颇有渊源，至少可以回溯到亚里士多德，还有17世纪法国艺术理论家Roger de Piles提出的著名的属性量表。参见Ginsburgh和Weyers(2008，2009)，他们分析了由Piles数据所衍生的经济与文化价值解释之间的关系。

② 关于文物价值衡量问题的探讨，参见Throsby(2013)。

③ Levinson将在本卷第5章论述音乐的时候，就文化价值的各个方面，包括审美学、象征性和社会价值，以及个体与集体价值之间的关系做深入讨论。

4.2 假　设

我们对画作的经济与文化价值调研背景为，假定有一组个体，他们对一系列画作经过考虑做出的评估可以被观测到。为了方便起见，我们假设这些画作有足够高的艺术价值，得以在公共美术馆内展出。我们假设一幅画作的文化价值可以用若干具体层面或者特征来定义，并且个人可以用基数标度来表达他们认为属于每一层面的价值。至于经济价值，我们假设一幅画作是一件有形文化资本，其价值可以由资本的股票特征和流动特征来说明。股票的价值就是作品可能的买卖价格，流动价值是在给定时间内附着在作品服务中的价格。鉴于所讨论的价值是由作品的个体观察者决定的，我们假设可以将所有个体对于一幅画作的某个层面作出的估价进行综合，从而得出平均的判断；也可以对所有画作的同一层面进行综合，从而得出对整组画作的平均判断。但是，我们不假设对给定画作的各种特征的文化价值的估计可以被汇集并产生该作品的一个单独的综合文化价值。

我们提出下列假设：

- 假设1（H1）：控制其他所有相关的影响因素后，从各个层面评估得出的一幅作品的文化价值，只能部分解释该作品已被评估的经济价值。特别是，某些被认为是一部作品文化价值中重要成分的层面，与此作品的经济价值没有相关性。

- 假设2（H2）：当个人表达文化价值要素时，既可以针对涉及他们自身的价值，也可以估计影响他人的价值。对于任何一种属性，这两者可能不一致。

第一个假设对于研究经济价值与文化价值的关系具有决定性意义，倘若这一假设成立，它就与“货币评估无法全面衡量艺术品价值”这一命题相吻合了。

4.3 数据与方法

验证以上假设的数据取自本章作者近日所做的一个问卷调查。随机选取了一些进入悉尼一家大型公共美术馆的参观者，问他们是否愿意参与问卷调查，对美术馆不同展区的六幅指定画作进行评估。这六幅画作包含具象的或非具象的作品，由知名或者非知名艺术家创造于不同的时期。[①]有两幅画的作者是澳大利亚本土艺术家。给每一个同意参与的人一份问卷、一支铅笔和帮助他们找到画作的地图。问卷列出了受访者在每幅作品前须回答的一系列问题。设计这些问题是为了诱出个人对每幅作品的文化与经济评估，方法如下文所示。

4.3.1 文化价值估计

文化价值被分解为五个成分进行评估：审美、社会、象征性、精神与教育价值。为了验证假设2，象征性与精神成分被进一步细分为对个人自身的价值和对他人或者社会总体的价值。受访者使用利克特量表方法，就每个文化价值成分，给出从1到10（从低到高值）的数值评分。[②]按照这种方法论的标准程序，受访者被要求针对一系列陈述，表达自己赞同与否，每一条陈述都与文化价值的一个具体层面有关。由于受访者受时间、领会复杂陈述的能力、精力等方面的限制，陈述的数量

① 这6幅画作的详情见附录1。

② 关于这一方法论的详情参见Davino and Fabbris（2013）。

和细节都比较有限。[①]此外，我们把文化价值的理论概念转换成简要的陈述，既要清晰地把握各个层面的精髓，又不能产生歧义，这真是一项困难的工作。尽管如此，我们成立了一系列围绕预调查的强化小组，并进行了问卷的试点测试，以此完善陈述，使之尽可能有效地应对这些挑战。关于画作文化价值估值的陈述见表4-1。

表4-1　关于画作文化价值估值的陈述

文化价值层面	陈述[a]
审美	我认为这幅画的观感很好
社会：对所有人	这幅画有助于我们更好地了解我们人类自身
社会：对澳大利亚人	这幅画有助于我们更好地了解我们澳大利亚人
象征性：对自己	这幅画对我而言具有重要的文化意义
象征性：对他人	这幅画对其他个人或者团体可能具有重要的文化意义
精神：对自己	这幅画向我传达了精神信息
精神：对他人	这幅画可能把精神信息传达给其他个人或者团体
教育	这幅画对教育儿童可能有价值

[a]受访者被要求在由左至右排列的1、2、3…，10的度量中表明自己的评级，最左端表示“强烈反对”（1），最右端表示“强烈赞同”（10）。

表4-1列出了对每幅画所做的陈述，以及设计好等待评估的文化价值的具体层面。对这些陈述的解释如下：

- 审美价值是直接的，它与美、和谐和视觉感染力等有关。
- 社会价值关系到文化认同及对文化在社会中角色中的理解。第一项陈述指可能的总体认知，另一项则明确限制在对澳大利亚人的认同这一框架内。
- 象征性价值是关于一幅作品讲述的故事或其含义，或者作品被感知到的传达更广泛文化或其他值得借鉴信息的方式。我们假定这些价值可以归纳为一个词组，即“重要的文化意义”。精神价值是一个很难确定的概念，它与人们面对一幅艺术品时所产生的先验的或神秘的、宗教的情绪有关。我们尝试了说明这一价值的各种方式后发现，“精神”这个词最能有效地传达我们想要表达的意思。
- 教育价值可以清楚地反映在作品对儿童的教育之中。

4.3.2　经济价值估计

经济价值估计分为两部分：（1）衡量每幅画作在流动中产生服务的价值；（2）把画作当作文化资本来估计其市价。前者的获取方式是，假定一幅画可以被私人租用一段时间，并问受访者对于这个租借机会，他们愿意一个星期付出多少租金。受访者对市价的估计（他们把画作视为买卖对象时的估价）则更难些。如果问受访者个人愿意出价多少来购买这幅画，好像不大合理。取而代之，我们换一种方式提问，问受访者认为这幅画要是被公共美术馆采购，应该值多少钱。这个问题可能会被视为一种社会价值——如果用金钱来衡量，这幅画的社会价值到底是多少？在这方面，它与就租金问题所做的个体或者私人估价全然不同了。关于经济价值估值的问题见表4-2。

① 理想的做法是一个属性至少有两项或更多的陈述，但这些限制意味着这已是不可能的了。

4.3.3 模　型

设E_1，E_2代表衡量经济价值的两个变量（分别指代流动和市价），C_1，…，C8代表上述文化价值的八个层面。把控制变量的向量定为Z_1，代表画作的各种特征（尺寸，风格等）

表4-2　关于经济价值估值的问题

经济价值层面	问　题
流动估值	你愿意每周最多付多少钱来租借这幅画？（假设你有足够的金钱和悬挂空间，而且你可以按照自己的意愿决定租借的时间，可长可短[a]）
市价估值	假设你是澳大利亚某处一家公共美术馆的主管，而这幅画正在出售。你觉得最高的合理采购价应该是多少[b]

[a]提示的选项为：从0澳元到50澳元（按5澳元递增）；“超过50澳元”（为了便于分析，当作55澳元）；以及“没意见”选项。

[b]开放性选项。

Z_2用来衡量n个受访者的社会人口特征（性别、年龄、收入等）①。我们提出的基础模型是：

$$E_{ik}=f\left(C_{jk},\ Z_1,\ Z_{2k}\right),\qquad (4-1)$$

这里i=1，2；j=1，…，8；k=1，…，n.

换言之，我们假定问卷受访者首先就其欣赏的画作的文化价值或者重要性作出评判，然后在这些评断的基础上得出他们的评估（已排除画作的物理特征对他们作出的经济评估的影响）。表4-1的关系也已排除了受访者因其社会人口特征而带来的系统影响。尽管有些文化产品的或有经济价值与文化价值因果关系倒置的例子（即人们对一件文化产品价格的感知和知识，会对其判断该产品的文化重要性产生正面影响②），我们在此假定本研究可以忽略不计这种影响。

4.4 结　果

在调查进行期间，619份问卷分三天发放，其中480份回答完整，其数据被用于下列分析中。与澳大利亚总体人口状况相对照，我们发现样本中女性略多于男性，且中年人、拥有大学学历者以及从事管理工作的人士较多。这些方面反映了全世界公共美术馆参观者的典型状况。受访者称，他们发现调查问卷很有挑战性（“为了做问卷，我真的得花心思琢磨这些画作”），但尽管有挑战，所有完成问卷的受访者，都能够根据具体的标准，对画作作出评估。因此，每个人为所有画作的给定属性所打出的分数，可以有效地表达该个人就那个属性对所有画作的偏好顺序。

4.4.1 对自身与他人的文化价值估值

受访者就文化价值各个层面的估价，如表4-3靠下部分所示。看看所有画作的平均价值，我们注意到在受访者的估计中，作品的象征性和教育价值在所有属性中表现得最为突出，但是属性平均值的排序，各个作品则各不相同。

表4-3中的象征性和精神价值结果——分成了对自己和对他人两个价值层面——使我们可以对假设2做一次后设测试。对于其中的某一属性，某人可能会说：

① 对模型估算中所用的所有变量的度量，详细参见附录2。

② 就如Veblen所提议的那样；关于Veblen的这个或其他估价理念，详细参见Leibenstein（1950）。

“我觉得这一属性对我价值不大，但是我意识到其对他人的重要性。”如此，该人对此属性的评定，会“对他人的价值”高于“对自身的价值”。同时，某人在这种情况中可能会说：“我觉得这一属性对我很有价值，但我不认为其他人会分享我的价值观。”如果是这样，价值评定的结果就会相反。因此，如果这种差别真的会在受访者的回答中表示出来，那么对自己和对他人的价值差异，将存在这两种可能性。

表4-3　对画作经济与文化价值的估值[a]

价值层面	画作						所有画作
	1	2	3	4	5	6	
经济价值							
流通估价（澳元）	26	17	19	24	24	31	23
市值估价							
受访者（千澳元）	704	103	13	156	67	1 837	483
市价（千澳元）	750	120	6	180	40	2 500	-
差价（市价百分比）	－6	－14	+118	－13	+68	－27	-
文化价值							
美学	5.51	5.13	6.28	7.24	7.31	7.52	6.51
社会：对所有人	5.68	3.87	4.68	5.76	5.76	6.31	5.36
社会：对澳大利亚人	7.10	3.56	6.29	7.19	3.13	6.98	5.73
象征性：对自己	6.47	3.64	5.22	5.53	4.63	6.71	5.37
象征性：对他人	7.62	5.64	8.67	9.02	7.36	7.63	7.68
精神：对自己	4.19	3.34	4.29	4.91	3.83	4.38	4.15
精神：对他人	6.03	5.37	8.65	8.92	6.04	5.96	6.85
教育	7.79	5.36	7.81	8.38	6.61	7.86	7.31

[a] 关于测量方法，可参见本卷。

诚然，没有明显的先兆显示对自己和对他人价值评估差异的走向，可能有一种情况除外，就是非土著受访者感觉土著作品蕴含着对土著人民的意象和其他重要内容，但这些意义对于非土著人民可能很晦涩且无法理解。在这种情况下可以预测，对他人的价值评估会超过对自己的价值评估，起码与文化重要性有关的层面如此。表4-3显示，对两幅土著作品3和4的象征性和精神价值的评估，“对他人”的平均值显著大于“对自己”的。这与该预测相符。我们也在其他画作的这两个层面中发现了同样的走向，尽管在大多数情况下，幅度没有这么大。

可以推断，这一有限的证据与“个人能够对一部艺术作品对他人的文化价值表达‘公允的’评估”这一命题相符，这有别于他们评估的针对自身的价值。

4.4.2　经济价值估值

表4-3的靠上部分显示出受访者对问卷调查的六幅

画作的平均租借（或者流动）的估价，以及平均价格估值（或者市价评估）。个人愿意出的租金依据不同画作有所不同，最低出价是那幅抽象印象派作品（画作2），最高出价是一幅悦目的19世纪画作，它是一位知名澳大利亚艺术家的作品，描绘了悉尼的街景（画作6）。六幅画的平均周租价仅略高于23澳元，中位价为20澳元，最高价为55澳元。

对于市价的估计，受访者首先被告知每幅画作的当前市场价格[①]，然后被问及他们是否认为这一价格太高，太低或者是正好。这样就使得他们作出的估价与市场价建立了联系。诚然，这一步骤会对结果产生一种锚定偏见或起点偏差（Beggs and Graddy，2009），但我们没有其他选择。预先测试显示，如果不提供一些参照，大多数受访者感觉他们无法进行合理的估计。表4-3中所显示的个人对画作的估价与市场价格的差异中，既有肯定的，也有否定的差异。这说明，人们未必认为市场评估是正确的，他们愿意自己作出定夺。

模型中的经济与文化价值统计数据见表4-4。

表4-4　　综合统计：经济与文化价值：所有画作

价值层面	平均值	中位值	最低值	最高值
经济价值				
流通（澳元）	23.33	20	0	55
市价（千澳元）	482.70	100	0	5 000
文化价值				
美学	6.51	7	1	10
社会：对所有人	5.36	6	1	10
社会：对澳大利亚人	5.73	6	1	10
象征性：对自己	5.37	6	1	10
象征性：对他人	7.68	8	1	10
精神：对自己	4.15	4	1	10
精神：对他人	6.85	7	1	10
教育	7.31	8	1	10

① 按照美术馆藏品的最新登记的估价所示。

4.4.3 经济与社会价值的关系

4.4.3.1 总体关系

我们现在来评估前面等式（4-1）中所提出的关系。既然我们在等式（4-1）的左右两侧都有超过一个的变量，那么第一步有必要采取多变量法，来估计各变量之间的总体关系。一种适当的方法是典型相关，它通过找出与另一套线性组合有着最大相关性的因变量的线性组合，以此衡量这一关系。

在模型中，我们将第一组典型变量U_1和V_1分别定义为变量组E和C的线性组合。即：

$$U_1=\alpha_{1,1}E_1+\alpha_{1,2}E_2 \quad (4-2)$$

$$V_1=\beta_{1,1}C_1+\cdots+\beta_{1,8}C_8$$

典型相关分析表明，$\alpha_{1,i}$和$\beta_{1,j}$使U_1和V_1之间的相关性最大。然后继续评估第二组典型变量U_2和V_2之间的关系；它们分别是E_i和C_j的线性组合，与U_1和V_1不相关，它们使U_2和V_2之间的关联最大化。结果如表4-5所示。

表4-5 典型相关结果：所有画作

变量	经济价值典型变量1		经济价值典型变量2	
	估计系数[a]	t值	估计系数	t值
经济价值：流动	0.04	22.45	0.03	7.22
经济价值：市价	0.00	11.82	0.00	-9.90
	文化价值典型变量1		文化价值典型变量2	
	估计系数[a]	t值	估计系数	t值
美学	0.22	13.14	0.10	2.16
社会：对所有人	0.02	0.81	0.10	1.76
社会：对澳大利亚人	0.06	3.18	-0.24	-4.86
象征性：对自己	0.12	7.11	-0.10	-1.99
象征性：对他人	0.00	-0.01	0.05	0.81
精神：对自己	0.00	0.21	0.12	2.35
精神：对他人	-0.10	-5.23	0.24	4.37
教育	0.08	4.23	0.01	0.22
n	1 696		1 696	
典型相关	0.59		0.25	
Wilks' λ	0.61		0.94	
F	59.74		16.45	

[a] n和F的系数在$p<0.1$下显著。

很明显，两个价值概念（即经济的与文化的）的关联非常紧密但并非完美——经济价值的“最佳”线性组合与文化价值的“最佳”线性组合的典型相关系数为0.59。该系数在衡量第二组典型变量时锐减到0.25。尽管如此，在描述经济与文化价值关系方面，我们注意到第二典型变量仍具有显著性。对$\alpha_{1,i}$和$\beta_{1,j}$的估计显示，对“最优”线性组合贡献最大的变量是左侧的流动经济价值，以及右侧文化价值中的审美价值与象征：自我价值。然而，解释这些系数时须谨慎，因为它们受到样本之间较大差异的影响，不能够以此为根据来衡量每项单独的影响。为此，分别估计等式（4-1）中E_1和E_2的关系当更为恰当。

4.4.3.2 经济价值的决定性和非决定性因素

为了测试本研究的主要待检验命题假设1，我们可以从经济价值的每个测量值出发，采用回归分析法，以此确定文化价值的各个层面，然后再观察每个单独系数的大小和其显著性。这些结果将显示哪些文化价值项目对于影响经济价值具有重要性，哪些没有。调查结果可以与显示每个文化价值层面在受访者形成其文化价值判断方面的相对重要性的数据进行比较。

经济价值决定因素模型的最小正常二乘法估计①结果，如表4-6所示。我们首先看一看表4-6中的流通或者租金估值。如前所示，表4-6第一列中所列的文化价值层面系数的大小和重要性，可以与表4-3下部分的数据作对比。

表4-6　　最小二次回归结果：所有画作

		因变量		因变量	
分类	自变量	经济价值：流通		经济价值：市价	
		估计系数[a]	t值	估计系数[a]	t值
文化价值	美学	2.54	12.23	39.13	6.00
	社会：对所有人	0.39	1.56	- 7.26	- 0.95
	社会：对澳大利亚人	- 0.02	- 0.09	- 0.99	- 0.13
	象征性：对自己	1.03	4.93	17.43	2.66
	象征性：对他人	0.21	0.73	- 17.62	- 1.99
	精神：对自己	0.25	1.18	- 3.08	- 0.46
	精神：对他人	0.05	0.20	24.09	3.07
	教育	0.87	3.81	15.43	2.13

① 除了最小二乘法，我们还运用了托比特估算法，以防在评估受访者的流动价值的过程中，该变量在最大值（55美元）问题上截顶。但是，此模型的托比特估算和最小二乘法的结果差异很小。

续表

分类	自变量	因变量		因变量	
		经济价值：流通		经济价值：市价	
		估计系数[a]	t值	估计系数[a]	t值
画作	尺寸	0.32	1.33	-103.53	-13.95
	年份	0.15	0.51	37.64	4.12
	作者声望	8.50	1.83	570.74	3.92
	非具象	7.08	1.25	-202.59	-1.14
	土著	-7.02	-4.56	269.52	5.58
受访者	男	-3.73	-4.49	-35.96	-1.37
	年龄	-0.02	-0.76	1.31	1.62
	教育1	-4.73	-4.76	80.78	2.61
	教育2	-3.28	-3.18	60.26	1.85
	收入1	2.57	2.67	41.37	1.36
	收入2	1.81	1.46	20.43	0.53
	澳大利亚居民	4.11	2.76	52.92	1.15
	恒量	-17.72	-2.08	516.30	1.94
	n	1 899		1 643	
	校正 R^2	0.33		0.66	
	F	47.21		160.50	

[a]n和F的系数在 $p < 0.1$ 下显著。

从表4-6中我们可以观察到在文化价值各种层面中，系数值最高的是象征性：对他人价值，这一文化价值成分，对个人的租金估价没有显著影响。这表示，受访者普遍对画作传达的故事性价值或者意义有强烈的感知——这是文化重要性的一个重要指标——但是他们认为这一价值不影响对作品的货币价值估计。相似的结论也可由精神：对他人价值的估计中得出，根据表4-3，这是第三重要的文化价值层面，但是并未显著影响租金。

尽管如此，确有一些文化价值成分对作品的租金有积极作用。不出意料，审美价值对于个人愿意出价多少租用一幅画作为已所用有着强烈的和显著的影响，尽管审美价值仅排在文化价值层面的第四位。其他对解释经济价值有显著作用的文化价值元素是象征性：对自己的价值和教育价值。在影响受访者支付愿意的个人特征中，我们注意到女性由于对家居环境更敏感，她们比男性愿意花更多的钱租借一幅画来装饰。令人吃惊的是，接受过更高教育的人，愿意支付的钱相对较少。考虑到这六幅画中的四幅有澳大利亚的内容，当地居民比外国人更有支付意愿。知名艺术家的画作在租借中更受欢迎，但它（们）必须不是本土画家的作品。

转到影响受访者估计画作价格或者市价的因素，我们发现这种情况下的影响有所不同。作品的技术特征和作者身份总是沿一个方向（或正面，或负面）产生强烈影响，五个变量中有四个变量的系数显著。意料之中的是，对画作价格估计最实质的影响来自于艺术家的声望——这一发现与作者声望对艺术市场的整体影响是一致的。尽管审美价值的突出影响再次得以清晰展现，但文化价值层面的系数更加多变且无法信心满满地予以解释。

总体来说，这些结果与假设1中表述的命题一致，即艺术作品的文化价值和经济价值之间存在关联，但是这种关联绝非完美。有些文化价值层面对个人形成对画作艺术或者文化重要性判断非常重要，但这些层面并不影响个人对画作经济价值的估计。换言之，有证据表明，在论及艺术品价值属性时，有许多理由认为应该把文化价值当成一种独特的价值形式，它对决策可能很重要，但却不能用财务上的评估来全面把握。

4.5　结　论

在本章中，我们从多学科的角度探讨了对艺术品的估价，研究的命题是价值中存在着某种二元性，我们把它粗略地概括为审美与商业特征。我们用艺术与文化经济学的方法具体检验了这一概念，以合理地解释文化产品与服务的非商业价值。为了全面说明经济评估中的此类价值，经济学研究者不得不跳出新古典主义框架，因为新古典主义含蓄或者明确地设定，所有价值终归都可以用货币术语表达。

本章的实证目的是检测文化商品价值理论的一个基本方面，即其价值是由两个单独成分——经济价值和文化价值——组合而成，且文化价值成分虽与经济价值相关，但不能纳入经济价值。我们通过调查问卷检验了这一命题，数据是通过随机选取一家美术馆的一些参观者获得的。我们发现了支持此命题的一些论据，证明除了运用经济学方法衡量的价值外，艺术品中还可以提炼出一个单独的文化价值概念。[①]此外，虽然个体对研究的作品的文化评估部分解释了他们对作品价值的经济评估，但解释得并不全面，文化价值的某些重要层面对经济评估没有影响。具体地说，在排除六幅画作中与文化价值无关的特征后，比如画作的尺寸或者受访者的性别，我们发现文化价值中的审美和教育价值，对解释画作的经济价值起到了显著的作用，而其他价值却不尽然，尽管它们对受访者来说也很重要。

我们还探讨了一种可能性，即个人可以超越他们自身的个人实用性，表达他们所看到的可能对他人有价值的某些文化价值。我们的调研数据与“个人有能力清楚地区分表达所谓基于个人和基于社会的文化评价”这一命题相一致。如果能够回忆起我们早先的观察，即本研究中的流通价值是个体相关价值，而市价是从社会整体角度得来的，那么我们可以参照表4-6的结果就以上的区别做进一步的探讨。可以看到，两种基于社会的文化价值层面都不能够很好地解释表4-6中的租金价值，但两种基于社会的文化价值却对市值的估计有着明显的影响（尽管相反）。

在本章中，我们对艺术品价值分析始终沿着两个拓展的价值范畴——经济与文化价值，以及基于个人与基于社会的价值。看来未来沿着这两个范畴的系统研究，

① 值得一提的是，我们的经济评估仅限于调研艺术品的使用价值。我们之前也提到，文化产品亦可产生可度量的非使用价值，可用陈述偏好或者其他方法衡量。在此研究中，我们未对非使用价值进行探讨。

将对进一步理清所有价值概念之间的关系有所裨益。有大量的评估工作可以做，特别是对诸如画作或者其他收藏品的估价，因为对于此类研究而言，画作和收藏品有着若干优势：它们的流通价值和市价很容易分开，它们的市场价格通常容易鉴别，并且其文化价值中可识别的层面容易被人们理解。从更广泛的层次来说，经济与文化评估的对比特性，还可以引发对其他艺术形式和文化领域的详尽探讨。对文化产品与服务的经济学评估方法比较先进，但是伴随着对这一领域的进一步研究，还会发掘出更客观和严谨的文化价值评估方法。

致　谢

本章是基于澳大利亚研究委员会“发现项目”拨款而进行的研究。我们由衷感谢新南威尔士美术馆在问卷调查过程中给予我们的支持。同时还感谢 Victor Ginsburgh 对本章草稿的有益建议。

附录1：画作的细节

画作1

Sidney Nolan（1917–1992），《扎营》（The Camp）（1946）；用合成高分子颜料绘于硬纸板上，大约90厘米×120厘米。这是一幅标志性的画作，描绘Ned Kelly故事中的一段情节——这个故事早已成为澳大利亚历史故事中的神话。

画作2

Ian Fairweather（1891–1974），《三重画像》（Triple Portrait）（1970–1971）；用合成高分子颜料绘于纸板上，大约106厘米×75厘米。尽管题目是三重画像，但它完全是一幅抽象作品，画家不是特别有名，但是在当代艺术圈里享有盛誉。

画作3

Freda Warlapinni（约1928–2004），《人体彩绘设计》（Pwoja-Pukumani Body Paint Design）（2002）；用天然颜料绘于亚麻帆布上，大约137厘米×84厘米。这是一幅非形象作品，展现澳大利亚北部提威人的横向或纵向肖像图。画家正是生活、工作在那里。

画作4

Mawalan Marika（1908–1965），《创作故事2》（Djan’ Kawu Creation Story 2）（1959）；用天然颜料绘于树皮上，大约190厘米×64厘米。这是由一位重要土著艺术家创作的历史作品，复杂的图案和包含一些小动物（蜥蜴等）构图元素，具有澳大利亚北部的东北阿纳姆地的育伦古艺术特点。

画作5

Niccolo Cecconi（1835–1902［?］），《庞贝浴场》（A Pompeian Bath）（约1890）；帆布油画，大约105厘米×155厘米。这是一幅浪漫的19世纪超现实叙述画作，展现的是围坐在奢华的罗马浴场边沿的一群女性形象。

画作6

Arthur Streeton（1867–1943），《红坊火车站》（The railway station，Redfern）（1893）；帆布油画，大约40厘米×61厘米。这是悉尼内市区一个雨天的街景；艺术家很出名，这一场景可能对很多当地参观者来说都很熟悉。

附录2：模型中的变量

经济价值

流通估价（澳元每周）

市值估计（千澳元）

文化价值

美学

社会：对所有人

社会：对澳大利亚人

象征性：对自己

象征性：对他人

精神：对自己

精神：对他人

教育

以上变量的衡量尺度从1（最低价值）到10（最高价值）。

画作特征

尺寸（千平方厘米）

年份（年数×10^{1}）

作者声望（假定：著名=1，否则为0）

非形象的（假定：非形象的=1，否则为0）

受访者特征

男性（男性=1）

年龄（年岁）

教育1（假定：学士学位=1，否则为0）

教育2（假定：硕士学位=1，否则为0）

收入1（假定：年收入5万～10万澳元=1，否则为0）

收入2（假定：年收入10万澳元以上=1，否则为0）

澳大利亚居民（假定：澳大利亚居民=1，否则为0）

参考文献

Acheson, K., Maule, C., 2006. Culture in international trade. In: Ginsburgh, V., Throsby, D. (Eds.), Handbook of the Economics of Art and Culture, vol. 1. North-Holland, Amsterdam, pp. 1142–1182.

Afifi, A., May, S., Clark, V.A., 2012. Practical Multivariate Analysis, fifth ed. CRC Press, Boca Raton, FL.

Beggs, A., Graddy, K., 2009. Anchoring effects: evidence from art auctions. American Economic Review 99, 1027–1039.

Davino, C., Fabbris, L. (Eds.), 2013. Survey Data Collection and Integration. Springer, Berlin.

Debreu, G., 1959. Theory of Value: An Axiomatic Analysis of Economic Equilibrium. Wiley, New York.

Ginsburgh, V., Weyers, S., 2008. Quantitative approaches to valuation in the arts, with an application to movies. In: Hutter, M., Throsby, D. (Eds.), Beyond Price: Value in Culture, Economics, and the Arts. Cambridge University Press, New York, pp. 179–199.

Ginsburgh, V., Weyers, S., 2009. On the contemporaneousness of Roger de Piles' Balance des Peintres. In: Amariglio, J., Childers, J. W., Cullenburg, S. E. (Eds.), Sublime Economy: On the Intersection of Art and Economics. Routledge, London, pp. 112–123.

Hutter, M., Shusterman, R., 2006. Value and the valuation of art in economic and aesthetic theory. In: Ginsburgh, V., Throsby, D. (Eds.), Handbook of the Economics of Art and Culture, vol. 1. North-Holland, Amsterdam, pp. 169–208.

Hutter, M., Throsby, D. (Eds.), 2008. Beyond Price: Value in Culture, Economics, and the Arts. Cambridge University Press, New York.

Leibenstein, H., 1950. Bandwagon, snob, and Veblen effects in the theory of consumers' demand. Quarterly Journal of Economics 64, 183–207.

Throsby, D., 2001. Economics and Culture. Cambridge University Press, Cambridge.

Throsby, D., 2013. Assessment of value in heritage regulation. In: Rizzo, I., Mignosa, A. (Eds.), Handbook on the Economics of Cultural Heritage. Edward Elgar, Cheltenham, pp. 456–469.

Sewall, H., 1901. The Theory of Value before Adam Smith. A.M. Kelley, New York.

UNESCO, 2005. Convention on the Promotion and Protection of the Diversity of Cultural Expressions. UNESCO, Paris.

第5章

音乐的价值

Jerrold Levinson

University of Maryland，USA

魏鹏举　卢轩　译

摘　要

在本章中，笔者检验了音乐可以具有的价值种类，或者说是人们评价音乐可能采用的种种方法，以及这些价值或评价方法之间的联系和相关性。首先，音乐的音乐价值，或者说是音乐作为音乐的价值，是艺术价值的一种，其本身与审美价值密切相关，但并不完全相同。不过，音乐还有着超越其纯音乐价值之外的价值，比如具有经济价值，不论是作为一件商品、一项服务还是一门技艺。更普遍的是，音乐具有，或者说能够具有许多类型的实用价值。在这些实用价值中，比较值得注意的是社会价值、娱乐价值、治疗价值、功能增强的价值以及自我肯定价值。一首乐曲所能拥有的实用或工具价值与其音乐或审美价值之间的关系是复杂的，并且会因情况不同而不同。

关键词

经济价值，艺术价值，审美价值，社会价值，实用价值，工具价值，体验价值

JEL Classification Codes

Z00，Z10，Z13

5.1 引 言

笔者在此检验了音乐所具有的价值种类，也可以说是几种能够正确评价音乐的方法。音乐是具有多重价值的，这正是本章的中心主题。[①]

对那些反思艺术价值的人来说，不论是从艺术创作者还是从艺术欣赏者的角度来说，提出艺术无用论者都不少见，并且正是由于他们觉得没用，或者说不能满足任何实用目的，这才显示出最真实的本质又是最大的价值。不难理解以这种态度对待艺术的动机，有时被称为“唯美主义”或者“为艺术而艺术”。在其背后是这样一种担忧：艺术不应该从功利角度去看待，不应该受制于市场，也不应该被粗鄙地用于社会或政治目的。因为以这样的方式对待艺术，将与它的形式自由和表达自由格格不入，对此如果要实现所有在艺术上的可能性，那么它就必须是和谐一致的。

然而，冷静地看待，艺术无用的论断是夸大其词。的确，仅仅在狭义上，有用才等同于取得狭隘的实用目的。不过，从广义上来看，艺术，以及其中的音乐，就当然不是无用的了。艺术呼应了我们怀有的某些兴趣、我们心存的某些目标以及我们抱有的某些目的。它们甚至还响应了我们的某些需要，从商品的意义上说，如果缺失了它们，我们的生活就不会多姿多彩，虽然没有也不会真的灭亡。

在这方面考虑下 Friedrich Nietzsche 的一句名言：“没有音乐的话，人的生命将会是一个错误。”当然，这句话和宣称艺术无用一样，看起来有些夸张。因为假如尼采的断言成立，那么为什么不是“没有鲜花的话，人的生命将会是个错误”？或者“没有网球的话，人的生命将会是个错误”？甚至是“没有可口可乐的话，人的生命将会是个错误”？显然，以其各自不同的角度来说，音乐、鲜花、网球和碳酸饮料全都是好东西，然而音乐是否的确有着一些特别的东西，以至于它在我们生命中缺失简直就是个悲剧，但是另外那些好的东西缺失的话会不会如此呢？在这一整章中，我会不断解答这个问题。

5.2 初步区分

按程序来说，我们的研究起点是关于音乐价值的一些初步的区分。[②]第一，区分音乐的内在价值与音乐的工具价值。前者可以被理解为接触音乐本身的价值，而后者则可以被理解为音乐作为一种手段的价值，这种手段能够带来一些存在于接触音乐之外的好处。第二，音乐的艺术价值，包含了音乐的内在价值，不过也可以说它包含了一定的工具价值，这就必须区别于它的非艺术价值；音乐的艺术价值也应当区别于它的审美价值，审美价值要比艺术价值的范围窄一些。第三，应当把音乐对于个人的价值与其对于群体或社群的价值加以区别。第四，在音乐对于个人的价值中，我们还可以再细分出它对于聆听者、演奏者和作曲者三方的价值区别。[③]第五，音乐价值或者说整体意义上的音乐实践价值，与附着于单个音乐片段或音乐场景的价值之间，还有着一些区别。与此区别相对应，人们很自然地会提出两个与音乐的价值相关的问题：

---

① 参见音乐价值的一般性问题 Budd(1995),Davies(2007),Goldman(1995,2011),Kivy(2002),Levinson(2006b,2011),Ridley(2004),Scruton(1997),Sharpe(2004),and Storr(1992)。

② 在本卷第4章中,Throsby和Zednick对绘画也做了一些类似的区分。

③ 参见 Sessions(1950)and Levinson,2006b。

i.是什么使得音乐，或音乐实践这一整体是好的，或者说是什么使得音乐成为对人类文化繁荣有益的事？

ii.是什么使得一段或一场音乐是好的，或者说与其他片段或场景比较起来是好的？

然而，这些问题之间的关系似乎有些晦暗不明。

没有单独一段乐曲或一个场景音乐是好的，而整体上的音乐却是有价值的？这是很难想象的，要知道，音乐作为一个整体的价值至少要基于一些片段或场景的价值。那么，是否可能单独的一个音乐片段或音乐场景有其自身价值，然而音乐作为整体却没有价值呢？后者看上去稍微容易想象一些，即便这种情形仍然极难出现，因为哪怕只有一个有价值的音乐实例存在，自然就会指向通往其他实例存在的道路。

让我们变换角度说明这个问题：究竟应当说，由于具体的音乐实例具有价值，从而令音乐在总体上具有价值呢，还是说，那些具体的音乐实例有价值，是因为音乐在总体上是有价值的？在这点上，我们可以猜想这个问题会带来一些不愉快，但如果非要作出选择，似乎第一种选择更好些，它主张音乐整体的价值在一定程度上必须源自具体的音乐实例的价值。

也许最好的表述是：作为整体概念的音乐，只要在其可能范围之内，总是有价值的，因为有价值的音乐实例或音乐创作场景的实例总是存在的，这些音乐实例或场景可能以多种方式体现其价值，并且对于一个特定的音乐体裁来说，价值的高低要视音乐实例或音乐创作场景在此体裁之内的体现程度而定。

无论如何，笔者在本章首先关注附属于音乐或音乐实践的普遍价值，而不是个别乐段或单个的音乐体裁的相对价值。这意味着，笔者有关音乐价值的讨论经常会使其自身处于相当抽象的层次，以此来寻求那些应当被发现的音乐价值，尽管这必定会在不同程度上涉及音乐的任何类型。

在总体的音乐价值与单独一段音乐的相对价值之间，音乐的社会价值提供了一个区别二者的清晰范例。我们把音乐的社会价值理解为：它把人们聚集在公共环境下，实现分享经验、相互影响、协调交流以及彼此认同的目的。了解了这一点，就可以明白，音乐的社会价值不是能将某些音乐片段或场景区分出来的一种价值，因为几乎所有的音乐片段或场景都拥有这一价值，而且这一价值仍然是音乐作为一个整体的价值。[①]

5.3 音乐之于聆听者、演奏者和作曲者的价值

就音乐对于聆听者、演奏者以及作曲者而言的不同价值做些区分是有帮助的。当然，在理论上三者就有差异了，故而在实践中它们只有部分的重叠也就不足为奇了[②]。

比起演奏音乐，聆听音乐可以让人收获更丰——也许从技术层面上挑战演奏者并能奏响一段迷人的旋律太容易了。此时会出现在脑海里的旋律是Rodgers和Hart的《你太美丽了》(You Are Too Beautiful)。而比起聆听音乐来，创作音乐又更令人受益——或许涉及了音乐对位法问题的巧妙解决方案，而它们很难听得出来。例如，Thomas Tallis的四十声部赞美诗《寄希望于他人》(Spem in alium)。最后，比起聆听或是创作，演奏音乐总是会更令人得益——也许，对演奏者的挑战本身就很有趣，既不需要创作者加入新元素，又不需要特地去吸引听众。例如，Max Bruch的小提琴和管弦乐队演奏曲《苏格兰幻想曲》(Scottish Fantasy)，尽管有不少演奏名家采用独奏方式来呈现它，但它远谈不上迷人的主题性题材，另外Max Bruch还使用了接近死亡主题的民间片

① 参见Higgins(1991)McNeil(1995),and Bigand(2011)。

② 参见Sessions(1950)。

尾曲。[①]

所以，一段给定的音乐根据其在音乐场景中所聚焦的角色不同——不论是聆听者、演奏者抑或作曲者，都会有着不同的价值。不过，这三者中的第一个，即聆听者的价值似乎理应优先于其他两者。这样说的原因何在？答案是，努力使得音乐成为非常有益的听觉享受，这是音乐事业最基本的存在理由，作曲和表演的成功归根结底也要据此来判定。一般来说，如果一位作曲者创作的音乐让听众有收获，那么他就是优秀的；如果一位演奏者以一种能让听众有收获的方式进行演奏，那么他就是优秀的；作曲者或演奏者自己在创作和演奏的过程中是否满意是不必考虑的。此外还有一个经常提到的原因是，作曲者和演奏者通常既是听众，又是作曲者和演奏者，并且他们自己的聆听反馈，是创作和表演活动成功不可或缺的组成部分。这种演奏者在表演中或是作曲者在创作中获得的满足感，有一部分可能是他们在各自艺术领域内遇到的挑战或解决的问题，但几乎在所有的情况下，都会承认实现好听的演奏或作曲这一目标——这一目标主要诉诸的是听者的耳朵，而不是作曲者的头脑或演奏者的身体。

5.4 区分音乐价值的方式

就某个可欲目标而言，区分音乐价值的不同方式，也是有意义的。假如我们希望能在某种程度上去证明Nietzsche关于音乐重要性的那个有些夸张的论断的话，区分音乐价值的方式就会很有用。

我所想到的一些不同的方式分别是：

i.音乐或许会因其作为有助于实现可欲目标的众多事物之一而有价值。

ii.音乐或许会特别有助于实现可欲目标，尽管还有其他许多事物有助于实现相同的目标。

iii.音乐或许会因为明显有利于实现可欲目标而具有价值，与其他事物都不同。

iv.音乐或许会因为是唯一有助于实现可欲目标而具有价值的，与其他任何事物完全不同。

很明显，我们能辨认出的在第ii～iv类方式下音乐的价值越大，那么我们就越能够证明“没有音乐的世界将令人非常难过”这一判断。这一判断只不过是更冷静地将Nietzsche那句话的含义表达了出来。我会特别注意延承了上述第iii和iv类范畴的那些音乐价值（即音乐的与众不同之处，或者说其独有的价值）。不过，如果音乐真的有价值的话，即便是上述第i和第ii类项下的音乐价值，也一样能得出这样的推断。

5.5 音乐在人类生活里的重要性

美国音乐哲学家泰斗Peter Kivy在一本论述我们话题的新书中，对Nietzsche的言论给出了一个恰如其分的新诠释，不过是以设问的形式提出的：“是否音乐扎根在人类的基石里足够深，以至于它可以被看作在一定程度上定义了我们的生命”？（Kivy，2002，p. 8）。Kivy对此非常地肯定，因为就他的观察而言，任何一个地方都还从来没有过一种脱离音乐而存在的文化。

音乐在人类社会里是无处不在的这一事实着实惊人，它也向我们揭示出，音乐实际上呼应了一些我们内心深处的需求与兴趣，与饮食、性事、居所、友谊等都不同。然而，只注意到音乐的普遍性这一点，还并不能告诉我们那些需求或兴趣究竟是什么。更何况，音乐并不仅仅在我们大多数人的生命中出现，而且扮演了一个

① 参见Levinson（2011b）。

难以替代的角色；它遍布于我们的生活，以至于它的消失会被立即觉察出来，给人造成相当大的不便。然而，音乐的不可替代性又恰似其普遍性那样，既不能算是对音乐重要性的解释，亦不能算是它的成因，充其量只是重要性的一个特征。

在这一点上，我们不得不快速回顾上两个世纪哲学思考过程中所提出的关于音乐特殊价值的一些知名提议。此时我联想到的有关名字是Eduard Hanslick、Edmund Gurney、Arthur Schopenhauer、Susanne Langer、James Sullivan以及Leonard Meyer。[①]

Hanslick支持音乐有着独有美感的理念，Gurney强调这一根深蒂固的和不受规则管辖的音乐感染力，Schopenhauer和Langer两人提倡把音乐视为最适合反映情感生活的存在，Sullivan主张音乐是新奇性或前所未有的精神状态的揭示者，Meyer提出音乐是个人性格的潜在开发者，对于我来说，这些都有其优点（详见附录）。在合适的框架和标准之下，上述观点也许就足以产生出音乐独特，甚至是独一无二的价值。然而，接下来我不会对这些观点进行评价，而是以我自己的方式，进一步探索某些音乐的独特价值，虽然刚才探究过的一些看法与我的也不无神似。

5.6 音乐的艺术价值

正如一开始所说的那样，本章的中心主题是：音乐究竟有多少价值，其价值如何不同，或者说对于我们而言，音乐有着哪些种类的价值。不过，这并不意味着这些价值都不相上下，它们之间有着优先级关系和不对等性。某些音乐价值总是比另一些更为重要，而某些价值则以另外一些作为前提和依托。

在音乐所能拥有的林林总总的价值中，有一种被定义为“音乐”的音乐价值是我们应当置于冠首之位的，或者说它是一种使音乐之所以能成为音乐的价值。既然就基本含义而论，音乐是一门艺术，那么因此可以说一段音乐的音乐价值就是一种艺术价值。艺术价值的确切构成当真是一个难题，也正为了这个缘故才让我推迟动笔。当然，也许我们应当同意音乐的艺术价值里最大的组成部分就是我们所谓音乐的审美价值（即音乐具有一种作为审美欣赏对象的价值，它大致等同于音乐对于听众的内在价值）。

那么，审美欣赏又是什么呢？我们可以说审美欣赏是一种有目的的投入，其形式和品质以及它们之间的关系，都在充分的个性中得到表达和品味，并且是为了它们自身的缘故，或者换言之，是为了感知和思考它们而产生的体验。音乐的审美价值是其艺术价值的核心，这是在我们密切注意它和在审美上欣赏它时，它所能够给予我们的价值（Levinson，2009）。

带着头脑听音乐主要指什么？如果我们思考关于这个问题的假设，那么我们的讨论可以更具体一些。它指的是，随着音乐的逐渐展开，我们密切地注意并追踪音乐，也就是我们常说的“跟着音乐走”。而后我们就可以说，一段音乐的审美价值大致上来自于知觉-想象-情感体验的价值，这段音乐要任由有备而来的听众去专注地追踪，这就是从审美上鉴赏音乐。[②]

不妨这样设想，一段音乐的审美价值也相当于是一种体验价值。此外，由于鉴赏的理念意味着找到某些有收获的体验，而且这一价值经常——虽然并非总是——等同于享受，不容争议的事实是音乐的审美价值通常体现在我们在审美上专注它时，它所带给我们的快乐。所以说，音乐的审美价值不只是一种体验价值，还有享乐性的价值，这是显而易见的。

因而，音乐可能首先旨在提供愉悦感，尽管对于从

① 参见Hanslick(1986),Gurney(1966),Schopenhauer(1966),Langer(1942),Sullivan(1960),and Meyer (1967)。

② 参见Levinson(1997,2006a,2006b)。不同观点,参见Kivy(1991)and Davies(2011)。

审美上鉴赏音乐的人看来，这是一种特殊种类的愉悦感。在与所有其他艺术并论时，那些秉承“为艺术而艺术”视角来看待音乐的人正是以此为理由，断言音乐无用，或者说没有实际效用。可是，像音乐这样一种提供没有损害、没有破坏、高度可重复的愉悦感的可靠源泉，终究不应当被认为没有用处。何况，如果再考虑到与音乐相处的过程中，它不仅给予了我们无害的欢乐，还有益地锻炼我们的知觉、认知、情感和想象力，那么这种谓其无用的指责就愈发显得没有根据了。

那些积极参与音乐的个人，特别是那些虽然并非专门学习唱歌或演奏音乐的，其所获得的确切心理效益，目前还是音乐认知心理学中的一个活跃研究领域，但显然有这样一些好处：其中最可能包括的在于活化和锐化我们的各种心智官能，比如参与空间推理、数学计算、预期未来、回忆过去、协调运动，以及同情心等。[①]值得注意的是，与音乐相处而得到的工具性裨益，大多是间接的，倾向性的那一类，而不是马上就能享有或者意识到的。相比之下，我在本章稍后会强调接触音乐的心理益处，在于其绝大多数情况下是十分不同的，包含了一些明显的和能够即时体验的好处。当然我们也可以说，人类的史前史已经直接证明人类逐渐适应了音乐，这些活动最显著的地方就在于，除了现在音乐活动带给个人的好处以外，它们还有利于集体行动。[②]音乐起源的这种进化论解释的有效性还没有定论，然而，不论这种解释是否成立，在任何情况下，音乐无可置疑地具有那些对于我们来说不可替代的价值。

现在我要回到方才搁置一旁的问题，即音乐的艺术价值，或者说它的音乐价值。我们应该怎样来划定这个问题的界限呢？一方面，想必并非所有与音乐有关的价值都是艺术价值，可与之分开的心理益处也是存在的，我们刚才提到过的音乐就是很清晰的例子，它们提供了真实的价值，但这些价值并非艺术性的。另一方面，音乐的艺术价值也不仅包括审美价值，而是囊括了其他类型的价值，因而不能简单地将两者等同起来。

什么是音乐作为一门艺术而具有的价值，哪些因此是音乐的艺术价值，哪些又在审美价值之外？看上去比较合理的几个解释有：一段音乐可以代表的某个媒介中的成就、一段音乐可以显示出的原创性，以及一段音乐在未来的作曲进程中可以发挥的积极影响力（Levinson，2006b）。这些似乎都可以看作是音乐的艺术价值，它们存在于音乐事业的内部，而不单纯是音乐活动的外部或附带的好处，比如可能促进记忆力。然而，它们又并非是之前界定的审美价值，因为它们并没有这样的体验价值，而音乐的审美价值在于它能为听众提供内在的，并且有回报的、感知的、想象的、感情的体验。艺术成就的价值、艺术的原创性以及艺术的影响力并不主要存在于对那些事物的体验中。事情就是如此，尽管最终它们必须将自己建立于那些可能的有价值的鉴赏经验之上（Levinson，即将出版）。

那么让我们假设，音乐的艺术价值有着作为其核心的音乐审美价值，但不止于此。如此情形下我们再问一次，音乐的艺术价值怎样才会受到限制呢？有一种方法就是将这种价值设想为存在于音乐可以满足目的或是符合目标的能力之中，这些目的和目标对于音乐作为艺术来说是适合的。然而，那些目标和目的又是什么呢？

在这一点上，有人也许有意提出一个历史性的答复。我们可以简单看下这些目的或目标，那就是音乐作为一种艺术实践，传统上就旨在于实现。这显然包含了对形式的探索、对情感的表达、对想象的锻炼、对音韵之美的获得、对情感形式的体现、对灵魂的提升，以及对场景感的领悟等。

这个历史性的回答目前还不错，但是看上去提供另

① 参见Bigand(2010)and Huron(2006)。

② 参见Hauser and McDermott(2003,2005),Huron(2006),and Levitin(2006)。

外一个更加原则性的答案，可能更好。让我们回顾一下，这个命题被视作是音乐的艺术目的或是目标。为什么之前刚提到过的目标被认定为是艺术性的——形式的探索、情感的表达、音韵之美的获得——而其他的目标，比如经济价值的产出、医疗益处的实现、声誉的获得等等，这些可能也都是来自于音乐活动的，但看起来似乎不太相关。

有一个简短的答案是，当接触这类相关价值时，我们需要充分地了解音乐，以及音乐的艺术目标；也就是说，我们需要知道音乐如何被理解，如何以其独特的形式、品质与意义被认同和欣赏（Budd，1995）。当然，一部音乐作品的审美价值，以及它的影响力价值、原创性价值以及成就价值，对于那些缺乏对这些作品理解及投入的人来说是难以想象的；相反，音乐在经济上的声望价值或医疗上的声望价值，对于没有那种投入的人来说却一样能够获得。若是为了获得经济价值，只需要拥有音乐版权就够了；若是为了获得医疗价值，只需要漫不经心地聆听就够了；若是为了获得声誉价值，那么也只需要赞助音乐创作就够了。[①]

5.7　音乐的超艺术价值

关于音乐的艺术价值已谈论得足够多，是时候正视一下音乐在其艺术价值以外的那些价值了，即音乐的超艺术价值。最为明显的是，就像之前已经回顾的，不论是作为一件商品、一项服务还是一门技能而言，音乐显然有着经济价值。倚靠音乐本身及其连带价值来谋生的人为数众多：有的人凭借创作音乐，有的人凭借演奏音乐，有的人靠它进行音像出版，有的人靠它营销宣传，有的人靠它推广营销，有的人为它品鉴评议，有的人为它策划打理，有的人为它录音记录，有的人教授音乐，有的人分析音乐，甚至还有人是借着音乐来立论著说和开坛设讲。

通常来说，音乐具有，或者说能够具有多种多样的实用价值。其中比较引人注目的是社会价值、娱乐价值、治疗价值、消遣价值、放松价值、改善记忆的价值、增强灵活性的价值、增加魅力的价值等。另外，还有其他各种价值，有些音乐还有着并不算是纯粹的实用价值，比如认知价值和伦理价值。虽然这样的分类有可能会增加争议，但是我们并不能毫无争议地将它们归入音乐的艺术价值的范畴。现今在哲学美学领域，艺术中的认知价值以及伦理价值是争论的热门话题。

5.8　音乐的美学价值

在认可了各式各样的音乐超艺术性价值之后，现在我们回归音乐最重要的艺术价值，即音乐的美学价值。这可以说是音乐的基本价值，是一种当我们因为一段音乐的鲜明个性而去欣赏它时，所获得的形式上的、富有韵味的价值（Levinson，2009）。

关于任何音乐我们都可以谈到：（i）它的具体形式是什么样的——声音、音符、和弦、乐句之间的连接关系是怎样的；（ii）它传达了哪些林林总总的——动作、姿势、音高以及情绪；（iii）它所传达的东西又是怎样关联和体现的——正是第三方面，这个动作与含义的特殊复合体，有可能是一部音乐作品最独特之处，也是最值得我们去关注的地方（Levinson，2006b）。

大凡杰出的音乐，尤其是作为形式与内容统一体的具体典范，都有着一些绝对精彩而不可能意释之处——

① 参见 Savile(1993)，Gaut(2003)，Kieran(2003)，Levinson(2006b)，Kivy(2008)。

甚至比那些杰出的诗歌更加难以意释言传，毕竟诗篇和对它的释义至少是存在于同类媒介中的。在此我想起了Medelssohn的一句名言：音乐以自己的方式所表达的那些东西，对语言来说并非是太模糊，而是太具体了；我还想起了Beethoven对一个听众的回应，那个听众刚刚听了他演奏的一首钢琴奏鸣曲，请教他乐曲的含义，Beethoven的回答是不置一词，只是将乐曲又演奏了一遍。个中真意当然很接近Hanslick和Gurney提出的，音乐最独特的价值。

对于听众随着音乐的进程展开而获得的独特的愉悦感，音乐理论家William Benjamin给出了这样一个猜想，这个猜想超越了迄今为止我所谈过的内容。他的着重点在于音乐里形式与内容牢不可破的统一，以及因此在音乐中表达的那种难以言传的内容。这个猜想打动了我，因为它具有相当大的解释力："我们发现强烈的愉悦感……一种我们所体验的力量，这力量让我们记得音乐小节的声音，并在我们的想象中重复再现……因为当我们专注于这种力量时，我们会感到音乐是从我们内心涌现出来的，就好像我们正是它的实质来源"（Benjamin，2006）。

推敲Benjamin的思想，我们或许可以认为音乐的独特价值部分是缘于被我们内化了的放松感，这使得我们可以全身心投入地审视，从而实际上拥有音乐。音乐进入我们的生命，又弥漫于我们的生活，再没有一种艺术能提供给我们同样的感受：不论电影、小说还是绘画或者雕塑，在某种程度上来说它们总是在我们之外，与我们有着一定的距离。每每我们聆听之际，实际上是由我们的内心附和音乐的旋律而将其再现出来。在我们的听觉想象中，下意识地，我们常常期待着每一个乐符的意象，仿佛它是属于我们自己的意象，又仿佛它正从我们内心而来，而并非从外部而来。

5.9 音乐的符号价值

接下来我关注音乐是如何自声音形式以无数种存在、律动、发展和演进方式成型的（Beardsley，1981）。这种成型能力无疑根植于它作为一种时间性艺术，而又不像舞蹈或电影那样，虽说舞蹈或电影在本质上也同样是时间性的，但音乐的抽象性赋予这样的成型过程一种延伸和力量，超越了其他艺术门类能够企及的高度。通过虚拟律动的描绘和真实律动的引导，音乐将我们引入律动的各种可能性，若非如此我们还会故步自封。音乐以其声音的形式，给我们提供了一个典范和实习科目，告诉我们怎样存在、怎样动作、怎样生长——简而言之，怎样生活下去（Levinson，2006b）。我们不清楚这世上是否还有其他事物能够为我们做到这些，或者至少说是，不能够做到如此精彩生动。

音乐这种媒介是无与伦比的，它代表或例证了几乎无限的可能性，而且至少发生在三个层级上：

i.在纯粹的形式感上，呈现出声音在时间当中的无限多种组合的方式。

ii.通过律动，将各种音符组合成新的旋律。

iii.无尽的音乐组合所映射的各种情感、情绪、态度、其他精神或灵魂状态以及由它们产生的多种多样的音乐表达形式——如此便构成了音乐的表达维度——通过感受、领悟，让我们的生命在音乐的沐浴中更加圆满，更加丰盈。[①]

在某种程度上，这能让我们回忆起Langer和Sullivan认为值得强调的那些音乐的特殊价值。

---

① 参见Levinson(2011a)and Bicknell(2009)。

5.10 音乐的自我肯定价值

音乐也有着不可否认地作为自我反射器和身份认定者的价值。当然，它对于作曲者和演奏者以不同的方式起着作用，对于演奏者和聆听者的作用也是不一样的，但对于他们确实都有效，只不过是以这种或那种形式而已。一个人对音乐的涉入，如同陷入恋爱那样，被吸引着，常常唤起同样有助益的自省。音乐作品可以说是有助于明确或是内化他们对自我的认定。

此外，聆听者的音乐品位经常被认为是一张清晰地反映他或她人格的晴雨表，演奏者的敏感性不仅体现在他（她）如何去演奏，也体现为他（她）选择演奏些什么。作曲家经常被认为生活在他们的音乐里或者通过他们的音乐生活。举例来说，人们对Gustav Mahler完整而鲜活的形象感知贯穿在他的10部交响曲和5首歌曲中，远胜于关于他的最详细的传记；也有人评价过从Sviatoslav Richter的演奏中传递出的人格力量——一种非常有力、坚实、自持的力量——比我们从报纸或广播中见到、听到的关于他的访谈更加真实。另外，说到两人间的精神血缘关系，可能没有比他们相同的音乐偏好更准确的指标了。

最后一点提醒我们，音乐是群体的，而不仅仅是个体的身份认同的一种强大来源。你喜欢哪一种音乐这个问题常常会把你划分进一个特定的群体，以此确认你在其中的身份。我们都知道，喜欢音乐的人可并非只是普通的音乐爱好者，很可能是各色各样的乐迷发烧友，他们喜欢的音乐家有Beethoven、Bob Dylan、Arvo Pärt等；他们喜欢的音乐流派有巴洛克、朋克、比波普、重金属、嘻哈、爪哇等。几乎所有的音乐类型都孕育出了一个欣赏者的社群，那些人发现那个类型的音乐具有独特的魅力，并且由此延伸开去，使得那种音乐已经超越了一般的音乐和人群。

5.11 音乐的社会价值

现在我回到音乐的社会价值，这也许是其最重要的超艺术价值。作为社会黏合剂，音乐具有不可否认的价值，它帮助建立、维系和强化群体意识。从这个方面讲，音乐几乎比所有其他艺术形式都明显更加有效。但为什么是这样呢？将音乐与文学、绘画和电影比较一下，就会得出部分的原因。

一场音乐会的音乐体验是非常社会化的，许多人一起专心地关注和欣赏音乐，而且他们非常清楚他人的参与。听音乐会和看电影不同，虽然都是群体行动但看电影时人们是各自孤立和隔离的。看画展本身就并不具有群体性，欣赏文学作品更是完全私密的活动。一场戏剧演出，尽管如同音乐会一样是群体性参与的活动，但也不会像音乐会那样有效地成为人与人之间的黏合剂。如果我们把注意力从现代音乐会的背景中转移开来，转向观察部落和传统的音乐是如何去自我表达的，会发现不管是摇滚、爵士还是古典音乐，音乐的社会性确认、互动方面都更加显著。我们也不应该忽视，作为音乐的社会价值的一部分，公共的音乐场所也是最常见的人类社交场所。

音乐的社会价值里更独特的一个方面，是音乐具有的跨越文化障碍的能力，它能缓释偏见，能将人们作为人类团结起来，而不论他们的语言、宗教信仰或民族渊源如何。当然，音乐在这方面的力量也并不是无限强大的，而且可能某些类型的音乐会比其他类型更胜一筹，但音乐明显比其他艺术表达形式更有力，因为后者经常很难输出到其文化发源地之外。这无疑要部分归功于音乐的抽象性、非语言性的本质，但是也许还包括了它那种更强大的能够进入我们内心、能够攫住我们，使我们的身体和灵魂在律动的力量，它几乎不需要我们意识的介入（Bicknell，2009）。

5.12 音乐的特异价值

下面我将阐释什么是所谓的音乐特异价值。音乐对于特定的听众可以具有某种价值且并不需要与别人分享。音乐的特异价值关乎的是音乐以完全个人化的方式向某位听众述说，并能够与听众独特的记忆、交往、经历和心理共鸣。当然，我所说的特异性价值与情感价值关系很近，尽管并不与其完全一样，特异性价值能跟任何事物产生联系——一堵邻家残破的墙、一块沙滩上发现的玻璃瓶碎片、某人的姐妹怎样摇晃她的脑袋——但音乐似乎有为我们承担起这种价值的特别强烈的倾向。这就是"就是些关于它的事"或者"我不知道是什么"的现象——有着奇特的吸引力还拒绝解释。在Proust的《追忆似水年华》（Remembrance of Things Past）中，他为Charles Swann写的《梵泰蒂尔奏鸣曲》（Vinteuil's Sonata），其中"小短句"的那种难以言喻的魅力，其灵感或许就来自Gabriel Fauré的A大调小提琴奏鸣曲，其高亢的主旋律由一系列的五分音符构成，这与Proust对Vinteuil的描述相当契合。音乐经常以一种含蓄的"演说"或是模糊的表达来打动我们，在这当中有些东西会被诉说，有些东西会被强调，但有些东西从来没有被厘清和清楚证实，我认为音乐所呈现出的这种不寻常的特异性价值的能力正是与此有关。

5.13 音乐的情绪提振价值

接着考虑音乐在改善情绪、提振精神这方面的价值。当人们情绪低落时，几乎没有什么像精心挑选的音乐一样，能够让人再度抖擞精神，或者提振人们的情绪。哪怕这样的音乐给人的振奋效果只是暂时的，它不能完全扭转不快乐的感觉，但不可否认，振奋的效果是真实的。

那么，音乐的情绪提振价值应当属于我的四个类别里的哪一种呢？这取决于那段音乐改善情绪或者精神面貌（比如，通过引人入胜的音色、节奏动感、旋律之美或者丰富的和声）的作用方式是否达到了效果。如若确实达到，那么这个价值就可以归入类别iii或iv，因为它反映了音乐的一种特别或独有的能力。倘若不然，那么至少应该归入类别ii，这个类别所反映的音乐展现出的能力，如果不算是特别或者独有的话，也属于相当显著的程度。

情绪提振价值是音乐普遍具有的一种价值——音乐明显具有一种潜力，能够迅速地为人们带来精神放松。不过，并非所有的音乐都会表现出那种潜力。但是，与一般人乍一想到的相反，并非只有表达出积极情感的那类音乐才能够用来愉悦一个人的心情或改善一个人的精神面貌。比如，如果一段忧伤的音乐能够反映一个人的伤感情绪，则它在心理层面是有益处的，可以让人感到自己被理解，这样的音乐还能够给予人一种实在的共鸣。①

另一方面，那些真正忧缠郁结的音乐，尤其再配上适度的悲观文字时，它们可能带来的杀伤力也不容忽视。Billie Holiday1941年录制了一首歌叫作《阴郁的星期天》（Gloomy Sunday），其灵感源自匈牙利一首《世界末日》（The End of the World）的曲子，这首曲子被确信会非常令人绝望，人们相信它导致了数以百计的自杀事件从而得来一个"匈牙利自杀之歌"的绰号。不仅如此，它还被BBC禁播了足足60年。

① 参见Levinson(2011a)and Bicknell(2009)。

5.14 音乐的伴随价值

最后，我要强调一下音乐一个相当显见而又非常关键的价值，那就是它为其他活动进行伴奏和辅助的功能，比如宗教仪式、军队检阅、有氧健身，或者各种舞蹈。特别是音乐与舞蹈的关联，刺激和引导着身体以一种有组织、有韵律和流畅的方式运动，此时音乐显得非常有价值，几乎所有的人都体会过这种身体律动，它非常让人放松，即便是对于舞蹈天赋平平的人来说也是一样。

实际上，音乐能够相当好地伴随生活中几乎所有的活动，把它们渲染得更加愉情悦性，更加打动人心，当然有些情况下，它只不过使得事情变得更加可以承受。这里的活动涵盖范围是非常宽广的，不仅包括行军和舞蹈，还有工作、进餐、烹调、耕地、清洗、社交、遛弯、分娩等。音乐能够轻松扮演的那些伴从角色，若要换了其他的艺术作品，比如绘画、诗词、雕塑、电影等来替代，就都不太容易做得到，甚至根本不能，其原因显而易见，都不用强调了。

然而，音乐也不止于是这么多生命活动的理想伴侣。对我们很多人来说，它更是生命本身的一种伴侣，没有它的话我们常会感到孤独，更加与我们的环境格格不入，会更加的自我。然而，音乐的作用远不限于陪伴我们，也不仅限于在一个冷漠的世界中成为我们的伴侣。音乐还为我们的生命注入能量，将其装扮得更加美丽。即使只是过客，它依然赋予了生命活力、深度和意义。

附　录

Eduard Hanslick

19世纪奥地利音乐评论家：音乐呈现出一种曲调的律动形式（“Tonend Bewegte Formen”译注：德语原文），它的美在这其中构成，而与其他任何这类形式可能享有的情感因素或代表性意义都区别开来。所以音乐的特殊价值在于，它为我们带来了一种无法比拟的与日常生活无关的美（Hanslick，1986）。

Edmund Gurney

19世纪英国心理学家和音乐家：音乐提供了一种绝对的内容特异性，让每一个令人满意的乐段拥有了一种与其个体形式不可分离的旋律特质，所以，即便是对那种形式最轻微的改动，不管是音高还是节奏，都会导致完全不同的，而且往往是更糟糕的旋律特质。因此，音乐的特殊价值——以不太远离Hanslick理论的精神——最终将会出自于一种难以解释的印象之中。这就是Gurney关于音乐美的言论（Gurney，1966）。

Arthur Schopenhauer

19世纪德国浪漫主义哲学家：音乐显而易见地反映了世界最深处的本质，揭示了它在根本上是意志的、一种盲目的抗争，其以大量的现象形式表达了它自己，其中音乐是最直接和最有影响力的。因此音乐的特殊价值存在于它深深的玄奥意义中，它向我们诉说的事实强调了事物的本质，承认它将会是痛苦的（Schopenhauer，1966）。

Susanne Langer

20世纪美国哲学家Ernst Cassirer的学生：音乐，通过它的时间形式，映射和揭示了情感、节奏以及节拍的内在本质。音乐提供了一种独特又忠实，同时非常清透的内在生命的映像（Langer，1942）。

John William Navin Sullivan

20世纪早期英国专栏作家和批评家：音乐能够表达在日常生活中难得一遇的情绪、态度，以及精神状态，进而有利于放大人类的体验。这正是音乐能为我们的生命所作的最宏大、最奇特的贡献，贝多芬后期的钢琴奏鸣曲和弦乐四重奏便是这些贡献的最好范例（Sullivan，1960）。

Leonard Meyer

20世纪美国音乐理论家：音乐营造了一片希望的沃土，其中的满足和挫折纷繁交织，让精心创作的音乐得以扮演有益于人格的塑造者角色（Meyer，1967）。

参考文献

Beardsley, M., 1981. Understanding music. In: Price, K. (Ed.), On Criticizing Music: Five Philosophical Perspectives (Thalheimer Lectures). Johns Hopkins University Press, Baltimore, MD, pp. 55–73.

Benjamin, W., 2006. Music through a narrow aperture: a partial defense of concatenationism. Revue Internationale de Philosophie 60, 515–522.

Bicknell, J., 2009. Why Music Moves Us. Palgrave/Macmillan, New York.

Bigand, E., 2010. La musique rend-elle intelligent?. L'Essentiel Cerveau & Psycho, 38–42.

Bigand, E., 2011. Musique, empathie, et cohésion sociale. Laboratoire d' Etude de l' Apprentissage et du Développement. Université de Bourgogne. <http://leadserv.u-bourgogne.fr/en/members/emmanuelbigand/pages/musique-empathie-et-cohesion-sociale>.

Budd, M., 1995. Values of Art. Penguin, London.

Davies, S., 2007. The evaluation of music. In: Davies, S. (Ed.), Themes in the Philosophy of Music. Oxford University Press, Oxford, pp. 195–212 (Originally published 1987).

Davies, S., 2011. Musical understandings. In: Davies, S. (Ed.), Musical Understandings and Other Essays on the Philosophy of Music. Oxford University Press, Oxford, pp. 88–128.

Gaut, B., 2003. Art and knowledge. In: Levinson, J. (Ed.), Oxford Handbook of Aesthetics. Oxford University Press, Oxford, pp. 436–450.

Goldman, A., 1995. Aesthetic Value. Westview Press, Boulder, CO.

Goldman, A., 2011. Value. In: Gracyk, T., Kania, A. (Eds.), Routledge Companion to Philosophy and Music. Routledge, London, pp. 155–164.

Gurney, E., 1966. The Power of Sound. Basic Books, New York (Originally published 1880).

Hanslick, E., 1986. On the Musically Beautiful. Hackett, Indianapolis, IN (Originally published in German 1854).

Hauser, M., McDermott, J., 2003. The evolution of the music faculty: a comparative perspective. Nature Neuroscience 6, 663–668.

Hauser, M., McDermott, J., 2005. The origins of music: innateness, uniqueness, and evolution. Music Perception 23, 29–59.

Higgins, K., 1991. The Music of Our Lives. Temple University Press, Philadelphia, PA.

Huron, D., 2006. Is music an evolutionary adaptation?. Annals of the New York Academy of Sciences 930, 43–61.

Kieran, M., 2003. Art and morality. In: Levinson, J. (Ed.), Oxford Handbook of Aesthetics. Oxford University Press, Oxford, pp. 451–470.

Kivy, P., 1991. Music Alone. Cornell University Press, Ithaca, NY.

Kivy, P., 2002. Introduction to a Philosophy of Music. Oxford University Press, Oxford.

Kivy, P., 2008. Musical morality. Revue Internationale de Philosophie 62, 397–412.

Langer, S., 1942. Philosophy in a New Key. Harvard University Press, Cambridge, MA.

Levinson, J., 1997. Music in the Moment. Cornell University Press, Ithaca, NY.

Levinson, J., 2006a. Concatenationism, architectonicism, and the appreciation of music. Revue Internationale de Philosophie 60, 505–514.

Levinson, J., 2006b. Evaluating music. In: Levinson, J. (Ed.), Contemplating Art. Oxford University Press, Oxford, pp. 184–207 (Originally published 1998).

Levinson, J., 2009. The aesthetic appreciation of music. British Journal of Aesthetics 49, 415–425.

Levinson, J., 2011 a. Music and negative emotion. In: Music, Art, and Metaphysics, second ed. Oxford University Press, Oxford, pp. 306–335 (Originally published 1982).

Levinson, J., 2011 b. Evaluating musical performance. In: Music Art and Metaphysics, second ed. Oxford University Press, Oxford, pp. 376–392 (Originally published 1987).

Levinson, J., forthcoming. Artistic achievement, aesthetic experience, and artistic value. In: Levinson, J. (Ed.), Aesthetic Pursuits. Oxford University Press, Oxford.

Levitin, D., 2006. This Is Your Brain on Music. Penguin, London.

McNeil, W., 1995. Keeping Together in Time: Dance and Drill in Human History. Harvard University Press, Cambridge, MA.

Meyer, L., 1967. Some remarks on value and greatness in music. In: Meyer, L.B. (Ed.), Music, the Arts, and Ideas. University of Chicago Press, Chicago, IL, pp. 22–41.

Ridley, A., 2004. The Philosophy of Music. Edinburgh University Press, Edinburgh.

Savile, A., 1993. Kantian Aesthetics Pursued. Edinburgh University Press, Edinburgh.

Schopenhauer, A., 1966. The World as Will and Representation, vols. Ⅰ & Ⅱ. Dover, New York (Originally published in German 1844).

Scruton, R., 1997. The Aesthetics of Music. Oxford University Press, Oxford.

Sessions, R., 1950. The Musical Experience of Composer, Performer, Listener. Princeton University Press, Princeton, NJ.

Sharpe, R., 2004. Philosophy of Music: An Introduction. McGill-Queen's University Press, Montreal.

Storr, A., 1992. Music and the Mind. Macmillan, London.

Sullivan, J.W.N., 1960. Beethoven: His Spiritual Development. Vintage, London (Originally published 1927).

第6章

文化奖项经济学

James F. English

University of Pennsylvania，Philadelphia，USA

魏鹏举　吴莉　译

摘　要

本章从经济层面探索艺术界的奖励与奖项。首先，我们讨论艺术商品市场中奖项的作用：奖项对销量、收入与消费者需求的影响，以及它们作为评判工具或质量信号的功能。我们还将讨论筹备奖项计划的成本，以及奖项管理与颁发经济学。本章内容不只考虑商业问题，还涉及更广泛的经济考量，探究奖项在声誉经济中作为一种符号资本形式的作用。这种符号作用包括：奖项的声誉影响及它们与文化品牌的关系；作为对艺术家的一种激励形式，此奖励的作用；奖项预测或决定受好评作品最终经典程度的能力，以及它们在越来越国际化的文化地位等级系统中的价值。通过对现有文献的调查，本章最后指出，经济学家对奖项的研究范围过于狭窄，只考虑物质性后果，许多尚待开发的基础领域有待未来进一步深入。这些包括：赞助经济学（尤其是慈善性赞助）、社会资本的作用，交易系统，评委、获奖者与管理者之间的相互作用，以及整个奖项产业经济学及其在全球的扩张中广泛的作用和影响。

关键词

文化奖项，文学奖项，电影，符号资本，价值竞赛

JEL Classification Code

Z11

6.1 引　言

考虑一下在艺术、文学及娱乐界，奖项已经变得多么普遍且影响巨大，它们对整个文化生产与接纳是多么重要，然而经济学家却很少关注它。那些从经济视角观察各个方面的研究者们，最多也只是寻求奖项作为商业工具的直接效力，（他们尤其喜欢）量化奖项对获奖艺术家或作品的市场命运的影响。记者们常常提出的问题是“奥斯卡奖值多少钱”。这确实是个非常有趣的问题，特别是当人们发现这个问题其实很难回答时。然而，关于文化奖项经济学的话题从未停止过。

例如，正在筹备一个新奖项的私人慈善家，或商业公关人员，或艺术机构的管理者，脑海中都会产生一些问题。这种情况很普遍，因为艺术界的新奖项几乎每天都会产生，而打算设立奖项的人由于对该奖项的成本与收益情况没有把握，会向麦肯锡这样的专业咨询公司求助，寻求有关奖项设计与执行的建议（McKinsey，2009）。[①]例如，他们很期望获得以下问题的答案：需要花费巨额现金（用作市场营销）的奖项是否相应地比花费小额现金的奖项更有影响力；给予评委经济酬劳是否有必要或更可取；依赖大众投票的开放评选模式是否比由私人提名评选的模式更能节省成本；由学术专家、艺术界名人、实践艺术家、普通消费者等四类人组成的评审团是否具有最大的市场影响力；由奖项赞助商与管理人直接参与决定获奖者的评奖方式（例如，由管理委员会行使否决权）是否有助于巩固该奖项与文化产业、文化市场的联系，以提高奖项的长期效益，或者仅仅只是增加了不必要的成本和奖项的复杂性。考虑到近几十年来对文化奖项高达亿万美元的投入，我们希望从经济学的视角来研究预算、组织结构及市场效果问题。然而，对这些问题的实证研究相当少，更多的还是一些主观推测和意见。

我们还必须注意到，即使这些问题的涵盖面广泛，它们仍旧停留在狭隘的“经济”效果与关联方面（即与金钱、市场需求、利润、价格的关联）。这些问题当然关系到奖项的研究。从词源上看，“奖项”（prize）一词来自于拉丁语‘pretium’，意思是价格（price），类似于梵文‘prati’，表示“紧靠”（against）或“报答”（in return）的意思。奖项的许多方面容易被以货币计算的方式量化，但是它们之所以能够拥有特别的文化影响力以及集体魅力，则源自这样一个事实：奖项不仅仅是金钱，不能把它们简单地看作现金奖励或可能与之相伴的产品促销。说到文化奖项和奖励经济学，就其在符号经济学中的使用和功能提出第二组问题：它们对艺术家声誉资本的影响；对于与市场价值不同（甚至是相悖）的美学价值而言，它们起到的是延续还是消损的作用；它们提高获奖者声誉的能力，以及作为提升著名艺术家声誉的对应影响，它们提高奖项创立者、赞助商声誉的能力；等等。

很明显，文化奖项及“声誉经济”问题与前面谈到的金钱与营销问题不无关系，因而不能将这两类问题完全区别开来进行分析。实际上，奖项成为无所不在且备受争议现象的原因之一，毫无疑问是它们每次都出现在商业与符号的交接点上，让人感觉商业意义对符号意义构成了威胁。因此，这又为我们提出第三组问题，这些问题一直以来受到广泛争论及猜疑，但很少以具体的经济分析方式出现。近几十年来文化奖项的激增，是否是

① 这些咨询公司是否能给予有用的建议其实很令人怀疑。麦肯锡公司认为，“好的奖项应给出清晰、易懂、简单的成功标准”（2009，p.56），然而实际上，围绕着最富声誉奖项的喧哗、争议及媒体关注，大多数都是含糊或者模棱两可的评判标准的结果。最明显的例子是Alfred Nobel对诺贝尔文学奖评选标准的规定：奖励给“具有理想倾向的最杰出作品”。而事实上，所有寻求奖励给“最好”“最优秀”“最杰出”的奖项，从根本上讲，都是含糊而模棱两可的。

之前提到的两种价值尺度（审美价值与商业价值）正趋同的结果？奖项本身是否加大并加剧了存在于“艺术与金钱”“高雅与低俗”“经典与流行”之间本该消除的差别？文化奖项的实质是不是一种商业工具，用来潜入艺术领域，重构文化价值的等级体系并破坏艺术自主性？或者说恰恰相反，它们是艺术家和赞助人借以支持各自独特的获得奖励和尊重的系统，维持各自平行的“超价格”市场[①]的一种机制，或者是当前这样的一种主要机制呢？这些问题，与之前提到过的那些问题一样，都仅仅是万里长征的最初几步，对文化奖项经济学的探索仍处于初始阶段，未来还有很大的发展空间。

6.2 奖项与商业

6.2.1 奖项对销量、收益与消费者需求的影响

尽管它们是关于奖项经济研究中讨论最热烈、发展最成熟的部分，对于文化奖项与销量数据之间关系的研究一直未有定论，这很出人意料。说它出人意料，是因为人们通常会想当然地认为，例如，一部荣获各大奖项最佳影片的电影会在票房上获得巨大成功，并带动该电影的DVD销量激增。如果没有金钱刺激，那些电影工作室又何必在“奥斯卡竞争”中投入总计高达6 000万到8 000万美元的资金，来说服美国电影艺术与科学学院成员支持他们的电影（Donegan，2002）？如果评委的决定对影片的票房收入没有影响，金球奖又为何会受到评委受贿丑闻的困扰？这个常识在艺术界与娱乐圈的其他领域也同样普遍。在文学界，例如，美国为青少年小说设立的纽伯瑞奖（Newbery Medal）、法国的龚古尔文学奖（Prix Goncourt）以及英国的布克奖（Man Booker Prize），都被公认为是数十万册销量的保证，即便对于籍籍无名作家的首部小说而言也是如此。这些奖项的巨大影响力可以通过以下几个具体的传闻大致说明：

法国的龚古尔奖仅象征性地颁发10欧元（14美元）奖金，但它可以使获奖图书的销量增加到40万册左右，同时推动该作者获奖之前作品的销量增长（Soulez，2011）。

许多20世纪90年代美国纽伯瑞儿童文学奖的获奖图书，比如《授者》（The Giver）、《别有洞天》（Holes）、《数星星》（Number the Stars）以及《疯子玛格》（Maniac Magee），年复一年地出现在畅销书榜单上，直到2008年其销量仍然很好。例如，《别有洞天》在1999年获得纽伯瑞奖，当年销量就达到了惊人的32.3万册。如今，《别有洞天》与《授者》的全球年销量均在20万至75万册之间（Silvey，2008）。

《少年派的奇幻漂流》（Life of Pi）在荣获布克奖后的第一周内，就在英国卖出了7 150册，荣登该周精装小说畅销榜榜首。在接下来的一周，这本书又卖出了9 336册。而就是这本书，在其获奖当年的5月份出版至获奖之前的整整5个月内，总销量不过6 287册而已。D.B.C Pierre的作品《维农少年》（Vernon God Little）2003年获得布克奖，获奖消息一经宣布，周销量即从前一周的373册跃升到紧接下来的一周的7 977册。……2000年布克奖的获奖作品——Margaret Atwood所著的《盲刺客》（The Blind Assassin）也因获奖实现了销量激增，从获奖前每周不到200册，增加到获奖后每周3 000册（Squires，2007，p. 72）。

然而，经过仔细观察，我们发现这些“明显”的关联其实存在很大的不确定性。的确，这些获奖作品确实

---

① 我从Hutter和Throsby（2008）近期的一本谈论文化价值的著作中借用了这个词。

取得了巨大的商业成功，但许多没有获奖的作品却更加成功。相反地，有很多获奖者（比如21世纪大多数获得纽伯瑞奖的作家）的市场表现并没有什么变化。事实上，就英美文学（或流行音乐）而言，赢得著名奖项的作品与出现在年度畅销榜上的作品之间的关联，在过去的半个世纪中已经明显减弱，并且时至今日几乎不存在了（English，2005，pp. 329-333）。封皮上的贴纸和护封标注该书获得了某项重要的年度小说奖项，这就基本上可以保证它不会成为轰动一时的热卖书。一般来讲，这与书本身的性质有关，它们吸引的人群比较小，或者更偏向精英，这让它们获得了专家的认可，但并非大众读者。然而，这样的推理却忽略了一个问题：如果说作品的固有质量——那种对读者深层次的吸引力，决定了作品最终的商业命运，那么，除了能够在获奖名单公布之后拥有短暂的大众热度，奖项的真正影响力究竟是什么呢？

因此，经济学家所面临的难题始终是将分析中的伪关联（包括作品的成功与它的内在利益和质量的伪关联）消除的同时，把获奖的自变量与经济成功的因变量分开考虑。迄今为止，明确无误的结果很少。Todd（1996）调查了20世纪80年代到90年代初的销量数据，他发现，整体而言，在获布克奖之后，获奖图书销量的提高幅度比入围但未获奖的图书大得多。English（2005）指出，获奖图书比仅仅入围的图书更有可能被改编成电影，因此上述效应明显，因为如若小说被拍成电影，那将推动与电影相关的系列产品问世，从而进一步带动图书的销量。不过，Ginsburgh（2003）对早期布克奖获得者进行的更技术性的研究表明：从更长的时间跨度来看，入围图书与获奖图书被再版及重印的可能性差不多，这表明评委们的最终决定没有什么显著的经济影响。[①]

这些研究都没有去比较那些没入围的图书（即完全没有受到奖项影响的图书）。有学者对比利时与荷兰的主要文学奖进行了相关研究（Ashworth et al.，2010），结论是：奖项对所有获提名奖图书都有积极的市场效应，获奖图书的销量增长幅度确实比落选者的大，但并非非常大。由于还没有学者对不同国家文学奖项进行过比较经济分析，因而无法知晓上述研究结果是否也适用于布克奖，也不知道对布克奖的研究结果是否适用于普利策奖。

虽然关于电影奖项经济影响力的著作内容更为广泛了，但并没有太多确定性结论。Ginsburgh（2003）发现，美国最知名大概也是最具商业影响力的电影奖项——奥斯卡金像奖，与之后几年内影片票房及DVD租赁之间颇具相关性。奥斯卡获奖电影通常能够获得更高的票房收入，对其DVD的租赁需求也更为强烈，持续时间也更长。另有学者则认为，被提名本身就与更高的收入相关。Nelson等人（2001）将最佳影片奖的价值进行了量化——1997年，最佳影片奖意味着1 600万美元的额外票房收入，而提名影片则意味着800万美元的额外票房收入（不包括因院线可能延长放映期而带来的额外收入）。Wicklin（2010，p. 291）在最近的研究中发现，对于预算超过1亿美元的影片而言，获得奥斯卡提名奖影片的国内票房收入，比那些没有获得任何奖项的影片平均多出5 000万美元。Rossman和Schilke（2012）在一份研究报告中对Wicklin的发现表示认同，他们还注意到了奥斯卡奖对票房影响的显著双峰特征：被提名影片将获得丰厚的回报，但对于那些仅以追求奥斯卡奖为目的的制片人（他们的影片具有典型奥斯卡获奖影片所具备的类型、主题和其他特征）而言，如果他

① Ginsburgh的研究集中在20世纪70年代(1969—1982)的布克奖获得者，而Todd关注的是20世纪80年代至20世纪90年代的布克奖，在这几十年的时间里，布克奖自1976年第一次上电视后，已经变成了比以往更重要的媒体事件。Ginsburgh的研究比Todd的研究更为严谨；但是Todd研究关注的是获布克奖后图书的实际销售数字，Ginsburgh关注的则是获奖后发行图书的不同版本的销量——虽然这也是重要的统计数字，但只是对图书销售的粗略估算，并不可靠。

们的影片未获提名，他们将遭受更加巨大的成本损失。学者们进而得出结论，奥斯卡奖更像是“塔洛克彩票”（Tullock Lottery），或者“全支付拍卖”（all-pay auction）：对失败的竞争者施加如此负面的影响以使得对赢家产生的影响看上去更加积极且令人满意。

然而，Ginsburgh提醒我们，研究者们往往会过于轻率地将一部获奖（或是入围提名奖的）影片在商业上取得的成功归因于奖项的影响力。因为奥斯卡奖的评选通常是在影片公映之后的几个月，而投票的评委在选择相对更成功的影片时，也许只是在迎合观影大众的品位，被动地迁就观影群体的偏好，而不是主动引导观众。即使分析中已经排除了这种推崇已获好评影片的偏见，我们仍然不能确定奖项会对消费需求产生的实际影响。也可能是奥斯卡评委与一般观众对某种内在品质，比如审美特征，有了共识，从而使一些影片比其他影片更受欢迎，并具有更持久的吸引力。

6.2.2 奖项作为评判工具与质量信号

总体上说，本节的问题适用于专家意见经济学以及它与体验商品的顾客需求之间的关系。与木材或服装不同，体验商品是指只有在消费之后才能判断其质量的商品（Nelson，1970；Hey and McKenna，1981）。艺术品是一种典型的经验商品，小说在被阅读之前，歌曲在被聆听之前，电影在被观看之前，绘画在被欣赏之前……消费者并不知道它们的质量究竟如何，所以在体验了这些之后，消费者往往要么失望，要么“惊喜”（Hutter，2011）。鉴于艺术品种类繁多，要想随机消费几件就了解其余的是好是坏，显然是不现实的。于是，消费者宁可依靠各种各样的质量信号（包括价格与广告），尤其是Karpik（2010）所称的“评判工具”，来增加他们获得更愉悦而激动人心的文化体验的几率。

这方面的工作重点已不再聚焦于奖项本身，而是那些来自各类专家等的有利或不利的评判，包括书评家（Greco，1997；Caves，2000）、美食家（Shaw，2000）、影评家（Wallace et al.，1993；Prag and Casavant，1994；Sochay，1994；Litman and Ahn，1998；Holbrook，1999；Basuroy et al.，2003；Elliott and Simmons，2007），以及酿酒师等其他文化领域的专家。研究人员也着手整合在线消费者评论（OCRs：Online Consumer Reviews），它的出现标志着一种具有竞争特点的主要的评判工具的产生，比起认证专家们（Beauvisage et al.，2012）发出的质量信号，该工具如今无疑更普遍地被更多消费者广泛参考。然而，我们可以将奖项看作类似的机制，因为它们也向潜在消费者传达来自评论界以及某领域具有专业知识的人士的评判，所以在消费者的脑海里它们就是“认证戳”（Cameron，1995）。确实，正如Karpik观察到的，奖项是“专业知识体制的特权工具”，因此它在“单一品”经济中疯狂泛滥，这里的“单一”是指市场中的产品都是唯一的，没有可比性（Karpik，2010，pp.168，3）。

用Eliashberg和Shugan（1997）的话说，问题是如何区分这种评判工具的“影响效应”（即它们独立改变消费者对所选作品或产品内在品质的决策的能力）和“预测效应”（即它们仅倾向于重复或预期期待消费者对作品或产品的某些品质的偏好）。在Eliashberg和Shugan的研究基础之上，Reinstein和Snyder（2005）也设计了一种研究方法，他们针对影片在评议结果发表之前的成功程度进行了调整，旨在消除影评分析中的预测效果。不过，他们的方法并没有应用到奖项中，如果试图从他们的发现中推断出什么，我们将必须从两个截然不同的方向进行。一方面，他们认为尽管影评对广泛发行的动作片或喜剧片没有多少影响力，但却会对小众电影及严肃戏剧观众产生不小的影响。这一观点与其他一些研究结果甚相符合，那些研究显示奖项对精英群体或诸如古典音乐之类的高雅文化领域有着强大的影响力（Ginsburgh and Van Ours，2003）。既然主要电影奖项首先关注的是“严肃”类电影（“声誉电影”），我们也许可以得出这样的结论：奖项可能是使专家意见发挥影响力的强大工具。另一方面，Reinstein和Snyder认为，当评议结果发布的时间距离电影上映的时间很近时，它们的影响效果最大，而预测效果最小；评议结果的发布越是晚于电影上映时间，预测效果产生的偏差则越大。由于重要电影奖项都是一年一度往回追溯的，获奖影片通常是在影片上映后至少两三个月甚至一年之后才被宣布，所以我们也许可以认为奖项的实际影响力可能很弱。总之，即使承认奖项将专家意见通过影评或评论家星级评定系统传达给了电影观众，我们也无法十分断定它们对观众的最终选择有显著的影响。

如果我们使用Darby和Karni（1973）的术语，将艺术品看作“信用商品”而不是体验商品，那么奖项（就其质量信号的功能方面）与文化商品消费者之间关系的复杂性就表现出来了。信用商品是这样一种产品：消费者不仅仅基于消费经验来评判其质量，相反，出于对某一特殊专家体制的信心或信任，他们接受有资质权威机构的评判（Wolinsky，1995）。这种艺术品分类方式似乎更适合艺术娱乐圈里高端文化部分，其中包括许多早期经典之作及更多现代先锋派作品。在欣赏完一晚上的演出之后，剧院观众自己就可以评判一出Monty Python或Andrew Lloyd Webber的流行音乐剧，但如果要评价诺贝尔文学奖得主Dario Fo和Harold Pinter剧作之伟大性，观众则宁愿相信专家们的评论。如果一件艺术品符合一种信用商品描述的类型，那么与该艺术品相关的奖项应当可以吸引消费者，即使在艺术品被生产出长时间以后，因为信用实际上代表了艺术品的质量保证和“高价值”消费体验担保，无论消费者由其实际获得的快乐和理解有多少。包括奥斯卡奖在内的大多数电影奖项不可能对消费者产生这样长久的影响力，因为它们的作用是鼓励和推崇当下一段时期主流的、易于理解的、或多或少具有流行性质的电影，这类电影的大多数观众感觉他们有资格在观影之后“自己作出评断”。然而，信用效应的发生可能刚好与追溯性奖项有关，比如“奥斯卡终身成就奖”（2005年颁给了Robert Altman，2010年颁给了Jean Luc Godard）还与相关的评判系统有关，如由Sight & Sound公司发布的“史上最佳电影排名榜”（该公司曾将Vertov的《持摄影机的人》（Man with a Movie Camera）、Dreyer的《圣女贞德蒙难记》（The Passion of Joan of Arc）以及Murnau的《日出》（Sunrise：A Song of Two Humans）这三部作品列入“史上最佳十大影片”）。在其他文化领域中，消费者的观念随奖项的信用效应变化，这似乎也不具争议性。例如，在现代艺术中，英国的特纳奖（Turner Prize）使大量的公众视线聚焦于一些小众艺术家。除了艺术圈内最有经验的行家以外，普通大众即使亲眼见到他们的作品，也会觉得晦涩难懂。

6.2.3 奖项计划的支出与收入

美国电影艺术与科学学院（以下简称“学院”）没必要关心奥斯卡奖项是否会引导观众去观看奥斯卡获奖影片。一般来讲，奖项作为一种市场营销工具，旨在促进票房销量，提升全体大众的观影热情及对好莱坞电影的兴趣。尽管学院的这种一般意义上的成功很难被量化，毫无疑问的是奥斯卡奖项本身已经成为学院的赚钱机器。自从1952年奥斯卡颁奖典礼首次被电视转播后，广告收入飞涨，如今学院在典礼上每颁发一座“小金人”就能实现超过100多万美元的利润（Elliot，2000）。在这一方面，奥斯卡奖项成功实现了更符合人们预期的诺贝尔奖文化奖项经济模式。诺贝尔奖为每一位获奖者提供超过100万美元的奖金，而赞助商诺贝尔基金会并不期待有任何金钱回报。虽然其他一些颁奖典礼也通过电视转播，但其盈利能力比奥斯卡颁奖典礼逊色太多（Higgins，1999）。此类颁奖典礼的泛滥（到21世纪初，仅美国本土就超过100个）（James，2003），表明无论那些奖项能否为获奖艺术家及其作品带来财富，在大众娱乐这一文化区域，奖项（主要集中在电影、电视、广播、乡村音乐、饶舌音乐、摇滚乐等领域）对于文化奖项的管理者、电视制作人以及广告商而言，都是诱人的商机。事实上，这些娱乐业奖项中的最杰出奖项已成为高价值品牌。通过商业许可证协议，它们的标识和商标得到了战略性运用，并受到了法律部门的积极保护。

然而，除了电视转播的娱乐奖项（如艾美奖、格莱美奖、英国电影学院奖等），其他奖项的赞助机构却少有盈利。许多奖项，如军功章或学术头衔等，在为获得者带来至高荣誉和声望的同时，并未给赞助商带来巨大的成本支出（Frey，2005，p. 5）。然而对于主要文化艺术奖项而言，情况却不尽然，管理这些奖项的成本比人们通常认为的要高出许多。即使一个奖项为获奖者提供了巨额奖金，那也不过是整个奖项预算的冰山一角。对年度杰出小说奖而言，无论是3万英镑奖金的英国橘子文学奖，还是5万美元奖金的尼日利亚文学奖，它们的运作支出都大约是奖金数额的十倍（English，2005；Mbanefo，2011）。这些还只是些相对简单的奖项，只有一个小型管理委员会、一个无报酬的评审团以及一个年度晚宴。但是精心运作的奖项，例如普利兹克建筑奖，需要评委飞到世界各地观看被提名的建筑，其实际成本比明面上的支出要高出许多倍。更昂贵的还是那些以典礼或竞赛方式颁发的奖项，要么参赛艺术家须现场演出，要么参赛作品须全部在电视中展映。比如，范克莱本国际钢琴赛的金奖获得者能获得2万美元的奖金，但这笔钱仅占组织赛事成本的不到1%。多伦多电影节（仅设一项无评委会、无奖金的“人民的选择”奖），其运作成本为3 000万美元。近来，该奖项组织者通过举办系列活动，募集了近2亿美元的资金用以支持该奖项未来的发展。

6.2.4 奖项与创意产业

如此大规模的预算表明，为表彰艺术成就而设的“奖项”本身已成为一项生意，是创意产业（Smith，1998；Caves，2000）或创意经济（Howkins，2001）机制中不可或缺的齿轮。创意产业的收入及就业人数比例不断上升，不仅在美国，所有发达国家都是如此，它们也因此引起了经济学家与社会学家更多的关注，尤其在管理与组织行为学研究范畴。Anand和Watson（2004）指出，奖项与颁奖典礼有着特别的意义，它们是“竞赛仪式”，为文化艺术界提供了一个“塑造组织场域的重要制度性机制”。最典型的例子就是格莱美奖——这个“耗费不赀的仪式形式”不仅为音乐产业提供了一个授予荣誉的平台，同时使不同流派参选者之间合法性问题暴露出来，并予以解决（p. 59）。创意产业的发展尤其依赖于这种“流派配置活动”（Lampel and Meyer，2008），因为合法性的冲突是文化领域进化必要的动力。每一种新的审美风格与策略都是从不合常理且被大众漠视开始的。只有通过具有符号意义的奋斗与冲突，包括取代与超越其他风格及其制作人，新风格才能作为一种真正的艺术被认可，才能成为有合法地位的潮流或流派，个人天赋的爆发才得以实现。奖项正是提供了一个正式的舞台，这里，由于有了最广泛的参与和共鸣及反响，奋斗这一幕被演绎得淋漓尽致；他们聚集了并且聚焦于整个领域的合法权利。

不过，当学者们开始领悟到奖项是“创意产业中的一个中心环节”时（Lampel and Nadavulakere，2009，p. 239），他们在很大程度上忽视了奖项本身就是以一种创意产业形式出现的。“奖项产业”正沿着其自身成长曲线飞速发展，以超过整个创意经济增长速度的猛势扩张着（English，2005，pp. 19-20 and 323-338）。如今，许多专业人士都在奖项产业中追求自己的事业，与其他创意行业没有什么必然的联系。奖项自身定义了一个既具创造性又有竞争性的生产领域，通过美学、商业与组织的创新，百舸争流，以争取最好的宣传效果及最大的利润。目前还出现了评选最佳奖项的奖项及评选最佳奖项计划的奖项。

在文化艺术等领域中，奖项已变得不可避免亦不可或缺，这种地位未曾有过。但曾几何时，它们是那么不重要，甚至可有可无。当我们探讨电影、文学以及其他艺术巡回展演时，这一特征就更为显著。以前有许多非竞争性典礼活动，根本不评选什么作品并授之以殊荣，如今这种形式已被摒弃了。即使最古老、最成熟的典礼活动，都难以阻挡文化世界向胜利者/失败者的逻辑倾斜，这意味着所有的一切将依赖于奖项的成功运作，从出席人数到吸引大范围受众，以及在业内产生影响，等等。如今，几乎所有典礼活动都以颁奖晚会为高潮进行了重新调整，其奖项计划的整体扩展（这需要新类别与新标准的不断扩充）已经显示出与扩展过程中其他矢量不成比例的现象。总之，奖项的出现与其简单地说是经济进步发展的偶然效应或现象，倒不如说它们是独立的驱动器或媒介，是被 Caves（2000）称为创意产业中至要业务的主要助动机：是艺术与商业的契约式折中。

6.3 奖项与声誉

6.3.1 奖项作为符号资本

尽管文化奖项与商业目标和动机紧密交织在一起，但不能把它们简单归于商业逻辑。即使是 Caves（他的分析总是过分强调文化劳动严格意义上的经济层面），也将创造型人才“为了艺术而艺术”的承诺看作创意产业中的“基岩结构特征”。例如，他注意到电影编剧或演员会以现金薪酬换取在某部可能赢得评论界好评影片中的信誉（Caves，2003，pp. 80-81）。这种交换直指文化奖项的符号意义层面，它们植根于一种影子经济中——其中流通的货币不是金钱，而是信誉，即他人的认可与尊重。在这种符号经济中，奖项以一种符号声誉财富的冷硬姿态起到了有形财产的作用。而且，在所有最可替代的声誉资产中，它们作为艺术功绩和文化声誉的保证，得到了人们广泛的认可和接受，就像大学学位或其他学术证书一样，它们相对容易被“兑现”或转换成未来收入。用 Bourdieu 及其社会学流派喜欢用的术语说，文化奖项是“符号资本”的一种形式，一种能迅速获得认可并被记入文化生产领域“贷方”的身份资本，在该领域它们的优势与“形象化”或外在化形式的艺术资本（例如，对抽象艺术的品鉴或对先锋派诗歌的探讨等）一起被应用着（Bourdieu，1993）。

Bourdieu 的研究是为他的“一般实践经济”建立一个模型（Bourdieu，1977，p. 178）：

> 将经济计算扩展到所有商品，无论是物质性的还是符号性的，不做区分，并显示在某一特定形态中，它们自身是稀缺的且值得受追捧的——它们可能是“好话”或笑容、握手或耸肩、赞美或关注、挑战或侮辱、一项荣誉或多项荣誉、权利或愉悦、流言蜚语或科学情报、一项优等评分或多项优等评分，等等。

这里的“一般经济”通常被理解成只是对传统经济学分析方式的一个拓展，但实际上它是一种有意的激进评论。布尔迪厄模型并非仅仅将所有有价值的东西都简化为等量的金钱，经济学思考方式可能会如此，相反，它考虑了资本不同形式的自主性（不同“领域”之间互动及交换的相对独立性）和既约性（不同经济游戏玩家的相对不同动机、欲望及态度的集合）。每一个经济领域、每一个市场，无论是为物质商品还是符号性商品而开设的，都可以从经济学角度理解成一种争斗，其目的是获得并控制在那个场域中作用的各式资本，商业领域或金钱形式资本并不具备概念上的优势（Bourdieu，1996）。例如，在诗歌界，出版商不会考虑价值的商业规模，他们追求的是提升其诗歌专业技能，以及他们在其他著名诗人与诗歌专家心中的地位（一个有经验的贺卡创作人创作的诗歌，可能比普利策奖得主作品的商业价值还高）。有关这个问题，Bourdieu 的文化资本理论不同于 Becker 的“人力资本”理论（Becker，1964），后者认为财产在货币经济中是（或可能是）以生产性劳动为导向[①]的，此观点为大多数经济学家所认可，至少到目前为止是这样的。

此外，布尔迪厄模型与传统经济学对审美价值或美的理解也不尽相同，后者认为“美”是纯粹的，非时间性的，它完全置身于经济学之外。布尔迪厄模型则将艺术家视作经济代理人，艺术家通过竞争获取并控制稀缺性资源；模型承认不同场域（或市场）之间的“彼此渗透”，符号资本与物质资本有时会“相互转换”。既然文化、教育与经济资本都具有可转换性，那么，一个得了大奖的诗人应该比较容易在高校谋得一份高薪职位。一般地说，当学校教育体制依照其特定资本获取与积累规则分配教育资本时，这种资本在本质上也只是物质利益的伪装或间接表现形式，因此，经济条件优厚的学生通常被教育工作者认为比出身寒微的学生更能干或更具有“天赋”。学校体制对某些学生超级天赋的认可（例如，授予他们特别的学术荣誉或奖学金），事实上是对物质优势的误识，将金钱转码成了智力（Bourdieu，1988）。

依照这一既重叠又有自主性的符号经济模型，艺术家们的竞争不再局限于“一般”或主流生产领域（这里的赌注大都是商业性的），而是扩展到了一些“受限制”的生产领域（这里金钱的分量远逊于赢得其他艺术家的认可）（Bourdieu，1993）。这种认可也许是同侪之间的“握手……或赞扬”，但它最具体的制度形式就是奖项，多少带有官方味道的“荣誉……或卓越”，这被Bourdieu称为“神圣化”。但问题出现了：这些官方的、机构的奖项是否与看不见的但却具有持久性和决定性的艺术价值评估相一致？对自己及自己与他人的关系，艺术家们到底了解多少？在给定领域内，奖项能够很好地反映符号资本实际的分布情况吗？那些最受尊敬的艺术家是否会获奖？奖项作为符号性工具，其自身的权利（即未来声誉的决定因素）到底有多大？John Galsworthy获得了诺贝尔文学奖，但James Joyce却没有；《船长与坦尼尔》（Captain and Tennille）获得了格莱美奖，但Bob Marley却没有；Sylvester Stallone获奥斯卡最佳影片奖和最佳导演奖，但Martin Scorsese却落选了。然而，在Joyce、Marley和Scorsese创作他们最重要的作品时，受到了同行们更多的肯定，毫无疑问，他们时至今日都站在各自领域中最受尊重的领奖台上。如果文化奖项具有重要的符号意义，那么为何它们总成为评论的对象，甚至被艺术家与观众不约而同地讥为笑谈？它们难道是一种被认可的腐败或错误形式，被商业动机或“政治”污染，以致不能产生任何深刻而长远的符号性效应？

6.3.2 奖项、声誉效应与品牌

经济学研究中有几个分支与文化奖励没有明确的关联，但与地位、身份这些问题有关。例如，有一篇关于“声誉效应”的著名文献，讨论的焦点是商标或公司声誉，即在消费者心目中一向与高品质产品相关联的公司的资产价值（Kreps and Wilson，1982；Tadelis，1999；Mailath and Samuelson，2006）。不过，声誉经济学的这个方法至少可以扩展至基于竞争的奖项，即获奖意味着作品被出版、展出，或由赞助公司分销。例如，在美国诗歌界，首部图书竞赛奖是开始职业生涯的最重要机制之一。这一奖项由耶鲁大学出版社创立，如今由若干个学术出版机构共同管理。这一奖项的责任编辑清楚地知道为什么要守护这个系列的品牌声誉：为了该系列图书的未来销量，也为了未来参赛者的图书的销量。就相对很高的参赛费来说（多数情况下比一本书的成本还高），参赛者也是出版社某种意义上的付费消费者，他们参与到了被谴责为可疑的“幻象经济”中，其中充满

① Bourdieu的文化资本理论也不同于经济学家从经济学角度对文化资本的阐释（Throsby，2001）。

了骗局（English，2001；Casper，2006）。即使那些不构成如图书、DVD、CD等实际所有权系列的奖项，在经过一段时间后，通常也开始起到类似的品牌作用。我们还是回到文学奖项，无论是考尔迪科特奖（Caldicott）、橘子文学奖还是布克奖的获奖作品，在书店里常常被摆放在一处，仿佛它们属于一个特别系列，又好像是出自同一知名作家。如果一本书封面标签或副标题声称该书为某获奖作品（或提名），那么它往往会受到奖项管理机构的制约，以作为承认该奖的一个条件，而且必须遵从图书设计及奖项商标摆放位置等细节。就这一点而言，奖项起到了对已知品牌产品二次品牌化的作用，而且这一过程可以扩展到获奖（或提名）作家的全部作品，允许它们附有获奖标志，享受声誉效应（Squires，2007，p. 74）[①]。

6.3.3 奖项、身份与激励

经济学探究的另一个潜在相关分支是身份与奖励之间的关系。同样，现有文献关注的是公司设置，特别是工作激励问题，例如，晋升和加薪的时间掌握和分配将如何影响员工的表现（Treiman，1977；Gibbons and Waldman，1999；Auriol and Renault，2001）。偶尔有一些研究关注奖牌、奖品或奖项等级如何发挥其工作场所身份标识的经济作用（Ball et al.，2001），等级晋升如何在雇员中起到与在竞争性比赛中取胜相类似的作用（Lazear and Rosen，1981），这些实际上是管理与组织领域的一个分支，与文化奖项这一主题并无直接关系。然而，这类工作的好处在于它强调了符号激励（身份提升）在调动人的更大能动性方面的重要性，因此它的部分结论适用于分析颁发奖项与接受奖项的动机。

例如，Auriol和Renault认为，人们趋于追求“地位一致”：那些在同辈人中享有较高地位的人，总是企盼获得更高的收入；而那些相对同辈人已享有较高收入的人，则总是期待能够拥有更高的地位（Auriol and Renault，2008，pp. 306-307）。许多艺术家强烈否认奖金或奖项的身份符号是他们从事艺术创作的动力，但也有例外，最突出的例子就是为挑选某些特别类型作品而设的“激励奖”（incentive prizes）。比如，由联邦政府发起的年度鸭票设计大赛；以及2010年至2011年间，由百事可乐公司赞助的“撞碎超级碗”录像比赛。这类让人趋之若鹜的竞赛奖，在诗歌、建筑、音乐等领域已有多年历史，近年来更是延伸到了艺术之外，主要集中在软件设计和绿色科技领域。可能是由于参赛者在这些高度结构化竞赛中遵循如其他职场人员一样的“地位一致”思维模式，结果是：有声望的杰出艺术家为了金钱回报提交了他们的作品，而不知名的艺术家参赛却是为了提高自身的业内声誉。

关于颁发与接受奖项的动机，我们也许可以做进一步归纳。除非是最负盛名的奖项，奖项管理机构若想邀请著名艺术家于百忙之中抽空出席颁奖宴会并领奖，这并不是件容易的事情。尤其是对于那些新设立的奖项，管理者必须仔细考虑所提供激励的种类以及艺术家的类别（他们对地位一致的偏好可能导致他们参与争夺奖项）。一个新设的奖项不可能指望掌控同一领域中最具持久性和知名度奖项的符号资本。把一个基本不具备符号资本的新奖项颁给一个享誉世界的艺术家，简直可以说是莽撞行为，遭到冷遇几乎是意料之中的事；奖项必须获得与其相当的符号级别或协会的认可。不过，如果符号性不强的新鲜出炉奖项能够提供一笔格外丰厚的奖金，且指定的获奖者在业界享有很高声望，只是没有什么公共声誉或市场号召力，那么授奖与获奖双方仍在交易中均有利可图。当杰出艺术家亲自到场，很有风度地

---

① 从这个意义上讲，奖项可以说是加快了John Frow所说的作者签名被美学特质的标记所“置换”的过程（Frow，2002）。

接受了颁发给他的奖项，颁奖机构赢得了自身信誉和地位，获奖艺术家得到了继续从事艺术创作所必需的资金——这是一种双赢。

也许这正好解释了为何一些雄心勃勃的新奖项往往会比那些已获业内公认的奖项提供更多的奖金，以及为何久而久之，这些新奖项的奖金会相应地与其他奖项逐渐持平（此时又会有提供更高奖金的新奖项出现）。巨额奖金的价值主要是最初几年所需要的，目的是吸引那些缺钱但极具影响力的艺术家的注意和参与。一旦那些艺术家的符号价值被转换成奖项——其名字出现在过去的获奖者或现在的评委名单中（奖项获得者通常在若干年后被邀请做评委）——奖项遭受冷遇的可能性会随之减少很多，此时现金激励也变得不那么重要了。这一结果不仅对获奖者和管理机构来说是成功的，在许多由慈善或家庭基金赞助的奖项实例中，对幕后的那些赞助者而言也是成功的。Alfred Nobel是个典型的例子，从经济学角度来看他非常有钱，但在艺术领域却非常“贫穷”。通过经常定期与杰出艺术家相联系，赞助者分享到了艺术家折射的光芒，这无疑提高了系统整体的身份一致性。

6.3.4 奖项与追求他人尊敬

这里介绍的是迄今为止人们对追求声誉与身份的研究所使用的传统经济学方法，这里对艺术身份的追求指的是：参与公开竞争的代理人的直截了当的目标追寻行为。这些方法没有意识到主宰“艺术世界”的特殊且严格的规则（Becker，1982）；它们也没能抓住艺术作为一种特殊游戏的本质。更好一点的模型是Brennan和Pettit（2004）提出的“尊重经济”。他们认为，尊重经济是一种“隐性”经济，它的结构微妙而吊诡，要求人们表面上既要表现出不刻意寻求他人欣赏的样子，又要为得到欣赏而竞争。换言之，在追求旁人尊重的过程中，人们面临着“刻意追求尊重的约束”（Brennan and Pettit，2000）。正如Jon Elster在对非理性选择的经典研究中所观察到的，有一种“一般公理”在发挥着作用——刻意为之的行为最平庸（Elster，1985，p. 66）。但是，将“埃尔斯特公理”应用于艺术家似乎有着某种特殊的力量——不是因为艺术家的行为比其他人更乖戾、造作、不真实，而是因为文化领域不同寻常地具有两重性结构：在这些领域中，最大的回报都是归于那些致力于追求（或看上去在追求）更高雅或更纯粹的艺术的那些人，而非急功近利追求地位的人。与一般的产业不同，艺术领域偏爱那些不爱曲意逢迎的人；最高的尊重归于“为了艺术”而艺术的人们，而不是那些为了世俗意义上的成败而从事艺术的人，无论这种成败是物质性的，还是符号性的。正是出于这一原因，无论评判、接受还是评论一个奖项，人们都期待艺术家对奖项的态度能够符合Bourdieu所说的“屈尊策略”（Bourdieu，1991，pp. 19，68-69）。换言之，无论他们与奖项的关系如何（获提名、获奖、担任评委和点评嘉宾等等），只要他们期望获得奖项所带来的符号性利益，他们就得设法表明自己对这些利益崇高的不屑。一个太痴迷于奖项的艺术家，把接受奖项当作价值的真实指标，那么他就误解了艺术本身，他会失去同行的尊重。English认为，奖项的一个主要经济功能是使艺术家和评论家有机会公开对“纯粹的”艺术和“真实的”伟大或天赋之启蒙性意义的虔诚，从而使他们与‘更高尚’价值或资本的更有符号力的形式看齐，远离那些左右“肮脏”奖项的经济形式（English，2005，p. 212）。因此，这些屈尊的人们表面上低看奖项的符号价值，实际上他们支撑了奖项的符号价值。这些看起来似乎遭到污染和贬低的奖项与奖励被普遍认为源自另一种更纯粹的形式（艺术本身固有的价值），在文化声誉经济中，它是一种黄金标准。

这里的问题是，尽管为了各自的身份地位，艺术家和艺术界其他人士对奖项作为艺术价值度量手段不得不表现得不屑一顾，我们也不应该认为这种明显的贬低限制了奖项决定文化等级的实际能力。相反，奖项的符号效力恰可以在这种消极态度中得以体现。

6.3.5 符号效应与长期影响：衡量经典程度

然而，通过定量分析来证实这种符号效力是非常困难的。Ginsburgh和Weyers（1999，2006，2011）对几个主要电影奖项的系列研究表明，奖项对预测电影在未来评论界声誉方面的效果非常差。例如，大部分1950年至1990年间的获奖影片，似乎与近来频繁出现的由评论界选出的“史上经典百部影片”中的同时期影片没有什么关系。相反，由评论界选出来的最佳影片，包括《迷魂记》（Vertigo）（第一名）、《太空漫游》（A Space Odyssey）（第二名）、《雨中曲》（Singing in the Rain）（第四名），以及《愤怒的公牛》（Raging Bull）（第七名），在它们上映的当年都没有获得最佳影片奖，而那些主宰了各自“颁奖季”、获得了大部分甚至全部最佳影片奖，以及被大量提名奖的电影——如《八十天环游地球》（Around the World in Eighty Days）（1956）、《公正的人》（A Man for All Seasons）（1966）、《凡夫俗子》（Ordinary People）（1966）、《母女情深》（Terms of Endearment）（1983）——却鲜少出现在“史上经典影片”这一类名单中（Ginsburgh and Weyers，2011）。这些发现提醒我们：某个特定时刻的判断是多么经不起时间的考验。当然，我们也不能据此推论奖项对获奖者没有任何长期的符号影响。事实上，如果《凡夫俗子》（Ordinary People）当年没有获得那么多奖项，今天人们就不会对它有那么多不好的评论，（质疑它当年有什么理由得那么多奖）；又如《愤怒的公牛》，如果它在1980年没受到那么多的指责，今天可能会赢得评论界更多的好评。在我们能够设计出一种量化研究方法来检验这些与事实相反的假设之前，我们无法确切地知道奖项是否真的具有符号效力。

此外，什么量化方法能够最准确地决定艺术家或艺术作品不朽的文化地位呢？研究者们没能达成一致。什么样的数据才是持久成功（或经典）的指标？一些经济学家一直依赖长期销量数据、版本数量，或它们在电影、文学或音乐档案馆查询系统中出现的相关频次——所有这些指标大概可以说明艺术家的持久吸引力，或某件艺术品随时光流逝的保值性。但是，对于经典程度（在专家当中的声誉），我们可能需要使用其他方法来衡量。譬如，统计某一位艺术家专论的学术书籍和文章，他/她的作品是否出现在高校教学大纲里，还可以像前面提到的电影奖项研究，看他/她是否出现在评论界“史上最伟大作品”的名单里。虽然流行与经典之间的差别正随时间流逝日趋缩小（商业上的成功相对短暂，长久的流行性等同于经典地位），然而问题还是存在。让我们再来看看两部1969年的奥斯卡获奖影片：《虎豹小霸王》（Butch Cassidy and the Sundance Kid）与《午夜牛郎》（Midnight Cowboy），前一部的票房收入几乎是后一部的两倍，并且DVD的租售也更胜一筹，但后者却赢得了评论界和电影教授的高度肯定。从中可以明显看出，出于评判符号性财富的目的，我们需要增加评论界好评的权重，但从长远的历史角度看，经久不衰最终会战胜学术上的所谓经典。历史还告诉我们，艺术家的名望和他们作品有盛有衰；一位艺术家有可能会被人们遗忘长达几十年，才又再次出现成为学术界兴趣和公众关注的焦点。一个曾经获得20世纪30年代奥斯卡奖的电影制作人，或20世纪30年代的诺贝尔奖得主，如果今天出现，他们会意识到持久的身份效应已经不存在了，但如果我们过20年或50年之后再重新思考这个问题，情况可能会完全不同。

因此，在大多数情况下，无论如何测量因变量“长久的具有符号意义的成功”或经典程度，我们都不可能忽视“固有质量”这一因素。谁敢说获奖图书、电影、雕塑或者音乐专辑比落选的作品优秀许多？如果它们确实更好，该如何量化那一固有的优势，以便在分析中将它们分离出去？在对伊丽莎白国际钢琴比赛获胜者的分析中，Ginsburgh和van Ours（2003）努力解决了以上问题。之前的研究认为，参赛者参加比赛的时间、日期与评委对参选者的最终排名之间存在着强烈的关联性（Flores and Ginsburgh，1996；Glejser and Heyndels，2001）。

基于这种观点，Ginsburgh和Ours却注意到了另外的事实，即参赛者的参赛顺序是随机安排的且与参赛质量毫无关联，因而其构成了一个特殊的辅助变量。这也说明参赛选手被随机安排的出场次序与他们的持久成功之间有更深层次的关联，这种关联可以用大型音乐档案馆所保留的不同唱片的数目及音乐评论界的意见强度来衡量。研究人员的结论是，当初碰巧被安排在比较有利的出场顺序进行比赛的钢琴家，往往更可能获得评论界的长期好评，与他们表演的固有质量则没有多少关联。

当然，该结论并不具备普适性，如果评奖过程中缺少如上述案例中容易实现的随机顺序变量，那么得出该结论的分析方法也就不适用了。我们只有对不同文化领域中一系列奖项进行类似巧妙的研究后，才可能打开奖项在文化声望的符号经济中作用的黑匣子，这是定量分析所涉及的问题。

6.3.6 奖项与文化声望的世界经济

不过，学者们已在Bourdieu初始框架之外，用进一步的定性方式拓展着文化资本与文化神圣化模型。特别具有影响力的是Pascale Casanova的著作（Pascale Casanova，2004，2005）。他使用了世界体系（Wallerstein，1974）与世界经济（Braudel，1984）两个概念，放大了Bourdieu的理论中的基本国家参数，旨在绘制文学声望和文学价值生产的世界经济图册。与布尔迪厄分析模型相似，Casanova肯定了文化与货币资本的相对自主性。较小的边缘国家（就经济资本的全球流动性而言）可能在世界文学资本中占据重要地位：Casanova的主要例证是爱尔兰——虽然是个穷国，但其作家却跻身于世界经典著作作家之列长达半个世纪之久。虽然两个世界体系，即资本家与文化资本家，有所区别并相对自主，但本质上他们都遵从了相同的经济逻辑：核心国垄断了最新的、最先进的产品（在文化方面，先锋派作品），滞后的边缘国家依赖于核心国家的文学资本和文学信用，以追赶核心国家并得到认可，紧跟时代前沿。在这个框架中，奖项被看作是一种最强大的、能够主宰文化市场的工具，特别是诺贝尔奖，它帮助欧洲维持了其在世界文学圣坛中的垄断地位，它实质上是对文学卓越性评判无可挑剔的裁决。

同大多数研究者一样，Casanova也认为这种具有符号性意义的特殊文艺资本经济正越来越多地受到来自商业势力的挑战。譬如André Schiffrin就发现，在出版业，独立出版商的传统模式已被集团化传媒生产的“轰动大片”模式打败。在地理上，她将这种情形描述成是纽约（畅销书的世界之都）对巴黎与伦敦的侵占（纯文学文化的世界之都）。从审美角度看，她将这种情形描述成是虚假的、伪现代和伪先进的机场小说的影子投射到了世界文学严肃作品地带，严肃文学的主题和方式、手段都被这些假冒伪劣小说讽刺地且有利可图地模仿去了。结果是仿制作品成了廉价的假货，它们不仅威胁到了长久的垄断，还逐渐获得了文学界无担保的信用与声望。可怜文学领域的机制屏障和保护（包括奖项），生生被来自商业的压力削弱并腐蚀了。

Casanova野心勃勃且富有启发性的经济分析，将文化声誉扩展到了世界系统领域理论和全球化研究，它将我们带回到了最熟悉的陈腐观念：奖项已经成为金钱的奴隶，它助推了商业价值无法遏制的上涨趋势，以及伴之而来的对文化资本价值的侵蚀。根据这一严肃且时至今日已无需过多证明的“经典名言”，奖项就像是文化堡垒中的特洛伊木马，看上去是一份礼物，一份意外之财，而实际上已成为与独立艺术家作战的一件武器。

不过，我们也可以把Casanova的研究看作对诺贝尔奖的激情辩护。诺贝尔奖拥有一种持续的神圣化力量，凭借这种力量，瑞典皇家科学院把一个作家塑造成奥地利作家Elfriede Jelinek（2004年诺贝尔文学奖得主）式的人物，对商业世界永远充满憎恶。Casanova将诺贝尔奖看作是一个“自治”的机制，它迄今屹立不倒，像是一座抵抗来自纽约的商业渗透的关键欧洲堡垒。Casanova的意见暴露了整个对抗体系的不稳定，即奖项的颁发倾向在金钱和艺术之间摇摆。

6.4 结 论

6.4.1 奖项作为“价值竞赛”

我们希望当奖项经济学作为一个学术研究领域变得成熟起来时，上述提到的那种持续不稳定意识能够引领我们建立另一种更好的文化市场和文化货币模型，它独立于艺术与商业的简单二元世界之外。奖项之所以在各个文化领域拥有稳固的地位，不是因为它们代表了两种伟大、简单而又对立的资本形态中的一种：一面是不义之财，另一面是纯粹的美学价值。它们占据主导地位，是因为在文化实践的真实世界里，没有纯粹而单一的资本形态，有的只是复杂的混合物。借用一项近来对艺术博览会、文化节日以及其他竞争性创意活动的研究的术语，奖项并不是“某个价值的竞赛”，而是“多个价值的竞赛”（Moeran and Pedersen，2011）。它们是“各类价值的生产、谈判及交换”机制，这些价值不仅包括商业和美学价值，也包括社会价值、物质价值、政治价值、宣传价值等（Moeran and Pedersen，2011，p. 11）。

作为一个文化从业者，就是要进行多种价值的交换，利用他/她的相关财产组合——权重可能偏向教育资本、经济资本、社会资本，或是坚持自己的主张，在选定的文化生产领域为自己争得一席之地。艺术世界里的玩家目的在于保证自己交换的有利价格和条件，而不是为了获取一种完全自主但却不能互换的符号货币，而导致各种交易的终止。奖项数量的激增则是因为它们是促进资本交易、流通与互换的最好工具之一。我们通过奖项完成的复杂的重新评估和交换工作，不应该被理解为是对文化的威胁，而恰恰是文化生产的手段——工具，它促使特殊的价值混合形态出现，从而把艺术推向更加突出的位置。

6.4.2 未来的研究方向

由前述可知，相关文化奖项经济学的根本问题还有待继续探索。Frey（2005）认为，经济学家过分强调文化奖励的“物质性后果”，却忽视了“奖项本身”（即参与游戏的人及在他们中价值所发挥的作用），这实际上意味着对奖项赞助（包括慈善动机的作用）、评判与接受（包括“社会资本”的作用以及评委与获奖者之间地位平衡的规则），或整个文化奖项产业经济学（包括它在全球文化价值生产体系中的角色）的研究始终没有到位。

虽然对伴随获奖所带来的附加和未来收入的研究已经很成熟，但仍需要进一步扩展。太多的研究工作集中在了奥斯卡奖这单一案例上。虽然许多发现在某种程度上不能算作结论，我们现在还是掌握了一些关于“奥斯卡效应”的有力证据，比如票房、DVD租赁以及其他基本收入形式。始终搞不清楚的是，这种对获奖影片收入的积极影响是否对所有文化奖项都有典型意义。经济学家将奥斯卡奖作为研究对象是有充分理由的：奥斯卡按目前的形式已经运作了大约70年，并且与好莱坞电影相关的票房数据搜集起来相对容易。奥斯卡奖也是经济学分析的合适对象，因为好莱坞电影虽然属于文化领域，但在这里，商业动机毫无避讳地居于首要地位，而且有超越美学与符号意义的趋势。在其他文化领域，尤其诗歌或传统音乐，制作成本较低，潜在的商业成功的可能性小，因此身份与收入的关系明显不同。实际上，奥斯卡奖并非是一个显而易见的文化奖项经济学的合适研究案例，它是从成千上万涵盖了艺术实践角角落落的鲜为人知的奖项中脱颖而出的特例。是开始对所有领域奖项进行类似研究的时候了，包括音乐、戏剧、绘画、雕塑、小说、诗歌，以及拼布、木雕、制帽等非主流艺术等，从而对它们的市场效益进行更加细致的比较分析。

不过，未来研究的最重要路径应当远离对获奖结果的过分专注。由于经济学家从来只集中关注获奖后的效果，视线如此狭窄，以致他们在某种程度上把这种利润巨大、由产业资助的盛会（评奖由成千上万名“评委”松散地进行）当成了范例。但如果我们将注意力从结果转向原因，则会发现另一番景象。奖项赞助人，其中许多是个人、家庭、小型非营利组织，或在创意产业中没有直接利益的公司，他们的经济动机是什么呢？对许多赞助商来说，奖项经济是一种“馈赠经济”，与奥斯卡奖所代表的商业模式完全不同。如果我们再将视线从产业赞助的奖项，转向慈善公益性质的奖项（如诺贝尔奖、普利策奖），或者作为公司营销战略而赞助的奖项（布克文学奖、橘子文学奖），那么这三者的组织结构与参与者的经济目标有什么显著的不同？不同的赞助形式是否对应着不同的成功模式？不同的经济合作关系与不同的“艺术与商业合同”，是否与赞助商、奖项管理方及评委之间的关系有关？

评委的作用需要经济学家投以较之以往更多的特别关注。得以支撑奖项产业的评奖委员数量让人吃惊，尤其是当我们知道酬劳是多么低的时候。如果像经济学家往往假设的那样，个人对奖项本身并不感兴趣，而只将其看作提高他们未来收入的一个机制，那么，我们又该如何解释没有报酬的评委的自愿参与？他们有时愿意付出几天甚至几周的时间精力去选出一个获奖者。他们能从中得到什么好处？这个巨大的无利可图的“经济圈”是如何存续的？它的扩张有什么限制吗？

对于文化奖项产业中社会及符号资本经济学，以上问题为我们指出了潜在研究的趋势。也许因为文化奖项裁定的核心工作较少涉及金钱，所以它们看上去异常倚赖朋友与专业同僚之间的交易。接受奖项或是被邀请参加评奖，都将某人与更大文化圈的某个子网络联系起来。这个社会关系网可以被理解为一种共生共荣的市场，其中社会资本是主要流通货币。奖项在其发展初期尤其依赖于社会资本，因为此时，其需要在众多或多或少有些相似的奖项中获得认可，邀请具有高知名度的艺术家和评论家担任评委就显得特别重要。一般来说，地位高的评委不仅可以为该奖项带来声望，他们还能让知名艺术家成为获奖人。一位杰出的艺术家不可能现身去接受一个新的、不知名的、也未经时间检验的奖项，除非这个奖项提供了一大笔奖金，或者该奖项是由与该艺术家地位相当的评委评定的。不过，由于评委的工作几乎没有收入，通常情况下，能够吸引评委们来服务的就是人脉广泛的奖项管理者或其他主要发起人所拥有的社会资本。一旦奖项被牢固设立并拥有了一批杰出的评委与获奖人，该奖项将可以向预邀评委提供更多的符号资本作为对其参与的鼓励，如此奖项管理者也就不需要再寻求社会人情了。我们可以粗略地继续理清这些关系，但问题是，这里有一种非常精密（可能是非正式且不清晰的）且相互作用的框架在奖项评定和授奖协议中发挥着作用。它相当于社会与符号性工资中隐藏的“报酬”体系，对声誉经济而言，它的重要性大于增加收入的动力。近几年来，经济学家倡导将主要的研究方向转向符号意义的激励、对身份的追求，以及职场中的隐性“尊重经济”。若专注于文化奖项的“职场”这一研究方向，尤其对评委、获奖者及奖项管理者之间的相互作用展开研究，我们随之就会对文化奖项的相关问题产生与目前公认的观点非常不同的理解。

最后，对于整个奖项产业经济学的研究，我们有更多工作要做：它的发展、它的全球扩张、它在创意经济中大规模的作用和影响。今天，创意产业的经济著作很多，但关于奖项和奖项产业的专项研究却没有得到足够重视。我们还缺乏对奖项自身形成一种产业趋势的分析，其特征为各种形式的合并、收购、重组，以及为各类客户提供咨询和管理服务的专家企业的出现。这一趋势是显而易见的，即使是在非营利领域，譬如独立运作的英国慈善图书基金会，目前就管理着十几个文学奖。从国际化全球性的视野来看，奖项正是Casanova（2004，2005）所描述的文化的世界经济中最有效的工具。文化的世界经济是一种平行经济，它既有自己的财富与权力中心，也有相应的极端贫困地区。我们可以将Casanova开拓的世界文化价值垄断性控制有效地延伸到文化生产的其他领域，尤其是电影（这里，对价值的争夺更依赖于电影节以及基于电影节的奖项）与音乐（这里，对价值的争夺较少依赖于翻译的中介作用，因此受大都会中心的控制也较少）。

奖项处于文化价值生产过程的核心环节，它们展示出了丰富的文化实践接合缝隙，等待研究艺术的经济家们深入地探索挖掘。

目前，关于文化奖项经济学的研究成果虽然不多，但已产生了一些有价值的观点；同时，也有不少成功的研究方法和分支领域的研究方向，有待在未来继续探索。我们尽可以期待在未来几年内涌现出更多令人兴奋的、具有启发意义的、新的研究成果。

参考文献

Anand, N., Watson, M., 2004. Tournament rituals in the evolution of fields: the case of the Grammy Awards. The Academy of Management Journal 47, 59–80.

Ashworth, J., Heyndels, B., Werck, K., 2010. Expert judgements and the demand for novels in Flanders. Journal of Cultural Economics 34, 197–218.

Auriol, E., Renault, R., 2001. Incentives hierarchies. Annales d'Economie et de Statistique 63(64), 261–282.

Auriol, E., Renault, R., 2008. Status and incentives. RAND Journal of Economics 39, 301–326.

Ball, S., Eckel, C., Grossman, P.J., Zame, W., 2001. Status in markets. Quarterly Journal of Economics 155, 161–181.

Basuroy, S., Chatterjee, S., Ravid, S.A., 2003. How critical are critical reviews? The box office effects of film critics, star power, and budgets. Journal of Marketing 67, 104–117.

Beauvisage, Beuscart, J.-S., Cardon, V., Mellet, K., Trespeuch, M., 2012. Online consumer reviews: markets facing common opinion. Working Paper, Orange Labs, France.

Becker, G., 1964. Human Capital: A Theoretical and Empirical Analysis, with Special Reference to Education. University of Chicago Press, Chicago, IL.

Becker, H., 1982. Art Worlds. University of California Press, Berkeley, CA.

Bourdieu, P., 1977. Outline of a Theory of Practice (R. Nice, Trans.). Cambridge University Press, Cambridge.

Bourdieu, P., 1988. Homo Academicus (P. Collier, Trans.). Polity Press, Cambridge.

Bourdieu, P., 1991. Language and Symbolic Power (J.B. Thompson, Ed., G. Raymond, M. Adamson, Trans.). Polity Press, New York.

Bourdieu, P., 1993. The Field of Cultural Production: Essays on Art and Literature. Polity Press, Cambridge.

Bourdieu, P., 1996. The Rules of Art: Genesis and Structure of the Literary Field. Polity Press, Cambridge.

Braudel, F., 1984. The Perspective of the World: Civilization and Capitalism, 15th–18th Century (Siân Reynolds, Trans.), vol. 3. University of California Press, Berkeley, CA.

Brennan, G., Pettit, P., 2000. The hidden economy of esteem. Economics and Philosophy 16, 77–98.

Brennan, G., Pettit, P., 2004. The Economy of Esteem. Oxford University Press, New York.

Cameron, S., 1995. On the role of critics in the creative industry. Journal of Cultural Economics 19, 321–331.

Casanova, P., 2004. The World Republic of Letters. Harvard University Press, Cambridge, MA.

Casanova, P., 2005. Literature as a world. New Left Review 31, 71–90.

Casper, R., 2006. Entering to win: on poetry contests. Poets.org. The Academy of American Poets website. <http://www.poets.org/viewmedia.php/prmMID/5912>.

Caves, R. E., 2000. Creative Industries: Contracts Between Art and Commerce. Harvard University Press, Cambridge, MA.

Caves, R.E., 2003. Contracts between art and commerce. Journal of Economic Perspectives 17, 73–83.

Darby, M.R., Karni, E., 1973. Free competition and the optimal amount of fraud. Journal of Law and Economics 16, 67–89.

Donegan, L., 2002. Hollywood under pressure to end $60M scramble for Oscars. The Observer, 23 March.

Eliashberg, J., Shugan, S.M., 1997. Film critics: Influencers or predictors? . Journal of Marketing 61, 68–78.

Elliot, S., 2000. Despite up-and-down ratings, marketers still flock to the Academy Awards broadcast, New York Times, 20 March.

Elliott, C., Simmons, R., 2007. Determinants of UK box office success: the impact of quality signals. Working Paper

2007/012. Lancaster University Management School, Lancaster. <http://eprints.lancs. ac.uk/48886/1/Document.pdf>.

Elster, J., 1985. Sour Grapes: Studies in the Subversion of Rationality. Cambridge University Press, Cambridge.

English, J. F., 2001. Poetry prizes. In: Haralson, E. (Ed.), Encyclopedia of American Poetry: The Twentieth Century. Fitzroy Dearborn, Chicago, IL, pp. 579–583.

English, J.F., 2005. The Economy of Prestige: Prizes, Awards, and the Circulation of Cultural Value. Harvard University Press, Cambridge.

Flores, R., Ginsburgh, V., 1996. The Queen Elizabeth musical competition: how fair is the final ranking? . Journal of the Royal Statistical Society D: The Statistician 45, 97–104.

Frey, B.S., 2005. Knight fever: toward an economics of the arts. CESifo Working Paper 1468. CESifo, Munich.

Frow, J., 2002. Signature and brand. In: Collins, J. (Ed.), High - Pop: Making Culture into Popular Entertainment. Blackwell, Oxford, pp. 56–74.

Gibbons, R., Waldman, M., 1999. A theory of wage and promotion dynamics inside firms. Quarterly Journal of Economics 114, 1321–1358.

Ginsburgh, V., 2003. Awards, success, and aesthetic quality in the arts. Journal of Economic Perspectives 17, 99–111.

Ginsburgh, V., van Ours, J., 2003. Expert opinion and compensation: evidence from a musical competition. The American Economic Review 93, 289–296.

Ginsburgh, V., Weyers, S., 1999. On the perceived quality of movies. Journal of Cultural Economics 23, 269–283.

Ginsburgh, V., Weyers, S., 2006. Comparing artistic values: the example of movies. Empirical Studies of the Arts 24, 163–175.

Ginsburgh, V., Weyers, S., 2011. De l'(in)efficacité des concours et des prix. In: Lories, D., Dekoninck, R. (Eds.), L'art en valeurs. L'Harmattan, Paris.

Glejser, H., Heyndels, B., 2001. The ranking of finalists in the Queen Elisabeth international music competition. Journal of Cultural Economics 25, 109–129.

Greco, A.N., 1997. The Book Publishing Industry. Allyn & Bacon, Needham Heights, MA.

Hey, J.D., McKenna, C.J., 1981. Consumer search with uncertain product quality. Journal of Political Economy 89, 54–66.

Higgins, B., 1999. Kudos gold mine: nets, orgs, vary widely in award rewards. Daily Variety 3 (September) Holbrook, M. B., 1999. Popular appeal versus expert judgments of motion pictures. Journal of Consumer Research 26, 144–155.

Howkins, J., 2001. The Creative Economy: How People Make Money From Ideas. Penguin, New York.

Hutter, M., 2011. Infinite surprises: on the stabilization of value in the creative industries. In: Beckert, J., Aspers, P. (Eds.), The Worth of Goods: Valuation and Pricing in the Economy. Oxford University Press, New York, pp. 201–222.

Hutter, M., Throsby, D., 2008. Beyond Price: Value in Culture, Economics, and the Arts. Cambridge University Press, Cambridge.

James, C., 2003. Awards shows: the more obscure, the juicier? New York Times 23(March).

Karpik, L., 2010. Valuing the Unique: The Economics of Singularities. Princeton University Press, Princeton, NJ.

Kreps, D.M., Wilson, R., 1982. Reputation and imperfect information. Journal of Economic Theory 27, 253–279.

Lampel, J., Meyer, A.D., 2008. Field-configuring events as structuring mechanisms: how conferences, ceremonies, and trade shows constitute new technologies, industries, and markets. Journal of Management Studies 45, 1025–1035.

Lampel, J., Nadavulakere, S.S., 2009. Classics foretold? Contemporaneous and retrospective consecration in the UK film industry. Cultural Trends 18, 239–248.

Lazear, E.P., Rosen, S., 1981. Rank-order tournaments as optimal labor contracts. Journal of Political Economy 89, 841–864.

Litman, B.R., Ahn, A., 1998. Predicting financial success of motion pictures. In: Litman, B.R.(Ed.), The Motion Picture Mega-Industry. Allyn & Bacon, Boston, MA, pp. 172–198.

Mailath, G.J., Samuelson, L., 2006. Repeated Games and Reputations: Long-Run Relationships. Oxford University Press, Oxford.

Mbanefo, I., 2011. Living in two cultures: story of a 'Prize for Excellence'. The Guardian 13(February).

McKinsey, 2009. 'And the winner is': capturing the promise of philanthropic prizes. McKinsey & Company, Sydney. <https://mckinseyonsociety.com/capturing-the-promise-of-philanthropic-prizes/>.

Moeran, B., Pedersen, J.S., 2011. Negotiating Values in the Creative Industries: Fairs, Festivals, and Competitive Events. Cambridge University Press, Cambridge.

Nelson, P., 1970. Information and consumer behavior. Journal of Political Economy 78, 311–329.

Nelson, R.A., Donihue, M.R., Waldman, D.M., Wheaton, C., 2001. What's an oscar worth? . Economic Inquiry 39, 1–16.

Prag, J., Casavant, J., 1994. An empirical study of the determinants of revenues and marketing expenditures in the motion picture industry. Journal of Cultural Economics 18, 217–235.

Reinstein, D.A., Snyder, C.M., 2005. The influence of expert reviews on consumer demand for experience goods: a case study of movie critics. Journal of Industrial Economics 53, 27–51.

Rossman, G., Schilke, O., 2012. Close but no cigar: the bimodal rewards to prize-seeking. Working Paper PWP-CCPR-2012-019. University of California, Los Angeles.

Schiffrin, A., 2000. The Business of Books: How International Conglomerates Took Over Publishing and Changed the Way We Read. Verso, London.

Shaw, S.A., 2000. The Zagat effect. Commentary 110, 47–50.

Silvey, A., 2008. Has the Newbery lost its way? School Library Journal 1(October).

Smith, C., 1998. Creative Britain. Faber & Faber, London.

Sochay, S., 1994. Predicting the performance of motion pictures. Journal of Media Economics 7, 1–20.

Soulez, J., 2011. Michel Houellebecq's grisly art-world novel wins France's Goncourt Prize. Artinfo 3(October).

Squires, C., 2007. Book marketing and the booker prize. In: Matthews, N., Moody, N.(Eds.), Judging a Book by its Cover: Fans, Covers, Designers, and the Marketing of Fiction. Ashgate, Aldershot, pp. 71–82.

Tadelis, S., 1999. What's in a name? Reputation as a tradeable asset. American Economic Review 89, 548–563.

Throsby, D., 2001. Economics and Culture. Cambridge University Press, Cambridge.

Todd, R., 1996. Consuming Fictions: The Booker Prize and Fiction in Britain Today. Bloomsbury, London.

Treiman, D.J., 1977. Occupational Prestige in Comparative Perspective. Academic Press, New York.

Wallace, W.T., Seigerman, A., Holbrook, M.B., 1993. The role of actors and actresses in the success of films: how much is a movie star worth? . Journal of Cultural Economics 17, 1–27.

Wallerstein, I., 1974. The Modern World-System I: Capitalist Agriculture and the Origins of the European World-Economy in the Sixteenth Century. Academic Press, New York.

Wicklin, R., 2010. Statistical Programming with SAS/IML Software. SAS Institute, Cary, NC.

Wolinsky, A., 1995. Competition in markets for credence goods. Journal of Institutional and Theoretical Economics 151, 117–131.

第7章

叙述性偏好方法在文化遗产评估中的应用

Kenneth G. Willis

University of Newcastle，Newcastle upon Tyne，UK

魏鹏举　吴莉　李阳阳　译

摘　要

本章首先对文化遗产进行了简短定义，继而比较了叙述性偏好方法与显示性偏好方法在文化商品产生经济价值过程中的相对价值。7.2节概括了条件价值评估（CV）法与离散选择实验（CE）法之间的区别，概括了条件价值评估法在估算文化商品的消费者剩余与最大收益时的一些应用。7.3节概括了选择实验、实验设计以及作为选择实验基础的随机效用理论。7.4节对标准条件分对数模型与多项分对数模型进行了描述，并探讨它们在评估文化遗产中的运用。这两种模型的严格假设条件，可谓是假设条件并不那么严格的其他选择实验模型展示的前奏。这些模型包括：嵌套分对数模型、协方差异质性模型、异方差极值模型、混合分对数随机参数模型、误差成分模型、多项概率模型、潜在类别模型或有限混合模型。本节内容也包括这些模型各自在文化遗产方面的应用情况。7.5节研究价格与经济价值如何从效用评估中衍生。本节探讨直接源自支付意愿区间的价值，以及计算市场份额的重要性与识别那些为改善某个文化商品的现状愿意提供资金支持的潜在群体的重要性。7.6节探讨如何从几个方面拓展并优化选择实验模型，其中包括：某个文化商品属性之间的互动效应；对选择复杂性的控制；对调查对象选择中缺席属性的处理；对规模问题的考虑；支付意愿与对文化商品损失等价补偿的接受意愿二者之间的不对称性；效用最大化或遗憾最小化的问题；选择模型中考虑调查对象态度的重要性；将显示性偏好与叙述性偏好结合起来的模型，在对文化商品的偏好和价值进行评估的时候，不但要了解人们说他们想要什么，还要知道人们真正想要什么。7.7节是对本章内容的简要总结，并对将来的研究提出一些想法。

关键词

叙述性偏好方法，条件价值评估，离散选择实验，文化遗产价值评估

JEL Classification Codes

C1，Z10

7.1 引 言

7.1.1 文化遗产的定义

文化遗产是指从过往时代继承的人工制造的物质遗产与非物质社会属性遗产。人工制品既包括艺术品、文学作品、音乐、考古与历史文物，也包括建筑、纪念碑和历史遗迹；而非物质文化遗产则包括社会风俗、传统，以及基于美学、精神信仰和口述传统的行为实践。无形与有形的文化遗产，共同构成社会的特征，并确定了某个社会的可辨识性。

小件的人工制品如雕塑、陶器、硬币、盔甲、绘画作品等通常保存在博物馆和美术馆。而建筑、纪念碑和历史遗迹，则往往在政府制定的文物保护法令与法规下进行保护，以确保将它们留给子孙后代。文化遗产在一定程度上具有独一无二性与不可替代性。除了人们愿意付多少钱来消费（包括使用、参观与体验）不同的文化商品这样迫切的问题外，这还引出了如下一些经济性问题。人们愿意花多少钱为后代子孙保护文化遗产？人们喜欢共同消费吗（比如是喜欢在历史景区参观一系列的建筑，还是更喜欢去参观保存在一个与世隔绝的地方的独栋建筑）？在具有物理性和社会性差距的文化商品的偏好与效用之间，是否存在差异？

本章并不会探讨以上所有问题。本章的目的是探讨如何将叙述性偏好（SP）法应用于文化遗产评估，并通过几个不同的文化商品与属性评估的案例来阐明这个问题，向读者展示这些方法是如何贯穿于文化遗产管理决策中的。

7.1.2 文化遗产需求分析：显示性偏好与叙述性偏好

现代消费者需求理论是基于Lancaster（1966）的理论而建立的，该理论假设消费者从诸如文化遗产之类的商品中获得的效用是建立在该商品的特征或属性基础之上的。消费者所获得的效用能够通过显示性偏好方法或叙述性偏好方法得出。

显示性偏好使用的是表示文化遗产需求的实际数据（比如通过文化遗迹的访问量，来估计对文化遗产的需求和这些文化遗产对社会的价值）。通常认为显示性偏好的数据更为准确，因为这种方法记录的是人们的实际行为，而非他们口头表述的意愿。目前已有不少利用显示性偏好来分析文化遗产的范例。Luksetich和Partridge（1997）使用对1 077家文化机构（包括美术馆、动物园、历史遗迹、历史博物馆、自然历史博物馆、科学博物馆与普通博物馆）访问调查得出的数据，推算出这些文化遗产商品需求的影响因素。Werck和Heynelds（2007）使用了59家佛兰德斯剧院的面板数据，作为自主价格、替代品价格、收入与文化生产特征（比如生产规模、用荷兰语写作的剧作家数量、旧作品的改编数量等）的函数，对1980年至2000年间的市场需求情况（上座率）进行了研究。Zieba（2009）使用1965年至2004年40年间178家德国剧院的观众数量，作为入场费、可支配收入、替代品价格（交响音乐会）、剧院的声望、嘉宾演出、艺术家的技能、演出服装标准及舞台设计的函数，来评估需求。Willis等人（2012）则运用计数数据模型（泊松回归模型及负二项模型），在29项演出预定票数量的基础上，研究人们光顾英国地方剧院的决定因素。

一些文化遗产的参观游览是不收费的，但如果它们远离人口中心区，可能会有较高的到访费用。对于这一类文化商品，旅行成本模型（TCMs）通过考察需求的变化（比如参观数）来评估文化遗产，作为商品属性与到访费用的函数。其中，到访费用与到文化景点的距离及进入该景点的门票费用有关。将参观数与到访费用和其他特征联系起来的旅行成本模型一直被用以评估人们对博物馆和历史遗迹的重视程度（Boter et al.，2005；Alberini and Longo，2006）。Rouwendal 和 Boter（2009）则运用计数数据模型分析人们参观荷兰博物馆的情况，并以涉及的参观旅行和混合分对数（MXL）模型为基础，分析出行目的地选择。

在人们希望住在某个文化设施（比如学校、公园、文化遗址等）附近的情况下，可以运用特征价格模型（HPMs），通过考察房价随着文化设施属性变化的情况，对上述文化商品进行价值评估。这些属性既包括文化设施与住房的远近程度，也包括其他因素，例如房屋常数的结构特征。不过，人们不大可能仅仅因为距离近这一因素，就购买某一文化商品附近的住房，比如坐落在偏远乡村地区、附近没有村庄或城镇设施的古罗马堡垒。然而，借助特征价格模型，我们发现位于市区的指定历史街区，能够影响房价（Schaeffer and Millerick，1991），因为被指定的有历史意义的房地产影响了周边（未被指定）房地产的价格（Narwold，2008）。

有时候，使用显示性偏好（RP）方法评估文化遗产并不现实。原因可能在于：

第一，如果文化遗产没有向公众开放，比如海底或地下的考古遗迹、保存在美术馆与图书馆中的画作与书籍等，就不可能对文化遗产的访问量进行观察。

第二，无法观察到需求变化（比如，仅有对某一时间段内某一个文化场所的参观访问量的记录）。显示性偏好需要搜集不同文化场所或不同文化活动的数据来确保需求的差异，考虑解释需求变化的变量，从而估算出一个模型。这使显示性偏好的数据搜集过程过于复杂，耗时较长且费用昂贵。

第三，显示性偏好方法可能适用于解决一些容易混淆的问题，比如文化商品或商品属性与其他商品或商品属性混杂在一起的情况。变量之间的混杂性或多重共线性问题众所周知，也是旅行成本模型（TCMs）中经常遇到的问题（Gujarati，1992；Oczkowski，1994；Powe et al.，1995）。

第四，显示性偏好不能用来评估非使用价值（non-use values）。慈善施予显示了保护文化遗产的利他价值、存在价值与遗产价值，但实际的慈善捐赠只代表了“真实”的支付意愿（WTP）的一部分而已（Foster，1999）。叙述性偏好（SP）方法通过请求消费者陈述自己对文化商品的支付意愿，能够克服以上问题。这可能会是一种使用价值（了解文化商品和/或未来了解它的选择权）；也可以是一种非使用价值（他们的支付意愿只是知道文化商品当下的存在价值，但并不消费它，和/或不考虑为了子孙后代对文化商品进行保护的问题），或是一种总价值（包含了使用价值和非使用价值）。叙述性偏好方法还能够避免显示性偏好研究中的数据搜集问题，以及常常影响显示性偏好数据的多重共线性问题。

7.1.3 本章大纲

本章的内容结构大致如下：7.2 节对条件价值评估法与离散选择实验法的区别进行概述，继而探讨条件价值评估法的一些应用，以及如何运用条件价值评估法来评估文化遗产的最大收入与消费者盈余。7.3 节首先探讨离散选择实验法，接着讨论了作为所有选择实验法基础的实验设计与随机效用理论。7.4 节介绍了标准条件分对数（CL）模型与多项分对数（MNL）模型，以及它们在文化遗产评估中的使用情况。这两个模型因有严格的假设条件，被认为优于其他假设条件不这么严格的选择实验模型或者所有严格假设条件的条件分对数模型。这些模型包括：嵌套分对数（NL）模型、协方差异质性（Cov-Het）模型、异方差极值（HEV）模型、混合分对数（MXL）模型与随机参数分对数（RPL）模型、误差成分（EC）模型、多项概率（MNP）模型、潜在类别（LC）模型或有限混合模型。本节内容也包括这些模型在分析文化遗产方面的应用情况。7.5节继续讨论如何运用这些模型进行效用评估，获得文化遗产的价格与经济价值。本节的探讨内容包括：从支付意愿区间直接推导出的文化遗产价值；计算市场份额的重要性；以及识别那些为改善某个文化商品的现状愿意提供资金支持的潜在群体的重要性。7.6节探讨如何从几个方面拓展并优化选择实验模型，其中包括：某个文化商品属性之间的互动效应；对选择复杂性的控制；对调查对象选择中缺席属性的处理；对规模问题的考虑；支付意愿（WTP）与对文化商品损失等价补偿的接受意愿（WTA）二者之间的不对称性；效用最大化或遗憾最小化的问题；考虑调查对象态度的重要性；显示性偏好与叙述性偏好结合的模型，在对文化商品的偏好和价值进行评估的时候，不但要了解人们说他们想要什么，还要知道人们真正想要什么。7.7节作为结论部分则简要总结了本章内容，并为将来的后续研究提供一些思路。

7.2 条件价值评估法

7.2.1 研究方法：开放式选择与离散选择

基于属性的叙述性偏好方法的选择实验为调查对象提供两组或两组以上包括价格在内的某一文化遗产商品的不同属性组合集，供调查对象备选，并询问他们的选择。条件价值评估法就是一种叙述性偏好方法的选择实验，其中属性集是固定的，只有价格是变量。调查对象被要求回答他们是喜欢目前的状况，还是喜欢在调查对象之间任意变化的特定价格的固定选择集。条件价值评估是通过询问调查对象对文化商品的某个特殊变化的支付意愿而展开的。这个问题既可以是开放式（OE）问题（你愿意花多少钱买X而不是宁缺毋滥），也可以是离散选择（DC）问题（你是否愿意花A美元购买X？回答“是”或者“否”）。离散选择问题的答案能够集合为支付意愿区间（比如0~4.99美元、5~9.99美元等）。

开放式问题的支付意愿，作为开放式问题调查对象分布情况的平均值能够很容易计算出来，或者作为对支付意愿感兴趣的人数总计达到50%时的中间值。离散选择的应答则通过一系列不同的方法进行分析，取决于使用的是参数模型（parametric model）还是非参数模型（distribution-free model）。其中，非参数模型能够轻易将调查对象对新商品的接受频率和支付意愿的总量制成表格，从而绘制出一条需求曲线。如果只为获得支付意愿的预估平均值和合计值，则非参数的剩余函数模型（survival function model）以及“平滑的”特恩布尔模型（Turnbull model）可以直接替代参数模型。不过，从模型测试的角度来看，参数模型比非参数模型更具优越性（Haab and McConnell，1997）。

通过参数模型获得的支付意愿估值，取决于支付意愿是否被假设为零或者正数（支付意愿截断分布为零）；或者某个个体的真实支付意愿是否能够被假设成负值（negative values），尽管分布的平均值与中间值都为正值。支付意愿的估值也取决于分布函数的形式（比如线性函数、分对数函数等），以及是否需要支付意愿价值的平均数与中间值（Hanemann，1989）。从Hanemann（1989）的方程式中可知，分对数模型提供了支付意愿期望平均值的估值，这种情况下支付意愿是一个非负随机变量（截断分布为0）。

$$EWTP=1/\beta \ln\left[1+e^{\alpha}\right] \qquad (7-1)$$

方程式中的β是出价数量的相关系数，α是模型中的常数项。整个人口支付意愿的总平均值是这个数乘以具有正支付意愿的人口比例。

7.2.2 条件价值评估法的应用

条件价值评估法广泛应用于文化商品的价值评估。比如，那不勒斯博物馆开放政策（Napoli Musei Aperti）是意大利那不勒斯发起的一个文化项目，它允许人们参观一般不对公众开放的教堂、宫殿、历史广场与博物馆。Santagata 和 Signorello（2000）运用单一边界（single-bounded）离散选择问题，并辅以一个开放式问题，对这个项目进行了评估。针对一个特定的离散选择问题的定价数，调查对象先回答“是”或者“否”，继而就他们的最大支付意愿再回答一个开放性问题。Santagata 和 Signorello 用传统的参数模型、一个“尖峰式”分对数模型与一个尖峰式特恩布尔估计量来分析结果。一个“尖峰式”分对数模型说明支付意愿等于0的可能性。参数模型假设支付意愿的分布情况符合频率分布（比如一个逻辑斯谛分布），而特恩布尔估计量是一种非参数法。可以应用条件价值评估法，也可以用不同的方式来估算条件价值评估法模型。条件价值评估法应用方式的变化，引起支付意愿估值的不同。

非参数模型与半参数模型也可以运用于构建支付意愿定价的分布模型。具体包括以下几种模型：非参数核密度回归分析模型（Scarpa et al.，1998）、残存函数模型以及运用不同的半参数算法构建的支付意愿区间内应答的数量模型。Sanz 等人（2003）通过假设发生在支付意愿区间左半区所有概率质量，得出一个“保守”的估值；同时通过在每一个出价范围区间中部为每一个群组分派支付意愿，从而得出一个“更乐观”的数值，或者“以内插值替换”的估值。他们发现无论选择参数、半参数还是非参数法，需求函数与支付意愿估值并没有随计量经济学方法变化而产生多大的不同，但是支付意愿对出价范围区间的概率质量分配还是敏感的。

运用任何叙述性偏好方法采集需求数量，都会出现锚定偏差的问题。如果调查对象判断最初的出价数是规范的，而且是其他人愿意或道义上赞成的参考价，那么，离散选择的出价数则可能受到锚定偏差的制约。相较于离散选择问题，不包含最初出价数额的开放式问题往往会使得支付意愿的平均值较低。此外，自主选择调查对象样本也可能会产生偏差。需要经过赫克曼程序（Heckman procedure）的两个阶段，对样本的选择性偏差进行检验。

一系列离散选择的启发式问题，运用的是迭代的方法，这种方法被认为比其他启发性程序更具准确性，也更可靠。因为这种方法要求调查对象充分探究自己的偏好，给调查对象更多的时间去思考，因而更像复制了一次真实的竞拍。[①]不过，Mitchell 和 Carson（1989）指出，调查对象可能无法将这种连续性的迭代的离散选择情况视为是独立和外生的。Bateman 等人（2001）认为，在多元有界二分设计（multi-bound dichotomous design）中的次要及连续的边界，出价受访数在一定程度上由之前界限给出的答案所决定。

Cooper 和 Loomis（1992）研究了支付意愿均值敏感性在二项选择条件价值模型（dichotomous choice CV models）出价矢量中的变化。通过检查不同出价范围函数的斜率与截距的差异，能够评估取消出价水平的影响。在分对数模型中，支付意愿的均值（mean WTP = $|\alpha/\beta|$）处于非截断分布（non-truncated distribution）的情形时，Cooper 和 Loomis 认为，若取消较低的出价范围，会同时减少 α 值与 β 值。不过，无论支付意愿均值的估值是否会随着 α 与 β 之间比率的变化而变化，这都

---

① 竞拍能够产生更有激励性的相容机制，从而得出支付意愿值（Neill et al.，1994），同时，重复进行的一轮又一轮竞拍集合了支付意愿值与接受意愿值（Coursey et al.，1987）。Plott 和 Zeiler 运用 BDM 机制与课题训练，发现各种商品的支付意愿与接受意愿之间并没有不同。这就引发了对前景理论（prospect theory）与损失规避（loss aversion）的质疑。

只是一个不确定的先验推理（a priori）。Willis（2002）在做支付意愿分析的时候对一个名为卡波迪蒙特（Bosco di Capodimonte）的文化遗址进行了考察（这是个历史公园和皇家狩猎场，在意大利那不勒斯卡波迪蒙特宫附近）。他发现，出价设计对收入最大化的价格估值所造成的影响，尚不能够成为一个确定的先验推理。这个先验推理既取决于以往用于复制需求曲线的函数，也取决于出价水平的数量与序列数，既包括了出价设计所涵盖的部分，也包括了未列入出价设计的部分。

通常的做法是将离散式选择或开放式问题得出的支付意愿与解释变量联系起来估算出一个函数。在Mourato等人（2002）对保护保加利亚东正教修道院（Bulgarian Christian-Orthodox monasteries）的支付意愿进行的研究中，他们运用概率单位模型（probit model），探讨声明反对出价的可能性，并在支付意愿回归值为零的前提下，通过删截回归模型（censored regression）或杜宾模型（Tobit model），分析支付意愿出价数额的分布情况。推导函数的过程也是对理论的检验，即是否如理论所述的那样，离散选择的出价数额或通过开放式问题获得的支付意愿数额，与协变量（如收入等）有关。Carson等人（2002）运用对数正态分布（lognormal distributions）与威布尔分布（Weibull distributions），为那些愿意在2美元至100美元内出价六次修复历史名城麦地那城的非斯古城参访者构建了一个年龄百分比模型，并且以此估算了麦地那城的支付意愿。如果考虑到消费群体不同的社会经济学特征，该函数也允许某个文化商品价值的转移，并据此估算相类似的文化商品价值。

Noonan（2003）对65个用条件价值法评估文化资源的研究进行了元分析，发现调查方法的选用会影响最终得出的支付意愿值。二分选择的幅度放大了支付意愿的估值（可能是由于调查对象给出了“是”的回答），面对面的调查方式也是这种情况（可能是因为受采访者的影响，并且存在选择偏差），同时，更大样本量得出的是更小的支付意愿值。

7.2.3 收益最大化

对于许多机构来说，通过提高收益来保护文化遗产十分重要。条件价值法可以用来决定文化遗址的门票价格与消费者剩余。因此，Willis（2003）运用条件价值法，为文化遗址卡波迪蒙特确定了能够获得收益最大化的门票价格。收取门票费用与自愿捐款哪种方式合适，是需要进行实证分析的问题。Willis（1994）研究发现，考虑到收取门票费用会导致参观人数的减少，达勒姆大教堂（Durham Cathedral）所获得参访者的捐款与其门票收入基本持平。不过，有一些不收门票的文化景点，比如伦敦的大英博物馆，因为人流过多而造成了拥挤，参访者在一天的某些时段得不到很好的参观体验（Maddison and Foster，2003）。门票费能够减少拥堵成本，有助于参访者的参观效益最大化。

7.2.4 关于条件价值法的争议

条件价值法的主要缺点是，文化属性集是固定不变的，只有价格会产生变动，因而无从知晓文化商品特征的属性价值。不过，条件价值法一方面提供了商品的固定变化，另一方面不要求调查对象回应价格的变化，因而对于调查对象来讲，是比较容易理解的方法。相较于那些运用选择实验得到的分析结果，通过条件价值法得到的商品价值的估值则更为保守（Scarpa and Willis，2006）。至于为何会产生这样的结果，目前还没有充分的研究论述，但这确实是一个重要的问题。也许是因为价格仅仅是选择实验所考察的众多特征属性之一，因而没有引起调查对象足够的重视。与此相反的是，在条件价值法中，价格一方面体现出了商品的规模，另一方面表现出了商品的变化，因而价格变化受到了更多的重视。

条件价值法的主要问题在于，这种方法是否是激励兼容的：调查对象会如实回答问题吗？诸如维克瑞拍卖①或贝克尔-德格鲁特-马尔萨克拍卖（BDM）②之类的竞拍机制，可以产生更加准确、可靠的文化商品价值估值。另一个问题是将条件价值法运用于判断文化商品数量的减少。某个商品边际量损失的接受意愿（WTA），通常比为了等值获得该商品的支付意愿多了2至5倍。

7.3 选择实验

7.3.1 方 法

与显示性偏好方法一样，叙述性偏好方法的选择实验假设文化遗产的消费者得到的效用来自于文化商品的特征。选择实验法与条件价值法一样的优点是，它可以被用来分析某一文化遗址。因此，不用像显示性偏好方法那样，需要搜集许多文化遗址或文化商品的信息，以考察人们的选择或参观次数是如何随着文化商品特征的变化而变化的。在显示性偏好方法中，想要通过有意改变文化遗产地的特征来考察参访者数量的变化是不切实际的，这要经过多年的研究，并会受到各种错综复杂的条件的制约，比如不同年份之间的气候变化，去往文化遗产地交通费用的变化，其他可替代性旅游目的地的变化，以及消费者随着时间变化而变化的偏好。此外，叙述性偏好方法也可以运用于分析非参访者的情况，从而弄清究竟什么原因能吸引他们前来参观文化遗产地。

7.3.2 实验设计

显示性偏好方法的问题之一是多个变量之间存在的多重共线性或复杂性。叙述性偏好方法可以通过采用能够消除解释变量与因素之间的多重共线性的实验设计来解决这个问题。实验设计生成备选方案，可以与现有方案共同呈现。然后，调查对象可以在选择集（至少包含两个备选方案）中指出他们最喜欢的属性集（选择）。属性集之间的正交能够生成实验设计。

一个全因子（full-factorial）的实验设计，会将因素的所有可能排列与它们的标准一一列出。如果有三个因素，每个因素对应两个选择标准（0，1），那么一个全因子设计就是8（$2^3=8$）种排列方式。③在一个全因子设计中，所有主效应、双向交互作用、高阶交互作用都是可估却不相关的。

大多数选择实验法仅仅试图对属性的主（一阶）效应进行估算，不过也有一些选择实验法会研究二阶效应（Willis，2009）。与全因子实验设计相比，部分因子实验设计不需要经过那么多轮就能估算主效应与二阶效应，但高阶效应仍然是复杂难测或者走样的（比如彼此之间难以区分）。研究人员多采用正交平衡的部分因子设计。当所有因素（或备选方案）中的每一标准等量出现时，该实验设计具有平衡性；当所有成对因素中的每

① 维克瑞拍卖是一种密封价格拍卖，在拍卖过程中，竞买者在不知道其他竞买者投标价格的情况下向卖方递交自己的投标书，最终出价最高的投标者获胜，但是他支付的价格是所有投标价格中的第二高价。维克瑞拍卖被用在邮票市场中。

② 在贝克尔-德格鲁特-马尔萨克拍卖中，竞买人提出的报价与乱数生成器的自动生成价格进行比较。如果竞买人的报价高于系统自动生成价格，他或她只需支付自动生成价格的金额并得到商品。如果竞买人的报价低于系统自动生成价格，他或她分文不付，但也得不到商品。这种方法广泛运用于实证经济学中，并被认为是激励兼容的。

③ 三个二级属性的这八个排列是：000，001，010，100，110，011，101，111。

一对标准等量出现时，该实验设计具有正交性——对于这样的实验设计，所有估测效应都不具有相关性。不平衡性增加了参数估值的差异性，同时也降低了其有效性。

基于费雪信息矩阵（Fisher information matrix，XX），效率是实验设计中拟合优度（goodness-of-fit）的一个衡量标准。一个有效的实验设计的矩阵则只有较小的方差，可以由（XX）$^{-1}$的特征值衡量该矩阵的规模。作为衡量标准（Kuhfeld，2005），这是一个特征值的几何平均数函数，也是方差的算术平均数。其优点是对于不同的编码方案，两个D级效率之比在两个相互矛盾的设计中是一个不变量。对于MNL模型规格的D-最优设计，一般建立在一个固定的先验参数（$\beta=\beta_p$）上。Ferrini和Scarpa认为，如果运用的是针对非线性参数模型的贝叶斯D-效率设计（Bayesian D-efficient designs），效率增益是有效的（即在先验设计信息有效可靠的情况下，能够获得效率增益）。但是，如果缺乏构成实验设计的优质信息，或者只有小到中型的样本规模，优化线性模型的D-效率设计可能会一样好。不过，Vermeulen等人（2011）最近指出，基于C-最优标准的贝叶斯最佳支付意愿标准得出的边际支付意愿估值，比其他实验设计方案（包括D-最优设计）得出的估值，在实质上更为准确。运用这样一个贝叶斯最佳支付意愿设计会大幅度减少那些不切实际的边际支付意愿高估值出现的几率。

7.3.3 随机效用理论

离散选择实验为消费者提供通过实验设计获知的文化商品特征或属性的一系列替代组合。该实验要求调查对象挑选他们最感兴趣的选项，进而通过调查对象作出的重复性选择，从这些无序的系列选项中，发现消费者愿意在文化商品的属性之间作出折衷选择。

该实验要求每个个体（i）从一系列无序的选项（J）中选择一项（j）；随后，运用随机效用理论（RUT），推导文化商品属性的函数，建立选择模型。随机效用理论是基于这样一种假设：个人做决定，部分来自于商品的特性（客观分量），同时也包含一定程度的随意性（随机分量）。这有助于研究者将该理论与观察到的选项进行结合。之所以出现随机部分，一方面是由于调查对象的偏好具有一定的随机性，另一方面是由于研究者没有为调查对象提供一套完整而有效的信息。在后续章节中，我们将会继续对随机效用理论展开进一步探讨。

7.4 离散选择实验模型

7.4.1 条件分对数模型和多项式模型

假设第i个消费者面临第J个选择，则j的效用如下：

$$U_{ij} = \tilde{\beta}_i' x_{ij} + \varepsilon_{ij} \tag{7-2}$$

其中，x_{ij}包括文化商品（j）的特征以及消费者个人（i）的特征，ε_{ij}是一个随机分量。假设消费者i通过挑选选项集合K中的选项j，获得最大效用。条件分对数模型估计了一种可能性，即个人选择了一个与其他所有有效的备选方案相关的备选方案j。

McFadden（1973）指出，当且仅当受j干扰的ε_{ij}是属于耿贝尔分布（Gumbel distribution）【1型极值分布（Type 1 extreme-value distribution）】的独立同分布（IID：independent and identically distributed）：$\varepsilon_{ij}=\exp(-\exp(^{-\mu\varepsilon}ij))$时，则：

$$\mathrm{Prob}[Y_i=j]=\exp(\mu\beta' x_{ij})/\Sigma_j \exp(\mu\beta' x_{ik}),\ j,k\in C \tag{7-3}$$

在这里Y_i是一个可以由消费者i选择的可选变量，μ是在估算中保持不确定性的尺度参数。当效用函数是参数线性时，分别定义取自于消费者品位的比例因子的影响是不可能的；只有商品μβ是被标识的（如每一个系数β都由1/μ来测量）时才有可能。尺度参数μ测量系数体现出效用函数未被观察到的方差（Train，2003）。

在耿贝尔分布中，比例因子俘获了分布的展开程度。比例因子越大，分布方差则越小；比例因子越小，分布方差则越大。如果不同个体的比例因子不同，这就说明，与随机分量ε_{ij}比较，系统分量x_{ij}俘获的一个备选方案的总效用程度存在不同。如果不同个体备选方案的比例因子是一个恒量，则随机效用的分布是一致的。这是标准条件分对数模型（standard CL model）的假设。

未被观察到的因子可能会因地区、时间、语境、案例研究的情况，甚至决策者的情况而产生变化，因而，不能直接比较两个CL模型的系数，因为系数是由每项研究中未被观察到的因子的方差来进行测量的，而且，不同研究项目之间误差项的方差也不一样。未观察到因子中更大的方差会导致更小的系数的出现（Train，2003）。

MNL模型与CL模型一直被应用于文化遗产评估的一系列研究中。Rolfe和Windle（2003）用这两个模型来研究澳大利亚土著居民文化遗址地（Aboriginal cultural heritage sites）的保护工程与影响环境的水资源开发工程之间该如何进行协调的问题。Favaro和Frateschi（2007）使用MNL模型分析个人对所听音乐类型的选择（选项包括不听音乐、只听古典音乐、只听流行音乐、所有音乐流派都听），以及出席音乐会类型的选择，从而辨认出是哪些变量影响了个人“挑食”或“杂食”的音乐品位。确认了品位的异质性，他们就用社会经济学、人口统计资料以及所进行的活动来预测音乐欣赏品位的分布情况。他们发现，对所听音乐没有特别偏好，什么音乐都听的一般是热爱音乐、受过高等教育的年轻人。Kinghorn和Willis（2008）解释了CL模型是如何被应用于评估博物馆等文化商品所产生的社会资本（社会资本包括担保与架桥这两种形式）整体价值的，而整体价值是以效用和金钱来衡量的。

CL模型假设不同个人的偏好具有同质性，因此一种属性只对应一个固定参数的估值。效用取决于文化商品x_j的特征以及个人i的特征。不同选项表示的商品特征是不同的，但每个人所作出的选择中的个人特征却是相同的。因此，个人特征需要与至少一个特征产生相互作用，否则它们就脱离了模型的估计范畴。在CL模型和MNL模型中，异质性可以纳入商品特征与调查对象的社会经济学特征相互作用的范畴。因此，不同年龄层、不同社会背景、不同阶层有关基础情况属性的效用层次也是不一样的。所以，在CL模型中，可以通过增加交互作用系数，来改变某一属性的固定参数。例如，戏迷的性别会影响其选择观看什么样的戏剧类型（比如喜剧系数）（Grisolia and Willis，2011a）。

MNL模型与CL模型包括许多假设，主要是无关备选方案的独立性、品位同质性以及模型误差项的分布，下面将展开对这些假设的探讨。

7.4.1.1 无关备选方案的独立性

MNL模型与CL模型的一大特点是无关备选方案的独立性（IIA）。IIA的要求可以用以下这个例子说明：在A、B、C三种选择中，如果A（假设是要参观埃夫伯里石圈）是C（假设是要参观索巨石阵）的首选，那么，A与C之间的偏好顺序，就不应该改变，即使一个不相关的选项B（假设是要去听歌剧）被排除在选择集之外。IIA也意味着所有交叉效应是均等的。因此举例来说，如果文化遗产地C由于入口设施与翻译设施的改善，或是因为有了新发现等原因，获得了自身效用的增加，那么该文化遗产地C就是将其他文化活动A和B的现有市场份额，以一定比例吸引到自己的市场份额之中。IIA的这个性质缘于随机效用函数的独立同分布假设——在不同备选方案与不同选择环境下的效用独立性。这明显是一个可能需要降低程度的强假设，因为歌剧爱好者不可能与喜欢参观诸如埃夫伯里石圈考古遗址的人有同样的偏好，转而选择参观索巨石阵。较之于观看歌剧，参观石阵与参观其他考古遗址的文化偏好联系更加紧密，参观考古遗址具有更大的可替代性。

7.4.1.2 品味同质性

MNL模型与CL模型假定品位具有同质性。在MNL模型中，人口中的参数k是固定值，这意味着个人之间的品位没有差别（即所有人的属性系数是相等的）。这一假设虽不切实际，但这种不切实际是可以被克服的，并且，可以通过不同个体之间的边际效用（β_i），或者通过随机分量分布的不同假设，引入偏好的异质性。

通过模型中与特征属性交互的社会经济学变量，则可引入品位的异质性，从而得到一个更加复杂的模型，该模型具有不同子组（如收入组）品位的系统变量。在子组之中，品位具有同质性，但组与组之间（如收入方程与性别等）则存在系统异构性。特征属性的参数不变，但若观察整个人口的各个不同组成部分（如收入组、性别组、年龄组等），则可发现它们之间的不同。这一方法的主要优势是，它可以使边际效用β_i在不同个体之间发生个人特征函数的系统性变化（Breffle and Morey，2000），这样就可以预测出不同组的调查对象对政策措施会产生什么样的回应，并且可以评估分配的影响。

品位异质性只能通过包含了社会经济学与人口统计学协变量的MNL模型与CL模型来表示。不过，甚至在消费者的每一个社会经济学子组之中，对文化商品的品位仍有可能不同。这就意味着品位同质性假设需要降低强度，并允许品位能够随消费者的不同而不同。

混合分对数模型通过假设一个参数系数（β_i），将品位异质性考虑了进去。β_i不是固定值，但是会随着调查对象的不同而改变。混合分对数模型假设每一个个体都有一个参数。这种假设可能更符合实际，并且，由于它是基于一个分布，因此它允许品位的系统（属性）分量中存在随机变量。这种方法使平均效用水平估计具有了更大的灵活性与现实性，但是，它并没有提供足够的指导，用以解释产生异质性的系统来源。通过将人口均值向量（b）与个人差异向量两个元素相加，得出每一个个体的系数。假设每个个体做出选择的情况ν_i是相等的，这就使未观察到的效用组成部分具有了关联性（Breffle and Morey，2000）。这样也摆脱了与MNL模型和CL模型有关的误差项独立性的限制。

7.4.1.3 误差项分布

偏好同质性说明，在MNL模型与CL模型中，效用的随机分量属于独立同分布（IID）。也就是说，随机项具有独立性与同方差性，而且与误差项呈零相关。假设因消费者的不同而存在的误差变量是恒等的，并且该误差变量与个体消费者不同选择机会的随机分量不具有相关性。以上假设可能不成立。调查对象的不同可能产生异方差性，因此，不同决策者之间的误差项不具备独立性，且一个决策者面对的备选方案可能也具有异方差性。选择实验（CE）数据的面板结构可能说明一个调查对象的选择以其之前的选择为前提条件，因此，误差项不具有独立性，而是与个人的选择有关。同时，调查对象也许对备选方案选择（比如现状与假设的备选方案做比较）抱以不同的态度，这可能会导致随机效用项的独立性，但在备选的选项组中，它们的分布情况则有所不同。

在标准CL模型中，假设效用的系统分量展现了不同个体消费者在品位方面的同质性，而效用的随机分量被假设为具有独立性与同方差性，并且与误差项零相关。这些约束条件决定了选择的可能性。如果削弱这些假设，则会产生不同形式的选择模型。不同于MNL模型和CL模型这两个选择模型，其他的选择模型并不强调不相关备选方案具有独立性（IIA）这个假设条件，此外，它们对于误差项、不同的决策结构以及选择备选方案之间更加灵活的替代模式，均采用了与MNL模型和CL模型不同的分布形式。

7.4.2 嵌套分对数模型

嵌套分对数（Nested Logit，NL）模型是CL模型与MNL模型的扩展模型。通过设置巢层中的不同系数，NL模型避免了IIA假设；因此，例如对于从听歌剧与参观考古遗址这两个备选方案中作出的一项选择，与选择参访哪一个考古遗址相比，具有较小的相关性。NL模型在不同的巢层中设置这些选项（歌剧与考古遗址）；因此，巢层中应用的系数是相似的，若非不同巢层中的备选方案，未观察到的分量是不相关且真正独立的。

NL模型假设误差项ε_{ij}广义极值分布，在同一巢层的备选方案中ε_{ij}的分布具有相关性的情况下，巢层中保有不相关备选方案具有独立性（IIA）的性质，但在巢层之间并非如此。因此，NL模型假设误差具有同方差性，在所有巢层中，备选方案相关性与等比例因子相同，并且不同巢层中的备选方案，其相关系数为0（Swait，2007）。NL模型还假设在相同调查对象作出的选择中，误差结构具有独立性。

图7-1说明了NL模型的一般结构。在NL模型的假设中，个体不一定完全按决策树（decision tree）循序进行决策。不过，有证据表明，这个决策结构是通过对消费者行为的观察得来的；消费者考虑的往往是在维持现状与寻求改变二者之间该如何作出选择（Samuelson and Zeckhauser，1988），如果决定改变，他们会考虑其他可选的不同商品。因此，可以对调查对象是否对当前文化遗产消费组合满意建立假设，如果他们不满意，则可以考虑消费者希望购买的其他文化遗产消费组合。

在NL模型中，比例因子或包容值（IVs）与不同层次的节点相连。其中，包容值（IV）用于衡量一个巢层的吸引力，相当于个人i从巢层k的备选方案中获得的预测价值。

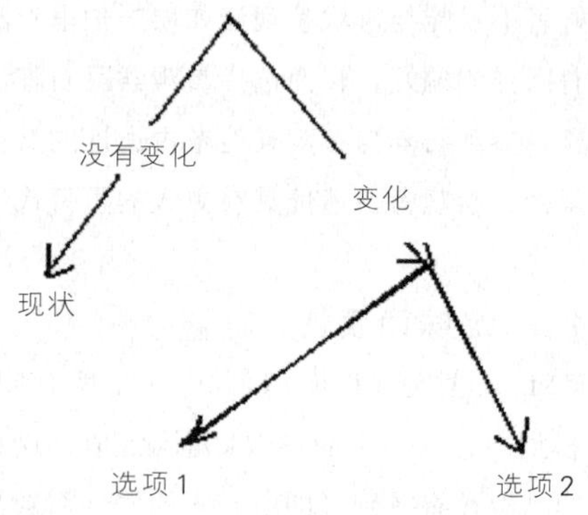

图7-1 现状及通过实验产生的两种备选方案

如果NL模型是正确的模型规格，IV参数在0与1之间取值，0表示完全相关（perfect correlation），1表示没有相关性或每个巢层效用随机分量在某种程度上有相似性。当IV参数等于1时，NL模型则等同于CL模型（Train，2003；Swait，2007）。

7.4.3 协方差异质性模型

协方差异质性（Cov-Het）模型拓展了NL模型，它将个人社会人口变量参数化，得到比例因子（μ），而不是限制μ=1。模型比例的非均质性必然会从调查对象连续的回答、决策能力以及对问题的兴趣中发现不同（Breffle and Morey，2000）。比较Cov-Het模型与偏好同质性模型，后者分析了拥有不同社会经济特征的个体之间选择属性效果的不同（Kontoleon，2003）。是否要按照尺度参数，而不是按照影响品位（比如通过与选择实验特性的交互），将个人特征纳入模型，这还是一个争议焦点（Boxall and Adamowicz，2002）。不过，有一点可以明确的是，关于尺度的问题，需要更充分强调提高偏好效用值的估值，并且，对与不同个人不确定性水平有关的效果，要有更深入的认识。

7.4.4 异方差极值模型

异方差极值（HEV）模型与MNL模型、CL模型类似，但它与其他两种模型的不同之处在于，它考虑到了效用函数中的异方差性。其随机效用值呈独立耿贝尔分布（1型极值），但具有不同的备选方案特定尺度参数μ，即每个备选方案都有一个不同的方差。HEV模型可以用于评估现状效果与不同备选方案之间的选择不确定性。Swait和Adamowicz（1999）注意到，选择的复杂性反映在希望“避免”服从现状的选择倾向中。此外，由于选择背景的复杂性，偏好是由不同水平的方差所表现出来的。HEV模型减弱了CL模型选择集中每一个备选方案的方差是相等的这一假设的强度。HEV模型的函数方程如下：

$$P_i(j)=\exp(\mu_j x'_{ij}\beta)/\sum_{k\in C_i}\exp(\mu_k x'_{ik}\beta) \quad (7-4)$$

其中，μ_j表示备选方案之间的不同尺度参数。HEV模型允许备选方案之间存在不同尺度参数，从而避免了CL模型为满足独立同分布（IID）条件时产生的模型故障问题。随机误差项则表示备选方案中未被观察到的特征，换句话说，就是与某一个备选方案预期效用相关的不确定性（或是已观察到的效用部分）。备选方案随机分量的尺度参数越大，其方差反而越小，而观察到的效用差别变化的影响更温和（Louviere et al.，2000）。

HEV模型已被应用于研究消费者对考古遗址现状特征的偏好、选择的不确定性以及与备选方案特征组相关的方差（Willis，2009）。考古遗址的参访者，他们一般极少显示与该遗址现状及其现有的备选方案有关的不确定性；而对于会改变考古遗址特征的备选方案及假设性的特征组合，反而显示出更多的不确定性与差异。

7.4.5 混合分对数模型与随机参数分对数模型

面板数据的混合分对数（MXL）模型用来解释决策机构中不同的直观性事实的区别。该模型的通用公式在品位强度方面与其他模型不一样（Train，1998），其对效用的表述如下：

$$U_{ij} = \tilde{\beta}_i' x_{ij} + \varepsilon_{ij} \quad (7-5)$$

每位消费者的效用函数都包括了随机品位参数$\tilde{\beta}_i$，它的价值由潜在分布的参数$f(\tilde{\beta}|\theta)$的价值所决定。因此，借助x_{ij}效用的系统分量，随机参数分对数模型（RPL）包含了偏好一致性。

分布选择对模型的性能有很大影响（Hensher and Greene，2003）。这样一个随机品位参数$\tilde{\beta}_i$使不同选择之间发生联系，相同的人作出这些选择，但是保持着有利的分对数可能性。实际上，ε_{ij}是一个独立同分布的耿贝尔分布，因此，引出参数的条件假设与选择概率仍然具有分对数模型的特点。在RPL模型中，研究者必须判定协方差矩阵的参数化（也就是说，要确定是否将偏好参数假设为具有独立性或相关性）。

品位分布的函数形式包括正态分布、对数正态分布、均匀分布和三角分布。如果已知每位决策者的系数具有相同的特征，则可以用对数正态分布来估测价格系数。[①]（0，1）范围内的均匀分布则适用于解释虚拟变量（Hensher and Greene，2003，p. 145）。不过，对数正态分布通常有一条长的右尾，因此，当它被应用于分析价格系数时，会得出较低的价格系数值，结果导致某个属性中的一个单位变化时，就会得出一个较高的支付

① 正态分布会引起价格系数的正面及负面迹象，鉴于此，经济理论认为在所有个体中，价格系数的迹象应该为负（换言之，其他都呈相等状态，负效应与更高的价格有关，如果必须为同等数量的某件商品支付更高的价格，那么个人效用就下降了）。

意愿值。这就解释了为何在MXL模型中，价格系数往往是固定的，即使正态分布与对数正态分布都是对其他属性建立假设条件。均衡分布与三角分布的优势是仅在‘b-s’到‘b+s’这一有限的区间内取值，其中，平均值b与展宽度s是估值的参数（Hensher and Greene，2003）。Colombino和Nese（2009）通过对正态分布、均匀分布和三角分布的实验，对意大利佩斯顿（Paestum）的考古遗迹进行分析，推测该景区的管理政策，并对包括开门时间、语音指南、导览、咖啡店、展览、活动、实验室、视听、文献中心、入场价格等属性进行预测。在公元前273年被罗马人占领之前，佩斯顿原本是希腊的一座城市，如今保存得格外完好。城市里有三座壮观的希腊多利安（Doric）式神庙，它们分别是：建于公元前550年的赫拉（Hera）神庙、建于公元前500年且原为雅典娜神庙的克瑞斯（Ceres）神庙以及建于公元前450年的波塞登海神庙即后来的涅普顿海神庙。Colombino和Nese发现，无论是采用正态分布、平均分布或三角分布，它们的属性相关系数都很相似。他们同时也发现，消费者对景区内建咖啡店的兴趣不高（消极的支付意愿），但参访者对不同属性的偏好却具有异质性，比如，有46%的调查对象认可咖啡店的积极效用。

Jaffry和Apostolakis（2011）利用MXL模型，研究参访者对伦敦大英博物馆的偏好与支付意愿，以便预测该博物馆将来采用什么样的管理方式，这些管理方式包括的属性特征有：开门时间、专题展览、人员配置、设施设备、馆内展讯以及承担的社区义务等。他们发现，较之CL模型，MXL模型提供了一种个人选择模式的更好预测方式。无论是不是博物馆的参访者，人们都更喜欢全年有更加专业的临时特展（specialist temporary exhibitions），并且愿意获得更多的有关博物馆的公告信息。临时特展对博物馆参访者具有更大的吸引力，也是博物馆长期陈列展（permanent exhibitions）吸引参访者的一个推动因素。在调查对象对博物馆或展览馆的某个独有条款有明确的偏好（支持或反对）的情况下，若要评估博物馆与美术馆内涵价值与偏好，选择实验法（CE）是最好的方法。由于各种原因，这种方法并不适用于分析有些博物馆（Kinghorn and Willis，2007），尽管参访者通常具有明确的偏好，但当他们参观某些博物馆时，该博物馆已经得到了大量媒体关注，比如伦敦的泰特现代艺术馆（Tate Modern）。

在MXL模型中，通过对参数值范围内分布密度的整合，获得边际选择概率：

$$P(j)=\int \exp(\tilde{\beta}_i{}'x_{ij})/\Sigma_k \exp(\tilde{\beta}_i{}'x_{ik}),f(\tilde{\beta}|\theta)\,d\beta \quad (7\text{-}6)$$

只有极少数的学者研究了尺度异质性，Breffle和Morey（2000）是其中的两位。在他们设计的模型中，不同调查对象之间具有随机性变化的是耿贝尔误差的尺度，而不是品位强度的尺度，因而其效用函数是：

$$U_{ij}=\tilde{\mu}_i\beta' x_{ij}+\tilde{\mu}_i\varepsilon_{ij} \quad (7\text{-}7)$$

这明确说明在不同的选择组中，相同的品位强度可能与效用变化（与误差尺度负相关）之间有不同程度的联系。这可能是因为，效用评价中存在的不同个体或家庭的差异与不同的文化商品有关。

Morey和Rossmann（2003）运用RPL模型，研究了人们对华盛顿特区的100个重要大理石纪念碑的保护工程的偏好与支付意愿，这些大理石碑遭受到了包括二氧化硫等的空气污染。每个随机偏好参数呈正态分布。正态分布意味着一部分人会认为，任何增加保护工程的投入都是不好的，也就是会有一个负的补偿变量。[①]他们的模型也包含了调查对象的社会经济学特征。他们发现，在不同个体之间，保护纪念碑的支付意愿具有很大的差别。大多数人的支付意愿是积极正向的，并且愿意支付的数额也不小，但是，却有相当一部分年轻的非白

① 研究基于补偿变量：在变化之后（增加保护工程）金钱数额必须从个人手中扣除，从而使个人在新的（保护）状态和原有的（未保护）状态中保持中立。

人（non-Caucasians）表达了负向支付意愿。

通常情况下，MXL模型比CL模型更适合处理数据，MXL模型使数据的面板结构与不同选择之间的相关性成为可能（即在误差项中的指定调查对象的常见反应的相关性）。通过MXL模型发现，观看南非国家艺术节剧院表演的观众品位具有异质性。无论演出阵容是否“够专业”，还是一场戏是否具有“经典性”，又或是一场演出是否能被定位为“戏剧”，观众表现出了明显的品位异质性。

MXL模型中，通过估测得出的属性系数的平均值与标准偏差，提供了调查对象的有关信息，这些调查对象在模型中对每一种属性都有正面与负面的效用。因此，Willis和Snowball（2009）使用一个正态分布来表示每一种属性的品位。同时，他们也推导出两个相关系数的值：一个是不同专业性阵容进行的演出，其相关系数为0.57014；另一个是标准偏差的相关系数，为0.74807。正态分布显示，78%的分布值大于零，而22%的分布值小于零，这意味着使用专业阵容制作的演出吸引到了78%的戏迷；而对另外22%的观众来讲，专业阵容则是吸引他们观演的负面因素，显然这部分观众更中意业余团队的演出。就演出的类型而言，戏剧不同程度吸引了87%的戏迷，但另外的13%的老主顾对戏剧的兴趣并不大。

MXL模型也可以用于探讨个人对戏剧作品的偏好。基于个人的参数令人关注，因为它们提供了样本中个人品位的准确信息，并且确定了品位与偏好的异质性程度。个体特异性参数提供了品位与支付意愿分布情况的信息，因而它对定价、艺术作品陈列的选择等管理与营销方面的问题也有参考价值。同时，这一参数也能应用于估测消费者剩余价值以及文化商品的社会价值。

如果显示性偏好方法无法得到有效的数据，个人参数可以从MXL模型中获得。以个人真实的选择（Grisolia and Willis，2011b），或者个人所属的消费者细分市场为条件，将表示人口分布的参数设为β（Scarpa et al.，2004）。这些信息是运用贝叶斯法则的先决条件。如果运用贝叶斯法则，将个人选择Y_n纳入考虑的范畴，则有可能从任何的β_n中得出条件密度h（$\beta_n|y_n$）：

$$(\beta_n|y_n, b, \Sigma) = \frac{P(y_n|\beta_n)\, g(\beta_n|b, \Sigma)}{P(y_n|b, \Sigma)} \tag{7-8}$$

该比值表示如果用β_n乘以所有的人口范围的β值，再除以观察到的人口β的选择概率，则可以获得个人参数的条件分布($h\beta_n|y_n$)作为观察到的个人选择的概率（Train，2003；Grisolia and Willis，2011a）。

7.4.6 误差成分模型

误差成分模型（EC）的效用函数方程如下：

$$U_{ij} = \alpha' x_{ij} + \psi'_i z_{ij} + \varepsilon_{ij} \tag{7-9}$$

其中，x_{ij}与z_{ij}两个向量都是与备选方案j有关的可观察到的变量，α是一个固定系数的向量，ψ是平均值为零的随机向量，ε_{ij}具有独立同分布的特点（IID）（Train，2003）。与具有固定系数的RPL模型和MXL模型不同，EC模型允许不同选择组的备选方案之间存在相关性。附加的EC既可以表示不同选择之间具有独立性（比如在一个非面板结构中的协方差矩阵Cov（ψ_{nj}，ψ_{ni}）），也可以表示同一个体作出的所有选择都是相同的（在一个面板中实现）。这与选择实验的关联之处在于，它放弃了同一个调查对象所作出的不同选择之间误差结构中的独立性假设，这个假设隐含在分对数模型与巢式分对数（NL）模型当中。Train通过EC模型，得到不同选择场景中相同的EC，且EC模型也允许在个体偏好之间存在更大的异质性。所有这些的关键是实证研究，要通过具体的案例来分析。不过，对于同一类的模型与预测程序，我们可以基于对数似然函数的值（log-likelihood values）来进行估测。因此，估测的结果往往包括了非面板数据与面板数据的EC模型（Scarpa et al.，2005，2007）。

与维持现状相比，误差项ψ_{ni}可能与一个假设性的选择有关。其原因在于如果已有的备选方案是调查对象所熟悉的，则易产生一个较小的个人误差值；如果与变化有关的备选方案本质上具有假设性，它们中更多的随机分量更可能会受制于未观测到的误差。所以，在处理IIA问题这一方面，EC模型与NL模型、HEV模型类似，都允许在不同备选方案之间，出现一个更加灵活的替代方式。一个具有社会经济属性的EC模型可以进一步揭示出，未观测到成分的方差-协方差结构是如何随消费者类型的不同而有所不同的。

7.4.7 多项概率模型

多项概率（MNP）模型是一种灵活的模型，它允许随机品位出现变化，也可以提出任何替代方案，并且可以应用于具有相关性误差的面板数据。因此，它并没有采用IIA假设中的约束性替代方案。MNP模型的函数表达式如下：

$$U_{ij} = \beta_i' x_{ij} + \varepsilon_{ij} \qquad (7\text{-}10)$$

其中，β_i 等价于 N（b，Σ_β），ε_{ij}=（ε_{i1}，…，ε_{ij}）′ 等价于 N（0，Σ_ε）。因此，MNP模型假设所有未观测到的效用成分都是正态分布。对大多数属性而言，这可能是一个合理的假设，但对于价格，这个假设却有问题，这是因为两端都有密度为零的正态分布说明一些人的价格系数是正向的。如果某个特定的文化商品属于地位商品，或者说是一种韦伯仑商品（Veblen good），即随着价格提高，需求也增加，那么，MNP模型就适合用来分析这种商品。

Swait（2007）指出，许多CE模型与MNP模型之间有共性，如果CE模型的协方差矩阵中所有的备选方案具有相同的方差，那么即可通过模仿MNL模型，得出MNP模型；如果当CE模型的方差具有特别的备选方案，则可以通过模仿HEV模型，得出MNP模型。Dahlberg和Eklöf（2003）运用CL模型、MXL模型与MNP模型，对蒂伯特迁移（由于当地文化服务等公共服务质量发生变化而引起人们对居住目的地的选择的变化）进行了分析，发现通过三种不同的模型得出的补偿变量值是相近的。

7.4.8 潜在类别模型或有限混合模型

在MXL模型中，混合分布f（β）或密度函数对特定函数而言是连续的；β可以取特定值，比如普通均值为b，协方差为W。不过，如果混合分布f（β）在某一组或某一个阶层人口中有一套固定的有限值，则MXL模型就转变成了潜在类别模型（LC）。每个有限值对应一部分人口，每一阶层人口对偏好、选择行为、属性系数这三项组合都具有明显的差异。因此，通过假设品位与效用函数的分布会随个体间“潜在”（“潜在”指的是未观测到）组或“潜在”群的变化而变化，并假设每个LC模型中的偏好都具有同质性，从而使LC模型具有了异质性。

LC模型一直被用于探索文化消费的同源性、个性化、混合兴趣-单一兴趣等问题（Chan and Goldthorpe，2007）。从某种程度上讲，LC模型的优势在于能够给文化消费的不同群体冠以名称或标签，比如兴趣单一者与兴趣广泛者或者高雅的人与低俗的人。Pulido-Fernández和Sánchez-Rivero（2010）使用LC模型对西班牙安达鲁西亚（Andalusia）的文化旅游业进行了分析，并将消费者分成博物馆文化爱好者、对文化无兴趣的人以及漫游文化爱好者。LC模型也被用于分析消费偏好与文化娱乐选择的品位异质性。Boter等人（2005）以游览者的方式，将荷兰博物馆市场分成了四个部分：大型艺术博物馆、地区博物馆、拥有大量馆藏的位于兰斯泰德的大型博物馆（比如在荷兰四大城市及周边地区）以及同样拥有多种多样藏品的外围地区的博物馆。

这四个市场各自具有不同的属性特征，包括游览意愿、持青年卡（youth-card）的参访者比例以及参观的藏品类型等多个方面。Boter等人发现，愿意参观地区博物馆的人数与愿意参观大型艺术博物馆的人数相比，前者仅是后者的一半。

Scarpa（2005）和Thiene（2005）用LC模型研究了一个攀岩者样本的“风格不一的偏好”。该样本涵盖了意大利阿尔卑斯地区的六个“前阿尔卑斯”（pre-Alps）地区，以及位于白云石山脉（Dolomites）的十二个地区的所有“一日游”。LC模型体现在变量的不同上，比如旅游成本、进入通道、攀登的危险性、攀登的艰难、攀登者特征、攀登次数以及山峰的位置等。Colombo等人（2009）发现，在评估对英国高山地带的文化遗产风景的偏好与支付意愿方面，LC模型比RPL模型以及HEV模型都更具优势。属性包含了以下方面的变化：石楠属植物覆盖的高沼地、沼泽、莽苍的草原、混合与阔叶林地、旷野的边界（石墙）、传统农场建筑与劳务、税收支付。LC模型更好地阐释了偏好异质性，而不是确定性效用的个人水平；因而，比起随机分量，更容易在系统效用分量中捕获异质性。

Grisolia和Willis（2012）运用LC模型确认英国某个地区剧场三个阶层的戏剧观众各自的市场份额。最大观众群以及“主流观众群”（main class）来自于富裕阶层，他们对主剧场的演出抱有强烈的偏好，认为戏剧评论与剧作家的知名度很重要，并且对剧院上演的所有剧目类型都有兴趣。第二个阶层为“大众群体”（popular class），这一群体观众的支付意愿最小，并且对喜剧抱有强烈的偏好。他们并不怎么在意选择哪个剧院观看演出，也不喜欢较为复杂的剧目。第三个阶层为“知识分子群体”（intellectual class），在三个群体中，这一群体的观众表现出了最高的支付意愿，并且对剧本及改编剧目抱有强烈的兴趣，也表现出了更加独立的审美判断。

LC分析法中很重要的方面是测定细分市场或潜类别的数量。随着潜类别数量的连续性增加，一个步骤是将其与调整过的伪-R^2数据相比较，从而得出潜类别数量。如果伪-R^2数据随着潜类别数量的增加而增加，则说明选择数据具有异质性。当附加的潜类别并不导致伪-R^2数据的增加时，则可以确定潜类别的数量。或者也可采用其他方法，即使用赤池信息准则（AIC）或贝叶斯信息准则（BIC）的数据。由于AIC或BIC的标准越低，模型的适用性越好，则可以由AIC或BIC的最低标准决定潜类别的数量值。Povencher（2002）等人对AIC与BIC运用于决定潜类别数量的相对优点进行了探讨。如果信息标准能够明确地测定潜类别的数量，则可增加附加条件，其中包括对系数一致性的判断以及通过系数的迹象特征，达到不同潜类别的理论预期。

7.5 基于选择实验的估价

7.5.1 经济福利的措施

离散型选择实验中的系数提供了每种特性的效用估值。在CE实验中，可以将价格系数理解为对收入的负边际效用的估值。在CL模型或MNL模型中，一种特性的边际价值等于一种特性与该价格系数的比值，即$MWTP=-\alpha_1/\beta_p$，其中α_1为特性1的系数，而β_p则是价格系数。该价格是一种“隐含价格”，其代表着一种特性在总量上的单位变化的WTP，不论这种特性在CE实验中是以什么单位来定义的。如果一种特性对应一个平方项，那么MWTP取决于这种特性水平的变化范围。如果成本参数接近于零，那么这种通过计算非成本参数与成本参数比值得出隐含价格的方法会导致对隐含价格的不合理高估。在MXL模型中，如果这种特性被设定呈对数正态分布，而不是正态分布，那么这个系数对数将与平均数m和标准差S呈正向分布，那些系数本身的平均指数将为m+（$s^2/2$），标准差等于$\sqrt{(\exp(s^2)-1)}$（Train，2003，p. 275）。

在MSL模型中，价格的混合分布可能被设定为对数正态分布（以避免出现正值价格系数），也可能被设定为固定形态分布。然而，代表金钱的边际效用的固定成本参数将均匀地分布于所有被调查者中，而范围参数也将同样均匀分布于所有观察值（Hensher and Greene，2011）。

不同形式的福利措施可以通过CE模型信息来进行计算。补偿变化可以通过该模型计算出来，即在文化遗产经过特定的提升（缩减）过程后，在保持一个家庭原来的效用水平（效用水平现状）不变的情况下可以从这个家庭拿走的金钱的数额。会造成X %的家庭消费一定比例文化遗产商品的花费上的变化是可以计算出来的。如果一种文化遗产商品的收益和损失已经被包含于该实验性设计当中，那么收益与损失之间的不对称便可以被估算出来。不对称性可以通过不同的方法进行衡量，如利用设定的非线性函数、针对价格的上涨和下降分别计算相应的系数、应用商品等级增加和减少的虚拟变量进行固定效应模型的评估（Lanz et al.，2010）。

对于相同的特性，不同的CE模型（MNL、NL、HEV、MXL-RP、EC和MNP）会产生不同的估算结果。在对堪培拉旧国会大厦（the Old Parliament House，现在是一座博物馆）的使用进行估值研究的过程中，Choi（2009）利用1个MNL模型和3个MXL模型，针对该博物馆举办临时展览的频率，检验了WTP的稳定性，而他所使用的每一个模型都包含了略带不同的变量以及针对备选方案特定常数（ASC）[①]的处理方法。他同时还将一些设施（商店、咖啡厅和餐厅）的编码方式进行了多样化处理，如虚拟编码或效应编码[②]。他发现，在利用4个不同模型对博物馆临时展览频率进行WTP评估时，与使用MNL模型和MXL模型是存在差异的，相比两个MXL模型对博物馆设施进行的虚拟编码和效应编码，MNL模型的ASC常量更大。这就很明显地可以看出，要想获得对一个系数最准确、可靠、稳定的WTP评估，选择最佳模型来匹配这些数据很重要，这个最佳模型要能够最恰当地说明系统分量与随机误差分量之间的相对异质性，而且具备对应的函数形式（线性或非线性变量）。

7.5.2 重新参数化的支付意愿

目前为止，我们所讨论的效用参数都处于偏好空间内，但大部分的经济调查着重于WTP评估。在这种情况下，更加有利的效用再参数化则有可能位于WTP空间内（Cameron and James，1987；Train and Weeks，2005；Sonnier et al.，2007）。在两个MXL模型中，这些参数既可以作为尺度变量，也可以作为能够被迅速理解为边际WTP效应的效用系数。如果a_i是成本系数，WTP效用参数的一般函数形式为：

$$\begin{aligned}U_{ij} &= -(\alpha_i/\tilde{\mu}_i)p_{ij} + (\beta_i/\tilde{\mu}_i)'x_{ij} + \varepsilon_{ij}/\tilde{\mu}_i \\ &= -\tilde{\lambda}_i p_{ij} + (\tilde{\lambda}_i w_i)'x_{ij} + \eta_{ij}, \lambda_i, \mu_i > 0\end{aligned} \quad (7\text{-}11)$$

其中，$w_i=\beta_i/-\alpha_i$是每一种特性选择的边际WTP的矢量。没有随机体验或尺度变量，方程式（7-11）将只

---

① 一种备选方案的ASC常量能够充分体现对应模型中没有包含的所有因素的效用所受到的平均影响。ASC常量相当于回归模型中的常量。

② 虚拟编码是二进制的(1,0)，而效应编码是(-1,0 1)。两种编码的区别在于最终的参考水平。虚拟编码测量的是建筑类型遗产的效用，如乔治王(Georgian)时代风格建筑相对于近现代风格建筑的效用，以及维多利亚(Victorian)时代风格建筑相对于近现代风格建筑的效用。其所衡量的并非是近现代风格建筑的效用。而效应编码衡量的是所有这三种风格建筑的效用。

是方程式（7-2）的再参数化。然而，由于从货币的角度来看，系数评估以及评估标准误差是可以被充分解释的，上述方程式得到的结果可能更加便捷，因此后一种方程式则不必通过模拟进行推演（Poe et al.，2005），或许通过三角形法（Goldberger，1991）就可以获得闭合形式的近似值。在MXL模型中，该参数具有使研究者更好地控制边际WTP值在人口中的分配的优势。否则，这些数值将由特性的分布假设和货币系数共同决定，这两者分别为单独的WTP评估的分子和分母赋值（Scarpa et al.，2008）。利用BIOGEME（一种用于离散选择模型评估的软件包），可以直接在WTP空间中对这些数值进行评估（Bierlaire，2003）。

7.5.3 市场份额

在条件价值评估（CV）法中，总WTP或总需求是通过愿意支付一定价格的消费者数量乘以价格以及所有价格层次的综合得出的。同样重要的是，在选择实验中，总WTP只是基于那部分愿意为现有层次的提升付出的特定人群，或者说是市场份额。如果k代表现有价格水平，j代表全新的文化遗产层次，$(x^*_{ij}-x_{ik}) = \Delta^*_{ij}x_i$与指定函数（$\Sigma_i b_i \Delta^*_{ij} x_i$）就是在文化遗产从$x_{ij}$转变为$x^*_{ij}$时，以k为基准选择替代品j的概率的比值。该分析结果表明在针对性政策实施后，公众对文化遗产的接受度现状会以怎样的方式发生转变。这种比值的变化，或者说选择替代品的概率，是受众面对一个层次的文化遗产时相对另外一种文化遗产的偏好，是文化遗产规定发生变化时其所面对的公众接受度或由此带来的市场变化。

文化遗产规定的变化对福利所产生的真实影响是由众多家庭愿意为一种积极变化支付的金钱的数额或他们接受一种负面变化的意愿来评估的。这个金额是使得两种不同的效用相等的水平。一般公式为：

$$\begin{aligned}\Delta\$ &= [\Sigma_i\beta_i(x_i^0 - x_i^1)]/\alpha = [\Sigma_i\beta_i(\Delta x_i)]/\alpha \\ &= \Sigma_i(\beta_i/\alpha)(\Delta x_i)\end{aligned} \qquad (7\text{-}12)$$

其中，β_i是特性i的参数估计值，x是一种文化特性的数值化水平，α是金钱效用的参数估计值，其中作为上标出现的0和1分别代表最初和最终两个状态，i代表的是第i类特性。因此，数值的变化是由两种文化特性的成分效用值中的产品金额以及它们所分别对应的规定的变化Δx_i所决定的。

7.6 选择实验模型的优化

在CE模型的研究进展中，虽然考虑的更多的是环境问题而不是文化问题，但仍然探究了WTP数值是如何随着CE模型的应用而产生变化的。然而，这些问题依然从属于文化遗产的WTP评估过程。

7.6.1 属性之间的相互影响

在实验设计中，主效应表明了一种因素或特性的改变对其他所有层次的因素所取平均值的变化。双因素的相互作用A×B，无论是否显示A因素的改变与所有层次的B因素变化相同，都要对所有其他层次的因素取平均数。三因素的相互作用A×B×C，无论是否显示出A、B和C三者中任意两种因素的相互作用，如A和B的相互作用等同于所有层次的C因素，都要对所有其他层次的因素取平均数。主效应要比双因素交互作用更加重要，同理，双因素的交互作用也常常远比三因素的相互作用更为重要。SP模型，包括CV法在内，很少将不同因素间的相互作用考虑在内。Santos（1998）揭示了环境政策与补贴下，一处高原遗址景观所具备的三种主要特性间相互作用的重要效应。Willis（2009）揭示了在参观者对哈德良城墙（Hadrian's Wall）上一处罗马要塞不同特性的偏好和欣赏品位的CE中一些特性的相互作用，而这里曾经是英格兰北部罗马大帝国的边陲之所在。这些特性包括发掘物、信息展示、博物馆、部分建筑的复建、便利设施（咖啡厅等）以及有人提出的关于设立儿童玩耍区的建议。

当文化产品的整体价值源于成分效用值的综合或所有个体特性价值的综合时，如果不能说明CE中的相互作用效果，就会导致对文化产品整体价值的严重高估或严重低估。如果不能说明相互作用效果，也就意味着无法说明不同特性之间的替代效应。当实验设计仅仅利用了一种主要效应，并且这些特性被假定具有线性的附加性时，相比于CV评估法，CE则可能高估文化产品的价值。实际上，Mogas等人（2006）曾经指出，在更加全面地指定效用函数（特别是二阶效应）的情况下，CE与CV在评价西班牙东北部的替代性造林规划时，效果是相同的。然而，当效用函数的一部分（即二阶交互效应）被忽略时，CE对文化产品价值的高估程度要比CV更高。

7.6.2 选择的复杂性

Swait和Adamowicz（1999）建立了一种理论，面对越来越大的选择复杂性，消费者或许已经无法作出“精确”的选择，因此他们的偏好可能会因为这项选择工作的复杂性而被不同程度的偏差定性。他们还假定选择复杂性与消费者通过服从选择或选择安于现状的倾向来“避免”作出选择有关。DeShazo和Fermo（2002）的一项实证研究中，他们对选择复杂性对偏差的影响进行了量化。他们研究了选择复杂性是否会对选择的一致性和福利产生影响。他们发现，特性数量的增加会扩大效用EC的偏差，表明信息量增大所造成的认知负担增加会超过由更为完整的文化产品特性描述带来的一致性的潜在增长。他们发现，替代性选择的增加最初会缩小误差偏差，然后却会令误差偏差放大。他们还发现，不同于替代性选择的产品特性的增加实际上会扩大效用偏差。

通过对实验设计和调查问卷的预先测试，CE的任何偏差都有可能被最小化，以控制选择复杂性、确定选择组合中替代性选择的最优数量、优化因替代性选择而发生变化的特性的数量。

7.6.3 不参与

有证据表明，当选择一种替代性特性的过程非常复杂时，人们会进行试探。这个过程可以通过不同的方式进行研究。（1）可以检查一下调查对象是否会在针对价格的选择集合中作出权衡。对于那些一直选择安于现状的人的数量，可以进行报告，如果在某种特性发生改善但又基本或根本没有引起价格上涨的情况下，这部分人所占的百分比应该是很低的。同时也可以观察出调查对象是否作出了不同的替代选择，而不是一成不变地只在替代选择1和替代选择2中挑选。对于那些选择了伴随着越来越大价格增幅的替代选择的人，其数量也是可以计算出来的，他们所占的比例会随着价格的上涨而下降。（2）要通过调查问卷来探究文化产品特性受到怎样的处理以及调查对象为何会作出这样或那样的选择，就要在问卷中加入判断性和补充性问题。这样不仅能够额外添加一种非常有用的检验途径，也更加适合于CV的相应问题，因为通过CV的相应问题，除了能够观察到接受度随着价格上涨而下降之外，关于文化产品特性与特性之间的权衡分析是无法进行的。（3）为了揭示调查对象对一种特定处理策略（例如，特定特性是否被忽略了，或者在CE中，这些特定的特性处于一种不参与的状态）的接受度，可以开发出一种分析模型。近年来，

Campbell等人（2012）对反映潜伏期（通过SP自填问卷式在线调查对调查对象投入的认知努力的一种衡量）进行了分析，为的是解开偏好、偏差以及处理方式的不均匀性的问题，探明反应潜伏期是否有助于解释说明这三种类型的异质性。

在CE中忽略文化产品特性意味着一种非补偿性行为，并很有可能导致对一种特性的边际WTP作出不可靠的评估。在一次针对爱尔兰境内一处文化景观的保护与改进进行的研究中，Scarpa等人（2009）利用LC模型模拟了文化产品特性不参与的情形。这些特性包括了爱尔兰境内这片文化景观中的山地、石墙、农场的整洁度、文化遗址以及价格成本。出现最多的特性当属山地（其参与度可以达到0.943），最不具货币效应的特性要数农场的整洁度，但是参与度最低的特性（仅为0.0865）是价格。尽管所有特性作为一个整体不参与的概率仅为0.0512，所有特性作为一个整体组合参与的概率也只有0.0566。因此，不同特性间全面权衡之后的均衡似乎只适用于极少数情况。在关于爱尔兰这片文化景观的研究中（Scarpa et al.，2009），考虑并对所有特性进行评价的概率低于0.1。大部分的调查对象似乎都忽略了上述五种特性中的至少两种特性，而且在被忽略的两种特性中，价格成本特性常常占据一席。正如Scarpa等人（2009）所指出的，“如果人们在作出替代选择的时候基本或根本不考虑价格成本，他们这样作似乎已经假定收益的边际效用为0或接近于0”。因此，由于调查对象忽略了价格成本，价格系数也由此接近于0，利用标准的CL或NML模型得出的WTP评估结果可能在数值上会较大。如果不能说明处理过程中的不均衡性，CE中的试探法会得出一个高估特定特性的边际WTP的结果。一个值得关注的问题是在较大程度上未将价格成本特性考虑在内，因为价格成本特性可能在一定程度上能够说明为何相比于CV法，CE法通常会高估环境与文化产品的边际WTP（Scarpa and Willis，2006）。

7.6.4 范畴与审美多样性

效用没有单位，通常是由CE模型中的误差变量项来加以限定的，因此有必要对其进行标准化。然而，该变量会因数据集的不同特点而不同，意味着在不同数据集中，不同的参数之间是无法直接进行比较的，除非是在一种不可能发生的情况下，即两个数据集拥有相同的变量。将范畴效应孤立有利于对偏好系数作出更好的评估。

标准选择模型评估的是$\mu_i\beta$而不是β。范畴参数μ_i与调查对象i的预期选择的肯定量有关。要对个体间或群体间的偏好或β参数的重要对比孤立开来，需要找到范畴参数之间的差异。相应方差相反与μ有关，因为相应方差是对不确定项的评估。对于μ的值接近于0的个体，相应方差接近于无穷大，即代表了完全的不确定性，在这种情况下，由MNL模型得出的选择概率等于所有的替代选择（Magidson and Vermunt，2007）。

在CL模型中，范畴参数的混合在限制性假定条件下是不存在的，对于每一个调查对象都是相同的，该限制性条件即范畴参数值代表了不确定的程度。在CL模型以及其他常见的逻辑模型中，如LC模型，范畴因素（μ）都进行了一致的标准化。然而，如果有两个子集（例如，隐含的集合X和Y），它们对两种文化产品的真实偏好完全相同（例如，它们对产品A的真实偏好为+0.5和+0.5，对产品B的真实偏好为+0.4和+0.4）的同时又对两种产品表现出不同程度的不确定性，两个集合的范畴参数分别是X=1和Y=2，那么集合X的模型系数将为0.5和0.4，而集合Y的模型系数将为1.0和0.8。然而，只有两个调查对象集合的真实差异才是从表现出更大不确定量的前者所获得的回应（Magidson and Vermunt，2007）。

Louviere等人（2008）论证得出，对选择中的大部分品位异质性更好的描述是“范畴”异质性（即某些消费者的误差项范畴要大于其他消费者）。Fiebig等人（2010）指出，在DC数据中，标准误差或特异性误差的范畴并没有被明确指出，对误差的标准化解决了这个问题。为了确定相比于常见的MXL模型，包含范畴异质性是否会导致匹配过程的明显改善，Fiebig等人（2010）将MXL模型进行延伸，得到了一种更具广泛意义的MNL（G-MNL）模型。他们发现，以涵盖不同产品（医疗程序、移动电话、食物配送服务、度假计划以及签账卡等）的10种不同的SP的CE数据为例，包含了范畴差异异质性的模型要比MXL模型具备更好的拟合优度。相比于MXL模型，他们提出的G-MNL模型更适用于解释说明表现出近乎于字典序偏好（注：所谓字典序偏好是指某个商品，如商品1，具有优先排序权，只有当商品1的数量相等时，才会就商品2进行排序）以及那些表现出“随机性”极低的行为的极端消费者。

在假定条件为不考虑调查对象所在的潜在层级，所有调查对象的范畴因素数值相同的潜在层级的选择模型中，是不会发生混乱的（Louviere et al.，2000，p. 206）。如果违反了这个相等的假设条件，预测结果中将包含额外的误差量以及可能存在的偏差。Magidson和Vermunt（2007）对LC选择模型进行了延伸，该模型本身是用来检验相等范畴因素假设条件的，当违反该假设条件时，可以用来评估并消除不同调查对象子集合的不同范畴参数带来的影响。将范畴因素隔离开，可以得出对成分效用价值偏好系数更为纯粹的评估（即以摆脱了范畴因素影响的成分效用价值偏好为基础的不同LC选择模型的真实偏好）。Magidson和Vermunt（2007）论证得出，在形成不同的LC模型时，不允许范畴因素出现差异是一个决定性因素，LC模型下的调查对象群体明显更加不同于那些基于无范围成分效用价值的“真实”偏好差异的调查对象。对范畴因素的隔离会导致更为精确的“真实”成分效用价值的评估。

通过将这些新的延伸模型在现实生活的两种CE中应用发现，在这两种情况下，相等范畴因素的一般假定条件都是没有根据的。将标准模型得出的结果与延伸模型的结果相比，可以得出，考虑到实际成分效用价值的存在，前者会导致一些错误的结论，也会将潜在数量的调查对象划归错误的LC部分。该结果表明，离散因素选择模型，无论是否经过了范畴因素调整，都可能在数据匹配和对更为传统的LC选择模型结果进行解释时作出额外的改进。

7.6.5 支付意愿与补偿接受意愿的不对称性

对一种文化产品的损失的评估要高于该产品同等程度的收益。这种产品损失的WTA补偿与收益的WTP的不对称性一直以来都是大部分CV法评估结果的一个特征。利用经济理论对WTP-WTA不对称性的解释强调了替代和所得效用的作用（Hanemann，1991，1999）。从WTP的角度而不是WTA补偿的角度来看，可支配收入限制了人们对于文化遗产的需求。另外，一种文化产品的独特性（可替代性低）能够提供足够高的补偿来抵消其在效用上的损失。对WTP-WTA不对称性的另外一种解释是“损失规避”（Kahneman and Tversky，1979；Tversky and Kahneman，1991），被认为是一种经济学行为的高级预判（Bateman et al.，1997）。损失规避决策的制定者认识到，从效用角度来看，损失要大于同等量级的物质收益。然而，通过一种BDM拍卖机制和专业培训，Plott和Zeiler（2005）发现，在各种各样的文化产品中，WTP和WTA之间是没有差异的，因此他们对在真实市场条件下的损失规避理论提出了质疑。

尽管特性等级的范围相对较小，但Lanz等人（2010）在基础的效用函数中发现了非线性证据，该证据表明了包括价格在内所有特性都存在明显的损失规避性。他们还发现，与损失相关的系数评估在量级上要大于收益的系数评估，损失的标准偏差系数倾向性要大于收益的标准偏差系数倾向性，意味着损失的倾向性具有更大的异质性。此外，他们还发现，在现有规定的层面，WTP-WTA是具有不对称性的，但是根据考虑之中的特定产品变化，WTP-WTA比例会发生改变。他们还指出，相比匹配度更高的非线性模型，线性模型对WTA的评估是保守的。然而，除了在拟合优度方面各种模型的差异相对较小，不同的非线性模型对WTA的评估也是存在本质区别的。

7.6.6 效用最大化与遗憾最小化

在一个选择集合中挑选替代选择时，常见的CL模型、MXL模型和其他模型假定调查对象将效用最大化。调查对象既可能是消费者，也可能是为保护一种文化遗产而存在的决策者。一些实验证据表明，遗憾最小化（regret minimization）是一种比效用最大化（utility maximization）更加重要的选择决定因素，尤其是当这个决定很难作出又非常重要的时候，在这个时候，决策者可能要对他们的选择负责。Chorus等人（2011）在一项研究中发现，随机遗憾最小化（RRM）方法的作用要略大于随机效用最大化（RUM）。然而，应用于休闲场所的选择时，Boeri等人（2012）发现，尽管在相似性较小的休闲场所选择上，RRM能够作出更好的解释，但与上文所述正相反，RUM的作用要略大于RRM。但是，两种选择方法（RUM和RRM）所引发的行为预测是不同的，并且对于那些需要保护的文化遗产，这两种不同的选择方法会导致不同的政策意义。

7.6.7 独立的评估和总结

当某种文化产品包含许多种特性时，通常要使用一个以上的CE实验。这样就会产生独立估价与总和（independent valuation and summation，IVS）的问题（Hoehn and Randall，1989）。许多不同的研究显示，从理论和实践的角度来看，在进行存在重要替代效应的独立文化产品估价时，IVS法极大地高估了WTP总和。累加可分性[①]是在空间和时间上对不同产品的价值进行累加的一种常用假设。然而，当两种产品间存在替代效应时，累加可分性或IVS法是不适用的。在一次对三种替代方案进行的评估中，Hoehn和Loomis（1993）指出，传统的IVS法对每种方案进行单独评估的结果要比双方案评估的结果高出12%~50%，比三方案评估的结果高出43%~66%。

7.6.8 态　度

为了将个体的社会经济学特性包含在内，并通过DC模型中系统分量与随机分量包含的随机变量达到将异质性包含在DC模型中的目的，学者们付出了大量的努力。需要更多注意的是，DC模型中的决定性选择包含行为及心理因素。在Ajzen（1988）和Domarchi等人（2008）的研究之后，Scagnolari和Maggi（2010）制定了一套指标分数，用以评估年轻人对待酒类消费、社会标准以及行为控制认知的态度。他们利用这些指标对选择夜间娱乐的行为进行了评估（晚宴、餐后集会以及群

① 可分性表示：在同一个消费群体中，任何两种文化产品之间的边际替代率是不会受到其他消费群体中一种文化产品在数量变化上的影响的。可分性使不同消费群体中两种或两种以上产品可以线性地增加。

体范畴）。他们发现，心理特点对夜间休闲行为选择的影响要大于带有社会经济学特点的硬信息。他们发现，不同的夜间休闲行为可以通过被调查者对酒类消费的态度得到解释，而且其所包含在内的行为及心理特点大大增强了DC模型中的现实主义以及该模型的拟合优度。

7.6.9 显示性偏好模型与叙述性偏好模型的结合

当需要加入新特性所带来的偏好和行为变化的额外信息时，可以将SP（叙述性偏好）实验与RP（显示性偏好）数据相结合。这不是最近才出现的一种现象，但是却将我们全面带回到本章的开始（即使用RP和SP的相对优点）。但是，同时包含RP与SP数据确实能够使评估过程以人们的做法以及他们所说和将要采取的做法为基础。

Boxall等人（2003）在他们的研究中应用了SP实验，他们在加拿大中南部的曼尼巴托省对那些在荒野中划独木舟的人进行了调查，他们问那些在划独木舟的人，在人们发现当地已经在一定程度上损坏了拥有2 000多年历史的原住民岩画之后，他们是否愿意改变原有的航道。该实验得到了一个关于同一群体的RP和SP数据池。依据范畴参数，这些RP和SP数据集的一致性得到了证明。然而，在单独一个数据集中，范畴参数（μ）却无法辨明，在两个或两个以上数据集同时存在时才可以得到范畴参数比值（μ_{rp}/μ_{sp}）。数据池能够呈现同一个体已显示出的信息和SP数据的统计独立性。通过解释说明RP和SP两种选择之间的潜在依赖性或相关性，Boxall等人在他们的RP/SP数据中呈现了这一点。Boxall等人的SP数据表明，42%的调查对象愿意为了一睹那原始的岩画而更改他们的航道，但只有大约10%的调查对象愿意专门去看一看那些已经破损的岩画。去观看原始岩画的WTP会令旅途成本增加大约77美元，但是那些残破的岩画具有的价值大约只占原始岩画整体价值的10%。由此作者们得出结论，原始岩画相比破损岩画所具有的更大的价值在于控制故意破坏人文遗迹的行为的必要性，为的是保护遗迹使未来的参观者获得旅行收益。

7.7 结　论

叙述性偏好方法（Stated preference methods，CV和CE）为我们评估文化产品的价值提供了切实可行的方法，能够避免使用RP法所带来的一些问题。本章列举了主要SP法的大概轮廓。研究者所面对的挑战是选择一种最适合评估人们对某一文化产品的偏好的方法。

公众对于大部分文化产品的偏好可能是多项的。人们的偏好可能会以系统和随机的方式在个体间发生变化。对于任何一种文化产品的经济评估而言，偏好与价值的这种异质性都非常重要。Colombo等人（2009）建议，构建这种异质性模型的方法选择应取决于效用的系统因素和随机因素的相对重要性。如果两种因素都几乎不存在异质性，那么可以选择使用CL模型或MNL模型。如果系统因素的异质性大于随机因素的异质性，RPL模型或LC模型则更为合适。相反，如果随机因素的异质性大于系统因素的异质性，EC模型或Cov-Het模型更适合。如果选择概率更大程度上受到了范畴差异的影响，那么诸如HEV模型这种将范畴异质性考虑在内的方法可能更好。但遗憾的是，先天因素决定了研究者极少掌握这些信息，因此更好的办法是对一系列不同的模型进行试验，然后从中选出数据拟合优度最佳，同时也符合先天因素预期（例如，依据系数的标记）的模型。

在文化经济学中，通过扩大现有研究，将选择的复杂性、特性的不参与、特性之间的相互作用、范畴以及品位异质性、社会准则考虑在内，进一步理解并改善文化遗产价值的评估，仍有巨大的空间。在过去关于文化遗产的价值评估中，并没有对这些问题进行过探索。同时，文化价值的可靠度和准确性检验也有空间。SP大量关于考古、艺术、古迹、博物馆、剧院等文化遗迹价值的研究都是在SP技术下进行的。然而，只有在SP的启发式方法具有激励兼容性的条件下，其研究结果才可能具有可靠性。Carson和Groves（2007）分析了启发式方法的激励性，他们提出这种单一边界的DC条件价值评估（CV）法是唯一一种适合于讲述事实的提问式研究方法，前提是调查对象相信该问卷调查的重要性，并且他或她需要为此支付一定的金额。然而，维克瑞拍卖（Vickrey auctions）——一种维克瑞-克拉克-格罗夫斯（Vickrey-Clarke-Groves）机制和BDM方法——也是实验经济学中所使用的事实描述式激励兼容拍卖机制的好例子（Davis and Holt，1993），同时这种BDM方法被用于获取WTA补偿的可靠结果（Chilton et al.，2012）。关于CE法是否具有事实描述和激励兼容性，仍然存在疑问。对于利用CV法和CE法评估同一种文化产品的WTP价值得到的结果之间存在的差异，CE法在事实描述和激励兼容性方面的不足可以部分解释其中的原因。许多文化遗产产品拥有市场，这为通过虚拟市场与真实市场的比较对SP的WTP价值正确性进行确定性检验提供了重要的研究机会。

参考文献

Ajzen, I., 1988. Attitudes, Personality and Behaviour. Open University Press, Milton Keynes.

Alberini, A., Longo, A., 2006. Combining the travel cost and contingent behaviour methods to value cultural heritage sites: evidence from Armenia. Journal of Cultural Economics 30, 287–304.

Bateman, I. J., Munro, A., Rhodes, B., Starmer, C., Sugden, R., 1997. A test of the theory of reference-dependent preferences. Quarterly Journal of Economics 112, 479–505.

Bateman, I. J., Langford, I. H., Jones, A. P., Kerr, G. N., 2001. Bound and path effects in double and triple bounded dichotomous choice contingent valuation. Resource and Energy Economics 23, 191–213.

Bhat, C., 1995. A heteroscedastic extreme value model of intercity mode choice. Transportation Research B 29, 471–483.

Bierlaire, M., 2003. BIOGEME: a free package for the estimation of discrete choice models. Paper Presented at the 3rd Swiss Transport Research Conference, Ascona.

Boeri, M., Doherty, E., Longo, A., Hynes, S., 2012. Site choices in recreation demand: a matter of utility maximization or regret minimization? Journal of Environmental Economics and Policy 1, 32–47.

Boter, J., Rouwendal, J., Wedel, M., 2005. Employing travel time to compare the value of competing cultural organizations. Journal of Cultural Economics 29, 19–33.

Boxall, P. C., Adamowicz, W. L., 2002. Understanding heterogeneous preferences in random utility models: a latent class approach. Environmental and Resource Economics 23, 421–446.

Boxall, P. C., Englin, J., Adamowicz, W. L., 2003. Valuing aboriginal artifacts: a combined revealed-stated preference approach. Journal of Environmental Economics and Management 45, 213–230.

Breffle, W. S., Morey, E. R., 2000. Investigating preference heterogeneity in a repeated discrete-choice recreation demand model of Atlantic salmon fishing. Marine Resource Economics 15, 1–20.

Cameron, T., James, M., 1987. Efficient estimation methods for closed-ended contingent valuation survey data. Review of Economics and Statistics 69, 269–276.

Campbell, D., Morkbak, M. R., Olsen, S. B., 2012. Response latency in stated choice experiments: impact on preference, variance and processing heterogeneity. Paper Presented to the Annual European Association of Environmental and Resource Economists, Prague.

Carson, R.T., Mitchell, R.C., Conaway, M.B., 2002. Economic benefits to foreigners visiting Morocco accruing from the rehabilitation of the Fes Medina. In: Navrud, S., Ready, R. C. (Eds.), Valuing Cultural Heritage: Applying Environmental Valuation Techniques to Historic Buildings. Edward Elgar, Cheltenham, pp. 118–141.

Carson, R. T., Groves, T., 2007. Incentive and informational priorities of preference questions. Environmental and Resource Economics 37, 181–210.

Chan, T. W., Goldthorpe, J. H., 2007. Social stratification and cultural consumption: music in England. European Sociological Review 23, 1–19.

Chilton, S., Jones-Lee, M., McDonald, R., Metcalfe, H., 2012. Does the WTA/WTP ratio diminish as the severity of a health complaint is reduced? Testing for smoothness of the underlying utility of wealth function. Journal of Risk and Uncertainty 45, 1–24.

Choi, A.S., 2009. Willingness to pay: how stable are the estimates? Journal of Cultural Economics 33, 301–310.

Chorus, C.G., Annema, J.A., Mouter, N., van Wee, B., 2011. Modeling politicians' preferences for road pricing policies: a regret-based and utilitarian perspective. Transport Policy 18, 856–861.

Colombino, U., Nese, A., 2009. Preference heterogeneity in relation to museum services. Tourism Economics 15, 381–395.

Colombo, S., Hanley, N., Louviere, J., 2009. Modeling preference heterogeneity in stated choice data: an analysis for public goods generated by agriculture. Agricultural Economics 40, 307–322.

Cooper, J., Loomis, J., 1992. Sensitivity of willingness - to - pay estimates to bid design in dichotomous choice contingent valuation models. Land Economics 68, 211–224.

Coursey, D. L., Hovis, J. L., Schulze, W. D., 1987. On the supposed disparity between willingness to accept and willingness to pay measures of value. Quarterly Journal of Economics 102, 679–690.

Dahlberg, M., Eklöf, M., 2003. Relaxing the IIA assumption in locational choice models: a comparison between conditional logit, mixed logit, and multinomial probit models. Working Paper, Department of Economics, Uppsala University, Uppsala.

Davidson, P., Teye-Ali, C., Thomas, A., 2009. Fundaments of discrete choice part 2-the nested logit model. Traffic Engineering and Control 50, 63–71.

Davis, D.D., Holt, C.A., 1993. Experimental Economics. Princeton University Press, Princeton, NJ.

DeShazo, J.R., Fermo, G., 2002. Designing choice sets for stated preference methods: the effects of complexity on choice consistency. Journal of Environmental Economics and Management 44, 123–143.

Domarchi, C., Tudela, A., Gonzalez, A., 2008. Effect of attitudes, habit, and affective appraisal on mode choice: an application to university workers. Transportation 35, 585–599.

Favaro, D., Frateschi, C., 2007. A discrete choice model of consumption of cultural goods: the case of music. Journal of Cultural Economics 31, 205–234.

Ferrini, S., Scarpa, R., 2007. Designs with a priori information for nonmarket valuation with choice experiments: a Monte Carlo study. Journal of Environmental Economics and Management 53, 342–363.

Fiebig, D.G., Keane, M.P., Louviere, J., Wasi, N., 2010. The generalized multinomial logit model: accounting for scale and coefficient heterogeneity. Marketing Science 29, 393–421.

Foster, V., 1999. On the voluntary financing of public goods. PhD Thesis, Department of Economics, University College London.

Goldberger, A.S., 1991. A Course in Econometrics. Harvard University Press, Cambridge, MA.

Grisolia, J. M., Willis, K. G., 2011a. An evening at the theatre: using choice experiments to model preferences for theatres and theatrical productions. Applied Economics 43, 3987–3998.

Grisolia, J. M., Willis, K. G., 2011b. Heterogeneity in willingness - to - pay for theatre productions: individual specific willingness-to-pay estimates for theatres, shows and their attributes. Scottish Journal of Political Economy 58, 378–395.

Grisolia, J.M., Willis, K.G., 2012. A latent class model of theatre demand. Journal of Cultural Economics 36, 113–139.

Gujarati, D., 1992. Essentials of Econometrics. McGraw-Hill, New York.

Haab, T.C., McConnell, K.E., 1997. Referendum models and negative willingness to pay: alternative solutions . Journal of Environmental Economics and Management 32, 251–270.

Hanemann, W.M., 1989. Welfare evaluations in contingent valuation experiments with discrete response data: reply. American Journal of Agricultural Economics 71, 1057–1061.

Hanemann, W. M., 1991. Willingness to pay and willingness to accept: how much can they differ? American Economic Review 81, 635–647.

Hanemann, W. M., 1999. The economic theory of WTP and WTA. In: Bateman, I. J., Willis, K. G. (Eds.), Valuing Environmental Preferences: Theory and Practice of the Contingent Valuation Method in the US. Oxford University Press, Oxford, EU and Developing Countries, pp. 43–93.

Hensher, D.A., Greene, W.H., 2003. The mixed logit model: the state of practice. Transportation 30, 134–176.

Hensher, D.A., Greene, W.H., 2011. Valuation of travel time savings in WTP and preference space in the presence of taste and scale heterogeneity. Journal of Transport Economics and Policy 45, 505–525.

Hoehn, J.P., Randall, A., 1989. Too many proposals pass the benefit cost test. American Economic Review 79, 544–551.

Hoehn, J.P., Loomis, J.B., 1993. Substitution effects in the valuation of multiple environmental programs. Journal of Environmental Economics and Management 25, 56–75.

Jaffry, S., Apostolakis, A., 2011. Evaluating individual preferences for the British Museum. Journal of Cultural Economics 35, 49–75.

Kahneman, D., Tversky, A., 1979. Prospect theory: an analysis of decision under risk. Econometrica 47, 263–292.

Kinghorn, N., Willis, K. G., 2007. Estimating visitor preferences for different art gallery layouts using a choice experiment. Museum Management and Curatorship 22, 43–58.

Kinghorn, N., Willis, K.G., 2008. Measuring museum visitor preferences towards opportunities for developing social capital: an application of a choice experiment to the Discovery Museum. International Journal of Heritage Studies 14, 555–572.

Kontoleon, A., 2003. Accounting for consumer heterogeneity in preference for GM foods: an application of the latent market segmentation model. Paper Presented to the 4th BIOECON Workshop on the Economics and Biodiversity Conservation, Venice.

Kuhfeld, W.F., 2005. Experimental design, efficiency, coding, and choice designs. SAS Institute, Cary, North Carolina. TS-772C.

Lancaster, K.J., 1966. A new approach to consumer theory. Journal of Political Economy 74, 132–157.

Lanz, B., Provins, A., Bateman, I., Scarpa, R., Willis, K., Ozdemiroglu, E., 2010. Investigating willingness to pay-willingness to accept asymmetry in choice experiments. In: Hess, S., Daly, A. (Eds.), Choice Modelling: The State-of-the-Art and the State-of-Practice: Proceedings from the Inaugural International Choice Modelling Conference. Emerald Publishers, Bingley, pp. 517–541.

Louviere, J. J., Hensher, D. A., Swait, J. D., 2000. Stated Choice Methods: Analysis and Applications. Cambridge University Press, Cambridge.

Louviere, J. J., Street, D., Burgess, L., Wasi, N., Islam, T., Marley, A. A. J., 2008. Modelling the choice of individual decision-makers by combining efficient choice experiment designs with extra preference information. Journal of Choice Modelling 1, 128–163.

Luksetich, W.A., Partridge, M.D., 1997. Demand functions for museum services. Applied Economics 29, 1553–1559.

Maddison, D., Foster, T., 2003. Valuing congestion costs in the British Museum. Oxford Economic Papers 55, 173–190.

Magidson, J., Vermunt, J. K., 2007. Removing the scale factor confound in multinomial logit choice models to obtain better estimates of preference. In: Proceedings of the Sawtooth Software Conference, Santa Rosa, CA, pp. 139–154.

McFadden, D., 1973. Conditional logit analysis of qualitative choice behavior. In: Zarembka, P. (Ed.), Frontiers in Econometrics. Academic Press, New York, pp. 105–142.

Mitchell, R., Carson, R., 1989. Using Surveys to Value Public Goods: The Contingent Valuation Method. Resources for the Future, Washington, DC.

Morey, E., Rossmann, K.G., 2003. Using stated preference questions to investigate variations in willingness to pay for preserving marble monuments: classic heterogeneity, random parameters, and mixture models. Journal of Cultural Economics 27, 215–229.

Mogas, J., Riera, P., Bennett, J., 2006. A comparison of contingent valuation and choice modelling with second-order interactions. Journal of Forest Economics 12, 5–30.

Mourato, S., Kontoleon, A., Danchev, A., 2002. Preserving cultural heritage in transition economics: a contingent valuation study of Bulgarian monasteries. In: Navrud, S., Ready, R.C. (Eds.), Valuing Cultural Heritage: Applying Environmental Valuation Techniques to Historic Buildings, Monuments and Artifacts. Edward Elgar, Cheltenham, pp. 68–86.

Narwold, A., 2008. Estimating the value of the historical designation externality. International Journal of Housing Markets and Analysis 1,288–295.

Neill, H. R., Cumming, R. G., Ganderton, P. T., Harrison, G. W., McGuckin, T., 1994. Hypothetical surveys and real economic commitments. Land Economics 70,145–154.

Noonan, D.S., 2003. Contingent valuation and cultural resources: a meta-analytic review of the literature. Journal of Cultural Economics 27,159–176.

Oczkowski, E., 1994. A hedonic price function for Australian premium table wine. Australian Journal of Agricultural Economics 38,93–110.

Plott, C.R., Zeiler, K., 2005. The willingness to pay/willingness to accept gap, the endowment effect, subject misconceptions and experimental procedures for eliciting valuations. The American Economic Review 95, 530–545.

Poe, G. L., Giraud, K. L., Loomis, J. B., 2005. Computational methods for measuring the difference of empirical distributions. American Journal of Agricultural Economics 87,353–365.

Powe, N.A., Garrod, G.D., Willis, K.G., 1995. Valuation of urban amenities using a hedonic price model. Journal of Property Research 12,137–147.

Provencher, B., Baerenklau, K.A., Bishop, R.C., 2002. A finite mixture logit model of recreational angling with serially correlated random utility. American Journal of Agricultural Economics 84,1066–1075.

Pulido-Fernández, J.I., Sánchez-Rivero, M., 2010. Attitudes of the cultural tourist: a latent segmentation approach. Journal of Cultural Economics 34,111–129.

Rolfe, J., Windle, J., 2003. Valuing the protection of Aboriginal cultural heritage sites. The Economic Record 79(special issue), S85–S95.

Rouwendal, J., Boter, J., 2009. Assessing the value of museums with a combined discrete choice/count data model. Applied Economics 41,1417–1436.

Samuelson, W., Zeckhauser, R., 1988. Status quo bias in decision making. Journal of Risk and Uncertainty 1,7–59.

Santagata, W., Signorello, S., 2000. Contingent valuation of a cultural public good and policy design: the case of 'Napoli Musei Aperti', Journal of Cultural Economics 24,181–204.

Santos, J. M., 1998. The Economic Valuation of Landscape Change: Theory and Policies for Land Use and Conservation. Edward Elgar, Cheltenham.

Sanz, J.A., Herrero, L.C., Bedate, A.M., 2003. Contingent valuation and semiparametrioc methods: a case study of the National Museum of Sculpture in Valladolid, Spain. Journal of Cultural Economics 27,241–257.

Scagnolari, S., Maggi, R.(2010). Modelling heterogeneity in young persons' night-time choices-accounting for attitude towards alcohol consumption. Working Paper, Institute for Economic Research, University of Lugano (USI), Lugano.

Scarpa, R., Thiene, M., 2005. Destination choice models for rock climbing in the northeastern Alps: a latent-class approach based on intensity of preferences. Land Economics 81,426–444.

Scarpa, R., Willis, K.G., 2006. Distribution of willingness-to-pay for speed reduction with non-positive bidders: is choice modelling consistent with contingent valuation? Transport Reviews 26,451–469.

Scarpa, R., Sirchia, G., Bravi, M., 1998. Kernal versus logit modelling of single bounded CV responses: valuing access to architectural and visual arts heritage in Italy. In: Bishop, R.C., Romano, D. (Eds.), Environmental Resource Valuation: Applications of the Contingent Valuation Method in Italy. Kluwer, Boston, MA, pp. 233–244.

Scarpa, R., Willis, K.G., Acutt, M., 2004. Individual-specific welfare measures for public goods: a latent class approach to residential customers of Yorkshire Water. In: Koundouri, P. (Ed.), Econometrics Informing Natural Resources Management. Edward Elgar, Cheltenham, pp. 316–337.

Scarpa, R., Ferrini, S., Willis, K., 2005. Performance of error component models for status-quo effects in choice experiments. In: Scarpa, R., Alberini, A. (Eds.), Applications of Simulation Methods in Environmental and Resource Economics. Springer, Dordrecht, pp. 247–273.

Scarpa, R., Willis, K.G., Acutt, M., 2007. Valuing externalities from water supply: status-quo, choice complexity and individual random effects in panel kernel logit analysis of choice experiments. Journal of Environmental Planning and Management 50, 449–466.

Scarpa, R., Thiene, M., Train, K., 2008. Utility in WTP space: a tool to address confounding random scale effects in destination choice to the Alps. American Journal of Agricultural Economics 90, 994–1010.

Scarpa, R., Gilbride, T.J., Campbell, D., Hensher, D.A., 2009. Modelling attribute non-attendance in choice experiments for rural landscape valuation. European Review of Agricultural Economics 36, 151–174.

Schaeffer, P.V., Millerick, C.A., 1991. The impact of historic district designation on property values: an empirical study. Economic Development Quarterly 5, 301–312.

Sonnier, G., Ainslie, A., Otter, T., 2007. Heterogeneity distributions of willingness-to-pay in choice models. Quantitative Marketing Economics 5, 313–331.

Swait, J., Adamowicz, W., 1999. Choice environment, market complexity, and consumer behavior: a theoretical and empirical approach for incorporating decision complexity into models of consumer choice. Staff Paper 99-04, Department for Rural Economy, University of Alberta, Edmonton.

Swait, J., 2007. Advanced choice models. In: Kanninen, B.J. (Ed.), Valuing Environmental Amenities Using Stated Choice Studies. Springer, Dordrecht, pp. 229–293.

Train, K.E., 1998. Recreation demand models with taste differences over people. Land Economics 74, 230–239.

Train, K.E., 2003. Discrete Choice Methods with Simulation. Cambridge University Press, Cambridge.

Train, K.E., Weeks, M., 2005. Discrete choice models in preference space and willingness-to-pay space. In: Scarpa, R., Alberini, A. (Eds.), Applications of Simulation Methods in Environmental and Resource Economics. Springer, Dordrecht, pp. 1–16.

Tversky, A., Kahneman, D., 1991. Loss aversion in riskless choice: a reference-dependent model. Quarterly Journal of Economics 106, 1039–1061.

Vermeulen, B., Goos, P., Scarpa, R., Vandebroek, M., 2011. Bayesian conjoint choice designs for measuring willingness to pay. Environmental and Resource Economics 48, 129–149.

Werck, K., Heynelds, B., 2007. Programmatic choices and the demand for theatre: the case of Flemish theatres. Journal of Cultural Economics 31, 25–41.

Willis, K.G., 1994. Paying for heritage: what price Durham Cathedral? Journal of Environmental Planning and Management 37, 267–278.

Willis, K.G., 2002. Iterative bid design in contingent valuation and the estimation of the revenue maximising price for a cultural good. Journal of Cultural Economics 26, 307–324.

Willis, K.G., 2003. Pricing public parks. Journal of Environmental Planning and Management 46, 3–17.

Willis, K.G., 2006. Assessing public preferences: the use of stated preference experiments to assess the impact of varying planning conditions. Town Planning Review 77, 485–505.

Willis, K.G., 2009. Assessing visitor preferences in the management of archaeological and heritage attractions: a case study of Hadrian's Roman Wall. International Journal of Tourism Research 11, 487–505.

Willis, K.G., Snowball, J.D., 2009. Investigating how the attributes of live theatre productions influence consumption choices using conjoint analysis: the example of the National Arts Festival, South Africa. Journal of Cultural Economics 33, 167–183.

Willis, K.G., Snowball, J.D., Wymer, C., Grisolia, J., 2012. A count data travel cost model of theatre demand using aggregate theatre booking data. Journal of Cultural Economics 36, 91–112.

Zieba, M., 2009. Full-income and price elasticities of demand for German public theatre. Journal of Cultural Economics 33, 85–108.

| 第二部分 |

需求、消费和投资

第8章

畅销书和电影大片：电影、音乐和图书

W.D.Walls

University of Calgary，Calgary，Alberta，Canada

徐占东　译

摘　要

本章针对大众娱乐和文化方面的畅销书以及电影大片考察其背后的经济学问题，尤其关注研究所用的实证方法，以及这些实证方法在电影、音乐和图书方面的应用。我们首先针对超级明星和产品成功的胜者为王特征，学习一些概念性的经济学模型。之后探究正式研究所用的各种统计方法，定量研究成功分布的胜者为王特性，并利用这些方法估计角逐成功的相关性。在“8.4.1电影”、“8.4.2音乐”和“8.4.3图书”小节中，我们研究与电影大片现象相关的各类实证研究文献。最后一节，我们讨论当前关心的成功分布方面的特定话题，并讨论未来研究的一些热点问题。

关键词

超级明星，电影大片，电影，音乐，图书

JEL Classification Codes

Z10，C18

8.1 引 言

在收益分布的实证研究中，我们经常观察到胜者为王现象，即最成功的竞争者获得的收益超过其他竞争者的收益几个数量级（Franks and Cook，1996）。在体育和其他大众文化领域，你也会发现这样的规律。显然娱乐业更是如此。例如，我们现在看看2007年美国电影发行的票房收益分布情况。图8-1为劳伦斯曲线。相对应的基尼系数为0.653，估计的标准误差为0.022。全球票房收益的劳伦斯曲线几乎与此一模一样，基尼系数为0.664，相关标准误差为0.023。

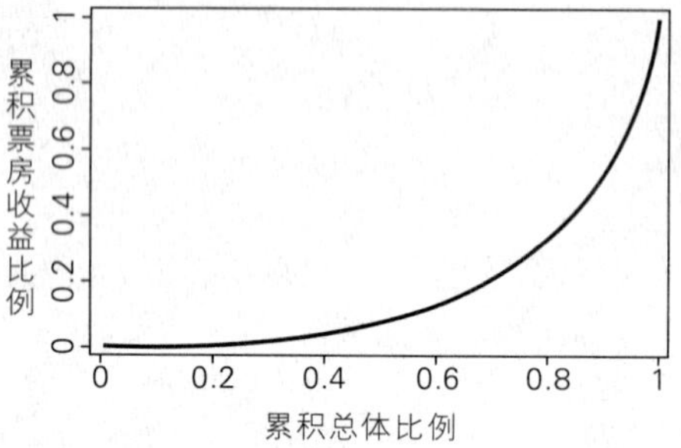

图8-1　2007年美国票房收益的劳伦斯曲线

本章考察畅销书和电影大片方面有趣的经济学问题，特别是图书、电影和音乐市场[①]。我们将考虑现在的标准超级明星模型，研究信息转移对需求的影响程度（Mizerski，1982；Mahajan et al.，1984；Moul，2007），以及分析信息转移是如何推动收益的胜者为王特征，即利润高度集中特征。如果需求具有信息反馈特征，那么本次标题获得成功，则下次标题成功的可能性大大增加。同理，如果本次标题失败，往往意味着下一次还会失利。这就导致标题的收益分布具有"厚尾"的特点，即少数胜利者所得的收益占总数的比例极大。

我们将详细介绍在畅销书和电影大片的定量分析中所适用的一些统计模型。如果在一个市场中，超级明星产品和表演者的收入远远超过市场平均收入，即极端分布的概率远远大于对应的正态分布概率，则称分布具有高度不对称特征。在一些情况下，这种分布特征意味着收入具有较大的不确定性，甚至我们无法定义方差这类离散程度度量（即定义方差的积分不能收敛到有限值）。正因为如此，大量统计模型用于研究图书、电影和音乐等市场的数据，以明确控制这些市场的重要统计特征。

8.2 概念性模型：畅销书和电影大片

如果想要了解竞争性标题（无论是一本书，一部影片还是一段录音）获得成功的意义，首先要认识娱乐和文化产品的需求性质。一个给定标题的早期消费者会影响潜在消费者的选择。这种行为有几种形式，分别称作羊群效应、扩散效应、网络效应、浪潮、路径依赖、动量效应和信息串联，其中包含标题的需求取决于揭示需求（reveal demand）的基本特征。不同模型的细节有所不同，但都具有一个重要的共同点，那就是群体行为是个体政策制定者相互作用的结果（Epstein and Axtell，1996）。在这些模型中，需求具有递归反馈特点。对于不同标题，其消费的初始差别将导致最终结果的极大差别。

① 为了简化阐述，我们将所有录音制品统称为音乐。尽管如果这样定义，音乐概念涵盖了从Anthony Robbins的励志演讲到ZZ音乐榜等所有标题。

8.2.1 信息、需求和结果分布

Banerjee（1992）和Bikhchandani等人（1992）是两篇基本的分析羊群行为的文献。他们的研究结果揭示了之前的消费者如何影响产品需求。为了更清楚地说明动态需求的过程，我们首先阐述De Vany和Walls（1996）的直观解释。为了简化，他们假设仅有一个标题，并假设总数为n的潜在顾客按照先后次序（不是同时）进行消费。消费者作出选择决策的顺序是随机的，他们对标题质量的先验看法也相同。令p表示随机选择的消费者选择购买和消费此标题的概率。令X表示选择消费此标题的人数，则X是一个二项随机变量。如果消费者对标题质量的先验看法一样，则标题销售分布也是二项随机变量。不过，如果质量未知，则潜在消费者对标题质量的先验看法就不一样，此时p是一个随机变量。给定p，对二项分布进行积分，则在n+1个可能结果中，每个结果出现的概率都一样。如果在先验看法中加入不确定性，收益分布将从二项分布变为均匀分布。

现在来考虑信息共享问题。随着时间的推移，潜在消费者可以利用已经揭示的信息，修正他们对标题质量的先验看法。[①]De Vany和Walls（1996）令屏幕上的顾客分布为多项均匀分布，这样搜寻问题——搜寻分布未知的质量——就类似于搜寻分布未知的价格。假设不知道分布特征的顾客一开始时具有均匀的先验分布，之后按顺序更新先验分布。这个过程的结果就是Bose Einstein分布，其特点是所有可能结果向量的概率都相等。这意味着消费每个标题都为零的向量的概率，与所有n次试验都消费一个标题的向量的概率一样。其他每个向量的概率也都相同（Feller，1957）。在所有可能的结果向量空间上，Bose Einstein分布均匀集聚。当然这里也包括了消费者什么都不买的可能性。

根据Bose Einstein选择逻辑，影响选择概率演化过程的重要因素，是过去的成功影响未来的成功的方法。只要每部影片存在差异，通过信息反馈的放大作用，就会出现极大的差别。供给量较大时，大量促销行为可能提高销售量，提升销售量的增长速度。但也可能由于消费者传递负面消息，导致失败加速。当顾客按顺序选择标题时，给定顾客选择特定标题的概率，与之前选择此标题顾客占顾客总数的比例成正比。当概率未知时，成功具有杠杆作用。抽样结果表明，导致之前选择的信息，会影响接下来的选择。

对于信息共享模型，还有其他几个有趣的问题需要说明。例如，Chamley和Gale（1994）的模型中就包含一个内生要素。消费者在消费前，首先会等待，以便看看其他顾客的想法。在某种程度上，如果要消费的不仅仅是纯粹消费品，还是一种投资品的话，那么就更有吸引力。在这种情况下，本章还与Ottaviani和Sorensen（2000）关于羊群效应和投资行为的论文有关。Avery等人（1999）还提出一个模型，其中选择顺序内生确定。Sgroi（2002）调查重点吸引早期消费者的策略。Smith和Sorensen（2000）考察羊群效应的混合学习模式，以此替代老羊群效应模型的快速成功和失败模式。De Vany和Lee（2001）调查模拟模型中的信息功能。研究结果表明，即使存在噪音信息，好的影片通常也会胜出，收益仍具有胜者为王或厚尾特征。De Vany和Walls（1996）的研究表明，票房收入具有某种扩散特性，其中每周需求量根据前一周的需求发生随机变化。

---

① 这些信息包括专家评论（或其他任何个人）的观点，广告或销售排名或交易量。

8.2.2 天赋和运气在成功中的作用

Rosen（1981）和Adler（1985）对超级明星界进行了现在看来比较经典的分析。在本手册的上卷中，Adler（2006）对与天赋有关的超级明星模型进行了评述。在这些模型中，表演者的天赋通过几种方式决定表演者的产品是否会成为畅销书或电影大片。

在Rosen（1981）的模型中，消费者需求具有替代特征——所以消费者或是花高价享受高质量服务，或是用数量代替质量。再者，已知不同表演者的天赋存在差异，这些表演者在两个方面展开竞争：一种可能是与天赋相同的其他表演者竞争。另一种可能是给定价格或表演场所的类型，与具有替代关系的其他表演者进行竞争。为了便于说明，Rosen假设随着供给数量的增加，质量不会下降。但即使是在这种简单的情况下，他仍然发现，价格和提供的数量随着天赋的增加而增加，由此总收益也随着质量的增加而增加。因此，在Rosen的模型中，总收益随天赋增加的比例极高，这意味着收益将主要集中在更有天赋的人手中。Rosen的研究进一步表明，如果天赋较高的卖方所提供的服务受其他卖方的竞争影响较小，那么即使市场中存在多个服务供应商，结论仍然是高质量提供者所服务的人群较广泛，表演者成功分布有偏的结论仍然成立。

Adler（2006）讨论了竞争模型，刻画天赋与成功分布之间的关系。尤其是，他研究了MacDonald（1988）模型。该模型定义天赋的方式与别人不同。MacDonald不考虑表演者特定天赋，而是重点考察表演者天赋的波动性。在他的模型中，每个表演者既可以提供好的表演，也可以提供差的表演。天赋的差别就是特定表演为好表演的概率。消费者看重天赋，因为只有好表演能够继续生存，经验丰富的表演者提供好表演的概率，自然高于经验欠缺的表演者。通过这种选择排序，有成功记录的表演者将制定较高的票价，其所服务的听众群体较大。在这种情况下，天赋相同的艺术家做得必然同样好。

Adler（1985）还介绍了另外一个模型，以解释出现超级明星表演者的原因。他的模型与Rosen模型不同。在他的模型中，天赋相同的少数表演者成长为超级明星，纯粹靠运气。超级明星的产生过程如下：消费者作出购买决策时，随机选择一位表演者。因此，一个表演者提供服务的消费者人数多于其他表演者，原因纯粹是运气。因为运气，超级明星表演者成为最受欢迎的表演者。同时，人气演员从一开始就受到消费者喜欢，这个优势加大了流行明星进一步成功的砝码，这纯粹是偶然的结果。Adler指出，如果表演者了解消费者选择机制，他们就可能会尽力提高其受欢迎的程度，而不是任由物竞天择。

8.2.3 创新锦标赛

De Vany和Walls（1997）提出利用锦标赛模型了解电影市场的竞争方式。在他们描述的电影锦标赛中，仅当电影票房收益超过某个临界水平时，这部电影才能生存下去，才能够参与下一阶段的竞争。如果一部电影的票房收益没有超过这个门槛，参展商就会撤掉这部电影，用另一部预期票房收益较高的电影来代替它。在整个电影放映过程中，都会有其他竞争影片进入锦标赛。电影票房收益的门槛随着受众的变化而变化。

无论是图书、电影还是音乐，只要存在争夺锦标赛头名的竞争，就可以利用锦标赛模型来描述。实际上，有时晚间新闻报告的每周销售排行榜就属于这种锦标赛。假设在时期t，存在数量m（t）>10个标题，竞争10个锦标赛位置。在时期t，销售收益从高到低的排序为m维向量 $r=(r_1(t), r_2(t), \cdots, r_m(t))$。其中，排序的数值越小，销售收益越高。从t时期到t+1时期，标题想要继续生存，就必须超过收益的门槛。设门槛为随机变量 $C(t)=r_{10}(t)$。在时期t，如果发行的标题i的收益超过门槛的临界水平，即 $r_i(t) \geq C(t)$，它能够继续生存。否则，它将被踢出竞争者行列。根据定义，从排行榜前10提取的标题样本都满足这个条件。如果一个标题不能满足这个条件，则将它从样本中剔除，用其他竞争标题替代。在标题的生存期间内，其排名可以上下浮动。标题保持在排行榜内的时间长度是随机变量。

如果一个标题赢得大众欢迎，则它的排名会随着时间不断上升。当耗尽它的潜在受众时，其收益最终一定会下降。当排名下降时，面对新发行的竞争对手，其越发显得脆弱。可以预料，它占据排行榜的时间愈发短暂。当老的标题退出锦标赛时，新的标题进入。这个创新锦标赛的直观意义非常符合本书“8.3 实证模型：畅销书和电影大片”中最后讨论的生存统计模型。

8.3 实证模型：畅销书和电影大片

现有许多统计模型，可以用于定量分析竞争性标题获得成功的分布。其中一些统计模型，可以尝试用来直接检验拒绝概念模型的意义（如果有的话）。另一些统计模型，则明确用来解释成功分布的胜者为王性质，同时定量分析成功之间的相关性。

8.3.1 帕累托模型（及其偏离）

针对上述讨论的标题销售量分布问题，现在我们来证实各种需求动态的可观察后果。给定需求的概念性模型，我们对应给出实证分析中数据的可检验后果。本节的基本思想是考察不同产品的成功分布，并检验需求过程的竞争性特征。这里采用Brock（1999）讨论的某些方法。Brock（1999）认为采用标度律（scaling law），例如帕累托法则，作为数据的实证规则，能够提供数据生成过程的信息[①]。当使用帕累托法则描述竞争性图书、电影或歌曲的成功分布特征时，这与最近的经济物理学研究（Rosser，2008）类似。

经济学（以及物理世界）的许多实证规则都服从幂律（Gabaix，2008）。例如，Steindl（1965）的研究发现，公司规模S与行业排名R存在系统性关系。这个系统关系具有帕累托法则形式，即 $S \times R^{\beta}=A$，其中β和A为常数。对于娱乐媒体消费，自然根据标题的每周收益来排名。因此，帕累托法则表明每周收益和排名之间存在对数线性关系：log收益=log-βlog排名。实证研究表明，某些经济数量——收入、企业规模、金融收益率——服从帕累托法则。不仅如此，Simon（1955）还证明，如果假设收益增长率与规模无关，且新标题进入行业的比率为常数，那么利用数学分析方法，可以推导出同样的帕累托法则。这表明，如果不存在需求反馈，则可以用帕累托法则描述收入分布。

log收益和log排名存在线性关系，实际的实证分布可与这种关系中所定义的帕累托法则存在区别。由此我们可以推断出，需求过程可能存在信息反馈。在研究公司规模分布的过程中，Ijiri和Simon（1974）发现实证分布通常并

① 帕累托规律是幂律的特例。Gabaix(2008)简要讨论了幂律的性质及在经济学中的应用。Mandelbrot(1997)对幂律的特定应用作了更为详尽的阐述。

不符合帕累托法则：收益和排名之间的关系实际上不是帕累托法则表明的对数线性关系。他们的研究发现，图形曲度很大。[①]在竞争性娱乐产品市场上，我们可以通过以下方式解释这种背离帕累托法则的现象：收益增加借助（ⅰ）消费产品的个体与潜在购买者个体之间的信息共享机制；或者（ⅱ）部分潜在消费者的羊群行为或类似扩散的行为，来影响未来增长。不论信息反馈对需求影响造成什么样的结果，随着时间的流逝，新的竞争产品不断进入，潜在受众逐渐趋向饱和，需求增加的效果最终都会消失。

在实践中，我们可以在帕累托关系中增加排名的二次项：log收益=log-βlog排名+γ（log排名）^{2}，捕捉Ijiri和Simon（1974）所说的非线性，进而通过定量分析帕累托关系的曲度，检验需求过程中是否存在正的或负的信息反馈。如果参数γ的值不等于零，则表明实证分布不符合帕累托法则。该系数的符号表明，信息反馈与需求增长呈正相关或负相关的关系。如果偏离帕累托法则的曲度γ>0，表明收益增长存在正自相关。这意味着收益是递增的，通过信息反馈规则，一些产品变成“流行单曲”，而其他产品则彻底失败。如果γ<0，则表明存在负信息反馈（或者收益增长存在负自相关），即上一期表现较好的产品，本期需求将下降。根据这种需求的信息反馈检验，我们并不能区分递增收益来源的各种竞争性解释。但我们可以利用实际市场生成的数据，对信息反馈假设作出检验。在图书、音乐、影剧院以及DVD市场，最近的一些研究已经采用了这种检验方法。我们将在第8.4节讨论这些实证研究。

8.3.2 拉伸的指数分布

规模与排名的双对数曲线存在凹性，就是大家熟知的抛物线规律，可以作为电影收益是需求信息增函数的经验证据（De Vany and Walls，1996；Walls，1997；Hand，2001）。Frisch和Sornette（1997）提出利用可乘随机过程，解释数据与幂律分布不符的现象。LaHerrere和Sornette（1998）表明，利用拉伸的指数分布能够解释物理学和社会科学中的许多与幂律不符的现象。Sornette（1998）详细介绍了利用可乘过程，推导出幂律和拉伸指数的技术细节。令p（m）表示独立同分布（IID）随机变量m的概率密度函数。现在设乘积$X_n=m_1m_2\cdots m_n$，对于X→∞和有限n，存在概率密度函数$P_n(X)\sim(p(X^{1/2}))^n$。根据关系$X_{n+1}=X_nx_{n+1}$，可以将X_{n+1}的密度函数方程写作关于X_n和x_{n+1}密度函数的表达式。应用拉普拉斯方法（Frisch and Sornette，1997），正式推导出概率密度函数。利用实现控制P_n（X）的尾部，其中乘积中的所有项都具有相同的阶数，这样P_n（X）就是n项概率密度函数乘积$m_1m_2\cdots m_n$的一阶近似。如果密度函数P（·）是指数形式，则当n较大时，乘积的密度函数为拉伸的指数形式，服从Weibull累积分布，分布函数为$F(x)=1-\exp[-(x/\beta)^{\alpha}]$。如果Weibull分布的指数α等于1，就变成指数分布。如果指数α小于1，则尾部比指数分布的尾部厚。这样的分布通常称作拉伸的指数分布。

8.3.3 黑天鹅和列维稳定分布模型

在畅销书《黑天鹅》中，Taleb（2007）强调了影响很大的小概率事件的重要性，对于高斯分布作为一种根据数据样本预测未来事件的模型，他提出了批评。Taleb所说的“黑天鹅”并不单纯是统计结果，但从我

① Vining（1976）基于Ijiri和Simon（1974）的分析框架，做了进一步分析和精炼。对于我们实证结论的解释来说，Vining（1976）的观点非常有用，但如果本章专注考察研究中所提出的方法问题，将会大大增加阐述的复杂程度，对于读者的理解来说，基本没有什么用处。

们的角度可以看出，他支持“成功结果的分布尾部要比正态分布的尾部厚”这个结论。我们现在讨论一些特定模型，用于描述黑天鹅型结果的特征。

8.3.3.1 非条件列维稳定分布

我们观察到的许多数量指标，都是由大量的条件汇总而成的，这些数量指标具有不对称和比正态分布尾部厚的特征。[①] 在使用稳定分布的法则中，Mandelbrot（1963a，b，1967）和Fama（1965）的研究引起了经济学和金融界学者的极大兴趣。随后几年，研究者们使用稳定分布模型的兴趣逐渐减弱，部分原因是使用稳定分布的计算过于复杂。最近，由于Zolotarev（1986）、Samorodnitsky和Taqqu（1994）以及Nolan（1998a，b，1999，2001，2005，2011）[②]对稳定分布研究作出的重要贡献使得在物理学和社会科学中，应用稳定分布进行学术研究的兴趣有所复苏。De Vany和Walls（2004）声称，稳定分布模型是正确描述电影行业结果的统计模型。稳定分布不仅与行业数据的实证规则一致，而且具有广义中心极限定理的统计基础。[③] Mandelbrot（1963a）表示，在选择、混合和聚集情况下，一个稳定的动态过程按分布收敛于稳定分布。这是将稳定分布应用于电影行业的理论基础。如果收益和成本是离散时间过程，增量过程服从稳定分布，则利润收敛于稳定分布。稳定过程的极限构成广义中心极限定理，它表明独立同分布稳定随机变量和的概率分布也是稳定分布。

一般来说，稳定分布的概率密度函数没有显式表达式。因此，大家普遍使用特征函数来描述稳定分布。在文献中，稳定分布参数设定方式五花八门。有些设定比其他设定更方便些。[④]为了阐述方便，并且不失一般性，我们采用Zolotarev（1986）的参数设定：$X \sim S(\alpha, \beta, \gamma, \delta; 0)$。稳定指数或特征指数为$\alpha \in (0, 2]$。对于金融数据和电影行业数据，通常$1<\alpha<2$。此时，分布的均值有限，方差无限。$\alpha$值较低，表示中心峰值较高，尾部概率集聚。偏度系数$\beta \in [-1, 1]$，用于度量分布的不对称程度。$\beta$的符号和大小分别表示偏度的方向和程度。标度参数$\gamma > 0$刻画标准误差，以及标准误差关于位置参数$\delta$的扩张和收缩程度。在稳定分布中，$\gamma^\alpha$类似于方差。

稳定分布的和运算封闭，这个特性在金融建模应用中特别有用。因此，指数为α的独立稳定分布变量的线性组合，其指数仍然是α。稳定分布是所有稳定过程的极限分布，它包含大家熟知的其他三个稳定分布。尤其是：当$\alpha=1$和$\beta=0$时，为柯西分布；当$\alpha=0.5$和$\beta=\pm1$时，为列维分布。最后，正态分布是当$\alpha=2$时稳定分布的特例。当特征指数α接近2时，偏斜系数β对分布形状的影响较小。当$\alpha=2$时，分布退化为正态分布，仅有位置和标度两个参数，对应于均值和方差。

上述讨论的稳定帕累托分布，具有一个有趣特征，那就是条件期望不收敛。稳定分布的尾部是帕累托型，且$x \geq x_0$的条件概率$P[x>x_0]=(x_0/x)^\alpha$。给定$x>x_0$，其条件均值为$\bar{x}_{x_0}=x_0\alpha/(\alpha-1)$。由于$\alpha$为常数，因此利润的条件期望值与$x_0$呈线性依赖关系。根据已获利润大小，预期利润随当前利润一起继续增加。并且，由于电影获得的利润更多，这个过程不会结束。这并不自相矛盾，因为位于利润分布尾部上端的产品是竞争对手选择的。稳定分布的厚尾意味着概率不会快速下降，以促使

---

① Uchaikin和Zolotarev（1999）对此进行了相当详尽的讨论。

② 例如，Adler等人（1998）主编的手册，其中许多文章都是稳定分布模型的扩展和应用。Rachev和Mittnik（2000）以及McCulloch（1996）介绍了稳定分布在金融学中的应用。Nolan（2008）提供了详尽的参考文献，几乎覆盖了所有稳定分布建模领域。

③ 在与之竞争的候选分布中，例如学生氏-t分布可以用于厚尾建模。偏学生氏 t分布（Azzalini and Capitanio，2003）可以用于偏斜和厚尾的建模，但它们都是特定分布。只有稳定分布族中的分布才对广义中心极限定理有吸引力。

④ 关于稳定分布各种参数设定的讨论，参见Nolan（1998a，b）以及Nolan（2011，chapter 1）。

条件期望收敛。对于高斯分布和对数高斯分布，当条件事件增加时，条件期望收敛于常数。帕累托分布具有线性条件期望形式，这意味着已经获得较高利润的电影大片，预期还会获得更高利润。这种预期前景并不会随着利润的增加而消失，从而反映了需求具有动量效应的思想。

8.3.3.2 带协变量的列维稳定分布模型

稳定分布参数可以利用协变量建模，这种做法能得到一个比较灵活的回归模型，经典最小二乘回归就是它的一个特例。例如，如果我们利用协变量构建分布位置参数δ的模型，并令估计中的离散程度为常数，偏度等于0，尾部权重等于2，那么就得到经典正态线性回归模型。此时，位置参数回归系数的意义与线性回归模型系数完全相同，因为均值、中位数和众数都相等。不过，一般来说，由于存在偏斜，稳定分布的位置参数与均值和中位数有差别。此时，位置回归参数利用协变量而非均值或中位数，从根本上改变了分布的众数。

对于离散程度、偏度和尾部指数等参数，也可以利用协变量来建模。这些参数的取值受上述设定的影响，即离散程度为正，偏度取值区间为-1到+1，尾部指数取值区间为0到2。为了确保利用协变量估计的结果满足这些约束，需要利用Lambert和Lindsey（1999）定义的连接函数，将稳定参数与协变量连接起来。例如，如果令x_i表示观测值i的协变量，则离散程度参数的连接函数为$\ln(\gamma_i)=b_0+b_1x_i$，偏度参数的连接函数为$\ln[(1+\beta_i)/(1-\beta_i)]=c_0+c_1x_i$，稳定指数的连接函数为$\ln[\alpha_i/(2-\alpha_i)]=d_0+d_1x_i$。利用极大似然估计方法，可以估算这些参数。

8.3.4 偏正态分布和偏t分布模型

利用一些统计模型，可以解释物理和社会科学数据的非正态分布特征。Mandelbrot（1963a，b）提出了稳定帕累托模型，用以解释金融数据的厚尾现象。其他的作者提出，具有合适自由度的学生氏-t分布，可以自然取代正态分布。采用多元学生氏-t分布，可以对具有厚尾特征的电影收益进行回归分析。但如果电影收益存在不对称特征，则这个分析方法就行不通了。在最近几篇金融实证研究文章中，研究者采用不同的统计模型，利用非标准分布，捕捉金融收益分布的偏度和厚尾特征。但当分布取决于解释变量的向量时，应用研究者就会面临许多困难。①有些学者提出采用对数偏正态分布和对数偏t分布作为销售或收入模型，以分别明确说明金融学家或社会科学家所熟悉的、多元回归分析框架中的销售或收益偏度，以及偏度和厚尾特征。

8.3.4.1 偏正态分布

Azzalini（1985，1986）定义了一个连续的随机变量Z。如果Z的密度函数为$2\varphi(z)\Phi(\alpha z)$，φ和Φ分别表示标准正态分布N（0，1）的密度函数和分布函数，则随机变量Z为偏正态分布，记为SN（0，1，α）。从本质上讲，偏正态分布是一种正态分布，只不过增加了一个形状参数α来量化分布的偏度，其中$\alpha\in(-\infty,+\infty)$。当α=0时，偏正态分布简化为标准正态分布。我们应用偏正态分布，实证分析变量$y=\xi+\omega z$的分布特征，其中ξ为位置参数，$\omega>0$为标度参数。Azzalini和Dalla Valle（1996）以及Azzalini和Capitanio（1999）给出了多元偏正态分布统计特征的正式推导过程。

① 例如，Harris和Kucukozmen（2001）采用了指数推广的β分布和偏推广的t分布。Brannas和Nordman（2003）采用对数推广的γ分布和皮尔逊IV型设定。

8.3.4.2 偏t分布

偏正态分布可以自然地扩展，以获得偏t分布，解释比正态分布尾部更厚的分布特征。偏正态分布和偏t分布之间的关系类似于正态分布与学生氏-t分布之间的关系（Hogg and Craig，1978）。设变换后的变量 $\tilde{z}=z/\sqrt{v/df}$，可得标准偏t分布，其中v是与z统计无关的χ^2分布，自由度为df。在实证应用中，我们分析了变量 $\tilde{y}=\xi+\omega\tilde{z}$ 的分布特征。Azzalini和Capitanio（2003）详细给出了偏t分布特征及其多元变量延伸的正式推导过程。

对偏正态分布和偏t分布进行对数变换后，可以用数据进行拟合。此时称对数偏正态分布和对数偏t分布。它们与偏正态分布和偏t分布的关系，类似于对数正态分布与正态分布之间的关系。

8.3.4.3 偏正态分布和偏t分布的回归分析

给定产品的属性向量，利用偏正态分布和偏t分布，采用回归模型拟合电影收益的分布。给定解释变量向量，利用对数到线性回归模型拟合销售量或收益的分布。对数到线性回归模型形式为 $\log$ 收益$_i=\beta_0+\beta_1X_i+\mu_i$，其中i表示个别产品；$X_i$表示产品属性向量；根据待估计模型的特点，随机扰动$\mu_i$可以分别采用正态分布、偏正态分布或者偏t分布。在之前的一些研究中，研究者采用基本的线性回归方程，分析电影票房收益的分布特征。[①]对于对数到线性模型，其估计的参数结果可以解释为弹性。

8.3.5 非参数核回归

上面提到的所有方法——甚至那个用于解释偏度、厚尾和无限方差的分布方法——都假设基本回归模型具有某种函数形式。每个模型统计检验和结论的有效性，都取决于“回归方程被正确设定”这个前提。为了完全避免模型设定问题，我们可以使用非参数核回归方法。与参数回归模型相比，非参数核回归的独特之处在于，它不需要知道（或仅需知道一点点）待估计真实函数形式的先验知识。利用包含自由参数的方程构建回归函数的模型，其方式可以代表一类非常宽泛的函数。现有非参数模型有很多，包括神经网络模型。非参数核回归是一种非常有用的统计方法，应用研究者也容易掌握这种方法，以描述本章讨论的问题。若干电影文献中使用的非参数核回归模型，都以早期Fan和Gijbels（1992，1996）使用的局部线性非参数回归模型为基础，同时由交叉检验的带宽选择和广义核估计的最新进展作补充（Li and Racine，2004； Racine and Li，2004）。

8.3.6 其他工具和模型

8.3.6.1 分位数回归

如果不想像最小二乘回归那样，建立关于对数收益分布均值的模型，则可以利用分位数回归，建立关于对数收益不同分位数的模型。这种方法更具启发性，因为对应概率分布的不同属性，标题属性的影响可能也不同。利用分位数回归可以揭示：对于不同的分位数，电影大片战略相关的解释变量是如何改变收入分布形状的（De Vany and Walls，2005）。

① Smith和Smith（1986）、Prag和Casavant（1994）、Litman和Ahn（1998）、Ravid（1999）、Walls（2005b，2009a）以及其他学者已经采用这个对数到线性回归方程或与之类似的方程，分析电影行业的收益特征。详细完整的参考文献，参见McKenzie（2012）。

8.3.6.2 离散选择模型

有大量的研究使用了离散选择模型，来定量分析特定产品获得成功的机会。①在前面介绍的许多统计模型中，我们发现厚尾现象往往会导致方差无穷大，这意味着预测的精确度为零。不过，现有研究表明，我们仍可以使用标准的二项选择模型，例如Logit模型或Probit模型，因为这些模型不受产出分布方差无穷大的影响。因此，尽管利用这个模型无法准确预测销售量或收益的预期值，但我们可以利用它计算出销售量或收益超过给定门槛的概率。

8.3.6.3 生存模型

在娱乐市场中，分析标题的生存时间非常重要。对于文艺演出，调整供应最普遍的方式是调整标题供给的时间长度。供给调整的另外一种方式是调整影片拷贝的数量，例如电影院放映某个电影的数量，或每天放映电影的数量。对于那些非现场表演的产品，例如电影DVD、图书和唱片的销售，生存持续时间可以是标题出现在销售榜的时间，例如影片的各种排行榜，音乐的公告牌排行榜，或者《纽约时报》的畅销书排行榜。直观上来看，生存模型对应第8.2.3节讨论的锦标赛模型。销售量或收益随时间变化的模式，以及标题从出生到死亡的持续时间，都提供了非常丰富实用的需求和供给动态信息。

可以用纯粹的出生-死亡过程的时间系统，建立标题的生命周期模型。定义标题的生存时间为从出生到死亡的时间间隔。这个时间间隔为随机变量τ，分布函数$F(t)=Prob(\tau\leq t)$。生存函数定义为影片在时间t还存活的概率，表示为$R(t)=1-F(t)$。在时间t存活的标题，其将在时间τ之前死亡的概率为条件概率$F(\tau|\tau>t)$。如果标题在时刻t存活，那么它在时刻t和时刻t+1之间死亡的概率为乘积$f(\tau|\tau\geq t)\,dt$。在某个特定时刻（$\tau=t$），条件密度函数仅是t的函数，称为风险率。每个时刻t的瞬时死亡率$h(t)=f(\tau|\tau\geq t)=-r(t)/R(t)$，其中$r(t)=R'(t)$为生存函数的密度函数。生存模型风险率表达式自然可以解释为：从登上销售排行榜开始，标题在给定时间间隔内，标题掉出销售排行榜的概率。

8.4 部分实证研究结果回顾

本节讨论了近期与畅销书和电影大片现象具体相关的图书、电影和音乐方面的实证研究文献。我们并没有调查所有的实证文章。实际上，我们主要考察了与标题成功分布有关的实证文献。研究者在大多数实证文章中假设收益分布是对称的，尾部按指数方式衰减，他们在此基础上建立关于产品成功期望值的模型。

8.4.1 电　影

在De Vany（2006）和Walls（2008）所著的本手册上卷中，Chisholm（2003）回顾了近期电影行业的经济学研究问题，Hadida（2009）重点回顾了电影行业的管理问题，Eliashberg等人（2006）则回顾了电影行业的市场营销问题，McKenzie（2012）对电影行业经济学的实证研究情况作了细致入微的调查。这里我们重点考察与畅销书和电影大片现象有关的实证研究结果。

许多电影行业文章主要研究与所观察到的产品成功分布相一致的求过程类型。De Vany和Walls（1996）、

① 例如，De Vany和Walls（1999）、Collins等人（2002）以及 Pardoe和Simonton（2008）利用离散选择分析方法，建立了关于电影成功各种要素的模型。

Walls（1997）、Hand （2001）以及Sornette（2002）研究了当票房收入尾部遵从幂律时电影大片的重要性。De Vany和Walls （1996）的实证研究表明，当需求自身具有反馈作用时，电影收入具有极大的不确定性。这些文章的实证研究结果表明，票房规模不符合第8.3.1节中的帕累托型分布，主要表现在：规模和排行榜的双对数图形存在凹形（称作抛物线幂律），被解释为电影需求信息具有收益递增特征的证据。众多作者，包括Walls（1997）、Hand（2001）、Maddison （2004）、Akdede和Ogus （2006） 以及其他一些人，利用De Vany和Walls （1996）文章中的实证方法，研究其他数据样本，并证实电影行业存在正的信息反馈机制。所有这些文章的研究结果都表明，电影规模的分布不符合帕累托分布。票房收入与信息反馈不具有结构性关系，信息反馈间接影响电影收益。这个结论说明，考察收入分布并不是识别数据生成过程的有力方法。De Vany和Lee（2001）利用模拟模型考察信息的功能。研究结果表明，即使存在噪音信息，好电影通常也会胜出，票房收益仍具有胜者为王特征或者厚尾特征。

部分文章使用拉伸的指数分布研究电影成功的分布。Walls（2005a）发现有力证据，证实电影收益分布并不遵从幂律，甚至也不遵从上一段提到的抛物线幂律。这篇文章对北美电影票房收益进行了实证研究，结果表明利用拉伸指数分布进行拟合，统计特性更好些。当估计一部影片获得比之前影片更多票房收入的概率时，拉伸的指数分布不会截断尾部右侧。我们不需要人为限制票房收入远远超过预想收入的可能性，利用这个分布就可以解释票房收入不符合严格的帕累托幂律的原因。这个结论与冲击具有乘法特征的消费者需求模型相一致。同时，结论表明信息转移具有衰减特征，会造成局部观众饱和。

在相关研究中，De Vany和Walls（1999，2002）拟合了帕累托分布——不是等级规模分布（ran-order size distribution）——结果发现收益分布方差无穷大。Sinha和Raghavendra（2004）的研究发现，每周排行榜前60名、开幕式的总周数以及影院放映累积时间的尾部较长。这些实证发现并不能直接与行为模型结论相对应，以便使偏离帕累托规模分布与信息的规模收益递增特征一致。相反，利用帕累托模型可以拟合存在厚尾和无限方差特征的票房收益。De Vany 和 Walls （1999，2002） 的研究发现，收入分布的尾部右侧较厚，并且方差无穷大。这个结果可以解释为相关的证据，支持编剧William Goldman（1983）著名的“无人知道”原则。Caves（2000）将该原则引入学术界。De Vany和Walls（2004）以及 McKenzie （2008）进一步发展了这类电影收益分布研究。这些研究者采用第8.3.3节中提出的非条件列维稳定分布模型。这些结果是使用帕累托分布的早期研究的推广，其仅能拟合电影收益分布的上尾部。利用非条件性的列维稳定分布模型，能够捕获极限为帕累托分布的所有分布特征，包括偏度、峰度和厚尾等。这些研究进一步证实，电影成功的不确定性在于收益方差无穷大。

许多实证研究（其中包括Wallace等人（1993）、Ravid （1999）、Albert （1998）、Sedgwick 和 Pokorny（1999）、Albert （1999）、Collins等人（2002） 等的研究）利用标准的统计模型，定量分析高票房电影的相关性。McKenzie（2012）对这些模型和结论进行了全面的讨论。这些结论涉及人才或明星的选择、风格、等级、奖励和评论等内容。采用这类模型具有实用性，原因在于这类模型可以直接考察各种解释变量对电影票房收入或收益率的影响。不过，这些模型不能说明电影行业所具有的重要统计特征，例如厚尾、偏度和方差可能无限等特征。Walls（2005b）应用McCulloch（1998）的对称稳定回归模型，努力在列维稳定分析中引入协变量，实证分析电影收入问题。实证研究结果证实，即使考虑协变量向量，电影收益的方差也无限大。不过，这类模型的主要缺点是施加了对称约束。Walls （2005c）应用偏学生氏-t回归模型，实证研究存在偏度和厚尾的电影收益问题。尽管这个模型比较特别，但它确实能考察偏度和厚尾特征。

Walls（2010a）对第8.3.3节的广义偏稳定模型进行了估计。在存在偏度、厚尾以及无限方差的条件下，利用这个模型定量分析预算和模型对电影产出的影响。实证结果表明，预算较大并选择明星，能够降低影片收益率较低的风险，同时尽可能地提高收益率。这与Ravid（2004）以及Basuroy和Ravid（2004）的假设一致，即电影制片人的目标不是实现预期收益最大化，而是避免项目失败。这个发现也与De Vany和Walls（2005）的分位数回归结果一致，表明采用较大预算、选择明星能够增加电影收益的较低分位数，但不会增加较高分位数。一般的稳定回归模型具有启示作用，因为它能够识别分布形状的变化方式。偏稳定回归分析还证实电影收益具有无限方差——即使给定电影属性亦是如此——这意味着点预测没有太大用处。即使采用最小二乘回归方法进行估计，并且在估计中忽略方差无限这个特点，预测的电影收益条件期望的方差也无限大（例如Litman，1983；Litman，1990，Litman and Ahn，1998）。由De Vany和Walls（1999）提出的并由Collins等（2002）应用的一个实用方法是，利用离散选择模型估计收益超过给定门槛的概率。虽然可以采用这个方法构建离散概率模型，但最好还是使用偏稳定分布模型，充分利用所有样本信息，构建整个收益分布的模型。利用一般的稳定分布模型，可以定量分析电影收益的条件分布。利用一般的稳定模型，可以计算某些条件的概率，这在实践中非常有用（例如对电影未来收益流的或有权益进行定价）。

如果不使用偏稳定分布模型，则可以采用非参数回归，它明确不需要设定简明的函数形式。Walls（2009a，b）采用具有数据驱动带宽选择的非参数回归模型，分别对电影收益和电影利润进行建模。据称，非参数回归模型的拟合效果远远好于大多数应用研究者所采用的对数回归模型，并且采用对数到线性的回归模型也存在模型错误设定问题。生产预算对收益影响的非参数回归估计结果也和其他研究存在差别。例如，Walls（2005c）利用偏学生氏-t回归模型，得出票房收益对预算的弹性为0.75。Walls（2010a）利用对称的稳定回归模型，得出预算弹性为0.81。De Vany和Walls（2005）利用对数到线性的回归模型和分位数回归模型，得出预算弹性分别为0.55和0.56。Basuroy和Ravid（2004）利用对数到线性模型，估计得到预算弹性为1.44。Ravid（1999）估计得到预算弹性为1.35，并进一步得出结论：预算是其国内票房收入最重要的决定因素。而Litman和Ahn（1998）的研究结论表明，预算弹性为0.23①。如果考虑公映对票房收益的影响，利用非参数核回归估计的结果也与其他研究的结果有差别。Walls（2005c）利用偏学生氏-t回归模型，得出票房收益对公映的弹性为0.273。Walls（2010a）利用对称的稳定回归模型，得出公映的弹性为0.313。De Vany和Walls（2005）利用对数线性的回归模型和分位数回归模型，得出公映的弹性分别为0.205和0.234。根据Litman和Ahn（1998）的研究估计，票房收入对公映的弹性为0.65。②

McKenzie（2010）和Walls（2010b）在使用不同数据集的独立研究中，对DVD销售的分布情况进行了探讨。McKenzie（2010）的研究发现，DVD收益分布的尾部比影院收益分布的尾部更厚。这意味着排行榜上的DVD比他们的影院对手获得更大的收益份额。收益的比较不仅表明不同的市场存在高度相关性，而且表明不同市场收益之间的关系是非线性的。当影院收益较高时，DVD销售收益也较高。这种现象可以解释为DVD市场存在口碑动量效应和更高的制度灵活性。Walls

① Litman和Ahn（1998）的文中并没有报告弹性。他们的模型仅报告了边际，我利用他们估计的回归系数0.38254计算出预算弹性。他们报告的平均预算为3 138万美元，平均票房收入为5 124万美元。

② 同样，Litman和Ahn（1998）文中并没有明确报告弹性估值。我利用他们估计的回归系数0.01982计算出点弹性。他们报告的平均公映数为1 669.9，平均票房收入为3 138万美元。

（2010b）的研究发现，无论是需求的动态还是收益的分布，DVD市场都与影院市场存在较大差别。[①]Walls（2010b）的研究发现，在影院市场的每周收益增长存在自相关性的情况下，可以证实影院市场存在较强的信息反馈，但对DVD市场每周收益的分析表明，无法证实DVD市场存在信息反馈。虽然影院电影市场存在明显的胜者为王特征，其中少数高收入电影的票房收入极大，根本无法用（对数）正态概率模型来说明，但他没有发现相关证据以证实DVD市场的累积收益分布的尾部比正态分布更厚。电影的DVD市场明显比影院市场有更大的不确定性。电影的DVD市场的竞争对手更多元化，不仅包括投放到影院的电影，还包括直接投放到DVD市场的电影，以及经过包装后投放到各类电视节目和有线电视播放的电影。票房的竞争，导致奖赏具有胜者为王的分布特征。尽管DVD市场的收益分布不完全是正态分布，但DVD市场的竞争导致收益分布的偏度更小。这些发现是对Jozefowicz等人（2008）研究结果的补充。Jozefowicz等人（2008）研究发现，口碑、影评以及其他结构性因素，尽管会对电影收益产生正的信息反馈，但并没对DVD租赁市场产生任何系统性影响。

De Vany和Walls（1997）构建了各种排行榜前50名影片的生存模型。在他们的样本中，每部影片从“出生”一直到“死亡”的全过程都会被跟踪。这里的出生被定义为影片开始在影院上映，死亡被定义为跌出排行榜前50名。对影片的生存时间建模具有重要意义，因为增加电影的影院上映时间是针对不断变化的需求所作出的调整影片供给的最主要方法。较长生存时间是获取较高票房收益的重要基础。他们对第8.3.6节中的生存模型进行了估计，采用的解释变量向量包括首映的预定数量、每周收益、影片之前位于前50的周数、影片等级、电影首次公映时上映的影片数量。实证研究结果表明，首映时的影片数量、收益和影片之前位于前50名的周数对增加影片的生存时间有显著作用。对于重新发行的影片，通过利用之前发行时的放映周数，可以测量随后影院放映的娱乐市场价值。这些现象可以被当作存在信息转移和记忆的进一步证据。Walls（1998）利用香港电影市场的数据，建立了电影生存时间模型。McKenzie（2009b）也建立了生存模型，分析澳大利亚电影票房排行榜的时间长度。他发现，与早期的研究结果相反，制片预算、公映影片数量、使用大牌明星等并不是电影生存时间的重要决定因素。Simonoff和Ma（2003）建立了百老汇戏剧的危险率模型，对生存时间进行了定量分析，结果表明戏剧类型、是否为复兴戏剧、开幕周人数对戏剧生存时间存在较大影响。他们还发现关于影评的混合证据：托尼大奖的获得者，之后戏剧演出的持续时间会更长；被提名但没有获奖的戏剧，颁奖后演出的持续时间会更短。Maddison（2004）以及Akdede和Ogus（2006）还考察了现场表演的生存时间，发现结论与电影生存时间一致。

8.4.2 音　乐

在本手册上卷中，Connolly和Krueger（2006）全面回顾了流行音乐商务经济学的制度和实证研究。Throsby（2002）对全球音乐行业进行了实证回顾。

Hamlen（1991，1994）利用音质检验超级明星模型并发现一些相关的证据表明，较高天赋获得较高收益，但天赋差别远远大于收益差别。Chung和Cox（1994）建立了顾客需求与前期需求有关的动态需求过程销售模型。研究结果支持第8.2.2节中的模型，并表明之前的成功会大大提高未来成功的机会。这个结论在某种程度上支持Adler（1985）模型的结论，即未

① 最近的一些文章，如Ho等人（2008）以及Elberse和Oberholzer-Gee（2007）采用结构分析方法对DVD市场进行了研究——这些方法不同于基于规模规律和胜者为王分布的方法。

来成功可能更多地取决于初始优势，而不是天赋差别。Giles（2006）以及Spierdijk和Voorneveld（2009）的研究（是Chung和Cox（1994）研究的进一步发展）发现统计模型——Yule分布——不能很好地拟合分布的上尾，这意味着模型不能很好地说明超级明星现象。

Giles（2007b）建立登上公告牌排行榜榜首的持续期模型。Giles（2007a）则利用公告牌热歌榜前100名数据进行实证研究，发现证据表明美国流行音乐市场存在信息收益递增特征。这个结论与第8.4.1节电影行业的众多结论一致。Davies（2002）利用在每周最畅销唱片排行榜前75位的总周数，考察乐队成功的总时间。经验证据表明，单个音乐成功服从拉伸的指数分布。Strobl和Tucker（2000）通过1980—1993年英格兰排行榜的数据，发现英国流行音乐市场排行榜的成功分布基本上偏右。不论是衡量每个艺术家的总周数、每个专辑的平均星期数还是每个艺术家的专辑总数，成功分布都基本偏右。他们还考察了影响排行榜生存的决定因素，结果表明，专辑类型和一开始的普及程度对专辑生存时间存在较大影响。

Pitt（2010）利用回归框架中的偏正态和偏t分布，明确构建偏度和厚尾模型，以考察版权收入的分布情况。Pitt发现存在较强的超级明星效应证据，分布上尾处的值控制了平均版权收入，少数表演者从重磅音乐中获得总版权收入的大部分份额。

8.4.3 图　书

Canoy（2006）以及van der Ploeg（2004）介绍了图书经济学的一般背景，包括图书出版行业的制度和实证研究。与音乐和电影相比，有关图书的畅销书和重磅书经济学的实证文献比较少。Clerides（2002）等一些研究，主要考察了与图书定价有关的行业组织问题。仅有很少的一部分研究考察竞争性标题的收入分布问题。

Gaffeo等人（2008）采用与电影和音乐市场研究类似的方法，考察了图书市场。这篇文章利用第8.3.1节排名-收益模型形式，研究意大利图书市场的需求动态。Gaffeo等人（2008）将意大利图书出版行业分为三个大的子市场：意大利小说类、外国小说类和非小说类。对于每个子市场，作者通过实证研究，发现利用幂律分布都很好地拟合了销售量分布。不过，与音乐和电影市场研究不同，研究者并没有发现背离帕累托法则的实证证据，所以研究者得出结论：意大利图书市场的信息转移具有收益不变特征。另外，这些结论符合“无人知道”原则、胜者为王特征以及成功孕育成功原则。

Chevalier和Mayzlin（2006）利用亚马逊（Amazon）和巴恩斯-诺布尔书店（Barnesandnoble）这两个流行在线书商的书评数据，调查口碑对图书销售的影响。研究发现书评对图书销售存在正相关的影响，但差评对销售的边际影响大于好评的边际影响。他们的实证研究还表明，顾客确实阅读在线评论的文字，而不是仅仅看评论的数量。他们的最终结论或许是其研究最令人感兴趣的地方。他们的实证研究采用了质量信息共享模型，而不是仅采用数量信号模型。从这层意义上说，Chevalier和Mayzlin（2006）的文章与De Vany和Lee（2001）的文章一致。De Vany和Lee（2001）利用模拟方法对质量信息共享模型和数量信号模型进行了对比。Beck（2007）还估计了口碑对小说销售的影响。在一个有趣的实证研究中，Sorensen（2007）发现，当出现在畅销书榜上时，普通图书的销量有小幅增加。对于首次著书的作者，登上畅销书榜对其影响更大。Sorensen发现畅销书的市场扩张效应似乎超过任何非畅销书的商业业务。

8.5 结论：未来研究的热点问题

8.5.1 厚尾还是长尾？

销售方式的改变可能会对成功的分布产生影响。Anderson（2006）作了一个非常流行的假设，就是在网络时代，企业不仅可以通过向许多顾客销售大量极为流行的产品获得利润，还可以通过向许多顾客销售少量不太流行的产品获得利润。大量非热门产品的总数量被称作长尾。是否有经验证据能够区分这些竞争性假设？不同行业的答案是否有差别？Leskovec等人（2007）分析了一个拥有400万人的人对人推荐网络。他们向1 600万人推荐50万种产品，研究推荐的扩散机制和级联规模，并分析在推荐网络定义的用户社区内，使用者行为如何发生变化。研究发现，产品的购买模式具有“长尾”特征，稀有出售项目占购买份额的比重很大。

Tucker和Zhang（2011）的实证研究发现，商品购买存在陡尾效应，其中顾客常常扎堆购买最流行的项目，这样会产生商业创造效果，可能会刺激不受欢迎商品的需求。这个结果与Sorensen（2007）在图书市场发现的畅销书商业创造效果不同。Elberse和Oberholzer-Gee（2007）研究了音乐和电影网络销售数据，发现没有证据支持长尾理论。一小部分研究考察了电影的DVD市场，并与电影的影院市场进行了比较。McKenzie（2010）利用澳大利亚数据进行了实证研究，发现DVD的收益分布尾部比影院收益分布的尾部更厚。因此，高排名的DVD会比影院获得更大的收益份额。与影院市场相比，DVD市场的成功者更为集中在少数DVD影片。Walls（2010b）利用北美数据进行实证分析，发现DVD市场与影院市场截然不同，影院市场具有明显的胜者为王特征。极少数高票房影片获得的收益极大，利用（对数）正态概率模型根本不可能发现这些样本。但他发现，并没有证据支持DVD影片的累积收益分布具有比正态分布尾部更厚的特征。北美DVD市场的竞争者更多元化，不仅包括投放到影院的电影，还包括直接投放到DVD市场的电影，以及经过包装后投放到各类电视节目和有线电视播放的电影。

8.5.2 盗版和成功的分布

盗版是电影、图书和音乐行业最具挑战性的问题之一。利用反事实法估计盗版的影响，是阻碍盗版研究的一大困难。De Vany和Walls（2007）制作和估计了一个统计模型，研究盗版对一部广泛发行电影的票房收入的影响。针对盗版有助于提高销售量的说法，这个模型提出了质疑。研究结果明确表明，互联网盗版降低了广泛发行的电影的票房收入。这个模型克服了反事实法或“倘若没有盗版”方法的主要缺点。这些方法广泛用于估计损害。这些反事实方法破坏了“无人知道”原则，因为这些方法是在假设无盗版的情况下，预测产品收入。De Vany和Walls（2007）使用的统计模型，没有破坏电影存在不确定性的基本原则。从经济学角度总结看，盗版对影院市场的供给和需求动态产生不利影响。对需求动态的间接影响是加快了电影收入和放映次数的下降速度；对需求动态的长期影响是改变信息动态，使得之后几周的电影需求也下降。因此，盗版电影快速传播，并在传播过程中，收益以加速度的方式迅速下降。针对每周收入的下降速度与互联网下载的盗版数量之间的关系，他们构建了模型，通过实证检验这个经济学假设。

那么非法下载是不是音乐/图书/电影销量下滑的罪魁祸首呢？一种理论认为，由于盗版的存在，顾客将不再购买正版产品，而是通过网络下载免费获取。不过，共享可以增加表演者的知名度，这个特别信息可以提高合法销售的销售量。Oberholzer-Gee和Strumpf（2007）得出结论认为，文件共享几乎不会对CD销售产生显著影响。Hong（2013）研究了引入Napster在线音乐服务之后的一组家庭支出数据。他得出结论，文件共享会导致音乐产品销售量下降20%。此外，他还得出结论，有6岁至17岁孩子的家庭是文件共享的主要人群。Rob和Waldfogel（2006）对美国宾夕法尼亚大学的一组本科生进行了调查，了解其利用文件共享和购买获得音乐的数量。他们利用1999年至2003年间销售量超过200万张的专辑的数据进行估计，发现下载数量和CD销量没有任何关系。不过，对于销量较低的专辑，专辑下载数量是CD销售量的5倍以上，即下载5次专辑，才可能卖出一张CD。Rob和Waldfogel（2007）对电影行业做了类似的分析。Liebowitz（2006，2008）发现，文件共享至少是美国音乐销量下降的一个原因。McKenzie（2009a）探讨了非法音乐文件共享行为，并以澳大利亚单曲的实体和数字零售市场为研究对象，实证研究非法文件共享行为的影响。根据每周澳大利亚实体和数字产品销售排行榜，结合服务器下载排行榜，利用15周的样本数据进行实证分析，研究结果表明，下载行为并没有对合法销售产生显著影响。Liebowitz（2011）以上面提到的大多数音乐销售量研究为基础，对销售量下滑矩阵进行标准化，从而得出结论：在大多数情况下，文件共享是音乐销量整体下滑的一个决定因素。

Mortimer和Sorensen（2007）研究了文件共享与音乐会参加人数之间的关系。他们在总结后认为，虽然文件共享导致音乐唱片销量下滑，但音乐会收益和举办音乐会的艺术家人数却大幅增加。总体来看，数据的变化模式表明，文件共享会侵蚀CD的销售利润，但会提升现场表演的利润。Hendricks和Sorensen（2009）调查了信息在产品成功分布中的作用，并对音乐唱片市场进行了实证应用。具体而言，这篇文章构建模型，用以描述需求的信息发现功能。他们的研究结论表明，发行新专辑之后，歌手之前发行的专辑销量上升。Hendricks和Sorensen将此称作“倒向溢出”效应。根据这样的信息流结构，需求者通过新发行专辑发现艺术家，之后购买歌手之前发行的专辑。他们认为，消费者掌握的信息越多，表演者销售分布的偏度就越大。考察盗版在需求动态和产品成功分布中的作用，看起来是未来研究的一个热点问题。

8.5.3 顾客评论、口碑传播与社交媒体

消费者评论如何影响消费者选择？等级排行榜如何影响消费者选择？在Chevalier和Mayzlin（2006）以及Liu（2006）的研究中，研究者使用在线产品评论预测产品销量。Chevalier和Mayzlin（2006）等大多数研究结论表明，在线产品评论确实对产品销售产生了显著影响。不过，Liu（2006）等其他研究则认为，显著影响销售量的因素是产品评论的数量，而产品评论的评价结果并没有对销售量产生显著影响。Duan等人（2008）初步分析了在线口碑对电影销售的影响，结果表明，在线评论影响整个销售分布的方式并不明晰。这显然又是未来研究的一个热点问题。

快速增长的在线交流动态元素包括博客和其他形式的社交媒体。社交媒体是一个快速成长的在线交流形式，它们代表着个人表达方法的广泛使用。Asur和Huberman（2010）利用推特聊天记录预测电影票房收益。他们根据创建微博的速度，建立一个简单模型。研究结果表明，利用这个模型对特定产品进行预测，预测效果超过以市场为基础的模型预测效果。他们的研究结果还表明，从推特中提取的信息可以提高社交媒体的预测能力。这里就存在一些有趣的问题：一是概念性模型或理论模型是否具有批判意义，是否能够用来区分竞争性模型？二是我们能否找到实证证据以检验哪个模型正确？三是在电子社交媒体的变化过程中，是否存在羊群效应或学习行为进而产生畅销书或电影大片现象？

参考文献

Adler, M., 1985. Stardom and talent. American Economic Review 75, 208–212 .

Adler, M., 2006. Stardom and talent. In: Ginsburgh, V., Throsby, D. (Eds.), Handbook of the Economics of Art and Culture, vol. 1. Nort.Holland, Amsterdam, pp. 895–906 .

Adler, R.J., Feldman, R.E., Taqqu, M.S. (Eds.), 1998. A Practical Guide to Heavy Tails: Statistical Techniques and Applications. Birkhäuser, Berlin .

Akdede, S.H., Ogus, A., 2006. Increasing returns to information and the survival of Turkish public theatre plays. Applied Economics Letters 13, 785–788 .

Albert, S., 1998. Movie stars and the distribution of financially successful films in the motion picture industry . Journal of Cultural Economics 22, 249–270 .

Albert, S., 1999. Reply: Movie stars and the distribution of financially successful films in the motion picture industry. Journal of Cultural Economics 23, 325–329 .

Anderson, C., 2006. The Long Tail: Why the Future of Business is Selling Less of More. Hyperion, New York .

Asur, S., Huberman, B.A. 2010. Predicting the future with social media. Research Paper. Hewlet.Packard, Palo Alto, CA. Available at: arvix.org/abs/1003.5699.

Avery, C., Resnick, P., Zeckhauser, R., 1999. The market for evaluations. American Economic Review 89, 564–584 .

Azzalini, A., 1985. A class of distribution which includes the normal ones. Scandinavian Journal of Statistics 12, 171–178 .

Azzalini, A., 1986. Further results on a class of distribution which includes the normal ones. Statistica 46, 199–208 .

Azzalini, A., Capitanio, A., 1999. Statistical applications of the multivariate skew-normal distribution .Journal of the Royal Statistical Society B61, 579–602 .

Azzalini, A., Capitanio, A., 2003. Distributions generated by perturbation of symmetry with emphasis on a multivariate skew-t distribution. Journal of the Royal Statistical Society B65, 367–389 .

Azzalini, A., Dalla Valle, A., 1996. The multivariate skew-normal distribution. Biometrika 83, 715–726 .

Banerjee, A.V., 1992. A simple model of herd behavior. Quarterly Journal of Economics 107, 797–817 .

Basuroy, S., Ravid, S.A., 2004. Managerial objectives, the R-rating puzzle, and the production of violent films. Journal of Business 77(Suppl.2), S155–S192 .

Beck, J., 2007. The sales effect of word of mouth: a model for creative goods and estimates for novels .Journal of Cultural Economics 31, 5–23 .

Bikhchandani, S., Hirshleifer, D., Welch, I., 1992. A theory of fads, fashion, custom, and cultural change as informational cascades. Journal of Political Economy 100, 992–1026 .

Brannas, K., Nordman, N., 2003. Conditional skewness modelling for stock returns. Applied Economics Letters 10, 725–728 .

Brock, W.A., 1999. Scaling in economics: a reader's guide. Industrial and Corporate Change 8, 409–446 .

Canoy, M., van Ours, J.C., van der Ploeg, F., 2006. The economics of books. In: Ginsburgh, V., Throsby, D. (Eds.), Handbook of the Economics of Art and Culture Vol. 1. North-Holland, Amsterdam, pp. 721–761 .

Caves, R. E., 2000. Creative Industries: Contracts between Art and Commerce. Harvard University Press, Cambridge, MA .

Chamley, C., Gale, D., 1994. Information revelation and strategic delay in a model of investment. Econometrica 62, 1065–1085 .

Chevalier, J.A., Mayzlin, D., 2006. The effect of word of mouth on sales: online book reviews. Journal of Marketing Research XLIII, 345–354.

Chisholm, D., 2003. Motion pictures. In: Towse, R. (Ed.), A Handbook of Cultural Economics. Edward Elgar, Cheltenham, pp. 306–314.

Chung, K.H., Cox, R.A.K., 1994. A stochastic model of superstardom: an application of the Yule distribution. Review of Economics and Statistics 76, 771–775.

Clerides, S.K., 2002. Book value: intertemporal pricing and quality discrimination in the US market for books. International Journal of Industrial Organization 20, 1385–1408.

Collins, A., Hand, C., Snell, M.C., 2002. What makes a blockbuster? Economic analysis of film success in the United Kingdom. Managerial and Decision Economics 23, 343–354.

Connolly, M., Krueger, A. B., 2006. Rockonomics: the economics of popular music. In: Ginsburgh, V., Throsby, D. (Eds.), Handbook of the Economics of Art and Culture Vol. 1. North-Holland, Amsterdam, pp. 667–719.

Davies, J., 2002. The individual success of musicians, like that of physicists, follows a stretched exponential distribution. European Physical Journal B:-Condensed Matter and Complex Systems 27, 445–447.

De Vany, A., 2006. The movies. In: Ginsburgh, V., Throsby, D. (Eds.), Handbook of the Economics of Art and Culture, vol. 1. North-Holland, Amsterdam, pp. 615–665.

De Vany, A.S., Lee, C., 2001. Quality signals in information cascades and the dynamics of the distribution of motion picture box office revenues. Journal of Economic Dynamics and Control 25, 593–614.

De Vany, A.S., Walls, W.D., 1996. Bose-Einstein dynamics and adaptive contracting in the motion picture industry. The Economic Journal 439, 1493–1514.

De Vany, A.S., Walls, W.D., 1997. The market for motion pictures: rank, revenue and survival. Economic Inquiry 4, 783–797.

De Vany, A.S., Walls, W.D., 1999. Uncertainty in the movie industry: does star power reduce the terror of the box office? Journal of Cultural Economics 23, 285–318.

De Vany, A.S., Walls, W.D., 2002. Does Hollywood make too many R-rated movies? Risk, stochastic dominance, and the illusion of expectation. Journal of Business 75, 425–451.

De Vany, A.S., Walls, W.D., 2004. Motion picture profit, the stable Paretian hypothesis, and the curse of the superstar. Journal of Economic Dynamics and Control 28, 1035–1057.

De Vany, A.S., Walls, W.D., 2005. Big budgets, big openings and legs: analysis of the blockbuster strategy. Asian Economic Review 47, 308–328.

De Vany, A.S., Walls, W.D., 2007. Estimating the effects of movie piracy on bo x-office revenue. Review of Industrial Organization 30, 291–301.

Duan, W., Gu, B., Whinston, A.B., 2008. The dynamics of online word-of-mouth and product sales-an empirical investigation of the movie industry. Journal of Retailing 84, 233–242.

Elberse, A., Oberholze r-Gee, F., 2007. Superstars and underdogs: an examination of the long-tail phenomenon in video sales. Marketing Science Institute 4, 49–72.

Eliashberg, J., Elberse, A., Leenders, M.A.A.M., 2006. The motion picture industry: critical issues in practice, current research, and new research directions. Marketing Science 25, 638–661.

Epstein, J. M., Axtell, R. L., 1996. Growing Artificial Societies: Social Science from the Bottom Up. Brookings/MIT Press, Cambridge, MA.

Fama, E., 1965. The behavior of stock market prices. Journal of Business 38, 34–105.

Fan, J., Gijbels, I., 1992. Variable bandwidth and local linear regression smoothers. Annals of Statistics 20, 2008–2036.

Fan, J., Gijbels, I., 1996. Local Polynomial Modeling and its Applications. Chapman & Hall, London.

Feller, W., 1957. An Introduction to Probability Theory and Its Applications. Wiley, New York.

Frank, R., Cook, P., 1996. The Winner-Take-All Society: Why the Few at the Top Get So Much More Than the Rest of Us. Penguin Books, London.

Frisch, U., Sornette, D., 1997. Extreme deviations and applications. Journal de Physique I 7, 1155–1171 .
Gabaix, X. 2008. Power laws In Durlauf, S.N., Blume, L.E.(Eds.), The New Palgrave Dictionary of Economics, 2nd edn. Palgrave Macmillan, New York [Online]. Available at: http://www.palgraveconnect. com/pc/doifinder/10.1057/9781137336583.(Accessed: 2 July 2013).
Gaffeo, E., Scorcu, A.E., Vici, L., 2008. Demand distribution dynamics in creative industries: the market for books in Italy. Information Economics and Policy 20, 257–268 .
Giles, D.E., 2006. Superstardom in the US popular music industry revisited. Economics Letters 92, 68–74 .
Giles, D.E., 2007a. Increasing returns to information in the US popular music industry. Applied Economics Letters 14, 327–331 .
Giles, D.E., 2007b. Survival of the hippest: life at the top of the hot 100. Applied Economics 39, 1877–1887 .
Goldman, W., 1983. Adventures in the Screen Trade. Warner Books, New York .
Hadida, A.L., 2009. Motion picture performance: a review and research agenda. International Journal of Management Reviews 11, 297–335 .
Hamlen, W.A.J., 1991. Superstardom in popular music: empirical evidence. Review of Economics and Statistics 73, 729–733 .
Hamlen, W.A.J., 1994. Variety and superstardom in popular music. Economic Inquiry 32, 395–406 .
Hand, C., 2001. Increasing returns to information: further evidence from the UK film market. Applied Economics Letters 8, 419–421 .
Harris, R.D.F., Kucukozmen, C.C., 2001. The empirical distribution of stock returns: evidence from an emerging European market. Applied Economics Letters 8, 367–371 .
Hendricks, K., Sorensen, A., 2009. Information and the skewness of music sales. Journal of Political Economy 117, 324–369 .
Ho, J., Ho, K., Mortimer, J., 2008. Welfare effects of full-line forcing contracts in the video rental industry.Working Paper. Harvard Business School, Cambridge, MA.
Hogg, R.V., Craig, A.T., 1978. Introduction to Mathematical Statistics, 4th edn. Macmillan, New York .
Hong, S.H., 2013. Measuring the effect of Napster on recorded music sales: difference-in-differences estimates under compositional changes. Journal of Applied Econometrics 28, 297–324 .
Ijiri, Y., Simon, H.A., 1974. Interpretations of departures from the Pareto curve firm-size distributions .Journal of Political Economy 82, 315–332 .
Jozefowicz, J.J., Kelley, J.M., Brewer, S.M., 2008. New release: an empirical analysis of VHS/DVD rental success. Atlantic Economic Journal 36, 139–151 .
LaHerrere, J., Sornette, D., 1998. Stretched exponential distributions in nature and economy: 'Fat tails' with characteristic scales. European Physical Journal B 2, 525–539 .
Lambert, P., Lindsey, J.K., 1999. Analysing financial returns using regression models based on non-symmetric stable distributions. Applied Statistics 48, 409–424 .
Leskovec, J., Adamic, L.A., Huberman, B.A., 2007. The dynamics of viral marketing. ACM Trans. Web 1, art. 5
Li, Q., Racine, J.S., 2004. Cross-validated local linear nonparametric regression. Statistica Sinica 14, 485–512 .
Liebowitz, S.J., 2006. File sharing: creative destruction or just plain destruction? Journal of Law and Economics 49, 1–28 .
Liebowitz, S.J., 2008. Research note-testing file sharing's impact on music album sales in cities. Management Science 54, 852–859 .
Liebowitz, S.J., 2011. The metric is the message: how much of the decline in sound recording sales is due to file-sharing? Working Paper. School of Management, University of Texas, Dallas, TX.
Litman, B.R., 1983. Predicting the success of theatrical movies: an empirical study. Journal of Popular Culture 16, 159–175 .
Litman, B., 1990. The motion picture entertainment industry. In: Adams, W.(Ed.), The Structure of American Industry.

Macmillan, New York, pp. 183–216.

Litman, B.R., Ahn, H., 1998. Predicting financial success of motion pictures: the early '90s experience. In: The Motion Picture Mega-Industry. Allyn and Bacon, Needham Heights, MA, pp. 172–197.

Liu, Y., 2006. Word of mouth for movies: its dynamics and impact on box office revenue. Journal of Marketing 70, 74–89.

MacDonald, G.M., 1988. The economics of rising stars. American Economic Review 78, 155–166.

Maddison, D., 2004. Increasing returns to information and the survival of Broadway theatre productions. Applied Economics Letters 11, 639–643.

Mahajan, V., Muller, E., Kerin, R.A., 1984. Introduction strategy for new products with positive and negative word-of-mouth. Management Science 30, 1389–1404.

Mandelbrot, B., 1963a. New methods in statistical economics. Journal of Political Economy 71, 421–440.

Mandelbrot, B., 1963b. The variation of certain speculative prices. Journal of Business 36, 394–419.

Mandelbrot, B., 1967. The variation of some other speculative prices. Journal of Business 40, 393–413.

Mandelbrot, B., 1997. Fractals and Scaling in Finance: Discontinuity, Concentration, Risk. Springer, New York.

McCulloch, J.H., 1996. Financial applications of stable distributions. In: Maddala, G.S., Rao, C.R. (Eds.), Statistical Methods in Finance. North-Holland, New York, pp. 393–425.

McCulloch, J.H., 1998. Linear regression with stable disturbances. In: Adler, R.J., Feldman, R.E., Taqqu, M.S. (Eds.), A Practical Guide to Heavy Tails: Statistical Techniques and Applications. Birkhäuser, Berlin, pp. 359–378.

McKenzie, J., 2008. Bayesian information transmission and stable distributions: motion picture revenues at the Australian box office. Economic Record 84, 338–353.

McKenzie, J., 2009a. Illegal music downloading and its impact on legitimate sales: Australian empirical evidence. Australian Economic Papers 48, 296–307.

McKenzie, J., 2009b. Revealed word-of-mouth demand and adaptive supply: survival of motion pictures at the Australian box office. Journal of Cultural Economics 33, 279–299.

McKenzie, J., 2010. How do theatrical box office revenues affect DVD sales? Australian empirical evidence. Journal of Cultural Economics 34, 159–180.

McKenzie, J., 2012. The economics of movies: a literature survey. Journal of Economic Surveys 26, 42–70.

Mizerski, R.W., 1982. An attribution explanation of the disproportionate influence of unfavorable information. Journal of Consumer Research 9, 301–310.

Mortimer, J., Sorensen, A., 2007. Supply responses to digital distribution: recorded music and live performances. Working Paper. Stanford Graduate School of Business, Stanford, CA.

Moul, C., 2007. Measuring word-of-mouth's impact on theatrical movie admissions. Journal of Economics and Management Strategy 16, 859–892.

Nolan, J.P., 1998a. Parameterizations and modes of stable distributions. Statistics and Probability Letters 38, 187–195.

Nolan, J.P., 1998b. Univariate stable distributions: parameterizations and software. In: Adler, R.J., Feldman, R.E., Taqqu, M.S. (Eds.), A Practical Guide to Heavy Tails: Statistical Techniques and Applications. Birkhäuser, Berlin, pp. 527–533.

Nolan, J.P., 1999. Fitting data and assessing goodness-of-fit with stable distributions. In: Nolan, J.P., Swami, A. (Eds.), Proceedings of the ASAIMS Conference on Heavy Tailed Distributions. Washington, DC, pp. 1–52.

Nolan, J.P., 2001. Maximum likelihood estimation of stable parameters. In: Barndo-Nielsen, O.E., Mikosch, T., Resnick, S.I. (Eds.), Lévy Processes: Theory and Applications. Birkhäuser, Boston, MA, pp. 379–400.

Nolan, J.P., 2005. STABLE computer program. Available at: < http://academic2.american.edu/simjpnolan/stable/stable.html>.

Nolan, J.P., 2008. Bibliography on stable distributions, processes and related topics. Mimeograph, Mathematics Department, American University, Washington, DC.

Nolan, J.P., 2011. Stable Distribution.S-Models for Heavy Tailed Data. Birkhauser, Boston, MA.

Oberholze-Gee, F., Strumpf, K., 2007. The effect of file sharing on record sales: an empirical analysis. Journal of Political Economy 115, 1–42.

Ottaviani, M., Sorensen, P., 2000. Herd behavior and investment: comment. American Economic Review 90, 695–704.

Pardoe, I., Simonton, D.K., 2008. Applying discrete choice models to predict Academy Award winners. Journal of the Royal Statistical Society Statistics in Society 171, 375–394.

Pitt, I., 2010. Superstar effects on royalty income in a performing rights organization. Journal of Cultural Economics 34, 219–236.

Prag, J., Casavant, J., 1994. An empirical study of determinants of revenues and marketing expenditures in the motion picture industry. Journal of Cultural Economics 18, 217–235.

Rachev, S.T., Mittnik, S., 2000. Stable Paretian Models in Finance. Wiley, New York.

Racine, J., Li, Q., 2004. Nonparametric estimation of regression functions with both categorical and continuous data. Journal of Econometrics 119, 99–130.

Ravid, S.A., 1999. Information, blockbusters and stars: a study of the film industry. Journal of Business 72, 463–486.

Ravid, S.A., 2004. Are they all crazy or just risk averse? Some movie puzzles and possible solutions. In: Ginsburgh, V. (Ed.), The Economics of Art and Culture. North-Holland, Amsterdam, pp. 33–47.

Rob, R., Waldfogel, J., 2006. Piracy on the high C's: music downloading, sales displacement, and social welfare. Journal of Law and Economics XLIX, 29–62.

Rob, R., Waldfogel, J., 2007. Piracy on the silver screen. Journal of Industrial Economics 55, 379–395.

Rosen, S., 1981. The economics of superstars. American Economic Review 71, 167–183.

Rosser Jr, J.B., 2008. Econophysics. In: Durlauf, S.N., Blume, L.E. (Eds.), The New Palgrave Dictionary of Economics, 2nd edn. Palgrave Macmillan, New York, pp. 729–732.

Samorodnitsky, G., Taqqu, M.S., 1994. Stable Non-Gaussian Random Processes. Chapman & Hall, New York.

Sedgwick, J., Pokorny, M., 1999. Comment: Movie stars and the distribution of financially successful films in the motion picture industry. Journal of Cultural Economics 23, 319–323.

Sgroi, D., 2002. Optimizing information in the herd: guinea pigs, profits, and welfare. Games and Economic Behavior 39, 137–166.

Simon, H.A., 1955. On a class of skew distribution functions. Biometrika 52, 425–440.

Simonoff, J.S., Ma, L., 2003. An empirical study of factors relating to the success of Broadway shows. Journal of Business 76, 135–150.

Sinha, S., Raghavendra, S., 2004. Hollywood blockbusters and long-tailed distributions. European Physical Journal B: Condensed Matter and Complex Systems 42, 293–296.

Smith, S.P., Smith, V.K., 1986. Successful movies: a preliminary empirical analysis. Applied Economics 18, 501–507.

Smith, L., Sorensen, P., 2000. Pathological outcomes of observational learning. Econometrica 68, 371–398.

Sorensen, A.T., 2007. Bestseller lists and product variety. Journal of Industrial Economics 55, 715–738.

Sornette, D., 1998. Multiplicative processes and power laws. Physical Review E 57, 4811–4813.

Sornette, D., 2002. Economy of scales in R&D with block-busters. Quantitative Finance 2, 224–227.

Spierdijk, L., Voorneveld, M., 2009. Superstars without talent? the Yule distribution controversy. The Review of Economics and Statistics 91, 648–652.

Steindl, J., 1965. Random Processes and the Growth of Firms: a Study of the Pareto Law. Hafner, New York.

Strobl, E., Tucker, C., 2000. The dynamics of chart success in the UK pre-recorded popular music industry. Journal of Cultural Economics 24, 113–134.

Taleb, N.N., 2007. The Black Swan: The Impact of the Highly Improbable. Random House, New York.

Throsby, D., 2002. The Music Industry in the New Millennium: Global and Local Perspectives. UNESCO, Paris.

Tucker, C., Zhang, J., 2011. How does popularity information affect choices? A field experiment. Management Science 57, 828–842.

Uchaikin, V.V., Zolotarev, V.M., 1999. Chance and Stability: Stable Distributions and their Applications. VSP, Utrecht.
van der Ploeg, F., 2004. Beyond the dogma of the fixed book price agreement. Journal of Cultural Economics 28, 1-20.
Vining, D., 1976. Autocorrelated growth rates and the Pareto law: a further analysis. Journal of Political Economy 84, 369-380.
Wallace, W.T., Seigerman, A., Holbrook, M.B., 1993. The role of actors and actresses in the success of films: how much is a movie star worth? Journal of Cultural Economics 17, 1-24.
Walls, W.D., 1997. Increasing returns to information: evidence from the Hong Kong movie market. Applied Economics Letters 4, 187-190.
Walls, W.D., 1998. Product survival at the cinema: evidence from Hong Kong. Applied Economics Letters 5, 215-219.
Walls, W.D., 2005a. Demand stochastics, supply adaptation, and the distribution of film earnings. Applied Economics Letters 12, 619-623.
Walls, W.D., 2005b. Modeling movie success when 'nobody knows anything': conditional stable-distribution analysis of film returns. Journal of Cultural Economics 29, 177-190.
Walls, W.D., 2005c. Modeling skewness and heavy tails in film returns. Applied Financial Economics 15, 1181-1188.
Walls, W.D., 2008. Economics of motion pictures. In: Durlauf, S.N., Blume, L.E. (Eds.), The New Palgrave Dictionary of Economics, 2nd edn. Palgrave Macmillan, New York, pp. 787-791.
Walls, W.D., 2009a. Robust analysis of movie earnings. Journal of Media Economics 22, 20-35.
Walls, W.D., 2009b. Screen wars, star wars, and sequels: nonparametric reanalysis of movie profitability. Empirical Economics 37, 447-461.
Walls, W.D., 2010a. General stable models of the rate of return to Hollywood films. Advances and Applications in Statistical Sciences 2, 19-36.
Walls, W.D., 2010b. Superstars and heavy tails in recorded entertainment: Empirical analysis of the market for DVDs. Journal of Cultural Economics 34, 261-280.
Zolotarev, V.M., 1986. One-Dimensional Stable Distributions. American Mathematical Society, Providence. (Translation of the original 1983 Russian edition).

第9章

新技术与文化消费

Jason Potts

RMIT University，Melbourne，Australia

高学武　译

摘　要

新技术通过多种途径影响文化消费。技术变革降低了文化消费的成本，导致文化产品之间替代性的增强和（或）文化消费需求的增加，这两种情况都提升了消费者的福利。技术变革也能带来动态影响，增加由专业人士与业余爱好者供给的文化消费种类，并鼓励尝试新的文化消费体验。与其他领域一样，消费者是文化生产领域技术变革的最终受益者。

关键词

文化经济学，消费者理论，技术变革

JEL Classification Code

Z1

9.1 引 言

9.1.1 研究范围

技术变革引起文化消费的改变。本章的研究目的是，运用新古典经济学和演化经济学的分析框架对这一传导过程进行检验。我们发现，技术变革（尤其是数字计算与传媒技术）对文化消费的数量、形式（mixes）和种类方面产生多重影响。更进一步，对文化消费类型的偏好选择也会产生多重影响。总之，技术变革不仅仅意味着引起更多数量的变化，也同时意味着文化消费的内容、类型等质的方面发生改变。

新技术如何影响文化消费？答案也许会令人惊讶：虽然这个问题无处不在，但经济学分析却很少涉及。在艺术文化经济学领域，关于艺术和文化的需求状况研究已经受到了较多关注（如 Throsby，1994；Blaug，2001），但是，新技术对艺术和文化的供给方面的影响机制仍有争议（如 Caves，2000；Baumol，2006），新科技与文化消费方式的转变之间的联系仍然缺乏验证。大多数情况下，研究的默认假设是新技术主要影响艺术和文化的生产方面，通过相对价格的变化、新产品和服务的出现来改变消费者行为，或者通过控制消费机会变化的反馈效应来改变消费者行为。这种效应也可以理解为直接从新科技作用到新的消费行为。当然，如果消费行为的改变影响到了与新科技相关的激励时，这种效应也可以反向运行，从消费传导到新技术。针对这个问题有大量的研究工作可做，本章的内容仅仅是主流研究范围的概述。

概而言之，以往研究有两个显著的起点，即“创意产业”和“成本病”，二者都是基于新技术的本质特征对文化消费产生影响而提出的。在创意产业模型中，新技术强力支撑数字新媒体划时代的变革，这种变革对文化消费产生影响（如 Howkins，2001； Hartley，2005）。这类研究聚焦于音乐、电影、新闻等行业，分析该类行业商业模式陷入困境时价格大幅下降（甚至降至零，Anderson，2009），其他行业（付费电视、移动通信）付费倾向增强，技术融合趋势下的市场剧烈分化等现象。这类研究不断发展，其原因在于由新技术驱动的机会带动了文化消费可选性的增加，特别是数字传媒对社会化互动的强化。以“新媒体”为标志的研究聚焦于：业余爱好者数量上升（Leadbeater and Miller，2004；Leadbeater，2008）、消费者的共同创造以及“文化融合”（Banks and Potts，2010；Jenkins，2006）三个方面。进一步扩展这一路径的经济分析，Cowen（2002，2008）和 Potts（2011）研究发现新技术对需求类型的影响，同时二者将这一点放在全球化和经济演化的背景下进行讨论。本书 9.3 小节到 9.5 小节总结了新技术内涵的解读及其对文化消费影响、重构需求和偏好的类型等研究成果。

将新技术与文化消费进行关联分析的第二类路径是扩展“成本病”模型，从该模型最初研究的现场表演艺术行业扩展到更广泛的文化生产内容中去（Baumol and Bowen，1966； Baumol，2006）。Baumol 认为，新技术对现场文化生产行业的生产效率提升效应比在其他行业中要低，导致这类生产（Baumol 用了弦乐四重奏的例子）的实际成本上升，进而使价格上升，最终引起消费者需求下降（Felton，1994；Heilbrun and Gray，2001，p.139；Preston and Sparveiro，2009）。“成本病”模型给出了关于收入效应与替代效应相对强弱的具体推测。来自现场文化生产行业中某些古典或者核心部分的系列研究提供了实证支持。不过，Cowon（1996）认为这个模型没有解释文化生产中的新技术对文化消费产生正效应的原因，特别是新技术分布与嵌入在其他产品的情形。Baumol（2006）爽快地承认了这一质疑。

因此，我们得到两个模型。第一个模型解释技术变革通过降低文化消费的价格以及提供新的消费选择来影响文化消费；第二个模型表明，相对于文化产业来讲，新技术对其他行业影响较大，这种影响间接提高了文化消费的相对成本与价格。综合考虑直接影响和间接影响，技术变革究竟是增加了还是减少了文化消费的边际价格呢？答案取决于我们所指向的文化消费具体情况。技术变革不仅仅影响了文化消费的相对价格，同时也影响了它的替代品与互补品的相对价格。同时，技术变革提供了新的文化消费可选性并且塑造了新的文化偏好。因此，协同演化或许是技术变革与文化消费的动态变化关系的最佳理解。

本章节概述了技术变革作为一个有特殊功能的正常品影响文化消费的标准模型。同时也考察了技术经济与文化经济协同演化，内生偏好、创业机会及行为的普遍改变，以及与风险相关的因素。这些成果推进了演化经济学框架下的数字新媒体技术与文化消费双向影响问题研究。

9.1.2 定 义

文化消费在艺术文化经济学中有标准含义。人类学和制度领域将文化定义为所有人类的行为总和（如Jones，2006）。相较而言，艺术文化经济学中的文化含义较为狭窄，主要是指具体的艺术文化消费[①]。尽管如此，我们提出的定义应足以涵盖众多的研究观点，包括Galbraith（1960）与Baumol和Bowen（1966）所圈定的，文化经济学杂志所暗含的，或者像Blaug（1976）、Throsby和Withers（1979）、Frey和Pommerehne（1989）、Throsby（2001）、Heilbrun和Gray（2001）等研究人员所定义的。我们认为文化消费的范围包括视觉与表演艺术、音乐、电影以及通常称为高雅文化的文化产品——这里的高雅文化一定程度包含了流行文化（Cowen and Tabarrok，2000）。以这样方式界定文化有助于突出消费行为的正外部性。我们将这个定义扩展至商业文化，使我们更接近创意产业的DCMS（Department for Culture，Media and Sport）模型。Throsby（2008）的文化产业同心圆模型可以作为类似的例子，Potts（2008）等人的社交网络模型与体验经济模型同样都涵盖了这个定义。

文化消费与偏好、市场这类概念紧密相连，即使这样的“市场”可能以零货币价格运转。这就导致了当时间、信誉、身份等要素纳入效用函数时，文化消费行为的改变并不是对价格与收入变化的直接反映。值得注意的是，文化产品和服务既是信息产品，又是体验性产品。基于技术与制度因素的不同，文化产品可以有竞争性或非竞争性、排他性或非排他性等特征。考虑到人类、生活、社会、意义以及审美体验等因素，或者更宽泛的关于新价值观念的社会消费，文化消费发生在与文化情境紧密相连的信息空间和体验中。

新技术可以提升现有技术存量（Romer，1990），这类新技术的定义与通用的技术定义较为接近（Lipsey et al.，2005），数字媒体就是其中之一（Bresnahan and Yin，2010）。Arthur（2009）构建了一个分析框架，将技术视为具有自我创新特征的功能空间，新技术基于旧技术建立，并与之重组。将技术定义为一个空间，允许一些变化的存在，有助于对生产者与消费者两方面进行分析。转型的技术往往出现在多领域知识的交叉区域。当然，我们也可以考虑其他视角，如比较惯例、常识与技术之间的差异（Nelson and Winter，1982；Mokyr，2001），基于规则的技术模型（Dopfer and Potts，2008），来自于科学技术研究中社会建构主义者对技术

① 此处，原文是cultural consumption，但是，根据上下文语境，原作者应指的是“culture”。——译者注

的定义，经济社会学的视角，等等。

对技术变革的标准处理是将连接投入与产出的函数进行位移，最终传导至一般均衡价格，投入和产出受到影响。技术变革在其中被界定为向更低的等产量曲线或者向更高的产品转换曲线（也就是生产可能性边界）的位移。在市场竞争中，这样的位移降低了消费价格。技术变革改变了消费者福利，也就是沿着需求曲线，在更低的价格处获得更高的消费福利而达成了新的均衡。

熊彼特定义的技术变革探讨了新产品是如何被企业家引入来应对新的技术机会（Schumpeter，1942；Nelson and Winter，1982；Dopfer and Potts，2008）。这类研究关注新的观念是如何被引入市场的，同时提供了一个技术演化模型。模型将技术分为两类，一类是早已存在的，或者更容易被理解的，而另一类则是实验性的且具有不确定性。这一套技术组合形成了一种复杂的协同演化的关系，其中“新技术”是指一个技术发现过程的前沿以及它在市场上的发展。新技术可能是现有技术库存的补充添加（转移生产函数与供给曲线）或者技术轨迹的一部分（创造新的供给与需求曲线）。下文我们将概括地说明文化消费与新技术的关系。

9.2 新技术改变相对价格

9.2.1 理　论

技术变革导致文化产品和服务的生产函数曲线向外移动。相同的投入获得的产出更多或者相同的产出需要更少的投入。在竞争模型中，技术变革导致供给曲线沿着需求曲线向下移动。假设文化产品和服务的偏好和组合保持不变，技术变革将导致文化产品和服务的相对价格下降，收入效应和替代效应出现，消费者剩余增加，同时文化消费模式发生改变。

有几种途径会导致消费者剩余增加。新技术引致价格下降，需求的价格弹性、交叉价格弹性（Heilbrun and Gray，2001，p.5）、收入弹性发生变化，消费者剩余增加。相关的计量研究成果为替代效应提供了支持。根据一个表演艺术价格弹性的调查数据，Bruce Seaman（2006，P.431）的研究结论是，证据可能表明当按可比价格估计的时候，艺术产品实际上具有比其他产品或服务更低的价格弹性。对收入弹性的估计同样符合这个结论，只是具有更大的变异性与模糊性（Pommerehne and Kirchgassner，1987；Felton，1992；Throsby，1994）。表演艺术需求对加总水平是敏感的，而且通过计量分析人们也依稀发现其需求曲线斜率为负，即表演艺术是正常商品而非奢侈品，价格交叉弹性为正。因此，技术变革的确在总量水平上增加了消费者剩余。

在希克斯中性技术进步的一般均衡模型中，任意一个新的均衡点都意味着更高的消费者剩余，要么是文化产品的消费增加，要么是文化产品消费不变，其他产品消费增加。具体哪种情况会出现，要看任意一组特定的文化产品集中，边际效用递减规律和其他约束条件如何发挥作用。例如，通常的文化消费边际约束条件是作为机会成本的时间和类似履行成本的互补产品和服务。随着产品质量的显著提升，或者将多种文化产品融合成一个更具价值的体验产品时，技术变革也可以提高文化产品的价格。

然而，技术变革在消费者剩余上的正效应并不一定适用于生产者组织。活字印刷术作为新技术出现降低了一些抄写员的收入，摄影的出现降低了一些肖像画家的收入，而家庭打印与图像编辑软件的出现已经降低了一些专业摄影师的收入。熊彼特的“创造性毁灭”的力量往往集中出现于市场的生产方。事实上，这是一种降低价格增加消费者剩余的机制的一部分，无论是转换成本的降低还是交易成本的降低，或者两者都有。

新技术也可能影响文化生产的特定部分，但是对替代品的影响相对较小。因此，即使替代品的相对价格发生变化，引起文化消费产生新平衡，但是总消费水平可能依然保持不变。例如，我们可能每天花一个小时在音乐上，但是我们如何去听音乐，却可能导致新技术被采纳的结果发生改变。一个典型的例子是现场演唱与录制音乐，二者是一对不完全替代品。在现代录音技术出现前，听音乐需要通过参加音乐会，等候吟游诗人或者自己演奏来现场体验它。然而，到了20世纪初，新的录音与广播技术完全改变了这一切，降低了录制音乐较于现场音乐的相对价格。进一步的影响是，录制音乐的质量上升影响到了现场音乐，改变了替代行为的选择（或从机会成本的角度上来看，相当于让现场音乐变得相对更贵）。这导致了一个很复杂的影响，提供一个较低成本的替代品使音乐消费数量增加，同时，为现场音乐提供较高质量的替代品也形成了一种混合的音乐消费方式。总之，和许多其他形式的文化一样，欣赏音乐的实际成本因为技术变革已经大幅度下降，进而引起了质量提升与更低价格推动下的消费者需求的增加。

9.2.2 案例及福利效应

在诸如音乐、故事、视觉与表演艺术等领域，通过技术变革影响替代品相对价格的模式，可以在文化消费领域中被广泛地观察到。最普遍的影响就是需求曲线发生位移，移向那些受到新技术影响最大的、特定的替代品，这意味着更低的价格和更多的获得。重要的是，在成本变低的替代品需求上升的同时，进行企业家行为实践的机会成本下降。因此，在艺术与文化消费可选范围方面的技术变革趋于增加艺术和文化产品的分布，使文化消费变得更加方便，消费量大幅增加。随之而来的是边际消费成本下降，消费者剩余上升。例如，在19世纪，墙帷上的图案主要靠手绘，即使只是复制一个作品也需人工完成。然而，随着印刷技术的发展，艺术品家居装饰变得便宜，人们随之增大了需求。消费者对于他们挂在墙上的艺术品是有偏好的，但是之前由于墙帷的定价过高，被排除在了主流市场之外，价格下降后大多数人就可以购买了。这种模式在故事（如免费广播和博客）、音乐（如iTunes）、时尚（比如成衣（prêt à porter））、书籍（如企鹅图书（Penguin）和现在的电子书）以及诸如此类的领域中不断重复出现。

消费者剩余的增长包含文化产品价格的降低，消费便利和产品分布范围扩大三个方面。更加便利的交通与通信技术使文化产品被越来越多地输送到全球市场，无论是实物（如亚马逊船运书籍）还是数字信息（如文件下载）。运输、物流以及通信的新技术同样降低了文化消费的实际价格（Cowen，2002）。商用喷气式飞机是说明这个问题更为普遍的例子。商用喷气式飞机大幅降低了许多文化之旅的交通成本。例如，这种新的交通技术使参观卢浮宫变得经济实惠。而现在，虚拟旅行卢浮宫则是免费的，新的数字技术变革使参观卢浮宫变得更加便宜，使需求曲线向下移动并提高消费水平。

技术变革带来的福利效应是提高消费者剩余（保持偏好不变）。19世纪的人们不装修房子，每天不会花好几个小时听音乐，也不去参观世界上最伟大的博物馆与画廊。出现这样的情况，并不是因为他们缺乏对这些文化产品和服务的偏好（McCloskey，2006），而是在当时市面上的价格与收入情况下很少促成这类交易发生。由于技术变革改变一系列文化产品和服务的相对价格，增加经济福利，使文化消费者能够购买到之前根本无法负担的产品。更详细的情况可以从两方面展开。

首先，新的约束条件开始出现，最明显的就是时间的机会成本。如果世界上大多数的艺术都可以在网上观看，每天耗费数个小时，以低至或者接近于零的边际成本消费艺术将会成为可能。然而，这样的消费从其他活动上拿走了时间，如工作、家庭、运动或者其他休闲活动。即使免费的时候，我们仍然相信文化消费受到它与其他替代活动之间的边际效用相等的原则约束。

当技术变革并未对消费者产生影响，而是文化价值的动态变化开启了产品替代的可能，此时第二种福利效应就出现了。例如，当原创作品的价值从直接审美价值转变为地位符号或者能够表明社会地位的商品时，其价值取决于内在的、独一无二的品质（Hutter，2010）。由于技术变革并未放大那些不受影响的文化消费的需求，使得这一类型的文化消费变得越来越独特且昂贵，它们的社会标志性功能变得更加突出，从而也具有了“高大上”的特质。

9.2.3 其他效应

随着新技术降低了文化消费的价格，不但将市场的均衡转移到了更高需求水平，而且互补品市场同样受到影响。首先，大多数文化产品是与其他产品一起消费的。油画或版画是与画框以及照明设备互补的，电影与爆米花以及评论互补，录制音乐（唱片）与立体声设备互补，而参观文化景点则与当地的食宿互补。新技术不但降低了文化产品（比如绘画、电影、博物馆）的价格，同时增加了该类文化产品互补品的需求。这些互补品行业无论自身是否经历技术变革，都将会受益。

第二个机制是大规模消费。在这里，它不是简单的互补需求（比如，一幅版画需要一个画框），而是互补品由于更高的需求而形成大规模生产（比如画框是工厂用机器生产的而不是手工制作的）。需求的增长开启了进一步专业化与劳动分工的可能性（例如画框的一部分是在一个国家生产的，而其他部分是在其他国家或地区生产的，其生产遍布全球）。这种规模效应利用了工业生产与分配的技术来降低互补品的成本（作为一种技术变革所引发的形式），进一步降低了文化消费的总成本。

随着新技术降低文化消费的价格，它们同样降低了创意文化生产的试验成本以及与新文化消费相关联的消费者风险。创意生产中投入成本的下降（如绘画、乐器或者编辑软件的价格的降低）降低了在这些艺术领域的试验成本（Hutter，2008；Potts and MacDonald，2010）。这使得业余美术家或者音乐家能够以更低的边际成本来尝试新的事物，使得那些因为试验成本障碍限制而无法进入供给市场的进入者形成新的供给。试验成本降低效应也可能在消费者一方发生。因为文化产品价格的下降，实验尝试或者浏览式的文化消费形式的机会成本也下降了，他们之前从未有过如此的体验。即使如此，他们仍然不确定这些新的信息是否符合他们的偏好（Earl and Potts，2004）。随着新技术导致的文化产品价格下降，消费者享受更多产品的机会成本也随之下降，之前没体验过的文化产品的尝试成本也随之下降。价格的下降有利于消费者的“企业家能力”的培养或者寻找新的效用来源。价格的降低意味着更多（需求曲线的下移），但同样也可以意味着不同（移动到新的需求曲线上）。文化偏好形成需要及早入手，而且积累缓慢，就像我们不断投资的鉴赏能力培养一样（Stigler and Becker，1977）。但同时，他们很大程度上受制于社会网络的影响，始终延续着来自家庭与朋友的偏好对个人传承的影响。

因为成本的降低与新媒体技术更大的潜在影响，成为一个涉猎广泛的文化杂食者比过去容易得多。结果，一少部分人已经寻求这种文化消费折衷模式（Peterson and Kern，1996；Cowen，2008）。尤其是新媒体技术，使得尝试那些具有异国情调或者形式考究的艺术与文化，只需点击一下鼠标就可以了。在过去几十年里，想要体验蒙古“呼麦”或者波利尼西亚Pahu鼓，在不去远行的前提下，你需要耗费大量的时间并为难以找到的录音支付额外的代价。无论哪种方式，轻松尝试是不可想象的。然而，有了YouTube的情况下，你可以以非常低的成本体验这些艺术形式。体验、尝试价格的下降使机会成本降低，使文化消费者能够从他们熟悉的文化消费领域向外扩展得更远。考虑到接受认同的高成本，文化消费有着更低的风险，这再一次意味着它不仅仅意味着更多，更意味着不同。这不需要假设新的商品或者新的偏好，只需要将体验产品的文化消费成本降至忽略不计即可。因此，新技术同样可以影响到文化消费的种类，在接下来的章节中会进一步介绍。

9.3 新技术增加多样性

9.3.1 理　论

新技术可以扩展文化消费的可选空间。两种情形下会出现这一现象。第一种情形是当我们引入诸如印刷，颜料或者胶片这类新技术时，将一种前人不知或者很少体验的新产品作为原材料投入到文化生产中（Eisenstein，1980）。第二种情形是当新技术扩宽了文化产品和服务的范围时，如市场的扩张（Cowen，1998，2002）。在这两种情形下，文化消费者能够体验到技术变革带来的文化消费的品种与多样性的增加。不同于前文中新技术通过降低相对价格来提升文化消费效用的模型，本部分的模型对价格影响未做设定（它可以上升、下降或者保持不变），重点解释多样而特殊的偏好和小而美的市场发展带来的效用之间的关系。Potts（2011）从多方面扩展了这个模型，他提出了关于新技术和新的文化消费模式协同演化的演化经济学分析。从新古典模型来看，技术变革首先影响供给方，提高产出效率；然后仅仅通过在竞争条件下降低相对价格影响需求方，引发需求曲线向下移动。然而在演化模型中，要么是需求曲线的形状发生变化，要么是出现一个全新的市场和需求曲线。文化产品和服务种类的增多也可以引发新技术开拓新艺术的可能性（比如化学知识的发展使新的陶器上釉方法得以形成，或者计算方法的进步使制作三维动画成为可能）。由于更大空间中的搜索技术和存储、获取技术的进步，新技术或许可以加速文化资本的积累。以Romer（1990）模型关于思想观念的处理思路为借鉴，大量可获得的文化资本可以进入生产函数，推动收益递增。即使承认新的数字技术通常是技术与文化两个领域的交叉融合（Jenkins，2006），但新技术仍然促进了文化消费可选空间的扩大。“粉丝小说”这一个全新文学类型的迅速崛起是很好的例子，互联网、社交网站以及低成本编辑制作软件使之成为可能。这些业余产品混合几种作品，有时甚至重构一个全新的作品来向原作致敬（比如把哈利·波特和星球大战混合起来）。对于文化消费来讲，这是一种全新的类型，它往往极大地丰富了那些较为特殊的创意作品的文化空间。

面对日益丰富的文化领域新鲜事物，消费者将这种多样性的增加视作一个新的、潜在的适应过程。因为信息的流动，消费者体验一个新的文化产品时，是没有把握确定其价值的，但是这个产品可以以多种方式被记录、复制，甚至重组。面对新技术带来新鲜事物的挑战，消费者不会像一个理性代理人一样重新计算偏好排序然后调整最优行动。更深层次的挑战在于如何评估这些新鲜事物的价值，如何从源头开始制定适当的管理办法，以及对新文化多样性的接受程度（Stark，2009）。挑战始于文化消费偏好发生改变的过程中，其间，消费者不断适应影响选择的潜在规则（Earl and Potts，2004）。更进一步的结果是，文化吸收类型的不同对以知识为基础的经济结构产生了完全不同的影响，进而推动经济演化。新的文化吸收进程也是一个对潜在技术需求类型改变的过程，这类技术有利于促进文化吸收进程。各类技术市场、产业以及要素市场中的消费者选择驱动着“创造性破坏”的进化过程，这种进程成为新技术进步的来源。

虽然这种协同进化机制可以通过市场反馈来起作用，但它也可以在消费者与生产者交互的时候直接出现。例如，通过发现有关文化元素新的使用方法，就可以从消费者的角度而不是生产者的角度去影响新技术的发展轨迹，而这样的目标通常我们是期望生产者来完成的。新社交媒体与游戏产业是用来解释消费者参与共同创造的好例子（Castronova，2005；Burgess and Green，2008；Cowen，2008；Banks and Potts，2010）。这一过程通常被描述为，通过接口标准的改进与模块化，将不同的技术与设备联结起来以提高交互性。新技术带来产品种类的增加，文化消费者从中进行选择，信息反馈再促进新的文化种类的演化与发展，如此循环往复。文化偏好，文化市场以及“文化技术”共同演化。

9.3.2 案例和动态演化

一个新技术增加文化种类的案例是YouTube的动画片。YouTube网站作为视频播放平台，不仅仅是一个提供简单的搜索并体验那些好莱坞工作室制作的旧动画片的市场，而是一个类型丰富的卡通片的长尾市场，在其中你可以惊讶，开心，甚至生气。不仅如此，通过使用技术套装软件（比如flash动画，java脚本或者越来越多的基于特定平台的应用程序）你可以制作你自己的动画片来与他人分享，他们可能会鼓励你再次投稿或者尝试。这个例子说明了关于科技与文化相互依赖研究的两个观点：（1）技术以一种中立的方式促进新的文化产品产生（对于卡通化的目标或者内涵没有技术上的约束）。（2）技术帮助实现创意的展示（比如，在这个案例下，线性视觉叙述明显受青睐）。各方相互作用的力量并未导致长期均衡的出现。技术随附于文化观念，反之亦然。技术的变化可以解释为什么某些文化观念在某个时间点上存在，就像文化选择可以解释为什么某些技术存在一样。与这些现象相关的文化经济学问题是偏好如何作用于文化消费的改变。演化视角的研究认为偏好选择新技术，同时技术选择新偏好。这种协同演化随着环境设定的复杂程度和规模大小而变化。例如，艺术消费从精英和特权集团到大众现象的扩张是新技术带来的主要结果，扩大了文化体验的规模与范围。Baumol（2006，p.345）称之为“传播革命”，在新经济的背景下，让所有的艺术形式易于接触，大大超过了以往的体验程度。文化产品多样性的增加因此推动了偏好的演化。

技术增加文化种类对消费者效用和福利有何影响？对个人效用来说，技术引起文化种类增加有利于尝试新的或者很少被体验的偏好。依赖于特定的偏好和价格向量，最终结果可能从多个角度作用于消费者剩余。消费多样性的增多只在特定的条件下使消费者效用上升。让我们考察一下，在体验文化新事物过程中，文化资本投资和文化适应能力之间的互动关系是怎样的。一种结果是文化消费者迅速适应了由新科技带来的新的文化形式。另一种结果却相反，消费者在适应过程中陷入了僵局，未能适应新规则或者理解新的情况，摊销了文化资本。后一种情况下，消费者体验到了文化消费的净下降，原因在于新的情况导致他们的选择和文化消费的技术媒介已经明显偏离了他们早已习惯的规则。相对于价格的变化可能会加剧这种情况，在消费种类增加时，消费者适应的过程没有随之变化，某种特定的文化消费形式变得越来越贵。

对于新技术与文化消费如何交互影响的经济分析应集中于两方面的研究，即消费者的适应过程和生产者的竞争过程，尤其需要关注文化消费中新偏好的协同演化与适应过程。

9.4 新技术引发新偏好

9.4.1 理　论

由于新技术的影响，新的文化消费偏好通过多种途径得以出现——没有发挥作用的旧偏好可能被激活或者新的偏好可能会出现。如果偏好外生给定，那么新的文化产品仅仅需要能满足它即可。这一点可以通过创意计划和市场选择连续演化博弈中得以展示。实际上，偏好可以通过文化和制度的力量缓慢地形成，甚至跨越代际。这些偏好往往通过宽泛的社会文化和政治制度从家庭向外扩张。因此，在Stigler和Becker（1977）的理论层面和演化心理学（Dutton，2009）的意义层面，我们承认偏好的外生给定是较为显著的。

然而，我们也可以放弃偏好外生性假设，允许偏好演化，因为它们本身就是一种“效用技术”。新偏好与新技术在一个复杂的社会文化空间中协同演化，但这并不是说它们具有社会建构性，因为这意味着需要一个主导或集中的机制发挥作用。尽管如此，这样的社会性学习或者偏好演化仍可以适当地理解为一种分散和自组织过程。新技术改变机会空间和文化消费中偏好及其得以实现的选择环境。

9.4.2 案例与福利分析

关键的例子有助于理解技术提升的社会交互如何影响偏好形成。例如，社交网络市场（Potts et al.，2008）如何塑造新的偏好演化（Earl and Potts，2004），特别是在一个不断变化的市场制度背景下如何通过市场机制设置的适应促进其形成（Karpik，2010）。这创造了现实可行的局部经济新秩序。一个具体的例子就是Facebook。在这个媒体平台上，文化消费者拥有一个实时的社会环境，彼此互动、分享经历和价值判断，从而通过相互的各种实例形成“好友”偏好。这是一个局部的文化体验信息通过分散化过程影响其他人的模式。被影响的可以是一部分人、所有人或者是方便这两种情况的市场机制设置。任何改变我们受到影响的方式，或者改变我们获得信息的方式的创新都能够改变我们的偏好，最终影响消费选择集合。

下面考察四种情况。第一，我们应该认识到广告、时尚、潮流具有传递社会信息的作用，同时，我们也应该认识到，作为新技术增加新价值的主要来源，社交网络市场的作用日益重要。经济学家对竞争性市场中信息的概念和博弈论研究者对于共有信息的概念都有待完善，当针对新产品进行选择决策而需要新的偏好和规则时，其概念不足以解释社会技术如何影响这时的行为决策。

第二，新技术的采纳部分是由偏好扩散方向与之一致所驱动的。当新技术缓解了文化消费者消费水平提升的选择压力时，这种协同演化的反馈效应将发挥作用。技术可行性与文化可选性得以匹配和互动。结果是可以预见的混沌局面以及不可预见的自组织所产生的结果。此处的预测不可能性与其说是因为我们不知道什么是技术上的可行，莫不如说是因为我们不知道消费者在响应新机遇的时候会喜欢什么。个人文化消费偏好受到社会性学习（Bentley et al.，2004）方向变化的显著影响。社会的动态性，特别是社会性学习，应该是研究新技术如何影响文化消费的核心所在。

技术引起新偏好的第三个传导途径是改变风险边界。新技术可以改变文化消费者可接受的风险水平，促使消费者体验在尝试和采纳阶段更高风险水平的消费。新技术促使文化元素更加样本化，这不仅仅改变了文化消费的空间，同样也改变了文化消费者可能承受的风险水平。文化消费是一种体验产品（Hutter，2008），Karpik（2010）称之为“奇点”。有风险且价值不确定是新奇的文化消费内在的特点。它依赖各种规则、制度和市场机制设计来确定价值，然后形成需求。但是，新技术可以通过扩展比以往更广阔的文化消费空间来改变文化消费中的风险承担情况。新技术可以降低与新奇的文化消费风险相关的风险门槛，拓展文化消费的范围。风险偏好的降低会增大试验性消费者的需求，小而美的市场得以发展。

第四点涉及新技术如何影响消费者的能力，不仅仅在寻找和体验文化方面，也在文化生产方面。新信息与计算技术使业余文化产品生产者能够以全新的面貌完成艺术文化创作生产（如不为出售的自娱自乐），全新的面貌包括跨越广泛的艺术形式和远超过去的创作生产能力。一种解释是，现在业余爱好者用着许多与专业人士相同的技术和基础设备，比如照相机日益成为大量生产的商品。认识到这一点在现代经济中是尤为重要的。例如药品和汽车需要精良的工艺才能生产，而它们的消费者是无法实现这样的生产的。然而，文化消费者越来越有机会获得许多用于艺术与文化生产的高新技术。

随着这种趋势的加强，业余和专业之间的差别变得模糊。这是因为文化消费者通过大众媒介（书本、电视节目、互联网等）来直接学习，并且通过社会性互动得到了其他发烧友的支持，生产技能变得娴熟。信息与通信技术（ICT）的发展已经使这些各式各样的社会学习网络更容易形成并被使用（Shirky，2009）。例如，YouTube上的“卡农摇滚（canon rock）”就是一个微型文化平台，成员们可以发布一段由业余爱好者自我拍摄、高度风格化的吉他独奏视频。同时，它又是一个文化消费群体，成员们互相挑战彼此的精湛技艺，展示新技术，并且形成互动反馈。然而，形成这个微型文化平台的成员很可能从未谋面。Flicker上也有类似的例子，许多业余摄影师上传并讨论彼此的作品。因此，这类通过新技术媒介兴起的社群生产和消费高水准的文化技艺和体验，远比依靠某个人独自完成的操作好得多。新技术通过扩展适用的消费体验范围来改变偏好。

应当指出，这种业余爱好者与消费者推动的数量暴增并不一定意味着质量的提升。可以说，由于新技术导致产品数量与种类的大增长，使得现在筛选高质量的作品反而变得更为困难。当然，研究结论最终仍取决于视角。不过，平均质量下滑的结果是可以接受的假说。这一观点在分布曲线较低的部分得到支持，而在分布曲线较高的部分却未有定论。实际上，更低的访问成本可能进一步带来了更多的业余创作者，但同时会失去经验丰富的专业艺术家的关注。这两者平衡的本质及其文化含义仍然是深入研究新技术对文化影响的关键问题。

9.5 结　论

新技术通过降低文化产品的相对价格和提高需求数量影响文化消费。而且，新技术也通过影响文化产品的质量促进文化消费（即通过增加新的需求曲线）。同样，代理人偏好、需求曲线存在与否和形状变化也都受到了新技术的影响。数字技术已经降低了文化消费的成本（在很多情况下趋向于0），同时对文化消费种类的增加大有裨益。技术变革带来清晰的商业模式，并使我们当前的需求曲线下移，接近新的需求曲线。新的数字与媒体技术经过激烈的竞争使得消费者的头脑中和手上拥有了大量的新机会。可以预料的结果是新技术提高了文化生产效率。更为有趣的是新技术，尤其是数字技术已经或多或少地赋予了消费者参与文化生产的显著能力。实际上，这一特征或可成为文化经济学中最为有趣的前沿论题。

参考文献

Anderson, C., 2009. Free: The Future of a Radical Price. Hyperion Books, New York.

Andersson, D. E., Andersson, A. E., 2006. The Economics of Experiences, the Arts and Entertainment. Edward Elgar, Cheltenham.

Arthur, W.B., 2009. The Nature of Technology. Free Press, New York.

Banks, J., Potts, J., 2010. Consumer co-creation in online games. New Media and Society 12, 253–270.

Baumol, W., 2006. The arts in the new economy. In: Ginsburg, V., Throsby, D. (Eds.), Handbook of the Economics of Arts and Culture, vol. 1. North-Holland, Amsterdam, pp. 339–358.

Baumol, W., Bowen, W., 1966. Performing Arts: The Economic Dilemma. Twentieth Century Fund, New York.

Bentley, R., Hahn, M., Shennan, S., 2004. Random drift and culture change. Proceedings of the Royal Academy of Sciences B: Biological Sciences 271, 1443–1450.

Blaug, M. (Ed.), 1976. The Economics of the Arts. Martin Robinson, London.

Blaug, M., 2001. Where are we now on cultural economics? Journal of Economic Surveys 15, 123–143.

Bresnahan, T., Yin, P.L., 2010. Reallocating innovative resources around growth bottlenecks. Industrial and Corporate Change 19, 1589–1627.

Burgess, J., Green, J., 2008. YouTube: Online Video and the Politics of Participatory Culture. Polity Press, London.

Callon, M., 1987. Society in the making: the study of technology as a tool for sociological analysis. In: Bijker, W.E., Hughes, T.P., Pinch, T., Douglas, D.G. (Eds.), The Social Construction of Technological Systems. MIT Press, Cambridge, MA, pp. 83–103.

Castronova, E., 2005. Synthetic Worlds: The Business and Culture of Online Games. University of Chicago Press, Chicago, IL.

Caves, R., 2000. Creative Industries: Contracts between Art and Commerce. Harvard University Press, Cambridge, MA.

Cowen, T., 1996. Why I do not believe in the cost-disease. Journal of Cultural Economics 20, 207–214.

Cowen, T., 1998. In Praise of Commercial Culture. Harvard University Press, Cambridge, MA.

Cowen, T., 2002. Creative Destruction: How Globalization is Changing the World's Cultures. Princeton University Press, Princeton, NJ.

Cowen, T., 2008. Why everything has changed: the recent revolution in cultural economics. Journal of Cultural Economics 32, 261–273.

Cowen, T., Tabarrok, A., 2000. An economic theory of avant-garde and popular art, or high and low culture. Southern Economic Journal 67, 232–253.

DCMS, 1998. Creative Industries Mapping Document. Department of Culture, Media and Sport, London.

Dopfer, K., Potts, J., 2008. The General Theory of Economic Evolution. Routledge, London.

Dutton, D., 2009. The Art Instinct: Beauty, Pleasure and Human Evolution. Oxford University Press, Oxford.

Earl, P.E., 2001. Simon's travel theorem and the demand for live music. Journal of Economic Psychology 22, 335–358.

Earl, P.E., Potts, J., 2004. The market for preferences. Cambridge Journal of Economics 28, 619–633.

Eisenstein, E., 1980. The Printing Press as an Agent of Change. Cambridge University Press, Cambridge.

Felton, M., 1992. On the assumed inelasticity of the performing arts. Journal of Cultural Economics 16, 1–12.

Felton, M., 1994. Evidence of the existence of the cost disease in the performing arts. Journal of Cultural Economics 18, 301–312.

Frey, B., Pommerehne, W., 1989. Muses and Markets: Explorations in the Economics of Arts and Culture. Blackwell, Oxford.

Galbraith, J., 1960. The Liberal Hour. Houghton Mifflin, New York.

Hartley, J. (Ed.), 2005. Creative Industries. Blackwell, Carlton.

Heilbrun, J., Gray, C., 2001. The Economics of Art and Culture. Cambridge University Press, Cambridge.

Hellekson, K., Busse, K., 2006. Fan Fiction and Fan Communities in the Age of the Internet. McFarland, London.

Howkins, J., 2001. The Creative Economy. Penguin, London.

Hutter, M., 2008. Creating artistic from economic value: changing input prices and new art. In: Hutter, M., Throsby, D. (Eds.), Beyond Price: Value in Culture, Economics, and the Arts. Cambridge University Press, Cambridge, pp. 60–74.

Hutter, M., 2010. Experience goods. In: Towse, R. (Ed.), Handbook of Cultural Economics, second ed. Edward Elgar, Cheltenham.

Jenkins, H., 2006. Convergence Culture: Where Old and New Media Collide. New York University Press, New York.

Jones, E., 2006. Cultures Merging: A Historical and Economic Critique of Culture. Princeton University Press, Princeton, NJ.

Karpik, L., 2010. Valuing the Unique: The Economics of Singularities. Princeton University Press, Princeton, NJ.

Leadbeater, C., 2008. We Think: Mass Innovation, Not Mass Production. Profile Books, London.

Leadbeater, C., Miller, T., 2004. The Pro-Am Revolution: How Enthusiasts are Changing Our Economy and Society. Demos, London.

Lipsey, R., Carlaw, K., Bekar, C., 2005. Economic Transformations: General Purpose Technologies and
Long-Term Economic Growth. Oxford University Press, New York.

McCloskey, D., 2006. The Bourgeois Virtues. University of Chicago Press, Chicago, IL.

Mokyr, J., 2001. The Gifts of Athena: The Historical Origins of the Knowledge Economy. Princeton University Press, Princeton, NJ.

Nelson, R., Winter, S., 1982. An Evolutionary Theory of Economic Change. Harvard University Press, Cambridge, MA.

Peterson, R., Kern, R., 1996. Changing highbrow taste: from snob to omnivore. American Sociological Review 61, 900–907.

Pinch, T., Bijker, W., 1984. The social construction of facts and artefacts. Social Studies of Science 14, 399–441.

Pine, B.J., Gilmour, J., 1999. The Experience Economy. Harvard Business School Press, Cambridge, MA.

Pommerehne, W., Kirchgassner, G., 1987. The impact of television on the demand for cinema and theatre performances. In: Grant, N., Hendon, W.S., Lee Owen, V. (Eds.), Economic Efficiency and the Performing Arts. Association for Cultural Economics. Akron, OH, pp. 44–61.

Potts, J., 2011. Creative Industries and Economic Evolution. Edward Elgar, Cheltenham.

Potts, J., MacDonald, T. (2010). Do falling input prices lead to increased variety in cultural supply? Working Paper, . University of Queensland, St. Lucia.

Potts, J., Cunningham, S., Hartley, J., Ormerod, P., 2008. Social network markets: a new definition of creative industries. Journal of Cultural Economics 32, 167–185.

Preston, P., Sparveiro, S., 2009. Creative inputs as the cause of Baumol's cost disease: the example of media services. Media Economics 22, 239–252.

Romer, P., 1990. Endogenous technological change. Journal of Political Economy 98, 71–102.

Schumpeter, J., 1942. Capitalism, Socialism and Democracy. George Allen & Unwin, London.

Schwabach, A., 2011. Fan Fiction and Copyright. Ashgate, London.

Seaman, B., 2006. Empirical studies of demand for the performing arts. In: Ginsburg, V., Throsby, D. (Eds.), Handbook of the Economics of Arts and Culture, vol. 1. North-Holland, Amsterdam, pp. 415–472.

Shirky, C., 2009. Here Comes Everybody: The Power of Organizing Without Organizations. Penguin, New York.

Stark, D., 2009. The Sense of Dissonance: Accounts of Worth in Economic Life. Princeton University Press, Prince-

ton, NJ.
Stigler, G., Becker, G., 1977. De gustibus non est disputandum. American Economic Review 67, 76–90.
Throsby, D., 1994. The production and consumption of the arts. Journal of Economic Literature 32, 1–29.
Throsby, D., 2001. Economics and Culture. Cambridge University Press, Cambridge.
Throsby, D., 2008. The concentric circles model of the cultural industries. Cultural Trends 17, 147–164.
Throsby, D., Withers, G., 1979. Economics of the Performing Arts. Edward Arnold, London.

第10章

视觉艺术品的投资：国际交易中的迹象

Benjamin R. Mandel

Federal Reserve Bank of New York，USA

李季　译

摘　要

本章的研究采用了国际贸易数据来研究艺术的优劣，平均来讲，究竟是更多的投资好，还是更多的消费好。本章以崭新的措施为动力证明了包含视觉艺术作品的服务流程与消费服务非常接近。有一种程式化持续性收入假说的预测：消费需求随着持续性收入的增长而增长，投资需求随着暂时性收入的增长而增长。我们发现艺术品的国际出货量与消费性产品出口目的国的收入水平密切相关，特别是与持续性收入部分变化密切相关。相比之下，很少有迹象表明人们对艺术品的需求与暂时性收入的波动以及串联在一起的其他投资有关系，这意味着投资的动机与艺术品的买卖关联性相当微弱。

关键词

艺术品投资，永久收入假说，视觉艺术，绘画，印刷品，雕塑

JEL Classification Codes

Z11，F14

10.1 引 言

衡量艺术品价值和观察它们与其他投资相关性方面的内容已经受到了广泛的关注，对于艺术品是不是优秀的投资选择这个问题，人们有着活跃的辩论。一些艺术品投资的相关文章从资产定价理论的观点调查了艺术作品是否值得投资。以资本资产定价模型，消费品资本资产定价模型或者是期权定价模型可以预测美术作品、印刷品以及雕像的经济回报。然而，虽然在由经验总结出理论方面有着不同程度的成功，但它也可能仅仅是一种本末倒置的，没有完全掌握买家和艺术作品之间关系的合理化模型。具体来说，究竟该怎样解读一种不是纯粹投资产品的经济回报？

在我们的认识中，有一部分分歧来自于我们所掌握的数据量。过去的一些研究已经仔细地统合了拍卖行的价格总索引，但却很少关注艺术品流动情况以及今后在视觉艺术品方面真正的消费和投资服务。该章对于把重点放在绘画作品、印刷品和雕塑的国际流通量详细数据上存在的缺点进行了初步分析。把艺术提供任何种类的投资服务这种说法作为一种先验的假设，对于艺术品的质量作为一种从该假设中获得的资产来进行评估是我们面临的另一个问题。通常来讲，结构化市场仅仅存在于艺术或者价值的非传统来源证券化，我们在金融市场的发展趋势中可以证明这种说法。视觉艺术消费自然规律可能需要视觉艺术品投资自然规律，对于这一说法一直存在争议。因此，人们可能会考虑在体现消费服务方面艺术品投资成功的因素。所以，究竟为什么艺术品是一种如此引人注目的消费品？

首先，我们对于艺术品价值动态的认识最近有了很大的提升，不得不承认是由于经验性文章作出的贡献。有一种或多或少可以说是比较典型的说法，某种关系开始于对有关拍卖或者收集目录中艺术品价格新数据集的演说，选用了近似于指数评估的技术（重复销售或者快乐论），然后报告艺术回报情况以及它们与其他资产的协方差。Ashenfelter 和 Graddy（2003）、Ginsburgh 等人（2006）以及 Sago-Duvauroux（2011）提供了文学艺术价格的信息调查。主要的发现在于：艺术回报平均来看的下降趋势，普遍表现不佳的无风险债券，相比一些证券来说都是非常不稳定的；某些数据低于稀有杰作的平均值，某些数据又与证券回报相关，而且它们都是跨越艺术家、类型、时期的异构。采取相似方法的实证观察从绘画方面向外辐射到相关媒体以及收集品，比如印刷品（Pesando，1993； Pesando and Shum，1999，2008），雕塑（Locatelli-Biey and Zanola，2002），邮票（Dimson and Spaenjers，2011），甚至是小提琴（Graddy and Margolis，2007）。因此，很多有趣的艺术品和收藏品的价格动态以及关于它们不平凡回报的激励理论已经被提及。

有了这些优秀艺术品价格的描述，产生了一种随之而来的关于艺术品供应是不是一种好的能够取代传统经济工具的投资的争论。Baumol （1986） 提出了一种有趣的理论：良好的艺术品的价值是不固定以及不可测的，研究的深入和发展催生出了一系列用经济理论阐释艺术投资的论文，主要是阐释投资于一项看上去差于其他众多资产的资产为什么合理（良好的艺术往往有低于平均水平的回报，较高的方差和正的贝塔系数）。一些学者开始关注介质、运动和价格水平（Renneboog and Spaenjers，2013）产生的异构，而另一些则认为，不过多地受其他资产变动的影响，使得艺术品投资变成了分散投资的良好渠道（Pownall，2007）。

另一种普遍的解释是：艺术品体现消费服务，以它们的经济回报来定价。换句话说，由于公用事业和精神上的收益，持有者对持有和享用一件艺术品带来的经济回报并不十分看重。Throsby（1994）、Velthuis（2005）、Mandel（2009）、Baumol 和 Throsby （2012）

已经探索了优秀艺术品在精神代价方面的一些理论想法。然而，在艺术品消费和艺术品投资的双重性质上，人们关于艺术品投资与消费双重特性的经验性看法已经被一个事实所掩盖：艺术本身不能自我观察。甚至连真正的艺术品流通、消费与投资也是难以估量的。价值与以上丰富文献中提到的内容形成鲜明对比的是，关于艺术品流通量仅仅有一小部分珍贵的信息是可用的，比如艺术品市场的地理位置，买家的个人信息。本研究的目标是改善分析真正国际视觉艺术流通情况带来的限制，以及推断在艺术品交易中消费与投机的动机。

10.2 国际艺术品销售的可测试性含义

进口国以及时间的推移带来的艺术品交易中的变异为我们提供了关键信息，其中包括测量得来的美国出口绘画作品，印刷品以及雕塑的贸易额数据。下文概述了本章的剩余内容。

10.3 部分以一种先驱者的身份描述了国际艺术品贸易的各种特征：美国出口的优质艺术品的买家是谁？他们有怎样的特征？通过实证检验，遵循其中的两个特征辨别国际艺术品流向是更类似于消费品还是投资。

10.4 部分检验了何种商品与艺术品贸易流同时从出口国进口。在任何时期，很多不同种类的艺术附加产品随着美国进口艺术品被出售，包括食品、饲料、饮料、工业用品、资本商品、汽车相关产品以及消费品。艺术品流通与其他类别的商品之间的联系暗示着在任何需求下艺术对于消费或投资来讲都是符合条件的。作为消费流的代表，我运用的是一套消费品。而作为投资流的代表，我运用的是一套资本品产品。因为在个人或公司的真正投资中它们都是以持久为特点的产品。综合来讲，考虑到这些重要需求，需要一个公式，k 表示国家，给定类型的进口产品设定为 s，Y 作为国民收入的参数，EX 代表双边汇率，具体的公式如下：

$$\Delta \ln M_{kst} = \alpha_0 + \alpha_{1s} \Delta \ln Y_{kt} + \alpha_{2s} \Delta \ln EX_{kt} + \varepsilon_{kst} \quad (10\text{-}1)$$

由于进口被收入相似性 α_{1s} 和相对价格弹性 α_{2s} 所约束，因变量不具有相关行业性的联系（即收入和交易变化率对于每个给定国家的行业都相同）。因此，对于艺术和消费品的充分条件流向是正相关的，由（$\Delta\ln M_{kt,art}$，$\Delta\ln M_{kt,consumer}$）$>0$，得到：$\alpha_{1,art}=\alpha_{1,consumer}$ 并且 $\alpha_{2,art}=\alpha_{2,consumer}$。

真正的投资流向比如资本商品的投资流向可能确实与经济投资流向不同。于是，对于需要更强的与真正经济投资流向相关联的经济投资需求来说，大盘声称艺术品交易对于其不是敏感的。最后，没有经过验证但可以通过真正资本品投资作为证据的一点是，艺术交易是否与其他以跨期投资为特点的商品发生串联。如果对结果做一个预测的话，我们发现正常的艺术品流向相比资本产品来说，与普通货物的联系更大，并且大部分情况与其他类型商品也没有系统的联系。这是我们观察到的第一个迹象：平均来看，在良好的艺术品交易中，消费动机引领了投资动机。

在本书 10.5 部分中，第二种研究艺术品投资中艺术消费的方法特别验证了何种程度的国际艺术流向与目的地的国家收入有关。根据 Milton Friedman 的永久收入假说（PIH）程序化预测的国民收入，可以更加精确地识别消费和投资，而且不用依赖于投资的特定经验定义。这个想法是对于消费和投资流向，PIH 有着非常不同的启示，它取决于创新性收入是永久的还是暂时的——暂时的冲击大部分会被储蓄抚平，而永久的变动会在整体中被消耗。这个看法结合了经济战略来解决真正 GDP 中永久性和暂时性创新在艺术交易中对消费或者储蓄哪一种反应更强烈。

表 10-1 提供了一组关键性 PIH 预测，列（1）表示艺术品作为一种消费品的交易情况和进口国收入水平之

间的联系；真正的艺术需求与永久性的创新性收入是正相关的，而与暂时性收入没有联系，如果我们考虑了总进口中艺术品所占情况的话，预测将变得更加精确，正如列（2）中显示的一样；常规的商品在总消费中所占的份额应该与永久性收入创新无关，而一种高端的消费品所占的份额却会与其有着积极的联系，类似的一些预测认为如果艺术是一种投资（见列（3）和（4））；均匀消费投资的需求将与短暂收入波动相关联而不是永久性的收入波动。从长远来看，如果买家在投资组合中能够适应，艺术品在进口总量中所占的份额会随着暂时性收入波动而改变。

表 10-1　　PIH 预测

		艺术品消费	艺术品消费占总体消费的比例	艺术品投资	艺术品投资占总体投资的比例
		（1）	（2）	（3）	（4）
普通消费品	长期 GDP 变化	+	0	0	0
超级消费品		+	+	0	0
在投资组合中的不变权数	短期 GDP 变化	0	0	+	0
在投资组合中的变动权数		0	0	+	+/-

这些预测通过两种不同的方式来经验性地实施。在本书 10.5.1 部分中，那些不能观测到的部分，通过研究独立的短暂性以及永久性国民收入创新，使得这些部分与艺术品进口之间的关系变得可以被测量。举例来说，我们可以测试在英国永久性收入还是暂时性收入与英国绘画作品的进口情况哪个关联更大，如果实际进口的增长取决于实际 GDP 增长，那么就意味着人们像需要储藏价值物一样需要艺术品。如果艺术品的实际增长取决于永久性 GDP 的增长，那么我们就可以说人们需要艺术品是因为其流动中产生的消费服务。

本书 10.5.2 部分使用了一种可替换的测试方案，来观察永久性以及持续性收入创新。在一篇对真实经济周期（RBC）有着突出贡献的文章中，Gali（1999）将综合生产能力以及小时数据根据在结构向量自然回归中技术或非技术因素的推动分解成部分单位。通过一种类似的鉴定假设，我们在本章中推测艺术品进口与国家部分生产力之间的联系是由于技术（例如永久性国民收入中的创新）。根据 PIH 的逻辑，实际艺术品出口和永久性收入创新之间的正相关可以推测出艺术品是被作为一种消费品对待的。最近一次测试的观察结果没有产生精确而又具有代表性的暂时性收入变化，在某种程度上没有本书 10.5.1 部分中的结果那么鲜明。尽管有这样的限制，我们还是应该看到所有 PIH 测试的结果都支持在艺术品贸易中消费品扮演了重要的角色。

10.3　实际绘画、印刷品和雕塑作品的出口

认清美国国际视觉艺术贸易数据是我们探索国际

艺术流行趋势的开始，美国人口统计局编译了海关提供的每月进出口情况，其中，个人或组织（包括国家出口，货运代理，航空公司）出口到其他国家的物品平均价值超过了2 500美元。已知的出口包括狭义范围内为贸易伙伴提供的船边交货（FAS）的月交易额，反过来说，约15 000种相似商品被按照美国贸易协会（ITC）定义的十位数系统商品目录（HS10）整合在一起。

为了研究目标，我们把焦点放在3种（HS10）目录上，分别是绘画、印刷品以及雕塑作品。绘画类作品的编码为9701.10.0000（即油画、素描、蜡笔画以及除了代码标示为4906的物品）属于更宽泛的两位数97类目（即艺术品、收藏家的收藏品以及古董）以及四位数目录9701（即油画、素描、蜡笔画、手工艺术品、拼贴画和类似的装饰品）中的一部分。印刷品9702.00.0000和雕塑品9703.00.0000编码的描述分别为："原本版画、印刷品、石印、有外框或者无外框"以及"雕塑原件、任何材质的雕塑"。这些特定的描述明确验证了编码对优良艺术品的描述，但是我们还是要根据某些细节来关注何种代码没有被囊括在其中。首先是绘画，仅有的其他10位数在9701的十位数代码，9701.90.0000是一个在别处没被提到过的包罗万象的物品列表。这表示在970条目下的拼贴画以及拼贴装饰并没有被编入绘画列表中。更进一步来说，绘画列表与4906编号的个人效果图类有着明确的区别。举个例子，建筑蓝图、手绘地图和卡通广告将不会被归类为油画、素描以及蜡笔画。观察其他的HS10列表可以发现，绘画作品也派生出了其他绘画材料的美术作品，比如纺织壁挂和民俗产品。相似的，印刷品以及雕塑也不包括版画、照片、塑像和装饰品这一组艺术品，某种程度上甚至不包括那些著名艺术家的原创艺术品。

另一种影响贸易数据中绘画作品质量的因素是运输艺术品到海外产生的费用（船运或其他）。这种消费会导致交易的低值，使得艺术品本身价值低于交易价值，这种倾斜选择的趋势导致了国际交易数据不能有一个更高的值。总结起来就是，人们感兴趣的交易列表里包括高价值艺术品需要一种好的运输方式这一因素。

有了关于优秀艺术品的定义，表10-2提供了一组2009年双边出口数据的"快照"，在这一年中，美国出口的价值合计约60亿美元的艺术品中有超过80%都是美术作品。每个种类的商品交易在地理位置上都呈现出非常集中的趋势，前十名出口目的国所产生的绘画和雕塑贸易值占了全部出口值的90%以上。而且在不同国家之间也有着很大程度的偏斜倾向，贸易前三名的国家（瑞士、英国和法国）占了全部绘画出口的75%。这种模式大约已经稳定地持续了21年，绘画方面有着5.8%的增长，印刷品为6.4%，以及9.5%的在雕塑品方面的增长体现了这前三名国家的整体平均水平。进一步来说，我们可以看到艺术品需求与国家收入水平增长相关联的证据：一方面，进口增长最快的国家韩国，也有着最快的经济增长速度，而另一方面，日本艺术品进口的明显下降也反映着日本从20世纪80年代末期开始的相关收入的下降。从长远来看，这些趋势显示着进口国整体状况与在艺术商品上的状况有着毋庸置疑的关联。

表10-3列出了美国在进口绘画、印刷品以及雕塑方面相同的情况。我们再一次看到了相关数据在前十名国家以及前四名国家的数据密度。然而对比出口来说，我们并没有发现外国经济出口的增长比例与整体输出比例有着很强的联系。举例来说，当日本出口雕塑品增长率明显高于平均水平时，出口最多的国家比如意大利和西班牙，这段时期内没有出现明显的GDP增长。我们同样没有观察到增长比率与产品之间的明显联系，结合起来看，美国的进出口状况显示，进口国的GDP水平相比出口国的GDP水平在艺术贸易流中扮演着更重要的角色。

表10-2　　美国视觉艺术品出口，1989—2009年（纸面数据，金额单位：百万美元）

	绘画（9701.10.0000）		印刷品（9702.00.0000）		雕塑（9703.00.0000）	
	2009年值	1989—2009年CAGR（%）	2009年值	1989—2009年CAGR（%）	2009年值	1989—2009年CAGR（%）
1.瑞士	1 591	3.7	18	10.5	230	9.7
2.英国	1 325	6.7	22	4.0	252	10.0
3.法国	572	5.9	8	3.2	73	5.8
4.德国	217	4.3	14	7.0	47	7.1
5.比利时	152	11.9	3	17.8	55	14.3
6.荷兰	126	8.5	1	4.1	20	14.6
7.韩国	125	23.3	2	25.1	18	14.5
8.日本	106	-9.9	4	-14.2	7	-10.3
9.加拿大	59	2.3	18	6.0	36	4.0
10.意大利	72	9.3	3	13.5	23	7.2
前十名	4 345	5.7	94	6.4	760	9.3
全部国家总和	4 640	5.8	113	6.8	826	9.5

注：表中显示的是美国艺术品名义上的出口量以及国家和HS类型每年增长比率。CAGR，每年复合增长比率。

资料来源：USITC，以及作者本人计算。

表10-3　　美国视觉艺术品进口，1989—2009年（纸面数据，金额单位：百万美元）

	绘画（9701.10.0000）		印刷品（9702.00.0000）		雕塑（9703.00.0000）	
	2009年值	1989—2009年CAGR（%）	2009年值	1989—2009年CAGR（%）	2009年值	1989—2009年CAGR（%）
1.法国	835	6.2	15	1.6	118	8.3
2.英国	645	3.4	18	2.2	125	6.9
3.意大利	351	13.9	2	9.9	85	8.4
4.德国	297	7.1	17	7.3	59	5.5
5.荷兰	217	11.9	3	10.3	5	5.8
6.瑞士	159	-4.5	3	0.4	53	2.7
7.西班牙	181	15.0	2	5.0	27	10.2
8.澳大利亚	85	16.0	1	9.9	5	5.1
9.日本	46	1.7	4	-5.1	13	7.2
10.比利时	5	8.3	1	11.8	4	1.6

注：表中显示的是美国艺术品名义上的进口量以及国家和HS类型每年增长比率。CAGR，每年复合增长比率。

资料来源：USITC，以及作者本人计算。

随着艺术品交易量按照明目条款被测量，表10-2和表10-3中估计了综合数量和价格两方面的增长情况，为了正确测量绘画、印刷品和雕塑中的实际服务情况，应该采取扣除通货膨胀缩减指数的方式，我们可以从过去的很多经验性的关于艺术品文献的资源中搜集艺术品价格的相关信息，并且将从国际交易数据中提供一种新的艺术品价格资料。Renneboog和Spaenjers（2013）估计了两种绘画作品中相关的快乐指数，图10-1显示了这两种指数的变化情况，观察绘画作品价值阻碍了很多艺术方面大众乐趣的投资。从2001年起，这种现象在油画方面出现了显著上升趋势，重新达到了20世纪80年代末期的高度。

Renneboog和Spaenjers运用了大量拍卖数据和快乐论来提出他们的指数，正因为这样，即使收藏品的范围特别广泛，我们也可以从那些艺术品价格和时期可能不是很精确的资料中获得额外的艺术品价格信息。这些资料包括政府统计部门在国际交易中搜集的价格数据。举例来说，美国劳动统计局（BLS）和国际价格组织（IPP）调查了一份美国进出口公司的样本，以此来创建交易商品的相关价格指数。有了国际艺术市场的形势以及卖家的地理分布情况，我们应该可以预料，当货物通过像美国这样的常见国家时，它们将会提供一份多多少少可以说是典型的当前交易样本。当我们从IPP观察美国进口产品：钱币、宝石、首饰和一系列收藏品（商品后三位编码为413）的价格时，我们确实可以发现，绘画类的近期市场动态受到一项更宽泛的收藏品指数控制。显然，绘画类商品价格与那些收藏品价格十分相似，很多都是我们不曾认为是投资项目的商品类别。在接下来的分析中，我们通过扣除这些指数来缩小艺术品交易的数据量，从而得到实际艺术品出口的相关测量结果。

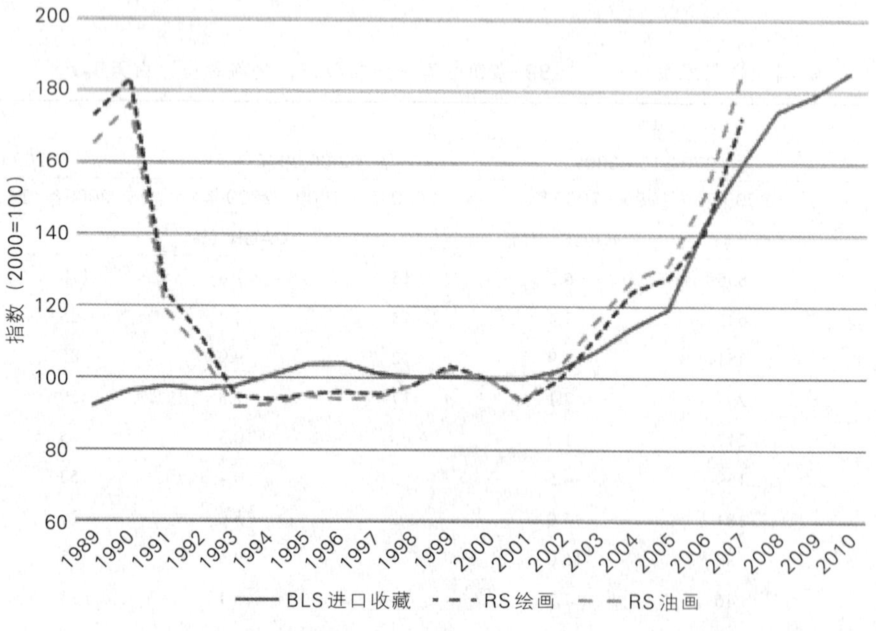

图10-1 绘画和收藏品价格

资料来源：美国BLS，Renneboog and Spaenjers（2013）。

10.4 出口艺术品、消费品以及资本品之间的联系

优秀艺术品的出口究竟像一种消费还是一种投资？运用美国经济分析委员会（BEA）的宽泛的行业类别的定义以及测量在何种程度这些行业中艺术交易适用于双边出口是一个明智的经验主义起点。艺术品出口与消费品和资本品出口之间的联系尤为重要，前者是消费需求的代表，或者更接近于一种投资需求。消费品目录确实包含了很多可以被认为是最终可以当成消费品比如房屋、娱乐设备、家庭娱乐设施、钱币、宝石以及首饰等子目录。而资本品囊括的物品更多地被认为与商业投资有着典型的联系，比如发电设备、工业和农业机器、电脑、商业机器、工艺品和其他一些容器。

图10-2显示了美国出口绘画作品和其他4大类商品相比的指数。利用图10-1的RS优化价格指数去缩小，通过BLS收藏品指数的增长比例伸展至2010年第一季度，每一种主要商品类别都被其本身对应的BLS所创立的出口价格指数所约束，除了在20世纪80年代末期的实际绘画作品出口商发生的大规模下降外，到20世纪90年代，所有的绘画商品类别都呈现出一种相对稳定的增长状态。而后，这些作品的发展趋势在2000年左右出现了戏剧性的分歧，汽车和资本品的出口状况在食品、饲料、饮料以及工业支持品适当增长的情况下，产生了良好的上升趋势。21世纪初，绘画作品经历了另一个大规模的出口收缩，紧接着消费品的出口有了良好的上升趋势。2008年出现了经济大萧条，所有类型的商品都出现了暴跌，然而除了绘画作品，2010年初，其他种类的商品出口都有了复苏迹象。有趣的是，在美国经济衰退时期，绘画作品出口与消费品出口的情况很大程度上是相反的，这更加说明了两者之间的关联。

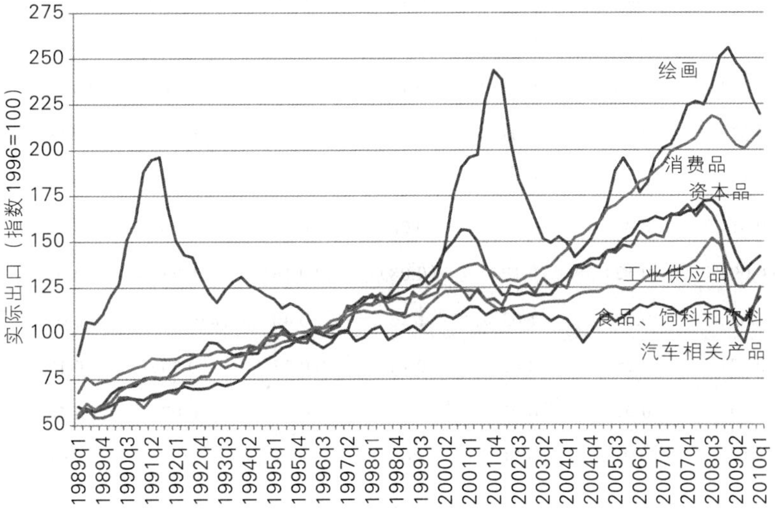

图10-2 美国实际绘画作品出口与其他部门的关系

资料来源：美国BEA和美国ITC出版的美国出口数据集，来源于美国劳动统计局价格系列的缩减指数。

我们来继续量化这些与目的国有关的联系，下面是全球冲击和季节影响的下降模式的最小二乘回归：

$$\ln M_{jkt} = \alpha_0 + \sum_s \alpha_s \ln M_{skt} + \sum_z \alpha_z z + \varepsilon_{jkt} \tag{10-2}$$

其中，M_{jkt}代表美国HS10艺术产品j的出口流，t年出口到国家k。在这个模式中，向量zs包括了时期和目标国两种虚拟变量，分别控制全球状况等级和目的国的特征。为了消除季节带来的影响，我们落实年度数据范围回归，从2002年至2009年。表10-4显示了我们估计一系列绘画，印刷品以及雕塑出口的α结果。每类产品的前两列分别显示了结合年份以及目的国的影响。另外，为了减轻这些产品的不固定性以及因此产生的连带的正相关性，我们重新作出另一种假设，假设这些产品都是差分平稳的，在此条件下重新演算第一差分中的假设。每种商品的第三列就是其在第一差分的结果中的回归。

表10-4表明，艺术品流向与其他类别的产品并没有系统性的联系，仅仅与消费品有关，艺术出口与大多数产品和规范的消费品存在着明显的正相关关系，其弹性范围是0.5～2，这样的弹性表明，当出口到目的国的消费品每增长10%，艺术品出口随之增长5%～20%。另一方面，资本品在此条件下只有一种非零统计学弹性（雕塑出口相关），而且是负相关。工业支持品、食品、饲料、饮料以及汽车产品，统计来说只有零星的弹性关系，而且正负相关同时存在。

表10-4　美国艺术品出口与其他类别产品集合的关系（纸面数据）

因变量-名义上美国双边出口：

	绘画			印刷品			雕塑		
	(1)	(2)	(3)	(4)	(5)	(6)	(7)	(8)	(9)
食品、饲料、饮料	−0.30**	0.20	−0.08	−0.12	0.79**	1.52***	−0.02	0.52	−0.03
	(0.12)	(0.24)	(0.31)	(0.10)	(0.31)	(0.41)	(0.12)	(0.29)	(0.37)
工业支持品	−0.14	0.48**	0.26	−0.53***	0.55	−0.08	−0.69***	0.21	1.11**
	(0.19)	(0.20)	(0.36)	(0.17)	(0.30)	(0.46)	(0.20)	(0.26)	(0.44)
资本品	−0.37	0.34	0.08	−0.22	−0.04	−0.19	−0.58***	0.41	0.08
	(0.19)	(0.26)	(0.38)	(0.16)	(0.36)	(0.53)	(0.19)	(0.32)	(0.46)
汽车产品	−0.01	0.06	0.09	0.20**	−0.17	−0.24	0.00	−0.26	−0.54**
	(0.09)	(0.12)	(0.17)	(0.08)	(0.16)	(0.23)	(0.09)	(0.15)	(0.21)
消费品	1.65***	0.57**	1.02**	1.56***	0.40	0.76	2.05***	1.01***	1.76
	(0.17)	(0.25)	(0.42)	(0.14)	(0.35)	(0.55)	(0.17)	(0.31)	(0.49)
R^2	0.59	0.91	0.05	0.60	0.81	0.07	0.56	0.86	0.10
样本	319	319	279	306	306	260	308	308	260
年度综合影响	yes	no	no	yes	no	no	yes	no	no
进口者综合影响	no	yes	no	no	yes	no	no	yes	no
首要区别	no	no	yes	no	no	yes	no	no	yes

注：每列显示回归的累积美国出口业2002—2009年的年度双边美国艺术品的出口记录。消费品出口是绘画、印刷品、雕塑的销售网络。标准误差将显示在括号中。特别在* 10％、**5％、*** 1％的水平。

表10-4中的国际贸易数据是名义上的流向，因此包含了价格和数量的改变在其中；艺术品和消费品的通货膨胀会对结果造成影响。而在表10-5中，下面同样是一种经验性的应用，多种价格模式缩小了艺术贸易数据量，从而得到其测量结果。这些都是衡量消费和投资的恰当单位。有了这些艺术品价格信息，我们就可以通过相应的指数简化每一类物品，并且评估艺术品出口与主要出口物品种类之间的关系；理想情况下，可以精确到每个目的国的贸易流向；然而，这种程度的价格指数是无法得到的。不过可以通过集体物品类别缩减指数的缩减来消除目的国平均物价水平带来的影响。尽管实际上，表10-5显示出与表10-4类似的估计结果，再一次证实了艺术品出口与消费品有着明显的关联，而与其他种类物品的出口没有系统性的联系。

表10-5　　美国艺术品出口与其他类别产品集合的关系（实际数据）

因变量-实际上美国双边出口：

	绘画			印刷品			雕塑		
	(1)	(2)	(3)	(4)	(5)	(6)	(7)	(8)	(9)
食品、饲料、饮料	−0.30**	0.15	−0.14	−0.12	0.35	−1.63***	−0.02	−0.05	−0.48
	(0.12)	(0.26)	(0.33)	(0.10)	(0.35)	(0.44)	(0.12)	(0.33)	(0.41)
工业支持品	−0.14	0.31	0.35	−0.53***	0.28	0.37	−0.69***	0.14	1.04**
	(0.19)	(0.24)	(0.41)	(0.17)	(0.36)	(0.54)	(0.20)	(0.32)	(0.53)
资本品	−0.37	0.50**	0.09	−0.22	−0.25	−0.15	−0.58***	0.55	0.29
	(0.19)	(0.25)	(0.38)	(0.16)	(0.35)	(0.52)	(0.19)	(0.32)	(0.47)
汽车产品	−0.01	0.01	0.06	0.20**	−0.24	−0.20	0.00	−0.32**	−0.46**
	(0.09)	(0.12)	(0.17)	(0.08)	(0.17)	(0.22)	(0.09)	(0.15)	(0.21)
消费品	1.65***	0.75**	0.99**	1.56***	0.87**	0.79	2.05***	1.25***	1.69***
	(0.17)	(0.23)	(0.42)	(0.14)	(0.33)	(0.56)	(0.17)	(0.29)	(0.51)
R^2	0.59	0.91	0.05	0.60	0.81	0.06	0.56	0.86	0.09
样本	319	319	279	306	306	260	308	308	260
年度综合影响	yes	no	no	yes	no	no	yes	no	no
进口者综合影响	no	yes	no	no	yes	no	no	yes	no
首要区别	no	no	yes	no	no	yes	no	no	yes

注：每列显示回归的累积美国出口业2002—2009年的年度双边美国艺术品的出口记录。消费品出口是绘画、印刷、雕塑的销售网络。标准误差将显示在括号中。特别在*10％、**5％、***1％的水平。

尽管这些结果都支持艺术品需求的消费服务多于投资服务这个理论。然而重点在于，用资本品来测量投资需求可能并不是完全恰当的，因为它代表的是实际投资需求而不是经济投资需求。另外，各公司对于资本品的需求可能受到很多因素的影响，比如其他种类的输入产品，甚至是资本市场本身特性的影响。理想情况下，得到的数据是一个纯粹的储存需求。下面的章节将运用PIH的理论完善这些论点。

10.5 艺术贸易和持续性收入

在这一部分，基于Milton Friedman（1957）的PIH理论，作者开发了一个富有经验性的测试来继续探索基础问题：究竟消费和投资服务哪一个更需要艺术。这个PIH理论根据财富冲击的永久性或者暂时性提供了一个程式化的行为预测，经济媒介会消耗所有的持续性经济冲击，储存大部分暂时性冲击。通过这种现象，研究美国实际艺术品与永久性或暂时性海外收入变化之间的联系。对于外国艺术品买家的根本动机，它是有方向性的。在接下来的小节中，作者提议将外国GDP变化分成永久性和暂时性两部分，然后我们就可以看到这两个部分在国际艺术交易中有何种程度的变化了。

10.5.1 状态空间模型中的PIH预测

首先，我们PIH预测的试验仍然需要测量永久性和暂时性收入变革的数据。在Clark（1987）的引导下我们经验性地把实际GDP分成两部分，并且适用于不可观测计量经济学模式，这种模式的想法是指定一个测量方程，来描述可观测数据与不可观测变量之间的关系，还有用来描述状态变量的动态，这种分析在任意时间t，用Kalman过滤法以及克制的信息来评估不可观测的状态变量，这种评估技术的一个常规应用是将GDP记录分成随机趋势部分以及周期性部分。下面是Kim和Nelson（1990）对Clark（1987）的一个阐述，我们列出下面的不可观测部分模型：

$$y_t = n_t + x_t$$

$$n_t = g_{t-1} + n_{t-1} + v_t,\ v_t \sim (0, \sigma_v^2)$$

$$g_t = g_{t-1} + w_t,\ w_t \sim IIDN(0, \sigma_w^2)$$

$$x_t = \theta_1 x_{t-1} + \theta_2 x_{t-2} + e_t, e_t \sim IIDN(0, \sigma_e^2) \qquad (10\text{-}3)$$

其中，y是给定国家实际GDP的记录，x是静止循环的部分，n是随机趋势（即永久性）部分（IID=独立相等分布）浮动期限g，用来模仿随机游走。这个方程组和状态空间代表用来估计每个国家动态循环恢复情况（θ）以及每种革新的方差（σ）。有了这些估测，我们可以为每个国家的x和n建立级数。图10-3显示了英国这种分解的结果，用来作为说明，我们可以看到从1993年开始，持续性部分稳定增长，而且20世纪90年代增长速度要快于21世纪初。循环部分从结构上来说，基本上是静止的。这一连续中有4个与之前提到的最近2008年9月出现的金融危机有关的峰值。艺术品流向的变化与实质GDP变化被估测出来用于执行PIH测试。我们运用下面的最小二乘法回归来执行这些预测：

$$\triangle \ln\left[\frac{M_{jkt}}{P_t}\right] = \alpha_0 + \alpha_1 \triangle \ln RGDP_{kt}^i + \varepsilon_{jkt} \qquad (10\text{-}4)$$

其中，M表示美国出口产品j（绘画作品、印刷品以及雕塑）的名义上的流量，R代表目的国，t代表时间，P_t是艺术品价格缩减指数。进口国的实际GDP有三种变化，分别是：总体性、暂时性、持续性。如上所述，绘画、印刷品、雕塑这三种HS10位数产品的实际进口被按照季节频率来测量，名义上的进口品通过BLS的进口价格指数计算，用于表10-1中三位数代码为413的产品：钱币、宝石、珠宝和收藏品，表10-1中右侧是从Haver网上（www.haver.com）得到的季节性调整后的并且按照上述方式分解成持续性和暂时性两部分的实际GDP数据。在下面的详细叙述中，我们将用另一种来自美国国际资本财务部（TIC）系统的国际投资需求测量方式，在TIC每月归档美国长期证券中的各种交易，我们将会看到“美国全体居民对外出售”股票以及长期国库券，作为衡量外国投资需求的指标。表10-6

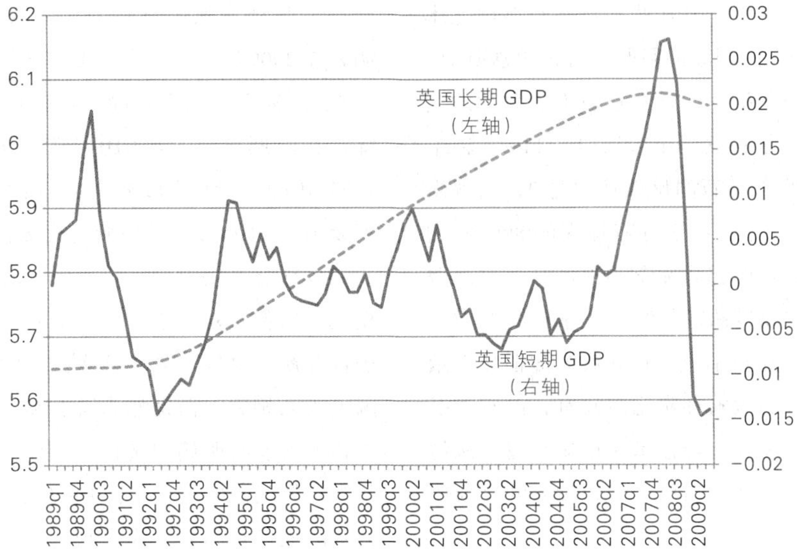

图10-3　英国GDP短期和长期部分

资料来源：由作者本人计算得到。

显示α_1的底线。左边部分（（1）—（4）列）包括了大于5 000美元的双边季度性流量，一共有超过6 000份的观察记录，在列（1）中，每1%国民实际GDP的增长可以带来同期34%的艺术品出口，特别是在5%左右的数据。上面的这种弹性暗示，艺术品支出在国民收入中占有的比例随着时间变化，证明了艺术是一种更高级的消费品或者是正在变成更加吸引人的投资项目这两者中的一个。将这个系数分解成暂时性和永久性两部分来看，如（2）—（4）列，我们看到暂时性收入变化的部分与艺术进口方面的联系微弱，而持续性的部分在艺术交易中有着很强的联系：每1%增幅的持续性收入增长对应24%的艺术品交易增长，正如PIH预测的，艺术是一种消费品而不是投资品，永久性收入创新能刺激艺术品交易而暂时性的变动不能。

表10-6　　　　实际艺术品出口对于海外GDP的短期和长期变动的弹性

	名义值大于>5 000美元				名义值大于>1 000 000美元			
	（1）	（2）	（3）	（4）	（5）	（6）	（7）	（8）
△实际GDP	3.382**				10.906***			
	（1.483）				（2.335）			
△短期GDP		0.011		0.012		−0.011		−0.001
		（0.018）		（0.018）		（0.020）		（0.025）
△长期GDP			24.131***	22.555***			89.892***	134.225***
			（8.350）	（11.166）			（16.771）	（21.510）
样本	6 324	2 545	3 394	2 545	2 606	1 195	1 502	1 195

注：因变量是油画、版画和雕塑的实际双边美国的出口值。标准误差显示在括号中。特别是在5％（**）和1％（***）的水平。

在右边的部分，仅仅针对那些在某一季度中艺术品出口超过100万美元的国家的回归进行了再次计算。可以非常明显地看出所推测的数据被放大。总体的艺术进口对于GDP的反馈在这一组数据中是11%，艺术品交易对于暂时性收入创新的反馈依旧是0，而就永久性收入变动而言，交易弹性有着惊人的89%的增长，然而，那不仅仅表明艺术品交易活动是一种消费品。另外在季度性交易等级比较高的国家格外注重收入与艺术品需求之间的联系。这种观察会被很多因素引导，消费等级较高的国家通常比较富有，占有着很大比例的艺术品消费者并且与艺术品市场有着更深的联系，这些因素都可能使进口流量对于收入的反馈变得过于敏感。

表10-7和表10-8探索了这样一个假设：艺术需求变化与收入可能和其他消费品以及投资品有关，回顾来看，这些联系的情报来源于某一种特定的消费品或者投资媒介，在表10-7中，因变量是美国艺术出口中季节性的变化，在HS10模式下，美国在特定时期内出口到每个国家的量将其再一次标准化。举例来说明，在2009年的第一个季度，德国从美国进口了价值约5.3亿美元的绘画作品，相比前些年有着39%的下降。在同期德国实际GDP下降了6%，然而艺术交易在总GDP中下降了17%，换句话说，额外对影响整体贸易流量的因素加以控制是必要的。在这个例子中，我们发现艺术需求对于收入的敏感程度要高于一对一模式，即使是对总进口量采取其他消费品的计量方式进行控制。这样一来，艺术消费的增长就不仅仅是与国民收入相关，而是作为所有商品中的一部分一同增长，即使没有明确的统计学特征，这一模式也有相关数据作为理论依据。在表10-7的左边部分，我们发现艺术品进口行为非常像一种超然的消费品——艺术品相关消费与收入有关，特别是长期收入增长。而在右边部分，观察大型进口商，更精确地估计出艺术品出口对于永久性消费的弹性指数为63。这说明大多数艺术品消费是与收入创新有关的，随着收入创新的到来，艺术品交易一同增长。

表10-7　　实际艺术品出口对于海外GDP的短期和长期变动所占的比例

	名义值大于>5 000美元				名义值大于>1 000 000美元			
	（1）	（2）	（3）	（4）	（5）	（6）	（7）	（8）
△实际GDP	1.249				9.48***			
	（1.542）				（2.394）			
△短期GDP		0.008		0.012		−0.012		−0.004
		（0.018）		（0.017）		（0.620）		（0.020）
△长期GDP			16.173	19.098			62.73***	109.678***
样本	5 896	2 265	2 999	2 265	2 484	1 109	1 385	1 109

注：变量是油画、版画和雕塑的实际双边美国的出口值所占的比例。标准误差显示在括号中。特别是在5%（**）和1%（***）的水平。

表10-8 实际艺术品出口对于海外GDP的短期和长期变动所占的比例，增加了对外国资产购买的控制

	名义值大于>5 000美元				名义值大于>1 000 000美元			
	(1)	(2)	(3)	(4)	(5)	(6)	(7)	(8)
△实际GDP	2.424				9.211***			
	(2.164)				(2.430)			
△短期GDP		0.009		0.011		0.004		0.012
		(0.016)		(0.017)		(0.014)		(0.016)
△长期GDP			10.805	15.629			81.43***	88.939***
			(16.371)	(17.175)			(21.096)	(22.346)
△股票购买	0.004	0.113	0.054	0.108	-0.13	0.023	-0.104	-0.004
	(0.067)	(0.099)	(0.090)	(0.100)	(0.080)	(0.105)	(0.095)	(0.100)
△长期国库券	0.078	0.197**	0.145**	0.192**	-0.047	-0.026	-0.013	-0.064
	(0.055)	(0.077)	(0.069)	(0.077)	(0.063)	(0.087)	(0.076)	(0.085)
样本	2 806	1 327	1 668	1 327	1 951	982	1 216	982

注：因变量是油画、版画和雕塑的实际双边美国的出口值。标准误差在括号中显示。特别在5%（**）和1%（***）水平。

表10-8列出了通过TIC得到的美国股票和长期国库券数据，运用此数据得到了投资流向方面的相似结果。其中因变量是实际产品等级的艺术品出口（与表10-6类似）中的季节性变化，但我们现在在右侧另外加入了一种对美国证券中的双边海外贸易的季节性变化的控制手段。TIC变量上的系数可以让我们知道艺术品流量与投资流量是否有关。例如是否德国对于美国股票的交易增长和减少与艺术品交易相关。我们发现表面的投资品流量与艺术品流量之间仅仅有一点微弱的关系。美国国库券海外交易每增长1%，艺术品只相应增长0.14%，特别是在5%左右的时候，因而艺术品流向与美国股票的海外交易无关。

最后，我们用国际双边投资数据集来检验PIH预测的产品交易究竟属于投资还是消费品。表10-9显示了表格的回归结果：

表10-9 名义资产和总贸易流向对于海外GDP临时和永久变动的弹性

	△购买美国股票的外国人			△购买美国国库券的外国人			△外国人在美国的出口交易		
	(1)	(2)	(3)	(4)	(5)	(6)	(7)	(8)	(9)
△实际GDP	2.902***			2.246***			1.835***		
	(0.451)			(0.524)			(0.127)		
△短期GDP		7.809***			3.604***			1.559***	
		(1.022)			(1.189)			(0.343)	
△长期GDP			8.368***			4.919			5.23***
			(3.231)			(3.843)			(1.014)
样本	2 811	1 683	1 683	2 668	1 606	1 606	7 651	3 830	3 830

注：因变量是油画、版画和雕塑的实际双边美国出口值占总双边出口的份额。标准误差将显示在括号中。特别在5%（**）和1%（***）水平。

$$\ln Z_{kt} = \alpha_0 + \alpha_1 \ln RGDP^{i}_{kt} + \varepsilon_{jkt} \quad (10-5)$$

其中，Z是给定投资（即股票和短期国债）或者消费产品（即贸易流合集）的表面流量，在（1）—（3）列中，因变量是美国股票的双边海外交易，如果说股票是纯粹的投资，那么根据PIH人们会预测它们的交易与GDP短期变化有关，与长期变化无关。我们发现美国普通股票确实与暂时性以及永久性实质GDP变化有关，（4）—（6）列中短期国债的走势非常类似PIH中标准化的投资媒介——它们与GDP短期变动有着非常强的联系，与GDP长期变化之间的系数基本上是0。在（7）—（9）列中，贸易流集合（即所有的美国到德国的出口品）与GDP短期和长期部分都呈现出正相关，这个观察结果符合人们对于贸易成分的优先观念；它们大部分是一种消费，但也有一些被归类为投资。

作为一种附加的强有力的检测，我们可以研究收入对于艺术交易是一种滞后的控制这种可能性：在表10-10中，底线表明因变量季节性滞后再一次被得到证实，产生了非常相似的结果。

表10-10　名义资产和总贸易流向对于海外GDP临时和永久变动的弹性

	名义值大于>5 000美元				名义值大于>1 000 000美元			
	（1）	（2）	（3）	（4）	（5）	（6）	（7）	（8）
△实际GDP（-4）	2.734				9.81^{***}			
	（1.519）				（2.535）			
△短期GDP（-4）		0.02		0.022		0.006		0.013
		（0.018）		（0.018）		（0.018）		（0.018）
△长期GDP（-4）			27.664	$29\ 797^{**}$			106.358	
			（8.672）	（11.824）			（17.464）	106.353
样本	6 086	2 483	3 318	2 483	2 537	1 171	1 485	1 171

注：因变量是油画、版画和雕塑的实际双边美国出口值占总双边出口的份额。标准误差将显示在括号中。特别在5%（**）和1%（***）水平。

10.5.2　结构上VAR模型中的PIH预测

在RBCS的文献中，发展了一种新确定永久性收入创新的方法，在权威的RBC模型中的动态是受到生产中科技水平控制的。它在国家性的进出口方面是一级影响。Gali（1999）评估了国家数据模型的条件性关联，运用了一种特殊生产力和雇佣的非科技性引导作为一种鉴别策略，这个策略认为只有随机技术指数中的永久性变化才能成为对生产率的根本问题的研究资料。另一方面，高强度的劳动生产率是受到潜在科技进化过程的持续影响所产生的，而不仅仅是短暂冲击，为了我们的目标，永久性科技进步与永久性收入变革是等同的。因此我们可以模仿Gali的战略然后测量艺术需求与长期收入变动之间的条件性联系，正如通过技术革新那样测量，PIH再一次为消费与艺术品交易之间形成一种正相关的条件性关系。

根据Gali的理论，我们针对劳动生产率（X）和美国实际双边艺术品出口，指定下面的二变量系统：

$$\begin{bmatrix} X_{kt} \\ (\frac{M_{jkt}}{P_t}) \end{bmatrix} = \begin{bmatrix} C_{jk}^{11}(L) C_{jk}^{12}(L) \\ C_{jk}^{21}(L) C_{jk}^{22}(L) \end{bmatrix} \begin{bmatrix} \varepsilon_{kt}^{z} \\ \varepsilon_{kt}^{n} \end{bmatrix} \tag{10-6}$$

其中，左手边的部分假定恒为I（1），表示在第一个偏差中固定的VAR。右边是技术干扰产生的拖延（ε_{kt}^{z}）以及非技术部分产生的滞后（ε_{kt}^{n}），他们可以根据选取的国家的不同来变化。Gali对于上面的系统假设：已实现C_{jk}^{12}（L）=0（即劳动生产率（ε_{kt}^{z}）唯一持续性波动的原始资料）。在这个假设中，技术和非技术产生的干扰相互正相交，缩减过的VAR变革模式作为那些干扰之中的线索，我们可以为技术和非技术冲击一贯地估测$C_{jk}^{(\cdot)}$（·），还有相应的内部波动的反馈功能。实际艺术出口与海外技术冲击之间的正相关联系证明了艺术是一种消费品。

国家劳动生产率的数据是季节性的记录，对美国艺术品出口的四大目的国每工时的输出量进行季度性的合理调整。再一次用BLS收藏品价格指数缩小美国名义上出口量来得到艺术品实际出口量。这些进口国的绘画、印刷品以及雕塑交易对于技术冲击的内部波动反馈显示在附录的图10-A1—图10-A3。同时还显示了被引导的90%置信带的脉冲响应。估测结果强化了艺术反馈与长期收入这个事实。对于绘画作品，英国、德国、法国的出口反馈预测是受到其长期收入变革积极影响的，特别是对于英法两国来讲，长期收入的变动使艺术品交易对于每个百分点的生产率的增长每个季度分别上升了约700万美元、400万美元。而对于印刷品，其结果相比就要明显不够强力，没有一次冲击带来了明显的变化，几项估算的结果都小于0。对于雕塑，在冲击中，有几项正向的估测，法国的增长明显大于0。总体来说，长期收入和艺术交易中关系估测结果平均来看，在广义的绘画作品和雕塑品类别中是呈现正相关关系的。不管怎样，这个结论是合理的，即使缺少印刷品的反馈信息。另外，某些情况下，我们无法反驳它们之间没有影响这种无效假说。

10.6 结 论

这一章里，我们探索了国际上油画、印刷品和雕塑市场的动态流程。与之前众多研究不同的是，我们着眼于艺术品的真实流通过程而不仅仅关注艺术品的价格。这样做能够让我们在衡量视觉艺术服务的价值时获得更全面的标准。通过我们提出的方法，我们发现这些服务大多与消费品的服务相同。国际艺术品交易与消费者商品的交易、标的国家的收入水平以及永久的创新收入水平有关。相反，艺术品与暂时的收入波动或者其他投资变动的相关关系十分微弱。这说明人们对于艺术品的投资动机十分微弱。该解释对于不同类型的国家研究结果同样成立。比如说，一个国家的永久收入与其大规模的、稳定的艺术品流通有着显著的相关关系。这一结果与信息流和信息网在出口高独特性的商品方面所起的重要作用有关。另外，艺术品进口的高度集中化和持久化显示出成熟市场比新型市场对艺术品的流通有更显著的作用。

我们关于艺术品投资动机与高级消费的几个条件为：第一，我们所得出的效应是对于不同国家效应的平均值。但是，应用国家层面的数据很难拒绝关于纯正投资者是艺术品购买人群的主要构成的假设。关于这方面的研究可以参考Goetzmann等人（2012）、Scorcu和Zanola（2010）的研究；另外，从国家层面去研究会减少艺术品购买者与投资者不同的影响。交易数据显示，艺术品购买者是消费者。第二，采用国际数据进行分析，忽略了关于视觉艺术品与国内消费艺术品的消费区别。有关国内的跨国艺术品交易不在本研究的范围内。第三，众所周知，优良艺术品的交易与其他商品的交易很不同，这是由艺术品拍卖交易的方式决定的。对于这个问题，我们总结了拍卖行的特点，但是对于艺术品的买卖仍然可能是一国经济的函数，因此会受一国经济的影响。

致　谢

作者感谢 Seth Pruitt 提供了不可观测部分模型的 MATLAB 代码，以及 Joseph Gruber，David Throsby，Robert Vigfusson，在参加文化经济协会 2010 年国际会议和南方经济协会 2011 年会议过程中获得的有益意见。Nathaniel Dau-Schmidt 和 Mallory 提供了极好的研究协助。本章仅仅是作者的观点，不代表纽约联邦储备银行和联邦储备系统的意见。

附　录

表 10-A1 显示了美国艺术品贸易记录的实际 HS 代码。表 10-A2 列出了视觉艺术品定义外的艺术品目录。

图 10-A1—10-A3 显示了美国绘画，印刷品以及雕塑出口在长期收入冲击中预计的脉冲反馈。

表 10-A1　　美国视觉艺术品贸易数据目录：视觉艺术品按照美国 HS 系统分类

	HS 编码	描述
绘画	9701.10.0000	手绘，绘画以及粉彩等 4906 开头的物品
印刷品	9702.00.0000	有框或者无框的传统雕刻，印刷品以及版画
雕塑	9703.00.0000	采用任何规定材料的传统雕塑以及雕像

表 10-A2　　视觉艺术品定义外的艺术品目录

绘画	
4906	建筑、工程、工业、商业计划和图纸、地形或类似用途的原件，以及特定的复制品
5805.00	手工编织的戈布兰式、佛兰德斯式、奥布松式、Beavua 式挂毯等，针绣挂毯（例如纳纱，十字绣），不论是否编织
5907.00	浸渍，涂层或覆盖的纺织物；油画画布、舞台布景、工作室背布等；其他纺织制品；破损的服装和破损的纺织制品
6304.99.1000	认证的手编织和民俗产品
6304.99.2500	黄麻纤维壁挂
9701.90.0000	绘画、绘图和粉彩，其他
9801.00.1000	所有的价值超过每平方米 161 美元、由专业的艺术家通过或在其指示下产生的油漆、彩色，或彩色玻璃窗及其零件

续表

印刷品	
4911.91	图片，设计图以及照片
4911.91.20	画在纸上或画在厚度不超过0.51毫米的纸板上的版画
4911.91.2020	海报
雕塑	
4420.10.0000	木质小雕像及其他装饰品
6913.10	陶制或者瓷制塑像及其他装饰用陶瓷制品
6913.10.1000	价值超过2.50美元，直接用模具制造或者由专业雕塑家制作原始模型的塑像，小雕像和手工花
8306.10.0000	钟、锣等，及其零件；雕像和其他饰品及其零件
9601	象牙、骨头、玳瑁、牛角、鹿角、珊瑚、珍珠母，其他动物雕刻材料，以及这些材料的制品（包括模塑制品）

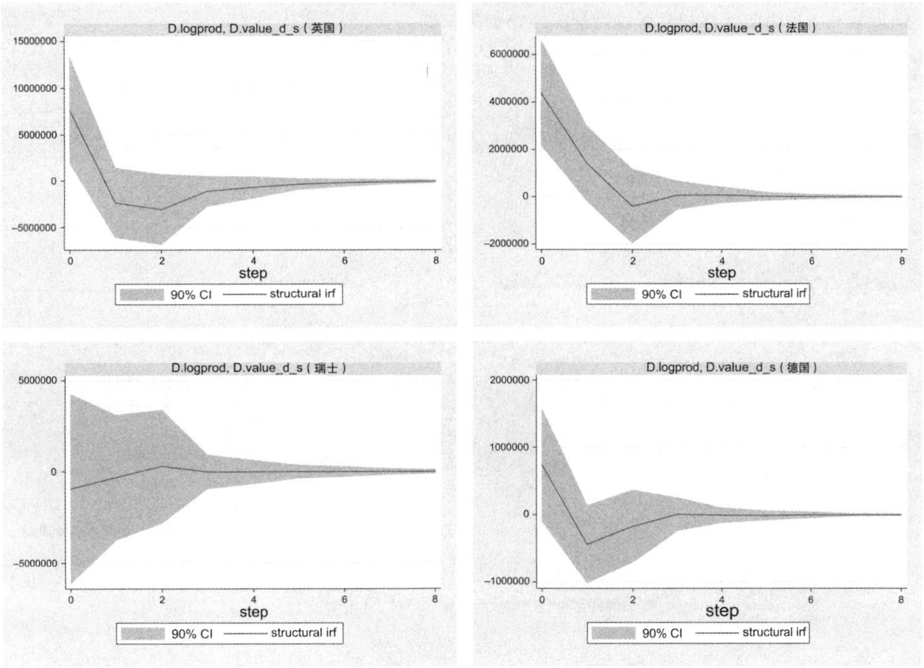

图10-A1 美国绘画作品实际出口量对于永久性收入冲击的预测反馈图

注：（1）根据脉冲响应函数、脉冲变量以及智能弹性框架绘制。

（2）90%CI是置信区间。

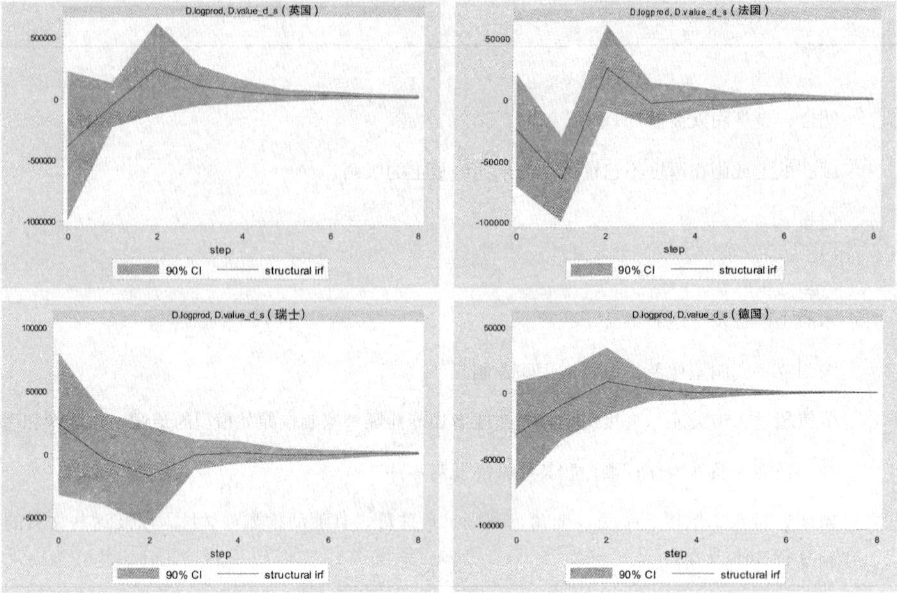

图 10-A2　美国印刷品实际出口量对于永久性收入冲击的预测反馈图

注：（1）根据脉冲响应函数、脉冲变量以及智能弹性框架绘制。

（2）90%CI 是置信区间。

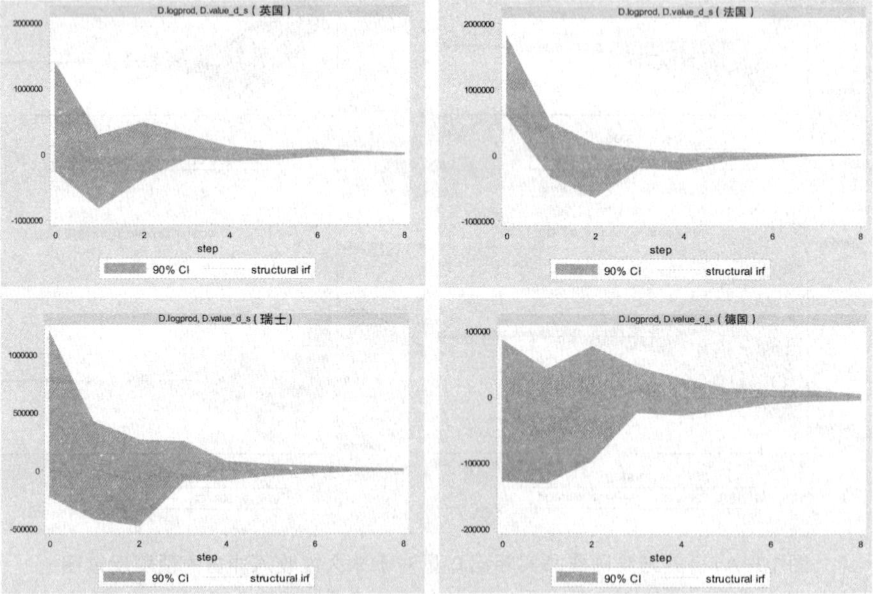

图 10-A3　美国雕塑品实际出口量对于永久性收入冲击的预测反馈图

注：（1）根据脉冲响应函数、脉冲变量以及智能弹性框架绘制。

（2）90%CI 是置信区间。

参考文献

Ashenfelter, O., Graddy, K., 2003. Auctions and the price of art. Journal of Economic Literature 41, 763–787.

Ashenfelter, O., Graddy, K., 2006. Art auctions. In: Ginsburgh, V.A., Throsby, D. (Eds.), Handbook of the Economics of Art and Culture, vol. 1. Nort.h-Holland, Amsterdam, pp. 909–946.

Baumol, W.J., 1986. Unnatural value: or art investment as floating crap game. American Economic Review 76, 10–14.

Baumol, W.J., Throsby, D., 2012. Psychic payoffs, overpriced assets, and underpaid superstars. Kyklos 65, 313–326.

Clark, P.K., 1987. The cyclical component of US economic activity. Quarterly Journal of Economics 102, 797–814.

Dimson, E., Spaenjers, C., 2011. Ex post: the investment performance of collectible stamps. Journal of Financial Economics 100, 443–458.

Friedman, M., 1957. A Theory of the Consumption Function. Princeton University Press, Princeton, NJ.

Gali, J., 1999. Technology, employment, and the business cycle: do technology shocks explain aggregate fluctuations? American Economic Review 89, 249–271.

Ginsburgh, V., Mei, J., Moses, M., 2006. The computation of prices indices. In: Ginsburgh, V.A., Throsby, D. (Eds.), Handbook of the Economics of Art and Culture, vol. 1. North-Holland, Amsterdam, pp.947–979.

Goetzmann, W.N., Renneboog, L., Spaenjers, C., 2012. 'Art and money'. American Economic Review Papers and Proceedings 101, 222–226.

Graddy, K., Margolis, P., 2007. Fiddling with value: violins as an investment? CEPR Discussion Paper 6583.Centre for Economic Policy Research, London.

Kim, C.-J., Nelson, C.R., 1999. State-Space Models with Regime Switching: Classical and Gibbs-Sampling Approaches with Applications. MIT Press, Cambridge, MA.

Locatell.i-Biey, M., Zanola, R., 2002. The sculpture market: an adjacent year regression index. Journal of Cultural Economics 26, 65–78.

Mandel, B.R., 2009. Art as an investment and conspicuous consumption good. American Economic Review 99, 1653–1663.

Pesando, J.E., 1993. Art as an investment: the market for modern prints. American Economic Review 83, 1075–1089.

Pesando, J.E., Shum, P.M., 1999. The returns to Picasso's prints and to traditional financial assets, 1977 to 1996. Journal of Cultural Economics 23, 181–190.

Pesando, J.E., Shum, P.M., 2008. The auction market for modern prints: confirmations, contradictions, and new puzzles. Economic Inquiry 46, 149–159.

Pownall, R.A.J. (2007). 'Art as a financial investment'. Working Paper. Tilburg University, Tilburg. Available form SSRN: < http://ssrn.com/abstract=978467 >.

Renneboog, L., Spaenjers, C., 2013. Buying beauty: on prices and returns in the art market. Management Science 59, 36–53.

Sagot-Duvauroux, D., 2011. Art prices. In: Towse, R. (Ed.), A Handbook of Cultural Economics. Edward Elgar, Cheltenham, pp. 43–48.

Scorcu, A.E., Zanola, R (2010). 'The 'right' price for art collectibles. A quantile hedonic regression investigation of Picasso paintings'. Working Paper Series 01_10. Rimini Centre for Economic Analysis, Rimini.

Throsby, D., 1994. The production and consumption of the arts: a view of cultural economics. Journal of Economic Literature 32, 1–29.

Velthuis, O., 2005. Talking Prices: Symbolic Meanings of Prices on the Market for Contemporary Art. Princeton University Press, Princeton NJ.

| 第三部分 |

创新与技术变革

第11章

文化组织中的文化创新

Xavier Castañer

University of Lausanne，Switzerland

管理　译

摘　要

本章评估了用以解释文化组织中文化创新的因素，以及这些因素的理论和相关实证依据。本章首先定义了关键概念，包括什么是文化组织、文化创新和创新指向。本章着眼于社会学和经济学这两个主要学科，因为它们对文化组织中的文化创新或创新规划都有所关注。本章讨论了这两个学科对文化创新的研究重点、研究贡献和交叉领域，指出了一些现有的差距，并为今后的研究提出一些建议。

关键词

文化组织，文化创新，表演艺术，规划决定

JEL Classification Codes

D23，Z11，Z13

11.1 引　言

首先，我们有必要对文化组织创新方面的研究涉及的概念进行清晰定义。本章我们将定义文化组织、文化创新和创新指向。

11.1.1 文化组织

研究者在如何将文化组织概念化的方式上有所不同。大多数作者采取按部门分类的方法。例如，在一些概念中，文化组织仅指表演艺术团体（剧院、歌剧院和舞蹈公司）和文化遗产机构（博物馆、档案馆和图书馆）；在另一些概念中，文化组织也涵盖了文化产业中的组织，即视听、录音和出版组织。本书并非是按部门分类，而是按内容定义分类。"文化组织"指保存和/或提供用于使用、发展和/或滋养社群的文化和身份认同的商品，以及包含情感内容和/或能激发观者情绪的商品的（有法律实体的）正式组织。这一概念包括传统文化、民俗或大众文化（如西班牙加泰罗尼亚的叠人塔或萨尔达纳舞）、表演艺术（戏剧、歌剧、马戏团、舞蹈和音乐）、文化遗产（博物馆、档案馆和历史遗迹）和文化产业（视听、电子游戏和出版业）。这些活动是由企业、公共机构、协会、合作社或基金会这样的正规组织实施的，而不是由正式组织之外的个人或一群人实施的。正式组织可以是公共的、私人的或非营利的，具有不同的法律形式。

11.1.2 文化创新

"文化创新"指由文化组织提供的商品或服务的创新。该定义不包括文化组织中组织结构和管理方面的行政或管理创新。大多数对文化创新的研究集中在如何集中管理或规划文化组织中的创新（Martorella，1977；Heilbrun，1998；Neligan，2006；Pierce，2000）。有趣的是，在大多数组织（无论是表演艺术还是文化产业组织），新的文化产品或服务是通过外包获得或购买的，而不是在组织内部产生的。

创新与发明在传统意义上不同，发明是指科学发现，有时候会体现在专利中（Rosenberg，1976）。发明是尚未体现在实际商品中的新规则或新设计，而创新常被认为是发明在实际商品中的表现方式（Kamien and Schwartz，1982）。在艺术和文化领域，发明产生的方式各种各样，如创造不同的音乐形式（即奏鸣曲、协奏曲、交响乐等），以及不同音乐类型的演变（巴洛克、古典、浪漫、十二音体系、新世纪等类型），也包括文学艺术、视觉艺术或其他文化领域。然而这些形式或类型的发明，已经可以通过特定的表演或展示表现出来，这就是创新。而且，只有单独的作品才受到版权法的保护（Towse，2001）。因此，发明和创新的区别，或是研究与开发的区别，在科技领域比在文化或艺术领域里体现得更加明显。

文化组织中的文化创新主要由外部创新构成，而非内部创新。文化企业以外的研发、设计或产品开发部门的文化创新就是如此（Castañer and Cavotta，2010）。在文化产业，如出版业以及博物馆和大多数表演艺术领域（如歌剧、戏剧和音乐），内容创新并非发生在正式组织内部。相反，规划、展览、出版或传播作品的活动通常是由来自机构外部的个人（如作曲家、写手/作家、画家、雕塑家、摄影师和剧作家）构想的，除非这些人栖身于组织。表演艺术领域中有个例外是舞蹈公司，编舞通常由公司的艺术总监担任。文化产业中的另一个例外是音像公司和电子游戏公司，它们的内部研发和生产团队可以开发新的电影、电视剧或游戏。剧院、管弦乐团和歌剧院有时也会委托他人创作新作品，但这是他们节目规划中的很小一部分。

在内部研发或新产品开发中，内部团队是否能够推出有效设计，并且制造出来，将其成功商业化，有较大的技术不确定性（Teece，1986）。但当那些作品是由文化组织的外部人员创造时，虽然委托工程的不确定性仍然存在，但这种技术不确定性已经得到解决。然而，即使在将那些已经构思好的作品商业化时，商业上的不确定性仍然存在。

在行政/管理创新或技术创新的应用方面（Kimberly and Evanisko，1981；DiMaggio and Powell，1983；Damanpour，1991），设计这些创新的组织可以评估这些创新成果或类似成果被其他组织（如其他剧院、歌剧院或交响乐团）采用的程度。这就可能产生模仿（模拟）和仿真的情况，这是文化创新研究的重要课题。大多数研究集中在一些关注度较高的组织，其（行政/管理创新或技术创新）设计是否符合或偏离其他国内组织，比如对美国歌剧院（Pierce，2000）、美国交响乐团（Heilbrun，2001；Pompe et al.，2011）、美国剧院（DiMaggio and Stenberg，1985a，b）和德国剧院（Neligan，2006）的研究。

鉴于模仿或群体行为是经济学和社会学都感兴趣的话题（Banerjee，1992；Birchandani et al.，1992），社会学文献以及特定的制度理论似乎对文化创新研究的框架有更深的影响（DiMaggio and Powell，1983）。在很大程度上，制度理论研究一个领域的机构，包括信念（可视为适当的目标和标准）如何影响组织行为。对于社会学或制度主义者来说，如果组织想获得该领域的不同利益相关者的支持，组织就必须遵循和采纳机构的制度性规定。作为制度理论的主要支持者，Paul DiMaggio与Kristen Stenberg解释了美国常驻剧场的一致性和多样性（DiMaggio and Stenberg，1985b）。然而，在他们的另一篇文章（DiMaggio and Stenberg，1985a）中，提到了创新缺乏一致性，并因此在文学中产生实质性的混乱。Pierce（2000）、Heilbrun（2001）和Neligan（2006）这几位作者也像DiMaggio和Stenberg（1985a）一样，将创新这一术语应用于不一致性的研究。

然而，正如Castañer和Campos（2002）所说的，创新和一致性是两个不同的概念。在制度框架中，一致性是指行为人是否达到制度预期。相对于常驻剧院，DiMaggio和Stenberg（1985a，b）为了研究某个剧院采用“常规”剧目的驱动因素，采集了大量剧院样本来识别作品表演情况。

那些戏剧表演作品不属于“创新”一类。而“创新”的作品在同一时期的其他剧院中表演相对较少，即相对于既定的戏剧流派或表演传统而言，它们不一定是创新的。例如在歌剧界，编排海顿歌剧是不常见的，它在艺术方面很难被视为是创新的，因为海顿的古典风格众所周知，早已成熟。海顿歌剧的类型，从美学上看也并不新颖（标新立异）。此外，对于其他组织来说的不寻常的规划，对于有规划的组织来说不一定是创新的，因为这些组织可能以前就已经做过了。不幸的是，这一常规举措已被许多人视为创新指向。①

文化组织和其他门类的组织之间可能存在巨大且重要的区别。一般来说，其他组织若是已经开始创新，就会产生对体制的压力，以便保持统一，以免产生偏差；然而，文化领域可能存在固有的创新压力（Born，1995），因为大众认为艺术家和大多数艺术/文化组织应该不断创造（提供新作品），而不仅仅是保存或表演现有作品。即使像博物馆这样旨在展示现有作品的组织，

① 例见Heilbrun（2001），Neligan（2006），and Pierce（2000）。

也希望以新的方式展示其作品。创意和创新是文化领域的核心价值观，与它的对立面（保存和传统）一起共同构成艺术和文化意识形态的核心。

创新通常是指一定程度的新颖性，可能体现在现有元素的重组之中（Schumpeter，1942；Van de Ven，1986；Galunic and Rodan，1998）。实际上，关于创新的文献试图通过衡量偏离现有技术水平的程度，对增量创新和根本性创新进行经典的区分（Hage and Aiken，1967；Mohr，1969；Downs and Mohr，1976）。在艺术领域，区分新的作品和创新作品尤为重要。交响乐团或歌剧院可以委托一个作曲家创作新作品，但是这一新作品是否属于创新的作品则另当别论：（i）新作品的风格可能与该作曲家的已知风格没有区别；（ii）全球首演的当代作品表现出了组织规划上的新颖性，但是否属于创新取决于该组织是否规划过当代作品、这种类型的作品或者相关风格的作曲家的作品。

Castañer和Campos（2002）以创新目的为切入点区分两种类型的艺术创新：内容创新和形式创新。内容创新指的是创作或规划的创新作品结合了以前没有组合过或是与现有类型有差别的不同元素（或类型）。形式创新是指作品的呈现方式或表演方式有所创新。例如，尽管对巴赫的《圣母玛利亚颂歌》（Magnificat）的规划可能不算创新，但是如果用古乐器来演奏或者是按过去的音乐诠释标准来演绎，对于过去没有这样规划过的组织来说，就属于一种形式上的创新。[①]

Bakhshi和Throsby（2010，2012）认为，内容创新和形式创新都是艺术形式发展中的创新。这两位作者扩展了文化创新的类型，新增了3类创新：利用新的信息技术来扩大受众群体的创新（技术创新）、价值创造的创新（利用文化资产为观众带来更大价值的新的可能性），以及企业管理的创新。[②]本章只关注艺术形式的创新。

总之，本章中的文化创新是指正式组织提供的文化产品和服务中表现和被认可的新颖性。当然，我们可以从更广义的角度来解读文化一词，它可以指代社会或社群的设想、价值观、规范、仪式和手工艺品（Geertz，1975）。但是，本章仅讨论美学和/或艺术维度的狭义的文化产品，这些文化产品主要用于人类的娱乐消遣和/或教育。

11.1.3 创新指向

关于文化创新的文献提出了定义创新指向的问题。这一领域的主要研究者都没有明确指出创新的指向是什么，即新作品在什么方面创新了（Rogers，1995）。Castañer和Campos（2002）明确了三个可能的指向：创新组织的过去（“组织的新成分”或自我参照）、该组织所在的领域（“行业的新成分”），以及区域或全球层面的该组织所在的领域（“世界的新成分”）。为说明最后一个指向，可以参见原加拿大公司Le Cirque du Soleil带给世界的表演，他们重新定义了马戏团表演和观看体验。在戏剧领域，加泰罗尼亚的La Fura dels Baus剧团在1992年巴塞罗那奥运会开幕式上的表演震惊了全球观众。[③]在音乐领域，原名为Hesperion XX的合奏，以及由William Christie创作的《艺术的繁荣》（Les Arts Florissants），或由Sigiswald Kuijken领衔的la Petite Bande乐团，都为早期音乐运动的发展作出了贡献（François，2006）。在博物馆领域，巴塞罗那创意和发明博物馆（MIIBA）的创新之处在于：（i）内容的独创性；（ii）可以让访问者与展品互动并激发访问者的

---

① 这对于在早期音乐运动开始时表演这类作品的乐团来说是创新（François，2006）。

② 参见Camarero等人（2011）近期的应用。

③ 这个公司在表演莫扎特的歌剧《魔笛》（The Magic Flute）时仍进行了创新。

新想法。

11.2 文化组织中文化创新的决定性因素

社会学家和经济学家们已经对文化组织中文化/艺术创新的影响因素进行了研究。一些管理/组织方面的研究者采用跨学科方法，在研究这些因素时将社会学和经济学结合起来。[①]

11.2.1 社会学视角

社会学家可能是最先对文化创新和文化组织的规划感兴趣的群体。[②]他们关注文化组织中文化创新和创新规划的两种最主要的决定性因素：外部因素和内部因素。

11.2.1.1 外部因素

一些社会学研究，如Hirsch的研究（1972），着眼于组织的外部环境如何影响文化组织的规划，他们在很大程度上借鉴了制度理论，强调说（在活动领域有着共同的价值观和标准的）机构会通过该领域的政府、专业人士或组织来对某个组织施加压力，让其遵循某种惯例（DiMaggio and Powell，1983）。这一流派的研究者认为，组织会被迫遵循标准，或者一系列关于合理规划的惯例，因此不会规划违背这一规则的作品。比如，DiMaggio和Stenberg（1985a，b）的研究就试图提供关于施加在剧院的体制压力的经验证据。这些研究从现有的规划（在这一领域表演得最多的作品）中推导出了规划的标准。可以说，这构成了一个经验上的谬误：虽然表演得最多的作品可能确实是标准的一部分，却并非总是如此。在文化领域，标准通常由专家和批评家建立，他们不仅捍卫既定的传统，通常也倾向于鼓励和欢迎创新。

此外，在这一领域中，少数其他组织的规划作品，即上面提到的"一致性"指标，意味着规划的不同，但是相对于自身组织的过去或者其他组织的过去来说，没有必要去创新。尽管存在一定的批评声音，但是正如我们指出的，一致性指标依然是用于文化层面实验和创新的衡量标准，可能是因为它易于计算。然而，相对于组织自身过去和这一领域来说，创新的判断需要主观态度和专业知识。

11.2.1.2 内部因素

文化创新社会研究的另一个流派更加关注内部因素，如关键的组织决策者的背景、组织收入来源、组织规模和年龄。

文化组织的决策者包括总经理和艺术主管，他们的背景反映了广泛的专业方向、价值观和意识形态带来的影响。这方面的研究试图捕获外部环境对组织行为的影响，尤其是专业和专业价值渗透到组织的程度——DiMaggio和Powell（1983）称之为规范同构。例如，美国的戏剧方面，DiMaggio和Stenberg（1985a，b）在抽样剧院中区分了高层决策者的艺术和管理背景。他们发现，决策者来自艺术背景的比管理背景的更可能不走寻常路。基于此，这些作者认定艺术意识心态更注重创新、剑走偏锋和实验，而管理意识形态则不鼓励这些。[③]但是，创新，更确切地说是新产品的开发，是管

① 例见Cloake(1997),and Castañer and Campos(2002)。

② 例见Becker(1982),Bourdieu(1979),Hirsch(1972),Martorella(1975),Peterson and Berger(1975),and DiMaggio and Stenberg(1985a,b)。

③ 又见Chiapello(1994)。

理和管理教育的重中之重（Brown and Eisenhardt，1995）。产品创新是差异化的根本来源，也是竞争优势的关键（Porter，1985）。管理者的确倾向于关注较少的多变性带来的高效，以及条例的建立与执行（March and Simon，1958；March，1991），组织同样也忙于寻求创新（Levinthal，1995；McGrath，2001；Castaner，2002；Benner and Tushman，2003）。

DiMaggio和Stenberg（1985b）之后，鲜有研究关注关键决策者背景对文化规划的影响，但是在高层管理团队人口统计这方面的一般管理研究已成为一个繁盛的流派（Hambrick and Mason，1984）。此流派不仅调查组织决策者的教育背景和从业经验，也对其他管理人口统计学进行研究，包括年龄、性别、教育水平、任期和团队多样性，这些都是组织决策和行动的决定性因素。在研究促进文化组织的冲突、剑走偏锋、实验、创造力和创新时，多样性似乎是尤为有趣的因素（Simons et al.，1999）。

我们现在转向不同收入来源对于文化组织的相对重要性——票房、公众资助、个人及公司的私人资助，以及基金会（Martorella，1977；Alexander，1995）。虽然收入是一个组织的特征，但它也反映了组织对捐赠者和客户这样的外部行为者所依赖的程度。文化组织的理事机构有时代表着这些外部利益相关者，尤其是基金会。Castañer和Campos（2002）在中观层面运用处理外部力量（宏观）和内部组织过程（微观）的方式，描述了一些影响文化组织的因素，如组织收入来源，通常物理层面的组织渗透是通过像资助者/赞助者或文化专业人员这样的外部力量的代表来实现的。

这一领域的研究倾向于认为，关注票房和私人资助会导致规划的商业化，或带来公众普遍喜欢的常规的、无争议的作品（Anheier and Toepler，1998）。相反，公众资助被寄希望于能够增加实验性、非标准性、非常规性，从而实现创新。与这些期望相斥，Pompe等人（2011）通过对62个美国交响管弦乐队进行取样，发现售票可以增加实验性。然而，州和联邦政府的支持对此并没有显著效果，并且只有地方政府的支持能够增加非标准规划，这违背了地方公共资助能鼓励主流作品规划这一期望。

Castañer和Campos（2002）借鉴资源依赖理论（Pfeffer and Salanick，1978）提出了另一种资助研究的途径，迄今为止很少有这方面的研究。他们认为收入来源的分散可能会为文化组织进行实验提供自由或判断力，以便于他们对任一资助者都拥有自主权。一些相关证据来源于Camarero等人（2011，pp.261-262）的研究。通过对英国、法国、意大利和西班牙的491个博物馆进行研究，他们发现公关资助对组织创新和科技创新产生的二次效应。

11.2.2 经济观点

可以准确地说，继社会学家之后，经济学家，特别是文化经济学研究者，开始对文化组织中的文化创新的决定性因素感兴趣。然而，查看大多数发表在Journal of Cultural Economics上的研究，并非都考虑到先前文献中那些文化创新或艺术规划。[①]一部分原因可能是经济学家通常站在市场角度看文化创新，因此忽略了如决策者背景这样的内部因素。当然，文化经济学家也对一些组织因素的作用进行研究，如组织规模，下面会进一步讨论。

多数经济学研究聚焦于创新规划的需求，从两方面进行研究：(i）经济学家通过调查教育和收入的平均水平来研究当地的需求人口。(ii）经济研究通过不同外

① 注意：例如引自Pompe等人（2011）和Camarero等人（2011）的文献的区别。

部资助的来源——私人赞助、捐赠和公关补贴，实现了（社会）需求的另一种表现。

提到资金来源，必须讨论与组织收入不同来源相关的假设。私人资助通常和商业导向更相关，尤其是来自公司赞助活动的资助。而且，不同的公司有不同的策略：从事大规模分销商品的公司更喜欢传统规划，而高科技公司可能倾向于实验性作品。要想采用更细致的方法来研究此问题，显然需要考虑行业和公司的战略。此外，来自个人捐赠和基金会的私人资助看来不可能产生商业导向。

人们通常认为公众资助更可能会鼓励文化规划的创新。这是一个非常有争议的话题。大多数研究着眼于美国的情况，有人认为联邦资助“可能产生更多的冒险……因为联邦政府提供了一个更稳定的资金来源……或者在进行规划时较少受到干扰”（Pompe et al.，2011，p.179）。反过来，地方政府资助则有较少的实验性，因为地方官员必须考虑全体民众，因而支持更主流或更大众的规划（Pierce，2000）。总的来说，任何执政党的政治导向都可能对促进规划创新产生重要的影响：右翼、中立、左翼执政党不仅对政府对文化的补贴持不同意见，也可能对文化政策的目标或优先发展事项产生分歧，如牵扯到获取/成本、多样性和创新等一系列问题。

如上所述，文化经济学家所关注的内部因素之一是组织规模。组织规模通常被认为是足智多谋的象征和进行实验的能力。然而，在这一方面，传统的组织文献讨论更多的是松弛，而非组织规模（Cyert and March，1963），松弛被定义为未被利用或未被采纳的资源，可用于新的活动中，如实验。至于松弛是否对文化组织创新有益，仍待研究。

一些作者认为，如果实验失败，大型组织更易于通过缓冲以使自己免受影响。但是大型组织也会因为官僚主义和自满（Sørensen and Stuart，2000）导致惯性或缺乏灵活性（Acs and Audretsch，1990）。事实上，自满基于成功，但是在一定程度上可以另行测量。本应该能影响个人和组织行为（即激励，无论经济上还是名誉上）的关键经济变量并没有赢得对文化组织中的文化创新感兴趣的研究者的注意。人们可能认为当附加条件是规划时，不同的资金来源就构成诱因。看来通过分析决策者及其职业生涯、社会网络和专业劳动市场的补偿方案对创新规划的影响程度，似乎可以得出有趣的见解（Menger，1999）。

11.3 结论：概述和未来的研究

本章辨析了文化创新的四个方面（物质、起源、新颖性与创新性、指向）以及创新在其他领域中意义的不同。这些定义在以下两方面为进一步研究提供了材料：(i) 文化组织的定义侧重于这些组织生产的商品和服务的属性，而不是传统意义上与表演艺术和文化产业相关的部门名单。这种对文化组织范围的重新定义，涵盖了更为广泛的企业，它们的商品也同样具有情感、身份和美学的特征。(ii) 文化创新的不同维度也表明了对更精确的文化创新类型学的需求，这种类型学应成为未来研究的指向。

本章对文化组织中文化创新决定性因素的文献分析，特别注重外部和内部因素的不同影响。对于外部影响，当文化组织决定要规划文化创新时，研究重点应放在决策者和外部环境之间的联系上。因此，网络研究考察了把关者和外部参与者（即创作者，如作曲家、画家、摄影师、剧作家、雕塑家和作家）之间的联系，这应该有助于考察其关系的性质和结构（Coleman，1988；Burt，1992；Cattani and Ferriani，2008）。特别是专业社群中的联系，可能会在文化创新的规划中起重要作用（Burt，1987）。

然而，若文化创新是在内部产生的，则有必要更强调真正的内部因素，比如激励措施、组织身份、组织氛围和组织文化。对于这一问题，研究组织创造力的文献

（Amabile et al.，1996），研究创新的文献（Burns and Stalker，1961；Eisenberger et al.，1990；Damanpour，1991；Bolton，1993；Scottand Bruce，1994；Drazin and Schoonhoven，1996）以及研究新产品开发的文献（Brown and Eisenhardt，1995）都有一些有趣的观点。此外，有必要将组织的资源和资金宽裕度（用自由现金流或财务松弛来衡量）同组织的规模和结构分开来看。

最后，DiMaggio和Stenberg的社会学研究（1985a，b）中开创性地提出的体制框架，着重于对现有机构的遵从。在这个框架中，创新者（即那些跳出框架规划作品的人）是偏离常规的（Mainemelis，2010）。可以看出，未来对文化创新的研究可能更侧重于偏离常规而非遵从常规。

参考文献

Acs, Z., Audretsch, D., 1990. Innovation and Small Firms. MIT Press, Cambridge, MA.

Alexander, V., 1995. Pictures at an exhibition: conflicting pressures in museums and the display of art. American Journal of Sociology 101, 797–839.

Amabile, T.M., Conti, R., Coon, H., Lazenby, J., Herron, M., 1996. Assessing the work environment for creativity. Academy of Management Journal 39, 1154–1187.

Anheier, H.K., Toepler, S., 1998. Commerce and the muse: are art museums becoming commercial?. In: Weisbrod, B. A. (Ed.), To Profit or Not to Profit. The Commercial Transformation of the Nonprofit Sector. Cambridge University Press, Cambridge, pp. 233–248.

Bakhshi, H., Throsby, D., 2010. Culture of Innovation: An Economic Analysis of Innovation in Arts and Cultural Organization. NESTA, London.

Bakhshi, H., Throsby, D., 2012. New technologies in cultural institutions: theory, evidence and policy implications . International Journal of Cultural Policy 18, 205–222.

Banerjee, A.V., 1992. A simple model of herd behavior. Quarterly Journal of Economics 107, 797–817.

Becker, H., 1982. Art World. University of California Press, Berkeley, CA.

Benner, M.J., Tushman, M.L., 2003. Exploitation, exploration, and process management: the productivity dilemma revisited. Academy of Management Review 28, 238–256.

Birchandani, S., Hirshleifer, D., Welch, I., 1992. A theory of fads, fashion, custom, and cultural change as informational cascades. Journal of Political Economy 100, 992–1026.

Bolton, M.K., 1993. Organizational innovation and substandard performance: when is necessity the mother of innovation? Organization Science 4, 57–76.

Born, G., 1995. Rationalizating Culture: IRCAM, Boulez and the Institutionalization of the Musical Avant-Garde. University of California Press, Berkeley, CA.

Bourdieu, P., 1979. Les trois états du capital culturel. Actes Recherches Sciences Sociales 30, 3–6.

Brown, S., Eisenhardt, K., 1995. Product development: past research, present findings and future directions. Academy of Management Review 20, 343–378.

Burns, T., Stalker, G.M., 1961. The Management of Innovation. Tavistock Publications, London.

Burt, R., 1987. Social contagion and innovation: cohesion versus structural equivalence. American Journal of Sociology 92, 1287–1335.

Burt, R., 1992. Structural Holes. Harvard University Press, Cambridge, MA.

Camarero, C., Garrido, M.J., Vicente, E., 2011. How cultural organizations' size and funding influence innovation and performance: the case of museums. Journal of Cultural Economics 35, 247–267.

Castañer, X., 2002. Diversification as learning. Doctoral Dissertation, University of Minnesota.

Castañer, X., 2013. Management Challenges of Cultural Heritage Organizations. In: Rizzo, I., Mignosa, A. (Eds.), Handbook of Cultural Heritage. Edward Elgar, London, pp. 209–230.

Castañer, X., Campos, L., 2002. The determinants of artistic innovation: bringing in the role of organizations. Journal of Cultural Economics 26, 29–52.

Castañer, X., Cavotta, V., 2010. Creativity and innovation in cultural organizations. Paper Presented at the 16th International Conference on Cultural Economics, Copenhagen.

Cattani, G., Ferriani, S., 2008. A core-periphery perspective on individual creative performance: social networks and

cinematic achievements in the Hollywood film industry. Organization Science 19,824–844.
Chiapello, E., 1994. Les modes de contrôle des organisations artistiques. Ph.D. Dissertation, Université Paris IX Dauphine.
Cloake, M., 1997. Management, the arts and innovation. In: Fitzgibbon, M., Kelly, A. (Eds.), From Maestro to Manager. Critical Issues in Arts and Culture Management. Oak Tree Press, Dublin, pp. 271–296.
Coleman, J.S., 1988. Social capital in the creation of human capital. American Journal of Sociology 94, S95–S120.
Cyert, R.M., March, J., 1963. A Behavioral Theory of the Firm. Prentice Hall, Englewood Cliffs, NJ.
Damanpour, F., 1991. Organizational innovation: a meta-analysis of effects of determinants and moderators. Academy of Management Journal 34,555–591.
DiMaggio, P., Powell, W., 1983. Institutional isomorphism and collective rationality in organizational fields. American Sociological Review 48,147–160.
DiMaggio, P., Stenberg, K., 1985 a. Why do some theaters innovate more than others? An empirical analysis. Poetics 14,107–122.
DiMaggio, P., Stenberg, K., 1985 b. Conformity and diversity in American resident theaters. In: Balfe, J., Wyszomirski, M. (Eds.), Art, Ideology and Politics. Praeger, New York, pp. 116–139.
Downs, G.W., Mohr, L.B., 1976. Conceptual issues in the study of innovation. Administrative Science Quarterly 21, 700–714.
Drazin, R., Schoonhoven, C.B., 1996. Community, population, and organization effects on innovation: a multilevel perspective. Academy of Management Journal 39,1065–1083.
Eisenberger, R., Fasolo, P., Davis-LaMastro, V., 1990. Perceived organizational support and employee diligence, commitment, and innovation. Journal of Applied Psychology 75,51–59.
François, P., 2006. Le monde de la musique ancienne. Economica, Paris.
Galunic, D. C., Rodan, S., 1998. Resource recombinations in the firm: knowledge structures and the potential for Schumpeterian innovation. Strategic Management Journal 19,1193–1201.
Geertz, C., 1975. The Interpretation of Cultures: Selected Essays. Basic Books, New York.
Hage, J., Aiken, M., 1967. Program change and organizational properties: a comparative analysis. American Journal of Sociology 72,503–519.
Hambrick, D.C., Mason, P.A., 1984. Upper echelons: the organization as a reflection of its top managers. Academy of Management Review 9,193–206.
Heilbrun, J., 1998. A study of opera repertory in the United States, 1982–1983 to 1997–1998. Paper Presented at the 10th International Conference on Cultural Economics, Barcelona.
Heilbrun, J., 2001. Empirical evidence of a decline in repertoire diversity among American opera companies, 1991/92 to 1997/98. Journal of Cultural Economics 25,63–72.
Hirsch, P., 1972. Processing fads and fashions: an organization-set analysis of cultural industry systems. American Journal of Sociology 32,87–107.
Kamien, M.I., Schwartz, N.L., 1982. Market Structure and Innovation. Cambridge University Press, Cambridge.
Kimberly, J.R., Evanisko, M., 1981. Organizational innovation: the influence of individual, organizational, and contextual factors on hospital adoption of technological and administrative innovations. Academy of Management Journal 24,689–713.
Levinthal, D., 1995. Strategic management and the exploration of diversity. In: Montgomery, C. (Ed.), Resource-based and Evolutionary Theories of the Firm: Towards a Synthesis. Kluwer, Boston, MA, pp. 19–42.
Mainemelis, C., 2010. Stealing fire: creative deviance in the evolution of new ideas. Academy of Management Review 35,558–578.
March, J.G., 1991. Exploration and exploitation in organizational learning. Organization Science 2,71–87.
March, J.G., Simon, H.A., 1958. Organizations. Wiley, New York.
Martorella, R., 1975. The structure of the market and musical style. The economics of opera production and repertoire:

an exploration. International Review of the Aesthetics and Sociology of Music 6,241–254.

Martorella, R., 1977. The relationship between box office and repertoire: a case study of opera. Sociological Quarterly 18,354–366.

McGrath, R., 2001. Exploratory learning, innovative capacity, and managerial oversight. Academy of Management Journal 44,118–132.

Menger, P.M., 1999. Artistic labor markets and careers. Annual Review of Sociology 25,541–574.

Mohr, L.B., 1969. Determinants of innovation in organizations. American Political Science Review 63,111–126.

Neligan, A., 2006. Public funding and repertoire conventionality in the German public theatre sector: an econometric analysis. Journal of Cultural Economics 38,1111–1121.

Nohria, N., Gulati, R., 1996. Is slack good or bad for organizational innovation? Academy of Management Journal 39, 1245–1265.

Peterson, R., Berger, D., 1975. Cycles in symbolic production: the case of popular music. American Sociological Review 40,158–173.

Pfeffer, J., Salancik, G.R., 1978. The External Control of Organizations: A Resource Dependence Perspective. Harper & Row, New York.

Pierce, J., 2000. Programmatic risk-taking by American opera companies. Journal of Cultural Economics 24,45–63.

Pompe, J., Tamburri, L., Munn, J., 2011. Factors that influence programming decisions of US symphony orchestras. Journal of Cultural Economics 35,167–185.

Porter, M.E., 1985. Competitive Strategy. Free Press, New York.

Rogers, R., 1995. Diffusion of Innovations. Free Press, New York.

Rosenberg, N., 1976. Perspectives on Technology. Cambridge University Press, New York.

Schumpeter, J.A., 1942. Capitalism, Socialism, and Democracy. Harper & Row, New York.

Scott, S.G., Bruce, R.A., 1994. Determinants of innovative behavior: a path model of individual innovation in the workplace. Academy of Management Journal 37,580–607.

Seaman, B., 2004. Competition and the non-profit arts: the lost industrial organization agenda. Journal of Cultural Economics 28,167–193.

Simons, T., Pelled, L.H., Smith, K.A., 1999. Making use of difference: diversity, debate, and decision comprehensiveness in top management teams. Academy of Management Journal 42,662–673.

Sørensen, J., Stuart, T., 2000. Aging, obsolescence, and organizational innovation. Administrative Science Quarterly 45,81–112.

Teece, D.J., 1986. Profiting from technological innovation. Research Policy 15,285–305.

Towse, R., 2001. Creativity, Incentive, and Reward. Edward Elgar, Cheltenham.

Van de Ven, A.H., 1986. Central problems in the management of innovation. Management Science 32,590–608.

第12章

新音乐产品的数字化、版权和流程

Joel Waldfogel

University of Minnesota and NBER，USA

管理　译

摘　要

版权保护保障作者拥有完整版权（当然也有消极影响）以激励他们继续创作。随着1999年Napster的出现，文件共享迅速发展，在一定程度上削弱了版权保护。研究资料表明，文件共享不仅抑制需求，更重要的是，它可能会阻碍创新产品推向市场。与此同时，技术变革不仅削弱了对版权的有效保护，各方面的创新也降低了制作、推广与销售的成本，因此其对新音乐产品流程的总体影响并不容易弄清楚。本章回顾了自Napster出现后，技术变革影响新音乐产品质量和服务流程的新证据。

关键词

版权保护，文件共享，技术变革和降低成本，Napster公司

JEL Classification Codes

D20，D42，L00，Z10

12.1 引 言

在互联网广泛使用的十几年里，各类数字内容产业的收入暴跌，特别是唱片产业。例如，美国现今唱片行业的收入仅是其2000年收入的一半。业内观察人士认为其罪魁祸首是各类未经授权的复制（盗版），他们担心未来投资和新录制作品的销量均会减少。为解决这一问题，一些人呼吁加强有效的知识产权（IP）保护。这些建议已被采纳，譬如，法国通过了HADOPI法案（“作品与互联网”法案，并成立网络作品传播与权利保护高级公署进行管理）；美国国内就反网络盗版法案和保护知识产权法案展开论战。然而，仅仅关注版权保护的需求方，即卖方的权益是不够的。

版权法为创意产品提供合法垄断，但合法垄断亦存在垄断具有的所有本质性困难，如价格高于边际成本以及随之而来的产量限制。但对于新产品的流通来说，版权法还是利大于弊的。由于目的是激励创造新产品，版权制度一般被认为是一种合理的机制。但很少有人知道它们的影响。版权逻辑中暗含的观念是，创意产品的创作、推广和销售都需要大量投资。为版权提供合法垄断的目的是为投资创造者提供一定的市场力量并使之能够得到足够的收入来支付成本，这包括足以在初期进行创造性活动的剩余资本。

文件共享的出现削弱了有效的版权保护，也弱化了需求。就其本身而言，将减少创造性作品的数量并要求在版权法或其执行方面进行抵消性变革，以恢复创造性激励机制。然而，文件共享导致的需求量减少并不是数字技术变革的唯一结果，在其他方面，它可能降低了将新作品推向市场的成本。如果事实如此，那么数字化对新创作工作的影响有利也有弊。目前还无法确定数字化是否削弱了现行的版权规则，或是否为创作提供足够的动力。

本章将对关于这些问题的一系列新证据进行回顾。第12.2节假定了一个版权保护商品的简单模型，用来分析近年来数字技术变革给唱片业带来的正面影响及利益。一方面，数字化（如文件共享）会对需求造成负面冲击；另一方面，它也可能降低成本。新的数字技术能否对IP进行充分保护，该总体影响尚不清楚。第12.3节回顾了我们所知道的数字化对唱片业收入的影响；第12.4节讨论了新技术对成本的影响。第12.5节则证明了数字化对新音乐作品数量的影响；而12.6节则从不同的来源，证实音乐作品的质量自2000年竟有所提升。第12.7节解释了质量提升的原因；第12.8节尝试对政策的影响进行总结，并对有望取得成果的未来研究方向提出建议。

12.2 框 架

简单的经济框架有助于我们理顺数字化对唱片业市场的影响，以及技术变革如何增强对版权保护的需求以影响新产品的产生。

具有代表性的公式为$p=a-bq$。由于版权问题，创作者/拥有者具有出售作品副本的垄断权。制作成本既有固定的“第一副本”成本，也有一些边际成本：$TC=K+cq$。卖方要价高于边际成本，这亦涵盖了固定成本，因此可激励潜在创造者开始发明创造。

数字化在许多方面都有影响，我们可以依次分析：首先，数字化将边际成本从C降至接近0的水平，这是由于副本可以进行数字化分销。图12-1表示的是在价格不改变的情况下，边际成本降低的影响。在边际成本降低前，消费者盈余（CS）为1区，制作者盈余（PS）为2区，3区为无谓的损失。若价格保持不变，在边际成本降低后，消费者盈余仍为1区，制作者盈余增为2区和4区，无谓的损失则增至3区、5区和6区。成本降低主要有两方面的影响：（i）它通过提高制作者盈余来使卖方受益；（ii）由于更多单位现在的估值超过零边际成本，无谓损失的增加并不降低价格，因为更多单位现在都是因为不交易而导致无效率。

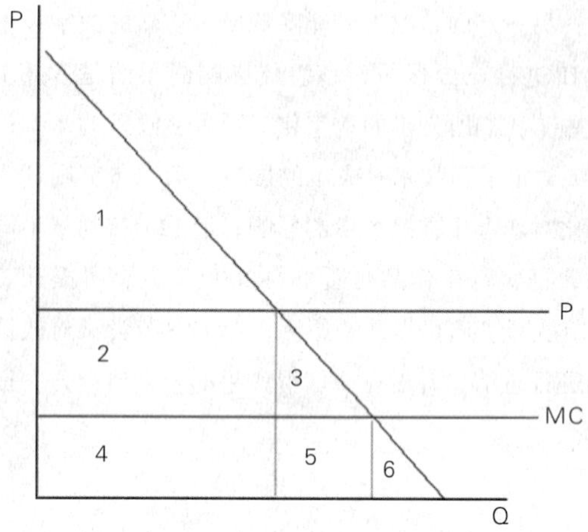

图 12-1　边际成本降低的影响

降低边际成本，受益的并非仅仅是卖方。如果固定成本（包括将产品推向市场的沉没成本）降低，其收益会增加。重要的是，C 和 K 的减少都会加大对创造的激励。

当然，降低成本并不是数字技术对唱片市场的唯一影响。文件共享允许消费者获取音乐时无需支付费用，这就减少了卖家销售唱片可获得的收入。然而，这些影响也有些微妙，它取决于消费者想要获得的是高质量的还是低质量的音乐。将 V 定义为沿需求曲线的估值（代表一些特定的人群，他们愿意为音乐唱片支付费用）。若 $V<p$，那么即便是在没有盗版的情况下，消费者也不会购买。因此，即便盗版，他们的无偿消费也取代不了有偿消费，相反，在这种情况下，无偿消费会将无谓的损失转换成消费者的盈余，这就是帕累托改进原理。

例如，在 $V>p$ 的情况下，这类分析是完全不同的。首先，在没有盗版的情况下，将促进有偿消费。由此，在有盗版的情况下，会减少收入。虽然在某种意义上是简单地从一方转移到另一方，但一方获利抵消另一方受损，这种分析在两个方面都是不完整的。（i）盗版行为几乎无伤大雅，因为他们至少是需要消耗资源来保护自己的财产。（ii）在这种情况下，更直接相关的是，从制作者到消费者的转移可能会削弱制作者把产品推向市场并产生足够收入的能力。

区分静态和动态分析有助于分析无偿消费的影响。静态分析涵盖已经存在的作品。对于这些作品，激励毫无意义。唯一的问题是买卖双方所共同享有的盈余规模及其分配。例如，如果所有的消费者都盗用他们可以积极估值的零边际成本的产品，那么需求下的整个领域都是盈余的，这对消费者来说并没有无谓的损失。当然，没有制作者的盈余，使得我们考虑这一动态问题：工作是否还能继续推进。计划在下一阶段将产品推向市场的创作者面临的前景是，他们可能无法收回其固定成本。他们可能会中止创造。如果这样的话，那么无论是消费者还是制作者在未来都不会得到盈余。动态分析表明，虽然盈余从制作者到消费者的转移几乎是无害的，但它们可能存在毁灭性的长期影响。

动态分析的真正价值在于没有任何具体的预测，相反，它提出了一个问题：在减少卖家销售唱片可取得的收入，以及降低新产品推向市场的成本时，激励机制是否仍足以保证源源不断的新作品投资？这一问题和文件共享是否降低收入一起，都是本章旨在解决的重要附加问题。

12.3　对需求的影响以及相关证明

关于数字化在版权中的第一效应，研究人员已广泛探讨的是它对需求的影响，特别是调查音乐文件共享的可能销售替代对于付费音乐的影响。自 1999 年 Napster 程序被开发以来，消费者可在网上获取电子音乐，而不用向音乐的所有者支付费用。针对 Napster 程序的开发的研究主要关注这一问题：这类盗用是否会取代购买？客观来说，无偿消费是否要取代有偿消费？这个问题似乎很简单，答案似乎显而易见，但实际上很难回答。

一些调查员查看了美国唱片销售记录，对文件共享的销售取代性影响，找到了令人信服的证据：自1999年Napster程序出现后，唱片销售量出现了历史上罕见的下降。例如，Leibowitz（2006）调查了各种可能造成唱片业收入减少的原因，并找寻它们的弊端，得出结论：文件共享必须为此负责。

使用传统的社会科学经验主义为这个问题提供令人信服的直接经验答案更具挑战性，至少有两个原因：第一，即使先不管数据获取的困难，更重要的是，很难建立一个实证策略来推论无偿消费对有偿消费的因果影响。第二，看似平常却同样重要的是相关数据难以获得。

即便有数据，但仍有困难，比如音乐专辑中的有偿消费和无偿消费的关系。人们可能会问，盗版越多的专辑是否销售量会越少，进而了解无偿消费是否会取代有偿消费。或者，反过来，人们可能会问，盗版越多的专辑是否销售量越多，来了解无偿消费是否刺激有偿消费。然而，瞬间反应也要非常谨慎，不要将盗版与作品之间的关系直接解释为替代或互补的关系。比如一位艺术家很受欢迎，那么他的作品可能被大量盗版，也可能被大量购买。如果数据能揭示无偿消费和有偿消费之间的正相关关系，那么人们就不能以之为证，解释无偿消费的销售刺激的影响了。

类似的论点试图从不同时间特定专辑有偿消费和无偿消费的变化关系中了解销售流失。然而，正如某些艺术家的作品受欢迎一样，在特定的时间段，其作品也会被大量购买，以及被大量盗版。由于对新音乐感兴趣，或是唱片的播送，抑或是广告宣传，专辑销售通常在发布的几周之内会达到销售巅峰，因此，我们应该担心的是，在刺激有偿消费的同时也会刺激到无偿消费。这些问题引发了人们的关注，即便是掌握唱片业相关数据的人，在预期一个涉及上述问题的实证策略中也会偏向于发现销售流失。

采用这种基本方法的研究人员普遍认识到一些潜在的挑战。例如，Oberholzer-Gee和Strumpf（2007）采用工具变量策略。特别是他们将德国学校假期的时间作为未付费消费外变量的来源（用户打开电脑，通过点对点网络下载音乐更容易）。Blackburn（2004）使用了类似的数据但得出了不同的结论。前者并没有发现销售流失，而后者发现流行专辑存在流失现象，但对一般的专辑来说影响较小。

其他类型的数据和不同实证策略，有望让我们从数据入手，对未付费消费对于付费消费的影响作出可信预测。有一种方法，我们可以着眼于个体消费者，而不是产品，看看他们是否下载盗版多而购买正版少。这种方法中的一个重要变量是要考虑这些消费群体，例如一个城市、一个州或一个国家的居民。这种方法也存在挑战，特别是音乐下载的倾向可能与个人对音乐的兴趣有关。假设对音乐最感兴趣的那些人是仅有的下载盗版音乐的人，他们既购买正版音乐，又下载盗版音乐。然而有人也许会发现下载盗版音乐的那些人会购买更多的正版音乐。然而，如果是这样的话，仅仅是因为同盗版者相比，非盗版者是一个不合适的控制群体：他们的行为并不能表明盗版者如果没有盗版音乐的机会，就会减少购买音乐。

上述个别指导法的一个变量是个人随时间下载和购买变化的对比。个人对于音乐的喜好因人而异（还有就是下载盗版音乐的人有更强烈的音乐喜好），这逐渐削弱了通过个人进行研究的方法。如果每个人对音乐的兴趣水平随着时间的推移趋于稳定，那么另一种方法就是考虑那些随着时间的推移增加未付费消费的人是否会相应增加或减少他们的付费消费。

还有个有关数据来源的问题，把我们无情地带回困难重重的现实。简单地说，获取相关的数据并非易事。我们可以从产品层面的数据开始，尽管这些数据并没有多大用处。虽然有关唱片的销售排名数据（例如Billboard 200）可以免费获得和广泛使用，但是针对唱片销量的实际销售额的数据可提供给研究人员的相当有限。一些研究人员从Nielsen SoundScan（美国尼尔森音乐统计公司）（Blackburn，2004；Oberholzer-Gee and Strumpf，2007）获得了专辑销售时间序列数据。尽管许多研究者尝试过各种巧妙的估算，但是未付费消费的唱片数据并不能系统地给出。

个人音乐消费（付费消费或未付费消费）的数据无法系统地获得。市场营销服务机构在一些家庭中开展调查，其中包括音乐购买问题，以及未付费消费代理权（比如互联网连接）或者个人是否参与了未付费消费的双重分析等信息。Zentner（2006）使用类似的个体层面的数据，将音乐购买量与自我报告的音乐下载量联系起来。Rob和Waldfogel（2006）以及Waldfogel（2010）对大学生这一简易样本进行了调查。

为了细致分析这些研究中遇到的难题，一些新近的文献论述了未付费消费和付费消费（大部分针对唱片业）之间的关系。虽然一些研究认为没有影响，但大部分研究发现未付费消费对于付费消费存在负面影响。

这里有一些额外的细微差别。看起来未付费音乐消费总量很大，而且如果没有未付费消费的机会，可能大部分未付费的情况都不会促成现如今的付费消费。Liebowitz（2006，2011）回顾了以往的预测，并得出文件共享可以解释2000年以来唱片销量整体下滑原因这一结论。

在消费者可购买未捆绑歌曲的时候，即目前iTunes音乐商店和其他厂商的惯例形成之前，学者们对文件共享的影响进行过许多研究。人们可能会认为一旦消费者可以选择购买点唱歌曲，下载盗版音乐的行为将会减少，未付费消费的情况也会减少。Waldfogel（2010）谈到Rob和Waldfogel（2006）早期采用的调查法，考虑的是歌曲而不是专辑。令人惊讶的是，在消费者可以购买未捆绑的数字歌曲后，未付费活动的水平和销售的流失率是一样的。

我们在12.2节中提出了归纳整理研究结果的方法。未付费消费大量存在，但销售的流失率似乎远低于1。这表明大部分的未付费消费发生在消费者不会购买产品的情况下。然而，未付费消费的数量如此之大，因此价值高于价格（V>p）的未付费消费大幅影响销售额的实例也屡见不鲜。大多数观察者认为文件共享削弱了对唱片有效的版权保护。

12.4 减少收入和降低成本

面对媒体行业的数字化，学界的第一反应是进行大量旨在确定文件共享对收入的影响的研究。数字技术，特别是文件共享，对需求产生了巨大的负面冲击，这一点难以辩驳。然而，特别是鉴于12.2节的内容，人们可以对该研究是否已充分考虑了所有相关问题质疑。版权的排他性许可和独占许可意味着它确保创作者获得足够的收入来支付创作成本。换句话说，这些报酬是为了鼓励创新活动，从而确保创新产品源源不断地出现。

国际唱片业协会（The International Federation of the Phonographic Industry）（2010）认为，将新作品推向市场耗资巨大，这使得对收入的威胁实质上也威胁到了新的音乐作品的不断产生。此外，它还认为音乐是一项资本密集型业务，就研发投入来说，很少有行业能与之相提并论。国际唱片业协会报道称，将一位新的艺术家推向市场的花费约为100万美元，其中包括唱片制作、发行和推广费用。这些花费大约是知名艺术家的两倍。

对需求的负面冲击本身就会减少创作者可获得的经济回报，因此也有降低随着版权保护应运而生的创新产品数量的风险。然而，数字化（对成本）的影响超出了其对需求的影响。虽然文件共享减少了创作者（及中间商）的收入，但其他数字技术变革也降低了成本。

将音乐推向市场的三个主要活动是制作、发行和推广。显而易见，数字化后，制作和发行的成本大幅降低。音乐制作需要昂贵的计时录音室和人员。现在，大多数观察者认为人们使用耗资仅仅数千美元的设备，就可以制作出被认可的商业品质录音（Leeds，2005；Knopper，2009）。

曾经为了发行需要压制光盘，然后将其运送到愿意储存它们并承担库存的商店。为了满足消费者对唱片的需求，发行成本必须尽可能地降低。例如，艺术家可以在iTunes（CDBaby或其他网站）以约10美元的价格将他或她的歌曲售出。

数字化后，音乐的推广环境发生了很大的变化。通常，音乐产业制作出的音乐要比其有效推广的音乐多得多。例如1996年，共发行了28 000张新专辑。据Vogel（2007）统计，各大广播电台每周可能增加3至4首新歌至播放列表，而音乐产业每年发行10万多首新歌。这一现象引发了一个问题，通常音乐圈都会禁不住诱惑，为了让广播公司播放他们的歌曲而支付报酬。即使这些付酬是合法的，这种行为也采取了贿赂的形式。即便在宣布贿赂这种行为不合法后，获得音乐播放的费用仍居高不下。Caves（2000）报道称，20世纪80年代，推广一首单曲的费用为15万美元。

数字化从两个方面大大改变了音乐消费者的信息环境，缓解了传统广播存在的问题：首先，互联网极大刺激了音乐关键信息的产生和传播。虽然报纸和专业杂志上一直有乐评，但是在过去16年里，这类音乐网站的数量已大幅增加。

与传统媒体相比，纯数字媒体能够以更低的成本面向消费者。或许最突出的例子就是Pitchfork。Pitchfork网站成立于2001年，每年要评论数百张新专辑。2001年以来，Metacritic就从许多基站资源中搜集乐评，并将其转化成0到100的数字分数。如果有至少3个基站给予了乐评，那么Metacritic将会给出评分。到2010年，Metacritic每年评论约1 000张专辑。

图12-2记录了Metacritic在线评论的增长情况。

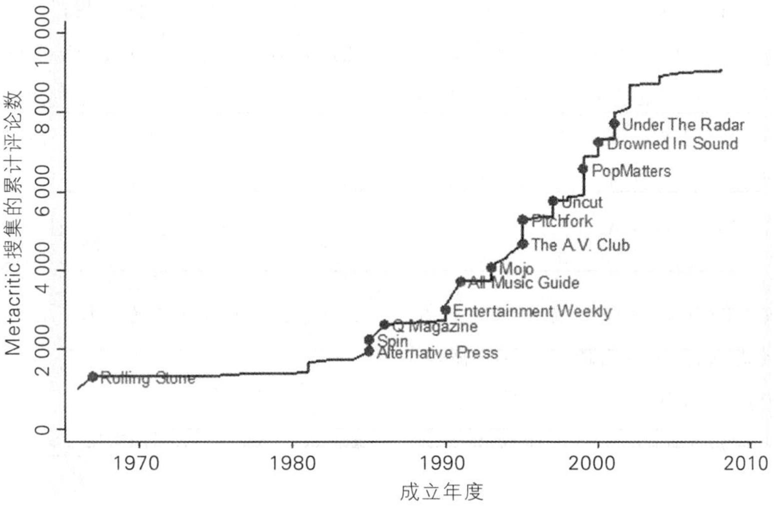

图12-2 Metacritic搜集的超过2 000条评论的来源

资料来源：Reproduced from Waldfogel（2012b）。

1 000张专辑的宣传信息涵盖了更多的艺术家，其中主要通过广播来作重磅宣传。根据美国广播电台的AirPlay，Billboard每周排名前75首歌曲是根据美国电台播放次数来确定的。经过经营打造，这一排行榜每年有3 900（75×52）首歌曲上榜。但是一些歌曲会持续多周上榜，所以每年上榜的艺术家仅有300名左右。当然，这些并不是所有在AirPlay播放音乐的艺术家（Thomson，2010），但他们却是为数不多的获得大量播放次数的艺术家。因此，Metacritic及类似的网站至少能够让一些消费者了解传统渠道以外的许多不太知名的艺术家。

数字化使音乐消费者信息环境发生改变的第二个方面当然是互联网广播。像Pandora、Last.fm和Spotify这样的音乐平台可以播放更多种类的音乐，远远领先于传统电台。用于描述它们音乐播放的系统数据不多，从能搜集到的数据来看，对于很多被传统广播忽略的艺术家和歌曲，互联网广播为其提供了很大的推广机会。Waldfogel（2012b）根据Last.fm听众的收听情况，分析了Last.fm每周排名前420的歌曲，结果发现只有十分之一的艺术家出现多首歌曲被大量播放的情况（根据Billboard的数据），这表明了互联网广播为更多艺术家提供了听众渠道。从另一方面来说，这也为听众提供了熟悉更多艺术家和歌曲的机会。当然，相对于传统的广播，互联网也提供了其他发掘音乐的渠道，包括YouTube上的视频、MySpace上的音乐，以及Amazon上的短片或者iTunes的音乐商店。

尽管网络音乐收听的数据不够完整，但显然数字化大大削弱了已经进入瓶颈期的传统媒体——无线电广播。考虑到唱片的制作、发行和推广，这一发展的重要结果是新音乐推向市场的总体成本大幅下降。

由于文件共享对有效需求的负面影响，以及数字化引起的成本降低对新产品供应的冲击，我们无法清晰地预测数字化对音乐市场的影响。实际上，我们面临着一个实证的问题，自数字化以来，市场上产生的新的音乐在数量和质量上发生了什么样的变化？

12.5 数量证据

尼尔森音乐数据显示，在20世纪90年代中期，每年新发行的专辑数量（至少出售过一次的在册专辑）大约是30 000个。十年后，Oberholzer-Gee和Strumpf（2009）研究称，每年新发行的专辑数量已增加至80 000个，虽然2010年至2012年间发行量有所回落，但自2005年以来年平均发行量超过了80 000个。虽然从表面上看，这一现象与制作和分配的成本下降脱不了干系，但我们仍需注意销量的极度不均衡这一问题。尼尔森数据显示，在2009年发行的97 751个专辑中，只有2%的专辑销量超过5 000张（Peoples，2010），而剩下的几万个专辑则几乎无人问津。

虽然唱片发行量和唱片公司数量的增加显然与新产品的增多呈正相关，但这些新产品（可通过数字技术实现）的出现，并不意味着音乐市场中的消费者和/或制作者已经高度供给过剩。产品对消费者或制作者供给过剩的影响，基本在于其销量。由产品导致的社会剩余，是消费者剩余和制作者剩余（固定成本较低）的总和。需求很少或没有需求的产品对社会剩余影响不大。因此，创意产业的健康发展，不仅需要新产品的持续流通，还必须使新产品导致的剩余水平不低于过去的剩余水平。

12.6 新产品服务流程中的直接数量证据

新产品的数量并不能很好地衡量新产品的服务流程，因为许多产品产生很少的消费或者根本没有产生消费。为此人们首先想到的一个替代标准就是产品的销售数量，因为每年销售量都会超过拷贝的数量上限。然而，这种方式也不管用。正如上文所述，如果无偿消费上升，那么有偿消费就会自然而然地下降，久而久之便无法确定数量上限了。假设我们创建一种计量方式用来计量销量超过5 000张的新专辑或者歌曲的具体数量，那么我们就有把握来说明所有都是与经济相关的，因为每一张专辑都有很多人购买。然而，相比于十年前，如今盗版风气越来越盛，所以唱片必须比十年前更具吸引力，也就是说必须有更大的需求量，才能卖出和十年前一样的5 000张。因此，用这种方法来衡量新音乐产品服务流程并不可靠。

Waldfogel在他的两个新作品（2011，2012c）中想尽各种方法来规避新音乐质量方面的问题。人们对于“质量”一词颇有争议，尤其是一旦涉及文化产品，往往会与美学概念挂钩。Waldfogel寻找新音乐服务流程的替代方法，即销售数据能够证明销量减少问题与产品吸引力无关的方法。

第一种方法是利用乐评人对于专辑的评价，尤其是各种年度“最佳”榜单。各类媒体（通常是音乐杂志）公布的年度十佳专辑排行榜比比皆是。当然，由于每年的十佳榜单上都有十张新专辑，时间久了，这类榜单在衡量专辑质量方面也没多大用处了。然而，销售网点制作的年报通常也涵盖多年的榜单，如“十年最佳专辑”或“历代最佳专辑”。

借助于评价排行榜的这种想法很容易理解。上榜就意味着无论其原始发行年份如何，该专辑的质量都超过了平均水准。随便拿出一个最佳专辑榜单，比如滚石500张历代最强专辑榜单，我们可以将专辑按发行年份分组，定义 n_{it} 为 i 榜单上发行于t年的专辑数量，那么根据该榜单，时间序列 n_i 会随时间提供关于专辑质量演变的信息。Waldfogel（2011）有近100个这样的榜单，由专业音乐评论家组合在一起，并将每个榜单所产生的指数整合成一个随时间而变化的音乐质量指数。一些榜单中包含500个条目，其他包含100个或更少。

为了使列表可比，通过采用对数将其转换为百分比。这里出现了第二个难题，列表分布数量不均，即有一些时间段有很多榜单，而其他时间段内几乎没有。不应该仅仅因为20世纪70年代的榜单列表数量较多，在总索引中占的权重就大。为了避免此问题的出现，我们可以删除榜单特定的固定效应，以便每个榜单的指数仅提供关于整体指数的年均变化的信息。

需要注意的是，该指数是由以下回归构成的：

$$\ln(n_{it})=\mu_i+\theta_t+\varepsilon_{it}$$

其中，μ_i是指数特定的固定效应，θ_t是指数之间共同的年度效应，ε_{it}是年度和指数特定的误差项。θ_t时间序列参数的估算提供了总指数。

在讨论指数数据和结果之前，很有必要探讨一下临界指数的两种解释。首先，它可以反映审美判断。其次，所得到的指数将表明随着时间的推移，音乐（按照超过阈值的作品数量衡量）的发展情况。如果按照上述排行榜的方法来解释，那么我们可以通过确认它是否反映了流行音乐的发展历史来验证该指数（例如，该指数是否在人们普遍承认的产生高品质音乐的特定时期达到了高水平）。

虽然我们可以接受指数的美学阐释，但是经济学家们通常对这种主观性的数据不是很“感冒”。从审美的角度看，每年发行的“好”音乐的数量并不一定能增加经济盈余。举个例子，若乐评人认可的、满足小众精英们品味需求的音乐却没几个人购买，那么评论家指数与需求的相关性就很难成立了。可以通过说明关键评估与需求呈正相关来以第二种方式验证关键信息。

思考完这些问题后，我们便可以接着讨论数据了。图12-3描述了用于构建总指数的相关最佳榜单。重要的是，每一对连续的年份被多个榜单覆盖。因此，可以将1960—2008年期间的整体质量指数拼在一起。

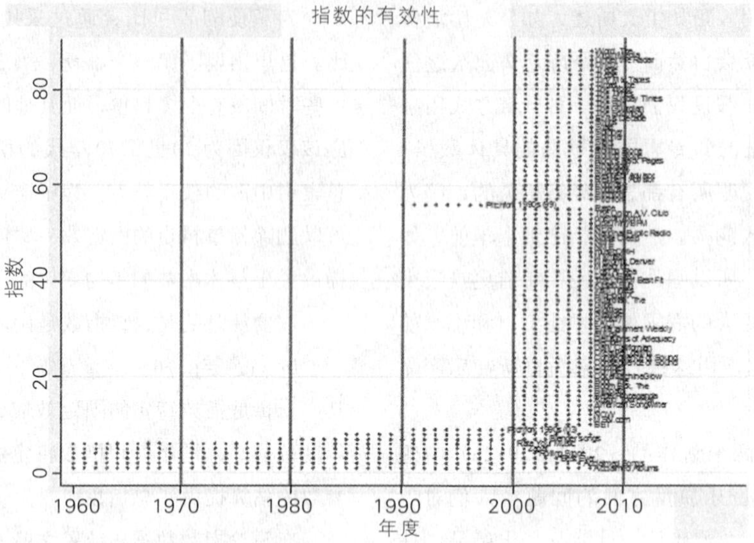

图12-3　用于构建基于评论家的总指数的最佳榜单：指数的有效性

资料来源：Reproduced from Waldfogel（2012c）。

有三个证据验证了从关键最佳榜单中得出的指数。首先，研究流行音乐历史的史学家们大多认为20世纪60年代是盛产高质量音乐的重要时期（Larkin，2007）。从图12-4中可以看出总指数在1970年达到历史高峰。其次，如果指数所反映出来的现象是有意义的，那就应该是相关的。我们发现从相同时间段的榜单中得出的指数随时间而高度相关。1960—2000年期间的4个专业榜单之间的相互关联度都不少于0.7。同时，榜单内容具有高度的一致性，即在一个榜单上出现的作品很可能也出现在另一个榜单上。我们整理了自2000年以来的56个榜单。根据上文中引用的尼尔森音乐的数据，在此期间发行的专辑共约50万张。这一时期的列表有数千条，但重复率很高，100张专辑加上重复的数量就占了总数的40%。在56个榜单中，光是电台司令乐队的Kid A和Arcade Fire乐队的Funeral（Waldfogel，2012c）就都出现了47次。鼓击乐团（The Strokes）的Is this It? 和Outkast乐队的专辑Stankonia也分别出现了45次和37次。

最后，尽管最受好评的榜单与最畅销专辑的榜单不尽相同，但是具有更高的经济意义，很明显，乐评与销量是呈正相关的。根据美国唱片业协会（RIAA）的“黄金唱片”认证，自2000年以来，50张最受好评的专辑中有一半销量达到了50多万张。一般来说，在100张新专辑中，能有1张有这样的成绩就已经很不错了。如果说专辑的乐评与销量不相关，那么100张最受好评的专辑中也很难有1张获得RIAA“黄金唱片”认证。因此，我们可以将最受好评的专辑和从中衍生出的专辑质量指数分别作为新音乐随时间而变化的需求指数和吸引力指数。

图12-4给出的指数正是由此方法而得出。从图中可以明显看出，首先，在20世纪60年代该指数处于上升状态并在1970年达到高峰，然后在1980年前后回落，到了90年代又稍有回升，接着在Napster出现的1999年后又开始下落。随后的十年中，随着唱片收入下降一半左右，新音乐质量指数逐渐稳定。然而2000年之后的指数比2000年初的指数高出太多，以至于有人认为这个指数与现实不符。不论有没有出现这样的观点，在整个音乐产业的大背景下，业界是否能够继续投资新产品是一个问题，而1999年之后这种质量的稳定性是出人意料的。

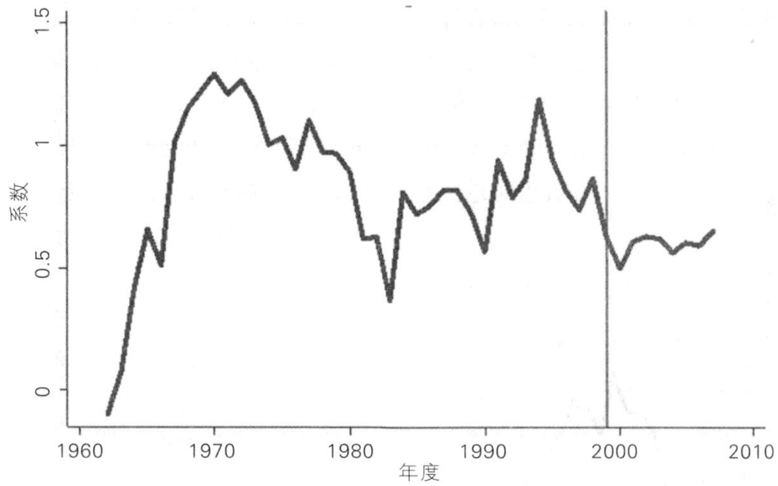

图12-4 基于评论家的质量指数：专辑、年度、Dummies与Napster（加权）

尽管音乐质量尚未下降的证据看起来很有趣，也极具启发性，但有些地方还是站不住脚的。首先，虽然乐评家的赞扬与需求相关，但并不是衡量需求的直接标准。其次，即使接受乐评家的赞扬与需求密切相关这个观点，人们需求的也仅仅是在严苛评价下受到赞扬的那一部分产品。如上所述，据尼尔森音乐的报道，2009年发行的专辑中，只有2 050个销量超过5 000张。然而，每年只有少数专辑会出现在该年的最佳榜单上。乐评家极力推荐的专辑可能并不能反映其他在商业方面成功的专辑对消费者的吸引力。

综合以上理由，最好是从消费数据中找到更直接的质量衡量标准，而在Waldfogel（2012c）中采用的质量测量的第二种方法就是这样做的。假设我们分别掌握了按日历时间和按发行年份整理的音乐消费数据。也就是说，假设我们可以看到2010年、2009年和之前每年出版的专辑在2010年销售的音乐份额。此外，假设我们可以观察多个日历年内的此类销售数据。

在上述数据中，首先注意到的一点就是新音乐比旧音乐使用得更广泛——这可能与折旧有关。如果可以采用这种观察模式来解释折旧，那么数据可以揭示音乐质量随着时间的演变。在考虑到折旧以后，我们就可以通过了解哪一年的音乐使用得比其他年份的多来对旧音乐进行评估。

为了保证这一基本方法的实施，Waldfogel使用了两个丰富的数据源。第一个是在2006—2010年期间美国的AirPlay，这些数据基于每年数百万的“旋转”（AirPlay的实例），因此可以准确估计每年最初发布的广播电台中的音乐份额。

第二个来源是1970—2010年期间根据RIAA认证的美国专辑销售数据。如上所述，当一个专辑销量达到50万张时，就会获得“黄金唱片”认证。当销量达到100万时，就会获得“铂金唱片”认证。而当其销量超过100万张时，该专辑会获得“白金唱片”认证。按日历年份和发布年份（并将销量顺利地分配到发行和认证之间的年份）汇总这些认证后，就可以按照日历年份和发行年份建立销量数据库。可以肯定的是，这些数据都缺少了所有从未获得过销售认证的专辑的销量。

将S_{tv}定义为最初在年份v发布的日历年t中使用的音乐份额。因此，任意年t在发行年份间的总和是一致的：$\sum_{v}^{t} 1960^{S_{tv}} = 1$。Waldfogel（2011）使用下面的回归模型来构建质量指数：

$$\ln(S_{tv}) = \alpha_{t-v} + \pi_v + \epsilon_{tv}$$

其中，αs是一组灵活的年龄虚拟变量（音乐年龄=t−v），

πs代表一组灵活的年份虚拟变量，而ϵs表示年龄和特定年份的误差项。πs是一个年份虚拟变量生成集上的系数，是不固定的。在这里，π估计的序列是“质量”的指数。在这种情况下，关于质量的意义并没有歧义。质量仅仅指“效用”或作为改变决策者选择哪一年份音乐的趋势的参考。

图12-5和12-6显示了过去音乐质量演变的估计结果，有一些结果很有趣。第一，虽然它们是相互独立的，但又惊人地相似：两者都在1960—1970年间上升，此后下降。然后2000年前又都有所回升，在进入21世纪后都开始大幅上升。也就是说，两者都表明了自数字化以来，音乐质量（新音乐的服务流程）已有所提高。第二，指数的演变与2000年以前的关键指数十分吻合。

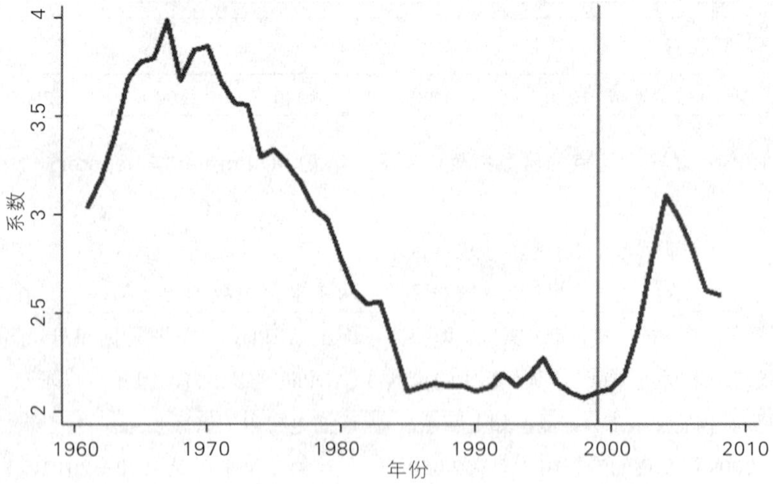

图12-5　基于AirPlay的质量指数（灵活的非参数化）

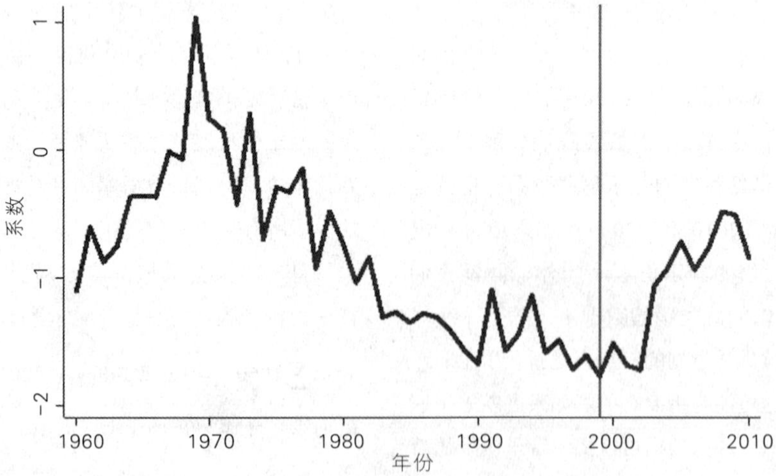

图12-6　基于销售的质量指数（灵活的非参数化）

综合三方资料得出，2000年以来音乐质量并没有下降迹象；相反，有证据表明音乐质量自2000年以来大幅提高。在收入下滑加上行业对持续投资满怀担忧的背景下，得出这种结果，实在是出人意料，乍看之下也着实令人费解。

12.7 质量提高的解释

Waldfogel（2012b）基于Caves（2000）和Tervio（2009）的论据，为数字化之后音乐质量的提高作出了一个可能的解释。Caves认为创意产业中的把关人（如音乐唱片公司和电影工作室）很难预测他们将要跟进的项目是否会成功。例如，据业界报道，唱片专辑往往只能收回成本的不到十分之一（Vogel，2007）。Caves将其定义为“无人知晓（nobody-knows）”的原则。确定这类产品是否成功的唯一方法是将其发行到市场。

但是，将产品推向市场的成本十分昂贵。据早前的报道，国际唱片业协会（2010）指出，一个大唱片公司将一个新乐队的专辑推向市场所需的成本大约为100万美元，而资深歌手的专辑制作成本则更多。因此，一般来说，主流唱片公司所投资的产品的数量相对较少，公司主要负责产品的制作、分销和推广。虽然唱片公司会选取具有最大发展前景的唱片进行投资，但是能够成功的还是寥寥无几。所以，消费者也会发现每年唱片市场中引人瞩目的新产品相对较少。

除了大型唱片公司外，还存在大量的独立唱片公司。这些公司常年发行大量唱片，但其专辑在销售推广上比较困难。伴随着最近十年的数字化变革，互联网电台和互联网音乐评论的出现使得新音乐产品市场推广（Tervio所说的“实验（experiment）”）的成本有所降低。更多的产品找到了自己的听众，更多的实验给了消费者更多机会来发现好音乐。

我们用一个非常简单的模型来解释这个机制。假设q表示一张专辑的真实品质（市场能力）。直到投资人开始实施一系列的发行推广，才能看到该专辑的真实品质。在发行之前，投资人会形成一个市场能力估计，即真实品质加上良好性状错误：q′=q+e。然后，投资人——唱片公司——会将达到预期质量并超过某一阈值的所有专辑推向市场：q′>T，然而，其中许多专辑不免令人失望。

为了方便说明，假设新技术的出现降低了发现真实品质的成本而导致阈值减小，在极端情况下，假设阈值减小至0，那么所有艺术家的作品都会受到市场的检验，而我们会发现，所有产品的质量都在特定阈值之上。因此，消费者不仅能发现前途可期或可能大器晚成的艺术家，也可以发现具有实际前景的所有艺术家。结果，更多的“好”音乐流向市场，而消费者也得到了更好的新音乐服务。如果这种特征性描述是正确的，同时也提出了一些问题。

i.推向市场并接受检验的产品的数量是否随着消费者的增多而增多？

ii.市场前景不明朗的产品的发行量是否有所增加？

iii.销售集中度是否有所下降？（例如，前景不明朗的新产品是否抢占了传统音乐的市场份额？）

iv.预期前景不明朗的产品——独立唱片公司发行的产品——是否在商业上成功的产品中占据越来越大的比例？

我们有理由认为将产品推向市场的成本有所下降。但随着时间的推移，进入市场的产品数量是否有所增加？如前所述，尼尔森音乐数据中出现了产品数量随着时间的推移而大幅增加。其他指数也有所上涨。Waldfogel（2012b）记录了Discogs数据库中美国专辑数量随着时间的推移而增加。1990—2000年的发行量大约翻了一番，2000年后继续上升。Waldfogel试图按唱片公司类型（独立公司、大型唱片公司、个人发行）给发行专辑分类。虽然很难对所有公司进行分类，但有一些趋势是清晰的：第一，自2000年以来，大公司的发行量大幅下降；第二，独立公司和个人发行的作品数量大幅增加；第三，纯数字作品的数量大幅增加。虽然发行数量的增加与经历市场考验的产品数量的增加不同，但发行量的增加与实验的增加是一致的，可能会导致更多的音乐被发现，从而给消费者带来更多的服务。

为了弄清楚销售集中度是否下降，尤其是什么时候独立唱片公司的专辑开始占据越来越大的销售份额，Waldfogel（2012b）采用了Billboard专辑销量排行榜上的数据。Billboard 200是美国排名前200的畅销专辑的每周排名。我们通常会认为要检验销售集中度，实际销量的数据比销量排行榜更可靠，但是在研究集中度的演变方面销量排行数据确实更值得分析。

Billboard 200每年有10 400个条目（52周×200个条目/周）。根据销售集中度，列表上不同艺术家的数量会在200（如果每位艺术家只有一张专辑上榜，且在该年度内没下榜单）到10 400（如果排行榜每周都更新）之间变化。不出意外的话，上榜艺术家的实际数量就在上述范围内。1985—2000年间，每年约有600名艺术家上榜。自2000年以来，艺术家数量大幅增长，翻了一番，达到了1 100多名。换言之，自2000年以来，销售集中度大幅度下降。

在新产品层出不穷的大背景下，销售集中度的下降显得很有趣。如果新增的产品——之前没有出现过的新产品——对消费者并没有构成吸引力，那么其他类似的新产品的销量也不会太可观。在这种情况下，新产品的增加并不会导致销售集中度的下降。但是，如果新产品相对于“现有”产品是有吸引力的，那么销售集中度就会下降。因此，销售集中度的下降为“新产品的增长有助于增加对消费者的吸引力”这一观点提供了第一个证据。

如果新产品改善了音乐服务流程，除了销售集中度下降以外，应该会有其他迹象。另外，市场前景较差的产品——之前并没有经历市场检验的产品——也应计入商业上成功的音乐所占的市场份额之内。考虑到音乐产业的结构，艺术家们逐渐发现大型唱片公司在唱片发行上的优势。因此，大型唱片公司成为艺术家们的首选，独立唱片公司次之。市场前景较好的艺术家们会与大型唱片公司签约，而其余的则签约独立唱片公司。因此，我们可以通过调查独立唱片公司的音乐取得商业上成功的比例，来测试新环境是否有助于发现更好的新音乐作品。

除了总销量排行榜，自2001年起Billboard还公布了最畅销独立音乐排行榜单。结合这两个榜单，就能记录独立唱片公司制作的热销专辑的数量变化。自2001年以来，该比例在逐年稳步增长。2001年Billboard 200上榜的独立唱片公司专辑数量占比不到15%，而2011年增长到35%。畅销专辑榜上独立公司唱片的数量也逐渐增加，Billboard榜单的前25名中，独立公司唱片所占比例从6%增加到8%。

在如今的技术时代，更多类型的音乐作品（包括之前并未大力推广的音乐）都逐渐找到了受众，一些之前从未有机会问世的音乐作品也取得了成功。消费者由此不仅可以接触到大量市场前景较好的音乐作品，同时也有机会接触到更多类型的音乐精品。独立唱片公司制作的音乐不仅在商业上取得成功，发行量也大幅增加。

Pitchfork是一本刊登新专辑评论的网络杂志，它分别列出了20世纪80年代、90年代和21世纪初的100首最佳专辑。随着时间的推移，这些名单中独立唱片公司的比例从20世纪80年代和90年代的约50%增加到2000年的60%（Waldfogel，2011）。

12.8 结　论

过去十几年来，唱片行业十分动荡。受技术革命和无偿消费的冲击，传统唱片产品销售额锐减，由此又将音乐产业界带进新一轮对音乐投资和新产品的忧虑中。

尽管文件共享对传统音乐产品产生了一定的负面影响，但其他技术变革削弱了对新产品的潜在破坏性冲击。自2000年以来，不仅新产品数量在增加，更重要的是，由于制作和配送成本的降低，新产品似乎为消费者带来更多的利益。这一令人费解的结果的出现是由于数字化的新机构和技术为更多的音乐产品带来了禁得起消费者检验的机会，这反过来也促进了消费者发现更多的好音乐。这只是数字化效应的开始，我们很难想象十年后这些创意市场（音乐、电影、书籍等）将如何运作。不过，显而易见的是，迄今为止最受关注的音乐收入这一问题本身不仅不足以说明版权系统是否正常运作，它也不再是音乐行业的晴雨表。未来的版权研究可以通过关注消费者和制作者来帮助制定政策，并评估社会在技术变革之后是否继续体验到新的、充满活力的创意产品。

参考文献

Bacache-Beauvallet, M., Bourreau, M., Moreau, F., 2012. Piracy and creation: the case of the music industry. European Journal of Law and Economics http://dx.doi.org/ 10.1007/s10657-012-9360-1.

Blackburn, D., 2004. On-line piracy and recorded music sales. Job Market Paper (Harvard PhD Programme), Harvard University, Cambridge, MA.

Bourreau, M., Gensollen, M., Moreau, F., Waelbroeck, P., 2012. Selling less of more? The impact of digitization on record companies. Journal of Cultural Economics http://dx.doi.org/ 10.1007/s10824-012-9184-4.

Caves, R. E., 2000. Creative Industries: Contracts between Art and Commerce. Harvard University Press, Cambridge, MA.

Connolly, M., Krueger, A.B., 2006. Rockonomics: the economics of popular music. In: Ginsburgh, V., Throsby, D. (Eds.), Handbook of the Economics of Art and Culture, vol. 1. North-Holland, Amsterdam, pp. 667–720.

Handke, C., 2006. Plain destruction or creative destruction? Copyright erosion and the evolution of the record industry. Review of Economic Research on Copyright Issues 3, 29–51.

Handke, C., 2012. Digital copying and the supply of sound recordings. Information Economics and Policy 24, 15–29.

International Federation of the Phonographic Industry, 2010. Investing in Music. IFPI, London. <http://www.ifpi.org/content/library/investing_in_music.pdf>.

Knopper, S., 2009. Appetite for Self-Destruction: The Spectacular Crash of the Record Industry in the Digital Age. Free Press, New York.

Larkin, C., 2007. A brief history of pop music. In: Larkin, C. (Ed.), The Encyclopedia of Popular Music, fifth ed. Omnibus Press/MUZE, London and New York, pp. 17–27.

Leeds, J., 2005. The net is a boon for Indie labels. New York Times, 27 December.

Liebowitz, S.J., 2006. File sharing: creative destruction or just plain destruction?. Journal of Law and Economics 49, 1–28.

Liebowitz, S. J., 2011. The Metric is the Message: How Much of the Decline in Sound Recording Sales is Due to File–Sharing? <http://dx.doi.org/10.2139/ssrn.1932518>.

Mortimer, J.H., Nosko, C., Sorensen, A., 2012. Supply responses to digital distribution: recorded music and live performances. Information Economics and Policy 24, 15–29.

Oberholzer-Gee, Strumpf, K., 2007. The effect of file sharing on record sales: an empirical analysis. Journal of Political Economy 115, 1–42.

Oberholzer-Gee, F., Strumpf, K., 2009. File sharing and copyright. NBER Innovation Policy and the Economy 10, 19–55.

Peoples, G. 2010. Analysis: Important Sales Trends You Need to Know. Billboard. Biz, 2 June.

Rob, R., Waldfogel, J., 2006. Piracy on the high C's: music downloading, sales displacement, and social welfare in a sample of college students. Journal of Law and Economics 49, 29–62.

Tervio, M., 2009. Superstars and mediocrities: market failure in the discovery of talent. Review of Economic Studies 72, 829–850.

Thomson, K., 2010. Same old song: an analysis of radio playlists in a post-FCC consent decree world. Technical Report, Future of Music Coalition, Washington, DC.

Vogel, H., 2007. Entertainment Industry Economics, seventh ed. Cambridge University Press, Cambridge.

Waldfogel, J., 2010. Music file sharing and sales displacement in the iTunes era. Information Economics and Policy 22, 306–314.

Waldfogel, J., 2011. Bye, Bye, Miss American Pie: the supply of new recorded music since Napster. NBER Working Paper 16882, NBER, Cambridge, MA.

Waldfogel, J., 2012a. Copyright research in the digital age: moving from piracy to the supply of new products . American Economic Review 102, 337–342.

Waldfogel, J., 2012b. And the bands played on: digital disintermediation and the quality of new recorded music. <http://ssrn.com/abstract=2117372>.

Waldfogel, J., 2012c. Copyright protection, technological change, and the quality of new products: evidence from recorded music since Napster. Journal of Law and Economics 55, 715–740.

Zentner, A., 2006. Measuring the effect of file sharing on music purchases. Journal of Law and Economics 49, 63–90.

第13章

艺术的定价和定价艺术：音乐演出行业中的定价类型

Pascal Courty[a] and Mario Pagliero[b]

[a]University of Victoria and CEPR，Victoria，Canada

[b]University of Turin and Collegio Carlo Alberto，Moncalieri，Italy

管理　译

摘　要

本章记录了音乐演出行业中现有的定价类型。基于对二级差别定价和三级差别定价的依赖程度不同，艺术家音乐演出门票售罄的概率也有所不同。最令人惊讶的是，划分多种座位类型的艺术家，更有可能根据不同市场而改变定价，反倒更不太可能取得好的音乐演出票房。这些模式很难用标准的利润最大化分析范式来解释，但如果我们接受艺术家对利用市场力量有着不同意愿的假设，就能有一个合理的框架来解释艺术家定价类型的模式。

关键词

差别定价，限额配给，行为定价，定价类型，利用市场力量，公平定价

JEL Classification Codes

D42，D45，L21，L82，Z11

去看像Bruce Springsteen这样的音乐家演出的门票特别容易被粉丝称作“价格欺骗”，即使Bruce Springsteen坚持认为他演出的门票应让劳动者阶层也能支付得起。

——《经济学人》(2011)

Bruce Springsteen、Pearl Jam和Dave Matthews从来没有过度抬高他们的票价。

——Waddell (2009)

Barbra Streisand想要为她在罗马的演出的门票定价900欧元，这引发了意大利粉丝的强烈抗议，并敦促市政府拒绝她使用场馆。公众抗议后，Streisand取消了音乐演出。

——Maguire (2008)

13.1 引　言

为什么要在手册里用整整一章来研究艺术家如何给现场音乐演出定价呢？其中一个原因是人们对这个话题怀有强烈的兴趣。门票定价受到媒体的高度关注，粉丝们也似乎格外留心门票价格和可得性。当大众认为音乐演出的价格高得惊人，或当粉丝为热门门票必须排队等候好几个小时，否则就得在网上转售市场支付票面价格的数倍才能买到时，记者们就会抱怨和抗议了。报纸还报道说，当门票都以相同价格出售时，获得部分或所有类型的座位依旧相当困难。艺术家、推广人员、粉丝和评论家对票价持有不同意见。那么大众应该听谁的呢？

由于现场活动行业的特殊性，门票定价也很有趣。供应商（通常是个体艺术家或乐队）并非是教科书式的追求利润最大化的企业家。许多艺术家也是词曲作家，他们能从自己的音乐中看到更深层的意义。一些歌曲带有强烈的情感和政治信息。音乐可以振奋精神和激发抱负。艺术家往往依赖其公众形象销售他们的艺术作品，有些艺术家甚至享受公众的追捧。音乐演出行业还有另一个特殊性，即艺术家有时会就什么人应该参加他们的音乐演出以及他们期望的票价表达一些个人观点。例如，Bruce Springsteen称，为了让工人阶层可以负担得起演唱会门票，他将票价定得比较低。有人可能会质疑这些言论是否真诚。这种争论也从未停止。

音乐会观众也不是教科书式的消费者。许多粉丝忠诚于特定的乐队，并对某种类型的音乐和某些艺术家产生强烈的情感共鸣。媒体报道的艺术家的生活，在一定程度上“塑造”了粉丝对艺术家的看法。一些粉丝认为音乐会的观众不应该由愿意出多少钱来决定，而应由对艺术的理解与贡献来决定。许多艺术家也同意这一观点。①

现场音乐行业的这些特征造就了它的独特性。当一些人致力于市场的供给面时，其他人不得不处理需求面的问题。产品的性质和消费者配给也引发了有趣的话题。定价是其中一个突出问题，这是因为现场乐队极具市场号召力，可以产出高度分化的产品。现场座位的体验也有差异。另外，现场音乐演出通常是巡回式的，每个城市会存在不同的本地化需求，这样就更增加了定价问题的复杂性。相同的音乐会在两个不同的市场演出时，艺术家是否应该采取不同的定价策略？对于同一场音乐会不同区域的座位，艺术家是否应该分别定价？又是什么决定了艺术家使用差别定价的意愿呢？

虽然这些有趣的问题为开展有价值的实证研究提供了很好的出发点，但远远不够；实施数据分析还需要真实可信的数据。这样看来，音乐演出定价不失为研究者的独特的实验室。艺术家在定价时，不得不作出大量选择。大部分艺术家会经常举行巡回音乐演出，而每次巡回开始前，艺术家必须要考虑价格的整体水平，并根据

① 例如，Pearl Jam总是有意维持低价(Ault,2003)。

当地市场情况来决定每一场次和同一场次不同位置的价格。艺术家会提前确定票价，票价确定之后几乎不会更改（尽管转售市场的票价普遍会改变）。发行商Pollstar和Billboard垄断了音乐演出行业，他们掌握了艺术家、主办方、场地及音乐演出价格的数据库。对研究员来说，最重要的是音乐演出行业可适用统计分析，因为计量经济学家会通过重复观察来控制很多未被监控的因素。艺术家重复举行巡回音乐会，年复一年，每次巡回都是同样的音乐演出。而在不同的巡回演出中，他们会在同一城市的同一场地一遍遍表演。此外，有一小部分主办方会为顶级艺术家举办多次音乐演出。

如果研究的结果能挑战传统观点，那么研究主题一定相当有趣。在这个方面，现场音乐活动行业充满了谜团。首先，我们必须要问，为什么限额配给和转售市场是常态。《经济学人》（2011）声称，现场音乐活动是极少数转售票价比原始票价更高的行业。[①]这可能有些言过其实，但是它指出了价格区间、初级市场价格区别的程度和转售市场转售活动之间的联系。经济学家提出过不少关于抑价、限额配给和价格刚性的理论，但是，几乎不存在关于限额配给的缜密的经验实证。大体上，可以公平地说，我们现在对限额配给的起因还没有系统性地理解。

另一个令人费解的现象是差别定价并不常见。为什么同一场地的所有位置都等价销售？即使场地内有多个座位类别，门票的排座分类也很少。同样的问题也出现在不同城市的同一音乐演出上。为什么对不同城市的同一巡回演出，许多艺术家设置了相同的价格？

Connolly和Krueger（2006）在《艺术与文化经济学手册》上卷中总结流行音乐经济学时，强调了这些谜题。他们认为一些值得进一步研究的领域与门票定价有关。他们问道：是什么决定了音乐演出价格的差异？在有效市场，相同的音乐演出是否价格区间变化更少？如果是，原因是什么？为什么很多音乐演出的票价定价过低？本章将聚焦这些问题，研究音乐演出行业的差别定价和限额配给。

我们从100位顶级艺术家在1992—2005年间约2万场音乐演出的数据库中，找出了新的典型事实。我们最初将焦点放在差别定价的使用上（同一场地的不同座位和同一巡回演出的不同场地）。我们记录了艺术家在控制了大量未观察到的需求来源和产品差异性后，使用二级和三级差别定价的不同之处。一些艺术家根据需求状况来改变价格，其他的则不这样做，这显示了艺术家不同的定价类型。接着，我们开发了一个简单的典型事实的框架，并假设艺术家在利用市场力量方面存在差异性。这个假设为解释我们观察到的艺术家定价类型的方式提供了看似合理的框架：（i）它使观察到的艺术家的差异性合理化；（ii）它说明有可能在同一场地实行差异化定价的艺术家，更有可能在不同场地实行差异化定价并限定票数。正如这一独特的假设，艺术家定价类型来源于是否愿意利用市场力量，这些预测得到了数据的有力支持。

我们的证据来源于同一行业：流行音乐的现场演唱会。作出这个选择有很多原因。正如之前提到的，票价数据只适用于实施统计分析。此外，这个行业极具价值、具有全球性，并且受市场力量支配，政府很少干涉。这三个特征使它区别于其他许多表演艺术。

本章的其余部分按如下顺序进行：13.2节呈现了现场活动行业的背景信息，回顾了文献，列举了许多开放式问题。13.3到13.5节展示了数据，建立了二级和三级差别定价使用的典型事实。13.6和13.7节揭示了将价格实践和未观测到的差异性结合的困难性。相反，数据证明，艺术家利用市场力量的差异性意愿使很多观测到的定价方式合理化。13.8节通过假设呈现了艺术家定价类型不同的进一步证据。13.9节包含了未来需要研究的一

① 本章聚焦初级市场的价格，因为初级市场价格很大程度上是由艺术家掌控的。二级市场上则经由经纪人和网络转售门票，但是我们不在此讨论。二级市场价格讨论见Courty（2003）、Leslie和Sorensen（2011）、Connolly和Krueger（2011）。

系列问题。最后一部分讨论了我们工作的广泛适用性，解释了定价类型概念在其他方面的应用。

13.2 现场活动行业：事实、文献评论和开放问题

现场活动经济学提出了许多有趣的议题，本章不能全部进行处理。在此，我们关注二级差别定价、三级差别定价和限额配给。为了避免混淆，尽管讨论更广泛的背景和与其他定价问题的联系是有益的，但是这些问题没有在本章直接出现。

本研究侧重于音乐演出门票的初级市场。音乐演出门票通常在活动日期前售罄。在初级市场未能购票的消费者可在转售市场购买。最常见的方式是从eBay这样的拍卖网站、专业转售网站以及专业经纪人处购买。尽管转售市场在本研究的范围之外，但是我们也对售罄的音乐演出作出调查，这是理解转售市场的经济基本原理的基础。

基本上，票价在宣布巡回演出时就已经确定，价格不会随时间更改，门票通过售票处和全国发行商进行销售。尽管近几年有一些革新（例如，通过艺术家网站进行收益管理和分配），但是这种模式仍是行业主流。本章的核心不是要研究这些革新，但是我们会在讨论未来研究方向的总结中再次提到。

另一个需要考虑的因素是，有些艺术家每年举行多次音乐演出，很少休息，而有些艺术家几乎不作现场表演。我们不考虑举行巡回演出的时间、地点的决定，只关注同一场地不同座位和同类巡回演出不同场地的票价设定。最后，门票销售的收入通常由售卖食品饮料、CD和其他纪念品收入作为补充。尽管这些收入也是演唱会收入的重要来源，但它们不是本次研究的重点，所以不作长篇讨论。我们研究的艺术家收入大多数来自巡回演出。Connolly和Krueger（2006）讨论了巡回演出收入和其他收入来源（如唱片销售）的联系。

13.2.1 行业背景

我们呈现了与本章有关的音乐演出行业的关键特性。更多详细评论见Connolly和Krueger（2006）、Waddell等人（2007）。现代巡回演出行业诞生于20世纪60年代末期，当时一些乐队如滚石和齐柏林飞艇开始定期在各个体育场和运动场举行巡回演出，他们用自己有经验的员工来操作音效、舞台和灯光。20世纪80年代，科技的进步使乐队可以在更明亮、更绚丽的舞台上演出，同时演出场馆也能容纳更多观众。截止到2007年，北美洲音乐演出行业的税收增长至40亿美元，演唱会观众总人数达到1亿。[①]

尽管一些艺术家只举行一场音乐演出，但是行业的主要模式仍是巡回演出。简单来说，音乐巡回演出是由代表艺术家的经理人、演出经纪人和主办方组织的。艺术家和经纪人就一次演出和一个巡回演出计划达成一致。之后经纪人负责寻找每个城市组织活动的主办方。艺术家和每个主办方就定价方针和收入分配条款等签订协议。主办方负责组织活动，包括预订场地、广告营销和管理收入。这些主题有时会作一些变更。大多数艺术家在巡回演出中会使用同一主办方，但是一些艺术家会在某些城市利用当地主办方，以依靠当地主办方在部分关键环节之所长来取得成功。少数艺术家甚至会内部处理所有事情，包括直接联系场地。尽管巡回演出有不同的类型（例如新专辑宣传巡回演出、周期性巡回演出、节日巡回演出），但每一次巡回的所有音乐演出通常会

① 此章节呈现的巡回演出行业的部分信息来源于音乐演出主办方的访谈，以及两位讲授音乐演出推广课程的教授。还有一些信息来源于书籍和音乐演出宣传的行业手册，详见Waddell等人（2007）。

包括一套既定的歌曲和相似的舞台形式并一同营销。

13.2.2 什么是关于现场活动的定价？关于文献评论的综述

音乐演出的票价通常由艺术家和主办方在宣布巡回演出时共同确定，之后保持不变。每次活动都是唯一的，所以不存在音乐演出定价的设定公式。如果不慎确定了错误的座位类别数量或价格，也没有第二次更改的机会。活动有时会增加或取消，但是价格或者类别分配通常维持不变。

现场活动的定价问题与销售易逝物（perishable products）如飞机票、预订酒店房间或预订餐厅存在很多共同之处。问题的核心在于卖方有确定的容量、面对很多需求的不确定性，同时需要在限定的时间内售票。许多行业在处理易逝物时会采用一系列技术手段来解决这些问题，如收益管理法、动态定价或响应定价（Courty and Pagliero，2008）。但是，现场活动行业在音乐演出座位定价的思考方式区别于负责收益管理的经理为航班的座位以及酒店房间定价的思考方式。音乐演出行业的独特之处在于它不够世故（lack of sophistication）。尽管我们在近些年见过更多的收益管理法的实验，但是它还是寥寥无几，人们也总会问为什么音乐行业如此与众不同。

13.2.2.1 差别定价

根据差别定价理论，价格随着不同市场的不同需求而改变（三级差别定价），或者随同一场地的不同座位而改变（二级差别定价），参见 Stole（2007）和 Courty（2010）。现场的特殊性在于，场地的结构决定座位质量的分布，艺术家只决定不同座位类别的数量和位置。Rosen 和 Rosenfield（1997）提出了解决这一具体问题的二级差别定价理论。

Courty 和 Pagliero（2012）估计（运用同一数据库）差别定价的回报是统一定价收入的 5%。这和 Leslie（2004）得出的关于百老汇演出的结论是一致的。把这个数字应用到实际中，假定艺术家的收益是总收入的 40%（LaFranco et al.，2002）。差别定价为艺术家的收益增加了 12.5%。Courty 和 Pagliero（2012）也说明了市场需求越多样，差别定价的回报越高，正如差别定价理论预测的一样。

然而，多数证据表明艺术家不会充分利用同一场地座位差别的全部收益潜能。音乐演出行业中使用的座位类别数量相对较低。在我们的样本中，大多数音乐演出采用两种座位类别，最多采用四种。在对百老汇演出的研究中，Leslie（2004）揭示了类似的现象。在一个既定演出中使用的座位类别绝对不会超过三种。相反，古典音乐活动的座位类别数量相当多（Huntingon，1993）。

为什么艺术家不增加座位类别的数量？有人可能会争辩说座位区别在音乐演出行业中并不重要。然而，Leslie 和 Sorensen（2009）给出了和事实一致的证据，同一座位类别的所有位置并不相似。例如，同一类别的最好位置更可能在转售市场上进行转售。Connolly 和 Krueger（2011）对转售市场的分析与这些发现一致。他们的调查揭示了消费者在转售市场上购票的主要原因是希望得到更好的座位。

Courty（2011）指出如果低值买家更可能获得更好的座位，则垄断者更愿意将同一场地的所有位置等价售出。Leslie 和 Sorensen（2009）提出了类似的观点。他们指出二级市场的存在影响了排队论游戏和初级市场每个座位类别的销售。很明显，初级市场和二级市场之间相互影响。

Courty 和 Pagliero（2012）估算了增加座位类别的回报。他们发现尽管因为差别定价，座位类别数量的回报降低，但增加第三个和第四个类别的座位增加的回报依然非常可观（约一半回报来源于第二个类别）。这也意味着一些艺术家“把钱留在了桌子上”。Einav 和 Orbach（2007）在关于电影行业的文章中也提到了这个类似的难题。他们起初观察到尽管在戏剧潜力和实现成功方面有所不同，但同一电影院的不同电影价格不会有变化。他们以跟我们不同的维度来考虑产品质量，我们考虑的是电影质量而不是座位质量，但是问题是相似的：企业等价售出差异化的产品。Einav和Orbach排除了基于公平、不确定性和代理机构的常见解释，得出了历史和行业守旧性必须发挥作用的结论。相同的解释在音乐演出行业也能行得通。例如，行业基准和抵制创新可以对为什么如此多的音乐演出仅使用两种座位类别这个问题作出解释。不过，在解释与当前分析密切相关的艺术家定价选择的巨大差异这个问题上，这个论点丝毫没有用处。

关于差别定价的行业组织方面的经验主义文献层出不穷（Verboven，2007）。一些研究深入调查二级差别定价和市场结构的关系（如Borenstein and Rose，1994；更近的是Busse and Rysman，2005）。这个问题和市场上大量企业销售与产品相似的替代品有关。音乐演出行业市场力量的不同之处在于两个关键维度。即使是相同的音乐流派，艺术家也有不可替代的忠实粉丝。更重要的是，很少有音乐演出在某一特定市场的同一天举行。基于这些原因，艺术家拥有巨大的市场力量。

另一条路线试图解释为什么服务运营商（像电话、电力）只提供几种类型的契约（Wilson，1997；Miravete，2007）。这个文献说明通过提供许多近似于利益最大化非线性计划表的契约而赢得优质消费者的可能性是微乎其微的。它与音乐演出定价的情况存在细微的区别，因为音乐演出座位的分布是既定的，唯一要解决的问题是是否要等价或按照不同价格出售不同的座位。差别定价的回报不仅仅取决于消费者喜好的差异性，也体现在座位体验上（外部给予）。即使消费者完全相同，提供多种票价依然能增加利润。这不是二级差别定价标准模式的案例（参见Mussa and Rosen，1978）。正如上文提到的，艺术家不会利用二级差别定价的所有机会。

据我们所知，不管是音乐巡回演出行业对三级差别定价的运用，还是其他任何行业，都不存在对二级和三级差别定价联合使用的已经完成的研究。行业组织文献已经分别研究了这两个定价问题（Stole，2007）。这并不是因为此话题没有经验相关性。事实上，大多数销售截然不同产品的企业会在多重市场采取这种策略。这些企业同时运用二级和三级差别定价方法，在不同市场定价也不同。但是，就经典方法来看，这两种决策没有理论上应当相互联系的理由。二级和三级价格在文献中甚至没有重叠部分。

但是行为研究可以建立两者之间的联系。Kahneman等人（1986）认为团体的公平标准能制止卖方因为积极的需求冲击上调价格。这种对卖方微调价格的约束适用于二级和三级差别定价。或者，卖方可能受偏见或个人模式支配，如我们简述的，偏见可能适用于所有定价选择。我们研究中新奇的一面能说明二级和三级价格区别具有经验上的联系，并建议通过卖方的身份来建立它们之间的联系。

13.2.2.2 限额配给

Happel和Jennings（2010）对现场音乐演出行业流行的限额配给列出了几条解释。一般来说，这些解释属于以下两者之一，即或基于古典经济学，或包括一些心理因素。其中基于古典经济学的解释认为，限额配给的主要原因是音乐演出需求具有很强的不确定性。价格必须在知晓许多影响需求的可变因素之前确定。

然而，以不确定性作为限额配给的理由，不足以解释为什么一些艺术家能按计划在开售前几天就能将票售罄。艺术家在开始售票时，可能并不知道演出当天的需求。但是，在对同时期的市场需求信息了解甚少的情况下，他们怎么还不从过去的错误中吸取教训呢？古典经济学为强调这一事实增加了其他的解释。一种理由是多数表演艺术家关心自己的名誉。空座位可能为艺术家的巡回演出活动带来负面信息，影响将来门票的销售。如果音乐演出观众不再选择门票没有售罄的艺术家，那么降价是合理的，因为没有艺术家希望成为负面信息溢出的受害者。

这个行业还有其他的明确特征。主办一场成功的音乐演出需要与具有消费外部性和信息不对称的粉丝博弈。音乐演出观赏既是综合性消费产品，也是一种生产投入（Busch和Curry，2010）。Becker（1991）认为因为消费者的外部性，至少在几个价格范围内，音乐演出需求会急速下降。DeSerpa and Faith（1996）梳理了解释音乐演出超额需求的论据。

古典经济学的另一种理由以门票销售和其他市场的关系为基础。低价保证了座无虚席，也增加了场内的附属品销售。音乐演出销售和音乐录制品销售之间的互补性，可能证明维持门票低价的正确性（Krueger，2005）。因此艺术家有可能选择刺激其他市场的消费来补贴票价。这些解释尽管说明了以低于垄断价格（monopoly price）出售门票的原因，却不能提供市场出清的基本原理，也不能说明导致限额配给和转售市场高价门票的超额需求的原因。

第二种解释是以音乐演出粉丝的心理状态为基础的。其中一种探讨以票价受公平原则支配这一观点为基础。Kahneman等人（1986）认为，对公平的考量在门票市场中起到重大作用，为的是压低价格以使之合理化。粉丝和艺术家之间存在一种类似隐性协议的默契，粉丝有权获得可以承受的价格。违反这些规则的艺术家可能会受到需求的反制。这个观点与高票价受到媒体全面关注的事实是一致的。如果媒体更多地选择报道不公平的价格，那么要价过高会导致消费者的抵制（更详细的讨论见Courty和Pagliero，2010）。

Happel和Jennings（2010）曾讨论低价带来的好处，即消费者愿意在其他市场消费来作为回报，如唱片、衍生品（ancillary products）、代言产品。他们也提出了另一种行为论证。狂热，加上限额配给营造出一种稀缺的氛围。消费者都想得到票而成为快乐的少数。艺术家可以从长期制造心理压力的活动中受益。

支持这些解释的证据很少。事实上，甚至没有说明限额配给在音乐演出行业占优势的系统性证据。实例证据和缺少系统性的检测支撑着对低定价的讨论。一些艺术家（如Bruce Springsteen）多数的音乐会门票能售罄，但他们选择在一些演出中低价销售。消费者必须排队（或者通过电话等待），门票售罄的速度很快，一些票后来在网上以更高的价格卖出。这些观察结果显示一些艺术家将原本的盈余留给了消费者（或者转售商）。经纪人和黄牛党（scalpers）在转售市场赚取大量利润这一事实和低价假设不谋而合。

然而，还有一些对假设的抗辩，称门票是系统性低价。艺术家的座位分类往往过于粗糙，导致经纪人介入市场。由于消费者希望得到既定类别最好的位置，为了将最差座位卖出，所有座位不得不低价销售。这个假设与各区位最好的座位存在经纪交易是一致的（Leslie and Sorensen，2009）。另外，限额配给不一定意味着艺术家“把钱留在了桌子上”。Courty（2003）称艺术家没能得到转售的利润，经纪人却能得到。可以说，限额配给常见却并非无处不在。一方面，2011年，40%的流行音乐演出门票未能售出（《经济学人》，2011）。另一方面，我们的数据显示在1992—2005年间，100位顶级流行艺术家仅有42%的音乐演出门票售罄。低价问题的讨论仍旧是开放性的。部分原因是这是一项具有挑战性的任务，需要证明艺术家的要价大大低于利润最大化的价格（Connolly and Krueger，2006）。

13.2.2.3 艺术家的目标函数

表演艺术的卖方可能没有标准的目标函数。他们不会只关心标准古典框架下的利润最大化。例如，艺术家可能会出于利他主义而关心粉丝。亲社会态度也会影响价格决策。如Kahneman等人（1986）认为，艺术家不会因为害怕消费者报复（retaliation）而降低定价，而是因为他们愿意放弃一些利润以保证某些粉丝群体可以负担得起门票。显然这两个动机都可能存在。

如之前所讨论的，艺术家的亲社会倾向与艺术家具有策略性的假设很难区分。典型的策略性解释是假定粉丝的选择权由一些行为组成（如消费者关注公平或厌恶损失），且定价被用来操纵粉丝付款的意愿。大部分关于定价的产业组织文献聚焦消费者行为，并一直假定企业致力于合理实现利润最大化（评论见Ellison，2006；Spiegler，2011）。然而，策略性的解释很难用来说明卖方定价选择的巨大差异。

一种可选择的方法是假设卖方在如何设置价格上存在差异性。通常有两种方式。一是卖方可能有影响定价决策的行为选择（例如上文描述的亲社会偏好），这样的可能性没有获得传统理论的青睐。反对这样做的原因是市场竞争最终会消除这些差异，因为无效的实践最终会被剔除。但是，这样的论点不适用于音乐演出行业，因为卖方获得大量利益，有能力放弃一些利润机会。在音乐演出行业，卖方偏好的差异为解释定价类型的差异提供了可能。

二是价格差异是由于决策者受行为偏见影响。这个假设有最新的证据支持。Bertrand和Schoar（2003）以及Malmendier等人（2011）利用大企业高层的数据库，阐述了管理模式的存在。他们指出了个人固定效应的存在与各种各样的经济决策息息相关。他们将这些差异归因于个人独特生活和事业经历，如早期生活经验和MBA教育。有趣的是，如果环境中出现卖方差异性，那么有人会假设市场选择是活跃的。如果顶级管理者能影响经营实务，那么摇滚明星也能影响价格决定。

这两种论据显示了定价类型的存在并非完全令人难以置信。管理者会在财务决策上形成偏好，同样，艺术家也可能在价格决策上形成喜好。而且，艺术家对价格有极大的掌控力，对于他们与粉丝、社会之间的关系和责任也存在不同的见解。一些艺术家称他们关心公平和可负担性，但并非所有的艺术家都是如此。另外，艺术家在关心自身公众形象和名人身份的程度上，也具有差异性。

13.2.3 总结和待解决的问题

门票定价为探究产业组织标准问题提供了一个完美的研究案例（垄断价格、差别定价），但是由于产品（音乐表演）的情感特质、买方和卖方（粉丝和偶像）的关系，以及媒体在影响对顶级艺术家（名人身份）的需求上扮演的角色，也为这些案例带来许多曲折离奇之处。以下是一些待解决的问题：

• 艺术家使用差别定价的频率是多少？需求和产品特性可以当作标准理论预测工具来解释差别定价的使用吗？二级和三级差别定价的使用有关系吗？

• 音乐演出售罄的频率是多少？需求和产品特性能解释限额配给的使用吗？艺术家会通过低价“把钱留在桌上”吗？

• 艺术家的定价类型有差异吗？何种行为考量影响了艺术家的定价？艺术家有不同的目标函数吗？

本章的剩余部分对差别定价和限额配给进行了详细的分析。我们识别了数据中一些令人困惑的特征，为了解决这些困惑，我们基于艺术家定价类型概念提出了一个统一的框架。

13.3 数据和汇总统计

本研究从两个来源的数据中，关注音乐演出门票的初级市场。核心数据由Billboard收集。它覆盖了同套音乐演出，也包含了Connolly和Krueger（2006）用Pollstar的数据研究的相似的变量。我们也从更广泛的来源收集关于艺术家和巡回演出的额外信息，以对上述数据加以补充。

13.3.1 数 据

我们的数据指出了组织音乐演出涉及的主要群体（艺术家、场地方和主办方），排除了经纪人，因为经纪人的角色是安排艺术家和主办方接触。对于每一个确定了日期、场地和艺术家的音乐演出，Billboard数据库会提供负责的主办方、票价、场地容量、出席人数和实际收入等信息。这个数据库的一大缺点是它没有巡回演出的信息，我们只能从乐队和粉丝网站上进行收集。同时，我们也从音乐网站、艺术家网站和滚石摇滚乐百科全书（Rolling Stone Encyclopedia of Rock and Roll）中搜集有关乐队特点的信息。

由此我们得出了三维的面板数据。第一个维度描述了产品（如一场音乐演出），可以根据音乐流派、艺术家或者巡回演出来整合。第二个维度描述的是本地需求，可根据城市或国家级别来整合。另外，音乐演出举办场地的情况能够同时传达产品（场地特性）和需求（通过位置）特点的信息。第三个维度则是时间。

而Connolly和Krueger（2006）的数据库，与我们存在些许不同。就深度而言，我们的数据从多个维度对比来看更加丰富：（i）我们观测每场音乐演出的所有价格，而非最高价和最低价；（ii）我们清楚每场音乐演出是否为巡回演出的一部分以及属于哪一场巡回演出。通过比较同一巡回中不同演唱会的不同价格策略、场地及座位类别（不同市场的同一产品），这些额外信息帮助我们呈现出关于价格策略更完整的画面。就数据宽度而言，我们的数据库容纳了较少的艺术家和较短年份。但是，我们的样本中仍然覆盖了近年来大部分以价值单位来计量的行业。

13.3.2 范围和代表性

我们的样本中包含了Billboard收集的1992—2005年间票房收入最高的100位艺术家的所有音乐演出。Billboard收集了北美艺术家大多数音乐演出的数据。我们通过艺术家网站收集准确的巡回演出时间表，再与我们的数据库中的音乐演出相匹配，几小时的取样后，我们查询到了这一事实：就宽度而言，我们的样本代表了以价值为单位的多数行业。如果我们将样本数量增加至能够包含同一时期的500位票房收入最高的艺术家，那么100位顶尖艺术家将能够代表总收益的70%。很明显，我们的样本只覆盖了一小部分的艺术家。然而，出于我们的目的，我们样本中的定价政策是以在北美地区售出的均价为代表的（以价值计），在北美艺术家的样本中这是最具价值的部分。也就是说，我们只从超级巨星中进行样本选择。这个行业以新星和成名的艺术家来区分。成名的艺术家有更多的和主办方谈判的筹码，他们也可能更具有设定价格的市场力量。

我们的样本条目中包括多个经常一起举行巡回演出的艺术家（如Billy Joel和Elton John、Bob Dylan和Paul Simon）。我们对这些艺术家作了区分，即当他们独立举行巡回演出时，我们将其视作单独的艺术家，而当他们联合巡回演出时，我们将他们整体视为一个艺术家。因此，我们的样本中实际共包含122位艺术家。在本章的剩余部分，艺术家（或表演）可能指的是个人、乐队或者一整套巡回演出体系。

表13-1显示了一些描述性的统计。我们的样本中包括122位艺术家、779次的巡回演出和20 362场音乐会。平均每年举行1 561场音乐会。[①]在我们的样本中，

---

① 每年音乐会的数量从1992年的1 020次上升到2003年的1 989次，之后略有下滑。

大多数音乐会都属于巡回演出的一部分。每年进行表演的艺术家数量为57个，每年这个数字都没有太大变化（最少42次，最多67次）。在我们取样时段平均举行7次巡回演出和167场音乐会的艺术家的中间数分别是5次和151场。大多数（75%）艺术家至少举行2次巡回演出。平均每一次巡回演出包含24场音乐会，中间数是18场，标准差是22场。每次巡回演出的音乐会数量是可变的，但是半数以上的巡回演出维持在8～34场音乐会。

音乐会举办城市涵盖了美国的579个城市。在一半的城市中，所有的音乐会均在同一场地举办。而其他的城市，场地使用的数量存在较大变化。每个城市拥有举办音乐会的场地的平均数量是2.8个，最多达25个。

在我们的样本中，巡回演出都是数百万美元的大生意。每场音乐会都有一个主办方。我们的样本中共统计了464个主办方。表13-1显示了每一个主办方组织的音乐会数量的分布。主办方之间也存在很大差异，中等的主办方一般组织2场左右的音乐会。Clear Channel娱乐企业控制了市场（在我们的样本中，它组织了超过四分之一的音乐会），但是也存在很多其他的竞争者。约46个主办方组织67场甚至更多的音乐会。

表13-1　　汇总统计：音乐会，艺术家，巡回演出，场地和主办方

	平均值	标准差	最小值	P10	P25	P50	P75	P90	最大值
每一艺术家音乐会数量	166.9	126.5	15	25	58	151.5	247	336	685
每一艺术家巡回演出数量	7.1	7.2	1	1	2	5	9	16	38
每一巡回演出音乐会数量	24.1	21.9	1	4	8	18	34	54	230
每一城市场地数量	2.9	3.7	1	1	1	1	3	7	25
每年表演的艺术家数量	57.4	7.2	42	48	52	59	62	67	67
每一音乐会收益（以千美元计）	542	821	0.7	91	165	314	619	1 102	38 700
每一巡回演出收益（以百万美元计）	12.6	20.5	0.01	0.48	1.57	4.76	14.8	35.1	175
每个主办方音乐会数量	44	227	1	1	1	2	12	67	4 265

注：统计数据来源于1992—2005年间在579个城市122位艺术家举办的20 362场音乐会；18 798场音乐会是779次巡回演出中的一部分。每个城市的场地数量包括每一城市至少使用了一次的场地。

13.4 差别定价：计量问题

巡回演出是在不同的城市举办相同的音乐会，每个城市有许多座位类别。其中一个可能性是在所有城市等价销售全部座位。我们称等价销售同一场地所有座位的费用为普通入场费、单一价格门票或者统一定价。另一个可能性是向同一场地的不同座位或者在不同城市制定不同的价格。前者和二级差别定价有关：消费者面临不同价格、不同质量座位的选择。只要有可用的门票，他们就可以根据个人喜好选择。后者和三级差别定价有关，至少是因为不能选择套利。在这种情况下，如果粉丝不到价格更低的城市买票，我们合理猜测其原因是车旅费高于价格差价。

在本部分中，我们会指出计量二级和三级差别定价的不同方法。受过去产业组织文献中关于差别定价研究的影响，我们区分了两种计量方法（Verboven，2008）。一种计量方法是艺术家是否使用差别定价，而非统一定价。另外，对于有条件使用差别定价的情况，我们可以通过价格变化的程度来计量（Borenstein and Rose，1994）。这对计量二级和三级差别定价都有意义。

很多经验主义文献调查研究价格差异是否能反映成本或需求的差异。在这些研究中，差异化产品的价格差异不仅仅是因为差别定价，还存在边际成本变化的原因（Shepard，1991；Clerides，2004）。但在实际应用中要简单得多，因为多数场地成本固定，所以成本考虑不会影响定价决策。因此我们可以将缺乏统一定价的情况视为一种差别定价。这种情况在二级差别定价中非常明显：座位数量和座位质量分布已定，那么唯一的问题是是否等价或不等价销售不同的座位。

13.5 音乐会层面的差别定价

13.5.1 二级差别定价

我们用一个虚拟变量来确定音乐会使用的多重座位类别：

如果 $p_i^H=p_i^L$，那么 $d_i=0$，否则为 1　　(13-1)

其中，p_i^H 和 p_i^L 分别是音乐会 i 中座位的最高价和最低价。表 13-2 显示了差别定价的统计数据。在我们的样本中，75% 的音乐会使用了二级差别定价。虚拟变量 d_i 计量了差别定价的存在，但是没把座位类别的数量和座位类别的价格差异考虑在内。每场音乐会的座位类别数量从 1 到 4 不等，平均值为 1.99。总的来说，56% 的音乐会提供两种价格类别，25% 的音乐会提供一种，15% 的音乐会提供三种，其余的 4% 提供四种。

接下来我们会提到二级差别定价集约边际的一些统计情况。我们计量了在同一音乐会的不同座位之间价格的最大差异。平均价格范围（$p_i^H-p_i^L$）约为 25.74 美元。低价规范化后（$p_i^H-p_i^L$）/ p_i^L 的平均值为 0.99。顶级座位的成本平均值比最差座位的成本高出两倍多。然而这个数据隐藏了太多差异性。正如上文提到的，对 25% 的音乐会来说，$p_i^H-p_i^L=0$。对于 $p_i^H\neq p_i^L$ 的音乐会来说，价格范围增长至 34.43 美元。另外，很多优质音乐会的花费极高。

三种差别定价计量（虚拟差别定价、价格数量、相关价格范围）和低 p 值存在正相关。本章的其余部分，因为便于操作和理解（例如，音乐会使用不同场地划分的程度是价格范围的组成部分），我们会经常使用虚拟差别定价来进行经验性的研究。然而，结果仍由使用任一差别定价的方式所控制。

表 13-2 汇总统计（差别定价和限额配给）：音乐会层面数据

	观察值	平均值	标准差	最小值	P10	P25	P50	P75	P90	最大值
二级差别定价										
二级差别定价（二进制变量）	20 362	0.75	0.43	0	0	0	1	1	1	1
价格数量	20 362	1.99	0.77	1	1	1	2	2	3	4
价格幅度（p^H-p^L）	20 362	25.74	61.15	0	0	0	12	29.75	50	1 225
相对价格幅度（p^H-p^L）/p^L	20 362	0.99	4.08	0	0	0	0.43	1.04	2.00	211
若 $p^H \neq p^L$，价格幅度（p^H-p^L）	15 224	34.43	68.58	0.01	5	10	20	35	64	1 225
三级差别定价										
四分点巡回演出均价幅度	18 798	0.23	0.152	0	0.07	0.13	0.19	0.29	0.41	1.08
模态定价巡回演出政策（二进制变量）	18 798	0.22	0.412	0	0	0	0	0	1	1
限额配给										
售罄（二进制变量）	20 362	0.43	0.50	0	0	0	0	1	1	1

注：从20 362场音乐会中统计，其中15 224场使用超过一种价格类别，18 798场属于巡回演出。如果一场音乐会价格类别多于一种，则二级差别定价的二进制变量等于1。在巡回演出中，最常见的是价格组合运用，这样模态定价政策的二进制指数等于1。音乐会售罄的二进制指数等于1。

13.5.2 三级差别定价

我们从巡回演出层面分析三级差别定价，因为巡回演出中的音乐会几乎完全相同（同样的舞台、音乐家和歌曲）。租金和人力成本会随城市而变化。从场地层面来说，大部分成本不变，因为唯一的变量是每个场地举办的音乐会的数量。但是，多数巡回演出在每个城市只举行一场音乐会。为了简明起见，我们对同一城市举办多场音乐会的情况不多作讨论。①

假定在一个城市中，票价只和需求因素（当地公众）、场地特征特别是总容量有关。如果使用差别定价，只要每个城市的公众需求有变化，那么价格也随之变化。缺少价格变化的唯一原因是场地特性的差异弥补了观众的差异，但这种情况几乎不可能出现。

为了计量三级差别定价，我们将音乐演出定价政策

① 在这种情况下，通过选择总容量，租金和人力成本与价格水平有关。但是如保持总容量不变（场地容量乘以演出数量），价格决策应该与以上成本无关。

定义为座位类别的数量和每一座位类别的价格。我们记录了每次巡回演出在各个城市运用的定价政策。我们说统一定价适用于一系列定价政策不变的城市。读者应该牢记统一定价与二级、三级差别定价属于不同的事物。我们将从文章中提炼出正确的解释。

从巡回音乐演出层面来说，不存在计量统一定价的单一方法。因此，我们提出了两种计量方式。首先，我们估算巡回演出中哪些音乐会使用模态定价政策，这也是最常用的定价政策。平均下来，22%的音乐会使用模态定价（见表13-2）。这是从所有与巡回演出一样使用模态定价的音乐会数据中得出的平均值。音乐会数量较少的巡回演出导致了比例较高。在这些巡回演出中，使用模态政策的音乐会比例极高，但是实际数字相对较低。这并不是实际情况。例如，如果我们将样本限定为一次至少包含10场音乐会的巡回演出，使用模态政策的巡回演出的音乐会比例并不会下降。

每次巡回演出音乐会的中间数是18。如果一次巡回演出的每场音乐会都差别定价（不同数量的座位类别或者至少一种座位类别的不同价格），则使用巡回演出模式的音乐会比例是5.5%。更高的22%的比例意味着在音乐演出行业，城市间进行统一定价起到很大作用。

第二个计量方式计算一次巡回演出中的一套定价政策的Gini-Simpson均质性指数（或者集中指数）（以下简称Gini-Simpson指数），即从一次巡回演出中，随机抽取两个采用相同定价政策的音乐会的可能性。可以用公式表示为：

$$G_t=\sum_i n_{i,t}(n_{i,t}-1)/N_t(N_t-1)$$

其中，t代表一次巡回演出，i代表巡回演出中的定价政策，$n_{i,t}$代表巡回演出t中使用定价政策的音乐会数量，N_t代表巡回演出t中音乐会数量。让N代表我们的样本中的音乐会总数。平均来看所有巡回演出，一次巡回演出中两场音乐会采用相同定价政策的概率$G=\sum_t(N_t/N)G_t$，为7.4%（见表13-3）。如果一次巡回演出的所有音乐会都采用模态政策，我们预计Gini-Simpson指数约为4.8%（0.22平方值）。数字更高的事实说明从巡回演出层面来看，统一定价不仅仅由模态定价形成。

在我们的差别定价方式研究中，其中一个关注点是，一些定价政策的相同完全出于偶然。第二个关注点是，相同的定价政策可能与场地及主办方有关，而非与巡回演出相关。表13-3记录了样本中不同分区的Gini-Simpson指数。注意，巡回演出的Gini-Simpson指数比其他任何因素（场地、艺术家、年份、城市或主办方）的Gini-Simpson指数至少高出两倍。这也证明了统一定价主要出现在巡回演出层面，从而确认了我们对三级差别定价的研究方式的有效性。

表13-3　定价政策的集中性（或均质性）

样本划分区域	Gini-Simpson指数
巡回演出	0.074
艺术家	0.026
主办方	0.021
场地	0.015
城市	0.008
年份	0.005
全部数据（不分区）	0.002

注：这份表格记录了随机挑选具备相同的巡回演出、艺术家、主办方、城市、年份的两场音乐会的平均概率，或者是在全部样本中具有相同价格政策的平均概率（例如，同等价格类别的数量和相同的价格）。

存在许多不同的计量三级差别定价程度的方式。我们计算了一次巡回演出的价格四分位差以得到最低价、平均价和最高价。为了阐述这些概念，我们假设巡回演出使用单一座位类别。巡回演出价格四分位差是（$p_t^{75}-p_t^{25}$），p_t^{75}相当于巡回演出t的第75个百分位数，p_t^{25}相当于巡回演出t的第25个百分位数。此计量方式提供了关于一次巡回演出在不同城市的价格范围的信息。对于价格可变性计量，四分位差比标准差更加稳健，因为不会出现异常值。所有巡回演出平均下来，最低价格的四分位差是7.5美元，均价是8.3美元，最高价是9.4美元。表13-2说明均价的四分位差约是一次巡回演出均价的23%。①

三级差别定价的计量方法是息息相关的，而相关性通常在统计学上极具意义。最有趣的是，在巡回演出的各个城市中，使用模态定价越少，则价格变化越小。对这种情况，我们没有明确的解释。巡回演出音乐会中的常见因素也可能对价格决策产生影响。在13.9节，我们会看到艺术家定价类型能合理解释这些相关性。

13.5.3 总　结

我们对两套计量二级和三级差别定价的方法作出了定义。第一套印证了差别定价的存在。第二套为差别定价的集约边际（价格差异）给出了计量方法。我们发现，差别定价虽然常见，但并非常用。统一定价虽也普遍，但普遍性仍不及差别定价。下一节我们将展示在艺术家层面使用差别定价的巨大差异。

13.6 艺术家层面的差别定价

艺术家以不同的方式为音乐会定价。图13-1和图13-2分别说明了两位艺术家对两次巡回演出的不同观点。这两个图分别描述的是Bruce Springsteen的“独奏巡回音乐会”和Michael Bolton “1996年秋季巡回音乐会”的票价。两位都是1950年左右出生的美国顶级摇滚唱作人，两次巡演均在1996年举行。图13-1和图13-2分别记录了相同场地的不同座位价格（纵轴）和举行同一巡演的不同城市的价格（横轴代表不同日期）。

在两次巡回演出中，对差别定价的运用完全不同。其中有两点值得注意：

- Bruce Springsteen的巡演本来只有一种座位类别（平均值是1.05），见图13-1；Michael Bolton的巡演有多重座位类别（平均值是2.37），见图13-2，且同一场地价格幅度很大（一场音乐演出最高价比最低价高200%）。Bruce Springsteen很少使用二级差别定价，Michael Bolton则不然。
- Bruce Springsteen巡演的票价多数为两个票值（30美元和33美元），Michael Bolton的巡演则大有不同。音乐会使用模态定价政策的比例分别是44%和0.6%，见表13-4。两个巡回演出的不同定价方式值得我们注意。

为什么Bruce Springsteen和Michael Bolton会选择如此不同的定价方法呢？在试图解决此问题前，我们先来看一些关于艺术家运用差别定价差异的系统性证据。事实上，图13-1和图13-2只列举了每位艺术家的一次巡回演出数据。首先，我们要调查是否仅依靠我们选择的两次巡回演出数据就能得出结论，图13-1和图13-2中呈现的方式是不详细的。表13-4把两位艺术家的其他音乐会也考虑进去。我们发现Bruce Springsteen使用的座位类别少于Michael Bolton（在我们取样时段的198场和194场音乐演出中，平均值是1.53：2.44），且巡演期间的价格变化较小（与巡演模态定价政策一致的音乐会平均值，Bruce Springsteen是57%，而Michael Bolton是7%）。看来这两位艺术家采用了截然不同的音乐会定价方式，这种现象是普遍存在的吗？

① $E[(p_t^{75}-p_t^{25})/p_t]=0.23$，其中，$p_t$是巡回演出t的平均值，并且我们样本中所有的巡回演出均达到期望值。

本节余下部分记录了艺术家使用差别定价差异的存在。在13.7节中，我们会用一个简单的模型来探究这些可能的解释。

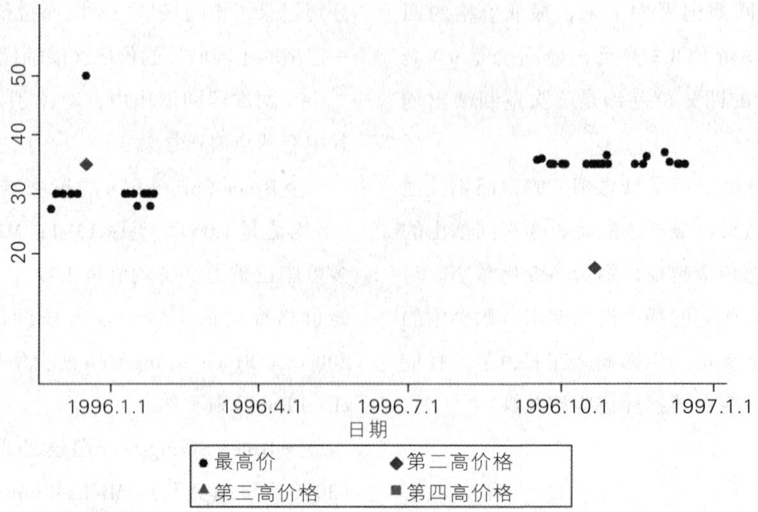

图13-1 Bruce Springsteen独奏巡回音乐会价格（美元）

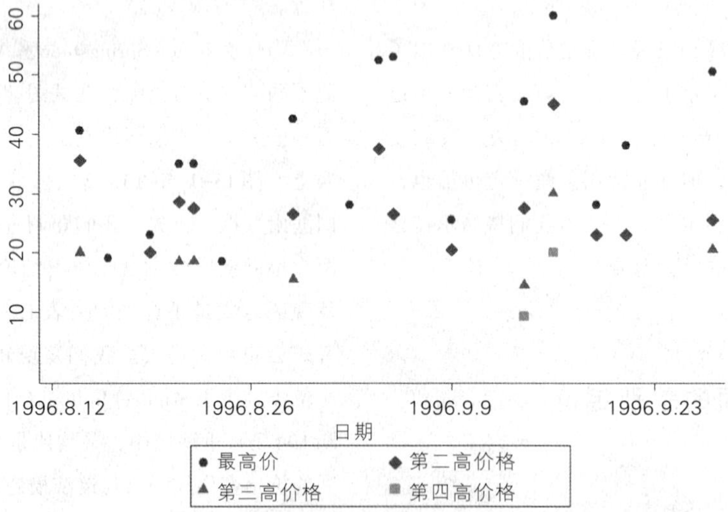

图13-2 Michael Bolton 1996年秋季巡回音乐会票价（美元）

表13-4　Bruce Springsteen和Michael Bolton的对比

	音乐会数量	巡回演出模态定价政策平均频率	音乐会均价
Bruce Springsteen 1996年独奏巡演	39	0.44	1.05
Michael Bolton 1996年秋季巡演	16	0.006	2.37
Bruce Springsteen，1992—2005	198	0.57	1.53
Michael Bolton，1992—2005	194	0.07	2.44

注：模态定价政策频率（frequency of modal pricing policy）是艺术家使用价格组合的音乐会比例，价格组合在巡回演出中经常使用。

13.6.1　二级差别定价

表13-5重现了表13-2，但仅限于艺术家层面。为了阐述这两个表之间的差别，考虑一下我们的计量二级差别定价的方法。在这里，观察对象的单位是一位艺术家。E（d_i|a）表示音乐家a的所有音乐演出平均值d_i，而d_i由公式（13-1）来定义，以此来计量艺术家使用二级差别定价的倾向。表13-5呈现了变量E（d_i|a）的汇总统计。平均下来，艺术家使用二级差别定价的概率是77%。此数据和所有音乐演出样本得出的数据一致（表13-2）。表13-5列示了艺术家变量统计数据的新信息。这些统计数据与记录全部样本数据的表13-2不同。

表13-5　汇总统计（差别定价和限额配给）：艺术家层面数据

变量	观察值	平均值	标准差	最小值	P10	P25	P50	P75	P90	最大值
二级差别定价										
二级差别定价	122	0.77	0.26	0.02	0.38	0.62	0.89	0.97	1	1
价格数量	122	2.07	0.50	1.02	1.38	1.73	2.12	2.36	2.63	3.42
价格范围（p^H-p^L）	122	33.06	44.94	0.22	3.87	9.95	19.87	31.71	82.03	271.1
相对价格范围（p^H-p^L）/p^L	122	1.15	1.45	0.01	0.15	0.37	0.82	1.40	2.14	13.32
若$p^H \neq p^L$，价格范围（p^H-p^L）	122	39.44	51.36	2.74	10.16	15.03	22.43	37.32	82.88	288.0
三级差别定价										
巡回演出均价的四分位差	108	0.23	0.12	0.05	0.11	0.15	0.21	0.29	0.41	0.67
巡回演出模态定价政策频率	108	0.22	0.15	0	0.07	0.11	0.17	0.29	0.47	0.68
限额配给										
售罄	122	0.41	0.25	0	0.10	0.23	0.37	0.57	0.78	1

注：本表记录了艺术家差别定价和售罄的平均倾向。数据从122位艺术家详细的二级差别定价和限额配给的平均值，以及108位三级差别定价中统计得出。二级差别定价变量与使用多于一种价格类别的音乐会成比例。模态定价政策频率与使用巡回演出中最常见的价格组合的音乐演出成比例。售罄变量与售罄音乐会成比例。

艺术家使用差别定价的标准差高达26%。艺术家之间的差别也极大。在Billy Joel的音乐会中，4%使用了差别定价，Garth Brooks为8%，KORN为22%。但是，Madonna、the Eagles、Pink Floyd几乎全部使用差别定价。图13-3为我们全部的122位艺术家划分了E（d|a）。相对于横轴上的x，柱状图的高计量频率为x%的使用统一定价的部分艺术家。密度团延伸分布在两个极端0（从未使用二级差别定价）和1（一直使用）之间，证实了艺术家使用差别定价时会发生很大变化。

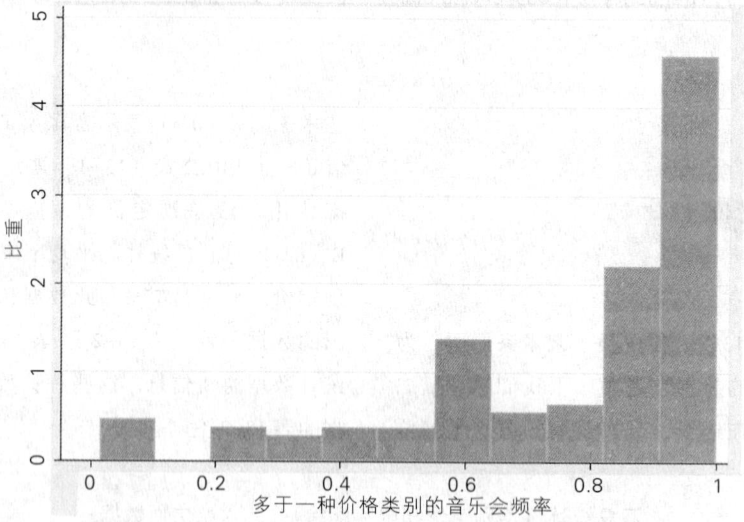

图13-3　艺术家二级差别定价平均使用分布

回到表13-5，10%的艺术家在最多达38%的音乐会中使用了差别定价。另一个极端是四分之一的艺术家几乎一直使用二级差别定价（97%的音乐会或更多）。如果我们看最高座位价和最低座位价之间的平均差异，也是同样的情况。10%的艺术家设定15%或者更少的平均价格溢价，而另一极端的艺术家则设定了214%或更多的平均价格溢价。

13.6.2　三级差别定价

表13-5也给出了我们从艺术家层面计量平均三级差别定价的统计数据。当然，这一次方法的改变依然未对结果产生较大影响。例如，艺术家在其平均22%的音乐会中使用了模态定价政策（相对于表13-2，平均值没有改变）。与我们研究相关的是艺术家分布的统计。艺术家使用模态定价的标准差是15%。每位艺术家平均举行80次巡回演出。如果模态定价是随机的，使用模态定价的平均值约为样本值的22%。我们不期望观测到艺术家使用模态定价浮动过大的情况。然而事实并非如此。

图13-4重现图13-3并证实了这种情况。密度团分布在0到1之间。25%的艺术家平均在少于11%的音乐会中使用模态定价，而10%的艺术家在47%或者更多的音乐会中使用模态定价。考虑到艺术家Gini-Simpson指数分布，巡回演出中任何两场定价相同的音乐会存在很大差异性。艺术家Gini-Simpson指数的标准差是0.074。有10%的艺术家，巡回演出两场音乐会定价相同的概率为20%或更高。而处于另一极端的10%的艺术家，这一可能性为0。

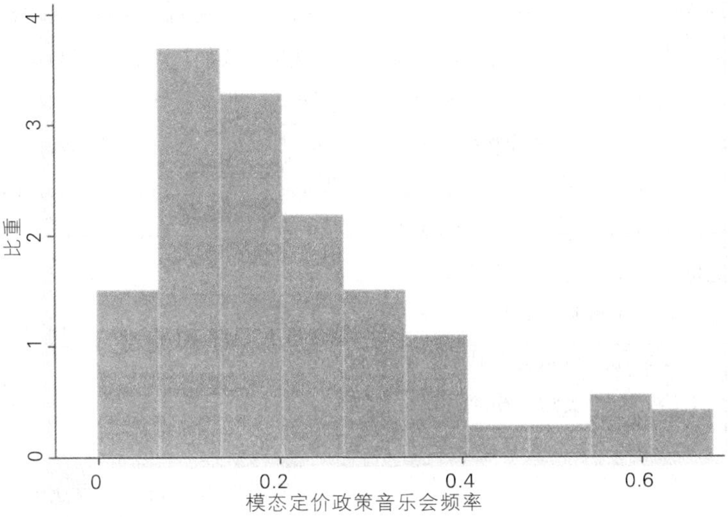

图13-4 三级差别定价：模态定价政策音乐会平均比例分布

运用三级差别定价强化计量方式得出的结论也是如此。10%的艺术家，四分位差是巡回演出均价的11%，而处于另一极端的10%艺术家，为41%。不同城市的价格变量很大程度上受艺术家的影响。

13.6.3 总 结

在哪位艺术家使用二级和三级差别定价的问题上，存在差异性，但对统一定价的二进制指数以及将价格差异考虑在内的差别定价方式来说都正确。[①]同时也证实了Bruce Springsteen和Michael Bolton之间的差异并不是特例。在下一节中，我们将深入调查艺术家定价差异的可能存在的解释。

13.7 识别艺术家的定价类型

艺术家之所以定价不同，有很多原因，如音乐类型不同、场地不同、年份不同、观众不同等。差异性体现在不同的方面。产业组织文献考虑的一个方面是在不同的市场上竞争的表现不同。正如之前讨论的，我们认为虽然这不是音乐演出行业的主要问题，但是我们依然会依据产生固定效应的城市和年份来研究这种可能性。我们相信存在其他与我们的应用相关性更强的渠道。

每场音乐会，差别定价带来的回报是不同的。这种差异我们已在艺术家层面的差别定价计量方法中讨论过，我们需要后退一步，提出一个问题，根据现存的理论文献，何时可以使用差别定价。假设世界是无障碍的，只要消费者有座位喜好（二级），或者不同城市存在不同的需求（三级），想要利益最大化的艺术家总会

① 差别定价的各种方式在艺术家层面和音乐会层面，都是息息相关的。

使用差别定价。他们没理由不这么做。

如果实行差别定价需要固定成本，一些艺术家会发现统一定价的利润更高。在实际运用中，艺术家不得不作研究以使票价适应当地市场。票价实行二级差别定价的代价是观众的座位固定。因此，差别定价的回报和成本不总成正比。实行差别定价得到的回报与付出的成本之间的差异可能是差别定价没能全面得以应用的原因。

现在让我们回到研究艺术家定价行为差异这个话题上来。为避免困惑，余下节我们用定价行为来代替艺术家差别定价计量方法，用术语“定价类型”来阐述艺术家音乐演出定价的不同，例如，差异表现为目标函数或个人天资禀赋的不同。①

能够证明定价行为不同并不意味着定价类型的存在。它也与其他条件有关，如未注意到的需求的存在，以及与艺术家未观察到的关联产品的差异性。为了分清这种区别，我们考虑了简单的设想实验。设想我们观察到卖方定价决策的差异，希望弄清楚其是否与个人定价类型有关。让所有卖方为同种产品定价是测试这场假设的完美实验。如果控制恒定需求和产品特性，那么定价行为完全只和个人定价类型有关。不幸的是，在我们的数据库中，每一场音乐演出都是一个独特的定价问题。但是，我们可以尽可能保证音乐演出的相同特性，以研究个人定价类型所起的作用。

此部分提供一个简单理论框架，即假定需求结构一致，定价行为差异（控制需求和产品特性后）可以作为解释艺术家定价类型的证据。我们需要明白的是，在我们的设想实验中，现场数据不能为艺术家定价类型提供确切的证据。这是因为不能充分排除与艺术家特性有关的未观测到的需求或产品存在差异的可能性。在13.8节中，我们剖析与需求差异性和个人定价类型有关的定价选择的变化，这对我们的研究有很大裨益。

在13.9节中，我们的第二个研究方向是证明定价类型的存在。我们需要调查艺术家在作定价选择时是否存在偏见。我们认为艺术家的系统性偏见只跟个人定价类型一致。根据传统理论，如果决策间没有任何关联的理由，那么这个案例就是令人信服的。这也为我们的应用提供了一个有力的测试方法，因为我们没有理由认为二级和三级差别定价的决策应该与艺术家有关。

13.7.1 理论框架：艺术家应何时利用差别定价？

假设艺术家向两类观众出售门票，门票可能是两个不同场地的同一音乐演出，或者同一音乐演出的两类座位。相应地，观众可能居住在两个地区或者购买两种类别的座位。至于后者，我们简单假设消费者只对一种座位感兴趣。而现实中，需要考虑座位类别出现替代的情况，但是不会改变我们的结论。

消费者c=1，2的逆需求是$P(q \mid c, a)=\alpha_{c,a}-\beta_q$，c指座位类别，a指艺术家。边际成本是X（在音乐演出行业特别小，或为0）。我们假设消费者和艺术家的差异只能影响截距$\alpha_{c,a}$。这是为了建立基准，之后我们会再回到这个假设。

在利用差别定价时，艺术家选择价格是为了最大化每个市场的$q(\alpha_{c,a}-\beta_q-X)$。从观众c获得的收益是$(1/4\beta)(\alpha_{c,a}-X)^2$。采用统一定价时，全部收益是$(1/8\beta)(\alpha_{c,a}+\alpha_{2,a}-2X)^2$。利润的增加或者差别定价的回报是：$R=(1/8\beta)(\alpha_{1,a}-\alpha_{2,a})^2-F$，这里的F指实行差别定价的固定成本。需要考虑到的基准情况是，艺术家a在观众c前表演的音乐会的需求截距是加性可分的。

加性假设：$\alpha_{c,a}=\alpha_a+\alpha_c$

将差别定价净利润简化为：

$R=(1/8\beta)(\alpha_{1,a}-\alpha_{2,a})^2-F$

① 对艺术家定价的类型也有别的阐释。粉丝可因对票价的公平程度抱有的不同期望而各不相同。更在意公平的消费者可与定价公平的艺术家归为一类。动态问题也在上演。今天艺术家的公平定价为未来对它的期望值“添一把柴”。这些问题不在本章研究范围内。

提议1　如果加性假设一定，则差别定价的回报：(i) 增加公众差异性（$\alpha_1-\alpha_2$），(ii) 和艺术家特性需求截距（α_a）是独立的。

提议1的重要性体现在两个方面。(i) 观众的差异性符合时，艺术家希望利用差别定价。例如，当座位类别差别足够大时，他们应该利用二级差别定价。这也源于同一场地不同座位类别提供的不同体验，或者观众是否愿意为不同质量座位付费的差异性。类似地，如果当地观众完全不同或场地完全不同时，应该利用三级差别定价。(ii) 差别定价方式的决策并不依赖于艺术家对所有消费者施加同样影响的个性特点。提议1说我们应该控制会对质量差异或支付质量差异的意愿产生影响的需求解释变量。控制产品和需求解释变量后，只要加性假设不变，差别定价决策就不应该依赖于艺术家的身份。

13.7.2　总　结

提议1对上面所呈现的结果作出了补充说明。例如，如果不同的观众对支付不同座位的意愿不同，那么艺术家利用二级差别定价的差异就得出合理的解释；巡回演出城市的不同则为三级差别定价作出合理解释。回到图13-1和图13-2中，Michael Bolton可能到不同的城市举行巡回演出，他举行表演的场地可能具有不同的座位体验；而Bruce Springsteen选择到相似的城市，并在他的表演场地提供相同的座位体验。

在下一节的开头，我们保留了加性假设，并调查了差别定价使用的不同是否可以通过需求和产品特性来解释。在余下的部分，我们则去除了加性假设，以考虑艺术家定价行为变化的其他解释。

13.8　关于利用差别定价的可能性解释

13.8.1　二级差别定价

我们打算利用需求控制、产品差异性和艺术家的固定效应来解释差别定价的决定。假定保留加性假设，我们根据Bertrand和Schoar（2003）提出的实验方法论，确定了管理模式的存在。概括地说，我们用以下模型来估算艺术家固定效应$\theta_{艺术家}$：

$$\Pr(d_i=1)=\theta_{艺术家}+\theta_{城市}+\theta_{年份}+\theta_{场地}+\gamma_1 名望_{a,y}+\varepsilon_i \qquad (13-2)$$

其中，$\theta_{城市}$指城市固定效应，控制所有在只有一个场地的城市（我们的样本中多半城市如此）中的本地观众差异和城市场地差异；$\theta_{场地}$指场地固定效应，控制场地特性，它比城市固定效应更精确；$\theta_{年份}$指年份固定效应，控制随时间改变的观众的口味、观众的座位偏好或实施差别定价的成本；名望$_{a,y}$控制艺术家名望的差异性，我们很快会在下文进行解释。随着城市的不同和时间的改变，城市和年份效应也会控制竞争层面未被观察到的差异。

我们用线性概率模型而不是非线性模型（自然对数模型或概率单位模型）来估算公式（13-2）。这是一个不失一般性的饱和模型，所有右首边的变量是虚设的或绝对的。适合概率是指由虚拟变量的不同值所定义的每个单位在利用二级差别定价时的条件概率。①

同Bertrand和Schoar（2003）一样，我们寻找了三套数据统计：和艺术家固定效应相关的且调整过的R^2

① 我们用线性概率模型贯穿整章，即使一些要求中包含两种持续说明的变量（艺术家名气包含在表13-6的6、7列和本章之后部分；体验方式在表13-10）。对于这些要求而言，线性概率模型是有少量一般性损失的近似值，因为独立变量的多数可变性可以用虚拟变量来解释。主要结果在表13-12，模板（A）全部基于饱和模型，不包括艺术家名气，因此，结果不受线性概率模型近似值影响。

改变的统计、艺术家固定效应等于0时F测试的统计、对艺术家固定效应分布汇总的统计。

我们现在能对以下问题作出回答：

• 利用差别定价时，这些控制元素能增加可解释变量吗？根据提议1，如果控制元素捕捉到了需求和产品特性的相关变化，那么答案是肯定的。

• 控制变量的增加是否降低了艺术家固定效应的解释力度？如果13.6节证明的艺术家差异性是由需求或产品特性的差异性引起的，那么情况的确如此。通过寻找调整过的R^2的改变和测试艺术家固定效应的意义，我们可以回答这两个疑问。

• 包含控制变量后，差别定价中的哪些变量是由艺术家固定效应（如艺术家定价类型）引起的？艺术家固定效应分布为艺术家差异性的经济量给出了信息。

表13-6中记录了结果。列（1）给出了艺术家固定效应在解释利用二级差别定价时27%的变量。列（2）展示年份和城市固定效应在解释利用差别定价时18%的变量。因为我们增加了艺术家固定效应（从列（2）移到列（3）），调整过的R^2将从18%上升到40%。这表明城市和年份固定效应解释的变量，和艺术家固定效应解释的变量形成正交（orthogonal）。

表13-6　　二级差别定价的艺术家效应

	（1）	（2）	（3）	（4）	（5）	（6）	（7）
艺术家名气	—	—	—	—	—	0.00870*** （0.00257）	0.0390*** （0.0138）
艺术家固定效应？	是	否	是	否	是	否	是
年份固定效应？	否	是	是	是	是	是	是
城市固定效应？	否	是	是	否	否	否	否
场地固定效应？	否	否	否	是	是	是	是
调整过的R^2	0.268	0.185	0.398	0.284	0.461	0.294	0.452
观测值	20 362	20 362	20 362	20 362	20 362	17 787	17 787
艺术家固定效应数量	121	121	121	121	121	87	87
艺术家固定效应F测试（p值）	0.00	0.00	0.00	0.00	0.00	0.00	0.00
艺术家固定效应标准差	0.251	—	0.228	—	0.216	—	0.231
艺术家固定效应最小值	−0.665	—	−0.481	—	−0.574	—	−0.811
艺术家固定效应第25个百分位数	−0.0611	—	0.0893	—	0.061	—	0.0877
艺术家固定效应第75个百分位数	0.282	—	0.37	—	0.298	—	0.30
艺术家固定效应最大值	0.32	—	0.496	—	0.408	—	0.57

注：本表记录了普通的最小平方估算值（OLS）。独立变量是二级差别定价二进制变量，如果音乐会拥有多于一种的座位类别，则等于1。艺术家名气是根据过去几年（每位艺术家的时间不一）排行榜的单曲和专辑累积数量得出。在计算估测的艺术家固定效应统计值时，每位艺术家的固定效应是用其标准误差的倒数加权来计量估计误差的。稳健的标准误差在括号内标出，聚合在艺术家层面。***$p < 0.01$，**$p < 0.05$，*$p < 0.1$。

艺术家固定效应具有高度的经济意义，因为它们为大部分的差别定价变化作出了解释。结果保留在我们的所有说明中。相反，Bertrand和Schoar（2003）的管理者固定效应只对企业行为4%的变化作出了解释。

表13-6底部显示了艺术家固定效应分布数据统计。估测的艺术家固定效应的标准误差是0.25，和表13-5的0.26非常接近，这也在我们的预料之内。对照表13-6的标准误差，列（3）略低于列（1）。百分比变化非常小。

我们运用场地固定效应，而不是城市固定效应，重复了表13-6中列（4）和（5）的操作，最终结果一致。增加艺术家固定效应后（对比列（4）和（5）），调整过的R^2从28%上升至46%。有趣的是，相比年份和城市固定效应，年份和场地固定效应可以为多于10%的变化作出解释（比较列（2）和（4））。这说明在产品的特性中，场地固定效应捕捉到更多变化。

我们可以作出总结，在作出二级差别定价的决策时，当地市场和场地特性起到大部分作用，这与提议1的发现一致。即使在掌控未观测到的差异性后，艺术家固定效应对利用差别定价的影响也不会显著降低。事实上，图13-5重现了图13-3，但是运用的是掌控场地和年份固定效应后的预估固定效应。如果当地市场和场地特性严重影响艺术家差别定价的决策，那么在掌控场地和年份固定效应后，不同范围的艺术家的差异性会下降。但情况并非如此。差异性在定价类型中仍然起到很重要的作用。①

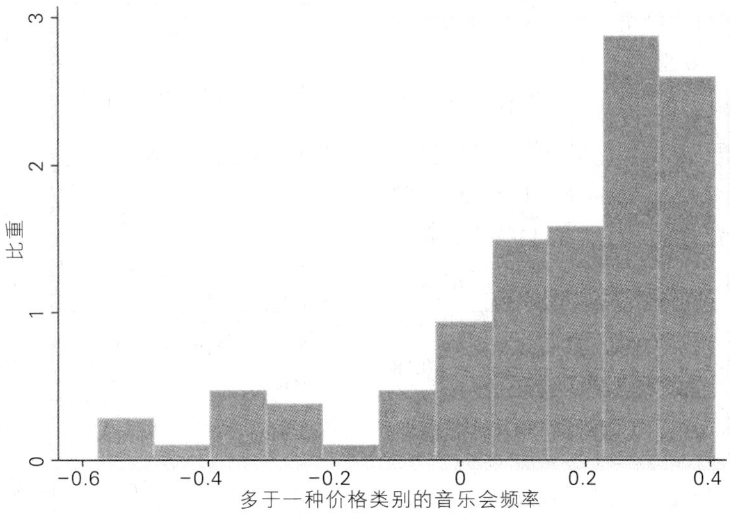

图13-5 二级差别定价：回归分析艺术家、场地和年份固定效应，得出的预估艺术家固定效应分布

13.8.2 三级差别定价

关于三级差别定价，提议1认为我们应该对不同巡回演出在不同城市停留，伴随不同场地特性和当地观众特性这一事实作出控制。保证巡回演出的城市不变，还需要掌控不同观众和场地特性的组合。但是，我们的样本中共有579个城市，没有两次巡回演出包含的城市完全一致。一个选择是集中在举办最多的一些城市上，虽然这样，举办巡回音乐演出最多的一些城市还是会存在

① 我们不对预估固定效应分布的中间位置（如平均值和中位值）作评论，因为它们取决于任意标准化（像固定效应预测省略的类别）。这适用于图13-5、图13-6和图13-9。但是，标准化不会影响分布的范围或标准误差，其同时提供了度量艺术家差异性的方法。

差异。

我们不能在使用以巡回演出层面计算三级差别定价方法的同时保持演出城市不变。因此，我们反过来考虑，有许多城市举办过巡回演出中的一场或几场音乐会。差别在于每个城市举办了稍有不同的巡回演出分场。不在巡回演出层面计量差别定价，相反，我们来考虑每对城市这个因素。对于每对城市，我们确定使用同种定价政策与不同种定价政策的艺术家。然后整合所有信息，在保持城市配对不变的情况下，计算定价类型的差异。

详细步骤如下：首先挑选举办演出最多的10个城市，形成45个组合。对每组城市，我们观察每次包含两个城市的巡回演出。如果巡回演出的两个定价政策是一致的，变量为1，否则为0。因此产生了描述统一定价的虚拟变量，假设每779次巡回演出中的一次在45对城市的任意一对停留，变量值为0或1。在16%的观测值里，统一定价的虚拟变量等于1。在表13-7中，我们采用艺术家固定效应（列（1））、配对城市固定效应（列（2））和两套固定效应（列（3））来解释虚拟变量的变化。仅是艺术家固定效应调整过的R^2值是0.18（列1），仅是城市固定效应的是0.14（列（2））。第一个结果和我们早期的发现一致，艺术家在使用三级差别定价时存在差异性。事实上，艺术家固定效应的标准误差是0.19。[①]第二个结果和提议1一致，三级差别定价的使用取决于当地市场特性差异。城市配对变量由观众和场地不同所控制。差别定价更可能发生在不同城市的配对。更有趣的是，当我们将列（3）艺术家固定效应加上城市固定效应后，调整过的R^2随之也增加了18%（0.32−0.14=0.18）。

表13-7呈现的是艺术家固定效应的汇总统计。我们发现，在控制当地市场差异后，艺术家固定效应的标准误差没有降低。在列（1）和列（3）中，艺术家固定效应的标准误差是0.19。

表13-7 城市配对的三级差别定价艺术家效应

	（1）	（2）	（3）
城市配对固定效应?	否	是	是
艺术家固定效应?	是	否	是
调整过的R^2	0.18	0.14	0.32
观测值	3 237	3 237	3 237
艺术家固定效应数量	53	—	53
艺术家固定效应F测试（p值）	0.00	—	0.00
艺术家固定效应标准误差	0.19	—	0.19
艺术家固定效应最小值	-0.45	—	-0.42
艺术家固定效应的第25个百分位数	-0.361	—	-0.305
艺术家固定效应的第75个百分位数	-0.115	—	-0.093
艺术家固定效应的最大值	0.258	—	0.357

注：本表记录了OLS估测结果。观测值描述的是艺术家在同一巡回演出中举办音乐会的一对城市（前10）。如果两场音乐会有相同的定价政策，则独立变量等于1。模型识别了53个艺术家固定效应。在计算估测的艺术家固定效应统计值时，每位艺术家的固定效应是用其标准误差的倒数加权来计量估计误差的。

艺术家之间存在重大差异。在我们的所有艺术家中，每对城市的两场音乐会拥有相同定价政策的概率是

① 原则上，此处记录的统计值应该和表13-2、表13-3记录的Gini-Simpson统计值近似。事实上，这些数字更高（两场音乐演出相同价格的概率是16%而不是7.4%，艺术家的标准误差是19%而不是10%）。因为此处的方法适用于一小部分多次举行演出的城市，比两个随机城市更相似。

0.77左右。图13-6重现了图13-4，运用的是表13-7列（3）的预估艺术家固定效应。相比图13-4，分布的延伸没有太多改变。

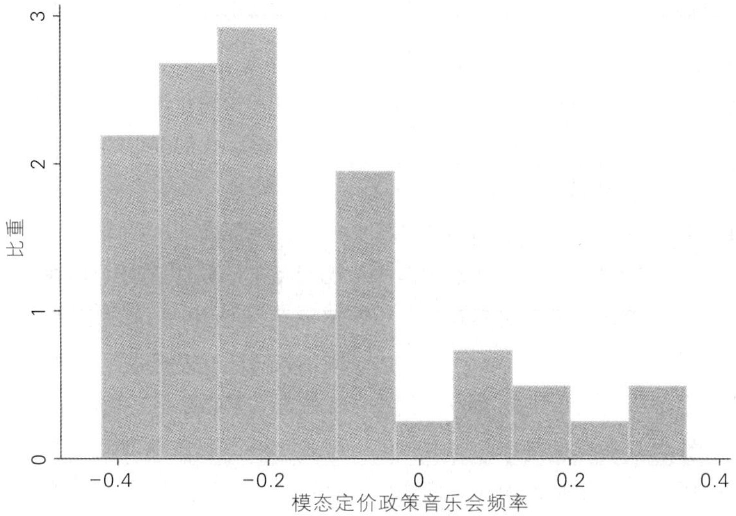

图13-6 三级差别定价：回归分析城市配对固定效应，得出的预估艺术家固定效应分布

我们至今未讨论过的一种可能性是，一些艺术家会在每个场地使用基于成本的规则来定价。他们会根据租金、人力成本加上固定加成来确定票价。同一租金和人力成本带来的结果是统一定价。表13-7排除了这种可能性，因为我们的城市配对不变。不能仅仅因为成本一致，就采取统一定价。

我们已经取得了很大进步。提议1中说在控制需求和产品特性后，艺术家应该作出相同的差别定价决定。相反地，我们发现即使保持这些因素不变，艺术家本身也存在很大差异，包括在利用二级和三级差别定价时。如何来解释？有可能我们漏掉了需求和产品差异性的一些维度。提议1模型的需求说明或其他特征可能过于简单化。我们可以将模型延伸至其他方向。尽管全面考虑此问题不在本研究范围内，我们还是能够排除三个与应用尤为相关的备选原理。

13.8.3 艺术家要求的差异性的其他来源

模型假定艺术家只通过对添加成分的取舍影响门票需求，也就是说艺术家用更复杂的方式来影响门票需求。例如，艺术家可能通过多种方式，如$P(q \mid c, a) = k_a(\alpha_c - \beta_q)$来影响需求β的斜率或整体需求。加性假设不再起作用。差别定价的回报变为$R = (k_a/8\beta)(\alpha_1 - \alpha_2)^2 - F$，其取决于$k_a$。$k_a$和上文模型中的$\alpha_a$是艺术家名气的计量方法，不同之处在于它们对差别定价回报的影响。当名气为多样性时，提议1的结果不再有效。当流行艺术家人数增加时，k_a值增加，也更可能利用差别定价。我们也许可以争辩说存在一些未被观测到的k_a成分，这些成分可以为艺术家定价类型变化作出解释，但是这种可能性不能被先验地排除。

令人难以置信的是，艺术家之间不存在非附加需求的差异性。名气的增加提升了观众的支付意愿水平和支付意愿的差异。在二级差别定价中，支持这一理论的经济论证如下：提升座位类别和支付意愿有关，例如，艺术家的质量和座位质量是对实用功能的补充。消费者愿意为音乐演出付出更多时，他们会乐意上调座位类别。三级差别定价也是相似的情况。

差异性需求的可能性值得我们更加严肃地去思考。表13-6控制了场地固定效应。如果艺术家根据需求类型决定表演场地（如越有名气的艺术家越在大的场地演出），以上全部问题需要考虑。艺术家名气仍然存在一些没有缘由的差异性。

我们可以做一些功课以证明这是不可能的。我们可以计量艺术家的许多特性，当然只是根据时间而控制。我们核查艺术家定价类型的变化是否和随时间变化的特性保持一致。对于那些不随着时间改变特性的艺术家，我们会跟进一个单独的样本研究（详情如下）。为简明起见，我们只对二级差别定价实施该项研究。

第一步，我们运用成功的音乐作品来计量艺术家的名气。我们计量了每年排行榜的专辑和单曲数量。如果名气是艺术家差异性的主要驱动力，那么增加此变量会减少增加艺术家固定效应带来的调整过的R^2值。表13-6的最后两列由艺术家名气所控制。名气对利用二级差别定价的影响是积极的，并具有重大意义。增加一首最佳单曲或一张最佳专辑，艺术家使用二级差别定价的可能性会上升1%。这和之前k_a作为名气多重影响的解释一致，但是调整过的R^2值，即对艺术家固定效应的解释，则小幅降低。艺术家固定效应分布图显示定价类型差异对经济量的影响不大。

在单独样本实验中，我们根据每个座位的平均场地（已售门票的均价）对艺术家进行排名，然后计算所有艺术家的平均值。我们将样本分为两个类别——最高均价和最低均价。我们合理地假定，门票均价是名气的替代品，艺术家名气就能控制这些因素。这项研究直接证明差别定价与票价水平息息相关。如此，对最高均价和最低均价艺术家进行二次抽样，艺术家固定效应的解释力度应该会降低。表13-8分离实验重现了表13-6的挑选标准。

首先我们讨论艺术家固定效应F测试的证据。无论任何情况，我们都拒绝空值，即所有艺术家固定效应等于0的情况。增加艺术家固定效应后，提升了调整过的R^2值，尽管量比之前低。对于高价的艺术家，当我们只控制点击的累积量时，调整过的R^2值增加了18%（表13-8列（3）和（1）的区别）。当我们也对年份和场地固定效应进行控制时，数字会增加14%。这个数字相比低价艺术家的数字来说略低，但是艺术家固定效应最少增加10%，再次说明了艺术家固定效应分布图不会改变。

需求差异性也可能由于音乐流派而有所不同。表演的渠道有多种。最重要的是，需求也随音乐流派而变化。摇滚艺术家利用差别定价的回报可能会更高，因为他们的观众更加多元化。我们也可能会说团体的公平性标准随音乐流派而变化，但摇滚观众对不公平的剥削式定价的反应可能更激烈。

在我们的样本中，主要的音乐流派是摇滚乐，占样本中超过一半的艺术家。其余的艺术家覆盖了广泛的音乐范围，如乡村音乐、爵士乐和说唱。故我们将样本分为摇滚乐和非摇滚乐。我们的主要兴趣是在对摇滚乐进行二次抽样时，调查艺术家固定效应的变化。如果音乐流派能解释定价决策的原因，我们期望在对摇滚艺术家进行二次抽样时，艺术家差异性关系变小。表13-9重现了表13-6的挑选标准，对象是摇滚和非摇滚艺术家。摇滚乐的二次抽样，包含艺术家固定效应在内，R^2的增加维持在17%～24%之间。相似地，艺术家固定效应的标准误差维持在22%左右。音乐流派不同，不能为艺术家利用二级差别定价的差异性作出解释。

表 13-8　　二级差别定价艺术家效应（分离实验，高价和低价的艺术家）

	高价艺术家	低价艺术家	高价艺术家	低价艺术家	高价艺术家	低价艺术家	高价艺术家	低价艺术家
	(1)	(2)	(3)	(4)	(5)	(6)	(7)	(8)
艺术家名气	0.0008 (0.0026)	0.0240*** (0.0088)	0.0462*** (0.0168)	0.0667** (0.0284)	0.0002 (0.0018)	0.0146* (0.0078)	0.0309** (0.0118)	0.0441 (0.0262)
艺术家固定效应?	否	否	是	是	否	否	是	是
年份固定效应?	是	是	是	是	是	是	是	是
城市固定效应?	否	否	否	否	否	否	否	否
场地固定效应?	否	否	否	否	是	是	是	是
调整过的 R^2	0.081	0.066	0.266	0.238	0.302	0.335	0.437	0.439
观测值	9 582	8 205	9 582	8 205	9 582	8 205	9 582	8 205
艺术家固定效应数量	—	—	53	33	—	—	53	33
艺术家固定效应 F 测试（p 值）	—	—	0.00	0.00	—	—	0.00	0.00
艺术家固定效应标准误差	—	—	0.240	0.258	—	—	0.199	0.213
艺术家固定效应最小值	—	—	−0.947	−0.0617	—	—	−0.922	−0.0778
艺术家固定效应第 25 个百分位数	—	—	0.123	0.498	—	—	0.0534	0.295
艺术家固定效应第 75 个百分位数	—	—	0.364	0.784	—	—	0.246	0.573
艺术家固定效应的最大值	—	—	0.595	1.05	—	—	0.412	0.782

注：本表记录了 OLS 预估结果。如果一场音乐会多于一种价格类别，独立变量是二级差别定价的二进制变量。我们根据已售门票的均价对艺术家进行排名，高于平均值的是高价艺术家。名气是艺术家每年在排行榜单曲和专辑的累积量（每位艺术家时间不一）。估算艺术家固定效应时，相反地，每位艺术家的效应是用其标准误差的倒数加权来计量估计误差的。稳健的标准误差在括号内，聚合于艺术家层面。$***p < 0.01$，$**p < 0.05$，$*p < 0.1$。

表 13-9　　二级差别定价艺术家效应（分离实验，摇滚乐和非摇滚乐艺术家）

	摇滚乐	非摇滚乐	摇滚乐	非摇滚乐	摇滚乐	非摇滚乐	摇滚乐	非摇滚乐
	（1）	（2）	（3）	（4）	（5）	（6）	（7）	（8）
艺术家名气	0.0116*** （0.00360）	0.00757 （0.00743）	0.0584*** （0.0165）	0.0373 （0.0258）	0.0102*** （0.00321）	0.00321 （0.00506）	0.0468*** （0.0153）	0.0239 （0.0180）
艺术家固定效应?	否	否	是	是	否	否	是	是
年份固定效应?	是	是	是	是	是	是	是	是
城市固定效应?	否	否	否	否	否	否	否	否
场地固定效应?	否	否	否	否	是	是	是	是
观测值	13 149	4 638	13 149	4 638	13 149	4 638	13 149	4 638
艺术家固定效应数量	—	—	66	20	—	—	66	20
调整过的 R^2	0.064	0.153	0.301	0.311	0.282	0.439	0.451	0.520
艺术家固定效应 F 测试（p 值）	—	—	0.00	0.00	—	—	0.00	0.00
艺术家固定效应标准误差	—	—	0.266	0.284	—	—	0.228	0.214
艺术家固定效应最小值	—	—	-1.342	-0.337	—	—	-1.454	-0.307
艺术家固定效应第 25 个百分位数	—	—	0.0245	0.294	—	—	-0.446	0.215
艺术家固定效应第 75 个百分位数	—	—	0.293	0.568	—	—	-0.184	0.433
艺术家固定效应的最大值	—	—	0.55	0.66	—	—	0.102	0.501

注：本表记录了 OLS 预估结果。如果一场音乐会多于一种价格类别，独立变量是二级差别定价的二进制变量。名气是艺术家每年在排行榜单曲和专辑的累积量（每位艺术家时间不一）。估算艺术家固定效应时，相反地，每位艺术家的效应是用其标准误差的倒数加权来计量估计误差的。稳健的标准误差在括号内，聚合于艺术家层面。$^{***}p < 0.01$，$^{**}p < 0.05$，$^{*}p < 0.1$。

13.8.4 实施差别定价的成本

关于实施差别定价的利益的信息，艺术家有不同的获取渠道。让我们回到模型上来，差别定价固定成本F包括艺术家依赖的信息成本。对此有一个相关的论证。模型假定艺术家了解需求，并且能够计算价格的利益最大化。实际上，差别定价的回报取决于艺术家对不同产品需求的了解程度。艺术家利用差别定价的变化可能是因为知识或鉴别能力的不同。

许多艺术家和主办方共同定价。如果主办方拥有如何定价的重要信息，我们希望主办方固定效应能够消减部分艺术家的差异性。在表13-10中，我们加入了一组主办方固定效应的数据。列（1）中调整过的R^2值为0.28，比城市和年份固定效应高出0.10。出现大幅增加的原因可能是上文讨论过的信息渠道，另一种可能是主办方专精于某种音乐类型。主办方变量可以在一定程度上控制一些未观测到的音乐类型。

然而，最重要的一点是，在控制主办方固定效应后，我们发现调整过的R^2依然增加了16%，艺术家固定效应分布图也没有改变。我们还发现信息渠道并不能对利用二级差别定价变化作出解释，但是这些变化和艺术家固定效应带来的变化呈正交。

13.8.5 学　习

在一个从未举行过演出的城市，想知道采用差别定价的方法是否能够盈利也许有些困难。即使早期犯过错，艺术家也应该不断学习，尤其是在经常进行表演的城市或场地，这也对他们控制在同一城市或场地演出的数量提出了建议。

我们对艺术家每场音乐会的以往经验值进行计算统计。对特定的音乐会来说，以往经验值是指艺术家在同一城市举行音乐会的次数。而在我们的样本中，早期观察到的以往经验值等于0，最近几年增加至4（平均值是1.26）。表13-10中的列（3）到（6）记录了逆行结果。该表得出的主要结论是，即使我们掌控了以往经验值，艺术家固定效应带来的调整过的R^2值也不会改变；我们在城市或场地层面计量经验值时，得出的结论相同。[①]在这两种情况下，与艺术家固定效应有关的调整过的R^2值增加约0.19。艺术家固定效应分布图不会改变。

13.8.6 总结：差别定价难题？

基于标准经济理论，我们对许多解释进行考虑，也发现了一些论证这些解释的证据。这也说明控制当地需求、产品特性、艺术家名气和信息渠道的重要性。经过整合，我们全部的控制元素对差别定价决策几乎一半的变化作出了解释。尽管这样，艺术家固定效应解释的变化量并没有降低。这也给我们出了一个难题：到底是什么决定了艺术家定价的变化？

人们可能认为艺术家定价行为变化是由于未观测到的需求差异性。Bruce Springsteen利用差别定价从一场音乐演出得到的回报和Michael Bolton并非一样多。回到提议1，可能存在未观测到的需求差异（和我们研究的控制元素无关）或其他变化，影响了差别定价的回报。正如之前论证的，我们不能完全排除这种可能性。但是，现在我们认为几乎不存在这种可能性，因为我们

① 有趣的是，只有在包含艺术家固定效应且和学习假设有相反迹象时，经验值才有重大意义。艺术家更愿意回到有忠诚粉丝基础的城市。粉丝们希望艺术家能够公平定价（没有差别定价）。

表 13-10　　二级差别定价艺术家效应（同一城市或场地的主办方固定效应和经验）

	(1)	(2)	(3)	(4)	(5)	(6)
艺术家名气	0.00964*** (0.00308)	0.0475*** (0.0134)	0.0111*** (0.0027)	0.0483*** (0.0148)	0.0111*** (0.00274)	0.0486*** (0.0148)
同一场地经验值	—	—	0.0010 (0.0007)	-0.0032*** (0.0009)	—	—
同一城市经验值	—	—	—	—	-0.0004 (0.0014)	-0.0043*** (0.0021)
艺术家固定效应?	否	是	否	是	否	是
年份固定效应?	是	是	是	是	是	是
城市固定效应?	是	是	是	是	是	是
主办方固定效应?	是	是	否	否	否	否
调整过的 R^2	0.284	0.444	0.201	0.389	0.201	0.390
观测值	17 787	17 787	17 787	17 787	17 787	17 787
艺术家固定效应数量	—	87	—	87	—	87
艺术家固定效应F测试（p值）	—	0.00	—	0.00	—	0.00
艺术家固定效应标准差	—	0.251	—	0.252	—	0.253
艺术家固定效应最小值	—	-0.835	—	-0.914	—	-0.917
艺术家固定效应第25个百分位数	—	0.13	—	0.13	—	0.136
艺术家固定效应第75个百分位数	—	0.383	—	0.362	—	0.366
艺术家固定效应最大值	—	0.643	—	0.675	—	0.684

注：本表记录了OLS预估结果。如果一场音乐会多于一种价格类别，独立变量是二级差别定价的二进制变量。名气是艺术家每年在排行榜单曲和专辑的累积量（每位艺术家时间不一）。经验值是在同一场地或城市先前举办音乐演出的累积量。估算艺术家固定效应时，相反地，每位艺术家的效应是用其标准误差的倒数加权来计量估计误差的。稳健的标准误差在括号内，聚合于艺术家层面。$^{***}p<0.01$，$^{**}p<0.05$，$^{*}p<0.1$。

本来预计差异性和某些因素有关，如城市、场地、主办方、年份、名气程度和音乐流派。然而，这些控制因素在减少艺术家差异性方面并没有起到多大作用，此发现也表明了即使寻找新的控制因素，这一问题也不可能被重新解决。我们需要牢记，未观测到的需求差异性可能导致定价行为的一些差异性。在下一部分中，在假设艺术家定价类型存在的基础上，我们会思考另一种解释艺术家定价行为变化的假设。

13.9 市场力量的利用

流行艺术家是最终垄断者。他们在给音乐演出门票作定价时拥有惊人的市场力量和判断力。但是，利用市场力量还需要根据需求的情况适时改变价格。艺术家应该利用需求差异吗？答案是并非必要。一开始，一些艺术家公开声明他们想要公平定价，也许他们可能真的想做到公平。Krueger（2005）在对音乐演出行业的讨论中，谈到艺术家关心很多非利益的事情。他写道："一些艺术家在考虑自己的收入时，也关心消费者的幸福感。"

许多经济学家对此持怀疑态度。这种关注是合理的。有人也许会武断地根据决策者的目标函数来解释一切。但是，Krueger的观点对此有更细致入微的解释。艺术家可能表现出真心关心粉丝的模样，但是这样做是与长期利益最大化的假设一致。论证如下：利用市场力量可以增加利润，但是这种做法并不是毫无缺点。

一些流行音乐歌手因参与社会活动和政治讨论而声名狼藉，但不是所有艺术家都是社会活动家。我们把目光放在社会活动活跃的艺术家身上。他们站在自由主义立场，支持亲社会事业，如捍卫人权、与贫穷作斗争和谴责不平等。坦言亲社会的艺术家在举行巡回演出时，容易陷入进退两难的境地。使用差别定价被认为是投机取巧的营利行为，会传递给粉丝自相矛盾的信息，认为他们利用市场力量是邪恶的想法。亲社会的艺术家更愿意选择放弃差别定价的利润，不会冒险成为网络和媒体上的"伪君子"。艺术家可能不是真心关心粉丝，但是，他们确实关心身为名人的身份，因为这为他们创造了市场，这也是他们会表现出一副关心粉丝的模样的原因所在。

在本节中，假设艺术家在是否愿意利用市场力量这个问题上出现分歧。我们不会试图辨别出其动机，无论是真心的还是出于策略性需要。我们的目标更为适度，即调查这个简单的假设能否为定价类型提供线索。此假设和我们目前呈现的证据一致，更重要的是，门票定价有了更新奇、更独特的含义。

13.9.1 假设：愿意利用市场力量

假设艺术家在愿意利用市场力量上存在分歧。其中一个极端是，亲社会的艺术家不想要影响他（她）的市场力量，他们对巡回演出的全部门票实施相同的定价，对所有场地的全部座位也同样实施相同定价。另一个极端是，利益最大化的艺术家对所有观众、所有座位类别均实施清晰定价。[①]虽然存在这两种典型，但是艺术家可以折中选择。先前部分的论证是，艺术家利用二级和三级差别定价时的差异性为我们的假设提供支持。我们得到两个新的含义。

我们首先考虑价格层面。亲社会艺术家可能会保持低价，以确保所有粉丝付得起门票，这也意味着他们的门票会有条不紊地售罄。他们不会因为积极需求的冲击迅速涨价至平均水平，而是选择缓慢涨价，吸收部分需求冲击。Krueger（2005）和其他学者记录了在我们取样期间，需求产生了富有戏剧性的增长。亲社会艺术家在此期间更可能售罄门票。因为艺术家不会根据同样的利润来调整价格适应需求，我们预计限额配给概率将给艺术家带来变化。

假设1（H1） 即使在控制产品和需求特性后，艺术家门票售罄的概率也存在差异。

---

① 标签"利益最大化"指最大化音乐演出利益的艺术家。人们可能会困惑，因为我们刚刚论证过，亲社会艺术家也能最大化利益，但是我们通过利用目标函数，把音乐演出收益之外的因素也考虑进去了。"利益最大化"的意义请查看上下文。

H1调查了定价的一种新特征。它不考虑我们到目前为止所分析的产品价格差异，而是试图证实关于艺术家从限额配给的证据中选择价格水平的信息。拒绝利用市场力量的艺术家的定价低于市场价格。如果情况的确如此，我们预计他们更可能将门票售罄。然而目前所有的证据都与差别定价有关。H1必须和价格水平相关，但主要不足是，其同样受制于我们在作差别定价分析时所提出的疑义。艺术家定价类型和限额配给的概率变化保持一致。但是，未观测到的需求差异性依旧是备选解释。

第二层含义是一种全新的寻找证据的方式，以直接处理利用市场力量的问题。如果艺术家对利用市场力量有不同意愿，并且我们清楚他们属于哪种类型，就能预测他们会如何定价。尽管目前没有这方面的信息，我们依然可以比较每位艺术家作出的不同决策。愿意利用市场力量的艺术家应该利用所有维度的定价。

假设2（H2） 艺术家利用二级差别定价与利用三级差别定价的决策正相关，与售罄概率负相关。

更难论证的是，假设2能解释未观察到的艺术家差异性。影响艺术家固定效应的未观察到的需求或成本因素不得不和二级和三级差别定价产生关联，这也为一系列候选的未观察到的因素增添了更严苛的要求。这也同样适用于解释为什么这两种决策与限额配给相关。[①]然而，我们基于利用市场力量的简单框架传达三种决策之间存在联系的唯一预测。

新的假设的重要性体现在两个方面。非零关联的发现增加了艺术家定价类型的复杂性。Bertrand和Schoar（2003）论证了如果固定效应由个人差异性（而不是未观察到的差异性）引起，则人们希望其受一个常见的固定因素影响。他们也认为证据的关联性和决策的整体模式有关。此总结寄托于某种含蓄的假定，即受不同决策的固定效应影响的未观察到的差异性应该与决策者有关，但是并没有理论上的论证。此结论在我们的应用中是合理的。不存在链接二级和三级差别定价的经济理论（Stole，2007），也不存在任何未观测到的二级和三级差别定价需求因素与艺术家的关联性。

但是，定价类型是受利用市场力量意愿的影响这一假设给了我们进一步探究的动力。我们可以标记其相互之间的联系，同时也为我们新的假设提供了独特的测试方法，即定价行为的差异是源于利用市场力量意愿的不同。

13.9.2 艺术家的限额配给

假定对售罄音乐会门票有额外需求是合理的。售罄是限额配给的一种粗糙的方式，因为我们不知道超额需求的量。表13-2显示了在我们的样本中，43%的音乐会门票售罄。表13-5中最后一条线显示艺术家限额配给概率变化。例如，Allman Brothers门票从未售罄。Janet Jackson、Styx、Bob Dylan和Paul Simon不到15%的音乐会门票售罄。但是，四分之一的艺术家在至少57%的音乐会中采用限额配给门票的手段。例如，Madonna的音乐会门票总是售罄，Billy Joel、Elton John和Garth Brooks的售罄概率是85%。艺术家限额配给的概率四分位差异是34%，考虑到售罄概率是相当容易估算的，这个百分比是很高的。事实上，在我们的样本中，我们观察到的每位艺术家的最小值是15，中间数是150。图13-7绘制了艺术家门票售罄概率的分布图，其范围很惊人。即使我们限制样本为至少100场音乐会，结果也没有受太大影响（见图13-8）。

① 可以用不同的观点来解释三级差别定价与限额配给有关的原因。当一次巡回演出的价格没有改变时，人们可能说一些音乐演出应该低价，一些则应高价。低价音乐演出门票更应该经常售罄。这种预测同样基于利用市场力量意愿的差异性假设上。但是，此备选解释不能说明为什么某些艺术家大多数音乐演出门票都能售罄。

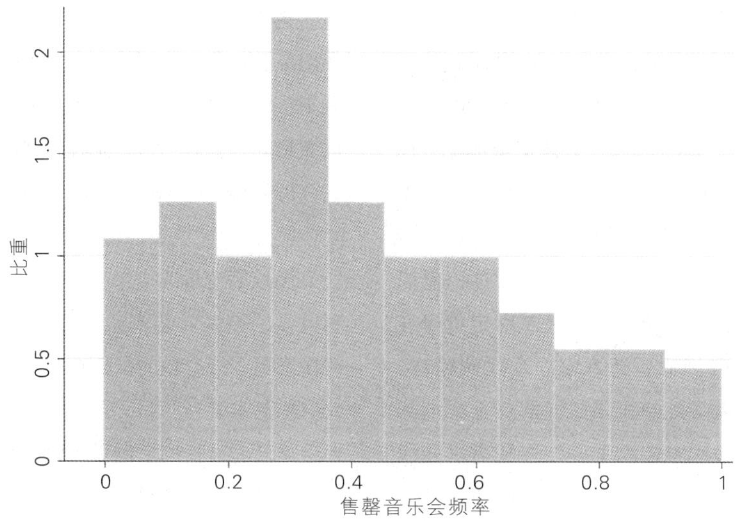

图13-7　限额配给：艺术家门票售罄倾向分布图

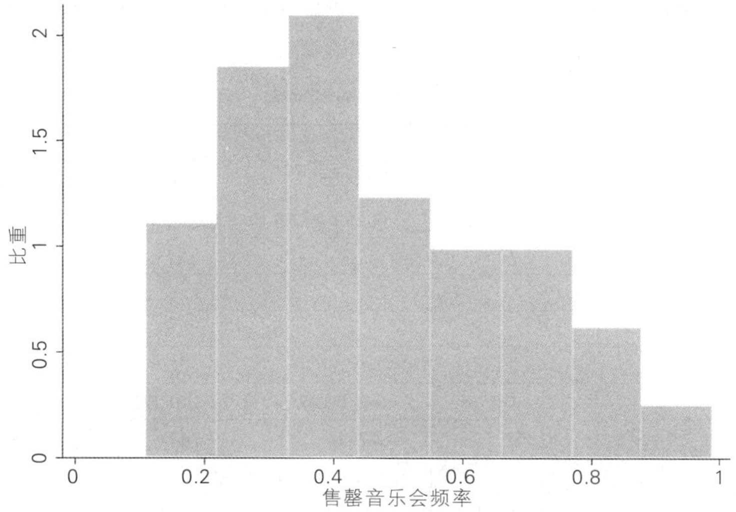

图13-8　限额配给：艺术家门票售罄倾向分布图（超过100场音乐演出的艺术家）

一些音乐会门票售罄的事实并不奇怪。毕竟，需求是不确定性因素，但是价格必须提前设定。需求的一种随机成分只能在售票时才能看清楚。通过售出门票，艺术家不仅增加每个售出座位的收益，也承担票未售罄的风险。如果需求是不确定的，限额配给概率应该是完全积极的。限额配给的利益最大化水平取决于需求的灵活性、不确定性数量和场地容量。

音乐演出行业中的一些典型事实很难用这种简单的利益最大化框架来合理解释。如前所述，一部分艺术家的大多数音乐会门票售罄，他们的巡回演出一次接着一次，不可能达到利益最大化。我们高度怀疑这些艺术家是否系统地定低票价（正如上述大量文献阐述的观点指向系统性的低价）。例如，根据我们最初引用的数据，行业普遍认为Bruce Springsteen、Pearl Jam和Dave Matthews从未过高定价，他们的音乐会售罄概率分别是70%、66%和56%。如果全部艺术家的需求情况相似，理论上艺术家限额配给概率应该相当接近。回到图13-7中，我们看到情况并非如此。尽管最高点集中在40%，但两侧各有较大尾部。

图13-7的一个关注点是艺术家不可能面对相似需求情况。经我们核查，在我们所作的二级差别定价研究中，掌控需求和产品差异性后，艺术家固定效应稳定。基于利益最大化假设，限额配给概率应该取决于场地和需求特性，而需求特性又影响需求不确定性和需求曲线图。例如，我们假设音乐会粉丝人数随城市而变化，这当然会影响当地需求灵活性和需求不确定性。造成这种现象的原因可能是收入差异、种族组成、年龄结构或其他变量。我们预计限额配给概率会随城市变化。

也许二级差别定价、需求和产品特性可以解释音乐会门票售罄概率的变化。我们采用和之前相似的经验模型来提取艺术家固定效应。如果音乐会门票i售罄，虚拟变量r_i等于1，否则为0，则我们的估算模型是：

$$\Pr(r_i=1)=\theta_{\text{艺术家}}+\theta_{\text{城市}}+\theta_{\text{年份}}+\theta_{\text{场地}}+\gamma_1\text{名气}_{a,y}+\varepsilon_i \tag{13-3}$$

可控制变量的定义参见13.8节。表13-11记录不同控制因素的结果。艺术家固定效应为门票售罄提供18%的解释说明。最有趣的是，在掌握了年份、场地和城市固定效应和艺术家名气后，艺术家固定效应解释的变化量没有大量降低。当我们掌握了年份、城市固定效应和艺术家名气后，艺术家固定效应调整过的R^2值增加了15%。相反，如果我们掌握场地和年份固定效应，结果保持一致。和假设对应的F测试，即艺术家固定效应等于0的情况在3个坐标中都不存在（列（1）、(3）和（5））。

表13-11　　　　售罄概率艺术家效应

	(1)	(2)	(3)	(4)	(5)
艺术家名气	—	0.0065 (0.0044)	−0.0054 (0.0133)	0.0057 (0.0047)	−0.0002 (0.0136)
艺术家固定效应?	是	否	是	否	是
年份固定效应?	否	是	是	是	是
城市固定效应?	否	是	是	否	否
场地固定效应?	否	否	否	是	是
调整过的R^2值	0.179	0.127	0.272	0.166	0.314
观测值	20 362	17 787	17 787	17 787	17 787
艺术家固定效应数量	119	—	87	—	87
艺术家固定效应F测试（p值）	0.00	—	0.00	—	0.00
艺术家固定效应标准差	0.245		0.224		0.235
艺术家固定效应最小值	−0.38		−0.551		−0.464
艺术家固定效应第25个百分位数	−0.134		−0.259		−0.195
艺术家固定效应第75个百分位数	0.195		0.09		0.152
艺术家固定效应最大值	0.62		0.481		0.563

注：本表记录了OLS预估结果。如果音乐会门票售罄，独立变量等于1。名气是艺术家每年在排行榜单曲和专辑的累积量（每位艺术家时间不一）。估算艺术家固定效应时，相反地，每位艺术家的效应是用其标准误差的倒数加权来计量估计误差的。稳健的标准误差在括号内，聚合于艺术家层面。***$p<0.01$，**$p<0.05$，*$p<0.1$。

图13-9重现了图13-7，但是利用表13-11估算的艺术家固定效应，分布图再次呈现了令人惊讶的情况。表13-11也呈现了艺术家固定效应分布统计。标准误差不会通过3个坐标来改变。艺术家固定效应分布范围和四分位范围很广。一些艺术家从未做过限额配给，另外一些艺术家经常这样做，这个发现在我们控制了需求数量和产品因素后，依然保持不变。这是由于艺术家定价类型的不同吗？

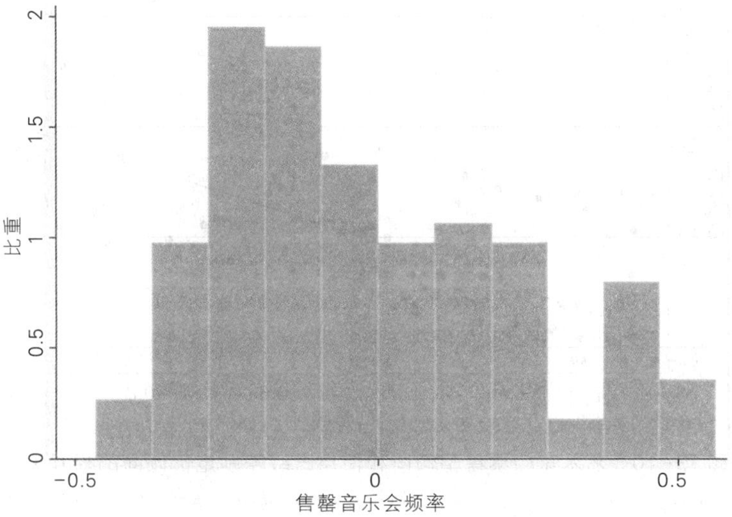

图13-9 限额配给：回归分析艺术家固定效应、场地固定效应和年份固定效应，估算出的艺术家固定效应分布图

在13.2.2中，我们回顾了文献中提出的限额配给的主要解释。大多数解释（消费者对公平的要求、消费者之间的协调博弈、售罄的宣传价值、补充产品和礼品兑换）能说明音乐演出行业限额配给的整体水平，但是不能说明艺术家限额配给的差异。为了解释这些变化，我们必须假定有些艺术家受这些因素制约，其他的则不受制约。例如，我们不清楚为什么Bruce Springsteen的粉丝在意公平性，而Michael Bolton的粉丝则不在意。另外，坐标（3）控制了大量与需求相关的变量。我们再一次提出疑问，艺术家门票售罄概率的变化值是否源于未观察到的需求和产品差异性。其中一些更可能是因定价类型的差异引起的。

13.9.3 艺术家的定价类型和市场力量的开发

假定艺术家利用市场力量的偏好存在差异，我们应该发现其与决定使用二级和三级差别定价正相关，而和艺术家门票售罄概率负相关。我们以艺术家平均水平原始数据作为论证的开始。在图13-10到图13-12中展示三种变量，即利益、二级和三级差别定价和售罄的原始分布。图中的每个点代表一位艺术家。三个图显示了和假设一致的相互关系（在1%的置信度上统计显著）。经常在同一场地区分价格的艺术家，更不可能在巡回演出的音乐会上采用统一价格政策。更少进行差别定价的艺术家更有可能售罄音乐会门票。仅用差别定价理论，很难解释这些相互关系。但是，与我们的行为假设一致的是，艺术家在利用市场力量问题上存在不同意愿。

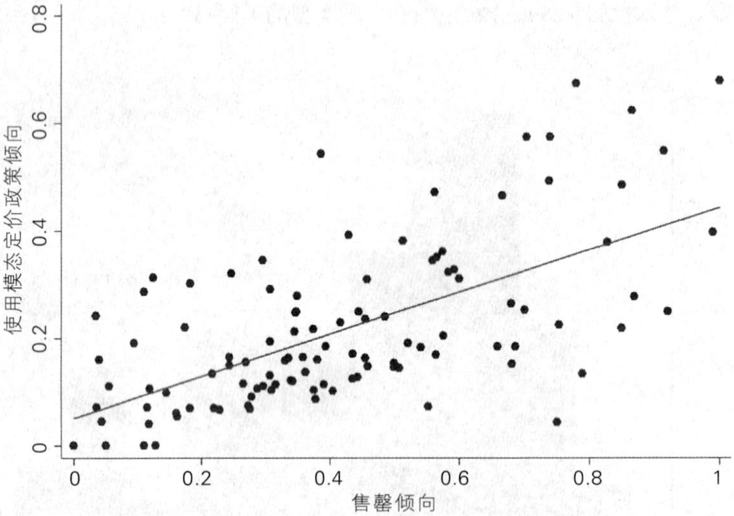

图 13-10　艺术家门票售罄倾向和使用三级差别定价倾向的相互关系

注：每个点代表一位艺术家。纵轴代表一次巡回演出中使用模态定价政策的音乐会平均比例（例如，一次巡回演出中最常见的价格组合）。图中也用108个观测值记录了OLS适度值。斜率是0.39（标准误差是0.05）。

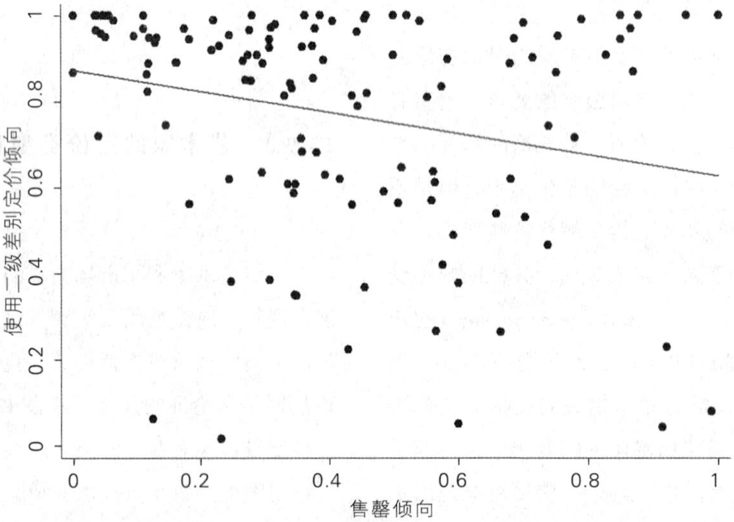

图 13-11　艺术家门票售罄倾向和使用二级差别定价倾向的相互关系

注：每个点代表一位艺术家。图中用122个观测值记录了OLS适度值。斜率是-0.25（标准误差是0.09）。

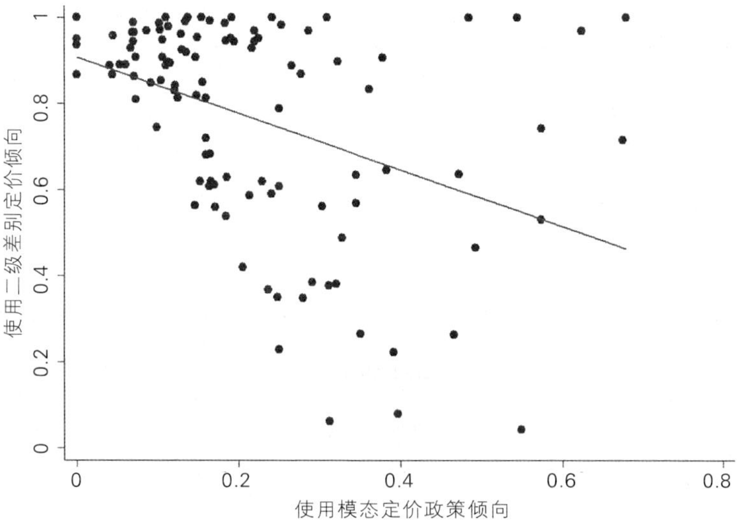

图13-12 艺术家使用二级差别定价倾向和三级差别定价倾向的相互关系

注：每个点代表一位艺术家。横轴代表一次巡回演出中使用模态定价政策的音乐演出平均比例（例如，一次巡回演出中最常见的价格组合）。图中也用108个观测值记录了OLS适度值。斜率为−0.65（标准误差是0.14）。

我们跟进Bertrand和Schoar（2003）的研究，论证了原始关联的一个缺点。这些图中的每一点通过艺术家平均值计算。但是，艺术家在不同的城市、场地和年份举行演出，因此，极有可能音乐会举办的城市、场地和年份决定了差别定价的选择和售罄概率。在掌控这些特性后，我们会核查这些关联是否依然存在。

同Bertrand和Schoar（2003）一样，我们建立了一个新的艺术家数据库。我们分别通过对二级差别定价和限额配给的回归分析（结果见表13-6和表13-11），以及对表13-7描述的三级差别定价的回归分析，收集估算的每一位艺术家固定效应和标准误差。我们根据以下等式估算：

$$F.E.(\gamma)=\alpha+\beta F.E.(z)+\varepsilon \quad (13\text{-}4)$$

其中，F.E.（γ）和F.E.（z）是任意三种固定效应中的两个。如果估算系数β不为0，且有可预见迹象，我们需牢记它们之间并没有因果关系。这是计量固定效应之间关联性的方法。和假设2一致，只说明了固定效应应存在系统性的关联。公式（13-4）右首边的变量β为估算系数，即被定义为噪声，估算系数β趋于0。因此，结果会偏向不接受定价类型。

跟随着Bertrand和Schoar，我们运用普遍最小平方（GLS）来解释右首边变量计量误差，因为我们已经知道估算固定效应的精确度。我们通过独立变量标准误差的倒数来计量每个观测值。

表13-12记录了回归分析的结果，回归分析的R^2平均值是0.1，最大值是0.38，最小值是0.014。①表13-12的（A）行仅利用艺术家固定效应来计算回归系数。所有回归系数都很重要，且有可预测迹象。二级和三级差别定价的固定效应正相关，并且两者与限额配给负相关。②

① （A）行中的R^2值较高：0.06，0.17，0.38；（B）行中的较低：0.02，0.06，0.08；（C）行中的更低：0.014，0.054，0.062。

② 注意三级差别定价艺术家效应通过使用模态定价计量倾向性（见表13-7）。因此，二级和三级差别定价正相关暗示着图13-12中的负系数。类似地，三级差别定价和限额配给之间的负相关暗示着一种正系数。

表 13-12　　利用二级、三级差别定价和售罄倾向性的相互关系

变量	二级差别定价艺术家效应	售罄概率艺术家效应
（A）估算的艺术家均价特性之间的关系		
售罄概率艺术家效应	−0.254*** （0.0910）	—
二级差别定价艺术家效应	−0.679*** （0.144）	0.981*** （0.121）
（B）估算的艺术家固定效应之间的关系（控制艺术家、城市、年份固定效应，二级差别定价和售罄；三级差别定价城市配对）		
售罄概率艺术家效应	−0.132（0.0923）	—
三级差别定价艺术家效应	−0.278* （0.153）	0.279** （0.130）
（C）估算的艺术家固定效应之间的关系（控制艺术家、场地、年份固定效应，二级差别定价和售罄；三级差别定价城市配对）		
售罄概率艺术家效应	−0.109（0.0838）	—
三级差别定价艺术家效应	−0.287** （0.142）	0.313** （0.138）

注：通过计量 OLS 回归分析的系数，独立变量是列变量，也是行变量。观测值由独立变量标准误差的倒数计量。标准误差标记在括号内。***$p < 0.01$，**$p < 0.05$，*$p < 0.1$。

表 13-12 中的（B）行和（C）行论证了未观察到的产品和需求特性问题，我们使用表 13-7 中的（3）列阐释三级差别定价的艺术家固定效应，并保持城市配对一致。（B）行从控制城市、年份固定效应和艺术家名气的要求中，提取二级差别定价和限额配给艺术家固定效应。（C）行也一样，但是控制的是场地而非城市固定效应。尽管数据重要性降低，但回归系数保持一致。可能是因为越多地控制公式（13-1）和（13-2），艺术家固定效应越不能精密估算。使用其他差别定价方式时，结果依然一致。例如，如果我们使用座位类别数量，而非虚拟差别定价作为计量二级差别定价的方法，结果会再次出现 10% 的变化。

总的说来，即使考虑到计量误差以及需求和产品的特性，也不会改变表 13-12（A）行分析的主要结论。论证和假设保持一致，表明艺术家在开发市场力量的意愿上存在差异。

13.9.4 总　结

艺术家开发市场力量的意愿存在差异，这一假设与我们观察到的艺术家在利用二级和三级差别定价时存在的差异性是一致的，最大的不同是限额配给门票的倾向。最重要的是，假设暗示了二级和三级差别定价的倾向应该是正相关的，二者与限额配给门票倾向应该是负相关的。实验结果明显和这个预测一致。

13.10 讨　论

产业组织文献聚焦于需求和原始成本，以解释企

业的决策。与这种方法一致的是，我们发现在流行音乐的音乐会中，利用差别定价和限额配给的大部分变量也根源于需求和产品特性。产业组织文献忽视了对供给侧行为的考虑（Ellison，2006；Spiegler，2011）。令人惊讶的是，我们发现卖方身份能为差别定价和限额配给变化提供很多解释。在二级差别定价情形下，个人定价类型占据20%的总变量，或占40%的可解释的变量。在三级差别定价情形下，艺术家固定效应占据14%～15%的总变量，或占几乎一半的可解释变量。这些发现与最新企业财务研究中边际管理模式的文献一致（Bertrand and Schoar，2003；Malmendier et al.，2011）。然而，艺术家定价类型变化多于未观察到的管理模式变化。例如，Bertrand和Schoar（2003）发现管理模式只能对企业财务决策4%的变量作出解释。

另一种企业管理行为差异的解释是道德风险。然而，这个解释不适用于此，因为艺术家是音乐会收益的主要获得者。艺术家与主办方之间的合同差别很大，但是顶尖艺术家能获得去除开销后最大份额的剩余收益。虽然账目不一，但是艺术家获得的利润一般在60%～80%之间，少数艺术家甚至高达100%。

艺术家在与主办方合作时，可能面临道德风险问题。在实施差别定价时，如果主办方承担了多数成本，那么情况确实会如此。但是，这个论证不能解释艺术家的变化，因为所有艺术家大概都可能面临这一问题。道德风险的程度可能与主办方有关，但是控制主办方固定效应并不会改变艺术家固定效应。

众所周知，管理行为的变化很难解释（Bloom and Van Reenen，2007）。暴露在市场竞争下是我们一贯的猜想，但是我们排除这个备选解释[①]。在掌握城市、年份固定效应及音乐类型后，艺术家的差异保持不变。

艺术家在开发市场力量方面存在意愿差异，用这一假设来解释艺术家定价类型的多种方式还远远不够。那么，什么能最终解释这些差别？真挚的亲社会偏好能够将盈余转让给消费者吗？例如，有人说到体育团队的老板为了增加赢得重要比赛的机会，愿意接受损失。艺术家可能为了公平而放弃盈利，以增加观众对自己的喜爱，当然也可能是其他原因。

这不是唯一的解释。艺术家运用亲社会定价方法也可能存在策略性动机。例如，有关企业社会责任的文献指出企业利用策略性观点为公关商品进行亲社会性的投资（Kitzemueller and Shimshack，2012）。但是，策略性观点该如何解释艺术家定价类型差异呢？可能是由于艺术家的收益模式存在差别。一些艺术家的大多数收益来自音乐销售（音乐演出和唱片）。这些艺术家目光比较长远。他们家喻户晓，并且无限期地规划演出。其他的是重组乐队或不定期举行的巡回演出，目光较为短浅。这不是唯一的差异性来源。一些艺术家主要收入来源是做产品形象大使和代言（LaFranco et al.，2002）。这些非主业收入尤其是代言收入，很大程度上取决于艺术家的公众形象。所有这些因素都说明艺术家在保护他们的名誉、公众形象和名人身份方面有不同的偏好。那些担心会被认为不公平，需要维持良好形象以形成未来收益来源的艺术家，会抵制利用市场力量。毕竟，音乐演出定价会受到媒体的高度关注，公众对艺术家的看法也来源于此。

我们的发现有重要的福利含义。艺术家把盈余放在桌子上，但是他们更可能从售罄音乐演出门票的宣传中受益。人们会说艺术家定价类型是有效的宣传方法，但也可能是无用功。对于使用限额配给而不是差别定价的艺术家来说，最初的门票分配不可能都是有效的。鉴于成本与二次销售的关系，转售市场是否能纠正这种扭曲，我们仍需讨论（Leslie and Sorensen，2009）。

① 有趣的是，为了解释企业管理行为变化，Bloom和Van Reenen（2007）识别的第二解释变量是行为性的：管理继承权是长子继承权（最年长的男性孩子）。

13.11 综述和研究发展方向

我们记录了艺术家使用二级和三级差别定价以及限额配给时存在的差异。即使控制了一系列变量，包括产品和需求特性后，艺术家的差异性仍然存在。我们把差异性归因于个人定价类型。基于艺术家在利用市场力量意愿上存在差异的假设，我们提出一个简单框架来解释这些差异。这个假设和艺术家固定效应的存在相一致，也传递出一种独特的预测，即越不可能在同一场地改变座位价格的艺术家，越不可能改变不同城市同一音乐演出的价格，但是更可能限额配给门票。证据也支持了这些预测。

我们的结论强调了个人模式在解释文化经济层面的经济结果时起到显著作用。令人吃惊的是，产业组织文献并没有探讨个人定价类型存在的可能性。非标准的考虑可能影响供给侧的决策者，这一可能性在最近的行为经济影响中还未得到体现。我们观察到的唯一研究是在企业财务中个人模式的存在。

我们同时致力于解决长期存在的问题，为什么经纪人和黄牛党乐意在转售市场卖票。艺术家的目标函数不同，一些艺术家选择不屈服于市场力量而改变价格，这帮助我们阐述为什么一些音乐演出门票售罄，为什么制定票价时不能将座位质量和需求差异纳入全盘考虑，为什么门票经常在转售市场重新售卖。但是，许多问题至今悬而未决：

- 艺术家之间的根本差异是什么？真正的喜好、策略性动机还是其他原因？艺术家利用市场力量和名人身份之间有关系吗？著名艺术家更不可能利用市场力量吗？艺术家定价类型是固定的，还是存在生命周期？
- 我们的研究概括了几个方向。非流行艺术家（不在排行榜前100位）拥有个人定价类型吗？结果会产生其他定价决策吗（如回应需求冲击的速度）？定价类型只针对流行音乐的现场音乐会吗？个人定价类型与其他对名人身份重要的市场相关吗？愿意利用市场力量的观念是普遍的吗？
- 一些艺术家已经开始利用互联网提供的机会实施更创新的定价政策（Halcoussis and Mathews，2007）。我们的结果也指出艺术家利用新机会的程度并不相同。那么哪些艺术家能够拥抱新的机遇呢？
- 什么是定价类型中的差异性福利影响？消费者对公平性的需求影响整体价格水平吗？

致　谢

感谢 Victor Ginsburgh 非常有价值的评论，感谢 John Sim 对研究提供的帮助。我们对出现的任何错误负责。

参考文献

Ault,S.,2003. Pearl jam satisfies pent-up demand with tour. Billboard,7 June.

Becker,G.,1991. A note on restaurant pricing and other examples of social influences on price. Journal of Political Economy 99,1109-1116.

Bertrand,M.,Schoar,A.,2003. Managing with style: the effect of managers on firm policies. Quarterly Journal of Economics 143,1169-1208.

Bloom,N.,Van Reenen,J.,2007. Measuring and explaining management practices across firms and countries . Quarterly Journal of Economics 122,1357-1408.

Borenstein,S.,Rose,N.,1994. Competition and price dispersion in the US airline industry. Journal of Political Economy 102,653-683.

Busch,L.,Curry,P.,2010. Ticket pricing and the impression of excess demand. Economics Letters 111,40-42.

Busse,M.,Rysman,M.,2005. Competition and price discrimination in yellow pages advertising. RAND Journal of Economics 36,378-390.

Clerides,S.,2004. Price discrimination with differentiated products: definition and identification. Economic Inquiry 42, 402-412.

Connolly,M.,Krueger,A.B.,2006. Rockonomics: the economics of popular music. In: Ginsburgh,V.,Throsby,D.(Eds.), Handbook of the Economics of Art and Culture,vol. 1. North-Holland,Amsterdam,pp. 667-720.

Connolly,M.,Krueger A.B.,2011. The secondary market for concert tickets: theory and evidence. Manuscript,L'Université du Québec à Montréal.

Courty,P.,2000. An economic guide to ticket pricing in the entertainment industry. Louvain Economic Review 66, 167-192.

Courty,P.,2003. Some economics of ticket resale. Journal of Economic Perspectives 17,85-97.

Courty,P.,2011. Unpriced quality. Economics Letters 111,13-15.

Courty,P.,Pagliero,M.,2008. Do consumers care about how prices are set? International Journal of the Economics of Business 15,27-43.

Courty,P.,Pagliero,M.,2010. Price variation antagonism and firm pricing policies. Journal of Economic Behavior and Organization 75,235-249.

Courty,P.,Pagliero,M.,2012. The impact of price discrimination on revenue: evidence from the concert industry. Review of Economics and Statistics 94,359-369.

DeSerpa,A.,Faith,R.,1996. Bru-u-u-uce: the simple economics of mob goods. Public Choice 89,77-91.

Ellison,G.,2006. Bounded rationality in industrial organization. In: Blundell,R.,Newey,W.,Persson,T. (Eds.),Advances in Economics and Econometrics: Theory and Applications. Cambridge University Press,Cambridge,pp. 142-174.

Einav,L.,Orbach,B.,2007. Uniform prices for differentiated goods: the case of the movie-theater industry. International Review of Law and Economics 27,129-153.

Halcoussis,D.,Mathews,T.,2007. eBay auctions for Third Eye Blind concert tickets. Journal of Cultural Economics 31,65-78.

Happel,S.,Jennings,M.,2010. The eight principles of the microeconomics and regulatory future of ticket scalping, ticket brokers,and secondary ticket markets. Journal of Law and Commerce 28,115-209.

Huntington,P.,1993. Ticket pricing policy and box office revenue. Journal of Cultural Economics 17,71-87

Kahneman,D.,Knetsch,J.,Thaler,R.,1986. Fairness as a constraint on profit seeking: entitlements in the market.

American Economic Review 76,728-741.

Kitzmueller, M., Shimshack, J., 2012. Economic perspectives on corporate social responsibility. Journal of Economic Literature 50,51-84.

Krueger, A.B., 2005. The economics of real superstars: the market for concerts in the material world. Journal of Labor Economics 23,1-30.

LaFranco, R., Binelli, M., Goodman, F., 2002. From the Beatles to Master P, the pop stars who earned the most last year-and how they did it. Rolling Stone, July 4-11, pp. 65-68.

LaFranco, R., 2003. The second annual Rolling Stone money report. Rock's 50 richest. Rolling Stone, 3 April.

Leslie, P., 2004. Price discrimination in Broadway theatre. RAND Journal of Economics 35,520-541.

Leslie, P., Sorensen, A., 2009. The welfare effects of ticket resale. NBER Working Paper 15476, NBER, Cambridge, MA.

Maguire, S., 2008. Inflated ticket prices strike a sour note at big name gigs. The Sunday Times, 27 July.

Malmendier, U., Tate, G., Yan, J., 2011. Overconfidence and early-life experiences: the impact of managerial traits on corporate financial policies. Journal of Finance 66,1687-1733.

Miravete, E., 2007. The limited gains from complex tariffs. CEPR Discussion Paper 4237, CEPR, London.

Mussa, M., Rosen, S., 1978. Monopoly and product quality. Journal of Economic Theory 18,301-317.

Rosen, S., Rosenfield, A., 1997. Ticket pricing. Journal of Law and Economics 40,351-376.

Shepard, A., 1991. Price discrimination and retail configuration. Journal of Political Economy 99,30-53.

Spiegler, R., 2011. Bounded Rationality in Industrial Organization. Oxford University Press, Oxford.

Stole, L., 2007. Price discrimination and competition. In: Armstrong, M., Porter, R. (Eds.), Handbook of Industrial Organization, vol. 3. North-Holland, Amsterdam, pp. 2221-2299.

The Economist, 2011. Pricing the piper: an economics lesson for the concert business. The Economist, 20 January.

Verboven, F., 2008. Price discrimination (empirical studies). In: Durlauf, S., Blume, L. (Eds.), The New Palgrave Dictionary of Economics. MacMillan, London. <http://www.dictionaryofeconomics.com/article?id=pde2008_P000328>.

Waddell, R., Barnett, R., Berry, J., 2007. This Business of Concert Promotion and Touring. Billboard Books, New York.

Waddell, R, 2009. Ticketonomics. Billboard, 7 March.

Wilson, R., 1997. Nonlinear Pricing. Oxford University Press, New York.

第14章

媒体所有权：技术变迁环境中多元化与效率的对抗

Gillian Doyle

University of Glasgow，Scotland，UK

吕怀涛　译

摘　要

“无论电视、广播、报纸，还是互联网，媒体在我们的观点和文化形成中扮演着引导性（主导性、支撑性）的角色，以至于在其所有权领域可能伴随而来的安全问题已经引起高度重视。”所有权模式不仅影响多元化，而且影响媒体行业管理自身资源的效果，相应地又影响媒体部门的效率和经济实力。人们在随处发生的、围绕媒体应该采取哪一种配置以及什么水平的媒体所有权而展开的公共政策辩论中发表了不一致的看法。有人表示数字技术的进步以及消费模式的改变带来的更多的选择避免了对严格干预措施的需要。然而，尽管有数字化和互联网的发展，该行业仍然保留一个鲜明的特征——垄断倾向，而且正如本章将会解释的，主流传统媒体对于多样化所有权的需要仍是我们所关注的问题。成熟的和新兴的媒体参与者所带来的整合及跨平台扩张的新纪元，使管理者面临复杂艰难的挑战。在考察推进媒体扩张战略的经济动机中，本章强调以下两方面之间的紧张状况：一方面是与媒体扩张有关的社会文化问题，另一方面是围绕媒体所有权的经济与行业政策优先问题。

关键词

媒体行业，媒体所有权，集会，言论自由，媒体多样性

JEL Classification Codes

L13，L82，Z10

14.1 引 言

据说英国最近遭遇了贝卢斯科尼时刻（Sabbagh，2010），换而言之，贝卢斯科尼时刻是指一个业主有机会在媒体行业建立一个前所未有的主导地位的时刻。这个短语用来描绘2010年11月份新闻集团的一个提议，该提议是关于获得剩余的还没有被英国最大的卫星电视运营商——英国天空广播公司——收购的媒体公司的61%股权。在印刷行业收入减少的时候，这样的交易可以增加新闻集团在付费电视市场中增长的机会。然而，提出的报价却被很多人认为是对公众利益的损害，因为英国天空广播公司除了在英国付费电视市场占主导地位以外，还是整个英国商业广播电台新闻的主要提供者，并且据新闻报道在2011年它的总公司新闻集团共占英国国家报纸市场份额的37%（Fenton，2011a）。

新闻集团、英国天空广播公司的例子为经济和战略因素如何影响公司媒体所有权模式，尤其是在技术变革时期如何影响提供了例证。随着数字化鼓励更广泛的跨部门融合，与跨媒体所有权相关的新利益的出现已经为媒体行业采取多样化和实施跨部门扩张战略提供了动力。虽然如此，向更加依赖互联网的时代过渡，公众仍旧关心主流媒体机构所行使的权力，这些权力涉及当代社会新闻、思想、文化和政治价值观的生产和传播。

通过考察有关媒体所有权的经济事件，本章试图一方面强调与媒体扩张有关的社会文化问题，另一方面强调有关媒体所有权配置的经济与行业政策优先问题。这一章从14.2节开始，14.2节考察了技术变革如何影响媒体供给的蓝图并且反过来重塑了所有权监管要考虑的因素。14.3节聚焦于促使扩张战略和传媒所有权集中的主要经济动机，以及这些战略也许会采取的不同形式。多元化的概念和遏制所有权过度集中的必要性将在14.4节中论述。14.5节为存在于媒体所有权监管框架设计中的复杂和挑战提供了重要评估，媒体所有权监管框架设计在紧要关头有效地权衡了不同利益，应牢记在处理英国新闻集团、英国天空广播公司时的教训。

14.2 技术变革效应

近年来，数字技术的引进以及互联网的发展不可逆地改变了媒体格局：部门和地理界限变得模糊，受众的消费行为不断变化，整个媒体行业收入和资源水平不断改变。这些改变已经重塑了媒体所有权监管的国家框架制定的环境。为了其有效性，保护媒体多元化的体系必须与先进技术保持一致（Foster，2012）。保护多元化的国家监管体系的确在与时俱进，然而，因为它们仍主要关注电视、广播和报纸的所有权，一些人也许争辩说该体系不能充分地适应近期在媒体环境中发生的重要改变。

14.2.1 受众行为变化

从20世纪90年代开始，影响世界范围媒体和交流的最重要的因素之一是互联网的发展，以及越来越多的人开始使用固定宽带和移动宽带相互联系。英国通信管理局收集的数据证实：

现在每10个人中大约有6个用手机连接无线网、新设备和新服务，诸如智能手机、数字视频录像机、高清晰度电视以及大量的在线服务已经显著地改变了全世界消费者互相联系的方式以及媒体消费的内容。

和这些趋势有关，显而易见的是媒体消费的模式正在改变，随着印刷媒体读者的减少，更多的人将时间花费在上网和使用移动设备上，包括在线浏览新闻（Albarran，2010）。英国通信管理局的数据表明，尽管广播和电视的流行热度不减，但人们近年来每天花费在网络和移动设备上的平均时间日益增加：2009年英国人每天平均在固定互联网上花费27分钟，而2004年只有12分钟；类似地，英国人花费在手机上的时间在这短短的6年里增长了1倍多（英国通信管理局，2010a，p.19）。消费新趋势反映了人们对其最喜欢的媒体活动的态度的改变。以英国青少年为主体的调查显示，报纸和杂志的价值正在下降，而对互联网的使用越来越重视。2005年，8%的消费者认为他们最喜欢的媒体活动是上网，截止到2009年人数增加至15%（英国通信管理局，2010a，p.21）。

数字技术的引进和网络的发展不可逆地改变了媒体格局，模糊了部门和地理边界，改变了媒体内容生产和分配的方式，并且使每个级别的规定都包含更多的竞争。"民间记者"的兴起和用户自行生产内容的增多，为这些发展如何扩大媒体内容的多样性提供了案例。然而，近期英国的调查数据显示，当消费者的选择面拓宽时，那些最受欢迎、有着最高点击率的网站不是新网站，而是那些"搜索引擎和网络社区"（英国通信管理局，2010a，p.263）。国际数据也证实，对于大多数人来说，使用谷歌这样的搜索引擎、参与像脸书和聚友网这样的社交网站以及在视频网站上观看视频剪辑比在网络上浏览新闻更有吸引力（BBC尼尔森数据，2010）。

14.2.2 对广告支出的影响

随着广告支出模式的转变，受众对网络的注意力也发生了转移。从历史上看，广告的趋势曾反映了整体经济的运行情况：在经济繁荣时期广告支出的总水平显著增长，而在衰退时期迅速减缩（Doyle，2001a，p.47）。英国2004—2008年广告市场的增长以及2009年该趋势的逆转正好和当时的经济状况相符合，这证实了经济周期和广告活动水平的联系（英国通信管理局，2010b，p.21，引用的Warc数据）。然而，虽然经济的起伏能够明显地影响广告总投资，用于网络上的广告支出不断增长是近年来出现的显著的新趋势，如表14-1所示。

表14-1　全球媒体广告支出　单位：10亿英镑

媒体＼年份	2005年	2006年	2007年	2008年	2009年	2010年
报纸	76.4	77.6	80.7	76.9	60.7	61.8
杂志	30.5	31.7	33.9	33.7	25.8	26.1
电视	96.9	97.3	107.2	112.9	101.8	117.7
广播	21.2	21.7	23.0	22.4	18.9	20.5
电影	1.1	1.2	1.4	1.4	1.3	1.5
户外	15.0	16.0	17.9	19.1	16.6	17.7
网络	14.6	22.3	31.2	36.9	37.1	43.7

从21世纪初起，网络广告支出所占的份额稳步增长，这是以其他媒介包括广播，尤其是报纸和杂志在内的广告支出下降为代价的。和其他国家相比，英国最先将阵地向网上广告转移，2009年网上广告支出占英国广告总支出的27%（英国通信管理局，2010b，p.24）。特别是包括类似谷歌这样的搜索引擎，也包括新闻收集管理员和社交网站这样的在线新媒介的发展，在一定程度上推动了网络广告的增长，虽然这些在线新媒介通过很好的定位来吸引和引导在线受众的注意力，但是这也许并没有在任何重要程度上对媒体内容制作重新投资。这向传统媒体供应商和监管部门尤其是新闻业提出了关于某种形式内容制作的未来经济持续性的难题（经济合作与发展组织，2010，pp. 78-79）。

网络广告的增多挤占了其他媒体尤其是报纸的广告收入。很大程度上依赖分类广告（例如，财产、工作、摩托车广告）取得大部分收入的地方报纸，因收入转移到在线竞争者手中而遭受巨人损失（英国通信管理局，2009a，p.30）。对直到近年来仍获利的报纸出版商来说，“新闻生产和分配被彻底改变了，尤其在经济危机的背景下，这加速了结构变化”（经济合作与发展组织，2010，p.6）。

在衰退时期报纸行业面临读者人数和收入下降的难题，这促使众多出版商要求放松对交叉所有权的限制，对交叉所有权的限制被看成是对部门成功适应变化的行业环境的阻碍（Barnett，2010）。至少在英国这种要求从未被忽视。在英国通信管理局建议这么做以后（英国通信管理局，2009b，p.1），英国政府于2010年同意废除跨媒体所有权规则。跨媒体所有权规则的目的是在地方层面保护多元化；而废除它的原因，其一是当前地方竞争媒体走出经济困境的需要，其二是为了使他们有更多的灵活性能发展成“新一代多媒体内容供应商”（Sweney，2010）。

14.2.3 新闻的主要来源

近年来，对于广大受众尤其是对年轻受众来说，网络越来越成为新闻的重要来源，但是值得一提的是，对于大多数网络用户来说，在线新闻资源服务仅仅是传统新闻媒体的补充品而不是替代品（英国通信管理局，2010c，p.13；经济合作与发展组织，2010，p.9）。尽管网络迅速发展，大多数人仍然从传统的媒体平台获取新闻和观点。确实，在关于跨媒体所有权规则应该自由化以确保“面临艰难市场条件的行业”的经济可行性的争论上，英国通信管理局尽力强调观众在很大程度上仍然依赖电视、报纸和广播作为其获取新闻的主要来源（英国通信管理局，2009b，p.1），如表14-2所示。

考虑到大多数人仍然继续通过传统渠道获得新闻，因此保护多元化必须仍旧确保受众能够在这些流行的传统平台上接触到各种各样的观点。在关于维持电视、广播和报纸所有权的多样性国家监管体系的范围内，主要的关注焦点仍然是合理的。即使这样，网络使用的增长

表 14-2 英国青少年获取新闻的来源（%）

项目＼年份	2004	2005	2006	2007	2008	2009
电视	70	68	69	68	73	74
报纸	15	15	13	13	9	8
广播	11	11	9	9	8	7
网络	2	3	4	5	4	6

资料来源：数据来自英国通信管理局媒体追踪（英国通信管理局，2009b，p.16）。

已经造成媒体供给和消费习惯的改变，随着时间流逝，这种改变将进一步给政策制定者带来新的挑战。许多主导传统媒体的竞争商，将他们的操作转移到新的平台，同时搜索和中介的兴起引入了更强大的新竞争商和潜在的令人担忧的对媒体接入点的新形式的主导（Foster，2012）。在英国，谷歌超越商业电视广播公司独立电视台而成为2007年广告收入最多的公司，并且该公司继续主导搜索市场，而搜索广告占在线广告的大部分（Bradshaw，2009）。当新在线服务繁荣而传统媒体在受众人数和收入方面有明显的减少时，监控者和政策制定者面临越来越多的来自报纸和广播所有者关于废除保留所有权的约束的争论，这种约束有可能会阻碍需要利用数字时代所提供的经济机会的扩张战略（经济合作与发展组织，2010，p.78）。

14.3 所有权的集中和经济表现

只有部分原因是经济上的原因。鉴于报纸和其他媒体所有权转化为政治影响力的潜力，媒体行业的这些扩张战略很可能是由对利润最大化毫无帮助的动机所驱使的。然而，大量的研究表明，大规模媒体企业的所有权是由经济收益、经济优势、经济效益等因素决定的

（Albarran and Dimmick，1996；Doyle，2002a；Picard，2002；Vukanovic，2009）。这部分将更加详细地研究促使扩张的经济动机。

14.3.1 媒体行业的自然垄断趋势

媒体所有权集中的普及大都是因为媒体内容作为商品而具有的不同寻常的公共物品特质，这表现在内容制作的最初生产成本很高，而边际生产成本很低（Collins et al.，1988；Blumler and Nossiter，1991）。和其他信息产品类似，媒体内容并不能通过其他正常商品的消费渠道进行消费（Withers，2006，p. 5）。因为媒体内容中最主要的价值在于其非物质特性（如它的信息和含义），这些在消费的过程中并不会被耗尽，一旦电视节目录制完成，再生产并且提供给额外消费者的成本很小。换而言之，在覆盖范围内包含在观众和听众观看或收听电视广播节目中的额外边际成本明显为零，至少对地面广播来说是这样的。类似地，向额外的网络用户提供在线媒体内容服务的额外成本可以忽略不计。尽管生产一本新书、一张新唱片、一部故事片包含大量的沉没成本投资（Van Kranenburg and Hogenbirk，2006，p. 334），但当它再生产并且提供给额外消费者时花费相对较少，有时甚至不花费任何成本。所以，边际收益递增对于任何已有的媒体产品的扩大生产都是适用的。

媒体行业的规模经济伴随着范围经济；与媒体内容相关的公共产品特征促进表面上不同的产品的内容再利用（Doyle，2002a）。对媒体企业来说，规模经济和范围经济的广泛适用性为扩大生产和跨部门多样化提供了动力。所以，所有权集中趋势是媒体行业确定下来的、早为人知的特点，该特点也被作为媒体部门基础经济不可避免的结果。

14.3.2 融合和全球化

除了以上扩张和垄断的自然动机以外，最近技术的进步已经扩大了许多媒体内容制作者和供应商在扩大产品销售给额外消费者可获得的优势，因此生产增加了大规模、多样化媒体机构的经济利益。随着数字融合和无边界的媒体配置性基础设施即网络的发展，媒体市场的传统边界逐渐消失（Küng et al.，2008）。

全球化显著地影响媒体和通信行业，国内外围绕受众注意力和广告收入的竞争越来越激烈（Hollifield，2004；Sánchez-Tabernero，2006）。因此，先进的技术在缩减传统地域市场边界上起着重要作用，但是通过更加精确融合的技术也有助于模糊已存在的区分不同类型媒体产品和市场的边界线。

“融合”有许多不同的用法（Jenkins，2006），但是在目前的情景中该词表示跨所有媒体和通信行业以及在内容生产和分配的所有阶段共享数字技术。以前分开的行业部门现在因为向使用共享数字技术的转变而互相重叠。这些推力被认为是影响行业结构的重要因素（Drucker，1985，pp. 75-76）。融合技术促进了数字平台、新形式内容和整合装置的发展，不只影响内容和递送，而且正如许多早期研究表明的，也影响媒体机构的经营战略和公司战略（Doyle，2002b；Küng，2008）。集聚使得广播、通信、信息技术等部门的竞争商引入彼此的领域。高容量通信基础设施的所有者对于以下两个方面越来越感兴趣：其一媒体内容业务（反之亦然）；其二围绕提供除传统电视和电话外的多媒体、交互媒体及其他新媒体服务而产生的商机（Terazono，2006）。由于规模经济和范围经济的潜力，经由相同的通信基础设施传递到消费者那里的产品和服务越多，每项服务的经济效益越好。

当然，扩张总是伴随着风险的。伴随扩张而来的挑战能够、有时候也确实会给媒体公司带来很多严重的问题，使其在扩张的过程中失去其重点和动力（Súnchez-Tabernero and Carvajal，2002，pp. 84-87）。尽管如此，媒体扩张及多样化战略经常有很大的经济意义。高度集中的公司可以把它们的生产成本平摊到更广阔的产品市场和地域市场上去，这将使它们从自然规模经济中受益。规模扩大的、多样化的、各种不同层次的综合群体似乎能很好地适应技术开发及其他席卷媒体和通信行业的市场变化。

14.3.3 不同形式的扩张

至少可以从横向、纵向以及斜面扩张三个角度来评价公司发展战略及相关经济优势。首先观察横向发展，通常利用规模经济的欲望是促成这样的战略的经典动机（Griffiths and Wall，2007，p. 79），这也是一个明显的激励因素。媒体行业不仅能够在相同的区域经营，以从例如常用的管理技术或是通过随着公司规模的扩大而加强劳动专业化的整合力中获利，而且特别的是，横向扩张使得媒体公司能够利用规模经济（Hoskins et al.，2004，p. 97）。

垂直媒体公司纵向整合的可能活动范围包括从媒体输出创造（这带来著作权归属）到对各色各样的产品进行分配和零售。正如最初Coase（1991）所说的，促使纵向扩张的主要动机之一是为公司扩张减少交易成本。然而，在媒体竞争商的例子中另外的更重要的利益是纵向整合使得公司能够掌控其操作环境并且可以帮助它们避免无法进入重要的上游或下游市场（Martin，2002，pp. 405-406）。拥有节目制作业务的广播公司能够通过可靠的途径得到它们所需的内容。同样，分配的纵向整合确保内容供应商能够接触到受众。综合媒体公司能够阻止纵向供应链上其他部分的主导供应商或采购者的市场势力（Aris and Bughin，2009，p. 271）。

斜面扩张及“成团”扩张是媒体行业的另一个常见的战略。例如，电信运营机构和电视公司的合并产生了效率增益，因为两种服务（视听和电话）联合使用相同的通信基础设施（Albarran and Dimmick，1996）。报纸出版商也许会斜面扩张至电视广播，广播电台也许会多样化经营而涉及杂志出版业。跨媒体和相关行业的斜面扩张十分可能。这样的战略时常会创造经济利益和协同作用，但是并不一定会这样（Peltier，2004）。斜面扩张的一个可能的好处是能够分散风险（Picard，2002，p. 193）；至少在某种程度上，大型多元化媒体公司能够减缓任何可能影响其随意一个部门的破坏性活动。不过重点是，媒体行业情境下的斜面扩张是由规模经济和范围经济的广泛利用所导致的。

为应对数字融合，绝大多数规模最大的媒体公司现在正在试图通过扩张和兼并重新配置其操作，以适应多平台前景（Doyle，2010）。例如，电视行业通过引进360度调试技术（Parker，2007）及发展网络和其他数字产品来利用流行内容品牌。360度方法意味着内容上的创新需要考虑许多种不同的分配可能性而不是仅仅考虑通过线性电视演播。这意味着从概念化的初级阶段起内容界定的标准在于，通过多种对该内容的表达形式及经由多种分配途径而产生的消费者价值和收益的潜力（如在线、手机、互动游戏等），而且超越传统的电视和报纸。

多平台扩张至少能够通过两个重要方式来明显提高经济效益（Doyle，2010）。第一，将内容改版用于新产品以及通过新平台再使用的战略能够从知识产权资产中提取出更大的价值。换而言之，通过不同格式、不同平台共享内容可以引起规模经济和范围经济，尽管媒体内容网上发行要考虑非法复制和中介的风险。第二，数字化和多平台分配为创新和提高效率提供机会，是新技术使媒体供应商可以了解其受众并将产品内容与顾客的需要和要求相匹配。借助经数字返回途径改良的受众偏好信息（Webster，2008），内容供应商追踪、分析、监控及更有效率地迎合受众的不断变化的、特殊的品位和兴趣的能力有了巨大的提高。另外，由于数字媒体消费的“向前倾斜”而不是“向后倾斜”的特征，供应商和受众之间建立起更加紧密的关系，而且这又是创造性机会和商机的一个来源。

除了跨平台扩张之外，许多如维亚康姆、拉加代尔集团和新闻集团这样的媒体公司正在或已经变成了跨国公司。受互联网发展、国际资本流动性更大、国际扩张壁垒降低的影响，许多媒体运营商的目光越过了本地或国内市场来水平地扩张其消费者群并因此扩大了其规模经济。例如，20世纪90年代中期，EMAP在法国获得了几个杂志出版业务，并且在2007年被德国出版业巨头宝华接管之前，成为该市场第二大竞争商。法国媒体集团维旺迪环球已经通过Canal+集团，在欧洲付费电视市场占据了主导地位。德国和斯堪的纳维亚媒体集团，如邦尼尔集团、贝塔斯曼公司、兰萨诺玛公司、施布特帝集团，已将其活动扩展到其他国家。媒体公司试图跨国境扩展它们运营的例子数不胜数，在一些例子中这个趋势已经使得媒体公司在如南美和东亚的区域市场中成为主导竞争商的地位有所加强。

这些扩张战略背后的基本原理通常是试图更加充分地利用公共资源。多样化、大规模的媒体组织在跨不同产品和地理市场开发公共资源中占据有利地位。这并不是否认管理扩大的、多层面的企业存在潜在的大量困难和挑战（Súnchez-Tabernero and Carvajal，2002，pp. 84-87）。根据利润绩效，与扩张和多样化有关的财务陷阱和管理复杂性带来的损失，有时候会超过任何规模经济和范围经济带来的利益（Kolo and Vogt，2003），至少短期内会这样。即使如此，关键点在于媒体部门的扩张和多样化战略通常有经济逻辑的支撑，而由于数字技术的普及，该经济逻辑变得更加引人注目。大型多样化跨国公司能够更好地获得自然出现在媒体行业中的规模经济和范围经济，而由于全球化和融合，这个优势已经变得越来越明显。

14.4 媒体所有权的社会文化含义

14.4.1 多元化和言论自由

经济和商业优势促进了媒体公司壮大和多元化，也同样有助于解释媒体所有权集中的趋势，尽管并不是在全球所有的国家都出现了这种情况，但有很多证据能够证明这一点。为什么我们需要关心媒体所有权的集中程度？ 这种忧虑源于对保持多元化的内在需求，而这反过来又通常被认为是关于庄严载入《人权公约》中言论自由的基本问题。多元化是一个有些模糊的概念和定义（Karppinen，2007；Ofcom，2010c），但它通常被认为是这样一个概念：公众可以接触到一系列的意见和内容（Doyle，2002b，p. 12）。多元化是从言论自由分离出来的概念，但是这两个是相关的，获得差异化的媒体源经常被认为是言论自由的一个不可或缺的方面。比如，欧洲委员会，在很长的时间内，都对监控各成员国的媒体集中程度有浓厚的兴趣。而这么做是基于对多元化的需要，更是对于言论自由的需求，因为二者密切相关。而保证言论自由正是欧洲委员会的职责（Lange and Van Loon，1991，pp. 13-26）。一般的观点认为，多元化是信息自由和言论自由的关键。它通过促进一个强大的思想市场的形成，来推动言论自由的实现（Haraszti，2012，p. 102）。如果没有一个开放性系统和多元化媒体秩序与规则，接受和发出信息的权利会被社会上的一些人或团体所剥夺，而这一权利被认为是言论自由不可或缺的一部分。

在本章中，多元化的概念应包括所有权的多样化（存在着各种各样分离而自主的媒体供应者）和媒体资讯产出多样化（观点各异的媒体内容）（Doyle，2002b，p. 12）。这两者有时可以用“外部的多元化”和“内部的多元化”来区别。后者（也就是内容的多元化）可以通过“鼓励多元而无偏见资讯”的监管政策来加以解决。如果进一步划分，我们还可以将“内容的多元化”分为政治的多元化和文化的多元化（Valcke et al.，2010）。前者是一定范围内的政治观点和意见能够在媒体上得以表达的需要，以此来保持民主制度的健康。而文化的多元化是指对各种各样的文化的需求，可以在当下社会中通过媒体加以反映。在2005年的联合国教科文组织的《保护和促进文化表现形式多样性宣言》中，珍视和保护文化多样性的重要性被反复强调。在维持社会的凝聚力方面，社会中所有种群（如共享一种语言、种族、信仰）的文化和价值观能够在媒体上得以表达也起着非常重要的作用，这一观点逐渐被广泛认同。在保障媒体多样性和多元化的大背景下，对于媒体扩张的担忧与日俱增。由于这种担忧，关于“媒体所有权集中”管控、遏制和监测模式的话题，激起了国际社会新的兴趣（Just，2009；Valcke et al.，2010）。

14.4.2 所有权的集中和多元化：原因与结果

正如我们所提到的，媒体所有权集中掌控在少数的个人或公司手中是有问题的，因为这对多样化的思想、偏好、意见有潜在的威胁和风险（Meier and Trappel，1998，p. 38）。许多学者都将注意力集中在了这些风险之上。比如，媒介所有者滥用政治权利，以及一些重要的观点代表性和表达程度不够充分的问题（Murdock and Golding，1977；MacLeod，1996；Humphreys，1997；Demers，1999；Baker，2007）。然而令人惊讶的是，我们必须承认在已有的实证研究中，很少有研究真正地考察和探求关于“媒体所有权集中程度”和“多元化”两者之间精确的因果联系。根据Eli Noam的观察，当提及媒体的集中这一问题时，意见通常都是强有力的，理论也比比皆是，但是涉及具体数字的研究却几乎没有（Noam，2009，p. 3）。的确，巨大而多元化的媒体集团在多大程度上损害了或者增加了资讯内容的多样性和消费者选择的多样性是值得商榷的。一方面，大的媒体集团当然可能对资讯产出的多样化有积极的作用，比如说大企业的规模效益使它能够投资于创新，或者它的资金实力使其可以支持或交叉补贴（指用一项业务的利润为某一非营利业务补贴）暂时亏损的产品（Doyle，2002b，pp. 23-26）。从理论上来说，在推出一个新产品时，就大型而多样化的媒体集团而言，追加的资本和专业技术的混合可以使其处于有利的地位。但另一方面，在电子媒体的环境下，有吸引力的新产品和服务在多大程度上真正需要大量的初始资本投入，这一点并不确定；许多成功的新服务，如Facebook并不需要大量的企业投资。还有一个问题是，垄断的所有权结构是否有助于促进创新思想和风险管控的文化（Doyle，2002b，p. 25）。随着媒体的扩张，随之而来的复杂性和挑战是毋庸置疑的（Sánchez-Tabernero and Carvajal，2002）。扩张和发展在某些情况下可能阻碍灵活性和创业的倾向。

事实上，媒体的合并是否可能会拓宽或削弱消费者的选择和多样性，在很大程度上取决于这一交易怎样有助于改变媒体内容产品资源的运作方式，媒体内容产品资源的运作方式是否能够在合并后的实体里得到很好的组织和管理。如果与信息产出无关的后台活动和支持功能的整合（例如：财务）能够使资源得到很好的释放，转变得更有质量，并且产出了更多样化的内容，那么这将对多样性和对消费者的利益产生有利的影响。然而，如果一个并购鼓励和刺激了核心的编辑功能的整合和共享，以及产品内容的回收和循环，这无疑将损害多样性和多元化（Doyle，2002b，p. 24）。从某种程度上而言，共有所有权对于那些有着相同的内容元素和编辑方式，而只是呈现在不同的媒介产品上的媒体而言，是可行的并且会有财务上的优势。综合控股对多样性有着负面的影响。

因此，媒体版图的扩张和多元主义之间的关系并没有准确的说法，如图14-1所示，是因为在影响多元化相关问题的这个宽泛的大框架下，无论媒体所有权集中是起了积极作用还是消极作用，它都仅仅只是一个方面的重要因素。比如，市场的大小和财富规模决定了在市场中有多少供给者以及媒体能够承担得起何种程度的多样性，而这具有决定性的因素。技术状态（例如，何种传播平台是可利用的和是否普及）是另一个决定性因素。关键的一点是，虽然媒体所有权和媒体权力的集中对于民主和社会凝聚力构成了一种来自于媒体内部失衡的威胁，但它们不是影响多元化的唯一因素。因此，关于所有权的规定通常需要其他规则的协助和支持。比如说，对于少数派媒体的补贴、编辑协议、对公共广播服务的支持。

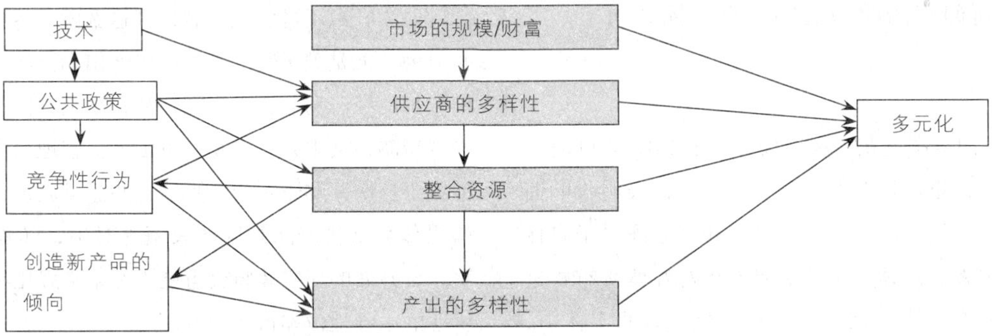

图14-1　集中化媒体所有权和多元化

资料来源：Doyle（2002b，p. 15）。

14.5　媒体所有权与公共政策

14.5.1　经济效率与多元化

一般来说，媒体所有权的集中影响以下两种经济政策目标：效率最大化的需求和维持竞争的需要（Doyle，2002a，p. 167）。由于公平和充分的竞争一般被认为是有效率的首要条件，从这一角度来看，两大目标是相互关联的。然而，如果太过分散，并且不允许公司达到相应的规模和公司结构来利用一切可用的经济手段，利用不断变化的技术优势，那么媒体产业显然是不可能有效率的。二者形成了相反的张力，因此，这就需要政策制定者在更加严格的限制措施和更充分的竞争之间做出权衡。一方面，宽松的监管政策有可能使效率达到最大；另一方面，由于有着不同的利益相关者，到底何种公司结构是被允许的经常在公共讨论时激起争论就不足为奇了。从促进竞争需要一个一定程度垄断的市场这一观点来看，一个关键的问题是市场是否仍然是竞争性的。然而，一个市场是否是竞争性的和一个市场是否是多元化的是两个完全不同的问题（Iosifidis，2005）。从保护多元化这一点看，重要的是在市场中真正存在着不同的所有者，从而有利于不同的议题和观点的传播。通常认为，单单靠竞争立法是不足以达到此目的的，它只是一个特殊而又简陋的替代性设计，来防止不健康的媒体集中所有权。虽然经济学家可以对决策的经济后果做出有效的建议，但重要的是，关于保护多样性与包容媒体扩张之间的权衡，最终的决定则依赖于政治判断的运用。

14.5.2 新闻集团收购英国天空广播公司

新闻集团英国的相关高层提出，于2010年11月全面控制英国天空广播公司，但这次的运作表明收购面临着很多的挑战和问题，这些挑战和问题来自于媒体政策的制定者。媒体政策制定者希望对媒体所有权进行有效的监管。这些问题包括：在合并后的实体中，如何在实践中判断合并和兼并对于资源配置效率的影响？所有权的变化会对内容供给的多样性产生什么样的影响？从维持政治和文化多元主义的角度，媒体所有权何种程度地集中在一个单一商业实体里被认为是可以接受的？特别是，新闻集团/英国天空广播公司的例子给了我们一个有益的提醒——在这种方式下，关于遏制媒体所有权集中方面，当整个体制被认为保护多样性方面是无效率的时候，民主将陷入危险的境地。

在新闻集团收购英国天空广播公司的交易中，英国通信管理局关注的一点是，交易是否可能对媒体行业的经济健康和可持续发展产生影响（Smale，2010）。监管机构承认确实需要监管，来确保媒体公司的创新自由以响应市场发展，并使得风险投资能够获得适当的回报（Ofcom，2010c，p. 15）。在考虑这次交易会如何影响未来的发展时，监管者关注了新闻集团以前在新的风险投资机会中良好的历史记录。它指出，该公司作为一个资源充足的创新型企业，可以开发基于在线支付的有潜在获利能力的商业模式来扩大消费者的选择面。因此，阻止该公司采用交叉持股的结构来开发它认为有利的市场机会可能会适得其反。

然而，与这项交易有关的对抗性风险很多。比如随着时间的推移，它可能会导致新闻业务更加集中，导致编辑的内容和新闻资源在更大的群体里被共享，从而使得多元化被破坏。一个天空广播公司的前管理人员向英国通信管理局提交了一份辩论意见，其中指出新闻集团与天空广播公司已经具备了按照它们的意愿进行新闻整合的能力，只不过它们没有选择这么做。尽管这种观点是对的，但是关于跨平台的资讯产出和推送所带来的逐渐增加的经济利益，未来在何种程度上鼓励多种方式的经营策略，文中并未提及。英国通信管理局收到了众多的关于这次并购影响的意见。这些意见表示，通过开发跨媒体数字化产品和服务来领先对手，随着时间的推移，合并后的新实体将会有能力在未来强化其在英国传媒业的主导地位和市场份额。

在审议过程中，由这次交易引发的担忧是否会引起其他英国权威部门的进一步调查？英国通信管理局声称其主要考量这笔交易将如何影响多元化。在试图评估影响时，英国通信管理局不仅仅关注媒体的数量和范围，而且还关注它们影响和告知公众舆论的能力。通过测量每天每个人在新闻资讯上花费的分钟数（包括报纸、电视、广播、互联网），英国通信管理局计算出英国几个大的媒体企业的跨平台市场份额，如图14-2所示。量化计算媒体所有权及其影响从方法上来看是困难重重的，尤其是当它涉及跨平台的维度。英国通信管理局的统计方法就有一个问题，那就是它对所有的平台上的一分钟消费给了同样的权重，而事实上，大多数人认为电视要比其他的平台更加及时和有效率，因此应该得到更大的权重。但无论如何，英国通信管理局在计算观众份额方面，仍然给我们提供了关于各大媒体相对位置的启发性概况。在未进行合并之前，新闻集团已经占了英国新闻消费市场13.8%的份额，如果这一合并得到批准，加上天空广播公司9.8%的份额，将使得新闻集团的份额达到23.7%[①]。尽管新闻集团对此有异议，但一份由独立的媒体顾问恩德斯出具的独立分析报告也表明了，就新闻集团的市场份额而言，它与所有其他竞争对手市场份额之间的差距和英国通信管理局的分析大体一致。分析还指出，收购完成的新闻集团将控制22%的市场份额。什么水平的媒体所有权格局是可接受的？关于这点，并无共识。但是在英国，很多人都反对新闻集团再进一步扩大市场份额。毕竟这一组织已经占有了英国国家出版37%的市场份额和商业性新闻25%的份额（除了BBC），且横跨了主要的媒体平台。在这次事件中，英国通信管理局认为新闻集团对天空广播公司的收购提议在减少媒体多元化方面有违公共利益。报告呼吁竞争委员会进行进一步的全面公众调查，但这一建议并未被采纳。相反，英国文化部部长宣布他将给新闻集团时间来解释，如果其成功地减少了公众的忧虑，那么他将建议批准这一交易，而非否定。有人认为这让该公司进一步有机会表达自己，是使得该交易变得合法的一个适当的步骤与支撑。然而，对于很多人来说，部长愿意跟新闻集团协商而非采取更加强硬的立场例证了一个跟解决媒体所有权有关联的重大问题——媒体关于政治方面的独一无二的影响力让政客们不愿意打击强大的媒体所有者。也正因为如此，确保媒体所有权多元化的政策仍然是确保民主和文化多元化的一个重要保障。英国用来保障多元化的框架规则被认为是有显著缺陷的。在该交易磋商的最后一周，收购天空广播公司的提议（很多人反对，但部长却倾向于同意）由于新闻集团意外爆发的新闻丑闻而被迫放弃。Leveson大法官使得更多的关于英国政客与媒体所有者之间不健康的关系以及明显无效的遏制所有权集中问题的政策暴露出来，随之而来的是公众对于媒体活动的质疑。目前还尚不确定，Leveson大法官的质询是否会促使未来出台更加有效的保护多元化的法律政策。改革的一个很好的起点是要认识到，鉴于媒体在当代政治沟通系统所扮演的重要角色，一个依赖于部长的自由裁量权的法定管理体制（作为英国现行的制度）远不是一个健康、公平、透明的结构性监管系统。

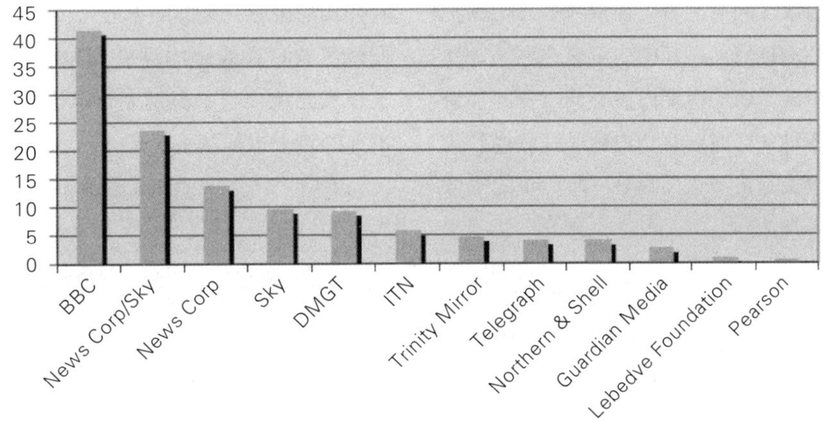

图14-2 传媒企业的新闻消费份额（%）

资料来源：基于英国通信管理局的数据分析（2010c，p. 58）。

① 不准确，是近似值——编辑注。

14.6 结　论

数字技术的传播和互联网的兴起正在改变媒体消费模式，并以更大的交互性为观众提供更多的可控制、更广泛的选择，比如何时以及如何使用和获取内容。然而，虽然互联网的发展开辟了越来越多的途径来发布不同的观点，但事实是，主流媒体的品牌和服务仍然在消费模式中占主导地位。不仅我们大多数人仍然依靠电视和报纸来获取新闻和观点，而且值得注意的是，作为提供日益重要资讯的媒体来源，在英国互联网新闻提供者的前15名中，有10名是占据主要地位的传统媒体企业。而剩余部分与其说是新闻的提供者，不如说是新闻的收集者（Ofcom，2010c，p. 13）。因此，在数字技术的进步和消费模式的变化中，更多的选择成为可能，虽然发展值得欣喜，但是至今尚不能完全放弃对传统媒体所有权多样化的需求（新闻和广播）。与此同时，传统媒体过渡到数字平台，给政策的制定者更新媒体多元化保护政策带来了更加复杂的挑战。崛起的内容聚合网站、社交媒体、搜索引擎引入了新的支配内容访问点资源和新的影响模式，其中各种各样的内容和内容品牌将得到普及和观众的认可。政策制定者也面临着一个传统的媒体借助整合和跨平台扩张的新时代，比如新闻集团。很多，也许是大多数传统媒体供应商已经通过寻求采取多平台发布的策略来回应数字融合和互联网。一方面，这增加了可用的媒体内容，扩展了观众接触到这些内容的机会和范围。另一方面，在某种程度上多平台战略鼓励了品牌延伸策略和跨平台的内容循环。然而更多的选择在很大程度上是虚幻的，而结果是更加统一和标准化。

人们普遍认为，相比模拟时代，现在数字时代的观众使用双向交互的接口，享受着更多的可控制的内容消费。通过互联网的应用，扩展了地理和时间对访问媒体内容的限制，正如Anderson的长尾理论所说的那样，预示着在未来通过长期的小量销售，提供特定内容的供应商有能力更加有效率地利用其内容。然而，考虑到媒体行业基本依赖于规模经济，任何认为未来媒体的所有内容都能够根据个性化需求来定制的概念都无疑是乌托邦。无论数字化发展到何种程度，提供大众传媒的业务依旧依赖于通过更为广泛的观众来平摊内容的生产成本。因此，趋向于垄断仍然是传媒业的一个重要特征。与此同时，无论是现在还是过去，发表个人声音的机会和公司的主导（之间的矛盾）仍然是一个令人头疼的问题。尽管存在媒体的供应者和消费者之间的互动新模式，多元化依然不会是大众媒体市场的“自然”特征，不久的将来也依然不会是。

参考文献

Acheson, K., Maule, C., 2004. Convention on cultural diversity. Journal of Cultural Economics 28, 243–256.

Albarran, A., 2010. The transformation of the media and communications industries. Media Markets Monograph 11. University of Navarra, Navarra.

Albarran, A., Dimmick, J., 1996. Concentrations and economies of multiformity in the communication industries. Journal of Media Economics 9, 41–50.

Anderson, C., 2006. The Long Tail: Why the Future of Business Is Selling Less of More. Hyperion, New York.

Aris, A., Bughin, J., 2009. Managing Media Companies: Harnessing Creative Value, second ed. John Wiley & Sons, Chichester.

Baker, C., 2007. Media Concentration and Democracy: Why Ownership Matters. Cambridge University Press, Cambridge.

Barnett, S., 2010. What's wrong with media monopolies? A lesson from history and a new approach to media ownership policy. MEDIA@LSE Electronic Working Paper 18, MEDIA@LSE, London. < http://www2.lse.ac.uk/media@lse/research/mediaWorkingPapers >.

BBC, 2010. Superpower: visualising the Internet. BBC News. < http://news.bbc.co.uk/1/hi/8562801.stm >.

Blumler, J., Nossiter, T. (Eds.), 1991. Broadcasting Finance in Transition: A Comparative Handbook. Oxford University Press, Oxford.

Bradshaw, T., 2009. Web beats TV to biggest advertising share. Financial Times, 20 September. < http://www.ft.com/cms/s/0/9d2c1d9a-ad23-11de-9caf-00144feabdc0.html#axzz1CtsD8K1x >.

Coase, R., 1991. The nature of the firm. Reprinted in: Williamson, O., Winter, S. (Eds.), The Nature of the Firm: Origins, Evolution and Development. Oxford University Press, Oxford, pp. 18–74 (Originally published 1937).

Collins, R., Garnham, N., Locksley, G., 1988. The Economics of Television: The UK Case. Sage, London.

Demers, D., 1999. Global Media: Menace or Messiah?. Hampton Press, Creskill, NJ.

Doyle, G., 1998. Media Consolidation in Europe: the impact on pluralism. Report for the Committee of Experts on Media Concentrations and Pluralism (MM-CM), Council of Europe, Strasbourg.

Doyle, G., 2002 a. Understanding Media Economics. Sage, London.

Doyle, G., 2002 b. Media Ownership: The Economics and Politics of Convergence and Concentration in the UK and European Media. Sage, London.

Doyle, G., 2010. From television to multi-platform: less from more or more for less?. Convergence: The International Journal of Research into New Media Technologies 16, 431–449.

Drucker, P., 1985. Innovation and Enterprise. Elsevier, Oxford.

Elstein, D., 2011. Critics of News Corp's BSkyB takeover are missing the point. The Guardian: Organgrinder blog, 5 January. <www.guardian.co.uk/media/organgrinder/2011/jan/05/news-corp-bskyb-david-elstein>.

Enders, C., Goodall, C., 2010. Ofcom Submission Outline Material. Enders Analysis, London.

Fenton, B., 2011a. Hunt urged to refer bid for BSkyB. Financial Times, 9 January. <www.ft.com/cms/s/0/1bf9d524-1c20-11e0-9b56-00144feab49a.html#axzz1DGjiTnX0>.

Fenton, B., 2011b. Hunt delays referral of News-BSkyB bid. Financial Times, 25 January. < http://www.ft.com/cms/s/0/f24f9106-2858-11e0-bfcc-00144feab49a.html#axzz1DGjiTnX0 >.

Fenton, B., 2012. Miliband says Murdoch should lose some papers. Financial Times, 13 June, p. 4.

Foster, R., 2012. News Plurality in a Digital World. Reuters Institute for the Study of Journalism/Joseph Rowntree Trust Foundation, Oxford.

Graber, C., 2006. The new UNESCO convention on cultural diversity: a counterbalance to the WTO?. Journal of International Economic Law 9,553–574.

Griffiths,A.,Wall,S.,2007. Applied Economics,11th ed. Pearson Education,Harlow.

Haraszti,M.,2012. Media pluralism and human rights. In: Human Rights and a Changing Media Landscape.Council of Europe,Strasbourg,pp. 101–132.

Hollifield, A., 2004. The Economics of International Media. In: Alexander, A., Owers, J., Carveth, R., Hollifield, A., Greco,A.(Eds.),Media Economics: Theory and Practice. Lawrence Erlbaum,Mahwah,NJ,pp. 85–106.

Hoskins, C., McFadyen, S., Finn, A., 2004. Media Economics: Applying Economics to New and Traditional Media. Sage,Thousand Oaks,CA.

Hultén,O.,Tjernström,S.,Melesko,S.(Eds.),2010. Media Mergers and the Defence of Pluralism.Nordicom,Göteborg.

Humphreys,P.,1997. Power and Control in the New Media. Paper Presented at the ECPR-Workshop New Media and Political Communication,University of Manchester.

Iosifidis,P.,2005. The application of EC competition policy to the media industry. International Journal on Media Management 7,103–111.

Jenkins,H.,2006. Convergence Culture. New York University Press,New York.

Just,N.,2009. Measuring media concentration and diversity: new approaches and instruments in Europe and the US. Media,Culture & Society 31,97–117.

Karppinen,K.,2007. Making a difference to media pluralism: a critique of the pluralistic consensus in European media policy. In: Cammaerts,B.,Carpentier,N.(Eds.),Reclaiming the Media:Communication Rights and Democratic Media Roles. Intellect,Bristol,pp. 9–30.

Kolo,C.,Vogt,P.,2003. Strategies for growth in the media and communication industry: does size really matter?. International Journal on Media Management 5,251–261.

Küng,L.,2008. Strategic Management in the Media. Sage,London.

Küng,L.,Picard,R.,Towse,R.,2008. The Internet and the Mass Media. Sage,London.

Lange,A.,Van Loon,A.,1991. Pluralism,concentration and competition in the media sector. IDATE/IVIR,December.

MacLeod,V.(Ed.),1996. Media Ownership and Control in the Age of Convergence. International Institute of Communications,London.

Martin,S.,2002. Advanced Industrial Economics,second ed. Blackwell,Oxford.

Meier,W.,Trappel,J.,1998. Media concentration and the public interest. In: McQuail,D.,Siune,K.(Eds.),Media Policy: Convergence,Concentration and Commerce. Euromedia Research Group,Salzburg,pp.38–59.

Murdock,G.,Golding,P.,1977. Capitalism,communication and class relations. In: Curran,J.,Gurevitch,M.,Woollacott,J.(Eds.),Mass Communication and Society. Edward Arnold,London,pp. 12–43.

Noam,E.,2009. Media Ownership and Concentration in America. Oxford University Press,New York.

OECD,2010. The evolution of news and the Internet. Report by Working Party on the Information Economy,DSTI/ICCP/IE,2009 14/FINAL,OECD,Geneva.

Ofcom,2009 a. Media Ownership Rules Review. Ofcom,London.

Ofcom,2009b. Report to the Secretary of State(Culture,Media and Sport) on the Media Ownership Rules,Ofcom,London.

Ofcom,2010b. Communications Market Report,Ofcom,London.

Ofcom,2010b. International Communications Market Report,Ofcom,London.

Ofcom,2010c. Report on Public Interest Test on the Proposed Acquisition of British Sky Broadcasting Group plc by News Corporation,Ofcom,London.

Ofcom,2011. International Communications Market Report,Ofcom,London.

Parker,R.,2007. Focus: 360-degree commissioning. Broadcast,13 September,p. 11.

Peltier,S.,2004. Mergers and acquisitions in the media industries: were failures really unforeseeable?. Journal of Media Economics 17,261–278.

Picard,R.,2002. The Economics and Financing of Media Companies. Fordham University Press,New York.

Ross, A., 2011. Investors look beyond BSkyB. Financial Times, 16 July, p. 8.

Sabbagh, D., 2010. Why News Corp's buyout of BSkyB is much more than a business deal. The Guardian (Media Supplement), 20 September, p. 3.

Sabbagh, D., 2011. Murdoch cancels Davos visit to lead negotiations with Hunt. The Guardian, 26 January, p. 10.

Sánchez-Tabernero, A., 2006. Issues in media globalisation. In: Albarran, A., Chan-Olmsted, S., Wirth, M. (Eds.), Handbook of Media Management and Economics. Lawrence Erlbaum, Mahwah, NJ, pp.463–491.

Sánchez-Tabernero, A., Carvajal, M., 2002. Media concentrations in the European market, new trends and challenges. Media Markets Monograph. University of Navarra, Navarra.

Smale, W., 2010. Rupert Murdoch's growing multi-media empire. BBC News, 15 June. < http://www.bbc.co.uk/news/10317856 >.

Sweney, M., 2010. Local media ownership rules to go by November. Guardian.co.uk, p. 15. < http://www.guardian.co.uk/media/2010/jul/15/local-media-ownership-rules >.

Terazono, E., 2006. Convergence requires the complete vision. Financial Times, 16 February, p. 21.

Valcke, P., Picard, R., Sükösd, M., Klimkiewicz, B., Petkovic, B., dal Zotto, C., Kerremans, R., 2010. The European Media Pluralism Monitor: bridging law, economics and media studies as a first step towards risk-based regulation in media markets. Journal of Media Law 2, 85–113.

Van Kranenburg, H., Hogenbirk, A., 2006. Issues in market structure. In: Albarrran, A., Chan-Olmsted, S., Wirth, M. (Eds.), Handbook of Media Management and Economics. Lawrence Erlbaum, Mahwah, NJ, pp. 325–344.

Vukanovic, Z., 2009. Global paradigm shift: strategic management of new and digital media in new and digital economics. International Journal on Media Management 11, 81–90.

Webster, J., 2008. Developments in audience measurement and research. In: Calder, B. (Ed.), Kellogg on Advertising and Media. Wiley, Hoboken, NJ, pp. 123–138.

Withers, K., 2006. Intellectual Property and the Knowledge Economy. Institute for Public Policy Research, London.

| 第四部分 |

贸易、发展和文化多样性

第15章

国际贸易体系中的文化产品

P. Lelio Iapadre

University of L'Aquila，Italy

Johns Hopkins University，SAIS Bologna Center，Italy

UNU-CRIS，Bruges，Belgium

田贤亮　译

摘　要

关于全球化与文化多样性之间关系的争论不仅涉及人们熟知的有关国际经济一体化能够促进还是减少文化多元性的辩论，还包括文化多样性在理解贸易比较优势及造成市场进入壁垒，进而减弱双边经济活动强度过程中的作用。本章是对近期理论文献的一个综述，旨在更好地理解贸易与文化之间的联系。一个主要观点认为，不完全竞争与消费的网络外部性形成了一个框架，在这个框架下，国际经济一体化会导致市场集中与文化趋同。在某些特定条件下，文化产业某些形式的“有效保护”可以增加经济福利。而在其他情形下，即便在文化多样性方面需要付出一些代价，自由贸易政策仍不失为最佳政策。异质性文化偏好被认为是市场均衡的外生决定因素之一。另外，文化偏好的演化也可看作市场对贸易自由化逐步调整的内生结果。本章的规范经济学部分从不同的角度讨论了国际社会旨在促进文化政策治理的战略选择。虽然双边及区域贸易协定近年来越来越盛行，但是对贸易与文化之间争议的彻底而一致性的解决需要在多边层面进行。2005年联合国教科文组织（UNESCO）发布的关于文化多样性的公约是一个重要的进展，但还是不能解决问题。只有改进WTO规则，才能在不同的立场之间形成一种一致且可信的平衡。在数字化革命的背景下，文化多样性与国际经济一体化这两大全球性公共产品之间的互补性及其在推动社会进步方面的作用将越来越明显。

关键词

文化贸易，文化多样性，世界贸易组织，GATT，GATS，TRIPS协定

JEL Classification Codes

Z18，F10，F53，K33

15.1 引 言

国际经济一体化常常被认为与其他社会目标相冲突，如环境与劳动标准的贯彻与实施等，因此有必要在国际关系领域建立更有效的治理机制。一个重要的例子是，文化活动产生了许多可跨境交易的商品，全球化与文化多样性之间存在着此消彼长的关系。国内市场对国外与文化相关的商品（如电影、音乐等）的开放常被认为是对本土文化的一种威胁。另外，一些国家旨在保护与发展文化多元性的国内政策与规制往往遭到审查，因为其对国际经济交易存在着刻意或无意的限制效应。

文化产品方面的协议是世界贸易组织（WTO）谈判中争议最激烈的领域。许多国家拒绝开放本国文化市场，认为保护国内文化产业有助于维持国民的本土归属感。与此同时，人们在多边贸易体系之外建立特定的国际制度以保护文化多样性的努力不断强化，并于2005年促成了联合国教科文组织（UNESCO）《保护和促进文化表现形式多样性公约》的批准。该公约引发了一场大的辩论，以及人们对不同政策工具间是否能够协调的担忧，并且这些工具追求的目标可能是相互冲突的。①

关于文化与贸易，尤其是艺术与文化产业的多重国际维度的详尽文献综述，参见Acheson和Maule（2006）。其他一般性的评述包括Bernier（2005），Voon（2007），Throsby（2010，Chapter 9），Schulze（2011）和Doyle（2012）。在描述了国际经济一体化与文化多样性之间矛盾的主要方面之后，本章主要评述了一些相关的经济学模型并讨论了可能的政策选择。

第二节简要列出了关于全球化与文化多样性之间联系的争论的主要线索，不仅涉及众所周知的有关国际经济一体化能够促进还是减弱文化多元性的辩论，还包括文化多样性在解释贸易比较优势及造成市场进入壁垒，进而减弱双边经济互动等方面的作用。第三节是对相关理论模型的一个综述，这些模型主要解释了文化产品在国际经济交易中的特殊性质，包括本国市场效应与消费网络外部性。第四节讨论了那些支持政府干预文化产品市场的经济论述，特别提及了呼吁保护本国文化活动、避免外国竞争的论述。第五节将分析转到国际层面，在简要论述当前的全球文化政策制度之后，围绕WTO体系、2005年UNESCO公约，及一系列双边与区域一体化协定，在国际经济一体化与文化多样性相互依存的视角下，讨论了关于全球文化政策治理的一些主要的相互争鸣的观点。最后一节总结全章并指出了未来研究的方向。

15.2 关于贸易与文化的争论

文化活动代表了一个重要的经济部门，其重要性随着经济发展速度的加快而增加。即使在发展中国家，文化产业的重要性也不可忽视。关于该部门在各国的大小，目前尚缺乏可信、可比的数据。Howkins（2007）对此提供了较为谨慎的估计，并指出2005年全球文化产业占全球产出的比重大约为6%。许多国家文化产业的增长速度比世界平均水平要快得多，即使在全球经济危机的背景下也是如此（UNCTAD-UNDP，2010）。然而，根据联合国贸易和发展会议（UNCTAD）的数据，上个十年，世界创新性商品与服务的出口值比世界出口

① 关于世界贸易体系内UNESCO协议、版权与文化多样性之间关系的讨论，参见本卷Macmillan的第16章。

总值增长得更慢。[①]这主要是因为受很多文化产品数字化的影响，与大宗商品的价格快速上涨相比，文化产业的价格增长更为缓慢。根据Pricewaterhouse - Coopers（2012）的预测，由于向低价格的数字化产品转型，2012—2016年全球娱乐与媒体产业产值的名义增长率将低于各国GDP的平均增长率。

文化与经济之间是相互联系的（Throsby，2001）。一方面，经济思想与活动会受到社会文化内涵的深远影响，并有益于文化价值的创造。另一方面，文化活动与资产自身具有相当的经济价值，可从经济学的视角加以研究。经济学不仅可以用来分析生产效率与市场结构，还能解释社会资源用于生产又被产出，整个过程持续不断的社会机制。这种微妙的相互依赖常常引起人们的担忧与争论。一种关于“文化产业”社会作用的负面观点由法兰克福学派最先提出（Adorno and Horkheimer，1947），并激发了很多针对文化商业化的批评。近年来，另一种更为乐观的观点开始出现，即市场机制有能力推动文化活动的发展（Cowen，1998）。人们逐步意识到文化活动在促进创新、增长与社会进步方面的作用，这使得关于创造性产业的文献开始蓬勃兴起（Caves，2000；Howkins，2007；Potts，2011），并将文化产业的传统边界扩展到包括广告、时尚及软件等文化资本程度较高的产业。人们意识到，文化活动的经济价值并不会减损其相对于其他制造业部门的内在特殊性。这能够解释针对文化产业制定特殊的规制与政策，不仅是为了促进该产业的经济增长，在更多情况下是为了实现特定的文化目标。

文化活动不同方面之间的冲突在国际领域也很明显。一个典型的例子是，经济全球化与文化多元化的保护与促进之间似乎存在着矛盾。人们担心随着技术的趋同与市场的集中，文化商品与服务在国际范围内的自由流通会导致其体现的文化内涵趋同，以及国家与本土文化认同的消失（Footer and Graber，2000）。贸易自由化虽然大大增加了人们消费商品的总量与类别，但是会导致某些本土文化种类逐渐消失。引用UNESCO（2001）的《世界文化多样性宣言》第8章的论述，这些本土文化门类可视为一组包含“身份认同、价值观与内涵等”的向量。[②]文化认同感的弱化则会增加人们对未来的不确定性与焦虑，进而威胁民主体系的稳定（Habermas，1998）。国际经济一体化会导致文化趋同的观点不仅在公众中广为传播，在多次反对全球化的社会运动中得到表达[③]，还在政策制定者与国际机构之间盛行[④]，甚至有些支持自由贸易的经济学家也持这种观点[⑤]。

另一方面，有人认为随着人口、思想、产品及资产在不同社会之间流动，本国或本土的文化认同感会不断建立与强化（Pool，1977）。因此，国际经济一体化不仅威胁了文化的多样性，而且创造了条件使其进一步发展。Cowen（2002）提供了大量的例子来证明这种正向的联系。Berger和Dore（1996）强调，一般而言，在全球化背景下，国家之间的显著差异是持续性的。从另一个角度讲，世界文化的多样性可被看作促进国际经济活动不断增长的因素之一。在传统贸易理论中，贸易依赖于各国的比较优势，而比较优势的产生得益于各国技术、要素禀赋以及消费者偏好的差异。除此之外，各国文化的差异也会孕育新的比较优势。[⑥]

假定存在不完全竞争及产业内贸易，则文化多样性

---

① 有关创造性商品与服务及相关产业的国际贸易数据，参见http://unctadstat.unctad.org/ReportFolders/reportFolders.aspx?sRF_ActivePath=P,10&sRF_Expanded=,P,10。

② Disdier等人（2010a，b）证明，外国媒体的进入会改变人们的文化选择，如父母给孩子取名字会受到外国媒体的影响。

③ Mayda和Rodrik（2005）进行了大规模的民意调查，发现较强的共产主义或爱国主义情感往往与贸易保护主义态度有关。

④ 例见UNESCO（1995）。

⑤ 例见Bhagwati（2000）以及Krugman等人（2012，p. 284）所著的教科书《国际经济学：理论与政策》。

⑥ 关于各国的文化与制度差异、比较优势、贸易及要素市场整合之间联系的论述，参见Belloc and Bowles（2009）。

在国际贸易中还有另外一个重要的作用。在贸易引力模型中，双边贸易的强度与两国的相似性因素正相关，包括两国文化的相似性。因此，在其他因素不变的条件下，文化的差异会转变为国际贸易的壁垒，而互惠的贸易网络更易在具有相同文化的国家之间建立。然而影响双边贸易的两国相似性与距离是相对的，这意味着两国之间交易的强度与两国之间的相似性正相关，而与两国与第三方之间的相似性负相关。因此，两国之间文化的相似性可以产生互惠的贸易及投资联系，只要两国共同的文化不同于其他贸易伙伴之间的文化。换句话说，在一个文化相同的世界里，双边相对的相似性将会消失，也不会产生由文化驱动的互惠的贸易网络。两国之间文化的相似性对双边贸易的重要影响已经被验证，代表性文献参见Guiso等人（2009）。

15.3 文化产品与服务的国际贸易：一个理论模型与实证研究的文献综述

国际经济一体化威胁文化的多样性是基于这样的假定：不受约束的市场力量将强化优势文化而牺牲很多本土文化。换句话说，文化趋同可被看作市场集中的结果，反过来却不一定正确。即使国际文化市场存在很大程度的竞争，但这只会丰富可供消费者选择的产品类别，并不一定能转化成有效、多元的本土文化身份。

人们对全球化对文化多样性的负面影响尤为关注，主要是因为人们担心美国的文化产业会增强其在国际市场上的统治地位，尤其是在音像领域。因此，我们会评论一些旨在解释文化市场为什么趋于集中的理论模型。这类文献的一个共同点是其假定消费者具有异质性偏好（既有国与国之间的异质性，也有一国内部消费者之间的异质性），且其消费具有母国偏好。在生产方面，一般认为技术的特点是规模报酬递增和产品差异化。总之，这些文献往往假定不完全竞争是主要的市场结构，虽然一些模型为了简化福利分析而假定为完全竞争的市场结构。[①]

15.3.1 规模经济与文化贴现：本国市场效应

第一类文献基于“本国市场效应”，该效应常被用于解释为什么大国经济体，如印度与美国，在世界出口市场中往往居于主导地位。这类模型的核心元素包括消费者偏好中的母国倾向及生产或分配技术中的规模经济。

在其他因素不变的条件下，消费者偏好消费母国文化产品的假定可以用文化忠诚加以解释。在有关贸易与文化的文献中，该假定又被称为“文化贴现”假定，其中的蕴意是当本国商品运到国际市场出售时，它们对于外国消费者的价值更低，因而必须以更低的贴现价格出售以抗衡国外本土商品更高的吸引力（Hoskins and Mirus，1988）。文化产品表现出的规模经济可以产生于企业内部，此时特定要素投入的高固定成本使得产量高的企业具有优势；也可以存在于企业之外，但在行业之内，此时“创造性集聚”的经济集聚效应使得产出总量高的行业具有优势。无论何种情形，更大的市场规模都使得本国企业能更好地发掘规模报酬递增，从而获得一种外国生产者所没有的竞争优势。这解释了为什么具有更大市场的国家能维持高质量的要素投入，并以非常低的边际成本在国外进行分配（Wildman and Siwek，1987，1988；Waterman，1988）。[②]

在国际贸易文献中，贸易的本国市场效应通常是规

① 一个更为详尽的关于贸易与文化多样性的分析性文献综述参见本卷Bisin和Verdier的第17章。

② 这种成本优势也可通过不同市场间的歧视性定价，或者“文化倾销”来获得（Bernier，1998）。

模经济与贸易成本共同作用的结果（Krugman，1980）。生产往往在最大的国家集中，因为这使得企业既得益于规模经济，又不必花费额外的贸易成本去供应外国市场。在文化产业，交通运输成本往往非常低，因此原则上，文化产品的集中生产可以发生在任何国家。然而，正如Hoskins等人（1997）指出的，贸易成本可被文化贴现所替代[①]，所以只有最强大国家的生产者才愿意供应外国市场。大国生产者从规模经济中获得的成本与质量优势能够弥补其不太吻合外国消费者文化偏好的劣势，从而在全球销售其文化产品。

在Francois和van Ypersele（2002）的模型中，消费者对本国文化产品与外国文化产品的异质性偏好和生产的规模经济，共同解释了为什么贸易保护有利于所有国家。在他们的模型中，那些定位于全球市场的产品，如好莱坞的电影，更易达到最优的生产规模，进而形成市场集中。与此形成鲜明对比的是，模型中的文化产品没有任何出口潜力，从而构成了文化贴现的一种极端形式。再者，人们对好莱坞电影的评价在每个国家都很相似，人们对文化产品的评价却各不相同，这将导致文化产品的生产处于低效率的低产出水平。这个问题可以用保护性政策来解决，缩小同质商品的市场份额，增加文化产品的市场份额，从而使文化产品的生产得以维持。

15.3.2 偏好与文化认同的相互作用

建立本国文化产品需求偏好的另一个策略是基于消费的网络外部性或群体外部性。这些外部性又被称为需求方面的规模经济。其基本思想是消费者的偏好是相互依赖的，即每个人的效用水平也受其他人消费选择的影响。因而一个人从某产品的消费中获得的效用不仅取决于其消费的数量，而且取决于使用相同商品的其他消费者的人数（Katz and Shapiro，1985）。这类例子很多，包括电信、软件、生产标准与货币等。

理论上，消费者偏好的相互依赖性可以从很多方面塑造市场，参见Grilo等人（2001）。消费者可能偏好专用型商品，因而消费同类商品的消费者数量的增加会导致负的外部性，这类似于拥挤效应。在这种情况下，产品差异化会盛行，而价格竞争会减弱。另外，如果大家都想消费主流商品，竞争就会愈演愈烈，某个生产者初期的一点点优势都会导致最终的市场垄断。这可能是Grilo和Thisse（1999）描述的群体激情的结果，或是由于信息瀑布，此时消费者期望观察其他市场主体的行为，以获得作决定所需的信息（Bikhchandani et al.，1998）。偏好的相互依赖对于研究文化市场尤为重要，因为网络外部性可被用于分析不同文化主体的产生及与市场相互作用的过程。在这种情形下，其他消费者对相同商品的消费会增加消费者的效用，因为这会增加他们同属一个社区的归属感并有助于社会交换（Akerlof and Kranton，2000）。

Janeba（2007）扩展了李嘉图模型，以分析在存在消费网络外部性的条件下贸易的福利效应。选择简单的传统贸易框架不允许考虑规模经济或国家的大小对贸易的影响等，但可以让人注意到网络外部性在建立与维持文化主体过程中的作用。此时贸易改变了各国文化产品的相对价格与消费方式，由此产生的福利效应取决于对以下两点的得失权衡：一方面，贸易扩大了网络，人们从网络外部性中获得的收益更大；另一方面，贸易使人们从差异性消费者偏好中获得的益处变小。因此，贸易自由化的福利效应并不确定，而是取决于各种贸易均衡的可能数量以及各国消费者偏好的相似程度，其收入分配效果倾向于偏好消费进口文化商品的消费者。

① 文化贴现也与艺术品消费的成瘾性有关，参见Schulze（1999）。

Suranovic和Winthrop（未发表）[①]采用了一个相似的框架，证明当消费网络外部性存在时，贸易自由化可能是有害的。此外，他们认为文化的吸引力部分来自因在文化部门工作而获得的非货币性收益。如果贸易自由化会导致该部门收缩，则贸易的好处将少于标准的贸易理论得出的结论。[②]

Rauch和Trindade（2009）扩展了Janeba的模型，在不完全竞争框架下将网络外部性与本国市场效应结合了起来。在他们的模型中，文化偏好是外生的，但与Janeba的模型不同，每一个国家的内部消费者都具有相同的偏好，因而不允许不同文化网络之间的竞争。他们模型的一个重要特征是文化生产的动态性。新的文化产品在现有思想存量的基础上生产出来，目前文化多样性的程度在未来会影响文化产品的质量与消费者的福利。文化产品的生产者可以获得所有国家的凝固在过去所有文化产品中的思想，但外国文化产品与本国文化产品之间存在不完全替代关系。由于贸易存在本国市场效应，因此贸易自由化会导致文化的趋同。从短期来看，社会的福利会提升，但从长期来看，更低的文化多样性会对文化产品的质量与消费者的福利产生负面影响。在低交流成本的情况下，贸易保护不一定能够起作用，因为这只会导致国际主导文化类型在国内复制，而对生产传统文化产品的固定成本进行补贴应给予优先考虑。

如果市场规模的变化能够影响可得文化产品的数量，则会产生消费者相互依赖的另一种情形。如果生产中存在规模经济且消费者偏好是异质的，则具有相似偏好的消费者数量的增加将导致更多产品种类的生产。这类偏好外部性在Waldfogel（2003）研究美国广播市场时被详细论述，并在Durbin（未发表）[③]的模型中起着关键作用。在后者的模型中，虽然贸易自由化使生产类型转向了某些消费者不喜爱的产品种类而损害了他们的福利，但从总体来看，福利却是提升的。

以上所有文献都假定消费者的文化偏好是外生给定的，并旨在解释这些偏好如何影响贸易的福利效应。与之相反，存在另一组文献分析贸易在消费者偏好的内生演化过程中的作用。

Bala和Long（2005）证明，当两国的大小差距悬殊时，贸易会导致更大一国的消费方式在小国占主导。在他们的文章中，偏好完全处于个人层面，而不存在偏好的网络外部性。从一组综合经济学与生物学[④]的文献中受到启发，Bala和Long将偏好描述成一个受相对价格变化的影响而不断演化的动态过程。他们承认，影响偏好演化的因素有很多，包括替代商品的相对充裕度、模仿性行为、社会或信息网络的外部性、边干边学以及习惯的形成等，但他们研究的重点是相对价格的变化，以便更简略地分析在一个一般均衡框架中贸易对偏好演进的影响。偏好是世代传递的，根据一个简单的“复制动态”的模式，“更健康的文化父母”将影响一大堆文化“子女”，此时文化产品的偏好份额与其之前的水平正相关，而与其相对价格负相关。因此，贸易过程中的文化趋同是大国文化偏好相比小国占优的结果，这种占优的原因是贸易自由化带来了相对价格的变化。

Bala和Long没有分析父母采取行动影响孩子偏好的情形。与之相比，Olivier等人（2008）将其偏好演化模型建立在文化传递之上，并认为文化传递是社会化进程的一个微观基础。[⑤]某种文化的相对地位取决于无私的父母将其不同的文化偏好传递给子女的努力（Bisin and Verdie，2000；Francois，2002）。在贸易发生之前，

---

① http://home.gwu.edu/~smsuran/Suranovic-Winthrop.PDF.

② 也有学者从文化方面论证，当社会网络存在时，贸易自由化通过扰乱农村地区家庭成员之间的往来而降低社会福利（Pandey and Whalley，2009）。

③ http://ssrn.com/abstract=308484.

④ 参见Hirschleifer（1977，1978）。

⑤ 演化选择与文化传递之间的区别参见Bisin和Verdier（2001）的论述。

该过程与市场调节的相互作用使得各国都有一个较强的本国偏好。贸易自由化产生了一个发散的过程，强化了各国的本国偏好直至外国文化消失。然而，由技术驱动的使国与国之间的社会交换更为便利的社会一体化能够抵消这一趋势，并产生一个文化收敛的过程，从而捍卫了各国文化的多样性。该模型没有分析贸易自由化与社会一体化的福利效果，因此不能为文化的保护提供政策建议。

15.3.3 关于文化产品贸易的实证研究

关于文化产品贸易的实证研究最近发展得很快，且涵盖了经济学、管理学与传媒科学等领域。[①]Schulze（1999）率先将贸易的引力模型引入艺术品贸易领域，并为未来文化产品贸易的实证经济学研究提出了可能的研究方向。Waterman（2005）提供了一个从政治与文化的角度解释美国在世界音像市场中的主导地位的文献综述。Lee和Waterman（2007）讨论了本国市场模型的理论设定，并为其主要结论找到了强有力的经验支持；他们发现，欧洲与日本的产品在国际市场中份额的下降可以用其国内电影需求的缓慢增长加以解释。最近关于本国市场模型的另一个运用见于Hanson和Xiang（2009）的文章，他们的实证结论验证了文化贴现在解释美国电影产业的世界主导地位中的作用。进一步的实证研究包括Lee（2009），他发现文化贴现在戏剧领域更为明显，以及Fu和Govindaraju（2010），他们从好莱坞电影的票房接受度中找到了国际文化趋同的证据。Marvasti和Canterbery（2005）运用引力模型解释了美国电影贸易的主导地位。Disdier等人（2010a，2010b）研究了双边文化贸易的决定因素，发现文化相近性具有重要的正面作用。另外，Chan-Olmsted等人（2008）发现，给定其他条件，文化差异可以刺激人们对美国音像制品的需求。

15.4 文化产业在国际一体化过程中应该受到保护吗？几个国家层面的规范经济学问题

到目前为止，综述的大部分文献都证明了减少文化产业的国际竞争似乎有利于提高经济的福利。与大多数情形一样，偏离完全竞争的简单假定虽能得出额外的贸易收益，却弱化了贸易自由化政策的标准结论。[②]然而，这并不意味着任何形式的文化保护都能提高经济的福利。在现实环境下，政府失灵、与信息不对称相关的群体行为以及管制俘获的风险等都能阻止合理有效的政府政策的识别与采纳。

然而，经济理论的微妙之处很少进入公共辩论的视野。目前关于贸易与文化之间的大部分争论仍被视为不同理论之间的“战争”，而少有折中的空间。一方面，文化多样性的旗帜被用于表达人们对全球化的不信任以及对市场体系的不认可。另一方面，人们对企图限制个人文化领域自由的观点的谨慎态度强化了人们对国际经济一体化能带来经济效益的信心。[③]数字化革命重塑了争论的领域，展示了社会交换的力量，并弱化了以往保护政策的有效性（Burri-Nenova，2008，2010）。

换句话说，贸易与文化的两难可看作国际经济一体

---

① 关于跨国媒体管理的一般性评述参见Strube(2010)。

② Baker(1997,2000)讨论了支持文化市场中公共干预的经济学理由,包括外部性、垄断竞争背景下文化产品的公共品特征以及对偏好的市场估价。他的结论是国际贸易使这些问题更加严重,因此支持某种形式的保护。类似论述还可参见Sauve and Steinfatt(2000)and Voon(2007,Chapter 2)。

③ 根据Cowen(2002)的观点,文化产品的交换与其他商品的贸易没有本质区别,其自愿实施的简单事实表明,贸易是能带来收益的。

化与其他公共政策非经济目标之间冲突的一个特例，或者如Hirschman（1995）所言，是两种社会目标之间“不可分割”的冲突，因而不能用同一尺度来衡量。然而，既然追求文化政策的非经济目标需要使用稀缺性资源，那么我们可以从经济学的角度衡量其机会成本并设计社会最优的干预政策。[①]我们甚至可以进一步深入，超越传统的福利经济学分析而采用Corden（1997）提出的更为保守的社会福利函数，对文化保护导致的效率损失赋予一个更低的权重。

事实上，当争论深入到文化保护政策的细节，包括特定的目标、工具、结果时，经常出现的局面是人们最终对文化的期望收益与可能的贸易限制效应进行得失权衡，类似的文献参见Trachtman（1998）。这里从经济学与国际法的视角找到了共同点，为政策制定者与国际性机构提供了方向。Sykes（2001）提出的有效保护的概念可被用于识别那些旨在实现具体文化目标的政策选择，并如Sauve和Steinfatt（2000）的建议，减少对国际贸易和投资的不利影响。

文献中时常出现的一个担忧在于文化政策实现特定目标的能力，这种能力的现实存在能为那些对其他部门有害的贸易保护形式提供支持。Mas-Colell（1999, p.89）建议区分“本国的文化生产的保护”与“本国文化的生产的保护”。前者旨在维持创新性产业的国内生产，而不管生产的内容是什么；后者旨在保护特定的本国文化，而不论生产者的国籍是哪里。乍看起来，前一种政策将因适用于任何其他产业的保护而受到批评，后一种政策则更易基于市场失灵与不完全竞争而得到认可。然而第二种政策面临的最重要的问题在于，政策制定者选择那些值得保护的文化内容的标准的任意性。这种风险如此之大，以至于人们偏好第一种保护政策，因此消费者可以自由选择其偏好的文化产品，可供选择的品种的范围既包括外国生产的产品，又包括受保护的本国企业生产的产品。

从保护的规范经济学层面转向现实的设计、采纳与实施文化政策的过程又会产生新的挑战，主要包括既得利益集团的政策俘获风险，以及技术创新与市场集中对政策实施提出的新的要求。结果是，这些政策的文化及经济有效性被许多观察家们所质疑。[②]

这本手册的其他章节及Throsby（2010）从不同的司法管辖权层面讨论了不同国家、不同组织机构所使用的文化政策工具。这些政策宣称的目标有的完全局限于文化领域，有的涉及产业政策及文化产品生产的增长。这些政策的国际层面则更为明晰，往往包括限制进口、支持出口、规制外国直接投资或促进国际合作等。在其他条件下，外部效应可能是本土支持政策有意或无意的副产品。

影响国际贸易与投资的主要政策工具包括对商品与服务的市场准入限制、本土化率及所有权要求、执照颁布及认证程序、技术标准、知识产权保护、竞争规则、公共所有、财政及金融支持政策与国际合作协议等。对这些政策工具的综述参见Footer和Graber（2000）。Guerrieri等人（2005）进行了一组国别研究（包括加拿大、埃及、法国、德国、印度、意大利及英国等），旨在详细评估国家文化政策对贸易与外国投资的影响。UNESCO（2006）采用了相似的方法分析了一组发展中国家，包括布基纳法索、中国、哥伦比亚、哥斯达黎加、萨尔瓦多、印度、墨西哥、尼日利亚、秘鲁、菲律宾、韩国、泰国、委内瑞拉等。关于欧洲电影政策的国际影

---

① 关于非经济目标的经济理论，参见Bhagwati and Srinivasan（1969）。Winters（1990）运用这一框架分析了所谓的农业政策的非经济目标，而农业政策可视为文化的一个重要维度。

② Acheson和Maule（1999）对加拿大的文化政策实现特定目标的有效性提出了严重的质疑；Messerlin和Cocq（2004）则对欧盟的文化政策提出了质疑。至于法国方面，Lalevee和Levy-Hartmann（2007）证明，绝大多数公众对法国电影产业的支持最终转向了少数生产好莱坞文化娱乐电影的大公司。

响及其与WTO规则的兼容性的深入分析参见Herold（2010）。

15.5 文化政策的全球治理：几个国际层面的规范经济学问题

文化产品的国际贸易制度相当复杂且目前尚未形成一个稳定的均衡，这是由于相关的压力仍在损害其他领域的国际合作，包括有关贸易与知识产权的多边谈判。这里我们首先回顾一下当前的制度，包括主要的国际机构及多层面的国际协定，然后探讨一些可供国际社会选择的政策工具。由于涉及知识产权保护的文化课题将在本手册的其他章节详细论述，因此当其对国际贸易制度的理解有所帮助时，我们只是对其简单提及。

15.5.1 文化产品国际贸易制度安排：总览

文化政策与贸易的全球治理有三大支柱：WTO多边谈判；双边及区域贸易协定；关于文化多样性的UNESCO公约。这一节我们对这些支柱进行简要评述，然后在15.5.2节分析它们之间的联系。

15.5.1.1 WTO协议与文化产品及服务的贸易

在WTO体系中，关于文化产品与服务的国际贸易规则见于多个国际协定。很多文化活动由《服务贸易总协定》（GATS）管辖，下文将对其进行详细探讨。与贸易相关的《知识产权协定》（TRIPS）也有相关规定，该协定为各国确定了最低限度的保护，以避免由于各国的知识产权保护力度不同而导致的国际贸易冲突。由于文化服务贸易不能与商品贸易完全分割开来，因此《关税及贸易总协定》（GATT）同样需要考虑。此外，WTO的其他协定对文化产业也有潜在的影响，如《补贴与补偿关税协定》、《关于实施1994年GATT第6条的协定》（《反倾销协定》）、《安保协定》、《与贸易有关的投资措施协议》（TRIMs协议），以及《关于信息技术产品贸易的部长宣言》（也称为《信息技术协议》（ITA））等。[①]

GATS的主要内容如下：服务可以通过4种供给模式进行交换，即跨境交付（模式1），境外消费（模式2），商业存在（通常指外国直接投资，模式3），以及自然人流动（模式4）。GATS为成员需要履行的义务与责任确定了总体性框架。最惠国待遇与透明度是一般性义务，并自动适用于所有部门与供给模式。然而，成员可以在任何部门中列出最惠国的例外情形。GATS的特定义务包括市场准入以及国民待遇。成员协商确定在什么部门履行义务，以及义务履行的范围与力度。各种义务与承诺会形成一个清单，列出开放的部门、市场准入的程度，以及任何有关国民待遇的限制等。这种清单被称为“正面清单”，因为一般性规定很难确定适用于每个服务部门的具体操作（Hoekman and Kostecki，2001）。

每个成员都需要为其特定的承诺制订履行计划，但在承诺的广度与深度上没有具体要求。因此，成员可以根据国内服务部门的特点以及国家的政策目标制定适合自己的行动规划。毫无疑问，GATS赋予了成员很高的灵活性，但它是否真的有助于实现更大的自由度，则令人怀疑。事实上，在乌拉圭回合谈判中，大多数成员都选择了最低程度的初始义务，随后的第一轮协商却还没有结束。尽管西雅图部长会议最终失败，该谈判于2000年开始，随之并入多哈发展议程的谈判之中，但到目前为止，尚未达成任何显著性成果。

文化服务，尤其是音像领域，是贸易自由化进程中

① 关于文化产品的WTO体系的详尽论述参见Beviglia Zampetti（2005），Van Grasstek（2006），and Voon（2007）。

最具争议的领域之一。在乌拉圭回合谈判中，国家音像政策与国际经济一体化之间的冲突尤为激烈（Footer and Graber，2000）。加拿大与欧盟以不同的形式，试图在WTO规则中制定一套文化产品与政策的例外条款。美国则认为，文化方面的例外条款将助长更广泛的贸易保护主义，因而积极鼓吹音像市场更深的市场准入自由化。

GATS反映了各国想打破一种折中的平衡的无能（Voon，2007）。音像服务没有从协定的一般性义务中排除，但欧盟与其他国家试图在音像市场上突破最惠国待遇原则。更为重要的是，成员通常拒绝在音像市场承担特定的义务。截至2009年1月31日，仅30个国家将这个部门纳入GATS行动计划，参见WTO的网站。[①]在音像产品供应规模较大的国家中，仅美国在生产、物流与传播等领域承担了较大的义务，其他国家则仅仅有限开放了其音像市场。[②]在GATS多哈回合谈判的准备阶段，仅美国、瑞士与巴西在音像服务领域签订了合约，却没有产生实质的效果。在该回合的前几年，仅7个双边合约涉及关于音像服务的承诺。[③]为了更好地刺激服务贸易方面的谈判，2005年《香港部长宣言》号召成员集团针对某一部门或供给模式向其他成员发起多边合约请求。这种新的谈判方法被认为是一种改进，但其他部门的持续性问题，尤其是农业与制造业，仍然困扰着这轮谈判。关于音像服务的最后一轮多边会谈发起于2011年2月，到目前为止，该会谈仅仅取得了非常有限的进步（WTO，2011）。

15.5.1.2 双边及区域贸易协定中的文化产业

过去十年，很多区域贸易协定（PTAs）纷纷产生，其中，双边（两国之间或区域一体化地区与一国之间）贸易协定尤甚。与之对等的是，很多谈判试图将一体化的触角延伸到其他领域，包括政治、社会及文化领域。区域贸易协定可以促成一些新的解决方案，这是由于区域性谈判没有向多边展开，可以集中探讨更小的领域，具有更少的参与者，可以关注区域背景下特定的文化部门。在这些区域贸易协定中，文化部门的地位是各不相同的，有些协定从根本上避谈文化部门，另外一些协定则将文化部门引入国际竞争，并且引入竞争的程度与方式各不相同。有些区域贸易协定仅涉及文化合作的提升，另外一些协定则涉及文化产品与相关产业的规制方面，包括服务贸易的自由化，以及电子商务与知识产权的规制等。

正如Formentini和Iapadre（2007）与Roy（2008）所指出的，区域贸易协定在很多方面已经超越了多边谈判的范畴，很多有争议的话题很难在多边框架下解决。再者，回归区域协定的趋势似乎与技术规制有关，因为这些规制无法在多边谈判中实现。

区域及双边协定反映了国际领域中相互竞争的两个方面：一方面是美国要求更深入的贸易自由化的压力；另一方面是欧盟支持的将文化活动排除在贸易协定之外的趋势。还有一个区别涉及谈判模式：一种是基于GATS的“底朝上”的正面清单模式；另一种是“头朝下”的负面清单模式。前一种模式首先见于北美自由贸易区（NAFTA）并在所有与美国相关的区域贸易协定中采用。后一种模式则更加透明，在促进贸易自由化方面更加积极，因为它意味着任何没有在清单上列出的领域都将自由化。换句话说，负面清单的一个重要后果是，如果一些新的、之前没有预见到的服务引入了经济，则这些服务将自动被这些协议所管辖（Sauve，2003）。显然，这对于那些缺乏谈判实力的国家来说是一个劣势，

---

① 参见http://www.wto.org/english/tratop_e/serv_e/audiovisual_e/audiovisual_e.htm。

② 另一个相关的文化部门是印刷与出版服务，该行业特定的市场准入与国民待遇义务比音像服务更为显著。此外，Voon（2007）提到，书籍与期刊一般而言视为商品，因而适用于更不灵活的GATT规则。

③ WTO谈判关于音像服务的细节可参见Roy（2005）。

尤其是那些发展中国家（Bernier，未出版）。[①]

总体而言，由美国促成的区域贸易协定取得了较GATS更深入的经济一体化。在音像领域，美国通常要求贸易伙伴“冻结”现存的规制，而不是要求消除涉及歧视的规则，也不要求取消国家对文化产业的金融支持计划。这类规则主要适用于传统文化产品，如广播与电影。相反，美国对一些新的音像服务要求类似于GATS的承诺，包括交换音像服务的其他新的文化产品形式。在基础的及高附加值的电信领域，更深、更广的承诺与义务也常被要求（Wunsch-Vincent，2003；Bernier，未出版）。另外，欧盟倾向于将音像产品置于区域贸易协定之外，仅包含一些特定的条款来促进文化方面的合作。这种方法最近在UNESCO公约的执行中得到进一步加强。为此，欧盟制定了“文化合作惯例”，并将其包含在贸易协定中，以保护并促进文化的多样性。[②]

欧盟实施上述音像政策还有另一个原因，即其经济一体化与文化多样性之间的冲突正在逐步消退，前者已成为通过扩大本国音像产品的市场准入来促进后者的工具（Formentini and Iapadre，2009）。欧盟音像政策内外两个方面之间的冲突已经很难管理。一方面，从内部来看，音像市场是欧盟在服务市场一体化的过程中不那么完美的一个例子（Langhammer，2005）。欧盟委员会致力于消除贸易壁垒，但引起了各国与利益集团的反对，因为各国与利益集团将欧盟一体化视为对自身文化本位的一种威胁。另一方面，在国际层面，对欧洲文化本位的追寻使得欧盟保护自己的音像市场，尽管这招致了很多有意于贸易自由化的其他国家的异议。

很多区域贸易协定都包含了关于电子商务的条款。这明确代表了“WTO-加”规制的引入，但是到目前为止，没有任何多边协议在WTO框架内实现关于电子商务的协定。这一点将在15.5.2节中讨论。

在区域贸易协定中，很多与文化产业相关的重要条款都提到了知识产权及其他相关权利的规制。特别是一些涉及美国及近年来的区域贸易协定都包含了“TRIPS-加”条款，这反映了近期强化知识产权保护的趋势。美国和欧盟都积极鼓励贸易伙伴强化知识产权保护，并提供措施确保政策的实施。

15.5.1.3 关于文化多样性的UNESCO公约

前面我们谈到，文化产品的地位是大多数贸易协定最具争议的话题，但贸易体系不是全球文化多样性治理的唯一元素，争议还包括使用哪个国际法律体系来管辖这个问题。

加拿大文化产业部贸易咨询组（SAGIT，1999）提出的关于文化多样性的特殊国际工具最近在各国政府与社会组织间获得了认同。关于文化多样性的国际协定谈判在UNESCO的支持下得以开展，并于2005年达成了《保护和促进文化表现形式多样性公约》，该公约于2007年开始生效。[③]重要的是，该公约鼓励国与国之间进行合作，并采纳各种合理措施与政策来保护文化的多样性；订立了一个框架确保文化领域的国家主权得以实现；提供了一个解决国与国纠纷的专门机制（Von Schorlemer and Stoll，2012）。

该公约的主要支持者包括加拿大与欧盟——这些国家（地区）是反对将文化产品纳入WTO体系的主力军。

---

① http://www.coalitionsuisse.ch/doss/unesco_ccd/bernier_us_ftas_and_av_sector1.pdf.

② 一种文化合作惯例于2007年达成，成员为加勒比论坛成员国。达成的背景是《欧盟-加勒比论坛经济伙伴协定》的签订（Beviglia Zampetti and Lodge，2011）。

③ 近年来，UNESCO采纳了一系列软法律工具：《国际文化合作原则宣言》（1966）；《关于文化财产国际交流的建议》（1976）；《世界文化多样性宣言》（2001）；《保护非物质文化遗产公约》（2003）；《推广和使用多种语言、共享网络空间的建议》（2003）。其他在联合国框架内有关文化产品与产业的条款往往涉及知识产权保护的问题。这个问题在《世界版权公约》（UCC，1952，revised in 1971）及一系列由世界知识产权组织管辖的协定中得到论述。

其观点代表了国际文化产业治理的一个新的思路，即有关文化政策的规则不能包含在贸易规则中，甚至不能作为贸易规则中的一个例外条款，而应由与文化有关的特定的机构来管辖。同样，美国等国家对该协定的强烈反对可以理解为这些国家对于通过建立特定的文化机构来解决贸易-文化两难问题持否定意见，而不仅仅是对特定条款的不认同。①

自第一份草案发布以来，人们就开始担忧该公约能否为国际文化政策提供有效的治理（Acheson and Maule，2004）。事实上，由于缺乏可执行的义务，以及可以使成员退出争端的解决机制，该公约更多地体现了宣言的色彩，而不是具有约束力的标准文书。

再者，UNESCO公约没有明确它与其他国际文书之间的关系。在谈判中，这一点具有争议，且明确的解决方案还没有达成。该协定宣称它不从属于任何其他协定，却不能确定其自身为国际文化政策领域可信的立法依据。②

15.5.2 贸易自由化与文化多样性：国际社会的政策选择

从表面上看，国际上关于文化产品贸易的争论集中在几个议题上，且这些议题在上个十年没有什么进展。一方面，国际贸易自由化的支持者继续批评任何形式的“文化例外”，认为国际经济一体化能更好地促进文化多样性。另一方面，支持需要考虑文化活动特殊性的学者反对扩大或加深经济全球化对文化产业的影响，他们也反对深化对知识产权的保护。然而，现在的形势与20世纪90年代早期不同，当时贸易与文化之间的冲突似乎可以推翻乌拉圭多边贸易谈判的成果。多哈发展议程出现的僵局起因于农业与制造业的冲突，服务方面的谈判却没有那么艰难，尽管成果也不多。WTO谈判中的争吵明显减弱，部分原因是争吵双方满足于其他领域获得的成果。领导一小群支持贸易自由化国家的美国最终停止了争吵，转而签署了一系列双边协议，并扩大了WTO谈判中实现的文化产品贸易的自由化程度，尤其是那些数码服务行业。加拿大、欧盟与其他国家害怕国际经济一体化在文化部门深入，成功建立了新的关于文化多样性的UNESCO公约。这本身是一个重要成果，且能够对贸易体制产生间接影响。事实上，欧盟已经开始将同样的方法引入其不断扩张的区域贸易协定体系中。

然而，在知识产权保护的敏感领域，谈判依然胶着，这在欧洲议会否决了新的《反假冒贸易协定》（ACTA）中得以体现。这里，美国当局与欧盟议会之间的分歧没有商业利益集团与社会团体之间的分歧大。数码革命本应缓解贸易体制中的冲突，因为很多传统的贸易壁垒已经不起作用了。在这种情况下，它却起了相反的作用，加深了人们对文化产品这一公共领域可能受到的限制的担忧。

回到WTO体制，似乎只有一部分前面谈到的政策选择仍然相关与可行。③像GATS第19条款设想的一样，适用于文化服务的渐进性贸易自由化过程却不在选择范围内。即使最终国际社会找到了一个合适的方法结束多哈回合谈判，到目前为止在音像服务领域取得的有限进展却暗示在多边贸易谈判中，类似的进展也很有限。与此对应，充分承认在WTO体制下将文化产品排除在外从现在看来并没有那么可信。④在过去，也有一些折中

① UNESCO公约对美国电影产业的意义参见Chiang(2007)。

② UNESCO公约与其他国际法，包括贸易法、遗产法、人权法、发展法等之间的关系参见Kono and Van Uytsel(2012)。

③ 参见Formentini and Iapadre(2009)。

④ 参见中国香港、日本、墨西哥、中国台湾与美国之间的对话；关于音像服务谈判的联合声明表明：“……对于一些关键参会成员试图为这样一个重要的部门创造一个例外的做法，我们深感忧虑。这与多哈回合谈判的谈判准则及充分与开放的对话机制是不一致的。”Council for Trade in Services，30 June 2005，TN/S/W/49。

的方案被提出。比如，Acheson和Maule（1999）提出在GATS协议中为音像服务增加一个附加条款，Messerlin（2000）提出要区分艺术产品与娱乐产品。这些提议原则上仍然是开放的，但必须在目前的多哈回合谈判的背景下提出。Voon（2007，Chapter 6）也提出了详细的建议，他认为要修订GATT与GATS条款，从而在贸易自由化与文化多样性之间达到一个更好的平衡。

前面提到，文化政策不仅会受到多国贸易协定的影响，还会受到WTO其他活动领域的影响。考虑到电子产品在文化部门中的重要性越来越大，因此电子商务方面的条款尤为重要。然而，即使在这一问题上，到目前为止也很难达成一个协定，超越之前取消电子产品交易关税的简单提议。[①]更多的进展体现在人们对ITA多边协定的更新与扩展中，该协定涵盖了重要制成品方面的贸易，并涉及文化产品的流通（WTO，2012）。

另一个选择是维持现有WTO规则不变，但利用争议解决机制（DSM）的司法活动逐步消除现存的不确定性，并在相冲突的利益集团之间达成一个平衡。由DSM填补政府无力改变贸易与文化规则所留下的真空，这一做法的成本与收益被Sauve和Steinfatt（2000）与Voon（2007，Chapter 4）详细讨论。近期一个重要的案例，涉及个人自由与公共道德，其中中国与美国之间就中国限制某些文化商品与服务的进口发生了争执，该案例参见Conconi和Pauwelyn（2011）。

在WTO谈判中缺乏动力并不意味着国际经济一体化的进程停滞了。相反，甚至WTO（2011）的官方文件都承认，服务方面单边贸易自由化的程度已经超越了GATS所约定的义务。换句话说，就像商品贸易中的限制关税与适用关税存在差异一样，GATS承诺中也存在着一定的“水分”，这为一些政府的国内政策保留了政策空间。[②]这种政策预留可在双边贸易谈判中加以运用。Roy（2008）认为，这解释了为什么在音像服务等领域，多边谈判的持续性问题可以促成区域贸易协定的扩展与深化，即使这意味着保护本国文化特色的可能性更低。

UNESCO公约在何种程度上影响了这种讨价还价，依然是一个开放性问题。正如Acheson和Maule（2004）所预期的，由于对成员而言期望收益存在不确定性以及缺乏可信的纠纷解决机制，因此这种承诺的可执行性是较弱的。此外，该公约与其他国际贸易协定之间的关系还没有确定。因此，尽管该公约在文化领域可能产生收益，但似乎并不能解决贸易与文化相关的全球治理问题（Burri-Nenova，2008，2010）。然而，它的存在并非与该制度的未来发展无关。正如Iapadre（2004）所论述的，既然未来任何部门的自由化义务都是不同利益集团之间不断博弈的结果，文化保护的支持者们就可以利用该合约来强化他们相对于其他反对自由化的服务部门的地位。事实上，根据Voon（2007，Chapter 5）的论述，该合约并没有促成WTO体制中现有问题的解决，而是加剧了各方之间的紧张局势，降低了各方之间达成协定的可能性。

15.6 结论与给未来研究的一些建议

全球化与文化多样性之间的关系多年来在国际社会上存在广泛争议，近来在学术界也引起了广泛的关注。本章对近期的相关文献进行了综述，以帮助读者从经济学的角度更好地理解贸易与文化之间的关系。一个主要观点是，不完全竞争与网络外部性可以解释国际经济一体化为什么能导致市场集中与文化趋同。在某些条件下，对文化部门的某种形式的“有效保护”可以增进经济福利。在其他情形下，自由贸易仍然是最佳政策，即

① 关于涉及电子商务的WTO体制及其与美国“电子议程”之间的关系参见Wunsch-Vincent(2003,2005)。

② 关于GATS承诺中的“水分”，参见Iapadre(2005)。

使它会造成文化多样性的损失。异质性的文化偏好被认为是市场均衡的外生决定因素之一。此外，文化偏好的内生演变被认为是市场对贸易自由化的反应。

这类文献是一个更普遍趋势的一部分，该趋势承认很多经济现象的文化根源，以及很多文化活动巨大的经济联系。一个主要的研究思路包括将很多传媒领域的概念，如文化贴现等，与基于递增规模经济、差异化产品，及不完全竞争的现代国际贸易理论结合起来。消费的网络外部性为差异化文化偏好的假定奠定了基础，并为理解文化认同的动态过程铺平了道路。

自Melitz（2003）的经典文献发表以来，贸易理论开始专注于异质性机构的假定。因而在异质性框架内研究贸易与文化之间的关系是未来可行的研究方向。[①]在这类模型中，不同生产率企业的选择效应展示了贸易自由化带来的额外动态收益，但也可用于模拟其对文化多样性可能产生的负面效应。

关于贸易与文化的经验研究滞后于理论发展，这主要受阻于衡量文化偏好演变的困难。然而，新的数据与实证研究在该领域也开始涌现。[②]一个看似可行的实证方法是将社会网络分析中的统计工具运用于文化产品贸易的研究中。有关世界贸易网络的分析为贸易的结构与模式的改变提供了新的研究视角（De Benedictis and Tajoli，2011）。它在文化领域中的应用有助于理解其特定网络的拓扑结构和优先链接和/或核心-外围模式的存在。[③]

本章的规范性部分从不同的视角讨论了国际社会所面临的各种选择，以提升文化政策的治理水平，并在市场一体化与文化多样性之间重建一种更好的平衡。在公共产品的概念之上，Kaul等人（1999）发展了一种“全球公共品”理论，并可运用于文化多样性的分析。[④]事实上，文化多样性可以看作一种纯粹的全球公共品，因为其收益是不排他的、非竞争的，且不能在国家之间、人群之间、世代之间进行分割。这个概念既可用于国内，以保护处于弱势的文化类型，也适用于国际。它基于将文化对话视为建立社会资本过程的一部分这样一种视角（Baker，2000）。文化多样性是与供给相关的一个概念，不能将其与文化偏好的差异化等同，因为原则上不同的文化偏好可以由同一厂商生产的不同文化产品来满足。此外，文化多样性不能与文化产业的竞争等同，因为竞争不一定会导致文化主体的多样性。

全球公共品的提供始于国内，但国家政策本身不能充分提供这种公共品，同时国际合作也是必要的。Kaul等人（1999）认为需要增加国际合作以缩小司法、参与及激励之间的距离，这种距离弱化了某些全球公共品的提供。由于在文化多样性方面这些距离依然存在，因此国与国之间的政策协调是必要的。然而，全球舞台并非文化多样性与经济一体化等全球公共品提供的唯一来源，在国际关系的治理方面，区域维度已越来越重要。面临类似文化问题的相邻国家可以通过建立协议与组织来应对自身的问题。在一个文明社会，区域之间的联系还包括保护与促进文化的多样性。

区域贸易协定越来越被认为是促进国际一体化的强有力且富有争议的工具。它也处理贸易与文化之间的两难问题，并为文化多样性的治理建立多种制度。这些制度包括“文化免除”条款及与文化产品相关的更广义的贸易自由化。虽然多哈发展议程中音像服务方面的GATS谈判并没有取得实质性进展，区域层面的贸易协商似乎可以提供新的解决方案。然而，即使区域贸易协定可以部分解决文化政策的国际治理问题，在多边层面上范围更广、更一致的解决方案也十分必要，这样可以

① Cole和Davies最近一篇没有发表的论文采用了这个思路，参见http://ideas.repec.org/p/ucn/wpaper/201024.html。

② 参见Maystre et al.（2009）。

③ 参见Chung（2011）and Moon et al.（2010）。

④ Francioni(2012)提出了一种对文化遗产的解释，并讨论了文化遗产与文化多样性之间的联系，及其对国际关系治理的意义。

避免国家集团之间危险的冲突。关于文化多样性的UNESCO公约是国际社会一个重要的成就，但仍不能解决这些问题。不同国家之间更具一贯性、更可信的平衡只有通过改善WTO体制来找寻。

数字革命正在展示着社会交流的巨大文化与经济价值，不断强化国际一体化是文化多样性强大引擎的传统信念。这并不意味着我们不需要认真考虑其对文化生产可能产生的负面效应，我们应采取合适的保护政策。然而，我们希望公众对这些议题的辩论已经到达一个阶段，即文化多样性与经济一体化两个全球公共品之间的互补性以及它们在促进社会进步方面的作用已十分明显并被人们广泛接受。

致　谢

作者感谢Americo Beviglia Zampetti、Cristina Castelli及Silvia Formentini在论文写作各阶段提供的有价值的帮助。

参考文献

Acheson, K., Maule, C. J., 1999. Much Ado about Culture-North American Trade Disputes. University of Michigan Press, Ann Arbor, MI.

Acheson, K., Maule, C.J., 2004. Convention on Cultural Diversity. Journal of Cultural Economics 28, 243-256.

Acheson, K., Maule, C.J., 2006. Culture in international trade. In: Ginsburgh, V.A., Throsby, D. (Eds.), Handbook of the Economics of Art and Culture, vol. 1. North-Holland, Amsterdam, pp.1142-1182.

Adorno, T., Horkheimer, M., 1947. Dialektik der Aufklärung. Querido, Amsterdam (English edition: 2002. The Dialectic of Enlightenment. Stanford University Press, Stanford, CA.).

Akerlof, G., Kranton, R., 2000. Economics and identity. Quarterly Journal of Economics 115, 715-753.

Baker, C.E., 1997. Giving the audience what it wants. Ohio State Law Journal 58, 316-393.

Baker, C.E., 2000. An economic critique of free trade in media products. North Carolina Law Review 78, 1357-1435.

Bala, V., Long, N.V., 2005. International trade and cultural diversity with preference selection. European Journal of Political Economy 21, 143-162.

Belloc, M., Bowles, S., 2009. International trade, factor mobility and the persistence of cultural-institutional diversity. CESifo Working Paper Series 2762. CESifo, Munich. <http://ssrn.com/abstract=1469949>.

Berger, S., Dore, R. (Eds.), 1996. National Diversity and Global Capitalism. Cornell University Press, Ithaca, NY.

Bernier, I., 1998. Cultural goods and services in international trade law. In: Browne, D. (Ed.), The Culture/Trade Quandary: Canada's Policy Options. Centre for Trade Policy and Law, Ottawa, pp. 108-148.

Bernier, I., 2005. Trade and culture. In: Macrory, P.F.J., Appleton, A.E., Plummer, M.G. (Eds.), The World Trade Organization: Legal, Economic and Political Analysis, vol. 2. Springer, Berlin, pp.747-794.

Beviglia Zampetti, A., 2005. WTO rules in the audio-visual sector. In: Guerrieri, P., Iapadre, L., Koopmann, G. (Eds.), Cultural Diversity and International Economic Integration-The Global Governance of the Audio-Visual Sector. Edward Elgar, Cheltenham, pp.261-284.

Beviglia Zampetti, A., Lodge, J., 2011. The CARIFORUM EU Economic Partnership Agreement: A Practitioner's Analysis. Kluwer Law International, London.

Bhagwati, J., 2000. Trade and culture: America's blind spot. In: The Wind of the Hundred Days: How Washington Mismanaged Globalization. MIT Press, Cambridge, MA, pp.209-213.

Bhagwati, J.N., Srinivasan, T.N., 1969. Optimal intervention to achieve non-economic objectives. Review of Economic Studies 36(105), 27-38.

Bikhchandani, S., Hirshleifer, D., Welch, I., 1998. Learning from the behavior of others: conformity, fads, and informational cascades. Journal of Economic Perspectives 12, 151-170.

Bisin, A., Verdier, T., 2000. Beyond the melting pot: cultural transmission, marriage and the evolution of ethnic and religious traits. Quarterly Journal of Economics 115, 955-988.

Bisin, A., Verdier, T., 2001. The economics of cultural transmission and the dynamics of preferences. Journal of Economic Theory 97, 298-319.

Burri-Nenova, M., 2008. Trade and culture: making the WTO legal framework conducive to cultural con-siderations. Manchester Journal of International Economic Law 5, 2-38.

Burri-Nenova, M., 2010. Trade and culture in international law: paths to (re)conciliation. Journal of World Trade 44, 49-80.

Caves, R.E., 2000. Creative Industries: Contracts Between Art and Commerce. Harvard University Press, Cambridge, MA. Chan-Olmsted, S.M., Cha, J., Oba, G., 2008. An examination of the host country factors affecting the export of US video media goods.Journal of Media Economics 21,191–216.

Chiang, E.H., 2007.The UNESCO convention on the protection and promotion of the diversity of cul-tural expressions: a look at the convention and its potential impact on the American movie industry. Washington University Global Studies Law Review 6,379–403.

Chung, J. E., 2011. Mapping international film trade: network analysis of international film trade between 1996 and 2004.Journal of Communication 61,618–640.

Conconi, P., Pauwelyn, J., 2011.Trading cultures: appellate body report on China–Audiovisuals (WT/ DS363/AB/R, adopted 19 January 2010).World Trade Review 10,95–118.

Corden, W.M., 1997.Trade Policy and Economic Welfare, second ed.Oxford University Press, Oxford. Cowen, T., 1998. In Praise of Commercial Culture.Harvard University Press, Cambridge, MA.

Cowen, T., 2002. Creative Destruction: How Globalization is Changing the World' s Cultures. Princeton University Press, Princeton, NJ.

De Benedictis, L., Tajoli, L., 2011.The world trade network.The World Economy 34,1417–1454.

Disdier, A.C., Head, K., Mayer, T., 2010 a.Exposure to foreign media and changes in cultural traits: evidence from naming patterns in France.Journal of International Economics 80,226–238.

Disdier, A.C., Tai, S.H.T., Fontagné, L., Mayer, T., 2010 b.Bilateral trade of cultural goods.Review of World Economics 145,575–595.

Doyle, G., 2012.Audio-visual services: international trade and cultural policy.ADBI Working Paper Series 355.Asian Development Bank Institute, Tokyo.

Footer, M.E., Graber, C.B., 2000.Trade liberalisation and cultural policy.Journal of International Economic Law 3,115–144.

Formentini, S., Iapadre, L., 2007. Cultural diversity and regional trade agreements: the case of audiovisual services. UNU-CRIS Working Paper 2007/4. UN University Institute on Comparative Regional Integration Studies, Brugge.

Formentini, S., Iapadre, L., 2009. Cultural politics and international economic integration: the case of the European Union. In: Chen, J., Smekal, C., Socher, K. (Eds.), Contributions to the Study of International Institutions and Global Governance.Innsbruck University Press, Innsbruck, pp.95–130.

Francioni, F., 2012.Public and private in the international protection of global cultural goods.The European Journal of International Law 23,719–730.

Francois, P., 2002.Social Capital and Economic Development.Routledge, New York.

Francois, P., van Ypersele, T., 2002.On the protection of cultural goods.Journal of International Economics 56,359–369.

Fu, W.W., Govindaraju, A., 2010.Explaining global box–office tastes in Hollywood films: homogenization of national audiences' movie selections.Communication Research 37,215–238.

Grilo, I., Thisse, J.-F., 1999.Engouement collectif et concurrence.Revue Economique 50,583–592.

Grilo, I., Shy, O., Thisse, J.-F., 2001.Price competition when consumer behavior is characterized by con-formity or vanity.Journal of Public Economics 80,385–408.

Guerrieri, P., Iapadre, L., Koopmann, G. (Eds.), 2005.Cultural Diversity and International Economic Integration:The Global Governance of the Audiovisual Sector.Edward Elgar, Cheltenham.

Guiso, L., Sapienza, P., Zingales, L., 2009.Cultural biases in economic exchange?.Quarterly Journal of Economics 124, 1095–1131.

Habermas, J., 1998.Die postnationale Konstellation.Suhrkamp, Berlin (English edition: 2000. The Postnational Constellation. Polity Press, Cambridge, MA.).

Hanson, G.H., Xiang, C., 2009.International trade in motion picture services. In: Reinsdorf, M., Slaughter, M.J. (Eds.), International Trade in Services and Intangibles in the Era of Globalization.University of Chicago Press, Chicago, IL, pp.203–222.

Herold, A., 2010.European Film Policies in EU and International Law. Culture and Trade–Marriage or Misalliance?.Europa Law Publishing, Groningen.

Hirschleifer, J., 1977. Economics from a biological point of view. Journal of Law and Economics 20, 1-52.

Hirschleifer, J., 1978. Competition, cooperation, and conflict in economics and biology. American Economic Review 68, 238-243.

Hirschman, A.O., 1995. Social conflicts as pillars of democratic market societies. In: A Propensity to Self-Subversion. Harvard University Press, Cambridge, MA, pp.231-248.

Hoekman, B.M., Kostecki, M.M., 2001. The Political Economy of the World Trading System. Oxford University Press, Oxford.

Hoskins, C., Mirus, R., 1988. Reasons for the US dominance of the international trade in television pro-grams. Media Culture Society 10, 499-515.

Hoskins, C., McFadyen, S., Finn, A., 1997. Global Television and Film: An Introduction to the Economics of the Business. Oxford University Press, Oxford.

Howkins, J., 2007. The Creative Economy. How People Make Money from Ideas. Penguin Books, London. Iapadre, L., 2004. Comment. Journal of Cultural Economics 28, 267-273.

Iapadre, L., 2005. The bicycle on the acclivity: WTO negotiations and the international integration of ser-vices markets. Intereconomics 40, 317-322.

Janeba, E., 2007. International trade and consumption network externalities. European Economic Review 51, 781-803.

Katz, M.L., Shapiro, C., 1985. Network externalities, competition, and compatibility. American Economic Review 75, 424-440.

Kaul, I., Grunberg, I., Stern, M.A., 1999. Global Public Goods: International Cooperation in the 21st Century. UN Development Programme/Oxford University Press, New York.

Kono, T., Van Uytsel, S., 2012. The UNESCO Convention on the Diversity of Cultural Expressions: A Tale of Fragmentation in International Law. Intersentia, Mortsel.

Krugman, P.R., 1980. Scale economies, product differentiation, and the pattern of trade. American Economic Review 70, 950-959.

Krugman, P.R., Obstfeld, M., Melitz, M.J., 2012. International Economics: Theory & Policy, ninth ed. Addison-Wesley, Boston, MA.

Lalevée, F., Lévy-Hartmann, F., 2007. The support for the French cinematographic production: who ben-efits from the French 'cultural exception'? Working Paper GEMWP-2007-01. Groupe d'Economie Mondiale, Paris.

Langhammer, R., 2005. The EU offer of service trade liberalization in the Doha round: evidence of a not-yet-perfect customs union. Journal of Common Market Studies 43, 311-325.

Lee, F., 2009. Cultural discount of cinematic achievement: the Academy Awards and US movies' East Asian box office. Journal of Cultural Economics 33, 239-263.

Lee, S.-W., Waterman, D., 2007. Theatrical feature film trade in the United States, Europe, and Japan since the 1950s: an empirical study of the home market effect. Journal of Media Economics 20, 167-188.

Marconini, M., 2006. Services in Regional Agreements between Latin American and Developed Countries. UN Publications, Santiago.

Marvasti, A., Canterbery, E.R., 2005. Cultural and other barriers to motion pictures trade. Economic Inquiry 43, 39-54.

Mas-Colell, A., 1999. Should cultural products be treated differently?. Journal of Cultural Economics 23, 87-93.

Mayda, A.M., Rodrik, D., 2005. Why are some people (and countries) more protectionist than others? European Economic Review 49, 1393 1430.

Maystre, N., Olivier, J., Thoenig, M., Verdier, T., 2009. Product-based cultural change: Is the village global? CEPR Discussion Paper 7438. CEPR, London. <http://www.cepr.org/pubs/dps/DP7438.asp>.

Melitz, M., 2003. The impact of trade on intra-industry reallocations and aggregate industry productivity. Econometrica 71, 1695-1725.

Messerlin, P.A., 2000. Regulating culture: has it 'Gone with the Wind'?. In: Productivity Commission, Achieving Better Regulations for Services: Conference Proceedings. Australian National University, Canberra, pp.287-318.

Messerlin, P.A., Cocq, E., 2004. Preparing negotiations in services: EC audio-visuals in the Doha Round. In: Messerlin, P.A., Siwek, S.E., Cocq, E. (Eds.), The Audiovisual Services Sector in the GATS Negotiations. AEI Press, Washington, DC, pp.32–55.

Moon, S.I., Barnett, G.A., Lim, Y.L., 2010. The structure of international music flows using network analysis. New Media & Society 12, 379–399.

Olivier, J., Thoenig, M., Verdier, T., 2008. Globalization and the dynamics of cultural identity. Journal of International Economics 76, 356–370.

Pandey, M., Whalley, J., 2009. Social networks and trade liberalization. Applied Economics Letters 16, 1747–1749.

Pool, I., 1977. The changing flow of television. Journal of Communication 27, 139–149.

Potts, J., 2011. Creative Industries and Economic Evolution. Edward Elgar, Cheltenham.

Pricewaterhouse-Coopers, 2012. Global Entertainment and Media Outlook: 2012–2016. Pricewaterhouse–Coopers, London. <http://www.pwc.com/gx/en/global-entertainment-media-outlook/index. jhtml>.

Rauch, J.E., Trindade, V., 2009. Neckties in the tropics: a model of international trade and cultural diversity. Canadian Journal of Economics 42, 809–843.

Roy, M., 2005. Audiovisual services in the Doha Round. 'Dialogue de Sourds, The Sequel?' Journal of World Investment & Trade 6, 923–952.

Roy, M., 2008. Beyond the main screen: audiovisual services in PTAs. In: Marchetti, J.A., Roy, M. (Eds.), Opening Markets for Trade in Services: Countries and Sectors in Bilateral and WTO Negotiations. Cambridge University Press, Cambridge, pp.340–377.

SAGIT, 1999. New strategies for culture and trade: Canadian culture in a global world. The Cultural Industries Sectoral Advisory Group on International Trade, Ottawa. <http://www.international.gc.ca/ trade-agreements-accords-commerciaux/fo/canculture.aspx?view=d>.

Sauvé, P., 2003. Services. In: OECD: Regionalism and the Multilateral Trading System. Organization for Economic Cooperation and Development, Paris, pp.23–60.

Sauvé, P., Steinfatt, K., 2000. Towards multilateral rules on trade and culture: protective regulation or efficient protection?. In: Productivity Commission, Achieving Better Regulations for Services: Conference Proceedings. Australian National University, Canberra, pp.323–346.

Schulze, G., 1999. International trade in art. Journal of Cultural Economics 23, 109–136.

Schulze, G., 2011. International trade. In: Towse, R. (Ed.), A Handbook of Cultural Economics, second ed. Edward Elgar, Cheltenham, pp.236–244.

Strube, M., 2010. Development of transnational media management research from 1974–2009: a proposi–tional inventory. The International Journal on Media Management 12, 115–140.

Sykes, A.O., 2001. 'Efficient protection' through WTO rulemaking. In: Porter, R.B., Sauvé, P., Subramanian, A., Beviglia Zampetti, A. (Eds.), Efficiency, Equity, and Legitimacy–The Multilateral Trading System at the Millennium. Center for Business and Government, Harvard University, MA/Brookings Institution Press, Washington, DC, pp.114–141.

Throsby, D., 2001. Economics and Culture. Cambridge University Press, Cambridge.

Throsby, D., 2010. The Economics of Cultural Policy. Cambridge University Press, Cambridge.

Trachtman, J.P., 1998. Trade and … Problems, cost–benefit analysis and subsidiarity. European Journal of International Law 9, 32–85.

UNCTAD-UNDP, 2010. Creative economy: a feasible development option. In: UN Conference on Trade and Development/UN Development Programme, New York.

UNESCO, 1995. Our Creative Diversity: Report of the World Commission on Culture and Development. UNESCO, Paris.

UNESCO, 2001. Universal Declaration on Cultural Diversity. UNESCO, Paris.

UNESCO, 2006. Trends in Audiovisual Markets. Regional Perspectives from the South. UNESCO, Paris.

Van Grasstek, C., 2006. Treatment of cultural goods and services in international trade agreements. In: Trends in Audiovisual Markets. Regional Perspectives from the South. UNESCO, Paris, pp.89–153.

Von Schorlemer, S., Stoll, P.-T., 2012. The UNESCO Convention on the Protection and Promotion of the Diversity of Cultural Expressions. Springer, Berlin.

Voon, T., 2007. Cultural Products and the World Trade Organization. Cambridge University Press, Cambridge.

Waldfogel, J., 2003. Preference externalities: an empirical study of who benefits whom in differentiated-product markets. RAND Journal of Economics 34, 557–568.

Waterman, D., 1988. World television trade. The economic effects of privatization and new technology. Telecommunications Policy 12, 141–151.

Waterman, D., 2005. Hollywood's Road to Riches. Harvard University Press, Cambridge, MA.

Wildman, S., Siwek, S., 1987. The privatization of European television: effects on international markets for programs. Columbia Journal of World Business 22, 71–76.

Wildman, S., Siwek, S., 1988. International Trade in Films and Television Programs. Ballinger, Cambridge.

Winters, A.L., 1990. The so-called 'non-economic' objectives of agricultural support. OECD Economic Studies 13, 237–266.

WTO, 2011. Negotiations on trade in services. Report by the Chairman, Ambassador Fernando de Mateo to the Trade Negotiations Committee. World Trade Organization, TN/S/36. World Trade Organization, Geneva.

WTO, 2012. 15 Years of the Information Technology Agreement. Trade, Innovation and Global Production Networks. World Trade Organization, Geneva.

Wunsch-Vincent, S., 2003. The digital trade agenda of the US: parallel tracks of bilateral, regional and multilateral liberalization. Aussenwirtschaft 58, 7–46.

Wunsch-Vincent, S., 2005. WTO, E-commerce and Information Technologies–From the Uruguay Round through the Doha Development Agenda. UN ICT Task Force, New York.

第16章

文化多样性、版权与国际贸易

Fiona Macmillan

University of London, Greater London, UK

Universita degli Studi Roma Tre, Rome, Italy

田贤亮　译

摘　要

本章认为国际版权制度已经嵌入国际贸易体系中，作为世界贸易组织（WTO）协定的成果之一，《与贸易有关的知识产权协定》（TRIPS协定）已经付诸实践，并与旨在保护某些类型的文化商品与服务的文件（如2005年联合国教科文组织颁布的《保护与促进文化表现形式多样性公约》）相关联，但国际贸易体系本质上是对文化多样性及其自我发展的束缚。这种效果由版权法自身的某些方面及全球文化商品与服务市场共同产生。本章首先分析这种作用被其他WTO协定放大的程度，然后分析现有WTO体系是否与保护文化多样性的国际制度相冲突，这些制度包括2005年UNESCO的公约。

关键词

版权，文化多样性，UNESCO，世界贸易组织，GATT，GATS，TRIPS协定

JEL Classification Codes

F10，F19，F53，F59，K33，O34，Z11，Z19

16.1 引 言

本章讨论了保护文化多样性的国际法律体系与国际版权体系之间的关系，这些体系在世界贸易组织的法律框架内都有体现。为了考察这种关系，本章专注6个话题。首先，在16.2节，本章根据2005年联合国教科文组织（UNESCO）的《保护和促进文化表现形式多样性公约》，讨论国际法框架内文化多样性的概念。[①]这一节作者认为UNESCO公约可被认为进一步声明、确定了《联合国宪章》中的人权条款，因为文化多样性的概念也包含了人权的观念。为了论证UNESCO公约与版权体系之间的关系，16.3节讨论了在何种程度上，UNESCO公约中涉及的文化概念与版权体系中涉及的文化概念是相互作用的。然后，在16.4节，本章更详细地讨论了版权与文化多样性之间的关系。在16.5节，作者探讨了在何种程度上，WTO中国际版权体系的进一步确立影响了这种关系。16.6节进一步认为，WTO的其他法律条款加剧了国际版权体系对文化多样性的负面影响。最后，在16.7节，本章评述了在何种程度上，文化多样性的"人权"与国际版权体系之间存在冲突。

16.2 文化多样性是一个国际法概念吗？

人们对于如何利用国际法工具维持文化的多样性一直存在着争论。这种争议可从一系列人权法案的综合效果及《联合国宪章》中观察到。[②]虽然这些条款更关心文化自我决定的问题，但可以明确的是，这也涉及保护多种多样的文化主体。更加明确涉及文化多样性概念的法律文书是2005年UNESCO发布的《保护和促进文化表现形式多样性公约》。[③]虽然《联合国宪章》与UNESCO公约之间的关系尚不明确，但是从它们的序言与操作规程上可以看出，UNESCO公约深深植根于人权之上，即使它没有创建新的人权。[④]至于序言部分，除了一大堆其他的内容，前五段是这样说的：

确定文化多样性是人性的一个明显的特征。

意识到文化多样性构成了人类共同的遗产，出于全人类共同利益的考虑，其应该得到珍惜与保护。

意识到文化多样性创造了一个丰富多彩的世界，增加了人们选择的范围，培养了人的能力与价值，因此是社区、人民与国家可持续发展的主流。

记住文化多样性常常在民主、忍耐、社会公正、人民与文化之间互相尊重的框架内得以繁荣，因此其是地区、国家，以及国际层面的和平与安全不可或缺的因素。

强调文化多样性的重要性，充分意识到《世界人权宣言》与其他被广泛承认的法律文书所宣扬的人权与基本自由。

……

该公约属于人权法律家族不仅从其序言中可以看出，还可从一系列其他操作条款中得到体现。其中两条法案尤其值得一提。一条是2.1条款中所谓的指导原则第一条：

只有人权与基本自由，如表达自由、信息与沟通自由，以及有能力选择文化表达等得到保障，才能保护与促进文化的多样性。任何人都不能利用公约侵害人权与

---

① 有关UNESCO文化多样性公约与WTO规则的进一步论述，参见本卷Iapadre的第15章。

② 参见《公民权利和政治权利国际公约》，第1、19与27条款；《经济、社会、文化权利国际公约》，第15条款。

③ 根据UNESCO公约第29条款，该公约于2007年3月18日正式实施。

④ 至于UNESCO公约与现存的其他国际人权义务之间的联系，参见Graber(2006, pp. 560-563)。

基本自由。这些人权与自由是《世界人权宣言》及国际法共同保障的。

另一个相关条款则清晰阐明了公约的权威，及公约与之前的人权法案之间的相关性。这是5.1条款，该条款涉及公约签署各方的义务：

各签署方要遵从《联合国宪章》、国际法基本原则及世界普遍认可的人权法案，重申其制定和执行文化政策的主权权利，并采取措施保护与促进文化多样性的表达，同时加强文化交流与国际合作，以实现公约的基本目标。

通过不断吸取之前国际法的营养，UNESCO公约可被看作强调了各国文化自我决定的权利。当然，它将下列观点进一步现实化，即文化多样性的促进与保护应该是国际法律义务的一部分。然而，这个公约会比之前的法律条文更成功地抗衡国际版权体系的影响吗？要知道国际版权体系已经深深植根于以WTO为代表的国际经济法系统中。

16.3 “文化”的概念

在讨论版权对文化多样性的影响之前，有必要谈谈“文化”的概念；UNESCO公约关注的就是“文化”。事实上，“文化”作为一个整体概念，极具深度与广度。[①]UNESCO公约试图赋予文化的概念以某种形式，但它的定义（见第4条款）涉及循环论证，即用文化的概念来定义文化。这种循环论证意味着公约的起草者当初经历了相当大的困难来界定其所关心的核心概念。[②]显然，每次定义文化的努力都产生了新的问题，并需要进一步润色（从而产生新的循环）。公约的第4条款将“文化多样性”的核心概念定义为“文化、团体和社会进行表达的多种方式”，包括“艺术创造、生产、传播、分配与享受等多种方式”。“文化内涵”是指“符号意义、艺术维度，以及源于或表达文化主体的文化价值”。“文化表达……产生于个人、团体与社会的创造，并具有文化内涵”。第4条款也涉及文化表达的更为具体的方面。它将“文化活动、商品与服务”定义为“承载文化表达，而不论其商业价值如何的东西”。然而，文化活动同文化商品与服务的区别在于“前者可能是消费的终端，或者是生产文化商品与服务的中间品”。这些文化商品与服务的生产与分配则由“文化产业”实现。

公约对文化商品与服务生产的兴趣意味着其与版权法之间存在联系。虽然版权不会涉及文化表达与活动的所有领域，但公约界定的文化商品与服务同版权法保护的对象之间存在着合理的交叉。正如公约所预见的，这又产生了文化产业在版权领域的作用问题。当然，文化产业不会参与所有受版权保护的文化商品与服务的生产。事实上，创新方面的很多生产活动都是由一些个人或者团体进行的，将他们的生产活动定义为“文化产业”，他们并不满意。[③]此外，很多涉及版权的文化商品与服务很明显是文化产业的产品，如电影与广播等，其生产依赖于文化产业支持下大量创造性活动的广泛合作。有人认为，将书籍与光盘赋予一个商业化的外表是艺术家与出版商之间的合作，而后者被认为是文化产业的一部分。即使当文化产业同版权商品与服务的生产不相关的时候，前者与后者的流通也是相关的。文化商品与服务的生产与流通往往受到版权法的保护，而这种保护通常与版权法对个人发明者的保护放在一起。这种创意或文化利益与商业利益之间的冲突则是版权与文化多样性之间关系的核心。

① 例见Sider(1986, p. 6, cited in Blake, 2000, pp. 67–68)。
② 然而，对第4条款更为一般化的评述，参见Graber(2006, p. 558)。
③ 关于文化产业表述的讨论，参见Throsby(2008)。

16.4 版权与文化

当前的国际版权体系处于以TRIPS协定为代表的WTO体系之中，并且在文化商品与服务的生产方面，部分内容成为创造力与文化多样性的桎梏。这种效果的产生是由版权法本身的某些方面造成的，同文化商品与服务的市场行为有关。

人们之所以担心版权法会威胁文化多样性及自我决定，是因为市场不断将文化产品商品化与工具化。版权法有五个相互依存的方面对这一进程至关重要。第一个且最基本的商品化工具是版权利益的可异化性。这是本章要讨论的一个关键点，因为版权法规定版权作品的作者与版权所有者可以是不一样的。虽然作品的作者在版权法中有一定的象征性意义，[1]但版权赋予的权利往往由权利的所有者享有。有时作者与版权所有者是一致的——比如，文学、戏剧、音乐及艺术作品的作者等，他们常常是这些作品版权的第一拥有者，电影导演通常也有一定的版权利益。[2]然而，至少在英美体系下，这类利益可以通过合同自由交易。因此，版权作品的作者常常出于某种压力将其版权转让给那些投资于这些作品的人，如出版商，或音乐、电影制作公司。换句话说，文化产业常常利用版权利益的可异化性，尽可能多地收集版权利益。既然版权利益的转移是一个与合同有关的问题，出版商或生产企业在何种程度上会成功获得版权则取决于其相对谈判地位或市场势力。然而，即使这种过程是成功的，结果也是将原创作者的版权利益与投资于这些作品的出版商或企业的版权利益捆绑在一起。[3]

对于贸易与投资而言，第二个重要的方面是其持续期限。版权保护的期限越长，则个人版权利益的价值越大（Towse，1999）。第三，版权的水平扩张意味着它覆盖了越来越多的文化生产。第四，较强的商业流通权利，[4]尤其是那些赋予版权所有者控制进口与租赁权利的版权，能使版权拥有者获得很高的市场地位，尤其是在国际市场上。第五，版权所有者的权利通过收紧作品的使用权而得到大幅提升，这里的作品使用权包括公平交易/使用权、公共利益权等。随着修辞学的重大转变，不仅知识产权所有者的垄断特权成为“权利”，用户的权利也被看成“抗辩”或“例外”。因此，作品的用户受到了“权利”的“例外”的保护。没有什么词汇可以描述这些用户的脆弱性。与版权法的这些特征相联系的是相关权利的发展，特别是制定那些旨在规避技术保护的预防措施的权利。[5]

避开文化产业的市场条件不谈，文化产品版权的商品化既可以使作品的创作者获得货币收益，从而鼓励他们创作，[6]又能使文化作品更好地流通，从而收获社会效应。[7]然而，从背景上看，则是一番不同的景象。版权法促成、扩大或创造了一系列的市场特征，并导致了

---

① 在文学、戏剧、音乐以及艺术作品中，版权的期限往往取决于作者的寿命。比如，英国《1988年版权、外观设计和专利法案》，第12节；欧盟版权法93/98/EEC。

② 例见，英国《1988年版权、外观设计和专利法案》，第11节。

③ 声音记录或电影的版权、出版物的版权、广播的版权等。

④ 参见TRIPS协定，第11与14(4)条款，它赋予计算机程序、电影等版权所有者租赁的权利；《WIPO版权条约》(1996)，第7款；《WIPO表演和录音制品条约》(1996)，第9与13条款。

⑤ 例见，《WIPO版权条约》(1996)，第11条款；《欧盟信息社会版权指令》(2011/29)，第6条款；《美国版权法》(1976)，第1201节。

⑥ 在第6章和第8章，Towse(2001)认为版权为大多数艺术家仅仅带来了少数收入。然而，Towse还认为，出于身份或作品控制的原因，版权对艺术家们还是很有价值的。

⑦ 关于版权对于保障作品社会流通的重要性，参见van Caenegem(1995)及Netanel(1996)。

全球文化商品与服务的知识产权较高程度的集中，特别是使五个市场特征凸显出来。第一个是国际知识产权的协同化特征。[①]这与市场的第二个特征十分吻合，即跨国公司在获得协同化的知识产权的同时，利用国家法律的界限分割与控制国际市场。市场的第三个特征是这类公司高度的水平一体化和垂直一体化。水平一体化使它们可以控制更多的文化产品，垂直一体化则使它们能够控制流通，这得益于版权法赋予了它们强大的发行权。[②]第四个特征是内容所有权与内容承载技术的所有权的逐步整合。第五个特征是从1970年开始，全球文化商品与服务市场的兼并与重组愈演愈烈。[③]除了受资本积累的常规欲望（公司及个人层面）的驱动，最后一个特征还是水平一体化与垂直一体化运动及内容所有权与内容承载技术的所有权一体化的结果。[④]

文化商品与服务的私人权利的全球集中对于文化的多样性来说并不是好事。通过对市场与文化产品的控制，多媒体公司已经获得了文化过滤的权力，即在某种程度上控制我们的所看、所听及所读。[⑤]比如，控制流行音乐产业的公司利益集团通常喜欢在国内市场有选择性地发行作品，当其面临网络音乐的压力时也是如此。[⑥]在电影产业也是如此，主要媒体和娱乐公司对发行的控制，意味着这些公司可以在一定程度上控制电影的制作、我们可以看什么电影，以及我们对电影的看法。电影制作与发行环节的高昂成本，意味着如果不能接触到重要电影商及其垂直一体化的分销网络，那么为独立电影制作及发行提供资金是很困难的。这自然会减少独立电影的生产量。电影产业高度的垂直一体化意味着许多独立的电影很难对电影市场产生影响，这主要是因为我们不知道它们的存在。媒体和娱乐公司对电影制作的控制，也是其购买小说、戏剧、传记等版权所附电影版权的结果。一旦获得这些电影版权，它们没有义务利用这些权利，但没有它们的许可，其他人也没有权利利用这些权利。同样，电影公司可以选择不发行某些电影，或只在某些地区，利用特定的方式发行这些电影。所有这一切都意味着媒体和娱乐公司充当着文化过滤器的作用。[⑦]

与这种过滤能力相关的是文化商品与服务的同质化趋势。[⑧]这种趋势及其产生的商业背景可用一句评论来概括："大量的唱片为零售提供了与麦当劳菜单一样丰富的文化多样性。"（Capling，1996，p.22）将全球文化品位按照可靠的途径引导是符合商业利益的，因此文化商品与服务市场与其他市场没有本质区别。[⑨]当然，文化商品与服务的市场很大，因此其产量也是巨大的。然而，仅仅用产量来代表多样性是严重错误的。

公司对文化商品与服务的有力控制对知识共享或知识公共领域具有限制效应。[⑩]这种对知识共享领域的影

---

① 比如，《保护文学艺术作品伯尔尼公约》(1886)、TRIPS协定第9~14条款、《WIPO版权条约》、《WIPO表演和录音制品条约》等。

② 关于电影产业如何具有这些特征，参见Macmillan(2002)。

③ 参见Bettig(1996,p. 37),Smiers(2002)。

④ 参见Macmillan(2006)。

⑤ 参见Capling(1996),Abel(1994a,p. 52),and Abel(1994b,especially p. 380)。

⑥ Ann Capling(1996,p. 21)也注意到了这一点，即虽然全球娱乐公司拥有全球音乐市场70%的所有权，但它们只向澳洲市场投放了20%的产品。

⑦ 关于文化过滤器与电影产业的趋同，参见Macmillan(2002,pp.488-489)。

⑧ 参见Bettig(1996)。

⑨ 参见Levitt(1983),cf. Gray(1998,pp. 57-58)；Gray的观点是多样化刺激了全球化，这与全球化刺激多样化的观点是不一样的。

⑩ 这个概念被知识产权学者们重点关注，例见Waelde and MacQueen(2007)。

响体现在很多方面。例如，私人对许多文化商品与服务的控制对于言论的自由具有负面效应。这很令人忧虑，因为私人对言论自由的控制没有受到西方世界法律工具的限制，这些法律往往用于限制政府对言论自由的控制。[①]这种控制言论自由的能力助长了私人利益集团某种形式的文化优势。[②]例如，这种控制可能会采取潜移默化的方式，来塑造我们的社会及我们自身的形象。[③]然而，当文化产业宣称其要对所用素材进行控制时，这种控制会不断强化，对素材的选用原来被大多数人认为是知识共享领域或公共领域。极具讽刺的是，人们之所以认为这些素材属于公共品，是因为版权所有者以大众传播媒介为载体将大众文化强行传播给人们。版权所有者越强势，文化形象越具有优势，版权所有者越有可能通过版权来保护其文化势力。结果是，人们不仅不能使用、开发、思考主导的文化形象，也不能对其进行挑战与颠覆。[④]

Waldron（1993）利用 Walt Disney Prods v. Air Pirates 这一案例表达了他的忧虑。在这个案例中，迪士尼公司成功避免了将迪士尼卡通人物用于Air Pirates喜剧书中，这本书被认为将这些卡通人物描述为具有自由思考、淫乱、嗑药等不良文化的一类成员。[⑤]然而，我们注意到，这个案例所使用的版权法不仅限制了这种描述，而且完全限制了这些卡通人物的使用。Waldron（1993，p.883）这样评论：

米老鼠形象的全部意义在于它冲进了文化世界并影响着我们的认知。迪士尼帝国几十年来有意识地培养了它的巨大知名度，这意味着它已成为一个可立即识别的标识，从某种意义上说，它已成为我们生活的一部分。当 Ralph Steadman 故意把米老鼠的耳朵画成里根耳朵的样子时，或者当某人说这个教学大纲是“米老鼠”型时，他们证明了这样一个事实，这不仅仅是一种没有界限的财产，我们可能会偶然地侵占它……从而在我们的生活中刻意树立了一个或多或少的永久性标志。

Coombe（1998）将这种公司对公共品的控制描述为毁灭了个人与社会之间的对话性关系：

文化并不植根于内在的抽象的概念，而是在具体的符号与文字之上；我们在生活中的挣扎体现于这些符号与文字中，并进一步铸成了我们的意识。关于文化含义的持续的谈判与争斗是这场对话的本质。对知识产权法的很多解释镇压了这样的对话；通过援引抽象的财产概念，它们赋予那些公司控制文化含义的权利。知识产权法更有利于垄断势力反对这种对话，并造成了社会各方显著的力量差距。如果主观或客观的事实都由文化构成，那么我们必须仔细考虑法律、文化与商业化的文化政治之间的关系（Coombe，1998，p.86）。

这种对话关系应该通过版权的公平交易与使用权得以保存。毕竟，版权法的这个特征应该允许抵抗与批评（Gaines，1991）。然而公平交易是一个微弱的工具，并且越来越弱。[⑥]

这些对知识产权共享空间的限制影响了其活力与潜在的创造力。这些限制也弱化了版权实用主义或有助于版权发展的理由。而这些理由越来越被视为版权保护的主导型论据，在英美的司法体系内尤其如此。众所周知，一般认为授予版权可以鼓励文化产品的生

① 参见Macmillan（1996，2004a）。

② 例见Barendt（2005）对言论自由原则合理性的讨论。

③ 参见Coombe（1998，pp.100-129），他展示了人们对阶级、性别、性感及种族的观念是如何受到精英阶层的限制与同化的。

④ 参见Walt Disney Prods v. Air Pirates，581 F 2d 751（9th Cir，1978），cert. denied，439 US 1132（1979）。在这种情况下，参见Waldron（1993）；Chon（1993）and Koenig（1994）。

⑤ Waldron（1993，p. 753，quoting Wheelwright 1976，p. 582）.

⑥ 参见Macmillan（2006）。

产，这对发展过程来说是必要的。[1]然而，版权商业化的后果之一是版权与发展之间的关系受到了限制。对这个论断的理解可参考世界文化与发展委员会赋予发展的概念，它将发展定义为个人选择自由有效提升的过程。[2]对于发展的概念比较重要的内容包括“可利用世界知识存量，……，具有权利，并能参与到社区的文化生活中来”[3]——所有这些观念都被2005年的UNESCO公约反复强调。建立在版权法基础上的私人权利大厦已经在某种程度上剥夺了我们发展的好处。正如Waldron（1993，p.885）所评论的，“私人对公共文化领域的侵占限制并控制了我们本可开展的各种运动”。

16.5 版权作为TRIPS协定的一部分

版权对文化多样性的影响在1994年WTO到来之前已经确立了。下面要讨论的问题是，WTO这个新的多边贸易体制的建立是否加剧了版权保护与文化多样性之间的紧张局势。在某种程度上，对这一问题的回答取决于WTO中TRIPS协定的实施效果。

如果本章论述的版权与文化多样性之间的关系是可信的，那么很难说TRIPS协定对该关系有正面的改善作用。这几乎不令人吃惊。TRIPS协定的签署主要由美国推动，站在美国政府背后的却是一个基于美国的多国公司利益集团的可怕的联合。它们正在推动建立一个强大的权利体系，以保护它们的贸易利益。[4]这种行为的结果是多边协定，其名字反映了其工具性——自从TRIPS协定签署以来，知识产权法已经明确表明它是与“贸易”相关的“权利”。如果有人认为版权支持了文化的概念，并认为版权具有自身的价值而非纯粹的工具价值，那么当他得知WTO协定实际上是知识产权的“贸易相关方面”时，他会很不舒服。然而，TRIPS协定不仅是国际知识产权法的主导规范工具，它在整个WTO协定内的位置也意味着它是国际法律体系不可分割的一部分。[5]TRIPS协定的这两个方面是相互联系的。WTO的法律优势及其强势的执行力意味着TRIPS协定已经获得了某种重写知识产权法的能力。[6]虽然某些重要的步骤在TRIPS协定之前就已经实施，但是TRIPS协定加固并规范了这种做法。

TRIPS协定的版权条款或多或少与《保护文学艺术作品伯尔尼公约》中确定的条款相似，该公约正式管辖着国际版权制度。因此，TRIPS协定之前与之后的国际版权法律框架没有很大的不同。然而，将知识产权具体化为贸易权利，并可通过贸易报复制度来实施，似乎在强调国际版权体系的某些方面而牺牲其他方面——第一，TRIPS协定已证明是一个有用的平台，可以用于协商双边投资协定，并强化文化商品与市场的寡头特征（Drahos，2001）。事实上，与这个结论相关的是，TRIPS协定更适合被看成一个投资协定而不是贸易协定（Macmillan，2005）。无论哪一个方面，它滋养文化多样性的能力都是相当有限的。第二，强化国际版权制度变迁，即国际版权法的解释与实施现在掌握在贸易法专

---

① 对这一论断的一个例子，参见世界知识产权组织（1978）。对这一论断的讨论，也参见Waldron（1993，p.850）and Macmillan（1997）。

② 世界文化与发展大会（1996）。对发展这一概念详细的论述，参见Sen（1999）。

③ 参见世界文化与发展大会（1996）的引言。

④ 参见Blakeney（1996，Chapter 1）and Sell（2003，especially Chapters 5 and 6）。

⑤ 参见Kennedy（1995）and Macmillan（2004b）。

⑥ 虽然Sell（2003，Chapter 3）认为，很多重要的变化，如从知识产权的特权到知识产权的“权利”的转变，在乌拉圭回合贸易谈判之前就已经发生了。

家手中，而他们不一定是知识产权法或实践方面的专家。

美国的WTO专家组——美国版权法第110（5）条款并没有缓解人们对TRIPS协定扭转当前版权法轨迹作用的担心。这个法令提出了检验TRIPS协定中第13条款国家版权例外合法性的三步检验法。①在目前的背景下这很重要，因为版权利益例外的宽度对于提高版权持有者的实力至关重要。将《保护文学艺术作品伯尔尼公约》的条款加入TRIPS协定的后果之一是，TRIPS协定包含了很多例外条款。这包括《保护文学艺术作品伯尔尼公约》第9（2）条款的一般例外条款，它包含了例外条款的三步检验法。WTO美国版权贸易委员会认为TRIPS协定的第13条款是原来《保护文学艺术作品伯尔尼公约》微弱例外原则的一个体现。如果微弱例外原则已经是《保护文学艺术作品伯尔尼公约》的一部分，又在TRIPS协定中出现，就有必要在第13条款中指出，但WTO没有明确解释。因此，TRIPS协定丧失了在第13条款中加入一些新法案的机会。有趣的是，欧盟对美国版权法的争辩却暗含着在第13条款中加一点新东西的思想。欧盟认为第一步，即对例外局限于“某些特殊情形”的要求必须得到合理论证，如需要平衡版权所有者与使用者之间的利益冲突等。这个论述应该援引TRIPS协定第7条款宣称的目标来加以支撑，该目标声明知识产权应该用来“促进社会与经济福利，平衡权利与义务”。这个条款不仅忽视了美国版权法，版权作为权利与义务之间的平衡的整个概念也被忽视了。一旦这个平衡失去了，版权作为文化统治与同质化工具的潜能就不受版权法内部的任何机制所约束了。

16.6 WTO的其他部分

TRIPS协定对各国知识产权的保护设立了最低法律标准，这与WTO的总体背景是相违背的，因为与TRIPS协定不同，②其他WTO多边协定都通过三种主要工具致力于减少国与国之间的贸易壁垒：减少关税、减少非关税壁垒，以及消除“国际贸易关系中的歧视性待遇”。③最后一条通过国民待遇及最惠国待遇原则得以实现。④这两条原则意味着任何一个WTO成员都不能为来自另一个成员的商品与服务人为创造贸易劣势，也不能歧视来自多个成员的商品与服务。⑤基于国民待遇与最惠国待遇原则的WTO协定也有关于这些原则的一些例外条款，如允许政府有步骤地施行国家优先，这无疑会在某些条件下损害这两个原则，但这些例外非常有限。

至于上文提到的私人部门在文化领域的优势，一国政府可能希望采取措施逐步化解文化商品与服务寡头市场的负面影响。例如，它可能试图通过贸易定额、本土内容限制或对本土文化生产提供补贴等方式来避免全球媒体娱乐寡头冲击下本国文化的湮没。⑥所有这些措施都可能违背WTO规则的精神，尤其是《服务贸易总协

① TRIPS协定第13条款表明：“成员应该将限制与例外局限在某些特殊的场合，这些场合不与作品的正常使用相冲突，并不会不合理地损害权利持有者的合法利益。”

② TRIPS协定的另一个“反常”特征在于其与比较优势原则之间关系的不确定性。比较优势原则是以WTO为基础的自由贸易信条的根据，参见Reichman（1993，p.175）。

③ 参见《建立世界贸易组织协定》的序言部分，1994年4月15日。

④ 事实上，这两个原则在TRIPS协定第3与4条款中也有体现，但其适用性似乎仅在于要求各国的法律条文都是相似的。

⑤ 始终与WTO不一致的做法，即WTO的法律与实务中包含了很多背离这两个原则的情形：比如，GATS允许与最惠国待遇原则不一致的情形出现，参见GATS第2法案；将海关工会排除在GATT第24条款及GATS第5条款之外，这些都与上述两个原则不一致。

⑥ 这是UNESCO公约第6条款指出的一些方式。

定》（GATS）。[①]由于GATS是一个“底朝上”的自由化协定，因此WTO成员只需要在其承诺了义务的相关部门受制于GATS的自由化条款。[②]然而在音像领域，还没有关于自由化的一般化的协议与规则，该部门是版权导致的寡头效应最显著的领域。[③]然而，一些WTO成员已经承担了相关的义务，但在该部门进一步推行自由化会受到更大的国际政治压力。[④]当然，在影响文化政策的领域总是存在着抵制自由化义务的行动，一些观点认为2005年UNESCO公约生效以来，一个最重要的效应是刺激了一些国家对文化产业自由化的政治抵抗。

然而，如果GATS规定了各种义务，那么即使这些义务的签署出于国际层面的政治压力，偏离最惠国待遇与国民待遇原则也是被允许的，但前提是这些义务要包含在相关成员的GATS行动计划中。在其他情形下，该制度是严格的；与老的GATT协定相比，第14条款列出的例外条款的范围相对狭窄。[⑤]与GATT协定一样，在GATS下制造“例外”需要证明相关事由属于可例外类型中的一个，并要符合协定的宗旨。第14条款的内容如下：

如果不构成对其他国家的不正当歧视，该协定并不会阻止成员采取必要的措施：

a. 保护公共道德或维持公共秩序。

b. 保护人类、动物或植物的生命及健康。

c. 确保遵从与本协定不相违背的法律与规则，包括：

i. 防止欺诈行为，或处理欺诈合约的后续影响；

ii. 保护个人隐私，保护个人记录或账户的机密性；

iii. 安全。

d. 若与第17条款不一致（国民待遇），只要差别待遇是基于确保公平、有效地征收服务方面的直接税。

e. 若与第2条款不一致（最惠国待遇），只要差别待遇是基于之前避免重复征税的国际协定。

很明显，第14条款没有与文化多样性或相关概念有关的例外条款。[⑥]最接近的做法是对上面的a条进行扩展性解读。因为保护人权的措施可被理解为“对于保护公共道德或维持公共秩序是必要的”。在美国——影响赌博和博彩服务跨境供应措施的案件中，WTO运用了第14（a）条款，这意味着上述扩展性解读是可能的。在案件决议过程中，Appellate Body援引了委员会对“公共道德”与“公共秩序”的定义，并获得了批准。根据委员会的定义，前者是指“一个社会或国家维护或代表的是非行为标准”。后者则由GATS第5个脚注指出，即“只要存在对社会根本利益构成真实而充分威胁的情形，就可以援引公共秩序例外条款”。基于这点考虑，委员会发现“公共秩序”是指对社会根本利益的维护，这体现在公共政策与法律中。委员会最后决定，既然案件中的各种措施是为了防止“洗钱、有组织的犯罪、欺诈，及低龄赌博等”，那么它们必然与保护公共道德及公共秩序相关。这种合理的扩展性解读似乎意味着保护人权的必要措施可能被列入例外条款。然而，即使这种乐观的解读方法也面临着问题，即文化多样性是否有“权利”，它符合人权的一般性描述。正如本章

---

① GATT与WTO协定关于补贴与其他补偿措施的条款也起到了一定的作用。这些协定面临的困难与GATS的处境是可比的。与GATT相联系，第4条款中有一个关于电影公司允许数量限制的特殊制度。然而，美国施加压力迫使其他WTO成员放弃了第4条款，参见Hahn（2006，pp.522-523）。

② GATS第6与16条款。关于渐进自由化的过程，参见第14条款。

③ 例见Dunkley（2001，pp.183-187），Macmillan（2002，2006），and Grantham（2000）。

④ 进一步参见Graber（2006，pp.569-570），Dunkley（2001），Grantham（2000），and Hahn（2006，p.526）。

⑤ GATT有两个生命：一个是自立协定（GATT 1947）；另一个是WTO协定中的一个（GATT 1994）。然而，GATT第20条款中的一般性例外条款始终保持不变。

⑥ 至于人们对WTO协定缺乏文化例外条款的争论，参见Hahn（2006）and Graber（2006，pp.554-555）。

16.2节指出的，虽然文化多样性的概念似乎位于《联合国宪章》的人权法案的框架之内，但2005年UNESCO公约并没有创造新的有关文化多样性的权利。

WTO对UNESCO公约中文化多样性概念的乐观处理，最近受到中国上诉某机构的“贸易权利及某些出版物与视听娱乐产品分销服务措施案”的影响而大打折扣。在这次争论中，中国试图援引GATT第20（a）条款的例外条款来采取措施，对一些文化产品的进口与流通进行内容审查及选择性禁止。这些产品包括阅读材料、音像制品及电影等。Appellate Body在报告中指出：

中国强调文化产品的某些特征，包括其对社会及公众道德产生的影响。出于这个原因，中国采取了一系列规章制度，根据这些制度，含有禁止性内容的阅读材料、音像制品及电影等的进口是不被允许的。为此，中国现存的规章制度定义了其认为会对公众道德构成危害的内容，并且为了确保这些内容不被进口，中国建立了对相关产品进行内容审查的机制，选择性进口产品。

为了支持文化商品具有影响社会及公众道德的特征的论证，中国援引2001年UNESCO的《世界文化多样性宣言》第8条款，认为“文化产品是一系列身份认同、价值与含义的变量”，并认为“文化产品不应作为纯粹的消费商品来对待”。在这方面，中国也同样信赖2005年《文化多样性公约》。对于WTO委员会而言，这些援引是具有迷惑性的，所有这些援引都紧扣第20条款中的例外条款的“必要”二字，并且最后成功了。从中国的角度看，这是可以理解的，因为中国曾试图利用UNESCO的工具来为其富有争议的国家审查制度提供支持。在这种形势下，设想将文化多样性作为人权的可能情形，我们不应该抛弃所有的乐观主义。然而，在利用公共道德或公共秩序的例外条款来保护或促进文化多样性时，许多新的问题也产生了。

一个危害了很多WTO例外条款的问题是对“必要”二字的限制性解释。在GATT例外条款的背景下，WTO早期对“必要”的司法解释要求在没有与GATT一致或更一致的替代措施的情况下，该例外才是“必要”的。这种方法在很多关于GATT的案件中得到运用，并极富争议，在涉及GATS第14条款的跨境赌博案中也得到运用。最近这些案件的效果由Appellate Body在多米尼加香烟案中加以总结。它表明某种措施只有在其他与WTO一致的措施不可获得时，才是“必要”的。Appellate Body进一步指出：

在评估替代措施是否可以获得时，下列因素应该被考虑，这些因素包括该措施对贸易的影响、该措施所保护的利益的重要性，以及该措施对实现最终目标的贡献等。对这三种因素的加权与平衡过程也决定了是否存在与WTO一致的替代措施，或者是否存在与WTO稍微不一致的替代措施。

对“必要”二字的再评估降低了其可运用性，虽然在文化多样性保护方面，我们还很难事先预测是否存在其他与WTO一致的替代措施。不幸的是，我们无法从Appellate Body在中国——娱乐产品案中对“必要”概念的考虑中获得新的提示。[①]但这依然是例外条款运用中的一个核心问题。

用于保护文化自我决定与多样性的例外条款面临的另一个障碍是第14条款的宗旨。从表面上看，它涉及措施的运用，但不太明显的是这种运用要达到何种标准才算符合宗旨。这个问题是美国——限制某类虾与虾产品进口案（海龟案）的核心主题，这里几乎引用了与GATT第20条款一模一样的字句。[②]在海龟案中，Appellate Body承认很难解释“任意性歧视”与

---

① 很不幸，我们无法从Appellate Body在中国——娱乐产品案中对“必要”概念的考量中获得新的信息。

② GATS第14条款的宗旨与GATT第20条款的宗旨之间的区别是，前者涉及“服务贸易”，而后者仅用“国际贸易”。就目前的分析而言，这种区别无关紧要。

"没理由的歧视"，因为没有标准来评估是否为任意性或是否有理由。这大概是Appellate Body提到关于"均衡"的语句的原因。它指出，在运用宗旨时，必须突出均衡，"因而相互竞争的权利不会相互抵消，也不会扭曲、消除或损害成员之间权利与义务的平衡"①。

当然，其中一个问题是很难预测某个措施是否与宗旨相冲突。然而，从Appellate Body对海龟案的报告中可以断定，任何违背公平性一般原则的措施都构成了任意性歧视，而并非基于环境的不同区别对待不同WTO成员的行为构成了没有理由的歧视。②在思考歧视类型的时候，Appellate Body既考虑了该措施的运用，又考虑到美国没有谈判相应的多边合约的义务。Appellate Body强调后者的原因在于某种措施只有基于协定义务，才不会被定性为无理由的歧视。③理论上，这对于基于多边合约义务的措施而言是有希望的。然而不幸的是，UNESCO的《文化多样性公约》几乎没有规定正式的合约义务，而这些合约义务本来足以说服WTO争议委员会在海龟案中约束性条件已经满足。结果，UNESCO公约最可能的效果不是补充GATS的例外条款，而是限制签约国实施新的GATS义务。这些义务可能与公约的条款相冲突。这个目标的实现程度则取决于相互补偿的政治与策略规则。

作为总结，从WTO作为一个整体而言，TRIPS协定似乎强化了版权体系，从而促成了私人对文化产品垄断力量的增长，结果是这种寡头力量对文化的负面作用愈加明显，而其他WTO协定禁止WTO成员政府采取缓冲措施来纠正由此导致的市场扭曲。

16.7 权利冲突?

因此，在国际法层面有两个方面的法律：一是考察文化自我决定权利与多样性的各种协定；二是WTO体系。正如前面所分析的，WTO协定的运行似乎无视关于文化自我决定权利与多样性的国际法律规范。然而，如果认为这两种国际法体系之间存在冲突的话，恰当吗？如果存在冲突，这种冲突的性质是什么？这一小节将从三个视角探讨这种权利冲突的性质：规范经济学的视角、正式的法律视角以及从国际层面考虑系统治理（或者政治）的视角。

16.7.1 规范性问题

16.7.1.1 自由贸易促进了文化多样性吗?

第一个问题是人们往往只看到了树木，而忽略了整片森林。UNESCO公约尤其强调了人们进行文化交换的必要，以及文化多样性的重要性。④然而，一个旨在促进文化商品与服务贸易的体系真能实现这个目的吗？⑤支持这种观点的人认为WTO体系的真正问题在于缺乏促进竞争的多边规则以限制寡头行为。然而，这种论述

① 参见海龟案，Appellate Body报告，第159段。

② 相对于新配方汽油案中宗旨的构建，这是一个改进。很难区分该案中的宗旨与GATT非歧视一般性原则之间的区别。关于宗旨的构建，参见Macmillan(2001,pp.101-103)。

③ GATT第20条款的宗旨中有关单边措施命运不确定性的讨论，参见Macmillan(2001,pp.103-108)。

④ 参见UNESCO公约，第1及7条款。

⑤ Hahn(2006,pp.520-521)举了一个例子对此进行论证。也参见Bala and Van Long(2005) and Rauch and Trindade(2009)。

的一个问题是在比较优势原则下，低估了WTO真正的精神内涵。的确，所有国家和社会都自动生产文化产品，似乎没有一个国家在这方面具有比较优势。有些国家具有生产商品化的文化商品与服务的比较优势，因此这些产品可以在国际市场出售。结果是这些国家通过商业湮没了全球的文化。Dunkley提出了一个相似的争论并得到了同样的结论：

体现在诸如音像服务中的文化内涵逆转了很多传统的自由贸易假定。比如，传统的自由贸易理论反对政府试图纠正一个部门的贸易赤字，因为另一个部门往往有贸易盈余。然而，在音像领域，这意味着持续受到他国文化的冲击，用他国的思想来自我安慰是荒谬的。……在一个连文化与娱乐产品都商品化及大规模市场化的世界，这些领域的自由贸易意味着只有那些具有比较优势的国家拥有本国文化本位的特权，在我来看，这是无法容忍的并且要制止的。[①]

可以认为，WTO体系还有很长一段路程要走，这样它才有能力打造一个充满活力的和多样化的文化贸易格局。

16.7.1.2 版权促进了文化多样性吗？

在某些地方，人们强烈认为版权保护对于文化多样性与文化自我决定来说是必要的。[②]的确，无论是合约条款还是《联合国宪章》，都经常被引用并作为保护知识产权的依据。对于《公民权利和政治权利国际公约》第27条来说，尤为如此，它经常被用于保护本土居民的知识产权。同样出名的是《世界人权宣言》第27.2条，它经常作为知识产权保护的合理性依据。

这个问题与正式的法律冲突及系统治理等问题紧密联系在一起。下面的部分将对这些问题进行详细论述。从目前来看，如果版权对于促进文化多样性及文化自我决定来说是必须的，那么有些地方肯定出了问题，或者我们需要更仔细地审视版权法，并思考某些地方是不是要加以摒弃或进行大幅修改。

16.7.2 正式的法律问题

2005年UNESCO公约的渊源在于WTO协定缺乏一个文化例外条款。这表明其起草者至少洞悉了WTO协定与UNESCO公约之间的潜在冲突。[③]与GATS及GATT相联系，显然如此。然而，UNESCO公约的起草者似乎了解知识产权保护对文化多样性的潜在影响。UNESCO公约的前言承认了"知识产权对于保护文化多样性的重要性"，但对知识产权保护寄予厚望的原因无从知晓。最初的UNESCO宣言认为需要确保版权的保护，同时也要支持《世界人权宣言》第27条款公众参与文化的权利。[④]在第1条款，该宣言将生物多样性与文化多样性相提并论。有趣的是，1992年《生物多样性公约》的起草者对于知识产权保护确保生物多样性的作用显得更为担心。其第16.5条款表明：

当合同各方意识到专利及其他知识产权可能对公约的实施构成影响后，应在国家法律及国际法的框架下精诚合作，确保这样的（生物多样性）权利得到支持并不违初衷。

与此形成强烈对比的是，UNESCO公约似乎并未看到这种可能的冲突。

如果UNESCO公约与WTO体系之间存在法律冲突，则它既可能发生在国内层面，也可能发生在国际层面。

---

① Dunkley(2001,pp.184–185).
② 至于这一观点的弱化的形式，参见2005年UNESCO公约的序言。
③ 进一步参见Hahn(2006,pp.515–520)and Graber(2006,pp.554–555)。
④ UNESCO的《世界文化多样性宣言》由UNESCO大会第31届会议通过，会议地点是巴黎，时间是2001年11月2日。

为了应对这个问题，UNESCO公约第20.1条款引入了“共同支持”的概念，即各方承担的合约义务之间要相互扶持。它还指出，“当解释或运用其他协定时，或者加入其他国际协定时，成员要考虑本公约的相关规定”。所有这些必须使得本公约不隶属于其他协定。然而，我们不清楚的是，当UNESCO公约与WTO协定发生冲突时，我们应如何进行处理。①也许，最终的结果是在某些可能影响文化多样性的部门，如音像部门，阻止或延迟进一步赋予GATS的相关义务。然而，总体而论，第20.1条款的概念似乎本身并不在于解决各种潜在的冲突。这种可能似乎被UNESCO公约所接受，它提到“本公约的任何内容都不得解释为对成员在其他协定中的权利与义务的修改”。

至于第20.2条款的效果，可以预见的是，当UNESCO公约与WTO协定之间存在正式的法律冲突时，解决争议最可能的平台是WTO争议解决程序。这是因为WTO已经成为一个卓越的国际争端解决机制。当然，这也是因为UNESCO公约附件中规定的调解程序非常薄弱。Hahn将其协调机制描述为“让人最早想起的近代国际法”。②令人沮丧的是，UNESCO公约的第20.2条款是对WTO的完美释放。在某些情形下，Appellate Body表明，将考虑WTO之外的国际协定，虽然它总能找到办法避免WTO体系与其他国际法之间的冲突。③如果这些外部协议产生于WTO协定签订之前，一切都好办，但如果产生于WTO协定签订之后，则相当难办。然而，这些可能的困难可以通过第20.2条款得以缓解。在任何情形下，尤其是在中国——娱乐产品案之后，我们尚不清楚UNESCO公约是否导致了与WTO协定之间的冲突，甚至需要依赖第20.2条款来解决争议。因为UNESCO公约几乎很少要求其成员采取正面行动。

如果真的存在冲突，那就是两种体系的系统性冲突。关于这种冲突的治理问题或者政治问题，我们将在最后一节加以阐述。

16.7.3 系统治理/政策

上一节提到，如果WTO协定与UNESCO公约之间真的存在冲突，则UNESCO公约的第20.2条款可以使WTO委员会更易解决问题。然而，考虑到UNESCO公约对成员的积极义务几乎没有什么作用，因此这种冲突是否真的会发生是存在疑问的。假定从规范经济学的角度来说，存在人权体系（UNESCO公约）与WTO体系之间的冲突，则这种冲突可能发生在两种体系之间——一个被国际公法体系与国际经济法体系所代表的国际治理分支体系忽略的领域。④然后会发生什么呢？我们清楚的是，这既是一个政治问题，也是一个法律问题（也许这一点适用于国际法领域的所有问题）。

这种政治问题如何解决？一般而言，将某种权利描述为“人权”似乎已将其赋予某种道德紧迫性，甚至促成其解决是不可避免的。其含义是，一旦人权与其他权利发生冲突，不可避免的是，人权的道德优势必须被承认和尊重。然而，当谈到人权与版权之间的关系时，我们尚不知谁轻谁重，因为版权也可以看成人权的一部分。当然，我们必须更仔细地研究版权的人权特征。最终我们会发现，版权某些最客观的部分实际上与人权并不相关。进一步，强调知识产权是一种贸易权利对于提升其人权特征毫无意义。

---

① 关于UNESCO公约更详尽的分析，参见Hahn（2006，pp.539-546）and Graber（2006，pp.564-567）。

② Hahn（2006，p.533）.

③ 典型的案例是海龟案。关于该案的详尽分析，参见Macmillan（2001，pp.88-96 and 108-110）。

④ 进一步参见Macmillan（2004b）。

尽管有些评论员持反对意见，[①]即将贸易自由化的过程看作实现人权的过程既不合理也不可取。用Alston的话说，这种论点是“一种认识论的偷换概念”（Alston，2002，p.826）。WTO并不是一个监控人权保护的合适组织，包括那些与文化多样性有关的人权，[②]这导致了将文化例外条款置于WTO协定之中存在困难。[③]还有两种可能的方法：一个是“头朝下”；另一个是“底朝上”。从“头朝下”的观点来看，我们应该想办法重建我们的国际法律治理体系，以避免这块“无主领地”——这里没有法律的保护，却发生着人权与WTO协定之间的冲突。“底朝上”的办法是修改版权法与国际贸易法等法律体系，以减少这些法律与人权义务之间的规范性冲突。

如果我们足够幸运，那么这两种方法会被同时用到。然而，WTO体系现有的优势为这种评论平添了几分尴尬。这种变化仍需要艰苦的斗争。目前尚不知国际法律委员会国际法支离破碎问题[④]研究小组的审议是否会对这个问题产生很大的影响，或者是否需要一个更根本的政治与外交剧变。[⑤]不过可以认为，后者似乎更可能发生。

① 例见Petersmann(2002)and Trachtman(2002)。

② 进一步参见Macmillan(2004b)。

③ 即使从目前的国际氛围来看，这在政治上是可行的，但鉴于美国反对UNESCO公约的缔结，这又似乎是不可行的。例见Graber(2006,p.560)and Hahn(2006,pp.522-525)。

④ 国际法的破碎性：在国际法多样化与扩张的过程中产生的一种困难情形(国际法委员会学习组的报告)。

⑤ 关于这一点，参见Macmillan(2010)。

参考文献

Abel, R.L., 1994a.Speech and Respect.Stevens & Son/Sweet & Maxwell, London.

Abel, R.L., 1994b.Public freedom, private constraint.Journal of Law and Society 21, 374–391.

Alston, P., 2002.Resisting the merger and acquisition of human rights by trade law: a reply to Petersmann. European Journal of International Law 13, 815–844.

Bala, V., Van Long, N., 2005.International trade and cultural diversity with preference selection.European Journal of Political Economy 21, 143–162.

Barendt, E., 2005.Freedom of Speech, second ed. Oxford University Press, Oxford.

Bettig, R., 1996.Copyrighting Culture: The Political Economy of Intellectual Property.Westview Press, Boulder, CO.

Blake, J., 2000.On defining the cultural heritage.International and Comparative Law Quarterly 49, 61–85.

Blakeney, M., 1996.Trade Related Aspects of Intellectual Property Rights.Sweet & Maxwell, London. Capling, A., 1996. Gimme shelter! Arena, February/March, pp.21–24.

Chon, M., 1993. Postmodern 'progress': reconsidering the copyright and patent power.DePaul Law Review 43, 97–146.

Coombe, R., 1998.The Cultural Life of Intellectual Properties.Duke University Press, Durham, NC.

Drahos, P., 2001.BITS and BIPs: bilateralism in intellectual property.Journal of World Intellectual Property 4, 791–808.

Dunkley, G., 2001. The Free Trade Adventure: The WTO, the Uruguay Round and Globalism–A Critique. Zed Books, London.

Gaines, J., 1991.Contested Culture: The Image, the Voice and the Law.University of North Carolina Press, Chapel Hill, NC.

Graber, C.B., 2006.The new UNESCO convention on cultural diversity: a counterbalance to the WTO?. Journal of International Economic Law 9, 553–574.

Grantham, B., 2000.'Some Big Bourgeois Brothel': Contexts for France's Culture Wars with Hollywood. University of Luton Press, Luton.

Gray, J., 1998.False Dawn: The Delusions of Global Capitalism.New Press, New York.

Hahn, M., 2006.A clash of cultures? The UNESCO diversity convention and international trade law. Journal of International Economic Law 9, 515–552.

Kennedy, D., 1995.The international style in postwar law and policy: John Jackson and the field of international economic law.American University Journal of International Law and Policy 10, 671–716.

Koenig, D.M., 1994.Joe Camel and the first amendment: the dark side of copyrighted and trademark–protected icons. Thomas M. Cooley Law Review 11, 803–838.

Levitt, T., 1983.The globalization of markets.Harvard Business Review 61, 92–102.

Macmillan, F., 1996.Towards a reconciliation of copyright and free speech. In: Barendt, E. (Ed.), Yearbook of Media Law and Entertainment Law.Clarendon Press, Oxford, pp.199–233.

Macmillan, F., 1997.Legal policy and the limits of literary copyright. In: Parrinder, P., Gould, W., Chernaik, W. (Eds.), Textual Monopolies: Literary Copyright and the Public Domain.Arts and Humanities Press, London, pp.113–132.

Macmillan, F., 2001.WTO and the Environment.Sweet & Maxwell, London.

Macmillan, F., 2002.The cruel©: copyright and film.European Intellectual Property Review 24, 483–492.

Macmillan, F., 2004a.Commodification and cultural ownership. In: Griffiths, J., Suthersanen, U. (Eds.), Copyright and Free Speech: Comparative and International Analyses.Oxford University Press, Oxford, pp.35–65.

Macmillan, F., 2004b. International economic law and public international law: strangers in the night. International Trade Law and Regulation 10, 115–124.

Macmillan, F., 2005. Looking back to look forward: is there a future for human rights in the WTO? International Trade Law and Regulation 11, 163–180.

Macmillan, F., 2006. Public interest and the public domain in an era of corporate dominance. In: Andersen, B. (Ed.), Intellectual Property Rights: Innovation, Governance and the Institutional Environment. Edward Elgar, Cheltenham, pp.46–69.

Macmillan, F., 2010. The World Trade Organization and the turbulent legacy of international economic law-making in the long twentieth century. In: Faundez, J., Tan, C. (Eds.), International Law, Economic Globalization and Developing Countries. Edward Elgar, Cheltenham, pp.158–179.

Netanel, N.W., 1996. Copyright and a democratic civil society. Yale Law Journal 106, 283–387.

Petersmann, E.-U., 2002. Time for a United Nations 'global compact' for integrating human rights into the law of worldwide organizations: lessons from European integration. European Journal of International Law 13, 621–650.

Rauch, J.E., Trindade, V., 2009. Neckties in the tropics: a model of international trade and cultural diversity. Canadian Journal of Economics 42, 809–843.

Reichman, J.H., 1993. The TRIPS component of the GATT's Uruguay round: competitive prospects for intellectual property owners in an integrated world market. Fordham Intellectual Property, Media and Entertainment Law Journal 4, 171–266.

Sell, S.K., 2003. Private Power, Public Law: The Globalization of Intellectual Property Rights. Cambridge University Press, Cambridge.

Sen, A., 1999. Development as Freedom. Anchor Books, New York.

Sider, G.M., 1986. Culture and Class in Anthropology and History. Cambridge University Press, Cambridge.

Smiers, J., 2002. The abolition of copyrights: better for artists, third world countries and the public domain. In: Towse, R. (Ed.), Copyright and the Cultural Industries. Edward Elgar, Cheltenham, pp.119–139.

Throsby, D., 2008. Modelling the cultural industries. International Journal of Cultural Policy 14, 217–232.

Towse, R., 1999. Copyright, risk and the artist: an economic approach to policy for artists. Cultural Policy 6, 91–107.

Towse, R., 2001. Creativity, Incentive and Reward: An Economic Analysis of Copyright and Culture in the Information Age. Edward Elgar, Cheltenham.

Trachtman, J.P., 2002. Institutional linkage: transcending 'trade and ...'. American Journal of International Law 96, 77–93.

van Caenegem, W.A., 1995. Copyright, communication and new technologies. Federal Law Review 23, 322–347.

Waelde, C., MacQueen, H. (Eds.), 2007. Intellectual Property: The Many Faces of the Public Domain. Edward Elgar, Cheltenham.

Waldron, J., 1993. From authors to copiers: individual rights and social values in intellectual property. Chicago-Kent Law Review 69, 841–887.

Wheelwright, K., 1976. Parody, copyrights and the first amendment. US Federal Law Review 10, 564–583.

World Commission on Culture and Development, 1996. Our Creative Diversity, second ed. UNESCO, Paris.

World Intellectual Property Organization, 1978. Guide to the Berne Convention for the Protection of Literary and Artistic Works. WIPO, Geneva.

第17章
贸易与文化多样性

Alberto Bisin[a] and Thierry Verdier[b]

[a] New York University and NBER，USA

[b]Paris School of Economics and CEPR，France

王欣双　译

摘　要

本章研究了近期关于全球化与文化多样性关系的经济文献。首先，我们回顾了国际一体化与文化多样性在个人、群体和国家之间相互作用的各种渠道。然后，我们列出了近期一些关于文化传播与演变的正规经济学模型，并说明了如何在标准的经济学框架中用这些模型分析全球化与文化多样性之间的联系。接下来，本章列举出各种应用，包括文化产品贸易、旅游业的外国直接投资，以及外国移民的文化一体化等。最后，本章讨论了规范的推论，文化政策与国际政策之间的关系。

关键词

文化多样性，文化传播，贸易，全球化

JEL Classification Codes

F02，F10，Z10，Z13

17.1 引 言

全球化、信息和交通技术的革命性进步正在改变当今世界（Cowen，2002）。我们的日常生活越来越多地被来自其他国家或文化的产品和形象所影响。某一地区、群体或时期内出现的政治、宗教、文化或经济趋势，在世界许多地方都能看到。各国和地区通过各种（现实的或虚拟的）社会经济网络相互联系起来，且这种网络遍布全球（Nederveen Pieterse，2004）。

这种国际一体化[①]和全球化的进程使人们获得越来越多的产品与服务，从而提高了生产和消费的效率。全球消费者市场的出现导致了消费模式的快速转变，这种转变体现在从牙膏到电冰箱等诸多领域，并导致全球“品牌”产品的传播（联合国开发计划署，1998，p.46）。此外，国际贸易和外国直接投资使人们更容易大量消费标准化产品，这可能会减少对文化和相关其他领域的自制产品、传统产品和本地制造产品的消费，从而导致文化特性的丧失。

全球化也会给人们带来恐惧，比如，六成以上的法国人认为全球化对法国的生活方式构成了巨大的威胁（SOFRES，1999；Meunier，2000）；2005年，法国电视台开展了一项调查，其中19%的受访者说，他们投票反对《欧盟宪法》的原因在于他们认为欧洲对法国的文化特征构成了威胁。然而，根据记载，在欧洲，对文化侵蚀忧心忡忡的国家并不只有法国。在全球政策论坛的网站上就有许多相关的报道文章。[②，③]对文化侵蚀和丧失文化多样性的担心也见诸一些正式的实证研究中，其中一个代表性例子是Mayda和Rodrik（2005）的研究。他们运用来自国际社会调查项目的专门数据集（涵盖23个国家超过20 000人的个人信息），发现人们对待贸易的态度与其人力资本的水平显著相关；他们还发现，更有趣的是，价值观和个人身份等非经济决定因素在解释贸易一体化偏好的差异方面起到了重要作用。特别是，邻里关系密切和民族主义或爱国主义情绪高涨与保护主义态度似乎密切相关。

一种观点认为贸易一体化能够极大地影响各国间文化多样性的模式。这种观点也适用于国家内部的地区之间。跨地区贸易和经济活动是经济发展的重要决定因素，因此，它们与当地的文化特征及相关方面互相影响。例如，比利时或加拿大等双语国家存在显著的语言差异便可以作为例证。在多民族的非洲国家，这种相关性更强，例如有279种语言的喀麦隆，有217种语言的刚果民主共和国，或有521种语言的尼日利亚等。在这些国家，每一种语言往往代表一个部落，而每个部落都拥有其特殊的文化意义和文化传播机制。

除了案例研究，贸易、全球化、经济一体化和文化方面的实证文献尚无定论。[④]一方面，人们认为贸易和全球化会造成文化多样性的减少，这与国家之间消费模式的趋同现象不谋而合。通过对1963—2000年38个国家的葡萄酒及啤酒的消费数据研究，Aizenman和Brooks（2008）发现两者的消费模式存在着明显的趋同效应，这在一体化程度较高的国家群体中发生得尤为迅速。Gracia和Albisu（2001）还发现，近年来在欧盟国家中存在着食品消费模式的趋同效应。在另一篇文献中，Kónya和Ohashi（2007）考察了1990—2000年的十年

---

① 简化起见，我们主要使用“国际融合”和“国际贸易”两个术语，但是我们讨论的内容也可能涉及某一国家的地区性问题。

② 资料来源：www.globalpolicy.org/globalize/cultural/index.htm。

③ 这种担忧体现在反对美国快餐连锁店上。罗马、里约热内卢、布拉格、伦敦、卡拉奇、雅加达、墨西哥城、贝鲁特等地的几家麦当劳餐厅遭受了暴力袭击（包括爆炸事件）。20世纪90年代末也出现了抵制麦当劳的国际激进分子网络，以协调在每年十月中旬的指定日期在全球麦当劳餐厅同时举行抗议活动（Ritzer，1996）。

④ 请参见由Iapadre撰写的本卷第15章和Macmillan撰写的本卷第16章，文中对这些问题从国际法的视角加以分析。

间，OECD国家产品层面消费模式的经济一体化效应，结果表明跨国消费模式中存在强烈的趋同性，其程度在不同的产品类别之间存在着显著的差异。

另一方面，也有研究表明对丧失本地文化多样性的担心可能被夸大了。例如，Disdier等人（2010）研究了大量法国人的出生登记记录，并将名字出现的频率作为衡量品位的标准，以此来评估媒体与文化之间的联系。在控制了非考察命名效应之后，他们的分析表明外国媒体的确会影响父母对名字的选择，但这种影响不是很大：如果排除外国媒体的影响，只有不到5%的法国婴儿的名字会有所不同。而且，福利模拟的结果更倾向于福利收益，这是因为人们既能接触到本国媒体，又能接触到外国媒体，父母可选择的名字增多了。

尽管有关全球化与文化相互依赖关系的论述很多，但只是在不久前，各国经济学家才开始正式讨论这些问题，并将其纳入模型之中。本章首先初步概括这些最新涌现的经济学文献，使大家获得一个初步的印象，然后提出一种新的方法，将近期涌现的各种文化演变模型纳入到标准的经济学贸易模型中。我们希望这种视角能够为经济一体化、贸易、全球化和文化多样性的动态变化提供一种正式的、解析的、实证的经济学分析。

本章结构如下：在17.2节，我们讨论近期关于国际一体化对文化演变的影响的理论经济学观点。在17.3节，我们详细叙述过去十年左右研究出的文化传播和社会化的简单经济学方法，用来分析偏好的动态变化，以及偏好与社会经济活动的相互影响（Bisin and Verdier，2001，2010）。在17.4节，这一方法被应用到国际贸易的几个标准模型中。这种视角使我们能够专注于要讲述的核心问题，即国家间贸易和文化多样性之间的关系。尤其重要的是，我们会讨论在全世界范围内贸易流如何导致文化价值观收敛于同一模式。17.5节以这一课题的未来研究领域结束本章。

17.2 国际贸易和文化多样性的理论视角

传统的经济学理论假设个人对物质产品拥有明确而固定的偏好，且经济交易毫无障碍。在这样一个世界里，经济互动与文化问题完全不相关。但是，为了了解贸易、全球化、经济一体化和文化多样性方面的争议，我们必须抛弃这些基本假设。

17.2.1 供给方外部性的静态模型

17.2.1.1 交易成本

文化因素可能会导致交易成本的产生（例如，由于文化意义的不同和语言的差异而导致交流成本和协调困难）。此外，文化因素也可能提供各种机制来促进不完善的经济交易（如特定文化纽带和网络支持的社会资本和信任的情况下）。这些问题都被经济学家和社会学家深入研究过，参见Dasgupta和Ismail（2000）、Glaeser等人（2002）、Durlauf和Fafchamps（2005）、Putnam（2007）、Guiso等人（2008）的文献。更明确地说，一些有趣的贸易方面的文献研究了社会、民族和文化网络对国际产品和服务流动模式及结构的影响，参见Rauch（1999）、Casella和Rauch（2002）、Rauch和Casella（2003）、Rauch和Trindade（2002）的文献，以及Guiso等人（2009）的实证研究。

虽然本文关注的是文化的相似性或差异性给经济一体化和贸易带来的影响，但经济一体化和贸易也在影响着文化实践和文化同化。例如，Lazear（2003）通过研究外国移民对语言的掌握，发现共同的文化有助于个人之间的贸易。少数民族个人接受主要民族文化的激励与这一策略提供的贸易预期收益直接相关。然而，文化一体化成本巨大，必须耗费大量资源才能获得新的文化特征（或者学习一门新的语言）。从这一模型中可以获得三个简要的观点：(1) 文化一体化是文化群体规模的减函数。因此，文化群体越小、分布越分散，这一群体获得文化一体化的可能性就越大。(2) 来自文化一体化的经济预期越高，文化一体化的激励就越大。具体来说，共享相同文化对于参与社会经济交流越重要，少数民族群体采取一体化行为的激励就越大。(3) 从标准化的角度来看，存在一个与接受共同文化相关联的基本的外部性。实际上，少数民族个人方面的一体化会增加社会全体成员贸易的收益值，即无论少数民族或多数民族都将从中获益。

在国际贸易背景下，Kónya (2006) 对这一框架进行了延伸，提出了一个结合国际贸易的文化成本和地理成本的简单模型。在两国背景下，Kónya (2006) 推导出决定两个国家文化一体化的均衡条件。毫无意外的是，他发现大国的公民往往缺乏学习外国语言的激励。更有趣的是，他也研究了全球化对文化一体化的影响，并说明这些影响主要取决于全球化所采取的形式。具体来看，物资运输成本的降低可能有助于文化一体化，而文化标准化在模型中虽能减少文化交易成本，却具有相反的影响。最后，在 Lazear (2003) 的文献中，分散决策均衡通常缺乏效率，因为个人不会考虑自己的一体化决定对其他国家公民产生的正外部性影响。

Gabszewicz 等人 (2011) 也提出了一个有趣的外国语言习得模型。在该框架中，两个国家或地区的异质性人群使用两种语言。具体而言，人们的语言能力和个人学习成本各不相同。因此，每个人都努力使语言收益与习得一门新语言的成本差距最大化。语言学的均衡结构可以被看作两个主要参数的函数：每种人口的数量和每个国家的单位学习成本。在这一框架中，角点均衡（在此情况下，要么一个国家的全部居民都学习外语，要么全都不学）和内部均衡（两个国家的一些居民而不是全体居民学习外语）都有可能出现。与之前的文献相反，从福利的角度看，两国政府分别实施公共干预会导致产出和均衡相同的结果。然而，两国政府共同尽最大努力可能会促使两个国家学习外语的人数增多。这样一来，公共政策鼓励两个国家居民学习外语的可能性就增加了。

17.2.1.2 文化产品

个人偏好可能与社会息息相关。在这方面，文化产品通常比普通商品更容易产生需求驱动的外部性。在这一背景下，国际一体化不但通过相对价格效应和规模效应来影响需求，而且也通过影响文化特征来影响需求。Akerlof 和 Kranton (2000) 在社会心理学和社会学的基础上，将文化身份定义为建立在特定社会类别和与这些类别相联系的行为描述之上的自我形象。个人通过与他人进行联系获得文化身份，在此过程中须遵守同样的行为规范（即在同一文化群体中）。形式上，可以认为文化身份在享有相同的文化和对某些类型产品（如文化产品或人工制品）持有类似消费模式的人中具有群体的正外部性。按照这一思路，文化产品的特性来自于这样一个事实：除了其内部经济价值，对这类产品的消费还具有象征性和非金钱价值，并能够强化文化身份的意识。

以国际贸易为背景，Janeba (2007) 在这一研究方向提出了第一个有趣的模型。作者研究了自由贸易条件下文化特征对经济均衡性质的影响，并强调了贸易开放对某一特定的外源性文化群体福利的显著影响。更具体地说，文化产品被描述为网络产品，其消费效用与消费的人数正相关。因此，不同的文化群体反映了不同的网络。消费外部性的这种结构被放在标准的三种产品、两个国家竞争的李嘉图国际贸易模型中。除了合成产品，个人还必须在两种网络产品或文化产品中选择其一进行消费。个人行为取决于文化产品的价格差异；当多个网络同时存在时，也取决于相对于最大网络规模的效用损失。贸易自由化改变了文化产品的相对价格，从而驱动社会消费行为，因此，也间接地导致了人们在某一特定文化网络中的效用损失和收益。Janeba (2007) 讨论了自由贸易制度优于自给自足方式的条件。第一个结果是，如果两个国家都在自由贸易条件下保持文化多样性(例如，两种文化产品在每个国家都有消费的情况下)，贸易相对于自给自足未必是帕累托最优。实际上，即使在规模效益不变或递减、完全竞争、国家规模均等、只有一种生产要素的经典假设条件下，一些人也可能会有损失。从直觉来看，文化多样性是一把双刃剑。一方面，它意味着与价格差异相比，针对不同文化产品的品位，分布更加广泛。另一方面，消费选择的多样性意味着效用的损失。在自由贸易条件下，对于在贸易自由化后仍一直消费同一种文化产品的个人而言，损失可能更加显著。但是，在自由贸易条件下，当两个国家最终文化同质并处于同一网络中时，这就回到了传统结论，即贸易自由化优于自给自足。这些情况的确不会遭受与每个国家内部文化网络竞争相关的损失。有趣的是，这一结果似乎与当前对全球化的评论立场正相反：在这一框架中，正是由于缺乏消费模式多样性，贸易自由化才有可能产生帕累托最优。

Suranovic和Winthrop（2005）也提出了一些贸易模型，其中需求方的文化组成部分呈现出两种截然不同的方式。第一个模型假设工人在某一部门工作能够获得非金钱收益，被称为工作型文化亲和模型。在Keat（2000）和MacIntyre（1984）的社会学研究基础之上，有两位学者假设工作能够提供直接的精神收益，因为他们能够在艺术、音乐、体育等显性的文化活动中获得自我满足的机会。此外，人们通常认为对于农场主或农村劳作者而言，这些非金钱收益来自于一种内在满足感，即认为自己生活在或者从属于讲究环保或与大自然亲近的社区（Brown，1995）。这种与行业相关的文化收益有可能会阻碍跨行业资源再分配的进程。这种再分配通常会出现在贸易一体化之后，使通过这一进程本可以获得的贸易收益有所减少。Suranovic和Winthrop的第二个模型与Janeba的网络消费框架更为接近。对某一文化产品的消费取决于本地的消费正外部性。正如我们所预见的，竞争性贸易均衡在这种条件下是缺乏效率的，这说明在文化产业采取一些政府干预（借助消费补贴）是有必要的。

17.2.1.3 不完全竞争

电影、媒体、娱乐等文化产品往往以规模收益递增、创新、技术变革和不完全竞争为主。一些文献包括了部分专题，同时将国家内部的主体异质性看作分析的关键内容纳入进来。

例如，François和van Ypersele（2002）与Ramezzana（2003）假定消费者对差异性商品存在异质性偏好，并研究了在非竞争或垄断市场条件下，贸易保护的最佳程度。再如，François和van Ypersele（2002）以电影贸易为实例，说明文化产品的保护可能导致帕累托改进。在他们的模型中，消费者对视觉大片具有相同的价值观，这些电影可以通过对特效镜头进行具体的技术投资得以改进。同时，消费者对本地产的非标准化电影的评价存在横向差异，只喜欢看自己国家拍摄的电影。拍摄电影会出现规模收益递增的情况。在每个国家，电影产业都存在大片制片商和本地电影制片商的双头垄断竞争，更大的市场规模可能会导致大片采取技术投资策略，将本地电影从市场中挤出去。这样一来，一个国家内部电影供给的文化多样性就减少了。通过对大片征收最佳额度的关税，自由贸易制度可能会实现帕累托最优，从而使本地电影在两个市场都能存在。

相反，Ramezzana（2003）研究了一个垄断竞争模型，根据国家的不同，不同的文化类别可能被赋予不同的权重。结论是，贸易一体化和市场规模效应使人们欢迎大国消费者喜爱的文化类型，而小国喜爱的文化类型则不被重视。

17.2.2 贸易一体化和文化多样性的动态模型

尽管前面的方法能够在静态的框架下使我们了解文

化产品贸易的需求驱动效应和供给驱动效应，而要理解当前人们对全球化和世界各地文化多样性演变的讨论，则还需要通过动态的视角来分析。因此，这方面的研究明确承认各种偏好的内生性，并研究它们是如何受到经济交流和国际一体化影响的。

第一个明确地在国际背景下研究与文化产业相关的动态外部性的理论模型是由Rauch和Trindade（2009）提出来的。这一分析将垄断竞争和动态文化影响纳入考虑，从而延伸了Janeba（2007）的文化网络产品模型。在需求方面，他们通过分析提出了一个包含两个国家的国际贸易模型，其中各种不同的文化产品会受到静态的消费文化网络外部性的影响。该模型假设各种文化产品的外部性不仅取决于人们对该种产品的消费，还取决于人们对所有"兼容"产品的消费（即同一文化中生产的各种产品）。文化产品几乎不存在运输成本，但是外国的各种文化产品会受到国内消费者"文化贴现"的影响。

这一模型的第二个要素是消费文化产品获得的效用也会因文化产品的质量而增加，而文化产品的质量又受到以往文化产品的动态影响。这一观点认为，从供给方的角度来看，在以往文化产品生产的过程中产生的创造性观点可用于未来的文化生产中。文化产业因此具有动态溢出效应。而且，这些溢出效应对本国和外国的文化制造商都是一样的，这就使得过去的文化创造成为一种全球性的公共产品（例如文化制造商去参加电影节和音乐节）。

这一模型表明，和贸易垄断竞争模型一样，本国的相对规模越大、全球化的规模越大（国际网络和社会互动效应就越大），对外国（小国）文化产品的需求就越小，而对本国文化产品的需求就越大。在这一限定条件下，本国的相对规模存在一个限度，超出这一限度时，外国生产的文化产品会被淘汰掉。国际网络影响越大，这一限度就越低。

更有趣的是，全球化程度提高所产生的福利难以确定。各国社会交流的增加导致消费网络的外部性得以提高，但很难确定是否是这个原因使消费者在当期的效用得到提高。然而，这使得相对稀缺的外国文化产品种类相对于较充足的本国文化产品种类变得更加稀少。由于外国文化产品的种类相对稀缺，全世界的文化创造性将减弱，未来文化产品的质量也会呈下降趋势。如果跨期贴现率足够小的话，两个国家的消费者福利都会下降。最后一个结果表明，文化全球化存在一种有趣的跨时期权衡。尽管短期内全球化能够通过越来越多的社会交流产生效用收益，但是市场规模效应较大的国际竞争可能会导致未来文化多样性程度降低，文化活动减少，以及文化产品质量下降。

Bala和Van Long（2005）还分析了贸易对文化多样性的动态影响。在他们的模型里，个体是有差异的，每个人对不同类型的私人产品具有不同的偏好。偏好在各个时期都是内生的。为了进行更加精确的研究，Bala和Van Long（2005）采用了复制者动态方法。他们假设偏爱某一种产品的人数取决于前一期间具有相同偏好的人所占的比例，以及两种产品的相对价格。贸易能够影响相对的产品价格，而偏好的分布能够影响国际市场均衡价格的结构。这一分析表明，贸易可能会使一种偏好类型消失，这取决于禀赋的结构和国家的规模。

最后，Belloc和Bowles（2009）也提供了一个内生偏好演变的贸易模型，尽管他们采取的是不同的视角。他们的主要研究内容是国际贸易或要素流动条件下文化和制度多样性的存续状态。为了说明自己的观点，他们设定了两个国家、两种产品的模型，这两个国家的制度和文化都不相同。生产和分配取决于雇主的选择。要么是合伙人关系，共同享有剩余索取权；要么雇主是完全的剩余索取权获得者，雇员需要签订合同，领取固定工资。当事人可以拥有两种不同类型的偏好：雇员可能有所回报（即不辜负雇主对他们的信任，并对雇主产生信任），或者只关注自己的利益（即仅仅想要使自己的物质报酬达到最高）。最后，产品是有差异的，它们的生产取决于劳动的努力程度，因此需要一份契约来监测显性的劳动投入水平。因此，在非可见的工作因素对生产至关重要的情况下，可能还需要回报心理或积极的工作态度等社会准则来获得较高的产量。

两位学者采用了演化博弈理论的方法来设定模型，以研究契约选择（制度）和与工作道德相关的个人偏好（文化）之间的互动式动态变化。在这一条件下，使雇主利益最大化的契约类型取决于该国流行的偏好。例如，合伙人式的契约在讲究工作道德或讲究回报的社会偏好下更容易获利。同样，偏好的分布建立在文化升级的过程中。在此过程中，与不同偏好（以及它们所支持的行为）相关的收益取决于经济体中契约的分布情况。显著的偏好和契约之间隐藏的互补性使偏好和契约以显著稳定而持续的状态分布（所谓的文化制度惯例）成为可能。

由此得出三个重要的结论：

i. 多个自给自足的文化制度惯例并存自然会导致国家间在制度环境和文化环境上的差异。制度环境和文化环境与技术或要素禀赋的差异无关，是比较优势的来源。

ii. 经济一体化可能会强化而非动摇制度和文化多样性，实际上可能会阻碍转变，甚至阻碍帕累托改进的惯例。在特定的制度和文化条件下，国际贸易使国家专门生产具有相对优势的产品（或劣势相对较小的产品）。贸易的相关收益会增加雇主和雇员的收入，提高由于偏离流行的偏好和契约而可能出现的搭配不当的成本。贸易收益使制度试验的成本更高，增加文化和制度变革所面临的阻碍。因此，在开放的经济条件下，即使出现了帕累托更优的惯例，目前的惯例使全部产品与其他国家相比都具有绝对劣势，这个国家的文化制度惯例仍可能会持续很长一段时期。

iii. 与贸易不同，要素市场一体化有助于文化制度惯例的收敛。这是因为，通过改变偏好和契约之间的本地社会匹配条件，要素流动能够降低偏离自给自足的文化制度现状的预期成本，使文化演变路径更有可能朝着更好的文化制度惯例方向改变。

17.3 动态文化传播模型

在 Rauch 和 Trindade（2009）、Bala 和 Van Long（2005）与 Belloc 和 Bowles（2011）的研究中，文化动态受到外源性的驱动，而这种外源性因素直接引自达尔文在生物学中的研究文献。这种复制动力学方法主要以一种“暗箱操作”的方式描述偏好的选择机制。尽管这种方法在第一步非常有用，但是它没有说明国际一体化真正影响文化多样性的具体机制。这种方法也很难提供在全球化背景下关于文化多样性的成本和收益方面的文化政策借鉴。为了了解这些问题，需要构建一些模型，能够为演变过程提供准确的微观基础，（这种演变过程会对文化的改变产生影响）并能说明它们是如何与国际一体化相互作用的。近十年来，经济学家们（Cavalli-Sforza and Feldman，1981；Boyd and Richerson，1985）根据不断演变的人类学和人口动态研究文献所产生的文化传播模型，认为社会经济活动与偏好的改变可能会产生相互作用，并以此为基础开始构建正式的文化演变框架。在这一部分，我们来回顾这些观点。

17.3.1 外源性传播规则下的文化传播模型

Cavalli-Sforza，Feldman（1981）与 Boyd，Richerson（1985）的模型采用了简单的外源性传播规则，研究了文化传播的程式化框架，其中使用的术语清晰明确，被后来的文献广泛采用。

简化起见，假定人们的文化特征分为两种$\{A,B\}$，且具有特征$i\in\{A,B\}$的人口比例为q^i。人们生活在两个时期：儿童时期及成人期。假设每对成人父母有一个孩子，以保持人口总量L水平不变，方便起见，我们将其标准化为1。从整个社会来看，文化传播是直接纵向（父母）社会化和水平/间接社会化的结果。水平社会化是指儿童之间相互交流产生的社会化，间接社会化则由儿童和父母那一辈人之间的交流产生。具体的社会化机制见图17-1。

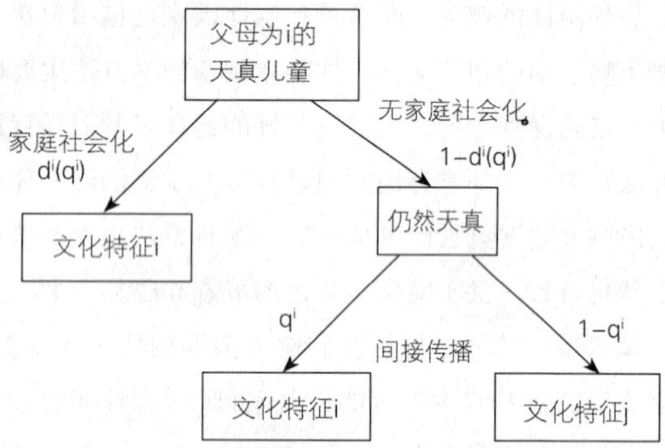

图17-1　文化传播机制

具体而言，对于处于生命中第一时期的个人（儿童）而言，我们有以下论述：

i.获得父母特征i的直接纵向社会化的概率为d^i；

ii.如果一个来自特征i的家庭的儿童没有被直接社会化（概率为$1-d^i$），那么该儿童会从人群中随机选择榜样特征，从而实现水平/间接社会化（即儿童选择特征i的概率为q^i），获得特征$j\neq i$的概率为$q^j=1-q^i$。

Cavalli-Sforza和Feldman（1981）提出的文化传播机制可以总结为下面一组等式，其中P^{ij}为具有特征i的家庭中儿童社会化为特征j的概率：

$$P^{ii}=d^i+\left(1-d^i\right)q^i \tag{17-1}$$

$$P^{ij}=\left(1-d^i\right)\left(1-q^i\right)$$

等式（17-1）意味着具有特征i的人口比例在连续的时间序列上有如下动态变化：

$$\frac{dq^i}{dt}=q^i\left(1-q^i\right)\left(d^i-d^j\right) \tag{17-2}$$

等式（17-2）也是在具有两种特征的人群动态模型生物演变中复制动态的一个简化版本。如果$\left(d^i-d^j\right)>0$，那么文化传播代表一个偏向于特征i的选择机制，原因在于纵向社会化是有差异的。当人口中存在足够的差异时，这一选择机制会变得更加强大（即选择的速度会更快），由$q^i\left(1-q^i\right)$来表示，它反映的是人口中的类型方差。如果$q^{i*}=0$，或者$q^{i*}=1$，那么人口动态q^{i*}的静止状态在文化上是均质的。相反，如果$0<q^{i*}<1$，则认为状态q^{i*}在文化上是异质的。描述人口动态的微分方程的解决方案路径用$q^i\left(t,q_0^i\right)$来表示，$q^i\left(t,q_0^i\right)$是在时间t里q^i的值。当$t=0$时，q^i的值为q_0^i。

对等式（17-2）进行简单分析可以得出以下结果，这是由Cavalli-Sforza和Feldman首先提出的：

假设$\left(d^i,d^j\right)$是外生的，并且$d^i>d^j$。①在这种情况下，人口动态的均衡状态是文化同质的。而且，在任何$q_0^i>0$的最初条件下，该系统的动态变化都单调收敛于$q^*=1$。但是如果$d^i=d^j$，那么只要$t\geqslant 0$，就有$q^i\left(t,q_0^i\right)=q_0^i$。

换言之，正如Cavalli-Sforza和Feldman所提出的模型，文化传播的选择机制长期使文化同质化。在长期，纵向传播概率最大的文化特征将会在人口中凸现出来。显然，这样的框架很难解释在全世界都能观察到的文化特征的可见弹性（Bisin and Verdier，2010），而只能解释$d^i=d^j$时的特殊情况。

更有趣的是，前面的框架可以延伸，允许由频率决定的直接社会化概率的存在：

$$d^i=d\left(q^i\right),d^j=d\left(1-q^i\right)$$

从而产生更加有趣、更加复杂的人口动态。然而，问题的关键在于，哪些因素决定了这种社会化概率的具体形态。在Boyd和Richerson（1985）的文献中，由频

---

① 显然，$d^j>d^i$的情况是对称的，因为i和j是随意指定的。

率决定的直接社会化概率所采用的机制是外源性的，不能用模型来精确表示。因此，它不能详细地告诉我们社会经济交流，尤其是全球化，会如何影响文化变革的进程。

接下来，我们讨论一个简单的经济学框架，它能够从微观角度解释频率决定的社会化速度。正如我们将要看到的，这个方法具有很强的适用性，可以帮助我们理解国际一体化是如何与文化变革进程相互作用的。

17.3.2 文化传播的简单经济学模型

在 Cavalli-Sforza 和 Feldman 的基础上，Bisin 和 Verdier（2000a，b；2001）介绍了文化特征传播过程中父母有意识的社会化选择，[①]从而使直接社会化概率 d^i、d^j 内生化。其核心观点是父母的社会化选择受到不完全移情作用或家长式作风的驱动，这是偏向父母所持文化特征的利他主义形式：父母会关注子女的选择，但是他们会以自己的偏好来衡量子女的选择。

为了举例说明这一点，假设 X 是一个抽象选择集，包含与个人的经济和社会生活相关的全部选择。文化特征由人们对该集合中要素的偏好来表示。具体来说，每个人（父母或子女）都会选择 $x \in X$，以使效用 $u^i: X \to \mathfrak{R}$ 最大化，其中文化特征 $i \in \{A, B\}$。令 V^{ij} 表示自己具有文化特征 i 而其子女具有文化特征 j 的父母的效用，$i, j \in \{A, B\}$。不完全移情的假设可以表示如下：

在以下条件下，偏好可以描述为不完全移情：对于所有的 i, j，$V^{ij} = u^i(x^j)$，其中 $x^j = \arg\max_{x \in X} u^j(x)$。[②]

只要 V^{ii} 和 V^{ij} 与 q^i 不相关，不完全移情就意味着 $V^{ii} \geqslant V^{ij}$，其中一般性偏好 $u^i(x)$ 和 $u^j(x)$ 严格不相等。但重要的是，当个人进行社会交流的时候，V^{ii} 和 V^{ij} 会成为 q^i 的函数。在这种情况下，不完全移情的条件未必在任何情况下都适用。实际上，它可能由个人之间社会经济交流的性质内生决定。这一特性在全球化和国际一体化的情况下尤为重要，我们将在后面加以论述。

当 $V^{ii} \geqslant V^{ij}$ 时，父母具有让其子女接触自己的文化特征的激励。然而，这种接触或社会化需要付出很大代价，也需要耗费父母的资源（例如，花时间陪伴子女、支付私立学校学费、向教堂捐钱等）。可以用 $C(d^i)$ 来表示这类社会化成本，其中 d^i 是具有特征 i 的父母将自己的特征直接社会化的概率。父母社会化选择的值可以如下表示[③]：

在等式（17-1）和等式（17-2）的条件下，$W^i(q^i) = \max_{d^i \in [0,1]} - C(d^i) + P^{ii}V^{ii}(q^i) + P^{ij}V^{ij}(q^i)$。

我们可以得出最佳社会化努力 $d(q^i, \Delta V^i)$，作为一阶条件的解：

$$C'(d^i) = (1 - q^i)\Delta V^i \quad (17\text{-}3)$$

其中，$\Delta V^i = V^{ii} - V^{ij}$ 测量具有与父母相同文化特征的儿童的相对值。我们把 ΔV^i 称作特征 i 的文化不相容。

具有特征 i 的那部分人的人口动态现在由等式（17-2）决定，由等式（17-3）中的 $d^i = d(q^i, \Delta V^i)$，$d^j = d(1 - q^i, \Delta V^j)$ 计算得出。Bisin 和 Verdier（2001）证明了以下结果：

假设 (d^i, d^j) 如等式（17-3）所示是内生决定的。人口动态具有三种可能的静止状态：$q^{i*} = 0$ 或 $q^{i*} = 1$（文化同质静止状态），以及 $q^i \in (0,1)$（文化异质状态）。此外，对于任何 $q_0^i \in (0,1)$，文化同质静止状态是不稳定的，而文化异质静止状态在各处都是稳定的。

因此，这一文化传播的经济模型能够预测文化异质性。Bisin 和 Verdier（2001）将其推而广之，提出了长

① 请参阅 Bisin 等人（2004）的文献，了解以婚姻和民族与宗教特征为背景的实证研究。

② 为了避免出现零解的情况，我们假设 $x^A \neq x^B$。

③ 父母的社会化选择与他们的 $x \in X$ 选择无关，因为偏好具有可分性。

期社会化机制产生文化异质性或同质性的精确条件。直觉上，当属于小型文化群体的父母面临着相对较高的激励去使自己的子女接触本文化群体的特征时，文化异质性就有可能产生。严格来说，当社会化机制满足以下条件时，就会出现这种情况：

文化替代：对于任何$\Delta V^i > 0$，$d^i(q^i, \Delta V^i)$都是q^i的连续的、严格递减的函数，而且，$d^i(1, \Delta V^i) = 0$。

当直接纵向传播作为间接传播的文化替代时，父母的文化价值在人口中越是占主流，父母让其子女接触其他文化的激励就越小。在类型i的完全同质人口中，类型i的父母并不会直接与子女进行社会化交流。他们更喜欢依靠社会来完成这件事。另一方面，来自超小型文化群体i（人口频率接近$q^i = 0$）的父母，则有更大的激励让子女通过纵向社会化进行社会化交流，因为这是其子女真正获得这一文化特征的唯一途径。结果，社会化模式使这一系统偏离了完全同质性：$q^i = 0$和$q^i = 1$在当地都是等式（17-2）的不稳定静态。在与具有异质性的人口q^{i*}相关的这一独特的持续状态中值得注意的是，它处于（0，1）的整个区间。Bisin和Verdier（2001）证明了只要直接纵向社会化能够取代间接/横向社会化，就会出现文化异质性。

相反的情况是文化互补，这时$d^i(q^i, \Delta V^i)$中的q^i在递增。在这种情况下，具有特征i的父母的社会化努力会随着这一特征在人口中的增加而增加。直接纵向传播和间接传播在某种程度上被互补性联系在一起。例如，当某一特征i的社会化要求儿童在社交环境中接触到具有特征i的榜样的人数达到最低标准时，就会出现这种情况。在这种情况下，随着这一特征出现频率的增加，特征i的文化社会化技术表现出规模收益递增。这就会产生规模效应，能够抵消前面所指出的文化替代的力量。如Bisin和Verdier（2001）所表明的，足够强大的文化互补性能够使人口中文化特征的分布动态状况趋向同质。

文化特征的人口动态中文化替代与文化互补的作用如图17-2a和图17-2b所示①。

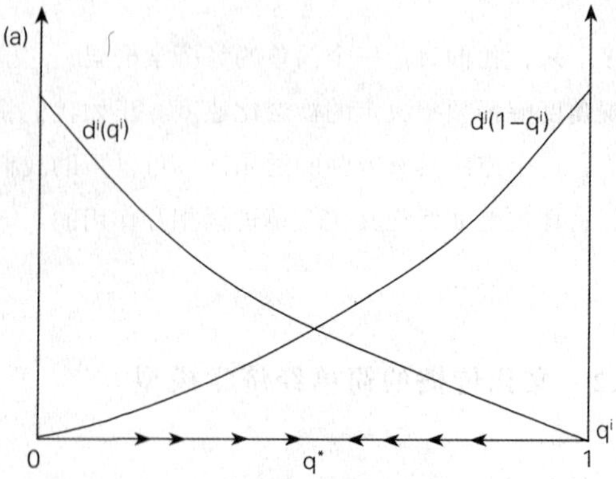

图17-2a　文化替代

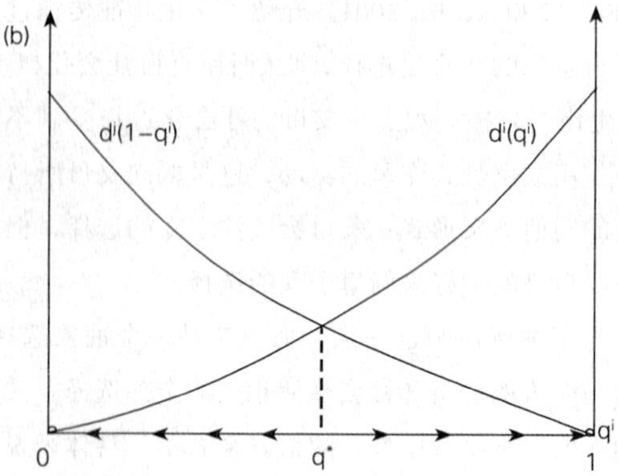

图17-2b　文化互补

图17-2a体现的是文化替代条件下，具有文化类型i的主体的代际文化传播率的比例q^i在递减。这导致了一种动态趋势，即在长期异质性文化人口中，这一系统能从$q^i = 0,1$的角点，朝着内部稳态$q^{i*} \in (0,1)$移动。图17-2b显示了文化互补条件下，具有特征类型i的主体自身的文化传播率所占的比例q^i在递增；同时，文化动态朝着角点稳态$q^i = 0,1$的方向移动。根据不同的初

① Bisin和Verdier(2001)为可能出现的两种文化社会化技术提供了明确的微观基础。

始状态，这一系统向全部为a类型或b类型的人口收敛。在这种情况下，历史的作用非常重要：最初状态为$q_0^i < q^{i*}$的社会（或者$q_0^i > q^{i*}$）将会出现文化同质人口，这时$q^i = 0$（或者$q^i = 1$）。

在我们目前所描述的文化传播模型中，父母的社会化取决于父母具有与自己相同文化特征的子女的相对价值，即ΔV^i，我们将其称作对于特征i的文化不相容。到目前为止，ΔV^i都被当作外生偏好参数来对待。但是，在许多情况下，这一假设具有太多局限性。由于各种原因，ΔV^i可存在内生性。例如，当个人与市场发生互动时，其间接效用可能取决于价格和收入等经济变量，也会取决于由社会类型所决定的政策结果，因此，这种间接效用会受到社会主要文化特征分布的影响。同样，在战略和匹配互动的情况下，个人获得的收益可能受到文化特征在人群中分布的影响。在所有这些情况下，有理由预期文化不相容ΔV^i是内生的。虽然ΔV^i的内生性对于社会化和人口动态的意义需要采用案例逐个研究，然而将分析简化有利于从诸多案例中提炼出一些重要的共同点。

例如，假设每个人（父母或子女）都会选择$x \in X$，以使$u^i(x, q^i)$最大化，$i \in \{A, B\}$。这样，在不完全移情作用的条件下，文化类型i的父母是否直接社会化取决于$\Delta V^i(q^i) = u^i(x^i, q^i) - u^i(x^j, q^i)$。$\Delta V^i$内生性的第一个基本意义在于，当文化不相容$\Delta V^i$取决于$q^i$时，不完全移情作用并不一定意味着$\Delta V^i(q^i) \geqslant 0$。实际上，接触父母文化特征的社会化活动可能会让孩子在社会环境q^i中处于不利地位。虽然父母偏好采用不完全移情作用来与子女分享自己的文化特征，但是，这一偏好也取决于父母对其子女所拥有的经济和社会条件的预期。理论上，不同的经济和社会条件会促使父母让其子女接触与自己不同的文化特征。

而且，在$\Delta V^i(q^i)$的内生价值存在的条件下，文化特征演变的动态系统可以表示为：

$$\dot{q}^i = q^i(1 - q^i)[d(q^i, \Delta V^i(q^i)) - d(q^j, \Delta V^j(q^j))]$$

虽然文化替代足以保证人口动态趋近于文化异质性，但要产生能够满足文化替代的直接社会化函数$d^i(q^i)$，还需要对$\Delta V^i(q^i)$再提出一个假设。具体而言，我们将社会战略替代和社会战略互补描述如下。

社会环境在如下条件下主要表现为社会战略替代：

$$\frac{\partial}{\partial q^i} \Delta V^i(q^i) < 0$$

社会环境在如下条件下主要表现为社会战略互补：

$$\frac{\partial}{\partial q^i} \Delta V^i(q^i) > 0$$

容易看到，如果直接和间接社会化机制都是文化替代，那么社会战略替代就会使直接社会化函数$d^i(q^i)$的导数为负。实际上，我们可以得到：

$$d^{i'}(q^i) = \frac{\partial d(q^i, \Delta V^i(q^i))}{\partial q^i} + \frac{\partial d(q^i, \Delta V^i(q^i))}{\partial \Delta V^i}\left[\frac{\partial}{\partial q^i} \Delta V^i(q^i)\right] < 0 \quad (17\text{-}4)$$

等式（17-4）等号右边的第一项为负，因为直接和间接社会化都是文化替代。等号右边的第二项也为负。实际上，因为假设存在社会战略替代，所以$\partial d(q^i, \Delta V^i)/\partial \Delta V^i$为正（当其他值不变的时候，文化不相容$\Delta V^i$的值越大，产生的社会化程度就会越高），而$\partial \Delta V^i(q^i)/\partial q^i$为负。因此，我们有下列结论：

在存在社会战略替代的社会环境下，人口动态的均衡状态为$q^{i*} = 0$或者$q^{i*} = 1$（文化同质静止状态）以及$q^{i*} \in (0,1)$（文化异质状态）。而且，从整体来看，对于任何$q_0^i \in (0,1)$，都有$q^i(t, q_0^i) \to q^{i*} \in (0,1)$。

社会战略替代确保小型文化群体从社会化交往中获得相对较大的收益，并且不受社会化机制的影响。在这种情况下，社会交往中进行文化传播的激励强化了社会化机制中固有的文化替代的力量。在长期的人口文化特征中，多样性得以保留。

在社会战略互补的条件下，情况正相反。随着群体的频率分布变小，小型文化群体面临着较小的（甚至可能为负的）社会化收益。根据文化替代强度的不同，在这种情况下，小型群体可能会接受多数群体的文化特征，也可能不会。尤其是社会战略互补足够强大的时候，整体的社会化曲线$d^i(q^i)$可能随q^i而递增，即使在社会化过程中纵向和间接榜样是文化替代的时候也是如此。在这种情况下，文化动态将会导致长期人口的文化同质性。

一些文章研究了这一领域各种文化特征的传播：学者们对具体的社会经济交流建立了模型，得到了$\Delta V^i(q^i)$的递减形式，并将文化传播模型应用于人口动态研究。①下面，我们将应用这一方法来讨论世界经济中国际贸易一体化与文化多样性的动态变化相互作用的渠道。

17.4 文化传播与竞争性经济交流

研究全球化（特别是贸易）是如何与文化多样性相互作用的第一个好方法是在经济主体相互作用、相互交流的标准市场竞争一般均衡框架下，探讨个人偏好如何演变。在贸易理论中，这些模型用常见的供给方比较优势来解释地区或国家间的生产和交换模式。重要的是，当偏好为内生而且可以在代际间传播时，由于能够产生标准的瓦尔拉斯价格效应，也会导致文化传播中的社会战略替代效应。

下面用一个简单的交换经济来说明这一点。经济中存在两种产品，$l=1,2$；并将人口规模标准化为$L=1$。每个主体都拥有相同的个人禀赋，$\omega=(\omega_l)_{l=1,2}$，但是人们对两种产品的偏好是不同的：类型$i=A$的人比$i=B$的人更加偏好产品1，反之，$i=B$的人更加偏好产品2。为了便于理清思路，偏好可以这样得出：②

$$u^A(x_1,x_2)=x_1，且u^B(x_1,x_2)=x_2$$

因而，A类型的人只在乎产品1，B类型的人只在乎产品2。两种产品的价格向量为$(p_l)_{l=1,2}$。为了不失去一般性，我们将产品1确定为等价物，用$p=p_2/p_1$来表示产品2相对于产品1的价格，这样就可以得出两种类型消费者的瓦尔拉斯需求函数：

$$x_1^A(p)=\omega_1+p\omega_2，\ x_2^A(p)=0$$

$$x_1^B(p)=0，\ x_2^A(p)=\frac{\omega_1}{p}+\omega_2$$

在某一代人的t时期，令A类人和B类人所占比例分别为$q_t^A=q_t$，$q_t^B=1-q_t$。那么，产品2的相对市场出清价格p由下式决定：

$$q_t x_1^A(p)+(1-q_t)x_1^B(p)-\omega_1=0 \qquad (17\text{-}5)$$

使得：

$$p(q_t)=\frac{1-q_t}{q_t}\frac{\omega_1}{\omega_2}$$

显然，产品2在均衡时的相对价格$p(q_t)$是q_t的递减函数，因为A类人偏好产品1。

对于生活在t时期的类型i的父母而言，其文化传播的不相容参数ΔV_t^i（其中$i=A,B$）可以通过以下公式算得：

$$\Delta V_t^A=u^A(x_{t+1}^{Ae})-u^A(x_{t+1}^{B^e})=\frac{\omega_1}{q_{t+1}^e}$$

---

① 部分相关研究如下：Olcina和Penarrubia（2004）对延迟条件下其他相关偏好的研究；François（2002）与François和Zabojnik（2005）对社会资本的研究；Sáez-Martí、Zenou（2012）与Senik、Verdier（2011）对劳动价值观和劳动力市场的民族歧视的研究；Bidner和Francois（2011）对非正式机构演变的研究；Hiller（2008）对符合社会规范的偏好和公司文化的研究；Frot（2009）和Michaud（2009）对工作价值观和社会或失业保险的研究。

② 下面的结果适用于更一般性的偏好结构$u^A(x_1,x_2)$和$u^B(x_1,x_2)$，因此，$\forall x_1,x_2:\frac{\partial u^A(x_1,x_2)}{\partial x_1}>\frac{\partial u^B(x_1,x_2)}{\partial x_1},\frac{\partial u^B(x_1,x_2)}{\partial x_2}>\frac{\partial u^A(x_1,x_2)}{\partial x_2}$。

$$\Delta V_t^B = u^B\left(x_{t+1}^{Be}\right) - u^B\left(x_{t+1}^{A^e}\right) = \frac{\omega_2}{1-q_{t+1}^e}$$

其中，x_{t+1}^{ie}是父母对类型i的子女成年时期（即t+1时期）的期望均衡消费模式；q_{t+1}^e是t时期父母对子女成年后的t+1时期多数人占比的预期。各种假设都基于父母对其子女将要生活的社会的预期。简化起见，假设这些预期是短视的，则有$q_{t+1}^e = q_t$①。因此有：

$$\Delta V_t^A = \Delta V^A\left(q_t\right) = \frac{\omega_1}{q_t}, \quad 且 \quad \Delta V_t^B = \Delta V^B\left(1-q_t\right) = \frac{\omega_2}{1-q_t}$$

容易看到，$\Delta V^i\left(q^i\right)$随$q^i$而递减，因此会产生社会战略替代。原因很简单，人口中对某一产品的具体偏好结构所占的比例越大，对该产品的总需求就越大，因此，在瓦尔拉斯竞争均衡中这一产品的相对价格就越高。价格效应使父母不愿意将这种偏好传给自己的子女，从而导致社会战略替代。

由此，社会中驱动偏好演变的动态等式可以写为：

$$q_{t+1} - q_t = q_t\left(1-q_t\right)\left[d^A\left(q_t\right) - d^B\left(q_t\right)\right]$$

且：

$$C'\left(d^A\left(q_t\right)\right) = \left(1-q_t\right)\Delta V^A\left(q_t\right) = \frac{\left(1-q_t\right)}{q_t}\omega_1$$

$$C'\left(d^B\left(q_t\right)\right) = q_t\Delta V^B\left(1-q_t\right) = \frac{q_t}{\left(1-q_t\right)}\omega_2$$

由此可得，文化异质性将得以保留。实际上，在$d^A\left(q^*\right) = d^B\left(q^*\right)$的条件下，内部持续稳定状态中类型A在人口中所占比例为$q^* \in (0,1)$，因此：

$$q^* = \frac{\sqrt{\omega_1}}{\sqrt{\omega_1} + \sqrt{\omega_2}}$$

有两点需要注意：

第一，由于存在文化传播，人口中偏好传播的持续状态取决于经济中供给方的因素，也即每个人的最初禀赋向量(ω_1, ω_2)。因此，经济中的需求方长期会受到供给方基本情况的影响。这种情况令人想起马克思的唯物主义，即品位和偏好会受到环境中唯物主义因素的影响，且在这一环境中偏好会逐渐演变。

第二，$q^* = q^*\left(\omega_1/\omega_2\right)$只取决于相对禀赋，而且随$\omega_1/\omega_2$递增。最后一个特性解释了所谓“本土偏好倾向效应”存在的合理性，即偏好会朝着经济中产量充足的产品倾斜。在目前研究的简单交换的经济条件下，产品1的相对禀赋越充足，从长期来看，对产品1具有强烈偏好的A类人口所占比例就越大。这一结果从直觉上很好理解。由于标准的瓦尔拉斯价格效应，经济中产品1的禀赋和供给越充足，在竞争性市场中，它在均衡时的相对价格就越低。因此，与类型B的父母相比，类型A的父母向子女传播他们的特征（向消费较便宜的产品1倾斜）的可见收益会增加。产品1的相对价格对文化传播的这种区别效应使得特征A比特征B具有更高的传播率，最终导致人口中偏好产品1的人口比例更大，并且这种状态能够持续存在。

这一模型可以很容易地延伸到两个国家交换的经济模型中。假定两国存在国际贸易，对产品1和产品2的偏好仍按照前面的过程在代际传播。定义两个国家为本国H和外国F。在每个国家内部h = H,F，人口规模为L^h，且全部人口在其成年时期对产品1和产品2都具有相同的个人禀赋矢量$\omega^h = \left(\omega_i^h\right)_{i=1,2}$，然后令$q_t^h$表示t时期在h国类型为i = A的成年人口所占的比例，立即可以得出每个国家h中每种类型的消费者（A和B）的瓦尔拉斯需求函数为$\left(x_i^{Ah}(p)\right)_{i=1,2}\left(x_i^{Bh}(p)\right)_{i=1,2}$。在自由贸易的条件下，产品2的市场出清相对价格p可以表示为：

$$p = p\left(q_t^H, q_t^F\right) = \frac{L^H\left(1-q_t^H\right)\omega_1^H + L^F\left(1-q_t^F\right)\omega_1^F}{L^H q_t^H \omega_2^H + L^F q_t^F \omega_2^F}$$

① 显然，另一种情况是假设父母的预期是理性的（即$q_{t+1}^e = q_{t+1}$）。这时父母比较有远见，对于$\left[q\left(t, q_0\right)\right]_{t \geq 0}$可能产生多重理性均衡路径。更多内容请参阅Bisin，Verdier（2001）以及Bisin，Verdier（2005）的文献。

文化不相容参数可以写作：

$$\Delta V_t^{A,h} = \Delta V_t^{A,h}\left(q_t^H, q_t^F\right) = \omega_1^h + p\left(q_t^H, q_t^F\right)\omega_2^h$$

$$\Delta V_t^{B,h} = \Delta V_t^{B,h}\left(q_t^H, q_t^F\right) = \frac{\omega_1^h}{p\left(q_t^H, q_t^F\right)} + \omega_2^h$$

研究了两个国家文化传播的动态等式之后，我们得出稳态必须满足的条件：

$$\frac{1-q^h}{q^h} = \frac{\dfrac{\omega_1^h}{p\left(q^H, q^F\right)} + \omega_2^h}{\omega_1^h + p\left(q^H, q^F\right)\omega_2^h} = \frac{1}{p\left(q^H, q^F\right)}$$，其中 $h = H, F$。

由此可以得出内部稳态在国家间是对称的，即 $q^H = q^F = q^{T*}$，q^{T*} 则为：

$$q^{T*} = \frac{\sqrt{\omega_1^w}}{\sqrt{\omega_1^w} + \sqrt{\omega_2^w}}$$

其中，$\omega_1^w = L^H\omega_1^H + L^F\omega_1^F$ 与 $\omega_2^w = L^H\omega_2^H + L^F\omega_2^F$ 为经济总量中产品1和产品2的总禀赋。还需要注意，长期稳态下在H国和F国中A类人所占的比例 q_T^* 与世界禀赋相对总值 ω_1^w/ω_2^w 正相关。由此，我们得出两个有趣的结论。假设在贸易一体化之前，每个国家 $h = H, F$ 都已设定了自给自足的长期文化稳定状态：

$$q_{\text{autarky}}^h = \frac{\sqrt{\omega_1^h}}{\sqrt{\omega_1^h} + \sqrt{\omega_2^h}}$$

那么，贸易一体化会导致两个国家间的偏好曲线呈现文化收敛状态。

$$\frac{\omega_1^H}{\omega_2^H} > \frac{\omega_1^F}{\omega_2^F}$$

这意味着H国在产品1方面具有比较优势（而F国在产品2方面具有比较优势）。注意，这就是说 $q_{\text{autarky}}^H > q_{\text{autarky}}^F$，即每个国家都对本国具有比较优势的那种产品有本土消费偏好倾向。因此有 $\omega_1^w/\omega_2^w \in \left[\frac{\omega_1^F}{\omega_2^F}, \frac{\omega_1^H}{\omega_2^H}\right]$，从而：

$$q_{\text{autarky}}^H > q^{T*} > q_{\text{autarky}}^F$$

也就是说，在贸易一体化和向着相同的全球化偏好模式收敛之后，每个国家对自己具有比较优势的产品的偏好都会有所减弱。和自给自足的情况相比，H国偏好产品1的人所占的比重会减少，而F国偏好产品2的人所占的比重也会减少。在这一简单的条件下，国际贸易能够导致各国文化趋同，同时会从根本上减少两个国家偏好的本土倾向效应。

17.5 要素禀赋、贸易与文化收敛

虽然前面的结果取决于我们选取的交换型经济范例的具体条件，但其量化结果的本质却可以推而广之。这一结果就是：竞争条件下的贸易往往会保留国家内部的文化多样性，并有可能是促使文化在国家间收敛的重要因素。更重要的是，前面的逻辑同样可以应用于边际成本递增的生产型经济中。

例如，一个有趣的案例是：在标准的赫克歇尔-俄林模型中，国家间的竞争性贸易源于其要素禀赋差异。更准确地说，假设世界上有两个国家 $h = H, F$，存在两种产品 $i = 1, 2$，有资本K和劳动力L两种生产要素。在每个国家h，生产是在竞争条件下进行的，且采用标准的规模收益不变的凸性技术。为了便于分析，假设产品1是比产品2更为资本密集型的产品。将产品1作为等价物，设p为产品2的相对价格，同时设w和r分别为劳动力和资本的要素价格。

在每个国家h，人口规模 L^h 由个人组成，每个人都拥有1个单位的劳动力和 K^h/L^h 单位的资本。同样，人们对于两种产品的偏好是不同的：$i = A$ 型的人比 $i = B$ 型的人更偏好产品1；反之，$i = B$ 型的人更加偏好产品2。我们假设偏好是类似的：

$$u^i\left(x_1, x_2\right) = \varphi^i\left(\frac{x_1}{x_2}\right)x_2,\quad i = A, B$$

其中，$\varphi^i\left(\frac{x_1}{x_2}\right)$ 是递增的严格凹函数，满足适当的稻田条件。我们还假设：

$$\frac{\varphi'_A(z)}{\varphi^A(z)} > \frac{\varphi'_B(z)}{\varphi^B(z)}$$

因此，对于类型A的消费者而言，产品1和产品2的边际替代率要比类型B的消费者高。

马歇尔需求可以由下式得出：

$$x_1^i(p, I^h) = \frac{\theta^i(p)}{p + \theta^i(p)} I^h, \quad x_2^i(p, I^h) = \frac{1}{p + \theta^i(p)} I^h$$

其中，$I^h = rK^h/L^h + 1$是h国的个人收入，$\theta^i(p) = x_1^i/x_2^i$是$p = \frac{\varphi^i(\theta^i)}{\varphi'^i(\theta^i)} - \theta^i$的解。

在附录的A1命题中，我们给出以下结果：

在标准假设条件下，h国的自给自足均衡意味着，均衡时产品2的相对价格$p = p(q_t^h/1 - q_t^h, K^h/L^h)$是唯一的，且随$q_t^h$递减，随$K^h/L^h$递增。

而且，在t时期生活在h国的类型i的父母，其文化传播的文化不相容参数为$\Delta V_t^{i,h}$，其中$i = A, B$且$h = H, F$。该不相容参数为：

$$\Delta V_t^{i,h}(p_{t+1}^e) = \left[\frac{\varphi^i(\theta^i(p_{t+1}^e))}{p_{t+1}^e + \theta^i(p_{t+1}^e)} - \frac{\varphi^i(\theta^j(p_{t+1}^e))}{p_{t+1}^e + \theta^j(p_{t+1}^e)}\right] I^h,$$

$$i \neq j$$

在自给自足条件下，每个国家h的偏好传播仍然存在，并可由下列动态方程来表示：

$$q_{t+1}^h - q_t^h = q_t^h(1 - q_t^h)[d_t^{A,h} - d_t^{B,h}] \tag{17-6}$$

这是h国在t时期的最佳直接社会化程度，即$d_t^{A,h}$，$d_t^{B,h}$条件下的计算结果。①

在自给自足条件下，偏好分布的稳态需满足条件$d^A = d^B$：

$$\frac{1 - q^h}{q^h} = \frac{\Delta V^{B,h}\left(p\left(\frac{q^h}{1 - q^h}, K^h/L^h\right)\right)}{\Delta V^{A,h}\left(p\left(\frac{q^h}{1 - q^h}, K^h/L^h\right)\right)} \tag{17-7}$$

注意，文化不相容参数取决于q^h，进而取决于产品2的相对价格$p = p(q^h/1 - q^h, K^h/L^h)$。显然，等式（17-7）中描述的文化稳态的本质特征取决于社会战略替代和社会战略互补哪一个占优势。

总体来说，$\partial\Delta V_t^{i,h}/\partial p$的符号是不确定的。实际上，这两个效应的方向正相反。为了弄清这一点，我们以A类人为例。因为这些人的最佳消费模式倾向于产品1，产品2的相对价格提高会使这些人很愿意看到自己的子女产生倾向于产品1而不是产品2的消费态度。因此，这种效应往往会增加这些人将自己的文化特征$\Delta V^{A,h}$传递给子女的收益。另一方面，随着p的增加，甚至类型B的人往往也会替代对产品2的消费，采取倾向于产品1的消费态度，因而更加接近A类人的最佳消费态度。这一影响往往会减少类型A父母期望其子女成为类型B的成本，这就意味着$\Delta V^{A,h}$的值会减少。当产品间的替代可能性不太大，而且类型B的人不能够很好地调整自己的行为以应对p的变化时，第一个正面效应就超过了第二个负面效应，这时$\partial\Delta V^{A,h}/\partial p > 0$。②由于均衡价格$p = p(q^h, K^h/L^h)$是$q^h$的减函数，因此，$\partial\Delta V^{A,h}/\partial q^h < 0$而且社会战略替代对A组人来说是较优选择。

一个与此相对应的观点认为，当产品之间的替代可能性不太大，而且类型A的人无法根据p的变化对自己的行为进行太大调整的时候，$\partial\Delta V^{B,h}/\partial p < 0$。由于均衡价格$p = p(q^h, K^h/L^h)$是$q^h$的减函数，因此$\partial\Delta V^{B,h}/\partial q^h = -\partial\Delta V^{B,h}/\partial(1 - q^h) > 0$，而且社会战略替代对B组人来说仍然较优。在附录命题A3中有和这些效应相关的更多细节。

当社会战略替代对两组人来说都是较优选择时，等

---

① 最佳直接社会化程度$d_t^{A,h}$和$d_t^{B,h}$取决于$p_{t+1}^{h,e}$，即在下一时期预期均衡状态下产品2的相对价格，这一价格取决于t时期的父母对A类人在下一时期所占比例（即$q_{t+1}^{h,e}$）的预期。简化起见，我们仍然可以假设该预期（即$q_{t+1}^{h,e} = q_t^h$，从而有$p_{t+1}^{h,e} = p_t^h$）是短视的。还要注意，等式（17-6）是等式（17-2）的离散时间形式。

② 当函数$\varphi^B(z)$足够凹的时候就会出现这种情况。细节请见附录中命题A3。

式（17-7）的右边是 q^h 的增函数。由于等式的左边 q^h 递减，当 $q^h=0$ 时等于0，在 $q^h=1$ 时等于∞，那么等式（17-7）就界定了一个唯一解：

$$q^h_{autarky}=\tilde{q}\left(K^h/L^h\right)$$

因为 $p\left(q^h_t, K^h/L^h\right)$ 中的 K^h/L^h 递增，所以 $q^h_{autarky}$ 是相对要素禀赋 K^h/L^h 的增函数。在文化稳定状态下，需求方的消费分布取决于供给方的基本条件。通常，在这个赫克歇尔-俄林模型的背景下，可以得到罗伯津斯基定理在文化分布方面的应用。

文化模式的罗伯津斯基定理：当社会战略替代在文化传播中处于优势地位时，某一要素禀赋的增加会导致偏好相对密集地利用该生产要素的产品的个人所占比例在长期有所增加。

换言之，一个国家的资本禀赋 K^h/L^h 相对较多的话，偏好资本密集型产品的个人长期来看所占比例会增加。由于我们假设产品1是比产品2更加资本密集的产品，这就意味着A类人的偏好在文化稳定的状态下出现的频率更高（即 $q^h_{autarky}$ 中的 K^h/L^h 递增）。这一结果也意味着对于这样的产品人们会自然地产生家庭偏好，即能够在本国以相对较低的成本生产出来，从而使该国具有相对优势的产品。

现在来分析两个国家间国际贸易的效应。为了便于分析，假设要素禀赋如下：

$$\frac{K^H}{L^H}>\frac{K^F}{L^F}$$

因此，H国对产品1拥有比较优势，F国对产品2拥有比较优势。延续上面的分析，再次假设社会战略替代占优势地位，可以得到：

$$q^H_{autarky}>q^F_{autarky}$$

我们假设，在该国经济开放、允许自由贸易之前，偏好收敛于每个国家的价值观。而且，按照传统的情况，在自由贸易条件下要素禀赋满足要素的价格趋向均等化的条件。在每个时期，产品2的国际相对价格能够使对产品2的世界相对总需求等于世界相对总供给，结果是世界均衡价格 p^f_t 满足以下条件：

$$p^f_t=p\left(\frac{\sum_{H,F} q^h_t L^h}{\sum_{H,F}\left(1-q^h_t\right)L^h}, \frac{K^W}{L^W}\right)$$

其中第一个自变量递减（因为 $\theta^A(p)>\theta^B(p)$），而且第二个自变量也递减，因为产品1是资本密集型产品，而产品2是劳动密集型产品。

文化动态的分析表述非常棘手，但是自由贸易条件下内部稳态中偏好的分布却很容易描述。这需要每个国家h满足条件 $d^{A,h}=d^{B,h}$。因此：

$$\frac{1-q^h_{Trade}}{q^h_{Trade}}=\frac{\Delta V^B\left(p^f\right)}{\Delta V^A\left(p^f\right)} \qquad (17\text{-}8)$$

这意味着会出现对称的内部持续状态 $q^H_{Trade}=q^F_{Trade}=q^{T*}$，使得：

$$\frac{1-q^{T*}}{q^{T*}}=\frac{\Delta V^B\left(p^f\right)}{\Delta V^A\left(p^f\right)}$$

而且①：

$$p^f=p\left(\frac{q^{T*}}{1-q^{T*}}, \frac{K^W}{L^W}\right)$$

比较等式（17-7）和等式（17-8），可得：

$$q^H_{autarky}>q^{T*}>q^F_{autarky}$$

可见，在社会战略替代的条件下，这种对称的内部持续状态 q^{T*} 在本国是稳定的（参见附录中命题A4的证明）。因此在长期，两个地区实现自由贸易一体化之后会出现偏好分布收敛。与赫克歇尔-俄林贸易理论相一致，H国拥有相对丰富的资本禀赋，会出口资本密集型产品。而且，在贸易一体化之后，长期偏好该国出口产品（即资本密集型产品）的人口比例会减少。相反，另一个国家F国有更高比例的人口偏爱其进口的资本密集型产品。在某种意义上，通过出口该国具有竞争优势

① 注意：内部持续状态必然是对称的，但这并不是因为贸易能够导致要素价格均等化，而仅仅因为两个经济体H和F面临着相同的长期自由贸易相对价格 p^f。

(和偏好倾向)的产品，该国往往会将其偏好倾向一同输入到另一个国家。自由贸易一体化通过这一过程逐步达到偏好的收敛。下面的命题与赫克歇尔-俄林理论中的标准贸易理论相似，总结了国际一体化如何被要素禀赋差异所驱动，使各国文化趋于收敛。

适用于文化模式的赫克歇尔-俄林理论：当社会战略替代在文化传播中占主导地位，且当要素价格均等化存在的时候，自由贸易一体化会导致一个国家将自己的偏好传递给另一个国家，即更喜爱需要本国存量丰富的要素来生产的产品（即该国在自给自足的条件下，人们比较偏爱的那种产品）的偏好。

文化模式均等化理论：当社会战略替代在文化传播中占主导地位时，存在一种要素价格均等化，自由贸易一体化会导致偏好分布在两个存在贸易关系的经济体之间出现均等化。

有趣的是，所有的国家都趋近于同样的内部文化分布 $q^{T*} \in (0,1)$，这一结果与国际贸易一体化会导致各国趋同（所有国家的偏好分布都一样）的观点相吻合，同时又和贸易能够保留国家内部文化品位多样性的观点相一致。但是，正如我们看到的，一旦人们考虑经济中需求方的群体规模外部效应，和/或供给方的收益递增，这一结果存在的条件（文化动态中的社会战略替代）就可能被削弱。现在，我们就来分析这些可能性。

17.6 群体消费外部性与文化发散

在前面介绍的各种模型中，不存在将个人偏好联系起来的外部性。但是，在研究文化产品的时候，我们有理由认为人和人之间存在这种网络偏好外部性。Olivier等人（2008）将这些问题放在贸易与文化的模型中进行考虑，该模型建立在文化演变的早期框架之上。在他们的模型中，偏好能够产生Akerlof和Kranton（2000）所描述的文化外部性：当具有共同文化特征的人作出的行为被所在的文化和社会认可时，他们就会从正的群体外部性中获益。

在Olivier等人（2008）的模型中有更为精确的分析：假设存在两种文化产品，需要劳动力L和某种与文化相关的要素进行生产，且这一要素混合了地理、气候、历史和人力资本特征（即“文化资本”）K^i，其中 $i = A, B$。每种产品的生产都满足柯布-道格拉斯条件：$x^i = \hat{\beta} L^{1-\beta}\left(K^i\right)^{\beta}$，其中 $\beta \in (0,1)$，且 $\hat{\beta} = \beta^{-\beta}(1-\beta)^{-(1-\beta)}$。假定生产要素在国际上不流动，并且供给量固定。上述生产结构具有一个重要特征，即当某种产品 x^i 的相对需求增加时，该产品的相对价格也会上涨。[①]

Olivier等人（2008）随后介绍了人们偏好的文化特征。假定社会中每个人都属于与文化产品相关的两个文化群体之一；且令i表示文化群体及文化产品。每个人都可以消费任何一种文化产品。如果一个人选择消费产品 x_A，那么他就不能消费产品 x_B，反之亦然。每个人从消费中获得效用，也可以从与其他人的社会交换中获得效用。在每个时期，都会产生随机匹配过程，且只有两个匹配个体的文化特征相同（即消费同一文化产品）的时候，社会交换才会发生。

在t时期，如果文化i中的个体消费一种文化产品 $i \neq j$，即该文化产品与其所在文化群体不同，那么这个人就无法从社会交换中获得收益，其效用水平如下：

$$U^i\left(x_t^i\right) = x_t^i \qquad (17\text{-}9)$$

文化i中消费本土文化产品的个人的预期效用表示为：

• x_t^i，条件是没有产生社会交换（即如果个人匹配的对象所在的文化是 $j \neq i$），其发生概率为 $(1-q_t^i)$。

① 显然，对一些文化产业来说这一特征可能不适用（例如电影产业），因为这些产业存在收益递增的情况，至少在分配阶段如此。我们将在第17.7节讨论收益递增的生产。

• $SE^i \cdot x_t^i$，条件是存在社会交换，且社会交换乘数 $SE^i \geq 1$（即如果个人匹配的对象与自己属于同一文化 i），其发生概率为 q_t^i。

小结一下，$U^i(x_t^i) = (1 - q_t^i)x_t^i + q_t^i SE^i \cdot x_t^i$。令：

$$I^i(q_t^i) \equiv \left(1 + q_t^i(SE^i - 1)\right) \tag{17-10}$$

可以得出：

$$U^i(x_t^i) = \left(I^i(q_t^i)\right)x_t^i \tag{17-11}$$

$I^i(q_t^i)$可以理解为在t期间与消费产品i相关的文化外部性。注意函数$I^i(q_t^i)$是递增的，且以1为上限；如果文化i的人数降为0或者SE^i=1，则其值为1。

最后，偏好随着时间的延续沿着Bisin和Verdier（2001）所描述的文化传播进程逐步演变，其中，推动q_t^i形成动态的是不同文化的父母为了将自己的偏好传递给后代而花费的相对资源。令ΔV_t^i表示文化群体i的文化不相容，则对于i≠j，文化传播动态具有以下一般性质：

$$\text{当且仅当 } \Delta V_t^i > \Delta V_t^j\text{，且 } q_t^i \in (0,1) \text{ 时，} \frac{dq_t^i}{dt} > 0 \tag{17-12}$$

$$\text{当且仅当 } \Delta V_t^i = \Delta V_t^j\text{，或 } q_t^i \in \{0,1\} \text{ 时，} \frac{dq_t^i}{dt} = 0 \tag{17-13}$$

当主观效用成本和社会化努力在不同文化的父母间达到均等化时，就能够达到一种稳态。

应当首先考虑一个国家在自给自足条件下的文化动态。这样能够直观地看到，当且仅当$p_t^i < I^i(q_t^i)p_t^j$时，文化i中的个体严格地偏好消费产品i，其中p_t^i和p_t^j分别是产品i的价格和产品j的价格，i≠j。这就意味着根据状态变量$q_{i,t}$值的不同，可以出现三个不同的均衡机制：

• 统筹机制，其中$p_t^A = I^A(q_t^A)p_t^B$，文化A中的个体对于消费产品A或者产品B无差异，而文化B中的个体严格偏好产品B，而不是A。

• 第二个是对称的统筹机制，其中$p_t^B = I^B(1 - q_t^A)p_t^A$①，文化B的个体对于两种产品无差异，而文化A的个体严格偏好产品A。

• 内部机制，其中$\frac{1}{I^B(1 - q_t^A)} < \frac{p_t^A}{p_t^B} < I^A(q_t^A)$，每个个体都严格偏好消费自己所在文化的产品。

Olivier等人（2008）证明两种统筹机制与q_t^i的长期动态不相容，而且内部机制下的市场出清均衡价格（这时两种产品都被生产和消费）满足下面的重要等式：

$$\frac{p_t^A}{p_t^B} = \left(\frac{K^B}{K^A}\right)^\beta \left(\frac{q_t^A}{1 - q_t^A}\right)^\beta \tag{17-14}$$

因此，文化产品的相对价格是相应文化中个体总和的增函数。

为了解决q_t^A的动态问题，第一步就是要导出文化不相容ΔV_t^i作为q^i函数的形式。在内部机制条件下，主观效用成本可以用下面的式子表示，其中i≠j：

$$\Delta V_t^i = \left(\frac{I^i(q_t^i)}{p_t^i}\right) - \left(\frac{1}{p_t^j}\right) \tag{17-15}$$

这个式子表明有两种力量在影响文化传播。一方面，相对价格效应p_t^i/p_t^j表示瓦尔拉斯价格调整机制对文化不相容参数ΔV_t^i产生了社会战略替代效应。另一方面，文化外部性效应建立在社会交流的基础之上，$I^i(q_t^i)$对文化传播产生社会战略互补效应。为了更清楚地看到这一点，以文化A的个体为例，令产品A为计量单位（即$p_t^A = 1$），很容易看到：

$$\Delta V_t^A = I^A(q_t^A) - \left(\frac{K^B}{K^A}\right)^\beta \left(\frac{q_t^A}{1 - q_t^A}\right)$$

因此：

$$\frac{\partial \Delta V^A}{\partial q^A} = \underbrace{SE^A - 1}_{+} - \underbrace{\left(\frac{K^B}{K^A}\right)^\beta \frac{1}{\left(1 - q_t^A\right)^2}}_{-}$$

① 注意：$q_t^B = 1 - q_t^A$。

左边第一项为正，与文化外部性相关，能够产生社会战略互补效应；左边第二项为负，反映了相对价格效应，并能够产生社会战略替代效应。如果文化外部性(SE^A, SE^B)不太大，在自给自足的条件下文化动态主要由社会战略替代所推动，那么就会产生一个独特的稳定状态，而且必然是内部机制状态。更精确地说，这种情况可以表现为以下式子：

$$\frac{\Delta V_t^A}{\Delta V_t^B} = \frac{\left(I^A\left(q_t^A\right)\right)p_t^B - p_t^A}{\left(I^B\left(1-q_t^A\right)\right)p_t^A - p_t^B}$$

且

$$\frac{dq_t^A}{dt} \geqslant 0 \Leftrightarrow \frac{1+I^A\left(q_t^A\right)}{1+I^B\left(1-q_t^A\right)} \geqslant \frac{p_t^A}{p_t^B} \tag{17-16}$$

或者，在均衡时等同于以下式子：

$$\frac{dq_t^A}{dt} \geqslant 0 \Leftrightarrow \frac{1+I^A\left(q_t^A\right)}{1+I^B\left(1-q_t^A\right)} \geqslant \left(\frac{K^B}{K^A}\right)^{\beta}\left(\frac{q_t^A}{1-q_t^A}\right)^{\beta} \tag{17-17}$$

该式子表明文化动态产生自两个前面的效应，这两个效应的方向正相反。第一个效应体现在式（17-17）的左边，是文化外部性效应：某一文化的规模越大，该文化的外部性就越大，该文化的父母对子女进行社会化的激励就越大。第二个效应体现在式（17-17）的右边，是相对价格效应：某一文化的规模越大，对该文化相应产品的需求就越大，该产品的相对价格就越高，父母对子女进行社会化的激励就越小。相对价格效应往往会导致文化异质性，而文化外部性效应往往会导致文化同质性。

在文化稳定的状态下，两种效应正好互相抵消，可以得到方程的第一个解，即个人的长期均衡比例q^{1*}：

$$\frac{1+I^A\left(q^{A*}\right)}{1+I^B\left(1-q^{A*}\right)} = \left(\frac{K^B}{K^A}\right)^{\beta}\left(\frac{q^{A*}}{1-q^{A*}}\right)^{\beta} \tag{17-18}$$

长期的偏好分布取决于供给方的基本条件，例如两种文化资本储量K_1和K_2。通常，人们会（内生地）偏好本国经济中产量较大的文化产品。另外，偏好分布还取决于文化产品外部性的形状和人与人之间的社会交往(即社会匹配函数$I^A(.)$和$I^B(.)$的形状)。而且，这两者与偏好倾向是互补的。

更重要的是，这两个供给方的基本要素在受到国际一体化的影响时可能会对世界经济中的文化动态产生不同的影响。值得一提的是，Olivier等人（2008）研究了两种全球化机制：被要素禀赋的差异所驱动的文化产品的国际贸易，以及由跨国界的国际社会匹配所推动的国际社会一体化。

17.6.1 贸易一体化

我们来研究建立在要素禀赋差异基础上的国际贸易的情况。Olivier等人（2008）讨论了在不同条件下产品市场一体化对文化特征动态的影响。最简单的条件是小型的开放经济，其中两种文化产品参与贸易，且在本国经济中产品B具有比较优势（即$\left(p^A/p^B\right)^{autarky} > \left(p^A/p^B\right)^{world}$）。在这一条件下，很容易得出结论：贸易一体化导致经济体内部的文化多样性损失。

具体而言，当一个小的经济体对贸易开放时，价格会趋向世界价格，该经济体开始进口产品A。假设产品A和它在自给自足条件下产生的文化外部性相比价格较低，那么人们就会偏好这种产品的文化传播，这意味着$dq_t^A/dt > 0$。随着q_t^A的增加，产品A的文化外部性得以强化，贸易一体化的最初影响不断扩大。但是，与自给自足条件不同，这个小型开放经济体的条件意味着国内需求的变化不会引起相对产品价格的变化，因为该价格固定在国际价格水平上。这样一来，在自给自足条件下令内部文化保持稳定状态的社会战略替代效应就被抑制了。因此，没有什么会阻止q_t^A进一步增加，经济会趋于长期均衡，这时$q_t^A = 1$。长期来看，两种文化中会有一种文化消失，人口中不再有延续该文化的主体。

而且，在某种意义上会存在文化发散，这时经济会被驱离世界其他地方的偏好分布。为了说明这一点，请注意，当且仅当在自给自足条件下该经济体中文化A的个体比世界其他地方文化A的个体所占比例高时，小经济体才对产品B具有比较优势。因此，贸易开放使各种文化在该小经济体和世界其他地区之间分布的差距比自给自足条件下加大了。

这两个结果（在长期出现文化发散和两种文化中的一种消失）可以延伸到对称的两个国家的一般均衡框架中。直观地来看，价格在一个相互融合的世界里只取决于世界需求，而不取决于本国需求。在完全对称的世界里，一种产品的本地需求增加，就意味着这种产品的外国需求减少，而且各种产品的国际均衡价格不变。更一般的情况是，沿着转变的路径，文化演变被两种相反的力量驱动，这与自给自足条件下是一样的：文化外部性效应和相对价格效应。贸易一体化减少了产品的相对需求对本土文化特征的敏感性，因此抑制了每个国家文化演变过程中的相对价格效应。随着相对价格效应的减弱，文化外部性效应逐渐占主导地位，从而导致国家内部出现文化同质性，国家之间出现文化发散。

17.6.2 社会一体化

产品市场的一体化只是全球化许多方面中的一个。信息技术进步和交通技术进步使人们有更多机会与遥远的地区或国家进行社会交换。在此背景下，国际社会一体化可以看作是来自各国的人们能够接触彼此并相互进行社会交往，不论是通过移民、留学、互联网聊天还是旅游来进行的。在Olivier等人（2008）的框架背景下，国际社会交往从根本上影响着社会交往函数$I^A(.)$和$I^B(.)$的形状。

更准确地说，国际社会一体化要具有以下特征：任何一个个体与本国其他个体或其他国家的个体产生社会交换匹配的概率是一样的。这意味着在对称的两个国家的条件下，原先由等式（17-10）给出的文化外部性现在变为：

$$I^i_{world}(q_t^{iH}+q_t^{iF}) \equiv \left(1+\frac{q_t^{iH}+q_t^{iF}}{2}(SE^i-1)\right) \quad (17\text{-}19)$$

其中，q_t^{iH}和q_t^{iF}分别为国家H和F中偏好文化i的个人所占的比例。

假定两个国家没有文化产品的国际贸易，却有社会往来。与产品市场一体化截然不同，社会一体化会导致文化收敛，使得一段时期之后两个国家的文化分布变得更加相似。对这一结果的直观解释是，社会一体化能够减弱文化外部性。只要一种文化在一个国家内比在世界其他地方具有更大影响，在社会自给自足条件下，这种文化就会产生比社会一体化条件下更强的外部性，因为在社会一体化条件下，个体越来越多地与其他国家的个体进行匹配，而在其他国家这种文化并不那么流行。所以，社会一体化往往会削弱各个国家较为强大的文化，导致国家内部的文化异质性和国家之间的文化收敛。

因此，这一分析表明，国际一体化的形式能够显著地影响文化多样性或同质性。全球化的两种形式（国际贸易和国际社会匹配）会对相互融合的国家或地区的文化动态产生截然相反的效应。

17.7 收益递增、市场规模效应与文化动态

前面的分析强调了社会战略互补效应对文化传播的重要性，而文化传播是通过文化消费外部性和社会交往的渠道进行的。如前所述，这提供了国际贸易一体化导致国家内部和国家之间形成文化同质性的途径。当存在生产收益递增和市场力量（这在文化产业如媒体、电视

和其他电影娱乐产业中尤其明显）时，通常也会存在贸易经济中的社会战略互补和文化同质性。

Maystre等人（2009）提供了一个简单的框架来解释这些问题。他们分析了对特定差异产品的偏好的传播，这些产品的种类是在垄断竞争条件下生产出来的。在这一背景下，偏好这种产品的人越多，市场规模就越大，生产同类产品的企业也会越多。这种产品种类的增多又使人们更加愿意获得并传播对这种产品的偏好，又一次导致文化传播中的社会战略互补。

具体来看，理论框架分三个部分。第一个部分符合Krugman（1979）的标准经济模型，该模型中企业在垄断竞争条件下生产有差异的产品。例如，假设存在两种文化类型：A和B。与这两种文化类型相对应的是两种类型的产品和两种类型的个人：A和B。在日期t，类型i的主体占人口的比例为q_t^i，其中$i = A, B$。主体具有如下偏好：

$$U^A(x^A, x^B) = x^A; \quad U^B(x^A, x^B) = x^B \qquad (17\text{-}20)$$

按照迪克西特-斯蒂格利茨方式，复合产品A和B分别被划分为N^A和N^B种类型$\{c_k^A\}$和$\{c_k^B\}$：$x^A = \left(\int_0^{N^A}(c_k^A)^{(\sigma-1)/\sigma}dk\right)^{\sigma/(\sigma-1)}$和$x^B = \left(\int_0^{N^B}(c_k^B)^{(\sigma-1)/\sigma}dk\right)^{\sigma/(\sigma-1)}$，其中$\sigma > 1$是替代弹性。在竞争性的劳动市场上，每个主体都提供一个单位的劳动力，工资率标准化为1，即$w = 1$。如果对于相同的文化类型$i = A, B$，各种类型的产品价格p_k^i是对称的，那么由标准计算可以得到人们对不同种类产品的总需求：

$$D_k^A = q_t^A P_A^{(\sigma-1)}(p_k^A)^{-\sigma} \quad 和 \quad D_k^B = (1 - q_t^A)P_B^{(\sigma-1)}(p_k^B)^{-\sigma} \qquad (17\text{-}21)$$

其中$P_i = \left(\int_0^{N^i}(p_k^i)^{1-\sigma}dk\right)^{1/(1-\sigma)}$，是每种复合产品$i = A, B$的价格指数。

第二部分将产品与文化联系起来。Maystre等人（2009）在研究了大量关于市场和消费者的文献之后，认为个人具有不同的文化价值观，这些文化价值观与不同的消费种类是绑定的。通常，企业在进入市场之初便会将其产品定位于某一文化类型A或者B，并且在开始生产时就必须支付固定劳动成本F。然后，每生产一个单位的产品就需要一个单位的劳动力。产品市场主要是垄断竞争。进入或退出市场（从而导致与某种文化类型绑定的产品种类数量N^A或N^B）在每个时期t都会随时调整，从而使利润等于0。这就以程式化的方式说明：代际文化的传播与偏好的演变要比市场结构调整花费更多时间。

这一框架的最终部分是Bisin和Verdier（2001）建立的微观文化传播模型。在该模型中，文化特征的动态来自父母的社会化努力，而文化主观效用成本ΔV^A和ΔV^B的相对重要性决定了其努力程度。

和其他模型一样，这个模型也分为两个阶段。在第一阶段，Maystre等人（2009）得出了某一偏好分布（即q_t^i）的产品市场均衡，该市场允许企业自由进入。这能够得出每一天各种产品的均衡数量。和其他的垄断竞争框架一样，这一模型也存在市场规模效应：文化A的个人占大多数意味着产品A所占的市场规模较大，这就导致更多生产产品A的企业进入市场；对于文化B和产品B也是如此。

然后分析q_t^i的均衡动态，并描述效用成本函数ΔV^i，其中$i = A, B$。社会战略替代效应占主导地位。实际上，由于迪克西特-斯蒂格利茨的偏好结构体现了人们对各种产品的喜好程度，因此容易得出结论：对于两种文化$i = A, B$，文化不相容参数ΔV^i是文化产品i（即文化i中的主体所偏爱的文化产品）的种类数N^i的增函数。由于市场规模效应，它也是文化i的个人所占比例q_t^i的增函数，这意味着：

$$\frac{\partial \Delta V^i}{\partial q^i} > 0，其中 i = A, B。$$

同样，这一效应能够产生推动社会内部文化同质性的力量。

Maystre等人（2009）随后分析了两个相同经济体之间的贸易一体化。他们假设存在两种迥异的文化类型

A和A^*，分别为国内和国外的文化。还有一种文化类型B，在两个国家都存在。相应地，经济中存在着三种文化产品：A，A^*和B。在均衡状态下，类型A产品只在国内被消费，类型A^*产品只在国外被消费，类型B产品在各处都被消费。

同样，因为存在市场规模效应，在贸易一体化条件下，类型B文化产品的相对数量要比自给自足条件下更多。有趣的是，文化动态对总需求的反馈效应强化了这一效应。实际上，在每个国家N^B的值越高，就意味着和迥异文化类型A和A^*相比，相对不相容ΔV^B越高。这又进一步引起了文化传播的变化：共同文化类型B的父母会付出更多社会化努力，而迥异文化类型A或A^*的父母则不那么努力。这就降低了迥异文化类型A和A^*在国内和国外所占比例的持续状态值。

因此，Maystre等人（2009）得出结论，产品市场一体化可能会导致双边文化差距减少，也就是存在这样的可能：在两个国家随机挑选的两个人的文化类型是不同的。①贸易壁垒的去除能够进一步激励企业生产两个国家都接受的文化类型的产品。这一效应会导致朝着两国都可以进行贸易的产品进行文化同质化的过程发展。

该文献还讨论了另外两个有趣的发现。(i) 参与贸易的产品差异越大（即σ的值越小），贸易对双边文化差距的影响就越大，这是因为产品差异使反馈效应的强度增大了。(ii) 由于社会战略互补效应会影响文化传播，而且文化动态会呈现多重的长期均衡，贸易开放对双边文化差距的影响取决于路径。贸易开放程度的暂时提高会对经济体中文化类型的分布产生长期的影响。

17.8 结 论

在本章中，我们对一些经济文献进行了详细回顾，内容包括贸易、全球化和国际一体化对文化多样性动态变化的影响。我们将重点放在那些可以让我们描绘出贸易和文化演变模型的共同分析框架的成果上面。这一框架看来非常有效，因为它确定了几个基本的要素，这些要素影响着经济一体化和文化多样性的动态变化之间的关系，例如交易成本的性质、群体的力量和文化产品网络的影响，以及生产规模收益递增或递减。

我们所介绍的分析框架有很多方面可以改进，也可能有很多延伸。但是，未来的研究若以本框架为基础加上具体数据，将会很有助益，因为本框架能够回答与贸易、全球化和国际一体化对文化多样性动态变化的影响有关的各方面的实证问题。

附录：命题的证明

命题A1。在标准假设下，当h国处于自给自足的均衡状态时，产品2在均衡时的相对价格$p = p\left(q_t^h/1-q_t^h, K^h/L^h\right)$是唯一的，是$q_t^h$的减函数，且是$K^h/L^h$的增函数。

证明：回顾马歇尔需求条件：

$$x_1^i\left(p, I^h\right) = \frac{\theta^i(p)}{p+\theta^i(p)} I^h,\ x_2^i\left(p, I^h\right) = \frac{1}{p+\theta^i(p)} I^h$$

① 在该模型中，实际上有三种不同的文化类型：只在一国存在的类型A和A^*，两国共同存在的类型B。随机在国内外各抽取一人，当且仅当他们同属类型B时才会同属同一种文化类型。由于是对称的情况，这一事件的概率为$\left(1-q_t^A\right)\left(1-q_t^{A^*}\right) = \left(1-q_t^A\right)^2$。因此，双边文化差距$D_t = 1-\left(1-q_t^A\right)^2$。

其中，$I^h = rK^h/L^h + 1$ 是h国的个人收入，$\theta^i(p) = x_1^i/x_2^i$ 是 $p = \dfrac{\varphi^i(\theta^i)}{\varphi'^i(\theta^i)} - \theta^i$ 的解。

显然，$\theta^i(p)$ 是p的增函数，对于任何 $p \geqslant 0$，都有 $\theta^A(p) > \theta^B(p)$。

现在考虑在某一国家 $h = H,F$ 中产品2的相对价格p的决定因素。在每个时间点，给定经济体中文化类型为A的个人所占的比例 q_t^h，可以算出人们对产品2的相对总需求：

$$\frac{D_2^h(p,q_t^h)}{D_1^h(p,q_t^h)} = \frac{\dfrac{q_t^h}{p+\theta^A(p)} + \dfrac{1-q_t^h}{p+\theta^B(p)}}{\dfrac{q_t^h\theta^A(p)}{p+\theta^A(p)} + \dfrac{(1-q_t^h)\theta^B(p)}{p+\theta^B(p)}}$$

显然，$D_2^h(p,q_t^h)/D_1^h(p,q_t^h)$ 是p的减函数，而且，在 $\theta^A(p) > \theta^B(p)$ 的条件下，也是 q_t^h 的减函数（参见命题A2）。

众所周知，在赫克歇尔–俄林的贸易模型中，产品2的相对总供给是以下函数：

$$\frac{Q_2(p,L^h,K^h)}{Q_1(p,L^h,K^h)} = \frac{Q_2}{Q_1}\left(p, \frac{K^h}{L^h}\right)$$

其中p递增，且只与相对总要素禀赋 K^h/L^h 相关。而且，因为产品2比产品1的资本密集程度低，罗伯津斯基定理告诉我们 Q_2/Q_1 是 K^h/L^h 的减函数。

在自给自足均衡条件下，产品2的相对价格满足下面的市场出清条件：

$$\frac{D_2^h(p,q_t^h)}{D_1^h(p,q_t^h)} = \frac{\dfrac{q_t^h}{p+\theta^A(p)} + \dfrac{1-q_t^h}{p+\theta^B(p)}}{\dfrac{q_t^h\theta^A(p)}{p+\theta^A(p)} + \dfrac{(1-q_t^h)\theta^B(p)}{p+\theta^B(p)}} = \frac{Q_2(p,L^h,K^h)}{Q_1(p,L^h,K^h)} = \frac{Q_2}{Q_1}\left(p, \frac{K^h}{L^h}\right)$$

其中，对产品2的相对需求等于其相对供给。在标准假设条件下，该等式有唯一解 $p(q_t^h/1-q_t^h, K^h/L^h)$，显然它是 q_t^h 的减函数，是 K^h/L^h 的增函数。

证明完毕。

命题A2。相对需求函数 $D_2^h(p,q_t^h)/D_1^h(p,q_t^h)$ 是 q_t^h 的减函数。

证明：实际上产品1和产品2的需求可以写作：

$$D_1^h(p,q_t^h) = \left[\frac{q_t^h\theta^A(p)}{p+\theta^A(p)} + \frac{(1-q_t^h)\theta^B(p)}{p+\theta^B(p)}\right]I^h$$

$$D_2^h(p,q_t^h) = \left[\frac{q_t^h}{p+\theta^A(p)} + \frac{1-q_t^h}{p+\theta^B(p)}\right]I^h$$

从而：

$$\frac{D_2^h(p,q_t^h)}{D_1^h(p,q_t^h)} = \frac{p + q_t^h\theta^B(p) + (1-q_t^h)\theta^A(p)}{\left[q_t^h\theta^A(p) + (1-q_t^h)\theta^B(p)\right]p + \theta^B(p)\theta^A(p)}$$

因此：

$$\operatorname{sign}\left[\frac{\partial D_2^h/D_1^h}{\partial q_t^h}\right] = \operatorname{sign}\left\{\begin{matrix}(\theta^B-\theta^A)\{[q_t^h\theta^A + (1-q_t^h)\theta^B]p + \theta^B\theta^A\} \\ -(\theta^A-\theta^B)\{p + q_t^h\theta^B + (1-q_t^h)\theta^A\}\end{matrix}\right\}$$

$$= \operatorname{sign}\left\{(\theta^B-\theta^A)\begin{bmatrix}[q_t^h\theta^A + (1-q_t^h)\theta^B]p + \theta^B\theta^A \\ +p + q_t^h\theta^B + (1-q_t^h)\theta^A\end{bmatrix}\right\} < 0$$

证明完毕。

命题3。赫克歇尔–俄林贸易模型中文化传播的社会战略替代。

假设有下面的属性：

属性ZZ：$\dfrac{\varphi'^A(z)}{\varphi^A(z)} > \dfrac{\varphi'^B(z)}{\varphi^B(z)} > \dfrac{1}{2}\dfrac{\varphi'^A(z)}{\varphi^A(z)}$

当 $\varphi^h(z)$ 足够凹，且属性ZZ得到满足时，则可实现社会战略替代，即：

$$\frac{1}{I}\frac{\partial \Delta V_t^A}{\partial q_t^h} < 0，且 \frac{1}{I}\frac{\partial \Delta V_t^B}{\partial q_t^h} > 0$$

证明：求 ΔV_t^A 和 ΔV_t^B 对 p_{t+1}^e 的微分，可得：

$$\frac{1}{I}\frac{\partial \Delta V_t^A}{\partial p_{t+1}^e} = \left[\frac{\varphi^A(\theta^B)}{[p_{t+1}^e + (\theta^B)]^2} - \frac{\varphi^A(\theta^A)}{[p_{t+1}^e + (\theta^A)]^2}\right]$$

$$-\left[\frac{\varphi'^{A}(\theta^{B})(p_{t+1}^{e}+\theta^{B})-\varphi^{A}(\theta^{B})}{[p_{t+1}^{e}+(\theta^{B})]^{2}}\right]\frac{d\theta^{B}}{dp_{t+1}^{e}}$$

（17-22）

且：

$$\frac{1}{I}\frac{\partial\Delta V_{t}^{B}}{\partial p_{t+1}^{e}}=\left[\frac{\varphi^{B}(\theta^{A})}{[p_{t+1}^{e}+\theta^{A}]^{2}}-\frac{\varphi^{B}(\theta^{B})}{[p_{t+1}^{e}+(\theta^{A})]^{2}}\right]-\left[\frac{\varphi'^{B}(\theta^{A})(p_{t+1}^{e}+\theta^{A})-\varphi^{B}(\theta^{A})}{[p_{t+1}^{e}+(\theta^{A})]^{2}}\right]\frac{d\theta^{A}}{dp_{t+1}^{e}}$$

（17-23）

等式（17-22）的第一项是：

$$H^{A}(p_{t+1}^{e})=\frac{\varphi^{A}(\theta^{B})}{[p_{t+1}^{e}+\theta^{B}]^{2}}-\frac{\varphi^{A}(\theta^{A})}{[p_{t+1}^{e}+(\theta^{A})]^{2}}$$

然后观察函数：

$$\Omega^{A}(z)=\frac{\varphi^{A}(z)}{[p+z]^{2}}$$

该函数在 $z=\theta^{A}$ 的时候达到最大值，因此：

$$\text{sign}\Omega^{A\prime}(z)=\text{sign}\left[\varphi'^{A}(z)[p+z]-2\varphi^{A}(z)\right]$$

且 $\varphi'^{A}(z)[p+z]-2\varphi^{A}(z)$ 是 z 的减函数。观察可得，对于所有的 p，

$$p+\theta^{B}(p)=\frac{\varphi^{B}(\theta^{B}(p))}{\varphi'^{B}(\theta^{B}(p))}$$

属性 ZZ 意味着：

$$\varphi'^{A}(\theta^{B}(p))[p+\theta^{B}(p)]-2\varphi^{A}(\theta^{B}(p))<0$$

因此，对于所有 $z\in[\theta^{B}(p),\theta^{A}(p)]$，函数 $\varphi'^{A}(z)[p+z]-2\varphi^{A}(z)$ 为负值。因此 $\Omega^{A}(z)$ 是 $z\in[\theta^{B}(p),\theta^{A}(p)]$ 的减函数。所以：

$$H^{A}(p_{t+1}^{e})=\frac{\varphi^{A}(\theta^{B})}{[p_{t+1}^{e}+(\theta^{B})]^{2}}-\frac{\varphi^{A}(\theta^{A})}{[p_{t+1}^{e}+(\theta^{A})]^{2}}>0$$

此外，等式（17-22）的第二项为：

$$K^{A}(p_{t+1}^{e})=\left[\frac{\varphi'^{A}(\theta^{B})(p_{t+1}^{e}+\theta^{B})-\varphi^{A}(\theta^{B})}{[p_{t+1}^{e}+(\theta^{B})]^{2}}\right]\frac{d\theta^{B}}{dp_{t+1}^{e}}$$

在 $\theta^{A}(p)>\theta^{B}(p)$ 的条件下，很容易得出 $\varphi'^{A}(\theta^{B})(p_{t+1}^{e}+\theta^{B})-\varphi^{A}(\theta^{B})>0$。因为 $d\theta^{B}/dp_{t+1}^{e}$ 为正，所以立即可以得出 $K^{A}(p_{t+1}^{e})>0$。当 $\varphi^{B}(z)$ 足够凹的时候，很容易得出 $K^{A}(p_{t+1}^{e})<H^{A}(p_{t+1}^{e})$。因此，可以得到：

$$\frac{1}{I}\frac{\partial\Delta V_{t}^{A}}{\partial p_{t+1}^{e}}>0 \qquad (17\text{-}24)$$

类似地，可以看到等式（17-23）的第一项：

$$H^{B}(p_{t+1}^{e})=\frac{\varphi^{B}(\theta^{A})}{[p_{t+1}^{e}+(\theta^{A})]^{2}}-\frac{\varphi^{B}(\theta^{B})}{[p_{t+1}^{e}+(\theta^{B})]^{2}}$$

该项为负。实际上，请看下面的函数：

$$\Omega^{B}(z)=\frac{\varphi^{B}(z)}{[p+z]^{2}}$$

该函数在 $z=\theta^{B}$ 的时候达到最大值，此时 $\text{sign}\Omega^{B\prime}(z)=\text{sign}\left[\varphi'^{B}(z)[p+z]-2\varphi^{B}(z)\right]$。函数 $\varphi'^{B}(z)[p+z]-2\varphi^{B}(z)$ 是 z 的减函数。也可以看到，对于所有的 p：

$$\varphi'^{B}(\theta^{B}(p))[p+\theta^{B}(p)]-2\varphi^{B}(\theta^{B}(p))$$
$$=-\varphi^{B}(\theta^{B}(p))<0$$

因此，对于所有的 $z\in[\theta^{B}(p),\theta^{A}(p)]$，函数 $\varphi'^{B}(z)[p+z]-2\varphi^{B}(z)$ 取负值，且 $\Omega^{B}(z)$ 是 $z\in[\theta^{B}(p),\theta^{A}(p)]$ 的减函数。因此：

$$H^{B}(p_{t+1}^{e})=\frac{\varphi^{B}(\theta^{A})}{[p_{t+1}^{e}+(\theta^{A})]^{2}}-\frac{\varphi^{B}(\theta^{B})}{[p_{t+1}^{e}+(\theta^{B})]^{2}}<0$$

此外，等式（17-23）的第二项是：

$$K^{B}(p_{t+1}^{e})=\left[\frac{\varphi'^{B}(\theta^{A})(p_{t+1}^{e}+\theta^{A})-\varphi^{B}(\theta^{A})}{[p_{t+1}^{e}+(\theta^{A})]^{2}}\right]\frac{d\theta^{A}}{dp_{t+1}^{e}}$$

令 $\theta^{A}(p)>\theta^{B}(p)$，可得 $\varphi'^{B}(\theta^{A})(p_{t+1}^{e}+\theta^{A})-\varphi^{B}(\theta^{A})<0$。因为 $d\theta^{A}/dp_{t+1}^{e}$ 为正，可知 $K^{B}(p_{t+1}^{e})<0$。当 $\varphi^{A}(z)$ 足够凹的时候，可得 $d\theta^{A}/dp_{t+1}^{e}$ 足够小，从而使 $K^{B}(p_{t+1}^{e})$ 的绝对值小于 $H^{B}(p_{t+1}^{e})$，因此：

$$\frac{1}{I}\frac{\partial\Delta V_{t}^{B}}{\partial p_{t+1}^{e}}<0 \qquad (17\text{-}25)$$

在 $h = H, F$ 的特定国家中，按照（目光短浅的）家长的观点，下一期的预期均衡价格 p^e_{t+1} 就是目前的均衡价格 $p_t = p(q^h_t, K^h/L^h)$，该价格是h国文化类型为A的个人所占比例 q^h_t 的减函数。由式（17-24）和式（17-25）可得：

$$\frac{1}{I}\frac{\partial \Delta V^A_t}{\partial q^h_t} < 0 \text{且} \frac{1}{I}\frac{\partial \Delta V^B_t}{\partial q^h_t} > 0$$

当 $\varphi^h(z)$ 足够凹并满足条件ZZ的时候，可以实现社会战略替代。

证明完毕。

命题A4。自由贸易文化持续状态 $q^H_{Trade} = q^F_{Trade} = q^{T*}$ 在本地是稳定的。

证明：自由贸易条件下的文化演变由下面的（在近似持续的时间里）动态等式决定：

$$\frac{dq^h_t}{dt} = q^h_t(1 - q^h_t)[d^{hA}_t - d^{hB}_t]，\text{其中} h = H, F \quad (17\text{-}26)$$

同时：

$$C'(d^{hA}_t) = (1 - q^h_t)\Delta V^A(p^f_t)$$

$$C'(d^{hB}_t) = q^h_t \Delta V^B(p^f_t)$$

且：

$$p^f_t = p\left(\frac{\sum_{H,F} q^h_t L^h}{\sum_{H,F}(1 - q^h_t)L^h}, \frac{K^W}{L^W}\right)$$

注意：

$$\frac{\partial p}{\partial q^h_t} = p_1' \cdot \frac{L^h}{\left(\sum_{H,F}(1 - q^h_t)L^h\right)^2} < 0, \quad (17\text{-}27)$$

在文化传播的社会战略替代条件下：

$$\frac{\partial \Delta V^A}{\partial p^f} > 0 \text{且} \frac{\partial \Delta V^B}{\partial p^f} < 0 \quad (17\text{-}28)$$

然后令 $v^H_t = q^H_t - q^{T*}$ 且 $v^F_t = q^F_t - q^{T*}$，并使等式（17-26）线性化。注意：在内部持续状态下，$d^{hA} = d^{hB} = d^{T*}$，其中 $C'(d^{T*}) = (1 - q^{T*})$，$\Delta V^A(p^f) = q^{T*}\Delta V^B(p^f)$，$p^f = p\left(\frac{q^{T*}}{1 - q^{T*}}, \frac{K^W}{L^W}\right)$。简单而烦琐的计算后得出：

$$\begin{pmatrix} \dot{v}^H \\ \dot{v}^F \end{pmatrix} = [Q]\begin{pmatrix} v^H \\ v^F \end{pmatrix}$$

其中，Q是一个2×2的矩阵：

$$Q = \begin{pmatrix} -\Theta[Z + WL^H] & -\Theta[WL^F] \\ -\Theta[WL^H] & -\Theta[Z + WL^F] \end{pmatrix}$$

同时：

$$\Theta = \frac{q^{T*}(1 - q^{T*})}{C''(d^{T*})} > 0；\ Z = \Delta V^A(p^f) + \Delta V^B(p^f) > 0$$

$$W = \left[(1 - q^{T*})\frac{\partial \Delta V^A}{\partial p^f} - q^{T*}\frac{\partial \Delta V^B}{\partial p^f}\right]\frac{p_1'\left(\frac{q^{T*}}{1 - q^{T*}}, \frac{K^W}{L^W}\right)}{(1 - q^{T*})^2(L^H + L^F)} > 0$$

W的sign可由式（17-27）和式（17-28）得出。矩阵Q主对角线元素之和 $Tr(Q)$ 为负，行列式 $\det(Q)$ 为正：

$$Tr(Q) = -2Z - W(L^H + L^F) < 0$$

$$\det(Q) = [Z + WL^H][Z + WL^F] - W^2 L^H L^F$$
$$= Z^2 + ZW(L^H + L^F) > 0$$

因此，其特征值为实负数。这意味着当文化传播以社会战略替代为主时，自由贸易条件下的静态长期文化均衡 $(q^H = q^F = q^{T*})$ 在本地是稳定的。

证明完毕。

参考文献

Aizenman, J., Brooks, E., 2008.Globalization and taste convergence: the cases of wine and beer.Review of International Economics 16, 217–233.

Akerlof, G., Kranton, R., 2000.Economics and identity.Quarterly Journal of Economics 115, 715–753.

Bala, V., Van Long, N., 2005.International trade and cultural diversity: a model of preference selection. European Journal of Political Economy 21, 143–162.

Belloc, M., Bowles, S., 2011. International trade, factor mobility and the persistence of cultural–institutional diversity. SSRN Working Paper 1368300.

Bidner, C., Francois, P., 2011.Cultivating trust: norms, institutions and the implications of scale.The Economic Journal 121, 1097–1129.

Bisin, A., Verdier, T., 2000a.A model of cultural transmission, voting and political ideology.European Journal of Political Economy 16, 5–29.

Bisin, A., Verdier, T., 2000b.Beyond the melting pot: cultural transmission, marriage and the evolution of ethnic and religious traits.Quarterly Journal of Economics 115, 955–988.

Bisin, A., Verdier, T., 2001.The economics of cultural transmission and the dynamics of preferences.Journal of Economic Theory 97, 298–319.

Bisin, A., Verdier, T., 2005.Work ethic and redistribution: a cultural transmission model of the welfare state. New York University, Mimeo.

Bisin, A., Verdier, T., 2010.The economics of cultural transmission and socialization. In:Benhabib, J., Bisin, A., Jackson, M. (Eds.), The Handbook of Social Economics.Elsevier, New York.

Bisin, A., Topa, G., Verdier, T., 2004.Religious intermarriage and socialization in the United States.Journal of Political Economy 112, 615–665.

Boyd, R., Richerson, P., 1985.Culture and the Evolutionary Process.University of Chicago Press, Chicago IL.

Brown, B.A., 1995.Timber Country: Working People's Stories of Environmental Conflict and Urban Flight.Temple University, Philadelphia, PA.

Casella, A., Rauch, J., 2002.Anonymous market and group ties in international trade.Journal of International Economics 58, 19–47.

Cavalli–Sforza, L., Feldman, M., 1981.Cultural Transmission and Evolution: A Quantitative Approach. Princeton University Press, Princeton, NJ.

Cowen, T., 2002. Creative Destruction: How Globalization is Changing the World's Cultures. Princeton University Press, Princeton NJ, and Oxford.

Dasgupta, P., Ismail, S. (Eds.), 2000.Social Capital:A Multifaceted Perspective.World Bank, Washington, DC.

Disdier, A.C., Head, K., Mayer, T., 2010.Exposure to foreign media and changes in cultural traits: evidence from naming patterns in France.Journal of International Economics 80, 226–238.

Durlauf, S.N., Fafchamps, M., 2005.Social capital. In:Aghion, P., Durlauf, S. (Eds.), Handbook of Economic Growth, vol. 1. Elsevier, New York.

François, P., 2002.Social Capital and Economic Development.Routledge, New York and London.

François, P., van Ypersele, T., 2002.On the protection of cultural goods.Journal of International Economics 56, 359– 369.

François, P., Zabojnik, J., 2005.Trust, social capital and the process of economic development.Journal of the European Economics Association 3, 51–94.

Frot, E., 2009. The rise and fall of social insurance. Mimeo, SSRN: < http://ssrn.com/abstract=1517343 >.

Gabszewicz, J., Ginsburgh, V., Weber, S., 2011. Bilingualism and communicative benefits. Annals of Economics and Statistics 101(102), 271–286.

Glaeser, E.L., Laibson, D., Sacerdote, B., 2002. An economic approach to social capital. The Economic Journal 112, 437–458.

Gracia, A., Albisu, L.M., 2001. Food consumption in the European Union: main determinants and country differences. Agribusiness 17, 469–488.

Guiso, L., Sapienza, P., Zingales, L., 2008. Social capital and good culture. Journal of the European Economic Association 6, 295–320.

Guiso, L., Sapienza, P., Zingales, L., 2009. Cultural biases in economic exchange. Quarterly Journal of Economics 124, 1095–1131.

Hiller, V., 2008. Work Organization and Preferences Dynamics. Mimeo, Paris School of Economics–Université Paris I–Panthéon Sorbonne, Paris.

Janeba, E., 2007. International trade and consumption network externalities. European Economic Review 51, 781–803.

Keat, R., 2000. Cultural Goods and the Limits of the Market. St Martin's Press, New York.

Kónya, I., 2006. Modeling cultural barriers in international trade. Review of International Economics 14, 494–507.

Kónya, I., Ohashi, H., 2007. International consumption patterns among high-income countries: evidence from the OECD data. Review of International Economics 15, 744–757.

Krugman, P., 1979. Increasing returns, monopolistic competition, and international trade. Journal of International Economics 9, 469–479.

Lazear, E., 2003. Culture and language. Journal of Political Economy (Suppl.), 95–125.

MacIntyre, A., 1984. After Virtue: a Study in Moral Theory. University of Notre Dame Press, Notre Dame, IN.

Mayda, A.M., Rodrik, D., 2005. Why are some people (and countries) more protectionist than others ? European Economic Review 49, 1393–1691.

Maystre, A., Olivier, J., Thoenig, M., Verdier, T., 2009. Product-based cultural change: is the village global? CEPR Working Paper 7438, CEPR, London.

Meunier, S., 2000. The French exception. Foreign Affairs 79, 104–116.

Michaud, J.B., 2009. Unemployment insurance and cultural transmission: theory and application to European unemployment. CEP Discussion Paper 936, CEP, London.

Nederveen Pieterse, J.N., 2004. Globalization and Culture: Global Melange. Rowman & Little, Oxford.

Olcina, G., Penarrubia, C., 2004. Hold-up and intergenerational transmission of preferences. Journal of Economic Behavior and Organization 54, 111–132.

Olivier, J., Thoenig, M., Verdier, T., 2008. Globalization and the dynamics of cultural identity. Journal of International Economics 76, 356–370.

Putnam, R.D., 2007. E pluribus unum: diversity and community in the twenty-first century. Scandinavian Political Studies 30, 137–174.

Ramezzana, P., 2003. Globalization and Cultural Diversity: the Economics of the Cultural Exception. University of Virginia, Mimeo.

Rauch, J., 1999. Networks versus markets in international trade. Journal of International Economics 48, 7–35.

Rauch, J., Casella, A., 2003. Overcoming informational barriers to international resource allocation: prices and ties. The Economic Journal 113, 21–42.

Rauch, J., Trindade, V., 2002. Ethnic Chinese networks in international trade. The Review of Economics and Statistics 84, 116–130.

Rauch, J., Trindade, V., 2009. Neckties in the tropics: a model of international trade and cultural diversity. Canadian Journal of Economics 42, 809–843.

Ritzer, G., 1996. The McDonaldization of Society. Pine Forge Press, Thousand Oaks, CA.

Sáez-Martí, M., Zenou, Y., 2012. Cultural transmission and discrimination. Journal of Urban Economics 72(2), 137–146.

<http://ideas.repec.org/a/eee/juecon/v72y2012i2p137-146.html>,<http://ideas. repec.org/s/eee/juecon.html>.

Senik, C., Verdier, T., 2011. Segregation, entrepreneurship and work values: the case of France. Journal of Population Economics 24, 1207-1234.

SOFRES, 1999. Poll politique et opinion: Les valeurs et les attentes des jeunes. < www.sofres.fr >.

Suranovic, S., Winthrop, R., 2005. Cultural Effects of Trade Liberalization. Mimeo. George Washington University. <http://ideas.repec.org/p/wpa/wuwpit/0511003.html>, <http://ideas.repec.org/s/wpa/ wuwpit.html>.

UN Development Programme, 1998. Human Development Report-Consumption: Patterns and their Implications for Human Development. Oxford University Press, New York.

第18章
文化多样性、冲突和经济发展

Jose G. Montalvo[a] and Marta Reynal-Querol[b]

[a]Universitat Pompeu Fabra，Barcelona GSE and ICREA Academia
[b]Universitat Pompeu Fabra，Barcelona GSE and ICREA

王欣双　译

摘　要

文化差异对经济发展是有利的还是不利的？文化差异是否会产生冲突从而遏制经济发展？文化多样性是否会激发创造力从而提高经济福利？这些都是本章将要探讨的问题。多样化的社会可以通过多种渠道来影响国家、城市或者乡村的经济和社会发展。争论的焦点通常集中在试图利用一般性指数来同时总结多个现象的实证结果上。对这些指数的使用也带来了关于该题目的更多争论，因为指数的建立往往意味着假设我们认为文化多样性群体的分布会以怎样的方式影响发展。为了理解民族多样性影响冲突和经济发展的原因，我们首先需要理解哪些指数能够更好地确定文化多样性影响经济发展的渠道。本章还回顾了某些具体的文化安排对地区和国家经济发展产生影响的证据。

关键词

极化，分化，冲突

JEL Classification Codes

D74，O12，O44，Z13

18.1 引 言

在本章中，我们将回顾一些关于文化差异对经济发展与冲突的影响的文献。我们将文化定义为社会群体共同拥有并代代相传的价值观和信仰。社会群体通常由地理位置或民族界限来确定，其中民族特点包括种族、宗教或语言的差异。为简化起见，我们将这些能够确立一种文化的不同社会群体称作民族群体。主要有两种方法可以用于研究文化对经济发展的影响。第一种方法是，一些研究重点关注不同的文化传统，文化传统对期望、偏好和决策等方面的影响，以及这些方面能够产生的经济后果。研究的对象是某一个社会群体或者在几个社会群体之间具体的文化特征影响的比较。例如，Guiso 等人（2006）、Fernández（2008）或者 Tabellini（2010）等就持这种观点。在此，分析的内容是同质群体的文化特征的经济影响，或者潜在的同质群体的一般文化特征的经济影响。第二种方法探讨的是某一社会及其中不同的民族群体之间相互作用产生的经济影响。在这种情况下，因为存在文化差异，不同群体之间可能会产生冲突。显然，还有一些分析也很有趣，例如文化如何影响这类经济交易中的经济和制度安排、贸易组织、土地所有权结构、人口出生率或者计划生育，但是这些问题都不在本章的研究范围之内。经济文献中常常用民族差异来替代文化差异。尽管我们知道这些并不能将所有的文化差异涵盖在内，但我们仍将研究建立在这一概念的基础之上。

相关文献指出了民族多样性影响经济发展的几个渠道。Alesina 和 La Ferrara（2005）描述了三个这样的渠道：第一个渠道的观点是民族差异能够影响个人的偏好。这意味着个人可能会对所在群体的成员提供正面的效用。第二个渠道假设民族多样性能够通过影响个人的战略来影响经济发展。人可能会偏好与自己所在群体的成员交易，尤其是在市场不完善的时候。其基本观点是，和不同群体的成员相比，同一民族群体的成员之间存在更多的信任。第三个渠道认为民族多样性也可以被纳入生产函数中。因为人们的生产技能不同，看待问题的方式不同，可能会对生产力产生积极影响。因而，民族多样性可能产生成本，也可能产生收益。

Alesina 和 La Ferrara（2005）提出了一个非常简单直观的模型，在这个模型中异质性的潜在收益来自生产的多样性，而成本来自人们无法对共同的公共产品和政策达成一致。这一框架可通过比较成本和收益，用于分析政府干预的最佳程度。人们还可以“计算出”一个国家的最佳规模。无论是哪种情况，多样性产生的积极影响越大，差异的成本越小，希望社会福利最大化的社会计划者选择的国家规模就越大。

大国是否因为其多样性更加突出而比小国具有更大的生产能力呢？这将取决于贸易限制。如果贸易限制比较严重，为了生产，国家的规模就会较大。在自由贸易条件下，国家规模可以很小，既在公共产品方面享有同质性的好处，又能够通过国际贸易利用生产和消费多样性的优势。Alesina 等人（1999）认为，国家规模对经济状况的影响可以通过贸易的自由度来进行调节。

本章结构如下：18.2 节研究民族异质性的量度方法。18.3 节综述现有文献，内容涉及民族异质性在国家、地区和社区层面的经济影响。18.4 节分析了用以解释民族异质性和冲突之间关系的一些理论，并提供实证方面的发现。18.5 节是结论。

18.2 衡量民族异质性

在近期的研究中，用所谓的“民族细分化（多样性）指数”来衡量民族多样性非常普遍，这一指数在回归分析中被当作外生变量，用以衡量民族细分化是如何影响经济或政治发展的，如增长、投资、技术创新的传播、动荡、腐败和冲突。存在较高程度的潜在民族冲突的社会是无法进行正常的商业活动的。贸易可能会被限制在同一个民族群体之内的个人之间，人们对公共基础设施也可能存有民族偏见。政府开支可能偏向于某些民族群体。所有这些机制都有一个共同点：它们都存在民族冲突，并通过社会和政治渠道扩展到经济中去。这种渠道可能是直接的（多样性对增长产生影响），也可能是间接的（多样性对投资产生影响，从而影响增长）。然而，许多实证研究发现民族细分化与冲突之间没有关系。[①]

这一论点缺乏说服力，对此至少存在两种解释：（1）民族群体的划分可能并不能够真正充当衡量标准。（2）人们可能会认为，分化指数无法正确反映冲突的可能性。的确，现在在理论上尚不清楚多样性指数究竟能够在多大程度上反映潜在的冲突。原则上，分化和冲突存在正相关的观点是建立在民族群体的数量越多产生冲突的可能性就越大的前提下。许多研究人员会驳斥这一论点。Horowitz（1985）在其关于民族群体冲突问题的开创性文献中提出，民族多样性与内战之间的关系不是单一的：在高度同质性和高度异质性的社会中，冲突会较少；而在一个大的少数民族群体与一个主要民族群体共存的社会中，冲突会较多。如果是这样，那么极化指数就比分化指数更能反映冲突发生的可能性或者潜在冲突的强度。

这些指数的理论性质已经被分析得很透彻了，它们能够衡量特征差异，其价值依赖实际的项目（收入、财富）。和其他的指数一样，这些指数也会得出基尼系数。基尼系数能够总结出收入的分布，但是未将特殊分布领域考虑在内。极化指数[②]将更多权重放在分布的尾部上。例如，劳动经济学家用十分位比率来量度极化：90-10，90-50或者50-10这些级差在衡量工资不平等时非常普遍。

收入极化指数（一维极化的极其重要的例子）和基尼系数都假设个人或群体之间的距离是按照实线衡量的。但是，当我们衡量个人或群体的文化多样性时，我们必须将实线上的距离转移到离散的距离（属于/不属于）上，这是无法在实线上排序的。用“连续的距离”这种特殊的概念来衡量民族多样性是很难的，“我们”和“你们”差别的动态变化比两者之间的“距离”可能产生的对立更能说明问题。此外，任何对民族群体的类别划分都意味着这是一种标准，这种标准将群体特征的差异转变为一种离散决策规则（例如，是否属于同一家族）。

我们通过下面的例子来说明这个问题。根据《世界基督教百科全书》（Barret，1982）的分类，卢巴、蒙戈和恩古尼这些亚民族群体都属于班图语民族语言群体。阿肯族、埃多族和埃维族属于克瓦族语言群体。结果就是班图语群体的亚民族群体间的“文化距离”（在《世界基督教百科全书》中有其非正式定义）要小于来自两个不同群体的亚民族群体之间的距离。

在离散度量的情况下，如果我们把家族分类作为衡量群体间差异的基础，那么班图语家族的亚群体就处于半径为r的圆球之内，r为离散度量，而克瓦语家族亚群体在这一圆球之外。因此，我们可以认为，任何分类方法都隐含着一种观念，并且对“距离”的衡量是离散的。因此，在我们衡量民族多样性的时候，我们需要考虑个人是否只属于一个民族群体。而且，在民族多样性的情况下，群体的身份特征不像群体间的“距离”那样容易引起争议，因为群体间的“距离”要比收入或财富之间的距离更加难以衡量。因此有理由将群体间的距离看作是由离散度量（1，0）引起的。用来计算这种离散距离的方式有两种：用于衡量分化的赫芬达尔指数和用于衡量极化的瑞纳库洛（RQ）指数。

---

① 更多相关内容请参阅本卷Ginsburgh和Weber所著的第19章。

② 请参阅Esteban和Ray（1994）著作中的理论描述。

18.2.1 赫芬达尔指数和民族细分化

许多文献都将1减去赫芬达尔指数用作民族语言分化指数[①]，写作：

$$FRAC = 1 - \sum_{i=1}^{N}\pi_i^2 = \sum_{i=1}^{N}\pi^i\ (1 - \pi_i) \qquad (18\text{-}1)$$

其中：π_i是属于民族（宗教或文化）群体i的人所占的比例，N是群体的数量。这一指数能够计算出从一个国家中随机选取的两个人不属于同一民族语言群体的概率，它符合人们的直观感受，因而得到了广泛的应用。[②]18.3节中提到的多数实证性文献都采用这一指数来衡量民族或民族语言多样性，计算所用数据通常来自苏联学者Atlas Narodov Mira（1964）之手。值得注意的是，这一指数最初是由Taylor和Hudson（1972）计算所得。

Fearon（2003）认为民族群体间的文化或语言距离与其群体特征一样重要，并提出指数中应当包含距离。事实上，Greenberg（1956）早已提出这一观点。关于这一问题，请参阅本卷第19章。

18.2.2 RQ指数和民族极化

如何构建一个指数，使其不仅在存在离散差异的群体中正确地衡量极化，且能反映出潜在的冲突？这一问题是Montalvo和Reynal-Querol（2002，2005a）研究的基本点。

假设有两个国家A和B，每个国家都存在3个民族群体。在A国，这些群体的分布为（0.51，0.48，0.01）；在B国，这些群体的分布为（0.33，0.33，0.34）。哪一个国家产生社会冲突的概率会更高？利用分化指数，答案是B国，因为其分化的程度最高。Montalvo和Reynal-Querol（2002，2005a）与Reynal-Querol（2002）则认为答案是A国，因为在这种情况下，最大的民族和次大民族之间更易产生冲突。他们采用了RQ民族极化指数。这一指数最初是由Reynal-Querol（1998，2001）提出的，也采用了离散度量，但是反映的是极化而不是分化。RQ指数意味着同一群体中个人之间的距离为0，不同群体的个人之间的距离为1。衡量分化时，在度量方面也做出了同样的假设。这是分化指数与基尼系数相区别的基本特征。这一指数的最初目的是刻画民族群体在一个地区的分布和（1/2，0，0，…，0，1/2）分布（两极分布）之间的差距，而后者是极化的最高程度。具体而言，RQ指数（来自本章的18.4.1小节）的形式如下：

$$RQ = 1 - \sum_{i=1}^{N}\left[\frac{1/2 - \pi_i}{1/2}\right]^2\pi_i \qquad (18\text{-}2)$$

其中：π_i仍然表示属于民族（宗教或文化）群体i的人所占的比例，N是群体的数量。

18.3 民族多样性和经济产出

18.3.1 民族多样性与增长

Mauro（1995）将民族多样性作为研究腐败的工具，

① Greenberg（1985）独立提出了同样的指数。

② Bossert等人（2010）最近提出了一般性的分化指数。

使经济学家们开始关注民族多样性。Easterly和Levine（1997）的开创性研究表明，民族多样性有助于解释公共政策的国家间差异和其他经济学指数。尽管多数文献指出了导致撒哈拉以南非洲地区的悲惨状况的各种可能原因，诸如不良的政策、糟糕的教育或政局动荡等，但没有解释为什么一些国家选择了促进增长的政策，而另一些国家却采取了遏制增长的政策。Easterly和Levine试图解开那么多公共政策在非洲得不到有效执行的谜底。他们研究了一个简单的假设：民族多样性的国家间差异是否能够很好地解释公共政策的差异、政局动荡和其他与长期增长相关的经济因素。他们分析了民族多样性对经济增长的直接影响，以及对公共政策选择的间接影响，公共政策选择又对长期增长率有什么影响。尽管该论文试图解释非洲的增长悲剧，但它采用的样例也包含了其他发展中国家。他们的主要研究结果表明，从完全同质性走向完全异质性会使增长降低两个百分点。在他们的创新性研究之后，许多文献也把民族性作为经济产出的重要决定因素。

Collier（2000）试图弄清楚民族多样性对经济增长的影响是否取决于政治环境。为了分析这一问题，他构建了一个模型来判断民主和独裁两种不同制度背景下民族多样性的影响。这一模型说明，在独裁条件下民族多样性会导致经济增长率降低，但是对民主国家的经济增长没有负面影响。为了在实践中检验这一理论，他采用了两组数据：1960年到1990年间94个国家的跨行业数据和世界银行在89个国家的数据库。Collier发现，与理论相一致，民族多样性对民主国家的增长率没有影响，而在独裁国家却能使政府做出降低增长率的选择。因此，在政治权力受到限制的情况下，多样性会损害增长。而且，Easterly（2001）发现，在民族种类较多的情况下，不合理的国家制度对增长和政策的负面影响就会更大。而在制度良好的国家里，民族多样性不会阻碍增长，也不会使其他产出（学校教育、犯罪和暗杀、金融深度等等）恶化。良好的制度也能降低发生战争和种族屠杀的风险，而如果制度不合理，民族细分化极有可能导致这些风险的产生。

后来一些研究具体国家的文献也发现了类似的结果。Sparber（2010）举例说明了美国的种族多样性[①]既产生收益也造成损失。种族异质性能够推动创造性的决策，改进客户服务，但是与普通行为相关的损失却会增加，因为异质性社会反对财富再分配。而Lee（2011）则提出了两个问题：首先，在英国，多样性程度较高的城市是否增长速度更快？其次，多国人口或是民族多样化人口是否重要？他的研究采用了1981—2001年这一期间53个英国城市的就业率增长数据。实证证据显示，人口多样性程度较高的城市增长速度较快，但是产生这一影响的是出生国的多样性，而不是民族的多样性。当出生国多样性和民族多样性单独出现在回归量中的时候，两者都不够显著。当两者同时出现时，Lee表示移民人口众多的城市显示出更高的就业增长率，而民族多样性程度较高的城市却不尽如人意。

Dincer和Wang（2011）把研究重点放在1982—2007年期间中国各省的民族多样性对经济增长产生的影响。他们发现在中国各省中，民族多样性和经济增长具有负相关的关系。尽管民族多样性并不能完全解释中国沿海省份和内陆省份的增长差异，但是中国内陆地区较高程度的民族多样性似乎仍然是一个重要的因素。

也有学者考虑采用不同的方法来衡量多样性，但他们却得出了类似的结果。Alesina等人（2011）认为，许多国家的边境现状都是由一些历史过程造成的，而这些过程与人们是否愿意在一起几乎毫不相关。其论文的主要贡献在于提出了两个新的测量方法，旨在反映政治国界的“人为”程度。两种方法都试图从通常的民族细分化测量方法中提取与人为划分的国家政治结构相关联

① 国家产业部(State-industry Cells)1980年、1990年和2000年的种族分化指数来自调查数据。

的那部分。第一种方法，国家人为程度的测量方法考察的是国境线的笔直程度，认为比较直的国境线更具人为性，而不是根据地理条件来设定的。第二种方法研究的是将民族或语言群体分隔开来的边界，其思想在于衡量民族群体被人为设定的边界划分开的程度。其具体操作方法是衡量一个国家中属于被划分开的群体所占人口的比例。有趣的是，尽管这两种测量方法的测量对象联系紧密，但其相关度却近乎为0。其基本观点是人为划分界限的国家的表现不如非人为划分的国家。其主要结果是反映群体划分的变量是人均国内生产总值（GDP）的主要影响因素，而反映边境线是否笔直的变量虽然比较弱，但仍然与人均国内生产总值有一定相关性。这些实证结论与人们对该理论的期望是一致的：边境线越是笔直，就有越大比例的民族或语言群体被边境线分隔开来，人均国内生产总值就越低。此外，他们在分析法治、政府效率等其他因变量的时候也发现了同样的负面效应。

Sparber（2010）还研究了1980—2000年期间美国各地区的差异，以确定种族异质性是否会给各州和各城市带来收益或损失。结果是，州与州之间的差异比较模糊，而城市间的差异却较为明显，因而多样性和人均州总产出之间的因果关系仅表现为随机效应。Campos等人（2011）研究了贯穿于文献始终的一个潜在的问题。他们研究的是一个重要的假设：民族多样性不会随着时间变化而改变。通过实地调查或利用微观调查数据，他们为26个转型经济体的样本在4个时间点上创建了各种指数，并发现了民族多样性对扩展的标准索洛增长模型的微弱的直接影响。然而更重要的是，研究小组猜测民族细分化和极化都是增长的外因，与增长有显著的负相关关系。

18.3.2 民族多样性与公共产品

另一个被广泛研究的问题是民族多样性对公共产品供应的影响。Alesina等人（1999）最先提出这样一个问题：他们认为美国城市提供的某些公共产品，如教育和公路等，与民族细分化负相关。在民族群体极化的城市，政治家有其民族支持者，花费在公共产品上的预算比例很低。以民族为基础的利益群体的代表们只重视能够增加本群体利益而减少其他群体利益的公共产品。这有两方面的原因：第一个原因是不同的民族群体对利用税收收入生产哪种类型的公共产品有着不同的偏好。第二个原因是对于每个民族群体而言，如果其他群体也在使用这一公共产品的话，那么它的效用水平就会降低。政治家们低估了公共产品的供给问题，而将更多公共资源用于私人产品领域。该文献的作者们采用美国的市中心、城区、大都市和县的公共产品（教育、公路、垃圾回收）开支的三个跨行业样本，对自己的假设进行了检验。他们发现，民族细分化与三个“生产性”公共产品所占的预算比例全部负相关。

Alesina等人（2003）检验了规模经济和异质性之间的权衡是否会有助于解释美国学校所在地、市政局、特区和学区的数量和规模。他们把县作为基本的单位，利用来自美国人口调查及50多个其他来源的数据，重点研究了收入、种族、民族以及宗教等的异质性。他们的研究提供了跨行业和跨领域的证据。他们的研究结果表明，规模经济和异质性之间的权衡非常重要，它能够决定本地政治集团的数量和规模。为了避免在本地管辖权中出现种族异质性，人们宁愿牺牲规模经济。尽管收入异质性权衡的强度较小，但亦如此。几乎没有发现有任何证据表明规模经济与宗教异质性、白种人或拉丁人的民族异质性之间存在权衡。他们发现，有证据表明个人会回避异质性，因为他们不希望与不同的人交往，也因为不同的人偏好不同的公共产品。虽然他们的研究结果并不足以确定两种原因所起作用的大小，但他们认为两个解释都能说得通。

Miguel和Gugertyb（2005）研究了肯尼亚西部民族多样性和当地小学、社区水井基金之间的关系，他们发现，在非洲的这个农业地区，民族多样性与当地公共产品供给负相关。其论文包含两个主要创新：利用历史形成的民族定居模式来确定多样性和集体行为之间的关系，提供了社会制裁在维持当地公共产品的供给中所起作用的量化证据。这一理论模型说明，在多样化的社区如果无法实施社会制裁将导致集体行动的失败。他们还发现，在多元化地区，学校委员会对不负责任的家长几乎不采取制裁措施。

最近，Baldwin和Huber（2010）研究了一个贯穿本文始终的重要问题。他们认为在绝大多数对民族多样性和政府管理的跨国研究中都采用了民族语言分化的标准方法。这一方法包含关于群体特征和规模的信息，但是不包含关于本质特征的其他信息。Baldwin和Huber研究了46个国家（文化和经济）群体之间的两大类差别，以理解这些差别和公共产品供给之间的实证关系。他们的分析比较了文化差异的现有衡量方法和能够反映经济差异的新的衡量方法：群体间不平等。他们发现公共产品的供给水平与群体间不平等之间存在很强的关系，如果采用传统的民族多样性或者群体间文化差异（例如所使用的语言）的衡量方法则不会得出这一结论。

18.3.3 民族多样性、合作、信任与网络

信任和合作是研究民族多样性影响的学者们感兴趣的另一个话题。Alesina和La Ferrara（2000）（在收入、民族和种族方面）研究了人口异质性与社会活动（宗教群体、兴趣俱乐部、青年团体、体育团体等）的参与程度之间的联系，并以此指代社会资本。参与这类活动的倾向取决于社区的组成及其异质性程度。美国城市方面的证据表明，收入不平等与种族分裂及参与度显著负相关。民族细分化也具有负面影响，但与种族分裂相比，其负面影响程度要低些。受异质性影响最大的群体是成员之间进行大量直接交往而且排他性较低的群体。反对种族混合呼声最高的人会尽量避免进入种族混合的社区。Alesina和La Ferrara（2000）论文的结论是种族异质性会减少社会资本。

Alesina和La Ferrara（2002）研究哪些人会对别人更加信任，且原因何在。他们采用了1974—1994年期间美国综合社会调查（US General Social Survey，GSS）的数据，被调查者被问及是否认为“多数人都可以信任”。他们将那些回答“多数人都可以信任”的人定义为“信任型”，将那些回答“怎么小心都不为过”和“看情况”的人定义为“不信任型”。他们利用一组个人特征对“信任”变量进行回归分析，并引入代表年份与州的代理变量，结果发现，最能降低信任感的因素包括：（1）最近受到过创伤，（2）从属于历史上曾经被歧视过的群体，例如少数族裔群体（尤其是黑人），女性也是这样，只不过被歧视的程度较轻，（3）收入和教育方面的经济无力，以及（4）居住在种族混居社区且/或收入差别很大。有趣的是，他们还发现信任并不受宗教信仰和民族出身的显著影响。异质性对信任有影响的部分原因在于人们会信任与自己最相似的人。

其他研究专注于网络关系而不是信任指标的衡量方法。例如，Biggs等人（2002）分析了人们常有的猜测，即民族网络有助于经济交易。他们采用了1993年收集的调查数据，该调查的对象是位于肯尼亚的207个生产企业，它们分布在四个行业中，共占全国生产性产出的72%。他们发现民族性并不影响这些企业获得正规的融资来源，而企业的规模、担保和活期账户历史会影响其融资。但是，对于能否获得非正规的融资来源，例如供应商信贷，是否属于某一民族群体的成员则至关重要。Bigsten等人（2000）还试图解释为什么越来越多的肯尼亚小企业是非正规的。他们研究了一系列解释性变量，从人力资本到经济网络和民族性，并调查了这些要素和非正规-正规部门的差别之间的关系。他们重点研究三个问题：企业创建时对正规性的选择，正规与非正规企业在生产能力方面的差异，非洲与亚洲企业在增长和投资率方面的差异。他们分析的数据包括肯尼亚四个生产性行业的小企业的样本，数据来源于世界银行发起的企业发展地区性项目（RPED）的调查。他们发现，

尽管非洲人控股的企业在创建时大多是非正规性的，但专业人士或年长人士控股的企业却不大会选择非正规性。非洲的非正规企业比非洲的正规企业效率更高，但两者都不如亚洲控股的正规企业更有效率。他们得出结论，民族性在解释选择企业是否正规方面是个重要因素，而民族性的网络影响能够解释生产力、投资和增长前景的差别。

在理论层面上，Fearon和Laitin（1996）认为正规和非正规的企业通常会努力缓和或者“钝化”不同群体间个人的争议。他们采用了社会-匹配博弈模型，表明在当地层面上，跨民族合作得到支持有两种方法：螺旋式均衡和群体内审查均衡。在螺旋式均衡中，个人之间的争议会快速地螺旋上升为两方之间的争议，由于担心出现这种局面，人们会通过“均衡路径”进行合作。在群体内审查均衡中，个人会忽视另一群体成员的违规行为，认为违规者会被其所在民族群体的其他成员发现，并受到制裁。Laitin（2002）研究了加入群体的决定因素和群体运行中异质性的作用（尤其是在财富不均等方面）。他采用了一个简单的模型，将不平等的加剧对个人的影响正式化，并汇总了各种参与度，比较了群体运行可能采取的两种机制：“开放式进入”和“限制性进入”。Laitin采用了坦桑尼亚农村家庭的数据，研究结果表明居住在乡村的人们如果不平等程度很高，那么他们就不大可能成为群体成员，而这一影响在相对富裕的个人中更加明显。财富的分配不均程度越大，群体构成的同质性似乎就越高，这对群体运行会产生“负面”影响。

另一组文献研究的是利他主义与行为。Hungerman（2009）研究了政府是否会阻碍多样性对利他主义的影响。从理论上看，多样性和挤出现象之间的关系取决于多样性对个人付出的激励的影响。作者研究了政府干预是否在多样化社区中更为有效。为了确认这一点，他研究了高等法院1991年颁布的补充性社会保障收入（SSI）项目的扩展版。论文采用了1984—2000年联合卫理公会教派的一组新数据，研究表明补充性社会保障收入的推行挤出了教会的慈善支出。挤出现象几乎全部出现在相对同质性的社区中，在种族多样化的社区中这种现象很少见。因此，尽管多样化社区的利他主义水平最低，但在这一例子中，它们是最服从政府干预影响的。

18.3.4 民族多样性与其他经济政治产出

学者们还研究了多样性对许多其他经济产出的影响。Fafchamps（2000）观察到许多发展中国家的商业界缺乏民族多样性，并研究了这种情况是否会长期只受市场干预的影响。黑人企业家和女性领导的企业在获得供应商信贷方面面临着更大的挑战，而种族和性别在获得银行透支和正式贷款方面并没有显著影响。为了获得贸易信贷和银行信贷，衡量社会化和信息的变量起到了重要作用，这些变量对给予客户贸易信贷起着举足轻重的作用。网络效应能够解释市场相互作用的模式。黑人和女性企业家因为缺乏与商业环境的联系而处于不利地位，由于这些困难的存在，他们必须从大量黑人或女性经营的、缺乏经验的小型企业中脱颖而出。因此，许多由黑人和女性经营的企业部分或完全不采用商业信贷方式，而这会影响这些企业的增长。Kochan等人（2003）也在民族性对企业的影响方面提供了有趣的研究成果。1996年以来，在非营利性组织“领袖多样性商业机会”（BOLD）的赞助下，一群产业总裁和人力资源专业人士共同努力帮助美国企业学习如何利用其文化多样性获得竞争优势。为了研究性别、种族多样性和企业业绩之间的关系，他们设计了一个大型的实地研究项目。他们发现，种族和性别多样性并不像乐观主义者所认为的那样能在企业中起到积极的作用（即，并不总是或在所有情况下皆如此），但是也并不像一些悲观人士所认为的那样具有负面影响。

Ottaviano和Peri（2005）研究了文化多样性对美国城市经济生活的影响。他们的论文研究了出生在美国的美国人的平均收入是否受到语言多样性的影响，并试图量化其对某一亚群体（黑人或白人劳动者，受教育程度较高或较低者）的影响。该研究用劳动者母语的分化来指代文化多样性。通过对1970—1990年期间美国160个大都会统计区的研究，他们发现在美国出生的劳动者的工资和就业密度及更丰富的语言多样性之间存在显著强大的正相关关系。在受教育程度较高的劳动者和白人劳动者中，这一影响更大。通过比较美国各城市的工资和就业密度分布，他们认为这一相关关系只与生产能力和多样性之间的主要正相关关系一致。而且，辅助变量估计能够证明后者是前者之因。他们得出的结论是，已融入的移民（已经在美国待了很久，英语说得很好）的收益要大于新移民。这种结果与之前的研究相一致。之前的研究发现民族多样性不利于本地公共产品的供给，因为更加多样化的社会较不愿将资源用于集体。这意味着融合和同化可能是获得文化多样性全部收益的先决条件。Ottaviano和Peri（2006）研究了美国城市不断加剧的多样化对美国本土人民的经济影响。他们分析了两个回归，研究发现，用分裂性或者在外国出生的居民所占比重来衡量的文化多样性会影响在美国本土出生的劳动者收到的平均工资和支付的平均租金。一般而言，文化多样性对在美国出生的公民的生产力具有完全的积极影响，因为这与他们收到的平均工资和支付的平均租金都正相关。尽管其中包含许多代表生产力和城市间的礼节差异的变量，但这种部分相关性仍然存在。

最后，研究者还注意到分化对城市的影响。Ottaviano和Prarolo（2009）研究了一个模型，在该模型中多元文化城市的出现是由文化传播造成的，因为知识的创新会被多元化所强化，而文化特征会受到威胁。只要人们无论居住在哪里都能够与同文化的其他人保持密切联系，那么这一危险就会被削弱。通信和交通的改进能够强化多文化城市的出现，在这些城市里，民族多样性能够促进生产力的提高。

Kokkonen等人（2010）采取了不同的视角，他们关注的焦点是民族多样性的情境影响。他们试图确定频繁地跨民族人际交往是否会有助于西方国家克服越来越多的国际移民所带来的种种困难。他们将研究的重点放在瑞典的学校上，在这一情境下，跨民族人际交往是不可避免的，但不见得具有积极意义。为了预测民族多样性带来的情境影响，他们采用了多重模型来分析1999/2000年的CIVED数据集，其中包含94所学校里3 000名高中生的数据。作者们得出结论，跨民族交往并不像人们所预计的和在文献中所描述的那样具有积极影响。正相反，他们发现社会生活基本条件恶化，情况并不像许多近期的研究报告所揭示的那样乐观。

最后，Laitin（2000）集中研究了民族差异的政治影响。他认为在检验民族差异对政治发展的影响的过程中存在一个重大问题，即对于如何衡量异质性的程度缺乏统一意见。这些衡量方法存在实证方面的问题，例如，“了解”一门语言是什么意思，其标准是什么；也存在理论方面的问题，例如，沟通能力是否足以构建文化异质性指数。论文提出了界定语言社区的一种分类法。来自苏联的数据表明可能确实存在以该论文所定义的数据类型为基础的这类数据。不幸的是，其观察的范围太小，不足以进行有力的数据分析。

这些研究都采用分化法来反映民族多样性。但是，这意味着群体的数量越多，对经济增长的影响就越大，提供的公共产品就越多，等等。但是，也有可能在只有两个竞争群体时，多样性的影响更大。极化指数能够更好地衡量这一点，这就是下一部分内容的主题。

18.4 异质性和冲突

18.4.1 理论模型能够预测什么？

在此研究的问题是，极化衡量法是否比分化法更适合预测冲突。如果我们要分析社会（基于收入、民族、宗教等差异）异质性是否会影响冲突，我们需要理解群体分布和社会冲突之间的理论关系。为此，很容易建立一个理论模型，将社会异质性指数和一些潜在冲突的指数联系起来。

很难找到一个能够说明分化与冲突之间关系的模型。简单地把分化指数理解为两个随机抽取的人来自不同民族群体的概率是这一指数得到广泛应用的原因。因此，从理论上来讲，如果两个来自不同群体的人具有高度的对抗性，那么他们每次相遇的时候发生争斗的概率就会很高。如果他们各自的群体都支持自己的成员，那么分化程度高就意味着冲突的概率很高。[①]

然而，对抗程度是群体规模分布的外生因素。Horowitz（1985）认为，最糟糕的情况是主要群体面临着人口较多的少数群体。在这种情况下，对抗程度可能会很高，因为各群体的规模都差不多。在Horowitz对民族冲突的开创性贡献中，他认为民族多样性与内战之间的关系不是单一的：在高度同质性和高度异质性的社会中，冲突会比较少；而在人数较多的少数群体面对一个主要民族时，社会中会出现较多冲突。如果的确如此，那么极化指数就能比分化指数更好地预测冲突的可能性。

寻租模型是反映冲突微观经济学的常见方法，因为这种模型能够得出这样一个结论，即当人口分布于两个人数众多的群体中的时候，社会成本较高，更容易出现社会紧张局势。因此，它们能够对在冲突时采用极化衡量方法提供理论支持。Esteban和Ray（1999）建构了一个行为模型，将社会冲突的水平和模式与在社会广泛分布的个人特征联系起来。他们的模型可以应用在财富、民族、宗教和政治观点等具有不同特征的群体上。他们认为冲突与特征分布的双重模态有着密切关系。然而，总体来说，冲突分布关系是非线性的，并且复杂到令人吃惊的程度。最近，Bhavnani等人（2008）建立了一个以主体为基础的计算框架，来模拟不同民族间内战的爆发和持续、民族优势和极化的不同模式，以及民族特征的新的衡量方法。

从理论的角度看，18.2节描述的RQ指数是由Montalvo和Reynal-Querol（2005b）根据一个简单的寻租模型得来的。他们假定社会是由N个人构成的，分布在M个群体里。为了不失一般性，令$\sum n_i = N = 1$。然后，π_i是群体i中的个人所占的比例，等于n_i。社会要对M个可能发生事件做出选择，其中事件i是群体i最喜欢的结果（即为群体i的成员提供的纯公共品）。

令u_{ij}表示如果j事件被社会选中，群体i的一个成员获得的效用。在完全竞争的条件下[②]，对于所有的i，j，$i \neq j$，都有$u_{ii} > u_{ij} = 0$。因此，个人只会将资源用于自己最喜欢的结果i上。由于该模型的寻租本质，Montalvo和Reynal-Querol假定主体可以通过将资源耗费在自己喜爱的结果上来试图改变结果。因此，将会有M个可能的结果，这取决于M个群体各耗费了多少资源。

现在，设x_i为个人或群体i所做出的努力或耗费的资源，并假设每个群体的个人都采取一致行动，忽略掉每个群体中可能出现的脱离群体的行为。用于游说的总资源是$R = \sum_{i=1}^{M} \pi_i x_i$。沿着这种解释，R可以被理解为衡量社会冲突强度的方法。

假设每个人的资源或努力的成本x是二次方的：$c(x) = (1/2)x^2$。任何寻租模型的基本要素都是竞争成功函数，因此成功的概率为[③]：

$$p_j = \pi_j x_j / \sum_{j=1}^{M} \pi_j x_j = \frac{\pi_j x_j}{R}$$

① 也可能会出现这样的情况，组建反政府军队需要有社会凝聚力。在多样化的社会中，由于分化程度很高，反叛和冲突的机会会受到征兵备选人数的限制。

② 假定在完全竞争条件下，每个群体都同样厌恶所有其他群体的成果。

③ 这是竞争成功函数比例形式的一个特例。在一般情况下，这一比例的形式为$p_1/p_2 = (x_1/x_2)^z$，其中z说明竞争努力程度x（在$z \leq 1$的情况下）收益递减或者（在$z > 1$的情况下）收益递增。我们设$z = 1$。

其中，p_j是事件j被选中的概率，这取决于每个群体为了各自的利益花费的资源，条件是$R>0$。

然后，群体i的每个成员都必须决定为了使预期效用最大化自己打算花费多少资源，已知该成员不希望出现不喜欢的结果，这时需要最大化的竞争成功函数为：

$$Eu_i=\sum_{j=1}^{M}p_ju_{ij}-c(x_i)=\sum_{j=1}^{M}p_ju_{ij}-(1/2)x_i^2$$
$$=p_iu_{ii}-(1/2)x_i^2$$

此时满足$p_j=\pi_jx_j/R$。

假设在完全竞争条件下，对于所有$j\neq i$，有$u_{ij}=0$；在$j\neq i$的一些情况下，至少一个群体花费的资源为正，$x_j>0$，一旦概率在预期效用函数里被替换为π，x和R的函数，令预期效用最大化的一阶条件就变成了：

$$\pi_i^2(u_{ii}-u_{ii}p_i)=\pi_ix_iR$$

将所有一阶条件加起来，得到：

$$\sum_{i=1}^{M}\pi_i^2(u_{ii}-u_{ii}p_i)=R^2$$

假设个人只从自己最偏好的事件中得到效用，而且效用的特征为$u_{ii}=k$。那么：

$$R^2=\sum_{i=1}^{M}\pi_i^2(k-kp_i)$$

下面列出两个命题，在附录中给出证明。

命题1。假设只存在两个群体，标准化（平方的）总成本可以写作$R^2=1-\sum_{i=1}^{2}\left(\frac{1/2-\pi_i}{1/2}\right)^2\pi_i$，这是RQ极化指数。

命题2。假设存在M个同等规模的群体，标准化（平方的）总成本可以写作$R^2=1-\sum_{i=1}^{M}\left(\frac{1/2-\pi_i}{1/2}\right)^2\pi_i$。

我们应当注意到，这一推导过程受到许多假设条件的限制（完全竞争、两个群体或者群体规模相同），因此应当看作是能够说明RQ指数和寻租文献之间存在关系的一种应用。然而，我们也应当指出，赫芬达尔指数在工业组织文献中的一般推导过程采用了约束性很强的条件，对企业的对称性有很强的依赖。

18.4.2 异质性、冲突和发展：实证分析

该部分描述关于多样性、冲突和经济发展之间关系的实证性文献。Sen（1973）就是这一方向的研究者之一。他认为在不平等和冲突之间存在着密切的关系。然而，这一联系很难在实证性研究中描述。Collier和Hoeffler（1998）提供了最早的实证性分析。他们发现收入不平等或者民族细分化在解释内战的开始方面都缺乏统计数据上的显著性，但是分化在解释内战持续的时间上具有微弱的显著性。然而，即使这样，这一影响也是非线性的：分化指数的平方也具有统计数据上的显著性。Collier（2000）将优势地位（一个群体是主要群体）和分化（存在许多小型群体）区别开来。他说明尽管分化在独裁条件下会产生破坏作用，但在民主条件下通常不存在严重问题。Collier和Hoeffler（2004）证实了收入不平等的实证不相关性（采用基尼系数或者将收入从高到低划分为五等份的方法来衡量Deninger和Squire在1996年曾使用过的同一组数据）。Fearon和Laitin（2003）（采用基尼系数衡量）也发现不平等并不具备统计数据上的显著性，分化实际上令社会更加安全，而优势地位会增加冲突的风险。

正如前面所述，这可能表示研究潜在冲突的正确方法是极化。因此，多数文献的负面实证性研究结果并不意味着文化异质性对冲突没有影响。Montalvo和Reynal-Querol（2005a，b）发现，在采用RQ指数衡量的时候，民族极化对内战的发生在统计数据上有显著的影响，民族细分化对经济发展具有负面的影响，但是，他们没有发现有证据表明多样化对发展的间接渠道（如投资或国内冲突）具有负面的影响。这两个结果都在文献中有所体现。Montalvo和Reynal-Querol（2005b）采用了另一种方法，他们发现民族和宗教极化能够通过减少投资，增加政府消费，增加国内冲突的概率，对经济发展产生

巨大的负面影响。

还有一些研究将内战的严重程度（通常用伤亡人数来衡量）和社会多样性联系起来。Do和Iyer（2010）研究了一段时期内尼泊尔各地的伤亡数据后得出结论认为，有证据表明（通过社会地位多样性来衡量的）社会极化加剧与冲突升级有关，但是语言分化和极化对冲突的强度没有显著的影响。还有一些研究认为，民族和宗教分化（和极化）都是多样化的衡量标准，但未将民族和宗教群体的空间结构考虑在内，例如Lim等人（2007）的研究，他们的模型关注人口的地理分布，并将其作为冲突的预测指标。当群体形成某一特定规模时，暴力冲突就会出现；而当群体大于或小于这一规模时，就不会有暴力冲突。因此，高度混居的地区和隔离良好的群体不会产生暴力冲突。[①]相反，边界划分不清的局部隔离更容易引起冲突。Lim等人（2007）根据调查数据和以主体为基础的模型[②]对印度和南斯拉夫进行了模拟。通过利用详细的民族群体地图，他们能够（以很高的准确度）预测会发生暴力冲突的地区。

很少有证据表明民族多样性会对种族灭绝和大规模屠杀产生影响。Harff（2003）构建了一组关于种族灭绝和政治性屠杀的数据，并检测了两种情况的前提条件结构模型。她指出六个导致因素并重点检验了一个假设，即民族和宗教多样性程度的提高会增加公民身份导致流动性的可能性，而且如果冲突被延长，会让人决定消灭实际上具有威胁或可能构成威胁的群体。然而，她发现没有实证证据来支持这一假设，用于反映潜在冲突的变量是多样性（民族细分化）的衡量方法。因此，Harff（2003）得出结论认为，民族多样性对种族灭绝的影响没有统计数据上的显著性，这和关于内战决定因素的其他大多数文献是一致的。Easterly等人（2006）分析了大规模屠杀的决定因素，认为大规模屠杀不应该和种族灭绝相混淆。他们发现，大规模屠杀与民族细分化的平方相关。最后，Montalvo 和 Reynal - Querol（2008）发现民族极化和种族灭绝的风险之间存在着很强的相关性。

18.5 结 论

一个社会的文化异质性对经济发展可能产生消极或积极的影响。一方面，文化多样性使合作变得更加困难，反过来对经济发展起到负面作用，而这也是本书所强调的机制。但是，另一方面，民族多样性也可能进入生产函数中：具有不同生产技能和不同问题解决方法的人们可能会对生产力产生积极的影响，从而加快创新的速度。然而，用于解释负面影响的渠道是难以描述的。尤其是本书未能找到一致的证据来表明民族差异对冲突产生的影响。近来的研究认为，这并不意味着异质性在解释冲突方面是不相关的。正是广为人们接受的分化指数的特性才是症结之所在。实际上，极化指数所描述的民族极化在解释冲突的概率、投资的比例和分化社会的政府开支水平方面具有统计学意义上的显著性。

致 谢

M.R.-Q.感谢欧共体第七次框架项目下欧洲研究委员会（FP7/2007-2013）ERC拨款协议号为203576的拨款。作者们感谢来自西班牙教育部和卡塔卢尼亚政府SEJ2007-64340号拨款的财政支持。

---

① 注意，这一假设意味着分化的衡量方法，即使构建在细微的地理水平上，也不会像极化那样与冲突高度相关。

② 以主体为基础的模型是一种计算模型，模拟独立自主的主体或主体的群体之间的相互作用，来估计他们对整个体系的影响。这种模型将博弈论、复杂系统和编程工具结合在一起。在使用蒙特卡罗方法时引入随机因素。

附录：命题的证明

命题1的证明

很容易看到，如果M = 2，那么任何群体中每个个人所花费的资源都是相同的，这样$x_1 = x_2$，且$p_i = \pi_i$。因此：

$$R^2 = \sum_{i=1}^{2}\pi_i^2(k - k\pi_i) = \sum_{i=1}^{2}\pi_i(k\pi_i - k\pi_i^2)$$
$$= \sum_{i=1}^{2}\pi_i(1 - 1 + k\pi_i - k\pi_i^2)$$
$$= \sum_{i=1}^{2}\pi_i(1 - (1 - k\pi_i + k\pi_i^2))$$
$$= \sum_{i=1}^{2}\pi_i\left(1 - k\left(\frac{1}{k} - \pi_i + \pi_i^2\right)\right)$$
$$= \sum_{i=1}^{2}\pi_i - \sum_{i=1}^{2}k\left(\frac{1}{k} - \pi_i + \pi_i^2\right)\pi_i$$
$$= 1 - \sum_{i=1}^{2}k\left(\frac{1}{k} - \pi_i + \pi_i^2\right)\pi_i$$

由于R是游说所耗费的总资源或努力的量度，我们可以把它看作是（潜在的）冲突指数。

请注意，当k = 4的时候，这一（标准化）指数在0和1之间，还可以写为：

$$R^2 = 1 - \sum_{i=1}^{2}4\left(\frac{1}{4} - \pi_i + \pi_i^2\right)\pi_i = 1 - \sum_{i=1}^{2}\left(\frac{1/2 - \pi_i}{1/2}\right)^2\pi_i$$

这正是RQ指数。

命题2的证明

由于所有群体的规模都相等，因此$p_i = \pi_i$。所以：

$$R^2 = \sum_{i=1}^{N}\pi_i^2(k - k\pi_i) = \sum_{i=1}^{N}\pi_i(k\pi_i - k\pi_i^2)$$
$$= \sum_{i=1}^{N}\pi_i(1 - 1 + k\pi_i - k\pi_i^2)$$

为了将指数标准化，令k=4。然后：

$$R^2 = \sum_{i=1}^{N}\pi_i(1 - 1 + 4\pi_i - 4\pi_i^2)$$
$$= \sum_{i=1}^{N}\pi_i(1 - (1 - 4\pi_i + 4\pi_i^2))$$
$$= \sum_{i=1}^{N}\pi_i(1 - (1 - 2\pi_i)^2)$$
$$= 1 - \sum_{i=1}^{N}\left[\frac{1/2 - \pi_i}{1/2}\right]^2\pi_i$$

即RQ指数。

参考文献

Alesina, A., Baquir, R., Easterly, W., 1999. Public goods and ethnic divisions. Quarterly Journal of Economics 114, 1243-1284.

Alesina, A., Devleeschauwer, A., Easterly, W., Kurlat, S., Wacziarg, R., 2003. Fractionalization. Journal of Economic Growth 8, 155-194.

Alesina, A., Easterly, W., Matuszeski, J., 2011. Artificial states. Journal of the European Economic Association 9, 246-277.

Alesina, A., La Ferrara, E., 2005. Ethnic diversity and economic performance. Journal of Economic Literature 43, 762-800.

Alesina, A., La Ferrara, E., 2002. Who trusts others? Journal of Public Economics 85, 207-234.

Alesina, A., La Ferrara, E., 2000. Participation in heterogeneous communities. Quarterly Journal of Economics 115, 847-890.

Alesina, A., Spolaore, E., Wacziarg, R., 2005. Trade, Growth, and the Size of Countries. In: Aghion, Philippe, Durlauf, Steven(Eds.), Handbook of Economic Growth. North-Holland, Amsterdam.

Atlas Narodov Mira, 1964. Glavnoe Upravlenie Geodezii i Kartografii. Moscow.

Baldwin, K., Huber, J.D., 2010. Economic versus cultural differences: forms of ethnic diversity and public goods provision. American Political Science Review 104, 644-662.

Barrett, D.(Ed.), 1982. World Christian Encyclopedia. Oxford University Press, Oxford.

Bhavnani, R., Miodownik, D., Nart, J., 2008. REsCape: an agent-based framework for modeling resources, ethnicity and conflict. Journal of Artificial Societies and Social Simulation 11, 7.

Biggs, T., Raturi, M., Srivastava, P., 2002. Ethnic networks and access to credit: evidence from the manufacturing sector in Kenya. Journal of Economic Behavior and Organization 49, 473-486.

Bigsten, A., Kimuyu, P., Lundvall, K., 2000. Informality, ethnicity and productivity: evidence from small manufacturers in Kenya. Working Papers in Economics 27. Department of Economics, Göteborg University, Göteborg.

Bossert, W., D'Ambrosio, C., La Ferrara, E., 2010. A generalized index of fractionalization. Economica 78, 723-750.

Campos, N.F., Saleh, A., Kuzeyev, V., 2011. Dynamic ethnic fractionalization and economic growth. Journal of International Trade and Economic Development 20, 129-152.

Collier, P., 2000. Ethnicity, politics and economic performance. Economics and Politics 12, 225-245.

Collier, P., Hoeffler, A., 1998. On economic causes of civil wars. Oxford Economic Papers 50, 563-573.

Collier, P., Hoeffler, A., 2004. Greed and grievance in civil wars. Oxford Economic Papers 56, 563-595.

Deninger, K., Squire, N.D., 1996. A new data set measuring income inequality. World Bank Economic Review 10, 565-591.

Dincer, O.C., Wang, F., 2011. Ethnic diversity and economic growth in China. Journal of Economic Policy Reform 14, 1-10.

Do, Q., Iyer, L., 2010. Geography, poverty and conflict in Nepal. Journal of Peace Research 47, 735-748.

Easterly, W., 2001. Can institutions resolve ethnic conflict? Economic Development and Cultural Change 49, 687-706.

Easterly, W., Levine, R., 1997. Africa's growth tragedy: policies and ethnic divisions. Quarterly Journal of Economics 112, 1203-1250.

Esteban, J., Ray, D., 1994. On the measurement of polarization. Econometrica 62, 819-851.

Esteban, J., Ray, D., 1999. Conflict and distribution. Journal of Economic Theory 87, 379-415.

Fafchamps,M.,2000.Ethnicity and credit in African manufacturing.Journal of Development Economics 61,205-235.

Fearon,J.,2003.Ethnic and cultural diversity by country.Journal of Economic Growth 8,195-222.

Fearon,J.,Laitin,D.,1996.Explaining interethnic cooperation.American Political Science Review 90,715-735.

Fearon,J.,Laitin,D.,2003.Ethnicity,insurgency,and civil war.American Political Science Review 97,75-90.

Fernández,R.,2008.Culture and Economics. In:Durlauf,S.,Blume,L. (Eds.),The New Palgrave Dictionary of Economics,second ed.Palgrave Macmillan,New York.

Greenberg,J.,1956.The measurement of linguistic diversity.Language 32,109-115.

Guiso,L.,Sapienza,P.,Zingales,L.,2006.Does culture affect economic outcomes? Journal of Economic Perspectives 20,23-48.

Harff,B.,2003.No lessons learned from Holocaust? Assesssing risks of genocide and political mass murder since 1955.American Political Science Review 97,57-73.

Horowitz,D.,1985.Ethnic Groups in Conflict.University of California Press,Berkeley,CA.

Hungerman,D.M.,2009.Crowd-out and diversity.Journal of Public Economics 93,729-740.

Kochan,T.,Bezrukova,K.,Ely,R.,Jackson,S.,Joshi,A.,Jehn,K.,Leonard,J.,Levine,D.,Thomas,D.,2003. The effects of diversity on business performance: report of the diversity research network.Human Resources Management 42,3-21.

Kokkonen,A.,Esaiasson,P.,Gilljam,M.,2010.Ethnic diversity and democratic citizenship: evidence from a social laboratory.Scandinavian Political Studies 33,331-355.

Laitin,D.D.,2000.What is a language community? American Journal of Political Science 44,142-155.

Laitin,D.D.,2002.Inequality and group participation: theory and evidence from rural Tanzania.Journal of Public Economics 85,235-273.

Lee,N.,2011.Ethnic Diversity and Employment Growth in English Cities.Urban Studies 48(2),407-425.

Lim,M.,Metzler,R.,Bar-Yam,Y.,2007.Global pattern formation and ethnic/cultural violence.Science 317,1540-1544.

Mauro,P.,1995.Corruption and growth.Quarterly Journal of Economics CX,681-712.

Miguel,E.,Gugertyb,M.K.,2005.Ethnic diversity,social sanctions,and public goods in Kenya.Journal of Public Economics 89,2325-2368.

Montalvo,J.G.,Reynal-Querol,M.,2002. Why ethnic fractionalization? Polarization,ethnic conflict and growth. UPF Working Paper 660,Universitat Pompeu Fabra,Barcelona.

Montalvo,J.G.,Reynal-Querol,M.,2005a.Ethnic polarization,potential conflict and civil wars.American Economic Review 95,796-816.

Montalvo,J.G.,Reynal-Querol,M.,2005b.Ethnic diversity and economic development.Journal of Development Economics 76,293-323.

Montalvo,J.G.,Reynal-Querol,M.,2008.Discrete polarization with an application to the determinants of genocides. Economic Journal 118,1835-1865.

Ottaviano,G.P.,Peri,G.,2005.Cities and cultures.Journal of Urban Economics 58,304-307.

Ottaviano,G.P.,Peri,G.,2006.The economic value of cultural diversity: evidence from US cities.Journal of Economic Geography 6,9-44.

Ottaviano,G.P.,Prarolo,G.,2009.Cultural identity and knowledge creation in cosmopolitan cities.Journal of Regional Science 49,647-662.

Reynal-Querol,M.,1998. Growth and religious conflict. Ph.D.Thesis,LSE.

Reynal-Querol,M.,2001. Ethnic and religious conflict,political systems and growth. PhD Dissertation,LSE,London.

Reynal-Querol,M.,2002.Ethnicity,political systems and civil war.Journal of Conflict Resolution 46,29-55.

Sen,A.K.,1973.On Economic Inequality.Clarendon Press,Oxford.

Sparber,C.,2010.Racial diversity and macroeconomic productivity across US states and cities.Regional Studies 44,71-85.

Tabellini,G.,2010.Culture and institutions: economic development in the regions of Europe.Journal of the European

Economic Association 8,677–716.
Taylor,C.,Hudson,M.C.,1972.The World Handbook of Political and Social Indicators,second ed.Yale University Press,New Haven,CT.

第19章

文化、语言多样性和经济学

Victor A. Ginsburgh [a,b] and Shlomo Weber [c,d]

[a]ECARES，Université Libre de Bruxelles，Brussels，Belgium

[b]CORE，Université catholique de Louvain，Louvain-la-Neuve，Belgium

[c]Southern Methodist University，Dallas，TX，USA

[d]New Economic School，Moscow，Russia

王欣双　译

摘　要

本章研究共同的语言源头所体现出的文化相似性（或差异）是如何影响经济活动的。当人们使用相同的语言种类时，他们就会比缺乏这种共性的时候更有可能结成商业关系，并进行商务交易。语言、文化和经济活动之间的联系已经得到越来越多的实证研究的证实。这些研究表明共同的文化和语言源头能够增加国家间的信任，这又会进一步影响贸易、移民、投资、增长、公共产品和经济的许多其他方面。我们考查了量度文化、语言和民族语言相似点（不同点）诸方面所采取的方法，但主要的研究对象还是语言差异。这种方法还需要考虑社会中不同语言群体的规模分布。我们举几个例子来说明多样性是如何影响国际贸易、移民和文学翻译的。在Montalvo和Reynal-Querol编写的本卷第18章中也有一些例子。多样性往往会产生规范化，这可能会提高经济的效率，但也可能会导致一国内部（或一组国家内部，例如欧盟）的语言群体被边缘化，从而产生负面结果。

关键词

语言多样性，语言距离，细分化，边缘化，冲突

JEL Classification Codes

D74，O12，O44，Z13

如果你用一个人懂得的语言与他交谈，
你的话就印在他的脑海。
如果你用他的语言与他交谈，
你的话就走进他的心灵。

——献给纳尔逊·曼德拉

19.1 引　言

肯尼亚作家Ngu˜gi˜ wa Thiong'o（1986，pp. 3–5）在其著作《让思想从殖民统治中解脱出来》一书中，解释了为什么语言是文化的一个重要表现形式：

对于民众的反抗，帝国主义挥舞着并且每天都在使用着的最大的武器，是文化炸弹。文化炸弹的威力在于消除人们对自己的名字、自己的语言、自己的环境、自己的斗争传统、自己的团结、自己的能力的信仰，并最终消除对自己本身的信仰。它使人们把自己的过去看作是毫无成就的一片荒芜，使他们想要远离这片不毛之地。它使他们想要认同与自己相去千里的东西；例如，去认同别人的语言而非自己的语言。

对语言的选择和使用是人们看待自己与整个世界关系的核心要素。因此，在20世纪的非洲，语言一直是两支对抗的社会力量的斗争核心。

1977年，他不再用英语写剧本、小说和短篇故事，转而采用基库尤语和斯瓦希里语，这是他的祖国肯尼亚使用的两种语言。[①]《让思想从殖民统治中解脱出来》一书于1986年出版，是Ngu˜gi˜最后的英语作品，前面的引文便出自此书。作为一名非洲人，Ngu˜gi˜用笔描绘着他的出生地非洲。然而，类似的态度和观点在各大洲都成立，无论是北美洲还是拉丁美洲，澳大拉西亚还是亚洲各地，甚至是欧洲，无论愿意与否，这种态度正在用一种包含着1 000个英语词汇的语言表达出来。

正如我们所看到的，人们往往会制定语言政策以疏远某些群体，后者的语言权利受到限制，甚至被剥夺，因而其文化、社会、历史价值观和感受会受到我们所谓的语言边缘化的威胁。

为什么人会对自己的语言有如此亲密的感情呢？是什么使得著名的葡萄牙作家Fernando Pessoa写道“我的故乡就是我的语言”，当代法国语言学家Claude Hagège（2000）声称“语言是被统治的人们的旗帜”“为法语的战斗就是思想的战斗”？为什么政治家Henry Bretton（1976，p. 447）认为“对交流技能被剥夺的恐惧似乎使政治热情提升到了狂热的程度”？

认为语言不仅仅是一种沟通方式的看法是在19世纪初由Wilhelm von Humboldt（1988）最先提出的。之后，人类学家Franz Boas（1940）和语言学家Edward Sapir（1949）以及Benjamin Whorf（1956）进一步发展了这一思想，后来成为Sapir-Whorf猜想：语言和文化是相互依存的，人们使用的语言（通常是母语）的结构会影响其思维和行为方式。Kramsch（1998，p. 12）对此作了总结，他认为，尽管将一种语言翻译成另一种语言是可能的，但是“其中必然存在不能一一对应的内容，与这种语言的结构相联系的文化是无法翻译的”。Whorf举了一些例子来说明这个问题，例如霍皮人的印第安语中和英语中的“时间”概念。他写道，这一概念在霍皮人心目中和在英国物理学家心目中的差异巨大，双方甚至很难互相理解。

这一大胆的假设（语言决定了我们的思维）受到了科学界的抨击，因为这会导致科学发现的“相对性”。今天，一个较缓和的假设似乎能够成立，即“看似相同的概念所引发的语义联想存在文化差异”。一种语言赋予一种经历的语义并不会让其他人无法理解这种经历，

① 斯瓦希里语是东非几乎所有国家通用的语言。

但是会让使用这种语言的人更容易看到其中的语义（Kramsch，1998，p. 13）。简言之，语言反映了文化的内涵，并限制了我们的思维方式，文化是通过语言的使用表达出来的（Kramsch，1998，p. 14）。因此，语言并不仅仅是一种沟通方式，也是文化的载体。有趣的是，书写在一定程度上也是如此。Carriére和Eco（2009）认为，在西方的电影中，行进的场面往往是从左向右的，而在伊朗的电影中，却往往是从右向左，这正是波斯文的书写方向。Steiner（1992，pp. XII–XIV）提出了更加一般化的观点：

“每一种人类语言都对世界有着不同的描述。这些语言的语法虽然极其复杂，但是作为补偿，却赋予了这些语言生动性，尽管这些语言的使用者（例如澳大利亚土著居民或者喀拉哈里沙漠居民）生活在荒芜贫瘠的物质和社会环境中。每一种语言——并不存在“小语种”或不重要的语言——都对世界有着一套解释，对地理环境有着独到的记忆。过去式虽然种类繁多，令人迷惑，但它铸就了历史。”

Chen（2012）撰写的论文分析了语言对经济行为的影响。他发现“不在语法上显著区分现在时和将来时[①]的语言会让其操用者采取更多以未来为导向的行动”：他们热衷储蓄，很少抽烟，不大可能变胖，会长期保持相对健康。

尽管语言是一种对文化有着深远影响并受文化影响的现象，它却很难用文化来描述。相反，语言往往和所谓的民族特征联系在一起，成为衡量文化差异的合理替代。不过，语言并不是唯一的衡量准绳。

在研究多样性的时候，必须要解决两个重要的实证问题：（1）如何衡量文化、民族和语言的差异；（2）如何识别文化群体（所谓的群体识别问题）及其导致的社会细分化问题。

文化的各个方面都很难描述，文化之间的距离也是这样，但仍有科学家曾经或正在试图衡量它们。在这里，我们把语言当作文化和/或民族的替代。当然，也有例外。Storti（2001）表明巨大的文化差异有时可能会导致重大的误解，即使美国人和英国人说的（几乎）是同一种语言，他们之间也有可能产生误解。同说佛兰芒语的比利时人和荷兰人也是这样，他们的语言也有一些小的语言学差异。另一方面，很难找到两个民族或两个国家共有同一种文化，却使用不同的语言。因此，总体来说，语言和文化存在一一对应的关系，但是语言的多样性可能比文化多样性更容易理解，因为很容易识别人们的母语，并衡量语言之间的距离（参见19.2.1）。

要在文化群体和国家之间找到一一对应的映射关系就不那么容易了。这通常是因为存在人为强制划分的边界线，一个国家里可能存在数个语言群体，而从前属于同一语言群体的人可能会被划分到几个国家。[②]正如Laitin（2000，p. 143）所指出的那样：“人们会继承多个民族传统，在不同时期应用不同的传统。类似地，世界上有很多人会使用多种语言，能够跨越截然不同的文化领域进行有效的交流沟通。”Bretton（1976）强调了用母语来识别文化群体的重要性。他认为：“语言可能是古今中外最具爆炸力的事物。这主要是因为语言本身与个人有着密切的联系，这一点与民族主义和民族优越感的其他方面是截然不同的。”实际上，大约50年前，在苏联进行了第一个最有影响力的国家识别研究，即通常被人们称作ELF（民族语言细分化）的研究（参见

---

① 在德语中，可以说“Morgen regnet es”（明天下雨），这在英语和法语中是不正确的，应该说“It will rain tomorrow”或者“Demain, il pleuvra”。（译者注：德语可以用现在时表示将来时，而英语和法语必须要用将来时表示将要发生的事）

② 我们将避免采用“民族语言群体”这个经常出现在该文献中的称谓，而采用Hechter（1974）的定义。他认为民族性是指“在某种文化的基础之上将人们结成团结的民族群体的情感。因此，民族性暗指共同享有某种文化行为的个人之间存在的关系的质量”。语言可能会让人们团结在一起，但并不见得总会这样。Fearon（2003）和Labar（2010）也提醒人们谨慎划分民族群体的界限，不要作出武断的判断。此外，给语言群体下定义要比给民族群体下定义容易得多。

19.2.2)。该研究主要建立在各个群体的语言和历史起源的基础之上，而这些在很多情况下又是建立在其母语基础之上的。

仅仅存在截然不同的语言群体并不见得是件“坏事”。正如我们将要探讨的，环境更具多样性会吸引富有创意的个人、企业、公司和资本。因为员工技能可以得到互补，这有时会弥补跨文化交际带来的成本。欧盟包含27个成员国，人们使用的语言多种多样，这的确会产生一些问题，但也消除了笼罩欧洲数世纪的实际的军事冲突和潜在的威胁。

然而，语言和民族的细分化或者多样性也可能会滋生制度上的浪费、官僚主义的低效和腐败，降低政治稳定性，阻碍经济增长，例如在殖民时期之后的非洲就可以看到这种令人痛心的情形。一个国家（地区或国家群体，例如欧盟）该如何应对这些消极方面？一种自然的反应就是在细分化的社会中实行一定程度的规范化，即采用少数几种语言，或选用一种通用语言。然而，规范化有时会剥夺社会上很多人的语言权利，从而导致边缘化。在一些情况下，边缘化的情绪会相对缓和，例如法国在1992年修宪后即是如此（新宪法纳入了一条规定，将法语定为“共和国的语言”）。然而在斯里兰卡，人们对语言的不满则导致了长期的流血战争。

本章的结构如下：19.2节介绍民族语言多样性和细分化、它们的衡量方法，以及它们的社会和经济影响。在19.3节，我们会介绍规范化政策，其目的是减少过度多样性导致的经济损失。然而，这些政策可能会导致社会上大型群体的语言边缘化，从而导致负面的社会和经济影响，这个问题将在19.4节进行探讨。在19.5节，我们会讨论多样性和规范化的利弊之间的微妙平衡，并试图探讨一个关键的问题，即如何将多样性保持在可控程度上，与此同时实施多种可能会使一些群体边缘化的规范化政策，并最终得出结论。

19.2 语言多样性和细分化

Sapir-Whorf假说中的语言和文化的相互依存关系是与母语的概念相关联的，而母语在决定人类的思维和行为方式方面起着举足轻重的作用。一个人可以使用多种语言（很多人都是这样），但是它们是不可完全替代的，通常只有一种是母语。在本章的引文中采用了曼德拉的话语，使用母语的重要性可以从中窥见一斑。由于误解而产生的严重冲突很常见，因为即使人们使用同一种语言，其母语和文化也有可能不同。Storti（2001）收集了一些跨文化对话，来分析具有不同文化背景的人们（法国人、德国人、美国人和英国人）由于本土文化的差异对同样的词汇和句子有着不同的理解，从而解释了这一点。

举例说明一下，Nabokov（1955）将《洛丽塔》从英语译成俄文，对此他并不感到非常满意，但也没有引起什么大的后果。相反，有时翻译可能极其重要。例如，Lewis（2004）在《从混乱到翻译员：解说中东》中描述了一个著名的例子：1967年11月22日，在以色列与阿拉伯邻国（埃及、叙利亚、约旦）间战争结束的几个月后，联合国起草了第242号决议第一条第一款。该项决议最初是以英语起草的，要求“以色列武装力量从近期冲突中的被占领土撤退（withdrawal of Israeli Armed Forces from territories occupied during the recent conflict）”。Lewis（2004，p. 194）认为：

> 人们通常会认为英语中在“领土”一词前省略冠词“the”意味着并非指的是全部的领土。俄文中没有冠词，因此在俄文版本中无法确定这个问题。阿拉伯语版本为非官方版本，因为那时阿拉伯语尚不是联合国官方语言。阿拉伯语中的冠词与其说有语法上的必要性，不如说是具有形式上的必要性。

在法语中，这段文字是“以色列武装力量从被占领土撤军（retrait des forces armées israéliennes des territoires occupés）”。在这句话中，冠词“des”来自两个词的缩写：一是介词“de”，意思是“来自”，二是冠词“les”，意思是定冠词“the”，所以可以理解为“全部领土”。语言差异的历史重要性是无法否认的。

Bellos（2011，pp. 24-26）有一个绝妙的故事，并不像前面的例子那样需要以鲜血作为代价。首先，他认为法律“是用法律的语言书写的，令人几乎无法理解，而不能理解的东西是没法翻译的”。然后，他描述了由“人权”一词引发的问题，该词在法语中是“droits de l’homme”，在英语中是“human rights”，在德语中是“Menschenrechte”。唯一正确的形式是最后一个，因为在德语中男人是“Mann”，女人是“Frau”，同时还有一个词“Mensch”既表示男人也表示女人。法语词“homme”意思是“man”（译者注：在英语中man既指男人，也泛指人类；在法语中，homme也是这样），所以有一些女权主义者坚持认为还需要有“droits de la femme（女人的权利）”。“humain”一词并不完全与“human（人类）”相同，法国人决定为这个旧的说法改头换面（可以上溯到1789年的法国大革命），把它写成“droits de l’Homme”，其中H大写，假装大写字母可以使这个词失去其性别意味，泛指人类。

在实践中，这些争论对于多样性概念的定义及其量度具有令人难以置信的影响。实际上，按照母语将社会中的人划分为几个群体是很自然的事情，因为在大多数情况下，根据其母语识别一个人要比根据其他特征更容易。然而，接下来的问题就是语言之间的差别究竟有多大，这就是我们下面要探讨的。

19.2.1 语言距离

《人类学》（2009年版）的最后1 250页收集了目前世界上被人们使用的6 909种语言的海量信息，内容包括这些语言在哪里被人们使用，以及（估计的）使用者人数。6 909种语言算多还是少尚无定论，这一数字本身也备受争议，因为其计数方法相当主观，而且没有包括方言。在什么情况下可以认定两种语言是不同的？威尼斯语和意大利语是同一种语言吗？塞尔维亚语和克罗地亚语呢？佛兰芒语和荷兰语呢？英国的英语和美国的英语呢？在确认某种语言使用者的“群体”时，这些都是关键的问题。即使都是语言不同，我们是否应当认为使用塞尔维亚语的人和使用克罗地亚语的人与说希腊语的人和说土耳其语的人一样属于不同群体？毕竟这两对群体具有显著差异：塞尔维亚人和克罗地亚人非常相似，希腊人和土耳其人的语言属于完全不同的语系——希腊语属于印欧语系，而土耳其语属于阿尔泰语系。

为了解答这些问题，人们需要先确认语言之间的差异程度。使语言不同的究竟是词汇，还是发音，或者是语音、音韵、句法、语法等等（这甚至还没有接触到最基本的问题，即语言是否具有共同的结构）？在下面的部分，我们将讨论衡量语言距离的各种方法。

19.2.1.1 语言宗谱

19世纪早期出现了为语言分类的需要，这时语言学作为一门学科诞生了。在此之前，人们只是画出简单的“语言宗谱”。“语言宗谱”看起来和族谱一样，从一个共同的祖先（家族的起源）发展到后面的世世代代。表19-1描绘出一个具有共同起源的树形结构，这一共同起源被看作是人类所有语言的“根基”或“原型”。[①]这一“根基”产生出包括欧亚语系在内的一些重要的一级家族。在表19-1中，我们只列出欧亚语系的各种二级家族（从爱斯基摩-阿留申语系到印欧语

① 并非所有语言学家都同意语言都具有同一个起源（单源说）。有人认为语言差不多同时在世界各地出现，因此并没有共同的起源（多源说）。请参阅Ruhlen（1994）和其他学者的文献。

系），然后进入以印欧语系为根源的三级家族（从日耳曼语系到印度-伊朗语系）①。在表19-2中，我们进一步深入日耳曼语系的分支，并加上了6个级别：例如，现代英语和苏格兰语与意第绪式英语同处于第六级上，都来自西日耳曼语系（第四级）和英语系（第五级），而标准德语出现在第九级上。这些“语言宗谱”是根据各种语言的不同特征和可能的移民活动来构建的。

表19-1 印欧语言宗谱（总表）

0.起源
……
1.欧亚语系
2.爱斯基摩-阿留申语系
2.楚科奇语系
2.吉利亚克语系
2.韩语-日语-阿伊努语系
2.阿尔泰语系
2.乌拉尔语-裕卡基语语系
2.伊特鲁里亚语系
2.印欧语系（449）
3.日耳曼语系（53）
4.东日耳曼语系（1）
4.北日耳曼语系（11）
4.西日耳曼语系（41）
3.意大利语系（48）
4.拉丁-法利希语系（1）
4.罗曼语系（47）
3.斯拉夫语系（19）
4.东斯拉夫语系（4）
4.南斯拉夫语系（7）
4.西斯拉夫语系（8）
3.阿尔巴尼亚语系（4）
4.盖格语系（1）
4.托斯克语系（3）
3.亚美尼亚语系（1）
3.波罗的语系（3）
4.东波罗的语系（2）
4.西波罗的语系（1）
3.凯尔特语系（7）
4.海岛语系（7）
3.希腊语系（6）
4.阿提卡语系（5）
4.多立斯语系（1）
3.印度-伊朗语系（308）
4.印度-阿里乌斯语系（219）
4.伊朗语系（87）
4.无法归类的语系（2）

表19-2 印欧语言宗谱（日耳曼语系）

0.起源
1.欧亚语系
2.印欧语系（449）
3.日耳曼语系（53）
4.东日耳曼语系（1）
5.哥特语系[got]（乌克兰）
4.北日耳曼语系（11）
5.东斯堪的纳维亚语系（6）
6.丹麦-瑞典语系（6）
7.丹麦布克莫尔语系（1）
8.挪威语，布克莫尔语[nob]（挪威）
7.丹麦-里克斯莫尔语（2）
8.丹麦语系（2）
9.丹麦语[dan]（丹麦）
9.朱特语[jut]（丹麦）
7.瑞典语系（3）
8.Dalecarlian[dlc]（瑞典）
8.斯堪尼亚语[scy]（瑞典）
8.瑞典语[swe]（瑞典）
5.西斯堪的纳维亚语系（5）
6.法罗语[fao]（丹麦）
6.冰岛语[isl]（冰岛）
6.Jamtska[jmk]（瑞典）
6.挪威语，尼诺斯克语[nno]（挪威）
6.诺恩语[nrn]（英国）
4.西日耳曼语系（41）
5.英语系（3）
6.英语[eng]（英国）
6.苏格兰语[sco]（英国）
6.意第绪式英语[yib]（美国）
5.弗里西语系（3）
5.高地德语语系（20）
6.德语系（18）
7.法兰克语[frk]（德国）
7.中部德语（9）
8.中东部德语系（3）
9.标准德语[deu]（德国）
9.低地西里西亚语[sli]（波兰）
9.高地撒克逊语[sxu]（德国）
8.中西部德语系（6）
7.高地德语系（8）
8.阿勒曼尼语系（4）
8.巴伐利亚-奥地利语系（4）
6.意第绪语系（2）
5.低地撒克逊-低地弗兰哥尼语系（15）
6.东弗里西语[frs]（德国）
6.低地弗兰哥尼语系（4）
7.南非荷兰语[afr]（南非）
7.荷兰语[nld]（荷兰）
7.佛兰芒语[vls]（比利时）
7.西兰语[zea]（荷兰）
6.低地撒克逊语系（10）

① 括号里的数字表示该（次级）语系中的语言数量。例如印欧语系中有449种语言，其中53种为日耳曼语系，48种为意大利语系，等等。表19-1和表19-2都是根据《社会人类学》（2009）中提供的数据构建的。

Fearon 和 Latin（1999）、Laitin（2000），以及 Fearon（2003）提议计算出“语言宗谱”分支之间的距离，用来替代语言群体之间的距离[①]。在最初的 Fearon 和 Latin（1999）指数（LANGFAM）中，每两种语言相互分离的第一个分支所在的级别就是这一对语言的得分。得分越高，这两种语言就越相似。

为了解释距离是如何计算的，不妨以德语和匈牙利语为例。这两种语言来自结构互不相关的语系：德语属于印欧语系，而匈牙利语属于乌拉尔语系。因此，这两种语言没有相同的分支，从第一级分支就分开了：它们的得分为1。德语和意大利语有一个相同的级别，它们同属印欧语系，但是在这之后就立刻分成日耳曼语系和意大利语系，它们的得分为2。德语和丹麦语从第三级分开，德语属于日耳曼语系的西日耳曼分支，而丹麦语属于北日耳曼分支。因此，它们的得分为3。

德语和英语有三个共同级别：它们同属印欧语系和日耳曼语系，都属于日耳曼语系的西日耳曼分支，它们的得分为4。类似地，德语和意第绪语的得分为5，南非荷兰语和荷兰语的得分为6。正确地计算得分便可以得出语言之间的距离。

19.2.1.2 词汇统计学距离

词汇统计学距离是根据在各种语言里相似的词汇和人们认为具有共同起源的词汇而判断出来的。根据 Ruhlen（1994，p. 12）的观点，语言是相互联系的或相似的，而这些相似点只能用三个机制来解释：（1）有些单词是因为偶然的原因而相似；（2）一种语言可能从其他语言中借词（例如，英语中就包含很多法语词）；（3）两种语言可能来自同一种古老的语言（例如，法语、意大利语、西班牙语和葡萄牙语都属于同一分支，都是由拉丁文发展而来的）。

词汇统计学距离是建立在所谓的同源词的基础之上的。几种语言由于历史原因由一种古老的语言发展而来，这时就会产生同源词，因此研究时不仅需要忽略借词和偶然相似的词汇，而且还需要忽略句法和语法。

由于比较每两种语言的词汇是一件令人生畏的重任，语言学家不得不仔细选取一小部分词汇，构成所谓的“词义列表”。Morris Swadesh（1952）选取了一些经过严格挑选的词义。这些词义非常基本，在所有的语言和文化中都存在（例如动物、坏、咬、黑色、孩子、死亡、吃、眼睛、打猎、从1到5的数字），各种推论演绎都可以此为基础。Swadesh 的列表里包含200个基础词义，至今仍在使用。

Greenberg（1956）是第一个公开采用语言距离这一概念的人。他用“偶然但固定的基础词汇”来解释这一概念，并计算出“每一对语言中相似部分占整个列表的比例”，然后将这一比例作为每一对语言之间的距离。Dyen 等人（1992）延续了这一思路，他们采用 Swadesh 的200个单词的基本列表来为84种印欧语系的语言分类。他们为这一词汇统计学方法设定了三个[②]步骤：

1. 收集每种语言中表达每个词义的词汇。

2. 为列出的每一对语言的词汇辨析同源关系，即辨析它们是否源自同一个古代词汇，或者无法辨析。[③]

3. 计算词汇统计学的百分比（即每一对词汇列表中同源词所占的百分比）；这些百分比在1（所有词汇都同源）和0（无共同词源）之间。

表19-3中列出的数字等于1减去同源词汇的百分比。其中包括25种欧洲语言[④]和欧盟使用人数最多的6

---

① Fearon（2003）整理了160个国家822个民族群体的数据，数量惊人。Desmet 等人（2009）采用了 Fearon 算法的变体。

② 实际上应当是四个步骤，最后一个步骤是将语言按照树形排列。

③ 请参见 Warnow（1997）对技术细节的描述。

④ 巴斯克语、爱沙尼亚语、芬兰语、匈牙利语和土耳其语（在塞浦路斯通用）不包含在内，因为这几种语言不包含在印欧语系中。

种欧洲语言之间的距离。这6种语言包括：2种日耳曼语（英语和德语），3种罗曼语（法语、意大利语和西班牙语），1种斯拉夫语（波兰语）。很容易看到，丹麦语、荷兰语、英语、德语、冰岛语、挪威语和瑞典语是有联系的。几种罗曼语（加泰罗尼亚语、法语、意大利语、葡萄牙语、罗马尼亚语和西班牙语）、斯拉夫语（保加利亚语、捷克语、俄语、塞尔维亚-克罗地亚语、斯洛伐克语、斯洛文尼亚语和乌克兰语）和波罗的语（拉脱维亚语和立陶宛语）也是如此。在前三种语系中，阿尔巴尼亚语和希腊语与其他语言的距离是最远的。

表19-3　部分印欧语言的词汇统计学距离（值×1 000）

	英语	法语	德语	意大利语	西班牙语	波兰语
阿尔巴尼亚语	883	878	870	877	883	871
保加利亚语	772	791	769	769	782	369
加泰罗尼亚语	777	286	764	236	270	784
捷克语	759	769	741	753	760	234
丹麦语	407	759	293	737	750	749
荷兰语	392	756	162	740	742	769
英语	0	764	422	753	760	761
法语	764	0	756	197	291	781
德语	422	756	0	735	747	781
希腊语	838	843	812	822	833	837
冰岛语	454	772	409	755	763	758
意大利语	753	197	735	0	212	764
拉脱维亚语	803	793	800	782	794	668
立陶宛语	784	779	776	758	770	639
挪威语	452	770	367	754	761	762
波兰语	761	781	754	764	772	0
葡萄牙语	760	291	753	227	126	776
罗马尼亚语	773	421	751	340	406	784
俄语	758	778	755	761	769	266
塞尔维亚-克罗地亚语	766	772	764	755	768	320
斯洛伐克语	750	765	742	749	756	222
斯洛文尼亚语	751	782	733	760	772	367
西班牙语	760	291	747	212	0	772
瑞典语	411	756	305	741	747	763
乌克兰语	777	781	759	774	782	198

资料来源：Dyen等人（1992，pp. 102-117）。

根据语言宗谱计算的距离要比词汇统计学距离粗略，但是根据现存的语言宗谱来计算更加容易，并且对于所有的语系都适用。

19.2.1.3 语言距离的进一步阐述

在讨论衡量语言之间距离的各种方法的时候，Chiswick和Miller（2007，Chapter 20）的观点很值得一提。他们的衡量方法建立在一种语言的使用者习得另一种（非母语的）语言的困难程度之上。这种方法最初由Hart-Gonzalez和Lindemann（1993）创立，他们以一些美国印第安人作为样本，研究其学习不同种语言的情况，并不时检测其对语言的掌握程度。他们试图证明其得分与距离正相关。[①]如果这种距离对于大多数语言的两两比较都适用（并能根据同一标准进行衡量）的话，那么当然这就是取代另外两种语言距离的好方法，因为这种方法包含了习得一门语言会遇到的大多数困难。然而，要扩展现存的数据库仍然存在现实困难。

以上讨论的是语言距离，最后必须指出在不同国家和地区使用的同一种语言的不同版本间也存在着巨大差异。例如，在美国和英国就有大量的词义是用不同的单词表达的（并呈增长态势）："garbage"和"rubbish"，"cell phone"和"mobile"，"subway"和"tube"，"faucet"和"tap"，"janitor"和"caretaker"，"eraser"和"rubber"，"truck"和"lorry"，等等。加拿大人和英国人使用的词汇并不总是相似，有时同一个词在两国会有不同的含义，这也是广为人知的。

接下来我们研究民族语言细分化（ELF）的问题。在这一问题上，语言距离起着重要作用。

19.2.2 民族语言细分化及其衡量方法

如上所述，语言多样性对经济产出的影响是难以判定的。多样性有助于创造和创新。Lazear（1999）对此进行过研究，其"全球团队"中的成员来自不同文化背景或不同国家，对该团队研究项目的成功起了巨大作用。虽然让来自不同文化、使用不同语言的人们通力协作会令该组织产生额外的成本，但是员工们的各种技能会产生互补，很容易抵消跨文化交流产生的成本。然而，语言和民族的细分化或多样性也会导致政府机构失灵、官僚主义、缺乏效率、腐败、过多的游说和寻租、经济和社会政策被误导。摆脱殖民统治的非洲就是一个不幸的例子。喀麦隆有279种语言，刚果民主共和国有217种语言，尼日利亚有521种语言，苏丹有134种语言，坦桑尼亚有129种语言，这使得这些国家名声在外，却痛苦不堪。Montalvo和Reynal-Querol在本卷的第18章对民族语言细分化的积极和消极方面进行了阐述。为了保持本章的完整性，我们仍将讨论一些泛泛的方面，因此难免和第18章产生重复。

生活圈子和民族群体的数量众多往往会让人们认为，为了促进经济发展必须要减少语言细分化。为了作出量化的分析，必须将一个国家划分为不同的语言圈子。这种分组问题有时是个难题。

19.2.2.1 群体身份

如前所述，第一个在全世界按照国家逐个进行的综合性民族语言分类，是由莫斯科的Miklukho-Maklai研究所的约70名苏联民族学者完成的，当时该研究所隶属于苏联国家地质研究会的测地学和制图部。它们的建构被广泛地称作ELF，主要建立在不同群体的语言和历史起源的基础之上。这一杰出项目的发现远远早于互联网甚至电脑诞生之时，于1964年刊登在《世界人类民族图册》（Atlas Narodov Mira，1964）上。在很大程度上，ELF并未受到当时政治压力的影响。ELF数据和其他数据有很多相似之处，例如Roberts（1962）和Muller

---

① 这一距离被Chiswick和Miller(2007, Chapter 1)、Hutchinson(2003)以及Ku和Zussmann(2010)采用。

（1964）统计的数据。此外，Taylor和Hudson（1972）指出，ELF不包含东西两大集团国家间的系统差别。该研究紧随Rustow（1967）与Taylor和Hudson（1972）对西方文献进行的研究之后问世，其数据在关于多样性的研究中至今仍是最具影响力的来源。

后来，Alesina等人（2003）扩展了ELF数据，他们研究了语言和民族方面的细分化，并构建了根据语言、民族和宗教从属关系确定的独立的数据库。Alesina等人的数据库非常出色，涵盖约200个国家、1 055个主要语言群体和650个民族群体。Alesina和Zhuravskaya（2008）又进一步通过使用调研数据拓展了原先的数据库，使其在地区的层次上包含约100个国家。Desmet等人（2009）采用《人种学》（2009）中介绍的语言距离构建了另一个数据库。[①]

这些数据与其量度方法或概要指数一同使用。

19.2.2.2 多样性指数

在大多数关于多样性和细分化的实证和理论文献中，社会细分化指数是由某一社会中两个随机选择的成员属于不同语言群体的概率决定的。一方面，在单一语言社会中只存在一个语言群体，因此该概率即细分化指数等于0。另一方面，如果社会中存在大量不同的群体，每个群体的成员人数很少，两个随机选择的个人使用不同母语的概率就相当大。如果每个人都使用一种不同的语言，从而两个人使用同样语言的概率为0，这时细分化达到最高程度（等于1）。

在不同领域的研究中，人们分别计算出细分化指数（当然，采用的名称也各不相同），这些领域包括经济学、政治学、语言学、社会学、基因学、生物学等学科领域。细分化指数在基尼（1912）的文献中首次被提到，他将其称作相互性指数。后来又出现了辛普森指数（1949）。Greenberg（1956）将这一概念引入语言学中，并将其称作单一语言非加权指数或A指数。[②]A指数的正式表达形式为：

$$A = 1 - \left(s_1^2 + s_2^2 + \cdots + s_n^2 \right)$$

其中：s_1，s_2，…，s_n是构成整个社会的n个语言群体所占的人口比例，其总和等于1。注意，A指数的函数形式等于1减去著名的赫芬达尔－赫希曼指数（HHI），后者本来是用于研究含有多个企业的行业的。[③] HHI的计算方法是：

$$HHI = s_1^2 + s_2^2 + \cdots + s_n^2$$

其中：s_k表示k企业所占的市场份额。

A指数不是唯一可能的函数形式。另一种形式被称作熵，是由Shannon（1948）提出的：

$$Ent = -\left(s_1 \log s_1 + s_2 \log s_2 + \cdots + s_n \log s_n \right)$$

这两个指数都满足Shannon提出的多样性的两个基本要求：

1. 规模单一。对于给定数量的群体，当所有群体的规模相等时，指数达到最大值。

2. 丰富性。如果所有群体的规模相等，群体数量越多的社会其多样性指数越大。

A指数对多样性的描述非常粗略，因为它只考虑不同群体的规模。在实践中，确定一个群体是否不同于另一个群体是非常困难的，除非采用群体距离。

---

① 值得一提的是，几乎所有研究多样性的学者都喜欢把ELF作为民族语言细分化的指数。实际上，ELF只不过是一个数据库。各种文献中提到的ELF指数其实是Greenberg的A指数（参见下文），它建立在ELF数据库的基础之上，最初由Taylor和Hudson（1972）提出。类似地，Easterly和Levine（1997）计算出的衡量方法是根据Greenberg的A指数计算的Muller和Roberts数据库，也与ELF毫不相关。最近一些对细分化的研究也是如此，它们根据《人类学》的语言宗谱、《大英百科全书》和中央情报局的《世界概况》（CIA, 2009）或其他数据库计算出各种指数。因此，如果一个指数并非根据苏联1964年的数据库得出，那么它应当有其他名称，而不应当被称作是ELF。

② 本章将一直使用这一名称。

③ HHI通常被看作是一个衡量行业垄断化程度的指标，广泛应用于竞争和反托拉斯法中。

在继续探讨既考虑群体规模又考虑语言差异的指数公式之前，先看一看Desmet等人（2009）分析的两个西欧国家的例子：安道尔和比利时。在小国安道尔，大约一半的人口说加泰罗尼亚语，另一半说西班牙语（这是两种比较相似的罗曼语言）。而在比利时，大约60%的人口说荷兰语，一种日耳曼语言；另外40%的人口说法语，一种罗曼语言。由于西班牙语与加泰罗尼亚语是比较相似的语言，而法语与荷兰语差别较大，因此，人们会认为比利时比安道尔语言多样性程度更高，但实际上安道尔的A指数更高。为了克服A指数的这一奇怪特性，Greenberg（1956）提出了所谓的B指数，用来分析群体之间的距离：

$$B = 1 - \sum_{i=1}^{K}\sum_{j=1}^{K} s_i \times s_j \times (1 - d_{ij})$$

为了验证A指数实际上是B指数的一个特例，请注意，对于每一个包含群体i和j的项，A指数令距离d_{ij}等于1，因而该项就消失了。如果i和j相等，$d_{ij}=0$，该项就变成$s_i \times s_i$。因此，A指数只包括$s_i \times s_i$的项；其他的都等于0。

通过简单的算术，很容易将这一指数转变为下面这种更有用的形式：[①]

$$B = \sum_{i=1}^{K}\sum_{j=1}^{K} s_i \times s_j \times d_{ij}$$

注意，B在直觉上很好解释：它代表社会中所有成员两两之间的平均语言距离。

B指数有一个优于A指数的重要特点，它满足“持续”的性质：如果两个群体间的距离接近0，具有两个相似群体的社会（例如在安道尔）的多样性就会接近同质性社会的极端特例，在同质性社会中，两个群体会合并成一个。在Desmet等人（2009）以218个国家为样本对社会多样性与再分配范围的联系进行的研究中，以距离为基础的指数具有远远优于A指数的解释力。

Desmet等人（2005）提出B指数的一个变体，用于解释西班牙、俄罗斯、吉尔吉斯斯坦、老挝、泰国、伊朗、沙特阿拉伯和科威特等国一个群体占优势地位（称作中心群体）的情况。[②]它们的PI指数只考虑中心群体和外围群体之间的距离，而不考虑外围群体之间的距离。外围指数PI的函数形式与B指数很相似，只不过每一对外围群体之间的距离为0。因此，在一个中心群体人口比例为s_c的社会，PI指数只包括$s_i \times s_c \times d_{ic}$项，其中$d_{ic}$是语言i和中心群体语言之间的距离。与A指数不同，B指数和PI指数不满足Shannon的规模单一和丰富性的条件。

19.2.3 距离：经济影响

在这一部分，我们研究语言距离本身的经济影响。读者会在本卷第18章看到多样性对经济的影响的全面论述。

19.2.3.1 对国际贸易的影响

全球化迫使员工（尤其是白领员工）学习外语以跨越语言障碍。在多数情况下，欧洲人会选择英语作为第二门语言，英语成为欧洲的通用语。在全世界，英语的使用者超过15亿（Crystal，2003），英语大概也是国际合同和贸易中最常用的语言。

有关国家的语言差别对双边贸易流的影响的研究通常建立在所谓的“引力模型”的基础上，这一名称得自它与牛顿的万有引力法则的相似之处。牛顿认为宇宙中

① 参见Desmet等人（2005, 2009）、Bossert等人（2006）的文献。

② 优势地位并不总是与民族群体的相对规模相关联。例如，图西人只占卢旺达14%的人口比例，却是该国处于优势地位的少数民族群体，其他人几乎都是胡图族。Laitin（2000）列举了几个少数民族强迫多数民族采用自己（少数民族）语言的例子，例如南美洲的西班牙语、埃塞俄比亚的阿姆哈拉语和南非的南非荷兰语。

任何两个物体A和B之间都存在相互吸引的引力，该引力与两个物体的质量成正比，与两者之间的距离（的平方）成反比。Tinbergen（1962）提议用这一法则来分析A国和B国之间的国际贸易流，他假设引力代表A国和B国之间的贸易量，质量则用每个国家财富或收入（人口、国内生产总值等）来衡量，距离则由A国首都和B国首都之间的地理距离来表示。双方的质量都应当对A国和B国之间的贸易产生积极的影响，而距离应当产生消极影响。

经济学家很快意识到距离的其他指标的重要性，例如搜寻贸易伙伴、双边关税、非关税壁垒（禁止进口含亚硫酸盐的葡萄酒）、国家的地理条件（是否临近、是否是岛国、是否是内陆国、是否靠近公海）、过去的殖民关系、移民（他们能够通过建立社会和商业网络促进国家间的贸易往来）、共同市场和共同货币区，当然，也包括语言（还有文化和基因）距离，这些都能产生交易成本。

Melitz（2008）的研究具有特殊的意义，因为他采用两种方法来衡量贸易伙伴之间的语言距离，并尝试分别估算其影响。断路沟通（OCC）要求语言要么是官方的，要么被广泛使用（至少20%的人口懂得这门语言）。例如，西班牙语就是玻利维亚（该国44%的人口懂西班牙语）和墨西哥（88%）之间的OCC语言。同样，阿拉伯语是毛里塔尼亚（38%）和伊拉克（58%）之间的OCC语言。Melitz找到了15种这类语言。直接沟通（DC）语言是每个国家至少有4%的人口使用的语言。引进第二种衡量方法的根本原因是Melitz认为任何语言距离的衡量方法都可以用来解释贸易的频繁程度，但是这些衡量方法作出的解释未必相同。他建议将影响产生作用的渠道加以区分，从而将必须依赖翻译的OCC语言（只要两个国家有足够多的人能够提供翻译）和允许贸易双方直接交流的DC语言区分开来。他的预计结果得出了以下几个结论，DC语言显然对贸易具有最大的积极影响：一个来自A国和一个来自B国的两个公民使用同一种语言的概率增长10%，会使他们之间的贸易增长10%。欧洲的OCC语言也有积极影响，但是略少一些。[①]有趣的是，Melitz发现在促进贸易方面，英语并不比其他欧洲语言更加有效。但是，在任何情况下距离都非常重要。两个国家之间的语言距离越大，进行的贸易就越少。

19.2.3.2 对移民的影响

虽然决定是否移民在很大程度上取决于移入国是否存在早期移民网络，但是这一决定也受到移出国和移入国之间是否存在共同语言的影响。使用同一种语言也更有可能会吸引高技术人才，而不是低技术人才。

权衡移民利弊的标准方法建立在成本和收益评估的基础之上。一方面是获得更高薪酬或其他收益的前景[②]；另一方面要付出货币和心理成本，为适应一种新的文化，还有可能要举家迁移。新国家的文化和语言摩擦会极大地影响个人作出是否移民的决定。劳动力的调整程度和对原有技术生产过程的互补性也对移民的生活状况和适应过程至关重要。为了说明这一点，以中国向美国和日本的移民为例。[③]中国的移民很难融入日本的生产过程中，因为这一过程需要劳动者之间进行大量的交流和沟通。而在美国，情况就比较随意，移民很快就能够展示出较高程度的劳动互补性。而且，尽管日语的书写采用了一些汉字，但这些字的发音和汉语完全不同。更重要的是，汉语和英语的语言结构很相似，而与日语差别很大。

印度人移民到美国和日本时差异就更加显著。1990

---

① 其他的OCC语言对贸易没有显著影响，如阿拉伯语、汉语、北印度语、马来语、波斯语和土耳其语。

② 发展中国家之间的移民通常是为了规避风险而不是为了收入最大化。请参见Guilmoto and Sandron(2001)。

③ 请参见Fujit and Weber(2010)。

年，日本修订了限制移民政策（移民控制和难民认定法）来吸引外国受过高等教育的工程师和电脑专家，包括印度专家。但是，印度人在日本适应文化和技术非常难，和其他亚洲国家的移民相比，他们对工作条件的满意程度也非常低。[①]与此相反，大量受过教育的印度人会说英语，这种能力减轻了他们在美国面临的文化摩擦。

典型的移民等式的形式与贸易等式的形式非常接近，但是理论基础却不同。例如，Beine 等人（2011）研究了1990年至2000年间从195个国家向30个经济合作与发展组织（OECD）国家移民的决定因素。由于移民的动机可能不同，他们将低技术人才（低于高中教育水平）和高技术人才（高中以上教育水平）区分开来，研究移民是如何选定目的国家的。他们并没有为每个技术水平估算出一个等式，相反，他们估算的是高技术水平移民和低技术水平移民的比例是如何受到某些因素影响的，其中最重要的包括移民的人数、薪酬和移入国的移民政策是否宽松。但是，移出国和移入国使用相同语言对移民流也会产生极大的影响。[②]

移民不仅出现在国家之间和大洲之间，也出现在同一个大洲内部，甚至在一个国家的不同地区之间。Falck 等人（2010）研究了各种因素的影响，其中包括德国不同地区语音和语法的特征差异方面的语言学数据。他们发现这些因素对地区间的移民具有显著影响，这不是仅仅用地理距离就能解释得了的。他们认为方言是否相似能够反映文化身份。

19.2.3.3 对文学翻译的影响

翻译文学作品是传播文化的重要途径，Susan Sontag 认为[③]它是“通往更广阔人生这一自由领地的护照”。但是，翻译常常被人诟病，这些人主要是社会学家，也有经济学家，他们认为翻译被英语所统治，或者更确切地说是被“从英语”翻译到其他语言所统治。[④]这毫不令人吃惊，因为在世界上将英语作为第一语言来使用的人数是除了汉语以外最多的。而且，在文化差异很大的国家，人们也使用英语（英国、爱尔兰、加拿大、美国、非洲的英国前殖民地、南非、澳大利亚、新西兰、印度、西印度群岛[⑤]）。因此可以猜到英语小说要比许多其他语言的小说多。这就解释了为什么这些国家的出版商对于将其他语言的文字翻译成本国语言并不怎么感兴趣，因为不必借助翻译就可以满足读者对多样性的追求。[⑥]

因此，英语在小说市场上享有特权（但并非统治或霸主）地位。用英语写作的作家能够获得三个优势：他们会在自己的语言群体中有巨大市场，也会通过翻译进

① 请参见 Ota(2008)。

② 关于该问题还可以参考 Chiswick and Miller(2007)。

③ 她是2003年在法兰克福接受德国图书贸易的自由奖时发表的获奖演说中这样说的。

④ 请参见 Ganne and Minon(1992)，Heilbron(1999)，Heilbron and Sapiro(2002)，Janssen(2009)，Sapiro(2010)，Melitz(2007)。

⑤ Ginsburgh 等人(2011)选取了一些作家为例来解释多样性，这些作家是自1969年布克奖创办以来获得最终提名或获奖的作家。下面列出了其中在英国以外出生、以英语写作的作家，虽然有些人已迁居英国，但他们的本国文化往往渗入其作品中，使其具有多样性：Chinua Achebe(尼日利亚)、Aravind Adiga(印度)、Margaret Atwood(加拿大)、André Brink(南非)、John M. Coetzee(南非)、Achmat Dangor(南非)、Anita Desai(印度)、Kiran Desai(印度)、Amitav Ghosh(印度)、Nadine Gordimer(南非)、Romesh Gunesekera(斯里兰卡)、Abdulrazak Gurnah(桑给巴尔)、Mohsin Hamid(巴基斯坦)、Thomas Keneally(澳大利亚)、Doris Lessing(罗得西亚(原非洲中南部-广阔地区，后分为北罗得西亚(今赞比亚)和南罗得西亚(今津巴布韦)))、Yann Martel(加拿大)、Timothy Mo(中国香港)、V. S. Naipaul(西印度群岛)、Ben Okri(尼日利亚)、Michael Ondaatje(斯里兰卡)、Arundhati Roy(印度)、Salman Rushdie(印度)、Indra Sinha(印度)和 Ahdaf Soueif(埃及)。法语、西班牙语和其他主要语言应该也是如此。

⑥ 也可参见 Pym(1999)。

入其他大市场，而且并不“需要”花费翻译成本。这也可以从英国（可能美国也是这样）的高中生很少学习外语的事实中窥见一斑。最近在欧洲的一项调查发现，尽管欧盟有98%～99%的儿童至少学习了一门外语，但这一数字在爱尔兰是81%，而在英国只有48%。有些人的确享受着免费的午餐。

然而，Ginsburgh等人（2011）却表明，如果考虑到用源语言写作、以目标语接受[①]和文化的近似性（用词汇学距离来表示）等因素，实际上从英语翻译过来的作品数量远远少于从其他语言翻译过来的作品数量，包括斯堪的纳维亚语言和法语。

因此，从英语翻译过来的作品的数量似乎谈不上占据统治地位，但是从作品的销售量来看，英语作品的确占据统治地位。例如，2003年初出版的丹·布朗的《达·芬奇密码》在2006年5月已经印出或售出6 000万册。[②]《达·芬奇密码》被翻译成44种语言，到2004年10月已催生了16本相关书籍，其中既有追随者，又不乏抨击者。

19.3 规范化

一个多语言国家或社区需要耗费大量的成本来保持几种（有时是很多种）官方语言，从而加重了细分化的消极影响。即使在欧盟2004年扩大之前，其仍是世界上雇用口译和笔译人员最多的机构。1999年，单单是欧盟委员会笔译和口译的总成本就占其内部预算的30%左右。[③]维持官方语言的负担并不仅限于翻译的直接成本，在拥有大量官方语言的社会中，沟通成为更加严峻的挑战。翻译造成的错误和延迟可能使多边讨论和谈判陷入僵局。

但是，政治责任和公民平等的基本原则要求某些欧盟机构（欧盟理事会、欧洲理事会、欧洲议会）保持全部或至少大部分完整的翻译服务体系。欧盟未能提供的翻译服务会转嫁到各个国家的头上，这会造成重复性浪费，增加服务的总成本，[④]还会使口笔译产生分歧。[⑤]

这往往会使细分化的社会实行某种程度的规范化。这一概念体现在Max Weber著名的“合理化理论”中，这一理论出现在其1914年的论文（于1968年译成英语）中，其大意是：国家实行的规范化包括共同的货币、共同的法律体系、共同的官方语言。

各国引入规范化的模式各不相同，各历史时期的做法也各不相同。强制实施这一政策的极端血腥的做法就是所谓的“种族清洗”。很不幸，这种事情发生过几次。一种不那么极端、显然更具有可控性的规范化方法是规定唯一一种官方语言，或强迫公民除了其母语之外必须使用同一种语言。中央政府还可以禁止用政府不提倡的语言进行教育。[⑥]1539年，法国国王法兰西斯一世强迫法国的所有省份使用法语，而1794年Henri Grégoire[⑦]发现在83个地方部门中有68个还使用除法语之外的另一种语言，而在2 800万公民中只有300万人使用法语。

---

① 用源语言写作和目标语言的接受程度都用人口数量来替代，因为在他们研究的国家中并不都能找到作品出版数量的数据。

② http://en.wikipedia.org/wiki/The_Da_Vinci_Code（2009年6月12日查阅）。

③ 请参见De Swaan（2001, p. 172）。

④ 请参见Mamadouh and Hofman（2001）。

⑤ 前面讨论过的联合国第242号决议也是如此。

⑥ 在某些情况下，当各地区认可一种通用语言时，规范化就会自然而然地出现。Laitin（2000）指出，斯瓦希里语在坦桑尼亚便是如此，还有印度尼西亚的印尼语和美国与英国的英语。

⑦ 请参见De Certeau等人（1975）。

在1972年，法国总统Georges Pompidou宣布“在法国不得使用地方语言，这必将对欧洲产生重要影响”。1975年，一项新的法律规定商务活动、媒体、公共服务部门都必须使用法语。1994年，《杜邦法》规定在法国的消费活动、就业、教育、国会中必须使用法语（Spolsky，2004，pp. 66-67）。[①]

俄罗斯的领土扩张也是一个例子。在19世纪中叶，立陶宛语和波兰语被禁止在公共场合使用，后来禁止在学校和政府使用。Mikhail Muravyov将军是立陶宛的地方长官，他宣称“俄国刺刀未能完成的事情会由俄国学校来完成”。[②]所有的学生都必须学习俄语，如果俄语不流利就无法在社会上活动。

中国也强制实施了类似的规范化活动。1911年，辛亥革命之后，中国开始提倡以华语为国语，推广白话文。几年之后，北京话被定为新的标准发音。1958年，政府发起了语言改革，其主要目的是简化汉字，推行“通用的语言”，即普通话。有趣的是，新加坡也进行过类似的统一语言的努力，鼓励新加坡华人社区使用普通话，但有人支持，有人反对；根据2002年的调查，只有45%的华人家庭在家里说普通话，而其他华人家庭都说中国方言或英语。[③]

斯里兰卡（原为锡兰）也曾试图强制实行统一的全国语言，这导致了灾难性的后果。从中可以看出，选定官方语言或全国通用语言是具有强烈感情色彩、爆炸性和危险性的事情。斯里兰卡有两大主要民族和语言群体：僧伽罗人人数最多，主要信奉佛教；泰米尔人人数较少，主要信奉印度教。[④]这两大民族和平共存了2 000年。在被英国统治了150年之后，这一岛国于1948年获得自治权。北部泰米尔人居住地的学校讲授英语，这一先进的教学系统使泰米尔人更容易获得大学教育的机会和在显要的政府部门工作的机会，而且在数字上占压倒性优势。deVotta（2004）认为，1946年，“泰米尔人占政府部门工作人员的33%，占司法部门的40%。在大学里，31%的学生是泰米尔人。在医疗和工程领域，泰米尔人与僧伽罗人一样多”。1956年颁布的《僧伽罗语唯一法案》被泰米尔人领袖视为种族隔离的一种形式，并引发了大规模暴乱，导致数百人丧生。Brown和Ganguly（2003，p. 11）认为：“《僧伽罗语唯一法案》的颁布是泰米尔人与僧伽罗人关系的转折点。此后，泰米尔人的怨恨情绪不断滋长，因为在斯里兰卡，和其他地区一样，语言政策对受教育机会和经济状况具有深远影响。”后来，政府采取了一系列有利于泰米尔少数民族的安抚措施。但为时已晚，在长达26年的全面内战中，数以万计的人失去生命，直到最近战乱才逐渐平息。[⑤]

Bellos（2011，pp. 202-223）还指出一种情况：获得优势地位的语言是被攻克者使用的语言，在某些情况下甚至会排挤掉攻克者的语言。公元前2250年左右，阿卡得人打败苏美尔人时的情况便是如此。他们采用了苏美尔的文字，苏美尔语成为受教育人士的标志。在罗马帝国，希腊语也是这样。

规范化并不一定是指强制推行唯一的一种语言，而是指限制用于官方、法律或教育目的的语种数量。举个例子，在大约50年前，印度实行了一种所谓的“三语

---

① 即使今天，《人种学》也认为在法国有7种语言，每一种都有超过50万的使用者：阿尔萨斯语、巴斯克语、布列塔尼语、意大利语、葡萄牙语、阿尔及利亚阿拉伯语、卡拜尔语（柏柏尔语）。这还没有提到科西嘉语、加斯科涅语、普罗旺斯语等有数十万使用者的语言。

② 请参见O'Connor(2003, p. 58)。

③ 请参见Spolsky(2004, pp. 180-181)。

④ 中央情报局世界概况(CIA,2009)估计，作为主要人口的僧伽罗人和泰米尔少数民族分别占斯里兰卡2 100万人口中的74%和18%。

⑤ 还可参考Fearon and Laitin(2003)的其他例子。

规则”。该规则规定使用北印度语的地区的儿童需要学习三门语言：北印度语、英语和一种地方语言，最好是南方地区的语言；而非北印度语地区的儿童需要学习北印度语、英语和他们本地的语言。[①]这一规则未能实施，原因是缺乏资金、教师和地方政府的支持，学生和家长也缺乏热情去努力学习其他地区使用的语言。在使用北印度语的地区，只有很少的人力和物力被用于英语的教学，用于学习第三门语言的资源投入就更少了。在泰米尔纳德邦，孩子们深入学习英语和泰米尔语，而北印度语并未得到重视。

尼日利亚也采用了“三语规则”的变体。尼日利亚是非洲人口最多的国家，有1.41亿居民，使用527种语言[②]，分为250个民族群体（《人种学》，2009）。其三语规则为统一而制定，包括豪萨语（使用者有1 850万）、约鲁巴语（1 900万）和伊博语（1 800万）。与印度一样，该规则由于缺乏合格的教学条件、受到语言群体的阻挠而未能实施。这些群体通用一种语言，却要被迫学习另一种主要语言，因此非常不满。

语言规范化难免会限制一些非官方语言的使用，但是其影响远远不止是限制人们获取信息。规范化可能会使来自不同群体的人们疏远，这些群体的文化、社会和历史价值观及情感难以被官方语言所承载，并会最终导致语言边缘化。[③]以欧洲议会为例（PE305.269/BUR/fin，2001号文件，秘书长报告）：

> ……议员使用自己的母语发表言论、阅读和书写的权利是议会民主正当性的核心。采用多种语言的一个目的是，无论议员来自哪个国家，都要确保其平等。不仅如此，还有必要确保得到所有成员国公民的支持；如果议会不承认他们的语言，该国公民就很难将议会视为自己的议会。

简言之，规范化会产生边缘化。然而，如何平衡规范化和边缘化的影响呢？在下一部分，我们将研究这一重要问题的几个方面。

19.4 边缘化

在继续探讨以前，我们需要强调两个重点：（1）人们会隐隐意识到，19.2节研究的语言或民族细分化是由外因引起的，可用于解释其对经济产出的影响，例如对贸易、移民、文学翻译、增长、政府效率、腐败或军事冲突的影响。例如，ELF描述了20世纪60年代全球的语言分布格局。当然，细分化在此之前就已经出现了：一些语言已经消失，还有些语言因为贸易、移民、战争等其他原因诞生，在人类历史中和史前，自愿或非自愿的规范化时时出现。规范化令语言分布格局产生新变化，有时要经过50年或100年左右的时间才会被看作是由外因引起的，尽管其外部性并不像我们在19.2节中探讨的那么显著。（2）对随之而来的边缘化的研究可以用来事后度量哪些人使用什么语言，也可以用来研究拟实施的规范化政策可能产生什么结果。

语言的边缘化主要是因为一些语言群体的语言不是官方语言。在描述非洲的语言状况时，Phillipson和Skutnabb-Kangas（1995，p. 335）提供了如下非常直白而简洁的评价：“多数非洲人被一种他们不懂得的语言统治着。”

然而，这一表述在许多其他场合也可适用，并成为语言边缘化的量化分析的基础，下面将对此进行阐述。

现在，我们考虑存在一个多语言社会，它面临着一个挑战，要选择一个语言子集作为官方语言，将其用于

① 由于说北印度语的地区只需学习两种语言，Laitin（1989）将这一规则称为“3 ± 1安排”。

② 印度拥有10亿多人口，“只有”452种语言。

③ 请参见Ginsburgh and Weber（2005）与Ginsburgh等人（2005）的文献。

机构和公民之间的沟通、官方团体之间的辩论等。这些语言称为核心语言。这种选择可能会对一些成员的利益产生很大的负面影响，限制他们对法律、法规和规则的理解应用，影响他们在选举或立法机构中的辩论。在有些情况下，这些限制甚至可能会违反社会的基本原则。为了确定核心语言的最佳集合，人们必须权衡语言规范化的成本和收益，但是在此我们仅仅关注边缘化措施的制定，并用它来模拟结果，帮助政府人员决定如何选择“令人满意的”官方语言子集。[①]

19.4.1 边缘化的量度

社会中每一个成员都具有自己的语言技能，这可以通过该成员所精通的语言体现出来。尽管如上所述，语言身份通常与母语相关联，我们仍将分析扩展到一个人能够使用的全部语言。在此，我们的观点是，为了评价语言政策的有效性，必须考虑个人使用的全部语言，而不仅限于其母语。因此，我们把根据个人的母语得出的边缘化指数和根据个人精通的所有语言得出的指数区分开来。实际上，关于边缘化，个人只需根据一个标准来判断核心语言集即可：自己的母语是否属于这个语言集。然而，个人也可能用其他非母语的语言交流，因此，两种可能性我们都需要考虑。

而且，我们还根据Greenberg（1956）的文献和对细分化指数的讨论，构建了具有两分性和根据距离进行调整的指数。按照两分法（Ginsburgh and Weber，2005），如果个人不使用核心语言，那就是被边缘化了；如果个人能够使用至少一种核心语言，那么就未被边缘化。然而，即使个人不会任何一种核心语言，仍可能有几种核心语言与这个人的母语具有共同的起源，这样，这个人的边缘化效应就会减弱。考虑到这一观点，我们还要根据语言替代（Ginsburgh et al.，2005）来对指数加以调整。

因此，我们需要考虑四个指数：只根据母语得到的两分法指数、根据所有能够使用的语言得到的两分法指数、只根据母语得到的连续（根据距离进行调整）指数、根据个人所有能够使用的语言得到的连续（根据距离进行调整）指数。

母语和非母语的区别对该分析具有重要意义。如果我们只考虑母语，只需像ELF那样根据人们使用的母语将社会分成几个群体即可。如果边缘化是根据个人掌握的全部语言来判断的，根据母语来划分就太粗略了，就需要将掌握相同语言集合的人们划分成小群体。例如，在一个有两种语言的社会中存在三个小群体：能够使用一种语言的人、能够使用另一种语言的人，以及两种语言都能使用的人。

关于如何构建这些指数的讨论过于技术化，所以建议读者参阅Ginsburgh和Weber（2011，pp. 130-133）的文献。

19.4.2 模拟欧盟规范化的影响

欧盟的官方语言政策是基于1958年起草的《罗马条约》第1/1958号规则而制定的，将荷兰语、法语、德语和意大利语作为官方语言。但是，这一数字由1958年的4种变为2011年的23种。这一规则主要表明所有的官方语言都应当受到同等的对待，但是事实却并非如此，在议会中也是一样，对此Ginsburgh和Weber（2011，pp. 162-177）进行了探讨。总有一天，包括27个成员国、使用23种官方语言的欧盟将不得不考虑某

① 请参见Ginsburgh等人（2005）的文献，他们计算了应当包含在官方语言集里的最佳语言数目和语言种类。

种程度的语言规范化，这是无法避免的。

现在我们来说明如何用不同的指数来判断选择不同的核心语言会对边缘化产生怎样的影响。我们制定了一套程序，在全部23种可供选择的官方语言中选择语言子集，以使欧盟广泛存在的边缘化比率降到最低，这一比率衡量的是在规定了某一语言集之后失去沟通能力的公民（既包括在整个欧盟，也包括在每个成员国）所占的比例。[①]我们假设负责制定语言政策的欧洲议会的议员会在投票选择或否决某一规范化建议时考虑这些信息。[②]我们在包含一种、两种、三种等语言的不同子集中应用这一程序，重点考查包含以下六种语言的显性子集：英语、法语、德语、意大利语、西班牙语和波兰语，这些语言代表着在欧洲使用的主要语言分支（日耳曼语、罗曼语和斯拉夫语）。

为了研究语言的掌握情况，研究人员必须使用人口普查或调查数据，包括向每个人询问其掌握的各种语言的总和，而不仅是询问其母语或在家庭中使用的语言。而且，对语言能力有所了解非常必要，这很少在人口普查中使用，更常应用于调查研究中。

《特别参照表243》(2006）调查于2005年11月在29个国家进行，包括欧盟25个成员国、保加利亚、罗马尼亚（在2005年尚未加入欧盟）和克罗地亚与土耳其这两个候选国家。众多模拟便是在该调查的基础上进行的。在多数国家里，有1 000名公民参与了调查。

19.4.2.1 有谁不说英语？

表19-4列出了最广泛使用的7种语言在每个欧盟成员国的边缘化比率[③]，由此可以得出几个结论：(1）尽管英语是使用最广泛的语言，但如果成为唯一的官方语言，就会使62.6%的欧盟公民被边缘化，而且，只有7个国家被边缘化的人口会少于50%。然而，如果英语被德语或法语取代，欧盟范围的边缘化比率会分别增长到75.1%和80.1%。如果是意大利语或西班牙语被选中的话，情况就更糟了。(2）除了英语、德语、法语和意大利语（还有俄语，在表19-4中未显示）外，没有哪一种语言在两个以上欧洲国家的使用者比率均超过5%。(3）尽管俄语并非欧盟官方语言，但和许多官方语言（保加利亚语、捷克语、丹麦语、爱沙尼亚语、芬兰语、希腊语、匈牙利语、爱尔兰语、拉脱维亚语、立陶宛语、马耳他语、葡萄牙语、斯洛伐克语、斯洛文尼亚语和瑞典语）相比，它却能使欧盟较少的人被边缘化。

表19-4　　欧洲语言的边缘化比率：全部受访者（以百分比计）

	英语	德语	法语	意大利语	西班牙语	波兰语	荷兰语
奥地利	55	1	94	95	98	100	100
比利时	59	87	29	97	97	99	32
保加利亚	84	94	96	99	99	100	100
塞浦路斯	49	98	95	99	99	100	100
捷克共和国	84	81	98	100	100	98	100
丹麦	34	73	97	99	98	100	100

① 根据我们对边缘化的定义，如果具备以下条件就可认为一个公民被边缘化了：(1)该公民不说这种语言（即该公民未将该语言列入自己“懂得”的语言之列）或者(2)如果有人询问该公民对“懂得”的语言的掌握程度如何，回答是只是粗略了解。

② 根据欧盟规定，对语言问题的投票必须一致通过方可。

③ 请参见本页脚注①。

续表

	英语	德语	法语	意大利语	西班牙语	波兰语	荷兰语
爱沙尼亚	75	92	100	100	100	100	100
芬兰	69	95	99	100	100	100	100
法国	80	95	1	95	93	100	100
德国	62	1	92	99	98	98	100
希腊	68	94	95	98	100	100	100
匈牙利	92	91	100	99	100	100	100
爱尔兰	1	98	91	100	99	99	100
意大利	75	96	90	3	97	100	100
拉脱维亚	85	97	100	100	100	99	100
立陶宛	86	96	99	100	100	87	100
卢森堡	61	12	11	95	99	100	99
马耳他	32	99	95	65	99	100	100
荷兰	23	43	81	100	97	100	1
波兰	82	90	99	99	100	2	100
葡萄牙	85	98	91	99	96	100	100
罗马尼亚	86	97	90	98	99	100	100
斯洛伐克共和国	83	82	99	100	100	98	100
斯洛文尼亚	59	79	98	91	99	100	100
西班牙	84	98	94	99	2	100	100
瑞典	33	88	97	99	99	100	100
英国	1	98	91	99	98	100	100
欧盟	62.6	75.1	80.1	86.7	88.9	91.6	95.1

资料来源：Fidrmuc et al.（2007）。

年轻人通常更愿意使用外语，但英语是唯一一种在年轻人中令边缘化比率显著降低的语言。如果英语是唯一的官方语言，且整个人口对英语的掌握程度与15～29岁人群相同的话，那么，欧盟的边缘化比率就会从62.6%降到44.6%。因此，人们可以预见到，在今后的30～40年里，欧盟将有一半以上的人口使用英语。如对德语和法语进行类似计算，则欧盟总体边缘化比率为73%和77%。意大利语、西班牙语和荷兰语的情况就更糟了。

然而，令英语成为唯一官方语言的改革却并不会令人满意。

19.4.2.2 英语以外的语言

现在我们来研究（包括多种语言的）官方语言子集是否更优。计算23种语言的每一个子集的边缘化比率是一件烦琐的事情，也没有人会去阅读这种计算得出的数以百万计的图表。因此，我们采用这样一个程序，对于每一个语言数目，选择能使边缘化比率在欧盟得到最小化的语言子集。令m的值为1，2，3，…，23。然后，对于每一个m，都有一个T_m，它是23种语言的一个子集，可令边缘化比率在包含m种语言的所有集合中最小，这样，对于从1到23的每一个m，会形成一个T_m集合。

尽管这种计算在概念上是简单的，但如果备选核心语言的数量很大，实际上仍然需要非常大量的计算。[①]然而，因为欧洲语言的使用者人数差别巨大，这一分析的范围可以大大缩小。例如，显然英语应当首先被纳入集合中，其次是法语或德语，然后是其他较大的语种（意大利语、西班牙语、波兰语），等等。这样一来，确认最佳组合就比较容易了，在分析的任一阶段，需要考虑的可能性的数量也相对较少了。

从理论上来讲，一种语言有可能进入最佳集合（在给定语言数目的情况下），也可能在我们增加一种或两种语言之后退出最佳集合。但在我们的分析中不会出现这种情况，一旦一种语言进入包含m种语言的最佳子集，无论最佳集合中增加多少种语言，它都不会被移出。

这些计算的结果分别呈现在表19-5和表19-6中，分别是调查所有受访者得出的数据和调查30岁以下受访者得出的数据。[②]每一列所要体现的是，为了降低欧盟的边缘化比率，哪种语言应当加入由前几列语言组成的子集中。先看看所有受访者都被考虑在内的结果，最佳的单语言集合是英语。两种语言的集合中，最佳集合包括英语和德语，以此类推。[③]

表19-5　　最佳语言集序列中的边缘化比率：全体受访者（以百分比计）

数量	1	2	3	4	5	6	7	8	9	10a	10b	11
语言	英语	德语	法语	意大利语	西班牙语	波兰语	罗马尼亚语	匈牙利语	葡萄牙语	捷克语	希腊语	捷克和希腊语
奥地利	55	0	0	0	0	0	0	0	0	0	0	0
比利时	59	56	18	18	18	18	18	18	18	18	18	18
保加利亚	84	81	79	79	78	78	78	78	78	77	77	77
塞浦路斯	49	49	49	48	48	48	48	48	48	48	0	0
捷克共和国	84	69	69	69	69	67	67	66	66	0	66	0
丹麦	34	31	31	31	31	30	30	30	30	30	30	30
爱沙尼亚	75	70	70	70	70	69	69	69	69	69	69	69
芬兰	69	67	67	67	67	67	67	67	67	67	67	67
法国	80	77	1	0	0	0	0	0	0	0	0	0
德国	62	1	1	1	1	1	1	1	1	1	1	1
希腊	68	64	63	63	63	63	63	63	63	63	0	0
匈牙利	92	85	85	85	85	85	84	0	0	0	0	0

① 例如，如果m=6，那么在23种语言中这6种语言的排列就等于18×19×20×21×22×23，即7 260万种。

② 要获取计算和其他结果等更多细节信息，请参见Fidrmuc等人（2007）的文献。

③ 请注意，在排序的某一步骤，可能存在这样的情况：两种语言会使边缘化比率降到几乎相同的水平。例如，排在第十位的语言可以是捷克语或希腊语。

续表

数量	1	2	3	4	5	6	7	8	9	10a	10b	11
语言	英语	德语	法语	意大利语	西班牙语	波兰语	罗马尼亚语	匈牙利语	葡萄牙语	捷克语	希腊语	捷克和希腊语
爱尔兰	1	1	1	1	1	1	1	1	1	1	1	1
意大利	75	74	69	1	1	1	1	1	1	1	1	1
拉脱维亚	85	83	83	83	83	82	82	82	82	82	82	82
立陶宛	86	82	82	82	82	71	71	71	71	71	71	71
卢森堡	61	8	1	1	1	1	1	1	1	1	1	1
马耳他	32	31	31	31	31	31	31	31	31	31	31	31
荷兰	23	18	18	18	18	18	18	18	18	18	18	18
波兰	82	77	76	76	76	1	1	1	1	1	1	1
葡萄牙	85	84	81	81	79	79	79	79	0	0	0	0
罗马尼亚	86	85	81	80	79	79	1	1	1	1	1	1
斯洛伐克共和国	83	72	72	72	72	70	70	57	57	44	57	44
斯洛文尼亚	59	50	50	45	45	45	45	45	45	45	45	45
西班牙	84	84	81	80	1	1	1	1	1	1	1	1
瑞典	33	33	33	33	33	33	33	33	33	33	33	33
英国	1	1	1	1	1	1	1	1	1	1	1	1
欧盟	62.6	49.3	37.8	29.5	22.4	16.4	12.9	10.9	9.2	7.7	7.7	6.2

注：每一列都在前一列的基础上增加一种语言。位于第10a和10b列的两种语言使边缘化比率降低的百分比相同。在第11列，将它们同时加入集合。语言的缩写如下：捷克语（CZ），英语（EN），法语（FR），德语（GE），希腊语（GR），匈牙利语（HU），意大利语（IT），西班牙语（SP），波兰语（PL），葡萄牙语（PT），罗马尼亚语（RO）。

资料来源：Fidrmuc et al.（2007）。

表19-6　　最佳语言集序列中的边缘化比率：年轻的受访者（以百分比计）

数量	1	2	3	4	5	6	7	8	9	10	11a	11b	12
语言	英语	法语	德语	意大利语	西班牙语	波兰语	罗马尼亚语	匈牙利语	葡萄牙语	捷克语	希腊语	保加利亚语	希腊语和保加利亚语
奥地利	40	40	1	1	1	1	1	1	1	1	1	1	1
比利时	39	8	8	8	8	8	8	8	8	8	8	8	8
保加利亚	56	56	53	53	53	53	52	52	52	52	51	3	3
塞浦路斯	18	18	18	18	18	18	17	17	17	17	1	17	1
捷克共和国	64	64	52	52	52	50	50	50	50	0	0	0	0
丹麦	9	8	6	6	6	5	5	5	5	5	5	5	5
爱沙尼亚	33	33	29	29	29	29	29	29	29	29	29	29	29
芬兰	29	29	29	29	29	29	29	29	29	29	29	29	29

续表

数量	1	2	3	4	5	6	7	8	9	10	11a	11b	12
语言	英语	法语	德语	意大利语	西班牙语	波兰语	罗马尼亚语	匈牙利语	葡萄牙语	捷克语	希腊语	保加利亚语	希腊语和保加利亚语
法国	67	0	0	0	0	0	0	0	0	0	0	0	0
德国	38	38	0	0	0	0	0	0	0	0	0	0	0
希腊	40	40	36	36	36	36	36	36	36	36	0	36	0
匈牙利	76	76	64	64	64	64	63	0	0	0	0	0	0
爱尔兰	2	2	2	2	2	2	2	2	2	1	1	1	1
意大利	54	51	49	1	1	1	1	1	1	1	1	1	1
拉脱维亚	55	55	54	54	54	53	53	53	53	53	53	53	53
立陶宛	49	49	45	45	45	36	36	36	36	36	36	36	36
卢森堡	50	2	1	1	1	1	1	1	0	0	0	0	0
马耳他	10	10	10	10	10	10	10	10	10	10	10	10	10
荷兰	11	11	10	10	10	10	10	10	10	10	10	10	10
波兰	57	56	50	49	49	1	0	0	0	0	0	0	0
葡萄牙	62	60	60	60	59	59	59	59	0	0	0	0	0
罗马尼亚	68	62	62	61	59	59	2	0	0	0	0	0	0
斯洛伐克共和国	57	57	39	39	39	38	38	31	31	23	23	23	23
斯洛文尼亚	22	22	17	15	15	15	15	15	15	15	15	15	15
西班牙	65	63	63	62	1	1	1	1	1	1	1	1	1
瑞典	5	5	5	5	5	5	5	5	5	5	5	5	5
英国	2	2	2	2	2	1	1	1	1	1	1	1	1
欧盟	44.6	34.5	25.8	19.9	14.4	10.4	7.8	6.3	5.1	3.9	3.1	3.1	2.3

注：每一列都在前一列的基础上增加一种语言。位于第11a和11b列的两种语言使边缘化比率降低的百分比相同。在第12列，将它们同时加入集合。语言的缩写如下：保加利亚语（BG），捷克语（CZ），英语（EN），法语（FR），德语（GE），希腊语（GR），匈牙利语（HU），意大利语（IT），西班牙语（SP），波兰语（PL），葡萄牙语（PT），罗马尼亚语（RO）。

资料来源：Fidrmuc et al.（2007）。

一旦语言的数目超过13种，每增加一种语言，它降低边缘化比率的边际作用都小于欧盟人口的1%，继续增加备选语言起到的边际作用差别往往非常小。由于篇幅有限，我们只列出了前11种语言。

显然，英语在任何语言序列中都排在第一位，因为欧盟有三分之一的人口能熟练或非常熟练地掌握英语。德语和法语不相上下，位居第二。德语的边缘化比率为49.3%，比法语的50.6%略好。3种语言共同令边缘化比率降至37.8%。意大利语、西班牙语或波兰语对进一步降低边缘化比率的作用几乎相同。西班牙语的作用略强于波兰语。当包含6种最大的语言时，16%的欧盟人口仍然被边缘化。增加罗马尼亚语会使边缘化比率进一步降至13%。当然，国家间仍存在重要的差别。最显著的例子是匈牙利，该国只有16%的人口会说前七种语言中的一种。匈牙利语毫无悬念地成为第八种语言。这对斯洛伐克也具有积极影响，该国的边缘化比率从70%降至57%。葡萄牙语是第九种语言，接下来捷克语和希腊语并列第十。

表19-5中的边缘化比率反映的是调查当时的情况（2005年底）。然而，人们对语言的掌握是随着时间而变化的。尤其是，学习外语的模式可能会改变，这涉及语言的流行程度和人们学习外语的热情。因此，我们计算了只包括年轻人（15～29岁）的边缘化比率的最佳子集序列。这一序列的结果列在表19-6中。

第一个差别体现在德语上。德语在表19-5（全部人口）中位列第二，而在表19-6中被法语取代。这是因为，在德国和奥地利的年轻一代人中，60%的人口懂英语，因此德语就显得不那么有必要了。除了前两种语言，这一序列与表19-5大体相同，包括英语、法语、德语、意大利语、西班牙语、波兰语、罗马尼亚语、匈牙利语、葡萄牙语、捷克语、希腊语、保加利亚语、荷兰语、芬兰语、斯洛伐克语、立陶宛语和拉脱维亚语（最后四种语言和俄语并列第14位）。根据前面采用的标准（一种语言对降低边缘化比率的作用至少应当达到1%），可判定需要有10种语言。在年轻一代人中，10种官方语言可令边缘化比率降至3.9%。随着越来越多的青少年在高中教育阶段学习外语（主要是英语，但也有法语和德语），这一百分比甚至可能进一步降低。

Ginsburgh和Weber（2011，pp. 159-160）也得出了结果，他们计算出能够反映距离的连续指数。在单一语言（只有英语）的情况下，考虑语言替代能够将欧盟范围的边缘化比率从62.6%显著降至43.1%。增加法语也能够降低所有罗曼语系国家的边缘化比率，使整个欧盟的边缘化比率降至24%。与上述序列有所不同，波兰语位居第三，在位于第四位的德语之前。意大利语排在第五位，后面是匈牙利语和西班牙语。希腊语和罗马尼亚语并列第八。至少使边缘化比率减少1%的要求使这一序列排到第九位就截止了，最终的边缘化比率为2.9%。继续增加语言（捷克语、芬兰语、保加利亚语、瑞典语、葡萄牙语）会使仅有的边缘化比率降至0.9%。再继续增加语言（丹麦语、荷兰语、爱沙尼亚语、爱尔兰语、拉脱维亚语、立陶宛语、马耳他语、斯洛伐克语、斯洛文尼亚语）所起到的作用可以忽略不计。

这些集合序列使欧盟的整体边缘化比率降至最低，这种方法可以用来模拟语言改革的政治可行性，欧洲委员会（或欧洲议会）可以据此投票选出其偏好的集合。[①]如果可以对当前的23种官方语言的一个子集达成一致，人们就可以考虑各种可能的方法，来补偿那些母语未能包括在官方语言集合中的国家，或者让母语包含在其中的国家为官方语言集合提供资金支持。[②]

19.5 结 论

近来，在经济学的不同分支，文化对经济产出方面的影响引起了人们极大的兴趣。[③]我们着重把语言多样性作为文化差异的重要方面来进行研究。

语言多样性问题可以追溯至广为人知的神话故事。在故事里，只说一种语言的“人们”试图建造巴别塔，以便和上天更加接近。上帝不希望他们这样做，于是就让人们无法互相理解。今天，大多数国家（仍然）存在多种语言（也有些广为人知的例外，比如朝鲜），多语言社会带来的挑战仍随处可见。

---

① 请参见Fidrmuc等人(2009)的文献。

② 请参见Fidrmuc和Ginsburgh(2007)与Ginsburgh和Weber(2011, pp. 187-200)的文献以获取更多的扩展内容。

③ 请参见Fernandez(2010)的文献以获取更多的文献综述。

通常，人们认为语言多样性会阻碍经济发展和各种制度革新。为了研究这一问题，人们需要量化语言细分化程度。因此，需要采用一种方法将社会划分为不同的群体，也许还需要通过使用语言距离（或其他衡量标准）来研究这些群体的差别“有多大”。为了减轻语言细分化的负面影响，社会往往会减少官方语言的数量，将语言规范化。这种规范化政策的例子（在俄罗斯、印度和斯里兰卡等）不胜枚举，它们往往会导致一些群体产生边缘化的感受。智利裔美国教授、作家Ariel Dorfman（2002，p. 92）描述了在英语占主导地位的环境下人们的边缘化感受，他认为这限制了人们对自己母语的掌握和理解能力，从而使：

太多的人成为不为人知的失败者，太多的人被剥夺了话语权。你是否来自这样一个地方，在那里本应得到尊重的语言遭到忽视？你是否在使用这样一种语言，它的存在不具备市场价值，不会帮助你得到一份好工作，也不会帮助你摆脱生活中的困苦？

在效率和边缘化情感之间寻求平衡对于任何多语言国家或组织来说都是一个严峻的挑战。在本章，我们对语言边缘化进行了正规的研究，并以拥有23种官方语言的欧盟为例，描述了它对分析语言政策起到的作用。本章旨在探讨两股相反的作用力：一方面是规范化和效率，另一方面是文化依附和语言边缘化，并描述了令两者获得平衡的方法。

还有很多问题悬而未决，尤其是人们学习语言、忘记母语的速度，以及在全球化的世界中语言不断变化并演变成“新”语言的速度。本卷中由Bisin和Verdier撰写的第17章研究文化的动态变化，为这一问题的解决指明了方向。

致 谢

我们感谢T. Skopintseva、D. Throsby和S. Weyers提供的讨论和建议，感谢A. Harutyunyan在文稿准备方面的帮助。本章包含一些引自Ginsburgh和Weber（2011）的内容，并进行了删减和编辑。

参考文献

Alesina, A., Devleeschouwer, A., Easterly, W., Kurlat, S., Wacziarg, R., 2003. Fractionalization. Journal of Economic Growth 8, 155–194.

Alesina, A., Zhuravskaya, E., 2008. Segregation and the quality of government in a cross-section of countries. NBER Working Paper 14316, NBER, Cambridge, MA.

Atlas Narodov Mira, 1964. The Miklucho-Maklai Ethnological Institute at the Department of Geodesy and Cartography of the State Geological Committee of the Soviet Union.

Beine, M., Docquier, F., Özden, Ç., 2011. Diasporas Journal of Development Economics 95, 30–41.

Bellos, D., 2011. Is That a Fish in Your Ear ? Penguin Books.

Boas, F., 1940. Race, Language and Culture ? University of Chicago Press, Chicago, IL.

Bossert, W., D'Ambrosio, C., La Ferrara, E., 2006. A generalized index of ethno-linguistic fractionalization. IGIER Working Paper 313, Università Bocconi, Milan.

Bretton, H., 1976. Political science, language, and politics. In: O'Barr, W.M., O'Barr, J.F. (Eds.), Language and Politics. Mouton, The Hague. 432–448.

Brown, M., Ganguly, S., 2003. Fighting Words: Language Policy and Ethnic Relations in Asia. MIT Press, Cambridge, MA.

Carriére, J.-C., Eco, U., 2009. N'espérez pas vous débarrasser des livres. Grasset & Fasquelle, Paris.

Chen, M.K., 2012. The effect of language on economic behavior: evidence from savings rates, health behaviors, and retirement assets. Working Paper, Yale School of Management and Cowles Foundation, New Haven, CT.

Chiswick, B., Miller, P., 2007. The Economics of Language: International Analyses. Routledge, London.

CIA World Factbook, CIA 2009. US Government Printing Office, Washington, DC. Online version avail able: <https://www.cia.gov/library/publications/the-world-factbook/>

Crystal, D., 2003. English as a Global Language. Cambridge University Press, Cambridge.

De Certeau, M., Julia, D., Revel, J., 1975. Une Politique de La Langue: La Révolution Française et Les Patois. L'enquête Grégoire, Gallimard, Paris.

Desmet, K., Ortuño-Ortín, I., Weber, S., 2005. Peripheral diversity and redistribution. CEPR Discussion Paper 5112, CEPR, London.

Desmet, K., Ortuño-Ortín, I., Weber, S., 2009. Linguistic diversity and redistribution. Journal of the European Economic Association 7, 1291–1318.

De Swaan, A., 2001. Words of the World. Polity Press, Cambridge.

deVotta, N., 2004. Ethnic domination, violence and illiberal democracy. In: Alagappa, M. (Ed.), Civil Society and Political Change in Asia. Stanford University Press, Stanford, CA. 292–323.

Dorfman, A., 2002. The nomads of language. American Scholar 71, 89–94.

Dyen, I., Kruskal, J.B., Black, P., 1992. An Indo-European classification: a lexicostatistical experiment. Transactions of the American Philosophical Society 82, 1–132.

Easterly, W., Levine, R., 1997. Africa's growth tragedy: policies and ethnic divisions. Quarterly Journal of Economics 112, 1203–1250.

Ethnologue, 2009. Ethnologue: languages of the world. In: Lewis, M.P. (Ed.). SIL International, Dallas, TX.

Falck, O., Heblich, S., Lameli, A., Südekum, J., 2010. Dialects, cultural identity, and economic exchange. Discussion Paper 4743, IZA, Bonn.

Fearon, J., 2003. Ethnic and cultural diversity by country. Journal of Economic Growth 8, 195–222.

Fearon, J., Latin, D., 1999. Weak states, rough terrain, and large ethnic violence since 1945. Paper Presented at the Annual Meeting of the American Political Science Association, Atlanta, GA.

Fearon, J., Laitin, D., 2003. Ethnicity, insurgency and civil war. American Political Science Review 97, 75–90.

Fernandez, R., 2010. Does culture matter? NBER Working Paper 16277, Cambridge, MA.

Fidrmuc, J., Ginsburgh, V., 2007. Languages in the European Union: the quest for equality and its cost. European Economic Review 51, 1351–1369.

Fidrmuc, J., Ginsburgh, V., Weber, S., 2007. Ever closer union or Babylonian discord? The official-language problem in the European Union, CEPR Discussion Paper 6367, CEPR, London.

Fidrmuc, J., Ginsburgh, V., Weber, S., 2009. Voting on the choice of core languages in the European Union. European Journal of Political Economy 25, 56–62.

Fujita, M., Weber, S., 2010. Immigration quotas in the globalized economy. Journal of the New Economic Association 7, 10–23.

Ganne, V., Minon, M., 1992. Géographies de la traduction. In: Barret-Ducrocq, F. (Ed.), Traduire l'Europe. Payot, Paris. 55–96.

Gini, C., 1912. Variabilità e mutabilità. Studi Economico-Giuridici della R. Universitadi Cagliari 3, 3–159. In: Pizetti, E., Salvemini, T. (Eds.), (1955). Memorie di metodologica statistica. Libraria Eredi Virilio Vechi, Roma (Reprinted).

Ginsburgh, V., Ortuño-Ortin, I., Weber, S., 2005. Disenfranchisement in linguistically diverse societies. The case of the European Union. Journal of the European Economic Association 3, 946–964.

Ginsburgh, V., Weber, S., 2005. Language disenfranchisement in the European Union. Journal of Common Market Studies 43, 273–286.

Ginsburgh, V., Weber, S., 2011. How Many Languages Do We Need? The Economics of Linguistic Diversity. Princeton University Press, Princeton, NJ.

Ginsburgh, V., Weber, S., Weyers, S., 2011. The economics of literary translation. A simple theory and evidence. Poetics 39, 228–246.

Greenberg, J., 1956. The measurement of linguistic diversity. Language 32, 109–115.

Guilmoto, C., Sandron, F., 2001. The international dynamics of migration networks in developing countries. Population: An English Selection 13, 135–164.

Hagège, C., 2000. Le souffle de la langue. Odile Jacob, Paris.

Hart-Gonzalez, L., Lindemann, S., 1993. Expected Achievement in Speaking Proficiency. School of Language Studies, Foreign Service Institute, US Department of State, Washington, DC.

Hechter, M., 1974. The political economy of ethnic change. American Journal of Sociology 79, 1151–1178.

Heilbron, J., 1999. Towards a sociology of translation. Book translations as a cultural world system. European Journal of Social Theory 2, 429–444.

Heilbron, J., Sapiro, G., 2002. La traduction littéraire, un objet sociologique. Actes de la Recherche en Sciences Sociales 144, 3–5.

von Humboldt, W., 1988. The Diversity of Human Language-Structure and its Influence on the Mental Development of Mankind. Cambridge University Press, Cambridge (originally published 1836).

Hutchinson, W., 2003. Linguistic distance as determinant of bilateral trade. Working Paper 01-W30R, Department of Economics, Vanderbilt University, Nashville, TN.

Janssen, S., 2009. Foreign literature in national media. Arcadia International Journal for Literary Studies 44, 352–375.

Kramsch, C., 1998. Language and Culture. Oxford University Press, Oxford.

Ku, H., Zussman, A., 2010. Lingua franca: The role of English in international trade. Journal of Economic Behavior & Organization 75, 250–260.

Labar, K., 2010. What is hidden behind the indicators of ethno-linguistic fragmentation? Working Paper, Fondation pour les Etudes et Recherches sur le Développement International, Clermont-Ferrand.

Laitin, D., 1989. Language policy and political strategy in India. Policy Studies 22, 415–436.

Laitin, D., 2000.What is a language community? American Journal of Political Science 44, 142–155.
Lazear, E., 1999.Globalization and the market for team-mates.Economic Journal 109, 15–40.
Lewis, B., 2004.From Babel to Dragomans: Interpreting the Middle East.Oxford University Press, Oxford.
Mamadouh, V., Hofman, K., 2001.The Language Constellation in the European Parliament, 1989–2004. Report for the European Cultural Foundation, Amsterdam.
Melitz, J., 2007.The impact of English dominance on literature and welfare.Journal of Economic Behavior and Organization 64, 193–215.
Melitz, J., 2008.Language and foreign trade.European Economic Review 52, 667–699.
Muller, S., 1964.The World's Living Languages.Frederick Ungar, New York.
Nabokov, V., 1955.Lolita.Olympic Press, Paris.
Ngũgĩ., wa Thiong'o, 1986.Decolonizing the Mind.The Politics of Language in African Literature.James Currey, Oxford.
O'Connor, K., 2003.The History of Baltic States.Greenwood Press, Westport, CT.
Ota, H., 2008. Indian IT software engineers in Japan: a preliminary analysis. Discussion Paper 168, Institute of Developing Economies, Chiba.
Phillipson, R., Skutnabb-Kangas, T., 1995.Language rights in postcolonial Africa. In:Phillipson, R., Rannut, M., Skutnabb-Kangas, T. (Eds.), Linguistic Human Rights: Overcoming Linguistic Discrimination. Mouton De Gruyter, Berlin, 335–346.
Pym, A., 1999.Scandalous statistics.A note on the percentages of translation in English.The Newsletter of the Literary Division of the American Translators Association 29, 19.
Roberts, J., 1962.Sociocultural change and communication problems. In: Rice, F. (Ed.), Study of Second Languages in Asia, Africa, and Latin America.Center for Applied Linguistics of The Modern Language Association of America, Washington, DC, 105–118.
Rustow, D., 1967.A World of Nations: Problems of Political Modernization.Brookings Institution, Washington, DC.
Ruhlen, M., 1994.The Origin of Language.Wiley, New York.
Sapir, E., 1949.Selected Writings of Edward Sapir in Language, Culture, and Personality.University of California Press, Berkeley, CA.
Sapiro, G., 2010.Globalization and cultural diversity in the book market:The case of literary translations in the US and in France.Poetics 38, 419–439.
Shannon, C., 1948.A mathematical theory of communication.Bell Systems Technical Journal 27, 379–423, 623–656.
Simpson, E., 1949.Measurement of diversity.Nature 163, 688.
Special Eurobarometer 243, 2006. Europeans and their Languages. European Commission, Brussels.
Spolsky, B., 2004.Language Policy.Cambridge University Press, Cambridge.
Steiner, G., 1992.After Babel.Oxford University Press, Oxford.
Storti, C., 2001.Old World, New World: Bridging Cultural Differences.Intercultural Press, Boston, MA.
Swadesh, M., 1952.Lexico-statistic dating of prehistoric ethnic contacts.Proceedings of the American Philosophical Society 96, 121–137.
Taylor, C., Hudson, M., 1972.World Handbook of Social and Political Indicators.ICSPR, Ann Arbor, MI.
Tinbergen, J., 1962.Shaping the World Economy: Suggestions for an International Economic Policy.The Twentieth Century Fund, New York.
Warnow, T., 1997. Mathematical approaches to comparative linguistics. Proceedings of the National Academy of Sciences of the USA 94, 6585–6590.
Whorf, B., 1956. Language, Thought and Reality: Selected Writings of Benjamin Lee Whorf. MIT Press, Cambridge, MA.

| 第五部分 |

更宽泛的文化议题

第20章

现代法律与习俗的策略互动

Jean-Philippe Platteau[a] and Zaki Wahhaj[b]

[a]University of Namur，Belgium；University of Oxford，UK

[b]University of Kent，UK

魏鹏举　李阳阳　译

摘　要

当国家法律致力于矫正伴随社会习俗存在的不平等时，在充斥着习俗和社会规范的社会环境中，对成文法作用的质疑就变得尤为重要。传统观点认为，在受习俗支配的贫穷社会，现代法律常常无法立足，尤其是在成文法律与社会习俗相冲突的时候。基于一个简单的静态分析模型，我们要辩论的观点是，从现代法庭的低活性不能推断成文法就是毫无作用的。确实，此处可能存在间接影响，而这种影响来自于成文法律对传统权威的非正式统治产生的磁铁效应。我们重点讨论各种影响因素对该影响产生撞击的因素，并通过大量取自现有文献以及作者自己所在领域的例证来说明这些因素是如何发挥作用的。另外一个重要的结果是，扶贫激进主义可能最终会搞砸自己的目标，因为某些情况下，对贫困者而言，适度的法律比激进的法律更有益。通过一种更为复杂的模型，也能得出相同的结论，在这个模型中，受社会习俗支配的社区的规模是其本身内生的，滞留在习俗管辖权之内的好处和成本，相对于诉诸正式法庭来说，更取决于整个社区的规模。本章旨在向微观经济分析工具开放一个新领域：在一些受制于激进和不平等社会标准的发展中国家，现代成文法与社会习俗之间的相互作用。我们将论证经济学家所使用的工具对某些确定的经验事实、法律人类学家及其他社会科学家的观察是有所帮助的。

关键词

习俗，社会规范，人权，成文法

JEL Classification Codes

A14，C71，C72，C78，Z1

20.1 引　言

越来越多的经济学家认为社会规范是维护市场秩序的必需品。通过促进商业机构信心与行动的结合，社会规范无论用于长久的个人关系网的框架下还是其他许多的匿名机构中，通过促使行为人将信心付诸行动，从而促进协作，维护市场管理机制（Platteau，2000；Aoki，2001；Fafchamps，2004；Greif，2006）。然而，社会规范并不一定是宽容仁慈的。旧时的一些习俗中，社会规范带有明显的压迫性，就像Sen（1992，1999）所描述的那样，不允许人口中占较大部分的人群解放自己的思想并认识到自己的能力。此处有两个例子，可以说明这样的社会规范会带来怎样有害的影响。

第一个例子是关于缠足的社会习俗。下边的这段话源自于Mackie（1996，p.999）：

从6～8岁开始，女童的4根小脚趾会被人为弯折到脚底下，迫使脚底弯向脚跟，然后将整个脚紧紧地用布包裹起来，夜以继日，为的是打造出一只弯如弓状、趾骨尖尖且只有4英寸长的小脚。缠足的头6～10年正是骨骼发育成形的阶段，是极为痛苦的。其可能引发的并发症包括溃疡、麻痹、坏疽乃至整个下肢脱疽。大概有10%的女童没能在缠足的过程中存活下来。

缠足是中国封建社会时期的一种社会习俗，从宋朝（960—1279年）开始出现，“上行下效，逐步传播，直到人们对不缠足感到羞愧”；缠足“到了明朝（1368—1644年）真正成为人们的普遍做法”（Mackie，1996，p.1001）[①]。缠足起源于中国封建社会时期一夫多妻制的社会背景之下，是皇室男性为了独自占有所有女性伴侣而想出的一种“方法”（防止女性伴侣逃走）。女性缠足的历史在中国延续不少于1 000年。1911—1912年，中国发生了极具历史意义的辛亥革命，缠足这一习俗在这场革命中被废止，与当时十分激烈的不缠足运动所发起的教育活动不谋而合，也与呼吁自由的现代主义者和女权倡导者的目标一致。随着现代化工业的发展，产品生产成本低，竞争优势大，女性从事的家庭劳动（包括与缠足相关的“任务”）也在减少（Mackie，1996，pp.1013-1014）。

第二个例子是女性生殖器切割（female genital cutting or mutilation，FGM）。其“包括局部或全部切除女性外生殖器，或所有出于非医疗原因对女性生殖器官造成的其他伤害”（WHO，2011）。常用手段包括阴蒂切除、外阴切除和阴部封锁。女性生殖器切割大概起源于前伊斯兰时代的红海西海岸，几乎可以肯定与奴隶制有关，对运经尼罗河谷地或红海前往埃及或阿拉伯市场的供给给苏丹的年轻女奴，奴隶贩子常使用这种残忍手段对她们进行控制（Mackie，1996，pp.1008-1009）[②]。与缠足一样，女性生殖器切割在当时被认为是为了保护女性纯净、隔绝外部联系、保持贞洁和忠诚并上升至家族荣誉而采取的措施[③]。即便是在现代，仍然有28个国家保留有女性生殖器切割的习俗，这些国家大多分布于非洲，从毛里塔尼亚到加纳和喀麦隆，一直延伸到东非

---

① 根据中国明朝时期流行的一句话：“如果你关心自己的儿子，就不能在他的学业上松懈；如果你关心自己的女儿，就不能在缠足这件事上心软。”（Levy，1966，援引自Mackie，1996，p.1007）。

② Mackie提出，阿拉伯半岛和埃及王室的一夫多妻制是导致大量女性奴隶通过当时一夫多妻制盛行的苏丹带（Sudanic Belt，非洲北部沙漠与南部丛林之间的热带草原地区，或北部的北回归线与南部的赤道之间的地带）进入苏丹那些封闭的奴隶中心的重要原因（Mackie，1996，pp.1008-1009）。

③ 关于缠足和女性生殖器切割等做法源自于高度等级化且女性间竞争十分激烈的王国的论点，出自于Ortner（1978）。在经济学中，认为女性生殖器切割是一种丈夫确保妻子保持忠诚度的方法的观点是由Posner（1994）在委托代理框架下提出的。在信息传递不及时的背景下，女性生殖器切割被认为是降低丈夫监视妻子成本的一种方式。

海岸（Gruenbaum，2001；Wagner，2011）。其中有12个国家的割礼率大于50%，而在这些国家里，成年女性割礼率达到90%的就有5个（在索马里这一比例高达98%）。仅在非洲，就有9 200万年龄在10岁以上的女性被执行了这种所谓的割礼（WHO，2011）。不幸的是，尽管这种习俗会对女性的生殖健康（加大阴道溢液和生殖器溃疡的风险）和心理健康造成了灾难性的伤害，但却没有丝毫减弱的迹象。

带有压迫性或不平等的社会规范可能包括两种类型：

（1）人们配合遵守社会习俗，但对其带来的结果均心存厌恶。我们将这种社会习俗列为自愿的压迫性规范。可以试想一下，在印度有禁止寡妇再婚的不成文规范，还有陪嫁嫁妆或葬礼仪式，这些不成文的社会规范造成了父母们重男轻女，并造成了部落社会的“女性缺失”，或名誉犯罪和报复仇杀。

（2）由于不同群体间存在对立倾向，包括利益冲突，衍生了一种社会规范，我们将这些规则称为冲突压迫性规范。这类例子包括印度教种姓制度中关于纯洁度的规范、绑架婚姻或父权社会里禁止女儿继承父母财产的独家传承的做法。

要确定一种压迫性社会规范属于第一类还是第二类并不总是那么简单的，一种社会规范可能在过去深受某一特定人群的欢迎，但是现在却遭到了全体一致的反对。比如童婚、一夫多妻、缠足和女性生殖器切割等。

对于上文提到的两类规范，其区别就在于，一种有害的社会规范和做法是否曾经可能或者可能具有社会效益[①]。尽管女性生殖器切割、缠足、印度教种姓制度中的贞洁规范，抑或是在伊斯兰国家男性可以轻易与妻子断绝关系的权利，这些都明显反映出一种不平衡的权力结构，必然会带来社会损失（详见附录插图说明），一夫多妻（产生于土地充裕且劳动力稀缺的社会环境中，当时的社会结构相当均衡），仇杀（由于不存在权力垄断，暴力入侵显示了一个部族的实力以及赢得其他部族尊重的愿望），戴面纱（最初是用于区分社会上层女性和女性奴隶的一种社会标记），以及儿子继承财产的做法（当时的婚姻由家族进行安排，不容易破裂，因此女性能够稳妥地共享丈夫所拥有的土地财产）可能在过去特殊社会环境下具有社会效益[②]。

我们的研究目的在于说明，压迫性规范或习俗明显会使至少一小部分人处于劣势地位或成为牺牲品，因此一个开明的政府或许十分渴望通过可利用的手段来打压这一小部分人群，比如颁布法律[③]。

除了存在不公正性，如果这类社会规范和习俗的社会效率不高，那么法律颁布的进程就会加快。

然而，人们常常认为，此类法律中的不少都会成为“摆设”。这种观点认为，如果在法律变更的同时，并没有出现改变现有权力平衡的社会政治转变，我们就不能期望一种压迫性、根深蒂固的习俗会因为一次法律变更而消失或减退。

事实上，这种旨在保护边缘群体利益或者根除有害做法的正式制度和规则已经被破坏。这种破坏来源于以当地规则为基础的非正式体系以及社会规范的压迫。当成文法忽略或试图根除那些对立的风俗习惯，那么它们就会失去效力并成为“摆设”（Chirayath et al.，2005，p. 5；Sage and Woolcock，2007；Ako and Akweongo，

① 按照定义，第一类有害的社会规范常常是没有效果的（见附录）。

② 正因如此，我们的想法是，在遥远的过去，一些享有特权的人群从这些社会规范中得到了好处，但还是觉得这些社会规范很令人生厌。其甚至可能是这种情况，一些这类社会规范从更强烈的意义上来说是具有一定的历史作用的，它们将那部分特权人群的总体福利最大化，而不是简单地得到某一个精英人群的支持。

③ 有兴趣的读者可以在Ahmad的书中发现，在今天的瓦济里斯坦（Waziristan，巴基斯坦西北部省），仍然沿袭着一系列压迫性社会规范。

2009）。实际上它们无法强制执行，因为执行这些法律涉及逮捕和关押整个社区的人（Coyne and Mathers，2010）。

当人们试图使用现代法律去解决个人问题时，如结婚、离婚、继承和土地所有制等，尤其容易出现非正式法律或习俗体系与现代法律的对抗局面。例如，在一些国家，虽然法律禁止婚姻为其支付费用（聘礼或嫁妆，有此习俗的国家包括西非国家科特迪瓦、中非国家加蓬、中非共和国、印度等）或女性生殖器切割（包括西非国家加纳、东非国家肯尼亚、非洲国家塞内加尔、布基纳法索、埃及），但那里的人们通常继续按照习俗行事，法律形同虚设（Ntampaka，2004，pp.128—130；Nambo，2005）①。还有一些包含在新家庭规范中的法律规定也形同虚设。它们旨在保护父母财产的所有权以及保护女性免于遭受早婚、丈夫突然抛弃以及无偿抛弃、男权主导或续嫁夫兄弟婚等伤害的法律，上述情况同样会发生。（Cooper，1997，pp.17-18；Elosegui，1999；Ellis and ter Haar，2004；Coulibaly，2005；Boshab，2007；Field and Ambrus，2008）②。

在撒哈拉沙漠以南的非洲地区，无论是通过继承还是通过买卖交易获得的土地，为了防止乡村地区的土地所有权过于分散，政府颁布了多项法律，但从未执行。这是由于人们普遍相信，既然法律与当地根深蒂固的习俗规则（如所有男童都有权平等分得家族的土地）背道而驰，那么没有人会去遵守或采取适当的制裁措施来支持，或者也不可能有相对应的制裁措施作为支撑（André and Platteau，1998）。

秘鲁曾经颁布过一部规定灌溉用水者支付水费的新水利法规，但遭到了安第斯社区成员的强烈反对。确实，当地有一个社会规范根深蒂固，认为水是一种公共用品，应该继续免费使用。

上述证据充分表明，当一个地方的现有做法和习俗得到根深蒂固的社会规范的支持，或与其融合，一部成文法的颁布可能无法带来预想中的改变。同时，我们也不能草率地认定法律在所有情况下都是一种毫无用处的工具。目前的成果恰恰是为了阐明法律，这也明确了法律存在零效应的可能性。由于压迫性社会规范与法律明显冲突，很难改变，所以是我们研究的重点。所以我们的注意力主要集中在了压迫性社会规范上。我们同时也在思考另一个难题，即法律具有怎样的激进性才能发挥最大效力，这就回到了进行改革还是温和行事的老话题。

我们首先来看一看可能相关的经济学理论文献：为了确定成文法在何时以何方式影响社会习俗（见20.2节），以及明辨改革主义与激进主义（见20.3节）。在20.4节中我们会举出两个典型例子就上述两点详细说明。第一个例子说明了现代法律与社会习俗之间的策略互动中所包含的新经济学理论，第二个例子指出了现代法律无法影响社会习俗时，采取补充行动的必要性。第一个例子事关继承的习俗，毫无疑问这属于对立型社会规范。第二个例子涉及女性生殖器切割，人们通常将其归类于另一种社会规范——自愿的压迫性规范。事实上，这样的分类存在争议，一些极力维护这种习俗的人，如女性生殖器切割的执行者和一些宗教人士，他们认为女性生殖器切割属于对立型社会规范。对此，我们在20.5节中进行了总结。

---

① 由此看来，在非洲和中东地区的28个沿用女性生殖器切割做法的国家中，保护女性的相关法律只在4个国家得到了执行（已经有起诉案件），且作用微乎其微（Rahman and Toubia，2000）。

② 值得注意的是，欧洲殖民者也同非洲国家一样有过相同的痛苦经历。例如，直接与西非乡村地区人口接触的殖民地官员很快得出结论，要在当地推行法律上调女子结婚年龄根本就是徒劳无功。在当地，女子早日完婚的习俗早已深深植根于这些社会文化综合体，一个中央集权的政体是不可能通过法律手段从根本上彻底改变这一习俗的（Colin，2004）。

20.2 法律改革对习俗的影响：经济学理论概述

近年来，研究者使用博弈论的许多不同方法分析了成文制度、社会规范以及更为宽泛的文化领域。本节，我们研究了哪些理论可以深刻剖析成文法对习俗的影响。后文将重点叙述当前6种回答该问题的理论方法。这些方法从不同角度分析了成文法对压迫性或不平等（对立）习俗的影响。

为了方便进行对比和讨论，我们分析一个实例，关于寡妇继承已故丈夫财产的权利。

我们的研究模型简明扼要，适用于社会习俗与成文法律冲突的其他情况。Agarwal（1994）以及Haugerud（1993，pp.162–182）、André和Platteau（1998；2005，pp.254–255）分别强调了南亚和撒哈拉以南非洲普遍存在的女性财产权严重缺失的问题。他们尤其关注那些地区的寡妇所面临的困境，因为尽管成文法律已经承认寡妇继承亡夫财产的权利，但是亡夫的遗产常常被她们的姻亲们强行占有。如果这样的做法普遍存在，姻亲也期望去争夺那部分财产，那么寡妇可能不会依法保护自己继承亡夫财产的权利，反而会回到自己的娘家寻求经济和社会支持，以避免过程中的经济和心理损失。另外，如果寡妇依法争取亡夫财产的继承权，那么她的姻亲争夺这部分财产所要付出的代价就会大幅增加，这样的假设似乎也是合理的。据此，我们可以利用一个简单的2×2双矩阵博弈模型（见表20–1）描述寡妇与其姻亲的不同选择情况。矩阵模型中，横列代表寡妇，纵列代表姻亲。A代表亡夫的财产，如果只有一方提出要求继承亡夫的财产，那么A代表他或她的所得。如果双方均无法继承该财产，那么他们的所得为0。如果双方均要求继承该财产，那么就会引发矛盾冲突。最后的所得要考虑到结果的不确定性以及双方过程中付出的心理和经济成本。我们设定博弈双方的所得（C_W代表寡妇的收益，C_I代表争产姻亲的收益）不相同，以表明双方不等的获胜几率或者心理成本。

表20–1 关于一名寡妇继承亡夫遗产的竞争博弈模型

寡妇	姻亲	
	要求继承	无法继承
要求继承	C_W，C_I	A，0
无法继承	0，A	0，0

20.2.1 成文法律是一个聚焦点

这是Basu（1983，1997）建立的竞争博弈模型，用以证明市场互动只能在参与者们遵守某种具体的社会规范时才能实现。Myerson（2004）改进了这个模型来强调包括产权法、立法议会、国家宪法以及传统领袖等在内的一系列制度体系如何在社会团体中发挥互动效应，以减少冲突的方式。

如果C_W、C_I的数值均大于0，而有一方要求继承财产，那么对双方来说放弃继承财产是最优反应，反之亦然。（译者注：最优反应是一个博弈论的基本概念。根据对方在两种决策之间选择的概率以及自己的收益，确定自己的最优反应，做出函数，然后通过图解，可以找到均衡点。）因此，该模型有两个纳什均衡点：要求继承、放弃继承和放弃继承、要求继承。实际所得取决于一个聚焦点（译者注：聚焦点又称谢林点，是博弈论的一个概念，即人们在没有沟通的情况下的选择倾向，做出这一选择可能因为它看起来自然、特别或者与选择者有关。这一概念是由美国诺贝尔奖获得者Thomas Schelling于1960年在《冲突的策略》一书中提出的。在该书第57页，Schelling描述：每个人期望的聚焦点是他人期望他本人做出的选择。按照Schelling（1960）的定义，这个聚焦点是寡妇和姻亲对各自行为所做的预期。在这种情况下，前文列举的关于寡妇没有继承亡夫遗产权利的历史或习俗似乎可以作为一个看似合理的聚焦点。我们会因此认为寡妇放弃继承丈夫遗产而转由姻亲继承是合理的，因为出于双方对对方行为的预期，这样做对双方来说都是最优反应，此外，这些预期是双方在既有习俗下形成的判断（例如：Akerlof，1984；Kuran，1988，1995；Greif，2006，pp.3－53；Basu，1997，pp.312－314，2000；Bicchieri，1997，pp.25－28）。按照Aoki（2001，p.10）的观点，可以将此描述为一种制度，"这是一个信念共享的自我维持体系，并以博弈的模式反复出现"，同时这也引发了一种关于（牢固的）社会惯例的观点，这种观点在Young（1996）和Bicchieri（2006，pp.34-42）的著作中均有提及[①]。

在这种假设下，如果成文法律成功地改变了聚焦点（例如，假设人们互相信任法律所代表的立场），那么法律就能够巩固寡妇所享有的产权。在没有遗嘱的情况下，要进一步明确这项权利，则需要颁布一项法令，规定寡妇在法令生效后依法享有继承其亡夫遗产的权利，姻亲不得提出继承要求，并且这项法令必将成功改变争产双方对对方的行为预期。只有满足了第二个条件，我们才可能实现均衡，寡妇才能够真正继承其亡夫的财产。然而，问题的关键不在理论之内（例如，成文法在何种情况下能改变聚焦点）。

在相同的框架下，存在一种替代机制，在该机制下成文法能够影响社会习俗。如果一项法律改革成功地改变了模型参数C_w的数值，使其大于0，那么这个修改后的模型将只有一个纳什均衡点，即寡妇"要求继承"财产，姻亲"放弃继承"财产。由此法律改革成功地巩固了寡妇的财产继承权。在具体条件下，如果法律改革要影响社会习俗，那么它必须大幅提高寡妇对权利争取的预期，这样她才会在明明知道姻亲会要求继承亡夫遗产的情况下选择主动争取财产继承权。在发生财产争夺的纠纷时，只有当成文法律的规定利于寡妇的裁决并保障执行该裁决时，或至少存在积极可能性时，才会得到上文中提到的结果。

20.2.2 成文法律是一个威胁点

前文中，我们探讨了成文法律通过影响一个人面对策略抉择时对其他人行为的预期判断来对社会习俗发挥效力的可能性。有一种同样合理的办法，在实证研究中具备坚实基础，即社会习俗相当于一场讨价还价得到的结果，成文法律在其中充当威胁点。寡妇与其姻亲争夺亡夫遗产继承权的案例中就得到了充分体现，假设亡夫的财产分割是一场合理的非正式协商，并且争产双方如果愿意均可发起正式的法律诉讼程序。

Banerjee等人（2002）提议将此机制作为一种可行的方式实施。1977年，印度西孟加拉邦通过了一部农业改革法，该法巩固了佃农的土地产权，并使分成制合同的变化趋势有利于佃农。而另一篇文章中，Chiappori等人（2002）指出，不同家庭成员所提供的劳动受一系列因素影响，尤其是离婚法对夫妻双方的利害程度。因此，由社会习俗及家庭成员间的谈判所形成（这种说法尚有争议）的家庭成员劳动力分配情况，同样会受到用以处理婚姻不同方面问题的成文法律的影响。

Dixit（2007）强调了人们如何利用谈判理论在成文法的背景下分析交易伙伴间的非正式谈判。本章的研究情境与前文十分类似，并且，如果某种习俗做法可以通过一种谈判理论的框架来展示，那么由谈判理论得出的结果可以随时用于研究成文法的影响。

① Bicchieri认为，在社会规范与传统之间存在着一个重要的差异。"我们不仅期望他人去遵守一种社会规范，同时也知道我们自己也是被期望遵守规范的对象，这两种期望是所有人遵守规范的必要理由。"与传统不同，被期望遵守一项社会规范可能也会给我们一个充分的理由去遵守规范。

我们用α表示寡妇与姻亲谈判后，寡妇分得的亡夫财产。用V_w（.）和V_l（.）分别表示在既定财富水平的条件下，寡妇与其姻亲的间接效用函数。假设成文法律规定，寡妇应该继承亡夫遗产的一部分f，其余财产归姻亲所有，双方通过正式法庭解决财产纷争的总费用（包括律师费以及因延迟决定产生的额外费用）可以用一个无用参数C表示。那么，该财产纷争的纳什谈判解可以这样描述：

$$\alpha^{*}=\operatorname{argmax}_{0\leqslant\alpha\leqslant 1}[V_W(\alpha A)-(V_W(fA)-C)][V_l((1-\alpha)A)-(V_l((1-f)A)-C)] \quad (20\text{-}1)$$

此处，A表示已故男子的总遗产数额。尽管争产双方都可能拥有其他形式的财富，但是在式（20-1）中，我们忽略这些因素，使它们不会影响后续分析。图20-1显示了寡妇与她的姻亲获得亡夫财产不同途径的效用可能性边界。x点描述的是我们讨论过的威胁点，相当于成文法律司法程序裁定的结果。如果向正式法庭上诉以及随后官司所带来的成本对争产双方而言都非常高，那么正式法庭裁定结果的效用水平将处于效用可能性边界内。y点描述的是与威胁点x对应的纳仕谈判解的纳什讨价还价解。

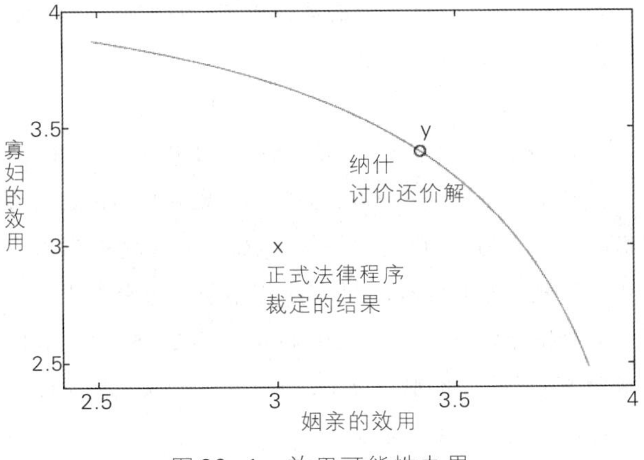

图20-1 效用可能性办界

修改后的成文法律若规定寡妇可以获得遗产的较大份额，那么她的效用值将会高于威胁点，而姻亲的效用值会低于该点。从大量的例子中可以看到，修改后的法律会匀出姻亲的支出来改善寡妇的福利，但结果也存在偶然性。尤其当寡妇与其姻亲要从一些特定的支出上获取效用并为该支出提供资金的时候（例如用于亡夫的孩子），根据Lundberg与Pollak（1993）的推理，成文法律的修改可能不会改变谈判的博弈结果。其原因是：在非合作均衡的条件下，由于法律修改输掉的一方只能选择减少“公共产品”支出，由另一方弥补。通过法律系统处理财产纷争的费用降低将提高双方的效用从而远离威胁点，因此成文法律的修改对财产的实际分配所产生的影响尚不明确。然而，Ngo与Wahhaj（2012）指出，在不变替代弹性函数中，威胁点的变化将有利于在谈判博弈中初具优势的一方。因此，如果寡妇最初处于弱势，那么正式法庭越具有效力，越将削弱她所享有的产权。

我们对这个结果进行一个简单的说明。为了方便阐述，我们假设，A=1，V_W（.）=V_l（.）=V（.），V′ >0，V″ >0。可以看出，式（20-1）中的一阶条件是确定α*值的充分必要条件[①]。利用式（20-1）中的一阶条件，我们可以得出：

$$V_W'(\alpha^*)\,[V_l(1-\alpha^*)-V_l(1-f)+C]-V_l'(1-\alpha^*)\,[V_W(\alpha^*)-V_W(f)+C]=0 \quad (20\text{-}2)$$

式（20-3）与式（20-2）的不同之处在于C值，具体如下：

$$\partial\alpha^*/\partial C=[-V'(\alpha^*)+V'1-\alpha^*)]/G(\alpha^*,f,C) \quad (20\text{-}3)$$

---

① 要注意的一点是，因为0≤α≤1，图20-1中方括号内的表达式至少有一个表达式是正数。因此，如果C>0，两个表达式中的α-α*一定是正数。我们可以证明，在纳什讨价还价解是正值的α区间内，纳什讨价还价解会向内凹。于是出现了一阶条件是决定α*的充分必要条件的结果。

式（20-3）中，$G(\alpha, f, C)$ 在纳什谈判解中是负值[①]。因此，因为 $\alpha^*>1/2$（所以 $V'(\alpha^*)>V'(1-\alpha^*)$），我们可以得出 $\partial\alpha^*/\partial C>0$。这意味着，如果寡妇最初得到的财产少于亡夫遗产的一半，那么起诉成本的降低（C值变小）实际上会导致寡妇所得遗产减少。

此结果代表的事实如下：由于起诉成本降低，这场谈判能产生的盈余也相应减少。从而使由威胁点带来的寡妇与姻亲的效用水平相对于盈余而言更加重要，因此我们得到了一个自相矛盾的结果，如果争产双方的起诉成本都降低了，对最初在谈判中占据优势的一方更加有利。

20.2.3 传统权威是一个策略参与者

在20.2.1节和20.2.2节，我们研究了几个模型，其中，习俗做法表现为策略选择，或寡妇与其姻亲双方达成的协议。某一个体或者一群个体为了使他/她/他们的目标函数最大化，设定了一种替代方法代表社会习俗。在实践中，传统权威可能由一个委员会组成，或是社区内一群有影响力的人的集合（如年长者和家族首领），如孟加拉共和国的非正式地方司法体系shalish（当地一种由外来团体帮助解决争端的办法）或坦桑尼亚国哈亚族的非正式司法体系bagarusi（由年长者组成的非正式法庭）（Chirayath et al.，2005；Davis，2009）。

对社会习俗的内容规定，传统权威可能有其自己的倾向性，但是也有可能出于下文中我们所描述的策略原因做出适应性的改变[②]。对于那些权利未受到社会习俗保护的个体，如果正式的司法体系承诺能够更好地保护他们的权利，他们或许会考虑诉诸正式的司法体系。然而，一纸诉状只能从表面上削弱传统权威的权威性和威信力。为了避免出现这样的结果，以下两种社区成员诉诸正式法庭的方式可能会被劝阻：①社会排斥的威胁；②改变习俗使那些受成文法律体系保护的人接受社会习俗处理纠纷的裁定结果。社会排斥可能使整个社区付出很大代价，因为社区会因此失去一个成员（至少是暂时的）。但为了保持对未来的可信威胁，我们不得不采用这种做法。

Aldashev（2012b）等人根据这些原则开发了一种简单的模型来描述习俗做法受到哪些因素影响，如司法解决纠纷的成本，正式司法程序结果的不确定性以及成文法律的影响。为了说明该模型的主要特点，我们采用了20.2.2节中的基本框架。

我们假设寡妇与姻亲之间的遗产分割结果是由传统权威按照下面的效用函数决定的：

$$V_C(\alpha, E_w, E_l)=-[|\alpha-\alpha_C|A+E_wS_w+E_lS_l] \tag{20-4}$$

其中 α_C 代表传统权威所倾向的社会习俗，A代表遗产数额；E_w（E_l）是变量，当寡妇（姻亲）已经被社区排除在外时，其值为1，反之为0；S_w（S_l）代表将寡妇（姻亲）排除于社区之外的社会成本。我们对寡妇与姻亲的效用函数进行了修改：

$$V_w(\alpha, E_w, F_w)=\alpha A-F_wC_w-E_wP$$

$$V_l(\alpha, E_l, F_l)=(1-\alpha)A-F_lC_l-E_lP \tag{20-5}$$

其中 F_w（F_l）是变量，当寡妇（姻亲）诉诸正式法庭时，其值为1，反之为0；C_w（C_l）代表寡妇（姻亲）诉诸正式法庭的成本；P代表排除在社区之外的人受到的社会排斥处罚。在式（20-4）和式（20-5）中，α 代表亡夫财产分割的最终决定，无论做出该决定的是传统权威还是正式司法法庭。

---

① $G(\alpha,f,C)=V''(\alpha^*)[V(1-\alpha)-V(1-f)+C]-2V'(\alpha^*)V'(1-\alpha^*)+V''(1-\alpha^*)[V(\alpha^*)-V(f)+C]$。在 $\alpha=\alpha^*$ 这一点，式（20-1）中的纳什讨价还价解是正值。在纳什讨价还价解取正值的 α 区间，$G(\alpha,f,C)<0$。因此，$G(\alpha^*,f,C)<0$。

② 以下，为便于语言表述，我们假定传统权威是一名男性个体。

在这场博弈中，事情发展的先后顺序如下：

（1）传统权威就寡妇与其姻亲之间的纠纷（用α_D表示）做出了一个判断。

（2）寡妇与其姻亲同时决定是否就传统权威的决定向正式司法法庭上诉[①]。

（3）如果双方中的任何一方提出上诉（此时$F_W=1$或$F_I=1$），正式司法法庭的法官依据成文法律的规定给出财产分割的裁定结果f。

（4）如果$F_W=1$或$F_I=1$，那么财产分割的决定将由正式司法法庭做出。但是，最初将这场纠纷诉至法庭的一方将受到社区的处罚P。

可以论证的是，有两种决定应当取决于个体所面临的激励因素，但却在模型中被自动触发了。第一种决定是针对那些将纠纷诉至正式司法法庭的个人受到的社会排斥处罚。尽管社会排斥同样会令社区付出代价，但Aldashev（2012b，p.8）辩称，“为了维护传统权威的声望，比如处理纠纷等其他方面（如作为社区代表与外部机构进行谈判磋商）”，社区成员愿意执行这种处罚决定。第二种决定是由正式司法法庭做出的裁决。在对该框架下产生的结果进行描述之后，我们应该考虑若将司法法庭的法官作为策略参与者会产生何种影响。

我们为社会习俗限定两个阈值α_I和α_W，分别代表姻亲与寡妇，他们在接受传统权威的裁定和向正式司法法庭上诉之间持中立态度。为了便于标记，以下我们假定A=1，然后利用式（20-5），我们可以得出：

$$\alpha_W=f-C_W-P$$

$$\alpha_I=f+C_I+P \quad (20\text{-}6)$$

如果当局宣布［α_W，α_I］区间内的一种习俗包括f，那么任何一方都不会向正式法庭上诉[②]。因此，如果α_C位于该区间范围内，那么传统权威按照他所倾向的习俗（即$\alpha_D=\alpha_C$）宣布财产分割决定是最理想的，能够为争产双方所接受。如果$\alpha_W>\alpha_C$，寡妇将不会接受传统权威所倾向的习俗做法（即如果传统权威选择$\alpha_D=\alpha_C$，那么寡妇会选择向正式法庭上诉）。在这种情况下，传统权威有两种选择，他既可以选择$\alpha_D=\alpha_W$来确保寡妇不因他的裁决而向正式法庭上诉，也可以选择$\alpha_D=\alpha_C$而令其权威性受到挑战。通过式（20-4），我们可以看到，如果$\alpha_W>\alpha_C+S_W$，传统权威将会偏离他的偏好，选择$\alpha_D=\alpha_W$，反之将会选择$\alpha_D=\alpha_C$。同样，如果$\alpha_I<<\alpha_C$，姻亲将不会接受传统权威所倾向的习俗做法。在这种情况下，如果$\alpha_I>\alpha_C-S_I$，传统权威会选择$\alpha_D=\alpha_I$，反之会选择$\alpha_D=\alpha_C$。图20-2总结了在成文法律比传统权威的倾向习俗对寡妇更加有利的情况下，存在的三种可能性。在$f>\alpha_C$的情况下，我们得到了三种情况，在图20-2中分别用A、B、C来表示。

我们现在可以就已故男子遗产根据习俗进行分割的情况，对成文法律变革的影响进行分析。假定最初成文法律与传统习俗的裁决一致，即$f=\alpha_C$，且α_C处于［α_W，α_I］区间当中。很明显，在这种情况下，使f值小幅增加的法律改革对社会习俗不会产生影响。因为随着f值增加，整个［α_W，α_I］区间会向右移，直到我们得到$\alpha_W=\alpha_C$这一点（即$f=\alpha_C+C_W+P$）。在该点，f值的进一步增加会导致习俗向成文法律的方向演化。这是成文法律的“磁铁效应”，它会一直存在直到我们得到$\alpha_W=\alpha_C+S_W$这一点（即$f=\alpha_C+C_W+P+S_W$）。f值的进一步增加将导致传统权威放弃其他选择并回到他所倾向的习俗。如果我们从$f=\alpha_C$开始逐步缩小f值，推理方法同样适用。

---

① 我们同样可以像Aldashev等人一样，假定寡妇与她的姻亲先后做出了这样的决定。由模型结构所决定，只有一方将会有动机向正式司法体系上诉。因此，这种替代性假设仍将得出同样的结果。

② 要注意的是：α_W可以取小于0的值，α_I也可以取大于1的值。在这些情况下，相关的一方将不会去挑战传统当局做出的任何裁决（在单位区间内），因为无论是求助于正式司法法庭，还是社会排斥的处罚，其成本都太高了。

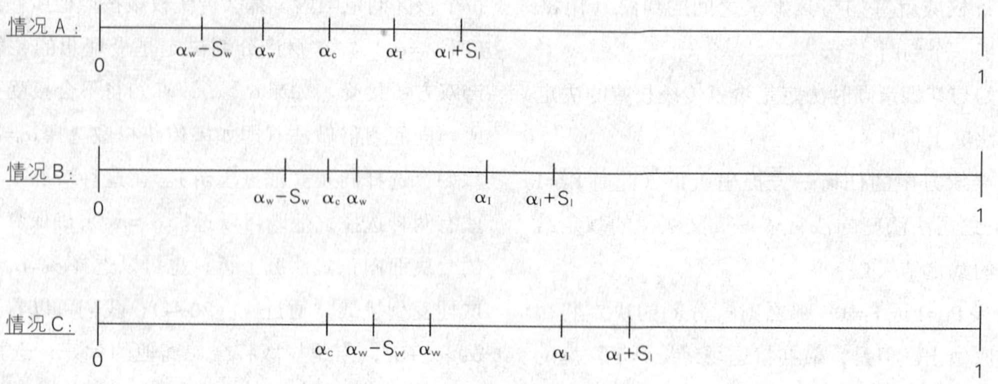

情况A：$\alpha_w<\alpha_c<\alpha_l$。传统权威选择$\alpha_D=\alpha_C$，寡妇与其姻亲双方均不向正式法庭上诉。

情况B：$\alpha_w-S_w<\alpha_c<\alpha_w$。传统权威选择$\alpha_D=\alpha_W$，以阻止寡妇向正式法庭上诉。

情况C：$\alpha_c<\alpha_w-S_w$。传统权威选择$\alpha_D=\alpha_C$，寡妇向正式法庭上诉。

图20-2 当成文法律相比传统权威的惯例倾向对寡妇更加有利，可能出现的3种情况

因此，在该模型中，成文法律对社会习俗的影响是多方面的。无论是温和型改革（f接近于α_C），还是激进型改革（f远大于或远小于α_C），都不能诱导传统权威偏离其偏好的传统习俗。相反，温和型改革会使传统习俗向成文法律“靠近”。尤其是在［α_C+C_W+P，$\alpha_C+C_W+P+S_W$］和［$\alpha_C-C_I-P-S_I$，α_C-C_I-P］两个区间内，成文法律会对社会习俗产生影响。

在某些方面，我们通过本小节模型得出的结论与使用谈判模型得到的结论接近。在谈判模型中，成文法律会通过改变谈判博弈中威胁点的位置来影响社会习俗。而在本小节所使用的模型中，正如我们在上文中看到的，成文法律会改变维持地方精英偏好习俗的成本和收益。然而，我们还发现，如果传统权威发现偏离偏好习俗的成本过高，那么激进的法律改革可能会适得其反。

迄今为止，我们已经假定正式司法法庭的法官会根据法律条文对寡妇与其姻亲的争产纠纷做出裁定。然而，在实际情况中，司法法官也可能会出于策略的考虑偏离法律的规定，就像传统权威会偏离现行的习俗做法一样。为何正式司法法庭的法官可能拒绝遵守法律条文的规定？可能的原因之一是他对亡夫遗产在其遗孀和亲戚之间应该如何分配有自己的看法。

Aldashev等人（2012b）假定，司法法官会通过遵守法律条文获得效用（被称为“守法效益”），偏离其偏好判断时获得负效用。对于一部既定的法律，有些司法法官会遵守法律条文的规定，而另一些可能会忽略法律条文，转而根据自己的公正观或依附于传统习俗做出判决。

一些司法法官会接受f值的变化，但是对案件持有不同观点的法官可能会坚决反对。然而，正如Aldashev等人（2012b）在该框架内描述的那样，当成文法律的改革对争产双方中的一方更加有利时，那么在正式法庭的实际表现中，法律条文于之有利的一方实际上可能会表现得更糟糕。下面我们会对此进行简单的解释。

我们假定一项有利于寡妇的法律改革已经开始。正式司法法庭的法官对该项法律改革做出三种反应。对于那些之前一直遵守法律条文的法官，第一类法官会选择

继续遵守，而第二类法官可能会认为新法律条文过于激进，并按照自己对司法公正的理解做出判决。第三类法官他们发现旧法律对寡妇而言过于不公，因此会在判决中把比旧法律所规定的份额更大的遗产判给寡妇，而现在他们更愿意接受新法律，但是在遵守新法律条文的规定时，他们做出的判决可能不再像过去那样全力支持寡妇。

因此，上文中提到的第一类司法法官对法律改革的态度会变得更加“积极”，而另外两类司法法官则会变得更加“保守”。因此，我们可以猜想，当寡妇将争产纠纷诉至法庭时，她所得到的判决结果平均下来将不如从前有利。如果绝大部分司法法官都认为成文法律过于激进，则更容易出现这样的结果。在这种情况下，激进的法律改革可能会再次产生适得其反的效果。

20.2.4 动态习俗下成文法律的作用

在上述模型中，除了借助那些能够改变矛盾聚焦点或者相关收益的外在事件，社会习俗几乎没有演变的空间。然而，我们必须认识到，社会习俗也会因为内部力量而发生改变，尤其是生活在其中的个体发生的行为。那么正式司法体系如何影响社会习俗的内部动能呢？Bowles（2004）指出，通过Foster和Young（1990）倡导的随机进化博弈理论，可以构建模型来描述意外事件、特质化行为或集体行为所引发的制度变迁。我们接下来将展示在该框架下即使改革发生之后短期内没有对习俗做法产生明显的影响，司法改革也能够成功地加快社会习俗变化。

我们将继续利用表20-1和20.1节中介绍的标准博弈模型分析寡妇继承亡夫遗产的权利。不过我们对整个框架做了如下的扩展和修改：

我们假定，在每一个阶段，都有一组新的寡妇和她们的姻亲成对出现，她们将会面临表20-1中所描述的情形。一小部分寡妇（$1-\omega$）和一小部分姻亲（$1-\omega$）会按照上文中所述的策略分配方式进行选择。我们可以认为这部分寡妇和姻亲只是在照搬她们看到或听到其他亲戚或邻居所使用过的策略。其余部分寡妇和姻亲ω则会根据他们对对方选择的预期采取预计能够获得更高收益的策略。这些预期建立在前文使用的策略分配的基础上。因此，这些博弈参与者“缺乏辨识力”即可，但是正如Bowles（2004）提出的，“这个更新的过程……可能真实地反映了个体的认知能力”（p.408）。但是由于一些小概率事件ε的存在，博弈参与者（属于ω部分的参与者）会出于一些隐性原因选择一种非最优应对策略。在关于寡妇的产权问题中，可能表现为幻想、错误判断或影响个人机会成本的暂时性冲击。

正如Bowles（2004）指出的，如果C_w、$C_I>0$，ε的值很小，整个体系将向原始博弈模型中的纳什均衡点——（要求继承，放弃继承）或（放弃继承，要求继承）移动。也就是说，大部分姻亲会要求继承财产，而大部分寡妇会放弃继承，或者反之。过去的习俗做法能强有力地预测未来的习俗做法，就该意义而言，这个体系所展示的是习俗做法的持久性和历史相关性。但是如果发生了寡妇与姻亲实际选择了次优策略的小概率事件，那么就有可能发生一个纳什均衡点为支持另外一个均衡点而偏离原位的情况。

如果最初我们假定所有姻亲“要求继承”，所有寡妇“放弃继承”，然后利用表20-1的模型，那么寡妇仍将发现“放弃继承”的策略是最优的选择，直到大于$-C_W/(A-C_W)$（C_W为负值）的一部分姻亲因为特殊（外在）原因而选择“放弃继承”。此后，将有越来越多的寡妇选择“要求继承”，使继承遗产这件事对姻亲来说吸引力越来越小，最终使得大部分寡妇“要求继承”，而大部分姻亲“放弃继承”的可能性变大。如果一部分寡妇$A/(A-C_I)$因特殊原因选择“要求继承”，上述推理同样适用。因此，正如Bowles（2004）提出的，$-C_W/(A-C_W)$与$A/(A-C_I)$两个部分是社会习俗（放弃继承，要求继承）持久性的测量尺度。这些阈值越大，习俗随着内部动力而发生演化的可能性就越小，而这将强化寡妇的财产权利。

在该框架下，成文法律会扮演什么角色？根据我们前一小节的推理，如果成文法律对一个矛盾的结果发挥了一定的效力（即当争产双方都“要求继承”遗产，至少有一部分寡妇会通过正式司法法庭寻求资源帮助，而正式司法法庭也有能力执行其裁决），会发生由C_w和C_i两个参数值的变化所代表的司法变革。如果最初的习俗做法就是寡妇“放弃继承”而姻亲“要求继承”，那么会发生一种巩固寡妇地位的司法变革（表现为C_w值增大或C_i值减小或二者同时发生），就像$-C_w/(A-C_w)$和$A/(A-C_i)$两个部分所代表的那样，该司法变革会削弱习俗做法的持久性。我们在前一个小节已经讨论过，如果司法变革能够使寡妇“要求继承”亡夫遗产这件事变得值得（即成功将C_w变为正值），即便她们预期姻亲也将采取同样的做法，司法变革也能够导致纳什均衡点的移动。在我们允许习俗做法根据其内部动能发生演化的框架下，我们会发现，通过削弱当前情形的持久性，即便是C_w值小幅增大或C_i值小幅减小，社会习俗最终改变的可能性也会增加。

20.2.5 主观博弈模式

为了研究制度的变化，Aoki（2001）提出了一个博弈理论框架，在该框架内，其假定每个代理人都会“对他或她所参与的博弈结构有一个有限且主观的认识”。这种观点若用于分析成文法律对习俗做法的影响是中肯的，因为在传统社会中，普通个体可能没有意识到自己可以选择通过正式司法体系解决问题，尤其是在成文法律或正式制度本身发生了新变化的时候。例如，2003年，非洲国家摩洛哥颁布了新的家庭法规，其中涵盖了与婚姻相关的所有问题，包括亲子关系、儿童权利、遗产继承等。2008年针对该国三个地区的一项调查发现，只有24%～38%的受访者知道该法规中的一条或多条规定（Chaara，2011）。

本节，我们将对成文法律在塑造习俗做法的过程中所扮演的角色进行深度剖析，因为它们可以通过Aoki提出的框架推断出来。在为制度体系塑造模型使之成为一场博弈的特定平衡点时，Aoki（2001）确定了四个决定制度类型的关键因素：

A：技术上可行措施的全部集合。

CO：技术上可行的措施内容与结果之间的关系。

E：每一个代理人坚信自己对对方在博弈中做出选择的预期。

S：在坚定信念E的情形下，每一个代理人所面临的最优策略选择。

然而，Aoki辩称，“个体代理人无法完全掌握博弈中的技术专业知识，他们也无法对其他代理人的策略选择作出准确的推断”。Aoki还指出，一个代理人的行为选择可能并非来自因素A，而是来自一个“活化策略选择子集”A^*，代表他或她在某段时间内意识到的替代性策略选择。一种制度$\sum^*$，表现为来自因素E的所有代理人的共同信念。给定$\sum^*$，每个代理人都有一个“主观结果函数”CO^*，代理人会通过该函数来推断他或她所做出的策略选择的结果和收益。最终，给定A^*、$\sum^*$和CO^*，每一个代理人都有一个已知的“最佳反应决策规则”S^*，该参数可能与S不同。

按照Aoki（2007，pp.19-20）的理论，在该框架内，制度性变化可能会在以下情况中发生：

> ……由于技术和知识的累积以及创新驱动新行为的可能性增加，个人的选择变得灵活。或者，它们可能是技术和环境条件的变化，使相同的行为选择出现不同的物质结果。它们可能是新的法律或许可，作为政治领域的博弈结果被颁布，但表面上表现为其他领域的结果函数中参数的外在变化。

在寡妇有权继承亡夫遗产的背景下，当亡夫财产遭到姻亲抢夺时，她可以采取很多可行性办法，包括向其亡夫生前所在社区的传统权威申诉，向她自己的父系亲属争取支持，通过正式司法体系解决，或这几种选择的结合。然而，如果寡妇此前从未通过正式司法体系解决问题也没有通过正式司法体系解决问题的经历，她或许没有求助于正式司法体系的意识想到求助于正式司法体系，当然，在那些社会习俗决定已故男性遗产分割的社会，这只是一种看似合理的假设。在这种情况下，寡妇的“活化策略选择子集”不必与她的策略集合相一致。

如果寡妇并不知道可以求助于正式司法法庭，那么维持特定的策略组合作为均衡结果也是可行的，即便它们不会成为这场目标博弈战的纳什均衡点。为了说明这一点，我们应该考虑修改当前的竞争对手博弈模型，如下所示：

在表20-2中，我们假定 C_w、$C_I>0$；$\alpha+\beta=f+g=1$；α，β，f，g>0；0>B>A。与表20-1中所描述的博弈模型不同，我们为每一个博弈参与者增加了两种新的策略选择——“共享”和“正式司法法庭”。关于收益，我们已经假定，如果争产双方均“要求继承”，或一方提出“共享”而另一方选择“要求继承”全部遗产，会引发一场导致争产双方收益为 C_w 和 C_I 的矛盾冲突。而其他包括“要求继承”、“共享”和“放弃继承”的策略对组合不会引发冲突，事实上每一方都会得到他们所要求的。双方或任意一方向正式司法法庭上诉的行为组合所关联的收益结果均为fB和gB，因为我们假定正式司法法庭做出的裁决将压倒一切由传统权威做出的裁定。

表20-2　　竞争对手博弈模型变体

寡妇	姻亲			
	要求继承	共享	放弃继承	正式司法法庭
要求继承	C_w，C_I	C_w，C_I	A，0	fB，gB
共享	C_w，C_I	αA，βA	αA，0	fB，gB
放弃继承	0，A	0，βA	0，0	fB，gB
正式司法法庭	fB，gB	fB，gB	fB，gB	fB，gB

如果我们设定争产双方都忽略了“正式司法法庭”这一策略选择，那么这场博弈将出现三个纯策略纳什均衡点：（放弃继承，要求继承）、（共享，共享）和（要求继承，放弃继承）。如果不存在有效的正式司法体系，或争产双方均忽略了正式司法体系，那么这三个纳什均衡点所代表的将是社区可能出现的习俗做法。

按照Aoki（2001）的推理，通过代理人的去中心化试验，尝试既定行为选择集合中的新策略，“正式司法法庭”这一策略选择会成为博弈参与双方“活化策略选择子集”中的一部分。在我们看来，这样做可能意味着，一位寡妇将会通过自身的主动性发现诉诸正式司法法庭是一个较好的选择。或者，她可能会通过政府或非政府组织（NGO）发起的信息传播活动了解到成文法律的存在。

如果争产双方都选择“正式司法法庭”这一策略，我们可以认为财产最终将根据成文法律的规定进行分割，常量f和g分别代表寡妇和姻亲。但是通过成文法律解决这一纠纷需要一定的成本，这些已经囊括在假设条件B>A中。

如果最初社区的社会习俗规定寡妇“放弃继承”，而姻亲“要求继承”全部财产，那么当寡妇发现“正式司法法庭”是一个可行的策略选择时，由于fB>0，她应该选择该策略。因为越来越多的寡妇开始意识到“正式司法法庭”是一个策略选择，寡妇的姻亲们便不再理所当然地认为寡妇会放弃继承亡夫的遗产。那么最初的社会习俗将会偏离原来的位置。这个推理过程可以通过随机演化理论这一理论框架得以正式确立，随机演化理论来源于Bowles（2004），在前面的章节已经有所讨论。

那么当争产双方都已经意识到“正式司法法庭”策略的存在之后，会发生什么呢？根据成文法律的条文规定以及通过正式司法法庭解决纠纷的成本，其中一种可能是在此之后，此类纠纷将由正式司法法庭来解决。但是，如果$\beta A > gB$且$\alpha A > fB$，那么需要注意的是，（共享，共享）这一策略组合也可以成为一种（进化意义上的）稳定均衡。因此，成文法律以及整个社会对成文法律越来越多的认识，将会在进化过程中起到一种催化剂的作用，最终形成一种新的社会习俗。按照最初的习俗，寡妇是无法继承亡夫遗产的，那么下面这些条件足以使成文法律发挥该作用：

（1）了解成文法律的寡妇有充分的理由就现行社会习俗做出的亡夫遗产分割决定向正式司法法庭起诉。

（2）还有一种替代性习俗做法，能够为争产双方提供更优于正式司法程序判决的效用，包括法律成本、等待期以及正式司法程序中所固有的不确定性。

此处的制度变化机制建立在Aoki的“主观博弈模型”概念的基础上，与20.2节中讨论过的成文法律对谈判博弈中的威胁点所产生的影响类似。但是两者之间又存在着重要差异。就当前例子而言，习俗演变过程对成文法律的确切内容并不敏感，不像谈判博弈中的威胁点那样。关键在于，当寡妇知道了成文法律的存在，她应该会发现，相比于她所在的社区所现行的习俗而言，向正式司法法庭上诉更有吸引力。这样一来便会导致现存习俗的没落，并为新的、更加平等的社会习俗的产生提供条件。

20.2.6 传统权威作为一个具有前瞻性的参与者

在之前几个小节中，我们研究了不同类型的模型，在这些模型中，参与纠纷的代理人所作出的策略决策以及有权在这场纠纷中充当仲裁者的人对传统习俗进行了塑造。这些模型有一个共同点，即参与纠纷的代理人都是短期的，或者准确说来在作出策略选择时有一定时间界限。

然而，传统权威的声望和财富来源于其在社区内的社会经济活动，所以他应该考虑到所作决定对未来社区成员关系的影响。尤其是如果这种习俗法对社区的一部分成员没有益处，那么这部分人员甚至可能会在纠纷发生之前便选择离开社区，以避免日后要被迫服从社区的习俗。如果传统权威具有前瞻性，他应该能够预测到这种可能出现的后果。

同样，如果传统权威预测社区以外的经济机会将在不久的未来有所增加，他或许会支持社区习俗变得更加进步，以便吸引个体成员留在社区内。作为替代选择，他也可能认为，既然社区成员数量的减少已经是既成事实，那么索性继续维持保守的习俗。提及成文法律对社区以外生活质量的影响，法律改革对社区成员数量的影响与经济机会改变对社区的影响类似。因此，法律改革以及关于未来法律变化的预期会对社会习俗未来的发展道路产生影响。然而，前文的讨论已经表明，这种影响可能是积极的，也可能是消极的，主要取决于参与纠纷的代理人的策略倾向、社区成员组成以及社区以外机会的多寡。

为了确定进步的法律改革在怎样的条件下才能吸引社会习俗朝着相同的方向演变，Aldashev等人（2012a）开发了一种关于社会习俗与成文法律的动态模型，在该模型中，传统权威表现为一个具有前瞻性的代理人。在接下来的几个小节中，我们将简要介绍该模型，并就我们能够从中学到的经验进行讨论。

20.2.6.1 关于正式模型的描述

设想有两组参与者A和B，另外一个参与者M代表传统权威。同时该模型包含无限个时期，并且，在任何一个时期内，一个个体必须“属于社区”或“属于社区以外”。每一个时期内模型的运转步骤如下：

（1）一个代表“经济现状”的随机变量已经被所有

参与者注意，其价值已经为所有参与者所知。

（2）传统权威宣布一项“习俗”，该“习俗”在模型中作为一个连续变量，在0和1之间变化。

（3）在经济问题出现阶段，每个社区参与者将决定他或她是否继续留在社区内。

（4）当前时期，每个参与者都会感觉自己可能与另外一组参与者“卷入了一场纠纷”。这种情况是否会发生取决于一个二进制随机变量的实现与否。

（5）传统权威会“裁定”每一场纠纷，这个“裁定”对应的是步骤（2）中传统权威宣布的“习俗”；其他纠纷均在“正式司法法庭”中解决。

（6）对于那些由传统权威解决的纠纷，纠纷双方必须决定是“接受”传统权威的裁定还是“发起挑战”，向“正式司法法庭”提起上诉。在参与者上诉的情况下，正式司法法庭将依据“成文法律”条文规定做出裁定（同样是在0和1之间变化的一个变量）。

（7）如果参与者向正式司法法庭上诉，传统权威将会对挑战其裁定权威性的社区成员施以惩罚。

在下一个阶段开始的时候，所有现有的社区成员仍然是社区的一部分，那些在上一个阶段离开社区的成员已不属于社区。同时，已经离开社区的参与者不可能重新回到社区。

每一个阶段结束时，传统权威会得到一笔“收益”，这笔收益会随着社区规模的扩大而增加，并且随着挑战其裁定权威性的社区成员数量的增加而减少。此外，对传统权威裁定的每一场纠纷，其裁定越偏离“首选裁定”，收益就越少。每一个社区成员也会得到一份收益，该收益也会随着社区规模的扩大而增加，如果他们卷入一场纠纷，最终的裁定（如果属于社区内的纠纷，并且没有人上诉，该裁定由传统权威做出，反之由正式司法法庭做出）对他们越是有利，他们获得的收益就会越大。所有社区外的参与者（包括那些当前阶段内已经离开社区的参与者）也会获得一笔收益，该收益的大小取决于经济现状如何以及他们所获得的“外部机会”的价值。另外，如果他们已经卷入一场纠纷，他们的收益将随着正式司法法庭裁定对他们的有利程度而增加。至于外部机会，对于不同的参与者，其价值也有所不同，并且只有相关参与者能够观测到，但它始终是一个常量。

20.2.6.2 关于正式模型的解释

关于寡妇的财产权，传统权威的“首选裁定”反映了当前社区内关于一位已故男性的财产在其遗孀和其父姓家族之间如何分割的优势习俗。与《法律经济学》（例见Dixit，2007，pp.10-29）文献中大部分内容形成鲜明对比的是，正式模型假定传统权威有能力对那些挑战其决定权威性的社区成员施以惩罚。“正式司法法庭”利用的是国家的成文法律，并且该模型假定人们都很熟悉该法律，且充分信任该法律的强制性。

“属于社区”的个体参与社区公共产品的生产并享受其成果。他们主要与其他社区成员发生经济和社会互动，这些互动可能包括非正式的社会保护机制、住房建设援助、宗教庆典、村民会议和筵席、社会活动以及生日、婚礼、葬礼、割礼等活动。模型假定他们的收益会随着社区规模的扩大而增加，因为参与其中的人越多，此类互动的范围和集体化行为的收益很可能会越大（例如，风险共担团体的规模越大，非正式保险类产品就越能够有效地提供保障）。

而那些选择离开社区的个体将失去这些收益。不过他们可以参与到现代经济中。他们的生活质量取决于经济现状以及他们的个人资源，包括他们的技能、资产以及社交网络。在发生纠纷的情况下，已经离开社区的个体或许不会再选择通过传统权威来解决问题。那么，现代司法法庭就成了他们解决纠纷唯一可用的司法框架。

在寡妇与其姻亲争夺亡夫遗产继承权的矛盾中，有一种情形是，传统权威第一次尝试仲裁纠纷。如果对传统权威的裁定结果，纠纷双方均不满意，他们便有可能将该结果诉诸正式司法法庭。与传统权威的做法不同，正式司法法官的行为是一种尽可能简单的概念化方式：法官会始终运用成文法律，并且诉讼当事人可能事先已经知道法官将做出的判决。

20.2.6.3 理论成果

我们假定成文法律比占显性优势的习俗更加有利于寡妇的财产权。在这些条件下，社区中的女性成员如果卷入了与姻亲的财产纠纷，那么她们具备离开社区或向正式司法法庭上诉的诱因。如果经济现状以及未来的经济前景足够稳健（当前阶段经济状况良好，且预计未来仍将保持较高水平），那么那些离开社区之后仍能获得最佳机会的人将选择离开。而那些机会少且差的人通常会选择继续留在社区内，但是如果她们在一场纠纷中拥有足够制胜的筹码，她们便有可能向正式司法法庭上诉。因此我们会得到一个法律双重性的情形，在这种情形下，无论是正式司法法庭还是社会习俗做法都会被社区成员积极采纳。

Aldashev 等人（2012a）指出，当法律朝着巩固寡妇财产权的方向改革时，那些属于边缘群体的寡妇可能会选择离开社区，并且自此之后选择依靠正式司法法庭来解决她们所陷入的财产纠纷。同样，对于社区内的女性成员而言，也很可能会有更多人选择向正式司法法庭上诉。但更重要的是，这种司法改革可能会引发传统权威对社会习俗的修改。尤其当社区成员离开社区给社区公共产品价值带来损失，上诉给传统权威声望带来损失，宣布一种习俗做法偏离非正式法官所作出的裁定带来心理损失，上述这些损失均会由于更多人的离开、更多人的上诉和更大程度的偏离而增加，此时习俗可能会沿着司法改革的方向向成文法律转变。

并且习俗有其自己的动能性，使之与正式司法体系内部的变革相分离。如果社区成员在社区以外的机会因市场的扩大而逐渐得到改善，或社区成员数量因外在原因而逐渐减少，这种情况下习俗也会朝着成文法律的改革方向发生演变。

20.2.6.4 讨　论

但需要指出的是，在很多例子中，这种机制都会崩溃。在一个社区以外几乎没有经济机会，并且在社区成员基本不借助正式司法体系解决问题的传统社会中（或许是由于存在严厉惩罚的可信威胁），成文法律的阶段性改变不会对社会习俗产生影响，在这种情况下，反对求助于正式司法法庭的非激励因素非常强大，以至于传统权威几乎找不到理由去改变社会习俗以令其更加适用于社区内被边缘化的人群。

实际上，当传统权威的声望因为社区成员数量的减少以及纠纷当事人向正式司法法庭上诉这种挑战其权威的情况遭到折损时，20.2.6.3 小节中所列举的情况确保了传统权威会更加重视维护自己的剩余声望值。然而，传统权威声望的边际损失可能会在损失达到某个程度之后开始减少。如果是这样，成文法律的进一步改革，或者社区以外的机会选择得到了进一步改善，将会促使社会习俗朝相反的方向演变（即朝着传统权威偏好的习俗演变）。激进的司法改革会造成社区成员的过度减少，上述的这种可能性恰恰为激进的改革提了醒。

我们根据相似的线索推断，如果传统权威愿意偏离自己偏好习俗的程度存在一个界限，那么激进的司法改革只有在不使习俗做法发生重大改变的情况下，才能成功地削减传统社区的成员数量。在激进的改革执行之后，也可能会对那些外部机会最少、仍然留在社区内的人员的福利产生不利影响。

20.3 激进还是稳健的法律改革

在上述分析中，我们得出了一些论断，这些论断直接表达了对稳健的法律改革的愿望，而不是激进的改革方式。本节针对最优化法律的问题，正如我们可以从 Aldashev 等人（2012a，b）最近的著作中推断出来的那样，我们要展示一种更为完整统一的方法，在这种方法中，司法法官被视为策略参与者。因此关于激进和稳健的法律改革之间的折中选择，在第 20.3.1 节中我们会对

20.2节中所学到的经验进行推演，并且我们将加入新的论点来强调该问题。在20.3.2节中，我们会引用一些无效的激进法律作为证据，当这些激进法律表现得可有可无时，政府不得不对它们进行疏导。最后在20.3.3节，我们引用了两个例子，以此来说明稳健法律的实效性。

20.3.1 理论分析

在下面的讨论中，我们会介绍三种不同类型的论点，它们可以为稳健的司法改革提供支持，包括福利论、执法者行为论和主观论。

20.3.1.1 福利论

Aldashev等人（2012b）已经指出，在统计学框架中，无论是温和还是激进的法律改革，都不能吸引传统权威偏离他所偏爱的习俗。这与温和型法律改革会“拉动”习俗向成文法律的方向演变相反。导致该结果的原因是，正式司法法官可能会发现，如果成文法律与社会习俗过于不同，那么宣布一项背离社会习俗的裁决代价高昂。换句话说，要与社会习俗相背离，正式司法法官会首先权衡一下其中的利与弊。如果做出了一个与他自己的偏好完全不同的裁定，那么代价将是效用损失；好处将是权利和声望双方面获得优势，因为他将纠纷的参与双方都牢牢控制在了他的权限范围内。如果现代法律过于激进，那么做出背离社会习俗的裁定的代价相比好处而言过大，通常这时候法官会选择忠于社会习俗。属于弱势群体的人们将不得不离开他们所在的乡村社区，放弃地方“社交游戏”所能带来的好处，为的就是获得正式司法法庭的保护[①]。

当策略判断方法以Aldashev等人提出的方式变得更有效，那么我们是否可以进行一次类似的辩论呢？答案是肯定的。我们假设存在一个社会规划者，他的目标职责包括边缘群体所有成员的福利最大化。激进的“进步”法律改革的积极作用是吸引社会习俗朝着现代法律的方向改变（假设我们所处的环境中存在磁铁效应）。这样的法律改革也会直接对那些发现自己身处社区之外的人们的福利产生影响，以及那些身处社区之内却深陷纠纷以致向非正式法官的权威发起挑战的人们。但是该推理忽略了一个附加的事实，那就是这场法律改革会鼓励人们离开社区，因此会降低留在社区的那部分人们的社区公共产品价值（因为该价值取决于社区规模）。

一部成文法律的进步性增强能否改善社区内弱势群体的福利，这取决于法律改革三种影响的相对重要性。不过，关于通常情况下有效的法律改革的社会影响，Aldashev等人（2012a）确定了两个重要事实。首先，成文法律价值（进步程度）的提高所带来的社会影响在更“现代化”的经济环境中很可能是积极的，这里的“现代化”指的是个体在社区之外拥有相对更佳的替代性选择。确实，在这种情况下，大部分社区人口早已离开社区，那么“进步的”法律改革对社区公共产品价值产生的负面影响只会波及一小部分人。

此外，参与现代经济的个体已经感受到成文法律价值提升的积极影响，因此他们会求助于正式司法体系来解决他们的纠纷。

第二个事实是，在弱势群体中，一次“进步”的法律改革不会对所有个体产生相同的影响。而对于那些已经参与现代经济的个体，这种影响的积极性是不言而喻的，因为这些个体会直接从更具“进步性”的新法律中受益，反之，他们不会因为可能削弱的社会体系而受到波及。事实上，那些因为法律改革而选择离开社区，投身现代经济的个体是在用社区公共产品的价值来换取他们在社区外更多的选择。这群个体中，外部选择多样化

① 上述论断接近于Sage和Woolcock（2007，p.7）做出的论断，根据他们的论断，如果试图推翻习俗体系，可能会导致社区进一步排斥并流放那些已被边缘化的人群，而这一人群正是立法者所要保护的。

且价值高的个体最有可能从脱离社区中受益。另外，对于那些选择留在社区内的人，由于他人否定他们的选择，所以他们受益最少。如果传统权威不愿意回应成文法律的改革（因为这样做意味着偏离自己偏好裁定的成本大幅增加，抑或其社会荣誉的边际损失在社区规模缩小到一定程度之后开始下降），那么留下来的这一群个体可能会因为其他个体脱离社区所导致的社区公共产品减少受到法律改革的不利影响。

由该讨论可以推断，如果社会规划者更加重视那些选择有限的个体，那么稳健的改革方案或许将优于激进的改革方案。这直接反映出一个现实，即对于那些离开社区之后没有现实选择的个体们，只有当社会习俗沿着成文法律改革的相同方向演变，同时他们承受了与社区公共产品供应减少相当的损失时，他们才能够从法律改革中受益。

20.3.1.2 关于执法者行为的辩论

正如20.3节中所指出的，不仅仅是传统权威，即便是现代法官也会对成文法律偏离自己的偏好裁定十分敏感。因此，一部法律如果过于激进，将会影响相当大一部分现代法官在执法时的严格性，也会因此使法律改革弄巧成拙。在上文所述的环境中，这些现代法官通过执行成文法律（法律牢靠度是他们的一个关注点）获得了一个正面的效用，但是却因为偏离了自己的偏好裁定而心有不畅。事实上在法官看来，成文法律也有一个阈值，如果法官认为超出了阈值，他们将不再做出与成文法律相对应的裁定，而是转为遵从自己的偏好。其实这类阈值就如现代法官们各自偏好的裁定一样多。

因此，一个被边缘化的个体在正式司法法庭打官司的时候所期望的效用取决于他或她遇到一位裁决倾向性足够“进步”，能够促使其严格执法的现代法官的可能性。

显然，法律改革越是激进，奉公守法的司法法官所占的比例就越小，遇到一位选择执行自己偏好的裁定而不是改革后的新法律的法官可能性就越大。

相同的论断也适用于现代法律的执行者。即便假定现代司法法官会遵照新的“进步”法律执法，他们的裁决能否充分执行仍是疑问。法律执行者在执行法律裁决时会有一种偏好，虽然这是他们的职责所在，但却会因为法律裁定与其偏好裁决偏差越来越大而承受效用损失的痛苦。如果偏差过大，他们不会按照法律执行。因为执法者们的偏好都是多样化的，一部更为激进的法律可能会导致严格执法者比例的下降，司法改革的效果也会因此被削弱。

当正式司法判决的执行需要地方传统权威有效配合时尤其如此。例如，在土地矛盾中，由于土地属于不动产，归属于某一个社区范围之内，那么正式司法法庭的判决如果与当地习俗相差太远，就会存在法庭判决未能充分执行的较高风险。

这种推理路线很令人信服，Kahan（2000）以美国的例子对该推理路线予以肯定。根据Kahan的观点，执法者所遇到的阻力有时会令执法者试图改变社会规范的努力被挫败。例如，当立法者（美国）扩大了约会强暴、家庭暴力、性骚扰、吸毒和酒后驾车的法律责任，虽然检察官会更加愿意提出指控，陪审团更愿意宣告犯人有罪，法官更愿意做出严厉的判决（我们的第二条推论路线），但警察会更加不愿意去逮捕犯罪嫌疑人和执行司法裁决。这些决策者所遇到的强大阻力反过来会巩固立法者们试图改变的社会习俗地位[①]的意愿。借助一个图形论据，Kahan提出，如果立法者使用的是“软推”而不是“硬推”的办法，那么这种“黏性规范”的病态可以被克服。当一部法律包含了一种相对温和的

---

① 近年来，《经济学人》杂志刊登了另外一个例证。该例证是关于巴西的，1988年，巴西宪法将种族虐待和种族歧视列为犯罪行为。但是，关于这两种新定义的犯罪行为的指控却相对较少。出现这样的情况，原因之一在于司法法官和检察官都认为相关的处罚过于严厉：任何被控种族歧视的人在认罪之前都必须被关押在监狱中。

定罪标准，那么比起执行一部攻击普遍社会规范的法律，大部分决策者更加愿意履行职责[①]。

可以通过一种较为粗糙的方式在静态模型中实现上述改变，该静态模型是20.2.2节提到的Aldashev等人提出的。现在，现代法治进程所带来的结果已经变得不确定，因为不仅是司法判决，还有司法判决将会以怎样的方式被执行也不为纠纷双方所知。所以，实际上得到执行的司法判决是一个随机变量，以及一个有限变量，并且，其变异度取决于现代法律的“先进”程度。依据Aldashev等人提出的静态模型，正式司法法庭的裁决结果变异度减小（增加）会产生与其平均值增加（减小）效果相同的磁铁效应。那么，如果这两个数值同时上升（因为在上文所提到的方式中它们的关系是相互依赖的），一部更为“先进”的法律很可能最终被证明对边缘人群只是良性的甚至是有害的。如果成文法律的变异度上升速度成比例高于其平均值的上升速度，那么后一种可能便会成为现实。

20.3.1.3 主观性辩论

到目前为止，我们假设边缘化群体成员已经通过成文法律完全认识了自己和国家职权体系：他们相信一部相对“进步”的法律将“代表”他们的利益。换句话说，他们对法律的概念与立法者想要达到的目的是一致的。其实，这不是必须的。确实，占据主导地位的人有一个明显特征，他们将精英分子形成的主导价值观和规范进行了内化，并将精英分子们建立的职权体系进行了合法化。正如Rao与Walton（2004）所指出的，他们受支配于“被约束的偏好”。这导致了他们在不知不觉中采取了与他们自身利益相悖的态度，并为这些观点进行辩护，这就是马克思所谓的“虚假意识”。这种歪曲他们真正兴趣的认知通常来自于一种对传统的深深依附，他们不愿意对该传统提出质疑（精英分子们不会出现这样的问题，因为传统保护他们的利益），如果该传统出现于自然化或者被赋予了神圣色彩尤其如此（例如该传统以宗教信条的形式呈现在人们面前，或宣称以宗教信条形式呈现）。

Ashok Rudra（1981）就上文所说的这种可能性举出了一个重要示例，他描述的是孟加拉国佃农反抗一项由政府颁布的土地改革法令，因为该法令要将佃农们原本就不稳固的权利转为完全所有权。孟加拉国的那些佃农们之所以反对政府的改革，正如Ashok Rudra所述，根源在于佃农们深信，购买已经属于他们仁慈雇主的土地财产是错误且不合法的行为（例见Scott，1976，pp.41–51）[②]。再看另外一个例子，有一位印度尼西亚穆斯林妇女，她是家中唯一幸存下来的孩子，但当法官准备将她家里所有的遗产全部判给她时，她却不敢将所有遗产继承下来。根据伊斯兰教传统习俗，她表达了自己想要正直行事的愿望，法官也认为她让自己的一位表亲继承一部分财产的决定是正当合理的（Bowen，2003，pp.195–199）。

但是经过仔细思考，我们发现弱势群体可能由于两种截然不同的原因无法完全认同现代法律。①他们对司

---

① 在Kahan关于这个问题的设定中，法律执行者得到效用是三个组成部分的综合。第一个组成部分代表了他个人对那种利害攸关的做法应该做出怎样严厉的判决的观点（相当于法律与我们建立的模型中的偏好结果之间的偏差）。第二个组成部分通常代表了他履行职责的责任感（相当于我们所建立的模型中的法律忠诚度）。至于第三个组成部分（在我们建立的模型中并没有体现），其代表了他使自己的执行决定与其他法律执行者作为一个整体作出的决定相一致的倾向。第三个组成部分的出现让作者能够表明，大部分决策者的执法意愿会引发一股自我强化的定罪浪潮，立法者将因此加大法律的严厉程度，却不会激起来自大部分决策者的阻力。

② 这里是对"虚假意识"最清晰的表述是："不，我们还没有给自己登记。我们从没做出过这样不道德的行为！为什么我们要把主人的土地拿走？从我们的父辈开始，他们一直对我们很好。无论我们在任何时候遇到何种困难，都会向他们求助。我们能够活下来多亏了他们"（Rudra，1981，p.A–65）。

法结果的偏好是由精英分子的价值观形成的，并且在他们的社会化过程中，已经完成了对这种价值观的内化。②他们对习俗制度有一种忠诚感，所以，当他们要求助于一种替代性制度的时候，会激发他们内心一种痛苦的矛盾。在第一种情况下，“磁铁”效应的发挥明显受到了抑制，而在第二种情况下发挥作用的机制要求贯穿整个静态模型的矛盾得到改善。那么我们可以做出下面的假设：无论何时，当一种以更好地保护被边缘化群体利益为目的的“进步”通过传统习俗的改变来实现时，被边缘化的群体会首先充分评估该变化的价值，这意味着传统习俗的价值有任何提高，都会在他们的效用微积分中得到充分的体现。相反，任何通过官方法律命令生效的此类改变都会被忽视。换句话说，对于他们来说效用函数中成文法律价值提升的评估都是不完善或不完整的，会被一个由0和1组成的贴现因子压低。结果，“磁铁效应”的规模将会随着贴现因子的量级成比例缩小。

这可能对我们理解作为一种内部惩罚方式的贴现有所帮助，这种惩罚是由某种过失造成的，并为了将忠诚转化为现代法律秩序而被一个边缘分子强加在他或她自己身上。当这种解释被采用时，下面的关系将变得更加似是而非：成文法与传统习俗偏差越大，求助于正式司法法庭的社区成员的忠诚度变化就越大，他们的罪恶感或与之相关的效用损失就越大。贴现因子与成文法律的“进步性”之间的反比关系也因此得到了呈现。很明显，我们可能会遇到这样的情况，即成文法律价值提升程度的下降变得非常重要，以至于成文法律的净效应等于零或为负值。那么，为了让那些被边缘化的人群得到解脱，激进的法律要比更为温和的法律效果差。

20.3.1.4 总结与评论

因此，出于一些原因，社会需要的是温和的法律改革而不是激进的法律改革。对这些分析结果进行总结即是，温和的法律改革更有可能奏效（保护弱势群体的利益），条件如下：

机制1：社区外的替代性选择越来越少，来自地方公共产品的收益对社区规模越来越敏感，传统权威更加不愿意通过改变传统习俗来回应成文法律改革。

机制2：现代司法法官或法律执行者所占的比例已经接近阈值，一旦超过阀值，相比遵从自己的偏好行事，法律忠诚度的重要性将会减弱。

机制3：被边缘化人群更倾向于将主导价值观内化，使传统权威体系合法化。

上述几项分析并没有考虑一项重要因素，该因素可能会令激进的改革变得不受欢迎：传统权威可能已经深深植根于一种强有力的制度体系，该制度有能力抵挡其厌恶的法律改革，在必要的情况下，传统权威会通过暴力手段反抗法律改革。这里有一个例子，在西非国家加纳独立之前，与这个国家的总统Nkrumah（加纳国父，1909年9月21日生于恩克罗富尔，1972年4月27日死于布加勒斯特）直接对应的是酋长（Firmin-Sellers，1996，Chapter 6）。这种策略不久后遭到质疑，被一种更加缓和的国家治理办法所取代。

20.3.2 无效激进法律的事后缓和：范例

当一部现代法律的内容与占优势的传统习俗偏差过大时，那么这部法律可能会成为“一纸空文”，该论断已经有了实例认证，在这些例子中，所涉及的国家已经做出让步，修改法律以使之更接近于传统习俗。例如，在中西非国家加蓬和塞内加尔，国家政府不久便意识到，一夫多妻制在非洲传统中根深蒂固，无法动摇，要禁止这种传统制度根本是徒劳。于是，加蓬政府决定将一夫多妻制作为一种个人可以选择的合法行为，并在婚姻法中做出了明确的规定（《加蓬民事法典》第177

条）。此外，该法令指出，违反一夫一妻制或一夫多妻制的承诺均是造成离婚的合理原因，在塞内加尔，如果发生违反一夫一妻制的行为，那么相对应的一段婚姻可以宣布无效。然而，这些婚姻法条款一直以来都没有被那些丈夫们所重视，他们觉得只要适合自己，他们就会违背一夫一妻制的承诺。在加蓬（虽然不包括塞内加尔），国家政府的应对措施中已经包括颁布新法律，新法律的规定内容更为灵活：夫妻双方经批准可以在婚姻存续期间解除他们在一夫一妻制中做出的承诺（Coulibaly，2005；Nambo，2005；Sacco，2008）。然而对于女性而言，由于该法律的存在，她们比以前更容易找到离婚的合理理由。

在土地关系这个重要领域内，试图通过中央立法进行统治的做法早在殖民地时代之前就已经被证明存在问题。国家关于管理乡村土地分配的法律条款经常与地方的非正式制度（并非必须是静态制度）相冲突，并且地方普遍存在的观念是这种土地特权应该属于传统权威，而不属于国家中央政府。

在肯尼亚独立之前，肯尼亚政府效仿Swynnerton勋爵倡导的土地改革，实施了一套系统的、正式的土地产权登记制度，然而这样一种大胆做法很快被证明是无效的。按照两位研究学者（Shipton，1988；Barrows and Roth，1989，p.7）的话说：

> ［习俗法］事实上仍然支配着大部分人处理自己土地的方式，这使得土地的所有权变得模糊不清。土地法没有获得大众的理解或接受，个体仍旧依据习俗法进行土地产权的让与，土地登记中反映的权力约束与当地大部分社区认识到的土地产权约束之间逐渐产生鸿沟。

但是，新法律所带来的刺痛仍然足以引发严重的矛盾冲突，促使肯尼亚政府做出让步，缩短成文法律与当地传统习俗之间的差距。要实现这一点，肯尼亚政府要求，物权所有人进行的所有土地转让都要事先经过其他家族成员的批准或在长辈的监督下进行。对于那些为了防止男人出卖对一个家庭生计至关重要或者已承诺由子嗣继承的土地，妻子或儿子如提出诉求，地区土地管理委员会也有权进行审理（Berry，1993，pp.126-127；Haugerud，1993，pp. 162 - 175；Mackenzie，1993；Pinckney and Kimuyu，1994）。

如果个人与民事案件由传统规范管控，那么自上而下实施激进的法律改革无法成功，还有可能引起强烈的反抗或不利的抵制效应。该论断适用于独裁主义，如青年土耳其党（又称“少壮派”）以及后来的凯末尔主义者，他们反对教会权力和偏执思想，并激进地向沿袭自奥斯曼帝国（土耳其共和国前身）的旧制度体系发起挑战。Mustafa Kemal（Atatürk，土耳其共和国的创始人）及他的集团在青年土耳其党时代集中进行了极致的西方化进程，他们认为欧洲文明是不可分割的，而且应当继续全部传承。因此，Kemal没有试图去调和欧洲文明与土耳其文化之间的矛盾，因为在他们的头脑中，这是一场文化革命，在这场革命中，不仅“高高在上”的伊斯兰文明应该被用来交换欧洲文明，那些“低等”或大众文化也应该被改造（Zürcher，2010，p.149）。

通过倡导关闭神学院（宗教学校）、苏菲派灵修舍；禁止向穆斯林圣徒许愿；用新的民族帽饰代替土耳其毡帽；禁止未婚女性以面纱遮面，尤其是在她们接受教育的时候；禁止穿戴穆斯林头巾和斗篷（除非是持有证明文件的乌里马（穆斯林的学者或宗教、法律权威））；并对土耳其法律制度进行了彻底的变革，他们疏离了一大部分仍然沉浸于传统穆斯林文化的人口（Kuru，2009，pp.214-215）。2002年，正义发展党（AKP）的上台以及其废除部分极端世俗化的措施，如禁止在公共场合以面纱遮面，证明了阿塔图尔克时期的法律改革过于激进，在民主政体下难以维持。

民主实际上意味着土耳其人口中的较大部分，即在那之前一直被认为是落后保守的下层阶级或农民传统（所谓的黑色土耳其人）的土耳其人，在一群虔诚且经济上非常成功的安纳托利亚商人的领导之下，能够让他们的呼声得到倾听（White，2013，pp.24-79）。

20.3.3 成功但短暂的温和型法律改革：范例

作为国家政府，不会总是从最初的大胆举措做出退让而选择温和型法律改革：他们可能从一开始就非常了解温和型法律改革的必要性。接下来，我们会举出关于立法者改革派态度的两个例证：关于移民使用土地的权利（撒哈拉以南非洲）和关于遗产继承的权利（印度）。

20.3.3.1 范例 1：保护非洲土地上移民与外来农民的土地使用权

在整个撒哈拉以南的非洲，族系社会的移民农民通常能够享有当地传统权威所赋予的长期使用土地的权利。然而，随着土地压力的增加，这种权利变得越来越岌岌可危，移民农民甚至还要面临被驱逐的巨大风险，因此导致了社会大爆炸的局面。最初的定居者实际已经意识到，到了他们的子辈、孙辈，土地可能会出现供应不足的局面，或许他们只是简单地想重新将那些由于居住者改良而变得更加昂贵的土地重新进行划分（Laurent，1998；Peters，2004）。为了消除排他性行为和减少矛盾冲突，国家政府才可能选择采取干预措施。例如，在科特迪瓦，土地的稀有性已经激发了严重的紧张局势，最终演变成对外来移民（主要来自于布基纳法索和马里）的大肆驱逐。正是在这样的背景下，1998年，科特迪瓦政府通过了一项关于土地关系的法律（Law 98-750），规定外来移民所耕种的所有土地自法律生效之日起将成为国有土地，由国家向他们出租，租期99年（Aka，2007）。

这是一个非常形象的例证，说明了成文法律怎样才能在其没有作用或变得无法发挥作用（移民农民通常情况下属于动态农民）或失去公平（数年来，移民已经占据科特迪瓦的土地）的地方迫使社会习俗发生改变。公共干预已经被证明是成功的做法，因为这个国家的政府非常聪明，知道不应该选择激进的解决办法：决定授予移民农民完全的所有权，因为对于原住民乡村社区而言，授予移民农民短期的所有权更容易让人接受。按照殖民地时期和独立后时期遗留下来的传统，该国政府实际上已经重新宣布了其对国内乡村地区土地的空头产权，这样该国政府才有权授予个人或社区使用这些土地。自此，科特迪瓦的原住居民得到了抚慰，土地关系变得稳定，这主要得益于科特迪瓦新法律的实施最终得到了当地非正式当局的配合。一部更为激进的支持移民的法律会对这一弱势群体造成伤害，因为激进的法律会激起原住居民的强烈不满和敌对情绪。因此，在这种情况下，20.3.1节中所列举的“机制2”似乎才是证明温和型法律合理性的主要依据。

20.3.3.2 范例 2：印度女性的遗产继承权

在印度的部落城邦贾坎德邦，有一部《桑塔尔·帕尔加纳租赁法》（简称SPTA，1949），该法律确认了女性通过与当地男性居民缔结婚姻关系才能获得自己家庭的遗产继承权（即招上门女婿），但前提是在该女性的家庭中没有男性继承人（Rao，2007）。这部SPTA法律旨在保护这些女性，防止她们遭到来自男性亲属的骚扰，以及防止产生男性亲属对已经分配给这些女性的土地财产进行分割的暴力行为。进行婚姻登记能够赋予一名女性有效的保护，使她们免受这些侵犯行为的骚扰。SPTA法律给我们留下了两个宝贵经验：第一，从该法律的实施效果可以看出，传统权威按照有利于女性权益的方向对传统习俗做出了修改。显然，这是传统权威出于声望的考虑做出的决定，他们想让自己表现出公平公正的一面（Rao，2007，p.310），于是乡村里的长者们面对新的法律做出的应对措施是采取一种在性别观念上更为进步的立场：根据我们的模型，乡村的老者们全力维护传统权威，并在他们的非正式司法权限内提供潜在支持，这触发了法律的“磁铁”效应。第二，这部新法律并不代表彻底脱离现有的传统习俗，而这似乎是该法律发挥了真正作用的一个重要原因。要理解这一点，就必须记住，SPTA表明上门女婿实际是作为一个养子的身份，继承他的姻亲家庭的土地，因此规避了对由女儿们继承土地产权的意见。也正因如此，该法律与《印度教徒继承法案》(1956)相去甚远，《印度教徒继承法案》真正赋予了儿子与女儿平等的继承权（Fafchamps and Quisumbing，2002；Rao，2007，pp.310-311）。更加具有启发意义的是，SPTA法律是受到贾坎德邦当地一种习俗做法的影响产生的，因为有的父亲希望自己家族的土地即便是在没有男性继承人的情况下也能够继续为自己的孩子们所有。然而，随着土地稀缺性日渐加剧，招上门女婿继承土地产权的做法越来越多地遭到男性亲戚们的质疑，他们努力朝着对自己有利的方向想要改变长者们的决定。《印度教徒继承法案》的颁布以及该法案所制定的登记程序也因此具有抵消传统习俗朝有利于男性的方向发生逆向演化的作用。这种逆向演化本身是由经济环境的变化（资源禀赋）诱发的。在这个具体实例中，温和型法律改革的情况在很大程度上要依靠20.3.1节中所举出的三种机制。

20.4 两个深度案例研究

下面我们将要研究的第一个案例旨在说明现代法律与传统习俗之间的互动，尤其是Aldashev等人(2012ab)的著作中所强调的“磁铁效应”。第二个案例是现代法律对传统习俗无作用时互补性做法（除了法律改革之外）的必要性。

20.4.1 发挥作用的磁铁效应

在本小节中，我们列举的案例是所谓的《临时国防委员会第111号法案》(PNDC Law 111，以下简称《PNDC法111》)，加纳政府曾试图凭借该法律规范受益人为已故男性妻儿的无遗嘱继承，尤其是针对母系制体系的人群（阿肯人）。用继承委员会（即以委员会主席名字命名的奥伦奴委员会）主席的话来说，新法律旨在改造母系制家庭体系，“试图以这种方式让死者的妻儿能够获得其遗产中占固定比例的部分，因为有人认为，尽管在法律上具有可执行性，但儿童的生活及培养费用和妻子的生活来源应该由死者遗产提供的权利并没有得到大众的普遍认可”(Josiah-Aryeh，2008，p.20)。

《PNDC法111》提出核心家庭应该成为财产继承问题的聚焦点，这“似乎是对习俗法的一种攻击”(Josiah-Aryeh，2008，p.20)。实际上，在母系制家庭体系下，同母所生的兄弟姐妹在家庭范围内的地位要高于死者的配偶。因此，一个人并没有被赋予继承他/她的配偶或父亲遗产的权利，而母系宗族的成员将决定所有的继承规则，通常情况下一个孩子的舅舅将负责管理孩子已故父亲的遗产（Woodman，1985；Quansah，1987；Gedzi，2009a，2009b）。正因如此，母系社会的一个特征就是，父子关系要比父系社会弱一些（La Ferrara，2007）。

通过仔细观察能够发现，《PNDC法111》有时并非传说中那样激进。它对家庭财产（从母系宗族继承而来的财产）和死者个人所得财产做出了重要的区分。尽管前者仍然受传统习俗的约束，但后者将依据核心家庭（未亡配偶及子女）分得死者个人遗产最高份额，大家庭分得较小份额的规定进行分配。例如，当一名男子死亡，而他的父母早已不在世，那么其配偶将获得该男子遗产的3/16，他的子女将获得遗产的9/16，习俗法规定的继承人获得其余的1/4。如果该男子无子女，那么他的遗产由其配偶及习俗法规定的继承人平均分配（Josiah-Aryeh，2008，pp.21-25）。殖民地时期制定的法律《婚姻条例》(1884)对核心家庭更为有利（该法律规定死者个人遗产的1/3归未亡配偶所有，2/3归子女所有，母系宗族无继承权），然而该法律只适用于经过正式婚姻登记的婚姻关系。在传统权威的强烈抗议下，该法律最终于1909年修订，改为1/3的遗产分给大家庭，其余2/3的遗产分给未亡配偶及子女，但是该规定仍然被限定仅适用于经过正式婚姻登记的婚姻关系（Woodman，1985；Awusabo-Asare，1990；Manuh，1997）。

尽管实证性论据很少，但仍足以从某种角度帮助我们看清《PNDC法111》的影响，并且根据磁铁效应，大量的调查结果都可以得到有效解读。

第一，在一份关于库玛西城（加纳中南部城市）250位家庭户主的抽样调查中，22%的受访者表示偏向于遵守成文法律的规定。相反，有37%的受访者表示更倾向于服从传统的遗产继承办法，另外有25%的受访者承认，他们为了规避母系宗族继承的习俗——遗产全由子女继承，或规避《PNDC法111》的规定——遗产由母系宗族的成员继承，会选择生前赠与财产（Gedzi，2009a）。

第二，大多数女性原告倾向于将有关土地及家庭问题诉诸部落首领或家庭法庭。有极少数女性选择向正式司法法庭上诉，其原因有很多。她们认为，正式司法法庭对女性一视同仁、公正无私，并且有能力执行其裁定结果。她们相信正式司法法庭有能力给予有需要的人以必要保护，而部落首领的非正式法庭主要考虑的是维护或重建纠纷双方现有或曾有过的关系。因而，非正式法官可能不会以一种正直的方式来评估那些由他们来裁决的问题。那些倾向于传统办法的女性则更倾向于强调原住民法庭有能力通过仲裁、调解和劝告来修复和还原已经受损的关系。通常，以《PNDC法111》为依据的低上诉率是由于女性认为利用法律追索权利成本高昂，尤其是她们担心法律最终做出严厉的判决使自己与孩子分开，把她们赶出自己居住的房子并使珍贵的家庭和家族关系蒙受损失（Gedzi，2009b，pp.15-17；Benneh et al.，1997；Fenrich and Higgins，2001）。

由于“担心来自家人精神层面的报复、家庭及社区的压力以及家丑不可外扬的强烈道德观念”，她们不愿意将亡夫的家庭成员告上正式司法法庭，即便这些成员已经侵害到她们的遗产继承权（Gedzi，2009a，p.27）。简而言之，大多数争产纠纷双方都愿意通过地方非正式法庭的传统习俗来解决问题。相反，那些选择向正式司法法庭求助以维护自身权利的女性性格都非常坚强，通常都接受过较高水平教育（一种外部选择），并且已经做好了对抗社会压力和来自大家族威胁的准备①。

第三，通过研究另一个领域（Quisumbing et al.，2001），阿坎人的家庭户主似乎都遵守一个广泛存在的习俗做法，这些户主中40%为女性，48%为男性，该习俗做法是将死者的个人遗产平均分成三份，其中1/3留给未亡的妻子，1/3留给子女，另外1/3分给大家族。该习俗做法实际上与1909年所颁布的继承法的规定是一致的，相比传统做法更有利于核心家庭的成员，同时比《PNDC法111》的成文规定更加有利于大家族。

自从传统习俗朝着新法律的方向进行演变，“磁铁效应”似乎已经开始发挥作用了。反对传统习俗的整体转型是否只是一种由土地供应压力上升所引发的内发性适应？根据这种进化论，人口增长和市场一体化对土地改造和保护的投资更为必要，然而这些投资需要一种适当的激励结构，但这种激励结构是母系继承制度所不能提供的，因此引发了一种规则上的变化。尽管如此，有两项调查结果表明，成文法律在继承办法的转型过程中扮演了一个重要的角色：一方面，这种继承体系内生变化背后的主要机制（包含生前赠与财产给子女的习俗做法），在土地稀缺的情况下，越来越多地受到大家族的

① 一位接受了Victor Gedzi采访的女性承认，她之所以决定不去争夺自己继承部分亡夫财产的权利是因为：“那样做会带来危险，因为一些家族成员可能会非常个人化地处理这个问题，并且可能会利用精神上或身体上的破坏来终结我的生活。这就是为什么我选择与家族成员和平相处的原因”（Gedzi，2009b，p.13）。

抵制。另一方面，这两个事实表明了继承法的真正作用，即极少数家庭户主会声称要遵守《PNDC无遗嘱继承法》；一些女性向现代司法法庭上诉以解决她们的矛盾纠纷。

相比剥夺了大家族继承死者任何个人财产权力的《婚姻条例》(1884)，《PNDC法111》称得上是一部温和型法律。自从《婚姻条例》在加纳母系部落群体中引发了严重的紧张局势，我们或许会认为，相比温和的法律改革，激进的法律改革可能效果和满意度都会更差，这更加证明了20.3节中列举的例子。就这一点而言，它揭示了在《PNDC法111》的影响下，传统习俗被迫朝着这部1909年颁布的法律条文所规定的方向演变，这种演变对于大家庭（其所服从的传统权威在我们的理论中代表了社区中的精英分子）而言不如传统习俗有利，但仍比《PNDC法111》的规定更有利。因此，《PNDC法111》所扮演的角色像是一个聚焦点，在这个聚焦点上，能建立起一个（可能很短暂的）新的均衡。

相对较少的女性敢于向现代司法体系寻求援助以保护自己的利益，这符合一种假设，即无论原告在何时经过深思熟虑后选择一种仲裁类型，非正式裁决的严苛性都足以引起其重视。但是“磁铁”效应仍在发挥作用，因为《PNDC法111》已经授予女性一种新的谈判权力，她们可以有效地行使这种权力来对抗母系制度的维护者。

不过，这种说法也并非适用于所有地区。在一些偏远地区，传统习俗一直没有发生变化，因为那里的居民，尤其是边缘化群体（女性），根本不知道或不太了解新法律（Fenrich and Higgins，2001）。“磁铁效应”理论所依赖的一个基本假设也因此被违背。此外，在那些由父权制社会制度支配的穆斯林社区，意见领袖（包括酋长在内）坚决认为伊斯兰教法则决定了无遗嘱继承法的规则。任何胆敢向这些法则发起挑战的原告方都将面临非常严厉的处罚·根据加纳沃尔特地区首席伊玛目（译者注：伊斯兰教礼拜的领拜人，最早源自对穆斯林祈祷主持人的尊称，又称领拜师）的解释，任何想要行使《PNDC法111》赋予权利的伊斯兰教女性都将受到社区的严厉处罚，比那些不承认伊斯兰教信仰的女性所受到的处罚更严厉（Gedzi，2009b，p.14）。在后者的情况中，“磁铁效应”并没有发挥出来，因为向正式司法法庭上诉的成本过高，并且传统权威也十分不愿意改变这些地方规则。但是我们需要强调的是，在伊斯兰教社区，传统权威所实行的“地方规则”并不完全出自伊斯兰教法，而是起源于伊斯兰教法则与原住民的、伊斯兰教创立前的习俗做法相结合的一种更为融合的规则。因此，就地方规则本身而言，它能依据环境的改变而变化（Lapidus，1988；Bowen，2003）。

20.4.2 社区改革作为法律改革的补充

现代法律与传统习俗之间策略互动的理论并不预示着“磁铁”效应会一直发挥作用。这表明，当不利条件占优势时，可能会需要纯粹法律改革以外的其他补充措施。也就是说，现代法律需要其他行动或措施的补充和支持以使其变得更有效率。其中一种恰好具备这种作用的方法是所谓的基于社区的社会规范改革（CBCSN），这也是联合国儿童基金会（UNICEF）（Mackie，1996；Mackie and LeJeune，2009；UNICEF，2007，2010；NCTPE，2003）所倡导的。显然，在与有害的习俗做法（如撒哈拉以南非洲女性生殖器的切割和中国女性缠足等）作斗争的过程中，该方法确实取得了一些成功。

这种基于社区的社会规范改革是一种自下而上的方法，需要外部促进者或通常由非政府机构提供的催化剂的干预。他们所扮演的角色包括在弱势群体的核心群体中提出倡议，对地方习俗和习俗规则进行明确评议，使他们意识到关于其权利的另一种观点的存在，即尊重他们的传统道德价值观和文化。当这种替代观点碰巧被植入现行的成文法律，或一种范围更广、更通用的论述中（例如人权论述中）时，这一方面便得以突出，并有助于促进处于休眠状态策略选择的激活（应用Aoki的术语）。之后，在大量媒体报道的助推之下，催化剂会促进新的权利概念在（地方和跨地方层面的）所有弱势群体中扩散，激励共识的构建（而非对抗性手段），并帮助形式一种能够引发公开宣布放弃有害做法声明的动能。

从托斯坦（塞内加尔的一个非政府机构，总部位于首都达喀尔，致力于通过社区带动发展）在西非村落社区的工作中，可以汲取许多有意义的经验。为了废除有害的习俗做法，如女性生殖器切割和童婚，该非政府机构在一个相当大的区域范围内对上述方法进行了试验。其中值得注意的一个经验是，随着托斯坦的介入，在塞内加尔的目标区域内，关于禁止女性生殖器切割的法律（1999年1月由政府颁布）的认知度在教育水平低下的女性中得到了显著提升，尽管事实上对该法律的认知在颁发之初已经十分普遍。在托斯坦介入之前，接受抽样调查的女性中已经有72%知道该法律的存在，而在托斯坦介入后，直接参与由托斯坦组织的相关教育计划的女性比例上升至93%，通过邻村人得知并未生活在实施计划的社区中的女性增加至88%。对于其他一些只能通过广播节目了解外部信息的乡村，对该法律认知度的上升则非常不明显。结果，女性生殖器切割在前两类女性的女儿中流行程度明显减弱，而在第三类女性中，情况基本没有发生变化（Diop et al.，2004）。

托斯坦教育行动的另外一个重要的成果是：鉴于之前任何（零散的）有关执行该法律的尝试都遭到了当地民众的强烈抵制（Ndoye，2011，Chapter VIII），托斯坦介入之后详细解释了女性生殖器切割的有害影响，使局面发生了改变。因此，在参与了托斯坦教育计划之后，能够说出至少两条不能切割女孩生殖器理由的男性和女性比例从不足10%上升至接近80%，女性生殖器切割这一社会习俗也遭到了当地人的质疑①。一个需要强调的事实是，托斯坦的策略主要是依靠打破压迫性社会规则与文化认同之间的联系来实现的。托斯坦劝说当地社区的成员这样做并不是背叛他们具有文化标志的传统，而只是摒弃某些过去的恶劣做法②。因为只要他们一想到这些社会习俗是他们的传统及潜在价值的一部分，即便是受害者（该例子中为女性）也不愿意质疑它们的正确性。在“磁铁效应”法的理论框架内，托斯坦的努力主要集中于让当地社区成员更好地了解这些社会习俗若继续存在会带来怎样的健康危害，改变他们对摒弃这些社会习俗将带来的社会代价的认识，尤其是文化认同的损失③。

最后，通过塞内加尔的经验可以得出明确结论，对于整个社区而言，公开声明代表了决策过程中一个非常重要的时刻：在展示集体承诺书之后，预计将展开大范围摒弃这些传统习俗的行动（UNICEF，2015，p.15）。事实上，公开声明实际发挥的作用是宣布占决定性多数的弱势人群已经开始或打算遵循新习俗④。公开声明让这种行为上的转变成为众所周知的事情，而其官方性质容许弱势群体的成员进行表态。不仅是精英群体，包括男性年长者在内，会一边关注“风向的改变”一边做出相应的行为调整（而不要求任何赔偿），而政府落实现行法律的决心也可能会变得更加坚定。尽管这部禁止女性生殖器切割的法律在公布前只是偶发性地得到了执行，但在正式公布之后，终于迫使塞内加尔政府在2009年采取了一种更为大胆的行动。准确说来，塞内加尔政府自身发布了一份公开声明，大意是政府将严肃

① 托斯坦的董事Molly Melching与J.-P.P.的个人通信。

② 关于其他国家的证据，参看Gruenbaum（2001）和Goldberg（2009）。

③ 关于专注于文化认同的作用的理论方法，见Coyne和Mathers（2010）。

④ 如果没有占绝大多数的弱势人群，那么那些没有接受生殖器切割的女性会遭到其他女性或男性的嘲笑，称她们是“胆小鬼”或“不完整的女人”。这样的反应会给这些女性灌输一种羞耻感和苦恼（Ako and Akweongo，2009，p.52）。通过一种方式可以将这种惩罚合理化，即认为反对传统习俗的行为会危及群体内其他成员的统一性，因此应该受到惩罚（Coyne and Mathers，2010）。

对待这部法律：政府决定将托斯坦的方法作为《国家行动计划》的核心，计划到2015年彻底终结女性生殖器切割这一有害的习俗（Ndoye，2011，Chapter VIII）。这部禁止女性生殖器切割的成文法律在持续的外部干预之后终于成功实施，同时也得到了公开表达支持意向的法律受益者们的支持。

在“磁铁效应”理论的设定中，公开声明相对应的现代法律/法庭系统的正式建立可以通过两种不同的机制实现：①女性更希望维护自己的权利，并且如果有必要，可以请求现代法庭提供援助，要求他们依法执行；②反对女性生殖器切割运动的压力消失后，将有更多的现代司法法官愿意严格遵守该法律。在有关禁止女性生殖器切割的法律发布公开声明之前，大部分司法法官对违法者做出的惩罚都远不及该法律的规定严厉。这个事实可以证明，第二种机制也同时在发挥作用[①]。该结果连同前文所提到的，在托斯坦行动开始之前，所有为执行该法律所做出的尝试都遇到了强大的阻力，表明在公开声明之前的社会环境中，该法律过于激进。

有趣的是，这部法律在塞内加尔获得通过时也遇到过一些明显的反对。许多议会成员加入了一个知名的穆斯林兄弟会，该组织领导者曾发布了一个教令。教令声称，伊斯兰教隐士Thierno Mountaga Tall引用了先知的圣训，并据此推断“女性生殖器切割是割礼的一个必然结果，两种手术都是人生来要进行的”（Ndoye，2011，p.134）。更加出人意料的是，一些非政府机构对塞内加尔政府进行游说，要求推迟该法律的执行，理由是该法律还不成熟，需要在实行之前在相关人群中进行更大范围的宣传普及（Ndoye，2011，p.151）。

根据上述情况，我们不能排除的一种可能性是，在特定情况下，该成文法律的颁布实际上是由基层运动发起的。例如，西非国家几内亚比绍政府在2011年通过了一部关于禁止女性生殖器切割的法律，原因是该国北部乡村社区的很多居民注意到了塞内加尔有关禁止女性生殖器切割的法律的颁布，这给几内亚比绍政府造成了不小的压力[②]。该例子中，改变习俗做法的要求是由社区内部提出的，所以在这些地区，禁止女性生殖器切割的成文法律就不能过于激进，不能作为诱发习俗做法演变的“磁铁”。

社区（或部分社区）作为发起者在社会习俗改革（无论是否存在一部能够禁止这些习俗做法的法律）中所扮演的角色未必一定是在外部机构的刺激下形成的。近年来发生的一件事就说明了这一可能性。事件发生的地点苏里弗是巴勒斯坦境内的一个小镇，距离约旦河西岸的希伯伦（即哈利勒，位于耶路撒冷以南约40公里的小镇）不远。事件的主人公是一名年轻女性，名叫Ayah Baradeya，她被自己的叔叔杀害，理由是Ayah与她的大学同学发生了“不正当关系”，而这位大学同学原本是想与Ayah结婚的。一年之后（2011年5月），Ayah的尸体被人们发现，这个事件在当地社区激起了民愤。在当地人举行了大规模街头示威游行（先是在苏里斯，之后又在希伯伦和拉马拉）和互联网抗议之后，巴勒斯坦当局最终决定废除一部对名誉犯罪处罚十分宽大的法律。此外，在整个抗议运动中起重要作用的人——Ayah的一个哥哥——是一个接受过良好教育的人，他说服了自己的家人，抛开传统习俗所赋予的权利，对杀人者的整个家庭施以（驱逐出所在区域的）惩罚，为妹妹“报仇”。值得一提的是，在此之前也曾有人发起过修改这部被废除的法律的倡议，结果以失败告终，原因是这个倡议遭到了巴勒斯坦议会保守派高级别成员的强烈反对，因为他们本身就出身于大型父权制家族[③]。

---

① 第一批女性乡村切割者（即在法属西非被称为“刀手（exciseuses，法语词）”）被捕后，很快便被释放，并且对她们的处罚力度也一直小于相关法律所规定的最低标准。

② Khalidou Sy（托斯坦塞内加尔国家代表）与J.-P.P.的个人通信。

③ 法国报纸《世界报》对该事件进行了报道（Barthe，2011）。

正如上文巴勒斯坦的例子中所指出的，由于并没有彻底背离社会上一部分人所尊崇的传统习俗，该法律可能是退步的，甚至有可能发生将立法者的消极态度树立为指导原则的情况，将国家政府彻底废除相关法律的行为正式化。因此，在南美国家玻利维亚，由Evo Morales①所在党派起草并于2009年获得批准的新宪法将乡村元老执行的传统司法合法化。这种做法可能已经相当于将私自处死、石刑、绞刑或用汽油烧死等惩罚合法化（The Economist，2012a，p.39）。

20.5 结　论

传统习俗与现代成文法律之间相互作用的经济学方法对局势分析是有用的，在这些局势中，后者的制定与颁布是为了以弱势群体为受益人而改变前者。这表明可能会产生三种不同的结果。

第一种结果是，这部法律可能仍将是“一纸空文”，这意味着该法律的目标受益人群中没有人会求助于该法律，传统习俗仍然占据主导地位。第二种极端结果是，该法律可能会成功地取代传统习俗的地位。这种结果只有当有许多目标成员求助于该法律，并且随时会向现代司法法庭上诉时才会出现。第三种结果是一种中间结果，当相对较小一部分被边缘化的人群选择该法律，而传统习俗朝着该法律指引的方向转变时才会出现这种中间结果。随后，尽管带有明显的单调性，但“磁铁效应”将发挥作用，确保现代成文法律的效力（尽管可能无法达到立法者希望看到的效果）。当后一种可能性得到允许并且传统权威有策略地行事时，激进与温和的法律改革者之争将得到新的阐释。如果法律的首要重点指向了立法者想要保护的弱势群体的福利，实际上则可能需要强有力的证据才能证明颁布温和型法律的正确性。

虽然如此，但该法律仍然无效的可能性并不太大，当该法律处理一些原本属于传统习俗和价值观范围之内的个人和民事问题时尤其如此（无论他们是否身披宗教外衣）。在这些情况下，应由那些深受其害的人采取干预措施，以逐步清除针对传统习俗问题的根本障碍，使法律的作用得到补充。这些障碍包括：普遍存在的对法律存在和法律内容的忽视；使现存习俗做法合理化的价值观的普遍影响；人们对传统权威固有的尊崇；针对当地持异议者严厉的社会惩罚以及社区外经济机会的不足。

补充措施可能由国家政府自行采取，或由民间组织机构来实施，如非政府组织。通过培育法律意识、削减上诉成本或削减威胁向法庭上诉的成本，人们希望引发一种持久的“磁铁效应”。如果弱势群体成功采取了协调一致的行动，那么与传统习俗产生分歧的威胁就变成了集体行为而不是个人行为。弱势社会群体通过法律获得的外部授权机制可能要求人们在基层做好准备工作，以便这些弱势群体的成员能够获得哪怕是最小量度的内部授权。然而，根据我们的知识现状，这种内部授权过程的准确结构还不足以使其经得起高产经济推理的考验。

附录：关于社会低效均衡的简单割礼博弈

我们设想一场博弈，参与双方分别是来自同一个社

① JUAN EVO MORALES AYM，1959年10月26日出生于玻利维亚东南部奥鲁罗省，玻利维亚原住印第安人政治家。2005年12月18日当选玻利维亚总统，成为该国自西班牙占领之后的470年以来第一位本土领导人，并于2009年和2014年成功取得连任。玻利维亚总统MORALES于当地时间2015年1月22日在玻利维亚城市拉巴斯宣誓就职，这是他第三次连任玻利维亚总统（百度百科）。

区内两个不同家庭的父母。他们要做出决定，是否对自己的女儿行割礼。表20-A1所显示的收益矩阵是基于Mackie（1996）提出的假设，并经过托斯坦在相关领域经验的确认。托斯坦是一个在女性生殖器切割方面拥有丰富经验的非政府机构（更多关于该经验的内容参见20.4节）。如果所有其他父母选择遵循割礼这一传统习俗，那么参与博弈的双方父母最好也都如此，否则没有人会娶他们的女儿。然而，如果所有其他父母都没有遵循割礼传统，那么任何一方父母在选择为女儿行割礼之后都不可能占据优势，因为这个传统会造成极大的痛苦。

表20-A1　割礼博弈模型，有两个纳什均衡点：一个有效，一个无效

2号家庭的父母	1号家庭的父母	
	为女儿行割礼	拒绝行割礼
为女儿行割礼	0，0	2，-2
拒绝行割礼	-2，2	5，5

在该博弈中有两个纳什均衡点（均为单一策略），两个家庭的父母都选择为女儿行割礼和都拒绝为女儿行割礼。按照他们的首选项，只有后一种情况的均衡点具有社会效率，但对参与双方预期可能会导致无效结果。一旦博弈双方被困在这个无效的均衡点，就不会偏离策略路线：双方一致认为割礼这种传统习俗是有害的，应该被摒弃，但是“没有一方敢于第一个背弃该传统习俗”（Abdalla，1982，pp.94-95，引自Mackie，1996，p.1014）。需要指出的是，在参与博弈的双方所选择的策略不协调时，会出现收益不对等的情况，理由如下：一个家庭如果选择为女儿执行割礼，另外一个家庭没有选择执行割礼，那么选择为女儿执行割礼的家庭会在婚姻市场中获得优势（因此收益为+2），而没有选择割礼的家庭则情况正相反（收益为-2）。

另外，Mackie（1996）对缠足这种传统习俗的详细描述恰当地说明了在传统习俗的问题上，就缠足而言，为何它可以成为一个均衡点和一个无效的均衡点。为此，我们广泛援引了他的著作内容（Mackie，1996，p.1008）：

……男性的地位越高，他所能提供的资源支持就越大，所能吸引的配偶数量也越大，忠诚度控制成本就越大，为此，为了保障父权的信心，女性家庭之间的竞争也会更加激烈。因此，家族会对外宣传他们的家族荣誉，宣扬家族内女性的端庄，以及族内成员对贞洁和忠诚价值观的坚守，即所谓的谦虚法则。

高度一夫多妻制的顶点会吸引女性向上层流动（嫁入上层社会），不再像过去那样重视结婚……为了确保自己所支撑的后宫三千佳丽在两性关系方面完全从属于自己，君王会采取代价高昂的做法，然而他的妻妾为了自身利益还是会偷偷地寻找更加容易接近的男人完成怀孕这件大事。然后君王为了自己的利益采取高成本的措施，以掌控妻妾的忠诚度。而比君王等级低一个层次的人，他们会竞相为君王选送妻妾，同时也会效仿君王的做法，进一步加大忠诚度控制，以便能够从经济、社会和繁育后代方面接近王室。而在这一阶层出现的女性空缺则将从更低阶层的女性中挑选补充，在此过程中也要执行忠诚度控制的传统，如此往复，级级如此。

……在极端一夫多妻制和与上层联姻（资源控制高度不平等时，这些做法应运而生，因为那时的女性要养育孩子，相比嫁给地位低的男性当妻子她们更愿意给地位高的男性当妾）的社会背景下，这种传统也最强烈，就像是多米诺骨牌，随着地位降到最低，对传统的遵循程度也会降到最低。在这些情况下，女性端庄是一种地位商品……

对最初的男性帝王而言，在使自己孩子的数量最大化的问题上，针对女性的割礼无疑是一个最优均衡；而对那些处于他控制之下的女性而言，则是一个较差的均衡。

参考文献

Abdalla, R.H.D., 1982. Sisters in Affliction: Circumcision and Infibulation of Women in Africa. Zed Press, London.

Agarwal, B., 1994. A Field of One's Own: Gender and Land Rights in South Asia. Cambridge University Press, Cambridge.

Ahmad, J., 2011. The Wandering Falcon. Penguin Books, London.

Aka, B.F., 2007. Gender, land access and rural poverty in Cote d'Ivoire. International Journal of Applied Econometrics and Quantitative Studies 4, 21–36.

Akerlof, G., 1984. An Economic Theorist's Book of Tales. Cambridge University Press, Cambridge.

Ako, M.A., Akweongo, P., 2009. The limited effectiveness of legislation against female genital mutilation and the role of community beliefs in Upper East Region, Ghana. Reproductive Health Matters 17, 47–54.

Aldashev, G., Chaara, I., Platteau, J.-P., Wahhaj, Z., 2012a. Using the law to change the custom. Journal of Development Economics 97, 182–200.

Aldashev, G., Chaara, I., Platteau, J.-P., Wahhaj, Z., 2012b. Formal law as a magnet to reform the custom. Economic Development and Cultural Change 60, 795–828.

André, C., Platteau, J.-P., 1998. Land relations under unbearable stress: Rwanda caught in the Malthusian trap. Journal of Economic Behavior and Organization 34, 1–47.

Aoki, M., 2001. Toward a Comparative Institutional Analysis. MIT Press, Cambridge, MA.

Aoki, M., 2007. Endogenizing institutions and institutional changes. Journal of Institutional Economics 3, 1–31.

Awusabo-Asare, K., 1990. Matriliny and the new intestate succession law of Ghana. Canadian Journal of African Studies 24, 1–16.

Baland, J.M., Gaspart, F., Platteau, J.-P., Place, F., 2007. The distributive impact of land markets in Uganda. Economic Development and Cultural Change 55, 283–311.

Banerjee, A.V., Gertler, P.J., Ghatak, M., 2002. Empowerment and efficiency: tenancy reform in West Bengal. Journal of Political Economy 110, 239–280.

Barrows, R., Roth, M., 1989. Land tenure and investment in African agriculture: theory and evidence. Land Tenure Center Paper 136, University of Wisconsin, Madison, WI.

Barthe, B., 2011. L'indignation d'un village palestinien met fin à l'indulgence pour les crimes d'honneur. Le Monde, 20 May 4.

Basu, K., 1983. On why do we not try to walk off without paying after a taxi-ride. Economic and Political Weekly 18, 2011–2012.

Basu, K., 1997. Analytical Development Economics: The Less Developed Economy Revisited. MIT Press, Cambridge, MA.

Basu, K., 2000. Prelude to Political Economy–A Study of the Social and Political Foundations of Economics. Oxford University Press, Oxford.

Benneh, G., Kasanga, R.K., Amoyaw, D., 1997. Women's Access to Agricultural Land in the Household: A Case Study of Three Selected Districts in Ghana. University of Ghana Press, Accra.

Berry, S., 1993. No Condition is Permanent–The Social Dynamics of Agrarian Change in Sub-Saharan Africa. University of Wisconsin Press, Madison, WI.

Bicchieri, C., 1997. Learning to cooperate. In: Bicchieri, C., Jeffrey, R., Skyrms, B. (Eds.), The Dynamics of Norms. Cambridge University Press, Cambridge, pp. 17–46.

Bicchieri, C., 2006. The Grammar of Society–The Nature and Dynamics of Social Norms. Cambridge University Press,

Cambridge.

Boshab, E., 2007. Pouvoir et Droit Coutumier à l'Epreuve du Temps. Academia Bruylant, Louvain-la-Neuve.

Bowen, J.R., 2003. Islam, Law and Equality in Indonesia–An Anthropology of Public Reasoning. Cambridge University Press, Cambridge.

Bowles, S., 2004. Microeconomics: Behavior, Institutions and Evolution. Princeton University Press, Princeton, NJ.

Brempong, A., 2001. Transformations in Traditional Rule in Ghana. Sedco Publishing, Accra.

Chaara, I., 2011. Pro-poor legal reform in Morocco: is religion an obstacle? Working Paper, CRED, Namur.

Chiappori, P.-A., Fortin, B., Lacroix, G., 2002. Marriage market, divorce legislation, and household labor supply. Journal of Political Economy 110, 37–72.

Chirayath, L., Sage, C., Woolcock, M., 2005. Customary law and policy reform: engaging with the plurality of justice systems. Background Paper for the World Development Report 2006: Equity and Development, World Bank, Washington, DC.

Colin, R., 2004. Kénédougou–Au Crépuscule de l'Afrique Coloniale. Présence Africaine, Paris.

Cooper, B.M., 1997. Marriage in Maradi–Gender and Culture in a Hausa Society in Niger, 1900–1989. James Currey, Oxford.

Coulibaly, M., 2005. Le droit et ses pratiques au Sénégal. In: Kuyu, C. (Ed.), A la Recherche du Droit Africain du XXIème siècle. Connaissances et Savoir, Paris, pp. 265–274.

Coyne, C.J., Mathers, R.L., 2010. The identity economics of female genital mutilation. Working Paper, George Mason University, Fairfax, VA.

Davis, P., 2009. Everyday forms of collective action in Bangladesh. CAPRI Working Paper 94, CAPRI, Washington, DC.

Diop, N.J., Mbacke Faye, M., Moreau, A., Cabral, J., Benga, H., Cissé, F., Mané, B., Baumgarten, I., Melching, M., 2004. The Tostan Program Evaluation of a Community Based Education Program in Senegal. Population Council, New York.

Dixit, A., 2007. Lawlessness and Economics–Alternative Modes of Governance. Princeton University Press, Princeton, NJ.

Ellis, S., Ter Haar, G., 2004. Worlds of Power: Religious Thought and Political Practice in Africa. Hurst & Company, London.

Elosegui, M., 1999. Les droits de la femme kenyane: conflit entre le droit statutaire et le droit coutumier. Revue de Droit Africain, 11/99.

Fafchamps, M., 2004. Market Institutions in Sub-Saharan Africa–Theory and Evidence. MIT Press, Cambridge, MA.

Fafchamps, M., Quisumbing, A.R., 2002. Control and ownership of assets within rural Ethiopian house-holds. Journal of Development Studies 38, 47–82.

Fenrich, J., Higgins, T.E., 2001. Promise unfulfilled: law, culture and women's inheritance rights in Ghana. Fordham International Law Journal 25, 259–341.

Field, E., Ambrus, A., 2008. Early marriage and female schooling in Bangladesh. Journal of Political Economy 116, 881–930.

Firmin-Sellers, K., 1996. The Transformation of Property Rights in the Gold Coast-An Empirical Analysis Applying Rational Choice Theory. Cambridge University Press, Cambridge.

Foster, D., Young, P., 1990. Stochastic evolutionary game dynamics. Theoretical Population Biology 38, 219–232.

Gedzi, V., 2009a. Principles and Practices of Dispute Resolution: Ewe and Akan Procedures on Females' Inheritance and Property Rights. Shaker, Maastricht.

Gedzi, V., 2009b. Women and poverty inheritance after intestate succession, Law III in Ghana. Paper Presented at IAFFE Conference, Boston, MA.

Goldberg, M., 2009. Rights versus rites. The American Prospect 20(4), 46–50.

Greif, A., 2006. Institutions and the Path to the Modern Economy–Lessons from Medieval Trade. Cambridge University Press, Cambridge.

Gruenbaum, F., 2001. The Female Circumcision Controversy–An Anthropological Perspective. University of Pennsylvania Press, Philadelphia.

Haugerud, A., 1993. The Culture of Politics in Modern Kenya. Cambridge University Press, Cambridge.

Josiah-Aryeh, N., 2008. The right to walk in another man's shoes–the intestate succession law in context. Inter-Faculty Lecture, University of Ghana, Legon.

Kahan, D.M., 2000. Gentle nudges vs. hard shoves: solving the sticky norms problem. University of Chicago Law Review 67, 607–645.

Kanbur, R., Haddad, L., 1994. Are better off households more unequal or less unequal? Oxford Economic Papers, 46, 445–458.

Kuran, T., 1988. The tenacious past: theories of personal and collective conservatism. Journal of Economic Behavior and Organization 10, 143–171.

Kuran, T., 1995. Private Truths, Public Lies–The Social Consequences of Preference Falsification. Harvard University Press, Cambridge, MA.

Kuru, A.T., 2009. Secularism and State Policies Toward Religion–The United States, France, and Turkey. Cambridge University Press, Cambridge.

La Ferrara, E., 2007. Descent rules and strategic transfers. Evidence from matrilineal groups in Ghana. Journal of Development Economics 83, 280–301.

Lapidus, I., 1988. A History of Islamic Societies. Cambridge University Press, Cambridge.

Laurent, J.P., 1998. Une Association de Développement en Pays Mossi–Le Don comme Ruse. Editions Karthala, Paris.

Levy, H.S., 1966. Chinese Footbinding. Walton Rawls, New York.

Lundberg, S., Pollak, R.A., 1993. Separate spheres bargaining and the marriage market. Journal of Political Economy 101, 988–1010.

Mackenzie, F., 1993. A piece of land never shrinks: reconceptualizing land tenure in a smallholding district, Kenya. In: Bassett, T.J., Crummey, D.E. (Eds.), Land in African Agrarian Systems. University of Wisconsin Press, Madison, WI, pp. 194–221.

Mackie, G., 1996. Ending footbinding and infibulation: a convention account. American Sociological Review 61, 999–1017.

Mackie, G., LeJeune, J., 2009. Social dynamics of abandonment of harmful practices: a new look at the theory. Innocenti Working Paper 2009-06, UNICEF Innocenti Research Centre, Florence.

Manuh, T., 1997. Wives, children, and intestate succession law in Ghana. In: Mikell, G. (Ed.), African Feminism: the Politics of Survival in Sub-Saharan Africa. University of Pennsylvania Press, Philadelphia, PA, pp. 77–95.

Myerson, R., 2004. Justice, institutions, and multiple equilibria. Chicago Journal of International Law 5, 91–107.

Nambo, J., 2005. Le droit et ses pratiques au Gabon. In: Kuyu, C. (Ed.), A la Recherche du Droit Africain du XXIème siècle. Connaissances et Savoir, Paris, pp. 89–104.

NCTPE, 2003. Old beyond imaginings: Ethiopia's harmful traditional practices. National Committee on Traditional Practices in Ethiopia, Addis Ababa.

Ndoye, M., 2011. Le processus de pénalisation de l'excision au Sénégal: Enjeux et perspectives pour les droits sexuels des femmes. Thèse de Doctorat. Institut des Hautes Etudes Internationales et du Développement, Geneva.

Ngo, T.M.-P., Wahhaj, Z., 2012. Microfinance and gender empowerment. Journal of Development Economics 99, 1–12.

Ntampaka, C., 2004. Introduction aux Systèmes Juridiques Africains. Presses Universitaires de Namur, Namur.

Ortner, S.B., 1978. The virgin and the state. Feminist Studies 4 (3), 19–36.

Peters, P., 2004. Inequality and social conflict over land in Africa. Journal of Agrarian Change 4, 269–314.

Pinckney, T.C., Kimuyu, P.K., 1994. Land tenure reform in East Africa: good, bad, or unimportant? Journal of African Economies 3, 1–28.

Platteau, J.-P., 2000. Institutions, Social Norms and Economic Development. Harwood Academic, London.

Platteau, J.-P., 2005. The gradual erosion of the social security function of customary land tenure arrange ments in lineage-based societies. In: Dercon, S. (Ed.), Insurance Against Poverty. Oxford University Press, Oxford, pp. 246–278.

Posner, R.A., 1994. Sex and Reason. Harvard University Press, Cambridge, MA.

Quansah, E.K., 1987. Updating family law: recent developments in Ghana. The International and Comparative Law Quarterly 36, 389–397.

Quisumbing, A., Payongayong, E., Aidoo, J., Otsuka, K., 2001. Women's land rights in the transition to individualized ownership: implications for the management of tree resources in Western Ghana. Economic Development and Cultural Change 50, 157-182.

Rahman, A., Toubia, N., 2000. Female Genital Mutilation: A Guide to Laws and Policies Worldwide. Zed Books, London.

Rao, N., 2007. Custom and the courts: ensuring women's rights to land, Jharkhand, India. Development and Change 38, 299-319.

Rao, V., Walton, M., 2004. Culture and public action: relationality, equality of agency, and development. In: Rao, V., Walton, M. (Eds.), Culture and Public Action. Stanford University Press, Stanford, CA, pp.3-36.

Rudra, A., 1981. Note on the agrarian reform in West Bengal. Economic and Political Weekly XVI, 25-26.

Sacco, R., 2008. Anthropologie Juridique: Apport à une Macro-histoire du Droit. Editions Dalloz, Paris.

Sage, C., Woolcock, M., 2007. Breaking legal inequality traps: new approaches to building justice systems for the poor in developing countries. BWPI Working Paper 17, Brooks World Poverty Institute, Manchester.

Schelling, T., 1960. The Strategy of Conflict. Harvard University Press, Cambridge, MA.

Scott, J.C., 1976. The Moral Economy of the Peasant. Yale University Press, New Haven, CT.

Sen, A.K., 1992. Inequality Reexamined. Oxford University Press, Oxford.

Sen, A.K., 1999. Development as Freedom. Oxford University Press, Oxford.

Shipton, P., 1988. The Kenyan land tenure reform: misunderstandings in the public creation of private property. In: Downs, R.E., Reyna, S.P. (Eds.), Land and Society in Contemporary Africa. University Press of New England, Hanover, NH, pp.91-135.

The Economist, 2012a. Rough justice. The Economist, 7-13 January 39.

The Economist, 2012b. Race in Brazil: affirming a divide. The Economist, 28 January 39-41.

UNICEF, 2007. Coordinated strategy to abandon female genital mutilation/cutting in one generation. Technical Note, UNICEF, New York.

UNICEF, 2010. The dynamics of social change-towards the abandonment of female genital mutilation/ cutting in five African countries. Innocenti Insight. UNICEF Innocenti Research Centre, Florence.

Wagner, N., 2011. Violence against women: female genital cutting, a practice impossible to abandon? Working Paper, The Graduate Institute of International and Development Studies, Geneva.

White, J., 2013. Muslim Nationalism and the New Turks. Princeton University Press, Princeton, NJ.

WHO, 2011. Female Genital Mutilation and Other Harmful Practices. World Health Organization, Geneva.

Woodman, G.R., 1985. Ghana reforms the maw of intestate succession. Journal of African Law 29, 118-128.

Young, P., 1996. The economics of convention. Journal of Economic Perspectives 10, 105-122.

Zürcher, E.J., 2010. The Young Turk Legacy and Nation Building-From the Ottoman Empire to Atatürk's Turkey. I.B Tauris, London.

译者分工

总纂：王家新

章节（上卷）	译者
第一部分　导言	
第1章　绪论	兰培
第二部分　历史	
第2章　经济思想史中的文化艺术	张群群
第3章　艺术市场的发展史	隋鑫
第4章　音乐市场的演进	马林梅
第三部分　价值	
第5章　定义文化和艺术商品	魏鹏举　卢东民
第6章　经济与美学理论中的艺术价值与估值	魏鹏举　邱俊
第四部分　法律问题	
第7章　艺术法的经济分析	魏鹏举　邱俊
第8章　艺术品摹本：油画与版画	魏鹏举　邱俊
第9章　版权、艺术与互联网	魏鹏举　杨旭栋
第10章　艺术审查VS言论自由	魏鹏举　杨旭栋
第五部分　文化和经济	
第11章　“新经济”中的艺术	李炎　胡洪斌　刘从水　黄莺
第12章　文化和经济绩效	李炎　胡洪斌　刘从水　黄莺
第13章　文化与经济发展	李炎　胡洪斌　刘从水　黄莺
第六部分　消费和生产	
第14章　表演艺术需求的实证研究	范晓非
第15章　表演艺术中的非营利公司	牟岱　刘旭
第16章　创造力和艺术家行为	牟岱　刘旭
第七部分　文化产业	
第17章　艺术和娱乐产业的组织	史东辉　蒋观地
第18章　传媒和广告：关于双边市场的故事	史东辉　苏杭

续表

章节（上卷）	译者
第19章　电影	史东辉　沈珺
第20章　摇滚经济学：流行音乐的经济学	陶金
第21章　图书经济学	史丹妮
第八部分　劳动力市场	
第22章　艺术类劳动力市场	魏鹏举　李晓溪
第23章　艺术家的职业生涯及艺术行业劳动力市场	魏鹏举　李晓溪
第24章　人力资本与艺术行业劳动力市场	魏鹏举　李晓溪
第25章　明星与才华	魏鹏举　李晓溪
第九部分　拍卖和价格	
第26章　艺术品拍卖	孟昕
第27章　价格指数的计算	孟昕
第十部分　遗产	
第28章　文化遗产：经济分析与公共政策	宋瑞　赵鑫
第29章　博物馆经济学	宋瑞　赵鑫
第十一部分　区位	
第30章　城市文化与地区发展	魏鹏举　曲　妍
第31章　文化区及其在发达国家和发展中国家的地位	魏鹏举　李阳阳
第十二部分　政策	
第32章　艺术和经济政策	刘畅
第33章　国际贸易中的文化	田贤亮
第34章　文化政策制定：欧洲视角	胡蓉
第35章　文化政策：美国观点	胡蓉
第36章　文化政策中的税收激励	李静怡
第37章　公益	王欣双

总纂：王家新

章节（下卷）	译者
第1章　绪论	兰培
第一部分　艺术和文化的价值与评价	
第2章　文学、音乐和视觉艺术方面的创造型天才	魏鹏举　张婷婷
第3章　当代实验美学：过程和发现	魏鹏举　张婷婷
第4章　绘画的经济与文化价值：实证证据	魏鹏举　卢东民
第5章　音乐的价值	魏鹏举　卢轩
第6章　文化奖项经济学	魏鹏举　吴莉
第7章　叙述性偏好方法在文化遗产评估中的应用	魏鹏举　吴莉　李阳阳
第二部分　需求、消费和投资	
第8章　畅销书和电影大片：电影、音乐和图书	徐占东
第9章　新技术与文化消费	高学武
第10章　视觉艺术品的投资：国际交易中的迹象	李季
第三部分　创新与技术变革	
第11章　文化组织中的文化创新	管理
第12章　数字化、版权和新音乐	管理
第13章　艺术的定价和定价艺术	管理
第14章　传媒所有权	吕怀涛
第四部分　贸易、发展和文化多样性	
第15章　国际贸易体系中的文化产品	田贤亮
第16章　文化多样性、版权和国际贸易	田贤亮
第17章　贸易与文化多样性	王欣双
第18章　文化多样性、冲突和经济发展	王欣双
第19章　文化、语言多样性和经济学	王欣双
第五部分　更宽泛的文化议题	
第20章　现代法律与习俗的策略互动	魏鹏举　李阳阳